Kurzlehrbücher
für das juristische Studium

Wolff/Bachof/Stober/Kluth
Verwaltungsrecht I

Verwaltungsrecht I

Ein Studienbuch

von

Dr. Dr. h. c. mult. Rolf Stober

em. o. Professor an der Universität Hamburg

Dr. Winfried Kluth

o. Professor an der Universität Halle-Wittenberg
Richter des Landesverfassungsgerichts

in Zusammenarbeit mit

Dr. Stefan Korte

Professor an der Technischen Universität Chemnitz

Dr. Sven Eisenmenger

Professor an der Hochschule der Akademie der Polizei Hamburg

14., neu bearbeitete Auflage, 2026

des von Hans J. Wolff begründeten
und von Otto Bachof fortgeführten Werkes

C.H.BECK

Zitiervorschlag: Wolff/Bachof/Stober/Kluth VerwR I § 1 Rn. 1

beck.de

ISBN PRINT 978 3 406 82104 2

Dieser Titel ist auch als E-Book erhältlich.

Wilhelmstraße 9, 80801 München
info@beck.de
Druck und Bindung: Beltz Grafische Betriebe GmbH
Am Fliegerhorst 8, 99947 Bad Langensalza
Satz: Jung Crossmedia Publishing GmbH
Gewerbestr. 17. 35633 Lahnau
Umschlag: Martina Busch, Grafikdesign, Homburg Saar

myclimate
shape our future

chbeck.de/nachhaltig
produktsicherheit.beck.de

Gedruckt auf säurefreiem, alterungsbeständigem Papier
(hergestellt aus chlorfrei gebleichtem Zellstoff)

Vorwort

Die 14. Auflage des ersten Bandes des von Hans Julius Wolff begründeten Werks erscheint gut einhundert Jahre nach dem Abschluss der Göttinger Dissertation des Begründers zum Thema „Die Grundlagen der Organisation der Metropole“. Sie geht unter intensiver Einbeziehung der Organisationssoziologie von Max Weber, Georg Simmel und Ferdinand Tönnies der Frage nach, ob und wie Metropolen als Kommunen verfasst und organisiert werden können. Die in dieser Schrift elaborierten Grundlagenfragen prägen die rechtliche Organisation der Verwaltung bis heute. In Band 1 betrifft dies vor allem die im dritten und vierten Teil enthaltenen Grundlagen des objektiven, subjektiven und infrastrukturellen Verwaltungsrechts, die im Rahmen der aktuell anstehenden zahlreichen Transformationen des Rechts eine erhöhte Aufmerksamkeit erfahren und verdienen. Darin kommt zugleich die Wirklichkeitsorientierung des Verwaltungsrechts zum Ausdruck, das sich in der Beobachtung und Auseinandersetzung mit den Realstrukturen von Staat, Verwaltung und Gesellschaft weiterentwickeln sollte.

Ausgehend von diesem Selbstverständnis wurde die Neuauflage durch das Autorenteam nicht nur aktualisiert, sondern an vielen Stellen weiterentwickelt. Neben der Berücksichtigung der ökologischen und digitalen Transformation des Verwaltungshandelns wurden vor allem die in diesem Zusammenhang neu entstandenen Handlungskonzepte und Instrumente eingearbeitet.

Der Autorenkreis ist bei dieser Auflage unverändert geblieben, doch wurde die Verantwortung für die einzelnen Paragraphen an einer Reihe von Stellen verändert. Dies erschließt sich im Einzelnen aus den Angaben in der Inhaltsübersicht und in den Fußzeilen.

Die Autoren sind auch diesmal ihren Teams an den Professuren für die Unterstützung bei der Neubearbeitung und dem Erstellen der Verzeichnisse dankbar. *Maja Domhöfer* und *Hannah van Elsbergen* haben im Rahmen der Paragrafen 20–28 und 32–35 bei der Aktualisierung mitgewirkt; *Maja Domhöfer* zusätzlich noch im Rahmen der Paragrafen 44–57. Außerdem danken wir Frau *Bettina Domhöfer* für die umsichtige Gesamtadministration der Neuauflage.

Hamburg, Halle, Speyer im Januar 2026

Rolf Stober
Winfried Kluth
Stefan Korte
Sven Eisenmenger

Inhaltsübersicht

Inhaltsverzeichnis

Zweiter Abschnitt. Die Rechtsquellen der Verwaltung

Vierter Teil. Grundlagen des subjektiven und des infrastrukturellen Verwaltungsrechts

Erster Abschnitt. Die Rechtssubjekte des Verwaltungsrechts

Zweiter Abschnitt. Die rechtserheblichen Tatsachen

Inhaltsübersicht des 2. Bandes

Inhaltsübersicht des 2. Bandes

Abkürzungsverzeichnis

Die Abkürzungen richten sich nach u. a. nach Kirchner (Begr.), Abkürzungsverzeichnis der Rechtssprache, 8. Aufl. 2015 und im Übrigen nach folgenden Angaben: Änderungen einzelner Bestimmungen der nachstehend genannten Gesetze sind nicht angegeben.

AbfG NW . . . . . . s. NwAbfG

AbgO . . . . Abgabenordnung

ABl. . . . . Amtsblatt der Europäischen Union (seit 11. 1968: Ausg. C. Mitteilungen und Bekanntmachungen; Ausg. L. Rechtsvorschriften) (1. 1958 ff.)

AbsatzfondsG . . . . Gesetz über die Errichtung eines zentralen Fonds zur Absatzförderung der Land-, Forst- und Ernährungswirtschaft (Absatzfondsgesetz)

AEUV . . . . Vertrag über die Arbeitsweise der Europäischen Union

AGBG . . . . Gesetz zur Regelung des Rechts der Allgemeinen Geschäftsbedingungen (AGB-Gesetz)

AllgVerwR . . . . . . Allgemeines Verwaltungsrecht

ArbZG . . . . Arbeitszeitgesetz

ARSP . . . . Archiv für Rechts- und Sozialphilosophie (Zeitschrift seit 1907; bis 1926: Archiv für Rechts- und Wirtschaftsphilosophie)

AtomG . . . . Gesetz über die friedliche Verwendung der Kernenergie und den Schutz gegen ihre Gefahren (Atomgesetz)

BaFin . . . . Bundesanstalt für Finanzdienstleistungsaufsicht

BAG . . . . Bundesarbeitsgericht in Erfurt (bis 1999 Sitz in Kassel)

bayAbfallG . . . . . Gesetz zur Vermeidung, Verwertung und sonstigen Bewirtschaftung von Abfällen in Bayern (Bayerisches Abfallwirtschaftsgesetz)

BayBauO . . . . . . Bayerische Bauordnung

BayEnteigG . . . . . Bayerisches Gesetz über die entschädigungspflichtige Enteignung

BayGO . . . . Gemeindeordnung für den Freistaat Bayern

BayKAG . . . . (Bayerisches) Kommunalabgabengesetz

BayKatSG . . . . . . Bayerisches Katastrophenschutzgesetz

BayLPlanG . . . . . Bayerisches Landesplanungsgesetz

BayLStVG . . . . . . (Bayerisches) Gesetz über das Landesstrafrecht und das Verordnungsrecht auf dem Gebiet der öffentlichen Sicherheit und Ordnung (Landesstraf- und Verordnungsgesetz)

BayPAG . . . . Gesetz über die Aufgaben und Befugnisse der Bayerischen Staatlichen Polizei (Polizeiaufgabengesetz)

BayVerf. . . . . Verfassung des Freistaates Bayern

BayVerfGH . . . . . Verfassungsgerichtshof für den Freistaat Bayern in München

BayVerfGHE . . . . Entscheidungen des Verfassungsgerichtshofes Bayern

BayVermKatG . . . (Bayerisches) Gesetz über die Landesvermessung und das Liegenschaftskataster (Vermessungs- und Katastergesetz)

BayVwZVG . . . . . Bayerisches Verwaltungszustellungs- und Vollstreckungsgesetz

BbahnG . . . . Bundesbahngesetz

BbgEntG . . . . . . Enteignungsgesetz des Landes Brandenburg

BbgGO . . . . Gemeindeordnung für das Land Brandenburg

BbgKWahlG . . . . Gesetz über die Kommunalwahlen im Land Brandenburg (Brandenburgisches Kommunalwahlgesetz)

BbgVerf. . . . . Verfassung des Landes Brandenburg

BbgVerfG . . . . . . Verfassungsgericht des Landes Brandenburg

BBodSchG . . . . . Gesetz zum Schutz vor schädlichen Bodenveränderungen und zur Sanierung von Altlasten (Bundes-Bodenschutzgesetz)

BBPlG . . . . Gesetz über den Bundesbedarfsplan (Bundesbedarfsplangesetz)

BeckRS . . . . Beck online Rechtsprechung

Bek. . . . . Bekanntmachung

BErhUrlVO	Verordnung über den Erholungsurlaub der Beamtinnen, Beamten und Richterinnen und Richter des Bundes (Erholungsurlaubsverordnung)
BewertungsG	Bewertungsgesetz
BezG	Bezirksgericht
BFernStrG	s. BFStrG
BFStrG	Bundesfernstraßengesetz
BImSchVO, 9.	Neunte Verordnung zur Durchführung des Bundes-Immissionsschutzgesetzes (Verordnung über das Genehmigungsverfahren)
BlnVerfGH	Berliner Verfassungsgerichtshof
Bln. VGG	Berliner Verwaltungsreform-Grundsätzegesetz
BR-Drs.	Bundesrat-Drucksache
BremVerf.	Landesverfassung der Freien Hansestadt Bremen
BremWahlPrüfG	Bremisches Wahlprüfungsgericht
BStG	Gesetz zur Regelung des Statusrechts der Beamtinnen und Beamten in den Ländern (Beamtenstatusgesetz)
BT-Drs.	Bundestags-Drucksache
BT-Ds.	s. BT-Drs.
BVerkG	(Bundes-)Gesetz über die Verkündung von Rechtsverordnungen (Verkündungsgesetz)
BVwVG	(Bundes-)Verwaltungsvollstreckungsgesetz
BWahlG	Bundeswahlgesetz
BWBauO	Landesbauordnung für Baden-Württemberg
BWBO	s. bwBauO
BWGO	Gemeindeordnung für Baden-Württemberg
BWLEntG	(Baden-württembergisches) Landesenteignungsgesetz
BWLGebG	(Baden-württembergisches) Landesgebührengesetz
BWLWG	(Baden-württembergisches) Gesetz über die Landtagswahlen (Landtagswahlgesetz)
BWNatSchG	Gesetz des Landes Baden-Württemberg zum Schutz der Natur und zur Pflege der Landschaft (Naturschutzgesetz)
BWPolG	(Baden-württembergisches) Polizeigesetz
BWPrG	(Baden-württembergisches) Gesetz über die Presse (Landespressegesetz)
BWStGH	Staatsgerichtshof für das Land Baden-Württemberg in Stuttgart (Umbenennung in Verfassungsgerichtshof seit Dezember 2015)
BWStGHG	(Baden-württembergisches) Gesetz über den Staatsgerichtshof
BWStrG	Straßengesetz für Baden-Württemberg (Straßengesetz)
BWVBl.	Baden-Württembergisches Verwaltungsblatt (Landesbeilage zur DÖV 1956–1973)
BWVerf.	Verfassung des Landes Baden-Württemberg
BWVwPr.	Baden-Württembergische Verwaltungspraxis (Zeitschrift seit 1974)
bzgl.	bezüglich
DApothZ	Deutsche Apotheker-Zeitung (seit 1946)
DDR-Verf.	Verfassung der Deutschen Demokratischen Republik
ders.	derselbe
Dienstleistungs-RL	Richtlinie 2006/123/EG des Europäischen Parlments und des Rates vom 12.12.2006 über Dienstleistungen im Binnenmarkt
dies.	dieselbe(n)
DLR	s. Dienstleistungs-RL
Drs.	Drucksache
DS	Drs
DSA	Digital Service Act
EEG	Erneuerbare-Energien-Gesetz
EEV	Vertrag über eine Verfassung für Europa (Entwurf)
EGovG	Gesetz zur Förderung der elektronischen Verwaltung (E-Government-Gesetz)
endg.	endgültig
EnLAG	Gesetz zum Ausbau von Energieleitungen (Energieleitungsausbaugesetz)
EStHG	Entwurf eines Staatshaftungsgesetzes

EU-GRCh	Charta der Grundrechte der Europäischen Union
EURATOM	Europäische Atomgemeinschaft
EV	Einigungsvertrag
FamFG	Gesetz über das Verfahren in Familiensachen und in den Angelegenheiten der freiwilligen Gerichtsbarkeit
FG	Festgabe
FilmFördG	Gesetz über Maßnahmen zur Förderung des deutschen Films (Filmförderungsgesetz)
FinDAG	Gesetz über die Bundesanstalt für Finanzdienstleistungsaufsicht (Finanzdienstleistungsaufsichtsgesetz)
FStrAusbauG	Gesetz über den Ausbau der Bundesfernstraßen (Fernstraßenausbaugesetz)
GBl.	Gesetzblatt
GHN	Grabitz/Hilf/Nettesheim, Das Recht der Europäischen Union, 86. EL 2025
GO Kom	Geschäftsordnung der (Europäischen) Kommission
GRCh	s. EU-GRCh
GR Charta	s. EU-GRCh 2012
GwG	Geldwäschegesetz
heGO	Hessische Gemeindeordnung
heSchulG	Hessisches Schulgesetz
heSOG	Hessisches Gesetz über die öffentliche Sicherheit und Ordnung
heStGH	Staatsgerichtshof für das Land Hessen in Wiesbaden
heStGHG	Gesetz über den (hessischen) Staatsgerichtshof
Hg., hg.	Herausgeber, herausgegeben von
HinSchG	Hinweisgeberschutzgesetz
hmbVerf	Verfassung der Freien und Hansestadt Hamburg
IDNr.G	Identifikationsnummergesetz
IfSG	Infektionsschutzgesetz
IGH-Statut	Statut des Internationalen Gerichtshofs
INPOL	Informationssystem der Polizei
Irl.	Irland, irländisch
IVU-Richtlinie 1996	Richtlinie 96/61/EG des Rates vom 24.09.1996 über die integrierte Vermeidung und Verminderung der Umweltverschmutzung
JgSchG	Gesetz zum Schutze der Jugend in der Öffentlichkeit (Jugendschutzgesetz, seit 1.4.2003 außer Kraft)
JuSchG	Jugendschutzgesetz
KFZ SteuerG	Kraftfahrzeugsteuergesetz
KreisG	Kreisgericht
KSG	Klimaschutzgesetz
KrWG	Gesetz zur Förderung der Kreislaufwirtschaft und Sicherung der umweltverträglichen Bewirtschaftung von Abfällen (Kreislaufwirtschaftsgesetz)
KVG LSA	Kommunalverfassungsgesetz des Landes Sachsen-Anhalt
LadSchlG	Gesetz über den Ladenschluss
LandschaftsG NW	(Nordrhein-Westfälisches) Gesetz zur Sicherung des Naturhaushalts und zur Entwicklung der Landschaft (Landschaftsgesetz) (im November 2016 umbenannt und neugefasst als Landesnaturschutzgesetz – LNatSchG NW)
lat.	lateinisch
LSAVerf	Verfassung des Landes Sachsen-Anhalt
LSAWG	Wassergesetz für das Land Sachsen-Anhalt

MessEinhG ..... Gesetz über die Einheiten im Messwesen und die Zeitbestimmung (Einheiten- und Zeitgesetz)
MüG .... Marktüberwachungsgesetz

NABEG .... Netzausbaubeschleunigungsgesetz Übertragungsnetz
NdsBauO ...... Niedersächsische Bauordnung
NdsGefAG ..... Niedersächsisches Gefahrenabwehrgesetz
NdsGO .... Niedersächsische Gemeindeordnung (seit 1.11.2011 außer Kraft)
NdsKAG .... Niedersächsisches Kommunalabgabengesetz
NdsKV .... Niedersächsisches Kommunalverfassungsgesetz
NdsSchulG ..... Niedersächsisches Schulgesetz
NdsStGH ...... Staatsgerichtshof Niedersachsen
NdsStGHG ..... Gesetz über den (niedersächsischen) Staatgerichtshof
NdsStrG .... Niedersächsisches Straßengesetz
NdsVerf. ...... Niedersächsische Verfassung
NwAbfG .... Abfallgesetz für das Land Nordrhein-Westfalen (Landesabfallgesetz)
NwBauO ...... Bauordnung für das Land Nordrhein-Westfalen – Landesbauordnung
NW EEG ...... Gesetz über Enteignung und Entschädigung für das Land Nordrhein-Westfalen (Landesenteignungs- und -entschädigungsgesetz)
NwFSHG ...... (Nordrhein-westfälisches) Gesetz über den Feuerschutz und die Hilfeleistung bei Unglücksfällen und öffentlichen Notständen (seit 1.1.2016 außer Kraft)
NwGebG ...... Gebührengesetz für das Land Nordrhein-Westfalen
NwGO .... Gemeindeordnung für das Land Nordrhein-Westfalen
Nw IFG .... Gesetz über die Freiheit des Zugangs zu Informationen für das Land Nordrhein-Westfalen (Informationsfreiheitsgesetz Nordrhein-Westfalen)
NwKAG .... Kommunalabgabengesetz für das Land Nordrhein-Westfalen
NwOBG .... (Nordrhein-westfälisches) Gesetz über Aufbau und Befugnisse der Ordnungsbehörden (Ordnungsbehördengesetz)
NwPolG .... Polizeigesetz des Landes Nordrhein-Westfalen
NwStrG .... s. NwStrWG
NwStrWG ...... Straßen- und Wegegesetz des Landes Nordrhein-Westfalen
NwVerf .... Verfassung für das Land Nordrhein-Westfalen
NwVerfGH ..... Verfassungsgerichtshof für das Land Nordrhein-Westfalen in Münster
NwVerfGHE .... Entscheidungen des Verfassungsgerichtshofs für das Land Nordrhein-Westfalen
NwVerfGHG .... Gesetz über den Verfassungsgerichtshof für das Land Nordrhein-Westfalen (Verfassungsgerichtshofgesetz)
NwVermKatG ... (Nordrhein-westfälisches) Gesetz über die Landesvermessung und das Liegenschaftskataster (Vermessungs- und Katastergesetz)
NwWG .... Wassergesetz für das Land Nordrhein-Westfalen (Landeswassergesetz)

OZG .... Onlinezugangsgesetz

PostUmwG ..... Gesetz zur Umwandlung der Unternehmen der Deutschen Bundespost in die Rechtsform der Aktiengesellschaft (Postumwandlungsgesetz)
prALR .... Allgemeines Landrecht für die preußischen Staaten v. 5.2.1794
prOVGE .... Entscheidungen des Preußischen Oberverwaltungsgerichts, hg. von den Mitgliedern des Gerichtshofs, Berlin 1877–1941
prPVG .... (Preußisches) Polizeiverwaltungsgesetz

ReNEUAL ..... Research Network on EU Administrative Law
rpBauO .... Landesbauordnung Rheinland-Pfalz
rpGO .... (Rheinland-pfälzische) Gemeindeordnung
rpKAG .... (Rheinland-pfälzisches) Kommunalabgabengesetz
rpVerf. .... Verfassung für Rheinland-Pfalz
rpVerfGH ...... Verfassungsgerichtshof für das Land Rheinland-Pfalz in Koblenz
RTh. .... Rechtstheorie (Zeitschrift seit 1970)

SächsAbfallG .... Sächsisches Abfallwirtschafts- und Bodenschutzgesetz
SächsBauO ..... Sächsische Bauordnung
SächsGO .... Gemeindeordnung für den Freistaat Sachsen
SächsLPlanG .... Gesetz zur Raumordnung und Landesplanung des Freistaates Sachsen (Landesplanungsgesetz)
SächsSchulG .... Schulgesetz für den Freistaat Sachsen
SächsStrG ...... Straßengesetz für den Freistaat Sachsen (Sächsisches Straßengesetz)
SächsVerf. ...... Verfassung des Freistaates Sachsen
SächsVerfGHG ... Gesetz über den Verfassungsgerichtshof des Freistaates Sachsen (Sächsisches Verfassungsgerichtshofsgesetz)
SächsVwVfZG ... Gesetz zur Regelung des Verwaltungsverfahrens- und des Verwaltungszustellungsrechts für den Freistaat Sachsen
SanhGemO ..... s. SanhGO und KVG LSA
SanhGO .... Gemeindeordnung für das Land Sachsen-Anhalt, s. KVG LSA
SanhSOG ...... Gesetz über die öffentliche Sicherheit und Ordnung des Landes Sachsen-Anhalt
SanhVerf .... s. LSAVerf
SanhWG .... s. LSAWG
SchlHLVerwG ... s. SchlHLVwG
SchlHLVwG .... Allgemeines Verwaltungsgesetz für das Land Schleswig-Holstein (Landesverwaltungsgesetz)
SchutzBerG ..... Gesetz über die Beschränkung von Grundeigentum für die militärische Verteidigung (Schutzbereichsgesetz)
SGB I = SGB AT . Sozialgesetzbuch (Erstes Buch) – Allgemeiner Teil
SGB III .... Sozialgesetzbuch (Drittes Buch) – Arbeitsförderung
SGB VIII ...... Sozialgesetzbuch (Achtes Buch) – Kinder- und Jugendhilfe
SGB IX .... Sozialgesetzbuch (Neuntes Buch) – Rehabilitation und Teilhabe behinderter Menschen
SGB XII .... Sozialgesetzbuch (Zwölftes Buch) – Sozialhilfe
SoldatenG ...... Gesetz über die Rechtsstellung der Soldaten (Soldatengesetz)
SoldG .... s. SoldatenG
StAG .... Staatsangehörigkeitsgesetz
StWiss. .... Staatswissenschaften und Staatspraxis (Zeitschrift 1990–1998)

TEHG .... Treibhausgas-Emissionshandelsgesetz
ThürVerf .... Verfassung des Freistaats Thüringen
ThürVerfGH .... Thüringer Verfassungsgerichtshof
TMG .... Telemediengesetz

UGB-KomE .... Entwurf der Unabhängigen Sachverständigenkommission zum Umweltgesetzbuch beim Bundesministerium für Umwelt, Naturschutz und Reaktorsicherheit, Berlin 1998
UHG .... Umwelthaftungsgesetz

VergabeV ...... Verordnung über die Vergabe öffentlicher Aufträge
VIG .... Gesetz zur Verbesserung der gesundheitsbezogenen Verbraucherinformation (Verbraucherinformationsgesetz)
VO .... Verordnung
VOF .... Vergabeordnung für freiberufliche Leistungen (seit 18.4.2016 außer Kraft)
Vorb. .... Vorbemerkung

WaffenG .... Waffengesetz
WehrpflG ...... Wehrpflichtgesetz

ZaöRV .... Zeitschrift für ausländisches öffentliches Recht und Völkerrecht (1929–1944 und seit 1950/51) (zitiert nach Band und Seite)
ZEuS .... Zeitschrift für europarechtliche Studien (seit 1998)
ZRph .... Zeitschrift für Rechtsphilosophie (2003–2013)

Verzeichnis der zitierten Festgaben, Fest- und Gedächtnisschriften

Festgaben

FG BVerfG II . . . . . . Starck/Drath, Bundesverfassungsgericht und Grundgesetz: Festgabe aus Anlaß des 25-jährigen Bestehens des Bundesverfassungsgerichts, Band 2, Verfassungsauslegung, 1976

FG BVerwG 2003 . . . Schmidt-Aßmann, Festgabe 50 Jahre Bundesverwaltungsgericht, 2003

FG Kaufmann . . . . . Um Recht und Gerechtigkeit: Festgabe für Erich Kaufmann zu seinem 70. Geburtstage, 1950

FG Maunz . . . . Spanner, Festgabe für Theodor Maunz zum 70. Geburtstag, 1971

FG Weinberger . . . . . Krawietz, Theorie der Normen: Festgabe für Ota Weinberger zum 65. Geburtstag, 1984.

Festschriften

FS Bachof . . . . Püttner, Festschrift für Otto Bachof zum 70. Geburtstag, 1984

FS Battis . . . . Bultmann/Grigoleit ua, Allgemeines Verwaltungsrecht, Institute, Kontexte, System: Festschrift für Ulrich Battis zum 70. Geburtstag, 2014

FS Benda . . . . Klein, Grundrechte, soziale Ordnung und Verfassungsgerichtsbarkeit: Festschrift für Ernst Benda zum 70. Geburtstag, 1995

FS Böckenförde . . . . Grawert, Offene Staatlichkeit: Festschrift für Ernst-Wolfgang Böckenförde zum 65. Geburtstag, 1995

FS Börner . . . . Baur, Europarecht, Energierecht, Wirtschaftsrecht: Festschrift für Bodo Börner zum 70. Geburtstag, 1992

FS Bogs . . . . Janz ua, Sozialreform und Sozialrecht, Beiträge zum Arbeits- und Sozialversicherungsrecht und zur Sozialpolitik: Festschrift für Walter Bogs zur Vollendung des 60. Lebensjahres, 1959

FS Boorberg Verlag . . Schmitt Glaeser, Verwaltungsverfahren: Festschrift zum 50-jährigen Bestehen des Richard Boorberg Verlages, 1977

FS Broermann . . . . . Listl/Schambeck, Demokratie in Anfechtung und Bewährung: Festschrift für Johannes Broermann, 1982

FS Brohm . . . . Eberle, Der Wandel des Staates vor den Herausforderungen der Gegenwart: Festschrift für Winfried Brohm zum 70. Geburtstag, 2002

FS Bryde . . . . Bäuerle/Dann/Wallrabenstein, Demokratie-Perspektiven: Festschrift für Brun-Otto Bryde zum 70. Geburtstag, 2013

FS Bull . . . . Mehde/Ramsauer/Seckelmann, Staat, Verwaltung, Information: Festschrift für Hans-Peter Bull zum 75. Geburtstag, 2011

FS BVerfG . . . . Badura/Dreier, Festschrift 50 Jahre Bundesverfassungsgericht, Zweiter Band, Klärung und Fortbildung des Verfassungsrechts, 2001

FS Carstens . . . . Börner/Jahreiss/Stern, Einigkeit und Recht und Freiheit: Festschrift für Karl Carstens zum 70. Geburtstag,, 2 Bände, 1984

FS Claussen . . . . Martens, Festschrift für Carsten Peter Claussen zum 70. Geburtstag, 1997

FS Coing . . . . Horn, Europäisches Rechtsdenken in Geschichte und Gegenwart: Festschrift für Helmut Coing zum 70. Geburtstag, 1982

FS Eichenberger . . . . Müller, Staatsorganisation und Staatsfunktionen im Wandel: Festschrift für Kurt Eichenberger zum 60. Geburtstag, 1982

FS Eichhorn . . . . Bräunig/Greiling, Stand und Perspektiven der öffentlichen Betriebswirtschaftslehre: Festschrift für Prof. Dr. Peter Eichhorn zur Vollendung des 60. Lebensjahres, 1999

Verzeichnis der zitierten Festgaben, Fest- und Gedächtnisschriften

FS Ellwein	Windhoff-Heritier, Verwaltung und ihre Umwelt: Festschrift für Thomas Ellwein, 1987
FS Everling	Due/Lutter/Schwarze, Festschrift für Ulrich Everling, 1995
FS Fakultät Heidelberg	Reinhart ua, Richterliche Rechtsfortbildung: Festschrift der Juristischen Fakultät zur 600-Jahr-Feier der Ruprecht-Karls-Universität Heidelberg, 1986
FS Fakultät zu Köln	Becker ua, Festschrift der Rechtswissenschaftlichen Fakultät zur 600-Jahr-Feier der Universität zu Köln, 1988
FS Faller	Zeidler, Festschrift Hans Joachim Faller, 1984
FS Folz	Zehetner, Festschrift für Hans-Ernst Folz, 2003
FS Forsthoff 1972	Schnur, Festschrift für Ernst Forsthoff zum 70. Geburtstag, 1972
FS Friauf	Oldiges/Karpen/Höfling/Wendt, Staat, Wirtschaft, Steuern: Festschrift für Karl Heinrich Friauf zum 65. Geburtstag, 1996
FS Geiger 1989	Faller, Verantwortlichkeit und Freiheit, Die Verfassung als wertbestimmte Ordnung: Festschrift für Willi Geiger zum 80. Geburtstag, 1989
FS Großfeld	Hübner, Festschrift für Bernhard Großfeld zum 65. Geburtstag, 1999
FS Hippel	Esser/Thieme, Festschrift für Fritz v. Hippel zum 70. Geburtstag, 1967
FS Hoppe	Erbguth, Planung: Festschrift für Werner Hoppe zum 70. Geburtstag, 2000
FS Kloepfer	Franzius ua, Beharren. Bewegen: Festschrift für Michael Kloepfer zum 70. Geburtstag, 2013
FS Knöpfle	Merten/Schmidt/Stettner, Der Verwaltungsstaat im Wandel: Festschrift für Franz Knöpfle zum 70. Geburtstag, 1996
FS König	Benz/Siedentopf/Sommermann, Institutionenwandel in Regierung und Verwaltung: Festschrift für Klaus König, 2004
FS Kriele	Ziemske/Langheid/Wilms/Haverkate, Staatsphilosophie und Rechtspolitik: Festschrift für Martin Kriele zum 65. Geburtstag, 1997
FS Kutscher	Grewe, Europäische Gerichtsbarkeit und nationale Verfassungsgerichtsbarkeit: Festschrift zum 70. Geburtstag v. Hans Kutscher, 1981
FS Lerche	Badura/Scholz, Wege und Verfahren des Verfassungslebens: Festschrift für Peter Lerche zum 65. Geburtstag, 1993
FS Lukes	Leßmann ua, Festschrift für Rudolf Lukes zum 65. Geburtstag, 1989
FS Mampel	Ziegler, Recht, Wirtschaft, Politik im geteilten Deutschland: Festschrift für Siegfried Mampel, 1983
FS Martiny	Witzleb ua, Festschrift für Dieter Martiny zum 70. Geburtstag, 2014
FS Maunz 1981	Lerche/Zacher/Badura, Festschrift für Theodor Maunz zum 80. Geburtstag, 1981
FS Maurer	Geis/Lorenz, Staat, Kirche, Verwaltung: Festschrift für Hartmut Maurer zum 70. Geburtstag, 2001
FS Menger	Erichsen ua, System des verwaltungsgerichtlichen Rechtsschutzes: Festschrift für Christian-Friedrich Menger zum 70. Geburtstag, 1985
FS Messner	Klose, Das neue Naturrecht, Die Erneuerung der Naturrechtslehre durch Johannes Messner, Gedächtnisschrift für Johannes Messner (gest. 12. Februar 1984), 1985
FS Mikat	Schwab, Staat, Kirche, Wissenschaft in einer pluralistischen Gesellschaft: Festschrift für Paul Mikat zum 65. Geburtstag, 1989
FS Nawiasky	Maunz, Vom Bonner Grundgesetz zur gesamtdeutschen Verfassung: Festschrift für Hans Nawiasky zum 75. Geburtstag, 1956
FS Peine	Knopp/Wolff, Umwelt – Hochschule – Staat: Festschrift für Franz-Joseph Peine zum 70. Geburtstag, 2016
FS Püttner	Spannowsky, Erscheinungsbilder eines sich wandelnden Verwaltungsrechts: Günter Püttner zum 70. Geburtstag, 2006

FS Quaritsch	Murswiek/Storost/Wolff, Staat – Souveränität – Verfassung: Festschrift für Helmut Quaritsch zum 70. Geburtstag,, 2000
FS Redeker	Bender/Breuer/Ossenbühl/Sendler, Rechtsstaat zwischen Sozialgestaltung und Rechtsschutz: Festschrift für Konrad Redeker zum 70. Geburtstag, 1993
FS Rittner	Löwisch, Beiträge zum Handels- und Wirtschaftsrecht: Festschrift für Fritz Rittner zum 70. Geburtstag, 1991
FS Roellecke	Stober, Recht und Recht: Festschrift für Gerd Roellecke zum 70. Geburtstag, 1997
FS Rudolf	Arndt/Knemeyer/Kugelmann, Völkerrecht und Deutsches Recht: Festschrift für Walter Rudolf zum 70. Geburtstag, 2001
FS Schenke	Baumeister/Roth/Ruthig, Staat, Verwaltung und Rechtsschutz: Festschrift für Wolf-Rüdiger Schenke zum 70. Geburtstag, 2011
FS Schlechtriem	Schwenzer, Festschrift für Peter Schlechtriem, 2003
FS O. Schlichter	Berkemann, Planung und Plankontrolle, Entwicklungen im Bau- und Fachplanungsrecht: Otto Schlichter zum 65. Geburtstag, 1995
FS Schmitt	Barion, Festschrift für Carl Schmitt, zum 70. Geburtstag dargebracht von Freunden und Schülern, 2. Aufl. 1989
FS Scupin 1983	Achterberg/Krawietz/Wyduckel, Recht und Staat im sozialen Wandel: Festschrift für Hans-Ulrich Scupin zum 80. Geburtstag, 1983
FS Sellner	Dolde/Hansmann/Paetow/Schmidt-Aßmann, Verfassung – Umwelt – Wirtschaft: Festschrift für Dieter Sellner zum 75. Geburtstag, 2010
FS Selmer	Osterloh, Staat, Wirtschaft, Finanzverfassung: Festschrift für Peter Selmer zum 70. Geburtstag, 2004
FS Sendler	Franßen/Redeker/Schlichter/Wilke, Bürger – Richter – Staat: Festschrift für Horst Sendler, Präsident des Bundesverwaltungsgerichts, zum Abschied aus seinem Amt, 1991
FS Siedentopf	Magiera ua, Verwaltungswissenschaft und Verwaltungspraxis in nationaler und transnationaler Perspektive: Festschrift für Heinrich Siedentopf zum 70. Geburtstag, 2008
FS Steinberger	Cremer, Tradition und Weltoffenheit des Rechts: Festschrift für Helmut Steinberger, 2002
FS Steindorff	Baur/Belke, Festschrift für Ernst Steindorff zum 70. Geburtstag, 1990
FS Stern	Burmeister ua,Verfassungsstaatlichkeit: Festschrift für Klaus Stern zum 65. Geburtstag, 1997
FS Stern 2012	Sachs ua, Der grundrechtsgeprägte Verfassungsstaat: Festschrift für Klaus Stern zum 80. Geburtstag, 2012
FS Stober	Kluth/Müller/Peilert, Wirtschaft – Verwaltung – Recht: Festschrift für Rolf Stober zum 65. Geburtstag, 2008
FS Stolzlechner	Giese/Holzinger/Jabloner, Verwaltung im demokratischen Rechtsstaat: Festschrift für Harald Stolzlechner zum 65. Geburtstag, 2013
FS Stree/Wessels	Küper/Welp, Beiträge zur Rechtswissenschaft: Festschrift für Walter Stree und Johannes Wessels zum 70. Geburtstag in Verbindung mit Friedrich Dencker, 1993
FS Thieme	Becker/Bull/Seewald, Festschrift für Werner Thieme zum 70. Geburtstag, 1993
FS Thoma	Festschrift für Richard Thoma, dargebracht von Freunden, Schülern und Fachgenossen, zum 75. Geburtstag, 1950
FS Ule	König/Laubinger/Wagener; Öffentlicher Dienst: Festschrift für Carl Hermann Ule zum 70. Geburtstag, 2. Aufl. 1977
FS Ulmer	Habersack, Festschrift für Peter Ulmer zum 70. Geburtstag, 2003
FS Vogel	Kirchhof/Lehner/Raupach/Rodi, Staaten und Steuern: Festschrift für Klaus Vogel zum 70. Geburtstag, 2000

Verzeichnis der zitierten Festgaben, Fest- und Gedächtnisschriften

Gedächtnisschriften

Erster Teil. Grundlagen der öffentlichen Verwaltung

Erster Abschnitt. Rechtliche Ausgangslage, Begriff, Arten und Träger der Verwaltung

§ 1. Normative Ausgangslage des Verwaltungsrechts

Schrifttum: Achterberg, Theorie und Dogmatik des Öffentlichen Rechts, 1980; Bachof/Brohm VVDStRL 30 (1972), 193 ff., 245 ff.: Die Dogmatik des Verwaltungsrechts vor den Gegenwartsaufgaben der Verwaltung; Baudenbacher/Busek Europa und die Globalisierung/Stober 2002, 309 ff.: WTO and UN as vehicles for International Law Principles; Becker NVwZ 2019, 1385 ff.: Öffentliches und Privates Recht; v. Bogdandy/Cassese/Huber Ius Publicum Europaeum-HdB V; v. Danwitz, Verwaltungsrechtliches System und Europäische Integration, 1996, 27 ff.; Haack, Theorie des Öffentlichen Rechts II, 2019; Hartmann, Die Kodifikation des Europäischen Verwaltungsrechts, 2020; Hoffmann-Riem DÖV 1997, 433 ff.: Tendenzen in der Verwaltungsentwicklung; Hoffmann-Riem AöR 115 (1990), 400 ff.: Reform des allgemeinen Verwaltungsrechts als Aufgabe; Hoffmann-Riem/Schmidt-Aßmann, Innovation und Flexibilität des Verwaltungshandelns, 1994; Hoffmann-Riem/Schmidt-Aßmann/Schuppert, Reform des Allgemeinen Verwaltungsrechts, 1993; Hoffmann-Riem/Schmidt-Aßmann Verwaltungsverfahren und Verwaltungsverfahrensgesetz/Kahl, 2002, 67 ff.: Das Verwaltungsverfahrensgesetz zwischen Kodifikationsidee und Sonderrechtsentwicklungen; Jeserich/Pohl/Unruh Deutsche Verwaltungsgeschichte II/Stolleis, 1983, 90 f.; Kahl/Ludwigs VerwaltungsR-HdB/Kahl, § 12: Allgemeines und Besonderes Verwaltungsrecht; Kahl/Ludwigs VerwaltungsR-HdB/Wollenschläger, § 15: Verwaltungsrecht und Privatrecht; König/Siedentopf, Öffentliche Verwaltung in Deutschland, 2. Aufl. 1997; Krüper VVDStRL 79 (2020), 44 ff.: Kategoriale Unterscheidung von Öffentlichem Recht und Privatrecht?; Park, Rechtsfindung im Verwaltungsrecht, 1999; Schmidt-Aßmann AllgVerwR,1 ff.; Schmidt-Aßmann FS 50 Jahre BVerwG, 2003, 487 ff.: Die Europäisierung des Verwaltungsverfahrens; Siedentopf, Der Europäische Verwaltungsraum, 2000; Somek VVDStRL 79 (2020), 7 ff.: Kategoriale Unterscheidung von Öffentlichem Recht und Privatrecht; Terhechte, Verwaltungsrecht in der EU, 2. Aufl. 2022; Tietje, Internationalisiertes Verwaltungshandeln, 2001; v. Unruh NVwZ 1988, 690 ff.: Kodifiziertes Verwaltungsrecht; Voßkuhle/Eifert/Möllers, Grundlagen des Verwaltungsrechts, 3. Aufl. 2022; Werner 43. DJT 1960 I: Empfiehlt es sich, den allgemeinen Teil des Verwaltungsrechts zu kodifizieren?, 1960; Wyduckel, Jus Publicum 1984, 15 ff.

I. Besonderheiten des Verwaltungsrechts

1. Bürgerliches Recht und Verwaltungsrecht

Im Gegensatz zu dem seit über zweitausend Jahren gereiften und systematisch gut durchgebildeten Zivilrecht verfügt das **Öffentliche Recht** und insbesondere das **Verwaltungsrecht** nicht über eine klare Grundkonzeption.[1] Dafür gibt es verschiedene in den speziellen Bedingungen des Verwaltungsrechts wurzelnde Gründe, die den Zugang zum Verwaltungsrecht erschweren. 1

Zwar existiert eine **öffentliche Verwaltung** seitdem es öffentliche Gemeinwesen gibt, aber sie war in Deutschland bis zum Aufkommen des modernen Staates nur schwach ausgebildet (→ §§ 7 ff. Rn. 1 ff.). Insbesondere konnte sich ein eigenständiges, zweiseitig verbindliches Verwaltungsrecht erst seit der Ablösung der absoluten Monarchie durch den sog. bürgerlichen Rechtsstaat entwickeln.[2] Das dieser Staatsform zugrundeliegende Verwaltungskonzept beschränkte die Eingriffe in die Lebens- und Freiheitssphäre der Bürger grundsätzlich auf das notwendigste Mindestmaß mit der Folge, dass der sachliche Umfang der Verwaltung entsprechend gering war. Je mehr jedoch 2

---

[1] Ebenso Voßkuhle/Eifert/Möllers GVwR/Möllers § 2 Rn. 18.

[2] DifferenzierendSchröder DVBl 2019, 1097 (1099); Somek VVDStRL 79 (2020), 7 (24).

der Einzelne auf Gemeinschaftsleistungen angewiesen ist, oder je mehr Lebensbereiche und Betätigungen der Staat regelt und gestaltet, umso umfänglicher wird die Verwaltung, umso größer die Abhängigkeit des Einzelnen von ihr und umso größer die Menge und die Bedeutung des Verwaltungsrechts (→ §§ 3 ff. Rn. 1 ff.). Dieser Verwaltungswandel spiegelt sich auch in der allmählichen Entwicklung vielfältiger **Verwaltungsrechtsverhältnisse** (→ §§ 54 f. Rn. 1 ff.),[3] die aber im Unterschied zu den überkommenen Rechtsverhältnissen des bürgerlichen Rechts weder systematisch geordnet noch allgemein bekannt sind.

Beispiel: Begründung eines öffentlich-rechtlichen Verwahrungsverhältnisses bei dem Abschleppen verbotswidrig geparkter Fahrzeuge im Wege der Ersatzvornahme.[4]

2a Unbeschadet des gegenwärtig schwelenden Streits um die normative Bedeutung von Verwaltungsrechtsverhältnissen[5] ist jedenfalls zusammenfassend zu konstatieren, dass sich das Verwaltungsrecht erst nach intensiver Einarbeit in die eigenständige Begriffs-, Werte- und Vorstellungswelt erschließt.

2b Im Kern geht es dabei um die Frage nach der **Trennung zwischen Gesellschaft** (Zivilrecht) **und Staat** (Verwaltungsrecht),[6] die in eine aus diversen Abgrenzungsgründen brauchbare, aber keineswegs abschließend zu verstehende kategoriale Abschichtung von Privatrecht und Öffentlichem Recht in Gestalt des Verwaltungsrechts mündet (→ § 23 Rn. 1 ff.).[7] Damit wird sowohl der Verwaltungsrealität als auch der Entwicklungsoffenheit beider Materien Rechnung getragen, deren Konzepte sich in diversen regimeübergreifenden Erscheinungsformen,[8] spiegeln die hier aber nur exemplarisch gestreift werden können.

Beispiele: Wettbewerbs- und Regulierungsrecht; Verbraucherrecht; Datenschutzrecht; Compliance-Recht; Verschränkung öffentlich-rechtlicher und privatrechtlicher Regime; Doppelbedeutung von Vorschriften wie etwa § 70 GewO, bei dessen Anwendung es darauf ankommt, ob das Recht auf Teilnahme an einer Veranstaltung gegenüber einem privaten Veranstalter oder der Öffentlichen Hand besteht.

2c Angesichts dieser aufgezeigten Fülle verwaltungsrechtlicher und gemischter Varianten wäre ein Verzicht auf eine Kategorisierung für die Systematisierung, Differenzierung und Dynamisierung der Rechtsordnung ein nicht zu vertretender Rückschritt.

3 Während sich im Zivilrecht in der Regel nur zwei oder jedenfalls wenige Beteiligte mit deutlich abgegrenzten Interessen gegenüberstehen, haben wir es im Verwaltungsrecht oft (zB bei umfangreicheren Planvorhaben etwa nach § 1 BauGB) mit einer großen Zahl von Interessenträgern zu tun. Vor allem ist hier stets das vielschichtige **öffentliche Interesse** oder sogar das **überragende öffentliche Interesse** (§ 2 EEG) mit im Spiel (→ § 2 Rn. 1 ff. und → § 29 Rn. 1 ff.). Verwaltungsrecht ist demnach da-

[3] Wimmer, Rechtsverhältnisse im Öffentlichen Recht, 2019;Bauer DÖV 2023, 733 ff.
[4] BGH NJW 2014, 2577 (2579).
[5] S. näher Bauer DÖV 2023, 733 ff.
[6] Grimm, Das Öffentliche Recht vor den Fragen nach seiner Identität, 2012.
[7] S. zum Streitstand Küper VVDStRL 79 (2020), 44 ff. und 61 ff.; Seckelmann DVBl 2019, 1107 ff.; Schröder DVBl 2019, 1097 ff.; Kahl/Ludwigs VerwaltungsR-HdB/Wollenschläger § 15.
[8] Voßkuhle/Eifert/Möllers GVwR/Möllers, § 2 Rn. 8; Küper VVDStRL 79 (2020), 53 f.; Kahl/Ludwigs VerwaltungsR-HdB/Wollenschläger, § 15 Rn. 61 ff.; Stober/Korte ÖffWirtschaftsR AT Rn. 36 f.; Schmidt-Trenz/Stober, Compliance im Dritten Sektor, 2012; Stober/Ohrtmann Compliance Öffentl. Verwaltung-HdB/Stober § 1; Drüen/Schlacke VVDStRL 79 2020, 94 ff.

durch gekennzeichnet, dass öffentliche Aufgaben zu erfüllen[9] und permanent **Gesamtinteressen** und **Einzelinteressen** abzuwägen und auszugleichen sind **(Abwägungsverwaltung)**.[10]

Das Zivilrecht galt einst als relativ „konstantes" Gebiet, dessen Normen weitgehend aus festen oder sich nur langsam verändernden Wertvorstellungen abgeleitet wurden. Das hat sich in den letzten Jahrzehnten geändert, weil tradierte Rechtsinstitute aufgrund gesellschaftlicher Umbrüche eine neue juristische Bewertung erfahren haben. 4

Beispiele: Eigentum; Verhältnis von Kapital und Arbeit; Einstellung zu diversen Lebensgemeinschaften.

Deshalb sind viele klassische Rechtsgebiete stark in Bewegung geraten. Dennoch sind ihre Normen auch heute noch in ihrer großen Mehrzahl dauerhafter als die oft nur häufig situations- oder reaktionsbedingt erlassenen kurzlebigen Regeln des Verwaltungsrechts. 4a

Beispiele: Pandemieverwaltungsrecht; Migrationsverwaltungsrecht; Integrationsverwaltungsrecht; Energieverwaltungsrecht.

Zwar sind auch diese Materien, schon wegen der Nähe zum **Unions- und Verfassungsrecht** (→ §§ 17 ff. Rn. 1 ff.) wertebasiert (Präambel EU-GRCh; Präambel EUV, Art. 1 GG). Daneben aber spielen politische Zielsetzungen, notwendige Anpassungen an sich oft rasch ändernde wirtschaftliche, technische, ökologische und soziale Verhältnisse, Zweckmäßigkeits- und Effizienzerwägungen auf der Grundlage mehr oder minder sicherer Einschätzungen der zukünftigen Entwicklung eine große Rolle. Das hat einen raschen Wandel vieler Teile vor allem des **Besonderen Verwaltungsrechts**[11] zur Folge, und es führt darüber hinaus zur Entstehung neuer Rechtsmaterien. 4b

Beispiele: Umwelt- und Klimarecht; Multimediarecht; Verbraucherrecht; Gentechnikrecht; Informationsverwaltungsrecht; Migrationsrecht.

Weit weniger als andere Rechtsgebiete ist daher Verwaltungsrecht „fertiges Recht", sondern eher **„law in action"** (→ § 2 Rn. 44), das dem Rhythmus gesellschaftlicher und politischer Anforderungen folgt und die zukünftige Entwicklung der Verwaltung zu beachten hat (→ § 12a Rn. 1 ff.).[12] 4c

2. Strafrecht und Verwaltungsrecht

Zu den Besonderheiten des Verwaltungsrechts gehört sein enger Bezug zum **Strafrecht.** Dabei geht es um eine Reaktion des Staates und seiner Einrichtungen auf die Nichtbeachtung verwaltungsrechtlicher Vorgaben. In diesen Fällen ist das Strafrecht zum einen als **Nebenstrafrecht** anwendbar, das als Rechtsfolgenrecht regelmäßig Bestandteil von Verwaltungsrechtsnormen ist.[13] Bei einem Vorwurf wegen eines kriminellen Verstoßes ist die verwaltungsrechtliche Ahndung nach Art. 92 GG der Rechtsprechung und damit der Entscheidung durch Richter vorbehalten. Insoweit unterscheidet sich das **Verwaltungsstrafrecht** zum anderen vom **Verwaltungs-Ordnungswidrigkeitenrecht.** Dabei handelt es sich um **Verwaltungsunrecht,** das von 5

[9] FS Maurer, 2001/Stein, 803 ff.
[10] S. auch Park Rechtsfindung VerwR, S. 319.
[11] S. etwa Stober/Eisenmenger ÖffWirtschaftsR BT, 18. Aufl. 2023.
[12] Barczak DVBl 2023, 1036 ff.; Barczak DÖV 2023, 933 f.
[13] Ebenso Voßkuhle/Eifert/Möllers GVwR/Burgi, § 18 Rn. 85 ff.

den zuständigen Verwaltungsbehörden eigenständig verfolgt und mit Geldbußen oder Verwarnungsgeldern sanktioniert wird. In beiden Fällen liegt **Verwaltungsrechtsakzessorietät** vor (→ § 98 Rn. 66), weshalb diesem Rechtsfolgenregime keine selbstständige juristische Bedeutung wie etwa dem Zivilrecht zukommt. Das gilt auch für die Variante, dass Verwaltungsrechtsnormen an strafrechtliche Vorschriften anknüpfen und damit Verbotswirkungen auslösen.[14]

3. Verfassungsrecht und Verwaltungsrecht

5a Während sich das verwaltungsbezogene Straf- und Ordnungswidrigkeitenrecht lediglich mit den Rechtsfolgen rechtswidrigen Verwaltungshandeln befasst, legt das Verfassungsrecht die Basis für die Existenz und den Umfang des verwaltungsrechtlichen Normenbestandes. Denn es gibt die einschlägigen Rechtsprinzipien und Grundrechte der Menschen vor, setzt der Exekutive Grenzen und schafft den Rahmen für Verwaltungshandeln. Deshalb ist es zutreffend, das **Verwaltungsrecht als verfassungsabhängiges und damit konkretisiertes Verfassungsrecht** zu bezeichnen (→ § 18 Rn. 1b).[15] Zwar wird im Schrifttum gelegentlich gefordert, diese Aussage als weder zutreffend noch wünschenswert zu den Akten der Verwaltungsrechtsgeschichte zu legen.[16] Diese Sichtweise übersieht jedoch den hohen Gebrauchswert dieser griffigen Formel für die Gesetzesinterpretation und die Verwaltungspraxis sowie die Rechtstatsache, dass jedes Verwaltungshandeln verfassungskonform sein muss.

4. Verwaltungsrecht als Gemengelage von Vorschriften

6 Im Gegensatz zum bürgerlichen Recht, zum Straf- und zum Verfassungsrecht beruht das Verwaltungsrecht nicht auf einem einheitlichen Rechtssystem. Vielmehr verteilt der funktional abgeschichtete und föderal aufgebaute Staat die Setzung und Anwendung von Verwaltungsrecht auf unterschiedliche Ebenen (→ § 19 Rn. 1 ff. und → § 26 Rn. 1 ff.). Die Folge ist eine Gemengelage von Vorschriften des Allgemeinen und des Besonderen Verwaltungsrechts, des Bundes-, Landes- und Selbstverwaltungsrechts, die aufeinander abzustimmen sind.[17] Dieses Nebeneinander vielfältiger Gesetzgebungs- und Verwaltungsinstanzen verkompliziert das Verwaltungsrecht nicht unerheblich (→ §§ 24 ff. Rn. 1 ff.). Eine Rechtsvereinheitlichung erfolgt aber gelegentlich durch **Simultangesetzgebung** oder durch empfehlende **Mustergesetze,** die in geltendes Recht umgesetzt werden.

Beispiele: Die Innenministerkonferenz der Länder hat im Jahre 1976 einen Musterentwurf eines einheitlichen Polizeigesetzes entwickelt, der sich mit den Polizeiaufgaben befasst. Die Bauministerkonferenz der Länder hat eine Musterbauordnung (MBO) beschlossen, die der gegenseitigen Angleichung des Bauordnungsrechts der Länder dient und fortgeschrieben wird.

7 Die Vielfalt der Rechtsquellen wäre nicht so verwirrend, wenn sie untereinander in einem lückenlosen systematischen Verhältnis stehen würden. Das ist jedoch nicht der Fall. Stattdessen bedient sich das Verwaltungsrecht häufig zur Aufgabenerfüllung des Instrumentariums des Zivilrechts, da die Verwaltungsorgane ihre Belange auch

---

[14] Kahl/Ludwigs VerwaltungsR-HdB/Gärditz § 16 Rn. 35 ff.; Voßkuhle/Eifert/Möllers GVwR/Burgi § 18 Rn. 93.

[15] Werner DVBl 1959, 587 ff.; Huber DVBl 2021, 753 (755); Wissmann DVBl 2023, 200; Eisenmenger DÖV 2025, 144; kritisch Kahl/Ludwigs VerwaltungsR-HdB/Reimer § 10 Rn. 6.

[16] Voßkuhle/Eifert/Möllers GVwR/Möllers § 2 Rn. 13.

[17] FS Maurer, 2001/Schmidt-Preuß S. 777 ff.

mit Mitteln des Privatrechts erledigen dürfen (→ § 23 Rn. 1 ff. und → §§ 88 ff. Rn. 1 ff.). Insoweit fungieren **Bürgerliches Recht und Verwaltungsrecht als wechselseitige Auffangordnungen,** die zum Ausgleich zu bringen sind.[18]

Beispiele: Recht der öffentlichen Auftragsvergabe (§§ 97 ff. GWB und VgV); Recht des öffentlich-rechtlichen Vertrages (§ 62 VwVfG),[19] Anwendung des Handelsgesetzbuches und der Grundsätze der kaufmännischen Buchführung im Haushaltsrecht (§ 7a HGrG).

II. Kodifikations- und Harmonisierungsstand des Verwaltungsrechts

1. Materiellrechtliche Teilkodifikationen

Mangels hinreichend langer Tradition, wegen seiner Abhängigkeit von den ständig wechselnden sozialen und politischen Verhältnissen, wegen der mitgliedstaatlichen, landesrechtlichen und selbstverwaltungsrechtlichen Zersplitterung und wegen der unzureichenden wissenschaftlichen Durchdringung hat das Verwaltungsrecht keinen Niederschlag in einer umfassenden **Kodifikation** gefunden, wie wir sie etwa im BGB oder im StGB kennen. Dabei wird der unterschiedlich definierte **Kodifikationsbegriff** hier verstanden als umfassende, systematisch geordnete, abstrakte und rationale Regelung des Verwaltungsrechts insgesamt oder bestimmter Teile davon in einem Gesetzbuch.[20] Die Kodifikation unterscheidet sich damit von der **Verwaltungsrechtskoordinierung** und der **Verwaltungsrechtskonsolidierung** iSe Zusammenstellung vorhandener Vorschriften in einem Text. Den Charakter einer Kodifikation hatte letztmals das **Preußische Allgemeine Landrecht (PrALR),** das privates und öffentliches Recht zusammenfasste (→ § 8 Rn. 8) und dessen Rechtsgedanken noch heute auf das Verwaltungsrecht ausstrahlen. 8

Beispiele: §§ 74, 75 Einleitung zum PrALR (Aufopferungsentschädigung),[21] § 10 II 17 PrALR (Polizeiliche Generalklausel).

Zwar hat bereits L.v. Stein im Jahre 1866 auf die Notwendigkeit einer Kodifikation des Verwaltungsrechts hingewiesen, doch räumte er selbst ein, es werde kaum möglich sein, 9

„die gesamte Verwaltung rechtlich und gesetzlich in ein Gesetz zusammenzufassen".[22]

Eine abschließende Regelung in Gestalt eines **Verwaltungsgesetzbuches** ist umso weniger zu erwarten, je mehr die fachliche Spezialisierung des Verwaltungsrechts voranschreitet, der Gesetzgeber sich zusehends auf Reparatur- und Maßnahme Gesetze konzentriert und der Trend zur Dezentralisierung, Föderalisierung und Ausdifferenzierung der Rechtsetzung anhält. Diese Entwicklung zeigt sich insbesondere in der allerdings nur rudimentären Schaffung und der gescheiterten Vorbereitung von Gesetzesbüchern für bestimmte Verwaltungszweige (sog. **bereichsspezifische Teilkodifikationen**), die nachfolgend exemplarisch aufgeführt sind:

[18] Hoffmann-Riem DVBl 1994, 1381 (1386); Hoffmann-Riem/Schmidt-Aßmann VerwR/Voßkuhle I § 1 Rn. 38.
[19] Kopp/Ramsauer VwVfG § 62 Rn. 8 ff.
[20] S. auch FS Maurer, 2001/Zacher, S. 1229 ff.; Hoffmann-Riem/Schmidt-Aßmann VerwVerfG/Kahl S. 67, 89 ff.
[21] S. BGHZ 90, 17 (29).
[22] v. Stein, Die Verwaltungslehre, 2. Teil, 1866, S. 92 ff.

– **Gewerbeordnung** (1845/1869/1999)[23]
– **Baugesetzbuch** (1960/2017)
– **Sozialgesetzbuch** I – XIV (1975 ff.)[24]
– **Lebensmittel- und Futtermittelgesetzbuch** (2005/2021)
– **Bundesdatenschutzgesetz** (2018)[25]
– Entwurf eines **Umweltgesetzbuches**[26]
– Entwurf eines **Steuergesetzbuchs**[27]
– Entwurf eines **Staatshaftungsgesetzes**.[28]

10 Diese Bestandsaufnahme verdeutlicht einerseits, dass der Kodifikationsgedanke nur gelegentlich in Gesetzesform gegossen wurde, obwohl die ursprüngliche Idee auch heute noch Gültigkeit besitzt. Denn die Neuordnung von Texten und ihre Zusammenfassung in einem einheitlichen Gesetz soll die Rechtskenntnis der Bürger verbessern, der Rechtseinheit sowie der Rechtssicherheit dienen und das Recht modernisieren sowie optimieren.[29] Möglicherweise haben sich aber andererseits die Rahmenbedingungen geändert. Insbesondere ist zu fragen ob eine demokratisch verfasste Gesellschaft Kodifikationen gestattet, ob angesichts der wachsenden Verrechtlichung, Spezialisierung, Dynamisierung, Vernetzung und Komplexität des Rechts eine Verallgemeinerung von Rechtsgedanken und notwendige trennscharfe Abgrenzung insbesondere bei Querschnittsmaterien möglich ist[30] (Verbraucherrecht, Medienrecht) und ob nicht die Betonung des **Subsidiaritätsprinzips** und die damit verbundene auch von der EU favorisierte Aufforderung zur **Selbstregulierung** durch betroffene Kreise etwa in Gestalt privat veranlasster **DIN-Regeln** (→ § 1 Rn. 20) und zur Schaffung von **Verhaltenskodizes** eher eine Gegentendenz aufzeigt. Aus diesen und anderen Gründen ist eine besondere Berufung unserer Zeit zur abschließenden Gesetzgebung nicht unbedingt auszumachen.[31] Stattdessen wird die Herausarbeitung allgemeiner Rechtsregeln und Rechtsinstitute als Aufgabe der Rechtswissenschaft angemahnt.[32]

11 Dementsprechend sind in jüngerer Zeit die Forderungen nach einer großen Kodifikation des Verwaltungsrechts eher verstummt.[33] Stattdessen konzentriert sich die Aufmerksamkeit mehr auf die Notwendigkeit einer **Deregulierung** des Verwaltungsrechts iSe **Bereinigung, Reduzierung, Entschlackung** und **Beschleunigung**

[23] Zur Kodifikationsreife s. Kluth/Korte, 150 Jahre Gewerbeordnung, 2020, Stober/Eisenmenger, Öffentliches Wirtschaftsrecht Besonderer Teil, 18. Aufl. 1 ff.
[24] FS Maurer, 2001/Zacher, 1229 ff.; Igl/Welti, Sozialrecht, 8. Aufl. 2007, § 3.
[25] Kühling/Sackmann NVwZ 2018, 681 f.
[26] EUGB-AT (Berichte 7/90 des Umweltbundesamtes 1990, EUGB-BT, Berichte 4/94 des Umweltbundesamtes 1994, UGB-KomE (Unabhängige Sachverständigenkommission, 1998); Kloepfer, Das kommende Umweltgesetzbuch, 2007; Guckelberger NVwZ 2008, 1161 ff.; Referentenentwurf Umweltgesetzbuch (UGB 2009): http://www.umweltgesetzbuch.de.
[27] Lang, Schriftenreihe des Bundesministeriums für Finanzen 49, 1993; Kirchhof ZG 2002, 105 ff.
[28] BVerfGE 61, 149; BT-Drs. 12/6000, 116.
[29] König ZG 1999, 195 ff.; Schneider DVBl 2021, 681 f.
[30] Lepsius JuS 2019, 14 (16).
[31] S. zu dieser Frage allgemein Savigny, Vom Beruf unserer Zeit für Gesetzgebung und Rechtswissenschaft, 2. Aufl. 1840, Nachdruck 1967, 45 ff.; FS Battis, 2014/Möllers, S. 101 ff.
[32] FS Folz, 2003/Thieme, S. 41 ff.
[33] S. zur Diskussion Park Rechtsfindung VerwR, S. 35 ff.

(→ § 12a Rn. 1 ff.).[34] Eine weitere Aufgabe der Verwaltungsrechtswissenschaft ist die Konzipierung und detaillierte Herausarbeitung bislang ungeregelter Gebiete.

Beispiele: Öffentliches Sachenrecht; Staatshaftungsrecht; Organisationsrecht; Administratives Normsetzungsrecht,[35] Kooperationsrecht; Privatisierungsfolgenrecht.

2. Verfahrensrechtliche Teilkodifikationen

Ein bestimmtes Maß an Rechtsvereinheitlichung ist im **Verwaltungsverfahrensrecht** und im **Verwaltungsprozessrecht** zu registrieren,[36] obgleich eine bereichsübergreifend geltende Verfahrensordnung wegen spezifischer Eigenheiten der zugrundeliegenden materiellen Verwaltungsregeln kaum realisierbar ist. In erster Linie sind hier zu nennen: 12

- **Abgabenordnung** (1977)
- **Verwaltungsverfahrensgesetz** (1976/2003)[37]
- **Sozialgesetzbuch X**– Verwaltungsverfahrensgesetz (1980)
- **Bundesdatenschutzgesetz** (1985/2017)
- **Umweltverträglichkeits- und Umweltinformationsgesetz** (1990/2005)
- **Vergabeverfahrensrecht** – §§ 97 ff. GWB, VgV (1998/2016)
- **Verwaltungsgerichtsordnung** hinsichtlich des verwaltungsrechtlichen Widerspruchsverfahrens (1960/1991)
- **Informationsfreiheits- und Verbraucherinformationsgesetz** (2005/2012).[38]

Diese Texte behandeln zwar wichtige Institutionen des allgemeinen Verwaltungsrechts, aber auch diese Verfahrensregelungen sind lückenhaft und bedürfen der Anpassung an die komplexer werdende Verwaltungswirklichkeit.[39] So erfassen die Verwaltungsverfahrensgesetze weder förmliche Genehmigungsverfahren[40] noch gewähren sie durchgehend subjektive Informations- und Auskunftsansprüche.[41] Zutreffend wird kritisiert, das jüngere Verwaltungsverfahrensrecht sei eher von einem **Fragmentierungstrend** durch Sonderrecht[42] und damit einer **Entkodifizierungstendenz** gekennzeichnet, weil sowohl das **Vergabeverfahren,** das **Datenschutzverfahren** als auch das **Informationsverfahren** als Aktenzugangsrecht in das Verwaltungsverfahrensgesetz hätten integriert werden müssen. Diese Einschätzung wird durch eine Änderung des Art. 84 I GG bekräftigt, der es den Bundesländern gestattet, vom Bundesrecht abweichende Verfahrensregeln zu treffen. Diesem Ansatz steht die **Rekodifikationsidee** gegenüber, die aus der **dienenden Funktion des Verwaltungsverfahrens**[43] und der Digitalisierung des Verwaltungsrechts[44] abgeleitet wird. 13

[34] S. auch Hoffmann-Riem/Schmidt-Aßmann VerwVerfG/Kahl, S. 67 ff.; Dolde NVwZ 2006, 857 ff.; Burgi/Nischwitz/Zimmermann NVwZ 2022, 1321 ff.

[35] Park Rechtsfindung VerwR, S. 41 ff.

[36] S. näher zur Entwicklung Hoffmann-Riem/Schmidt-Aßmann VerwVerfG/Kahl, S. 67 ff.; Stolleis, Geschichte des öffentlichen Rechts in Deutschland IV, 2012, S. 257 ff.

[37] Hill/Sommermann u. a., 35 Jahre Verwaltungsverfahrensgesetz, 2011.

[38] Prommer/Rossi GewArch 2013, 97 ff.

[39] Park Rechtsfindung VerwR, S. 39 ff.

[40] S. näher Wahl NVwZ 2002, 1192 ff.

[41] S. dazu Kloepfer, Gutachten D zum 62. DJT 1998, 84 ff.; Klöpfer, Informationsrecht, 2002, § 1 Rn. 93.

[42] Kleinlein DVBl 2017, 1072 (1074).

[43] S. etwa Fehling VVDStRL 70 (2011) 277 (280); Burgi DVBl 2011, 1317 ff.

[44] Berger DVBl 2019, 1234 ff.

III. Verwaltungsrecht und europäischer Verwaltungsraum

14 Die normative Erfassung des geltenden materiellen und formellen Verwaltungsrechtsbestandes darf sich nicht auf die bisher entfaltete nationale Perspektive beschränken. Sie hat den Blick auf den europäischen Verwaltungsraum[45] zu richten, der das Verwaltungsrecht zunehmend prägt. Zutreffend ist in diesem Kontext von einer Mehrebenenverwaltung und einem Europäischen Verwaltungsverbund die Rede (→ § 13 Rn. 20),[46] deren Wirken sich von der unionalen Verwaltung über die Bundes- und Landesverwaltung bis zur kommunalen und funktionalen Verwaltung erstreckt (→ § 84 Rn. 1 ff.). In diesem Verwaltungsnetzwerk[47] fungiert die EU als Raum der Freiheit, der Sicherheit und des Rechts (Art. 2 EUV), der gleichzeitig den europäischen Verwaltungsraum kennzeichnet,[48] der aus zwei Gesichtspunkten zu entfalten ist. Zum einen geht es um das Europäische Verwaltungsrecht iSe Eigenverwaltungsrechts der Unionsorgane (Unionseigenverwaltungsrecht – s. auch Art. 298 AEUV und → § 13 Rn. 17). Zum anderen ist die kollisionsfreie Angleichung und Ausgestaltung des mitgliedstaatlichen Verwaltungsrechts eine zentrale Voraussetzung für das Funktionieren des Verwaltungsbinnenraumes (Art. 114 f. AEUV) unter den Bedingungen des Anwendungsvorranges des Unionsrechts (→ § 17 Rn. 4) und mit der partiellen Folge einer Denationalisierung des Verwaltungsrechts.[49] Dabei ist zu bedenken, dass die Verwaltungsrechtssysteme der Mitgliedstaaten unterschiedlich entwickelt sind, weshalb es der Herausbildung unionsspezifischer Verwaltungsgrundsätze und Verwaltungsstrukturen bedurfte.[50] Essenzieller Bestandteil dieses Unionsverwaltungsrechts ist die Zusammenarbeit der unterschiedlichen Verwaltungsbehörden innerhalb der Mitgliedstaaten (etwa im Rahmen der Amtshilfe – §§ 8a ff. VwVfG) zur Realisierung unionsrechtlicher Verwaltungsziele (Art. 4 III – V EUV – → § 13 Rn. 9).

15 Vor diesem juristischen Hintergrund stellt sich auch die Frage nach dem Stand der Kodifizierung des Verwaltungsrechts auf der Unionsebene. Ihre Legitimierbarkeit richtet sich nach der Aufteilung der Kompetenzen der Union und der Mitgliedstaaten für das Verwaltungsrecht. Soweit die Prinzipien der **begrenzten Einzelermächtigung** sowie der **Subsidiarität** (Art. 5 EUV) greifen, lässt sich eine Kodifikationskompetenz lediglich für die unionseigene Verwaltung **(Unionseigenverwaltungsrecht)** und damit den Bereich des direkten Vollzugs (→ § 6 Rn. 9 ff.)[51] sowie die Materien der ausschließlichen Zuständigkeit begründen (Art. 2 I, 3 AEUV).

Beispiele: Verordnung über den Zugang der Öffentlichkeit zu Dokumenten des Parlaments, des Rates und der Kommission[52] (VO (EG) 1049/2001) (Art. 15 AEUV); Aufforderung des EU-Parlaments an die EU-Kommission, einen Gesetzesvorschlag für ein Verwaltungsverfahrensrecht der EU-Organe zu schaffen (EU-VwVfG).[53]

---

45 Siedentopf/Speer DÖV 2002, 753 ff.
46 Kahl/Ludwigs VerwaltungsR-HdB/Ludwigs, § 36.
47 Gärditz DÖV 2010, 453 ff.; Simantiras, Netzwerke im Europäischen Regulierungsverbund, 2017; Schwind, Netzwerke im Europäischen Verwaltungsrecht, 2017.
48 Siedentopf, Der Europäische Verwaltungsraum, 2004.
49 Payrhuber DÖV 2017, 501 ff.
50 Terhechte, Verwaltungsrecht der EU, 2. Aufl. 2022.
51 Kahl NVwZ 1996, 865 ff.; Hoffmann-Riem/Schmidt-Aßmann VerwVerfG/Kahl, S. 67 ff., 123 ff.
52 Riemann, Die Transparenz der Europäischen Union, 2004.
53 S. dazu Guckelberger NVwZ 2013, 601 ff.

Darüber hinaus bestehen geteilte, unterstützende, koordinierende und eigene Zuständigkeiten der Mitgliedstaaten (s. auch Art. 4–6 AEUV), weshalb eine unionsweite Harmonisierung und Kodifizierung entfällt. Im Übrigen bestimmen Art. 114 und 115 AEUV das Ausmaß der Rechtsangleichung.[54] 16

IV. Kodifikations- und Harmonisierungsstand des EU-Verwaltungsrechts

1. Verfahrensautonomie der Mitgliedstaaten

Diese Ausgangslage schließt jedoch Teilkodifikationen nicht aus, soweit für besondere Verwaltungsbereiche im Primär- und Sekundärrecht Spezialermächtigungen existieren. Dabei ist zwischen materiellen und verfahrensrechtlichen Regeln zu differenzieren, weil das Vollzugsrecht nach der Konzeption des Primärrechts grundsätzlich bei den Mitgliedstaaten verbleibt. Zwar gestatten Art. 114 und 115 AEUV auch eine Angleichung **des Verwaltungsverfahrensrechts der Mitgliedstaaten** und Art. 41 EU-GRCh enthält Hinweise für ein auf dem **Recht auf gute Verwaltung** basierenden **EU-Verwaltungsverfahrensrecht.** Diese Bestimmung ermächtigt aber wegen des, nationale Souveränitätsrechte und territoriale Eigenverantwortung wahrenden Grundsatzes der **Verfahrensautonomie der Mitgliedstaaten**[55] nicht zur Schaffung einer Vollzugsrechtskodifikation auf Unionsebene. Das gilt auch dann, wenn das EU-Parlament das 17

> „Fehlen eines kohärenten und umfassenden Katalogs an kodifizierten verwaltungsrechtlichen Bestimmungen"

moniert und gleichzeitig den Entwurf eines Europäischen Verwaltungsverfahrensrechts vorlegt,[56] der auf einem von Wissenschaftlern veröffentlichten Musterentwurf beruht (ReNEUAL-ME).[57] Dieser an sich begrüßenswerte Vorschlag einer Rechtsvereinheitlichung kann sich aber wegen der angeführten Argumente und Art. 298 AEUV nur auf die EU-Eigenverwaltung beziehen. Folglich sind Verfahrensvorschriften nur im Zusammenhang mit materiellen Regelungen zulässig, für die eine Legitimationsgrundlage besteht.

Beispiele: Polizeiliche Zusammenarbeit nach Art. 87 AEUV; Europäische Verwaltungszusammenarbeit nach §§ 8a ff. VwVfG; Verfahren über eine einheitliche Stelle nach §§ 71a ff. VwVfG und § 6b GewO im Rahmen der Umsetzung der Dienstleistungs-RL;[58] Zusammenarbeit mit der Europäischen Bankenaufsichtsbehörde und der Europäischen Wertpapier- und Marktaufsichtsbehörde (§ 7b KWG); Zusammenarbeit mit Regulierungsbehörden anderer Mitgliedstaaten (§ 57 EnWG); Berichterstattung nach § 61 BImSchG; Europäischer Informationsaustausch nach § 17 GüKG.

2. Kooperatives Verwaltungsrecht

Die unionale Verwaltungsrechtsetzung wird nicht zurückhaltend praktiziert. Vielmehr ist zu beobachten, dass die EU zunehmend dazu tendiert, sowohl das Verwaltungsverfahren als auch das Verwaltungshandeln der Mitgliedstaaten über unter- 18

---

54 S. allgemein Calliess/Ruffert/Kahl AEUV Art. 114.

55 EuGH Slg. 1983, 2633 Rn. 17; Krönke, Die Verfahrensautonomie der Mitgliedstaaten der EU 2013; Ludwigs NVwZ 2018, 1417 ff.

56 Vorschlag vom 9.6.2016, ABl. 2018 C 86, 126.

57 Abromeit DÖV 2016, 345 ff.; Schneider DVBl 2021, 761 (764 ff.); Hartmann, Die Kodifikation des Europäischen Verwaltungsrechts, 2020; Kahl/Ludwigs VerwaltungsR-HdB/Hartmann, § 56.

58 S. näher Kopp/Ramsauer VwVfG Erl. zu § 8a und zu § 71a; Schliesky, Die Europäisierung der Amtshilfe, 2008.

schiedliche Rechtsinstitute immer intensiver zu steuern[59] (→ § 13 Rn. 8). Deshalb lassen sich spürbare Verschiebungen in Richtung eines unionsorientierten kooperativen Verwaltungsrechts konstatieren, die mindestens partiell deutlich im Gegensatz zu dem **Subsidiaritätsbekenntnis der Union** (s. auch Art. 23 I a GG) stehen und mit dem Stichwort „Homogenisierungsthese" gerechtfertigt werden (auch → § 6 Rn. 9 ff.).[60] Dieser Befund spiegelt sich in zahlreichen EU-Verordnungen und Richtlinien, die jedenfalls nach dem „Better Regulation"-Konzept der EU einen Kodifikationscharakter aufweisen,[61] obwohl es sich begrifflich grundsätzlich nur um die **Konsolidierung** von Vorschriften handelt (→ § 1 Rn. 8 und → § 1 Rn. 23). Exemplarisch sind folgende Normen zu nennen:

3. Bereichsspezifische Kodifikationen

19 – **Verordnung über Fristen, Daten und Termine (Fristen-VO)** (1971)
– **Amtshilferichtlinien** über Verwaltungszusammenarbeit (Amtshilfe-RL) (2010)
– **Unionszollkodex** (1992/2016)
– **Datenschutzgrundverordnung (DSGVO)** (2016)
– **Umweltverträglichkeits-RL** (1985/2011)
– **Richtlinie über die integrierte Vermeidung und Verminderung der Umweltverschmutzung (RL 96/61/EG)** (1996/2010)
– **Umweltinformations-RL** (1990/2003)
– **Visakodex** nach Art. 77 f. AEUV (2009)
– **Beihilfenverfahrens-VO** (2015)
– **Öffentlichkeitsbeteiligungs-RL bei der Plan- und Programmausarbeitung** (2003)
– **EU-Produktsicherheitsverordnung** (VO (EU) 2023/988) (1992/2023)
– **Lebensmittel-Basis-VO** (2002)
– **Elektronische Kommunikationskodex-RL** (2018/2023)
– **Verordnung zur Festlegung gemeinsamer Vorschriften für die Sicherheit in der Zivilluftfahrt (VO (EU) 1254/2009)** (2002/2008)
– **Berufsanerkennungs-RL** (2005)
– **Dienstleistungs-RL** (2006)
– **Verordnung zur Registrierung, Bewertung, Zulassung und Beschränkung chemischer** Stoffe (VO (EG) 1907/2006)[62]
– **Abfall-Rahmen-RL** (2006/2018)
– **Richtlinie zur Förderung der Nutzung von Energie aus erneuerbaren Quellen** (RL (EU) 2018/2001) (2009/2018)
– **Schengener Grenzkodex** (2013).

20 Bestandteil des verwaltungsrechtlichen Kodifizierungsprogramms ist ferner die **Europäisierung technischer Normen** (Art. 171 und 179 AEUV), die im Auftrag der Europäischen Kommission durch das privatrechtlich agierende Komitee für Normierung (CEN) ausgearbeitet und angenommen werden.[63] Nach Art. 2 Nr. 1c VO (EU) 1025/2012 iVm § 2 Nr. 14 ProdSG handelt es sich bei **harmonisierten Normen** um

[59] Schmidt-Aßmann/Schöndorf/Haubold, Der Europäische Verwaltungsverbund, 2005.
[60] Wahl VerwArch 95, 2004, 1 ff.; Hermes FS Wahl, 2011, 689 ff.
[61] S. zu dem Kodifikationsbegriff Kahl/Ludwigs VerwaltungsR-HdB/Schneider, § 56.
[62] VO 1907/2006/EG v. 18. 12. 2006, ABl. L 396, 1 ff.
[63] S. näher Linke, Europäisches Internationales Verwaltungsrecht, 2001, 41 ff.

nichtverbindliche technische Spezifikationen im Sinne konkreter Ausformungen zur wiederholten oder ständigen Anwendung (auch → § 1 Rn. 28). Unionsweite verwaltungsrechtliche Wirkung entfalten diese Normen im Rahmen von **Konformitäts- und Zertifizierungsverfahren.**[64]

4. Vergaberechtliche Kodifikationen

Zu den verwaltungsrechtlich relevanten Rechtsgebieten, bei denen eine durch die EU vorangetriebene Rechtsvereinheitlichung zu verzeichnen ist, gehört auch das **Vergaberecht.** Es ist präziser als **Vergabeverfahrensrecht** oder als **Ausschreibungsrecht** zu charakterisieren, weil es das von öffentlichen Auftraggebern bei der Vorbereitung, Durchführung und Abwicklung von Beschaffungsvorhaben einzuhaltende Verfahren regelt. Es hat für die öffentliche Verwaltung eine herausragende Bedeutung, weil es die Beschaffung der sachlichen Verwaltungsmittel durch die **Vergabeverwaltung** gewährleistet (→ § 4 Rn. 56). Es kreiert neben dem privaten Wirtschaftsmarkt unter dem Stichwort **„go public"** einen zweiten öffentlich geprägten Markt **(government procurement)** in Gestalt eines **Vergabebinnenmarktes** (s. auch Art. 179 II AEUV).[65] Das Vergaberecht besitzt eine Doppelfunktion: Final bezweckt es die Beschaffung von Gütern und Leistungen für die öffentliche Verwaltung durch regelmäßig zivilrechtliche Verträge, modal ist es ein vorvertragliches Auswahlverfahren. Es ist somit spezifisches Handlungsrecht der Verwaltung mit dem das Gebot der Gesetzmäßigkeit der Verwaltung insbesondere im Hinblick auf die Transparenz, Wirtschaftlichkeit und Diskriminierungsfreiheit des Beschaffungsvorgangs realisiert werden soll. Obwohl sich das Vergaberecht weder eindeutig dem Zivil- noch dem Verwaltungsrecht zuordnen lässt, weist es aufgrund des verfahrensrechtlich geprägten Rechtsregimes eine Affinität zum Verwaltungsrecht als spezielles Handlungsrecht der Verwaltung auf.[66] 21

Vor diesem rechtlichen Hintergrund hat sich die EU zunächst mit einer **Konsolidierung** der Vorschriften (→ § 1 Rn. 8) für die Auftragsvergabe befasst. In diesem Zusammenhang wurden im Rahmen eines ersten Harmonisierungsschrittes folgende Richtlinien erlassen: 22

- **Vergabekoordinierungsrichtlinie für öffentliche Bauaufträge, Lieferaufträge und Dienstleistungsaufträge (RL 2014/24/EU)** (2004/2014)
- **Sektorenkoordinierungsrichtlinie für Wasser-, Energie-, Verkehrsversorgungs- und Postdienste (RL 2014/25/EU)** (2004/2014)
- **EG-ÜberwachungsRL** (1989)
- **EG-Sektorenüberwachungs-RL** (1992).

Diese Normenkomplexe werden flankiert von einer Verordnung, die ein einheitliches Vokabular bei der öffentlichen Auftragsvergabe vorschreibt (**Common Procurement Vocabulary** – 2002).

Die Vergaberechtsreform 2014 entwickelte das Vergaberegime weiter und bezweckt neben einem nachhaltigen Wachstum der Marktwirtschaft den effizienten Einsatz öffentlicher Güter sowie die Einbeziehung kleiner und mittlerer Betriebe. Die dazu erlassenen Richtlinien sollen auch dazu beitragen, Rechtssicherheit und Rechtsklarheit 23

---

[64] S. näher Röhl, Akkreditierung und Zertifizierung im Produktsicherheitsrecht, 2000; Bieback, Zertifizierung und Akkreditierung, 2008.
[65] Stober/Korte, Öffentliches Wirtschaftsrecht, 20. Aufl., Rn. 815 ff.
[66] Ziekow ZfBR 2004, 30 (33) mwN; Gurlit VVDStRL 70 (2011), 237 (253 ff.).

zu schaffen sowie dem **Recht auf gute Verwaltung** (Art. 41 EU-GRCh) und dem **EU-Kodex für gute Verwaltungspraxis**[67] Rechnung zu tragen. Dazu wurden folgende Richtlinien erlassen:
- **Öffentliche-Auftragsvergabe-RL**
- **Sektoren-RL**
- **Konzessionsvergabe-RL.**

Beispiele: Parkraumbewirtschaftung; Betrieb von Stadthallen.

V. Internationales und globales Verwaltungsrecht

24 Im Unterschied zur wachsenden Europäisierung des Verwaltungsrechts ist die **Internationalisierung und Globalisierung des Verwaltungsrechts** (→ § 2 Rn. 57) wegen des nach wie vor dominanten staatsbezogenen **Souveränitätsprinzips** und der damit verbundenen zurückhaltenden Abgabe von Kompetenzen an zwischenstaatliche Einrichtungen nur schwach ausgebildet.[68] Dieser Befund steht in einem klaren Gegensatz zu den internationalen wirtschaftlichen Verflechtungen und Handelsbeziehungen. Deshalb sind verwaltungsrechtliche Ansätze insbesondere in ökonomisch geprägten internationalen Abkommen zu finden,[69] die jedoch wegen der gleichzeitigen Beharrung auf nationalstaatlichen Eigeninteressen der Mitglieder kaum Fortschritte machen.

Beispiele: Plurilaterales Abkommen nach Art. II: 3 WTO über das öffentliche Beschaffungswesen (Government Procurement Agreement – GPA), das die EU welthandelsrechtlich zur diskriminierungsfreien Vergabe (Art. VII: 1 GPA) und zur Schaffung von Rechtsbehelfsverfahren (Art. XX: 2 GPA) verpflichtet;[70] **Multilaterales Abkommen** iSv Art. II: 2 WTO über handelsbezogene Aspekte des Rechts geistigen Eigentums (Agreement on Trade-Related Aspects of Intellectual Property Rights – TRIPS), das ua dazu verpflichtet, verwaltungsverfahrensrechtliche Regeln und Grundsätze vorzusehen, die bestimmten rechtsstaatlichen Anforderungen entsprechen (Art. 41 ff. TRIPS); **Multilaterales Abkommen über den Handel mit Dienstleistungen (General Agreement on Trade in Services** – GATS), das eine verwaltungsrechtliche Liberalisierung der Telekommunikationsmärkte als Regulierungsverwaltungsrecht vorsieht.

25 Es ist fraglich, ob diese verhaltenen Standardisierungsbemühungen wegen der wachsenden **Entterritorialisierung**,[71] der zunehmenden **Transnationalisierung** sowie der mangelnden regionalen Beherrschbarkeit einzelner Verwaltungsbereiche ausreichen.[72] Vielmehr nehmen die verwaltungsrechtlichen Steuerungsdefizite auf vielen Verwaltungsrechtsgebieten zu. Deshalb wäre in einigen Sektoren ein rechtskreisübergreifend akzeptiertes **Weltverwaltungsrecht** wünschenswert, das auf vereinbarten einheitlichen Maßstäben und Strukturen beruht.

[67] Beschluss 2011/C 285/3/Komm, ABl. 2011 C 285, 3 ff.

[68] S. näher Voßkuhle/Eifert/Möllers GVwR/Goldmann, § 6.

[69] S. etwa Stober, Globales Wirtschaftsverwaltungsrecht, 2001; Schmidt VerwArch 91 (2000), 149 (163 ff.); Classen VVDStRL 67, 2007, 365 ff.; FS Siedentopf, 2008/Schmidt-Aßmann, 101 ff.; Tietje, Internationalisiertes Verwaltungshandeln, 2001; Voßkuhle/Eifert/Möllers GVwR/Goldmann § 6; Kahl/Ludwigs VerwaltungsR-HdB/Terhechte § 53 Rn. 1 ff.

[70] S. näher Stober/Korte ÖffWirtschaftsR AT Rn. 504 ff. und 1182.

[71] Buchholtz NVwZ 2016, 1353 ff.

[72] Ruffert, Die Globalisierung als Herausforderung an das Öffentliche Recht, 2004; Möllers/Voßkuhle/Walter, Internationales Verwaltungsrecht, 2007; Ladeur DÖV 2012, 369 ff.; Viellechner, Transnationalisierung des Rechts, 2013; Calliess, Transnationales Recht, 2014.

Beispiele: Informations- und Medienverwaltungsrecht;[73] Lebensmittelverwaltungsrecht; Datenschutzrecht; Gentechnikrecht; Finanzmarktverwaltungsrecht; Umwelt- und Klimaverwaltungsrecht.[74]

Erste Stufe einer internationalen Kooperation und Koordination könnte die Entwicklung eines rechtsergänzenden unverbindlichen **Soft-Verwaltungsrechts**[75] sein, das außerhalb des klassischen Verwaltungsrechts faktische Steuerungswirkung entfaltet und nach einer Experimentier- und Probephase die Basis für ein international akzeptiertes verbindliches Verwaltungsrechtsregime werden sollte.[76] Insoweit kommt neben der WTO auch der UN eine Schlüsselrolle zu.[77] 26

VI. Verwaltungsrechtliche Textpublikationen

Die erwähnten unterschiedlichen Rechtsquellen sind das wichtigste Arbeitsmittel bei der Beschäftigung und Auseinandersetzung mit dem Verwaltungsrecht. Die einschlägigen Texte sind vornehmlich in gedruckten und digital verfügbaren amtlichen Medien (Art. 297 I 3 AEUV;[78] Art. 82 I 2 GG, §§ 27a und 27b VwVfG)[79] zu finden. Ausnahmsweise ist eine vereinfachte amtliche Bekanntmachung auch über Rundfunk, Fernsehen oder soziale Medien zulässig. 27

VII. DIN- und EN-Textpublikationen

DIN-Regeln werden wegen ihres bloßen Empfehlungscharakters und der deshalb fehlenden rechtlichen Verbindlichkeit nicht amtlich verkündet (→ § 1 Rn. 20). Sie sind nicht frei verfügbar und konnten bislang nur gegen Entgelt vom Beuth-Verlag GmbH[80] oder im Buchhandel bezogen werden. Dieses Publikationsverfahren wird auch dann angewendet, wenn der Gesetzgeber auf eine bestimmte Fassung einer Privatnorm verweist, obwohl damit gleichzeitig Rechtsverbindlichkeit erzeugt wird, weil die einschlägige DIN-Regel damit Bestandteil der Verwaltungsrechtsordnung wird. Sie unterfallen damit dem Publikationserfordernis des Art. 82 I GG und müssen folglich kostenlos verfügbar sein.[81] Diese Auffassung hat der EuGH für Unionsnormen bestätigt. Danach sind die sog. harmonisierten technischen EU-Normen, die aufgrund eines Rechtsaktes angenommen und im Amtsblatt der EU veröffentlicht wurden aufgrund ihrer Rechtswirkungen Bestandteil des EU-Rechts, weshalb sie allen Menschen frei zugänglich sein müssen. In diesem Zusammenhang hat sich der EuGH insbesondere auf die Geltung des Rechtsstaatsprinzips gestützt, das verlangt, dass vom geltenden Recht verlässlich Kenntnis genommen werden kann (Art. 15 III AEUV, Art. 42 EU-GRCh.[82] Diese Bewertung gilt auch für den freien Zugang zu nationalen Normen in der Informationsgesellschaft.[83] 28

[73] Stober DÖV 2004, 221 ff.
[74] Koch ZUR 2009, 403 ff.; Mager ZaöRV 2010, 789 ff.
[75] Kahl/Ludwigs VerwaltungsR-HdB/Knauff § 41; Hill DÖV 2023, 837 ff.
[76] S. auch Tietje, Internationalisiertes Verwaltungshandeln, 2001.
[77] Baudenbacher/Busek, Europa und die Globalisierung/Stober, 2002, 309 ff.
[78] VO (EU) Nr. 216/2013 v. 7.3.2013.
[79] § 10 Gesetz zur Modernisierung des Verkündungs- und Bekanntmachungswesens vom 20.12.2022, BGBl. I 2752 ff.
[80] Burggrafenstraße 6, 10787 Berlin.
[81] S. auch Bettinghausen DÖV 2020, 469 (473).
[82] EuGH NJW 2024, 1325 (1329); s. auch VO (EU) Nr. 1049/2001.
[83] Ebenso Huggins NVwZ 2024, 1006 ff.

VIII. Verwaltungsrechtliche Materialien, Literatur und Rechtsprechung

29 Im Vorfeld der Schaffung und Änderung des bestehenden Verwaltungsrechts existieren unterschiedliche für die Vorbereitung der Normsetzung erforderliche Quellen. Zum einen wird Verwaltungsrecht von **Rechtsetzungsmaterialien** gespeist[84]

Beispiele: Parlamentsdrucksachen, Protokolle, Ministerialentwürfe, Weißbücher der EU-Kommission.[85]

30 Zum anderen setzt sich das Schrifttum über Lehrbücher, Monografien, Kommentare und Aufsätze mit dem geltenden Verwaltungsrecht und seiner Reform auseinander. Schließlich trägt die Spruchpraxis der Gerichte zur Anwendung, Auslegung und Fortschreibung des Verwaltungsrechts und fungiert insoweit als maßstabsbildende und freiheitssichernde **richterliche Rechtsquelle**.[86] Insoweit wird die Justiz teilweise als die eigentlich bewegende Kraft des verwaltungsrechtlichen Systems angesehen.[87]

31 Diese Aussage trifft insbesondere für den **Europäischen Gerichtshof** (EuGH) zu, der nach Art. 19 I EUV für die Wahrung des Rechts bei der Anwendung und Auslegung der Unionsverfassung verantwortlich ist. Seine Spruchpraxis bildet die Klammer zwischen den Anforderungen der Europäischen Union und den Defiziten der mitgliedstaatlichen Verwaltungsrechtsordnungen, die weder kodifiziert noch widerspruchsfrei sind und sich zwischen case law und Gesetzesrecht bewegen.[88] In diesem Spannungsfeld muss der EuGH Europäisches Verwaltungsrecht entwickeln und fortbilden. Deshalb wird der EuGH zu Recht als Motor des Unionsrechts bezeichnet,[89] dessen Entscheidungen in erheblichem Umfange das nationalstaatliche Verwaltungsrecht modifizieren und gleichzeitig Impulse für neue Verwaltungsstrukturen und Verwaltungsinstrumente setzen.[90]

32 Der Umfang des verwaltungsrechtlichen Normenbestandes wird insbesondere dadurch beeinflusst, dass ein Gericht eine **Verwaltungsnorm für nichtig oder ungültig** erklärt. Denn diese Entscheidungen sind das Gegenstück zur Gesetzgebung und entfalten allgemeine Verbindlichkeit, weshalb sie grundsätzlich in derselben Form wie der Erlass von Rechtsnormen bekanntgemacht werden.

Beispiele: § 47 V VwGO, § 31 II und § 78 BVerfGG; Art. 264 AEUV.

§ 2. Methodische Ausgangslage

Schrifttum: Appel/Eifert VVDStRL 67 (2008), 226 ff., 286 ff.: Das Verwaltungsrecht zwischen klassischem dogmatischen Verständnis und steuerungswissenschaftlichem Anspruch; Blum Gutachten I zum 65. DJT, 2004: Wege zu besserer Gesetzgebung; Bohne, Verwaltungswissenschaft I. Theoretische und methodische Grundlagen, 2. Aufl. 2023; Bohne/Bauer, Grundzüge der öffentlichen Verwaltung in Deutschland, 2023; Benz, Governance – Regieren in komplexen Regelsystemen, 2004; Breuer VERW

84 Frieling, Gesetzesmaterialien und Wille des Gesetzgebers, 2017.
85 Hofmeister DVBl 2022, 625 ff.
86 Park Rechtsfindung VerwR, 2; Huber DVBl 2021, 753 (755).
87 Fischer, Die Auswirkungen der Rechtsprechung des Bundesverfassungsgerichts auf die Dogmatik des allgemeinen Verwaltungsrechts, 1997.
88 Pötters/Christensen JZ 2012, 289 ff.
89 Schoch VBlBW 1999, 241 (245).
90 Kadelbach, Allgemeines Verwaltungsrecht unter europäischem Einfluss, 1999, S. 43 f.; Linke, Europäisches Internationales Verwaltungsrecht, 2001; Siedentopf/Speer DÖV 2002, 752 (758); FS Maurer, 2001/Huber S. 1165 ff.; Kahl NVwZ 2001, 449 ff.

36 (2003), 271 ff.: Zur Lage der deutschen Verwaltungsrechtswissenschaft; v. Bogdandy/Cassese/Huber, Verwaltungsrecht in Europa V, 2014; Burgi VERW 12 (2017), 33, Zur Lage der Verwaltungsrechtswissenschaft; Deutsche Verwaltungsgeschichte II/Stolleis, 1983, S. 56 ff.: Verwaltungslehre und Verwaltungswissenschaft 1803–1866; Deutsche Verwaltungsgeschichte III/Stolleis, in: 1984, S. 85 ff.: Verwaltungsrechtswissenschaft und Verwaltungslehre 1866–1914; Deutsche Verwaltungsgeschichte IV/Stolleis, 1985, S. 77 ff.: Verwaltungsrechtswissenschaft und Verwaltungslehre in der Weimarer Republik; Jeserich/Pohl/v. Unruh Deutsche Verwaltungsgeschichte IV/Stolleis, 1985, S. 707 ff.: Verwaltungsrechtswissenschaft und Verwaltungslehre im Nationalsozialismus; Engel uA, Öffentliches Recht als Verhaltensordnung, 2024; Hill/Mehde, Herausforderungen für das Verwaltungsrecht, 2023; Kahl/Ludwigs VerwaltungsR-HdB/Augsberg, § 27: Verwaltung und Empirie; Kahl/Ludwigs VerwaltungsR-HdB/Binder, § 13: Verwaltungsrecht und Verwaltungslehre; Kahl/Ludwigs VerwaltungsR-HdB/Ellerbrok, § 76: Rationalität und Effizienz; Kahl/Ludwigs VerwaltungsR-HdB/Hill, § 127: Gutes Regierungs- und Verwaltungshandeln; Kahl/Mager, Verwaltungsrechtswissenschaft und Verwaltungspraxis, 2019; Kahl/Ludwigs VerwaltungsR-HdB/Kahl, § 123: Maßstäbe des Verwaltungshandelns; Kahl/Ludwigs VerwaltungsR-HdB/Kaiser, § 24: Juristische Methode, Dogmatik und System; Kahl/Ludwigs VerwaltungsR-HdB/Kersten, § 25: Konzept und Methoden der „Neuen Verwaltungsrechtswissenschaft"; Kahl/Ludwigs VerwaltungsR-HdB/Sommermann, § 52: Bedeutung der Rechtsvergleichung im europäischen Verwaltungsrecht; Kahl/Ludwigs VerwaltungsR-HdB/Pilniok, § 123: Maßstäbe des Verwaltungshandelns; Kahl/Ludwigs VerwaltungsR-HdB/Schmidt-Preuß, § 26: Verwaltung zwischen Selbstregulierung, staatlicher Steuerung und Governance; Kahl/Ludwigs VerwaltungsR-HdB/Unger, § 50: Methodenlehre des europäischen Verwaltungsrechts; Kahl/Ludwigs VerwaltungsR-HdB/Waldhoff, § 11: Verwaltung und Verwaltungsrecht; Kloepfer, Informationsrecht, 2002; König DÖV 1990, 305 ff.: Zum Standort der Verwaltungswissenschaft; König/Siedentopf, Öffentliche Verwaltung in Deutschland, 2. Aufl. 1997; Kremer, Die Verwaltungsrechtswissenschaft in der früheren Bundesrepublik (1949–1977), 2017; Lepsius, Steuerungsdiskussion, Systemtheorie und Parlamentarismuskritik, 1999; Mäding FS Ellwein, 1987, S. 212 ff.: Methoden und Methodenanwendung als Gegenstand der Verwaltungswissenschaft; Maier, Die ältere deutsche Staats- und Verwaltungslehre, 2009; Möllers, Juristische Methodenlehre, 5. Aufl. 2023; Püttner, Verwaltungslehre, 4. Aufl. 2007; Reimer, Juristische Methodenlehre, 3. Aufl. 2025; Riesenhuber, Europäische Methodenlehre, 4. Aufl. 2021; Roellecke VerwArch. 91 (2000), 1 ff.: Verwaltungswissenschaft – von außen gesehen; Röhl/v. Arnauld VVDStRL 74 (2015), 1 ff.: Öffnung der öffentlich-rechtlichen Methode durch Internationalität und Interdisziplinarität; Ruffert, Die Globalisierung als Herausforderung an das Öffentliche Recht, 2004; Ruffert VERW 36 (2003), 293 ff.: Die Europäisierung der Verwaltungslehre; Schäfer, Die Umgestaltung des Verwaltungsrechts, 2016; Schliesky VerwArch. 98 (2008), 313 ff.: Verwaltungsreform als Aufgabe; Schmidt-Aßmann/Hoffmann-Riem, Methoden der Verwaltungsrechtswissenschaft, 2004; Schoch/Schöndorf-Haubold, Der Europäische Verwaltungsverbund, 2005; Schneider VERW 34 (2001), 317 ff.: Zur Ökonomisierung von Verwaltungsrecht und Verwaltungsrechtswissenschaft; Schröder, Recht als Wissenschaft, 2001; Schröder, Verwaltungsrechtsdogmatik im Wandel, 2007; Schuppert, Staatswissenschaft, 2003; Schuppert, Verwaltungswissenschaften, 2000; Schuppert/Pernice/Haltern, Europawissenschaft, 2005; Seibel, Verwaltung verstehen, 2016; Siedentopf, Verwaltungswissenschaft, 1976; Siedentopf/Speer DÖV 2002, 753 ff.: Europäischer Verwaltungsraum oder Europäische Verwaltungsgemeinschaft; Siedentopf, Der Europäische Verwaltungsraum, 2004; Sommermann/Ziekow, Perspektiven der Verwaltungsforschung, 2002; Stein FS Maurer, 2001 S. 803 ff.: Methodische Probleme des Verwaltungsrechts; Stolleis, Geschichte des öffentlichen Rechts in Deutschland II. 1800–1914, 1992, S. 229 ff.; Stolleis, Geschichte des öffentlichen Rechts in Deutschland III. 1914–1945, 2000; Theobald, Zur Ökonomik des Staates, 2000; Thieme, Verwaltungslehre, 4. Aufl. 1986; Thieme, Einführung in die Verwaltungslehre, 1995; Unger VVDStRL 83 (2024), 10 ff.: Historische Konstanten und neue Impulse in der Entwicklung des verfassungsrechtlichen Verständnisses von „guter Verwaltung"; Voßkuhle/Eifert/Möllers GVwR/Möllers, § 2: Methoden; Voßkuhle/Eifert/Möllers GVwR/Voßkuhle, § 1: Neue Verwaltungsrechtswissenschaft; Ziekow, Verwaltungswissenschaften und Verwaltungswissenschaft, 2003.

I. Verwaltungsrechtliche Konzepte

1. Konzeptkritik

1 Die Erschließung des Normbestandes und der Kodifikationsbefund haben gezeigt, dass die **Ordnung des Verwaltungsrechts** noch keineswegs bewältigt ist. Zwar vermittelt das Verwaltungsrecht heute nicht mehr den „Eindruck einer heillosen Verwirrung"[1] und schlimmster „Meinungsverworrenheit".[2] Gleichwohl besteht nach wie vor die Aufgabe, das Verwaltungsrecht nach „gemeinsamen, großen Gesichtspunkten"[3] zu durchdringen und zusammenzufassen. Vor diesem Hintergrund stellt sich die Schlüsselfrage nach dem **Leitbild des modernen Verwaltungsrechts** (näher → § 2 Rn. 37 ff.). Seine Konzeption ist aus unterschiedlichen Blickwinkeln zu entfalten. Die Verwaltungsrechtsliteratur beschränkt sich häufig auf deskriptive, theoretisch-abstrakte, positivistische, narrative und fallbezogene Erklärungsansätze. Diese Vorgehensweise wird aus der sicheren Distanz der Rechtsgeschichte hinsichtlich des Zustandes von Rechtswissenschaft und Verwaltungsrecht so kommentiert:

> „Schwer abzuschätzen ist der Anteil der Rechtswissenschaft an der neueren Rechtsentwicklung. Der Abfall gegenüber dem 19. Jh. ist unverkennbar. Es gibt heute keine wissenschaftlichen Werke, die sich nach ihrer Wirkung mit denen von B. Windscheid oder O. Mayer vergleichen ließen. Seit der Kodifikation der Lehre vom Verwaltungsakt in den Verwaltungsverfahrensgesetzen ab 1976 gibt es wohl kein wichtiges Rechtsgebiet mehr, dessen Begrifflichkeit und System noch vornehmlich von der Wissenschaft geprägt ist. Dieser Verlust ist bisher anscheinend noch nicht bemerkt worden. Umso bedeutsamer wird künftig die kritische Aufgabe der Rechtswissenschaft sein – nicht nur im juristisch-technischen Detail, sondern vor allem im Hinblick auf die Prinzipien und Strukturen."[4]

2 Diese Kritik ist berechtigt.[5] Begriffliche Festlegungen sind zu statisch. Sie berücksichtigen zu wenig die Flexibilität und Dynamik des Verwaltungsrechts. Historische Ableitungen befassen sich zu wenig mit dem Wandel der Grundbedingungen des Verwaltungsrechts. Positivrechtlich ausgerichtete Abhandlungen vernachlässigen vor- und außerrechtliche Bezüge des Verwaltungsrechts. Judikativ inspirierte Darstellungen orientieren sich zu sehr an der funktionsbedingt auf eine Rechtskontrolle und Normenabarbeitung reduzierten Verwaltungsperspektive der Gerichtsbarkeit, die allenfalls Teilaspekte beleuchten kann (auch → § 1 Rn. 30). Die abstrakten Grundannahmen theoretisch konzipierter Werke wiederum müssen mit dem Verwaltungsrecht konkreter Staatsgebilde sowie Verwaltungsräume kompatibel sein und die jeweiligen gesellschaftlichen sowie rechtspolitischen Gegebenheiten berücksichtigen.[6] Der Versuch, die bestehende Lücke durch großangelegte Sammelwerke mit einer Vielzahl von Autoren zu schließen ist problematisch und kaum weiterführend. Diese Lösungsvariante produziert auseinanderklaffende Sichtweisen,[7] inhaltliche Ausufe-

[1] Emmerich JuS 1970, 333; Ossenbühl DÖV 1971, 513.

[2] Anschütz/Berolzheimer, Handbuch der Politik/Preuß, 1914, S. 266.

[3] Mayer, Deutsches Verwaltungsrecht, 1895, Vorwort zur 1. Aufl.

[4] Kroeschell, Deutsche Rechtsgeschichte III, 5. Aufl. 2008, S. 296; zu eng FS Battis, 2014/Grigoleit S. 27 ff.

[5] S. auch Appel VVDStRL 67 (2008), 226 (233 f.).

[6] S. auch Schäfer, Die Umgestaltung des Verwaltungsrechts, 2016; Gärditz DVBl 2023, 697 (700 f.).

[7] S. exemplarisch hinsichtlich der Frage, ob der Begriff Verwaltung zu definieren oder abzugrenzen ist: Bejahend Voßkuhle/Eifert/Möllers GVwR/Hoffman-Riem/Pilniok/Groß, § 12 Rn. 79 und 82 ff. sowie § 15 Rn. 4 und verneinend Voßkuhle/Eifert/Möllers GVwR/Möllers, § 2 Rn. 3 f.

rungen, thematische Abschweifungen[8] und zahlreiche Redundanzen[9] mit der Folge, dass der Betrachter die Orientierung verliert. Zusammengenommen fehlt es an einem transparenten **Verwaltungsrecht aus einem konzeptionellen Guss** mit Anschlussfähigkeit für die Verwaltungspraxis,[10] weshalb die Rezeption dieser Werke in Verwaltung, Gesetzgebung und Rechtsprechung gegen Null tendiert.[11]

2. Allgemeine Rechtsfindungskriterien

Diese skeptische Analyse schließt eine Kombination der angeführten Ansätze nicht aus.[12] Zusätzlich ist nach weiteren **Rechtsfindungskriterien**[13] zu suchen, die das Verwaltungsrecht als komplexen Prozess aus normativen und realen Lebenssachverhalten und Anforderungen begreifen. Im Fokus steht dabei die differenzierte Ausgestaltung der Verwaltung als **eigenständige Funktion** sowie die **Verwaltungsrechtsbeziehung zwischen Staat und Bevölkerung** (→ §§ 32 ff. Rn. 1 ff.) innerhalb einer Skala, die von der **Staatsverantwortung,** verstanden als **Verwaltungsverantwortung** für das Gemeinwohl,[14] über die **Mitverantwortung** iSe kooperativen Verwaltung (→ §§ 88 ff. Rn. 1 ff.)[15] bis zur **Eigenverantwortung** des Individuums[16] reicht, der jeweils unterschiedliche Interessenlagen[17] und Verwaltungstypen entsprechen (→ § 5 Rn. 1 ff.). In einer supranational aufgestellten und international agierenden Verwaltungswelt tritt die **Staatenverantwortung** für ein gerechtes, funktionsfähiges und steuerbares überstaatliches Verwaltungsrecht hinzu.[18] 3

Aus dem Blickwinkel der vom Verwaltungsrecht Betroffenen ist die **dienende Funktion der Verwaltung** (s. etwa Art. 13 I EUV; Art. 82 I 2 SächsVerf und → § 1 Rn. 13)[19] die oberste Maxime des Verwaltungsrechts. Denn der Mensch ist nicht Objekt der Verwaltung, sondern er steht im Zentrum der Verwaltungsrechtsordnung 4

[8] Kahl/Ludwigs VerwaltungsR-HdB/Kaiser, § 24 Rn. 1 ff. zum Thema juristische Methodenlehre, s. auch Voßkuhle/Eifert/Möllers GVwR/Möllers, § 2 Rn. 25.

[9] So wird in dem Werk Kahl/Ludwigs VerwaltungsR-HdB das Thema Effizienz sowohl in § 76 als in § 123 Rn. 42 ff. erörtert, wobei kein Hinweis auf § 76 erfolgt. S. dazu insbesondere Schoch NVwZ 2023, 1722 (1726).

[10] Jestaedt JZ 2012, 8 ff.

[11] S. auch Gärditz VERW 12 (2017) 105.

[12] Ebenso Voßkuhle VerwArch 92 (2001), 184 (195).

[13] Kritisch zu diesem juristischen Verständnis Schmidt-Aßmann/Hoffmann-Riem, Methoden der Verwaltungsrechtswissenschaft/Hoffmann-Riem, 2004, S. 11 f.

[14] S. allgemein abgrenzend Berg, Die Wissenschaft vom Verwaltungsrecht/Röhl, 1999, S. 33 ff.; Schmidt-Aßmann/Hoffmann-Riem, Verwaltungskontrolle/Hoffmann-Riem, 2001, S. 291, 339 f.; Di Fabio, Der Verfassungsstaat in der Weltgesellschaft, 2001, S. 100 ff.

[15] Benz, Kooperative Verwaltung, 1994; Dose, Die verhandelnde Verwaltung, 1997; Schuppert, Jenseits von Privatisierung und „schlankem" Staat/Bauer, 1999, S. 251 ff.; Berg, Die Wissenschaft vom Verwaltungsrecht/Groß, 1999, S. 57, 77; Schuppert, Verwaltungswissenschaft, 2000, S. 115 ff.; Voßkuhle VerwArch 92 (2001), 184 (204 ff.); Voßkuhle VVDStRL 62 (2003), 266 ff.; Hoffmann-Riem/Schmidt-Aßmann VerwVerfG/Ziekow, S. 349 (365); Pitschas DÖV 2004, 231 ff.; Dederer, Korporative Staatsgewalt, 2004, S. 66 ff.

[16] Saladin, Verantwortung als Staatsprinzip, 1984; Pitschas, Verwaltungsverantwortung und Verwaltungsverfahren, 1990, S. 8 ff., 235 ff.; Murswiek, Die staatliche Verantwortung für die Risiken der Technik, 1985; Schubert, Das „Prinzip Verantwortung" als verfassungsstaatliches Rechtprinzip, 1998; Stober/Korte ÖffWirtschaftsR, § 2 Rn. 18 ff.; Klement, Verantwortung, 2006.

[17] Park Rechtsfindung VerwR, S. 319.

[18] Tietje DVBl 2003, 1081 ff.

[19] BVerfGE 105, 48 (60); s. zum Begriff des Dienens Fehling VVDStRL 70 (2011), 278 (286 f.); Burgi DVBl 2011, 1317 ff. und ferner FS Bull, 2011/Schliesky, S. 819 ff.

(Art. 1 ff. GG). Deshalb hat das gesamte Handeln der Verwaltung im Dienst der Menschen und der Gemeinschaft zu stehen.[20] Dementsprechend müssen die **Verwaltungsbediensteten** Diener des ganzen Volkes sein (Art. 92 SächsVerf). Diese personale Auswirkung kommt im **Menschenbild der Rechtsordnung** (Art. 1 GG) und insbesondere in den **Grundrechten** (Art. 2 ff. GG und Art. 1 ff. EU-GRCh)[21] sowie der **Unionsbürgerschaft** (Art. 20 ff. AEUV und Art. 39 f. EU-GRCh) zum Ausdruck. Eine spezielle verwaltungsbezogene aber nur fragmentarisch ausformulierte Ausprägung ist das **Recht auf gute Verwaltung**[22] (Art. 41 EU-GRCh)[23] sowie das Gebot, ein **hohes Verbraucherschutzniveau** zu wahren (Art. 169 AEUV), das sich auch auf die Inanspruchnahme öffentlicher Leistungen erstreckt. Das richtige Austarieren der Verwaltungsverantwortung einerseits sowie der **Bürger- und Einwohnerverantwortung**[24] andererseits gehört zu den großen Zukunftsaufgaben des Verwaltungsrechts,[25] das inzwischen zur Herausbildung eines **Kooperationsprinzips** als allgemeines Verwaltungsprinzip geführt hat.[26]

Beispiele: Technische Normierung unter Beteiligung betroffener sachverständiger Kreise; Öko-Audit nach § 58e BImSchG; Public Private Partnership;[27] Regulierte Selbstregulierung;[28] Bürgerbeteiligung; Privatisierung von Verwaltungsaufgaben;[29] Öffentlich-Private Sicherheitskooperation.[30]

II. Verwaltungswissenschaftliche Konzepte

5 Verwaltungsrechtliche Konzepte dürfen nicht isoliert betrachtet werden, weil Verwaltungsrecht und öffentliche Verwaltung Gegenstand mehrerer, nach ihren Fragestellungen und Methoden verschiedener Wissenschaften sind, die man als **Verwaltungswissenschaften** zusammenfassen kann.[31] Allerdings existiert weder eine einheitliche Terminologie noch eine übereinstimmende Abgrenzung des Erkenntnisgegenstandes. Über Aufgaben und Sinn der Verwaltungswissenschaft besteht „alles andere als Klarheit".[32] Umstritten ist schon, ob der Begriff Verwaltungswissenschaft in der Ein- oder

[20] Dieser Aspekt kommt in den von Hoffmann-Riem/Schmidt-Aßmann/Voßkuhle GVwR, 2006 ff. sowie in Voßkuhle/Eifert/Möllers GVwR, 3. Aufl. 2022 durchgehend zu kurz.

[21] Sommermann/Ziekow, Perspektiven der Verwaltungsforschung/Merten, 2003, S. 211 ff.

[22] FS Stern, 2012/Schröder, S. 933 ff.; FS Bull, 2011/Laubinger, S. 659 ff.

[23] Schliesky, Das Recht auf gute Verwaltung, 2006; Classen, Gute Verwaltung im Recht der EU, 2008; Calliess/Ruffert/Ruffert GRCh Art. 41; EuGH NVwZ 2019, 1664 (1666).

[24] Merten VVDStRL 55 (1995), 7 ff.

[25] FS Zacher, 1998/Scholz, S. 987 ff.; Schubert, Das „Prinzip Verantwortung" als verfassungsstaatliches Rechtsprinzip, 1998; Schmidt-Preuß/Di Fabio VVDStRL 56 (1997), 160 ff. und 235 ff.; Stober NJW 1997, 889 ff.; Stober DÖV 1998, 775 ff.; Voßkuhle/Eifert/Möllers GVwR/Eifert, § 19 Rn. 35 ff.

[26] Sommermann/Ziekow, Perspektiven der Verwaltungsforschung/Pitschas, 2002, S. 223 ff.; Stober/Korte ÖffWirtschaftsR, Rn. 918 ff.; BVerfG DVBl 1998, 705 ff.

[27] Voßkuhle VVDStRL 62 (2003), 266 ff.; Pitschas DÖV 2004, 231 ff.

[28] Berg ua, Regulierte Selbstregulierung und Steuerungskonzepte des Gewährleistungsstaates, 2001; Voßkuhle VerwArch 92 (2001), 184 (213 ff.); Schoch NVwZ 2008, 241 (247).

[29] Won Woo Lee, Privatisierung als Rechtsproblem, 1997.

[30] Stober/Eisenmenger/Olschok, Handbuch Sicherheitswirtschaft und Öffentlich-Private Sicherheitskooperation, 2023.

[31] S. näher Bohne, Verwaltungswissenschaft, 2. Aufl. 2023, 4 und Voßkuhle/Eifert/Möllers GVwR/Möllers, § 2 Rn. 59.

[32] Forsthoff VerwR, S. 47; Roellecke VERW 91 (2000), 1 ff.; Ziekow, Verwaltungswissenschaften und Verwaltungswissenschaft/Hoffmann-Riem, 2003, S. 45, 54.

Mehrzahl zu verwenden ist[33] sowie das Verhältnis zwischen Verwaltungswissenschaften und Verwaltungslehre.[34] Angesichts dieser Kontroverse wird für die Etablierung einer **Neuen Verwaltungsrechtswissenschaft** plädiert,[35] die aber jedenfalls in der Praxis nicht wahrgenommen wird.[36] Zusammen genommen geht es um die Frage nach der richtigen Methode bei der Findung des Verwaltungsrechts und darum, ob und inwieweit zur Problemlösung auf Methoden anderer Disziplinen zurückgegriffen werden darf oder muss.

1. Staatswissenschaftliche (politische) Methode

6 Innerhalb der **Verwaltungswissenschaft** entwickelten sich zwei Richtungen: Die sog. **staatswissenschaftliche (politische) Methode** lehnte sich an den Aufbau der zunächst als **Kameral- oder Polizeiwissenschaft** herausgebildeten Verwaltungslehre an. Sie ging aus von den einzelnen Verwaltungszweigen (materiellen Hoheitsrechten) und analysierte und erläuterte die sich jeweils hierauf beziehenden rechtlichen Regelungen, ohne das Verwaltungsrecht als innere Einheit zu begreifen und darzustellen. Auf diese Weise wurde der vielfältige positive Rechtsstoff zusammengetragen und systematisiert (zB Verwaltungs- und Wirtschaftslehre, Polizei- und Finanzlehre, Landwirtschafts- und Manufakturkunde).[37] Ziel dieser gesellschaftswissenschaftlich orientierten Methode war es, das **tatsächliche Funktionieren von Verwaltung** auf den verschiedenen Bereichen der staatlichen Tätigkeit unter Einschluss auch der verwaltungsrechtlichen Seite zu beschreiben[38] und zu ordnen.[39]

2. Juristische Methode

7 Demgegenüber schuf der **bürgerliche Rechtsstaat** (→ § 9 Rn. 1 ff.) die entscheidenden Voraussetzungen für die Entwicklung einer systematischen Verwaltungsrechtswissenschaft iSe **juristischen Methode,** indem er die **Gewaltengliederung** einführte und eine rechtlich geschützte Freiheitssphäre des Individuums anerkannte. Insofern war die **Verrechtlichung der öffentlichen Verwaltung** zugleich die Basis für eine Herausbildung einer Wissenschaft des Verwaltungsrechts.[40] Da es nunmehr feste Zuständigkeitsregelungen zwischen den staatlichen Organen und öffentlich-rechtliche Rechtsbeziehungen zwischen Staat und Bürger gab, war eine juristische Erfassung

---

[33] S. dazu Püttner, Verwaltungslehre, 4. Aufl. 2007, § 1 II; Reichard VERW 36 (2003), 389 (392); Voßkuhle/Eifert/Möllers GVwR/Möllers, § 2 Rn. 59.

[34] S. FS Stern, 1997/Püttner, 733 ff.

[35] S. dazu Voßkuhle/Eifert/Möllers GVwR und kritisch dazu Wahl, Herausforderungen und Antworten, 2006, 89 ff.; Schulze-Fielitz, Staatsrechtslehre als Wissenschaft/Schoch, 2007, S. 177, 203 ff.; Meyer VerwArch 101 (2010), 351 ff.; Starck JZ 2010, 1170 ff.; Jestaedt JZ 2012, 1 (8 f.); Voßkuhle/Eifert/Möllers GVwR/Voßkuhle, § 1.

[36] Waldhoff DÖV 2024, 529.

[37] S. näher Meyer-Hesemann, Methodenwandel in der Verwaltungsrechtswissenschaft, 1981, S. 6 ff.; Park Rechtsfindung VerwR, S. 60.

[38] So v. Mohl, Staatsrecht des Königreichs Württemberg, II. 1831 und dazu Tietje, Internationalisiertes Verwaltungshandeln, 2001, S. 50 ff.; v. Rönne, Staatsrecht der preußischen Monarchie, II. 1856; Pözl, Lehrbuch des bayrischen Verwaltungsrechtes, 1856; Meyer, Lehrbuch des deutschen Verwaltungsrechtes I, II, 1883–85; Löning, Lehrbuch des deutschen Verwaltungsrechtes, 1884.

[39] Hoffmann-Riem/Schmidt-Aßmann VerwR I/Stolleis, § 2 Rn. 9 ff.

[40] S. näher Jeserich/Pohl/v. Unruh Dt. Verwaltungsgeschichte II/Stolleis, 258 ff.; Hoffmann-Riem/Schmidt-Aßmann VerwR I/Stolleis, § 2 Rn. 47 ff.; Schröder, Verwaltungsrechtsdogmatik im Wandel, 2007.

und Systematisierung von Verwaltungsaufbau und Verwaltungshandeln Erfolg versprechend. Die juristische Methode suchte das Verwaltungsrecht durch Herausarbeitung der ihm eigenen Rechtsinstitutionen zu erfassen und systematisch zu durchdringen. Von der Grundlage des **Rechtsstaatsgedankens** aus erhob man sich über bloße Gesetzesinterpretation und entwickelte, mehr unbewusst als bewusst an die zeitbedingte Rechtslage anknüpfend, allgemeine Begriffe und Institutionen, um das Verwaltungsleben allseitig auch unter Einbeziehung der Verwaltungsrechtsprechung juristisch zu erfassen. Die juristische Methode führte so zum **„System"** und den **„allgemeinen Lehren" des Verwaltungsrechts,** die seinen Charakter als eigenständige Rechtsdisziplin begründeten und sicherten. Sie wurde von Friedrich Franz von Mayer vorgezeichnet[41] und von Otto v. Sarwey verfeinert. So hatte das Allgemeine Verwaltungsrecht nach Sarwey die Aufgabe,

„die dem Rechte der verschiedenen Staaten gemeinsame und die sie unterscheidenden Grundsätze über die Verwaltungstätigkeit wissenschaftlich zu erfassen und darzustellen".[42]

Unbeschadet dieser Vorarbeiten gilt Otto Mayer als der eigentliche Schöpfer des heutigen Verwaltungsrechts. Er verstand das Allgemeine Verwaltungsrecht als System ihm eigentümlicher Rechtsinstitute, als

„feststehende, gleichbleibende Formen für die Erscheinung der öffentlichen Gewalt".[43]

Teilweise wird die Systembildung auch als **institutionelle Methode des Verwaltungsrechts** verstanden.[44] Der Siegeszug der juristischen Methode führte gleichzeitig zu einer Verarmung des Verwaltungsrechts, das wegen seiner Konzentration auf die Rechtsdogmatik von wichtigen Erkenntnisquellen abgeschnitten wurde.[45]

3. Integrationsmethode

8 Aus heutiger Sicht sind die **Verwaltungswissenschaften als Querschnittswissenschaften** zu begreifen. Ihr Arbeitsfeld ist weit zu ziehen, um nicht von vornherein bestimmte Ansätze auszuklammern. Die Verwaltungswissenschaften befassen sich unter sämtlichen Gesichtspunkten mit der Erfassung, Untersuchung, Verarbeitung und Lösung von Fragen, Bezügen, Erscheinungsformen und Konzeptionen der Verwaltung. Sie sind Folge davon, dass sich moderne Verwaltung nicht in juristisch vorgeformter Aufgabenerfüllung erschöpft. Sie impliziert daneben ein hohes Maß an **metajuristischer Verantwortung.** Deshalb muss verwaltungswissenschaftliche Forschung im Interesse der Menschen und der Verwaltung multi-, trans- und interdisziplinär sowie

[41] v. Mayer, Grundsätze des Verwaltungsrechts mit besonderer Rücksicht auf gemeinsames deutsches Recht, 1862, 46 ff.; Ishikawa/v. Mayer AöR 1992, 121 ff. und 176 ff.

[42] v. Sarwey, Allgemeines Verwaltungsrecht, 1884, 51.

[43] Mayer, Verwaltungsrecht; 3. Aufl. 1924, S. 21 und 114; s. näher Hueber/Mayer – Die „juristische Methode" im Verwaltungsrecht, 1981; Heyen/Mayer, Studien zu den geistigen Grundlagen seiner Verwaltungsrechtswissenschaft, 1981; Jeserich/Pohl/v. Unruh Dt. Verwaltungsgeschichte II/Stolleis, 90 f. und 394 ff.; Schmidt-De Caluwe, Der Verwaltungsakt in der Lehre Otto Mayers, 1998; Park Rechtsfindung VerwR, S. 60 f.; Schmidt-Aßmann/Hoffmann-Riem, Methoden der Verwaltungsrechtswissenschaft/Bumke, 2004 S. 75, 86 ff.

[44] Paust, Die institutionelle Methode des Verwaltungsrechts, 1997, S. 110 ff.

[45] S. Bachof VVDStRL 30 (1972), 193 (241); Schmidt-Aßmann/Hoffmann-Riem, Methoden der Verwaltungsrechtswissenschaft/Bumke, 2004 S. 75 ff.; Appel VVDStRL 67 (2008), 226 (240); Voßkuhle/Eifert/Möllers GVwR/Voßkuhle, § 1 Rn. 2 ff.

international und transnational (→ § 2 Rn. 38 ff.)[46] und damit als **Integrationsmethode** angelegt sein.[47] Diese weite Perspektive entspricht auch dem Anliegen der „Neuen Verwaltungsrechtswissenschaft“,[48] die als „Verwaltungsrecht & Verwaltungsrechtswissenschaft“ charakterisiert wird.[49] Dieses Konzept hat zwar wegen des andauernden Methodenstreits unter den Stichworten „ State oft he Art“ und „New School versus Old School“ berechtigte Kritik erfahren,[50] gleichwohl ist die Einbeziehung ihrer Vorstellungen auch wegen der methodischen Offenheit und der Pluralität ihrer Ansätze eine bereichernde und ergänzende Sichtweise zur umfassenden Erforschung der Verwaltung und des Verwaltungsrechts.[51]

III. Verwaltungslehrekonzepte

1. Verwaltungslehre im engeren Sinne und Verwaltungspolitik

Aus dieser Perspektive weisen verwaltungswissenschaftliche Konzepte Gemeinsamkeiten und Überschneidungen mit der Verwaltungslehre auf, deren Inhalte aber unterschiedlich interpretiert werden.[52] Die **Verwaltungslehre ieS** beschreibt die **tatsächliche Tätigkeit** der öffentlichen Verwaltung, das Funktionieren des Verwaltungsapparats, das Entstehen und die Wirkungen von Verwaltungshandlungen. Im Vordergrund stehen Fragen der **Effizienz und Zweckmäßigkeit**.[53] Das geltende Verwaltungsrecht ist dabei nur einer der zu berücksichtigenden Faktoren neben sozialen, kulturellen, technischen ua Gegebenheiten. 9

Die beschreibende Verwaltungslehre ist oft verbunden mit einer **Verwaltungspolitik,** die von der **Verwaltungsrechtspolitik** zu unterscheiden ist. Das Verwaltungsrecht schafft die normativen Voraussetzungen und setzt die Grenzen für die Verwaltungspolitik. Ihre Bedeutung liegt darin, dass sie politische Handlungs- und Gestaltungsspielräume eröffnet und Zweckmäßigkeitsüberlegungen eine Rolle spielen dürfen. 10

Beispiele: Verwaltungspolitische Gestaltungsräume besitzen die Gemeinden auf Grund von Art. 28 II GG sowie die Träger der funktionalen Selbstverwaltung im Rahmen der ihnen eingeräumten Verwaltungsautonomie (s. auch Art. 4 II EUV). Verwaltungspolitik kann ferner mit der Handhabung von Ermessens- und Planungsspielräumen praktiziert werden (→ § 31 Rn. 1 ff.).

Unabhängig davon ermittelt Verwaltungspolitik die Ziele der Verwaltung im Rahmen der Staatszwecke, erforscht die zu ihrer Verwirklichung geeigneten Mittel und prüft insbesondere durch Evaluierungen[54] die Möglichkeiten einer **Verwaltungsreform** mit dem Ziel optimaler Gestaltung der Verwaltung iSeBenchmarkings. Sie ist teils allgemeine, teils besondere Verwaltungspolitik (zB Sozial-, Arbeits-, Kultur-, 11

46 Ziekow, Verwaltungswissenschaften und Verwaltungswissenschaft/Hoffmann-Riem, 2003, S. 45 ff.; Hoffmann-Riem JZ 2007, 645 ff.; Augsberg, Extrajuridisches Wissen im Verwaltungsrecht, 2013.

47 Ähnlich Schuppert, Verwaltungswissenschaften, 2000, S. 46; FS Bull, 2011/Trute/Pilniok, S. 849 ff.; Ludwigs, Unternehmensbezogene Effizienzanforderungen im öffentlichen Recht, 2013; König, Stationen integrativer Verwaltungswissenschaft, 2020; König DÖV 2017, 525 (527); Kahl/Ludwigs VerwaltungsR-HdB/Augsberg, § 27 Rn. 2; Bohne, Verwaltungswissenschaft I, 2. Aufl. 2023.

48 Voßkuhle/Eifert/Möllers GVwR/Voßkuhle, § 1 Rn. 8 ff.

49 Voßkuhle BayVBl. 2010, 581.

50 Kahl/Ludwigs VerwaltungsR-HdB/Kersten, § 25 Rn. 1 und 7.

51 Fehling VERW 12 (2017), 100f.

52 S. näher zu den einzelnen Konzepten Kahl/Ludwigs VerwaltungsR-HdB/Binder, § 13.

53 S. dazu Eidenmüller, Effizienz als Rechtsprinzip, 1995; Niedobitek DÖV 2000, 761 ff.; Püttner, Verwaltungslehre, 4. Aufl. 2007; Bull/Mehde, Allgemeines Verwaltungsrecht, 9. Aufl. 2015, Rn. 329 ff.

54 S. näher Wollmann VerwArch 93 (2002), 418 ff.

Wirtschafts-, Umwelt und Finanzverwaltungspolitik) und bezieht sich sowohl auf externe Reformen (zB Verwaltungsvereinfachung), als auch auf interne Reformen (zB Organisations- und Personalreform).

2. Verwaltungslehre im weiteren Sinne

12 Die Verwaltungslehre ieS wird ergänzt durch die Verwertung von Erkenntnissen anderer Wissenschaften, soweit sie die öffentliche Verwaltung zu ihrem Gegenstand machen. Zur **Verwaltungslehre iwS** gehören daher zahlreiche Wissenschaftszweige,[55] die nachfolgend nur stichwortartig und exemplarisch angeführt werden können:

13 – Die **betriebswirtschaftliche Verwaltungslehre** oder **öffentliche Betriebswirtschaftslehre** (Public Management)[56] erfasst die Verwaltung als Betrieb, der nach wirtschaftlichen Maßstäben arbeitet. Sie enthält unter funktionalem Gesichtspunkt eine Planungs- und Entscheidungslehre, eine Management- und Organisationslehre, eine Personalverwaltungs- und Arbeitslehre sowie eine Finanz-, Haushalts- und Kostenlehre sowohl der öffentlichen Verwaltung überhaupt als auch ihrer besonderen Funktionseinheiten (zB der städtischen Betriebe und öffentlichen Unternehmen).[57] In jüngerer Zeit orientiert sich die Reform der Verwaltung an den Ideen eines **New Public Management** und eines **Neuen Steuerungsmodells** iSe **Good Governance** und einer **Corporate Governance**[58] (→ § 2 Rn. 44 ff. und → § 3 Rn. 26 ff.). Diese Vorgehensweise hat zu einer Umstrukturierung der vorhandenen Verwaltungseinheiten und Ämter zu Fachbereichen und eigenem Budget, Ressourcenkompetenz und Produktverantwortung und zu einer Übernahme betriebswirtschaftlicher Steuerungsinstrumente (Wirtschaftlichkeitsuntersuchungen, Verwaltungscontrolling) geführt.[59] In diesem Kontext spielt auch die **Compliance der öffentlichen Verwaltung** eine zunehmende Rolle.[60] Der neue Ansatz verändert zugleich den Horizont der öffentlichen Betriebswirtschaftslehre, weil zunehmend auch neue Erscheinungsformen öffentlicher Verwaltung (zB Public Private Partnerships) in den Blick genommen werden.[61]

14 – Die **ökonomische Theorie des Verwaltungsrechts**[62] untersucht die Verwaltung und das Verwaltungsrecht aus dem Blickwinkel und mit den Methoden[63] sowie Instrumenten der Wirtschaftswissenschaft. Sie schließt die **ökonomische Analyse des**

[55] S. näher Thieme, Einführung in die Verwaltungslehre, 1995; Becker, Die öffentliche Verwaltung, 1989; Voßkuhle/Eifert/Möllers GVwR/Voßkuhle § 2 Rn. 59.

[56] S. zu den Gemeinsamkeiten und Unterschieden Reichard VERW 36 (2003), 389 (391 f.); Ziekow, Verwaltungswissenschaften und Verwaltungswissenschaft/Reichard, 2003, S. 67 ff.

[57] Reichard, Betriebswirtschaftslehre der öffentlichen Verwaltung, 2. Aufl. 1987; Schmidt, Wirtschaftlichkeit in der öffentlichen Verwaltung, 4. Aufl. 1992; Eichhorn, Öffentliche Betriebswirtschaftslehre, 1997; FS Eichhorn, 1999/Bräunig/Greiling; Brede, Grundzüge der Öffentlichen Betriebswirtschaftslehre, 2001; v. Arnim/Lüder, Wirtschaftlichkeit in Staat und Verwaltung, 1993; Knöll/Grunert, Verwaltungsökonomie, 1997; Lüder, Öffentliche Verwaltung der Zukunft/Brede, 1998, S. 45 ff.

[58] Theobald, Zur Ökonomik des Staates, 2000; Schedler/Proeller, New Public Management, 2000; Appel VVDStRL 67 (2008),) 226 (241 ff.); FS Bull, 2011/Trute/Pilniok, 849 ff.

[59] Schmidt, Betriebswirtschaftslehre und Verwaltungsmanagement, 6. Aufl. 2004; kritisch FS Battis, 2014/Grigoleit, 27 ff.

[60] Stober DVBl 2012, 391 ff.; Stober/Ohrtmann, Compliance für die Öffentliche Verwaltung/Thiel, 2. Aufl. 2022, Rn. 145 ff.

[61] Brede, Grundzüge der öffentlichen Betriebswirtschaftslehre, 2001, S. 53; Reichard VERW 36 (2003), 389 (401).

[62] S. näher Stober RTh. 21 (1990), 86 ff.

[63] Towfigh/Petersen, Ökonomische Methoden im Recht, 2010.

Rechts ein,[64] die auf den Effizienzgedanken und die Effektivität von Recht iSe optimalen **Ressourcenallokation** fokussiert ist. Damit ist gemeint, dass die Gesamtkosten minimiert werden oder umgekehrt der Gesamtnutzen aller Betroffenen maximiert wird.[65] Vor diesem Hintergrund befasst sie sich umfassend mit dem Phänomen **Verwaltungsversagen (administration failure)** und der Anwendbarkeit ökonomischer Regeln auf die Verwaltung. Im Zentrum der Analyse steht die sog. **Neue Institutionenökonomik,** welche die Entstehung, Stabilität und Veränderung von Verwaltungsinstitutionen in das Zentrum der ökonomischen Befunderhebung stellt.[66] Der Hauptnutzen dieser wirtschaftlichen Betrachtung ist darin zu sehen, die Rationalität von Verwaltung und Verwaltungsrecht jenseits ideologisch verbrämter und paternalistisch motivierter Interessen zu ermitteln und zu optimieren.[67] In diesem Zusammenhang gewinnt die **Transaktionskostentheorie** an Bedeutung, die sich mit den Verwaltungskosten für die Informationsgewinnung, die zutreffende Entscheidung und die Durchsetzung befasst.

Beispiele: So kann eine Verfahrensbeteiligung Betroffener oder Interessierter die Informationsgewinnungskosten minimieren, die Akzeptanz von Argumenten kann die Vollzugskosten senken und die Entscheidung über das Outsourcing bestimmter Verwaltungsaufgaben kann den Haushalt entlasten.

Angesichts dieser Forschungsbreite kann dieser ökonomische Ansatz sowohl das her- **14a**
meneutisch verstandene Verwaltungsrecht als auch die als Entscheidungswissenschaft begriffene Verwaltungswissenschaft bereichern, wenn sie sich nicht darauf beschränkt, den Bürger auf einen **homo oeconomicus** zu reduzieren.[68] Die Übernahme wirtschaftswissenschaftlichen Gedankengutes in moderne Verwaltungsgesetze belegt, dass der Ausgleich zwischen rechtlichen und ökonomischen Anforderungen in zahlreichen Feldern möglich und sinnvoll ist. Das gilt insbesondere dann, wenn das Verwaltungsrecht **Auswahlentscheidungen (regulatory choice)** treffen muss.[69]

Beispiele: Versteigerung von Funkfrequenzen; Handel mit Emissionszertifikaten nach dem Treibhausgas-Emissionshandelsgesetz.

– Die **Verwaltungsgeschichte** erfasst die Verwaltung aus historischer Sicht. Sie wid- **15**
met sich dem Entstehen und der Entwicklung von Verwaltungstypen und Verwaltungsepochen. Sie dient dem besseren Verständnis der modernen Entwicklung und soll dazu beitragen, frühere Verwaltungsfehler künftig zu vermeiden (→ §§ 7 ff. Rn. 1 ff.).

---

64 Appel VVDStRL 67 (2008), 226 (268 ff.); kritisch Voßkuhle/Eifert/Möllers GVwR/Möllers § 2 Rn. 47.

65 S. auch Voßkuhle VERW 34 (2001), 347 (357); Eidenmüller, Effizienz als Rechtsprinzip, 1995; Jost, Effektivität von Recht aus ökonomischer Sicht, 1998; Hoffmann-Riem/Schneider, Rechtswissenschaftliche Innovationsforschung/Kirchner, 1998, S. 85 ff.

66 Schmidt-Trenz, Institutionenökonomik, 2023.

67 Grzeszick JZ 2003, 647 f.

68 v. d. Pfordten, Rechtsethik, 2001, 354; s. näher allgemein Kirchner, Ökonomische Theorie des Rechts, 1997; Hoffmann-Riem/Schmidt-Aßmann, Öffentliches Recht und Privatrecht/Kirchner, 1996, S. 63 ff.; Posner, Law and Economics, Hampshire 2001; Engel/Morlok, Öffentliches Recht als ein Gegenstand ökonomischer Forschung, 1998; Adams, Ökonomische Theorie des Rechts, 2. Aufl. 2004.

69 Schuppert, Verwaltungswissenschaft, 2000, S. 563 ff., 575 ff., 621 ff.

16 – Die **Verwaltungsethik** untersucht die moralisch-sittliche Seite der Verwaltung.[70] Sie fragt nach der verpflichtenden Ordnung des Verwaltungshandelns innerhalb und außerhalb des Rechts sowie den Wertvorstellungen und Wertmaßstäben für eine verantwortungsvolle Verwaltungstätigkeit.[71] Die klassische Erscheinungsform des sog. **Beamtenethos** (→ § 5 Rn. 10) wird heute ergänzt durch das Streben der Verwaltung nach einer **Corporate Culture** (nach innen), einer **Corporate Identity** (nach außen; → § 5 Rn. 14) und der Realisierung einer eigenständigen **Verwaltungskultur**[72] in Konkretisierung einer Staatskultur,[73] die ua auf einem **Good Governance Konzept** beruht (→ § 2 Rn. 48 ff.), das auf die Einhaltung von **Compliance** ausgerichtet ist.[74] Die Verwaltungsethik schlägt sich ferner in der moralischen Verpflichtung nieder, die natürlichen Lebensgrundlagen schonend zu behandeln.[75] Aufgrund der Trennung von Kirche und Staat liegt der deutschen Verwaltungsethik keine weltanschauliche oder religiöse Wertvorstellung zugrunde.

17 – Die **Verwaltungstatsachenforschung** ermittelt und verarbeitet die realen Grundlagen, Entstehungen, Anwendungen, Praktikabilität, Kosten, Wirkungen und Zielabweichungen von Verwaltungsregeln. Die empirische Beschäftigung trägt dazu bei, dass Normen, Instrumente und Maßnahmen transparenter werden und Regelungs- und Vollzugsdefizite aufgedeckt und beseitigt werden[76] (→ § 2 Rn. 39). Ihre Problematik besteht darin, dass Verwaltung unbeschadet einer Öffnung in der jüngeren Zeit nur partiell öffentlich ist und die Datenerhebung durch Schutzvorschriften erschwert ist.

18 – Die **Rechtsetzungslehre** befasst sich als erweiterte **Gesetzgebungslehre** mit sämtlichen Fragen, die im Zusammenhang mit der Vorbereitung, Herstellung, Darstellung, dem Abschluss, der Anwendung, Auslegung und Kontrolle verwaltungsrechtlicher Rechtsetzungen bestehen. Sie soll die Rechtsetzung vereinfachen, transparenter und verständlicher machen sowie die Regulierungsdichte verringern.[77]

19 – Die **Verwaltungsvergleichung** setzt sich mit anderen Verwaltungssystemen auseinander. Sie sucht nach Gemeinsamkeiten und Abweichungen unterschiedlicher Verwaltungsordnungen und prüft die Übertragbarkeit einzelner Verwaltungselemente zur Optimierung des Verwaltungssystems (→ § 2 Rn. 58 ff.).[78]

[70] S. dazu allgemein von der Pfordten, Rechtsethik, 2001; Stober/Ohrtmann, Compliance für die Öffentliche Verwaltung/Merten, 2. Aufl. 2022, Rn. 113 ff.

[71] S. auch Schubert, Das „Prinzip Verantwortung" als verfassungsstaatliches Rechtsprinzip, 1998.

[72] Römer-Hillebrecht, Verwaltungskultur, 1998; Jann VERW 33 (2000), 325 (330); zum Begriff Verwaltungskultur: Wallerath VERW 33 (2000), 351 ff.; Priebe VERW 33 (2000), 379 ff.; Kluth, Verwaltungskultur, 2001; König/Kropp/Kuhlmann, Grundmuster der Verwaltungskultur, 2014; Sommermann DÖV 2015, 449 ff.

[73] Hill, Staatskultur im Wandel, 2002; Kahl/Ludwigs VerwaltungsR-HdB/Hill, § 127.

[74] Stober DVBl 2012, 391 ff.; Stober/Ohrtmann, Compliance, Handbuch für die Öffentliche Verwaltung/Thiel, 2. Aufl. 2022, Rn. 151 ff.

[75] Jonas, Das Prinzip Verantwortung, 1979, S. 70 ff.

[76] S. näher Voßkuhle VerwArch 85 (1994), 567 ff.; Eidenmüller JZ 1999, 60 ff.; Jabri, Simulationen, 2023.

[77] S. näher Stern, Vier Jahre Deutsche Einheit/Stober, 1995, S. 65 ff.; Schreckenberger/Merten, Grundfragen der Gesetzgebungslehre, 2000; Schulze-Fielitz ZG 2000, 295 ff.; Müller/Uhlmann, Elemente einer Rechtssetzungslehre, 3. Aufl. 2013.

[78] S. näher Siedentopf VERW1992, 427 ff.; Voßkuhle/Eifert/Möllers GVwR/Möllers § 2 Rn. 42; Kahl/Ludwigs VerwaltungsR-HdB/Sommermann, § 52.

– Die **Verwaltungspolitologie** sieht die öffentliche Verwaltung vornehmlich als Informations- und Vollzugsinstrument iSe externen Steuerung von Organisation, Verfahren, Inhalten und Kultur durch die politische Führung[79] und setzt sich in diesem Kontext ua mit der „Demokratisierung" der Verwaltung iSe Bürgerbeteiligung, der Bürokratisierung und den Good Governance-Konzepten auseinander.[80] 20

– Die **Verwaltungssoziologie** ist ein offenes, dynamisches Sozialgebilde, welches das Verhältnis zwischen Verwaltung und Gesellschaft insbesondere aus den Blickwinkeln Aufgabenbereich, Funktion, Programmierung und Instrumente analysiert.[81] 21

– Die **Verwaltungsgeografie** betrachtet die Verwaltung im Hinblick auf die raumbezogenen Auswirkungen.[82] 22

– Die **Verwaltungspsychologie** begreift die Verwaltung unter verhaltenswissenschaftlichen Prämissen als Einrichtung, in der emotional gesteuerte Menschen tätig sind („administrative man").[83] 23

– Die **Verwaltungsinformatik** befasst sich mit den Fragestellungen, die sich aus der Entwicklung der Informations- und Kommunikationstechnik für die Modernisierung und Rationalisierung der Verwaltung im Rahmen eines E-Government[84] sowie einer Digitalisierung der Exekutive ergeben (→ § 5 Rn. 19 ff.). 24

IV. Verwaltungsrechtswissenschaftliche Konzepte

1. Allgemeiner Gegenstand der Verwaltungsrechtswissenschaft

Im Gegensatz zur Verwaltungslehre stellt die **Verwaltungsrechtswissenschaft** das auf Grund der Verfassung, des Gewohnheitsrechts, der formellen Gesetze, der Rechtsverordnungen (s. näher → §§ 17 ff.) und der Praxis der Verwaltungsbehörden und Gerichte positiv geltende Verwaltungsrecht systematisierend, strukturierend und interpretierend dar (auch → § 2 Rn. 58 ff.). Sie befasst sich mit dem Sinn und der Wirkung des Verwaltungsrechts und gliedert sich in einen **allgemeinen Teil** (zB Rechtsquellen, Subjekte des Verwaltungsrechts) und in einen **besonderen Teil** (zB Recht des öffentlichen Dienstes). 25

2. Verwaltungsrechtsvergleichung

Essenzieller Bestandteil der Verwaltungsrechtswissenschaft ist die **Verwaltungsrechtsvergleichung** (→ § 2 Rn. 58), da die Rechtswissenschaft auf Grund der Öffnung der Staaten, der Europäisierung und Globalisierung nicht an den Grenzen eines Staates endet. Zutreffend hat Troplong formuliert: 26

[79] Böhret, Verwaltungsreformen und Politische Wissenschaft, 1978; Ziekow, Entwicklungslinien der Verwaltungspolitik, 2007.

[80] Püttner, Verwaltungslehre, 4. Aufl. 2007, S. 19; Ziekow, Verwaltungswissenschaften und Verwaltungswissenschaft/Benz, 2003, S. 77 ff.

[81] Mayntz, Soziologie der öffentlichen Verwaltung, 4. Aufl. 1997; Luhmann, Theorie der Verwaltungsrechtswissenschaft, 1966; Pankoke/Nokielski, Verwaltungssoziologie, 1977; Rehbinder, Rechtssoziologie, 5. Aufl. 2003, S. 209 ff.

[82] Benzing/Gaentzsch/Mäding, Verwaltungsgeografie, 1978; Knemeyer/Wagner, Verwaltungsgeographie, 1991.

[83] Marx, Das Dilemma des Verwaltungsmannes, 1965; Gößl, Praktische Psychologie und Soziologie in der Verwaltung, 3. Aufl. 1990; Smeddinck DÖV 2020, 253 ff.

[84] v. Lucke, Regieren und Verwalten im Informationszeitalter, 2003, S. 28 ff.

„L'étude de la législation comparée est la mailleure manière d'approfondir les grandes questions que présente la science du droit."

Grundlage der Vergleichung ist das Studium **ausländischer**[85] **und supranationaler Verwaltungsrechtsordnungen.** Ein Schwerpunkt muss auf Grund der Einbindung des deutschen Verwaltungsrechts in die **Europäische Union** die Entfaltung einer europaorientierten Rechtsvergleichung sein.[86] Der EuGH bekennt sich zur rechtsvergleichenden Methode iSe **„wertenden Rechtsvergleichung"**, ohne aber zu verdeutlichen, in welchen Fällen sie notwendig ist.[87]

3. Verwaltungsrechtspolitik

27 Die **Verwaltungsrechtspolitik** vergleicht kritisch das positive Verwaltungsrecht mit dem kategorischen Rechtsprinzip und den tatsächlichen Situationen. Es ermittelt die danach gebotenen Zwecke sowie die durch diese geforderten Mittel der Verwaltung mit dem Ziel einer Verbesserung und Optimierung des positiven Verwaltungsrechts. Insofern ist **Verwaltungsrecht geronnene Verwaltungsrechtspolitik.** Sie trägt einerseits gesellschaftlichen, technischen, ökonomischen und ökologischen Veränderungen Rechnung, andererseits ist sie die Folge davon, dass Verwaltung und Verwaltungsrecht nicht immer planmäßig ablaufen oder unzureichend normiert sind, so dass es Korrekturen bedarf. Die Verwaltungsrechtspolitik wird von Gemeinschafts-, Verfassungs- und Verwaltungsorganen getragen und durch Parteien, Medien und Verbände beeinflusst.

28 Die Verwaltungsrechtspolitik ist im Wesentlichen **Ordnungspolitik.** Dabei geht es um das Grundproblem, welches Verwaltungsrechtssystem innerhalb der verfassungsrechtlich vorgegebenen Grenzen realisiert werden soll. Das ist ua die Frage nach Regulierung und Deregulierung, Verstaatlichung, Kommunalisierung und Privatisierung, Formalisierung und Entbürokratisierung. Diese Ausdrücke werden nicht einheitlich verstanden und die damit zusammenhängenden Probleme werden teilweise unter dem Motto „The state is rolling back"[88] kontrovers diskutiert.

28a **Deregulierung** (Deregulation, Dérèglementation) zielt darauf ab, Regelungen zu vermeiden und zu verringern, marktwidrige Eingriffe abzubauen sowie das Recht einfacher, überschaubarer, effektiver und verständlicher zu machen (auch → § 12a Rn. 1 ff.).[89]

28b **Privatisierung** bedeutet eine Verlagerung herkömmlich von der öffentlichen Hand erbrachter Güter und Dienstleistungen auf private Organisationsformen und die Privatwirtschaft (Entstaatlichung, Entkommunalisierung oder deren Einschaltung in die Erledigung von Verwaltungsaufgaben (→ § 6 Rn. 6 und → § 12a Rn. 1 ff.). Die Privatisierung erfasst sämtliche Tätigkeitsfelder der Verwaltung (→ § 4 Rn. 1 ff.). Sie

[85] Künnecke, Tradition and Change in Administrative law, An Anglo-German Comparison, 2007.

[86] FS Lerche, 1993/Schmidt-Aßmann, S. 513 (517 ff.); Trantas, Die Anwendung der Rechtsvergleichung bei der Untersuchung des öffentlichen Rechts, 1998, S. 27 ff.; v. Bogdandy/Cassese/Huber, Verwaltungsrecht in Europa, Grundzüge, Band V, 2014.

[87] Terhechte, Verwaltungsrecht in der EU/Augsberg, 2. Aufl. 2022, S. 169, 177.

[88] S. dazu etwa Schuppert DÖV 1995, 761 ff.; König DVBl 1998, 963 ff.

[89] FS Brohm, 2002/Breuer, S.33 ff.; Masing AöR 128 (2003), 558 ff.; Lindner BayVBl. 2004, 225 ff.

kommt ua als Verfahrens-, Finanzierungs-, Funktions- und Aufgabenprivatisierung vor[90] (→ §§ 88 ff. Rn. 1 ff.).

Entbürokratisierung meint den Abbau formaler, zeitlicher, technischer und organisatorischer Hindernisse ua durch die Bereitstellung eines modernen Public Managements.[91]

Beispiele: Reduzierung der Anforderungen bei der Umsetzung des Lieferkettensorgfaltspflichtengesetzes etwa durch Unbedenklichkeitsbescheinigungen, Geringfügigkeitsgrenzen und Softwarelösungen der Verwaltung.

4. Verwaltungsrechtsethologie

29 Die **Verwaltungsrechtsethologie** ist Verwaltungsrechtswirkungsforschung (auch. → § 2 Rn. 23 und → § 2 Rn. 39), die das Verhältnis zwischen Verwaltungsrecht und menschlichem Verhalten untersucht und daraus Konsequenzen für die Weiterentwicklung des Verwaltungshandelns und der Verwaltungsrechtsetzung zieht.[92]

5. Verwaltungsrechtstechnikwissenschaft

30 Die **Verwaltungsrechtstechnikwissenschaft** setzt sich zum einen mit der Ermittlung und Übertragung von Techniknormen und Standards in Rechtsregeln sowie der dabei zu beachtenden Verfahren (DIN, EN, ISO) auseinander. Sie beschäftigt sich zum anderen mit verwaltungsrelevanten neuen Technologien[93] einschließlich des dazugehörenden behördlichen **Risikomanagements** als Erscheinungsform der **Risikoverwaltung** (→ § 4 Rn. 36).

Beispiele: Datenschutzrecht; Produktsicherheitsrecht; Bio- und Gentechnikrecht; Digitalrecht; KI-Recht.

V. Gegenwärtiger Stand der Verwaltungs- und Verwaltungsrechtswissenschaften

1. Fortbestehende Distanz zwischen Verwaltungswissenschaft und Verwaltungsrecht

31 Unbeschadet der beschriebenen Forschungsbreite und Modernisierung, ist die Verwaltungswissenschaft nach wie vor ein Stiefkind im Rahmen der juristischen Ausbildung.[94] Sie erfährt allerdings in jüngerer Zeit insoweit eine institutionelle Stärkung, als sich in Ergänzung zu diesem Fach eine **Gesetzgebungslehre**[95] und eine **Rechtsprechungslehre**[96] herausgebildet haben. Insbesondere die Gesetzgebungslehre (besser **Rechtsetzungslehre**)[97] ist wegen der prinzipiellen Gesetzesabhängigkeit (→ §§ 24 ff. Rn. 1 ff.) und der wachsenden Verrechtlichung der Verwaltung eine wichtige Erkenntnisquelle der Verwaltungswissenschaft. Ihre Bedeutung und Schlüsselstellung im Sys-

[90] Lee, Privatisierung als Rechtsproblem, 1997; Burgi, Privatisierung öffentlicher Aufgaben, Gutachten D zum 67. DJT, 2008; Voßkuhle/Eifert/Möllers GVwR/Voßkuhle § 1 Rn. 58 ff.
[91] Hill DÖV 2004, 721 ff.
[92] Hill/Hagen-Hof, Wirkungsforschung zum Recht II, 2000.
[93] S. näher Schulte, Handbuch des Technikrechts, 2. Aufl.; Boehme-Neßler NVwZ 2007, 650 ff.
[94] S. auch FS Stern, 1997/Püttner, 733 ff.; König DÖV 2017, 525 ff.
[95] Hill, Einführung in die Gesetzgebungslehre 1982; Schreckenberger/Merten, Grundfragen der Gesetzgebungslehre, 2000; Köck VerwArch 93 (2002), 1 ff.; Kluth/Krings, Gesetzgebung/Kluth, 2014, § 1 III.
[96] Achterberg DVBl 1984, 1093 ff.; Hoppe/Krawietz/Schulte, Rechtsprechungslehre, 1992.
[97] S. auch Müller/Uhlmann, Elemente einer Rechtssetzungslehre, 3. Aufl. 2013.

tem der Verwaltungswissenschaften folgt daraus, dass Gesetze auf vielfältige Weise über die Arbeit der Verwaltung und der damit verbundenen Folgen **(Gesetzesfolgenbetrachtung)** entscheiden.[98] Es sei nur daran erinnert, dass die Verwaltung selbst Recht setzt (→ §§ 24 ff. Rn. 1 ff.), dass sie Gesetze anwenden und auslegen (→ § 28) und dass sie Vorschriften vollziehen und sanktionieren (§§ 97 f.) muss. In diesem Zusammenhang stellen sich zwei Grundfragen. Zum einen geht es um das „Ob" der Rechtsetzung, also die Notwendigkeit von Verwaltungsrecht vor dem Hintergrund der Begrenzung der Normenflut, der Aufgabenkritik und der **Deregulierungsdiskussion**[99] sowie umgekehrt der Erweiterung im Rahmen von **Regulierungs-** und **Reregulierungsrecht.**

Beispiel: In dem Prüfkatalog zur Feststellung von alternativen Lösungswegen und Selbstregulierungsmöglichkeiten der Anlage 7 zu § 43 der Gemeinsamen Geschäftsordnung der Bundesministerien[100] heißt es: „Reicht eine gesellschaftliche Selbstregulierung aus – etwa durch Selbstbeschränkungsabkommen oder Selbstverpflichtungen?"; Reregulierung iSe „Rückvermeisterung" von Handwerksberufen.[101]

32 Zum anderen steht das „Wie" der Rechtsetzung (auch → § 2 Rn. 6 ff.) und damit die **Verbesserung der Gesetzesqualität**[102] auch unter dem Gesichtspunkt des Abbaus der Regelungsdichte, der Gesetzesnehmung und der wirkungsbedingten Gesetzesoptimierung im Fokus.[103] Denn die permanente Schaffung und Änderung von Verwaltungsrecht, befasst sich kaum mit dem Thema, ob im Zuge von Rechtsetzung und Novellierungen vorhandene Vorschriften entfallen können. Diese Gemengelage hat zur Folge, dass weder die Bürger noch die Wirtschaft die Vorschriften verarbeiten und durchdringen können mit der Folge, dass sie mangels Handhabbarkeit ignoriert werden. Darüber hinaus ist es zweifelhaft, ob die bisherigen Instrumente ausreichen, die dieser Entwicklung entgegenwirken sollen.

Beispiele: Nach § 44 I GGO sind ua voraussichtliche vollzugsbedingte Auswirkungen darzustellen. Nach § 14 NRWInformationsfreiheitsG sind die Auswirkungen dieses Gesetzes nach einem Erfahrungszeitraum von zwei Jahren durch die Landesregierung unter Mitwirkung der kommunalen Spitzenverbände und des Landesbeauftragten für den Datenschutz zu überprüfen; s. auch die in § 14 IFG niedergelegte Berichts- und Evaluierungspflicht. Der Normenkontrollrat prüft sämtliche Gesetzesentwürfe auf die Auswirkungen gegenüber den Adressaten.

33 Jenseits dieser Anreicherungen ringen Verwaltungswissenschaft und Verwaltungsrechtswissenschaft um Anerkennung als eigenständiges Fach.[104] Die Etablierung als Disziplin wird umso schwieriger, je mehr einzelne verwaltungswissenschaftliche Pro-

[98] Hofmann ZG 1999, 44 ff.; Grimm ZRP 2000, 87 ff.; Bizer/Führ/Hüttig, Responsive Regulierung, 2001; Köck VerwArch 93 (2002), 1 ff.; Böhret/Konzendorf, Handbuch Gesetzesfolgenabschätzung, 2001; Schuppert, Gute Gesetzgebung, ZG Sonderheft, 2003; Blum, Wege zu besserer Gesetzgebung, Gutachten I zum 65. DJT, 2004; Kettiger ZG 2004, 166 ff.

[99] FS Thieme, 1993/Hoffmann-Riem, S. 55 ff.; Bundesministerium des Innern, Handbuch zur Vorbereitung von Rechts- und Verwaltungsvorschriften, 2. Aufl. 2012; Gericke, Möglichkeiten und Grenzen eines Abbaus der Verrechtlichung, 2003, S. 152 ff.; Voßkuhle/Eifert/Möllers GVwR/Voßkuhle, § 1 Rn. 57.

[100] GGO v. 26.7.2000, GMBl. 2000, 526 ff.

[101] Wiemers GewArch 2020, 13 ff.

[102] Bundesministerium des Innern, Stabstelle Moderner Staat – Moderne Verwaltung, Der Mandelkern-Bericht: Auf dem Weg zu besseren Gesetzen, 2002 und dazu Gericke, Möglichkeiten und Grenzen des Abbaus der Verrechtlichung, 2003; Blum, Wege zu besserer Rechtsetzung, Gutachten I zum 65. DJT 2004; Schulze-Fielitz JZ 2004, 862 ff.; Schneider ZG 2004, 105 ff.

[103] S. näher Karpen DVBl 1992, 1525 ff.; Hill ZG 1998, 1 ff.

[104] Deutsche Verwaltungsgeschichte,IV/Ossenbühl, 1987, S. 1160; König DÖV 2017, 525 ff.

blemstellungen von Politologen, Soziologen und Ökonomen bearbeitet werden. Diese zunehmende Spezialisierung begünstigt geradezu wegen der unterschiedlichen Fragestellungen und Forschungsmethoden die weitere Distanzierung vom Verwaltungsrecht.[105] Auch innerhalb der Jurisprudenz werden Verwaltungswissenschaft, Verwaltungsrechtswissenschaft und Verwaltungsrecht nebeneinander betrieben und kaum miteinander verzahnt.[106] Diese Erscheinungsformen werden teilweise als unjuristisch angesehen und als Hilfswissenschaft oder Komplementärfach abqualifiziert.

2. Verwaltungswissenschaften als Orchideenfach

Im juristischen Studium sind Verwaltungslehre und Verwaltungsrechtswissenschaft 34
trotz wiederholter „Wiederbelebungsversuche" zum „Orchideenfach" verkümmert[107] das ein „Schattendasein" fristet.[108] Sie werden dementsprechend nur von bestimmten Einrichtungen gepflegt.[109] Insofern hat sich die Situation gegenüber dem früheren Befund kaum geändert. Für Verwaltungsrechtler ist die Verwaltungsrechtswissenschaft immer noch „ein Veilchen, das im Verborgenen blüht".[110] Die Eindimensionalität[111] zeigt sich insbesondere an der Lehrbuchliteratur,[112] die die Verwaltungswissenschaften allenfalls rudimentär zur Kenntnis nimmt.

3. Begrenzung auf die juristische Methode

Die Begrenzung auf die juristische Methode (→ § 2 Rn. 7) steht nach wie vor im 35
Vordergrund.[113] Sie wird durch die ständige Stoffzunahme, den Zwang zur Konzentration und weitgehende Orientierung an pathologischen Fallgestaltungen der Judikative noch gefördert. Diese Reduzierung auf die Rechtssystematik, die Rechtmäßigkeit, die Rechtstechnik und die Interpretation verengt nicht nur die Optik. Sie ist ein wissenschaftliches Armutszeugnis für das Verwaltungsrecht und verstellt den Blick auf viele rechtlich relevante Kategorien sowie auf die Verwaltungswirklichkeit (→ § 2 Rn. 39).

Beispiele: Zweckmäßigkeit; Einfachheit; Formlosigkeit; Transparenz; Sparsamkeit; Wirtschaftlichkeit; Rechtzeitigkeit; Bürgernähe usw (§§ 10, 40 VwVfG, § 17 I SGB-AT, § 6 HGrG, § 97 V GWB, Art. 1, 10 III und 11 EUV).

Umgekehrt dürfen aber die Grundlagen des Verwaltungsrechts nicht derart aufgebläht und bis zur Unkenntlichkeit strapaziert werden, dass die Kernstrukturen kaum ersichtlich sind (→ § 2 Rn. 2).[114]

---

105 Püttner, Verwaltungslehre, 4. Aufl., § 1 II; Thieme, Verwaltungslehre, 4. Aufl 1995, § 6.

106 Ebenso Becker, Öffentliche Verwaltung, 1989, 145; Sommermann/Ziekow, Perspektiven der Verwaltungsforschung/Bull, 2002, S. 327 ff.

107 Bartlsperger DÖV 1973, 743 ff.; Pitschas DÖV 1975, 473 ff.; FS Stern, 1997/Püttner, 733 ff.

108 Bohne, Verwaltungswissenschaft I, 2. Aufl. 2023, S. 36.

109 S. näher Püttner, Verwaltungslehre, 4. Aufl., § 2 III; Thieme, Verwaltungslehre, 4. Aufl. 1995, § 13; Kahl/Ludwigs VerwaltungsR-HdB/Binder § 13 Rn. 38.

110 Jeserich/Pohl/v. Unruh Dt. Verwaltungsgeschichte IV/Stolleis, 1985, S. 77 und Jeserich/Pohl/v. Unruh Dt. Verwaltungsgeschichte III, S. 102 ff.

111 Lecheler Verwaltungslehre § 2 III.

112 S. näher Möllers VerwArch 93 (2002), 22 ff.; anders Bull/Mehde, Allgemeines Verwaltungsrecht, 5. Aufl. 2015.

113 S. dazu Jeserich/Pohl/v. Unruh Dt. Verwaltungsgeschichte III/Stolleis, S. 104.

114 So aber die Gesamtanlage der Handbücher von Hoffmann-Riem/Schmidt-Aßmann/Voßkuhle GVwR bzw. jetzt fortgeführt als Voßkuhle/Eifert/Möllers GVwR; Kahl/Ludwigs Verwaltungsrechts-HdB.

4. Zur Notwendigkeit klassischer Disziplinarität

36 Vor diesem Hintergrund ist es iSe ganzheitlichen Betrachtung von Verwaltung und Verwaltungsrecht dringend erforderlich, die historisch vollzogene künstliche Trennung der Gesellschaftswissenschaften in Rechtswissenschaft, Sozialwissenschaft, Volkswirtschaftslehre, Betriebswirtschaftslehre usw zu überwinden[115] und die **staatswissenschaftliche**[116] **sowie verwaltungswissenschaftliche Forschung** wieder zu beleben. Insbesondere in einer zunehmend komplexer werdenden Welt ist die Wiederherstellung klassischer Disziplinarität und eine Vernetzung der einschlägigen Wissenschaften iSe Integration[117] (→ § 2 Rn. 8) gefragt, weil die Grenzen der Disziplin zu Erkenntnisgrenzen werden und die Einheit der Wissenschaft durch Partikularismus und Spezialisierung in Frage gestellt wird. Deshalb besteht kein Zweifel, dass die zukunftsgerechte Lösung verwaltungsrechtlicher Fragen und die Modernisierung der öffentlichen Verwaltung nur unter Einbeziehung verwaltungswissenschaftlicher Methoden oder Erkenntnisse erfolgen kann. Die Verwaltungswissenschaft muss als **Steuerungswissenschaft des Verwaltungsrechts** fungieren,[118] bei der Verbund- oder Brückenbegriffe wie Verwaltungsverantwortung den interdisziplinären Zugang eröffnen und erleichtern,[119] um die verwaltungsrechtlichen Herausforderungen der **Dienstleistungs-, Digitalisierungs- und Informationsgesellschaft** sowie der **Risiko-** und **Regulierungsgesellschaft** zu meistern.

VI. Anforderungen an ein modernes Verwaltungsrechtsleitbild

37 Mit diesen Ausführungen sind die Eckpunkte für ein **verwaltungsrechtliches Leitbild**[120] ausreichend skizziert. Nunmehr geht es darum, diesen bewusst offen angelegten Rahmen mit Anforderungen an ein zeitgemäßes,[121] zukunftsfähiges und innovatives Verwaltungsrecht[122] auszufüllen, das dem Anspruch einer guten Verwaltung entspricht. Dazu kann man auf bewährte Systembildungen und Methoden zurückgreifen, die durch weitere Ansätze anzureichern sind, ohne dass man überhöht von einer **„Neuen Verwaltungswissenschaft“** ausgehen muss.[123]

[115] So die Konzeption von Engel/Morlok, Öffentliches Recht als Gegenstand ökonomischer Forschung, 1998; s, aber demgegenüber die Neuausrichtung des Werkes von Hoffmann-Riem/Schmidt-Aßmann/Voßkuhle GVwR I/Möllers, 2. Aufl. 2012, § 3 IV; s. aber demgegenüber die Neuausrichtung bei Voßkuhle/Eifert/Möllers GVwR, 3. Aufl. 2022.

[116] Ebenso Schuppert, Staatswissenschaft, 2003; Voßkuhle JuS 2004, 1 ff.

[117] Ebenso Schmidt-Aßmann, Verwaltungsrecht, S. 27; Tietje DVBl 2003, 1081 ff.

[118] Hoffmann-Riem ua, Reform des Allgemeinen Verwaltungsrechts/Schuppert, 1993, S. 65 ff.; Wahl VVDStRL 41 (1983), 177 ff.; Schmidt-Aßmann AllgVerwR, S. 18 ff.; Appel/Eifert VVDStRL 67 (2008), 228 ff.; Voßkuhle/Eifert/Möllers GVwR/Voßkuhle § 1 Rn. 42; Kahl/Ludwigs VerwaltungsR-HdB/Kersten § 25 Rn. 30.

[119] Berg, Die Wissenschaft vom Verwaltungsrecht/Schuppert Beiheft 2 VERW1999, 103 (109 ff.).

[120] S. zum Leitbildbegriff als Erkenntnismittel Schmidt-Aßmann/Hoffmann-Riem, Methoden der Verwaltungsrechtswissenschaft/Baer, 2004, S. 223 ff.; Voßkuhle/Eifert/Möllers GVwR/Voßkuhle § 1 Rn. 42; Kahl/Ludwigs VerwaltungsR-HdB/Franzius § 4 Rn. 19 ff.

[121] S. dazu auch Appel VVDStRL 67 (2008), 228 f.; Gärditz DVBl 2023, 697; Schneider DVBl 2021, 761 ff.

[122] Kahl/Ludwigs VerwaltungsR-HdB/Pilniok § 123 Rn. 49.

[123] Kritisch auch Kahl/Ludwigs VerwaltungsR-HdB/Waldhoff § 11 Rn. 53.

1. Systematisches Verwaltungsrecht

Verwaltungsrecht muss zur **Systembildung** beitragen und ist damit zunächst Verwaltungsrechtsdogmatik.[124] Das gilt insbesondere vor dem rechtstatsächlichen Befund, dass das gegenwärtig geltende Verwaltungsrecht kaum kodifiziert ist (→ § 1 Rn. 8) Praxis und Wissenschaft aber gleichzeitig wegen der großen Bedeutung dieser Materie für die Gesellschaft auf ein festes Gerüst angewiesen sind.[125] In diesem Kontext hat das Verwaltungsrecht unterschiedliche Zwecke zu erfüllen: 38

– Es hat sämtliche einschlägige Quellen zu erfassen, zu bewerten und in eine bestimmte Ordnung zu bringen **(Ordnungszweck).**

– Es hat die Isolierung nicht aufeinander abgestimmter, situationsbedingt erlassener und nur kasuistisch geltender Einzelregelungen sowie punktuell wirkender Fachgesetze zu überwinden **(Rationalisierungszweck).**

– Es hat dafür zu sorgen, dass Verwaltungsregeln für die Adressaten verständlich sind **(Erklärungs- und Kommunikationszweck)**.[126]

– Es hat angesichts der Existenz unterschiedlicher Verwaltungsräume und Verwaltungskonzepte sicherzustellen, dass das Verwaltungsrechtssystem durchschaubar ist **(Transparenzzweck).**

– Es hat zur Rechtssicherheit und zur Stimmigkeit des Verwaltungsrechts beizutragen **(Kohärenzzweck)**.[127]

– Es hat Orientierung zu geben, indem es einen Rahmen aufzeigt, Verbindungslinien zwischen dem Allgemeinem und Besonderem Verwaltungsrecht, materiellen und verfahrensrechtlichen Regeln zeichnet und Strukturen entwirft. Es hat abstrakte Aussagen zu formulieren und ein einheitliches, möglichst widerspruchsfreies Gebäude von Lehrsätzen zu entwickeln, das die inneren Zusammenhänge von **Verwaltungsbegriffen, Verwaltungstypen, Verwaltungsregeln, Verwaltungsgrundsätzen** und **Verwaltungsinstitutionen** sowie die zunehmende Ausdifferenzierung dieser Rechtsmaterie sichtbar macht.[128] Dieses Vorgehen vermeidet, dass prinzipielle Sach- und Wertungsfragen ständig neu aufgeworfen werden müssen **(Standardisierungs-, Speicherungs- und Entlastungszweck)**.[129]

– Es hat zur Einheit der Rechtsordnung und zur Verstetigung des Verwaltungsrechts beizutragen **(Vereinheitlichungszweck).**

[124] Schmidt-Aßmann, Verwaltungsrechtliche Dogmatik, 2013; A. B. Kahl/Ludwigs VerwaltungsR-HdB/Kaiser § 24 Rn. 25.

[125] Park Rechtsfindung VerwR, S. 1 ff.; FS Maurer, 2001/Brohm, 1079 (1083); Schmidt-Aßmann/Hoffmann-Riem, Methoden der Verwaltungsrechtswissenschaft/Krebs, 2004, S. 209, 214; Jestaedt JZ 2012, 1 (7 f.); FS Battis, 2014/Grigoleit, 27 ff.

[126] Kahl/Ludwigs VerwaltungsR-HdB/Kaiser § 24 Rn. 27.

[127] Kahl/Ludwigs VerwaltungsR-HdB/Kaiser § 24 Rn. 27.

[128] Park Rechtsfindung VerwR, S. 5 ff.; FS Maurer, 2001/Schmidt-Preuß, 777 ff.; s. allgemein v. Savigny, System des heutigen Römischen Rechts I, 1840, S. 214; Bachof VVDStRL 30 (1972),) 193 (197 f., 220 ff.); Bauer VERW1992, 301; Hilbert, Systemdenken in Verwaltungsrecht und Verwaltungswissenschaft, 2015; differenzierend Lennartz, Dogmatik als Methode, 2017, 174 ff.

[129] Voßkuhle/Eifert/Möllers GVwR/Voßkuhle § 1 Rn. 7.

– Es hat das Recht weiterzuentwickeln und rechtspolitische Hilfestellung zu geben **(Entwicklungs-, Export- und Innovationszweck)**.[130]
– Es hat als Verwaltungsrechtssystematik Distanz zum Verwaltungsgeschehen herzustellen **(Distanzierungszweck)**.[131]

Dieser systematische Ansatz entspricht der **juristischen Methode des Verwaltungsrechts** (auch → § 2 Rn. 7), deren konsequenter Anwendung das Verwaltungsrecht seine Eigenständigkeit verdankt, ohne dass sie wegen der Verfassungsbindung des Systems als „vordemokratisch" abqualifiziert werden darf.[132]

2. Transfer- und wirkungsorientiertes Verwaltungsrecht

39 **Verwaltungsrecht** muss auf **Transferierung** und **Responsivität** zwischen Wissenschaft und Praxis angelegt sein. Es hat sich nicht nur an wissenschaftlichen Maßstäben, sondern auch an Praxiserfordernissen und an der Verwaltungswirklichkeit zu orientieren und sie zu reflektieren.[133] Denn Verwaltungsrecht ist als **Realwissenschaft**[134] eine lernende Materie, die auch aus Verwaltungstatsachen, Verwaltungsbräuchen und Verwaltungserfahrungen besteht. Insofern ist das Verwaltungsrecht auf eine Rückkoppelung mit dem Verwaltungsalltag angewiesen und es hat den Baustoff aus der Wirklichkeit des Verwaltungslebens[135] unter Einsatz empirischer Forschungen[136] zu holen, Verwaltungsdefizite aufzuspüren und sich mit neuen rechtserheblichen Erscheinungsformen zu befassen.[137] Zu Recht wird bekräftigt, dass empirische Beobachtungen der Anfangs- und der Endpunkt verwaltungswissenschaftlicher Analysen und Prüfungsmaßstäbe sein müssen.[138]

Beispiel: Umbau der Verwaltung von der analogen zur digitalen Verwaltung (§ 3a und § 35a VwVfG) einschließlich der Plattformverwaltung nach dem Online-Zugangsgesetz.

39a Darüber hinaus fungiert die Verwaltung als **Reallabor,** soweit sie mit Experimentierklauseln und Verwaltungsspielräumen hantieren darf und muss (→ § 31 Rn. 1 ff.). Wissenschaftliches Transferinstrument ist die **Rechtstatsachenforschung.**[139] Sie ist die systematische Untersuchung der sozialen, politischen, ökologischen, kulturellen und anderen Bedingungen und Wirkungen von Normen auf der Basis **empirischer Daten und Modelle**[140] mit dem Ziel, die Verwaltungsrechtsystematik und -dogmatik zu verbessern und die Akzeptanz von Verwaltungsentscheidungen zu erhöhen.

---

130 Kahl/Ludwigs VerwaltungsR-HdB/Kaiser § 24 Rn. 27 und 29.

131 S. zu den Funktionen der verwaltungsrechtlichen Systembildung ferner v. Danwitz, System, S. 34 ff.; Berg, Die Wissenschaft vom Verwaltungsrecht/Groß, 1999, S. 57, 71.

132 So aber Jestaedt/Lepsius, Rechtswissenschaftstheorie/Lepsius, 2008, S. 1, 27, 36; AM wie hier Schneider DVBl 2021, 761 ff.

133 Nonet/Selznick, Law & Society in Transition, 1978; Grünberger NJW-aktuell 42/2023, 12.

134 S. auch Roellecke VERW29 (1996), 1 (3 f.) und allgemein Albert, Rechtswissenschaft als Realwissenschaft, 1993; Appel VVDStRL 67 (2008), 226 (231 ff.); Hoffmann-Riem JZ 2007, 645 ff.

135 Becker VVDStRL 14 (1956), 96 f.

136 König, Verwaltung und Verwaltungsrechtsforschung, Speyerer Forschungsberichte 211/Derlien, 2000, 15 ff.

137 S. auch Schmidt-Aßmann/Hoffmann-Riem, Methoden der Verwaltungsrechtswissenschaft/Bumke, 2004, S. 73, 82 ff. und aus der Perspektive des Öffentlichen Wirtschaftsrechts Stober/Korte ÖffWirtschaftsR AT § 2 Rn. 26 ff.

138 Kahl/Ludwigs VerwaltungsR-HdB/Augsberg § 27 Rn. 1.

139 S. näher Voßkuhle VerwArch 85 (1994), 56 ff.

140 Hamann, Evidenzbasierte Jurisprudenz, 2014; Steininger NJW 2015, 1072 ff.

Insofern bestehen noch erhebliche Defizite, weil evidenzbasierte Untersuchungen kaum stattfinden oder von der Verwaltungsrechtswissenschaft weder wahrgenommen noch aufgenommen werden.[141] Diese als „Tatsachenabstinenz" apostrophierte Erkenntnislücke ist aus mehreren Gründen problematisch. Das Fehlen empirischer Daten vernachlässigt die Ermittlung wahrerer gesellschaftlicher Bedürfnisse, reduziert die Akzeptanz der Rechtswissenschaft[142] und verschenkt die Chance auf ein modernes Verwaltungshandeln, weshalb zutreffend ein „empirical turn" gefordert wird.[143] Außerdem handelt es sich um einen verwaltungswissenschaftlich nicht vertretbaren Qualitätsmangel, da die wissenschaftstheoretischen und technischen Voraussetzungen zur Erhebung und Verarbeitung einschlägiger Daten vorhanden sind.[144]

Beispiel: Fortschreitende medizinische Erkenntnisse im Lauf der Corona-Pandemie haben zu Rechtsänderungen des IfSG geführt.

Einen zentralen Beitrag zur Schließung empirischer Lücken leistet die verwaltungs- **39b**
rechtsbezogene Verhaltensforschung, die als **Behavioral Public Administration**[145] versucht, empirisch kognitiv verzerrtes Verhalten der Verwaltung zu identifizieren, um systemische Handlungsdefizite zu minimieren und zu rationalisieren.

Beispiel: Verhaltenssteuerung über Nudging-Anreizsysteme.[146]

Dieser Transfer schließt die **Verwaltungsrechtsprechung** sowie die **Verwaltungs-** **39c**
mediation ein, welche die Exekutive kontrollieren, korrigieren und moderieren. Er erfasst auch sämtliche andere Erscheinungsformen, die sich mit dem Thema **Verwaltungskontrolle** befassen.[147] Allerdings kann ein ernsthafter Transfer nur stattfinden, wenn ein Mindestmaß an **Verwaltungstransparenz**[148] und Verwaltungsöffentlichkeit[149] besteht. Immerhin hat die **Prozeduralisierung des Verwaltungsrechts,** die Akzeptanz kooperativer Elemente sowie die Entwicklung der **Verwaltungskommunikation**[150] innerhalb der **Informations- und Kommunikationsgesellschaft**[151] die Transferbedingungen verbessert und Evaluierungen erleichtert.

---

141 Bogumil/Jann, Verwaltungswissenschaften, 3. Aufl.; Ziekow, Verwaltungspraxis und Verwaltungswissenschaft/Grohs, 2018, S. 217, 231; Burgi, Zur Lage der Verwaltungsrechtswissenschaft/Gärditz, 2017, 129; Kahl/Ludwigs VerwaltungsR-HdB/Kersten § 25 Rn. 17.

142 Kruse/Langner NJW 2021, 3707 ff.

143 Kahl/Ludwigs VerwaltungsR-HdB/Augsberg § 27 Rn. 9 mwN.

144 Ziekow, Verwaltungspraxis und Verwaltungswissenschaft/Grohs, 2018, S. 217, 220; Voßkuhle/Eifert/Möllers GVwR/Voßkuhle § 1 Rn. 29; Kahl/Ludwigs VerwaltungsR-HdB/Augsberg § 27 Rn. 10.

145 Bohne, Verwaltungswissenschaft I, 2. Aufl. 2023, S. 84 ff. und 193 ff.

146 Wolff, Anreize im Recht, 2021; Kruse/Maturana NVwZ 2021, 1669 ff.: Egidy DVBl 2022, 83 ff.

147 Schmidt-Aßmann/Hoffmann-Riem, Verwaltungskontrolle, 2001; Merten/Papier, Handbuch der Grundrechte III/Stober, 2009, § 77.

148 S. allgemein Bröhmer, Transparenz als Verfassungsprinzip, 2004; Kloepfer, Die transparente Verwaltung, 2003; Hill DVBl 2002, 1316 (1320); Gröschner/Masing VVDStRL 63 (2003), 344 ff.; F. Riemann, Die Transparenz der Europäischen Union, 1. Aufl. 2004; Jauch DVBl 2013, 16 ff.; Gusy JZ 2014, 171 ff.

149 Scherzberg, Die Öffentlichkeit der Verwaltung, 2000; Masing VVDStRL 63 (2004), 379 ff.

150 Schuppert, Verwaltungswissenschaft, 2000, 131 ff.; Hill DVBl 2002, 1316 ff.; v. Lucke, Regieren und Verwalten im Informationszeitalter, 2003; Voßkuhle VerwArch 92 (2001), 184 ff. (199); Kaiser, Die Kommunikation der Verwaltung, 2009.

151 Kloepfer, Informationsrecht, 2002; von Lucke, Regieren und Verwalten im Informationszeitalter, 2003; Hoffmann-Riem/Schmidt-Aßmann, Verwaltungsrecht in der Informationsgesellschaft, 2000.

Beispiele: Informationsfreiheitsgesetze und Zugangsrechte zu Dokumenten (Art. 15 III AEUV, Art. 42 EU-GRCh) sind Ausdruck einer neuen Öffnung der Exekutive und eine Umkehrung des traditionellen Prinzips der Nichtöffentlichkeit der Verwaltung mit der Folge der Herausbildung eines Informationsverwaltungsrechts.[152]

39d Große Aufmerksamkeit wird in diesem Zusammenhang zu Recht der **Verwaltungsrechtswirkungsforschung** und der sog. **wirkungsorientierten Verwaltungsführung** gewidmet,[153] deren Beachtung als Grunderfordernis jeder Verwaltungstätigkeit teilweise auch positivrechtlich vorgegeben ist (s. etwa Art. 34 AEUV). Im Mittelpunkt der wirkungsorientierten Verwaltungsführung steht die **Steuerung der Verwaltung**[154] iSe internen und externen Einflussnahme zur Realisierung von **öffentlichen Interessen,** die von der **Risikoverwaltungssteuerung** bis zur **Haushaltssteuerung** reicht. Deshalb wird das Verwaltungsrecht häufig auch als **Steuerungsrecht** bezeichnet,[155] eine Kategorisierung, die auch bei der Verwaltungsmodernisierung eine maßgebliche Rolle spielt (→ § 2 Rn. 47). Unklar ist, ob man die Verwaltungssteuerung als Summe der Verwaltungspraxis und des Verwaltungsstils, als Veränderung der **Verwaltungskultur**[156] und Ausdruck der **Corporate Culture**[157] der jeweiligen Verwaltungsträger qualifizieren kann.[158]

3. Intra-, inter- und transdisziplinäres Verwaltungsrecht

40 Verwaltungsrecht muss auf **Intradisziplinarität, Interdisziplinarität** und **Transdisziplinarität** angelegt sein. Es muss in einer zunehmend komplexer werdenden Welt wieder versuchen, klassische Disziplinarität herzustellen und der voranschreitenden Spezialisierung und Separation entgegenwirken (→ § 2 Rn. 5 ff.). Atomisierung der Wissenschaft vom Verwaltungsrecht bedeutet Ausgrenzung mit der Folge, dass die Grenzen der Disziplin gleichzeitig zu Erkenntnisgrenzen werden. Verwaltungsrecht muss deshalb eine gesamtwissenschaftliche Behandlung erfahren.

41 Die multidisziplinäre Betrachtung des Verwaltungsrechts hat aus drei Richtungen zu erfolgen. Die Forderung nach einem **intradisziplinär orientierten Verwaltungsrecht** wurzelt in der Erkenntnis, dass das Verwaltungsrecht nur ein Teilaspekt der als einheitliches Rechtssystem zu verstehenden **Gesamtrechtsordnung** ist. Eine isolierte Betrachtung würde deshalb die Wechselbezüglichkeit und die Steuerungszusammenhänge zwischen Verwaltungsrecht, Strafrecht und Zivilrecht[159] übersehen (→§ 1 Rn. 6 ff., § 22 Rn. 14 ff.), die unter anderem in strafrechtlichen Vorgaben für das Ver-

---

[152] Augsberg, Informationsverwaltungsrecht, 2014.

[153] S. Schedler, Ansätze einer wirkungsorientierten Verwaltungsführung, 1995.

[154] S. zum Steuerungsbegriff Lepsius, Steuerungsdiskussion, Systemtheorie und Parlamentarismuskritik, 1999, 1 ff.; Voßkuhle VerwArch 92 (2001), 184 (195).

[155] S. etwa Klages AFK 1995, 203 ff.; Lüder DÖV 1996, 93 ff.; Hoffmann-Riem DÖV 1997, 433 (439).

[156] S. dazu näher Fisch VERW2000, 303 ff.; Wallerath VERW2000, 351 (364 ff.); FS Brohm, 2002/Rehbinder, S. 727 (733).

[157] Jann Die Verwaltung 2000, 325 (330).

[158] So FS Knöpfle, 1996/Czybulka, 79 (91 ff.); differenziert Thieme VERW 1987, 277 ff.: s. auch Hoffmann-Riem/Schmidt-Aßmann, Innovation und Flexibilität des Verwaltungshandeln/Schmidt, 1994, S. 71, 81 ff.; Römer-Hillebrecht, Verwaltungskultur, 1998.

[159] S. etwa Manssen, Privatrechtsgestaltung durch Hoheitsakt, 1994; Hoffmann-Riem/Schmidt-Aßmann, Öffentliches Recht und Privatrecht als wechselseitige Auffangsordnungen, 1996; Calliess VERW2001, 169 ff.; Jestaedt/Lepsius, Rechtswissenschaftstheorie, 2008; Jestaedt JZ 2014, 1 ff.; Lindner JZ 2016, 697 ff.

waltungsrecht, privatrechtlichem Handeln der Verwaltung, privatrechtlichen Organisationsformen und vielfachen Formen der Zusammenarbeit zwischen Verwaltung und Privaten (→ § 6 Rn. 1 ff., → §§ 22 f. Rn. 1 ff., → §§ 88 ff. Rn. 1 ff.) und in der Schaffung von **Privatisierungsfolgenrecht** zum Ausdruck kommt.[160]

Aus der **interdisziplinären Perspektive** müssen Verwaltungsrecht und Verwaltungs- 42
rechtswissenschaft[161] einschlägige Nachbarwissenschaften einbeziehen (→ § 2 Rn. 5 ff.) und versuchen, aus deren Forschungsergebnissen Nutzen zu ziehen. Es hat sich insbesondere wirtschaftswissenschaftlichen,[162] technikwissenschaftlichen,[163] naturwissenschaftlichen, politikwissenschaftlichen[164] und sozialwissenschaftlichen[165] Herausforderungen zu stellen,[166] die zusammen mit einer über die Fächergrenzen hinausgreifenden problem- und projektbezogenen **transdisziplinären Verwaltungsrechtsforschung** wichtige Erkenntnisse zur Bewältigung verwaltungsrechtlicher Fragestellungen liefern.[167] So will etwa die **Ökonomische Analyse des Verwaltungsrechts** die als unzulänglich eingestufte Analyse- und Problemlösungskapazität der hermeneutisch ausgerichteten Rechtsfindungsmethoden ergänzen und durch Optimierung sowie effiziente Gestaltung von Verwaltungsrecht beitragen.

Beispiel: Handels- und Handwerkskammern mit Pflichtmitgliedschaft tragen zur Minimierung staatlicher Rechtsetzungs- und Vollzugsdefizite bei, indem sie durch Informationsaustausch und Gremienarbeit für Fair Play im Geschäftslesben und für Rechtssicherheit sorgen, weil die gesetzlich vorgesehene Interessenbündelung und Berücksichtigung von Mindermeinungen (§ 1 I 3 IHKG) eine umfassende Problemlösung gestattet, die ohne die Pflichtmitgliedschaft nicht erreichbar wäre.[168]

4. Problematisierendes und interpretierendes Verwaltungsrecht

Verwaltungsrecht muss auf Problematisierung, Reflexion und Interpretation angelegt 43
sein. Es muss seine Gegenstände ständig überprüfen, Probleme aufgreifen, kritisch hinterfragen und nach angemessenen Lösungen suchen. Für diese Konkretisierung reichen weder intuitives Verstehen noch das auf Verwaltungserfahrung beruhende Judiz aus. Stattdessen bedarf es wissenschaftlicher Methoden, die eine analytisch-theoretische Befassung ermöglichen und eine interessengerechte Entscheidungsfindung

---

[160] Dederer, Korporative Staatsgewalt, 2004, 66 ff.; Voßkuhle/Eifert/Möllers GVwR/Voßkuhle, § 1 Rn. 37 ff.

[161] S. Ziekow, Verwaltungswissenschaften und Verwaltungswissenschaft, 2003; Voßkuhle/Eifert/Möllers GVwR/Möllers § 2 Rn. 44; Röhl/v. Arnauld VVDStRL (2015), 1 ff.; Kahl/Ludwigs VerwaltungsR-HdB/Kersten § 25 Rn. 25; skeptisch Gärditz DVBl 2023, 697.

[162] S. dazu Kirchner, Ökonomische Theorie des Rechts, 1997; Engel/Morlok, Öffentliches Recht als Gegenstand ökonomischer Forschung, 1998; Adams, Ökonomische Theorie des Rechts, 2. Aufl. 2004; Voßkuhle VerwArch 92 (2001), 184 (209 ff.); J. P. Schneider VERW 34 (2001), 317 ff.; Wallerath JZ 2001, 209 ff.; Gröpl VerwArch 93 (2002), 459 ff.; Weigel, Rechtsökonomik, 2003, 94 ff.

[163] Vieweg, Spektrum des Technikrechts, 2002; Franzius VERW 34 (2001), 487 ff.; Boehme-Neßler NVwZ 2007, 650 ff.

[164] Benz VERW 36 (2003), 362 ff.

[165] Berg, Die Wissenschaft vom Verwaltungsrecht/Hoffmann/Riem, 1999, S. 83 ff.; Rehbinder, Rechtssoziologie, 6. Aufl. 2007, § 9.

[166] Lepsius, Steuerungsdiskussion, Systemtheorie und Parlamentarismuskritik, 1999, S. 3 ff.; Lepsius JZ 2005, 1 ff.; Möllers VerwArch 93 (2002), 22 ff.; Schmidt-Aßmann/Hoffmann-Riem, Methoden der Verwaltungsrechtswissenschaft/Schmidt-Aßmann, 2004, S. 387, 396 ff.

[167] S. dazu auch Schmidt-Aßmann JZ 1995, 1 (8); Hilgendorf JZ 2010, 913 ff.; Calliess, Transnationales Recht, 2014; Voßkuhle/Eifert/Möllers GVwR/Möllers § 2 Rn. 44 ff.

[168] S. auch Stober/Korte ÖffWirtschaftsR, Rn. 84.

sicherstellen. Problem- und Systemdenken müssen demnach ineinandergreifen. Allerdings reicht die auch im Verwaltungsrecht anzutreffende, überkommene einseitige Orientierung an juristischen Texten und ihrer Interpretation nicht aus, weil sie sich nur auf **Subsumtions- und Auslegungstechniken** beschränkt.[169] Vielmehr ist nach weiteren Methoden zu suchen, die eine überzeugende Rechtsfindung[170] und **Steuerung des Verwaltungsrechts**[171] ermöglichen.

5. Reform-, modernisierungs- und innovationsorientiertes Verwaltungsrecht

a) Zum Reform- und Innovationsdruck

44 Das Verwaltungsrecht muss auf **Reform,**[172] **Modernisierung,**[173] **Erneuerung**[174] und **Innovation**[175] angelegt sein. Denn es handelt sich nicht um eine statische Materie **(administrative law in books),** sondern um ein dynamisches Rechtsgebiet, das eine erhebliche Flexibilität beweisen und entwicklungsoffen sein muss (**administrative law in action** – → § 1 Rn. 4c). Da das aktuelle Verwaltungsrecht lückenhaft ist und technische Entwicklungen sowie vielfältige neue Bedürfnisse berücksichtigen muss, befindet es sich unter einem ständigen Reform-, Modernisierungs- und Innovationsdruck. Dieser Anpassungszwang hat einen permanenten Umbau, eine andauernde Neuvermessung des Verwaltungsrechts sowie die Entstehung neuer Sonderrechtsgebiete, Typen, Institute und Instrumente zur Folge,[176] die auf einem staatlichen und selbstverwaltungsrechtlichen **Innovations-**[177] **und Changemanagement** basieren.

Beispiele: Digitalisierung der Verwaltung;[178] Informationierung der Verwaltung;[179] Risiko- und Compliance – Orientierung der Verwaltung;[180] Migrations- und Integrationsoffenheit der Verwaltung;[181] Klimaschutzverantwortung der Verwaltung;[182] Resilienzertüchtigung der Verwaltung.[183]

45 Hinzu treten **ordnungspolitisch motivierte Verwaltungskonzepte,** die dem Verwaltungsrecht einen Innovationsschub geben sollen.

---

[169] FS Maurer, 2001/Stein, 803 ff.; Schmidt-Aßmann/Hoffmann-Riem, Methoden der Rechtswissenschaft/Bumke, 2004, S. 73, 78 f.; Lennartz, Dogmatik als Methode, 2017, 132 ff.

[170] Park Rechtsfindung VerwR, passim.

[171] Lepsius, Steuerungsdiskussion, Systemtheorie und Parlamentarismuskritik, 1999, S. 3 ff.; Schmidt-Aßmann/Hoffmann-Riem, Methoden der Verwaltungsrechtswissenschaft/Schmidt-Aßmann, 2004, S. 387, 392 ff.

[172] Möllers VerwArch 93 (2002), 22 ff.

[173] S. dazu Bull VerwArch 103 (2012), 1 (4 ff.); FS Bull, 2011/Schliesky, 819 ff.; Hill, Verwaltungsmodernisierung, 2012.

[174] Wallerath, Verwaltungserneuerung, 2001.

[175] Kahl/Ludwigs VerwaltungsR-HdB/Kahl, § 123 Rn. 49; Voßkuhle VerwArch 92 (2001), 184 (194 ff.); Eifert/Hoffmann-Riem, Innovationsverantwortung, 2009; Hill/Schliesky, Innovationen im und durch Recht, 2011.

[176] Hoffmann-Riem/Schmidt-Aßmann, Innovation und Flexibilität des Verwaltungshandelns/Hoffmann-Riem, 1994, 94 ff.; Thieme DÖV 1997, 757 ff.; König VerwArch 88 (1997), 545 ff.

[177] Hoffmann-Riem, Innovation und Recht – Recht und Innovation, 2016.

[178] Hill DVBl 2002, 1316 (1320 ff.); FS König, 2004/Schäffer, 495 ff.; Boehme-Neßler NVwZ 2007, 650 ff.; Siegel NVwZ 2023, 193 ff.

[179] Hoffmann-Riem/Schmidt-Aßmann, Verwaltungsrecht in der Informationsgesellschaft, 2000; Schneider NVwZ 2012, 65 ff.

[180] Stober/Ohrtmann, Compliance für die öffentliche Verwaltung, 2. Aufl. 2022.

[181] Burgi DVBl 2016, 1015; Kau NVwZ 2018, 1337 ff.

[182] Burgi NVwZ 2021, 1401 ff.

[183] Rixen VVDStRL 80 (2022), 38 ff.

Beispiele: Privatisierungs-,[184] Regulierungs- und Deregulierungs-,[185] Ökonomisierungs-[186] und Entbürokratisierungskonzepte.[187]

46 Dieser punktuelle und konzeptionelle Verwaltungswandel setzt die Einräumung von **Experimentiermöglichkeiten**[188] voraus und erfordert auf der Exekutivebene ein bestimmtes Maß an Interesse für Versuchsoptionen, ohne die neue verwaltungsspezifische Formen außerhalb von Laborbedingungen vor dem Hintergrund einer Situation der Ungewissheit nicht auf ihre allgemeine Anwendbarkeit getestet werden können.[189] Gesetzgebung und Verwaltungspraxis sind unbeschadet der Ankündigung großer Strukturreform- und Modernisierungskampagnen eher zurückhaltend. Gut klingende Gesetzesüberschriften halten nur teilweise ihr Versprechen.[190]

Beispiele: Das **Sächsische Verwaltungsmodernisierungsgesetz** v. 5.5.2004 beschäftigt sich nur mit klassischen Verwaltungsrechtsmaterien und konzentriert sich auf Zuständigkeits- und Bezeichnungsänderungen. Demgegenüber enthält das **Baden-Württembergische Verwaltungsstrukturreformgesetz** v. 1.7.2004 immerhin einige innovative Elemente (Art. 16 Experimentierklausel iSe Befreiung von kommunalbelastenden Standards, Art. 58 Übertragung der Aufgabenerfüllung auf freie Träger als Beliehene).[191] Das **Bundesgesetz zur Umsetzung von Vorschlägen zu Bürokratieabbau und Deregulierung** aus den Regionen v. 21.6.2005 beschränkt sich auf marginale Erleichterungen und die partielle Einführung von Erprobungsklauseln. Das Berliner **Verwaltungsreform-Grundsätzegesetz** v. 21.12.2005 idF v. 2010 hingegen führt eine neue, der Steuerungswissenschaft entlehnte, Begrifflichkeit ein (Serviceeinheit, Servicevereinbarung, Steuerungsdienst, Kundenorientierung).

b) Zur Steuerung des Verwaltungsrechts

47 Die Übergänge zwischen der dynamischen, der innovativen[192] und der reformatorischen Verwaltung sind schon deshalb fließend, weil nicht jede Neuerung und Änderung der Verwaltungsführung das Prädikat Verwaltungsreform (administrative reform, réforme administrative) verdient. Diese Bezeichnung setzt vielmehr eine grundlegende qualitative Andersartigkeit und Neuartigkeit gegenüber den bisherigen Verwaltungsaktivitäten iSe Paradigmenwechsels **(Public Change Management)** und einer Veränderung der Perspektiven gegenüber dem tradierten Verständnis[193] voraus (auch → § 3 Rn. 24). Teilweise wird an Stelle des Begriffs **Verwaltungsreform** die Bezeichnung **Modernisierung** verwendet.[194] Allerdings werden die erwähnten Ausdrü-

[184] Won Woo Lee, Privatisierung als Rechtsproblem, 1997.

[185] Voßkuhle VerwArch 92 (2001), 184 (207 ff.); Empter/Frick/Vehrkamp, Auf dem Weg zu moderner Regulierung, 2005.

[186] S. Schmidt-Aßmann/Hoffmann-Riem, Methoden der Verwaltungsrechtswissenschaft/Bumke, 2004, S. 166, 183 ff.

[187] Meyer-Teschendorf DÖV 1997, 268 ff.; FS Zacher, 1998/Scholz, 987 ff.; Voßkuhle VerwArch 92 (2001), 184 (188 ff.); Wittmann GewArch 2010, 137 ff.; Karpen DVBl 2009, 829 ff.; Burgi WiVerw 2021, 97 ff.

[188] S. näher Maaß, Experimentierklauseln für die Verwaltung und ihre verfassungsrechtlichen Grenzen, 2001; Gericke, Möglichkeiten und Grenzen eines Abbaus der Verrechtlichung, 2003, § 7; Stober GewArch 2025, 265.

[189] Hoffmann-Riem/Schmidt-Aßmann, Innovation und Flexibilität des Verwaltungshandelns/Schulze-Fielitz, 1994, S. 141, 157 ff.; 193 ff.

[190] S. etwa den Überblick von Schmitz NVwZ 2000, 1238 ff. unter dem Stichwort „Moderner Staat".

[191] S. näher Munding, Die Verwaltungsreform in Baden-Württemberg VBlBW 2004, 448 ff.

[192] Hoffmann-Riem/Schneider, Rechtswissenschaftliche Innovationsforschung, 1998; Hoffmann-Riem AöR 13 (2006), 255 ff.

[193] Appel VVDStRL 67 (2008), 226 (241 ff.); Verenkotte/Bentel/Bönders, Change Management, 2015.

[194] S. etwa Hoffmann-Riem DVBl 1996, 225 ff.

cke in jüngerer Zeit zunehmend durch die Vokabel **Steuerung** ersetzt,[195] die sozusagen als Oberbegriff fungiert und sämtliche verwaltungsrechtliche Entwicklungslinien und Modernisierungsmechanismen unter dem Label **„Verwaltungsrechtswissenschaft als Steuerungswissenschaft“**[196] einschließt. Gemeinsames Anliegen der reformatorischen, innovativen und steuernden Verwaltung ist die Verbesserung der **Verwaltungseffektivität** (hoher Grad der Verwaltungszweckerfüllung)[197] und der **Verwaltungseffizienz** (Art. 298 I AEUV – hoher Grad der Verwaltungswirksamkeit und Wirtschaftlichkeit)[198] unter Berücksichtigung von Folgeanalysen und Evaluationen sowie gesellschaftswissenschaftlicher Diskussionen und Optionen,[199] welche die gesetzgeberische Gestaltung, administrative Anwendung und gerichtliche Kontrolle optimieren sollen.[200] Deshalb handelt es sich bei der Reformierung der Verwaltung um eine Daueraufgabe,[201] die nach innen und nach außen gerichtet ist. Sie erfasst sämtliche Verwaltungssektoren (Funktionalreform, Gebietsreform, Dienstreform, Aufgabenreform, Finanzreform, Rechnungswesenreform, Haushaltsreform, Auftragsvergabereform, Organisationsreform, Verfahrensreform, Aufsichtsreform).[202]

Beispiele: Untersuchung der Effizienzgewinne bei privatwirtschaftlicher Realisierung von Infrastrukturvorhaben;[203] Kostenvergleich staatlicher und kooperativer Durchführung von Verwaltungsaufgaben;[204] Einführung eines Compliance[205]- und Customer Relationship Managements;[206] Berücksichtigung nachfolgender Generationen hinsichtlich des sorgsamen Umgangs mit der Umwelt anlässlich des Klimawandels (Art. 20a GG).[207]

c) New Public Management und Neues Steuerungsmodell

48 Die dazu in jüngerer Zeit entwickelten Verwaltungsreformansätze werden unter unterschiedlichen Begriffen und Prämissen diskutiert. Unter den Stichworten **„Neue Verwaltung“**, **„Neues Verwaltungsrecht“**[208] oder **„Reform des Allgemeinen Ver-**

[195] Lepsius, Steuerungsdiskussion, Systemtheorie und Parlamentarismuskritik, 1999, S. 3 ff.; R. Schmidt VerwArch 92 (2000), 149 ff.; FS Stolzlechner, 2013/Pitschas, 509 (511); Voßkuhle/Eifert/Möllers GVwR/Baer § 13 Rn. 37 ff.

[196] Appel VVDStRL 67 (2008), 226 (241 ff.); Eifert VVDStRL 67 (2008), 286 (293 ff.); Hoffmann-Riem/Schmidt-Aßmann VerwaltungsR-HdB I, § 4; krit. FS Battis, 2014/Grigoleit, 27 ff.

[197] Lepsius, Steuerungsdiskussion, Systemtheorie und Parlamentarismuskritik, 1999, S. 3 ff.; Sommermann DÖV 2015, 449 ff.

[198] S. Zavelsberg DÖV 1994, 1040; Eidenmüller, Effizienz als Rechtsprinzip, 1995; Hoffmann-Riem/Schmidt-Aßmann, Effizienz als Herausforderung an das Verwaltungsrecht, 1998; Voßkuhle VerwArch 92 (2001), 184 (194 ff.); Ludwigs, Unternehmensbezogene Effizienzanforderungen im Öffentlichen Recht, 2013; Kahl/Ludwigs VerwaltungsR-HdB/Ellerbrok, § 76 Rn. 87; Kahl/Ludwigs VerwaltungsR-HdB/Kersten, § 25 Rn. 12; Voßkuhle/Eifert/Möllers GVwR/Voßkuhle, § 1 Rn. 18 ff.

[199] Eifert VVDStRL 67 (2008), 286 (295 ff.); Kahl/Ludwigs VerwaltungsR-HdB/Kersten, § 25.

[200] Kahl/Ludwigs VerwaltungsR-HdB/Kersten, § 25 Rn. 12 ff.

[201] Schliesky VerwArch 98 (2008), 313 (319).

[202] Schmidt-Aßmann/Hoffmann-Riem, Verwaltungsorganisationsrecht als Steuerungsressource, 1997; Voßkuhle VerwArch 92 (2001), 184 (189 f.); Schliesky VerwArch 98 (2008), 313 ff.; Wallerath DÖV 2011, 289 ff.

[203] Jacob/Kochendörfer, Effizienzgewinne bei privatwirtschaftlicher Realisierung von Infrastrukturvorhaben, Bundesanzeiger Beilage Nr. 124a v. 9.7.2002.

[204] de Blois, Ökonomische Aspekte von Police Private Partnership, 2011.

[205] Stober DVBl 2012, 391 ff.; Stober/Ohrtmann, Compliance, Handbuch für die öffentliche Verwaltung, 2015.

[206] Sarvan, Reduktion staatlicher Wirtschaftsüberwachung durch Managementsysteme, 2010.

[207] BVerfG NJW 2021, 1723 ff.; Kahl/Ludwigs VerwaltungsR-HdB/Ellerbrok, § 76 Rn. 68.

[208] Thieme DÖV 1997, 757 ff.; FS Stolzlechner, 2013/Pitschas, 509 ff.

waltungsrechts“[209] wird am häufigsten der Ausdruck **„New Public Management“**[210] verwendet. Er kann umschrieben werden als umfassende Gestaltung der Strukturen und Abläufe in der öffentlichen Verwaltung. Ziel ist der Übergang von einer **Input- zu einer Outputbetrachtung,** dh es findet eine Verlagerung von der Mittelzuweisung und dem Ressourceneinsatz auf eine produkt- und nutzerorientierte Sichtweise statt, um eine qualitäts- und wirkungsorientierte Verwaltungsführung (outcome) und Verwaltungskontrolle zu erreichen.

Beispiele: Produkthaushalte nach § 1a HGrG; Kosten-Leistungsvergleich nach §§ 6 III, 33 HGrG; Qualitätsmanagement.[211]

Das New Public Management beruht auf einem **Neuen Steuerungsmodell,**[212] dem auch der Gedanke des Verwaltungstransfers und der **Verwaltungstransparenz** (→ § 2 Rn. 3) zugrunde liegt. Die Kritik an diesem Ausschnitt eines Gesamtleitbildes[213] ist nicht berechtigt, wenn man in Anlehnung an das betriebswirtschaftliche Change-Management für den Sektor der öffentlichen Verwaltung den Begriff **Public Change-Management** verwendet, der zur Überwindung tradierter Denkmuster und verwaltungsrelevanter Festschreibungen beiträgt sowie die notwendige Dynamik der Fortentwicklung öffentlicher Verwaltung zum Ausdruck bringt.

d) Good Governance Konzepte

Die Reformschlüsselworte New Public Management und Neues Steuerungsmodell 49
werden durch den schillernden Begriff **Good Governance** ergänzt,[214] der verstanden als Prozess- und Steuerungsbegriff eine weitere Veränderung der traditionellen Verwaltungskultur markiert.[215] Denn er überwindet die betriebswirtschaftlich inspirierte Fokussierung auf das Management durch die Anreicherung mit rechtlichen, politischen und sozialwissenschaftlichen Elementen, die eine ganzheitliche, systemorientierte, leistungsfähige und effiziente Steuerung öffentlicher Angelegenheiten unter dem Motto **„Reinventing Government“**[216] beabsichtigen. Durch die Bezugnahme auf den Staat unterscheidet er sich von der aus dem Wirtschaftsprivatrecht stammenden Bezeichnung **Corporate Governance,** die für anerkannte Standards guter und verant-

---

209 Hoffmann-Riem/Schmidt-Aßmann, Reform des Allgemeinen Verwaltungsrechts, 1993; Hoffmann-Riem/Schmidt-Aßmann, Innovation und Flexibilität des Verwaltungshandelns, 1994; Schaefer, Die Umgestaltung des Verwaltungsrechts, 2016.

210 Hill/Klages, Qualitäts- und erfolgsorientiertes Verwaltungsmanagement, 1993; König/Beck, Modernisierung von Staat und Verwaltung – zum Neuen öffentlichen Management, 1997; Budäus, Organisationswandel öffentlicher Aufgabenwahrnehmung, 1998; Schedler/Proeller, New Public Management, 2000; Bösl, Wirtschaftlichere öffentliche Verwaltung durch neue Steuerungsmodelle, 2001; FS Brohm, 2002/Rehbinder, 727 ff.; Voßkuhle/Eifert/Möllers GVwR/Voßkuhle, § 1 Rn. 50.

211 Hill/Hof, Wirkungsforschung zum Recht II/Hill, 2000, 27 ff.

212 König DÖV 1995, 349 ff.; Lüder DÖV 1996, 93 ff.; Hoffmann-Riem/Schmidt-Aßmann VerwVerfG/Ziekow, S. 349, 356 ff.; Voßkuhle/Eifert/Möllers GVwR/Voßkuhle, § 1 Rn. 53.

213 Voßkuhle/Eifert/Möllers GVwR/Voßkuhle, § 1 Rn. 42; Kahl/Ludwigs VerwaltungsR-HdB/Kersten, § 25 Rn. 30.

214 König DÖV 2001, 617 ff.; Trute/Denkhaus/Kühlers VERW2004, 451 ff.; FS Quaritsch, 2010/König, 125 ff.; Schuppert VERW40 (2007), 463 ff.; FS Siedentopf, 2008/Strehl, 844 ff.; FS Bull, 2011/Trute/Pilniok, 849 ff.; Schmidt-Trenz, Institutionenökonomik, 2023; Kahl/Ludwigs VerwR-HdB/Kersten, § 25 Rn. 18.

215 Schmidt-Aßmann/Hoffmann-Riem, Methoden der Verwaltungsrechtswissenschaft/Hoffmann-Riem, 2004, S. 9, 25; Voßkuhle/Eifert/Möllers GVwR/Voßkuhle, § 1 Rn. 18 ff.; Kahl/Ludwigs VerwaltungsR-HdB/Hill, § 127 Rn. 1.

216 Osborne/Gaebler, Reinventing Government, 1992.

wortungsvoller Unternehmensführung und Unternehmenskontrolle steht.[217] Dieses Regelungsprogramm ist allerdings insoweit verwaltungsrelevant, als es auf die Führung und Kontrolle öffentlicher Unternehmen als Public Corporate Governance anwendbar ist,[218] für die inzwischen **Public Corporate Governance Kodizes** existieren.[219] Insoweit gewinnt auch der ISO DIS-Standard 37000 zur Governance von Organisationen an Relevanz, da er auf alle Erscheinungsformen übertragbar ist. Der im Zusammenhang mit der Digitalisierung der Verwaltung verwendete Ausdruck **Electronic Government**[220] wiederum erfasst im Gegensatz zur klassischen analogen Verwaltung den Ausschnitt der mit elektronischen Medien zusammenhängenden Leistungserstellung (→ § 5 Rn. 19 ff.).

49a Entstehungsgeschichtlich geht der Governance Begriff auf eine Studie der Weltbank zurück, die Förderbedingungen für Entwicklungsländer festlegte.[221] In diesem Kontext beschrieb die Weltbank Governance sehr vage als „the exercise of political power to manage a nations affairs". Inhaltlich konzentrierten sich die Anforderungen auf folgende Problembereiche (auch → § 12a Rn. 1 ff.)[222]:

50 – **Binnenrationalisierung der öffentlichen Verwaltung** durch New Public Management (Organisations-, Prozess-, und Personalmanagement – → § 2 Rn. 48)
– **Dezentralisierung öffentlicher Aufgaben**
– **Bürokratieabbau**[223]
– **Privatisierung öffentlicher Aufgaben und Public Private Partnership**
– **Verbesserung der Verwaltungstransparenz** und
– **Rechtstaatlichkeit der Verwaltung** (Compliance-Management).[224]

51 Inzwischen hat der Ausdruck „Governance" Karriere gemacht und Konturen erhalten. Er wird im Gegensatz zu Government nicht nur auf Regierungen bezogen. Vielmehr erstreckt sich sein Anwendungsbereich durchgängig auf alle Führungsebenen und sämtliche Verwaltungsträger. Deshalb ist auch von **Global Governance**,[225] **European Governance**,[226] **Local** oder **Urban Governance**[227] die Rede. Diese Auflistung ist ua um die Erscheinungsform **Functional Governance** für die funktionale Selbstverwaltung zu ergänzen.

[217] Mathes, Das deutsche Corporate Governance System, 2000.
[218] Kritisch König DÖV 2001, 617 (619); Kahl/Ludwigs VerwaltungsR-HdB/Kersten, § 25 Rn. 18; Mann/Schnuch DÖV 2019, 417 ff.
[219] S. näher Stober/Ohrtmann, Compliance für die Öffentliche Verwaltung/Thiel, 2. Aufl. 2022, Rn. 157 ff.
[220] Eifert ZG 2001, 115; Voßkuhle/Eifert/Möllers GVwR/Voßkuhle, § 1 Rn. 65.
[221] S. dazu Theobald, Zur Ökonomik des Staates, 2000, 149 ff.; FS Quaritsch, 2010/König, 125 ff.; Chevallier, Revue francaise, d'administration publique No. 105, 203 ff.
[222] World Bank, Sub Saharan Africa, 1989; s. auch Kahl/Ludwigs VerwaltungsR-HdB/Schmidt-Preuß, § 26; Kahl/Ludwigs VerwaltungsR-HdB/Hill, § 127 Rn. 27.
[223] Karpen DVBl 2009, 829 ff.; Wittmann GewArch 2010, 137 ff.; Kahl/Ludwigs VerwaltungsR-HdB/Pilniok, § 123.
[224] Stober, DVBl, 2012, 391 ff.; Stober/Ohrtmann, Compliance für die öffentliche Verwaltung/Thiel, 2. Aufl. 2022, Rn. 164 ff.
[225] Tietje, Internationalisiertes Verwaltungshandeln, 2001, S. 164 ff.; König, ua, Governance als entwicklungs- und transformationspolitisches Konzept, 2002; König VerwArch 92 (2001), 475 ff.; Ruffert, Die Globalisierung als Herausforderung an das Öffentliche Recht, 2004.
[226] S. Weißbuch, Europäisches Regieren, ABl. 2001 C 287, KOM(2001), 428 endg.
[227] Ziekow, Entwicklungslinien der Verwaltungspolitik/Pitschas, 2007, S. 61 ff.

Die OECD definiert Global Governance wie folgt: 52

„Global governance can be loosely defined as the process by which we collectivly manage and govern resources, issues, conflicts and values in a world that is increasingly a global neighbourhood".[228]

Dieser Ansatz steht für den Ausbau an zwischenstaatlicher Kooperation und schließt das konstruktive Zusammenwirken staatlicher und nichtstaatlicher Akteure in dynamischen Prozessen interaktiver Entscheidungsfindung von der lokalen bis zur globalen Ebene ein.[229]

Das von der EU-Kommission im **„Weißbuch Europäisches Regieren"** niedergelegte 53 Governance-Konzept[230] kennzeichnet Governance als Regeln, Verfahren und Verhaltensweisen, die darüber Auskunft geben, wie auf europäischer Ebene Befugnisse bezüglich Offenheit, Partizipation, Verantwortlichkeit, Wirksamkeit und Kohärenz iSv Widerspruchsfreiheit und Stimmigkeit ausgeübt werden. Im Einzelnen geht es darum, wie die Arbeitsweise der EU-Institutionen in ihren Beziehungen zu den Mitgliedstaaten und deren Bürgern iSv mehr Bürgernähe, Transparenz (s. auch Art. 1 II EUV) und verstärkter Konsultation der „Zivilgesellschaft" verbessert werden kann (Art. 11 III EUV). Das soll durch eine bessere Einbindung der Akteure, eine bessere Verwaltungspraxis **(Kodex für gute Verwaltungspraxis),** bessere Regeln sowie die bessere Beachtung formeller und materieller **Verwaltungsgrundsätze** auf der Grundlage des Art. 41 EU-GRCh geschehen.[231] Dieser hohe Anspruch ist keineswegs neu. Er war bereits im 16. Jh. Gegenstand des Ideals der sog. **„guten Policey"**, eines Verwaltungsentwurfs, der sich zum Wohle der Menschen auf sämtliche Verwaltungsangelegenheiten bezog (→ § 8 Rn. 7).[232]

6. Werteorientiertes Verwaltungsrecht

Die Diskussion der Good Governance Konzepte hat gezeigt, dass sich die Verwaltung 54 bei ihrem Handeln an bestimmten **Grundwerten** orientieren muss. Die Eckpunkte dieses Wertesystems wurden bei der Suche nach den Rechtsfindungskriterien (→ § 2 Rn. 3) unter dem Stichwort **dienende Verwaltung** (s. auch Art. 13 I EUV) skizziert, die vornehmlich präventiv agieren muss (→ § 4 Rn. 8).[233] Die dem Verwaltungsrecht zugrundeliegende Werteordnung folgt zunächst aus den **Grundrechten,** die zahlreiche subjektive Rechte gegenüber der Verwaltung begründen.[234] Bei der steuerungszentrierten und rechtsschutzorientierten Verwaltungswissenschaft verblasst dieser Aspekt zugunsten objektiver Anforderungen.[235] Wertorientiertes Verwaltungsrecht wird ferner geprägt durch andere verfassungsgestaltende Grundentscheidungen und Rechtsgrundsätze.[236] Sie kommen in **Verfassungsprinzipien, Staatsaufgaben** sowie **Verfassungsaufträgen** (Gewährleistungsverwaltung, Regulierungsverwaltung,

---

228 OECD, Globalisation: What Challenges and Opportunities for Governments?, 1996.

229 Zwischenbericht Enquete-Kommission Globalisierung der Weltwirtschaft, BT-Drs. 14/6910, 105 f., 108.

230 Schuppert/Pernice/Haltern, Europawissenschaft/Bach, 2005, S. 613 ff.

231 Kahl/Ludwigs VerwaltungsR-HdB/Hill, § 127 Rn. 29; EuGH NVwZ 2019, 1664 (1666).

232 Durner DVBl 2023, 1521 ff.; Unger VVDStRL 83, 2024, 10 (34 ff.).

233 Franzius VVDStRL 81 (2022), 384 ff.; H. A. Wolff VVDStRL 81 (2022), 438 ff.

234 S. exemplarisch BVerfG NJW 2021, 1723 ff. zum Klimaschutz.

235 S. etwa Kahl/Ludwigs VerwaltungsR-HdB/Kersten, § 25.

236 S. auch Schmidt-Aßmann/Hoffmann-Riem, Methoden der Verwaltungsrechtswissenschaft/Ruffert, 2004, S. 166, 195 f.

Gleichstellungsverwaltung) zum Ausdruck und verdichten sich zu Verwaltungsprinzipien, -aufgaben und -aufträgen (→ §§ 17 ff. Rn. 1 ff.). Sie bestimmen, formen und begrenzen das Verwaltungsrecht.[237] Diese Wertentscheidungen liefern Abwägungsmaterial für einen **Interessenausgleich,** gestatten eine **Dynamisierung** sowie **Optimierung des Verwaltungsrechts**[238] und ermöglichen ein permanentes **Benchmarking der Verwaltung.** Im Einzelnen hat dieser wertbezogene Verwaltungsansatz ua folgende Prinzipien zu verwirklichen (Art. 1 ff., 20, 20a, 28, 109, 114 GG – näher → § 18 f. Rn. 1 ff.): Rechtsstaatsprinzip, Sozialstaatsprinzip, Bundesstaatsprinzip, Demokratieprinzip, Umweltprinzip,[239] Kulturprinzip,[240] Wirtschaftlichkeitsprinzip,[241] Transparenzprinzip und Grundrechtsprinzip (→ § 18 Rn. 1 ff.).

Beispiel: Die rechtsstaatlich organisierte Verwaltung muss sich mit der Gesetzmäßigkeit, Bestimmtheit, Rechtsfehlerlehre, dem Vertrauensschutz sowie der Verwaltungskontrolle[242] befassen.

55 Darüber hinaus hat das Verwaltungsrecht die **Werteordnung der Europäischen Union** zu beachten und zu optimieren[243] (Art. 23 GG). Sie stimmt weitgehend mit der des deutschen Verwaltungsrechts überein und geht in Einzelpunkten noch ausdrücklich darüber hinaus (Art. 2 und 3 EUV, Art. 8 ff. AEUV). Man denke nur an die Stichworte **Solidarität** und wettbewerbsfähige **soziale Marktwirtschaft** (näher → § 17 Rn. 1 ff.) oder an das **Recht auf gute Verwaltung.**

7. Supranationales, transnationales, internationales und komparatives Verwaltungsrecht

a) Verwaltungsrecht im offenen Verwaltungsstaat und im europäischen Verwaltungsraum

56 Zwar ist der Ausgangspunkt jeder verwaltungsrechtlichen Betrachtung das souveräne Recht jedes Staates, über sein Verwaltungsrechtssystem und über die verwaltungsrechtliche Zusammenarbeit mit anderen Staaten zu entscheiden (→ § 1 Rn. 13 und 17). Diese rechtliche Möglichkeit schwindet jedoch in dem Maße, in dem die **Bilateralisierung, Regionalisierung und Globalisierung der Rechtsbeziehungen,** das praktische Bedürfnis nach Kooperation unter Sachaufgabengesichtspunkten wächst und die Menschen zwischen unterschiedlich strukturierten Verwaltungsrechtsregimen wählen können. Je mehr das klassisch staatlich territorial gebundene Verwaltungsrecht entnationalisiert wird,[244] umso weniger kann es sich einer Öffnung seiner

[237] FS Zacher, 1998/Scholz, 987 (1004); Hoffmann-Riem ua, Reform des Allgemeinen Verwaltungsrechts/Wahl, 1993, S. 177 ff.

[238] S. näher Alexy, Theorie der Grundrechte, 1986, S. 76; Park Rechtsfindung VerwR, S. 230, 242 ff., 296 ff.

[239] Böhret/Hill, Ökologisierung des Rechts- und Verwaltungssystems, 1994; Kahl/Ludwigs VerwaltungsR-HdB/Böhm, § 84; Burgi NVwZ 2021, 1401 ff.; BVerfG NJW 2021, 1401 ff.

[240] Steiner/Grimm VVDStRL 42 (1984), 7 ff.; Nettesheim JZ 2002, 157 ff.

[241] Hoffmann-Riem/Schmidt-Aßmann, Innovation und Flexibilität des Verwaltungshandelns/Schmidt, 1994, S. 71, 86.

[242] Schmidt-Aßmann/Hofmann-Riem, Verwaltungskontrolle, 2001; Merten/Papier Grundrechte-HdB III/Stober, § 77, 2009.

[243] Hatje, Die gemeinschaftsrechtliche Steuerung der Wirtschaftsverwaltung, 1998, S. 176; Schuppert/Pernice/Haltern, Europawissenschaft/Joas/Mandry, 2005, S. 541 ff.; Kotzur DÖV 2005, 313 ff.

[244] S. näher Stober/Korte ÖffWirtschaftsR, Rn. 67 ff. und 335 ff.; FS Stern, 1997/Siekmann, 340 ff.; Tietje DVBl 2003, 1081 (1084, 1091).

Verwaltungsrechtsordnung entziehen. Der **offene Verwaltungsstaat**[245] hat sich vor dem Hintergrund der in Art. 23 GG festgeschriebenen Mitwirkung der Bundesrepublik Deutschland an der Entwicklung der Europäischen Union vornehmlich der Schaffung einer **Verwaltungsrechtsgemeinschaft** in einem einheitlichen **europäischen Verwaltungsraum** (Art. 3 II EUV) zu stellen (→ § 1 Rn. 14 und → § 17). Er wird gespeist aus unterschiedlichen Rechtskreisen, Rechtsquellen, Rechtsgedanken, Rechtstraditionen, Verwaltungskulturen[246] und Rechtsmethoden, aus denen gemeinsam verbindende Rechtsstrukturen und Verwaltungsprinzipien[247] herauszuarbeiten und zu formen sind. Die Verwaltungsrechtsintegration, -kooperation und -vernetzung im Mehrebenensystem der EU[248] bewirkt nicht nur einen Funktionswandel mitgliedstaatlichen Verwaltungsrechts.[249] Sie ist zugleich eine neue Stufe verwaltungsrechtlicher Systembildung, Rechtsangleichung und Standardisierung[250] im Rahmen der Etablierung einer **Europäischen Verwaltungsrechtswissenschaft**[251] und **unionisierten Verwaltungsrechtsordnung**,[252] die sich neuerdings auf eine offene, effiziente und unabhängige europäische Verwaltung iSe **EU-Zentralverwaltung** stützen kann (Art. 298 AEUV).[253] Die Entwicklung wird dadurch erschwert, dass sich inzwischen ein unübersichtlicher schwer verständlicher Bestand an Rechtsregeln, der sog. **acquis communitaire,** herausgebildet hat, der unter fehlender Systematisierung leidet. Deshalb kann nur teilweise von einer Konsolidierung des Europäischen Verwaltungsrechts die Rede sein (→ § 1 Rn. 14 ff.).[254] Im Übrigen orientieren sich die Methoden zur Erschließung des Europäischen Verwaltungsrechts an den bekannten klassischen Auslegungsregeln, die durch EU-relevante Elemente wie einer unionskonformen Interpretation oder die Erfordernisse der Kohärenz und Effizienz ergänzt werden.[255]

Die Übertragung verwaltungsrechtlicher Befugnisse auf zwischenstaatliche Einrichtungen, die Anerkennung fremder Verwaltungsrechtsakte, die Verwaltungszusammenarbeit sowie die Notwendigkeit, **verwaltungsrechtliche Kollisionslagen**[256] möglichst zu vermeiden (→ § 1 Rn. 14), zwingen die Verwaltungsrechtswissenschaft, sich intensiv mit dem Phänomen des supranationalen, transnationalen und des inter- 56a

[245] S. zu diesem Konzept auch Di Fabio, Das Recht offener Staaten, 1998; Die Fabio, Der Verfassungsstaat in der Weltgesellschaft, 2001; Hobe, Der offene Verfassungsstaat, 1998, S. 137 ff.; Tietje DVBl 2003, 1081 ff.

[246] Sommermann DÖV 2015, 449 ff.

[247] Schuppert/Pernice/Haltern, Europawissenschaften/Schuppert, 2005, 3 ff.

[248] S. auch Ruffert VERW36 (2003), 293 (309 ff.); Schmidt-Aßmann/Schöndorf-Haubold, Der Europäische Verwaltungsverbund, 2005.

[249] Kokott VVDStRL 63 (2003), 9 (23).

[250] S. auch Voßkuhle VerwArch 92 (2001), 184 ff.; Schmidt-Aßmann/Hoffmann-Riem, Methoden der Verwaltungsrechtswissenschaft/Ruffert, 2004, S. 165 ff.; Ruffert DÖV 2007, 761 ff.

[251] Schuppert/Pernice/Haltern, Europawissenschaft, 2005; Kahl/Ludwigs VerwaltungsR-HdB/Schorkopf, § 31; Kahl/Ludwigs VerwaltungsR-HdB/Unger, § 50 Rn. 19; Terhechte, Verwaltungsrecht der EU/Terhechte, 2. Aufl. 2022, § 1 Rn. 17 f.

[252] S. auch Zuleeg VVDStRL 53 (1994), 154 (169 ff.); Schmidt VerwArch 91 (2000), 149 (161 ff.); P. M. Huber VVDStR 60 (2001), 194 (230); Häberle DÖV 2003, 429 (442); v. Danwitz, Europäisches Verwaltungsrecht, 2008; Terhechte, Verwaltungsrecht der EU, 2. Aufl. 2022.

[253] S. zu diesem Begriff Ruffert VERW41 (2008), 543 (570).

[254] AM Axer/Grzeszick ua, Das Europäische Verwaltungsrecht in der Konsolidierungsphase, 2010.

[255] S. näher Kahl/Ludwigs VerwaltungsR-HdB/Unger, § 50 Rn. 32 ff.

[256] Kadelbach, Allgemeines Verwaltungsrecht unter europäischem Einfluss, 1999.

nationalen Verwaltungsrechts (→ § 17 Rn. 1 ff., → § 21 Rn. 1 ff. und → § 27 Rn. 1 ff.) auseinandersetzen.[257] Dabei ist **supranationales Verwaltungsrecht** aus unionsrechtlicher Perspektive deckungsgleich mit den Erscheinungsformen des Verwaltungsrechts der Europäischen Union (→ § 1 Rn. 14 ff.). **Transnationales Verwaltungsrecht** ist nationales Verwaltungsrecht, das in anderen Staaten und deren Verwaltungsrechtsordnungen etwa auf Grund der Geltung des **Ursprungslandprinzips** einwirkt.[258]

57 Das in der Entwicklung befindliche (→ § 1 Rn. 24) **Internationale Verwaltungsrecht**[259] ist nicht das Gegenstück zum Internationalen Privatrecht, das auf anderen juristischen Prämissen beruht. Es betrifft vielmehr eine Gemengelage von Verwaltungsrecht und Völkerrecht, zwischenstaatlichem und überstaatlichem Recht,[260] das die Rechtsbeziehungen zwischen dem nationalen und dem ausländischen Verwaltungsrecht regelt und sich mit den Globalisierungserscheinungen des Verwaltungsrechts **(Global Administrative Law)**[261] befasst. Im Kern geht es um die Herausarbeitung rechtskreisübergreifend geltender öffentlich-rechtliche Rechtsprinzipien, Konfliktvermeidungsregeln sowie um Kollisionsnormen (conflict of law), die den Anwendungsbereich nationaler verwaltungsrechtlicher Normen auf Grund internationaler Vereinbarungen zur Erleichterung des Verwaltungsrechtsverkehrs beschränken, erweitern und gleichzeitig vielfältige Formen der verfahrens-, organisations- und materiell-rechtlichen Verwaltungskooperation einschließen.[262] Deshalb lässt sich das internationale Verwaltungsrecht definieren als die Summe der öffentlich-rechtlichen Normen, die Sachverhalte mit verwaltungsrechtlichem Auslandsbezug regeln und Bestimmungen darüber enthalten, welches Recht in diesen Fällen anwendbar ist. **Internationales soft law** (etwa in Gestalt internationaler Standardsetzung) und **Global-Governance-Regeln** (im Sinne informeller Behördenvernetzung wie des Baseler Ausschusses für Bankenaufsicht) besitzen wegen ihres Empfehlungscharakters nicht den Rang von internationalem Verwaltungsrecht, bestimmen aber immer mehr das auf Kooperation angelegte internationale Verwaltungshandeln.[263]

b) Die Rolle der Verwaltungsrechtsvergleichung

58 Das Verwaltungsrecht hat folglich grenznachbarliche, interkommunale und interregionale, übernationale, zwischenstaatliche sowie ausländische Bezüge (**droit administratif, administrative law, derecho administrativo** usw) zu berücksichtigen und

[257] Bauer ua, Umwelt, Wirtschaft und Recht/Voßkuhle, 2002, S. 171, 177 ff.

[258] S. etwa Becker DVBl 2001, 855 f.; Ruffert VERW34 (2001), 453 ff.

[259] Tietje, Internationalisiertes Verwaltungshandeln, 2001; C. E. Linke, Europäisches Internationales Verwaltungsrecht, 2001, S. 23 ff.; Möllers/Voßkuhle/Walter, Internationales Verwaltungsrecht, 2007; Menzel, Internationales Öffentliches Recht, 2011, Chiti/Matarella, Global Administrative Law and EU Administrative Law, 2011; Röhl VVDStRL 74 (2015), 1 ff.; krit. zu diesem Begriff Terhechte, Verwaltungsrecht in der EU/Möllers/Terhechte, 2011, § 40.

[260] S. dazu Voßkuhle/Eifert/Möllers GVwR/Goldmann § 6 Rn. 1 ff.

[261] S. dazu Ruffert, Die Globalisierung als Herausforderung an das Öffentliche Recht, 2004; Kingsbury/Krisch/Stewart, The Emergence of Global Administrative Law, Law and Contemporary Problems 68 (2005),) 15 ff.; Schwarze, Globalisierung und Entstaatlichung des Rechts, 2008; Biaggini VVDStRL 67 (2008), 413 f.; FS Siedentopf, 2008/Schmidt-Aßmann, 101 ff.

[262] S. näher Classen VVDStRL 67 (2008), 365 (398 ff.); Voßkuhle/Eifert/Möllers GVwR/Goldmann, § 6 Rn. 41 ff.

[263] Tietje, Internationalisiertes Verwaltungshandeln, 2001, S. 239 f., 255 ff.; Stober WiVerwR § 2 VII 3 und 4; FS Battis, 2014/Tomuschat, 63 ff.

muss im Interesse der Fortschreibung und des **Systemwettbewerbs der konkurrierenden Verwaltungsrechtsordnungen** rechtsvergleichende Aspekte einschließen.[264] Das ist kein Novum für die Verwaltungsrechtswissenschaft. Immerhin griffen bereits etwa Friedrich Franz von Mayer[265] und Otto Mayer[266] auf innerdeutsche bzw. französische Vorbilder[267] zurück.[268] Aus unionsrechtlicher Perspektive bedarf es schon aus Gründen der Rechtskoordinierung, der Rechtskonsolidierung, der Rechtsangleichung und der Rechtsharmonisierung einer vorbereitenden Verwaltungsrechtsvergleichung unter Einschluss des **Common Law**,[269] dessen Erkenntnisse auch dann bedeutsam ist, wenn die Integration stockt.[270]

Aber auch unabhängig von diesen Überlegungen ist die vergleichende Weiterentwicklung des Verwaltungsrechts unverzichtbar.[271] Denn das **komparative Verwaltungsrecht (Comparative Law, Droit Comparé)** fungiert als eine „école de vérité", die den Vorrat an verwaltungsrechtlichen Lösungspotentialen bereichert.[272] Seine zentrale Aufgabe ist es, die jeweiligen Regelungen, Bedürfnisse und Rechtsprobleme zu ermitteln und die Gemeinsamkeiten sowie Verschiedenheiten der Rechtskreise, Rechtssysteme, Verwaltungskulturen und Verwaltungstraditionen angemessen zu würdigen.[273] Ziel der Verwaltungsrechtsvergleichung ist es unter anderem, das im Inland anwendbare ausländische Verwaltungsrecht bereitzustellen **(Bereitstellungsfunktion),** von anderen Verwaltungsrechtskulturen zu lernen, um das eigene Verwaltungsrecht besser zu verstehen **(Erkenntnis- und Inspirationsfunktion)**[274] und durch die Übernahme bewährter und verallgemeinerungsfähiger Institute und Rechtsgedanken zu optimieren **(Optimierungsfunktion)**.[275] Langfristig ist der Verwaltungsrechtsvergleich darauf gerichtet, möglichst viele unionsweit und global akzeptierte Verwaltungsrechtsprinzipien iSe **jus commune** oder **droit commune** zu entwickeln,[276] um 59

264 S. auch Häberle JZ 1989, 913 (916); FS Lerche, 1993/Schmidt-Aßmann, 513 (519); Kischel, Rechtsvergleichung, 2015; Voßkuhle/Eifert/Möllers GVwR/Marsch, § 3.
265 v. Mayer, Grundzüge des Verwaltungsrechts und -Rechtsverfahrens, 1857.
266 Mayer, Deutsches Verwaltungsrecht I, 1895.
267 S. dazu Mayer, Theorie des französischen Verwaltungsrechts, Straßburg 1886.
268 S. auch Heyen, Jahrbuch für Europäische Verwaltungsgeschichte 8, 1996, 163 ff.; Starck JZ 1997, 1021 ff.; Stolleis, Nationalität und Internationalität, 1998; FS Schlechtriem, 2003/Bullinger, 331 (337 f.).
269 Sommermann DÖV 2002, 133 ff.
270 S. auch Voßkuhle/Eifert/Möllers GVwR/Möllers, § 2 Rn. 42 ff.; s. fernerer v. Bogdandy/Cassese/Huber Ius Publicum Europaeum-HdB IV und V; Kahl/Ludwigs VerwaltungsR-HdB/Sommermann, § 52.
271 Kahl/Ludwigs VerwaltungsR-HdB/Sommermann, § 52 Rn. 43; ähnlich Gärditz DVBl 2023, 697 f.
272 Sommermann DÖV 2002, 133 ff.
273 Sacco, Einführung in die Rechtsvergleichung, 2. Aufl. 2010, S. 25 ff.; Kischel, Rechtsvergleichung, 2015.
274 Kahl/Ludwigs VerwaltungsR-HdB/Sommermann, § 52 Rn. 10 ff. und 26.
275 Großfeld, Kernfragen der Rechtsvergleichung, 1996, 1; Zweigert/Kötz, Einführung in die Rechtsvergleichung, 3. Aufl. 1996, 12 ff.; Trantas, Die Anwendung der Rechtsvergleichung bei der Untersuchung des öffentlichen Rechts, 1998; Grote AöR 126 (2001), 10 ff.; Schmidt-Aßmann/Hoffmann-Riem, Methoden der Verwaltungsrechtswissenschaft/Schmidt-Aßmann, 2004, S. 387, 404; FS Schlechtriem, 2003/Bullinger, 331 f.; v. Bogdandy JZ 2011, 1 (3 ff.).
276 S. dazu Kahl/Ludwigs VerwaltungsR-HdB/Sommermann, § 52 Rn. 18; Terhechte, Verwaltungsrecht der EU/Terhechte, 2. Aufl. 2022, § 1 Rn. 12 f.

den supra- und internationalen Verwaltungsrechtsverkehr zu erleichtern[277] **(Vereinheitlichungs- und Konformitätsfunktion).**

60 Die auf gegenseitige Befruchtung angelegte Rechtsvergleichung ist insofern defizitär, da sie häufig – etwa im Rahmen der **Entwicklungszusammenarbeit** nach Art. 208 ff. AEUV – der Transformationshilfe bzw. der **Verwaltungsförderung** hauptsächlich aus einem einseitigen **Verwaltungsrechtsexport** (zB nach Mittel- und Osteuropa sowie nach Asien[278]) oder aus einem einseitigen **Verwaltungsrechtsimport** (zB aus den USA) besteht. Erinnert sei einerseits an das erwähnte Stichwort **acquis communitaire,** das jedes neue Mitglied der EU zur Übernahme der bestehenden Verwaltungsrechtsmaximen verpflichtet (→ § 2 Rn. 56). Oder man denke andererseits an anglo-amerikanische Entwicklungen wie die Etablierung des Freedom of Information Act im Jahre 1966[279] oder die Einführung des **New Public Management,**[280] welche das deutsche und europäische Verwaltungsrecht durch die Aufrichtung neuer Maßstäbe der Verwaltungsöffentlichkeit und des Verwaltungshandelns revolutioniert haben. Diese rechtsvergleichende Einbahnstraße ist bedauerlich, weil das deutsche und europäische Verwaltungsrecht durchaus etwa von den Erfahrungen Mittel- und Osteuropas lernen und von asiatischen Konfliktlösungsmechanismen profitieren könnten, die auf dem Harmoniegedanken beruhen.[281] Völlig unzureichend ist die Auseinandersetzung mit dem weit verbreiteten **islamischen Verwaltungsrecht,** das in der Scharia nur rudimentär ausgebildet ist, aber umfassende Geltung beansprucht und zunehmend durch viele ungeklärte Rechtsfragen im Verhältnis von Religion und Staat die Verwaltungspraxis beeinflusst.

§ 3. Der Begriff der öffentlichen Verwaltung

Schrifttum: Bohne, Verwaltungswissenschaft I. Theoretische und methodische Grundlagen, 2. Aufl. 2023; Bohne/Bauer, Grundzüge der öffentlichen Verwaltung in Deutschland, 2023; Bull VerwArch. 103 (2012), 1 ff.: Die Krise der Verwaltungstheorie; Czybulka, Die Legitimation der öffentlichen Verwaltung, 1989, 33 ff.; Isensee/Kirchof StaatsR-HdB III/Schröder § 67; FS Knöpfle, 1996/König, S. 141 ff.: Öffentliche Verwaltung – postindustriell, postmodern, postbürokratisch; König/Siedentopf, Öffentliche Verwaltung in Deutschland, 2. Aufl. 1997; Kraus, Grundriss einer Theorie der Verwaltung, 1969; Kuhl, Der Kernbereich der Exekutive, 1993; Leisner, Die undefinierbare Verwaltung, 2002; Loeser, System des Verwaltungsrechts I, 1994, § 3; Luhmann, Theorie der Verwaltungswissenschaft, 1966; Martens, Öffentlich als Rechtsbegriff, 1969; Oebbecke, Weisungs- und unterrichtungsfreie Räume in der Verwaltung, 1986; Peters, Die Verwaltung als eigenständige Staatsgewalt, 1965; Pitschas, Verwaltungsverantwortung und Verwaltungsverfahren, 1990; Schuppert, Verwaltungswissenschaft, 2000; Seibel, Verwaltung verstehen, 2016; Stern StaatsR II § 41; Thieme, Verwaltungslehre,4. Aufl. 1995, § 1.

[277] S. auch Starck JZ 1997, 1021 (1025 f.); Kötz JZ 2002, 257; Kahl/Ludwigs VerwaltungsR-HdB/Sommermann, § 52 Rn. 23.

[278] S. etwa Ishikawa AöR 118 (1993), 473 ff.; Stober DÖV 2002, 547 ff.; Heuser, Sozialistischer Rechtsstaat und Verwaltungsrecht in der VR China, 2003; Seok, Die Rezeption des deutschen Verwaltungsrechts in Korea, 1991.

[279] Rossi, Informationszugangsfreiheit und Verfassungsrecht, 2004, S. 31.

[280] FS König, 2004/Pfiffner, 443 (448).

[281] S. etwa Hiroshi Oda, Japanese Law, Oxford 2. Aufl. 1999; Steen Strup, History of Law in Japan until 1868 Leiden 1996, 155; Fujita NVwZ 1994, 133 ff.; Strempel ZRP 1998, 319 (321); Werner, Recht im Systemwandel, 2004, 58 ff.

I. Öffentliche Verwaltung im negativen und im positiven Sinne

1. Zur Problematik der Begriffsbestimmung der öffentlichen Verwaltung

1 Die Herausarbeitung der normativen und methodischen Grundlagen des Verwaltungsrechts gibt nur ansatzweise Auskunft über den **Schlüsselbegriff Verwaltung.** Er wird hier nicht verstanden als Verwaltung im zivilrechtlichen Sinne (BGB, HGB), sondern als **„öffentliche Verwaltung"**. In diesem Zusammenhang stellen sich drei Fragen:

– Lässt sich öffentliche Verwaltung überhaupt definieren?
– Wenn ja, welcher Kontext soll der Umschreibung zugrunde liegen?
– Und wenn ja, welcher Nutzen bringt eine begriffliche Erläuterung?

2 Die Begriffsbestimmung der öffentlichen Verwaltung ist aus unterschiedlichen Richtungen möglich. Man kann sich ihr abstrakt-theoretisch oder vor dem Hintergrund der aufgezeigten Anforderungen an das Verwaltungsrecht (→ § 2 Rn. 1 ff.) nähern, die auch einen konkreten Bezug zum normativ geltenden Verfassungs- und Unionsrecht aufweisen. Für die zweite Variante spricht, dass öffentliche Verwaltung im Rahmen einer Darstellung des deutschen Verwaltungsrechts in staats- und unionsrechtliche Vorgaben eingebettet ist (→ § 1 Rn. 14; → § 2 Rn. 54 ff.).[1] In diesem Sinne kommt es auf den jeweiligen gesetzlichen Kontext und das Regelungsziel der dabei zu betrachtenden Norm (→ § 28 Rn. 26) an.[2]

3 Unabhängig von der gewählten Perspektive besteht Streit über die definitorischen Ausgangspunkte und über die Art und Weise der Abgrenzung. Zutreffend konstatiert Forsthoff:[3]

> „Von jeher ist die Verwaltungsrechtswissenschaft um eine Definition ihres Gegenstandes, der Verwaltung, verlegen."

Diese Unsicherheit ist systemimmanent, wie etwa ein Blick in die amerikanische Diskussion zeigt. Danach wird administrative law bezeichnet als

> „field that seems forever in search of itself".[4]

Die Ursache für dieses Defizit wird in der Eigenart der Verwaltung gesehen, die sich zwar beschreiben, aber nicht definieren lasse.[5] Daran ist richtig, dass es einen einheitlichen, in jeder Hinsicht brauchbaren Begriff der öffentlichen Verwaltung nicht gibt und nicht geben kann. Verwaltung ist kein statisches, feststehendes Gebilde, sondern zeit-, raum und sozial abhängig. Deshalb ist die **Konkretisierung von Verwaltung** als komplexe, multifunktionale und vielgestaltig agierende Institution nicht abschließend erfassbar. Vielmehr muss der Begriff gegenüber neuen Facetten entwicklungsoffen bleiben, zumal der Gesetzgeber jederzeit neue Verwaltungsbegriffe kreieren kann.[6] Gleichwohl bleibt eine Konkretisierung nützlich, und sie ist unverzichtbar,[7] weil ein Nachdenken über den Gegenstand von Verwaltung Horizonte zur Bestim-

[1] S. auch BVerwG DVBl 2012, 176 ff.; Kahl/Ludwigs VerwaltungsR-HdB/Waldhoff § 11 Rn. 2.
[2] S. auch BVerwG DVBl 2012, 176 ff.; OVG Münster DVBl 2012, 568 ff.
[3] Forsthoff, Verwaltungsrecht I, 10. Aufl. 1973, S. 1.
[4] Schuck, Foundations of Administrative Law, New York 1994, S. 3.
[5] Forsthoff, Verwaltungsrecht I, 10. Aufl. 1973, 1; W. Leisner, Die undefinierbare Verwaltung, 2002.
[6] S. auch Roellecke DÖV 2003, 896 (899); BVerwG DVBl 2012, 176 ff.
[7] Voßkuhle/Eifert/Möllers GVwR/Groß § 15 Rn. 7.

mung des Verwaltungsrechts liefern kann.[8] Die Interpretation entscheidet über den Aktionsradius und den Anwendungsbereich des Verwaltungsrechts sowie die **Stellung der Verwaltung im funktionengegliederten Rechtsstaat** und in der Europäischen Union (→ § 20 Rn. 1 ff.). Unabhängig davon ist die Herausarbeitung dessen, was Gegenstand der Verwaltung ist, mindestens als operationaler Arbeits- und Rahmenbegriff zur Erschließung des Phänomens und der Wirklichkeit von Verwaltung sinnvoll.[9] Hinzu tritt das rechtssystematisch begründete Bedürfnis, die öffentliche Verwaltung gegenüber anderen im öffentlichen Sektor vorfindbaren Verwaltungstypen, wie etwa der **Justizverwaltung,** abzugrenzen. Und schließlich bedarf es einer begrifflichen Auseinandersetzung, um den wissenschaftlichen Diskussionsstand zu dieser Thematik darzustellen.

2. Öffentliche Verwaltung im negativen Sinne

4 Im Anschluss an Otto Mayer, den Begründer einer deutschen allgemeinen Verwaltungsrechtslehre,[10] bestimmte die herrschende Lehre die **„öffentliche Verwaltung"** häufig nur negativ als Tätigkeit des Staates zur Verwirklichung seiner Zwecke unter seiner Rechtsordnung, insofern sie weder Gesetzgebung noch Rechtsprechung ist **(sog. Negativumschreibung der Verwaltung)**.[11] Diese Substraktionsmethode ist ungenügend, weil eine negative Bestimmung allenfalls eine Ausgrenzung gestattet, die nichts über den Kerngehalt und die Hauptfunktionen von Verwaltung aussagt und nur dann präzise ist, wenn die anderen Staatstätigkeiten positiv fixiert sind.[12] Ihre Tätigkeit erstreckt sich zudem auf materielle Gesetzgebung und selbst die Rechtsprechung wird manchmal als **Justizverwaltung** (→ § 20 Rn. 49) verwaltend tätig. Unklar bleibt bei einer negativen Bestimmung die Abgrenzung zur **Regierung**,[13] die teilweise auch zur Verwaltung gerechnet wird und die Frage nach der **Eigenständigkeit der Verwaltung** (→ § 18 Rn. 13 ff.; → § 20 Rn. 24),[14] die keineswegs zwischen erster und dritter Gewalt „eingeklemmt" ist.[15] In jüngerer Zeit gewinnt die Negativabgrenzung wieder an Relevanz, wenn man sich der Meinung anschließt, die Aufgaben der Gesetzgebung sei auf die Zukunft und die der Rechtsprechung auf die Vergangenheit gerichtet, während die Verwaltung die Gegenwart betreffe.[16] Dieser Ansatz ist schon deshalb nicht zielführend, weil auch Verwaltung langfristig in die Zukunft wirken kann und muss (→ § 12a Rn. 1 ff.).[17]

Beispiel: Bestandsschutz von Verwaltungsentscheidungen wie etwa Prüfungszeugnisse oder Baugenehmigungen.

---

[8] Voßkuhle/Eifert/Möllers GVwR/Möllers § 2 Rn. 5.

[9] Seibel, Verwaltung verstehen, 2016, S. 16 ff.; Kahl/Ludwigs VerwaltungsR-HdB/Waldhoff § 11 Rn. 1.

[10] Mayer, Dt. VerwR I, 1. Aufl. 1895, S. 9 und 13.

[11] Park Rechtsfindung VerwR, S. 12 f.; Fehling, Verwaltung zwischen Unparteilichkeit und Gestaltungsaufgabe, 2001, 26.

[12] Ebenso Bohne, Verwaltungswissenschaft I, 2, 2. Aufl. 2023; Kahl/Ludwigs VerwaltungsR-HdB/Waldhoff § 11 Rn. 22.

[13] Unklar BVerwG DVBl 2012, 176 ff.

[14] Häberle BayVBl. 1977, 745 ff.; Isensee/Kirchhof StaatsR-HdB III/Schröder, § 67 I 2; Hoffmann-Riem/Schmidt-Aßmann VerwaltungsR-HdB I/Hoffmann-Riem, § 10; krit. auch FS Battis, 2014/Grigoleit, 28.

[15] Pitschas, Verwaltungsverantwortung und Verwaltungsverfahren, 1990; Dreier VERW 1992, 137 ff.; aM Kahl/Ludwigs VerwaltungsR-HdB/Waldhoff § 11 Rn. 22.

[16] Möllers, Gewaltengliederung, 2005, 112 ff.

[17] S. zu weiteren Argumenten Voßkuhle/Eifert/Möllers GVwR/Hoffmann-Riem/Pilniok § 12 Rn. 86.

3. Positive und kombinierte Umschreibungsversuche

Angesichts dieser Ausgangslage wird in Anknüpfung an ältere Charakterisierungen 5 der öffentlichen Verwaltung durch R. v. Mohl, L. v. Stein und G. Jellinek nach positiven Umschreibungen der Verwaltung gesucht. Sie sind aber weder zu einer allgemein akzeptierten Definition gediehen noch vermögen sie als Beschreibungen zu befriedigen. Denn sie setzen die Kenntnis dessen, was „öffentlich" ist, oder was **„Administrative"** ist, voraus oder stellen nur auf das Typische ab, ohne die Verwaltung von den anderen Staatstätigkeiten abzugrenzen (→ § 20 Rn. 28 ff.). Es entspricht auch weder dem geltenden deutschen Recht, nur **rechtmäßige Tätigkeiten** der öffentlichen Verwaltung zuzurechnen, noch sie durch ihre besonderen Mittel zur **Ausübung hoheitlicher Gewalt** zu kennzeichnen. Denn auch rechtswidriges Agieren bleibt Verwaltungshandeln, öffentliche Leistungen werden ohne Ausübung von Hoheitsgewalt gewährt und die Verwaltung kann sich auch privatrechtlicher Instrumente bedienen. Der Konkretisierung der Verwaltung als „Tätigkeitsbereich der weisungsgebundenen Staatsorgane"[18] ist entgegenzuhalten, dass es auch **weisungsfreie Verwaltungsorgane** gibt.[19]

Beispiele: Rechnungshöfe (Art. 286 III AEUV, Art. 114 II GG). Datenschutzbeauftragte, Sachverständigenausschüsse (→ § 6 Rn. 23).

Wegen der genannten Einwände erfolgt die Bestimmung der öffentlichen Verwaltung teilweise in einer Kombination der negativen und positiven Definition.

4. Rechtssystematische Begriffsannäherung

Aus rechtssystematischer Sicht ist zur begrifflichen Annäherung auf gebräuchliche 6 Definitionskategorien des Staatsrechts und der Staatslehre zurückzugreifen und unter Berücksichtigung allgemeiner Interpretationskategorien nach materiellen, formellen und organisatorisch-institutionellen Gesichtspunkten[20] abzugrenzen.

II. Öffentliche Verwaltung im materiellen Sinne

1. Der allgemeine Verwaltungsbegriff

Der **materielle Begriff der öffentlichen Verwaltung** hat sich mit der Frage zu befas- 7 sen, was der Verwaltung vorbehalten ist, was ihre spezifische Besonderheit und Eigenständigkeit kennzeichnet.[21] Er ergibt sich aus einer Einschränkung des allgemeinen Verwaltungsbegriffs auf die **Besorgung öffentlicher Angelegenheiten.**

a) Zur Wortbedeutung des Verwaltens

Der allgemeine Begriff der Verwaltung lässt sich bereits der Wortbedeutung entneh- 8 men. **„Verwalten"** ist die mittelhochdeutsche Bildung aus walten (got. valdan, ahd. waltan; vgl. auch lat. valere: kräftig sein, wirken), was soviel bedeutet wie herrschend leiten, lenken, führen. Die Vorsilbe „ver" (mhd. far-) bedeutet ua vorwärts, bis zur

[18] Antoniolli, Allgemeines Verwaltungsrecht, S. 6.

[19] Jestaedt, Demokratieprinzip und Kondominialverwaltung, 1993, S. 102 ff.; Oebbecke, Weisungs- und unterrichtungsfreie Räume in der Verwaltung, 1986; Voßkuhle/Eifert/Möllers GVwR/Groß § 15 Rn. 106.

[20] Bohne, Verwaltungswissenschaft I, 2. Aufl. 2023, 12 ff.

[21] Peters, Die Verwaltung als eigenständige Staatsgewalt, 1965; Häberle BayVBl. 1977, 745 (747); Bohne, Verwaltungswissenschaft I, 2. Aufl. 2023, 11 ff.; OVG Münster DVBl 2012, 569 ff.

Vollendung treiben und enthält als Minderungsform den Beisinn des Auftrags, der Mittelbarkeit. „Verwalten" heißt also: etwas beeinflussen, steuern, ausführen, durchführen, verrichten, besorgen. Dieser Wortsinn steckt auch in lat. **administrare** (frz. **administrer,** engl. **to administer**): zu etwas dienen, etwas besorgen, namentlich von Amts wegen. In diesem Sinne wird Verwaltung vielfach im Ausland verstanden.[22]

9 Danach bedeutet **Verwaltung** (Administration) so viel wie eine sinnvolle, nämlich zweckgerichtete und darum grundsätzlich planmäßige Tätigkeit zur Besorgung von Angelegenheiten. Im Wortsinn liegt zudem, dass es sich nicht jeweils um eine einzelne Angelegenheit handelt, sondern um eine mannigfaltige, dh zeitlich andauernde Besorgung mehrerer Angelegenheiten, und dass der Verwaltende (wie der Waltende) selbst handelnd beteiligt ist und nicht wie ein Richter als Unbeteiligter lediglich urteilt.

b) Waltende und erledigende Tätigkeit

10 Jedes Walten enthält als ersten Ansatz zur Verwirklichung bereits ein Verwalten und jedes Verwalten ein Walten, nämlich einen Rest von Dispositions- und Gestaltungsfreiheit mindestens durch die Wahl der Mittel. In diesem Sinne enthält Verwaltung auch Elemente des **„policy-making"** bzw. des **„policy-discretion"** (pouvoir discrétionnaire – → § 31 Rn. 1 ff.), indem etwa zwischen alternativen Handlungsmöglichkeiten zu entscheiden ist.[23] Deshalb erschöpft sich Verwaltung nicht in Vollziehung und Abhängigkeit und sie ist nicht gleichbedeutend mit Unselbstständigkeit. Es hängt oft vom Zusammenhang und damit von der Blickrichtung ab, ob man eine waltende Tätigkeit (eine Leitung, Führung, Steuerung oder gar Lenkung) schon zum Typus der „Verwaltung" und ob man eine erledigende Tätigkeit (Durchsetzung, Ausführung) noch dazurechnet. Verwalten im Sinne des Wortes schließt die **Produktion von Gütern und Dienstleistungen** ein. Dieser Begriff kann aber auch dienend und damit mittelbar dahin verstanden werden, dass die verwaltende Tätigkeit nicht selbst Waren oder Leistungen produziert, sondern ihrer Produktion nur durch Bereitstellung von Mitteln und durch Leitung und Steuerung dient.

Beispiele: Die Krankenhausverwaltung, die nicht selbst heilt, sondern Heilen erst ermöglicht; Gewährleistung von Eisenbahnverkehrsleistungen und von postalischen Dienstleistungen (Art. 87e und f GG).

2. Öffentliche Verwaltung als Besorgung öffentlicher Angelegenheiten

11 Die bisherige materielle Kennzeichnung der Verwaltung vernachlässigt die begriffliche Besonderheit, dass es im Rahmen des hier interessierenden Verwaltungsrechts um die **öffentliche Verwaltung** geht und es **öffentliche Angelegenheiten** sind, die verwaltend besorgt werden. Der hierbei zu verwendende Begriff der öffentlichen Angelegenheiten wiederum ist ein mehrdeutiger und selbst zusammen gesetzter Ausdruck, der ein inhaltliches und ein formelles Merkmal enthält, die zusammengenommen den spezifischen Gehalt öffentlichen Verwaltens kennzeichnen.

22 S. näher Damkowski, Die Entstehung des Verwaltungsbegriffs, 1969.
23 S. näher Schuppert, Verwaltungswissenschaft, 2000, S. 73 ff.

a) Inhaltliches Kriterium

Öffentlich bezeichnet dem sozial- und auch rechtswissenschaftlichen Wortsinne nach zunächst die Verwaltung von Angelegenheiten einer Vielheit von Personen, die ihrer Individualität und ihrer Zahl nach unbestimmt sind. 12

Im materiellen Begriff der öffentlichen Verwaltung geht die Bedeutung des Wortes „öffentlich" aber noch darüber hinaus. Als Verdeutschung des Wortes „public" bezieht es sich nämlich auf eine besondere Gruppe unbestimmter Personenmehrheiten ebenso, wie das Wort „Publikum" zB in § 10 II 17 PrALR eine besondere Art von „Allgemeinheit" (§ 14 PrPVG) bezeichnet. „Öffentlich" in diesem engeren Sinne meint die Polis, den Populus, eine politisch geeinte Vielheit, das Volk in Staat, Gemeinde und anderen Selbstverwaltungsorganisationen.[24] Öffentliche Angelegenheiten im inhaltlichen Sinne sind daher die Angelegenheiten der Gemeinwesen und ihrer Mitglieder, die auf einen Zustand guter Ordnung gerichtet sind. Insoweit weist der inhaltliche Verwaltungsbegriff partiell Übereinstimmung mit dem klassischen Leitbild der **„guten Policey"** auf (→ § 2 Rn. 6 und → § 8 Rn. 7).[25] 12a

Beispiele: Öffentliche Sicherheit und Ordnung; öffentliche Straßen; öffentliche kommunale Einrichtungen; öffentlicher Dienst.

b) Demokratisch organisierte Verwaltung als formelles Kriterium

Nicht jede verwaltende Besorgung öffentlicher Angelegenheiten in diesem gesellschaftlichen Sinne ist aber schon öffentliche Verwaltung in materiellem Sinne. Zu dem inhaltlichen muss ein einschränkendes formelles Moment hinzutreten. Andernfalls ließe der schwankende Umfang der materiell öffentlichen Angelegenheiten (→ §§ 4 f. Rn. 1 ff.) eine Begriffsbestimmung der öffentlichen Verwaltung nicht zu. Zudem müssten alle der Öffentlichkeit dienenden und auf sie bezogenen Tätigkeiten, wie zB die Versorgung mit Lebensmitteln, als **tatsächlich öffentliche Angelegenheit,** ebenfalls der öffentlichen Verwaltung zugerechnet werden. 13

In **„öffentlicher Verwaltung" im staatsrechtlichen Sinne** stehen jedoch nur diejenigen öffentlichen Angelegenheiten, die von Organen eines Gemeinwesens wahrgenommen werden. Die Repräsentanten in den obersten Organen des Staates oder den Selbstverwaltungseinrichtungen bestimmen diejenigen Angelegenheiten, die aus der Individualsphäre herausgenommen und als öffentliche Aufgaben besorgt werden sollen.[26] Diese öffentlichen Aufgaben werden damit zu **Staatsaufgaben** und zu **Verwaltungsaufgaben**,[27] die durch die öffentliche Verwaltung umzusetzen sind. 14

Öffentliche Verwaltung ist also **organisierte Verwaltung** öffentlicher Angelegenheiten. Keineswegs sind jedoch alle öffentlichen Angelegenheiten auch Angelegenheiten (Aufgaben) des Staates oder anderer Träger öffentlicher Verwaltung. Deshalb erfasst öffentliche Verwaltung im materiellen Sinne nur diejenige verwaltende Tätigkeit der Organe von Gemeinwesen, die materielle öffentliche Aufgaben zum Gegenstand hat.[28] Teilweise ist in diesem Zusammenhang auch von **öffentlicher Verwaltung im** 15

[24] W. Martens § 3.
[25] Kahl/Ludwigs VerwaltungsR-HdB/Waldhoff § 11 Rn. 10.
[26] Schuppert VerwArch 71 (1980), 309 ff.
[27] Hoffmann-Riem/Schmidt-Aßmann VerwaltungsR-HdB I/Baer, § 11.
[28] Stern StaatsR II, § 41 I 3.

funktionellen Sinne die Rede.[29] Öffentliche Verwaltung liegt also nicht vor, wenn öffentliche Angelegenheiten von Privaten besorgt werden, die nicht in die Organisation des Gemeinwesens rechtlich eingegliedert sind. Keine Privaten sind **Beliehene** sowie die Erscheinungsformen der **privatrechtlich organisierten Verwaltung** (→ §§ 88 ff. Rn. 1 ff.) die unbeschadet ihres privaten Rechtskleides lediglich Töchter, Trabanten und Teile der einheitlich zu begreifenden Organisation des Gemeinwesens (→ § 6 Rn. 6) sind.

3. Fremdbestimmte und fremdnützige Verwaltung

16 Die Wahrnehmung von Angelegenheiten reduziert sich nicht in der Fertigung bindender Entscheidungen, so wesentlich sie für die öffentliche Verwaltung ist. Diese Verengung würde übersehen, dass auch die Durchführung solcher Entscheidungen dazu gehört. Teilweise erschöpft sich die Tätigkeit ferner in informativem, kommunikativem und kooperierendem Handeln (→ §§ 44 ff. Rn. 1 ff.).

a) Zur Fremdbestimmtheit und zu den Spielräumen der Öffentlichen Verwaltung

17 Die Öffentliche Verwaltung ist fremdbestimmt. Denn ihre Ziele und Zwecke und die Kompetenzen der mit ihr betrauten Personen und Organe, zumeist auch die Voraussetzungen und Grenzen, Arten und Formen ihres Tätigwerdens sind durch die Verfassung, durch die Gesetze und durch Führungsmaßnahmen der Regierung vorbestimmt (→ §§ 17 ff. Rn. 1 ff.). Durch diese **Fremdbestimmtheit** hebt sich die Verwaltung ab von der Gesetzgebung und von der Regierung, denen durch die Verfassung zwar Hauptzwecke und Schranken gesetzt werden, die aber die in der Zweckrichtung liegenden näheren Ziele waltend selbst setzen (→ § 18 Rn. 1 ff. und → § 29 Rn. 1 ff.). Zwar ist es primär Aufgabe der öffentlichen Verwaltung, die Gesetze sowie die Weisungen der Regierung auszuführen. Sie ist aber nicht nur auf solche konditional programmierte Exekutive beschränkt. Sie greift vielmehr als lediglich zweckprogrammierte Administrative im Rahmen der Gesetze in eigener Initiative spezielle Aufgaben zur Erhaltung und Verbesserung der allgemeinen Verwaltungsverhältnisse auf. Unter Berücksichtigung gesellschaftlicher, ökologischer, wirtschaftlicher, politischer, juristischer, technologischer, kultureller und finanzieller Gegebenheiten und Auswirkungen plant und unterscheidet sie über das Ob, das Was, das Wie und das Wann der Aufgabenwahrnehmung. Damit bleiben ihr – auch bei Gesetzesanwendung – innerhalb der ihr gesetzten Zwecke, Aufgaben, Ziele, Eingrenzungen und bereitgestellten finanziellen Mittel vielfach mehr oder minder weite **Spielräume eigener Gestaltung,** die ihr die Rechtsprechung nicht wegnehmen darf[30] (→ §§ 29–31 Rn. 1 ff.). Dass gem. Art. 1 III und 20 III GG die öffentliche Verwaltung zusammen mit der Regierung zur **„vollziehenden Gewalt"** gehört, heißt also nicht, dass die Subjekte öffentlicher Verwaltung auf Gesetzesvollzug beschränkt sind.

b) Zur Fremdnützigkeit der Verwaltung

18 Die öffentliche Verwaltung unterfällt dem Gebot der **Fremdnützigkeit.** Denn die Verwaltenden nehmen nicht ihre eigenen Angelegenheiten, sondern die der Träger der Gemeinwesen als Aufgaben wahr, wobei die Erledigung im Interesse jener Träger

[29] Thieme, Verwaltungslehre, 4. Aufl. 1984, § 1.
[30] Schuppert, Verwaltungswissenschaft, 2000, S. 76 ff.

geschehen soll. Die öffentliche Verwaltung trägt damit zum **Funktionieren des öffentlichen Lebens** bei (s. etwa § 17 III KrWG). Gleichwohl ist öffentliche Verwaltung kein **Dienstleistungsunternehmen** zur Befriedigung irgendwelcher gesellschaftlicher Bedürfnisse, das sich vorrangig an „Kundenwünschen" orientiert (→ § 3 Rn. 31). Sie erfüllt in erster Linie freiheitsichernde, ordnende, ausgleichende und stabilisierende Aufgaben.[31] Fremdnützigkeit bedeutet deshalb, dass die **öffentliche Verwaltung dem Gemeinwohl dient und im öffentlichen Interesse handelt** (→ § 29 Rn. 1 ff.).[32] Es ist allerdings nicht zu verkennen, dass die öffentliche Verwaltung **kein Gemeinwohlmonopol** besitzt. Auch private Organisationen können uneigennützig handeln, wie man am sog. **Dritten Sektor**[33] und insbesondere an den **Non Governmental** und **Non Profit Organisations** nachweisen kann (Rotes Kreuz, Stiftungen usw).

4. Zur Verantwortlichkeit und Kontrolle öffentlicher Verwaltung

Öffentliche Verwaltung zeichnet sich dadurch aus, dass die Verwaltenden den Ver- 19
waltungsorganen und letztlich dem Staatsträger für die Art und die Erfolge ihrer Aufgabenerfüllung verantwortlich sind.[34] Ihre Maßnahmen und sie selbst unterliegen **fachlicher, rechtlicher, haushaltswirtschaftlicher, disziplinärer und politischer Kontrolle** (→ § 28 Rn. 1 ff. und → §§ 30 f. Rn. 1 ff., → § 63 Rn. 1 ff., → §§ 98 ff. Rn. 1 ff.).[35] Öffentlich Verwaltende dürfen nie nach ihrem Belieben (willkürlich), sondern sie müssen rechtsstaatlich gebunden handeln[36] (→ §§ 17 ff. Rn. 1 ff.).

5. Verwaltung und öffentliche Gewalt

Eine Besonderheit der öffentlichen Verwaltung besteht darin, dass Gemeinwesen 20
über eine **öffentliche,** dh allen Mitgliedern und sogar den in ihrem Verwaltungsraum sich befindenden Fremden geltende **Gewalt** verfügen. Sie ist nicht nur eine tatsächliche, sondern eine **legale Macht** zur Wahrnehmung gemeinsamer Angelegenheiten einer politischen Personenvielheit, die auch gegen die Widerstände einzelner Personen einheitlich durchsetzbar ist. Sie ist auch eine **legitime Macht,** weil und soweit sie der Aufrichtung und Erhaltung eines materiellen Rechtszustandes dient. Die Subjekte öffentlicher Verwaltung verfügen darum im Rahmen der Erledigung von **Hoheitsaufgaben** (s. etwa Art. 87f II 2 GG) über öffentlich-rechtliche Befugnisse und damit über eine rechtliche Überlegenheit **(Hoheit)** und sogar über die Möglichkeit legalen Zwanges **(Obrigkeit)** in besonderen, nur ihnen zustehenden rechtlichen Formen (→ § 6 Rn. 35 und → § 23 Rn. 73 ff.). Dieses Vorrecht ist jedoch nicht mit einem **Gewaltmonopol** der Verwaltung identisch.[37]

Beispiel: Professionelle Nothilfe durch private Sicherheitsunternehmen (s. auch § 34a V GewO).[38]

---

[31] OVG Koblenz JZ 1974, 21.

[32] Stern, Staatsrecht II, § 41 I 4; Voßkuhle/Eifert/Möllers GVwR/Hoffmann-Riem/Pilniok § 12 Rn. 83.

[33] S. näher Schmidt-Trenz/Stober, Jahrbücher Recht und Ökonomie des Dritten Sektors, 2008 ff.

[34] Stettner S. 254 ff.

[35] Hoffmann-Riem/Schmidt-Aßmann, Verwaltungskontrolle, 2001; Merten/Papier Grundrechte-HdB III/Stober, § 77.

[36] Park Rechtsfindung VerwR, S. 11 ff.

[37] Thiel, Die „Entgrenzung" der Gefahrenabwehr, 2011, S. 164 ff.; Isensee/Kirchhof StaatsR-HdB/Burgi, § 75 Rn. 20; BVerfG NJW 2012, 1563.

[38] Stober NJW 1996, 889 ff.; Stober/Eisenmenger/Olschok, Handbuch Sicherheitswirtschaft und Öffentlich-Private Sicherheitskooperation/Stober, 2023, 111.

20a Der Versuch, Verwaltung als Staatstätigkeit zu begreifen, welche die Wahrnehmung von Verwaltungsaufgaben/Verwaltungsgegenständen betrifft,[39] ist schon deshalb verfehlt, weil man das Stichwort Verwaltung nicht bei gleichzeitiger Verwendung des Kernbegriffes Verwaltung in der Erläuterung erklären kann.

20b **Öffentliche Verwaltung im materiellen Sinne** ist also die mannigfaltige, konditional oder nur zweckbestimmte, teilweise fremdbestimmte, selbstbeteiligt entscheidend ausführende und im Übrigen steuernde und gestaltende, fremdnützige Wahrnehmung der Angelegenheiten von Gemeinwesen und ihrer Mitglieder durch die dafür bestellten Sachwalter.

20c Zwar wird diese Definition im Schrifttum als zu abstrakt, zu wenig operational, zu unbestimmt und zu unanschaulich kritisiert. Diesem Einwand ist die erwähnte Komplexität und Entwicklungsperspektive der öffentlichen Verwaltung entgegenzuhalten, die in dieser Kennzeichnung bewusst zum Ausdruck kommen soll und ihren Zweck als Ausgangs- und Arbeitsdefinition nach wie vor erfüllt.

III. Öffentliche Verwaltung im organisatorischen und formellen Sinne

21 Von diesem materiellen Begriff der öffentlichen Verwaltung ist noch ein organisatorischer und ein formeller Begriff der öffentlichen Verwaltung zu unterscheiden.

22 **Öffentliche Verwaltung im organisatorischen Sinne** ist die Gesamtheit derjenigen Glieder und Organe der Europäischen Union sowie der inneren staatlichen Organisation, die hauptsächlich zur öffentlichen Verwaltung im materiellen Sinne bestellt sind.[40] Diese Glieder und Organe unterscheiden sich von den Organen der Gesetzgebung, der Regierung und der Rechtsprechung, die allerdings auch je ihre (öffentliche) Verwaltung haben (s. etwa Art. 83 ff. GG). Im verwaltungsrechtlichen Sinne sind Bund, Länder, Gemeinden und andere Körperschaften, Anstalten und Stiftungen des öffentlichen Rechts sowie die Beliehenen Träger öffentlicher Verwaltung (→ § 6 Rn. 1 ff.). Diese Verortung schließt die privatrechtlich organisierte Verwaltung ein, während die Beteiligung Privater an Verwaltungsaufgaben lediglich als Verwaltung im funktionellen Sinne qualifiziert werden kann (→ §§ 93 ff. Rn. 1 ff.).[41]

23 **Öffentliche Verwaltung im formellen Sinne** ist jene Tätigkeit, die von den in der Hauptsache zur Verwaltung im materiellen Sinne berufenen Organen eines Gemeinwesens wahrgenommen wird. Das gilt unabhängig davon, ob sie materiell verwaltend, regierend, gesetzgebend oder auch rechtsprechend ist. Der formelle Verwaltungsbegriff wird allerdings auch in anderen Bedeutungen verwendet. Er wird teilweise auf das **Verwaltungsverfahren**[42] (→ §§ 58 ff. Rn. 1 ff.) und teilweise auf die **formelle Rechtmäßigkeit des Verwaltungshandelns** (→ §§ 48 f. Rn. 1 ff.) bezogen. Formelle Verwaltung in diesem Sinne meint damit die Art und Weise, wie Entscheidungen hergestellt und Gestaltungen vorbereitet werden.

[39] So etwa mit weiteren Hinweisen Kahl/Ludwigs VerwaltungsR-HdB/Waldhoff § 11 Rn. 21.
[40] Ähnlich Voßkuhle/Eifert/Möllers GVwR/Hoffmann-Riem/Pilniok § 12 Rn. 83.
[41] Ebenso Voßkuhle/Eifert/Möllers GVwR/Hoffmann-Riem/Pilniok § 12 Rn. 84.
[42] Ebenso Kahl/Ludwigs VerwaltungsR-HdB/Groß § 15 Rn. 8.

IV. Verwaltungsbegriff und Europäische Union

24 Wegen der Verwaltungsvernetzung innerhalb des europäischen Verwaltungsraumes muss der Verwaltungsbegriff auch die unionsrechtliche Perspektive einbeziehen. Allerdings fehlt es an einer unionsweit anerkannten einheitlichen Definition und das Primärrecht nimmt nur rudimentär zum **Unionseigenverwaltungsrecht, Unionskollisionsrecht** und **Unionsverwaltungsrecht** (→ § 1 Rn. 14 ff.) Stellung.[43]

25 So ist ua von öffentlicher Verwaltung (Art. 45 IV AEUV), von Verwaltungszusammenarbeit (Art. 4 III – V EUV), von Fondsverwaltung (Art. 163 AEUV) und von Verwaltungsfunktionen (Art. 17 EUV) die Rede. Schon diese Stichworte belegen, dass sich die Verwaltungstätigkeit innerhalb der europäischen **Mehrebenenverwaltung** materiell, organisatorisch und formell nicht von der mitgliedstaatlichen Verwaltung unterscheidet.

25a Sie mag zwar als **Verbundverwaltung** stärker durch den Gedanken der **Verwaltungskooperation** (Art. 197 AEUV) geprägt sein, beschränkt sich aber im Übrigen ebenfalls nicht auf **Ausführung und Vollzug** oder die Ausübung hoheitlicher Befugnisse, sondern erfasst eine erhebliche nicht abschließend beschreibbare Bandbreite von Aufgaben, Funktionen und Spielräumen,[44] wie auch die bereichsspezifische Rechtsprechung des EuGH beweist. So wird der Ausdruck „öffentliche Verwaltung" iSd Art. 45 IV AEUV dahin verstanden, dass er auch Stellen erfasst, die „auf die Wahrnehmung der allgemeinen Belange des Staates oder anderer Körperschaften gerichtet sind".[45] Inhaltlich konkretisiert Art. 298 AEUV den europäischen Verwaltungsbegriff dahin, dass die EU-Zentralverwaltung offen, effizient und unabhängig sein muss.

V. Öffentliche Verwaltung im ökonomischen Sinne

1. Die sog. Neue öffentliche Verwaltung als Verwaltungsmanagement

26 Neuerdings wird der Begriff der öffentlichen Verwaltung zunehmend aus dem Blickwinkel der **Ökonomie** diskutiert.[46] Diese sog. **Neue öffentliche Verwaltung** wird als Paradigmenwechsel von der bürokratischen, vollzugsorientierten hin zur unternehmerisch geprägten, verantwortungsgesteuerten Verwaltung im qualitativ-funktionalen Staat gekennzeichnet (auch → § 2 Rn. 44 ff.). Ihr Verwaltungsverständnis gründet vornehmlich auf dem Ansatz des **New Public Management** als Gegenstück zum privatwirtschaftlichen **Management.**[47] Dieser Verwaltungstyp, dem das sog. **Neue Steuerungsmodell** und das **Good Governance-Konzept** (→ § 2 Rn. 49) zugrunde liegen, beruht im Wesentlichen auf folgenden Kriterien,[48] die auch als **Verwaltungscontrolling** bezeichnet werden.[49] Dieser Begriff ist nicht identisch mit dem klassischen Begriff

[43] v. Danwitz, Europäisches Verwaltungsrecht, 2008; Voßkuhle/Eifert/Möllers GVwR/Groß § 15 Rn. 93 ff.

[44] S. auch W. Leisner, Die undefinierbare Verwaltung, 2002, 233 ff.; Schmidt-Aßmann/Schöndorf-Haubold, Der Europäische Verwaltungsverbund, 2005.

[45] EuGH DVBl 2004, 182; Calliess/Ruffert/Brechmann AEUV Art. 45 Rn. 105.

[46] S. näher Reichard VERW 36 (2003), 389 ff.

[47] Lüder DÖV 1996, 53 ff.

[48] S. etwa König DÖV 1995, 349 ff.; Hill VERW 1993, 167 ff.; Bullinger, Von der bürokratischen Verwaltung zum Verwaltungsmanagement, 1993; Gröpl, Haushaltsrecht und Reform, 2001; Dahm, Das neue Steuerungsmodell auf Bundes- und Landesebene, 2004; FS Bull, 2011/Trute/Pilniok, 849 ff.

[49] Brede, Grundzüge der öffentlichen Betriebswirtschaftslehre, 2001, S. 71.

der **Verwaltungskontrolle** iSe rückschauenden Überprüfung der Recht- und Zweckmäßigkeit von Verwaltungshandlungen (→ § 3 Rn. 19 und → §§ 98 ff. Rn. 1 ff.). Er meint vielmehr die umfassende prozessorientierte Steuerung öffentlicher Einheiten durch Leitung, Lenkung, Gestaltung und Verantwortung iSe Führungsunterstützung,[50] die sowohl verwaltungswissenschaftliche als auch betriebswirtschaftliche Erkenntnisse berücksichtigt (§ 1 I BlnVGG). Methodische Grundlage ist die aus der Privatwirtschaft entlehnte **Balanced Scorecard,** bei der die langfristigen Ziele auf die einzelnen Verwaltungseinheiten heruntergebrochen und definiert werden, um ein ausgewogenes Ziel- und Kennzeichnungssystem zu erreichen.

Beispiele: Die Balanced Scorecard berücksichtigt den Sektor Finanzen (Budgeteinhaltung und Kostensenkung), die Verbesserung der Leistungsfähigkeit (Steigerung der Bürgerzufriedenheit und Qualität), die Optimierung des internen Ablaufs, die Steigerung der Mitarbeiterzufriedenheit sowie die Zukunftsfähigkeit (Verbesserung der Standort- und Lebensqualität).

27 – **Zielsteuerung:** Dabei handelt es sich um die Konkretisierung erarbeiteter **Leitbilder** für das Verwaltungshandeln iSe **corporate identity** insbesondere durch Zielvereinbarungen[51] (§ 2 V BlnVGG).

28 – **Budgetierung:** Dabei handelt es sich um die Vorgabe monetärer Plangrößen im Sinne **globaler Finanzhaushalte** und **Leistungsvereinbarungen,** über deren Verwendung ex post Rechenschaft zu legen ist und die nicht zwingend an das überkommene Jährlichkeitsprinzip gebunden sind (§ 6a HGrG; § 2 II BlnVGG).[52]

28a – **Outputorientiertes Rechnungswesen:** Dabei wird das Verwaltungshandeln als **Produkt** beschrieben und festgestellt, welche Kosten entstehen. Das kameralisierte, rein input-gesteuerte Rechnungswesen wird durch **Kosten- und Leistungsrechnungen** ersetzt. Sie basieren auf einer kaufmännischen Buchführung und Bilanzierung nach handelsrechtlichen Grundsätzen (staatliche Doppik) iSv Produkthaushalten und Produktstrukturen (§ 1a HGrG), die eine Kostentransparenz sowie die Aufstellung von Kosten-Nutzen-Analysen als Maßstab für Verwaltungsentscheidungen gestatten (§§ 6 III HGrG).[53]

29 – Bildung von **Verantwortungsbereichen** und **Leistungszentren:** Dabei handelt es sich um eine dezentrale Verteilung von Zuständigkeiten und Ressourcen innerhalb der Verwaltung mit Ergebnisverantwortung (responsibility center, profit center, Servicestellen – § 6a HGrG; § 2 BlnVGG; §§ 22 ff. SGB IX).

30 – **Leistungsorientiertes Personalmanagement:** Dabei handelt es sich sowohl um eine produktbezogene Ermittlung von Verwaltungsmanagerkosten als auch um die Sorge um eine angemessene **Personalentwicklung** und um die Stärkung der Mitarbeitermotivation[54] einschließlich des Abschlusses von **Zielvereinbarungen** und der Vorhaltung von Leistungsanreizen (§ 2 II und § 6 BlnVGG).[55] Diese In-

[50] S. auch Lüder DÖV 1993, 265 ff.; Schuppert, Verwaltungswissenschaft, 2000, 712 ff.; Schmidt-Aßmann/Hoffmann-Riem, Verwaltungskontrolle/Hoffmann-Riem, 2001, S. 291, 336; Ritter DÖV 2003, 93 ff.
[51] Hill NVwZ 2002, 1059 ff.
[52] Shrivani DVBl 2009, 29 ff.
[53] Fehling VerwArch 95 (2004), 443 ff.
[54] Pitschas VERW1999, 1 ff.
[55] Reichert/Stöbe/Wohlfahrt, Leistungsanreize im öffentlichen Dienst, 2. Aufl. 1997; Hill NVwZ 2002, 1059 ff.; Schmidt DÖV 2008, 760 ff.

strumente sowie Mitarbeitergespräche und -befragungen oder die Fortbildung von Führungskräften sind Bestandteile der Binnenmodernisierung der Verwaltung.

– **Kundenorientiertes Qualitätsmanagement:** Dabei handelt es sich um Verwaltungshandeln, das sich nach den Bedürfnissen und Ansprüchen der Bürger und Einwohner richtet (Nachfrageorientierung) und bestimmten, in der Privatwirtschaft üblichen Qualitätsmaßstäben genügt (sog. **Total Quality Management** – s. auch § 4 und § 7 BlnVGG). Zu diesem Zweck müssen die relevanten Anspruchsgruppen ermittelt und ihre Anforderungen erfüllt werden **(stakeholder-value-concept).** Diese Vorgehensweise setzt eine intensive **Verwaltungskommunikation** voraus,[56] die durch **Dialog-, Projekt- oder Kontraktmanagement** erfolgen kann. In diesem Zusammenhang spielen das **Customer-Relationship-Management,**[57] das **Risiko-** und **Compliancemanagement**[58] sowie das **Beschwerdemanagement** als exekutives Selbstkontrollinstrument[59] eine große Rolle. 31

Beispiel: Einrichtung von Hinweisgeberstellen.

– **Bedarfsgerechtes Beschaffungsmanagement:** Dieser Aspekt des Verwaltungsmanagements umfasst das zentrale Vergabe- und Vertragsmanagement durch spezialisierte Verwaltungseinheiten der Vergabeverwaltung, die nach dem Prinzip „einer für alle" Leistungen und Güter für die öffentliche Verwaltung mit dem Ziel der Vermeidung überflüssiger bzw. unwirtschaftlicher Beschaffungen und effizienter Deckung des genau definierten und ermittelten Bedarfs einkauft. 32

Beispiele: Beschaffungsamt des Bundesministeriums des Innern für Beschaffungen der Bundesverwaltung; Bundesamt für Ausrüstung, Informationstechnik und Nutzung der Bundeswehr.

– **Bildung konzernähnlicher Einheiten:** Dabei handelt es sich um eine Neuorganisation mit flachen Hierarchien und Selbstverwaltungsverantwortung. 33

– **Schaffung von Wettbewerbsbedingungen:** Dabei handelt es sich um Marktöffnungen für Verwaltungsleistungen (Contracting Out, public-private-partnership, outsourcing). Dieses sog. **Management by Competition** ist auf einen Wettbewerb innerhalb der Verwaltung gerichtet, bei dem sich die Verwaltung stets an dem Besten zu orientieren hat **(Benchmarking-Prinzip).**[60] Hierzu gehören auch Leistungsvergleiche und Vergleichsstudien auf Landesebene.[61] 34

– **Trennung zwischen Politik und Verwaltung:** Dabei handelt es sich um eine Aufgabenteilung dahin, dass die Politik über das „Ob" und das „Was" und die Verwaltung über das „Wie" entscheidet. 35

– **Aufgabenprüfung, Aufgabenkritik und Bewertung:** Dabei handelt es sich um eine Wirkungskontrolle zur Leistungssicherung in der öffentlichen Verwaltung.[62] 36

---

[56] Czerwick DÖV 1997, 973 ff.
[57] Stober DÖV 2005, 333 ff.; Sarvan, Reduktion staatlicher Wirtschaftsüberwachung durch Managementsysteme, 2010.
[58] Stober/Ohrtmann, Compliance- für die öffentliche Verwaltung, 2. Aufl. 2022.
[59] Merten/Papier Grundrechte-HdB/Stober, § 77 Rn. 13.
[60] S. näher Kippes VR 1995, 397 ff.; Kuhlmann VERW 44 (2011), 155 ff.
[61] Hammer DVBl 2012, 525 ff.
[62] Ziekow, Bewerten und Bewertet-werden, 2014.

37 – **Einsatz moderner Informationstechnologie**[63] (→ § 5 Rn. 19 ff. und Band II → §§ 64 f. Rn. 1 ff.).

38 Die Ansätze des ökonomisch orientierten Verwaltungsmodells beruhen auf marktwirtschaftlichen Vorstellungen und erfassen die **öffentliche Verwaltung als Produzent von Gütern und Dienstleistungen.**[64] Einerseits erweitert die Einbeziehung von Fragen der **Wirtschaftlichkeit,** der **ökonomischen Analyse der Verwaltung**[65] und des **Verwaltungsversagens** die klassische Verwaltungssicht (auch → § 23 Rn. 1 ff.) auf dem Weg zu einem **Public Value Management.** Andererseits handelt es sich bei der Herstellung und Vorhaltung von **„Public Goods"** um typische Erscheinungsformen des materiellen und formellen Verwaltungsbegriffs und damit um einen Unterfall dieser Kategorien (→ § 3 Rn. 7 ff.).

2. Zur problematischen Betonung ökonomischer Verwaltungseffizienz

39 Einerseits ist die Heranziehung marktwirtschaftlicher Ansätze bei dem Verwaltungsvollzug und der Verwaltungsgestaltung vielfach hilfreich und effizient. Andererseits ist unklar, ob die Formel greifen darf:

„government can and should run like a business".

Jedenfalls verbietet sich vor dem Hintergrund der dargelegten Gemeinwohlbindung und der Hierarchisierung der öffentlichen Verwaltung eine durchgängige, einseitige Ökonomisierung und Managerialisierung der Verwaltungstätigkeit. Das gilt insbesondere für die sog. **Neuen Steuerungsmodelle der Verwaltung,** die sich auch mangels ausreichender empirischer Erprobung nicht ausschließlich an privatrechtlichen Vorbildern und an bloßen Effizienzüberlegungen orientieren dürfen (→ § 2 Rn. 44 ff.). Sie muss vielmehr weiterhin die gesamte klassische Palette der **Verwaltungsverantwortung** im Auge behalten[66] und die positive Idee einer funktionierenden **bürokratischen Verwaltungsorganisation** verwirklichen.[67]

VI. Bedeutung der öffentlichen Verwaltung

40 Die begriffliche Erfassung der öffentlichen Verwaltung leidet darunter, dass sie nur Auskunft darüber gibt, was Verwaltung ist und was Verwaltung nicht ist. Sie sagt nur etwas über das „Ob" von Verwaltung, schweigt aber über die Arten, die Bereiche (→ § 4 Rn. 1 ff.) und den Umfang der Verwaltung (→ § 5 Rn. 1 ff.). Vor allem blendet der Verwaltungsbegriff die rechtliche und tatsächliche Bedeutung der öffentlichen Verwaltung aus. Sie kommt vornehmlich im Verhältnis zwischen öffentlicher Verwaltung und den ihr anvertrauten Menschen zum Ausdruck, weil die Verwaltung über

---

63 S. näher Sachverständigenrat „Schlanker Staat", Leitfaden zur Modernisierung von Behörden, 1997; Bundesministerium des Innern, Moderner Staat – Moderne Verwaltung, 2002.

64 v. Armin/Lüder, Wirtschaftlichkeit in Staat und Verwaltung, 1993.

65 Rodi, Ökonomische Analyse des Öffentlichen Rechts, 2014.

66 Kritisch auch König DÖV 2001, 617 ff.; Eidenmüller, Effizienz als Rechtsprinzip, 1995, § 2 und § 10; Hoffmann-Riem/Schmidt-Aßmann, Effizienz als Herausforderung an das Verwaltungsrecht, 1998; Oebbecke DÖV 1998, 853 ff.; Pitschas VERW1999, 1 (7 f.); Voßkuhle VerwArch 92 (2001), 184 (195); Bull DVBl 2001, 1819 ff.; FS Brohm, 2002/Rehbinder, 727 (733 ff.); Gröpl VerwArch 93 (2002), 459 ff.; Schmidt-Aßmann, Verwaltungsrecht, S. 24 f.

67 Schimanke/Veit/Bull, Bürokratie im Irrgarten der Politik/Jann, 2011, S. 85 ff.; s. auch Bull VerwArch 103 (2012), 1 ff. (14 ff.).

die Gesetzeskonkretisierung und die vielfältige **Wahrnehmung öffentlicher Interessen** (→ § 29 Rn. 1 ff.) auf die rechtliche Stellung des Individuums einwirkt.

Beispiele: Gewährung von unterstützender materieller Hilfe (Art. 1 I GG); Gewerbegenehmigung und Gewerbeüberwachung (Art. 12 I GG); Baugenehmigung und Bauüberwachung (Art. 14 I GG); Datenerhebung und Datenschutz (Art. 1 und 2 GG); Bereitstellung von Infrastrukturen in den Bereichen Kommunikation (Art. 5 I GG); Bildung (Art. 5 III, 7 GG); Verkehr (Art. 1 und 2 I GG – Recht auf Mobilität).

§ 4. Tätigkeitstypen und Tätigkeitsfelder der öffentlichen Verwaltung

Schrifttum: Bachof VVDStRL 30 (1972), 193 ff.: Die Dogmatik des Verwaltungsrechts vor den Gegenwartsaufgaben der Verwaltung; Badura, Verwaltungsrecht im liberalen und im sozialen Rechtsstaat, 1966; Badura DÖV 1966, 624 ff.: Die Daseinsvorsorge als Verwaltungszweck der Leistungsverwaltung und der soziale Rechtsstaat; Durner VVDStRL 70 (2011), 398 ff.: Schutz der Verbraucher durch Regulierungsrecht; Forsthoff, Die Verwaltung als Leistungsträger, 10. Aufl. 1973; Forsthof, Rechtsfragen der leistenden Verwaltung, 1959, 22 ff.; Franzius VerwArch 99 (2008), 351 ff.: Der Gewährleistungsstaat; Guckelberger DVBl. 2019, 525 ff.: Rechtsfragen kritischer Infrastrukturen; Hellermann, Öffentliche Daseinsvorsorge und gemeindliche Selbstverwaltung, 2000; Hellermann VVDStRL 70 (2011), 365 ff.: Schutz der Verbraucher durch Regulierungsrecht; Hermes, Staatliche Infrastrukturverantwortung, 1998; Hünnekens, Rechtsfragen der wirtschaftlichen Infrastruktur; 1995; König/Siedentopf, Öffentliche Verwaltung in Deutschland, 2. Aufl. 1997; Masing, Gutachten D zum 66. DJT 2006: Soll das Recht der Regulierungsverwaltung übergreifend geregelt werden?; Mußgnug/Hufen/Hill VVDStRL 47 (1989), 113 ff.: Gesetzesgestaltung und Gesetzesanwendung im Leistungsrecht; Pitschas FS Stolzlechner 2013, S. 509 ff.: Neues Verwaltungsrecht im reflektiven sozialen Rechtsstaat, in: Verwaltung im demokratische Rechtsstaat; Schmidt-Aßmann AllgVerwR, S. 164 ff.; Schmidt-Preuß DVBl. 2023, 1309 ff.: Stand, System und Zukunft der Regulierung; Schuppert VerwArch. 71 (1980), 309 ff.: Die öffentliche Aufgabe als Schlüsselbegriff der Verwaltungswissenschaft; Schuppert DÖV 1995, 761 ff.: Rückzug des Staates?; Stern StaatsR II, § 41; Stober/Korte ÖffWirtschaftsR, §§ 26 ff.

I. Tätigkeitstypen der öffentlichen Verwaltung

1. Zur Problematik der Einteilung nach Tätigkeiten

Die abstrakte Erläuterung des Verwaltungsbegriffs eröffnet zwar einen allgemeinen Orientierungsrahmen. Er ist jedoch ausfüllungsbedürftig, weil er keine konkrete Auskunft darüber gibt, was die öffentliche Verwaltung im Einzelnen macht. Das ist zum einen die Frage nach den **Tätigkeitsarten** und zum anderen nach dem **Umfang der öffentlichen Verwaltung** (→ § 5 Rn. 1 ff.). Die Antwort hierauf ist zugleich das Spiegelbild der jeweiligen aktuell existierenden Aufgabenverteilung zwischen **Staats- und Staatenverantwortung, Mit- und Selbstverantwortung** (→ § 2 Rn. 3 ff.) für die Erledigung von Verwaltungsangelegenheiten.[1] Teilweise wird die rechtliche Relevanz der Tätigkeitsaufteilung verneint.[2] Diese Auffassung verkennt, dass die Differenzierung nach Verwaltungstypen mindestens aus unions- und verfassungsrechtlichen Gründen geboten ist, weil Verwaltungsverantwortung, Rechtsregime, Rechtsprinzipien, Rechtsfolgen und Rechtsschutz voneinander abweichen. 1

Beispiel: Es macht einen Unterschied, ob die öffentliche Verwaltung privatrechtlich oder öffentlichrechtlich tätig wird und ob sie als Eingriffs-, Leistungsverwaltung oder Gewährleistungsverwaltung auftritt.[3]

---

[1] Ebenso Weiß DVBl 2002, 1167 ff.
[2] Bachof VVDStRL 30 (1972), 227 f. (242).
[3] BVerwG NVwZ 2012, 307 ff.

2 Die Typisierung der öffentlichen Verwaltung ist nach unterschiedlichen Kriterien möglich. Deshalb besteht im Schrifttum kein Konsens über den Ausgangspunkt und eine bestimmte Klassifizierung. Hier erfolgt die Systematisierung nach der Art der Tätigkeit der öffentlichen Verwaltung, die mit den **Verwaltungsaufgaben** und den **Verwaltungszwecken** korrespondiert. Aber auch dieser Gesichtspunkt gestattet keine trennscharfe Abschichtung, weil die einzelnen Verwaltungsarten organisatorisch und funktionell vielfach zusammenhängen[4] sowie einem Wandel und vielfältigen Steuerungsmechanismen unterliegen.[5] Ferner kann man die Arten der Verwaltung zusätzlich nach den Rechtsformen (→ §§ 22 f. Rn. 1 ff.), dem Ausmaß der Gesetzesgebundenheit und den Trägern der Verwaltungsmaßnahmen differenzieren (→ § 6 Rn. 1 ff.). Sämtliche Kategorisierungen haben keinen abschließenden Charakter, weil sich die Dynamik der Verwaltung einer geschlossenen Typisierung entzieht.

2. Kennzeichnung der Tätigkeitsarten der Verwaltung

3 Die Tätigkeit der Verwaltung kann gekennzeichnet werden als die Schaffung, Erhaltung und Fortentwicklung der Ordnung eines Gemeinwesens und seiner Glieder sowie die Bereitstellung der dazu und für alle anderen Glieder der Organisation des Gemeinwesens erforderlichen finanziellen, persönlichen, institutionellen und sächlichen Mittel. Dabei werden die jeweils geltenden Ordnungsprinzipien durch Unionsrecht, Verfassung, Gesetzgebung und Regierung vorgeschrieben (→ §§ 17 ff. Rn. 1 ff.).

II. Einzelne Tätigkeitstypen

1. Binnen-, Netzwerk- und Außenverwaltung

4 Die Tätigkeit der Verwaltung ist nach innen und nach außen gerichtet. Aus dieser Perspektive der **Innen- und Außenwirkung** kann man die öffentliche Verwaltung in drei Bereiche aufteilen:

5 – **Binnenverwaltung.** Sie ist die Tätigkeit innerhalb eines Verwaltungsträgers. Sie schafft die Voraussetzungen, um die Verwaltung eines Gemeinwesens überhaupt zu ermöglichen. Sie umfasst das Organisations-, Personal-, Finanz- und Beschaffungswesen sowie die interne Aufsichtsverwaltung,[6] die zusammengefasst heute durch die Stichworte **New Public Management** und **Controlling** geprägt werden (→ § 2 Rn. 48 und → § 3 Rn. 26 ff.).

6 – **Netzwerkverwaltung.** Sie betrifft die Tätigkeit der Verwaltungsträger untereinander. Sie umfasst die informelle und formelle Zusammenarbeit sowie die Mitwirkung bzw. Beteiligung von Behörden und Organen an verwaltungsrelevanten Vorgängen und Verfahren und ist Ausdruck von transbehördlicher **Verwaltungskooperation** (→ § 88 Rn. 1 ff.), **Verwaltungsinformation** und **Verwaltungsvernetzung.**[7]

Beispiel: Amtshilfe zwischen der EU und einem Mitgliedstaat (Art. 4 III–V EUV), zwischen Mitgliedstaaten (§ 8a VwVfG) oder zwischen Bund und Ländern (Art. 35 GG und § 4 VwVfG), Staat und Kom-

[4] S. auch Bachof VVDStRL 30 (1972), 226 ff.
[5] Hoffmann-Riem/Schmidt-Aßmann VerwaltungsR-HdB I/Baer, § 10 Rn. 10 ff.
[6] Zu dem Ausdruck Verwaltungsbinnenrecht auch BSG GewArch 1997, 320 (322).
[7] S. auch Hoffmann-Riem/Schmidt-Aßmann, Verwaltungsrecht in der Informationsgesellschaft/Hoffmann-Riem, 2000, S. 9, 34 ff.

munen. Europäische Informationssysteme als Vernetzung zwischen europäischen und nationalen Verwaltungsstellen,[8] Betrieb einheitlicher Stellen (Art. 6 Dienstleistungs-RL, §§ 71a ff. VwVfG).

– **Außenverwaltung.** Sie ist die nach außen gerichtete Tätigkeit der Verwaltung. Sie betrifft primär das Rechtsverhältnis zwischen der Verwaltung und den Individuen einschließlich Drittbetroffener sowie das Verhältnis zwischen Staats- und Selbstverwaltung sowie Unions- und Staatsverwaltung. 7

Beispiel: Erlass eines Verwaltungsaktes (§ 9 VwVfG) oder einer Entscheidung bzw. eines Beschlusses der Europäischen Kommission (Art. 288 AEUV); Informationsverwaltung.

2. Von der Ordnungsverwaltung bis zur wirtschaftenden Verwaltung

Hinsichtlich des **Verwaltungsgehaltes** (der Verwaltungsqualität) und der **Tätigkeitsart** lässt sich die Verwaltung in folgende Kategorien auffächern: 8

a) Die ordnende Verwaltung

Die **ordnende Verwaltung** sorgt für die Ordnung des Gemeinwesens, indem sie die Interessenverfolgung der Menschen reglementierend einschränkt. Sie ist insbesondere **Eingriffsverwaltung,** die mit Erlaubnisvorbehalten, Befehlen und notfalls mit Zwang die Freiheit der Menschen begrenzt. Sie kommt vornehmlich vor als: 9

– **Polizei-, Sicherheits- und Ordnungsverwaltung** ieS, die sich auf die fachspezifische Gefahrenabwehr beschränkt;[9] 10

– **Überwachungsverwaltung** durch Abwehr von Gefahren auf besonderen Sachgebieten (wie etwa die Wirtschaftsüberwachung);[10] 11

– **Abgabenverwaltung,** die für die Einziehung derjenigen Geldmittel sorgt, derer die Organe des Gemeinwesens zur Erfüllung ihrer Aufgaben bedürfen (Steuern, Zölle, Beiträge, Gebühren, Sonderabgaben; → § 42 Rn. 15);[11] 12

– **Lenkungsverwaltung,** die zur Verfolgung bestimmter verwaltungspolitischer Ziele einzelne Verwaltungsbereiche unmittelbar oder mittelbar steuert (Europäische Zentralbankverwaltung, EU-Marktordnungen, Preisfestsetzung, Kontingentierung;[12] 13

– **Aufsichtsverwaltung,** die sich mit der rechtlichen und fachlichen Kontrolle der nachgeordneten und selbstständigen Verwaltungsträger befasst[13] und neben der klassischen Erscheinungsform als **Staatsaufsicht** auch die **Unionsaufsicht** umfasst.[14] Sie ist **Verwaltungsaufsicht**[15] und deshalb als Verwaltungskorrelat von der erwähnten freiheitskorrigierenden **Überwachungsverwaltung** zu trennen.[16] Eine Zwischenstellung nimmt die **Gewährleistungsaufsicht** als Folge der noch zu erörternden Gewährleistungsverwaltung ein (→ § 4 Rn. 27). Sie ist keine Auf- 14

---

[8] Schneider NVwZ 2012, 65 ff.
[9] Wolff VVDStRL 81 (2022), 438 ff.
[10] Stober/Korte ÖffWirtschaftsR, § 29.
[11] Hoffmann-Riem/Schmidt-Aßmann VerwaltungsR-HdB I/Schulze-Fielitz, § 12 Rn. 34 ff.
[12] AM ohne überzeugende Abgrenzung Schmidt-Aßmann, Verwaltungsrecht, S. 167 ff.
[13] S. Groß DVBl 2002, 793 ff.
[14] Lühmann DVBl 1999, 752 ff.; Kassner, Unionsaufsicht, 2003.
[15] Mestmäcker, Kommunikation ohne Monopole II/Brohm, 1995, S. 253, 256.
[16] AM Kahl, Staatsaufsicht, 2000, S. 32, 362 ff.

sicht über eine Einrichtung der unmittelbaren oder mittelbaren Staatsverwaltung, sondern als spezielle Überwachungsverwaltung über privatrechtlich organisierte oder materiell privatisierte Unternehmen ausgestaltet, an deren Funktionieren der Staat ein besonderes Interesse hat (Art. 87e und 87f GG).[17]

15 Es ist jedoch sachlich und systematisch unzutreffend, die ordnende Verwaltung auf die Eingriffsverwaltung zu reduzieren, weil sie im Einzelfall gleichzeitig leistend wirken und mit den Verwaltungsbetroffenen zusammenarbeiten kann. Erinnert sei nur an die Umverteilung von Abgaben (→ § 42 Rn. 36) oder an die Gefahrenabwehr iSe vorbeugenden Bekämpfung von Straftaten (§ 1 I NRWPolG) durch Kriminalprävention.[18]

b) Die leistende Verwaltung

16 Die **leistende Verwaltung** sorgt für die Lebensmöglichkeit und Lebensverbesserung der Mitglieder des Gemeinwesens, indem sie deren Interessenverfolgung durch Gewährungen unmittelbar fördert und Leistungen verteilt.[19] Sie erweitert die Rechtsposition des Individuums auch durch die mittelbare Bereitstellung von Einrichtungen, Netzen sowie Dienstleistungen. Sie gestattet ebenfalls eine Kooperation mit der Verwaltung sowie eine duale Aufgabenerledigung.[20] Sie kommt vor als:

17 **aa) Infrastrukturverwaltung. Infrastrukturverwaltung**

Die Infrastrukturverwaltung (→ §§ 36 ff. Rn. 1 ff.) stellt materielle, institutionelle und personelle Einrichtungen und Maßnahmen bereit, auf die die Mitglieder des Gemeinwesens in ihrer Gesamtheit unter den Bedingungen der industriell-technischen Zivilisation sowie der Dienstleistungs- und Informationsgesellschaft in Form einer **Grundversorgung**[21] angewiesen sind.[22] Diese Skizzierung belegt, den Charakter der Infrastrukturverwaltung als klassische Staatsaufgabe, die jedes Gemeinwesen vorhalten muss.[23] Deshalb verwundert es nicht, dass das BVerfG von einem **Infrastruktursicherungsauftrag**[24] ausgeht, der sich auf das Sozialstaatsgebot und grundrechtliche Schutzpflichten stützen lässt. Der Infrastrukturbegriff ist allerdings unbestimmt und wird in unterschiedlichen Sachzusammenhängen verwendet.[25] In jüngerer Zeit hat dieser Terminus Einzug in die Gesetzgebung gefunden

Beispiel: Art. 104c I GG; §§ 2 III, 11 AEG, § 2 III Nr. 4, 6 TKG; § 28 EnWG).

Aus unionsverwaltungsrechtlicher Sicht handelt es sich dabei auch, aber nicht ausschließlich, um **Dienste von allgemeinem Interesse** (Art. 14 und Art. 106 II AEUV, Art. 36 EU-GRCh), die einen unverzichtbaren Bestandteil des europäischen Gesell-

---

17 S. auch Grupp DVBl 1996, 591 ff.
18 Schmidt-Aßmann, Verwaltungsrecht, S. 166.
19 Ebenso Schmidt-Aßmann, Verwaltungsrecht, S. 166 f.; Hoffmann-Riem/Schmidt-Aßmann VerwaltungsR-HdB II/Schulze-Fielitz, § 12 Rn. 39 ff.
20 Häberle VVDStRL 30 (1972), 43 (59); Theobald NJW 2003, 324 ff.
21 S. auch BVerwGE 95, 188 (203); BVerwG NVwZ 2004, 1352 f.; BVerfGE 108, 370 (394).
22 Stober/Korte ÖffWirtschaftsR, § 26 mwN; Dörr VVDStRL 73 (2014), 323 ff.; unzureichend verkürzt Schmidt-Aßmann, Verwaltungsrecht, S. 166.
23 Kahl/Ludwigs VerwaltungsR-HdB/Durner § 21 Rn. 5.
24 BVerfGE 108, 370 (393).
25 Wißmann VVDStRL 73, 2014, 369 (373); Guckelberger DVBl 2019, 525 ff.; Kahl/Ludwigs VerwaltungsR-HdB/Durner § 21 Rn. 1 und 8.

schafts- und Wertemodells darstellen[26] und deren Normierung zwischen Markt- und Staatskonzepten angesiedelt ist. Da dieser Begriff auch mit **Daseinsvorsorge** umschreiben wird (s. auch § 2 II Nr. 3 ROG), erfährt die von Forsthoff geprägte Bezeichnung eine Renaissance.[27] Unbeschadet der in der jüngeren Zeit erfolgten partiellen Privatisierung und Wettbewerbsöffnung besteht über die Grundkonzeption und Abgrenzung der Dienste von allgemeinem Interesse Streit. Zu Recht wird eine abschließende Definition abgelehnt, weil damit in die Souveränität der Mitgliedstaaten eingegriffen würde, die unterschiedliche Daseinsvorsorgeziele verfolgen.[28] Einigkeit besteht nur über das Ziel, den Zugang zu einer hochwertigen, sicheren und preisgünstigeren Versorgung sicherzustellen und über die Reichwerte der Unionsgarantie, die sich auf eine **Funktionsgarantie** beschränkt und keine Bestandsgarantie enthält.[29] Eine allgemein akzeptierte Definition des mit Diensten von allgemeinem Interesse nur partiell identischen Infrastrukturbegriffs existiert nicht.[30] Sie ist auch entbehrlich, weil dieser Teil der leistenden Verwaltung wegen der unterschiedlichen und wechselnden Anforderungen entwicklungsoffen bleiben muss.[31] Vor diesem Hintergrund gewinnen die einzelnen Segmente der Infrastruktur an Bedeutung, die partiell positivrechtlich normiert sind[32]:

- **Verkehrsinfrastruktur** (Art. 170 AEUV, Art. 87d, 87e und Art. 90 GG, § 8 V Nr. 3 ROG);[33] 18
- **Versorgungsinfrastruktur** (Energie iSv Art. 170 AEUV; § 28a EnWG), Wasser (§ 8 V Nr. 3 ROG);[34] Geld und Währung (Art. 3 IV, 127 ff. AEUV; Art. 88 GG); Gesundheitsinfrastruktur; 19
- **Entsorgungsinfrastruktur** (§ 8 V Nr. 3 ROG; KrWG, VerpackungsG); 20
- **Bildungs- und Forschungsinfrastruktur** (Art. 53 und Art. 165 AEUV); 21
- **Einheitliche Normierungsinfrastruktur** (Art. 179 II AEUV); 22
- **Regionale Infrastruktur** (Art. 174 AEUV, Art. 91a GG); 23

---

[26] Franzius, Gewährleistung im Recht, 2008; Krajewski, Grundstrukturen des Rechts öffentlicher Dienstleistungen, 2011.

[27] S. näher Schwarze, Daseinsvorsorge im Lichte des Wettbewerbsrechts, 2001; Kämmerer NVwZ 2002, 1041 ff.; Storr DÖV 2002, 357 ff.; Bull Der Staat 47 (2008), 1 ff.; BGH NJW 2005, 1720; FS Battis, 2014/Badura, 319 (322 ff.).

[28] Protokoll Nr. 26 über Dienste von allgemeinem Interesse, ABl. 2008 C 115, 308; Calliess/Ruffert/Jung AEUV Art. 14 Rn. 12 ff.

[29] Voßkuhle VVDStRL 62 (2003), 268 (286 ff.).

[30] Hermes, Staatliche Infrastrukturverantwortung, 1998, S. 164 ff., 329, der aber von einem zu engen Verständnis ausgeht; Hoffmann-Riem/Schneider, Rechtswissenschaftliche Innovationsforschung/Vesting, 1998, S. 246, 248; Löwer VVDStRL 60 (2001), 416 (430); Freund NVwZ 2003, 408 ff.; Mehde, Privatisierung des Rechtsstaats – Staatliche Infrastruktur, 2009.

[31] Kritisch Kahl/Ludwigs VerwaltungsR-HdB/Durner § 21 Rn. 3.

[32] S. auch BVerwGE 118, 181 (191).

[33] Kramer, Das Recht der Eisenbahninfrastruktur, 2002; Fehling DÖV 2002, 793 ff.; Uechtritz DVBl 2002, 739 ff.; Knauff, Der Gewährleistungsstaat: Reform der Daseinsvorsorge, 2004; BGH NJW 1999, 2378 ff.

[34] Pielow, Grundstrukturen öffentlicher Versorgung, 1999; Hellermann, Öffentliche Daseinsvorsorge und gemeindliche Selbstverwaltung, 2000, 264 ff.; Ruge, Die Gewährleistungsverantwortung des Staates und der Regulatory State, 2004.

24 – **Sicherheitsinfrastruktur**[35] (Art. 3 II EUV; Art. 6 EU-GRCh);

25 – **Informations- und Telekommunikationsinfrastruktur** (Art. 170 AEUV, Art. 87f GG, § 1 TMG, § 1 TKG, BDBOSG).[36] Sie liefert die sog. **informationelle Grundversorgung**[37] und ermöglicht und erleichtert die **Verwaltungskommunikation** (§ 3a VwVfG, § 87a AO) in der Informationsgesellschaft[38] insbesondere durch ein **Informationsverwaltungsrecht**[39] sowie die Erscheinungsformen der **elektronischen Verwaltung** und des **E-Governments**[40] (OZG/IDNrG) auf der Basis sicherer elektronischer Signaturen (→ § 5 Rn. 19 ff.).[41]

Beispiele: Elektronische Steuererklärung, Elektronische Beschaffung (§§ 97 V, 120 GWB), Zugang zu Verwaltungsdaten auf der Grundlage von Informationsfreiheitsgesetzen (§ 7 III IFG). Beobachtung von Internet-Plattformen nach dem EU-Digital-Service-Act und dem Digital Service Gesetz.

26 Bei den genannten Sektoren handelt es sich teilweise um sogenannte **sensible oder kritische Infrastrukturen,** deren Beeinträchtigung oder Ausfall empfindliche und nachhaltige Störungen (Katastrophen, terroristische Anschläge) des wirtschaftlichen und sozialen Lebens in Form von Versorgungsengpässen oder Gefährdungen der Öffentlichen Sicherheit nach sich ziehen können.

Beispiele: §§ 1 ff. LuftSiG.;[42] § 2 II Nr. 3 ROG; § 12g EnWG; § 2 X 1 BSIG; RL (EU) 2022/2557 über die Resilienz Kritischer Infrastrukturen – CER-Richtlinie.[43]

26a Die Infrastrukturverwaltung erfasst die Planung, Finanzierung, Herstellung, Unterhaltung und Weiterentwicklung der einschlägigen Einrichtungen. Sie ist jedoch nicht mit einer Monopolisierung dieser Leistungen in der öffentlichen Hand iSe Vollzugs-, Erfüllungs- oder Produktionsverantwortung identisch. Vielmehr bestehen die Alternativen **„make or buy"** oder **„provide or enable"** (→ § 88 Rn. 1 ff. und → § 93 Rn. 1 ff.), soweit nicht Rechtsvorschriften ausdrücklich entgegenstehen.

Beispiele: Art. 90a GG gestattet, dass sich der Bund zur Verwaltung der Bundesautobahnen einer Gesellschaft des privaten Rechts bedient, während eine Beteiligung Dritter an der Gesellschaft etwa im Rahmen einer öffentlich-rechtlichen Partnerschaft ausgeschlossen ist.[44]

---

35 Pitschas DÖV 2004, 231 (235).

36 Schoch VVDStRL 57 (1998), 158 ff.; Hellermann, Öffentliche Daseinsvorsorge und gemeindliche Selbstverwaltung, 2000, 322 ff.; Cannivé, Infrastrukturgewährleistung in der Telekommunikation zwischen Staat und Markt, 2001; Voßkuhle/Eifert/Möllers GVwR/Ladeur § 21 Rn. 85 ff.; BVerfGE 108, 370 (393 f.).

37 Schoch VVDStRL 57 (1998), 158 (200).

38 Hoffmann-Riem/Schmidt-Aßmann, Verwaltung in der Informationsgesellschaft/Schmidt-Aßmann, 2000, 425; Kloepfer, Informationsrecht, 2002; Ernst, Modernisierung der Wirtschaftsverwaltung, 2005.

39 Vesting VERW35 (2002), 433 ff.; Hoffmann-Riem/Schmidt-Aßmann, Verwaltungsrecht in der Informationsgesellschaft/Ladeur, 2000, S. 225 ff.; Gurlit DVBl 2003, 1119 ff.; Masing VVDStRL 63 (2004), 379 ff.; Schneider NVwZ 2012, 65 ff.; Wolff VVDStRL 81, 2022, 438 (465).

40 Hoffmann-Riem ua, Reform des Allgemeinen Verwaltungsrechts/Pitschas, 1993, S. 219 ff.; Stober/Korte ÖffWirtschaftsR, § 27; v. Lucke, Regieren und Verwalten im Informationszeitalter, 2003; Hoffmann-Riem/Schmidt-Aßmann, Verwaltungsrecht in der Informationsgesellschaft/Hoffmann-Riem, 2000, S. 9 ff.; Schliesky DÖV 2004, 809 ff.

41 Roßnagel DÖV 2001, 221 ff.; Roßnagel, Die elektronische Signatur in der öffentlichen Verwaltung, 2002.

42 S. Kloepfer, Schutz kritischer Infrastrukturen, 2010; Thiel, Die „Entgrenzung" der Gefahrenabwehr, 2011, S. 114 ff.

43 Guckelberger DVBl 2019, 525 ff.; Voßschmidt/Karsten, Resilienz und Kritische Infrastrukturen. 2019.

44 Bauer/Meier DÖV 2020, 41 ff.

Aus diesen Gründen ist zwischen Infrastruktur- und Gewährleistungsverwaltung zu trennen.

bb) Gewährleistungsverwaltung. Die **Gewährleistungsverwaltung** garantiert die Bereitstellung von Einrichtungen iSe Garantenstellung und Gewährleistungsverantwortung sowie die Sorge um die gemeinwohlorientierte Funktionsfähigkeit unter Wahrung funktionaler Äquivalenz und bestimmter Standards (Art. 87e, f GG; § 2 TKG).[45] Die Gewährleistungsverwaltung unterscheidet sich somit von der Infrastrukturverwaltung, weil sie die Verwaltungsaufgabe auf eine **Regulierungs-, Einwirkungs- und Kontrollverantwortung** reduziert.[46] Dieser Verwaltungstyp beruht auf einem staatlichen **Gewährleistungsauftrag** und er konzentriert sich auf eine **Gewährleistungsaufsicht.** Diese Erscheinungsform weist zwar Gemeinsamkeiten mit der Infrastrukturverwaltung auf. Im Kern ist sie jedoch die Antwort auf eine öffentlich-rechtliche **Deregulierung, Entmonopolisierung** und **Privatisierung** von Verwaltungsaufgaben iSe Verschlankung der öffentlichen Verwaltung.[47] 27

Der Gewährleistungsverwaltung liegt folglich ein verändertes Aufgabenverständnis zugrunde. Es wirkt sich ähnlich wie bei der Infrastrukturverwaltung auf die Art und Weise der Aufgabenwahrnehmung aus, die über unterschiedlichen Handlungsformen des Verwaltungsrechts organisiert werden kann.[48] (→ § 4 Rn. 26).[49] Eine Leitlinie in diese Richtung ergibt sich aus § 7 BHO. Insoweit eröffnet sich ein weites Feld für **Public Private Partnerships** (→ § 93 Rn. 1 ff.).[50] Deshalb wird diese Aufgabe ua wahrgenommen durch die Schaffung von **Privatisierungsfolgenrecht**[51] und die Einrichtung von **Regulierungsbehörden** (§ 54 EnWG). 27a

Beispiele: Kommunen können nach § 56 WHG Abwasserentsorgungs- und Wasserversorgungsanlagen im Rahmen von privaten Betreibermodellen finanzieren und unterhalten.[52] Dienstleistungen im Bereich des Postwesens und der Telekommunikation werden nach Art. 87f II GG durch die Nachfolgeunternehmen der Deutschen Bundespost und private Anbieter erbracht, die über eine Universaldienstverpflichtung nach §§ 78 ff. TKG die Grundversorgung privatwirtschaftlich leisten. Bau, Erhaltung, Betrieb und

---

45 S. näher Schuppert DÖV 1995, 761 ff.; Schuppert, Verwaltungswissenschaft, 2000, S. 404 ff., 939; Hoffmann-Riem DVBl 1995, 225 (230 f.); Hoffmann-Riem DÖV 1997, 433 (440); Stern DVBl 1997, 309 ff.; Bauer VVDStRL 54 (1995), 243 ff.; Stober NJW 1997, 898 ff.; Weiß DVBl 2002, 1167 (1175 ff.); Vosskuhle VVDStRL 62 (2003), 266 (304 ff.); Waechter, Verwaltung im Gewährleistungsstaat, 2008; BVerwG NVwZ 2012, 307 ff.; FS Battis, 2014/Badura, 319 ff.; FS Battis, 2014/Badura, 319 ff.

46 S. näher Sommermann/Ziekow, Perspektiven der Verwaltungsforschung/Pitschas, 2002, S. 222, 232 ff.

47 BVerfG DÖV 2018, 823 (832 ff.); Ebenso Knauff, Der Gewährleistungsstaat: Reform der Daseinsvorsorge, 2004; Schoch NVwZ 2008, 241 ff.; Waechter, Verwaltungsrecht im Gewährleistungsstaat, 2008; aM Hermes, Staatliche Infrastrukturverantwortung, 1998, S. 338, der den Begriff „Gewährleistungsverantwortung" als Oberbegriff benutzt; krit. Hoffmann-Riem/Schmidt-Aßmann, Verwaltungsrecht in der Informationsgesellschaft/Vesting, 2000, S. 101, 111 ff.; s. auch Franzius VerwArch 99, 2008, 351 ff.

48 Voßkuhle/Eifert/Möllers GVwR I/Wißmann § 14 Rn. 137 ff.; Schaefer, Die Umgestaltung des Verwaltungsrechts, 2016.

49 S. auch Voßkuhle VVDStRL 62, 2003, 311.

50 Gramm, Privatisierung und notwendige Staatsaufgaben, 2001; Schmidt-Aßmann, Verwaltungsrecht, S. 172 ff.; Schmidt-Aßmann/Hoffmann-Riem, Methoden der Verwaltungsrechtswissenschaft/Bumke, 2004, S. 73, 120 ff.; Pitschas DÖV 2004, 231 ff.

51 Hoffmann-Riem DVBl 1999, 125 ff.

52 Masing VerwArch 95 (2004), 151 ff.

Finanzierung von Bundesfernstraßen kann nach §§ 1 ff. FStrPrivFinG auf Private zur Ausführung übertragen werden.[53] Flughäfen können privatrechtlich betrieben werden.[54] Dem Bund obliegt nach Art. 87e IV GG ein Gewährleistungsauftrag für das Schienennetz.[55]

28 cc) **Regulierungsverwaltung.** Wegen des Zusammenhangs mit der erwähnten **Regulierungsverantwortung** und der partiellen Verwaltung durch spezielle Regulierungsbehörden ist in jüngerer Zeit ein unionsrechtlich inspiriertes **Regulierungsverwaltungsrecht**[56] entstanden, dem bestimmte gemeinwohlorientierte **Regulierungsziele** (s. etwa § 2 TKG, § 1 II EnWG) und Regulierungsstrategien[57] zugrunde liegen. Die klassische Regulierungsverwaltung ist darauf konzentriert, den Markt im Interesse einer dauerhaft garantierten Bereitstellung und effizienten Nutzung ehemals staatsmonopolisierter Güter und Dienstleistungen zur Vermeidung eines **Marktversagens** oder sonstiger struktureller Funktionsschwächen[58] zu steuern[59] und wirtschaftsverwaltungsrechtlich zu überwachen.[60] Allerdings wird der Regulierungsbegriff unterschiedlich verstanden.[61] Teilweise ist auch von einem **erweiterten Regulierungsbegriff** die Rede, der über die Netzwirtschaften hinaus andere Sektoren erfasst.[62] Der Regulierungsbegriff wird iSv **Netzinfrastrukturverwaltung**[63] ua in § 1 f. TKG, § 1 f. PostG, §§ 1 ff. EnWG und §§ 14 ff. AEG verwendet. Insoweit wird auch die übergreifende Normierung des Regulierungsverwaltungsrechts als Privatisierungsfolgenrecht diskutiert.[64]

28a Jedenfalls handelt es sich nicht um ein eigenständiges, abgeschlossenes Rechtsgebiet, sondern um einen Modus staatlicher Aufgabenerfüllung, der zwischen staatlicher Eigenwahrnehmung als Eingriffs- und Leistungsverwaltung und privater Eigenverantwortung unter dem Dach staatlicher Gewährleistungsverantwortung angesiedelt ist.[65] Diese Einschätzung deckt sich mit der in § 2 III Nr. 1 TKG verfestigten Beobachtung, Regulierung als Handlungskonzept der Verwaltung zu verstehen.[66] Vor diesem Hintergrund leuchtet es ein, dass **Regulierung** nicht nur ein verwaltungsrechtlicher Schlüsselbegriff, sondern zugleich ein Rechtsinstitut des Allgemeinen Verwaltungs-

---

[53] Lackner, Gewährleistungsverwaltung und Verkehrsverwaltung, 2004, § 6.

[54] BGH NJW 1999, 2378 f.

[55] BGH NJW 2011, 1374.

[56] S. etwa Eisenblätter, Regulierung in der Telekommunikation, 2000, §§ 1 f.; Masing VERW36 (2003), 1 ff.; FS Selmer, 2004/Schuppert, 227 (242); v. Danwitz DÖV 2004, 977 ff.; Britz VERW(37), 2004, 145 ff.

[57] Hoffmann-Riem/Schmidt-Aßmann/Voßkuhle GVwR I/Eifert, § 19.

[58] Hellermann VVDStRL 70 (2011), 368 f.

[59] Schuppert, Verwaltungswissenschaft, 2000, S. 407; Voßkuhle VVDStRL 62 (2003), 266 (307 ff.); Schmidt-Preuß DVBl 2023, 1305 ff.; Voßkuhle/Eifert/Möllers GVwR/Eifert § 19 Rn. 3.

[60] Fehling DÖV 2002, 793 (795); Bullinger DVBl 2003, 1355 ff.; Fehling/Ruffert, Regulierungsrecht, 2010; Möstl GewArch 2011, 265 (272).

[61] Kay, Regulierung als Erscheinungsform der Gewährleistungsverwaltung, 2013; s. näher FS Scholz, 2007/Stober, 943 ff.; Schmidt-Preuß DVBl 2023, 1305 ff.

[62] Hellermann VVDStRL 70 (2011), 368 f.; Durner VVDStRL 70 (2011), 402 ff.; Möstl GewArch 2011, 265 ff.; zu wenig konturiert Hoffmann-Riem/Schmidt-Aßmann/Voßkuhle GVwR I/Eifert, § 19 Rn. 5.

[63] S. Hoffmann-Riem/Schmidt-Aßmann/Voßkuhle GVwR I/Schulze-Fielitz, § 12 Rn. 57.

[64] Masing, Gutachten D zum 66. DJT 2006; Gärditz AöR 135 (2011), 251 ff.

[65] Stober DÖV 2004, 221 ff. und im Anschluss Hellermann VVDStRL 70 (2010), 368 (389); s. auch Möstl GewArch 2011, 265 (272).

[66] FS Battis, 2014/Burgi, 329 ff.

rechts ist,[67] das auf fachverwaltungsrechtlichen Erkenntnissen aufbauen kann.[68] Wegen dieser gegenläufigen Herausforderung überschneidet sich das Regulierungsrecht sowohl mit dem Recht der ordnenden Verwaltung (§§ 29 ff., 54 ff. EnWG) als auch mit dem Infrastruktur- und **Risikoverwaltungsrecht** zur Beherrschung systemischer Risiken.[69] Folglich verfolgt das Regulierungsverwaltungsrecht folgende Zielsetzungen, die sich im Kern als besondere Ausprägungen der Wirtschaftsüberwachung charakterisieren lassen:[70]

- **Herstellung eines wirksamen und unverfälschten Wettbewerbs,**
- **Gewährleistung einer Grundversorgung mit Gütern und Dienstleistungen,**
- **Sicherstellung gewerberechtlicher Anforderungen.**[71]

Unabhängig von dieser Verortung ist es rechtssystematisch kein Fortschritt, den Regulierungsbegriff auf den damit verfolgten spezifischen Ordnungszweck zu verkürzen. Denn diese unbestimmte Charakterisierung gestattet keine klare Abgrenzung und kollidiert mit dem bereits vergebenen Begriff des Ordnungsrechts.

dd) Sozial- und Förderungsverwaltung

- Die **Sozialverwaltung** trifft Vorkehrungen zur Existenzsicherung der Mitglieder des Gemeinwesens als einzelner insbesondere im Wege der Sozialversicherung, der Sozialentschädigung, der Sozialförderung und der Sozialhilfe (§§ 1 ff. SGB I). 29
- Die **Förderungsverwaltung** erfolgt durch Maßnahmen zur Strukturverbesserung einzelner Lebensbereiche mit je besonderer gesellschafts-, wirtschafts-, sozial-, umwelt- oder kulturpolitischer Zielsetzung iSe Anreizverwaltung, 30
  Beispiel: Wirtschaftsförderung in Gestalt von Subventionierung.[72]

Auch die Leistungsverwaltung kennt Zwang und Eingriffe. Man denke etwa an die Begründung und Durchsetzung von Mitgliedschaftspflichten oder einer Anstaltsdisziplin sowie an die Gebührenerhebung. Sie ist daher kein Gegenbegriff zur „Eingriffsverwaltung“. Ferner können Leistungen eingreifend wirken, weil sie nur unter bestimmten einschränkenden Voraussetzungen gewährt werden oder Dritte belasten (zB die Subventionierung eines Konkurrenten). Eine trennscharfe Abgrenzung ist daher nicht möglich.[73] 31

c) Die planende Verwaltung

Die **planende Verwaltung** gestaltet die vorgegebene Entwicklungsziele programmierend, konkretisierend und zukunftsgerecht aus.[74] Diese Tätigkeit erschöpft sich nicht in der Subsumtion von Einzelfällen und im Vollzug. Sie setzt allgemeine Rahmen- 32

[67] AM ohne überzeugende Begründung FS Battis, 2014/Burgi, 329 (334).
[68] Schröter GewArch 2013, 432 ff.
[69] Schmidt-Preuß DVBl 2023, 1309 (1314 f.).
[70] Stober/Korte ÖffWirtschaftsR, § 29 Rn. 880; Kahl/Ludwigs VerwaltungsR-HdB/Durner § 21 Rn. 15.
[71] Ebenso Voßkuhle/Eifert/Möllers GVwR/Eifert, § 13 Rn. 30.
[72] S. Stober/Korte ÖffWirtschaftsR, § 31 und Stober/Eisenmenger, Besonderes Wirtschaftsverwaltungsrecht, 18. Aufl. 2023, §§ 51 ff.; aM Bultmann, Beihilfenrecht und Vergaberecht, 2004, der Beihilfen als Wirtschaftslenkung versteht.
[73] S. näher Mußgnug, Hufen und Hill VVDStRL 47 (1989), 113 ff.; Fleiner-Gerster, Öhlinger und Krause VVDStRL 45 (1987), 152 ff.
[74] Ebenso Stern StaatsR II, § 41 I 4.

bedingungen und trifft Vorentscheidungen über künftige Verwaltungsmaßnahmen, bei denen die Abwägung und der Ausgleich von Zielkonflikten im Vordergrund stehen (→ § 31 Rn. 69 ff., → § 56 Rn. 1 ff.) und zwar als:

33 – **Raumordnungsverwaltung** (§§ 1 ff. ROG) zur Ermöglichung einer zweckmäßigen Bodennutzung (→ § 38 Rn. 14 ff.);

34 – **Bauleitplanungsverwaltung** (§§ 1 ff. BauGB) zur Ermöglichung einer angemessenen und zur Festlegung der allgemeinen städtebaulichen Entwicklung und Ordnung und

35 – **Fachplanungsverwaltung.** Bundesbedarfspläne nach dem BBPlG, Windenergieflächenpläne nach §§ 1 ff. WindBG; Klimaschutzpläne nach § 9 KSG.

d) Die bewahrende und risikoorientierte Verwaltung

36 Die **bewahrende Verwaltung** ist im Unterschied zur Daseinsvorsorge zukunftsgerichtet und dient dem vorsorgenden Schutz zentraler Lebensgüter. Sie ist Ausdruck des **Präventionsstaates** und der **Risikogesellschaft,** bei der die **Zukunftsvorsorge** im Vordergrund steht.[75] Leitgedanken sind die Betonung des **Vorsorgeprinzips** und des Grundsatzes der nachhaltigen Entwicklung (Art. 11 AEUV; Art. 3 III EUV; Art. 37 EU-GRCh; Art. 20a GG). Sie kommt insbesondere vor als:

aa) Umwelt- und Kulturvorsorgeverwaltung

37 – **Umweltvorsorgeverwaltung** zum Schutz der natürlichen Lebensgrundlagen iSv Art. 20a GG,[76] insbesondere durch Vermeidung und Verringerung von Umweltbelastungen sowie Umweltverträglichkeitsprüfungen (§ 1 BImSchG, § 1 KSG, § 1 KrWG).[77] Oberstes Ziel eines ökologisch orientierten Verwaltungsrechtssystems ist die Erreichung eines möglichst hohen umweltrechtlichen Standards (Art. 191 II AEUV),[78] das auch die nachfolgenden Generationen in den Schutzbereich einbezieht.

38 – **Kulturvorsorgeverwaltung** zum Schutz wichtiger Kulturgüter und Denkmale einschließlich des anerkannten Weltkulturerbes.

39 **bb) Risikovorsorgeverwaltung.** Die **Risikovorsorgeverwaltung** unterscheidet sich von der ordnenden, auf die Gefahrenabwehr bezogenen Verwaltung (→ § 4 Rn. 9 ff.) durch die Vorverlagerung des Schutzes von Leben, Gesundheit und bedeutender Sachwerte auf den Sektor Prävention als Folge einer technologisch innovativ geprägten Risikogesellschaft. Gegenstand der Gefahrenvorsorge ist deshalb die Vermeidung und Minderung nachhaltiger Einwirkungen unterhalb der Gefahrenschwelle, also der Einbeziehung unwahrscheinlicher und unkalkulierbarer Geschehensabläufe und Auswirkungen.[79] Der Gesetzgeber definiert Risiko als die Kombination aus der Eintritts-

[75] Murswiek, Die staatliche Verantwortung für die Risiken der Technik, 1985; Hoffmann-Riem AöR 115 (1990), 440 ff.; Hoffmann-Riem ua, Reform des Allgemeinen Verwaltungsrechts/Hoffmann-Riem, 1993, 115 ff.; Schuppert, Verwaltungswissenschaft, 2000, 86 ff.

[76] BVerfG NVwZ 2021, 951 ff.

[77] Kloepfer, Umweltrecht, 2. Aufl. 1998, § 4.

[78] Böhret/Hill, Ökologisierung des Rechts- und Verwaltungssystems, 1994.

[79] S. näher Bora, Rechtliches Risikomanagement, 1999; Scherzberg VVDStRL 63 (2004), 2004 (214 ff.); Hoffmann-Riem/Schmidt-Aßmann/Voßkuhle GVwR I/Schulze-Fielitz, § 12 Rn. 28 ff.

wahrscheinlichkeit einer Gefahr, die einen Schaden verursacht, und der Schwere des möglichen Schadens (§ 2 I Nr. 22 ProdSG). Die Vorsorgeverwaltung erfolgt insbesondere durch die Ausdehnung des Verwaltungshandelns auf ungewisse Sachverhalte,[80] die einer besonderen Risikobeurteilung bedürfen (§ 7 MüG).

Beispiele: §§ 1, 5 I BImSchG, § 1 GenTG, § 6 II ProdSG, § 1 LFGB, §§ 28 ff. IfSG.

Im Einzelnen unterfällt die Risikoverwaltung einer permanenten Vorsorgekontrolle im Rahmen eines ganzheitlichen Vorsorgekonzeptes mit Hilfe von

Risikomanagementsystemen.[81] Sie bestehen aus vier Phasen, wobei aber weder die Definitionen noch die Details abschließend geklärt sind[82]:

Risikoanalyse als Erforschung und Identifizierung von Sicherheits- und Gesund- 40
heitsrisiken (Art. 3 Nr. 10 und Art. 6 VO (EG) Nr. 178/2002; § 5 GwG; § 4 KAnG);

Risikobewertung als Beschreibung und Abschätzung des Risikopotentials (§§ 7 IV, 8 41
III MüG; § 54b PBefG; § 6 ChemG);

Risikosteuerung als Prozess der Bewältigung von Risiken durch optimales Abwägen 42
verschiedener Maßnahmen und umfassender Interessenberücksichtigung (§ 6 GwG);

Risikokommunikation als interaktiver Austausch von Informationen und Meinun- 43
gen (Aufklärung, Warnung). § 18 MüG; § 6 GenTG; § 40 AMG; § 4 ChemG; Art. 3 Nr. 11 Lebensmittel-Basisverordnung, Art. 5 WTO-Übereinkommen über die Anwendung gesundheitspolizeilicher und pflanzenschutzrechtlicher Maßnahmen; Art. 46 III Zollkodex der Union v. 9.10.2013.

Eine Erscheinungsform des Risikoverwaltungsrechts ist die **Akkreditierungs- und** 44
Zertifizierungsverwaltung, die sich als Folge einer neuen Konzeption der EU hinsichtlich der Normierung des **Marktüberwachungs- und Produktsicherheitsrechts** entwickelt hat.[83] Die Risikoprüfung erfolgt durch unabhängige Prüflaboratorien oder Zertifizierungsstellen, die im Rahmen eines **Akkreditierungsverfahrens** (§ 2 Nr. 1 ProdSG, § 7 MüG) zugelassen werden und staatlicher Überwachung unterfallen. Teilweise handelt es sich um Beleihungstatbestände[84] (Band II, → § 90 Rn. 1 ff.).

Das **Katastrophenverwaltungsrecht** ist ebenfalls ein Unterfall des Risikoverwal- 45
tungsrechts. Es handelt sich um Krisenrecht insbesondere zum Schutz der Bevölkerung, das angesichts terroristischer Anschläge, Großunglücke, schwer beherrschbarer Seuchen und Naturkatastrophen neuerdings vermehrt in den Blickwinkel des Verwaltungsrechts tritt.

Beispiele: Corona-Pandemie, Flutkatastrophen, Energiekrise.

---

[80] S. näher Kahl DVBl 2003, 1105 (1107 ff.); Engel/Halfmann/Schulte, Wissen-Nichtwissen-Unsicheres Wissen/Scherzberg, 2002, S. 131, 124 ff.

[81] Di Fabio, Risikoentscheidungen im Rechtsstaat, 1994; Riedel, Risikomanagement im öffentlichen Recht, 1997; Sommermann/Ziekow, Perspektiven der Verwaltungsforschung/Pitschas, 2002, 223, 252 ff.; Stober/Korte ÖffWirtschaftsR, Rn. 906 ff.

[82] S. näher Brenner/Nehrig DÖV 2003, 1024 (1027); Kahl DVBl 2003, 1105 (1113 ff.); Stober/Korte ÖffWirtschaftsR, § 29 I 6 mwN; Hoffmann-Riem VERW 38 (2005), 145 ff.

[83] Dimitropoulos, Zertifizierung und Akkreditierung im Internationalen Verwaltungsverbund, 2011.

[84] S. näher H. C. Röhl, Akkreditierung und Zertifizierung im Produktsicherheitsrecht, 2000, 64 f.

45a Unbeschadet der notwendigen begrifflichen Offenheit kann man Katastrophe mit Art. 1 II BayKSG definieren als „Geschehen, bei dem Leben oder Gesundheit einer Vielzahl von Personen oder die natürlichen Lebensgrundlagen oder bedeutende Sachwerte in ungewöhnlichem Ausmaß gefährdet oder geschädigt werden“. Das Katastrophenschutzrecht umfasst sämtliche nicht-polizeilichen und nicht-militärischen Kompetenzen und Maßnahmen zum **Schutz der Zivilbevölkerung**.[85] Katastrophenschutz als Verwaltungstyp ist sowohl Gegenstand des Unionsrechts (Art. 196 AEUV) als auch des Grundgesetzes (Art. 2 I, Art. 35, Art. 73 I Nr. 1 und Art. 74 I Nr. 19 GG). Diese Rechtsmaterie wird durch **Sicherstellungsgesetze** konkretisiert[86] und über Katastrophen- und Krisenmanagementsysteme gesteuert.[87]

Beispiele: Ernährungssicherstellungs- und Vorsorgegesetz, Verkehrssicherstellungsgesetz, Wirtschaftssicherungsgesetz, Energiesicherungsgesetz, IfSG.

e) Die Bedarfsverwaltung

46 **aa) Allgemeine Bedarfsverwaltung.** Die **Bedarfsverwaltung,** die für die Bereitstellung der für die Erfüllung der öffentlichen Zwecke erforderlichen persönlichen und sachlichen Mittel sorgt **(Intendanturverwaltung)**.[88] Hier verhält sich die Verwaltung wie ein **Arbeitgeber, Auftraggeber**[89] oder **Verbraucher,** der Leistungen nachfragt (einkauft, mietet, least[90] usw – s. § 103 GWB). Die einzelnen Erscheinungsformen sind:

47 – Behördenleitung (Hauptamt, Präsidialbüro (Chief Executive Management);

48 – Haushalts- und Kassenverwaltung (Finanzmanagement);

49 – Personalverwaltung (Personalmanagement);

50 – Vermögens- und Beteiligungsverwaltung[91] (Beteiligungsmanagement);

51 – Gebäude- und Raumverwaltung (Raummanagement);

52 – Fuhrparkverwaltung (Flottenmanagement);

53 – IT-Verwaltung (IT-Management);

54 – Interne Informations-, Kommunikations- und Datenverwaltung (Informations- und Kommunikationsmanagement);[92]

55 – Justitiariat (Rechtsmanagement).

56 **bb) Vergabeverwaltung.** Im Mittelpunkt der Bedarfsverwaltung steht die **Vergabeverwaltung.** Sie spielte in der Vergangenheit ein verwaltungsrechtliches Schatten-

[85] Stober/Eisenmenger NVwZ 2005, 121 ff.; Kloepfer, Handbuch des Katastrophenrechts, 2015; Eisenmenger, Neuordnung des Bevölkerungsschutzes/Eisenmenger, 2022, S. 25, 27.
[86] Bews, Bewirtschaftungsrecht, 2017; Gabriel/Mittelstaedt DVBl 2023, 1 ff.
[87] Ludwigs/Klement VVDStRL 83 (2024), 131 ff.: E-Government: Paradigmenwechsel in Verwaltung und Verwaltungsrecht.
[88] Köttgen, Deutsche Verwaltung, 3. Aufl. 1944, S. 141.
[89] Puhl VVDStRL 60 (2001), 456 ff.; Stober/Korte ÖffWirtschaftsR, § 24 Rn. 806 ff.
[90] S. etwa Lüdemann, Die öffentliche Hand als Leasingnehmer, 2003.
[91] S. Bundesministerium der Finanzen, Beteiligungsberichte.
[92] Müller-Terpitz VVDStRL 83, 2024, 278 ff.

dasein, weil sie lediglich haushaltsrechtlich und unter dem Stichwort **fiskalisches Handeln** problematisiert wurde. Diese Betrachtungsweise hat sich geändert, weil die Öffnung des einzelstaatlichen Auftragswesens unter dem Motto „go public" zu den Kernzielen der Europäischen Union gehört (Art. 179 II AEUV). Seitdem steht die **wettbewerbsrechtliche Komponente** im Vordergrund,[93] der über §§ 97 ff. GWB **subjektivrechtliche** und **verfahrensrechtliche Bedeutung** zukommt[94] (→ § 59 Rn. 71 ff.). Wegen dieses Paradigmenwechsels geht die Vergabeverwaltung über die klassische nach innen gerichtete Bedarfsverwaltung hinaus und entwickelt sich zu einem eigenständigen Verwaltungsrechtsgebiet (auch → § 1 Rn. 17 ff.),[95] das teilweise auch als **Ausschreibungsverwaltung**[96] charakterisiert wird. Dieser Begriff ist aber zu eng, weil er nur einen Teilaspekt des komplexen Vergaberechts erfasst. Überschneidungen mit der Infrastrukturverwaltung bestehen insoweit, als es auch im Außenbereich einer **öffentlichen Auftragsvergabe** bedarf, die in zahlreichen Fachgesetzen normiert ist. Sowohl die Bedarfsverwaltung als auch die Vergabeverwaltung sind unterschiedlichen Formen einer Public Private Partnership zugänglich.

Beispiele: Flottenmanagement, Wartungsmanagement für die Bundeswehr.

f) Die wirtschaftende Verwaltung

Die **wirtschaftende Verwaltung,** die selbst mit oder ohne Gewinnstreben am Wirtschaftsleben teilnimmt. Hier verhält sich die Verwaltung wie ein produzierender oder dienstleistender **Unternehmer.**[97] Sie kommt ua vor als: 57
- Erwerbswirtschaftliche Tätigkeit
- Verwaltung öffentlicher Unternehmen.[98]
  Wettbewerbliche Tätigkeit.

Beispiel: Die Eisenbahnen des Bundes werden nach Art. 87e II 1 GG als Wirtschaftsunternehmen in privatrechtlicher Form geführt.[99] Wettbewerb zwischen als Körperschaften des Öffentlichen Rechts organisierte Krankenkassen durch gesetzliche Gestattung von Werbung nach § 4a SGB V.

3. Privatrechtliche und öffentlich-rechtliche, gebundene und gestaltende Tätigkeit

Die Arten der Verwaltungstätigkeit können ferner nach den dabei verwendeten Rechtsformen, dem Grad der Gesetzgebundenheit und nach den Trägern differenziert werden. 58

- Nach den **Rechtsformen** unterscheidet man privatrechtliche (fiskalische und verwaltungsprivatrechtliche) und öffentlich-rechtliche Verwaltung (dazu → § 23 Rn. 1 ff.). 59

---

93 Puhl VVDStRL 60 (2001), 456 ff.
94 Huber, Kampf um den öffentlichen Auftrag, 2002; Stober/Korte ÖffWirtschaftsR, § 24 Rn. 806 ff.
95 S. auch Gurlit DVBl 2003, 1119 ff.
96 Burgi DVBl 2003, 948 ff.
97 Hellermann, Örtliche Daseinsvorsorge und gemeindliche Selbstverwaltung, 2000, S. 203 ff.; Storr, Der Staat als Unternehmer, 2001; FS Selmer, 2004/Burgi, 35 ff.
98 Löwer VVDStRL 60 (2001), 416 ff.; Ehlers, Gutachten zum 64. DJT 2002, S. 17 ff.; Stober NJW 2002, 2357 ff.; Eisenmenger, Neuregelung des öffentlichen Unternehmensrechts, 2004.
99 BVerwG NVwZ 2012, 307 ff.

60 – Nach dem **Grad der Gesetzesgebundenheit** gibt es bestimmt gebundene, unbestimmt gebundene, ermessensfreie und frei gestaltende Verwaltung (dazu → § 31 Rn. 1 ff.).

61 – Nach den **Trägern** (dazu → § 6 Rn. 1 ff.).

III. Mögliche Tätigkeitsfelder der öffentlichen Verwaltung

62 Einen anschaulichen Eindruck von der Vielfalt und Differenziertheit der Tätigkeitsfelder der öffentlichen Verwaltung vermitteln **Aufgaben-, Verwaltungsgliederungs- und Organisationspläne** der jeweiligen Behörden und Verwaltungsträger. Insbesondere die Landesverwaltung auf der Ebene der Mittelbehörden (Regierungspräsidien/Bezirksregierungen) sowie die Kommunalverwaltung verfügen wegen ihrer **Bündelungsfunktion** über ein breites Aufgabenspektrum, während die Sonderbehörden fachlich spezialisiert sind. Allerdings existiert wegen der Einführung des Neuen Steuerungsmodells (→ §§ 2 Rn. 44 und → § 3 Rn. 39) und der Erprobung neuer Organisationsformen wie etwa von **Shared Service Center,** denen ein arbeitsteiliges prozessorientiertes Konzept zugrunde liegt, keine einheitliche Aufgabengliederung.

§ 5. Tätigkeitsumfang der öffentlichen Verwaltung

Schrifttum: Boehme/Neßler NVwZ 2001, 374 ff.: Electronic Government: Internet und Verwaltung; Bullerdiek/Greve, Öffentliche Verwaltung im Internet, 2. Aufl. 2002; Groß VerwArch. 95 (2004), 400 ff.: Die Informatisierung der Verwaltung; Groß DÖV 2001, 159 ff.: Öffentliche Verwaltung im Internet; Guckelberger VVDStRL 78 (2018), 236 ff.: E-Government: Ein Paradigmenwechsel in Verwaltung und Verwaltungsrecht; Guckelberger, Öffentliche Verwaltung im Zeitalter der Digitalisierung, 2021; Hoffmann-Riem/Schmidt-Aßmann, Verwaltungsrecht in der Informationsgesellschaft, 2000; Klement VVDStRL 83 (2024), 193 ff.: Zeithorizonte von Verwaltung; Kube VVDStRL 78 (2019), 290 ff.: Paradigmenwechsel in Verwaltung und Verwaltungsrecht; Luhmann, Recht und Automation in der öffentlichen Verwaltung, 2. Aufl. 1997; Luhmann/Schmidt/Gesigora, Die Grenzen der Verwaltung, 2021; Möller/v. Zezschwitz, Verwaltung im Zeitalter des Internet, 2002; Müller-Terpitz VVDStRL 83 (2024), 278 ff.: Information als Voraussetzung des Verwaltungshandelns; Raji, Künstliche Intelligenz im öffentlichen Sektor, 2023; Reinermann/v. Lucke, Electronic Government in Deutschland, 2002; v. Lucke, Regieren und Verwalten im Informationszeitalter, 2003; v. Lucke, Smart Government, 2018; Seckelmann, Digitalisierte Verwaltung, 3. Aufl. 2024; Voßkuhle/Eifert/Möllers GVwR/Britz/Eifert, § 26: Digitale Transformation der Verwaltung.

1 Bislang wurden lediglich die Tätigkeitstypen und -felder der Verwaltung erörtert. Damit ist nur die Existenz und das „Ob“ öffentlicher Verwaltung geklärt, während das „Inwieweit“ öffentlicher Verwaltungsaktivitäten noch offen ist. Das **Ausmaß öffentlicher Verwaltung** lässt sich weder quantitativ, qualitativ noch typisierend bestimmen. Vielmehr ergibt sich der jeweilige aktuelle Bestand von Verwaltungstätigkeiten aus den nachfolgend exemplarisch aufgeführten unterschiedlichen Vorgaben im Spannungsfeld zwischen Staats- und Eigenverantwortung, Erfüllungs- und Gewährleistungsverantwortung. Der Umfang hängt im Einzelnen von folgenden Faktoren ab:

I. Der Faktor Lebensbedingungen des Volkes

2 Maßstab für die Reichweite der öffentlichen Verwaltung sind zunächst die konkreten zeitabhängigen Lebensbedingungen des Volkes.[1]

[1] Klement VVDStRL 83 (2024), 194 (202).

Beispiele: Bevölkerungszahl, Größe des Staatsgebietes, Bodenbeschaffenheit, Klima, geographische, geopolitische, wehrpolitische, wirtschaftspolitische, zivilisatorische, ökologische und kulturelle Situation.

Der Umfang der Verwaltung nimmt zu mit der Bevölkerungsdichte, dem Unterstützungsbedarf einzelner Bevölkerungskreise, der Verletzlichkeit durch äußere Einwirkungen und dem Stand der Zivilisation. Der Verwaltungsbedarf ist umso größer, je weniger die Menschen in der Lage sind, sich die notwendigen und erwünschten Lebensgüter durch Nutzung eigener Sachen zu beschaffen. Wirtschaftlich nicht mehr autarke Haushaltungen sind auf **öffentliche Grundversorgung** angewiesen, soweit nicht in der postindustriellen Dienstleistungs- und Informationsgesellschaft Private adäquate, flächendeckend verfügbare und bezahlbare Leistungen anbieten (→ § 4 Rn. 16). Ein Indikator für den Umfang der Verwaltung ist die **Staatsquote,** die den Anteil der öffentlichen Ausgaben am Bruttosozialprodukt misst.

Ein brauchbares exemplarisches Spiegelbild für den gegenwärtigen Wandel der Lebensbedingungen und die damit verbundenen Verwaltungsanforderungen liefert die EU-GRCh (auch → § 12a Rn. 1 ff.): 2a
– Berücksichtigung des demographischen Wandels (Art. 24 f. EU-GRCh),
– Bewältigung innerstaatlicher Wanderungsbewegungen (von Ost nach West, vom Land in die Stadt und umgekehrt),
– Steuerung des Zuzugs und der Integration von Zuwanderern (Ausländer, Geflüchtete und Asylsuchende im Rahmen einer **Integrations-**[2] **und Migrationsverwaltung**[3] durch Bund, Länder, Kommunen sowie das Bundesamt für Migration und Flüchtlinge (Art. 18 f. EU-GRCh, §§ 75 ff. AufenthG),
– Integration von benachteiligten Menschen[4] – **Inklusionsverwaltung** – (Art. 26 EU-GRCh),
– Durchsetzung der Gleichheit von Mann und Frau (Art. 23 EU-GRCh),
– Respektierung der Vielfalt der Kulturen, Religionen und Sprachen (Art. 22 EU-GRCh),
– Beachtung der Rechte von Kindern (Art. 14 und Art. 24 EU-GRCh) sowie
– Umsetzung der Vereinbarkeit von Beruf und Familie (Art. 33 II EU-GRCh).[5]

II. Der Faktor Befugnisse der Staats- und Verwaltungsführung

Ein weiterer Indikator für den Umfang der öffentlichen Verwaltung sind die **Befugnisse der Staats- und Verwaltungsführung.** Während die Staatsführung erfahrungsgemäß dazu neigt, möglichst weitgehenden Einfluss auf die Verwaltung zu nehmen, ist die Verwaltungsführung bestrebt, ihre Zuständigkeiten zu erweitern. Wegen der geringeren Machtkonzentration war der Umfang der Staatsverwaltung im Mittelalter geringer als im neuzeitlichen Absolutismus (→ §§ 7 ff. Rn. 1 ff.) und er ist in der pluralistischen, verwaltungsdezentral organisierten (Mitgliedsstaats-, Bundesstaats- und Selbstverwaltungsprinzips – → §§ 18 f. Rn. 1 ff.) **Demokratie** geringer als in Diktaturen. Der moderne Verwaltungsstaat basiert auf dem **Transparenzprinzip,** das über 3

[2] Integrationsgesetz v. 31.7.2016, BGBl. I 1939 ff.; v. Harbon NVwZ 2016, 1193 ff.
[3] Thym, Migrationsverwaltungsrecht, 2010; Eichenhofer DÖV 2014, 775 ff.; Burgi DVBl 2016, 1045 ff.; Kluth DVBl 2016, 1081 ff.; Kluth/Heusch, Ausländerrecht, 2016; Kluth/Hund/Maaßen, Handbuch Zuwanderungsrecht, 2. Aufl. 2017; Walter/Burgi, Die Flüchtlingspolitik, der Staat und das Recht, 2016.
[4] FS Siedentopf, 2008/Hauschild, 58 ff.
[5] Gesetz über die gleichberechtigte Teilhabe an Führungspositionen v. 24.4.2015, BGBl. I 642 ff.

Informations- und Mitwirkungsrechte der Bevölkerung eine durchgehende Kontrolle der Exekutivorgane gestattet und damit befugnisbegrenzend wirkt.

Beispiele: Mitwirkung in Gemeinderäten, Hinweise an die Verwaltung nach dem Hinweisgeberschutzgesetz. Ermessengeleitetes Auskunftsrecht gegenüber dem Bundesrechnungshof nach § 96 IV BHO.[6] Veröffentlichungspflicht der Bemerkungen des Bundesrechnungshofes nach § 97 V BHO. Veröffentlichungspflicht nach § 10 HmbTG.

Das Gegenstück zu den Eingriffsrechten der Verwaltung ist ihre Verpflichtung auf eine **Vorbildfunktion** bei jedem Verwaltungshandeln gegenüber der Bevölkerung.

Beispiele: § 4 GEG hinsichtlich der energetischen Gebäudesanierung; § 13 KSG bezüglich klimarelevanter Planungen und Entscheidungen.

III. Der Faktor Engagement der Bevölkerung

4 Ein anderer Parameter für die Intensität der öffentlichen Verwaltung ist der Grad der Bereitschaft der Menschen, ihre Angelegenheiten selbst in die Hand zu nehmen oder sich freiheitseinschränkender öffentlicher Aktivitäten zu bedienen.[7] Sie ist eine Haltungs- und Ideologiefrage, die zwischen Eigenverantwortung und individueller aktiver Verwaltungsteilnahme im Sinne des **liberalen Leistungsprinzips** oder dem **sozialen Bedarfsprinzip** verstanden als Verlagerung von Ansprüchen und Bedürfnissen auf die öffentliche Hand differenziert (auch → § 2 Rn. 3 f.).[8]

4a In der Verwaltungswirklichkeit haben sich die Gemeinwesen weitgehend vom **protective state** (Thomas Hobbes) zum **productive state** gewandelt.[9] Diese Entwicklung ist beherrscht von dem **Primat der Sicherheit,** das heißt dem Bestreben, die Befriedigung von Lebensbedürfnissen durch öffentliche Verwaltungsaktivität sicherstellen zu lassen.[10] Angesichts dieser Tendenz ist weniger der **schlanke Staat** als vielmehr der **starke Staat** gefragt.

Beispiele: Einführung der staatlichen Pflegeversicherung, Schutz vor terroristischen Bedrohungen, Unterstützung und Integration von Migranten (§§ 43 ff. AufenthG).[11]

5 Die Attraktivität des **Wohlfahrtsstaates** wird darauf zurückgeführt, dass der Mensch einerseits nach Freiheit strebt, dass er aber andererseits Angst vor der Freiheit hat.[12] Einen Kompromiss bietet der **aktivierende Staat.** Er erinnert an die Eigenvorsorge der Bürger zur Bewältigung von Risiken und Gefahren und fordert sie zur Teilnahme an der **ehrenamtlichen Verwaltung** auf, die jedoch durch eine auf unterschiedlichen Faktoren beruhende zunehmende Professionalisierung der Verwaltung zurückgedrängt wird. Dabei steht fest, dass die öffentliche Verwaltung ohne die Einbeziehung und den Rückgriff auf Ehrenamtliche kaum in der Lage wäre, ihre Aufgaben rechtzeitig und umfassend zu erfüllen.

Beispiele: Freiwillige Feuerwehr, THW, Rettungsdienste.

---

6 S. auch BVerwG NVwZ 2013, 431 ff.
7 S. auch Würtenberger, Die Akzeptanz von Verwaltungsentscheidungen, 1996.
8 Zippelius, Allgemeine Staatslehre, 17. Aufl. 2017, § 29.
9 Würtenberger JuS 1986, 344 (346).
10 Sofsky, Das Prinzip Sicherheit, 2005, S. 84.
11 S. näher Kluth/Heusch/Eichenhofer AufenthG Erl. zu §§ 43 ff.
12 Kirsch, Der Wohlfahrtsstaat auf dem Prüfstand, Ein Cappenberger Gespräch, 1982, S. 12, 26 f.

Während die Bereitschaft zu dauerhaftem ehrenamtlichem Engagement nachlässt, besteht großes Interesse an der Übernahme befristeter, projektbezogener Beteiligung am Gemeinwesen, um bürgernahe und transparente Verwaltungsentscheidungen zu erreichen.[13] Insbesondere sind sie an der verwaltungsverfahrensrechtlichen Mitwirkung der Realisierung von Großvorhaben interessiert.[14]

Beispiele: Gründung von Bürgerenergiegesellschaften nach § 22b EEG 2023; Beteiligung der Öffentlichkeit an der der Aufstellung von Abfallwirtschaftsplänen nach § 32 KrWG.

IV. Der Faktor Unions- und Staatsziele

6 Ein zentraler Faktor für das Ausmaß der Verwaltungsaufgaben sind die im Unionsrecht, in den jeweiligen Verfassungen sowie in der Rechtsetzung zum Ausdruck kommenden Wertvorstellungen. Sie schlagen sich in Unions- und Staatszielen, Infrastruktur-, Gewährleistungs- und Regulierungsaufträgen (→ §§ 18 f. Rn. 1 ff.)[15] sowie in aus Grundrechten fließenden staatlichen Schutzpflichten nieder.[16] Gleichzeitig wächst die Verwaltungsintensität umso mehr, je stärker der **offene Verwaltungsstaat** in die Verwaltung der EU eingebunden ist und grenzüberschreitende Aktivitäten entfaltet (Art. 23 f. GG).

7 Im Übrigen beurteilt sich die Reichweite der öffentlichen Verwaltung danach, ob und inwieweit das Staatskonzept liberal, subsidiär, ökologisch, kulturell, staatsmonopolistisch usw ausgestaltet ist. Findet das **Subsidiaritätsprinzip**[17] Anwendung, dann dürfen dem privaten Sektor nur diejenigen Interessenverfolgungen entzogen werden, die ihm nicht ohne überwiegende Nachteile für die Gesamtheit und deren Glieder überlassen bleiben können (sog. **Marktversagen**).[18] Soweit das nicht der Fall ist, wäre zu prüfen in welchem Umfang Verwaltungsaufgaben in Form von **Public Private Partnerships** erledigt oder privatisiert werden können (s. etwa § 7 BHO und → §§ 88 ff. Rn. 1 ff.). Ferner ist auch vor dem Hintergrund der noch zu erörternden Haushaltssituation (→ § 5 Rn. 9)und der unionsrechtlichen Wettbewerbsvorgaben zu beachten, dass **Staatsmonopole**[19] und Staatsbeteiligungen zurückgefahren[20] werden.

Beispiele: Bahnreform, Postreform, Telekommunikationsreform, Arbeitsvermittlungsreform, Energiereform, Flugsicherungsreform, Versicherungsreform öffentlicher Pflichtversicherungen, Reform der Bodenabfertigungsdienste auf den Flughäfen.

8 Unabhängig davon wird unter dem erwähnten Stichwort „Schlanker Staat" eine **Entstaatlichung von Verwaltungsaufgaben** und eine Konzentration auf bestimmte Kernbereiche diskutiert. Dieser Forderung steht ein Trend zu **Reverstaatlichung und -Rekommunalisierung** gegenüber, der unter anderem auf negative Erfahrungen mit Privatsierungen zurückgeht.[21] Das ausfüllungsbedürftige **Sozialstaatsprinzip** be-

[13] Ziekow, Entwicklungslinien der Verwaltungspolitik/Pitschas, 2007, S. 61, 72 ff.
[14] Knauff DÖV 2012, 1 ff.
[15] Park Rechtsfindung VerwR, S. 21 f.
[16] S. Link/Ress, Staatszwecke im Verfassungsstaat nach 40 Jahren Grundgesetz, VVDStRL 48 (1990), 34 ff. (56 ff.).
[17] S. näher Zippelius, Allgemeine Staatslehre, 17. Aufl. 2017, § 23 III 2.
[18] S. näher Lee, Privatisierung als Rechtsproblem, 1997, § 6 II.
[19] S. dazu Langer, Monopole als Handlungsinstrument der öffentlichen Verwaltung, 1998.
[20] S. näher zu Gründen und Zielen der Privatisierung, Lee, Privatisierung als Rechtsproblem, 1997, § 6 III; Gusy, Privatisierung von Staatsaufgaben, 1998.
[21] Schmidt DÖV 2014, 257 ff.; Bauer/Meier DÖV 2020, 41 ff.

deutet nicht, dass die öffentliche Verwaltung die Versorgung der Glieder des Gemeinwesens selbst erfüllen muss (→ § 18 Rn. 25 ff.). Vielmehr reicht es aus, wenn die Verwaltungsträger ihrer **Gewährleistungs-** und **Regulierungsverantwortung** nachkommen (→ § 4 Rn. 16 ff.).

V. Der Faktor Finanzen

9 Ein zentraler Ausgangspunkt für die Leistungsbreite der öffentlichen Verwaltung liefert der zur Verfügung stehende finanzielle Rahmen als Ausdruck der vorhandenen **Verwaltungskraft.** Da die Verwaltung nur so viel ausgeben kann, wie sie an Steuern, Gebühren und Beiträgen und sonstigen Entgelten (Zinsen, Versteigerungserlöse, Zertifikatshandel) einnimmt (→ § 42 Rn. 1 ff.), orientiert sich ihre Finanzkraft und ihre Gestaltungsspielraum am Haushaltsbudget. Insoweit fungiert der Finanzrahmen als Steuerungsressource für die pekuniäre Grundausstattung der öffentlichen Verwaltung.[22]

Angesichts notorischer Haushaltsdefizite und permanenter Steigerungen des Erfüllungsaufwandes bei sämtlichen Trägern öffentlicher Verwaltung steht die Exekutive im Interesse der Haushaltskonsolidierung und Schuldenbegrenzung vor der Herausforderung, herkömmlich erbrachte Verwaltungsleistungen auf dem Prüfstand stehen, sie zurückzuführen, aufzugeben oder zu privatisieren.

Beispiele: Schließung kommunaler Schwimmbäder und Krankenhäuser. Bau und Betrieb von Schulen durch private Träger.

9a Teilweise müssen Verwaltungshaushalte auch umgeschichtet werden, um veränderten Anforderungen und unvorhergesehenen Problemlagen Rechnung zu tragen.

Beispiele: Bau und Unterhaltung neuer Kindertagesstätten, Versorgung von Geflüchteten und Asylsuchenden, Umsetzung staatlicher Umweltpolitik.

VI. Der Faktor Leistungsfähigkeit des Verwaltungspersonals

1. Öffentlicher Dienst und Beamtenethos

10 Ein entscheidender Faktor für den Umfang der öffentlichen Verwaltung ist die **Leistungsfähigkeit und Leistungsbereitschaft des Verwaltungspersonals** (s. dazu auch Art. 91d GG). Wie gut ein Gemeinwesen verwaltet wird, hängt unter anderem von der **Qualität** und der **Integrität seiner Amtswalter** (zu diesem Begriff → § 6 Rn. 34) sowie der Anzahl der Beschäftigten im Öffentlichen Dienst verglichen mit der Gesamterwerbstätigkeit der Bevölkerung ab (sog. **Staatsquote**).[23] Deshalb knüpft der moderne Staat den Zugang zu einem öffentlichen Amt an die Erfüllung der Kriterien Eignung, Befähigung und fachliche Leistung (Art. 33 II GG) und überträgt die Ausübung hoheitsrechtlicher Befugnisse in der Regel Angehörigen des öffentlichen Dienstes, die in einem **öffentlichen Dienst- und Treueverhältnis** stehen (Art. 33 IV GG).[24] Das BVerfG hat den Gedanken der Leistungsfähigkeit des Verwaltungspersonals für die Rolle des **Berufsbeamtentums** wie folgt definiert[25]:

[22] Voßkuhle/Eifert/Möllers GVwR/Korioth, § 42 Rn. 4.
[23] Kahl/Ludwigs VerwaltungsR-HdB/Heintzen § 89 Rn. 1 ff. und 16.
[24] Strauß, Funktionsvorbehalt und Berufsbeamtentum, 2000; Remmert JZ 2005, 53 ff.
[25] BVerfGE 11, 203 (216 f.); BVerwGE 39, 196 (201); 99, 300 (314 f.); BVerwG NVwZ 2014, 736 ff.; zu Argumenten für und gegen das Berufsbeamtentum Hoffmann-Riem/Schmidt-Aßmann/Voßkuhle GVwR III/Voßkuhle, § 43 Rn. 20 ff.

„Das Berufsbeamtentum ist eine Institution, die gegründet auf Sachwissen, fachliche Leistung und loyale Pflichterfüllung, eine stabile Verwaltung sichern und damit einen ausgleichenden Faktor gegenüber den das Staatsleben gestaltenden politischen Kräften darstellen soll". 11

Die Leistungsfähigkeit des Verwaltungsapparates hängt davon ab, dass die demokratisch legitimierten Amtswalter nur dem **Gemeinwohl** dienen und sich bei ihrer Tätigkeit für Staat und Volk ausschließlich an dem Prinzip der **Gesetzmäßigkeit der Verwaltung** (→ § 20 Rn. 1 ff., → § 30 f. Rn. 1 ff.) orientieren. Die diesem Dienstverständnis zugrundeliegende Treue- und Gehorsamspflicht ist zentrales Element des sog. **Beamtenethos,** das sich seit dem Abklingen des Absolutismus entwickelt hat[26] (→ § 9 Rn. 12) und durch ein spezielles **Disziplinarrecht** abgesichert wird.[27] Dieses Konzept verpflichtet zur uneigennützigen Amtsführung und schließt für Beamte ein **Streikverbot** ein,[28] da andernfalls die **Funktionsfähigkeit der Verwaltung** beseitigt oder gemindert würde.[29] Da das Streikverbot statusbezogen ist, stellt sich aus der Perspektive des Art. 11 EMRK die Frage, ob die mit dem Verbot einhergehende Grundrechtseinschränkung nach Art. 9 III GG funktionsbezogen zu interpretieren ist. In diesem Falle würde sie nur für solche Bedienstete gelten, die in die **genuine Hoheitsverwaltung** eingebunden sind. Das wird sowohl von dem EGMR als auch dem BVerwG bejaht.[30] Hier kommt aber auch das Streikrecht des Art. 28 EU-GRCh in den Blick, das mit Art. 36 EU-GRCh abzuwägen ist. Danach verlangt die Gewährleistung des Zugangs zu Diensten von allgemeinem wirtschaftlichen Interesse die Sicherstellung deren Funktionsfähigkeit. 12

Allerdings stellt die von Anspruchsdenken und Erwartungshaltungen geprägte moderne Industrie-, Dienstleistungs- und Digitalgesellschaft zentrale Elemente des herkömmlichen Beamtenethos zunehmend in Frage.[31] In den Vordergrund treten die Sicherheit des Arbeitsplatzes sowie die Durchsetzung materieller Rechte, während das Beamtenethos konstituierende Werte wie Loyalität, Opferbereitschaft, Treue, Gemeinwohlverpflichtung, Leistungswille, Unbestechlichkeit, Versetzungsbereitschaft und schlichtes Dienen gegenüber dem Staat und den Menschen[32] zwar weiterhin normativ vorausgesetzt, aber auch mangels einer entwickelten Verwaltungsethik[33] kaum tatsächlich und politisch ernsthaft verfolgt werden.[34] 13

Diese Ausgangssituation ist einerseits nicht erstaunlich, weil sich das Umfeld des öffentlichen Dienstes in jüngerer Zeit zunehmend an **privatwirtschaftlichen Management- und Marketingvorbildern** orientiert (→ § 2 Rn. 44 ff. und → § 3 Rn. 26), für die die geschilderten Werte nicht unbedingt gelten. Andererseits ist zu konstatieren, dass sich diese ökonomisch motivierte Ausrichtung gleichzeitig um ein positives Erscheinungsbild der Verwaltung bemüht, das sich als **corporate identity** und **corporate culture** niederschlägt. In diesem Zusammenhang wird die **Dienstleistungsfunk-** 14

[26] S. näher Isensee, Benda/Maihofer/Vogel VerfassungsR-HdB S. 1527, 1534 ff.
[27] S. näher Urban NVwZ 2001, 1335 ff.
[28] BVerfG NVwZ 2007, 1393; NJW 2018, 2695 ff.; EGMR NVwZ 2024, 221 ff.
[29] BVerfG NJW 1981, 1283; VG Osnabrück NVwZ-RR 2012, 323 ff.; BVerwG NVwZ 2014, 736 ff.
[30] BVerwG NVwZ 2014, 736 ff.; 2015, 811 f.
[31] S. auch Isensee Benda/Maihofer/Vogel VerfassungsR-HdB S. 1527, 1532.
[32] FS Battis, 2014/Bull, 533 (554); Kehrer/Rölle DÖV 2018, 504 ff.
[33] Trappe DÖV 2024, 541 ff.
[34] S. näher Ahlf VerwArch 92 (2001), 405 ff.; FS Siedentopf, 2008/Hill, 577 ff.

tion betont[35] und versucht, die Bediensteten wertemäßig an die „Firmenphilosophie" bzw. an den „Stil des Hauses" zu binden, um auf diese Weise eine Identifizierung mit dem Unternehmen Verwaltung zu erreichen. Insoweit hängt die Leistungsfähigkeit der Verwaltung insbesondere von der bei der Aufgabenerfüllung künftig praktizierten **Verwaltungskultur** und dem Vorhandensein einer **Compliancefunktion** ab, die bürger- bzw. kundenorientiert, ergebnisorientiert, produktorientiert und qualitätsorientiert sein soll (auch → § 2 Rn. 12 ff. und → § 3 Rn. 26 ff.). Voraussetzung ist eine **Mobilisierung und Motivierung des Verwaltungspersonals,** die geeignet ist, die Anpassungs- und Widerstandsfähigkeit der Bediensteten zu steigern.[36] Dazu bedarf es eines langfristig angelegten nachhaltigen **Personalmanagements,**[37] das sich insbesondere mit der Personalplanung und der Personalentwicklung befasst.[38]

14a Neben dieser nationalen Perspektive ist die Leistungsfähigkeit des Verwaltungspersonals der EU-Mitgliedstaaten und der EU-Verwaltungsorgane zu berücksichtigen,[39] die etwa bei der EU-Verwaltungszusammenarbeit eine wichtige Rolle spielt. Sie folgt unterschiedlich gewachsenen Dienstmustern, die aber letztlich dem in Art. 41 EU-GRCh niedergelegten **Recht auf gute Verwaltung** verpflichtet sind, das faktisch einen Unitarisierungsdruck auslöst,[40] der letztlich auf die Realisierung eines **„esprit de corps"** gerichtet ist.[41]

2. Ämterpatronage und Korruption

15 Die Leistungsfähigkeit des Verwaltungspersonals wird zudem durch negative Erscheinungen des demokratisch organisierten Staates geschwächt. Zum einen ist an die parteipolitische Beeinflussung der öffentlichen Verwaltung insbesondere durch **Ämterpatronage**[42] zu denken. Die Amtswalter können zu Sachwaltern von Gruppeninteressen denaturiert und das Amtsethos droht vom Parteiethos überrollt zu werden[43] mit der Folge, dass die **Neutralität der Amtsführung** und **die Funktionsfähigkeit der Exekutive** gefährdet ist.[44] Zum anderen ist die **Überrepräsentation des öffentlichen Dienstes** in den Parlamenten und Kommunalvertretungen ein nach wie vor ungelöstes Problem.[45]

16 Unabhängig von diesen Einwirkungen wird die Leistungsfähigkeit durch mangelnde Integrität gegenüber dem Verwaltungsträger und insbesondere durch **Korruptionsverstöße der Amtswalter**[46] (§§ 331–334 StGB) sowie **Verwaltungssponsoring** bedroht.

---

35 Lindner BayVBl. 2004, 225 (231).
36 S. näher Hill, Mobilisierung der Verwaltung VerwArch 103 (2012), 475 ff.
37 S. näher Hoffmann-Riem/Schmidt-Aßmann/Voßkuhle GVwR III/Voßkuhle, § 43 Rn. 57 ff.
38 Hill DVBl 2021, 1457 ff.
39 FS Battis, 2014/Bull, 533 ff.
40 Kahl NJW 2011, 449 (455).
41 Voßkuhle/Eifert/Möllers GVwR/Voßkuhle/Kaiser § 41 Rn. 51 ff.
42 v. Arnim, Ämterpatronage durch politische Parteien, 1980; Schuppert, Verwaltungswissenschaft, 2000, S. 654 ff.; Hoffmann-Riem/Schmidt-Aßmann GVwR III/Voßkuhle, § 43 Rn. 65 ff.
43 FS Ule, 1977/Püttner, 383 (386).
44 Benda/Maihofer/Vogel VerfassungsR-HdB/Isensee, S. 1527, 1546; Fehling, Verwaltung zwischen Unparteilichkeit und Gestaltungsaufgabe, 2001, § 4; Lindenschmidt, Zur Strafbarkeit parteipolitischer Ämterpatronage in der staatlichen Verwaltung, 2004.
45 S. BK-GG Stober/Lackner GG Art. 137 I Rn. 72 ff.
46 Caspar/Neubauer LKV 2011, 200 ff.

Beispiele: Der ärztliche Leiter einer Uniklinik erhält kostenlos medizinische Geräte als Gegenleistung für die Bestellung von Implantaten,[47] Gefahren durch Sponsoring von Schulen.[48]

Angesichts derartiger Ausuferungen und des schwindenden Beamtenethos bedarf es ergänzender verwaltungsrechtlicher Vorkehrungen, um Fehlverhalten von Bediensteten und Risiken für die Amtsführdunge. wirkungsvoll einzudämmen.[49] Erforderlich ist die Etablierung eines behördlichen **Complaincemanagements** sowie einer **Complianceorganisation,** mit deren Hilfe Verstöße systematisch aufgedeckt und vermieden werden können. Ein **Complianceprogramm** kann über verwaltungsinterne **Public Codes of Conduct** in Form von Verwaltungsvorschriften (→ § 24 Rn. 12 ff. und → § 24 Rn. 18 ff.) vorgeschrieben werden. Mit dieser Methode können selbstverständliche normative Anforderungen deklaratorisch festgeschrieben werden.[50] 17

Beispiele: Vieraugenprinzip, Rotationsprinzip, verstärkte Überwachung gefährdeter Verwaltungssektoren im Rahmen eines Risikomanagements, transparente öffentliche Auftragsvergabe nach §§ 97 ff. GWB, Korruptionsregister zum Ausschluss von Unternehmen von öffentlichen Aufträgen mit der Folge, dass Bedienstete nicht mehr involviert sind,[51] Beachtung des Hinweisgeberschutzgesetzes, das nach § 3 VIII, IX HinSchG auch für die öffentliche Hand gilt (s. auch § 125 III BBG).

3. Leistungsgrenzen des Verwaltungspersonals

Aufgrund der dem Rechtsstaat innewohnenden Tendenz zur **Verrechtlichung** sämtlicher Lebensbereiche stößt die Leistungsfähigkeit des Verwaltungspersonals bei dem Bemühen um die vollständige und korrekte Erledigung der übertragenen Aufgaben bei gleichzeitigem Fachkräftemangel immer mehr an ihre Grenzen. Die partielle Überforderung der Bediensteten führt zu **Vollzugsdefiziten** und der Notwendigkeit, **externen Sachverstand** hinzuzuziehen.[52] Je mehr Gesetze durchzuführen sind, desto mehr Dienstkräfte werden benötigt. Je detaillierter die Gesetze formuliert und durch Verwaltungsvorschriften konkretisiert sind, desto weniger Gestaltungsspielraum verbleibt dem Verwaltenden. Je weniger Gestaltungsfreiheit existiert, desto unattraktiver ist die Tätigkeit in der öffentlichen Verwaltung für gute Kräfte. Je spezieller die Anforderungen an das Verwaltungspersonal etwa im Techniksektor oder im Bereich des E-Government und der Datenverarbeitung sind, desto weniger entsprechen diese Amtsträger dem klassischen Bild des generalistisch ausgebildeten Verwaltungsbeamten. 18

[47] OLG Karlsruhe NJW 2001, 907.

[48] Schröder NJW 2004, 1353 ff.; Remmert DÖV 2010, 583 ff.

[49] S. auch Stober/Ohrtmann, Compliance für die Öffentliche Verwaltung/Merten/Thiel, 2. Aufl. 2022, §§ 3f.

[50] Stober DVBl 2012, 391 ff.; s. näher Stober/Ohrtmann, Compliance- für die öffentliche Verwaltung/Stober, 2. Aufl. 2022, § 1.

[51] S. Dölling, Gutachten C zum 61. DJT, 1996; Gesetz zur Bekämpfung der Korruption v. 13.8.1997, BGBl. I 2038; Gesetz zur Bekämpfung der internationalen Bestechung v. 10.9.1998, BGBl. II 2327 und zum EU-BestechungsG, BGBl. II 2340 ff.; s. auch BGBl. 2002 II 2727 und dazu Hetzer NJW 2004, 3746 ff.; Claussen/Ostendorf, Korruption im öffentlichen Dienst, 2. Aufl. 2002; nw Korruptionsbekämpfungsgesetz v. 16.12.2004, GVBl. Nr. 1 v. 4.1.2005.

[52] Voßkuhle/Eifert/Möllers GVwR/Voßkuhle/Kaiser § 41 Rn. 48.

VII. Der Faktor Technik und Digitalisierung

1. Electronic Government als Ausdruck der Informationsgesellschaft

19 Schließlich wird der Umfang der öffentlichen Verwaltung von der rasanten Entwicklung moderner Technik (→ § 4 Rn. 16 ff.) beeinflusst. Sie hat die Arbeitsbedingungen der Verwaltung und die Beziehungen zu den Menschen in der Informationsgesellschaft nachhaltig verändert. Ihre Basis ist das **Informationsverwaltungsrecht,** das als Gesamtheit öffentlich-rechtlicher Normen verstanden werden kann, die sich auf den staatlichen Umgang mit Informationen und Kommunikationshandeln beziehen und die das Informationsverhalten der Behörden untereinander sowie gegenüber den Menschen regeln.[53] Dementsprechend bedient sich die Verwaltung zur Entscheidungsfindung eines permanenten Informations- und Kommunikationsnetzwerks.[54]

19a Diese neue technische Realität hat ferner zur Herausbildung der **Verwaltungsinformatik**[55] geführt, die sich querschnitthaft mit der informationstechnischen Verarbeitung und Gestaltung des Verwaltungshandelns befasst. Sie ist die Basis für das sog. **Electronic Government**[56] oder die **E-Administration** (→ § 44 Rn. 1 ff.), die ihren Niederschlag in **E-Government-Gesetzen** auf Bundes- und Landesebene gefunden haben. Dabei ist E-Government[57] eine Sammelbezeichnung für sämtliche Erscheinungsformen und Abwicklungsmodalitäten der Kommunikation von Regierung und Verwaltung durch elektronische Medien (G2C, G2G)[58] und der Gegenbegriff zum privatwirtschaftlichen E-Commerce (B2B, B2C),[59] wobei es zu Überschneidungen beider Bereiche kommen kann (G2B für elektronische Ausschreibungen, G2KI für Anwendungen iVm künstlicher Intelligenz).

20 Ein Unterfall des E-Government ist das **Smart Government**.[60] Diese Bezeichnung greift das im Rahmen von „Industrie 4. 0" entwickelte Konzept der elektronischen Kommunikation von Gegenständen auf, das klassische Verwaltungsoptionen ohne menschliche Beteiligung erweitert.[61]

Beispiele: Verkehrsbeeinflussungsanlagen auf Bundesautobsahnen, Steuerung städtischer Bewässerungssysteme und Stromnetze.

21 Die Verwaltung und die Menschen profitieren zwar von diesem Wandel. Gleichzeitig ist aber unklar, inwieweit der Umfang der Verwaltungstätigkeit dadurch tangiert wird. Einerseits erspart die elektronische Verwaltung Behördengänge, sie ist schneller, effizienter, bequemer, transparenter, kostengünstiger, personal- und raumsparender (Wegfall großer Archive) und sie entbürokratisiert eingefahrene Verwaltungsabläufe.

53 Hoffmann-Riem/Schmidt-Aßmann/Schuppert, Reform des Allgemeinen Verwaltungsrechts/Pitschas, 1993, S. 219, 242.

54 Voßkuhle/Eifert/Möller GVwR/Vesting § 20 Rn. 3; Müller-Terpitz VVDStRL 83, 2024, 278 (280).

55 S. etwa Groß VerwArch 95 (2004), 400 (416 ff.).

56 S. näher Guckelberger VVDStRL 78, 2018, 235 ff.

57 Eifert, Electronic Government, 2006; Hoffmann-Riem/Schmidt-Aßmann/Voßkuhle GVwR I/Britz, § 26: Elektronische Verwaltung; Guckelberger/Kube VVDStRL 2019, 235 ff. und 289 ff.

58 S. Reinermann VR 2002, 164 ff.; v. Lucke, Regieren und Verwalten im Informationszeitalter, 2003, 28 f.

59 Hoffmann-Riem/Schmidt-Aßmann, Verwaltungsrecht in der Informationsgesellschaft/Lenk, 2000, S. 59, 85; s. zur Systematik des E-Government ferner Boehme-Neßler NVwZ 2007, 650 ff.

60 Ablehnend Guckelberger VVDStRL 78, 2018, 242.

61 Von Lucke, Smart Government, 2018; Djeffal DVBl 2017, 808 ff.; Hölzl DVBl 2017, 1015 ff.

Diese Entlastungsvorteile verstärken sich bei dem Einsatz **automatisierter Verwaltungsleistungen** (§ 35a VwVfG)[62] sowie der Einbeziehung von Instrumenten des **Smart Government** und der **Künstlicher Intelligenz** etwa in Gestalt von **ChatGPT** (Generative Pretrained Transformer) gestützter Verwaltungsakte).[63] So ist das softwarebasierte ChatGPT in der Lage, aufgrund von Informationen Sachverhalte zu erstellen und Begründungen für Verwaltungsentscheidungen zu liefern. Die Anwendung dieser Technik kann insbesondere die Erstellung von Massenverwaltungsakten erleichtern.[64]

Beispiel: Einsatz automationsgestützter Risikomanagementsysteme zur Ermittlung von Steuern nach § 88 V AO.[65]

Andererseits wächst der Ausgabensektor hinsichtlich der Beschaffung und Pflege von IT-Geräten und Software. Ferner sind umfangreiche datenschutzrechtliche Vorgaben bei der Datenerhebung, Datenverarbeitung, Datennutzung und Datenlöschung zu beachten.[66]Zusätzlich steigt der Verwaltungsaufwand, weil analoges und schriftförmliches Verwaltungsgut mindestens vorübergehend parallel vorzuhalten ist. Außerdem müssen automatisierte Verwaltungshandlungen von Bediensteten etwa auf Diskriminierungen kontrolliert werden. 22

Zur Ermittlung der Auswirkungen der technologischen Entwicklung auf den Umfang der Öffentlichen Verwaltung kann auf die bereits erörterten Kategorien der **Binnen-, Netzwerk- und Außenverwaltung** zurückgegriffen werden (→ § 4 Rn. 4 ff.).[67] Sämtliche Erscheinungsformen sind geprägt von der Umstellung des Verwaltungshandelns von der Papier- auf die Digitalverwaltung,[68] von der schriftlichen auf die elektronische Form (s. auch § 3a VwVfG). Im Mittelpunkt steht die Verpflichtung der Exekutive, Verwaltungsleistungen elektronisch anzubieten (EGovG, § 1 OZG, Art. 8 I Dienstleistungs-RL).[69]

Beispiele: Netzwerkverwaltung Verknüpfung der Verwaltungsportale von Bund und Ländern (Art. 91c V GG; § 1 II OZG), Übermittlung personenbezogener Daten innerhalb der EU (§ 11c GewO) und von Informationen (§ 8b IV 2 VwVfG).

2. Verwaltungsinterne elektronische Verwaltung

Aus der Perspektive der **Binnen- und Netzwerkverwaltung** (→ § 4 Rn. 4 ff.) erleichtert, vereinfacht und rationalisiert die elektronisch organisierte und funktionierende Verwaltung die internen Verwaltungsabläufe. 23

Beispiele: Meldewesen, Statistikerhebung, Personalverwaltung (EPOS), Haushalts- und Liegenschaftsverwaltung, Vermessungsverwaltung,[70] Grundbuchverwaltung.

---

[62] Voßkuhle/Eifert/Möllers GVwR/Britz/Eifert § 26 Rn. 84 ff.; Berger NVwZ 2018, 1260 ff.; Guckelberger VVDStRL 78, 2018, 262 ff.; Guckelberger DÖV 2021, 566 ff.

[63] Eichenhofer DÖV 2023, 93 ff.

[64] Kahl/Ludwigs VerwaltungsR-HdB/Martini § 28 Rn. 3 ff.

[65] Spilker NVwZ 2022, 680 ff.

[66] Kahl/Ludwigs VerwaltungsR-HdB/Martini § 28 Rn. 10 ff.

[67] Ebenso Voßkuhle/Eifert/Möllers GVwR/Britz/Eifert § 26 Rn. 50.

[68] Seckelmann, Digitalisierte Verwaltung, 2. Aufl. 2019.

[69] Martini DÖV 2017, 443 ff.; Guckelberger GewArch 2019, 457 ff.; Guckelberger NVwZ 2021, 1161 ff.; Guckelberger DÖV 2024, 849; Schulz NVwZ 2024, 1703.

[70] S. näher v. Lucke, Regieren und Verwalten im Informationszeitalter, 2003, S. 91 f.

24 Der damit verbundene Wandel des Informationsgeschehens wirkt sich ferner insofern nachhaltig auf die Tätigkeit der Verwaltung aus, als sie für die Herstellung und Erledigung von Dienstleistungen neue Handlungs- und Organisationsoptionen eröffnet, die geeignet sind, das Verwaltungsgeschehen zu revolutionieren.[71] Diese digitale Transformation gelingt aber nur über eine konsequente Personalentwicklung.[72]

3. Verwaltungsexterne elektronische Verwaltung

25 Die Digitalisierung der Öffentlichen Verwaltung betrifft intensiv das Verhältnis zwischen der Exekutive und den ihr anvertrauten Menschen. Die rechtlichen Rahmenbedingungen hierzu finden sich insbesondere in Art. 8 Dienstleistungs-RL, der VO (EU) 2018/1724, den erwähnten **E-Government-Gesetzen**,[73] dem **Online-Zugangsgesetz** sowie dem **Identifikationsnummerngesetz (IDNrG)**.[74] Danach hat die Verwaltung zur Verringerung des Verwaltungsaufwands und im Interesse eines funktionsfähigen Binnenmarktes sowie einer föderal aufgebauten Exekutive[75] ein einheitliches **digitales Zugangstor** (single digital gateway)[76] sowie ein **einheitliches Nutzerkonto** bereitzustellen, über das unterschiedliche Verwaltungsanliegen abgewickelt werden können:[77]

- Elektronische Zugänge und Kommunikation (§ 3a VwVfG),
- Informationsportale,
- Elektronische Bezahlmöglichkeiten,
- Elektronische Einreichung von Nachweisen,
- Elektronische Akteneinsicht.

26 **Beispiele:** Die Bürger können über allgemein zugängliche **Internet-Homepages** von EU, Bund, Ländern, Kommunen und anderen Verwaltungsträgern jederzeit online Vorschriften, Förderprogramme, Pläne, Termine, Formulare für Genehmigungen, Anmeldungen und Ummeldungen (§ 3a VwVfG, § 23a Bundesmeldegesetz, § 6 II 1 StVG, §§ 15a ff. Fahrzeug-Zulassungsverordnung), Erklärungsvordrucke für Steuererklärungen (ELSTER) abrufen und ausdrucken, Dokumente elektronisch weiterleiten (§ 5 PBefG), Auskunftserteilung verlangen (7 III IFG), automatische Abrufe aus Registern aktivieren (11a GewO), Führungszeugnis beantragen, elektronische Vergabeverfahren (§ 97 V GWB) und Emissionshandelsverfahren (23 TEHG) durchführen, Steuererklärungen abgeben (§ 155 IV AO), Elektronische Gesundheitskarte nutzen (§ 291a SGB V), Anhörungen veranlassen (§ 28 VwVfG, § 35 IVa GewO)[78] und vor Gefahren gewarnt werden.

§ 6. Träger und Subjekte öffentlicher Verwaltung

Schrifttum: Budäus, Organisationswandel öffentlicher Aufgabenwahrnehmung, 1998; Dederer, Korporative Staatsgewalt, 2004; Dreier, Hierarchische Verwaltung im demokratischen Rechtsstaat, 1991; Gärditz DÖV 2010, 453 ff.: Die Verwaltungsdimension des Lissabon-Vertrages; Isensee/Kichhof StaatsR-HdB VII/Streinz, § 182; Kahl DS 50 (2011), 353 ff.: Der Europäische Verwaltungsverbund; Kahl VERW 29 (1996), 341 ff.: Europäisches und nationales Verwaltungsorganisationsrecht; Kirste VerwArch 2011, 268 ff.: Das System der Europäischen Agenturen; Kluth, Funktionale Selbstverwaltung, 1997; Schmidt-Aßmann AllgVerwR, S. 239 ff.; Schmidt-Aßmann/Hoffmann-Riem, Verwaltungsorgani-

[71] Hill DVBl 2014, 85 (89).
[72] Hill DÖV 2024, 524 ff.
[73] S. näher Roßnagel NJW 2013, 2710 ff.; Ramsauer/Frische NVwZ 2013, 1505 ff.
[74] Kahl/Ludwigs VerwaltungsR-HdB/Martini § 28 Rn. 24 ff.; Botta DÖV 2023, 421 ff.
[75] Müller-Terpitz VVDStRL 83, 2024, 278 (289).
[76] Guckelberger GewArch 2019, 457 ff.
[77] Guckelberger DÖV 2021, 566 ff.
[78] Waigel WiVerw 2021, 88 ff.

sationsrecht als Steuerungsressource, 1997; Schuppert, Die Erfüllung öffentlicher Aufgaben durch verselbständigte Verwaltungseinheiten, 1981; Stettner, Grundfragen einer Kompetenzlehre, 1983; Stober NJW 1984, 449 ff.: Die privatrechtlich organisierte öffentliche Verwaltung; Storr, Der Staat als Unternehmer, 2001; Voßkuhle/Eifert/Möllers GVwR I/Groß, § 15: Die Verwaltungsorganisation als Teil der Staatsorganisation; Voßkuhle/Eifert/Möllers GVwR I/Jestaedt, § 16: Grundbegriffe des Verwaltungsorganisationsrechts.

I. Typisierung nach Bedeutungsgehalten

1. Träger öffentlicher Verwaltung im rechtselementaren Sinne

Die beschriebenen Verwaltungstätigkeiten (→ §§ 4 f. Rn. 1 ff.) werden von **Verwaltungsträgern** sowie **Verwaltungssubjekten** erbracht und ihnen zugerechnet. Dabei handelt es sich nicht um ein einheitlich gegliedertes System, sondern um vielfältige, abweichend strukturierte und teilweise miteinander verwobene Erscheinungsformen, die auf unterschiedlichen Begrifflichkeiten und Bedeutungsgehalten beruhen.[1] Ausgangspunkt für Konkretisierungen ist die Bezeichnung Verwaltungsträger, die sich nicht nur auf öffentlich-rechtliche Rechtsfiguren bezieht. Vielmehr steht dem Staat bei der Gründung und Ausformung des jeweiligen Verwaltungsträgers eine **organisatorische Wahl- und Gestaltungsfreiheit** zu (→ §§ 22 f. Rn. 1 ff. und → §§ 79 ff. Rn. 1 ff.).[2] Deshalb ist das **Verwaltungsorganisationsrecht** eine wichtige Steuerungsressource,[3] mit dem Ziel, eine funktionsgerechte Organstruktur vorzuhalten.[4] 1

Träger öffentlicher Verwaltung sind **(rechtselementar)** die **Träger des Gemeinwesens,** um dessen Verwaltung es sich handelt.[5] Das sind in der Europäischen Union die **Unionsträger,** also das Unionsvolk (Art. 20 AEUV; Art. 9 ff. EUV), im Staate die **Staatsträger,** mithin das Staatsvolk[6] sowie entsprechend auf der lokalen Ebene das **Gemeindevolk** (Art. 20 II und Art. 28 I GG). Die Verwaltungsträger sind somit Teil der **vollziehenden Gewalt** (→ § 20 Rn. 1 ff.). 2

2. Träger öffentlicher Verwaltung im rechtstechnischen Sinne

Im **rechtstechnischen Sinne** versteht man unter dem Ausdruck „Träger öffentlicher Verwaltung" die **juristisch personifizierten Gemeinwesen** selbst und deren juristisch personifizierte Glieder, soweit sie öffentliche Angelegenheiten wahrnehmen. Sie sind selbst wieder organisierte Gemeinwesen, sonstige öffentlich-rechtliche Organisationen oder von Trägern öffentlicher Verwaltung mit Aufgaben öffentlicher Verwaltung beliehene Privatpersonen. 3

Beispiele: Europäische Union (Art. 47 EUV, Art. 282 III AEUV), Bund, Länder, Gemeinden, Gemeindeverbände, Kammern, Anstalten und Stiftungen, Kapitäne[7] und Notare als Beliehene. 4

---

[1] Voßkuhle/Eifert/Möllers GVwR/Jestaedt § 16 Rn. 12 ff.
[2] Näher Mann, Die öffentlich-rechtliche Gesellschaft, 2002, S. 39 ff.; Voßkuhle/Eifert/Möllers GVwR/Jestaedt § 16 Rn. 39; BVerwG DÖV 2000, 1008 f. und BVerfG NJW 2004, 2213 (2215).
[3] S. dazu Schmidt-Aßmann/Hoffmann-Riem, Verwaltungsorganisationsrecht als Steuerungsressource, 1997; Schmidt-Preuß DÖV 2001, 45 ff.; Hoffmann-Riem/Schmidt-Aßmann/Voßkuhle/Schuppert § 16.
[4] Schliesky/Tischer DÖV 2013, 361 ff.
[5] S. zu dieser Einteilung auch Dederer, Korporative Staatsgewalt, 2004, S. 15 f.
[6] BVerfGE 107, 59 (86 ff.).
[7] EuGH DVBl 2004, 182.

5 Rechtstechnische Träger öffentlicher Verwaltung sind ferner die in jüngerer Zeit als neue Organisationsform geschaffenen **Kommunalunternehmen.**[8] Diese Unternehmensform fügt sich in das geltende Organisationsrecht ein, weshalb es keines gelegentlich geforderten besonderen **Verwaltungsgesellschaftsrechts** bedarf.[9]

3. Träger öffentlicher Verwaltung im funktionellen Sinne

6 Nicht unter den Trägerbegriff im rechtstechnischen Sinne fällt **die privatrechtlich organisierte Verwaltung** (→ § 92 Rn. 1 ff.), die öffentlich-rechtliche Angelegenheiten in Privatrechtsform erledigt.[10] Zwar handelt es sich auch hier um juristische Personen. Sie haben jedoch, abgesehen von dem Fall einer **Beleihung** (→ § 90 Rn. 1 ff.), keine öffentlich-rechtlichen Kompetenzen und Befugnisse. Gleichwohl können sie unter dem hier zu erörternden Aspekt der Verwaltungsträgerschaft nicht vernachlässigt werden, da sie teilweise als sog. **öffentliche Unternehmen**[11] iSv Art. 106 I AEUV von Trägern öffentlicher Verwaltung errichtet und betrieben werden.[12] Sie üben **Verwaltung im funktionellen Sinne** aus.[13] Die Bedeutung dieser Verwaltungsträger ist erheblich, weil die öffentliche Verwaltung ihre Aufgaben auch in **privatrechtlichen Handlungsformen** erfüllen (→ §§ 22 f. Rn. 1 ff.) und dabei mit anderen juristischen Personen des öffentlichen Rechts sowie mit Privatpersonen im Rahmen etwa einer **Public-Private-Partnership** auf vielfältige Weise kooperieren kann (→ § 93 Rn. 1 ff.).

Beispiele: Gesellschaftsrechtliche Beteiligung von Kommunen an Messegesellschaften, Versorgungsverbänden und Flughäfen als gemischtwirtschaftliche Unternehmen.[14]

7 Verwaltungsträger verlieren ihren Status im funktionellen Sinne, wenn sie über eine organisationsrechtliche Privatisierung hinaus materiell privatisiert werden[15] und die Verwaltungsaufgabe in den Markt entlassen wird (sog. **Aufgabenprivatisierung** – → § 94 Rn. 1 ff.).[16]

Beispiele: Erbringung von Telekommunikationsleistungen durch die Telekom-AG als Nachfolgerin der Deutschen Bundespost.[17] Ablösung administrativer Präventionskontrolle durch akkreditierte und zertifizierte private Sachverständige.[18]

8 In diesen Fällen werden lediglich bestimmte Hoheitsaufgaben durch fachliche Sonderbehörden der bundeseigenen Verwaltung erbracht, denen auch die **Regulierungs-**

[8] J. Wolf, Anstalten des Öffentlichen Rechts als Wettbewerbsunternehmen, 2002; U. Kummer, Vom Eigen- und Regiebetrieb zum Kommunalunternehmen, 2003.
[9] S. auch die Beschlüsse des 64. DJT 2002 DVBl 2002, 1603.
[10] Ebenso Dederer, Korporative Staatsgewalt, 2004, S. 60 ff.
[11] Britz NVwZ 2001, 380 ff.; Mann, Die öffentlich-rechtliche Gesellschaft, 2002, S. 5 ff.; Weiß, Europarecht 30 (2003), 165 ff.; Burgi VerwArch 93 (2002), 255 ff. und zur rechtstatsächlichen Relevanz Storr, Der Staat als Unternehmer, 2001, S. 6 ff.
[12] S. näher zur Reform Mann, Die öffentlich-rechtliche Gesellschaft, 2002; Mann JZ 2002, 819 ff.; Stober NJW 2002, 2357 ff.; Eisenmenger, Neuregelung des öffentlichen Unternehmensrechts, 2004; Fabry/Augsten, Unternehmen der öffentlichen Hand/Fabry, 2. Aufl., S. 37 ff.
[13] Stober NJW 1984, 449 ff.
[14] S. näher Weiß, Privatisierung und Staatsaufgaben, 2002, S. 279 ff.; Ziekow, Public Private Partnership, Speyerer Forschungsberichte 229, 2003, S. 251 ff.
[15] S. dazu Gusy, Privatisierung von Staatsaufgaben, 1998; Gramm, Privatisierung und notwendige Staatsaufgaben, 2001, S. 90 ff.
[16] Ebenso Dederer, Korporative Staatsgewalt, 2004, S. 62.
[17] Weiß AöR 128 (2002), 1 ff.
[18] Merten DVBl 2004, 1211 ff.

und Gewährleistungsverantwortung für das Funktionieren der privatisierten Verwaltungsaufgaben obliegt (→ § 4 Rn. 16 ff.).[19]

Beispiel: Die Aufgaben der Regulierungsbehörde nehmen die Bundesnetzagentur für Elektrizität, Gas, Telekommunikation, Post und Eisenbahnen sowie die Landesregulierungsbehörden wahr (§ 54 EnWG).

II. Typisierung der Verwaltungsträger nach Erscheinungsformen

Nach dem Träger in diesem Sinne unterscheidet man Unions-, Bundes-, Landes-, Kommunalverwaltung, funktionale Selbstverwaltung (wirtschaftliche, berufsständische, soziale, akademische und kulturelle Selbstverwaltung)[20] ua Verwaltung (→ §§ 84 ff. Rn. 1 ff.). Dabei hat insbesondere die wachsende Unionalisierung des Verwaltungsrechts auch zu einer weiteren Ausdifferenzierung und Veränderung der Verwaltungsträgerschaft geführt. 9

1. Verwaltung des Unionsrechts

a) Unionseigene Verwaltung

Werden **Kompetenzen der Europäischen Union** von deren eigenen Organen oder von verselbstständigten Verwaltungseinheiten wahrgenommen, dann spricht man von **unionseigener Verwaltung oder direktem Vollzug** iSv **Unionseigenverwaltungsrecht** (→ § 1 Rn. 14),[21] das in Art. 17 I 5 EUV sowie in Art. 298 AEUV angesprochen wird.[22] Die unionseigene Verwaltung erfasst den **unionsexternen** und den **unionsinternen Vollzug** (sog. **Intendanturaufgaben**), zu dem ua Haushalts- und Personalverwaltung gehört (zu diesem Begriff → § 3 Rn. 11 ff. – Art. 314 und Art. 336 AEUV). Allerdings ist zu berücksichtigen, dass sich die weit ausgreifende Unionsverwaltung mit ihren ausdifferenzierten Verwaltungseinrichtungen und Verbundansprüchen einer schematischen und starren Zuordnung entzieht, weshalb die hier vorgenommenen Einteilungen nur als Orientierung dienen.[23] Der unionseigene Vollzug bildet wegen des **Prinzips der Einzelermächtigung** (Art. 5 EUV) die Ausnahme, der nur durch den **Grundsatz der Vertragserfüllungskompetenz** (Art. 352 AEUV) ergänzt wird.[24] 10

aa) Unmittelbare unionseigene Verwaltung. Unmittelbare unionseigene Verwaltung liegt vor, wenn die Anwendung des Unionsrechts durch eigene Unionsorgane erfolgt. 11

Beispiele: Unionseigene Subventionsvergabe, Kartell- und Beihilfeaufsicht (Art. 108 AEUV), Fondsverwaltung, Aufsicht über öffentliche Unternehmen (Art. 86, Art. 106, Art. 108, Art. 175 und 207 AEUV), Außenwirtschaftsrechtsverwaltung.

---

19 Stern DVBl 1996, 591 ff.; Ruffert AöR 124 (1999), 237 (277); Hermes, Staatliche Infrastrukturverantwortung, 1998, S. 174 ff.; Kämmerer, Privatisierung, 2000, S. 282 ff. und 474 ff.; Weiß, Privatisierung und Staatsaufgaben, 2002, S. 291 ff.; Weiß DVBl 2002, 1167 ff.; Voßkuhle VVDStRL 62 (2003), 268 (291 ff.); Lackner, Gewährleistungsverwaltung und Verkehrsverwaltung, 2004.

20 S. näher Kluth VERW35 (2002), 349 f.; Groß DVBl 2002, 1182 ff.; Jestaedt VERW35 (2002), 293 ff.; BVerfGE 107, 59 (86 ff.); BVerfG DVBl 2004, 1160 ff.

21 Schmidt-Aßmann, Verwaltungsrecht, S. 32; Oppermann/Classen/Nettesheim, Europarecht, 5. Aufl. 2011, § 12 Rn. 17; Kment JuS 2011, 211 ff.

22 Calliess/Ruffert, 4. Aufl. 2011, AEUV Art. 298 Rn. 1.

23 Terhechte, Verwaltungsrecht der EU/v. Arnauld, 2011, § 2 Rn. 7.

24 S. näher Kahl NVwZ 1996, 865 ff.; Jarass AöR 121 (1996), 173 ff.; S. Schreiber, Verwaltungskompetenzen der Europäischen Gemeinschaft, 1997.

12 **bb) Mittelbare unionseigene Verwaltung insbesondere durch Agenturen. Mittelbare unionseigene Verwaltung** liegt vor, wenn die Anwendung des Unionsrechts durch auf Grund des Primär- oder Sekundärrechts geschaffene **verselbstständigte Verwaltungseinheiten** erfolgt.[25] Unklar ist gegenwärtig, welche Bedeutung das als allgemeiner Rechtsgrundsatz des Unionsrechts geltende **Subsidiaritätsprinzip** (Art. 5 EUV) auf den Umfang des unionseigenen Vollzugs hat. Einerseits wird die grundsätzliche Durchführung des Unionsrechts durch die Mitgliedstaaten als typischer Anwendungsfall des Subsidiaritätsprinzips unter Berücksichtigung des Art. 291 I AEUV gewertet.[26] Andererseits ist ein permanentes Anwachsen des **EU-Verwaltungsunterbaues** zu beobachten. Einerseits ist die Hochzonung und Zentralisierung der Verwaltung eine Konsequenz eines einheitlich funktionierenden europäischen Verwaltungsraumes und des Ausbaues materieller Vollzugskompetenzen (Art. 298 I AEU). Diese Zentralisierung wirkt sich aber andererseits auf nationale Verwaltungsverfahren und die Europäische Zusammenarbeit aus, da häufig EU-Verwaltungen beteiligt sind. Zudem wird die Organisationsautonomie der Mitgliedstaaten systematisch ausgehöhlt und die Vervielfachung der Bürokratie führt zu Unübersichtlichkeit.[27] Immerhin wurde der Subsidiaritätsgedanken inzwischen dahin konkretisiert, dass auch die besonders verwaltungsrelevante **regionale und lokale Ebene** ausdrücklich in Art. 5 III EUV aufgenommen wurde und gleichzeitig auf das Protokoll Nr. 2 über die verpflichtende Anwendung der Grundsätze der Subsidiarität und Verhältnismäßigkeit hingewiesen wird.[28]

Beispiele: Europäische Zentralbank (Art. 282 AEUV), Europäische Investitionsbank (Art. 308 AEUV), Europäisches Markenamt,[29] Europäische Stiftung für Berufsbildung,[30] Europäisches Polizeiamt-Europol (Art. 88 ff. AEUV),[31] Europäischer Sozialfonds (Art. 162 f. AEUV), Europäische Behörde für Lebensmittelsicherheit, Europäisches Amt für Betrugsbekämpfung (Office de la lutte Anti-Fraude – OLAF), Eurocontrol, Europäisches Zentrum für die Förderung der Berufsbildung, Europäisches Zentrum für Prävention und Bekämpfung von Seuchen, Gemeinschaftliches Sortenamt, Europäische Wertpapier- und Marktaufsichtsbehörde,[32] Europäische Bankenaufsichtsbehörde.[33]

13 Besonderer Beliebtheit erfreut sich in jüngerer Zeit die Einrichtung von **Verwaltungsagenturen**,[34] die sich wegen ihrer unterschiedlichen Tätigkeiten kaum systematisieren lassen.[35] Teilweise werden die den US-amerikanischen agencies nachgebildeten Organisationen als Exekutivagenturen,[36] Regulierungsagenturen[37] und Informationsagen-

---

25 Helfritz, Verselbstständigte Verwaltungseinheiten der Europäischen Union, 2000.
26 FS Everling, 1995/v. Borries, 127 (131, 143 ff.).
27 Kilb EuZW 2006, 268 ff.
28 Kahl Der Staat 50 (2011), 353 ff.
29 VO v. 20.12.1993, ABl. 1994 L 11, 1.
30 VO v. 7.5.1990, ABl. 1990 L 131, 1.
31 Terhechte, Verwaltungsrecht in der EU/Schöndorf-Haubold, 2011, § 35 Rn. 32 ff.
32 VO (EU) Nr. 1095/2010 v. 24.11.2010, ABl. L 331, 84 ff.
33 VO (EU) Nr. 1093/2010 v. 24.11.2010, ABl. L 331, 12 ff. und dazu Michel DÖV 2011, 728 ff.; Kämmerer NVwZ 2011, 1281 ff.
34 D. Fischer-Appelt, Agenturen der Europäischen Gemeinschaft, 1999; M. H. Koch EuZW 2005, 455.
35 S. dazu Kirste VerwArch 2011, 268 (270 ff.); aber auch Voßkuhle/Eifert/Möllers GVwR/Hoffmann-Riem/Pilniok § 2 Rn. 100.
36 VO (EG) Nr. 58/2003 v. 19.12.2002, ABl. 2003 L 11, 1 ff.; ABl. C 287, 1 ff.
37 Weißbuch, Europäisches Regieren v. 25.7.2001, KOM(2001) 428 endg., S. 30 f.

turen[38] bezeichnet. Sie werden überwiegend auf der Rechtsgrundlage von Art. 352 AEUV[39] und der Binnenmarktharmonisierungskompetenz des Art. 114 AEUV sowie der VO (EG) 58/2003[40] zur Festlegung des Status der Exekutivagenturen gegründet.[41] Dabei ist darauf zu achten, dass sich die neugeschaffenen Institutionen auf die Umsetzung und Durchsetzung des Unionsrechts beschränken und nicht eigene Befugnisse ausüben. **Regulierungsagenturen** besitzen eigene Rechtspersönlichkeit. Sie sind nicht weisungsgebunden und Hoheitsträger mit eigener Haushalts- und Personalgewalt.[42] Dadurch unterscheiden sie sich von den zentral fungierenden **Exekutivagenturen,** die der EU-Kommission zuarbeiten sollen und daher eher den Charakter von ausgegliederten, aber eng an die Kommission angebundenen Verwaltungseinheiten aufweisen, die deshalb auch im Gegensatz zu den dezentral lokalisierten Regulierungsagenturen in Brüssel oder Luxemburg residieren.[43] Ihre Etablierung soll in klar festgelegten Bereichen die Europäische Kommission von Verwaltungsaufwand entlasten, sektoral hochgradig technisches Know-How bündeln, die Existenz bestimmter Verwaltungsbereiche nach außen durch eine spezielle Trägerschaft sichtbar machen sowie die Anwendung und Durchsetzung von Regeln in der Union verbessern.[44] Sie dienen der Abwicklung von Programmen, der fachlichen Vorbereitung von Normen, der Vorbereitung und dem Erlass von Entscheidungen, der Beratung, der Koordination, der Daten- und Informationssammlung, der Überwachung, der Zertifizierung sowie der wissenschaftlich-technischen Unterstützung.

Beispiele: Europäische Agentur für Sicherheit und Gesundheitsschutz am Arbeitsplatz, Europäische Umweltagentur,[45] Europäische Arzneimittelagentur, Europäische Eisenbahnagentur, Europäische Agentur für Netz- und Informationssicherheit,[46] Europäische Agentur für die Sicherheit des Seeverkehrs, Europäische Agentur für Flugsicherheit,[47] Exekutivagentur für das Gesundheitsprogramm, Europäische Grenzschutzagentur (FRONTEX), Europäische Chemikalienagentur, Europäische Agentur für Bankenaufsicht.

Von dieser Verwaltungsform ist zu unterscheiden, dass die Mitgliedstaaten verpflichtet werden können, im Interesse einer effektiven Verwaltung eigene Verwaltungseinheiten zu schaffen.[48] 14

Beispiele: Einrichtung von Vergabekammern zur wirksamen Kontrolle der öffentlichen Auftragsvergabe[49] (s. §§ 155 ff. GWB); Öko-Audit-Standortregistrierstellen (§ 32 UAG). Kontrollstellen für Agrarerzeugnisse, Flussgebietsbehörden;[50] Einrichtung von Datenbanken,[51] Vorhaltung von einheitlichen Stellen nach §§ 71a ff. VwVfG und von „Benannten Stellen".

---

38 Hoffmann-Riem/Schmidt-Aßmann, Verwaltungsrecht in der Informationsgesellschaft/v. Bogdandy, 2000, S. 133, 172 ff.; Kirste VerwArch 2011, 268 ff.

39 Uerpmann AöR 125 (2000), 551 (558 f.).

40 VO v. 19.12.2002, ABl. 2003 L 11, 1 ff.; Kilb EuZW 2006, 268 ff.

41 S. näher Orator, Möglichkeiten und Grenzen der Einrichtung von Unionsagenturen, 2013; Saurer DÖV 2014, 549 ff.

42 Shirvani DÖV 2008, 1 ff.

43 Voßkuhle/Eifert/Möllers GVwR/Hoffmann-Riem/Pilniok § 12 Rn. 100.

44 Weißbuch Europäisches Regieren, v. 25.7.2001, KOM(2001) 428 endg., S. 31.

45 Runge DVBl 2005, 543 ff.

46 VO Nr. 580/2011/EU v. 8.6.2011, ABl. L 165, 3 ff.

47 Schmidt-Aßmann/Schöndorf-Haubold, Der Europäische Verwaltungsverbund/Riedel, 2005, 103 ff.

48 S. näher Kahl VERW29 (1996), 341 (354 f.).

49 Vgl. EuGH Slg. 1995, I-2303 Rn. 19; EuGH 28.10.1999 – C-81/98 Rn. 29–43.

50 S. näher Breuer NVwZ 1998, 1001 (1006); Knopp NVwZ 2003, 275 ff.

51 Art. 4 VO (EWG) Nr. 218/92 v. 27.1.1992, ABl. L 24, 1.

14a Eine Verzahnung unionaler und nationaler Verwaltung erfolgt über Instrumente der Verwaltungszusammenarbeit innerhalb des **Europäischen Verwaltungsverbundes** (Art. 4 III EUV) innerhalb der Mehrebenenverwaltung.

Beispiele: Amtshilfe, Durchführung der Dienstleistungs-RL nach §§ 8a ff. VwVfG, Informationsaustausch (§ 17 GüKG) und Kontrolle der Banken (§ 4 FinDAG).

b) Mitgliedstaatliche Verwaltung

15 Werden Kompetenzen der Union von einzelnen Mitgliedstaaten oder deren Gliedern wahrgenommen, dann spricht man von **mitgliedstaatlicher Verwaltung oder indirektem Vollzug** (Art. 4 III 3 EUV, Art. 291 I AEUV). In diesem Fall ist ebenfalls zwischen unmittelbarem und mittelbarem Verwaltungsvollzug zu trennen. Allerdings haben diese Begriffe im Unionsrecht und im deutschen Verwaltungsrecht unterschiedliche Bedeutung. **Unmittelbarer Verwaltungsvollzug** liegt vor bei unmittelbarer Anwendung des Unionsrechts. Das trifft etwa für Verordnungen iSd Art. 288 AEUV zu, die keiner mitgliedstaatlichen Umsetzung bedürfen.

Beispiele: Die Bundesanstalt für marktwirtschaftliche Ordnung führt Agrarverordnungen aus und verwaltet Mittel aus dem Europäischen Agrarstrukturfonds.[52] Die Bundesfinanzbehörden erheben Abgaben für die Europäische Union (Art. 108 I 1 GG).[53]

16 **Mittelbarer Verwaltungsvollzug** meint Anwendung nach einer Umsetzung in das mitgliedstaatliche Recht (zB bei Richtlinien iSd Art. 288 AEUV) und bei nationalen Entscheidungen (zB Subventionsvergabe durch ein Bundesland, weil hier nationale Durchführungsbestimmungen anwendbar sind.[54] In jüngerer Zeit ist auf Grund der zunehmenden Verwaltungsvernetzung und Verwaltungskooperation innerhalb der europäischen Mehrebenenverwaltung[55] eine klare Trennung zwischen gemeinschaftseigenem und mitgliedstaatlichem Vollzug nicht mehr möglich. Vielmehr haben sich zahlreiche Mischformen entwickelt, die man als **Unionsmischverwaltung** bezeichnen kann, für die sich ein neues **Verwaltungskooperationsrecht** herausgebildet hat.[56] Sie sind dadurch charakterisiert, dass sie eine Mitwirkung der Unionsebene bei mitgliedstaatlichen Verfahren verlangen, obwohl dafür häufig eine klare primärrechtliche Grundlage fehlt.

Beispiele: Innereuropäische Amtshilfe iSe Europäischen Verwaltungszusammenarbeit nach Art. 28 ff. Dienstleistungs-RL und §§ 8a ff. VwVfG,[57] Mitwirkung bei der Zulassung und Überwachung im Gentechnik- und Lebensmittelrecht.[58] Grenzüberschreitende Behördentätigkeit bei der polizeilichen Zusammenarbeit iSd Art. 89 AEUV.

17 Im Übrigen gilt der **Grundsatz der institutionellen bzw. organisatorischen und verfahrensmäßigen Autonomie** der Mitgliedstaaten (Art. 4 f. EUV).[59] Allerdings

---

[52] S. auch FS Everling, 1995/v. Borries, 127 (139 f.).

[53] S. näher Hoffmann-Riem/Schmidt-Aßmann, Verwaltungsrecht in der Informationsgesellschaft/v. Bogdandy, 2000, S. 133, 184 ff.

[54] S. näher Kahl VERW29 (1996), 341 (360 f.); Hatje, Die gemeinschaftsrechtliche Steuerung der Wirtschaftsverwaltung, 1998, S. 154 ff.; Classen VERW31 (1998), 307 (309).

[55] Ruffert VERW36 (2003), 293 (309 ff.); Groß DÖV 2004, 20 ff.

[56] Oppermann/Classen/Nettesheim, Europarecht, 5. Aufl. 2011, § 12 Rn. 28.

[57] Kopp/Ramsauer VwVfG Erl. zu §§ 8a ff. VwVfG.

[58] Caspar DVBl 2002, 1437 (1441); Verordnung über die Zusammenarbeit im Verbraucherschutz, VO (EG) Nr. 2006/2004 v. 27.10.2004, ABl. L 364, 1 ff.

[59] EuGH Slg. 1977, I-1107 (1116); 1995, I-4705 (4738); BVerwGE 99, 315 (319 f.); Rengeling VVDStRL 53 (1994), 202 (231).

wirkt auch insoweit das Unionsrecht auf einzelne Regelungen ein, um eine ordnungsgemäße und einheitliche Durchführung der betreffenden Gemeinschaftsrechtsakte zu gewährleisten.[60] Insbesondere richtet Art. 4 III EUV **Loyalitäts- und Kooperationsgebote** auf. Sie verpflichten ua die Mitgliedstaaten, die Union bei der Erfüllung ihrer Aufgaben zu unterstützen. Deshalb wird für diesen Sektor auch der Ausdruck **Unionsverwaltungsrecht** (→ § 1 Rn. 14) verwendet.[61]

2. Bundes- und Landesverwaltung, Verwaltungszusammenarbeit

Werden **Kompetenzen eines Staates** (des Bundes bzw. eines Landes) von eigenen nicht rechtsfähigen Organen wahrgenommen, handelt es sich um **unmittelbare Staats- (Bundes- bzw. Landes)Verwaltung.** 18

Beispiele: Bundesministerium, Landesbehörden (s. auch Art. 87 I GG).

Werden dagegen Kompetenzen eines Staates von rechtsfähigen Gliedern erledigt, dann liegt **mittelbare Staats- (Bundes- bzw. Landes-)Verwaltung** vor (s. Art. 87 II, III GG).[62] Mittelbare Bundesverwaltung ist auch die Verwaltung von Bundesangelegenheiten durch die Länder sowie die Verwaltung von Landesangelegenheiten durch **Gemeinden** oder durch **Gemeindeverbände.** In diesem Sinne dient die Bezeichnung „mittelbar" zur einheitlichen Kennzeichnung der gesamten Verwaltungstätigkeit unterstaatlicher Rechtsträger. Allerdings ist der Ausdruck missverständlich, weil er Eigenart und Eigenständigkeit der – durch Art. 4 II und Art. 5 III EUV und Art. 28 II GG gewährleisteten – **kommunalen Selbstverwaltung** zu verdunkeln geeignet ist und diese nur als verlängerten Arm der (unmittelbaren) Staatsverwaltung erscheinen lassen könnte. Richtig verstanden besagt der Ausdruck jedoch nur, dass alle Verwaltungsbefugnisse vom Staat ausgehen, der sie anderen Rechtsträgern lediglich zuweist oder überlässt.[63] 19

Gemeinschaftsaufgaben von Bund und Ländern im Sinne der Legaldefinition des Art. 91a I GG werden zwar gemeinschaftlich geplant und finanziert, aber nicht auch gemeinschaftlich wahrgenommen, sondern nur unter Führung des Bundes koordiniert, um dem verfassungsrechtlichen **Trennungsgebot der Verwaltungsräume** Rechnung zu tragen. Auch die Art. 91b–e GG sind Ausdruck des sogenannten **kooperativen Föderalismus,** der in engen Grenzen eine **Verwaltungszusammenarbeit** gestattet,[64] die aber nicht mit einer Kompetenzübertragung verbunden ist. 20

III. Typisierung nach dem Grad der Abhängigkeit der Verwaltungsträger

Unbeschadet der verfassungsrechtlich abgesicherten **Eigenständigkeit der Verwaltung** (Art. 20 II GG) iSe Funktionsvorbehaltes (→ § 20 Rn. 25) sind die einzelnen Verwaltungsaufgaben in unterschiedlichem Umfang in das Instrumentarium übergeordneter Verwaltungsstelen eingebunden und ihrer steuernden Beeinflussung ausgesetzt. Dementsprechend sind nach der Zugehörigkeit der zu verwaltenden Aufgaben (Kompetenzen) zu einem Träger öffentlicher Verwaltung und dessen **Auf-** 21

[60] EuGH NJW 1993, 315; Pühs, Der Vollzug von Gemeinschaftsrecht, 1997.
[61] Schmidt-Aßmann, Verwaltungsrecht, S. 32; s. auch Kment JuS 2011, 211 ff.
[62] S. auch BVerfGE 107, 59 (91).
[63] S. näher Isensee/Kirchhof StaatsR-HdB VI/Hendler, 3. Aufl. 2007, § 143.
[64] BVerfGE 119, 331 (361 ff.); Sachs/Siekmann GG Erl. zu Art. 91a ff.

sichts- bzw. Weisungsabhängigkeit von einem anderen Verwaltungsträger zu unterscheiden:[65]

1. Typen der Eigenverwaltung

22 Unionale, staatliche, kommunale, funktionale ua Verwaltungsträger fungieren als **Eigenverwaltung,** wenn die Verwaltung eigener Angelegenheiten durch eigene Organe erfolgt, die einem verschieden weitgehenden Aufsichts- und Weisungsrecht anderer Verwaltungsträger unterliegen.

23 Die **unabhängige (freie) Eigenverwaltung** unterfällt abgesehen von parlamentarischer und gerichtlicher Kontrolle oder der Katastrophenhilfe nach Art. 35 II GG keiner fremden Einflussnahme, weder Weisungen noch einer Aufsicht eines anderen Trägers öffentlicher Verwaltung.[66] Dabei handelt es sich um Verwaltungsstellen, die eigenständig und politikfern agieren sollen.

Beispiele: Bundesrechnungshof (Art. 114 GG), Bundeswehrverwaltung (Art. 87b GG), Bundespolizei, Bundesbeauftragter für Datenschutz und Informationssicherheit (§ 10 I 1 BDSG), Digital Service Koordinator (Art. 50 II DSA).[67] Unklar ist die Stellung der BNetzA, für die das Unionsrecht Unabhängigkeit vom nationalen Gesetzgeber fordert.[68]

24 Die **bundesverfassungsabhängige (gebundene) Eigenverwaltung** der Länder unterliegt lediglich einer (Bundes-)Aufsicht hinsichtlich ihrer Verfassungsmäßigkeit (s. Art. 30, Art. 70 und Art. 37 iVm Art. 28, Art. 33 und Art. 35 GG). Insoweit sind die Länder unabhängig sowohl von Bundesgesetzen, die nicht in den eigenen Kompetenzbereich der Länder eindringen dürfen, als auch erst recht von Anordnungen der Regierungs- und Verwaltungsorgane des Bundes (auch → § 19 Rn. 1 ff.).

25 Die **freigestellte gesetzesabhängige Eigenverwaltung (freie Selbstverwaltung)** der Gemeinden und anderer unterstaatlicher Träger öffentlicher Verwaltung (zB funktionale Selbstverwaltung) unterliegt einer staatlichen (Bundes- oder idR Landes-) Aufsicht hinsichtlich der Rechtmäßigkeit der Wahrnehmung einer freiwillig übernommenen Angelegenheit **(Rechtsaufsicht).** Die Verwaltungsträger sind insoweit unabhängig von Anordnungen darüber, welche Aufgaben sie übernehmen wollen wie auch von Anordnungen, die aus Zweckmäßigkeitsgründen ihre Gestaltungen oder ihr Ermessen steuern. Sie entscheiden also eigenverantwortlich über das „Ob" der Aufgabenwahrnehmung (Art. 75 BWVerf; Art. 83 IV BayVerf; Art. 78 IV NRWVerf).

Beispiele: Unterhaltung von Erholungsstätten, Volkshochschulen und Museen, Landesmedienanstalten.

26 **Die pflichtige gesetzesabhängige Eigenverwaltung (pflichtige Selbstverwaltung)** der Gemeinden ua unterstaatlicher Träger öffentlicher Verwaltung unterliegt gesetzlicher Pflicht zur Wahrnehmung einer bestimmten öffentlichen Angelegenheit. Sie ist hinsichtlich ihrer Wahrnehmung aber nur an Rechtssätze gebunden und unterliegt demgemäß auch lediglich einer **Rechtsaufsicht.** Die Verwaltungsträger sind insofern unabhängig von Anordnungen, die aus Zweckmäßigkeitsgründen ihre Gestaltungen oder ihr Ermessen steuern. Sie entscheiden also eigenverantwortlich über das „Wie" der Aufgabenwahrnehmung. Die pflichtige Selbstverwaltung soll insbesondere die

[65] S. auch Stettner, Grundfragen einer Kompetenzlehre, S. 222 ff.
[66] Voßkuhle/Eifert/Möllers GVwR/Hoffmann-Riem/Pilniok § 12 Rn. 97 ff.
[67] Ludwigs DVBl 2023, 577 ff.
[68] S. zum Streitstand Kreuter-Kirchhof NVwZ 2024, 9 ff.

Grundversorgung mit bestimmten Gütern und Leistungen (→ §§ 16 ff. Rn. 1 ff.) sicherstellen.

Beispiele: Trägerschaft von Schulen, Verwaltung von Sozialleistungen, Straßenbaulast, Bauleitplanung, Wasserversorgung.

Die **verwaltungsvorschriften-abhängige Eigenverwaltung** der Länder zur Erfüllung der ihnen durch Bundesgesetz auferlegten Aufgaben unterliegt zunächst den diesbezüglichen Rechtssätzen (Bundesgesetzen). Ferner sind die allgemeinen, abstrakten **Verwaltungsvorschriften** (→ § 24 Rn. 12 ff.) zu beachten, die auch die einheitliche Ausübung des behördlichen Ermessens durch sog. **Ermessensrichtlinien** (→ § 31 Rn. 35 ff.) näher regeln, einschließlich der sich darauf erstreckenden Aufsicht (s. Art. 84 I, II GG).[69] Daneben können die Einrichtung und das Verfahren der Behörden bundesgesetzlich vorgeschrieben werden. 27

Die **begrenzt verwaltungsanordnungsabhängige Eigenverwaltung der Länder und die weisungsgebundene Selbstverwaltung** der Gemeinden und Gemeindeverbände in einigen Bundesländern unterliegt nicht nur Rechtssätzen, sondern auch einem jeweils gesetzlich bestimmten und damit begrenzten Weisungsrecht der staatlichen **Fach-Aufsichtsbehörden.** Dieses Weisungsrecht beschränkt sich nicht nur auf allgemeine Weisungen, sondern kann auch in konkreten Einzelfällen auf eine zweckmäßige Gesetzesdurchführung (s. Art. 84 V GG, Art. 75 II BWVerf, Art. 78 IV NRWVerf) hinwirken.[70] 28

Beispiel: Aufgaben der Ordnungsverwaltung auf den Gebieten des Bau-, Gewerbe-, Verkehrs- und Gesundheitswesens.

2. Typen der Fremdverwaltung

Bundes-, Landes-, kommunale ua **Fremdverwaltung** ist auftragsgemäße, weisungsabhängige Verwaltung von Angelegenheiten eines Trägers öffentlicher Verwaltung durch einen anderen bzw. durch dessen Organe **(Auftragsverwaltung iwS im „übertragenen Wirkungskreis").** Die Bereitstellung des Verwaltungspersonals und der sachlichen Verwaltungsmittel verbleiben jedoch idR in Eigen- bzw. Selbstverwaltung der die fremden Angelegenheiten wahrnehmenden Träger öffentlicher Verwaltung. 29

Als **begrenzt verwaltungsanordnungsabhängige Fremdverwaltung** wird die **Weisungsverwaltung fremder (Bundes- oder Landes-)Angelegenheiten** durch einen Träger öffentlicher Verwaltung (Gemeinde, Gemeindeverband) für einen anderen (Bund oder Land) nach dessen gesetzlich begrenzten allgemeinen und besonderen Weisungen auch hinsichtlich der Zweckmäßigkeit im Übrigen aber selbstständig wahrgenommen.[71] 30

Als **unbegrenzt verwaltungsanordnungsabhängige Fremdverwaltung** wird die **Auftragsverwaltung ieS fremder Angelegenheiten** durch einen Träger öffentlicher Verwaltung (Bund, Land, Gemeinde, Gemeindeverband oder einer anderen Körperschaft oder Anstalt des öffentlichen Rechts) für einen anderen (den Bund, ein Land oder einen Gemeindeverband) nach dessen gesetzlich nicht beschränkten allgemeinen und abstrakten – etwa auf Verwaltungsvorschriften gestützten – wie auch kon- 31

[69] Voßkuhle/Eifert/Möllers GVwR/Hoffmann-Riem/Pilniok § 12 Rn. 90 f.
[70] S. näher zur Problematik FS Stern, 1997/Schmitt-Kammler, 763 ff.; FS Stern, 1997/Vogel, 819 ff.
[71] S. auch BVerfGE 6, 99 (116); NRWVerfGHE 20, 319 ff.

kreten Weisungen hinsichtlich der Zweckmäßigkeit, insoweit also unselbstständig wahrgenommen (Art. 85, Art. 87b II, Art. 87c, Art. 89 II 3 und Art. 108 GG).

Beispiele: Landesauftragsverwaltung zB der Bundesstraßen des Fernverkehrs außer Bundesautobahnen (Art. 90 III und Art. 143e GG) und von Bundessteuern. „Pflichtaufgaben nach Weisung", wenn das Weisungsrecht auf Grund der Ausgestaltung des Kommunalrechts nicht beschränkt ist.

32 Als **unbegrenzt verwaltungsanordnungsabhängige Fremdverwaltung** werden fremde Angelegenheiten im Wege der **Organleihe** oder der **Institutionsleihe**[72] nicht von beauftragten Trägern öffentlicher Verwaltung (zB den Gemeinden), sondern von deren gesetzlich bestimmten Organen oder von nur zu diesem Zweck von ihnen einzurichtenden und zu unterhaltenden Institutionen als unmittelbaren Staatsorganen wahrgenommen. Sie unterliegen insofern einem gesetzlich unbegrenzten Weisungsrecht. Denn sie üben Eigenverwaltung des Staates aus, die nur von der die geliehene Institution tragenden Juristischen Person des öffentlichen Rechts und vom Organwalter aus gesehen Fremdverwaltung ist.[73]

Beispiele: Bürgermeister, Landrat als staatliche Ordnungsbehörde. Erledigung der Verwaltung für die Bundesautobahnen durch eine Gesellschaft des privaten Rechts (Art. 90 II GG).

IV. Typisierung nach Subjekten öffentlicher Verwaltung

1. Behörden

33 Weiter als der Begriff des Trägers öffentlicher Verwaltung ist der des **Subjekts öffentlicher Verwaltung.** Er umfasst auch die juristisch nicht personifizierten Organe der Gemeinwesen, also außer den Trägern öffentlicher Verwaltung zB auch die **Behörden.**[74] Der Behördenbegriff ist nicht einheitlich festgelegt. Vielmehr wird zwischen dem organisatorischen und dem funktionellen Behördenbegriff unterschieden.[75] Die besondere Bedeutung von Behörden besteht darin, dass sie als selbstständige Organisation im eigenen Namen im Außenverhältnis Verwaltungszuständigkeiten wahrnehmen und damit Zurechnungs- und Zuordnungssubjekte von Rechtssätzen sind (§ 1 IV VwVfG, § 1 II SGB X, § 6 AO;[76] → § 32 Rn. 5 ff. und → § 82 Rn. 96).[77] Die **öffentlichen Auftraggeber** wiederum sind Subjekte der Vergabeverwaltung iSv § 98 GWB, § 30 HGrG. Subjekte öffentlicher Verwaltung sind mithin die EU, die Staaten und alle in unmittelbarem oder mittelbarem Mandats- oder Delegationszusammenhang mit einem Staate stehenden Glieder und Organe seiner Organisation, soweit sie zur Verwaltung berufen sind. Ihre Zuständigkeiten und meist sogar ihre Existenz werden durch organisatorische Rechtssätze oder durch andere Staatsakte auf Grund solcher Rechtssätze bestimmt.

2. Organ- bzw. Amtswalter

34 Von den Trägern und auch von den Subjekten öffentlicher Verwaltung sind die Menschen zu unterscheiden, die als **Organwalter** oder **Amtswalter** die in einem Organ bzw. in einem Amt institutionell zusammengefassten Zuständigkeiten wahrnehmen

---

72 BVerfGE 63, 1 (31).
73 BVerwG NVwZ-RR 1990, 44.
74 Voßkuhle/Eifert/Möllers GVwR/Hoffmann-Riem/Pilniok § 15 Rn. 16.
75 Voßkuhle/Eifert/Möllers GVwR/Jestaedt § 16 Rn. 36.
76 Hummel DVBl 2019, 219 ff.
77 Hoffmann-Riem/Schmidt-Aßmann/Voßkuhle/Groß § 13 Rn. 85.

(→ § 82 Rn. 132 f.).[78] Sie sind von den **Adressaten öffentlicher Verwaltung** zu trennen, die als **Subjekte des Verwaltungsrechts** bezeichnet werden (→ § 32 Rn. 1 ff.).

V. Typisierung nach Hoheitssubjekten

Weil und soweit die Träger öffentlicher Verwaltung als Gemeinwesen oder selbstständige Organe von Gemeinwesen **Hoheitsaufgaben** erfüllen (Art. 87f II 2 GG) und insoweit über hoheitliche Befugnisse verfügen (→ § 3 Rn. 20), sind sie zugleich **Hoheitsträger** (auch → § 23 Rn. 71 ff.). Dementsprechend sind die Subjekte öffentlicher Verwaltung idR **Hoheitssubjekte.**[79] 35

Träger **ursprünglicher hoheitlicher Gewalt,** deren Funktionen von dem oder den Trägern des Gemeinwesens selbst bestimmt werden, sind **Bund** und **Länder.** Alle anderen innerstaatlichen Träger bzw. Subjekte haben nur **abgeleitete hoheitliche Gewalt.** Das heißt, ihre materiell öffentlichen Funktionen wurden ihnen von einem Träger ursprünglicher hoheitlicher Gewalt übertragen. Auf Grund der eingeräumten Ermächtigung sind sie zur Ausübung hoheitlicher Gewalt zwecks Wahrnehmung der Belange der Mitglieder eines Gemeinwesens verpflichtet und berechtigt. 36

Beispiele: EU (Art. 23 I 2 GG), Gemeinden und Gemeindeverbände, sonstige rechtsfähige Körperschaften, Anstalten und Stiftungen des öffentlichen Rechts sowie Beliehene.

Zweiter Abschnitt. Historische und zeitgeschichtliche Grundlagen der öffentlichen Verwaltung

§ 7. Die Verwaltung in der Frühzeit und im Mittelalter

Schrifttum: Achterberg DÖV 1979, 576 ff., 737 ff.: Strukturen der Geschichte der Verwaltung; Ellwein VerwArch. 87 (1996), 1 ff.: Perioden und Probleme der deutschen Verwaltungsgeschichte; Groß, Verwaltung und Recht in antiken Herrschaftsordnungen, 2022; Herzog, Staaten der Frühzeit, 1988, 256 ff.; Heyen, Geschichte der Verwaltungsrechtswissenschaft in Europa, 1982; Jeserich/Pohl/v. Unruh, Deutsche Verwaltungsgeschichte I-VI, 1983 ff.; Kimminich, Deutsche Verfassungsgeschichte, 2. Aufl. 1987; Laufs, Rechtsentwicklungen in Deutschland, 3. Aufl. 1984; Le Goff, Die Geburt Europas im Mittelalter, 2004; Meyer-Hesemann, Methodenwandel in der Verwaltungsrechtswissenschaft, 1981; Mitteis, Der Staat des hohen Mittelalters, 10. Aufl. 1980; Morsey, Verwaltungsgeschichte, 1977; Schlesinger, Beiträge zur deutschen Verfassungsgeschichte des Mittelalters I, 1963; Schulze, Europäische Rechts- und Verfassungsgeschichte/Willoweit/Robbers, 1991, 141 ff.; Stern StaatsR V; Stern StaatsR II, § 41; Wesel, Geschichte des Rechts, 1997; Willoweit, Deutsche Verfassungsgeschichte, 6. Aufl. 2009; Wyduckel, Ius Publicum, 1984; Zippelius, Kleine deutsche Verfassungsgeschichte, 7. Aufl. 2006.

I. Zur Beschäftigung mit der Verwaltungsgeschichte

Die moderne öffentliche Verwaltung und das geltende Verwaltungsrecht sind das Produkt einer historischen Entwicklung und eines mehr oder minder stetig verlaufenen Prozesses. Deshalb ist es auch für das Verständnis des gegenwärtig geltenden Verwaltungsrechts notwendig, die Geschichte der öffentlichen Verwaltung zu entfalten.[1] Denn die historische Betrachtung vermag Entstehen, Entwicklung, Kontinuität und 1

[78] Stettner, Grundfragen einer Kompetenzlehre, S. 145 ff.

[79] S. Martens, Öffentlich als Rechtsbegriff, 1969, S. 85 ff.

[1] S. dazu auch Schmidt-Aßmann/Hoffmann-Riem, Methoden der Verwaltungsrechtswissenschaft/Möllers, 2004, S. 131 ff., 142 ff.; Stern StaatsR II, § 4 II 1; Wyduckel, Jus Publicum, 1984, S. 24.

Wandel der öffentlichen Verwaltung sowie ihre Zielsetzungen und Begrifflichkeiten offen zu legen und die Interpretation zu beeinflussen (→ § 28 Rn. 53 ff.). Sie kann Orientierung liefern, Verwaltungshandeln determinieren und die Wiederholung gescheiterter oder menschenverachtender Verwaltungsexperimente[2] vermeiden. Vor diesem Hintergrund ist der Wegfall von Abschnitten über einzelne Perioden der Verwaltungsgeschichte und insbesondere über die Ausuferungen im NS-Staat in grundlegenden Werken zum Verwaltungsrecht kaum nachvollziehbar.[3] Mit diesen Ausführungen ist allerdings noch nicht geklärt, ab welchem Zeitpunkt und bei welchem Organisationsgrad es gerechtfertigt ist, von öffentlicher Verwaltung zu sprechen.

II. Verwaltungstypen der Frühzeit

1. Genarchien ohne Verwaltungsapparat

2 Die genarchischen Herrschaftsformen der Frühzeit (Sippen- und Stammesgemeinschaften in sehr lockerer Verbindung) hatten keinen staatlichen Charakter. Gegenüber der festverwurzelten **Sippenautonomie,** vielfach autogener **Adelsherrschaft** und dem verbreiteten **Selbsthilferecht** konnten sich staatliche Herrschaftsverbände nur langsam und unvollkommen, bei den Germanen zunächst nur in genossenschaftlicher Form bilden. Der ihnen wesentliche Hoheitsanspruch konnte sich nur schrittweise unter dem Druck äußerer Gefahren und auf den großen Wanderzügen (Heerkönigtum) zur Geltung bringen. Der Umfang der von diesen politischen wahrzunehmenden öffentlichen Angelegenheiten war sehr gering. Es gehörten dazu nur die Sicherung und Ausbreitung nach außen (Heerwesen), die Herstellung von Sicherheit und Frieden nach innen (Rechtsprechung und vollziehende Verwaltung) und – vereinzelt – Verkehrs- und Marktwesen. Da Beamtentum und staatliche Verwaltungsorganisation fehlten, wurden die rudimentären **Verwaltungsaufgaben** und auch ein beträchtlicher Teil der **Rechtspflege** (Haus- und Sippengerichtsbarkeit; Selbsthilfe), die zugleich die Funktion ordnender Verwaltung erfüllte, dezentral von den Sippen, den Adelsherren und kleinen Stammesverbänden in autonomer Eigenzuständigkeit erledigt. Da Regierende, Verwaltende und Richtende zumeist identisch waren und die öffentlichen Funktionen kaum geschieden wurden, kann man auch nicht von einer „Verwaltung" in einer dem modernen Sprachgebrauch angenäherten Bedeutung sprechen (→ § 3 Rn. 1 ff.).

2. Genokratien und Despotien mit Verwaltungsapparat

3 Die Zunahme der Bevölkerung, die Erweiterung des wirtschaftlichen und politischen Lebensraumes (Wander- und Eroberungszüge), der Zwang zur Behauptung nach außen und die Fortentwicklung der Lebensverhältnisse führten allmählich zur Vermehrung der öffentlichen Aufgaben und zur Ausbildung einer umfassenderen sozialen Organisation. Besonders in den orientalischen und antiken politischen Einheiten wurde auf der Grundlage einer gewohnheitsrechtlich gewachsenen institutionellen Verwaltungsorganisation mit zentralen und teilweise lokalen Ämtern ein staatsartiger Herrschaftsanspruch machtvoll zur Geltung gebracht,[4] während die germanischen

---

[2] → § 10 Rn. 1 ff.und zur Notwendigkeit einer verantwortlichen Juristenausbildung F. R. Walter NJW 2024, 1013 ff.

[3] So aber Voßkuhle/Eifert/Möllers GVwR, 3. Aufl. 2022 im Gegensatz zur Vorauflage Hoffmann-Riem/Schmidt-Aßmann/Voßkuhle, 2. Aufl. 2013, § 2 Rn. 79 ff. S. allgemein zur Geschichtslosigkeit H. Bauer DÖV 2024, 441 (446) Fußnote 72.

[4] Groß, Verwaltung und Recht in antiken Herrschaftsordnungen, 2022.

politischen Gemeinwesen zunächst bündisch und adelsherrschaftlich organisiert blieben.

Die Verwaltung umfasste jetzt neben der Rechtspflege, dem Heer- und Finanzwesen mit zunehmendem wirtschaftlichem Verkehr auch **Markt-, Münz- und Verkehrswesen.** In den großen Flächenreichen bildeten sich besonders **Polizei, Agrar-** (Gracchen) und **öffentliche Wohlfahrtsverwaltung** (Thermen, Wasserleitungen, Zirkusspiele) aus, die zuweilen auch sozialgestaltend wirkten. Besonders weit entwickelt waren Verwaltungsaufgaben und Verwaltungstätigkeit im Römischen Reich. Dort wurden öffentliche Funktionen ausgeübt von Consuln (Regierung), Praetoren (Rechtsfindung), Quaestoren (Finanzverwaltung), Censoren (Sittenverwaltung), Aedilen (Polizeiverwaltung) und den Proconsuln als Statthaltern in den Provinzen. Dieser Verwaltungstyp liegt auch der fränkischen Reichs- und Amtsverwaltung (→ § 7 Rn. 6) sowie die mittelalterliche Stadtverwaltung zugrunde (→ § 7 Rn. 10). 4

III. Verwaltungstypen des Mittelalters

1. Die mittelalterliche Reichsverwaltung

Das mittelalterliche Reich und die in ihm verbundenen Herrschaftsgebilde waren keine Staaten im modernen Sinne mit einheitlicher und souveräner Staatsgewalt. Ihr Rückhalt waren nicht Herrschaftsraum und Organisation, sondern die persönlichen Bindungen zwischen Herrschern und Beherrschten. Das Reich war also noch nicht Gebietskörperschaft, sondern als **Personenverband** adelsherrschaftlicher Prägung organisiert. Der Herrscher (König) war ein innerhalb der Rechtsgemeinschaft des Volkes stehender **Amtswalter.** Seine Befugnisse (Hoheitsrechte, Regalien) waren enumerativ bestimmt und genau umgrenzt. Diese Form der Herrschaftsausübung wurde im Laufe der Zeit durch die Entwicklung eigenständiger Mark-, Stammes- und Feudalgewalten zunehmend geschmälert. Die Aufgaben der mittelalterlichen Herrscher bestanden hauptsächlich in der erstmals im ewigen Landfrieden (1495) erreichten Herstellung und Sicherung des durch Fehden bedrohten inneren Friedens sowie in der Erhaltung und Bewahrung des im Rechtsbewusstsein wurzelnden, überkommenen „guten" Rechts (sog. **Rechtsbewahrstaat**). Außer auf die Nutzung der königlichen Güter bezog sich die Verwaltung nur auf die Regalien und besonders auf das Heer und Verkehrswesen, die Finanzen und die Rechtsdurchsetzung. Sie war deshalb zunächst eine **personengebundene Gelegenheitsverwaltung.**[5] Nur in den Städten nötigte das nahe beisammen Wohnen zu umfangreicher und intensiverer öffentlicher Verwaltung (→ § 7 Rn. 10). 5

2. Die fränkische Reichs- und Amtsverwaltung

Die fränkische Reichs- und Amtsverwaltung beruhte vorwiegend auf persönlichen Bindungen, nicht auf Zuständigkeiten und Institutionen. Zwar gab es **„Beamte".** Sie waren aber Vertrauensleute, „Sachwalter" des Königs. Sie hatten ihre Aufgaben meist nach eigenem Ermessen, mehr im Sinne des Königs als nach seiner Weisung zu erfüllen. **Königliche Verwaltung** gab es zum einen als zentrale Regierung und **Hofverwaltung,** die von den Trägern der Hofämter wahrgenommen wurde. Zum anderen existierte sie in örtlicher Dekonzentration, allerdings lückenlos nur auf Königs- bzw. Fiskalland, als **Grafschaftsverwaltung** (Sicherheits- und Verkehrspolizei; Wegebau, 6

[5] Kritisch Wyduckel, Jus Publicum, S. 243.

Zölle, Abgaben). Neben der gräflichen bestand die **Immunitätsverwaltung** durch exemte und privilegierte Träger (insbesondere Klöster, Kirchen, Grundherren) sowie eine autogene Adelsverwaltung. Die Immunität enthielt eine **Befreiung von der Ausübung staatlicher Gewalt** durch den Grafen (Verbot von introitus, exactio und districtio), nicht allerdings durch den König und seine Bevollmächtigten. Sie bestand ferner in der **Überlassung hoheitlicher Gewalt** durch Einräumung bzw. Anerkennung der Immunitätsjurisdiktion und (später) eines gewissen Bannrechts. Die Verwaltung wurde von **Vögten** im Namen des Immunitätsherrn geführt. Sie umfasste (nach heutigen Begriffen) sowohl „hoheitliche" als auch „private" (Güter)Verwaltung.

7 Viele öffentliche Funktionen versahen noch die **Sippen** (Vormundschafts-, Fürsorgeangelegenheiten) sowie die **Markgenossenschaften,** die **Bauer- und Dorfschaften** in autonomer **Selbstverwaltung.** Sie standen jedoch meist in einem (grund)herrschaftlichen Verhältnis, innerhalb dessen ihnen bestimmte „Freiheiten" zugestanden wurden.

3. Die feudale Verwaltung

8 In großräumigen, nicht homogenen mittelalterlichen Flächenstaaten ohne Geldwirtschaft (Europa, Ägypten, China, Japan) führte die Notwendigkeit der Dezentralisation der Verwaltung und der Entlohnung und Belohnung der Amtswalter zur **Feudalverwaltung.** Der europäische Feudalismus **(Lehnswesen)** wurde entscheidend geprägt durch die Verbindung von **Vasallität** und **Benefizium.** Persönlich versprach der Vasall dem Herrn Dienst und Treue, wofür er dinglich ein Benefizium (Lehngut) „geliehen" erhielt. Zur Umgestaltung der Verfassung führte das Lehnswesen, als einerseits staatsnotwendige Dienste **(Treu-, Wehr- und Sachleistungspflichten)** versprochen und andererseits auch öffentliche Ämter und Befugnisse **(Bann- und Steuergewalt ua Regalien, auch Immunitäten)** als Lehngut gegeben wurden. Allerdings führte die allmähliche Durchsetzung von **Erblichkeit** und **Unterleihe** auch für die Amtslehen zu einer weiteren Auflockerung der gesamten Verfassungsordnung. Die Stellung der Vasallen näherte sich einer Eigenberechtigung und ihre Amtsbezirke selbstständigen Herrschaftsbereichen. Der König als Oberlehnsherr – ohne wirksame institutionelle Machtmittel – musste sich der Treue seiner Vasallen immer wieder durch die Einräumung neuer Privilegien versichern.

9 Die **feudale Verwaltung** ist demgemäß als Typus gekennzeichnet durch Vielgestaltigkeit, Eigenwilligkeit und ein Minimum an institutioneller Organisation. Der Amtswalter war seinem Herrn (König) zu Dienst und Treue verpflichtet. Im Übrigen aber war er unabhängig und in seinem Ermessen zwar durch die allgemeine Rechtsanschauung, nicht aber durch ein positives Verwaltungsrecht gebunden. Es fehlten zentrale Kontrolle und weisungsberechtigte Aufsicht, wie überhaupt institutionelle Mittel zur Vereinheitlichung und Ausrichtung der Verwaltung. Diese partikuläre Eigenverwaltung bot wirksamen Schutz vor zentralistischer Willkürherrschaft und förderte den Willen zu freier Selbstgestaltung und zum Landesausbau (Rodung, Städtegründung, Kolonisation) durch die selbstständig werdenden Amtswalter und (adeligen) Grund- bzw. Territorialherren. So betrachtet kann man das Lehnsrecht als den Kern des Verwaltungsrechts des mittelalterlichen Staates kennzeichnen,[6] dessen

[6] S. Wyduckel, Jus Publicum, 1984, S. 245.

Ausgestaltung von einseitigem Handeln und Vorrechten für bestimmte Gruppen geprägt war.[7]

4. Die städtische Verwaltung

Einen eigenen, genokratischen, aber auch dem modernen verwandten Verwaltungstyp entwickelte die körperschaftlich verfasste **Stadt.** Das Zusammenleben vieler Menschen auf engem Raum, deren verschiedenartige Lebensbedürfnisse und der rege wirtschaftliche Verkehr produzierten zahlreiche Verwaltungsaufgaben und verlangten nach rechtlichen Normen. Nachdem die Bürgerschaft sich im 12. und 13. Jh. zumeist die **autonome Selbstverwaltung** gegenüber dem Stadtherrn errungen hatte, entfaltete sich eine intensive Verwaltungstätigkeit. Deren Träger waren vornehmlich der sowohl aristokratisch (Patrizier) als auch demokratisch zusammengesetzte **Stadtrat** und der **Bürgermeister,** später auch teilweise die in Stadt und Rat dominierenden **Zünfte.** 10

Grundlage der städtischen Verwaltung war das zunächst verliehene, später mehr und mehr **autonom gesetzte Stadtrecht**.[8] In ihm kündigte sich (erstmals im Mittelalter) eine – allerdings durch Zunft- und Stände-Gliederungen (Patrizier) modifizierte – allgemeine **bürgerliche Rechts- und Pflichtgleichheit** (allgemeine Wehrpflicht) und die Scheidung zwischen politischer und privater Sphäre an („Stadtluft macht frei“). 11

Die städtische Verwaltung bemühte sich vor allem um das **Wehr- und Finanzwesen** (Schatzung als direkte, Akzise als indirekte Steuer) sowie um die innere **Sicherheit und Ordnung.** Die davon noch nicht getrennte **fürsorgerische Tätigkeit** ergriff, ausgehend von der Markt- und Lebensmittelpolizei als **Wohlfahrtsverwaltung,** allmählich alle Lebensgebiete: Sicherheits-, Gewerbe-, Bau-, Feuer-, Gesundheits-, Sittenpolizei, Armenpflege, Schul- und Spitalwesen und erstreckte sich vereinzelt auch auf das Privatleben (Kleider- und Luxusordnungen; Eheverbote). Teilweise wurden diese Aufgaben auch in berufsständischer Eigenverwaltung durch **Zünfte** oder **Gilden** erledigt. 12

Die städtische Verwaltung etablierte die Akten-, Bücher und das Registerwesen sowie im **Ratsschreiber** den ersten modernen Beamten. Gleichwohl war sie keine bürokratisch aufgebaute oder anstaltlich organisierte Verwaltung. Eher besaß sie den Charakter einer **körperschaftlichen und genossenschaftlichen Selbstverwaltung,** die von dem Gemeinsinn der politisch berechtigten Bürgerschaft getragen war. Angesichts dieser Bedeutung wird zutreffend festgestellt, dass „fast alles, was wir heute Verwaltung und Verwaltungsrecht nennen“ aus der autonomen Stadtgemeinde stammt.[9] 13

§ 8. Die Verwaltung im Stände- und Polizeistaat

Schrifttum: Böckenförde, Moderne deutsche Verfassungsgeschichte, 2. Aufl. 1981; FS Rittner, 1991/Bullinger, S. 69 ff.: Öffentliches Recht und Privatrecht in Geschichte und Gegenwart; Huber, Deutsche Verfassungsgeschichte seit 1789 I–VI, 1957 ff.; Kahl/Ludwigs VerwaltungsR-HdB/Fisch, § 2: Verwaltung im langen 19. Jahrhundert; Kahl/Ludwigs VerwaltungsR-HdB/Simon, § 1: Verwaltung im frühneuzeitlichen Policeystaat des 17. und 18. Jahrhunderts; König/Siedentopf, Öffentliche Verwaltung in Deutsch-

[7] P. M. Huber DVBl 2021, 753 ff. mwN.
[8] S. näher Geis, Kommunalrecht, 6. Aufl. 2023, § 2 Rn. 13.
[9] Wyduckel, Jus Publicum, 1984, S. 244 mwN.

land/Ellwein, 2. Aufl. 1997, S. 39 ff.: Geschichte der öffentlichen Verwaltung; Kosseleck, Preußen zwischen Reform und Restauration, 1967; Kroeschell, Deutsche Rechtsgeschichte 3, 2. Aufl. 1993; Menger, Deutsche Verfassungsgeschichte der Neuzeit, 7. Aufl. 1989; Preu, Polizeibegriff und Staatszwecklehre, 1983; Rüfner, Verwaltungsrechtsschutz in Preußen von 1749 bis 1842, 1962; Scheying, Deutsche Verfassungsgeschichte der Neuzeit, 1968; Schulze, Policey und Gesetzgebungslehre im 18. Jahrhundert, 1982; Sommermann/Schaffarzik, Handbuch der Geschichte der Verwaltungsgerichtsbarkeit in Deutschland und Europa/Merten, 2019, 180 ff.; FS Battis, 2016/Stettner, S. 571 ff.: Werden und Wachstum von Verwaltungsrecht; Stober, Quellen zur Geschichte des Wirtschaftsverwaltungsrechts, 1986; Stolleis, Geschichte des öffentlichen Rechts in Deutschland I, 1988; Stolleis, Öffentliches Recht in Deutschland. 16.–21. Jahrhundert, 2014; Unger VVDStRL 83 (2024), 10 ff.: Historische Konstanten und neue Impulse in der Entwicklung des verfassungsrechtlichen Verständnisses von „guter Verwaltung"; v. Unruh, Subjektiver Rechtsschutz und politische Freiheit in der vorkonstitutionellen Staatslehre Deutschlands, 1969.

I. Die Verwaltung im territorialen, ständischen Staat (14.–17. Jh.)

1 Aus dem Lehnsstaat entwickelte sich seit Mitte des 13. Jh. der durch den Dualismus von Zentralgewalt und konkurrierenden regionalen oder lokalen Gewalten gekennzeichnete **Ständestaat.** Seit dieser Zeit erlangten die mächtigen weltlichen und geistlichen Lehnsnehmer sowie die großen Städte immer mehr Selbstständigkeits- und Mitwirkungsrechte im Reich (Gesetze Kaiser Friedrichs II., Goldene Bulle, 1356). Deshalb waren sie in der Lage, das Gefüge ungleichförmiger, auf verschiedenen Rechtsgründen beruhender Herrschaftssphären und Amtsrechte über Personen und Gebiete zur **Landesherrschaft,** später zur einheitlichen **Landeshoheit** auszubauen. Substrat der Herrschaft wurde an Stelle der persönlichen Bindungen das Herrschaftsgebiet, das **Territorium** (dominus terrae).

2 Mit dem Landesherrn erstarkten jedoch auch diejenigen geistlichen und weltlichen Lehnsnehmer und Immunitätsherren, die der Landesherr nicht zu überwinden vermocht hatte, sowie die Städte. Allmählich zu **„Ständen"** korporiert, suchten sie ihre hergebrachte Herrschaftsstellung, ihre Rechte und „Freiheiten" auszudehnen. Sie erlangten dank ihrer politischen Energie durch Ausbau ihrer lehnsrechtlichen Beratungs- und Mitwirkungsrechte (Hoftage, Lehnskurien) erheblichen Einfluss. Gelegenheiten zur Sicherung und Steigerung der ständischen Rechte und Freiheiten boten die **ständische Steuerbewilligung** (dh zu außerordentlichen Abgaben) wegen des großen Finanzbedarfs für Verwaltungs- und (später) Heeresausbau sowie für die ständische Huldigung bei Thronbesteigungen.

3 Solange dem Landesherrn der Durchgriff auf die „Untertanen" noch nicht gelungen war, wurde „das Land" in seiner Gesamtheit durch die **Stände (Landherren)** dargestellt **(Landschaft, Landtag).** Sie standen dem Landesherrn als eigenberechtigte und selbstständige Herrschaftsträger „dualistisch" gegenüber (Selbstversammlungsrecht) und schufen in Konkurrenz zur landesherrlichen eine eigene anstaltliche Verwaltung mit Ämtern und Behörden. In den kurmärkischen Kreisen erhoben und verwalteten sie die bewilligten Steuern selbst.

4 Demgemäß wurde das **Recht** vom Landesherrn mit den Ständen oder innerhalb der Bürgergemeinde vereinbart und als seinem Geltungsgrund beschworen. Ein eigentliches **Verwaltungsrecht** gab es im Ständestaat aber noch nicht. Insoweit war die Verwaltung, landesherrliche wie ständische, an das allgemeine, in den einzelnen Landesteilen allerdings recht verschiedene Recht gebunden und der gerichtlichen Kontrolle,

insbesondere der der Reichsgerichte (Reichskammergericht seit 1495; Reichshofrat in Wien seit 1501) unterworfen.

Unter den Voraussetzungen der **necessitas** und **utilitas publica** konnte der Landesherr auf Grund eines von der Naturrechtslehre entwickelten **ius (dominium) eminens** im Einzelfall gegen Entschädigung in **wohlerworbene Rechte der Untertanen** eingreifen. 5

II. Der Übergang zur Wohlfahrtsverwaltung

1. Ius politiae als gute Verwaltung

Der territorial geprägte **absolute, monokratische Staat** entwickelte sich im Kampf gegen Stände, autonome Gewalten und die überlieferte Rechtsordnung. Angeführt von Frankreich (Heinrich IV., Richelieu, Mazarin) entstanden **Nationalstaaten** unter der Führung eines starken Herrscherhauses, das die einzelnen Hoheitsrechte zur umfassenden **Souveränität** ausbaute. Soziale, rechtliche, wirtschaftliche und militärische Veränderungen waren teilweise Ursache, teils Folge solcher Machtkonzentration. In Deutschland vollzog sich diese Entwicklung in den Territorialstaaten von der Mitte des 17. bis zur Mitte des 19. Jh. Anders verlief die Entwicklung im **Reich.** Trotz verschiedener Reformversuche gelang es dem Kaiser nicht, sich gegen die widerstrebenden Reichsstände durchzusetzen. Das Reich blieb bis zu seinem Ende im Jahre 1806 ein Ständestaat, dessen Macht nach außen und innen immer mehr zerfiel. 6

In teils langen Kämpfen entwanden die mächtigeren Landesherren den Ständen das **Steuerbewilligungsrecht** sowie die sonstige Beteiligung an der Gesetzgebung und drängten sie, die Städte und die anderen Korporationen in die politische Machtlosigkeit. Die landesherrliche Territorialgewalt – im **Westfälischen Frieden** von 1648 ausdrücklich anerkannt – beschränkte sich nicht mehr auf die Grundherrschaft, sondern erstreckte ihre Zuständigkeit auf alle Gebiete des Soziallebens **(ius politiae)** sowie auf die Religionsangelegenheiten **(ius reformandi).** Insofern war das Recht der „Polizei", der **„guten Verwaltung"** bzw. der **„guten Ordnung des Gemeinwesens"** auf die Herbeiführung eines idealen harmonischen, nicht mehr verbesserungsbedürftigen Gesellschaftszustandes- gerichtet, der als Generaltitel für alles Mögliche eingesetzt wurde.[1] Dieser Begriff fand deshalb – wenn auch nur in restriktiver Form – Eingang in das **Preußische Allgemeine Landrecht (PrALR)** von 1794. Dort heißt es im 2. Teil, 17. Titel, § 10 PrALR: 7

„Die nöthigen Anstalten zur Erhaltung der öffentlichen Ruhe, Sicherheit und Ordnung und zur Abwendung der dem Publico oder einzelnen Mitgliedern desselben bevorstehenden Gefahren zu treffen, ist das Amt der Policey."

Aufgrund dieser „Polizeigewalt" hat der Landesherr „in summa" alles verwaltet, was er zur Sicherheit, Bequemlichkeit, guten Zucht, Ordnung, Nahrung, Bevölkerung und Reichtum des Staates für dienlich erachtete (sog. **„gute Policey"**).[2] Zweck dieses Staates war aus sozialer Perspektive die allseitige **Förderung des Wohles der „beschränkten Untertanen" (merkantilistischer Wohlfahrtsstaat),** aus politischer Per-

[1] S. auch Wyduckel, Jus Publicum, 1984, S. 245 f.; Unger VVDStRL 83, 2024, 10 (14 f.).

[2] v. Kreittmayr, Grundriss des allgemeinen, deutschen und bayerischen Staatsrechts, 2. Aufl. 1789, S. 32; Kahl/Ludwigs VerwaltungsR-HdB/Fisch § 2 Rn. 45 ff. und 74 ff.; Kahl/Ludwigs VerwaltungsR-HdB/Waldhoff § 11 Rn. 30 ff.

spektive die **Hebung der Staatseinkünfte** für Heereszwecke (Sicherung und Ausdehnung des Staates im europäischen Kräftespiel) und aus ständestaatlicher Perspektive die Finanzierung der Hofhaltung **(Kameralistik).** Ferner entzogen die Landesherren die Entscheidungen der von ihnen abhängigen Landesgerichte der Appellation an das Reichskammergericht **(privilegium de non appellando)**[3] und begannen so aus den verschiedenartigen, nur in ihrer Person („dynastisch") verbundenen Gebietsteilen einen einheitlichen, nach außen und innen „souveränen" Staat zu bauen.

2. Kodifikationsbewegung

8 Diese Stufe der Verwaltungsentwicklung erlangten bis zum Ende des 18. Jh. nur einige große Territorien (insbesondere Preußen, Bayern und das josefinische Österreich). In dieser Zeit entstanden teilweise **Kodifikationen,** die neben dem Privatrecht auch das Öffentliche Recht einschlossen. Das bekannteste Werk ist das bereits erwähnte **Preußische Allgemeine Landrecht** (→ § 8 Rn. 6), dessen Regeln teilweise noch heute das Verwaltungsrecht beeinflussen (→ § 1 Rn. 8 ff.). Die meisten der mittleren und kleineren, häufig patrimonial geprägten, Territorialherrschaften, insbesondere die geistlichen Lande, verblieben bei der landständischen Verfassung und bei der justizstaatlichen Verwaltung. Erst der Spätabsolutismus des frühen 19. Jh., verbunden mit der territorialen Vereinheitlichung durch den **Reichsdeputationshauptschluss** v. 1803 **(Säkularisationen)**,[4] machte den Weg zum konstitutionell verfassten Staat frei (→ § 9 Rn. 1 ff.).

3. Die Herausbildung einer zentralisierten Verwaltung und eines Berufsbeamtentums

9 Verwaltungswissenschaftlich wird der absolute Staat wegen seiner umfassenden Verwaltungskompetenzen **„Polizeistaat"** genannt. Unter dem Begriff „Polizei" verstand man damals die gesamte innere Verwaltung (ohne Heer und Finanzen). Sie war beherrscht von zentral gelenkter, unbestimmter Zwangsgewalt, die für alle sozialen Ordnungs- und Gestaltungszwecke eingesetzt wurde. Diese der königlichen Regierung anvertraute zunehmend rationalisierte Verwaltungsgewalt war die Grundlage für die Wahrnehmung vielfältiger Verwaltungsaufgaben. Abgrenzend ist darauf hinzuweisen, dass der wohlfahrtsstaatliche Polizeibegriff nicht mit der ebenfalls oft als „Polizeistaat" bezeichneten Willkürherrschaft moderner Diktaturen identisch ist. In Weiterentwicklung ständestaatlicher Ansätze wurden zunächst die verschiedenartigen Verwaltungsorganisationen der einzelnen Landesteile („Staaten") mehrfach reformiert und für den Gesamtstaat zuständigen Zentralbehörden unterstellt. Ferner wurden die Kompetenzbereiche der Behörden und Ämter (meist Kollegien und Kommissare) vom Wechsel der Inhaber unabhängig gemacht (institutionalisiert) sowie Aktenbetrieb und Instanzenzug mit Berichten, Vorlagen und regelmäßigen Kontrollen eingeführt. So entwickelte sich allmählich eine für den ganzen Staat **einheitliche, hierarchische Verwaltungsorganisation.** Sie wurde im 19. Jh. nach dem Vorbild Napoleons I. durch die Bildung eines fachlich gegliederten Staatsministeriums als oberster Zentralbehörde mit monokratisch organisierten Ministerien, Mittel- und Unterbehörden vollendet.

[3] S. Sommermann/Schaffarzik, Handbuch der Geschichte der Verwaltungsgerichtsbarkeit in Deutschland und Europa/Merten, 2019, 180 f.

[4] S. näher Ziekow DÖV 1985, 817 ff.; Krings JZ 2003, 173 ff.

10 Diese Verwaltung erforderte einen der Dynastie verbundenen und vom Monarchen abhängigen Verwaltungsstab. Er wurde in Deutschland teils mit Adligen, teils mit kameralistisch geschulten Bürgerlichen und in den unteren Stellen mit ehemaligen Unteroffizieren besetzt. So entwickelte sich ein sachkundiges **Berufsbeamtentum,** das seinen Lebensinhalt nicht mehr in der Nutzung einträglicher Pfründen fand, sondern in der sachlichen, unpersönlichen Wahrnehmung der jeweils zugewiesenen Aufgaben und (neben dem Heer) in der Teilhabe an der Staatsgewalt.

4. Polizeistaatliche Verwaltung und Untertanen

11 Kraft der landesherrlichen Souveränität erlangte die Verwaltung die obrigkeitliche Überlegenheit über den hergebrachten Rechtszustand. Zwar war die Ausübung der Hoheitsgewalt nach wie vor rechtlich begrenzt durch naturrechtliche Grundsätze, die Reichsverfassung und das sonstige Reichsrecht, durch die Landesverfassung sowie durch wohlerworbene Rechte und durch eine allgemeine (zB Gewerbe-, Auswanderungs-) Freiheit. Aber der absolute Monarch (Landesherr) war, abgesehen von seiner Funktion kaum rechtsstaatlich gebunden. So konnte er als **Rechtswahrer** unter Berufung auf die **necessitas** oder die **salus publica** (→ § 8 Rn. 1) das positive Recht ändern, aufheben und durchbrechen sowie mittels Machtspruchs in schwebende Verfahren eingreifen.

11a Organisatorisch gab es ferner noch **keine Trennung von „Justiz" und „Verwaltung".** Einerseits waren den provinzial-ständischen „Regierungen" nicht nur die ordentliche Gerichtsbarkeit, sondern auch die Verwaltung von Staatshoheitssachen übertragen. Andererseits waren den staatlichen Verwaltungsbehörden Polizeigerichte und Justizdeputationen zur Entscheidung in fiskalischen und sonstigen Streitigkeiten öffentlichen Interesses eingegliedert.[5]

12 Gleichwohl waren die „Untertanen" gegenüber dem Landesherrn und seinen Beamten nicht ganz rechtlos. So führte das Preußische Allgemeine Landrecht von 1794 die Beachtung des Verhältnismäßigkeitsprinzips (§ 10 II 17 PrALR) ein und normierte Kompensationsansprüche bei staatlichen Eingriffen. Folglich konnten Verletzungen **wohlerworbener Rechte** oder **Freiheiten** durch die Ausübung landesherrlicher Gewalt seitens der unteren und mittleren Behörden vor den Landesgerichten oder Kammern (sog. Kammer- oder Kammeraljustiz) klageweise angegriffen werden. Dementsprechend waren die Gerichte in der Lage, objektiv rechtswidrige Ausübung hoheitlicher Gewalt zu korrigieren. Allerdings handelte es sich nur um eine **Administrativjustiz,** da die Gerichte Behördencharakter hatten und ihre Unabhängigkeit nicht gewährleistet war. Zusammengenommen trat die polizeistaatliche Verwaltung dem Bürger in zwei Erscheinungsformen gegenüber: als juristische Person des öffentlichen Rechts und als juristische Person des Zivilrechts, die sich mit fiskalischen bzw. vermögensrechtlichen Angelegenheiten (sog. **Fiskus**) befasste. Griff die Verwaltung als juristische Person des öffentlichen Rechts in die Rechte des Einzelnen ein, dann konnte sich die Obrigkeit gegen Klagen durch eine Berufung auf die erwähnten kaiserlichen Privilegien „de non appellando" und „de non evocando" schützen. Griff der Fiskus in Rechte des Einzelnen ein, dann konnte Entschädigung verlangt wer-

---

[5] Sommermann/Schaffarzik, Handbuch der Geschichte der Verwaltungsgerichtsbarkeit in Deutschland und Europa/Merten, 2019, 180 f.

den.[6] Die Schaffung der Rechtsfigur „Fiskus" war also eine Hilfskonstruktion, weil an Stelle der Obrigkeit ein davon getrennt gedachtes, selbstständiges Rechtssubjekt verklagt werden konnte, das dem Souverän die Rolle des Prozessgegners ersparte.[7]

13 Der Satz „dulde und liquidiere" beim Fiskus,[8] als dem sog. „Prügelknaben" des Staates,[9] bedeutete keinen Klageausschluss gegen Hoheitsakte. Er galt vielmehr nur bei rechtmäßiger Ausübung des ius eminens. Bei rechtswidriger Ausübung dieses Rechts war Klage beim Reichskammergericht gegeben, das die – allerdings unsicheren – Grenzen der utilitas et necessitas publica nachprüfte.[10] Die Anerkennung der Fiskustheorie war unbeschadet ihres späteren inhaltlichen Wandels (näher → § 22 Rn. 2 ff. und → § 23 Rn. 38 ff.) für die weitere Entwicklung des Verwaltungsrechts und des Prozessrechts von großer Relevanz. Sie führte im Verlaufe der Zeit dazu, dass der Einzelne auch auf anderen Gebieten dem Staat gegenübertreten und seine Rechte durchsetzen konnte.

§ 9. Die Verwaltung im bürgerlichen Rechtsstaat

Schrifttum: Badura, Das Verwaltungsrecht des liberalen Rechtsstaates, 1967; Di Fabio, Die Weimarer Verfassung, 2018; Frotscher/Pieroth, Verfassungsgeschichte, 20. Aufl. 2022; Grimm, Deutsche Verfassungsgeschichte 1806–1980, 1985; Hendler, Selbstverwaltung als Ordnungsprinzip, 1984; Heyen, Geschichte der Verwaltungsrechtswissenschaft in Europa, 1982; Huber, Deutsche Verfassungsgeschichte seit 1789 I–VII, 1957–1984; Huber DVBl. 2021, 753 ff.: Verwaltung, Verwaltungsrecht und Verwaltungsgerichtsbarkeit; Jeserich/Pohl/v. Unruh, Deutsche Verwaltungsgeschichte. III, 1984, IV, 1985; Kahl/Ludwigs VerwaltungsR-HdB/Otto, § 3: Verwaltung in der Weimarer Republik; Morsey, Verwaltungsgeschichte. Aufgaben – Zielsetzungen – Beispiele, 1977; Nipperdey, Deutsche Geschichte II, 2. Aufl. 1993, S. 109 ff.; Pauly, Der Methodenwandel im deutschen Spätkonstitutionalismus, 1993; Rüfner, Formen öffentlicher Verwaltung, 1967, S. 52 ff. und 105 ff.; Schmidt-De Caluwe, Der Verwaltungsakt in der Lehre Otto Mayers, 1998; Stolleis, Geschichte des öffentlichen Rechts in Deutschland II. 1800–1914, 1992; Stolleis, Öffentliches Recht in Deutschland. 16.-17. Jahrhundert, 2014.

I. Die Verwaltung im konstitutionell-liberalen Staat

1. Verfassungs- und gesetzesgebundene Verwaltung

1 Im Gegensatz zu der rechtlich weitgehend schrankenlosen und oftmals willkürlichen Beherrschung und Bevormundung der Menschen im absoluten Staat entstand die vornehmlich vom aufstrebenden Bürgertum getragene, **konstitutionelle Bewegung.** Sie strebte zum Schutz der **individuellen Freiheit** und zur Sicherung vor Willkürherrschaft einen konstitutionell verfassten, liberalen **Rechtsstaates** an, dessen Hauptaufgabe es war, die bisherige polizeistaatliche Verwaltung über die Formen des Rechts zu disziplinieren.[1] In Deutschland wurde diese Staats- und Verwaltungsreform Mitte des 19. Jh. revolutionär durchgesetzt. Sie beruhte im Wesentlichen auf folgenden Merkmalen:

[6] Burmeister DÖV 1975, 695 (699) und kritisch zur Fiskustheorie Kempen, Die Formenwahlfreiheit der Verwaltung, 1989, S. 77 ff. mwN.

[7] Sommermann/Schaffarzik, Handbuch der Geschichte der Verwaltungsgerichtsbarkeit in Deutschland und Europa/Merten, 2019, 188 ff.

[8] Mayer, Deutsches Verwaltungsrecht, S. 53.

[9] Bornhak, Preußisches Staatsrecht II, 1. Aufl. 1889, S. 464 – sog. Fiskustheorie.

[10] S. dazu aus heutiger Sicht BVerfGE 58, 300.

[1] Mayer, Deutsches Verwaltungsrecht I, 3. Aufl., 58; Unger VVDStRL 83 (2024), 10 (16 ff.).

- Ausübung der Staatsgewalt nur gemäß festen, in den Grundlagen in der **Verfassung niedergelegten** und einer beliebigen Änderung entzogenen Regeln (Konstitution, Verfassungsurkunde). 2
- **Gliederung der Staatsgewalt,** indem die verschiedenen Staatstätigkeiten voneinander weisungsunabhängigen, sich gegenseitig balancierenden und kontrollierenden Organen zugewiesen werden.
- **Rechtsgleichheit** für alle Staatsbürger.
- Anerkennung einer individuellen **Freiheitssphäre** und daraus fließender **Grundrechte.**
- **Beteiligung des Volkes** (des „3. Standes") an der Ausübung der Staatsgewalt, insbesondere der Rechtsetzung.
- **Messbarkeit und Vorhersehbarkeit** aller Staatstätigkeit, die vornehmlich der Sicherung von Freiheit und Eigentum der Bürger dienen soll.
- Weitgehende Ersetzung der Herrschaft von Menschen durch die willkürlose **„Herrschaft des Gesetzes",** dem auch der Monarch, nun nicht mehr souverän, sondern Staatsorgan, unterworfen war.

2. Gesetzmäßigkeit der Verwaltung und verwaltungsrechtliche Sonderverhältnisse

a) Infrastruktur- und Leistungsverwaltung

Die struktur- und organisationsmäßig vom Polizeistaat übernommene, rationalisierte, anstaltlich organisierte Beamtenverwaltung (→ § 8 Rn. 9) wurde jetzt öffentlich-rechtlichen Bindungen unterworfen. Es galt das rechtstaatliche Prinzip der **Gesetzmäßigkeit der Verwaltung,** nach dem jeder Eingriff der Verwaltung in Freiheit und Eigentum der Bürger der gesetzlichen Ermächtigung und damit der Regelung durch die Volksvertretung bedarf – sog. **Vorbehalt des Gesetzes.**[2] Ferner darf jedes Gesetz nur durch ein neues förmliches Gesetz, nicht aber durch Akte der Verwaltungsbehörden (Verordnungen) abgeändert, aufgehoben oder durchbrochen werden – sog. **Vorrang des Gesetzes** (→ § 18 Rn. 14 ff. und → § 30 Rn. 1 ff.). 3

Allerdings war dieser bis zur Mitte des 20. Jh. vorherrschende **Rechtsstaatsbegriff rein formaler Natur,** weil er ausschließlich an formaler Legalität und der Gewährung von Rechtsschutz ausgerichtet war, während die inhaltliche Rolle des Rechts vernachlässigt wurde. Demgegenüber stellt der **materiale (oder materielle) Rechtsstaatsbegriff** primär auf die Verwirklichung der Gerechtigkeit ab, während seine formalen Elemente nur der Durchsetzung jenes materialen Gehalts dienen.[3] 3a

Auch die formelle Rechtsstaatlichkeit wies zunächst noch Lücken auf. So galt der Vorbehalt des Gesetzes nicht für das fortgeltende vorkonstitutionelle Recht und er wurde innerhalb des damals meist weit gespannten Bereichs des durch Staatszweckmäßigkeit ausgefüllten Ermessens wesentlich gelockert. Außerdem war er nur im sog. **allgemeinen Gewaltverhältnis** im Sinne **allgemeiner Verwaltungsrechtsverhältnisse** zwischen Staat und Bürger (Gesellschaft), nicht dagegen in so bezeichneten **besonderen Gewaltverhältnissen** iSv **verwaltungsrechtlichen Sonderverhältnissen** (Beamtenverhältnis, Soldatenverhältnis, Anstaltsverhältnis) anwendbar, für die die Verwaltung kraft eigenen Rechts Anordnungen erlassen konnte. Der Bürger trat inso- 4

[2] S. näher v. Unruh NVwZ 1988, 690.
[3] S. dazu Maier, Die ältere deutsche Staats- und Verwaltungslehre, S. 226 ff.

weit – bildlich gesprochen – aus der Gesellschaft heraus und in eine spezielle Form der Staatsorganisation ein (zur Entwicklung → § 32 Rn. 26 f.).[4]

5 Während die Gesetzgebung sich jedoch im Wesentlichen nur spezieller Rechtsgebiete der Verwaltung annahm, wurden Begriffe, Institutionen und Systematik des **allgemeinen Verwaltungsrechts** – von speziellen sozialversicherungsrechtlichen Verfahrensgesetzen abgesehen – fast ausschließlich von Lehre und Rechtsprechung entwickelt und zu **gewohnheitsrechtlicher Geltung** (dazu → § 25 Rn. 15) gebracht. Dabei wurden insbesondere durch und seit Otto Mayer viele Anleihen bei dem – vor allem durch die Rechtsprechung des Conseil d'Etat, seit 1801[5] – sehr viel stärker durchgebildeten französischen Verwaltungsrecht gemacht.

6 Grundlage dieses liberal ausgeformten Staatsverständnisses war, dass die staatliche Verwaltung nicht so sehr selbst sozialgestaltend und vorsorgend tätig sein sollte. Sie sollte sich vielmehr auf die **Erhaltung der äußeren Sicherheit und Ordnung**[6] beschränken und nur den Rechtsrahmen für die freie Entfaltung und Sozialgestaltung der „bürgerlichen Gesellschaft" schaffen. Das bedeutete Beschränkung auf die **Infrastrukturverwaltung** (→ § 4 Rn. 16 ff.) und Betonung der Privatautonomie. Dieser Verfassungswandel schlug sich ökonomisch vor allem in der Einräumung der **Gewerbefreiheit** nieder.[7] Wegen seiner schwerpunktmäßigen Ausrichtung auf die Gewährleistung der bürgerlichen Freiheiten pflegt man den Rechtsstaat jener Zeit heute auch als **„liberalen"** oder **„bürgerlichen" Rechtsstaat** zu bezeichnen.

7 Rechtstatsächlich und rechtspolitisch hat sich der deutsche Staat des 19. Jh. allerdings keineswegs ausschließlich auf die Wahrung von Recht und Ordnung beschränkt (**„Nachtwächterstaat"),** sondern ist stets zugleich Wohlfahrtsstaat geblieben und – nach Ablehnung extrem-liberaler Wirtschaftskonzeptionen **(Prinzip des laisser faire, Manchestertum)** – zunehmend wieder geworden. Bevölkerungszuwachs, Industrialisierung und Prekarisierung sowie die zunehmende Abhängigkeit der Menschen der industriellen Gesellschaft von Leistungen der öffentlichen Hand bewirkten, dass die obrigkeitlich-bevormundende „Wohlfahrtspflege" sich zur als Pflicht verstandenen staatlichen **„Daseinsvorsorge"** entwickelte, bei der der Staat als **„Leistungsträger"** fungierte. Der Schwerpunkt verwaltender Tätigkeit verlagerte sich von der Ordnungs- zur **Leistungsverwaltung** (→ § 4 Rn. 16 ff.)[8] und führte zu einer erneuten **Verpolizeilichung** iSe Ausdehnung von Polizeiaufgaben[9] zur Folge, die ihren Niederschlag im erwähnten Preußischen Allgemeinen Landrecht (2. Teil, 17. Titel, § 10 PrALR) fand. Das sog. Kreuzberg-Urteil[10] hat dieser Ausweitung insofern nachhaltige Grenzen gesetzt, als es die gesetzliche Ermächtigung der Polizei auf die **Gefahrenabwehr** reduzierte.[11]

[4] Merten, Das besondere Gewaltverhältnis/Loschelder, 1985, S. 9 ff.
[5] v. Bogdandy/Huber/Marcusson Ius Publicum Europaeum-HdB IX/Gaillet, § 142.
[6] v. Humboldt, Ideen zu einem Versuch, die Grenzen der Wirksamkeit des Staates zu bestimmen, 1995, S. 59.
[7] Stober GewArch 2020, 1 ff.
[8] Stolleis Geschichte ÖffR II, S. 238 f.
[9] Funk, Polizei und Rechtsstaat, 1986.
[10] Urteil vom 14.6.1882, s. auch den Abdruck in DVBl 1985, 216 ff.
[11] S. näher Sommermann/Schaffarzik, Handbuch der Geschichte der Verwaltungsgerichtsbarkeit in Deutschland und Europa/Merten, 2019, 245 ff.

b) Rechtsstellung der Bürger

Das Prinzip der Gesetzmäßigkeit der Verwaltung führte zur Ausbildung eines **zweiseitig bindenden Verwaltungsrechts,** das Ausmaß und Form der Verwaltungstätigkeit regelte. Mit Zunahme der Gesetzgebung entwickelten sich immer mehr echte Rechtsbeziehungen zwischen Trägern öffentlicher Verwaltung und dem einzelnen Bürger **(Statusrechte, subjektive öffentliche Rechte),** freilich mit Vorrang der „öffentlichen Gewalt" (→ § 32 Rn. 1 ff. und → § 43 Rn. 1 ff.). 8

Die Beachtung des Rechts durch die Verwaltung unterlag, soweit nicht für Amtsdelikte die Strafgerichte und für Schadensregulierungen die Zivilgerichte zuständig waren, anfangs nur einer **Selbstkontrolle der Verwaltung,** die in den süd- und mitteldeutschen Staaten durch besondere, in Zusammensetzung und Verfahren gerichtsähnliche, aber nicht voll unabhängige Verwaltungsorgane ausgeübt wurde (**„Administrativjustiz"** – → § 8 Rn. 9). Nachdem sich die justizstaatliche Forderung des § 182 I der Reichsverfassung von 1849: 9

„die Verwaltungspflege hört auf; über alle Rechtsverletzungen entscheiden die Gerichte"

nicht durchgesetzt hatte,[12] wurden in den meisten Ländern – beginnend in Baden 1864[13] – eigenständige **Verwaltungsgerichte** errichtet.[14] Sie urteilten über Klagen gegen Verwaltungsakte; doch konnten nicht alle Akte angegriffen werden, sondern nur die in den Gesetzen ausdrücklich für anfechtbar erklärten, zB Verfügungen polizeilichen oder gewerberechtlichen Inhalts **(Enumerationsprinzip).** Diese Gerichte entschieden in sachlicher Unabhängigkeit, waren aber nur in der höchsten Instanz (Verwaltungsgerichtshof, Oberverwaltungsgericht) als selbstständige, auch persönlich unabhängige Spruchkörper ausgestaltet, während sie in unterer und mittlerer Instanz (Kreis-, Stadt-, Bezirksverwaltungsgericht) den Verwaltungsbehörden angegliedert und mit deren Beamten sowie mit Laienrichtern besetzt waren. Für **Entschädigungs- und Ersatzklagen** (zB wegen Amtspflichtverletzung, ursprünglich gegen den Beamten persönlich, später gegen den Staat oder den sonstigen Verwaltungsträger (s. § 839 BGB; Reichsgesetz von 1910) blieben die **Zivilgerichte** zuständig.[15]

3. Ausbau der kommunalen Selbstverwaltung

Träger der Verwaltung waren zunächst ausschließlich und auch nach der Reichsgründung (1871) noch ganz überwiegend die **Länder.** Eine **reichseigene Verwaltung** hat sich im Kaiserreich aus kleinsten Anfängen erst allmählich entwickelt.[16] In den größeren Ländern wurde eine **dreistufige Staatsverwaltung** geschaffen, die im Wesentlichen noch heute besteht: in der obersten Instanz die Fachministerien, in der Mittelinstanz als „allgemeine" Behörde die Regierungspräsidien (Regierungen, Kreishauptmannschaften, Kreisdirektionen uÄ), in der unteren Instanz die Landratsämter 10

[12] S. näher Laufs, Recht und Gericht im Werk der Paulskirche, 1978, S. 7, 39 ff.

[13] Baring, Aus 100 Jahren Verwaltungsgerichtsbarkeit, 2. Aufl. 1964.

[14] Sommermann/Schaffarzik Verwaltungsgerichtsbarkeit-HdB/Merten, 258 ff.

[15] S. Pottitz, Die Anfänge der Verwaltungsgerichtsbarkeit; AöR nF 33 (1943) 158 ff. und 34 (1944) 3 ff.; Rüfner, Verwaltungsrechtsschutz in Preußen von 1749 bis 1842, 1962; Rüfner DÖV 1963, 719 ff.; Stumpf, Preußische Verwaltungsgerichtsbarkeit 1875–1914, 1980.

[16] Kahl/Ludwigs VerwaltungsR-HdB/Otto § 3 Rn. 7 ff.

(Amtshauptmannschaften, Oberämter, Bezirksämter uÄ). Daneben entstanden eine Reihe von **Sonderbehörden** (zB die Gewerbeaufsichtsämter).

11 Neben der Staatsverwaltung wurde die schon zu Anfang des 19. Jh. (Frh. vom Stein) wieder erweckte **kommunale Selbstverwaltung** ausgebaut[17] und von den Städten auch auf die Landgemeinden, die Kreise und auf die preußischen Provinzen ausgedehnt.[18] Sie unterfiel einer **Staatsaufsicht** im heutigen Sinne (→ § 6 Rn. 21 ff),[19] wirkte durch Verkehrs- und Versorgungsbetriebe, Errichtung und Unterhaltung von Bildungs-, Kranken- und anderen Anstalten, Wohlfahrtspflege und Wirtschaftsförderung weit mehr **vorsorgend und sozialgestaltend** als die überwiegend auf die Bewahrung von Recht, Ordnung und Sicherheit bedachte Staatsverwaltung.[20] Mit dem Wachsen ihrer Aufgaben und der Differenzierung der Lebensverhältnisse des „industriellen Zeitalters" nahm auch sie, zumal in den Städten und Industriekreisen, den dieser Umweltsituation entsprechenden Charakter einer anstaltlichen, bürokratischen Fachverwaltung an. Parallel zur kommunalen entstand die wirtschaftliche, soziale, akademische und freiberufliche Selbstverwaltung (sog. **funktionale Selbstverwaltung**).[21] Um den Gegensatz zwischen Staatsverwaltung und bürgerlicher Gesellschaft durch Verzahnung zu beheben, wurden in einigen Ländern, insbesondere in Preußen, entsprechend den an englischen Vorbildern **(selfgovernment)** orientierten Vorschlägen R. v. Gneists eine sog. **politische** oder **passive Selbstverwaltung** eingeführt. Sie bestand darin, dass Laien als **Ehrenbeamte** an bestimmten Aufgaben der Verwaltung beteiligt wurden.[22]

II. Die Verwaltung im demokratisch-parlamentarischen Staat

1. Das Berufsbeamtentum als Fundament der Verwaltung

12 Mit dem Übergang von der konstitutionellen Monarchie zur **parlamentarischen Demokratie** (in Frankreich seit 1871, in Deutschland seit 1919) verebbte der Dualismus Staat-Gesellschaft, da nun das Volk selbst Staatsträger geworden war. Aber dieses Volk war nicht homogen, sondern bestand aus gegensätzlichen Klassen, Weltanschauungs- und Berufsgruppen. Dabei wollte sich jede der Staatsmacht und des Verwaltungsapparats zur Durchsetzung der eigenen, partikulären Ziele bedienen. So ging nicht nur der persönliche Bezug der Verwaltenden zu einem Monarchen, sondern auch zu der durch ihn repräsentierten Sinneinheit des Staates verloren. Doch waren die Tradition und die Autorität des Beamtentums allermeist noch so lebendig, dass die Verwaltung nicht so sehr parteienabhängig wurde, als vielmehr in unpolitischer Neutralität gegenüber den rivalisierenden Gruppen und in Loyalität gegenüber der jeweils herrschenden Parteiengruppierung deren pluralistische Kräfte und den eigenen Sachverstand in den Dienst des allgemeinen Wohls stellte.

---

[17] S. näher Geis, Kommunalrecht, 6. Aufl. 2023, § 2 III.

[18] S. näher Hendler S. 8 ff.; Frotscher/Pieroth, Verfassungsgeschichte, 4. Aufl. 2003, § 7 IV 2; Kahl/Ludwigs VerwaltungsR-HdB/Otto § 3 Rn. 46 ff.

[19] S. näher Kahl, Die Staatsaufsicht, 2000, S. 69 ff.

[20] Krabbe, Kommunalpolitik und Industrialisierung, 1985; Blotevogel, Kommunale Leistungsverwaltung und Stadtentwicklung, 1990.

[21] S. Kluth, Funktionale Selbstverwaltung, 1997.

[22] S. Stober, Der Ehrenbeamte in Verfassung und Verwaltung, 1981.

2. Staatsverwaltung als Leistungsträger

Organisation und innere Struktur der Verwaltung blieben im Wesentlichen unverändert. Die sozialen Notlagen in und nach dem ersten Weltkrieg, die fortschreitende Entwicklung der (vermassten) Industriegesellschaft, die Inflation und wirtschaftliche Depression stellten ihr freilich zahlreiche neue und schwierige Aufgaben (Rohstoff- und Lebensmittelbewirtschaftung, Wohnungs- und Arbeitsplatzbeschaffung, Versorgung, Fürsorge für Depossedierte ua). Sie zwangen die Staatsverwaltung, in zunehmendem Maße vom bloßen Ordnungsgaranten zum **Leistungsträger** zwecks **Daseinsvorsorge und Sozialgestaltung** zu werden.[23] Damit setzte sich die bereits unter der Monarchie begonnene Umgestaltung der Verwaltung fort und beschleunigte sich durch immer neue Verwaltungsaktivitäten. Diese Rolle führte zu erheblicher Zunahme und damit verbundener Disharmonisierung des Verwaltungsapparats (neben die Beamten traten öffentliche Angestellte), zu neuen Fachsonderverwaltungen (zB Arbeitsverwaltung), zu einer weiteren Bürokratisierung der Selbstverwaltung[24] und zu einer Herausbildung spezieller verwaltungsrechtlicher Materien (Wirtschaftsverwaltungs-, Steuer- und Sozialrecht).[25] 13

3. Fortbestand des überkommenen Verwaltungsrechts

Das der Epoche des liberalen Rechtsstaats entstammende **Verwaltungsrecht** blieb weitgehend unverändert. Dem oft zitierten Wort Otto Mayers 14

„Verfassungsrecht vergeht, Verwaltungsrecht besteht"[26]

kann für die damalige Zeit eine gewisse Berechtigung nicht abgesprochen werden.[27] Da die Grundrechte der WRV nur als Programmsätze ohne unmittelbare Verbindlichkeit verstanden und zudem durch zahlreiche Gesetzesvorbehalte in ihrer Bedeutung geschmälert wurden, war die Verfassungsabhängigkeit des Verwaltungsrechts damals ungleich geringer als heute.[28]

Das allgemeine Verwaltungsrecht blieb auch während der Weimarer Republik im Wesentlichen **Gewohnheitsrecht.** Nur in Württemberg wurde der Versuch einer **Kodifikation** unternommen. Der von einer Kommission für die Landesordnung des Allgemeinen öffentlichen Rechts erarbeitete, 1931 veröffentlichte Entwurf einer **Verwaltungsgerichtsordnung für Württemberg** (mit Anhang des Entwurfs eines **Verwaltungsverfahrensgesetzes**) unternahm es, die allgemeinen Lehren des deutschen, insbesondere des württembergischen Verwaltungsrechts in Rechtssätze zu fassen. Ein verwaltungsrechtlicher Meilenstein war ferner die im Jahre 1931 erfolgte Verabschiedung des **Preußischen Polizeiverwaltungsgesetzes (PrPVG).**[29] Daneben ist das im Jahre 1926 erlassene **Thüringische Landesverwaltungsgesetz** zu erwähnen. Sämt- 15

---

[23] Forsthoff, Die Verwaltung als Leistungsträger, 1938.
[24] S. FS Forsthoff, 1972/Huber, 139 ff. u. Bachof VVDStRL 30 (1972), 207 ff.
[25] Stolleis, Geschichte des öffentlichen Rechts III, S. 216 ff.; Hoffmann-Riem/Schmidt-Aßmann VerwaltungsR-HdB I/Stolleis, § 2 D III; Kahl/Ludwigs VerwaltungsR-HdB/Otto § 3 Rn. 37 ff.
[26] Deutsches Verwaltungsrecht, 3. Aufl. 1924, V.
[27] S. auch Ellwein VerwArch 87 (1996), 1 (16); Hoffmann-Riem/Schmidt-Aßmann/Voßkuhle/Ellwein, § 2 D III; Schmidt-De Caluwe, Der Verwaltungsakt in der Lehre Otto Mayers, 1998.
[28] S. auch Bachof VVDStRL 30 (1972), 204 f.
[29] Stolleis Geschichte ÖffR III, 130 ff.

liche Normierungen waren Vorläufer und Impulsgeber der in der Bundesrepublik in Angriff genommenen verwaltungsrechtlichen Polizei- und Verfahrensgesetze.

§ 10. Die Verwaltung im totalitären „Führer"-Staat

Schrifttum: Achterberg DÖV 1979, 576 ff. (584 f.): Strukturen der Geschichte der Verwaltung; Anderbrügge, Völkisches Rechtsdenken, 1978; Böckenförde, Staatsrecht und Staatsrechtlehre im Dritten Reich, 1985; Bracher, Die deutsche Diktatur, 6. Aufl. 1979; Bracher/Funke/Jacobsen, Nationalsozialistische Diktatur 1933–1945, 1983; Bracher/Sauer/Schulz, Die nationalsozialistische Machtergreifung, 3. Aufl. 1984; Broszat, Der Staat Hitlers, 9. Aufl. 1981; Buchheim/Broszat/Jacobsen/Krausnick, Anatomie des SS-Staates, 3. Aufl. 1983; Craig, Deutsche Geschichte. 1866–1945, 1980; Dreier/Pauly VVDStRL 60 (2001), 9 ff.: Die deutsche Staatsrechtslehre in der Zeit des Nationalsozialismus; Echterhölter, Das öffentliche Recht im nationalsozialistischen Staat, 1970; Forsthoff, Der totale Staat, 1933; Frotscher/Pieroth, Verfassungsgeschichte, 20. Aufl. 2022, § 19; Hampel, Der Nationalsozialismus I, 1985; Hirsch/Majer/Meinck, Recht, Verwaltung und Justiz im Nationalsozialismus, 1984; Hollah, Zur Geschichte des Dienstrechtspolitik im Innenministerium, 2021; Hubatsch, Grundriss zur deutschen Verwaltungsgeschichte 1815–1945. Reihe A (Preußen). Reihe B (übrige Länder) I–XII, 1975–1981; Isensee/Kirchhof StaatsR-HdB I/Grawert, S. 143 ff.: Die nationalsozialistische Herrschaft; Kahl/Ludwigs VerwaltungsR-HdB, § 4: Verwaltung in der NS-Zeit; Kroeschell, Rechtsgeschichte Deutschlands im 20. Jahrhundert, 1992, S. 70 ff.; Majer, Fremdvölkische im Dritten Reich, 1981; Mann/Püttner Kommunale Wissenschaft-HdB I/Matzerath, 2007, § 8: Die Zeit des Nationalsozialismus; Maunz, Neue Grundlagen des Verwaltungsrechts, 1934; Meyer-Hesemann, Methodenwandel in der Verwaltungsrechtswissenschaft, 1981; Meyer-Hesemann ASRP Beiheft 18 (1983), 140 ff.: Modernisierungstendenzen in der nationalsozialistischen Verwaltungsrechtswissenschaft; Mommsen, Beamtentum in Dritten Reich, 1966; Rebentisch, Führerstaat und Verwaltung im zweiten Weltkrieg. Verfassungsentwicklung und Verwaltungspolitik 1939–1945, 1989; Rebentisch/Teppe, Verwaltung kontra Menschenführung im Staat Hitlers, 1985; Reifner, Das Recht des Unrechtsstaates, 1981; Safferling/Dauner-Lieb NJW 2023, 1038 ff.: Juristisches Faktenwissen zum nationalsozialistischen Unrecht; Schmitt, Der Hüter der Verfassung, 1931; Smend, Verfassung und Verfassungsrecht, 1928; Stern StaatsR V, § 130; Stolleis JuS 1982, 645 ff.: Die Rechtsordnung des NS-Staates; Stolleis, Geschichte des öffentlichen Rechts in Deutschland III. 1914–1945, 1999.

I. Der Staat als Vollzugsapparat einer Partei

1. Die Rolle der Präsidialregierungen

1 Das Versagen des parlamentarischen Staates vor den schwierigen Aufgaben der Regierung pluralistischer Massenstaaten in Zeiten der Depression führte neben anderen Gründen im Deutschen Reich (1933–1945) und anderwärts zu einer weitgehenden revolutionären Beseitigung der demokratischen und liberalen Prinzipien des bürgerlichen Rechtsstaates. Gleichzeitig wurden unter Ausnützung der Abhängigkeit der Menschen in der industriellen Gesellschaft polizeistaatsähnliche Verhältnisse wiederhergestellt. Der Staat wurde zum Vollzugsapparat einer gesellschaftlichen Macht oder einer „Partei". Seinem Zugriff in persönliche Lebensbereiche, Verhalten und Eigentum waren keine grundsätzlichen rechtlichen Schranken gezogen.

2 Den Übergang bildete in Deutschland 1930–1932 ein autoritärer **Präsidialstaat.** Insbesondere der vom Volk gewählte **Reichspräsident** als „Hüter der Verfassung" versuchte, an Stelle der – zu konstruktiven Beschlüssen – unfähigen Volksvertretung (C. Schmitt)[1] das Reich zu integrieren (R. Smend). Er suspendierte wichtige Grundrechte nach Bedarf, erließ gesetzgleiche Verordnungen an Stelle von Gesetzen (**Notverordnungen** nach Art. 48 II WRV – sog. **Diktaturparagraf**) und intensivierte die Verwaltung im Sinne der Daseinsvorsorge und Sozialgestaltung.

[1] S. näher Safferling/Dauner-Lieb NJW 2023, 1038.

2. Nationalsozialistische Machtergreifung

Die am 30.1.1933 erfolgte Betrauung Adolf Hitlers mit der Regierungsbildung (**„nationalsozialistische Machtergreifung"**) geschah zwar noch in legaler Form durch Bildung eines weiteren Präsidialkabinetts, doch überspielten der revolutionäre Schwung der nationalsozialistischen „Bewegung" und der Wille ihrer Führer zur rücksichtslosen Durchsetzung ihrer Ziele in kürzester Zeit alle verfassungsrechtlichen Sicherungen. Die Machtergreifung beendete den Rechtsstaat und ermöglichte einen hemmungslosen Polizeiterror mit **„Schutzhaft"** und **Konzentrationslagern**.[2] Der Reichstag wurde am 1.2.1933 aufgelöst, im neu gewählten Reichstag hatten Nationalsozialisten und Deutschnationale – nach verfassungswidriger Ausschaltung der Kommunisten Partei – die Mehrheit. 3

Der eingeschüchterte Reichstag beschloss am 23.3.1933 gegen die Stimmen der SPD das sog. **Ermächtigungsgesetz** (Gesetz zur Behebung von Not von Volk und Reich), das es der Reichsregierung ermöglichte, auch von der formal weitergeltenden Reichsverfassung abweichende Reichsgesetze zu erlassen.[3] Die Übertragung der Gesetzgebungskompetenz an die Reichsregierung verbunden mit der Richtlinienkompetenz des Reichskanzlers Hitler begründete den sog. **„Führerstaat"** iSe Alleinherrschaft des Reichskanzlers, der unabhängig von anderen staatlichen Instanzen Vorschriften setzten konnte. Mit der Beseitigung der Gewaltenteilung wurde die scheinlegale Rechtsbasis für den Staats- und Verwaltungsumbau in Richtung Nationalsozialismus gelegt.[4] Am 2.5.1933 wurden die Häuser der Gewerkschaften besetzt, am 22.6.1933 die SPD verboten, andere demokratische Parteien lösten sich selbst auf. Durch Gesetz vom 14.7.1933 wurde die Nationalsozialistische Deutsche Arbeiterpartei (NSDAP) zur einzig zugelassenen Partei erklärt und damit ein **Einparteienstaat** auch rechtlich institutionalisiert. 3a

Der Reichsrat wurde durch Gesetz vom 14.2.1934 aufgehoben. Die Ämter des Reichspräsidenten und des Reichskanzlers wurden nach dem Tode Hindenburgs durch Gesetz vom 1.8.1934 in der Hand Hitlers vereint, der dadurch Reichsoberhaupt wurde. Am 4.2.1938 übernahm Hitler, der sich bereits nach der Röhm-Affäre (30.6.1934) und der damit verbundenen Mordaktion zum „obersten Richter" proklamiert hatte, auch die Befehlsgewalt über die Wehrmacht. Damit war die **Diktatur** vollendet. 4

Das nationalsozialistische Deutschland war nach Beseitigung der Eigenstaatlichkeit der Länder ein **Einheitsstaat,** dessen Herrschaft ausschließlich in Händen des **„Führers"**[5] und der von ihm geleiteten (einzigen) Partei, der NSDAP, lag. Alleiniger Zweck dieses Staates war die Erhaltung und Mehrung der Macht des Artvolkes, das von einer pseudowissenschaftlichen **Rassentheorie** als allein wertvoll erachtet wurde („arische Herrenrasse"). „Artfremde", insbesondere Juden und Zigeuner, im Kriege auch Polen und andere Slawen wurden als minderwertig verfemt und entrechtet, so- 5

[2] Notverordnung „zum Schutz von Volk und Staat" vom 28.2.1933, in der alle in Notzeiten vorübergehend aufhebbaren Rechte der WRV beseitigt wurden.

[3] S. näher Stern StaatsR V, § 130 I 5.

[4] Austermann, Ein Tag im März, 2022.

[5] S. zum Führerprinzip auch Frotscher/Pieroth, Verfassungsgeschichte, 20. Aufl. 2022, § 19 II; Dreier VVDStRL 60 (2001), 9 (46 ff.).

fern nicht außenpolitische Nützlichkeiten die Anerkennung ihrer „Gleichwertigkeit" angezeigt erscheinen ließen. Dieser Ideologie entsprach die grundsätzliche Ablehnung individueller Freiheitsrechte und ihre Ersetzung durch die „totale Inpflichtnahme jedes einzelnen für die Nation" (Forsthoff). Ebenso folgte daraus die radikale Beseitigung jeder Art von (horizontaler wie vertikaler) Gewaltenteilung und damit auch der Unabhängigkeit der Gerichte.

II. Verwaltungsorganisation nach dem Führerprinzip

1. Aufbau einer einheitlichen parteiorientierten Verwaltung

6 **Die Verwaltung** wurde ihrer Eigenständigkeit beraubt und – jedenfalls dem Grundsatz nach, nicht durchweg auch in der Praxis – zu einem vom „Führer" und seiner Partei beliebig einsetzbaren Apparat degradiert.[6] Zu diesem Zweck wurde die **Verwaltungsorganisation** stark gestrafft. Die Länder wurden nicht nur parteipolitisch „gleichgeschaltet" und **Reichsstatthaltern** unterstellt.[7] Sie verloren auch durch das **Neuaufbaugesetz** vom 30.1.1934 ihre Selbstständigkeit, so dass alle Staatsverwaltung zur Reichsverwaltung wurde.[8] Ebenso erging es 1939 den Gemeinden und Gemeindeverbänden, nachdem ihnen mit Art. 127 WRV erstmals eine verfassungsrechtliche Garantie der kommunalen Selbstverwaltung eingeräumt wurde. Ihnen wurde durch die **Deutsche Gemeindeordnung** (DGO) von 1935 das verfassungsrechtlich zugeordnete Grundrecht eigener Wahl ihrer Organe genommen. Alle Verwaltungskollegien wurden beseitigt und durch nach dem **„Führerprinzip"** (dh monokratisch) verfasste Behörden ersetzt. Diese Umstrukturierung erstreckte sich auch auf die Gemeindeverwaltung, deren Leiter nur von der Partei gebildete „Beiräte" ohne Entscheidungsgewalt zur Seite gestellt waren.[9] In ähnlicher Weise wurden **„Stände"** ohne echte Selbstverwaltung geschaffen und überhaupt fast alle Berufe und Gewerbe (in Reichsnährstand, Arbeitsfront, Marktordnungsverbänden ua) öffentlich-rechtlich organisiert.[10] Auf diese Weise wurden die Mitglieder hoheitlichem Zwang durch die die Organisation führenden Vertrauensleute der Partei unterworfen und die Organisation selbst der Staatsaufsicht[11] unterstellt. Mit dem kriegsvorbereitenden Erlass über die Vereinfachung der Verwaltung vom 28.10.1939 wurden schließlich alle **Körperschaften des öffentlichen Rechts,** darunter auch die Gemeinden und Gemeindeverbände, zu nachgeordneten Dienststellen der Reichsverwaltung.

7 Auf allen Ebenen der Verwaltung wurden Beauftragte und Kommissare eingesetzt. Die stärkste Stellung hatte der **Gauleiter** inne. Er verklammerte als Reichsstatthalter bzw. Oberpräsident Partei und Staatsverwaltung. Die gesamte **Polizei** wurde einem Chef unterstellt und ihr wichtigster Zweig, die **(politische) Sicherheitspolizei,** mit überzeugten Anhängern der Partei besetzt und 1934 als **Geheime Staatspolizei (Gestapo)** verselbstständigt. Nach der Röhm-Affäre gelang es dem Führer der **Schutzstaffel (SS)** Heinrich Himmler, die gesamte Polizei in der Eigenschaft als „Reichsführer SS und Chef der deutschen Polizei im Reichsministerium des Innern" in seine

[6] S. näher Majer VerwArch 99 (1990), 163 ff.
[7] S. zur Gleichschaltung näher Craig S. 507 ff.
[8] S. näher Stern StaatsR V, § 130 II.
[9] S. näher Geis, Kommunalrecht, 6. Aufl. 2023, § 2 Rn. 28 ff.
[10] S. näher Hendler S. 174 ff.
[11] S. Kahl, Die Staatsaufsicht, 2000, S. 220 ff.

Hand zu bekommen und zu einem allseits gefürchteten Terrorinstrument auszubauen.

Die **NSDAP** selbst wurde mit eigener, gegenständlich nur unklar begrenzter hoheitlicher Gewalt ausgestattet.[12] Sie unterhielt eigene Dienststellen, die denen der unmittelbaren und mittelbaren Staatsgewalt entsprachen. Das führte praktisch zu fast ständigen Reibungen zwischen „Verwaltung" und „Partei",[13] die keineswegs durch die Parteimitgliedschaft der Beamten gemildert wurden. Denn diese fühlten sich allermeist in erster Linie dem Volke, dem „Führer" jedoch (nur) als Staatsoberhaupt verpflichtet. Während auf Seiten der klassisch arbeitenden Verwaltung zumeist die sachlichen Interessen an einer möglichst guten Erledigung der Verwaltungsaufgaben, unter Abwehr der für Recht und Gemeinwohl abträglichen Tendenzen der Partei, überwogen, verfocht die NSDAP-Verwaltung in erster Linie propagandistische, machtpolitische, personalpolitische und ideologische Interessen. Zur Verbreitung ihres Gedankengutes und zu Einschüchterung der Bevölkerung griff die NSDAP unter der Leitung des Propagandaministers Goebbels auf das neu verfügbare Medium Rundfunk zurück, das in Betrieben und zuhause auf Volksempfängern gehört werden konnte. Aufgrund des **Gesetzes zur Wiederherstellung des Berufsbeamtentums** vom 7.4.1933 wurden politisch oder rassisch missliebig Beamte entlassen und weitgehend durch Parteigünstlinge ersetzt. Gleichzeitig wurden überkommene Ideale der deutschen öffentlichen Verwaltung ausgehöhlt und aufgegeben. Die Beamten hatten bei Entscheidungen nicht die Rechte des Individuums, sondern bei der Güterabwägung insbesondere die Interessen des deutschen Volkes und der arischen Rasse in den Vordergrund zu stellen.[14] Das am 26.1.1937 verkündete Deutsche Beamtengesetz betonte vornehmlich die Pflichten und die Verantwortung der Beamten gegenüber dem Führer und dem nationalsozialistischen Staat. 8

2. Verwaltungsrecht im parteiideologischen Sinne

Wesentliche Änderungen des **Verwaltungsrechts** betrafen neben der Verwaltungsorganisation insbesondere das materielle Verwaltungsrecht. Seine Aufgabe bestand zunehmend darin, zur Disposition der Partei zu stehen und der Auslegung des Begriffs **„nach gesundem Volksempfinden"** zu entsprechen. Als Recht galt, was der „Führer", auch unter Durchbrechung formeller Gesetze befahl. An die Stelle der Gesetzmäßigkeit der Verwaltung rückte das **Gebot der materiellen „Rechtmäßigkeit" im parteiideologischen Sinne.** Die aufgehobenen **subjektiven Grundrechte** wurden ersetzt durch eine **(objektive) „Rechtsstellung der Volksgenossen",** die diese aber zunehmend nur im Maße ihrer parteitreuen Pflichterfüllung genossen. Denn die bürgerliche Freiheit musste dem Zwang zur **„Volksgemeinschaft"** und dem als „Gemeinnutz" hingestellten angeblichen Volksinteresse weichen **(„völkischer" Staat).**[15] Anstelle der Gleichheit trat einerseits eine Bevorrechtigung der Machthaber und ihres Anhangs und andererseits eine völlige Rechtlosigkeit der Erbkranken und anderen sog. „lebensunwerten" Menschen, Juden und der Parteigegner. In diesem Zusammenhang wurden mehrere Gesetze erlassen. 9

[12] Gesetz zur Sicherung der Einheit von Partei und Staat v. 1.12.1933, RGBl. I 1016; s. auch Stern StaatsR V, § 130 III 3; s. näher Frotscher/Pieroth, Verfassungsgeschichte, 4. Aufl. 2003, § 19 V.

[13] S. näher Craig, Deutsche Geschichte 1866–1945, 1980, S. 517 ff.

[14] Hollah, Geschichte der Dienstrechtspolitik des Innenministeriums/Günther, 2021, 31 (49).

[15] Stern StaatsR V, § 130 III; Dreier VVDStRL 60 (2001), 9 (33 ff.).

Beispiele: Blutschutzgesetz, Reichsbürgergesetz, Gesetz zur Verhütung erbkranken Nachwuchses.

9a Diese Gesetze waren die Grundlage für Zwangssterilisierungen und Tötungen sog. „unwerten" Lebens, die insbesondere in Gaskammern spezieller Tötungsanstalten erfolgten.[16] Wenngleich diese Handlungen formal strafbar waren, wurden sie nicht von Amts wegen verfolgt und Strafanzeigen wurden nicht bearbeitet. Ermöglicht wurde diese Willkürherrschaft nicht zuletzt durch die Abschaffung gerichtlicher Nachprüfbarkeit von Maßnahmen der politischen Polizei (§ 7 prG über die Geheime Staatspolizei v. 10.2.1936). Die **Notdienstverordnung** v. 13.2.1939 und das **Reichsleistungsgesetz** v. 13.7./1.9.1939 räumten der Verwaltung die Möglichkeit zu fast unbeschränkten Verfügungen über Arbeitskraft und Vermögen ohne gerichtliche Überprüfbarkeit ein. Das Schrifttum stellte sich teilweise willig in den Dienst des Nationalsozialismus. Insbesondere lieferte es die Begründung für die Zulässigkeit der Überwindung des Verwaltungsrechts des bürgerlichen Rechtsstaates und für das Führerprinzip in der Verwaltung. Gleichzeitig entwickelte sich die nicht durch nationalsozialistisches Gedankengut belastete Rolle der Verwaltung als Träger der **Daseinsvorsorge** (→ § 4 Rn. 16 ff.) weiter.

§ 11. Die Verwaltung in der Deutschen Demokratischen Republik

Schrifttum: Akademie für Staats- und Rechtswissenschaft der DDR, Verwaltungsrecht, 2. Aufl. 1988; Akademie für Staats- und Rechtswissenschaft der DDR, Staatsrecht der DDR, 2. Aufl. 1984; Bender/Falk, Recht im Sozialismus, 1999; Benjamin/Möbis/Penig, Funktion, Aufgaben und Arbeitsweise der Ministerien, 1973; Bernet StuR 29 (1990), 389 ff.: Entwicklung und Zustand der Verwaltungsrechtswissenschaft in der DDR; Bönninger, Theorie des Verwaltungsrechts im administrativen System und im demokratischen Rechtsstaat, Neue Justiz 1990, 102 ff.; Bönninger/Hochbaum/Lekschas/Schulze, Das Verwaltungsrecht der Deutschen Demokratischen Republik. Allgemeiner Teil, 1957; Brunner, Deutsche Verwaltungsgeschichte V, 1987, 1218 ff.: Die Verwaltung in der SBZ und DDR; Brunner, Einführung in das Recht der DDR, 2. Aufl. 1979; Dreier/Eckert/Mollnau/Rottleuthner, Rechtswissenschaft in der DDR 1949–1971. Dokumente, 1996; Hauschild, Die örtliche Verwaltung im Staats- und Verwaltungssystem der DDR, 1991; Hoeck, Verwaltung, Verwaltungsrecht und Verwaltungsrechtsschutz in der DDR, 2003; Isensee/Kirchhof StaatsR-HdB I/Brunner, § 10: Das Staatsrecht der DDR; Jeserich/Pohl/v. Unruh, Deutsche Verwaltungsgeschichte V. Die Bundesrepublik Deutschland – Die Verwaltung in der SBZ und DDR –), 1987; Kahl/Ludwigs VerwaltungsR-HdB/Waldhoff, § 11: Verwaltung und Verwaltungsrecht; König, Verwaltungsstrukturen der DDR, 1990; König VerwArch. 1982, 37 ff.: Kaderverwaltung und Verwaltungsrecht; Mampel, Die sozialistische Verfassung der DDR, 2. Aufl. 1982; Roggenmann, Kommunalrecht und Regionalverwaltung in der DDR, 1987; Schulze/Misselwitz VerwArch. 69 (1978), 251 ff.: Wege und Perspektiven des Verwaltungsrechts und der Verwaltungsrechtswissenschaften in der DDR; Stern StaatsR V, § 134; Stolleis, Geschichte des öffentlichen Rechts in Deutschland IV. 1945–1990, 2012; Timmermann, Deutsche Fragen, 2001; Timmermann, Die DDR – Analysen eines aufgegebenen Staates, 2001; Ule DVBl. 1985, 1029 ff.: Gesetzlichkeit in der Verwaltung durch Verwaltungsverfahren und gerichtliche Kontrolle in der DDR; Weidenfeld, Das doppelte Deutschland, 2024; Wesel, Geschichte des Rechts, 1997, 487 ff.; Westen/Meissner/Schroeder, Der Schutz individueller Rechte und Interessen im Recht sozialistischer Staaten, 1980.

I. Demokratischer Zentralismus und zentrale Verwaltungswirtschaft

1 Die Verwaltungsrechtsentwicklung in der Nachkriegszeit ist nicht einheitlich erfolgt. Sie ist vielmehr geprägt durch das Auseinanderfallen Deutschlands in die **westlichen Besatzungszonen** und in die **Ostzone**, die spätere **DDR.** Dadurch entstand ein gespaltenes Verwaltungsrecht, das erst nach der Wiedervereinigung zu einem einheit-

[16] Siehe näher Safferling/Dauner-Lieb NJW 2023, 1038 (1041).

lichen Verwaltungsrecht zusammengefügt werden konnte (→ § 12 Rn. 7 ff.). Während die Rechtsentwicklung in den westlichen Besatzungszonen und später in der Bundesrepublik Deutschland von dem Bestreben nach Wiederherstellung und weiterem Ausbau des **demokratisch verfassten Rechts- und Verwaltungsstaates** geleitet war (→ § 12 Rn. 1 ff.), stand die Neuordnung der politischen Verhältnisse in der sowjetischen Zone von Anfang an unter dem von der Besatzungsmacht nachdrücklich geförderten Ziel, eine **sozialistische Herrschaftsordnung** zu errichten.[1] Dem diente neben zahlreichen Einzelmaßnahmen (Enteignung von Grundbesitz und Produktionsmitteln, Umgestaltung des öffentlichen Dienstes, Umbau des Schul- und Hochschulwesens ua) vor allem die 1946 zwangsweise herbeigeführte Vereinigung der SPD mit der KPD zur **Sozialistischen Einheitspartei Deutschland (SED),** die von nun an die führende Rolle in Staat und Gesellschaft übernahm.

Die öffentliche Verwaltung in der damaligen **Sowjetunion,** in den verbündeten mittel- und osteuropäischen Staaten sowie in der **Deutschen Demokratischen Republik** (Art. 6 DDR-Verf) ähnelte dem Typ der Verwaltung im totalitären Führerstaat (→ § 10 Rn. 1 ff.). An die Stelle des „Führers“ trat jedoch die kollektive Führerschaft einer Partei und an Stelle der Artvolk-Ideologie die des dialektischen Materialismus.[2] Danach sollte der fortschrittliche Staat, solange bis er sich in der klassenlosen Gesellschaft erübrigt, von den arbeitenden Massen getragen und von der herrschenden Partei geführten Massenorganisationen repräsentiert werden. Diese Organisationen und die in den Volksdemokratien sonst noch zugelassenen politischen Parteien und insbesondere die herrschende Partei bildeten das verfassungsrechtliche Hauptorgan. Bei ihm war nominell die leitende Ausübung der Staatsgewalt ungegliedert konzentriert (sog. **„demokratischer Zentralismus“,** Art. 47 I DDR-Verf).[3] Die Regierung war deren Exekutivausschuss **(Blocksystem).** Der Zentralismus wirkte sich insbesondere auf die Verwaltungsorganisation und -gliederung aus, die der Durchsetzung politischer Ziele diente. Da die **Länder** entbehrlich waren, wurden sie aufgelöst.[4] Die **Kommunen** wurden zu örtlichen Verwaltungen der DDR herabgestuft und verloren ihr Selbstverwaltungsrecht.[5] Stattdessen wurden Bezirke gebildet, die als Unterbau der zentralistischen Regierungsverwaltung fungierten. **Demokratischer Zentralismus** bedeutet einerseits die unbedingte Verbindlichkeit aller Akte der übergeordneten für die nachgeordneten Organe und die jederzeitige Aufhebbarkeit von Akten der Letzten durch die erstgenannten. 2

Kernziel der Verwaltungspolitik war es, die Herrschaft der kommunistischen Partei zu sichern und die Bevölkerung in strenger Abhängigkeit zu halten. Dementsprechend hatte auch das Recht der Verwaltung lediglich die Aufgabe, die Ziele der „Arbeiterklasse und ihrer marxistisch-leninistischen Partei“ (Art. 1 I DDR-Verf) durchzusetzen und die Macht der SED-Funktionäre zu erhalten. Diese Ausrichtung verlangte, dass die als „Interessen des Volkes“ ausgegebenen ideologisch und machtpolitischen Parteiinteressen einen fast absoluten Vorrang vor allen Individualinteressen genossen. Aus denselben Gründen hatten die volksdemokratischen Parteien nicht nur sich aller 3

[1] S. auch Schröder JURA 2004, 73 ff.
[2] S. dazu BVerfGE 5, 149.
[3] S. näher Stern StaatsR V § 134 und III 6 und IV.
[4] S. zu den Dokumenten am Beispiel Sachsen Stober, Quellen zur Entstehungsgeschichte der Sächsischen Verfassung, 1994, S. 59 ff.
[5] S. näher Geis, Kommunalrecht, 6. Aufl. 2023, S. 16.

wesentlichen Produktionsmittel versichert, sondern auch die Produktion und die Verteilung der Wirtschaftsgüter zum größten Teil selbst übernommen. Darüber hinaus hatten sie sogar die Gestaltung des gesamten gesellschaftlichen, einschließlich des kulturellen Lebens für sich monopolisiert. Insofern waren die sozialistischen Staats- und Verwaltungsordnungen von der **Einheit von Recht und Ökonomie** geprägt (Art. 9 ff. DDR-Verf), die durch den alles Mögliche als öffentliche Angelegenheit regelnden Plan **(zentral gelenkte Verwaltungswirtschaft)** konkretisiert wurde.[6] Diese Ausrichtung erschwerte den eigentlich politisch angestrebten Wettbewerb mit der ökonomisch und sozial florierenden Bundesrepublik, der nur durch Subventionen unzureichend ausgeglichen werden konnte.

II. Sozialistische Gesetzlichkeit und Verwaltungsrecht

4 Demgemäß wurden die Gesetze nicht als abstrakte Regelungen, sondern „parteilich" als konkrete, den wechselnden sozialen und wirtschaftlichen Gegebenheiten und politischen Erfordernissen angepasste **Pläne** verstanden. Das Verwaltungsrecht hatte folglich keinen Eigenwert, sondern musste sich dem Primat der Politik unterordnen.[7] Deshalb bedeutete die an die Stelle der Gesetzmäßigkeit der Verwaltung getretene auf der marxistisch-leninistischen Rechtslehre beruhende **„sozialistische Gesetzlichkeit"**[8] unmittelbare Planunterwerfung im Sinne der

„Einheit von strikter Einhaltung der Gesetze und der Parteilichkeit ihrer Anwendung".

Dieses Prinzip galt nicht nur für den Verwaltungsapparat (s. Art. 86 ff. DDR-Verf), sondern auch für alle einzelnen, die auch über staatlich forcierte Massenorganisationen ihre Leistungen in den Dienst der Gemeinschaft stellen sollten.

5 Die Verwaltung der ehemaligen DDR war keine Basisverwaltung durch die Bürger in ihrer breiten Masse, sondern vielmehr eine **Kaderverwaltung**.[9] Kader sind nach ihrer real-sozialistischen Definition Personen, die auf Grund ihrer politischen und fachlichen Kenntnisse und Fähigkeiten geeignet sind, Kollektive von Werktätigen zur Realisierung gesellschaftlicher Aufgaben zu leiten oder an deren Realisierung mitzuwirken. An der Spitze der Kaderstruktur stand die **Nomenklatura,** die alle gesellschaftlich wichtigen Bereiche leitete. Ihre Besetzung war direkt abhängig von der Partei. Aus dieser Teilhabe an der Herrschaft ergab sich auch die privilegierte gesellschaftliche Stellung der Kader, die zwar von der Parteidoktrin geleugnet, faktisch jedoch geschaffen wurde. Insoweit unterscheiden sich Kader und öffentlicher Dienst westlicher Ausprägung, bei dem die Beamten zwar in einem besonderen Rechts- und Pflichtenverhältnis zum Staat stehen, dabei aber keine hervorgehobene Herrschaftsstellung in der Bevölkerung einnehmen. Die Grundqualifikation der Kader ergab sich aus der politisch-ideologischen Eignung des Betreffenden. Die fachliche Qualifikation war nachrangig und wurde erst sekundär durch ideologisch geprägte Schulungen und Einrichtungen vermittelt.

6 Bei diesem Verwaltungsverständnis konnte von Verwaltungsrecht im überkommenen Sinne kaum die Rede sein, das im Übrigen wegen seiner bürgerlichen Tendenzen kritisiert wurde. Folglich war es nur konsequent, dass auf der **Babelsberger Konferenz**

[6] S. zu diesem Modell Stober/Korte ÖffWirtschaftsR AT, § 4 Rn. 101 ff.
[7] Kahl/Ludwigs VerwaltungsR-HdB/Waldhoff § 11 Rn. 42.
[8] Stolleis, Sozialistische Gesetzlichkeit, 2009.
[9] K. König VerwArch 73 (1982), 37 ff.

am 2. und 3. 4. 1958 unter Hinweis auf eine Ablehnung des Verwaltungsgebarens der Bourgeoisie und dem Rückgriff auf den stalinistischen Herrschaftsanspruch die Abschaffung dieses Rechtsgebietes gefordert und durchgesetzt wurde.[10] Nach der Verfassungsrevision 1967/1974 kam es zu einer Rückbesinnung auf die Materie Verwaltungsrecht.[11] Denn man hatte erkannt, dass auch eine sozialistisch orientierte Rechtsordnung über eine funktionsfähige Verwaltung und über entsprechende Regeln verfügen musste.[12] Seine offizielle Rehabilitierung fand das Verwaltungsrecht als **„sozialistisches Verwaltungsrecht"** in einem Beschluss des Ministerrats vom 18. 10. 1976 über die Forschungsaufgaben der Akademie für Staats- und Rechtswissenschaft der DDR in den Jahren 1976–1980, in dessen Vollzug ua ein neues Lehrbuch des Verwaltungsrechts von einem Autorenkollektiv erarbeitet wurde.[13] Das Verwaltungsrecht wurde – in Übereinstimmung mit der herrschenden sowjetischen Auffassung – als der Zweig des einheitlichen sozialistischen Rechts definiert, dessen Normen die sozialistischen gesellschaftlichen Verhältnisse regelte, die im Prozess der vollziehenden Tätigkeit der Organe des Staatsapparates bei der ständigen operativen Leitung der gesellschaftlichen Entwicklung gestaltet werden.[14] Allerdings beschränkte sich die Publikation im Wesentlichen auf die Wiedergabe der offiziellen Parteilinie und vermied strikt jede kritische Auseinandersetzung.[15]

Die Durchsetzung des Rechts beschränkte sich auch nach der Verfassungsreform auf 6a die Möglichkeit, **Eingaben** zu machen, denen aber weder Ansprüche noch Klagerechte gegenüberstanden (Art. 103 I DDR-Verf).[16]

III. Krise und Auflösung des sozialistischen Staats- und Verwaltungssystems

Insbesondere wirtschaftliche Probleme, die unzureichende Versorgung der Bevölke- 7 rung mit Gütern des täglichen Bedarfs sowie die unflexible Zentralisierung sämtlicher Abläufe führte im sozialistischen Staats- und Verwaltungssystem zu einer tiefen Krise.[17] Sie endete mit der Auflösung der Sowjetunion, dem Zusammenbruch des sog. Ostblocks und der Wiedervereinigung Deutschlands (→ § 12 Rn. 7 ff.). Der Übergang vom **„real existierenden Sozialismus"** sowie der Alleinherrschaft der Staatspartei und ihrer Kader zum sozialen Rechtsstaat wurde maßgeblich durch die KSZE-Konferenzen (**Konferenz über Sicherheit und Zusammenarbeit in Europa)** und der „Perestroika"-(Veränderungs-)Politik des sowjetischen Parteichefs Michail Gorbatschow beeinflusst.[18] In der **Charta von Paris** v. 21. 11. 1990 haben sich die

[10] S. näher Ule DVBl 1985, 1029 (1037); Eckert, Neue Justiz 1992, 12; Eckert, Die Babelsberger Konferenz v. 2./3. 4. 1958, 1993; Dreier ua, Rechtswissenschaft in der DDR 1949–1971, 1996; Güpping, Die Bedeutung der „Babelsberger Konferenz" von 1958 für die Verfassungs- und Wissenschaftsgeschichte der DDR, 1997; Bernhardt, Die Deutsche Akademie für Staats- und Rechtswissenschaft „Walter Ulbricht" 1948–1971, 1997; Hoffmann-Riem/Schmidt-Aßmann/Voßkuhle GVwR I/Stolleis, § 2 G; Stolleis, Geschichte des öffentlichen Rechts in Deutschland IV, 2012, S. 301 ff.

[11] S. etwa Schulze, Die Rolle des Verwaltungsrechts bei der Erhöhung der Wirksamkeit der Arbeit des Staatsapparates, 1983, S. 16 ff.; Hoeck, Verwaltung, Verwaltungsrecht und Verwaltungsrechtsschutz in der DDR, 2003, S. 371 ff.; Stolleis, Sozialistische Gesetzlichkeit, 2009, 150 ff.

[12] FS Mampel, 1983/Püttner, 143 ff.

[13] S. näher Stolleis, Geschichte des öffentlichen Rechts in Deutschland IV, 2012, S. 558 ff.

[14] Autorenkollektiv, Verwaltungsrecht. 2. Aufl. 1988, S. 36; Bernet DS 1990, 389 (402).

[15] S. näher Benda/Maihofer/Vogel VerfassungsR-HdB IX/Loschelder § 217 Rn. 21 ff.

[16] IdFv 7. 10. 1974.

[17] S. näher Stern StaatsR V, § 134 VI.

[18] S. näher Isensee/Kirchhof StaatsR-HdB I/Luchterhandt, § 10 F III.

Staats- und Regierungschefs der Teilnehmerstaaten aus Ost und West zum Demokratie- und Rechtsstaatsprinzip sowie zur Beachtung der Grund- und Menschenrechte bekannt. Der Umbau in den betroffenen Ländern erfolgte allerdings in unterschiedlichen Geschwindigkeiten und unter verschiedenen äußeren Bedingungen. Teilweise wurden ehemalige Ostblockstaaten Mitglied der Europäischen Union (→ § 12 Rn. 19).

§ 12. Die Verwaltung in der Bundesrepublik Deutschland

Schrifttum: Bachof VVDStRL 30 (1972), 193 ff.: Die Dogmatik des Verwaltungsrechts vor den Gegenwartsaufgaben der Verwaltung; Badura DÖV 1968, 446 ff.: Auftrag und Grenzen der Verwaltung im sozialen Rechtsstaat; Benda/Maihofer/Vogel VerfassungsR-HdB I/Stolleis, § 5: Besatzungsherrschaft und Wiederaufbau; Benz, Die Gründung der Bundesrepublik, 1984; Bernet/Lecheler, Die DDR-Verwaltung im Umbau, 1990; Bracher/Eschenbach/Fest/Jaeckel, Geschichte der Bundesrepublik Deutschland I–VI, 1981–1983; Brachmann LKV 1991, 12 ff.: Öffentliches Recht in den neuen Bundesländern nach dem Einigungsvertrag; Brunner JuS 1991, 353 ff.: Was bleibt übrig vom DDR-Recht nach der Wiedervereinigung; Degenhart JuS 1993, 627 ff.: Deutsche Einheit und Rechtsangleichung; Forsthoff/Bachof ua VVDStRL 12 (1954), 8 ff.: Begriff und Wesen des sozialen Rechtsstaates; Frowein/Isensee/Tomuschat/Randelzhofer VVDStRL 49 (1990), 7 ff.: Deutschlands aktuelle Verfassungslage; Grosser, Die Geschichte Deutschlands seit 1945. Eine Bilanz, 9. Aufl. 1981; Hill, Erfolg im Osten I, 1992, II, 1993; Hoffmann-Riem DÖV 1997, 433 f.: Tendenzen in der Verwaltungsrechtsentwicklung; Hoffmann-Riem/Schmidt-Aßmann, Innovation und Flexibilität des Verwaltungshandelns, 1994; Hoffmann-Riem/Schmidt-Aßmann, Reform des Allgemeinen Verwaltungsrechts, 1993; Isensee/Kirchhof StaatsR-HdB VIII/Kilian, § 186: Wiedererstehen und Aufbau der Länder im Gebiet der vormaligen DDR; Isensee/Kirchhof StaatsR-HdB IX/Loschelder, § 217: Verwaltung, Armee, Gerichte; Jeserich/Pohl/v. Unruh Deutsche Verwaltungsgeschichte V/v. Unruh, S. 70 ff.: Die Lage der deutschen Verwaltung zwischen 1945 und 1949; Kahl/Ludwigs VerwaltungsR-HdB/Stelkens, §§ 5 f.: Verwaltung von der Besatzungszeit bis zur Wiedervereinigung und Verwaltung im wiedervereinten Deutschland; Kirchhof ua, Die Wiedervereinigung und damit zusammenhängende Rechtsprobleme, 1991; Kloepfer/Kröger DVBl. 1991, 1031 ff.: Rechtsangleichung nach Art. 8 und 9 des Einigungsvertrages; Koch DVBl. 1993, 28 ff.: Von der Verwaltungstransformation zur Verwaltungsintegration?; König DÖV 1991, 177 ff.: Verwaltung im Übergang – vom zentralen Verwaltungsstaat in die dezentrale Demokratie; König DVBl. 1993, 1292 ff.: Transformation der realsozialistischen Verwaltung; König VerwArch. 88 (1997), 545 ff. (555 ff.): Der Verwaltungsstaat in Deutschland; König/Schnapauff, Die deutsche Verwaltung unter 50 Jahren Grundgesetz, 2000; Kunig Jura 1994, 595 ff.: Verwaltung und Verwaltungsrecht im Einigungsprozess; Pitschas, Verwaltungsverantwortung und Verwaltungsverfahren, 1990; Püttner/Bernet, Verwaltungsaufbau und Verwaltungsreform in den neuen Ländern, 1992; Seibel/Benz/Mäding, Verwaltungsreform und Verwaltungspolitik im Prozess der deutschen Einigung, 1993; Starck/Berg/Pieroth VVDStRL 51 (1992), 7 ff.: Der Rechtsstaat und die Aufarbeitung der vorrechtsstaatlichen Vergangenheit; Stelkens DVBl. 1992, 248 ff.: Die Überführung des sozialistischen Verwaltungsrechts; Stern, Deutsche Wiedervereinigung, 1991; Stern, Vier Jahre Deutsche Einheit, 1995; Stern StaatsR II, § 41; Stolleis, Öffentliches Recht in Deutschland. 16.-21. Jahrhundert, 2014; Wahl Schriftenreihe der Jur. Studiengesellschaft Berlin 178 (2006): Herausforderungen und Antworten. Das Öffentliche Recht der letzten fünf Jahrzehnte; Wesel, Geschichte des Rechts, 1997, S. 511 ff.; Willoweit/Schlinker, Deutsche Verfassungsgeschichte, 9. Aufl. 2024, §§ 41 ff.; Zippelius/Würtenberger, Deutsches Staatsrecht, 33. Aufl. 2018, §§ 2, 56.

I. Verwaltung in Westdeutschland bis 1948

1. Verwaltung durch die Militärregierungen

1 Der militärische und politische Zusammenbruch des totalen „Führer"-Staates im Mai 1945 führte zu einem totalen Chaos des öffentlichen Lebens und zum fast völligen Stillstand der öffentlichen Verwaltung. Der Mangel an Nahrungsmitteln und wichtigen Bedarfsgütern, die Zerstörung eines großen Teiles der Wohnungen und vieler

Arbeitsplätze, der Ausfall von Versorgungseinrichtungen, die Verlagerung weiter Bevölkerungskreise infolge von Evakuierungen durch Krieg, Flucht und Ausweisungen sowie der Verfall der Währung führten zu einem großen Ausmaß an sozialer Bedürftigkeit, ohne dass die Möglichkeit bestand, sie auch nur annähernd zu befriedigen.

Es fehlte an einer einheitlichen Staatsgewalt, die nach Kriegsende den Wiederaufbau 2
und die Normalisierung des sozialen Lebens hätte planen und durchführen können. Statt ihrer bemühten sich die **Besatzungsmächte** (USA, Großbritannien, Frankreich, UdSSR) durch ihre **Militärregierungen** nach jeweils ganz verschiedenen Methoden und mit unterschiedlichen Zielen um eine Neuordnung. Sie hatten laut Berliner Erklärung vom 5.6.1945

„die oberste Regierungsgewalt in Deutschland übernommen, einschließlich aller Befugnisse der deutschen Regierung, des Oberkommandos der Wehrmacht und der Regierungen, Verwaltungen oder Behörden der Länder, Städte und Gemeinden",

und das Land in vier Besatzungszonen aufgeteilt. Die höchste Regierungsgewalt über „Deutschland als Ganzes", wurde dem am 30.8.1945 gebildeten **Alliierten Kontrollrat**[1] übertragen. Allerdings konnten die deutschen Behörden schon bald unter strenger Kontrolle der Militärregierungen und ihrer nachgeordneten Dienststellen wieder zu arbeiten beginnen. Die von den jeweiligen Heimatregierungen abhängigen Militärregierungen orientierten sich in der Verwaltungspraxis und in der Verwaltungsgesetzgebung an den Ergebnissen der **Potsdamer Konferenz** (17.7.–2.8.1945) in Schloss Cecilienhof. Sie sahen eine **Demilitarisierung, Denazifizierung, Demokratisierung und Dezentralisierung** vor und zielten insgesamt darauf ab, das NS-System einschließlich seiner Institutionen und der sie stützenden Rechtsordnung zu vernichten.[2] Die innerhalb der Besatzungszonen gebildeten Länder besaßen verwaltungsrechtlich eine Doppelstellung. Einerseits waren sie Vollzugsorgan der Militärregierung. Andererseits hatten sie die Rolle als Repräsentativorgan des Landes gegen die Besatzungsmächte. Einigkeit bestand zunächst darüber, dass die Verwaltung unter Betonung der **kommunalen Selbstverwaltung** weitgehend dezentral aufgebaut werden sollte, wobei sich das kommunale Selbstverständnis der Besatzungsmächte ua in der **süddeutschen Ratsverfassung** (US-amerikanische Zone) und in der **norddeutschen Ratsverfassung** (Britische Besatzungszone) niederschlug.

2. Verwaltungsrechtliche Gesetzgebung

Die Besatzungsmächte beeinflussten intensiv die **verwaltungsrechtliche Gesetzgebung.** Zunächst setzten sie nach und nach spezifisch nationalsozialistische Gesetze außer Kraft. 3

Beispiele: Militärregierungsgesetz Nr. 1 in der amerikanischen Zone, US ABl. Nr. 1, S. 11; Kontrollratsgesetz Nr. 1 v. 20.9.1945.

Gleichzeitig erließen sie ein Verbot, das weitergeltende Recht nach NS-Weltanschauung zu interpretieren bzw. sich an Spruchpraxis und Schrifttum aus der Zeit des Nationalsozialismus zu orientieren.[3] Ferner wurden in den einzelnen Besatzungszonen

[1] S. näher Stern StaatsR V, § 131 III 2.

[2] S. näher Gimbel, Amerikanische Besatzungspolitik in Deutschland 1945–1949, 1971; Stern StaatsR V, § 131 IV.

[3] S. näher FS Helmut Coing, 1982/Stolleis, 383 (387 f.).

Verwaltungsgerichtsgesetze erlassen, die an Stelle des Enumerationsprinzips eine Generalklausel vorsahen und eine Klage auf Vornahme von unterlassenen oder abgelehnten Verwaltungsakten zuließen. § 25 MRV 165[4] enthielt eine Legaldefinition des Verwaltungsaktes, die später nahezu wortgleich in das Verwaltungsverfahrensgesetz übernommen wurde (→ § 45 Rn. 22). Der **Verwaltungsakt** wurde aber nicht nur zum Angelpunkt des gesamten Rechtsschutzsystems, sondern gleichzeitig zum Zentralbegriff des gesamten Verwaltungsrechts.[5] Ferner wurde das **Polizeirecht** reformiert und unter rechtsstaatlichen Gesichtspunkten neu geordnet (Wegfall der Polizeistrafverfügung und der Verwaltungspolizei). Die Ausgestaltung des **Kommunalrechts** orientierte sich – wie dargelegt – am jeweiligen kommunalpolitischen Vorverständnis der Besatzungsmächte.[6]

II. Entwicklung der Verwaltung in der Bundesrepublik Deutschland

1. Zum Verwaltungseinfluss des Verfassungsrechts

4 Nachdem die Besatzungsmächte die Schaffung eines **Grundgesetzes** gestatteten, war die weitere Errichtung und Ausgestaltung des Verwaltungsrechts weitgehend von den Vorgaben der Bundesverfassung geprägt (→ § 1 Rn. 5a und → § 18 Rn. 1 ff.). Zwar konnte das Verwaltungsrecht auf die Systematik und zahlreiche Institute aus der Zeit der polizeistaatlichen und der bürgerlich-rechtsstaatlichen Verwaltungsordnung zurückgreifen (→ § 8 f. Rn. 1 ff.). Insofern zeigt die Verwaltungsgeschichte eine stärkere Kontinuität als die Verfassungsgeschichte.[7] Man denke nur an die Formulierung des Art. 33 V GG, der die Berücksichtigung der **hergebrachten Grundsätze des Berufsbeamtentums** gebietet. Im Übrigen musste das Verwaltungsrecht aber im Lichte des Grundgesetzes entwickelt und interpretiert werden. Das galt insbesondere für die Lösung der Frage nach einer Weiterbeschäftigung der im Dritten Reich tätigen Berufsbeamten, deren Rechtsverhältnisse in dem Gesetz zu Art. 131 GG geklärt wurden. Die bloße Mitgliedschaft in der NSDAP bildete keinen Ausschlussgrund für eine Übernahme. Ganz allgemein war der Aufbau der Verwaltungsrechtsordnung mit einer umfassenden Verrechtlichung und Justizialisierung verbunden.[8]

5 Der Verfassungseinfluss beschränkte sich jedoch weitgehend auf das Grundgesetz. Demgegenüber spielten die teilweise nach der Bundesverfassung entstandenen **Landesverfassungen** für den Neuaufbau des Verwaltungsrechts eher eine marginale Rolle (aber → § 19 Rn. 1 ff.). Das hängt im Wesentlichen damit zusammen, dass die gesetzliche Entwicklung des Verwaltungsrechts auf Grund der durch das Grundgesetz vorgegebenen Verteilung der Gesetzgebungszuständigkeiten weitgehend beim Bund liegt. Diese Kompetenzregel schließt allerdings die Verabschiedung paralleler und vielfach weitgehend inhaltlich gleichlautender Landesgesetze (zB etwa im Sektor Verwaltungsverfahrensrecht) für ihren Verwaltungsbereich indes vielfach nicht aus, zumal die Länder für die **Ausführung der Verwaltung** zuständig sind (→ § 6 Rn. 1 ff. und → § 19 Rn. 1 ff.).

---

[4] Militärregierungsverordnung in der britischen Zone v. 15. 9. 1948, S. 263.
[5] Külz/Naumann, Staatsbürger und Staatsgewalt I/Bachof, 1963, S. 8 f.
[6] S. Diestelkamp JuS 1982, 409 f.
[7] Forsthoff, Verwaltungsrecht, 10. Aufl. 1973 §§ 1, 13; Ellwein VerwArch 87 (1996), 1 (16).
[8] Wahl JZ 2013, 369 (377).

2. Zentrale Verwaltungsgesetze

Der Bund erließ unter anderem (→ § 1 Rn. 8 ff.) folgende zentrale **Verwaltungsgesetze:** 6
- Verwaltungszustellungsgesetz (1952)
- Beamtenrechtsrahmengesetz und Bundesbeamtengesetz (1953 – s. aber nun Art. 74 I Nr. 27 GG) und das Beamtenstatusgesetz (2008)
- Bundesfernstraßengesetz (1953)
- Verwaltungsvollstreckungsgesetz (1953)
- Verwaltungsgerichtsordnung (1960)
- Bundesbaugesetz (1960)
- Raumordnungsgesetz (1965/1998)
- Ordnungswidrigkeitengesetz (1968/1987)
- Haushaltsgrundsätzegesetz und Bundeshaushaltordnung (1969/2009)
- Abfallbeseitigungsgesetz/Kreislaufwirtschaftsgesetz (1972/1986/1994/2012)
- Bundes-Immissionsschutzgesetz (1974)
- Sozialgesetzbuch (1976)
- Verwaltungsverfahrensgesetz (1976/2003)
- Strafvollzugsgesetz (1976)
- Gewerbeordnung (1978)
- Ausländergesetz/Aufenthaltsgesetz/Asylgesetz (1990/2004/2016)
- Gentechnikgesetz (1993)
- Telekommunikations- und Telemediengesetz (1997)
- Geräte- und Produktsicherheitsgesetz (2004/2012)
- Informationsfreiheitsgesetz (1998)
- Wasserhaushaltsgesetz (2009)
  Bundes-Klimaschutzgesetz (2019).

III. Verwaltung und Wiedervereinigung

1. Rechtsgrundlagen der Wiedervereinigung

Die Überwindung der Teilung Deutschlands nach der friedlichen Revolution und der Maueröffnung am 9. 11. 1989[9] war neben dem kriegsbedingten Wiederaufbau eine große Herausforderung für die öffentliche Verwaltung. Immerhin galt es, die gesamte sozialistisch geprägte (→ § 11 Rn. 1 ff.) in eine sozial- und rechtsstaatliche Verwaltung zu überführen. Das bedeutete einen kompletten Systemwechsel, einen Austausch der leitenden Verwaltungsprinzipien, eine drastische Reduzierung realsozialistischer Staats- und Verwaltungsaktivitäten sowie eine Abwicklung sozialistisch motivierter Einrichtungen einschließlich des dazu gehörigen Personals.[10] Insbesondere musste der zentralistisch ausgerichtete Verwaltungsapparat als ehemaliges Instrument parteilicher Machtausübung durch eine horizontal und vertikal gegliederte, gewaltenteilige Verwaltung ersetzt werden. Diese Herkulesaufgabe war weder mit dem überkommenen Verwaltungsrechtssystem[11] noch mit den in Verwaltungswissenschaft 7

[9] S. näher Isensee/Kirchhof StaatsR-HdB VIII/Fiedler, § 184; Stolleis, Geschichte des öffentlichen Rechts in Deutschland IV, 2012, S. 639 ff.

[10] BVerfGE 84, 133 ff.; BVerwGE 95, 193 ff.; 96, 171 (189 ff. und 205 ff.); Isensee/Kirchhof StaatsR-HdB IX/Loschelder, § 217 III 3; FS Steinberger, 2002/Merten, 525 ff.; Hollah, Zur Geschichte der Dienstrechtspolitik im Innenministerium/Wirsching, 2021, 11 ff.

[11] S. näher Tettinger DÖV 1993, 237 ff.

und Praxis geläufigen Konzepten einer Verwaltungsentwicklung oder Verwaltungsreform zu meistern.[12]

8 Wesentliche Transformationsgrundlagen waren der **Staatsvertrag über die Währungs-, Wirtschafts- und Sozialunion** (WWSUV)[13] – sowie der **Einigungsvertrag**[14] (EinigVtr).[15] Diese Vertragswerke hoben teilweise DDR-Recht auf, ordneten teilweise die Geltung des bundesrepublikanischen Rechts an und legten befristete Ausnahme- und Übergangsregelungen[16] für die neuen Bundesländer Brandenburg, Mecklenburg-Vorpommern, Sachsen, Sachsen-Anhalt und Thüringen fest (Art. 8 ff. EinigVtr). Insbesondere verpflichteten sie die DDR auf die Prinzipien des Grundgesetzes (Art. 2 I, 4 I WWSUV; Präambel GG). Teilweise konnte das DDR-Recht fortbestehen. Das galt etwa für das Staatshaftungsgesetz, insbesondere für erlassene Einzelmaßnahmen nach Art. 18 f. EinigVtr.[17] Hauptprinzip der Verträge war die Ausdehnung des geltenden Bundesrechts auf die neuen Bundesländer, während die übrigen Regelungen lediglich Ausnahmecharakter besaßen. Auf diese Weise waren sie die Basis zur schrittweisen **Herstellung der Staats-, Rechts- und Verwaltungseinheit** sowie zur Integration der neuen Bundesländer in die **Europäische Union** (→ § 12 Rn. 13 ff.). Gleichzeitig schloss diese Entwicklung Rückwirkungen des DDR-Verwaltungsrechts auf das Recht der Bundesrepublik aus.[18]

2. Ländergesetzgebung und Verwaltungsaufbauhilfe

9 In der Übergangszeit bis zur Länderneubildung leisteten die DDR-Regierung sowie die am 18. 3. 1990 erstmals vom Volk gewählte **Volkskammer** wichtige Vorarbeiten zur Erleichterung der Wiedervereinigung. Es entstanden eine große Anzahl von Verwaltungsgesetzen, die sich durch ein hohes Maß an Gesetzgebungstechnik und Kodifikationsreife auszeichneten und eine erste Kompatibilität mit dem künftig geltenden Staats- und Verwaltungsrecht herstellten.[19]

Beispiele: Umweltrahmengesetz, Gewerbegesetz, Gesetz über die Selbstverwaltung in den Gemeinden und Kreisen der DDR.

10 Allerdings galten die meisten Gesetze nur kurze Zeit, da sie weitgehend durch bundesrepublikanisches Recht ersetzt wurden (Art. 8 EinigVtr). Die neuen Länder wiederum nutzten kaum die Chance zur Verabschiedung eigenständiger Verwaltungsgesetze. In der Regel wurden die entsprechenden Vorbilder der westdeutschen Partnerländer übernommen, die neben dem Bund und den Kommunen in großem Umfang insbesondere auf Grund von Verwaltungskooperationen **Verwaltungsaufbauhilfe** leisteten (Art. 15 II–IV EinigVtr)[20] und die Transformation finanziell unter-

[12] König DVBl 1993, 1292 ff.; König VerwArch 88 (1997), 545 (555 f.); Stern, Vier Jahre Deutsche Einheit/Schuppert, 1995, S. 5 ff., 105; Kahl/Ludwigs VerwaltungsR-HdB/Stelkens § 6 Rn. 6 ff.
[13] V. 18. 5. 1990, BGBl. II 537.
[14] S. näher Stern StaatsR V, § 134 VII und § 135.
[15] V. 31. 8. 1990, BGBl. II 889.
[16] Robra NJW 2001, 633 ff.
[17] BVerfGE 88, 384 (401 ff.); BVerwG DVBl 1998, 472 ff., 961 ff., 1071 ff.; Robra NJW 1998, 1665 ff.; Rixen NVwZ 2004, 1410 ff.; OVG Magdeburg GewArch 2004, 197 ff.; OVG Lüneburg GewArch 2003, 248; OVG Weimar GewArch 2000, 118 ff.
[18] Krit. Bernet DÖV 1990, 409 ff.
[19] S. König VerwArch 88 (1997), 545 (555 f.).
[20] S. Hain/Rieckhoff ZRP 1991, 336 ff.; Weber BayVBl. 1993, 263 ff.; BT-Drs. 13/2280, 65; Isensee/Kirchhof StaatsR-HdB VIII/Kilian, § 8186 IV; Derlien, Zehn Jahre Verwaltungsaufbau Ost, 2001.

stützten. Lediglich im Organisationsbereich wurden teilweise neue und eigenständige Wege beschritten, die vornehmlich auf der Finanzknappheit basierten.[21] Die Erfahrung hat gezeigt, dass die nahezu pauschale Übernahme des westdeutschen Verwaltungsrechts die Verwaltung und die Bürger der neuen Bundesländer überforderte, und zu Vollzugsdefiziten führte.[22] Deshalb wurden zutreffend temporäre Abweichungen, weitere Übergangsregelungen und ein vorübergehender ostdeutscher sog. „Unkenntnisbonus" gefordert.[23]

3. Vereinigungsbedingte Verwaltungsaufgaben

Aus verwaltungsrechtlicher Perspektive war neben den bereits genannten Aspekten ein gewaltiges Pensum zu absolvieren, das nur stichwortartig und exemplarisch aufgelistet werden kann[24]: 11

- Auf- und Ausbau einer allgemeinen **Infrastruktur** (Verkehr, Versorgung, Entsorgung, Bildung usw).[25]
- Bewältigung von **Umweltaltlasten.**[26]
- **Förderung der Privatwirtschaft** durch Investitionsanreize.
- **Klärung offener Vermögensfragen** und **Rückübertragung von Privateigentum.**[27]
- Lösung der **Altschuldenproblematik.**[28]
- Wettbewerbliche Strukturierung und **Privatisierung** früherer volkseigener Betriebe.[29]
- **Personalabbau** und Gleichstellung mit den alten Bundesländern.[30]
- Gebiets-, Funktional- und **Verwaltungsreform.**[31]
- **Entschädigung von Eigentümern** bei gescheiterter Rückübertagung.[32]
- **Wiedergutmachung** für Opfer politischer Strafverfolgungsmaßnahmen oder rechtsstaatswidriger Entscheidungen (Art. 17 EinigVtr).

Zur Bewältigung dieser und anderer Verwaltungsaufgaben mussten nach Abschluss der juristischen Transformationstätigkeiten teilweise neue Verwaltungseinrichtungen installiert werden, die aber teilweise wieder aufgelöst oder zurückgebaut werden konnten: 12

---

21 S. König VerwArch 88 (1997), 545 (557 f.).

22 Goerlich ZG 1992, 303 ff.; Goerlich SächsVBl. 1995, 249 ff.

23 Jahresgutachten des Sachverständigenrates zur Begutachtung der gesamtwirtschaftlichen Entwicklung 1991/92, BT-Drs. 12/1618, 218; s. dazu auch Stern, Vier Jahre Deutsche Einheit/Stober, 1995, S. 69, 78 f.

24 S. auch Stern StaatsR V, § 135.

25 Eichhorn, Finanzierung und Organisation der Infrastruktur in den neuen Bundesländern, 1992; König VerwArch 88 (1997), 545 (560).

26 Müller u. a. NuR 1993, 62 ff.

27 BVerfGE 94, 297 ff. und BVerfGE 95, 48 ff. sowie 243 ff.; FS 50 Jahre BVerfG, 2001/Schmidt-Preuß, 131 ff.

28 BVerfGE 95, 267 ff.

29 Biernat/Hendler ua, Grundfragen des Verwaltungsrechts und der Privatisierung/Schmidt, 1994, S. 210, 223 ff.

30 BVerfG NVwZ 2003, 1364 (1371).

31 Hoppe/Stüer DVBl 1992, 641 ff.; Pitschas, Rechtsvereinheitlichung; Hoppe/Haneklaus DVBl 1991, 549 ff.; Lewandrowski/Schwanengel LKV 1991, 406 ff.; Isensee/Kirchhof StaatsR-HdB VIII/Kilian, § 186; Derlien, Zehn Jahre Verwaltungsaufbau Ost, 2001.

32 BVerfGE 84, 90 ff.; 94, 12 ff.; BVerwGE 118, 119 ff. und 155 ff.

- **Treuhandanstalt** (Art. 25 EinigVtr) zur Privatisierung, Sanierung, Stilllegung und Kommunalisierung des früheren volkseigenen Vermögens,[33] deren Restaufgaben der **Bundesanstalt für vereinigungsbedingte Sonderaufgaben** übertragen wurden, die inzwischen ebenfalls abgewickelt wurde[34] und lediglich als Rechtspersönlichkeit ohne Geschäftsbetrieb fortbesteht.
- Ämter zur Regelung offener Vermögensfragen.[35]
- **Bundesbeauftragte(r) für die Unterlagen des Staatssicherheitsdienstes,** zur Aufklärung der Mitarbeit im Rahmen des Staatssicherheitsdienstes.[36]

IV. Verwaltung und Realisierung der Europäischen Union

Schrifttum: → §§ 13–17 Rn 1 ff.; Jeserich/Pohl/v. Unruh Deutsche Verwaltungsgeschichte V/Delbrück, S. 387 ff.: Internationale und nationale Verwaltung; Kahl/Ludwigs VerwaltungsR-HdB/Mager, § 32; Oppermann/Classen/Nettesheim, Europarecht, 10. Aufl. 2025, § 1; Schmidt-Aßmann AllgVerwR, S. 377 ff.; Schorkopf JZ 2014, 421 ff.: Rechtsgeschichte der europäischen Integration; Schwarze, Europäisches Verwaltungsrecht im Werden, 1982; Schwarze, Das Verwaltungsrecht unter europäischem Einfluß, 1996; Schweitzer, Europäisches Verwaltungsrecht, 1991; Stern StaatsR V, S. 1560 ff.; Zuleeg/Rengeling VVDStRL 53 (1994), 154 ff.: Deutsches und europäisches Verwaltungsrecht.

1. Grundlagen des Europäischen Verwaltungsrechts

13 Das Verwaltungsrecht der Nachkriegszeit und der Wiedervereinigung ist nur ein Ausschnitt aus der verwaltungsrechtlichen Gesamtentwicklung. Eine weitere zentrale Rolle bei der Umformung und Beeinflussung des Verwaltungsrechts kommt dem **Unionsrecht** zu (→ § 1 Rn. 14 ff.),[37] das zutreffend als der Motor der größten System- und Strukturänderung angesehen oder etwas unscharf als „zweite Phase" des öffentlichen Rechts bezeichnet wird[38] (→ § 1 Rn. 14, → § 2 Rn. 55, → § 3 Rn. 24 und → §§ 13–17 Rn. 1 ff.). Dabei besteht für Politik und Jurisprudenz das Kunststück darin, aus kulturell unterschiedlich geprägten Rechts- und Gesellschaftssystemen sowie neu gebildeten Staaten einen Verwaltungsrechtsraum zu etablieren, der den vielfältigen Herausforderungen der Rechtsgemeinschaft gewachsen ist (→ §§ 13 ff. Rn. 1 ff.).

14 Seit der Unterzeichnung der **„Römischen Verträge"** am 25.3.1957 durch die Beneluxstaaten, Deutschland, Frankreich sowie Italien und insbesondere mit dem Inkrafttreten der **Europäischen Wirtschaftsgemeinschaft** (EWG) am 1.1.1958[39] konnte die öffentliche Verwaltung nicht mehr nur aus der nationalen Perspektive betrachtet werden. Zwar ging es damals vorrangig um den **Abbau von Zöllen und anderen Handelshemmnissen.** Je mehr die Integration voranschritt, umso intensiver zeichneten die EG-Rechtsetzung und die Spruchpraxis des **Europäischen Gerichtshofes** (EuGH) mit Sitz in Luxemburg die weitere Entwicklung der öffentlichen Verwaltung

[33] S. Stober, Zum Sanierungsauftrag der Treuhandanstalt, 1993; König VerwArch 88 (1997), 545 (559); Isensee/Kirchhof StaatsR-HdB IX/Schmidt-Preuß, § 219.

[34] G. v. 28.10.2003, BGBl. I 2081.

[35] Deimel DÖV 1993, 60 ff.

[36] §§ 35 ff. Stasi-Unterlagen-Gesetz v. 20.12.1991, BGBl. I 2272 ff.; s. näher Starck VVDStRL 51 (1992), 38 ff.

[37] S. etwa Kadelbach, Allgemeines Verwaltungsrecht unter europäischem Einfluss, 1999; Magiera/Sommermann, Verwaltung und Governance im Mehrebenensystem der EU, 2001; Magiera/Sommermann, Verwaltung in der EU, 2001; Terhechte, Verwaltungsrecht der EU, 2. Aufl. 2022.

[38] Wahl Der Staat 38 (1999), 495 ff.

[39] BGBl. 1957 II 766, 1014.

in den Mitgliedstaaten vor. Der Gesetzgeber setzte den Rahmen für eine **supranationale Verwaltungsebene** mit dem Hauptverwaltungsorgan **Kommission** und der EuGH füllte ihn gemäß Art. 19 I EUV aus, indem er aus den lückenhaften Vertragsansätzen eine zunehmend einheitlich werdende Rechtsordnung formte, zahlreiche allgemeine Verwaltungsrechtsgrundsätze aufstellte und allmählich die Voraussetzungen für einen einheitlichen **europäischen Verwaltungsraum** schuf (→ § 1 Rn. 14 ff. und → § 17 Rn. 1 ff.). Deshalb lautet seither bei strittigen Rechtsfragen zwischen der EU und den Mitgliedstaaten grundsätzlich die Devise: „Luxemburg locuta, causa finita".

2. Weiterentwicklung des Europäischen Verwaltungsrechts

a) Von der EWG zur EG und zur EU

Wichtiger Baustein für die Weiterentwicklung des EG-Verwaltungsrechts war nach 15
dem Beitritt des Vereinigten Königreiches, Irlands, Dänemarks im Jahre 1973 und Griechenlands im Jahre 1981 der im Jahre 1983 gefasste Beschluss, bis zum 31.12.1992 den **EG-Binnenmarkt** ohne Grenzen zu schaffen (Art. 26 AEUV). Dieses Vorhaben, das nach dem Beitritt von Portugal und Spanien seinen Niederschlag in der am 1.7.1987 in Kraft getretenen **Einheitlichen Europäischen Akte**[40] fand, wurde weitgehend termingerecht verwirklicht und hat seither erheblich zur Umgestaltung und Standardisierung des Verwaltungsrechts beigetragen.

Der am 7.2.1992 unterzeichnete sog. **Maastrichter Vertrag** legte die Grundlage für 16
eine umfassende **politische Union** zwischen den Mitgliedstaaten einschließlich einer **Unionsbürgerschaft** und einer **Währungsunion**,[41] die im **Vertrag über die Europäische Union (EUV)**,[42] festgelegt wurden. Grundlage der Union waren nach Art. 1 III EUV die Europäischen Gemeinschaften, die nach der zum 23.7.2002 erfolgten Auflösung der **Europäischen Gemeinschaft für Kohle und Stahl**[43] aus der **Europäischen Atom-Gemeinschaft (EAG)** – sog. Euratom und der Europäischen Gemeinschaft bestanden. Spätestens mit dieser Reform war die ursprüngliche Bezeichnung Europäische Wirtschaftsgemeinschaft nicht mehr sachgerecht. Sie wurde deshalb in **Europäische Gemeinschaft (EG)** umbenannt.

b) Die Rolle des Amsterdamer Vertrages

Der nach dem im Jahre 1995 erfolgten Beitritt von Finnland, Österreich und Schwe- 17
den am 2.10.1997 unterzeichnete **Amsterdamer Vertrag** wiederum hat das bisherige Vertragswerk formal und materiell tiefgreifend verändert.[44] Formal wurden sämtliche Verträge mit dem Ziel geändert, hinfällige Bestimmungen zu streichen sowie anzupassen und die Lesbarkeit der Verträge insgesamt zu vereinfachen.[45] Der Sache nach handelte es sich um eine **Kodifikation des Gemeinschaftsrechts** in Gestalt einer redaktionellen Zusammenfassung des geltenden Rechts ohne inhaltliche Reform (**codi-**

---

[40] BGBl. 1986 II 1102.

[41] S. näher BVerfGE 89, 155 ff. und BVerfG NJW 1998, 1934 ff.

[42] BGBl. II 1251 und BGBl. 1993 II 1947.

[43] S. näher Obwexer EuZW 2002, 517 ff.; Grunwald EuZW 2003, 193.

[44] S. zur Ratifizierung Gesetz v. 8.4.1998, BGBl. II 386 ff. und näher BR-Drs. 196/98; Hilf/Pache NJW 1998, 705; Lecheler JuS 1998, 392 ff.

[45] S. den erläuternden Bericht des Generalsekretariats des Rates zur Vereinfachung der Gemeinschaftsverträge – ABl. 1997 C 353, 1 ff.

fication à droit – → § 1 Rn. 17 f.). Materiell stand die Weiterentwicklung der Union als **Raum der Freiheit, der Sicherheit und des Rechts** im Mittelpunkt (s. nunmehr Art. 3 II EUV, Art. 67 ff. AEUV). Aus diesem Grunde wurde im Interesse einer gemeinschaftsrechtlichen Stärkung der öffentlichen Sicherheit eine schon im Maastrichter Vertrag angesprochene Zusammenarbeit in den Bereichen Justiz und Inneres vereinbart (Art. 67 ff. AEUV).[46] Ferner wurde das **Subsidiaritätsprinzip** gestärkt.

c) Der Vertrag von Nizza und die Grundrechtecharta

18 Der auf der Gipfelkonferenz von Nizza vom 7.11.2000 vereinbarte, am 26.2.2001 unterzeichnete und am 1.2.2003 in Kraft getretene **Vertrag von Nizza** ist ein weiterer Baustein im europäischen Integrationsprozess.[47] Um die Erweiterungsfähigkeit der Europäischen Union sicherzustellen, wurden zahlreiche institutionelle Änderungen vorgenommen, die aber das hier interessierende Verwaltungsrecht nicht tangieren. Der Gipfel proklamierte ferner die verwaltungsrechtsrelevante **Grundrechtecharta** der Europäischen Union.[48]

19 Im Rahmen des durch den Maastricht-Vertrag vorbereiteten sog. **Osterweiterungsprozesses** erfolgte am 1.5.2004 der Beitritt der Tschechischen Republik, Estlands, Zyperns, Lettlands, Litauens, Ungarns, Maltas, Polens, Sloweniens und der Slowakischen Republik zur Europäischen Union.[49] Bulgarien und Rumänien sind zum 1.1.2007 beigetreten (s. auch Art. 49 und 52 EUV).

3. Vom Verfassungsvertrag zu dem Vertrag von Lissabon

20 Aufgrund der substanziell unzureichenden Ergebnisse des Vertrages von Nizza wurden weitere Reformen als notwendig erachtet, die bei einer Konferenz in Laeken am 14./15.12.2001 näher konkretisiert wurden („Post-Nizza-Prozess").[50] Auf der Grundlage der Erklärung dieses Gipfels[51] wurde der **Entwurf eines Vertrages über eine Verfassung für Europa** ausgearbeitet.[52] Am 29.10.2004 unterzeichneten die Staats- und Regierungschefs in Rom den von der Regierungskonferenz 2003/04 überarbeiteten und vom Europäischen Rat gebilligten[53] **Verfassungsvertrag**,[54] dessen Inkrafttreten aber auf Grund der Ablehnung der Verfassung in einigen Mitgliedsstaaten gescheitert ist. Unabhängig davon ist dieses Dokument von historischer Bedeutung, da es Grundlage der nunmehr geltenden **Verträge von Lissabon** ist.

21 Der Vertrag über die Europäische Union (EU) in der konsolidierten Fassung des Vertrags von Lissabon[55] stellt eine neue Stufe bei der Verwirklichung einer immer engeren Union der Völker Europas dar. Verwaltungsrechtsrelevanz gewinnt die zentrale

[46] Kellerbauer, Von Maastrich bis Nizza, 2003.
[47] ABl. 2001 C 80, 1; dazu Borchmann EuZW 2001, 170 ff.; Stolleis EuZW 2002, 1022 ff.; Epiney DVBl 2001, 941 ff.; Pache/Schorkopf NJW 2001, 1377 ff.
[48] Dazu Schwarze NJW 2002, 993 (996); ABl. 2000 C 364, 1.
[49] S. EU-Beitrittsvertragsgesetz BGBl. 2003 II 1386 ff. und dazu Schladebach LKV 2004, 10 ff.
[50] Schwarze NJW 2002, 993 ff.; Brenner DVBl 2004, 863 ff.; Oppermann/Classen/Nettesheim, Europarecht, 10. Aufl. 2025, § 3 Rn. 157 ff.
[51] Schlussfolgerungen des Vorsitzes, Anlage 1, BullEU 12–2001, 21 (25 f.).
[52] ABl. 2003 C 169, 1; Oppermann DVBl 2003, 1 ff.; Oppermann DVBl 2003, 1165 ff. und DVBl 2004, 1234 ff.; Cromme DÖV 2002, 593 ff.
[53] Wuermeling BayVBl. 2004, 577 ff.
[54] ABl. 2004 C 310, 1; vgl. allgemein Puttler EuR 2004, 669 ff. und Schmitz EuR 2004, 691 ff.
[55] V. 9.5.2008 ABl. C 115, 13.

Aussage, dass die Entscheidungen möglichst offen und bürgernah getroffen werden (Art. 1 EUV, Art. 298 AEUV). Grundlage der Union ist der **EU-Vertrag** sowie der **Vertrag über die Arbeitsweise der Europäischen Union (AEUV),** die beide gleichrangig sind (Art. 1 EUV, Art. 1 AEUV). Nach Art. 6 I EUV gilt dasselbe für das Verhältnis zwischen den Verträgen und der **EU-Charta der Grundrechte (EU-GRCh).** Diese Gleichwertigkeit ist verwaltungsrechtlich insbesondere für das in Art. 41 EU-GRCh niedergelegte **Recht auf eine gute Verwaltung**[56] sowie das Recht auf **Zugang zu Dokumenten** (Art. 42 EU-GRCh) elementar.

Der in die Lissabonner Verträge eingeflossene Verfassungsentwurf gibt als Krönung des Integrationsprozesses und als Wertegemeinschaft neue Impulse für den Prozess des **„Europäischen Verwaltungsrechts im Werden",** weil er auf einer Rechtsgrundlage beruht und auf eine weitere Vernetzung der Verwaltung und des Verwaltungsrechts angelegt ist. Dazu zählen ua die Vorschriften zur allgemeinen **Verwaltungszusammenarbeit** (s. nunmehr Art. 197 ff. AEUV) und zur **Daseinsvorsorge** (Art. 14 AEUV). 22

Dritter Abschnitt. Die Verwaltung in der Gegenwart und in der Zukunft

§ 12a. Die Verwaltung vor aktuellen und künftigen Herausforderungen

Schrifttum: Hill/Mehde, Herausforderungen für das Verwaltungsrecht, 2023; Kahl/Ludwigs VerwaltungsR-HdB/Huber, § 54: Aktuelle Lage der Verwaltung – Gefährdungen und Lösungsansätze; Klement VVDStRL 83 (2024), 194 ff. (216 ff.): Zeithorizonte von Verwaltung; Seckelmann, Digitalisierte Verwaltung, 3. Aufl. 2024; Voßkuhle/Eifert/Möllers GVwR/Baer, § 13: Verwaltungsaufgaben; Voßkuhle/Eifert/Möllers GVwR/Wißmann, § 14: Grundmodi der Aufgabenwahrnehmung.

I. Zum schleichenden Wandel von Verwaltung und Verwaltungsrecht

Der gegenwärtig zu beobachtende Wandel des Verwaltungsrechts und die damit zusammenhängenden Herausforderungen auch hinsichtlich neuer und künftiger Aufgabenstellungen wird aus unterschiedlichen Richtungen gespeist. Zum einen verändert die Dynamik und die überwölbende Veränderungskraft des Unionsrecht das überkommene Bild der Exekutive (→ § 1 Rn. 14 ff.; → § 12 Rn. 13 ff.).[1] Zum anderen existieren unterschiedliche Vorgaben, Ansätze und Impulse von Gesetzgebung und Rechtsprechung, Gesellschaft und Wirtschaft, Verwaltungspraxis und Verwaltungsrechtswissenschaft, die unter Berücksichtigung rechtsvergleichender und rechtspolitischer Überlegungen eine schleichende Umformung von Verwaltung und Verwaltungsrecht bewirken (→ § 2 Rn. 37 ff.).[2] Allerdings lassen sich die Weiterentwicklung und die Reformpotentiale des Verwaltungsrechts wegen vielfältiger, teils divergierender Modernisierungsvorstellungen, der Komplexität ihrer Erscheinungsformen und der Ungewissheit künftiger Entwicklungen kaum auf eine prägnante Kurzformel bringen (auch → § 2 Rn. 37 ff.). Gleichwohl nimmt sich das gegenwärtig geltende deutsche Verwaltungsrecht grundsätzlicher Struktur- und Systemfragen an,[3] und steht als „futu- 1

[56] Laubinger Hans Peter Bull, 2011, 559 ff.

[1] S. auch Kahl/Ludwigs VerwaltungsR-HdB/Stelkens § 6 Rn. 36 ff.; Kahl/Ludwigs VerwaltungsR-HdB/Huber § 54 Rn. 54 ff.

[2] S. auch Stolleis, Geschichte des öffentlichen Rechts, Band IV, 2012, 251 ff.

[3] Bachof VVDStRL 30 (1972), 193 (237); s. auch die Aufzählung von Terhechte, Verwaltungsrecht der Europäischen Union/Hoffmann-Riem, 2011, § 3 f.

risierte Verwaltung“[4] einer innovativen Fortschreibung sowie supranationalen Öffnung nicht entgegen (→ § 2 Rn. 37 ff.).

II. Exemplarischer Blick auf aktuelle und künftige Herausforderungen

2 Angesichts dieser volatilen Ausgangslage erfolgt nachfolgend lediglich ein beispielhafter Blick auf Verwaltungsaufgaben, die aktuell und voraussichtlich auch in Zukunft das Verwaltungsrecht beschäftigen. Aufgrund der Wechselbezüglichkeit stehen die einzelnen Verwaltungsthemen nicht unbedingt überschneidungsfrei nebeneinander.

- Bedeutung und Intensität der Eigenständigkeit der Verwaltung im funktionengeteilten Staat **(Verwaltungsvorbehalt);**
- Austarieren staatlicher Verantwortung zwischen **Erfüllungs- und Gewährleistungsverantwortung** (→ § 4 Rn. 27);
- **Reichweite des Gesetzesvorbehaltes** (→ § 18 Rn. 14 ff.);[5]
- Herauspräparierung neuer und insbesondere **kooperativer Handlungsformen** (informales Verwaltungshandeln, Verfahrenshandeln, Planhandeln), Zielvereinbarungen[6] und Weiterentwicklung eines **Verwaltungskooperationsrechts**;[7]
- Konkretisierung einer **transparenten und effizienten Verwaltung** (Art. 1 EUV, Art. 15 I und Art. 298 I AEUV);
- Intensivierte und frühzeitige Beteiligung der Menschen an Planungs-, Groß- und Infrastrukturvorhaben zur **Stärkung direkter demokratischer Mitwirkung**;[8]
- Bewältigung der **geographischen Wanderungsbewegungen** vom Land in die Städte und von Ost nach West;
- Auseinandersetzung und verwaltungsmäßige Beherrschung des durch die immer älter werdende Bevölkerung existierenden **demographischen Wandels**,[9] der steigende Versorgungsleistungen auslöst, neue Verwaltungsaufgaben produziert[10] und eine Reform der Sozialversicherungssysteme erfordert;
- Bewältigung der **Herausforderungen der Migration**[11] und Integration von Asylsuchenden (Art. 16a GG), Flüchtlingen (Genfer Flüchtlingskonvention) und anderen – etwa aus beruflichen Gründen – Einwandernden unter Berücksichtigung religiös-kultureller Konfliktpotentiale bei gleichzeitiger Feststellung des Reformbedarfs von Verwaltungszuständigkeiten und Abläufen zur Optimierung des Fallmanagements[12];
- Verbesserung der **Vereinbarkeit von Beruf und Familie** (Art. 33 II EU-GRCh);

---

[4] Klement VVDStRL 83, 2024, 194 (216 ff.).
[5] Kahl/Ludwigs VerwaltungsR-HdB/Huber § 54 Rn. 5 ff.; Groß DÖV 2024, 209 ff.
[6] Hill NVwZ 2002, 1059 ff.
[7] Schuppert, Jenseits von Privatisierung und „schlankem“ Staat/Bauer, 1999, S. 251 ff.; Schlette Die Verwaltung als Vertragspartner, 2000.
[8] Möstl und Schuler-Harms VVDStRL 72, 2013, Waechter und Mann VVDStRL 72 2013; Ziekow, Neue Formen der Bürgerbeteiligung, Gutachten zum 69. DJT, 2012; Henneke DVBl 2012, 1072 ff.
[9] Kluth, Der demographische Wandel als Herausforderung für das Recht, 2014; Ziekow und Rixen VVDStRL 74 (2015), 400 ff.
[10] Kahl/Ludwigs VerwaltungsR-HdB/Huber § 54 Rn. 29; Kahl/Ludwigs VerwaltungsR-HdB/Pernice-Warnke § 29; Rixen VVDStRL 74, 2015, 293 ff.
[11] Kluth/Heusch/Eichenhofer AufenthG Erl. zu §§ 43 ff.
[12] Bogumil/Kuhlmann/Proeller, Verwaltungshandeln in der Flüchtlingskrise, 2019.

– Ausbau der **subjektivrechtlichen Stellung der Menschen** (Recht auf gute Verwaltung[13] und Zugang zu Verwaltungsinformationen[14] auch ohne persönliche Betroffenheit in Richtung einer objektiven Verwaltungskontrolle;
– Tatsächliche Umsetzung der verfassungs- und einfachgesetzlich vorgegebenen **Gleichstellung von Mann und Frau**[15]);
– Sensibilisierung der Verwaltung für **Diversität** zur Vermeidung von Diskriminierungen bestimmter Bevölkerungsgruppen unter Berücksichtigung ihrer besonderen Bedürfnisse etwa wegen ihrer geschlechtlichen Ausrichtung;
– Begleitung und Einbeziehung **neuer verwaltungsrechtsrelevanter Zweige** (Umweltrecht insbesondere Klimaschutzrecht, Medien- und Kommunikationsrecht, Datenschutzrecht, Verbraucherschutzrecht, Digitalrecht, Gentechnikrecht,[16] Rohstoffrecht, Nanorecht, Integrationsrecht, Inklusionsrecht, Krisenverwaltungsrecht);[17]
– Neukonzeption der Rolle der **Rechtsverhältnislehre** (→ § 32 Rn. 1 ff.).;
– Neujustierung der **Beteiligung Privater an der öffentlichen Verwaltung** durch einerseits Intensivierung des Kooperationsprinzips (Public-Private-Partnership, Beleihung, Verwaltungshilfe; → §§ 88 ff. Rn. 1 ff.) und andererseits Beachtung des Trends zur Rekommunalisierung;[18]
– Ausdifferenzierung **privatrechtlicher Handlungs- und Organisationsformen** (formelle Privatisierung, privatrechtlich organisierte Verwaltung; → § 23 Rn. 1 ff. und → § 92 Rn. 1 ff.);
– Weiterentwicklung der **Dienstleistungsverwaltung und der Informationsverwaltung** bei veränderter Kommunikationskultur;[19]
– Diskussion über das Ob und den Umfang einer **Ausgliederung von Verwaltungsaufgaben** auf eigenständige Träger (zB Agenturen);
– Fortführung des Umbaus der Verwaltung zur intensiven Nutzung **digitaler Informations- und Kommunikationsformate** im Rahmen von E-Government-Konzepten (Art. 8 Dienstleistungs-RL, Art. 91c GG, E-Governmentgesetze – → § 5 Rn. 19 ff.).[20] Bessere Vernetzung von Behörden und Ämtern innerhalb der Mehrebenenverwaltung,[21] einer Modernisierung und Zusammenführung von Registern sowie weiterer Datenbestände einschließlich einer elektronischen Aktenführung,[22] um unter Beachtung hoher Datenschutzanforderungen eine umfassende

---

[13] FS Brohm, 2002/Bullinger, 25 ff.
[14] Schoch/Kloepfer, Informationsfreiheitsgesetz (IFG-ArfE) 2002; FS Brohm, 2002/Ibler, 405 ff.; Kloepfer, Die transparente Verwaltung, 2003.
[15] G. v. 30.11.2001, BGBl. I 3234; EuGH JA 2001, 104 ff.
[16] Stolleis, Geschichte des öffentlichen Rechts in Deutschland IV, 2012, S. 521 ff.
[17] Geminn/Terada/Tatsumi DÖV 2024, 464 ff.
[18] Voßkuhle/Eifert/Möllers GVwR/Baer § 13 Rn. 24; Kahl/Ludwigs VerwaltungsR-HdB/P. M. Huber § 54 Rn. 88.
[19] Wagner NJW 2024, 2738.
[20] Bullerdiek/Greve/Puschmann, Verwaltung im Internet, 2. Aufl. 2002; v. Lucke, Regieren und Verwalten im Informationszeitalter, 2003; Groß VerwArch 95 (2004), 400 ff.; Guckelberger VVDStRL 78, 2019, 236 ff.; Kube VVDStRL 78, 2019, 289 ff.; Kahl/Ludwigs VerwaltungsR-HdB/Martini § 28 Rn. 13 ff.; Korte DÖV 2024, 770; Pilniok DÖV 2024, 581; Guckelberger DÖV 2024, 849; Schulz NVwZ 2024, 1703.
[21] Kahl/Ludwigs VerwaltungsR-HdB/Martini § 28 Rn. 7.
[22] Kahl/Ludwigs VerwaltungsR-HdB/Martini § 28 Rn. 52 ff. und 78 ff.; Kment/Borchert, KI und Algorithmen in der Rechtsordnung, 2022.

barriere- und medienbruchfreie Erbringung elektronischer Verwaltungsdienstleistungen auf der Grundlage des **once-only**-Prinzips und des dem OZG zugrunde liegenden **„digital only"** Konzepts zu gewährleisten.[23]

– Verantwortungsvoller und transparenter Umgang mit **automatisierten Verwaltungsleistungen** zur unterstützenden Bewältigung von insbesondere Massenverwaltungsvorgängen einschließlich der Verwendung KI- gestützter und generativ arbeitender Systeme auf der Grundlage der **KI-Verordnung**[24] und entsprechender KI-Gesetze.

Beispiele: § 35a VwVfG, § 31a SGB X, § 155 IV AO, Einsatz von Sprachassistenten und von ChatGPT.[25]

Nach der KI-Verordnung ist ein KI-System ein

„maschinengestütztes System, das für einen in wechselndem Maße autonomen Betrieb angelegt ist, das nach seiner Einführung anpassungsfähig sein kann und das aus den erhaltenen Eingaben („inputs") für explizite oder implizite Ziele ableitet, wie Ergebnisse („outputs") wie etwa Vorhersagen, Inhalte, Empfehlungen oder Entscheidungen hervorgebracht werden, die physische oder virtuell Umgebungen beeinflussen können."

Das Hauptmerkmal von KI-Systemen besteht in der Fähigkeit, Modelle oder Algorithmen aus Eingaben oder Daten abzuleiten. In diesem Zusammenhang meint KI den Bestand an Technologien, die Daten, Algorithmen und Rechenleistung verknüpfen,[26] bei deren Einsatz grundrechtliche,[27] risikobasierte (Art. 5 KI-Verordnung) und dem verwaltungsrechtlichen Untersuchungsgrundsatz (§ 24 VwVfG) entsprechende Anforderungen zu berücksichtigen sind. Das bedeutet, dass automatisierte Verwaltung lediglich ein unterstützendes und ergänzendes Element iSe „Assistenz-Technologie" sein darf, wobei die Letztkontrolle dem Verwaltungspersonal unterfällt. Es muss also sichergestellt sein, dass der Exekutive eingeräumte Entscheidungsspielräume individuell durch Beschäftigte ausgeschöpft[28] und systemisch durch verselbständigte Algorithmen-Entscheidungen generierte Diskriminierungen ausgeschlossen werden.

Beispiel: Verbot automatisierter Verhaltensbewertungen durch Social-Scoring-Verfahren (Art. 5 KI-Verordnung (VO (EU) 2024/1689)).

– Diskussion um die Rolle der **wirtschaftlichen Betätigung der öffentlichen Hand** und der öffentlichen Unternehmen im Verhältnis zur Privatwirtschaft;[29]
– Fortführung der **Dienstrechtsreform** nach Einführung von Leistungskomponenten, Abschaffung der Personalkategorie Arbeiter sowie des Ausbaus der systematischen Personalentwicklung und der Integration von **Compliancefunktionen** in die öffentliche Verwaltung[30] zur Sicherung der Integrität der öffentlichen Verwal-

[23] S. auch Kube VVDStRL 78, 2019, 289 (294 ff.); Kahl/Ludwigs VerwaltungsR-HdB/Martini § 28 Rn. 10 ff.
[24] Chibanguzo/Steege NJW 2024, 1769 ff.
[25] Kube VVDStRL 78, 2019, 289 (301 ff.); Kahl/Ludwigs VerwaltungsR-HdB/Martini § 28 Rn. 82 ff.
[26] EU-Weißbuch zur KI, COM(2020) 65 final; Guckelerger DÖV 2025, 45.
[27] Kahl/Ludwigs VerwaltungsR-HdB/Martini § 28 Rn. 40 ff.
[28] Guckelberger VVDStRL 78, 2019, 236 (265); Kahl/Ludwigs VerwaltungsR-HdB/Martini § 28 Rn. 83 ff.
[29] FS Brohm, 2002/Burgi, 35 ff.; Stober/Korte ÖffWirtschaftsR AT § 24.
[30] Stober/Ohrtmann, Compliance, Handbuch für die Öffentliche Verwaltung, 2. Aufl. 2022.

tung und ihres Personals.[31] Im Fokus steht aufgrund des Fachkräftemangels die Gewinnung qualifizierte Nachwuchskräfte zur funktionsgerechten und resilienten Erfüllung wichtiger Daseinsvorsorgeaufgaben;[32]
- Zunahme der **Bürgerbindungen** (Sozial-, Ökologie-, Kulturpflichtigkeit) und der Eigenverantwortung einerseits und der **Bürgeranforderungen** an die Verwaltung andererseits;
- Auseinandersetzung mit den **Handlungsspielräumen der Verwaltung** und ihren Grenzen (Beurteilungsspielraum, Rechtsfolgeermessen, Planungsermessen – → § 31 Rn. 1 ff.);
- **Europäisierung, Supranationalisierung, Entterritorialisierung**,[33] **Globalisierung und Transnationalisierung des Verwaltungsrechts** einschließlich einer Intensivierung der Europäischen Verwaltungszusammenarbeit (Art. 197 AEUV; Art. 28 ff. Dienstleistungs-RL, §§ 8a ff. VwVfG);
- **Privatisierung von Verwaltungsaufgaben** durch Reduzierung staatlicher Monopole (Bahnreform, Postreform, Arbeitsvermittlungsreform, Energiereform – → § 4 Rn. 16 ff.) unter Schaffung von **Privatisierungsfolgenrecht** sowie Verfahrensprivatisierung.[34]
- **Ökonomisierung des Verwaltungsrechts** durch Einführung neuer Steuerungsmodelle und Good Governance Konzepte (→ § 2 Rn. 48 ff., → § 3 Rn. 26 ff.);[35]
- Einsatz **marktwirtschaftlicher Instrumente an Stelle ordnungsrechtlicher Vorgaben** (Produktsicherheitsrecht, Zertifizierungen und Akkreditierungen, Emissonshandel);[36]
- Ausbau von **Wirkungsanalysen, Szenarienbeschreibungen**[37] und **Qualitätssicherungssystemen**[38] iSv § 19 SGB IX und von Benchmarking-Konzepten;[39]
- Reduzierung des legislativen und administrativen **Vollzugsdefizits** der öffentlichen Verwaltung;[40]
- Ausbau der **Gewährleistungs- und Regulierungsverwaltung** (→ § 4 Rn. 27);[41]
- Weitere **Flexibilisierung des Haushaltswesens** nach Einführung der kaufmännischen doppelten Buchführung (→ § 3 Rn. 26 ff.);
- Verstärkte Einführung von **Mediationsverfahren** als Formen der außergerichtlichen Konfliktvermittlung und Streitschlichtung im Verwaltungsrecht;[42]

---

31 S. auch EU-Richtlinie 2019/1937 zum Hinweisgeberschutz, der auach für die öffentliche Verwaltung gilt.
32 Gärditz NJW 2024, 407 ff.
33 Buchholtz NVwZ 2016, 1353 ff.
34 Weiß AöR 128 (2003), 92 ff.; Burgi, Gutachten D zum 67. DJT, 2008; Hochhuth, Rückzug des Staates und Freiheit des Einzelnen, 2012.
35 Kube DÖV 2000, 810 ff.; Gröpl, Haushaltsrecht und Haushaltsreform, 2001; Gröpl VerwArch 93 (2002), 459 ff.; FS Brohm, 2002/Rehbinder, 727 ff.; Harms/Reichard, Die Ökonomisierung des öffentlichen Sektors, 2003; Rodi, Ökonomische Analyse des Öffentlichen Rechts, 2014.
36 Voßkuhle/Eifert/Möllers GVwR/Wißmann § 14 Rn. 98.
37 Jabri, Simulationen, 2023.
38 Reimer, Qualitätssicherung – Grundlagen eines Dienstleistungsverwaltungsrechts, 2010.
39 Thau, Benchmarking in öffentlichen Verwaltungen, 2009; Hammer, Leistungsvergleiche im Bundesstaat DVBl 2012, 525 ff.
40 Brüggemeier/Lenk, Bürokratieabbau im Verwaltungsvollzug, 2011; Kahl/Ludwigs VerwaltungsR-HdB/P. M. Huber § 54 Rn. 20 ff.
41 Hoffmann-Riem/Schmidt-Aßmann/Voßkuhle GVwR I/Eifert, § 19.
42 Pitschas DÖV 2011, 333 ff.; Weigel, Konfliktmanagement in der öffentlichen Verwaltung des aktivierenden Staates, 2012; Schütte DVBl 2022, 1359 ff.

– Neuausrichtung und Ertüchtigung der Verwaltung zur vorsorgenden und reaktiven resilienzfesten **Bewältigung von Krisen und Katastrophen** sowie anderer vulnerablen Situationen durch Ausbau infrastruktureller Verwaltungssysteme, Ertüchtigung des Zivilen Bevölkerungsschutzes und der Bundeswehr sowie die Vorbereitung der Bevölkerung auf mögliche Gefahren unter Aktivierung bewährter agiler Verwaltungsinstrumente im Interesse einer fortdauernden funktionsfähigen Verwaltung;[43]
– Auseinandersetzung mit dem Thema **Deregulierung des Verwaltungsrechts** mit dem Ziel, Regelungen zu vermeiden, Regelungsmengen zu verringern und die Normendichte zu reduzieren, marktwidrige Eingriffe in den Wettbewerb abzubauen und durch eingriffsarme Instrumente zu ersetzen sowie die Verwaltung einfacher, überschaubarer und effektiver zu machen;[44]
– Beschäftigung mit der **Entbürokratisierung** zur Sicherung eines funktionsgerechten Verwaltungshandelns unter Berücksichtigung überkommener, von Max Weber entwickelter Bürokratiestrukturen (Trennung von Amt und Person, Regelgebundenheit, Neutralität des Verwaltungshandelns, Hierarchieprinzip, Schriftlichkeit und Aktenkundigkeit, Arbeitssteilung und Professionalität) iSe Abbaus formaler, zeitlicher, technischer und organisatorischer Hindernisse, die großen Verwaltungsaufwand erzeugen ohne dass dem ein nennenswerter Verwaltungsvorteil gegenübersteht;
– Entgegensteuern einer wachsenden **Beeinträchtigung der kommunalen Selbstverwaltung** durch EU, Bund und Länder (Aufgabenfülle, Regelungsdichte, Finanzierungslücke);[45]
– Aktualisierung kommunaler **Gebiets- und Funktionalreformen;**[46]
– Bewältigung der ua durch den Atomausstieg, den Ukraine-Krieg sowie den Klimaschutz eingeleiteten **Energiewende;**[47]
– Neupositionierung **zivilen sozialen Engagements** unter Einschluss von Überlegungen zur geschlechtergerechten Regulierung der Wehrpflicht und Einführung eines generell geltenden Freiwilligendienstes einschließlich einer Neubewertung ehrenamtlicher Tätigkeiten und projektbezogener Mitwirkung;[48]
– Weitere **Modernisierung und Entschlackung der Vergabeverwaltung** zur Beschaffung von Gütern und Dienstleistungen unter Berücksichtigung qualitätssichernder Aspekte;
– Umsteuerung der Verwaltung auf die Erreichung **ökologischer Nachhaltigkeitsziele** (Art. 20a GG) und zur Realisierung überragend wichtiger Interessen (s. etwa § 2 EEG)[49] zur Bewältigung der Folgen des Klimawandels, zur Reduzie-

[43] Kahl DVBl 2003, 1105 ff.; Stober/Eisenmenger NVwZ 2005, 121 ff.; Appel, Staatliche Zukunfts- und Entwicklungsvorsorge, 2005; Schucht DÖV 2014, 21 ff.; Ipsen DVBl 2020, 1037 ff.; Siegel NVwZ 2020, 577 ff.; Rixen NJW 2020, 1097 ff.; Rixen VVDStRL 80, 2021, 38 ff.; Hill DVBl 2022, 1188 ff.; Hill DÖV 2023, 269 ff.; Freudenberg/von Lewinski, Handbuch Bevölkerungsschutz. 2024; Geminn/Derada/Tatsumi DÖV 2024, 464 ff.; F. Becker und Kube NJW-Beilage 2/2024 zu Heft 24/2024, 52 ff.; Waldhoff NJW 2024, 2729.
[44] Stober/Korte, Öffentliches Wirtschaftsrecht, 20. Aufl. 2023, Rn. 87.
[45] König/Schnapauff, Die deutsche Verwaltung unter 50 Jahren Grundgesetz/Burger, 2000, S. 75 f.; Stober, Kommunalrecht, 2025, passim.
[46] Wallerath DÖV 2011, 289 ff.
[47] Sellner/Fellenberg NVwZ 2011, 1025 ff.
[48] Voßkuhle/Eifert/Möllers GVwR/P. M. Huber § 54 Rn. 28.
[49] Gillich DÖV 2022, 1027 ff.

rung des Ressourcenverbrauchs und zur Anpassung der exekutiven Kreislaufwirtschaft;[50]

– **Neujustierung des Verhältnisses der Verwaltungsträger innerhalb der Mehrebenenverwaltung** untereinander und ihrer Zusammenarbeit im Interesse einer funktionsgerechten und zukunftsfähigen Arbeitsweise.

Vierter Abschnitt. Europäisches Verwaltungsrecht

Schrifttum: Auby/Dutheil de la Rochère, Droit Administratif Européen, 2007; Braams, Koordinierung als Kompetenzkategorie, 2013; Brenner, Der Gestaltungsauftrag der Verwaltung in der Europäischen Union, 1996; Cassese, European Administrative Proceedings, Law and Contemporary Problems 68 (2004), 21; Craig, EU Administrative Law, 2006; v. Danwitz, Verwaltungsrechtliches System und europäische Integration, 1996; v. Danwitz, Europäisches Verwaltungsrecht, 2008; Dörr/Lenz, Europäischer Verwaltungsrechtsschutz, 2006; Engel VERW 25 (1992), 437: Die Einwirkungen des Europäischen Gemeinschaftsrechts auf das deutsche Verwaltungsrecht; Gärditz DÖV 2010, 453: Die Verwaltungsdimension des Lissabon-Vertrags; Groß VVDStRL 66 (2007), 152: Verantwortung und Effizienz in der Mehrebenenverwaltung; Groß, Die Legitimation der polyzentralen EU-Verwaltung, 2015; Hatje, Die gemeinschaftsrechtliche Steuerung der Wirtschaftsverwaltung, 1998; Hegels, EG-Eigenverwaltungsrecht und Gemeinschaftsverwaltungsrecht, 2000; Hoffmann-Riem/Schmidt-Aßmann/Voßkuhle GVwR I/Schmidt-Aßmann, 2006, § 5: Verfassungsprinzipien für den Europäischen Verwaltungsverbund; Hofmann, Rechtsschutz und Haftung im Europäischen Verwaltungsverbund, 2004; Hofmann/Türk ELJ 13 (2007), 253: The Development of Integrated Administration in the EU and its Consequences; Hofmann/Türk, EU Administrative Governance, 2006; FS-Maurer 2001/Huber, S. 1165: Das duale Regelungsregime als Sackgasse der Europäisierung; Jans/de Lange/Prechal/Widdershoven, Europeanisation of Public Law, 2007; Kadelbach, Allgemeines Verwaltungsrecht unter europäischem Einfluß, 1999; Kahl NVwZ 1996, 865: Hat die EG die Kompetenz zur Regelung des allgemeinen Verwaltungsrechts?; Kahl VERW 29 (1996), 341: Europäisches und nationales Verwaltungsorganisationsrecht; Klösters, Kompetenzen der EG-Kommission im innerstaatlichen Vollzug von Gemeinschaftsrecht, 1994; Trute/Groß/Röhl/Möllers, Allgemeines Verwaltungsrecht – zur Tragfähigkeit eines Konzepts/Ladenburger, 2008, S. 107: Evolution oder Kodifikation eines allgemeinen Verwaltungsrechts in der EU; Neidhardt, Nationale Rechtsinstitute als Bausteine europäischen Verwaltungsrechts, 2008; Pache VVDStRL 66 (2007), 106: Verantwortung und Effizienz in der Mehrebenenverwaltung; Rengeling, Rechtsgrundsätze beim Verwaltungsvollzug des Europäischen Gemeinschaftsrechts, 1977; v. Bogdandy/Cassese/Huber Ius Publicum Europaeum-HdB V/Ruffert, § 95: Europäisierung des Verwaltungsrechts; Ruffert DÖV 2007, 761: Von der Europäisierung des Verwaltungsrechts zum Europäischen Verwaltungsverbund; Ruffert VERW 36 (2003), 293: Die Europäisierung der Verwaltungsrechtslehre; Schmidt-Aßmann DVBl. 1993, 924: Deutsches und Europäisches Verwaltungsrecht; Schmidt-Aßmann EuR 1996, 270: Verwaltungskooperation und Verwaltungskooperationsrecht in der Europäischen Gemeinschaft; Schmidt-Aßmann, Das allgemeine Verwaltungsrecht als Ordnungsidee, 2. Aufl. 2004; FS-Steinberger, 2002/Schmidt-Aßmann, S. 1375: Europäische Verwaltung zwischen Kooperation und Hierarchie; Schmidt-Aßmann/Hoffmann-Riem, Strukturen des Europäischen Verwaltungsrechts, 1999; Schmidt-Aßmann/Hoffmann-Riem Strukturen des Europäischen Verwaltungsrechts/Hoffmann-Riem, 1999, S. 317: Strukturen des Europäischen Verwaltungsrechts – Perspektiven der Systembildung; Schmidt-Aßmann/Schöndorf-Haubold, Der Europäische Verwaltungsverbund, 2005; Schneider EuR Beiheft 2 (2005), 141: Vollzug des Europäischen Wirtschaftsrechts zwischen Zentralisierung und Dezentralisierung – Bilanz und Ausblick; Schoch VERW Beiheft 2 (1999), 135: Die Europäisierung des Allgemeinen Verwaltungsrechts und der Verwaltungsrechtswissenschaft; Schroeder AöR 129 (2004), 3: Nationale Maßnahmen zur Durchführung von EG-Recht und das Gebot der einheitlichen Wirkung; Schütze CMLRev. 47 (2010), 1385: From Rome to Lisbon: „Executive Federalism" in the (New) EU; Schwarze, Bestand und Perspektiven des Europäischen Verwaltungsrechts, 2008; Schwarze, Europäisches Verwaltungsrecht, 1988; Schwarze, Europäisches Verwaltungsrecht im Werden, 1982; Sydow VERW 34 (2001), 517: Die Vereinheitlichung

[50] Kment, Die Neujustierung des Nachhaltigkeitsprinzips im Umweltrecht, 2019; Hilbert DVBl 2022, 1409 ff.

des mitgliedstaatlichen Vollzugs des Europarechts in mehrstufigen Verwaltungsverfahren; Terhechte, Verwaltungsrecht der Europäischen Union, 2. Aufl. 2022; v. Bogdandy/Cassese/Huber Ius Publicum Europaeum-HdB IV/Zacharias, § 72: Der Begriff des Verwaltungsrechts in Europa.

§ 13. Entwicklung, Begriff und normative Grundlagen des Europäischen Verwaltungsrechts

I. Begriff eines Europäischen Verwaltungsrechts

1. Wechselwirkungen zwischen nationalem und europäischem Verwaltungsrecht im Spiegel der Rechtswissenschaft

1 Bereits mit der Errichtung Vorläufer der heutigen Europäischen Union in Gestalt der EGKS, EWG und EURATOM war auch die **Notwendigkeit der Etablierung eigener Verwaltungsstrukturen** verbunden. Dies war zugleich die Geburtsstunde des Europäischen Verwaltungsrechts, soweit man darunter jene Rechtssätze versteht, die das Handeln von Verwaltungseinheiten im Innen- und Außenverhältnis organisieren und steuern.[1] Neben den organisatorischen Maßnahmen waren vor allem ein eigenes öffentliches Dienstrecht sowie Verfahrensvorschriften erforderlich, die das Handeln der neu geschaffenen behördlichen Strukturen neben der rechtsetzenden Tätigkeit[2] steuern und damit den Leitgedanken der rule of law konkretisieren. In dieser frühen Phase orientierten sich die europäischen Institutionen vielfach am mitgliedstaatlichen Verwaltungsrecht und seinen Institutionen.[3] Angesichts der Unterschiede zwischen den mitgliedstaatlichen Rechtstraditionen im Bereich des Verwaltungsrechts[4] führte die „Verarbeitung“ dieser Übernahmen auf der europäischen Ebene schrittweise zu ihrerseits eigenständigen Rechtsinstituten. Dieser Teil der Rechtsentwicklung wird als Eigenverwaltungsrecht (der EG bzw. EU) bezeichnet.[5]

2 Ein wesentlicher Teil des Handelns und Entscheidens der EU-Organe, vor allem der Kommission, war an die **Mitgliedstaaten** gerichtet, die in den meisten Zuständigkeitsbereichen für die **Durchführung des Gemeinschaftsrechts** zuständig waren und sind. Vor allem im weiten Feld des öffentlichen Wirtschaftsrechts, das insbesondere in Gestalt der Gewerbeordnung einen der ältesten Teile des heute geltenden Verwaltungsrechts darstellt,[6] kam es so von Beginn an zu Berührungen zwischen dem Gemeinschaftsrecht und dem nationalen Verwaltungsrecht.[7] Die den Binnenmarkt gem. Art. 26 II AEUV wesentlich konstituierenden Personengrundfreiheiten der Niederlassungs- und Dienstleistungsfreiheit wirkten sich in diesem Bereich nicht nur materiell-rechtlich, sondern auch in Bezug auf die Systematik und die Regelungsinstrumente auf die mitgliedstaatlichen Rechtsordnungen

[1] Zu den Schwierigkeiten der Definition von Verwaltung und Verwaltungsrecht auf europäischer Ebene näher v. Bogdandy/Cassese/Huber Ius Publicum Europaeum-HdB IV/Zacharias, § 72.

[2] Dabei kann hier dahinstehen, inwieweit die rechtsetzende Tätigkeit als (parlamentarische) Gesetzgebung oder als Exekutivrechtsetzung zu qualifizieren ist. Dazu näher Dann, Parlamente im Exekutivföderalismus, 2004.

[3] Neidhardt, Nationale Rechtsinstitute als Bausteine europäischen Verwaltungsrechts, 2008.

[4] S. dazu den Überblick in v. Bogdandy/Cassese/Huber Ius Publicum Europaeum-HdB III.

[5] Grundlegend Schmidt-Aßmann DVBl 1993, 924 (926).

[6] Kluth/Korte, 150 Jahre Gewerbeordnung, 2020.

[7] Dazu Hatje, Die gemeinschaftsrechtliche Steuerung der Wirtschaftsverwaltung, 1998.

prägend aus.[8] Das Gemeinschaftsrecht entwickelte Mindestanforderungen an das nationale Verwaltungsrecht, um eine wirksame und einheitliche Durchführung des Gemeinschaftsrecht und dessen Anwendungsvorrang abzusichern. Entsprechend lag der Fokus der Einwirkungen auf das nationale Recht in den Bereichen des Verwaltungsverfahrens und der Verwaltungsorganisation sowie als Annex auf dem Verwaltungsprozessrecht, das im Vollzug eng mit dem Allgemeinen Verwaltungsrecht verbunden ist.[9]

Die **deutsche Rechtswissenschaft** hat die Entwicklung des Europäischen Verwal- 3
tungsrechts von Beginn an aufmerksam verfolgt und kritisch begleitet. Jürgen Schwarze legte früh eine perspektivische Bestandsaufnahme unter der Überschrift „Europäisches Verwaltungsrecht im Werden" vor.[10] Ulrich Everling zeichnete 1983[11] und 1987[12] die ersten Entwicklungsschritte und analysierte vor allem die Unterschiede zum deutschen Verwaltungsrecht. Eine erste große rechtsvergleichende und prinzipienorientierte Bestandsaufnahme folgte sodann 1988 mit Blick auf das Allgemeine und Besondere Verwaltungsrecht.[13] Bereits daran wird deutlich, dass die Thematik durch die Wissenschaft vom Öffentlichen Recht systematisch offen durch die Verbindung von Rechtsvergleichung und Europarechtswissenschaft einerseits und eine umfassende Prinzipienorientierung (und damit letztlich die Einbeziehung des auf europäischer Ebene zunächst noch wenig entwickelten Verfassungsrechts) aufgegriffen wurde.[14]

Neben der wissenschaftlichen Erarbeitung der Verständnisgrundlagen durch rechts- 4
vergleichende und gemeinschaftsrechtliche Studien spielte die Einforderung rechtsstaatlicher, insbesondere grundrechtlicher **Mindestanforderungen** gegenüber der rechtsetzenden und verwaltenden Tätigkeit der Gemeinschaftsorgane eine zentrale Rolle im wissenschaftlichen Diskurs. Das wird unter anderem deutlich im Blick auf die Referate von Manfred Zuleeg und Hans-Werner Rengeling bei der Tagung der Staatsrechtslehrervereinigung im Jahr 1993,[15] bei der die „wechselseitigen Einwirkungen" aus der Perspektive der Vermeidung von Konflikten und Kollisionen (Zuleeg) bzw. der Wahrung rechtsstaatlicher Standards (Rengeling) analysiert wurden. Diese Aspekte wurden in der Folgezeit durch mehrere Habilitationsschriften aufgegriffen und vertieft analysiert. Michael Brenner und Thomas von Danwitz[16] widmeten sich dabei den systemischen Auswirkungen des Gemeinschaftsrechts auf das deutsche Verwaltungsrecht während Hermann-Josef Blanke[17] den besonders umstrittenen Aspekt

[8] Zur Niederlassungsfreiheit Calliess/Ruffert/Korte AEUV Art. 49 Rn. 39 ff. Die Dienstleistungsfreiheit entfaltete ihre Wirkung mit einiger Verspätung. S. dazu Calliess/Ruffert/Kluth AEUV Art. 56/56 Rn. 4 ff.; Calliess/Korte, Dienstleistungsrecht in der EU, 2011, § 3.

[9] Näher Voßkuhle/Eifert/Möllers GVwR I/Schmidt-Aßmann/Schöndorf-Haubold, § 5 Rn. 29 ff.

[10] Schwarze, Europäisches Verwaltungsrecht im Werden. 1982.

[11] Everling DVBl 1983, 649 ff.

[12] Everling NVwZ 1987, 1 ff.

[13] Schwarze, Europäisches Verwaltungsrecht, 2 Bde., 2. Aufl. 2005.

[14] Exemplarisch Voßkuhle/Eifert/Möllers GVwR I/Schmidt-Aßmann/Schöndorf-Haubold, § 5.

[15] Zuleeg/Rengeling VVDStRL 53 (1994), 154 ff. und 202 ff.

[16] Brenner, Der Gestaltungsauftrag der Verwaltung in der Europäischen Union, 1996; v. Danwitz, Verwaltungsrechtliches System und europäische Integration, 1996; s. auch Kadelbach, Allgemeines Verwaltungsrecht unter Europäischem Einfluß, 1999.

[17] Blanke, Vertrauensschutz im deutschen und europäischen Verwaltungsrecht, 2000.

des Vertrauensschutzes behandelte. Hinzu kommen weitere Studien, die sich mit wichtigen Einzelfragen des Allgemeinen Verwaltungsrechts[18] und Fragen des Besonderen Verwaltungsrechts[19] und Verwaltungsprozessrechts befassen.

5 Gut fünfzehn Jahre später folgte eine zweite Publikationswelle, die sich vor allem der Zusammenarbeit bei der **Normsetzung und dem Normvollzug** sowie den damit verbundenen Rechtsfragen widmete.[20] **Verwaltungsverbund**[21] und Regelungsverbund[22] entstanden dabei als neue Orientierungsbegriffe. Zugleich wurde den Prinzipien des Unionsrechts, ua den primärrechtlichen **Anerkennungspflichten**,[23] mehr Aufmerksamkeit geschenkt. Die **Verwaltungszusammenarbeit** wurde durch Richtlinien mit einem breiten Anwendungsfeld (vor allem die Dienstleistungs-RL die sowie die Berufsanerkennungs-RL[24]) sekundärrechtlich konkretisiert und in die deutschen Verwaltungsverfahrensgesetze integriert (§§ 8a–8e VwVfG). Auch bei den Regelungen für das nationale Verwaltungsverfahren hinterließen die Richtlinien sichtbare Spuren (§ 42a VwVfG[25] und §§ 71a–71e VwVfG[26]), die Ausdruck der partiellen Europäisierung dieser zentralen verwaltungsrechtlichen Rechtsmaterie sind.

6 Zugleich stieg die rechtswissenschaftliche Aufmerksamkeit für die **rechtsvergleichende Betrachtung**[27] und den Rechtstransfer,[28] der die Entwicklung des Verwaltungsrechts von Beginn an stark geprägt hat. Denn bereits Otto Mayer hat sich für seine grundlegenden Beiträge zum deutschen Verwaltungsrecht durch das französische Verwaltungsrecht inspirieren lassen.[29] Die verstärkte rechtsvergleichende Arbeit[30] hat zugleich das unterschiedliche Verständnis des Verwaltungsrechts und seiner Dogmatik in den einzelnen Mitgliedstaaten und auf der Ebene der Union verdeutlicht. Um 2010 wurde von einer **„Konsolidierungsphase"** gesprochen,[31] die nicht

---

18 Etwa Ruffert VERW 34 (2001), 453 ff. (zum transnationalen Verwaltungsakt); Ruffert VERW 36 (2003), 293 ff. (zur Europäisierung der Verwaltungsrechtslehre).

19 Hatje, Die gemeinschaftsrechtliche Steuerung der Wirtschaftsverwaltung, 1998; Gärditz, Hochschulorganisation und verwaltungsrechtliche Systembildung, 2009.

20 S. zB Sydow, Verwaltungskooperation in der Europäischen Union, 2004.

21 Schmidt-Aßmann/Schöndorf-Haubold, Der Europäische Verwaltungsverbund, 2005; Ruffert DÖV 2007, 761 ff.; Weiß, Der Europäische Verwaltungsverbund, 2010.

22 Knauff, Der Regelungsverbund: Recht und Soft Law im Mehrebenensystem, 2010.

23 Dazu schon früh Michaels, Anerkennungspflicht im Wirtschaftsverwaltungsrecht der Europäischen Gemeinschaft und der Bundesrepublik Deutschland, 2004; krit. Schmidt-Aßmann VERW Beih. 10 (2010), 263 (269 ff.).

24 Zu beiden Richtlinien Asemissen, Berufsanerkennung und Dienstleistungen im europäischen Binnenmarkt, 2014; zur Dienstleistungsrichtlinie Calliess/Korte, Dienstleistungsfreiheit in der EU, 2011, § 6.

25 Dazu Kluth JuS 2011, 1078 ff.

26 Näher Quaas, Einheitlicher Ansprechpartner und effet utile im deutschen Bundesstaat, 2014.

27 Hierzu ist exemplarisch auf das Projekt v. Bogdandy/Cassese/Huber Ius Publicum Europaeum-HdB zu verweisen, das sich in den Bänden III, IV und V dem Verwaltungsrecht widmet und eine solide Bestandsaufnahme der Grundlagen, der Wissenschaft und der inhaltlichen Grundzüge liefert.

28 Siehe Neidhardt, Nationale Rechtsinstitute als Bausteine europäischen Verwaltungsrechts, 2008; Glaser, Die Entwicklung des Europäischen Verwaltungsrechts aus der Perspektive der Handlungsformenlehre, 2013.

29 Zu Otto Mayer näher Schmidt-De Caluwe, Der Verwaltungsakt in der Lehre Otto Mayers, 1999.

30 Dies wird deutlich durch die Einbeziehung des öffentlichen Rechts in die Darstellung bei Kischel, Rechtsvergleichung, 2015.

31 Axer/Grzeszick/Kahl/Mager/Reimer, Das Europäische Verwaltungsrecht in der Konsolidisierungsphase, VERW Beih. 10, 2010.

zuletzt durch die Etablierung von wichtigen und zT neuen Elementen eines Verwaltungsverfassungsrechts im Primärrecht durch den Vertrag von Lissabon geprägt ist.[32] Der Terminus Konsolidierung darf dabei nicht als Endpunkt einer Entwicklung oder gar positives Gesamturteil verstanden werden. Es wird vielmehr damit ein bestimmter Entwicklungszustand beschrieben, der grob dadurch gekennzeichnet werden kann, dass auf die wichtigsten Fragen eine Antwort gegeben wird und das System insgesamt funktionsfähig ist. Kritische Bewertungen und Defizite werden damit nicht in Abrede, sondern im Rahmen der wissenschaftlichen Reflektion[33] und institutioneller Stellungnahmen, etwa des Bundesverfassungsgerichts,[34] deutlich artikuliert. Die gewichtigsten Defizite liegen aus der Sicht der deutschen Verwaltungsrechtswissenschaft in der fehlenden klaren dogmatischen Struktur des Europäischen Verwaltungsrechts sowie den lückenhaften Rechtsschutzmöglichkeiten.[35] So sind im Unionsrecht die Handlungs- und Organisationsformen nicht wie im deutschen Verwaltungsrecht in transparente rechtliche Folgen und Bindungen eingekleidet. Vielmehr muss beides jeweils im Einzelfall ermittelt und begründet werden. Damit wird eine wesentliche Systemleistung des deutschen bzw. mitgliedstaatlichen Verwaltungsrechts[36] auf der Unionsebene bislang nicht verwirklicht.

Für diesen Befund gibt es eine Reihe von Gründen bzw. Erklärungen, die an dieser 7
Stelle nur knapp skizziert werden können. Eine **zentrale Beobachtung** besteht darin, dass sich auf nationaler Ebene das Verwaltungsrecht sehr stark in einem rechtsstaatlichen Kontext zur Absicherung der verfassungsrechtlich vorgegebenen rule of law entwickelt hat. Die verwaltungsrechtliche Systembildung und Dogmatik ist vor diesem Hintergrund verfassungsrechtlichen Prinzipien und vor allem dem Rechtsschutz verpflichtet gewesen. Das Verwaltungshandeln soll domestiziert und transparent ausgestaltet werden. Für die Europäische Union steht demgegenüber die **rule by law** im Vordergrund. Sie nutzt das Verwaltungsrecht, um den mitgliedstaatlichen Vollzug zu steuern und damit eigene Durchsetzungsinteressen zu verwirklichen. So werden zB subjektive Rechte und Rechtsschutzmöglichkeiten nicht im grundrechtlichen Eigeninteresse der Begünstigten, sondern zur Durchsetzung des objektiven Rechts begründet.[37] Damit ist nicht gesagt, dass es „nur" um diese Dimension geht; sie ist aber in vielen Fällen das entscheidende bzw. stärkere Handlungsmotiv.

---

32 Dazu näher → § 13 Rn. 22 ff. S. auch Schmidt-Aßmann VERW Beih. 10 (2010), 263 (264 ff.); Gärditz DÖV 2010, 453 ff.

33 Exemplarisch Schmidt-Aßmann in VERW Beih. 10 (2010), 263 (268 ff.).

34 Hier ist an das Lissabon-Urteil (BVerfGE 123, 267 ff.) zu denken, das aber seinerseits Gegenstand von Kritik ist, s. Schmidt-Aßmann VERW Beih. 10 (2010), 263 (266 f.).

35 Zu den Lücken im Rechtsschutzsystem vor allem im Bereich der Verwaltungszusammenarbeit Schmidt-Aßmann/Schöndorf-Haubold Europ. Verwaltungsverbund/Hofmann, S. 353 ff.; Holoubek/Lang, Verfahren der Zusammenarbeit von Verwaltungsbehörden in Europa/Merli, 2010, S. 377 ff. S. auch Last, Garantie wirksamen Rechtsschutzes gegen Maßnahmen der Europäischen Union, 2008; weniger krit. dagegen Schwarze DVBl 2010, 1325 ff.

36 Dazu eingehend Schmidt-Aßmann, Verwaltungsrechtliche Dogmatik, 2013.

37 Dazu näher Masing, Die Mobilisierung des Bürgers für die Durchsetzung des Rechts, 1997: „Verstanden weniger als des Rechtsschutzes bedürftige Privatpersonen, denn vielmehr als wirkmächtige Anwälte und Vollstrecker gemeinschaftlicher Interessen sollen die Bürger so das Gemeinschaftsrecht effektivieren."

8 Damit ist zugleich die Bedeutung der Verwaltungsrechtsentwicklung für die Entwicklung und Veränderung des staatlichen Verwaltungsapparates, der Erweiterung der Staat-Bürger-Beziehung und der zentralen Steuerung staatlichen Handelns angesprochen. Denn unabhängig davon, welche Vorgaben des nationale Recht für diese Bereiche macht,[38] kann die Europäische Union durch Vorgaben auf der Ebene des Verwaltungsrechts in allen drei Bereichen **grundlegende Veränderungen** und Entwicklungen bewirken und hat dies in den letzten Jahrzehnten immer wieder getan.

9 So nehmen unionsrechtliche Vorgaben Einfluss auf die **innere Organisation der Verwaltungsbehörden,** indem zB die Weisungsfreiheit von Beauftragten (zB um Bereich des Umweltrechts und des Datenschutzes)[39] oder mit Regulierungsaufgaben betrauten Stellen[40] verlangt wird. Der Visakodex verlangt noch weitergehend die regelmäßige Änderung der Zuständigkeiten von einzelnen Mitarbeitern der Konsulate zum Zweck der Korruptionsvermeidung.[41]

10 Im Sinne der bereits angesprochenen Mobilisierung des Bürgers für die Durchsetzung des Rechts wird die **Staat-Bürger-Beziehung** verändert, indem zB ein Anspruch gegenüber staatlichen Stellen auf Informationszugang[42] oder Rechtsschutz[43] jenseits der mitgliedstaatlich etablierten Standards vorgeschrieben wird. Auch das Verfahren über eine einheitliche Stelle (§§ 71a ff. VwVfG) gehört zu diesem Bereich.

11 Schließlich führt das Unionsrecht immer wieder neue **Steuerungsinstrumente** ein, etwa in Gestalt der Versteigerung von Mobilfunklizenzen (§ 61 TKG)[44] oder dem Handel mit Immissionsrechten (Treibhausgasimmissionshandel – TEHG).[45]

12 Daran wird deutlich, dass das Unionsrecht auf ganz verschiedenen Ebenen auf das nationale Verwaltungsrecht zugreift und zu strukturellen Änderungen oder Erweiterung führt. Hinzu kommt die auch für das Verwaltungsrecht **systemprägende Rolle der Unionsbürgerschaft** (Art. 20 ff. AEUV), die im sachlichen Anwendungsbereich des Unionsrechts zu einer gleichberechtigten Einbeziehung der Unionsbürgerinnen und Unionsbürger in die mitgliedstaatliche Verwaltungsrechtsordnung verpflichtet (Art. 18 AEUV).[46]

13 Schmidt-Aßmann weist zutreffend darauf hin, dass die Einwirkungen des Unionsrechts vor allem das Verfahrens- und Organisationsrecht betreffen und insbesondere

---

[38] Als Grenze ist die nationale Identität iSd Art. 4 II EUV zu sehen, die wegen der geringen Vorgaben des Verfassungsrechts für die Verwaltungsorganisation aber kaum Bedeutung entfaltet.

[39] S. dazu exemplarisch EuGH BeckRS 2010, 90304 – Kommission/Deutschland.

[40] Schneider ZHR 2000, 513 ff.; Ludwigs EnWZ 2013, 483 ff.

[41] Art. 37 VO (EG) 810/2009 (Visakodex).

[42] Dies betrifft insbesondere den Umweltinformationsanspruch nach dem Umweltinformationsgesetz. Siehe zur allgemeinen Entwicklung des Informationsrechts unter dem Einfluss des Unionsrechts Schoch EuZW 2011, 388 ff.

[43] Dies betrifft etwa den verbandlichen Rechtsschutz im Umweltrecht (Umweltrechtsbehelfsgesetz) und den Rechtsschutz im Visarecht nach Art. 32 III Visakodex. Nach früherem deutschen Recht bestand in den meisten Fällen kein Rechtsschutzanspruch, weil es keinen Anspruch auf Erteilung des Visums gab.

[44] Grzeszick DVBl 1997, 878 ff.

[45] Gawel EnWZ 2016, 351 ff.

[46] Zu Details der strukturellen Auswirkungen Schönberger, Unionsbürger, 2005, S. 301 ff.; zur gleichberechtigten Einbeziehung in die nationalen Rechtsordnungen Calliess/Ruffert/Kluth AEUV Art. 21 Rn. 6.

dem Organisationsrecht einen Bedeutungszuwachs beschert haben.[47] Das gilt auch und besonders im Hinblick auf den Europäischen Verwaltungsverbund, der den Verfahren und institutionellen Rahmenbedingungen der Verwaltungszusammenarbeit eine gewichtigere Rolle zugewiesen hat.[48] Europäisches Verwaltungsrecht erweist sich so „als strukturiertes Recht für ein institutionelles Gefüge" das durch die Arbeit der öffentlichen Verwaltung(en) im Mehrebenensystem gefordert und bestimmt ist.[49]

14 Die besondere Bedeutung des Organisationsrechts bzw. der Einflussnahme auf das mitgliedstaatliche Verwaltungsrecht auf diesem Pfad ist kein Zufall, sondern Ausdruck einer Strategie des Unionsgesetzgebers, der durch die Etablierung von weitgehend weisungsfreien Entscheidungszuständigkeiten die in einem weisungsunterworfenen hierarchischen Verwaltungsaufbau auch zu Legitimationszwecken[50] gewollte **politische Steuerung der Verwaltungsentscheidungen** zugunsten einer Stärkung der Sachautonomie zurückdrängen will.

15 Damit einher geht die bislang in vielen Bereichen und Einzelheiten nicht überzeugend gelöste **demokratische Legitimation** des Verwaltungshandelns der Organe und Agenturen der Europäischen Union[51] einerseits und in den verschiedenen Bereichen der Verwaltungskooperation andererseits.[52] Das unter Berücksichtigung der Besonderheiten der Verbundstrukturen entwickelte Konzept der polyzentralen Legitimation[53] zeichnet zwar die existierenden Strukturen der Organisation und Pfade der (demokratischen) Legitimation nach. Mit seiner Addition unterschiedlicher Legitimationspotenziale wird es aber nicht dem Gebot der Verantwortungsklarheit gerecht, das das Bundesverfassungsgericht[54] als wichtiges Element der demokratischen Legitimation von Verwaltungshandeln herausgearbeitet hat. Auch insoweit besteht deshalb aus der Sicht der deutschen Verwaltungs- und Verfassungsrechtsdogmatik Klärungs- und Entwicklungsbedarf.

2. Systematik und Begriffsklärungen

16 Angesichts der verschiedenen Schichten und thematischen Zusammenhänge, in Bezug auf die von einem europäischen Verwaltungsrecht gesprochen werden kann, erweist sich die Verwendung einer klaren **Terminologie** als unverzichtbar. Diese sollte sich an den **Rechtsräumen** orientieren, auf die sich der **Steuerungsanspruch** der durch den Begriff erfassten Rechtssätze bezieht. Dies entspricht dem für das **Vollzugskonzept** der Europäischen Union prägenden Modell der Unterscheidung zwi-

[47] S. bereits Schmidt-Aßmann DVBl 1993, 924 ff.

[48] Das gilt exemplarisch für das Migrations- und Sicherheitsrecht. Zur Entwicklung in diesen Bereichen vertiefend Thym, Migrationsverwaltungsrecht, 2011.

[49] Das schließt auch die Internationalisierung der Verwaltungsbeziehungen und des Verwaltungshandelns ein; s. Voßkuhle/Eifert/Möllers GVwR I/Goldmann, § 6; Tietje, Internationalisiertes Verwaltungshandeln, 2001.

[50] Dreier, Hierarchische Verwaltung im demokratischen Staat, 1991.

[51] Zum Legitimationskonzept der Europäischen Union Voßkuhle/Eifert/Möllers GVwR I/Schmidt-Aßmann/Schöndorf-Haubold, § 5 Rn. 81 ff.; Peters, Elemente einer Theorie der Verfassung Europas, 2001, S. 720 ff.; Lübbe-Wolff VVDStRL 60/2001, 246 (248); Kluth, Die demokratische Legitimation der Europäischen Union, 1995.

[52] Zur Problembeschreibung Voßkuhle/Eifert/Möllers GVwR I/Schmidt-Aßmann/Schöndorf-Haubold, § 5 Rn. 22 ff.

[53] Groß, Die Legitimation der polyzentralen EU-Verwaltung, 2015.

[54] BVerfGE 119, 331 (366).

schen direktem und indirektem Vollzug.[55] Auf dieser Grundlage liegt die folgende etablierte Unterscheidung[56] nahe:

17 Als **Eigenverwaltungsrecht der EU** sind demnach diejenigen Bestandteile des Verwaltungsrechts der EU zu verstehen, die sich auf die Organisation, das Verfahren und das Handeln (Rechtsformen und Rechtsbindungen) der Einrichtungen, Organe und sonstigen Stelle der Europäischen Union beziehen.[57]

18 Als **Unionsverwaltungsrecht** (früher: Gemeinschaftsverwaltungsrecht) sind demgegenüber jene Rechtssätze zu verstehen, die Vorgaben für das mitgliedstaatliche Verwaltungsrecht und Verwaltungshandeln begründen und zu eine „Instrumentalisierung" und „Umorientierung" führen können (vorstehend → § 13 Rn. 9 ff.).[58]

19 Das Rechte der europäischen Verwaltungskooperation markiert keine eigenständige dritte Kategorie eines **Kooperationsverwaltungsrechts** sondern ist je nach thematischem Zusammenhang in einer der beiden Rechtsebenen verankert.[59] So ist die mitgliedstaatliche Mitwirkung in der Europäischen Agenturen durch das Eigenverwaltungsrecht erfasst, während die Kooperation zwischen den Behörden der Mitgliedstaaten und/oder den Organen und Agenturen der Europäischen Union durch das Unionsverwaltungsrecht normiert wird.

20 Heute dient die Idee des **Europäischen Verwaltungsverbundes** als konzeptioneller Rahmen für die zahlreichen Facetten, die das Europäische Verwaltungsrecht umfasst.[60] Es handelt sich dabei um einen deskriptiven Begriff, mit dessen Hilfe die Wirkdimensionen des Europäischen Verwaltungsrechts verdeutlicht und den dogmatischen Diskussionsrahmen[61] abgesteckt werden sollen. Kahl definiert der Europäischen Verwaltungsverbund als „die Summe höchst vielgestaltiger Formen der – vertikalen und horizontalen – Verflechtung verschiedener Akteure der europäischen wie auch der nationalen Ebenen bei der Durchführung von Unionsrecht, bei denen erst aus dem Zusammenwirken der verschiedenen Stellen ein bindendes, durchsetzbares Verwaltungshandeln oder ein rechtlich unverbindliches soft-law-förmiges Handeln hervorgeht."[62]

21 Die weitreichende **praktische Bedeutung der Verwaltungszusammenarbeit** sowie der damit verbundenen konzeptionellen und dogmatischen Herausforderungen für die rechtliche Steuerung und Legitimation des Verwaltungshandelns erschließen sich

[55] Dazu näher → § 13 Rn. 23 ff.
[56] S. Hegels, EG-Eigenverwaltungsrecht und Gemeinschaftsverwaltungsrecht, 2000.
[57] Voßkuhle/Eifert/Möllers GVwR I/Schmidt-Aßmann/Schöndorf-Haubold, § 5 Rn. 29 ff.; Rengeling VVDStRL 53, 1994, 202 (206).
[58] Voßkuhle/Eifert/Möllers GVwR I/Schmidt-Aßmann/Schöndorf-Haubold, § 5 Rn. 35a ff.; Rengeling VVDStRL 53, 1994, 202 (206).
[59] Holoubek/Lang, Verfahren der Zusammenarbeit von Verwaltungsbehörden in Europa/Kahl, 2010, S. 15, 21.
[60] Grundlegend Kahl VERW 29 (1996), 341 (360); Schmidt-Aßmann/Schöndorf-Haubold, Der Europäische Verwaltungsverbund, 2005; Ruffert DÖV 2007, 761 ff.
[61] Ruffert VERW Beih. 10 (2010), 205 (215 f.). Weiter Pache VVDStRL 66 (2007), 106 (110 f.); Siegel, Entscheidungsfindung im Verwaltungsverbund, 2009; Weiß, Der Europäische Verwaltungsverbund, 2010.
[62] Holoubek/Lang, Verfahren der Zusammenarbeit von Verwaltungsbehörden in Europa/Kahl, 2010, S. 15, 19 f.

eindrucksvoll, wenn man sich die Politikfelder vor Augen führt, bei denen die Verwaltungszusammenarbeit zum „Alltagsgeschäft" gehört und Rechtsanwendung maßgeblich durch sie geprägt ist.[63] Betroffen sind in diesem Sinne das (öffentliche) Wirtschafts- und Binnenmarktrecht (einschließlich des für die Qualitätssicherung so wichtigen Berufsrechts),[64] das Umwelt-[65] und Medizinproduktrecht,[66] das Produkt- und Verbraucherrecht,[67] das Finanzrecht[68] sowie das Sicherheits-[69] und Migrationsrecht,[70] um nur einige besonders wichtige Bereiche zu nennen. In allen diesen Bereichen spielt die vertikale und horizontale Verwaltungskooperation eine erhebliche Rolle und es beeinfluss das Entscheidungsverfahren, den Entscheidungsinhalt und den Rechtsschutz.

II. Normative Grundlagen des Europäischen Verwaltungsrechts

1. Verwaltungsverfassungsrecht der EU

Die primärrechtlichen Regelungen, aus denen sich ausdrücklich oder im Wege der Auslegung Vorgaben für das Europäische Verwaltungsrecht in seinen beiden Erscheinungsformen ergeben bzw. ableiten lassen, werden auch als **Verwaltungsverfassungsrecht der EU** bezeichnet.[71] Beschränkten sich die einschlägigen Regelungen in der Anfangszeit auf Kompetenzzuweisungen für die Errichtung der Eigenverwaltung der EU, so kann aus heutiger Sicht vor allem auf Grund der Einfügung zentraler Regelungen durch den Vertrag von Lissabon[72] von einer breiteren primärrechtlichen Verankerung des Europäischen Verwaltungsrechts gesprochen werden. Ob diese aus rechtsstaatlicher Perspektive hinreichend ist, wird allem im Hinblick auf Gründung von Agenturen bezweifelt.[73] Im Einzelnen sind dabei die folgenden Regelungen mit explizitem Bezug zum Europäischen Verwaltungsrecht hervorzuheben: 22

In **Art. 291 I AEUV** ist der **Grundsatz des mitgliedstaatlichen Verwaltens bei der Anwendung des Unionsrecht** (sog. mittelbarer Vollzug) verankert, der die Mitgliedstaaten einerseits in die Pflicht nimmt, ihnen andererseits aber auch Rechte zuweist.[74] Die Pflichtendimension kommt (explizit) darin zum Ausdruck, dass die Vorschrift die Mitgliedstaaten alle zur Durchführung der verbindlichen Rechtsakte der Union erforderlichen Maßnahmen ergreifen müssen. Damit werden der durch 23

[63] Überblick bei Weiß, Der Europäische Verwaltungsverbund, 2010, S. 85 ff.
[64] Exemplarisch Asemissen, Berufsanerkennung und Dienstleistungen im europäischen Binnenmarkt, 2014.
[65] Sommer, Verwaltungskooperation am Beispiel administrativer Informationsverfahren im europäischen Umweltrecht, 2003; Terhechte, Verwaltungsrecht der Europäischen Union/Wegener, 2011, § 36.
[66] Webel, Medizinproduktrecht, 2008; s. auch exemplarisch Faltus, Stammzellenreprogrammierung, 2016, S. 591 ff.
[67] Holoubek/Lang, Verfahren der Zusammenarbeit von Verwaltungsbehörden in Europa/Moser, 2010, S. 327 ff.
[68] Holoubek/Lang, Verfahren der Zusammenarbeit von Verwaltungsbehörden in Europa/Raschauer, 2010, S. 181 ff.
[69] HdB-EUVerwR/Schöndorf-Haubold, § 35.
[70] Thym, Migrationsverwaltungsrecht, 2010.
[71] Ruffert in Calliess/Ruffert AEUV Art. 197 Rn. 2; GHN/Classen AEUV Art. 197 Rn. 10; Schmidt-Aßmann/Schöndorf-Haubold in GVwR I § 5 Rn. 43 ff.
[72] Zur „Verwaltungsdimension" des Vertrages von Lissabon Gärditz DÖV 2010, 453 ff.
[73] S. etwa Schmidt-Aßmann VERW Beih. 10 (2010), 263 (273 ff.).
[74] Voßkuhle/Eifert/Möllers GVwR I/Schmidt-Aßmann/Schöndorf-Haubold, § 5 Rn. 25 ff.

den EuGH vielfach bemühte Gedanke des effet utile sowie die Loyalitätsplicht aus Art. 4 III EGV konkretisiert.[75] Adressat der Pflicht sind nicht lediglich die Mitgliedstaaten als juristische Personen, sondern ihre jeweiligen Organe, Einrichtungen und Glieder.[76] Die Rechtsposition der Mitgliedstaaten wird durch die Vorschrift gestärkt, weil ihr ein Regel-Ausnahme-Verhältnis immanent ist, das der Umsetzung des Subsidiaritätsprinzips dient und die mitgliedstaatliche Durchführung zur Regelform erhebt.[77]

24 Komplementär dazu findet sich in **Art. 17 I 5 EUV** und in **Art. 298 AEUV** ein klares Bekenntnis zur **Exekutiv- und Verwaltungsfunktion der Kommission** und des weiteren Verwaltungsunterbaus, der die **Eigenverwaltung der Europäischen Union** bildet.[78] Art. 298 I AEUV ist in Bezug auf die Politik- bzw. Sachgebiete, für die Organisationseinheiten der Eigenverwaltung errichtet werden dürfen, offen ausgestaltet und unterscheidet sich (auch) insoweit von der Konzeption der Art. 82, 86 ff. GG, wie auch im Übrigen Analogien zum deutschen Verwaltungsföderalismus irreführend sind. In Art. 298 II AEUV findet sich ergänzend eine Rechtsetzungsermächtigung für das Dienstrecht der in der Eigenverwaltung beschäftigten Personen. Die rechtsschützende Dimension wird durch die Art. 263, 265 AEUV abgedeckt.

25 Durch die weitere Regelung in **Art. 197 AEUV** wird die effektive Durchführung des Unionsrechts durch die Mitgliedstaaten als **„Frage von gemeinsamem Interesse"** ausgewiesen und damit eine primärrechtliche Grundlage für die **vertikale Verwaltungszusammenarbeit** geschaffen.[79] Die Vorschrift konkretisiert und ergänzt die in Art. 4 III EUV allgemein angesprochenen Kooperationspflichten und ermächtigt die Kommission zu Unterstützungsmaßnahmen.[80] Dabei stehen informationelle Maßnahmen im Vordergrund, die durch die Kommission für zahlreiche Politikbereiche etabliert wurden und von den Mitgliedstaaten auf freiwilliger Basis in Anspruch genommen werden können.[81]

26 Auf die Bereiche der Eigenverwaltung und den mitgliedstaatlichen Vollzug des Unionsrechts bezieht sich schließlich die allgemeine Vorgabe der Europäischen Grundrechte-Charta, die in Art. 41 EU-GrCh unter der verwaltungswissenschaftlich anmutenden Überschrift **„Recht auf eine gute Verwaltung"** elementare Verfahrensstandards absichert.[82] Dazu gehört das Recht auf ein faires Verfahren (Art. 41 I EU-GRCh), auf rechtliches Gehör bzw. Anhörung vor einer belastenden Entscheidung (Art. 41 II lit. a EU-GRCh),[83] auf Informationszugang und Vertraulichkeitsschutz

[75] Calliess/Ruffert/Ruffert AEUV Art. 291 Rn. 3 ff.; GHN/Nettesheim AEUV Art. 291 Rn. 15 ff.

[76] GHN/Nettesheim AEUV Art. 291 Rn. 16.

[77] Voßkuhle/Eifert/Möllers GVwR I/Schmidt-Aßmann/Schöndorf-Haubold, § 5 Rn. 21a; Ruffert in Calliess/Ruffert AEUV Art. 291 Rn. 2. Krit. dazu GHN/Nettesheim AEUV Art. 291 Rn. 18.

[78] Voßkuhle/Eifert/Möllers GVwR I/Schmidt-Aßmann/Schöndorf-Haubold, § 5 Rn. 29 ff.

[79] Frenz DÖV 2010, 66 ff. Zur systematischen Funktion der Norm Ruffert in Calliess/Ruffert AEUV Art. 197 Rn. 2 ff.

[80] Ruffert in Calliess/Ruffert AEUV Art. 197 Rn. 21 ff.; Voßkuhle/Eifert/Möllers GVwR I/Schmidt-Aßmann/Schöndorf-Haubold, § 5 Rn. 20a.

[81] Dazu mit Nachweisen zu den Programmen Ruffert in Calliess/Ruffert AEUV Art. 291 Rn. 22. Die Programme sind in der Regel mit der Bildung von Netzwerken verbunden, an denen die Fachbeamten der Mitgliedstaaten und der Kommission mitwirken.

[82] Stelkens in Stelkens/Bonk/Sachs, VwVfG, Europäisches Verwaltungsrecht, Rn. 105 ff.; Classen, Gute Verwaltung im Recht der Europäischen Union, 2008; Grzeszick EuR 2006, 161 ff.

[83] Dazu Huck EuZW 2016, 132 ff.

(Art. 41II lit. b EU-GRCh), auf Begründung von Entscheidungen (Art. 41 II lit c EU-GRCh), auf Haftung für die durch eine Amtshandlung begründeten Schäden (Art. 41 III EU-GRCh), auf Nutzung einer der Vertragssprachen für die Kommunikation mit der Verwaltung (Art. 41 IV EU-GRCh). Die Regelung steht in einem engen Zusammenhang zu dem „Kodex für gute Verwaltungspraxis" des EU-Bürgerbeauftragten nach Art. 228 AEUV.[84] Er fasst rechtssatzartig die Grundsätze zusammen, die nach EuGH, den Rechtsüberzeugungen in den Mitgliedstaaten und der „Ombudsprudence" des Bürgerbeauftragten „gute Verwaltung" ausmachen: Allgemeine Grundsätze des Verwaltungshandelns (Gesetzmäßigkeit, Nichtdiskriminierung, Verhältnismäßigkeit), rechtsstaatliche Verfahrensanforderungen (Verfahrensklarheit, Neutralität, Anhörung, Zügigkeit, Begründung, Rechtsbehelfsbelehrung) und allgemeine Verhaltenspflichten der Beamten (Höflichkeit, Dienstleistungsorientierung).

Hinzu kommen als allgemeine Regelungen, aus denen sich ebenfalls Vorgaben für das Europäische Verwaltungsrecht ableiten lassen die bereits mehrfach erwähnte Pflicht zur Unionstreue aus Art. 4 III EUV sowie die Befugnis zu Koordinierungsmaßnahmen nach Art. 5, 6 AEUV.[85] 27

2. Prinzipien des Unionsverwaltungsrechts

a) Äquivalenz – und Effektivitätsprinzip

Während bei der Durchführung des Unionsrechts durch die Eigenverwaltung der EU die einheitliche Rechtsanwendung grundsätzlich auf Grund des gleichen rechtlichen und institutionellen Rahmens gewahrt ist, kommt beim indirekten Vollzug durch die Mitgliedstaaten das jeweilige nationale Organisations- und Verfahrensrecht zur Anwendung. Damit sich daraus keine Beeinträchtigungen für den effektiven und gleichmäßigen Vollzug des Unionsrechts ergeben, hat der EuGH in seiner Rechtsprechung zwei Prinzipien entwickelt, die durch die Mitgliedstaaten zu beachten sind. Danach darf mitgliedstaatliches Verwaltungsrecht zwischen unionsrechtlichen und nationalen Sachverhalten nicht zum Nachteil des Unionsrechts unterscheiden **(Diskriminierungsverbot bzw. Äquivalenzprinzip)**, und die Anwendung des mitgliedstaatlichen Verwaltungsrechts darf die Wirksamkeit des Unionsrechts nicht praktisch unmöglich machen oder übermäßig erschweren **(Effektivitätsprinzip)**.[86] 28

b) Organisations- und verfahrensbezogene Vorgaben im Überblick

Die in Art. 291 I AEUV nur allgemein normierte Pflicht der Mitgliedstaaten, das Unionsrecht wirksam durchzuführen, verlangt eine effektive Verwaltungsorganisation die folgenden allgemeinen Anforderungen entsprechen muss:[87] 29

Es muss ein wirksamer **Kontrollmechanismus** etabliert werden, der die ordnungsgemäße Durchführung des Unionsrechts gewährleistet. Es müssen die jeweils geeigneten und die Umsetzung der unionsrechtlichen Vorgaben ermöglichenden **Handlungsformen** genutzt werden. Den Vorgaben des Art. 41 EU-GRCh entspre- 30

[84] Stelkens in Stelkens/Bonk/Sachs, VwVfG, Europäisches Verwaltungsrecht, Rn. 109.
[85] Zu diesen Braams, Koordinierung als Kompetenzkategorie, 2013.
[86] Grundlegend EuGH 33/76 Rn. 5 – Rewe/Landwirtschaftskammer Saarland; aus neuerer Zeit EuGH C-542/08 Rn. 17 – Barth.
[87] Zu Einzelheiten GHN/Classen AEUV Art. 197 Rn. 28 ff.

chend müssen **Anhörung, Akteneinsicht und Geheimnisschutz** gewährleistet sein. Die Entscheidungen müssen begründet werden und es muss eine ausreichende **Rechtsschutzmöglichkeit** bestehen. Das Verfahren muss entsprechend ausgestaltet sein. Schließlich muss bei Verletzung von Amtspflichten eine **Haftung** eröffnet sein.

§ 14. Die Entwicklung der Europäischen Eigenverwaltung und ihres Verwaltungsrechts

Schrifttum: Bauer/Huber/Sommermann, Demokratie in Europa/Hermes, 2005, S. 457: Legitimationsprobleme unabhängiger Behörden; Berger, Vertraglich nicht vorgesehene Einrichtungen des Gemeinschaftsrechts mit eigener Rechtspersönlichkeit, 1999; Caranta/Andenas/Fairgrieve, Independent Administrative Authorities/Chiti, 2004, S. 205: Towards a Model of Independent Exercise of Community Functions; Chiti CMLRev 37 (2000), 309: The Emergence of a Community Administration: The Case of European Agencies; Craig, EU Administrative Law, 2006; Craig Jean Monnet Working Paper 3 (2003): The Constitutionalization of Community Administration; Erbguth/Masing, Verwaltung unter dem Einfluss des Europarechts/Schulze-Fielitz, 2006, S. 91: Die Verwaltung im europäischen Verfassungsgefüge; Fischer-Appelt, Agenturen der Europäischen Gemeinschaft, 1999; Gärditz DÖV 2010, 453: Die Verwaltungsdimension des Lissabon-Vertrags; Griller/Orator ELR 35 (2010), 3: Everything under control? The „way forward" for European agencies in the footsteps of the Meroni doctrine; Groß EuR 2005, 54: Die Kooperation zwischen europäischen Agenturen und nationalen Behörden; FS Wimmer, 2008/Kahl, S. 245: Europäische Agenturen im Lichte der dynamischen Verwaltungslehre; Koch, Die Externalisierungspolitik der Kommission, 2004; Kühling EuZW 2008, 129: Die Zukunft des Europäischen Agentur(un)wesens – oder: Wer hat Angst vor Meroni?; Trute/Groß/Röhl/Möllers, Allgemeines Verwaltungsrecht – zur Tragfähigkeit eines Konzepts/Ladenburger, 2008, S. 107: Evolution oder Kodifikation eines allgemeinen Verwaltungsrechts in der EU; Majone, Regulating Europe, 1995, S. 265: The Future of Regulation in Europe; Remmert EuR 2003, 134: Die Gründung von Einrichtungen der mittelbaren Gemeinschaftsverwaltung; Schmidt-Aßmann/Schöndorf-Haubold, Der Europäische Verwaltungsverbund/Riedel, 2005, S. 103: Die Europäische Agentur für Flugsicherheit im System der Gemeinschaftsagenturen; Trute/Groß/Röhl/Möllers AllgVerwR/Ruffert, S. 431: Verselbständigte Verwaltungseinheiten: Ein europäischer Megatrend im Vergleich; Schenk, Strukturen und Rechtsfragen der gemeinschaftlichen Leistungsverwaltung, 2006; Uerpmann AöR 125 (2000), 551: Mittelbare Gemeinschaftsverwaltung durch gemeinschaftsgeschaffene juristische Personen des öffentlichen Rechts; Vetter DÖV 2005, 721: Die Kompetenzen der Gemeinschaft zur Gründung von unabhängigen europäischen Agenturen; Vos CMLRev 37 (2000), 1113: Reforming the European Commission: What Role to Play for European Agencies; Weiß, Der Europäische Verwaltungsverbund, 2010; Weller, Regulierungsagenturen der Europäischen Union: Rechtliche und integrationspolitische Gesichtspunkte, 2002; Wittinger EuR 2008, 609: „Europäische Satelliten": Anmerkungen zum Europäischen Agentur(un)wesen und zur Vereinbarkeit Europäischer Agenturen mit dem Gemeinschaftsrecht.

I. Die Eigenverwaltung der Europäischen Union und ihre rechtlichen Grundlagen

1. Die Europäische Union als Verwaltungsorganisation

1 Unbeschadet ihrer weitreichenden Rechtsetzungsbefugnisse und politischen Steuerungsfunktionen und auch unter Berücksichtigung der gewachsenen Zuständigkeiten des Europäischen Parlaments[1] ist die Europäische Union in ihren Handlungsmodalitäten maßgeblich als Exekutivorganisation[2] geprägt. Das hängt damit zusammen, dass die Europäische Union kein parlamentarischer Verfassungsstaat ist, sondern in ihrer Konstruktion und Legitimation maßgeblich auf den Mitgliedstaaten

[1] Zum Kompetenzzuwachs s. Calliess/Ruffert/Kluth EUV Art. 14 Rn. 7 ff. sowie AEUV Art. 294 Rn. 9.
[2] Dann, Parlamente im Exekutivföderalismus, 2004, insbesondere S. 43 ff.

aufbaut[3] und ihren Zusammenwirken über die Regierungen im (Europäischen) Rat (Art. 16 EUV) die wesentlichen Richtungsentscheidungen vorgibt.[4] Die inzwischen etablierte und deutlich weiterentwickelte parlamentarische Beteiligung ist in den meisten Bereichen auf Kontroll- und Mitgestaltungsbefugnisse beschränkt[5] und bleibt hinter den Befugnissen nationalen Parlamente[6] trotz der erheblichen Annäherungen[7] noch deutlich zurück. Auch wenn die Konzentration der Initiativbefugnis für die Rechtsetzung (Art. 17 II EUV) in der Praxis einen weniger bedeutsamen Unterschied zur staatlichen Gesetzgebungspraxis bedeutet, weil auch dort die allermeisten erfolgreichen Gesetzesinitiativen durch die Bundesregierung eingebracht werden,[8] ist die Arbeitsweise grundlegend anders geprägt. Die Europäische Kommission agiert nicht in erster Linie im Dialog mit der politischen Öffentlichkeit und den Parteien, sondern entwickelt ihre Programmatik aus den einzelnen Fachpolitiken heraus mit der Folge, dass den einzelnen Direktionen eine relativ größere Gestaltungsmacht[9] zukommt, als dies bei den nationalen Ministerialbürokratien der Fall ist (siehe auch Art. 17 I EUV). Die Kommission ist das genuin europäische Organ und wird deshalb auch als Motor der Integration bezeichnet.[10]

Diese allgemeine Prägung der Europäischen Union als **Exekutivorganisation** kommt in den einzelnen Bereichen ihrer Organisation und den sie prägenden Organisationsformen und Arbeitsweisen genauer zum Ausdruck, weshalb die Europäische Kommission als solche sowie die sie unterstützenden Agenturen und weiteren Stellen der Unionsverwaltung genauer zu betrachten sind. 2

2. Die EU-Kommission als Verwaltungsorgan

a) Die Aufgaben der EU-Kommission zwischen Regieren und Verwalten

Die zentrale Stellung und politische Funktion der Kommission als „genuinem europäischen Organ" ist durch den Vertrag von Lissabon noch deutlicher als bisher[11] im Verhältnis zur Europäischen Parlament und dem EuGH herausgearbeitet worden. Durch die erweiterten Rechte des Europäischen Parlaments bei der Investitur der 3

[3] Das BVerfG geht davon aus, dass die Legitimation über die Mitgliedstaaten und den Rat die einzige effektive Legitimationsquelle darstellt, weil das Europäische Parlament kein Volk repräsentiert BVerfGE 123, 267 (364) sowie noch deutlicher BVerfGE 129, 300 ff. Krit. dazu Calliess/Ruffert/Kluth EUV Art. 14 Rn. 39 ff.; siehe auch Schmidt-Aßmann VERW Beih. 10 (2010), 263 (266 f.), der kritisiert, dass das Bundesverfassungsgericht mit der Fixierung auf die Legitimation durch die Regierungen andere Legitimationsmechanismen vernachlässigt und die Unübersichtlichkeit der Verantwortungszusammenhänge gestärkt werde.

[4] Kluth, Die demokratische Legitimation der Europäischen Union, 1995.

[5] Calliess/Ruffert/Kluth EUV Art. 14 Rn. 8 ff.

[6] Die Stellung der nationalen Parlamente wird besonders deutlichen durch den Begriff der Parlamentssouveränität verdeutlicht, in dem die Repräsentation des Staatsvolkes durch das Parlament zum Ausdruck gebracht wird.

[7] Zum Systemvergleich Kluth, Die demokratische Legitimation der Europäischen Union, 1995, S. 90 ff.

[8] Kluth/Krings, Gesetzgebung/Maaßen, 2013, § 8.

[9] Das wird auch daran deutlich, dass die Kommission ihre Tätigkeit in „voller Unabhängigkeit" (Art. 17 III EUV) ausübt.

[10] Schmidt/Schmitt von Sydow in von der Groeben/Schwarze/Hatje, Europäisches Unionsrecht, 7. Aufl. 2015, EUV Art. 17 Rn. 16 ff.; Ruffert inCalliess/Ruffert EUV Art. 17 Rn. 2 mwN.

[11] Schmitt von Sydow, Organe der erweiterten Europäischen Gemeinschaften – Die Kommission, 1980.

Kommission[12] und bei seiner Kontrolle[13] sowie durch die Kontrollzuständigkeiten des EuGH ist die Kommission legitimatorisch gestärkt worden. Ihr wird die Rolle eines neutralen Wächters der Unionsinteressen zugewiesen und in ihr werden personell die Mitgliedstaaten repräsentiert (s. Art. 17 V EUV).[14] Sie ist damit in besonderer Weise prädestiniert die der Europäischen Union zugewiesenen Aufgaben unabhängig und in Ausrichtung auf das Unionsinteresse wahrzunehmen. Dabei sind die der Kommission zugewiesenen Aufgaben zwischen **Regieren und Verwalten** einzuordnen. Insbesondere das Initiativrecht für Gesetzgebungsakte ist der Regierungsfunktion zuzuordnen. Das gleiche gilt für die Außenvertretung.

b) Die Organisationsstruktur der EU-Kommission im Verwaltungsbereich

4 Die EU-Kommission als Organ der Europäischen Union ist als **Kollegialorgan** verfasst, dessen Mitglieder – korrespondierend zur Wahlperiode des Europäischen Parlaments – für fünf Jahr bestellt werden (Art. 17 III EUV).

5 Die Verwaltungstätigkeit der EU-Kommission wird mit Hilfe des **behördlichen Unterbaus** sowie der **weiteren Organisationseinheiten** (Einrichtungen und Stellen iSd Art. 298 I AEUV – zu diesen → § 14 Rn. 15 ff.) wahrgenommen. In diesem Bereich sind ca. 33.000 Mitarbeiter beschäftigt, was dem Niveau großer Kommunalverwaltungen entspricht und deutlich macht, dass von einer Eurokratie jedenfalls im Hinblick auf die Beschäftigtenzahlen kaum gesprochen werden kann.

6 Die **Binnenstruktur** der EU-Kommission[15] wird nach Art. 249 I AEUV in der Geschäftsordnung geregelt. Dort wird zwischen den **Generaldirektionen,** die für einzelne Politikbereiche zuständig sind, und den ihnen gleichgestellten **Diensten** unterschieden (Art. 21 KomGO).

7 Besonders hervorzuheben ist das Generalsekretariat unter Leitung des Generalsekretärs (vgl. Art. 20 KomGO). Die **allgemeinen Dienste** sind:
- Amt für die Feststellung und Abwicklung individueller Ansprüche (PMO),
- Amt für Veröffentlichungen (OP),
- Datenschutzbeauftragter der Europäischen Kommission,
- Europäisches Amt für Betrugsbekämpfung (OLAF),
- Europäisches Zentrum für politische Strategie (EPSC),
- Gebäude, Anlagen und Logistik – Brüssel (OIB),
- Gebäude, Anlagen und Logistik – Luxemburg (OIL),
- Historische Archive,
- Interner Auditdienst (IAS),
- Juristischer Dienst (SJ),
- Zentralbibliothek.

8 Es gibt folgende politikfeldbezogene Generaldirektionen:
- Bildung und Kultur (EAC),
- Binnenmarkt, Industrie, Unternehmertum und KMU (GROW),
- Datenverarbeitung (DIGIT),

[12] Calliess/Ruffert/Ruffert EUV Art. 17 Rn. 44 ff.
[13] Calliess/Ruffert/Ruffert EUV Art. 17 Rn. 56 ff.
[14] Calliess/Ruffert/Ruffert EUV Art. 17 Rn. 36 ff.
[15] Groß, Die Legitimation der polyzentralen EU-Verwaltung, 2016, S. 26 ff.

- Dienst für außenpolitische Instrumente (FPI),
- Energie (ENER),
- Eurostat (ESTAT),
- Finanzstabilität, Finanzdienstleistungen und Kapitalmarktunion (FISMA),
- Forschung und Innovation (RTD),
- Gemeinsame Forschungsstelle (JRC),
- Generalsekretariat (SG),
- Gesundheit und Lebensmittelsicherheit (SANTE),
- Handel (TRADE),
- Haushalt (BUDG),
- Humanitäre Hilfe und Katastrophenschutz (ECHO),
- Humanressourcen und Sicherheit (HR),
- Internationale Zusammenarbeit und Entwicklung (DEVCO),
- Justiz und Verbraucher (JUST)
- Klimapolitik (CLIMA),
- Kommunikation (COMM),
- Kommunikationsnetze, Inhalte und Technologien (CNECT),
- Landwirtschaft und ländliche Entwicklung (AGRI),
- Maritime Angelegenheiten und Fischerei (MARE),
- Migration und Inneres (HOME),
- Mobilität und Verkehr (MOVE),
- Nachbarschaftspolitik und Erweiterungsverhandlungen (NEAR),
- Regionalpolitik und Stadtentwicklung (REGIO),
- Steuern und Zollunion (TAXUD),
- Übersetzung (DGT)
- Umwelt (ENV),
- Wettbewerb (COMP),
- Wirtschaft und Finanzen (ECFIN).

Zu erwähnen sind schließlich die **internen Dienste.** Besonders hervorzuheben ist der Juristische Dienst, der zu allen Entwürfen für Beschlüsse und Rechtsakte sowie sonstigen Vorlagen mit potenzieller Rechtswirkung zu hören ist (Art. 23 IV KomGO). Ein vergleichbares Anhörungsrecht steht in entsprechenden Fällen den Generaldirektionen Haushalt bzw. Personal und Verwaltung zu (Art. 23 VI KomGO). Zu den internen Diensten gehören: 9

- Amt für die Feststellung und Abwicklung individueller Ansprüche,
- Beratergremium für europäische Politik,
- Datenschutzbeauftragter der Europäischen Kommission,
- Datenverarbeitung,
- Dolmetschen,
- Gebäude, Anlagen und Logistik – Brüssel,
- Gebäude, Anlagen und Logistik – Luxemburg,
- Haushalt,
- Humanressourcen und Sicherheit,
- Interner Auditdienst,
- Juristischer Dienst,
- Übersetzung.

c) Instrumente der strategischen Politiksteuerung

10 Die EU-Kommission nutzt zur Konkretisierung des Unionsinteresses verschiedene Instrumente der strategischen Politiksteuerung: Grünbücher, Weißbücher, Mitteilungen, Empfehlungen und Stellungnahmen.

11 **Grünbücher** dienen dazu, Diskussionen in einem überschaubaren Themenbereich zu initiieren, in dem die EU nach Ansicht der EU-Kommission Initiativen ergreifen sollte. Sie richten sich mit einer Bestandsaufnahme der bisherigen Situation und spezifischen Fragestellungen an interessierte Kreise. Die Ergebnisse der offenen Diskussion (zur Umsetzung des Art. 11 III 3 EUV) werden von der Kommission genutzt, um konkrete Handlungsstrategien zu entwickeln.

12 **Weißbücher** sind konkrete Strategiepapiere und enthalten deshalb oftmals legislative Programme oder Maßnahmenvorschläge. Sie basieren oft aber nicht notwendigerweise auf Grünbüchern und den zu ihnen geführten Debatten. Weißbücher werden auch in Politikbereichen genutzt, in denen die Hauptverantwortung bei den Mitgliedstaaten liegt und die EU nur unterstützende und koordinierende Maßnahmen (Art. 5, 6 EUV[16]) ergreifen kann.

13 **Mitteilungen, Empfehlungen** und **Stellungnahmen** können durch die EU-Kommission in allen Bereichen von Unionsinteresse abgegeben werden, und zwar ganz allgemein, soweit es die EU-Kommission im Unionsinteresse für notwendig erachtet.[17] Mitteilungen werden von der EU-Kommission prospektiv oder retrospektiv verfasst.[18] Sie können die Entwicklungen in einem Sektor zusammenfassen oder auf zukünftige Entwicklungstendenzen vorausschauen. Zusätzlich veröffentlicht die EU-Kommission **interpretative Mitteilungen,** die zB einschlägige Rechtsprechung oder Rechtsentwicklung in einem bestimmten Rechtsgebiet zusammenfassen. Abhängig vom konkreten Inhalt können Mitteilungen zu einer **Selbstbindung** der EU-Kommission führen.[19]

14 Anders ausgerichtet ist die **Programmplanung** nach Art. 17 I 7 EUV. Diese Planung dient der Festlegung der politischen Prioritäten für die Folgejahre und der Erstellung von jährlichen Arbeitsprogrammen mit konkreten Initiativen und Maßnahmen. Es handelt sich um einen zentralen Bestandteil der politischen Gestaltungsaufgabe der Kommission. Inhaltlich knüpft die Bestimmung an die Initiativrolle der EU-Kommission an, deren Ausübung durch die Planung für die anderen Institutionen und die Öffentlichkeit besser vorhersehbar wird. Die mehrjährige Programmplanung war eine inhaltliche Neuerung im Vertrag von Lissabon. Aufbauend auf der Programmplanung legt die EU-Kommission jährlich ihr Arbeitsprogramm als Beitrag zur Programmplanung vor. Es enthält eine Liste der Gesetzgebungsvorschläge und wichtiger Vorschläge ohne Gesetzgebungscharakter.

---

16 Dazu Braams, Koordinierung als Kompetenzkategorie, 2013.

17 Schmidt/Schmitt von Sydow in von der Groeben/Schwarze/Hatje, Europäisches Unionsrecht, 7. Aufl. 2015, EUV Art. 17 Rn. 22.

18 Brohm, Die Mitteilungen der Kommission im Europäischen Verwaltungs- und Wirtschaftsraum, 2012.

19 Brohm, Die Mitteilungen der Kommission im Europäischen Verwaltungs- und Wirtschaftsraum, 2012, S. 95 ff.

3. Die Europäischen Agenturen und weiteren Stellen der Unionsverwaltung

a) Primärrechtliche Verankerung

15 Durch **Art. 298 AEUV** hat die Eigenverwaltung der EU erstmalig eine Verankerung im Primärrecht erfahren.[20] Sie ist zwar in Bezug auf die Einzelheiten der Bereiche, für die besondere Verwaltungsstrukturen geschaffen werden dürfen, offen ausgestaltet. Das ist aber im Hinblick auf die Handlungsdynamiken der einzelnen Politikfelder sowie die begrenzende Funktion des Prinzips der begrenzten Einzelermächtigung (Art. 5 AEUV) nachvollziehbar.[21]

16 Art. 298 I AEUV unterscheidet zwischen den Organen (im Verwaltungsbereich der EU-Kommission und ihrem Unterbau, → § 14 Rn. 4 ff.) sowie den **Einrichtungen** und **sonstigen Stellen.**[22]

17 Zu den **Einrichtungen** iSd Art. 298 I AEUV zählen der Wirtschafts- und Sozialausschuss und der Ausschuss der Regionen als beratenden Einrichtungen (Art. 13 IV 4 EUV), die europäische Investitionsbank und weitere im Primärrecht vorgesehene Einrichtungen. Die auf der Grundlage von Sekundärrecht geschaffenen Einrichtungen der **mittelbaren Eigenverwaltung**,[23] insbesondere Agenturen werden durch den Hinweis auf die **„sonstigen Stellen"** einbezogen.

b) Ordnungspolitische Grundidee der Agentur

18 Der vom Unionsrecht inzwischen umfangreich genutzte[24] Organisationstyp der Agentur[25] wird auf **zwei gedankliche Grundkonzeptionen** zurückgeführt. Einerseits werden Ideen des US-amerikanischen Verwaltungsrechts adaptiert, das regulatory agencies als unabhängige, vom Kongress zur Erledigung gesetzlich bestimmter Aufgaben eingesetzte Behörden in einer Art Zwischenstellung zum eigentlichen Exekutivapparat unter Führung des Präsidenten (Ministerien) nutzt.[26] Andererseits wird als gedankliche Quelle das Konzept des Regulatory State angesehen, das von Giandomenico Majones entwickelt wurde.[27] Das gemeinsame Hauptmotiv ist die Auslagerung von Verwaltungstätigkeiten auf begrenzt selbständige Verwaltungseinheiten zur Effizienzsteigerung und zur Herbeiführung politisch unabhängiger, durch technischen Sachverstand geprägter Verwaltungsstrukturen. Es geht also um die Erzeugung von Politikdistanz zur Ermöglichung höherer Sachadäquanz der zu treffenden Entscheidungen.[28] Aus der Sicht des deutschen Verfassungsrechts ist dies nicht unproblematisch, weil die Legitimation und die Verantwortungsklarheit teilweise defizitär sind und auch die Rechtsschutzmöglichkeiten nicht immer ausreichend ausgestal-

[20] Zur alten Rechtslage Remmert EuR 2003, 134 ff.

[21] Ruffert inCalliess/Ruffert AEUV Art. 298 Rn. 1; GHN/Krajewski/Rösslein EU AEUV Art. 298 Rn. 14 ff.

[22] Groß, Die Legitimation der polyzentralen EU-Verwaltung, 2016, S. 45 spricht von „Satelliten".

[23] U.a. die Europäische Zentralbank. Dazu Groß, Die Legitimation der polyzentralen EU-Verwaltung, 2016, S. 45 ff.; Terhechte, Verwaltungsrecht der Europäischen Union/Hoffmann, 2011 § 27.

[24] Zur Entwicklung S. Terhechte, Verwaltungsrecht der Europäischen Union/Augsberg, § 6 Rn. 73 ff.

[25] Überblick bei Fischer-Appelt, Agenturen der Europäischen Gemeinschaften, 1999; Görisch, Demokratische Verwaltung durch Unionsagenturen, 2009.

[26] Dazu die Darstellung bei Brugger, Einführung in das öffentliche Recht der USA, 2. Aufl. 2001, S. 208 ff.; Lepsius, Verwaltungsrecht unter dem Common Law, 1997, S. 19 ff.

[27] Majone, Regulating Europe/Majone, 1995, S. 265, 274.

[28] Ruffert in Calliess/Ruffert AEUV Art. 298 Rn. 4.

tet sind.[29] Gefordert wird auch eine (stärkere) Rechtsaufsicht der Kommission gegenüber den (Regulierungs-)Agenturen.[30]

c) Erscheinungsformen und Organisationsstrukturen der Agenturen

19 Es hat sich die Unterscheidung zwischen **Regulierungsagenturen** und **Exekutivagenturen** eingebürgert, deren Aussagekraft jedoch gering ist, weil auch die Unterschiede zwischen den einzelnen Agenturen in der jeweiligen Sparte erheblich sind.

20 Unter **Regulierungsagenturen** versteht man Verwaltungseinheiten der EU-Eigenverwaltung, die selbständig mit der permanenten Wahrnehmung bestimmter Sachaufgaben betraut sind. Sie werden jeweils auf Grundlage einer eigenen **Verordnung** als Einrichtung der EU gegründet und mit Rechtspersönlichkeit versehen, die nicht von der Beauftragung durch die Kommission abhängt. Ihre rechtliche, politische und finanzielle Verselbständigung stößt jedoch an Grenzen. Schon für die Delegation von Aufgaben durch die Hohe Behörde der EGKS an nachgeordnete, vertragsfremde Einheiten hat der EuGH in der Meroni-Rechtsprechung[31] aus dem Grundsatz des institutionellen Gleichgewichts strenge Voraussetzungen abgeleitet.

21 **Delegierte Ausführungsbefugnisse** müssen genau umgrenzt sein und ihre Ausübung muss durch die Kommission beaufsichtigt und durch den EuGH genauso kontrolliert werden können wie Handlungen der Kommission; politische Ermessensbefugnisse sollen nicht delegiert werden können. Dies durch die Meroni-Rechtsprechung entwickelten Maßstäbe werden von der Verwaltungspraxis und Teilen der wissenschaftlichen Literatur als nicht mehr zeitgemäß angesehen.[32]

22 Innerhalb der Regulierungsagenturen lassen sich **weitere Unterscheidungen** treffen. So sind nur wenige Regulierungsagenturen mit **Entscheidungsbefugnissen** ausgestattet, namentlich das Harmonisierungsamt für den Binnenmarkt (Marken, Muster und Modelle), die Agentur für Flugsicherheit und das Gemeinschaftliche Sortenamt.

23 Im Sektor der Finanzmarktaufsicht ist in **neuerer Zeit** eine **Ausweitung der Befugnisse** bis hin zur Normsetzung zu verzeichnen. Andere Agenturen geben der Kommission Empfehlungen, denen sie in der weit überwiegenden Anzahl von Fällen folgt, so dass eine faktische Entscheidungsbefugnis entsteht.

24 Es gibt weiter Agenturen, denen die **Sammlung und der Austausch von Informationen und Daten** aufgetragen sind und die auf diesem Wege die Aktivität mitgliedstaatlicher Stellen und anderer Instanzen der EU-Eigenverwaltung koordinieren.

25 Da die Regulierungsagenturen **keinem einheitlichen Bauplan** folgen und vor allem die Mitwirkung der Fachverwaltungen der Mitgliedstaaten jeweils unterschiedlich

[29] Schmidt-Aßmann VERW Beih. 10 (2010), 263 (273 ff.), der in Bezug auf das Legitimationskonzept von einem Irrweg spricht; krit. auch Görisch, Demokratische Verwaltung durch Unionsagenturen, 2099, S. 209 ff.; optimistischer S. Terhechte, Verwaltungsrecht der Europäischen Union/Augsberg, § 6 Rn. 80 f. und wohl auch Groß, Die Legitimation der polyzentralen EU-Verwaltung, 2016, S. 141 ff.

[30] Michel, Institutionelles Gleichgewicht und EU-Agenturen, 2015, S. 149 ff.

[31] EuGH Slg. 1958, 1 (36 ff.) – Meroni I; Slg. 1958, 51 (75 ff.) – Meroni II.

[32] S. nur Weller, Regulierungsagenturen der Europäischen Union: Rechtliche und integrationspolitische Gesichtspunkte, 2002, S. 34 ff.; Ruffert in Calliess/Ruffert AEUV Art. 298 Rn. 5a.

ausgestaltet sind, müssen auch die rechtlichen Würdigungen in Bezug auf die Legitimation und den Rechtsschutz für jeden Einzelfall erfolgen. Es wird deshalb mit guten Gründen eine einheitliche normative Fixierung verlangt.[33]

Die **Exekutivagenturen** nehmen auf der Basis der VO (EG) 58/2003 eine **Sonderstellung** ein. Während Regulierungsagenturen selbständig mit der permanenten Wahrnehmung bestimmter Sachaufgaben betraut sind, werden Exekutivagenturen eingerichtet, um punktuelle Unterstützungs- und Managementaufgaben durchzuführen. **Ziel ihrer Errichtung** ist es, innerhalb der Kommissionsarchitektur über verhältnismäßig verselbständigte Einheiten zu verfügen, die anders als externe Vertragspartner unter Kommissionsaufsicht stehen. In Bezug auf diesen Agenturtyp gibt es weniger grundsätzliche Probleme.[34] 26

II. Grundzüge eines Allgemeinen Verwaltungsrecht der Europäischen Union

1. Idee und Realisierbarkeit eines Europäischen Allgemeinen Verwaltungsrechts

Die Idee eines Allgemeinen Verwaltungsrechts ist prägend für das deutsche Verwaltungsrecht.[35] Es ist Ausdruck sowohl der **Systembildung im Verwaltungsrecht**[36] als auch einer dogmatischen Strukturierung der Rechtsmaterie,[37] die der Gesetzgeber in weiten Teilen durch eine Kodifikation der Rechtsmaterie[38] aufgegriffen hat. Von herausgehobener Bedeutung sind hier die Verwaltungsverfahrensgesetze, durch die die zentralen Verwaltungsrechtsverhältnisse und Handlungsformen der öffentlichen Verwaltung einheitlich normiert und damit die Vorhersehbarkeit und Transparenz des Verwaltungshandelns verbessert werden. Zudem werden die fachgebietsbezogenen Gesetze dadurch entlastet.[39] 27

Auf der **Ebene des Europäischen Verwaltungsrechts** gestaltet sich die Herausbildung eines mit vergleichbaren Systemfunktionen versehenen Allgemeinen Verwaltungsrechts aus mehreren Gründen als weitaus schwieriger. Die Rechtsmaterie hat sich auch durch die Anleihen bei verschiedenen nationalen Rechtstraditionen weniger einheitlich entwickelt und ist durch den größeren Einfluss des politischen Kompromisses im Einzelfall selbst in annexen Materien nicht durch eine große Konsistenz geprägt, wie die Darstellung zu den Regulierungsagenturen gezeigt hat. Hinzu kommt, dass vor allem für eine Kodifikation ein starker politischer Gestaltungswille erforderlich ist, an dem es zumeist fehlt. Vorschläge für den Erlass eines Verwaltungsverfahrensgesetzes[40] oder die Kodifikation von darüberhinausgehenden Rechtsgrundsätzen (Vorschlag ReNEUAL Model Rules 2014: Ein Verwaltungs- 28

[33] S. Terhechte, Verwaltungsrecht der Europäischen Union/Augsberg, § 6 Rn. 83.

[34] Schmidt-Aßmann VERW Beih. 10 (2010), 263 (274).

[35] Dazu grundlegend und umfassend Schmidt-Aßmann, Das Allgemeine Verwaltungsrecht als Ordnungsidee, 2. Aufl. 2004.

[36] Schmidt-Aßmann, Das Allgemeine Verwaltungsrecht als Ordnungsidee, 2. Aufl. 2004, Erstes Kapitel.

[37] Vertiefend Schmidt-Aßmann, Verwaltungsrechtliche Dogmatik, 2013.

[38] Dazu näher Kahl VERW Beih. 10 (2010), 39 (55 ff.).

[39] Zu den einzelnen Funktionen der Kodifikation Kahl in Hoffman-Riem/Schmidt-Aßmann, Verwaltungsverfahren und Verwaltungsverfahrensgesetz, 2002. S. 67, 89 ff.

[40] Dazu Guckelberger/Gerber, Allgemeines Europäisches Verwaltungsverfahrensrecht vor seiner unionsrechtlichen Kodifizierung?, 2013.

verfahrensrecht in Europa[41]) sind deshalb (leider) mit **geringen Erfolgsaussichten** verbunden.

29 Es ist daher derzeit vor allem die **Aufgabe der Verwaltungsrechtswissenschaft,** den vorhandenen Regelbestand kritisch zu durchleuchten, Reformvorschläge zu entwickeln und die Ergebnisse dieser Forschungen in den fachpolitischen Diskurs der Kommission und des Rates einzuspeisen.[42] Zudem kann der EuGH in seiner Rechtsprechung auf die Ergebnisse dieser Diskurse Bezug nehmen bzw. in seiner richterlichen Rechtsfortbildung daran anknüpfen, wie er auch bislang schon, ähnlich wie die deutsche Verwaltungsgerichtsbarkeit im frühen 20. Jh., wichtige Beiträge zur Entwicklung von allgemeinen Rechtsgrundsätzen des Europäischen Verwaltungsrechts geleistet hat.

30 Folgenden **Themenfeldern** sollte dabei besondere Aufmerksamkeit geschenkt werden:

- Transparente Legitimation und Verantwortungszuordnung,
- Verbesserung des Rechtsschutzes[43] bei Verwaltungsverfahren im Mehrebenensystem,
- Kontrollbefugnisse und Aufsichtsinstrumente der Kommission,
- Vereinheitlichung der Verfahren,
- Stärkere Konturierung der Handlungsformen.[44]

31 Im Folgenden wird ein knapper Überblick zu den wichtigsten Eckpfeilern der Europäischen Verwaltungsrechts gegeben, wobei eine vertiefende Darstellung und kritische Analyse speziellen Darstellungen überlassen bleiben muss.[45]

2. Rechtsquellen

32 Die **tradierte deutsche Rechtsquellenlehre** ist durch die klare hierarchische Struktur und ein daran anknüpfendes Kollisionsrecht zwischen den Rechtsquellentypen (Verfassung, Parlamentsgesetz, Rechtsverordnung, Satzung, Verwaltungsvorschrift) und zwischen den Rechtsräumen von Bund und Ländern (Art. 31 GG) geprägt.[46] Durch die Europäisierung des Verwaltungsrechts wird diese Ordnung einerseits ergänzt (zusätzlich Regelungen des Unionsrechts, die über Art. 20 III GG Bestandteil der die öffentliche Verwaltung bindenden Rechtsordnung werden[47]), andererseits durchbrochen, weil der Anwendungsvorrang des Unionsrechts[48] deutsches Recht verdrängen kann. Vor diesem Hintergrund bedarf es einer Neukonzeption der Rechtsquellenlehre.[49]

---

[41] Dazu Schneider/Hofmann/Ziller JZ 2015, 265 ff.

[42] Ähnlich Schmidt-Aßmann VERW Beih. 10 (2010), 263 (280 ff.); Bast in von Bogdandy/Bast, Europäisches Verfassungsrecht, 2. Aufl. 2011, S. 513 f.

[43] Bestandsaufnahme bei Terhechte, Verwaltungsrecht der Europäischen Union/Nowak, § 13.

[44] auch → § 14 Rn. 39. Zu Einzelheiten Bast in von Bogdandy/Bast, Europäisches Verfassungsrecht, 2. Aufl. 2009, S. 512 ff.

[45] S. etwa v. Danwitz, Europäisches Verwaltungsrecht, 2008, S. 344 ff.; Craig, EU Administrative Law, 2. Aufl. 2012, S. 250 ff.

[46] S. unten §§ 24–28.

[47] BVerfGE 111, 307 (322 f., 325 f.).

[48] Dazu → § 17 Rn. 4.

[49] Voßkuhle/Eifert/Möllers GVwR I/Ruffert§ 7 Rn. 8 ff.

Das **Unionsrecht** selbst verfügt nur ansatzweise über eine **Rechtsquellenlehre,** die dem nationalen Verständnis entspricht.[50] So ist es zwar formal möglich, zwischen Primärrecht, Sekundärrecht und Tertiärrecht zu unterscheiden. Diese Unterscheidung entspricht aber nicht der Unterscheidung zwischen Verfassungs-, Gesetzes- und Verordnungsrecht, weil es an einer **klaren Normenhierarchie fehlt.** Das wird auch daran deutlich, dass zwischen den eher grundsätzlichen Regelungen des EUV und den stärker technischen Regelungen des AEUV kein Rangunterschied besteht und innerhalb des AEUV zu den einzelnen Politikfeldern viele Regelungen anzutreffen sind, die in den nationalen Rechtsordnungen durch Gesetze normiert werden. Der Vertrag von Lissabon hat insoweit zwar in einigen Bereichen für Abhilfe bzw. eine größere Klarheit gesorgt, etwa indem die Kategorie der **Durchführungsrechtsakte** in Art. 291 AEUV eingeführt und auch die Anforderungen an die **Delegation** in Art. 290 AEUV normiert wurde.[51] Es bleiben aber viele Unsicherheiten und Zuordnungsfragen. Dies betrifft auch die **Mitteilungen** der Kommission, die mit der deutschen Handlungsform der Verwaltungsvorschrift verglichen werden können, aber in der Praxis nicht selten bindende Vorgaben enthalten.[52] Einen deutlich breiteren und bedeutsameren Raum als im deutschen Verwaltungsrecht nimmt auf europäischer Ebene zudem die **privatverbandliche Standardsetzung** ein, bei der die privaten Standards administrativ anerkannt werden.[53] Das Sekundärrecht regt diese Form der Normsetzung vielfach an, um eine Deregulierung im Bereich des staatlichen Rechts zu erzielen und durch Formen der Ko-Regulierung durch die Betroffenen Kreise oder rein privatrechtliche Standards eine Selbstregulierung zu erzeugen. Auch damit sind im Hinblick auf die Legitimation und den Rechtsschutz offene Rechtsfragen verbunden.[54] Insgesamt besteht an vielen Punkten ein weiterer Klärungsbedarf. 33

3. Rechtsgrundsätze und -prinzipien

Auf der Ebene der Rechtsprinzipien gilt es, zwei Bereiche zu unterscheiden. Einerseits die dem Europäischen und Deutschen Verwaltungsrecht **gemeinsamen Prinzipien,** in Bezug auf die Unterschiede nur in Nuancen zu konstatieren sind. Die betrifft die Prinzipien der Gesetzesbindung bzw. Gesetzmäßigkeit der Verwaltung (rule of law), den Vorrang und Vorbehalt des Gesetzes, den Grundsatz der Verhältnismäßigkeit, den Grundsatz der Rechtssicherheit und des Vertrauensschutzes sowie den Grundsatz der Selbstbindung der Verwaltung (als Ausdruck des Gleichheitssatzes).[55] 34

Andererseits kennt und normiert das Europäische Verwaltungsrecht **weitere Grundsätze,** die dem **deutschen Verwaltungsrecht** in dieser Form jedenfalls auf den ersten Blick nicht vertraut bzw. **nicht ausgebildet** sind. 35

---

[50] Voßkuhle/Eifert/Möllers GVwR I/Ruffert § 7 Rn. 9.

[51] Haselmann, Delegation und Durchführung gemäß Art. 290 und 291 AEUV, 2012; Voßkuhle/Eifert/Möllers GVwR I/Ruffert § 7 Rn. 91 ff.

[52] Brohm, Die Mitteilungen der Kommission im Europäischen Verwaltungs- und Wirtschaftsraum, 2012; Voßkuhle/Eifert/Möllers GVwR I/Ruffert § 7 Rn. 94.

[53] Dazu näher Voßkuhle/Eifert/Möllers GVwR I/Ruffert § 7 Rn. 95 ff.

[54] Voßkuhle/Eifert/Möllers GVwR I/Ruffert § 7 Rn. 93 mit Verweis auf die Probleme bei der Gewährleistung von Unabhängigkeit, Transparenz und Qualität der privaten Normsetzung. Vertiefend Brennecke, Normsetzung durch private Verbände, 1996.

[55] Dazu näher mit umfangreichen Nachweisen zur einschlägigen Rechtsprechung des EuGH v. Danwitz, Europäisches Verwaltungsrecht, 1996, S. 346 ff.; Terhechte, Verwaltungsrecht der Europäischen Union/Terhechte, 2011, § 7 Rn. 19 ff.; GHN/Classen AEUV Art. 197 Rn. 46 ff.

36 Zu erwähnen sind insoweit zunächst die **Prinzipien guter Verwaltung** nach Art. 298 I AEUV: die offene, effiziente und unabhängige europäische Verwaltung. Die Verpflichtung zur **Offenheit** knüpft an den für alle Organe, Institutionen und sonstigen Stellen der in Art. 1 II EUV und Art. 11 II, III EUV normierten Grundsatz an. Er verlangt zwar für die Verwaltung keine Öffentlichkeit der Sitzungen (anders Art. 15 II AEUV für Rat und Parlament), wohl aber den Zugang zu Dokumenten (Art. 15 III AEUV) sowie die Pflicht zur Begründung, der sich auch aus Art. 41 II lit. c GRCh ergibt.[56] Als weitere verwaltungsspezifische Ausprägungen einer guten Verwaltungspraxis prägt das Prinzip der Offenheit die Kommunikation zwischen Bürger und Verwaltung, wobei die Anhörungspflicht (Art. 41 II lit. a GRCh) das rechtsstaatliche Minimum markiert.[57]

37 Keine anderweitige primärrechtliche Verankerung mit einem detaillierten Regelungshalt lässt sich für den zweiten Grundsatz der **Effizienz** finden. Dieses Gebot bezieht sich auf einen als allgemeines Rechtsprinzip etablierten[58] unbestimmten Rechtsbegriff, der das Verhältnis zwischen den eingesetzten Mitteln (Ressourcen) zu dem erzielten Erfolg (Nutzen, Outcome) beschreibt.[59] Er spiegelt sich auch im haushaltsrechtlichen **Grundsatz der Wirtschaftlichkeit** wieder. An dieser Stelle ist auch die Brücke zum deutschen Verwaltungsrecht[60] zu schlagen, das in den Haushaltsordnungen das Verwaltungshandeln an diesen Grundsatz bindet (siehe exemplarisch § 7 BHO). Praktische Wirksamkeit entfaltet der Grundsatz vor allem durch die damit verbundene Verpflichtung, die Wirtschaftlichkeit/Effizienz des eigenen Handelns zu prüfen sowie die externe Rechnungshofkontrolle.

38 Schließlich wird durch den Grundsatz der **Unabhängigkeit** positiv die Ausrichtung an den **Unionsinteressen** sowie die **Neutralität** des amtlichen Handelns abgesichert. Insoweit kann auch die allgemeine Verankerung in Art. 17 III UAbs. 3 EUV verwiesen werden. Im deutschen Verwaltungsrecht erfüllen die Regelungen zu den Mitwirkungsverboten bzw. zur Befangenheit diese Funktion.[61]

4. Die Handlungsformen

39 Für das **deutsche Verwaltungsrecht** sind mit den Handlungsformen klare Aussagen zur Hierarchie, zur Rechtsbindung, zum Verfahren sowie zum Rechtsschutz verbunden.[62] Das gilt vor allem für den Verwaltungsakt als zentraler Handlungsform, aber auch für Gesetz, Rechtsverordnung und Satzung.

40 Diese systematischen und rechtlichen Funktionen sind dem **Europäischen Verwaltungsrecht** und seinen Handlungsformen[63] weitgehend **fremd.** So wie es bereits an einer klaren und durchgängigen Normenhierarchie fehlt, können an eine Handlungsform – etwa die Verordnung – auch keine eindeutigen Zuordnungen zu Normenhierarchie, zum Erlassverfahren und zum Rechtsschutz angeknüpft werden. Verordnung

[56] Dazu näher Kischel, Die Begründung, 2006, S. 222 ff.

[57] Weiter entfaltet wird das Prinzip im dem nicht rechtsverbindlichen Musterkodex für gute Verwaltungspraxis des Europäischen Bürgerbeauftragten aus dem Jahr 2005.

[58] Siegel, Entscheidungsfindung im Verwaltungsverbund, 2009, S. 271.

[59] Röhl DVBl 2006, 1070.

[60] Auch → § 59 Rn. 8 f.

[61] Dazu → § 59 Rn. 13 ff.

[62] Schmidt-Aßmann, Das Allgemeine Verwaltungsrecht als Ordnungsidee, 2. Aufl. 2004, S. 294 ff.

[63] Eingehende Analyse der Entwicklung bei Bogdandy/Bast/Arndt ZaöRV 2002, 76 ff.

und Richtlinie können zum Zweck der Gesetzgebung (Art. 289 AEUV), aber auch für den Erlass von anderem Sekundär- und Tertiärrechtsakten genutzt werden. Es besteht mithin **keine zwingende Zuordnung der Handlungsform zur Normebene.** Auch in Bezug auf die Handlungsform des Beschlusses (früher Entscheidung) bestehen zahlreiche Möglichkeiten der Verwendung und damit verbundene Unsicherheiten bei der Zuordnung.[64] Daran wird deutlich, dass zwischen dem deutschen und dem europäischen Verwaltungsrechtssystem erhebliche Unterschiede in Dogmatik und Systematik bestehen, die vor allem Parallelisierungen in der Handhabung und Auslegung sowie sonstige Gleichsetzungen bei den Handlungenformen verbieten.

§ 15. Das Europäische Verwaltungskooperationsrecht

Schrifttum: Frenz DÖV 2010, 66: Verwaltungskooperation mit der Union im Lichte von Art. 197 AEUV und des Lissabon-Urteils; Gärditz DÖV 2010, 453: Die Verwaltungsdimension des Lissabon-Vertrags; Ruffert DÖV 2007, 761: Von der Europäisierung des Verwaltungsrechts zum Europäischen Verwaltungsverbund; Schmidt-Aßmann DVBl. 1993, 924: Deutsches und Europäisches Verwaltungsrecht; Schmidt-Aßmann EuR 1996, 270: Verwaltungskooperation und Verwaltungskooperationsrecht in der Europäischen Gemeinschaft; FS-Steinberger, 2002/Schmidt-Aßmann, S. 1375: Europäische Verwaltung zwischen Kooperation und Hierarchie; Schmidt-Aßmann/Schöndorf-Haubold, Der Europäische Verwaltungsverbund, 2005; Voßkuhle/Eifert/Möllers GVwR I/Schmidt-Aßmann/Schöndorf-Haubold, § 5: Verfassungsprinzipien für den Europäischen Verwaltungsverbund; Sydow, Verwaltungskooperation in der EU, 2004; Weiß, Der Europäische Verwaltungsverbund, 2010.

I. Bedeutung der Verwaltungskooperation in der Europäischen Union

Mit dem Verweis auf den **Europäischen Verwaltungsverbund** als konzeptionellem 1
Rahmen für das Verständnis und die systematische Erfassung des Europäischen Verwaltungsrechts ist implizit bereits die Aussage verbunden, dass der Zusammenarbeit zwischen den einzelnen Akteuren der Europäischen Union, namentlich den Organen und Verwaltungseinheiten der Europäischen Union einerseits sowie den Mitgliedstaaten und ihren mit Verwaltungsaufgaben befassten Untergliederungen andererseits **besondere praktische und rechtliche Bedeutung** zukommt (→ § 13 Rn. 20 f.).

Primärrechtlich findet diese Bewertung seit dem Vertrag von Lissabon in Art. 197 2
AEUV ihren sichtbaren Ausdruck: „Die für das ordnungsgemäße Funktionieren der Union entscheidende **effektive Durchführung des Unionsrechts** durch die Mitgliedstaaten ist als **Frage von gemeinsamem Interesse** anzusehen". Das Primärrecht reagiert damit auf die besonderen Anforderungen, die bei der Durchführung des Unionsrechts im Modell des in der Praxis dominierenden indirekten Vollzugs durch die Mitgliedstaaten bestehen, die in vielen Fällen eine vertikale Kooperation verlangen, um dem **tripolaren Verhältnis Union-Staat-Bürger** gerecht zu werden.[1] Da in vielen Fällen die Durchführung des Unionsrechts aber auch Beziehungen zwischen den Mitgliedstaaten betrifft – etwa bei der Anerkennung von Berufsqualifikationen, die Unionsbürger bei der Ausübung der Niederlassungs- oder Dienstleistungsfreiheit in den Aufnahmestaat mitbringen – besteht auch in Bezug auf die in diesen Fällen erforderliche horizontale Kooperation ein gemeinsames Interesse.

[64] Bogdandy/Bast/Arndt ZaöRV 2002, 76 (94 ff.).
[1] GHN/Classen AEUV Art. 197 Rn. 3.

3 Die ungewöhnliche Formulierung der Norm im ersten Absatz zielt nicht darauf ab, konkrete Rechtsfolgen zu begründen, sondern den **institutionell-kompetenziellen Rahmen zu vermitteln** und zu verdeutlichen. Das gemeinsame Interesse ist der Sachgrund für die im Folgeabsatz eingeräumten Kompetenzen der Union. In der Sache wird das wechselseitig wirkende **Prinzip der Unionstreue**[2] aus Art. 4 III EUV konkretisiert.[3]

4 Verwaltungskooperation ist wie jede Form der Zusammenarbeit auf eine gemeinsame Vertrauensgrundlage, einen gemeinsamen Rechtsrahmen, wirksame Kooperationsinstrumente sowie Aufsichtsinstrumente angewiesen. Da sich das Primärrecht zu den Instrumenten nicht verhält und dafür auch keinen allgemeinen Rahmen vorgibt, müssen diese durch das **Sekundärrecht** bereitgestellt werden. Das hat zur Folge, dass es **keinen einheitlichen Rechtsrahmen** gibt.

5 Daran ändert auch Art. 197 II AEUV nichts, da diese Vorschrift ebenso wie die Ermächtigung in Art. 291 AEUV[4] nur die **Kompetenzgrundlage** für entsprechende Maßnahmen schafft.

II. Rechtsgrundsätze der Verwaltungskooperation

1. Vertrauensgrundsatz

6 Der Vertrauensgrundsatz ist Ausfluss der **Entscheidung der Mitgliedstaaten zur Zusammenarbeit in der Europäischen Union,** insbesondere zur Etablierung eines Binnenmarktes sowie der Zusammenarbeit in weiteren Politikfeldern. Das grundsätzliche gegenseitige Vertrauen auf in den Mitgliedstaaten getroffene Entscheidungen und erlassene Rechtsakte hat der EuGH deshalb vor allem in der Anwendung der Grundfreiheiten als Rechtsgrundsatz entwickelt.[5]

7 Die normative Postulierung des Vertrauensgrundsatzes durch die Rechtsprechung und das darauf aufbauende Sekundärrecht etwa im Bereich der Anerkennungspflichten bei Führerscheinen[6] und zu beruflichen Qualifikationen stößt in der Praxis aber an seine Grenzen, wenn die **Grundlagen für das Vertrauens erschüttert werden** und den Mitgliedstaaten keine Instrumente zu seiner Hinterfragung im Einzelfall zur Verfügung gestellt werden. Leichtfertig und unter Missachtung unionsrechtlicher Vorgaben ausgestellte Urkunden zur beruflichen Qualifikation und vor allem die Nichtanwendung von Unionsrecht durch Mitgliedstaaten (im Fall des Asylrechts durch Griechenland)[7] untergraben dieses Vertrauen und zwar nicht nur in den direkt betroffenen Rechtsgebieten, sondern auch flächendeckend und systematisch, wenn

[2] Bzw. Prinzip der loyalen Zusammenarbeit. Zu diesem näher GHN/von Bogdandy/Schill EUV Art. 4 Rn. 50 ff.

[3] GHN/Classen AEUV Art. 197 Rn. 53.

[4] Dazu näher Haselmann, Delegation und Durchführung gemäß Art. 290 und 291 AEUV, 2012, S. 152 ff.

[5] Zur administrativen Zusammenarbeit der Mitgliedstaaten EuGH Slg. 1976, 613 Rn. 27 – De Pijper; Slg. 1979, 3369 Rn. 23 – Denkavit; s. zu Waren und Dienstleistungen EuGH Slg. 1981, 3277 Rn. 14 f. – Biologische Producten; Slg. 1986, 419 Rn. 16 – Kom./Frankreich; Slg. 1996, I-3159 Rn. 12 – Brandsma; zu personenbezogenen Überprüfungen bei Ausbildungen EuGH Slg. 1991, I-2357 Rn. 16 – Vlassopoulou; Slg. 2003, I-8219 Rn. 112 – Burbaud; zur Kontrolle von Berufspflichten EuGH Slg. 1979, 35 Rn. 30 – van Wesemael; Slg. 1981, 3305 Rn. 20 – Webb.

[6] Saurer JURA 2009, 260 ff.

[7] BVerfG-K. NVwZ 2009, 1281; zur Thematik im Überblick Bergmann ZAR 2015, 81 ff.

die Zahl der Problemfälle zunimmt. Schmidt-Aßmann weist deshalb zu Recht darauf hin, dass neben vergleichbaren Rechtsregeln vor allem eine verlässliche und vergleichbaren Qualitätsstandards verpflichtete Verwaltungspraxis unverzichtbare Grundlage für die gegenseitige Anerkennung ist.[8] Erforderlich sind deshalb sekundärrechtliche Vorbehalte, die den Mitgliedstaaten die Möglichkeit eröffnen, die Pflicht zur Anerkennung im Einzelfall bei Vorliegen entsprechender Anhaltspunkte zu hinterfragen bzw. die Anerkennung zu verweigern.[9]

2. Wettbewerbsmodell

Im Rahmen der Verwaltungszusammenarbeit kann sich aber auch der Wettbewerbsgedanke auswirken, der auf der Ebene der Normsetzung als **Wettbewerb der Rechtsordnungen** etabliert ist[10] und bei der Verwaltungskooperation in Bezug auf die Vollzugsmodalitäten relevant werden kann.[11] Geringere Anforderungen und Kontrolldichten können sich vor diesem Hintergrund als Standortvorteil erweisen bzw. gezielt genutzt werden. Eine solche Verhaltensstrategie widerspricht jedoch dem Integrationskonzept, weil dadurch der gemeinsame Rechtsrahmen, auf dessen Grundlage der Wettbewerb im Binnenmarkt stattfinden soll und damit die Fairness untergaben werden. 8

3. Aufsichts- und Weisungsrechte

Im Interesse der rechtsstaatlichen und demokratischen **Verantwortungsklarheit**[12] setzt die arbeitsteilige Produktion von rechtsverbindlichen Entscheidungen auch den Gesamtprozess erfassende Aufsichts- und Weisungsrechte voraus. Dazu fehlt es im Primärrecht an tragfähigen Vorgaben und auch das Sekundärrecht ist insoweit und in Bezug auf den Rechtsschutz in einigen Bereichen defizitär.[13] 9

4. Unterstützungsmaßnahmen nach Art. 197 II AEUV

Eine besondere Handlungsform, die aus dem deutschen Recht am ehesten den im Recht der Kommunalaufsicht verankerten Unterstützungsaufgabe der Aufsichtsbehörden vergleichbar ist,[14] stellen die Art. 6 EUV konkretisierenden Unterstützungsmaßnahmen dar, die Art. 197 II AEUV regelt.[15] Sie wirken sich ausweislich der klarstellenden Regelung in Art. 197 III AEUV nicht auf die Zuständigkeitsordnung aus, sondern sind „Angebote" an die für die Durchführung des Unionsrechts zuständigen Mitgliedstaaten.[16] 10

---

[8] Schmidt-Aßmann VERW Beih. 10 (2010), 263 (271).

[9] Schmidt-Aßmann VERW Beih. 10 (2010), 263 (272). Daran fehlt es zB in der Berufsanerkennungsrichtlinie 2005/36/EG in den Fällen, in denen die eine Ausbildung vermittelnden Hochschulen nicht den erforderlichen Qualitätsstandards entsprechen. Die Richtlinie ermöglicht nur die Kontrolle der Echtheit der Urkunden.

[10] Dazu Asemissen, Berufsanerkennung und Dienstleistungen im europäischen Binnenmarkt, 2014, S. 87 ff.

[11] Darauf weist GHN/Classen AEUV Art. 197 Rn. 4, zu Recht hin.

[12] Dazu BVerfGE 119, 331 (366).

[13] S. Terhechte, Verwaltungsrecht der Europäischen Union/Augsberg, 2011, § 6 Rn. 77 ff.

[14] Danach hat die Kommunalaufsicht „die Entschlusskraft und Verantwortungsbereitschaft der Kommunen zu fördern sowie Erfahrungen bei der Lösung kommunaler Aufgaben zu vermitteln" – so exemplarisch § 143 I 2 KVG LSA.

[15] Wichtig ist die Regelung, um die Finanzierung der Maßnahmen durch die Union sicherzustellen; vgl. GHN/Classen AEUV Art. 197 Rn. 82.

[16] Eine entsprechende Praxis gab es bislang schon. GHN/Classen AEUV Art. 197 Rn. 84.

11 Die unterstützenden Maßnahmen bestehen vor allem im Austausch von Informationen und Beamten sowie der Etablierung von **Netzwerken** (Programmen),[17] in deren Rahmen der Erfahrungsaustausch zwischen den beteiligten Fachverwaltungen ermöglicht wird.[18]

III. Erscheinungsformen der Verwaltungskooperation

1. Vertikale und horizontale Verwaltungskooperation

12 Die Verwaltungskooperation im Europäischen Verwaltungsverbund ist derart vielfältig, dass eine strenge Untergliederung in einzelne Rechtsformen nicht sinnvoll möglich ist.[19] Deshalb wird im Schrifttum die offenere Ordnungsform der **Typologie** gewählt,[20] bei der bestimmte Merkmale der Kooperation hervorgehoben werden, ohne dass in allen Details eine Übereinstimmung vorliegen muss. Zudem kann eine Erscheinungsform mehreren Typen zugeordnet werden, da diese sich nicht gegenseitig ausschließen sondern ergänzen und überlappen.

13 Grundlegend ist die Unterscheidung zwischen der Verwaltungszusammenarbeit von Kommission und Mitgliedstaaten (etwa bei der Notifizierung im Beihilfenrecht) einerseits und der Zusammenarbeit zwischen den Mitgliedstaaten (etwa im Bereich der Anerkennung von Berufsqualifikationen und der Berufsaufsicht). Man spricht hier kurz von **vertikaler und horizontaler Kooperation,** wobei beide Formen sich nicht ausschließen, sondern auch Fälle der Zusammenarbeit von Stellen der EU und mehrerer Mitgliedstaaten zum Alltag des Verwaltungsverbundes gehören.[21] Innerhalb der vertikalen Kooperation kann auf eine Skala wiederum zwischen zwei Grundformen unterschieden werden,[22] bei denen einerseits die Mitgliedstaaten an den zentralen Entscheidungszuständigkeiten der Union beteiligt werden (dazu sogleich → § 15 Rn. 14 f.) und andererseits Stellen der Union an dezentralen mitgliedstaatlichen Entscheidungen beteiligt werden, etwa im Rahmen von mehrstufigen Verwaltungsverfahren.

2. Verwaltungskooperation in Agenturen und Netzwerken

14 Besonders gelagert ist die Zusammenarbeit zwischen der Europäischen Union und den mitgliedstaatlichen Fachverwaltungen in den Europäischen Agenturen und Netzwerken, bei der die mit.

15 Exemplarisch kann auf Art. 65 I VO (EG) 726/2004[23] zur Europäischen Arzneimittelagentur verwiesen werden. Danach setzt sich der Verwaltungsrat aus einem Vertreter jedes Mitgliedstaats, zwei Vertretern der Kommission und zwei Vertretern des

[17] Exemplarisch zum Migrationsnetzwerk Weiß, Der Europäische Verwaltungsverbund, 2010, S. 106 ff.

[18] Zu Einzelheiten der Netzwerke → § 14 Rn. 17.

[19] Verwaltungsverbund ist deshalb terminologisch ein Kollektivsingular, der für eine Vielzahl unterschiedliche Verbundformen steht.

[20] ZB bei Holoubek/Lang, Verfahren der Zusammenarbeit von Verwaltungsbehörden in Europa/Kahl, 2012, S. 15, 23 ff.

[21] Schmidt-Aßmann/Schöndorf-Haubold in Voßkuhle/Eifert/Möllers GVwR I/Schmidt-Aßmann/Schöndorf-Haubold, § 5 Rn. 36a f.

[22] S. auch Weiß, Der Europäische Verwaltungsverbund, 2010, S. 36, 70; Kahl in Holoubek/Lang, Verfahren der Zusammenarbeit von Verwaltungsbehörden in Europa, 2012, S. 15, 22.

[23] ABl. 2004 L 136, 1.

Europäischen Parlaments zusammen. Außerdem werden zwei Vertreter von Patientenorganisationen, ein Vertreter von Ärzteorganisationen und ein Vertreter von Tierärzteorganisationen vom Rat im Benehmen mit dem Europäischen Parlament anhand einer Liste ernannt, die von der Kommission erstellt wird und die eine deutlich höhere Zahl von Bewerbern enthält, als Mitglieder zu ernennen sind. Die von der Kommission erstellte Liste wird dem Europäischen Parlament gemeinsam mit der entsprechenden Dokumentation übermittelt. So rasch wie möglich und innerhalb von drei Monaten nach der Mitteilung kann das Europäische Parlament seine Positionen dem Rat zur Prüfung vorlegen, der sodann den Verwaltungsrat ernennt. Die Ernennung der Mitglieder des Verwaltungsrats erfolgt so, dass die höchste fachliche Qualifikation, ein breites Spektrum an einschlägigem Fachwissen und die größtmögliche geografische Streuung in der Europäischen Union gewährleistet sind. Daran wird deutlich, dass in einem sehr umfassenden Sinne der Sachverstand der nationalen Fachverwaltungen und der Fachorganisationen in die Entscheidungsfindungsprozesse der Agentur einbezogen werden. Fraglich bleibt dabei, welches Gewicht den einzelnen Akteuren dabei in der Praxis zukommt. Die Verantwortungsklarheit wird jedenfalls durch derartige Organstrukturen nicht gefördert.

Ähnliche Strukturen weisen die Leitungsorgane der Agenturen zur Verwaltung von 16 Programmen sowie die zur Unterstützung des Vollzugs des Unionsrechts iSd Art. 197 II AEUV gebildeten **Netzwerke** auf.[24] Auch dort arbeiten die Vertreter der mitgliedstaatlichen Fachverwaltungen eng mit Vertretern der Kommission und sonstigen Experten zusammen.

3. Vollzugsverbund

Unterscheidet man nach dem Gegenstand der Kooperation, so an erster Stelle der 17 Vollzugsverbund genannt werden, der sich auf kooperative Formen von **Handlungen** bezieht, die sich im **Außenverhältnis** auswirken, also Verwaltungsakte und sonstige mehr oder weniger rechtsförmliche Maßnahmen. Es geht also einerseits um die vielfältigen Formen der Rechts- und Amtshilfe, die inzwischen in §§ 9a ff. VwVfG geregelt sind, aber auch um die Entscheidung von Agenturen, an denen die Mitgliedstaaten beteiligt sind. Schließlich sind besondere Verfahren wie die der Erteilung von Schengen-Visa nach Art. 22 Visakodex[25] zu erwähnen, bei denen ein Mitgliedstaat die Behörden anderer Mitgliedstaaten zu beteiligen hat und die zum Erlass eines **transnationalen Verwaltungsaktes** führen.

Bezieht sich der kooperative Vollzug auf die besonders strukturierten Bereiche des Re- 18 gulierungs- oder Planungsrechts, die besonders intensiv durch unionsrechtliche Vorgaben vorgeprägt sind, so spricht man auch von einen **Regulierungs- bzw. Planungsverbund.**[26]

[24] Zu den Netzwerken näher Kahl in Holoubek/Lang, Verfahren der Zusammenarbeit von Verwaltungsbehörden in Europa, 2012, S. 15, 29 ff.

[25] Verordnung (EG) Nr. 810/2009, ABl. L 243, (zuletzt 2013 geändert, ABl. L 182).

[26] Kahl in Holoubek/Lang, Verfahren der Zusammenarbeit von Verwaltungsbehörden in Europa, 2012, S. 15, 27 ff. Vertiefend zum Planungsverbund Gärditz, Europäisches Planungsrecht, 2009; Sydow DÖV 2003, 605 (612 f.).

4. Lenkungsverbund

19 Steht nicht die in der Regel auf den Einzelfall bezogene Maßnahme, sondern die dem Interessenausgleich und der Vollzugsvereinheitlichung dienende gesetzkonkretisierende **kooperative Steuerung des Verwaltungshandelns** im Vordergrund der Zusammenarbeit, so kann von einem Lenkungsverbund gesprochen werden.[27] Das wichtigste Instrument in diesem Bereich sind die von der Kommission veröffentlichten Leitlinien und Empfehlungen sowie die Beschlussfassungen im Ausschusswesen.[28] Im Vordergrund steht dabei die Vermittlung von Informationen über best practices sowie die Orientierung zu den Rechtsauffassungen der Kommission, um förmliche Aufsichtsmaßnahmen zu vermeiden.

5. Aufsichtsverbund

20 Die dezentrale Durchführung des Unionsrechts stellt besonders hohe Anforderungen an die einheitliche und wirksame Durchführung. Diese kann durch Maßnahmen des Lenkungsverbundes neben der direkten normativen Steuerung abgesichert werden. Es sind aber auch zahlreiche Maßnahmen der begleitenden und nachfolgenden Kontrolle erforderlich, die beim Zusammenwirken von verschiedenen Stellen zum Phänomen des Aufsichtsverbundes führen.[29] Im Bereich der gerichtlichen Kontrolle wird die Verbundarchitektur im **Vorabentscheidungsverfahren** des Art. 267 AEUV besonders deutlich, die ein Zusammenwirken der mitgliedstaatlichen Gerichte mit dem EuGH nutzt, um Kontrollmaßnahmen wirksam und einheitlich durchzuführen. **Weitere Kontrollbefugnisse** stehen neben der Kommission dem Europäischen Parlament (Art. 14 I 2 EUV), dem Europäischen Rechnungshof (Art. 285 AEUV) und dem Europäischen Bürgerbeauftragten (Art. 228 AEUV) zu. Spezifische Instrumente der Verwaltung sind zudem die **Inspektionen.**[30]

6. Informationsverbund

21 Integriert ist in allen Erscheinungsformen des Europäischen Verwaltungsverbundes ein Informationsverbund, weil die **Sammlung und Übermittlung der erforderlichen Informationen** die Grundlage für die kooperative **Wissensgenerierung** und Entscheidung ist. Dabei ist zu beachten, dass die vollständige und zeitnahe sowie zuverlässige Bereitstellung von Wissen eine zentrale Bedingung von Qualität und natürlich auch Rechtmäßigkeit des Verwaltungshandelns ist. Der Informationsverbund ist zugleich dem **Geheimnis- und Datenschutz** verpflichtet, der heute das **Informationsverwaltungsrecht**[31] begleitet du strukturiert.

---

[27] Kahl in Holoubek/Lang, Verfahren der Zusammenarbeit von Verwaltungsbehörden in Europa, 2012, S. 15, 25.

[28] Eeckhoff, Die Verbundaufsicht: gemeinschaftsrechtliche Aufsichtsverfahren und -mechanismen außerhalb des Vertragsverletzungsverfahrens, 2006. S. auch Weiß, Der Europäische Verwaltungsverbund, 2010, S. 74 ff.; Möllers EuR 2002, 483 (506 f.); Groß DÖV 2004, 20 ff.

[29] Holoubek/Lang, Verfahren der Zusammenarbeit von Verwaltungsbehörden in Europa/Kahl, 2012, S. 15, 25 f.

[30] David, Inspektionen im Europäischen Verwaltungsrecht, 2003.

[31] Kloepfer, Informationsrecht, 2002.

IV. Instrumente der Verwaltungskooperation

1. Beteiligungsrechte und -pflichten

Das allgemeinste Instrument der Verwaltungskooperation ist naturgemäß die Beteiligung, da sie das Wesen von Kooperation zum Ausdruck bringt. Normativ wird Kooperation deshalb in den meisten Bereichen durch die Anordnung von **Beteiligungspflichten anderer Stellen** etabliert. Dabei kann zwischen den verschiedenen **Graden der Beteiligungsintensität** unterschieden werden, die von einer rein informatorischen Einbeziehung (Anhörung/Stellungnahme) bis zu einer Beteiligung in Gestalt eines Mitentscheidungsrechts (Einvernehmen/Zustimmung) reicht. Auch durch die Einbeziehung von Vertretern der Mitgliedstaaten oder der Fachverbände in die Organe von Agenturen (→ § 15 Rn. 14) wird ein solches Beteiligungsmodell verwirklicht. 22

2. Informationsrechte und -pflichten

Ebenso grundlegend sind für den Verwaltungsverbund die an zahlreichen Stellen normierten Pflichten, bestimmte Informationen an andere Stellen weiterzuleiten bzw. das Recht vor allem von aufsichtsführenden Stellen, sich bestimmte Informationen zu beschaffen. Informationsflüsse werden zu einem **zentralen Steuerungsmedium des Verwaltungsverbundes.** 23

Mit der Bereitstellung und Abfrage von Informationen sind **Sorgfalts- und Schutzpflichten** verbunden, die der Qualitätssicherung sowie dem Geheimnis- und Datenschutz dienen. 24

3. Amts- und Rechtshilfe

Rechtsförmlich am stärksten einheitlich ausgestaltet sind die Verfahren der Amts- und Rechtshilfe, die den klassischen Kernbereich der nationalen und transnationalen Verwaltungskooperation markieren. Durch die **§§ 8a–8f VwVfG** finden sich dazu auch allgemeine Regelungen im deutschen Recht, die den unionsrechtlichen Vorgaben entsprechen (dazu näher Band II → § 83 Rn. 131 ff.).[32] 25

4. Verwaltungsvereinbarungen

Die Zusammenarbeit zwischen einzelnen Stellen der Verwaltung kann in den Einzelheiten auch durch den Abschluss von Verwaltungsvereinbarungen gesteuert werden. Für einzelne Bereiche ist der Abschluss von Verwaltungsvereinbarungen sogar gesetzlich vorgeschrieben.[33] 26

5. Mehrstufige Verwaltungsverfahren

Sind an dem Entscheidungsprozess europäische und mitgliedstaatliche Stellen beteiligt und sind auf beiden Ebenen notwendige Verfahrensschritte durchzuführen, so führt dies zu mehrstufigen Verwaltungsverfahren, die ebenfalls zu den **prägenden In-** 27

[32] Schliesky, Die Europäisierung der Amtshilfe, 2008; Schmitz/Prell NVwZ 2009, 1121 ff.; Schliesky/Schulz DVBl 2010, 601 ff.; Wettner in Schmidt-Aßmann/Schöndorf-Haubold, Der Europäische Verwaltungsverbund, 2005, S. 181 ff.

[33] Weiß, Der Europäische Verwaltungsverbund, 2010, S. 73; Schöndorf-Haubold, Die Strukturfonds der Europäischen Gemeinschaft 2005, S. 39 – jeweils zu den Strukturfonds.

strumenten des Europäischen Verwaltungsbundes gehören.[34] Das mehrstufige Verwaltungsverfahren und der daraus resultierende mehrstufige Verwaltungsakt ist dem deutschen Recht seit langem vertraut, etwa im Zusammenhang mit der kommunalen Einvernehmen nach § 36 BauGB und wirft deshalb keine grundsätzlich neuen Fragen auf.

6. Transnationale Verwaltungsakte

28 Ein spezifisches Produkt der Verwaltungskooperation, aber nicht auf diesen Bereich beschränkt, ist der sog. **transnationale Verwaltungsakt,** der dadurch gekennzeichnet ist, dass seine Rechtswirkungen in allen bzw. mehreren Mitgliedstaaten der Europäischen Union rechtsverbindlich sind.[35] Exemplarisch kann auf das Schengenvisum nach Art. 24 Visakodex sowie den Aufenthaltstitel der Erlaubnis zu, Daueraufenthalt EU nach § 9a AufenthG. Während das nationale Visum nach und die nationale Niederlassungserlaubnis nur ein Aufenthaltsrecht im Inland begründen, eröffnen die beiden europäischen Titel ein Aufenthalts- und Freizügigkeitsrecht im gesamten Schengenraum. Das bedeutet aber auch, dass auch die Behörden anderer Mitgliedstaaten diesbezügliche Entscheidungsrechte besitzen, etwa bei der Aufhebung eines Schengenvisums nach Art. 34 Visakodex. In diesem Fällen ist die ausstellende Behörde zu beteiligen.

§ 16. Übersicht zum Besonderen Unionsverwaltungsrecht und seiner Bedeutung für das Allgemeine Verwaltungsrecht

Schrifttum: Terhechte, Verwaltungsrecht der Europäischen Union, 2. Aufl. 2022.

I. Übersicht zur Entwicklung des Besonderen Unionsverwaltungsrechts

1 Die Entwicklung des Europäischen Verwaltungsrechts ist ähnlich wie die Entwicklung des Verwaltungsrechts in den Mitgliedstaaten durch eine **ständige Wechselwirkung** zwischen dem Allgemeinen und dem Besonderen Verwaltungsrecht geprägt. So werden bestimmte rechtliche Innovationen häufig zunächst in einzelnen Bereichen des Besonderen Verwaltungsrechts „entwickelt" und später in den Bereich des Allgemeinen Verwaltungsrechts übernommen. Beispiele aus der neueren Entwicklung des deutschen Allgemeinen Verwaltungsrechts sind zB die Präklusionsregelungen im Bereich der Planfeststellung (§ 73 IV VwVfG) oder die Regelungen zur Genehmigungsfiktion, die zunächst unter anderem im Bauordnungsrecht genutzt wurde, bevor sie unter dem Einfluss des Unionsrechts Eingang in die Verwaltungsverfahrensgesetze fand (§ 42a VwVfG[1]). Das letztere Beispiel zeigt dabei, dass sich die Wechselwirkungen nicht auf das deutsche Besondere Verwaltungsrecht beschränken, sondern es auch zu Wechselwirkungen zwischen dem Besonderen Unionsverwaltungsrecht und dem deutschen Allgemeinen Verwaltungsrecht kommt. Vor diesem Hintergrund erscheint es im vorliegenden Zusammenhang auch sinnvoll und geboten, einen Blick auf diejenigen Rechtsmaterien zu werfen, für die sich ein Besonderes Unionsverwaltungsrecht entwickelt hat und dabei zu prüfen, ob und welche Impulse damit für das deutsche Allgemeine Verwaltungsrecht verbunden waren bzw. sind.

---

[34] v. Danwitz, Europäisches Verwaltungsrecht. 2008, S. 630 ff.; Weidemann VR 2000, 95 ff.
[35] Ruffert VERW 2001, 453 ff.; Weiß, Der Europäische Verwaltungsverbund, 2010, S. 80 f.
[1] Dazu näher Kluth JuS 2011, 1078 ff.

In einem ersten Schritt soll zu diesem Zweck ein knapper Überblick zu den Rechtsmaterien gegeben werden, bei denen man von der Entwicklung eines Europäischen Besonderen Verwaltungsrechts sprechen kann. 2

Dienstleistungsverwaltungsrecht[2]: Ein von Beginn an zentraler Bereich der Entwicklung des europäischen Verwaltungsrechts bezieht sich auf die rechtlichen und verwaltungspraktischen Rahmenbedingungen für die grenzüberschreitende wirtschaftliche Betätigung in Gestalt der Niederlassung in einem anderen Mitgliedstaat (Art. 49 ff. AEUV)[3] einerseits und der vorübergehenden grenzüberschreitenden Dienstleistung (Art. 56 ff. AEUV)[4] andererseits. Da mit den verschiedenen Formen der grenzüberschreitenden wirtschaftlichen Betätigung vor allem in Gestaltung von Genehmigungserfordernissen, der Anerkennung von Qualifikationen[5] und der behördlichen Aufsicht zahlreiche Verwaltungstätigkeiten verbunden sind, die den Marktzugang und das Marktverhalten betreffen, hat sich das Bemühen der Europäischen Union um die Liberalisierung und Harmonisierung des Rechtsrahmens umfangreich auf das mitgliedstaatliche Verwaltungsrechts ausgewirkt. Nachdem in einer ersten Phase zunächst der Europäische Gesetzgeber ein ambitioniertes Programm der Rechtsharmonisierung beschlossen hatte[6] dessen Umsetzung aber scheiterte, hat in einer langen zweiten Phase der EuGH durch seine Rechtsprechung zu den Grundfreiheiten eine Vielzahl von konkreten Vorgaben für die mitgliedstaatlichen Verwaltungsrechtsordnungen entwickelt, die dann ab 2000 in einer dritten Phase durch die Europäische Dienstleistungs-RL (RL 2006/123/EG[7]) und die Europäische Berufsanerkennungs-RL (RL 2005/36/EG[8]) systematisch sekundärrechtlich umgesetzt und weiter ausdifferenziert wurde. Damit ist auch ein umfangreiches Programm des Normenscreening und der weiteren Anpassung der mitgliedstaatlichen Regelungen verbunden.[9] Die größte sichtbare und praktisch bedeutsame Auswirkung des europäischen Dienstleistungsverwaltungsrechts auf das deutsche Allgemeine Verwaltungsrecht sind die drei Einfügungen in den Verwaltungsverfahrensgesetzen, die im Zuge der Umsetzung der Dienstleistungs-RL erfolgten: die Regelungen zur Europäischen Verwaltungszusammenarbeit in den §§ 8a–8e VwVfG,[10] die Regelung zur Genehmigungsfiktion in § 42a VwVfG[11] sowie die Regelungen zum Verfahren über eine einheitliche Stellen in 3

---

[2] Calliess/Korte, Dienstleistungsrecht in der EU, 2011; Reimer in Terhechte, Verwaltungsrecht der Europäischen Union, § 18; Asemissen, Berufsanerkennung und Dienstleistungen im europäischen Binnenmarkt, 2014.

[3] Zu Bedeutung und Entwicklung näher Korte in Calliess/Ruffert AEUV Art. 49 Rn. 2 ff.

[4] Zu Bedeutung und Entwicklung näher Kluth in Calliess/Ruffert Art. 56/57 AEUV Rn. 4 ff.; Callies/Korte, Dienstleistungsrecht in der EU, 2011, § 3.

[5] Dazu eingehend Asemissen, Berufsanerkennung und Dienstleistungen im europäischen Binnenmarkt, 2014 und Michaels, Anerkennungspflichten im Wirtschaftsverwaltungsrecht der Europäischen Gemeinschaft und der Bundesrepublik, 2004.

[6] HdB-EUVerwR/Terhechte, 2011, § 18 Rn. 7 ff.; Kluth in Calliess/Ruffert AEUV Art. 59 Rn. 2.

[7] ABl. L 376, 36. Dazu eingehend Schlachter/Ohler, Europäische Dienstleistungsrichtlinie, 2008. Im Überblick Kluth in Calliess/Ruffert AEUV Art. 59 Rn. 22 ff.; Calliess/Korte, Dienstleistungsrecht in der EU, 2011, § 6.

[8] ABl. 2005 L 255, 22. Zu Einzelheiten Asemissen, Berufsanerkennung und Dienstleistungen im europäischen Binnenmarkt, 2014, S. 164 ff. Im Überblick Kluth in Calliess/Ruffert AEUV Art. 59 Rn. 34 ff.; Kluth/Rieger EuZW 2005, 927 ff.

[9] Zum Normenscreening Kluth in Jahrbuch des Kammer- und Berufsrechts 2007, 2008, S. 341 ff.

[10] Näher Band II, → § 83 Rn. 131 ff.

[11] Dazu näher Kluth JuS 2011, 1078 ff.; Abromeit DÖV 2013, 133 ff.

den §§ 71a–71e VwVfG.[12] Weitere bedeutsame Einflüsse im Bereich des Informationsverbundes[13] sowie bei der Erweiterung von Rechtsschutz und Begründungspflichten zu verzeichnen.

4 **Vergabeverwaltungsrecht**[14]: Durch das europäische Vergabeverwaltungsrecht wurden die ursprünglich haushaltsrechtlich verankerten und der Sicherung von Sparsamkeit und Wirtschaftlichkeit des Verwaltungshandelns dienenden Vorschriften des deutschen Rechts in einen neuen wettbewerbsrechtlichen Kontext gestellt und damit zugleich in das GWG integriert (§§ 97 ff. GWB).[15] Die Materie erhielt damit einen ursprünglich nicht vorhandenen konkurrenten- und drittschützenden Charakter.[16]

5 **Beihilfen- und Subventionsverwaltungsrecht**[17]: Mit dem europäischen Beihilfenrecht, das seine primärrechtliche Grundlage in Art. 107 ff. AEUV findet, hat das Unionsrecht ähnlich wie im Bereich des Vergaberechts die grundlegenden bereichsspezifischen Wertungen des deutschen Rechts verändert, wobei es im Beihilfenrecht um eine graduelle Verschärfung der Anforderungen sowie ein klares Regel-Ausnahme-Verhältnis geht (Art. 107 I AEUV).[18] Zudem haben die strikten Vorgaben des Unionsrechts zur **Rückforderung** rechtswidrig gezahlter Beihilfen einen Grundsatzstreit[19] über die Bedeutung des **Vertrauensschutzgrundsatzes** ausgelöst, der maßgeblich zur Weiterentwicklung des europäischen Verwaltungsrechts beigetragen hat.[20] Schließlich haben die europarechtlichen Vorgaben einen wichtigen **Transparenz- und Rationalitätsgewinn** zur Folge gehabt, da die Beihilfen nach klaren Kriterien begründet werden müssen.[21]

6 **Europäisches (Staats-)Haftungsrecht:**[22] Obwohl im Primärrecht Regelungen zur Haftung in Art. 340 AEUV nur in Bezug auf die Organe der Europäischen Union und ihrer Bediensteten bestehen,[23] hat der EuGH im Zusammenhang mit der nicht erfolgten oder fehlerhaften Umsetzung von Richtlinien und weiteren Fallgestaltungen der Verletzung von Primärrecht richterrechtlich ein die Mitgliedstaaten betreffendes Haftungsrecht entwickelt.[24] Dieser Entwicklung kommt deshalb eine besondere Bedeutung zu, weil sie das mitgliedstaatliche Staatshaftungsrecht überlagert bzw. erweitert und dabei aus der Perspektive des deutschen Staatshaftungsrechts die Haftung

[12] Näher → § 60 Rn. 120 ff.
[13] HdB-EUVerwR/Reimer, § 18 Rn. 52, spricht von einem Informationsparadigma.
[14] HdB-EUVerwR/Wollenschläger, § 19; Burgi, Vergaberecht, 2016.
[15] Damit ist die Besonderheit verbunden, dass auch der Rechtsschutz vor den ordentlichen Gerichten gewährt wird.
[16] Zu Einzelheiten HdB-EUVerwR/Wollenschläger, § 19 Rn. 73 ff., insbesondere Rn. 85 f.
[17] HdB-EUVerwR/Bungenberg, § 21.
[18] HdB-EUVerwR/Bungenberg, § 21 Rn. 33 ff.
[19] Auslöser war die Entscheidung des EuGH ECLI:EU:C:1997:163 = BeckRS 2004, 75353.; dazu Hoppe NVwZ 1998, 27 ff.
[20] S. nur Blanke, Vertrauensschutz im deutschen und europäischen Verwaltungsrecht, 2000; zu weiteren Auswirkungen HdB-EUVerwR/Bungenberg, § 21 Rn. 55 ff.
[21] Dazu Kluth in Bitburger Gespräche, Jahrbuch 2002/I, S. 111 ff.
[22] HdB-EUVerwR/Tiehle, § 39.
[23] Zu Einzelheiten HdB-EUVerwR/Thiele, § 39 Rn. 8 ff.
[24] Zu Einzelheiten Ossenbühl/Cornils, Staatshaftungsrecht, 6. Aufl. 2013, S. 592 ff.; HdB-EUVerwR/Tiehle, § 39 Rn. 69 ff.; Wolff/Bachof/Stober/Kluth, Verwaltungsrecht II, § 70.

für legislatives Unrecht[25] sowie fehlerhafte Gerichtsentscheidungen[26] außerhalb der Fälle der Rechtsbeugung etabliert. Das deutsche Rechtssystem hat dies aber nicht zum Anlass für entsprechende Anpassungen genommen, sondern seinen insoweit begrenzten Anwendungsbereich beibehalten.

Regulierungsrecht[27]: Das Energieverwaltungsrecht bildet zusammen mit dem Telekommunikations-, Post- und Eisenbahnrecht den Kernbereich des unionsrechtlich geprägten Regulierungsverwaltungsrechts.[28] Diese auf die Liberalisierung von früheren (Staats-)Monopolen ausgerichtete Rechtsmaterie ist durch eine ganze Reihe von verwaltungsrechtlichen Besonderheiten geprägt, die dem deutschen Verwaltungsrecht zwar nicht gänzlich unbekannt waren, aber nicht in gleicher Intensität und Ausrichtung genutzt wurden, wie sie einschlägigen Richtlinien der Europäischen Union vorgibt. Hervorzuheben sind dabei insbesondere die folgenden Instrumente und Vorgaben: die Etablierung nur begrenzt Weisungen unterliegender Regulierungsbehörden,[29] bei denen die wichtigen Entscheidungen durch kollegial besetzte Organe (Beschlusskammern)[30] getroffen werden. Die Etablierung eines gerichtlich begrenzt kontrollierbaren Regulierungsermessens.[31] Die Einführung neuer Steuerungsinstrumente, vor allem zur Sicherung des Marktzugangs in Bezug auf Netze sowie bei der Versorgungspflichten[32] im Rahmen der Umsetzung der staatlichen Gewährleistungsverantwortung.[33] Hinzu kommen spezifische Verfahren der Preisregulierung und Preisaufsicht[34] sowie der Vergabe von knappen Ressourcen (Lizenzversteigerung[35]). 7

Währungsverwaltungsrecht[36]: Diese Rechtsmaterie fristet in der wissenschaftlichen Wahrnehmung durch das Verwaltungsrecht ein Schattendasein,[37] ist aber durch die Übernahme des deutschen Bundesbank-Modells mit der Etablierung einer gegenüber der Politik distanzierten Notenbank auf die europäische Ebene exportiert worden.[38] Im Übrigen ist die Rechtsmaterie durch die dezentralen Strukturen und einen damit verbundenen intensiven Informations-, Steuerungs- und Aufsichtsverbund gekennzeichnet.[39] 8

Finanz- und Bankenverwaltungsrecht[40]: Das Finanzverwaltungsrecht umfasst den weiten Bereich der Finanzdienstleistungen und -produkte. Zentrale Gesetze im deutschen Recht sind das Wertpapierhandelsgesetz (WpHG), das Kreditwesengesetz (KWG) sowie das Finanzdienstleistungsaufsichtsgesetz (FinDAG). Auf europäischer 9

---

[25] Ossenbühl/Cornils, Staatshaftungsrecht, 6. Aufl. 2013, S. 610 ff.
[26] Näher Kluth DVBl 2004, 393 ff.; Sensburg NVwZ 2004, 179 ff.
[27] HdB-EUVerwR/Gundel, § 23 (Energie); HdB-EUVerwR/Kühling, § 24 (Telekommunikation).
[28] Zu den einzelnen Themenfeldern s. die Beiträge in: Fehling/Ruffert, Regulierungsrecht, 2010.
[29] Zum Streit um das begrenzte Weisungsrecht näher BVerwG NVwZ 2014, 942 ff.; Schmidt/Wollenschläger ÖffWirtschaftsR/Gärditz, 5. Aufl. 2020, § 4 Rn. 27 ff.; Schneider ZHR 2000, 513 ff.
[30] S. nur § 59 EnWG.
[31] Dazu näher Sachs/Jasper NVwZ 2012, 649 ff.; Gärditz DVBl 2016, 399 ff.
[32] S. nur §§ 156 ff. TKG.
[33] Hermes, Staatliche Infrastrukturverantwortung, 1998.
[34] S. nur §§ 37 ff. TKG.
[35] S. § 100 TKG.
[36] HdB-EUVerwR/Hoffmann, § 27.
[37] S. aber Hahn, Währungsrecht, 1990.
[38] S. dazu Remmert in Epping/Hillgruber BeckOK GG Art. 88 Rn. 14 ff.
[39] HdB-EUVerwR/Hoffmann, § 27 Rn. 8 ff.
[40] Übersicht bei Jung/Bischof, Europäisches Finanzmarktrecht, 2015.

Ebene ist die European Securities and Marktes Authority (Europäische Wertpapier- und Marktaufsichtsbehörde – ESMA[41]) und auf nationaler Ebene die (BaFin[42]) zentraler Akteur. Dieser Bereich ist durch eine besonders intensive Ausgestaltung des Aufsichtswesens (Aufsichtsverbund) bis hin zu einer Regelung unter der Überschrift **„Gemeinsame Aufsichtskultur"** in Art. 29 ESMA-VO geprägt. Dabei kommt den Regelungen zum **Informationsverbund** (Art. 35 ESMA-VO) eine besondere Bedeutung zu.[43]

10 **Migrationsverwaltungsrecht**[44]. Das auf der Grundlage der Art. 78, 79 AEUV erlassene und inzwischen sehr umfangreiche sekundäre Migrationsrecht hat zu einer umfassenden Umgestaltung und Weiterentwicklung in materieller, organisatorischer und verfahrensrechtlicher Sicht des Rechts der regulären und humanitären Migration in den Mitgliedstaaten der Europäischen Union geführt.[45] Das Aufenthaltsgesetz[46] und – noch weitergehender – das Asylgesetz[47] sind intensiv durch Vorgaben der einschlägigen Unionsrichtlinien determiniert. Hinzu kommt die Regelung des Visarecht durch eine Verordnung, den EU-Visakodex.[48] Dieser ist zugleich ein Beispiel für den **Spill-over-Effekt** von europäischen Regelungen, da sich die Regelungen im Visakodex zur Organisation und Arbeitsweise der Konsulate (Art. 37 ff. EU-Visakodex) auch auf die von der Unionskompetenz nicht erfassten nationalen Visaverfahren auswirkt (Änderung der Verwaltungskultur). Auch die rechtlichen Bindungen und der Rechtsschutz bei Entscheidungen über die Visaerteilung wurden grundlegend neu ausgerichtet.[49] Das Migrationsverwaltungsrecht ist aber im Falle der Umsetzung der Dublin-Verordnungen zur Bestimmung der Zuständigkeiten bei der Durchführung von Asylverfahren in den Mitgliedstaaten auch ein Beispiel für das **Versagen des Europäischen Verwaltungsverbundes** bzw. der beteiligten Verwaltungen in einigen Mitgliedstaaten.[50]

11 **Sicherheitsverwaltungsrecht**[51]: Teilweise in enger Verbindung mit dem Migrationsverwaltungsrecht hat die Europäische Union vor allem für die Außen- und Binnengrenzen sowie die polizeiliche Zusammenarbeit ein facettenreiches Sicherheitsverwaltungsrecht entwickelt, das in dem Schengener Durchführungs-Übereinkommen (übergeleitet in den Schengen Besitzstand) sowie dem Schengener Grenzkodex (VO (EU) 2016/399) wichtige Eckpfeiler besitzt.[52] Schwerpunkte sind auch hier der

[41] Sie findet ihre Rechtsgrundlage in der Verordnung (EU) Nr. 1095/2010 des Europäischen Parlaments und des Rates vom 24.11.2010, ABl. L 331, 84.

[42] S. §§ 1 ff. FinDAG.

[43] Dieser spiegelt sich auf nationaler Ebene u. a. in § 7a WpHG wider. Dazu Kölner Komm WpHG/Eufinger, 2. Aufl. 2014, § 7a Rn. 1 ff.; Bouchon/Mehlkopp in Fuchs, Wertpapierhandelsgesetz Kommentar, 2. Aufl. 2016, § 7a Rn. 1 ff.

[44] HdB-EUVerwR/Tohidipur, § 33; Thym, Migrationsverwaltungsrecht, 2010.

[45] Kluth ZAR 2005, 1 ff.; Hecker ZAR 2011, 46 ff. S. auch die Übersicht zu den Rechtsakten bei Kugelmann in Schulze/Zuleeg/Kadelbach Europarecht, § 41.

[46] Dazu im Überblick Ehlers/Fehling/Pünder BesVerwR/Kluth III, 4. Aufl. 2021, § 72.

[47] Zu seiner Entwicklung Fröhlich, Das Asylrecht im Rahmen des Unionsrechts, 2012.

[48] Verordnung (EG) Nr. 810/2009, ABl. L 243, 1. Dazu Peers/Guild/Tomkin, Visas and Border Controls, 2. Aufl. 2012.

[49] Dazu auch BVerwG NVwZ 2016, 161 ff.

[50] Dazu Bergmann ZAR 2015, 81 ff.

[51] HdB-EUVerwR/Schöndorf-Haubold, § 35.

[52] Zu Einzelheiten Winkelmann ZAR 2010, 270 ff.

Informationsverbund (VO (EG) 1987/2006 (SIS II) – Schengen Informationssystem), weitreichende Vorgaben für das Handeln der Sicherheitsbehörden in den Grenzräumen (insbesondere. zu den Grenzkontrollen, s. Art. 16 und Art. 23 Schengener Grenzkodex) und für die Verwaltungszusammenarbeit im Übrigen (Art. 17 Schengener Grenzkodex). Durch die Errichtungen der **Sicherheitsagenturen** Europol[53] und Frontex[54] und die Etablierung ergänzender **Netzwerke**[55] ist das Sicherheitsverwaltungsrecht auch ein Beispiel für die intensive Nutzung der verschiedenen Organisationsformen, die sich im Bereich des Europäischen Verwaltungsverbundes etabliert haben. Das Beispiel Frontex macht aber auch deutlich, wo dessen Schwächen liegen. Denn obwohl formal bei den Frontex Einsätzen das Personal der beteiligten Mitgliedstaaten nach dem Recht des Einsatzortes aktiv werden, sind es die für die Koordinierung der Maßnahmen zuständigen Mitarbeiter von Frontex, die einen erheblichen praktischen Einfluss auf die Durchführungen der Maßnahmen besitzen, ohne dass sich dies in einer adäquaten **Legitimation** und im **Rechtsschutz** widerspiegelt.[56] Besondere Bedeutung kommt schließlich den Regelungen und Maßnahmen zur Bekämpfung des **Internationalen Terrorismus**[57] zu, da auch in diesem Bereich die Rechtsschutzmöglichkeiten unzureichend entwickelt sind.[58]

Umwelt- und Planungsverwaltungsrecht[59]: Das Umweltrecht galt lange Zeit als Referenzgebiet für innovative Entwicklungen im Bereich des Verwaltungsrechts.[60] 12
Dazu hat vor allem seine Europäisierung[61] beigetragen, die ihrerseits stark durch die Übernahmen von neuen Steuerungsinstrumenten aus dem US-amerikanischen Recht geprägt war und ist. Das europäische Umwelt- und Planungsverwaltungsrecht hat ein vom deutschen Verwaltungsrecht abweichendes Verständnis der **Bedeutung von Verfahren und Verfahrensrechts** eingeführt. Während das deutsche Verwaltungsrecht von der dem materiellen Recht dienenden Funktion des Verfahrens ausgeht und deshalb die Rüge von Verfahrensfehler an die Möglichkeit einer materiellen Rechtsverletzung knüpft (s. auch § 46 VwVfG und § 44a VwGO) geht das europäische Recht von einer eigenständigen Funktion des Verfahrens aus und sieht die Unbeachtlichkeit von Verfahrensverstößen kritisch.[62] Im Umweltrecht ist die Umweltverträglichkeitsprüfung ein Beispiel für ein solches Verfahrensverständnis (s. exemplarisch UVP-G sowie §§ 1a, 2a BauGB). Hinzu kommt, dass das europäische Umweltrecht der Mobilisierung der Bürger für die Durchsetzung des Rechts[63] durch die Etablierung von **Informationsrechten** der Bürger (Umweltinformationsgesetz – UIG)[64] sowie der Erweiterung von **Verbandsklagerechten**[65] einen größeren Stellenwert einräumt.

[53] HdB-EUVerwR/Schöndorf-Haubold, § 35 Rn. 32 ff.

[54] HdB-EUVerwR/Schöndorf-Haubold, § 35 Rn. 46 ff.; vertiefend Seehase, Die Grenzschutzagentur FRONTEX, 2013; Mrozek, Grenzschutz als supranationale Aufgabe, 2013.

[55] HdB-EUVerwR/Schöndorf-Haubold, § 35 Rn. 72 f.

[56] Dazu bereits Fischer-Lescano/Tohidipur ZaöRV 2007, 1219 ff. Zu den Rechtsschutzdefiziten HdB-EUVerwR/Schöndorf-Haubold, 2. Aufl. 2022, § 35 Rn. 150 ff.

[57] HdB-EUVerwR/Schöndorf-Haubold, § 35 Rn. 176 ff.

[58] Dazu EuGH ECLI:EU:C:2008: 461 = NVwZ 2016, 375 – Kadi.

[59] HdB-EUVerwR/Wegener, § 36.

[60] Schmidt-Aßmann, Das Allgemeine Verwaltungsrecht als Ordnungsidee, 2. Aufl. 2004, S. 112 ff.

[61] Wegener in Terhechte, Verwaltungsrecht der Europäischen Union, § 36 Rn. 4 ff.

[62] Exemplarisch EuGH ECLI:EU:C:2015: 683 = NVwZ 2015, 1665.

[63] Masing, Die Mobilisierung des Bürgers für die Durchsetzung des Rechts, 1997.

[64] Stollwerk LKV 2016, 538 ff.

[65] Schlacke NVwZ 2014, 11 ff.

Schließlich ist die Etablierung von ökonomischen Steuerungsinstrumenten (Treibhausgas-Emissionshandel) zu erwähnen.[66]

II. Bedeutung für das Allgemeine Verwaltungsrecht und seine Entwicklung

13 Analysiert man die einzelnen Rechtsgebiete des Besonderen Verwaltungsrechts im Hinblick auf ihre Relevanz für die Herausbildung eines europäischen Allgemeinen Verwaltungsrechts bzw. ihrer Einwirkung auf das mitgliedstaatliche Allgemeine Verwaltungsrecht, so ergeben sich ohne Anspruch auf vollständige Darstellung und Durchdringung folgende Beobachtungen.

14 Über alle Rechtsgebiete hinweg ist zu beobachten, dass das Unionsrecht sich nicht auf punktuelle materielle Vorgaben beschränkt, sondern seinen Einfluss und seine Innovationen sehr häufig auf Vorgaben in den Bereichen Verfahren und Organisation stützt. Durch den **Einfluss auf das Verfahrensrecht** wird dabei die Stellung der Bürger gestärkt und der Rahmen für die Informationsgewinnung und den Informationszugang verändert bzw. erweitert. Die Pflicht zu Umweltverträglichkeitsprüfungen und der Zugang zu Umweltinformationen machen dies exemplarisch deutlich. Auf der Rechtsschutzebene wird diese Entwicklung durch Verbandsklagerecht unterstützt. Im Bereich des **Organisationsrechts** wird sehr häufig das Modell verfolgt, mit einer **begrenzten Unabhängigkeit** ausgestattete Stellen, Organe und Beauftragte vorzuschreiben, die durch politisch motivierte Weisungen nicht beeinflusst werden können. Dadurch kommt es zu strukturellen Veränderungen in den nationalen Verwaltungen, die aus der Sicht des europäischen Gesetzgebers vor allem dazu beitragen sollen, das Unionsrecht wirksam durchzuführen.

15 Auffällig ist weiterhin, dass im Europäischen Verwaltungsverbund eine Vielzahl sehr unterschiedlicher Formen der Zusammenarbeit etabliert wurde, bei denen kein einheitliches Muster zugrunde liegt und die sich deshalb auch einer dogmatischen Durchdringung entziehen. Folge davon sind vielfach **unklare Formen der Legitimation und des Rechtsschutzes** und infolgedessen unklare Verantwortlichkeiten. Das gilt vor allem für das Agenturwesen und die in vielen Bereichen etablierten Netzwerke.

16 Das deutsche Allgemeine Verwaltungsrecht muss diese Einwirkungen verarbeiten und wird dadurch immer wieder in seiner methodischen und dogmatischen Konsistenz geschwächt. Das hat zwar nicht unmittelbar negative verfassungsrechtliche Folgen, schwächt aber die Wirksamkeit und die Legitimationswirkung des Rechts. Vor diesem Hintergrund ist die Verbesserung der methodischen und dogmatischen Konsistenz des europäischen Verwaltungsrechts ein wichtiges Anliegen in Bezug auf die weitere Entwicklung.

[66] Dazu Hoffmann-Much in Kluth/Smeddinck, Umweltrecht, 2. Aufl. 2020, S. 320 ff.; Frenz DVBl 2006, 728 ff.

Zweiter Teil. Die Stellung der Verwaltung im Unions- und Verfassungsrecht

Erster Abschnitt. Die Einwirkung des Unions- und Verfassungsrechts auf die Verwaltung

§ 17. Formaler Rahmen der Einwirkung des Unionsrechts auf das Verwaltungsrecht der Mitgliedstaaten

I. Bindungswirkung

Das Unionsrecht wirkt auf das deutsche Verwaltungsrecht mit der größten praktischen und rechtlichen Wirkung ein, wo es selbst unmittelbar anwendbare und bindende Rechtsnormen erzeugt oder Entscheidungen durch Organe der Union getroffen werden. In diesen Fällen erweitert sich die nach Art. 20 III GG bestehende **Bindung der Verwaltung an Gesetz und Recht** um die einschlägigen Rechtsakte der Europäischen Union.[1] 1

Die **Begründung dieser Bindung** der nationalen Behörden und in der Folge auch mitgliedstaatlichen Fachgerichte an das unmittelbar anwendbare Unionsrecht ergibt sich aus dem Zustimmungsgesetz zum Gründungsakt bzw. zur Vertragsänderung nach Art. 23 I GG,[2] das einen entsprechenden Normanwendungsbefehl enthält.[3] 2

Die Bindungswirkung erstreckt sich auf die verschiedenen **Handlungsformen** des Art. 288 AEUV, soweit diese ihrerseits auf rechtlich bindende Maßnahmen ausgerichtet sind. Dies ist insbesondere bei der Verordnung, der Richtlinie und dem Beschluss regelmäßig[4] der Fall. 3

II. Anwendungsvorrang des Unionsrechts

Mit der Bindung der mitgliedstaatlichen Verwaltung an das Unionsrecht ist der **(Anwendungs-)Vorrang** des Unionsrechts gegenüber dem mitgliedstaatlichen Recht verbunden und zwar trotz des Fehlens einer ausdrücklichen Kollisionsregelung nach dem Vorbild des Art. 31 GG.[5] Es handelt sich um einen allgemeinen Grundsatz des Unionsrechts, der durch das Zustimmungsgesetz erfasst wird und Teil des deutschen Rechts ist.[6] 4

---

[1] Im Ergebnis allgemeine Ansicht. S. nur Grzeszick in Dürig/Herzog/Scholz, Grundgesetz, 108. EL 2025, Art. 20 Abs. 3, Rn. 60 (akt.); Dreier/Schulze-Fielitz GG Art. 20 Rn. 93.

[2] Dazu näher Dreier/Wollenschläger GG Art. 23 Rn. 12 ff.

[3] So auch BVerfGE 74, 458 (470); 75, 223 (233 ff.); BFHE 143, 382 (387). Vertiefend Hoffmann, Das Verhältnis von Gesetz und Recht, 2003, S. 122 ff.

[4] Es ist zu beachten, dass die Handlungsformen auch für andere Zwecke genutzt werden können und sich etwa eine Verordnung auch nur an die EU-Organe richten kann.

[5] BVerfGE 123, 267 (354, 402); 134, 366 (384 ff.); EuGH ECLI:EU:C:1978: 49 = BeckRS 2004, 7066; EuGH ECLI:EU:C:2010:503 = BeckRS 2010, 91036; Dreier/Wollenschläger GG Art. 23 Rn. 12 ff. mwN zur Literatur und zur Rechtsprechung des EuGH und des BVerfG.

[6] Terhechte, Verwaltungsrecht der Europäischen Union/Terhechte, 2. Aufl. 2022, § 1 Rn. 24.

5 Der **Anwendungsvorrang** führt nach überwiegender Ansicht (nur) dazu, dass die deutschen Behörden und Gerichten **dem Unionsrecht widersprechende Regelungen** nicht mehr anwenden dürfen, soweit es zu einer Kollision kommt.[7] Sind Anwendungsfälle denkbar, die nicht zu einer Kollision führen, etwa bei rein innerstaatlichen Sachverhalten, auf die das Unionsrecht nicht zur Anwendung kommt, so bleibt die Norm **insoweit anwendbar.** Gegen eine weiterreichende Rechtswirkung spricht jedenfalls hinsichtlich von Parlamentsgesetzen auch das **Verwerfungsmonopol** der Verfassungsgerichte. Bestehen Zweifel an der Vereinbarkeit von mitgliedstaatlichen Regelungen mit dem Unionsrecht, so ist durch das mit der Klärung befasste mitgliedstaatliche Gericht eine Klärung im **Vorabentscheidungsverfahren** nach Art. 267 AEUV herbeizuführen.[8]

III. Anpassungspflichten

6 Soweit bestehende Regelungen in Gesetzen, Rechtsverordnungen oder Satzungen mit vorrangigem Unionsrecht ganz oder teilweise nicht vereinbar sind, folgt zudem aus dem **Grundsatz der Unionstreue** die Pflicht zur Anpassung der Normen, damit von ihnen keine falsche Orientierungswirkung für Behörden, Gerichte und Bürger ausgehen. Zu diesem Zweck sieht das Sekundärrecht in einigen Bereichen auch die Pflicht zu einem sog. **Normenscreening** vor.[9] Dabei werden die Mitgliedstaaten verpflichtet, die in einem bestimmten Sachgebiet bestehenden Normen zu ermitteln und auf ihre Vereinbarkeit mit dem Unionsrecht hin zu überprüfen. Das Ergebnis ist in einem Bericht an die Europäische Kommission zu übermitteln, die auf dieser Grundlage ihrerseits eine Überprüfung durchführen kann.

IV. Aufsichtsinstrumente

7 Soweit die Kommission im Zusammenhang mit einem Normenscreening, auf Grund von Beschwerden sowie aus sonstigen Gründen eine bestehende Regelung eines Mitgliedstaats für unionsrechtswidrig hält, kann sie eine Aufsichtsmaßnahme in Gestalt eines **Vertragsverletzungsverfahrens** durchführen. Dabei handelt es sich um ein mehrstufiges Verfahren, bei dem zunächst eine Stellungnahme des betroffenen Mitgliedstaates eingeholt wird.[10] Kommt es in diesem Verfahren nicht zu einer Verständigung, kann die Kommission, ebenso wie ein anderer Mitgliedstaat nach Art. 259 AEUV,[11] eine Klage vor dem EuGH nach Art. 258 AEUV einreichen.

§ 18. Bundesverfassungsrechtliche Grundentscheidungen für die Verwaltung

Schrifttum: Badura DÖV 1989, 491 ff.: Der Sozialstaat; Benda/Maihofer/Vogel VerfassungsR-HdB/Benda, § 17: Der soziale Rechtstaat; Bull, Die Staatsaufgaben nach dem Grundgesetz, 1973; Callies, Rechtsstaat und Umweltstaat, 2001; Enders VVDStRL 64 (2005), 9 ff.: Sozialstaatlichkeit im Span-

[7] Oppermann/Classen/Nettesheim EuropaR, § 11 Rn. 27 ff.; Terhechte JuS 2008, 403 ff.
[8] S. zur Nichtanwendungskompetenz auch Hummel NVwZ 2008, 36 ff.
[9] Dazu am Beispiel der Dienstleistungs-RL Kluth, Jahrbuch des Kammer- und Berufsrechts 2007, 2008, S. 341 ff.
[10] Zu Einzelheiten des Verfahrens Calliess/Ruffert/Cremer AEUV Art. 258 Rn. 5 ff.
[11] Dieser Verfahrensweise kommt aber praktisch keine Bedeutung zu.

nungsfeld von Eigenverantwortung und Fürsorge; Isensee/Kirchhof StaatsR-HdB IV/Herzog, § 72: Ziele, Vorbehalte und Grenzen der Staatstätigkeit; Isensee/Kirchhof StaatsR-HdB III/Rüfner, § 80: Daseinsvorsorge und soziale Sicherheit; Isensee/Kirchhof StaatsR-HdB II/Zacher, § 28: Das soziale Staatsziel; Jarass/Pieroth/Jarass GG Art. 20 GG Rn. 1 ff.; Kahl/Ludwigs VerwaltungsR-HdB/Reimer, § 10: Wechselwirkungen von Verfassungs- und Verwaltungsrecht; Kunig, Das Rechtsstaatsprinzip, 1986; Link/Ress VVDStRL 48 (1990), 7 ff. und 56 ff.: Staatszwecke im Verfassungsstaat – nach 40 Jahren Grundgesetz; Ludwigs NVwZ 2015, 1327 ff.: Verfassung im Allgemeinen Verwaltungsrecht; Merten/Papier Grundrechte-HdB I/Schneider, § 18: Grundrechte und Verfassungsdirektiven; Michael/Wollenschläger VVDStRL 75 (2016), 100 ff.: Verfassung als Ordnungskonzept; Schmidt-Aßmann AllgVerwR, S. 154 ff.; Sobota, Das Prinzip Rechtsstaat, 1997; Stern, Vier Jahre Deutsche Einheit/Stober, 1995, S. 65 ff.: Rechtsstaatliche Übersteuerung. Der Rechtsstaat in der Rechtsetzungsfalle; Stober/Korte ÖffWirtschaftsR AT, §§ 6 ff.; Voßkuhle/Eifert/Möllers, GVwR/Groß, § 15: Verwaltungsorganisation als Teil der Staatsorganisation; Zippelius/Würtenberger StaatsR, §§ 10 ff.

I. Verfassungsrechtliche Ausgangslage

Die öffentliche Verwaltung muss ihre Tätigkeit nicht nur am Unionsrecht (→ §§ 13–17 Rn. 1 ff.), sondern vornehmlich am **Grundgesetz** ausrichten (→ § 1 Rn. 5a). Es normiert das rechtliche Grundgerüst und es setzt den Rahmen iSe **„genetic code"**.[1] Gleichzeitig sichert es die notwendige Dynamik und Flexibilität des Verwaltungshandelns und steht einer Weiterentwicklung des Verwaltungsrechts nicht entgegen.[2] 1

Die verfassungsrechtliche Zügelung der Verwaltung folgt zunächst aus Art. 1 III GG **(Grundrechtsbindung)**[3] und aus Art. 20 III GG **(Bindung an Gesetz und Recht)**.[4] Art. 20 I und Art. 28 GG ergänzen diese Normen, indem sie Verfassungsprinzipien für Bund und Länder festlegen **(Demokratie, Sozialstaat, Republik, Rechtsstaat, Bundesstaat)**. Art. 20a GG enthält ein Bekenntnis zum **Umweltstaat** und Art. 23 GG zur Integration der Bundesrepublik in die Europäische Union unter der Verpflichtung auf die Einhaltung der in Art. 20 I GG enthaltenen Grundsätze (→ § 17 Rn. 1 ff.) und unter Berücksichtigung des **Subsidiaritätsprinzips** (Art. 5 EUV). Art. 28 II GG nimmt ferner zum Status der **kommunalen Selbstverwaltung** Stellung, während sich die Art. 83 ff. GG der allgemeinen **Verwaltungsorganisation** zuwenden (Ausführung von Bundesgesetzen und Bundesverwaltung). Das **Recht des öffentlichen Dienstes** wird in Art. 33, Art. 73 I Nr. 8 und Art. 74 I Nr. 27 GG sowie in Art. 137 GG und die Haftung nach Amtspflichtverletzungen in Art. 34 GG angesprochen. Im Rahmen des verwaltungsrelevanten Haushaltsrechts (Art. 104a ff. GG) ist die öffentliche Verwaltung auf die Beachtung des **gesamtwirtschaftlichen Gleichgewichtes** (Art. 109 II GG) sowie den **Wirtschaftlichkeitsgrundsatz** (Art. 114 II GG) verpflichtet. 1a

Diese Skizzierung ist Anwendungs- und Auslegungsmaßstab (→ § 28 Rn. 26 ff.) für jedes Verwaltungshandeln im **Verwaltungsstaat**.[5] Sie bekräftigt die Richtigkeit der 1b

---

[1] Becker, Öffentliche Verwaltung, 1989, S. 159.

[2] S. auch Schmidt-Aßmann in Hoffmann-Riem ua, Reform des Allgemeinen Verwaltungsrechts, 1993, S. 16 ff.

[3] Merten/Papier Grundrechte-HdB I/Badura § 20; FS Stern, 2012/Horn, 353 ff.

[4] S. näher Schoch DÖV 2001, 747 f.; Sommermann/Ziekow, Perspektiven der Verwaltungsforschung/Merten, 2002, 211, 218 f.

[5] S. dazu Pitschas, Verwaltungsverantwortung und Verwaltungsverfahren, 1990, S. 23 ff., 48 ff.

erwähnten Formel, dass **„Verwaltungsrecht konkretisiertes Verfassungsrecht“** (→ § 1 Rn. 5a)[6] oder „verfassungsgeleitetes Steuerungsrecht“[7] ist.

2 Die durchgehende Verfassungsabhängigkeit der Verwaltung zeigt sich darin, dass jede Verwaltungsentscheidung eine potenzielle Verfassungsentscheidung ist. **Staatszwecke** (→ § 2 Rn. 54) wie Sicherheit, Freiheit, soziale Wohlfahrt, innerer Frieden sind zugleich Verwaltungszwecke, **Staatsziele** sind zugleich Verwaltungsziele[8] und **Staatsaufgaben** sind zugleich Verwaltungsaufgaben. Die Verwaltung hat sich deshalb an diesen Vorgaben zu orientieren. Dabei ist zu berücksichtigen, dass Staatszwecke, Staatsziele und Staatsaufgaben kein geschlossenes System darstellen, sondern zeit-, bedarfs- und politikabhängig sind.[9] In diesem Sinne weist das Verwaltungsrecht gleichzeitig eine an das Grundgesetz gerichtete Dimension auf, wonach auch das Verfassungsrecht vom Verwaltungsrecht profitieren kann.[10]

II. Grundrechte

3 Die öffentliche Verwaltung hat bei der Anwendung und Auslegung von Verwaltungsrecht den **Grundrechtskatalog der Bundesverfassung** (Art. 1 ff. GG) einschließlich der durch das Bundesverfassungsgericht zusätzlich entwickelten Grundrechtspositionen sowie die **grundrechtsgleichen Rechte** iSd Art. 94 I Nr. 4a GG zu beachten. Es versteht sich von selbst, dass in einem Lehrbuch des Verwaltungsrechts weder detailliert auf die einzelnen Grundrechte noch auf die diversen Grundrechtsdimensionen eingegangen werden kann.[11] Dies gilt umso mehr, als jedes Grundrecht auf das Verwaltungshandeln einwirkt und jede Ausprägung entscheidungsrelevant sein kann, wie die nachfolgenden exemplarischen Hinweise zeigen,[12] die im jeweiligen Sachzusammenhang näher erläutert werden.

4 – **Geltung der Grundrechte für juristische Personen des öffentlichen Rechts** (→ § 34 Rn. 9 ff.) und für privatrechtlich organisierte Träger öffentlicher Verwaltung;
– Geltung der Grundrechte in **Sonderrechtsverhältnissen** (→ § 32 Rn. 26 ff.);
– Bindung an die Grundrechte bei **privatrechtlichem Handeln der Verwaltung** (→ § 23 Rn. 41 ff.);
– **Abwehrfunktion der Grundrechte** und Pflicht zur Folgenbeseitigung (→ § 32 Rn. 14 ff.);

[6] Werner, Verwaltungsrecht als konkretisiertes Verfassungsrecht DVBl 1959, 527; Bachof VVDStRL 30 (1972), 195; Battis DÖV 2001, 988; Sommermann DÖV 2002, 133 (135); Stolleis, Das Bonner Grundgesetz/Schönberger, 2006, S. 53 ff.; Jestaedt JZ 2012, 1 (7); Stolleis, Geschichte des öffentlichen Rechts in Deutschland IV, 2012, S. 247 ff.; Schneider/Lenz NVwZ 2016, 38; Eisenmenger DÖV 2025, 144; aM ohne überzeugende Begründung Hoffmann-Riem/Schmidt-Aßmann/Voßkuhle GVwR I/Möllers, § 3 Rn. 13.

[7] Pitschas, Verwaltungsverantwortung und Verwaltungsverfahren, 1990, S. 575; Schneider/Lenz NVwZ 2016, 38; aM ohne überzeugende Begründung Michael VVDStRL 75 (2016), 100 ff.

[8] Link und Ress VVDStRL 48 (1990), 7 ff.; 56 ff., Isensee/Kirchhof StaatsR-HdB IV/Herzog § 72.

[9] Stober NJW 1997, 889 ff.; Schmidt-Aßmann, Verwaltungsrecht, 2. Aufl. 2004, S. 154 ff.; Hoffmann-Riem/Schmidt-Aßmann/Voßkuhle GVwR I/Baer, § 11.

[10] FS Bryde, 2013/Eifert, 355 ff.; FS Kloepfer, 2013/Waldhoff, 261 ff.; Ludwigs NVwZ 2015, 1327 ff.

[11] S. näher Jarass/Pieroth/Jarass GG Erl. zu Art. 20.

[12] S. näher Schmidt-Aßmann, Verwaltungsrecht, 2. Aufl. 2004, S. 62 ff.

– Auswirkungen der **Grundrechte auf die Verfahrensgestaltung** und das Verwaltungsverfahren – **status activus processualis;** Wahrung des Verfahrens als Zwillingsschwester der Freiheit (→ § 32 Rn. 23);
– Grundrechte als **Leistungs- und Mitwirkungsrechte;**
– **objektive Schutzpflichten** der Grundrechte und Untermaßverbot (→ § 33 Rn. 10);
– **Selbstbindung der Verwaltung;**
– **Grundrechte als Wertentscheidungen;**
– **Grundrechte als organisationsrechtliche Vorgaben für bestimmte Verwaltungseinrichtungen;**
– Grundrecht auf **informationelle Selbstbestimmung**[13] und **Vertraulichkeit** sowie **Integrität informationstechnischer Systeme**.[14]

III. Staatsziele und Staatsprinzipien

Über die Begriffe **Staatsziele** und **Staatsprinzipien** besteht keine Einigkeit.[15] Auch die verfassungsrechtlichen Konzeptionen weichen voneinander ab (s. Art. 1 und Art. 13 SächsVerf). Diese Diskussion kann hier nicht näher ausgebreitet werden.[16] Hier werden unter Staatsprinzipien verfassungsrechtliche Struktur- und Grundentscheidungen verstanden, während Staatsziele verbindliche programmatische Direktiven sind, für die sich der Staat einzusetzen hat (Art. 13 SächsVerf). Davon sind **Gewährleistungsaufträge** zu unterscheiden, mit deren Erfüllung der Staat seiner Infrastruktur- und Gewährleistungsverantwortung nachkommt (näher → § 4 Rn. 17 ff.). 5

1. Bundesstaatsprinzip und Gemeinschaftsaufgaben

Das **Bundesstaatsprinzip** verlangt ein ausgeglichenes Verwaltungsverhältnis zwischen Bund und Ländern.[17] Diese Bedingung kommt in der Grundregel des Art. 30 GG sowie der Verteilung der Gesetzgebungsmaterie Verwaltungsrecht in Art. 70 ff. GG sowie in Art. 83 ff. GG zum Ausdruck (→ § 19 Rn. 1 ff.). Danach stehen Bundes- und Landesverwaltung zwar grundsätzlich nebeneinander. Gleichwohl sind die Landesverwaltungen teilweise den Weisungen des Bundes unterworfen.[18] Im Übrigen leisten sich alle Behörden des Bundes und der Länder gegenseitig **Rechts- und Amtshilfe** (Art. 35 GG).[19] 6

---

13 BVerfGE 67, 100 (142).
14 BVerfG NJW 2008, 822.
15 S. etwa BVerfGE 107, 59 (91).
16 S. Bericht der Sachverständigenkommission Staatszielbestimmungen, Gesetzgebungsaufträge, 1983, S. 20; Bericht der Gemeinsamen Verfassungskommission, BT-Drs. 12/6000, 77; Stern StaatsR I vor § 16, S. 551 ff.; Link VVDStRL 48 (1990), 7 (17 ff.); Merten DÖV 1993, 368 ff.; Brohm JZ 1994, 213 (215); Sommermann, Staatsziele und Staatszielbestimmungen, 1997; Gramm, Privatisierung und notwendige Staatsaufgaben, 2001, S. 61 ff.; Reimer, Verfassungsprinzipien, 2001.
17 S. näher Oeter, Integration und Subsidiarität im deutschen Bundesstaatsrecht, 1998; Karpen/St. Becker JZ 2001, 966 ff.
18 BVerfGE 81, 310 (335 ff.); Schulte VerwArch 81 (1990), 415 ff. (425 ff.).
19 Schlink, Die Amtshilfe, 1982.

6a Abgesehen von unterschiedlichen Formen des sogenannten **kooperativen Föderalismus**[20] ist eine **Mischverwaltung** grundsätzlich verboten,[21] es sei denn, es liegt ein besonders sachlicher Grund vor und es handelt sich um eine eng umgrenzte Verwaltungsmaterie,[22] die es rechtfertigt, die Aufgabenwahrnehmung zu modifizieren. Die klassischen verfassungsrechtlichen **Gemeinschaftsaufgaben** des Art. 91a GG (Verbesserung der regionalen Wirtschaftsstruktur, der Agrarstruktur und des Küstenschutzes) wurden inzwischen um weitere Tatbestände erweitert, die neue Bedarfe der **Verwaltungszusammenarbeit** regeln:

– Bildungsplanung und Forschungsförderung (Art. 91b GG)
– Zusammenarbeit bei informationstechnischen Systemen (Art. 91c GG),
– Vergleichsstudien zur Leistungsfähigkeit der Verwaltung (Art. 91d GG),
– Grundsicherung für Arbeitsuchende (Art. 91e GG).[23]

6b Dem Bundesstaatsprinzip ist eine **Pflicht zum bundesfreundlichen Verhalten** in Gestalt einer wechselseitigen **Treuepflicht** von Bund und Landesbehörden immanent (→ § 18 Rn. 39b).[24] In jüngerer Zeit wurde der Status der Bundesländer gegenüber dem Bund durch eine Novelle des Art. 72 GG und insbesondere die Aufnahme einer **Erforderlichkeitsklausel** (Art. 72 II GG)[25] sowie **Föderalismusreformen** gestärkt. Sie verschaffen den Ländern neue Zuständigkeiten[26] und optimieren im Interesse größerer Verwaltungseffizienz die Organisationshoheit bei der Verwaltungsausführung (Art. 84f GG.[27] Insbesondere schreibt Art. 84 I 7 GG vor, dass durch Bundesgesetz **Gemeinden und Gemeindeverbänden** keine Aufgaben übertragen werden dürfen (sog. **Aufgabenübertragungsverbot**).[28] Umgekehrt legt Art. 22 I 2 GG fest, dass auch die verwaltungsmäßig in Erscheinung tretende **Repräsentation des Gesamtstaates** in der Hauptstadt Aufgabe des Bundes ist.[29]

2. Demokratieprinzip

a) Legitimation der Amtswalter

7 Das **Demokratieprinzip** verlangt eine durchgehende **Legitimation der Amtswalter,** die auch die Exekutive einschließt. Teilweise werden die Vertreter der Verwaltung auch unmittelbar vom Volk gewählt.

Beispiele: Gemeindevertretungen sowie Hauptverwaltungsbeamte in den meisten Bundesländern.

---

[20] S. näher v. Mangoldt/Klein/Starck/Sommermann GG Art. 20 Rn. 47 ff.
[21] Frowein/v. Münch VVDStRL 31 (1973), 13 ff. (51 ff.); Ronellenfitsch, Die Mischverwaltung im Bundesstaat, 1975.
[22] BVerfGE 119, 331 (366).
[23] S. näher Sachs/Siekmann GG Erl. zu Art. 91a ff.; Jarass/Pieroth/Kment GG Erl. zu Art. 91a ff.
[24] S. dazu näher Bauer, Die Bundestreue, 1992; BVerfGE 133, 241 (262).
[25] BVerfGE 106, 62 (135 ff.); Jarass/Pieroth/Kment GG Art. 72 Rn. 15 ff.
[26] S. Merten, Bittburger Gespräche, Jahrbuch 1999/II, 2000, S. 65 ff.; Wilms ZRP 2003, 86 ff.; P. M. Huber, Gutachten D zum 65. DJT, 2004, S. 76 ff.; Henneke DVBl 2003, 845 ff.; Deutscher Bundestag/Bundesrat, Dokumentation der Kommission von Bundestag und Bundesrat zur Modernisierung der bundesstaatlichen Ordnung, Zur Sache 1/2005; Gesetz v. 28.8.2006, BGBl. I 2034 ff.
[27] Sachs/Dittmann GG Art. 84 Rn. 15 ff.
[28] BVerfGE 119, 331 (359); Seckelmann DÖV 2009, 747 ff.; Hammer DVBl 2012, 525 ff.
[29] S. näher Sachs/Huber GG Art. 22 Rn. 2 ff.

Hinsichtlich des **Kommunalwahlrechts für Ausländer** hat das BVerfG[30] festgestellt, der Volksbegriff in Art. 28 II GG werde mit demselben Inhalt wie in Art. 20 II GG verwendet. Damit ist jeweils das deutsche Volk gemeint, weshalb unter Volk in den Gemeinden nur Einwohner mit deutscher Staatsangehörigkeit zu verstehen sind. Dieser Auslegung ist schon deshalb beizupflichten, weil bei einer isolierten Verleihung des Kommunalwahlrechts die Rechte und Pflichtensymmetrie ins Wanken gerät. Für **Unionsbürger** gilt Art. 20 II b und Art. 22 AEUV iVm Art. 28 I 3 GG.

Das Demokratieprinzip wird ferner in besonderen **Selbstverwaltungsgremien**[31] (etwa in beruflich organisierten Kammern), bei **Kollegialorganen**[32] und über die gesetzlich vorgeschriebene Beteiligung der Bürger und sonst Betroffener realisiert (Anhörungsverfahren, Einwendungsverfahren, Mitwirkungs- und Mitbestimmungsverfahren, Bürgerbegehren – sog. **Partizipation an Verwaltungsentscheidungen**[33]), um in diesen exekutivrelevanten Sektoren das Demokratieprinzip durch die Aktivierung der Betroffenen zur Erledigung ihrer Angelegenheiten zu verstärken.[34] 8

b) Zulässigkeit und Grenzen der Mitbestimmung der Amtswalter

Das Demokratieprinzip wirkt ferner auf die Zulässigkeit und die Grenzen der Mitbestimmung der Amtswalter ein. Hier ist zu differenzieren. Betrifft die Mitbestimmung im Schwerpunkt **Personalangelegenheiten im Beschäftigungsverhältnis** ohne auf die Erledigung von Verwaltungsaufgaben gegenüber den Bürgerinnen und Bürgern auszustrahlen, dann ist sie zulässig, weil es sich um lediglich interne Dienstvorgänge handelt, die durch Art. 9 III GG legitimiert sind.[35] Das BVerfG hat dazu folgende Formel entwickelt: 9

„Je weniger die zu treffende Entscheidung typischerweise die verantwortliche Wahrnehmung des Amtsauftrages und je nachhaltiger sie die Interessen der Beschäftigten berührt, desto weiter kann die Beteiligung der Personalvertretung reichen".[36]

Beispiele: Beteiligung zur Wahrung der Belange der Angehörigen des Öffentlichen Dienstes und zur Ausgestaltung ihrer Arbeitsbedingungen.

Etwas anderes gilt für Maßnahmen, die unabhängig davon, ob sie lediglich den Verwaltungsbinnenbereich (behördenintern) oder den Verwaltungsaußenbereich (behördenextern) betreffen, die **Wahrnehmung von Amtsaufgaben** nicht unerheblich tangieren.[37] Die Einbeziehung arbeitnehmerorientierter Ziele würde den Verwaltungsauftrag relativieren, weil gleichzeitig **Partikularinteressen** vertreten werden,[38] während die Verwaltung auf das **Gemeinwohl** (Art. 20 III GG) verpflichtet ist. Die Bediensteten sind in ihrer Eigenschaft als Personalvertretung nicht durch die Gesamtheit des Staatsvolkes oder des Gemeindevolkes, sondern nur durch die Beschäftigten 10

[30] BVerfGE 83, 37 ff. und 60 ff.
[31] BVerfGE 107, 59 (92); BVerfG NJW 2017, 2744 ff.
[32] S. BVerwGE 106, 64 ff.
[33] S. näher Schmitt Glaeser VVDStRL 31 (1973), 180 ff.; W. Schmidt/Bartlsperger VVDStRL 33 (1975), 184 ff. und 221 ff.
[34] S. auch BVerfG NJW 2005, 45 (47).
[35] BVerfGE 93, 37 (70 ff.); 107, 59 (98 ff.).
[36] BVerfGE 93, 37 (70).
[37] S. etwa § 75 III Nr. 14, 17 BPersVG s. zu dieser Abstufung BVerfGE 93, 37 ff.; krit. Battis DÖV 1996, 584 ff.; s. ferner v. Mangoldt/Klein/Starck/Sommermann GG Art. 20 Rn. 78.
[38] HessStGH DVBl 1994, 471 ff.

der Dienststelle legitimiert. Sie sind Vollzieher des demokratisch legitimierten Willens des Gesetzgebers und der zuständigen Selbstverwaltungsorgane und nicht Korrektor dieser Entscheidungen.[39] Hingegen würden bei einer Mitentscheidungsbefugnis, die schwerpunktmäßig die Erledigung von Amtsaufgaben betrifft, die Bediensteten privilegiert und die politische Gleichheit der Bürger ignoriert.[40] Folglich ist eine **direktive Mitbestimmung** iSe Beteiligung an Verwaltungsentscheidungen für Entscheidungen über eine **Privatisierung von Verwaltungsaufgaben** und eine Organisationsprivatisierung auch dann ablehnen, wenn sie sich regelmäßig auf das Personal auswirken.[41]

3. Republikprinzip

11 Art. 20 I GG bezeichnet Deutschland als Republik, ohne den Inhalt dieser Charakterisierung näher zu erläutern. Das **Republikprinzip** fordert in seiner ursprünglichen Bedeutung, dass die Verwaltung ausschließlich im Interesse des gemeinen Wesens, der **res publica,** tätig werden darf und ihr Handeln am Gemeinwohl, am gemeinen Besten **(salus publica)** ausrichten muss (→ § 29 Rn. 1 ff.).[42] Insofern ist das Republikprinzip der Gegenbegriff zu den **res privata,** deren Interesse die Verwaltung nicht wahrnehmen darf (s. auch Art. 3 I 2 BayVerf; Art. 82 I 2 SächsVerf). Diese Aussage betrifft sämtliche Amtsträger, die weder Eigen- noch Gruppeninteressen verfolgen dürfen[43] und sie bildet eine Schranke für die **erwerbswirtschaftliche Betätigung der öffentlichen Hand.** Insgesamt betrachtet ist der Sinngehalt bedeutungsarm, weil dieses Prinzips überwiegend nur als Ablehnung der **monarchischen Staatsform,** eines monarchischen Staatsoberhauptes sowie eines Obrigkeitsstaates[44] und weniger als Ordnungsidee oder als eigenes Verfassungsprinzip[45] gedeutet wird.

4. Das Prinzip des sozialen Rechtsstaates

a) Zur Konzeption des sozialen Rechtsstaates

12 Ein Schwerpunkt der Verwaltung liegt bei der Umsetzung und Ausgestaltung des **sozialen Rechtsstaates,**[46] dessen Eckpfeiler in zahlreichen Grundgesetzbestimmungen verankert sind. Das ist ein Staat, in dem nicht nur, wie im bürgerlichen Rechtsstaat (→ § 9 Rn. 1 ff.), ein positives objektives Recht die Staatsorgane und -glieder bindet (→ § 18 Rn. 13) und in dem die Setzung dieses Rechts im Wesentlichen einer volksrepräsentativen Legislative vorbehalten ist (→ § 18 Rn. 21). Vielmehr handelt es sich um einen Staat, der sich nicht darauf beschränkt, das freie Spiel der sozialen Kräfte in rechtlichen Grenzen zu halten (→ § 18 Rn. 25), sondern es in bestimmter Hinsicht

[39] Schmitt Glaeser VVDStRL 31 (1973), 179 (234).
[40] Schmidt-Aßmann GS Martens, 1987, 249 (263).
[41] Stober, Wasserverbandsrecht und Arbeitnehmermitbestimmung, 1989; OVG Münster NWVBl. 1993, 142 und NWVBl. 1996, 110; BVerwG ZBR 2004, 143 ff.
[42] Isensee JZ 1981, 1 ff.; Isensee/Kirchhof StaatsR-HdB IV § 71.
[43] Isensee/Kirchhof StaatsR-HdB II/Isensee § 15 Rn. 131 sowie Isensee/Kirchhof StaatsR-HdB II/Gröschner § 23 Rn. 62 ff.
[44] S. etwa Stern StaatsR I, § 17; weitergehend vor allem Schachtschneider, Res publica res populi, 1994, S. 11 ff.; FS Kriele, 1997/Schachtschneider, 829 ff.; und dazu Gröschner JZ 1996, 637 ff.; Isensee/Kirchhof StaatsR-HdB II/Gröschner § 23; Zippelius/Würtenberger, Deutsches Staatsrecht, 32. Aufl., § 10 I.
[45] Jarass/Pieroth/Jarass GG Art. 20 Rn. 21.
[46] Bachof VVDStRL 30 (1972), 193 (237).

zu gestalten (→ § 18 Rn. 29). Der soziale Rechtsstaat ist deshalb der Versuch, die Statik des bürgerlichen Rechtsstaates und die **Dynamik des Sozialstaates** als Einheit zu begreifen.[47] Sozialer Schutz und Vorsorge sollen in rechtsstaatlichen Formen mit dem Ziel **sozialer Gerechtigkeit** erfolgen.[48] Das Recht ist insofern das Medium zur Konkretisierung der sozialen Dimension (auch → § 5 Rn. 1 ff.).

b) Sozialer Rechtsstaat als formaler Rechtsstaat

aa) Zum Primat des Rechts. Der soziale Rechtsstaat ist zunächst ein **formaler Rechtsstaat.** Denn die gesamte Staatstätigkeit ist an die Verfassung, die Verwaltung und die Rechtsprechung sind überdies an die in bestimmten Verfahren beschlossenen und allgemein bekannt gegebenen abstrakten und generellen materiellen Gesetze gebunden (→ § 18 Rn. 1). Alle Pflichten sind also gesetzlich definiert und jegliche Ausübung der Staatsgewalt vollzieht sich durch gesetzlich zuständige Organe in rechtlich bestimmten Formen **(„Primat des Rechts“).** Während die Verwaltung in Polizei- und in totalitären Staaten (→ § 8 Rn. 6 ff.) durch den Staatszweck programmiert wird, ist sie im Rechtsstaat im Wesentlichen durch Rechtssätze konditioniert[49] und diszipliniert. In diesem Sinne ist der Rechtsstaat – wie Otto Mayer[50] schrieb – „der Staat des wohlgeordneten Verwaltungsrechts“. 13

bb) Zum Grundsatz des Gesetzesvorrangs und zum Gesetzesvorbehalt. Die Gesetzmäßigkeit der Verwaltung erstreckt sich auf den Vorrang und den Vorbehalt der Gesetze.[51] Der Grundsatz des **Gesetzesvorrangs** verpflichtet die Verwaltung, nicht gegen bestehende Verwaltungsnormen zu verstoßen.[52] Das bedeutet zum einen, dass die Exekutive bei ihrem Handeln entsprechend den Gesetzen verfahren muss, indem sie bestehende Gesetze anwendet und nicht von bestehenden Gesetzen abweicht **(Gesetzesbindung iSv Gesetzesbeachtungspflicht).** 14

Beispiel: Kein Verzicht auf gesetzmäßige Abgabenerhebung.

Gesetzesvorrang bedeutet zum anderen, dass der gesetzgeberische Wille jeder anderen staatlichen Machtäußerung vorgeht. Das schließt auch die von der Verwaltung erlassenen Rechtsverordnungen (s. etwa Art. 80 GG) und Verwaltungsvorschriften ein. Insoweit spielt die **Rangfunktion der Rechtsquellen** eine Rolle (→ § 28 Rn. 1 ff.).

Der Grundsatz des **Gesetzesvorbehaltes** verlangt für das Verwaltungshandeln eine gesetzliche Ermächtigung. Die Frage nach dem Gesetzesvorbehalt hat eine **grundrechtliche** und eine **staatsorganisationsrechtliche Komponente.** Während es bei der grundrechtlichen Seite um den Schutz der Menschen innerhalb der Verfassungsordnung geht,[53] steht bei der staatsorganisationsrechtlichen Seite die verfassungsmäßige Kompetenzverteilung insbesondere unter Beachtung des Parlamentsvorbehaltes im Vordergrund.[54] 14a

---

47 S. auch FS Scupin, 1983/Degenhart, 537 ff.
48 Link VVDStRL 48 (1990), 7 (34 ff.); s. ferner Schnapp JuS 1998, 873 ff.
49 S. Luhmann, Theorie der Verwaltungswissenschaft, S. 87 f.
50 Deutsches Verwaltungsrecht I, 3. Aufl. 1924, 58.
51 Jarass/Pieroth/Jarass GG Art. 20 Rn. 41 f.
52 Stern StaatsR I, § 20 IV 4b; BVerfGE 111, 307 (330).
53 Krebs, Vorbehalt der Gesetze und Grundrechte, 1975; Krebs JURA 1979, 304; Kunig, Das Rechtsstaatsprinzip, 1986, S. 316 ff.
54 Sobota, Das Prinzip Rechtsstaat, 1997, S. 107 ff.

15 **cc) Gesetzesvorbehalt und Leistungsverwaltung.** Aus grundrechtlicher Sicht gehört es zum eisernen Bestand der Staats- und Verwaltungsrechtsdogmatik, dass der **Vorbehalt des Gesetzes für Eingriffe der Verwaltung** in Freiheit und Eigentum gilt. Zweifelhaft ist, ob die Eingriffsvorbehalte dahin gedeutet werden können, dass sie auch für die **Gewährung von Leistungen** (Leistungsverwaltung) gelten bzw. ob unabhängig davon ein **umfassender Gesetzesvorbehalt** iSe **Totalvorbehaltes** besteht.[55] Das wäre zu bejahen, wenn Leistungen wie Eingriffe wirkten und deshalb wie Eingriffe zu qualifizieren wären oder wenn jede Verwaltungstätigkeit nach einheitlichen gesetzlichen Vorgaben erfolgen müsste.[56] Die Rechtsprechung hat hierzu festgestellt, unter Berücksichtigung der Schutzfunktion der Grundrechte könne auch eine tatsächliche Betroffenheit einen Grundrechtseingriff bedeuten.[57] Grundrechte könnten auch durch Vorschriften beeinträchtigt werden, die infolge ihrer tatsächlichen Auswirkung geeignet seien, die Freiheit mittelbar zu beeinträchtigen.[58] In diesem Zusammenhang wird die Ansicht vertreten, die Freiheit könne durch staatliche Vergünstigungen nicht weniger gefährdet werden als durch hoheitliche Eingriffe.[59]

16 Schließt man sich dieser Meinung an, dann ist zunächst festzustellen, ob und wenn ja welche tatsächlichen Wirkungen bzw. Auswirkungen mit dem jeweils zu beurteilenden Verwaltungshandeln verbunden sind. Diese Frage kann nicht abstrakt oder pauschal beantwortet werden. Es ist vielmehr auf den jeweils betroffenen Sachbereich abzustellen.[60] Im Anschluss daran ist zu prüfen, ob die ermittelten Wirkungen in die Grundrechte des Betroffenen eingreifen. Ob dies der Fall ist, richtet sich nach dem **Schutzzweck des jeweiligen Grundrechts.**

17 Ein anderer Ansatz stellt nicht auf das Eingriffserfordernis ab, sondern fragt danach, ob und inwieweit das Verwaltungshandeln Grundrechte des Betroffenen wesentlich berührt. Diese sog. **Wesentlichkeitslehre** geht auf die Erwägung zurück, dass die veränderte Realität des modernen Staates und die Vielfalt der Gesetze, die nicht Eingriffe zum Gegenstand haben, zu einer anderen Beurteilung des Gesetzesbegriffs und seiner Funktion als Regulativ der Sozialabläufe Veranlassung geben.[61] So wird etwa darauf hingewiesen, der Bürger könne auf staatliche Leistungen angewiesen sein, weshalb auch insoweit eine rechtsstaatliche Absicherung geboten sei.[62] In diesem Zusammenhang stellt die jüngere Rechtsprechung weniger auf die Belastungsintensität als vielmehr auf die Grundrechtssensibilität der Maßnahme ab.[63] Dementsprechend verlangt der Grundsatz des Gesetzesvorbehaltes,

> „dass der Gesetzgeber in grundlegenden normativen Bereichen alle wesentlichen Entscheidungen selbst treffen muss" und sie nicht „dem Handeln und der Entscheidungsmacht der Exekutive überlassen darf."[64]

---

[55] Krebs, Vorbehalt des Gesetzes und Grundrechte, S. 118 ff.

[56] S. zur Entwicklung näher Rupp, Grundfragen der heutigen Verwaltungsrechtslehre, 2. Aufl. 1991, S. 113 ff.; Isensee/Kirchhof StaatsR-HdB V/Ossenbühl § 101; Bethge VVDStRL 57 (1998), 7 ff.

[57] BVerwGE 71, 183 (191).

[58] BVerfGE 82, 209 (223).

[59] BVerfGE 80, 124 (131).

[60] S. für Subventionswirkungen etwa Stober GewArch 1993, 136 (141 ff.).

[61] Kloepfer JZ 1984, 685.

[62] Rupp, Grundfragen der heutigen Verwaltungslehre, S. 141 ff.

[63] BVerfG NJW 1989, 2877 ff.; BVerfGE 123, 148 (180 f.).

[64] BVerfGE 116, 24 (58); 137, 350 Rn. 33; BVerwGE 138, 201 Rn. 26; Jarass/Pieroth/Jarass GG Art. 20 Rn. 71 ff.

Beispiele: Pressesubventionen, Unterstützung von Religionsgemeinschaften wegen des Gebotes der Staatsferne und der Neutralität.

dd) Gesetzesvorbehalt und Haushaltsgesetz. Im Rahmen dieser Diskussion stellt sich insbesondere die Frage, ob bei leistendem Verwaltungshandeln die jeweiligen **Haushaltsgesetze** (Art. 110 II GG) als Ermächtigungsgrundlage ausreichen. Das Schrifttum verneint teilweise die Zulässigkeit der Etattitel-Gewährung und hält sie teilweise nur noch als Übergangslösung für rechtens.[65] Gegen die Eignung des Haushaltsgesetzes als gesetzliche Grundlage wird angeführt, es sei ein formelles und kein **materielles Verwaltungsgesetz,** das nicht mit budgetfremden Materien belastet werden dürfe.[66] Die allgemeinen **Haushaltsvermerke** seien viel zu abstrakt, um eine Gesetzesbindung der Verwaltung im Hinblick auf eine konkrete Zuweisung von Leistungen an bestimmte Personen sowie unter bestimmten Voraussetzungen und Bedingungen zu erreichen.[67] 18

Dieser Ansicht ist entgegenzuhalten, dass das Parlament die grundlegende Entscheidung über das Ob und den Umfang der Gewährungen selbst trifft. Das Haushaltsgesetz ist als Ausfluss des parlamentarischen Etatrechts eine besondere Ausprägung und Ausgestaltung des **Gesetzmäßigkeitsprinzips.**[68] Denn das Haushaltsgesetz enthält die Bewilligung der im Haushaltsplan ausgeworfenen Mittel und damit die Ermächtigung, diese Mittel für die im Haushaltsplan festgelegten Zwecke auszugeben. Die Zwecke umreißen die Zielsetzung und bilden gleichzeitig die Grenze für das Verwaltungshandeln, weil die Zweckbestimmungen die Verwaltung wie ein Gesetz binden. Folglich schafft die Ermächtigung Befugnisse zur Ausgabe der veranschlagten Beträge. Ferner ist der **Bedeutungs- und Funktionswandel der öffentlichen Haushalte** zu berücksichtigen. Spätestens seit der Einführung des **Grundsatzes des gesamtwirtschaftlichen Gleichgewichts** (Art. 109 II GG iVm § 2 S. 3 HGrG) ist der Staat aus der ökonomisch neutralen Bedarfsdeckungsfunktion herausgetreten. Er setzt den Haushalt zunehmend als politisch gesteuertes Gestaltungsmittel ein (§ 2 S. 3 HGrG).[69] Dieser Wandel erfasst auch die Legitimationswirkung der Haushaltsgesetzgebung und damit die budgetäre Subventionierung. Denn das Haushaltsgesetz ist ein staatsleitender Hoheitsakt, der **wirtschafts- und sozialpolitische Grundsatzentscheidungen** trifft.[70] Ferner sichert die Subventionssteuerung über den Haushalt die im Leistungsstaat notwendige budgetäre Beweglichkeit.[71] 19

ee) Verwaltungsvorbehalte. Hat das Parlament über das Haushaltsgesetz und den Haushaltsplan Subventionsmittel bereitgestellt, dann gilt verfassungssystematisch die Regel, dass das Grundgesetz dem Gesetzgeber keinen allumfassenden Vorrang bei we- 20

[65] S. zum Streitstand Roth, Verwaltungshandeln mit Drittbetroffenheit und Gesetzesvorbehalt, 1991, S. 350; Scheuing, Selbstbindung der Verwaltung VVDStRL 40 (1982), 153 (158).

[66] Stern JZ 1960, 518; OVG Münster DÖV 2003, 511.

[67] S. auch Ehlers GewArch 1999, 305.

[68] Mußgnug VVDStRL 47 (1989), 122 (123).

[69] Stern NJW 1967, 1836; Grosser, Die Spannungslage zwischen Verfassungsrecht und Verfassungswirklichkeit bei Vergabe von staatlichen Subventionen, 1983, S. 127 f.; BVerfGE 79, 311 (329).

[70] BVerfG NJW 2011, 2947 (2950); VGH München BayVBl. 2000, 245; OVG Weimar GewArch 2002, 325; Ehlers DVBl 2014, 1 ff.

[71] Mußgnug VVDStRL 47 (1989), 113 (123); Hoffmann-Riem/Schmidt-Aßmann/Voßkuhle GVwR I/Schulze-Fielitz, § 12 Rn. 46.

sentlichen Entscheidungen einräumt, weil auch andere Institutionen und Funktionen nicht der rechtsstaatlich-demokratischen Legitimation entbehren.[72] Vielmehr kommt hier wiederum der Gedanke des **Verwaltungsvorbehaltes** zum Tragen.[73] Teilweise werden gegen einen Totalvorbehalt auch Flexibilitätsargumente angeführt. Die Forderung, jedwedes, auch das gewährende und leistende Verwaltungshandeln bedürfe (positiver) gesetzlicher Ermächtigung, übersieht, dass Art. 20 GG die vollziehende Gewalt als **eigenständige Staatsfunktion** anerkennt.[74] Sie kann zwar durch die Legislative gelenkt und begrenzt werden, wird durch sie aber nicht erst handlungsfähig gemacht (→ § 20 Rn. 18 ff.).

Beispiele: So gehört die **Öffentlichkeitsarbeit der Verwaltung** zu den typischen Aufgaben der Exekutive im Informationsstaat[75] und **hoheitliche Warnungen** sind Bestandteil des Präventionsstaates.

c) Sozialer Rechtsstaat als gewaltengegliederter Rechtsstaat

21 Der soziale Rechtsstaat ist **gewalten- bzw. funktionengegliedeter Rechtsstaat,** weil die Exekutive von der Legislative getrennt und die rechtsprechende Gewalt den Richtern anvertraut ist (Art. 92 GG). Er führt bei vollem Ausbau und mit der Vorhaltung verfassungsgerichtlicher Verfahren gegen Verwaltungsentscheidungen zum **Rechtsschutzstaat** (Art. 19 IV, Art. 92 f. GG).

d) Sozialer Rechtsstaat als materialer Rechtsstaat

22 Der soziale Rechtsstaat ist **Rechtsstaat im materiellen Sinne,** weil materielle Grundrechte die Selbstbestimmung der Menschen ermöglichen und alle Staatsorgane dafür zu sorgen haben, dass diese Rechte realisiert werden können. Das setzt die Einhaltung bestimmter, hier exemplarisch aufgeführter rechtsstaatlicher Mindesterfordernisse voraus[76].

23, 24
- **Transparentes Verwaltungshandeln**[77]
- **Funktionsgerechte Verwaltungsorganisation**
- **Faires und zeitgerechtes Verwaltungsverfahren**[78]
- **Rechtssicherheit**
- **Verhütung von Korruption** (→ § 5 Rn. 15)[79]
- Beachtung des **Verhältnismäßigkeitsgrundsatzes** (→ § 30 Rn. 13)[80]
- Beachtung des **Vertrauensschutzgrundsatzes** (näher → § 27 Rn. 11 ff.)
- Beachtung des **Bestimmtheitsgrundsatzes** (→ § 31 Rn. 14)
- **Verwaltungskontrolle und Gerichtsschutz**
- **Staatsaufsicht**
- **Schadensersatz und Entschädigung.**

---

[72] Stern StaatsR II, § 41 III 3 und IV 4a; Isensee/Kirchhof StaatsR-HdB V/Ossenbühl § 101; BVerfGE 84, 212 (226).

[73] Allgemein Maurer/Schnapp VVDStRL 43 (1985), 135 ff. (173 ff.); Isensee/Kirchhof StaatsR-HdB V/Ossenbühl, § 101; Horn, Die grundrechtsunmittelbare Verwaltung, 1999, S. 62 ff.

[74] S. näher Hoffmann-Riem/Schmidt-Aßmann VerwaltungsR-HdB I/Hoffmann-Riem, § 10.

[75] S. für die Regierungsarbeit BVerfGE 105, 252 (268).

[76] Sobota, Das Prinzip Rechtsstaat, 1997, S. 132 ff.; s. näher Jarass/Pieroth/Jarass GG Art. 20 Rn. 82 ff.

[77] S. näher Gusy DVBl 2013, 941 ff.; Gusy JZ 2014, 171 ff.; Caspar DÖV 2013, 371 ff.; Jauch DVBl 2013, 16 ff.

[78] S. Dörr, Faires Verfahren, 1984.

[79] Schneider DÖV 1997, 578 ff.

[80] Berkemann DVBl 2018, 741 ff.; Kahl/Ludwigs VerwaltungsR-HdB/Petersen § 73.

e) Sozialer Rechtsstaat als gestaltender Rechtsstaat

aa) Bedeutungsgehalte der Sozialstaatsklausel. Die **Sozialstaatsklausel** ist der Ersatz für eine **Sozialverfassung,** auf deren Aufnahme die Grundgesetzschöpferinnen und Grungesetzschöpfer nach eingehender Diskussion insbesondere mit Rücksicht auf den im Jahr 1949 gewollten provisorischen Charakter der Bundesverfassung verzichteten. Das Grundgesetz hat das Sozialstaatsprinzip in der Erkenntnis aufgenommen, dass die Lebensverhältnisse in einem arbeitsteilig organisierten, wirtschaftlich hochdifferenzierten und industriell geprägten modernen Staat kompliziert sind und soziale Missstände sowie Defizite allein durch einen Ausgleich innerhalb der gesellschaftlichen Kräfte nicht beseitigt oder verhindert werden können.[81] Ethische Grundlage des Sozialstaatsprinzips ist das **Solidaritätsprinzip,**[82] das seinen Niederschlag ausdrücklich nur in Art. 2 EUV und in Art. 27 ff. GRCh gefunden hat. Das Sozialstaatsprinzip beruht auf dem vorrechtlichen Gedanken der Brüderlichkeit nach der Devise: 25

„Einer für Alle, Alle für Einen“,

aus der sich die Verpflichtung zum sozialen Ausgleich und zur Umverteilung ergibt.

Die Sozialstaatsklausel wird verschieden verstanden: als substanzloser Blankettbegriff, als Typus, als Staatszielbestimmung,[83] als Programm für den Gesetzgeber, als Grenze gesetzgeberischer Gestaltung, als Ermächtigung und Auftrag an den Gesetzgeber, als bindende Norm für die Staatsorgane mit Außenwirkung, als Auslegungsrichtlinie, als Richtmaß oder soziale Bindung der individuellen Freiheit, als Anspruchsgrundlage für Private oder als institutionelle Garantie des sozialrechtlichen status quo.[84] Es steht jedoch fest, dass die Sozialstaatlichkeit eine wesentliche verfassungsgestaltende Entscheidung ist. So hat das BVerfG[85] den Gesetzgeber 25a

„verfassungsrechtlich zu sozialer Aktivität, insbesondere dazu verpflichtet, sich um einen erträglichen Ausgleich der widerstreitenden Interessen und um die Herstellung erträglicher Lebensbedingungen für alle … zu bemühen“.[86]

Dabei ging es zunächst um einen Ausgleich der **Kriegsfolgen,** dann um den Ausbau der **Sozialverwaltung,** die Schaffung eines **Sozialgesetzbuches,** die **Erstreckung der Sozialsysteme auf die neuen Bundesländer,** die **Integration von EU-Bürgern und Migranten**[87] und schließlich um eine unter den Bedingungen der Industrie-, Dienstleistungs- und Informationsgesellschaft unerlässliche Sozialpolitik, die auch den Anforderungen des **Präventionsstaates** Rechnung trägt. Aus dieser Perspektive zielt der Sozialstaat darauf ab, die Sozialordnung durch Herstellung und Wahrung **sozialer Gerechtigkeit** zu gestalten, um Notlagen zu beheben und vorzubeugen. Deshalb ist der Sozialstaat nicht nur ein Gefahrenabwehr-, sondern auch ein Gefahrenvorsorgestaat, der eine **sozialstaatliche Infrastrukturverantwortung** besitzt,[88] **soziale Si-** 25b

[81] Enders VVDStRL 64, 2005, 9 ff.
[82] Isensee, Solidarität in Knappheit, 1998.
[83] v. Mangoldt/Klein/Starck/Sommermann GG Art. 20 Rn. 103.
[84] S. Isensee, Subsidiaritätsprinzip und Verfassungsrecht, 1968, S. 191 f. mwN.
[85] BVerfGE 1, 105; s. auch Heinig, Der Sozialstaat im Dienst der Freiheit, 2008.
[86] S. auch VerfGH Bayern NVwZ 1997, 481 (485).
[87] S. näher Kluth/Heusch, Ausländerrecht, 2016.
[88] Kahl/Ludwigs VerwaltungsR-HdB/Brosius-Gersdorf § 83 Rn. 47 ff.

cherheit leisten soll und dem zusätzlich eine **soziale Förderrolle** zukommt. Dieses breite Anwendungsspektrum des Sozialstaatsgedankens zeigt, dass diesem Prinzip eine dynamische Komponente innewohnt.[89]

26 **bb) Das soziale Moment des Rechtsstaates.** Das soziale Moment des materiellen Rechtsstaats besteht darin, einen Rechtszustand herbeizuführen und zu erhalten, in dem die Vermögensinteressen aller Mitglieder des Gemeinwesens mit denen unbestimmter anderer insoweit als kollidierend verstanden werden, als deren lebenswichtige Interessen auf dem Spiel stehen. Sie müssen also alle dafür einstehen, dass niemand ohne Sicherheit seines Lebens, seiner Gesundheit und seines Eigentums, aber auch niemand ohne Wohnung, Ernährung, Kleidung, Energie, Kommunikation, Hygiene, Krankenversorgung, Verkehrsmöglichkeit oder Bildungsmöglichkeit bleibt. Einerseits sichert der soziale Rechtsstaat jedermann die Möglichkeit, von seinen Grundrechten Gebrauch zu machen und sich menschlich zu entfalten (s. auch § 1 SGB I). Andererseits sind **Sozialverträglichkeit,** individuelle und kollektive Selbsthilfe ebenso wie Leistung sozialen Beistandes rechtliche **Sozialpflichtigkeiten.**[90]

27 **cc) Sozialstaat in der Dienstleistungs-, Informations- und Digitalgesellschaft.** Der soziale Rechtsstaat darf sich wegen seiner dienenden Funktion für die Bevölkerung nicht darauf beschränken, **Geld- und Sachleistungen** zu gewähren **(„monetäre Schlagseite")**.[91] Im Zeitalter der Dienstleistungs-, Informations- und Digitalgesellschaft sind die Bürgerinnen und Bürger vielfach auf **Dienstleistungen** angewiesen, die es ihnen erst ermöglichen, in den Genuss sozialstaatlicher Leistungen zu kommen. Dienstleistungen und Informationen sind deshalb häufig unentbehrliche Voraussetzung zur Realisierung materieller Freiheit, Gleichheit und Menschenwürde. Deshalb ist es Aufgabe der Verwaltung, zur Erlangung und Wahrung der Rechte beizutragen.[92] Dieser Pflicht ist der Gesetzgeber mit der Schaffung der §§ 13 ff. SGB I nachgekommen.

Beispiele: Aufklärungs-, Beratungs- und Auskunftsrechte, Verpflichtung fremder Leistungsträger zur Annahme von Anträgen, **Hilfe bei der Antragstellung.**

Allerdings erschöpft sich der soziale Rechtsstaat nicht in den Leistungen nach dem SGB. Deshalb ist darüber nachzudenken, ob diese Verfahrensrechte nicht auch auf andere Bereiche der Leistungsverwaltung ausgedehnt werden müssen. Erste Ansätze enthielten die sog. **Beschleunigungsvorschriften** der §§ 71 a ff. VwVfG, die inzwischen aber durch Vorschriften hinsichtlich des Verfahrens über eine einheitliche Stelle **(einheitlicher Ansprechpartner)** ersetzt wurden. Diese unterstützende Verfahrensvermittlung ist allerdings nur ein erster Schritt eines Konzeptes, das weitere Vereinfachungs- und Beschleunigungsbeiträge leistet und unterschiedliche Verwaltungsverfahren unter konsequenter Digitalisierung zusammenführt.[93] Nicht zuletzt muss die moderne Sozialverwaltung auch den Erfordernissen des **Verbraucherschutzes** genügen (s. auch Art. 12 AEUV, Art. 38 GRCh).

---

[89] v. Mangoldt/Klein/Starck/Sommermann GG Art. 20 Rn. 106.
[90] v. Mangoldt/Klein/Starck/Sommermann GG Art. 20 Rn. 108.
[91] S. Zacher, Der Wohlfahrtsstaat auf dem Prüfstand, S. 30, 38.
[92] BGH NJW 1957, 1873.
[93] Stober/Korte ÖffWirtschafts, § 35 Rn. 1088 ff.

dd) Zur Rolle des Gesetzgebers. Die damit gestellte Aufgabe einer Gestaltung der sozialen Ordnung im Sinne sozialer Gerechtigkeit obliegt in erster Linie dem **Gesetzgeber** (s. auch § 31 SGB I). Er kann den sozialen Ausgleich durch ein gegliedertes System sozialer Sicherungen,[94] durch staatlich bezuschusste soziale Pflichtversicherungen, Sozialversorgung, Sozialhilfe, Förderungstatbestände und steuerrechtliche Maßnahmen verwirklichen.[95] Hingegen ist das Grundgesetz nicht auf das Leitbild einer **sozialen Marktwirtschaft** angelegt. Die Wirtschaftsverfassung ist vielmehr offen und die Praktizierung der sozialen Marktwirtschaft lediglich eine mögliche Ausprägung.[96] Bei der Privatisierung von sozialstaatlich relevanten öffentlichen Aufgaben – etwa der **Daseinsvorsorge** – kann sich die öffentliche Hand nicht von einer fortwährenden **Infrastruktur- und Gewährleistungsverantwortung** befreien (→ § 4 Rn. 16 ff.). Nur ausnahmsweise kann die Sozialstaatsklausel für sich allein Leistungsansprüche begründen.[97] Das gilt etwa für die Bedarfsermittlung hinsichtlich des **ökonomischen Existenzminimums,**[98] wobei dem Gesetzgeber über einen Beurteilungsspielraum verfügt. Folglich kann man aus dem Sozialstaatsgebot 28

„regelmäßig kein Gebot entnehmen, soziale Leistungen in einem bestimmten Umfang zu gewähren".[99]

ee) Zur Rolle der Verwaltung. Die Exekutive hat den Sozialstaatsgedanken vornehmlich bei der **Gesetzesanwendung und -auslegung** sowie bei der Ausschöpfung ihr zustehender **Gestaltungsspielräume** (zB Ermessen, → § 31 Rn. 35 ff.) zu berücksichtigen. 29

f) Grenzen des sozialen Rechtsstaates

Der Umfang der Planungen, Lenkungen, Verteilungen und Leistungen des sozialen Rechtsstaats richtet sich nach dem Ausmaß der sozialen Bedürftigkeit und danach, was an zivilisatorischer Grundausstattung noch lebenswichtig ist (→ § 5 Rn. 1 ff.). Der Sozialstaatsgedanke rechtfertigt nicht die Bevormundung freier Menschen und darf daher nicht zu einem **„sozialpolitischen Perfektionismus"** führen, der die in der Verfassung verbürgten Freiheitsrechte außer Acht lässt und die private Initiative lähmt.[100] Vielmehr steht das dem Sozialstaatsprinzip zugrundeliegende Solidaritätsprinzip in einer Wechselbeziehung zum Subsidiaritätsprinzip (→ § 18 Rn. 26), das die Rolle der Individuen im Staat und ihren Freiheitsstatus betrifft. Die **Freiheitsrechte** sind auf **Selbstverantwortung** und **Selbstbestimmung** (s. auch § 1 SGB I),[101] auf Stärkung von **Selbstverwaltung, Privatautonomie und Mitverantwortung** (soziale Selbstverwaltung, freie Wohlfahrtsträger, Tarifautonomie) angelegt, die einer 30

[94] BVerfGE 103, 197 (215 ff.).
[95] Isensee/Kirchhof StaatsR-HdB II/Zacher § 28; Stern StaatsR I, § 21 II.
[96] S. näher Stober/Korte ÖffWirtschaftsR, § 5 und § 6 Rn. 144 ff.
[97] S. FS Wolff, 1973/Martens, 431 ff.
[98] S. BVerfGE 22, 204; VerfGH Bayern NVwZ 1997, 481 (485).
[99] BVerfGE 110, 412 (445); BSGE 97, 265 Rn. 45.
[100] BayVerfGHE 15, 59.
[101] Starck ZRP 1981, 97 ff.; Stober DVBl 1984, 857 ff.; Stober DÖV 1998, 775 ff.; Isensee/Kirchhof StaatsR-HdB II/Zacher § 28; Schuppert AöR 114 (1989), 127 ff.; Ress VVDStRL 48 (1990), 104; Merten VVDStRL 55 (1996), 8 ff.; Rüfner in Isensee/Kirchhof StaatsR-HdB IV § 96; Jarass/Pieroth/Jarass GG Art. 20 Rn. 159.

sozialstaatlich normierten Freiheitsminderung und Freiheitsverkürzung entgegenstehen.[102]

31 Die Leistungen und Förderungen des sozialen Rechtsstaats gehen also nicht so weit wie die des **totalen Wohlfahrtsstaats** (→ § 8 Rn. 6 ff.), der die Befriedigung lebenswichtiger Interessen nicht nur ermöglicht, sondern selbst positiv und unmittelbar betreibt.

g) Finanzierungsvorbehalt und Sozialabbau

32 Die Verwirklichung des sozialen Rechtsstaats steht unter einem **Finanzierungsvorbehalt.**[103] Die Verwaltung kann nur verteilen, was volkswirtschaftlich erarbeitet wurde.[104] In Wirtschaftskrisen und Rezessionen ist deshalb ein **Sozialabbau** möglich. Das Grundgesetz kennt **kein soziales Rückschrittsverbot.**[105] Der soziale Rechtsstaat ist zeitabhängig, prozesshaft zu begreifen,[106] bietet **keine ökonomische Bestandsgarantie**[107] und gestattet deshalb einen **Sozialumbau.**

5. Umweltprinzip

33 Der Schutz der natürlichen Lebensgrundlagen ist die eigentliche Basis jedes zukunftsbezogenen Gemeinwesens. Deshalb verwundert es nicht, dass die ausdrückliche Aufnahme des Umweltschutzgedankens in die Verfassung seit langem parteiübergreifend gefordert wurde.[108] Ausgangspunkt war die Überlegung, dass es sich bei dem Umweltschutz um ein existentielles, langfristiges Interesse der Menschen handelt, das durch vielfältige Eingriffe der hochindustrialisierten Gesellschaft in den Naturhaushalt ernsthaft gefährdet und durch das Konzept einer nachhaltigen Entwicklung (**„sustainable development"),** das auch Art. 11 AEUV zugrunde liegt, zu stärken ist.[109] Der **Umweltschutz als Staatsziel** wurde erst nach intensiver Diskussion über Schutzzweck, Verfassungsstandort und Ausgestaltung im Jahre 1994 in Art. 20a GG verankert[110] und im Jahre 2002 durch die Aufnahme der **Tiere** ergänzt. Damit hat sich der soziale Rechtsstaat zum **Umweltschutzstaat** entwickelt,[111] der aus ethischen Gründen und im Interesse der Menschen[112] außer dem ökonomischen ein **ökologisches Existenzminimum** garantiert. Art. 20a GG ist wegen der Furcht vor einseitigem Richterumweltrecht als „Angstklausel" formuliert,[113] die deshalb einige verfassungsrechtliche Selbstverständlichkeiten enthält.

---

[102] S. dazu auch FS Scupin, 1983/Degenhart, 537 (548 f.); s. näher Stern, Vier Jahre Deutsche Einheit/Stober, 1995, S. 65 ff.; Schmidt-Preuß/Di Fabio VVDStRL 56 (1997), 160 ff. und 235 ff.
[103] S. auch VerfGH Bayern NVwZ 1997, 481 (485).
[104] S. allgemein FS Broermann, 1982/Isensee, 365 ff.
[105] S. dazu Schlenker, Soziales Rückschrittsverbot und Grundgesetz, 1986.
[106] Isensee/Kirchhof StaatsR-HdB II/Zacher § 28.
[107] Link VVDStRL 48 (1990), 7 (37); Ress VVDStRL 48 (1990), 103 Fn. 190; Isensee Isensee/Kirchhof StaatsR-HdB IV § 73 Rn. 30.
[108] S. Sachverständigenkommission Staatszielbestimmungen, Gesetzgebungsaufträge, 1983, S. 90 ff.
[109] BT-Drs. 6/2710, 7; s. auch Rauschning und Hoppe VVDStRL 38 (1980), 167 ff. (211 ff.); Gehne, Nachhaltige Entwicklung als Rechtsprinzip, 2010; Kahl, Nachhaltigkeit als Verbundbegriff, 2008.
[110] Gesetz v. 27.10.1994, BGBl. I 3146; BVerfGE 104, 238 (246); Kahl/Ludwigs VerwaltungsR-HdB/Böhm § 84 Rn. 16 ff.
[111] S. näher Kloepfer DVBl 1994, 12 ff.; Callies, Rechtsstaat und Umweltstaat, 2001; VGH Mannheim DÖV 2003, 421 f.; Kersten, Das ökologische Grundgesetz, 2022.
[112] BVerfG NVwZ 2011, 289 (292).
[113] Murswiek NVwZ 1996, 222 ff.; Groß NVwZ 2011, 129 ff.

34 Bei der verwaltungsrechtlichen Umsetzung dieser Staatszielbestimmung, die durch ein kodifikatorisch angelegtes und neuartige Formen verwaltungsrechtlicher Beeinflussung enthaltendes **Umweltgesetzbuch** unterstützt werden soll, sind folgende Gesichtspunkte zu berücksichtigen. Art. 20a GG enthält eine **objektive Wertentscheidung,** ein Bekenntnis zur **Aufgabe Umweltschutz** und deren Realisierung und verstärkt **grundrechtliche Schutzpflichten.**[114] Der im Mittelpunkt der Vorschrift stehende Begriff **„natürliche Lebensgrundlagen und die Tiere"** wird nicht näher erläutert.[115] Umweltvorsorge wird erzielt durch eine Aktivierung des **Verursacherprinzips** sowie Vermeidungs-, Verminderungs- und Verwertungsstrategien.[116] Eine beispielhafte Aufführung schützenswerter Umweltmedien findet sich in §1 BImSchG. Danach lässt sich aus dem Staatszweck Umweltschutz die Staats- und Verwaltungsaufgabe **Vorsorge und Prävention** entnehmen.[117] Es gilt das **Nachhaltigkeitsgebot** für nachwachsende und das **Sparsamkeitsgebot** für nicht erneuerbare Rohstoffe.[118] Ferner ist mit der Natur sorgsam umzugehen und es sind die **nachfolgenden Generationen** bei staatlichen Maßnahmen zu berücksichtigen.[119]

34a Im Übrigen steht Art. 20a GG nicht isoliert in der Verfassung. Vielmehr lässt sich der Umweltschutzgedanke aus der Zusammenschau einer Vielzahl von Grundgesetzbestimmungen ableiten. Das gilt auch für die Erwähnung des Klimaschutzes in Art. 145h GG. Der systematische Standort belegt, dass der Vorschrift lediglich finanzverfassungsrechtliche Bedeutung beizumessen ist, zumal das BVerfG den Klimaschutz in vollem Umfang auf Art. 20a GG stützen kann.[120] Der Umweltschutz ist deshalb ein Grundsatz, der als **Querschnittsklausel** (s. auch Art. 11 AEUV) das Handeln der Verwaltung durchgängig bestimmt.[121] Während der Gesetzgeber den Umweltstaat politisch gestalten und den damit zusammenhängenden Schutzpflichten nachkommen muss, ist es Aufgabe der Verwaltung, das Umweltprinzip iSv **Umweltverträglichkeitsprüfungen** bei der Anwendung, Interessenabwägung, Ermessensausübung und Auslegung zu berücksichtigen.[122]

Beispiel: Die besondere Förderung erneuerbarer Energien liegt im überwiegenden öffentlichen Interesse (§ 2 EEG).

Vorrangige Aufgabe ist es, divergierende Interessenkonflikte im Rahmen der Pflicht zur praktischen Konkordanz zum Ausgleich zu bringen.[123] Erinnert sei nur an die Bewältigung des Atomausstiegs, der Energiewende[124] und des Klimaschutzes.[125]

---

[114] BVerfG NJW 2021, 1723 ff.
[115] Jarass/Pieroth/Jarass GG Art. 20a Rn. 3.
[116] Stober/Korte ÖffWirtschaftsR, § 29 Rn. 904; s. zu der neuen Hierarchie des KrWG Petersen/Doumet/Stöhr NVwZ 2012, 521 ff.
[117] R. Schmidt DÖV 1994, 479 ff.; Jarass/Pieroth/Jarass GG Art. 20a Rn. 8 ff.
[118] Murswiek NVwZ 1996, 222 (225); Callies, Rechtsstaat und Umweltstaat, 2011, 114; Jarass/Pieroth/Jarass GG Art. 20a Rn. 10.
[119] BVerfG NJW 2021, 1723; Kahl/Ludwigs VerwaltungsR-HdB/Böhm § 84 Rn. 31 ff.
[120] BVerfG NJW 2021, 1723.
[121] S. auch Delbrück, Umweltpflichtigkeit der öffentlichen Verwaltung, 1992.
[122] Brohm JZ 1994, 213 (219); Murswiek NVwZ 1996, 222 (229); Schink DÖV 1997, 221 ff.
[123] BVerwG UPR 1995, 309 f.; Gröschner ThürVBl. 1996, 246; Uhle JuS 1996, 96 (98); Murswiek VERW33 (2000), 241 ff.
[124] Sellner/Fellenberg NVwZ 2011, 1025 ff.
[125] BVerfG NJW 2021, 1723.

6. Selbstverwaltungsprinzip

35 Im Hinblick auf die verfassungsrechtliche Ausgestaltung des Grundgesetzes ist unklar, ob ein **Selbstverwaltungsprinzip**[126] existiert. Dagegen lässt sich anführen, dass die Verfassung nur die **kommunale Selbstverwaltung** gewährleistet (s. Art. 28 II GG), während die **funktionale Selbstverwaltung** (→ § 85 Rn. 45 ff. und → § 85 Rn. 118 ff.) lediglich auf grundrechtlicher oder gesetzlicher Basis garantiert ist und deshalb unter Beachtung bestimmter verfassungsrechtlicher Erfordernisse wieder beseitigt und durch andere Organisationsformen ersetzt werden kann.[127] Deshalb kann man allenfalls hinsichtlich des Art. 28 II GG von einer staatsformenden Institution, im Übrigen aber von einem verfassungsgeleiteten Verwaltungstyp sprechen,[128] der die Aktivierung der Beteiligten für ihre eigenen Angelegenheiten bezweckt.[129]

35a Die besondere verfassungsrechtliche Stellung der kommunalen Selbstverwaltung kommt in zwei Ausprägungen zum Ausdruck, die in jüngerer Zeit in das Grundgesetz mit dem Ziel aufgenommen wurden, die Kommunen zu stärken. Danach umfasst die Gewährleistung der Selbstverwaltung
– die **finanzielle Eigenverantwortung** im Sinne der Einräumung von Steuerquellen (Art. 28 II 3 GG) einschließlich des **Anspruchs auf Lasten- und Finanzausgleich**[130] und
– das in Art. 84 I 7 GG niedergelegte Verbot, durch Bundesgesetz Gemeinden und Gemeindeverbände **Verwaltungsaufgaben** zu übertragen.

Gleichzeitig ist jede Selbstverwaltung verfassungs- und gesetzesgebunden und unterfällt als Korrelat der Selbstverwaltung einer **Staatsaufsicht**.[131]

7. Subsidiaritätsprinzip

36 Im Unterschied zu den bisher erörterten verwaltungsrelevanten Staatsprinzipien ist das **Subsidiaritätsprinzip** lediglich im Zusammenhang mit dem Europaartikel 23 GG expressis verbis verankert. Wortlaut, Systematik und Zweck dieser Bestimmung sprechen eindeutig dafür, dass damit lediglich die unionsrechtliche Seite der Subsidiarität geregelt werden sollte. Entstehungsgeschichtlich kommt hinzu, dass der Verfassungskonvent von Herrenchiemsee die Aufnahme einer Subsidiaritätsklausel nach intensiver Diskussion verworfen hat. Deshalb ist zweifelhaft, ob das Subsidiaritätsprinzip ein ungeschriebenes Strukturprinzip der deutschen Verfassung[132] oder ledig-

[126] Hendler, Das Prinzip Selbstverwaltung, Isensee/Kirchhof StaatsR-HdB IV, § 106.
[127] S. näher Kluth, Funktionale Selbstverwaltung, 1997, S. 14 und 512 ff.; Kluth, Verfassungsfragen der Privatisierung von Industrie- und Handelskammern, 1997, S. 66; Kluth VERW 35 (2002), 349 ff.; Stober GewArch 2001, 393 ff.; Stober/Korte ÖffWirtschaftsR, § 8 Rn. 220 ff. und § 43; aM Hendler, Selbstverwaltung als Ordnungsprinzip, 1984, S. 284 ff.; Groß DVBl 2002, 1182; ähnlich Tettinger, Kammerrecht, 1997, S. 73 ff., der deshalb nur von einer „Selbstverwaltungsidee" spricht.
[128] Stern StaatsR I, 2. Aufl., § 12 Rn. 403.
[129] BVerfGE 147, 185 Rn. 77.
[130] VerfGH Rheinland-Pfalz DVBl 2012, 432 ff.
[131] S. näher Kahl, Die Staatsaufsicht, 2000, S. 493 ff.
[132] So Oppermann JuS 1996, 569 ff.; Nörr/Oppermann, Subsidiarität: Idee und Wirklichkeit/Oppermann, 1997, 215 und 218.

lich eine **Klugheitsregel** oder ein Gebot **verhältnismäßiger Verwaltungspolitik** (→ § 5 Rn. 7)[133] ist.

8. Wirtschaftlichkeitsprinzip

In jüngerer Zeit hat sich die Auffassung durchgesetzt, dass auch das für die Tätigkeit 37
der Verwaltung zentrale **Wirtschaftlichkeitsprinzip** Verfassungsrang genießt.[134] Es wurzelt in Art. 114 II GG und wird als Ausdruck von Good Governance sowie als Kehrseite des auf das Gemeinwohl verpflichteten **Abgabenstaates** verstanden. Danach ist die Abgabenerhebung nur insoweit gerechtfertigt, soweit die Einnahmen dazu verwendet werden, Zwecke der Allgemeinheit möglichst optimal zu erfüllen. Im Mittelpunkt steht also der Umgang mit den **Verwaltungskosten,** der die gesamte Verwaltungstätigkeit betrifft.

Beispiele: Auftragsvergabe, Personalverwaltung, Sachkosten.

Diese breite Bedeutung zeigt, dass das Wirtschaftlichkeitsprinzip Querschnittscharakter besitzt. Wirtschaftlichkeit ist nur erreichbar, wenn das **Wettbewerbs- und Transparenzprinzip** beachtet werden (s. § 97 I, II GWB, § 55 BHO), die Ausprägungen einer ökonomisch arbeitenden Verwaltung sind. Die Wirtschaftlichkeit ist auf eine Nutzenmaximierung gerichtet, wenn sie als Gebot verstanden wird, mit gegebenen Mitteln den größtmöglichen Nutzen zu erzielen. Hier steht die Ertragsmaximierung im Vordergrund (sog. **Maximalprinzip**). Soll ein bestimmter Nutzen mit den geringstmöglichen Mitteln erreicht werden, spricht man vom **Minimalprinzip** bzw. vom **Sparsamkeitsprinzip.**[135]

9. Sicherheitsprinzip

Ein tradierter Hauptzweck des Staates und eine unverzichtbare Verwaltungsaufgabe 38
ist das Kernbedürfnis der Menschen nach **Sicherheit** (→ § 8 Rn. 7 ff.).[136] Das ungeschriebene Verfassungsprinzip, das zum einen auf **staatlichen Schutzpflichten** sowie dem **Gewaltmonopol** beruht und sich zum anderen auf das primäre Unionsrecht stützen kann (**Raum der Sicherheit:** Art. 3 II EUV, **Recht auf Sicherheit:** Art. 6 GRCh) erfasst sämtliche Erscheinungsformen (**Technische, Innere und Äußere Sicherheit**) soweit sie nicht – wie etwa die Soziale Sicherheit – durch das Sozialstaatsprinzip abgedeckt ist (→ § 18 Rn. 25 ff.). Das Sicherheitsprinzip wird für die Verwaltungstätigkeit umso wichtiger, je komplexer, mobiler, digitaler und vernetzter die Gesellschaft wird und je mehr sie neuen Bedrohungen (Terrorismus, Großunglücke, Pandemien, Kriege) sowie Naturgefahren ausgesetzt ist (s. auch Art. 35 II, III

---

[133] Link VVDStRL 48 (1990), 7 (26); Kuttenkeuler, Die Verankerung des Subsidiaritätsprinzips im Grundgesetz, 1998; Isensee, Subsidiaritätsprinzip und Verfassungsrecht, 2. Aufl. 2001; Moersch, Leistungsfähigkeit und Grenzen des Subsidiaritätsprinzips, 2001; P. M. Huber, Gutachten D zum 65. DJT 2004, S. 43 ff.

[134] v. Arnim, Wirtschaftlichkeit als Staatsprinzip, 1998; Biernat/Hendler ua, Grundfragen des Verwaltungsrechts und der Privatisierung/Schmidt, 1994, 210 und 223; Stober/Korte ÖffWirtschaftsR, § 10 Rn. 248 f.; A. Peters DÖV 2001, 749 ff.; VerfGH Nordrhein-Westfalen DÖV 2004, 121.

[135] Grupp DVBl 1994, 140 (146); RlPfVerfGH DVBl 1997, 491 (495); BGH NJW 2020, 628 f.; s. allg. Butzer, Wirtschaftlichkeit durch Organisations- und Verfahrensrecht, 2004.

[136] Sommermann, Staatsziele und Staatszielbestimmungen, 1997, S. 203; Schenke, Polizei- und Ordnungsrecht, 7. Aufl. 2011, S. 25; Hoffmann-Riem/Schmidt-Aßmann/Voßkuhle GVwR/Wißmann, 2. Aufl. 2012, § 15 Rn. 12a.

GG). Insofern ist auch der moderne Staat ein **Sicherheitsstaat**,[137] dessen Verwaltung die vielfältigen Risiken und Gefahren analysieren und abwehren sowie für den Schutz der kritischen Infrastrukturen sorgen muss. Allerdings besitzt der Staat kein **Sicherheitsmonopol,** weil in einem auf Freiheit angelegten Gemeinwesen die **Eigenvorsorge** einen wichtigen Platz einnehmen muss.[138]

IV. Organisationsmaximen für die Aufgabenerfüllung

39 Die Art. 83 ff. GG enthalten Vorgaben für die Bundesverwaltung und die Ausführung von Bundesgesetzen sowie für die funktionale Kompetenzverteilung zwischen Bundes- und Landesverwaltung.[139] Gegenstände der unmittelbaren Bundesverwaltung nach Art. 87 GG sind:

- der Auswärtige Dienst,
- die Bundesfinanzverwaltung (Art. 108 GG),
- die Verwaltung der Bundeswasserstraßen und der Schifffahrt (Art. 89 GG)
- die Verwaltung der Bundesautobahnen (Art. 90 II GG),
- die Luftverkehrsverwaltung (Art. 87d GG),
- die Eisenbahnverkehrsverwaltung (Art. 87e GG)
- die Erledigung von Hoheitsaufgaben im Bereich des Postwesens und der Telekomunikation (Art. 87f II 2 GG)
- der Bundesgrenzschutz in Gestalt der **B**undespolizei (Art. 35 II, III, 91 GG),
- das Bundeskriminalamt,
- das Bundesamt für Verfassungsschutz und
- die Bundeswehrverwaltung (Art. 87b GG).

Bundesmittelbar, nämlich durch **selbstständige Körperschaften und Anstalten** iSv Art. 87 II und III GG, werden verwaltet:

- Überregionale Sozialversicherungsträger,
- die Bundesanstalt für Arbeit und die
- Bundesnetzagentur (Art. 87 III GG, § 123 TKG).

39a Die Art. 83 ff. GG geben ferner Auskunft darüber, ob und inwieweit die Bundesverwaltung über einen Verwaltungsunterbau verfügen darf und privatrechtlich organisiert sein kann (→ § 92 Rn. 1 ff.).

Beispiele: Eisenbahnen des Bundes (Art. 87e III GG), Dienstleistungen im Bereich des Postwesens und der Telekommunikation (Art. 87f II GG), Aufgabenerledigung bei der Verwaltung von Bundeautobahnen (Art. 90 II 2 GG).

39b Art. 60 I GG trifft Aussagen über die Ernennung und Entlassung von Beamten. Art. 33 IV GG enthält einen, inzwischen stark aufgeweichten **Funktionsvorbehalt** für Beamte und Art. 33 V GG ordnet die Berücksichtigung der **hergebrachten Grundsätze des Berufsbeamtentums** an, wobei der Verfassungstext gleichzeitig ausreichend Raum für eine Fortentwicklung und Reformierung lässt.[140] Mit Art. 33 II, III GG werden oberste **Grundsätze der Personalwirtschaft** festgelegt. Art. 137 GG gestattet, die **Wählbarkeit von Angehörigen des Öffentlichen Dienstes** im Bund

[137] Sofsky, das Prinzip Sicherheit, 2005; FS König, 2004/Pitschas, 285 ff.
[138] S. näher Stober/Eisenmenger/Olschok, Handbuch Sicherheitswirtschaft und Öffentlich-Private Sicherheitskooperation/Stober, 2023, 74.
[139] BVerfGE 108, 169 (181); Roth-Isigkeit, Verfassungsordnung und Verwaltungsorganisation, 2023.
[140] Jarass/Pieroth/Jarass GG Art. 33 Rn. 56 und Erl. zu Art. 137.

zu beschränken.[141] Art. 34 GG ordnet die Übernahme der **Haftung** bei Amtspflichtverletzungen von Bediensteten an, die bei Ausübung eines anvertrauten öffentlichen Amtes begangen werden.

Für das Verhältnis zwischen Bundes- und Landesverwaltung gilt der Rechtsgrundsatz des **bundesfreundlichen Verhaltens** als Ausprägung der **Bundestreue,** die Bestandteil des Bundesstaatsprinzips ist. Danach haben die Bundesländer Rücksicht auf das Gesamtinteresse des Bundessstaates zu nehmen und sich bundeskonform zu verhalten.[142] Kommt ein Bundesstaat seinen verwaltungsrechtlichen Bundespflichten nicht nach, kann der Bund seine Rechte durch Maßnahmen des Bundeszwangs durchsetzen.[143] 39c

§ 19. Landesverfassungsrechtliche Grundentscheidungen für die Verwaltung

Schrifttum: Bauer/Häde/Peine, Landesrecht für Brandenburg, 5. Aufl. 2024; Becker/Brüning, Öffentliches Recht in Schleswig-Holstein, 2. Aufl. 2022; Berg/Knemeyer ua, Staats- und Verwaltungsrecht in Bayern, 6. Aufl. 1996, S. 1 ff.; Brandt/Schinkel, Staats- und Verwaltungsrecht für Niedersachsen, 2002; Dietlein/Hellermann, Öffentliches Recht in Nordrhein-Westfalen, 9. Aufl. 2022; Ennuschat/Ibler/Remmert, Öffentliches Recht in Baden-Württemberg, 4. Aufl. 2022; Gornig/Horn/Will, Öffentliches Recht in Hessen, 2. Aufl. 2022; Häde LKV 2011, 97: Föderalismusreform in Deutschland; Hermes/Reimer, Landesrecht Hessen, 10. Aufl. 2022; Hoffmann-Riem/Koch, Hamburgisches Staats- und Verwaltungsrecht, 5. Aufl. 2024; Huber/Wollenschläger, Landesrecht Bayern, 2. Aufl. 2022; Isensee SächsVBl. 1994, 28 ff.: Chancen und Grenzen der Landesverfassung im Bundesstaat; Jeserich/Pohl/v. Unruh, Deutsche Verwaltungsgeschichte V/Wahl, 1987, S. 208 ff.: Die Organisation und Entwicklung der Verwaltung in den Ländern; Jutzi DÖV 1983, 836 ff.: Grundrechte der Landesverfassungen und Ausführung von Bundesrecht; Jutzi, Landesverfassungsrecht und Bundesrecht, 1982; Kluth, Staats- und Verwaltungsrecht für Sachsen-Anhalt, 2005; Lüdemann/Classen, Landesrecht Mecklenburg-Vorpommern, 5. Aufl. 2024; Maurer/Hendler, Baden-Württembergisches Staats- und Verwaltungsrecht, 1990; Menzel, Landesverfassungsrecht – Verfassungshoheit und Homogenität im grundgesetzlichen Bundesstaat, 2002; Papier NJW 2007, 2145 ff.: Aktuelle Fragen der bundesstaatlichen Ordnung; Sachs ThürVBl. 1993, 121 ff.: Die Landesverfassung im Rahmen der bundesstaatlichen Rechts- und Verfassungsordnung; FS Stern, 1997/ Sachs, S. 475 ff.: Das materielle Landesverfassungsrecht; Sacksofsky NVwZ 1993, 235 ff.: Landesverfassungen und Grundgesetz; Stern StaatsR I, § 19; Stober SächsStaatsR-HdB; Graf Vitzthum VVDStRL 46 (1988), 7 ff.: Die Bedeutung gliedstaatlichen Verfassungsrechts in der Gegenwart.

I. Verfassungsrechtliche Ausgangslage

Das Bundesstaatsprinzip beruht auf der Vorstellung, dass die **Ausführung von Verwaltungsrecht** Angelegenheit von **Bund und Ländern** ist (Art. 28 I, Art. 30, Art. 83 ff. GG). Allerdings liegt nach der Kompetenzverteilung der Schwerpunkt der öffentlichen Verwaltung bei den Ländern.[1] Innerhalb dieses Rechtsrahmens sind die Länder einerseits zur Rechtsetzung verwaltungsrechtlicher Gegenstände befugt. 1

Beispiele: Verwaltungsverfahrensrecht, Organisationsrecht, Haushalts- und Finanzrecht.

Andererseits besitzen sie **Planungs-, Richtlinien- und Organisationskompetenzen sowie Beurteilungs-, Planungs- und Ermessensspielräume** (→ § 31 Rn. 1 ff.). Hier liegt das Schwergewicht landesspezifischer verwaltungsrechtlicher Aktivitäten. Ihre

[141] S. näher BK-GG/Stober/Lackner GG Erl. zu Art. 137.
[142] BVerfGE 139, 321 Rn. 101; v. Mangoldt/Klein/Starck/Sommermann GG Art. 20 Rn. 37 ff.; Jarass/Pieroth/Jarass GG Art. 20 Rn. 24 ff.
[143] Jarass/Pieroth/Jarass GG Art. 37 Rn. 1 ff.
[1] Stern StaatsR I, § 19 III 3c.

Regelungskompetenz erstreckt sich ferner auf das **verwaltungsrechtliche Hausgut** der Bundesländer[2]

Beispiele: Polizei- und Ordnungsrecht, Bildungs- und Kulturrecht, Infrastrukturrecht, Kommunalrecht, Recht der funktionalen Selbstverwaltung.

Die Zuständigkeitsvermutung zugunsten der Länderverwaltung gilt auch für die nur gelegentlich gesetzlich geregelte Aufgabenerfüllung etwa auf dem Sektor der **Wirtschaftsförderung.**

1a Die in den Jahren 2006 und 2009 realisierte **Föderalismusreform**[3] ist darauf angelegt, die Aufgaben- und Verantwortungskompetenz der Bundesländer zu stärken sowie die Finanzbeziehungen zwischen Bund und Ländern zu modernisieren. So darf der Bund nur in Ausnahmefällen wegen eines besonderen Bedürfnisses das Verwaltungsverfahren bundeseinheitlich regeln. Ferner sieht der novellierte Art. 84 I 7 GG vor, dass durch Bundesgesetze Gemeinden und Gemeindeverbänden Aufgaben nicht übertragen werden dürfen (→ § 18 Rn. 35). Diese Regelung, die dem Schutz der Kommunen vor nicht hinreichend finanzierten neuen Aufgaben dient,[4] wird in Art. 85 I 2 GG wiederholt. Gegenwärtig wird eine dritte Stufe der Föderalismusreform diskutiert, bei der der Bildungsföderalismus und die Neuordnung des Länderfinanzausgleichs im Mittelpunkt stehen.[5] Unabhängig davon wurden weitere Formen der **Mischverwaltung** und **Mischfinanzierung** eingeführt(→ § 18 Rn. 6a). Ausweitungen sind jedoch vor dem Hintergrund problematisch, dass der Auftrag der Wähler auf Bundes- und Landesebene durch die Mitwirkung anderer Verwaltungsebenen relativiert und konterkariert wird.[6] Art. 91c GG trifft Aussagen über informationstechnische Systeme und schafft damit eine Basis für ein föderales **E-Government,** bei dessen Ausgestaltung Bund und Länder zusammenwirken. Dementsprechend haben mehrere Bundesländer die Digitalisierung der Verwaltung in die Verfassung aufgenommen.

Beispiele: Art. 26d HessVerf verpflichtet staatlich und kommunal Handelnde ua zur Förderung der technischen und digitalen Infrastruktur. Art. 14 SchlHVerf gewährleistet den Schutz der digitalen Basisdienste.[7]

1b Jenseits dieser Bund-Länder-Beziehungen dürfen Landesverfassungen zusätzliche **Grundrechte** gewähren (s. Art. 142 GG) und eine Mitwirkung der Bürger an der Verwaltung vorsehen (Art. 56 HmbVerf). Sie können ferner eigene **Staatsziele** aufrichten und damit Vielfalt und Eigenständigkeit iSe **Wettbewerbsföderalismus** demonstrieren.[8] Die Verwaltungen der Länder sind damit in bundesstaatlichen Grenzen[9] an das Landesverfassungsrecht gebunden. Diese Bindung kommt deutlich etwa im Beamteneid zum Ausdruck, der unter anderem verpflichtet, die Landesverfassung und das Recht zu achten und zu verteidigen und Gerechtigkeit zu üben (Art. 92 II SächsVerf). Die landesverfassungsrechtliche Seite der öffentlichen Verwaltung ist demnach keine

2 BVerfGE 87, 181.
3 Gesetz v. 28.8.2006, BGBl. I 2034 ff.
4 Knitter, Das Aufgabenübertragungsverbot des Art. 84 Abs. 1 S. 7 GG; Häde LKV 2011, 97 ff.
5 Häde LKV 2011, 97 ff.
6 BVerfGE 137, 108 Rn. 81; Huber NVwZ 2019, 665 ff.
7 Schliesky/Hoffmann DÖV 2018, 193 ff.; Berger DÖV 2018, 799 ff.
8 Bauer DÖV 2002, 837 ff.; Benz VerwArch 97 (2006), 318 ff.; Peters VVDStRL 69 (2010), 9 ff.
9 S. näher Graf Vitzthum VVDStRL 46 (1988), 7 (34 f.).

quantité négligéable, wenngleich das Landesverfassungsrecht „im Schatten des Grundgesetzes“[10] stehen mag. Es ist allerdings hier nicht der Ort, die gesamte landesverfassungsrechtliche Palette auszubreiten.[11] Stattdessen wird exemplarisch die Verfassungssituation des Freistaates Sachsen erörtert. Sie weist eine beachtliche Kontinuität auf, weil sie seit 1992[12] nur einmal in den Sektoren Verwaltungsorganisation und Finanzwesen geändert wurde.[13] Gegenwärtig wird über eine Verfassungsnovelle diskutiert, mit der die direkte Demokratie gestärkt und der Klimaschutz als Verfassungsziel eingeführt werden soll. Die Verfassung des Freistaates Sachsen zeichnet sich ferner durch einen hohen Grad an Modernität aus, da sie bereits in der Erstfassung Elemente enthielt, die in anderen Landesverfassungen erst zu einem späteren Zeitpunkt aufgenommen wurden.

II. Landesgrundrechte

Landesgrundrechte können entweder eigenständigen Charakter besitzen, sofern sie nicht gegen Grundgesetzgewährleistungen verstoßen[14] oder bundesverfassungsrechtliche Gewährleistungen konkretisieren.[15] Zur ersten Gruppe zählen folgende Grundrechte sowie grundrechtsgleiche Positionen[16]: 2

- Recht auf informationelle Selbstbestimmung (Datenschutz, Art. 33, 34 SächsVerf), 3
- Recht auf Förderung und Entlastung bei der Sorge für Hilfsbedürftige (Art. 22 II SächsVerf),
- Recht auf Auskunft über Umweltdaten (Art. 34 SächsVerf),
- Recht auf Rundfunkveranstaltung in privater Trägerschaft (Art. 20 II SächsVerf),[17]
- Recht auf unentgeltlichen Unterricht (Art. 102 IV SächsVerf),
- Recht auf Mitwirkung an der Schule (Art. 104 I SächsVerf),
- Recht der Eltern auf Mitbestimmung über Erziehung und Bildung,[18]
- Recht auf Mitbestimmung der Beschäftigten (Art. 26 SächsVerf).[19]

Eine Konkretisierung von Bundesgrundrechten ist in folgenden Fällen gegeben: 4

- Recht auf gleichen Zugang zu öffentlichen Bildungseinrichtungen (Art. 29 II SächsVerf),
- Anspruch auf begründeten Petitionsbescheid (Art. 35 SächsVerf),
- Verbot erniedrigender Behandlung (Art. 16 II SächsVerf).

---

[10] Isensee VVDStRL 46 (1988), 121.
[11] S. näher die Auflistung bei Isensee/Kirchhof StaatsR-HdB II/Zacher § 28 Rn. 19 ff.
[12] Verfassung vom 27. 5. 1992, SächsGVBl. v. 5. 6. 1992, 243.
[13] Gesetz v. 11. 7. 2013, SächsGVBl. 502.
[14] S. näher BVerfGE 96, 345 ff.; Dietlein, Die Grundrechte in den Verfassungen der neuen Bundesländer, 1993; Rozek AöR 119 (1994), 450 (462 ff.); Stober, Handbuch des Sächsischen Staats- und Verwaltungsrechts/Degenhart, 1996, S. 69; Tjarks, Zur Bedeutung der Landesgrundrechte, 1999.
[15] Dietlein/Hellermann NRWÖffR/Dietlein, Rn. 33 ff.
[16] S. auch Wermeckes, Der erweiterte Grundrechtsschutz in den Landesverfassungen, 2000.
[17] Stober, Handbuch des Sächsischen Staats- und Verwaltungsrechts/Degenhart, 1996, 72 ff.
[18] Diese Gewährleistung ist nicht identisch mit einem Recht auf Bildung, s. Towfigh/Gleixner DVBl 2023, 1437 ff.
[19] S. näher Stober, Handbuch des Sächsischen Staats- und Verwaltungsrechts/Degenhart, 1996, 75 f.

4a Der materielle Schutz der Landesgrundrechte wird über das prozessuale Recht der Verfassungsbeschwerde bei dem Sächsischen Verfassungsgerichtshof abgesichert (Art. 81 I Nr. 4 SächsVerf iVm § 7 Nr. 4 SächsVerfGHG).

III. Staatsziele und Staatsprinzipien

5 Einerseits stehen die Verwaltungsräume von Bund und Ländern nebeneinander. Andererseits sind die Landesverfassungsgeber an die Einhaltung der **Homogenitätsklausel** des Art. 28 I 1 GG gebunden, welche die grundlegenden Staatsziele und Staatsprinzipien für die Ausgestaltung des Landesverwaltungsrechts vorgibt.[20] Deshalb ist es nicht ungewöhnlich, dass Landesverfassungen deren Inhalte deklaratorisch im Verfassungstext wiederholen (Art. 1 SächsVerf). Unerheblich ist, dass sich einige Bundesländer als **Freistaat** bezeichnen (Art. 1 SächsVerf), weil dieser Begriff lediglich als Synonym für **Republik** steht und damit keine eigenständige juristische Auswirkung auf das Verwaltungshandeln hat.[21] Jenseits der Beachtung der Homogenitätsklausel[22] dürfen die Bundesländer auf Grund ihrer Souveränität eigene Staatsziele festlegen (zu diesem Begriff → § 18 Rn. 1c), an denen auch die Landesverwaltung ihr Handeln auszurichten hat (Art. 13 SächsVerf). Sie können ferner für **Minderheiten** bestimmte Privilegierungen vorsehen (Art. 2 IV, Art. 5, 6 SächsVerf). Die landesspezifischen Staatsziele betreffen vornehmlich den **Umwelt-**,[23] **Kultur-**[24] und **Bildungssektor**[25]:
- Schutz der natürlichen Lebensgrundlagen (Art. 1 und Art. 10 SächsVerf).
- Förderung des kulturellen, künstlerischen und wissenschaftlichen Schaffens sowie der sportlichen Betätigung (Art. 1 und Art. 11 I SächsVerf),
- Schutz und Pflege von Denkmalen und anderen Kulturgütern (Art. 11 III SächsVerf),
- Förderung des vorbeugenden Gesundheitsschutzes für Kinder und Jugendliche (Art. 9 III SächsVerf),
- Unterstützung alter und behinderter Menschen (Art. 7 II SächsVerf),
- Kinder- und Jugendschutz (Art. 9 I, II SächsVerf).

6 Gleichzeitig öffnen sich die Bundesländer in Anlehnung an Art. 24 I a GG **grenzüberschreitender Verwaltungstätigkeit und regionaler Zusammenarbeit** (Art. 12 SächsVerf). Sie tragen damit der Verwaltungsrealität Rechnung, dass Verwaltungsrecht häufig nicht an Verwaltungsgrenzen haltmacht und ein sachlicher Bedarf an Verwaltungskooperation mit Nachbarverwaltungsräumen besteht.[26]

---

[20] Dietlein/Hellermann NRW ÖffR/Dietlein, Rn. 13 ff.

[21] Stober, Handbuch des Sächsischen Staats- und Verwaltungsrechts/Degenhart, 1996, 47.

[22] Kersten DÖV 1993, 896 ff.; Stober, Handbuch des Sächsischen Staats- und Verwaltungsrechts/Degenhart, 1996, S. 46 ff.

[23] Kahl/Ludwigs VerwaltungsR-HdB/Böhm § 84 Rn. 73 ff.; defizitär Dietlein/Hellermann NRWÖffR/Dietlein, Rn. 69 ff.

[24] S. dazu Häberle, Kulturstaatlichkeit und Kulturverfassungsrecht 1982; Steiner VVDStRL 42 (1984), 8 ff. (47 ff.) Isensee/Kirchhof StaatsR-HdB III/Steiner § 86: Kulturpflege; Hense DVBl 2000, 376 ff.; Pabel, Grundlagen der Kompetenzordnung im Bereich der Kunst, 2003; BVerfGE 36, 321 (331).

[25] S. näher für Sachsen Rincke, Staatszielbestimmungen der Verfassung des Freistaates Sachsen, 1997, S. 86 ff., Stober, Handbuch des Sächsischen Staats- und Verwaltungsreschst/Degenhart, 1996, 58.

[26] S. näher FS Benda, 1995/Schwarze, 311 ff.

IV. Organisationsmaximen für die Aufgabenerfüllung

Die Landesverfassungen enthalten schließlich organisatorische und sonstige Vorgaben für die Aufgabenerfüllung der öffentlichen Verwaltung. Nach Art. 3 II 2 SächsVerf liegt die vollziehende Gewalt in den Händen der **Staatsregierung und der Verwaltung.** Der Aufbau der Verwaltung und die Ausgestaltung der Selbstverwaltung sind Gegenstand der Art. 82 ff. SächsVerf. Sie enthalten Konkretisierungen für die **kommunale Selbstverwaltung**[27] und Aussagen zum **Personalrecht** (Art. 91 f. SächsVerf). Im Interesse der Vereinheitlichung des Verwaltungsvollzugs in der Bundesrepublik praktizieren die Bundesländer vielfältige Formen der **Amtshilfe** (s. auch Art. 35 I GG) sowie des **kooperativen Föderalismus** (→ § 18 Rn. 6).[28] Ihre Aufgabenwahrnehmung könnte sich an **Mustergesetzen** orientieren, die im Interesse von Exekutive und Adressaten ein Mindestmaß an länderübergreifender Einheitlichkeit bezwecken. Allerdings scheiterten Mustergesetze in der Vergangenheit regelmäßig an unüberwindbaren besonderen Vorstellungen einzelner Bundesländer hinsichtlich der konkreten Ausgestaltung derartiger genereller Vorgaben. 7

Die Normierung des **Finanzwesens** zählt zu den Kernbestandteilen der Landesverfassungen. Im Mittelpunkt steht die Befugnis zur Aufstellung und Ausführung des Haushaltsplanes in Gestalt des **Haushaltsgesetzes**. Art. 94 II SächsVerf weicht insofern von anderen Landesverfassungen ab, weil es das Gebot der Einhaltung des gesamtwirtschaftlichen Gleichgewichts um eine soziale Komponente erweitert. Art. 95 SächsVerf beschränkt die Kreditaufnahme über das Erfordernis, die **Schuldenbremse** einzuhalten. 8

Nach Art. 109 IV SächsVerf sind über die Verweisnorm des Art. 140 GG die sog. Kirchenartikel der Verfassung des Deutschen Reiches vom 11.8.1919 Bestandteil der sächsischen Verfassung. In diesem Kontext wird nicht nur die diakonische und karitative Arbeit der Kirchen und Religionsgemeinschaften gewährleistet. Darüber hinaus haben die Kirchen einen Anspruch auf angemessene Kostenerstattung, sofern sie im öffentlichen Interesse liegende gemeinnützige Einrichtungen betreiben (Art. 110 SächsVerf). Diese Leistungen sind iVm der auf Bundesebene erhobenen Forderung zu sehen, die **Kirchensteuer** durch eine finanzielle Entschädigung der Kirchen abzulösen. Das wäre nach der Verfassungslage in Sachsen kein Problem, weil Art. 110 SächsVerf davon unberührt bleibt und damit die Fortführung sozialer Einrichtungen wie Kindertagesstätten und Krankenhäuser unabhängig von der Erhebung der Kirchensteuer sichergestellt ist.[29] 9

---

[27] Stober, Handbuch des Sächsischen Staats- und Verwaltungsrechts/Degenhart, 1996, 103 ff. und Stober, Handbuch des Sächsischen Staats- und Verwaltungsrechts/Goerlich/Hegele, 1996, 123 ff.

[28] Hammer DVBl 2012, 525 ff.

[29] S. näher Stober, Handbuch des Sächsischen Staats und Verwaltungsrechts/Degenhart, 1996, 108 f.

Zweiter Abschnitt. Die Stellung der Verwaltung in der Verfassungs- und Unionsordnung

§ 20. Die Verwaltung im System der Gewaltengliederung

Schrifttum: v. Arnim, Staatslehre der Bundesrepublik Deutschland, 1984, 500 ff.; Becker/Rumpf VVDStRL 14 (1956), 96 ff. und 136 ff.: Verwaltung und Verwaltungsrechtsprechung; v. Danwitz, Verwaltungsrechtliches System und Europäische Integration, 1996; Demel, Funktionen und Kontrolle der Verwaltung, 2001; Dreier, Hierarchische Verwaltung im demokratischen Staat, 1991, 159 ff.; Fehling, Verwaltung zwischen Unparteilichkeit und Gestaltungsaufgabe, 2001; Götz ua, Die öffentliche Verwaltung zwischen Gesetzgebung und richterlicher Kontrolle, 1985; Herdegen/Morlok VVDStRL 62 (2003), 7 ff. (37 ff.): Informalisierung und Entparlamentarisierung politischer Entscheidungen als Gefährdung der Verfassung?; Voßkuhle/Eifert/Möllers GVwR/Hoffmann-Riem/Pilniok; § 10: Eigenständigkeit der Verwaltung; Horn AöR 127 (2002), 427 ff.: Gewaltenteilige Demokratie, demokratische Gewaltenteilung; Horn, Die grundrechtsmittelbare Verwaltung, 1999, S. 64 ff. und S. 241 ff.; Huber StWiss 8 (1997), 423 ff.: Die entfesselte Verwaltung; Jarass, Politik und Bürokratie als Elemente der Gewaltenteilung, 1975; Jellinek, Allgemeine Staatslehre, 3. Aufl. 1914, § 1 II; Kahl/Ludwigs VerwaltungsR-HdB/Ludwigs, § 36: Europäischer Verwaltungsverbund; Kahl/Ludwigs VerwaltungsR-HdB/Wischmeyer, § 78: Gewaltenteilung und institutionelles Gleichgewicht; Kirchhof JZ 1998, 965 ff.: Die Gewaltenbalance zwischen staatlichen und europäischen Organen; Krebs, Kontrolle in staatlichen Entscheidungsprozessen, 1984; Maurer/Schnapp VVDStRL 43 (1985), 135 ff.: Der Verwaltungsvorbehalt; Merten, Gewaltentrennung im Rechtsstaat, 2. Aufl. 1997; Meyn, Kontrolle als Verfassungsprinzip, 1982; Möllers AöR 132 (2007), 493 ff.: Dogmatik der grundgesetzlichen Gewaltengliederung; Pitschas, Verwaltungsverantwortung und Verwaltungsverfahren, 1990; Schlink, Die Amtshilfe, 1982; Isensee/Kirchhof StaatsR-HdB I/Schmidt-Aßmann, § 26 S. 541; Schmidt-Aßmann AllgVerwR/Schmidt-Aßmann, S. 179 ff.; Schneider, Gesetzgebung, 3. Aufl. 2003; Schuppert, Verwaltungswissenschaft, 2000, S. 461 ff.; Sobota, Das Prinzip Rechtsstaat, 1997, S. 70 ff. und S. 487 f.; Stern/Sodan/Möstl, Das Staatsrecht der Bundesrepublik Deutschland im europäischen Staatenverbund, 2022, Band II: Staatsorgane, Staatsfunktionen, Finanzwesen, § 36; Stettner, Grundfragen einer Kompetenzlehre, 1983; Tietje, Internationalisiertes Verwaltungshandeln, 2001, S. 171 ff.; Wrege JURA 1996, 436 ff.: Das System der Gewaltenteilung im Grundgesetz; Ziekow, Handlungsspielräume der Verwaltung, 1999; Zimmer, Funktion – Kompetenz – Legitimation. Gewaltenteilung in der Ordnung des Grundgesetzes, 1979.

I. Das System der Funktionenordnung und Gewaltengliederung

1. Zu den Begriffen Funktionenordnung und Gewaltengliederung

a) Zur Abgrenzungsfunktion des Gewaltenteilungsbegriffs

1 Bei der Behandlung der verfassungsrechtlichen Stellung der Verwaltung wurde ein zentraler Gesichtspunkt vernachlässigt: ihre Rolle im System der staatlichen Funktionenordnung. Dabei steht der Begriff **„Funktionenordnung"** an Stelle der Bezeichnung **„Gewaltenteilung"**. Denn es werden nicht, wie gelegentlich zu lesen ist, mehrere Gewalten geteilt, sondern die einheitliche Staatsgewalt wird bezüglich ihrer Ausübung gegliedert.[1] Einerseits dient dieser Aspekt der Abgrenzung gegenüber anderen Staatsfunktionen und damit der Kompetenzbestimmung. Andererseits will er die Verflochtenheit der Staatsfunktionen, die Funktionsverschiebungen und die „Grenzüberschreitungen" offenlegen. Zusammengefasst hat das Thema Gewaltengliederung das Spannungsverhältnis zwischen **Gesetzes- bzw. Parlamentsvorbehalt, Regierungsvorbehalt, Verwaltungs- und Richtervorbehalt** auszuleuchten. Zu Recht ist deshalb von vertikaler, horizontaler (funktioneller, personeller und struktu-

[1] BVerfGE 34, 52 (58 ff.); Achterberg, Probleme der Funktionenlehre, 1970, S. 108 ff.; Stern StaatsR II, § 36 II; s. Möllers AöR 132 (2007), 493 ff.

reller) sowie **diagonaler** oder verallgemeinernd von multidimensionaler[2] **Funktionenverflechtung** die Rede.

Es wird diskutiert, ob die oben beschriebene funktional gewendete Gewaltenteilungslehre mehr an den Realitäten ausgerichtet werden muss (etwa unter Berücksichtigung „gesellschaftlicher Gewalten" wie etwa von Nichtregierungsorganisationen).[3] Dies ist allerdings kritisch zu betrachten, weil so dogmatisch nicht vergleichbare Phänomene gewissermaßen unter einem nicht dogmatischen Kriterium „Realität" pauschalierend miteinander verwoben werden könnten. 1a

b) Die unionsweite Dimension der Gewaltengliederung

Aufgrund der Einbindung der Verwaltung in die Europäische Union (insbesondere → § 17 Rn. 1 ff.) beschränkt sich die Frage nach ihrer Rolle im System der Gewaltengliederung nicht auf die staatliche Ebene. Sie besitzt darüber hinaus eine **unionsweite Dimension,** die sich in verschiedener Hinsicht auswirkt. 2

Zum einen haben die Mitgliedstaaten staatliche Hoheitsrechte (gemäß Art. 23 f. GG) auf zwischenstaatliche EU-Einrichtungen übertragen. Für die Funktionenteilung zwischen Union und Mitgliedstaat auf dem Gebiet der Verwaltung gilt dabei der **Grundsatz der begrenzten Einzelermächtigung,** nach dem die Union nur innerhalb der Grenzen der Zuständigkeit tätig wird, die die Mitgliedstaaten ihr in den Verträgen eingeräumt haben (Art. 5 II EUV). Bei der Ausübung der Zuständigkeiten sind ferner das **Subsidiaritätsprinzip** zu beachten (die in Betracht gezogenen Maßnahmen dürfen nicht von den Mitgliedstaaten ausreichend verwirklicht werden können, s. näher Art. 5 III AEUV) und der **Grundsatz der Verhältnismäßigkeit** (Art. 5 IV AEUV). Zu ergänzen ist, dass die EU-Ebene – gewissermaßen „retour" – Amtshilfeverpflichtungen und Kontrollzuständigkeiten zwischen den Mitgliedstaaten angelegt hat, wie ein Blick in die europäische Dienstleistungs-RL zum Thema „Verwaltungszusammenarbeit" ergibt. Dort sind Regelungen zur **Europäischen Verwaltungszusammenarbeit** als **Verwaltungsverbund**[4] erhalten (Art. 28 ff. Dienstleistungs-RL und Art. 4 III EUV, s. dazu auch §§ 8a ff. VwVfG[5]). Durch diese Vorschriften werden Amtshilfeverpflichtungen und Kontrollzuständigkeiten zwischen den Mitgliedstaaten angelegt und damit letztlich auch zugeordnet. So ist etwa ein umfassender Amtshilfemechanismus zwischen den Mitgliedstaaten zur Informationsübermittlung, Hilfe bei Überprüfung, Kontrollen und Untersuchungen für die Fälle grenzüberschreitender Sachverhalte installiert worden (s. zB Art. 29 Dinstleistungs-RL). Zugleich sind aber auch Zuständigkeiten zwischen den Mitgliedstaaten abgrenzend und eingrenzend festgeschrieben (Art. 30 f. Dienstleistungs-RL). Die Europäische Verwaltungszusammenarbeit war u. a. deshalb nötig geworden, weil **transantionale Verwaltungsakte** und vor allem **Akte mit sog. mittelbarer Transnationalität** einen Austausch zwischen den Behörden der EU-Mitgliedstaaten verlangen.[6] Zusammengenommen ist zwischen den Mitgliedstaaten und der EU also eine **wechselbezügliche horizontale Gewaltengliederung** angelegt. 3

[2] S. Stern StaatsR II, § 36 V 2.
[3] S. zu der Diskussion Kahl/Ludwigs, Handbuch des Verwaltungsrechts/Wischmeyer, 2022, § 78 Rn. 25 ff.
[4] S. HK-Dienstleistungs-RL/Ohler RL 2006/123/EG Art. 28 Rn. 2 mwN.
[5] Eisenmenger NVwZ 2010, 337 (340).
[6] Ludwigs, Handbuch des Verwaltungsrechts II, 2021, § 36 Rn. 28 ff.

4 Zum anderen hat die Gewaltengliederung eine weitere unionsweite Dimension. Soweit der Union Kompetenzen im Rahmen der durch den Lissabon Vertrag am 1.12.2009 in Kraft getretenen EUV und AEUV übertragen sind, ist sie selbst auch nach dem Gewaltenteilungs- bzw. gliederungsprinzip aufgebaut und damit ein zusätzliches Element der Dezentralisierung öffentlicher Gewalt. Dafür spricht schon die Existenz verschiedener Organe mit unterschiedlichen Aufgaben (Art. 13 ff. AEUV und Art. 223 ff. EUV). Dabei übt die **Europäische Kommission** insbesondere „Exekutiv- und Verwaltungsfunktionen" aus (Art. 17 I 5 AEUV). Der EuGH spricht von einem **„institutionellen Gleichgewicht"**[7] zwischen den Organen. Das Gericht führt dazu aus: „Nach Art. 13 Abs. 2 EUV handelt jedes Unionsorgan nach Maßgabe der ihm in den Verträgen zugewiesenen Befugnisse nach den Verfahren, Bedingungen und Zielen, die in den Verträgen festgelegt sind. In dieser Bestimmung kommt der Grundsatz des institutionellen Gleichgewichts zum Ausdruck, der für den organisatorischen Aufbau der Union kennzeichnend ist[8] und gebietet, dass jedes Organ seine Befugnisse unter Beachtung der Befugnisse der anderen Organe ausübt."[9]

2. Modelle der Gewaltengliederung

a) Historische Modelle der Gewaltentrennung

5 Ausgangspunkt der Funktionsüberlegungen sind die Erörterungen über den Begriff, die Typen und die historische Entwicklung der öffentlichen Verwaltung (→ §§ 3 ff. Rn. 1 ff.). Sie haben ergeben, dass die öffentliche (Staats-)Gewalt nicht allein von der Verwaltung ausgeübt wird. Sie teilt sich darin mindestens mit der Regierung und der Rechtsprechung. Das kann eine bloße Funktionsteilung sein, die wie zB im absolutistischen Staat, eine einheitliche, zentral gelenkte Ausübung der Staatsgewalt durch weisungsabhängige Organe mit verschiedenen Aufgaben nicht ausschließt. Die Gliederung kann aber auch den Sinn haben, Zentralisation der Ausübung staatlicher Herrschaftsmacht zu verhindern, um der damit verbundenen Gefahr einer Willkürherrschaft vorzubeugen. In der Antike wurde daher eine „gemischte Verfassung" für die beste gehalten, in der sich das Volk, eine Repräsentanten-Versammlung (zB der römische Senat) und die Regenten (die Magistrate) die Ausübung der Staatsgewalt teilten. Im **Feudalstaat** und im **Ständestaat** ergab sich eine Gliederung der öffentlichen Gewalt dadurch, dass ihre Ausübung sachlich und vornehmlich territorial verschiedenen Machtträgern (den Grundherren, Ständen, Fürsten, Königen und dem Kaiser) zu eigenem Recht zukam.

b) Theoretische Modelle der Gewaltentrennung

6 Die **Gewaltentrennung** beruht auf einer Unterscheidung von „Gewalten" im materiellen Sinne, dh der wichtigsten, qualitativ verschiedenen Arten der Staatstätigkeit. Juristisch-formal sind dies mindestens die Setzung abstrakten Rechts (Rechtsetzung) und dessen Anwendung in konkreten Fällen (Rechtsanwendung). Sachinhaltlich sind

[7] EuGH ECLI:EU:C:1990:217 Rn. 21 – Parlament/Rat und dazu Wischmeyer, Handbuch III, § 78 Rn. 60 ff.

[8] Vgl. EuGH Urt. v. 13.6.1958 – 9/56, ECLI:EU:C:1958:7 – Meroni/Hohe Behörde, abrufbar unter https://eur-lex.europa.eu/legal-content/DE/TXT/?uri=CELEX:61956CJ0009.

[9] Vgl. idS EuGH Urt. v. 22.5.1990 – C-70/88, BeckRS 2004, 73580 Rn. 22 = ECLI:EU:C:1990:217 – Parlament/Rat; EuGH Urt. v. 6.5.2008 – C-133/06, BeckRS 2008, 70509 Rn. 57 = ECLI:EU:C:2008:257 – Parlament/Rat; EuGH Urt. v. 14.4.2015 – C-409-13, BeckRS 2015, 80521 Rn. 64 = ECLI:EU:C:2015:217 – Rat/Kommission.

es Verfassungsgebung, Gesetzgebung, innere und äußere Regierung, Verwaltung und Rechtsprechung.

Während Aristoteles[10] zunächst die staatlichen Organe (beratende Gewalt, Magistrate, Rechtsprechung) unterschied und die ihnen zukommenden Funktionen untersuchte, erfasste John Locke[11] die staatspolitische Wirklichkeit nach der „glorreichen Revolution" durch die Unterscheidung materieller Gewalten (der konstitutiven, legislativen, exekutiven und föderativen Gewalt sowie der königlichen Prärogative) und ihre Verteilung auf das Volk, das Parlament, den Monarchen und die Lokal-(Selbst)verwaltung. Montesquieu[12] gliederte die Staatsgewalt materiell in die gesetzgebende Gewalt, die er den Ständevertretungen zuwies, und die ausführende Gewalt, die in Angelegenheiten des Völkerrechts (und damit des Wehr- und Finanzwesens, sog. auswärtige Gewalt) dem Monarchen, in Angelegenheiten des zivilen Rechts (einschließlich des Strafrechts) den Gerichten zustehen sollte. Im Übrigen war die Rechtsprechung für ihn „en quelque façon nulle". Konzeptionell unterscheiden sich die Gewaltenteilungslehren dadurch, dass bei Montesquieu die Verbindung der Machtkonzentration („le pouvoir arrête le pouvoir") nicht nur der staatlichen Aufgabengliederung, sondern zugleich dem Schutz der Würde und Freiheit der Menschen und damit einer freiheitlichen Verfassung dient. 7

Die herrschende sog. **Dreiteilung der materiellen Gewalten** in Gesetzgebung, vollziehende Gewalt und Rechtsprechung findet sich erst in sect. 2–4 der Verfassung von Pennsylvania (1776), danach in der Verfassung der Vereinigten Staaten von Amerika (1787) sowie in Kants Methaphysischen Anfangsgründen der Rechtslehre.[13] Seitdem gilt sie als Strukturprinzip der Verfassungen konstitutioneller Staaten, wobei man jedoch die verfassungsgebende Gewalt (des Volkes) ebenso zu übersehen pflegt wie die eigenständige Gewalt der Regierung (s. Art. 1 III und Art. 20 II 2 GG). Daraus folgt die „Eigenständigkeit" dieser Gewalten, also auch die der Verwaltung gegenüber Gesetzgebung und Gerichtsbarkeiten (s. zu dieser immer wieder aktuellen Frage → § 20 Rn. 25).[14] 8

3. Gewaltengliederung im geltenden Recht

Im modernen, seiner Struktur nach monistischen Staat werden dementsprechend die staatlichen Grundfunktionen organisatorisch und personell voneinander getrennt, auf verschiedene politische Mächte verteilt und die mit ihr jeweils betrauten Organe werden zugleich in ein **Verhältnis gegenseitiger Hemmung und Balancierung** (checks and balances; Bolingbroke) gebracht.[15] Damit ist die Gewaltengliederung die Grundlage für eine **rationale Staatsorganisation,** die allein den Dualismus zwischen Staat und Gesellschaft sichert und die **Freiheit des Individuums** schützt.[16] Da- 9

[10] Aristoteles, Politik IV, S. 14 ff.

[11] Locke, Two treatises on government, 1690.

[12] Montesquieu, De l'esprit des lois, 1748.

[13] Kant, Metaphysischen Anfangsgründe der Rechtslehre, 1798, § 45 ff.

[14] Peters, Die Verwaltung als eigenständige Staatsgewalt, 1965; Stern StaatsR II, § 41 III 1; Dreier VERW1992, 137 (152); Benda/Maihofer/Vogel VerfassungsR-HdB/Schuppert § 31 Rn. 29.

[15] S. BVerfGE 34, 52 (58 ff.); 95, 1 (15); BVerwGE 104, 105 (109); Becker, Gewaltenteilung im Gruppenstaat, 1986, S. 16 ff.; Sobota, Das Prinzip Rechtsstaat, 1997, S. 70 ff. und 487 f.

[16] Ebenso Stern StaatsR II, § 36 IV 6; Kirchhof JZ 1998, 965 (968); BVerfGE 5, 85 (199); 9, 267 (279); 34, 52 (59).

neben bezweckt Gewaltengliederung im modernen Staat, dass staatliche Entscheidungen möglichst von den Organen getroffen werden, die nach Verfahren und Organisation am besten dazu geeignet sind (Grundsatz der **Gewährleistung effektiver Funktionalität**).[17]

10 Dieses System wirkt sich im Staate derart aus, dass die öffentliche Verwaltung ein teilweise verselbstständigtes Glied der Staatsgewalt ist, wobei der horizontalen Gliederung im Bund die vertikale im Bundesstaat gegenübersteht. Es erfasst aber auch die unterstaatlichen Verwaltungsträger, wie etwa die Gemeinden (Art. 28 I, II GG), sowie die funktionale Selbstverwaltung, die eine zusätzliche Dezentralisierung der öffentlichen Gewalt auf dem Verwaltungssektor bewirken.

4. Organisationsrechtliche und personelle Gewaltentrennung

11 Organisatorisch besteht die Gewaltentrennung typischerweise darin, dass die unterschiedenen materiellen Gewalten je verschiedenen, einander gleichgeordneten Organen (zB Volksvertretung und Landesregierung) oder Organgruppen (zB den Landesverwaltungsbehörden) als den Gewalten im organisatorischen Sinne zu eigenständiger Wahrnehmung derart zugewiesen werden, dass – abgesehen von Ausnahmezuständen – keine dieser Gewalten legal über die gesamte Staatsgewalt zu verfügen vermag. Die organisatorische wird durch eine **personelle Gewaltenteilung** ergänzt. Sie besteht typischerweise darin, dass kein Organwalter einer Gewalt zugleich Organwalter einer anderen Gewalt im organisatorischen Sinn sein darf (sog. **Inkompatibilitäten**).

Beispiele: Unvereinbarkeit zwischen Abgeordnetenmandat und Beamteneigenschaft, zwischen Richteramt und sowohl Abgeordnetenmandat als auch Verwaltungsamt (§ 4 DRiG),[18] zwischen Gemeindevertretungsmandat und Kommunalverwaltungsamt.[19]

5. Durchbrechung der Gewaltentrennung

12 Der Grundsatz der Gewaltenteilung ist nicht rein verwirklicht. Deshalb verlangt auch das Grundgesetz keine absolute Trennung der Staatsfunktionen. Vielmehr existieren vielfältige **Gewaltenbalancierungen** und Funktionsbeschränkungen, welche die Regel der Gewaltentrennung mehrfach durchbrechen.[20] Insbesondere aus Gründen politischer Zweckmäßigkeit oder wegen eines sachlichen Zusammenhangs werden die Aufgaben einer materiellen Gewalt nicht ausschließlich einer bestimmten organisatorischen Gewalt (Organgruppe) zugewiesen. Vielmehr werden bewusst Überschneidungen sowie auch personelle Verzahnungen in Kauf genommen.[21]

Beispiel: Den Verwaltungsbehörden steht eine Rechtsetzungs- (nämlich Verordnungs-) Gewalt zu (insbesondere in der Corona-Pandemie),[22] den Gerichten die Führung von Registern und die Minister sind idR zugleich Abgeordnete.[23] Der Gesetzgeber kann auch Einzelfallentscheidungen treffen.[24] Läuft im

[17] BVerfGE 68, 1 (68); 90, 286 (364); 95, 1 (15); BVerfG DVBl 1998, 955 (958) und ebenso Isensee/Kirchhof StaatsR-HdB I/Schmidt-Aßmann § 24 Rn. 50.

[18] S. auch BVerwG NJW 2002, 2263 zur Vereinbarkeit eines Berufsrichteramtes mit einem ehrenamtlichen Posten als Wahlvorstand.

[19] S. näher Friauf/Höfling/Stober/Lackner GG Erl. zu Art. 137 GG mwN.

[20] BVerfGE 95, 1 (15).

[21] S. VerfGH Bayern DÖV 1955, 769; BVerfGE 7, 188; 34, 52 (59).

[22] S. dazu kritisch Kingreen NJW 2021, 2766 ff.

[23] Kritisch v. Münch NJW 1998, 34 f.

[24] Kunig JURA 1993, 308 ff.

Rahmen bestimmter Genehmigungsverfahren die Entscheidungsfrist ab, ohne dass die Behörde entschieden hat, erteilt quasi der Gesetzgeber durch die gesetzliche „Genehmigungsfiktion" automatisch die Genehmigung (§ 42a VwVfG, s. dazu → § 20 Rn. 26).[25]

Daraus ergibt sich die Notwendigkeit eines Begriffs der **Gewalten im formellen Sinne** (Konstitutive, Legislative, Gubernative, Administrative und Judikative) als dem Inbegriff der einer eigenständigen Organgruppe zugewiesenen Kompetenzen (Funktionen). 13

6. Maßnahmen zur Gewaltenhemmung

Die **Gewaltenhemmung** wird durch folgende Maßnahmen erreicht: 14

– **Funktionell** durch Beteiligungs-, Veto- und Kontrollrechte einer (organisatorischen) Gewalt bei Handlungen einer anderen.

Beispiele: Beteiligung des Staatsoberhauptes und der Regierung beim Erlass förmlicher Gesetze durch Ausfertigung und Verkündung (Art. 82 GG), Zustimmung (Art. 113 GG); Beanstandung von Beschlüssen des Gemeinderates durch den Oberbürgermeister; Zustimmung der Volksvertretung zu Staatsverträgen (Art. 59 II GG);[26] kontrollierende Funktionen der Volksvertretung durch kleine Anfragen, Interpellationen, Untersuchungsausschüsse; gelegentliche Beteiligung bei Erlass von Rechtsverordnungen (Art. 80 II GG);[27] Kontrollfunktionen der Regierung durch ihre allgemeine und Fachaufsicht (Art. 85 GG) sowie der Rechnungshöfe durch die Haushalts- und Ausgabenkontrolle (Art. 114 II GG; Art. 13 EUV und Art. 285 ff. AEUV).[28]

– **Personell** durch Bestellung der Organwalter einer Gewalt durch Organe einer anderen.

Beispiel: Wahl des Staatsoberhauptes und des Regierungschefs durch die gesetzgebenden Organe.

– durch **Gewalt-Teilung,** indem eine bestimmte Staatstätigkeit nicht einem, sondern mehreren selbstständigen Organen als deren gemeinsame Aufgabe derart zugewiesen wird, dass innerhalb einer (formellen) Gewalt Hemmungen und Balancen bestehen. Bei **koordinierender bzw. kooperierender Gewalt-Teilung** müssen mehrere Organe zusammenwirken, um einen Akt der geteilten Gewalt (Gesetz, Regierungsakt) zu setzen. 15

Beispiele: Teilung der Legislative in Kammern, Teilung der Gubernative zwischen Staatsoberhaupt und Regierung durch ministerielle Gegenzeichnung sowie Antrags- und Vorschlagsrechte (Art. 64, Art. 68, Art. 81 GG).

Bei **dezentralisierender Gewalt-Teilung** werden bestimmte Aufgaben in den Staat oder in die EU eingegliederten, aber rechtlich selbstständigen Gliedern, Organen oder Gerichtsbarkeiten als deren eigene, weisungsfreie Angelegenheiten übertragen oder ihnen überlassen. 16

Beispiele: Gliedstaaten, Selbstverwaltungskörperschaften (s. Art. 4 II EUV zur Achtung der regionalen und lokalen Selbstverwaltung), Rechnungsprüfungsorgane, mehrere Gerichtsbarkeiten,[29] Europäische Zentralbank (Art. 13 und Art. 282 ff. EUV).

---

[25] HK-VerwR/Eisenmenger VwVfG § 42a Rn. 1 ff.
[26] S. dazu BVerfGE 90, 286 (357 ff.).
[27] S. VerfGH Bayern DÖV 1955, 251.
[28] S. dazu Groß VerwArch 95 (2004), 194 ff.
[29] S. FG Maunz, 1971/Leisner, 267 ff.

7. Zur tatsächlichen Gewaltenverteilung im demokratisch-parlamentarischen Staat

17 In der parlamentarischen Demokratie ist die dezentralisierende Funktionenteilung die wirksamste Form, weil in den dezentralisierten Gliedern alle Arten politischer Mächte zu beschränkter Geltung kommen können. Allerdings tritt in dieser Regierungsreform an Stelle des Gegensatzes der „Gewalten" der zwischen den Mehrheitsfraktionen, ihren Parteien und der Regierung einerseits und der Opposition andererseits. Ferner versuchen die von der Legalordnung unbefriedigten politisch-sozialen Mächte auf alle Staatsgewalten Einfluss zu nehmen. Hinzu treten die Erscheinungsformen des **kooperativen Staates.** Deshalb wird auch geäußert, das klassische Modell der Gewaltenteilung sei „unwirklich und fassadenhaft".[30] Dem ist jedoch entgegenzuhalten, dass auch die politischen Parteien an der politischen Willensbildung mitwirken (Art. 21 GG; Art. 10 IV EUV) und sie sich ebenso gegenseitig „in Schach" halten wie Verbände, die gegenläufige Interessen vertreten. Im Übrigen hat sich neben der Verfassung ein eigenes „Balancesystem des Pluralismus der oligarchischen Machtträger" (W. Weber) herausgebildet. J. Kaiser bezeichnet das Zusammenspiel, die Konkurrenz und die Balance der organisierten Interessen als „Gleichgewichtssystem" besonderer Art.[31] Diese Erscheinung wiederum leistet allerdings der Tendenz Vorschub, dass zentrale politische Entscheidungen nicht erst von den verfassungsmäßigen Organen, sondern schon vorher „gruppenbündisch" bzw. durch „Fachbruderschaften" oder durch Koalitionsausschüsse getroffen werden. Insofern sind also Pluralismusdefizite auszumachen, die aber durch vermehrte Transparenzanforderungen kompensiert werden können.[32]

II. Gesetzgebung und Verwaltung

Schrifttum: Böckenförde, Gesetz und gesetzgebende Gewalt, 2. Aufl. 1981, S. 65–205; v. Fitzthum, Parlament und Planung, 1978; Hill, Einführung in die Gesetzgebungslehre, 1982; Voßkuhle/Eifert/Möllers GVwR/Hoffmann-Riem/Pilniok § 12, S. 855: Eigenständigkeit der Verwaltung; Jesch, Gesetz und Verwaltung, 1961; Kahl/Ludwigs VerwaR-HdBIII/Grzeszick, § 72: Vorrang und Vorbehalt des Gesetzes; Kahl/Ludwigs VerwaltungsR-HdB/Wischmeyer, § 78: Gewaltenteilung und institutionelles Gleichgewicht; Kingreen NJW 2021, 2766 ff.: Der demokratische Rechtsstaat in der Corona-Pandemie; Kloepfer VVDStRL 40 (1982), 63 ff.: Gesetzgebung im Rechtsstaat; Kunig JURA 1993, 308 ff.: Einzelfallentscheidung durch Gesetz; Menger/Wehrmann ua VVDStRL 15 (1957), 1 ff.: Das Gesetz als Norm und Maßnahme; Möllers AöR 132 (2007), 493 ff.: Dogmatik der grundgesetzlichen Gewaltengliederung; Rixen VVDStRL 80 (2021), 38 ff.: Verwaltungsrecht der vulnerablen Gesellschaft; Scheuner DÖV 1960, 601 ff.: Gesetzgebung in unserer Zeit; Schreckenberger ua, Gesetzgebungslehre, 1986; Schuppert, Das Gesetz als zentrales Steuerungsinstrument des Rechtsstaates, 1998; Starck, Gesetzgebung, StL, Sp. 1003 ff., 8. Aufl. 2018; Vogel/Herzog ua VVDStRL 24 (1966), 124 ff.: Gesetzgeber und Verwaltung; Würtenberger, Staatsrechtliche Probleme politischer Planung, 1979.

1. Allgemeine Bemerkungen zum Verhältnis Gesetzgebung und Verwaltung

18 Die Beschäftigung mit dem Verhältnis zwischen Gesetzgebung und Verwaltung ist Gegenstand des **Staats- und Verwaltungsrechts** sowie der **Gesetzgebungslehre.**[33]

[30] FS Schmitt, 2002/Weber, 253 (260) und im Anschluss daran v. Arnim Staatslehre, S. 500; s. zu den Bedenken ferner Kahl, Der Kernbereich der Exekutive, 1993, S. 115 ff.
[31] Die Repräsentation organisierter Interessen, 1956, S. 355 ff.; s. auch Stern StaatsR II, § 36 V 3.
[32] S. näher Ruffert DVBl 2002, 1145 ff.
[33] Möllers AöR 132 (2007), 494 (517 ff.).

Die Unterscheidung von Gesetzgebung und Verwaltung bezieht sich nicht auf irgendwelche Bereiche (Objekte) staatlicher Tätigkeit. Sowohl die Gesetzgebung als auch die Verwaltung können sich auf fast alle Gegenstände staatlichen Wirkens erstrecken, indem die Gesetzgebung normative Regeln aufstellt und die Verwaltung im Rahmen dieser Regeln konkret gestaltet.

Beispiele: Auswärtige Angelegenheiten,[34] Polizeiwesen, Gesundheitspflege, Planung.[35]

Teils wegen der Natur der Sache, teils kraft verfassungsrechtlicher Regelung und teils auf Grund der Rechtsprechung sind jedoch bestimmte Materien (zB Umgemeindungen, Enteignungsbeschlüsse, diverse Planungen) der Gesetzgebung vorbehalten, andere der Verwaltung überlassen (zB der Erlass von internen Verwaltungsvorschriften). 19

Für die Vertreter des klassischen Rechtsstaatsgedankens (Locke, Stahl, L. von Stein, Gneist) zielte die Unterscheidung von Gesetzgebung und Verwaltung als materielle Staatstätigkeiten darauf ab, die planende Festlegung der rechtlichen Ordnung des sozialen Zusammenlebens an die Zustimmung der Volksvertretung zu binden. Heute zielt die Unterscheidung von Gesetzgebung und Verwaltung im materiellen Sinne auf die Trennung zweier Formen der Staatstätigkeit, nämlich der rechtsetzenden von der vollziehend rechtsanwendenden. Zur **Gesetzgebung im materiellen Sinn** gehört danach jede (abstrakte und generelle) Rechtsetzung, dh jeder Erlass eines (abstrakten und generellen) Rechtssatzes ohne Rücksicht auf Dauer, Zweck und inhaltliche Bedeutung. Dagegen ist die Verwaltung, sofern man konsequent bleibt, auf die Vollziehung von Rechtssätzen und die gestaltende Verwirklichung der Staatszwecke im Rahmen der Gesetze beschränkt. Dieses Verständnis wird durch ua nach Art. 14 III 2 und Art. 19 I 1 GG gestattete **Maßnahme-Gesetze,** dh auf einen konkreten Sachverhalt bezogene Gesetze,[36] sowie die Überlegung verdrängt, dass die Sozialgestaltung um ihrer Allgemeinheit, Gleichheit und Freiheitswahrung (zB Herstellung einheitlicher Lebensverhältnisse)[37] willen auch hinsichtlich je besonderer, aktueller Sachbereiche die programmierende Entscheidung des demokratischen Gesetzgebers herausfordert (sog. **Wesentlichkeitstheorie**).[38] 20

2. Gesetzgebung im materiellen und im formellen Sinne

Die nach dem modernen Verfassungsrecht den Gesetzgebungsorganen (der **Legislative**) zugewiesenen Aufgaben decken sich nicht mit dem Bereich materieller Gesetzgebung. Einerseits werden generelle und abstrakte Rechtssätze als Gewohnheitsrecht durch die Beteiligten, als Verordnungs- und Satzungsrecht durch Regierungs- und Verwaltungsorgane gesetzt. Andererseits sind bestimmte wichtige Regierungs- und auch Verwaltungsakte (zB Festsetzung des Haushaltsplans, Kreditgesetzgebung, Erledigung von Petitionen)[39] den Gesetzgebungsorganen vorbehalten. Deshalb muss, wie bei den anderen Staatstätigkeiten, von der Gesetzgebung im materiellen die **Gesetzgebung im formellen Sinne** als Inbegriff der den Gesetzgebungsorganen zugewiesenen Kompetenzen unterschieden werden. 21

[34] BVerfGE 90, 286 (357 ff.).
[35] BVerfGE 95, 1 (15 ff.); NRWVerfG NVwZ-RR 1998, 478 (480).
[36] S. BVerfGE 25, 371 (396); 95, 1 (15 ff.); Kunig JURA 1993, 308 ff.
[37] BVerfGE 95, 1 (18).
[38] S. näher Kloepfer VVDStRL 40 (1982), 67 ff.
[39] S. BVerwG NJW 1976, 637.

22 Unter dem Begriff der **formellen Gesetzgebung** werden die Handlungen der Legislative verstanden, die im verfassungsmäßigen „Wege der Gesetzgebung" zustande kommen, ohne Rücksicht darauf, ob sie Rechtssätze enthalten oder nicht. Ihr Kriterium ist eine bestimmte Entstehungsform, nicht der Inhalt der Regelung. So sind zB der Haushaltsplan und konkrete Gesetze, wie die Gründung einer Stiftung, Gesetze nur im formellen Sinne. Alle förmlichen Gesetze sind ranghöher als alle Regierungs- und Verwaltungsanordnungen (Vorrang der gesetzgebenden Gewalt). Der **Vorbehalt des förmlichen Gesetzes** soll verhindern, dass sich die Legislative ihrer Verantwortung für die Rechtsordnung entzieht.[40] Darüber hinaus ist die förmliche Gesetzgebung ein taugliches Mittel zur Erreichung politischer Ziele.

23 Die eigentliche Mindestreichweite und die Grenzen des formellen Gesetzesvorbehaltes ergeben sich aus ausdrücklichen Zuordnungen im Verfassungsrecht (zB „Das Nähere regelt ein Bundesgesetz.", Art. 4 III 2 GG) und/oder aus dem **rechtsstaatlichen, institutionellen** und **demokratischen Gesetzesvorbehalt**.[41] Der formelle Gesetzgeber besitzt im Übrigen nur eine **Rechtsetzungsprärogative.**

3. Gesetzesabhängigkeit und Selbstständigkeit der Verwaltung

a) Funktionelle Überlegenheit der Gesetzgebung

24 Die Gesetze sind durch ihre allgemeinverpflichtende Kraft auch für die Verwaltung verbindlich (**Gesetzmäßigkeit der Verwaltung** und **Vorbehalt des Gesetzes**) und sie besitzen Steuerungsfunktion, durch die das Parlament seinen Steuerungsanspruch konkretisiert.[42] Die Gesetzgebung ist daher der Verwaltung funktionell überlegen. Sie vermag deren Wirkbereich näher zu bestimmen und zu begrenzen.[43] Die verfassungskräftigen Gebote bringen das zum Ausdruck.

b) Zur Eigenständigkeit der Verwaltung

25 Die Gesetzmäßigkeit der Verwaltung darf allerdings nicht zur Entmündigung der Verwaltung mit dem Mittel des Gesetzes führen.[44] Eine formale Festlegung der Verwaltung auf Gesetzesausführung und -anwendung widerspricht im Ergebnis deren vorgegebenem Funktionsinhalt. Insofern kommt es auf eine **Eigenständigkeit der Verwaltung** gegenüber parlamentarischer Gesetzgebung an.[45] Die ziel- und zweckbestimmte Ordnung und Gestaltung des Soziallebens lässt sich durch die Gesetzgebung keineswegs beliebig bestimmen und erschöpfend begrenzen. Es bleibt ein inhaltlich bestimmter Wirkungsbereich der Administrative iSe **„Kernbereiches exekutiver Selbstverantwortung"**.[46] Er erstreckt sich im Zeitalter der Entterritorialisie-

[40] BVerfGE 1, 14; 7, 232; 23, 62; s. zum Vorbehalt des Gesetzes auch Grzeszick, Handbuch des Verwaltungsrechts III, 2022, § 72 Rn. 8 ff.

[41] S. näher BremStGH NVwZ 2003, 81 ff. und Eisenmenger, Privatisierung der Justiz aus rechtlicher und ökonomischer Sicht, 2012, § 7 I 12b.

[42] Hoffmann-Riem/Schmidt-Aßmann/Schuppert, Reform des Allgemeinen Verwaltungsrechts/ Schmidt-Aßmann, 1993, S. 13, 47; Schuppert, Das Gesetz als zentrales Instrument des Rechtsstaates/ Schuppert, 1998, S. 105; Schuppert, Verwaltungswissenschaft, 2000, S. 461 ff.

[43] S. Pitschas, Verwaltungsverantwortung, 1. Aufl. 1990, S. 6; Benda/Maihofer/Vogel VerfassungsR-HdB/Schuppert § 31 Rn. 31 f.

[44] Kloepfer VVDStRL 40 (1982), 69 Fn. 16.

[45] Riem/Pilniok, Verwaltungsrecht I, § 12 Rn. 103 ff.

[46] BVerfGE 95, 1 (16 f.); BbgVerfG NJW 1996, 3334 f. und DÖV 1998, 200 ff.; s. dazu auch Wischmeyer, Handbuch III, § 78 Rn. 51.

rung des Verwaltungsrechts und der internationalen Kooperation auch auf die grenzüberschreitende und supranationale Verwaltungszusammenarbeit.[47] Wird die Verwaltung durch kasuistische Gesetze, die massenhafte Sachverhalte in vielen Einzeltatbeständen zu erfassen suchen, gegängelt und auf bloße Vollziehung eingeschränkt, dann wird eine gerechte und billige Erledigung nicht etwa erleichtert, sondern erschwert, verlangsamt oder gar verhindert. Ähnlich läge es, wenn der Gesetzgeber das zulässige Instrument der **automatisierten Massenverwaltung** auf Basis gesetzlich **gebundener Entscheidungen** unverhältnismäßig ausweitete.[48] Gerade das Instrument der **Ermessensentscheidung** macht es der Verwaltung möglich, alle Gesichtspunkte des Einzelfalls in die Entscheidung mit einer Gesamtabwägung aller Umstände aufzunehmen. Man denke hier nur an die zum Teil sehr einschneidenden Rücknahmen und Widerrufe von Verwaltungsakten, §§ 48 f. VwVfG. Außerdem verlöre die Verwaltung ohne die notwendige Eigenständigkeit ihre spezifische Funktionsfähigkeit im Dienste des Gemeinwohls. Zu Recht stellt auch das BVerfG[49] fest, aus dem Grundsatz der parlamentarischen Demokratie dürfe nicht ein Vorrang des Parlaments und seiner Entscheidungen gegenüber den anderen Gewalten als ein alle konkreten Kompetenzzuordnungen überspielender Auslegungsgrundsatz hergeleitet werden. Denn die Gewaltengliederung zielt darauf ab, dass staatliche Entscheidungen möglichst richtig, dh von den Organen getroffen werden, die dafür nach ihrer Organisation, Zusammensetzung, Funktion und Verfahrensweise über die besten Voraussetzungen verfügen.[50] Auch diese Überlegung spricht im Rahmen der **Verwaltungsverantwortung**[51] für die Anerkennung eines **Verwaltungsvorbehaltes** iSe **Funktionsvorbehaltes** bzw. für die Eigenständigkeit der Verwaltung.[52]

In diesem Zusammenhang stellt sich einerseits die Frage, ob die wegen der Dienstleistungs-RL durch den deutschen Gesetzgeber ausgeweitete **Genehmigungsfiktion** (§ 42a VwVfG) dem genannten Verwaltungsvorbehalt noch ausreichend Rechnung trägt. Denn der Gesetzgeber erlässt hier – soweit die Voraussetzungen des § 42a VwVfG vorliegen (kurz: Untätigkeit der Behörde für einen bestimmten Zeitraum) – im Wege der Fiktion quasi selbst eine Einzelfallentscheidung (**„self-executing Norm“**[53]). Der Kernbereich des Verwaltungsvorbehaltes dürfte dennoch aber nicht verletzt sein. Denn auch im Rahmen des § 42a VwVfG bleibt die Verwaltung bis zum Ablauf der Erledigungsfrist befugt, eine eigene Entscheidung zu treffen und die Behörde hat die Möglichkeit, die Bearbeitungsfrist bei schwierigen Angelegenheiten zu verlängern (§ 42a II 3 VwVfG). Damit sind ausreichend Sicherungsmechanismen zugunsten der Verwaltung und des Verwaltungsvorbehaltes installiert.[54] 26

---

[47] Tietje, Internationalisiertes Verwaltungshandeln, 2001, S. 171 ff.
[48] Hoffmann-Riem/Pilniok, Verwaltungsrecht I, 2012, § 12 Rn. 113.
[49] BVerfGE 49, 89; 68, 1 (86 ff.).
[50] Ebenso Stern StaatsR II, § 41 III 3 und IV 4a; Kuhl, Der Kernbereich der Exekutive, 1993, S. 138; s. auch BVerfGE 90, 286 (364).
[51] Scholz VVDStRL 34 (1976), 145 ff.; Berg, Die Wissenschaft vom Verwaltungsrecht/Röhl VERWBeiheft 2, 1999, S. 33 ff., Ziekow, Handlungsspielräume der Verwaltung, 1999.
[52] S. dazu Dreier VERW1992, 137 ff.; Benda/Maihofer/Vogel VerfassungsR-HdB/Schuppert § 31 Rn. 29, s. ferner Hoffmann-Riem/Schmidt-Aßmann/Voßkuhle GVwR I, 2. Aufl. 2012, § 10 Rn. 56 ff.
[53] Caspar AöR 125 (2000), 131 (139).
[54] S. dazu auch HK-VerwR/Eisenmenger VwVfG § 42a Rn. 10.

26a Im Zusammenhang mit der **Corona-Pandemie** stellte sich andererseits die Frage, ob der Gesetzgeber durch die ursprünglich allgemein gehaltene Ermächtigungsgrundlage zugunsten der Verwaltung, durch **Corona-Rechtsverordnungen** der Länder Grundrechtseinschränkungen zu ermöglichen (Kontaktverbot, Ausgangssperren, Maskenpflicht etc), seiner gesetzgeberischen Verantwortung hinreichend nachgekommen war.[55] Die gesetzliche Tätigkeit lag de facto zeitweise zu großen Teilen bei den Landesregierungen und den sog. **„Bund-Länder-Konferenzen".** Allerdings hat der Gesetzgeber im Laufe der Pandemie das zugrundeliegende Infektionsschutzgesetz mehrfach geändert und „nachgeschärft". Ob diese Regelungen hinreichend klar gefasst sind, ist allerdings umstritten.[56]

27 Die Verwaltung erfährt in deren Eigenständigkeit durch die ordnungspolitisch und fiskalisch motivierte **Privatisierung von Verwaltungsaufgaben** und die Verschlankung der Verwaltung eine Reduzierung. Dabei sind Privatisierungstendenzen ebenso wie gegenläufige Tendenzen zur Re-Verstaatlichung aber auch gesellschaftlichen und politischen Schwankungen unterworfen.[57]

III. Regierung und Verwaltung

Schrifttum: Achterberg, Allgemeines Verwaltungsrecht, 1988, S. 47; Badura, Evangelisches Staatslexikon, Spalte 2951 ff., 3. Aufl. 1987; Benda/Maihofer/Vogel VerfassungsR-HdB/Schuppert, 2. Aufl. 1995, § 31: Regierung und Verwaltung; Busse DÖV 1989, 45 ff.: Der Kernbereich exekutiver Eigenverantwortung im Spannungsfeld der staatlichen Gewalten; Ellwein, Regierung und Verwaltung I. Regierung als politische Führung (Politik, Regierung, Verwaltung III, I) 1970; v. Fitzthum, Parlament und Planung, 1978; Frotscher, Regierung als Rechtsbegriff, 1975; Voßkuhle/Eifert/Möllers GVwR/Hoffmann-Riem/Pilniok § 12, S. 855: Eigenständigkeit der Verwaltung; Isensee/Kirchhof StaatsR-HdB III/Schröder, § 67: Die Bereiche der Regierung und der Verwaltung; Kahl, Die Staatsaufsicht, 2000; Kahl/Ludwigs VerwaltungsR-HdB/Mede, § 82: Regierung und Verwaltung; König VerwArch. 62 (1971), 1 ff.: Planung und Koordination im Regierungssystem; Magiera, Parlament und Staatsleitung in der Verfassungsordnung des Grundgesetzes, 1979; Oldiges, Die Bundesregierung als Kollegium, 1983; Oppermann/Meyer VVDStRL 33 (1975), 8 ff. (69 ff.): Das parlamentarische Regierungssystem des Grundgesetzes.

28 Das Verhältnis zwischen Regierung und Verwaltung ist nicht nur Erkenntnisgegenstand des Staats- und Verwaltungsrechts, sondern auch der **Regierungslehre.**

1. Regierungsbegriffe

29 „Regieren" (lat. regere = richten, leiten, lenken) hat dieselbe Grundbedeutung wie „walten" und bezeichnet insbesondere die Kunst hoheitlicher Gesamtleitung. So unterscheidet sich das leitende, richtunggebende, führende Regieren typisch von dem angeleiteten, ausgerichteten, geführten Verwalten. Das Wort „Regierung" wird gebraucht zur Bezeichnung einer materiellen Staatstätigkeit (Regierung im materiellen Sinne), einer Gruppe von Staatsorganen (Regierung im organisatorischen Sinne) und des Inbegriffs der diesen Organen zugewiesenen Kompetenzen (Regierung im formellen Sinne).[58]

---

[55] S. dazu Kingreen NJW 2021, 2766 ff.; s. zu administrativen Gestaltungsspielräumen Rixen VVDStRL 80 (2021), 37 (57).

[56] Instruktiv Kingreen NJW 2021, 2766 ff.

[57] S. Ständige Deputation des DJT, Verhandlungen des 67. DJT Erfurt 2008, Band I/Burgi, D 1 ff.: Privatisierung öffentlicher Aufgaben – Gestaltungsmöglichkeiten, Grenzen, Regelungsbedarf, Gutachten D für den 67. DJT 2008, 2008; Stober NJW 2008, 2301 ff.

[58] S. näher Frotscher, Regierung als Rechtsbegriff, 1975.

2. Regierung als materielle Staatstätigkeit

Als Leitung und Führung des Staatsganzen ist die Regierung nicht nur eine notwendige, sondern auch eine eigenständige Staatsfunktion, ohne die kein Staat bestehen, sich erhalten und in bestimmter Weise gestaltet werden kann.[59] Im Rahmen der verfassungsgestaltenden Grundentscheidungen gibt sie sowohl der Gesetzgebung als auch der Verwaltung wegweisende Impulse und allgemeine politische Zielvorgaben, plant die Gestaltung der Lebensverhältnisse, koordiniert das Staatshandeln, stellt den Staat nach außen und innen dar und bestimmt dadurch sein besonderes Wesen. Sie hat die Staatsziele und die sich daraus ergebenden Staatsaufgaben aus eigener Initiative umzusetzen, schöpferisch zu begleiten und zukunftsorientiert weiterzuentwickeln. Dabei handelt es sich in hohem Maße um eine politische Staatstätigkeit **(Rechtspolitik, Wirtschaftspolitik, Sozialpolitik)** mit dem Ziel, die Einheitlichkeit staatlichen Handelns zu gewährleisten. Sie schließt auch die **Informationstätigkeit der Regierung** ein.[60] 30

Materielle Regierungstätigkeit wird außer im Staate auch in den überstaatlichen Verbänden ausgeübt (zB in der Europäischen Union durch den **Europäischen Rat,** der ausweislich des Art. 15 I EUV der Union die für die Entwicklung erforderlichen Impulse gibt und die allgemeinen politischen Zielvorstellungen und Prioritäten festlegt, ohne gesetzgeberisch tätig zu sein). Auch in den zur **Selbstverwaltung berechtigten Körperschaften,** insbesondere in den Gemeinden und Gemeindeverbänden, findet materielle Regierungstätigkeit insoweit statt, als man auch dort plant und das Ganze des Gemeinwesens (politisch) lenkt, gestaltet und darstellt. 31

3. Regierung im organisatorischen Sinne

Regierung im organisatorischen Sinne ist iwS der Inbegriff derjenigen Staats- und Unionsorgane, deren Hauptkompetenz die Ausübung materieller Regierungstätigkeit ist. Dazu gehören das Staatsoberhaupt (zB Bundespräsident), das Kollegium der Staatsminister und die Minister selbst als relativ selbstständige Staatsorgane sowie der Europäische Rat. **IeS** versteht man darunter die in der Verfassung als „Regierung" bezeichneten Organe (zB Bundesregierung als Kollegium der Bundesminister unter dem Vorsitz des Bundeskanzlers, Art. 62 ff. GG).[61] Ferner existiert der Begriff als Verwaltungsbehörde für die so benannte staatliche Mittelbehörde **(„Bezirksregierung"; „Regierungspräsidium").** Diese altüberkommene Bezeichnung ist insofern gerechtfertigt, als diese Behörde nicht nur exekutiv konditional, sondern auch administrativ zweckprogrammiert ist. Die Konkretisierung der Regierung im organisatorischen Sinne erfolgt durch die ihr zustehende **Organisationsgewalt.**[62] Umstritten sind die Grenzen dieser Befugnis. 32

Beispiel: Der VerfGH Nordrhein-Westfalen hat die Organisationsentscheidung des Ministerpräsidenten, Innenministerium und Justizministerium zusammenzufassen unter Berufung auf die Wesentlichkeitsrechtsprechung für verfassungswidrig erklärt, weil Grundsätze der Gewaltenteilung und der Unabhängigkeit der Rechtsprechung berührt seien.[63]

[59] S. näher Benda/Maihofer/Vogel VerfassungsR-HdB/Schuppert § 31 Rn. 15 ff.
[60] BVerfG NJW 2002, 2626 ff.
[61] S. näher Oldiges, Die Bundesregierung als Kollegium, 1983.
[62] Böckenförde, Die Organisationsgewalt im Bereich der Regierung, 2. Aufl. 1998; BVerwG DVBl 2005, 456 (458).
[63] VerfGH Nordrhein-Westfalen NJW 1999, 1243 mAnm Böckenförde NJW 1999, 1235; Maurer FS Vogel, 2000, 331 ff.

4. Regierung im formellen Sinne

33 Regierung im **formellen** Sinne ist die gesamte Staatstätigkeit, die nach der verfassungsrechtlichen Zuständigkeitsregelung von der Regierung im weiteren organisatorischen Sinne wahrgenommen wird, mag sie nun materiell Regierungstätigkeit (zB Art. 65, Art. 113 GG), Gesetzgebung (zB Art. 80 GG) oder **Verwaltung** (zB Beamtenernennung nach Art. 60 GG, Richtlinien-Kompetenz, Fondsbewirtschaftung, Erlass von Verwaltungsvorschriften und Weisungen) sein.

5. Regierung und Fachministerien

34 Die Regierung im engeren organisatorischen Sinne besteht im parlamentarischen Staate idR nicht aus Fachbeamten, sondern aus Politikern (meist Abgeordneten), denen als „Ministerium" ein aus Beamten gebildeter Verwaltungsstab zur Verfügung steht. Von den Fachministerien sind für alle Verwaltungszweige von besonderer Bedeutung:

35 – das **Finanzministerium.** Denn seine Einwilligung ist meist entscheidend für die Festsetzung der für die einzelnen Verwaltungszwecke zur Verfügung stehenden Geldmittel und damit für die Inhalte der Verwaltung und sogar der Fachregierungstätigkeit;

36 – das **Innenministerium.** Es ist zum einen Aufsichtsinstanz über die Behörden der Staatsverwaltung sowie Selbstverwaltung im Interesse der Gesetzmäßigkeit der Verwaltung.[64] Zum anderen ist es federführend für alle allgemeinen Beamtenangelegenheiten, und es verfügt über die Polizei und ihre Machtmittel;

37 – das **Justizministerium** ist für die Rechtsförmlichkeitsprüfung zuständig.[65]

6. Regierung und Verhältnis zu der Verwaltung

37a **Regierung** im soeben entfalteten Sinn und **Verwaltung** werden traditionell als vollziehende Gewalt gem. Art. 20 III GG zusammengefasst.[66] Gleichwohl unterscheiden sie sich und sie werden mithilfe von **Dichotomien** abgegrenzt. Als Kriterien für Regierung einerseits und Verwaltung andererseits dienen grosso modo die Begriffspaare Herrschaft auf Zeit/Permanenz, politisch/unpolitisch, politische Fähigkeiten/Fachkompetenz, Öffentlichkeitswirksamkeit/Anonymität und Öffentlichkeit/Vertraulichkeit.[67] Facettenreich ist auch die Frage nach der **Eigenständigkeit der Verwaltung gegenüber der Regierung**.[68] Hier kommt es im Einzelnen darauf an, in welchem Umfang Aufsichtsrechte zugunsten der Regierung bestehen; in diesen Fällen dürften Kriterien zugunsten der Verwaltung wie Effektivität etc eher schwächerer Natur sein.

IV. Rechtsprechung und Verwaltung

Schrifttum: S. die Kommentare zu Art. 92, 96, 97 GG; Brohm DVBl. 1986, 321 ff.: Die staatliche Verwaltung als eigenständige Gewalt und die Grenzen der Verwaltungsgerichtsbarkeit; Eisenmenger, Privatisierung der Justiz aus rechtlicher und ökonomischer Sicht, 2012, § 3; Lüder, Öffentliche Verwaltung der Zukunft/Franßen, 1998, S. 17 ff.: Verwaltung und Verwaltungsgerichtsbarkeit; FS Thoma, 1950/Frie-

---

[64] S. näher Kahl, Die Staatsaufsicht, 2000, S. 493 ff.

[65] S. näher Handbuch der Rechtsförmlichkeit v. 15.4.1999, B-Anz. v. 7.7.1999, Beil. Nr. 123a.

[66] Hoffmann-Riem/Schmidt-Aßmann/Voßkuhle GVwR I/Pilniok, § 12 Rn. 90.

[67] Kahl/Ludwigs VerwR-HdB/Mede, § 82 Rn. 22 ff. mit weiteren Einzelheiten.

[68] S. dazu Hoffmann-Riem/Schmidt-Aßmann/Voßkuhle GVwR I/Pilniok § 12 Rn. 90 ff.

senhahn, S. 21 ff.: Über Begriff und Arten der Rechtsprechung; Voßkuhle/Eifert/Möllers GVwR/Hoffmann-Riem/Pilniok, § 12, S. 855: Eigenständigkeit der Verwaltung; Götz, Die öffentliche Verwaltung zwischen Gesetzgebung und richterlicher Kontrolle, 1985; Lorenz, Rechtsprechung, StL IV, 8. Aufl. 2020, Sp. 726 ff.; Möllers AöR 132 (2007), 493 ff.: Dogmatik der grundgesetzlichen Gewaltengliederung; Roellecke/Starck VVDStRL 34 (1976), 7 ff. und 43 ff.: Die Bindung des Richters an Gesetz und Verfassung; Schilken, Gerichtsverfassungsrecht, 2007; Schlaich VVDStRL 39 (1981), 103 ff.: Die Verfassungsgerichtsbarkeit im Gefüge der Staatsfunktionen; FS Menger, 1985/Schmidt-Aßmann, S. 107 ff.: Funktionen der Verwaltungsgerichtsbarkeit; Scholz/Schmidt-Aßmann VVDStRL 34 (1976), 145 ff. und 221 ff.: Verwaltungsverantwortung und Verwaltungsgerichtsbarkeit.

Die Beschreibung und Eingrenzung der Funktionen Rechtsprechung und Verwaltung ist Gegenstand des Staats- und Verwaltungsrechts und der in jüngerer Zeit entstandenen **Rechtsprechungslehre.**[69] 38

1. Rechtsprechung im materiellen Sinne

a) Rechtsprechungsfunktion

Rechtsprechung im materiellen Sinne ist eine besondere, von den anderen Staatstätigkeiten, namentlich auch von der Verwaltung, inhaltlich verschiedene Staatstätigkeit.[70] Während das Grundgesetz zu Begriff und Funktion der Rechtsprechung schweigt, gestattet die Formulierung des Art. 19 I 1 EUV eine erste Abschichtung von anderen Unionsfunktionen. Denn mit dem Auftrag, die Wahrung des Rechts bei der Auslegung und Anwendung der Verträge zu sichern, wird die spezifische **„Rechtsgewährleistungsfunktion"** der Judikative angesprochen. Sie bedeutet, dass die Rechtsprechung ausschließlich wegen der Verwirklichung des Rechts geschaffen wurde. Allerdings beschränkt sich die Judikative nicht auf ihre **Rechtswahrungsfunktion,** sondern bildet das Recht durch die Schöpfung von **Richterrecht** fort.[71] Dabei sind der Judikative wegen Art. 20 I GG enge Grenzen gezogen. 39

Beispiel: Es ist nicht unproblematisch, wenn Richter dem Gesetzgeber betragsmäßig bezifferte Vorgaben machen.[72]

b) Rechtsprechung als materielle Tätigkeit

Rechtsprechung als materielle Staatstätigkeit ist zunächst rechtliche Beurteilung konkreter Sachverhalte und damit Entscheidung über (idR streitige) Berechtigungen und Verpflichtungen von Rechtssubjekten. Die rechtliche Beurteilung muss auf Grund eines geordneten Verfahrens objektiv in Anwendung des geltenden objektiven Rechts erfolgen. Dadurch unterscheidet sich die Rechtsprechung nicht nur von Selbsthilfe und Machtspruch, sondern auch von der auf einen billigen Ausgleich abzielenden **Schlichtung** und der auf Konfliktbewältigung gerichteten **Mediation,**[73] unabhängig davon, dass teilweise auch Richtermediatoren mediationsähnliche Verfahren durchführen. 40

[69] S. näher Achterberg DVBl 1984, 1093 ff.; Hoppe/Krawietz/Schulte, Rechtsprechungslehre, 1992; Sendler DVBl 1993, 1050 ff.; s. auch Möllers AöR 132 (2007), 494 (527 ff.).

[70] S. eine Auflistung der Tätigkeiten in: Eisenmenger, Privatisierung der Justiz aus rechtlicher und ökonomischer Sicht, 2012, § 3.

[71] S. auch BVerwGE 106, 115 ff.

[72] BVerfGE 99, 216 und 246.

[73] S. dazu Ritter NJW 2001, 3440 ff.

41 Für den Begriff der materiellen Rechtsprechung ist weiterhin wesentlich, dass die rechtliche Beurteilung des Sachverhalts in Anwendung des geltenden objektiven Rechts durch ein unbeteiligtes (Staats-)Organ erfolgt. „Unbeteiligt" in diesem Sinne ist, wem kein anderes Interesse zur Wahrnehmung anvertraut ist als das Interesse an der Aufrechterhaltung der Rechtsordnung durch die Feststellung dessen, was rechtens ist. Hierdurch unterscheidet sich die Rechtsprechung von der öffentlichen Verwaltung, die an ihren Entscheidungen insoweit beteiligt ist, als ihr durch das objektive Recht mit der Aufgabe, durch Rechtsanwendung der Aufrechterhaltung der Rechtsordnung und dem Rechtsfrieden zu dienen, je besondere öffentliche Interessen zur Wahrnehmung anvertraut sind. Danach gehören nicht zur materiellen Rechtsprechung zB die **streitentscheidenden Verwaltungsakte,** soweit die Verwaltungsbehörde an dem streitigen Rechtsverhältnis beteiligt ist. Aus demselben Grund zählt ein weiter Bereich der **freiwilligen Gerichtsbarkeit** (zB Registersachen, Betreuungssachen) materiell zur Verwaltung.[74] Erst recht sind die Entscheidungen über **Beschwerden** und **Widersprüche,** auch wenn sie in besonderen kollegialen Verfahren ergehen, keine Entscheidungen durch einen unbeteiligten Dritten, sondern materielle Verwaltungsakte.

42 Während Akte der Gesetzgebung und der Regierung gar nicht, Verwaltungsakte nur in seltenen Ausnahmefällen formeller und materieller Rechtskraft fähig sind, gedeihen Rechtsprechungsakte stets zu mindestens latenter **Rechtskraft.** Das ist aber nur eine Rechtsfolge Rechtsprechungsentscheidungen.

c) Rechtsprechung im materiellen Sinne

43 Demnach ist **Rechtsprechung im materiellen Sinn** (Art. 92 GG) zu definieren als die in besonders geregelten Verfahren zu rechtskräftiger Entscheidung führende rechtliche Beurteilung von Sachverhalten in Anwendung des geltenden objektiven Rechts durch ein unbeteiligtes (Staats-)Organ. Wird die Rechtsprechung im materiellen Sinne nicht als Entscheidung von Streitigkeiten definiert, weil sie sich darin nicht erschöpft, sondern auch dem Rechtsschutz und der Rechtskontrolle dient (→ § 20 Rn. 39),[75] so bedarf es einer besonderen Erwähnung der **Verhängung von Strafen** nicht mehr; sie ist bereits von der Definition erfasst. Ferner ergibt sich aus Art. 104 II GG, dass lediglich Richter auf Freiheitsstrafen erkennen oder davon freisprechen können.[76] Deshalb sind Verwaltungsverfahren mit Strafsanktionen unzulässig, während die Ahndung von **Ordnungswidrigkeiten** angesichts des geringen Unrechtstatbestandes von den Verwaltungsbehörden als Sanktionierung von **Verwaltungsunrecht** vorgenommen werden kann.[77] Für Gehaltskürzungen und schwere **Disziplinarmaßnahmen** ergibt sich der Rechtsprechungsvorbehalt aus Art. 33 V GG, dh aus der Tradition.

2. Rechtsprechung als Richterlichkeit

a) Rechtsprechung als unabhängige Entscheidung

44 Rechtsprechung ist ferner dadurch gekennzeichnet, dass es sich um eine unabhängige Entscheidung unter Beteiligung von Fachjuristen mindestens in letzter Instanz

[74] S. Stober, Handelsregister und Selbstverwaltungskörperschaften der Wirtschaft, 1998, S. 15 ff.
[75] Bettermann AöR 92 (1967), 498 f.
[76] S. Bettermann AöR 92 (1967), 503; Starck VVDStRL 34 (1976), 43 (66).
[77] BVerfGE 22, 49 (81).

(Richterlichkeit) handeln muss. Kraft dieser Unabhängigkeit sind die rechtsprechenden Organe frei von unmittelbaren Einflüssen aller anderen Staatsorgane. An deren Akte sind sie nur insoweit gebunden, als die Akte Recht setzen, **Tatbestandswirkung, Bindungswirkung oder Feststellungswirkung** haben (→ § 20 Rn. 52–57, → § 50 Rn. 2).[78] Demgemäß sind nach Art. 20 III und Art. 97 GG die Richter als Organwalter der Rechtsprechung bezüglich des Inhalts ihrer richterlichen Maßnahmen und Entscheidungen einerseits an „Gesetz und Recht", dh an das positive Recht, gebunden. Andererseits sind sie aber auch nur ihm unterworfen.[79] Um diese sachliche **Unabhängigkeit** durch eine persönliche zu sichern, sind sie wider ihren Willen nur aus gesetzlichen Gründen durch idR richterliche Entscheidung versetzbar oder ihres Amtes enthebbar. Ämter in Gesetzgebungs- und Verwaltungsorganen sind ihnen idR verwehrt (§ 4 DRiG).[80] Verwaltungsorgane und deren Organwalter hingegen sind allermeist von Instruktionen und Weisungen der übergeordneten und Dienstaufsichtsorgane, insbesondere der Regierung im engeren, organisatorischen Sinne abhängig und zumeist versetzbar. Es gibt aber auch Verwaltungsstellen, die ebenfalls Unabhängigkeit genießen, wie zB die **Rechnungshöfe** (zB Art. 114 II GG; Art. 285 AEUV), oder die **Europäische Zentralbank** (Art. 282 AEUV). Eine Zwischenstellung nehmen die **Vergabekammern** ein (§§ 155 ff. GWB). Sie sind einerseits unabhängig (§ 157 I GWB) und anderseits erlassen sie Verwaltungsakte (§ 168 III GWB). Die Gerichtsqualität dieser Kammern wird deshalb unterschiedlich bewertet.[81] Ähnliches gilt für die Verfahren bei dem Deutschen Patent- und Markenamt.[82]

b) Rechtsprechung durch staatliche Gerichte

Eine weitere modale Charakterisierung der Rechtsprechung ergibt sich daraus, dass 45
die rechtsprechende Gewalt **staatlichen Gerichten** und dem Europäischen Gerichtshof anvertraut ist. Das folgt zum einen aus Art. 92 GG (so auch im Ergebnis das BVerfG[83]), weil Art. 92 Hs. 2 GG allein auf staatliche Gerichte verweist. Die Staatlichkeit der Gerichte lässt sich zum anderen auch aus der demokratischen Struktur der Verfassung und ihrer Absage an ständische Gewalten ableiten.[84] Als staatliche Gerichte sind auch von Standesorganisationen getragene Gerichte anzusehen, wenn sie durch staatliches Gesetz errichtet worden sind und der Staat bei der Bestellung der Richter mitwirkt.[85] Die sog. **Schiedsgerichtsbarkeit** ist keine Gerichtsbarkeit im

[78] S. BVerwGE 8, 355; 27, 321; BGH DVBl 2001, 361 ff.
[79] Papier NJW 1990, 8 ff.
[80] BVerfGE 17, 259; 26, 198 u. BVerwG ZBR 1967, 122.
[81] Die Gerichtsqualität iSv Art. 267 AEUV (ex-Art. 234 EGV) bejahend: EuGH 19.6.2003 – C 315/01 Rn. 25–29, zum österreichischen Bundesvergabeamt sowie EuGH 17.9.1997 – C 54/96 Rn. 22–38, zur Gerichtsqualität der Vergabeüberwachungsausschüsse, der Vorgänger der Vergabekammern. Offenlassend die Entscheidungen der Vergabekammer des Bundes beim Bundeskartellamt: VK Bund 7.7.2005 – VK 2 – 66/05 und 21.7.2005 – VK 2 – 60/05. Verneinend dagegen: VK Brandenburg 29.11.2001 – 2 VK 44/00. Aus der nationalen Perspektive des Art. 92 GG auf Grund der verwaltungsinternen Anbindung der Vergabekammern die Gerichtsqualität ablehnend die Gesetzesbegründung der §§ 97 ff. GWB in BT-Drs. 13/9340, 13, 19; ebenso VK Brandenburg 10.2.2003 – VK 80/02 und 14.3.2003 – VK 14/03.
[82] BVerfG BayVBl. 2003, 658.
[83] S. aber BVerfGE 18, 253.
[84] S. Häberle DÖV 1965, 372.
[85] BVerfGE 18, 235 f.; 22, 42 u. 26, 185.

verfassungsrechtlichen Sinne, weil sie auf der Privatautonomie beruht.[86] Im Falle schwerwiegender Fehler des Schiedsspruches kann aber als Korrektiv ein Aufhebungsantrag gem. § 1059 ZPO bei dem Oberlandesgericht gestellt werden.

3. Rechtsprechung im formellen Sinne

46 Der Begriff der **Rechtsprechung im formellen Sinne** (Gerichtsbarkeit, Judikative) ist die Summe der dem unabhängigen Staatsorgan Richter (Gericht) durch Verfassung oder Gesetz zugewiesenen Aufgaben, ohne Rücksicht auf ihren Inhalt.[87]

Beispiel: Das Patenterteilungsverfahren ist dem Bundespatentamt als Verwaltung zugewiesen und keine formelle Rechtsprechungstätigkeit.[88]

47 In der Mehrzahl handelt es sich dabei um Angelegenheiten materieller Rechtsprechung. Art. 92 GG ist aber nicht dahin zu interpretieren, dass Richter nur Rechtsprechungsfunktionen ausüben dürfen.[89] Daneben obliegen den Richtern auch Verwaltungsaufgaben (Grundbuch- ua Registersachen; nichtstreitige freiwillige Gerichtsbarkeit) und vereinzelt zugleich gesetzgeberische Aufgaben (selbstständige Normenkontrolle). Gerade die genannten Verwaltungsaufgaben stehen regelmäßig auf dem Prüfstand, und zwar unter dem Gesichtspunkt der Konzentration der Gerichte auf ihre Kernaufgaben.[90] Letztlich geht es auch um die Privatisierung einzelner Gerichtstätigkeiten.

47a Der Begriff der Rechtsprechung im formellen Sinne hat aber lediglich eine eher deklaratorische Bedeutung. Denn geht es etwa um die Frage, welche Aufgaben den Gerichten verfassungsrechtlich im Mindestmaß zugewiesen sind (so bei Art. 92 GG), so wird der materielle Rechtsprechungsbegriff zugrunde gelegt (→ § 20 Rn. 39 ff.).

4. Gerichtsverwaltung

48 Zu den gerichtlichen Tätigkeiten zählt auch die mittlerweile sehr weit gefasste Kategorie der **„Gerichtsverwaltung“** (§ 4 II Nr. 1 DRiG). Sie kann sich teilweise auch mit dem Rechtsprechungsbegriff im formellen Sinne decken. In der Literatur wird die Gerichtsverwaltung zusammengefasst als „gesamte verwaltende Tätigkeit“ beschrieben, die „die sachlichen und persönlichen Voraussetzungen für die Wahrnehmung der den Gerichten zugewiesenen Rechtsprechungsaufgaben schafft und erhält“[91] und sich durch die reine Innenwirkung von der nach außen wirkenden Justizverwaltung unterscheidet.[92] Hierhin gehören Tätigkeiten insbesondere im Bereich Sachmittelbereitstellung, Personalverwaltung und Organisation des Dienstbetriebes.[93]

---

86 S. Stober NJW 1979, 2001 ff.; Friauf/Höfling/Achterberg GG Art. 92 Rn. 173 ff.
87 S. BVerfGE 8, 207.
88 BVerfG BayVBl. 2003, 658 ff.
89 BVerfGE 64, 179.
90 S. Eylmann/Kirchner/Knieper/Kramer/Mayen, Zukunftsfähige Justiz – Strukturreform durch Konzentration auf ihre Kernaufgaben, 2004; Eylmann/Kirchner/Knieper/Kramer NordÖR 2007, 343 ff.
91 Schilken GerichtsVerfR, Rn. 250.
92 Schilken GerichtsVerfR, Rn. 250.
93 Schilken GerichtsVerfR, Rn. 251.

5. Zur Justizverwaltung

Von der Gerichtsverwaltung ist die Justizverwaltung zu trennen, die sich begrifflich teilweise auch mit der Rechtsprechung im formellen Sinne decken kann. **Justiz** als ein organisatorisch-ressortmäßiger Begriff bezeichnet alle Behörden, die typischerweise dem Justizministerium unterstehen. Hier geht es um Justizverwaltungsmaßnahmen mit Außenwirkung gegenüber dem Bürger. Von herausragender Bedeutung sind dabei die Justizverwaltungsakte iSd § 23 EGGVG, dh Anordnungen, Verfügungen oder sonstige Maßnahmen, die von den Justizbehörden – einschließlich Gerichten – auf den Gebieten des bürgerlichen Rechts einschließlich des Handelsrechts, des Zivilprozesses, der freiwilligen Gerichtsbarkeit und der Strafrechtspflege getroffen werden. 49

6. Rechtsschutz und Rechtsweg

(Gerichtlicher) **Rechtsschutz** ist das zur Verfügung stellen der von den Gerichten ausgeübten staatlichen Entscheidungs- und Zwangsgewalt zur Verwirklichung von Ansprüchen. Grundlage des Anspruchs auf gerichtlichen Rechtsschutz sind – je nach Anwendungsbereich – Art. 6 EMRK, Art. 47 GRCh, Art. 19 IV GG, der allgemeine Justizgewährungsanspruch gem. Art. 2 I, Art. 20 III GG sowie spezialverfassungsrechtliche Normen wie etwa Art. 14 III 4 GG. 50

Der Weg, welchen der Betroffene einzuschlagen hat, um des Rechtsschutzes teilhaftig zu werden, ist der **Rechtsweg** als der Weg zu einem Zweig der Gerichtsbarkeit. **„Ordentlicher" Rechtsweg** ist der Weg zu den Zivilgerichten (mit Ausnahme der Arbeitsgerichte) und zu den mit jenen organisatorisch verbundenen Strafgerichten. **Verfassungsrechtsweg** ist der Weg zum Bundes- oder einem Landesverfassungsgericht. **Verwaltungsrechtsweg** ist der Weg zu den (allgemeinen oder besonderen) Verwaltungsgerichten. **Verwaltungsweg** ist der förmliche Verfahrensweg (zB auf Antrag oder Widerspruch) innerhalb der Verwaltung. **Unionsrechtsweg** ist der Weg zum EuGH (Art. 19 EUV, Art. 251 ff. AEUV). 50a

V. Trennung und Verflechtung von Rechtsprechung und Verwaltung

1. Ausnahmen vom Grundsatz der gegenseitigen Unaufhebbarkeit der Akte

Zwischen allen Organen der Rechtsprechung und der Verwaltung gilt vorbehaltlich des Instanzenzuges die Regel der gegenseitigen Unaufhebbarkeit formeller Akte. Allerdings bestehen insoweit Ausnahmen, als bestimmte Gerichte zur Nachprüfung bestimmter Verwaltungsmaßnahmen zuständig sind: 51

- Alle **Verwaltungsgerichte** dürfen die von einer Verwaltungsbehörde angeordnete sofortige Vollziehung eines Verwaltungsaktes aussetzen (zB § 80 V VwGO) und heben die ihrer Rechtsprechung unterworfenen rechtswidrigen Verwaltungsakte nach Anfechtungsklage auf (s. §§ 42 I, 113 I VwGO; §§ 54 I, 131 SGG; §§ 40 I, 100 FGO).
- Die **Verwaltungsgerichtshöfe** heben auf Grund selbstständiger Normenkontrolle rechtswidrige Baurechtsatzungen und nach Maßgabe des Landesrechts Verordnungen und andere von der Verwaltung erlassene Rechtssätze im Range unter dem Gesetz auf (§ 47 VwGO).
- Die **Amtsgerichte** dürfen Bußgeldbescheide der Verwaltungsbehörden (§ 68 OWiG) aufheben.

– Die **Landgerichte** sind zuständig zur Aufhebung der Festsetzung einer Enteignungsentschädigung oder eines sonstigen Entschädigungsbescheides der Verwaltungsbehörde (Art. 14 III 4 GG; § 226 BauGB).
– Die **Strafvollstreckungskammern** befinden über die Aufhebung im Rahmen von Strafvollzugsentscheidungen (s. zB § 130 Nr. 2 HmbStVollZG iVm §§ 109 ff. Bundes-StVollZG).
– Die **Oberlandesgerichte** dürfen Justizverwaltungsakte und Verwaltungsakte der Vergabekammern (§ 171 III GWB) aufheben (§§ 23 ff. EGGVG).

2. Zur Bindungswirkung

a) Drittbindungswirkung

52 Soweit Gerichte nicht berechtigt sind, Anordnungen von Verwaltungsbehörden aufzuheben, müssen sie – wie alle Dritten – und wie umgekehrt die Verwaltungsbehörden, die Tatsache hinnehmen und beachten, dass der Hoheitsakt erlassen ist und dass er besteht, solange er nicht aufgehoben wird (**Drittbindungswirkung iwS,** Verbindlichkeit).

b) Tatbestandswirkung

53 Die Verwaltungsbehörden bzw. die Gerichte sind an den Inhalt des fremden wirksamen Aktes gebunden, auch wenn dieser für fehlerhaft gehalten wird (sog. **Tatbestandswirkung**) und wenn der wirksame fremde Akt tatbestandliche Voraussetzung für eine Rechtsfolge ist.[94] Diese Tatbestandswirkung wird auch „Feststellungswirkung" genannt.

Beispiel: Die berufsrechtlichen Voraussetzungen (zB Großer Befähigungsnachweis) für eine krankenversicherungsrechtliche Zulassung sind nicht von den zuständigen Landesverbänden der Krankenkassen oder den Verbänden der Ersatzkrankenkassen, sondern vorrangig selbstständig mit Tatbestandswirkung durch die nach dem Berufsrecht zuständigen Behörden (zB Handwerkskammer) zu prüfen.[95]

53a Die Bindung der Verwaltungsbehörden gilt dann aber grundsätzlich nur soweit, wie die Rechtskraft des betreffenden gerichtlichen Aktes (Urteil, Beschluss) reicht.

Beispiele: Fahrverbot (§ 44 StGB), Verlust der Amtsfähigkeit (§ 45 StGB).

54 Der Umfang der Bindung hängt davon ab, ob der verwaltungsrechtliche Rechtssatz die Rechtsfolge allein an das Urteil, zB Bestraftheit, anknüpft oder weitere Tatbestandsvoraussetzungen nennt oder der Behörde ein Ermessen einräumt.[96] Über die Rechtskraft hinaus binden Entscheidungen des Verfassungsgerichts, sofern sie über den konkreten Streitfall hinaus eine strittige verfassungsrechtliche Frage allgemein für alle zukünftigen Fälle beantworten (§ 31 I BVerfGG).[97]

54a Die Gerichte sind nur an den Inhalt (wirksamer) ieS gestaltender sowie konstitutiv-feststellender Verwaltungsakte gebunden.

Beispiele: Verleihung der Staatsangehörigkeit, Entlassung eines Beamten.

54b Nicht gebunden sind dagegen die Gerichte an lediglich deklaratorisch feststellende Verwaltungsakte.

[94] S. auch BGH DVBl 2001, 361 f.
[95] BSG GewArch 1997, 320 (322), und BSG NJW 1996, 3228.
[96] S. BVerwGE 15, 128.
[97] BVerfG VerwRspr. 18 (1967), 140; Ziekow JURA 1995, 522 ff.

Beispiele: Bescheinigungen über den Wohnsitz, das Bestehen der Staatsangehörigkeit oder das Besoldungsdienstalter.

55 Zwar sind die Zivilgerichte zur Prüfung der Rechtmäßigkeit von Verwaltungsakten berufen, soweit sie ihnen durch Gesetz zugewiesen ist, zB auf Amtshaftungsklage oder im Streit um Aufopferungs- oder Enteignungsentschädigung (s. § 40 II VwGO). Sie können jedoch den schädigenden bzw. beeinträchtigenden Verwaltungsakt nicht aufheben[98] und sind an verwaltungsgerichtliche Entscheidungen gebunden, welche die Rechtmäßigkeit oder Rechtswidrigkeit der in Rede stehenden Maßnahme rechtskräftig feststellen.[99]

c) Feststellungswirkung

56 Gerichte und Verwaltungsbehörden sowie auch die Gerichte der verschiedenen Zweige der Gerichtsbarkeit sind untereinander nur ausnahmsweise auch an die in dem Akt implizit getroffenen Feststellungen gebunden (sog. **Feststellungswirkung**).

Beispiele: An die Feststellung eines (Verwaltungs-) Gerichts, dass ein Bauvorhaben im Außenbereich öffentliche Belange nicht beeinträchtigt, sind alle Verwaltungsbehörden gebunden.[100] Im Verwaltungsverfahren betr. Entziehung der Fahrerlaubnis darf die Behörde von der Feststellung des Sachverhalts, der Beurteilung der Schuldfrage oder der Eignung des Inhabers des Führerscheins zum Führen von Kraftfahrzeugen im Strafurteil nicht zum Nachteil des Betroffenen abweichen (§ 4 III StVG).[101] Entsprechendes gilt für die Untersagung der Gewerbeausübung (§ 35 III GewO).

56a Im Übrigen darf die Verwaltungsbehörde, ohne dass eine Bindung an die Feststellungen eines Urteils besteht, diese ihrer Entscheidung zugrunde legen, wenn gewichtige Gründe gegen die Tatsachenfeststellungen des Gerichts nicht erkenntlich sind.[102] Mit diesem Vorrang der strafrechtlichen Feststellungen sollen überflüssige, aufwändige und sich widersprechende Doppelprüfungen vermieden werden.[103]

d) Grenzen der Bindungswirkung

57 Die Bindung gilt nicht im Falle und für die Dauer eines **Notstandes,** den eine Verwaltungs-(Polizei-, Sicherheits- oder Ordnungs-)Behörde nur unter Durchkreuzung der Wirkung einer gerichtlichen Entscheidung beheben kann.

Beispiel: Wiedereinweisung Obdachloser in Räume, zu deren Räumung sie gerichtlich verurteilt wurden.

3. Inzidentprüfung und Musterverfahren

58 Ist eine Entscheidung des sachlich zuständigen Organs noch nicht ergangen, so kann das mit der Sache befasste Gericht bzw. die Verwaltungsbehörde auch eine nicht in ihrer Zuständigkeit liegende Rechtsfrage inzidenter prüfen und beantworten, soweit deren Beurteilung für die zur Entscheidung stehende Sache erforderlich ist (zB privatrechtliche Vorfragen bei Verwaltungs- oder Strafgerichten).[104] Insbesondere können alle Gerichte Verordnungen oder Satzungen die Anwendung versagen, soweit sie inzi-

[98] S. BVerwGE 11, 251.
[99] BGH NJW 1994, 1950.
[100] OVG Koblenz VerwRspr. 17 (1966), 75.
[101] S. BVerwG VerwRspr. 17 (1966), 90; NJW 1995, 70.
[102] S. BVerwGE 24, 34; 71, 93 (95).
[103] BVerwG NVwZ-RR 1993, 165.
[104] S. VerfGH Bayern VerwRspr. 22 (1971), 650 betr. Eigentums- und Besitzverhältnisse am Straßengrund.

denter ihre Rechtswidrigkeit nachweisen. Inzident-Entscheidungen gedeihen nicht zur Rechtskraft. Daher tritt eine Bindung des anderen Gerichts oder der Verwaltungsbehörden durch **Inzident-Entscheidungen** grundsätzlich nicht ein.

59 Statt einer Inzident-Entscheidung ist nach § 93a VwGO auch die Vorabdurchführung eines **Musterverfahrens** möglich, wobei die übrigen Verfahren bis zur Entscheidung ausgesetzt werden.

4. Gerichtskontrolle als Rechtskontrolle

60 Während die Verwaltung auf **Multidisziplinarität** angelegt ist und auch **metajuristische Verantwortung** besitzt, ist die Rechtsprechung monodisziplinär-juristisch verfasst.[105] Gerichtliche Kontrolle reduziert sich daher auf **Rechtskontrolle**.[106] Sie darf nicht als „Rundum-Beaufsichtigung" der Verwaltung missverstanden werden. Deshalb endet die gerichtliche Kontrolle dort, wo es an rechtlichen Kontrollmaßstäben fehlt.[107] Hier kommt die **Eigenständigkeit der Verwaltung** besonders deutlich zum Ausdruck.[108] Im Vordergrund steht dann die von der Rechtsprechung zu respektierende Eigenverantwortung[109] sowie die **Zweckmäßigkeit** des Handelns.[110] Kerngedanke ist, dass die Gerichtskontrolle nicht zu einer Subalternisierung der Verwaltung führen und die Judikative Verwaltungsbewertungen nicht durch Gerichtsbewertungen ersetzen darf.[111]

61 Allgemein sind zwei Grundprobleme zu unterscheiden. Zum einen ist zu fragen, ob es in einem gewaltengegliederten Rechtsstaat überhaupt rechtsfreie Entscheidungen für die Verwaltung in dem Sinne gibt, dass bestimmte Maßnahmen der gerichtlichen Kontrolle völlig entzogen sind **(sog. justizlose Hoheitsakte).** Das wurde für **Regierungsakte** und **Gnadenakte** diskutiert, ist aber unter der Geltung des Grundgesetzes abzulehnen.[112] Davon ist die Frage zu trennen, inwieweit der Gesetzgeber Verwaltungsentscheidungen aus Gründen der Beschleunigung und der Verwaltungseffizienz dadurch gerichtlich unanfechtbar ausgestaltet, dass er **Heilungs- und Präklusionsvorschriften** aufrichtet.

Beispiele: §§ 45 II, 46 VwVfG; § 10 III 5 BImSchG.

62 Zum anderen geht es um das Problem, ob und inwieweit der Verwaltung innerhalb zu treffender Entscheidungen bestimmte **Gestaltungsspielräume** zustehen, welche lediglich die Intensität der gerichtlichen Nachprüfung begrenzen **(sog. Kontrolldichte).** Erinnert sei nur an Ermessensspielräume, deren Ausübung aber gleichzeitig bestimmten rechtlichen Grenzen unterfällt (§ 40 VwVfG, § 114 VwGO und → §§ 31 ff. Rn. 1 ff.).

[105] Scholz VVDStRL 34 (1976), 146 (152 ff.).
[106] So auch Hoffmann-Riem/Schmidt-Aßmann/Voßkuhle GVwR I/Pilniok § 12 Rn. 144.
[107] Krebs, Kontrolle in staatlichen Entscheidungsprozessen, 1984, 71.
[108] Hoffmann-Riem/Schmidt-Aßmann/Voßkuhle GVwR I/Pilniok § 12 Rn. 90 ff.
[109] BVerwG DVBl 1998, 339 ff.
[110] S. auch Becker VVDStRL 14 (1956), 96 (115 ff.); Klüsener NVwZ 2002, 816 ff.
[111] BVerwG DVBl 1998, 339 ff. und dazu Badura DVBl 1998, 1197 ff.
[112] BVerfG NJW 1989, 3269 – zur Warnung vor Jugendsekten durch die Regierung; s. ferner zur Anstaltsgewalt VGH Mannheim DÖV 2000, 1000.

Dritter Teil. Grundlagen des objektiven Verwaltungsrechts

Erster Abschnitt. Verwaltung und Recht

§ 21. Bedeutung und Systematisierung des Verwaltungsrechts

Schrifttum: v. Danwitz, System, 1996; Häberle BayVBl. 1977, 751 ff.: Auf dem Weg zum Allgemeinen Verwaltungsrecht; Schmidt-Aßmann AllgVerwR, S. 1 ff. und S. 111 ff.; Stern, StaatsR II, § 41; Voßkuhle/Eifert/Möllers GVwR/Schmidt-Aßmann, § 27.

I. Zur Bedeutung des Rechts für die Verwaltung

Einerseits haben die bisherigen Ausführungen verdeutlicht, dass sich die öffentliche Verwaltung nicht im Vollzug von Rechtssätzen erschöpft. Sie ist vielmehr eine gestaltende, auch schöpferische Tätigkeit mit metajuristischer Verantwortung. Andererseits darf sich Verwaltung nur innerhalb der durch die positive Rechtsordnung gezogenen Schranken bewegen (→ §§ 1–3 Rn. 1 ff., → §§ 13 ff. Rn. 1 ff., → § 20 Rn. 1 ff.und → §§ 30 f. Rn. 1 ff.). Sie reglementiert jede Verwaltung, da sie eine allgemeine Ordnung herstellt, der verwaltenden Tätigkeit Formen bereitstellt und zT vorschreibt und ihre Ausübung auch inhaltlich begrenzt. Darüber hinaus wird die öffentliche Verwaltung durch die positive Rechtsordnung geprägt, indem sie Organe schafft und deren Beziehungen untereinander sowie zu den Verwalteten durch die Begründung von Zuständigkeiten ordnet und ihr Verfahren regelt (→ §§ 44 ff. Rn. 1 ff.), also festlegt, dass, von wem und wie verwaltet werden soll. Im Rahmen dieser Zuständigkeiten sind die Verwaltungsorgane bei Vorliegen eines bestimmten Tatbestandes zu bestimmtem Verhalten verpflichtet (gesetzlich **gebundene Verwaltung;** → § 31 Rn. 1 ff.) und auch bei der Ausübung **gestaltender Verwaltung** gehalten, materiell gerechte soziale Verhältnisse herzustellen und zu erhalten (→ § 18 Rn. 12 ff. → §§ 30 Rn. 1 ff. → § 31 Rn. 1 ff.). Daher muss jede rechtsstaatliche öffentliche Verwaltungstätigkeit rechtmäßig sein. Darüber zu wachen, ist die Aufgabe der **Verwaltungskontrollen** (→ §§ 98–100 Rn. 1 ff.), insbesondere der Verwaltungsgerichtsbarkeit. 1

II. Zur Systematisierung des Verwaltungsrechts

1. Zur Gliederung des Verwaltungsrechts

Die Verwaltung kann die ihr zugedachte Rolle am ehesten erfüllen, wenn sie auf systematisch ausgereifte Verwaltungsstrukturen zurückgreifen kann. Denn systematisch ausgefeiltes Verwaltungsrecht ordnet und diszipliniert die Stofffülle, rationalisiert und standardisiert die Rechtsanwendung, ermöglicht das intra-, interdisziplinäre sowie internationale Rechtsgespräch und trägt so zur Rechtssicherheit, zur Optimierung und zur Einheit der Rechtsordnung bei (→ § 2 Rn. 40 ff. und 56 ff.).[1] 2

Die Herausarbeitung des Verwaltungsbegriffs, der Verwaltungstypen (→ §§ 3 f. Rn. 1 ff.) und der Bedeutung des Verwaltungsrechts haben keine Auskunft über die Systematik dieses Rechtsgebietes gegeben. Zwar wurden bereits beiläufig einige Einteilungsgesichtspunkte erwähnt (zB **Innen- und Außenverwaltungsrecht, Staats- und Selbstverwaltungsrecht, Bundes- und Landesverwaltungsrecht, formelles** 3

---

[1] v. Danwitz, Verwaltungsrechtliches System und Europäische Integration, S. 34 ff.; Schmidt-Aßmann AllgVerwR, S. 1 ff.

und materielles Verwaltungsrecht, → §§ 2 ff. Rn. 1 ff.). Diese und andere Klassifizierungen können jedoch nicht darüber hinwegtäuschen, dass klare gesetzliche Vorgaben mangels einer **Kodifikation des Verwaltungsrechts** (→ § 1 Rn. 8 ff.) fehlen. Die normative Ausgangslage ermöglicht nur bestimmte Abschichtungen (zB in **Verwaltungsverfahrensrecht** und **Verwaltungsprozessrecht**) und lässt den Rahmen der Verwaltungsordnung im Übrigen offen.[2] Dementsprechend besteht im Einzelnen Unklarheit über die Elemente, die zum „eisernen Bestand" des Verwaltungsrechts gehören.

4 Gelegentlich wird der juristische Wert einer Einteilung des Verwaltungsrechts sogar verneint. Diese Ansicht verkennt, dass Gliederungskriterien unabdingbar für die Weiterentwicklung des Verwaltungsrechts sind[3] und auch über **Rechtsregime, Rechtsfolgen** und **Rechtsgrundsätze** entscheiden können. Man denke nur an die Differenzierung zwischen inländischem und ausländischem Verwaltungsrecht und an die Lex-specialis-Regel.

2. Allgemeines und Besonderes Verwaltungsrecht

a) Begriffe und Rechtsgebiete

5 In Anlehnung an die deutsche Rechtstradition (BGB-AT, StGB-AT) ist die Gliederung des Verwaltungsrechts nach einem Allgemeinen und einem Besonderen Verwaltungsrecht typisch. Die Ablösung dieser Begrifflichkeit durch die Einführung des Terminus **„Fachverwaltungsrecht"**[4] für den Besonderen Teil des Verwaltungsrechts ist gegenüber der überkommenen Systematik ein Rückschritt, der die Vergleichbarkeit erschwert und sachlich nicht weiterführt. Denn das Argument, Fachverwaltungsrecht zeichne sich durch ein gemeinsames Profil aus, verkennt gerade die unterschiedlichen Strukturen und Regelungsbedürfnisse, die in den einzelnen Teilen des Besonderen Verwaltungsrechts zu finden sind. Dabei zählen zum **Allgemeinen Verwaltungsrecht** die Normen und Grundsätze, die für alle Verwaltungsrechtsgebiete und für jede Beeinflussung durch die Verwaltung gelten. Der Allgemeine Teil strukturiert das Verwaltungsrecht nach häufig maßgeblichen Begriffen, Instituten, Handlungs- und Organisationsmustern, die Querschnittscharakter besitzen.[5]

6 Demgegenüber befasst sich das **Besondere Verwaltungsrecht** mit der Ordnung einzelner Verwaltungsrechtszweige oder mit bestimmten Teilbereichen der Verwaltungsbeeinflussung. Sie sind meistens in Spezialgesetzen normiert und bestimmten Ressorts zugeordnet. Sie ergänzen und modifizieren das Allgemeine Verwaltungsrecht. Eine abschließende Aufzählung ist wegen der Dynamik des Besonderen Verwaltungsrechts nicht möglich. Außerdem ist unklar, wo die Grenzlinie zum Allgemeinen Verwaltungsrecht verläuft, weil sich bestimmte Verwaltungsgebiete teilweise verselbstständigt haben (zB das Straßen- und Wegerecht, das Technikrecht, das Regulierungsrecht und das Vergaberecht). Typischerweise werden insbesondere folgende Verwaltungsmaterien zum Besonderen Verwaltungsrecht gerechnet:
– Öffentliches Dienstrecht/Wehr- und Freiwilligendienstrecht,
– Kommunalrecht,

[2] v. Danwitz, Verwaltungsrechtliches System und Europäische Integration, S. 26.
[3] v. Danwitz, Verwaltungsrechtliches System und Europäische Integration, S. 24.
[4] So aber Voßkuhle/Eifert/Möllers GVwR/Burgi § 18 Rn. 96.
[5] S. auch Stern StaatsR II § 41 I 3, S. 739.

- Polizei- und Ordnungsrecht/Sicherheitsrecht,
- Bauplanungs- und Bauordnungsrecht,
- Wirtschaftsverwaltungsrecht/Öffentliches Wirtschaftsrecht,
- Umweltverwaltungsrecht,
- Abgabenrecht,
- Sozialrecht,
- Kultur- und Wissenschaftsverwaltungsrecht/Bildungsrecht,
- Haushalts- und Finanzrecht,
- Verkehrsverwaltungsrecht,
- Ausländerrecht/Aufenthaltsrecht/Migrationsrecht,
- Medienverwaltungsrecht/IT-Recht,
- Datenschutzrecht,
- Funktionales Selbstverwaltungsrecht (Kammerrecht).

b) Zur methodischen Behandlung des Allgemeinen und Besonderen Verwaltungsrechts

7 Einerseits bietet es sich nach diesen Ausführungen an, die allgemeinen Aspekte vor die Klammer zu ziehen und vorab oder völlig getrennt vom Besonderen Verwaltungsrecht zu behandeln. Dieses Vorgehen entspricht auch weitgehend dem Trend zu weiterer Separierung und Spezialisierung des Verwaltungsrechts. Andererseits widerspricht diese Isolierung der Verwaltungswirklichkeit und der Verwaltungspraxis, weil Verwaltungsvorgänge unter Einbeziehung des gesamten Verwaltungsrechts zu bearbeiten sind. Sie widerspricht ferner der Verwaltungswissenschaft, weil sich die einzelnen Stoffbereiche überlappen und eine saubere Abgrenzung nicht leistbar ist. Die Unterscheidungen sind teilweise historisch bedingt oder sie beruhen auf Zufälligkeiten. So ist das Dienstrecht gleichzeitig das Personalrecht der Verwaltung und das Kommunalrecht ist das Musterbeispiel für Selbstverwaltungsrecht. Ferner stellt das Besondere Verwaltungsrecht dem Allgemeinen Verwaltungsrecht Probleme und gibt ihm auf Grund von Rechtsentwicklungen in bestimmten dynamischen Verwaltungszweigen Impulse zur Weiterentwicklung.[6] Es ist partiell nur eine Abstraktion aus diversen Spezialregelungen und Instituten des Besonderen Verwaltungsrechts. Das wird an der Tendenz deutlich, bestimmte Verwaltungszweige um einen Allgemeinen Teil anzureichern (SGB I). Ferner werden Beispiele zur Erklärung des Allgemeinen Teils aus **sog. Referenzgebieten des Besonderen Verwaltungsrechts** entnommen.[7] Diese Sichtweise wirkt sich auf den spezifischen Zugriff dieses Lehrbuchs aus. Es verzichtet auf die genannte Einteilung und behandelt das Verwaltungsrecht als einheitliches Ganzes unter weitgehender Einbeziehung seiner einzelnen Zweige[8] (Integrative Betrachtung).

3. Verwaltungsverfahrensrecht und Verwaltungsprozessrecht

8 Das materielle Verwaltungsrecht wird flankiert durch das **Verwaltungsverfahrensrecht** und das **Verwaltungsprozessrecht.** Beide Materien dienen der Realisierung und Durchsetzung der materiellen Rechte und insbesondere der Grundrechte

[6] Häberle BayVBl. 1977, 751 f.; v. Danwitz, Verwaltungsrechtliches System und Europäische Integration, S. 59 f.

[7] S. v. Danwitz, Verwaltungsrechtliches System und Europäische Integration, S. 60; Schmidt-Aßmann AllgVerwR, S. 8 ff.

[8] AM ohne nähere Begründung Voßkuhle/Eifert/Möllers GVwR/Burgi § 18 Rn. 100.

(**Grundrechtsschutz durch Verfahren;** → § 18 Rn. 3 ff. und → § 33 Rn. 1 ff.) iSe weitverstandenen **Grundrechts auf gute Verwaltung** (Art. 41 GRCh), das sonst nur leere Rechtshülse wäre.[9] Während das Verwaltungsverfahrensrecht die behördliche Verwaltungstätigkeit reguliert und kontrolliert (zB durch das Widerspruchsverfahren und das Nachprüfungsverfahren (gem. §§ 155 ff. GWB für Vergabeverfahren), betrifft das Verwaltungsprozessrecht die gerichtliche Geltendmachung des materiellen und formellen Verwaltungsrechts (auch → § 20 Rn. 38 ff. und 51 ff.)).

4. Ordnungswidrigkeitenrecht als Verwaltungsunrecht

9 Verwaltungsrecht ist auf Befolgung durch die davon Betroffenen angelegt. Essenzieller Bestandteil des Verwaltungsrechts ist deshalb das **Ordnungswidrigkeitenrecht,** das sich mit den Tatbeständen und der Ahndung von **Verwaltungsunrecht** beschäftigt. Der Zusammenhang zum Verwaltungsrecht folgt vornehmlich aus der Zuständigkeit der Verwaltungsbehörden (§§ 35 ff., 56 OWiG) und aus der Stellung der Tatbestände, die regelmäßig im Schlusskapitel der einschlägigen Gesetze zu finden sind (→ § 97 Rn. 1 ff.).

5. Europäisches und internationales Verwaltungsrecht

10 Es wurde bereits mehrfach darauf hingewiesen, dass systematisch betriebenes Verwaltungsrecht nicht auf die nationale Verwaltungsrechtsordnung beschränkt sein darf (→ § 2 Rn. 56 ff.), → § 6 Rn. 9 ff., → § 12 Rn. 13 ff.). Neben dem **inländischen Verwaltungsrecht** sind deshalb auch das **europäische und das ausländische Verwaltungsrecht** in die Betrachtung einzubeziehen. Insbesondere verbietet die jüngere Rechtsentwicklung des Unionsrechts, die zahlreichen verwaltungsrechtlichen Bezüge sowie der Anwendungsvorrang des Unionsrechts **(Verwaltungsrecht als konkretisiertes Unionsrecht)**, das unionsrelevante Verwaltungsrecht isoliert darzustellen (→ § 1 Rn. 14 ff., → § 2 Rn. 56 ff.).

11 Das **internationale Verwaltungsrecht** ist eine Folge der Entscheidung von Staat und Verwaltung für eine internationale Zusammenarbeit nach dem in der Verfassung angelegten **Grundsatz der „offenen Staatlichkeit“** (→ Rn. 10 ff. und → § 2 Rn. 56 ff.). Fehlt eine ausdrückliche Bestimmung, dann spricht die Vermutung dafür, dass für Verwaltungshandeln auf deutschem Gebiet **(Territorialprinzip)** oder gegenüber deutschen Staatsbürgern **(Personalitätsprinzip)** deutsches Verwaltungsrecht gilt. Besteht eine spezielle Regelung, dann ist sie unanwendbar, wenn sie gegen den Grundsatz des **„Ordre public“** verstößt.[10] Das ist dann der Fall, wenn die Anwendung der Regelung zu einem Ergebnis führt, das mit wesentlichen Grundsätzen des deutschen Rechts offensichtlich unvereinbar ist. Das trifft insbesondere zu, wenn die Anwendung mit den Grundrechten kollidiert.[11]

[9] BVerfGE 84, 34 (45 ff.); Voßkuhle/Eifert/Möllers GVwR/Schmidt-Aßmann § 27 B II.
[10] S. näher Völker, Zur Dogmatik des ordre public, 1998.
[11] BGH NJW 1993, 849 ff. sowie BGH EuZW 1999, 26.

§ 22. Verwaltungsrecht und Gesamtrechtsordnung

Schrifttum: FS BVerwG, 1978/Bachof, S. 1 ff.: Über öffentliches Recht; Bullinger, Öffentliches Recht und Privatrecht, 1968; FS Rittner, 1991/Bullinger, S. 69 ff.: Öffentliches Recht und Privatrecht in Geschichte und Gegenwart; Voßkuhle/Eifert/Möllers GVwR I/Burgi, § 18: Rechtsregime; Christ, Die Verwaltung zwischen öffentlichem und privatem Recht, 1984; de Wall, Die Anwendbarkeit privatrechtlicher Vorschriften im Verwaltungsrecht, 1999; Drüen VVDStRL 79 (2020), 127 ff.: Verschränkungen öffentlich-rechtlicher und privatrechtlicher Rechtsregime im Verwaltungsrecht; Ehlers VERW 1987, 373 ff.: Die Unterscheidung von privatem und öffentlichem Recht; Ehlers, Verwaltung in Privatrechtsform, 1984, S. 30 ff.; Schoch/Schneider/Ehlers/Schneider VwGO, § 40; Gern ZRP 1985, 56 ff. Neuansatz der Unterscheidung des öffentlichen Rechts vom Privatrecht; Hoffmann-Riem/Schmidt-Aßmann, Öffentliches Recht und Privatrecht als wechselseitige Auffangordnungen, 1996; Jarass VVDStRL 50 (1991), 238 ff.: Verwaltungsrecht als Vorgabe für Zivil- und Strafrecht; Kahl/Ludwigs VerwaltungsR-HdB I/Gärditz, § 16: Verwaltungsrecht und Strafrecht; Kahl/Ludwigs VerwaltungsR-HdB I/Wollenschläger: Verwaltungsrecht und Strafrecht; Manssen, Privatrechtsgestaltung durch Hoheitsrecht, 1994; Martens, Öffentlich als Rechtsbegriff, 1969, § 6; FS Wolff, 1973/Menger, S. 149 ff.: Zum Stand der Meinungen über die Unterscheidung von öffentlichem und privatem Recht; Pestalozza, Formenmissbrauch des Staates, 1973, S. 166 ff.; Renck JuS 2000, 1001 ff.: Der Rechtsweg im gerichtlichen Verfahrensrecht; Scherzberg, Wozu und wie überhaupt noch öffentliches Recht?, 2003; Schlacke VVDStRL 79 (2020), 169 ff.: Verschränkungen öffentlich-rechtlicher und privatrechtlicher Rechtsregime im Verwaltungsrecht; Schlette, Die Verwaltung als Vertragspartner, 2000; Schmidt, Die Unterscheidung von privatem und öffentlichem Recht, 1985; Schmidt-Aßmann AllgVerwR, S. 284 ff.; Schröder VVDStRL 50 (1991), 196 ff.: Verwaltungsrecht als Vorgabe für Zivil- und Strafrecht; Skouris, Der Einfluss des europäischen Gemeinschaftsrechts auf die Unterscheidung zwischen Privatrecht und öffentlichem Recht, 1997; Stober/Eisenmenger ÖffWirtschaftsR BT; Tanneberg, Die Zweistufentheorie, 2011; Wolff AöR 75 (1950), 205 ff.: Der Unterschied zwischen öffentlichem und privatem Recht.

I. Einzelne Problemfelder

1 Das Verwaltungsrecht ist ein Ausschnitt der Gesamtrechtsordnung. Deshalb ist es von dem **Privatrecht** (→ § 1 Rn. 1 ff.) und dem **Strafrecht** abzugrenzen. Gleichzeitig darf das Verwaltungsrecht nicht isoliert betrachtet werden. Es ist im Wirkungszusammenhang mit den anderen Teilrechtssystemen zu würdigen. Dabei sind sowohl Einwirkungen des Privatrechts auf das Verwaltungsrecht (etwa die ergänzende Heranziehung zivilrechtlicher Normen → § 22 Rn. 42) als auch verwaltungsrechtliche Vorgaben hinsichtlich des Privatrechts und des Strafrechts zu berücksichtigen (sog. **Verwaltungsrechtsakzessorietät,** → § 22 Rn. 63 ff. und 70 ff.), → § 23 Rn. 1 ff.). Die Erörterung dieses Fragenkomplexes drängt sich umso mehr auf, je öfter von der überlagernden **„Publifizierung" des Privat- und Strafrechts**,[1] einer „Usurpierung",[2] einer „Verdrängung"[3] oder der „Dominanz" des öffentlichen Rechts die Rede ist.

1a Hier ist eine neue Entwicklung zu beobachten: Während es noch für Otto Mayer eine zentrale Aufgabe der Verwaltungsrechtswissenschaft war, sich vom Privatrecht zu emanzipieren, wurde zwischenzeitlich über einen **Rückzug des Privatrechts** diskutiert.[4] Diese Feststellung war insoweit richtig, als sie die gesetzlichen Normierungen des Verwaltungsrechts im Auge hatte, die schon auf Grund des Erfordernisses des Ge-

[1] Schmidt, Die Unterscheidung von privatem und öffentlichem Recht, 1985, S. 15 ff.; Manssen Privatrechtsgestaltung, S. 100 ff.
[2] Diederichsen, 56. DJT, 1986, L 48, 69.
[3] Jarass VVDStRL 50 (1991), 238 f.
[4] S. näher Jarass VVDStRL 50 (1991), 240 f.

setzesvorbehaltes (→ § 30 Rn. 28 ff.) eine große Ausdehnung erfahren haben. Angesichts der zunehmenden Europäisierung des Verwaltungsrechts dringen auch neuere Vorstellungen (aus anderen Rechtsordnungen) über das Europarecht vor. Betrachtet man etwa die europäische Datenschutzgrundverordnung, so wird der **„rechtsregimeunabhängige Ansatz“**[5] zwischen Privatrecht und Öffentlichem Recht (einschl. Verwaltungsrecht) deutlich, weil die Vorschriften für öffentliche ebenso wie für private Stellen gelten, auch wenn ergänzende Besonderheiten festgelegt sind.[6] Dieser einheitliche Ansatz beschränkt sich indes nur auf das europäische Verwaltungsrecht und ist auch dort erst im Anfang begriffen. Verwaltungsrecht und Privatrecht werden daher mehr denn je nicht als zwei statische, strikt getrennt nebeneinander stehende Teilrechtsordnungen, sondern als flexible, problemorientierte, intradisziplinär und pluralistisch verfasste einsetzbare Rechtsmasse angesehen, um die Verwaltung durch die Nutzung sämtlicher Potentiale zu optimieren.[7] Musterbeispiel ist das rechtskreisübergreifende Modell des Vertrages.[8] Deshalb ist es auch zutreffend, **Verwaltungsrecht und Privatrecht als wechselseitige komplementäre Auffangordnungen** zu charakterisieren.[9] In einigen Bereichen – etwa im Steuerrecht[10] oder im Umweltrecht[11] – ist es darüber hinaus zu einer **Verschränkung** von Privatrecht und Öffentlichem Recht (einschließlich Verwaltungsrecht) gekommen.

Beispiele: Die Einschaltung Privater in die staatliche Aufgabenerfüllung (als Erfüllungsgehilfe oder Beliehener) ist möglich, wenn neben den privatrechtlichen Handlungsformen öffentlich-rechtliche Auffangregeln existieren (FStrPrivFinG und Öko-Audit-System).[12] Die Rechtsprobleme des Hausrechts der öffentlichen Hand können durch öffentlich-rechtliche Grundsätze gesteuert werden. Der vertragliche Abschluss der öffentlichen Auftragsvergabe ist zwar privatrechtlich. Der Schutz Dritter wird aber nach der Ausgestaltung des Vergaberechts im GWB durch öffentlich-rechtliche Normen gesichert (→ § 22 Rn. 31 ff. und → § 23 Rn. 43 ff.). Das Verwaltungsrecht greift auf die privatrechtlichen Verjährungsvorschriften zurück.[13]

1b Vor diesem Hintergrund leuchtet es ein, dass sämtliche Rechtsfragen letztlich in der existierenden Zweiteilung des Rechts wurzeln, auf die deshalb zunächst einzugehen ist.

II. Verwaltungsrecht als öffentliches Recht

1. Historische und aktuelle Zweiteilung der Rechtsordnung

a) Entwicklung der Zweiteilung

2 Bei der Beschreibung des Verwaltungsbegriffes und der Systematisierung der Verwaltungstätigkeiten ist gelegentlich angeklungen, dass **Verwaltung** auch in **privatrechtlichen Formen** stattfindet (→ § 3 Rn. 7 ff., → § 4 Rn. 58 ff.), → § 6 Rn. 6 ff.). Mit dieser Feststellung ist aber noch nicht geklärt, aus welchen Gründen im Verwaltungs-

[5] Voßkuhle/Eifert/Möllers GVwR/Burgi § 18 Rn. 31.
[6] Voßkuhle/Eifert/Möllers GVwR/Burgi § 18 Rn. 31.
[7] Hornberger, Recht und private Wirtschaftsmacht, 1993.
[8] S. auch Krebs VVDStRL 52 (1993), 248 (257, 273 ff.).
[9] S. vor allem die Beiträge Hoffmann-Riem/Schmidt-Aßmann, Öffentliches Recht und Privatrecht als wechselseitige Auffangordnungen/Schmidt-Aßmann/Bullinger, 1996, S. 1 ff.; de Wall, Die Anwendbarkeit privatrechtlicher Vorschriften im Verwaltungsrecht, 1999, S. 44 ff.
[10] Drüen VVDStRL 79 (2020), 127,135 ff.
[11] Schlacke VVDStRL 79 (2020), 169,175 ff.
[12] S. etwa Schneider VERW 28 (1995), 363 ff.
[13] Guckelberger, Die Verjährung im öffentlichen Recht, 2004.

recht zwischen öffentlichem und privatem Recht zu trennen ist und ob die Aufrechterhaltung der Zweiteilung berechtigt ist.

Die gegenwärtige Zweiteilung beruht auf unterschiedlichen Wurzeln, die das moderne Verwaltungsrecht mehr oder weniger beeinflusst haben. Zum einen lässt sich der **Dualismus** auf das klassische römische Recht zurückführen (Digesten I 1.1 § 2 Ulpian). Allerdings haben die nachfolgenden Rechtsordnungen diese Trennung nicht rezipiert.[14] Die römische Zweiteilung erlebte allenfalls – wenn auch unter anderen politischen und philosophischen Vorzeichen – im Deutschland des 19. Jh. eine Renaissance.[15] Zum anderen wurde bei der Entfaltung der polizeistaatlichen Verwaltungsepoche festgestellt, dass die Verwaltung dem Bürger als **juristische Person des öffentlichen Rechts und des Privatrechts** gegenübertreten konnte (→ § 8 Rn. 11 ff.). Dieser vermögensrechtlich ausgerichtete **Fiskusbegriff** wurde im Laufe der Zeit dahin interpretiert, dass er den Staat als einheitliches Rechtssubjekt verstand, das als Verwaltung auch Träger privatrechtlicher Rechte und Pflichten sein konnte.[16] Parallel hierzu verlangten Aufklärung und Liberalismus ein eigenständiges, auf dem Rechtsgedanken der **Privatautonomie** beruhendes Privatrecht.[17] Damit war die Trennung geschichtlich und sachlich vorgezeichnet. 3

b) Aktuelle Kritik und Notwendigkeit der Zweiteilung

Aus heutiger Sicht wird die Zweiteilung als eine rechtssystematisch notwendige Differenzierung des objektiven Rechts angesehen[18] mit der Folge, dass sich die Verwaltung mangels einer Kodifikation der nur für sie geltenden Rechtsregeln (→ § 1 Rn. 8 ff.) in begrenztem Umfang der gesamten Rechtsordnung bedienen kann. Ihr wird sozusagen ein begrenztes Wahlrecht bzw. eine begrenzte **Wahlfreiheit zwischen öffentlich-rechtlichen und privatrechtlichen Handlungsformen und Gestaltungsmitteln** zugestanden (→ § 23 Rn. 1 ff.), die teilweise als **Regimewahlkompetenz** bezeichnet wird.[19] Unklar ist, ob diese Aussage auch für den mitgliedstaatlichen Vollzug von Unionsrecht (dazu → § 6 Rn. 9 ff.) zutrifft. In der Literatur wird die Wahlfreiheit teilweise verneint, weil dem Unionsrecht zwingender Charakter zukomme, der nicht durch den Wechsel der Gestaltungsmittel auf das Spiel gesetzt werden dürfe.[20] Diese Ansicht übersieht die positiv-rechtliche Ausgestaltung des Unionsrechts, sowie die Grundsätze der verfahrensmäßigen Autonomie der Mitgliedstaaten (→ § 6 Rn. 9 ff.), die nur durch das **Prinzip des effet utile** begrenzt werden. Privatrechtliches Handeln schließt jedoch die wirksame Durchsetzung von Unionsrecht 4

[14] Ehlers Verwaltung, S. 31; de Wall, Die Anwendbarkeit privatrechtlicher Vorschriften im Verwaltungsrecht, 1999, S. 7.

[15] Stolleis, Geschichte des öffentlichen Rechts in Deutschland II, 1992, S. 51 f.; Hoffmann-Riem/Schmidt-Aßmann, Öffentliches Recht und Privatrecht als wechselseitige Auffangordnungen/Stolleis, 1996, S. 45 ff.; Wyduckel, Jus Publicum, 1984, 111 ff. und 252 ff.

[16] S. näher zu diesem Paradigmenwechsel Kempen, Die Formenwahlfreiheit der Verwaltung, 1989, S. 77 ff.

[17] S. auch FS Rittner, 1991/Bullinger, 69 ff.; Röhl, Allgemeine Rechtslehre, 1994, § 51 III; de Wall, Die Anwendbarkeit privatrechtlicher Vorschriften im Verwaltungsrecht, 1999, S. 9 ff.

[18] FS 50 Jahre BVerwG, 2003/Bachof, 1 Fn. 1; Manssen, Privatrechtsgestaltung durch Hoheitsakt, 1994, S. 74.

[19] Voßkuhle/Eifert/Möllers GVwR/Burgi § 18 Rn. 23 und 28.

[20] Brenner, Der Gestaltungsauftrag der Verwaltung in der EU, 1996, S. 153 ff., 421.

nicht zwingend aus.[21] Die Frage nimmt tendenziell an Bedeutung ab, da sich im **Unionsrecht** wie bereits ausgeführt stärker ein **„rechtsregimeunabhängiger Ansatz“**[22] durchsetzt.

5 Teilweise wird außerdem kritisiert, auf Grund der zunehmenden Überlappungen beider Teilrechtssysteme entwickelte sich das deutsche Recht immer mehr zu einem **Gemeinrecht,** dem die Aufteilung in ein öffentliches und in ein privates Recht widerstreite. Die Unterscheidung sei allenfalls noch für die Rechtswegzuständigkeit vertretbar[23] und stelle nur noch einen unter rechtsdogmatischen Zweckmäßigkeitsgesichtspunkten beizubehaltenden Gliederungsaspekt des Rechtssystems dar. Insbesondere könne das öffentliche Recht nicht mehr den ihm ursprünglich zugedachten Beitrag zur Mobilisierung der Verwaltung leisten.[24]

6 Diese Meinung ignoriert die positivrechtliche Ausgangsposition. Sie erschöpft sich keineswegs in Rechtswegabschichtungen, sondern entscheidet ganz allgemein über das anzuwendende Rechtsregime und Rechtsfolgen.[25]

Beispiel: Mit der Möglichkeit, die Erschließung durch Vertrag einem Dritten nach § 124 I BauGB zu übertragen, anstatt diese Aufgabe selbst zu übernehmen, eröffnet das BauGB der Gemeinde eine weichenstellende Entscheidung über das Rechtsregime, nach dem die Anlieger an den Kosten der Herstellung der Erschließungsanlage beteiligt werden, nämlich privatrechtlich über den Erschließungsunternehmer oder öffentlich-rechtlich über die Gemeinde nach §§ 127 ff. BauGB.[26]

2. Positivrechtliche Bedeutung der Unterscheidung

7 Die Unterscheidung zwischen öffentlichem und privatem Recht liegt dem Verfassungs- und dem Verwaltungsrecht sowie dem Zivilrecht zugrunde.[27] Auch im Unionsrecht finden sich trotz der beschriebenen Tendenzen zur Regimerechtsunabhängigkeit Anhaltspunkte für eine Zweiteilung:

8 Unionsrecht
- Art. 272 AEUV (Öffentlich-rechtlicher oder privatrechtlicher Vertrag)
- Art. 45 IV AEUV (Beschäftigung in der öffentlichen Verwaltung)
- Art. 51 I AEUV (Tätigkeiten in Ausübung öffentlicher Gewalt)
- Art. 106 AEUV (öffentliche Unternehmen)
- Art. 179 AEUV (öffentliches Auftragswesen).

9 Verfassungsrecht
- Art. 33 IVGG (Beamte und Angestellte)
- Art. 14 III GG (Enteignung)
- Art. 34 GG (Staatshaftung bei öffentlich-rechtlicher Amtsausübung)

---

21 Ebenso Schlette JZ 1997, 351; Voßkuhle/Eifert/Möllers, GVwR/Burgi, § 18 Rn. 30.
22 Voßkuhle/Eifert/Möllers, GVwR/Burgi § 18 Rn. 31.
23 FS Rittner, 1991/Bullinger, 69 ff.; s. auch Hoffmann-Riem/Schmidt-Aßmann, Öffentliches Recht und Privatrecht als wechselseitige Auffangordnungen/Stolleis, 1996, S. 41, 43.
24 So Voßkuhle/Eifert/Möllers GVwR/Bullinger § 18 Rn. 239, 245 ff.
25 Ebenso Wyduckel, Jus Publicum, 1984, 329 ff.; Manssen Privatrechtsgestaltung, S. 52 f.; Schmidt-Aßmann AllgVerwR, S. 288 f.; s. zur Diskussion Grimm, Das Öffentliche Recht vor der Frage nach einer Identität, 2012.
26 OVG Münster NWVBl. 1999, 262.
27 S. auch Manssen Privatrechtsgestaltung, 96 ff.; Brenner, Gestaltungsauftrag der Verwaltung, 1999, 132 ff.; de Wall, Die Anwendbarkeit privatrechtlicher Vorschriften im Verwaltungsrecht, 1999, 22 ff.

- Art. 1 III GG (Öffentlich-rechtliche Bindungen bei privatrechtlichem Handeln der Verwaltung)
- Art. 87e, Art. 87f II GG (Wahlfreiheit hinsichtlich der Verwaltungsorganisation)

Verwaltungsrecht 10
- § 1 VwVfG (Geltung für öffentlich-rechtliche Verwaltungstätigkeit)
- § 35 VwVfG (Verfügungen auf dem Gebiet des öffentlichen Rechts; s. zur Abgrenzung auch § 28 BauGB)
- §§ 54 ff. VwVfG (Geltung für öffentlich-rechtliche Verträge)
- § 1 VwVG (Geltung für öffentlich-rechtliche Geldforderungen)
- Erhebung von Geldleistungen nach § 2 FStrBauPrivFinG (öffentlich-rechtliche Gebühren oder privatrechtliches Entgelt)
- § 40 VwGO (Verwaltungsrechtsweg bei öffentlich-rechtlichen Streitigkeiten)
- § 14 BImSchG (Ausschluss privatrechtlicher Abwehransprüche)
- § 24 HGrG (Tarifverträge)
- § 7 BHO (Ausgliederung, Privatisierung)
- § 65 BHO (Beteiligung an privatrechtlichen Unternehmen)
- § 98 GWB (Personen des öffentlichen Rechts und des Privatrechts)
- §§ 17 und 22 KrWG (öffentlich-rechtliche Entsorgungsträger und Beauftragung Dritter)
- Art. 86 BayGO, § 137 NKomVG (kommunale Unternehmen in Privatrechtsform).

Bürgerliches Recht 11
- § 89 BGB (Fiskus und Körperschaften des öffentlichen Rechts).

Strafrecht 12
- § 11 I Nr. 2c StGB (Aufgabenerfüllung durch Amtsträger unbeschadet der Organisationsform).

3. Verwaltungsrecht im weiteren und im engeren Sinne

Aus diesen Gründen ist es gerechtfertigt, von einem Verwaltungsrecht iwS und ieS zu sprechen.[28] **Verwaltungsrecht iwS** ist der Inbegriff der Rechtssätze, nach denen die öffentliche Verwaltung tätig wird und ihre Aufgaben erledigt. **Verwaltungsrecht ieS** ist der Inbegriff derjenigen Rechtssätze, welche die hoheitlichen Zuständigkeiten der Subjektive öffentlicher Verwaltung betreffen. Es ist ein Zweig des öffentlichen Rechts im Unterschied zu dem auch der öffentlichen Verwaltung zur Verfügung stehenden privaten Recht. 13

Es leuchtet ein, dass angesichts dieser positivrechtlich vorgegebenen Zweiteilung die Abgrenzung von öffentlichem und privatem Recht nach wie vor von erheblicher Bedeutung ist. Die Problematik erschöpft sich allerdings, wie auch die beispielhafte Aufzählung verdeutlicht hat, nicht in der Differenzierung der beiden Rechtsmassen. Davon ist die Frage zu unterscheiden, ob und auf welche Weise das Privatrecht öffentliches Recht ergänzen kann und inwieweit privatrechtliches Handeln öffentlich-rechtlichen Bindungen unterfällt (→ § 23 Rn. 32 ff.). 13a

---

[28] Ebenso Voßkuhle/Eifert/Möllers GVwR/Burgi § 18 Rn. 3.

III. Öffentliches Recht und Privatrecht

1. Allgemeine Zuordnung und Spezialregelungen

a) Materiellrechtliche Zuordnungen

14 In den meisten Fällen lässt sich die Zuordnung einer Rechtsvorschrift und eines darauf beruhenden Rechtsverhältnisses zu einem der beiden Rechtsgebiete[29] leicht erkennen.

Beispiele: Zum Privatrecht gehören das Recht des BGB, das Ehe- und Partnerschaftsrecht sowie das Handelsrecht. Zum Öffentlichen Recht gehören das Völkerrecht, das Staatsrecht, das Strafrecht, das Ordnungswidrigkeitenrecht, das Polizeirecht und das Allgemeine Verwaltungsrecht.

15 Häufig genügt es jedoch zur Abgrenzung der Teilrechtsgebiete nicht, wenn man nur pauschal auf das äußere Erscheinungsbild oder die Stellung einer Vorschrift in einem Gesetz abstellt.

Beispiele: Das BGB regelt zwar primär die Rechtsbeziehungen zwischen Privatpersonen. Das schließt jedoch nicht aus, dass einzelne Vorschriften öffentlich-rechtlicher Natur sind (§ 22 BGB, § 43 BGB, §§ 80, 87 BGB).[30] §§ 1 ff. LuftVG betreffen die öffentlich-rechtliche Luftverkehrsverwaltung, §§ 33 ff. LuftVG die zivilrechtliche Haftung, §§ 1 ff. GewO sind öffentlich-rechtliche Bestimmungen, §§ 105 ff. GewO behandeln das Arbeitsrecht. § 70 GewO gilt gleichermaßen für öffentlich-rechtliche und privatrechtliche Veranstalter.[31]

16 Die Unterscheidung von öffentlichem und privatem Recht ist unproblematisch, soweit der Gesetzgeber abschließende Regelungen getroffen hat. Er kann darüber befinden, welches Rechtsregime anwendbar sein soll. Da ausdrückliche Qualifizierungen der Rechtssicherheit dienen und die Effektivität von Verwaltung und Gerichtsbarkeit verbessern, wird teilweise gefordert, der Gesetzgeber sollte mehr Zuordnungsregeln erlassen.[32]

Beispiele: Nach § 2 TKG ist die Regulierung der Telekommunikation eine hoheitliche Aufgabe. Gemäß § 44 III BHO können Privatpersonen damit beliehen werden, Verwaltungsaufgaben in den Handlungsformen des öffentlichen Rechts wahrzunehmen. Aufgrund der Bahnstrukturreform wurde die Deutsche Bahn AG privatisiert,[33] so dass die Durchführung von Transportaufgaben privatrechtlich zu qualifizieren ist.[34]

b) Prozessuale Zuordnungen

17 Die Unterscheidung zwischen öffentlichem und privatem Recht spielt ebenfalls keine Rolle, wenn nach dem Rechtsweg gefragt ist und die Rechtsnormen bestimmen, dass bei Streitigkeiten der Verwaltungsrechtsweg gegeben ist. Es handelt sich dann um öffentlich-rechtliche Streitigkeiten iSd § 40 VwGO.

Beispiele: §§ 8 IV, 12, 112 III HwO; § 54 I BeamtStG.

---

[29] S. allgemein zum Öffentlichen Recht und Privatrecht Voßkuhle/Eifert/Möllers GVwR/Bäcker § 32 Rn. 88 ff.; zum Verwaltungsrecht und Privatrecht Kahl/Ludwigs VerwR-HdB/Wollenschläger § 15.

[30] VG Hamburg NJW 1996, 3363; BVerwG NJW 1998, 1166; BVerwGE 106, 177 (179); BVerfGE 53, 257 (259).

[31] VGH Kassel NVwZ-RR 1994, 650.

[32] FS 50 Jahre BVerwG, 2003/Bachof, 2 f.

[33] Fromm/Sellmann NVwZ 1994, 547 ff.; Fromm DVBl 1994, 187 ff.; BVerwG NVwZ 1995, 379.

[34] VG Darmstadt NJW 1998, 771.

Allerdings ist der Verwaltungsrechtsweg – selbst bei Vorliegen einer öffentlich-rechtlichen Streitigkeit auf Grund eines öffentlich-rechtlichen Rechtssatzes – nur dann gegeben, soweit die Streitigkeit nicht durch Gesetz einem **anderen Gericht ausdrücklich zugewiesen** ist (§ 40 I 1, II VwGO) und wenn nicht Verfassungsrecht vorliegt.[35] 18

Beispiele: Art. 34 und Art. 14 III 4 GG; § 21 VI BImSchG; § 23 EGGVG für Justizverwaltungsakte;[36] § 49 VI 3 VwVfG; § 68 OWiG; § 75 EnWG; §§ 155 ff., 171 GWB für Verstöße gegen Vergaberecht.

2. Abgrenzungskriterien

a) Fehlende Klärung der Abgrenzungsproblematik

Fehlen spezielle Zuordnungsregeln, dann muss die Abgrenzung nach anderen Kriterien erfolgen. Der Gesetzgeber hat es bislang unterlassen, die Begriffe des öffentlichen und des bürgerlichen Rechts näher zu erläutern. Er setzt ihre Kenntnis voraus, obgleich die Rechtsordnung ständig auf dieses Begriffspaar zurückgreift. Deshalb wird gelegentlich eine gesetzliche Formulierung verlangt.[37] Rechtswissenschaft und Rechtsprechung haben eine Reihe von Unterscheidungsmerkmalen entwickelt, ohne dass bislang eine Klärung der Streitfrage ersichtlich ist. Das hängt mit der Vielgestaltigkeit des jeweiligen theoretischen Ausgangspunktes zusammen, dem die Vielgestaltigkeit der zu qualifizierenden Rechtssätze und Rechtsverhältnisse gegenübersteht. Die vertretenen Ansätze können hier nicht erschöpfend diskutiert werden. 19

b) Einzelne Abgrenzungskriterien

Insbesondere hat man die Unterscheidung gesucht: 20

- im **Rechtstitel** als einer Rechtsinstitution (wie dem Polizeibefehl einerseits, dem Vertrag andererseits), weil nämlich die in der Pandektistik behandelten Rechtsinstitutionen als privatrechtliche erschienen. Es gibt aber auch im öffentlichen Recht Verträge (zB §§ 44 und 54 VwVfG) und andere vornehmlich im Privatrecht vorkommende Rechtstitel (zB die Verjährung);
- im Unterschied zwischen **Nicht-Vermögensrechten und Vermögensrechten** (so im 19. Jh.). Es gibt aber auch private Rechte, die nicht Vermögensrechte sind (zB Namensrechte) und zahlreiche öffentliche Vermögensrechte (zB Steuerrechte, Enteignungsentschädigung); 21
- im zwingenden Charakter des öffentlichen Rechts im Gegensatz zu der das Privatrecht beherrschenden **Privatautonomie (Verfügungstheorien).** Es gibt aber auch freiwillig übernommene öffentlich-rechtliche Verpflichtungen (zB freiwilligen Beitritt zu einer öffentlich-rechtlichen Körperschaft wie etwa einer Universität; freiwillige Teilnahme an einem Öko-Audit-Verfahren[38] und es gibt Privatrechtssätze zwingenden Charakters (zB im Schadensersatz-, im Familien- und im Erbrecht); 22

---

[35] BVerfGE 94, 297 (310).

[36] BVerwGE 47, 255; 49, 192; BVerwG NJW 1989, 412; VGH München BayVBl. 1986, 337; OVG Koblenz NJW 1994, 2108; OLG Karlsruhe NJW 1995, 899; s. näher zu § 40 II VwGO FS Menger, 1985/Schoch, 305 ff.; BGH BayVBl. 1991, 29.

[37] Gern ZRP 1985, 56 ff.

[38] S. Köck VerwArch 87 (1996), 644 (662).

23 – im **Parteiwillen.** Es steht aber keineswegs im Belieben der Beteiligten, ob sie ihre Steuern „privatrechtlich" zahlen oder einen „öffentlich-rechtlichen" Kaufvertrag eingehen. Richtig ist nur, dass die öffentlichen Organe manchmal wählen können **(beschränkte Wahlfreiheit),** welcher der verschiedenen rechtsordnungsgemäßen Formen sie sich zur Erleichterung ihres Zwecks bedienen wollen, ob sie zB ein Grundstück enteignen oder kaufen, einen Beamten oder einen Angestellten einstellen (→ § 23 Rn. 1 ff.);

24 – in den beteiligten **Interessen** (sog. Interessentheorie – Ulpian – Digesten I 1.1 § 2 –: „publicum ius est quod ad statum rei Romanae spectat, privatum quod ad singulorum utilitatem").[39] Es gibt jedoch allenfalls eine typische, nicht jedoch eine klassifikatorische Unterscheidung lediglich öffentlicher von lediglich sozialen und von lediglich privaten Angelegenheiten, Interessen oder Zwecken. Insbesondere können öffentliche Angelegenheiten, Interessen und Zwecke von Privaten privatrechtlich und sogar fremdnützig und können private Angelegenheiten, Interessen und Zwecke vom Staat öffentlich-rechtlich befriedigt werden.[40] Hingegen wäre es verfehlt, aus der öffentlichen Zielsetzung einer Aufgabe auf die öffentlich-rechtliche Erledigung zu schließen.[41]

25 – in der **Unterordnung oder Gleichordnung** der an einem Rechtsverhältnis Beteiligten (so die **Subjektions- oder Mehrwert-Theorie**).[42] Eine damit etwa gemeinte rechtliche Überlegenheit des Staates über seine „Untertanen", die der Absolutismus als Kriterium des ius publicum verstand, gibt es im demokratischen Verfassungsstaat längst nicht mehr.[43] Soweit man aber noch von rechtlichen Unterordnungsverhältnissen sprechen kann, in denen ein Wille einen anderen rechtlich zu binden vermag, gibt es sie auch im Privatrecht (zB Kindschaft, Hausrecht und arbeitsrechtliches Direktionsrecht). Ferner kennt auch das öffentliche Recht Gleichordnungsverhältnisse (zB zwischen Körperschaften des öffentlichen Rechts etwa im Verhältnis einer Ersatzkasse zu einer Allgemeinen Ortskrankenkasse auf dem Gebiet der Mitgliederwerbung).[44] Ferner ist die Leistungsverwaltung nicht durch Subjektion gekennzeichnet.

26 – in der Wahrnehmung von **„Daseinsvorsorge"**[45] oder einer gesetzlich übertragenen sog. „hoheitlichen Aufgabe" oder eines bestimmten „Zwecks".[46] Denn dann wäre alles Handeln von Trägern öffentlicher Verwaltung öffentlich-rechtlich (→ § 22 Rn. 38 ff. und → § 23 Rn. 1 ff.).[47]

---

[39] OLG Koblenz JZ 1973, 380; BGH NJW 1973, 1077; BSGE 36, 238; BAG NJW 2000, 2524; BVerfGE 58, 300 (344).
[40] BVerwGE 47, 255.
[41] BVerwGE 35, 103 (105); 41, 127 (130); 47, 247 (250); BVerwG NJW 1994, 1169 und 2500; Zuleeg VerwArch 73 (1982), 384 (390 f.); OVG Münster NJW 1991, 61 f.; s. zur Relevanz der Interessentheorie ferner Wyduckel, Jus Publicum, 1984, 331; Ipsen/Koch JuS 1992, 809 ff.
[42] RGZ 167, 284; BGHZ 14, 227; 27, 283; 67, 81 (86).
[43] Wyduckel, Jus Publicum, 1984, 330.
[44] GmS-OGB NJW 1990, 1527.
[45] BGH VerwRspr. 22 (1971), 209 (310).
[46] So Renck BayVBl. 1968, 310 f.
[47] S. auch BGHZ 37, 16; BGH NJW 1997, 744; BVerwGE 35, 103; Ossenbühl DÖV 1971, 517 f.; Bachof FS 50 Jahre BVerwG, 2003, 1 (4).

– in der **Kompetenz zum staatlichen Handeln**.[48] Diese These beruht auf einem Zirkelschluss, weil sie öffentliches Recht wegen der öffentlich-rechtlichen Kompetenz annimmt und die Entscheidungsfreiheit der Verwaltung begrenzt. 27

3. Zuordnungslehre

a) Neuere Subjektstheorie, formale Sonderrechtstheorie

Nach der sog. **Subjektstheorie** liegt die Unterscheidung von öffentlichem und privatem Recht in einer Verschiedenheit der die Rechtsordnung bildenden Rechtssätze (dazu → § 24 Rn. 5 ff.). Sie ergibt sich aus einer Verschiedenheit der Zuordnungssubjekte, dh derjenigen Subjekte, denen subjektive Rechte und Pflichten zugeordnet sind. Das heißt allerdings entgegen der **älteren Subjektstheorie** nicht, dass alle Rechtssätze dem öffentlichen Recht angehören, deren Zuordnungssubjekt der Staat oder irgendein anderes „öffentliches" Subjekt ist. Denn die Träger hoheitlicher Gewalt können nach deutschem Recht auch Subjekte von Rechtssätzen sein, die einhellig dem Privatrecht zugewiesen werden. Sie können kaufen, Dienst- und Werkverträge schließen (s. §§ 97 ff. GWB), Aktionäre sein usw. Umgekehrt können auch Personen des Privatrechts als **Beliehene** Träger öffentlicher Gewalt sein und in dieser Eigenschaft öffentliches Recht anwenden (→ § 90 Rn. 1 ff.). 28

Während Zuordnungssubjekte des „privaten Rechts" beliebige Personen sind, ist „öffentliches Recht" der Inbegriff derjenigen Rechtssätze, deren berechtigtes oder verpflichtetes Zuordnungssubjekt ausschließlich ein Träger hoheitlicher Gewalt ist. Es ist das **„Amtsrecht"** der Träger hoheitlicher Gewalt und ihrer Organe, durch das nicht jedermann, sondern notwendig eben nur ein Träger oder (meist) ein bestimmtes Organ hoheitlicher Gewalt berechtigt oder verpflichtet wird. Öffentlich-rechtlich sind mithin diejenigen Pflichten, Rechte, Ansprüche und Rechtsverhältnisse, die sich aus einem Rechtssatz ergeben, der nicht jedermann (potenziell oder aktuell) verpflichtet und berechtigt, sondern notwendig nur einen Staat oder ein Subjekt verpflichtet oder (!) berechtigt, das durch Staatsakt zur Wahrnehmung gemeinsamer Angelegenheiten einer über individuelle Beziehungen hinausgehenden Personenvielheit verpflichtet ist.[49] 28a

b) Materielle Sonderrechtstheorie

Diese in ihrer modernen Fassung von H. J. Wolff entwickelte **formale Sonderrechtstheorie**[50] bedarf aber der Ergänzung, weil es nicht ausreicht, dass sich der Rechtssatz nur an einen Träger hoheitlicher Gewalt richtet. Entscheidend ist, dass der Träger auch in dieser Eigenschaft berechtigt oder verpflichtet wird.[51] Auf diese Besonderheit hat bereits O. Mayer[52] hingewiesen, indem er forderte, dass der Träger öffentlicher Gewalt „als solcher" selbst beteiligt sein müsse. In der Lehre wird diese Modifizierung dadurch gekennzeichnet, dass sie als **materielle Sonderrechtstheorie** bzw. als **modi-** 29

---

[48] Brohm NJW 1994, 281 (283); Gern ZRP 1985, 60 f.; ähnlich OVG Koblenz NVwZ 1993, 381 f.; Stelkens, Verwaltungsprivatrecht, 2005.

[49] Zustimmend Kopp/Schenke VwGO § 40 Rn. 11; GmS-OGB BGHZ 97, 314; BVerwG NJW 1985, 1107 und BVerwG NVwZ 2007, 820.

[50] AöR 76 (1950/51), 205 f.; s. zu Vorgängern FS 50 Jahre BVerwG, 2003/Bachof, 7 ff.

[51] Vgl. FS 50 Jahre BVerwG, 2003/Bachof, 1 (9 ff.); s. auch Bettermann NJW 1977, 513 (515); BVerwG NJW 1994, 956; BAG NJW 2000, 2524 f.

[52] 3. Aufl., S. 15.

fizierte Subjektstheorie qualifiziert wird.[53] Diese Theorie ermöglicht in den meisten fraglichen Fällen eine zuverlässige Abgrenzung. Dabei genügt es, wenn einer derjenigen, die aus dem Rechtssatz Rechte entnehmen oder Pflichten auferlegt bekommen, Hoheitsträger ist.[54]

Beispiele: Das Polizeirecht berechtigt nur staatliche Organe zum polizeilichen Einschreiten und zum Erlass polizeilicher Maßnahmen.[55] Nach deutschem Gemeinderecht dürfen nur Gemeinden als Träger öffentlicher Verwaltung einen Anschluss an die Wasserleitung durch Satzung vorschreiben. Ausübung eines öffentlichen Amtes iSv Art. 34 GG.

c) Die Anspruchsgrundlage als Abgrenzungskriterium

30 In denjenigen Fällen, in denen das Verhältnis auch dem privaten Recht angehören könnte (zB Geldleistung an eine Gemeinde, soziale Leistung durch privatrechtliche Stiftung),[56] kommt es also darauf an, auf welchen Rechtssatz der Anspruch bzw. die Verpflichtung gestützt wird. Entscheidend ist also, ob die **Anspruchsgrundlage**[57] auf einer privatrechtlichen Norm oder auf einer öffentlich-rechtlichen Rechtsgrundlage beruht, zB auf der Basis eines Kommunalabgabengesetzes erlassenen Benutzungs- oder Gebührenordnung.[58] Hingegen sind eventuelle öffentlich-rechtliche Bindungen des privatrechtlichen Handelns weder rechtsregimequalifizierend noch rechtswegbestimmend.[59]

Beispiele: Das Rechtsverhältnis zwischen Schülern und einer staatlich anerkannten Privatschule ist bei Streitigkeiten um die Aufnahme in die Privatschule[60] und Prüfungs- sowie Zeugnisentscheidungen öffentlich-rechtlich, weil die Privatschule insoweit als Beliehener staatliche Befugnisse ausübt.[61] Dagegen ist für Streitigkeiten über die Erfüllung des Schulvertrages sowie die disziplinäre Entlassung eines Schülers der Zivilrechtsweg gegeben, da diese Maßnahme in den Erziehungs- und Unterrichtsbereich der Schule fällt und damit eine eigene Aufgabe darstellt.[62] Der Streit um die Verleihung einer staatlichen Graduierung ist öffentlich-rechtlich.[63] Das Verhältnis der gesetzlichen Krankenversicherungsträger zu ihren Mitgliedern ist durch öffentlich-rechtliche Normen ausgestaltet.[64] Bürgerlich-rechtlich ist dagegen ein Streit zwischen den Versicherungsträgern und ihren Zulieferern.[65] Die Weisungen des Betriebspersonals der städtischen Verkehrsbetriebe sind privatrechtlich zu beurteilen, wenn keine öffentlich-rechtlichen Beförderungsbedingungen vorliegen.[66] Der Bezirksschornsteinfegermeister handelt bei Ausübung der Kehrarbeiten privatrechtlich und bei der Feuerstättenschau sowie der Bauabnahme hoheitlich[67] (→ § 90 Rn. 1 ff.).

---

53 BSG BeckRS 2009, 62466.
54 Krit. mwN Kopp/Schenke VwGO § 40 Rn. 11.
55 S. auch Stober NJW 1997, 889 ff.
56 BVerwG DÖV 1980, 614.
57 BGH NJW 1984, 1622; 1990, 1527 und NJW 2000, 1042; BVerwG NJW 1965, 929 und NJW 1994, 2968; OVG Lüneburg BeckRS 2011, 49872.
58 S. BayVGHE 12, 1; VGH Kassel VerwRspr. 10 (1958), 114; BGH DVBl 1960, 561 u. BVerwG DVBl 1961, 208 mAnm v. Wolff; BGH NJW 1993, 1799 f.
59 BVerwGE 35, 103 (106); BVerwG NVwZ 1991, 59.
60 VGH Mannheim NJW 1980, 2597.
61 VGH Mannheim NJW 1971, 2091.
62 OVG Münster JZ 1979, 677 und NJW 1998, 1579; VGH Mannheim BWVwPr. 1991, 162.
63 BGH NJW 1998, 546.
64 GmS-OGB NJW 1990, 1527.
65 GmS-OGB NJW 1988, 2295.
66 BVerwG DÖV 1984, 1025.
67 BGHZ 62, 372.

d) Der Staat als Privatrechtssubjekt

aa) Zur Qualifizierung der öffentlichen Auftragsvergabe. Nicht zum öffentlichen Recht gehören diejenigen Rechtssätze sowie die darauf gestützten Ansprüche und Rechtsverhältnisse, welche sich eindeutig nicht auf den Staat als Subjekt hoheitlicher Gewalt, sondern auf den Staat als Privatrechtssubjekt (zB Käufer oder Verkäufer, Arbeitgeber, Unternehmer) beziehen. 31

Allerdings ist die Einordnung im Einzelnen umstritten, wie man an dem **Vergaberecht** aufzeigen kann. Dabei handelt es sich um einen Rechtsbereich, bei dem Privatrecht und Wettbewerbsrecht, allgemeines Verwaltungsrecht und Wirtschaftsverwaltungsrecht, Verfassungsrecht und Unionsrecht zusammentreffen und eine Gemengelage bilden. Eine Abgrenzung ist nur partiell notwendig, da etwa Rechtsschutzfragen- zumindest für öffentliche Aufträge oberhalb bestimmter weltwirtschafts- bzw. unionsrechtlich vorgegebener Schwellenwerte spezialgesetzlich im Rahmen des GWB normiert und den ordentlichen Gerichten (Vergabesenate bei den OLG) zugeordnet sind,[68] obwohl zutreffend auch von **Ausschreibungsverwaltung** die Rede ist.[69] 32

Eine Ausnahme von dieser Ordnung besteht nur, wenn Rechtsvorschriften eine **bevorzugte Berücksichtigung bestimmter Personenkreise** vorsehen. In diesen Fällen ist die Entscheidung über die Bevorzugung öffentlich-rechtlich zu qualifizieren, wobei sich eine zweite privatrechtliche Phase anschließt. Folglich liegt bei diesen Konstellationen ein **zweistufiges Verfahren** vor. 33

Das privatrechtlich zu beurteilende Vergabeverfahren schlägt in jedem Fall in ein **verwaltungsrechtliches Verfahren** um und gewinnt damit jedenfalls ab dieser Verfahrensstufe verwaltungsprivatrechtliche Züge, wenn die ua bei dem Bundeskartellamt angesiedelten **Vergabekammern** (§§ 155 ff. GWB) tätig werden.[70] Denn sie können „rechtswidrige Maßnahmen" aufheben und ihre Entscheidungen ergehen durch **Verwaltungsakt** (§ 168 III GWB). Öffentlich-rechtlich geprägt ist damit nicht das Vergabeverfahren einschließlich des Zuschlages und des Vertragsabschlusses, sondern nur die verwaltungsbehördliche Überprüfung durch das **vergabeverfahrensrechtliche Nachprüfungsverfahren** iSd §§ 155 ff. GWB.[71] 34

Mit dieser Zwittergestaltung wird insbesondere den Interessen der Mitbewerber Rechnung getragen, die ein öffentlich-rechtliches subjektives Recht auf Einhaltung der Vergaberegeln besitzen (§ 97 VI GWB). Nur insoweit ist es gerechtfertigt, künftig von einem **zweistufigen Vergabeverfahren** auszugehen, wobei sich an die Überprüfungsentscheidung durch Verwaltungsakt eine privatrechtliche Vergabe anschließt (auch → § 22 Rn. 61). 35

Die öffentlich-rechtliche Nachprüfungsentscheidung der Vergabekammer unterliegt dann auch folgerichtig dem durch Art. 19 IV GG gebotenen Primärrechtsschutz, der durch §§ 171 ff. GWB den ausschließlich zuständigen Vergabesenaten bei den Oberlandesgerichten, mithin der Zivilgerichtsbarkeit, zugewiesen worden ist. Im Übrigen 36

[68] BVerwG NVwZ 2007, 820.
[69] Burgi DVBl 2003, 949 ff.
[70] Ebenso Schneevogel/Horn NVwZ 1998, 1242 (1244).
[71] Ebenso Ronellenfitsch, Städtetag, 1996, 458 und 461.

bleibt es aber dabei, dass das Vergaberegime ein eigenständiges Handlungsrecht der Verwaltung ist, das dem Fiskalbereich zuzurechnen ist (→ § 23 Rn. 41 ff.).

37 **bb) Zur Qualifizierung des Tarifrechts.** Auch die besonderen **Tarifordnungen der Angestellten und Arbeiter** des öffentlichen Dienstes, deren Partner nur Träger öffentlicher Verwaltung sind, sind so wenig öffentlich-rechtlich wie die sonstigen Tarifordnungen. Sie regeln nur die inhaltlichen Besonderheiten gerade derartiger Privatrechtsverhältnisse zu Trägern öffentlicher Verwaltung als Privatpersonen.

4. Zur Anwendbarkeit der Zuordnungslehre

a) Zuordnungslehre und Verwaltungstradition

38 Weil das öffentliche Recht ein Sonderrecht ist, hängt sein Bestand von den geltenden Gesetzen ab. Es wechselt daher im Laufe der Geschichte und ist in verschiedenen Ländern verschieden. Der Gesetzgeber kann Trägern öffentlicher Verwaltung die Anwendung dispositiven Sonderrechts freistellen oder er kann sie ausdrücklich auf Privatrecht verweisen (wie zB in § 80 HwO). Er kann ferner auf sonderrechtliche Vorgaben verzichten und lediglich Verwaltungsaufgaben festschreiben, ohne die Eingriffsbefugnisse zu normieren. Bei dieser Ausgangslage stellt sich die Frage nach einer gewohnheitsrechtlichen oder richterrechtlichen Qualifizierung. Sie wird unter dem Stichwort **Traditionstheorie** diskutiert.[72] Diese Lehre hebt darauf ab, dass in der Praxis im Zweifel regelmäßig (offen oder verdeckt) die bisher übliche Qualifikation zugrunde gelegt wird, wenn nicht erhebliche Gründe für einen Wandel sprechen. Diese Theorie ist vor allem von Bedeutung, wenn Gesetzgebung und Verwaltung im Vertrauen auf die bisher übliche Qualifikation ausdrückliche Festlegungen unterlassen haben[73] und deshalb eine Umqualifizierung durch die Rechtsprechung dem Wahlrecht der Verwaltung und der Rechtssicherheit widerspräche. Methodisch handelt es sich dabei um eine historische Interpretation von Rechtsvorschriften.

Beispiele: Rechtsbeziehungen eines Trägers der Polizei zu einem Blutentnahmearzt sind dem Privatrecht zuzuordnen, da eine ständige Übung feststellbar ist, Dienstverträge eines Trägers der Polizei mit einem (Privat-) Arzt privatrechtlich zu gestalten.[74] Nach stRspr des BGH und des BVerwG richten sich Schadensersatzansprüche wegen Verletzung der Pflicht, für die Verkehrssicherheit der öffentlichen Straßen und Plätze zu sorgen, regelmäßig nach den allgemeinen zivilrechtlichen Deliktsvorschriften der §§ 823 ff. BGB.[75] Der Gesetzgeber kann jedoch durch einen Organisationsakt die Verkehrssicherungspflicht den Organen und den Bediensteten der damit befassten Körperschaften als in Ausübung hoheitlicher Gewalt zu erfüllende Amtspflicht auferlegen (vgl. § 10 SächsStrG; § 10 NdsStrG und → § 22 Rn. 14 ff.).

38a Die Beispiele zeigen zugleich die Schwächen der Traditionstheorie.[76] Sie berücksichtigt zu wenig den gesellschaftlichen Wandel und die geänderten Bedürfnisse sowie Anforderungen an den Staat. Deshalb muss der Gesetzgeber gelegentlich korrigierend eingreifen oder er ersetzt ein Rechtsregime durch ein anderes zB durch Privatisierung einer Verwaltungsaufgabe. Aus diesen Gründen ist diese Theorie nur beschränkt einsetzbar.

[72] S. zB Bull/Mehde AllgVerwR, Rn. 37; Kopp/Ramsauer VwVfG § 1 Rn. 10.
[73] S. auch BVerwG NJW 1994, 1169.
[74] OLG München NJW 1979, 608.
[75] BGH VerwRspr. 25 (1974), 293; BVerwGE 35, 334 (337); BGH NJW 1978, 1626; VerwRspr. 29 (1978), 181.
[76] S. auch FS Maurer, 2001/Püttner, 713 (717).

b) Zuordnungslehre und Vermutungsregel

Einen anderen Lösungsansatz für die Unterscheidung von öffentlichem und privatem Recht sehen Lehre und Spruchpraxis in der sog. **Vermutungsregel.**[77] Mit dieser Abgrenzung soll das Verhalten der öffentlichen Hand erfasst werden, soweit besondere Rechtssätze fehlen. Da das öffentliche Recht ein Sonderrecht ist, besteht im Allgemeinen eine Vermutung für den privatrechtlichen Charakter eines Rechtsverhältnisses. 39

Beispiele: Auftragssperre,[78] Subventionsabwicklung,[79] Ausübung des Hausrechts.[80]

Da das öffentliche Recht ein Sonderrecht für die Ausübung öffentlicher Gewalt ist, besteht dann, wenn ein Subjekt öffentlicher Verwaltung in seinem hoheitlichen Kompetenzbereich gehandelt hat oder ihm das Handeln einer Privatperson insofern zuzurechnen ist, umgekehrt eine Vermutung für die Anwendbarkeit öffentlichen Rechts. Insbesondere die Rechtsprechung greift gerne mit folgender Formel auf die Vermutungsregel zurück: In der Regel ist anzunehmen, dass sich ein Träger öffentlicher Verwaltung zur Erfüllung einer von ihm wahrzunehmenden öffentlichen Aufgabe der Gestaltungsmittel des öffentlichen Rechts bedient und sich nicht auf das Gebiet des Privatrechts begeben will und begibt.[81] Diese Regel ist jedoch problematisch, weil sie nur eine pauschale und keine exakte Einzelfallabgrenzung gestattet. Sie ist ferner nicht präzise, da der Schluss von der öffentlichen Aufgabe und dem hoheitlichen Kompetenzbereich auf die hoheitliche Form der Ausführung keineswegs zwingend ist.[82] Sie übersieht ferner, dass dann, wenn der Hoheitsträger „als solcher" agiert, eine Vermutung für den privatrechtlichen Charakter entfällt.[83] Sie liefert außerdem keinen Anhaltspunkt dafür, wie das vornehmlich im Bereich der Leistungsverwaltung vorzufindende nicht gesetzesakzessorische Verwaltungshandeln zu qualifizieren (Nebenakte, Tathandlungen bzw. Realakte, Verträge, Abgabe von Erklärungen, private Verwaltungshilfe) und wie die analoge bzw. rechtsgrundsätzliche Anwendung privater Rechtsregeln einzuordnen ist.[84] 40

c) Zuordnungslehre und Sachzusammenhangstheorie

Aus diesem Blickwinkel bietet es sich an, die im Vordringen befindliche **Sachzusammenhangstheorie**[85] auf ihre Brauchbarkeit zu prüfen. Sie beruht methodisch auf einem topischen Argument bzw. auf einer rechtssystematischen Interpretation und unterstellt, dass Rechtssätze und Lebenssachverhalte sowohl eine privatrechtliche als auch eine öffentlich-rechtliche Bedeutung haben können. Da hier rechtskreisübergreifendes Recht vorliegt und die Verwaltung oft Wahlfreiheit besitzt, ist bei derarti- 41

---

77 S. etwa Voßkuhle/Eifert/Möllers GVwR/Burgi § 18 Rn. 22 und 56; Kopp/Ramsauer VwVfG § 1 Rn. 11a; Schenke VerwProzR, Rn. 110.

78 BVerwGE 5, 325 mzustAnm v. Stern NJW 1958, 683; BVerwG DÖV 1973, 244.

79 OLG Naumburg NVwZ 2001, 354.

80 OVG Münster NWVBl. 1989, 91; OVG Schleswig NJW 1994, 340.

81 BGH NJW 1972, 210 mwN; VGH Mannheim DÖV 1978, 569.

82 BVerwGE 47, 247; 61, 222; BVerwG JZ 1990, 446; NJW 1990, 1433; OVG Lüneburg NJW 1983, 1218; OVG Münster NJW 1991, 61.

83 FS 50 Jahre BVerwG, 2003/Bachof, 11.

84 Krit. ebenso Zuleeg VerwArch 73 (1982), 384 (386 ff.); Schlette, Die Verwaltung als Vertragspartner, 2000, S. 127 f.

85 Kopp/Ramsauer VwVfG § 1 Rn. 10; BAG NJW 1990, 3226; Kopp/Schenke VwGO § 40 Rn. 11; Schenke VerwProzR, Rn. 111a.

gen „neutralen Rechtssätzen" auf den Sachzusammenhang im Einzelfall abzustellen. Danach liegt öffentliches Recht vor, wenn der zu qualifizierende Rechtssatz oder bei Fehlen eines solchen das zu beurteilende Rechtsverhältnis in einem untrennbaren sachlichen Zusammenhang mit einem Rechtssatz steht, der eindeutig öffentlich-rechtlich zu qualifizieren ist.[86] Diese Lehre setzt also voraus, dass ein **existierender Rechtssatz dem öffentlichen Recht zugehört** und dass der zu qualifizierende Rechtssatz bzw. das zu würdigende Rechtsverhältnis in den vorhandenen öffentlich-rechtlichen Rechtssatz einbezogen und dementsprechend einem Träger öffentlicher Gewalt zugeordnet wird.[87] Zwar ist der Gedanke des Sachzusammenhangs relativ unbestimmt.[88] Dieser Einwand lässt sich jedoch auch gegen andere systematische Erwägungen erheben. Für die Sachzusammenhangstheorie spricht, dass die sachwidrige Aufspaltung des Rechtweges vermieden werden kann.[89] Demgegenüber zeigt die Rechtsprechung, dass diese Lehre in mehreren Bereichen angemessene Abgrenzungen ermöglicht. Der Anwendungsbereich darf jedoch nicht überdehnt werden. Insbesondere kann man nicht schon aus der Existenz einer neutralen Norm schließen, dass sie – je nach Sachzusammenhang – auch dem Sonderrecht unterfällt.

42 **aa) Analoge bzw. rechtsgrundsätzliche Anwendung privatrechtlicher Normen im öffentlichen Recht.** Aufgrund der unzureichenden Kodifikation des Verwaltungsrechts (→ § 1 Rn. 8 ff.) ist es teilweise erforderlich und üblich, auf Normen und Grundsätze des Zivilrechts zurückzugreifen, die analog oder als allgemeiner Rechtsgedanke in das öffentliche Recht übernommen werden.[90] Die **analoge Anwendung eines Privatrechtssatzes** im öffentlichen Recht setzt voraus, dass eine Lücke sowie eine vergleichbare Interessenlage besteht (→ § 28 Rn. 51 f.) und dass der Rechtssatz das Amtsrecht eines Subjekts öffentlicher Verwaltung ergänzt. In diesem Fall ist auch ein Sachzusammenhang mit dem öffentlichen Recht anzunehmen.

Beispiele: § 62 VwVfG. Das Namensrecht nach § 12 BGB wird von einem öffentlichen Rechtsträger im Rahmen öffentlich-rechtlich geregelter Befugnisse (§ 5 SächsGO; § 13 NRWGO; § 12 HessGO; Art. 2 BayGO) benutzt,[91] es sei denn, die Gemeinde beruft sich nicht auf ihr Sonderrecht;[92] Verjährungsrecht.[93] Neben privatrechtlichen gibt es auch öffentlich-rechtliche Verwahrungsverhältnisse, auf die die in den §§ 688 ff. BGB zum Ausdruck kommenden Rechtsgrundsätze entsprechend (als öffentliches Recht) anzuwenden sind, wenn und soweit spezielle Vorschriften (s. auch § 40 II VwGO) fehlen.[94] Erfolgt die Verwahrung auf Grund polizeilicher Beschlagnahme oder Sicherstellung (zB im Rahmen des Abschleppens verkehrswidrig geparkter Fahrzeuge), dann ist das Verwahrungsverhältnis wegen des Sachzusammenhangs öffentlich-rechtlich.[95]

---

86 Ebenso Voßkuhle/Eifert/Möllers GVwR/Burgi § 18 Rn. 26 ff.

87 FS 50 Jahre BVerwG, 2003/Bachof, 12 (21).

88 S. Stober DÖV 1979, 85.

89 BVerfG NVwZ-RR 2009, 308.

90 S. näher de Wall, Die Anwendbarkeit privatrechtlicher Vorschriften im Verwaltungsrecht, 1999, S. 52 ff.

91 BVerwGE 44, 351 (354).

92 VGH München BayVBl. 2002, 52.

93 Guckelberger, Die Verjährung im öffentlichen Recht, 2004; de Wall, Die Anwendbarkeit privatrechtlicher Vorschriften im Verwaltungsrecht, 1999, S. 62 ff.; Kellner NJW 2002, 395 ff.; Dötsch DÖV 2004, 277 ff.

94 Vgl. VGH München BayVBl. 1998, 215 f.

95 Vgl. Maurer JuS 1981, 809; VGH Kassel BeckRS 2005, 22854; diff. VGH Mannheim NJW 2007, 1375.

bb) Qualifikation von Nebenakten und Umkehrungsakten. Allgemein gilt, dass **Nebenakte** eines Rechtsverhältnisses (Kündigung, Haftung, Rückzahlungsansprüche) aus Gründen der einheitlichen Betrachtungsweise und des Sachzusammenhangs wie die **Hauptakte** eines Rechtsverhältnisses zu qualifizieren sind. 43

Beispiele: Die Verwahrung der Garderobe von an öffentlichen Hochschulen studierenden Hochschülern (Nebenpflicht) erfolgt öffentlich-rechtlich, weil das durch die Ausbildung geprägte Hochschulverhältnis (Hauptpflicht) öffentlich-rechtlich ausgestaltet ist.[96] Durch die Beschlagnahme eines Gegenstandes im Rahmen eines Ermittlungsverfahrens entsteht ein öffentlich-rechtliches Verwahrungsverhältnis.[97] Erstattungsansprüche gegen Angestellte oder Arbeiter des öffentlichen Dienstes sind privatrechtlich zu beurteilen, weil sie an ein bürgerlich-rechtliches Dienst- oder Arbeitsverhältnis anknüpfen, in dem öffentlich-rechtlicher Arbeitgeber und sein Angestellter oder Arbeiter Vertragspartner auf gleicher Ebene sind.[98] Ansprüche auf Ausgleich einer ungerechtfertigten Bereicherung richten sich auf Abwicklung. Sie sind Ansprüche, mit denen ein vermeintlicher Leistungsanspruch gleichsam umgekehrt wird. Dementsprechend teilen sie die Rechtsqualität des Anspruches, den sie umkehren.[99]

Der Grundsatz, dass Nebenakte die Rechtsnatur von Hauptakten teilen, dürfte auch für die Beurteilung des **Hausrechts** an öffentlichen Gebäuden zutreffen, soweit Spezialregelungen fehlen oder das Verbot nicht ausdrücklich auf einen Verwaltungsakt gestützt ist.[100] Zwar ergibt sich das Recht zum Erlass eines aus dem Hausrecht fließenden **Hausverbots** zunächst aus privatrechtlichen Besitz- und Eigentumsrechten (§§ 859 ff., 903, 1004 BGB),[101] die für das Verwaltungseigentum ohne Öffentlichkeitsbezug maßgeblich sind.[102] Hier ist aber zu berücksichtigen, dass Verwaltungsgebäude öffentliche Sachen sind, im **Anstalts- oder Verwaltungsgebrauch** stehen und dem geordneten Betrieb der Verwaltung dienen. Konsequenz dieser Auffassung ist, dass das Hausrecht nur als ein **Annex zur Sachkompetenz der Verwaltung** an den Verwaltungsgebäuden zu betrachten ist.[103] Diese Meinung ist aber umstritten. So stellt die Rechtsprechung teilweise nicht auf den Zweck der Maßnahme, sondern auf den Zweck des Besuches des Betroffenen ab, der durch das Hausverbot unterbunden wird. 44

Beispiele: Hausverbot im Zusammenhang mit der Vergabe privatrechtlicher Aufträge = privatrechtlich,[104] Hausverbot im Zusammenhang mit erwerbswirtschaftlicher Betätigung = privatrechtlich,[105] Hausverbot gegenüber einem Angestellten im Rahmen einer Kündigung;[106] Hausverbot gegenüber einem Sparkassenkunden;[107] Hausverbot gegenüber Besucher eines kirchlichen Kindergartens = privatrechtlich;[108] Hausverbot gegen Teilnehmer an einer privatrechtlich organisierten Presseveranstaltung in einem Rathaus = öffentlich-rechtlich,[109] Hausverbot gegenüber dem Empfänger von Sozialleistungen = öffentlich-

96 BGH NJW 1973, 2102 (2103).
97 LG Hamburg NJW 2004, 2455.
98 BVerwGE 38, 1.
99 BVerwG DVBl 1980, 686 f.
100 S. dazu VGH München BayVBl. 2003, 692; VG Berlin NJW 2002, 1063 ff.
101 So Brüning DÖV 2003, 389 ff.
102 S. auch Röhl VerwArch 86 (1995), 531 (570).
103 Ebenso Schenke VerwProzR, Rn. 119; BVerfG NJW-RR 2007, 1053; VG Neustadt NJW 2011, 3317; VG Hamburg NVwZ-RR 2012, 536.
104 BVerwGE 35, 103.
105 BGHZ 33, 230.
106 VGH Mannheim NJW 1994, 2500 und dazu Schenke JZ 1996, 998 (1000).
107 OVG Münster NJW 1995, 1573.
108 BVerwG NVwZ 1987, 677; VGH München BayVBl. 1986, 271 mablAnm Renck BayVBl. 1986, 273 und Bespr. von Müller-Volbehr JuS 1987, 869.
109 OVG Bremen NJW 1990, 931.

rechtlich, wobei im Einzelfall umstritten ist, ob der Verwaltungs- oder Sozialrechtsweg gegeben ist;[110] Ausübung des Hausrechts durch den Schulleiter.[111]

45 Demgegenüber billigt die Literatur den Behörden zur unbeeinträchtigten Ausübung ihrer im öffentlichen Recht wurzelnden Funktionen teilweise ein **öffentlich-rechtliches Hausrecht** zu.[112] Diese Ansicht ist zutreffend, weil man die Rechtsnatur des Hausrechts nicht nach kaum überprüfbaren subjektiven Merkmalen und Motiven,[113] sondern nur aus der Perspektive des „Hausherrn" und der Notwendigkeit eines ordnungsgemäßen Dienstbetriebs beurteilen kann.[114]

Beispiel: Die Ausübung des Hausrechts an Bord durch den Flugkapitän ist öffentlich-rechtlich, weil die damit verbundenen Befugnisse auf einer Beleihung nach § 12 I LuftSiG beruhen.[115]

46 cc) **Qualifikation von Tathandlungen.** Der Rechtscharakter von **Tathandlungen** (**Realakten,** näher → § 57 Rn. 1 ff.) eines Subjekts öffentlicher Verwaltung oder eines Verrichtungsgehilfen wird durch die zur Wahrnehmung der durchgeführten Aufgabe erforderlichen Rechtsmacht bestimmt (Normnähe, Wahrnehmungsnähe).[116] Eine Handlung, die der Erledigung einer Subjekten öffentlicher Verwaltung zur Wahrnehmung nach öffentlichem Recht vorbehaltenen Aufgabe dient **(öffentlich-rechtlicher Funktionszusammenhang),** ist also nach öffentlichem Recht zu beurteilen, wenn nicht etwa der Wille, auf Grund privaten Rechts zu handeln (zB durch Abschluss eines Werkvertrages) deutlich in Erscheinung tritt.

Beispiele: Für die Abwehrklage gegen die von einem Kinderspielplatz oder einer Kläranlage ausgehenden Geräusch- oder Geruchsimmissionen (Realakt) ist der Verwaltungsrechtsweg gegeben, wenn der Spielplatz im Bebauungsplan vorgesehen, im Vollzug dieser Planung von der Gemeinde eingerichtet, sowie in Dienst gestellt und damit einem öffentlichen Zweck gewidmet ist.[117] Die Maßnahme – Errichtung eines Kinderspielplatzes – steht hier in einem öffentlich-rechtlichen Planungs- und Funktionszusammenhang, der es ausschließt, sie und den in ihr liegenden Eingriff unabhängig von diesem Zusammenhang bewerten und begreifen zu wollen.[118] Auch für die Klage auf Abwehr von Lärm eines von der öffentlichen Hand betriebenen Sportplatzes[119] sowie einer Feueralarmsirene[120] ist der Verwaltungsrechtsweg gegeben. Die Fahrt eines Feuerwehrwagens zur Überprüfung durch den TÜV oder zu einer Einsatzübung ist „Ausübung eines öffentlichen Amts" (iSd Art. 34 GG) und damit hoheitlich, weil die eigentliche Zielsetzung der Fahrt, nämlich die Aufrechterhaltung der Einsatzfähigkeit, zur hoheitlichen Betätigung gehört.[121] Das

110 OVG Münster NVwZ-RR 1998, 595 und NJW 2011, 2379; BSG BeckRS 2009, 62466; OVG Hamburg NJW 2014, 1196 f.

111 VGH Kassel NVwZ-RR 2014, 350 f.

112 Vgl. Knemeyer DÖV 1970, 596 und DÖV, 1971, 303; Knemeyer VBlBW 1982, 249; Ehlers DÖV 1977, 37; Bethge VERW 1977, 313; FS 50 Jahre BVerwG, 2003/Bachof, 19; Zeiler DVBl 1981, 1000; Berg JuS 1982, 260; Ronellenfitsch VerwArch 73 (1982), 465; Beaucamp JA 2003, 231 ff.; VGH München DVBl 1981, 1010; OVG Münster NVwZ-RR 1989, 316; DÖV 1990, 979 und NJW 2011, 2379; VGH Kassel NJW 1990, 1250; VG Frankfurt a. M. NJW 1998, 1424.

113 So aber Ipsen/Koch JuS 1992, 809 ff.; OVG Münster NWVBl. 1990, 296; DVBl 1991, 498.

114 S. auch Klenke NWVBl. 2006, 84.

115 S. auch BGH NJW 1999, 2378 f.

116 S. auch Scherer NJW 1989, 2724 (2726 f.).

117 BVerwG DÖV 1974, 132; BGH DÖV 1976, 390.

118 BVerwG NJW 1974, 817; s. ferner OVG Münster NJW 1984, 1982 mAnm Schwabe DVBl 1984, 387; VGH Mannheim VBlBW 1983, 25 und VBlBW 1985, 60; BGH DÖV 1984, 634; VGH München BayVBl. 1988, 241.

119 BVerwG JZ 1989, 951.

120 BVerwGE 79, 254 (256).

121 BGH NJW 1964, 1895; OLG Oldenburg NJW 1973, 1199 und BeckRS 2010, 30185.

ist auch bei einer luftfahrttechnischen Prüfung,[122] nicht jedoch bei der Ausführung privatwirtschaftlicher Aufgaben der Fall.[123] Dienstfahrten eines Amtsträgers sind öffentlich-rechtlich, wenn zwischen der Zielsetzung und der schädigenden Handlung ein enger und äußerer Zusammenhang besteht.[124] Nicht ausdrücklich normierte behördliche Warnungen. Handeln von Beliehenen im Rahmen öffentlich-rechtlich übertragener Aufgaben.[125]Die Durchführung von Sicherheitsprüfungen gemäß den berufsgenossenschaftlichen Unfallverhütungsvorschriften sind Ausfluss der zivilrechtlichen Verkehrssicherungspflicht und der arbeitsrechtlichen Fürsorgepflicht mit der Folge, dass es sich um einen privatrechtlichen Zusammenhang handelt.[126]

dd) Qualifikation von Verträgen. Bei der **Qualifikation von Verträgen** wird im 47 Allgemeinen mangels sondergesetzlicher Regelung (s. etwa § 44 III BHO) danach gefragt, ob der Gegenstand des Vertrages dem öffentlichen Recht oder dem Privatrecht zuzuordnen ist, dh ob sich der Vertrag auf einen Sachverhalt bezieht, der im öffentlichen Recht, §§ 54 ff. VwVfG (näher → § 54 Rn. 1 ff.), oder im Privatrecht geregelt ist.[127] Wird der Vertrag in Vollzug einer gesetzlichen Regelung geschlossen, die dem öffentlichen Recht angehört oder soll auf öffentlich-rechtlich geregelte Sachverhalte eingewirkt werden (sog. **Vorordnungslehre**), dann liegt ein verwaltungsrechtlicher Vertrag vor.[128] Dabei wird auf den Gesamtcharakter des Vertrages und seinen Zweck[129] abgestellt, während es unerheblich ist, dass auf beiden Seiten Träger öffentlicher Verwaltung beteiligt sind.[130] Teilweise wird auch nach der Art der wahrzunehmenden Aufgabe abgegrenzt (sog. **Aufgabentheorie**[131]). Demgegenüber ist auch bei der Qualifikation von Verträgen aus Gründen der Rechtssicherheit geboten, auf den jeweiligen Sachzusammenhang zurückzugreifen, der den Vertragsschluss prägt.[132] Das gilt auch für die Vertragsanbahnung.

Beispiele: Betrifft der Vertrag eine Subventionierung, zu der nur die öffentliche Hand befugt ist, dann spricht der Zusammenhang für eine öffentlich-rechtliche Ausgestaltung.[133] Betrifft der Vertrag ausschließlich Privatrechtssubjekte, die nicht beliehen sind, dann liegt Privatrecht vor.[134] Für Ansprüche wegen Verschuldens bei der Anbahnung eines öffentlich-rechtlichen Vertrages **(culpa in contrahendo)** – §§ 280 I, 241 II, 311 II BGB – ist wegen des Sachzusammenhangs, der sich aus einem gesetzlichen Schuldverhältnis ergibt, nicht der Verwaltungsrechtsweg gegeben.[135] Er ist aber einschlägig bei dem Vor-

---

[122] BGH DVBl 2001, 988.
[123] BayObLG BayVBl. 1989, 571.
[124] BGH VersR 1979, 229 und NJW 1991, 2954.
[125] LG Arnsberg NVwZ-RR 2003, 545.
[126] BGH DS 2010, 75.
[127] BVerwGE 42, 331; 74, 368; 84, 236 (238); BGH NVwZ 2013, 96; OVG Greifswald NVwZ 2001, 446; Schlette, Die Verwaltung als Vertragspartner, 2000, S. 112 ff.
[128] S. auch BVerwG NVwZ 1989, 876; Scherzberg JuS 1992, 205 (207); Schlette Verwaltung, S. 118.
[129] BVerwG NJW 1976, 2360 und BVerwG VerwRspr. 28 (1977), 283 und NJW 1985, 989 und NJW 1993, 2695; BGH DVBl 1992, 615.
[130] BGH NVwZ 2013, 96.
[131] S. Ehlers Verwaltung, S. 199 ff.
[132] S. auch Stern StaatsR I, § 3 I 2b, 24; BGH JZ 1973, 420; OLG Schleswig NVwZ-RR 2008, 743.
[133] Im Ergebnis auch OVG Münster NJW 1991, 61; Schlette Verwaltung, S. 144 f.
[134] BGH NJW 2000, 1042; 2003, 889 f.; DÖV 2003, 335; VGH München BayVBl. 2002, 82 jeweils für Medienbetriebsgesellschaften; OVG Greifswald NVwZ 2001, 446 für den Betrieb eines Schülercafés.
[135] BGH NJW 1986, 1106; BVerwG NJW 2002, 2894 und BVerwG NVwZ 2003, 1383; aM OVG Weimar NJW 2002, 386; aM OVG Bautzen BeckRS 2008, 35244; FS Menger, 1985/Schoch, 320 ff.; Dötsch NJW 2003, 1430.

griff auf einen öffentlich-rechtlichen Vertrag.[136] Städtebauliche Verträge sind dem Öffentlichen Recht zuzuordnen, weil die Regelungen weitgehend an die Stelle eines Verwaltungsaktes treten.[137]

48 Bei der Ermittlung des Sachzusammenhangs ist mit Bettermann[138] darauf abzustellen, ob die im Vertrag getroffene Regelung, wäre sie normativ erfolgt, eine Norm des öffentlichen Rechts sein würde. Die vertragliche Regelung müsste also, als Rechtssatz gedacht, Sonderrechtssatz sein (→ § 22 Rn. 28 ff.); sog. **Normfiktionslehre**).[139] Ein verwaltungsrechtlicher Vertrag liegt daher vor, wenn er die Begründung, Aufhebung oder Veränderung von Rechten und (oder) Pflichten zum Gegenstand hat, deren Träger notwendig nur ein Subjekt öffentlicher Verwaltung sein kann. Das ist dann der Fall, wenn die vertraglich (auch von einer Zivilperson gegenüber einer Zivilperson) übernommene Verpflichtung oder eingeräumte Berechtigung eine öffentlich-rechtliche Verpflichtung oder Berechtigung eines Subjekts öffentlicher Verwaltung oder einer Zivilperson erfüllen oder ablösen soll.

49 ee) **Abgabe und Widerruf von Erklärungen und Auskünften.** Hinsichtlich der Beurteilung der **Abgabe und des Widerrufes von Informationen, Erklärungen und Auskünften** ist zunächst festzustellen, ob eine spezialgesetzliche Regelung vorliegt, wie sie etwa in § 40 LFBG[140] gegeben ist. Im Übrigen prüft die Rechtsprechung, ob der betreffende Lebensbereich der Beteiligten unbeschadet des „amtlichen" Charakters der Erklärungen in ihrem Verhältnis zueinander durch bürgerlich-rechtliche Gleichordnung geprägt ist und die Erklärungen nur gelegentlich einer nach öffentlichem Recht zu beurteilenden Tätigkeit gemacht wurden. Dann richten sich die Beziehungen nach zivilrechtlichen Regeln. Ergibt sich die Natur der Rechtsbeziehungen jedoch aus dem Funktionszusammenhang mit den Bereichen hoheitlicher Tätigkeit oder **öffentlich-rechtlicher Befugnisse,** dann sind die Erklärungen und Äußerungen öffentlich-rechtlich zu qualifizieren.[141] Für den Widerruf folgt die Qualifizierung aus dem Argument, dass es sich um einen **actus contrarius** handelt, der dieselbe Rechtsnatur wie die Abgabe der Erklärung besitzt.[142]

Beispiele: Wird eine Erklärung an die Presse im Bereich fiskalischer Betätigung der öffentlichen Hand gegeben, dann ist der Zivilrechtsweg hinsichtlich eines Widerrufs der Erklärung auch dann gegeben, wenn die Verpflichtung zur Auskunft als öffentlich-rechtliche Pflicht nach den einschlägigen Pressegesetzen auch im fiskalischen Tätigkeitsbereich anzuerkennen ist.[143] Der Widerruf einer ehrenrührigen Behauptung eines Bürgermeisters im Zusammenhang mit einer gemeindlichen Planung gehört dem öffentlichen Recht an.[144] Hingegen ist die Abgabe einer Äußerung im Zusammenhang privatrechtlicher Verträge ebenso privatrechtlich zu qualifizieren[145] wie der Unterlassungsanspruch gegen Äußerungen

---

136 OVG Koblenz NJW 2002, 3724.
137 OVG Koblenz NVwZ-RR 2013, 942.
138 JZ 1966, 445; so auch Menger VerwArch 64 (1973), 203 ff.
139 Kritisch Ehlers Verwaltung, S. 197 f.; ebenso wie hier mwN Schlette Verwaltung, S. 119 ff.
140 S. dazu Stober/Eisenmenger ÖffWirtschaftsR BT, Rn. 700 f.
141 S. Frotscher JuS 1978, 505; im Ergebnis ebenso Ladeur AfP 1991, 584; zur Kritik dieser Abgrenzung Berg JuS 1984, 522 f.
142 S. auch Schenke JZ 1996, 998 f.; aM BVerwG NJW 1994, 2500 für Unterlassungs- und Widerrufsansprüche gegenüber Sendungen öffentlich-rechtlicher Rundfunkanstalten.
143 BGH DÖV 1978, 528 (529); s. zum Rechtsweg gegen Presseerklärungen der Staatsanwaltschaft BVerwG NJW 1989, 412 und zu Presseerklärungen der Polizei OLG Karlsruhe NJW 1995, 899; OLG Stuttgart NJW 2001, 3797.
144 VGH Kassel NVwZ-RR 1994, 700; s. auch OLG Dresden NVwZ-RR 1998, 343.
145 VGH Mannheim VBlBW 1998, 100.

einer Gemeinderatsfraktion.[146] Der Anspruch der Handwerkskammer auf Unterlassung von Äußerungen ist auch dann privatrechtlich, wenn es sich um den gesetzlich zugewiesenen Aufgabenbereich handelt.[147]

ff) Private Verwaltungshilfe. Bei der **privaten Verwaltungshilfe** sind Innen- und Außenrechtsbeziehungen scharf zu unterscheiden. Die Innenrechtsbeziehung betrifft das Rechtsverhältnis zwischen der beauftragenden Verwaltungsbehörde und dem Verwaltungshelfer, während das Außenrechtsverhältnis auch die Rechtsbeziehung zu dem von dem Handeln des Verwaltungshelfers betroffenen Dritten einschließt. Hinsichtlich der Außenrechtsbeziehung kommt es – entgegen der Rechtsprechung – weder auf die Rechtsform[148] der Beauftragung oder die Selbstständigkeit[149] des **Verwaltungshelfers** noch auf die Einflussmöglichkeit auf den Verwaltungshelfer[150] an. Unerheblich ist ferner die Ansicht des Schrifttums, wonach die Unmittelbarkeit der Erfüllung von Hoheitsaufgaben entscheidend sein soll.[151] Für den vom Verwaltungshandeln betroffenen Dritten ist vielmehr maßgeblich, dass der Verwaltungshelfer als Erfüllungsgehilfe in eine **öffentlich-rechtlich zu erledigende Aufgabe** eingeschaltet ist (auch → § 91 Rn. 1 ff.).[152] Deshalb ist auch für die rechtliche Beurteilung der privaten Verwaltungshilfe auf den Sachzusammenhang abzustellen.[153] 50

Beispiele: Abschleppen von Pkw durch Abschleppunternehmer auf Veranlassung der Polizei, weil es sich um einen Akt des Vollzugs in Gestalt einer Ersatzvornahme handelt.[154] Einziehen von Abschleppkosten durch privaten Abschleppunternehmer.[155] Beauftragung von Privatfirmen mit der Überwachung von Ampelanlagen.[156] Einsatz von Geistlichen im Religionsunterricht[157] und von Schülerlotsen.[158] Beauftragung Dritter mit der Abfallentsorgung nach § 22 KrWG. Durchführung einer rettungsdienstlichen Tätigkeit durch einen eingeschalteten Notarzt,[159] es sei denn, das Landesrecht sieht vorrangig eine private Trägerschaft vor.[160] Durchführung des Zwangsmittels der Ersatzvornahme beim Vollzug von Bauordnungsrecht.[161]

gg) Vergabeverfahren. Nicht alle **Vergabeverfahren** der öffentlichen Hand richten sich nach den §§ 97 ff. GWB. Das ist insbesondere der Fall, sofern spezielle Vergabebestimmungen existieren. Auch hier kann es auf den Sachzusammenhang ankommen, ob öffentliches Recht vorliegt. 50a

146 VGH Mannheim DÖV 2002, 348.
147 OLG Koblenz NVwZ 2002, 379.
148 BGH NJW 1977, 628.
149 BGH NJW 1971, 2221.
150 BGH NJW 1993, 1258.
151 Ossenbühl JuS 1973, 423.
152 Und näher Burgi, Funktionale Privatisierung und Verwaltungshilfe, 1999, 390 ff.; OLG Koblenz BeckRS 2010, 25601.
153 Stober JuS 1982, 740; Würtenberger DAR 1983, 155; BGH NJW 1993, 1258 und Anm. v. Würtenberger JZ 1993, 1003; Peine DÖV 1997, 353 (357).
154 OVG Münster NJW 1980, 1974; BGH NJW 1993, 1258.
155 LG Marburg NJW 2001, 2028 ff.
156 Ossenbühl JuS 1973, 412.
157 BGHZ 34, 20.
158 OLG Köln NJW 1968, 655.
159 BGH DÖV 2005, 259 ff.
160 OLG Stuttgart NJW 2004, 2987; BGH BeckRS 2007, 17771.
161 OLG Koblenz BeckRS 2010, 25601.

Beispiel: Wegenutzungsverträge, die den Gemeingebrauch nicht beeinträchtigen, richten sich nach bürgerlichem Recht (§ 8 X FStrG). Deshalb sind auch Rechtsstreitigkeiten betreffend den Abschluss derartiger Verträge im Rahmen von Vergabeverfahren von den Zivilgerichten zu entscheiden.[162]

50b **hh) Qualifikation von übertragenen Gewährleistungsaufträgen.** Im Rahmen der Gewährleistung von Verwaltungsaufgaben nach erfolgter Privatisierung ändert sich der öffentlich-rechtliche Charakter von Rechten nicht unbedingt.

Beispiel: Wegenutzungsberechtigte Telekommunikationsunternehmen können nach §§ 125 TKG Inhaber eines öffentlich-rechtlichen Sonderrechts sein.[163]

d) Zuordnungslehre und gemischte Rechtsverhältnisse (Zweistufentheorie)

51 **aa) Anwendungsbereich der Zweistufentheorie.** Wie identische Sachverhalte verschiedene rechtliche Tatbestände erfüllen können, so kann auch ein Lebensverhältnis aus mehreren Rechtsverhältnissen bestehen, von denen einige privat-, andere öffentlich-rechtlich sind. Ferner kann ein privates Rechtsverhältnis Voraussetzung für öffentlich-rechtliche Pflichten oder Rechte sein.

Beispiel: Grundeigentum für Grundsteuerpflicht; eine durch Verwaltungsakt zu verfügende Widmung einer Straße kann von der privatrechtlichen Bestellung einer Dienstbarkeit abhängig gemacht werden.

52 In diesen Fällen kommt eine Anwendung der sog. **Zweistufentheorie** in Betracht. Ihr Einsatzbereich ist weit gesteckt. Sie ist sowohl im Rahmen der Eingriffs- als auch der Leistungsverwaltung gebräuchlich.[164] Deshalb verwundert es auch nicht, dass die Zweistufenlehre als „hochmoderner Bestandteil der Verbund-Systematik" bezeichnet wird.[165] Ausgangsüberlegung ist, dass der Vollzug öffentlich-rechtlicher Maßnahmen auch nach privatrechtlichen Grundsätzen erfolgen kann. Das wird insbesondere dann angenommen, wenn es an einer Regelung des Vollzuges durch öffentlich-rechtliche Vorschriften fehlt. Die zweistufigen Rechtsverhältnisse sind dadurch gekennzeichnet, dass sie aus zwei getrennten Verfahrensabschnitten bestehen, von denen der erste Verfahrensabschnitt (die Frage des „ob") stets dem öffentlichen Recht angehört und der zweite Verfahrensabschnitt (die Frage des „wie") sowohl öffentlich-rechtlich als auch privatrechtlich ausgestaltet sein kann. Die Zweistufentheorie zeigt allerdings nur, dass verwaltungsrechtliche Rechtsverhältnisse zweistufig sein können und dass die erste Stufe notwendig hoheitlich geregelt ist. Diese Theorie ermöglicht keine Abgrenzung von Privatrecht und öffentlichem Recht, sondern setzt voraus, dass die Abgrenzung für die der ersten Stufe zugrunde liegenden Rechtssätze bereits nach den aufgeführten Theorien mit dem Ergebnis „öffentlich-rechtlich" erfolgt ist.

53 **bb) Zur Kritik und zur Praxis zweistufiger Rechtsverhältnisse.** Zweistufige Rechtsverhältnisse werden vielfach kritisiert, weil die theoretische Aufspaltung für Fragen aus dem gleichen Lebenssachverhalt zu einer dem Grundsatz der Prozessökonomie widersprechenden Zweispurigkeit des Rechtsweges, zur Rechtsunsicherheit bei den Beteiligten und zu einer Erschwerung des Rechtsschutzes führt.[166] Es wird

162 OVG Münster NVwZ-RR 2012, 415.
163 BVerwG NVwZ-RR 2009, 308.
164 S. Tanneberg, Die Zweistufentheorie, 2011; aM wohl BGH JZ 1987, 157 f.
165 Voßkuhle/Eifert/Möllers GVwR/Burgi § 18 Rn. 71.
166 S. statt vieler Götz, Recht der Wirtschaftssubventionen, 1966, S. 56 ff.; Ehlers Verwaltung, S. 184 ff.; Sendler WiVerw 1976, 2 (22).

geltend gemacht, die Zweistufentheorie habe ihre ursprüngliche Berechtigung verloren, weil die spezifisch verwaltungsrechtlichen Institutionen und der Verwaltungsrechtsschutz erheblich ausgebaut seien. Es entspreche einer sinnvollen Ordnung der Rechtswege, dass über einheitliche Lebenssachverhalte möglichst nur in einem Rechtsweg entschieden werde.[167] Dieser Zweckmäßigkeitsüberlegung ist entgegenzuhalten, dass es nach wie vor an speziellen öffentlich-rechtlichen Regeln für weite Gebiete des Gesetzesvollzuges fehlt[168] und der Gesetzgeber neuerdings die Zweistufenlehre ausdrücklich vorschreibt, weil er damit die unterschiedlichen Interessenlagen und die Verwaltungsrealität zutreffend abbilden kann.[169]

Beispiel: § 26 AFBG lautet: „Für öffentlich-rechtliche Streitigkeiten nach diesem Gesetz ist der Verwaltungsrechtsweg, für Streitigkeiten aus Darlehensvertrag der ordentliche Rechtsweg gegeben."

– Nach den Gemeindeordnungen (zB § 10 II 2 BWGemO; § 8 II NRWGO; § 10 II SächsGO; § 20 I HessGO; Art. 21 I BayGO) sind die Einwohner im Rahmen des geltenden Rechts berechtigt, die **öffentlichen Einrichtungen der Gemeinde** nach gleichen Grundsätzen zu benutzen. Damit ist die Frage der ersten Stufe, der **Zulassung zur Benutzung** dieser Einrichtung – nach der Zuordnungslehre – öffentlich-rechtlich geregelt, weil die maßgebliche Vorschrift nur die Gemeinde verpflichtet. Insoweit besteht keine Wahlfreiheit zwischen öffentlichem und privatem Recht.[170] Das gilt auch dann, wenn ein Privater eingeschaltet ist, sofern sich die Gemeinde Einwirkungsrechte vorbehalten hat.[171] Ist Träger der öffentlichen Einrichtung eine in der Hand der Kommune befindliche privatrechtlich organisierte Gesellschaft,[172] dann liegt öffentliches Recht vor, wenn gegen die Gemeinde selbst auf Verschaffung gegenüber der privaten Betreibergesellschaft geklagt wird. Hingegen ist bei einer Klage gegenüber der mit dem Betrieb der Einrichtung beauftragten juristischen Person der Verwaltungsrechtsweg nur eröffnet, wenn eine öffentlich-rechtliche Ermächtigung gegeben ist.[173] Dagegen kann die **zweite Stufe – die Benutzung** im Einzelnen – privatrechtlich geregelt sein, weil die Gemeindeordnungen insoweit keine Bestimmung vorsehen.[174] Die Qualifizierung richtet sich bei der zweiten Stufe nach einer Auslegung der einschlägigen Benutzungsvorschriften, bei denen es sich um (privatrechtliche) **Allgemeine Geschäftsbedingungen** oder um (öffentlich-rechtliche) **Satzungen** handeln kann. Anhaltspunkte liefern Hinweise auf Rechtsformen, Gebühren und Rechtsbehelfe. Auch der öffentlich-rechtliche **Anschluss- und Benutzungszwang** schließt eine privatrechtliche Entgeltregelung nicht aus.[175] Ähnliche Fragen stellen sich auch bei der Zulassung eines Beschickers im Marktgewerbe iSd § 70 GewO.[176] 54

---

167 BVerwGE 62, 317 (322).
168 BGH JZ 1987, 157; Gusy DÖV 1984, 872.
169 S. auch Schmidt-Aßmann AllgVerwR Rn. 290.
170 VGH Kassel NJW 1977, 452; VGH Mannheim NVwZ-RR 1989, 267; OLG Dresden LKV 2001, 142; KG LKV 2001, 144; Dietlein JURA 2002, 445 (452).
171 VGH München BayVBl. 1989, 148 und BayVBl. 1999, 657 für ein Pacht- oder Mietverhältnis – Verrichtungsgehilfe; VGH Kassel NVwZ-RR 1994, 651; Dietlein JURA 2002, 445 (447).
172 S. näher Ossenbühl DVBl 1973, 289 f.; Ehlers DÖV 1986, 897; Herdegen DÖV 1986, 906.
173 BVerwG NVwZ 1991, 59.
174 NRWOVGE 24, 175; BVerwG VerwRspr. 20 (1969), 715; krit. v. Danwitz JuS 1995, 1 ff.
175 BGH BayVBl. 1985, 27 und NVwZ 1991, 606; OVG Bautzen DVBl 1997, 507.
176 S. dazu Eisenmenger GewArch 2020, 355 ff.

55 – Wenn die öffentliche Hand zur Beschaffung von Wohnraum für Bedienstete ein **Darlehen bewilligt,** dann eröffnet die hoheitliche Bewilligung den Weg zum zweiten Verfahrensabschnitt, in dem die angebotene Hilfeleistung durchgeführt wird, und zwar durch den Abschluss des privatrechtlichen Darlehensvertrages und die Auszahlung der Darlehensmittel. Insoweit stehen sich die öffentliche Hand und der Darlehensnehmer auf bürgerlich-rechtlicher Ebene als gleich geordnete Partner gegenüber.[177]

56 – **Das Beschaffungswesen der öffentlichen Hand** unterliegt grundsätzlich dem Privatrecht, weil der Staat wie eine Privatperson handelt (→ § 22 Rn. 31 ff.)[178] und das Rechtsregime des Wettbewerbsrechts gilt (§§ 97 ff. GWB). Das gilt auch für eine leistungsbedingte Auftragssperre.[179] Die Zweistufentheorie ist aber bei einem Streit über die Verpflichtung zur bevorzugten Auftragserteilung nach öffentlich-rechtlichen Normen einschlägig (zB § 14 II BVFG).[180] Teilweise wird vorgeschlagen, die Auftragsvergabe generell einer zweistufigen Qualifizierung zu unterstellen.[181] Diese Auffassung übersieht jedoch die andersgeartete Ausgestaltung des Vergabeverfahrens im GWB (→ § 22 Rn. 31 ff.).

57 – Erblickt ein privater Wettbewerber in der **wirtschaftlichen Betätigung der Gemeinde** etwa auf dem Gebiet des Bestattungswesens oder bei der Vermietung einen Wettbewerbsverstoß, dann geht es wegen der in den Gemeindeordnungen geregelten Frage der Zulässigkeit wirtschaftlicher Unternehmungen (vgl. zB § 102 BWGemO; § 107 NRWGO; §§ 96, 97 SächsGO; Art. 87 BayGO) um die öffentlich-rechtliche Frage, ob das wirtschaftliche Unternehmen überhaupt betrieben werden darf[182] und nicht darum, wie die Gemeinde dem Bürger gegenüber tätig wird, wenn er die Leistungen des gemeindlichen Bestattungsunternehmers in Anspruch nimmt (zB Abschluss eines Kaufvertrages über einen Sarg).[183] Ebenso handelt es sich bei der Frage der Zulässigkeit des Wettbewerbs zwischen Vermessungsämtern und öffentlich bestellten Vermessungsingenieuren um öffentliches Recht,[184] weil es um die öffentlich-rechtlich geprägte Grundsatzfrage geht, ob die hoheitlich tätigen staatlichen Vermessungsämter überhaupt am Wettbewerb teilnehmen dürfen.[185] Hingegen ist der Streit um die gleichmäßige Berücksichtigung eines Bestattungsredners[186] oder der Anspruch auf Bewirtschaftung eines Restaurants in einer gemeindlichen Einrichtung[187] privatrechtlich.

[177] BGH VerwRspr. 23 (1972), 923.
[178] GmS-OGB NJW 1986, 2359; OLG Koblenz NVwZ-RR 1989, 182.
[179] BVerwGE 5, 325; DÖV 1973, 244; BGH VerwRspr. 28 (1977), 563; aA OVG Münster DVBl 1971, 115.
[180] BVerwGE 34, 213; BVerwG DÖV 1976, 860; OVG Lüneburg NJW 1983, 1218.
[181] S. etwa Pernice DVBl 1996, 1100 (1106); Hermes JZ 1997, 909 (915).
[182] BVerwGE 39, 329; VGH Mannheim NJW 1984, 251; OVG Münster DÖV 1986, 339; NVwZ 2003, 1520 und BeckRS 2008, 34483; OLG Düsseldorf DÖV 2001, 912 f.; Schlacke JA 2002, 48.
[183] Vgl. BayObLG DÖV 1975, 394.
[184] Ebenso Schenke JZ 1996, 998 f.; Schliesky DÖV 1994, 114 ff.; Röhl VerwArch 86 (1995), 531 (571); BGH NJW 1998, 546; aM BGH NJW 1993, 1659.
[185] Problematisch auch OLG Düsseldorf NWVBl. 1997, 353 hinsichtlich der Zulässigkeit kommunaler Nachhilfe durch die Volkshochschule; krit. dazu auch Moraing NWVBl. 1997, 355.
[186] VGH München NVwZ-RR 2004, 392.
[187] VGH München BayVBl. 2002, 565.

– Das gemeindliche **Vorkaufsrecht** nach §§ 24 ff. BauGB wird „durch Verwaltungsakt" (§ 28 II BauGB), also öffentlich-rechtlich, ausgeübt: erste Stufe. Die Ausübung des Vorkaufsrechts gehört nach der Zuordnungslehre dem öffentlichen Recht an, weil diese Maßnahme der Gemeinde in einem nur ihr verliehenen Recht ihre Grundlage hat und dieses Sonderrecht gleichzeitig zu einer Überordnung der Gemeinde über die Parteien des Kaufvertrages führt.[188] – Die zweite Stufe, die Abwicklung des Kaufvertrages, vollzieht sich privatrechtlich.[189] 58

– Die Entscheidung einer Gemeinde über die **Auswahl** unter verschiedenen Kaufbewerbern für ein gemeindeeigenes Grundstück nach **bestimmten Fördergesichtspunkten** ist öffentlich-rechtlich.[190] 59

– Die Entscheidung, ob eine Privatperson als **Beliehener** tätig wird,[191] ist öffentlich-rechtlich. 60

cc) Einstufige und zweistufige Rechtsverhältnisse. Die Praxis kennt Rechtsverhältnisse, die einmal einstufig und ein anderes Mal zweistufig sind. Die Zulässigkeit folgt aus der Formulierung des § 48 II 1 VwVfG. Die Regeln über die Zweistufentheorie sind nur anzuwenden, wenn eine Prüfung ergibt, dass im konkreten Fall tatsächlich ein zweistufiges Rechtsverhältnis vorliegt. 61

Beispiele: Subventionen können durch Verwaltungsakt, verwaltungsrechtlichen[192] oder privatrechtlichen Vertrag vergeben werden, wobei sich unter Umständen im Sinn der Zweistufentheorie an ein öffentlich-rechtliches Verfahren über die Bewilligung (erste Stufe) ein privatrechtlicher Vertrag über die Gewährung der Subvention (zweite Stufe) in Form eines Darlehensvertrages oder eines Schenkungsvertrages oder eines Bürgschaftsvertrages oder eines Versicherungsvertrages anschließen kann.[193] Die **Auszahlung einer Prämie** (Spielfilmprämie) ist kein gegenüber dem öffentlich-rechtlichen Bereich, der Bewilligung, verselbstständigter „zweiter Akt" im Sinne der Zweistufentheorie, sondern Erfüllung und vorgesehene Beendigung der Bewilligung, daher so wie diese öffentlich-rechtlich.[194] Bei der Subventionierung in Form **verlorener Zuschüsse** ist das Subventionsverhältnis idR auch dann einstufig, wenn die Auszahlung durch ein Kreditinstitut bewirkt wird.[195]

dd) Allgemeine Regeln für gemischte Rechtsverhältnisse. Ist aber auch nur eine Verpflichtung eines Rechtsverhältnisses öffentlich-rechtlich, dann ist es dieses Rechtsverhältnis als Ganzes, dh jede der damit in unmittelbarem Zusammenhang stehenden Verpflichtungen und Berechtigungen sowie die Vorbereitung, die Umkehrung und die Abwicklung. Insoweit greift ebenfalls die oben erörterte **Sachzusammenhangstheorie.**[196] 62

188 OVG Münster NJW 1972, 1436.

189 S. dazu VGH Mannheim VBlBW 1983, 77; VGH Kassel JZ 1984, 99.

190 OVG Münster NJW 2001, 698; s. auch VGH Kassel GewArch 2003, 376, zur Vergabeentscheidung über Räume in einer Kfz-Zulassungsstelle.

191 VGH München BayVBl. 2002, 82 ff.

192 S. näher Stober/Eisenmenger WiVerwR § 57 VI.

193 BVerfGE 47, 253 (273); BVerwGE 45, 13 f.; BGHZ 92, 94 f.; BGH NJW 1997, 328; Stern StaatsR III/1, 1402 ff.; OLG Naumburg NVwZ 2001, 354; OVG Magdeburg NVwZ 2002, 108; Isensee/Kirchhof StaatsR-HdB IV/Ipsen, § 92 Rn. 59; krit. Schlette Verwaltung, S. 145 ff.

194 BGHZ 57, 130; OVG Berlin NJW 1975, 1938 – Zeitungssubvention.

195 BVerwG VerwRspr. 20 (1969), 212; BGH NVwZ 1985, 517; BVerwG NJW 1990, 1435; OVG Berlin NJW 1975, 1938 – Zeitungssubvention; VGH Mannheim JuS 1979, 70 – Subventionsgewährung zu den Erwerbskosten eines Industriegrundstücks.

196 BVerwGE 42, 331 (333); BVerwG DVBl 1976, 306 u. DÖV 1981, 878; Lange JuS 1982, 500 (503); aM BGHZ 56, 365 (372); 76, 16; BGH MDR 1982, 827; der BGH stellt auf den Schwerpunkt ab.

Beispiele: Erstattungsansprüche als Kehrseite öffentlich-rechtlicher Leistungsansprüche[197] zB wegen unverpflichteter Zahlung auf Grund des öffentlichen Rechts,[198] Anspruch auf Rückzahlung von Studienförderungsmitteln[199] oder von Zuschüssen, zu der ein Widerrufsbeamter sich im Falle vorzeitigen freiwilligen Ausscheidens verpflichtet hat,[200] Anspruch auf Rückenteignung,[201] Abwicklung eines Beleihungsverhältnisses.[202]

5. Verwaltungsrecht als Vorgabe für Zivilrecht

a) Begriff und Problematik der verwaltungsrechtlichen Vorgaben

63 Von der bisher im Vordergrund stehenden Abgrenzungsfrage ist das Problem zu trennen, in welchem Umfang das Verwaltungsrecht auf das Zivilrecht einwirkt. Hier ist zum einen zu untersuchen, inwieweit die Verwaltung selbst an verwaltungsrechtliche Maßstäbe gebunden ist, wenn sie privatrechtlich handelt (→ § 23 Rn. 1 ff.). Zum anderen ist zu erörtern, inwieweit das Verwaltungsrecht Rechtsverhältnisse Privater beeinflusst. Hinsichtlich der zweiten Variante existiert eine Fülle von Gestaltungen, die nur exemplarisch gestreift werden können.[203] Die diversen Erscheinungsformen werden üblicherweise unter den Stichworten **Verwaltungsrechtsakzessorietät, Verwaltungsaktsakzessorietät** (für Genehmigungen) und **Verwaltungsvertragsakzessorietät** diskutiert.[204] Damit ist gemeint, dass die Verfügung über die Anwendung von Privatrecht immer mehr in den Händen der Verwaltung liegt.[205] Im Zusammenhang mit Genehmigungen ist auch von **Legalisierungswirkung** die Rede, die über den Umfang der Verbindlichkeit des Genehmigungsaktes Auskunft gibt.[206] Aus zivilrechtlicher Sicht geht es um die Frage, ob eine verwaltungsrechtliche Genehmigung ein bestimmtes Handeln auch zivilrechtlich rechtfertigt oder ob sich die Genehmigung zivilrechtlich als rechtswidrig erweisen kann und deshalb ein Handeln unterbleiben muss. Sämtliche Begriffe sind mehrdeutig, weil sie auch im Verhältnis Verwaltungsrecht und Strafrecht verwendet werden (Verhältnis Genehmigungsbehörde – Polizeibehörde).[207] Keine legalisierende Wirkung besitzt das Zeichen **„GS=geprüfte Sicherheit"** zu, da es sich um eine freiwillige Kennzeichnung handelt, der keine Bindungswirkung zukommt.[208]

64 Die entscheidende Frage ist, wie man die Verwaltungsrechtsakzessorietät argumentativ absichern kann. Hier wird häufig der Gesichtspunkt der **Einheit der Rechtsordnung** ins Spiel gebracht. Dieser Topos ist fragwürdig, weil er unbestimmt ist und seine zwingende rechtliche Verbindlichkeit im Unklaren bleibt. Zwar ist die Absicht, Lebenssachverhalte möglichst widerspruchsfrei zu gestalten, an sich begrüßenswert.

---

197 BVerwG DÖV 1973, 490.
198 S. zB BGH DÖV 1967, 267; DVBl 1971, 789; BVerwGE 40, 85.
199 S. BGH NJW 1972, 763.
200 S. VGH München ZBR 1961, 88.
201 S. BGH VerwRspr. 14 (1962), 307.
202 OVG LüneburgE 20, 383.
203 S. näher Ossenbühl DVBl 1990, 963 ff.
204 Breuer DÖV 1987, 169 (179); Breuer JZ 1994, 1077 (1083); Kloepfer UmweltR, § 7 B II 4; Heghmanns, Grundzüge einer Dogmatik der Straftatbestände zum Schutz von Verwaltungsrecht und Verwaltungshandeln, 2000.
205 Gegen diesen Begriff und für die Kennzeichnung als Vorgabe Schröder VVDStRL 50 (1991), 196 (201 f.).
206 Hilger, Die Legalisierungswirkung von Genehmigungen, 1996.
207 S. BVerwGE 55, 118 (120); BVerwG NVwZ 1990, 559; BGH NVwZ 2000, 1206 f.
208 BGH NVwZ-RR 2011, 556.

Sie wohnt auch dem Gedanken der **Systemgerechtigkeit** (→ § 28 Rn. 46 ff.)[209] und aus unionsrechtlicher Sicht dem **effet-utile-Argument** inne.[210] Die Erfahrungen zeigen jedoch, dass insbesondere in einer pluralen Verfassungsordnung, die auf dem Prinzip des Bundesstaates und der Selbstverwaltung beruht, eine konfliktfreie Lösung effektiv kaum realisierbar ist.[211] Deshalb darf man diesem Topos auch keine pauschal dirigierende Kraft beimessen.[212]

b) Erscheinungsformen verwaltungsrechtlicher Einwirkungen

Aus der Vielzahl der Erscheinungsformen verwaltungsrechtlicher Einwirkungen sollen exemplarisch folgende vorgestellt werden[213]: 64a

– Ein verwaltungsrechtlicher Akt kann Voraussetzung für die Wirksamkeit eines Privatrechtsverhältnisses sein. 65

Beispiele: Behördliche Genehmigung zur Auflassung landwirtschaftlicher Grundstücke, Entgeltgenehmigung nach § 38 TKG.

– Ein verwaltungsrechtlicher Akt kann auf Begründung oder Änderung privatrechtlicher Verhältnisse gerichtet sein. Das ist insbesondere bei **privatrechtsgestaltenden Verwaltungsakten** der Fall (→ § 46 Rn. 22).[214] 66

Beispiele: Ausübung eines Vorkaufsrechts nach §§ 24 ff., 28 II BauGB, Zusammenschaltung von Telekommunikationsnetzen durch Anordnung der Regulierungsbehörde.[215]

– Ein verwaltungsrechtlicher Akt oder die Erfüllung verwaltungsrechtlicher Pflichten kann auf Ausschluss privatrechtlicher Ansprüche gerichtet sein. 67

Beispiele: § 14 BImSchG, § 11 LuftVG.

– Ein verwaltungsrechtlicher Akt oder verwaltungsrechtliche Normen können drittschützende Wirkung oder Verbotswirkung entfalten und eine zivilrechtliche Haftung bzw. Unterlassungsansprüche begründen. 68

Beispiele: Schutzgesetz nach § 823 II BGB, Verbotsgesetz nach § 134 BGB.[216]

– Es kann auch eine öffentlich-rechtliche Pflicht zur Eingehung privater Rechtsverhältnisse bestehen. 69

Beispiele: Abschluss eines Schornsteinfegervertrages mit einem Bezirksschornsteinfegermeister (§ 1 ff. SchfHwG); Kontrahierungszwang eines Taxiunternehmers (§ 22 PBefG).

---

209 Isensee VVDStRL 32 (1974), 49 (97); Canaris, Systemgedanke und Systembegriff in der Jurisprudenz, 1983, S. 128; Hesse AöR 109 (1984), 188; Degenhart, Systemgerechtigkeit und Selbstbindung des Gesetzgebers, 1976; Peine, Systemgerechtigkeit, 1985; Peine JZ 1990, 201 (210); BVerfGE 34, 103 (115); 67, 70 (84).

210 S. dazu allgemein Tryantafyllou DÖV 1999, 51 ff.

211 Ähnlich Peine JZ 1990, 201 (210).

212 Schröder VVDStRL 50 (1991), 196 (205, 214); Peine, Systemgerechtigkeit, 1985, S. 208 ff.

213 S. näher Jarass VVDStRL 50 (1991), 238 (241 ff., 250 ff.).

214 Manssen Privatrechtsgestaltung S. 274 ff.

215 BVerwG DVBl 2004, 1168 f.

216 S. etwa Taupitz JZ 1994, 221 ff.

IV. Verwaltungsrecht und Strafrecht

1. Abgrenzung

70 Verwaltungsrecht und Strafrecht sind zwar nicht identisch. Es existieren aber eine Reihe von Überlappungen, die aus der sachlichen Nähe der beiden Rechtsmaterien im Verhältnis Staat und Bürger resultieren. Teilweise werden sogar Vor- und Nachteile einer Reintegration des Strafrechts in das Verwaltungsrecht diskutiert und dies zu Recht kritisch gesehen.[217] So ist etwa die Staatsanwaltschaft eine Verwaltungsbehörde. Ihre Tätigkeit ist aber strafrechtlich ausgerichtet. Da Maßnahmen einmal strafrechtlichen Charakter besitzen und ein anderes Mal verwaltungsrechtlicher Natur sein und teilweise doppelfunktionalen Charakter besitzen können, bedarf es einer Abgrenzung. Dafür werden unterschiedliche Kriterien angeboten. Teilweise wird auf das Gepräge bzw. das Schwergewicht der Tätigkeit, den Zweck und darauf abgestellt, welche Befugnisse ausgeübt werden. Insoweit kann auch bei dieser Unterscheidung die **Sachzusammenhangstheorie** (→ § 22 Rn. 41 ff.) zum Zuge kommen.[218]

Beispiele: Wird die Polizei präventiv im Rahmen der Gefahrenabwehr tätig, wozu auch die Verhütung von Straftaten gehört, dann ist der Verwaltungsrechtsweg eröffnet. Handelt die Polizei im Rahmen der Verfolgung begangener Straftaten, dann ist sie Justizbehörde iSd § 23 I EGGVG.[219] Das gilt auch für Abwehrmaßnahmen gegen eine erkennungsdienstliche Behandlung iSv § 81b StPO,[220] es sei denn, es handelt sich dabei auch um eine vorsorgende Maßnahme im Sinne der zweiten Alternative.[221] Hingegen wird auf eine analoge Anwendung des § 98 II 2 StPO zurückgegriffen, der ebenfalls den ordentlichen Rechtsweg vorsieht.[222] Bei doppelfunktionalen Maßnahmen der Polizei soll der Rechtsweg zu den ordentlichen und zu den Verwaltungsgerichten eröffnet sein.[223] Für Ansprüche auf Vernichtung erkennungsdienstlicher Unterlagen ist der Verwaltungsrechtsweg gegeben.[224]

2. Verwaltungsrecht als Vorgabe für Strafrecht

71 Die Vorgabeproblematik stellt sich beim Strafrecht ähnlich wie im Privatrecht. Das Verwaltungsrecht wirkt auf das Strafrecht ein, indem es Maßstäbe für die inhaltliche Bestimmung der einschlägigen Strafrechtsnormen liefert. Im Kern geht es darum, dass die verwaltungsrechtliche Beurteilung auch für das Strafrecht maßgeblich ist. Bei dieser Form der Verwaltungsrechtsakzessorietät steht die Sanktionierung der Nichtbeachtung verwaltungsrechtlicher Pflichten im Vordergrund. Insofern sind sämtliche verwaltungsrechtliche Vorgaben Rechtsfolgenrecht iSe gesteigerten, nämlich kriminalisierten Verwaltungsunrechts und auf die Befolgung von Verwaltungsrecht gerichtet (s. auch § 330d Nr. 4, 5 StGB). Diese Ausrichtung verlangt, dass das Strafrecht die verwaltungsrechtlichen Vorwertungen berücksichtigen muss.[225] Die Verwaltungsrechtsakzessorietät ist ein Gebot des Rechtsstaates, damit der Adressat eindeutig wissen kann, was Rechtens ist.[226] Deshalb wird auch vom sekundären, flan-

---

217 Vgl. Kahl/Ludwigs VerwR-HdB I/Gärditz § 16 Rn. 53 ff.
218 S. Amelung NJW 1978, 1013.
219 OVG Münster NJW 1980, 855 für Maßnahmen der „beobachtenden Fahndung".
220 VGH Kassel BeckRS 2011, 47863.
221 BVerwG NJW 2006, 1225.
222 BGH NJW 1978, 1815 und NJW 1999, 730.
223 Schenke NJW 2011, 2838.
224 BVerwG NJW 1983, 772.
225 Ebenso Frisch, Verwaltungsakzessorietät und Tatbestandsverständnis im Umweltstrafrecht, 1993.
226 Breuer JZ 1994, 1077 (1083); Schenke/Roth WiVerw 1997, 84 f.

kierenden oder subsidiären Charakter des Strafrechts gesprochen.[227] Die Vorgaben betreffen sowohl Verwaltungsangehörige als auch Bürger, wobei aus Gründen der Verwaltungsrechtseffizienz teilweise Parallelitäten zu zivilrechtlichen Vorgaben bestehen.[228]

– Strafbarkeit auf Grund **Amtsträgerschaft.** 71a

Beispiele: § 11 I StGB gilt für Beliehene, nicht aber für andere Mitarbeiter einer Flughafengesellschaft,[229] für den Geschäftsführer einer städtischen GmbH die Fernwärmeversorgung betreibt;[230] nicht aber für die Mitarbeiter der Deutschen Bahn AG, die mangels staatlicher Steuerung nicht einer Behörde gleichgestellt werden kann.[231] Hingegen ist die Deutsche Bahn Netz AG, die für den Bereich Fahrweg zuständig ist, eine „sonstige Stelle" iSd § 11 I Nr. 2 lit. c StGB,[232] weil Art. 87e GG einen öffentlich-rechtlichen Netzinfrastrukturgewährleistungsauftrag festschreibt. Redakteure öffentlich-rechtlicher Rundfunkanstalten sind ebenfalls Amtsträger, da sie für die Sicherstellung der Grundversorgung der Bevölkerung mit Rundfunkprogrammen zuständig sind.[233] Kassenärzte sind keine Amtsträger oder Beauftragte der gesetzlichen Krankenversicherung.[234]

– Strafbarkeit auf Grund **fehlender Genehmigung,** die ansonsten Legalisierung erzeugt. 71b

Beispiel: § 284 StGB.[235]

Im Übrigen gilt im Interesse der Einheit der Rechtsordnung der Grundsatz, dass das, 72
was verwaltungsrechtlich erlaubt ist, strafrechtlich nicht verboten sein kann.[236] Die uneingeschränkte Anwendung dieses Prinzips ist aber problematisch, soweit man die **Rechtfertigungswirkung** auch auf rechtswidrig und damit wirksam erteilte behördliche Genehmigungen und genehmigungsähnliche **Duldungen** erstreckt.[237] Hier wird nicht nur die Wirksamkeit des Strafrechts eingeschränkt, sondern auch Missbräuchen zu wenig Einhalt geboten (sog. **Missbrauchslehre**).[238] Deshalb hat der Gesetzgeber im Umweltstrafrecht zu Recht rechtsmissbräuchliche Verhaltensweisen genehmigungslosem Handeln gleichgestellt (§ 330d Nr. 5 StGB). Diese Fiktion zwingt die Strafverfolgungsbehörden zum Einschreiten, obwohl möglicherweise noch eine wirksame Verwaltungsentscheidung existiert.[239] Diese Pflicht steht dem Gedanken der Einheit der Rechtsordnung insofern nicht entgegen, weil der Gesetzgeber beabsichtigt, die Erfüllung verwaltungsrechtlicher Pflichten durch strafrechtliche Sank-

227 S. auch BT-Drs. 12/192, 6, 31, 42 und 45 zum Umweltstrafrecht; Breuer JZ 1994, 1077 (1089); Kloepfer UmweltR, § 7 A.
228 S. zur Typologie auch Schröder VVDStRL 50 (1991), 196 (211 ff.).
229 BGH NJW 1999, 2378 f.
230 BGH NJW 2004, 693 ff.; s. näher Schröder VVDStRL 50 (1991), 227 f.; Heinrich, Der Amtsträgerbegriff im Strafrecht, 2001.
231 BGH NJW 2004, 3129.
232 BGH NJW 2011, 1374.
233 BGH NJW 2010, 784.
234 BGH NJW 2012, 2530 ff.
235 VGH München GewArch 2005, 78 ff.; BGH NJW 2004, 2158.
236 Ossenbühl DVBl 1990, 968; Breuer JZ 1994, 1077 (1083); Felix, Einheit der Rechtsordnung, 1998, S. 22.
237 S. dazu Schröder VVDStRL 50 (1991), 226.
238 S. näher Heine/Meinberg, Gutachten D zum 57. DJT 1988, D 45 ff., 120 ff.; Ossenbühl, Referat L zum 57. DJT; Breuer NJW 1988, 2072 ff.; Kuhlen WiVerw 1991, 181 ff. und WiVerw 1992, 215 ff.; Heghmanns, Grundzüge einer Dogmatik der Straftatbestände zum Schutz von Verwaltungsrecht und Verwaltungshandeln, 2000; Wohlers JZ 2001, 850 ff.; BGH NJW 1994, 670.
239 S. auch Schmidt/Schöne NJW 1994, 2514 ff.; Kloepfer UmweltR, § 7 B II 4.

tionierung zu verstärken.[240] Angesichts dieser Gesetzgebungstendenz ist es angebracht, dass die Verwaltung ihre Tätigkeit auch am Schutzzweck des Strafrechts abwägend orientiert.[241]

73 – Strafbarkeit auf Grund Nichtbeachtung verwaltungsrechtlicher Pflichten.

Beispiel: §§ 324 ff. StGB.[242]

§ 23. Rechtsformen der öffentlichen Verwaltung

Schrifttum: Antweiler NVwZ 2003, 1466 ff.: Öffentlich-rechtliche Unterlassungsansprüche gegen kommunale Wirtschaftätigkeit; Bauer VVDStRL 54 (1995), 243 ff.: Privatisierung von Verwaltungsaufgaben; Bullinger, Vertrag und Verwaltungsakt, 1962, 90 ff.; Bultmann, Beihilferecht und Vergaberecht, 2004, S. 58 ff.; Burmeister/Krebs VVDStRL 52 (1993), 190 ff. Verträge und Absprachen zwischen der Verwaltung und Privaten; Ehlers DVBl. 1983, 422: Rechtsstaatliche und prozessuale Probleme des Verwaltungsprivatrechts; Ehlers, Verwaltung in Privatrechtsform, 1984; Eisenmenger, Neuregelung des öffentlichen Unternehmensrechts, 2004; Fabry/Augsten, Unternehmen der öffentlichen Hand, 2. Aufl. 2011; Gusy DÖV 1984, 872 ff.: Die Bindung privatrechtlichen Verwaltungshandelns an das öffentliche Recht; Gusy JA 1989, 26 ff.: Staatsaufträge an die Wirtschaft; Hellermann, Örtliche Daseinsvorsorge und gemeindliche Selbstverwaltung, 2000, S. 204 ff.; Voßkuhle/Eifert/Möllers GVwR/Wißmann § 14; Krause, Rechtsformen des Verwaltungshandelns, 1974, S. 38 ff.; Kunert, Vergaberecht und öffentliches Recht, 2002; Leisner, Grundrechte und Privatrecht, 1960; Löwer VVDStRL 60 (2001), 416 ff.: Der Staat als Wirtschaftssubjekt und Auftraggeber; Mallmann/Zeidler ua VVDStRL 19 (1961), 165 ff.: Schranken nichthoheitlicher Verwaltung; Müller, Rechtsformenwahl bei der Erfüllung öffentlicher Aufgaben, 1993; Ossenbühl DÖV 1971, 513 ff.: Daseinsvorsorge und Verwaltungsprivatrecht; Osterloh VVDStRL 54 (1995), 204 ff.: Privatisierung von Verwaltungsaufgaben; Peine DÖV 1997, 353 ff.: Grenzen der Privatisierung – verwaltungsrechtliche Aspekte; Pielow, Grundstrukturen öffentlicher Versorgung, 2001; Pitschas, Verwaltungsverantwortung und Verwaltungsverfahren, 1990, 634 ff.; Puhl VVDStRL 60 (2001), 456 ff.: Der Staat als Wirtschaftssubjekt und Auftraggeber; Röhl VerwArch. 86 (1995), 531 ff.: Verwaltung und Privatrecht – Verwaltungsprivatrecht; Schachtschneider, Staatsunternehmen und Privatrecht, 1986; Schliesky, Öffentliches Wettbewerbsrecht, 1997; Schmidt-Aßmann AllgVerwR, 288 ff.; FS Ulmer, 2003/Schmidt-Aßmann, S. 1015 ff.: Verfassungsschranken der Kommunalwirtschaft; Schneider DVBl. 2000, 1250 ff.: Der Staat als Wirtschaftssubjekt und Steuerungsakteur; Schwarze, Daseinsvorsorge im Lichte des Wettbewerbsrechts, 2001; Stelkens, Verwaltungsprivatrecht, 2006; Stern StaatsR III/1, §§ 71 ff.; Stober/Vogel, Wirtschaftliche Betätigung der öffentlichen Hand, 2000; Storr, Der Staat als Unternehmer, 2001; Voßkuhle/Eifert/Möllers GVwR I/Burgi, § 18: Rechtsregime; Voßkuhle/Eifert/Möllers GVwR II/Hoffmann-Riem/Bäcker, § 32: Rechtsformen, Handlungsformen, Folgenformen; Wallerath, Öffentliche Bedarfsdeckung und Verfassungsrecht, 1988; Weiß, Privatisierung und Staatsaufgaben, 2002, 206 ff.

I. Zur Differenzierung nach Rechtsformen

1. Zur Unterscheidung fiskalischer und hoheitlicher Handlungsformen

a) Verzicht auf das Verwaltungsprivatrecht?

1 Nach der Abgrenzung von Verwaltungsrecht und Privatrecht sowie der Erörterung der verwaltungsrechtlichen Einwirkungen auf das Privatrecht befasst sich das Thema

[240] Ebenso Felix, Einheit der Rechtsordnung, 1998, S. 329 f.; zu Unrecht krit. Breuer JZ 1994, 1077 (1090 f.); Jünemann UPR 1998, 399 ff.

[241] S. näher FS Stree/Wessels, 1993/Paeffgen, 587 ff.; Marx, Die behördliche Genehmigung im Strafrecht, 1993; Fortun, Die behördliche Genehmigung im strafrechtlichen Deliktsaufbau, 1998.

[242] Kuhlen WiVerw 1992, 215 ff.; Frisch, Verwaltungsakzessorietät und Tatbestandsverständnis im Umweltstrafrecht, 1993; Erdt, Das verwaltungsakzessorische Merkmal der Unbefugtheit in § 324 StGB, 1997.

„Rechtsformen der öffentlichen Verwaltung“ mit der bislang nur angedeuteten Typisierung der verwaltungs- und privatrechtlichen Erscheinungsformen einschließlich der damit verbundenen Probleme.[1] Insoweit werden unterschiedliche Konzepte vertreten und dementsprechend abweichende begriffliche Kennzeichnungen verwendet.[2] Für die privatrechtlichen Erscheinungsformen ist teilweise von **privatrechtsförmiger Verwaltung** und in Österreich von **Privatwirtschaftsverwaltung**[3] die Rede.

Daneben wird zur umfassenden Charakterisierung der privatrechtlichen Tätigkeit der Verwaltung auch auf den Ausdruck **Verwaltungsprivatrecht** zurückgegriffen,[4] der jedoch typischerweise lediglich einen Ausschnitt des privatrechtsförmigen Handelns erfasst (→ § 23 Rn. 59 ff.). Unabhängig davon wird bestritten, ob überhaupt noch ein Bedürfnis für diese Rechtsfigur bestehe,[5] weil sie als „Etikettenschwindel“ zu deuten sei[6] und bisherige als privatrechtlich gedeutete Beziehungen als verwaltungsrechtliche Verträge zu qualifizieren seien.[7] Ferner wird eingewendet, dieses Rechtsinstitut überfordere die Leistungsfähigkeit des öffentlichen Rechts und unterschätze die Schutzwirkung der Privatrechtsgeltung für Verwaltungshandeln.[8] Diese Auffassung hat sich aber weder in der Verwaltungspraxis noch in der Rechtsprechung und in der Literatur[9] durchgesetzt. Zum einen wird auf die Verwendung privatrechtlicher Vertragstypen ausdrücklich verwiesen (Art. 33 IV, Art. 87e, 87f GG – → § 22 Rn. 7 ff. Zum anderen gewährleistet das differenziert ausgeformte und ständig aktualisierte Wettbewerbs-, Schuld- und Verbraucherschutzrecht regelmäßig einen angemessenen Interessenausgleich.[10] Auch die Kritik, es fehle an einem klar umrissenen Maßstabskanon[11] oder der Begriff bleibe unscharf und die rechtstheoretische Grundordnung sei undeutlich,[12] ist unzutreffend, weil Verwaltungsprivatrecht nicht als abgeschlossenes Rechtsinstitut verstanden werden darf. Es handelt sich vielmehr um einen Merkposten und eine Prüfkategorie, die insbesondere den vielfältigen modernen **Gemengelagen der kooperierenden Verwaltung** Rechnung tragen kann[13] und in der Lage ist, dem Ausufern staatlicher und kommunaler Tätigkeit bei der Daseins- und Infrastrukturverwaltung wirksam zu begegnen. Je intensiver Staat und Kommunen die Möglichkeiten der **Gesamtrechtsordnung** und der Verbundverwaltung ausschöpfen, umso mehr kommt dem Verwaltungsprivatrecht die Aufgabe zu, das Verwaltungshandeln flexibel und funktionsadäquat zu disziplinieren, ohne dass eine Publifizierung bzw. ein Abwandern der davon betroffenen Materien in das Verwaltungsrecht erforderlich ist.[14] Vor diesem 1a

[1] S. dazu auch Voßkuhle/Eifert/Möllers GVwR II/Bäcker § 32.
[2] S. etwa Stern StaatsR III/1, § 74 IV 1.
[3] Öhlinger VVDStRL 45 (1987), 182 (205); Korinek/Holoubek, Grundlagen staatlicher Privatwirtschaftsverwaltung, 1993.
[4] Schmidt-Aßmann AllgVerwR, S. 291.
[5] Voßkuhle/Eifert/Möllers GVwR/Burgi, § 18 A V 2c.
[6] Schlette Verwaltung, 124 f.
[7] v. Zezschwitz NJW 1983, 1873.
[8] Stelkens, Verwaltungsprivatrecht, 2006, S. 140, 143.
[9] Storr, Der Staat als Unternehmer, 2001, S. 483; BGH NJW 2010, 398 ff.
[10] Schmidt-Aßmann AllgVerwR, S. 291.
[11] Röhl VerwArch 1995, 531 ff.; v. Unruh DÖV 1997, 653 ff.; Schlette Verwaltung, S. 124 f.
[12] FS Battis, 2014/Rossi, 267 f.
[13] In diesem Sinne auch Schmidt-Aßmann AllgVerwR, S. 291.
[14] v. Danwitz AöR 120 (1995), 595 (620); Osterloh VVDStRL 54 (1995), 206 (232); Grziwotz JuS 1998, 807 (809); de Wall, Die Anwendbarkeit privatrechtlicher Vorschriften im Verwaltungsrecht, 1999, S. 35 f.

Hintergrund ist es zutreffend, wenn das Bundesverwaltungsgericht Verwaltungsprivatrecht als eine Rechtskategorie beschreibt, bei der sich der Staat zur Erfüllung seiner Aufgaben privater Gestaltungsformen bedient, mit deren Hilfe die Privatrechtsordnung lediglich in einzelnen Punkten durch öffentlich-rechtliche Bindungen ergänzt, modifiziert und überlagert wird, ohne dass darum das Verwaltungshandeln selbst dem öffentlichen Recht zuzuordnen wäre.[15]

b) Bedarf es einer Kategorie Privatverwaltungsrecht?

2 Daneben wird gelegentlich die Schaffung eines **Privatverwaltungsrechts** gefordert, das die besonderen Schutz- und Entlastungsinteressen berücksichtige, die bei der Verknüpfung von Handlungen der Verwaltung und Privater entstünden.[16] Dabei bestehe die Herausforderung nach der Privatisierung vormals staatlicher Aufgaben in der Entscheidung darüber, inwiefern Rechtsbeziehungen zwischen Privaten als Verwaltungsrechtsbeziehungen klassifiziert werden könnten.[17] Es ist jedoch fraglich, ob mit der Kategorie Privatverwaltungsrecht ein zusätzlicher Erkenntnisgewinn verbunden ist, der über die Leistungsfähigkeit der bisherigen Systematisierung, Differenzierung und bereichsspezifischen Rechtsanwendung hinausgeht. Das wäre der Fall, wenn man diesen Begriff an einer Definition messen könnte oder wenn Konturen vorhanden wären, die den Anwendungsbereich skizzieren. Stattdessen wird lediglich auf Beispiele rekurriert, die jedoch gegen die Einführung dieser Differenzierung sprechen. Soweit auf das **Beleihungsrecht** hingewiesen wird, gilt bereits Verwaltungsprivatrecht, weil diese Tätigkeit dem öffentlich-rechtlichen Funktionsbereich zugeordnet ist. Soweit das Produktsicherheitsrecht angesprochen wird, steht das privatrechtlich motivierte **Verbraucherschutzrecht** im Vordergrund, das auf die unternehmerische Produktverantwortung und auf ein **Customer Relationship Management** abzielt.[18] Insbesondere dieses Beispiel zeigt, dass das Privatrecht ein auch im rechtsformneutralen EU-Primärrecht (Art. 12 und 169 AEUV) verankertes hohes Verbraucherschutzniveau garantieren kann, während dem Verwaltungsrecht lediglich eine subsidiäre Auffangverantwortung zukommt. Dieser Interessenausgleich ist aber typisch für das Zivilrecht, weshalb es keiner neuen Rechtsfigur bedarf. Privatverwaltungsrecht könnte allenfalls als **Privatisierungsfolgenrecht** in Betracht kommen. Insoweit ist jedoch auf das **Regulierungsrecht** zu verweisen, das fachspezifisch die jeweiligen Interessen (zB Kontrahierungszwang, Informationspflichten) berücksichtigt.

c) Fiskalisches und hoheitliches Handeln als Spiegelbild der Verwaltungsrealität

3 Unbeschadet verschiedentlich vorgetragener Kritik[19] wird an der hier vertretenen Terminologie grundsätzlich festgehalten und die Rechtsformen in **fiskalische und hoheitliche** eingeteilt. Während die erste Kategorie das Spektrum der privatrechtlichen Erscheinungsweisen abdeckt, erfasst die zweite die Gesamtheit der öffentlich-rechtlichen bzw. verwaltungsrechtlichen Gestaltungsmittel.[20] Hinter dieser Unter-

15 BVerwGE 129, 9 (12).

16 Schmidt-Aßmann AllgVerwR, S. 296; s. zum Streitstand Stelkens, Verwaltungsprivatrecht, 2006, S. 367 ff.

17 Fischer-Lescano JZ 2008, 373 ff.

18 Stober DÖV 2005, 333 ff.; Sarvan, Reduktion staatlicher Wirtschaftsüberwachung durch Managementsysteme, 2010.

19 Ehlers DVBl 1983, 424; Gusy DÖV 1984, 878.

20 S. zur Historie dieser Einteilung Bachof VVDStRL 30 (1972), 220 (229).

scheidung steht der typische Unterschied zwischen denjenigen Aufgaben und Zwecken öffentlicher Verwaltung, um derentwillen sie da ist, und denjenigen, die lediglich Hilfsfunktionen sind, sowie auch der typische Unterschied zwischen der Eingriffs- und Vorsorgeverwaltung ohne eigentliche Vermögensinteressen des Staates und dem Einsatz staatlicher und kommunaler Finanzkraft für die Bedarfsverwaltung oder auch Sozialsteuerung. Diese soziologischen Unterscheidungen sind aber nicht klar abgrenzbar und juristisch allenfalls bei der Unterscheidung zwischen Fiskalrecht und Verwaltungsprivatrecht ergiebig (→ § 23 Rn. 41 ff.). Sie spiegeln lediglich die Verwaltungsrealität wider, die auch **verwaltungswissenschaftlich** bedeutsam ist.[21] Denn die Anwendung einzelner Handlungsformen kann für Verwaltung und Bürger Vor- und Nachteile haben.[22] Einerseits ermöglichen vielfältige Handlungsformen ein flexibles, effizientes, kostengünstiges und maßgeschneidertes Vorgehen. Andererseits gewährleisten nicht alle Rechtsformen gleichermaßen eine wirksame Durchsetzung und einen gleichartigen Schutz. Gleichwohl ist es auch wegen der positiv-rechtlichen Ausgestaltung verkürzt, die Wahl der Privatrechtsform nur als Flucht oder als ein Ausweichen vor den Normen des öffentlichen Rechts zu kennzeichnen.[23]

4 Die juristische Unterscheidung zwischen hoheitlicher und privatrechtlicher Verwaltung bezieht sich weder auf die Aufgaben noch auf die Mittel. Daseinsvorsorge und Sozialsteuerung können theoretisch sowohl hoheitlich als auch privatrechtlich betrieben,[24] zu Dienstleistungen können nach Hoheitsrecht Beamte oder nach Privatrecht Angestellte verpflichtet werden, Eigentum kann durch Enteignung oder Kauf erworben werden. Sowohl hoheitliche Akte als auch privatrechtliche Geschäfte können mit gleichen tatsächlichen (technischen, pädagogischen ua) Mitteln durchgeführt werden.

2. Zulässigkeits- und Rechtsfolgenfrage

5 Bereits diese Ausführungen zeigen, dass die Ausdifferenzierung nicht nur von deskriptivem, verwaltungswissenschaftlichem und rechtssystematischem Interesse ist. Vielmehr verbergen sich hinter dieser Unterscheidung **Grundfragen des Unions-, Verfassungs- und Verwaltungsrechts**.[25] Logisch vorrangig ist die **Zulässigkeitsfrage** zu beantworten. Dabei geht es im Kern um das Rechtsproblem der bislang lediglich unterstellten begrenzten **„Wahlfreiheit" oder „Formenfreiheit"** der Verwaltung, die aus zwei Blickwinkeln zu beleuchten ist. Zum einen ist zu klären, ob die Verwaltung prinzipiell zwischen Formen des Privatrechts und des Verwaltungsrechts wählen kann. Zum anderen ist zu diskutieren, ob und inwieweit sie innerhalb verwaltungsrechtlicher Handlungsformen wählen darf. Im Anschluss an die Zulässigkeitsfrage drängt sich die **Rechtsfolgenfrage** auf. Sie betrifft sowohl die Bindungen an öffentlich-rechtliche Vorgaben (Grundrechte und Verfahrensbestimmungen) als auch Privilegierungen.

---

[21] S. am Beispiel des öffentlichen Unternehmens Eisenmenger, Neuregelung des öffentlichen Unternehmensrechts, 2004, § 2 IV und § 3. Diese Realität übersieht Masing EuGRZ 2004, 395 ff., der entgegen der Rechtsprechung und Literaturvorlage behauptet, die überkommenen Differenzierungen seien gescheitert.

[22] Püttner Verwaltungslehre, §§ 11 ff.

[23] So Haverkate VVDStRL 46 (1988), 217 (224); ebenso wie hier Schmidt-Aßmann AllgVerwR, S. 289.

[24] BVerwGE 7, 181.

[25] FG BVerwG, 1978/Rupp, 539 ff.; Stern StaatsR III/1, § 74 IV 3.

II. Zur Wahlfreiheit und ihren Grenzen

1. Einzelne Ansätze

6 **Die Wahlfreiheit zwischen verschiedenen Handlungs- und Organisationsformen** ist umstritten.[26] In der Literatur wird sie teilweise ohne nähere Begründung unterstellt. In der Rechtsprechung wird sie teilweise auf den Satz gestützt, aus der öffentlich-rechtlichen Zielsetzung oder Trägerschaft dürfe nicht auf die öffentlich-rechtliche Erledigung geschlossen werden.[27] Ferner wird angeführt, der öffentlichen Hand sei es in Anbetracht der **Rechtstradition öffentlicher Verwaltung** grundsätzlich nicht verwehrt, privatwirtschaftlich tätig zu werden[28] und sich am freien Wettbewerb zu beteiligen.[29] Diese Aussagen nehmen jedoch nicht argumentativ zur Zulässigkeit Stellung. Der historische Hinweis gibt keine Auskunft darüber, ob die Wahlfreiheit auch künftig gestattet ist. Teilweise wird die Wahlfreiheit verneint, sofern die Verwaltung staatliche oder kommunale Aufgaben gegenüber Dritten erfüllt.[30] Die Differenzierung nach den Aufgaben ist aber unscharf. Man kann daraus keine zwingenden Folgerungen für eine ausschließlich verwaltungsrechtliche Erledigung ziehen, wenn eine Verbindung zu einer öffentlich-rechtlichen Wahrnehmung nicht nachweisbar ist. Teilweise wird für die weitgehende Beschränkung bzw. künftige Abschaffung privatrechtlicher Handlungsformen plädiert.[31] Dabei handelt es sich aber vornehmlich um eine hier nicht zu vertiefende rechtspolitische Thematik.[32]

2. Zulässigkeit nach positivem Recht

a) Verwaltungsrecht und Privatrecht

7 Dieses flüchtige Meinungsbild gewinnt nur Konturen, wenn man die **Zulässigkeit der Wahlfreiheit** am positiven Recht und an allgemeinen Rechtsgrundsätzen misst. Ausgangspunkt der Überlegungen ist, dass das Unions-, Verfassungs- und Verwaltungsrecht **keinen numerus clausus der Handlungs- und Organisationsformen** enthält[33] und gleichzeitig eine Handlungsformfreiheit und Organisationsermessen verfassungsrechtlich gestattet.[34] Einerseits ist privatrechtliches Handeln nicht ausdrücklich verboten.[35] Andererseits ist es auf Grund einer fehlenden Kodifikation lückenhaft. Die Verwaltung ist deshalb auf die Verwendung privatrechtlicher Handlungsformen und die entsprechende Heranziehung bürgerlich-rechtlicher Vorschriften im Verwaltungsrecht angewiesen.[36] Allerdings kann eine pauschale oder analoge Anwendung wegen

[26] S. auch Schlette Verwaltung, S. 122 ff.

[27] BVerwGE 13, 47 (54); BVerwG DVBl 1990, 712; NJW 1994, 1169; BGH NJW 1985, 200; 1999, 2378; VGH München BayVBl. 2002, 82 f.

[28] BGH NJW 1998, 1874 f.; 2004, 693 ff.; 2005, 1772 f.; VGH Mannheim UPR 2002, 317; OLG Stuttgart NJW 2004, 2987 f.

[29] BVerwG NJW 1994, 1169.

[30] Ossenbühl DVBl 1974, 541.

[31] S. Ehlers Verwaltung, S. 368 ff.; Kempen, Die Formenwahlfreiheit der Verwaltung, 1989, S. 127.

[32] Ähnlich Isensee/Kirchhof StaatsR-HdB IV/Rüfner, § 96 Rn. 29 ff.

[33] VerfGH NRW NWVBl. 1992, 14; EuGH 10.11.1998 – C 360/98, Frage 6, Rn. 63. Sachs/Siekmann GG Vor Art. 104a Rn. 135 ff.

[34] S. etwa Schmidt ZGR 1996, 345 (349, 358 f.); Calliess/Ruffert/Jung AEUV Art. 106 Rn. 1 ff.

[35] v. Unruh DÖV 1997, 653 (661).

[36] FS Kriele, 1997/Jochum, 1193 (1197 f.); Storr, Der Staat als Unternehmer, 2001, S. 479 ff.; Weiß, Privatisierung und Staatsaufgaben, 2002, S. 276; Schmidt-Aßmann AllgVerwR, S. 290; VerfGH Bayern NJW 1998, 727 f.; VGH München BayVBl. 2002, 82.

der unterschiedlichen Leitprinzipien des Privatrechts und des Verwaltungsrechts scheitern. Allenfalls kommt eine punktuelle Übernahme in Betracht, die jedoch eine sorgfältige Argumentationsanalyse unter Berücksichtigung der konkreten verwaltungsrechtlichen Rechtsbeziehung voraussetzt.[37]

b) Verwaltungsautonomie und öffentlich-rechtliche Bindungen

Wahlfreiheit heißt aber nicht, dass sich die Verwaltung wie eine Privatperson auf grundrechtliche Freiheiten berufen darf. Das Grundgesetz kennt nur die **Freiheit Privater.**[38] An diese Grundrechte ist die Exekutive gebunden (Art. 1 III GG). Diese Zielsetzung schließt es aus, die Wahlfreiheit aus den Grundrechten abzuleiten oder sie auf das Prinzip der **Privatautonomie** zu stützen.[39] Allenfalls kann man von einer verfassungsrechtlich gebundenen **Verwaltungsautonomie** iSv Verwaltungsvorbehalt, Organisationsgewalt und Auswahlermessen sprechen.[40] 8

Nach einer im Schrifttum vertretenen Ansicht sollen diese Gesichtspunkte aber keine ausreichende Legitimationsgrundlage für die Wahlfreiheit liefern. Es wird gefordert, dass das Formenwahlrecht auf eine ausdrückliche **formell-gesetzliche Grundlage** gestellt werden müsse.[41] Ferner werden gegen den Grundsatz der Wahlfreiheit allgemeine rechtsstaatliche Bedenken angemeldet, weil die Wahl der Form zugleich Wahl des Rechtsregimes bedeute.[42] Vereinzelt wird dem Staat überhaupt die Fähigkeit abgesprochen, Privatrechtssubjekt zu sein[43] oder privatrechtlich handeln zu können.[44] Diese pauschalen Einwände sind schon deshalb zweifelhaft, weil sie die verfassungsrechtliche Eigenständigkeit der Verwaltung (→ § 20 Rn. 1 ff.) ignorieren und die im Interesse der Bürger notwendige **Flexibilität des Verwaltungshandelns** im kooperativen Verwaltungsstaat einengen. Sie berücksichtigen ferner zu wenig die Chancen und Vorteile der Wahlfreiheit des Handelns, das den Bürger häufig weniger belastet als ein öffentlich-rechtliches Handeln[45] und damit den rechtsstaatlichen Verhältnismäßigkeitsgrundsatz realisiert. 9

Beispiel: Mit der Ersetzung einer hoheitlichen Enteignung durch einen freihändigen Erwerb wird der gesetzliche Zweck voll erreicht.[46]

Das Unionsrecht unterstreicht diese Sichtweise durch die Regeln über **öffentliche Unternehmen** und die Erbringung von **Dienstleistungen von allgemeinem wirtschaftlichem Interesse** (Art. 36 GRCh, Art. 106 AEUV). Diese Normen spiegeln nicht nur das wettbewerblich und auf Privatisierung[47] angelegte, sondern auch das optionale Recht wider, **Daseinsvorsorge** über unterschiedliche Formen zu betrei- 10

[37] de Wall, Die Anwendbarkeit privatrechtlicher Vorschriften im Verwaltungsrecht, 1999, S. 50 ff.
[38] Stern StaatsR III/1, § 74 IV 4.
[39] RlPfVerfGH DVBl 2000, 992; Schneider DVBl 2000, 1250 (1258).
[40] S. auch BGH NJW 1985, 197 ff.; 1992, 171; JZ 1993, 1166; NJW 1993, 2695 (2697); BVerwGE 84, 236 (240); VerfGH Nordrhein-Westfalen NWVBl. 1992, 14; Ehlers DVBl 1983, 422 ff.; Burmeister VVDStRL 52 (1993), 190 (213 f.).
[41] Gern ZRP 1985, 56 (60).
[42] Pestalozza, Formenmissbrauch des Staates, 1973, S. 166 ff.; Ossenbühl JuS 1979, 686; Ehlers Verwaltung, S. 65 ff.; v. Zezschwitz NJW 1983, 1875; Burmeister VVDStRL 52 (1993), 190 (214).
[43] Kempen, Die Formenwahlfreiheit der Verwaltung, 1989, S. 66 ff.
[44] Schachtschneider, Staatsunternehmen und Privatrecht, 1986, S. 180 ff., 232, 270, 460 ff.
[45] S. auch Storr, Der Staat als Unternehmer, 2001, S. 467 f.
[46] BSG JZ 1986, 501 (503); BVerfGE 45, 297 (335).
[47] Hellermann, Örtliche Daseinsvorsorge und gemeindliche Selbstverwaltung, 2000, S. 46 ff.

ben.[48] Schließlich unterfällt die Exekutive auch bei privatrechtlichem Handeln zahlreichen öffentlich-rechtlichen Bindungen,[49] so dass kein Bedürfnis für eine ausschließlich öffentlich-rechtliche Beurteilung ersichtlich ist.[50]

3. Positivrechtliche Wahlgrenzen

a) Vorschriften des Besonderen Verwaltungsrechts

11 **aa) Ausgewählte Verwaltungssektoren.** Die Wahlfreiheit wird vornehmlich durch Vorschriften des Besonderen Verwaltungsrechts eingeschränkt.[51]

Beispiele: § 65 BHO macht die Beteiligung des Bundes an privatrechtlichen Unternehmen von der Erfüllung bestimmter Voraussetzungen abhängig, die weitgehend mit den Anforderungen an kommunale Unternehmen übereinstimmen.[52] § 44 IV BHO sowie die landesrechtlichen Entsprechungen gestatten eine Aufgabenwahrnehmung auf dem Gebiet des Subventionsrechts nur in den Handlungsformen des öffentlichen Rechts. § 28 II BauGB verlangt zur Ausübung des gesetzlichen Vorkaufsrechts den Erlass eines Verwaltungsaktes.

11a **bb) Kommunalrecht.** Positivrechtliche Wahlgrenzen können sich zunächst aus der **Gewährleistung der kommunalen Selbstverwaltung** iSd Art. 28 II GG und der landesverfassungsrechtlichen Entsprechungen ergeben. Das Recht, Aufgaben in eigener Verantwortung zu erledigen, ist auf eine **wirkungsvolle Selbstverwaltung** angelegt. Deshalb dürfen sich die Gemeinden bei der Wahrnehmung der Aufgaben der örtlichen Gemeinschaft nicht der gemeinwohlorientierten Handlungsspielräume begeben oder ihrer Aufgabenwahrnehmung entziehen. Vielmehr richtet Art. 28 II GG eine **materielle Privatisierungsschranke** auf, um zu vermeiden, dass die Kommunen durch Abstoßen oder Nichtwahrnehmen eigener Aufgaben die örtliche Selbstverwaltung inhaltlich aushöhlen und ihre Steuerungsmöglichkeiten verlieren.

Beispiel: Zur Sicherung und Wahrung des kommunalen Aufgabenbestandes gehört nach Ansicht des BVerwG auch die Veranstaltung eines traditionsbildenden und traditionellen Weihnachtsmarktes mit kommunalpolitischer Relevanz, für den soziale und kulturelle Gesichtspunkte prägend sind.[53]

11b Wenngleich die aufgezeigte Schranke grundsätzlich berechtigt ist, so darf sie den verfassungsrechtlichen Handlungsspielraum der Gemeinde nicht über Gebühr eingrenzen und sinnvollen Privatisierungskonzepten unter Berücksichtigung der Haushaltslage nicht fundamental entgegenstehen. Das ist aber bei Weihnachtsmärkten der Fall, weil es sich nicht um eine für die Gemeinde lebenswichtige Veranstaltung handelt.[54]

12 Vielfältige Grenzen ergeben sich unter dem Stichwort **wirtschaftliche Betätigung der Gemeinden** aus dem Kommunalrecht. Allerdings scheitert eine präzise Ausgrenzung an dem Umstand, dass wirtschaftliche Betätigungen im Spannungsverhältnis zwischen dem kommunalen Leistungsauftrag **(Daseinsvorsorge, Infrastrukturver-**

[48] AM ohne überzeugende Begründung Masing EuGRZ 2004, 395 ff.
[49] S. näher Müller, Rechtsformenwahl bei der Erfüllung öffentlicher Aufgaben, S. 211 ff.
[50] Gusy DÖV 1984, 872 ff.; Gusy JA 1995, 166 ff.; Grziwotz JuS 1998, 807 (809); BGH NJW 2005, 1772 f.
[51] Erbguth/Stollmann DÖV 1993, 798 ff.
[52] S. näher Eisenmenger, Neuregelung des öffentlichen Unternehmensrechts, 2004, S. 127 ff.
[53] BVerwG NVwZ 2009, 1305 ff.; Eisenmenger GewArch 2020, 355 ff.
[54] S. zur Kritik des BVerwG-Urteils Ehlers DVBl 2009, 1456 ff.; Winkler JZ 2009, 1169 ff.; Schoch DVBl 2009, 1533 ff.

waltung)[55] und dem kommunalen **Haushaltsrecht** stehen. Denn dieser Sektor der Aufgabenerfüllung befasst sich mit der Errichtung, Übernahme und Erweiterung **wirtschaftlicher Unternehmen**[56] sowie der Gründung von und der Beteiligung an Gesellschaften, deren Aufgabenbereich sich mit **öffentlichen Einrichtungen** der Kommunen überschneiden kann.[57] Diese Gemengelage kennzeichnet etwa die Legaldefinition des § 107 I 3 NRWGO, welche als wirtschaftliche Betätigung den Betrieb von Unternehmen begreift, die als Hersteller, Anbieter oder Verteiler von Gütern und Dienstleistungen am Markt tätig werden, sofern die Leistung ihrer Art nach auch von einem Privaten mit der Absicht der Gewinnerzielung erbracht werden könnte. Dementsprechend setzt das kommunale Wirtschaftsrecht Rahmenvorgaben, die jedoch nicht einheitlichen Regelungsmustern folgen und auf Grund der **Kommunalhoheit der Bundesländer** länderweise voneinander abweichen. Einerseits wurden die Zulässigkeitsvoraussetzungen verschärft und andererseits gelockert, um wirtschaftliche Härten auf Grund der Liberalisierung kommunaler Märkte zu vermeiden und spezifischen Bedürfnissen der Kommunen Rechnung zu tragen.[58]

13 Im Einzelnen kann man hinsichtlich der Zulässigkeit nach folgenden **Unternehmenskategorien** differenzieren[59]:

– ausdrücklich verbotene wirtschaftliche Unternehmen

Beispiel: Errichtung und Betrieb von Bankunternehmen mit Ausnahme von Sparkassen (zB Art. 87 I 2 BayGO, § 107 VI NRWGO).

– ausdrücklich gestattete, fiktiv nicht als wirtschaftliche Unternehmen geltende Unternehmen und Einrichtungen

Beispiele: Einrichtungen des Erziehungs-, Bildungs- und Gesundheitswesens, der Kultur- und Sportversorgung etc. (zB § 107 II NRWGO).[60]

– bedingt zulässige/unter bestimmten Voraussetzungen zulässige wirtschaftliche Unternehmen

14 Greifen die fiktiven kommunalrechtlichen Vorschriften nicht, dann sind wirtschaftliche Unternehmen zulässig, wenn sie die gesetzlichen Zulässigkeitsvoraussetzungen erfüllen, die allerdings nicht einheitlich ausgestaltet sind. Im Allgemeinen handelt es sich um folgende Kriterien (zB Art. 87 BayGO, § 107 NRWGO)[61]:

15 Es muss ein **öffentlicher Zweck** vorliegen, der das Unternehmen erfordert bzw. rechtfertigt. Das ist selbstverständlich dann der Fall, wenn das Unternehmen verfassungsrechtliche oder gesetzliche Verpflichtungen erledigt (zB Art. 87 I 1 Nr. 1 BayGO). Diese Schranke dient dem **Selbstschutz der Kommunen,** die vor Konfliktsituationen gegenüber der Privatwirtschaft bewahrt werden sollen. Folglich reicht ein bloßes Gewinnerzielungsinteresse nicht aus, während **Annextätigkeiten** gestattet sind.[62]

---

[55] Hellermann Örtliche Daseinsvorsorge, S. 143 ff.; Pielow, Grundstrukturen öffentlicher Versorgung, 2001, S. 18 ff., 353 ff.

[56] S. näher Storr, Der Staat als Unternehmer, 2001, S. 35 ff.

[57] S. auch Pielow, Grundstrukturen öffentlicher Versorgung, 2001, S. 706.

[58] Schink NVwZ 2002, 129 ff.; FS Brohm, 2002/Burgi, 35 (40); Hellermann Örtliche Daseinsvorsorge, S. 61 ff.

[59] S. auch die Übersicht bei Schink NVwZ 2002, 129 ff.

[60] S. auch die Übersicht bei Schönershofen/Binder-Falcke VR 1997, 109 (116 f.).

[61] S. näher Hellermann Örtliche Daseinsvorsorge, S. 206 ff.

[62] S. näher Lange NVwZ 2014, 616 ff.

16 Im Hinblick auf die Bandbreite öffentlicher Aufgaben und auf ständig anwachsende Anforderungen fällt es den Gemeinden nicht schwer, den Zweckbegriff dynamisch zu verstehen und über den traditionellen Bereich kommunaler Aufgabenerfüllung hinaus auszudehnen.[63] Deshalb wird teilweise ein dringender öffentlicher Zweck verlangt.[64]

Beispiel: Die Vermietung von Räumlichkeiten an gewerbliche Schilderpräger im Gebäude der Kfz-Zulassungsstelle kann als wirtschaftliche Betätigung des Kreises durch den öffentlichen Zweck gerechtfertigt sein, den Bürgerinnen und Bürgern die Beschaffung amtlicher Kennzeichen zu erleichtern.[65]

17 Rechtsaufsichtsbehörden und Rechtsprechung erkennen den Gemeinden bei der Festlegung der Zweckbestimmung eine **Einschätzungsprärogative** zu, die der richterlichen Überprüfung weitgehend entzogen ist.[66]

18 Die Betätigung muss nach Art und Umfang in **angemessenem Verhältnis zur Leistungsfähigkeit der Gemeinde** und zum **voraussichtlichen Bedarf** stehen. Damit soll die Gemeinde vor Aktivitäten geschützt werden, die Unter- oder Überkapazitäten bewirken und ihre Verwaltungs- und Finanzkraft überfordern bzw. die erzielbaren Vorteile aufwiegen.[67]

19 Nach den Bestimmungen mehrerer Gemeindeordnungen sind wirtschaftliche Unternehmen nur zulässig, wenn der Zweck nicht ebenso gut und wirtschaftlich durch einen **privaten Dritten bzw. einen privaten Anbieter** erfüllt wird oder erfüllt werden kann (zB Art. 87 I 1 Nr. 4 BayGO – sog. **einfache oder echte Subsidiaritätsklausel**).[68] Diese Klauseln bezwecken, dass sich die öffentliche Hand auf ihre eigentliche Aufgabe konzentriert **(kommunalpolitische Komponente)** und keine mit der Unternehmertätigkeit am Markt verbundenen Risiken eingeht **(haushalts- und finanzpolitische Komponente)**.[69] Diese Einschränkung entspricht sachlich einer **Privatisierungsprüfpflicht**.[70] Sie bedeutet, dass bei einer kongruenten Leistungsfähigkeit der örtlichen Wirtschaft der Vorrang gebührt.[71] Ferner soll eine ungehemmte wirtschaftliche Betätigung der Gemeinden zu Lasten der Privatwirtschaft verhindert werden **(wirtschaftspolitische Komponente)**.[72] Damit soll klargestellt werden, dass die wirtschaftliche Betätigung der Kommunen gegenüber der privaten Wirtschaft nachrangig ist.[73] Teilweise wird vertreten, die Subsidiaritätsregeln widersprächen Art. 28 II GG.[74] Diese Ansicht übersieht das ebenfalls mit Verfassungsrang ausgestattete **Wirtschaftlichkeitsprinzip** (→ § 18 Rn. 37) sowie die Überlegung,

[63] Krit. Schmidt-Trenz/Stober, Dritter Sektor im 21. Jahrhundert/Stober, 2006, S. 72 ff.; Pielow, Grundstrukturen öffentlicher Versorgung, 2001, S. 517 und 708 ff.; Schmidt-Aßmann FS Ulmer, 2003, 1015 ff.

[64] § 107 I Nr. 1 NRWGO idF von 2007 und dazu Hamacher NWVBl. 2008, 81 ff.; Geerlings NWVBl. 2008, 90 ff.; Attendorn KommJur 2010, 361 ff.

[65] OVG Münster NVwZ-RR 2005, 198.

[66] Ehlers DVBl 1998, 497 (502); Schneider DVBl 2000, 1250 (1257); BVerwGE 39, 329 ff.; OVG Münster NVwZ 2008, 1031 ff.; OVG Magdeburg BeckRS 2011, 48533.

[67] BGH NJW 1987, 60.

[68] RlPfVerfGH GewArch 2000, 325 ff.

[69] S. auch BVerwG NJW 1978, 1539.

[70] Berg WiVerw 2000, 141 ff.

[71] VGH Mannheim NVwZ-RR 2006, 714 ff.; Jungkamp NVwZ 2010, 546 ff.

[72] VGH Mannheim NJW 1984, 251; BSGE 53, 173; Hidien GewArch 1983, 177.

[73] S. auch Schliesky JA 1998, 930 ff.; Schlacke JA 2002, 48 ff.

[74] So Wieland/Hellermann, Der Schutz des Selbstverwaltungsrechts der Kommunen gegenüber Einschränkungen ihrer wirtschaftlichen Betätigung, 1995, S. 57 ff.

dass die kommunale Wirtschaftstätigkeit nur im Rahmen einer sinnvollen Einordnung in die Gesamtorganisation der Wirtschaft zugelassen werden soll.[75]

Da Verfassungsrecht und Haushaltsrecht keine nachhaltige Begrenzung der unternehmerischen Tätigkeit ermöglichen und es an Anreizen fehlt, über eine unzureichende Organisationsprivatisierung hinauszugehen, wurde teilweise eine umfassend oder partiell geltende **unechte Subsidiaritätsklausel** eingeführt, die auch von der Monopolkommission gefordert wurde.[76] Danach darf der angestrebte Zweck nicht besser und wirtschaftlicher durch eine Wirtschaftstätigkeit Privater erreicht werden (zB § 107 I Nr. 3 NRWGO). Danach ist für den Vorrang einer kommunalen Wirtschaftstätigkeit entscheidend, ob **Leistungsparität** vorliegt. Gelegentlich werden Bedenken geäußert, ob diese Anforderung mit dem EU-Recht vereinbar ist, weil die Kommunen unbeschadet der EU-Neutralität gegenüber öffentlichen Unternehmen Wettbewerbsnachteile befürchten.[77] Die Antwort ergibt sich aus dem neuen Primärrecht, das die kommunale Selbstverwaltung und die Daseinsvorsorge ausdrücklich anerkennt (s. auch Art. 14 AEUV).[78] 20

Die genannten Zulässigkeitsvoraussetzungen gelten grundsätzlich auch bei **überörtlicher und ausländischer wirtschaftlicher Betätigung** der Kommunen[79] (§ 107 III und § 107a III NRWGO, Art. 87 II BayGO),[80] die jedoch die kommunale Entfaltung von der Ausdehnung betroffener Kommunen nicht beschränken darf. Das ist nur bei einer Kooperation gewährleistet.[81] Die überörtliche Aktivität kann nicht auf die Gleichbehandlung mit privaten Wettbewerbern gestützt werden.[82] 21

Die Zulässigkeitsbestimmungen werden gelegentlich verfahrensrechtlich dadurch flankiert, dass die Auswirkungen auf die Wirtschaft zu untersuchen sind und diese auch anzuhören ist (**Marktanalysepflicht** – zB § 107 V NRWGO). 21a

Die Verletzung kommunalwirtschaftlicher Bestimmungen kann zunächst über **kommunalaufsichtsrechtliche Maßnahmen** beanstandet und unterbunden werden,[83] die allerdings ein funktionierendes Dokumentations- und Berichtssystem voraussetzen. Davon zu unterscheiden ist die Frage, ob sich auch **konkurrierende Unternehmen** auf diese Vorschriften berufen können. Das wäre nur dann der Fall, wenn sie nicht nur im öffentlichen Interesse,[84] sondern auch im **Individualinteresse** erlassen wären und durchsetzbare **subjektive Rechte** begründen würden.[85] Insoweit kommen 22

[75] Kluth, Grenzen kommunaler Wettbewerbsteilnahme, 1988, S. 89.
[76] Monopolkommission, Hauptgutachten 1994/95, S. 40.
[77] Geis KommunalR, § 12 Rn. 80 mwN.
[78] S. näher Meßmer in Fabry/Augsten Öffentl. Unternehmen-HdB, § 89 ff.
[79] S. zum Streitstand Wolff DÖV 2011, 721 ff. und Fabry/Augsten Öffentl. Unternehmen-HdB/Meßmer, S. 105 ff.
[80] S. näher Oebbecke ZHR 2000, 375 ff.; Scharpf NVwZ 2005, 148 ff.; OVG Münster GewArch 2005, 75 f.
[81] OLG Düsseldorf NZBau 2000, 155 ff.
[82] So aber Hellermann Örtliche Daseinsvorsorge, S. 212; wie hier Löwer VVDStRL 60 (2001), 417 (436 ff.); Hösch, Die kommunale Wirtschaftstätigkeit, 2000, S. 100 f.
[83] S. dazu FS Ulmer, 2003/Schmidt-Aßmann, 1015 (1024).
[84] OVG Münster NVwZ 2003, 1520 f. und dazu Grooterhorst/Törnig DÖV 2005, 685 ff.
[85] RlPfVerfGH GewArch 2000, 325 (329); OVG Münster GewArch 2005, 75 f.; VGH Mannheim NVwZ-RR 2006, 714 ff.; Eisenmenger, Neuregelung des öffentlichen Unternehmensrechts, 2004, S. 141; s. zum Streitstand Jungkamp NVwZ 2010, 546 ff.

zwei Durchsetzungswege in Betracht: das Wettbewerbsrecht (→ § 23 Rn. 32 ff.) und das Kommunalrecht, sofern es als Konkurrenzschutzrecht ausgebildet ist.[86]

b) Zur Zulässigkeit der erwerbswirtschaftlichen Betätigung

23 **aa) Randnutzungen und Annextätigkeit.** Im Übrigen sind prinzipielle Zulässigkeitszweifel nur angebracht, wenn sich die Verwaltung im Rahmen der Verwendung privatrechtlicher Handlungs- und Organisationsformen **erwerbswirtschaftlich** betätigen und damit wie ein Unternehmer verhalten will, der primär auf Gewinnerzielung bedacht ist. Dieser Sachverhalt wird teilweise abgrenzend und klarstellend angesprochen.[87] So heißt es etwa in Art. 87 I 2 BayGO, dass alle Tätigkeiten, mit denen die Gemeinden oder ihre Unternehmen an dem vom Wettbewerb beherrschten Wirtschaftsleben teilnehmen, um Gewinn zu erzielen, keinem öffentlichen Zweck entsprechen und damit unzulässig sind. Hingegen ist erwerbswirtschaftliche Betätigung nicht gegeben, wenn es sich lediglich um eine Gewinnmitnahme durch **Randnutzungen** oder **Hilfsbetriebe** zur Deckung des Eigenbedarfs (§ 107 II 1 Nr. 5 NRWGO) handelt. Hier spielt der Gesichtspunkt eine Rolle, dass vorhandene Verwaltungsressourcen aus Haushaltsrechtsgründen ausgeschöpft werden und nicht brachliegen sollen. Diese Qualifizierung setzt also einen engen Sachzusammenhang mit einer Verwaltungsaufgabe voraus und verlangt, dass die Nutzung nur eine untergeordnete Bedeutung besitzt (sog. **Annextätigkeit**).[88]

Beispiele: Vermietung von Reklameflächen öffentlicher Sachen, Werbeaufdrucke;[89] Betrieb von Saunaanlagen in öffentlichen Schwimmbädern; Verwertungen im Zusammenhang mit Fernsehausstrahlungen;[90] Vermarktung selbst entwickelter Software.[91]

24 Die primär erwerbswirtschaftliche Handlungsweise (Betrieb von Brauereien, Hotels, Reisebüros, Industriebetrieben, Beteiligung an Charterfluggesellschaften, Erbringung privater Dienstleistungsangebote durch kommunale Stellen, Kfz-Reparaturen, Gebäudemanagement, Elektroarbeiten usw)[92] verdient deshalb die besondere Aufmerksamkeit des Verwaltungsrechts, weil auf diesem Sektor keine eigentlichen Verwaltungsaufgaben erfüllt werden. Es fehlt – im Gegensatz zum fiskalischen Hilfsgeschäft – schon an einem mittelbaren Bezug zur Verwaltung, weil ein öffentlicher Zweck nicht ersichtlich ist. Da das Verwaltungs- und Kommunalrecht insoweit nur rudimentär Auskunft gibt, ist die Zulässigkeit der erwerbswirtschaftlichen Unternehmerrolle an GATT/WTO-Regeln, dem Unionsrecht, dem Bundes- und Landesverfassungsrecht zu messen.

25 **bb) GATT/WTO und Unionsrecht. GATT-Regeln** und das **Unionsrecht** stehen einer erwerbswirtschaftlichen Betätigung der öffentlichen Hand nicht entgegen. Das GATT/WTO-Übereinkommen basiert auf der wirtschaftsvölkerrechtlich anerkannten Prämisse, dass jeder Staat auf Grund seiner **Gleichheit und Souveränität** sein

[86] Schmidt-Leithoff, Gemeindewirtschaft im Wettbewerb, 2011, S. 200 ff.
[87] Ebenso Eisenmenger, Neuregelung des öffentlichen Unternehmensrechts, 2004, S. 151.
[88] S. auch Gusy JA 1995, 166 (168); Ehlers DVBl 1998, 497 (500); OLG Hamm JZ 1998, 576 (578) mAnm Müller; OVG Münster NVwZ 2003, 1522; Stober WirtschaftsVerwR, § 24 III 3 mwN; Fabry/Augsten Öffentl. Unternehmen-HdB/Meßmer, S. 98.
[89] BVerwGE 82, 29 (33 f.).
[90] BGH NJW 1993, 852 (855).
[91] Zu weitgehend Pünder DVBl 1997, 1353 (1357).
[92] S. auch die Beispiele bei Stober WirtschaftsVerwR, § 24 V.

Wirtschafts- und Finanzsystem selbst bestimmen und sämtliche Entscheidungen auf wirtschaftlichem Gebiet selbst treffen kann. Hinsichtlich des Unionsrechts ist von der Neutralität des EU-Primärrechts die Rede, die auch nach der Systementscheidung für eine **offene Marktwirtschaft mit freiem Wettbewerb** (Art. 119 AEUV) fortbesteht.[93] Das bedeutet weitgehende Gleichbehandlung mit privaten Wirtschaftssubjekten und damit Geltung des Wettbewerbsrechts unter den Voraussetzungen der Art. 106 und Art. 14 AEUV.[94]

cc) **Verfassungsrecht.** Grundgesetz und Landesverfassungen verbieten unternehmerische Zielsetzungen nicht ausdrücklich. Aus der relativen **Offenheit der Wirtschaftsverfassung** kann man eben so wenig ein zwingendes Argument ableiten,[95] wie aus dem Prinzip der **Subsidiarität,** das nur in Art. 23 I GG verankert ist[96] oder einen konstruierten Konflikt zwischen Demokratie- und Wirtschaftlichkeitsprinzip.[97] Nach Ansicht der Rechtsprechung und eines Teils des Schrifttums lässt sich aus den Grundrechten kein Argument für oder gegen die Zulässigkeit der gewerblichen Betätigung der öffentlichen Hand gewinnen. Es wird geltend gemacht, die **Grundrechte** schützten nicht vor Konkurrenz der öffentlichen Hand, die lediglich den Wettbewerb verschärfe.[98] Die Grundrechte seien allenfalls einschlägig, wenn die Wettbewerbsfreiheit Privater unmöglich gemacht oder unzumutbar bzw. in unerträglichem Maße eingeschränkt würde, eine Auszehrung der Konkurrenz vorliege oder eine unerlaubte Monopolstellung bestehe.[99] Diese Meinung ist schon deshalb abzulehnen, weil das Eingreifen der öffentlichen Hand in den Wettbewerb iSe spürbaren Beeinträchtigung der privaten Konkurrenz ein typischer Anwendungsfall der klassischen Abwehrfunktion der Grundrechte ist, wobei die Wirkungen entscheidend sind.[100] 26

Ein weiterer Einwand folgt aus der Entscheidung des Grundgesetzes für den Abgabenstaat. Das verfassungsrechtlich verankerte **Abgabenprivileg** will die Verwaltung gerade von der Teilnahme am privaten gewerblichen Wettbewerb zur Finanzierung seiner Aufgaben freistellen. Der Staat und die Selbstverwaltungsträger sollen ihre Einnahmen vielmehr durch Teilhabe am jeweiligen Ertrags- und Tauschwert privater Leistungen[101] und durch Erbringung von öffentlichen Leistungen gewinnen. **Unternehmerische Motivation ist dem Abgabenstaat fremd,** weil es an der öffentlichen 27

[93] AM Uhlmann, Gewinnorientiertes Staatshandeln, 1997, S. 166; Hailbronner NJW 1991, 593 ff.; krit. Kahl NVwZ 1996, 1082 f.; s. näher Stober WirtschaftsVerwR, § 24 V 1.
[94] Schneider DVBl 2000, 1250 (1252).
[95] Berg GewArch 1990, 225 ff.
[96] Stober/Korte ÖffWirtschaftsR AT, § 5 I und § 12.
[97] So aber Gersdorf, Öffentliche Unternehmen im Spannungsfeld zwischen Demokratie und Wirtschaftlichkeitsprinzip, 2000, S. 476 ff.
[98] BVerfGE 24, 236 (251); BVerwGE 39, 329 (336); BVerwG DÖV 1978, 851; NJW 1995, 2938; VGH Kassel NVwZ 1996, 816; FS Steindorff, 1990/Badura, 835 ff.
[99] BVerwG DÖV 1996, 250; BGH NJW 1987, 60; VGH Mannheim NJW 1995, 274; VGH Kassel NVwZ 1996, 816; OVG Schleswig GewArch 1997, 144; OVG Münster NVwZ 2003, 1520 (1523); s. auch Uhlmann, Gewinnorientiertes Staatshandeln, 1997, S. 130 f.
[100] S. näher Storr, Der Staat als Unternehmer, 2001, S. 160 ff.; Stamer, Rechtsschutz gegen öffentliche Konkurrenzwirtschaft, 2007, S. 101 ff.
[101] Isensee/Kirchhof StaatsR-HdB IV/Kirchhof, § 88 Rn. 47 und 92.

Zielsetzung fehlt.[102] Da ihm generell die **Kompetenz zur gewerblichen Betätigung** fehlt, ist die Zulässigkeit rein gewerblichen Handelns grundsätzlich zu verneinen und eine Einzelfalllegitimation erforderlich,[103] die in einigen Verwaltungsgesetzen vorhanden ist (§ 2 HwO). Die Betonung der Finanzhoheit der Kommunen in Art. 28 II 3 GG ändert an diesem Befund nichts, da sich die finanzielle Eigenverantwortung verfassungssystematisch lediglich auf die Ausschöpfung der Abgabenhoheit bezieht.[104]

c) Wahlfreiheit zwischen den Handlungsformen

28 Wendet man sich der Frage der **Wahlfreiheit zwischen verschiedenen verwaltungsrechtlichen Handlungsformen** zu, dann ergibt sich folgendes Bild: § 54 S. 2 VwVfG gestattet den Abschluss eines Vertrages an Stelle eines Verwaltungsaktes (auch → § 54 Rn. 1 ff.).[105] Diese Alternative ist teilweise auch in Spezialgesetzen wie etwa in § 3 III BNatSchG zu finden.

4. Zweckmäßigkeit und Formenmissbrauch

29 Fehlt es an zwingenden Zulässigkeitsschranken, dann besteht die Kunst der gestaltenden öffentlichen (wie der privaten) Verwaltungsführung darin, die jeweils für die Befriedigung eines rechtmäßigen öffentlichen Interesses (→ § 29 Rn. 1 ff.) am besten geeignete zu finden und anzuwenden **(Grundsatz der Zweckmäßigkeit, Effizienz)**.[106]

Beispiele: So kann man eine Verwaltungsaufgabe durch einen Vertrag statt durch einseitigen Verwaltungsakt regeln oder sonst wie ohne Eingriff ordnen, ein Verkehrsunternehmen in Form einer öffentlichen Anstalt, einer GmbH oder einer Aktiengesellschaft betreiben, Gebühren oder ein privatrechtliches Entgelt erheben, enteignen oder kaufen.[107]

30 Ist aber eine Rechtsinstitution gewählt, so müssen alle daran geknüpften Rechtsfolgen übernommen werden.[108] Kombinationen verschiedener Formen sind, etwa mit Hilfe der **Beleihung** (→ § 90 Rn. 1 ff.) oder der **Gestaltung von Benutzungsverhältnissen** durch Verwendung allgemeiner Geschäftsbedingungen möglich.

31 Hat die Rechtsordnung für einzelne Verwaltungszwecke bestimmte Formen oder Institute entwickelt, so kann die Wahl einer anderen Form oder eines anderen Institutes rechtswidrig oder unwirksam sein. Dasselbe gilt, wenn eine Form oder ein Institut

---

102 S. auch BVerfGE 61, 82 (100); 75, 192; Haverkate VVDStRL 46 (1988), 228; Henneke JURA 1990, 63 und 113 ff.; Henneke NdsVBl. 1999, 1 ff.; Ehlers JZ 1990, 1089 (1091); Ehlers, Gutachten E zum 64. DJT, 2002, S. 72 f.; Weiß, Privatisierung und Staatsaufgaben, 2002, S. 225 ff.; FS Ulmer, 2003/Schmidt-Aßmann, 1015 (1018); Rennert JZ 2003, 385 (390); Ress VVDStRL 48 (1990), 73; Sodan DÖV 2000, 361 (370); Löwer VVDStRL 60 (2001), 416 (423); aM Uhlmann, Gewinnorientiertes Staatshandeln, 1997, S. 139; Storr, Der Staat als Unternehmer, 2001, S. 126; Schneider DVBl 2000, 1250 (1255); Jarass DÖV 2002, 489 ff.

103 Isensee/Kirchhof StaatsR-HdB IV/Ronellenfitsch, § 98 Rn. 33 ff.; Henneke, Öffentliches Finanzwesen, Finanzverfassung, 2. Aufl. 2000, S. 169 ff.

104 Ebenso Badura DÖV 1998, 818 (823); aM Otting DVBl 1997, 1258 ff.; Schliesky, Öffentliches Wettbewerbsrecht, 1997, S. 136; RlPfVerfGH GewArch 2000, 325 ff.

105 VGH Kassel NVwZ 1990, 879.

106 S. auch BVerwG NJW 1993, 2695 f.

107 Müller, Rechtsformenwahl bei der Erfüllung öffentlicher Aufgaben, 1993, S. 99 ff.; Erbguth/Stollmann DÖV 1993, 798 ff.

108 VGH Kassel NVwZ 1990, 879.

gewählt wird, das nicht für den verfolgten Zweck bestimmt ist (zB Gewerbebetrieb als öffentliche Anstalt). Durch solchen **Formenmissbrauch** kann sich die Verwaltung jedoch weder den Bindungen völlig entziehen, denen sie bei der Wahl der rechtsordnungsgemäßen Form unterworfen sein würde, noch Privilegien (zB abgabenrechtlicher Art) erlangen, mit denen die zweckmäßig verwendete Form oder das Institut ausgestattet ist. Unzulässig ist insbesondere, verwaltungsrechtliche Verhältnisse als privatrechtliche zu „frisieren“ und umgekehrt. Ebenso rechtswidrig ist es, rechtlich nicht vorgesehene hoheitliche Mittel einzusetzen, um auf bestehende fiskalische oder verwaltungsprivatrechtliche Beziehungen einzuwirken oder in privatrechtlichen Formen gewährte Wohltaten zu versagen, weil öffentliche Pflichten (angeblich) nicht erfüllt sind.[109]

III. Allgemeingültige Bindungen für die Verwaltung

Neben der Zulässigkeitsfrage wurde die **Rechtsfolgenfrage** in Form der Bindung an 32
die Rechtsordnung bislang lediglich für den Formenmissbrauch erörtert. Unabhängig davon ist zu untersuchen, ob es nicht Bindungen gibt, die bei jeder Form des Tätigwerdens gelten und die deshalb vorab dargestellt werden können. Das ist schon deshalb zu bejahen, weil sich zahlreiche Rechtsgrundsätze nicht auf bestimmte Handlungsformen beziehen, sondern die gesamte Rechtsordnung durchziehen:

– **Grundfreiheiten.** Sie betreffen die im europäischen Verwaltungsraum geltenden 33
Verkehrsfreiheiten iSd Art. 26 II AEUV, Art. 28 ff. AEUV, deren Beachtung den Mitgliedstaaten und ihren Untergliederungen aufgegeben ist;[110]

– **Verfassungs- und verwaltungsrechtliche Zuständigkeits-, Kompetenz- und** 34
Aufgabenbestimmungen.[111] Das bedeutet, dass Gemeinden nach Art. 28 II GG auf „Angelegenheiten der örtlichen Gemeinschaft“ beschränkt sind und keine Legitimation zu beliebiger wirtschaftlicher Betätigung haben. Dieser auch verfassungssystematisch und teleologisch argumentierbare Verfassungsansatz steht der gelegentlich in der Literatur[112] erhobenen und inzwischen teilweise positivierten Forderung entgegen, dass die Gemeinden ihr unternehmerisches Engagement über ihre Ortsgrenzen hinaus ausdehnen dürfen (sog. dynamische Interpretation).[113] Diese Ausdehnungsstrategie ist auch deshalb problematisch, weil sie grundsätzlich die davon betroffenen Kommunen tangieren, weshalb nur eine beiderseitig freiwillige Kooperation in Betracht kommt. Auch die wirtschaftliche Betätigung der Kommunen in Privatrechtsform lässt die Bindung an Art. 28 II GG nicht entfallen, weil anderenfalls diese Norm über eine **Flucht ins Privatrecht** ausgehebelt würde. Denn Art. 28 II GG ist seiner Intention nach eine staatsgerichtete Kompetenznorm und keine wirtschaftsorientierte Befugnisnorm. Sie regelt

---

109 S. BVerfGE 10, 327; BVerwG NJW 1958, 394; BGH NJW 1985, 197 und NVwZ 2010, 398 ff.; RlPfVGE 87, 270; OVG Münster DÖV 1958, 388 und Pestalozza, Formenmissbrauch des Staates, 1973.

110 Ehlers, Gutachten E zum 64. DJT, 2002, S. 37 f.; EuGH NVwZ 2005, 1052 ff. und dazu Braun/Hauswaldt EuZW 2006, 176 ff.

111 BVerfGE 12, 205 (246); OVG Koblenz GewArch 1980, 339; VGH Mannheim NJW 1995, 274.

112 Henneke, Optimale Aufgabenerfüllung im Kreisgebiet/Wieland, 1999, S. 193, 196.

113 S. dazu auch Hill BB 1997, 425 (429); Henneke NdsVBl. 1999, 1 (8); Held in Henneke, Optimale Aufgabenerfüllung im Kreisgebiet, 1999, S. 181, 188; Enkler ZG 1998, 328 (335); FS Ulmer, 2003/Schmidt-Aßmann, 1015 (1022).

vornehmlich das Verhältnis der Kommunen in der Staatsorganisation und betrifft das Verhältnis zur unmittelbaren Staatsverwaltung. Da sich Art. 28 II GG mit dem Verwaltungsträger Gemeinde befasst, vermittelt die Selbstverwaltungsgarantie keine Befugnisse zu Eingriffen in den Aufgabenbestand Privater;[114]
- Vertretungsnormen;
- Haushaltsrecht;[115]
- **Wettbewerbsrecht.** Diese Bindung der öffentlichen Hand ist relativ schwach ausgebildet (siehe aber § 3a UWG).

35 – **Kartellrecht.**[116] Das EU-Kartellrecht verbietet eine wirtschaftliche Tätigkeit der öffentlichen Hand, die geeignet ist, den zwischenstaatlichen Verkehr zu beeinträchtigen.[117] Es wirkt auf die öffentliche Auftragsvergabe und die Vergabe von Beihilfen ein. Das GWB untersagt unbeschadet der Angebots- und Nachfragemacht der öffentlichen Hand nicht schlechthin staatliches Wirtschaftshandeln, sondern nur eine unbillige Behinderung und Diskriminierung von Marktteilnehmern durch Unternehmen in marktbeherrschender Stellung.[118] Es eröffnet gleichzeitig eine **Missbrauchskontrolle**,[119] die auch öffentlich-rechtliche Träger bei öffentlich-rechtlicher Ausgestaltung der Leistungsverhältnisse erfasst.[120]

IV. Privatrechtliche öffentliche Verwaltung

1. Motive für privatrechtliche öffentliche Verwaltung

36 Die öffentliche Verwaltung kann sich wie jedermann der **privatrechtlichen Formen** bedienen. Sie kann Dienst-, Werk-, Kauf-, Miet- und alle Arten sonstiger vermögensrechtlicher Privatverträge abschließen (s. insbesondere § 99 GWB). Sie kann Eigentümer, Besitzer, Nießbraucher, Leasingnehmer[121] usw sein und kann sich an Gesellschaften des bürgerlichen und des Handelsrechts beteiligen. Öffentliche Verwaltung wird häufig in privatrechtlichen Formen vollzogen, weil öffentlich-rechtliche für den beabsichtigten Zweck nicht zur Verfügung stehen, weil die dafür (zB für die Enteignung) erforderlichen Voraussetzungen nicht vorliegen oder weil die privatrechtlichen der Gestaltung weiteren Spielraum lassen. Außerdem gestatten die privatrechtlichen einschließlich der handelsrechtlichen Gesellschaftsformen die Beteiligung privaten Kapitals und eine Minderung parteipolitischer Einflüsse (auch → § 91 Rn. 1 ff.).[122]

---

[114] Kluth, Grenzen kommunaler Wettbewerbsteilnahme, 1988, S. 46 ff.; Löwer DVBl 1991, 140; Ehlers, Gutachten E zum 64. DJT, 2002, S. 43 f.

[115] BGHZ 91, 84 (96); OVG Lüneburg NVwZ 1990, 91; OVG Koblenz NZBau 2005, 411 ff.; Pietzcker NVwZ 1983, 121; Ossenbühl DVBl 1990, 963 (966).

[116] EuGH NVwZ 1989, 949; BGH NJW 1990, 2815 (2817); 1998, 3778; OLG Düsseldorf NJW 1981, 585; OLG Zweibrücken GewArch 1999, 346; Mestmäcker NJW 1969, 1; FS Lerche, 1993/Odersky, 949 ff.

[117] S. Badura DÖV 1998, 818 (822).

[118] VGH Mannheim NVwZ-RR 2006, 714 ff.

[119] BGH LKV 2010, 174 ff.

[120] BGH NJW 2012, 1150 ff.

[121] Lüdemann, Die öffentliche Hand als Leasingnehmer, 2003.

[122] Näher Müller, Rechtsformenwahl bei der Erfüllung öffentlicher Aufgaben, 1993, S. 99 ff.; v. Unruh DÖV 1997, 653 ff.

2. Privatrechtliche und fiskalische Verwaltung

37 Sofern Träger öffentlicher Verwaltung sich privatrechtlicher Formen bedienen, spricht man teilweise von **fiskalischer Verwaltung iwS,** da der Staat als Privatrechtssubjekt „Fiskus" genannt wird.[123] Wegen des inhaltlichen Wandels des historischen Fiskusbegriffs, der den Fiskus als eine vom Staat verschiedene Person verstand wird teilweise gefordert, ihn völlig aufzugeben.[124] Dieser radikale Verzicht ist schon deshalb entbehrlich, weil das positive Recht, die Literatur und die Rechtsprechung[125] weiterhin an dieser Bezeichnung festhalten.

38 Diskutieren lässt sich über die Verwendung des Wortes Fiskus nur, soweit unmittelbar Verwaltungsaufgaben mit privatrechtlichen Mitteln erfüllt werden.[126] Hier ist die Verwendung der Bezeichnung **Verwaltungsprivatrecht** angebracht (→ § 23 Rn. 1 ff.). Hingegen haben bei der mittelbaren Wahrnehmung von Verwaltungsaufgaben die fiskalischen Interessen iSv Vermögensrechten durchaus nach wie vor Gewicht und Abgrenzungsfunktion gegenüber anderen Handlungsweisen.

3. Zur Anwendung des Privatrechts

39 Die öffentliche Verwaltung hat jedoch, wenn sie sich der Formen des Privatrechts bedient, nicht dieselbe Stellung wie die übrigen Teilnehmer am privaten Rechtsverkehr. Das ergibt sich daraus, dass auch die Verwaltungstätigkeit in privatrechtlichen Formen „öffentliche Verwaltung" ist, den gemeinsamen Interessen aller Mitglieder des Gemeinwesens dient, und daher je nach der rechtlichen Grundlage und der besonderen Zwecksetzung besondere rechtliche Vorschriften, teils Privilegierungen, teils Bindungen, angemessen oder notwendig sind. Es kommt also darauf an, ob die Verwaltung in der Rolle eines **Verbrauchers und Auftraggebers,** eines **Unternehmers** und **Produzenten** oder als **Verwaltungsträger** auftritt, der mit privatrechtlichen Formen Verwaltungsaufgaben erfüllt. Überschneidungen sind denkbar. Insbesondere ist es möglich, dass die Verwaltung bei einem Lebensvorgang gleichzeitig als Verbraucher und als Verwaltungsträger handelt.

V. Arten privatrechtlicher öffentlicher Verwaltung

1. Fiskalische Teilnahme am Wirtschaftsleben

a) Generelle Geltung des Privatrechts

40 Nimmt ein Träger öffentlicher Verwaltung als **„Fiskus" ieS am wettbewerblichen Wirtschafts- und Erwerbsleben teil,** um das Finanz- und das Verwaltungsvermögen als solches zu erhalten, zu vermehren oder zu veräußern oder dafür benötigte Leistungen zu beschaffen, so gilt für ihn formell und materiell zunächst das allgemeine Privatrecht.[127] Dazu gehören die Materialbeschaffung, Hoch- und Tiefbauten, Reparaturen ua sog. **fiskalische Hilfstätigkeiten,**[128] die meistens über die Vergabe

[123] Burmeister DÖV 1975, 695 (700).
[124] Kempen, Die Formenwahlfreiheit der Verwaltung, 1989, S. 72 ff.
[125] VGH München NVwZ-RR 2004, 392.
[126] Ebenso Burmeister DÖV 1975, 695 ff.
[127] Gusy JA 1989, 26 ff.; aM Burmeister VVDStRL 52 (1993) 190 (229), der für öffentlich-rechtliche Verträge plädiert.
[128] S. BGH JZ 1962, 176 mAnm Stern = DVBl 1962, 298 mAnm Zeidler; GmS-OGB NJW 1986, 2359; OLG Koblenz NVwZ-RR 1989, 182; VGH München NVwZ-RR 2004, 392.

öffentlicher Aufträge (→ § 22 Rn. 31 ff.) privatrechtlich abgewickelt werden. Daher sind auch Verhandlungen vor Materialbeschaffung[129] und Auftragssperren[130] privatrechtlich.[131] Auch die Namensvermarktung ist eine fiskalische Hilfstätigkeit.[132]

41 Eine öffentlich-rechtliche Komponente liegt nur dann vor, wenn das positive Recht eine verwaltungsrechtliche Ausgestaltung verlangt. Ferner richtet sich die **Vertretungsbefugnis** nach privatrechtlichen Grundsätzen, ebenso die **Haftung** für Handlungen der Organe, Erfüllungsgehilfen und Bedienstete (§§ 89, 31; §§ 278, 831 BGB; nicht § 839 BGB iVm Art. 34 GG). Hinsichtlich der Geltung des Grundsatzes von **Treu und Glauben** kann jedoch das Verbot des venire contra factum proprium Modifikationen unter dem Gesichtspunkt des öffentlichen Interesses erfahren.[133]

b) Grundrechtsbindung der fiskalischen Hilfstätigkeiten

42 Umstritten ist das Ob und der Umfang einer **Bindung der fiskalischen Hilfstätigkeiten** an die Grundrechte.[134] Klassifiziert man diese Handlungsweisen als notwendige Voraussetzungen von Verwaltung iSe **Infrastrukturverwaltung** im Interesse einer **Grundversorgung,** dann wäre es konsequent, auch die Auftragsvergabe dem Grundrechtsschutz zu unterwerfen.[135] Betrachtet man fiskalische Hilfstätigkeiten, lediglich als **mittelbare Erledigung von Verwaltungsaufgaben,** dann wäre eine Bindung mangels Vorliegens „vollziehender Gewalt" iSd Art. 1 III GG kaum argumentierbar,[136] weil die fiskalisch handelnde Verwaltung nicht Träger hoheitlicher Aufgaben ist und nicht unter Einsatz hoheitlicher Mittel auftritt. Teilweise wird aber die Auffassung vertreten, die Bindungsklausel des Art. 1 III GG unterscheide nicht nach Handlungsformen.[137]

42a Diese Ausgangslage schließt jedoch eine **differenzierte Grundrechtsbindung** nicht aus, die sich systematisch und teleologisch argumentieren lässt. Die Beschaffung darf nicht isoliert gewürdigt werden. Sie ist gleichzeitig ein Instrument staatlicher (Nachfrage-)Machtausübung und Steuerung. Die Verwaltung kann mit der Bedarfsdeckung **konjunkturpolitische, haushaltsrechtliche, sozialpolitische, umweltpolitische** und andere **Gemeinwohlzwecke** verfolgen.[138] Deshalb besteht insbesondere die Gefahr, dass der **Gleichheitssatz** aus sachfremden Gründen missachtet und etwa die **Wettbewerbsgleichheit** verletzt wird. Gegen Willkürentscheidungen der Verwaltung

[129] BVerwGE 35, 103 = DVBl 1971, 111 mAnm Bettermann.
[130] BVerwGE 5, 325; BGH DVBl 1968, 145; OLG Hamm NVwZ-RR 2003, 31.
[131] Irrig OVG Münster DVBl 1971, 115 mAnm Bettermann.
[132] BGH JZ 1993, 1166.
[133] BGH DÖV 1972, 717 und NJW 1963, 644.
[134] S. zum Streitstand Stelkens, Verwaltungsprivatrecht, 2006, S. 30 ff.
[135] In diesem Sinne Zeitler VVDStRL 19 (1961), 225 ff.; Ehlers DVBl 1983, 422; Wallerath, Öffentliche Bedarfsdeckung und Verfassungsrecht, 1988, S. 318 ff.; Pielow, Grundstrukturen öffentlicher Versorgung, 2001, S. 370 ff.
[136] So BGHZ 36, 91 (95).
[137] BVerwGE 113, 208 (211); Puhl VVDStRL 60 (2001), 456 (477); Weiß, Privatisierung und Staatsaufgaben, 2002, S. 213 ff.
[138] Isensee/Kirchhof StaatsR-HdB III/Ronellenfitsch, § 84 Rn. 30; Huber, Konkurrenzschutz im Verwaltungsrecht, 1991, S. 22, 72; Huber JZ 2000, 877 ff.; Huber, Kampf um den öffentlichen Auftrag, 2002, S. 29 f.; Isensee/Kirchhof StaatsR-HdB V/Rüfner, § 117 Rn. 45; Wallerath, Öffentliche Bedarfsdeckung und Verfassungsrecht, 1988, S. 39 ff.; Bultmann, Beihilferecht und Vergaberecht, 2004, S. 93 ff.

muss die Möglichkeit bestehen, den Rechtsweg zu beschreiten, um wirksamen Grundrechtsschutz zu gewährleisten.[139] Deshalb ist es der Sache nach mindestens angebracht, Art. 3 und Art. 19 IV GG als Verfahrensgarantie auf die fiskalischen Hilfsgeschäfte anzuwenden.[140] Der verfassungsrechtliche Streit ist allerdings durch vergaberechtliche Vorgaben des Unionsrechts und spezialgesetzliche Normierungen ua in §§ 97 ff. GWB und in der Vergabeverordnung entschärft, die eine gerichtlich durchsetzbare Beachtung des Gleichheitssatzes sicherstellen.[141] Diese Vorschriften finden jedoch keine Anwendung, sofern die sog. **Schwellenwerte** (§ 106 GWB) nicht erreicht sind. Insoweit bleibt es bei der aufgezeigten Rechtsproblematik,[142] die dahin zu lösen ist, dass auch unterhalb der Schwellenwerte keine Willkürentscheidungen gestattet sind. Die Einhaltung des Gleichbehandlungsgebots wird hier bislang insbesondere durch die Verdingungsordnungen, die Gegenstand haushaltsrechtlicher Verwaltungsvorschriften[143] sind, iVm Art. 3 I GG gewährleistet.

c) Einfachgesetzliche Bindungen bei der Auftragsvergabe

aa) Rechtsgrundlagen. Die **Vergabe von Bau-, Liefer- und Dienstleistungsaufträgen** der öffentlichen Hand[144] unterfällt zahlreichen rechtlichen Bindungen, die danach zu unterscheiden sind, ob bestimmte **Schwellenwerte** (§ 106 GWB) erreicht werden.[145] Unabhängig von der Aufteilung der Vergaberechtsbindungen nach Schwellenwerten gewährleisten die unterschiedlichen Ausprägungen des Vergabeverfahrensrechts, dass bei der Beschaffung von Waren, Bau- und Dienstleistungen die **haushaltsrechtlichen Grundsätze der Wirtschaftlichkeit und Sparsamkeit** eingehalten und entsprechend angemessene Wirtschaftlichkeitsuntersuchungen durchgeführt werden (§ 6 I, II HGrG, § 7 I, II BHO). 43

(1) Unterschwellenaufträge. Für öffentliche Auftragsvergaben unterhalb der Schwellenwerte gilt traditionell das im **Haushaltsrecht** von § 30 HGrG und § 55 BHO geregelte Vergabeverfahrensrecht, das im Wesentlichen durch Verwaltungsvorschriften auf der Grundlage des § 55 II BHO konkretisiert wird. Die **kommunale Beschaffungstätigkeit** der Gemeinden und Gemeindeverbände ist durch entsprechende Verwaltungsanweisungen zu den Vorschriften des kommunalen Haushaltsrechts geregelt. Die Einhaltung der genannten Bindungen wird durch die ordentlichen Gerichte geprüft.[146] 44

(2) Oberschwellenaufträge. Rechtsgrundlagen für Auftragsvergaben oberhalb der Schwellenwerte sind dagegen das bereichssprezifische **Kartellvergaberecht** des 4. Teils des GWB (§§ 97 ff. GWB), das der Umsetzung von **EU-Vergaberichtlinien** 45

---

139 Huber JZ 2000, 877; Pünder VerwArch 95 (2004), 38 ff.; BVerwG NVwZ 2016, 1553 ff.
140 Wallerath, Öffentliche Bedarfsdeckung und Verfassungsrecht, 1988, S. 318 ff.; Gusy JA 1988, 26 (30); Grziwotz JuS 1998, 807 (809); Puhl VVDStRL 60 (2001), 456 (479 f.); Pietzcker, Die Zweiteilung des Vergaberechts, 2001, S. 34 ff.; BGHZ 65, 284 (287); BGH NJW 2004, 1031.
141 S. auch EuGH EuZW 1999, 759.
142 S. näher Puhl VVDStRL 60 (2000), 456 (473 ff.); Huber JZ 2000, 877 ff.; Malmendier DVBl 2000, 963 ff.; Dörr DÖV 2001, 1014 ff.
143 ISd § 55 II BHO bzw. der entsprechenden landesrechtlichen Vorschriften.
144 S. näher Dreher DB 1998, 2579 (2586 ff.).
145 Dreher DB 1998, 2579 (2588 ff.); näher → Rn. 53.
146 BVerwG NVwZ 2007, 820 ff.

dient. Auf der Grundlage des § 113 GWB wurde die **Vergabeverordnung (VgV)** erlassen, die das Vergabeverfahren normiert. Diese Regelung einschließlich der Regelung eines Nachprüfungsverfahrens im GWB trägt insbesondere der Forderung Rechnung, die Grundsätze des Vergaberechts in einem Vergabegesetz zu normieren, das unionsrechtlichen, rechtsstaatlichen und grundrechtlichen Vorgaben entspricht.

46 Die Rechtsgrundlagen der öffentlichen Auftragsvergabe stellen unabhängig vom Erreichen der Schwellenwerte Konkretisierungen verfassungsrechtlicher und primärgemeinschaftsrechtlicher Grundsätze dar, insbesondere des in Art. 114 II 1 GG vorausgesetzten haushaltsrechtlichen **Wirtschaftlichkeitsgebots** sowie der **Grundfreiheiten** und des allgemeinen **Diskriminierungsverbots** des EGV.

47 Ziel des unter unionsrechtlichem Druck geänderten Vergaberechts[147] ist unter dem Stichwort „Go Public!" neben dem klassischen Privatmarkt einen zweiten öffentlichen Markt zu schaffen (Art. 179 II AEUV). Diese **wettbewerbsrechtlich ausgerichtete Neukonzeption** verdrängt weitgehend die bislang dominierende **haushaltsrechtliche Lösung**[148] im Interesse eines umfassend funktionierenden Binnenmarktes und gewährt vom Vergabeverfahren Betroffenen erstmals gerichtlich durchsetzbare **subjektiv-öffentlich-rechtliche Positionen** (s. auch § 97 VI GWB). Kernstück ist die **öffentliche Ausschreibung** (s. auch §§ 115 ff. GWB). Sie soll gewährleisten, dass der **Gleichheitssatz** gewahrt,[149] **Korruption** vermieden, **Wettbewerb** gefördert, nach **Wirtschaftlichkeitsgrundsätzen** unter Berücksichtigung von **Qualitäts- und Innovationsaspekten** gehandelt und **Verfahrenstransparenz** sichergestellt wird (s. auch § 97 GWB). Das dazu erlassene Normengeflecht soll verhindern, dass die Vergabe öffentlicher Aufträge im Binnenmarkt lediglich eine nationale **(buy national),** regionale oder lokale Rolle spielt. Vielmehr sollen **Diskriminierungen** in Form von Benachteiligungen und Bevorzugungen entfallen und die Vergabekontrolle gestärkt werden.[150]

48 Die Vergabegrundsätze schließen jedoch ausnahmsweise **Bevorzugungen** und Benachteiligungen nicht aus, wenn sie ausdrücklich auf Grund der Vorschriften des 4. Teils des GWB gestattet oder geboten sind (§ 97 II GWB). So sind sachliche Differenzierungen insofern gesetzmäßig, als Aufträge nur an fachkundige und leistungsfähige Unternehmen zu vergeben sind (§ 122 GWB). Deshalb sind zwingende und fakultative Ausschließungsgründe vorgesehen (§§ 123 f. GWB und § 42 VgV).

49 Sind wirtschafts- oder sozialpolitische Gesichtspunkte entscheidend, die ihren Niederschlag in gesetzlichen Bevorzugungsregeln (§ 14 II BVFG) und Verfahrensregelungen gefunden haben, geht die fiskalische in **verwaltungsprivatrechtliche**[151] bzw. **öffentlich-rechtliche Verwaltung** (→ § 23 Rn. 61 ff.) über. Der Anspruch auf Berücksichtigung ist dann öffentlich-rechtlich (→ § 22 Rn. 31 ff. und 51 ff.)).[152]

[147] S. näher FS Kriele, 1997/Brenner, 1431 ff.
[148] Ebenso Iglesias NJW 1999, 1 (3).
[149] S. Hermes JZ 1997, 909 ff.
[150] FS Redeker, 1993/Pietzcker, 501 ff.; Pietzcker ZHR 162 (1998), 427 ff.
[151] FS Lerche, 1993/Schmidt-Aßmann, 513 (524); Pernice DVBl 1996, 1100 f.
[152] Pietzcker, Der Staatsauftrag als Instrument des Verwaltungshandelns, 1978, S. 304 ff.; Pietzcker AöR 107 (1982), 61 ff.; Wallerath, Öffentliche Bedarfsdeckung und Verfassungsrecht, 1988, 140 ff.; BVerwGE 5, 325; 35, 103; BVerwG DÖV 1973, 244; BGHZ 36, 91 (96).

bb) Persönlicher Anwendungsbereich des Vergabeverfahrensrechts. Die haushaltsrechtlichen Grundlagen des Vergabeverfahrensrechts für öffentliche Aufträge unterhalb der Schwellenwerte iSd § 106 GWB binden traditionell allein die so genannten **staatlichen Auftraggeber (öffentliche Auftraggeber im institutionalen Sinn).** 50

Der persönliche Anwendungsbereich des für die Vergabe öffentlicher Aufträge oberhalb der Schwellenwerte des § 100 I GWB bedeutsamen Kartellvergaberechts betrifft **öffentliche Auftraggeber** iSd § 98 GWB.[153] Er erstreckt sich nicht nur auf die klassischen staatlichen Auftraggeber. Das Kartellvergaberecht hat, den Vorgaben des gemeinschaftlichen Vergabeverfahrensrechts folgend, vielmehr in § 99 GWB einen **funktionalen Auftraggeberbegriff** etabliert, der auch bestimmte juristische Personen des Privatrechts dem Rechtsregime des öffentlichen Auftragswesens unterwirft, die von staatlichen Auftraggebern beherrscht oder kontrolliert werden, also diesen zuzurechnen sind, aber nicht dem staatlichen bzw. kommunalen Haushaltsrecht. 51, 52

cc) Unterschiedliche Bindungswirkung. Die auf Grund der Schwellenwerte erfolgte Einschränkung der Anwendbarkeit des Kartellvergaberechts führt zu einer Zweiteilung hinsichtlich der einzuhaltenden Bindungen, weil unterhalb der Schwellenwerte lediglich das Haushaltsrecht gilt, das nur einen begrenzten persönlichen Geltungsbereich aufweist und die Schutzmechanismen der §§ 97 ff. GWB außer Kraft gesetzt sind.[154] Auf die Einhaltung der haushaltsrechtlichen Vergabeverfahrensvorschriften für Vergabevorgänge unterhalb der Schwellenwerte haben die an einem Vergabeverfahren beteiligten Bieter keinen **Anspruch** (s. auch § 3 HGrG). Dies folgt aus § 97 VI GWB, der für die Vergabeverfahren oberhalb der Schwellenwerte den Bietern einen Anspruch auf Einhaltung der Vergabevorschriften ausdrücklich einräumt und dessen Einhaltung im vergaberechtlichen Nachprüfungsverfahren gemäß den §§ 155 ff. GWB durchgesetzt werden kann. 53

dd) Anwendbarkeit des Verwaltungsverfahrensrechts. Das **Verwaltungsverfahrensrecht** ist auf fiskalisches Handeln nicht anwendbar, da es sich um ein Sonderrechtsregime handelt, das teilweise verwaltungsverfahrensrechtliche Elemente übernommen hat. 54

d) Unterwerfung unter das öffentliche Recht

Als **Privatrechtssubjekt** unterliegt der Fiskus wie jede juristische Person des Privatrechts auch der hoheitlichen Gewalt und dem öffentlichen Recht. Er ist also Zivilperson (→ § 32 Rn. 12 ff.; Fiscus iure publico subditus est). 55

Beispiele: Der Fiskus unterliegt dem Bauplanungsrecht (s. auch § 37 BauGB),[155] dem Ordnungsrecht (§ 35 StVO), dem Gewerberecht (§ 2 HwO), dem Anschluss- und Benutzungszwang[156] und dem Verwaltungszwangsverfahren. Er ist steuer- und abgabepflichtig[157] und kann enteignet werden.[158] Insoweit hat er auch dieselben Rechtsbehelfe wie jede andere Person.[159]

---

[153] S. näher Dreher DB 1998, 2579 ff.
[154] S. auch Schneevogel/Horn NVwZ 1998, 1242 f.
[155] Auch für Verteidigungsbauten, OVG Münster DVBl 1986, 526 mAnm Graf v. Schack.
[156] BVerwGE 27, 225.
[157] BVerwG 27, 225; BVerwGE 32, 252; OVG Lüneburg DVBl 1968, 349.
[158] VGH München VerwRspr. 16 (1964/65), 60.
[159] BVerfGE 6, 45, Verfassungsbeschwerde des Fiskus.

56 Im Unterschied zu anderen juristischen Personen kann sich der Staatsfiskus jedoch nicht gemäß Art. 19 III GG gegenüber dem Staat (als Hoheitsträger) auf die **Grundrechte** berufen. Hier stünde „Staat" gegen „Staat". So schützt Art. 14 GG das Eigentum Privater und nicht den Staat als Inhaber von Vermögensrechten. Der Staat wird dann in seiner Funktion als Träger staatlicher Aufgaben getroffen[160] und unterfällt der Grundrechtsbindung des Art. 1 III GG.[161] Für die Fiskalate anderer Träger öffentlicher Verwaltung, zB der **Gemeinden und Gemeindeverbände,** gelten die Grundrechte hingegen soweit, als dies dem Wesen der Träger öffentlicher Verwaltung entspricht, insbesondere also der Gleichheitssatz (Art. 3 I GG) und die Eigentumsgarantie (Art. 14 GG und → § 34 Rn. 13 ff.).[162]

2. Erwerbswirtschaftliche Betätigung

a) Generelle Geltung des Privatrechts

57 Sofern die Verwaltung zulässigerweise erwerbswirtschaftlich handelt, unterscheidet sich die Zielsetzung von der fiskalischen Hilfstätigkeit durch das Fehlen eines **öffentlichen Zwecks.** Diese Besonderheit begründet aber gerade die Geltung des Privatrechts. Insoweit haben die Träger öffentlicher Verwaltung also idR die gleichen Rechte und Pflichten wie jedes andere Privatrechtssubjekt (Fiscus iure privato utitur). Die Rechtslage ist also mit der fiskalischen Beurteilung vergleichbar. Daraus wird abgeleitet, dass das Koppelungsverbot nicht gelte,[163] jedoch eine Marktverdrängung nicht gestattet sei.[164]

b) Grundrechtsbindung der erwerbswirtschaftlichen Betätigung

58 Unklar ist die Bindung der erwerbswirtschaftlichen Betätigung an die Grundrechte, sofern man ihre prinzipielle Zulässigkeit unterstellt. Einerseits darf Art. 1 III GG nicht überstrapaziert werden.[165] Andererseits werden die Wirtschaftsmacht und die Verpflichtung des Staates zum **Schutz der Wettbewerbsfreiheit und Wettbewerbsgleichheit** angeführt[166] und es wird argumentiert, Art. 1 III GG sei umfassend zu verstehen.[167] Diesen Argumenten wird jedoch entgegengehalten, dass das einfache Recht ausreichend Schranken aufrichte, die die uferlose Ausdehnung begrenzen. Einigkeit dürfte darüber bestehen, dass die erwerbswirtschaftliche Betätigung nicht dazu benutzt werden darf, den Gebrauch der Grundrechte im Einzelfall auszuschließen, ihnen ohne sachlichen Grund zuwiderzuhandeln oder mit einer Sache nach Belieben zu verfahren. Dementsprechend wird teilweise eine **mittelbare Grundrechtsbindung** in dem Sinne angenommen, dass nicht willkürlich entschieden werden darf.[168]

---

[160] BVerfGE 61, 82; 70, 1; 75, 179; BGH NJW 1975, 158; aM DVBl 1982, 1091.
[161] Sachs/Höfling GG Art. 1 Rn. 103 mwN; aM BGHZ, 36, 91 ff.
[162] S. BVerfGE 25, 205.
[163] BGH GewArch 2003, 84 f.
[164] BGH GewArch 2003, 87 ff.
[165] BGHZ 36, 91 (95); GmS-OBG NJW 1986, 2359; OLG Düsseldorf DÖV 1981, 537 mAnm Pietzcker.
[166] Ehlers DVBl 1983, 422; Ehlers Verwaltung, S. 212 ff.
[167] Sachs/Höfling GG Art. 1 Rn. 104.
[168] BGH NJW 2004, 1031 mwN auch der Gegenmeinung; Maurer/Waldhoff AllgVerwR, § 3 Rn. 28.

3. Verwaltungsprivatrecht

a) Verwaltungsprivatrecht als Handlungskategorie

Unklar ist, ob es neben der fiskalischen und erwerbswirtschaftlichen eine dritte Handlungskategorie gibt, die man mit **Verwaltungsprivatrecht** bezeichnen kann (→ § 23 Rn. 1 ff.). So wird im Schrifttum teilweise die Auffassung vertreten, Verwaltungsprivatrecht sei begrifflich in einem umfassenden Sinne für sämtliche privatrechtliche Aktivitäten der Verwaltung zu verwenden.[169] Diese Ansicht ist wegen der dann bestehenden Konturenlosigkeit zum Scheitern verurteilt. Die Ausdehnung bedeutet einen Rückschritt in der Verwaltungssystematisierung, die auch nicht damit gerechtfertigt werden kann, dass jedes privatrechtsförmige Handeln an bestimmte Grundregeln gebunden ist (→ § 23 Rn. 32 ff.). Diese Argumentation übersieht, dass die Bindungen im Bereich des Verwaltungsprivatrechts gerade über diese allgemeinen Bindungen weit hinausgehen. Außerdem hat sich diese Bezeichnung inzwischen durchgesetzt,[170] die folgendermaßen konkretisiert werden kann: 59

Geht ein Träger öffentlicher Verwaltung Privatrechtsverhältnisse ein, um ihn durch öffentlich-rechtliche Aufgabenbestimmung zugewiesene öffentliche Verwaltungszwecke zu verfolgen, so ist das zwar formell, nicht aber mehr inhaltlich „fiskalische" Tätigkeit. Es gilt dann wegen des funktionalen Verwaltungsbezugs ein besonderes **Verwaltungsprivatrecht.** Seine Besonderheit besteht ua darin, dass die Träger der Verwaltung dann nicht im Vollgenuss der rechtsgeschäftlichen Autonomie sind, sondern zahlreichen öffentlich-rechtlichen Bindungen unterliegen, weil die Normen des Privatrechts durch Bestimmungen des öffentlichen Rechts ergänzt, überlagert und modifiziert werden.[171] Der Grund für diese besondere Bindung wird darin gesehen, dass das Verwaltungsrecht keine **„Flucht ins Privatrecht"** gestattet.[172] Die Exekutive kann sich also nicht der öffentlich-rechtlichen Bindungen entledigen, indem sie ihr Handeln auf die privatrechtliche Ebene stellt. Das gilt wegen des Anwendungsvorranges auch für unionsrechtliche Verpflichtungen.[173] 60

b) Anwendungsbereich des Verwaltungsprivatrechts

Der Anwendungsbereich des Verwaltungsprivatrechts ist weit gestreut. Er erfasst vor allem gemischte und zweistufige Rechtsverhältnisse (→ § 22 Rn. 28 ff. und 51 ff.) und → § 23 Rn. 81), ohne sich darauf zu beschränken. Im Einzelnen fallen folgende 61

[169] So Schmidt-Aßmann AllgVerwR, S. 291; ähnlich FS Winkler, 1997/Lerche, 581 ff. (590 ff.).

[170] Ossenbühl DÖV 1971, 514 Anm. 1; Bullinger JZ 2003, 597 (601 f.); Kment DVBl 2003, 1018 ff.; Rennert JZ 2003, 385 (391); Osterloh VVDStRL 54 (1995), 206 (232); BGHZ 91, 84 (96); BGH NJW 1992, 171 (173); 2003, 2452 ff.; BGH 21.7.2006 – VZR 158/05; mAnm Stober JZ 2007, 417; VGH München BayVBl. 2002, 82 f.; BlnVerfGH NVwZ 2000, 794 (797).

[171] Ehlers DVBl 1983, 422; BGHZ 40, 206 (212 f.); 52, 325 (327); BGH NJW 1985, 197; 1992, 171; 2003, 2452 (2454); 2005, 1772 f.; NVwZ 2010, 398 ff.; BVerfGE 12, 205 (244); BVerwG DÖV 1990, 614; NVwZ 2007, 820; OVG Münster BeckRS 2010, 52627; BlnVerfGH NVwZ 2000, 794 (797).

[172] Fleiner, Institutionen des Deutschen Verwaltungsrechts, 8. Aufl. 1928, 326; BVerfG NJW 2011, 1201 ff.

[173] EuGH NJW 1991, 3086; EuZW 2003, 444 (446); Brenner, Der Gestaltungsauftrag der Verwaltung in der EU, 1996, S. 145 f.

Erscheinungsformen und **Betätigungen funktionaler Verwaltung** unter dieses besondere Rechtsregime:

– **Beliehene** Personen des Privatrechts (auch → § 90 Rn. 1 ff.)

Beispiel: Luftsicherheitsassistenten zur Personenkontrolle nach § 16a LuftSiG.

– Die privatrechtlich organisierte Verwaltung (→ § 4 Rn. 3 und → § 92 Rn. 1 ff.)

Beispiele: Verkehrsbetriebe, GmbH,[174] Flughafen-Aktiengesellschaften[175]

– Verwaltungshelfer (→ § 91 Rn. 1 ff.)

Beispiel: Müllabfuhr durch private Entsorgungsunternehmen nach § 22 KrWG.

– Daseinsvorsorgeverwaltung und Infrastrukturverwaltung

Beispiele: Verkehr, Versorgung (Wasser, Gas, Energie),[176] Entsorgung (Abwasser, Abfall), Öffentliche Einrichtungen, Deutscher Wetterdienst, der als öffentlich-rechtliche Anstalt Dienstleistungen in privatrechtliche Handlungsformen erbringt,[177] öffentlich-rechtlich organisierte Sparkassen.[178]

– Gewährleistungsverwaltung[179]
– **Förderungsverwaltung,** soweit keine Bewilligung und Abwicklung durch Verwaltungsakt vorliegt.

Beispiel: Subventionierung.[180]

– **Hausrechtsausübung**[181]
– Public Private Partnerships (→ § 93 Rn. 1 ff.).

c) Verwaltungsprivatrechtliche Bindungen

62 **aa) Grundrechtsbindung.** Der Zweck des Verwaltungsprivatrechts wird primär erreicht durch eine **Bindung an die Grundrechte,** insbesondere an die Freiheitsrechte, an den Gleichheitssatz und an das Übermaßverbot, da Art. 1 III GG „die vollziehende Gewalt" ohne Rücksicht auf die Form ihres Tätigwerdens bindet.[182]

63 **bb) Weitere öffentlich-rechtliche Bindungen.** Über die Grundrechtsbindung hinaus ist der Umfang der öffentlich-rechtlichen Überlagerung streitig. Teilweise wird für privatrechtlich organisierte Träger der Staatsgewalt die uneingeschränkte Geltung des öffentlichen Rechts gefordert, weil sie nur rechtstechnisch abgesonderte Erscheinungsformen der Staatsgewalt seien. Diese Auffassung ist nicht zwingend, weil das positive Recht eine umfassende öffentlich-rechtliche Erledigung nicht bewusst verlangt und eine gestufte Pflichtenbindung ausreicht.

---

174 BVerwG NVwZ 1991, 59; BGH NJW 2003, 2451 ff.
175 BVerfG NJW 2011, 1201 ff.
176 BGH NJW 2005, 1772 f.
177 G v. 10. 9. 1998, BGBl. I 2871.
178 BGH NJW 2003, 1658.
179 Voßkuhle VVDStRL 62 (2003), 266 (309 ff.).
180 BGH NJW 2003, 2451.
181 BVerfG NJW 2011, 1201 ff.
182 BGHZ 29, 76; 36, 91; 52, 325; 65, 284 (287); 91, 84 (96); BGH NJW 1992, 171 (173); 2003, 2452 ff.; OVG Lüneburg NVwZ 1990, 91; OVG Magdeburg AfP 1998, 427 f.; VGH München BayVBl. 2002, 83 f.

Die Bindung bedeutet, dass die öffentliche Verwaltung in privatrechtlicher Form keine weiteren Rechtsbeschränkungen auferlegen darf, als sie bei öffentlich-rechtlicher Gestaltung zulässig wären. So darf zB die Verwaltung nicht in einem Kredit- oder Bürgschaftsvertrag beliebige Kontroll- und Weisungsrechte vereinbaren und dadurch etwa privatrechtlich eine Art **„besonderen Gewaltverhältnisses"** oder **Sonderverhältnis** begründen.[183] Sie darf auch beim Abschluss und bei der Gestaltung privatrechtlicher Verträge hinsichtlich der Einräumungen und hinsichtlich der Leistungsbedingungen keine sachlich nicht gerechtfertigten Unterschiede machen, insbesondere nicht gegen Art. 3 III GG verstoßen und ihre Machtstellung nicht missbrauchen. Ferner darf die Verwendung von Privatrecht nicht zum Mittel der Erschließung illegaler Finanzquellen werden.[184] 64

cc) **Verwaltungsverfahrensrechtliche Bindungen?.** Unklar ist, ob im Bereich des verwaltungsprivatrechtlichen Handelns das **Verwaltungsverfahrensrecht** gilt. Aus dem Blickwinkel des Grundrechtsschutzes durch Verfahren (**status processualis;** → § 32 Rn. 14 ff. und 32 ff.) ist es angebracht, trotz des klaren Wortlauts einschlägige grundrechtsrelevante Verfahrensregeln anzuwenden, die von der Rechtsprechung entwickelt wurden oder ihren Niederschlag im EU-Primärrecht gefunden haben.[185] 65

Beispiele: Zugang zu Dienstleistungen von allgemeinem wirtschaftlichen Interesse, Recht auf eine gute Verwaltung, Recht auf Zugang zu Dokumenten.

Im Übrigen handelt es sich jedoch nicht um eine planwidrige Lücke, weil dem Gesetzgeber bei der Schaffung des Verwaltungsverfahrensgesetzes dieses Problem bekannt war.[186] Da er sich dennoch entschieden hat, den sachlichen Geltungsbereich auf die öffentlich-rechtliche Tätigkeit zu beschränken, scheidet auch für den Sektor des Verwaltungsprivatrechts eine generelle entsprechende Anwendung aus. Diese Beschränkung schließt jedoch nicht aus, bestimmte, verfassungsrechtlich vorgeprägte Regeln rechtsgrundsätzlich zu übertragen, sofern hierfür ein besonderes Bedürfnis besteht[187] (zB das **Koppelungsverbot**)[188] oder den Gedanken **des Vertrauensschutzes.**[189] 66

dd) Prozessuale Problematik. Schließlich wirft das Verwaltungsprivatrecht **prozessuale Probleme** auf. Die Wahl der Privatrechtsform wirkt sich auf den Rechtsweg aus. Zuständig sind die **ordentlichen Gerichte,** obwohl es um die Erledigung von Verwaltungsaufgaben geht.[190] 67

d) Privatrechtliche Besonderheiten und Bindungen

Im Bereich der öffentlichen Versorgungsunternehmen kommen gegenseitige vertragliche Rechtsbeziehungen auch ohne individuellen vertraglichen Begründungsakt oder bei Mängeln im Abschluss des nicht frei verhandelten Vertrages, also bei fehlender Ge- 68

[183] Ebenso FS Kriele, 1997/Jochum, 1193 (1199).
[184] BGHZ 91, 84 (97); BGH NJW 1992, 171 (173).
[185] S. auch v. Zezschwitz NJW 1983, 1873; Pietzcker VVDStRL 41 (1983), 230, These 13; Pietzcker AöR 107 (1982), 61 (74); Ehlers Verwaltung, S. 226 ff.; Röhl VerwArch 86 (1995), 531 (559).
[186] S. auch BGH KommJur 2010, 256 (260).
[187] BGH KommJur 2010, 256 (260).
[188] S. Pietzcker AöR 107 (1982), 91 ff.; Schmidt-Aßmann AllgVerwR, S. 292 f.; BGHZ 91, 84 (96 f.); BGH NJW 2003, 2451 (2453); aM BGH GewArch 2003, 84 f.
[189] BGH EuZW 2003, 444 (446); BGH 21.7.2006 – V ZR 158/05 mAnm Stober JZ 2007, 417.
[190] BVerwG NVwZ 1991, 59.

schäftsfähigkeit oder bei Irrtum zustande. Rechtsbegründend wirken die korrelativen Realakte der tatsächlichen Leistungsgewährung und **sozialtypischen Inanspruchnahme** massenhaft gleichförmig angebotener und durch die Verkehrsauffassung normierter Leistungen. Die privatrechtlichen Regeln über Willenserklärungen sind daher nur beschränkt und modifiziert anwendbar.[191] Richtigerweise ist der vermisste Schutz Minderjähriger, Geschäftsunfähiger und Irrender, soweit er gerechtfertigt ist, durch Anwendung der Regeln über die Willenserklärungen von Zivilpersonen zu gewähren Hinsichtlich der Geltung des Grundsatzes von **Treu und Glauben** kann die aufgezeigte Grundrechtsbindung die Funktion des Treu- und Glaubensschutzes übernehmen.

Beispiel: So kann die Berufung auf Formvorschriften als Gleichheitsverstoß gewertet werden.[192]

69 Daneben gibt es etliche Bindungen, die nicht allein für den Bereich des Verwaltungsprivatrechts, sondern auch darüber hinaus für Privatpersonen gelten können, jedoch für das Verwaltungsprivatrecht charakteristisch sind, wie zB **Kontrahierungszwang, Kündigungsbeschränkungen, Betriebspflichten, Tarifgenehmigungen** ua normative Festlegungen der Vertragsinhalte.

Beispiele: S. zB § 22 PBefG. Auch wenn solche Bedingungen, wie zB Tarifgenehmigungen, öffentlich-rechtlich sind, bleibt das durch sie beeinflusste Rechtsverhältnis, also zB der Tarif, privatrechtlich.[193]

70 **Haftungs- und Ersatzansprüche** bestimmen sich im Bereich des Verwaltungsprivatrechts allein nach den privatrechtlichen Grundsätzen, nicht nach § 839 BGB iVm Art. 34 GG. Denn hierfür ist entscheidend, dass ein Träger öffentlicher Verwaltung privatrechtlich vorgeht, nicht dagegen, ob unmittelbar öffentliche Zwecke verfolgt werden oder nicht.[194]

VI. Hoheitliche Verwaltung

1. Hoheitlich als Verwaltungsbegriff

71 Würde sich die gesamte öffentliche Verwaltung in privatrechtlichen Formen abspielen, dann bedürfte es kaum eines besonderen Verwaltungsrechts. Die Eigenheit des der öffentlichen Verwaltung eingeräumten und auferlegten **Sonderrechts** folgt daraus, dass ihr **öffentliche Gewalt** anvertraut ist (→ § 22 Rn. 14 ff.), die zu gerechter **Abwägung der öffentlichen mit den individuellen Interessen** verpflichtet.

72 Es besteht jedoch terminologische Unklarheit über den Anwendungsbereich des Schlüsselbegriffs **hoheitliche Verwaltung** und seine Abgrenzung gegenüber den Ausdrücken öffentliche bzw. vollziehende Gewalt. Teilweise wird lediglich die **Eingriffsverwaltung** als hoheitlich bezeichnet[195] und das Handeln in öffentlich-rechtlicher Form von der Ausübung öffentlicher Gewalt abgeschichtet.[196] Teilweise wird alles staatliche Handeln als Ausübung öffentlicher Gewalt qualifiziert.[197] Wegen dieses Streits und aus sachlichen Erwägungen wird auch gefordert, gänzlich auf den Begriff

[191] S. BGH NJW 1971, 609; OLG Dresden NJW 1998, 1331; VerfGH Bayern NJW 1998, 727 f.; Jauernig NJW 1972, 1 ff.; Ehlers Verwaltung, S. 729.
[192] BGH JZ 1959, 405; BGHZ 21, 64 u. BGH NJW 1973, 1494 f.
[193] S. zB BGHZ 52, 325 = JZ 1970, 178 mAnm Evers.
[194] S. BAG NJW 1964, 75; BGHZ 60, 54 (56) = NJW 1973, 460 f.
[195] Mallmann VVDStRL 19 (1961), 166.
[196] OVG Lüneburg DVBl 1968, 350 f.
[197] Lorenz, Der Rechtsschutz des Bürgers und die Rechtsweggarantie, 1973, §§ 15 ff.

hoheitlich als Abgrenzungskriterium zu verzichten. Dieser Auffassung kann schon deshalb nicht gefolgt werden, weil das Stichwort „hoheitlich" zahlreichen Rechtsnormen zugrunde liegt.

Beispiele: Art. 33 IV GG, § 35 VwVfG.

Hinzu kommt, dass der Gesetzgeber auf diese Vokabel zurückgreift, um auch im kooperativen Staat Hoheits- und Privatrechtsverwaltung klar zu trennen. In diesem Zusammenhang wird hoheitlich in einem weiten Sinne dahin verstanden, dass er alle öffentlich-rechtlichen Handlungsformen einschließt. Das kann man überzeugend am Muster der **Regulierungs- und Gewährleistungsverwaltung** (→ § 4 Rn. 16 ff.) nachweisen. 73

Beispiele: Nach Art. 87 f. II 2 GG, § 2 PostG, § 2 TKG ist die Regulierung ua der Telekommunikation eine hoheitliche Aufgabe. Aus der Auflistung unterschiedlicher Regulierungsziele im Gesetzestext folgt, dass die Regulierung neben Eingriffen und Leistungen auch infrastrukturelle Elemente enthält und damit ein breites Spektrum öffentlich-rechtlicher Aktivitäten umfasst.

Im Zusammenhang mit der Gesetzgebung und ihrer Auslegung ist auch die unionsrechtliche Perspektive zu berücksichtigen, die etwa in Art. 51 AEUV ihren Niederschlag gefunden hat und sich über Entscheidungen des EGMR auf die deutsche Interpretation des Begriffs hoheitlich auswirkt. 74

Beispiel: Das statusbezogene Streikverbot nach Art. 33 V GG und die funktionsbezogenen Gewährleistungen nach Art. 11 EMRK (Teilnahme an Tarifhandlungen) sind in Bezug auf Beamte, die außerhalb der genuinen Hoheitsverwaltung eingesetzt werden, inhaltlich miteinander unvereinbar.[198]

2. Obrigkeitliche, schlicht-hoheitliche und schlichte Verwaltung

Innerhalb der hoheitlichen Verwaltung wird typischerweise nach **obrigkeitlicher und schlicht hoheitlicher Verwaltung** unterschieden. Zur Systematisierung der öffentlich-rechtlichen Verwaltung ist ganz allgemein zu bemerken, dass die verschiedenen Erscheinungsformen nur schwer zu erfassen sind und sich einer klaren Typisierung entziehen.[199] Auch hier gilt der Grundsatz, dass es an einer abschließenden Aufzählung fehlt. Man vergegenwärtige sich nur die Phänomene Plan und informelles Verwaltungshandeln (→ §§ 56 f. Rn. 1 ff.). Gleichwohl ist eine rechtliche Differenzierung wegen der Rechtsvoraussetzungen und Rechtsfolgen unentbehrlich, die sich am jeweiligen Kontext sowie dem Regelungszweck orientieren muss. 75

Beispiele: So ist unklar, ob und inwieweit sich der Grundsatz des Gesetzesvorbehaltes auch auf das schlichte Verwaltungshandeln erstreckt. Hinsichtlich des Einsatzes von Beamten ist zweifelhaft, ob er lediglich für den Bereich der obrigkeitlichen Verwaltung und der Eingriffsverwaltung gilt (Art. 33 IV GG, Art. 45 IV AEUV). Das Verwaltungsverfahren richtet sich danach, ob ein Verwaltungsakt oder ein schlichtes Verwaltungshandeln vorliegt (§ 35 VwVfG, §§ 68 ff. VwGO).

Soweit Subjekte öffentlicher Verwaltung einseitig verbindlich regelnd, dh abstrakt oder konkret verbietend, gebietend, entscheidend, Zwang androhend oder anwendend (zB durch Polizeibefehl, Ordnungsanordnung, Steuerbescheid und deren Durchsetzung) in die Freiheitssphäre der Verwalteten eingreifen oder entscheiden, werden sie **obrigkeitlich** (in Ausübung obrigkeitlicher Gewalt) tätig. 76

---

198 BVerwG NVwZ 2014, 76 ff.
199 Voßkuhle/Eifert/Möllers GVwR/Schulze-Fielitz, § 12 B.

77 In Lehre und Rechtsprechung ist die **Bedeutung von „hoheitlich" und „obrigkeitlich"** besonders im Begriff des „Hoheitsaktes" manchmal umgekehrt. In Art. 33 IV GG meint „hoheitlich" entstehungsgeschichtlich **Eingriffsverwaltung** als Gegensatz zur **Leistungs-, Regulierungs- und Gewährleistungsverwaltung.** Denn auch die im Rahmen dieser Tätigkeit erlassenen Akten können einseitig regeln. Im Hinblick auf die Modernisierung der Verwaltung und ihre veränderten Aufgabenbereiche wird der Ausdruck „hoheitlich" iSd Art. 33 IV GG allerdings weit ausgelegt.[200] Deshalb ist die Differenzierung nach diesen Verwaltungstypen für eine juristisch relevante Abschichtung öffentlich-rechtlichen Handelns nur begrenzt geeignet.[201] Soweit Subjekte öffentlicher Verwaltung zwar auf Grund öffentlichen Rechts, aber nicht obrigkeitlich tätig werden, spricht man von **schlichter Hoheitsverwaltung.**

Beispiele: Verwaltungsrechtlicher Vertrag oder andere Rechtsgeschäfte, Errichtung und Unterhaltung von Anstalten, Willens- und Wissenserklärungen, Warnungen, Duldungen und Informationen.

78 Teilweise ist auch von **informellem und informationellen Verwaltungshandeln** die Rede, das aber nicht den Gesamtbereich dieses Verwaltungssektors abdeckt (→ § 57 Rn. 1 ff.).[202] Eine einheitliche Bezeichnung fehlt noch. Zutreffend wird zwischen **obrigkeitlichem, schlicht-hoheitlichem und schlichtem Verwaltungshandeln** differenziert, wobei der zuletzt genannte Ausdruck dem **tatsächlichen Verwaltungshandeln** vorbehalten wird. Wenngleich diese Abschichtungen nicht besonders aussagekräftig sind, wird der Ausdruck „schlicht" als Oberbegriff, Sammelbegriff und Auffangbegriff für unterschiedliche Erscheinungsformen verwendet, die nicht eindeutig zuzuordnen sind.[203]

79 Auch schlicht-hoheitliche Maßnahmen sowie schlichte Handlungen ergehen „in Ausübung öffentlicher Gewalt" iSd Art. 19 IV GG. Wenngleich schlicht-hoheitliche und schlichte Tätigkeiten keinen Regelungscharakter aufweisen, können sie eingreifend wirken und bedürfen daher einer **Befugnisnorm**.[204]

VII. Gemischte und gestufte Rechtsformen

80 Privatrechtliche und hoheitliche Verwaltung stehen in der Verwaltungspraxis nicht völlig isoliert nebeneinander. Vielmehr wurde bereits festgestellt, dass der Vollzug öffentlich-rechtlicher Maßnahmen (Erfüllung, Abwicklung) auch nach **privatrechtlichen Grundsätzen** erfolgen kann, wobei zwei Grundmodelle zur Verfügung stehen, die sich überschneiden können. Zum einen handelt es sich um **gemischte Rechtsformen,** wenn eine Privatperson mit öffentlich-rechtlichen Befugnissen **beliehen** wird, weil sie nur in dieser Eigenschaft hoheitlich agiert (→ § 22 Rn. 28 ff.). Zum anderen geht es um gestufte Rechtsformen, die sich nach den Grundsätzen der **Zweistufentheorie** richten (→ § 22 Rn. 51 ff.). Versuche, diese Rechtsverhältnisse einem einheitlichen öffentlich-rechtlichen Rechtsregime zu unterwerfen, scheitern an der Vielgestaltigkeit realer Verwaltungsvorgänge, die nicht in ein theoretisches Konstrukt gepresst werden dürfen.

200 Sachs/Battis GG Art. 33 Rn. 55 ff.

201 Krause, Rechtsformen des Verwaltungshandelns, 1974, S. 44; krit. auch Bachof VVDStRL 30 (1972), 227.

202 Krit. Burmeister VVDStRL 52 (1993), 190 (203 f.).

203 Robbers DÖV 1987, 272 ff.

204 S. auch BVerwG DVBl 1989, 997; BVerfG NJW 1989, 3269; BVerwGE 71, 183; Schoch NVwZ 2011, 193 ff.

Zweiter Abschnitt. Die Rechtsquellen der Verwaltung

§ 24. Allgemeine Erschließung der Rechtsquellen und ihre Abgrenzung

Schrifttum: Lit. der Vorauflage vor § 24; und ferner Albers VVDStRL 71 (2012), 257 ff.: Höchstrichterliche Rechtsfindung und Auslegung gerichtlicher Entscheidungen; Böckenförde, Gesetz und gesetzgebende Gewalt, 2. Aufl. 1981; Bogdandy, Gubernative Rechtsetzung, 2000; Braun JuS 1994, 727 ff.: Recht und Moral im pluralistischen Staat; Brenner, Der Gestaltungsauftrag der Verwaltung in der EU, 1996, § 7; v. Danwitz, Verwaltungsrechtliches System und europäische Integration, 1996; FS Wolff, 1973/Dreier, S. 3 ff.: Probleme der Rechtsquellenlehre; Guckelberger VERW 35 (2002), 61 ff.: Zum methodischen Umgang mit Verwaltungsvorschriften; Hansen, Fachliche Weisung und materielles Gesetz, 1971; Heller VVDStRL 4 (1928) 98 ff.: Der Begriff des Gesetzes in der Reichsverfassung; Hill, Verwaltungsvorschriften, 1991; Hoffmann, Das Verhältnis von Gesetz und Recht, 2003; Huber, Maßnahmegesetz und Rechtsgesetz, 1963; Jarass JuS 1999, 105 ff.: Bindungswirkung von Verwaltungsvorschriften; Jellinek, Gesetz und Verordnung, 2. Aufl. 1919; Jesch, Gesetz und Verwaltung, 2. Aufl. 1968, S. 9 ff.; Kaltenborn RT 34 (2003), 459 ff.: Gibt es einen Numerus Clausus der Rechtsquellen?; Kahl/Ludwigs VerwaltungsR-HdB I/Schenke, § 7: Rechtsquellen des VerwaltungsrechtsKelsen, Allgemeine Theorien der Normen, 1979; FS BVerfG II, 1976/Kirchhof, S. 50 ff.: Rechtsquellen und GG; Kluth/Krings, Gesetzgebung, 2014; Leisner JZ 2002, 219 f.: Verwaltungsgesetzgebung durch Erlasse; FS König, 2004/Luhmann, S. 387 ff.: Die juristische Rechtsquellenlehre in sozialer Sicht; Mehde VVDStRL 71 (2012), 418 ff.: Rechtssetzungen der europäischen und nationalen Verwaltungen; Menger/Wehrhahn ua VVDStRL 15 (1957) 3 ff.: Das Gesetz als Norm und Maßnahme; Merten JURA 1981, 169 ff. und 236 ff.: Das System der Rechtsquellen; Meyer-Cording, Die Rechtsnormen, 1971; Michael, Rechtsetzende Gewalt im kooperierenden Verfassungsstaat, 2002; Möstl DVBl. 2011, 1076 ff.: Rechtssetzungen der europäischen und nationalen Verwaltungen; Oppermann/Classen/Nettesheim EuropaR/Nettesheim, §§ 9–11; Öhlinger, Methodik der Gesetzgebung, 1982; FG Weinberger, 1984/Öhlinger, S. 280 ff.: Theorie der Normen; Isensee/Kirchhof StaatsR-HdB V/Ossenbühl, §§ 101 ff.: Gesetz und Recht – Die Rechtsquellen im demokratischen Rechtsstaat; von der Pfordten, Rechtsethik, 2001; Remmert JURA 2004, 728 ff.: Rechtsprobleme von Verwaltungsvorschriften; Röhl/Röhl, Allgemeine Rechtslehre, 3. Aufl. 2008; Roellecke, Der Begriff des positiven Gesetzes und das Grundgesetz, 1969; Rogmann, Die Bindungswirkung von Verwaltungsvorschriften, 1998; Ross, Theorie der Rechtsquellen, 1929, S. 291 ff.; Voßkuhle/Eifert/Möllers GVwR I/Ruffert, § 7: Rechtsquellen und Rechtsschichten des Verwaltungsrechts; Sauerland, Die Verwaltungsvorschrift im System der Rechtsquellen, 2005; Schuppert, Das Gesetz als zentrales Steuerungselement des Rechtsstaates, 1998; Schuppert, Verwaltungswissenschaft, 2000, S. 258 ff.; Starck, Der Gesetzesbegriff des GG, 1970; Stelkens VVDStRL 71 (2012), 371 ff.: Rechtsetzungen der europäischen und nationalen Verwaltungen; Stern StaatsR II, §§ 37 f.; Sydow JZ 2012, 157 ff.: Europäische exekutive Rechtssetzung; FG BVerwG, 2003/Wahl, S. 571 ff.: Verwaltungsvorschriften: Die ungesicherte dritte Kategorie des Rechts; Winkler/Schilcher, Gesetzgebung, 1981.

I. Probleme und Dimensionen der Rechtsquellenlehre

1. Zur Frage der Rechtsgrundlagen

In der Bundesrepublik wird die Staatsgewalt in Form des Verwaltungsrechts durch die 1
vollziehende Gewalt ausgeübt (Art. 20 II GG). Sie ist an „Gesetz und Recht" gebunden und hat die Aufgabe, Rechtsvorschriften und andere Rechtsgrundlagen, also **„Gesetz und Recht"** anzuwenden und auszuführen. In erheblichem Umfang ist die Verwaltung auch zur Rechtsetzung befugt.[1] Teilweise besitzen die Rechtsquellen die Eigenschaft als unmittelbar anwendbare Handlungsform, in der die Verwaltung dem Bürger gegenübertritt. Die Verwaltung übt also **Rechtsetzungs- und Rechtsvollziehungsfunktion** zugleich aus. Die nähere Befassung mit dem Verwaltungsrecht bedeutet daher, dass zunächst die Quellen des Verwaltungsrechts einschließlich des Uni-

[1] Stelkens VVDStRL 71 (2012), 369 ff.

onsrechts (s. auch Art. 80 I GG; Art. 290 f. AEUV – sog. delegierte Rechtsakte – Art. 290 III AEUV) aufzuspüren sind. Das ist die Frage nach den **Rechtsgrundlagen,** welche die öffentliche Verwaltung zum Handeln berechtigen und „Gesetz und Recht" ausmachen. Dabei handelt es sich um ein offenes, entwicklungsfähiges System, weil ein **numerus clausus der Rechtsquellen** nicht erkennbar ist.[2]

2. Grundsatzfragen der Rechtsquellenlehre

2 Die Frage nach den Rechtsquellen des Verwaltungsrechts ist ein Ausschnitt aus der Frage nach den **Entstehungs- und Geltungsgründen** des Rechts überhaupt. Sie kann aus unterschiedlichen Blickwinkeln gestellt werden:

- **Rechtshistorisch oder soziologisch** ist nach den Ursachen für die Existenz einer bestimmten Rechtsordnung oder eines Gesetzes einschließlich der Wechselwirkungen der Rechtsquellen mit anderen Wirklichkeitsbereichen zu fragen, die in bestimmten sozialen Machtverhältnissen oder sonstigen Vorgängen gefunden werden können.[3]
- **Rechtsethisch** ist nach der Rechtfertigung der moralisch verpflichtenden Kraft des Rechts zu fragen, die etwa im Gewissen oder in einem Sittengesetz wurzeln kann.[4] Die Rechtsethik überschneidet sich mit der Rechtsphilosophie.
- **Rechtspolitisch** ist nach der Verbesserung der Rechtsetzung und des Vollzugs sowie nach der Ausdehnung **(Verrechtlichung)** bzw. Reduzierung der Rechtsquellen **(Deregulierung, Gesetznehmung)** zu fragen.[5] Diese Thematik ist Erkenntnisgegenstand der **Gesetzgebungslehre,** die als **Rechtsetzungslehre** die Verwaltungslehre ergänzt.[6] Sie wird auch unter den Stichworten Rationalität,[7] Transparenz und Effizienz diskutiert. Diese Dimension erstreckt sich auch auf die **Normgestaltung.**
- **Rechtsphilosophisch** ist nach einer umfassenden Wirklichkeitsbetrachtung von Recht zu fragen.
- **Rechtsdogmatisch** gehört die Rechtsquellenlehre zu den ungelösten Hauptproblemen des Verwaltungsrechts, verstanden als Normwissenschaft, die sich mit der Ausgestaltung des geltenden Rechts als Normenordnung befasst.[8] Die Rechtsquellenlehre berührt das Grundverhältnis der drei Staatsgewalten zueinander, weil etwa das Gesetz das zentrale Steuerungsinstrument des Rechtsstaates ist.[9] Die großen Fragen beziehen sich auf die Abgrenzung, die systematische Bindungskraft, die Fehlerhaftigkeit, den Rechtsschutz, den Rang und den Geltungsbereich der

[2] Kaltenborn RTh 34 (2003), 459 ff.; ähnlich Vesting JURA 2001, 299 (304); unklar Stelkens VVDStRL 71 (2012), 398.

[3] Raiser, Rechtssoziologie, 6. Aufl. 2013, S. 237 ff.; Raiser JZ 2004, 261 ff.; Rottleuthner, Einführung in die Rechtssoziologie, 1987, S. 36 ff.; Röhl/Röhl, Allgemeine Rechtslehre, 3. Aufl. 2008, § 40; von der Pfordten, Rechtsethik, 2001, S. 16.

[4] Braun JuS 1994, 727 ff.; Schapp JZ 1995, 15 ff.; Zenthöfer JURA 2004, 822 f.

[5] Isensee/Kirchhof StaatsR-HdB V/Ossenbühl, § 101; Stern StaatsR II, § 37 IV 1; Stern, Vier Jahre Deutsche Einheit/Stober, 1995, S. 65 ff.; Stober WirtschaftsVerwR, § 3 III mwN; Kluth/Krings, Gesetzgebung/Kirchhof, 2014, § 4 II.

[6] Noll, Gesetzgebungslehre, 1973; Schneider, Gesetzgebung, 2. Aufl. 1991; Hill, Einführung in die Gesetzgebungslehre, 1982; Hill JURA 1986, 57 und 286; Schreckenberger, Gesetzgebungslehre, 1986; Eichenberger VVDStRL 40 (1982), 8 (13 ff.); → § 15 Rn. 1 ff.; Kluth/Krings, Gesetzgebung/Kluth, 2014, § 1.

[7] Grzeszick VVDStRL 71 (2012), 49 ff.; Kluth/Krings, Gesetzgebung/Kluth, 2014, § 1 III 2.

[8] v. d. Pfordten, Rechtsethik, 2001, S. 15.

[9] Grzeszick VVDStRL 71 (2012), 51 (55 ff.).

Rechtsquellen. Darüber hinaus wird auch die Frage der Zweckmäßigkeit einer (eigenen) Rechtsquellenlehre des Verwaltungsrechts diskutiert.[10]

3. Kooperatives und konsensuales Recht

Da der Staat kein Rechtssetzungsmonopol besitzt, werden Rechtsquellen zunehmend 3
durch kooperatives bzw. informales Verwaltungshandeln ersetzt.[11] Sie treten als Ausdruck des kooperativen Staates in unterschiedlichen Erscheinungsformen auf und unterstreichen die Selbstverantwortung der Betroffenen für die Rechtsetzung iSe (regulierten) **Selbstregulierung** oder **Koregulierung**,[12] die teilweise auf dem **Konsensprinzip** beruht.[13]

Beispiele: Normersetzende Absprachen, Kodizes (Code of conduct) wie der Corporate Governance Kodex oder Compliance-Regeln, Verwaltungsvereinbarungen für die Verwaltung von Strukturfonds zwischen der EU-Kommission und einem Mitgliedsstaat, Zertifizierung, Qualitätsnormierung, Gentlemen Agreements, DIN und ISO-Regelungen.[14]

Diese Regeln treten in Konkurrenz zu den etablierten Rechtsquellen, obwohl ihnen 3a
meistens wegen ihres **soft-law-Bezugs** keine Allgemeinverbindlichkeit zukommt. Ihr **Empfehlungscharakter** wirkt aber standardisierend und führt im Ergebnis zu großer Akzeptanz. Die systemische Einordnung in die klassische Rechtsquellenlehre steht noch aus.

4. Positives Recht

Hinsichtlich der Erschließung der Rechtsquellen interessiert zunächst die rechtstheo- 4
retische Fragestellung. Danach ist dasjenige als Rechtsquelle zu bezeichnen, woraus man das geltende Recht entnehmen kann. Rechtsquelle in diesem Sinne ist also der Erkenntnisgrund für etwas als **positives Recht.** Positiv sind diejenigen in Rechtssätzen formulierten oder formulierbaren Rechtsnormen, die in einem bestimmten Bereich zu einer bestimmten Zeit mit Verbindlichkeits- und Vollzugsanspruch sozial gelten und idR von einer staatlichen Autorität garantiert werden. Es gibt **geschriebene** (→ § 25 Rn. 32–67) und **ungeschriebene** (→ § 25 Rn. 5–60 Rechtsquellen. Dabei kann es sich um **vorstaatliches Recht** im objektiven wie im subjektiven Sinne handeln. Es gilt bzw. steht jedermann zu, auch wenn es nicht in die Verfassung oder in andere geschriebene Gesetze aufgenommen sein würde oder dort nicht aufgenommen worden ist. In diesem weiten Sinne werden schon heute sämtliche denkbaren Erscheinungsformen von Rechtsquellen erfasst, weshalb die angebliche Notwendigkeit einer krampfhaft herbeigeredeten Neukonzeption der Rechtsquellenlehre nicht ersichtlich ist, weil man etwa eine Befassung mit Rechtsquellen nicht betreiben kann, ohne unionale Rechtsakte, WTO-Recht und Völkerrecht, Außen- und Innenrecht einzubeziehen.[15]

---

10 Kahl/Ludwigs VerwR-HdB/Schenke § 7 Rn. 3 ff.

11 Kirchhof, Private Rechtssetzung, 1987, S. 107 ff.

12 S. näher Schmidt-Aßmann AllgVerwR, S. 330 ff.; Vesting JURA 2001, 299 (304); Huber ZG 2002, 245 ff.; Augsberg, Rechtsetzung zwischen Staat und Gesellschaft, 2003; Michael, Rechtsetzende Gewalt im kooperierenden Verfassungsstaat, 2002; Becker, Kooperation und konsensuale Strukturen in der Normsetzung, 2005; Voßkuhle/Eifert/Möllers GVwR I/Ruffert, § 7 Rn. 19 f.

13 Kluth/Krings, Gesetzgebung/Kluth, 2014, § 33 II 2 und III 2.

14 S. näher Voßkuhle/Eifert/Möllers GVwR I/Ruffert, § 7 Rn. 95 ff.

15 AM ohne überzeugende Begründung und weitgehender Außerachtlassung der Spruchpraxis Voßkuhle/Eifert/Möllers GVwR I/Ruffert, § 7 Rn. 95 ff.

II. Der Gesetzesbegriff

5 Der Begriff der Rechtsquelle ist nicht identisch mit dem Gesetzesbegriff, der allgemein und juristisch verstanden werden kann.

1. Allgemeine Bedeutung des Gesetzesbegriffs

6 Allgemein bedeutet Gesetz eine abstrakte und generelle Anordnung für menschliches Verhalten (einen Imperativ) oder die Erklärung menschlichen Denkens sowie von Naturvorgängen. In diesem Sinne enthält das **Sittengesetz** (als außerrechtliches Gesetz und nicht iSd Art. 2 I GG) die Anordnung, dem jeweils objektiv wertvolleren menschlichen Interesse den Vorzug zu geben. In Bezug auf den Menschen hinsichtlich seiner selbst gebietet es (als **Tugendprinzip**), von kollidierenden Eigeninteressen den objektiv wertvolleren den Vorzug zu geben. In Bezug auf das Verhalten von Menschen gegenüber bestimmten anderen Menschen (den „Nächsten") wünscht es (als **Liebesprinzip**), die objektiv wertvolleren Interessen des anderen zu fördern. In Bezug auf das äußere Verhalten aller Menschen untereinander fordert es (als **Rechtsprinzip**) nur restriktiv aber kategorisch, die Verfolgung eigener Interessen insoweit zurückzustellen, als dadurch die Befriedigung objektiv wertvollerer, dh fundierenderer Interessen anderer Menschen vereitelt werden würde. Demgegenüber ist **Gesetz im logischen Sinne** die begriffliche Formulierung einer logischen Denknotwendigkeit, während **Gesetz im naturwissenschaftlichen Sinne** die begriffliche Formulierung einer physischen oder psychischen Seins- oder Geschehens-Notwendigkeit, insbesondere der Verknüpfung einer Wirkung mit ihren Ursachen meint.

2. Juristische Bedeutung des Gesetzesbegriffs

7 Der Begriff des **Gesetzes im juristischen Sinn** leitet sich aus dem allgemeinen Gesetzesbegriff her, insofern es Anordnungen für das Verhalten von Rechtssubjekten enthält. Auf Grund der Verfassungsrechtslage im konstitutionellen Staat hat sich jedoch die Unterscheidung zwischen Gesetz im materiellen und Gesetz im formellen Sinn eingebürgert (→ § 20 Rn. 21 ff.).

3. Gesetz im materiellen Sinne

8 **Gesetz im materiellen Sinn** ist nach der hL jeder positive (abstrakte und generelle) Rechtssatz. Das läuft, wenn man konsequent bleibt, auf eine Gleichsetzung von Gesetzgebung und Rechtsetzung hinaus (→ § 20 Rn. 18 ff.).

a) Rechtstheoretischer Rechtssatzbegriff

9 Geht man dagegen von einem **rechtstheoretischen Rechtssatzbegriff** aus, der den Bereich des objektiven Rechts nicht zerteilt, sondern definiert, so ist der Begriff des materiellen Gesetzes enger als der des Rechtssatzes. Es gibt dann Rechtssätze, die nicht materielle Gesetze, sondern Regierungs- oder Verwaltungsmaßnahmen sind.[16]

10 Im rechtstheoretischen Sinne ist Rechtssatz der geschriebene oder ungeschriebene Ausdruck jeder auf das äußere Verhalten von Menschen bezüglichen **abstrakten und generellen Anordnung (Norm)**,[17] die auftritt mit dem Anspruch verbindlich zu sein, weil sie mit dem Rechtsprinzip übereinstimmt, und die als „positiver" Rechtssatz ver-

[16] S. Hansen, Fachliche Weisung und materielles Gesetz, 1971, § 74.
[17] So auch Stelkens VVDStRL 71 (2012), 369 (373 ff.) mwN.

fassungsgemäß und damit idR sozial gilt. Rechtssätze enthalten also **normative Wertentscheidungen** für soziale Konflikte. Alle Rechtssätze betreffen Verpflichtungen oder Berechtigungen, indem sie sie begründen oder beseitigen oder sonst wie unmittelbar oder mittelbar beeinflussen. Durch seinen abstrakten Charakter unterscheidet sich der Rechtssatz von dem konkreten, einen oder mehrere Einzelfälle betreffenden Rechtsakt. In diesem Sinne sind **Unionsverordnungen** und **Unionsrichtlinien** Rechtssätze und **Unionsentscheidungen** (Art. 288 AEUV) Rechtsakte. Der Rechtssatz hat insbesondere Abgrenzungsfunktion gegenüber dem **Verwaltungsakt** und der **Allgemeinverfügung** (§ 35 VwVfG).

b) Materielle Gesetze im demokratischen Rechtsstaat

Im **demokratischen Rechtsstaat** sind materielle Gesetze alle diejenigen Rechtssätze, 11
deren Subjekte Rechtspersonen sind, mögen diese im „Allgemeinen" oder (zB als Anstaltsbenutzer oder Beamte) in einem **Sonderverhältnis** stehen (→ § 25 Rn. 54 und → § 32 Rn. 14 ff.).[18] Diese Ausdehnung des materiellen Gesetzesbegriffs belegt, dass der Gesetzesbegriff im demokratischen Rechtsstaat nicht nur ein zentraler Schlüsselbegriff ist, sondern dass dem Gesetz eine wichtige Steuerungsrolle zukommt.[19]

III. Zur Rechtsquellenqualität von Verwaltungsrichtlinien im interpersonalen Außenbereich

1. Verwaltungsrichtlinien als Rechtsquellenersatz

Darüber hinaus werden im sozialen, von technischem Wandel und ökologischen An- 12
forderungen geprägten, Rechtsstaat von Wissenschaft und Rechtsprechung auch Rechtssätze als Rechtsquellen anerkannt (wennschon meist nicht als Gesetze im materiellen Sinne bezeichnet), welche, ohne als Rechtsverordnung ermächtigt und verkündet zu sein, von Regierungs- oder Verwaltungsorganen erlassen und öffentlich bekannt gemacht worden sind, sofern sie **unmittelbare (Außen-)Wirkung** für Personen im Allgemeinen oder in einem Sonderverhältnis haben. Es sind die **Sonderverordnungen,** (→ § 25 Rn. 54), **Organisationsverordnungen** sowie **Verwaltungsrichtlinien** oder **Verwaltungsvorschriften,** welche nach Funktion und Inhalt sonstige Rechtsquellen ersetzen.[20] Es besteht jedoch keine Klarheit über die Einordnung dieser Erscheinungsformen in das Rechtsquellensystem. Ihre Qualifizierung als „dritte Kategorie des Rechts"[21] neben Gesetzen und Rechtsverordnungen übersieht die Vielfalt der Rechtsquellen und ist ein Rückschritt in der Systematisierung. Ihre Benennung als Behördenrecht als Gegensatz zum Richterrecht[22] verkennt die unterschiedlichen Aufgaben von Exekutive und Judikative im Rechtsquellensystem. Denn der Schwerpunkt von Verwaltungsrichtlinien liegt weder bei der Einzelfallentscheidung noch bei der Fortbildung von Verwaltungsrecht.

Maßgebliche Kriterien sind deshalb weder die Bezeichnung noch die Form, sondern 12a
der Zweck der Vorschrift und seine Wirkung außerhalb der verwaltungsinternen

[18] BVerfGE 8, 75; Hansen, Fachliche Weisung und materielles Gesetz, 1971.
[19] S. näher Schuppert, Das Gesetz als zentrales Steuerungsinstrument des Rechtsstaates/Schuppert, 1998, S. 105 ff.
[20] S. auch BVerwG VerwRspr. 26 (1975), 241; BVerwGE 52, 193; VGH Mannheim BWVBl. 1972, 41 und 185.
[21] So FS 50 Jahre BVerwG, 2003/Wahl, 571 ff.; FS Battis, 2014/Groh, 221.
[22] So aber Stelkens VVDStRL 71 (2012), 401 ff.

Ebene. Auf diese Gesichtspunkte abzustellen, ist im Interesse der davon Betroffenen und wegen des Rechtsschutzes erforderlich.[23]

2. Zur Bedeutung und Rechtsproblematik von Verwaltungsrichtlinien

13 Einerseits nimmt die Bedeutung der Verwaltungsrichtlinien und Verwaltungsvorschriften zu.[24] Zahlreiche Verwaltungsbereiche kommen ohne diese Handlungsanleitungen zum Gesetzesvollzug nicht aus. Das gilt etwa für Rechtsgebiete, die auf **unbestimmten Rechtsbegriffen** aufbauen, Handlungsspielräume eröffnen und auf außerrechtliche Standards rekurrieren oder Sektoren, die weitgehend ohne besondere gesetzliche Grundlage ausgeführt werden müssen (→ § 31 Rn. 1 ff.). In einigen Zweigen sind sie die wichtigste Rechtsquelle zur zielgenauen und einheitlichen **Steuerung des Verwaltungshandelns**.[25] Das gilt mindestens für das Recht der **technischen Sicherheit,** das **Umweltrecht** (TA-Luft, TA-Lärm,[26] TA-Abfall, das **Subventionsrecht** (als Grundlage für die Subventionsgewährung),[27] das **Sozialrecht**,[28] das **Steuerrecht**,[29] das **Kreditwirtschaftsrecht** (Festlegung von Mindestanforderungen für das Compliance- und Risikomanagement), das **Aufenthalts- und Integrationsrecht,** das **Kommunalaufsichtsrecht** und das **Kartellrecht**.[30] Zu der quantitativen Relevanz tritt die haushaltsrechtlich-fiskalische hinzu, die aus dem starken Einsatz von Verwaltungsrichtlinien im Bereich der **Leistungsverwaltung** folgt. Man denke nur an das Subventionsrecht.[31] **Unionsrechtlich** erlässt die EU Mitteilungen und Leitlinien, die Verwaltungsvorschriften ähnlich sind.[32]

14 Entsprechend der unterschiedlichen Funktionen[33] wird in der Lehre nach unterschiedlichen Kategorien typisiert,[34] wobei an dieser Stelle lediglich der rechtsquellenersetzende Charakter der **gesetzesvertretenden Verwaltungsrichtlinien** interessiert.

Beispiele: Richtlinien über Subventionen haben Rechtsquellencharakter, wenn sie die Rechtsgrundlage für die Subventionsgewährung enthalten und die Voraussetzungen der Bewilligung sowie der Abwicklung regeln.[35] Beihilfevorschriften gemäß § 80 BBG, Rundschreiben der Bundesanstalt für Finanzdienstleis-

---

[23] S. auch Weyreuther DVBl 1976, 853 (856); Bickel NJW 1985, 2441; Scheffler DÖV 1980, 236 (243); VGH Mannheim NVwZ 1991, 92.

[24] So auch Kahl/Ludwigs VerwR-HdB/Schenke § 7 Rn. 52.

[25] Voßkuhle/Eifert/Möllers GVwR I/Ruffert, § 7 Rn. 71; Mehde VVDStRL 71 (2012), 418 (428).

[26] Müller, Die TA-Lärm als Rechtsproblem, 2001.

[27] Schröder VVDStRL 50 (1991), 196 (216); s. auch OVG Münster NVwZ-RR 1997, 585; OVG Magdeburg NVwZ-RR 2012, 749; Rechtsquellencharakter irrigerweise ablehnend BVerwG NVwZ 2003, 1384 und BVerwG DÖV 2003, 288.

[28] BVerwG DVBl 2005, 766 ff.

[29] S. etwa FS Lukes, 1989/Papier, 159 ff.; Koch, Zwanzig Jahre BImSchG/Gusy, 1994, S. 185 ff.; Schuppert, Verwaltungswissenschaft, 2000, S. 258 f. und ferner Mehde VVDStRL 71 (2012), 419 (432 ff.).

[30] S. näher Mehde VVDStRL 71 (2012), 418 (433 ff.).

[31] S. näher Rogmann, Die Bindungswirkung von Verwaltungsvorschriften, 1998, S. 3 ff.

[32] Kahl/Ludwigs VerwR-HdB/Schenke § 7 Rn. 56.

[33] S. näher Ellwein, Verwaltung und Verwaltungsvorschriften, 1989, S. 33 ff.; Hoffmann-Riem/Schmidt-Aßmann/Voßkuhle GVwR I/Ruffert § 17 Rn. 71.

[34] FS 50 Jahre BVerwG, 2003/Ossenbühl, 433 ff.; Isensee/Kirchhof StaatsR-HdB V/Ossenbühl, § 104; Hoffmann-Riem/Schmidt-Aßmann/Voßkuhle GVwR I/Ruffert, § 17 Rn. 71; Mehde VVDStRL 71 (2012), 419 (422).

[35] Ebenso Schröder VVDStRL 50 (1991), 196 (216); widersprüchlich BVerwGE 58, 45, das einerseits die Funktion Rechtsnorm bejaht, gleichzeitig aber die Rechtsquellenqualität bestreitet; s. auch OVG Münster NVwZ-RR 1997, 585; OVG Magdeburg NVwZ-RR 2012, 749.

tungsaufsicht hinsichtlich der Konkretisierung von Compliancebedingungen. Übergangsrecht der Verwaltung bis zum Erlass gesetzlicher Regelungen.[36]

3. Ermächtigungsgrundlage zum Erlass von Verwaltungsrichtlinien

Nach wie vor sind Verwaltungsrichtlinien und Verwaltungsvorschriften von rechtswissenschaftlichem Nebel umhüllt.[37] Das Hauptproblem dieser Rechtssätze besteht darin, dass die Regierungs- und Verwaltungsorgane einer Ermächtigung bedürfen, um derartige Richtlinien mit Außenwirkung zu erlassen.[38] Art. 84 II, 85 II GG sind nicht einschlägig. Aus der Formulierung und der systematischen Stellung im Grundgesetz (Abschnitt Verwaltung) ergibt sich, dass Verwaltungsvorschriften der Ausführung von Rechtsnormen dienen, die aber nicht selbst Rechtsnormen im klassischen Sinne sind. In der Literatur wird teilweise irgendeine[39] und teilweise eine gesetzliche Ermächtigung gefordert.[40] 15

4. Verwaltungsrichtlinien und Verwaltungsvorbehalt

Im Übrigen ist im Hinblick auf die Problematik der Ermächtigung an den Gedanken des **Verwaltungsvorbehaltes** zu erinnern (→ § 20 Rn. 24 ff.), der etwa in § 40 VwVfG zum Ausdruck kommt. Er kann auch darauf zurückgeführt werden, dass man aus dem Grundsatz der parlamentarischen Demokratie nicht einen Vorrang des Parlaments und seiner Entscheidungen gegenüber den anderen Gewalten als ein alle konkreten Kompetenzzuordnungen überspielenden Auslegungsgrundsatz herleiten darf.[41] Funktionenteilung zielt nämlich auch darauf, dass staatliche Entscheidungen möglichst richtig, dh von den Organen getroffen werden, die über die jeweils besten Voraussetzungen verfügen.[42] Dementsprechend ist zutreffend von der **Eigenständigkeit der Verwaltung** und dem **Funktionsbereich der Verwaltung** und administrativem Ergänzungsrecht die Rede.[43] Der Verwaltungsvorbehalt als Ermächtigungsgrundlage lässt sich mit der Überlegung begründen, dass die Exekutive für eine Vielzahl von Einzelfällen vollzugsbefugt ist und in diesem Zusammenhang bestimmte Gestaltungsspielräume besitzt. Bei dieser Ausgangslage ist es nur konsequent, die Verwaltung auch zum Erlass auf Vollzug gerichteter genereller Regelungen als befugt anzusehen[44] und ihr eine Normsetzungskompetenz jenseits des Verordnungsrechts und des Satzungsrechts der Selbstverwaltung zuzuerkennen.[45] 16

Verwaltungsvorschriften mit materiellem Rechtssatzcharakter müssen im Verordnungs- bzw. Amtsblatt der zuständigen Stelle publiziert oder den Betroffenen ander- 17

[36] Götz, Recht der Wirtschaftssubventionen, 1966, S. 295; BVerwG DVBl 1982, 301 (303); OVG Schleswig NVwZ 2002, 114.
[37] Rupp JZ 1991, 1034.
[38] S. auch BVerfGE 41, 251; BVerwG JuS 1979, 135.
[39] Selmer VerwArch 59 (1968), 114 ff.
[40] Rupp NJW 1970, 412; J. Wolf DÖV 1992, 849 ff.; Rogmann, Die Bindungswirkung von Verwaltungsvorschriften, 1998, S. 85 ff.
[41] BVerfGE 49, 89; 68, 136 f.
[42] Stober GewArch 1993, 187 (188 f.) für Subventionsrichtlinien.
[43] So Isensee/Kirchhof StaatsR-HdB V/Ossenbühl, § 101; Scheuing VVDStRL 40 (1982), 158 f.; Brohm DÖV 1987, 265.
[44] Ähnlich Erbguth DVBl 1989, 473 (480).
[45] Mehde VVDStRL 71 (2012), 418 (420).

weitig bekannt gegeben werden, um aus rechtsstaatlichen Gründen eine ausreichende Information sicherzustellen.[46]

IV. Verwaltungsvorschriften als Rechtssätze der Verwaltung im intrapersonalen Bereich

1. Verwaltungsvorschriften als Hausgut der Verwaltung

18 Rechtssätze gibt es nicht nur im **interpersonalen (Außen-)Rechtsbereich** zur Abgrenzung und Konkretisierung der Rechtsstellungen und Verpflichtungen der Personen, sondern auch im **intrapersonalen** (organisatorischen Innen-) **Rechtsbereich,** aus dem sich **intrapersonale subjektive Quasi-Rechte** ergeben können (zB Organrechte von Gemeindevertretern).

19 Intrapersonal sind vor allem die von leitenden Organen und Ämtern erlassenen Rechtssätze, die sich unmittelbar lediglich an ihre nachgeordneten, weisungsabhängigen Glieder, Organe und Ämter als Institutionen richten und die Wahrnehmung ihrer amtlichen, durch Rechtssatz bestimmten Zuständigkeiten kraft Weisungsgewalt regeln (Allgemeine **Verwaltungsvorschriften** ieS, **Verwaltungsverordnungen** ieS, Amtsrechtssätze). Sie werden teilweise als **originäres Administrativrecht** bezeichnet und auf der Grundlage etwa der Art. 84 II, 85 II GG dem **Hausgut** der **Verwaltung** zugeordnet.[47] Ihre Abgrenzung zu den Organisationsverordnungen und vor allem zu den Rechtsquellen ergänzenden Verwaltungsrichtlinien und Verwaltungsvorschriften (→ § 24 Rn. 12 ff.) ist umstritten,[48] weil auch diese unmittelbar an weisungsabhängige Glieder und Organe gerichtet sind. Die Bezeichnung „Verwaltungsvorschrift" wird nicht einheitlich verwendet. Unter diesen Begriff fallen unterschiedliche innerdienstliche Vorschriften.

Beispiele: Dienstanweisung, Richtlinien, Erlass, Rundschreiben, Schnellbrief, „Allgemeinverfügung" (nicht zu verwechseln mit der Allgemeinverfügung in § 35 S. 2 VwVfG), Geschäftsverteilungsplan, Organisationsordnung, Computerprogramme, Kodex für gute Verwaltungspraxis, Zielvereinbarungen.[49]

2. Verwaltungsvorschriften als Innenrecht

20 Diese enthalten zwar Rechtssätze im rechtstheoretischen Sinne, sind aber keine „Rechtsquellen" iSv Rechtsnormen, weil und sofern sie weder nach Inhalt und Funktion sonstige Rechtsquellen mit unmittelbarer Außenwirkung ersetzen (→ § 24 Rn. 12), sondern sie nur mit lediglich interner Wirkung auslegen, noch ausschließliche Kompetenzen gesetzlich zuordnen, sondern nur die Art der Kompetenz-Wahrnehmung näher bestimmen.[50] Man spricht deshalb auch von **„Innenrecht"** im Gegensatz von **„Außenrecht"**.[51] Vor allem steuert das erlassende Organ durch Verwaltungsvorschriften die Auslegung und Anwendung unbestimmter Gesetzesbegriffe,

---

[46] S. Gusy DVBl 1979, 720; Hill NVwZ 1989, 401 (408); BVerwG DVBl 2005, 766 (768).

[47] Schneider, Gesetzgebung, 2. Aufl. 1991, S. 156; Di Fabio DVBl 1992, 1338 (1344); Tietje, Internationalisiertes Verwaltungshandeln, 2001, S. 624 f.; s. zur Praxis Hill, Verwaltungsvorschriften, 1991; BVerfGE 1, 83; 8, 168; 9, 17; 78, 214 (227); BVerwG DÖV 1960, 632; BayVerfGHE 14, 71; VGH Mannheim DÖV 1967, 639.

[48] S. etwa FS 50 Jahre BVerwG, 2003/Ossenbühl, 433 ff.

[49] Hill NVwZ 2002, 1059 ff.; Schmidt DÖV 2008, 760 ff.

[50] AM FS Vogel, 2000/Schmidt-Aßmann, 477 (491).

[51] BVerfGE 78, 214 (227); Hoffmann-Riem/Schmidt-Aßmann, Reform des Allgemeinen Verwaltungsrechts/Lange, 1993, S. 307 ff.

die Handhabung von Beurteilungsspielräumen sowie die Ermessensausübung der ausführenden Behörden.

Man unterscheidet gewöhnlich zwei Arten von Verwaltungsvorschriften. Zum einen: Verwaltungsvorschriften zur **Regelung des internen Dienstbetriebes.** 21

Beispiele: Allgemeine Dienstordnungen;[52] Anordnung zur Regelung der Dienstzeit; Dienstanweisung für den Verkehr mit Bewerbern um öffentliche Aufträge; Zuständigkeitsordnungen für die Verwaltung; Dienstanweisung für die Gemeindekasse; Vorschriften über einheitliche Vordrucke; Vorschriften über Sponsoring der Verwaltung; haushaltsrechtliche Richtlinien.[53]

Zum anderen: Verwaltungsvorschriften zur einheitlichen **Durchführung von Rechtsvorschriften.** Dazu zählen auch die bereits erwähnten nicht ausdrücklich im **EU-Primärrecht** aufgeführten **Akte der Kommission** (Mitteilungen, Leitlinien, Rahmensetzungen),[54] die ebenfalls der Verwaltungsinformation und Verwaltungssteuerung dienen. 22

Beispiele: Nach § 48 BImSchG erlässt die Bundesregierung nach Anhörung der beteiligten Kreise mit Zustimmung des Bundesrates zur Durchführung dieses Gesetzes und der auf Grund dieses Gesetzes erlassenen Rechtsverordnungen allgemeine Verwaltungsvorschriften über Immissions- und Emissionswerte wie die TA Lärm,[55] Rundschreiben der Bundesanstalt für Finanzaufsicht zur Konkretisierung von Compliance-Anforderungen,[56] Verhaltensleitlinien für die Durchführung von Beihilfeverfahren[57] **(Normkonkretisierende Richtlinien)**.[58] Verwaltungsvorschriften zum Aufenthaltsgesetz bestimmen die Ermessenshandhabung bei Zuwanderungen **(Ermessensrichtlinien)**.[59] Verwaltungsvorschriften zur Klärung rechtlicher Zweifelsfragen **(Norminterpretierende Richtlinien)**.[60] Verwaltungsvorschriften zur Handhabung unbestimmter Rechtsbegriffe mit Beurteilungsspielraum **(Beurteilungsrichtlinien)**.[61] Verwaltungsvorschriften zu steuerlichen Vorschriften bestimmen die Besteuerung durch Regelung der Sachverhaltsermittlung und durch Pauschalierung **(Vereinfachungsrichtlinien, Typisierungsrichtlinien)**.[62]

Teilweise wird die Vorteilhaftigkeit von Verwaltungsvorschriften bezweifelt und ihre Normierung durch Rechtsverordnungen gefordert.[63] 22a

---

52 VerfGH Bayern BayVBl. 1976, 173; Bormann/Böttcher NJW 2011, 2758 ff.

53 BVerwG NVwZ 2007, 820 (822).

54 Stelkens VVDStRL 71 (2012), 401.

55 BVerwG NVwZ 2008, 76 ff.

56 AM Wundenberg, Compliance und die prinzipiengeleitete Aufsicht über Bankgruppen, 2012, S. 93 ff.

57 S. Verhaltenskodex der EU-Kommission, ABl. 2009 C 136, 13 und Beschluss der EFTA-Überwachungsbehörde, ABl. 2012 L 82, 7 ff.; Groh FS Battis, 2014, 221 (227 f.).

58 BVerwG GewArch 1996, 497; NVwZ 2008, 76 ff.; VGH Mannheim GewArch 2012, 125 ff. zur technischen Regel für Rohrfernleitungen; BVerwGE 70, 300 (320); Krebs VerwArch 70 (1979), 259 ff.; s. ferner Lübbe-Wolff DÖV 1987, 896; FS Lukes, 1989 Papier, 159 ff.; Sendler UPR 1993, 321 ff.; Schulze-Fielitz DVBl 1999, 65 (72); Otting DVBl 2001, 1792 ff. und zum Abwasserrecht BVerwGE 107, 338 ff.

59 Vgl. dazu OVG Münster DVBl 1976, 883; BVerwGE 61, 15; BVerwG DVBl 1997, 165 ff.; BVerwGE 104, 220 (223 f.); BVerwG NVwZ 2003, 1384 zum Subventionsermessen; OVG Magdeburg NVwZ-RR 2012, 749; BVerwG DVBl 2004, 1420 ff. zu beamtenrechtlichen Beihilfevorschriften nach § 200 BBG.

60 Vgl. BVerwG VerwRspr. 28 (1977), 400 und BVerwG NJW 2004, 1339 f.; Kühling JZ 2012, 341 (346 f.) zur Erfassung von Regulierungskonzepten nach § 15a TKG-E.

61 FS 50 Jahre BVerwG, 2003/Ossenbühl, 433 (446 f.); Di Fabio DVBl 1992, 1338; BVerwG DVBl 2004, 1420 ff. zu beamtenrechtlichen Beihilfevorschriften.

62 BVerfGE 78, 214 (226); BVerfG NVwZ 1994, 475; Osterloh JuS 1990, 100; FS Thieme, 1993/Vogel, 605 ff.

63 S. näher FS Battis, 2014/Groh, 221 (236).

3. Verwaltungsvorschriften und Verwaltungsvorbehalt

23 In der Befugnis zur Leitung eines Geschäftsbereichs (sog. **Geschäftsleitungsgewalt**)[64] ist die Befugnis zum Erlass von Verwaltungsvorschriften (sog. **Sachleitungsgewalt**) enthalten[65] Deshalb bedarf es keiner weiteren ausdrücklichen Ermächtigung,[66] soweit die Verwaltung in ihrem Funktionsbereich verbleibt (sog. **originäres Administrativrecht**).[67] Die Kompetenz zum Erlass von Verwaltungsvorschriften ergänzt als **Verwaltungsvorbehalt** (a. → § 24 Rn. 16 f.) die abgeleitete Rechtsetzungsmacht der vollziehenden Gewalt zum Erlass von Rechtsverordnungen. Es ist jedoch umstritten, ob und inwieweit der Gedanke des Verwaltungsvorbehaltes als Ermächtigungsgrundlage für den Erlass außenwirksamer Verwaltungsvorschriften herangezogen werden kann.[68] Von dieser Kompetenz macht die Verwaltung – vor allem im Hinblick auf eine rationale und einheitliche Rechtsanwendung – regelmäßig Gebrauch.

4. Verwaltungsvorschriften und Gehorsamspflicht

24 Der Beamte ist im Rahmen der **Gehorsamspflicht** gehalten, die von den Vorgesetzten erlassenen Anordnungen auszuführen und die allgemeinen Verwaltungsvorschriften zu befolgen (§ 62 BBG, § 35 BStG). Bedenken gegen die Rechtmäßigkeit dienstlicher Anordnungen hat der Beamte unverzüglich bei seinem unmittelbaren Vorgesetzten geltend zu machen **(Remonstration)**.[69] Wird die Anordnung aufrechterhalten, so hat sich der Beamte an seinen nächst höheren Beamten zu wenden, wenn seine Bedenken gegen ihre Rechtmäßigkeit fortbestehen. Bestätigt dieser die Anordnung, so muss der Beamte sie ausführen. Auch für die Angestellten und Arbeiter im öffentlichen Dienst gilt eine entsprechende Gehorsamspflicht, die aus den einschlägigen Tarifverträgen folgt. Ähnlich verhält es sich mit den in die Verwaltungsorganisation eingebundenen **Beliehenen,** bei denen Verwaltungsrichtlinien ebenfalls nur als innerorganisatorische Maßnahmen im funktionellen Amtsverhältnis zu verstehen sind.[70]

25 Etwas anderes gilt, wenn die Verwaltungsvorschrift gegen **Unionsrecht** verstößt. In diesem Fall ist der Beamte wegen des Anwendungsvorrangs des Unionsrechts (→ § 26 Rn. 8 ff.) und des in Art. 4 AEUV enthaltenen Gebotes, dem Unionsrecht zur Wirksamkeit zu verhelfen, verpflichtet, die widersprechende Verwaltungsvorschrift nicht zu beachten. Angesichts dieser Divergenz zwischen deutschem und gemeinschaftlichem Recht kann es zu Loyalitätskonflikten kommen.

5. Auslegung und Selbstbindung von Verwaltungsvorschriften

26 Da sie nicht Rechtsquellen sind, haben Verwaltungsvorschriften ieS nur die Bedeutung von Tatsachen, zB über die bestehende **Verwaltungspraxis** und die einheitliche Verwaltungshandhabung. Sie sind daher nicht wie Rechtssätze, sondern wie **Willenserklärungen** (§ 133 BGB) unter Berücksichtigung der Praktikabilität auszulegen

[64] Ossenbühl, Verwaltungsvorschriften und Grundgesetz, 1968, S. 279, 285, 455.
[65] BVerwG DÖV 1957, 863.
[66] BVerfGE 26, 338 (396).
[67] FS Vogel, 2000/Schmidt-Aßmann, 477 (491 f.).
[68] Ablehnend Rogmann, Die Bindungswirkung von Verwaltungsvorschriften, 1998, S. 85 ff.
[69] Rux DÖV 2002, 985 (989 ff.).
[70] Bormann/Böttcher NJW 2011, 2758 ff.

(→ § 36 Rn. 7a ff.).[71] Ausnahmen gelten für normkonkretisierende Richtlinien.[72] Aus demselben Grunde wirken Verwaltungsvorschriften für Dritte prinzipiell nur reflektierend, ohne ihre Pflichten und Rechte unmittelbar zu bestimmen.[73] Eine Abweichung von einer Verwaltungsvorschrift ist also keine Rechtswidrigkeit. Dadurch freilich, dass sie eine einheitliche Handhabung (Auslegung, Einschätzung oder Ermessensausübung) eines Gesetzes iSe **antizipierten Verwaltungspraxis** durch die Verwaltungsbehörden herbeiführen, erhalten sie mittelbar über das Gebot der **Rechtsanwendungsgleichheit** (Art. 3 I GG; näher → § 33 Rn. 15 ff.) eine gesetzesähnliche, sog. **selbstbindende Bedeutung**.[74] Wenn die Behörde die Verwaltungsvorschrift befolgt, was von vornherein anzunehmen ist, wäre eine Abweichung von ihr eine verfassungswidrige Ungleichbehandlung, sofern nicht etwa die Verwaltungsvorschrift rechtswidrig oder – anders als bei Rechtsquellen – die Abweichung im Einzelfalle durch besondere Gründe gerechtfertigt ist.[75] Der Bürger hat dann einen **Anspruch,** dass auch in seinem Fall nicht ohne sachlichen Grund von der bisher geübten Verwaltungspraxis abgewichen wird. Der Gleichheitssatz erfüllt die Aufgabe einer „Transportnorm" oder einer „Umschaltnorm".[76] Das gilt auch für den Fall einer unbeabsichtigten oder irrtümlichen Nichtbeachtung.[77]

Der Anspruch wird dadurch begrenzt, dass eine auf rechtsauslegenden Verwaltungs- 27
vorschriften beruhende ständige **rechtswidrige Verwaltungsübung** weder für sich noch iVm dem Gleichheitssatz oder dem **Vertrauensgrundsatz** (Art. 2 I GG iVm dem Rechtsstaatsprinzip),[78] eine anspruchsbegründende Selbstbindung der Verwaltung herbeiführt.[79] Andernfalls würde die Bindung der Verwaltung an Gesetz und Recht zur Disposition gestellt. Es gibt also insbesondere keine Bindung iSe **„Gleichheit im Unrecht"**.[80] Die Ermessensbindung darf ferner nicht die Ausübung eines die besonderen Umstände des Einzelfalles berücksichtigenden Ermessens beseitigen (→ § 31 Rn. 35 ff.).[81] Gegenüber einer Änderung von Verwaltungsvorschriften gibt es kein Vertrauen auf den Fortbestand alter Vorschriften.[82]

[71] BVerwG DÖV 1971, 748; BVerwGE 52, 193; 58, 45; 71, 150 (162); VGH München BayVBl. 1997, 664 f.; Kluth NVwZ 1990, 608 (610).
[72] BVerwGE, 107, 338 ff.; BVerwG NVwZ 2000, 440 f.
[73] BVerfGE 2, 242.
[74] OVG Magdeburg NVwZ-RR 2012, 749; OVG Lüneburg GewArch 2013, 33 f.; krit. Rogmann, Die Bindungswirkung von Verwaltungsvorschriften, 1998, S. 39 ff.; OVG Magdeburg NVwZ-RR 2012, 749; OVG Lüneburg GewArch 2013, 33 f.
[75] S. BVerwGE 15, 155; 19, 48; 34, 278 = DÖV 1970, 275 mBespr v. Ossenbühl DÖV 1970, 264 ff.; Menger VerwArch 63 (1972), 213 ff.; BVerwGE 58, 45 (49); 61, 15; BGH NJW 1980, 180; OVG Münster NVwZ-RR 1989, 169; NWVBl. 2003, 20 f.
[76] Zacher VVDStRL 24 (1966), 237.
[77] VGH Mannheim VBlBW 1999, 30 f.
[78] BVerfGE 78, 214 (229).
[79] BVerwG NJW 1970, 675; 1993, 2065; BVerfG NVwZ 1994, 475; Berg JuS 1980, 418; Isensee/Kirchhof StaatsR-HdB IV/Maurer, § 79.
[80] BVerfG NVwZ 1994, 475.
[81] BVerwGE 37, 59; ZBR 1972, 279; Wallerath, Die Selbstbindung der Verwaltung, 1968, § 15; krit. zB Brohm DÖV 1964, 243; Rupp Grundfragen Verwaltungslehre, S. 118 ff.; Hansen, Fachliche Weisung und materielles Gesetz, §§ 56–66; Pestalozza, Formenmissbrauch des Staates, 1973, S. 145 f.; Scheuing/Hoffmann-Riem VVDStRL 40 (1982), 153 ff. (187 ff.); Stern StaatsR II, § 38 I 5; Isensee/Kirchhof StaatsR-HdB V/Ossenbühl, § 104; Pietzcker NJW 1981, 2087 ff.
[82] BVerwGE 70, 127 (136); 104, 220 (223 f.); BGH NJW 1987, 1329.

28 Die rechtliche Problematik dieser Konstruktion liegt darin, dass sie eine **Verwaltungsübung** voraussetzt. Sie ist also nicht anwendbar, wenn etwa bestimmte Vorhaben durch Richtlinien iSv technischen Regelwerken gesteuert werden sollen oder wenn sich noch keine Praxis gebildet hat. Daraus wird die Notwendigkeit der Anerkennung der unmittelbaren **Außenrechtswirksamkeit** insbesondere normkonkretisierender Richtlinien abgeleitet.[83]

29 Zusammengefasst ergibt sich, dass Verwaltungsrichtlinien auf zweifache Weise Außenwirkung erzeugen können. Entweder wenden sie sich unmittelbar an Dritte, indem sie Rechte und Pflichten begründen **(unmittelbare Außenwirkung).** In diesem Falle liegt ein materieller Rechtssatz vor, der eine Rechtsquelle ersetzt (→ § 24 Rn. 12 ff.), oder sie wenden sich an die Verwaltung, die jedoch gehalten ist, Interpretations- und Handlungsspielräume sachgerecht auszufüllen **(mittelbare Außenwirkung).** Die Verletzung solcher Vorschriften hat dann iVm Grundrechten in der Regel die gleiche Auswirkung wie eine Verletzung von Rechtsquellen.[84]

6. Form- und Verfahrensvorschriften für den Erlass von Verwaltungsvorschriften

30 Einheitliche Regelungen über die Form und das Verfahren beim **Erlass von Verwaltungsvorschriften** fehlen. Teilweise existieren jedoch spezielle Gesetze und Verwaltungsvorschriften über die Gestaltung, Ermächtigung und die Form von Verwaltungsvorschriften.[85]

Beispiele: Nach §§ 48, 51 BImSchG sind vor Erlass bestimmte Kreise von Behörden, Betroffenen und Wissenschaftlern anzuhören.

31 Verwaltungsvorschriften ohne materiellen Rechtssatzcharakter müssen veröffentlicht werden, wenn sie Richtlinien für die Ausübung des gesetzlich eingeräumten Ermessens enthalten. Denn der Bürger kann seinen Anspruch auf Gleichbehandlung nur geltend machen, wenn er die von der Behörde zugrunde gelegten oder auf seinen Fall anzuwendenden Verwaltungsvorschriften kennt.[86] Die **Publikationspflicht** folgt aus dem Rechtsstaatsprinzip (Art. 20 III GG) und aus der Garantie effektiven Rechtsschutzes (Art. 19 IV GG).[87] Sonstige Verwaltungsvorschriften können nach Belieben veröffentlicht werden. Wegen ihrer generellen Bedeutung für die Verwaltungsbehörden werden sie gewöhnlich in **Ministerialblättern** und im **Bundesanzeiger** (auch elektronisch) publiziert.[88]

7. Verwaltungsvorschriften und Unionsrecht

32 Da Rechtsnatur und Bindungskraft von Richtlinien und Verwaltungsvorschriften im deutschen Recht umstritten sind, bezweifelt der EuGH, ob sie ein taugliches Instrument zur **Umsetzung von Unionsrichtlinien** sind.[89] Er sieht das Kriterium der

[83] Hill NVwZ 1989, 401.
[84] OVG Berlin DÖV 1976, 53; OVG Münster DVBl 1976, 884; BVerfGE 78, 214 (229); BVerwG DVBl 1997, 165 f.; BVerwGE 104, 120 (123 f.); OVG Schleswig NVwZ 2002, 114.
[85] S. näher Isensee/Kirchhof StaatsR-HdB V/Ossenbühl, § 104.
[86] Vgl. insbesondere Ossenbühl, Verwaltungsvorschriften und GG, 1968, S. 462 ff.
[87] Ebenso Gusy DVBl 1979, 724; Lübbe-Wolff DÖV 1980, 594; Scholz BayVBl. 1981, 198; Schettler DÖV 1980, 240; Ketteler VR 1983, 174.
[88] S. auch BVerwG DVBl 1981, 190; NJW 1984, 2590.
[89] S. näher Rogmann, Die Bindungswirkung von Verwaltungsvorschriften, 1998, S. 92 ff.; Kadelbach, Allgemeines Verwaltungsrecht unter europäischem Einfluss, 1999, S. 303 ff.

Rechtssicherheit und -klarheit nicht als erfüllt an, wenn eine unmittelbare Außenwirkung gegenüber betroffenen Rechts- und Pflichtenträgern nicht durch die Rechtsprechung eindeutig belegbar ist.[90]

Von der Umsetzung von Rechtsvorschriften der Union ist der Erlass **unionsrechtlicher Verwaltungsvorschriften** zu unterscheiden. Er ist zulässig, soweit das Eigenrecht der Gemeinschaft und der Verwaltungsorgane betroffen ist. 33

Beispiele: Mitteilungen und Leitlinien der Kommission.[91]

Hinsichtlich der Außenwirkung gegenüber den Mitgliedstaaten und betroffenen Bürgern ist zu fragen, ob insbesondere die EU-Kommission dazu eine Ermächtigungsgrundlage besitzt.[92] Insofern sei an diverse Leitlinien, Leitfäden und Kodices erinnert, die teilweise als **Selbstbindung des Kommissionsermessens** qualifiziert werden.[93] In der Literatur werden **Durchführungsrechtsakte der Kommission** (Art. 291 AEUV) als den deutschen Verwaltungsvorschriften ähnlich qualifiziert[94] – ihnen kommt bereits ipso iure Rechtsverbindlichkeit zu. 34

8. Verwaltungsvorschriften und Internationales Verwaltungsrecht

Angesichts der Globalisierung von Verwaltungshandeln und der Zunahme internationaler Verwaltungskooperation stellt sich auch die Frage, ob auch die Umsetzung internationaler Verwaltungsverpflichtungen durch Verwaltungsvorschriften erfolgen kann oder verbindlicher außenrechtswirksamer Rechtsquellen bedarf.[95] 35

V. Gesetz im formellen Sinne

1. Gesetze im Wege der Gesetzgebung

Gesetz im formellen Sinn ist jeder in einem verfassungsmäßigen (förmlichen) – ordentlichen oder außerordentlichen – **Gesetzgebungsverfahren** („im Wege der Gesetzgebung") zustande gekommene Willensakt der Gesetzgebungsorgane ohne Rücksicht auf seinen materiellen Charakter. Inhalt eines formellen Gesetzes kann also sowohl ein Gesetz im materiellen Sinne als auch eine interne Ermächtigung (zB Haushaltsplan – § 3 II BHO)[96] oder eine Verwaltungsvorschrift, als auch ein Regierungsakt (zB Eingliederungsgesetz)[97] oder ein Verwaltungsakt (zB Enteignungsverleihung) sein. Das EU-Recht bezeichnet diese Rechtsakte als **Gesetzgebungsakte** (Art. 290 I AEUV). 36

Beispiele: Art. 76–78, 81, 82, 110, 115 GG.

Die Notwendigkeit dieses Begriffes ergibt sich daraus, dass nicht alle Gesetze im materiellen Sinne im Wege der Gesetzgebung erlassen werden und dass der Legislative 37

[90] EuGH JZ 1991, 1031 mAnm Rupp; Everling NVwZ 1993, 209 ff.; Zuleeg VVDStRL 53 (1994), 154 (175 ff.); Hoppe NuR 1998, 61 ff.
[91] Ehricke EuZW 2004, 359 ff.
[92] S. näher Rogmann, Die Bindungswirkung von Verwaltungsvorschriften, 1998, S. 100 ff.
[93] S. näher Stober WirtschaftsVerwR, § 31 II 2.
[94] Kahl/Ludwigs VerwR-HdB/Schenke § 7 Rn. 56.
[95] S. näher Tietje, Internationalisiertes Verwaltungshandeln, 2001, S. 625 f.
[96] BVerfGE 38, 121 (127); BVerwGE 58, 45.
[97] NRWVerfGE 24, 317; RlPfVerfGH DÖV 1969, 560 betr. Eingliederungsgesetz, weil es sich bei der Eingemeindung materiell um einen Verwaltungsakt handelt, der nur im Interesse der Sicherung der gemeindlichen Interessen in Gesetzesform ergeht.

als Volksrepräsentation – insbesondere in einer Demokratie – auch bestimmte wichtige Entscheidungen vorbehalten sind, die nicht materielle Gesetzgebung sind (**Parlamentsvorbehalt**).

Beispiele: Nur formelles Gesetz ist zB die Zustimmung zu einem völkerrechtlichen Vertrag (Art. 59 II GG), nur materielles Gesetz zB eine Durchführungsverordnung gem. Art. 80 GG.

2. Gesetz im weiteren Sinne als Gesetzbuch

38 **Gesetz iwS** ist ein systematisches Gefüge gleichzeitig als förmliches Gesetz beschlossener und verkündeter, geschriebener Rechtssätze und deren späteren Änderungen **(Gesetzbuch);** zB GG, BGB, AO. Der Sprachgebrauch des GG ist nicht einheitlich.

§ 25. Die Arten der Rechtsquellen

Schrifttum: Axer, Normsetzung der Exekutive in der Sozialversicherung, 2000; Beaucamp DÖV 2013, 41 ff.: Allgemeine Rechtsgrundsätze als methodisches Problem; v. Arnauld, Völkerrecht, 5. Aufl. 2022v. Bogdandy, Gubernative Rechtsetzung, 2000; Biernat/Hendler ua, Grundfragen des Verwaltungsrechts und der Privatisierung/Dittmann, 1994, S. 107 ff.: Die Rechtsverordnung als Handlungsinstrument der Verwaltung; Bungert DÖV 1994, 797 ff.: Einwirkung und Rang von Völkerrecht im innerstaatlichen Rechtsraum; v. Danwitz, Die Gestaltungsfreiheit des Verordnungsgebers, 1989; FG BVerfG II, 1976/Kirchhof, S. 53 ff.: Rechtsquellen und Grundgesetz; Kunig JURA 1989, 667: Die Quellen des Völkerrechts aus der Sicht des Grundgesetzes; Leisner DVBl. 1986, 705 ff.: Richterrecht in Verfassungsschranken; Möstl DVBl. 2011, 1076 ff.: Rechtsetzungen der europäischen und nationalen Verwaltungen; Müller, Richterrecht, 1986; FS der Juristischen Fakultät zur 600-Jahr-Feier der Universität Heidelberg, 1986/Mußgnug, S. 203 ff.; Isensee/Kirchhof StaatsR-HdB V/Ossenbühl, § § 101–105: Rechtsverordnung, Autonome Rechtsetzung der Verwaltung, Satzung; Kahl/Ludwigs VerwaltungsR-HdB I/Schenke, § 7: Rechtsquellen und Rechtsschichten des Verwaltungsrechts; Ossenbühl ZG 1997, 305 ff.: Gesetz und Verordnung im gegenwärtigen Staatsrecht; FS 50 Jahre BVerwG, 2003/Ossenbühl, S. 289 ff.: Allgemeine Rechts- und Verwaltungsgrundsätze – eine verschüttete Rechtsfigur?; Park, Rechtsfindung, S. 102 ff.; Pünder, Exekutive Normsetzung in den Vereinigten Staaten von Amerika und der Bundesrepublik Deutschland, 1995; Roellecke, Zur Problematik der höchstrichterlichen Entscheidung, 1982; Rudolf, Völkerrecht und deutsches Recht, 1967; Schmidt-Aßmann, Die kommunale Rechtsetzung im Gefüge der administrativen Handlungsformen und Rechtsquellen, 1981; Schulze/Seif, Richterrecht und Rechtsfortbildung in der Europäischen Rechtsgemeinschaft, 2003; Streinz EuropaR; FS Lerche, 1993/Sonnenberger, S. 545 ff.: Auf den Weg zu einer europäischen Rechtsquellenordnung; Uhle, Parlament und Rechtsverordnung, 1999; Uhle NVwZ 2002, 15 ff.: Verordnungsgeberische Entscheidungsmacht und parlamentarischer Kontrollvorbehalt; Voßkuhle/Eifert/Möllers GVwR I/Ruffert, § 17: Rechtsquellen und Rechtsschichten des Verwaltungsrechts; Wahl JuS 2003, 1145 ff.: Der offene Staat und seine Rechtsgrundlagen; Wolff, Ungeschriebenes Verfassungsrecht unter dem Grundgesetz, 2000; GS Jellinek, 1995/Wolff, S. 33 ff.: Rechtsgrundsätze und verfassungsgestaltende Grundentscheidungen als Rechtsquellen.

I. Zur Vielfalt der Rechtsquellen

1 Bei der begrifflichen Erschließung der Rechtsquellen wurde ua nach **geschriebenen und ungeschriebenen Rechtsquellen** differenziert (→ § 24 Rn. 3 ff.). Dieses Hauptunterscheidungskriterium bietet sich schon deshalb an, weil das Verwaltungsrecht nur teilweise kodifiziert ist, so dass in vielen Fällen auf ungeschriebene Quellen zurückgegriffen werden muss. Im Übrigen ist bei der Typisierung zu berücksichtigen, dass die verwaltungsrechtlichen Quellen wesentlich weitgefächerter sind als die des Zivil- und Strafrechts. Das ist eine Folge des Nebeneinanders von **Unions-, Bundes- und Landesrecht, staatlichem und autonomem Recht** sowie der Funktionenteilung.

II. Die Rechtsgrundsätze

1. Rechtsgrundsätze als Ausdruck des Rechtsprinzips

2 Rechtsgrundsätze als Rechtsquellen sind fundamentale Rechtsnormen, die sich aus der Anwendung des **Prinzips der Gerechtigkeit** ergeben. Sie sind wegen ihres allgemeinen Charakters mit objektiver Erkenntnisgewissheit als positives Recht aus dem **Rechtsprinzip** ableitbar und können daher wegen ihrer Verallgemeinerungsfähigkeit von keinem Rechtsgenossen ernsthaft angezweifelt werden. Art. 20 III GG verweist auf sie, wenn er Verwaltung und Rechtsprechung an Gesetz und Recht bindet.[1] Diese Kategorie ist auch dem Rechtsquellensystem des Völkerrechts bekannt, das iSv Art. 38 I lit. c IGH-Statut unter dem Begriff **allgemeine Rechtsgrundsätze der Kulturnationen** übereinstimmende Regeln versteht, die sich aus dem innerstaatlichen Recht der Staaten entnehmen und auf internationale Sachverhalte übertragen lassen. Sie unterscheiden sich wiederum von den **allgemeinen Grundsätzen des Völkerrechts,** die oberste Prinzipien der Völkerrechtsordnung konstituieren[2] und sind von den in Art. 25 GG angesprochenen **„allgemeinen Regeln des Völkerrechts"** zu trennen. Es wächst ihre Bedeutung, je mehr das nationale Recht enterritorialisiert wird und je mehr die Verwaltungen international und supranational kooperieren und die Regelungen keinen Eingang in Rechtsordnungen oder Verträge gefunden haben.[3]

3 Zahlreiche Rechtsgrundsätze haben inzwischen im **Verfassungsgesetz**[4] oder in anderen formellen Gesetzen (zB §§ 138, 157, 242 BGB) Ausdruck gefunden. Ihre Bedeutung als Rechtsquelle erweisen sie aber gerade dann, wenn das nicht der Fall ist, sowie dann, wenn formell richtig erlassenen Gesetzen die positive Geltung abzusprechen ist.[5] Hier zeigt sich die wichtige Rolle der Rechtsprechung, zu deren wichtigen Aufgaben es auch zählt, das vorhandene Recht im Rahmen der Verfassung fortzubilden (s. etwa Art. 19 I EUV).[6]

a) Allgemeine Rechtsgrundsätze

4 **Allgemeine Rechtsgrundsätze** sind unmittelbar aus dem Rechtsprinzip ableitbar, da sie keine weiteren sozialen Gegebenheiten voraussetzen als die Existenz einer Vielheit von Menschen als Rechtsgenossen und den Bestand irgendeiner Rechtsordnung. Sie sind daher **rechtskreis- und kulturübergreifend** zugleich mit jeder Rechtsordnung als deren ethischer Mindestgehalt und normatives Fundament gegeben,[7] wenngleich bei der Realisierung teilweise erhebliche Defizite bestehen.

---

1 BVerfGE 2, 403 f.; BVerwG DÖV 1973, 784 u. VerfGH Bayern VerwRspr. 3 (1951), 145.
2 Geiger, Grundgesetz und Völkerrecht, 4. Aufl. 2009, § 21; Jacoby, Allgemeine Rechtsgrundsätze, 1997, S. 170 ff.
3 Hobe AVR 37 (1999), 253 (267).
4 FS 50 Jahre BVerwG, 2003/Ossenbühl, 289 (293 f.).
5 S. BVerfG VerwRspr. 20 (1969), 261 betr. nationalsozialistische Vorschriften; GS Jellinek, 1955/Wolff, 33 ff.; Wolf, Rechtsphilosophische Studien, 1972, S. 89 ff.; FS Bogs, 1959/Menger, 89 ff.; FS Wolff, 1973/Dreier, 3 ff.; FS 50 Jahre BVerwG, 2003/Ossenbühl, 289 ff.
6 BVerfGE 95, 48 (62); BVerwGE 42, 222 (227); krit. Beaucamp DÖV 2013, 41 (43).
7 So auch BVerfGE 42, 227.

Beispiele: Achtung der Würde des Menschen, Rechtsstaatlichkeit,[8] Faire und gerechte Verfahren,[9] Umweltschutz iSe nachhaltigen Entwicklung,[10] Wahrung rechtlicher Gleichheit,[11] Selbstbindung der Verwaltung,[12] Treu und Glauben,[13] Rechtssicherheit und Gerechtigkeit im Einzelfalle,[14] Schikaneverbot und Verbot des Formenmissbrauchs als Rechtsmissbrauchsverbote, Verbot des Handelns gegen die guten Sitten, Übermaßverbot[15] sowie die Regeln „lex specialis derogat legi generali"[16] und „clausula rebus sic stantibus",[17] Anspruch auf Prozesszinsen;[18] öffentlich-rechtlicher Erstattungsanspruch;[19] Effizienzprinzip.[20]

5 Die Abgrenzung dieser Rechtsgrundsätze gegenüber anderen, nicht geschriebenen Rechtsquellen ist umstritten. Teilweise werden die allgemeinen Rechtsgrundsätze auch als **Gewohnheitsrecht** oder als **Richterrecht** (→ § 25 Rn. 15 ff. und 26 ff.) qualifiziert.[21]

b) Besondere Rechtsgrundsätze

6 Die **besonderen Rechtsgrundsätze** sind **Fundamentalnormen,** die sich ergeben bei Anwendung des Gerechtigkeitsprinzips auf Interessenlagen innerhalb raum-zeitlich besonderer sozialer Lebensverhältnisse und Rechtsordnungen oder Rechtsordnungsteile. Im Unterschied zu den allgemeinen Rechtsgrundsätzen sind die besonderen nicht unabänderlich, sondern mit den zugrunde liegenden Ordnungen und besonderen Interessenlagen wandelbar.

Beispiele: Zu den Rechtsgrundsätzen des deutschen Verwaltungsrechts gehören zB das Gebot der Wahrung des öffentlichen Interesses durch die Verwaltungsbehörden, ihre Pflicht und ihr Recht zur Gefahrenabwehr und Risikovorsorge, das Verbot der Entscheidung in eigener Sache, der Grundsatz des mindestens nachgängigen rechtlichen Gehörs.

c) Rechtsgrundsätze und europäisches Verwaltungsrecht

7 Allgemeine und besondere Rechtsgrundsätze existieren auch auf der Ebene des **europäischen Verwaltungsrechts**.[22] Teilweise sind sie auch als **„Werte der Union"** Gegenstand des EU-Vertrages (Art. 6 II EUV) in der konsolidierten Fassung des Vertrages von Lissabon sowie der EU-GRCh, die nach Art. 6 I 1 EUV rechtlich gleichrangig mit den Verträgen ist. Sie wurden vor allem von dem EuGH auf der Grundlage der **wertenden Rechtsvergleichung** zwischen den einzelnen Mitgliedstaaten entwickelt und erstrecken sich primär auf die Grundrechte sowie die Beachtung rechtsstaatlicher Elemente (siehe Art. 2 EUV).[23] Eine derartige Ausprägung ist auch

---

[8] VerfGH Bayern VerwRspr. 23 (1972), 902.
[9] Prieß/Berrisch WTO-HdB/Tietje, S. 17, 28 ff.; Sandrock, Allgemeine Rechtsgrundsätze im Verfahrensrecht der WTO, 2004.
[10] S. FS Großfeld, 1999/Stober, 1135 (1147 f.).
[11] BVerfGE 23, 98; HessStGH DÖV 1973, 525.
[12] BVerwGE 34, 278 (280).
[13] BVerwG NVwZ 1993, 1102 (1104); BVerwGE 94, 294 (298).
[14] BVerfGE 7, 196; 11, 61; BVerwGE 44, 294; BVerwG DVBl 1981, 190.
[15] S. BVerfGE 13, 115; Jacobs DVBl 1985, 97; FS Lerche, 1993/Stern, 165 (169); → § 30 Rn. 5 ff.
[16] Geiger, Grundgesetz und Völkerrecht, 4. Aufl. 2009, § 21.
[17] Köbler, Die clausula rebus sic stantibus als allgemeiner Rechtsgrundsatz, 1991.
[18] BVerwGE, 114, 61 ff.
[19] Park Rechtsfindung VerwR, S. 112 ff.
[20] Voßkuhle/Eifert/Möllers GVwR I/Ruffert § 7 Rn. 104 ff.
[21] BVerwG DÖV 1971, 857 mAnm Bachof.
[22] Streinz EuropaR, Rn. 463 ff.; Kahl/Ludwigs VerwR-HdB/Schenke § 7 Rn. 59 f.
[23] S. EuGH Slg. 1974, I-491 (507); 1985, I-2889 (2903); Schwarze NJW 1986, 1067; Streinz VERW 1990, 153; Steinberger VVDStRL 50 (1990), 5 (25 ff.).

Art. 340 II AEUV, wonach die Union im Bereich der außervertraglichen Haftung durch Amtstätigkeit verursachte Schäden nach den **allgemeinen Rechtsgrundsätzen** ersetzt, die den Rechtsordnungen der Mitgliedsstaaten gemeinsam sind[24] (s. auch Art. 41 III EU-GRCh). In diesem Zusammenhang hat der EuGH auch zahlreiche **allgemeine Verfahrensgrundsätze** entwickelt, die teilweise im Rahmen des **Rechts auf eine gute Verwaltung** in Art. 41 EU-GRCh positiviert wurden.

Beispiele: Grundsatz der Verhältnismäßigkeit, Grundsatz der Anhörung, Grundsatz der Unparteilichkeit.

2. Rechtsgrundsätze als Rechtsquellen ohne Rechtssatzcharakter

Als Rechtsprinzipien sind die **Rechtsgrundsätze Rechtsquellen,** Erkenntnisgrund 8 für positives Recht, nicht aber selbst Rechtssätze. Ihnen mangelt noch die für den Rechtssatz notwendige Entschiedenheit und Sinnbestimmtheit. Sie geben Richtlinien für die Gestaltung des Rechtszustandes, entbehren aber selbst der individualisierenden Normierung, die eine unmittelbare Anwendung auf konkrete Tatbestände ermöglicht. Dazu bedarf es der Ableitung von Rechtssätzen aus den Rechtsgrundsätzen.

Beispiele: Solche Ableitungen ergeben sich aus dem Grundsatz der **Verwirkung** von Ansprüchen;[25] der **Unzulässigkeit des venire contra factum proprium** aus dem Grundsatz von Treu und Glauben;[26] dem Verbot des Selbstkontrahierens und dem Verbot der Selbstbeteiligung an Verwaltungsmaßnahmen aus dem **Grundsatzverbot der Befangenheit.**

Sofern sich solche Ableitungen auf das Verwaltungsrecht beziehen, sind sie **All-** 9 **gemeine Verwaltungsgrundsätze,** wie etwa die **Selbstbindung der Verwaltung** (→ § 24 Rn. 26 f.))[27] oder das **Abwägungsgebot.**

3. Rechtsgedanken und Gesetzesgedanken

Von den Rechtsgrundsätzen zu unterscheiden sind die aus mehreren Sätzen des ge- 10 schriebenen Rechts abstrahierten, meist **„allgemeine Rechtsgedanken"** genannten allgemeinen **Gesetzesgedanken.** Die Anwendung von Sätzen des BGB im Verwaltungsrecht kann hierauf beruhen (sog. **Analogie;** → § 28 Rn. 51 f.), kann aber auch die Anwendung eines im BGB geschriebenen Rechtsgrundsatzes (zB § 242 BGB) sein.[28]

III. Die unions- und verfassungsgestaltenden Grundentscheidungen

1. Unions- und verfassungsgestaltende Grundentscheidungen als politische Grundwertungen

Unions- und verfassungsgestaltende Grundentscheidungen sind die auf einer Ent- 11 scheidung eines Staatsträgers (in der Demokratie: des Volkes) oder einer Staatengemeinschaft beruhenden (politischen) **Gestaltungsprinzipien des staatlichen Le-**

[24] S. näher Oppermann/Classen/Nettesheim EuropaR/Nettesheim, § 9 Rn. 31 ff.
[25] BVerwGE 44, 339 (343); BVerwG NVwZ 1991, 1182; BVerwGE 108, 93 (96); BVerwG NVwZ-RR 2004, 314; NVwZ 2002, 718 (722).
[26] S. OVG Hamburg DVBl 1951, 252, 539; RlPfOVGE 7, 69; BVerwG NJW 1974, 1260; OVG Münster NWVBl. 2000, 128; OVG Greifswald NVwZ-RR 2003, 16; BVerwG DVBl 2001, 991 (993).
[27] BVerwGE 34, 278 (280).
[28] S. auch Gern DÖV 1985, 558; BVerwGE 44, 45; 52, 193 (199).

bens, die Art und Form der konkreten staatlichen Existenz bestimmen (auch → § 18 Rn. 1 ff.) und Auskunft über die Einbindung in einen Staatenverbund geben.

Beispiele: Hierher gehören die Entscheidungen für Monarchie oder Republik, Einheitsstaat oder Bundesstaat, parlamentarisches oder plebiszitäres System, konstitutionelle oder absolute Regierungsweise, freiheitliche oder gelenkte Wirtschaft, Zentralisierung oder Subsidiarität, staatliche Souveränität oder Staatenverbund.

12 Die unions- und verfassungsgestaltenden Grundentscheidungen sind oft in der Verfassungsurkunde formuliert (Art. 20 I, 20a, 23, 28 GG; Art. 5, 9 EUV; Art. 340 II AEUV). In diesem Zusammenhang ist vor allem an Art. 6 III EUV zu erinnern, der ausdrücklich darauf hinweist, dass die Grundrechtsgewährleistungen der EMRK als **„allgemeine Grundsätze Teil des Unionsrechts"** sind. Sie können aber auch unausgesprochen als sog. Leitideen[29] verstreuten Einzelregelungen zugrunde liegen.[30]

2. Unions- und verfassungsgestaltende Grundentscheidungen als Rechtsquellen

13 Die unions- und verfassungsgestaltenden Grundentscheidungen sind wie die Rechtsgrundsätze **Rechtsquellen** und bedürfen gleich ihnen der rechtssatzmäßigen Spezialisierung. Diese geschieht teilweise durch den Verfassungsgeber oder durch den Gesetzgeber, kann aber auch durch den Richter erfolgen, soweit eine direkte Ableitung (→ § 25 Rn. 8) möglich ist.

14 **Beispiele:** So hat das BVerwG einen Rechtsanspruch auf Fürsorge,[31] auf Schutzimpfung[32] und auf Ausbildungsbeihilfe[33] aus verfassungsgestaltender Grundentscheidung geschlossen.

IV. Das Gewohnheitsrecht

1. Voraussetzungen für Gewohnheitsrecht

15 Gewohnheitsrecht besteht, wenn ein bestimmtes Verhalten, ohne ausdrücklich hoheitlich geboten zu sein, von den Beteiligten in der **Überzeugung rechtlicher Gebotenheit oder Gewährung** so lange gleichmäßig und allgemein geübt worden ist, dass das Gleichheitsgebot einer Abweichung entgegensteht. Erst wenn eine derartige Gewohnheit in einem verpflichtenden oder berechtigenden (ungeschriebenen) Rechtssatz formulierbar ist, wird sie zur Rechtsquelle.[34] **Verwaltungs- oder auch Gerichtsgebrauch** reichen für sich allein zur Schaffung von Gewohnheitsrecht noch nicht aus,[35] weil dies einer Selbstermächtigung zur Rechtsetzung gleichkäme.[36] Mit ihnen muss die Rechtsüberzeugung aller Beteiligten, der Behörde, wie der verpflichteten oder berechtigten Rechtsgenossen zumindest dem objektiven Sinne nach über-

---

29 S. BVerfGE 2, 403; BVerwGE 1, 159; 3, 130 u. BGH JZ 1953, 47.

30 Isensee/Kirchhof StaatsR-HdB VII/Badura, § 159 Rn. 35 ff.

31 BVerwGE 1, 159 ff.

32 BVerwGE 9, 78.

33 BVerwGE 18, 352.

34 Tomuschat, Verfassungsgewohnheitsrecht, 1972; Freitag, Gewohnheitsrecht im Rechtssystem, 1976; v. d. Pfordten, Rechtsethik, 2001, S. 62 f.; Isensee/Kirchhof StaatsR-HdB V/Ossenbühl, § 101; BVerfGE 28, 21 (30); 34, 293 (303); 41, 251; 61, 149 (203); BVerfG NVwZ 1987, 124; BVerfGE 78, 214 (227); BVerwG DVBl 1979, 116; NRWOVGE 14, 286; krit. zB FS v. Hippel, 1967/Esser, 95 ff.

35 VGH Mannheim NVwZ-RR 2003, 763 f.

36 S. auch Schmidt NVwZ 2004, 930 f.

einstimmen.[37] Zweifel an der Billigkeit oder am Gerechtigkeitsgehalt oder die Meinungsänderung einer Behörde beeinflussen nicht die bindende Kraft bestehenden Gewohnheitsrechts.[38]

2. Gewohnheitsrecht als Nebenordnung

Gewohnheitsrecht steht, da es aus einer ursprünglichen Rechtsquelle fließt, zum geschriebenen Recht im Verhältnis der Nebenordnung. Daher kann sich Gewohnheitsrecht nicht nur neben dem geschriebenen Recht zur **Lückenausfüllung und Ergänzung** (praeter legem), sondern auch gegen geschriebenes Recht (contra legem) bilden (str., sog. **Derogation**),[39] wenn eine gemeinsame Rechtsüberzeugung besteht, dass die Norm außer Kraft getreten ist.[40] 16

Infolge des raschen Wechsels der sozialen Verhältnisse kann sich Gewohnheitsrecht nicht mehr so häufig bilden wie ehedem. Es kann durch eine verfassungsgestaltende Entscheidung obsolet werden. Das Gewohnheitsrecht wird umso mehr zurückgedrängt, je mehr das Verwaltungsrecht kodifiziert und vergesetzlicht wird.[41] Es kann nicht entstehen, wenn ein **Gesetzesvorbehalt** besteht.[42] Im Verwaltungsrecht hat das Gewohnheitsrecht immer mehr an Bedeutung verloren.[43] Im Völkerrecht dagegen ist das Gewohnheitsrecht in Art. 38 I lit. b IGH-Statut ausdrücklich genannt.[44] 17

3. Erscheinungsformen des Gewohnheitsrechts

Gewohnheitsrecht gibt es im Völkerrecht (**Völkergewohnheitsrecht** – s. auch den bereits erwähnten Art. 38 I lit. b IGH-Statut),[45] hingegen nimmt die Bedeutung im **Unionsgewohnheitsrecht**,[46] **Verfassungsgewohnheitsrecht**[47] sowie **Verwaltungsgewohnheitsrecht** ab. 18

Beispiele: Schutz ausländischer Diplomaten vor der deutschen Staatsgewalt; Grundsatz des „lex posterior derogat legi priori".[48]

Nicht geschriebenes Recht des Bundes kann nur auf Rechtsgebieten entstehen, die in die Zuständigkeit der Bundesgesetzgebung fallen. Wächst es auf einem Felde, das dem Gesetzgebungsrecht der Länder unterliegt, so verbleibt es auch dort, unbeschadet dessen, ob es bundesweit gilt.[49] Denn die Zuordnung von Gewohnheitsrecht zum Bundes- oder Landesrecht je nach dem Umfang des räumlichen Geltungsbereiches 19

37 BSGE 24, 120.
38 BGH NJW 1962, 2054.
39 BVerfGE 9, 213 (221).
40 BVerwG NJW 1969, 1291; s. ferner BVerwG DVBl 1979, 116; VGH Mannheim DÖV 1978, 696.
41 S. auch VerfGH Bayern VerwRspr. 20 (1969), 1.
42 BVerwGE 55, 370 (377); BVerfGE 22, 114; VGH Mannheim NVwZ-RR 2003, 764 ff.
43 Voßkuhle/Eifert/Möllers GVwR I/Ruffert § 7 Rn. 121.
44 Kahl/Ludwigs VerwR-HdB/Schenke § 7 Rn. 58.
45 BVerfGE, 94, 315 (328); BVerfG NJW 1998, 50 (53); BVerfGE 109, 13 (26 ff.); BVerwGE 37, 116 (121); Jung, Rechtserkenntnis und Fortbildung im Völkergewohnheitsrecht, 2012; Rabl Blaser, Die clausula rebus sic stantibus im Völkerrecht, 2012.
46 Ostertun, Gewohnheitsrecht in der EU, 1996; Oppermann/Classen/Nettesheim EuropaR/Nettesheim, § 9 Rn. 26 ff.
47 S. näher Gröpper DVBl 1969, 845; Tomuschat, Verfassungsgewohnheitsrecht, 1972; Wolff, Ungeschriebenes Verfassungsrecht unter dem Grundgesetz, 2000.
48 BVerwG NVwZ 1991, 673; 1991, 1074.
49 HmbVerfG NVwZ-RR 1998, 697 ff.

der gewohnheitsrechtlich geltenden Rechtsüberzeugung stünde zur Kompetenzverteilung des Grundgesetzes in Widerspruch.[50]

Beispiele: Der in §§ 74, 75 der Einleitung zum PrALR positivrechtlich enthaltene Grundsatz, dass der Staatsbürger für ein ihm vom Staat abverlangtes Sonderopfer angemessen entschädigt werden muss **(allgemeiner Aufopferungsgrundsatz)** hat den Charakter eines in der ganzen Bundesrepublik geltenden gewohnheitsrechtlichen Satzes.[51] Der Grundsatz der **Verhältnismäßigkeit** wird aus dem Rechtsstaatsprinzip abgeleitet und hat Bundesverfassungsrang.[52] Die **clausula rebus sic stantibus** ist ungeschriebener Bestandteil des Bundesverfassungsrechts.[53] Sie kann aber heute auch über eine analoge Anwendung des § 313 BGB argumentiert werden. Der Grundsatz der **Verwirkung** ist Landesgewohnheitsrecht, wenn er zur Ergänzung von geschriebenem Landesrecht (zB Baurecht) herangezogen wird.[54]

20 Gewohnheitsrecht wird nur durch Eingreifen des Gesetzgebers oder durch die Bildung eines entgegenwirkenden ungeschriebenen Rechtssatzes außer Kraft gesetzt.[55]

4. Observanz

21 Die sog. **Observanz** (Herkommen) ist Gewohnheitsrecht mit örtlich begrenztem (idR gemeindlichem) Geltungsbereich. Sie kann gesetztes Recht desselben Geltungsbereichs derogieren (zB Ortsstatute, kommunale Satzungen), Recht weiteren Geltungsbereiches (zB für den ganzen Staat geltende Gesetze und Verordnungen) hingegen nur ergänzen oder ausfüllen, sofern dieses eine observanzmäßige Änderung ausdrücklich zulässt. Die Observanz wird insbesondere vor dem Hintergrund des Vorbehaltes des Gesetzes kritisch gesehen.[56]

Ältere Beispiele der Observanz: Holznutzungsrechte der Bürger am Gemeindewald,[57] Torfnutzungsrechte am Gemeindemoor und Bierbezugsrechte an der Gemeindebrauerei, Gemeingebrauch und Unterhaltungspflicht an Wegen[58] und Wasserläufen,[59] Unterhaltung der kirchlichen Gebäude durch eine Gemeinde,[60] Patronatsbaupflicht.[61]

22 Die Observanz ist nicht mit dem im Wasser- und Wegerecht gebräuchlichen Rechtsinstitut der sog. **unvordenklichen Verjährung** identisch. Ähnlichkeit besteht nur insoweit, als ein Weg, der über eine lange Zeit von jedermann benutzt wurde, als ordnungsgemäß gewidmet gilt. Im Gegensatz zum klassischen Gewohnheitsrecht wird jedoch lediglich eine Vermutung begründet, dass die Widmung in gehöriger Weise stattgefunden hat. Insoweit handelt es sich aber nur um eine Beweiserleichterung[62] (→ § 36 Rn. 21).

---

[50] BVerfGE 61, 149 (203 f.).
[51] BVerwGE 4, 6 (15); BGHZ 6, 270 (275); 16, 374; 90, 17 (29); OLG Frankfurt a. M. NJW 2003, 1465; Brüning JuS 2003, 1 f.
[52] BVerfGE 23, 127; BVerwG DÖV 1974, 58 (59).
[53] BVerfGE 34, 216; 34, 376; 42, 345.
[54] BVerwG VerwRspr. 23 (1972), 844; NVwZ 1998, 289; Troidl NVwZ 2004, 315 ff.; krit. de Wall, Die Anwendbarkeit privatrechtlicher Vorschriften im Verwaltungsrecht, 1999, S. 247.
[55] Vgl. auch BVerwG DVBl 1979, 116 (118).
[56] Voßkuhle/Eifert/Möllers GVwR I/Ruffert § 7 Rn. 121.
[57] VGH München BayVBl. 2003, 175.
[58] BVerwG DÖV 1957, 153 (154).
[59] NRWOVGE 10, 276 (280).
[60] OVG Münster DÖV 1976, 677; BVerwG DVBl 1979, 116; VerfGH NRW NVwZ 1982, 431.
[61] VGH München BayVBl. 1982, 689; vgl. im Übrigen Gröpper DVBl 1969, 945 mwN.
[62] BGH DÖV 1962, 906; KreisG Chemnitz LKV 1992, 342; VGH München BayVBl. 1998, 563 f. und BayVBl. 2004, 82 f.

5. Standesrichtlinien

Die **Standesrichtlinien** der freien Berufe sind kein Gewohnheitsrecht, weil sie auf einer gesetzlichen Ermächtigung beruhen[63] und als **Satzungsrecht** erlassen werden. Sie sind eine Erkenntnisquelle dafür, was im Einzelfall nach Auffassung angesehener und erfahrener Standesgenossen der Meinung der meisten Standesgenossen und der Würde des jeweiligen Standes in der Berufspraxis entspricht.[64] 23

V. Das Völkerrecht

Das Völkerrecht ist, wie die bisherigen Ausführungen zeigen, zunächst ein Sammelbegriff für unterschiedliche Rechtsquellen.[65] Denn es erfasst ua allgemeine Rechtsgrundsätze, Völkergewohnheitsrecht und Völkervertragsrecht (s. etwa Art. 38 I IGH-Statut). Unabhängig davon ist das **Völkerrecht** keine Rechtsquelle des nationalen Verwaltungsrechts, da die Völkerrechtsordnung kein Bestandteil der staatlichen oder einer supranationalen Rechtsordnung ist, vielmehr beide selbstständig nebeneinanderstehen **(Dualistische Theorie).** 24

Völkerrechtssätze können jedoch je nach den Bestimmungen der staatlichen Rechtsordnung durch **Inkorporation** (dh automatische Einverleibung bestimmter Arten von Rechtssätzen in ihrem jeweiligen Bestand) oder durch **Transformation** (dh spezielle Umformung vertraglicher und generelle Umformung gewohnheitsrechtlicher Völkerrechtssätze durch staatliche Rechtsetzungen) zugleich staatliches Recht werden und die Verwaltung binden. 25

VI. Das Richterrecht

1. Richterrecht mit Gesetzeskraft

Normenkontrollentscheidungen der Verfassungs- bzw. Staatsgerichtshöfe betr. die Ungültigkeit förmlicher Gesetze oder von Völkerrechtssätzen und die der Verwaltungsgerichtshöfe betr. die Ungültigkeit untergesetzlicher landesrechtlicher Rechtsquellen sind Rechtsquellen. Das folgt aus ihrer Rechtsnatur als **actus contrarius (sog. negative Gesetzgebung),** die teilweise ihren Niederschlag im Gesetz gefunden hat. So ist etwa von der **Gesetzeskraft** der Entscheidung und dem Erfordernis der **Publikation** in dem jeweiligen gesetzlichen Bekanntmachungsorgan die Rede (Art. 93 II GG iVm § 31 II BVerfGG; § 47 V VwGO). Auch die auf Gültigkeit der geprüften Rechtsquelle erkennende Entscheidung der Verfassungsgerichte hat Gesetzeskraft (s. zB § 31 II BVerfGG, nicht aber die der Verwaltungsgerichtshöfe; → § 28 Rn. 23 ff. und 26 ff.). Auf **Unionsebene** kann der EuGH über die Nichtigkeit von Verordnungen entscheiden und damit die Wirkung von Gesetzesrecht erzeugen (Art. 263 f. AEUV). 26

2. Richterrecht ohne Gesetzeskraft

Richterrecht ohne Gesetzeskraft entfaltet grundsätzlich nur unmittelbare Bindungswirkungen in Form der Rechtskraft zwischen den an einem Rechtsstreit Beteiligten und ihren Rechtsnachfolgern[66] so weit, wie über den Streitgegenstand entschieden 27

---

[63] Kluth, Funktionale Selbstverwaltung, 1997, S. 452 ff.
[64] BVerfGE 85, 97 (106).
[65] S. näher v. Arnauld VölkerR, Rn. 186 ff.
[66] S. näher Detterbeck, Streitgegenstand und Entscheidungswirkungen im öffentlichen Recht, 1995, S. 354 ff.

worden ist (vgl. § 121 VwGO). Darüber hinaus wirken gerichtliche Entscheidungen – vor allem wenn **Musterprozesse** geführt werden – mittelbar auf das künftige Handeln der Verwaltung ein. Sie sind nicht selten die eigentlich entscheidende Erkenntnisquelle für das Verwaltungshandeln. Die Verwaltung minimiert damit richtigerweise das **Staatshaftungsrisiko**.[67]

Beispiele: Folgenbeseitigungsanspruch;[68] Erstattungsanspruch;[69] Ausprägung des Aufopferungsgedankens.[70]

3. Richterrecht und Rechtsetzung

28 Für das Richterrecht ohne Gesetzeskraft stellt sich die umstrittene Frage, ob es als Rechtsquelle anzusehen und damit auch für das Handeln der öffentlichen Verwaltung entscheidend ist. Ablehnende Stimmen berufen sich zum einen auf die herkömmliche Auffassung, der Richter habe kein Recht zu setzen, sondern im Rahmen der Gewaltenteilung gem. Art. 20 III GG Recht anzuwenden (allgemein → § 20 Rn. 1 ff.). Zum anderen wird angeführt, die Rechtsprechung entscheide bei Streitigkeiten nur Einzelfälle, eine darüber hinausgehende Wirkung erzeuge sie nicht.[71] Diese Argumentation übersieht, dass das Richterrecht bereits in § 49 der Einleitung zum PrALR von 1794 eine Billigung gefunden hat. Ferner bindet Art. 20 III GG die Verwaltung auch an das „Recht". Recht kann auch durch die Rechtsprechung erzeugt werden, weil das Recht nicht mit der Gesamtheit der geschriebenen Gesetze identisch ist.[72] Teilweise geht der Gesetzgeber selbst davon aus, dass die Rechtsprechung zur **Fortbildung des Rechts** (§ 11 IV VwGO; § 80 I Nr. 1 OWiG; § 41 III SGG; § 132 IV GVG, § 11 IV FGO) und damit zur Rechtsetzung berufen ist. Zudem muss die Judikative auf Grund ihres Wächteramtes das Recht schützen, die soziale Gerechtigkeit konkretisieren und verwirklichen. Die Rechtsprechung ist aufgerufen, Lücken zu schließen, Wertungswidersprüche aufzulösen, besonderen Umständen des Einzelfalls Rechnung zu tragen[73] und Unzulänglichkeiten auszugleichen, die sich ua daraus ergeben, dass Gesetze einem Alterungsprozess unterworfen sind. Das Richterrecht hält das Recht also dynamisch und die Rechtsprechung darf die Rechtsgewährung nicht verweigern.[74] Die Bedeutung der Rechtsfortbildung verstanden als schöpferische Rechtsfindung[75] kann man auch daran erkennen, dass manche Entwicklungen in das positive Recht übernommen werden.

---

67 Voßkuhle/Eifert/Möllers GVwR I/Ruffert § 7 Rn. 119.

68 BVerwGE 94, 100 (103).

69 Weber JuS 1986, 29 ff.; OVG Magdeburg NVwZ-RR 2003, 830.

70 BVerfG NVwZ 1998, 271; Stangl JA 1998, 479.

71 Merten JURA 1981, 236 (244).

72 BVerfGE 34, 269 (285 ff., 291); Zippelius Methodenlehre, § 13 III; Bumke, Richterrecht zwischen Gesetzesrecht und Rechtsgestaltung, 2012.

73 BVerfG NJW 2012, 669 f.

74 Röhl/Röhl, Allgemeine Rechtslehre, 3. Aufl. 2008, § 72; BVerfGE 34, 269 (285); 65, 190; 71, 354 (362); 82, 6 (12); 88, 145; s. näher und zu einer Typologie des Richterrechtes Isensee/Kirchhof StaatsR-HdB V/Ossenbühl, § 101 und zu den Prinzipien der Fortbildung v. Bogdandy NJW 2010, 1 ff.

75 BVerfG NJW 2012, 669 f.

Das gilt auch für die **Rechtsfortbildung des Unionsrechts,** die immanent in der Formulierung des Art. 19 I EUV angelegt ist,[76] wonach der EuGH „die Wahrung des Rechts" sichert.[77] 29

Beispiele: Anordnung der unmittelbaren Wirksamkeit von Unionsrichtlinien;[78] Staatshaftung als Bestandteil des Unionsrechts.[79]

Hinsichtlich der Entscheidungen des EGMR wird angenommen, dass sie über den entschiedenen Fall hinaus eine normative Leitfunktion besitzen können, an der sich die Vertragsstaaten zu orientieren haben.[80] 30

Die **Grenzen des Richterrechts** ergeben sich daraus, dass sich die Rechtsfindung weder auf rechtspolitische Erwägungen noch auf eine Wertvorstellung des Spruchkörpers stützen darf.[81] Auch eine **Rechtsfortbildung contra legem** widerspricht der Gesetzesbindung.[82] Vielmehr hat das BVerfG zutreffend festgestellt, dass richterliche Rechtsfortbildung nicht dazu führen darf, dass der Richter seine eigene materielle Gerechtigkeitsvorstellung an die Stelle derjenigen des Gesetzgebers setzt.[83] 31

VII. Gesetze im materiellen und formellen Sinne

Neben den ungeschriebenen stehen die **geschriebenen Rechtsquellen,** die nach unterschiedlichen Gesichtspunkten eingeteilt werden. Zum einen kann man auf Grund der bisher vorgenommenen Systematisierung nach Gesetzen im materiellen und im formellen Sinne trennen (→ § 20 Rn. 21 ff., → § 24 Rn. 5 ff.). **Förmlichkeit und Schriftlichkeit** dienen vornehmlich der **Rechtssicherheit.** 32

1. Systematisierung nach der Geltungskraft und den Verfassungsorganen

Nach der Geltungskraft ragen die **Verfassungsgesetze** insofern hervor, als sie nicht durch einfaches Gesetz, sondern nur in besonderer Weise abgeändert werden können, etwa über Textänderungen durch idR doppelt qualifizierte Mehrheit (Art. 79 I, II GG; Art. 64 II BWVerf; Art. 69 I NRWVerf; Art. 74 II SächsVerf) oder durch Volksentscheid (Art. 64 III BWVerf; Art. 74 III SächsVerf). Hierher gehört auch das **primäre Unionsrecht.** Es dient als Ermächtigungsgrundlage zum Erlass von Rechtsakten, die dem sekundären oder tertiären Unionsrecht zugerechnet werden. 33

Nach dem **Verfassungsorgan,** dessen Beschlussfassung für die Gesetzessanktion entscheidend ist, lässt sich differenzieren: 34

– **Volksbeschlossene Gesetze** sind solche, bei deren Zustandekommen das Volk unmittelbar durch **Volksentscheid** mitgewirkt hat. Im GG sind sie bewusst aus-

---

[76] S. näher Koenig/Sander, Einführung in das EG-Prozessrecht, 1997, S. 5 ff.; v. Danwitz, Verwaltungsrechtliches System und Europäische Integration, 1996, S. 132 ff.; Hummer/Obwexer EuZW 1997, 295 ff.; Everling JZ 2000, 217 ff.; Bultmann JZ 2004, 1100 ff.; Hager, Rechtsmethoden in Europa, 2008.

[77] Ebenso Voßkuhle/Eifert/Möllers GVwR I/Ruffert § 7 Rn. 120, dort auch mit geäußerter Sorge um Kompetenzüberschreitung des EuGH.

[78] BVerfGE 75, 223 (241 ff.).

[79] EuGH EuZW 1994, 182 ff. und EuZW 1996, 205 ff.

[80] BVerwG NVwZ 2000, 810 f.

[81] BVerfGE 38, 386 (396).

[82] S. auch Stern StaatsR II, 581 ff.; Ipsen, Richterrecht und Verfassung, 1975, S. 236; BVerfGE, 82, 6 (12); BVerfGE 98, 49 (59).

[83] BVerfG NJW 2011, 836 ff.

geschlossen, in einigen Landesverfassungen jedoch obligatorisch für Verfassungsänderungen oder fakultativ für einfache Gesetze vorgesehen. Sie können von der während des Volksentscheids bestehenden Volksvertretung nicht abgeändert werden.
- Von der **Volksvertretung** beschlossene Gesetze sind die im normalen Gesetzgebungswege zustande gekommenen Gesetze. Bundesgesetze, durch die wesentliche Interessen der Länder berührt werden, bedürfen nach dem GG der Zustimmung des Bundesrats (sog. **„Zustimmungsgesetze“**).
- Von der **Bundesregierung** mit Zustimmung des **Bundesrates** beschlossene Gesetze sind die im Gesetzgebungsnotstand nach Art. 81 GG zustande gekommenen Gesetze.
- Von dem **Europäischen Parlament** und dem **Rat** gemeinsam beschlossene Unionsverordnungen und Unionsrichtlinien (Art. 289 iVm 294 AEUV).

2. Systematisierung nach Bundes-, Landes- und Unionsrecht

a) Bundes- und Landesrecht

35 Im Bundesstaat sind ferner zu unterscheiden: **Bundesgesetze und Landesgesetze.** Als Bundesgesetze gelten auch ältere Reichsgesetze sowie Reichsrecht abändernde und inhaltsgleiche Landesgesetze, sofern sie Gegenstände der Bundesgesetzgebung (Art. 73–74 GG) betreffen (Art. 123–127 GG). Älteres Reichs- und Landesrecht gilt dagegen als Landesrecht fort, soweit es nicht Gegenstände der Bundesgesetzgebung betrifft. Landesrecht sind auch die Gesetze, die die Länder gemäß Art. 71 GG im Bereich ausschließlicher Gesetzgebungskompetenz des Bundes erlassen.[84] Das frühere **Recht der DDR** gilt teilweise als Bundesrecht und als Landesrecht fort (Art. 8 f. EinigVtr).

b) Unionsrecht

36 Nach dem **Unionsrecht** sind zu trennen: **Unionsverordnungen** und **Unionsrichtlinien** einerseits (Art. 288 AEUV) sowie **Delegierte Rechtsakte** und **Durchführungsvorschriften** (Art. 290 f. AEUV) andererseits. Sie bilden zusammengenommen das aus dem Primärrecht der Unionsverträge abgeleitete **Sekundär- und Tertiärrecht**.[85] Die Unionsverordnung hat allgemeine Geltung, ist in allen ihren Teilen verbindlich und gilt unmittelbar in jedem Mitgliedsstaat. Demgegenüber ist die Unionsrichtlinie nur hinsichtlich des zu erreichenden Ziels verbindlich. Im Übrigen überlässt sie den innerstaatlichen Stellen die Wahl und Form der Mittel. Unterhalb dieses Sekundärrechts stehen **Delegierte Rechtsakte** sowie **Durchführungsrechtsakte** iSv Art. 290 f. AEUV.

36a Bestandteil des Primärrechts sind auch die EU-GRCh (Art. 6 I EUV) sowie die den Verträgen im gegenseitigen Einvernehmen der Mitgliedstaaten beigefügten **Protokolle** (Art. 51 EUV). Dabei handelt es sich um Nebenurkunden, die lediglich aus sachlichen und organisatorischen Gründen von den Hauptverträgen getrennt sind.[86] Protokollcharakter haben insbesondere die **Satzungen der Union** (s. etwa die Satzung des ESZB gemäß Art. 129 IV AEUV).

[84] S. Rudolf AöR 88 (1963), 159 ff.
[85] Voßkuhle/Eifert/Möllers GVwR I/Ruffert § 7 Rn. 31 ff.
[86] S. Rudolf AöR 88 (1963), 159 ff.

Die **Charta der Grundrechte der Europäischen Union (GRCh)** ist wegen ihrer rechtlichen Verbindlichkeit sowohl eine Rechtserkenntnisquelle als auch Auslegungsmaßstab für unionsrechtliche Handlungen und deren Durchführungsmaßnahmen (Art. 6 I EUV). 37

VIII. Rechtsverordnungen

1. Begriff und Bedeutung

Rechtsverordnungen sind in bestimmter Form hoheitlich einseitig erlassene, abstrakte und meist generelle Anordnungen von Regierungs- oder Verwaltungsorganen zur Regelung des allgemeinen staatlichen Gewaltverhältnisses mit materiellem Gesetzescharakter (Art. 80 GG). Sie sind nicht zu verwechseln mit **Verordnungen der Union** iSd Art. 288 AEUV. 38

Rechtsverordnungen spielen als Rechtsgrundlagen für die Verwaltung als „Breitensteuerungsinstrument“[87] und als „Standardinstrument“[88] eine große Rolle. Sie werden – rein zahlenmäßig – häufiger als Gesetze erlassen, um die Gesetze zu konkretisieren. So sind zum BImSchG über 40 Rechtsverordnungen ergangen. 39

Rechtsverordnungen gewinnen in der Praxis zunehmende Bedeutung, weil sie gegenüber dem Gesetz mehrere Vorteile aufweisen[89]: 40

- **Vereinfachtes Rechtsetzungsverfahren,** weil das komplizierte formelle Gesetzgebungsverfahren entfällt;
- **Entlastung des Gesetzgebers** durch Beschränkung auf Rahmengesetze. Die Verwaltung erlässt Rechtsvorschriften zu Detailfragen und fachspezifischen Besonderheiten;
- **Schnellere Anpassungsfähigkeit** bei veränderten Bedürfnissen iSe Neu- und Nachsteuerung;
- Nutzbarmachung der Fachkenntnisse der Verwaltung;
- **Nutzbarmachung des nichtstaatlichen Sachverstandes**[90] im Sinne kreativer Lösungen komplizierter Regelungsprobleme.

Durch die Regelung staatlicher Angelegenheiten unterscheiden sich Rechtsverordnungen von den Satzungen unterschiedlicher Körperschaften (→ § 25 Rn. 55). Rechtsverordnungen können auch von kommunalen Organen im **übertragenen Wirkungskreis** (so etwa nach Art. 42 BayLStVG) oder kraft **Institutionsleihe,** also als staatliche Angelegenheit idR unter Mitwirkung der staatlichen Aufsichtsbehörde erlassen werden. 41

2. Ermächtigung

Als Rechtsetzungen der Gubernative oder Administrative und als gesetzesakzessorische Rechtsquelle[91] bedürfen die Rechtsverordnungen im funktionengliedernden demokratischen Staat einer gültigen legislativen Ermächtigung. Durch sie wird ein oder werden mehrere individuell oder der Art nach bestimmte unmittelbare oder mittelbare Staatsorgane berechtigt (zuständig), für dort bezeichnete Zwecke angebrachte 42

---

[87] FS Stern, 2012/Schmidt-Aßmann, 45, 753.
[88] FS Vogel, 2000/Schmidt-Aßmann, 477.
[89] Zustimmend Kluth/Krings, Gesetzgebung/Uhle, 2014, § 24 I 3 und 4.
[90] S. näher Pünder, Exekutive Normsetzung, 1995, S. 203, 234 ff.
[91] v. Bogdandy, Gubernative Rechtsetzung, 2000, S. 304 ff.

abstrakte und generelle Anordnungen zu treffen, insbesondere Gesetze durchzuführen oder anzuwenden. Die Ermächtigung kann in der Verfassung selbst oder in einem förmlichen Gesetz allgemein (zB Art. 110 HessVerf, Art. 60 NRWVerf, Art. 75 SächsVerf) oder für bestimmte Materien erteilt werden.

43 Nach den schlechten Erfahrungen mit der weit gespannten Ermächtigung des Reichspräsidenten zum Erlass von Rechtsverordnungen in Art. 48 WRV und mit der Verordnungspraxis der nationalsozialistischen Regierung, fordern Art. 80 I 2 GG und die landesrechtlichen Entsprechungen, dass Inhalt, Zweck und Ausmaß der der Bundesregierung, einem Bundesminister oder den Landesregierungen durch Gesetz erteilten Rechtsetzungsbefugnis im Gesetz selbst bestimmt werden. Diese Klausel soll einen **Missbrauch der Rechtsetzungsmacht** durch die Verwaltung ausschalten. Die Rechtsprechung lässt es zwar einerseits genügen, dass die sicherlich erforderliche Bestimmtheit der Ermächtigung dem Sinnzusammenhang, insbesondere der Zweck aus dem „Programm" des Gesetzgebers vom Verordnungsgeber deutlich entnommen werden kann. Sie folgert aber andererseits aus dem Rechtstaatsprinzip, dass die Voraussetzungen etwaiger Strafbarkeit, von Eingriffen in die Grundrechtssphäre, von Erlaubnisvorbehalten und von Ansprüchen nicht nur – wie zutreffend – im Gesetz selbst begrenzt, sondern auch, dass alle Ermächtigungen dermaßen bestimmt werden, dass von den Betroffenen voraussehbar ist, in welchen Fällen, mit welcher Tendenz und mit welchem Inhalt die ermächtigte Verordnung erlassen werden wird.[92] Im Schrifttum wird die „Erblast" des Art. 80 GG kritisiert und darauf abgehoben, es gäbe kein Rechtsetzungsmonopol des Parlaments. Diese Ansicht ist zutreffend, weil das Verordnungsrecht im Gesamtgefüge des Grundgesetzes betrachtet werden muss, das der Exekutive einen eigenen Handlungsrahmen zubilligt.[93] Gleichwohl besteht Einigkeit, dass es dem Parlament aufgegeben ist, **wesentliche Rechtsentscheidungen** selbst zu treffen. Dieser Gedanke wurde auch für den **EU delegierten Rechtsakt** ausdrücklich in Art. 290 I AEUV aufgenommen.[94]

44 Die Ermächtigung zum Erlass von Rechtsverordnungen enthält regelmäßig auch die zu ihrer **Änderung oder Aufhebung.** Die Ermächtigung zur Rechtsetzung enthält nicht die zu ihrer **Delegation.** Sie muss besonders ausgesprochen werden. Die Ausübung der Ermächtigung kann zwingend vorgeschrieben, kann befristet und kann an die Zustimmung anderer Organe, zB des Bundesrats, des Bundestages bzw. des Landtages oder eines Ausschusses, der Aufsichtsbehörde oder an deren **Anhörung** gebunden sein.[95]

44a Die Ermächtigung muss vor der Ausfertigung der Verordnung in Kraft getreten sein.[96]

3. Rang und derogative Kraft von Verordnungen

45 Nach Rang und derogatorischer Kraft sind unterschieden die gesetzeskräftigen, die beschränkt gesetzesändernden und die untergesetzlichen Verordnungen. Eine Er-

[92] BVerfGE 1, 60; 8, 307; 10, 99; 19, 361 f.; 20, 270; 41, 251; 78, 249 (272); BVerwGE 116, 347 (349).
[93] FS Vogel, 2000/Schmidt-Aßmann, 477 (483 ff.).
[94] Mehde VVDStRL 71 (2012), 418 (429 ff.).
[95] S. zB BVerfGE, 8, 322; → § 28 Rn. 1 ff.
[96] So BVerfG ZBR 1972, 248 mAnm Millack.

mächtigung kann sich zunächst auf Abweichungen von geltenden förmlichen Gesetzen erstrecken. Das kann in Rechtssätzen von Verfassungsrang geschehen, nach denen Verordnungen **„mit Gesetzeskraft"** erlassen werden dürfen. Solche unbeschränkt gesetzesändernden Verordnungen werden oft auch **„gesetzesvertretend"** genannt.

Beispiel: Gem. Art. 115k I GG die auf Grund außerordentlicher Bundesgesetze im Verteidigungsfalle ergehenden Rechtsverordnungen.

46 Es kann aber auch ein Gesetz zu Abweichungen von einzelnen gesetzlichen Bestimmungen durch eine **beschränkt gesetzesändernde Verordnung** ermächtigen.[97] Insbesondere bei den genannten Ermächtigungen ist zu berücksichtigen, dass Rechtsverordnungen lediglich abgeleitete Rechtsquellen sind. Sie sind nur mittelbar demokratisch legitimiert und dürfen als Rechtsetzung der „vollziehenden Gewalt" nur ausnahmsweise mit Gesetzeskraft bzw. mit gesetzesändernder Wirkung erlassen werden.

4. Inhaltliches Verhältnis von Verordnung und Gesetz

47 Nach dem inhaltlichen Verhältnis zu dem ermächtigenden Gesetz sind zu unterscheiden die gesetzesvertretenden, die gesetzesergänzenden, die gesetzdurchführenden und die gesetzanwendenden Verordnungen. Erschöpft sich das Gesetz in der Erteilung einer Ermächtigung zu abstrakten und generellen Regelungen, die zur Erreichung eines enger oder weiter umrissenen Zwecks angebracht sind, ohne selbst eine materielle Regelung zu enthalten (sog. **Ermächtigungsgesetze**), so sind die daraufhin erlassenen Verordnungen insoweit **gesetzesvertretend,** als sie inhaltlich die Funktion eines Gesetzes erfüllen. Die **gesetzesergänzenden Verordnungen** wiederum ergänzen ein bestimmtes Gesetz, das seinen Gegenstand im Wesentlichen bereits geregelt hat. Sie müssen sich dessen Zweck, Sinn und System einpassen, können aber innerhalb dieses Rahmens neue Verpflichtungen und Berechtigungen statuieren.

48 Die weitaus meisten der von Regierungen oder Ministern erlassenen Verordnungen ergehen deshalb je zur Durchführung eines bestimmten Gesetzes. Solche **gesetzesdurchführenden Verordnungen** enthalten keine neuen Verpflichtungen, sondern spezialisieren nur diejenigen, die bereits auf Grund des ermächtigenden Gesetzes und anderer Gesetze bestehen. Sofern sie zur Durchführung eines Bundesgesetzes in einem Lande dienen, werden sie **„Ausführungsverordnungen"** genannt.

49 Die **gesetzanwendenden Verordnungen** wenden selbst ein Gesetz an, welches die in ihm für zuständig erklärten Verwaltungsorgane ermächtigt, unter bestimmten Voraussetzungen, Folgen und Formen weit oder eng umschriebene Zwecke nach Bedarf in Anpassung an die verschiedenen örtlichen oder zeitlichen Gegebenheiten durch abstrakte und generelle Gebote oder Verbote zu erreichen. Die gesetzanwendenden Verordnungen sind daher funktional Mittel der Verwaltung und unterscheiden sich von der Anwendung des Gesetzes in konkreten Fällen nur durch ihre abstrakte Form. Deshalb können sie allerdings auch Pflichten auferlegen, die allein auf Grund des Gesetzes noch nicht bestehen.

49a Gesetzanwendende Verordnungen beruhen auf einer **Generalermächtigung,** wenn der Zweck, dem sie zu dienen haben, allgemein umschrieben ist (zB zur Gefahrenabwehr) und die Art der zulässigen Anordnung dem Ermessen des zum Erlass der

[97] S. Peter AöR 92 (1967), 357 ff.; Isensee/Kirchhof StaatsR-HdB V/Ossenbühl, § 103; Stern StaatsR II, § 38 II 2; BVerfGE 22, 180 (214).

Verordnung zuständigen Organs anheimgestellt ist (zB Verbot bestimmter, gefährdender Verhaltensweisen). Derartige Generalermächtigungen werden erteilt, weil der Gesetzgeber nicht alle Gefahrenquellen voraussehen und rechtzeitig in der bestmöglichen Weise Vorsorge treffen kann. Sie beruhen auf einer **Spezialermächtigung,** wenn der Zweck, dem sie zu dienen haben (zB Verhütung übertragbarer Krankheiten) oder auch die Art zulässiger Anordnungen (zB zum Schutz vor schädlichen Einwirkungen) genauer vorgeschrieben ist.

50 Ist der Erlass einer gesetzanwendenden Verordnung im öffentlichen Interesse geboten, so kann er von der Fachaufsichtsbehörde oder, wenn ein kommunales Organ zuständig ist, von der Rechtsaufsichtsbehörde angeordnet werden. Ist eine diesbezügliche Aufforderung erfolglos, so kann teilweise eine sog. **Ersatzverordnung** erlassen (oktroyiert) werden (vgl. zB § 8 III SächsPBG).

5. Verordnung und Erlassorgan

51 Nach dem zum **Erlass ermächtigten Organ** sind zu unterscheiden: Regierungs- und Ministerial-Verordnungen, Verordnungen des Regierungspräsidenten, der Ordnungsbehörde, des Polizeipräsidenten uÄ. Die einer Landesregierung erteilte Ermächtigung kann von dieser einem Minister – auch mit Subdelegationsrecht – übertragen werden.

52 Im Bundesstaat gibt es **Verordnungen des Bundes und Verordnungen der Länder.** Verordnungen, zu deren Erlass der Bund eine Landesregierung gem. Art. 80 GG ermächtigt, sind Landesrecht.[98]

6. Formelle Rechtsverordnungen

53 Wie es nur formelle Gesetze gibt, so gibt es auch Verordnungen, die nur der gesetzlich geforderten Form, nicht aber ihrem Inhalt nach Rechtsverordnungen sind. Dies ist dann der Fall, wenn durch Verordnung ein oder mehrere konkrete Einzelfälle zu regeln sind.

Beispiele: Einteilung in Bezirke und Kreise gem. Art. 9 II BayVerf; Gebietsänderungen.

IX. Delegierte Rechtsakte und Durchführungsakte

54 Das auf EU-Ebene neugeschaffene Rechtsinstitut **„delegierte Rechtsakte"** (delegated acts Art. 290 ff. AEUV) entspricht sachlich weitgehend den eben behandelten deutschen Rechtsverordnungen.[99] Denn delegierte Rechtsakte eines Verwaltungsorgans beruhen auf einer Ermächtigung, gelten allgemein ohne (formellen) Gesetzescharakter zu besitzen und betreffen nicht wesentliche Vorschriften der zugrundeliegenden Gesetzgebungsakte, die dem Parlament vorbehalten bleiben (Art. 289 III AEUV). Ferner werden wie in Art. 80 I GG Ziele, Inhalt, Geltungsbereich und Dauer der Ermächtigung in dem jeweiligen Gesetzgebungsakt festgelegt und diese Rechtsakte haben die Funktion, Parlament und Rat von Detailregelungen zu entlasten.[100] Schließlich müssen die erlassenen Rechtsakte die Bezeichnung „delegiert" tragen (Art. 290 III

[98] S. BVerfGE 1, 126; DÖV 1965, 418; BVerwG DVBl 1965, 565; VerfGH Bayern DVBl 1963, 101; HessStGH DÖV 1970, 132.

[99] S. näher Sydow JZ 2012, 157 ff.; Möstl DVBl 2011, 1076 ff.; Haselmann, Delegation und Durchführung gemäß Art. 290 und 291 AEUV, 2012.

[100] Stelkens VVDStRL 71 (2012), 369 (400).

AEUV). Art. 291 II AEUV gestattet hingegen lediglich den Erlass von **Durchführungsrechtsakten** (implementing acts Art. 291 IV AEUV), sofern es einheitlicher Bedingungen für die Durchführung verbindlicher Rechtsakte der Union bedarf. Voraussetzung ist nach Art. 291 III AEUV, dass im Voraus allgemeine Regeln und Grundsätze festgelegt werden, nach denen die Mitgliedsstaaten die Wahrnehmung der Kommissionsbefugnisse kontrollieren.[101] Das bedeutet, dass Durchführungsrechtsakte eine Durchbrechung des Subsidiaritätsprinzips iSd Art. 5 I EUV sind. Rechtshierarchisch betrachtet handelt es sich aus Unionsperspektive jeweils um **tertiäres Recht,** wenngleich diese Rechtsakte auch in Form einer **Unionsverordnung** oder **Unionsrichtlinie** erlassen werden können. Teilweise wird vertreten, Durchführungsrechtsakte ähnelten Verwaltungsrichtlinien.[102]

X. Öffentlich-rechtliche Satzungen

1. Begriff und Abgrenzung zu Geschäftsordnungen

Öffentlich-rechtliche Satzungen sind in der Regel abstrakte und generelle in bestimmter Form hoheitlich einseitig erlassene Rechtsetzungen eigenständiger, dem Staate eingeordneter Verbände, insbesondere der kommunalen und funktionalen Selbstverwaltung zur Regelung ihrer eigenen (also nicht unmittelbar staatlichen) Angelegenheiten im Rahmen der ihnen verliehenen **Autonomie** mit Wirksamkeit für die ihnen angehörenden und unterworfenen Personen. Die Einräumung dieser Autonomie zielt auf eine **Dezentralisierung** der Rechtsetzung.[103] Als Satzungen gelten auch die selbst gesetzten innerorganisatorischen Zuständigkeitsordnungen kollegialer Organe von Anstalten und von Stiftungen.[104] 55

2. Satzungsziele und Satzungsermächtigung

Viele Rechtsverhältnisse in der Praxis werden durch Satzung geregelt. Damit sollen folgende Ziele erreicht werden.[105] 56
- **Entlastung des Gesetzgebers** von sachlichen und örtlichen Gegebenheiten;[106]
- **Schnellere Anpassung** an veränderte Verhältnisse;
- **Aktivierung gesellschaftlicher Kräfte** mit dem Ziel der eigenverantwortlichen Regelung sie selbst betreffender Angelegenheiten;[107]
- Nutzbarmachung von Fachkunde;
- Verringerung des Abstandes zwischen Normgeber und Normadressat;[108]
- Beteiligung an der Verwaltung.[109]

Satzungen bedürfen als abgeleitete Rechtsgrundlagen einer gesetzlichen Ermächtigung. Art. 80 I 2 GG gilt für Satzungen nicht.[110] Denn es ist ein erheblicher Unter- 57

---

101 S. dazu näher die KomitologieVO (EU) 182/2011 v. 16.2.2011.
102 Möstl DVBl 2011, 1076 (1081).
103 S. auch Röhl/Röhl, Allgemeine Rechtslehre, 3. Aufl. 2008, § 69 IV; Kluth/Krings, Gesetzgebung/Geis, 2014, § 25 II 2.
104 S. BVerfGE 10, 20; 12, 325; 21, 62; 32, 361; 33, 125 (156).
105 BVerfGE 33, 125 (156); s. auch GS Martens, 1987/Badura, 25 ff.
106 BVerwGE 6, 247; BVerfGE 33, 125 (156).
107 BVerfG NJW 1972, 1506; NVwZ 2002, 851.
108 BVerfG NVwZ 2002, 851.
109 BVerfG NVwZ 2002, 851.
110 S. auch BVerwG VerwRspr. 17 (1966), 33; BVerfG DÖV 1967, 200.

schied, ob der Gesetzgeber seine – prinzipiell unbeschränkte und allen Bürgern gegenüber wirksame – Normsetzungsbefugnis an eine Stelle der bürokratisch hierarchisch organisierten staatlichen Exekutive abgibt oder ob er einen bestimmten Kreis von Bürgern auf der Grundlage des **Selbstverwaltungsprinzips** ermächtigt, ihre eigenen Angelegenheiten durch demokratisch gebildete Organe (zB Gemeinderat nach Art. 28 I 2 GG) zu regeln.[111] Deshalb reicht es aus, wenn die Rechtsetzungsmacht pauschal eingeräumt wird.

58 Der Gesetzgeber darf sich aber aus rechtsstaatlichen und demokratischen Erwägungen seiner Rechtsetzungsbefugnis nicht völlig entäußern. Das gilt insbesondere, wenn die Autonomieverleihung nicht nur das Recht zu eigenverantwortlicher Wahrnehmung der übertragenen Aufgaben einräumt, sondern zugleich zu **Eingriffen in den Grundrechtsbereich** ermächtigt. Hier gewinnt wieder der Grundsatz des Parlamentsvorbehaltes an Bedeutung. Es ist daher eine besondere Ermächtigung erforderlich.[112]

Beispiele: Die „statusbildenden" Bestimmungen des Facharztwesens (Voraussetzung der Facharztanerkennung, zugelassene Fachrichtungen, Mindestdauer der Ausbildung, Verfahren der Anerkennung und die Gründe für eine Zurücknahme der Anerkennung) muss der Gesetzgeber selbst treffen.[113] Besondere Ermächtigungen finden sich wegen des Anschluss- und Benutzungszwangs in den Gemeindeordnungen und wegen der Abgaben in den Kommunalabgaben- und Kammervorschriften.

59 Da die Autonomie Grundlage und Grenze des Satzungserlasses ist, bleibt unklar, ob und inwieweit Satzungen auch Externe binden. Teilweise wird darauf abgestellt, Effizienzerwägungen könnten die fehlende Autonomie ersetzen.[114] Diese Ansicht ist abzulehnen, weil die Gefahr besteht, dass das ökonomisch motivierte Effizienzkriterium beliebig eingesetzt wird.

3. Satzungen und Verordnungen

60 Von den Verordnungen unterscheiden sich Satzungen dadurch, dass sie regelmäßig aus einer vom Staat eingeräumten **eigenen Rechtsetzungsgewalt** des Verbandes (sog. **Autonomie** – Art. 28 II GG) und nicht aus delegierter staatlicher Rechtsetzungsgewalt hervorgehen. Autonome Satzungen werden in Ausübung eines subjektiven öffentlichen Rechts, Verordnungen in Wahrnehmung einer delegierten staatlichen Kompetenz erlassen.

4. Formelle, obligatorische und fakultative Satzungen

61 Wie Gesetze und Verordnungen gibt es auch **Satzungen im nur formellen Sinne.** Das gilt etwa für den gemeindlichen Haushaltsplan, der für die Führung der Haushaltswirtschaft verbindlich ist und weder Ansprüche noch Verbindlichkeiten begründet (§ 79 III NRWGO). Ferner kann man **obligatorische** und **fakultative Satzungen** trennen.

Beispiele: Obligatorische Satzungen, also Satzungen, die vom Satzungsträger erlassen werden müssen, sind die Haushaltssatzung, die Satzung über die öffentlichen Bekanntmachungen und gemeindliche Sat-

---

[111] BVerfGE 33, 125 (157 ff.); Schoch NVwZ 1990, 803; Kluth, Funktionale Selbstverwaltung, 1997, S. 369 ff.; OVG Lüneburg NuR 1998, 495.

[112] BVerwGE 6, 250; BGHZ 40, 355; VGH Mannheim DVBl 1993, 778; Isensee/Kirchhof StaatsR-HdB V/Ossenbühl, § 105 Rn. 26; Kluth, Funktionale Selbstverwaltung, 1997, S. 489 ff.

[113] BVerfGE 33, 125 (163).

[114] So Petersen NVwZ 2013, 841 ff.

zungen über den Anschluss- und Benutzungszwang. Fakultative Satzungen sind Bebauungspläne, Satzungen über Veränderungssperren, Sanierungssatzungen.

Als Verbandsrecht wendet sich die Satzung idR nur an die **Verbandsangehörigen,** kann aber, soweit die Ermächtigung es zulässt, auch Verpflichtungen und Berechtigungen für Nicht-Angehörige begründen. 62

5. Bewehrung und Genehmigung von Satzungen

Kommunale Satzungen können **bewehrt** sein. 63

Beispiele: Art. 28 BayGO (Ersatzvornahme und Geldbuße gem. OWiG).

Öffentlich-rechtliche autonome Satzungen bedürfen manchmal aufsichtlicher **Genehmigung.** 64

Beispiele: Gebühren- und Beitragsordnungen (§ 11 II IHKG).

Die Genehmigung ist nur eine Wirksamkeitsvoraussetzung. Rechtsmängel der Satzung werden durch sie nicht geheilt. Die Erteilung oder Versagung der Genehmigung ist gegenüber dem Satzungsgeber ein Verwaltungsakt, gegenüber Dritten aber eine Beteiligung an fremder Rechtsetzung.[115] Sie entfalten deshalb keine unmittelbare Rechtswirkung gegenüber Dritten.[116] Zahlreiche Genehmigungserfordernisse wurden in den letzten Jahren abgebaut. Der Wegfall der Genehmigungspflicht ist ein Beitrag zur Verwaltungsvereinfachung, zur **Deregulierung,** zur Entbürokratisierung und zur Stärkung der Satzungsautonomie. Teilweise besteht auch eine **Anzeige- oder Vorlagepflicht.** Auf diese Weise ist sichergestellt, dass die Aufsichtsbehörde von den Satzungsaktivitäten Kenntnis erhält und eine Rechtskontrolle durchführen kann. 65

XI. Rechtsvereinbarungen

Rechtsvereinbarungen sind vertragsförmig, dh durch übereinstimmende, auf einen gemeinsam gewollten Erfolg gerichtete Willenserklärungen zustande gekommene Einigungen einer nicht organisierten Mehrheit von Trägern öffentlicher Verwaltung über eine allgemeine Regelung einer unbestimmten Vielheit zukünftiger Fälle. Sie sind Rechtsquellen, wenn und soweit sie abstrakte Regelungen mit Verbindlichkeit nicht nur für die beteiligten Hoheits- und (seltener) Zivilpersonen, sondern auch für Dritte, insbesondere für die Mitglieder einer beteiligten öffentlich-rechtlichen Körperschaft bzw. die Destinatäre einer beteiligten öffentlich-rechtlichen Anstalt oder Stiftung enthalten. Rechtsvereinbarungen sind Ausdruck des **Kooperationsprinzips** und Ausfluss der Kooperationshoheit sowie der Verwaltungsautonomie. Sie überwinden starre Staats- und Verwaltungsgrenzen und sind ein modernes Instrument regionaler Zusammenarbeit. Dementsprechend weit ist ihr Anwendungsbereich. Sie kommen vor als **zwischenstaatliche** und **grenznachbarschaftliche Vereinbarungen** iSv Art. 24 I a GG.[117] Ferner gewinnen sie zunehmende Bedeutung im **zwischengemeindlichen** und **zwischenkammerlichen Sektor.** 66

---

[115] S. zB BSGE 24, 266; BVerwG DÖV 1968, 290.
[116] OVG Bremen NVwZ-RR 2001, 380.
[117] Rudolf DÖV 1966, 73 ff.; Grawert, Verwaltungsabkommen zwischen Bund und Ländern, 1967.

§ 26. Die Rangordnung der Rechtsquellen

Schrifttum: Heckmann, Geltungskraft und Geltungsverlust von Rechtsnormen, 1997, S. 138 ff.; Heintzen VERW 29 (1996), 17 ff.: Das Rangverhältnis von Rechtsverordnung und Satzung; Jutzi, Landesverfassungsrecht und Bundesrecht, 1982; Krawietz, Recht als Regelsystem, 1984, S. 133 ff.; Meurs, Normhierarchien im europäischen Sekundärrecht, 2012; Öhlinger, Der Stufenbau der Rechtsordnung, 1975; Ohler, Die Kollisionsordnung des Allgemeinen Verwaltungsrechts, 2005; Schilling, Rang und Geltung von Normen in gestuften Rechtsordnungen, 1994; Schneider, Gesetzgebung, 2. Aufl. 1991, § 18; FS Kutscher, 1981/Schneider, S. 385 ff.: Rang und Rangänderung von Rechtsnormen in der Bundesrepublik Deutschland; Starck, Rangordnung der Gesetze, 1995; Streinz EuropaR; Terhechte, Verwaltungsrecht der Europäischen Union, 2. Aufl. 2022; Wahl NVwZ 1984, 401: Der Vorrang der Verfassung und die Selbständigkeit des Gesetzesrechts.

I. Der Rangbegriff und die Einheit der Rechtsordnung

1 Jede Rechtsordnung bildet in sich eine Einheit[1] und ist auf Kollisionsfreiheit angelegt. Allerdings fehlt es insbesondere an einem entwickelten **Verwaltungskollisionsrecht.** Auf eine Rechtsfrage darf die Rechtsordnung deshalb nur eine richtige Antwort bereithalten, weil sie andernfalls ihr Ziel, Rechtssicherheit und Rechtsfrieden zu gewährleisten, nicht verwirklichen kann.[2] Sie muss daher, wenn verschiedenartige Rechtssätze einen Tatbestand verschieden regeln, Auskunft darüber geben, welchem von ihnen der Vorrang gebührt, um Widersprüche zu vermeiden.[3] Die Frage nach dem Rang kann abstrakt und konkret bezogen auf ein staatlich organisiertes Rechtssystem entfaltet werden. Geht man von der ersten Variante aus, dann wird der Stufenbau der Rechtsordnung letztlich auf religiös-ethische bzw. rechtstheologische Vorstellungen zurückgeführt. Hingegen ist bei der zweiten Variante ein **Stufenbau der Rechtsordnung** nur anzunehmen, wenn das zu untersuchende Rechtssystem hierarchisch strukturiert ist.[4]

2 Die **Rangordnung** zwischen den einzelnen Rechtsquellen spielt sowohl im materiellen als auch im Prozessrecht eine große Rolle, weil es bei der Vielgestaltigkeit der Rechtsnormen und der Lebenssachverhalte zu **Kollisionslagen** kommen kann. Das ist dann der Fall, wenn zwei unterschiedliche Normen auf einen Sachverhalt anwendbar sind und bei ihrer Anwendung zu unterschiedlichen Ergebnissen führen können.[5] Mögliche Normwidersprüche sind zunächst durch eine **Auslegung** bzw. durch eine unions- oder verfassungskonforme Interpretation zu vermeiden (näher → § 28 Rn. 53 ff.). Die nachfolgenden Kollisionsregeln sind erst anzuwenden, wenn eine Interpretation nicht weiterführt.

3 Unter dem Rang einer Rechtsquelle bzw. eines Rechtssatzes ist hier die Stufe der Geltungskraft (Geltungsstufe) innerhalb einer gegliederten Rechtsordnung zu verstehen. Dieser Rang richtet sich nach ihrer (formalen) Zugehörigkeit zu einer bestimmten **Rechtssatzgruppe:** Die unter gleichen förmlichen Voraussetzungen entstandenen Rechtsquellen gehören derselben Rangstufe an. Der Rang einer Rechtsquelle entspricht daher in der Regel dem Rang des rechtsetzenden Organs.

---

1 S. näher Felix, Einheit der Rechtsordnung, 1997.

2 S. auch Sodan JZ 1999, 865 ff.; Kloepfer DÖV 2001, 1 (3 ff.).

3 S. auch BVerfGE 98, 106 (117 ff., 108, 169 ff.); BVerwG NVwZ 2000, 932; krit. Brüning NVwZ 2002, 33 ff.; Jarass AöR 126 (2001), 588 ff.

4 S. näher Krawietz, Recht als Regelsystem, S. 133 ff.

5 BVerfGE 36, 342.

II. Der Rang des nicht geschriebenen Rechts und des Völkerrechts

Unbeschadet der Rangordnungsreihen (→ § 26 Rn. 8–20) sind die **allgemeinen Rechtsgrundsätze** als unabdingbares Fundament der Gesamt- und der Teilrechtsordnungen stets höchstrangig. So stehen die Rechtsgrundsätze des europäischen Unionsrechts im Rang dem primären Unionsrecht gleich.[6] Dieser **Vorrang** ist darin begründet, dass die allgemeinen Rechtsgrundsätze als ethisches Fundament jeder Rechtsordnung rechtlich unangreifbar sind, die besonderen nur mit Wegfall der zugrundeliegenden Lebensverhältnisse geändert werden können, sich dann aber als Ableitungen aus dem Rechtsprinzip von selbst ändern und nicht gesetzgeberischer Disposition unterstehen. Gleichzeitig gelten die Rechtsgrundsätze trotz ihres höchsten Ranges gegenüber anderen Rechtsquellen nur subsidiär: Eine Rechtsfrage ist zunächst nach den übrigen Rechtsquellen, insbesondere nach formellem Gesetz oder Verordnung, zu entscheiden. Erst wenn man daraus keine Auskunft erhält oder nur eine, die in offenbarem Widerspruch zu den in den Rechtsgrundsätzen formulierten Fundamentalnormen steht, darf man auf sie zurückgreifen.[7] 4

Beispiel: Ist der Grundsatz der **Verhältnismäßigkeit** in einer speziellen Norm angesprochen, dann reicht es aus, diese Rechtsquelle heranzuziehen (§ 35 I 1 GewO; § 17 II BImSchG; § 4 LuftSiG; § 4 HmbSOG).

Der Rang eines **Gewohnheitsrechtssatzes** richtet sich nach seinem Inhalt und seinem Verbreitungsgebiet: Bezieht er sich ändernd oder ergänzend auf die Verfassung, so hat er Verfassungsrang, bezieht er sich auf ein Gesetz, so hat er Gesetzesrang, bezieht er sich auf eine Verordnung, so hat er Verordnungsrang usw.[8] Er steht im Rang also dem jeweils geschriebenen Recht gleich,[9] das er durch seine Übung konkretisiert.[10] Die Gewohnheit muss aber im ganzen Geltungsgebiet der geschriebenen Rechtssätze, auf die sie sich bezieht, geübt werden. Daher geht zwar gesetzgleiches Gewohnheitsrecht gesetztem Verordnungsrecht vor und bricht Bundesgewohnheitsrecht gesetztes Landesrecht. Doch kann sich in nur einem Lande kein Bundesgewohnheitsrecht oder in einem Regierungsbezirk kein Landesgewohnheitsrecht bilden. 5

Der Rang eines **Völkerrechtssatzes** richtet sich danach, ob er mit Verfassungsrang (so Art. 25 GG) oder – wie idR – mit Gesetzesrang (so Art. 84 BayVerf) generell oder gem. Art. 59 II 1 GG speziell transformiert ist. 6

Beispiele: Die **Europäische Menschenrechtskonvention (EMRK)** hat den Rang eines einfachen Gesetzes. Da jedoch nach Auffassung der Rechtsprechung die Grundrechte auch im Einklang mit der Rechtsprechung des Europäischen Gerichtshofes für Menschenrechte stehen müssen,[11] wird ein faktischer Vorrang der EMRK vor deutschem Recht angenommen,[12] der sich daraus ergibt, dass die EMRK völkerrechtsfreundlich und konventionskonform auszulegen ist und Verwaltungshandlungen, die gegen die EMRK verstoßen, nach deutschem Recht rechtswidrig sind.[13] Daneben ist die EMRK nach Art. 6 III

6 Ress/Ukrow EuZW 1990, 499 f.
7 BGHZ 23, 18.
8 BVerwGE 27, 129 (131); 32, 252 (254).
9 BGH NJW 1958, 709; BVerwG DVBl 1979, 116.
10 BVerfGE 61, 149 (203).
11 BVerfGE 74, 358 (370); BVerwG NVwZ 2000, 810 ff.
12 BVerwG DÖV 2000, 505 ff.; Ehlers JURA 2000, 272 ff.; s. zur EMRK auch Streinz EuropaR, Rn. 81 ff.
13 BVerfGE 111, 307 (325); BVerwG NVwZ 2014, 736 (740 f.); s. zum Streitstand Hoffmann-Riem/Schmidt-Aßmann/Voßkuhle GVwR I/Ruffert, § 17 Rn. 143.

EUV Rechtserkenntnisquelle der Unionsgrundrechte[14] und genießt damit Anwendungsvorrang. Die vom Europarat verabschiedete **Charta der kommunalen Selbstverwaltung** hat den Charakter von einfachem Bundesrecht.[15]

7 Der Rang gesetzeskräftiger (verfassungs-)**richterlicher Entscheidungen** richtet sich nach dem Rang des Rechtssatzes, der durch die Entscheidung ausgelegt wird, nicht also nach dem Rechtssatz, über dessen Verfassungsmäßigkeit entschieden wird.[16]

Beispiel: Die Bindung der nationalen Verwaltung an rechtsfortbildende Entscheidungen des EuGH wird mit dem Integrationsziel, der Rechtssicherheit und der Rechtsanwendungsgleichheit begründet.[17]

III. Der Rang des Unionsrechts

8 Der **Rang des primären** (Art. 1, 6 I EUV) **und sekundären Unionsrechts** gegenüber dem Recht der Mitgliedstaaten ist nicht abschließend geklärt. Das hängt zum einen damit zusammen, dass eine ausdrückliche Kollisionsregel fehlt (s. aber die der Schlussakte zum Vertrag von Lissabon beigefügte Erklärung Nr. 17; Art. 94 Ndl. Verf; Art. 29 IV Nr. 3 Irl. Verf) und Art. 31 GG nicht anwendbar ist, weil die Union kein Bundesstaat ist.[18] Die Kollisionsfrage entfällt, soweit der **Subsidiaritätsgrundsatz** greift, dem Mitgliedstaat Gestaltungsfreiheit eingeräumt ist (etwa bei Richtlinien) oder eine **unionskonforme Interpretation** möglich ist. Zum anderen ist umstritten, ob und inwieweit beide Rechtsordnungen prinzipiell selbstständig und gleich geordnet nebeneinander stehen.[19] Dafür scheinen Art. 23 I, 24 I und Art. 59 II GG zu sprechen, die nicht von sämtlichen grundgesetzlichen Bindungen (Art. 79 III GG) befreien können. Gleichzeitig ist das zunehmende Zusammenwachsen der Union zu einem Verbund zu berücksichtigen, das zu vielfältigen Verzahnungen, Verschränkungen und Einstrahlungen führt (Art. 1 EUV), die ein kooperatives Miteinander und klare Rangregeln verlangen, da die Union auch ein Raum des Rechts ist (Art. 3 II EUV).

9 Zur Konfliktlösung werden in Rechtsprechung und Schrifttum unterschiedliche Ansätze vertreten.[20] Hier wird der **teleologischen Argumentation** gefolgt. Sie hat ihren Niederschlag in dem Beitritt zur Union (Art. 24 I GG), dem auf Art. 59 II 2 GG beruhenden Zustimmungsgesetz sowie dem darin enthaltenen Rechtsanwendungsbefehl,[21] in dem Bekenntnis zur Verwirklichung eines vereinten Europas unter Übertragung von Hoheitsrechten (Art. 23 GG), in den Vertragszielen sowie in Art. 288 ff. AEUV, Art. 4 II, III EUV gefunden und ermöglicht eine differenzierte, einzelfallorientierte Betrachtungsweise. Danach ist auf das **Integrationsprinzip** als den Sinn der Delegation von Hoheitsbefugnissen und auf die **Funktionsfähigkeit** der **Union** abzustellen, die nur gewährleistet ist, wenn das von der Union gesetzte Recht auch in den Mitgliedstaaten angewendet und unverkürzt, das heißt einschränkungslos, durchgesetzt wird,[22] sofern die EU nicht „ultra-vires" handelt.[23] Denn der Anwen-

---

[14] Britz NVwZ 2004, 173 f.

[15] Schaffarzik, Handbuch der Europäischen Charta der kommunalen Selbstverwaltung, 2000, S. 224 ff.

[16] BVerfGE 61, 149 (203).

[17] BVerfGE 75, 223 (234).

[18] S. auch Zuleeg VVDStRL 53 (1994), 154 (159).

[19] BVerwGE 87, 154 (159); 102, 39 (41); VerfGH Bayern NVwZ 1998, 54.

[20] S. auch Kadelbach, Allgemeines Verwaltungsrecht unter europäischen Einfluss, 1999, S. 184 ff.

[21] BVerfGE 73, 339 (375) und BVerfG NJW 2009, 2267 (2285).

[22] S. auch Entschließung des Europäischen Parlaments EuZW 1998, 165; Jarass, Grundfragen der innerstaatlichen Bedeutung des EG-Rechts, 1994, S. 1 ff. und 67 ff.

[23] BVerfGE 89, 155 ff. und BVerfGE 97, 350 ff.

dungsvorrang reicht nur so weit, wie die Bundesrepublik der Kollisionsregel zugestimmt hat.[24] Nichts anderes folgt aus dem in Art. 4 AEUV niedergelegten **Prinzip der Unionstreue.**[25] Da Verordnungen der Rechtsvereinheitlichung und Richtlinien der Rechtsangleichung in der Union dienen, kann die damit verbundene Zielsetzung nur wirksam erreicht werden, wenn widersprechendes mitgliedstaatliches Recht grundsätzlich zurücktritt.[26] Insofern wird Art. 288 AEUV auch die Funktion als Kollisionsnorm beigemessen. Das bedeutet, dass die Vorschriften des primären und sekundären Gemeinschaftsrechts im innerstaatlichen Raum unmittelbare Wirkung entfalten und entgegenstehendes nationales Recht überlagern und verdrängen.[27]

Beispiel: Anspruch auf Mehrvergütung nach Art. 157 AEUV.[28]

Neuerdings ist zu beachten, dass Art. 290 f. AEUV mit der Schaffung **delegierter Rechtsakte** und von **Durchführungsrechtsakten tertiäres Unionsrecht**[29] im Rahmen der Rechtsquellensystematik einführen (→ § 25 Rn. 55 ff.), das rechtshierarchisch unter dem Sekundärrecht steht.[30] 9a

Mitgliedstaatliches Verwaltungsrecht ist demnach **konkretisiertes Unionsrecht.** Die Anerkennung des Vorranges bedeutet für die Verwaltung, dass unionswidrige Rechtsvorschriften, ohne dass eine Vorlagemöglichkeit nach Art. 100 I GG besteht, nicht angewendet werden dürfen.[31] Deshalb ist auch eine **Remonstration** des zuständigen Bediensteten nicht erforderlich. Dieser gegenüber dem nationalen Recht existierende Unterschied kann bei den Angehörigen des öffentlichen Dienstes zu **Loyalitätskonflikten führen** (→ § 24 Rn. 24 f.). Im Ergebnis besitzt die Exekutive eine **Normverwerfungskompetenz,** die dem deutschen Rechtssystem fremd ist und die Stellung der Verwaltung innerhalb der Funktionenordnung aufwertet (→ § 28 Rn. 23 ff.). 10

Die Grenzen dieses **Anwendungsvorrangs**,[32] der nicht mit der Nichtigkeit widersprechender Normen gleichzusetzen ist (sog. Geltungsvorrang), ergeben sich vornehmlich aus Art. 23, 79 III und Art. 19 II GG.[33] Damit soll garantiert werden, dass zentrale Vorgaben des GG nicht ausgehöhlt werden.[34] 11

---

[24] BVerfG NJW 2009, 2267 (2286).

[25] S. auch Dreier/Pernice GG Art. 23 Rn. 29.

[26] S. auch EuGH Slg. 1964, I-1251 (1269) und dazu Odenthal JA 1997, 846 ff.; EuGH DÖV 1973, 410; BVerwGE 87, 154 (159 f.); BVerfGE 75, 223 (244).

[27] BVerfGE 31, 145 (174); BVerwGE 87, 154 (158); BVerwG DVBl 1993, 559; EuGH EuZW 1999, 405; s. auch Isensee/Kirchhof StaatsR-HdB III/Ossenbühl, § 61 Rn. 66; v. Danwitz, Verwaltungsrechtliches System, 1996, S. 109 ff.; Heckmann, Geltungskraft und Geltungsverlust von Rechtsnormen, 1997, S. 324 ff.

[28] OVG Münster NVwZ 2004, 758 f.

[29] Groß DÖV 2004, 20 ff.; Mehde VVDStRL 71 (2012), 423.

[30] Möstl DVBl 2011, 1076 f.; aM Sydow JZ 2012, 157 f.; s. allgemein auch die instruktiven Beiträge in Terhechte EU-VerwR.

[31] BVerfGE 31, 145 (174); Sachs/Streinz GG Art. 23 Rn. 59; Jarass, Grundfragen der innerstaatlichen Bedeutung des EG-Rechts, 1994, S. 100 ff.; Jarass/Beljin NVwZ 2004, 1 ff.

[32] S. dazu FS Stern, 2012/Maurer, 101 ff.

[33] Huber AöR 116 (1991), 210; Streinz, Bundesverfassungsgerichtlicher Grundrechtsschutz und Europäisches Gemeinschaftsrecht, 1989; Isensee/Kirchhof StaatsR-HdB VII/Ipsen, § 181 Rn. 58 ff.; Schilling DS 33 (1994), 555 ff.

[34] S. auch BVerfG NJW 1993, 3047 ff.; FS Stern, 2012/Isensee, 1239 ff.

12 Hat die **Union einen völkerrechtlichen Vertrag** mit einem Drittstaat abgeschlossen, dann ist er für die Unionsorgane und die Mitgliedstaaten auch dann verbindlich, obwohl der neugefasste Art. 218 AEUV die früher in Art. 300 VII EGV enthaltene ausdrückliche Verbindlichkeit nicht mehr enthält, der eher deklaratorischer Wert beizumessen war. Diese Abkommen nehmen einen Zwischenrang unterhalb des Primärrechts ein und gehen folglich dem Sekundärrecht der Union vor.[35] Außerdem hat die Union die Regeln des Völkergewohnheitsrechts zu beachten[36] und allgemeines Völkerrecht genießt Vorrang vor Unionsrecht.[37] Da die Bindung unionsrechtlich erfolgt (sog. **integrierender Bestandteil der Unionsrechtsordnung**) handelt es sich nicht um eine völkerrechtliche Verbindlichkeit. Die unmittelbare Geltung für das deutsche Verwaltungsrecht folgt vielmehr aus dem Anwendungsvorrang des Unionsrechts.

13 Umstritten ist der **Rang des GATT/WTO-Rechts.** Einerseits sind die in diesem Zusammenhang geschlossenen Abkommen ein Anwendungsfall eines völkerrechtlichen Vertrages. Andererseits bejaht der EuGH den Vorrang nur, wenn der völkerrechtliche Vertrag unbedingt und hinreichend klar gefasst ist und eine eindeutige Verpflichtung enthält, deren Erfüllung nicht vom Erlass eines weiteren Aktes abhängt.[38] Diese Voraussetzung erfülle das WTO-Recht wegen seiner großen Geschmeidigkeit grundsätzlich nicht, da es auf dem **Verhandlungsprinzip** der Mitglieder gründe.[39] Diese Spruchpraxis ist zu Recht angegriffen worden, weil sie dem Wortlaut und dem Geist des Unionsrechts widerspricht und zur Rechtsunsicherheit beiträgt.[40]

IV. Innerstaatliche Rangordnung

14 Die **innerstaatliche Rangordnungsreihe** verläuft im Verfassungsstaat wie folgt: verfassungsgestaltende Grundentscheidung – Verfassungsgesetz – förmliches Gesetz – Rechtsverordnung. Dabei geht die rangniedere allen ranghöheren Rechtsquellen nach. Eine Verordnung zB muss nicht nur mit den formellen Gesetzen, sondern auch mit Verfassung und Grundentscheidungen in Einklang stehen. Sonst ist sie insoweit nichtig.[41]

15 Der besondere Rang der **verfassungsgestaltenden Grundentscheidungen** beruht darauf, dass sie, wiewohl sie oftmals in der Verfassungsurkunde als sog. Verfassungsgesetz formuliert sind, dennoch nicht einfach im Wege der gesetzlichen Verfassungsänderung in ihrem Kern angetastet bzw. geändert werden können. Dazu bedarf es einer Entscheidung des Staatsträgers. Dies muss folgerichtig auch dann gelten, wenn die Verfassung keine Bestandsgarantie wie Art. 79 III GG enthält.[42]

---

[35] EuGHE 10; 1972, 1219 ff.; EuGH EuZW 1997, 122 f. und 1998, 573; Petersmann EuZW 1997, 325; Stein EuZW 1998, 261 (263).

[36] EuGH EuZW 1998, 694 f.

[37] Hobe/Müller-Sartori JuS 2002, 8 (12).

[38] EuGH EuZW 2001, 117 (119 f.).

[39] S. näher EuGH EuZW 2000, 276 ff.; v. Bogdandy/Makatsch EuZW 2000, 261 ff.; Prieß/Berrisch WTO-HdB, S. 754, 762.

[40] S. näher Siebold, Die Welthandelsorganisation und die Europäische Gemeinschaft, 2003.

[41] BVerfGE 29, 11.

[42] S. BayVerfGHE 11, 127.

Der Umfang des **Verfassungsrechts** wird durch die Verfassungsurkunde bestimmt.[43] Diese Rangüberlegenheit wird durchbrochen durch Beifügung eines sog. **Gesetzesvorbehalts** (zB Art. 2 II, 5 II, 11 II GG). In diesen Fällen können Verfassungsbestimmungen auch durch einfaches Gesetz oder uU sogar durch Verordnung eingeschränkt werden, ohne dass diese damit Verfassungsrang erhalten. Der Geltungsvorrang der Verfassung bedeutet nicht stets auch einen Anwendungsvorrang für Verwaltungsbehörden und Gerichte, die in erster Linie ein Gesetz in **verfassungskonformer Auslegung** anzuwenden haben.[44] Das ein förmliches Gesetz im Einzelfall anwendende (zB Gebietsänderungs-)Gesetz ist rangniedriger als das angewendete abstrakte und generelle Gesetz (zB die Gemeindeordnung). Die Vorschriften des letzteren würden sonst sinnlos.[45] 16

Innerhalb der **Rechtsverordnungen** besteht eine Rangordnung nach dem hierarchischen Verhältnis der erlassenden Stelle: die Verordnungen niederer Organe dürfen denen übergeordneter nicht widersprechen (s. etwa § 28 NRWOBG). 16a

V. Dezentrale Rangordnung

Die **dezentrale Rangordnungsreihe** verläuft folgendermaßen: Bundesrecht – Landesrecht – autonomes Recht. 17

Bundesrecht bricht Landesrecht (Art. 31 GG). Dieser Grundsatz bezieht sich auf jede der Rechtsordnungen als ganze: Jeder gültige Rechtssatz jeden Ranges des Bundesrechts vernichtet jeden widersprechenden Rechtssatz jeden Ranges des Landesrechts.[46] Eine Rechtsverordnung des Bundes kann also eine Landesverfassung durchbrechen.[47] Der Grundsatz „Bundesrecht bricht Landesrecht" ist nicht selbstverständlich. In Art. 142 GG ist er bezüglich landesverfassungsrechtlicher Grundrechte, die mit Art. 1–18 GG übereinstimmen, durchbrochen. Sonst gilt er aber auch für mit Bundesrecht übereinstimmendem Landesrecht,[48] sofern das Bundesrecht nach Zweck, Inhalt oder Art der Regelung erschöpfend sein will.[49] Im Übrigen ist zu beachten, dass sich aus Art. 31 GG kein allgemeiner Vorrang des GG ergibt. Vielmehr handelt es sich nur um eine **Kollisionsregel.**[50] Sie greift nicht ein, soweit der Bund nicht zuständig ist[51] oder wenn Bundesländer von Art. 72 III GG Gebrauch machen und zulässigerweise vom Bundesrecht abweichendes Recht setzen.[52] Das im Zeitpunkt der Unterzeichnung des Einigungsvertrages geltende **Recht der DDR** gilt nach Maßgabe des Art. 9 EinigVtr als Landesrecht fort. 18

---

[43] S. näher Sobota, Das Prinzip Rechtsstaat, 1997, S. 39 ff.

[44] S. Ossenbühl DÖV 1971, 521 → § 28 Rn. 19 ff. und 53 ff.; → § 30 Rn. 1 ff.).

[45] So auch Quaritsch, Das parlamentslose Parlamentsgesetz, 2. Aufl. 1961, S. 18 ff.; Ronellenfitsch DÖV 1972, 194 f.; aM Krüger DVBl 1962, 581 ff.; NRWVerfGHE 14, 381 ff.; 22, 316; 24, 315; 25, 310; 26, 270 (286, 306); RlPfVerfGH AöR 95 (1970) 607 f., die aber die Rechtmäßigkeit von Gebietsänderungen gleichwohl an den Bedingungen der Gemeindeordnung prüfen.

[46] BVerfGE 96, 345 (364 ff.).

[47] Isensee/Kirchhof StaatsR-HdB IV/Pietzcker, § 99 Rn. 26 ff.; Sachs DVBl 1987, 862; Schneider DÖV 1987, 752; März, Bundesrecht bricht Landesrecht, 1989; Heckmann, Geltungskraft und Geltungsverlust von Rechtsnormen, 1997, S. 288 ff.

[48] NdsStGH DVBl 1969, 740.

[49] Böckenförde/Grawert DÖV 1971, 119; aM VerfGH Bayern VerwRspr. 21 (1970), 513; s. aber auch BVerfGE 36, 342 (366).

[50] BVerfGE 98, 145 (159).

[51] Olshausen JA 1983, 187.

[52] S. näher FS Stern, 2012/Maurer, 101 (107).

19 **Staatliches Recht bricht autonomes Recht.** Das aus staatlicher Rechtsetzungsgewalt hervorgehende staatliche Recht ist insgesamt ranghöher als das von ihm anerkannte, von Körperschaften, Anstalten oder Stiftungen des öffentlichen Rechts auf Grund ihrer Autonomie selbst geschaffene Recht. Das ergibt sich etwa aus der Formulierung, dass das autonome Recht nur „im Rahmen der Gesetze" gewährleistet ist (Art. 28 II GG, Art. 107 II SächsVerf).[53] Dabei ist jedoch zu beachten, dass das Verfassungsrecht der autonomen Verbände vielfach in der Hauptsache selbst staatliches Recht ist (zB Gemeinde- und Landkreisordnungen).

20 Soweit **Verwaltungsvorschriften** lediglich intrapersonal Rechtsvorschriften ausführen, stehen sie rangmäßig unterhalb der Rechtsvorschriften.[54] Dieser Nachrang folgt aus der Verfassungssystematik, die zwischen Rechts- und Verwaltungsvorschriften trennt. Diese Regel gilt aber nicht, wenn Verwaltungsvorschriften materiellen Rechtssatzcharakter besitzen und als Ergänzungsrecht fungieren (zB Übergangsrecht). Hier ist noch vieles streitig (→ § 24 Rn. 12 ff., 24 f.).

§ 27. Der Geltungsbereich der Rechtsquellen

Schrifttum: Bauer NVwZ 1984, 220: Neue Tendenzen in der bundesverfassungsgerichtlichen Rechtsprechung zum Rückwirkungsverbot; FS BVerfG II, 1976/Götz, S. 421 ff.: Bundesverfassungsgericht und Vertrauensschutz; Heckmann, Geltungskraft und Geltungsverlust von Rechtsnormen, 1997; Iliopoulos-Strangas, Rückwirkung und Sofortwirkung von Gesetzen, 1986; Kimminich, Die Rückwirkung von Gesetzen, 1963; Kisker/Püttner VVDStRL 32 (1974), 149 ff. und 200 ff.: Vertrauensschutz im Verwaltungsrecht; Klein/Barbey, Bundesverfassungsgericht und Rückwirkung von Gesetzen, 1964; Kloepfer, Vorwirkung von Gesetzen, 1974; Isensee/Kirchhof StaatsR-HdB III/Maurer, § 60: Kontinuitätsgewähr und Vertrauensschutz; Muckel, Kriterien des verfassungsrechtlichen Vertrauensschutzes bei Gesetzesänderungen, 1989; Pieroth, Rückwirkung und Übergangsrecht, 1981; Röhl/Röhl, Allgemeine Rechtslehre, 3. Aufl. 2008; FS Maunz, 1981/Stern, S. 381 ff.: Zur Problematik rückwirkender Gesetze.

I. Die zeitliche Geltung

1. Inkrafttreten von Rechtsquellen

1 Die **zeitliche Geltung** beginnt mit dem **Tage des Inkrafttretens.**[1] Dieser ist bei geschriebenen Rechtsquellen:

– in erster Linie der in der Unionsverordnung, der Unionsrichtlinie, dem Gesetz, in der Verordnung oder Satzung (meist gegen Ende) **angegebene Tag** (Art. 297 AEUV; Art. 82 II GG; Art. 76 II BayVerf). In vielen Fällen bestimmt der Gesetzgeber einen weit in der Zukunft liegenden Termin als Zeitpunkt des Inkrafttretens, damit sich Bürger und Verwaltung auf die geänderte Rechtslage einstellen und sich an die neuen Vorschriften gewöhnen können;

2 – idR der auf die **Verkündung** (Erscheinungstag des Verkündungsblattes) **folgende Tag,** so förmliche Gesetze und Verordnungen in Bremen (Art. 126 BremVerf) und Hamburg (Art. 54 HmbVerf). Ein so rascher Geltungsbeginn ist problematisch, da sich die Betroffenen auf die neue Rechtslage einstellen und die zuständigen Behörden die Durchführung vorbereiten müssen;

---

[53] S. differenzierend Heintzen VERW 29 (1996), 17 ff.
[54] BVerfGE 40, 237 (247).
[1] S. dazu OVG Münster NVwZ-RR 2000, 535.

– kraft besonderer, subsidiärer gesetzlicher Bestimmung **eine Woche nach dem Tage der Verkündung,** so Polizei- und Ordnungsverordnungen nach Art. 50 I 1 BayLStVG; § 33 II NRWOBG; 3

– kraft besonderer, subsidiärer (verfassungs-)gesetzlicher Bestimmung **zwei Wochen bzw. 14 Tage nach dem Tage der Verkündung,** so Gesetze und Gemeinverordnungen im Bunde (Art. 82 II GG) und in den meisten Ländern (s. zB Art. 76 III SächsVerf; § 61 S. 1 SchlHLVwG). Rechtsetzungen, deren Gültigkeit von der **Zustimmung** einer anderen Stelle abhängt, können idR erst in Kraft treten, wenn diese Zustimmung erteilt ist; 4

– kraft besonderer, subsidiärer Bestimmung **am 20. Tag nach der Veröffentlichung** (Art. 297 AEUV) für Unionsverordnungen und Unionsrichtlinien; 5

– kraft besonderer, subsidiärer Bestimmung frühestens **sechs Monate nach ihrer Verkündung** (Art. 72 III 2 GG). 5a

2. Außerkrafttreten von Rechtsquellen

Jeder zur Geltung gelangte Rechtssatz gilt, solange er nicht **außer Kraft** gesetzt wird.[2] Dies kann geschehen: 6

– infolge **Zeitablaufs,** wenn die Rechtsquelle selbst ihre Geltungsdauer befristet oder diese durch gesetzliche Bestimmung oder sinngemäß für bestimmte Arten von Rechtsquellen begrenzt ist;

Beispiele: So gelten Haushaltsgesetze jeweils nur für ein Rechnungsjahr oder mehrere Rechnungsjahre (Art. 110 II GG). Längste Geltung von Polizeiverordnungen nach § 32 I NRWOBG: zwanzig Jahre.

– infolge **ausdrücklicher** Aufhebung durch einen späteren, ranggleichen oder ranghöheren Rechtssatz. Sie kann förmlich erfolgen, indem die aufgehobenen Rechtssätze besonders genannt werden, oder formlos, indem durch eine Generalklausel alle entgegenstehenden (gleichlautenden) Bestimmungen für aufgehoben erklärt werden. In beiden Fällen handelt es sich um echte Aufhebung, es sei denn, die Aufhebung ist von vornherein nur für einen vorübergehenden Zeitraum ausgesprochen worden **(Suspension);** 7

– infolge **verfassungs- oder verwaltungsgerichtlicher Feststellung der Nichtigkeit eines Rechtssatzes** durch Normenkontroll- oder Verfassungsbeschwerde-Entscheidung (s. Art. 94 I Nr. 2, 4a, 4b, 100 GG iVm §§ 78 f., 82 I, 95 III BVerfGG; § 47 VwGO bzw. das entsprechende Landesrecht). Das Gericht kann die Wirkung seiner Entscheidung hinausschieben, so dass eine verfassungsrechtlich ungenügende Regelung für eine Übergangszeit hingenommen wird, bis der Gesetzgeber die Lücke geschlossen haben wird (→ § 28 Rn. 1 ff.); 8

– infolge **Ersetzung** durch späteren ranggleichen oder ranghöheren Rechtssatz (Art. 72 III 3 GG).[3] Innerhalb derselben Rangstufe gelten hier die Grundsätze: **„lex posterior derogat legi priori“** und, wenn nichts anderes erkennbar ist, „lex generalis posterior non derogat legi speciali priori“.[4] Ob ein Gefüge von Rechts- 9

[2] S. näher Heckmann, Geltungskraft und Geltungsverlust von Rechtsnormen, 1997.
[3] S. näher FS Stern, 2012/Maurer, 101 (105).
[4] S. OVG Koblenz DÖV 1961, 513; BVerwG NVwZ 1991, 673; Heckmann, Geltungskraft und Geltungsverlust von Rechtsnormen, 1997, S. 159 ff.

sätzen dabei ganz ersetzt (abrogiert) oder nur teilweise ersetzt (derogiert) wird, ist jeweils Auslegungsfrage. Durch die Ersetzung wird der ersetzte Rechtssatz nur suspendiert, so dass bei ersatzloser Aufhebung des ersetzenden Rechtssatzes der ursprüngliche wieder in Geltung tritt (str.);

10 – infolge **endgültigen Fortfalls der geregelten Sachverhalte**[5] oder infolge völliger Veränderung der Verhältnisse.[6] In diesen Fällen ist der zugrundeliegende Rechtssatz funktionslos.

Beispiel: Eine bauplanerische Festsetzung tritt wegen **Funktionslosigkeit** außer Kraft, wenn und soweit die Verhältnisse, auf die sie sich bezieht, einen Zustand erreicht haben, der eine Verwirklichung der Festsetzung auf unabsehbare Zeit ausschließt.[7]

3. Rückwirkung von Rechtsquellen

a) Rückwirkungsbegriffe

11 Der Geltungsbereich von Rechtsquellen wirkt sich auch auf ihre mögliche Rückwirkung aus, die mit dem rechtsstaatlichen **Gebot der Rechtssicherheit** zum Ausgleich zu bringen ist. **„Rückwirkung"** eines Rechtssatzes bedeutet, dass das Gesetz seine Geltung für eine Zeit vor seinem Inkrafttreten fingiert (Rückwirkung ieS) oder – als **„Rückanknüpfung"** – dass seine Rechtsfolge an einen vor seinem Inkrafttreten liegenden Sachverhalt geknüpft wird, sei es, dass sie sich ausschließlich auf vergangene Sachverhalte bezieht **(Stichtaggesetze),** sei es, dass sie sich außer auf vergangene auch auf zukünftige Sachverhalte bezieht. Die Begriffe werden nicht einheitlich verwendet.[8] Werden dagegen noch nicht abgeschlossene Sachverhalte oder Rechtsbeziehungen mit dem Inkrafttreten des neuen Rechtssatzes nach diesem beurteilt, spricht man, zumal wenn dadurch in „wohlerworbene Rechte" eingegriffen wird, von **„unechter Rückwirkung".**

Beispiele: Rückwirkung liegt vor, wenn eine im März ergangene Abgabensatzung „ab 1. Januar in Kraft tritt"; Rückanknüpfung, wenn eine ursprünglich erlaubte Holzbauweise nunmehr verboten wird und dieses Verbot auf bereits fertig gestellte Häuser angewendet wird oder auf noch nicht fertig gestellte, für die aber bereits eine Erlaubnis erteilt war.[9]

12 Das BVerfG nimmt **„echte" Rückwirkung** nur an, wenn ein Rechtssatz retroaktiv „nachträglich ändernd in abgewickelte, der Vergangenheit angehörige Tatbestände eingreift". **„Unechte"** Rückwirkung liegt dann vor, wenn retrospektiv „auf gegenwärtige, noch nicht abgeschlossene Sachverhalte und Rechtsbeziehungen für die Zukunft eingewirkt und die betroffene Rechtsposition nachträglich im Ganzen entwertet wird".[10]

---

[5] S. BayVerfGHE 8, 25 u. NRWOVGE 14, 276 und OVG Münster NWVBl. 1995, 427 f.

[6] BVerwGE 28, 182; 38, 76.

[7] BVerwGE 54, 5; BVerwG NVwZ-RR 1997, 512; aM Baumeister GewArch 1996, 318 ff.; FS Schlichter, 1997/Steiner, 313 ff., die für Rechtswidrigkeit plädieren.

[8] S. auch Kisker VVDStRL 32 (1974), 149 (183 ff.); BVerfGE 63, 343 (353); 72, 200 (241); BVerfG NJW 1992, 2877; BVerfGE 97, 67 (78 f.) und BVerfGE 105, 48 (56 ff.); BFH NJW 2004, 877 (880 f.); BVerwG NVwZ 1992, 769; Isensee/Kirchhof StaatsR-HdB IV/Maurer, § 79 Rn. 11 ff.; Muckel, Kriterien des verfassungsrechtlichen Vertrauensschutzes bei Gesetzesänderungen, 1989, S. 68 ff.

[9] S. auch BVerwG NJW 1991, 3293.

[10] So BVerfGE 30, 392; 39, 128; 94, 241 (258 f.); Isensee/Kirchhof StaatsR-HdB IV/Maurer, Rn. 218 ff.; Bauer NVwZ 1984, 220; Fiedler NJW 1988, 1624 f.

In der Literatur wird teilweise bemängelt, die Spruchpraxis sei uneinheitlich und die bisherige Handhabung begünstige Manipulationen.[11]

b) Rückwirkungsgrenzen

Die Grenzen zulässiger Rückwirkung ergeben sich aus dem positiven Recht (zB § 214 IV BauGB; § 2 II NdsKAG),[12] sowie aus dem **Rechtsstaatsprinzip,** das den **Schutz des Vertrauens** der Betroffenen in die gegebene Rechtslage fordert und dem Gedanken der **Rechtssicherheit** Rechnung tragen muss.[13] Da der Vertrauensschutz auch Bestandteil des Unionsrechts ist, ergeben sich die Grenzen zulässiger Rückwirkung auch aus unionsrechtlichen Vorgaben. Hinzu treten **grundrechtliche Gewährleistungen,** die einen Dispositionsschutz gewährleisten und gesetzlichen Anpassungsbedürfnissen entgegenstehen können.[14] Insoweit ergeben sich unbeschadet begrifflicher Unterschiede bei der rechtlichen Beurteilung der Rückwirkung keine sachlichen Differenzen. Denn die Rückbewirkung von Rechtsfolgen entspricht der echten und die tatbestandliche Rückanknüpfung der unechten Rückwirkung.[15] 13

Rückwirkende Rechtssätze, die für die Vergangenheit ein Tun oder Unterlassen gebieten, sind schon wegen ihrer **Unmöglichkeit** nichtig. Rückwirkend können nur Rechtsfolgen, nicht aber fiktiv Tatsachen geändert werden.[16] IVm dem Satz nullum crimen sine lege ist daher eine **Rückwirkung von Strafgesetzen** (Art. 103 II GG) und **Ordnungswidrigkeitentatbeständen** (§ 3 OWiG)[17] ausgeschlossen. 14

Die Rückwirkung begünstigender Rechtsfolgen ist zwar rechtlich zulässig. Doch kann, wenn eine sehr große Zahl von Fällen (zB Rentensachen) neu bearbeitet werden müssen, wegen der langen Dauer der Durchführung die Rechtsanwendungsgleichheit nicht gewahrt werden. Eine Rückwirkung ist mithin zulässig, wenn ein begründetes Vertrauen der Betroffenen in die Geltung und wenn ihr schutzwürdiges Vertrauen in die Fortgeltung des Rechtssatzes nicht enttäuscht wird. Das ist insbesondere der Fall, wenn Unrecht behoben, ungeschriebenes Recht, insbesondere Rechtsgrundsätze oder verfassungsgestaltende Grundentscheidungen spezialisiert oder lediglich Vorteile gewährt, verletzte Rechte geheilt, unvollständige oder unklare Gesetze berichtigt oder vollziehbar gemacht, ungeordnete Schwebezustände bereinigt, durch Ablauf oder Ungültigkeit einer gesetzlichen Regelung vor deren Neuregelung entstandene rechtsleere Zeiten überbrückt oder wenn die Betroffenen schon zu dem Zeitpunkt, auf den der Eintritt der Rechtsfolge vom Gesetz zurückbezogen wird, mit einer solchen Regelung haben rechnen müssen (zB ab Ankündigung einer Gesetzesänderung), es sich um eine Bagatelle handelt oder, wenn Rechtsfolgen an vergangene Sachverhalte angeknüpft werden, die der Einwirkung des Verpflichteten oder Berechtigten entzogen waren (zB 15

[11] S. näher Isensee/Kirchhof StaatsR-HdB IV/Maurer, Rn. 218 ff.; abweichende Meinung des Richters Masing, BVerfG NVwZ 2014, 577 (583).

[12] S. näher zum abschließenden Charakter dieser Vorschriften BVerwGE 101, 58 (61); BVerwG DÖV 1998, 115 (117).

[13] BVerfGE 88, 384 (403) und BVerfG NJW 2010, 3629 (3634 ff.); s. auch Berger, Zulässigkeitsgrenzen der Rückwirkung von Gesetzen, 2002.

[14] S. auch BVerfGE 97, 67 (78); BVerwGE 89, 57 (61).

[15] S. auch BVerfGE 97, 67 (78 f.); Sachs/Sachs GG Art. 20 Rn. 132 und BVerfGE 24, 98; 39, 128; 72, 175 (196); BVerwGE 10, 282; BSGE 9, 127; NRWOVGE 25, 40.

[16] BVerfGE 63, 343 (357).

[17] BVerfGE 71, 108 (114); BVerfG JZ 1997, 142 ff.; BayVerfGHE 36, 149 (153).

Lastenausgleich).[18] Unabhängig davon muss der Vertrauensschutz zurücktreten, wenn überragende Belange des Gemeinwohls eine rückwirkende Normenbeseitigung gebieten. Denn in diesem Fall geht das Gemeinwohl dem Prinzip der Rechtssicherheit vor.[19]

Beispiel: Im Laufe des Rechnungsjahres auftretende Kostensteigerungen rechtfertigen unter keinen Umständen die Notwendigkeit rückwirkender Satzungsänderungen aus zwingenden Gründen des Gemeinwohls.[20]

16 Problematisch ist die Zulässigkeit der Rückwirkung bei **Verwaltungsvorschriften,** da deren Rechtsquellenqualität umstritten ist (→ § 24 Rn. 12 ff. und 18 ff.). Vertrauensschutz ist zu bejahen, soweit die Verwaltungsvorschrift Außenwirkung besitzt.[21] Die bisherigen Ausführungen bezogen sich auf den klassischen Anwendungsbereich der Rückwirkung anlässlich der Rechtsetzung.

II. Die räumliche Geltung

17 Die **räumliche Geltung** erstreckt sich beim Gewohnheitsrecht auf das **Verbreitungsgebiet** der Gewohnheit, beim gesetzten Recht idR auf den örtlichen **Zuständigkeitsbereich** des rechtsetzenden Organs, falls nicht ein engerer Geltungsbereich ausdrücklich bestimmt wurde. Die räumliche Geltung der allgemeinen Rechtsgrundsätze ist unbegrenzt, die der besonderen deckt sich mit der der Rechtsordnung, der sie zugrunde liegen.[22]

Beispiele: So gilt zB eine Unionsverordnung im Gebiet des Binnenmarktes (Art. 26 AEUV), ein Bundesgesetz im ganzen Bundesgebiet, ein Landesgesetz im Gebiet des Landes, die Satzung einer Gemeinde im Gemeindegebiet.

III. Persönliche Geltung und transnationales Recht

18 Die Rechtssätze gelten in der Regel territorial, dh sie wenden sich personell innerhalb ihres räumlichen Geltungsbereichs an jeden, den es angeht. Der Rechtssatz gilt für alle, die sich in diesem Geltungsbereich aufhalten, und – unabhängig von Aufenthalt oder Wohnsitz – für diejenigen, deren Rechte sich auf Gegenstände innerhalb des Geltungsbereichs beziehen.[23]

19 **Landesrecht** gilt auch für Bundesorgane, sofern es nicht bundesrechtlich ausdrücklich zurückgedrängt ist. Es kann diesen gegenüber allerdings nicht vollstreckt werden (§ 17 VwVG).[24]

20 Die von **Personalverbänden** erlassenen Rechtssätze gelten mangels einer räumlichen Herrschaftsgewalt nur personell, dh sie wenden sich nur an den Mitgliederkreis.

21 **Zwischenstaatlich** überschneiden sich **Territorialitätsprinzip** und **Personalitätsprinzip:** Ausländer unterstehen idR dem Recht des Gebiets, in dem sie sich aufhalten

[18] S. zB BVerfGE 13, 261; 19, 187; 48, 1 (20); 72, 200 (258 f.); 88, 384 (403 ff.); BVerwG DÖV 1970, 861 betr. Rückwirkung einer Erschließungsbeitragssatzung; BVerwG DÖV 1992, 407; BVerwGE 89, 57 (61 ff.).

[19] BVerfGE 88, 384 (404).

[20] OVG Münster NVwZ-RR 1997, 653.

[21] Ebenso BVerwG DÖV 1997, 732 ff.

[22] S. allgemein Vogel, Der räumliche Anwendungsbereich der Verwaltungsrechtsnorm, 1965.

[23] BVerfGE 84, 90 (123).

[24] Brohm, Landeshoheit und Bundesverwaltung, 1968.

(zB Straßenverkehr), abgesehen von den sinngemäß nur für Staatsbürger geltenden Rechtssätzen (zB bzgl. Wehrpflicht, Wahlrecht, Ehrenämtern). Umgekehrt gelten bestimmte Sätze des einheimischen Rechts auch für Staatsangehörige, die sich im Ausland aufhalten (zB straf-, steuer-, und sozialrechtliche Sätze). Staatsangehörige der Mitgliedstaaten der **Europäischen Union** werden wie Inländer behandelt (Art. 18 AEUV). Spezielle Bestimmungen können im Rahmen der **grenzüberschreitenden Zusammenarbeit** gelten (Art. 24 I a GG; Art. 12 SächsVerf).

Die damit verbundenen rechtlichen Anforderungen können nicht nur mit Hilfe der nationalen Rechtsordnung ermittelt, sondern müssen auch anderen Rechtssystemen entnommen werden. Diese exterritoriale Wirkung entsteht vor allem, wenn der Geltungsbereich nationaler Rechtsregeln über das sog. **Ursprungslandprinzip**[25] durch gegenseitige Anerkennung auf alle Mitgliedstaaten der Union erstreckt wird. Auf diese Weise wird über den Transformationsriemen des Unionsrechts inländisches Verwaltungsrecht als sog. **transnationales Verwaltungsrecht** in ausländisches mitgliedstaatliches Verwaltungsrecht mit der Folge implementiert,[26] dass nationale Verwaltungen auch an das Verwaltungsrecht eines fremden Staates gebunden werden. Diese Bindung ist zugleich eine Kompensation dafür, dass nationale Verwaltungen ihre Regelungs- und Verwaltungsbefugnis in anderen Bereichen auf Grund der **Entnationalisierung des Verwaltungsrechts** zurücknehmen müssen. 22

IV. Internationales Verwaltungsrecht

Das auf grenzüberschreitende Zusammenarbeit und Wirkung angelegte transnationale Verwaltungsrecht ist von dem internationalen Verwaltungsrecht zu trennen. Es ist von dem **Fremdenrecht** zu unterscheiden, das die Sachnormen umfasst, welche den Status der Ausländer im Inland regeln (s. etwa das Aufenthaltsgesetz). Denn diese Normen sind nicht als Kollisionsrecht konzipiert, während das internationale Verwaltungsrecht in verwaltungsrechtlichen Fällen mit Auslandsbezug bestimmt, ob ausländisches oder inländisches Recht gilt. 23

Ein dem Internationalen Privatrecht entsprechendes **Internationales Verwaltungsrecht** (iwS Kollisionsrecht) gibt es nur in Ansätzen. Die stiefmütterliche Behandlung dieser Materie[27] beruht darauf, dass der Gedanke der territorialen Souveränität nach wie vor das Verwaltungsrecht stark prägt, obwohl die Offenheit der Verfassung und die rechtstatsächliche Ausgangslage iSe zunehmenden Internationalisierung und **Globalisierung des Rechts** eine Änderung verlangen.[28] Regelmäßig ist das nationale (also zB deutsche) Verwaltungsrecht anzuwenden. Dieses kann allerdings sowohl auf Tatsachen, die im Ausland verwirklicht worden sind (sog. Substitution), als auch auf die nach ausländischem Recht eingetretene Rechtsfolge verweisen. 24

25 S. näher Stober ÖffWirtschaftsR AT, § 9 III.
26 S. auch Schmidt-Aßmann DVBl 1994, 924 (935); Fastenrath VERW 31 (1998), 277 ff.
27 S. Menzel DÖV 1969, 1 ff.
28 S. näher Mellinghoff/Trute, Die Leistungsfähigkeit des Rechts/Grof, 1988, S. 303 ff.

§ 28. Geltungsbedingungen, Prüfung und Auslegung geschriebener Rechtsquellen

Schrifttum: s. Lit. zu §§ 25–27; und ferner Alexy, Theorie der juristischen Argumentation, 3. Aufl. 1996; Anweiler, Die Auslegungsmethode des Gerichtshofs der EG, 1997; Terhechte EU-VerwR/Augsberg, Verwaltungsrecht in der EU, § 4: Methoden des europäischen Verwaltungsrechts; Bogs, Die verfassungskonforme Auslegung von Gesetzen, 1966; Brugger AöR 119 (1994), 1 ff.: Konkretisierung des Rechts und Auslegung der Gesetze; Buck, Über die Auslegungsmethoden des Gerichtshofes der EG, 1998; Busse, Juristische Semantik, Grundfragen der Interpretationstheorie in sprachwissenschaftlicher Sicht, 1993; Canaris, Die Feststellung von Lücken im Gesetz, 2. Aufl. 1983; Coing, Die juristischen Auslegungsmethoden und die Lehren der allgemeinen Hermeneutik, 1959; Coing, Juristische Methodenlehre, 1972; Dreier/Schwegmann, Probleme der Verfassungsinterpretation, 1976; Eckardt, Die verfassungskonforme Gesetzesauslegung, 1964; Engisch, Einführung in das juristische Denken, 13. Aufl 2024; Esser, Vorverständnis und Methodenwahl in der Rechtsfindung, 1970; Groh, Die Auslegungsbefugnis des EuGH im Vorabentscheidungsverfahren, 2005, S. 134 ff.; Haverkate, Normtext – Begriff – Telos, 1996; Hill, Das fehlerhafte Verfahren und seine Folgen im Verwaltungsrecht, 1986; Hugger, Gesetze – Ihre Vorbereitung, Abfassung und Prüfung, 1983; Karpen, Auslegung und Anwendung des Grundgesetzes, 1987; Karpen, Die Verweisung als Mittel der Gesetzgebungstechnik, 1970; Kaufmann, Das Verfahren der Rechtsgewinnung, 1999; Klug, Juristische Logik, 4. Aufl. 2014, §§ 9–16; Koch/Rüßmann, Juristische Begründungslehre, 1982; Kramer, Juristische Methodenlehre, 1998; FS Scupin, 1983/Krawietz, S. 347 ff.: Juristische Argumentation in rechtstheoretischer, rechtsphilosophischer und rechtssoziologischer Perspektive; Kriele, Theorie der Rechtsgewinnung, 2. Aufl. 1976; Larenz/Canaris, Methodenlehre der Rechtswissenschaft, 3. Aufl. 1995; Looschelders/Roth, Juristische Methodik im Prozess der Rechtsanwendung, 1996; Müller, Juristische Methodik, 11. Aufl. 2013; Müller, Normstruktur und Normativität, 1966; Müller, Strukturierende Rechtslehre, 2. Aufl. 1994; Müller/Christensen, Juristische Methodik I, 11. Aufl. 2013; Noll, Gesetzgebungslehre, 1973; Pawlowski, Einführung in die juristische Methodenlehre, 1986; Potacs, Auslegung im öffentlichen Recht, 1994; Riesenhuber, Europäische Methodenlehre, 4. Aufl. 2021; FS BVerfG II, 1976/Roellecke, S. 22: Prinzipien der Verfassungsinterpretation in der Rechtsprechung des BVerfG; Röhl/Röhl, Allgemeine Rechtslehre, 3. Aufl. 2008, § 21 und §§ 77 f.; Schreiber, Die Geltung von Rechtsnormen, 1966, S. 156–214; Schröder, Recht als Wissenschaft, 3. Aufl. 2020; Schuppert, Funktionell-rechtliche Grenzen der Verfassungsinterpretation, 1980; FS Kriele, 1997/Sendler, S. 465 ff.: Die Methoden der Verfassungsinterpretation – Rationalisierung der Entscheidungsfindung oder Camouflage der Dezision?; Siebert, Die Methode der Gesetzesauslegung, 1958; Isensee/Kirchhof StaatsR-HdB VI/Starck, § 164: Verfassungsauslegung; Stern StaatsR I, § 4 III; Stoerk, Über die juristische Methode, 1996; Struck, Topische Jurisprudenz, 1971; Viehweg, Topik und Jurisprudenz, 5. Aufl. 1974; Vogel, Juristische Methode, 1998; Wank, Die Auslegung von Gesetzen, 7. Aufl. 2023; Weinberger, Rechtslogik, 1970; Winkler JuS 1995, 1056 ff.: Juristische Texte als „Werkzeuge"; Zippelius, Juristische Methodenlehre, 12. Aufl. 2021; Zippelius, Recht und Gerechtigkeit in der offenen Gesellschaft, 2. Aufl. 1996, 379 ff.; Zuleeg VVDStRL 53 (1994), 154 ff.: Deutsches und europäisches Verwaltungsrecht.

I. Formelle und materielle Rechtmäßigkeit

1 Die positive Rechtsgeltung einer geschriebenen Rechtsquelle hängt von der Erfüllung **formeller und materieller Erfordernisse** ab.

1. Ordnungsgemäßes Verfahren

2 Die Rechtsquelle muss von dem dazu örtlich, zeitlich, sachlich, und instanziell **zuständigen Organ in ordnungsmäßigem Verfahren** und ggf. unter zuständigkeitsgemäßer Beteiligung anderer Organe erlassen sein.

– Die **Mitwirkung** eines (zB durch einen Bebauungsplan) betroffenen oder sonst wie befangenen Ratsmitglieds führt in einigen Bundesländern zur Ungültigkeit bzw. Nichtigkeit der Satzung (§ 20 V SächsGemO),[1] in anderen Ländern jedoch

[1] OVG Koblenz DVBl 2011, 696 ff.

nur dann, wenn die Mitwirkung für das Abstimmungsergebnis erheblich war (§ 31 VI NRWGO).[2]
- Gem. Art. 80 II GG bedürfen Rechtsverordnungen der Bundesregierung oder eines Bundesministers auf Grund von Bundesgesetzen die der Zustimmung des Bundesrates bedürfen, ebenfalls solcher **Zustimmung.** Auf der Landesebene existieren parallele Bestimmungen.
- Wegen der Beteiligung der **Aufsichtsbehörde** beim Erlass von **Satzungen** → § 25 Rn. 56 ff.
- Auch etwaige sonstige **Verfahrensvorschriften** sind einzuhalten, zB fristgerechte Auslegung der Entwürfe von Bauleitplänen gem. § 3 II BauGB[3] und von Rechtsverordnungen,[4] Anhörungen (Art. 84 II SächsVerf) und Beteiligung von Trägern öffentlicher Belange (§ 4 BauGB).
- Sie muss **begründet** sein (Art. 296 AEUV für Unionsverordnungen und Unionsrichtlinien; § 9 VIII BauGB).

2. Ordnungsgemäße Ausfertigung

Sie muss ausgefertigt, dh von dem oder den hierzu zuständigen Amtswaltern nach Abschluss des gesamten Rechtsetzungsverfahrens in einer den Text der Rechtsquelle enthaltenden datierten Urkunde handschriftlich mit dem Familiennamen unterschrieben sein. Hierdurch wird die Übereinstimmung des Textes mit dem Willen des zur Rechtsetzung berechtigten Organs sowie die Beachtung der für die Rechtswirksamkeit maßgebenden Umstände mit öffentlich-rechtlicher Wirkung bezeugt **(sog. Identitätsfunktion).** Die Ausfertigung ist unverzichtbarer Teil sämtlicher Rechtsetzungsverfahren und folglich ein formelles Gültigkeitserfordernis.[5] Die **Ausfertigung** einer Verordnung oder Satzung soll daher: 3
- eine ihren Rechtscharakter (zB Verordnung oder Satzung) und ihren Gegenstand kennzeichnende Überschrift tragen (s. zB § 30 Nr. 1, 2 NRWOBG).
- muss die **Ermächtigung** (gesetzliche Grundlage) angeben (s. Art. 80 I 3 GG;[6] Art. 61 I 2 BWVerf; Art. 53 II 1 HmbVerf; § 30 Nr. 3 NRWOBG);[7]
- Auskunft über die stattgehabte **Zustimmung** oder Anhörung beteiligungsberechtigter Stellen geben (§ 30 Nr. 4 NRWOBG);
- den Tag des **Inkrafttretens** bestimmen (Art. 297 AEUV; Art. 82 II GG);
- **datiert sein** (s. § 30 Nr. 6 NRWOBG);[8]
- und das **erlassende Organ** bezeichnen (s. § 30 Nr. 7 NRWOBG). Falsche Selbstbezeichnung des erlassenden Organs hat ebenso wie seine Unzuständigkeit die Nichtigkeit der Rechtsetzung zur Folge.
- Das **Zitiergebot** des Art. 19 I 2 GG, Art. 37 I SächsVerf, Art. 42 III 2 ThürVerf gilt nur für förmliche Gesetze, die ein **Grundrecht** über die in ihm selbst angelegten Grenzen hinaus einschränken.[9]

---

[2] S. BGH DVBl 1967, 618; BVerwGE 79, 200; OVG Koblenz NVwZ 1989, 674.
[3] GmS-OBG BVerwGE 40, 363.
[4] VGH Mannheim NVwZ 1983, 560.
[5] BVerwG NVwZ 1994, 1010; OVG Münster NWVBl. 1997, 181; Ziegler DVBl 1987, 280 f.; Kluth/Krings, Gesetzgebung/Pieper, 2014, § 20.
[6] Schwarz DÖV 2002, 852 ff.
[7] Bartlsperger VerwArch 58 (1967), 249 ff.; Frowein DÖV 1969, 621 ff.; VGH Kassel NJW 1981, 779; BVerwGE, 118, 70 ff.; BVerfGE 101, 1 ff. (41 ff.).
[8] OVG Münster NWVBl. 1997, 181 f.
[9] BVerfGE 28, 46 (62); Bethge DVBl 1972, 365 ff.

3. Ordnungsgemäße Verkündung

4 – Sie muss in der vorgeschriebenen Form verkündet sein, damit jedermann die Möglichkeit hat, von dem Inhalt der Rechtsquelle zuverlässig Kenntnis zu nehmen.[10] Dabei handelt es sich um ein rechtsstaatliches Erfordernis. Es ist dann erfüllt, wenn die Norm in dem beschlossenen Wortlaut bekannt gemacht wird. Die **amtliche Publikation** ist Gültigkeitsvoraussetzung.[11] Von der Publikation ist das **Inkrafttreten** zu unterscheiden (→ § 27 Rn. 1).

5 – Zu verkünden ist ein **Abdruck** des **ausgefertigten Textes**,[12] der erkennen lässt, welches Organ und wann es das Gesetz, die Verordnung oder Satzung erlassen hat. Die Verkündung von Satzungen wird **„Bekanntmachung"** genannt (s. § 7 IV 1 NRWGO). Bedarf die Verordnung oder Satzung einer Beteiligung, zB der Genehmigung einer Aufsichtsbehörde, so ist auch diese mitzuteilen (zB § 6 V BauGB). Die Verkündung darf nicht beliebig, zB durch Rundfunk, erfolgen, sondern muss in der durch objektives Recht **vorgeschriebenen Form** geschehen (s. zB Art. 297 AEUV; Art. 82 GG iVm VerkG; Art. 63 BWVerf und BWVerkG).

6 – Danach müssen **Unionsverordnungen und Unionsrichtlinien** im „Amtsblatt der Europäischen Union", **Gesetze** im „Gesetz- (und Verordnungs-)Blatt", **Rechtsverordnungen** dort, im Bundes- bzw. Staatsanzeiger oder in Regierungs- oder Amtsblättern, **Satzungen** und **Rechtsvereinbarungen** in einem besonderen Verkündungsblatt, im Amtsblatt oder in den durch die Haupt- oder eine Bekanntmachungssatzung allgemein bestimmten Tageszeitungen[13] verkündet werden (→ § 1 Rn. 27 ff.). Da die Bekanntmachungsverordnungen grundsätzlich abschließend sind,[14] ist es auch in kleinen Gemeinden grundsätzlich unzulässig, der Bekanntmachungspflicht durch „Aushang" an der Gemeindetafel, ferner „Nieder-" oder „Offenlegung" in einem Dienstzimmer der Gemeindeverwaltung zu genügen. Davon ist die **Hinweisbekanntmachung** zu unterscheiden.[15] Bei Veröffentlichung in amtlichen Blättern liegt die Verkündung im willentlichen In-Verkehr-Bringen des ersten Exemplars des betreffenden Blattes. Der Tag des Eingangs bei der Postzeitungsstelle muss nachweisbar sein.[16] Aufgabe bei der Post ist nicht erforderlich.[17] Für Aushang und Offenlegung (Niederlegung) müssen generell ein angemessener Ort und eine angemessene Frist bestimmt und jeweils eingehalten sein.[18] Beginn und Ende des Aushangs müssen auf dem Original der Satzung vermerkt sein, nicht aber auf dem ausgehängten Stück.[19] Soweit eine **ortsübliche Bekanntmachung**

[10] BVerfGE 65, 283 (291); BVerwG NVwZ 1990, 359; HessStGH NVwZ 1989, 1153; VerfGH Bayern BayVBl. 1990, 78 ff.

[11] S. näher Wittling, Die Publikation der Rechtsnormen einschließlich der Verwaltungsvorschriften, 1991.

[12] S. zu Abweichungen VGH Kassel NVwZ-RR 2013, 364 f.

[13] OVG Weimar DÖV 2002, 205.

[14] S. auch OVG Weimar LKV 2003, 237 ff.

[15] OVG Magdeburg LKV 2003, 189.

[16] OVG Münster DVBl 1965, 369.

[17] S. BVerfGE 16, 6.

[18] S. OVG Münster VerwRspr. 14 (1962), 864 ff.; VGH Kassel DVBl 1964, 886; VerwRspr. 20 (1969), 711; VGH Mannheim VerwRspr. 22 (1971), 811.

[19] BVerwG JZ 1972, 318.

vorgesehen ist (s. etwa § 6 V BauGB), ergeben sich die Anforderungen aus dem dafür maßgeblichen Normen des Landes- oder Ortsrechts.[20] Unklar ist, ob eine „Fortsetzungsveröffentlichung" zulässig ist.[21] Satzungen einer Körperschaft mit bestimmtem Mitgliederkreis können in der Fachpresse verkündet werden.[22]

– **Kumulative Bekanntmachungsformen** sind zulässig. Es muss aber mindestens in einer Bekanntmachung auf die andere hingewiesen werden (s. zB § 1 VerkG, auf Verkündungen im BAnz.).[23] Die Ungültigkeit einer Verkündungsweise hat nicht die Ungültigkeit anderweitig rechtmäßig verkündeter Satzungen zur Folge.[24] Die Verkündung muss vollständig sein. Sie darf nur in gesetzlich besonders bestimmten Fällen auf Ergänzungen an anderen Orten verweisen.[25] 7

– **Kartenpläne,** auf die eine geschriebene Rechtsquelle verweist oder die selbst Rechtsquellen sind, sind so herzustellen, dass nachträgliche Veränderungen nicht möglich sind, und so zu jedermanns Einsicht während der Dienststunden zugänglich zu machen und zu halten.[26] Ort und Zeit der Auslegung sind förmlich bekanntzumachen (**Ersatzverkündung,** s. zB §§ 3 II, 10 III BauGB).[27] Der erste Tag der Entwurf-Auslegung ist mitzuzählen.[28] Auf die Dauer der der Bekanntmachung folgenden Auslegung kommt es nach BVerwG[29] nicht an.[30] Geringe Planänderungen im Anhörungsverfahren erfordern keine Neuauslage.[31] 8

– **Allgemeinverbindliche Urteile** in Normenkontrollverfahren mit Gesetzeskraft sind so zu veröffentlichen, wie die Rechtsquelle, die sie beurteilen (s. etwa § 47 V 2 VwGO). 9

– **Verwaltungsvorschriften** ieS dürfen nach pflichtgemäßem Ermessen der erlassenden Behörde den Adressaten bekannt gegeben werden. Verwaltungsvorschriften mit Außenwirkung sind in einem Publikationsorgan zu veröffentlichen, das den Betroffenen zugänglich ist.[32] 10

– Die **Rechtsfolgen der Verkündung** treten unabhängig vom Willen des Bekanntgebenden ein.[33] Dass die Rechtsquellen infolge ihrer Verkündung allen ihren Unterworfenen bekannt seien, ist eine fundamentale Rechtsfiktion. 11

---

[20] BVerwGE 104, 337 (340 f.).
[21] Läger LKV 1998, 181 ff.
[22] OVG Münster DApothZ 1964, 88; s. auch OVG Koblenz VerwRspr. 24 (1973), 285.
[23] OVG Münster DVBl 1966, 831; VGH Kassel VerwRspr. 20 (1969), 696.
[24] NRWOVGE 28, 143; aM OVG Lüneburg DÖV 1971, 821 u. v. Mutius VerwArch 65 (1974), 95 ff.
[25] S. OVG Lüneburg E 22, 340.
[26] S. aber auch VGH Mannheim NVwZ-RR 1999, 333.
[27] Dazu GmS-OBG BVerwGE 40, 363; BVerwG ZfBR 2010, 581 ff.
[28] BGHZ 55, 283; VGH Kassel DVBl 1968, 947 (948) mAnm v. Schroeter; Penski DVBl 1970, 44 ff.
[29] DVBl 1974, 360 f.
[30] BVerwGE 17, 198.
[31] BVerwGE 29, 282.
[32] BVerfGE 40, 237; Wittling, Die Publikation, 1991, S. 253; OVG Berlin DVBl 1976, 266; Scheffler DÖV 1980, 241 ff.; Stober GewArch 1993, 187 (190); s. allgemein ferner Wittling, die Publikation, 1991, S. 165 ff.
[33] S. VGH Kassel DVBl 1966, 835.

12 – Sind **Mängel der Ausfertigung oder Verkündung** (nach Jahren) nicht nachweisbar, wird deren Ordnungsmäßigkeit vermutet (Legalia praesumuntur).[34] Teilweise sind auch Fristen zu beachten.

13 Verbindliche **Verkündungen in elektronischer Form** setzen sich immer mehr durch, zumal für viele Betroffene der Zugang auf Grund der rasanten Entwicklung der **Informations- und Kommunikationstechnologie** und der damit verbundenen wachsenden Verbreitung elektronischer Medien einfacher ist als zu Druckmedien.[35] Ein Meilenstein für publikationspflichtige Texte der digital organisierten Verwaltung ist § 15 EGovG, der zusätzlich oder ausschließlich die Möglichkeit der **elektronischen Ausgabe** eröffnet, wenn sie über öffentlich zugängliche Netze angeboten wird. Hinzuweisen ist etwa auf die elektronische Fassung des **Bundesgesetzblattes**.[36] Dabei ist sicherzustellen, dass die Inhalte dauerhaft zugänglich sind und eine Veränderung des Inhalts ausgeschlossen ist (s. auch § 27a VwVfG).

4. Gültige Ermächtigung und Widerspruchsfreiheit

14 – Sie muss sich auf eine gültige **Ermächtigung** stützen und in ihrem Rahmen halten (→ § 25 Rn. 42 ff.). Eine abgeleitete Rechtsquelle kann sich auch auf mehrere verschiedene Ermächtigungen stützen.[37] Die Ermächtigung muss vor der Verkündung, idR schon vor Ausfertigung der auf sie gestützten Verordnung in Kraft getreten sein.[38] Fehlende Ermächtigung kann durch Gesetz nachgeholt (geheilt) werden (→ § 25 Rn. 42 ff.).

15 – Sie darf nicht im Widerspruch stehen zu einer geltenden ranghöheren Rechtsquelle (s. § 28 I NRWOBG). Gesetze dürfen daher weder der Verfassung (Grundrechte!), noch deren Grundentscheidungen (zB Rechtsstaatlichkeit, Sozialstaatlichkeit), noch den Rechtsgrundsätzen widersprechen.[39]

16 – Rechtssätze sollen ferner **systemtreu** sein, dürfen also nicht ohne sachliche Gründe in inhaltlichem Widerspruch zu den Zielen oder anderen Rechtssätzen derselben, einer gleich- oder höherrangigen Rechtsquelle stehen (→ § 26 Rn. 14 ff. u. 17 ff.).[40]

5. Einhaltung allgemeiner Rechtsgrenzen

17 Nach dem **Verhältnismäßigkeitsgrundsatz** müssen alle Anordnungen geeignete, erforderliche und angemessene (verhältnismäßige) Mittel zu ihren rechtmäßigen Zwecken sein. Da Rechtsquellen abstrakt und generell regeln, ist Übermäßigkeit im konkreten Falle zulässig und hinzunehmen. Es genügt, wenn diese Anordnung bei typischer Sachlage geeignet, erforderlich und angemessen ist.[41]

---

[34] S. NRWOVGE 10, 135.
[35] S. näher Konzelmann ZRP 2001, 573; Schmeken, Die Publizität von Normen im Internet, 2002; Guckelberger DVBl 2007, 985 ff.
[36] S. unter https://www.recht.bund.de/de/home/home_node.html.
[37] BVerfGE 12, 352.
[38] BVerfGE 34, 9.
[39] S. BVerfG JZ 1957, 168; VGH München ZBR 1968, 152.
[40] BVerfGE 11, 293; 20, 377 ff.; RlPfVGH AöR 95 (1970) 608; BWStGH DÖV 1973, 163 L. 3; krit. u. a. Kriele, Theorie der Rechtsgewinnung, 1967, S. 97 ff.; Degenhart, Systemgerechtigkeit und Selbstbindung des Gesetzgebers als Verfassungspostulat, 1976.
[41] S. zB BVerfGE 6, 77; 13, 236; 40, 258.

Im Übrigen hat aber der Gesetzgeber einen weiten **Gestaltungsspielraum.** Seine Fehlprognose macht ein förmliches Gesetz nicht nichtig.[42] Die Gerichte prüfen auch nicht, ob die jeweils gerechteste, angemessenste oder zweckmäßigste Lösung gefunden wurde.[43] Die Abwägung der öffentlichen und privaten Belange gem. § 1 VI, VII BauGB darf nicht missbräuchlich sein (→ § 31 Rn. 69 ff.).[44] 17a

6. Bestimmtheit

Eine Rechtsquelle muss so bestimmt gefasst sein, dass die Adressaten wissen, wozu sie verpflichtet bzw. berechtigt werden, so dass sie sich entsprechend verhalten können. Besonders strenge Anforderungen bestehen nach Art. 103 II GG[45] und § 30 OWiG für **verwaltungsrechtliche Bußgeldtatbestände** und nach Art. 80 GG für Rechtsverordnungen.[46] Unklarheiten und Unvollständigkeiten gehen zu Lasten des erlassenden Organs bzw. seines Trägers und dessen Behörden. Die **Bestimmtheitsanforderungen** hängen von der Eigenart der zu regelnden Sachverhalte sowie dem Normzweck ab. Deshalb ist eine Auslegungsbedürftigkeit unbestimmter Rechtsbegriffe unbedenklich (→ § 31 Rn. 1 ff.).[47] Das gilt auch für diejenigen Rechtssätze, auf die etwa verwiesen wird.[48] 18

II. Rechtsfolgen bei Verstößen

1. Nichtigkeit als Grundsatz

Entspricht eine Rechtsquelle dem einen oder anderen zwingenden Erfordernis nicht, so ist sie grundsätzlich **ungültig** (nichtig/unwirksam).[49] Es spricht jedoch eine (widerlegbare) Vermutung dafür, dass die Angaben der amtlichen Veröffentlichung einer geschriebenen Rechtsquelle über ihr Zustandekommen richtig sind und dass die Rechtsquelle den jeweils ranghöheren, insbesondere den Rechtsgrundsätzen und verfassungsgestaltenden Grundentscheidungen nicht widerspricht.[50] Dies gilt insbesondere für alle förmlichen Gesetze, auf deren Nichtigkeit sich niemand rechtsgültig berufen kann, bevor sie von einem Verfassungsgericht durch Urteil ausgesprochen worden ist. Sie gelten sogar idR bis zur Verkündung der Nichtigkeitsentscheidung oder sogar über diese hinaus (**Korrektionspflicht;** s. §§ 31 II, 79 BVerfGG).[51] Das BVerfG präferiert die bloße **Unvereinbarkeit** an Stelle der Nichtigerklärung, wenn hierfür sprechende verfassungsrechtliche Belange überwiegen.[52] Ähnlich verhält es sich mit Rechtsquellen des Unionsrechts[53] sowie mit Rechtsverordnungen und be- 19

---

42 BVerfGE 30, 250.
43 BVerfGE 9, 206; 14, 238 f.; 17, 330; 18, 325.
44 ZB BVerwGE 34, 301.
45 BVerfG NVwZ 2012, 504 f.
46 BVerfG NVwZ 1990, 751; BVerfGE 116, 347 (349 f.).
47 BVerfGE 49, 89 (134); 78, 205 (212); 84, 133 ff.; BGH NJW 1996, 1482 f.
48 OVG Münster NWVBl. 1996, 307 für dynamische Verweisung auf EU-Richtlinie.
49 S. etwa BVerfGE 101, 1 (41 ff.); BVerwG NVwZ 2001, 431; VGH München BayVBl. 2003, 435.
50 S. Meder, Das Prinzip der Rechtmäßigkeitsvermutung, 1970.
51 BVerfGE 18, 301; 22, 360; 33, 347 f.; 34, 25 f.; 35, 148; BVerfG NVwZ 2011, 289 (294); BVerwGE 41, 266 f.; OVG Münster DVBl 1970, 294 mablAnm Hoppe; Böckenförde, Die sog. Nichtigkeit verfassungswidriger Gesetze, 1966; Pestalozza AöR (1971), 27 ff.; Schefold/Leske NJW 1973, 1297 ff. mwN; Söhn, Anwendungspflicht oder Aussetzungspflicht bei festgestellter Verfassungswidrigkeit von Gesetzen, 1974.
52 BVerfG NVwZ 2011, 289 (294).
53 EuGH EuZW 2004, 729.

stimmten Satzungen (§ 47 V VwGO). Widerspricht eine innerstaatliche Vorschrift dem Unionsrecht, dann ist sie lediglich unanwendbar und nicht nichtig (→ § 26 Rn. 8 ff.).[54] Unklar ist die Rechtsfolge bei **funktionslosen Rechtsvorschriften**[55] bzw. bei **offensichtlicher Entbehrlichkeit einer Norm.**[56]

20 Ist ein oder sind einige **Rechtssätze** einer geschriebenen Rechtsquelle **ungültig,** so sind es andere derselben Rechtsquelle nur, soweit sie ihren logischen, sachlichen oder rechtlichen Sinn verlieren. In Betracht kommt also eine **Teilnichtigkeit.** Die Rechtsprechung ist uneinheitlich (s. etwa §§ 214 f. BauGB).[57]

21 Erfüllt ein bestimmter Staatsakt zwar nicht die an die intendierte, wohl aber die an eine andere Rechtsquellenart oder die an eine Verwaltungsvorschrift gestellten Geltungsbedingungen, so gilt sie als solche, sofern sie auch dann sinnvoll ist **(Umdeutung).**[58]

2. Andere Rechtsfolgen

22 Die prinzipielle Rechtsfolge Ungültigkeit ist relativ starr. Sie trägt den Anforderungen der Verwaltungspraxis und der Rechtssicherheit nur begrenzt Rechnung. Deshalb wurden in jüngerer Zeit weitere Rechtsinstitute geschaffen,[59] die ein differenziertes Vorgehen und insbesondere eine Heilung ermöglichen (§§ 214 f. BauGB).[60]

– **Unbeachtlichkeit wegen Fristablaufs;**
– **Unbeachtlichkeit wegen Fehlerbehebung** (§ 214 IV BauGB);
– **Unbeachtlichkeit wegen Unwesentlichkeit.**

III. Geltungsprüfung durch verwaltungsinterne Normenkontrolle

23 Die **Verwaltungsorgane** haben die Rechtsgeltung von Gesetzen, von Verordnungen usw vorgesetzter Organe zwar zu prüfen **(verwaltungsinterne Normenkontrolle)** und das ihnen vorgesetzte, insbesondere das erlassende Verwaltungs- oder Regierungsorgan auf etwaige Mängel durch Gegenvorstellungen hinzuweisen **(Prüfungskompetenz).** Bei erfolgloser **Remonstration** müssen sie diese Rechtssätze jedoch wegen der Weisungsgebundenheit insoweit anwenden, als sie von einem zu derartiger Rechtsetzung an sich zuständigen Organ erlassen worden, sinnvoll und nicht erkennbar verfassungs- oder strafrechtswidrig sind (s. § 63 II BBG; § 36 BeamtStG).[61] Die Verwaltung besitzt also grundsätzlich keine **Nichtanwendungskompetenz,** weil sonst die in Art. 20 II, III GG angelegte Gesetzesbindung relativiert würde. Mit der Anordnung, nach der angezweifelten Rechtsquelle zu verfahren, übernimmt der Vorgesetzte bzw. die Aufsichtsbehörde die Verantwortung für die Rechtmäßigkeit des ihr

---

54 BVerwGE 87, 154 (158 ff.).
55 S. zum Bebauungsplan BVerwGE 108, 71 (74); BVerwG NVwZ 2004, 1244 ff.
56 BVerwG NVwZ 2003, 1125.
57 S. BVerfGE 8, 300 f.; 9, 213 (217); aber auch BVerfGE 29, 71; BVerwG DVBl 1974, 295: VGH München NVwZ 2001, 704; OVG Schleswig NVwZ 2001, 1300; BVerwG NVwZ 1990, 157 und 159; Skouris, Teilnichtigkeit von Gesetzen, 1973, der § 139 BGB analog anwendet.
58 ZT aM Wimmer DVBl 1970, 306.
59 S. zum Gesetzesvorbehalt BVerwG NVwZ 2005, 332 f.
60 Morlok, Die Folgen von Verfahrensfehlern am Beispiel kommunaler Satzungen, 1988; Uechtritz ZfBR 2005, 11 ff.; BVerwGE 110, 118 ff.; Schmidt NVwZ 2000, 977 ff.; Stüer DVBl 2011, 381 (390 f.).
61 S. auch Kopp DVBl 1983, 822; Isensee/Kirchhof StaatsR-HdB V/Loschelder, § 107; Weiß ZBR 1994, 325 ff.

entsprechenden Verwaltungshandelns. Verstößt aber auch nach ihrer Überzeugung eine Rechtsverordnung oder Satzung gegen ein förmliches Gesetz oder gegen eine höherrangige Rechtsverordnung, so hat sie mit ihren Aufsichtsmitteln einzugreifen. Bezweifelt sie die **Verfassungsmäßigkeit** eines nachkonstitutionellen Gesetzes, so hat sie der (Landes- bzw. Bundes-)Regierung zu berichten. Ist auch diese von der **Verfassungswidrigkeit** überzeugt, so hat sie die Entscheidung des Verfassungsgerichts gemäß Art. 94 I 2 GG herbeizuführen. Während der Prüfung ist der Gesetzesvollzug auszusetzen **(Aussetzungskompetenz),** wenn das möglich und erforderlich ist, um einen nicht behebbaren Nachteil zu vermeiden.[62] Ist jedoch die Verfassungswidrigkeit offensichtlich, weil das BVerfG die Frage allgemein entschieden hat oder weil ein gleichsinniger Rechtssatz für nichtig erklärt worden ist, so darf der bezweifelte Rechtssatz nicht angewendet werden **(beschränkte Verwerfungskompetenz).**[63] Im Übrigen ist eine inzidente Verwerfungskompetenz aus verfassungssystematischen Gründen abzulehnen.[64]

Eine besondere Ausgestaltung hat das Prüfungs- und Aussetzungsrecht auf der **Kommunalebene** erfahren. Insoweit bestehen **Widerspruchs-** und **Beanstandungsrechte,** wenn Beschlüsse der Gemeindevertretung rechtswidrig sind (§ 54 NRWGO). Die Geltendmachung dieser Rechte hat aufschiebende Wirkung. Diese Befugnisse gewähren aber den zuständigen Stellen einschließlich der Aufsichtsbehörden keine Verwerfungskompetenz, weil es dazu einer ausdrücklichen gesetzlichen Ermächtigung bedarf.[65] 24

Der EuGH verlangt von den mitgliedsstaatlichen Verwaltungsbehörden, dass sie keine nationalen Vorschriften anwenden, die Unionsrecht widersprechen (→ Rn. 19).[66] Diese Forderung ist konsequent, wenn und soweit man den **Anwendungsvorrang des Unionsrechts** vor allem unter dem Auslegungsgesichtspunkt „effet utile“ bejaht, der automatisch zur Nichtanwendung führt (→ § 26 Rn. 8 ff.), ohne dass Nichtigkeit eintritt. Der Exekutive steht demnach insoweit nicht nur eine Prüfungskompetenz **(legal review),** sondern ein Verwerfungsrecht zu, das sich zu einer Verwerfungspflicht verdichtet, so dass von einer umfassenden **Verwerfungskompetenz** auszugehen ist.[67] 25

IV. Anwendung, Auslegung und Lückenergänzung

1. Die Erkenntnisakte der Rechtsanwendung

Die Anwendung, Auslegung und Lückenergänzung ist nicht nur die konsequente Fortsetzung der Rechtsquellenlehre,[68] sondern zugleich ihre Krönung und Kern der 26

62 S. BVerfG JZ 1961, 256.

63 S. BVerfGE 12, 186 f.; Hoffmann-Riem DVBl 1971, 842 ff.

64 OVG Magdeburg NVwZ 1990, 172; aM Isensee/Kirchhof StaatsR-HdB V/Ossenbühl, § 103; s. ferner Pietzcker DVBl 1986, 806.

65 BVerwGE 75, 142 ff.; FS Stern, 2012/Schmidt-Aßmann, 745 (758 f.); s. ferner Wehr, Inzidente Normverwerfung durch die Exekutive, 1998.

66 EuGH DVBl 1990, 689.

67 Jarass, Grundfragen der innerstaatlichen Bedeutung des EG-Rechts, 1994, S. 100 ff.; FS Stern, 2012/Schmidt-Aßmann, 745 (760 ff.); Hutka, Gemeinschaftsrechtsbezogene Prüfungs- und Verwerfungskompetenz der deutschen Verwaltung, 1997; Burger DVBl 2011, 985 ff. zu EuGH DÖV 2011, 117.

68 So Röhl/Röhl, Allgemeine Rechtslehre, 3. Aufl. 2008, §§ 77 f.

Juristischen Methodenlehre iSe Reflektion des geltenden Rechts (s. auch Art. 19 EUV).[69]

27 Die **Anwendung** eines Rechtssatzes bedeutet die Rechtsfindung für einen konkreten Interessenwiderstreit als der Individualisierung einer typischen Interessenkollision. Sie erfordert drei Gruppen von Erkenntnisakten, die kaum völlig zu isolieren sind,[70] nämlich

- Die Feststellung des **Lebenssachverhaltes** (→ § 36 Rn. 1 ff.) unter der Frage, ob und welche (deskriptiven und normativen) **Tatbestandsmerkmale** von Rechtssätzen erfüllt sind. Hierher gehören auch die Probleme des Beweises.
- die Feststellung des Inhalts der für die Anwendung in Frage kommenden **Rechtssätze,** dh die Auslegung geschriebener bzw. die Ermittlung ungeschriebener Rechtssätze (→ § 28 Rn. 54 ff.).
- Die Feststellung der **Rechtsfolge,** die sich aus der **Subsumtion**[71] des ermittelten Sachverhaltes unter den ermittelten Rechtssatz ergibt, manchmal aber auch in das Ermessen des Rechtsanwenders gestellt ist (→ § 31 Rn. 1 ff.).

28 Rechtsquellen werden nicht wie philosophische Texte für sich, sondern vom Fall her interpretiert, dh in stetem Bezug auf ein Rechtsproblem, das das Gesetz soll lösen helfen. Praktisch sucht man zunächst den in Betracht kommenden Rechtssatz, ermittelt dann die Bedeutung der einzelnen Tatbestandsmerkmale und subsumiert darunter jeweils sofort die Elemente des Sachverhalts, um schließlich, wenn alle Tatbestandsmerkmale vorliegen, die im Rechtssatz vorgesehene Rechtsfolge zu bejahen, andernfalls sie zu verneinen.

2. Auslegung und Lückenergänzung

29 Durch die **Auslegung** wird der in vielen Fällen unklare Sinn der Rechtssätze ermittelt. Sie ist auch im Verwaltungsrecht ein Herzstück praktischer und theoretischer Jurisprudenz. Praktisch meint sie die Fähigkeit des Verwaltungsrechtlers, Verwaltungsrechtsnormen anhand eines bereitstehenden Handwerkszeugs zu interpretieren. Theoretisch steht die rechtswissenschaftliche Grundlagenforschung im Vordergrund, die eine allgemeine **Lehre der Hermeneutik** (des Verstehens) unter Berücksichtigung der Rechtsphilosophie, der Rechtstheorie und der Rechtssoziologie entwickeln und damit die Basis für die Verwaltungs- und Verwaltungsgerichtspraxis liefern muss.

30 Die theoretische Bewältigung der Auslegungsproblematik ist deshalb von großem Interesse, weil es keine verbindlichen Auslegungsgrundsätze und keine verbindliche Rangordnung gibt.[72] Lediglich Art. 31 f. **Wiener Vertragsrechtskonvention (WVRK)**[73] sieht bestimmte Auslegungsmaximen mit unterschiedlicher Gewichtung vor. Sie wird ergänzt durch die Ausfüllung von Lücken (geschriebener) Gesetze iwS, durch die festgestellt wird, ob und welcher andere geschriebene oder ungeschriebene Rechtssatz anzuwenden ist. Rechtsschöpfung durch Rechtsanwender ist unvermeidlich angesichts des raschen Wandels sozialer Verhältnisse und erst recht bei Anwen-

---

[69] v. d. Pfordten, Rechtsethik, 2001, S. 21 mwN.
[70] S. auch Zippelius Methodenlehre, § 5.
[71] Gabriel/Gröschner, Subsumtion, 2012.
[72] S. auch BVerfGE 88, 145.
[73] S. dazu G v. 22.11.1990, BGBl. II 1414 ff.

dung solcher Gesetze, die, weil auf Kompromissen beruhend, Wesentliches ungeregelt lassen.[74]

Auslegung und Lückenergänzung beantworten Rechtsfragen. Ihr Ergebnis soll am Ideal objektiver Richtigkeit orientiert sein und Rechtssicherheit gewähren. Deshalb ist es **Aufgabe der Interpretation,** ein rationales und kontrollierbares Verfahren bereitzuhalten und das gefundene Ergebnis rational und kontrollierbar zu begründen.[75] Im Kern geht es um das Problem des richtigen Umgangs mit dem Gesetz, die Klärung des Gesetzesinhaltes, das richtige Verstehen des Gesetzes und die richtige Anwendung des Gesetzes auf den Fall.[76] Wie vollständig dies erreicht wird, hängt ab von der Schlüssigkeit und Überzeugungskraft der begründenden Argumente. Die Auslegung von Rechtssätzen durch die Verwaltungsbehörden ist daher von den Gerichten, wenn sie mit der Sache befasst waren, in vollem Umfange zu überprüfen, sofern nicht ausnahmsweise Beurteilungsspielräume existieren (→ § 31 Rn. 1 ff.). Maßgeblich ist dann die gerichtliche Auslegung und zwar letztlich die der obersten Instanz **(Auslegungsprärogative)** unter besonderer Berücksichtigung der Besonderheiten des Verwaltungsrechts.[77] 31

3. Herkömmliche Argumentationsmethoden

a) Kein Konsens bei Auslegungsfragen

Zur Kritik, Auslegung und Ergänzung von Rechtssätzen haben Wissenschaft und Rechtsprechung mehrere **Argumentationsmethoden** entwickelt und je zu verschiedenen Zeiten bevorzugt (s. auch die Ansätze in §§ 46 ff. der Einleitung zum PrALR von 1794).[78] Keines dieser Auslegungsmittel ist aber ganz entbehrlich, und erst recht reicht keines für sich allein aus. Sie sind vielmehr miteinander zu verbinden (**„Methodensynkretismus"** der Praxis).[79] Das geschieht in der Regel in folgender Reihenfolge, wobei nur eine von vornherein unergiebige außer Betracht gelassen wird.[80] Allerdings ist das Verhältnis der einzelnen Methoden zueinander ebenso unklar wie die Beantwortung der Frage, welcher Methode im Zweifelsfall der Vorzug einzuräumen ist.[81] Es besteht nämlich weder Konsens über die Interpretationsrichtlinien noch darüber, wie der Normgehalt im Einzelfall zu ermitteln ist.[82] Die Lehre der Hermeneutik ist vor allem im Verwaltungsrecht nur unzureichend entwickelt. Das ändert jedoch nichts daran, dass sich insbesondere die Rechtsprechung an den nachfolgend darzustellenden Interpretationsregeln orientiert. 32

---

74 S. Canaris, Die Feststellung von Lücken im Gesetz, 2. Aufl. 1983.

75 Koch/Rüßmann, Juristische Begründungslehre, 1982; Oppermann/Classen/Nettesheim EuropaR/Nettesheim, § 9 Rn. 166.

76 Hassemer ARSP 1986, 195.

77 FS Maurer, 2001/Stein, 803 ff.

78 S. näher zur Entwicklung J. Schröder, Recht als Wissenschaft, 2. Aufl. 2012, §§ 13 ff. und §§ 81 ff.

79 S. BVerfGE 11, 130; BVerwGE 16, 295; BVerwG NJW 1966, 121, s. auch Brugger AöR 119 (1994), 1 ff.

80 S. dazu etwa Schröder, Recht als Wissenschaft, 2. Aufl. 2012, § 81; Oppermann/Classen/Nettesheim EuropaR/Nettesheim, § 9 Rn. 170 ff.; Terhechte EU-VerwR/Augsberg, § 4 Rn. 3 ff.

81 S. zur Kritik Larenz S. 328 ff.; Alexy, Theorie der juristischen Argumentation, 1978, S. 302 ff.; Depenheuer, Der Wortlaut als Grenze, 1988.

82 S. näher Zippelius Methodenlehre, §§ 8 ff.

33 Ungeklärt ist die Auslegung von **Verwaltungsvorschriften,** die auch Rechtssatzqualität besitzen können (→ § 24 Rn. 12 ff. und 18 ff.). Sie werden im Allgemeinen wie Willenserklärungen (→ § 36 Rn. 4 ff.)[83] oder entsprechend der geübten Verwaltungspraxis[84] interpretiert. Normkonkretisierende Verwaltungsvorschriften können auch wie Rechtsnormen auszulegen sein.[85]

b) Einzelne Interpretationsmethoden

34 Ausgehend von der Feststellung des richtigen Textes stellt die **philologische oder semantische Interpretation** (Verbal-Interpretation, textliche, sprachliche und grammatikalische Auslegung) den besonderen juristischen (terminologischen) und mangels eines solchen den – allerdings selten eindeutigen – allgemeinen Sprachsinn des im Rechtssatz verwendeten **Wortlauts** und dessen grammatikalischen Zusammenhangs (zB durch Heranziehung von Handwörterbüchern) fest.[86] Teilweise wird die Ermittlung des Wortlautes dadurch erleichtert, dass der Gesetzgeber **Legaldefinitionen** bereitstellt.

Beispiele: Art. 4 Dienstleistungs-RL, § 3 TKG, §§ 2 f. LFGB, § 3 EnWG.

35 Die grammatikalische Auslegung stößt insbesondere bei der Anwendung von Unionsrecht wegen der Mehrsprachigkeit der Texte auf Grenzen.[87] Der EuGH bemüht sich um eine einheitliche Auslegung der Sprachfassungen.[88]

36 Die **logische Interpretation** ermittelt dann den Sinn der (nicht mit den Worten zu verwechselnden!) Begriffe und ihren Zusammenhang, indem sie ihr verschiedenes Vorkommen in Rechtssätzen miteinander vergleicht und ihren Inhalt entfaltet. Ist der Gesetzestext sprachlich eindeutig und sein Sinn nicht rechtswidrig, so ist für eine der nachgenannten Interpretationsmethoden nur dann Raum, wenn eine Lücke zu ergänzen oder das (insbesondere in Generalklauseln) rechtlich Gebotene an veränderte Verhältnisse anzupassen ist.[89] Die sog. **Begriffsjurisprudenz** schloss aus Definitionen, die man aus unbezweifelten Rechtssätzen gewann, auf diejenigen, die man zur Ergänzung von Lücken benötigte.[90]

37 Damit führt die logische zur **systematischen Interpretation,** die um der Widerspruchsfreiheit der Rechtsordnung willen, den Sinnzusammenhang der Rechtssätze, ihre Stellung und Funktion im Gefüge der Rechtsinstitute, im System des Gesetzes iwS und in der gesamten Rechtsordnung ermittelt und berücksichtigt.[91] So gehört es zu den wesentlichen Auslegungsgrundsätzen des EuGH, jede Vorschrift im systematischen Zusammenhang des Unionsrechts, seiner Ziele und seines Entwicklungsstan-

[83] S. BVerwG NVwZ 1993, 693.
[84] BVerwG NVwZ-RR 1996, 47.
[85] BVerwGE 107, 338 ff.; BFH NVwZ 2002, 1407.
[86] S. zB BayVerfGHE 1, 5; RGZ 10, 388; BGH MDR 1959, 406 Rn. 16; EuGH EuZW 1997, 625 (628).
[87] EuGH EuZW 1999, 55; Schroeder JuS 2004, 181 ff.
[88] EuGH EuZW 1999, 154 Rn. 26.
[89] S. zB BayVerfGHE 7, 33.
[90] S. Krawietz, Juristische Argumentation in rechtstheoretischer, rechtsphilosophischer und rechtssoziologischer Perspektive, S. 809 ff.
[91] S. BayVerfGHE 5, 53 u. Canaris, Systemdenken und Systembegriff in der Jurisprudenz, 1969; Wank, Die Auslegung von Gesetzen, 5. Aufl. 2023, § 6 III; Höpfner, Die systemkonforme Auslegung, 2008.

des zurzeit der Anwendung der Vorschriften so auszulegen, dass sie ein geeignetes Mittel zur Verwirklichung der Ziele darstellt.[92] Durch **„verfassungskonforme Auslegung"**, die ein Spezialfall der systematischen ist, werden Rechtssätze, deren Übereinstimmung mit der Verfassung zweifelhaft ist, so ausgelegt, dass sie mit der Verfassung vereinbar sind.[93] Kommen mehrere Deutungen in Betracht, so verdient diejenige den Vorzug, die den Wertentscheidungen der Verfassung am ehesten entspricht.[94] Dabei müssen aber auch die übrigen Auslegungsregeln beachtet bleiben und es darf nicht zu Kompetenzübergriffen kommen.[95] Diese Auslegungsregel ist also subsidiär. Sie ist die logische Konsequenz aus der Formel, dass **Verwaltungsrecht konkretisiertes Verfassungsrecht** ist (→ § 18 Rn. 1 ff.). Andernfalls werden die den Gerichten, auch den Verfassungsgerichten im gewaltengliedernden Rechtsstaat gezogenen Schranken in verfassungswidriger Weise überschritten. Abzulehnen ist daher eine Rechtssatz-Revision gegen den klaren Wortlaut und Sinn.[96] Die, soweit der Wortsinn und der gesetzgeberische Zweck es zulassen, möglichst konservierenden Grundsätze verfassungskonformer Auslegung gelten auch für die Auslegung untergesetzlichen Rechts.[97] Überschneidungen bestehen mit der **verfassungsorientierten Auslegung**.[98]

Bei der **unionsrechtskonformen Auslegung** geht es darum, dass das nationale Recht 38
so interpretiert wird, dass es mit dem Unionsrecht übereinstimmt.[99] Diese Auslegungsmaxime ist eine Ausprägung des Art. 4 II EUV sowie Ausdruck der **Unionstreue**.[100] **Verwaltungsrecht** ist damit auch **konkretisiertes Unionsrecht** und das Verwaltungsrecht darf bei einem Widerspruch zum Unionsrecht nicht angewendet werden (→ § 26 Rn. 8 ff.). Auch hier gilt der Grundsatz, dass die Unionsnorm zunächst nach allgemeinen hermeneutischen Regeln zu interpretieren ist.[101] Ein Rückgriff auf das Institut der richterlichen **Rechtsfortbildung** (→ § 25 Rn. 28 ff.) ist des-

---

92 EuGH Slg. 1982, 3415 Rn. 20.

93 BVerfGE 88, 145 (166); BGH JZ 2004, 734 (736); Lüdemann JuS 2004, 27 ff.; Sachs/Sachs GG Einf. Rn. 52 ff.

94 BVerfGE 88, 145 (166); BVerfG NJW 2011, 288 (290).

95 Voßkuhle AöR 125 (2000), 177 (185 ff.).

96 So in BVerfGE 9, 194; richtig hingegen BVerfGE 8, 28; 9, 298; 69, 1 (55); 71, 81 (105); 75, 201 (218); 86, 28 (45); 88, 145 (167) sowie BVerwG DÖV 1997, 1004 f.; BVerwGE, 105, 20 (23); Bogs, Die verfassungskonforme Auslegung von Gesetzen, 1966; Spanner, Die verfassungskonforme Auslegung i. d. Rspr. d. BVerfG AöR 91 (1966), 503 ff.; FS BVerfG II, 1976/Zippelius, 108; Bettermann, Die verfassungskonforme Auslegung, Grenzen und Gefahren, 1986; Felix, Einheit der Rechtsordnung, 1998, S. 180 ff.

97 BVerwGE 37, 256 f.

98 Dreier VERW36 (2003), 105 (111 ff.); Stern StaatsR I, S. 136.

99 EuGH Slg. 1984, I-1891 (1909); NJW 1994, 2077; BAG NJW 1993, 3091 ff.; BVerwGE 89, 320 (323 f.); BGH GewArch 1998, 429 f. und NJW 2002, 133; NJW 2003, 199; Lutter JZ 1992, 593 ff.; Di Fabio NJW 1990, 947 ff.; Veelken JuS 1993, 265 (271 ff.); Zuleeg VVDStRL 53 (1994), 154 (165 ff.); Ress DÖV 1994, 489 ff.; Jarass, Grundfragen der innerstaatlichen Bedeutung des EG-Rechts, 1994, S. 89 ff.; Kadelbach, Allgemeines Verwaltungsrecht unter europäischem Einfluss, 1999, S. 95 ff.

100 FS Maurer, 2001/Zuleeg, 1067 (1074); BVerfGE 75, 223 (237); BVerfG NJW 2012, 669 f.

101 S. auch Meyer JURA 1994, 455 f.; Potacs, Auslegung im öffentlichen Recht, 1994; Buck, Über die Auslegungsmethoden des Gerichtshofes der EG, 1998; Hatje, Die gemeinschaftsrechtliche Steuerung der Wirtschaftsverwaltung, 1998, S. 64 ff.; Müller/Christensen Juristische Methodik II, S. 22 ff., 205 ff.; Martens, Methodenlehre des Unionsrechts, 2013.

halb nur angemessen, wenn die allgemeinen Interpretationsmaximen versagen.[102] Umstritten sind die Grenzen der unionsrechtskonformen Auslegung. Von der Rechtsprechung wird vertreten, sie sei nur im Rahmen des nach innerstaatlicher Rechtstradition methodisch Erlaubten möglich.[103] Folgt man diesem Ansatz, dann ist die unionskonforme Auslegung nicht vorrangig gegenüber der verfassungskonformen Auslegung.[104]

39 Eine weitere rechtssystematische Interpretationsform ist die **WTO-konforme Auslegung,** die ebenfalls das Verwaltungsrecht beeinflusst.[105]

40 Für die philologische, die logische und die systematische Interpretation ist oft die **historische Interpretation** wichtig, die auch selbstständig von Bedeutung werden kann, indem sie durch Erforschung der Entstehung und Entwicklung der Rechtsinstitute, des Rechtssatzes und seiner Bestandteile zu ihrer Sinndeutung beiträgt.[106] Sie spielt allerdings im Unionsrecht nur eine geringe Rolle, da die verschiedenartigen Materialien häufig nicht veröffentlicht sind und stattdessen nur auf die positivierten Erwägungsgründe zurückgegriffen werden kann.[107]

41 Die historische Interpretation wird manchmal fruchtbar ergänzt durch die **komparative Interpretation,** die rechtsvergleichend die übereinstimmende oder unterschiedliche Entwicklung oder Gestaltung von Rechtsbegriffen, Rechtssätzen und Rechtsinstituten in verschiedenen Rechtsordnungen erforscht, dadurch ihren Sinn verdeutlicht und bisweilen erst erschließt.[108] Sie ist als Optimierungsmethode vornehmlich für die Entwicklung des **Europäischen Verwaltungsrechts** bedeutsam und in Art. 6 III EUV, Art. 340 AEUV angelegt (→ § 2 Rn. 58 ff.).[109] Sie wird allgemein als **wertende Rechtsvergleichung** verstanden, die allerdings nicht den gemeinsamen Nenner der mitgliedsstaatlichen Verfassungen und Verwaltungsrechtsordnungen sucht. Im Vordergrund soll das Kriterium der besten Lösung für ein konkretes Sachproblem stehen.[110] Es wird aber auch hervorgehoben, es seien im Prinzip keine klaren Kriterien durch den EuGH entwickelt worden.[111] Teilweise wird die

---

102 Problematisch daher BVerfGE 75, 223 (242 f.), das die Direktwirkung von EG-Richtlinien methodisch als richterliche Rechtsfortbildung qualifiziert; s. zur Rechtsprechung des BGH und des BAG auch Pötters/Christensen JZ 2011, 387 ff.

103 EuGH Slg. 1984, I-1891 (1909) und EuGH BeckRS 2009, 70805 Rn. 61; BVerfG NJW 2012, 669 (670 f.).

104 S. zu diesem Streit Di Fabio NJW 1990, 947 ff.; Haneklaus DVBl 1993, 129 (131); Scherzberg JURA 1993, 225 (229); Brechmann, Die richtlinienkonforme Auslegung, 1994; Zuleeg VVDStRL 53 (1994), 154 (166); Dänzer-Vanotti DB 1994, 1052 ff.; Möllers, Die Rolle des Rechts im Rahmen der Europäischen Integration, 1999, S. 70 ff.; Herrmann, Richtlinienumsetzung durch die Rechtsprechung, 2003.

105 EuGH EuZW 2000, 276 ff.; v. Bogdandy/Makatsch EuZW 2000, 261 (267).

106 S. zB RlPfOVGE 2, 263; BVerfGE 61, 149 (175); BVerwG NJW 2011, 946 (949); Sachs DVBl 1984, 73; Sachs JURA 1984, 19 ff.; FS Stern, 2012/Schneider, 903 ff.

107 Möllers, Die Rolle des Rechts im Rahmen der Europäischen Integration, 1999, S. 56 f.

108 Merten/Papier Grundrechte-HdB/Ossenbühl, § 15 Rn. 31 f.; Rösler JuS 1999, 1084 ff. und 1186 ff.; Sachs/Sachs GG Einf. Rn. 44; Coendet, Rechtsvergleichende Argumentation, 2012.

109 Ferner Häberle, Rechtsvergleichung im Kraftfeld des Verfassungsstaates, 1992; Großfeld JuS 1993, 710 (712); Starck JZ 1997, 1021 (1025 ff.); W. Schroeder JuS 2004, 180 (183 f.); s. auch BVerfG NJW 2012, 669 f.

110 Iglesias NJW 1999, 1 ff.

111 Terhechte EU-VerwR/Augsberg, § 4 Rn. 10 f.

Rechtsvergleichung als **„fünfte Auslegungsmethode“** charakterisiert.[112] Diese Zählweise ist problematisch, weil sie sich letztlich an den klassischen vier canones orientiert, die auch systematische Erwägungen einbeziehen.[113]

42 Die **genetische Interpretation** (auch **„subjektiv-historische“** genannt) sucht den **„Willen des Gesetzgebers“,** also die Motive des Gesetzes und die bei seiner Vorbereitung und Beratung geäußerten Meinungen und Absichten (s. auch Art. 32 WVRK) zur Geltung zu bringen.[114] Sie kommen insbesondere in den Gesetzesmaterialien zum Ausdruck und haben insofern Relevanz, als sie die Richtigkeit einer nach den angegebenen Grundsätzen erhaltenen Auslegung bestätigen oder Zweifel beheben. Im Übrigen wird aber gegen dieses Auslegungsmittel eingewandt, dass das Gesetz klüger sein kann, als die Väter und Mütter des Gesetzes. Dieser Vorbehalt trifft vor allem bei Gesetzesänderungen zu.[115]

43 Schließlich ermittelt die **teleologische Interpretation** den Gesetzeszweck (s. auch Art. 31 WVRK), die ratio legis. Dazu würdigt sie unter Berücksichtigung des Rechtssystems, der Rechtsgeschichte, des Willens des Gesetzgebers und der – historisch oft gewandelten – sozialen Institution, auf die sich die Regelung bezieht, die in dem Rechtssatz zum Ausdruck gekommenen **Bewertungen der beteiligten Interessen**.[116] Diese Umschreibung verdeutlicht, dass die Telosauslegung nicht isoliert verwendet werden darf. Insbesondere ist der eindeutige Wortlaut auch die Grenze für eine zweckorientierte Interpretation.[117] Dieses Auslegungsmittel befasst sich im Gegensatz zur genetischen Interpretation mit dem **„objektivierten Willen des Gesetzes“**.[118] Hierauf hat vor allem die Lehre von der **Interessenjurisprudenz** hingewiesen.[119]

Beispiel: So ergibt sich „aus der Gesamtsicht des GG vom Verhältnis des einzelnen zum Staat, dass im Zweifel diejenige Interpretation eines Gesetzes den Vorzug verdient, die dem Bürger einen Rechtsanspruch einräumt“[120] oder die der Wahrung von durch die Rechtsordnung anerkannten Rechtspositionen näher kommt.[121]

44 Die teleologische Auslegung zielt auf eine sachgerechte und rationale Entscheidung. Deshalb wird teilweise auch die Praktikabilität und die Effektivität der Interpretation als Bestandteil dieses Kanons angesehen.[122] Die Bedeutung der teleologischen Methode für die Interpretation wird in jüngerer Zeit dadurch unterstrichen, dass viele verwaltungsrechtliche Gesetze den **Zweck des Gesetzes** in den Eingangsvorschriften bzw. in speziellen Bestimmungen oder bei europäischen Regelungswerken im Vor-

---

[112] Häberle JZ 1989, 913 (916); FS Lerche, 1993/Schmidt-Aßmann, 513 (519).
[113] Krit. Starck JZ 1997, 1021 (1024).
[114] S. Starck VVDStRL 34 (1976), 72; Sachs DVBl 1984, 73 ff.; M. Jestaedt, ZÖR 55 (2000), 133 (149 ff.); BVerfGE 122, 248 (282); BVerwG DVBl 2012, 176 (178).
[115] S. zB NRWVerfGHE 8, 201; BVerfGE 1, 312; 10, 244; 36, 342 (367).
[116] S. auch EuGH EuZW 1997, 625 (628); EuZW 1999, 55; BVerwG NVwZ 2003, 605 (610); Schroeder JuS 2004, 180 ff.
[117] S. näher BVerwGE 102, 1 (5).
[118] BVerfGE 79, 106 (121); BVerwG NJW 2011, 946 (949).
[119] S. Edelmann, Die Entwicklung der Interessenjurisprudenz, 1967; Mittenzwei, Teleologisches Rechtsverständnis, 1988; Ebel JURA 1989, 406; Schröder, Recht als Wissenschaft, 2. Aufl. 2012, § 81 IV 1b.
[120] BVerfG DVBl 1963, 362.
[121] BVerwGE 92, 242 (245).
[122] S. etwa Wank, Die Auslegung von Gesetzen, 5. Aufl., § 8 III.

spruch bzw. in den Erwägungen umschreiben.[123] Diese Gesetzgebungstechnik ist zu begrüßen. Sie dient nicht nur dem besseren Verstehen der Norm und der Rechtssicherheit. Sie macht einen Rückgriff auf andere Auslegungsmittel grundsätzlich entbehrlich und hat den Vorteil, dass sich auch die Rechtsetzungsorgane Klarheit über die Konzeption und Prinzipien verschaffen müssen.[124]

Beispiele: Erwägungsgründe der Dienstleistungs-RL-, § 1 BImschG, § 1 ChemG, § 1 KrWG, § 1 EnWG, § 1 GenTG, § 1 LuftSiG.

44a Beruht die Rechtsquelle auf mehreren divergierenden Zwecken, dann müssen selbstverständlich sämtliche Zwecke im Rahmen einer weiteren Abwägung einbezogen werden.[125] Im Übrigen wird die Kenntnis des Gesetzeszwecks vorausgesetzt.

Beispiele: §§ 49 III VwVfG, § 40 VwVfG.

4. Zur Notwendigkeit des Methodenpluralismus im Verwaltungsrecht

a) Zur Kritik an den herkömmlichen Auslegungsmethoden

45 Die klassische bzw. herkömmliche Methode hat im Schrifttum sowohl hinsichtlich der generellen Zielsetzung als auch der einzelnen Interpretationsregeln Kritik erfahren.[126] So gibt der Wortlaut häufig keine klare Antwort über die Wortbedeutung und den jeweils maßgeblichen Sprachgebrauch. Die historische Interpretation wiederum leidet an einem „Versteinerungseffekt", weil sie die Auslegung auf einen in der Vergangenheit liegenden Zeitpunkt festschreibt und selbst auf ihre Verfassungsmäßigkeit zu prüfen ist. Die systematische Interpretation ist problematisch, weil es kein geschlossenes System gibt und zahlreiche Regelungswerke nicht systematisch aufgebaut sind. Der teleologische Ansatz ist schließlich mit der Gefahr willkürlicher Auslegung nach dem Sinnverständnis bzw. dem Vorverständnis des Interpreten behaftet.[127] Deshalb wird zu Recht bezweifelt, ob diese Methoden ausreichen, um Auslegungsprobleme sachgerecht und praxisnah angemessen zu lösen. Diese Annahme ist schon deshalb zutreffend, weil es keinen numerus clausus von Argumentationsregeln gibt.[128]

b) Topische Auslegungsmethode

46 Auch im Hinblick auf die dargelegte Aufgabe der Interpretation (→ Rn. 31 ff.), die notwendige Einbeziehung der Wirkung von Vorschriften (Art. 34 und 36 AEUV),[129] die Besonderheiten und das Innovationserfordernis des Verwaltungsrechts wird ergänzend ein problemorientiertes Vorgehen vorgeschlagen, das in der sog. **topischen Auslegungsmethode** seinen Niederschlag gefunden hat.[130] Sie beruht letztlich auf der antiken Topik und Rhetorik, die als Argumentations- und Begründungslehre

---

[123] Schober, Der Zweck im Verwaltungsrecht, 2007; EuGH JZ 2012, 142 ff.

[124] S. näher Höger, Die Bedeutung von Zweckbestimmungen in der Gesetzgebung der Bundesrepublik Deutschland, 1976; Hill, Gesetzesvorspruch, 1988; Berendt, Die Bedeutung von Zweck- und Zielbestimmungen für die Verwaltung, 2001.

[125] Voßkuhle/Eifert/Möllers GVwR I/Möllers, § 3 Rn. 25.

[126] S. etwa Merten/Papier Grundrechte-HdB/Ossenbühl, § 15 Rn. 8 ff.

[127] Wischmeyer, Zwecke im Recht des Verfassungsstaates, 2015.

[128] S. auch Herdegen JZ 2004, 873 (878).

[129] EuGH NJW 1990, 972; BVerwGE 95, 25 ff.

[130] S. zur Entstehung Schröder, Recht als Wissenschaft, 2. Aufl. 2012, § 5 ff.; Viehweg, Topik und Jurisprudenz, 1974; Ehmke VVDStRL 20 (1963), 53 ff.; Bachof VVDStRL 30 (1972), 193 (202); FS Scupin, 1983/Krawietz, 347 (354 ff.).

nur auf die Rechtswissenschaft übertragen wird. Topik kann verstanden werden als die Kunst des Herausfindens einschlägiger, dh problembezogener, entscheidungserheblicher Argumente und Begründungen aus der Fülle möglicher Gesichtspunkte innerhalb des Normbereichs, die für und gegen die Auslegung eines Rechtssatzes sprechen und miteinander abzuwägen sind. Ihre besondere Bedeutung für die Problemlösung besteht in der Annahme, dass die gefundenen Argumente auf allgemeine Zustimmung, den **consensus omnium,** rechnen dürfen.[131] Aus der Normgebundenheit folgt, dass nicht beliebige Argumente herangezogen werden können. Auch bei der Anwendung dieser Methode ist nicht auszuschließen, dass Vorverständnis und Willkür die Entscheidung prägen. Unbeschadet dieser – aber allgemein geltenden – Vorbehalte hat auch diese Auslegung Eingang in die Lehre, Verwaltungs- und Gerichtspraxis gefunden. Man kann deshalb auch von **Methodenpluralismus** sprechen.

Beispiele:
- **Funktionsfähigkeit der Verwaltung** (§ 17 III KrWG) und der Union[132] oder Unionstreue
- **Verwaltungspraktikabilität**[133]
- **Prinzip der Einheit der Rechtsordnung.** Danach sind alle Normen so zu interpretieren, dass Widersprüche zu anderen Normen vermieden werden **(Widerspruchsfreiheit)**[134]
- **Prinzip der praktischen Konkordanz.** Danach hat sich die Interpretation um eine Harmonisierung im Einzelfall kollidierender geschützter Rechtsgüter zu bemühen und eine ausgewogene Güterabwägung vorzunehmen[135]
- **Optimierungsprinzip.** Danach ist bei der Auslegung denjenigen Gesichtspunkten der Vorzug zu geben, die den Normen zu optimaler Wirkungsweise verhelfen
- **Systemgerechtigkeit** als rechtsstaatliche Konsequenz[136]
- **Kohärenz** (Art. 7 AEUV, Art. 11 III EUV). Danach hat sich die Interpretation an der konsistenten bzw. widerspruchsfreien Zielverwirklichung zu orientieren. Diese Frage stellt sich beispielhaft im staatlichen Glücksspielrecht, das einerseits den Spieltrieb kanalisieren will, das andererseits aber auch für staatliche Spielbanken Werbung zulässt.[137]

Allerdings lassen sich bestimmte topische Ansätze bereits unter die klassische Aus- 47
legungsmethode fassen. So ist das im Zusammenhang mit der verfassungskonformen Auslegung gebräuchliche Prinzip der Einheit der Rechtsordnung auf ein systematisches Argument zurückzuführen.[138]

Der Methodenpluralismus ist vor allem bei der Interpretation des europäischen 48
Verwaltungsrechts unentbehrlich.[139] Das EU-Primärrecht spricht zwar an mehreren Stellen von Auslegung (Art. 6 und Art. 19 I EUV, Art. 267 und Art. 344 AEUV,

[131] Larenz, Methodenlehre der Rechtswissenschaft, 1995, S. 142; krit. aber Pawlowski, Einführung in die juristische Methodenlehre, 1986, S. 71 ff.

[132] Lecheler NJW 1979, 2273 (2276); Lerche BayVBl. 1991, 517 ff.; Schwarz BayVBl. 1998, 710 ff.; BVerfG NJW 1998, 3109 f.; EuGH Slg. 1964, I-1251 (1270); VerfGH Nordrhein-Westfalen DVBl 1999, 1271 f.

[133] BVerwGE 104, 162 (169).

[134] S. auch Stern StaatsR I, § 4 III 8; Felix, Einheit der Rechtsordnung, 1998, S. 142 ff.; Schröder AöR 129 (2004), 3 (14 ff.); Merten/Papier Grundrechte-HdB/Ossenbühl, § 15 Rn. 16; BVerfGE 98, 106 (118 ff.); BVerwG NVwZ 2000, 932; Jarass AöR 26 (2001), 588 (601 ff.), der zutreffend von einem Oberprinzip spricht; Sodan JZ 1999, 865 ff.; Zippelius/Würtenberger, Deutsches Staatsrecht, 32. Aufl. 2007, § 12 III 3.

[135] Gern DÖV 1986, 462.

[136] Ferner Isensee VVDStRL 32 (1974), 49 (97); BWStGH NVwZ-RR 1998, 701 (704).

[137] S. Stober/Eisenmenger ÖffWirtschaftsR BT, Rn. 212.

[138] Ebenso Herdegen JZ 2004, 873 (876).

[139] Ebenso Terhechte EU-VerwR/Augsberg, § 4 Rn. 1 ff.

Art. 6 und Art. 51 ff. EU-GRCh). Es wird aber nicht erläutert, nach welchen Maßstäben sie erfolgen soll. Zwar pflegen sowohl der EuGH als auch als auch die Lehre die canones der dargestellten herkömmlichen Auslegung.[140] Insbesondere spielt die **wertende Rechtsvergleichung** eine Rolle. Daneben gewinnen aber schon wegen der rechtskulturellen Vielfalt der Mitgliedstaaten und dem darauf beruhenden verschiedenartigen Rechts- und Theorieverständnis topische Erwägungen an Gewicht.[141] So zielt die Rechtsprechung des EuGH auf die bestmögliche Sicherung der **Funktionsfähigkeit der Union.** Große Bedeutung wird dem Kriterium der nützlichen Wirkung bzw. der praktischen Wirksamkeit **(effet utile)** beigelegt.[142] Dieser Topos soll sicherstellen, dass diejenige Auslegung bevorzugt wird, welche die Vertragsziele am meisten fördert. Die Auslegung orientiert sich also an der Maxime, was der Integration nutzt.[143]

c) Argumentationsmethode

49 Die topische Methode ist wegen ihrer Offenheit gegenüber neuen Problemlösungsansätzen Ausgangspunkt für die sog. **Argumentationsmethode bzw. Diskurstheorie.** Sie stellt eine weitere Stufe in der Methodenentwicklung dar und wird deshalb gelegentlich als dritter Weg bzw. als Methodenalternative bezeichnet. Diese Methode wurzelt in der allgemeinen Argumentationstheorie und in der moralphilosophisch geprägten Theorie kommunikativen und damit diskursiven Handelns.[144] Im Mittelpunkt dieser Methode stehen der Sprechakt und die Sprechsituation. Als **normative Argumentationstheorie** weist sie eine bestimmte Verwandtschaft mit der überkommenen Methodenlehre auf, weil sie normative Begründungs- und Argumentationsanleitungen entwickelt.[145] Ihr Erkenntnisinteresse geht jedoch darüber hinaus, weil sie auch empirisch und verstehend angelegt ist. Während die **empirische Argumentationsmethode** nach den in der Verwaltungs- und Entscheidungspraxis tatsächlich verwendeten Argumentationsmustern fragt, untersucht die **verstehende Argumentationstheorie** den Zweck und die Aufgaben juristischer Argumentation.[146] Die konkrete praktische Anwendung auf die hier allein zu diskutierende Interpretation verwaltungsrechtlicher Normen leidet darunter, dass keine Einigkeit darüber besteht, auf welche Weise die gewonnenen Argumente letztlich in die juristische Alltagsauslegung einzubauen sind.[147] Insbesondere bleibt die hier vorausgesetzte Bindung des juristischen Diskurses an das positive Recht offen, wenngleich darauf hingewiesen wird, diese Methodenlehre unterlege der juristischen Methode ein modernes Legitimationskonzept.[148]

---

[140] EuGH EuZW 1993, 448 f.
[141] S. auch Bleckmann NJW 1982, 1177; Bleckmann RIW 1987, 929.
[142] EuGH Slg. 1979, I-1629; v. Danwitz, Verwaltungsrechtliches System und europäische Integration, 1996, 144 ff.
[143] S. auch Ossenbühl DVBl 1993, 753 (761); Schmidt-Aßmann DVBl 1993, 924 (931).
[144] Kriele, Recht und praktische Vernunft, 1979, S. 30.
[145] S. näher Röhl/Röhl, Allgemeine Rechtslehre, 3. Aufl. 2008, § 21 mwN.
[146] S. näher Alexy, Theorie der juristischen Argumentation, 3. Aufl. 1996.
[147] S. auch Volkmann JuS 1997, 976 (980).
[148] v. Schlieffen JZ 2011, 109 ff. (111).

5. Rechtsnormergänzung

Die **Rechtsnormergänzung** ist von der Auslegung zu trennen. Sie wird erst relevant, wenn die allgemeinen Auslegungsmethoden erschöpft sind. Allerdings kann die Gesetzesauslegung fließend in die Lückenschließung und Rechtsfortbildung übergehen. Die Norminterpretation versagt, wenn Rechtsnormen lückenhaft, unvollständig, ergänzungsbedürftig und ergänzungsfähig, zu eng, zu weit oder unbefriedigend sind oder wenn es um die Anwendung privatrechtlicher Normen im Verwaltungsrecht geht.[149] Die Zulässigkeit der Lückensuche und -schließung findet ihre Rechtfertigung unter anderem darin, dass Gesetze einem Alterungsprozess unterliegen können.[150] Voraussetzung für die Anwendung der einschlägigen Schlussverfahren ist, dass eine **planwidrige Unvollständigkeit** vorliegt, dh eine unbewusste Lücke. Sie kann etwa darauf beruhen, dass der Gesetzgeber eine Regelungsnotwendigkeit übersehen hat oder nicht bedenken konnte.[151] Bewusste Lücken sind hingegen hinzunehmen.[152] Eine Rechtsnormergänzung ist unzulässig, wenn sie aus unions- oder verfassungsrechtlichen Gründen (Art. 103 II GG, Gesetzesvorbehalt, → § 30 Rn. 1 ff.) ausscheidet.[153] Das ist insbesondere bei einer **verwaltungsrechtlichen Belastung** der Fall. 50

6. Schlussverfahren bei der Auslegung und Lückenergänzung

Bei der – ausdehnenden (extensiven) oder einschränkenden (restriktiven) – Auslegung und Lückenergänzung[154] verwendet man vornehmlich folgende logische **Schlussverfahren:** 51

- **Analogie:** wenn ein bestimmter Sachverhalt S1 die Rechtsfolge F hat, so hat auch ein ihm ähnlicher Sachverhalt S2 die Rechtsfolge F **(argumentum a simile).** Bei der Heranziehung dieser Rechtsfigur im Verwaltungsrecht ist jedoch zu beachten, dass teilweise ein Gesetzesvorbehalt besteht und eine Analogie im Ordnungswidrigkeitenrecht wegen Art. 103 II GG ausscheidet;[155]
- Die **Einzel- (oder Gesetzes-)Analogie** wendet einen ähnlichen einzelnen Rechtssatz, die **Gesamt- (oder Rechts-)Analogie** einen aus mehreren Rechtssätzen (zB des BGB) induktiv gewonnenen Rechtsgedanken (zB Fristberechnung) wegen der Ähnlichkeit der Interessenlage an. Beide sind zu unterscheiden von der unmittelbaren Anwendung eines **Rechtsgrundsatzes,** auch wenn dieser in angebbaren Rechtssätzen Ausdruck gefunden hat;
- **teleologische Reduktion:** sie ist das Gegenstück zur Analogie. Während bei der Analogie der zu entscheidende Sachverhalt letztlich vom Normzweck erfasst wird, ist es bei der teleologischen Reduktion umgekehrt, weil der Wortlaut korrigiert wird. Voraussetzung ist, dass eine Auslegung ausscheidet[156] und die auf der grammatikalischen Interpretation beruhende Bewertung zu einem sinnwidrigen Ergebnis führen würde;[157]

---

149 De Wall, Die Anwendbarkeit privatrechtlicher Vorschriften im Verwaltungsrecht, 1999, S. 53 ff.
150 BVerfG NJW 2011, 288 (290).
151 BVerwG NVwZ-RR 1996, 393 ff.
152 S. näher BVerfGE 82, 6 (13); Canaris, Die Feststellung von Lücken im Gesetz, 2. Aufl. 1983, § 84.
153 BVerfG NJW 1996, 3146; dazu Konzak NVwZ 1997, 872 ff.
154 S. näher Chanos, Begriff und Geltungsgrundlagen der Rechtsanalogie, 1994.
155 S. zur Analogie näher Gern DÖV 1985, 558; Beaucamp AöR 134, 83 ff.; Bach, Das Analogieverbot im Verwaltungsrecht, 2012.
156 BVerwG NJW 2011, 946 (949).
157 Geserich DStR-Beih. 2011, 59 ff.

- **argumentum e contrario (Umkehrschluss):** wenn für den Sachverhalt S1 die Rechtsfolge F1 gilt (S1→ F1), so hat der wesentlich andere S2 nicht F1, oder es hat ein S1 gegensätzlicher S2 eine F1 gegensätzliche F2. So auch der Schluss von der Regel auf die Andersheit einer Ausnahme oder von einer Ausnahme auf die Andersheit der Regel. Die Anwendung dieser Rechtsfigur hat zur Folge, dass beide Sachverhalte ungleich behandelt werden müssen;
- **a maiore ad minus:** vom allgemeinen auf besondere Fälle, wenn S → F, dann auch S_1 → F;
- **a minore ad maius:** von einer besonderen Rechtsfolge auf eine allgemeine: wenn S_1 → F, dann auch S → F;
- **a fortiori:** wenn schon $S_1 \rightarrow F_1$, dann erst recht $S_2 \rightarrow F_1$ **(Erst-Recht-Schluss)**
- **Induktion:** wenn die Rechtssätze R1, R2, und R3 sich auf die Gründe G1 und G2 zurückführen lassen, so gelten auch andere Rechtssätze, die sich aus G1 und G2 schlüssig ableiten lassen;
- der Schluss vom **Zweck aufs Mittel:** wenn der gesicherte Zweck des Rechtssatzes oder der Rechtsinstitution nur durch eine bestimmte Rechtsfolge bzw. einen bestimmten Rechtssatz erreicht werden kann, dann gilt diese Rechtsfolge bzw. dieser Rechtssatz;
- **ad absurdum:** jede andere mögliche Auslegung ist nachweisbar falsch, zB widerspruchsvoll.

52 Voraussetzung der Anwendbarkeit dieser Schlussverfahren ist stets die **Vergleichbarkeit** (Gleichheit der „Ebene", des „Nenners") des Verglichenen (also von S 1 und S 2). Teilweise werden diese Schlussverfahren für unbrauchbar gehalten,[158] weil sie sowohl richtige als auch falsche Ergebnisse erzielen können. Das gilt aber für alle nur logische Schlussverfahren.

V. Rechtsgewinnungsregeln

1. Rechtssatz-Ermittlung

53 Da zwischen Lebenssachverhalt und Rechtssatz keine (natur-)notwendige Verbindung besteht, ist das für die Lösung eines Falles anzuwendende, stets objektiv-allgemeine Recht dadurch zu gewinnen, dass eine hypothetische Lösung unter Abwägung des objektiven Wertes der beteiligten Interessen zunächst entworfen und dann ihre Geltung für Sachverhalte der gegebenen Art begründet wird. Für diese Begründung gelten die eben bei → § 28 Rn. 32–3–56) angegebenen Argumente und Schlussverfahren nachfolgenden, idR in der angegebenen Reihenfolge anzuwendenden Regeln.

- Der **ranghöhere Rechtssatz** geht dem rangniederen vor (zur Rangordnung → § 26 Rn. 1 ff.).
- Der **besondere Rechtssatz** (lex specialis) geht einem ranggleichen allgemeinen vor.
- Der **jüngere Rechtssatz** geht einem ranggleichen, nicht besonderen, älteren vor.[159]

---

[158] Schreiber, Logik des Rechts, 1962, S. 47 ff.

[159] S. BVerfG DVBl 1971, 360; Renck JZ 1970, 770 f.

2. Auslegung und Lückenergänzung bei der konkreten Rechtsanwendung

- Die **Gesetzessprache,** also die – im Verwaltungsrecht oft uneindeutige – juristische Terminologie und der gemeinverständliche Sinn der Worte sind zu beachten. Es spricht eine Vermutung für die Sinn-Identität der in einem Gesetzbuch vorkommenden Worte. 54
- Die **höchstrichterliche Rechtsprechung** ist zu berücksichtigen, da sie den Sinn der gesetzlichen Begriffe und Rechtsinstitutionen verdeutlicht und deren tatsächliche Anwendung zeigt. Ihre Beachtung dient auch nicht zuletzt der Einheitlichkeit der Rechtsanwendung. Abweichungen müssen deshalb besonders sorgfältig und überzeugend besser begründet werden (→ § 1 Rn. und → § 25 Rn. 26 ff.).[160] So bildet die kontrollierbare Gleichmäßigkeit der Gesetzesanwendung im demokratischen Rechtsstaat einen so wichtigen Grundsatz des Verfassungsrechts, dass im Zweifel diejenige Auslegung zu bevorzugen ist, welche diesen Grundsatz zu verwirklichen hilft.[161]
- Die **Motive** der gesetzgebenden Organe sind zu berücksichtigen, sofern sie im Gesetz Ausdruck gefunden haben und noch in den Zweck- und Funktionszusammenhang der zeitgenössischen Gesamtrechtsordnung passen. Sie können also mit der Zeit immer unwichtiger werden (sog. **Andeutungstheorie**).[162] Die Gerichte dürfen einem Rechtssatz die Anwendung nicht deshalb verweigern, weil sie seine Motive nicht billigen oder weil sie die vom Gesetzgeber gewählte Methode der Problemlösung nicht für optimal halten.[163]
- Die **systematische Stellung** eines Rechtssatzes innerhalb der Rechtsinstitution, innerhalb des Gesetzbuches und innerhalb der gesamten Rechtsordnung ist zu beachten.

- Gesetzliche **Sonderregelungen (sog. Ausnahmen),** insbesondere Abweichungen von der Gleichbehandlung der Personen (zB Befreiung von öffentlichen Lasten) sind nur auf gleiche Interessenlagen auszulegen. Allerdings ist auch dieses Kriterium ziemlich unbestimmt.[164] 55
- Der vom Gesetzgeber gewollten Bewertung und Gestaltung der typischen **Interessen,** dh dem rechtspolitischen Ziel des Rechtssatzes und der Rechtsinstitution, ist Geltung zu verschaffen. Deshalb ist ein sonst klarer Rechtssatz auf atypische Fälle nicht ohne Rücksicht auf Nachteile für die Beteiligten anzuwenden. Zu den zu berücksichtigenden Interessen gehören auch das an der Rechtssicherheit und das an der **Praktikabilität des Rechts.** Gesetze müssen daher möglichst so ausgelegt werden, dass sie von den zuständigen Behörden ohne unverhältnismäßig große Schwierigkeiten angewendet werden können. Das gilt nicht nur für ihre Verständlichkeit, sondern auch für die ordentliche Erledigung massenhafter Vorgänge.[165]
- Die in anderen Rechtssätzen zum Ausdruck gebrachte **Bewertung gleicher Interessen** ist beizubehalten. Insbesondere können Sätze des bürgerlichen oder

[160] → BVerwGE 13, 28.
[161] OVG Lüneburg DVBl 1950, 240.
[162] S. BVerfGE 11, 126; BGH VerwRspr. 4 (1952), 326 u. BGHZ 23, 390; VGH Kassel VerwRspr. 4 (1952), 540; VGH München VerwRspr. 4 (1952), 68; HessStGH DVBl 1967, 84.
[163] S. BGHZ 23, 196.
[164] S. BAGE 1, 329 u. Heck AcP 1914, 186.
[165] S. BVerwG NJW 1971, 1624.

Zivilprozessrechts im Verwaltungsrecht bzw. im Verwaltungsprozessrecht analog angewendet werden, wenn die Interessenlage in rechtlich wesentlicher, dh rechtsfolgebegründender Hinsicht, dieselbe ist. Doch haben allgemeine Verwaltungsrechtssätze den Vorrang.

- Die **Rechtsauffassungen der Lehre** sind zu berücksichtigen. Das gilt vornehmlich für die Kommentar- und Aufsatzliteratur zu bestimmten Auslegungsfragen. Denn Auslegung bedeutet auch eine Auseinandersetzung mit sämtlichen vertretenen Ansichten.
- Die **Transparenz** (Art. 1 EUV), Akzeptanz, Plausibilität und Vorsehbarkeit des **Verwaltungsrechts** verlangen, dass der jeweilige Rechtsanwender offenlegt, nach welchen Methoden vorgegangen wird und wie ein bestimmtes Ergebnis zustande kommt.

56 Zusammengenommen werden die dargestellten Auslegungsregeln in der Verwaltungs- und Gerichtspraxis[166] in hohem Maße beachtet und weitgehend homogen mit der Folge angewendet, dass die Gesetzesinterpretation verwaltungsrechtliche Stabilität und Berechenbarkeit auf sämtliche Verwaltungsebenen sichert. Die Erreichung dieses Ziels ist auch vor dem Hintergrund wichtig, dass mit Hilfe des umfassenden Kanons von Auslegungsaspekten auch für neue verwaltungsrechtliche Probleme angemessene Lösungen gefunden werden können.[167]

Dritter Abschnitt. Rechtmäßigkeit und Spielräume der Verwaltung

§ 29. Das öffentliche Interesse

Schrifttum: v. Arnim, Gemeinwohl und Gruppeninteressen, 1977; v. Arnim/Sommermann, Gemeinwohlgefährdung und Gemeinwohlsicherung, 2004; Brugger/Kirste/Anderheiden, Gemeinwohl in Deutschland, Europa und der Welt, 2002; Carstensen, Enteignung für Rohrleitungsvorhaben, 2022, S. 75 ff. mwN; Dederer, Korporative Staatsgewalt, 2004, S. 36 ff.; Dörrfuß, Verfahrensprivilegierung aus Gründen des Gemeinwohls, 2023, S. 5 ff.; Erbguth/Oebbecke ua, Abwägung im Recht, 1996; Fach ARSP 1974, 231 ff.: Begriff und Logik des „öffentlichen Interesses"; Fischer-Uebler, Enteignungen zugunsten Privater, 2023, S. 98 ff.; Fleiner, Einzelrecht und öffentliches Interesse, 2. Aufl. 1925; Friedrich, The public interest, 1962; Häberle, „Öffentliches Interesse" als juristisches Problem, 1970; Häberle RT14 (1983), 257 ff.: Die Gemeinwohlproblematik in rechtswissenschaftlicher Sicht; Häberle AöR 95 (1970), 86 ff. und 260 ff.: Gemeinwohljudikatur und BVerfG; Helm, Der öffentliche Zweck, 2022; Kluth KammerR-HdB/Eisenmenger, S. 282 ff.: Interessenvertretung und Beratung; Krawietz STAAT 1972, S. 349 ff.: Unbestimmter Rechtsbegriff, öffentliches Interesse und gesetzliche Gemeinwohlklausel als Entscheidungsproblem; Krüger., Die Lehre vom „öffentlichen Interesse" in der Verwaltungswissenschaft, 1932; Leisner VERW 1970, 217 ff.: Privatinteressen als öffentliches Interesse; Leisner, Der Abwägungsstaat, 1997; Leisner NJW 1997, 636 ff.: „Abwägung überall" – Gefahr für den Rechtsstaat; Link/Ress VVDStRL 48 (1990), 7 ff. (56 ff.): Staatszwecke im Verfassungsstaat; Martens, Öffentlich als Rechtsbegriff, 1969, §§ 9–11; Nelson, Theorie des wahren Interesses, 2. Aufl. 1936; Park Rechtsfindung VerwR, S. 302 ff.; Reiling DÖV 2004, 181 ff.: Interesse als Rechtsbegriff; Röhl, Allgemeine Rechtslehre/Röhl, 3. Aufl. 2008, § 78; Ryffel ua Speyerer Schrift 39 (1968): Wohl der Allgemeinheit und öffentliches Interesse; Saladin, Verantwortung als Staatsprinzip, 1984; Schmidt-Aßmann AllgVerwR, S. 146 ff.; Scholz/Schmidt-Aßmann VVDStRL 34 (1976), 145 ff. (221 ff.): Verwaltungsverantwortung und Verwaltungsgerichtsbarkeit; Schubert, The public interest, 1962; Schuppert GewArch. 2004, 441 ff.: Gemeinwohldefinition im pluralistischen Verfassungsstaat; FS Wolff, 1973/Steiger, S. 385: Zur Entscheidung

[166] Calliess/Ruffert/Wegener EUV Art. 19 Rn. 12.

[167] Sachs/Sachs GG Einf. Rn. 37; Oppermann/Classen/Nettesheim EuropaR/Nettesheim, § 9 Rn. 168 zum EuGH; s. allgemein auch Voßkuhle JZ 2009, 917 ff. für die Verfassungsgerichtsbarkeit.

kollidierender öffentlicher Interessen bei der politischen Planung als rechtlichem Problem; Stettner, Grundfragen einer Kompetenzlehre, 1983, S. 202 ff.; Stolleis VerwArch 65 (1974), 1 ff.: Öffentliches Interesse als juristisches Problem; Uerpmann, Das öffentliche Interesse, 1999; v. Zezschwitz, Das Gemeinwohl als Rechtsbegriff, 1969; Wyss, Öffentliche Interessen – Interessen der Öffentlichkeit?, 2001.

I. Öffentliches Interesse als Grundsatz des Verwaltungsrechts

Schon die bisherigen Ausführungen zu den Grundlagen des objektiven Verwaltungs- 1
rechts haben verdeutlicht, dass die öffentliche Verwaltung nicht in dem Sinne völlig frei ist, dass ihr Tun oder Lassen dem Belieben oder gar der Willkür der Verwaltenden überlassen wäre. Sie ist vielmehr stets gebunden an den Zweck ihrer Funktionen. Das ist im demokratischen Rechtsstaat, im Sozial- und Umweltstaat die **Wahrung und Förderung des öffentlichen Interesses oder des gemeinen Wohls.** Dabei handelt es sich um ein ungeschriebenes Strukturprinzip jeder Erscheinungsform von Verwaltung. Deshalb gehört das Handeln im öffentlichen Interesse zu den begriffs- und funktionsprägenden Merkmalen der öffentlichen Verwaltung (→ § 3 Rn. 1 ff.) und es ist die Grundlage jeder Amtsführung (§ 60 I BBG).[1] Wenngleich das öffentliche Interesse ein interdisziplinärer und verwaltungswissenschaftlicher Begriff ist, besitzt er auch eine verwaltungsrechtliche Dimension. Damit es zur Geltung gelangt, beansprucht das Volk selbst die Trägerschaft des Staates. So ist die Bindung an die Gesetze eine Bindung an das, was die Gesetzgeber im öffentlichen Interesse (zum gemeinen Wohl) für erforderlich halten. Auch die Entscheidung für die **republikanische Staatsform** verlangt, dass die Verwaltung ihren Dienst für das Wohl der Allgemeinheit leistet (→ § 18 Rn 11).[2] Die Freiheit von gesetzlicher Bindung entlässt nicht aus der Bindung an das öffentliche Interesse. In ihm findet vielmehr jede öffentliche Verwaltungstätigkeit ihre Berechtigung und ihre Schranke. Dadurch unterscheidet sich das Gemeinwohlhandeln der Verwaltung von den gemeinwohlbezogenen Interessen Privater. Der Aspekt des Gemeinwohls ist also kein spezifischer der öffentlichen Verwaltung, wie schon die Diskussion der **Interessentheorie** (→ § 22 Rn. 24) verdeutlicht hat.

Trotz der Bedeutung des öffentlichen Interesses als verwaltungsrechtlicher Schlüssel- 2
begriff und als allgemeiner bzw. tragender Grundsatz für die Anwendung, Auslegung und Abwägung des Verwaltungsrechts[3] scheint die Gemeinwohlorientiertheit der Verwaltung so selbstverständlich zu sein, dass sie im primären Gemeinschaftsrecht, in Verfassungstexten und im Allgemeinen Verwaltungsrecht als durchgehende Strukturmaxime nur rudimentär erwähnt wird (s. etwa Art. 14 AEUV; Art. 14 III, 56, 72 II, 87e IV GG; Art. 3 I, 99 BayVerf, Art. 1 RhPfVerf[4]). Zu Recht moniert Schmidt-Aßmann,[5] dass „das verwaltungsrechtliche Interesse am Interesse deutlich zurückgegangen" ist und dass der Interessenbegriff bei der verwaltungsrechtlichen Systembildung nicht außer Ansatz bleiben kann.[6] Das belegt vor allem die Renaissance der Interessen unter dem Gesichtspunkt der Interessenabwägung. Obwohl auch die Ge-

[1] S. auch Isensee/Kirchhof StaatsR-HdB II/Rupp, § 31 Rn. 30; Stolleis VerwArch 65 (1974), 1 ff.; Park, Rechtsfindung, S. 303.

[2] Isensee JZ 1981, 3 (6); Nowrot, Das Republikprinzip in der Rechtsordnungengemeinschaft, 2014, S. 361 ff.

[3] Ehlers, Verwaltung in Privatrechtsform, 1984, S. 87; VGH Mannheim DVBl 1985, 170.

[4] Ebenso Haverkate, Verfassungslehre, 1992, S. 6.

[5] Hoffmann-Riem ua, Reform des Allgemeinen Verwaltungsrechts/Schmidt-Aßmann, 1993, S. 37.

[6] Schmidt-Aßmann, Verwaltungsrecht, S. 146 f.

setze selbst wiederholt ausdrücklich auf das **„öffentliche Interesse"**, das **„öffentliche Wohl"** oder das **„Gemeinwohl"** Bezug nehmen, sind diese Begriffe, an deren Deutung sehr unterschiedlich gerichtete Interessen bestehen, noch keineswegs geklärt.[7]

II. Begriff und Arten des Interesses

3 **Interesse** (lat.: inter-esse = dabei sein, Anteil nehmen) ist eine Anteilnahme (positive Bezogenheit) eines Subjekts an einem Gegenstand (an einem anderen Menschen, an einer Sache oder an einem Verhältnis).[8] Es entsteht, indem ein bestimmter (geistiger oder materieller) Gegenstand irgendwie für ein Subjekt bedeutsam wird und von ihm selbst oder einem anderen Beurteiler als wertvoll (nützlich, förderlich, erstrebenswert) für das Sein des interessierten Subjekts unmittelbar empfunden oder rational vermutet oder erkannt wird.

4 Das Interesse erscheint dem allgemeinen Verständnis zunächst als **subjektives, faktisches Interesse,** dh als positive Bezogenheit, die ein bestimmtes Subjekt zu bestimmten Gegenständen tatsächlich hat. Intensität und Umfang dieser Interessen und der ihnen entsprechenden subjektiven Wertungen bestimmen sich vom Träger her, insbesondere nach seiner Veranlagung, seinem Erlebnisbereich und seinem Urteilsvermögen. Daneben gibt es ein **objektiv bestimmbares, wahres Interesse** eines Subjekts, das in seinem Bestand und in seiner Werthöhe unabhängig ist von der Existenz und der Stärke des subjektiven, tatsächlichen Interesses. Es wird ermittelt, indem ein (geistiger oder materieller) Gegenstand auf bestimmte zugeordnete Bedürfnisse, Zwecke und Ziele bezogen und von da aus irrtumsfrei beurteilt wird.[9]

III. Die Interessenträger

5 Träger von Interessen ist jeder **Mensch.** Träger von Interessen können auch menschliche **Gemeinschaften,** insbesondere verbandlich organisierte Wirk- und Ordnungseinheiten sein.[10] Als solche haben sie eigene sog. **„autonome Verbandsinteressen".** Sie können zwar nicht ohne die Interessen ihrer menschlichen Mitglieder bestehen. Sie müssen aber keineswegs mit deren Summe übereinstimmen. So ergibt sich das subjektive, tatsächliche Interesse einer Gemeinschaft aus einem komplizierten Wechselwirkungsprozess zwischen den tatsächlichen Interessen der Gemeinschaftsglieder, den von den Organwaltern angenommenen Gemeinschaftsinteressen und den Interessen der Organwalter selbst, **volonté de tous,** während das wahre Interesse einer Gemeinschaft sich im Wege rationaler Erkenntnis aus ihrem Zweck ermitteln lässt **(volonté générale).**[11] Rechtstechnisch ist jede **Juristische Person** des privaten oder des öffentlichen Rechts als Zurechnungspunkt menschlicher Interessen auch als Interessenträger anzusehen.

---

[7] Überblick zu den Modellen des Gemeinwohls bei Konrad, Das Gemeinwohl, die öffentliche Meinung und die fusionsrechtliche Ministererlaubnis, 2019, S. 40 ff.

[8] S. auch Schmidt-Aßmann, Verwaltungsrecht, S. 147.

[9] Martens, Öffentlich als Rechtsbegriff, S. 173 ff.; krit. Uerpmann, Das öffentliche Interesse, 1999, S. 11 f.

[10] Döhler ZPol 30 (2020), 1 ff.; Isensee/Kirchhof StaatsR-HdB III/Horn, § 41 Rn. 8.

[11] Wolff, Juristische Person und Staatsperson, 1933, § 9; Kaiser, Die Repräsentation organisierter Interessen, 1956, S. 339 ff.; Wittkämper, Grundgesetz und Interessenverbände, 1963, S. 26 ff.; Zacher VERW1970, 166 ff.

IV. Der Begriff des öffentlichen Interesses

Unter dem Begriff „Öffentliches Interesse" werden sowohl allgemeine als auch besondere öffentliche Interessen innerhalb eines staatlichen Verbandes verstanden. 6

1. Allgemeine öffentliche Interessen

a) Tatsächliche öffentliche Gemeininteressen

Allgemeine öffentliche Interessen oder öffentliche Gemeininteressen sind die Interessen einer staatlichen oder sonstigen öffentlichen Gemeinschaft als einer Wirk- und Ordnungseinheit ihrer Mitglieder. **Tatsächliche öffentliche Gemeininteressen** sind die faktischen Interessen der (Staats-)Träger, wie sie von den Waltern der Gemeinschaftsorganisation gedeutet werden. 7

Beispiel: Das können etwa Interessen des „diensteifrigen" Polizeibeamten sein, der auch die kleinste Übertretung immer zur Anzeige bringt.

b) Wahre öffentliche Gemeininteressen

Wahre öffentliche Gemeininteressen sind die irrtumsfrei erkannten Interessen der Gemeinschaft zur Schaffung oder Bewahrung eines den jeweiligen Verhältnissen entsprechenden, materiellen Rechtszustandes, wie er in den rechtlichen Wertvorstellungen und Zielsetzungen zum Ausdruck kommt. 8

Beispiel: § 4 IV FinDAG.

c) Zur Kollision von Interessen

Wie wahre Interessen von Einzelmenschen, so können auch wahre Interessen der Gemeinschaft miteinander kollidieren. Das ist umso eher und häufiger der Fall, je mehr Interessen zu berücksichtigen und zum Ausgleich zu bringen sind. Ein solcher Widerstreit ist dem Rechtsprinzip zufolge durch **Vorrangbewertungen** (§ 6 KrWG) und **Abwägung** zum Nachteil der objektiv minderwertigen Interessen zu entscheiden.[12] Der Inbegriff der danach vorzugswürdigen Gemeininteressen ist das **Gemeinwohl als Gegenstand des wahren Gemeininteresses,** in dem auch die kollidierenden Einzelinteressen ihren Ausgleichs- und Ruhepunkt finden. Dieses Abwägungsgebot ist jeder rechtsstaatlich orientierten Verwaltung immanent und gilt allgemein.[13] 9

In jüngerer Zeit geht der Gesetzgeber immer mehr dazu über, die diversen öffentlichen Interessen zu positivieren und ihre abschließende Kollisionsentscheidung einer **Abwägungsklausel** zu unterstellen (s. zB § 1 V, VII BauGB; § 7 II 1 ROG; § 48 II, III VwVfG; §§ 1 f. BNatSchG). 10

Bei einer Kollision **unionsrechtlicher und mitgliedstaatlicher öffentlicher Interessen** sind die Unionsinteressen **(Unionswohl)** vorrangig gegenüber den **Partikularinteressen der Mitgliedstaaten.** Diese Bewertung ist Folge der Unionstreue (Art. 4 III EUV) sowie des Anwendungsvorranges des Unionsrechts (→ § 17 Rn. 1 ff. und → § 26 Rn. 8 ff.), der die Funktionsfähigkeit der Union sichern soll.[14] 11

---

12 Uerpmann, Das öffentliche Interesse, 1999, S. 269 ff.; Plicht, Marktelemente in der Arzneimittelpreisregulierung, 2023, S. 17f.

13 BVerwGE 48, 56; OVG Koblenz NJW 2000, 23 f.; Schuppert GewArch 2004, 441 (445 f.).

14 Hatje, Die gemeinschaftsrechtliche Steuerung der Wirtschaftsverwaltung, 1998, S. 62 ff.

Beispiel: Interessenabwägung bei der Aufhebung nationaler Verwaltungsakte aus unionsrechtlichen Gründen oder bei der Vorabgestattung des Zuschlags nach § 169 II GWB.

12 Insgesamt bilden die wahren öffentlichen Gemeininteressen inhaltlich einen vielschichtigen Komplex. Welche dann jeweils im konkreten Falle als die minderwertigen zurückzutreten haben, lässt sich nicht abstrakt für beliebige Fälle und Situationen eindeutig bestimmen, zumal dabei auch zukünftige Entwicklungen abzuschätzen sind. Gegen den sog. **Abwägungsstaat** wird geltend gemacht, er laufe mangels klarer Maßstabsvorgaben ins Leere und die Interessenjurisprudenz werde allzu sehr betont.[15] Auch der **kooperative Staat** birgt die Gefahr, dass wichtige öffentliche Interessen unberücksichtigt bleiben.

2. Besondere öffentliche Interessen

a) Plurale Interessen

13 Die **besonderen öffentlichen Interessen** sind gemeinsame Interessen bestimmter lokaler oder funktionaler innerstaatlicher Gesamtheiten **(plurale Interessen)** oder auch einzelner Mitglieder als solcher, die für die staatliche oder eine engere Allgemeinheit von Bedeutung sind, oder zu deren Schutz die öffentliche Organisation besteht. Auch ursprünglich private Interessen können so wegen ihrer inhaltlichen Bedeutung, ihres Umfanges oder aus anderen Gründen zugleich öffentlichen Charakter haben. Regelmäßig handelt es sich um Interessen einer unbestimmten Allgemeinheit von Personen, die freilich im konkreten Fall auch durch eine einzelne Person repräsentiert oder nur für eine einzelne aktuell werden können.

Beispiele: Hierher gehören verschiedene Arten von **„Publikumsinteressen"** bzw. **„Gruppeninteressen"**, etwa Interessen der durch die Abgase einer Fabrik gesundheitlich Gefährdeten, des pluralistisch zusammengesetzten Rundfunkrates[16] sowie Interessen der dem Staat eingegliederten Verbände, etwa Berufskörperschaften, die das Gesamtinteresse der gewerblichen Wirtschaft[17] oder der freien Berufe in Gestalt eines **spezialpolitischen Mandats** wahrnehmen.[18]

b) Zur Kollision von allgemeinen und besonderen Interessen

14 Im Kollisionsfalle zwischen allgemeinen und besonderen öffentlichen Interessen kommt es auf das objektive Werteverhältnis an. Für die allgemeinen öffentlichen Interessen spricht allerdings eine Vermutung der Höherwertigkeit, weil die wahren Einzelinteressen und die wahren besonderen öffentlichen Interessen in den wahren allgemeinen Interessen insgesamt einbegriffen sind. Immerhin ist die Erwähnung der öffentlichen Interessen in Gesetzen und in der Rechtsprechung nicht selten im Gegensatz zu den faktischen oder auch auf den privaten Bereich begrenzten Privatinteressen zu verstehen, denen gegenüber Gemeinschaftsinteressen zur Geltung gebracht werden sollen.

Beispiel: Der Rechtsgrundsatz der **Verhältnismäßigkeit** (→ § 30 Rn. 13) ist Ausdruck dieses Gebots zur Abwägung der allgemeinen oder besonderen Interessen an einem Eingriff oder am Erfolg einer Leistung mit dem Freiheits- bzw. Förderungsinteresse der Individuen oder Gruppen.[19]

---

[15] S. näher Leisner, Der Abwägungsstaat, 1997; Leisner NJW 1997, 636 ff.; krit. dazu Gassner NJW 1998, 119 ff.

[16] BVerfGE 83, 238 (333 ff.).

[17] BVerwG DVBl 2001, 139 (141); OVG Münster GewArch 2003, 418 f.

[18] Kluth, Handbuch des Kammerrechts/Eisenmenger, 3. Aufl. 2020, S. 282 ff.

[19] NRWVerfGHE 26, 278 (293); s. näher Leisner, Der Abwägungsstaat, 1997, S. 11 ff.

3. Private Interessen

Die öffentlichen Interessen sind von den **privaten Interessen** abzugrenzen, die unionsrechtlich, verfassungsrechtlich und verwaltungsrechtlich geschützt sind und verfahrensrechtlich durchgesetzt werden können.[20] Sie sind Bestandteil unterschiedlich strukturierter **subjektiver Rechte** (→ § 43 Rn. 1 ff.), **Ermessenshandhabungen** und **Abwägungsprozesse** (→ § 31 Rn. 1 ff.) und können durch öffentliche Interessen eingeschränkt werden. 15

V. Öffentliches Interesse und Verwaltung

1. Gesetzliche und andere Interessenvorgaben für die Verwaltung

In einem geordneten Staatswesen haben die Subjekte öffentlicher Verwaltung die von den legalen Gewalthabern und ihren Organen in der Verfassung (zB Staatszielbestimmungen), in Gesetzen (deren Motiven und Zweckbestimmungen), in Satzungen oder anderweitig verbindlich zum Ausdruck gebrachten und festgelegten öffentlichen Interessen zu beachten und zu verwirklichen. Insoweit besitzen Gesetzgebungs- und andere Organe eine **Definitionsprärogative.**[21] Solche Festlegungen gelten dann als Ausdruck wahrer Interessen, ohne das freilich immer zu sein. Jedenfalls aber besteht stets ein sehr erhebliches Gemeininteresse an der Beachtung des objektiven Rechts, dem also fast nie ein anderes Interesse erfolgreich entgegengesetzt werden kann. So wird das Wohl der Allgemeinheit stets beeinträchtigt, wenn gegen öffentlich-rechtliche Vorschriften irgendwelcher Gesetze verstoßen wird. Die maßgebenden öffentlichen Gemeininteressen sind idR und in der Demokratie insbesondere Ausdruck eines Kompromisses zwischen dem wahren Gemeininteresse einerseits und dem tatsächlichen Interesse der Staatsträger als solcher sowie den vereinigten Individualinteressen einflussreicher Gruppen andererseits. 16

2. Berücksichtigung von Verwaltungsinteressen

Soweit Gesetze und Verordnungen den Verwaltenden als Richtschnur ihres Handelns lediglich die Wahrung eines besonderen oder des allgemeinen öffentlichen Interesses ohne nähere Bestimmung vorschreiben, fordern sie eine Berücksichtigung aller anderen maßgebenden Interessen, die durch die Regelung berührt werden. Dazu gehören die sog. **Verwaltungsinteressen** der Behörden an den ihnen zur Verwaltung anvertrauten Angelegenheiten und damit zusammenhängenden Belangen, die auch die Interessen am guten und sparsamen Ablauf der Behördenarbeit umfassen sowie finanzielle Interessen (§ 49 III VwVfG).[22] 17

3. Erhebliches öffentliches Interesse und Wohl der Allgemeinheit

Spricht das Gesetz selbst von **„erheblichem" öffentlichen Interesse** (§ 14 HGrG) bzw. von **„überwiegenden" öffentlichen Interessen** (§ 17 II Nr. 4 KrWG), so ist ein besonders deutliches Übergewicht erforderlich und nachzuweisen.[23] Unter „öffentlichem Wohl" oder **„Wohl der Allgemeinheit"** versteht der Gesetzgeber das aus 18

---

[20] Dederer, Korporative Staatsgewalt, 2004, S. 36 ff.; Uerpmann, Das öffentliche Interesse, 1999, S. 58 ff.; Bartunek, Probleme des Drittschutzes bei der Planfeststellung, 2000, S. 87 ff.

[21] Hatje, Die gemeinschaftsrechtliche Steuerung der Wirtschaftsverwaltung, 1998, S. 60.

[22] Uerpmann, Das öffentliche Interesse, 1999, S. 128 ff.

[23] OVG Greifswald ZUR 2023, 368.

vielen besonderen privaten und öffentlichen Einzel- und Teilinteressen abgeleitete, möglicherweise aber auch im Widerstreit zu ihnen bestehende wahre Gemeininteresse.[24]

Beispiele: Art. 14 II und III GG; §§ 1 VI, 24 III BauGB.

4. Privatisierung öffentlicher Interessen

19 Zwar ist die Wahrung und Durchsetzung öffentlicher Interessen und Gemeinwohlanforderungen grundsätzlich der öffentlichen Verwaltung vorbehalten. Teilweise wird aber auch Privaten das Recht eingeräumt, bei der Verwirklichung von Gemeinwohltatbeständen mitzuwirken und ihre Interessen geltend zu machen.[25] Diese Ausdehnung ist nicht unproblematisch, weil sie mit dem Grundsatz kollidiert, dass Private nur Individualinteressen gegenüber der Verwaltung realisieren können. Die Praxis führt zu ungerechtfertigten Privilegierungen und zu rechtlichen Schieflagen, dient aber auch der Effektuierung der staatlichen Gemeinwohlverantwortung.[26]

Beispiele: Art. 10 II SächsVerf räumt anerkannten Naturschutzverbänden das Recht ein, an umweltbedeutsamen Verwaltungsverfahren mitzuwirken (§§ 63 f. BNatSchG). Die gesellschaftlich zusammengesetzten Kontrollgremien auf Grund der Rundfunkgesetze sind Sachwalter des Interesses der Allgemeinheit.[27] Informationsfreiheitsgesetze gewähren voraussetzungslos Informationsrechte gegenüber der Exekutive, während §§ 28 f. VwVfG ein konkretes Verwaltungsverfahren mit individueller Betroffenheit voraussetzt.

5. Interessenermittlung und Interessenentscheidung

20 Die Interessenermittlung und Interessenentscheidung erfolgt in Verwaltungsverfahren und Gerichtsverfahren, die auch als **Mediationsverfahren** ausgestaltet sein können (§ 200 TKG).

§ 30. Gesetzmäßigkeit der Verwaltung und Vorbehalt des Gesetzes

Schrifttum: Böckenförde, Gesetz und gesetzgebende Gewalt, 2. Aufl. 1981; Brenner, Der Gestaltungsauftrag der Verwaltung in der EU, 1996, § 7; v. Danwitz, Verwaltungsrechtliches System und europäische Integration, 1996, S. 97 ff.; Eichenberger/Novak/Kloepfer VVDStRL 40 (1982), 7 ff.: Gesetzgebung im Rechtsstaat; Götz/Klein/Starck, Die öffentliche Verwaltung zwischen Gesetzgebung und richterlicher Kontrolle/Ossenbühl/Papier, 1985, S. 9 ff. und 36 ff.: Der Vorbehalt des Gesetzes und seine Grenzen; Hansen, Fachliche Weisung und materielles Gesetz, 1971; FS Selmer, 2004/Hilf, S. 71 ff.: Der Vorbehalt des Gesetzes in der Europäischen Union; Horn, Die grundrechtsunmittelbare Verwaltung, 1999, S. 22 ff.; Imboden, Das Gesetz als Garantie rechtsstaatlicher Verwaltung, 1954; Janssen, Über die Grenzen des legislativen Zugriffsrechts, 1990; Jesch, Gesetz und Verwaltung, 2. Aufl. 1968; Kahl/Ludwigs VerwaltungsR-HdB/Grzeszick, § 72: Vorrang und Vorbehalt des Gesetzes; Kunig, Das Rechtsstaatsprinzip, 1986; Ladeur/Gostomzyk VERW 36 (2003), 141 ff.: Der Gesetzesvorbehalt im Gewährleistungsstaat; Lerche, Übermaß und Verfassungsrecht, 1961; Lübbe-Wolff, Die Grundrechte als Eingriffsabwehrrechte, 1988; Mallmann/Zeidler VVDStRL 19 (1961), 165 ff. und 208 ff.: Schranken nichthoheitlicher Verwaltung; Maurer/Schnapp VVDStRL 43 (1985), 135 ff. und 172 ff.) Der Verwaltungsvorbehalt; Mußgnug/Hufen/Hill VVDStRL 47 (1989), 3 ff.: Gesetzesgestaltung und Gesetzesanwendung im Leistungsrecht; Peters, Die Verwaltung als eigenständige Staatsgewalt, 1965; Rupp, Grundfragen der heutigen Verwaltungslehre, 2. Aufl. 1991; Schuppert, Das Gesetz als zentrales Steuerungsinstrument des Rechtsstaates, 1998; Scheuing/Hoffmann-Riem VVDStRL 40 (1982), 153 ff. (187 ff.): Selbstbindungen der Verwal-

[24] Ebenso Schmidt-Aßmann, Verwaltungsrecht, S. 152.
[25] Scholz VVDStRL 34 (1976), 145 (208 ff.); Koltsoff, Die Wahrnehmung der Gemeinwohlbelange durch Private unter besonderer Berücksichtigung des Energiesektors, 2022.
[26] S. dazu Calliess NJW 2003, 97 ff.
[27] BVerfGE 83, 238 (333).

tung; Seiler, Der einheitliche Parlamentsvorbehalt, 2000; Sobota, Das Prinzip Rechtsstaat, 1997; Starck, Der Gesetzesbegriff des GG, 1970, S. 56 ff.; Staupe, Parlamentsvorbehalt und Delegationsbefugnis, 1986; Stettner, Grundfragen einer Kompetenzlehre, 1983; Stober GewArch. 1993, 136 ff. und 187 ff.: Der Vorbehalt des Gesetzes und Verwaltungsvorschriften im Subventionsrecht; Triantafyllou, Vom Vertrags- zum Gesetzesvorbehalt, 1996; Werner DVBl. 1959, 527 ff.: Verwaltungsrecht als konkretisiertes Verfassungsrecht; Wißmann JöR 69 (2021), 619 ff.: Verordnungsvertretende Gesetzgebung; Wülfing, Grundrechtliche Gesetzesvorbehalte und Grundrechtsschranken, 1981.

I. Zum Erfordernis der Verfassungs- und Gesetzmäßigkeit

1. Zur Realisierung materieller Rechtmäßigkeit

1 In einem Staate, dessen Zweck die Schaffung und Erhaltung eines materiell gerechten Rechtszustandes ist (**materieller Rechtsstaat;** → § 18 Rn. 12 ff.), muss jede legale Machtausübung dem Rechtsgesetz als dem Prinzip der Gerechtigkeit (→ § 24 Rn. 12, 25) entsprechen. Diese Forderung **materieller Rechtmäßigkeit** gilt für die Verwaltung ebenso wie für die Gerichte, für die Regierung ebenso wie für die Gesetzgebung (s. Art. 20 III GG). Sie ist auch Bestandteil des Unionsrechts, nachdem der EuGH zahlreiche rechtsstaatliche Grundsätze entwickelt hat, die bei dem Erlass und der Ausführung von Gemeinschaftsakten zu beachten sind. Inzwischen ist das Prinzip materieller Rechtmäßigkeit als Ausschnitt der Rechtsstaatlichkeit in Art. 2 EUV festgeschrieben.

2 Die Realisierung materieller Rechtmäßigkeit ist allerdings ein Ideal, das wegen der menschlichen Fehlsamkeit nicht voll erreichbar ist. Darum ist es zur Wahrung der Rechtssicherheit iSd Berechenbarkeit der Rechtsfolgen unerlässlich, die in typischen Interessenkollisionen gerechten Bewertungen und deren Rechtsfolgen in Rechtssätzen auszusprechen und die nachgeordneten Organe hieran zu binden, sowie sonstige Regeln zu entwickeln, die eine möglichst gerechte, und das heißt auch möglichst gleichmäßige Ordnung des sozialen Lebens und Entscheidung auftauchender Streitfragen ermöglichen (→ § 20 Rn. 18).

2. Zur Bindung der Verwaltung an die Verfassung

3 Art. 1 III GG bindet Gesetzgebung, Regierung, Verwaltung und Rechtsprechung an die obersten Spezialisierungen des Rechtsprinzips in den Grundrechten, die nach Art. 79 III und Art. 19 II GG auch vom Verfassungsgesetzgeber nicht legal in ihrem Wesensgehalt angetastet werden dürfen. Zwar genießen die einfachen förmlichen Gesetze einen Anwendungsvorrang, aber bloß formelle Gesetzmäßigkeit der Verwaltung genügt nicht. **Die Verwaltung muss verfassungsmäßig sein** (→ § 18 Rn. 1 ff.). Das gilt unmittelbar, ist also von jedem Rechtsanwender zu beachten, auch beim Ermessensgebrauch (→ § 31 Rn. 35 ff.) und beim Erlass und bei der Anwendung untergesetzlicher Rechtssätze (Verordnungen, Satzungen).[1] Ihre Befolgung deckt nicht ein verfassungswidriges, insbesondere grundrechtswidriges Verwaltungshandeln. Insofern ist daran zu erinnern, dass der **Beamte** nach §§ 63 BBG, 36 BeamtStG die volle persönliche **Verantwortung für die Rechtmäßigkeit** seiner amtlichen Handlungen trägt. An die veröffentlichten Auslegungen der Verfassungsrechtssätze durch das Verfassungsgericht sind alle Verwaltungsbehörden gebunden (§ 31 I BVerfGG).[2]

[1] Sobota, Das Prinzip Rechtsstaat, 1997, S. 27 ff.
[2] BVerwG VerwRspr. 18 (1967), 140.

4 Die **Verfassungswidrigkeit** eines nach Erlass der Verfassung ergangenen förmlichen Gesetzes kann weder durch eine Regierungs- oder Verwaltungsbehörde verbindlich festgestellt werden, sondern nur vom BVerfG oder, wenn ein Gericht eine Verletzung der Landesverfassung annimmt, von dem für Verfassungsstreitigkeiten zuständigen Gericht des Landes (Art. 94 I Nr. 2 und Art. 100 GG). Bis zu dieser herbeiführbaren Entscheidung ist die Verwaltung daher idR an förmliche Gesetze gebunden.

II. Negative Bedeutung der Verfassungs- und Gesetzmäßigkeit, Gesetzesvorrang

1. Gesetzesvorrang und brauchbare Illegalität

5 **Verfassungs- und Gesetzmäßigkeit der Verwaltung** bedeutet zunächst negativ die Beachtung des **Gesetzesvorranges** (→ § 18 Rn. 14 ff.).[3] Das heißt, dass sich die Verwaltung im Rahmen des Rechts und der Gesetze (→ §§ 24 f. Rn. 1 ff.) bewegen muss und dass von ihr gesetzte **abstrakte Rechtssätze** grundsätzlich ungültig sind, sofern sie einem ranghöheren Rechtssatz widersprechen (→ § 26 Rn. 1 ff.) und dass **konkrete Staatsakte** fehlerhaft sind, sofern sie einem gültigen Rechtssatz, auch wenn er von der Verwaltung selbst erlassen ist, widersprechen (→ § 49 Rn. 1 ff.).

6 Diese an sich gültige Generalaussage muss jedoch den modernen Verwaltungsalltag angemessen berücksichtigen und deshalb relativiert werden. Er steht vor dem Problem, dass insbesondere die Sektoren der Massenverwaltung (Abgabenverwaltung, Sozialverwaltung, Bauverwaltung) nicht immer in der Lage sind, sämtliche Rechtsvorschriften anzuwenden oder zu beachten. Vielmehr wird in der Verwaltungspraxis eine bewusste Nichtbeachtung von Verwaltungsregeln etwa durch **Duldung**[4] hingenommen, weil das Recht kein absoluter Wert sei. Das geschieht ua dadurch, dass nur bestimmte Sachverhalte gründlich geprüft, Verhandlungen geführt oder begrenzte Regelverstöße gestattet werden. In diesem Zusammenhang ist von der sog. **brauchbaren Illegalität** die Rede.[5] Sie ist teilweise positiviert, weil bestimmte Verwaltungsfehler unbeachtlich sind (§§ 214 f. BauGB, §§ 45 f. VwVfG). Einerseits ist diese selektive Rechtmäßigkeit aus rechtsstaatlichen und grundrechtlichen Erwägungen zweifelhaft. Andererseits ist sie unabdingbar, um die Funktionsfähigkeit der Verwaltung bei knappen Ressourcen zu gewährleisten. Aus diesem Grunde sollte daher besser von der **funktionsgerechten Illegalität** die Rede sein, die zugleich den Begrenzungsmaßstab für abweichendes Verhalten liefert.

2. Allgemeine Gebote und Verbote

7 Schon aus der Gesetzmäßigkeit im negativen Sinne lassen sich **allgemeine Verbote und Gebote** ableiten, an die Regierung und Verwaltung auch insoweit gebunden sind, als sie der Forderung positiver Gesetzmäßigkeit, also dem Erfordernis einer besonderen gesetzlichen Grundlage und Ermächtigung nicht unterliegen. Die Gesetzmäßigkeit der Verwaltung in diesem Sinne ist vielfach in materiellen und verfah-

[3] Horn, Die grundrechtsmittelbare Verwaltung, 1999, S. 22 ff.; Maurer/Waldhoff, AllgVerwR, 21 Aufl., § 6 Rn. 2.

[4] S. dazu BVerwGE 112, 123 (131).

[5] S. Luhmann VerwArch 55 (1964), 1 (15); Hoffmann-Riem in Hoffmann-Riem/Schmidt-Aßmann, Innovation und Flexibilität des Verwaltungshandelns, 1994, S. 9, 33; Bull/Mehde, Allgemeines Verwaltungsrecht, 10. Aufl., Rn. 157 ff.; Sommer, Die Duldung rechtswidriger Zustände im öffentlichen Baurecht, 2017; Hill ZG 2022, 125 (139); Schütz NWVBl. 2022, 182.

rensrechtlichen Bestimmungen festgelegt. Verwaltungssystematisch lassen sich mehrere Gebots- und Verbotsgruppen unterscheiden, die hier nur exemplarisch angeführt werden können.

a) Das Verbot der Verletzung gültiger Rechtssätze

– Das Gebot der Beachtung der allgemeinen und der besonderen Rechtsgrundsätze, sowie der verfassungsgestaltenden Grundentscheidungen (→ § 25 Rn. 2 ff., → § 30 Rn. 1 ff.). 8

– Das Gebot, Verwaltungsverfahren einfach, zweckmäßig (§ 10 VwVfG) und zügig durchzuführen (**Zweckmäßigkeitsgebot**,[6] **Zügigkeitsgebot**[7]). 9

– Die Verpflichtung, im Rahmen der erteilten Ermächtigung die öffentlichen Belange und die Interessen der Zivilpersonen an der zu treffenden Maßnahme nach sachlichen Gesichtspunkten abzuwägen und die objektiv minderwertigen zurückzustellen (**Abwägungsgebot;** → § 29 Rn. 6 ff. und → § 31 Rn. 73 ff.).[8] 10

– Die Verpflichtung zu einem durch die Rechtssicherheit gebotenen **Vertrauensschutz** durch die Verwaltungsorgane. 11

– Das Gebot, der **Bestimmtheit** des jeweiligen Verwaltungshandelns (→ § 31 Rn. 1 ff. und Art. 80 I GG; § 37 I VwVfG).[9] 12

– Das Gebot, die Grundsätze der **Verhältnismäßigkeit,** der Geeignetheit, Erforderlichkeit und des Übermaßverbotes (Verhältnismäßigkeit ieS) zu beachten (Art. 5 IV EUV; § 17 II BImSchG; § 4 LuftSiG, § 4 IV AWG).[10] Das bedeutet, dass die Verwaltung bei der Erfüllung ihrer Aufgaben unter mehreren möglichen Maßnahmen nur diejenigen treffen darf, die geeignet sind, den angestrebten Zweck zu erreichen (Geeignetheit) und die möglichst wenig Nachteile im Gefolge haben (Erforderlichkeit; Problem der weniger belastenden Alternativlösungen). Die Erforderlichkeit hat auch eine zeitliche Komponente. So sind Beschränkungen aufzuheben, deren Zweck erreicht ist (§ 4 IV AWG). Eine danach zulässige Maßnahme hat dann zu unterbleiben, wenn die mit ihr verbundenen Nachteile insgesamt die Vorteile überwiegen und außer Verhältnis zu dem bezweckten Erfolg stehen: **Übermaßverbot** (Verhältnismäßigkeit ieS; Proportionalität).[11] Bei der Gesamtabwägung zwischen der Schwere des Eingriffs und dem Gewicht und der Dringlichkeit der ihn rechtfertigenden Gründe muss die Grenze der Zumutbarkeit noch gewahrt sein.[12] Insofern ist auch die Prüfung der Verhältnismäßigkeit ieS ein Anwendungsfall der **Güterabwägung.** 13

---

[6] Klüsener NVwZ 2002, 816 ff.

[7] ThürVerfGH LKV 2001, 462.

[8] BVerwGE 34, 301 (305); 45, 309 (314); Hill in HVwR V § 127 Rn. 46 ff.

[9] Sobota, Das Prinzip Rechtsstaat, 1997, S. 132 ff.

[10] Sobota, Das Prinzip Rechtsstaat, 1997, S. 234 ff.; Michael JuS 2001, 148 ff. und 654 ff. und 764 ff. und 866 ff.

[11] S. BVerfGE 7, 198, 406; BVerfGE 7, 15, 234; BVerfGE 7, 16, 202; BVerfGE 7, 17, 242 (276, 313 f.); BVerfGE 7, 26, 239; BVerwG NJW 2002, 2122.

[12] BVerfGE 30, 292 (316); BVerwGE 5, 50, 179; BVerwGE 5, 9, 114; BVerwGE 5, 11, 170; DVBl 1967, 777; BGH NJW 1956, 793; Grabitz AöR 98 (1973), 568 ff.; Lücke, Die (Un-) Zumutbarkeit als allgemeine Grenze öffentlicher Pflichten des Bürgers, 1973; Stern FS Lerche, 1993, 165 ff.; Kirchhof FS Lerche, 1993, 133 ff.; Albrecht, Zumutbarkeit als Verfassungsmaßstab, 1995.

14 – Das Gegenstück zum Übermaßverbot ist das **Untermaßverbot.** Dieser Ausdruck kennzeichnet die Zumutbarkeitsfrage anhand der vom Staat zu beachtenden Mindestanforderungen normativer und tatsächlicher Art, die nicht unterschritten werden dürfen. Das Untermaßverbot wird vornehmlich grundrechtlich begründet und als Ausprägung **staatlicher Schutzpflichten** aufgefasst.[13]

15 – Das Gebot zur Wahrung der **Grundrechte** (Art. 1 III GG), insbesondere also der auch schon durch das Rechtsprinzip gebotenen Gleichheit mit der Folge der **Selbstbindung an die eigene Praxis** in gleichliegenden Fallen.[14]

16 – Das Verbot der **Gesetzwidrigkeit.** Es bedeutet ua die Bindung an die gesetzlichen Institutionen, auch wenn diese frei gewählt werden können (zB Kauf oder Enteignung oder Beschlagnahme, Begründung eines Beamten-, Angestellten- oder Arbeitsverhältnisses).

17 – Das Gebot, den **Haushaltsplan und die Haushaltsgrundsätze** einzuhalten. Der Ansatz im Haushaltsplan ist eine hinreichende Ermächtigung für nicht rechtswidrig titelgerechte Verwendung der Geldmittel.[15] Mangel an Haushaltsmitteln rechtfertigt aber nicht die Verweigerung der Erfüllung rechtlicher Verpflichtungen.[16] Bei der Aufstellung und Ausführung des Haushaltsplanes sind die Grundsätze der **Wirtschaftlichkeit und Sparsamkeit** zu beachten (§ 6 HGrG; → § 3 Rn. 26 ff. und → § 18 Rn. 37).[17]

18 – Das **Verbot, Leistungen zu verschenken.** Danach verbotene Geschenke sind nicht unerhebliche Zuwendungen aus öffentlichen Mitteln nach freiem Belieben ohne Gegenleistung oder entsprechenden Gewinn für das Gemeinwohl (s. §§ 44 iVm 23 BHO).[18]

19 – Das Verbot, hoheitliche Maßnahmen von Gegenleistungen abhängig zu machen, die nicht in sachlichem Zusammenhang mit der Maßnahme stehen (sog. **Koppelungsverbot;** s. auch § 59 II Nr. 4 VwVfG).[19] Ein sachlicher Zusammenhang besteht, wenn die Gegenleistung derselben Art ist wie rechtlich zulässige Voraussetzungen der Maßnahme.

Beispiel: So ist die Erteilung einer Ausnahmeerlaubnis gegen kostenlose Abtrennung eines Grundstücks unzulässig.[20] Das gilt auch, wenn eine Gemeinde die Änderung eines Bebauungsplanes davon abhängig macht, dass der Bauwillige an sie einen Geldbetrag für einen gemeinnützigen Zweck leistet.[21]

20 – Das Verbot, eine **Monopolstellung** in anderer Weise zu missbrauchen.[22]

---

13 BVerfGE 88, 203 (254); Krings, Grund und Grenzen grundrechtlicher Schutzpflichten, 2003.

14 S. BVerwGE 26, 153; → § 24 Rn. 12 ff.); Scheuing/Hoffmann-Riem VVDStRL 40 (1982), 153 ff. (187 ff.); Wallerath, Selbstbindung der Verwaltung, 1968.

15 Puhl, Budgetflucht und Haushaltsverfassung, 1996, S. 4.

16 S. BVerwGE 6, 287; 20, 101; BGH DÖV 1959, 710.

17 Näher Grupp JZ 1982, 231; Grupp DÖV 1983, 661; Wahl VVDStRL 41 (1983), 151 (157); v. Arnim, Wirtschaftlichkeit als Rechtsprinzip, 1988; A. Peters DÖV 2001, 749 ff.; Hillen, Die gerichtliche Kontrolle von Wirtschaftlichkeit im Vergaberecht, 2018.

18 BGH DÖV 1967, 385 mit Kritik v. Freundling DÖV 1967, 845 f.; NRWOVGE 27, 147 u. Eppe, Subventionen und staatliche Geschenke, 1966, §§ 10 ff.

19 BVerwGE 42, 338 f.; BVerwG DÖV 1993, 622 (624).

20 BGH DVBl 1972, 824.

21 BVerwGE 111, 162.

22 S. Badura, Das Verwaltungsmonopol, 1963.

– Das Verbot, für die Dienstausübung für sich oder einen Dritten einen Vorteil zu fordern, sich versprechen zu lassen oder anzunehmen (**Korruptionsverbot;** → § 23 Rn. 16 und näher § 71 BBG; §§ 331 ff. StGB). 21

b) Das Verbot von Kompetenzüberschreitungen

– **Das Verbot der Überschreitung der Verbandskompetenz.** Das ist das Gebot der Beschränkung auf die gesetzlichen Aufgaben derjenigen Organisationen, denen das Organ angehört.[23] 22

Beispiel: So müssen der Rat und die öffentlichen Bediensteten einer Stadt die Interessen dieser Stadt fördern und sich darauf beschränken.

– Das **Verbot der Überschreitung der Ressort- und allgemeinen Organkompetenz.** Das ist das Gebot zur Wahrung der allgemeinen sachlichen, örtlichen und zeitlichen Zuständigkeit. 23

Beispiele: So darf das Arbeitsamt keine Steuern erheben und das Einwohnermeldeamt von A darf nicht eine Wohnung in B erfassen.

– **Das Verbot der Überschreitung der besonderen Organkompetenz.** Das ist das Gebot zur Wahrung der instanziellen, formalen, modalen und inhaltlichen Zuständigkeit, soweit sie in den zuständigkeitsbegründenden Rechtssätzen bestimmt ist. 24

Beispiel: So darf die zweite Instanz in der Regel nicht handeln, bevor die erste Instanz tätig geworden ist.

c) Bindungen aus der Wahrnehmung bestimmter Aufgaben

Aus der Bindung aller Verwaltungsorgane an die Wahrnehmung bestimmter Aufgaben folgt ferner das Gebot, die von der Organisation und von dem Organ zu versehenden Angelegenheiten sachgerecht wahrzunehmen **(Sachlichkeitsgebot).** Das bedeutet für alle Organe öffentlicher Verwaltung die Verpflichtung, 25
– die ihnen obliegenden Aufgaben durchzuführen[24] **(Aufgabenerfüllung);**
– in dem ihnen anvertrauten Kompetenzbereich das **Gemeinwohl zu fördern** (→ § 29 Rn. 1 ff.);
– **unparteilich zu entscheiden** (s. § 33 BeamtStG; § 21 VwVfG);[25]
– die objektiv ermittelten technischen, auch verwaltungstechnischen ua fachlichen Regeln zu beachten **(Prioritätsprinzip, Rotationsprinzip).**
– das **Gebot der Fairness** zu beachten.[26]

d) Verbot, die Aufgabenerfüllung anderer Staatsorgane zu behindern

– **Das Gebot loyalen Zusammenwirkens** und gegenseitiger Förderung aller Ämter eines Organs, aller Organe eines Trägers öffentlicher Verwaltung und aller Staats- und Gemeinschaftsglieder untereinander (s. auch Art. 4 III EUV); 26
– das Gebot, **staatliche Entscheidungen möglichst richtig zu treffen,** dh durch die Organe, die nach ihrer Organisation, Zusammensetzung, Funktion und Verfahrensweise über die besten Voraussetzungen verfügen.[27]

---

23 S. zB BVerfGE 8, 122 L. 3; BVerwGE 137, 171; Eggert, Die deutsche Ultra-vires-Lehre, 1997.
24 S. zB OVG Koblenz ZMR 1967, 279.
25 BVerwGE 70, 143; Kazele, Interessenkollisionen und Befangenheit im Verwaltungsrecht, 1990.
26 BVerwGE 70, 143 f.; Sobota, Das Prinzip Rechtsstaat, 1997, S. 145 ff.
27 BVerfGE 68, 1 (86); BVerfG DVBl 1998, 955 (958).

3. Befugnisse der Verwaltung

27 Jenseits dieser Gebote und Verbote sind die Organe der Träger öffentlicher Verwaltung im Zweifel befugt,

- im Rahmen der ihnen zugewiesenen verfassungsmäßigen Aufgaben zur Erreichung eines bestimmten, im öffentlichen Interesse gelegenen Zweckes grundsätzlich auch ohne materiell-gesetzliche Ermächtigung **haushaltplangemäße Leistungen (Subventionen) zu gewähren,**[28]
- **privatrechtliche Rechtsgeschäfte** für ihre Organisation (Staat, Gemeinde usw) abzuschließen (**Grundsatz der Wahlfreiheit,** → § 23 Rn. 6 ff.);
- im Rahmen der **Annexkompetenz zur Sachkompetenz** das Hausrecht auszugestalten und auszuüben (→ § 22 Rn 41 ff.);
- im Interesse der Funktionsfähigkeit der Verwaltung übergangsweise **Notkompetenzen wahrzunehmen**;[29]
- im Rahmen der Aufgaben und Zuständigkeiten **Verwaltungsvorschriften zu setzen** (→ § 24 Rn. 12 ff.);
- im Rahmen des Regierungsvorbehaltes (Staatsleitung) zu informieren und Öffentlichkeitsarbeit zu betreiben;[30]
- im Rahmen der **Organisationsgewalt** Entscheidungen über den Aufbau der Verwaltung und ihrer räumlichen Gliederung zu treffen (s. Art. 86 II LSAVerf).[31]

III. Positive Bedeutung der Verfassungs- und Gesetzmäßigkeit, Gesetzesvorbehalt

1. Dimensionen des Gesetzesvorbehaltes

28 Nach der Konkretisierung der negativen Gesetzmäßigkeit ist nur noch zu erörtern, in welchen Fällen das Gebot der **Gesetzmäßigkeit der Verwaltung im positiven Sinne** gilt. Dabei geht es um die Frage, ob und inwieweit das Handeln der Verwaltung einer **gesetzlichen Grundlage** bedarf. Das Grundgesetz regelt nicht allgemein, welche Verwaltungsbereiche und welche Gegenstände dem Gesetzesvorbehalt unterfallen.[32] Es setzt vielmehr in Art. 20 III GG die Anwendbarkeit dieses Prinzips voraus und beschränkt sich im Übrigen vornehmlich auf die Aufrichtung verschiedenartiger spezieller Gesetzesvorbehalte (Art. 2 II, 12 I 2, 14 I GG) die auch teilweise in Landesverfassungen zu finden sind (Art. 58 BWVerf; Art. 70 I BayVerf). Die rechtliche Problematik beschränkt sich daher nicht auf die **Grundrechte** und die damit zusammenhängende zur gesetzgeberischen Aktivität verpflichtenden **Schutzpflichtdiskus-**

---

[28] Mußgnug VVDStRL 47 (1989), 120 ff.; Stober WirtschaftsVerwR § 7 I; Stober GewArch 1993, 136 f.; BVerwG NVwZ 2003, 1384; GewArch 2003, 111.

[29] BVerwGE 98, 324 ff.; BVerfG NJW 1987, 887; BVerwG DVBl 2004, 1420; KreisG Gera DÖV 1991, 702; BbgOVG NJW 1995, 1102; VGH Kassel NVwZ-RR 1996, 654; Isensee/Kirchhof StaatsR-HdB V/Ossenbühl, § 101 Rn. 74; Lücke FS Thieme, 1993, 539 ff.

[30] BVerfG NJW 2002, 2621 ff. und 2626 ff. und BVerfG NJW 2002, 3458 ff.; BVerwGE 82, 76; BVerwG NJW 1991, 1770; BVerwGE 87, 37; VerfGH Nordrhein-Westfalen DÖV 1992, 215; krit. Schoch DVBl 1991, 667 und Huber JZ 2003, 290 ff.; s. ferner Roth, Verwaltungshandeln mit Drittbetroffenheit und Gesetzesvorbehalt, 1991; zurückhaltend Isensee/Kirchhof StaatsR-HdB V/Ossenbühl, § 101 Rn. 67.

[31] OVG Magdeburg LKV 1998, 65 f.; Böckenförde, Die Organisationsgewalt im Bereich der Regierung, 2. Aufl. 1998.

[32] S. auch Horn, Die grundrechtsunmittelbare Verwaltung, 1999, S. 31.

sion,[33] sondern sie hat zugleich eine **rechtsstaatlich-demokratische Komponente.**[34] Denn es ist Aufgabe des Gesetzgebers, dem Staat des Grundgesetzes und seiner Staatsform einen allgemeinen rechtlichen Rahmen zu geben und die Verwaltung an den im Gesetz niedergelegten Willen des Volkes zu binden. Deshalb erstreckt sich der Gesetzesvorbehalt auch auf **verwaltungsrechtliche Sonderverhältnisse.** Der Gesetzesvorbehalt in diesem Sinne besteht, um die politische Führungsaufgabe des Parlaments zu stärken[35] und um den Steuerungsanspruch des Gesetzes im Rechtsstaat zu bekräftigen.[36] Er verdichtet sich zum **Parlamentsvorbehalt,** soweit der parlamentarische Gesetzgeber selbst handeln muss und die Rechtsetzung nicht delegieren darf.[37] Das gilt vor allem für wesentliche Entscheidungen.[38]

Beispiele: Bei verwaltungsrechtlichen Sonderverhältnissen muss der Gesetzgeber die statusbildenden Bestimmungen selbst treffen.[39] Die wesentlichen Entscheidungen über die Leistungen an Beamte im Falle von Krankheit hat der Gesetzgeber zu treffen.[40] Dazu zählt nicht die Einführung neuer Rechtschreibregeln[41] oder die Art und Weise der Ermittlung der Zeugnisnote.[42] Bei Grundrechtsgefährdungen bzw. in besonders grundrechtssensiblen Bereichen bedarf es auch bei der Leistungsgewährung einer besonderen gesetzlichen Grundlage.[43] Der Grundsatz der Gesetzmäßigkeit der Besteuerung verlangt, dass sowohl Tatbestand als auch Höhe der Besteuerung im Gesetz festgelegt sein müssen.[44] Grundsätzliche Zulassung der Käfighaltung von Legehennen.[45]

Angesichts der Entwicklung des Staates zum Gewährleistungsstaat und der Verwal- 29
tung zur **Gewährleistungsverwaltung** (→ § 4 Rn. 27) stellt sich die Frage nach einer Ausdifferenzierung des Gesetzesvorbehaltes zum **Gewährleistungsvorbehalt,** der neue Anforderungen einfangen muss.[46]

2. Aufgaben und Befugnisermächtigung

Die gesetzliche Zuweisung einer Aufgabe (eines Kompetenzbereichs) ermächtigt 30
nicht zu Eingriffen, auch wenn sie zur Erfüllung der Aufgabe für erforderlich gehalten werden. Es muss vielmehr eine **Befugnis** zu einseitig verbindlicher Regelung **(An-**

[33] S. etwa OVG Lüneburg DVBl 1997, 297 f.; Weinrich, Die grundrechtlichen Umweltschutzpflichten des Staates, 2022.
[34] Kloepfer JZ 1984, 687; Krebs, Vorbehalt des Gesetzes, 1975; Sobota, Das Prinzip Rechtsstaat, 1997, S. 107 ff.
[35] Bachof VVDStRL 24 (1966), 225.
[36] S. Schuppert in Schuppert, Das Gesetz als zentrales Steuerungsinstrument des Rechtsstaates, 1998, S. 110 ff.
[37] Kau in Stern, Staatsrecht II, 2. Aufl. 2022, § 41 IV; Ossenbühl in Isensee/Kirchhof StaatsR-HdB V § 101 Rn. 14; Bethge VVDStRL 57 (1998), 7 (31 ff.); Hintzen, Verfassungsrechtliche Grundlagen für Cyberoperationen der Streitkräfte, 2024, S. 149 ff.
[38] S. Horn, Die grundrechtsunmittelbare Verwaltung, 1999, S. 43 ff.; Voßkuhle/Eifert/Möllers GVwR/Reimer GVwR I § 11 Rn. 47 ff.
[39] BVerfGE 33, 125; 47, 46 (78); BVerwGE 47, 194; 57, 130; 98, 324 ff.
[40] BVerwG DVBl 2004, 1420.
[41] BVerfG DVBl 1998, 955 (958).
[42] BVerwG NVwZ 1998, 859.
[43] BVerfGE 80, 124 (132); OVG Berlin NVwZ 1991, 798; BVerwG DVBl 1992, 1038; s. auch Huber, Konkurrenzschutz im Verwaltungsrecht, 1992, S. 483 ff.
[44] BVerwGE 118, 201 (206).
[45] BVerfGE 101, 1 (34).
[46] S. näher Ladeur/Gostomzyk VERW36 (2003), 141 ff.

ordnungs-Befugnis) eingeräumt sein, durch die dann auch die Kompetenz begründet wird.[47]

Beispiele: So ermächtigen zB noch nicht die Aufgaben-Bestimmungen der Gemeinden oder der Polizei- bzw. Ordnungsbehörden (zB § 1 BWPolG; Art. 2 BayPAG; § 1 NRWOBG; § 1 HessSOG; § 1 NdsPOG), sondern erst besondere Ermächtigungen der Gemeindeordnungen zum Erlass von Satzungen oder der Anordnung eines Anschluss- oder Benutzungszwanges bzw. besondere Ermächtigungen in den Polizei-, Sicherheits- und Ordnungsgesetzen zum Erlass von Verordnungen und obrigkeitlichen Einzelmaßnahmen (zB in §§ 3 ff., §§ 17 ff. BWPolG; Art. 5 II, 14, 16 BayPAG; §§ 14 ff., §§ 28 f. NRWOBG; §§ 11 ff. HessSOG; §§ 11 ff. NdsPOG). § 1 IHKG ist lediglich eine Aufgabennorm.[48]

3. Grundrechtswirkungen und -berührungen

31 Ein Gesetzesvorbehalt kommt ferner in Betracht, wenn ein **Regierungs- oder Verwaltungshandeln** zwar nicht unmittelbar in die Rechtsstellung des einzelnen eingreift, die Maßnahme aber wie ein Eingriff wirkt.

Beispiel: Rechtstatsächliche Wirkungen schlichter Verwaltungshandlungen wie Produktwarnungen nach § 19 II MüG (auch → § 57 Rn. 1 ff.).[49]

4. Institutioneller Gesetzesvorbehalt

32 Neben dem insbesondere grundrechtlich motivierten steht der ua organisationsrechtlich begründete **institutionelle Gesetzesvorbehalt** (zB für Verwaltungsaufbau[50] und Beleihung).[51]

IV. Unionsrechtlicher Gesetzesvorbehalt

33 Die Problematik des Gesetzesvorbehaltes besitzt neben der nationalverwaltungsrechtlichen eine **unionsrechtliche Dimension**.[52] Sie ist von dem Prinzip der **enumerativen Einzelermächtigung** bzw. der beschränkten Einzelkompetenz (compétence d'attribution) geprägt.[53] Danach darf die EU nur die Maßnahmen ergreifen, welche die Verträge den jeweiligen Organen gestatten (Art. 5 EUV). Derartige **Kompetenz- und Befugnisnormen** finden sich verstreut an zahlreichen Stellen der EU-Verträge. Subsidiär gilt die Auffangnorm des Art. 352 AEUV, die durch den **Grundsatz der implied powers** ergänzt wird. Er besagt, dass die in den Gründungsverträgen aufgestellten Vorschriften diejenigen Rechtssätze in sich einschließen, ohne die sie nicht sinnvoll und vernünftig angewendet werden können.[54] Daneben enthalten EU-Normen Ermächtigungen, die durch nationales Recht umgesetzt werden (→ § 17 Rn. 1 ff.). Die Geltung des Gesetzesvorbehalts bedeutet hier, dass Unionsrichtlinien in der Regel nur dann ordnungsgemäß in das mitgliedstaatliche Recht implantiert werden, wenn sie nicht in Form von Verwaltungsvorschriften erlassen werden (→ § 24 Rn. 32).

---

47 S. näher Stettner, Grundfragen einer Kompetenzlehre, 1983, S. 167 ff.
48 BVerwGE 89, 281.
49 Ibler FS Maurer, 2001, 145 ff.
50 OVG Bautzen LKV 1999, 509.
51 BGH NJW 2000, 1042 und NJW 2003, 2451.
52 S. näher Hilf FS Selmer, 2004, 71 ff.
53 Brenner, Der Gestaltungsauftrag der Verwaltung in der EU, 1997, S. 246 ff.; v. Danwitz, Verwaltungsrechtliches System und europäische Integration, S. 96 ff.; Kahl/Ludwigs VerwR-HdB III/Grzeszick § 72 Rn. 58 ff.
54 EuGH Slg. 1960, I-681 (708); s. Nicolaysen EuR 1966, 129 ff.; Calliess in Calliess/Ruffert, EUV/AEUV, 6. Aufl. 2022, EUV Art. 5 Rn. 16 ff.

§ 31. Gesetzesgebundenheit und Verwaltungsspielräume

Schrifttum: Adam, Die Kontrolldichte-Konzeption des EuGH und deutscher Gerichte, 1993; Alexy JZ 1986, 701 ff.: Ermessensfehler; Bachof JZ 1955, 97 ff.: Beurteilungsspielraum, Ermessen und unbestimmter Rechtsbegriff; Bachof JZ 1972, 641 ff.: Neue Tendenzen in der Rechtsprechung zum Ermessen und zum Beurteilungsspielraum; Brenner, Der Gestaltungsauftrag der Verwaltung in der EU, 1996, § 9; Brinktrine Verwaltungsermessen in Deutschland und England,1998; Bullinger JZ 1984, 1001: Das Ermessen der öffentlichen Verwaltung; Knack/Henneke/Ruffert, Erl. zu § 40:; Czybulka, Die Legitimation der öffentlichen Verwaltung, 1989, S. 313 ff.; Ehmke, „Ermessen" und „unbestimmter Rechtsbegriff" im Verwaltungsrecht, 1960; Erbguth ua, Abwägung im Recht, 1996; FS Zeidler, 1987/Franssen, S. 429: (Un)bestimmtes zum unbestimmten Rechtsbegriff; Frowein, Die Kontrolldichte bei der gerichtlichen Überprüfung von Handlungen der Verwaltung, 1993; Garstecki, Das Regulierungsermessen, 2021; Gärditz NVwZ 2009, 1005: Regulierungsermessen und verwaltungsgerichtliche Kontrolle; Gonsior, Die Verfassungsmäßigkeit administrativer Letztentscheidungsbefugnisse, 2018; Hain/Schlette/Schmitz AöR 122 (1997), 32 ff.: Ermessen und Ermessensreduktion; Held-Daab, Das freie Ermessen, 1996; Herdegen JZ 1991, 747 ff.: Beurteilungsspielraum und Ermessen im strukturellen Vergleich; Hoffmann-Riem/Schmidt-Aßmann, Innovation und Flexibilität des Verwaltungshandelns, 1994; FS Menger, 1985/Hoppe, S. 747 ff.: Planung und Pläne in der verwaltungsgerichtlichen Kontrolle; Isensee/Kirchhof StaatsR-HdB IV/Hoppe, § 77 Rn. 21 ff. und Rn. 116 ff.; Kahl/Ludwigs VerwaltungsR-HdB/Hwang, § 128; Ibler, Rechtspflegender Rechtsschutz im Verwaltungsrecht, 1999; Ipsen VVDStRL 48 (1989), 177: Die Bewältigung der wissenschaftlichen und technischen Entwicklungen durch das Verwaltungsrecht;Ehlers/Pünder AllgVerwR/Jestaedt, § 11; Kadelbach, Allgemeines Verwaltungsrecht unter europäischem Einfluss, 1999, 443 ff.; Kegel, „Europäisches Ermessen" in der Netzzugangs- und Entgeltregulierung, 2021; Koch, Unbestimmte Rechtsbegriffe und Ermessensermächtigungen im Verwaltungsrecht, 1979; Koch DVBl. 1993, 1125 ff.: Das Abwägungsgebot im Planungsrecht; Krebs, Kontrolle in staatlichen Entscheidungsprozessen, 1984, S. 71 ff.; Leisner, Der Abwägungsstaat, 1997; Mußgnug/Hufen/Hill VVDStRL 47 (1989), 113 ff.: Gesetzesgestaltung und Rechtsanwendung im Leistungsrecht; Kahl/Ludwigs VerwaltungsR-HdB/Ogorek, § 130; FS Sendler, 1991/Ossenbühl, S. 55 ff.: Gedanken zur Kontrolldichte in der verwaltungsgerichtlichen Rechtsprechung; Pache DVBl. 1998, 380 ff.: Die Kontrolldichte in der Rechtsprechung des Gerichtshofs der EG; Pache, Tatbestandliche Abwägung und Beurteilungsspielraum, 2001; Isensee/Kirchhof StaatsR-HdB VIII/Papier, § 177: Rechtsschutzgarantie gegen die öffentliche Gewalt; Hoffmann-Riem/Schmidt-Aßmann, Effizienz als Herausforderung an das Verwaltungsrecht/Papier, 1998, S. 231 ff.: Der Wandel der Lehre von Ermessens- und Beurteilungsspielräumen als Reaktion auf die staatliche Finanzkrise; Kahl/Ludwigs VerwaltungsR-HdB/Poscher, § 129; Popel, Das vorgeprägte und intendierte Ermessen im Steuerrecht, 2018; Rbib, Beurteilungsspielräume im Europäischen Verwaltungsrecht am Beispiel des Migrations- und Umweltrechts, 2023; Stelkens/Bonk/Sachs/Sachs, Erl. zu § 40; Schoch JURA 2004, 612 ff.: Der unbestimmte Rechtsbegriff im Verwaltungsrecht; Schenk, Befreiungsermessen, 1998; Schmidt-Aßmann VVDStRL 34 (1976), 221: Verwaltungsverantwortung und Verwaltungsgerichtsbarkeit; Schmidt-Aßmann AllgVerwR, 198 ff.; Schulze-Fielitz JZ 1993, 772 ff.: Neue Kriterien für die verwaltungsgerichtliche Kontrolldichte bei der Anwendung unbestimmter Rechtsbegriffe; Schuster, Beurteilungsspielräume der Verwaltung im Naturschutzrecht, 2020; Schuppert, Verwaltungswissenschaft, 2000, S. 518 ff.; Schuppert, Das Gesetz als zentrales Steuerungsinstrument des Rechtsstaates, 1998; Siekmann DVBl. 1997, 101 f.: Beurteilungsspielräume und richterliche Kontrollkompetenzen; Wendel, Verwaltungsermessen als Mehrebenenproblem, 2019; Würtenberger GewArch 2016, 6: Entscheidungen über den Marktzugang nach Regulierungsermessen; Ziekow, Handlungsspielräume der Verwaltung, 1999.

I. Verwaltung zwischen Bindung und Freiheit

1. Erscheinungsformen von Verwaltungsspielräumen

Von der Gebundenheit der Verwaltungsorgane an **„Gesetz und Recht"** (Art. 20 III GG) war soeben in § 30 die Rede. In dieser Bindung erschöpft sich jedoch die Tätigkeit nicht. Verwaltungswissenschaftlich betrachtet befindet sich vielmehr jede abstrakte oder konkrete Rechtserzeugung zwischen den Polen völliger Freiheit und strenger Gebundenheit. So steht zwischen der gesetzlich bestimmt gebundenen Ver- 1 waltung (→ § 31 Rn. 5 ff.) und der gestaltenden Verwaltung (→ § 31 Rn. 69 ff.) die nur unbestimmt gebundene (→ § 31 Rn. 7 ff.,), die durch Sollvorschrift gebundene und die allgemeine Ermessensverwaltung (→ § 31 Rn. 35 ff.). In Literatur und Rechtsprechung werden zur Kennzeichnung dieser Erscheinungsformen auch die Begriffe **Gestaltungs-, Ermessens-** und **Beurteilungsspielräume** verwendet.[1] Eine einheitliche allgemein anerkannte Terminologie hat sich jedoch bislang nicht durchgesetzt.[2] Die nicht frei (im Rahmen des Rechts) gestaltende, sondern durch Gesetze gesteuerte Verwaltung nennt man **„gesetzesakzessorische Verwaltung".** Das heißt auch, dass sich das Ausmaß der Bindung jeweils aus dem Inhalt der auf das Verwaltungshandeln bezogenen Rechtssätze ergibt.

2. Zur Rechtsproblematik bei den Verwaltungsspielräumen

2 Das Thema Bindungsumfang gehört zu den nach wie vor umstrittenen Grundfragen des Verwaltungsrechts („quaestio diabolica").[3] Zum einen geht es um das primär verfassungsrechtlich determinierte Problem der Eigenständigkeit, Letztverbindlichkeit, Verantwortung und Kompetenz der Verwaltung bei der Gesetzes- und Rechtsanwendung iSe **Verwaltungsvorbehaltes.** Entscheidender Konfliktpunkt ist dabei, inwieweit die Verwaltung bei der Ausfüllung und Konkretisierung gesetzlicher Vorgaben und Begriffe einer **verwaltungsgerichtlichen Kontrolle** unterworfen ist.[4] Insoweit ist zu berücksichtigen, dass das Ob und die Reichweite eines Verwaltungsvorbehaltes (→ § 20 Rn. 24 ff.)[5] im gewaltengegliederten und unionsrechtlich determinierten Staat im Einklang mit der Funktion der Rechtsprechung stehen muss, der die Verwaltungskontrolle aufgegeben ist. Sie hat ebenfalls die **Grundrechte der Bürger** sowie die Grundfreiheiten zu wahren[6] und muss deshalb entsprechende verfahrensrechtliche Vorkehrungen treffen.[7] Sie hat schließlich dafür Sorge zu tragen, dass die verfassungsrechtlich gewährleistete Rechtsschutzgarantie des Art. 19 IV GG durch abgestufte Verwaltungsbindungen nicht gefährdet wird. Gleichzeitig sind die **funktionellrechtlichen Grenzen der Verwaltungsgerichtsbarkeit** zu beachten,[8] die auf Grund der reduzierten Fragestellung nicht immer sach- und problemgerechte Verwaltungslösungen gestattet.

3 Die in diesem Dreiecksverhältnis bestehenden Rechtspositionen sind jeweils zu einem angemessenen Ausgleich zu bringen. Das ist wiederum Aufgabe des Gesetzgebers, der die Zulassung von Verwaltungsspielräumen hinreichend legitimieren muss.[9] Gleichzeitig ist die Verwaltung im Interesse eines flexiblen und dynamischen Verwaltungshandelns im Grundrechtsstaat auf ein Instrumentarium angewiesen, das unbeschadet

[1] BVerfGE 61, 82 (111); 84, 34 (50); BVerfG JZ 1993, 784 (786); Scholz VVDStRL 34 (1976), 145 (163 ff.).

[2] S. etwa Brenner, Der Gestaltungsauftrag der Verwaltung in der EU, S. 373 ff.; der von der Gestaltungsfreiheit der Verwaltung als Oberbegriff spricht.

[3] Czybulka, Die Legitimation der öffentlichen Verwaltung, S. 313; Ossenbühl DVBl 1993, 753 ff.

[4] S. näher Ibler, Rechtspflegender Rechtsschutz im Verwaltungsrecht, 1999, S. 167 ff., 428 ff., der sich für eine umfassende Kontrolle von Ermessens- und Beurteilungsakten einsetzt.

[5] S. auch Pache DVBl 1998, 380 (466 ff.).

[6] Brohm JZ 1995, 369 ff.

[7] BVerwGE 92, 132 ff.

[8] BVerfGE 68, 1 (68); Schulze-Fielitz JZ 1993, 772.

[9] BVerwGE 81, 12 (17); 94, 307 (309) und näher Sachs in Stelkens/Bonk/Sachs VwVfG § 40 Rn. 161 ff.

der rechtlichen Gebundenheit Wahlmöglichkeiten iSe „Wahlfreiheit"[10] und diverse Optionen eröffnet.[11] Das **Alternativ-** und **Optionenverwaltungsrecht** ist insbesondere Ausdruck eines **kooperativen Verwaltungsrechts,** weil bei der Wahrnehmung der Gestaltungsfreiheit auch die Adressaten einbezogen werden müssen.[12]

Zum anderen ist trotz vieler literarischer Bemühungen die Strukturierung, Typisierung, inhaltliche Kennzeichnung und Abgrenzung der einzelnen Verwaltungsspielräume methodisch noch nicht befriedigend gelungen. Eine Aufarbeitung dieses Rechtskomplexes ist nicht nur wegen der besseren praktischen Handhabbarkeit und dem Staatswandel mit Forderungen nach einer schlanken Verwaltung und einer effizienten Verwaltungsgerichtsbarkeit, sondern auch wegen neuer Tendenzen in der Literatur und in der Rechtsprechung sowie hinsichtlich der Entwicklung des Unionsrechts erforderlich.[13] 4

II. Gesetzlich bestimmt gebundene Verwaltung

1. Bindung durch Formenstrenge und Legaldefinitionen

Die Verwaltungsbindung ist am stärksten, wenn das zuständige Verwaltungsorgan bei Vorliegen eines dem gesetzlichen Tatbestand entsprechenden Sachverhalts eine gesetzlich eindeutig bestimmte Rechtsfolge zu setzen hat. Das ist der Fall, wenn Rechtssätze zwingend vorschreiben, wann und wie das Verwaltungsorgan etwas tun oder unterlassen „muss" (sog. **durch bestimmte Rechtssätze gebundene Verwaltung**). Das **ius strictum** ist am starrsten dort, wo **Formenstrenge** herrscht. Das ist etwa im förmlichen Verwaltungsverfahren (§§ 63 ff. VwVfG; §§ 6 ff. LuftVG) der Fall. Eine feste Bindung besteht ferner, wenn ein Rechtssatz unmittelbar oder kraft langjähriger Auslegung einen juristisch völlig eindeutigen Inhalt hat, der sich aus fest umrissenen **klassifikatorischen Begriffen** ergibt. Eine strikte gesetzliche Bindung liegt vor allem vor, wenn der Gesetzgeber **Legaldefinitionen** bereitstellt.[14] Allerdings können diese Erläuterungen wiederum selbst unbestimmte Begriffe enthalten. 5

Beispiele: § 3 KrWG (Abfall), § 7 bwPrG (Druckwerk), § 2 ProdSG (Produkte), § 1 TMG (Telemedien), § 103 GWB (öffentliche Aufträge).

2. Rechtliche Nachprüfung und Bindung bei Verwaltungsfabrikaten

Die jeder Rechtsanwendung obliegende Verkoppelung von Lebenssachverhalt und Rechtsfolge (→ § 28 Rn. 26 ff.) ist allerdings keine naturgesetzlich notwendige, sondern erfordert ein menschliches Erkennen, Urteilen, Bewerten und Schließen, das Irrtümern und Fehlern ausgesetzt ist. Die Ergebnisse solcher Geistestätigkeit sind umso problematischer, je verwickelter der Sachverhalt oder je ferner er dem im Tatbestand typisierten Sachverhalt ist und je unklarer der gesetzliche Tatbestand oder auch die Rechtsfolge ist. Gleichwohl sollte man bei Subsumtionsschwierigkeiten nicht von **„arbiträrem Ermessen"** sprechen. Denn in Wahrheit besteht eine Entscheidungsfreiheit iSe Ermessens weder hinsichtlich der Tatsachenfeststellung noch hinsichtlich der 6

[10] AM Schmidt-Aßmann, Verwaltungsrecht, S. 207.
[11] S. auch Hoffmann-Riem in Hoffmann-Riem/Schmidt-Aßmann, Innovation und Flexibilität des Verwaltungshandelns, 1994, S. 9 ff., 43 ff.; Engisch, Einführung in das juristische Denken, 12. Aufl. 2018, S. 155 ff.
[12] S. auch Schmidt-Preuß VVDStRL 56 (1997), 160 (176 ff.).
[13] Ebenso im Anschluss Pache, Tatbestandliche Abwägung und Beurteilungsspielraum, S. 147.
[14] S. näher I. Lücke FS Rudolf, 2001, 325 ff.

Inhaltsbestimmung des Rechtssatzes oder hinsichtlich der Subsumtion. Vielmehr unterstehen wie die Auslegung des anzuwendenden Rechtssatzes (→ § 28 Rn. 26 ff.) so auch die Ermittlung des Sachverhaltes und die Subsumtion des Sachverhaltes unter den Rechtssatz dem Ideal objektiver Richtigkeit. Auch sie sind Rechtsfragen. Ihre Beantwortungen durch ein Verwaltungsorgan unterliegen daher **uneingeschränkter richterlicher Nachprüfung.** Soweit die Rechtsanwendung ein logischer Prozess ist, der ohne Einschaltung von Willensentscheidungen präzise abläuft (zB Abgaben-, Gehalts- oder Rentenberechnung), kann sie nach menschlicher Programmierung durch Maschinen schnell und gleichmäßig durchgeführt werden (sog. **Verwaltungsfabrikate;** auch → § 5 Rn. 19 ff.). Um massenhafte Vorgänge bewältigen zu können, ist auch die gesetzesakzessorische Verwaltung selbst meist zu **Typisierungen** gezwungen, die von rechtserheblichen Besonderheiten des Einzelfalles absehen. Das muss, soweit es – zB für Verwaltungsfabrikate – um der Praktikabilität willen unvermeidbar ist, zunächst hingenommen, aber im Rechtsbehelfsverfahren korrigiert werden.

III. Gesetzlich unbestimmt gebundene Verwaltung

1. Zur Handhabung und Bedeutung unbestimmter Gesetzesbegriffe

a) Unbeschränkte gerichtliche Nachprüfung

7 Durch Rechtssatz gebunden ist die Verwaltung auch dann, wenn Tatbestand und Rechtsfolge **„unbestimmte Gesetzesbegriffe"** enthalten. Insbesondere die sog. **Generalklauseln** sind meist in unbestimmten Rechtsbegriffen ausgedrückt.

Beispiele: Wichtiger Grund (§ 134 I Nr. 3 TKG), öffentliches Wohl (§ 42 WeinG), öffentliches Interesse (§ 174 TKG), öffentliches Bedürfnis (§ 84 I WG LSA), dienstliches Bedürfnis (§ 7 III BBG), öffentliche Sicherheit (§ 11c EnWG), öffentliche Ordnung (§ 15 II 1 WindSeeG), Gefahr (§ 3 I BPolG),[15] Zuverlässigkeit (§ 35 GewO), Zumutbarkeit (§ 16 I 2 EnEfG), unbillige Härte (§ 11 VIII 1 AufenthG), sittenwidrig (§ 33a GewO), schädliche Umwelteinwirkung (§ 3 BImSchG), Stand der Technik (§ 178 TKG).[16]

8 Die **Auslegung** unbestimmter Gesetzesbegriffe, das heißt die Ermittlung ihres Sinngehalts (dazu allgemein → § 28 Rn. 29 ff.), ist eine Rechtsfrage, die sowohl von der das Gesetz anwendenden Verwaltungsbehörde als auch von dem die Rechtmäßigkeit der Anwendung prüfenden Verwaltungsgericht uneingeschränkt unter eigener Verantwortung zu beantworten ist.[17] Diese Nachprüfung ist stets abstrakt, das heißt unabhängig vom konkreten Einzelfall, weil sie den Inhalt des abstrakten, objektiven Rechts näher bestimmt. Dabei ist zu berücksichtigen, dass sich die Wertungen und Anschauungen im Laufe der Zeit wandeln können.

8a Auch das Vorliegen der Tatsachen, welche die Verwaltungsbehörde als Voraussetzungen ihrer Maßnahme angenommen hat, und die Vermeidung sachfremder Erwägungen sind gerichtlich stets uneingeschränkt nachprüfbar.

Beispiel: Prüfung, ob der Antragsteller und Kläger einschlägig vorbestraft ist.[18]

[15] Dietrich, Der Gefahrenbegriff im Öffentlichen Recht in Fischer/Hilgendorf (Hs.), Gefahr, 2020, Schoch/Kießling in Schoch/Eifert, BesVerwR, 2. Aufl., Kap. 1 Rn. 278 mwN.

[16] Weitere Beispiele bei Ipsen, AllgVerwR, 11. Aufl., § 8 Rn. 468.

[17] BVerwGE 72, 73 (77); BVerfG NJW 1987, 3175.

[18] S. BVerfGE 15, 282.

b) Empirische Begriffe und Rechtsprechungsbegriffe

9 Es ist jedoch umstritten, inwieweit die Gerichte die Anwendung eines unbestimmten Gesetzesbegriffes auf den konkreten Sachverhalt, dh die Subsumtion der im Einzelfall festgestellten Tatsachen unter den einen unbestimmten Begriff enthaltenden gesetzlichen Tatbestand durch die Verwaltungsbehörde, nachzuprüfen berechtigt sind.

Beispiel: Prüfung, ob der Antragsteller und Kläger entgegen der Meinung der Behörde trotz seiner Vorstrafen zuverlässig ist.

10 Das ist dann uneingeschränkt zulässig und geboten, wenn die Unbestimmtheit (iwS) lediglich auf einer örtlichen oder (und) zeitlichen Verschiedenheit von Tatsachen beruht, die an einem bestimmten Ort oder zu bestimmter Zeit dem Begriff eindeutig unterfallen (sog. **empirische Begriffe**). Der Begriff ist dann für jeden bestimmten Ort oder zu jeder bestimmten Zeit objektiv eindeutig bestimmbar.

Beispiele: Schneefall, Nässe,[19] Tagesanbruch, Ortsüblichkeit.

11 Ihre Auslegung durch die Rechtsprechung hat manche unbestimmten Gesetzes- insbesondere Erfahrungsbegriffe wie „Gefahr", „Störung", weitgehend objektiv bestimmt gemacht. An solche Bestimmungen sind die Verwaltungsbehörden gebunden, ohne dass eine anpassende Fortbildung ausgeschlossen ist.

c) Typenbegriffe und technische Normbegriffe

12 Als unbestimmte Rechts- oder Gesetzesbegriffe ieS versteht man Begriffe, die nicht örtlich und zeitlich genau bestimmte Klassen von Gegenständen umfassen, sondern **Typenbegriffe** sind, denen verschiedene, aber ähnliche Lebenssituationen als ihre „Ausprägungen" unterfallen. Ihr Inhalt bestimmt nur einen Tatsachen-, Interessen- oder Wertbereich, nicht aber die Gegenstände dieses Bereichs. In verschiedenen Zusammenhängen und unter verschiedenen Umständen können sehr unterschiedliche Tatsachen unter Begriffe wie „wichtiger Grund", „Unzuverlässigkeit" oder „öffentliches Interesse" fallen.[20] Unbestimmt sind vielfach Begriffe, die auf außerrechtliche Vorstellungen verweisen und deren sprachgebräuchlichen Ausdruck verwenden.

13 Derartige Typenbegriffe sind in jeder Rechtsordnung unvermeidlich, weil der Gesetzgeber das Gesetz nicht bestimmter hat fassen können oder auch nicht bestimmter hat fassen wollen, um eine Anpassung des abstrakten Gesetzes an die konkreten Situationen im Sinne der Gerechtigkeit zu erleichtern. Die **Dynamik unbestimmter Begriffe** dient letztlich dem individuellen Grundrechtsschutz. Der Gesetzgeber vermag ferner nicht alle in Gegenwart und Zukunft möglichen Lebenssituationen, die im Rechtsstaat rechtliche Beachtung verlangen, zu übersehen und im Voraus angemessen zu berücksichtigen. Zudem bringen Typenbegriffe die für die Interessenlage wesentlichen Gesichtspunkte oft besser zum Ausdruck als klassifikatorische Begriffe.[21] Sie ermöglichen deshalb in besonderem Maße sachgerechte Lösungen[22] und sie sichern die Flexibilität und Innovationsfähigkeit der Verwaltung. Das gilt auch für die Vielzahl der **technischen Normen,** bei denen durch den raschen technischen Fortschritt ständig mit Neuerungen zu rechnen ist. Der Gesetzgeber müsste diese Vorschriften jeweils

[19] BGH NJW 1978, 652.
[20] BVerwGE 39, 296.
[21] S. BVerwGE 1, 311 ff.
[22] Maurer VVDStRL 43 (1985), 135 (160).

auf den neuesten Stand bringen, wenn er detaillierte und aktualisierte Regelungen treffen wollte und nicht auf den **Stand der Technik** abheben könnte.[23] Hier würde die Aufstellung starrer Regeln die technische Weiterentwicklung eher hemmen.[24]

d) Verfassungsrechtliche Beurteilung unbestimmter Rechtsbegriffe

14 Unbestimmte Rechtsbegriffe sind verfassungsrechtlich nicht zu beanstanden.[25] Insbesondere das verfassungsrechtliche Gebot hinreichender Bestimmtheit verwehrt es dem Gesetzgeber nicht, in der zu erlassenden Norm unbestimmte Gesetzesbegriffe zu verwenden. Auch nimmt die Auslegungsbedürftigkeit einer Norm ihr noch nicht die rechtsstaatlich erforderliche Bestimmtheit.[26] Allerdings darf der im Gesetz zum Ausdruck gebrachte Begriff nicht dermaßen unbestimmt sein, dass nicht mehr erkennbar ist, was ihm unterfällt und was ihm nicht unterfällt.[27] Vielmehr müssen Inhalt, Zweck und Ausmaß der gesetzlich erteilten Eingriffs- oder Gewährungsermächtigung erkennbar sein. Indes lässt sich das Ausmaß der Bestimmtheit nicht allgemein festlegen. Vielmehr kommt es auf den jeweils zu regelnden Sachbereich, das Ausmaß der Grundrechtsbetroffenheit und auf die Art des Verhaltens an, zu dem die Verwaltung ermächtigt ist.[28] Besondere Anforderungen gelten wegen Art. 103 II GG für die Festlegung **verwaltungsrechtlicher Bußgeldtatbestände.**[29] Hier muss das Verbotene klar vom Erlaubten abgegrenzt sein.[30]

2. Unbestimmte Gesetzesbegriffe und Beurteilungsspielräume

a) Entwicklung der Lehre vom Beurteilungsspielraum

15 Durch die unbestimmten Begriffe wird die Rechtsanwendung also nicht so eindeutig gebunden wie durch klassifikatorische Begriffe (→ § 31 Rn. 5 ff.), die ihren Gegenstand genauer bestimmen. Die Bindung erstreckt sich nämlich nur auf den in ihnen begriffenen Typus. Nur er ist rechtlich objektiviert, so dass alles rechtmäßig ist, was innerhalb des Typusbereichs liegt.

16 Daraus hat man geschlossen, dass die auf **Kontrolle der Rechtmäßigkeit** von Verwaltungsmaßnahmen beschränkten Verwaltungsgerichte lediglich berechtigt seien, die Grenzen des Typenbereichs (negativ) abstrakt auslegend abzustecken, nicht aber die im Typenbereich verbleibende Anwendung des Begriffs (Subsumtion) durch die Verwaltungsbehörde zu korrigieren. Man hat deshalb die „unbestimmten Rechtsbegriffe" als **(„kognitive") „Ermessensbegriffe"** angesehen (→ § 31 Rn. 35 ff.).[31] Teilweise[32] spricht man von **„begriffsausfüllendem"** und von **„Tatbestandsermessen".** Es handelt sich in der Tat um eine Ermächtigung, aber um etwas anderes als um die Einräumung eines „Ermessens". Deshalb wird abgrenzend die gerichtlich nicht überprüfbare

[23] BVerfGE 49, 89 (134) und hierzu Breuer AöR 101 (1976), 46; BVerwGE 81, 185 (190); Asbeck-Schröder DÖV 1992, 252; Ebinger, Der unbestimmte Rechtsbegriff im Recht der Technik, 1993.
[24] S. auch J. Ipsen VVDStRL 48 (1989), 177 (200 f.).
[25] BVerfGE 3, 243; 13, 161; 49, 89 (133); 78, 214 (226); BVerwGE 72, 73 (77).
[26] BVerfGE 21, 209 (215); 83, 130 (145).
[27] BVerfGE 21, 73.
[28] BVerfGE 56, 1 (13); BVerwGE 105, 144 (147); VerfGH Bayern GewArch 1983, 382 (385).
[29] BGH NJW 1978, 652.
[30] BVerwG NJW 1988, 1534; BVerfG NJW 1993, 1909.
[31] S. zB BVerwG DVBl 1957, 786 mAnm Bachof u. noch DVBl 1972, 895 sowie GmS-OBG BVerwGE 39, 355.
[32] Schmidt-Eichstaedt AöR 98 (1973), 173 ff.

Subsumtionsfreiheit der Verwaltungsbehörden bei der Anwendung der sog. unbestimmten Rechtsbegriffe als **„Beurteilungsspielraum"** bezeichnet.[33]

17 Der Streit um die Existenz und Zulässigkeit von Beurteilungsspielräumen spielt keine Rolle, wenn der Gesetzgeber ausdrücklich bestimmte Wertungen von einer Gerichtskontrolle freistellt oder die Überprüfbarkeit anordnet. Im Interesse der Rechtssicherheit und des Grundrechtsschutzes ist es sinnvoll, dass das Parlament künftig vermehrt von dieser Möglichkeit Gebrauch macht.[34]

Beispiel: Nach § 76 V 2 GWB ist die Würdigung der gesamtwirtschaftlichen Lage und Entwicklung durch die Kartellbehörde der Nachprüfung des Gerichts entzogen.

18 Für die Anerkennung eines behördlichen Beurteilungsspielraumes spricht einerseits, dass andernfalls die Unbestimmtheit der Begriffe in eine Bestimmtheit verfälscht werden würde und dass die Verwaltungsgerichte nicht zur originären Rechtsanwendung, sondern idR nur zu (nachträglicher) Rechtskontrolle berufen sind. Volles Letztentscheidungsrecht des Gerichts bei Anwendung unbestimmter Gesetzesbegriffe verkennt zudem den Sachverstand und die Verantwortung der Regierungs- und Verwaltungsbehörden, insbesondere dann, wenn das Gericht für seine eigene Urteilsbildung auf Sachverständige angewiesen ist.[35]

b) Das Verhältnis der Rechtsprechung zum Beurteilungsspielraum

19 Andererseits haben die Verwaltungsgerichte, um den grundrechtlich gewährleisteten **Rechtsschutz** nicht zu verkürzen und in eigener Verantwortung über die streitigen Ansprüche zu entscheiden, einen **Beurteilungsspielraum** der Verwaltungsbehörden bei Anwendung der Typenbegriffe zumeist ausdrücklich abgelehnt. Insofern ist daran zu erinnern, dass Art. 19 IV GG die Gerichte zur vollständigen Nachprüfung in rechtlicher und tatsächlicher Hinsicht verpflichtet,[36] ohne an die im Verwaltungsverfahren getroffenen Feststellungen und Wertungen gebunden zu sein.[37] Gleichzeitig ist die weitgehende Ablehnung eines Beurteilungsspielraumes eine Folge des Verständniswandels der Verwaltungsgerichtsbarkeit von ihrer kontrollierenden zu einer originär rechtzuteilenden Funktion, wie es auch im Vordringen von Verpflichtungsurteilen zum Ausdruck kommt.

Beispiele: Körentscheidung nach dem Tierzuchtgesetz;[38] besondere Sachkunde nach § 36 GewO;[39] Bemessung der Schreibverlängerung bei einer Störung der Prüfung.[40]

20 Die Rechtsprechung geht aber zu weit, wenn sie einen Beurteilungsspielraum nur „ausnahmsweise" bzw. bei Vorliegen „ganz besonderer Voraussetzungen" akzeptieren will **(Regel-Ausnahme-Konzeption)**.[41] Diese Kriterien sind nicht geeignet, eine

---

[33] Bachof JZ 1955, 97.

[34] S. zur Diskussion Pache, Tatbestandliche Abwägung und Beurteilungsspielraum, S. 185 ff.; RlPfVerfGH GewArch 2000, 325 (328).

[35] S. auch Bullinger NJW 1974, 771; Bullinger FS Maurer, 2001, 565 (575).

[36] BVerfGE 84, 34 (49); Papier in Isensee/Kirchhof StaatsR-HdB VIII § 177 Rn. 74 ff.

[37] BVerwG DÖV 1996, 964 f.

[38] BVerwG NVwZ 1991, 568 (570).

[39] BVerwG DVBl 1991, 49.

[40] BVerwGE 94, 64 (68).

[41] BVerfGE 64, 279; 88, 40 (56); BVerwG NVwZ 1991, 586 f.; DÖV 1996, 963; Eyermann/Schübel-Pfister VwGO § 114 Rn. 51.

sachgerechte Abgrenzung zu ermöglichen. Stattdessen ist auf den jeweiligen Verwaltungsbereich und die gesetzliche Ausgestaltung sowie Zielsetzung und die Grundrechtsberührung abzustellen. Ferner ist auch in diesem Zusammenhang an den Grundsatz der **Gewährleistung effektiver Funktionalität** (→ § 20 Rn. 5 ff.)[42] zu erinnern.

c) Kriterien für einen Beurteilungsspielraum der Verwaltung

21 Wenn die Auslegung fehlerfrei ist, alle Informationen verwertet und die Tatsachen korrekt und widerspruchsfrei aufgeklärt sind, darf das Gericht wegen der verfassungsrechtlich vorgegebenen Funktionsteilung seine eigene Meinung nicht an die Stelle des Urteils der Behörde setzen **(Funktionsvorbehalt).** Es ist jedoch möglich, dass das Gericht, ungeachtet seiner Informationsmöglichkeiten durch eigene Sachkenntnis, durch Heranziehung von Sachverständigen oder andere Beweismittel, die Gründe der verwaltungsbehördlichen Maßnahme nicht selbstständig nachzuvollziehen, deshalb auch nicht zu widerlegen und also insoweit nicht zu überprüfen vermag. Diese Bedingung ist dann gegeben, wenn ein Sachverhalt nicht diskursiv begründbar, sondern nur schätzungsweise unter einem unbestimmten Gesetzesbegriff subsumierbar ist oder wenn das Gesetz auf ungesicherte außerrechtliche Maßstäbe, insbesondere auf die Abschätzung zukünftiger Entwicklung verweist **(Einschätzungsbegriffe).** Hier stößt die judikative Überprüfung an die Funktionsgrenzen der Rechtsprechung.[43] Dann muss das Gericht die innerhalb der durch seine Auslegung ermittelten Toleranzgrenze gelegene nicht zu widerlegende Einschätzung der Behörde hinnehmen, ohne sie durch eigene Einschätzung ersetzen zu dürfen (sog. **Bewertungsvorrecht** oder **Entscheidungsvorrang**).[44] In diesen Fällen hat die Behörde ihre Entscheidung nach den Prinzipien negativer Gesetzmäßigkeit (→ § 30 Rn. 5 ff.)) fehlerfrei als eine richtige zu treffen, deren Einhaltung das Gericht zu prüfen hat. Es muss aber die („vertretbaren") Entscheidungsgründe insoweit gelten lassen, wie es sie nicht widerlegen kann **(Funktionseffektivität).** Auch der Grundsatz des **dynamischen Grundrechtsschutzes** kann die Zubilligung von Beurteilungsspielräumen gebieten.[45]

d) Beurteilungsspielräume und Unionsrecht

22 Die dargestellte Problematik spielt auch im Unionsrecht eine Rolle, wobei aber begrifflich nicht klar ist, inwieweit sich der Beurteilungsspielraum vom Ermessen unterscheidet.[46] Jedenfalls sind bei der Ausschöpfung von Beurteilungsspielräumen auch die unionsrechtlichen Belange zu berücksichtigen, deren Ziele wegen des Rechtsvorranges durchzusetzen sind.[47] Insbesondere soll der Exekutive die Möglichkeit entzogen werden, das Unionsrecht durch eigene Beurteilungen zu verändern.

---

42 BVerfGE 68, 1 (68); BVerfG DVBl 1998, 955 (958); BVerwGE 72, 300 (316); Meyer-Teschendorf/Hofmann ZRP 1998, 132 (136).
43 Schuppert DVBl 1988, 1197; Brohm DVBl 1986, 326 (329); Schulze-Fielitz JZ 1993, 772 (779).
44 BVerwGE 75, 275 (279); BVerwG JZ 1992, 794 (796).
45 BVerwGE 72, 300 (316).
46 S. etwa EuGH DVBl 2000, 337 (340 f.); Pache, Tatbestandliche Abwägung und Beurteilungsspielraum, S. 111.
47 S. auch Kadelbach, Allgemeines Verwaltungsrecht unter europäischem Einfluss, S. 446 ff.

Beispiele: Eignungsprüfungen für Ausländer zur Aufnahme bestimmter Tätigkeiten sind auch daraufhin überprüfbar, ob sie mit den Grundfreiheiten und den konkretisierenden sekundärrechtlichen Vorschriften übereinstimmen.[48] Risikoentscheidungen im Gentechnikrecht müssen richtlinienkonform sein.[49]

e) Anerkannte Fallgruppen

Demgemäß hat die Rechtsprechung[50] eine **Einschätzungsprärogative** oder einen **Beurteilungsspielraum** der Verwaltungsbehörde bei der Anwendung unbestimmter Begriffe auf bestimmte Lebenssachverhalte und Fallgruppen anerkannt, wobei Überlappungen der einzelnen Fallgruppen nicht auszuschließen sind. Ein abschließendes System besteht schon angesichts der Dynamik und notwendigen Offenheit des Verwaltungsrechts nicht.[51] Teilweise ist auch von **Bewertungsspielraum,**[52] **Vertretbarkeitsspielraum, Tatbestandsermessen und Beurteilungsermessen** die Rede.[53] Der Beurteilungsspielraum ist dadurch gekennzeichnet, dass eine Bandbreite von Entscheidungsmöglichkeiten besteht. Ein Beurteilungsspielraum wird angenommen[54]: 23

– wenn und soweit der Gegenstand des unbestimmten Begriffs von einer prognostischen Entscheidung und von Risiken mit wertendem Charakter abhängt (sog. **Prognosespielraum**).[55] Die Besonderheit dieses Spielraumes besteht in der vorausschauenden Einschätzung einer unklaren Situation oder einer politisch gewollten Wertung, die ein Gericht nicht korrigieren darf. In diese Fallgruppe gehört auch das Regulierungsermessen.[56]

Beispiele: Geordnete städtebauliche Entwicklung;[57] „öffentlicher Zweck" eines kommunalen Unternehmens;[58] „kammerbezogener Belang" hinsichtlich einer Neugliederung des Kammerbezirks;[59] Schulbuchzulassung;[60] eine prognostische Entscheidung nach § 7 AtomG hinsichtlich der Risikoermittlung und Risikobewertung;[61] Prüfung der Sicherheit einer gentechnischen Anlage unter Hinweis auf die vergleichbare Situation des § 7 II AtomG und die Begründung, der Entscheidungsvorrang der Exekutive ergebe sich daraus, dass sie für die Verwirklichung des Grundsatzes der bestmöglichen Risikovorsorge besser ausgerüstet sei als Gesetzgebung und Rechtsprechung;[62] verteidigungspolitischer Spielraum hinsichtlich militärischer Tiefflüge;[63] Beurteilung des öffentlichen Interesses an einem funktionsfähigen Rettungs-

---

48 Kadelbach, Allgemeines Verwaltungsrecht unter europäischem Einfluss, S. 450 f.

49 Schmieder, Risikoentscheidungen im Gentechnikrecht, 2004, S. 316 ff.

50 S. insbesondere BVerwGE 39, 204; 62, 86 (101); 75, 275 (279); 94, 307 (310); 88, 40 (57).

51 S. auch Schoch JURA 2004, 612 ff.; Überblick zu den Indizien für und gegen die Einräumung eines Beurteilungsspielraums bei Jestaedt, Ehlers/Pünder, AllgVerwR, 16. Aufl., § 11 Rn. 66 ff.

52 BVerfGE 84, 34.

53 BVerwGE 72, 38 (53).

54 S. auch Schulze-Fielitz JZ 1993, 772 ff.; Pache, Tatbestandliche Abwägung und Beurteilungsspielraum, S. 125 ff.; Beaucamp JA 2002, 214 ff.

55 Ossenbühl DVBl 1974, 313; Kopp/Ramsauer/Ramsauer VwVfG § 40 Rn. 18 ff.

56 Dazu Gärditz NVwZ 2009, 1005; BVerwG NVwZ 2014, 942.

57 BVerwGE 19, 86.

58 BVerwGE 39, 329; BGH NJW 2005, 1720; OVG Münster NVwZ 1995, 1238 ff.; RlPfVerfGH NVwZ 2000, 801 f.; J. P. Schneider DVBl 2000, 1250 (1257); Hellermann, Öffentliche Daseinsvorsorge und kommunale Selbstverwaltung, 2000, S. 208; Helm, Der öffentliche Zweck, 2022; Storr, Der Staat als Unternehmer, 2001, S. 118 f.; Schink NVwZ 2002, 129 (132); Faber DVBl 2003, 761 (765).

59 OVG Magdeburg LKV 1998, 65 f.

60 BVerwGE 79, 298 (300) und VGH München NVwZ-RR 1993, 357; 115, 120.

61 BVerwGE 72, 300 (316); BVerwG DVBl 1998, 339 und BVerwGE 106, 115, Poscher in HVwR V § 129 Rn. 29f.

62 BVerwG NVwZ 1999, 1232; VGH Mannheim NVwZ 2003, 224 f., s. zustimmend Kroh DVBl 2000, 102 ff.; krit. Beaucamp DÖV 2002, 24 ff.

63 BVerwG NJW 1995, 1690.

dienst;[64] Versagung von Spielbankerlaubnissen aus Gründen der Gefahrenabwehr;[65] Wirtschaftlichkeitsentscheidung einer Schiedsstelle nach § 93b II BSHG = § 81 SGB XII;[66] Kalkulation kommunaler Abgaben;[67] Festlegung der Arbeitszeit von Lehrern;[68] Prognosespielraum hinsichtlich der Beurteilung des Bedarfs an Rettungsdienstleistungen;[69] Entscheidung der Landesanstalt für Kommunikation über die Zuweisung von Übertragungskapazitäten;[70] Entscheidung des Sortenausschusses beim Bundessortenamt, ob die angemeldete Sorte eine deutliche Verbesserung für den Pflanzenbau oder die Verwertung des Erntegutes erwarten lässt;[71] Entscheidung, welches Krankenhaus den Zielen des Krankenhausbedarfsplanes am besten gerecht wird;[72] das besondere persönliche Interesses an einer privaten Grundschule hinsichtlich der Einschätzung künftiger bildungspolitischer Entwicklungen bzw. hinsichtlich eines konkreten pädagogischen Konzeptes;[73] naturschutzfachlicher Beurteilungsspielraum bei der Ausführung der FFH Richtlinie;[74] Einschätzung, bei welcher Zahl zugelassener Taxen die Funktionsfähigkeit des örtlichen Taxengewerbes bedroht sein wird;[75] Bewertung öffentlicher Verkehrsinteressen nach § 13 II PBefG;[76] Positive Auswirkungen auf die Wirtschaft (§ 21 I AufenthaltsG); Gebrauchmachen von Erprobungsklauseln (§ 2 VII PBefG).

24 – wenn die **Eignung** (nicht die Zuverlässigkeit!) **von Personen** für ein bestimmtes Amt oder für eine sonstige bestimmte Tätigkeitsart auf Grund persönlichen Eindrucks von charakterlichen Eigenschaften, der Befähigung, der Gewandtheit uÄ zu beurteilen ist. Hier wird auf die Unwiederholbarkeit und auf die längere Zusammenarbeit abgehoben.[77] Diese Bedingungen sind in einem Gerichtsverfahren nicht rekonstruierbar.

Beispiele: „Mangelnde Bewährung" im Beamtenrecht;[78] Inhalt eines Dienstzeugnisses;[79] Abwahl eines Bürgermeisters;[80] „Eignungsbeurteilung"; „dienstliche Beurteilung";[81] Laufbahnprüfung;[82] Dienstpostenbewertung;[83] Bestellung zum Notar.[84] Hingegen ist die Eignung iSd § 122 GWB eine nachprüfbare Entscheidung, weil Fachkunde (vgl. §§ 123, 124 GWB) jederzeit durch Nachweise belegbar ist.[85]

25 – wenn und soweit die Entscheidung einer Verwaltungsbehörde auf dem **höchstpersönlichen Fachurteil** zB über den Wert persönlicher Leistungen oder über eine persönliche Eignung auf Grund eines zwar objektiven, aber außerrechtlichen (zB pädagogischen, charakterologischen, ästhetischen, wissenschaftlichen) Maßstabes seitens eines gesetzlich zu diesem Zweck gebildeten fachverständigen Or-

[64] BVerwG GewArch 2000, 62.
[65] BVerwGE 102, 197 ff.
[66] BVerwGE 108, 147; 116, 78.
[67] BVerwGE 116, 188 ff.
[68] BVerwG NVwZ-RR 2004, 593.
[69] BVerwG DVBl 2000, 124 f.
[70] VGH Mannheim VBlBW 2003, 317.
[71] BVerwGE 62, 330; 72, 33.
[72] BVerwGE 72, 38 (54).
[73] BVerwGE 75, 275 (279); BVerfGE 88, 40 (56) und dazu Schmidt-Aßmann/Groß NVwZ 1993, 617 ff.
[74] BVerwG NVwZ 2004, 98 f.
[75] BVerwGE 79, 208 (213); 82, 295 (299); OVG Berlin GewArch 2000, 338.
[76] BVerwGE 82, 260 (265).
[77] Herdegen JZ 1991, 747 (750).
[78] BVerfGE 15, 5; BGHZ 23, 43 sowie BVerwGE 11, 139; 15, 5 (39); 106, 263 ff.
[79] BVerwGE 12, 29.
[80] BVerwGE 20, 160.
[81] BVerwG DVBl 1993, 956; BVerfG DVBl 2002, 1203.
[82] BVerwGE 98, 324 (330).
[83] VGH Kassel NVwZ-RR 1998, 446.
[84] BGH JZ 1994, 790 und BGH NJW 2001, 3549.
[85] AM ohne überzeugende Begründung Bultmann, Beihilferecht und Vergaberecht, 2004, S. 81.

gans oder Amtes beruht.[86] Das Fachurteil selbst können und sollen weder die Richter selbst noch etwa von ihnen befragte Sachverständige durch ihr Urteil oder ihr Maß ersetzen.[87] Denn nicht ihnen, sondern nur den zu solchen (Prüfungs-)Entscheidungen Berufenen – dem Prüfer oder einem kollegialen Prüfungsorgan – hat das Gesetz diese Entscheidung anvertraut.[88] Zu der Unüberprüfbarkeit der Einschätzung kommt hier also als entscheidender Gesichtspunkt noch die höchstpersönliche Zuständigkeit der fachurteilenden Organ- oder Amtswalter hinzu (Unvertretbarkeitsargument),[89] sowie der Umstand, dass Fachurteile auf Erfahrungen bei vergleichbaren Bewertungen beruhen, die der Chancengleichheit dienen.[90] Sachkunde uÄ. Qualifikationen beruhen dagegen nicht auf einem höchstpersönlichen Fachurteil, sondern auf rechtlich schematisierten Maßstäben, deren Anwendung durch gesetzlich nicht speziell qualifizierte Organe vom Gericht voll nachprüfbar ist.[91]

Beispiele: Jägerprüfung;[92] Steuerberaterprüfung;[93] Prüfungsentscheidungen von Prüfungsausschüssen, soweit es sich um prüfungsspezifische Wertungen und nicht lediglich um fachliche Meinungsverschiedenheiten handelt.[94] Nur eingeschränkt kontrollierbar ist eine Themenklausur[95] sowie der Gesamteindruck einer Prüfung.[96] Entscheidung über die ordnungsrechtliche Schulentlassung;[97] Qualitätsprüfung auf Aussehen, Geruch, Geschmack nach dem WeinG,[98] weil es bei der Weinprüfung nicht auf eine Sinnenprüfung der Gerichte ankommen kann und ein bestimmter Bewertungszeitpunkt entscheidend ist, der nicht durch ein späteres Urteil ersetzt werden soll.

– wenn und soweit die wertende letztverbindliche Beurteilung eines unbestimmten Begriffs der Entscheidung eines **unabhängigen Sachverständigengremiums mit gruppenpluraler bzw. gesellschaftlicher Repräsentanz** überlassen bleiben soll.[99] Hier spielt der Gesichtspunkt der Staatsferne und der pluralistischen Meinungsbildung im Interesse eines wirksamen Grundrechtsschutzes eine Rolle. Dabei ist es dem Gremium aufgegeben, sämtliche Gesichtspunkte zu sammeln, zu ermitteln und zum Ausgleich zu bringen.[100] Insoweit sind im Interesse eines wirksamen Grundrechtsschutzes durch Verfahren an die Besetzung und das Verfahren der Gremien besondere Anforderungen zu stellen. 26

[86] S. näher zur Entwicklung des Prüfungsrechtes Brehm/Zimmerling NVwZ 2012, 1376 ff.; Fischer/Jeremias/Dietrich, Prüfungsrecht, 8. Aufl., Rn. 874 ff.; Ipsen, AllgVerwR, 11. Aufl., § 8 Rn. 478 ff.
[87] VGH München DÖV 1990, 669.
[88] S. näher Pache, Tatbestandliche Abwägung und Beurteilungsspielraum, S. 129 ff.
[89] BVerwGE 62, 330 (337).
[90] BVerfGE 84, 34 (52); BVerwG JZ 1993, 798 (802); BVerwGE 99, 74 (76); krit. Ibler, Rechtspflegender Rechtsschutz im Verwaltungsrecht, 1999, S. 359 ff.
[91] BVerfGE 84, 34 (53).
[92] VGH Mannheim NVwZ-RR 1999, 291.
[93] BVerwG DVBl 1992, 1043; BFH NVwZ-RR 2000, 290.
[94] BVerfGE 84, 50 (59); BVerwGE 91, 262 und BVerwGE 92, 132 (137); BVerwG NVwZ 1998, 738; OVG Schleswig NVwZ-RR 1995, 393; VGH München BayVBl. 2004, 404 f.; s. aber auch OVG Münster NVwZ-RR 1996, 501.
[95] BVerwG DVBl 1994, 1356.
[96] BVerwGE 99, 74 (76).
[97] VGH München BayVBl. 1994, 346; v. Mutius/Sperlich DÖV 1993, 45.
[98] VGH Mannheim BWVwPr 1979, 253, anders aber OVG Koblenz DÖV 1992, 410 und BVerwGE 94, 307.
[99] BVerwGE 72, 201; Bamberger VerwArch 93 (2002), 217 (242 ff.); Engelke, Die Nutzenbewertung von Arzneimitteln nach dem AMG und dem SGB V, 2018, S. 60 ff.
[100] BVerfGE 83, 130 (150 ff.); BVerwG JZ 1993, 790 (792).

Beispiele: Bewertungsspielraum bei Zuerkennung eines Filmprädikats;[101] Eignung einer Schrift zur Jugendgefährdung bzw. der Abwägungsentscheidung als solcher,[102] Förderungswürdigkeit von Filmvorhaben nach dem Filmfördergesetz;[103] Prüfung der Befähigung zum Architekten durch einen Sachverständigenausschuss;[104] Zulassung zur Börse durch den Börsenvorstand.[105]

3. Beurteilungsschranken und Beurteilungsüberprüfung

a) Beschränkte gerichtliche Überprüfung und Grundrechte

27 Die besondere verwaltungsrechtliche Problematik liegt – wie bereits dargelegt – in der beschränkten gerichtlichen Überprüfbarkeit, weil die Rechtsschutzgarantie des Art. 19 IV GG verkürzt wird. Gleichzeitig sind Beurteilungsspielräume Ausdruck der verfassungsrechtlichen Gewaltengliederung und Funktionentrennung (→ § 20 Rn. 1 ff.). Im Interesse einer effektiven Grundrechtsgewährung hat der Gesetzgeber[106] jedoch für eine angemessene Verfahrensgestaltung zu sorgen, damit Beurteilungsfehler möglichst vorbeugend vermieden werden.[107]

b) Maßstäbe der gerichtlichen Kontrolle

28 Die gerichtliche Kontrolle hat ihre Maßstäbe aus der Aufgabe zu entnehmen, die das Gesetz der Verwaltung stellt. Sie ist im Übrigen darauf beschränkt, was einer Überprüfung an Rechtsmaßstäben zugänglich ist.[108] Die Grenzen liegen dort, wo ein Werturteil zu fällen ist.[109] Dementsprechend sind Beurteilungsentscheidungen abweichend von der herrschenden Typisierung[110] nach folgenden **Fehlerkriterien** zu überprüfen:

29 – Eine **Beurteilungsüberschreitung** liegt vor, wenn der anzuwendende Begriff oder der gesetzliche Rahmen, in dem sich die Verwaltung frei bewegen darf, verkannt wurde. Das Gericht prüft also nach, ob der im Streit befindliche Gesetzesbegriff abstrakt zutreffend ausgelegt wurde.[111] Es kann aber nur auf Willkür hin überprüfen, ob bei der behördlichen Würdigung im konkreten Fall die Merkmale des unbestimmten Gesetzesbegriffs zu Recht als erfüllt angesehen wurden.[112] Eine Beurteilungsüberschreitung ist auch bei einer offensichtlich fehlerhaften Prognose anzunehmen.

30 – Keine echten Beurteilungsüberschreitungen sind Rechtsverletzungen, die gelegentlich der Anwendung von Beurteilungsvorschriften, das heißt außerhalb der eigentlichen Beurteilung begangen werden. Hier ist es angebracht, von **formellen und materiellen Vorbeurteilungsfehlern** zu sprechen, da sie der Beurteilung vorgelagert sind. Es geht dabei insbesondere um die Beachtung der **negativen Gesetzmäßigkeit** (→ § 30 Rn. 5 ff.).

---

101 VGH Kassel NJW 1998, 1426.
102 BVerwGE 77, 75 (85) und BVerwGE 91, 211 (217).
103 Dazu Würkner NJW 1993, 1446; OVG Berlin NJW 1988, 365; dazu auch BVerfGE 135, 155 ff.
104 BVerwGE 59, 213 (215).
105 BVerwGE 72, 195, dazu Greipl DVBl 1989, 746 ff.; VGH Mannheim NJW 1990, 340.
106 BVerfGE 83, 130 (152); 84, 34 (45).
107 BVerfGE 84, 59.
108 Bachof JZ 1972, 641; Badura JURA 1980, 616.
109 BVerwGE 70, 143 (146); BVerfG DVBl 2002, 1203.
110 S. etwa Schulze-Fielitz JZ 1993, 772.
111 BVerfGE 84, 34 (50).
112 BVerwGE 77, 75 (85); BVerfG JZ 1993, 784 (786).

Beispiele: Verfahrensfehler,[113] Ausgehen von einem unzutreffenden oder unvollständig ermittelten Sachverhalt oder unrichtigen Tatsachen.[114]

– Eine **Beurteilungsunterschreitung** oder ein **Beurteilungsausfall** liegt vor, wenn das Verwaltungsorgan nicht erkannt hat, dass in einem konkreten Fall ein Beurteilungsspielraum besteht oder wenn entscheidungserhebliche Gesichtspunkte verkannt werden **(Beurteilungsdefizit).** Die zur Ausschöpfung des Beurteilungsspielraums notwendige Abwägung setzt voraus, dass die Behörde bzw. das zuständige Gremium eine umfassende Ermittlung der einschlägigen Belange vornimmt.[115] 31

– Ein **Beurteilungsmissbrauch** liegt vor, wenn die dem Verwaltungsorgan rechtlich gezogenen Schranken seines Handelns absichtlich oder irrtümlich missachtet werden. Das ist insbesondere der Fall, wenn allgemeingültige Wertungsmaßstäbe oder das Gebot der Sachlichkeit[116] außer Acht gelassen wurden, wenn sachfremde Erwägungen angestellt wurden, gegen Art. 3 III GG verstoßen oder sonstwie die Gleichheit (zB in Gestalt der Chancengleichheit) oder ein anderes Grundrecht verletzt wurde.[117] 32

Beispiele: Die Verwaltungsgerichte haben gegenüber der Bundesprüfstelle für jugendgefährdende Medien bei der Entscheidung über die Indizierung jugendgefährdende Schriften uneingeschränkt nachzuprüfen, was zur Herstellung praktischer Konkordanz zwischen widerstreitenden Grundrechten in die Waagschale zu werfen ist. Damit ist etwa die Frage nach der Kunstqualität und der Jugendgefährdung gerichtlich kontrollierbar.[118] Aus Art. 12 I GG ergibt sich für berufsbezogene Prüfungen der allgemeine Bewertungsgrundsatz, dass eine vertretbare und mit gewichtigen Argumenten folgerichtig begründete Lösung nicht als falsch bewertet werden darf.[119]

– Eine **Beurteilungsreduzierung auf Null** liegt vor, falls nur eine Entscheidung in der Sache richtig ist. 33

Beispiel: Die Noten für eine Abschlussprüfung wurden falsch errechnet.

c) Rechtsfolgen bei Beurteilungsfehlern

Ist ein **Beurteilungsfehler** gegeben, dann ist die Behördenentscheidung wegen Rechtswidrigkeit aufzuheben und die Behörde zu erneuter Bescheidung zu verpflichten. Da die Sache idR wegen alleiniger Zuständigkeit des Beurteilungsorgans nicht spruchreif ist, kann nur ein **Bescheidungsurteil** ergehen. Das Gericht darf also die Sache nicht in der Weise „entscheidungsreif" machen, dass es die der Behörde obliegende Entscheidung und Einschätzung selbst trifft. Ist dagegen die Sache spruchreif, weil nur eine rechtmäßige Entscheidung ergehen kann, der Behörde also kein Raum für eine Einschätzung bleibt, dann darf das Gericht die Behörde zum Erlass der begehrten Entscheidung verpflichten.[120] 34

[113] BVerwGE 70, 143; Seebass NVwZ 1985, 521 (526).
[114] BVerwG DVBl 1985, 1082; BVerwGE 70, 143 (145 f.); 77, 75 (85); BVerfG DVBl 2002, 1203.
[115] BVerwG DVBl 1998, 339 ff. zur Ermittlung und Bewertung im Rahmen des § 7 AtomG und BVerwG NJW 1999, 75 zur Ermittlung im Rahmen der Indizierungsprüfung.
[116] BVerwGE 70, 143 (151).
[117] S. BVerwGE 70, 143 (151); 72, 195 (204); Schulze-Fielitz JZ 1993, 772 (775).
[118] BVerfGE 83, 130 (148); BVerwG JZ 1993, 790 mAnm Geis.
[119] BVerfGE 84, 34 (50 und 59 ff.); BVerwG DVBl 1993, 842 und 848 sowie dazu Muckel JuS 1992, 201 ff.; BVerwGE 104, 203 ff.; Brehm/Zimmerling NVwZ 2009, 358 ff.
[120] BVerwGE 79, 208 (214).

IV. Gesetzlich ermessensgebundene Verwaltung

1. Zur Ermessensverwaltung

35 **Ermessen** ist zwar ein Fundamentalbegriff des Verwaltungsrechts und ein zentrales Steuerungsinstrument der Verwaltungspraxis. Gleichwohl besteht über die Bedeutung und die diversen Facetten dieser Rechtsfigur keine Einigkeit. Vielmehr gehört die Ermessenslehre zu den klassischen Streitfragen von Wissenschaft und Rechtsprechung,[121] wobei die damit verbundene Problematik durch unionsrechtliche Ermessensüberlegungen, die auf unterschiedlichen Konzepten beruhen, an Brisanz und Komplexität gewinnt.[122]

36 Was kennzeichnet die Ermessensverwaltung? Um eine möglichst gerechte, zweckmäßige und flexible Anpassung der konkreten Rechtsgestaltung an die besonderen Gegebenheiten von Einzelfällen und an die politischen Entscheidungen der Regierungs- und Verwaltungsorgane zu ermöglichen, beschränkt sich der Gesetzgeber manchmal darauf, das Ziel seiner Regelungen anzugeben. Gleichzeitig verzichtet er aber auf eine mehr oder minder strenge Bindung der Verwaltung und beschränkt sich darauf, sie zu bestimmten Verhaltensweisen, zu Gewährungen, zu Versagungen oder auch zu Eingriffen zu ermächtigen, ohne sie ihr zu verbindlicher Pflicht zu machen. Das Gesetz setzt dann zwar einen Tatbestand fest, überlässt aber, wenn dieser verwirklicht ist, die Setzung der Rechtsfolge – mag diese in bestimmten oder unbestimmten Begriffen alternativ oder auch gar nicht vorgeschrieben sein – dem **Ermessen des Verwaltungsorgans (administration discrétionnaire; discretion; discretionary power).** „Ermessen" bedeutet daher stets ein **volitives Handlungs-** oder, da es auch ein Unterlassen sein kann, **Verhaltensermessen.** Der Ermessensbereich beginnt also erst, wenn die gesetzlichen Tatbestandsvoraussetzungen erfüllt sind.[123]

37 Das Ermessen der Verwaltungsbehörden ist wie ihre Gestaltungsfreiheit (→ § 31 Rn 69 ff.) Ausfluss des sog. **Opportunitätsprinzips** als eines allgemeinen Strukturprinzips der Verwaltung. Das gilt auch für das **Unionsrecht,** wie zahlreiche verfahrensrechtliche Ausprägungen zeigen (s. etwa Art. 9 II, 13 Zollkodex). Im Gegensatz zum deutschen Recht ist allerdings noch nicht geklärt, wie die Abgrenzung gegenüber anderen Erscheinungsformen von Verwaltungsfreiheiten erfolgen soll und wie die Kontrolldichte zu beurteilen ist.[124]

38 Der Rechtsstaat ist schon deshalb nicht ermessensfeindlich, weil das positive Verwaltungsrecht die Figur des Ermessens vorsieht (Art. 263 AEUV (ex-Art. 230 II EGV/ Art. III-365 II EEV), § 40 VwVfG, § 76 V GWB, § 49 II 2 KrWG, § 39 SGB-AT, § 114 VwGO). Zum anderen ist allermeist erst eine Ermessensverwaltung beweglich und auch verantwortungsvoll genug, um in all den gar nicht voraussehbaren und legislativ nur grob typisierend und schematisierend erfassbaren Lebenssituationen der Gerechtigkeit Geltung zu verschaffen.[125] Denn jede Ermessensentscheidung ist

121 S. auch Brinktrine, Verwaltungsermessen in Deutschland und England, 1998, S. 11 ff.

122 S. etwa Brinktrine, Verwaltungsermessen in Deutschland und England, 1998, S. 477 ff.; Pache DVBl 1998, 380 (384 ff.).

123 BVerwGE 72, 38 (53).

124 S. näher Sachs in Stelkens/Bonk/Sachs VwVfG § 40 Rn. 7 ff.; Pache DVBl 1998, 380 (384 ff.).

125 Zur Verfassungsmäßigkeit der Ermesseneinräumung s. BVerfGE 9, 146 ff.; BVerwGE 11, 95; Bullinger JZ 1984, 1001 (1005); v. Mutius JURA 1987, 92 (97); Sachs in Stelkens/Bonk/Sachs VwVfG § 40 Rn. 16 ff.; Brinktrine, Verwaltungsermessen in Deutschland und England, 1998, S. 76 ff.; Rode, § 40 VwVfG und die deutsche Ermessenslehre, 2003.

zugleich ein **Abwägungsprozess,** der alle einschlägigen öffentlichen und individuellen Interessen einbeziehen muss[126] und deshalb eine in besonderem Maße einzelfallgerechte Entscheidung verbürgt.[127] Allerdings wäre es rechtsstaatswidrig, wenn konditionale Überwachungs-, Leistungs- oder Abgabengesetze keine oder völlig unbestimmte Voraussetzungen und Maßstäbe für die Ausübung des Ermessens enthielten. Die materielle Grundlage und der Prüfungsmaßstab für ein behördliches Erlaubnisverfahren darf vom Gesetz nicht dem Ermessen der Verwaltungsbehörde anheimgestellt werden.

Eine **Verfahrensprivatisierung** auch durch Einschaltung Privater ist zwar grundsätzlich zulässig. Es ist aber sicherzustellen, dass die verwaltungsrechtlichen Anforderungen bei der Ermessensausübung durch eine Beteiligung Privater nicht unterschritten werden.[128] 39

Beispiel: Die Beauftragung mit der Ermessensausübung setzt etwa über eine Beleihung eine Rückbindung an die Verwaltung voraus.

2. Ermessensbindung durch Soll-, Intentions- und Verteilungsvorschriften

Wegen der Offenheit und Vielfältigkeit des Ermessensbegriffs gibt es keinen einheitlichen Ermessenstyp. Vielmehr existieren unterschiedliche Ermessensformen, die eine differenzierte Behandlung verlangen. 40

In seiner schwächsten Form wird das Ermessen eingeräumt durch eine **Sollvorschrift** oder eine **Ausnahmebestimmung.**[129] Das Gesetz verknüpft dann eine Rechtsfolge mit einem Tatbestand zwar für alle typischen Fälle, gestattet aber dem Verwaltungsorgan in atypischen **Fällen,** also aus angebbaren, besonderen, überwiegenden Gründen von der Verwirklichung der gesetzlichen Rechtsfolge abzusehen (sog. **Dispensermessen**). Der Ausdruck „soll" gibt demnach lediglich eine Regelvermutung vor, von der nach Maßgabe der konkreten Einzelfallumstände abgewichen werden kann.[130] Die Erfüllung des Tatbestandes bleibt dann rechtsfolgelos, sofern das Gesetz nicht eine alternative Rechtsfolge vorsieht.[131] In typischen Fällen darf die Behörde auf der Regelvorschrift bestehen, um keinen Berufungsfall zu schaffen.[132] Sie darf aber nicht durch Selbstbindung eine Regel zur Ausnahme machen.[133] Ob ein Rechtssatz bloße Soll- oder Ausnahmevorschrift ist, ergibt sich idR aus seinem Wortlaut („soll", „in der Regel", Ausnahmen „in Einzelfällen"), ist manchmal aber erst aus seinem Sinn zu erschließen.[134] Die Verwaltungsgerichte prüfen, ob ein atypischer Umstand vorliegt. Die Verwaltungsbehörden haben ihn darzutun und zu beweisen.[135] 41

---

126 BVerwG JZ 1997, 508 und → § 29 Rn. 1 ff.
127 S. auch Waechter VerwArch 88 (1997), 298 (300).
128 Krit. auch Schmidt-Preuß VVDStRL 56 (1997), 160 (182 f.).
129 S. näher Hoppe FS Maurer, 2001, 625 ff.; Borowski DVBl 2000, 149 ff.
130 BGH NJW 1999, 1196 (1198).
131 BVerwGE 35, 291 (293); 91, 92 (99); 92, 169.
132 OVG Berlin NJW 1970, 110.
133 OVG Münster VerwRspr. 7 (1955), 329; s. ferner VGH Mannheim ZBR 1968, 16; DÖV 1968, 422; VGH Kassel JZ 1969, 429; s. näher Brohm JZ 1995, 369 (373 ff.); Schenk, Befreiungsermessen, 1998, S. 24 ff.; Schmidt-Aßmann, Verwaltungsrecht, S. 186.
134 S. BVerwGE 16, 226; 49, 16 (23); 64, 318 (323); NRWOVGE 15, 84.
135 S. BVerwG DVBl 1960, 252.

Beispiele: Nach § 20 II BImSchG soll die Behörde anordnen, dass eine ohne Genehmigung errichtete Anlage stillzulegen oder zu beseitigen ist.[136] Liegen keine atypischen Umstände vor, ist bei Vorliegen der Voraussetzungen des § 48 I 2 SGB X im Regelfall von einer insoweit gebundenen Entscheidung auszugehen.[137]

42 Eine den Sollvorschriften vergleichbare Funktion hat die neuerdings von der Rechtsprechung entwickelte Rechtsfigur des sog. **intendierten Ermessens.**[138] Auch hier ist das Ermessen gebunden, weil das Gesetz auf die Erreichung eines bestimmten Ergebnisses zielt[139] und deshalb die Ermessensausübung der Verwaltung für den Regelfall iSe **Ermessenslenkung** auf eine bestimmte Richtung festgelegt wird.[140] Da sich ein intendiertes Ermessen nur aus einer sorgfältigen Auslegung der einschlägigen gesetzlichen Vorschriften ergeben kann, handelt es sich bei dieser Konstruktion lediglich um einen Unterfall des Dispensermessens.[141] Teilweise schreibt der Gesetzgeber ausdrücklich eine Ermessensbindung in eine bestimmte Richtung vor, indem er in der Ermessensvorschrift selbst Vorgaben macht.

Beispiel: Nach § 12 Seeschifffahrtsanpassungsgesetz[142] hat die Behörde bei der Ermessensausübung die ua von der Internationalen Seeschifffahrts-Organisation beschlossenen Empfehlungen zu berücksichtigen.

43 Soweit sich die Verwaltungsbehörde dieser Intention anschließt, sind weitere Erwägungen entbehrlich.[143] In diesen reduzierten Anforderungen liegt die eigentliche Bedeutung der Kategorie des intendierten Ermessens, die der Begründungsentlastung der Verwaltung dient und ein Beitrag zur schlanken Ermessensverwaltung darstellt.[144]

Beispiele: Absehen von der Erhebung des Erschließungsbeitrages nach § 135 V BauGB;[145] Entlassung eines Beamten wegen eines Dienstvergehens;[146] Ordnungsbehördliches Einschreiten;[147] Anwendung behördeninterner Gebührenverzeichnisse im Interesse der Selbstbindung der Verwaltung;[148] Widerruf einer Subventionsbewilligung wegen Zweckverfehlung,[149] weil das Haushaltsrecht einen großzügigen Verzicht auf den Widerruf verbietet;[150] Zinsforderung.[151]

---

136 BVerwG NVwZ 1990, 963 (966); VGH Kassel NVwZ 1998, 1315 ff.
137 BVerwGE 78, 101 (105); BVerwG NJW 2002, 1892.
138 Breuermann, Intendiertes Ermessen, 2002; Pabst VerwArch 93 (2002), 540 ff.; Helbich DStR 2017, 574 ff.
139 BFH NJW 1989, 1383.
140 BVerwGE 91, 82 (90).
141 Ähnlich Volkmann DÖV 1996, 282 ff.; Brinktrine, Verwaltungsermessen in Deutschland und England, 1998, S. 47 f.; Ramsauer in Kopp/Ramsauer, 24. Aufl., § 40 Rn. 33 ff.
142 V. 9. 9. 1998, BGBl. I 2860.
143 BVerwGE 66, 19 (25); 72, 1 ff.; 82, 356 (363); 91, 82 (90).
144 S. auch Ruffert in Knack/Henneke, VwVfG, 11. Aufl., § 40 Rn. 38; Schwabe DVBl 1998, 148; krit. Borowski DVBl 2000, 149 ff.
145 BVerwG NVwZ 1987, 601 (603).
146 BVerwGE 82, 356 (363).
147 BVerwG NJW 1986, 393 f.; VGH Kassel NVwZ-RR 1997, 222; OVG Weimar ThürVBl. 1997, 16 (18).
148 VGH Mannheim NVwZ 1999, 547.
149 BVerwGE 105, 55 ff.
150 Ebenso Peters DÖV 2000, 749 ff.; Gröpl VerwArch 93 (2002), 459 (478 ff.); krit. Pabst VerwArch 93 (2002), 540 (556 f.); OVG Münster NVwZ-RR 2003, 803 f.; VGH München NVwZ 2001, 931 und NVwZ-RR 2003, 88.
151 OVG Weimar NVwZ-RR 1999, 435.

Ermessensbindende Vorgaben ergeben sich ferner, sofern ein Gesetz Gesichtspunkte des **Verteilungsermessens** enthält, die zu berücksichtigen sind, um einen Gleichheitsverstoß zu vermeiden. 44

Beispiel: § 70 III GewO für Marktveranstaltungen.[152]

3. Entschließungs- und Auswahlermessen

a) Einzelne Ermessensbegriffe

Vielfach räumen die Gesetze den Verwaltungsorganen ein Ermessen ein, ohne sie für den Regelfall an eine bestimmte Rechtsfolge zu binden. Sie überlassen es also ihrem „freien", dh gesetzlich nicht genau gebundenen Entschluss, ob und welche Rechtsfolge sie setzen, ob sie also eine gesetzlich zulässige, aber nicht notwendige Maßnahme erlassen oder unterlassen (**Entschließungsermessen** – s. auch § 22 VwVfG) oder welche von mehreren gesetzlich zulässigen Maßnahmen sie erlassen (**Auswahlermessen** – s. etwa § 7 SGB III; § 3 I 2 UIG).[153] Teilweise wird nach sachlichen Ermessensinhalten bzw. nach **Ermessensfunktionen** getrennt (Taktisches Ermessen, Managementermessen, Experimentelles Ermessen).[154] Es ist jedoch zweifelhaft, ob mit dieser dem neuen Steuerungsmodell der Verwaltung entnommenen Typisierung etwas für die rechtliche Würdigung gewonnen ist (→ § 3 Rn. 26).[155] 45

Da der Ermessensbegriff sowohl eine materielle als auch eine verfahrensrechtliche Komponente aufweist, und diese Unterscheidung ua für den Rechtsschutz beachtlich ist, ist es sachlich gerechtfertigt, nach **Verfahrensermessen** (§§ 10, 24 I, 26 I VwVfG; § 3 I 2 UIG) und **Organisationsermessen** zu differenzieren. 45a

b) Ermessenseinräumung

Eingeräumt wird Ermessen 45b

– ausdrücklich durch Verwendung des Wortes **„Ermessen"** oder gleichsinniger Worte.

Beispiele: § 2 III VwZG; § 3 I 2 UIG.

– meist durch Redewendungen wie „kann", „darf", „ist berechtigt", „ist befugt" uÄ oder durch Einräumung von Alternativen.

Beispiele: § 5 GastG; § 15 II GewO; § 35 I GewO; § 3 I 2 UIG; § 47 OWiG für die Ahndung von Ordnungswidrigkeiten.

Eine verfassungskonforme Auslegung kann eine Umdeutung solcher Redewendungen in bindende Vorschriften erfordern, sofern dadurch nicht der Gehalt des Gesetzes grundlegend geändert wird **(Verpflichtungs-Kann)**.[156] 46

Beispiele: Bietet ein Vertreter nach § 35 II GewO; die Gewähr für eine ordnungsgemäße Führung des Gewerbebetriebes, dann ist wegen Art. 12 und Art. 14 GG die Fortführung des Betriebes zu gestatten. Umgekehrt kann eine Behörde auch bei einer Ermessensvorschrift zu einer Versagung einer Zulassung verpflichtet sein.

---

152 VGH Mannheim NVwZ-RR 2001, 159 f.; OVG Lüneburg NJW 2003, 531 f.
153 Dazu BVerwGE 102, 282 ff.; Maurer/Waldhoff, AllgVerwR, 21 Aufl., § 7 Rn. 7.
154 S. Bullinger JZ 1984, 1001 ff.; Schmidt-Aßmann, Verwaltungsrecht, S. 208 ff.
155 Unklar Brohm JZ 1995, 369 (372).
156 S. BVerfGE 8, 77; 20, 160.

47 Das Vorliegen eines Verpflichtungs-Kann ist auch bei sog. **Koppelungsvorschriften** möglich. Dabei handelt es sich um Vorschriften, die auf der Tatbestandsseite einen unbestimmten Gesetzesbegriff enthalten, der auf der Rechtsfolgenseite mit einem Ermessen verbunden ist. Die Koppelung besteht darin, dass bei der Ausfüllung des unbestimmten Gesetzesbegriffes bereits ermessenserweiternde Elemente hineinspielen. Diese Verquickung kann dazu führen, dass bei einer positiven Entscheidung der Tatbestandsseite die Rechtsfolge eintreten muss –

Beispiel: § 35 II BauGB.[157]

– oder dadurch, dass das Gesetz rechtliche Ziele und Mittel zur Erfüllung öffentlicher Aufgaben lediglich bereitstellt, ohne sie konkret vorzuschreiben (**„gesetzesdirigierte" im Unterschied** zu **„gesetzesvollziehender" Verwaltung**).

Beispiel: Ermessen der Überwachungsbehörden bei der Gefahrenabwehr etwa durch Duldungen, der Aufsichtsbehörden bezüglich ihrer Aufsichtsmaßnahmen.

c) Zur Gebundenheit des Ermessens

48 **aa) Gesetzliche und andere Bindungen.** In diesen Fällen ausdrücklich oder implizit eingeräumten Ermessens hat das Verwaltungsorgan die für und die gegen die verschiedenen Verhaltensweisen sprechenden Gründe im Sinne des Gesetzeszwecks abzuwägen und die zweckmäßigste zu ergreifen. Dabei können gegensätzliche Verhaltensarten rechtmäßig sein (zB sowohl die Erteilung als auch die Versagung einer Erlaubnis). Sie sind es auch dann, wenn die getroffene Entscheidung etwa unzweckmäßig ist.

49 Der (pleonastische) Ausdruck „freies Ermessen" darf jedoch nicht dahin missverstanden werden, dass die Verwaltungsorgane, soweit ihnen Ermessen eingeräumt ist, nach Willkür (das heißt ohne Gründe oder aus sachfremden Gründen) oder auch nur nach Belieben (das heißt auf Grund nur individuell-subjektiver Erwägungen) handeln dürften. Das Ermessen, das daher „pflichtgemäß" genannt wird, ist nur innerhalb seiner „gesetzlichen Grenzen" (§ 40 VwVfG, § 114 VwGO) gesetzesfrei, aber keineswegs rechtsfrei, sondern rechtlich beschränkt durch die Verbote und Gebote der negativen Gesetzmäßigkeit (→ § 30 Rn. 5 ff.). Auf die pflichtmäßige Ausübung des Ermessens besteht ein Anspruch iSe **subjektiven Rechts auf fehlerfreie Ermessensausübung** (→ § 43 Rn. 58).[158]

50 Allerdings folgt nicht aus jeder Ermessensvorschrift ein subjektives Recht. Maßgeblich für die Abgrenzung ist eine Auslegung der im Streit stehenden Rechtsvorschrift und damit eine Abgrenzung zwischen Ermessensnormen, die dem **öffentlichen Interesse** und dem **Individualinteresse** dienen.

Beispiel: Ein Gewerbetreibender hat keinen Anspruch auf ermessensfehlerfreie Entscheidungen über das Anbringen von innerörtlichen Wegweisern zu seinem Betrieb, weil diese Wegweiser nicht auch dem Schutz von Wettbewerbsinteressen oder sonstigen wirtschaftlichen Belangen von Gewerbetreibenden dienen.[159]

---

157 BVerwGE 18, 247 (250); Schenk, Befreiungsermessen, 1998, S. 75 ff.

158 S. näher Pietzcker JuS 1982, 106 ff.; BVerwGE 102, 275 (280 f.); Jestaedt in Ehlers/Pünder (Hs.), AllgVerwR, 16. Aufl., § 11 Rn. 87f.

159 BVerwG NJW 1990, 400.

Außerdem müssen die Verwaltungsorgane „von dem Ermessen in einer dem Zweck der Ermächtigung entsprechenden Weise Gebrauch machen" (§ 40 VwVfG, § 114 VwGO) und ihre Entscheidung für die zu treffende Maßnahme nach sachlichen Gesichtspunkten unter gerechter und billiger Abwägung der öffentlichen und der Einzelinteressen treffen (§ 73 SchlHVwG). Die Beachtung dieser Aspekte muss das Verwaltungsorgan erforderlichenfalls dartun.[160] Ermessensentscheidungen müssen daher insoweit begründet werden, als es erforderlich ist, damit der Betroffene seine Rechte sachgemäß verteidigen kann (§ 39 I 3 VwVfG).[161] Die Verletzung der Ermessensgrenzen ist ein Rechtsverstoß, der eine **Amtspflichtverletzung** darstellen kann.[162] 51

Das Ermessen der Verwaltungsbehörden ist im Einzelfall meist weitgehend intern gebunden durch Verwaltungsvorschriften, öffentliche Absichtserklärungen[163] und eigene **ständige Praxis**,[164] von denen sie zur Vermeidung von Ungleichbehandlungen nur ausnahmsweise abweichen dürfen. Diese Gebundenheit beginnt schon nach der ersten Anwendung der Ermessensermächtigung (dem deshalb oft gefürchteten **Präzedenzfall**) und wird auf die Dauer mit der Anzahl verschiedener Fälle immer enger. 52

Andererseits ist das Ermessen dann umso freier, je vielfältiger die gesetzten Ziele, Grundsätze, Programme und höheren Pläne sind, je unklarer ihre Rangordnung ist oder je mehr sie gar einander widersprechen. Es bleibt aber insoweit gebunden, als derartige Zielkonflikte aus dem Gesamtzusammenhang auflösbar sind. Hier zeigt sich ein erheblicher gradueller Unterschied der nur Zweck und Ziel bestimmenden von den konditionalen Gesetzen und damit des Auswahl- vom Entschließungsermessen. 53

bb) Unionsrechtliche Bindungen. Bei der Ermessensausübung sind auch unionsrechtliche Vorgaben und Interessen zu berücksichtigen, die letztlich im Grundsatz des **Anwendungsvorrangs** des Gemeinschaftsrechts wurzeln (→ § 17 Rn. 1 ff.).[165] Die mitgliedstaatliche Pflicht zur Beachtung des **Effizienzgebotes (effet utile)**, des **Diskriminierungsverbotes**, des **Beihilfeverbotes** und ähnlicher Grundsätze kann im Einzelfall dazu führen, dass das mitgliedstaatliche Ermessen beschnitten bzw. ausgeschlossen wird.[166] Es handelt sich dann um eine spezielle Ausprägung einer **Ermessensreduzierung auf Null** (näher → § 31 Rn. 67). 54

Beispiel: Das der Exekutive eingeräumte Ermessen auf Grund von § 48 VwVfG kann ausgeschlossen sein, wenn eine Subvention unionsrechtswidrig ist und nur durch eine Rücknahme des Bescheids die Verwirklichung des Unionsrechts sichergestellt werden kann (s. auch Art. 16 Beihilfenverfahrens-VO).

---

160 S. BVerfGE 18, 363; BVerwGE 19, 144; 335 f.

161 VGH Kassel ZBR 1970, 124.

162 Ossenbühl/Cornils, Staatshaftungsrecht, 6. Aufl., S. 48.

163 VGH Kassel NVwZ 1995, 394.

164 BVerwG DÖV 1997, 1007; VGH Mannheim NJW 1989, 603; OVG Bautzen LKV 1993, 316.

165 Kadelbach, Allgemeines Verwaltungsrecht unter europäischem Einfluss, S. 453 ff.; Pache DVBl 1998, 380 (389 ff.).

166 EuGH Slg. 1983, I-2633 (2666); BVerwG DVBl 1986, 1204; NVwZ 1992, 473; OVG Münster EuZW 1992, 286, Voßkuhle/Eifert/Möllers GVwR/Buchheim/Möllers GVwR I § 46 Rn. 119 ff.

4. Ermessensschranken und Ermessensüberprüfung

a) Keine gerichtliche Nachprüfung der Ermessensausübung

55 Die Beachtung dieser äußeren und inneren rechtlichen Schranken des Ermessensgebrauchs kann wegen Art. 19 IV GG vom zuständigen Gericht geprüft, ein danach rechtswidriger Akt aufgehoben werden (§ 114 VwGO, Art. 263 AEUV (ex-Art. 230 EGV/Art. III-365 II EEV). Das auf Prüfung und Wahrung der Rechtmäßigkeit beschränkte Gericht darf aber nicht eine Rechtsetzung oder einen Verwaltungsakt darauf prüfen und deshalb verwerfen, weil seines Erachtens eine andere Entscheidung im Rahmen des Gesetzeszwecks zweckmäßiger gewesen wäre (zB die versagte Erlaubnis hätte erteilt werden sollen). Es darf also wegen der Funktionentrennung (→ § 20 Rn. 1 ff.) nicht sein Ermessen an die Stelle des dem zuständigen Verwaltungsorgan (nicht aber dem Gericht!) eingeräumten Ermessens setzen.[167] Anders im **Widerspruchsverfahren,** in dem von der Widerspruchsbehörde auch die **Zweckmäßigkeit** des Verwaltungsaktes, dh die Ermessensausübung im Einzelfalle, in vollem Umfange zu prüfen ist (§ 68 I 1 VwGO).

b) Nachprüfung von Ermessensfehlern

56 Aus der Bindung der Verwaltungsorgane an jene Grenzen des Ermessens, insbesondere an den Zweck des Gesetzes ergeben sich die verwaltungsgerichtlich nachprüfbaren sog. **Ermessensfehler,**[168] die den Ermessensgebrauch rechtswidrig machen, weil er dem Sinn des das Ermessen einräumenden Gesetzes widerspricht. Sie liegen dann vor, wenn wie § 40 VwVfG, § 5 AO, § 114 VwGO formulieren, „die gesetzlichen Grenzen des Ermessens überschritten" worden sind oder wenn „von dem Ermessen in einer dem Zweck der Ermächtigung nicht entsprechenden Weise Gebrauch gemacht worden" ist. Eine gerichtliche Überprüfung entfällt, wenn der Gesetzgeber die Unbeachtlichkeit festlegt.[169] Im Schrifttum werden die Ermessensfehler ohne wesentlichen Einfluss auf das Ergebnis teilweise anders gegliedert.[170] Die Typologie der Ermessensfehler entspricht strukturell grundsätzlich der Systematik der Beurteilungsfehler und partiell dem Unionsrecht.[171]

5. Einzelne Ermessensfehler

a) Ermessensüberschreitung

57 Durch **Ermessensüberschreitung** (abstrakte Verhaltensfehler) wird der dem Verwaltungsorgan gesetzlich gezogene äußere Rahmen des Ermessens überschritten, also eine Rechtsfolge gesetzt, die durch das Einräumen des Ermessens in keinem Falle gedeckt wird.[172]

Beispiele: Anwendung einer anderen als der „notwendigen" Maßnahme iSd Polizeirechts (§ 3 SächsPolG); Überschreitung eines gesetzlich geregelten Gebührenrahmens; Einkesselung von Demonstranten

---

167 S. zB BVerwGE 3, 279 (stRspr);) BGHZ 21, 260; 23, 43.

168 S. Alexy JZ 1986, 701 ff.; Bleckmann, Ermessensfehlerlehre, 1997; Maurer/Waldhoff, AllgVerwR, 21 Aufl., § 7 Rn. 19 ff.

169 S. dazu auch Redeker DÖV 1993, 10 (12); Wickel in Ehlers/Fehling/Pünder (Hs.), Besonderes Verwaltungsrecht II, 4. Aufl., § 40 Rn. 174 ff.

170 S. zusammenfassend Brinktrine, Verwaltungsermessen in Deutschland und England, 1998, S. 99 ff.

171 EuGH Slg. 1984, I-2447.

172 S. auch Alexy JZ 1986, 701.

statt Auflösung der Demonstration;[173] Einsatz straßenrechtlicher Mittel zu verkehrsrechtlichen Zwecken.[174]

Nicht eigentlich „Ermessensüberschreitungen" sind Rechtsverletzungen, die bei Gelegenheit der Anwendung von Ermessenssätzen unabhängig von dem eingeräumten Ermessen begangen werden (**materielle und formelle Vorermessensfehler**).[175] 58

Beispiele: Verkennung der formellen und der materiellen Voraussetzungen rechtmäßigen Handelns zB durch irrtümlich oder gar bewusste Verletzung der Zuständigkeit oder andere Verfahrensfehler, durch falsche Auslegung des gesetzlichen Tatbestandes, insbesondere von unbestimmten Gesetzesbegriffen, durch irrige Annahme oder durch Übersehen wesentlicher Tatsachen,[176] Ausgehen von einem falschen Sachverhalt, fehlende Ermessensbegründung, Entscheidung nach Ermessen, obwohl das Verwaltungsorgan gesetzlich gebunden war (**Ermessensanmaßung**). Diese Fehler können ebenfalls gerichtlich überprüft werden.

b) Ermessensunterschreitung

Zwar ist ein Verwaltungsorgan nicht genötigt, von einer Kann-Vorschrift Gebrauch zu machen. Doch liegt ein Ermessensfehler vor, wenn es ein ihm zustehendes Ermessen nicht hat walten lassen, sondern sich irrigerweise an ein Gesetz oder an eine Verwaltungsanordnung für gebunden gehalten oder sonst eine abwägende Berücksichtigung des Einzelfalls unterlassen hat (sog. **Ermessensmangel** oder **Ermessensnichtgebrauch,** besser: **Ermessensunterlassung, Ermessensunterschreitung** oder **Ermessensausfall**). Es genügt, wenn Ermessenserwägungen erst im verwaltungsgerichtlichen Verfahren „ergänzt" bzw. präzisiert werden. Diese in § 114 S. 2 VwGO enthaltene Formulierung stellt klar, dass eine erstmalige Ermessensausübung oder eine völlige Auswechslung der Ermessensgründe nicht zulässig ist.[177] Sie erlaubt nur ein Nachschieben von Ermessungsgründen.[178] Teilweise wird die Ermessensunterschreitung als der einzig wirkliche ermessensspezifische Fehler angesehen.[179] 59

Beispiel: Ein Ermessensmangel liegt vor, wenn ein Jugend-Jagdschein mit der Begründung versagt wird, dem Antrag könne nicht entsprochen werden, da der Antragsteller erst 17 Jahre alt sei (§ 17 II 1 BJagdG).[180]

Daher kann auch die Untätigkeit eines Verwaltungsorgans trotz Ermessensfreiheit rechtswidrig sein und als Amtspflichtverletzung zu Schadensersatz verpflichten. Denn das im Bereich der Ermessensverwaltung geltende Opportunitätsprinzip entbindet nicht von einer Prüfung der Frage, ob eine Verwaltungsmaßnahme erforderlich ist oder nicht. Wird eine solche Prüfung unterlassen und hätte das Verwaltungsorgan andernfalls handeln müssen, so ist die Untätigkeit rechtswidrig. 60

Beispiele: So wenn ein Polizeibeamter eine Gefährdung der öffentlichen Sicherheit übersieht, weil er den vorgeschriebenen Reviergang aus Bequemlichkeit versäumt; anders wenn er nicht einschreitet, weil er die Gefährdung nicht als solche erkennt oder für unerheblich hält im Vergleich zu anderen Dienstpflichten, von denen er durch ihre Behebung abgehalten werden würde. Hingegen liegt keine Ermessensunter-

173 VG Hamburg NVwZ 1987, 829.
174 BVerwGE 34, 241.
175 S. zu diesem Begriff jetzt auch Brinktrine, Verwaltungsermessen in Deutschland und England, 1998, S. 518.
176 ZB VGH Kassel DVBl 1964, 689.
177 BT-Drs. 13/5098, 24; Eyermann/Schübel-Pfister, VwGO, 16. Aufl., § 114 Rn. 84 ff.
178 Bader NVwZ 1999, 121 ff.; Löhnig JA 1998, 700 ff.; Dolderer DÖV 1999, 104 ff.; VG München NVwZ 1998, 1325; BVerwG BayVBl. 1998, 726 (728).
179 Alexy JZ 1986, 713.
180 S. BVerfGE 9, 137; BVerwGE 70, 127 (142) u. OVG Münster DVBl 1973, 962 L. 5.

schreitung vor, wenn sich die Verwaltungsbehörde lediglich auf **intendiertes Ermessen** beruft und keine Anhaltspunkte für eine abweichende Bewertung vorliegen.[181]

c) Ermessensmissbrauch

61 Durch **Ermessensmissbrauch** (détournement de pouvoir) werden die dem Verwaltungsorgan rechtlich gezogenen inneren Schranken seines Handelns absichtlich oder irrtümlich missachtet (s. zu diesem Begriff Art. 263 AEUV. Die ermessensmissbräuchliche Maßnahme (zB ein Verwaltungsakt) hätte also zwar unter anderen Umständen oder aus anderen Gründen, nicht aber unter den tatsächlich vorliegenden Umständen, auf Grund der tatsächlich angestellten Erwägungen oder der tatsächlichen Motive getroffen werden dürfen.[182] Ein Ermessensgebrauch ist unter den gegebenen Umständen objektiv unzulässig, wenn **Verfassungs- und sonstige Rechtsgrundsätze** verletzt werden.

62 Die **Gleichheit** wird zB dann verletzt, wenn eine Behörde ohne ausreichenden Grund von ihrer bisherigen rechtmäßigen Praxis abweicht **(Ermessensabweichung).** Eine Behörde kann bei gleichmäßigem Ermessensgebrauch, insbesondere bei Befolgung von Verwaltungsvorschriften, die ihr Ermessen steuern, durch das verfassungsrechtliche Gleichheitsgebot derart gebunden werden, dass sie nur noch nach Änderung wesentlicher tatsächlicher Umstände oder bei Vorliegen besonderer Gründe, zu denen allerdings auch die Erfahrung der Unzweckmäßigkeit der bisherigen Praxis gehören kann, von solcher Verwaltungspraxis abweichen darf (sog. **Selbstbindung der Verwaltung,** → § 24 Rn. 26).[183] Auf diesem Wege können bloße Verwaltungsvorschriften gesetzesähnliche Wirkungen haben, insofern Abweichungen von ihnen rechtswidrig sind. Andererseits kann aus dem Gleichbehandlungsgebot nicht darauf geschlossen werden, dass Ermessensfehler wiederholt werden dürften oder gar müssten.[184]

62a Sachlich falsch ist ein Zweck, der dem des ermächtigenden Gesetzes nicht entspricht[185] und erst recht ein solcher, den zu verfolgen dem handelnden Organ nicht zusteht **(Ermessensverkehrung).**

Beispiele: Polizeibefehl zu fiskalischen Zwecken, Berücksichtigung von Kinderreichtum bei Beamtenbeförderung.[186]

63 Die Berücksichtigung finanzieller Interessen der Träger öffentlicher Verwaltung ist nicht in allen Fällen ermessensmissbräuchlich,[187] zumal Art. 110 und 114 GG sowie das Haushaltsrecht zu Wirtschaftlichkeit und Sparsamkeit verpflichten. Allerdings ist der **Verkauf von Ermessensakten** eine sachwidrige Koppelung von Verwaltungsobliegenheiten (sog. **Koppelungsverbot**).[188]

64 Ermessenserwägungen rechtfertigen eine Entscheidung nicht, wenn die gegen sie sprechenden Gründe unberücksichtigt geblieben oder unsachgemäß gewürdigt wor-

[181] Eyermann/Schübel-Pfister VwGO § 114 Rn. 19.
[182] S. näher Eyermann/Schübel-Pfister VwGO § 114 Rn. 20 ff.
[183] BVerwGE 5, 334 (338); 57, 40 (45).
[184] BVerwGE 8, 4; 31, 217 mwN; BVerwG NVwZ 1986, 758; Wallerath, Die Selbstbindung der Verwaltung, 1986, insb. § 15; Scheuing/Hoffmann-Riem VVDStRL 40 (1982), 153 (187); Zippelius VVDStRL 47 (1989), 7 ff.
[185] BVerwGE 30, 313.
[186] OVG Münster NJW 1999, 1203 f.
[187] S. BVerfGE 3, 11.
[188] S. auch VGH Kassel NVwZ 1983, 48.

den sind, wenn insbesondere aus zutreffenden Gründen unrichtige Folgerungen gezogen worden sind oder wenn die angeblichen Gründe gar nur Vorwände sind **(Ermessensunschlüssigkeit).** Missbräuchlich ist ferner eine Ermessensentscheidung, deren Motive rechtlich nicht zu billigen sind, weil sie zB selbstsüchtig, nur freundnützig, schikanös oder sonst wie unsachlich sind **(Ermessenswillkür).** Da sich ein Ermessensmissbrauch mithin meist nicht schon aus der Verwaltungshandlung selbst, sondern erst aus begleitenden Umständen ergibt, kann er idR nur aus den Akten oder aus Äußerungen der beteiligten Organwalter erschlossen und kann er – zumal bei Schweigen der Akten – durch Nachschieben berechtigter Gründe geheilt oder doch vertuscht werden. Solange der oft schwierige Nachweis eines Ermessensmissbrauchs nicht erbracht ist, spricht – außer bei offenbarer Selbst- oder Drittbegünstigung – eine Vermutung für rechten Ermessensgebrauch.

6. Anspruch und Ermessen

Weil, soweit Ermessen eingeräumt ist, verschiedene Verwaltungshandlungen rechtmäßig sind, besteht idR kein Anspruch auf die günstigere oder auch zweckmäßigere. Es besteht lediglich ein Anspruch auf pflichtgemäße Ausübung des Ermessens. 65

Beispiel: Für einen Siebzehnjährigen besteht deshalb kein Anspruch auf einen Jagdschein (§ 17 II 1 BJagdG).

Soweit die Einräumung des Ermessens sich auf eine Berechtigung des Betroffenen bezieht **(Destination)** und Ermessensschranken seine Benachteiligung verhindern sollen, hat der Betroffene einen Anspruch darauf, nicht durch einen ermessensfehlerhaften Verwaltungsakt beeinträchtigt zu werden (**Abwehranspruch,** → § 43 Rn. 68, 77). Wenn ihm eine beantragte Begünstigung ermessensfehlerhaft versagt worden ist, kann er – zusammen mit dem Abwendungsanspruch auf Aufhebung der Ablehnung – einen **Anspruch auf ermessensfehlerfreie Bescheidung.** 66

7. Ermessensreduzierung auf Null

In Einzelfällen kann sich jedoch der Anspruch auf ermessensfehlerfreie Entscheidung zu einem **Anspruch auf eine bestimmte (Ermessens-)Entscheidung** verdichten, nämlich dann, wenn die tatbestandlichen Voraussetzungen oder andere rechtlich zulässige Gründe für eine andere Entscheidung nicht vorliegen, also jede andere Entscheidung auch unter Berücksichtigung der Grundrechte und des Unionsrechts rechtswidrig wäre. 67

Beispiele: Entscheidung über einen Polizeieinsatz bei einer unmittelbaren Lebensgefährdung. Selbstbindung einer Behörde auf Grund einer dauernden Verwaltungspraxis. Entscheidung über die Rücknahme einer Baugenehmigung während eines Widerspruchsverfahrens, wenn der Widerspruch des Dritten zulässig und begründet ist.[189]

Dann wird das abstrakt bestehende Ermessen auf nur eine Entscheidung reduziert (sog. **Ermessensschrumpfung oder Ermessensreduzierung auf Null**).[190] 68

---

[189] BVerwG BayVBl. 2002, 637.

[190] S. BVerwGE 11, 97; BVerwG BayVBl. 1977, 153; BVerwGE 47, 280 (283); 84, 86 und 322, 334; BSGE 28, 83; BSG DVBl 2002, 229 f.; OVG Münster NWVBl. 2003, 31 f.; Di Fabio VerwArch 86 (1995), 214 ff.; Hain/Schlette/Schmitz AöR 122 (1997), 32 (37); OVG Münster NVwZ 1994, 1246; Ipsen, AllgVerwR, 11. Aufl., § 8 Rn. 544.

V. Gestaltende und planende Verwaltung

1. Allgemeine Gestaltungsspielräume

69 Die größte Freiheit ist den Verwaltungsorganen eingeräumt, soweit sie nicht zu mehr oder weniger gebundener Ausführung der Gesetze verpflichtet sind. Dann ist ihnen wie jedem rechtlich Handelnden die Setzung von Tatbeständen anheimgestellt. Dies ist der praktisch weiteste und reizvollste Bereich der **frei gestaltenden Verwaltung.** Eine derartige Gestaltungsfreiheit besteht allerdings in der Regel nicht auf den Gebieten der sog. **gesetzesakzessorischen Verwaltung** (→ § 31 Rn. 1). Es gibt aber nicht wenige Gesetze, welche ein Handeln der Verwaltungsorgane ermöglichen und beschränken, ohne es zu gebieten.[191] Ferner gibt es dem Sinne des Gesetzes entsprechende, aber nicht ausdrücklich vorgesehene begünstigende Verwaltungsmaßnahmen. Die damit verbundene Gestaltungsgewalt wird auch als **Gestaltungsermessen** bezeichnet,[192] das aber die oben erörterten Rechtsgrenzen (→ § 30 Rn. 5 ff.) beachten muss.[193]

70 Die Freiheit gestaltender Verwaltung kann sich im Übrigen beziehen sowohl auf die Art der Teilhabe an der **Gestaltung der Sozialordnung und der Infrastruktur des Gemeinwesens** zB durch Schaffung von Einrichtungen, Versorgungen, Verteilungen oder Dienstleistungen, ihre Planungen und Koordinierungen. Sie kann sich ferner erstrecken auf die hierfür gewählten **Rechtsformen,** zB den Erlass fakultativer Satzungen (zB zur Einführung eines Benutzungszwangs), die Fondsverwaltung (Dotations- und Subventionsgewährungen) oder die Wahl von Organisationsformen (zB öffentlich-rechtliche Anstalt, GmbH oder AG; → § 23 Rn. 6 ff.). Insofern ist es angebracht, von **Gestaltungs- und Infrastrukturspielräumen** zu sprechen.[194]

2. Insbesondere Planungsspielräume

a) Besonderheiten der Verwaltungsplanung

71 Eine besondere Ausprägung der gestaltenden Verwaltung ist das sog. **Planungsermessen,**[195] das insbesondere in der Raum-, Fach- und Entwicklungsplanung eine Rolle spielt. Die Neufassung des ROG hat im Gegensatz zu § 2 III ROG aF auf die Bezeichnung „Planungsermessen" verzichtet. Es unterscheidet sich von den bisher erörterten, der Verwaltung im Rahmen der Gesetzesausführung eingeräumten Spielräumen dadurch, dass weder eine Subsumtion unter einen bestimmten gesetzlichen Tatbestand vorgenommen, noch eine Rechtsfolge angeordnet wird.[196] Stattdessen weisen Planungsnormen eine finale Struktur auf.[197] Die Verwaltung soll im Rahmen gesetzlicher Vorgaben, die eine richtlinienartige Orientierung vermitteln, schöpferisch tätig werden und nach ihren planerischen Vorstellungen gestaltend wirken, weil Planung

---

[191] S. Badura DÖV 1968, 452.

[192] BVerwGE 62, 86 (93).

[193] S. auch BVerwG NVwZ-RR 1991, 118 (123); Gassner NJW 1998, 119 f.; Sachs in Stelkens/Bonk/Sachs VwVfG § 40 Rn. 31.

[194] Ebenso Cromme DVBl 2001, 757 (761).

[195] BVerwGE 62, 86 (93); BVerwG NVwZ-RR 2003, 7 f.; Ramsauer in Kopp/Ramsauer, 24. Aufl., § 40 Rn. 17, 149 ff.; Eyermann/Schübel-Pfister VwGO § 114 Rn. 33 ff.; Brohm JZ 1995, 369 (371 f.); Schuppert, Verwaltungswissenschaft, 2000, S. 524 ff.

[196] Hoppe in Isensee/Kirchhof StaatsR-HdB IV § 77 Rn. 21 ff.

[197] Brohm NVwZ 1988, 798; BVerwGE 62, 86 (92).

ohne Gestaltungsfreiheit ein Widerspruch in sich wäre.[198] Zu diesem Zweck werden Ziele und Belange, dh divergierende öffentliche und private Interessen formuliert (→ § 29 Rn. 1 ff.), die gegeneinander und untereinander abzuwägen sind (sog. **Abwägungsgebot**).[199] Auf diese Weise sollen alle berührten Belange zu einem Ausgleich gebracht werden.[200]

Beispiele: § 1 V und VI BauGB; § 17 I FStrG; § 7 II ROG –, § 75 I a VwVfG; planerische Gestaltungsfreiheit hinsichtlich der zeitlichen Betriebsregelung auf Flughäfen nach §§ 6 ff. LuftVG;[201] planerische Gestaltungsfreiheit bei der Bestimmung des Einzugsbereiches von Tierkörperbeseitigungsanstalten.[202] Gemeindlicher Bewertungsspielraum bei städtebaulichen Entwicklungsmaßnahmen.[203]

Die der Abwägung zugrunde liegenden unbestimmten Gesetzesbegriffe, die **Planungsziele,** sind hingegen in vollem Umfang justitiabel.[204] Nachprüfbar ist ferner, ob der Plan zulässig und erforderlich ist **(Planrechtfertigung)**.[205] Teilweise sind die Programmsätze auch nur zu beachten. Diese Gestaltungsfreiheit ist Bestandteil und Folge der der Verwaltung eingeräumten **Planungshoheit** bzw. **Planungsfreiheit** (§§ 1, 2, 10 BauGB).[206] Bei dem Ausgleich zwischen den Belangen sind die Gebote der Rücksichtnahme, des möglichen Lastenausgleichs und der optimalen Interessenbefriedigung **(Optimierungsgebot)** zu berücksichtigen (s. etwa § 50 BImSchG).[207] 72

b) Planungsschranken und Planungsüberprüfung

Das Planungsermessen ist auf Grund der aufgezeigten Sachgesetzlichkeiten nur beschränkt gerichtlich überprüfbar. Das gilt vor allem für den Abwägungsvorgang.[208] Der von der Planung betroffene Bürger hat jedoch einen **Anspruch** iSe subjektiv öffentlichen Rechts **auf eine fehlerfreie Behandlung seiner beachtlichen Belange in der Abwägung.**[209] Hierzu wurde die **Abwägungsfehlerlehre** entwickelt,[210] die strukturell mit der Beurteilungs- und Ermessensfehlerlehre übereinstimmt und deshalb am Maßstab des § 114 VwGO zu beurteilen ist.[211] In Abweichung von der herrschenden 73

---

198 BVerwGE 34, 301; Hoppe DVBl 1992, 853 ff.

199 BVerwGE 48, 56 (63 ff.); 56, 110 (116); 75, 214 (232); v. Mutius JURA 1987, 101.

200 Koch DVBl 1989, 399; Hoppe DVBl 1994, 1033 ff.; Erbguth u. a., Abwägung im Recht, 1996; krit. Leisner NJW 1997, 636.

201 OVG Bremen DVBl 1994, 767 f.

202 BbgOVG LKV 1996, 68 ff.

203 BVerwG NVwZ 2003, 7 f.

204 BVerwGE 34, 301 (308); 47, 144 (146).

205 Voßkuhle/Eifert/Möllers GVwR/Köck GVwR I § 36 Rn. 113 ff.; Krit. Jarass DVBl 1998, 1202 (1205).

206 BVerwGE 62, 86 (93).

207 BVerwGE 45, 309 (315); 48, 56 (64); 64, 33; Peters DÖV 1988, 56 (60 ff.); Hoppe DVBl 1992, 853 ff.; Bönker in Hoppe/Bönker/Grotefels, Öffentliches Baurecht, 5. Aufl., § 8 Rn. 93 ff.; krit. Bartlsperger DVBl 1997, 1 ff.; Voßkuhle/Eifert/Möllers GVwR/Köck GVwR I § 36 Rn. 121 ff.

208 Koch DVBl 1993, 1125 ff.; Heinze NVwZ 1986, 87 ff.

209 BVerwG NJW 1999, 592 f.; DVBl 1983, 899 f.

210 Erbguth u. a., Abwägung im Recht, 1996; Wickel in Ehlers/Fehling/Pünder, Besonderes Verwaltungsrecht II, 4. Aufl., § 39 Rn. 71 ff., § 40 Rn. 141 ff.

211 BVerwGE 34, 301 (304); 45, 309 ff.; 64, 33;Isensee/Kirchhof StaatsR-HdB IV/Hoppe, § 77 Rn. 24, 116 ff.; M. Ibler, Die Schranken planerischer Gestaltungsfreiheit im Planfeststellungsrecht, 1988, S. 212 ff.; Eyermann/Schübel-Pfister VwGO § 114 Rn. 5 ff., 34, 41 mwN.

Terminologie[212] wird folglich auch der für die Bezeichnung von Beurteilungs- und Ermessensfehlern typische Sprachgebrauch für die Kategorisierung der Planungsabwägungsfehler verwendet.

74 – Eine **Abwägungsunterschreitung** (sog. **Abwägungsausfall**) liegt vor, wenn überhaupt nicht abgewogen wurde, dh wenn die Verwaltung von ihrem Planungsermessen überhaupt keinen Gebrauch gemacht hat[213] oder wenn wesentliche Belange außeracht gelassen wurden (sog. **Abwägungsdefizit**).[214]

75 – Eine **Abwägungsüberschreitung** liegt vor, wenn eine Planung stattfindet, die weder gerechtfertigt noch erforderlich ist.[215]

76 – Ein **Abwägungsmissbrauch** oder **Abwägungsfehlgebrauch** liegt bei einem Abwägungsüberschuss, einer Abwägungsfehleinschätzung oder einer Abwägungsdisproportionalität vor. Ein **Abwägungsüberschuss** liegt vor, wenn planfremde Ziele und Belange eingebracht wurden. Eine **Abwägungsfehleinschätzung** liegt vor bei einem Widerspruch zu einer normativ geregelten Bewertung oder zu einem allgemein anerkannten Grundsatz[216] oder wenn die Bedeutung eines Belanges verkannt wird. Eine **Abwägungsdisproportionalität** liegt vor, wenn der Ausgleich zwischen den von der Planung berührten Belangen in einer Weise vorgenommen wird, der zur objektiven Gewichtung einzelner Belange außer Verhältnis steht. Es ist ohne weiteres ersichtlich, dass es sich hier um einen Anwendungsfall des Verhältnismäßigkeitsgrundsatzes handelt.

77 Auch für Planungsspielräume gilt, dass eine Verletzung des Verfahrens, eine unrichtige Sachverhaltsermittlung, die Nichtbeachtung von Planungsleitsätzen[217] und ähnliche Verstöße gegen das Gebot der negativen Gesetzmäßigkeit keine spezifischen Planungsfehler sind, sondern nur als **Vorplanungsfehler** qualifiziert werden können.[218]

78 Eine **Abwägungsreduzierung auf Null** dürfte angesichts der bei den Planungsspielräumen wesensmäßig bestehenden Besonderheiten kaum in Betracht kommen.[219] Abwägungsmängel und Vorplanungsfehler unterfallen jedoch nur der gerichtlichen Kontrolle, wenn der Fehler nicht vom Gesetzgeber für unbeachtlich erklärt wird.

Beispiele: §§ 214 f. BauGB; § 11 ROG; § 75 I a VwVfG.

VI. Strukturelle Gemeinsamkeiten von Verwaltungsspielräumen

79 Zusammengefasst haben die Ausführungen gezeigt, dass die behandelten Verwaltungsspielräume mehrere Gemeinsamkeiten aufweisen. Sie zielen jeweils auf eine **Konkretisierung offener Normen,** sie verlangen jeweils eine **wertende Abwägung**[220] und sie sind jeweils durch eine weitgehend identische **Fehlertypologie** ge-

---

[212] S. etwa Hoppe in Hoppe/Bönker/Grotefels, Öffentliches Baurecht, 5. Aufl., § 7 Rn. 80 ff.
[213] BVerwGE 45, 315; Hoppe FS Menger, 1985, 747 ff.
[214] VGH München DVBl 1977, 866.
[215] S. dazu Hoppe in Isensee/Kirchhof StaatsR-HdB IV § 77 Rn. 24 ff.???.
[216] BVerwGE 47, 151.
[217] BVerwGE 71, 163 und dazu Steinberg DVBl 1992, 1501 ff.
[218] Ebenso jetzt Brinktrine, Verwaltungsermessen in Deutschland und England, 1998, S. 145 Fn. 330.
[219] Ebenso Schenke in BK IV Art. 19 Rn. 333.
[220] S. BVerwG NJW 1999, 75; Koch in Erbguth, Abwägung im Recht, 1996, S. 9 ff.

kennzeichnet.[221] Deshalb bietet sich eine abstrakte einheitliche Grobeinteilung an, die gleichzeitig eine Feindifferenzierung bei den einzelnen Spielräumen nicht ausschließt. Die Vereinheitlichung ist auch vor dem Hintergrund des Unionsrechts angebracht, das auch hinsichtlich der Verwaltungsspielräume handhabbar sein muss.[222]

[221] Ebenso Schmidt-Aßmann VVDStRL 34 (1976), 221 (251 f.); Scholz VVDStRL 34 (1976), 145 (163 ff.); Schuppert in Schuppert, Das Gesetz als zentrales Steuerungsinstrument des Rechtsstaates, 1998, S. 105, 153 ff.; Schuppert, Verwaltungswissenschaft, 2000, S. 540 ff.; Alexy JZ 1986, 701 ff.; P. M. Huber, StWiss 8 (1997), 423 (441); Herdegen JZ 1991, 747 ff.; Bartlsperger in Erbguth u. a., Abwägung im Recht, 1996, S. 79 ff.; Schmidt-Aßmann DVBl 1997, 281 (288); Eyermann/Schübel-Pfister VwGO § 114 Rn. 53; Sachs in Stelkens/Bonk/Sachs VwVfG § 40 Rn. 42; Brinktrine, Verwaltungsermessen in Deutschland und England, 1998, S. 152, 552 ff.; Schenke, Verwaltungsprozessrecht, 18. Aufl., § 20 II Rn. 833, 840 f.; Ramsauer in Kopp/Ramsauer, 24. Aufl., § 40 Rn. 112; aM ohne überzeugende Begründung Waechter VerwArch 88 (1997), 298 (315) Fn. 53.

[222] Ähnlich Brenner, Der Gestaltungsauftrag der Verwaltung in der EU, S. 383 ff., 397 ff.

Vierter Teil. Grundlagen des subjektiven und des infrastrukturellen Verwaltungsrechts

Erster Abschnitt. Die Rechtssubjekte des Verwaltungsrechts

§ 32. Rechtssubjektivität, Rechtsstellung und Rechtsverhältnis

Schrifttum: Achterberg, Allgemeines Verwaltungsrecht, 2. Aufl. 1988, S. 136 ff.; Achterberg, Die Rechtsordnung als Rechtsverhältnisordnung, 1982; Bauer, Geschichtliche Grundlagen der Lehre vom subjektiven öffentlichen Recht, 1986; Bauer VERW 1992, 301 ff.: Verwaltungsrechtslehre im Umbruch; v. Danwitz VERW 1997, 339 ff.: Zur Funktion und Bedeutung der Rechtsverhältnislehre; FS Carstens, 1984/ Merten, S. 721 ff.: Grundrechte und Besonderes Gewaltverhältnis; Gröschner VERW 1997, 301 ff.: Vom Nutzen des Verwaltungsrechtsverhältnisses; Häberle VVDStRL 30 (1972), 43 ff.: Grundrechte im Leistungsstaat; Haverkate, Rechtsfragen des Leistungsstaates, 1983; Jellinek, System der subjektiven öffentlichen Rechte, 3. Aufl. 1979, S. 81 ff.; Kadelbach, Allgemeines Verwaltungsrecht unter europäischem Einfluss, 1999, S. 406 ff.; Krause VVDStRL 45 (1987), 212 ff.: Rechtsverhältnisse in der Leistungsverwaltung; Krüger/Ule ua VVDStRL 15 (1957), 109 ff.: Das besondere Gewaltverhältnis; Loschelder, Vom besonderen Gewaltverhältnis zur öffentlich-rechtlichen Sonderbindung, 1982; Merten, Das besondere Gewaltverhältnis, 1985; Pietzcker VERW 1997, 281 ff.: Das Verwaltungsrechtsverhältnis – archimedischer Punkt oder Münchhausens Zopf; Röhl, Allgemeine Rechtslehre, 1994, § 48 und § 55 f.; Ronellenfitsch DÖV 1981, 933: Das besondere Gewaltverhältnis; Ronellenfitsch VerwArch. 79 (1982), 245: Entwicklungstendenzen in der Rechtsprechung zum besonderen Gewaltverhältnis; Ronellenfitsch DÖV 1984, 781: Das besondere Gewaltverhältnis im Verwaltungsrecht; Sachs NRWVBl 2004, 209 ff.: Wiederbelebung des besonderen Gewaltverhältnisses; Schur, Anspruch, absolutes Recht und Rechtsverhältnis im öffentlichen Recht entwickelt aus dem Zivilrecht, 1993; FS Folz, 2003/Thieme, S. 341 ff.: Der Allgemeine Teil des deutschen Rechts; Voßkuhle/Eifert/Möllers GVwR I/Masing, § 10: Der Rechtsstatus des Einzelnen im Verwaltungsrecht; Voßkuhle/Eifert/Möllers GVwR I/Ruffert, § 7: Rechtsquellen und Rechtsschichten des VerwaltungsrechtsWenninger, Geschichte der Lehre vom besonderen Gewaltverhältnis, 1982.

Neben den eben erörterten Grundlagen des objektiven Verwaltungsrechts stehen die des subjektiven Verwaltungsrechts. Sie betreffen die **Rechtssubjekte des Verwaltungsrechts** sowie die **verwaltungsrechtlichen Verpflichtungen und Berechtigungen,** ohne sich hierauf zu beschränken. Denn die Rechtsstellung des einzelnen wird ferner durch die rechtserheblichen Tatsachen (Zeit, Raum und Sachen) beeinflusst. 1

I. Rechtselementare Pflicht- und Rechtssubjektivität

Das Recht ordnet die sozialen Verhältnisse, indem es von den Rechtssubjekten die Einschränkung ihres freien Beliebens in der Verfolgung ihrer Interessen verlangt, soweit das erforderlich ist, damit andere ihre objektiv wertvollen Interessen befriedigen können (→ § 29 Rn. 1 ff.). In rechtselementarem Sinne können daher **Pflichtsubjekte** nur Wesen sein, die von Natur aus fähig sind, Gebote einzusehen und demgemäß ihren Willen zu bestimmen. Das sind nur Menschen, die verständig (Mindestalter) und geistig gesund sind. **Rechtssubjekte** können jedoch alle Wesen sein, die von Natur fähig sind, Interessen zu haben. Das sind alle Menschen, auch zB Neugeborene und Betreute. 2

II. Rechtstechnische Verpflichtungs- und Berechtigungssubjektivität

Die Ordnung der sozialen Verhältnisse geschieht durch Rechtssätze, die als abstrakte und allgemeine Sätze auf typische Sachlagen bezogen sind (→ § 24 Rn. 5 ff.). Diese 3

Ausgangslage erfordert eine Schematisierung der typischen rechtselementaren Pflichtfähigkeiten, insbesondere nach Altersstufen und Geistesgesundheit. Außerdem kann die positive Rechtsordnung bestimmten sozialen Substraten Verpflichtungen oder Berechtigungen als ihren Trägern zuordnen.

Beispiele: So können Neugeborene oder Organisationen positivrechtliche Verpflichtungs- und Berechtigungssubjekte sein, wenn und weil der Vater, die Mutter oder der Betreuer bzw. die Organwalter Pflichtsubjekte der dem Neugeborenen bzw. der Organisation subjektiv zugeordneten Verpflichtungen sind (→ § 29 Rn. 4)

4 Dem herrschenden Sprachgebrauch entsprechend werden im Folgenden die rechtstechnischen Verpflichtungen auch (positivrechtliche) Pflichten und die rechtstechnischen Berechtigungen auch (positivrechtliche) Rechte genannt. Demgemäß wird von **Pflicht- bzw. Rechtssubjekten** statt von Verpflichtungs- bzw. Berechtigungssubjekten die Rede sein.

III. Arten positivrechtlicher Subjektivität

5 Einem Menschen oder einer Organisation kann die Fähigkeit, Pflicht- oder Rechtssubjekt zu sein, positivrechtlich entweder nur in der einen oder anderen Hinsicht oder allgemein verliehen sein.

1. Rechtssubjektivität

6 Rechtssubjektivität (ieS **Zuordnungssubjektivität**) ist die Eigenschaft eines Menschen oder eines anderen sozialen Substrats, **Zuordnungssubjekt** mindestens eines Rechtssatzes zu sein. Sie liegt also stets dann vor, wenn es einen oder mehrere Rechtssätze gibt, die diesem Subjekt eine Pflicht oder ein Recht zuordnen. Die Zuordnung kann auch eine nur vermittelnde zu einem Wahrnehmer fremder Pflichten oder Rechte sein. Rechtssubjekte sind daher auch nicht-rechtsfähige Einheiten, sofern sie Subjekte von Rechtssätzen sind, wie die Organe juristischer Personen.

Beispiele: Rechtssubjekte sind also nicht nur der Mensch, der Staat, eine Gemeinde oder ein Verein, sondern zB auch der nicht-rechtsfähige Verein, der nach § 11 Nr. 2 VwVfG an einem Verwaltungsverfahren beteiligt werden kann[1] sowie die Fraktion eines Gemeinderates, weil sie nach Sätzen des Gemeinderechts Subjekt intrapersonaler Pflichten und Rechte ist.

2. Rechtsfähigkeit

7 **Rechtsfähigkeit** ist die rechtsordnungsgemäße Fähigkeit eines Menschen oder einer Organisation, in einem System von Rechtssätzen im Verhältnis zu anderen Träger von Pflichten und Rechten, also Endsubjekt rechtstechnischer Zuordnung zu sein. So ist jeder Mensch und jede rechtsfähige Organisation Träger ihrer rechtstechnischen Sachen-, Gläubiger-, Steuer-, Polizei- usw -pflichten und -rechte.

8 Sprechen Gesetze uneingeschränkt von „Rechtsfähigkeit" und ergeben sich Einschränkungen nicht durch Auslegung, so handelt es sich um eine **Vollrechtsfähigkeit.** Durch sie wird der Mensch oder eine Organisation in der Regel mindestens auf einem Teilrechtsgebiet Träger von Pflichten und Rechten. Der Vollrechtsfähige, wie jeder Mensch in unserer Rechtsordnung, kann also am öffentlichen und privaten Rechtsverkehr und an Verfahren teilnehmen (s. § 11 VwVfG), auch ohne dass das jeweils besonders bestimmt ist oder erschlossen werden muss.

[1] S. näher Kopp/Ramsauer VwVfG § 11 Rn. 9 ff.

Eine **Teilrechtsfähigkeit** liegt dann vor, wenn ein Mensch oder eine Organisation nur einer Gruppe von Rechtssätzen zufolge, sonst aber nicht Träger von Pflichten und Rechten ist. 9

Beispiele: Der nicht-rechtsfähige Verein, Fakultäten und Fraktionen, der Personalrat hinsichtlich der Klärung, Wahrung und Durchsetzung seiner personalvertretungsrechtlichen Befugnisse.[2]

Umstritten ist, ob Hoheitssubjekte entsprechend ihren begrenzten Zuständigkeiten in öffentlich-rechtlicher Hinsicht stets nur teilrechtsfähig sind.[3] 10

Die Rechtsfähigkeit kann als Außen- und als Innenrechtsfähigkeit verstanden werden. **Innenrechtsfähigkeit** liegt vor, wenn eine Organisation Zuordnungssubjekt eines Rechtssatzes ist, der intrapersonale bzw. innenrechtliche Pflichten und Rechte begründet. Diese Rechte können über **Organstreitverfahren** realisiert werden, wobei insoweit auch Beteiligungsfähigkeit auf Grund teleologischer Argumentation nach § 11 Nr. 2 VwVfG, § 61 Nr. 2 VwGO anzunehmen ist.[4] 11

Der Zeitpunkt des Erwerbs und des Verlustes der Rechtsfähigkeit muss aus Gründen der Zuordnung von Rechten und Pflichten auch im Verwaltungsrecht genau bestimmt sein. Insbesondere bei natürlichen Personen ist diese Feststellung nur unter Rückgriff auf verfassungsrechtliche Vorgaben und medizinisch-naturwissenschaftliche Erkenntnisse möglich.[5] 11a

3. Personen als Rechtssubjekte

a) Natürliche und juristische Personen

Person im Rechtssinne ist jedes vollrechtsfähige Rechtssubjekt (iSv Verpflichtungs- und Berechtigungssubjekt). **Natürliche Person** ist der Mensch als Träger von Pflichten und Rechten iSv Art. 1 I und 3 I GG, § 1 BGB. **Juristische Person** ist eine Organisation, der durch abstrakten oder konkreten Staatsakt Rechtsfähigkeit verliehen ist (s. Art. 19 III GG, und → § 34 Rn. 1 ff.). Die Rechtsfähigkeit privater juristischer Personen bleibt stets hinter der der natürlichen Personen zurück. Juristische Personen des öffentlichen Rechts insbesondere übertreffen einerseits die natürlichen Personen dadurch, dass sie stets Träger hoheitlicher Pflichten und Rechte (Befugnisse) sind. Sie sind aber andererseits auf die ihnen rechtlich gestellten Aufgaben beschränkt, weil sie rechtskonstruktiv nur innerhalb der ihnen zugewiesenen Kompetenzen bzw. innerhalb ihres gesetzlich oder satzungsrechtlich bestimmten Wirkungskreises gedacht werden können und rechtlich existent sind.[6] Es ist jedoch umstritten, ob bei Überschreitung der gesetzlichen Wirkungsgrenzen der Gedanke der Teilrechtsfähigkeit eingreift, bzw. die Rechtsfähigkeit insoweit mit der Folge entfällt, dass vorgenommene Handlungen von vornherein (ex tunc) unwirksam sind, ohne dass eine Heilungsmöglichkeit eingreift.[7] Die andere Lösungsmöglichkeit besteht darin, dass die vorgenommene Handlung lediglich zur Rechtswidrigkeit führt, die von der Auf- 12

---

2 BVerwGE 90, 76 (81 f.).
3 Bachof AöR 83 (1958), 208 (263); Burmeister VVDStRL 52 (1993), 190 (220) mwN; s. näher Hillgruber JZ 1997, 975 (978 ff.).
4 S. näher Kopp/Ramsauer VwVfG § 11 Rn. 9 ff.
5 S. näher Hillgruber JZ 1997, 975 ff.
6 M. Eggert, Die deutsche ultra-vires-Lehre, 1977, S. 56.
7 So Koenig, Wertpapier-Mitteilungen, 1995, 317 und 325.

sichtsbehörde gerügt werden kann. Gegen die strenge **ultra-vires-Lehre** mit der ex tunc Nichtigkeitsfolge spricht vor allem die Ausgestaltung der §§ 44, 59 VwVfG.[8]

Beispiel: Eine Studentenvertretung handelt ultra vires, wenn sie sich bei ihren Beschlüssen auf ein allgemeinpolitisches Mandat beruft und kein konkreter Bezug zu ihrer hochschulpolitischen Aufgabe ersichtlich ist.[9]

b) Privatpersonen und Zivilpersonen

13 Natürliche und juristische Personen sollten außerdem hinsichtlich ihrer jeweiligen konkreten Stellung in der Rechtsordnung, also nach der Art der ihnen zugeordneten Pflichten und Rechte unterschieden werden: **Privatperson** ist eine Person, insofern sie Träger privatrechtlicher Verpflichtungen und Berechtigungen ist. **Zivilperson** soll eine Person genannt werden, insofern sie Träger öffentlich-rechtlicher Pflichten und Rechte ist, ohne selbst Träger öffentlicher Gewalt zu sein. Dieser Ausdruck wird hier vorgeschlagen, weil die sonst gebräuchlichen Begriffe wie „Jeder", „Bürger" oder „einzelner" einen unjuristischen Hauptsinn haben, nicht für alle Verfassungsverhältnisse und nicht für Ausländer bzw. nicht für juristische Personen passen. Ferner ist er auch in der Gesetzgebung und in der Politik zu finden (Zivilschutz, Zivilgesellschaft). Der Sprachgebrauch im Verwaltungsrecht ist uneinheitlich. Dort ist die Rede von Beteiligten, Betroffenen und Berechtigten. Aus der Unterwerfung unter die öffentliche Gewalt resultiert auch die **Beteiligungsfähigkeit** (§ 11 VwVfG, § 10 SGB X, § 78 AO). **Hoheitsperson** ist ein Träger öffentlicher Gewalt als Träger öffentlich-rechtlicher Pflichten und Rechte (→ § 6 Rn. 35 f.).

IV. Die Rechtsstellung, insbesondere der Status

1. Die Rechtsstellung

14 **Rechtsstellung** ist die essenzielle Qualifikation einer Person innerhalb der Rechtsordnung. Sie bezieht sich auf Subjekte (Personen), ergibt sich aber aus dem objektiven Recht, insofern es die in teils vorgegebenen (sozialen), teils von ihm selbst geschaffenen Institutionen bestehenden sozialtypischen Interessenlagen regelt. Daher betrifft die Rechtsstellung die Person nicht lediglich hinsichtlich einzelner **Rechtsverhältnisse,** sondern ergreift sie als solche. Sie erschöpft sich also nicht in bestimmten, von vornherein messbaren aktuellen Rechten und Pflichten, sondern ist ein Begriff potenzieller Rechte und Pflichten, eines rechtlichen Könnens und Sollens, das sich je nach den verschiedenen sozialen Situationen in wechselnden Ausprägungen aktualisiert und konkretisiert.

15 Alle Personen haben **eine allgemeine Rechtsstellung.** Verschiedene Gruppen von Personen haben überdies eine **besondere Rechtsstellung.** Die Rechtsstellung von Zivilpersonen wird seit Georg Jellinek **„Status"** genannt.[10]

---

[8] Schneider/Burgard in Martens u. a. FS C. P. Claussen, 1997, 499 (516 ff.); s. näher Kopp/Ramsauer VwVfG § 44 Rn. 1 ff.

[9] BVerwGE 34, 69; BVerwGE 34, 59 und 231 (237); BVerwGE 34, 64; BVerwGE 34, 115 und 298; BGHZ 52, 283 (286); s. auch Bachof, Anm. zu BVerwG DÖV 1980, 605 ff.; 1980, 607; Kluth DVBl 1986, 716.

[10] Jellinek, System der subjektiven öffentlichen Rechte, S. 81 ff.; Sachs in Stern StaatsR III/1, S. 426 ff.; Voßkuhle/Eifert/Möllers GVwR I/Masing, § 10 Rn. 34.

Beispiel: Die allgemeine Rechtsstellung von Privatpersonen besteht darin, einen Namen zu haben und am Privatrechtsverkehr teilnehmen zu können und in der Möglichkeit, besondere Rechtsstellungen wie die Mitgliedschaft in Gemeinschaften und in Gesellschaften zu erlangen.

Die Einbeziehung steuerungswissenschaftlicher Aspekte und die damit verbundene zunehmende Komplexität des Verwaltungsrechts verdrängt die klassische Statuslehre nicht. Sie belegt vielmehr ihre Sinnhaftigkeit, die sich nicht im Schutz des Einzelnen erschöpft, sondern auch die Pflichtenstellung und damit die Mitverantwortung für die Gesellschaft im Blick hat. Insbesondere bei Abwägungsentscheidungen ist deshalb nach wie vor ein Rückgriff auf die mehrdimensionale Statuslehre erforderlich. Das gilt auch für die Einbeziehung neuer, durch **Migration** und **europäische Integration** verursachter statuarischer Aspekte.[11] 15a

2. Der allgemeine verwaltungsrechtliche Status

Die allgemeine Rechtsstellung der Zivilpersonen (→ § 32 Rn. 13) beschreibt aus verwaltungsrechtlicher Sicht einzelne **Grundrechtsfunktionen** und ist damit ein typischer Anwendungsfall der Verwaltung als konkretisiertes Unions- und Verfassungsrecht (→ § 21 Rn. 10).[12] Sie enthält folgende Statusdimensionen, die nicht streng nebeneinander stehen, sondern sich auch überlappen und miteinander korrespondieren können: 16

a) Passiver Status

Den **passiven Status** als den Inbegriff aller potenziellen Pflichten der Zivilpersonen gegenüber dem Staat **(Allgemeines Pflichtverhältnis).** Er ist mit dem Leben innerhalb des staatlichen Hoheitsgebietes gegeben, besteht also auch für Ausländer und aktualisiert sich in Ordnungs-, Polizei- und Finanzpflichten (sog. **allgemeines Gewaltverhältnis** bzw. allgemeines Rechtsverhältnis).[13] 17

b) Negativer Status

Den **negativen Status** als den Inbegriff aller potenziellen **Abwehrrechte** der Zivilperson gegen den Staat zum Schutz gegen rechtswidrige Eingriffe in die (insbesondere durch die Grundrechte gewährleistete) Individualsphäre der Person.[14] Angesichts der weiteren Ausdifferenzierung des verwaltungsrechtlichen Status wird zu Recht betont, dass die Eingriffsabwehr nach wie vor die primäre Funktion der Freiheitsrechte gegenüber dem Staat sei.[15] 18

Dieser Status wird auch als **status libertatis** innerhalb verfassungsgemäßer Schranken bezeichnet. Er schließt auch Ausgleichsrechte ein, weshalb ihm auch ein **status negativus compensationis** innewohnt.[16] 19

---

[11] S. zum Streitstand Voßkuhle/Eifert/Möllers GVwR I/Ruffert, § 7 Rn. 1 ff.; C. Walter/Gärditz VVDStRL 72 (2013), 1 ff.

[12] Jarass AöR 120 (1995), 346 (357); Kadelbach, Allgemeines Verwaltungsrecht unter europäischem Einfluss, S. 406 ff.

[13] Voßkuhle/Eifert/Möllers GVwR I/Masing, § 10 Rn. 178 ff.

[14] S. näher Lübbe-Wolff, Grundrechte als Eingriffsabwehrrechte, 1988; Voßkuhle/Eifert/Möllers GVwR I/Masing, § 10 Rn. 46 ff.

[15] Bethge VVDStRL 57 (1998), 7 (14).

[16] Röder, Die Haftungsfunktion der Grundrechte, 2002.

c) Positiver Status

20 Den **positiven Status** als den Inbegriff aller potenziellen **Leistungsansprüche** der Zivilperson an den Staat, zB auf den Zugang und die Benutzung öffentlicher Bildungseinrichtungen (Art. 29 II SächsVerf), den Rechtsschutzanspruch (Art. 19 IV GG) und den Anspruch aus Verletzung des negativen Status. Das BVerfG[17] versteht den positiven Status als verfassungsrechtliches **„Teilhaberecht"**. Dieser Status wird damit begründet, dass sich der moderne Staat in großem Umfange der sozialen Sicherung und kulturellen Förderung der Bürger zuwende. Deshalb trete im Verhältnis zwischen Bürger und Staat neben das Postulat grundrechtlicher Freiheitssicherung vor dem Staat die komplementäre Forderung nach grundrechtlicher Verbürgung der Teilhabe an staatlichen Leistungen. An dieser Argumentation ist richtig, dass die Einräumung verfassungsrechtlicher Leistungsrechte im Einzelfall notwendige Voraussetzung für die Verwirklichung von Grundrechten sein kann.[18] **Originäre Teilhaberechte** sind solche, deren materielle Gehalte bereits verfassungsrechtlich verankert sind.

Beispiel: Aus dem Recht auf Erziehung und Bildung oder aus der Schulpflicht ergibt sich ein Recht auf Teilhabe an dem Besuch einer Schule (Art. 29 II SächsVerf) und ein Recht auf unentgeltlichen Unterricht (Art. 102 SächsVerf).

21 **Derivative Teilhaberechte** ergeben sich aus der Reaktion auf vorgängiges staatliches Handeln als abgeleitetes Recht aus Art. 3 I GG. Sie sind auf die gleiche Zuteilung von Leistungen gerichtet[19] und stehen unter dem Finanzierungs- und Kapazitätsvorbehalt.

d) Aktiver Status

22 Den **aktiven Status** als den Inbegriff aller potenziellen Rechte zur **Teilnahme an der staatlichen Willensbildung,** insbesondere der Wahlrechte, des Zugangs zu öffentlichen Ämtern, der Informationsrechte und sonstige Beteiligungen an Entscheidungen von Gesetzgebungs- (Petitionsrecht – Art. 17 GG), Regierungs-, Verwaltungs- oder Gerichtsorganen (sog. **Partizipation ieS, Teilnahme- oder Mitwirkungsrechte;** → § 33 Rn. 9 ff.).[20]

Beispiele: Informationsrechte nach Art. 11 EUV (Dialog und Anhörungsrechte), Art. 15 AEUV, den Informationsfreiheitsgesetzen und dem Verbraucherinformationsgesetz, Kammerwahlrecht (§ 5 IHKG).

e) Verfahrensrechtsstatus

23 Darüber hinaus wird die verfassungsrechtliche Seite der Grundrechte zusätzlich durch einen **status activus processualis** gesichert.[21] Da er dem rechtsstaatlichen Gedanken des **fairen Verfahrens**[22] und dem damit verbundenen Recht auf **Verfahrensbeteiligung** entspringt, stellt sich die Frage, ob es sich um einen neuen, eigenständigen Status handelt oder ob er nicht wegen seiner Komplementärfunktion Bestandteil

[17] BVerfGE 33, 303; BVerfG JZ 1972, 686 mablAnm Kimminich; BVerfG JZ 1973, 456 (459).

[18] S. näher Haverkate S. 63 ff., 145 ff., 207 ff.; Murswiek in Isensee/Kirchhof StaatsR-HdB IX § 192 Rn. 5; Kirchhof in Isensee/Kirchhof StaatsR-HdB IX § 181 Rn. 85.

[19] Martens VVDStRL 30 (1972), 21.

[20] Voßkuhle/Eifert/Möllers GVwR I/Masing, § 10 Rn. 66 ff.

[21] Häberle VVDStRL 30 (1972), 43 (81).

[22] BVerfG NJW 1996, 3202; BVerfGE 39, 156 (163); Möstl Isensee/Kirchhof StaatsR-HdB VIII, § 179 Rn. 63 ff.

des status negativus,[23] des status activus oder des status positivus ist. Zu Recht ist in diesem Zusammenhang von einer Hilfsfunktion die Rede, die quer zu den vorgenannten Statusfunktionen besteht.[24] Unabhängig von diesem Streit[25] beruht die verfahrensrechtliche Dimension auf der zutreffenden These, dass materielle Rechte auf das Verfahren durchschlagen müssen und dass Grundrechte zu ihrer Verwirklichung auf das Mittel des Verfahrens angewiesen sind. Diese Ergänzungsfunktion ist zur Durchsetzung des Grundrechtsschutzes umso wichtiger, je mehr die Grundrechtsrealisierung verfahrensabhängig ist, weil das Verfahren im Vorfeld der Erlangung materieller Positionen zu durchlaufen ist. Verfahrensrechte dienen insofern der Vorverlagerung des Grundrechtsschutzes.[26] Grundrechte wiederum beeinflussen das Verfahrensrecht, weil sie Maßstäbe für eine den Grundrechtsschutz effektivierende Organisations- und Verfahrensgestaltung sowie für eine grundrechtsfreundliche Anwendung vorhandener Verfahrensvorschriften setzen.[27]

Beispiele: Recht auf eine gute Verwaltung iSd Art. 41 EU-GRCh;[28] Gestaltung atomrechtlicher Verfahren iSe bestmöglichen Gefahrenabwehr und Risikovorsorge mit Nachbesserungspflicht;[29] Recht auf Organisations- und Verfahrensvorkehrungen zum Schutz des Rechts auf informationelle Selbstbestimmung;[30] Ausschreibungspflicht für Notarstellen;[31] Verfahrensgestaltung bei berufsbezogenen Prüfungen,[32] Öffentlichkeitsbeteiligung beim Stromtrassenausbau.[33]

f) Unionsrechtlicher Status

Die allgemeine Rechtsstellung der Zivilpersonen ergibt sich vornehmlich aus dem gewachsenen **Staatsrecht von Bund und Ländern** (näher → § 33 Rn. 1 ff.). Demgegenüber ist die allgemeine Rechtsstellung der Zivilpersonen im **Unionsrecht** als **Status europeans** unterentwickelt. Wenngleich die **Charta der Grundrechte der Union** nunmehr Verfassungsrang besitzt (s. Art. 6 I EUV) gilt sie nicht umfassend, sondern nur für die Organe, Einrichtungen und sonstigen Stellen der Union und für Mitgliedstaaten ausschließlich bei der Durchführung des Unionrechts (s. Art. 51 EU-GRCh). Darüber hinaus enthalten lediglich die Art. 20 ff. AEUV Ansätze einer **Unionsbürgerschaft,** die vornehmlich den **aktiven Status** als Teilnahmerecht an den Kommunal- und Europawahlen sowie das Petitionsrecht ausdrücklich regeln (Art. 24 und 227 AEUV; Art. 28 I 3 GG). Das in Art. 21 AEUV normierte Recht auf Freizügigkeit sowie das Recht auf Datenschutz (Art. 16 AEUV) betreffen einen Ausschnitt aus dem **status negativus.** Allerdings gehören die Grundrechte der Mitgliedstaaten nach ständiger Rechtsprechung des EuGH und Art. 6 III EUV zu den allgemeinen Rechtsgrundsätzen, die er zu wahren hat. In diesem Zusammenhang wird insbesondere die in Art. 6 II EUV erwähnte EMRK als Ausprägung für die gemeinsame Verfassungsüberlieferung der Mitgliedstaaten angesehen. Ferner gewinnt 24

[23] Murswiek in Isensee/Kirchhof StaatsR-HdB IX § 192 Rn. 21.
[24] Jarass AöR 120 (1995), 346 (353).
[25] S. näher H. Dreier in Dreier, Grundgesetz-Kommentar, Vorb. Rn. 89.
[26] S. auch Häberle VVDStRL 30 (1972), 43 (88).
[27] BVerfGE 24, 367 (401); 69, 315 (355); 84, (34 und 59); Pietzcker/Wahl VVDStRL 41 (1983), 193 ff. (151 ff.); Bergner, Grundrechtsschutz durch Verfahren, 1998.
[28] Laubinger FS Bull, 2011, 659 ff.
[29] BVerfGE 53, 30 (65, 71); BVerwG DVBl 1998, 339.
[30] BVerfGE 65, 1 (49).
[31] BVerfGE 75, 280 (296).
[32] BVerfGE 84, 34 (45).
[33] *Eisenmenger,* NVwZ 2014, 1614 ff.

der **status processualis** im Interesse der Bürgernähe an Bedeutung, so dass man festhalten kann, dass der Status europeans immer mehr zum Spiegelbild bislang nur staatlich verstandener Rechtsstellungen wird.

3. Besondere Rechtsstellungen

25 Besondere Rechtsstellungen von Zivilpersonen ergeben sich in jeder der genannten Richtungen aus ihrer Zugehörigkeit zu einem besonderen unterstaatlichen Träger hoheitlicher Gewalt, zB einer Gemeinde, aus einem sog. besonderen Gewaltverhältnis (dazu → § 32 Rn. 26 ff.) sowie aus sonstigen Besonderheiten:

- des **passiven Status,** zB die besondere Rechtsstellung von Ausländern, die besonderen Standespflichten der freien Berufe;
- des **negativen Status,** zB die Exterritorialität ausländischer Diplomaten, die institutionellen Garantien der wissenschaftlichen Hochschulen (Art. 5 III GG) und der kommunalen Selbstverwaltung (Art. 28 II GG);
- des **positiven Status,** zB anerkannter Privatschulen gem. Art. 9 II 3 NRWVerf, Art. 102 IV 2 SächsVerf, Art. 14 BWVerf auf Subventionen;[34]
- des **aktiven Status,** zB der öffentlichen Organwalter (der aktiven öffentlichen Beamten und Angestellten und sonstigen Amtsinhaber) als Personen.

Beispiele: Wahlrechte zur Personalvertretung (Art. 26 SächsVerf; Art. 26 NRWVerf); Eltern- und Schülermitwirkung (Art. 104 SächsVerf).

4. Verwaltungsrechtliche Sonderverhältnisse

a) Zur Erforderlichkeit verwaltungsrechtlicher Sonderverhältnisse

26 Ein sich in alle Richtungen des Status auswirkender Sonderstatus wird insbesondere begründet durch etliche der sog. **besonderen Gewaltverhältnisse,** die exakter als **„besondere Pflichtverhältnisse“,** als besondere Rechtsverhältnisse[35] oder als **„verwaltungsrechtliche Sonderverhältnisse“** bezeichnet werden. Diese **öffentlich-rechtlichen Sonderbindungen** können der Sache nach nicht „totgesagt“ werden, sofern bestimmte rechtstaatliche Mindesterfordernisse erfüllt sind. Denn das Grundgesetz setzt sie voraus. Sie sind Verwaltungswirklichkeit und ihre Beibehaltung ist hinsichtlich der **Funktionsfähigkeit des Gemeinwesens** und der Verwaltung unentbehrlich.[36]

26a Derartige Sonderverhältnisse sind die „verfassungsrechtlich institutionalisierten“ verwaltungsrechtlichen Sonderstatusverhältnisse der **Beamten** (Art. 33 IV und V, 74 I Nr. 27 GG), der Soldaten und Ersatzdienstpflichtigen (Art. 12 II, 12a, 17a GG), der **Schüler** (Art. 7 GG), der Strafgefangenen (Art. 104 GG) sowie der Insassen sonstiger geschlossener Anstalten, der **Beliehenen** und der Mitglieder bestimmter öffentlicher Körperschaften.[37] Am deutlichsten, aber nicht ausschließlich, kommt das Bestehen

---

[34] BVerwGE 1, 159; 27, 360.

[35] M. Müller, Das besondere Rechtsverhältnis, 2003, S. 173.

[36] S. auch Ronellenfitsch DÖV 1981, 933; Ronellenfitsch VerwArch 79 (1982), 245; Ronellenfitsch DÖV 1984, 781; Merten, Das besondere Gewaltverhältnis, 1985; Breuer VVDStRL 44 (1986), 213 (220); Müller, Das besondere Rechtsverhältnis, 2003, S. 173; BVerwG NVwZ 1996, 474.

[37] Zur geschichtlichen Entwicklung Erichsen FS Wolff, 1973, 220 ff.; s. Loschelder, Vom besonderen Gewaltverhältnis zur öffentlich-rechtlichen Sonderbindung, S. 41 ff. und Wenninger, Geschichte der Lehre vom besonderen Gewaltverhältnis, passim.

eines Sonderstatusverhältnisses darin zum Ausdruck, dass es partiell durch ein besonderes **Disziplinarrecht** geschützt wird.

Begründet und beendet werden solche statusartigen verwaltungsrechtlichen Sonderverhältnisse teils kraft gesetzlichen Zwanges (zB für Grundschüler und Gefangene), teils freiwillig (zB von Schülern weiterführender Bildungseinrichtungen, Beamten, Berufssoldaten, Beliehenen). 27

b) Grundrechte und Gesetzesvorbehalt bei verwaltungsrechtlichen Sonderverhältnissen

Das verwaltungsrechtliche Sonderverhältnis hebt – wie jeder Sonderstatus – den allgemeinen Status nicht auf. Er kann aber dazu führen, dass insbesondere die Ausübung der Grundrechte eingeschränkt und die Pflichten erhöht werden, soweit der Sinn des Sonderstatus dies erfordert und die Verfassung es zulässt.[38] 28

Die Beschränkungen in Sonderverhältnissen unterfallen – entgegen früherem Verfassungsverständnis, wonach die verfassungsrechtliche Institutionalisierung genügte – in vollem Umfange dem Gesetzesvorbehalt in Gestalt des **Parlamentsvorbehaltes.** Danach ist der Gesetzgeber aus rechtsstaatlich-demokratischen Erwägungen und wegen der prinzipiellen Geltung der **Grundrechte**[39] der Betroffenen verpflichtet, selbst die Grundzüge der verwaltungsrechtlichen Sonderverhältnisse und damit die **statusbildenden Bestimmungen** zu fixieren (→ § 18 Rn. 14), → § 25 Rn. 54).[40] Streit besteht nur über die Reichweite der Grundrechtsgeltung,[41] die stets verhältnismäßig sein und den Gleichheitssatz beachten muss. Das bedeutet, dass keine weitergehenden Duldungs- oder Leistungspflichten auferlegt werden dürfen, als durch den jeweiligen Zweck des besonderen Statusverhältnisses, der funktionalen Stellung des Betroffenen in ihm und um die zweckmäßige Funktionsfähigkeit des Statusverhältnisses notwendig ist. Es handelt sich also um eine abgestufte Gewaltunterworfenheit, die den Besonderheiten des jeweiligen Sonderverhältnisses Rechnung tragen muss. 29

Beispiel: Das Spannungsverhältnis zwischen positiver Glaubensfreiheit eines Lehrers und der staatlichen Pflicht zu weltanschaulich-religiöser Neutralität, dem Erziehungsrecht der Eltern sowie der negativen Glaubensfreiheit der Schüler obliegt der Lösung des demokratischen (Landes-)Gesetzgebers. Das schließt ein, dass die einzelnen Länder auf Grund der Schultradition und konfessioneller Zusammensetzung zu unterschiedlichen Regelungen kommen können.[42]

Aus der prinzipiellen Grundrechtsgeltung folgt, dass die in einem Sonderverhältnis stehende Person **Rechtssubjekt** bleibt. Die das besondere Statusverhältnis regelnden abstrakten und generellen Anordnungen sind materielle Gesetze (→ § 24 Rn. 5 ff.), → § 25 Rn. 54). Die sich aus dem besonderen Statusverhältnis ergebenden (Beamten-, Benutzer-)Rechte können daher von den Betroffenen verfolgt werden, sofern sie geltend machen, in ihrer **Rechtsstellung verletzt** zu sein (§ 42 II VwGO). Daran fehlt es, wenn und soweit jemand der **Weisungsgewalt** eines anderen unterworfen ist 30

[38] S. Loschelder, Vom besonderen Gewaltverhältnis zur öffentlich-rechtlichen Sonderbindung, S. 115 ff. und 371 ff.; Loschelder in Isensee/Kirchhof StaatsR-HdB IX § 202; Graf Kielmansegg, Grundrechte im Näheverhältnis, 2012.

[39] S. auch M. Müller, Das besondere Rechtsverhältnis, 2003, 45 f.

[40] BVerfGE 33, 1; 34, 165; BVerfG NJW 2008, 2568 f.; BVerwG NVwZ 1996, 474; DVBl 2004, 1420.

[41] Merten FS Carstens, 1984, 721 ff.

[42] BVerfG NJW 2003, 3111 ff. (3116).

(zB der Schuldisziplin). Dann kann das Recht nur durch Überschreitung der äußeren und inneren Grenzen des Weisungsrechts verletzt sein.[43] Insoweit ist es auch berechtigt, von **Grund- und Betriebsverhältnis** zu sprechen.[44]

31 Bei der Benutzung offener öffentlicher Anstalten (zB von Versorgungs- und Verkehrseinrichtungen, von Bibliotheken oder Museen) übt der Träger zwar auch eine besondere, nämlich die **Anstaltsgewalt** aus, der der Benutzer unterliegt. Die Unterwerfung unter die Anstaltsgewalt zwecks Ermöglichung und Sicherung der Anstaltsleistungen entspricht dem Genuss dieser Leistungen. Andererseits lässt aber die Benutzung solcher Anstalten die aus dem allgemeinen Status folgenden Pflichten und Rechte nahezu unberührt. Deshalb ist es unangemessen, von einem Sonderstatus zu sprechen.[45]

V. Rechtsverhältnisse

1. Personen- und sachenrechtliche Rechtsbeziehungen

32 Wird eine Rechtsstellung durch die Verwirklichung von Tatbestandsmomenten eines Rechtssatzes zu einer rechtlich geregelten sozialen Beziehung zwischen einzelnen Personen konkretisiert, so entsteht ein **Rechtsverhältnis ieS.** Es besteht mindestens im Verpflichtetsein eines Subjekts, in der Regel in gegenseitigen Pflichten und Rechten mehrerer Subjekte **(personenrechtliche Rechtsbeziehung).** In rechtstechnischem Sinne können Rechtsverhältnisse auch zu Subjekten bestehen, die, wie zB Ämter und Behörden, keine Personen sind. Ferner nennt man rechtstechnisch abkürzend **Rechtsverhältnis iwS** auch die rechtlich geregelte Beziehung einer Person oder Personenmehrheit zu einer Sache derart, dass diese jener unmittelbar zugeordnet ist (**sachenrechtliche Rechtsbeziehung** auf Grund einer Zustandsregelung).

Beispiele: Die Ausübungsberechtigung des Halters eines zugelassenen Kraftfahrzeuges oder des Inhabers einer Bauerlaubnis.

33 Entsprechend dem privaten gibt es auch ein **verwaltungsrechtliches Sachenrecht.** Es ist der Inbegriff derjenigen Rechtssätze, welche Sachen Subjekten hoheitlicher Gewalt zuordnen und dadurch eine Sachherrschaft dieser Subjekte begründen, in deren Folge auch verwaltungsrechtliche Beziehungen von Zivilpersonen zu Sachen möglich sind (→ § 39 Rn. 1 ff.).[46]

34 Der Inhalt verwaltungsrechtlicher Sachzuordnung und damit die Gegenstände öffentlich-sachenrechtlicher Rechtsverhältnisse sind vielfältig. Sie liegen teilweise auf dem Gebiet der Abwehr von Gefahren, die vom Zustand von Sachen ausgehen können (zB von Anlagen iSd § 4 BImSchG, Bauwerken, Fahrzeugen), teilweise auf dem Gebiet der Raumordnung sowie teilweise auf dem Gebiet der Indienststellung von Sachen für den öffentlichen Gebrauch oder Verwaltungsgebrauch (sog. öffentliche Sachen, insbesondere Straßen und Wasserläufe – → § 39 Rn. 1 ff.).

---

[43] BVerwGE 60, 144 (150).
[44] S. Püttner DVBl 1987, 190.
[45] Unklar Breuer VVDStRL 44 (1986), 213 (220).
[46] Dürig/Herzog/Scholz GG Art. 110 Rn. 71.

2. Zum Institut des Verwaltungsrechtsverhältnisses

a) Zur Entwicklung des Verwaltungsrechtsverhältnisses

Das Verwaltungsrecht hat das **Institut des Rechtsverhältnisses** in der Vergangenheit weitgehend ignoriert,[47] obwohl es sich insoweit anbot, auf den Fundus des Bürgerlichen Rechts zurückzugreifen. Dort ist nämlich in §§ 241 ff. und 305 ff. BGB und an anderen Stellen von **Schuldverhältnissen** die Rede, die auch im Verwaltungsrecht nützliche Dienste leisten können.[48] Das gilt spätestens seit der Erkenntnis, dass Privatrecht und öffentliches Recht wechselseitige Auffangordnungen sind, die in einem bestimmten Umfange austauschbar sind (→ §§ 22 f. Rn. 1 ff.).[49] Unabhängig davon ist das **Verwaltungsrechtsverhältnis** verfassungsrechtlich etwa durch das in Art. 33 V GG erwähnte Institut des öffentlich-rechtlichen Dienst- und Treueverhältnisses vorgeprägt. Aber die isolierte Behandlung von Rechten und Pflichten sowie die dominante Handlungsform Verwaltungsakt (→ §§ 45 ff. Rn. 1 ff.) haben lange Zeit den Blick dafür verstellt, dass sich Zivilpersonen auch im Verwaltungsrecht in verschiedenartigen kurzen, länger andauernden, intensiven und komplexen Rechtsbeziehungen zur Verwaltung befinden (→ § 55 Rn. 1 ff.). 35

Heute ist das Verwaltungsrechtsverhältnis zwar eine gefestigte Kategorie des Verwaltungsrechts.[50] Es ist jedoch als Folge einer fehlenden Kodifikation des Verwaltungsrechts nur rudimentär normiert. Eine allgemeine Regelung hat es lediglich im **Steuerrechtsverhältnis** (§ 37 AO),[51] sowie in §§ 12 ff. des Entwurfs eines Steuergesetzbuchs[52] gefunden. Ferner kommt der Ausdruck Rechtsverhältnis in § 43 VwGO, § 55 SGG, § 41 FGO vor. Auch die Rechtsfigur des **verwaltungsrechtlichen Vertrages** ist eine Ausprägung, die ergänzend auf die Vorschriften des BGB zurückgreift (§ 62 S. 2 VwVfG, § 61 S. 2 SGB X und → § 54 Rn. 1 ff.). 36

Im Übrigen besteht ein Defizit, das den Anforderungen an die Verwaltung unter dem Unionsrecht[53] und unter dem Grundgesetz kaum gerecht wird. Die überkommene eindimensionale Betrachtungsweise berücksichtigt zu wenig, dass Verwaltungsrecht auf Mitwirkung und Mitverantwortung angelegt ist (sog. **kooperatives Verwaltungsrecht**)[54] und neben die Eingriffsverwaltung in großem Umfange eine sozialstaatlich und ökologisch determinierte Leistungsverwaltung getreten ist.[55] Allerdings beschränkt sich die Problematik der verwaltungsrechtlichen Rechtsverhältnisse nicht auf die Leistungsverwaltung oder die Gewährleistungsverwaltung (dazu → § 4 Rn. 8 ff.). Sie erfasst vielmehr alle Rechtsbeziehungen zwischen Zivilpersonen und Verwaltung unabhängig davon, ob sie sich aus dem Allgemeinen und Besonderen Verwaltungsrecht ergeben und sie erstreckt sich auf das innerbehördliche Verwal- 37

[47] S. aber Fleiner, Institutionen des deutschen Verwaltungsrechts, 8. Aufl. 1928, § 10; Jellinek, § 9 I; H. Bauer VERW1992, 301 (315 ff.); Gröschner VERW1997, 301 (310 ff.).

[48] Schur, Anspruch, absolutes Recht und Rechtsverhältnisse im öffentlichen Recht entwickelt aus dem Zivilrecht, 1993.

[49] Paust, Die institutionelle Methode im Verwaltungsrecht, 1997, S. 123 ff.; ebenso De Wall, Die Anwendbarkeit privatrechtlicher Vorschriften im Verwaltungsrecht, 1999, S. 222.

[50] S. auch VGH Kassel NJW 1977, 455.

[51] S. näher H. W. Kruse, Lehrbuch des Steuerrechts I, 1991, §§ 5 ff.; BFHE 91, 351 (359).

[52] S. Lang in BMF, Schriftenreihe Heft 49, 1993.

[53] S. dazu Janssen FS Böckenförde, 1995, 145 (150 f.).

[54] Ehlers DVBl 1986, 912.

[55] Krause VVDStRL 45 (1987), 212 ff.

tungsrecht (→ § 4 Rn. 4 ff.). Insbesondere die zuletzt genannte Ausprägung nimmt im Rahmen der **europäischen Mehrebenenverwaltung** und der wachsenden Behördenkooperation eine bedeutsame Rolle ein (s. etwa §§ 8a ff. VwVfG für das europäisierte **Amtshilfeverhältnis**). In der europäischen Verbundverwaltung werden die Verantwortlichkeiten des Staates oftmals nivelliert.[56]

b) Zur Leistungsfähigkeit des Verwaltungsrechtsverhältnisses

38 Zu Recht wird das Rechtsverhältnis als ein Institut bezeichnet, das es verdiene, eine beherrschende Stellung im Verwaltungsrecht einzunehmen.[57]

38a Die Rechtsverhältnislehre sollte aber nicht überschätzt werden. Sie kann die Probleme zwar sichtbar machen, diese aber nicht abschließend lösen. Sie kann weder die gesetzlichen Handlungsformen noch die gesetzlich eingeräumten subjektiven Rechte ersetzen oder verdrängen. Insbesondere wird das Verwaltungsrecht über diese Rechtsfigur zu einer „Gegenseitigkeitsordnung“.[58] Schon deshalb handelt es sich bei der Diskussion um das Rechtsverhältnis nicht um den archimedischen Punkt des Verwaltungsrechts,[59] wenngleich es bei dem Thema Verwaltungsrechtsverhältnis nicht nur um eine „deskriptive Hilfsfunktion“ geht.[60] Ihre Stärke liegt dagegen in der Entwicklung eines **Verwaltungskooperationsverhältnisses**.[61]

39 Unabhängig davon führt das Denken in Verwaltungsrechtsverhältnissen zu neuen Einsichten und hilft bei der Entdeckung sowie Überwindung verwaltungsrechtlicher Strukturfehler.[62] So müssen Rechte und Pflichten zwischen der Verwaltung und der Zivilperson in ein ausgewogenes Verhältnis gebracht werden, wobei auch Nebenrechte und Nebenpflichten einzubeziehen sind.[63] Die Rechtsfigur des Verwaltungsrechtsverhältnisses erscheint ferner geeignet, den Faktor Zeit (→ § 37 Rn. 1 ff.) an Stelle der „Momentaufnahme des Verwaltungshandelns“[64] sowie die **verwaltungsrechtliche Stellung Dritter** einzubeziehen und auch mehrpolige und komplexe Rechtsverhältnisse zu einem vernünftigen Ausgleich zu bringen.[65] Insofern dient sie der Komplettierung von Aspekten insbesondere der Handlungsformenlehre.[66]

40 In diesem Sinne ist die Bezeichnung **Verwaltungsrechtsverhältnis** der Oberbegriff für alle zwei- und mehrseitigen Außen- und Binnenbeziehungen zwischen der Ver-

[56] Masing, Verwaltungsrecht, Bd. I, § 10 Rn. 106.

[57] Bachof VVDStRL 30 (1972), 193 (231); s. auch Krause, Rechtsformen des Verwaltungshandelns, 1974, S. 109 ff.; aM ohne überzeugende Begründung Voßkuhle/Eifert/Möllers GVwR I/Masing, § 10 Rn. 147.

[58] S. etwa De Wall, Die Anwendbarkeit privatrechtlicher Vorschriften im Verwaltungsrecht, 1999, S. 220 f. und ferner Schlette, Die Verwaltung als Vertragspartner, 2000, S. 173 f.

[59] S. Löwer NVwZ 1986, 793 f.; H. Meyer VVDStRL 45 (1987), 272; Pietzcker VERW1997, 281 ff.; Voßkuhle/Eifert/Möllers GVwR I/Masing, § 10 Rn. 148 f.; v. Danwitz VERW1997, 339 (362); Kopp/Ramsauer VwVfG 12. Aufl., Einführung I Rn. 52.

[60] So aber Schliesky, Öffentliches Wettbewerbsrecht, 1997, S. 107 ff.

[61] S. dazu Schuppert, Jenseits von Privatisierung und „schlankem“ Staat/H. Bauer, 1999, S. 251 ff.

[62] Ebenso Lecheler BayVBl. 1992, 548.

[63] Peters VERW35 (2002), 177 ff.

[64] Bachof VVDStRL 30 (1972), 193 (231); H. Bauer VERW1992, 301 (314).

[65] S. auch Schmidt-Aßmann DVBl 1989, 533 (539 f.).

[66] Schulte DVBl 1988, 512 ff.; v. Danwitz VERW1997, 339 (344); Gröschner VERW1997, 301 (318); Voßkuhle/Eifert/Möllers GVwR I/Masing, § 10 Rn. 147; BVerwGE 89, 327; krit. Pietzcker VERW1997, 281 (289 ff.).

waltung und Zivilpersonen, welche die sich aus einer rechtlichen Regelung ergebenden gegenseitigen Rechte und Pflichten betreffen und der Verwirklichung der besonderen Aufgaben des Verwaltungsrechts als auch der Grundrechte der davon Betroffenen dienen sollen. Darüber hinaus handelt es sich auch bei Rechtsbeziehungen zwischen Verwaltungsträgern um Verwaltungsrechtsverhältnisse (→ § 41 Rn. 1 ff.). Diese Umschreibung begrenzt das Verwaltungsrechtsverhältnis auf die öffentlich-rechtliche Tätigkeit. Deshalb fallen privatrechtliche Rechtsverhältnisse, an denen die öffentliche Hand beteiligt ist (**Wettbewerbsverhältnis, Auftragsverhältnis** im Sinne der §§ 97 ff. GWB) nicht unter diese Kategorie,[67] solange sie nicht in Verwaltungsrechtsbeziehungen umschlagen (→ § 23 Rn. 41 ff.).

c) Erscheinungsformen

Diese Umschreibung verdeutlicht, dass verwaltungsrechtliche Rechtsbeziehungen in 41
unterschiedlichen Erscheinungsformen denkbar sind.[68] Deshalb ist auch eine Systematisierung nach mehreren Kriterien möglich und notwendig, ohne dass eine abschließende Typisierung in Betracht kommt.[69] So gibt es neben den bereits erörterten **verwaltungsrechtlichen Sonderverhältnissen** (→ § 32 Rn. 26 ff.) **verwaltungsrechtliche Schuldverhältnisse** (→ § 55 Rn. 1 ff.), **verwaltungsrechtliche Mitgliedschaftsverhältnisse**[70] und andere Formen. Im Schrifttum wird teilweise nach anderen Gesichtspunkten differenziert.[71] Zur Kennzeichnung verwaltungsrechtlicher Rechtsverhältnisse ist es ferner zweckmäßig, nach **Handlungsformen** (→ §§ 44 ff. Rn. 1 ff.) und nach der Art der **Ersatzleistungen** zu gliedern. Bei sämtlichen Auffächerungen muss aber im Blick bleiben, dass die Zuordnung zum Allgemeinen und Besonderen Verwaltungsrecht sowie zum innerbehördlichen Verwaltungsrecht Haupteinteilungsgesichtspunkte bleiben.

aa) Erscheinungsformen des Allgemeinen Verwaltungsrechts

- **Verwahrungsverhältnis**[72] 42
- **Verwaltungsverfahrensverhältnis**[73]
- **Datenschutzverhältnis**
- **Informationsverhältnis**
- **Verwaltungsrechtsschuldverhältnis**[74] (→ § 55 Rn. 1 ff.)
- **Vollstreckungsverhältnis**
- **Mediationsverhältnis**[75] (§ 200 TKG)
- **Verwarnungsverhältnis** (§§ 56 ff. OWiG)
- **Bußgeldverhältnis** (§§ 35 ff. OWiG)
- **Widerspruchsverhältnis** (§§ 68 ff. VwGO)

---

67 AM wohl Pietzcker VERW1997, 281 (286).
68 H. Bauer VERW1992, 301.
69 S. auch Peters VERW35 (2002), 177. 186.
70 S. Stober, Rechtsfragen bei Mitgliederklagen, 1984; Stober, Rechtsschutz, § 5 VI.
71 Vgl. Achterberg, Allgemeines Verwaltungsrecht, § 20 I 2; Pietzcker VERW1997, 281 (284 ff.).
72 VGH München BayVBl. 1998, 215; OLG Hamm NJW 2001, 375 und dazu Lampert NJW 2001, 3526; OVG Schleswig NVwZ 2000, 234.
73 BVerwGE 81, 329 (343); Wahl JuS 1984, 577; Kopp/Ramsauer VwVfG 12. Aufl., Einführung I Rn. 53.
74 De Wall, Die Anwendbarkeit privatrechtlicher Vorschriften im Verwaltungsrecht, 1999, S. 218 ff.
75 Kopp/Ramsauer VwVfG 12. Aufl., Einführung I Rn. 78 f.

– **Einspruchsverhältnis** (§§ 67 ff. OWiG)
– **Staatshaftungsrechtsverhältnis**[76]
– **Kooperationsverhältnis.**[77]

bb) Erscheinungsformen des Besonderen Verwaltungsrechts

43 – **Sozialleistungsverhältnis** (§§ 30 ff., §§ 38 ff. SGB I)[78]
– **Subventionsverhältnis**[79]
– **Baurechtsverhältnis**[80]
– **Polizeirechtsverhältnis**[81]
– **Wirtschaftsrechtsverhältnis**[82]
– **Integrationsverhältnis**
– **Überwachungsverhältnis**[83]
– **Öffentliches Dienst- und Treueverhältnis** (Art. 33 V GG iVm dem Beamtenrecht)
– **Wehrdienstverhältnis** (§ 1 SG)
– **Schulverhältnis** (§ 1 NRWSchulG)
– **Kommunales Anschluss- und Benutzungsverhältnis.**[84]

cc) Erscheinungsformen des innerbehördlichen Verwaltungsrechts

44 – **Aufsichtsverhältnisse**[85]
– **Meldeverhältnisse** (§ 17 ProdSG)
– **Amtshilfeverhältnisse**[86]
– **Kommunale und funktionale Zusammenarbeitsverhältnisse** (§ 1 III b IHKG).

3. Wirkungsfähigkeit und Zurechnungsfähigkeit

45 Die Fähigkeit einer Person, selbst einen – zu einem Rechtsverhältnis führenden – rechtsfolgebedingenden Tatbestand zu setzen, ist ihre (rechtlich typisierte) **Wirkungsfähigkeit** iSv **natürlicher Zurechnungsfähigkeit.** Je nach dem zurechenbaren Tatbestand unterscheidet man „Handlungs-", „Willens-", „Geschäfts-", „Verfügungs-", „Delikts-", „Wahl-", „Steuer-", „Prozessfähigkeit", „Grundrechtsmündigkeit" uÄ. Auch sie sind rechtlich typisiert, jedoch nicht einheitlich schematisiert, so dass die Fähigkeit zu verschiedenen Rechtshandlungen an unterschiedliche Altersstufen geknüpft

[76] BVerfG NJW 2003, 125 f.
[77] Ziekow, Public Private Partnership, 2003, S. 25 ff.
[78] Stober DVBl 1987, 269 ff.; Rüfner VVDStRL 28 (1970), 187 (215); Krause/Häberle, Das Sozialrechtsverhältnis in Schriftenreihe des Deutschen Sozialgerichtsverbandes, Band XVIII, 1979, S. 12 ff.; Schnapp SGb. 1979, 200 ff.; Pitschas u. a., Leistungsrealisierung und Leistungsstörungen im Sozialrecht, in: Schriftenreihe des Deutschen Sozialrechtsverbandes Band 41, 1996, S. 7 ff.
[79] Zacher VVDStRL 25 (1967), 308 ff.; 137; Stober WiVerwR § 31.
[80] Wahl JuS 1984, 577 ff.
[81] W. Martens DÖV 1982, 89 ff.
[82] R. Schmidt, Öffentliches Wirtschaftsrecht, 1990, S. 455 ff.
[83] S. dazu Gröschner, Das Überwachungsrechtsverhältnis, 1992; Stoll, Sicherheit als Aufgabe von Staat und Gesellschaft, 2003, S. 79 f.
[84] VGH Mannheim NJW 2003, 1066.
[85] Mayr, Aufsichtsverhältnisse als Verwaltungsrechtsverhältnisse, 1984.
[86] Wettner in Schmidt-Aßmann/Schöndorf-Haubold, Der Europäische Verwaltungsverbund, 2005, S. 181 ff.

ist, auf denen die jeweilige Fähigkeit typischerweise gegeben ist. Das hat die Folge, dass verschiedene verwaltungsrechtliche Rechtsgebiete verschiedene Stufen der Handlungs-, Geschäfts-, Delikts- ua Fähigkeiten kennen, die teilweise von den vermögensrechtlichen des Privatrechts abweichen (auch → § 33 Rn. 27).

Beispiele: § 62 I Nr. 2 VwGO; § 71 II SGG; § 58 I Nr. 2 FGO; § 12 I Nr. 2 VwVfG; § 79 I Nr. 2 AO; § 36 SGB I; § 11 SGB X.

Kraft rechtstechnischer Zurechnung fremden Verhaltens (zB des Erziehungsberechtigten, des Betreuers, eines Organwalters) können auch tatsächlich handlungsunfähige Menschen und Organisationen juristisch handlungs-, willens-, und evtl. deliktsfähig usw sein. 46

4. Handlungsfähigkeit als verwaltungsrechtliche Geschäftsfähigkeit

Die Fähigkeit einer Person, gegenüber Verwaltungsorganen rechtserheblich handeln zu können und Adressat verwaltungsbehördlicher Anordnungen zu sein, ist die **verwaltungsrechtliche Geschäftsfähigkeit.** Sie wird im Verwaltungsverfahrensrecht als **Handlungsfähigkeit** bezeichnet (§ 12 VwVfG), die unabhängig von der sonstigen Wirkungsfähigkeit der betreffenden Person, insbesondere dann ist, wenn es auf die Herbeiführung tatsächlicher Zustände ankommt. 47

Beispiel: So sind sonst nicht geschäftsfähige und in ihrer Geschäftsfähigkeit beschränkte Personen Verkehrsteilnehmer iSd § 1 StVO.

In diesem Zusammenhang kommt dem **Minderjährigenschutz** große Bedeutung zu, der in §§ 12 I Nr. 2, 62 S. 2 VwVfG zum Ausdruck gekommen ist (→ § 33 Rn. 27).[87] In der Regel fordert auch das Verwaltungsrecht volle Geschäftsfähigkeit.[88] Unabhängig davon können Minderjährige uU polizeiliche Verfügungen entgegennehmen und müssen sie befolgen (§ 14 II SächsPBG; § 6 II BWPolG; Art. 7 II BayPAG; § 6 II HessSOG; § 6 II NdsSOG). Dabei handelt es sich jedoch um Ausnahmen. 48

Die Fähigkeit einer Person, gegenüber den **Verwaltungsgerichten** rechtserheblich handeln zu können und Adressat verwaltungsgerichtlicher Anordnungen und Entscheidungen zu sein, ist die **verwaltungsrechtliche Prozessfähigkeit** (§ 62 VwGO). 49

§ 33. Der Mensch als Person, Bürger und Grundrechtsträger

Schrifttum: Cremer, Freiheitsgrundrechte: Funktionen und Strukturen, 2003; Kahl/Ludwigs VerwaltungsR-HdB III/Sacksofsky, § 75: Gleichheit; Kahl/Ludwigs VerwaltungsR-HdB IV/Schenke, § 92: Begriff, Entwicklung und Arten des subjektiven öffentlichen Rechts; Merten/Papier Grundrechte-HdB I, 2004; Rengeling/Szczekalla, Grundrechte in der Europäischen Union, 2004; Thieme, Das deutsche Personenstandsrecht, 2003; Voßkuhle/Eifert/Möllers GVwR I/Masing, § 10: Der Rechtsstatus des Einzelnen im Verwaltungsrecht; Wallrab, Die Verpflichtungen der Gemeinschaftsgrundrechte: Umfang und Grenzen der Bindung der Europäischen Gemeinschaft und der Mitgliedstaaten an die Grundrechte des Europäischen Gemeinschaftsrechts, 2004.

[87] S. auch Ehlers JZ 1985, 675 in der Anm. gegen BVerwG sowie Robbers DVBl 1987, 709 (710).

[88] Krause VerwArch 61 (1970), 310 ff. u. Middel, Die öffentlich-rechtliche Willenserklärung, 1971, S. 145 ff.; s. zur Rechtsstellung Minderjähriger im Einzelnen Robbers DVBl 1987, 709; C. R. Meyer, Die Stellung des Minderjährigen im öffentlichen Recht, 1988.

I. Person und Menschenwürde

1 Das natürliche Mensch-Sein ist juristisch ein Sachverhalt, an den das objektive Recht den Tatbestand des Person-Seins knüpft. Die Eigenschaft des Menschen, überhaupt mögliches Subjekt sittlicher und damit auch rechtlicher Normen zu sein, ist seine **„Würde"**. Sie ist die einheitliche Grundlage der Rechtsstellungen. Dass jeder Mensch als (potenzielle) autonome sittliche Person – also auch der Neugeborene, der Verbrecher und der Geisteskranke – dieselbe Würde hat wie jeder andere, ist erst eine neuzeitliche, säkularisierte Erkenntnis.[1] Seitdem ist sie jeder Rechtsordnung vorgegeben und darf von keiner verleugnet werden (Art. 2 und 6 EUV iVm Art. 1 EU-GRCh, Art. 1 I GG).[2]

II. Personenstandsrecht

2 Die Existenz, die verwandtschaftlichen Zusammenhänge in der Familie, die Eheschließung oder die Begründung einer Lebenspartnerschaft und der Tod eines Menschen werden durch Beurkundung im **Personenstandsregister** (§ 3 PStG) nachgewiesen.

- Ins **Eheregister** werden nach Anmeldung und Eheschließung eingetragen: deren Ablauf einschließlich des Namens, des Alters und des Wohnortes der Eheleute und der anwesenden Zeugen (§§ 15 und 57 PStG).
- Ins **Lebenspartnerschaftsregister** werden die Daten eingetragen, die sich auch im Eheregister befinden (§§ 17 und 58 PStG, § 23 LPartG).
- Ins **Geburtenregister** werden eingetragen: Name, Wohnort der Eltern, Ort, Tag und Stunde der Geburt, Geschlecht, Vornamen und der Familienname des Kindes sowie der Name des Anzeigenden (§ 21 PStG).
- Ins **Sterberegister** werden eingetragen: Name des Verstorbenen, Wohnsitz und Familienstand, Ort, Tag und Stunde des Todes sowie der Name des Anzeigenden (§ 31 PStG).

3 Das Personenstandsrecht ist nicht mit dem **Melderecht** identisch. Während das Personenstandsrecht primär der Erfassung und Beurkundung des jeweiligen Personenstandes dient, ist es Aufgabe des Melderechts, die aktuelle Auffindbarkeit und Identität von Personen sicherzustellen (§ 2 I BMG). Die Registrierung erfolgt im **Melderegister.** Es enthält Daten, die bei den betroffenen Personen erhoben, von öffentlichen Stellen übermittelt oder sonst amtlich bekannt werden (§ 2 II BMG). Es besteht eine allgemeine Meldepflicht, wobei der Wohnungsgeber zur Mitwirkung verpflichtet ist (§19 BMG). Neben den allgemeinen bestehen besondere Meldepflichten etwa für Beherbergungsstätten.

III. Namensrecht

4 Die Ausgestaltung des Namensrechts hat sich daran zu orientieren, dass der Name eines Menschen **Ordnungs- und Unterscheidungsfunktion** besitzt und Ausdruck

[1] S. zB Kant, Grundlegung zur Metaphysik der Sitten, 1785, S. 74 ff.; Fries, Philosophische Rechtslehre, 1803, S. 6 f. u. Verdross, Die Würde des Menschen in der abendländischen Rechtsphilosophie, FS Messner, 1985, 353 ff.

[2] Starck JZ 1981, 457 ff.; Stern FS Scupin, 1983, 627 ff.; Höfling in Sachs GG Art. 1 Rn. 3 ff.; Calliess in Calliess/Ruffert, EUV/AEUV, 4. Aufl., Art. 1 GRCh.

der Individualität und der Identität ist.[3] Die näheren Regelungen zum **Ehe-** und **Familiennamen** finden sich im Bürgerlichen Gesetzbuch (vgl. §§ 1355 und 1616 ff. BGB). Aus wichtigem Grunde kann die höhere Verwaltungsbehörde auf Antrag den Familiennamen ergänzen oder ändern (s. §§ 1–5 NamÄndG).[4] Diese Möglichkeit besteht besonders bei sehr verbreiteten sog. Sammelnamen.[5]

Der oder die **Vornamen** werden von den Eltern bzw. der nicht verheirateten Mutter gewählt. Anstößige oder lächerliche Vornamen werden aber vom Standesbeamten nicht eingetragen. Änderungen bedürfen der Genehmigung der unteren Verwaltungsbehörde. Vornamen müssen idR das Geschlecht erkennen lassen.[6] 5

Adelsbezeichnungen gelten seit Art. 109 III 2 WRV als Teil des Namens. Sie dürfen jedoch nicht mehr neu verliehen werden.[7] 6, 7

IV. Staatsangehörigkeit und Unionsbürgerschaft

Die Rechtsstellung des Menschen hängt weitgehend von der **Staatsangehörigkeit** ab, die in Art. 116 GG definiert wird. Die Staatsangehörigkeit begründet staatsbürgerliche Rechte und Pflichten (Art. 33 I GG), die auch den verwaltungsrechtlichen Status beeinflussen.[8] Die deutsche Staatsangehörigkeit wird erworben durch Geburt (§ 4 StAG), Erklärung (§ 5 StAG), Annahme als Kind (§ 6 StAG) oder durch Ausstellung der Bescheinigung nach § 15 Abs. 1 oder 2 BVFG (§ 7 StAG). Eine ähnliche, allerdings gegenständlich noch beschränkte, Stellung vermittelt die gemeinschaftsrechtlich determinierte **Unionsbürgerschaft** (Art. 20 ff. AEUV; → § 32 Rn. 16 ff.). Unionsbürger ist, wer die Staatsangehörigkeit eines Mitgliedstaates besitzt (Art. 20 I 2 AEUV). Die Rechtsstellung von Unionsbürgern ist der der deutschen Staatsangehörigen angenähert. Wer als Unionsbürger in Ausübung der gemeinschaftsrechtlich gewährleisteten Freizügigkeit nach Deutschland kommt, besitzt dort das Aufenthaltsrecht. Davon ist der Status als **EU-Ausländer** zu trennen, der sich vornehmlich nach dem Aufenthaltsrecht bestimmt (→ § 33 Rn. 30 ff.). Eine Sonderstellung nehmen die **Asylsuchenden** (Art. 16a GG) und die **Staatenlosen** ein, die teilweise Inländern und teilweise Ausländern gleichgestellt werden (→ § 33 Rn. 33 ff.). 8

V. Bedeutungsvielfalt der Grundrechte im Verwaltungsrecht

Die Rechtfertigung, dass sich ein Lehrbuch des Verwaltungsrechts auch Grundrechtsfragen zuwendet, ergibt sich mindestens aus drei Aspekten: aus der **Grundrechtsgebundenheit der Verwaltung** (Art. 1 III GG und → § 18 Rn. 3 ff.)[9] und → § 34 Rn. 13 ff.), dem in Art. 41 EU-GRCh niedergelegten **Recht auf gute Verwaltung** und dem Umstand, dass **Verwaltung dienende Funktion** besitzt. Sie hat die Aufgabe, die Grundrechte und damit Freiheit und Gleichheit zu realisieren.[10] Es ist 9

[3] BVerfG JZ 1998, 1115; BVerfGE 84, 9 (22).

[4] VGH Mannheim JZ 1972, 398.

[5] BVerwGE 9, 302; 15, 26; 15, 183; 22, 312; 37, 107; 40, 353 (359).

[6] BVerwGE 30, 130.

[7] Zur Vererblichkeit s. Brintzinger DÖV 1964, 621 ff., aber auch BVerwGE 23, 344 betr. beseitigter Primogeniturrechte.

[8] Wallrabenstein, Das Verfassungsrecht der Staatsangehörigkeit, 1999; Ziemske, Die deutsche Staatsangehörigkeit nach dem Grundgesetz, 1995.

[9] S. näher Stern, Staatsrecht III/1, § 74; BVerfGE 6, 386 ff.

[10] Voßkuhle/Eifert/Möllers GVwR I/Masing, § 7 Rn. 37 ff.

ohne weiteres einleuchtend, dass sämtliche Grundrechtsgewährleistungen Verwaltungsrelevanz besitzen, die aber nachfolgend nicht vertieft werden kann. Vielmehr beschränken sich die weiteren Ausführungen auf Hinweise zu den allen Grundrechten innewohnenden allgemeinen Aussagen, die sämtliches Verwaltungshandeln prägen[11] sowie auf die Anwendung des Gleichheitssatzes durch die Exekutive (→ § 33 Rn. 13 ff.). Hier stehen (→ § 18 Rn. 3 ff.) und → § 32 Rn. 14 ff.) die **objektivrechtlichen** Dimensionen der Grundrechte im Vordergrund, die durch Grundrechtsinterpretation zu ermitteln sind.[12] Dabei handelt es sich vornehmlich um folgende meistens bereits angesprochene Erscheinungen:

10 – Die Gewährleistung von **Rechtsinstituten bzw. Institutsgarantien,** die wiederum von ausschließlich öffentlich-rechtliche Einrichtungen betreffenden institutionellen Garantien (zB Art. 28 II GG, 5 III GG für Universitäten) zu unterscheiden sind.
– Die Eigenschaft von Grundrechten als **negative Kompetenznormen** in dem Sinne, dass sie den Handlungs- und Gestaltungsspielraum der Verwaltung begrenzen (zB bei der Ermessensausübung → § 31 Rn. 35 ff.).
– Die Eigenschaft von Grundrechten als **objektive Wertentscheidung**[13] bzw. als wertentscheidende Grundsatznormen.
– Die Eigenschaft von Grundrechten als **Auslegungsmaßstab** iSe grundrechtskonformen Interpretation als Unterfall einer verfassungskonformen Auslegung (→ § 28 Rn. 32 ff.).
– Die Eigenschaft von Grundrechten als Vorgabe für die Gestaltung von Verwaltungseinrichtungen und Verwaltungsverfahren.[14]
– Die Eigenschaft von Grundrechten als **Schutzpflichten** in dem Sinne, dass sich die Verwaltung schützend und fördernd vor die in der Verfassung aufgeführten Grundrechtsgewährleistungen stellt.[15]

11 Schutzpflichten haben Präventionsfunktion und sollen Grundrechtsgefährdungen vermeiden. Sie dienen der Effektuierung der Grundrechte und beeinflussen die Normauslegung und die Wahrnehmung von Handlungsspielräumen der Verwaltung.[16] Sie sind auf ein Mindestmaß an Schutz angelegt, der nicht unterschritten werden darf (sog. **Untermaßverbot**). Bei der Erfüllung der Schutzpflichten besitzt die Verwaltung einen Einschätzungs-, Wertungs- und Gestaltungsspielraum (→ § 31 Rn. 1 ff.). Der Schutzzweck der Schutzpflichten darf jedoch nicht verfehlt werden.[17]

---

[11] Merten/Papier, Handbuch der Grundrechte in Deutschland und Europa, II und III sowie zu den Einzelgrundrechten IV.

[12] Stern, Staatsrecht III/1, §§ 68 f.; Stern, Staatsrecht III/2, § 95; Jarass FS 50 Jahre BVerfG, 2001, 35 ff.

[13] BVerfGE 33, 303 (330); 43, 267; 49, 89 (142); Jarass AöR 110 (1985), 363.

[14] BVerfGE 52, 380 (389); 65, 1 (49); 84, 34 (45).

[15] BVerfGE 49, 89; 56, 54 (73); 88, 203 (251 ff.); Jarass FS 50 Jahre BVerfG, 2001, 35 (41 ff.); Calliess in Merten/Papier Grundrechte-HdB II § 44.

[16] Siehe näher Murswiek, Die staatliche Verantwortung für die Risiken der Technik, 1985, S. 88 ff.; Hermes, Das Grundrecht auf Schutz von Leben und Gesundheit, 1987; Dietlein, Die Lehre von den grundrechtlichen Schutzpflichten, 1992; Jaeckel, Schutzpflichten im deutschen und europäischen Recht, 2001; Sachs, GG, 6. Aufl., Vor Art. 1 Rn. 35 ff.

[17] BVerfGE 89, 276 (286).

Eine Verletzung liegt insbesondere vor, wenn die Verwaltung gänzlich untätig bleibt oder wenn die getroffenen Maßnahmen evident unzureichend sind.[18]

Beispiele: Schutzpflicht zur Sicherung des Bestands des gesellschaftlichen Rechtsinstituts Privatschule.[19] Schutzpflicht für das ungeborene Leben als eine Grundbedingung geordneten Zusammenlebens im Staat.[20] Schutzpflicht gegen technische Entwicklung bei atomaren und elektromagnetischen Gefahren.[21] Schutzpflicht, Leben und Gesundheit vor den Gefahren des Klimawandels zu schützen.[22]

Ein Unterfall der Schutzpflichten sind die **Gewährleistungspflichten.** Sie sollen als Ausdruck der Gewährleistungsverwaltung (→ § 4 Rn. 27) und der Gewährleistungsverantwortung ein Mindestmaß an Bereitstellung von Grundversorgungs- bzw. Infrastrukturleistungen sicherstellen (s. etwa Art. 87e, f GG) und den abwehrrechtlichen Grundrechtsstandard aufrechterhalten. Insbesondere die Privatisierung öffentlicher Dienstleistungen mit ihrer Überführung in den Wettbewerb sowie die Kooperation mit Privaten darf nicht zum Verlust des bisherigen Grundrechtsschutzes führen. Die staatlichen Gewährleistungspflichten erfordern ein **Privatisierungsfolgenrecht,** welches mittels Regulierung und Kontrollen eine mittelbare Drittwirkung von Grundrechten sichert.[23] 12

Beispiele: Zu den typischen Regulierungsgebieten zählen die Bereiche Elektrizität, Gas, Telekommunikation, Post und Eisenbahnen s. Wolff/Bachof/Stober/Kluth, Verwaltungsrecht II, § 95 II.

VI. Gleichheitsgebote und Verwaltungsrecht

1. Allgemeiner Gleichheitssatz

a) Zur Problematik der Gleichheit

Die Verwirklichung individueller Freiheitsrechte setzt voraus, dass die Verwaltung die Bürger in Verwaltungsangelegenheiten gleich behandelt. Gleichheitsgewährleistungen sichern die Freiheitsrechte vor staatlicher Privilegierung und Diskriminierung. Gleichheitsrechte und Freiheitsrechte stehen in einem unauflösbaren Zusammenhang, weil privilegierte Freiheit individualfeindlich ist und die Startchancen verletzt. Aus dem vornehmlich in Art. 3 GG und in Art. 2 f. und 6 iVm Art. 20 ff. EU-GRCh, Art. 8 ff. AEUV zum Ausdruck kommenden allgemeinen **Rechtsgrundsatz der Gleichbehandlung** folgen daher einige für die Gesetzgebung und die Praxis der Verwaltung besonders wichtige allgemeine negative Statusrechte. Dabei liegt das Problem meist nicht so sehr in der – selbstverständlichen – Bewahrung oder Herstellung der Gleichheit, als vielmehr in ihrer Abgrenzung von gerechtfertigter Ungleichheit. Wie stets in der Natur sollen also auch im Recht gleiche Gründe (Tatbestände) gleiche Folgen haben. Während aber naturwissenschaftlich von einer Verschiedenheit der Folgen auf eine Ungleichheit der Gründe (Ursachen) geschlossen wird, muss rechtswissenschaftlich von einer Ungleichheit der Tatbestände auf eine Verschiedenheit der Folgen geschlossen werden. 13

[18] BVerfG NJW 1998, 2961 und NJW 1998, 3264; Dietlein, Die Lehre von den grundrechtlichen Schutzpflichten, S. 71 ff., 181 ff.

[19] BVerfGE 75, 40 (62 ff.).

[20] BVerfGE 39, 1; 88, 203 (251 ff.).

[21] BVerfGE 49, 89; 53, 36; NJW 1997, 2509.

[22] BVerfGE 157, 30 (1. Leitsatz).

[23] Kämmerer, Privatisierung, 2001, S. 449 ff.

14 Außer in Art. 3 GG finden sich ausdrückliche Gleichheitsgebote in Art. 33 I, III und 38 I, 12 II, 101 I GG, implizite in Art. 1, 4 GG sowie in den Formulierungen „jeder", „niemand", „alle" zB in Art. 2, 4 III und Art. 8 GG und im Landesverfassungsrecht (s. etwa Art. 118 BayVerf; Art. 4 SächsVerf; Art. 31 NRWVerf; Art. 8 NdsVerf).[24] Hinzu kommen die unionsrechtlichen Gleichheitsgewährleistungen (→ § 33 Rn. 30).

b) Rechtsanwendungsgleichheit

15 Aus der Gleichheit der menschlichen Würde ergibt sich die **Rechtsanwendungsgleichheit**[25]: Alle Menschen sind vor dem Gesetz gleich (Art. 3 I GG). Das bedeutet, dass die in einem Rechtssatz für den Fall des Vorliegens eines dort bestimmten Tatbestandes angeordneten Rechtsfolgen auf jeden Menschen angewendet werden muss, auf den der Tatbestand zutrifft. Demgemäß muss auch bei Gestaltungsfreiheit und eingeräumtem Ermessen (→ § 31 Rn. 35 ff.) die numerische Verschiedenheit der Menschen außer Acht gelassen werden (sog. Willkürverbot). Auch die sonstigen Verschiedenheiten der Menschen müssen (wie die der Sachverhalte) unberücksichtigt bleiben, soweit sie nicht wesentlich sind für die jeweilige Rechtslage. Das rechtliche Gleichheitsgebot verlangt demnach, dass die Rechtsetzenden ebenso wie die Rechtsanwendenden bei rechtlich wesentlich gleichen Sachverhalten auch gleiche Rechtsfolgen festsetzen. Hierauf hat jede Person einen Anspruch, der gem. Art. 19 IV GG gerichtlich durchsetzbar ist.

16 Es ist freilich sehr schwierig zu ermitteln, was jeweils als „wesentlich gleich", was als „wesentlich verschieden" anzusehen ist. Die Rechtsprechung begnügt sich überwiegend mit der negativen Bestimmung, dass das Gleichheitsgebot verletzt sei, wenn ein vernünftiger, sachlich einleuchtender Grund für eine Differenzierung nicht zu finden sei oder wenn Willkür vorliege.[26] Neuerdings wird deshalb darüber hinaus auf den Verhältnismäßigkeitsgrundsatz und unter dem Stichwort „neue Formel" darauf abgestellt, ob zwischen Gruppen Unterschiede von solcher Art und solchem Gewicht bestehen, dass sie die Ungleichbehandlung rechtfertigen können.[27] Wesentlich ist eine Verschiedenheit nur, aber auch stets dann, wenn und soweit sie den objektiven Wert der auf dem Spiel stehenden Interessen und damit die Rechtsfolge beeinflusst.

Beispiel: Eine Kampfhundeverordnung muss sämtliche Hunderassen aufführen, die eine vergleichbare Größe und Kampfkraft haben.[28]

17 Eine verschiedene Behandlung von Personen ist hierdurch keineswegs ausgeschlossen, sondern sogar vielfach geboten (→ § 33 Rn. 25 ff.). Sie bedarf aber jeweils zureichender Gründe und muss legitime Zwecke verfolgen. Liegen sie nicht vor, dann ist die Gesetzesanwendung verfassungswidrig.

18 Die Anwendung des Gleichheitssatzes erfordert zwei Denkakte. Zunächst muss ermittelt werden, welche Eigenschaften zweier Sachverhalte gleich und welche unter-

---

[24] Näher Sachs in Isensee/Kirchhof StaatsR-HdB VIII §§ 182 f.

[25] *Sacksofsky,* Handbuch, Bd. III, § 75 Rn. 19 ff. und 63 ff.

[26] BVerfGE 1, 52; 18, 46; 39, 1; 75, 108 (157); 78, 104 (121).

[27] BVerfGE 55, 72 (88); 84, 133 (157); BVerfG NJW 1997, 1975 (1979) und NJW 1998, 3109 (3111); s. näher Heun in H. Dreier, GG, 2. Aufl., Art. 3 Rn. 17 ff.; Osterloh in Sachs, GG, 6. Aufl., Art. 3 Rn. 13 ff.

[28] VGH Mannheim NVwZ 1992, 1105.

schiedlich sind, dann ob die unterschiedlichen eine verschiedene Rechtsfolge rechtfertigen. Rechtswesentlich sind diejenigen Elemente von Lebenssachverhalten, welche die beteiligten Interessen, ihren objektiven Wert, ihre Vorzugswürdigkeit und damit die rechtsnormative Rechtsfolge bedingen. Sie und nur sie sind im Tatbestand des Rechtssatzes (typisch) zu erfassen. Dabei kommt es nicht auf das Ziel, sondern auf die jeweiligen Mittel an.[29]

19 Bei falscher Rechtsanwendung kann sich niemand auf den Gleichheitssatz berufen. Das Gleichheitsgebot rechtfertigt also nicht die Beibehaltung einer nicht rechtmäßigen oder nur ausnahmsweise zulässigen Praxis **(keine Gleichheit im Unrecht)**.[30] Das Gleichheitsgebot stützt auch nicht einen Anspruch darauf, dass andere nicht günstiger behandelt werden, als man selbst behandelt worden ist.[31]

20 Die Rechtsanwendungsgleichheit kann sich auch auf **Verwaltungsvorschriften** erstrecken, selbst wenn es an der Gesetzesqualität mangelt (dazu → § 24 Rn. 12 ff. und 18 ff.). In Betracht kommt eine **Selbstbindung der Verwaltung** (dazu → § 24 Rn. 18 ff.),[32] die ferner durch vorgängiges Tun oder Unterlassen **(Verwaltungspraxis)** begründet werden kann. Ihr entspricht auf Seiten des Bürgers der Anspruch, dass auch in seinem Falle nicht ohne sachlichen Grund von der bisher geübten Verwaltungshandhabung abgewichen wird.[33] Eine Revision der Verwaltungsvorschriften bzw. der geübten Verwaltungspraxis ist jedoch möglich, falls sich die bisherige Handhabung als unzweckmäßig herausgestellt hat.[34]

c) Rechtsetzungsgleichheit

21 Darüber hinaus ist es nicht nur der Rechtsanwendung, sondern auch der rechtsetzenden Verwaltung versagt, menschliche Verschiedenheiten zum Anknüpfungspunkt für besondere Rechtsfolgen zu wählen, sofern sie nicht typischerweise die rechtsfolgebedingende Interessenlage bestimmen **(Rechtsetzungsgleichheit)**.[35] Zwar ergibt sich dieses Gebot nicht aus der grammatikalischen Auslegung des Art. 3 I GG. Es folgt jedoch aus der Verfassungssystematik mit Art. 1 III GG. Dabei kommt es nicht darauf an, dass der Wortlaut des Gesetzes eine ungleiche Behandlung der Personen vermeidet und seinen persönlichen Geltungsbereich abstrakt und allgemein umschreibt. Vielmehr ist die Rechtsetzungsgleichheit schon dann verletzt, wenn die gesetzliche Regelung eine tatsächliche Ungleichheit herbeiführt (sog. **Diskriminierungsverbot**).[36]

22 Zulässiger Maßstab im Sinne sowohl der Rechtsetzungs- als auch der Rechtsanwendungsgleichheit ist also allein die geometrische Gleichheit. Der Gleichheitssatz verbietet mithin eine rechtliche Differenzierung, die nicht im Hinblick auf ihren Zweck (Gemeinwohl-Gerechtigkeit) und im Hinblick auf die Weise, ihren Zweck zu erreichen (austeilende Gerechtigkeit) aus dem Rechtsprinzip begründbar ist.[37] Da

29 BVerfGE 12, 367.
30 BVerfG NVwZ 1994, 475; BVerwGE 44, 87; Pauly JZ 1997, 647 ff.
31 VGH Kassel DÖV 1968, 504.
32 BVerwGE 35, 344; 104, 55 (58); BVerwG DVBl 1997, 165 f.
33 BVerfGE 61, 15; OVG Münster DÖV 1981, 109; VGH Mannheim NVwZ 1995, 279.
34 BVerwG DÖV 1997, 732 f.
35 *Sacksofsky*, Handbuch, Bd. III, § 75 Rn. 19 ff. und 58 ff.
36 BVerfGE 8, 51; VerfGH Bayern DVBl 1967, 626.
37 Böckenförde, Der allgemeine Gleichheitssatz und die Aufgabe des Richters, 1957.

Deutschland ein sozialer Rechtsstaat, nicht aber ein egalitärer Sozialstaat ist, darf der Gleichheitssatz nicht im Sinne egalitaristischer Tendenzen missverstanden werden. Die Gleichheitsforderung lässt vielmehr dem Gesetzgeber einen weiten Spielraum, dessen Grenzen erst überschritten sind, wenn einerseits ein sachlich zutreffender und einleuchtender Grund für eine Differenzierung nicht besteht[38] oder das Ausmaß der Differenzierung nicht rechtfertigt (Unverhältnismäßigkeit)[39] oder wenn andererseits Ungleiche oder Ungleiches gleichbehandelt wird. Hierfür kommt es nicht darauf an, wie der Rechtssatz zustande gekommen ist und von welchen Vorstellungen die an der Rechtsetzung beteiligten Staatsorgane dabei ausgegangen sind.[40] Es ist ferner unerheblich, ob der Gesetzgeber die jeweils gerechteste und zweckmäßigste Regelung getroffen hat. Die Gerichte dürfen also ein Gesetz nicht deshalb als gleichheitsverletzend verwerfen, weil sie die politischen Erwägungen des Gesetzgebers nicht billigen.[41]

2. Art. 3 II und III GG

23 Nach Art. 3 II und III, 33 III GG scheinen Differenzierungen schlechthin ausgeschlossen, nämlich solche nach dem Geschlecht, der Abstammung, Sprache, Heimat und Herkunft (nicht Staatsangehörigkeit!), nach dem Glauben, der religiösen oder der politischen Anschauung. Insoweit nähert sich also das GG einer egalisierenden (arithmetischen) Gleichheit, die zB rechtliche Standesunterschiede nicht mehr zulässt.[42] Es ist jedoch zu beachten, dass nicht von einer rechtlichen Gleichbehandlung, sondern nur von einer **Gleichberechtigung** von Mann und Frau sowie vom Verbot einer Benachteiligung oder Bevorzugung die Rede ist. Unterschiedliche Rechtsfolgen, die unmittelbar an die verschiedene Wesenheit von Mann und Frau, die Sprach- oder Glaubenszugehörigkeit anknüpfen, sind danach zulässig, wenn die betr. Eigenschaften für die rechtsfolgebedingende Interessenlage maßgebend sind. Dabei kommt es darauf an, ob und inwieweit das zu ordnende Lebensverhältnis durch biologische und funktionale Unterschiede entscheidend geprägt wird (zB Mutterschutz[43]). Das Gleichberechtigungsgebot erstreckt sich auf die gesellschaftliche Wirklichkeit.[44] und die tatsächliche Durchsetzung der Gleichberechtigung (Art. 3 II 2 GG).[45] Deshalb dürfen weder überkommene Rollenverteilungen verfestigt werden noch reichen traditionelle Prägungen eines Lebenssachverhaltes für die Ungleichbehandlung aus.[46] Der Gesetzgeber hat dem auch insoweit Rechnung getragen, als dass er gesetzliche Regelungen mit Blick auf Frauen in Führungspositionen in der Privatwirtschaft und im öffentlichen Dienst verabschiedet hat.[47]

---

[38] BayVerfGHE 8, 44 u. VerwRspr. 17 (1966), 908.

[39] BVerfGE 3, 58; 9, 334; 12, 348; 66, 84 (95); BVerwGE 13, 221.

[40] VerfGH Bayern ZBR 1968, 152.

[41] BVerfGE 3, 162; BVerwGE 19, 321; 16, 108 und BayVerfGHE 4, 250.

[42] BVerfGE 9, 128; 10, 73; näher Sachs, Grenzen des Diskriminierungsverbotes, 1987.

[43] BVerfGE 3, 242; 15, 343; 21, 343 f.; 31, 1; 84, 9 (17).

[44] BVerwGE 85, 191 (207); 87, 234 (258).

[45] Empfehlung der Gemeinsamen Verfassungskommission, BT-Drs. 12/6000, 49 ff.

[46] BVerfGE 84, 9 (17); VGH München NJW 1988, 1405; s. näher Kirchhof in Isensee/Kirchhof StaatsR-HdB VIII § 181; Sachs in Isensee/Kirchhof StaatsR-HdB VIII §§ 182 f.; J. Hofmann, Das Gleichberechtigungsgebot des Art. 3 II GG in Rechtsprechung und Lehre, 1986; Slupik, Die Entscheidung des Grundgesetzes für Parität im Geschlechterverhältnis, 1988.

[47] S. dazu auch die Informationen unter https://www.bmfsfj.de/bmfsfj/service/gesetze (zuletzt abgerufen am 14.3.2024).

Das **absolute Differenzierungsverbot** des Art. 3 III GG verbietet, wie sich aus dem Wortlaut ergibt („wegen"), nur die bezweckte Benachteiligung und Bevorzugung, nicht aber einen Nach- oder Vorteil, der die Folge einer ganz anders beabsichtigten Regelung ist.[48] 24

Beispiele: Es ist rechtmäßig, auf nationale Minderheiten (Art. 6 SächsVerf) sowie bei der Bestellung eines Richters auf seine Sprache, eines Lehrers an einer konfessionellen Schule auf seinen Glauben Rücksicht zu nehmen.[49] Hingegen verstößt die Ungleichbehandlung von Mann und Frau bei der Nachtarbeit gegen Art. 3 III GG, weil die mit der Nachtarbeit verbundenen Probleme nicht geschlechtsbezogen sind.[50]

3. Rechtliche Verschiedenheiten auf Grund des Bundesstaatsprinzips

Eine verwaltungsrechtliche Ungleichbehandlung kann auch auf Grund der verwaltungsorganisatorischen bundesstaatlichen Ausgestaltung gerechtfertigt sein.[51] Das Leitbild der Einheitlichkeit der Lebensverhältnisse steht einer rechtlichen Unterschiedlichkeit nicht entgegen. 25

Beispiel: Art. 28 I und II GG gestatten die rechtliche Vielfalt und damit Unterschiedlichkeit für die Länder und die Gemeinden,[52] die unterschiedliche Rechtstellungen der davon Betroffenen zur Folge haben können.

4. Rechtliche Verschiedenheiten auf Grund des Lebensalters

Ungleichheiten ergeben sich auf vielfache Weise aufgrund des Lebensalters. Dabei wird teilweise auf die pauschale Festlegung einer Altersgrenze verzichtet und auf den Einzelfall abgestellt. Derartige Normierungen sind in besonderem Maße geeignet, die Individualgerechtigkeit zu verwirklichen. Teilweise bestehen keine ausdrücklichen Altersgrenzen. Dann ist anhand der anerkannten Auslegungsmethoden (→ § 28 Rn. 26 ff.) festzustellen, ob ein bestimmtes Recht ab einem bestimmten Lebensalter zusteht (zB das Petitionsrecht). Auslegungsmaßstab kann insbesondere der Entwicklungsstand bzw. die wachsende Fähigkeit zu selbstständigem, verantwortungsvollem Handeln sein (§ 8 SGB VIII). 26

Das Lebensalter spielt insbesondere eine Rolle bei der Wahrnehmung von Grundrechten, für die grundsätzlich keine festen Altersgrenzen bestehen. Hier gewinnt die Frage nach der **Grundrechtsmündigkeit** auch im Verwaltungsrecht an Relevanz, wobei teilweise auf das Kriterium der **Einsichtsfähigkeit** (dynamische Altersgrenze) abgehoben wird.[53] Rechtsstaatlich betrachtet handelt es sich bei der Aufrichtung von Altersgrenzen jeweils um Grundrechtseinschränkungen, die einer Rechtfertigung bedürfen.[54] 27

---

48 BVerfGE 75, 40 (70); allgemein Beaucamp DVBl 2002, 997.

49 ZB BVerwGE 19, 252 betr. mangelnde Eignung eines Lehrers an einer Bekenntnisschule wegen seiner konfessionellen Haltung; BVerfGE 39, 368.

50 BVerfGE 85, 191 (207).

51 Näher Kirchhof in Isensee/Kirchhof StaatsR-HdB VIII § 181 Rn. 34.

52 BVerfGE 33, 224 (231); Fastenrath JZ 1987, 170 ff.

53 H. Dreier in Dreier, GG, 2. Aufl., Vorb. Rn. 73; BVerfGE 10, 302; 19, 93 (110); HessStGH DÖV 1966, 52; Fehnemann, Die Innehabung und Wahrnehmung von Grundrechten im Kindesalter, 1983; Roell, Die Geltung der Grundrechte für Minderjährige, 1984; C. R. Meyer, Die Stellung des Minderjährigen im öffentlichen Recht, 1988.

54 Sachs, GG, 6. Aufl., Vor Art. 1 Rn. 76.

ab Geburt	Allgemeiner Beginn der Grundrechtsfähigkeit und der verwaltungsrelevanten Rechtsfähigkeit (→ § 32 Rn. 7), Recht auf Förderung in einer Einrichtung oder in Kindertagespflege, wenn u. a. die Erziehungsberechtigten einer Erwerbstätigkeit nachgehen (§ 24 I SGB VIII).
ab 1 Jahr	Anspruch auf frühkindliche Förderung in einer Tageseinrichtung oder in Kindertagespflege (§ 24 II SGB VIII)
ab 3 Jahren	Anspruch auf Förderung in einer Tageseinrichtung (§ 24 III SGB VIII[55]);
ab 5 Jahren	Einwilligung der Kinder bei bestimmten Namensführungen (§§ 1617a c, 1618 BGB)
ab 6 Jahren	Beginn der allgemeinen Schulpflicht (§ 64 NdsSchG; § 35 NRWSchulG; Art. 37 BayEUG; § 73 BWSchG; § 27 SächsSchulG; § 58 HSchG ua Landesgesetze), Besuch für Kinder dieses Alters freigegebener Filme (§ 11 JuSchG[56])
ab 7 Jahren	Beschränkte Geschäftsfähigkeit (§ 106, §§ 112, 113 BGB[57]) und beschränkte Deliktsfähigkeit (§ 828 BGB)
ab 8 Jahren	Ende der Pflicht, mit Fahrrädern Gehwege zu benutzen. Kinder bis zum vollendeten zehnten Lebensjahr dürfen mit Fahrrädern Gehwege benutzen (§ 2 V StVO)
ab 10 Jahren	Anhörung gem. § 3 II 4 KErzG
ab 12 Jahren	kein Wechsel des Bekenntnisses gegen den Willen des Kindes (§ 5 KErzG), Fischereischein kann nach Landesrecht erteilt werden (ua § 10 II HmbFAnG), Kinder dürfen angeschnallt in Kraftfahrzeugen ohne Rückhalteeinrichtung sitzen (§ 21 Ia StVO), Besuch für Kinder dieses Alters freigegebener Filme (§ 11 JuSchG)
ab 13 Jahren	Leichte Arbeitstätigkeit zulässig (§ 2 KinderarbeitsschutzVO[58])
ab 14 Jahren	Bestimmung des religiösen Bekenntnisses (§ 5 KErzG[59]), selbstständiges Beschwerderecht gem. § 60 FamFG, Anhörung des Kindes in Sorgerechtsverfahren (§ 159 FamFG), bis einschl. 17 Jahren „Jugendlicher“ iSd JuSchG, § 1 I JuSchG, Straffähigkeit als „Jugendlicher“ (§ 1 JGG), unbeschränkte Polizeipflichtigkeit (§ 14 II SächsPBG; § 4 II NRWPolG; Art. 7 II BayPAG; § 6 II HSOG; § 6 II NdsPOG; zT ab 16 Jahren: § 6 II BWPolG), Recht auf Erteilung eines Führungszeugnisses (§ 30 BZRG), eingeschränkte ordnungswidrigkeitenrechtliche Verantwortlichkeit (§ 12 OWiG), selbstständige Entscheidung bei Änderung des Ehenamens der Eltern (§ 1617c BGB); Jugendlicher im Sinne des § 7 I SGB VIII; Einwilligung des Kindes in die Adoption (§ 1746 I BGB)
ab 15 Jahren	Führen von Kraftfahrzeugen, soweit keine besondere an ein bestimmtes Alter gebundene Fahrerlaubnis erforderlich ist (§ 10 III FeV). Das trifft für Mofas zu (§§ 4 f. FeV).
ab 16 Jahren	Ehemündigkeit mit Zustimmung des Familiengerichts (§ 1303 II BGB), Personalausweispflicht (§ 1 PAuswG), Zeugeneid (§ 393 ZPO), Erleichterungen nach dem JuSchG (freier Filmbesuch, Rauchen in der Öffentlichkeit, Tanzveranstaltungen und Gaststättenbesuch bis 24 Uhr), Führerschein Klasse A 1, L und T (§ 10 FeV), Jugendjagdschein kann erteilt werden (§ 16 BJagdG), Berechtigung zu ehrenamtlicher Tätigkeit (z. B. § 18 II RhPfGemO),

55 Sa OVG, NVwZ-RR 1998, 435.

56 S. allgemein C. R. Meyer, Die Stellung des Minderjährigen im öffentlichen Recht, 1988; Robbers, DVBl. 1987, 709.

57 Dazu aus der Sicht der Handlungsfähigkeit Minderjähriger Nolting-Hauff, Gebote zum Schutz Minderjähriger und ihre Verwirklichung im Verwaltungsrecht, 1998, S. 68 ff.

58 VO v. 23.6.1998, BGBl. I 1508.

59 KG, NJW 1978, 2439; rpOVG, DÖV 1981, 586; BVerwGE 68, 17; krit. FS Obermayer/Würtenberger, S. 113 ff.

	beschränkte Testierfähigkeit (§ 2229 I BGB), Anordnung der Feuerbestattung je nach Landesrecht, Wahlrecht zu Sozialwahlen (§ 50 I SGB IV), Wahlberechtigung zum Betriebs- und Personalrat (§ 7 BetrVG, § 14 I BPersVG), Wahlrecht zu bestimmten Kommunalwahlen (s. etwa § 48 I Nr. 1 NdsKomVG[60] und § 42 I NRWGO iVm § 7 NRWKWahlG)
ab 17 Jahren	Ableistung der Wehrpflicht auf Antrag mit Zustimmung des gesetzlichen Vertreters (§ 5 I 5 WehrpflG – zur Zeit ausgesetzt, § 2 WehrpflG), Wehrerfassung (§ 15 VI WehrpflG), Führerschein Klasse B, BE (§ 10 I FeV), Begleitetes Fahren aufgrund § 6e StVG, § 48a FeV,
ab 18 Jahren	(= junger Volljähriger, junger Mensch – § 7 I SGB VIII), Volljährigkeit (§ 2 BGB), Geschäftsfähigkeit, Prozessfähigkeit (§ 51 I ZPO; § 62 VwGO), Wahlberechtigung zu den Volksvertretungen und Erwerb des Bürgerrechts (Art. 38 II GG; Art. 31 II NRWVerf; Art. 4 II SächsVerf; § 14 I BWGemO; § 30 HSOG), Wählbarkeit in bestimmte Volksvertretungen (Art 14 II BayVerf), Wählbarkeit als Bürgermeister (Art. 39 BayGLKrWG), Verpflichtung zur Übernahme kommunaler Ehrenämter (§ 28 NRWGO; Art. 19 BayGO; § 15 I BWGO; § 17 SächsGO; § 21 I HGO), Wählbarkeit in Volksvertretungen (Art. 38 II GG; 41 II SächsVerf; § 28 I BWGemO; § 49 NdsKomVG; § 31 SächsGO; § 32 HGO), Aktives und passives Kommunal- und Europa-Wahlrecht innerhalb der Gemeinschaft im Rahmen der Unionsbürgerschaft (Art. 22 AEUV), Wählbarkeit in Organe der Sozialversicherung (§ 51 I SGB IV), Handlungsfähigkeit im Verwaltungsverfahren (§ 12 I Nr. 1 VwVfG; § 11 Abs. 1 Nr. 1 SGB X; § 79I AO), Handlungsfähigkeit nach dem Aufenthaltsgesetz (§ 80 AufenthG) und nach dem Asylgesetz (§ 12 AsylG) Recht auf Nutzung von Sonnenbänken (§ 4 G. zum Schutz vor nichtionisierenden Strahlen bei der Anwendung am Menschen (NiSG),[61] Zeugeneid (§ 60 StPO), Straffähigkeit als „Heranwachsender" (§ 1 JGG), Strafantragsberechtigung (§ 77 III StGB), Uneingeschränkte ordnungswidrigkeitenrechtliche Verantwortlichkeit (§ 12 OWiG), Volle Ehemündigkeit (§ 1303 BGB), Ende des Jugendschutzes (§§ 1, 2 JuSchG), Fahrerlaubnis Klasse A 2, B, BE, C und CE nach stufenweisem Zugang, C 1, C 1 E, D, DE nach stufenweisem Zugang (§ 10 I FeV), Wählbarkeit zum Betriebs- und Personalrat (§ 8 BetrVG, § 15 BPersVG), Beginn der Wehrpflicht (Art. 12a I GG; § 1 I WehrpflG – zur Zeit ausgesetzt – § 2 WehrpflG), Jagdschein und Fischereischein können nicht wegen Alters versagt werden (§ 17 II BJagdG), Waffenbesitzkarte und Munitionsschein können nicht wegen Alters versagt werden (§ 4 I WaffG), Bestimmungen des religiösen Bekenntnisses in Bayern (Art. 137 BayVerf; Art. 125 GG)
ab 21 Jahren	Führerschein Klasse C, CE, D, D 1, DE nach stufenweisem Zugang (§ 10 I FeV), volle Straffähigkeit (§ 10 StGB), beschränkte Adoptierungsfähigkeit (§ 1743 BGB)
ab 24 Jahren	Führerschein Klasse A, § 10 I FeV,

60 Krit. dazu FS für Roellecke, 1997/Mußgnug, S. 165 ff.
61 BVerfG, GewArch 2012, 115.

ab 25 Jahren	Fähigkeit, Schöffe zu werden (§ 33 GVG), Todeserklärung wegen Verschollenheit (§ 3 II VerschG), Adoptierungsfähigkeit (§ 1743 BGB)
ab 30 Jahren	Fähigkeit, Handelsrichter zu werden (§ 109 I GVG)
ab 35 Jahren	Fähigkeit, Mitglied der oberen Bundesgerichte zu werden (§ 125 II GVG; § 15 III VwGO)
ab 40 Jahren	Fähigkeit, Bundespräsident (Art. 54 I 2 GG) oder Mitglied des Bundesverfassungsgerichts zu werden (§ 3 BVerfGG)
ab 45 Jahren	Regelmäßiges Ende der Wehrpflicht (§ 3 II, III WehrpflG – zur Zeit ausgesetzt – § 2 WehrpflG), Höchstaltersgrenze für die Beantragung von Ausbildungsförderung (§ 10 BAföG)
mit 62 Jahren	Ende der Wehrpflicht für Offiziere und Unteroffiziere (§ 3 IV WehrpflG – zur Zeit ausgesetzt), Altersgrenze für Polizeivollzugsbeamte (§ 5 I BPolBG), Altersgrenze der Berufssoldaten (§ 45 SoldatenG)
ab 63 Jahren	Versetzung in den Ruhestand auf Antrag ohne Nachweis der Dienstunfähigkeit (§ 52 III BBG)
ab 65 Jahren	Recht zur Ablehnung der Übernahme eines Ehrenamtes (§ 18 I SächsGemO)
mit 67 Jahren	Regelmäßige Altersgrenze für Eintritt des Beamten in den Ruhestand (§ 51 BBG)
mit 70 Jahren	Höchstgrenze bei Hinausschiebung der Altersgrenze im Einzelfall (§ 53 I BBG), Ende der Fähigkeit, Schöffe zu werden (§ 33 GVG), Höchstalter für die Tätigkeit als Notar (§ 48a BNotO).

5. Rechtliche Verschiedenheiten auf Grund der Staatsangehörigkeit

a) Rechtsstellung von Staatenlosen und heimatlosen Ausländern

28 Die Rechtsstellung von **Staatenlosen** richtet sich nach dem Gesetz zu dem New Yorker Übereinkommen v. 28.9.1954 über die Rechtsstellung der Staatenlosen v. 12.4.1976. Es sieht eine partielle Gleichbehandlung der Staatenlosen mit Inländern vor (Inländergleichbehandlung), die sich ua auf die Religionsausübung, den Schulunterricht, die soziale Sicherheit, das Arbeitsrecht (Aufnahme unselbstständiger Erwerbstätigkeiten), den gewerblichen Rechtsschutz und Urheberrechte, den Rechtsschutz sowie die Gesetzesbefolgungs- und Abgabenpflicht erstreckt. Hingegen besteht lediglich eine Gleichbehandlung mit Ausländern (Ausländergleichbehandlung) für die Aufnahme einer selbstständigen Erwerbstätigkeit, den Eigentumserwerb, die Vereinigungsfreiheit und das weiterführende Schulwesen. Gleichzeitig wird die Einbürgerung erleichtert.[62] Dieser Status wird durch Art. 67 II 2 AEUV überformt, der ua hinsichtlich der Einwanderungspolitik und der Kontrolle an Außengrenzen Staatenlose den Drittstaatsangehörigen gleichstellt.

29 Ferner sind **heimatlose Ausländer** durch das Gesetz über die Rechtsstellung heimatloser Ausländer im Bundesgebiet v. 25.4.1951 (HAuslG)[63] den deutschen Staatsangehörigen weitgehend gleichgestellt (§§ 3 ff. HAuslG). Außerdem ist eine Einbürgerung möglich (§ 21 HAuslG).

[62] BVerwG DVBl 1994, 526.
[63] BGBl. I 269.

b) Rechtsstellung von Unionsbürgern

Das Unionsrecht stellt die Angehörigen der Mitgliedstaaten weitgehend den **Inländern** gleich (s. § 1 II AufenthG; und schon → § 32 Rn. 16 ff.). Verfassungsrechtlich ist nach wie vor umstritten, ob die Begrenzung des **Art. 12 I GG (Berufsfreiheit)** auf Deutsche bei Unionsbürgern anderer Staaten zu modifizieren ist, und zwar wegen Art. 18 Abs. 1 AEUV.[64] Gegen eine Ausweitung des Art. 12 I GG spricht allerdings der Wortlaut der Norm, zumal Art. 2 I GG subsidiär einschlägig ist, der außerdem auch unionsrechtskonform interpretiert werden kann. 30

– Art. 18 AEUV verbietet **Diskriminierungen** aus Gründen der Staatsangehörigkeit. Umstritten ist, ob EU-Recht eine Inländerungleichbehandlung **(discrimination à rebours)** verbietet, dh ob an Inländer strengere Anforderungen gestellt werden dürfen als an Ausländer. Verfassungssystematisch und teleologisch wollen die Primärverträge nur grenzüberschreitende Sachverhalte regeln. Dann entfällt auch ein Verstoß.[65] 30a

– Art. 26 II AEUV gewährleistet ua den **freien Verkehr von Personen und Dienstleistungen,** dessen Ausprägungen durch die Dienstleistungs-RL konkretisiert wird. Für das nationale Verwaltungsrecht ist aber die Beschränkung des Art. 45 IV AEUV zu beachten. Danach findet die Freizügigkeit der Arbeitnehmer keine Anwendung auf die **Beschäftigung in der öffentlichen Verwaltung.** Der sachliche Anwendungsbereich dieser Bestimmung ist umstritten. Die Beamtengesetze enthalten eine **Öffnungsklausel** für Angehörige der Mitgliedstaaten (s. etwa § 7 BBG). 31

– Art. 20 AEUV begründet die **Unionsbürgerschaft,** die zwischen Marktbürgerschaft und Staatsbürgerschaft angesiedelt ist und zur nationalen Staatsbürgerschaft hinzutritt. Sie ist gegenwärtig nur ansatzweise ausgebildet und erstreckt sich nach Art. 20 II AEUV auf die Freizügigkeit, auf das Wahlrecht zu dem Europäischen Parlament[66] und den Kommunalwahlen, diplomatischen und konsularischen Schutz sowie das Petitionsrecht.[67] Die Freizügigkeit kann aus Gründen der **öffentlichen Ordnung, Sicherheit oder Gesundheit** beschränkt werden (Art. 45 III, 52 I, 62, 72 AEUV). 32

c) Rechtsstellung von Ausländern

Für andere Angehörige fremder Staaten gilt das **Ausländerrecht,** das seinen Niederschlag vor allem im **Aufenthaltsgesetz** gefunden hat. Es wird durch zahlreiche Durchführungsbestimmungen und Vorschriften in Spezialgesetzen sowie völkerrechtliche (zB EMRK) und unionsrechtliche Abkommen ergänzt. Entsprechend völkerrechtlicher Vereinbarungen und Gepflogenheiten klammert § 1 II AufenthG die Mitglieder diplomatischer und konsularischer Vertretungen aus dem persönlichen Anwendungsbereich des Ausländerrechts aus. Im Rahmen der Vergemeinschaftung 33

[64] BeckOK GG/Ruffert, 57. Ed. 15.1.2024, GG Art. 12 Rn. 35.

[65] BVerwG DVBl 1970, 627; EuGH EuZW 1991, 349 und EuZW 1993, 106; BVerwGE 90, 142; OVG Münster EuZW 1990, 198; s. ferner Kewenig JZ 1990, 20 (23); König AöR 118 (1993), 591 ff.; Calliess/Ruffert/Brechmann, 4. Aufl. 2011, AEUV Art. 45 Rn. 42.

[66] G. v. 16.6.1978, BGBl. I 709.

[67] Näher Fischer EuZW 1992, 566; Degen DÖV 1993, 749.

des Ausländerrechts sehen Art. 67 und 79 AEUV die Entwicklung einer einheitlichen **Einwanderungspolitik** vor. Sie erstreckt sich ua auf die Einreise- und Aufenthaltsvoraussetzungen sowie auf Normen für die Verfahren zur Erteilung von Visa für einen langfristigen Aufenthalt sowie das in Art. 78 AEUV normierte europäische Asylsystem zur Beantragung von Asyl. Aktuell ist eine Reform der EU-Asylvorschriften auf den Weg gebracht, mit denen das **„Gemeinsame Europäische Asylsystem (GEAS)“** modernisiert wird.[68]

34 Ausländer unterliegen der Gebiets-, nicht aber der Personalhoheit des Staates. Sie haben also **keine politischen Rechte und Pflichten.**[69] Insbesondere können sie nicht an Wahlen teilnehmen, weil sie nicht Teil des Staatsvolkes iSd Art. 20 II 1 GG sind.[70] Ihre politische Betätigung kann eingeschränkt oder untersagt werden (§ 47 AufenthG). Sie ist zu untersagen, wenn sie die freiheitliche demokratische Grundordnung oder die Sicherheit der Bundesrepublik gefährdet. Ausländer genießen die nicht Deutschen vorbehaltenen Grundrechte, den Schutz von Leben, persönlicher Gewissens-, Glaubens- und Meinungsfreiheit, des Eigentums und des gerichtlichen Rechtsschutzes wie die Inländer (→ § 33 Rn. 28)). Sie unterliegen in der Regel dem Schul- und Sozialversicherungsrecht und haben Anspruch auf Sozialleistungen.

35 Ausländer unterliegen einer Ausweispflicht (§§ 3, 48 AufenthG). Sie bedürfen für ihren Aufenthalt eines **Aufenthaltstitels,** der als Visum, Aufenthaltserlaubnis oder Niederlassungserlaubnis erteilt wird (§§ 4 ff. AufenthG). Dieses abgestufte System von Aufenthaltstiteln bezweckt eine differenzierte Sicherheit hinsichtlich des Aufenthaltsrechts. Der Aufenthaltstitel ist in der Regel vor der Einreise einzuholen (§ 4 I AufenthG). Soweit kein Anspruch auf die Aufenthaltserlaubnis besteht, kann sie aus verschiedenen Gründen versagt werden (§§ 7 ff. AufenthG). Die Aufenthaltserlaubnis gilt zwar für das gesamte Bundesgebiet, sie kann aber grundsätzlich räumlich beschränkt, befristet, mit Bedingungen und mit Auflagen versehen werden (§§ 12 ff. AufenthG). Die Aufenthaltserlaubnis erlaubt den Aufenthalt ohne Bindung an einen bestimmten Aufenthaltszweck (§§ 7, 9 AufenthG). Ausländer können frei ausreisen. Die Ausreise kann untersagt werden, um zu verhindern, dass sich der Betreffende einer Unterhaltspflicht oder der Strafverfolgung entzieht (§ 48 AufenthG iVm §§ 7, 10 PassG).

36 Die **Berufsfreiheit für Ausländer** ist nur durch Art. 2 I GG gewährleistet. Deshalb können im Rahmen der verfassungsmäßigen Ordnung ausländerrechtliche Beschränkungen der Berufsaufnahme und -ausübung erlassen werden. Wer als Ausländer eine Erwerbstätigkeit anstrebt, bedarf einer Aufenthaltserlaubnis zur Ausübung einer unselbstständigen Beschäftigung (§§ 18 ff. AufenthG) oder einer solchen zum Ausüben einer selbstständigen Erwerbstätigkeit (§ 21 AufenthG) oder einer Niederlassungserlaubnis. Er benötigt ferner eine Erlaubnis der Bundesagentur für Arbeit (§ 39 I AufenthG). Eine Niederlassungserlaubnis ist zu erteilen, wenn die Voraussetzungen des § 9 AufenthG erfüllt sind. Auf diese Weise kann die Beschäftigung von Ausländern iSv § 1 I AufenthG bedarfsgerecht gesteuert werden.

[68] Aktueller Stand abrufbar unter https://www.consilium.europa.eu/de/policies/eu-migration-policy/eu-migration-asylum-reform-pact (zuletzt abgerufen am 14.3.2024).

[69] Näher D. Breer, Die Mitwirkung von Ausländern an der politischen Willensbildung in der Bundesrepublik, 1982.

[70] BVerfGE 83, 37 (50 ff., 60, 71 ff.).

Eine **Ausreisepflicht** besteht, wenn der Ausländer die Aufenthaltserlaubnis nicht oder nicht mehr besitzt. Das ist insbesondere bei einer Ausweisung der Fall. Sie wird ausgesprochen, wenn der Aufenthalt die öffentliche Sicherheit und Ordnung oder sonstige erhebliche Interessen der Bundesrepublik beeinträchtigt (§§ 53 ff. AufenthG). 37

Für Ausländer, die Schutz als **politisch Verfolgte** nach Art. 16a GG suchen, gilt das Asylrecht, das grundlegend in Art. 67 II und 78 AEUV normiert sowie vornehmlich im AsylG konkretisiert ist. Asylberechtigte genießen grundsätzlich den Status nach dem Abkommen über die Rechtsstellung der Flüchtlinge (Genfer Flüchtlingskonvention) v. 28.7.1951 (Art. 18 EU-GRCh; § 2 I AsylG). Mit der Asylnachsuche ist die Aufenthaltsgestattung verbunden, die räumlich beschränkt ist und mit Auflagen versehen werden kann (§ 55 I AsylG). Die Gestattung erlischt, wenn der Ausländer zurückgewiesen oder abgeschoben wird (§ 67 I AsylG). 38

6. Rechtliche Verschiedenheiten aus anderen Gründen

– Hinsichtlich des **Geschlechts:** 39
– Mutterschutz für Beamtinnen (§ 79 BBG),
– Wehrpflicht nur für Männer (Art. 12a GG);
– Hinsichtlich der bürgerlichen Ehre:
– Die bürgerlichen Ehrenrechte (Wahlrecht) können nur durch richterliches Urteil für fünf Jahre aberkannt werden (§ 45 StGB). Das Gleiche gilt für die Unfähigkeit zur Bekleidung öffentlicher Ämter;
– Hinsichtlich der Volkszugehörigkeit:
– Schutz und Förderung der Bürger sorbischer Volkszugehörigkeit (Art. 6 SächsVerf).

7. Gleichheit und aktive Statusrechte

Auf die aktiven Statusrechte (→ § 32 Rn. 22), insbesondere die staatsbürgerlichen Grundrechte wirkt sich das Gleichheitsgebot ua insofern aus, als 40
– das **aktive und das passive (subjektive) Wahlrecht** der Deutschen nicht nur zum Europaparlament, zum Bundestag, zu den Landtagen, zu den Kreis- und Gemeinderäten einschließlich der Unionsbürger (Art. 20 II, 28 I 2 und 3 GG), sondern auch in allen anderen öffentlichen Personalkörperschaften gleich sein muss (Stimmengleichheit).
– jeder Deutsche **gleichen Zugang zu jedem öffentlichen Amt** haben muss. Dieses subjektive Recht wird freilich besonders stark relativiert durch unionsrechtliche Vorgaben, durch seine Abhängigkeit von der Eignung, der Befähigung, der sachlichen Leistung (Art. 33 II GG) und für Beamte durch die Pflicht zum Eintreten für die freiheitliche demokratische Grundordnung (§ 60 I BBG; § 33 I BStG).[71]

VII. Grundpflichten und Verwaltungsrecht

Neben den verwaltungsrechtserheblichen Freiheits- und Gleichheitsrechten der Zivilpersonen stehen die **Grundpflichten.** Zwar kennt das Grundgesetz nur einen Abschnitt „Grundrechte“ und auch die EU-GRCh sowie die EU-Primärverträge kennen ausschließlich Rechte, wenn man von Grundrechtseinschränkungen absieht. Die Ver- 41

[71] BVerfGE 7, 398 u. Tietgen FS DJT II, 352 ff.

fassung spricht aber an mehreren Stellen von Pflichten und staatsbürgerlichen Pflichten. Die rudimentäre Normierung darf jedoch nicht übersehen, dass auch verfassungsrechtlich festgelegte oder als selbstverständlich vorausgesetzte Grundpflichten das Fundament des erörterten Verwaltungsrechtsverhältnisses (→ § 32 Rn. 32 ff.) zwischen Zivilperson und Verwaltung bilden und Ausdruck der **Bürgerverantwortung** und des **Pflichtenstatus** (→ § 32 Rn. 14 ff.) sind. Die Landesverfassungen sehen teilweise Kapitel mit der Überschrift „Grundrechte und Grundpflichten" vor (s. etwa Art. 98 ff. BayVerf).[72] Dabei kommt dem Verwaltungsrecht die Aufgabe zu, die verfassungsrechtlichen Grundpflichten zu konkretisieren. Staat und Verwaltung sind auf die Befolgung der Grundpflichten meistens angewiesen, weil andernfalls eine ordnungsgemäße Aufgabenerfüllung nicht gewährleistet wäre.[73] Eine umfassende Erörterung der Grundpflichten ist im Rahmen eines Lehrbuches des Verwaltungsrechts nicht möglich.[74] Deshalb beschränken sich die nachfolgenden Ausführungen auf eine Skizzierung des Befundes unter Hinweis auf die verwaltungsrechtliche Relevanz der einzelnen Grundpflichten.[75]

42 **Friedenspflicht.** Sie ist in Art. 8 II und 20 IV GG angelegt und verlangt, dass Auseinandersetzungen ohne Gewalt ausgetragen und die üblichen Schlichtungsinstrumente beansprucht werden. Sie ist insofern die Kehrseite des staatlichen Gewaltmonopols.[76]

42a **Abgabenpflicht.** Sie ist im Finanzverfassungssystem des GG angelegt und kann als ungeschriebener Verfassungsrechtssatz angesehen werden. Sie verlangt die Zahlung von Steuern, Gebühren, Beiträgen und Sonderabgaben (Art. 123 BayVerf) und wird durch entsprechende Gesetze konkretisiert (→ § 42 Rn. 15 ff.).

42b **Ehrenämterpflicht.** Sie verlangt die Übernahme von bestimmten Verwaltungsämtern, die unterschiedlich motiviert sind (Art. 121 BayVerf) und wird etwa durch Gemeindeordnungen konkretisiert.

42c **Schulpflicht.** Sie verlangt den Besuch bestimmter elementarer Schulen (zB Art. 129 BayVerf) und wird durch Schulgesetze konkretisiert. Umstritten ist, ob Art. 7 GG die Schulpflicht einschließt.

42d **Wehrpflicht oder Ersatzdienstpflicht.** Diese Pflichten verlangen von Männern den Dienst in den Streitkräften oder in einer Ersatzdiensteinrichtung (Art. 12a GG).[77] Die Pflicht wird zB durch das Wehrpflichtgesetz konkretisiert, das aber gegenwärtig ausgesetzt ist.

43 Entsprechend der Differenzierung nach allgemeinen und besonderen Verwaltungsrechtsverhältnissen (→ § 32 Rn. 14 ff.) existieren auch besondere Grundpflichten. Für das Verwaltungsrecht sind die **beamtenrechtliche Treuepflicht** (Art. 33 IV GG) und die Pflicht zur **Unparteilichkeit** (zB Art. 92 I SächsVerf) die wichtigsten.

---

72 S. auch H. Bauer, Geschichtliche Grundlagen der Lehre vom subjektiven Recht, 1986, S. 165.
73 Randelzhofer Merten/Papier Grundrechte-HdB II § 37 Rn. 65.
74 Näher Stern, Staatsrecht III/2, § 88 mwN; Schmidt, Grundpflichten, 1999.
75 S. näher Randelzhofer Merten/Papier Grundrechte-HdB II § 37 Rn. 12 und Rn. 29 ff.
76 Isensee FS Eichenberger, 1982, 23 (26).
77 BVerfGE 48, 161.

§ 34. Organisationen als Rechtssubjekte

Schrifttum: Grundgesetz-Kommentare zu Art. 19 GG; Barden, Grundrechtsfähigkeit gemischt-wirtschaftlicher Unternehmen: eine verfassungs- und europarechtliche Untersuchung unter besonderer Berücksichtigung der Deutschen Post AG, 2002; Bethge, Die Grundrechtsberechtigung juristischer Personen nach Art. 19 Abs. 3 GG, 1985; Ehlers, Verwaltung in Privatrechtsform, 1984; Poschmann, Grundrechtsschutz gemischt-wirtschaftlicher Unternehmen. Ein Beitrag zur Bestimmung des personellen Geltungsbereichs der Grundrechte unter besonderer Berücksichtigung der Privatisierung öffentlicher Aufgaben, 2000; Zimmermann, Der grundrechtliche Schutzanspruch juristischer Personen des öffentlichen Rechts, 1993.

I. Nichtrechtsfähige und rechtsfähige Rechtssubjekte

1. Rechtssubjekte als Zuordnungs- und Zurechnungssubjekt

Das positive Recht kann auch **Organisationen** als Rechtssubjekte ansprechen und behandeln, wenn kraft dieser Organisation bestimmte Menschen als Organwalter berechtigt und verpflichtet werden, die durch die Organisation zu verfolgenden Interessen und die dabei zu befolgenden Pflichten wahrzunehmen. 1

Den Trägern dieser Interessen werden dann mindestens bestimmte **Rechtsfolgen des Organwalterverhaltens** zugeordnet. Dadurch wird die durch die Organisation geschaffene soziale Einheit auch rechtlich als Einheit anerkannt. Soweit dies nur in einigen besonderen Rechtssätzen geschieht, ist die Organisation ein nicht-rechtsfähiges Rechtssubjekt. Die Rechtsordnung kann auch eine organisierte soziale Einheit fester zusammenschließen, nämlich sie nicht nur in einzelnen besonderen Rechtssätzen, sondern allgemein als Zuordnungssubjekt behandeln, dem das Verhalten seiner Organwalter auch zugerechnet, dh als eigenes angesehen wird. Im Rechtssinne handeln dann weder die Organwalter noch die Interessenträger (zB die Mitglieder) als Personen, sondern es handelt rechtlich die organisierte Einheit. Und nur sie, nicht aber die Interessenträger werden unmittelbar berechtigt und verpflichtet. Organisationen, die den Tatbestand erfüllen, an den die positive Rechtsordnung solche allgemeine Pflicht- und Rechtssubjektivität knüpft, sind die rechtsfähigen sog. juristischen Personen. 2

2. Juristische Personen des Privatrechts und Personengesellschaften

Juristische Person des Privatrechts ist eine rechtsfähige organisierte Vereinigung natürlicher oder auch juristischer Personen (Körperschaft) oder eine Organisation zur Verwaltung einer Vermögensmasse (Stiftung), die ihre Individualität als rechtsfähiges Rechtssubjekt der Privatautonomie verdankt. Der dies anerkennende Staatsakt (Eintragung in ein Register) ist nicht Grund, sondern lediglich Wirksamkeitsbedingung der Rechtsfähigkeit. Die deutsche Rechtsordnung kennt nur eine begrenzte Zahl privatrechtlicher Organisationsformen als mögliche juristische Personen des Privatrechts. Sie können allerdings recht unterschiedlich ausgestaltet oder kombiniert sein. 3

Beispiele: Der eingetragene Verein, die Aktiengesellschaft, die Kommanditgesellschaft auf Aktien, die eingetragene Genossenschaft, die Gesellschaft mit beschränkter Haftung sowie die rechtsfähige Stiftung.

Juristische Personen des Privatrechts werden häufig zur Erledigung staatlicher, kommunaler oder anderer Verwaltungsaufgaben aus dem Kompetenzbereich des Gründers geschaffen und (oder) verwendet. Man spricht in diesem Zusammenhang von der **privatrechtlich organisierten Verwaltung.** Dabei handelt es sich um von der öf- 4 fentlichen Hand durch gesamte Innehabung (Organisationsprivatisierung), partielle Beteiligung (Mischbeteiligungen zwischen Staat und Privat hier auch Grenze zur materiellen Privatisierung) oder externe Einflusssicherung beherrschte selbstständige Rechtssubjekte, die unmittelbar oder mittelbar bestimmte öffentliche Verwaltungsaufgaben in privatrechtlicher Organisationsform erledigen (→ § 6 Rn. 6 ff.; → § 91 Rn. 1 ff.), die häufig als **öffentliche Unternehmen** in Erscheinung treten. Die Organisationsmotive sind unterschiedlicher Natur.[1]

Beispiele: Versorgungs- und Entsorgungsunternehmen als GmbH, Zweites Deutsches Fernsehen.[2]

5 Formal zu unterscheiden von den juristischen Personen des Privatrechts sind die im Privatrecht auch existierenden **Personengesellschaften.** Dies zeigt schon § 14 I BGB, nach dem Unternehmer eine natürliche oder juristische Person oder eine rechtsfähige Personengesellschaft sein kann. Aus dem Kreis der Personengesellschaften sind rechtsfähig insbesondere die rechtsfähige BGB-Gesellschaft (§ 705 II BGB) und die Personenhandelsgesellschaften sowie die Offene Handelsgesellschaft (OHG) oder die Kommanditgesellschaft (KG).[3] Umstritten ist, ob und inwieweit für die Verwaltung **Wahlfreiheit** zur Gründung privatrechtlicher Organisationsformen besteht. Ihre Rechtsverhältnisse unterliegen, sofern durch sie öffentliche Aufgaben erfüllt werden, dem (Verwaltungs-)Privatrecht (→ § 23 Rn. 6 ff.).[4]

3. Juristische Personen des öffentlichen Rechts

6 **Juristische Person des öffentlichen Rechts** ist eine rechtsfähige organisierte Vereinigung natürlicher oder auch juristischer Personen (Körperschaft), eine Organisation zu fremdnütziger Verwaltung einer Vermögensmasse (Stiftung) oder zur Führung eines Betriebes (Anstalt). Ihre Individualität als rechtsfähiges Rechtssubjekt verdankt sie nicht der Privatautonomie, sondern einem Spezialgesetz oder einem Staatsakt auf Grund eines typenbildenden Modellgesetzes, der dann Grund der Rechtsfähigkeit und ihrer rechtlichen Notwendigkeit ist. Juristische Personen des öffentlichen Rechts sind relativ selbstständige Verwaltungseinheiten und damit Glieder der **mittelbaren Staatsverwaltung.**

7 Mit der Errichtung einer juristischen Person des öffentlichen Rechts ist ihre **privatrechtliche Rechtsfähigkeit** mitgegeben, ohne dass es dafür noch eines besonderen, die private Rechtsfähigkeit verleihenden Staatsaktes bedarf. Damit haben die juristischen Personen des öffentlichen ebenso wie die des privaten Rechts die rechtliche Fähigkeit, fiskalische Geschäfte aller Art abzuschließen. Verwaltungsprivatrechtliche Rechtsgeschäfte sind jedoch rechtswidrig, sofern sie den gesetzlichen Aufgabenbereich („Zweck") überschreiten.[5]

8 Die juristischen Personen des öffentlichen Rechts sind (zusammen mit den **Beliehenen** – → § 90 Rn. 1 ff.) „Träger öffentlicher Verwaltung". Sie sind meist auch Träger hoheitlicher Gewalt, können idR in öffentlich-rechtlichen Satzungen objektives

[1] Wolff/Bachof/Stober/Kluth VerwR II, § 92 Rn. 35.
[2] BVerfGE 12, 205.
[3] S. dazu Eisenmenger GewArch 2023, 191 ff.
[4] BVerwG DÖV 1969, 430; 1974, 710.
[5] Zur Frage nach Unterlassungsansprüchen von Körperschaftsmitgliedern; BGHZ 20, 119; 52, 283 (286); BVerwGE 34, 69 (74 ff.); 59, 231 (237); 64, 115 (117); Burmeister VVDStRL 52 (1993), 190 (219 f.) mwN; Oldiges DÖV 1989, 873 ff.

Recht setzen und Beiträge erheben. Sie sind zumeist dienstherrnfähig und häufig mit Selbstverwaltungsrechten ausgestattet (s. näher Art. 28 II GG[6]). Manche dulden keinen freien Ein- und Austritt. Stets sind sie beschränkt auf die Verfolgung öffentlicher Zwecke und unterliegen der Aufsicht des Staates.[7]

II. Grundrechtsfähigkeit von Organisationen

1. Juristische Personen des und Personengesellschaften Privatrechts

Für **inländische juristische Personen** gelten die Grundrechte, die ihrem Wesen nach auf sie anwendbar sind (Art. 19 III GG).[8] Mit dieser Klausel erkennt das Grundgesetz prinzipiell die Grundrechtsträgerschaft von juristischen Personen an, die im Geltungsbereich Deutschland ihren Sitz, das heißt den Ort der Geschäftsführung und der Gesellschaftsorgane sowie den Schwerpunkt der Rechts- und Geschäftsbeziehungen haben. Die Verfassung trägt damit den modernen sozialen Anforderungen und Bedingungen Rechnung, unter denen eine freiheitliche Entfaltung ohne Einschaltung juristischer Personen kaum denkbar ist,[9] die letztlich auf der Privatautonomie (s. auch Art. 9 I GG) gründen und die Wirkkraft von Grundrechten verstärken.[10] Folglich können sich inländische juristische Personen grundsätzlich gegenüber der Verwaltung auf die Beachtung der Grundrechte berufen. Allerdings darf das personale Substrat nicht bis zur Bedeutungslosigkeit zurücktreten.[11] Deshalb ist die Einbeziehung juristischer Personen in den Schutzbereich der Grundrechte nur gerechtfertigt, wenn deren Bildung und Betätigung Ausdruck der freien Entfaltung der privaten natürlichen Person ist, insbesondere wenn der „Durchgriff" auf die hinter der juristischen Person stehenden Menschen es als sinnvoll und erforderlich erscheinen lässt.[12] Neben den eigentlichen juristischen Personen erfasst Art. 19 III GG auch die bereits erwähnten **Personengesellschaften.**[13] 9

Aus teleologischer Sicht ist es ferner angebracht, zur Abgrenzung auf **grundrechtstypische Gefährdungslagen** abzustellen, die auch bei juristischen Personen sowie Personengesellschaften des Privatrechts gegenüber Maßnahmen der Verwaltung gegeben sind und daher grundrechtlichen Schutz verlangen.[14] Dieser Gesichtspunkt spielt auch eine Rolle bei der Prüfung der Grundrechtsfähigkeit und damit der Schutzwürdigkeit öffentlicher Unternehmen. Befindet sich das öffentliche Unternehmen allerdings in staatlichem Alleineigentum, dann greift die Grundrechtsbindung.[15] 10

Ausländische juristische Personen sind von Art. 19 IV GG nur dann erfasst, wenn sie ihren funktionalen Sitz im Inland haben. Dies gilt nicht für juristische Person mit 11

[6] Dazu Kluth, Funktionale Selbstverwaltung, 1997.

[7] Zum Erfordernis legitimer öffentlicher Zwecke und zur Pflichtmitgliedschaft s. BVerfGE 32, 308; BVerfG NJW 1998, 3109 f.; BVerwGE 39, 100 (110); BVerwG NJW 1997, 814; GewArch 1998, 410 f.; 2002, 111 ff.; Kluth, Funktionale Selbstverwaltung, 1997, S. 275 ff.

[8] S. näher Sachs, 6. Aufl. 2011, GG Art. 19 Rn. 57 ff.

[9] BVerwGE 75, 109 (114); Rüfner FS 50 Jahre BVerfG, 2001, 55 ff.

[10] Tettinger in Merten/Papier Grundrechte-HdB II § 51 Rn. 25 ff.

[11] BVerfGE 50, 290.

[12] BVerfGE 39, 302 (312); 61, 82 (100); 68, 193 (205); 79, 1 (15); Ossenbühl FS Stern, 2012, 887 (889).

[13] BeckOK GG/Enders, 57. Ed. 15.1.2024, GG Art. 19 Rn. 35.

[14] H. Dreier in Dreier GG Art. 19 III Rn. 21; BVerfG DVBl 2003, 131 (134).

[15] BVerfG NJW 2011, 1201 ff.; s. zum Streitstand auch Hammer DÖV 2011, 761 ff. zur Eisenbahn des Bundes.

einem Sitz außerhalb Deutschlands, der innerhalb der EU liegt. Hier findet Art. 19 III GG Anwendung,[16] weil insoweit das traditionelle verfassungsrechtliche Verständnis in einem Spannungsverhältnis zu den Vorgaben des EU-Rechts steht.[17] Sie besitzen kraft Unionsrecht einen Gleichstellungsanspruch, der sich aus dem Anwendungsvorrang des Unionsrechts, dem unionsrechtlichen Gleichheitsgrundrecht iVm dem Diskriminierungsverbot sowie der Niederlassungsfreiheit (Art. 23 GG; Art. 18, 26 II, 49, 54 AEUV) ergibt.[18] Die vertraglich veranlasste Anwendungserweiterung des besonderen Schutzes juristischer Personen ist auch insofern gerechtfertigt, weil sie als wirtschaftliche Unternehmen den Binnenmarkt prägen und sich auf die Unternehmerfreiheit (Art. 16 EU-GRCh) berufen können.[19] Im Übrigen können ausländische juristische Personen auf Grund bilateraler Abkommen einer deutschen juristischen Person gleichgestellt werden.[20]

2. Juristische Personen der öffentlichen Hand

a) Ausgangslage

12 Aus der Formulierung, dass die Grundrechte auch für „inländische juristische Personen“ gelten können, ist nicht zu entnehmen, ob und inwieweit auch **juristische Personen der öffentlichen Hand** Grundrechtsträger sein können. Zur Veranschaulichung der Rechtsproblematik muss man sich vergegenwärtigen, dass es zwei Erscheinungsformen zu trennen gilt. Bund, Länder, Gemeinden, Kammern, wissenschaftliche Hochschulen usw sind juristische Personen des öffentlichen Rechts, die in dieser Eigenschaft gegenüber Zivilpersonen handeln oder ihre Verwaltungsaufgaben von juristischen Personen des Privatrechts (formelle Privatisierung oder Organisationsprivatisierung)[21] durchführen lassen können.

13 Der Wortlaut des Art. 19 III GG hilft nicht weiter. Entstehungsgeschichtlich und verfassungssystematisch gilt diese Bestimmung nicht für juristische Personen des Öffentlichen Rechts, weil deren Stellung an anderen Stellen (Art. 28, 83 ff. GG) normiert ist und Art. 1 III GG die Bindung der vollziehenden Gewalt an die Grundrechte anordnet. Da die öffentliche Hand somit **grundrechtsverpflichtet** ist, kann sie scheinbar nicht gleichzeitig grundrechtsfähig sein (sog. Konfusions- bzw. Identitätsargument).[22] Auch hinsichtlich der Organisationsprivatisierung spricht gegen die Grundrechtsfähigkeit die Erwägung, dass die öffentliche Hand nicht durch die Umwandlung in juristische Personen des Privatrechts die Grundrechtsfähigkeit erschleichen darf. Ein Betrieb, der materiell im Einflussbereich der öffentlichen Hand verbleibt, stellt nur eine besondere Erscheinungsform dar, in der öffentliche Verwaltung ausgeübt wird mit der Folge, dass diese Organisation hinsichtlich der Grundrechtsfähigkeit wegen des gesellschaftsrechtlichen Fassadecharakters sachlich nicht anders als der öffentlich-rechtlich organisierte Mutterträger behandelt werden darf (Fassadenargument).[23]

---

[16] BeckOK GG/*Enders*, 57. Ed. 15.1.2024, GG Art. 19 Rn. 36 f. m.w.N.
[17] Ludwigs JZ 2013, 434 ff.
[18] S. näher BVerfG NJW 2011, 3428 ff.
[19] BVerfG NJW 2011, 3428 ff.
[20] BGHZ 76, 387 (396); Degenhart EuGRZ 1981, 161 ff.
[21] Stober NJW 1984, 449 ff.
[22] S. auch BVerwGE 81, 1 (10) und näher krit. Schnapp in Merten/Papier Grundrechte-HdB II § 52; Püttner FS Stern, 2012, 563 ff.
[23] BVerfGE 45, 63 (80); BVerfG JZ 1990, 335 mAnm Kühne.

b) Differenzierung nach dem Grad der Abhängigkeit vom Staat

14 Diese Ausgangslage schließt aber nicht aus, den Grundrechtsschutz nach den zu erledigenden Aufgaben und Kompetenzen und nach dem Grad der rechtlichen Unabhängigkeit bzw. Distanziertheit vom Staat zu differenzieren.[24] Aus systematischen Erwägungen (Einheit der Rechtsordnung) und aus teleologischen Gründen ist auch bei der Interpretation darauf abzustellen, ob und inwieweit im Einzelfall eine **grundrechtstypische Gefährdungslage** anzunehmen ist.[25] Das ist dann zu bejahen, wenn die betroffene juristische Person mit ihrem Aufgabenbereich unmittelbar einem durch bestimmte Grundrechte geschützten privaten Lebensbereich zuzuordnen ist, welcher der Verwirklichung der individuellen Grundrechte der an dieser Institution teilhabenden Bürger dient.[26] Das ist im Bereich der staatsdistanzierten bzw. der weitgehend staatsunabhängigen Verwaltung der Fall, wobei auf die jeweilige Aufgabe bzw. Funktion abzustellen ist. Teilweise wird potenzieller Grundrechtsschutz auch aus der Schutzwürdigkeit der Organisation[27] oder demokratischer Mitgliedschaftsrechte abgeleitet, welche innerhalb der juristischen Person der Grundrechtsstärkung dienen sollen.[28]

Beispiele: Universitäten können sich auf Art. 5 III GG und landesverfassungsrechtliche Gewährleistungen,[29] Rundfunkanstalten auf Art. 5 I GG und landesverfassungsrechtliche Gewährleistungen,[30] Bund, Länder, Gemeinden und Handwerksinnungen als Tarifpartner (§ 54 III HwO) auf die Koalitionsfreiheit nach Art. 9 III GG berufen.[31] Ferner gelten die Verfahrensgrundrechte für juristische Personen des Öffentlichen Rechts.[32]

15 Ein Grundrechtsschutz ist hingegen zu verneinen, wenn es an einer grundrechtstypischen Gefährdungslage fehlt, weil öffentlich-rechtlich vorgeprägte Verwaltungsaufgaben erledigt werden[33] und deshalb auch der Gedanke des Durchgriffs auf die hinter der Organisation stehenden Menschen nicht greift.[34] Dies hat das Bundesverwaltungsgericht am Beispiel der **Kammern** – hier der Industrie- und Handelskammern – nocheinmal deutlich gemacht:

16 „Juristischen Personen des öffentlichen Rechts stehen nach Art. 19 III GG bei der Wahrnehmung hoheitlicher Aufgaben grundsätzlich keine Grundrechte zu. Etwas Anderes gilt nur, wenn sie – wie etwa die Universitäten oder die Rundfunkanstalten – ausnahmsweise unmittelbar dem grundrechtlich geschützten Lebensbereich zugeordnet sind (BVerfGE 39, 302 [312 f.] = JuS 1976, 546 mwN; BVerfGK 13, 276 = NVwZ 2008, 671 Ls. = BeckRS 2008, 32556). Das ist hier nicht der Fall. Die Tätigkeit der Industrie- und Handelskammern nach § 1 I IHKG dient nicht der gemeinsamen Grundrechtsausübung ihrer Mitglieder, sondern der Entlastung der staatlichen Behörden durch sachkundige Politikberatung und die dezentralisierte Wahrnehmung von Aufgaben der Wirtschaftsförderung. Als dem Staat eingegliederte

24 Näher zur Kontroverse Badura JZ 1984, 14; Badura, Grundrechte der Gemeinde? BayVBl. 1989, 1; Sachs GG Art. 19 Rn. 89 ff.

25 BVerfGE 61, 82 (102).

26 BVerfG DÖV 1987, 819; NVwZ 1994, 262; BlnVerfGH DVBl 2005, 595.

27 Püttner FS Stern, 2012, 563 ff.

28 Zu diesem Ansatz Kluth, Funktionale Selbstverwaltung, 1997, S. 437 ff.

29 BVerfGE 111, 226 (264); BVerfG NVwZ-RR 2003, 705 f.

30 BVerfGE 73, 118 (191); 8, 101 ff.; 107, 299 (310 ff.).

31 BVerfGE 61, 82 (102); 22, 28 (38).

32 BVerfGE 21, 362 (373); 75, 192 (200); BVerfG JZ 1990, 335.

33 BVerfGE 61, 82 (108); BVerwG NVwZ 1984, 378; BVerwGE 81, 1 (10); BGH NVwZ 1986, 689.

34 Sachs GG Art. 19 Rn. 90.

Körperschaften des öffentlichen Rechts können die Kammern nicht zugleich Grundrechtsverpflichtete und Grundrechtsträger sein."[35]

17 Unklar ist, ob **gemischtwirtschaftliche Unternehmen,** an denen auch Privatpersonen beteiligt sind, Grundrechtsträger sein können.[36] Die praktische Bedeutung dieser Verflechtungen zwischen Staat, Selbstverwaltung und Privatunternehmen ist insbesondere unter den Gesichtspunkten der kooperativen Verwaltung, der Public-Private-Partnership und der schlanken Verwaltung nicht zu unterschätzen. Wird das gemischtwirtschaftliche Unternehmen von der öffentlichen Hand beherrscht, dann unterfällt es einer unmittelbaren Grundrechtsbindung.[37] Im Übrigen kommt es darauf an, wie man die Rechte der privaten oder der öffentlich-rechtlichen Anteilseigner gewichtet. Allerdings darf der Grundrechtsschutz Privater bei einer Einbindung in derartige Unternehmen weder verkürzt noch ausgehöhlt werden.[38] Auch hier ist darauf abzustellen, ob und inwieweit im konkreten Fall eine grundrechtstypische Gefährdungslage in Betracht kommt[39] und inwieweit öffentliche Aufgaben wahrgenommen werden.[40]

c) Unionsrechtliche Beurteilung

18 Es ist bislang nur unzureichend untersucht, ob und inwieweit das Unionsrecht die Diskussion um die Grundrechtsgeltung beeinflusst. Einerseits gelten die Niederlassungs- und Dienstleistungsfreiheit auch für juristische Personen des Öffentlichen Rechts und Art. 106 AEUV stellt klar, dass öffentliche und private Unternehmen wettbewerbsrechtlich gleichgestellt werden müssen (außer bei dem Gebrauch von hoheitlichen Befugnissen, weil Art. 106 AEUV dann schon tatbestandlich nicht greift). Hinsichtlich gemischtwirtschaftlicher Unternehmen greift das Konfusionsargument nicht, weil es bei einem Vorgehen gegen einen Gemeinschaftsakt an einer gleichzeitigen Grundrechtsberechtigung und -verpflichtung innerhalb ein und desselben Mitgliedstaates auf ein- und derselben Grundrechtsebene fehlt.[41]

d) Grundrechtsfähigkeit und Aufgabenprivatisierung

19 Die Grundrechtsfähigkeit wird erworben, wenn juristische Personen des öffentlichen Rechts nicht nur formell, sondern auch materiell dadurch privatisiert werden, dass die bisherige Verwaltungsaufgabe bzw. Verwaltungsfunktion nunmehr privatwirtschaftlich erfolgen soll **(Aufgabenprivatisierung).** Denn insoweit wird der Verwaltungsträger aus der Staatsverwaltung entlassen, die sich nur allenfalls auf eine hoheitliche Gewährleistungsverwaltung (→ § 4 Rn. 16 ff.; → Wolff/Bachof/Stober/Kluth Verwaltungsrecht II, § 95, Rn. 1) iSe Infrastruktursicherungsauftrages beschränkt.

Beispiele: Bahn- und Postprivatisierung nach völliger Aufgabe staatlicher Beteiligung und der Möglichkeit des Aktienerwerbs durch Private, soweit keine Beleihung mit Hoheitsbefugnissen vorliegt (Art. 87e f. GG).[42]

---

[35] BVerwG, NVwZ 2017, 70, 72.
[36] Bejahend Stern, Staatsrecht III/1, § 71 VII 6c; verneinend BVerfG NJW 1990, 1783; Poschmann, Grundrechtsschutz gemischtwirtschaftlicher Unternehmen, 2002, passim.
[37] BVerfG NJW 2011, 1201 ff.
[38] Vgl. Pieroth NWVBl. 1992, 85.
[39] Graf Vitzthum in Merten/Papier Grundrechte-HdB II § 48 Rn. 55.
[40] Selmer in Merten/Papier Grundrechte-HdB II § 53 Rn. 40 und 43 ff.
[41] Korte FS Stober, 2008, 127 (143 f.).
[42] Dazu Wirth JA 1998, 820 ff.; v. Arnauld DÖV 1998, 437 ff.; Barden, Grundrechtsfähigkeit gemischtwirtschaftlicher Unternehmen, 2002, passim; Barden ZögU 2002, 375 ff.

3. Rechtsgebundenheit juristischer Personen

Andererseits unterliegen die juristischen Personen regelmäßig dem Verwaltungs- wie dem Privatrecht. Insbesondere sind sie **polizeipflichtig,** dem **Verwaltungszwang** und anderen Vollstreckungsmaßnahmen ausgesetzt und können mit Geldbuße belegt werden. Ein sog. Durchgriff, das heißt ein Abstellen von Rechtsfolgen auf die Träger juristischer Privatpersonen, ist regelmäßig nur bei Formenmissbrauch zulässig.[43] 20

Für juristische Personen des öffentlichen Rechts gilt folgende Leitlinie[44]: Sie unterliegen den jeweils fachfremden und allgemeinen Gesetzen und ihrer Anwendung ohne Rücksicht darauf, auf welcher Normsetzungsebene diese entstanden sind, mit dem Vorbehalt, dass die im Einzelfall kollidierenden Interessen vom Standpunkt des Gemeinwohls aus gegeneinander abzuwägen sind. Eingriffen durch Anordnungen und Zwang sind sie aber nur insoweit ausgesetzt, als sie einer Aufsicht unterliegen oder bei Gefahr im Verzuge. 20a

Trotz ihrer Rechtsfähigkeit haben juristische Personen alle diejenigen **Pflichten und Rechte** nicht, die ihrem Wesen nach nur einem jeweils bestimmten Menschen zustehen können (sog. höchstpersönliche Pflichten und Rechte). Sie können daher auch nicht mit Freiheitsstrafen belegt werden und haben ein Wahlrecht nur, wenn es vom Vermögen oder von Geldleistungen abhängt. Eine etwa geforderte höchstpersönliche Eigenschaft, wie Befähigung oder Zuverlässigkeit ist nach der des verantwortlichen Organwalters oder eines verwaltungsrechtlichen Vertreters zu beurteilen. 20b

III. Entstehung und Beendigung juristischer Personen

Juristische Personen entstehen unmittelbar kraft Gesetzes durch **verfassungsrechtliche Anerkennung** 21

Beispiele: Kirchen, Gemeinden, Gemeindeverbände, Hochschulen (Art. 140 GG iVm Art. 137 WRV bzw. Art. 28 II GG und Landesverfassungen);

oder durch spezialgesetzliche Schöpfung, 21a

Beispiele: Jagdgenossenschaften, Industrie- und Handelskammern (§ 3 IHKG);

auf Grund gesetzlicher Normativbestimmungen durch **gebundenen Staatsakt,** 21b

Beispiel: Amtsgerichtliche Eintragung ins Vereinsregister;

oder durch freien Staatsakt. 21c

Beispiele: Wirtschaftliche Vereine (§ 22 BGB), Stiftungen (§ 80 BGB).

Ist der Entstehungsakt älterer juristischer Personen des öffentlichen Rechts nicht nachzuweisen, kann er aus ihren Kompetenzen erschlossen werden.[45] 21d

Die Rechtsfähigkeit juristischer Personen **endet** durch Auflösung, Insolvenz oder Entziehung der Rechtsfähigkeit (zB §§ 41 ff. BGB) oder kraft Gesetzes. Sie endet nicht mit dem Geltungsende des Gesetzes, auf Grund dessen die juristische Person geschaffen worden ist. 22

---

43 RGZ 156, 277; BSGE 19, 20; irrig BVerwG DVBl 1964, 118 mablAnm v. Heydt; Pestalozza, Formenmissbrauch, 1973, S. 71 ff.; zur abweichenden Praxis im Steuerrecht BVerfGE 13, 340 f.

44 BVerwGE 29, 52.

45 S. im Übrigen Scheuner GS Peters, 1967, 797 ff.; Rasch DVBl 1970, 765 ff.

IV. Stellung privatrechtlich nicht rechtsfähiger Organisationen

23 Privatrechtlich **nicht rechtsfähige** Organisationen sind nicht selten Subjekte von Verwaltungsrechtssätzen.

Beispiele: Adressat von Verwaltungsakten oder Steuerpflichtigkeit. Sie können Beteiligte im Verwaltungsverfahren (§ 11 Nr. 2 VwVfG) sein und vor Gerichten nicht nur verklagt werden (s. § 50 II ZPO), sondern auch klagen (§ 61 Nr. 2 VwGO), sofern die ihnen zustehenden subjektiven Rechte verletzt sind.

24 Fehlt es an einem Vorstand oder Geschäftsführer, so haben die Beteiligten einen oder mehrere Bevollmächtigte zu stellen (§§ 14 ff. VwVfG).

§ 35. Die Vertretung im Verwaltungsrecht

Schrifttum: s. Lit. der Vorauflage vor § 35; ferner Ehlers, Verwaltung in Privatrechtsform, 1984, S. 236 ff.; Hufeld, Die Vertretung der Behörde, 2003; Jakob, Abgabenordnung, 5. Aufl. 2010, §§ 2 und 12; Kruse, Lehrbuch des Steuerrechts I, 1991, § 12; Rupp, Grundfragen der heutigen Verwaltungsrechtslehre, 2. Aufl. 1991, S. 101 ff.; Ule/Laubinger, Verwaltungsverfahrensrecht, 4. Aufl. 1995, §§ 17 f.

I. Bedeutung und Erscheinungsformen der Vertretung im Verwaltungsrecht

1. Rechtsgrundlagen des Vertretungsrechts

1 Im Verwaltungsrecht besteht ebenso wie im Privatrecht häufig aus unterschiedlichen Gründen ein elementares Bedürfnis, dass Personen und Organisationen bei der Wahrnehmung von Rechten, Interessen, Pflichten und Kompetenzen vertreten werden. Die **Vertretung** ist im Verwaltungsrecht nicht abschließend geregelt, sondern an verschiedenen Stellen unvollständig normiert. Deshalb ist ergänzend auf die privatrechtlichen Vertretungsnormen abzustellen, soweit sie der Interessenlage im Verwaltungsrecht ausreichend Rechnung tragen.[1] Die Vertretung ist kein einheitliches Rechtsinstitut. Vielmehr sind mehrere Erscheinungsformen zu trennen, die auf verschiedenen Prinzipien beruhen. Sie spiegeln die Komplexität des Rechtsverkehrs auch im materiellen Verwaltungsrecht, im Verwaltungsorganisationsrecht[2] und im Verwaltungsverfahren wieder. Funktional geht es im Vertretungsrecht um Herstellung von Handlungsfähigkeit, Flexibilität und Praxistauglichkeit, rechtlich um Herstellung von Rechtssicherheit für alle Beteiligten.

1a Der Sprachgebrauch ist unterschiedlich. Es ist aber mindestens zwischen der **rechtsgeschäftlichen Vertretung** (sog. Stellvertretung ieS) und der **gesetzlichen Vertretung** zu differenzieren. Die Befassung mit den Grundlagen der Vertretung ist vor allem wegen der Zulässigkeit der Vertretung und den damit verbundenen Rechtsfolgen notwendig.

2. Vertretungsbegriffe und Erscheinungsformen

2 **Vertretung** liegt vor, wenn kraft objektiven Rechts das Verhalten eines Rechtssubjekts (des Vertreters) einem anderen (dem Vertretenen) zugeordnet wird, so dass aus dem Verhalten des Vertreters der Vertretene verpflichtet und berechtigt wird. Im Innenverhältnis (zum Vertretenen) hat der Vertreter idR eine Geschäftsführungsbefugnis zum

[1] Kritisch insoweit Hufeld, Die Vertretung der Behörde, S. 210, 346, der terminologisch in diesem Zusammenhang die Begriffe Prokura und Mandat favorisiert.

[2] Zur internen Mitvertretung Hufeld, Die Vertretung der Behörde, passim.

Tätigwerden für den Vertretenen. Entscheidend für die Zuordnung und ihr Ausmaß insbesondere auch gegenüber Dritten ist jedoch die meist schematisierte und oft weitergehende objektivrechtliche Vertretungsmacht.

Die **Vertretungsmacht** kann zunächst nach den allgemeinen Regeln des bürgerlichen Rechts begründet werden, daneben für das Verwaltungsrecht 3
- unmittelbar aus einem **Organisationsgesetz,**

Sie kann aber auch objektivrechtlich geknüpft sein an: 3a
- ein Rechtsgeschäft,
- die **Satzung** einer Organisation **(Organschaft),**
- einen **Staatsakt** (bestellte Vertretung; §§ 16 und 18 I 2 VwVfG),
- eine **Sozialbeziehung** (juristische Repräsentation; zB Elternschaft – § 1629 BGB),
- ein einen **Rechtsschein** erzeugendes Verhalten des Vertretenen („fingierte“ Vertretung kraft Duldungs- oder Anscheinsvollmacht),[3]
- eine **Fiktion** (§ 17 I VwVfG),
- einen **Wahlakt** (Vertretung von Gemeinden in Unternehmen).

Einige Fälle werden von Gesetzen und von der hL als **„gesetzliche Vertretung“ ieS** bezeichnet. 3b

Der Vertretungswille kann: 3c
- in Erscheinung treten (**Auftreten in fremdem Namen,** offene Vertretung; zB Stellvertretung iwS, Organschaft),
- nicht in Erscheinung treten (**Auftreten in eigenem Namen,** verdeckte Vertretung, zB Insolvenzverwalter, Kommissionär, Treuhänder).

Das Vertretungshandeln kann sein: 3d
- eine **Tathandlung** (zB Vorlage einer Urkunde; auch unerlaubte Handlung, s. zB §§ 278, 831 BGB) oder
- eine **Rechtshandlung,** sofern sie nicht höchstpersönlich vorzunehmen ist (zB Antrag und dessen Zurücknahme, Vertragsangebot, Verwaltungsakt).

Die Vertretungswirkung kann bestehen: 4
- in einer unmittelbaren Entstehung von Rechten und Pflichten bei dem Vertretenen;
- in einer **mittelbaren Entstehung von Rechten und Pflichten** für den Vertretenen, indem diese zunächst in der Person des Geschäftsführers eintreten und dann durch Rechtsgeschäft oder kraft Erfüllung eines anderen gesetzlichen Tatbestandes auf den Vertretenen übertragen werden.

II. Zulässigkeit und Grenzen der Vertretung im Verwaltungsrecht

1. Stellvertretung

Stellvertretung iwS von Zivilpersonen ist im Verwaltungsrecht zugelassen, soweit sie nicht ausdrücklich ausgeschlossen ist (zB im Personenstandsrecht, bei der Zeugenaussage und bei der Anordnung persönlichen Erscheinens) oder unvertretbare Pflichten oder Rechte wahrzunehmen sind (zB Wahlrecht, Wehrpflicht, öffentlicher Dienst, 5

[3] BSG NVwZ 1983, 767; VGH Kassel NVwZ 1987, 898.

Beurteilung von Prüfungsleistungen). Die Zulässigkeit folgt aus den Freiheitsrechten, die auch die Autonomie zur Arbeitsteilung und damit zur Vertretung einschließen. Die verwaltungsrechtliche Vertretung ist Ausdruck des **verfahrensrechtlichen Status,** der die Realisierung von Grundrechten sichern soll. Teilweise ist die Stellvertretung aus der Verwaltungsperspektive erforderlich, um Massenverfahren bei gleichförmigen Eingaben oder bei identischen Interessen beschleunigt und standardisiert bewältigen zu können (§§ 17–19 VwVfG).

5a Für die **Vertretungsmacht,** die Bevollmächtigung sowie für etwaige vormundschaftliche Genehmigungen gelten die diesbezüglichen Vorschriften des Privatrechts entsprechend (§ 14 VwVfG; § 13 SGB X; § 80 AO). Insbesondere gelten bei rechtsgeschäftlicher Stellvertretung (Stellvertretung ieS) auf Grund Vollmachterteilung regelmäßig die §§ 164 ff. BGB entsprechend.[4]

6 Bisweilen bedarf eine – unmittelbare oder mittelbare – Stellvertretung einer je besonderen, grundsätzlich nach Ermessen erteilbaren **Erlaubnis** (s. § 47 GewO), wobei die Stellvertreter dieselben gesetzlichen Erfordernisse erfüllen müssen wie die Vertretenen (s. zB § 45 GewO).

2. Gesetzliche Vertretung

7 **Gesetzliche Vertreter** einschließlich der sog. Vertreter kraft Amtes (zB der Insolvenzverwalter) haben den Vertretenen auch in verwaltungsrechtlichen Angelegenheiten zu vertreten, seien sie rechtsgeschäftlicher Art, sei es zur Geltendmachung von subjektiven Berechtigungen. Gesetzlich Vertretene können bestimmte sie persönlich betreffende öffentlich-rechtliche Erklärungen auch ohne Mitwirkung ihres gesetzlichen Vertreters abgeben, zB ihr religiöses Bekenntnis ab dem 14. Lebensjahr bestimmen (§ 5 KErzG). Ist die Person oder der Aufenthalt eines Beteiligten unbekannt, ist ein Beteiligter abwesend oder verhindert oder hält er sich im Ausland auf, ohne einen Vertreter bestellt zu haben, sowie für herrenlose Sachen, hat das Vormundschaftsgericht auf Ersuchen der Behörden einen geeigneten Vertreter zu bestellen (§ 16 VwVfG; § 15 SGB X; § 81 AO). Teilweise kann die Verwaltungsbehörde einen Vertreter bestellen, weil bestimmte Tätigkeiten im öffentlichen Interesse keine Unterbrechung erleiden dürfen.

3. Vertretungsverbote

8 Aus dem rechtsgrundsätzlichen **Befangenheitsverbot** folgt, dass der Vertreter für den Vertretenen Willenserklärungen dann nicht abgeben darf, wenn die Interessen des Vertretenen mit seinen persönlichen oder sachlichen Interessen oder denen eines anderen von ihm Vertretenen kollidieren. Das Verbot soll gewährleisten, dass der Vertreter ausschließlich nach den Gesetzen und sachlichen Gesichtspunkten im Interesse des Vertretenen handelt (s. auch §§ 20 f. VwVfG, § 16 SGB X, §§ 82, 84 AO).[5] Ähnliche Intentionen liegen dem **kommunalrechtlichen Vertretungsverbot** zugrunde. Wer ein gemeindliches Ehrenamt innehat, für eine Gemeinde ehrenamtlich tätig oder Ratsmitglied ist, darf (zB als Rechtsanwalt) Ansprüche anderer gegen die Gemeinde nur als gesetzlicher Vertreter geltend machen. Erlässt ein Amtswalter unter

[4] Hitzemann, Stellvertretung beim sozialtypischen Verhalten, 1966.

[5] Dazu Kazele, Interessenkollisionen und Befangenheit im Verwaltungsrecht, 1990; Ule/Laubinger, Verwaltungsverfahrensrecht, 4. Aufl. 1995, § 12.

Verstoß gegen das Befangenheitsverbot einen Verwaltungsakt, so ist dieser in der Regel fehlerhaft.

4. Vertreter ohne Vertretungsmacht

Bei Vertretung **ohne Vertretungsmacht gegenüber Behörden** gelten in der Regel die §§ 177 ff. BGB entsprechend. Der Bevollmächtigte hat auf Verlangen seine Vollmacht nachzuweisen (§ 14 I 3 VwVfG; § 13 I 2 SGB X; § 80 I 3 AO). Ist eine Frist nicht gesetzt, kann die Vollmacht noch im verwaltungsgerichtlichen Verfahren schriftlich nachgeholt werden.[6] Stellvertretung ohne Vertretungsmacht des zuständigen Trägers öffentlicher Verwaltung in privatrechtlichen Angelegenheiten unterliegt ebenfalls §§ 177 ff. BGB. Liegen die Voraussetzungen der Anscheinsvollmacht vor, nimmt die hM Stellvertretung ieS an.[7] Dasselbe gilt bei hoheitlichen Erklärungen von Trägern öffentlicher Verwaltung untereinander. 9

5. Verantwortlichkeit des Vertreters

Mit der Vertretung und ihrer Wirkung unmittelbar für und gegen den Vertretenen ist im Verwaltungsrecht häufig auch eine **Verantwortlichkeit des Vertreters** selbst gegeben. 10

– Die **Polizeipflicht** des Verursachers obliegt an Stelle Strafunmündiger und Betreuter auch demjenigen, dem die Sorge für die betreffende Person zugewiesen ist. Das gilt auch für denjenigen, der einen anderen für eine Verrichtung bestellt hat. Der Polizei werden im Wege gesetzlicher Erweiterung neben dem eigentlichen Verursacher kumulativ und nicht alternativ weitere potenzielle Adressaten für eine polizeiliche Verfügung geboten. ZB bringt § 8 II, III HmbSOG (Verantwortlichkeit für das Verhalten von Personen) dies auf den Punkt. Danach kann die Maßnahme „auch" gegen die Person gerichtet werden, die zur Aufsicht über eine andere Person verpflichtet ist, ebenso wie gegen den Betreuer. „Auch" darf sich die Maßnahme gegen denjenigen richten, der zur Verrichtung bestellt ist.[8]
– Die gesetzlichen Vertreter natürlicher und juristischer Personen haben deren **steuerliche Pflichten** zu erfüllen (§ 34 I AO). Die Vertreter haften unter bestimmten Voraussetzungen neben dem Vertretenen (§ 69 AO).[9]

Dem Vertretenen wird bei **Wiedereinsetzung in den vorigen Stand** ein Verschulden des Vertreters zugerechnet (§ 32 I VwVfG; § 27 I SGB X; § 110 I AO). 10a

6. Botenschaft

Bei der **Botenschaft** wird das Verhalten des Boten bei der Übermittlung der Willenserklärung seines „Herrn" diesem nicht nur zugeordnet, sondern als dessen eigenes zugerechnet. Der Bote hat im Gegensatz zum Stellvertreter keinen eigenen Anteil an der Willensbildung. Höchstpersönliche Rechte und Pflichten können idR nicht durch Boten ausgeübt werden. Briefwahl und schriftliche Stimmabgabe bei Personalratswahlen durch Boten sind jedoch zulässig (s. § 36 BWahlG). 11

[6] HessVGHE 3, 215.
[7] BGHZ 6, 330; 40, 204 u. BGH JZ 1955, 452.
[8] S. zu Einzelheiten *Beauchamp,* in: Eisenmenger/Pfeffer (Hrsg.), Handbuch Hamburger Polizei- und Ordnungsrecht für Studium und Praxis, Rn. 171; Handbuch Hamburger Polizei- und Ordnungsrecht für Studium und Praxis, Rn. 171.
[9] Jakob, § 12 I 1.

III. Zur Vertretung durch Organwalter

12 Bei der **Organschaft** knüpft das objektive Recht die Vertretungsmacht an eine rechtlich anerkannte Organisation und die demgemäß bestehende Ämterbesetzung. Der Organwalter handelt im Namen des Organs und damit der juristischen Person oder nicht-rechtsfähigen Organisation (Gesellschaft, Zweckvermögen). Dieser werden nicht nur die Rechtsfolgen des Organverhaltens zugeordnet, sondern – das ist der rechtstechnische Sinn der „Organismustheorie" (Gierke) – es werden die von dem Organwalter gesetzten rechtsfolgebedingenden Tatbestandshandlungen der Organisation auch zugerechnet, das heißt als ihr Handeln angesehen. Ob ein Organwalter für die Organisation oder aber für sich persönlich handelt, ergibt sich aus dem Zusammenhang der Handlung. Im Zweifel muss der Organwalter es zum Ausdruck bringen, wenn er für sich selbst tätig werden will. Für das Handeln der Organwalter gilt das o. II 2 für die gesetzliche Vertretung Gesagte entsprechend.

13 Die organisationsrechtliche Vertretung, durch die ein Organ- oder Amtswalter im Ver- oder Behinderungsfalle durch einen anderen ersetzt wird, bewirkt die Zurechnung des Vertreterverhaltens zu dem wahrgenommenen Amt. Entsprechendes gilt für privatrechtliche Organisationen.

14 Die **Vertretungsmacht** der Organwalter richtet sich nach der Organisation (zB §§ 26 II, 28, 30, 31 BGB). Die im öffentlichen Interesse zum Schutz öffentlich-rechtlicher Körperschaften und ihrer Mitglieder geschaffenen gesetzlichen Regelungen der Vertretungsmacht der jeweils vertretungsberechtigten Organe können weder durch gewillkürte Vertretung noch durch Berufung auf Treu und Glauben verdrängt werden.[10] Die juristischen Personen des öffentlichen Rechts haften jedoch, wenn ihre zuständigen Organe einen Zustand nicht verhindert haben, aus dem der Dritte auf das Vorliegen einer (sog. Duldungs- oder Anscheins-)Vollmacht hat schließen können.[11]

15 Für **privatrechtliche Erklärungen** und für Erklärungen von Trägern öffentlicher Verwaltung untereinander gelten §§ 164 ff., 177 ff. BGB.[12] **Öffentlich-rechtliche Erklärungen** gegenüber Zivilpersonen durch einen unzuständigen Walter eines zuständigen Organs sind wirksam, die eines unzuständigen Organs dagegen rechtswidrig, jedoch nur dann unwirksam, wenn das Organ unter keinen Umständen zuständig sein konnte (s. auch § 44 II Nr. 3 VwVfG).

16 Die privatrechtliche Vertretung des Staates ist jeweils bestimmten Behörden, in laufenden Geschäften dem Behördenleiter vorbehalten. In der Regel obliegt die Vertretung den Ministerien und den Mittelbehörden. Die Vertretungsmacht der Staatsorgane in öffentlich-rechtlichen Angelegenheiten richtet sich nach ihrer Zuständigkeit. Im **Kommunalrecht** ist die Zuständigkeit zur Abgabe verpflichtender Erklärungen privatrechtlichen oder öffentlich-rechtlichen Inhalts meist bestimmten Organwaltern vorbehalten und an Formvorschriften gebunden, sofern es sich nicht um **Geschäfte der laufenden Verwaltung** handelt. Dabei ist zu unterscheiden zwischen der gesetzlichen Vertretung der Gemeinde als solcher und der Vertretung in Organen, Beiräten

[10] BGH DVBl 1972, 778 u. BayObLG VerwRspr. 24 (1973), 1003.
[11] BGHZ 21, 65; 40, 204.
[12] Ehlers, Verwaltung in Privatrechtsform, 1984, S. 236.

sowie Ausschüssen von juristischen Personen (zB Unternehmen) oder Personenvereinigungen. Hier kann die Gemeindevertretung Weisungen erteilen.

Die sog. **Volksvertretungen** sind Organe, welche aus volksgewählten politischen Repräsentanten bestehen (Repräsentativorgane). Sie sind Vertreter im Rechtssinne nur im ideellen Sinne des Art. 38 I 2 GG.[13] 17

IV. Mittelbare Stellvertretung und Treuhandschaft

Handelt eine Zivilperson als **mittelbarer Stellvertreter** für eine andere oder für einen Träger öffentlicher Verwaltung, zB auf Grund eines Auftrags oder einer Geschäftsführung ohne Auftrag, wenn der Geschäftsführer in eigenem Namen – zB in Notlagen – eine öffentliche Angelegenheit wahrnimmt, so obliegen ihr auch die mit der Geschäftsführung verbundenen verwaltungsrechtlichen Verpflichtungen und Berechtigung wie eigene. Nach Beendigung der Geschäftsführung können jedoch nur die übertragungsfähigen Verpflichtungen und Berechtigungen auf den Vertretenen übergehen. Die nicht übertragbaren erlöschen wegen Wegfalls ihres Subjekts. 18

Ein **Träger öffentlicher Verwaltung** handelt in mittelbarer Stellvertretung für einen anderen zB bei der Amtshilfe (s. zB §§ 4 ff. VwVfG). 19

Häufig handeln **Träger öffentlicher Verwaltung** als **Treuhänder** für andere Verwaltungsträger, nämlich dann, wenn ihnen die Wahrnehmung von Aufgaben oder Angelegenheiten dieses anderen durch Gesetz oder Rechtsgeschäft als sog. Auftragsangelegenheit oder als Pflichtaufgabe nach Weisung übertragen worden ist. Sie erledigen dann diese fremde Aufgabe in eigenem Namen, in eigener Verantwortung und unter eigener Haftung. 20

Beispiel: Beliehene, soweit sie bestimmte staatliche Angelegenheiten wahrnehmen, zB Polizeigewalt durch Schiffs- oder Flugkapitän.

Handelt eine **Zivilperson** als Treuhänder für einen Träger öffentlicher Verwaltung, so gilt das bereits Gesagte entsprechend (→ § 35 Rn. 5 und s. zB Sanierungsträger). 20a

V. Vertreter des öffentlichen Interesses und Beauftragte

Die sog. **Vertreter des öffentlichen Interesses** sind nicht Vertreter, sondern Staatsorgane (s. zB § 36 VwGO), die Gerichte bei der Rechtsfindung unterstützen und als unbeteiligte Mittler fungieren sollen. Sie haben teilweise nur bestimmte öffentliche Interessen zu vertreten. 21

Keinen Vertreterstatus haben ferner die meisten **Beauftragten.** Dabei handelt es sich um ein schillerndes Rechtsinstitut, das nur rudimentär in Spezialgesetzen angesprochen wird. Der Beauftragung liegen unterschiedliche Motive und Handlungsmöglichkeiten zugrunde.[14] 22

Beispiele: Betriebsbeauftragter für Abfall (§ 59 KrWG), Gentechnikbeauftragter (§ 6 IV GenTG), Störfallbeauftragter (§ 58a BImSchG).

---

13 Henke DVBl 1973, 553 ff.

14 Näher Fuchs, „Beauftragte" in der öffentlichen Verwaltung, 1985; Fuchs DÖV 1986, 363 ff.

Zweiter Abschnitt. Die rechtserheblichen Tatsachen

§ 36. Tatsachen, Tatbestand und Rechtsfolge

Schrifttum: v. Bar Gutachten A zum 62. DJT, 1998: Empfehlen sich gesetzgeberische Maßnahmen zur rechtlichen Bewältigung der Haftung für Massenschäden; Becker, Öffentliche Verwaltung, 1989, §§ 25 und § 28; Bender/Häcker/Schwarz, Tatsachenfeststellung vor Gericht, 5. Aufl. 2021; Meyer-Hetling/Bitzhöfer/Sachse EnWZ 2024, 9 ff.. Zur gerichtlichen Kausalitätsprüfung in Konzessionsrechtsstreitigkeiten nach den §§ 46 ff. EnWG; Röhl/Röhl, Allgemeine Rechtslehre, 4. Aufl. 2017, §§ 58 f.

I. Bedeutung und Erscheinungsformen von Tatsachen im Verwaltungsrecht

1. Bedeutung des Lebenssachverhaltes

1 Das objektive Recht bezieht sich auf Lebenssachverhalte. Sachverhalte bestehen aus **Tatsachen** (Fakten, Umständen). Tatsachen sind die Grundlage und grundsätzlich abdingbare Voraussetzung für das Handeln oder Unterlassen der Verwaltung. Sie trifft Entscheidungen auf Grund festgestellter Sachverhalte.[1] Die Ermittlung des Sachverhalts bedarf besonderer Sorgfalt, weil davon entscheidend die zutreffende rechtliche Würdigung abhängt. Das wurde bereits bei der Erörterung der Verwaltungsspielräume deutlich (→ § 31 Rn. 1 ff.), deren Ausschöpfung einen richtig festgestellten Sachverhalt erfordert. Aber auch im Übrigen wirkt sich ein unrichtiger Sachverhalt rechtlich aus, weil er zur Aufhebung von Verwaltungsentscheidungen, zum Wiederaufgreifen von Verfahren und zu Ersatzansprüchen führen kann. Die Summe der Tatsachen beeinflusst ferner den Aufbau von Verwaltungs-, Widerspruchs- und Verwaltungsgerichtsentscheidungen,[2] die auch aus einer Schilderung der rechtlich wesentlichen Vorgänge bestehen.

2 Trotz der elementaren Bedeutung für die Rechtsfindung und die Verwaltungspraxis wird den rechtserheblichen Tatsachen im Schrifttum und in der Rechtsetzung kaum Aufmerksamkeit gewidmet. Auch der Sprachgebrauch ist uneinheitlich. So ist etwa in § 117 II Nr. 4 und III, IV VwGO von dem **„Tatbestand“** des verwaltungsgerichtlichen Urteils die Rede, obwohl es sich eigentlich um einen **„Sachverhalt“** handelt (s. auch §§ 84, 86 VwGO). Teilweise wird nur auf die Begründung abgestellt (§ 73 III VwGO für den Widerspruchsbescheid). Im Verwaltungsverfahrensrecht wird nach tatsächlichen Gründen und nach der Sachlage (§§ 39, 51 VwVfG) sowie nach dem Sachverhalt (§§ 24 ff. VwVfG) differenziert, der wiederum auf Tatsachen beruht (§ 26 II 2 VwVfG; § 87b VwGO).

3 Angesichts der lückenhaften Regelung der rechtserheblichen Tatsachen ist ergänzend auf zivil- und strafrechtliche Bestimmungen und Grundsätze zurückzugreifen, soweit eine rechtsgrundsätzliche oder analoge Heranziehung mit der besonderen Interessenlage des Verwaltungsrechts und des Verwaltungsprozessrechts vereinbar ist. Insofern ist daran zu erinnern, dass der **Untersuchungsgrundsatz**[3] (§ 24 VwVfG; § 20 I SGB X; § 88 I AO) bzw. der Amtsermittlungsgrundsatz (§ 86 VwGO) gilt, wobei

---

[1] Becker, Öffentliche Verwaltung, 1989, § 25.

[2] Beispielsweise muss die Rechtsprechung die Schwierigkeiten bei der Sachaufklärung im Asylrecht überwinden können, dazu Pettersson ZAR 2021, 100 ff.

[3] Wirtz, Beweislasten im Verwaltungsrecht, 2024, S. 11 ff.

auch die Beteiligten bei der Sachverhaltsermittlung mitwirken sollen (§ 26 II VwVfG).

2. Vermutungen und offensichtliche Tatsachen

4 Tatsachen sind von **Vermutungen,**[4] Behauptungen und ähnlichen Erscheinungen abzugrenzen. Eine Tatsache zeichnet sich dadurch aus, dass sie belegbar und damit des Beweises zugänglich ist (s. auch § 26 VwVfG). Sie ist grundsätzlich Voraussetzung für ein Tätigwerden der Verwaltung.

Beispiele: § 35 GewO, § 4 I GastG; § 15 TKG.

4a Nur ausnahmsweise reicht auch ein Verdacht oder eine Vermutung aus, um festzustellen, ob Tatsachen vorliegen, die ein Verwaltungshandeln begründen.

Beispiele: Gefahrerforschungseingriff;[5] § 7 IV SGB IV[6] hinsichtlich der Vermutung erwerbsmäßig Tätiger, dass sie gegen Arbeitsentgelt beschäftigt sind.

4b **Offensichtlich** (evident) ist eine Tatsache nicht nur, wenn sie optischer Wahrnehmung zugänglich ist, sondern auch, wenn sie durch Nachdenken, logische Schlussfolgerung oder durch sich aufdrängende Erkundigung in Erfahrung gebracht werden kann.[7] Falsch aber ist es, etwas nur Vermutetes „offensichtlich" oder „offenkundig" zu nennen.

3. Äußere und innere Tatsachen

5 Es gibt zum einen **äußere,** vom menschlichen Wissen, Wollen und Handeln unabhängige **Tatsachen.** Es sind dies Zustände (zB Felsblock auf der Straße) oder Ereignisse (zB Feuersbrunst, Tod eines Menschen) in ihrer zeitlichen (→ § 37 Rn. 1 ff.), räumlichen (→ § 38 Rn. 1 ff.) und sächlichen (→ § 39 Rn. 1 ff.) Bestimmtheit sowie der objektive wirtschaftliche (Substanz-, Vergleichs- oder Ertrags-) Wert und der subjektive Nutzen eines Gegenstandes. Der Substanzwert ergibt sich aus den Anschaffungs- und Herstellungskosten, der Vergleichswert (gemeiner Wert) aus den Marktpreisen, die für vergleichbare Gegenstände unter vergleichbaren Verhältnissen erzielt worden sind (s. ImmoWertV), der Ertragswert aus der Kapitalisierung des nachhaltigen Reinertrags. Welcher dieser Werte jeweils maßgebend ist, ergibt sich aus dem Gesetz oder seiner Auslegung.[8] Der subjektive Nutzen entspricht dem faktischen oder auch wahren Interesse einer Person (dazu → § 29 Rn. 15).

6 Zum anderen gibt es **innere Tatsachen** des menschlichen Seelenlebens, wie Kenntnis, idR Wollen, Absicht, Charaktereigenschaften, Einverstandensein oder deren Verneinung.

---

[4] BVerwG NVwZ 2023, 1161 mAnm Kluth („starke Vermutung iS eines tatsächlichen Erfahrungssatzes" bei der Prüfung einer Verknüpfung nach § 3a III AsylG); zum Unterschied zwischen der Erfahrungstatsache und dem Erfahrungssatz; BVerwG ZfBR 2011, 275 (optisch bedrängende Wirkung einer Windenergieanlage).

[5] Schoch/Kießling in Schoch/Eifert, BesVerwR, Kap. 1 Rn. 297 ff.; Schenke PolR, Rn. 94 ff.

[6] IdF v. 19.12.1998, BGBl. I 3843 (3846).

[7] BVerwG ZBR 1968, 183 u. Achterberg DÖV 1963, 331 ff.

[8] Vgl. auch §§ 1 ff. BewertungsG v. 30.5.1985, BGBl. I 846; sowie Freudling DÖV 1970, 308 ff.

II. Handlungsarten im Verwaltungsrecht und Auslegung von Willenserklärungen

1. Handeln als Tun, Dulden oder Unterlassen

7 Handlungen richten sich nach dem Vorhandensein und der Art **körperlicher Bewegung** im Hinblick auf den jeweils rechtlich bedeutsamen Tatumstand:
– **Tätig-Sein** (Tun, Handlung ieS) oder
– **Untätig-Sein** (Duldung oder Unterlassung).

2. Handeln nach der Art der Willensbetätigung und Auslegung von Willenserklärungen

a) Handlungs- und Erklärungstypen

7a – **Tathandlungen** („Realakte"), das sind Handlungen, die unmittelbar nur einen tatsächlichen Erfolg herbeiführen, der Bedingung für eine rechtliche Folge sein kann, auch wenn sie nicht gewollt ist (auch → § 57 Rn. 1 ff.).

Beispiele: Unfall, Aufenthaltsbegründung, Vorlage von Urkunden, Bauausführung, ehrbeeinträchtigende Behauptungen oder Durchsetzung einer Anordnung.[9]

7b – **Rechtshandlungen,** das sind rechtsfolgebedingte Wissens- oder Willensäußerungen, nämlich rechtsgeschäftsähnliche Erklärungen, das sind Wissens- oder Willensäußerungen, die Rechtsfolgen unabhängig von einem darauf gerichteten Willen des Äußernden begründen.

Beispiele: Geburtsanzeige, Steuererklärung, Einwilligung in Anstaltsunterbringung, manche Verfahrenshandlungen, zB Einwendungen gegen Anlagen nach § 10 BImSchG oder gegen den Entwurf einer kommunalen Haushaltssatzung (§ 79 III NRWGO; § 76 I SächsGO); Mitteilungen, Beurkundungen, Beglaubigungen, Auskünfte, Mahnungen, Fristsetzungen.[10]

8 – **Rechtsgeschäftliche Willenserklärungen,** das sind final auf eine Rechtsfolge gerichtete Willensäußerungen, deren Wirkung die Rechtsordnung entsprechend dem geäußerten Willen bestimmt. Dabei ist unter Rechtsfolge die Änderung der Rechtslage zu verstehen.

Beispiele: Anträge, Zustimmungen und Unterwerfungen, Verzicht, Aufrechnungen, Zusagen, Besoldungsmitteilungen, Erklärungen zum Abschluss, zur Veränderung oder zur Aufhebung eines verwaltungsrechtlichen Vertrages, Verwaltungsakte und verwaltungsinterne Anweisungen.[11]

9 Die Willenserklärung ist notwendiger Bestandteil eines Rechtsgeschäftes, von diesem jedoch zu unterscheiden. **Rechtsgeschäft** ist der aus einer oder mehreren Willenserklärungen allein oder iVm anderen Tatsachen bestehende tatbestandsmäßige Sachverhalt, an den die Rechtsordnung den Eintritt des willenserklärungsgemäßen rechtlichen Erfolges knüpft. Andere Tatsache kann insbesondere eine hoheitliche Maßnahme, auch eine Tathandlung sein.

9a Ebenso wie im Privatrecht gibt es auch im Verwaltungsrecht
– **streng einseitige Rechtsgeschäfte,** die für sich alleine die Rechtsfolge begründen.

Beispiele: Verzicht, Rücktritt, Amtsniederlegung, Wahlvorschlag, Verordnungen, Satzungen, nicht zustimmungsbedürftige Verwaltungsakte, Widmungen, Weisungen.

---

[9] Kritisch Krause, Rechtsformen des Verwaltungshandelns, 1974, S. 40 f., 54 ff.
[10] Näher Ehlers, Verwaltung in Privatrechtsform, 1984, S. 488 ff.
[11] Kluth NVwZ 1990, 608 ff.; Ernst, Die Verwaltungserklärung, 2008.

– **Zustimmungsbedürftige einseitige Rechtsgeschäfte,** deren Wirksamkeit von einer weiteren Willenserklärung abhängt.

Beispiele: Rechtsgeschäfte Minderjähriger, Beamtenernennung, genehmigungsbedürftige Erlaubniserteilung.

– **Mehrseitige Rechtsgeschäfte.**

Beispiel: Verträge (→ § 54 Rn. 1 ff.).

b) Zur Auslegung von Willenserklärungen

Die Abgabe von Willenserklärungen und rechtsgeschäftsähnlichen Erklärungen ist nicht immer eindeutig. Deshalb stellt sich die Frage nach ihrer **Auslegung** darüber, ob eine Erklärung vorliegt und welchen Inhalt sie besitzt. Interpretationshinweise sind zunächst spezialgesetzlichen Bestimmungen des Verwaltungsrechts zu entnehmen. Sie belegen, dass zwischen Erklärungen des Bürgers (nichtamtliche Willenserklärungen) und der Verwaltung zu unterscheiden ist. 10

Bei nichtamtlichen Willenserklärungen fordert die verwaltungsverfahrensrechtliche Orientierung am Untersuchungs- und Betreuungsgrundsatz (§§ 24 f. VwVfG; §§ 13 ff. SGB I), dass es im Zweifel auf den **wirklichen Willen der Zivilperson** und nicht auf den Empfängerhorizont der Verwaltung ankommt.[12] Gegebenenfalls ist die Erklärung umzudeuten.[13] Am buchstäblichen Sinn des Ausdrucks darf nicht gehaftet werden. Maßgebend ist nicht der innere, sondern der erklärte Wille unter Berücksichtigung des Zwecks des Verwaltungsrechtsverhältnisses oder der abgegebenen Erklärung. Das ist eine Folge des grundrechtlich determinierten sozialen Rechtsstaates, der eine grundrechtsfreundliche Interpretation verlangt. Er betont die Dienstleistungsaufgabe der Verwaltung, die ihr im Interesse der Grundrechtsverwirklichung von Zivilpersonen aufgegeben ist. 10a

Hinsichtlich der von der **Verwaltung abgegebenen Erklärungen** ist nach hM in Literatur und Rechtsprechung auf den allgemeinen Rechtsgrundsatz des § 133 BGB zurückzugreifen.[14] Danach ist bei der Auslegung vom Wortlaut auszugehen und der wirkliche Willen zu erforschen. Hierzu ist auf die Entstehungsgeschichte und den Sinn der Erklärung abzuheben.[15] Anders als bei Erklärungen von Zivilpersonen kommt es hier jedoch darauf an, wie der Empfänger die Erklärung bei objektiver Würdigung verstehen konnte. Maßgeblich ist also der Standpunkt dessen, für den die Erklärung bestimmt ist (Empfängerhorizont).[16] Dabei sind äußere Umstände ebenso zu berücksichtigen wie das Erfordernis der objektiven Qualifizierung von Erklärungen. Unklarheiten gehen zu Lasten der Verwaltung.[17] Diese Regel steht jedoch unter dem Vorbehalt der Gesetzeskonformität. Bei Unklarheit der Erklärung ist sie so 11

---

[12] Krause VerwArch 61 (1970), 297 (322); Berg, Die verwaltungsrechtliche Entscheidung bei ungewissem Sachverhalt, 1980; Kluth NVwZ 1990, 608 (611).

[13] BVerwGE 25, 191 (194).

[14] S. zuletzt BVerwGE 84, 236 (242); BVerwG NVwZ-RR 1994, 13; BFH NVwZ-RR 1989, 521 ff.; VGH München BayVBl. 1993, 661.

[15] VGH München BayVBl. 1993, 661.

[16] BVerwGE 74, 15 (17); BVerwG DVBl 1986, 680; BVerwG GewArch 1997, 66 f.; Krause VerwArch 61 (1970), 297 (322); Kluth NVwZ 1990, 608 ff.

[17] BVerwGE 41, 305 f.; 48, 279 (281 ff.); 60, 223 (229); BVerwG NVwZ 1984, 37; OVG Münster DVBl 1979, 732; BFH NVwZ-RR 1989, 521 f.

zu verstehen, dass dem Gemeinschafts-, Verfassungs- und Verwaltungsrecht Rechnung getragen wird.[18] Dieser Auslegungsmaxime kommt insbesondere bei gemeinschaftsrelevanten Willenserklärungen eine herausragende Bedeutung zu.

c) Elektronische Willenserklärungen

12 Die moderne Verwaltung bedient sich bei ihrem Verwaltungshandeln der elektronischen Medien.[19] Zwar stellt § 37 V VwVfG klar, dass die EDV-Einrichtung nicht selbst die behördliche Willenserklärung setzt, sondern dass der Verwaltungsakt nur „mit Hilfe automatischer Einrichtungen" erlassen wird. Dieser Hinweis schließt aber angesichts der rasanten Weiterentwicklung der EDV-Technik nicht aus, dass EDV-Anlagen ua auf Grund interaktiver Dialogfähigkeit durchaus in der Lage sind, selbst öffentlich-rechtliche Willenserklärungen zu produzieren. Deshalb ist zu Recht auch von der sog. **elektronisch erzeugten Willenserklärung** die Rede,[20] die unterschieden werden muss von der elektronisch übermittelten. Ihre verfassungs- und verwaltungsrechtliche Zulässigkeit ist jedoch mindestens solange und soweit fraglich, bis nicht Programme existieren, die eine durchgehende Rechtmäßigkeitskontrolle gestatten.

3. Privat- und öffentlich-rechtliche Handlungen

13 Nach dem maßgebenden Gebiet des objektiven Rechts und den handelnden Personen, die ihm unterstehen, sind zu unterscheiden:

- **Privathandlungen,** die auf Grund von Privatrechtssätzen einer Privatperson zugerechnet werden und privatrechtliche Folgen haben. Zu ihnen gehören auch die privatrechtlichen Handlungen der Träger öffentlicher Verwaltung, da sie auch „Privatpersonen" sind.
- **Zivilhandlungen,** die auf Grund von öffentlich-rechtlichen Rechtssätzen einer Zivilperson zugerechnet werden und öffentlich-rechtliche Folgen haben.

Beispiele: Anträge auf Erteilung von Erlaubnissen, von Bescheinigungen, auf Zulassung zur Anstaltsbenutzung, Verzicht, Eintritt in freiwillige Körperschaften des öffentlichen Rechts und Austritt aus ihnen, Willenserklärungen bei Vertragsabschluss und im Laufe von Verträgen.

13a Auf diese Handlungen finden mangels besonderer gesetzlicher Regelung zumeist die privatrechtlichen Sätze (zB §§ 116 ff., 133, 164 ff., 183 BGB) entsprechende Anwendung, sofern nichts anderes, wie zB für Verfahrenshandlungen, besonders bestimmt ist oder durch die Besonderheit der Interessenlage bedingt wird. Verwaltungsrechtlich kann die Interessenlage durch die Betreuungspflicht des behördlichen Erklärungsempfängers, durch das öffentliche Interesse und durch den objektiven Charakter und die Verschiedenheit der Verwaltungsverfahren wesentlich beeinflusst werden.[21] Hinsichtlich des Zugangs schriftlicher Handlungen ist es notwendig, dass sie in die Verfügungsgewalt der Behörde gelangen. Dabei darf der Bürger Fristen voll ausschöp-

[18] OVG Münster DVBl 1984, 1081; VGH München BayVBl. 1980, 501; s. näher Kluth NVwZ 1990, 608 (611).

[19] Birner, Verwaltungsautomatisierung nach dem Gesetz zur Modernisierung des Besteuerungsverfahrens, 2023; Busche, Verwaltungsautomation 2.0., 2023.

[20] Clemens NJW 1985, 1998 ff.; Hohenegg/Tauscheck BB 1997, 1541 f.

[21] S. OVG Koblenz DVBl 1984, 281 zu § 124 BGB; § 12 VwVfG gegenüber §§ 104 ff. BGB; BVerwG DÖV 1967, 391; NVwZ 1984, 518; OVG Münster NVwZ 1984, 655; Krause VerwArch 61 (1970), 297 ff.; Krause NJW 1979, 1010 f.; Martens NVwZ 1986, 536; Kluth NVwZ 1990, 608 ff.; Hartmann DÖV 1990, 8 ff.; Schmidt-De Caluwe JURA 1993, 39 ff.

fen.[22] Ungeklärt ist, inwieweit Zivilpersonen an abgegebene Erklärungen gebunden sind. Hier gehen etwa die §§ 22 ff. VwVfG dem § 130 BGB vor.

– **Öffentlich-rechtliche Handlungen,** die auf Grund von öffentlich-rechtlichen Rechtssätzen einem Subjekt hoheitlicher Gewalt zugerechnet werden und öffentlich-rechtliche Folgen haben. Auf diese Handlungen finden privatrechtliche Sätze (zB §§ 119 ff. BGB) nur dann entsprechende Anwendung, wenn das Verwaltungsverfahrensrecht keine Regelung trifft und wenn die Interessenlage der privatrechtlich geregelten entspricht.[23] 14

– Insbesondere **obrigkeitliche Handlungen,** die auf Grund von öffentlich-rechtlichen Rechtssätzen einem Subjekt hoheitlicher Gewalt als verbindliche (abstrakte oder konkrete) Regelung (Anordnung, Entscheidung) zugerechnet werden und öffentlich-rechtliche Folgen haben. Sie unterliegen einem besonderen und dem allgemeinen Verfassungs- und Verwaltungsrecht. Privatrechtssätze finden auf sie nur mittelbar Anwendung, wenn sie Ausdruck allgemeiner oder besonderer Rechtsgrundsätze sind. 14a

– **Strafbare Handlungen,** die auf Grund von Strafrechtssätzen einer Zivilperson zugerechnet werden und strafrechtliche Folgen haben. Sie spielen im Verwaltungsrecht eine Rolle, wenn ein Verstoß gegen einen Rechtssatz des Verwaltungsrechts strafbewehrt ist. 14b

4. Handlungen nach der Billigung durch das objektive Recht

– **Erlaubte Handlungen,** die geltenden Rechtssätzen nicht widersprechen und 15
– **unerlaubte Handlungen,** die geltenden Rechtsgeboten widersprechen, wie die Verletzung bestimmter Berechtigungen insbesondere von Zivilpersonen, Verwaltungswidrigkeiten, Ordnungswidrigkeiten, Disziplinwidrigkeiten oder strafbare Handlungen, die auch in vielen Verwaltungsgesetzen bezeichnet sind (s. zB §§ 144 ff. GewO).

III. Tatbestand, Verursachung und Verschulden im Verwaltungsrecht

1. Tatbestandsmomente

Das objektive Recht besteht aus Rechtsnormen, die einen **Tatbestand** mit einer Rechtsfolge verknüpfen. Dabei ist der „Tatbestand" der im Rechtssatz zum Ausdruck gekommene begrifflich schematisierte Typus eines Lebenssachverhalts. Wie ein Lebenssachverhalt aus Tatumständen, so besteht ein Tatbestand idR aus Tatbestandsmomenten. 16

Die **Tatbestandsmomente** sind teils rechtsfolgebegründend („Tatbestand" ieS), teils rechtsfolgebedingend (bloße Wirksamkeitsvoraussetzungen). Rechtsfolgebegründend sind die Tatbestandsmomente, die nicht fehlen können, ohne dass auch die Rechtsfolge entfällt. Sie sind also der eigentliche Grund der Rechtswirkung. Rechtsfolgebedingend sind Tatbestandsmomente, deren Fehlen nicht die Rechtmäßigkeit, sondern nur die Wirksamkeit der Rechtsfolge hindert, die also für deren Eintritt zwar notwendig, aber nicht hinreichend sind (zB Genehmigung einer Gemeindesatzung durch die Aufsichtsbehörde). 16a

[22] Kluth NVwZ 1990, 612; BVerfGE 52, 203 (207).
[23] Ritgen in Knack/Henneke § 9 Rn. 5.4.

2. Die Verursachung von Tatbestandsmomenten

17 Die Beantwortung der Frage, ob eine Handlung oder ein Ereignis einem Tatbestandsmoment entspricht, ist ua oft davon abhängig, ob es den im Tatbestandsmoment erfassten Tatumstand verursacht hat.

Beispiele: Ob eine Handlung Ursache eines Schadens oder eines gefährlichen Zustandes ist, ob ein Körperschaden durch einen Dienstunfall oder durch eine sozialversicherte Tätigkeit verursacht worden ist.

a) Bedingungs- und Adäquanztheorie

18 Ursache im ontologischen, das heißt im konkret-realen Sinne ist jedes Ereignis, das nicht hinweggedacht werden kann, ohne dass damit auch dessen Wirkung entfiele (conditio sine qua non). Danach ist keine „Bedingung eines Erfolges" vor einer anderen ausgezeichnet. Dieser weite Kausalitätsbegriff herrscht im Strafrecht als sog. **Bedingungs- oder Äquivalenztheorie.**[24] Da der ontologische Kausalitätsbegriff ins Uferlose führt und die Auferlegung bestimmter Folgen unbillig sein kann, müssen alle Wissenschaften etliche derartige Ursachen ausschließen oder einige auswählen.

19 Nach der im Privatrecht herrschenden **Adäquanztheorie** werden als Ursachen nur diejenigen Ereignisse oder Handlungen berücksichtigt, welche den rechtlich erheblichen Tatumstand nach allgemeiner Lebenserfahrung (in abstracto) herbeizuführen geeignet sind. Bedingungen, die den Erfolg nur wegen „ganz besonders eigenartiger, ganz unwahrscheinlicher und nach dem regelmäßigen Verlauf der Dinge außer Betracht zu lassender Umstände" herbeigeführt haben, haben ihn danach nicht mehr im Rechtssinne „adäquat verursacht".[25] Dieser engere Begriff der „adäquaten Verursachung" gilt auch in Teilen des Verwaltungsrechts, soweit die Interessenlage der privatrechtlich geregelten entspricht, insbesondere im Recht der Ersatzleistungen.[26] Der BGH versteht die Adäquanz als eine aus § 242 BGB herzuleitende Zurechenbarkeit unter Billigkeitsgesichtspunkten.[27] U. Huber hat daher im Anschluss an den BGH die Adäquanztheorie zu einer **Normzwecktheorie** fortentwickelt, die der noch zu erörternden Relevanztheorie nahekommt.[28] Die Norm- oder Schutzzwecklehre stellt hinsichtlich der Relevanz der Verursachung darauf ab, ob die auszulegende Norm die konkret zu beurteilende Ursache einbeziehen will.[29]

Beispiel: Die StVO will ua die Verletzung der Verkehrsteilnehmer verhindern. Sie will aber nicht davor schützen, dass bei einer Unfalloperation eine verborgene, die Dienstunfähigkeit bewirkende Krankheit entdeckt wird.[30]

b) Relevanztheorie

20 Im Übrigen wird der allzu weite ontologische Kausalbegriff im Verwaltungsrecht insofern modifiziert, als auf die „wesentlichen Ursachen" abgestellt wird. Rechtserheblich sind danach nur solche, aber auch alle Ereignisse oder Handlungen ohne Rücksicht auf ihre (abstrakte) Vorhersehbarkeit, die „wegen ihrer besonderen Beziehung

---

[24] BGHSt 1, 332; 2, 20 (24); Maiwald, Kausalität im Strafrecht, 1980.
[25] BGHZ 3, 261; 7, 198 (204).
[26] Zur Anwendung im Polizei- und Ordnungsrecht Gusy/Eichenhofer, Polizei- und Ordnungsrecht, 11. Aufl., Rn. 339.
[27] BGHZ 3, 267.
[28] U. Huber JZ 1969, 677 ff.
[29] BGHZ 115, 84; Röhl/RöhlRechtslehre, § 59 III.
[30] BGH NJW 1968, 2287 und dazu Kramer JZ 1976, 343.

zum Erfolg zu dessen Eintritt in concreto wesentlich mitgewirkt haben“ (sog. **Relevanztheorie**). Im Gegensatz zur Adäquanz wird die Relevanz erst ex post ermittelt. Die wesentliche Ursache braucht dem Schaden nicht adäquat zu sein. Haben mehrere Ursachen in annähernd gleicher Weise wesentlich auf den Erfolg hingewirkt, ist jede von ihnen (Mit-) Ursache im Rechtssinne.[31]

Beispiel: Ein Dienstunfall liegt auch dann vor, wenn das dienstliche Ereignis nicht die Einzige, aber die wesentliche Ursache war.[32] Ein Dienstunfall liegt dagegen nicht vor, wenn nicht das dienstliche Ereignis, sondern ein anlagebedingtes Leiden den Tod herbeigeführt hat.[33] Auf die zeitliche Folge der ursächlichen Ereignisse oder auf eine Unterbrechung der Ursachenkette kommt es nicht an. Es ist auch unerheblich, ob das Vorhandensein einer ursächlichen Anlage bereits bekannt gewesen ist oder sich erst nach der verursachten Tatbestandsverwirklichung herausgestellt hat.[34] Entsprechend der konkreten Betrachtung ist die subjektive Belastbarkeit des Betroffenen zu berücksichtigen.[35]

Damit wird freilich das Problem von der Kausalität zur Haftung bzw. Verantwortlichkeit verschoben. Denn die nun zu beantwortende Frage danach, welche der Ursachen „wesentlich“ ist, kann nicht mehr durch eine allgemeine Kausaltheorie, sondern nur unter Abwägung aller Einzelbedingungen nach dem Sinn des jeweiligen gesetzlichen Tatbestandes beantwortet werden. Es kommt also darauf an, welche der oft zahlreichen bedingenden Ereignisse oder Handlungen (der Ursachen im ontologischen Sinn) den gesetzlichen Tatbestand erfüllt, mithin die Haftung und die gesetzliche Rechtsfolge auslöst. Diese Frage spielt vornehmlich im Polizei- und Ordnungsrecht eine Rolle. Hier wird sowohl die **Theorie der rechtswidrigen Verursachung**,[36] als auch die **Theorie der unmittelbaren Verursachung** vertreten.[37] Nach der Theorie der unmittelbaren Verursachung ist nur verantwortlich, wer bei wertender Betrachtung aller Umstände des Einzelfalles die Gefahrengrenze überschreitet. Das ist etwa bei der zeitlich letzten Handlung vor dem Schadenseintritt der Fall.[38] Dieser Ansatz hat sich vor allem deshalb durchgesetzt, weil das Merkmal „unmittelbar“ unbeschadet seiner Unbestimmtheit und grenzenlosen Wertoffenheit eine Eingrenzung der Verantwortlichkeit gestattet und weil das Abstellen auf relevante Ursachen auch den Gedanken der Sozialadäquanz aufgreift.[39] Von der Frage nach der Kausalität ist die nach der **Ursachenvermutung** zu unterscheiden. Sie beherrscht das Umwelthaftungsrecht und hat eine Beweiserleichterung für den Geschädigten zum Ziel (s. §§ 6 ff. UHG[40]). 21

3. Verschulden im Verwaltungsrecht

Nur selten knüpfen öffentlich-rechtliche Rechtssätze an ein **Verschulden** eines Amtswalters oder einer Zivilperson an. Der im öffentlichen Recht verkümmerte Begriff spielt im Unterschied zum Privatrecht (§ 276 BGB) nur in einigen wenigen Bereichen eine meist untergeordnete Rolle. Das hängt damit zusammen, dass das objektive 22

31 BVerwGE 10, 258 = ZBR 1967, 265; BSGE 11, 50; 28, 14 u. VGH Kassel ZBR 1964, 285.
32 NRWOVGE 12, 273.
33 VGH Mannheim ZBR 1960, 354.
34 BSGE 13, 175.
35 BSGE 19, 275; Kraemer NJW 1965, 183 ff. u. Haueisen DVBl 1969, 709 (716).
36 Schnur DVBl 1962, 1 ff.; Pietzcker DVBl 1984, 45 ff.; Schoch JuS 1994, 932 f.
37 Bäcker in Lisken/Denninger PolR-HdB, D Rn. 154 ff.; Götz/Geis, Allgemeines PolR, § 13 Rn. 10 ff.; Schenke PolR, Rn. 314f.
38 OVG Münster NVwZ 1985, 356; Erbel JuS 1985, 257; kritisch Bäcker in Lisken/Denninger PolR-HdB, D Rn. 154 ff.
39 Selmer JuS 1992, 97 (99 f.); Röhl/RöhlRechtslehre, § 59 IV.
40 Dazu Kloepfer UmweltR, § 6 C.

Verwaltungsrecht grundsätzlich im öffentlichen Interesse ohne Rücksicht auf subjektive Momente durchgesetzt werden muss.

Beispiele: Verwaltungsrechtliche Schuldverhältnisse (Verschulden eines Vertragspartners, → § 55 Rn. 41 ff.), Widerrufslehre (Verschulden des Begünstigten), teilweise im öffentlich-rechtlichen Ersatzleistungsrecht (Verschulden des Amtswalters; Art. 34 GG, §§ 839, 89, 31 BGB, wo das Verschuldenserfordernis durch die höchstrichterliche Rechtsprechung aber weitgehend „überspielt" wird; mitwirkendes Verschulden iSd § 254 BGB), nicht aber zB im Polizei- und Ordnungsrecht sowie im Umweltrecht (Verschulden des Störers nicht erforderlich.[41] Zum Unterschied dieses materiell-rechtlichen zum verfahrensrechtlichen Verschulden (zB Nicht-Verschulden des Säumigen bei Wiedereinsetzung in den vorigen Stand s. § 32 VwVfG; § 27 SGB X; § 110 AO; § 60 VwGO).

IV. Rechtsfolge im Verwaltungsrecht

23 **Rechtsfolge** ist die in der Rechtsnorm begrifflich erfasste Verpflichtung oder Berechtigung eines Subjekts. Sie kann bestehen in einer Rechtsstellung (→ § 32 Rn. 14 ff.), in einer sonstigen rechtlichen Eigenschaft, in einer bestimmten Verpflichtung oder Berechtigung oder in einer Zuständigkeit zu einem (gesollten oder gestatteten) Handeln. Sprachlich wird das Sollen, das heißt die Pflicht als rechtliches „Müssen", in der Regel ausgedrückt durch kopulierende Worte wie „wird", „ist zu", „hat zu" oÄ, das Gestatten als die Berechtigung iwS (rechtliches Dürfen) durch „darf", „kann" oÄ, das Gestatten als Berechtigung ieS (subjektives Recht) durch „ist berechtigt", „kann verlangen" oÄ Oft ergibt sich der Sinn der Verknüpfung erst aus dem Zusammenhang. Auch die Rechtsfolge kann aus Rechtsfolgemomenten bestehen, die je für sich allein die Rechtsfolge nicht erschöpfen (wegen der Rechtsfolgen unerlaubter Handlungen von Zivilpersonen → § 42 Rn. 86 ff.).

§ 37. Der zeitliche Aspekt des Verwaltungsrechts

Schrifttum: Großfeld, Kernfragen der Rechtsvergleichung, 1996, S. 238 ff.; Guckelberger, Die Verjährung im öffentlichen Recht, 2004; Hoffmann-Riem/Schmidt-Aßmann, Innovation und Flexibilität des Verwaltungshandelns/Schulze-Fielitz, 1994, S. 139 f.: Zeitoffene Gesetzgebung; Linhart, Fristen und Termine im Verwaltungsrecht, 4. Aufl. 2007; Mattner, Sonn- und Feiertagsrecht, 2. Aufl. 1991; Oertel, Der Zeitfaktor im öffentlichen Recht, 1992; Oetker, Die Verjährung, 1994; Rombach, Der Faktor Zeit im umweltrechtlichen Genehmigungsverfahren, 1994.

I. Zur Bedeutung des Zeitfaktors im Verwaltungsrecht

1 Tatsachen haben neben den eben erörterten Bedeutungen und Erscheinungsformen grundsätzlich eine zeitliche Dimension. Erinnert sei nur an den bereits abgehandelten Aspekt der zeitlichen Geltung von Rechtsquellen (→ § 27 Rn. 1 ff.) sowie die **Relevanz des Zeitfaktors** bei der Auslegung und für die Altersstufen (→ § 33 Rn. 26 ff.). Aber auch im Übrigen werden Verwaltungsrecht und Verwaltung von einem **ausdifferenzierten Zeitregime** geprägt und gesteuert. Zwar befassen sich zahlreiche Verwaltungsgesetze inhaltlich auch mit Zeitfragen. Es fehlt jedoch eine abschließende öffentlich-rechtliche Regelung. Deshalb ist ergänzend auf die einschlägigen Vorschriften des Bürgerlichen Gesetzbuches zurückzugreifen (s. etwa §§ 31, 53 VwVfG), soweit die Heranziehung nicht mit verwaltungsrechtlichen Interessenlagen kollidiert.[1]

---

[41] Kingreen/Poscher POR, § 9 Rn. 17; Selmer JuS 1992, 97.

[1] BVerwGE 44, 45 (47); 66, 57; BGHZ 9, 209; BSGE 22, 173; Kallerhoff/Stamm in Stelkens/Bonk/Sachs § 31 Rn. 2.

Bei der verwaltungsrechtlichen Bewältigung von Zeitproblemen ist stets zu berücksichtigen, dass es sich bei der Zeit um eine stark **rechtsstaatlich determinierte Ressource** handelt. Verwaltungsgesetzliche und verwaltungsbehördliche Zeitvorgaben dienen der Rechtsklarheit, der Rechtssicherheit, dem Vertrauensschutz und dem Rechtsfrieden.[2] Sie müssen den Grundsatz der Verhältnismäßigkeit und der effektiven Verwaltung wahren. Gleichzeitig tangieren Zeitregelungen die Freiheits- und Gleichheitsrechte (zB Zuteilung von Zeitnischen und bestimmten Öffnungszeiten bei Ausstellungen) sowie die gemeinschaftsrechtlichen Grundfreiheiten, die sich auf den zeitlichen Gesichtspunkt von Verwaltungsverfahren erstrecken.[3] Die Zeitbestimmung ist ein wichtiger Ausschnitt aus der **Infrastrukturverwaltung.** Sie verlangt im Interesse der Funktionsfähigkeit der Verwaltung sowohl auf staatlicher als auch auf gemeinschaftsrechtlicher Ebene ein Mindestmaß an einheitlichen Zeitvorgaben (Art. 73 Nr. 4 GG) und eine europäische Zeitgemeinschaft. Aus gemeinschaftsrechtlicher Perspektive ist die zeitgerechte Umsetzung in nationales Recht ein wichtiges Element.[4] Im Hinblick auf die unterschiedlichen Zeitzonen besitzt der Zeitfaktor auch eine international relevante verwaltungsrechtliche Komponente. Hier kommt es darauf an, in welcher Zeitzone eine Erklärung wirkt.[5] 2

Daneben ist Zeit – ökonomisch betrachtet – ein **knappes Gut** und damit ein wichtiger Standort-, Wettbewerbs-, Produktions- und Konsumfaktor („time is money", „just in time"). Dieser Gedanke muss auch die Gestaltung verwaltungsrechtlicher Rahmenbedingungen und insbesondere die zeitlich effektive Gewährung von Leistungen sowie die Dauer von Genehmigungsverfahren und den vorläufigen Rechtsschutz beeinflussen.[6] Insofern ist an die dienende Rolle der kooperativ agierenden Verwaltung im Dienstleistungsstaat und an das Effizienzgebot zu erinnern. Die Bereitstellungsfunktion von Recht erstreckt sich auch auf ein zeitgerechtes Verwaltungsrecht. Zivilpersonen sind wegen der Monopolsituation der Verwaltung auf die Rechtzeitigkeit von Verwaltungshandeln angewiesen, weil andernfalls subjektive Rechte entwertet werden. Diese Forderung wirkt sich auch auf die Frage aus, ob und inwieweit eine Verfahrensprivatisierung in dem Sinne in Betracht kommt, dass private Verfahrensvermittler, Sachverständige, Projektmanager, Mediatoren und Schlichter in das Verwaltungsverfahren einbezogen werden.[7] 3

Beispiele: § 2b 9. BImSchV; § 45 LFGB; § 17a AEG; § 43g EnWG.[8]

II. Zeitrechnung

Jahr, Monat und **Tag** werden bestimmt nach dem Gregorianischen Kalender, der die (auf zehn Tage angewachsene) Differenz des bis dahin geltenden Julianischen Kalenders zum astronomischen Kalender (Lauf der Erde um die Sonne) beseitigte. Die ka- 4

---

[2] BVerfG NJW 1984, 2148.

[3] S. auch Goerlich, Grundrechte als Verfahrensgarantien, 1981, S. 165 ff.; Denninger in Isensee/Kirchhof StaatsR-HdB IX § 193 Rn. 73; BVerfGE 63, 131 (144); Hatje, Die gemeinschaftsrechtliche Steuerung der Wirtschaftsverwaltung, 1998, S. 22; Steinbeiß-Winkelmann DVBl 1998, 809 (811).

[4] Näher Hatje, Die gemeinschaftsrechtliche Steuerung der Wirtschaftsverwaltung, 1998, S. 224 ff.

[5] Großfeld, Kernfragen der Rechtsvergleichung, 1996, S. 260 f.

[6] S. auch Ziekow DVBl 1998, 1101 ff.

[7] Ortloff NVwZ 2004, 385 ff.; Pitschas NVwZ 2004, 396 ff.; Hoffmann-Riem/Schneider, Verfahrensprivatisierung im Umweltrecht, 1996; Hoffmann-Riem DVBl 1996, 225 ff.

[8] S. auch Schmidt-Preuß VVDStRL 56 (1997), 162 (168, 178); Steinbeiß-Winkelmann DVBl 1998, 809 ff.

tholischen deutschen Territorien reformierten die Zeitrechnung 1583, das protestantische Deutschland auf Grund Reichstagsdekret von 1699 vom 18.2.–1.3.1700. Eine Weltkalenderreform wird von den Vereinten Nationen betrieben.

5 Außer diesem vom 1.1. bis zum 31.12. verlaufenden allgemeinen **Kalenderjahr,** dem seit 1961 auch das öffentliche Rechnungs- bzw. Haushaltsjahr entspricht (§ 4 HGrG), gibt es auf dessen Grundlage noch andere rechtlich angeordnete Jahreszeiträume, zB das „Wirtschaftsjahr" (zB für Landwirte vom 1.7. bis 30.6.; § 4a EStG). Die Jahreszeiten können verwaltungsrechtlich bedeutsam werden, wenn zB Erlaubnisse (in Kurorten) für bestimmte Jahreszeiten erteilt werden oder nach Sommer- und Winterzeit differenziert wird (§§ 4, 5 EinhZeitG[9] iVm der Sommerzeitverordnung (SoZV)[10]).

6 Die **Stundenzeit** ist nicht die astronomische, örtliche Sonnenzeit, sondern die mittlere, auf den 15. östlichen Längengrad bezogene Tageszeit (Mitteleuropäische Zeit, § 4 I EinhZeitG). Dabei handelt es sich um die koordinierte Weltzeit unter Hinzufügung einer Stunde. Die gesetzliche Zeit ist im amtlichen und geschäftlichen Verkehr zu verwenden. Sie bezieht sich auf das Datum und die Uhrzeit.

Beispiele: „Nachtzeit" (§ 5 III VwZG), die von 21 bis 6 Uhr und nach § 2 III ArbZG von 23 Uhr bis 6 Uhr, in Bäckereien und Konditoreien von 22 Uhr bis 5 Uhr dauert.

6a Die **Sekunde** ist als Basiseinheit der Zeit durch § 1 Anl. 1 EinhV festgelegt.

III. Sonn- und Feiertage

7 Die **Sonntage** und die landesrechtlich je besonders geregelte gesetzliche **Feiertage** sind insofern geschützt, als jedermann zu einem dem Wesen des Tages entsprechenden Verhalten verpflichtet ist. Insbesondere dürfen keine öffentlich bemerkbaren, ruhestörenden Arbeiten verrichtet werden. Diese Tage dienen der Arbeitsruhe und der seelischen Erhebung (s. Art. 140 GG iVm Art. 139 WRV). Zur Hauptzeit des Gottesdienstes dürfen sonstige öffentliche Veranstaltungen nicht stattfinden. An sog. stillen Feiertagen sind alle sportlichen und der Unterhaltung dienenden öffentlichen Veranstaltungen, die dem besonderen Wesen des Feiertages nicht entsprechen, unter Bußgeldandrohung verboten.[11] Teilweise sind sie auch staatspolitisch motiviert (zB Tag der Deutschen Einheit – Art. 2 II EinigVtr). Der Sonn- und Feiertagsschutz ist in Landesgesetzen[12] sowie in zahlreichen Spezialgesetzen normiert.

Beispiele: § 30 III StVO; § 31 III VwVfG; §§ 9 ff. ArbZG.[13]

7a Im Übrigen ist der Schutzgedanke umstritten. Zunehmend sind insbesondere im Dienstleistungs- und Informationssektor Aufweichungstendenzen zu beobachten, die in einer umfangreichen Rechtsprechung ihren Niederschlag finden.[14]

---

9 G. v. 25.7.1978, BGBl. I 1110.
10 G. v. 17.7.2001, BGBl. I 1591.
11 Häberle, Der Sonntag als Verfassungsprinzip, 1988.
12 Vgl. die Zusammenstellung bei Müller in Stober, Ladenschlussgesetz, § 2.
13 Dazu Diller NJW 1994, 2726 ff.
14 Näher Mattner NJW 1988, 2207; Kunig, Der Schutz des Sonntags in verfassungsrechtlichem Wandel, 1988; Mattner, Sonn- und Feiertagsrecht; Stober NWVBl. 1993, 121 ff.; Kästner DÖV 1994, 464 ff.; BVerwG NJW 1994, 1975.

Beispiel: Nach Ansicht des BVerfG[15] sind gewerbliche Tätigkeiten mit dem Charakter des Sonntags vereinbar, wenn sie der Befriedigung sonntäglicher Bedürfnisse dienen.

Auch **Wettbewerbsgesichtspunkte** und **Standortfaktoren** im Binnenmarkt werden häufig bei der Problematik der Sonntagsarbeit und der Maschinenlaufzeiten aufgeführt.[16] § 13 I Nr. 2c und V ArbZG gestattet insbesondere zur Sicherung der Beschäftigung und aus Gründen der Auslandskonkurrenz Ausnahmen.[17] 8

Der **Sonntag** ist der erste Tag der siebentägigen Woche. Gesetzliche **Feiertage** sind in allen Bundesländern: Neujahrstag, Karfreitag, Ostermontag, 1. Mai, Himmelfahrtstag, Pfingstmontag, Tag der Deutschen Einheit (Art. 2 II EinigVtr), 1. und 2. Weihnachtstag. Im Übrigen haben die Bundesländer unterschiedliche Regelungen.[18] Von den gesetzlichen sind die staatlich geschützten bzw. anerkannten kirchlichen oder jüdischen Feiertage zu unterscheiden (s. etwa §§ 8 f. BWFTG). 9

IV. Fristen

1. Fristberechnung

Frist ist ein rechtserheblicher Zeitablauf, der sich aus einem bestimmten oder bestimmbaren Zeitraum zusammensetzt.[19] Termin nennt man einen rechtserheblichen Zeitpunkt (s. auch § 36 II Nr. 1 VwVfG) sowie Beginn und Zeitspanne einer förmlichen Verhandlung. Für die **Berechnung der Fristen** gelten die Auslegungsvorschriften der §§ 187–193 BGB sowie §§ 222, 224 II, III, 225, 226 ZPO, soweit nichts anderes vorgeschrieben ist (§ 31 VwVfG; § 26 SGB X; § 108 AO; § 57 II VwGO).[20] 10

2. Fristtypen

Fristen verfolgen unterschiedliche Zielsetzungen. 11

a) Unbedeutende und bedeutsame Fristen

Es gibt Fristen, die für ein subjektives Recht **ohne unmittelbare Bedeutung** sind und **materiell-rechtlich bedeutsame Fristen.** Die rechtlich unerheblichen sind die sog. Ordnungsfristen, durch die konkret auf den geordneten Ablauf eines Verwaltungs- oder gerichtlichen Verfahrens hingewirkt wird. Sie können formlos verlängert werden und lassen die Berücksichtigung verspätet vorgebrachter Tatsachen zu (§ 102 VwGO; § 31 VII VwVfG; § 109 AO). Die materiell-rechtlich bedeutsamen Fristen können den Rechtserwerb, den Rechtsverlust oder die Rechtsverfolgung betreffen. 11a

b) Zeitablauf und Rechtserwerb

Der Zeitablauf bezieht sich auf einen **Rechtserwerb:** 12
– **Rechtserwerb begründende Frist** („Ersitzung"): ein bestehender Zustand wird um seiner Dauer willen nunmehr als rechtmäßig anerkannt, eine fehlende (aber

[15] BVerfG GewArch 1993, 13.

[16] Loritz, Möglichkeiten und Grenzen der Sonntagsarbeit, 1989; Benda, Probleme der industriellen Sonntagsarbeit, 1990.

[17] S. auch Zmarzlik DB 1994, 1082 ff.

[18] S. näher Hoeren/Mattner, Feiertagsgesetze der Bundesländer, 1989; Müller in Stober, Ladenschlussgesetz, § 2.

[19] VGH München NJW 1991, 1250.

[20] Näher Ziegltrum JuS 1986, 705; GmS-OGB BVerwGE 40, 363; GmS-OGB BGHZ 59, 396 f.; OVG Münster NWVBl. 1994, 268 ff.; App VR 1993, 3 ff.; Volbers, Fristen und Termine, 2003.

scheinbar bestehende) Berechtigung wird durch Zeitablauf erworben. Sie spielt im Verwaltungsrecht keine Rolle, weil Dauer und Zeitablauf allein ein Recht kaum begründen können.[21]

– **Rechtserwerb bedingende Frist** („Wartezeit", Anfangstermin): eine vorgesehene Begründung (Besserung) einer Rechtsstellung soll erst nach gewissem Zeitablauf eintreten.

Beispiele: Wartezeit auf Erholungsurlaub (§ HessUrlVO), Wohnsitzdauer eines Einwohners als Voraussetzung der Wahlberechtigung, Anwartschaftsfrist in der Sozialversicherung, beamtenrechtliche Probezeit, Dienstaltersstufen und Versorgungsberechtigung, Anfangstermin einer befristeten Nebenbestimmung (§ 36 II Nr. 1 VwVfG und näher → § 47 Rn. 1 ff.).

13 – **Rechtserwerb beweisende Frist** („Unvordenklichkeit"): ein bestehender Zustand wird infolge seiner Dauer als rechtswirksam begründet vermutet. Bei Fehlen des Nachweises des Bestehens einer subjektiven Berechtigung oder eines Rechtszustandes begründet die Unvordenklichkeit die widerlegliche Vermutung, dass die seit Menschengedenken bestehende Übung rechtmäßig ist, wenn ein solches Recht (Rechtszustand) überhaupt noch rechtlich zulässig ist. Es bedarf ihrer also ua nicht, wenn die Berechtigung (der Rechtszustand) auf Gewohnheitsrecht beruht. Sie war im früheren Recht bis ins 19. Jh. hinein sehr wichtig, hatte seit dem aber fast nur noch Bedeutung für das Wasser-, Wege- und Weiderecht.[22] Als Ersatz für den Rechtsbeweis durch Urkunden, die infolge von Kriegshandlungen verloren gegangen sind, hat sie auch darüber hinaus wieder Bedeutung erlangt.

14 Erforderlich ist regelmäßig eine widerspruchslose Rechtsausübung während 80 Jahren.[23] Kann nicht bewiesen werden, dass in dieser Frist der gegenwärtige oder ein anderer Zustand entstanden oder aufgehoben worden ist, so genügt die glaubhafte Bezeugung von Personen, das Recht sei innerhalb der letzten 40 Jahre ausgeübt worden und ihnen sei weder aus eigener Wahrnehmung noch durch andere bekannt, dass während der vorangegangenen 40 Jahre ein anderer Zustand bestanden habe.[24]

– **Rechtserwerb ermöglichende Frist** („Vermutungszeit"): Eine erlaubnis- oder genehmigungspflichtige Rechtshandlung wird nach Ablauf einer bestimmten Zeit seit Beantragung der Erlaubnis oder Genehmigung wirksam, wenn diese nicht innerhalb dieser Zeit versagt wird (Fiktion der Genehmigungserteilung).

Beispiele: Erlaubnis zur Personenbeförderung nach § 15 I 5 PBefG.

14a Fingierte Genehmigungen sind die Ausnahme. Meist bleibt der Fristablauf folgenlos (§ 27 AMG; § 10 VI a BImSchG; §§ 10 V und VI, 16 III GenTG) oder die Fiktion betrifft lediglich ein verwaltungsrechtliches Einvernehmen (§ 69 I 3 SächsBO) oder den Ausschluss der Berufung auf bestimmte Versagungsgründe.

c) Zeitablauf und Rechtsverlust

15 Der Zeitablauf bezieht sich auf einen **Rechtsverlust:**

---

[21] Näher Oertel, Der Zeitfaktor im öffentlichen Recht, S. 164 ff.

[22] VGH Mannheim BWVBl. 1962, 41; 1963, 106; BGH DÖV 1962, 906; KreisG Chemnitz LKV 1992, 342 sowie zur Verfassungsmäßigkeit VerfGH Bayern VerwRspr. 16 (1964/65), 798.

[23] S. auch OVG Magdeburg LKV 1998, 278.

[24] VGH Mannheim BWVBl. 1963, 106.

Dabei kann es sich zum einen handeln um die einen Rechtsverlust begründende Frist 15a

– als **„Verschweigung"** oder **„gesetzliche Verwirkung":** eine Berechtigung wird wegen längerer Nichtausübung durch Zeitablauf hinfällig und erlischt. Die Verschweigung ist gesetzlich ausdrücklich geregelt.

Beispiele: So erlischt eine Gaststättenerlaubnis, wenn von ihr ein Jahr kein Gebrauch gemacht worden ist, ohne dass Fristsetzung erteilt war (§ 8 GastG) und eine Baugenehmigung nach 3 Jahren, wenn nicht mit der Bauausführung begonnen oder diese länger als zwei Jahre unterbrochen worden ist (§ 73 SächsBO; § 75 NRW BauO und § 62 BWLBO: 1 Jahr für die Unterbrechung; § 71 NdsBauO: 3 Jahre für die Unterbrechung; Art. 69 BayBO: 4 Jahre). Nach § 18 BImSchG und § 27 GenTG erlöschen Genehmigungen grundsätzlich nach drei Jahren. Der Urlaub eines Beamten verfällt grundsätzlich nach Ablauf eines Kalenderjahres bzw. bei Übertragung am folgenden 1.7. (§ 7 II EUrlV[25]).

– als **abgabenrechtliche „Verjährung":** nach gesetzlich bestimmtem Zeitablauf, der gehemmt und unterbrochen werden kann, erlischt der Anspruch des Abgabenberechtigten auf die Leistung (§§ 228 ff. AO). Sie beträgt regelmäßig 5 Jahre (§ 228 AO). Die Kommunalabgabengesetze der Länder verweisen auf die Anwendung der AO (s. etwa § 11 I Nr. 5 NdsKAG; Art. 13 I Nr. 5 BayKAG; § 3 I Nr. 5 SächsKAG). Ferner macht der Eintritt der Festsetzungsverjährung die Feststellung des Anspruches als solchen zunichte und lässt ihn erlöschen.[26]

– Eine **einstweilige bzw. vorläufige behördliche Maßnahme** verliert ihre Geltung, wenn die endgültige nicht zügig betrieben wird.[27] 16

Beispiele: § 11 GastG, § 9 BImSchG; § 20 III PBefG, § 37 KrWG.

Zum anderen kann es sich handeln um eine **Rechtsverlust bedingende Frist** („Befristung"): eine vorgesehene Beendigung (Verschlechterung) einer Rechtsstellung soll erst nach bestimmtem Zeitablauf eintreten (Endtermin). 16a

Beispiele: Pensionierung eines Beamten nach Erreichung des 67. Lebensjahres, Beendigung eines Abgeordnetenmandats, Befristung einer Erlaubnis (§ 36 II Nr. 1 VwVfG). Der Widerrufsvorbehalt bedeutet mangels Gewissheit des Rechtsverlustes keine Befristung des Verwaltungsaktes, auf den er sich bezieht (→ § 47 Rn. 11).

Ferner kann es sich handeln um eine **Rechtsverlust beweisende Frist** („Aufgebotsfrist"): eine etwa bestehende Rechtslage wird infolge Unterlassung vorgeschriebener ausdrücklicher Glaubhaftmachung nach einer gewissen Zeitdauer als erloschen behandelt. 16b

Beispiele: Alte Rechte und Befugnisse zu einer über den Gemeingebrauch hinausgehenden Benutzung von Bundeswasserstraßen, die nach einer öffentlichen Aufforderung nach § 16 II 1 WHG in der am 28.2.2010 geltenden Fassung innerhalb der Ausschlussfrist von drei Jahren nicht zur Eintragung in das Wasserbuch angemeldet worden sind, erlöschen zehn Jahre nach der öffentlichen Aufforderung zur Anmeldung, soweit sie nicht bereits vor Ablauf dieser Frist aus anderen Rechtsgründen erloschen sind (§ 21 II WHG iVm § 16 II WHG aF).

---

[25] BVerwGE 35, 487.

[26] Näher Kruse § 9 V; H. F. Lange, Die verwaltungsrechtliche Verjährung, 1984; Dörr DÖV 1984, 12 ff.; BVerwGE 97, 1 (8).

[27] OVG Lüneburg DÖV 1971, 212; OVG Münster VerwRspr. 24 (1973), 23.

16c Schließlich kann es sich handeln um eine **Rechtsverlust ermöglichende Frist** („Erneuerungsfrist"): eine durch Neubeantragung vermeidbare Beendigung einer Rechtsstellung tritt nach bestimmtem Zeitablauf ein.

d) Zeitablauf und Rechtsverfolgung

17 Der Zeitablauf bezieht sich auf die **Rechtsverfolgung:**

17a In Betracht kommen zunächst die **Rechtsverfolgung vernichtende Fristen.** Sie sind
– **materiell-rechtlich bedingt** („Verwirkung ieS"): eine Berechtigung kann nicht mehr geltend gemacht werden, wenn sie trotz Veranlassung zur Rechtsausübung längere Zeit hindurch nicht ausgeübt worden ist und Umstände die Annahme des Verpflichteten rechtfertigen, der Berechtigte werde von seinem Recht keinen Gebrauch mehr machen, und er sich darauf eingerichtet hat. Diese Verwirkung ist aus dem allgemeinen Rechtsgrundsatz von Treu und Glauben entwickelt worden, nachdem sich auch die von den Umständen des Einzelfalls abhängige Zeitdauer und die besonderen Umstände bestimmen, die insgesamt die Erfüllung der Berechtigung unzumutbar machen. Die umfangreiche Rechtsprechung zur Verwirkung iSd § 242 BGB gilt sinngemäß auch für das Verwaltungsrecht.[28] Die Verwirkung erstreckt sich auch auf die Geltendmachung von Verfahrensrechten.[29]

18 Die Verwirkung ist nur möglich hinsichtlich **verzichtbarer Rechte.** Bei unverzichtbaren Rechten (zB Disziplinarrecht[30]) und bei Rechtsstellungen kommt der längeren Nichtausübung keine Bedeutung zu (zB jahrelanges Nichtwählen). Sie ist in der Regel ausgeschlossen, wenn gesetzlich besondere Fristabläufe vorgesehen sind. Doch kann Verwirkung auch schon vor Ablauf einer Verjährungsfrist eintreten.[31] Es ist umstritten, ob die Ausübung gesetzlicher obrigkeitlicher Ermächtigungen verwirkt werden kann.[32] Der Verzicht auf die Ausübung von Befugnissen, Kompetenzen und Zuständigkeiten richtet sich nach dem Gesetzmäßigkeitsprinzip (→ § 30 Rn. 5). Danach ist ein Verzicht möglich, soweit der Verwaltung Dispositionsfreiheit eingeräumt ist (→ § 31 Rn. 35 ff.).[33] Fraglich ist aber, ob mit dem Verzicht eine Verwirkung in dem Sinne verbunden ist, dass ein behördliches Tätigwerden ewig unzulässig ist. Das ist schon deshalb zu verneinen, weil es selbst bei einem Verwaltungsverzicht kein Vertrauen von Zivilpersonen gegen den Erlass neuer Maßnahmen gibt und die Funktionsfähigkeit staatlicher Aufgabenerfüllung sichergestellt werden muss.[34] Beruht eine Rechtsvorschrift auf dem Verwirkungsgedanken, so bedeutet das, dass der

---

28 BVerfGE 32, 305 f.; BVerwGE 6, 204; 7, 54; 13, 105; 21, 247; 22, 60; 44, 294 (298); 44, 339 (343); 48, 247 (251); 52, 16 (25); BVerwG DÖV 1970, 498; JZ 1972, 244; BayVBl. 1991, 726; NVwZ 1993, 1102 (1104); 1998, 289 f.; BGH NJW 1980, 880; BSG SGb 1973, 406 mAnm Menger.

29 BVerwG DÖV 1972, 350; NJW 1975, 222; OVG Lüneburg NJW 1981, 598; OVG Hamburg GewArch 1992, 300 f.

30 BVerwGE 76, 176; 83, 384 (387); BVerwG NVwZ 1998, 289 zur Abgrenzung für Maßnahmen mit lediglich disziplinarähnlichem Charakter.

31 BVerwG DVBl 1970, 928; DÖV 1975, 715; BayVBl. 1979, 436.

32 OVG Berlin JR 1970, 476.

33 S. auch Ossenbühl NVwZ 1995, 547 ff.

34 VGH Mannheim NVwZ-RR 1996, 387 ff.; ebenso Erfmeyer VR 1999, 48 ff.; aM Ossenbühl NVwZ 1995, 547 ff. und im Anschluss daran Kothe VerwArch 88 (1998), 456 (484 ff.); s. auch VG Köln NVwZ 1994, 927 ff.

Rechtsverlust erst dann eintritt, wenn eine Rechtsausübung wider Treu und Glauben unterblieben ist.[35]

– verfahrensrechtlich bedingt (**„Ausschlussfrist"**): ein Anspruch kann nach Ablauf einer gesetzlich ausdrücklich bestimmten Frist nicht mehr in dem jeweiligen förmlichen Verfahren geltend gemacht werden. Dazu gehören gesetzliche Antragsfristen (§ 48 III 5 VwVfG; § 30a VermG[36]), die Klage- und Rechtsmittelfristen (meist ein Monat, § 355 AO; §§ 70, 74 VwGO, bei fehlerhafter oder unterbliebener Belehrung ein Jahr (§ 58 II VwGO; § 356 AO); bei Rechtsmitteln, die sich auf Verfahrensabschnitte beziehen – zB bei der Beschwerde nach § 147 VwGO – zwei Wochen). 19

Hierher gehören auch die – ungenau als „Verjährung" bezeichneten – **Verfolgungs- und Vollstreckungsfristen** nach §§ 78 ff. StGB; §§ 31 ff. OWiG; § 15 BDG, sowie teilweise die als Präklusionsfristen ausgebildeten **Einwendungsfristen** (§ 10 III BImSchG[37]). 20

Davon zu unterscheiden sind **Rechtsverfolgung hemmende Fristen.** Sie sind 21

– materiell-rechtlich bedingt (**„Verjährung" ieS**): ein Anspruch kann nicht mehr durchgesetzt, aber noch erfüllt werden. Dieses Leistungsverweigerungsrecht gilt sowohl für Privatrechte, die eine Geltendmachung der Verjährung erfordern, wenn diese berücksichtigt werden soll (s. § 214 BGB, Verjährung im bürgerlichrechtlichen Sinne), als auch bei öffentlich-rechtlichen Ansprüchen.[38] Die Behörden müssen den Zeitablauf von Amts wegen berücksichtigen.[39] Auch öffentlichrechtliche Geldansprüche zwischen Hoheitsträgern unterliegen der Verjährung.[40] Soweit spezialgesetzliche Verjährungsregeln fehlen (s. etwa § 53 VwVfG[41]), hat sich eine rechtsgrundsätzliche oder analoge Anwendung von Vorschriften der AO oder des BGB nach dem Gesamtzusammenhang der gesetzlichen Regelung und nach der Interessenlage zu richten.[42] Die mit dem Schuldrechtsmodernisierungsgesetz aus dem Jahre 2002 vorgenommene drastische Verkürzung der Verjährungsfristen des BGB von einer vormals dreißigjährigen auf eine nunmehr dreijährige Regelverjährung lässt nach hM die analoge Anwendbarkeit der §§ 194 ff. BGB unberührt und führt auch im öffentlichen Recht zu entsprechend kürzeren Fristen.[43] 21a

Verwaltungsrechtliche Vermögensansprüche verjähren in der Regel nach drei Jahren (analog § 195 BGB[44]). Ansprüche auf Sozialleistungen verjähren nach vier Jahren 22

35 BVerwG DVBl 1956, 306 f.

36 BVerwG DVBl 1962, 831 mAnm Haueisen; Menger VerwArch 54 (1963), 207 u. BVerwG DVBl 1973, 645 mAnm Zuck; Haueisen NJW 1966, 1433; BVerwGE 101, 39 ff.

37 Näher Stober AöR 106 (1981), 41 ff.; Ronellenfitsch VerwArch 74 (1983), 369.

38 Schack BB 1954, 1037; Oetker, Die Verjährung, 1994; Haenicke NVwZ 1995, 348; BVerwGE 69, 227 (232); 97, 1 (6).

39 BSGE 22, 173.

40 BVerwGE 28, 336; s. näher H.-F. Lange, Die verwaltungsrechtliche Verjährung, 1984.

41 Dazu BVerwGE 99, 109 (111).

42 BVerwGE 69, 227 (233); 97, 1 (7); 52, 16 (24); BVerwG DVBl 1983, 504; Dörr DÖV 1984, 12.

43 Kellner NVwZ 2002, 395 ff.; Dötsch DÖV 2004, 277 ff.; aA für das Staatshaftungsrecht Heselhaus DVBl 2004, 411 ff.

44 S. auch Martensen NVwZ 1997, 442 für Kostenersatzforderungen.

(§ 45 SGB I). Ansprüche auf öffentlich-rechtliche Ersatzleistungen verjähren in unterschiedlichen Zeiträumen. Ansprüche aus dem Steuerschuldverhältnis verjähren in fünf Jahren (§ 228 AO). Beamtenbezüge, Renten nach dem BVG und besoldungsrechtliche Erstattungsansprüche verjähren nach § 195 BGB nunmehr einheitlich in drei Jahren. Die Einrede der Verjährung kann unzulässige Rechtsausübung sein, wenn rechtswidrige Maßnahmen des Schuldners verhindert haben, dass dem Gläubiger sein Anspruch bekannt geworden ist.[45]

23 Die **Verjährung wird gehemmt,** solange die Verwaltungsbehörde im Einverständnis mit dem Antragsteller Erhebungen zur Aufklärung des Sachverhaltes anstellt,[46] in den Fällen der §§ 203 ff. BGB. Hemmung tritt grundsätzlich auch ein bei Anerkenntnis, Stundung, Geltendmachung des Anspruchs durch Verwaltungsakt (§ 53 VwVfG; § 45 II SGB I) oder Klage. Die Verfolgungsverjährung von Dienstvergehen ist für die Dauer eines Strafverfahrens wegen desselben Sachverhalts gehemmt (§ 15 IV 2 BDG[47]). Im **Steuerrecht** wird die Verjährung durch Anerkenntnis, Stundung oder Geltendmachung des Anspruchs durch Verwaltungsakt (§ 231 AO)[48] unterbrochen. Wird die Geltendmachung mit Wirkung ex tunc zurückgenommen oder aufgehoben, hat sie keine Unterbrechung bewirkt.

23a – verfahrensrechtlich bedingt **(„Aufschubfrist"):** ein Anspruch kann während der Frist vorübergehend nicht in einem förmlichen Verfahren geltend gemacht werden (zB § 6 I WBO: Die Beschwerde eines Soldaten kann frühestens nach einer Nacht eingelegt werden.).

V. Vorläufige Regelungen, Verfahrensdauer und zeitliche Zukunftsverantwortung

24 Die dargestellten Dimensionen des Zeitfaktors im Verwaltungsrecht haben nur ansatzweise die zeitliche Problematik von Verwaltungs- und insbesondere Genehmigungsverfahren beleuchtet. Der Zeitaspekt ist zum einen für die Effizienz des Sozialstaates relevant, der Leistungen rasch gewähren muss.[49] Er spielt zum anderen für die Wettbewerbsfähigkeit der Wirtschaft vor dem Hintergrund immer kürzer werdender Innovationszyklen eine Rolle.[50] Gesetzgebung und Verwaltungspraxis haben dieses Problem in jüngerer Zeit erkannt und vornehmlich unter den Stichworten „Entbürokratisierung" und „Schlanker Staat" erhebliche Anstrengungen unternommen, um die Verfahrensdauer zu beschleunigen.[51] Insbesondere wurde § 10 VwVfG dahin ergänzt, dass Verwaltungsverfahren „zügig" durchzuführen sind. Gleichzeitig wurden zahlreiche Beschleunigungsnovellen erlassen, die eine Reihe von Verfahrenserleichterungen und neue Instrumente vorsehen, die einen schnelleren Verfahrensablauf sicherstellen sollen.[52]

---

45 BVerwGE 23, 166; 66, 256; 97, 1 (11).
46 BGH VerwRspr. 11 (1959), 36 ff.; BVerwGE 99, 109 (111).
47 Zur disziplinarrechtlichen Verjährung s. Dickertmann ZBR 1969, 15 ff.
48 BVerwGE 34, 97; DÖV 1971, 749; NRWOVGE 25, 211 u. Dietlein DÖV 1967, 804 ff.
49 J. Lücke, Vorläufige Staatsakte, 1991, S. 17 ff.
50 Eyermann WiVerw 1991, 21 (40).
51 S. zu Forderungen: Sachverständigenrat, Jahresgutachten 1992/93, BT-Drs. 12/3774, 184 ff.; Sachverständigenrat „Schlanker Staat", Abschlussbericht, 1997, S. 173 ff.; Stober WiVerwR § 34 III 6 mwN.
52 S. die Nachweise und Kritik bei Stober/Korte ÖWR AT § 35 III 6.

Beispiele: GenTG, BImSchG, FStrG, WHG, §§ 71a ff. VwVfG, VwGO.[53]

Insbesondere sind vermehrt vorläufige Genehmigungen möglich (→ § 45 Rn. 65 ff.). Das Hauptproblem ist aber, dass selbst bei gesetzlichen Fristsetzungen Verstöße grundsätzlich folgenlos bleiben, so dass diese Instrumente weitgehend ins Leere laufen und keine effektive Verfahrensbeschleunigung bewirken können.[54] Außerdem sind nach wie vor für einen Lebenssachverhalt vielfach mehrere Genehmigungen erforderlich. Die Idee einer auch dem modernen Verwaltungsmanagement entsprechenden **one-stop-agency**-Genehmigungspolitik ist in §§ 71a ff. VwVfG umgesetzt worden.[55] 24a

Unabhängig davon besitzt auch die Verwaltung eine sozialstaatlich, umweltstaatlich und grundrechtlich determinierte Langzeitverantwortung. Sie darf etwa Bedürfnisse nicht auf Kosten künftiger Generationen befriedigen.[56] 25

VI. Vorläufiger verwaltungsrechtlicher Rechtsschutz

Zur Durchsetzung rechtsstaatlicher und grundrechtlicher Zeitberechtigungen bedarf es prozessualer Vorkehrungen, die letztlich in Art. 19 IV GG angelegt und auf effektiven zeitlichen Rechtsschutz ausgerichtet sind. Aus dem Blickwinkel des Verwaltungsrechts kommen vornehmlich die Rechtsinstitute der Wiederherstellung der aufschiebenden Wirkung (§ 80 VwGO), der einstweiligen Anordnung (§ 123 VwGO) und hilfsweise der einstweiligen Anordnung im Rahmen eines Verfassungsbeschwerdeverfahrens (§ 32 BVerfGG) in Betracht. Diese vorläufigen Rechtsschutzinstrumente sollen sicherstellen, dass die Verwaltung nicht Rechte des Bürgers durch den Faktor Zeit erschwert oder vereitelt. 26

§ 38. Der räumliche Aspekt des Verwaltungsrechts

I. Bedeutung und rechtlicher Rahmen des Raumaspekts

Verwaltungsrecht hat neben den zeitlichen auch räumliche Dimensionen. Sie finden im **Territorialprinzip** ihre juristische Grundlage und ihre Grenze hoheitlicher Einwirkung.[1] In der räumlichen Geltung von Rechtsnormen (→ § 27 Rn. 17 ff.), die letztlich eine Folge der Gebietshoheit ist, erschöpft sich jedoch die verwaltungsrechtliche Bedeutung des räumlichen Aspektes nicht. Bei der Konkretisierung des Verwaltungsrechts durch raumbezogene Maßnahmen handelt es sich vielmehr um einen essenziellen, die gesamte Verwaltungstätigkeit durchziehenden Bestandteil der Infrastruktur- und Leistungsverwaltung, der Daseins- und Zukunftsvorsorge sowie der 1

53 Näher Rengeling, Beschleunigung von Planungs- und Genehmigungsverfahren, 1996; Stüer DVBl 1997, 326 ff.

54 Näher Ronellenfitsch, Beschleunigung und Vereinfachung des Anlagenzulassungsverfahrens, 1994; Steinberg u. a., Genehmigungsvorhaben für gewerbliche Investitionsvorhaben, 1995; Bundesministerium für Wirtschaft, Investitionsförderung durch flexible Genehmigungsverfahren, 1994; Rengeling, Beschleunigung von Planungs- und Genehmigungsverfahren, 1996; Ziekow, Beschleunigung von Planungs- und Genehmigungsverfahren, 1998; Stüer DVBl 1997, 326 ff.; Hatje, Die gemeinschaftsrechtliche Steuerung der Wirtschaftsverwaltung, 1998, S. 232.

55 Dazu Quaas, Einheitlicher Ansprechpartner, 2014.

56 Näher Art. 20a GG; H.-C. Link VVDStRL 43 (1990), 7 (37); Hiller, Der Zeitkonflikt in der Risikogesellschaft, 1993, S. 13 ff.

1 BVerfGE 84, 90 (123 ff.).

Gewährleistungsverantwortung. Dabei wird das Handeln der Verwaltung durch zahlreiche gemeinschaftsrechtliche, verfassungsrechtliche und einfachgesetzliche Vorgaben beeinflusst. Im Einzelnen handelt es sich um folgende Leitprinzipien, Staatszielbestimmungen, Aufträge usw:

1a – Die Verwirklichung des Binnenmarktes (Raum ohne Binnengrenzen – Art. 3 III EUV, Art. 26 AEUV) sowie des Europäischen Wirtschaftsraumes (EWR),
– die Existenz eines Ausschusses der Regionen, der sich aus Vertretern regionaler und lokaler Gebietskörperschaften zusammensetzt (Art. 305 ff. AEUV),
– Bundesstaats- und Sozialstaatsprinzip (zB Art. 20, 28 GG; Art. 3 I BayVerf; Art. 1 II NdsVerf),
– den Umweltschutz (zB Art. 191 ff. AEUV; Art. 20a GG; Art. 3 II BayVerf; Art. 1 II NdsVerf),
– den Grundsatz der Einheitlichkeit der Lebensverhältnisse bzw. der gleichwertigen Lebensbedingungen (zB Art. 72 II GG; Art. 174 AEUV),
– den Rechtsgedanken der grenzüberschreitenden Zusammenarbeit (zB Art. 24 I a GG; Art. 12 SächsVerf),
– die Harmonisierung technischer Normen (Art. 114 ff. AEUV),
– die Selbstverwaltung der Gebietskörperschaften (zB Art. 28 II GG; Art. 11 BayVerf),
– Gebietsänderungen und Neugliederungen (zB Art. 29 GG; Art. 59 NdsVerf),
– Gesetzgebungskompetenzen für Grundstücksverkehr und Bodenrecht (Art. 74 I Nr. 18 GG), für Raumordnung, Naturschutz und Landschaftspflege (Art. 75 Nr. 3 und 4 GG),
– Verwaltungsorganisation (Art. 87d GG – Luftraum; Art. 83 I SächsVerf; Art. 56 NdsVerf; Art. 77 BayVerf),
– Gewährleistung flächendeckender Dienstleistungen (Art. 87e IV und 87f I GG).
– Gemeinschaftsaufgaben zur Verbesserung der regionalen Wirtschaftsstruktur, der Agrarstruktur und des Küstenschutzes (Art. 91a, 91b GG).

2 Hinzu treten die **raumrelevanten Grundrechte** (Freizügigkeit, Eigentumsgarantie, Versammlungsfreiheit) einschließlich ihrer verfahrensrechtlichen Ausprägungen, die raumrelevanten Grundfreiheiten sowie Staatszielbestimmungen im Interesse des Minderheitenschutzes (Art. 6 II SächsVerf hinsichtlich der Berücksichtigung der Bedürfnisse der sorbischen Bevölkerung bei der Landes- und Kommunalplanung). Die genannten Gemeinschafts- und Verfassungsvorgaben werden durch eine Vielzahl raumbezogener Gesetze verwaltungsrechtlich umgesetzt.

II. Gesetzliche Messeinheiten

1. Messrecht

3 Im geschäftlichen und im amtlichen Verkehr sind aus Gründen der **Einheitlichkeit im Messwesen,** der Rechtssicherheit, des lauteren Handelsverkehrs, der Messsicherheit und des Verbraucherschutzes Maße für Länge, Fläche und Körper nur grundsätzlich in gesetzlichen Einheiten anzugeben. Das gilt auch für die dezimalen Teile (Dezimalsystem) und Vielfache dieser Einheiten, die mit Vorsätzen bezeichnet sind (§§ 1, 2 EinhZeitG). Die maßgeblichen Einheiten, die Namen und die Zeichen sind auf der Grundlage des Internationalen Einheitensystems der Meterkonvention in der sog. EinhV festgesetzt, die hinsichtlich der Definitionen und Beziehungen auf die

Richtlinie 80/181/EWG vom 20.12.1979 in ihrer jeweils geltenden Fassung verweist.

Beispiele: Meter für Länge, Ar und Hektar für die Fläche von Grund- und Flurstücken, Liter für Volumen, Mol für Stoffmenge, Ampere für Stromstärke, Candela für Lichtstärke, Kelvin für Temperatur und Gramm sowie Kilogramm für Masse.

Alle Leistungen nach Maß und Gewicht innerhalb Deutschlands dürfen nur nach 4 den **gesetzlichen Messeinheiten** berechnet oder verkauft werden. Ausnahmen gelten nur im Verkehr mit dem Ausland sowie für auf internationalem Übereinkommen beruhende Einheiten (s. § 1 III, IV EinhZeitG).

2. Eichrecht

Messgeräte im geschäftlichen oder amtlichen Verkehr, im Gesundheitsschutz, Ar- 5 beitsschutz, Umweltschutz, Strahlenschutz und im Verkehrswesen unterliegen der **Eichpflicht** (§ 31 MessEG). Die Eichung wird von den Eichbehörden (Eichämter) und von staatlich anerkannten Prüfstellen für Messgeräte (amtliche Eichung) vorgenommen. Einzelheiten der Eichpflicht sind in der Eichordnung[2] geregelt.

Im Übrigen liegt die Normierung in Deutschland weitgehend in den Händen des 6 **DIN – Deutsches Institut für Normung eV,** das 1975 mit der Bundesrepublik Deutschland und 2024 mit den Ländern Verträge abgeschlossen hat, in denen Einzelheiten zur Wahrung des öffentlichen Interesses normiert werden. Die Grundsätze der Normungsarbeit sind in DIN 820 festgelegt. Die eigentliche Normungsarbeit findet in sachverständig besetzten Normenausschüssen statt, die ihre Ergebnisse der Öffentlichkeit und der Normenprüfstelle vorlegen. Die technischen Normen selbst sind zunächst präskriptive Regeln, deren Anwendung jedoch gesetzlich oder vertraglich vorgeschrieben werden kann und die von Gerichten als antizipierte Sachverständigengutachten herangezogen werden.

Werden bestimmte technische Normen vorgeschrieben, dann bedarf es einer **Zertifi-** 7 **zierung,** die das Übereinstimmen eines Produktes mit bestimmten technischen Spezifikationen bescheinigt. Die Zertifizierung erfolgt durch Konformitätserklärung des Herstellers, Protokoll der Prüfstellen und Konformitätsbescheinigung oder Prüfzeichen. Eine staatliche Zulassung entfällt.[3]

3. Europäische Normierung

Gesetzliche Messeinheiten haben auch eine gemeinschaftsrechtliche Dimension. Un- 8 terschiedliche technische Normierungen sind nicht-tarifäre oder technische Handelshemmnisse.[4] Die Rechtsangleichung bzw. Festlegung gemeinsamer Normen ist ein zentrales Anliegen der Gemeinschaft im Interesse eines funktionierenden Wettbewerbes (s. auch Art. 114 AEUV). Insoweit sind die **europäischen Normorganisationen** CEN (Europäisches Komitee für Normung = Comité Européen de Normalisation) und CENELEC (Europäisches Komitee für elektrotechnische Normung = Comité Européen de Normalisation Electrotechnique) und das Europäische Institut für Tele-

[2] Mess- und Eichordnung v. 11.12.2014, BGBl. I 2010.
[3] Schmidt-Preuß VVDStRL 56 (1997), 160 (202 ff.).
[4] EuGH RIW 1994, 77.

kommunikation (ETSI) damit beauftragt, ein Konzept für die Organisation der Prüfung und Zertifizierung zu entwickeln.[5]

Beispiele: EU-BauPVO[6] und Bauproduktengesetz.[7]

8a Produkte, die den harmonisierten Normen entsprechen, erhalten das **CE-Zeichen** (Confirmité Européenne).

9 Die Normungsorganisationen greifen auf Internationale Normen zurück, die etwa von der **Internationalen Standardisierungs-Organisation** (ISO) aufgestellt werden. Insoweit kann es jedoch hinsichtlich der Standards zu Kollisionen kommen.[8] Internationale und gemeinschaftsrechtliche Techniknormen sind ein wichtiger Anwendungsfall des transnationalen Verwaltungsrechts.

III. Behördliches Vermessungswesen

Schrifttum: Mann/Püttner Kommunale Wissenschaft-HdB IV/Wirtz, § 89: Vermessungs- und Katasterwesen.

10 Hauptaufgabengebiete des behördlichen Vermessungswesens sind die **Landesvermessung** und die Führung des Liegenschaftskatasters. Dabei handelt es sich jeweils um Angelegenheiten der Länder. Zuständig sind die Landesvermessungsämter. Aufgabe der Landesvermessung ist die Schaffung und Erhaltung eines einheitlichen und genauen Netzes von Festpunkten nach Lage und Höhe (trigonometrische Punkte, Höhenfestpunkte) als Grundlage für alle weiteren hieran anzuschließenden Detailvermessungen und die Herstellung und Laufendhaltung der amtlichen Kartenwerke.

11 Im **Liegenschaftskataster** werden sämtliche Liegenschaften (Grundstücke, grundstücksgleiche Rechte und Gebäude) durch genaue Detailvermessungen erfasst, in großmaßstäblichen Karten dargestellt und in Registern zusammengestellt. Die Register sind: Flurbuch, Liegenschaftsbuch und alphabetisches Namensverzeichnis der Eigentümer. Das Liegenschaftskataster (LK) wird bei den Katasterämtern geführt.

12 Neben den Landesvermessungs- und Katasterämtern bestehen noch bei folgenden Behörden für deren Spezialaufgaben eigene Vermessungsabteilungen oder -dienststellen: bei größeren Städten, Landesstraßenbauverwaltungen, Flurbereinigungsbehörden, Wasser- und Schifffahrtsdirektionen, Bundesbahndirektionen, Bundeswehr (s. auch Art. 12 BayVermKatG; §§ 2 f. SächsVermKatG; §§ 23 f. NRWVermKatG). Des Weiteren dürfen Vermessungen für die Landesvermessung und das Liegenschaftskataster (Teilungsvermessungen, Grenzfeststellungsvermessungen) von besonders zugelassenen öffentlich bestellten Vermessungsingenieuren vorgenommen werden (s. zB § 20 f. SächsVermKatG; § 2 II NRWVermKatG).

---

[5] Böshagen in Schwappach, EG-Rechtshandbuch für die Wirtschaft, 1991, S. 95 ff.; Griller, Europäische Normung und Rechtsangleichung, 1990; Breulmann, Normung und Rechtsangleichung in der Europäischen Wirtschaftsgemeinschaft, 1993; Di Fabio DVBl 1994, 1269 (1275); Ensthaler, Zertifizierung, Akkreditierung und Normierung für den europäischen Binnenmarkt, 1995.

[6] Verordnung Nr. 305/2011 des Europäischen Parlaments und des Rates vom 9.3.2011, ABl. 2011 L 88, 5.

[7] Vom 5.12.2012, BGBl. I 2449 (2450).

[8] Näher Stober/Eisenmenger, ÖWR BT, 18. Aufl., § 54 II.

Der Eigentümer bzw. der Besitzer eines Grundstücks hat die mit der Vermessung verbundenen Eingriffe zu dulden. Dazu gehört neben den Vermessungsarbeiten das dauernde Vorhandensein von Vermessungsmarken (zB trigonometrischen Punkten) auf dem Grundstück (s. zB Art. 13 BayVermKatG; § 17 SächsVermKatG). Für Vermögensnachteile ist nach einigen Vermessungsgesetzen eine Entschädigungspflicht vorgesehen (s. zB Art. 13 IV BayVermKatG; s. aber auch § 6 I SächsVermKatG). 13

IV. Raumordnung und Raumplanung

Schrifttum: Battis, Öffentliches Baurecht und Raumordnungsrecht, 8. Aufl. 2022; Erbguth/Schubert, Öffentliches Baurecht, 6. Aufl. 2014; Gärditz, Europäisches Planungsrecht, 2009; Hoppe/Bönker/Grotefels, Öffentliches Baurecht, 5. Aufl. 2024; Kment, Öffentliches Baurecht I, 8. Aufl. 2022; Langer, Die Endlagersuche nach dem Standortauswahlgesetz, 2021, S. 324 ff.; Stüer/Beckmann BauR-HdB.

1. Raumplanung als Fach- und Gesamtplanung

Kernstück jedes raumbezogenen Verwaltungsrechts ist die **Raumordnung.** Ausgangspunkt der rechtlichen Regulierung ist die Tatsache, dass die zunehmende Bevölkerungsdichte und der steigende Zivilisationsstand in der industriellen Massengesellschaft eine immer intensivere Nutzung des nicht vermehrbaren Raumes verlangen. Dadurch kommt es zu mannigfachen Raumnutzungsansprüchen, bei denen öffentliche Interessen (insbesondere wirtschaftliche, soziale, kulturelle, Siedlungs-, Verkehrs-, Umweltschutz- und Verteidigungsbedürfnisse) untereinander und mit privaten Interessen konkurrieren und sich oft gegenseitig ausschließen. Der großräumige Ausgleich dieser Bedürfnisse, der wegen seiner Infrastruktur- und Grundversorgungsfunktion nicht dem freien Spiel der Kräfte überlassen werden darf, ist das Anliegen der Raumordnung. Darüber hinaus entwickelt sie, ausgerichtet am Leitbild des sozialen und ökologisch geprägten Rechtsstaats, langfristige Entwicklungs- und Investitionsprogramme zur Strukturverbesserung großer Räume, die sie durch vielfältige, abgestufte Lenkungsmittel zu verwirklichen sucht. 14

Raumordnung ist ein wesentlicher Teil staatspolitischer und kommunaler Planung. Sie wird ua herbeigeführt durch die **Raumplanung.** Sie ergibt sich aus der Zusammenschau der Fachplanungen von Bund und Ländern (Eisenbahnlinien,[9] Fernstraßen,[10] Gewässer[11]) und den in fortschreitender Konkretisierung erstellten (allgemeinen) Gesamtplanungen (Landes-, Regional-, Ortsplanung). 15

Fach- und Gesamtplanungen sind in einer Vielzahl von Bundes- und Landesgesetzen normiert. Sie lassen sich nicht nach einheitlichen Gesichtspunkten systematisieren (→ § 56 Rn. 1 ff.) und unterliegen bestimmten Verfahren. Die **Gestaltungsfreiheit der Verwaltung** kommt im sog. Planungsermessen[12] zum Ausdruck. Teilweise ergeben sich Überschneidungen mit sachenrechtlichen Aspekten des Verwaltungsrechts (→ § 39 Rn. 1 ff.). Das gilt insbesondere für die Fachplanungen, die auch als raumbedeutsame Projektplanungen bezeichnet werden können. 16

Beispiele: §§ 18 ff. AEG; §§ 16 ff. FStrG; § 19 WHG; §§ 36 ff. SächsStrG; §§ 7 ff., §§ 34 ff. KrWG; §§ 6 ff. LuftVG.

---

[9] Geiger in FormB-VerwR, § 30.
[10] Geiger in FormB-VerwR, § 29; Axer in Schoch/Eifert BesVerwR.
[11] Husemann, Bundeswasserstraßen zwischen Verkehrsfunktion und Bewirtschaftungszielen, 2023.
[12] Spannowsky DÖV 1996, 1017 ff.

2. Raumordnung in der Europäischen Union

17 Eine raumbezogene Gesamtplanung innerhalb der EU iSe **europäischen Raumordnung** existiert auf Grund der beschränkten Kompetenzen nicht (s. Art. 5 EUV).[13] Die EU besitzt gegenwärtig nur punktuelle Regelungszuständigkeiten. So ergibt sich eine umweltbezogene Raumordnungskompetenz aus Art. 192 II AEUV.[14] Ferner wirken die Vielfalt der Gemeinschaftspolitiken sowie die dort eingeräumten Kompetenzen (Art. 114, 192 AEUV) und die diversen Maßnahmen der EU-Organe auch auf die räumliche Entwicklung der einzelnen Mitgliedstaaten ein. Erinnert sei nur an die raumbedeutsame Umweltverträglichkeitsprüfung[15] (UVPG), die Beachtung der Fauna-Flora-Habitat-RL[16] (§ 1a V BauGB; § 8 ROG) und der Vogelschutz-RL[17] sowie an das Grünbuch, das der Erneuerung bedrohter Städte und der Bekämpfung städtischer Umweltbelastungen gewidmet ist.[18] Ferner gibt es Koordinierungen und Abstimmungen für grenzüberschreitende Infrastrukturen (s. Art. 170 ff. AEUV).[19] Im Jahre 1995 hat die Kommission den Bericht „Europa 2010: Zusammenarbeit für eine europäische Raumordnungspolitik" beschlossen. Auf dieser Grundlage wurden politische Leitlinien mit dem Ziel erstellt, die Annäherung der nationalen Raumentwicklungsstrategien sicherzustellen und raumordnerische Aspekte der Gemeinschaftspolitiken zu koordinieren. Die wichtigsten Eckpunkte betreffen den Zugang zur Infrastruktur (transeuropäische Netze[20]) und zum technischen Fachwissen (Datenübermittlung) sowie das behutsame Bewirtschaften des kulturellen Erbes (s. auch Art. 170 AEUV). Sie finden im **Europäischen Raumentwicklungskonzept** (EUREK) aus dem Jahre 1999 ihren Niederschlag.[21] Im Hinblick auf die räumliche Verflechtung und das weitere Zusammenwachsen des Gemeinschaftsraumes ist es konsequent und sachlich gerechtfertigt, die Raumordnung in einem fünfstufigen System weiterzuentwickeln.[22] Dabei ist allerdings das Subsidiaritätsprinzip zu wahren (Art. 5 III AEUV).[23] Folglich kann hierdurch lediglich ein Mindestmaß an einheitlicher Raumordnung sichergestellt werden, das über die bisherigen Raumordnungskonzepte hinausgeht.

18 Raumplanungsmäßig unterentwickelt ist ferner die für den wirtschaftlichen, sozialen und kulturellen Sektor wichtige **grenzüberschreitende Zusammenarbeit** in Raumordnungsfragen an den Binnen- und Außengrenzen der Gemeinschaft. Insoweit exis-

[13] Krautzberger/Selke DÖV 1994, 685 (687); s. aber auch Sydow DÖV 2003, 605 ff.

[14] Gatawis, Grundfragen eines europäischen Raumordnungsrechts, 2000; Gärditz, Europäisches Planungsrecht.

[15] Eifert in Schoch/Eifert BesVerwR, Kap. 5, Rn. 96 ff.

[16] Mihatsch, Allgemeine Schutzmaßnahmen des europäischen Habitatsschutzrechts, 2024.

[17] Spannowsky UPR 1998, 161 (166 ff.).

[18] Krautzberger WiVerw 1991, 117 (128); Krautzberger/Konukiewitz, Europäische Gemeinschaft und Städtebau DÖV 1991, 617 ff.; Krautzberger DÖV 1992, 911 (915).

[19] Schmidhuber/Hitzler DÖV 1991, 271; Krautzberger/Selke DÖV 1994, 685 ff.; Hermes, Staatliche Infrastrukturverantwortung, 1998, S. 365 ff.

[20] Nordheim, Der Netzausbauverbund, 2021.

[21] Battis in Berkemann u. a. FS O. Schlichter, 1997, 185 ff.; Spannowsky UPR 1998, 161 ff.; Jarass DVBl 2000, 945.

[22] S. auch Hoppe NVwZ 1990, 816 (818); Paetow in Erbguth/Kluth, Planungsrecht in der gerichtlichen Kontrolle, 2012, S. 179 ff.

[23] Dazu auch David DÖV 1993, 1021 ff.

tieren etwa die deutsch-belgische und die deutsch-niederländische Raumordnungskommission.[24]

3. Raumordnung im Bundesgebiet

In Ausübung seiner Kompetenz gem. Art. 74 I Nr. 31 GG hat der Bund im Raumordnungsgesetz (ROG)[25] die Aufgaben, Leitvorstellungen und Grundsätze der Raumordnung bestimmt (s. §§ 1, 2 ROG). Er hat dabei die Harmonisierung sowohl der bundesrechtlichen Raumordnung mit der europäischen (§ 2 II Nr. 8 ROG), als auch vor allem die der Einzelräume des Bundesgebiets mit der Ordnung des Gesamtraumes (§ 1 III ROG) angeordnet (sog. Gegenstromprinzip). Dabei spielt die Herstellung gleichwertiger Lebensverhältnisse eine wichtige Rolle (§ 1 II ROG). Die Bundesorgane und -glieder, insbesondere. die Länder bei ihren obligatorischen Raumordnungsprogrammen und Raumplänen, haben die angegebenen Ziele und Grundsätze zu beachten (§§ 4 f. ROG) und ihre Planungen und Maßnahmen aufeinander und untereinander abzustimmen (§ 7 II ROG). Auch die einzelnen Fachpläne (zB nach dem FStrG) müssen sich einfügen, aber auch berücksichtigt werden (§ 6 ROG). Beabsichtigte raumbedeutsame Planungen und Maßnahmen, die einer eingeleiteten Planung zuwider sind, können von der zuständigen Landesbehörde auf eine bestimmte Zeit untersagt werden (§ 12 II ROG). Zivilpersonen werden jedoch nicht betroffen. Für sie gelten erst die die örtlichen Planungen regelnden Vorschriften des Baugesetzbuches (BauGB – → § 38 Rn. 26 ff.). Das Bundesamt für Bauwesen und Raumordnung erstattet in regelmäßigem Abstand einen Raumordnungsbericht (§ 22 II ROG). 19

Aufgabe der Raumordnung ist es nach § 1 II ROG, eine nachhaltige Raumentwicklung des Gesamtraumes der Bundesrepublik Deutschland, die die sozialen und wirtschaftlichen Ansprüche an den Raum mit seiner ökologischen Funktion in Einklang bringt und zu einer dauerhaften, großräumig ausgewogenen Ordnung führt. Die dabei zu beachtenden Leitvorstellungen werden in § 2 II ROG im Einzelnen aufgeführt. 20

4. Raumordnung in den Bundesländern

Aufgaben, Organisation und Verfahren der Raumordnung und Raumplanung haben die Länder in den Landesplanungsgesetzen geregelt. In den Stadtstaaten erübrigt sich nach § 13 I 2 ROG eine höhere Raumplanung als die Bauleitplanung (→ § 38 Rn. 32 ff.). 21

a) Landesplanung

Die Aufstellung der **Landespläne** ist Aufgabe staatlicher Planungsbehörden. Die Gebietskörperschaften, regionalen Planungsverbände und kommunalen Spitzenverbände wirken von Bundesland zu Bundesland in unterschiedlicher Art mit. In einigen Bundesländern bestehen oberste Raumordnungs- und Landesplanungsbehörden (zB Staatsministerium für Landesentwicklung und Umweltfragen), höhere Raumordnungs- und Landesplanungsbehörden (zB Regierungspräsidien) und untere Raum- 22

[24] Zur grenzüberschreitenden Regionalplanung Grotefels DVBl 1993, 349 ff.

[25] S. zur Novelle Dolderer NVwZ 1998, 345 ff.; Runkel NuR 1998, 449 ff.; allgemein zur Rahmenkompetenz BVerfGE 3, 407 (423 ff.); Stephan, Die Interpretation von Gesetzgebungskompetenzen, 2022, S. 213 ff.

ordnungs- und Landesplanungsbehörden (zB Landkreise und Kreisverwaltungsbehörden), in anderen Bundesländern ist im Zuge von Verwaltungsreformen die höhere Raumordnungs- und Landesplanungsbehörde entfallen. Bei den obersten und den höheren Behörden bestehen in der Regel Landes- bzw. Bezirksplanungsbeiräte aus Vertretern anderer Behörden und Körperschaften, die über besondere Planungsvorhaben zu unterrichten sind und bei grundsätzlichen Entscheidungen mitzuwirken haben.

23 Die Aufgaben der Landesplanung entsprechen inhaltlich weitgehend denen des ROG. Teilweise haben die Länder über die Grundsätze des § 2 I ROG hinaus weitere **landesspezifische Landesplanungsgrundsätze** aufgestellt. Sie sind zulässig, soweit sie nicht den §§ 7–16 ROG widersprechen. Um die angegebenen Ziele der Raumordnung zu erreichen, stellen die Landesplanungsbehörden nach einer Bestandsaufnahme und Beurteilung der Zukunftserwartungen, Landesraumordnungsprogramme, Landesentwicklungsprogramme und (oder) Landesentwicklungspläne auf, die außer der Raumordnung auch die Zeit, die Beschaffenheit öffentlicher Einrichtungen (sog. Infrastruktur) und ihre Finanzierung berücksichtigen. Sie werden in einigen Ländern durch Gesetze, in anderen durch Rechtsverordnungen der Landesregierung erlassen.

24 Weitere wichtige Aufgaben der Planungsbehörden sind die Aufstellung von (allgemeinen oder fachlichen) **Raumplanungen** für größere Teile des Landes, die Abstimmung mit den Planungen benachbarter Räume und vor allem die Harmonisierung der Raumplanungen im Lande untereinander mit der Landesplanung und mit der allgemeinen und der fachlichen Bundesplanung. Dabei haben sie für die Beachtung der bundes- und landesrechtlichen Raumordnungsziele und -aufgaben zu sorgen. Zu jenen Zwecken haben die Planungsbehörden ein Informationsrecht wegen aller raumbedeutsamen Maßnahmen nachgeordneter Organe und Glieder (zB der Kreise und Gemeinden), wie diese zumeist ein Anhörungsrecht bei der Aufstellung übergeordneter Pläne haben (s. zB Art. 20 BayLplG; § 16 SächsLPlG).

b) Regionalplanung

25 Zwischen Landesplanung und örtlicher Planung liegt die **Regionalplanung** als überfachliche Landesplanung für mehrere Kreise. Diese Zwischenstufe der in fortschreitender Konkretisierung erstellten allgemeinen Planung fasst verflochtene Räume unterschiedlicher Struktur zusammen, um die Einseitigkeiten ihrer Teile auszugleichen und Wohnung, Versorgung, Bildung, Arbeitsplatz, Erholung, Gemeinschaftsleben und Verkehrsteilnahme in größerem Bereich einander sinnvoll zuzuordnen. Die Regionalpläne sind aus dem Raumordnungsplan für das Landesgebiet zu entwickeln und die Regionalpläne benachbarter Planungsräume sind aufeinander abzustimmen (§ 7 II 3, 13 III ROG). Die planbindenden Regionalpläne werden von regionalen Planungsgemeinschaften[26] (§ 13 IV ROG) ausgearbeitet und beschlossen.

[26] Hendler, Die Rechtsstellung der regionalen Planungsgemeinschaften, in: FS Erbguth.

5. Raumordnung in den Kommunen

a) Allgemeine städtebauliche Raumordnung

Die Landes- und Regionalplanungen werden über die – auch selbstständig geltenden – Fachplanungen und die **örtlichen Planungen** verwirklicht. Wichtigste Rechtsgrundlage ist das Baugesetzbuch v. 3.11.2017 mit Änderungen (BauGB). 26

Die örtliche Bauplanung ist Pflichtaufgabe der Gemeinden (§§ 1 III, 2 I BauGB). Zu ihrer Erfüllung können sie sich zu Planungsverbänden zusammenschließen oder zusammengeschlossen werden (§§ 203 ff. BauGB). Als Alternative kommt der **städtebauliche Vertrag** in Betracht.[27] Dabei handelt es sich insbesondere um eine Übertragung der Vorbereitung und Durchführung städtebaulicher Maßnahmen nach dem BauGB auf Privatpersonen (Public-Private-Partnership). Die rechtliche Zulassung dieses Vertragstyps trägt dem Gedanken Rechnung, dass die Gemeinde die Infrastrukturleistungen nicht selbst erbringen muss, sondern auf Dritte übertragen kann (Outsourcing, Contracting out). Auf diese Weise soll eine Verfahrensbeschleunigung, eine qualifizierte Planung und eine Entlastung der öffentlichen Haushalte erreicht werden. Insbesondere können die sog. Projektentwickler Entwürfe erarbeiten, Bauleitplanverfahren und städtebauliche Satzungen vorbereiten (§§ 4b, 11–13 BauGB). 27

Die örtliche Bauleitplanung hat die bundes- und landesrechtlichen Ziele und Grundsätze der Raumordnung zu beachten (§ 1 IV BauGB). Das heißt, sie hat sich an die überörtliche Raumplanung anzupassen und bei der Aufstellung der Bauleitpläne die öffentlichen und privaten Belange gegeneinander und untereinander gerecht abzuwägen (§ 1 VII BauGB[28]). Die Bauleitpläne sollen eine nachhaltige städtebauliche Entwicklung, die soziale wirtschaftliche und umweltschützende Anforderungen auch in Verantwortung gegenüber künftigen Generationen miteinander in Einklang bringt, und eine dem Wohl der Allgemeinheit entsprechende sozialgerechte Bodennutzung unter Berücksichtigung der Wohnbedürfnisse der Bevölkerung gewährleisten und dazu beitragen, eine menschenwürdige Umwelt zu sichern und die natürlichen Lebensgrundlagen zu schützen und zu entwickeln sowie den Klimaschutz und Klimaanpassung, insbesondere auch in der Stadtentwicklung, zu fördern und zur Erfüllung der Klimaschutzziele des KSG die Wärme- und Energieversorgung von Gebäuden treibhausgasneutral zu gestalten sowie die städtebauliche Gestalt und das Orts- und Landschaftsbild baukulturell zu erhalten und zu entwickeln (§ 1 V BauGB). 28

Eine Abstimmungspflicht bei der örtlichen Bauplanung besteht auch hinsichtlich der Bauleitpläne benachbarter Gemeinden (§ 2 II BauGB, interkommunales Abstimmungsgebot),[29] die – auch durch vorbeugende Feststellungsklage[30] –, sog. Gemeindenachbarklage, geltend gemacht werden kann. Diese Anpassungspflichten schränken die zum Kernbereich kommunaler Selbstverwaltung gehörende **Planungshoheit**[31] ein. Gleichzeitig ist die Bauleitplanung ein wesentlicher Bestandteil der gestaltenden Verwaltung. Diese rechtliche Zuordnung wirkt sich auf die Rechtskon- 29

[27] Näher Lüers DVBl 1998, 433 (444).
[28] BVerwG DVBl 1992, 1438.
[29] Stüer NVwZ 2004, 814 ff.
[30] BVerwGE 40, 323 und dazu Pappermann JuS 1973, 689.
[31] Langer VerwArch 80 (1989), 352; Brohm DÖV 1989, 429.

trolle aus, die durch das der Planungsverwaltung eingeräumte Planungsermessen begrenzt ist (→ § 31 Rn. 69 ff.).

30 Die Abstimmungs- und Planungspflicht ist jedoch keine Einbahnstraße zu Lasten der örtlichen Bauleitplanung. Vielmehr schreibt § 1 III ROG das **Gegenstromprinzip** fest. Danach haben auch die überörtlichen Raumordnungen und Landesplanungen die Gegebenheiten und Erfordernisse der örtlichen Bauleitplanung zu berücksichtigen.[32]

31 Aufgabe der Bauleitplanung ist es, die bauliche und sonstige Nutzung der Grundstücke in der Gemeinde nach Maßgabe des BauGB vorzubereiten und zu leiten. Bauleitpläne sind der Flächennutzungsplan (vorbereitender Bauleitplan) und der Bebauungsplan (verbindlicher Bauleitplan; § 1 I und II BauGB).

32 Die Bauleitplanung beginnt in der Regel mit der Aufstellung eines vorbereitenden **Flächennutzungsplanes** für das Gemeindegebiet, in dem die sich aus der beabsichtigten städtebaulichen Entwicklung ergebende Art der Bodennutzung nach den voraussehbaren Bedürfnissen in den Grundzügen darzustellen ist. Ein Flächennutzungsplan ist nicht erforderlich, wenn der Bebauungsplan ausreicht, um die städtebauliche Entwicklung zu ordnen (§ 8 II 2 BauGB). Der Flächennutzungsplan bedarf der Genehmigung der höheren Verwaltungsbehörde, die ortsüblich bekannt zu machen ist (§ 6 I und V BauGB). Der Flächennutzungsplan qualifiziert die von ihm betroffenen Grundflächen in planbindender Weise mit mittelbarer Bedeutung für Bebauungen außerhalb von Bebauungsplanbereichen.[33] Die aufsichtliche Genehmigung darf nur aus Rechtsgründen versagt werden (§ 6 II BauGB), zu denen auch die artikulierten Ziele und Grundsätze der Raumplanung gehören.[34] Der Flächennutzungsplan enthält keine Rechtsvorschrift iSv § 47 VwGO.

33 Sodann sind in **Bebauungsplänen,** die aus dem Flächennutzungsplan zu entwickeln sind, für Teile der Gemeinde die städtebauliche Ordnung – Ob, Art und Maß der baulichen Nutzung, Bauweise, land- und forstwirtschaftlich zu nutzende Flächen, Verkehrsflächen, Stellplätze für Kraftfahrzeuge, Versorgungsflächen, Freiflächen ua – nach Maßgabe der BauNVO rechtsverbindlich festzulegen und damit andere Nutzungen auszuschließen (s. §§ 8, 9 BauGB). Eine Planungspflicht besteht nach § 1 III BauGB nur bei Erforderlichkeit.[35]

34 Ein Bebauungsplan kann auch parallel mit einem Flächennutzungsplan (Parallelverfahren) oder vor einem Flächennutzungsplan (vorzeitiger Bebauungsplan)[36] aufgestellt werden (§ 8 III und IV BauGB). Der Bebauungsplan bildet die Grundlage für weitere zum Vollzug des BauGB erforderliche Maßnahmen. Die Satzungsform hat zur Folge, dass die Rechtswidrigkeit eines Bebauungsplans bzw. seines Inhalts (zB auch wegen Nachbarrechtsverletzung) unmittelbar im Wege der verwaltungsgerichtlichen Normenkontrolle nach § 47 I 1 VwGO (→ § 28 Rn. 23 ff.) und ferner anlässlich einer Durchführungsmaßnahme, zB der Ablehnung einer Bebauungserlaubnis

32 Näher Braese, Das Gegenstromverfahren in der Raumordnung, 1982.
33 BVerwGE 18, 252; 26, 287.
34 BVerwGE 34, 304.
35 BVerwG NVwZ-RR 1998, 357; zum insoweit bestehenden Beurteilungsspielraum s. BVerwGE 38, 152 (157).
36 BVerwG NVwZ 1985, 745.

oder einer Bauvoranfrage, geltend gemacht werden kann (→ § 56 Rn. 40 ff.). Die Bebauungspläne werden als **Satzung** beschlossen. Diese reduzierte staatliche Präventivkontrolle stärkt die kommunale Planungshoheit.[37] Sie werden mit ihrer Bekanntmachung verbindlich (§ 10 II und III BauGB). Der Bebauungsplan ist Bestandteil des örtlichen objektiven Baurechts. Bauvorhaben sind deshalb nur zulässig, wenn sie ihm nicht widersprechen oder im Einzelfalle Ausnahmen oder Befreiungen (Dispense) zugelassen worden sind (§§ 29–38 BauGB).

Ein spezieller Bebauungsplan ist der sog. **Vorhaben- und Erschließungsplan** (§ 12 35
BauGB). Mit diesem objektbezogenen Bebauungsplan können die bauplanungsrechtlichen Voraussetzungen für ein bestimmtes Bauprojekt geschaffen werden, wenn das Projekt im Hinblick auf §§ 29 ff. BauGB unzulässig ist und eine Baugenehmigung deshalb nicht erteilt werden kann. Er unterscheidet sich von dem herkömmlichen Bebauungsplan auch dadurch, dass der Investor die Planungen und Erschließungsanlagen auf seine Kosten erstellt. Die Gemeinde beschließt den Plan als Satzung auf der Grundlage eines Vertrages (sog. Durchführungsvertrag) mit dem Investor. Die Gemeinde soll die Satzung aufheben, wenn der Plan nicht innerhalb einer bestimmten Frist realisiert wird (§ 12 VI BauGB).

Zur Sicherung der Durchführung der Bauleitplanung stehen der Gemeinde zahlrei- 36
che **bauplanungsrechtliche Instrumente** zur Verfügung, die hier nur stichwortartig aufgeführt werden können:

- Erlass von Veränderungssperren und Zurückstellung von Baugesuchen (§§ 14 ff. BauGB)
- Ausübung von Vorkaufsrechten (§§ 24 ff. BauGB). Sie erfolgt durch Verwaltungsakt gegenüber dem Verkäufer (§ 28 II BauGB). Es handelt sich um ein gemischtes bzw. zweistufiges Rechtsverhältnis
- Neuordnung von Grundstücken durch Umlegung (§§ 45 ff. BauGB)[38]
- vereinfachte Umlegung (§§ 80 ff. BauGB)
- Enteignungen (§§ 85 ff. BauGB).

b) Besondere städtebauliche Raumordnung

Die oben dargestellten Rechtsinstitute und Maßnahmen bilden die zentralen Ele- 37
mente des **Allgemeinen Städtebaurechts** (§§ 1 ff. BauGB). Sie werden ergänzt durch das **Besondere Städtebaurecht** (§§ 136 ff. BauGB). Es stellt ein Instrumentarium zur Verfügung, um eine durchgreifende Sanierung von funktionsunfähig gewordenen Stadtbezirken sowie eine der sozialen und wirtschaftlichen Entwicklung angepasste Infrastruktur der Gemeinden auch gegen den Willen der betroffenen Eigentümer durchzusetzen. Das besondere Städtebaurecht ist Ausdruck einer gesteigerten Sozialpflichtigkeit des Eigentums. Es regelt die Planung und Durchführung von Sanierungs-, Entwicklungs- und Stadtumbaumaßnahmen sowie Maßnahme der Sozialen Stadt, indem es die Planungsgebiete unter ein örtlich und zeitlich begrenztes Sonderrecht stellt (§§ 136 ff., 165 ff., 171a ff. und 171e BauGB). Es enthält ferner Vorschriften über städtebauliche Maßnahmen im Zusammenhang mit der Erhaltung baulicher Anlagen (§§ 172 ff. BauGB).

---

[37] Näher Lüers DVBl 1998, 433 (441).
[38] Dieterich, Baulandumlegung, 5. Aufl. 2006.

c) Weitere raumordnungsrelevante Vorschriften

38 Das BauGB wird durch weitere raumplanungsrelevante Rechtsverordnungen ergänzt.
– **BauNVO** v. 23.1.1990 auf Grund von § 9a I Nr. 1 BauGB. Sie ist der Rahmen für die inhaltliche Ausgestaltung der Bauleitpläne und für die Feineinstellung der städtebaulichen Planung.
– **PlanZV** v. 18.12.1990 auf Grund von § 9a Nr. 4 BauGB und **ImmobilienwertermittlungsVO** v. 14.7.2021. auf Grund von § 199 I BauGB. Sie legen die technischen Darstellungen und die Grundsätze der Grundstückswertermittlung fest.

6. Gebietsreformen und Flurbereinigung

39 Besondere Erscheinungsformen der Raumordnung bzw. raumbedeutsame Planungen sind ferner Neugliederungen von Gebieten, kommunale Gebietsreformen und Flurbereinigungen. Diese Raumordnungsinstrumente werden aus unterschiedlichen Erwägungen eingesetzt. Art. 29 GG ermöglicht eine **Neugliederung des Bundesgebietes,** um zu gewährleisten, dass die Länder nach Größe und Leistungsfähigkeit die ihnen obliegenden Aufgaben wirksam erfüllen können. Dabei sind ua die Erfordernisse der Raumordnung und Landesplanung zu berücksichtigen. Die Neugliederungsmaßnahmen ergehen durch Bundesgesetz, das der Bestätigung durch Volksentscheid bedarf (Art. 29 II GG). Abweichend hiervon können die Länder eine Neugliederung für das jeweils von ihnen umfasste Gebiet durch Staatsvertrag regeln (Art. 29 VIII GG).

40 Die Rechtsgrundlage für **kommunale Gebietsänderungen** sind landesverfassungsrechtlich (s. Art. 88 SächsVerf; Art. 74 BWVerf; Art. 59 NdsVerf) und einfachgesetzlich (s. §§ 8 ff. SächsGO; Art. 5a, 11 ff. BayGO; §§ 15 ff. NRW GO; § 8 BWGO; §§ 24 ff. NdsKVG) normiert. Danach kann das Gebiet von Gemeinden und Landkreisen geändert werden, indem die Grenzen geändert, Gemeinden eingegliedert oder zu neuen Gemeinden zusammengeschlossen werden.[39] Gebietsreformen haben regelmäßig aus Gründen der Einräumigkeit der Verwaltung die Änderung anderer Verwaltungsgrenzen zur Folge (s. etwa § 52 II 2 HwO für die Anpassung der Innungsgrenzen).[40]

41 Ländlicher Grundbesitz kann durch Maßnahmen der **Flurbereinigung** neu geordnet werden. Damit soll eine Verbesserung der Produktions- und Arbeitsbedingungen in der Land- und Forstwirtschaft sowie eine Förderung der allgemeinen Landeskultur und Landesentwicklung bezweckt werden (§ 1 FlurbG). Das Flurbereinigungsgebiet kann eine oder mehrere Gemeinden oder Teile von Gemeinden umfassen. Es erstreckt sich auf alle in ihm liegenden Grundstücke (§ 7 FlurbG). Bei der Neugestaltung des Flurbereinigungsgebietes hat die Flurbereinigungsbehörde ua den Erfordernissen der Raumordnung, Landesplanung und geordneten städtebaulichen Entwicklung Rechnung zu tragen (§ 37 II FlurbG). Ein vereinfachtes Flurbereinigungsverfahren kann eingeleitet werden, um Maßnahmen der Landentwicklung zu ermöglichen (§ 86 FlurbG). Die Flurbereinigungsverwaltung wirkt ferner bei der Grundstücksumlegung nach §§ 45 ff. BauGB mit. Eine Harmonisierung des Bauplanungs- und Flurbereinigungsrechts steht noch aus.[41]

---

[39] Thieme in Jeserich u. a., Deutsche Verwaltungsgeschichte V, 1987, S. 1027 ff.
[40] BVerwGE 90, 88 (92).
[41] Schmitz DÖV 1989, 59 ff.

7. Verbesserung der Wirtschaftsstruktur

Auf der Grundlage des Art. 91a Nr. 1 GG hat der Bund das Gesetz über die Gemeinschaftsaufgabe „Verbesserung der regionalen Wirtschaftsstruktur" erlassen, das ebenfalls punktuelle raumbedeutsame Planungen ermöglicht. Es dient der Förderung der gewerblichen Wirtschaft einschließlich des dazu erforderlichen Ausbaues der Infrastruktur. Die Fördermaßnahmen werden vor allem in Gebieten durchgeführt, deren Wirtschaftskraft erheblich unter dem Bundesdurchschnitt liegt. Die Förderung muss mit den Zielen und Erfordernissen der Raumordnung und Landesplanung übereinstimmen. Für die Erfüllung der Gemeinschaftsaufgabe wird ein Rahmenplan aufgestellt. Die 30 förderwürdigen Regionen wurden 2022 neu bestimmt. 42

V. Gemeinschafts-, Staats- und Wirtschaftsgebiet

Der räumliche Aspekt des Verwaltungsrechts betrifft aus ökonomischer Sicht nicht nur die Wirtschaftsregionen iSd Art. 91a I Nr. 1 GG, sondern ganz allgemein die Rechtsproblematik des Gemeinschafts-, Staats- und Wirtschaftsgebietes. Die juristische Thematik folgt daraus, dass diese Räume verwaltungsrechtlich auseinander fallen können.[42] 43

VI. Der räumliche Aspekt der Umwelt

Schrifttum: Hoppe/Appold, Umweltschutz in der Raumplanung, 1989; Hoppe/Beckmann, Umweltrecht, 1989, § 7; Kloepfer, Umweltrecht, 4. Aufl. 2016, § 5; Hoppe/Deutsch, § 87; Kluth/Smeddinck, Umweltrecht, 2. Aufl. 2020; Schmidt, Einführung in das Umweltrecht, 6. Aufl. 2001, § 1; Übbing, Umweltprüfung bei Raumordnungsplänen, 2004.

1. Umweltleitplanung

Der räumliche Aspekt der Umweltnutzung wurde bereits bei der Raumordnung und Raumplanung angesprochen. Insbesondere die **Umweltverträglichkeit** ist ein tragender Gesichtspunkt des gesamten Raumordnungsrechts (s. §§ 1, 1a, 2 III, 2a BauGB).[43] Im Rahmen der Aufstellung von Bauleitplänen ist hinsichtlich der Belange des Umweltschutzes eine Umweltprüfung vorzunehmen.[44] Dabei werden in einem ersten Schritt die voraussichtlich erheblichen Umweltauswirkungen der Planung ermittelt, die dann nachfolgend in einem sog. Umweltbericht beschrieben und bewertet werden (§ 2 IV BauGB). Der Umweltbericht wird sodann gesonderter Teil der Begründung zum Bauleitplanentwurf (§ 2a BauGB). 44

2. Natur- und Landschaftsschutz

Die **landschafts- und gebietsbezogene Umweltplanung** ist in zahlreichen Fachgesetzen normiert. Im Mittelpunkt steht das Natur- und Landschaftsschutzrecht, das im Bundesnaturschutzgesetz – BNatSchG geregelt ist.[45] Das Gesetz zielt darauf ab, Natur und Landschaft als Lebensgrundlage des Menschen und als Voraussetzung für seine Erholung nachhaltig zu sichern. Zentrale Bedeutung für die Erhaltung der Kultur- und Erholungslandschaft wird der ordnungsgemäß betriebenen **Land-, Forst-** 45

[42] Näher Tietje, Internationalisiertes Verwaltungshandeln, 2001.

[43] Kluth/Smeddinck UmweltR/Kluth, S. 49 ff.

[44] Krautzberger DVBl 2005, 197 ff.; Krautzberger/Stüer DVBl 2004, 914 ff.; Finkelnburg NVwZ 2004, 897 ff.; Hoppe NVwZ 2004, 903 ff.

[45] Näher Kloepfer UmweltR, § 11.

und Fischereiwirtschaft beigemessen (§ 5 I BNatSchG). Die Ziele sind nach Maßgabe zahlreicher Grundsätze zu verwirklichen, die in § 5 II BNatSchG aufgeführt sind.

46 Die Umsetzung der Ziele und Grundsätze erfolgt zum einen durch **Landschaftsprogramme, Landschaftsrahmenpläne, Landschaftspläne** und **Grünordnungspläne** (§§ 8 ff. BNatSchG),[46] zu deren Aufstellung das Gesetz verpflichtet. Zum anderen können bestimmte Teile von Natur und Landschaft zum Naturschutzgebiet, Nationalpark oder Nationales Naturmonumet, Biosphärenreservat, Landschaftsschutzgebiet, Naturpark, Naturdenkmal oder zum geschützten Landschaftsbestandteil erklärt werden (§§ 20 ff. BNatSchG). Nach der rechtsverbindlichen Festsetzung sind Handlungen, die zu einer Zerstörung, Beschädigung, Veränderung oder nachhaltigen Störung führen, grundsätzlich verboten. Zum Schutz wildlebender Tier- und Pflanzenarten ist ein Biotopschutz möglich (§ 30 BNatSchG). Das Natur- und Landschaftspflegerecht wird durch unterschiedlich ausgestaltete rahmenausfüllende Landesgesetze ergänzt und konkretisiert. Sie sind teilweise dem BNatSchG nachgebildet, enthalten aber auch eigene Rechtsinstitute.

47 Das Bodenschutzgesetz v. 17.3.1998 bezweckt zwar, die Funktionen des Bodens zu sichern oder wiederherzustellen (§ 1 BBodSchG). Es hat jedoch keine unmittelbar raumplanerische Zielsetzung, sondern dient vornehmlich der Gefahrenabwehr und der Gefahrenvorsorge. Denn im Zentrum der Normierung stehen die Abwehr schädlicher Bodenveränderungen und die Altlastensanierung. Das BBodSchG legt erstmals bundeseinheitliche Anforderungen fest und löst das landesrechtlich zersplitterte Altlastenrecht weitgehend ab.[47]

3. Weitere raumbezogene Umweltgesetze

48 Auch andere Umweltgesetze befassen sich mit raumrelevanten Planungen.

Beispiele: Verkehrsbeschränkungen für Gebiete während austauscharmer Wetterlagen (§ 40 BImSchG), Luftreinhaltungspläne (§ 47 BImSchG), Festsetzung von Wasserschutzgebieten (§ 51 WHG).

VII. Denkmalschutz

Schrifttum: Martin/Krautzberger, Handbuch Denkmalschutz und Denkmalpflege, 5. Aufl. 2022.

49 Einen räumlichen Bezug weist ferner das **Denkmalschutzrecht** auf. Diese Rechtsmaterie gehört als Element des Kulturstaates zum Hausgut der Länder. Deshalb sehen die Landesverfassungen teilweise vor, dass Denkmale unter dem Schutz und der Pflege des Landes stehen (Art. 3 II, 141 II BayVerf; Art. 62 HessVerf; Art. 11 III SächsVerf; Art. 3c II BWVerf). Daneben steht die ordnungsrechtliche Komponente.

50 Aufgabe und Gegenstand des Denkmalschutzes ist die Erhaltung und Pflege von Kulturdenkmalen. Für die vorliegende Darstellung der verwaltungsrechtlichen Erfassung des Raumes ist vor allem der Schutz von **Bau- und Bodendenkmälern** bzw. der Schutz von Bauwerken, Siedlungen oder Ortsteilen, Straßen- und Platzbilder (sog. Ensembleschutz), Landschaftsformen, Grabungsschutzgebieten und archäologischen

[46] Wagner/Mitschang DVBl 1997, 1137 ff.; Erbguth DÖV 1998, 673 ff.
[47] Kloepfer UmweltR, § 12; Vierhaus NJW 1998, 1262 ff.

Reservaten wichtig. Die Festlegung der denkmalgeschützten Bedeutung eines Denkmals ist voll nachprüfbar.[48]

Der Konflikt zwischen Denkmalschutz und anderen Raumplanungen wird dadurch gelöst, dass die Belange des Denkmalschutzes bei allen öffentlichen Planungen und Maßnahmen angemessen zu berücksichtigen sind (§ 1 VI Nr. 5 BauGB).[49] 51

VIII. Aufenthalt und Wohnsitz

Schrifttum: Engelbrecht/Schwabenbauer, Bundesmelderecht, 2022; Kluth/Hornung/Koch, Zuwanderungsrecht, 4. Aufl. 2025.

Wohnsitz und **Sitz einer Person** haben gleichfalls räumliche Bedeutung. Zahlreiche Gesetze beziehen sich auf das Merkmal Wohnsitz (→ § 33 Rn. 2 und → § 33 Rn. 28 ff.). 52

Ein (nur **tatsächlicher) Aufenthalt** besteht dort, wo ein Mensch sich befindet, ohne Rücksicht auf Wille und Dauer. Er ist rechtlich maßgebend, zB für die Sozialhilfepflicht (§ 98 I SGB XII). Gewöhnlicher Aufenthalt (auch Wohnort genannt) ist dort, wo jemand sich unter Umständen aufhält, die auf die Absicht schließen lassen, dass er an diesem Ort nicht nur vorübergehend verweilt (s. zB § 9 AO und die Reisekostengesetze).[50] Rechtsgeschäftlicher Wille ist nicht erforderlich. Andererseits genügt nicht ein Aufenthalt zu Kurzwecken oder in einer Heilanstalt. Der Bezug einer Wohnung (auch Schlafstelle) ist nach den Meldegesetzen anmeldepflichtig (§ 17 BMG). Nach ihm richtet sich zB die Eigenschaft als Einwohner einer Gemeinde (zB § 21 I NRW GO; § 10 I SächsGO; § 10 I BWGO; § 28 I NdsKVG; Art. 15 BayGO). Wohnung ist jeder umschlossene Raum, der zum Wohnen oder Schlafen benutzt wird (§ 20 BMG).[51] Ständiger (dauernder) Aufenthalt ist dort, wo jemand tatsächlich Aufenthalt genommen hat, wenn sich dort der räumliche Schwerpunkt seiner Lebensverhältnisse befindet (Niederlassung) und er erkennbar gewillt ist, an diesem Ort auf Dauer zu bleiben.[52] Der ständige Aufenthalt unterscheidet sich mithin nicht wesentlich vom Wohnsitz. 53

Wohnsitz ist der Ort willentlicher, ständiger, rechtlich erlaubter Niederlassung eines Menschen (s. §§ 7 ff. BGB). Seine Begründung ist kein Rechtsgeschäft, sondern eine rechtsgeschäftsähnliche Tathandlung (→ § 36 Rn. 7a). Der Wohnsitzbegriff des BGB ist in der Regel auch für das öffentliche Recht maßgebend (s. Art. 22 AEUV[53] (ex-Art. 19 EGV) oder § 8 AO), doch sind Abweichungen möglich. Der Wohnsitz wird meist mit dem gewöhnlichen Aufenthalt zusammenfallen, kann aber auch ein anderer Ort sein. Man kann sowohl an mehreren Orten seinen Wohnsitz haben, als auch ganz ohne Wohnsitz sein (weil man den bisherigen willentlich und tatsächlich aufgegeben, aber keinen neuen begründet hat). Bei mehreren Wohnungen ist in Zweifelsfällen die Hauptwohnung dort, wo der Schwerpunkt der Lebensbeziehungen des Einwohners liegt (§ 22 III BMG). Bei Ehegatten ist die Hauptwohnung jedes Ehe- 54

[48] BVerwG DÖV 1966, 722.
[49] Stüer BauR 1989, 251.
[50] BVerfGE 40, 11 (34); BVerwG VerwRspr. 21 (1970), 547; BremWahlprüfG NJW 1994, 1526 f.
[51] BVerwG NVwZ 1986, 831.
[52] BVerwGE 28, 193.
[53] Dazu Kluth in Calliess/Ruffert Art. 22 AEUV.

gatten dort, wo der Schwerpunkt seiner Lebensbeziehungen liegt. Hauptwohnung eines minderjährigen Einwohners ist die vorwiegend benutzte Wohnung des Personensorgeberechtigten (§ 22 II BMG; s. auch §§ 8 und 11 BGB). Wohnungen im Ausland spielen für die melderechtliche Unterscheidung mehrerer Wohnungen im Inland keine Rolle.

55 **Beamte** haben ihren „dienstlichen Wohnsitz" (Dienstort) im Sinne des Besoldungsrechts am Sitz der Behörde oder ständigen Dienststelle, der der Beamte angehört (s. § 15 BBesG). Das AsylG ordnet für Asylberwerber Wohnsitznahmepflichten während des Anerkennungsverfahrens an (§ 47 AsylG). Das AufenthG normiert Wohnsitzauflagen (§ 12a AufenthG).

56 Bei **Organisationen** spricht man von ihrem **Sitz** (→ § 34 Rn. 10). Wenn er nicht anderweit bestimmt ist, ist es der Ort, an dem die Verwaltung geführt wird (s. § 24 BGB).

§ 39. Der sachenrechtliche Aspekt des Verwaltungsrechts

Schrifttum: Papier, Recht der öffentlichen Sachen, 3. Aufl. 1998, § 1; Wolff/Bachof/Stober/Kluth VerwR II, §§ 74–78.

I. Der rechtliche Rahmen der Sachen im Verwaltungsrecht

1 Das Verwaltungsrecht erschöpft sich nicht in der Befassung mit Rechtssubjekten, Tatsachen, zeitlichen und räumlichen Aspekten. Gleichzeitig befasst es sich auf vielfältige Weise mit Gegenständen und **sachenrechtlichen Rechtsbeziehungen,** die den jeweiligen Rechtssubjekten dienen sollen.

Beispiele: Straßen, Luftraum,[1] Wasserwege, Telekommunikationseinrichtungen, Verwaltungsgebäude, Dienstfahrzeuge, öffentliche Einrichtungen, Abfälle (§ 3 I KrWG), Abfallbeseitigungsanlagen (§ 28 I KrWG), Datenspeicher.

2 Der rechtliche Umgang mit Sachen ist ein zentraler Ausschnitt jeder Infrastruktur-, Leistungs- und Gewährleistungs- sowie Informationsverwaltung. Ausgangspunkt sämtlicher Überlegungen ist, dass sich die Verwaltung einerseits wie eine Privatperson verhalten (Besitz und Eigentumserwerb) und andererseits verschiedenartige verwaltungsrechtliche Sachenrechtsverhältnisse begründen und kraft Hoheitsgewalt auf Sachen Privater einwirken kann (schon → § 32 Rn. 32 ff.).

3 Die Sachen aus dem Blickwinkel der Verwaltung unterliegen keinem einheitlichen Rechtsregime. Vielmehr treffen privatrechtliche, strafrechtliche, gemeinschafts-, verfassungs- und verwaltungsrechtliche Materien aufeinander, die zum Ausgleich gebracht werden müssen. Hinzu kommt, dass die Verwaltung auch sachenrechtlich eine begrenzte **Wahlfreiheit** zwischen Privatrecht[2] und öffentlichem Recht, Verwaltungsakt und anderen Handlungsformen besitzt, so dass sie auch die Rechtsfolgen im Einzelfall steuern kann. Unabhängig davon sind die Sachen im Verwaltungsrecht in einer Vielzahl von Gesetzen mit abweichenden Konzeptionen normiert. Die sachenrechtlichen Leitprinzipien wurzeln in den privatrechtlichen Strukturen,[3] in sachenrecht-

[1] Lübben, Das Recht auf freie Benutzung des Luftraumes, 1992.
[2] Müller-Terpitz in HVwR VI § 164 Rn. 19 ff.
[3] Näher Kromer S. 86 ff.

lichen Anforderungen des Gemeinschaftsrechts (Art. 90 ff., 174 ff. AEUV), in der Eigentumsgarantie des Art. 14 GG, im Sozialstaatsprinzip,[4] im Schutz der natürlichen Lebensgrundlagen (Art. 20a GG), in Art. 87d ff. GG, in den jeweiligen Verwaltungsaufgaben (Gefahrenabwehr, Daseinsvorsorge) sowie in der Funktionsfähigkeit der Verwaltung, die sich stets am Gemeinwohl bzw. am öffentlichen Interesse (→ § 29 Rn. 1 ff.) zu orientieren hat. Neben Art. 14 GG beeinflussen insbesondere kommunikative Freiheitsrechte wie Art. 5 I GG die Nutzung öffentlicher Sachen.[5] Gleichheitsrechte sind vor dem Hintergrund bedeutsam, dass ehemals öffentliche Sachen teilweise einem Privatrechtsregime unterworfen werden (Art. 87d ff. GG; Fernstraßenbauprivatfinanzierungsgesetz (FStrPrivFinG)[6]) und das Gemeinschaftsrecht allgemein ein Diskriminierungsverbot aufrichtet, das sich auch auf öffentliche Sachen erstreckt. Damit stellt sich die Frage des diskriminierungsfreien Zugangs zu öffentlichen Sachen. Gegenwärtig wird der rechtliche Rahmen der Sachen im Verwaltungsrecht zudem stark von ökologischen sowie ökonomischen Anforderungen und Privatisierungsvorstellungen beeinflusst.

II. Einzelne Sachbegriffe

Gegenstände im Rechtssinne sind Objekte eines rechtlich geregelten Lebenssachverhaltes. Rechtsobjekte können sowohl Dinge der Außenwelt (körperliche Gegenstände und Energien) als auch geistige, wie eine Erfindung, eine künstlerische Idee, sein. 4

Im **Privatrecht** werden als „Gegenstände" in der Regel nur die Sachen, die Energien und die Vermögensrechte, nicht aber zB die Persönlichkeits-, die Familien- und unselbstständigen Gestaltungsrechte bezeichnet.[7] Das Wort „Sache" wird nur für körperliche, dh räumlich abgrenzbare Gegenstände (§ 90 BGB) verwendet. Die Luft und das fließende Wasser sind demnach keine Sachen. Auch Energien (Licht, Wärme, Elektrizität usw) sind nach hL keine Sachen. Demgegenüber kann ein Computerprogramm die Eigenschaft einer Sache nach § 90 BGB erlangen, wenn es auf einem Datenträger gespeichert ist.[8] Es werden bewegliche und unbewegliche Sachen unterschieden (Fahrnis und Grundstücke). Tiere sind zwar keine Sachen[9] (Gedanke der Mitgeschöpflichkeit). Die sachenrechtlichen Vorschriften gelten aber entsprechend (§ 90a BGB). 5

Im **Strafrecht** sind Sachen grundsätzlich alle körperlichen Gegenstände iSd § 90 BGB (s. auch § 11 III und §§ 303 ff. StGB). Beweglich sind abweichend von der Definition des Privatrechts Sachen, die tatsächlich fortgeschafft werden können, die also beweglich gemacht werden. 6

[4] Stern VVDStRL 21 (1962), 183 (211).
[5] Isensee/Kirchhof StaatsR-HdB VII/Cornils, § 168 Rn. 58 ff.
[6] G. v. 30.8.1994, BGBl. I 2243 und dazu Steiner NJW 1994, 3150; Bucher, Privatisierung von Fernstraßen, 1996.
[7] Näher Prütting SachenR, § 1 C und E.
[8] BGHZ 102, 135.
[9] So schütz die Regelung von § 14 Var. 3 MBO nicht primär der Sachwertsicherung von Eigentümern, sondern das Leben und die Gesundheit von Tieren als eigenständige Rechtsgüter, Schenke, Bauordnungsrechtliche Anforderungen an die Rettung von Tieren bei Bränden in Intensivtierhaltungsanlagen, 2022, S. 47 ff.

7 Im **Unionsrecht** ist der Sachenbegriff nicht vorgeprägt. Vielmehr ist die Regelung des öffentlichen Sachenrechts als Teilmaterie des Verwaltungsrechts weiterhin weitgehend Angelegenheit der Mitgliedstaaten. Lediglich das unionsrechtsinterne Sachenrecht, das die Gebäude, das Mobiliar, die Fahrzeuge und die Nutzung öffentlicher Einrichtungen (zB Verwaltungsstellen) der Union iSe „Anstaltsrechts" betrifft, fällt in den ausschließlichen Regelungsbereich der EG. Davon wurde aber noch kein Gebrauch gemacht. Das Unionsrecht wirkt mittelbar über verschiedene Kompetenzen auf das mitgliedstaatliche Sachenrecht iSe unionsrechtsexternen öffentlichen Sachenrechts ein. Das geschieht vornehmlich durch Vorgaben zur Realisierung transeuropäischer Netze.

8 Im **Verfassungsrecht** sind auch unkörperliche Gegenstände Sachen iSd Art. 14 GG. Das **Verwaltungsrecht** geht zwar von dem Sachbegriff des Privatrechts aus, ohne sich aber an seine Begrenzungen zu binden. Der enge substanzielle Sachbegriff des Privatrechts gilt deshalb nur dann, wenn verwaltungsrechtliche Vorschriften beim Gebrauch der Worte „Sache", „bewegliche Sache" oder „Grundstück" erkennbar auf die privatrechtliche Begrifflichkeit abstellen.

Beispiele: § 10 FlurbG; § 2 I BLG, wonach zwar der privatrechtliche Begriff der Sache zugrunde gelegt, aber im Sinne des BLG enumerativ eingeschränkt wird.

9 Im Übrigen verwenden die verwaltungsrechtlichen Gesetze je **besondere Sachbegriffe** und **Sacheinheiten,** die sich aus der jeweiligen Gemeinwohlfunktion und dem Sinn und Zweck der Rechtssätze ergeben.[10] Prägendes Anliegen des öffentlichen Sachenrechts ist es, möglichst maßgeschneiderte Sachenrechtslösungen bereitzustellen, die nach dem BGB nicht mögliche, differenzierte und effektive Nutzungen und Maßnahmen gestatten.

Beispiele: „Baugrundstück" iSv §§ 14, 19 BauNVO ist nicht gleich „Grundstück" im privatrechtlichen Sinne.[11] Unkörperliche Sachen wie der Luftraum können im Verwaltungsrecht Sachen sein (§ 1 IV FStrG; § 1 I LuftVG). Verwaltungsrechtlich bestimmt sich die **Einheit einer Sache** sowohl in räumlicher als auch in zeitlicher Hinsicht meist nach wirtschaftlichen Gesichtspunkten. **Wesentliche Bestandteile** einer Sache (zB Stauwehr) können Gegenstand besonderer öffentlicher Rechte sein (zB Verkehrszeichen auf privaten Grundstücken). Gleiches gilt für **Zubehör** (zB Brennerei abgabenrechtlich Zubehör eines landwirtschaftlichen Betriebes; Bordsteine ordnungsrechtliches Zubehör des öffentlichen Weges und Vorgärten Zubehör des Hauses).

III. Öffentliche Sachen und öffentliches Sachenrecht

10 Der **verwaltungsrechtliche Sachenbegriff** ist nicht mit dem der öffentlichen Sachen identisch. Hierbei handelt es sich um eine von Lehre und Rechtsprechung entwickelte, zum festen Bestand der Rechtssprache gehörende Bezeichnung.[12] Man versteht darunter solche Sachen, die den Zwecken der öffentlichen Verwaltung unmittelbar und dauernd zu dienen bestimmt sind.[13] Sie unterstehen einem öffentlichen Sonderrecht. Der Begriff „öffentliches Sachenrecht" umfasst alle diejenigen öffentlich-rechtlichen Rechtssätze, die eine solche Zuordnung vornehmen. Die Zuordnung

---

[10] Ebenso Stern VVDStRL 21 (1964), 183 ff.; Axer, Die Widmung als Schlüsselbegriff des Rechts der öffentlichen Sachen, 1994, S. 27 f.; aA W. Weber VVDStRL 21 (1964), 149 (173); Papier, Recht der öffentlichen Sachen, 3. Aufl. 1998, S. 2.

[11] BVerwG DÖV 1970, 750.

[12] Vgl. Stern VVDStRL 21 (1962), 183.

[13] BVerfGE 10, 21 (37); BGH NJW 1998, 1701 (1703).

muss jedoch eine spezielle und darf nicht lediglich Ausdruck der generellen (auch sachbezogenen) Regelungsbefugnis der Staatsgewalt sein (→ § 40 Rn. 14 ff.). Zuordnungssubjekt kann neben einem Rechtssubjekt öffentlicher Verwaltung auch eine Zivilperson sein.

Dritter Abschnitt. Verwaltungsrechtliche Verpflichtungen und Berechtigungen

§ 40. Begriff und Arten verwaltungsrechtlicher Verpflichtungen und Berechtigungen

Schrifttum: Henke JZ 1992, 541 ff.: Wandel der Dogmatik des öffentlichen Rechts; Kubeš, Die Rechtspflicht, 1981; Lepsius, Besitz und Sachherrschaft im öffentlichen Recht, 2002; Lindner, Die verfassungsrechtliche Dimension der allgemeinen polizeirechtlichen Adressatenpflichten, 1997, S. 26 ff.; Nawiasky, Rechtslehre, 2. Aufl. 1948, § 11; Peters VERW 35 (2002), 177 ff.: Nebenpflichten im Verwaltungsrechtsverhältnis; Röhl/Röhl, Allgemeine Rechtslehre, 4. Aufl. 2017, §§ 22 ff.

I. Verpflichtungen und Berechtigungen als Konkretisierung von Rechtsverhältnissen

Die bisherige Darstellung der Grundlagen des subjektiven Verwaltungsrechts hat sich 1 auf die Erörterung von Rechtssubjekten und rechtlich erheblichen Tatsachen konzentriert. Hingegen wurde das zu den Essenzialien des subjektiven Verwaltungsrechts gehörende Thema **Pflichten, Rechte, Verpflichtungen und Berechtigungen** anlässlich der Beschreibung und Systematisierung der einzelnen Rechtssubjekte lediglich gestreift. Deshalb ist nachfolgend auf die einzelnen Dimensionen von Pflichten und Rechten einzugehen.

Allerdings besteht in der Rechtssprache zwischen „Pflicht" und „Verpflichtung", 2 „Recht" und „Berechtigung" keine scharfe Unterscheidung (auch → § 32 Rn. 2). Doch werden „Recht" und „Pflicht" eher dann gebraucht, wenn es sich um einen Inbegriff von Rechtsbeziehungen, um ihre Gesamtheit in der Ruhelage handelt, „Berechtigung" und „Verpflichtung" dagegen für die einzelne daraus hergeleitete und aktualisierte Beziehung.

Beispiel: In diesem Sinne ist das Eigentum ein Recht und der Folgenbeseitigungsanspruch nach abgeschlossener polizeilicher Inanspruchnahme des Eigentums für Obdachlose eine Berechtigung. Der allgemeinen Polizeipflicht des Eigentümers zur Erhaltung des störungsfreien Zustandes seines Grundstücks steht die konkrete Verpflichtung zur Beseitigung einer eingetretenen Störung gegenüber.

Pflichten und Rechte ergeben sich aus **Rechtsstellungen** (→ § 32 Rn. 14) und aus 3 **Rechtsverhältnissen** (→ § 32 Rn. 32 ff.) sowie insbesondere aus **Verwaltungsrechtsverhältnissen.**[1]

Während im Privatrecht die Subjekte, zwischen denen die Rechtsverhältnisse be- 4 stehen, einander rechtlich gleichartig sind, stehen im Verwaltungsrecht regelmäßig rechtlich ungleichartige Subjekte einander gegenüber, die meist je nur ganz verschiedenartige Verpflichtungen oder Berechtigungen haben können. Gestützt, aber auch beschränkt durch das ihre Pflichten und Rechte bestimmende öffentliche (Sonder-)

[1] Kahl/Ludwigs VerwaltungsR-HdB/Bauer § 98 Rn. 44 ff.

Recht (→ § 22 Rn. 28 ff.) können die Subjekte hoheitlicher Gewalt den Zivilpersonen gegenüber als autoritative Wahrer und Durchsetzer des öffentlichen Interesses auftreten (→ § 29 Rn. 1 ff.) und desjenigen objektiven Rechts, in dem dies zum Ausdruck kommt. Im Rahmen dieser Rechtsbeziehung werden Zivilpersonen aber nicht zu Objekten staatlicher Machtentfaltung, sondern bleiben **Subjekte,** die eigene Berechtigungen gegen die Subjekte öffentlicher Gewalt haben.

II. Zur Vernachlässigung der Pflichtendiskussion

5 Das verwaltungsrechtliche Schrifttum behandelt die verwaltungsrechtlichen Verpflichtungen nur stiefmütterlich. Und selbst bei der Entfaltung des Verwaltungsrechtsverhältnisses wird teilweise das subjektive Recht als besondere Kategorie herausgestellt, während die subjektiven Pflichten nicht als eigenständige Dimension erörtert werden. Die Literatur ist lediglich an der rechtswissenschaftlichen Aufarbeitung und Systematisierung der Verpflichtungen in Gestalt der Geldleistungen interessiert (→ § 42 Rn. 15 f.). Diese **Verwaltungspflichtblindheit**[2] ist letztlich auf die einseitige Diskussion von Grundrechtsfragen zurückzuführen. Dieses Anspruchsdenken verstellt den Blick auf die **Verwaltungspflichtigkeit von Privatpersonen**.[3] Sie kann im Verwaltungsrecht weder hinweggedacht noch auf bestimmte Pflichtverhältnisse oder „Gewalt"verhältnisse reduziert werden (→ § 32 Rn. 14 ff.).[4] Sie ist vielmehr im Verwaltungsrecht von zentraler Bedeutung, da der Staat den Zivilpersonen in der Regel mit hoheitlicher Gewalt gegenübertritt. Sie ist ferner ein besonderes Kennzeichen und Instrument des **kooperativen Verwaltungsrechts**,[5] wie etwa die Beispiele Selbstverpflichtung und Public-Private Partnership[6] nach § 1 FStrPrivFinG belegen.[7] Es leuchtet ein, dass die eindimensionale Ausrichtung der Verwaltungsrechtswissenschaft auf das subjektive Recht negative Auswirkungen auf das Pflichtbewusstsein der Rechtsgemeinschaft haben kann. Immerhin hat das moderne, auf Eigenverantwortung und Pflichtigkeit gegründete Umweltrecht ein prinzipielles Umdenken bewirkt.[8]

Beispiele: §§ 23 ff. KrWG (Produktverantwortung), § 5 BImSchG (Pflichten der Anlagenbetreiber), § 3 III BNatSchG (Vertragsnaturschutz).[9]

III. Zum Begriff der Verpflichtung und der Berechtigung

1. Verpflichtungsbegriff

6 Eine **Verpflichtung** besteht, wenn durch geltenden Rechtssatz oder auf Grund eines geltenden Rechtssatzes einem Rechtssubjekt ein inhaltlich bestimmtes oder bestimmbares Verhalten **(Tun, Dulden oder Unterlassen)** geboten wird. „Dulden" heißt: das Tun eines anderen nicht hindern oder abwehren. „Lassen" heißt: auf eigenes Tun ver-

[2] Zustimmend Martensen DVBl 1996, 286 ff.
[3] Voßkuhle/Eifert/Möllers GVwR/Masing GVwR I § 10 Rn. 178 ff.
[4] Kahl/Ludwigs VerwaltungsR-HdB/Bauer § 98 Rn. 17 ff.
[5] So bspw. Kooperationsmaxime im Steuerrecht, Kahl/Ludwigs VerwaltungsR-HdB/Straßburger § 108 Rn. 19 ff.
[6] S. dazu Buchholtz in HVwR VI § 176; Kersten in Schoch/Eifert BesVerwR, Rn. 204 ff.
[7] S. dazu Di Fabio JZ 1997, 569 ff.; das übersieht Röhl/Röhl Rechtslehre, bei dem die Pflichten keine relevante Rolle spielen.
[8] S. näher Kloepfer UmweltR, § 5 III; Stober DÖV 1998, 775 ff.; A. Peters VERW35 (2002), 177 (201 f.).
[9] S. dazu Rehbinder DVBl 2000, 859 ff.

zichten. Zu unterscheiden von der Verpflichtung ist die **Haftung** als Einstehenmüssen für das Ergebnis des rechtssatzmäßig gebotenen Verhaltens mit dem eigenen Vermögen.

Das **verpflichtete Rechtssubjekt** kann eine (Hoheits- oder Zivil-)Person oder auch ein nichtrechtsfähiges Organ, insbesondere eine Behörde sein, die in der Regel erst iVm anderen Rechtssätzen bestimmbar ist (→ § 32 Rn. 5 ff.). Ein Gesetz kann unmittelbar eine individuelle Person oder ein Organ durch Nennung ihres Namens verpflichten (oder berechtigen). Üblicherweise werden die Subjekte jedoch nur der Gattung nach genannt (zB der Regierungspräsident), so dass sich das konkret verpflichtete (oder berechtigte) Subjekt erst aus anderen organisatorischen Rechtssätzen ergibt. Das Subjekt kann auch durch sein Recht an einer Sache (zB Eigentum) bestimmt sein (s. → § 32 Rn. 34). 7

2. Berechtigungsbegriff

Jedes Verhalten, das einer Verpflichtung nicht widerspricht, ist berechtigt iwS Das folgt aus der allgemeinen Handlungsfreiheit. Eine **Berechtigung** liegt vor, wenn das berechtigte Verhalten die rechtssatzmäßige Rechtsfolge der Verwirklichung eines sie bedingenden Tatbestandes ist. Sie hängt davon ab, dass eine bestimmte menschliche Interessenverfolgung unmittelbar von Rechtssätzen oder -mittels sie konkretisierender Staatsakte dadurch anerkannt wird, dass um ihretwillen ein bestimmtes anderes Subjekt oder alle anderen Subjekte zu bestimmtem Tun, Dulden oder Unterlassen verpflichtet werden. Das kann so geschehen, dass die Wahrung und Verfolgung bestimmter Interessen erlaubt werden oder dass die Beeinträchtigung des Interesses verboten oder nur unter bestimmten Voraussetzungen gestattet wird (→ § 43 Rn. 4 ff.). 8

Die Berechtigung ist keine Willensmacht, sondern setzt diese voraus und gestaltet sie zur „Rechtsmacht", indem sie sie normierend einschränkt, von Voraussetzungen abhängig macht und an Formen bindet. Die Berechtigung unterscheidet sich von der **Ermächtigung** dadurch, dass sie ein Verhalten zum Inhalt hat, während die Ermächtigung bestimmt, wer ein Verhalten gebieten, verbieten oder erlauben darf. 9

IV. Arten der Verpflichtungen und Berechtigungen

1. Positive und negative Verpflichtungen und Berechtigungen

Nach dem **Inhalt** kann man positive und negative Verpflichtungen unterscheiden[10]: **Positive Verpflichtungen und Berechtigungen** zielen auf die Verwirklichung eines Tatbestandes. 10

Beispiele: Pflicht zur Zahlung einer Steuerschuld; Pflicht zur Vornahme einer Amtshandlung; Gehaltsansprüche und Abgabenansprüche zB der Gemeinden.

Negative Verpflichtungen und Berechtigungen zielen auf die Nichtverwirklichung eines Tatbestandes. 11

Beispiele: Pflicht der Zivilperson zur Unterlassung von Störungen der öffentlichen Sicherheit, Pflicht der Subjekte öffentlicher Verwaltung zur Duldung der rechtmäßigen Ausübung einer erteilten Erlaubnis.

[10] Zustimmend A. Peters VERW35 (2002), 177 (192).

2. Transitive und intransitive Verpflichtungen und Berechtigungen

12 Nach der Bestimmtheit der Subjekte, gegenüber denen die Verpflichtung oder Berechtigung besteht, sind transitive und intransitive zu unterscheiden. **Transitive** (gezielte, „relative") **Verpflichtungen und Berechtigungen** bestehen gegenüber einem (oder mehreren) bestimmten Subjekt(en).

Beispiele: Verpflichtung des Steuerschuldners gegenüber dem Steuergläubiger, Verpflichtungen des Dienstnehmers (Beamten) gegenüber dem Dienstherrn und umgekehrt, Anspruch auf Erteilung einer Erlaubnis.

13 **Intransitive** (ungezielte, „absolute") **Verpflichtungen und Berechtigungen** bestehen gegenüber unbestimmt vielen, etwa gegenüber einer Gattung oder gegenüber der Allgemeinheit.

Beispiele: Verpflichtung der Zivilperson zur Unterlassung von Störungen der öffentlichen Sicherheit; Berechtigung der Polizei im Falle des sog. polizeilichen Notstandes, jeden (!) geeigneten Nichtstörer[11] in Anspruch zu nehmen.

3. Personale und sachbezogene Verpflichtungen und Berechtigungen

14 Nach dem unmittelbaren Bezugsobjekt sind personale und sachbezogene zu unterscheiden.

a) Personale Verpflichtungen und Berechtigungen

15 **Personale Verpflichtungen und Berechtigungen** sind unmittelbar auf das Verhalten der Rechtssubjekte zueinander bezogen. Deshalb können sie auf andere Rechtssubjekte entweder überhaupt nicht oder nur durch einen auf die Verpflichtung oder Berechtigung als solche bezogenen Übertragungsakt übergehen.

Beispiele: Verpflichtung eines Benutzers einer kommunalen Einrichtung zur Zahlung einer Gebühr; Berechtigung der Finanzbehörde, die Zahlung einer Steuerschuld zu verlangen; Anspruch auf Arbeitslosenhilfe.

16 Es ist auch möglich, dass das Subjekt einer personalen Verpflichtung oder Berechtigung durch seine Beziehung zu einer Sache bestimmt wird. Entscheidend für den personalen (nicht dinglichen) Charakter ist dann, dass die Verpflichtung oder Berechtigung nicht unmittelbar an die Sache, sondern die Person gebunden ist.

Beispiele: Schankerlaubnisse gem. § 3 I 1 GastG als persönliche Erlaubnisse für bestimmte Betriebe in bestimmten Räumen.

b) Sachbezogene Verpflichtungen und Berechtigungen

17 Subjekte öffentlicher Verwaltung können durch Gesetz zu unmittelbar sachbezogenen, nicht bestimmte Personen betreffenden Regelungen verpflichtet oder berechtigt werden, durch welche die rechtlichen Eigenschaften von Sachen gestaltet oder auf Sachen tatsächlich eingewirkt wird.

Beispiele: Befugnis zur Widmung einer öffentlichen Sache, Bestimmung der baulichen Nutzbarkeit von Grundstücken.

18 Aufgrund dieser Regelungsbefugnisse können unmittelbar auf eine Sache bezogene spezielle Berechtigungen und Verpflichtungen sowohl der Subjekte öffentlicher Ver-

[11] Barczak in HVwR V § 133 Rn. 54f.

waltung wie der Zivilpersonen iSe **(beschränkten) Sachherrschaft** begründet werden. Man mag sie als **„verwaltungsrechtliche dingliche Rechte iwS"** bezeichnen.

Beispiele: Die durch den Widmungsakt begründete Rechtslage einer Sache hinsichtlich des Gemeingebrauchs, das durch Gebrauchserlaubnis oder Bewilligung begründete Sondernutzungsrecht.

Auch das Verwaltungsrecht kennt Berechtigungen und korrespondierende Verpflichtungen, die aus dem privaten Eigentumsrecht abgeleitet, aus dem Vollrecht herausgelöst und ihm gegenüber verselbstständigt sind. Hier wird der private (Grund-)Eigentümer in der Nutzung seines Eigentums zugunsten vorrangiger öffentlicher Interessen beschränkt und es werden einem Subjekt öffentlicher Verwaltung Rechte zugewiesen, die das private Eigentum überlagern.[12] Diese Rechte stehen den (beschränkten) dinglichen Rechten des Privatrechts am nächsten und können deshalb als **„verwaltungsrechtliche dingliche Rechte ieS"** bezeichnet werden. 19

Beispiele: Die Baulast als vom Eigentümer gegenüber der Bauaufsichtsbehörde übernommene und in ein Baulastenbuch eingetragene Verpflichtung zu einem sein Grundstück betreffendes Tun, Dulden oder Unterlassen; verwaltungsrechtliche Dienstbarkeiten und ihnen ähnliche Lasten (→ § 42 Rn. 59 ff.).

Aus den genannten dinglichen Rechten können sich einzelne Berechtigungen (und Verpflichtungen) ergeben, die den dinglichen Ansprüchen des Privatrechts vergleichbar sind. Die Berechtigungen lassen sich als **„verwaltungsrechtliche dingliche Ansprüche"** bezeichnen. 20

Beispiele: Berechtigung, die öffentliche Sache widmungsgemäß zu benutzen, Gebrauchmachen von sachbezogenen Erlaubnissen, Bewilligungen und Zulassungen.

4. Höchstpersönliche und übertragbare Verpflichtungen und Berechtigungen

Nach dem Grad der personellen Bezogenheit lassen sich höchstpersönliche und übertragbare Berechtigungen und Verpflichtungen unterscheiden (näher → § 35 Rn. 1 ff.). 21

Die sog. **höchstpersönlichen** sind nicht vertretbare und (oder) nicht übertragbare und (oder) nicht übergangsfähige **Verpflichtungen und Berechtigungen.** Sie können weder durch Rechtsgeschäfte unter Lebenden übertragen werden, noch nach dem Tod des Rechtsträgers im Wege der Gesamt- oder Einzelrechtsnachfolge auf andere Personen übergehen.[13] Sie erlöschen mit dem Tod des Berechtigten. 21a

Beispiele: Approbationen, Schulbesuchspflicht, Beamtenpflicht und Wehrpflicht. Statusfeststellung hinsichtlich der Staatsangehörigkeit nach Art. 116 GG.[14]

Die Verpflichtungen und Berechtigungen von Subjekten öffentlicher Verwaltung richten sich nach der **Zuständigkeitsordnung.** Sie begründet zwar für den Regelfall ausschließliche Zuständigkeiten, lässt aber in Notfällen und zB beim Widerspruch Durchbrechungen zu. 22

Daneben gibt es **vertretbare** und (oder) übertragbare und (oder) übergangsfähige **Verpflichtungen und Berechtigungen.** 23

Beispiele: Ein Vertreter kann eine Steuerschuld begleichen; Wegereinigungspflichten können auf einen anderen durch Rechtsgeschäft übertragen werden.

[12] S. näher Lepsius, Besitz und Sachherrschaft im öffentlichen Recht, 2002.
[13] BVerwG NVwZ-RR 1997, 495; NVwZ 2001, 209.
[14] BVerwG NVwZ 2001, 209.

5. Ursprüngliche und ersatzweise Verpflichtungen und Berechtigungen

24 Nach dem Gesichtspunkt der Wahlfreiheit bei der Erfüllung von Verpflichtungen und der Inanspruchnahme von Berechtigungen lassen sich **Ursprungs- und Ersatzpflichten** unterscheiden.

Beispiele: Zivildienst statt Wehrdienst (Art. 4 III iVm Art. 12a GG); Ethikunterricht statt Religionsunterricht;[15] Wahlrechte bei der Erfüllung polizeirechtlicher Pflichten für Zivilpersonen und die Polizei.

V. Zur Durchsetzbarkeit von Verpflichtungen und Berechtigungen

25 Hinsichtlich der **Durchsetzbarkeit** von **Verpflichtungen und Berechtigungen** ist nach folgenden Kriterien zu differenzieren: Teilweise sind sie nicht durchsetzbar.

Beispiele: Wahlpflicht (Art. 26 III BWVerf); verjährte Ansprüche, soweit die Verjährung nicht, wie nach § 232 AO, zum Erlöschen des Anspruchs führt; Ansprüche aus Entscheidungen, die auf einer vom BVerfG für nichtig erklärten Norm beruhen (§ 79 II 2 BVerfGG); Pflicht zum einwandfreien außeramtlichen Verhalten der Beamten, sofern es nicht in besonderem Maße Achtung und Vertrauen in einer für sein Amt oder das Ansehen des Beamtentums bedeutsamen Weise beeinträchtigt (s. §§ 34 iVm 47 I 2 BeamStG); Verpflichtung aller zum Umweltschutz (Art. 10 I 1 SächsVerf); Empfehlungen und Stellungnahmen der Unionsorgane (Art. 288 AEUV).

26 Teilweise sind sie nur im **Aufsichtswege** durchsetzbar.

Beispiele: Verpflichtungen kommunaler Rechtsträger. Dritte haben keinen Anspruch auf Einschreiten der Aufsichtsbehörde wegen einer Gesetzesverletzung oder einer Überschreitung des Aufgabenbereichs (→ § 43 Rn. 9 ff.).

27 Teilweise sind sie mit Hilfe des Gerichts oder auf Grund **eigener Vollstreckungsgewalt** durchsetzbar (→ § 64 Rn. 1 ff.).

Beispiele: Besoldungsanspruch des Beamten, Polizeipflicht.

28 Teilweise sind sie bei Nichterfüllung der Pflicht als Pflichtversäumnis unter **Strafe oder Buße** gestellt (→ § 98 Rn. 1 ff.).

Beispiele: Bestechungsverbot (§§ 331 ff. StGB); Gewerberechtsverstoß (§§ 144 ff. GewO).

§ 41. Verpflichtungen und Berechtigungen der Subjekte öffentlicher Verwaltung

Schrifttum: wie zu § 40 sowie Bauer DVBl. 1986, 208 ff.: Subjektive öffentliche Rechte des Staates; Burg, Zivilrecht bei Rechtsnachfolge unter juristischen Personen des öffentlichen Rechts, 2004; Dietlein, Nachfolge im Öffentlichen Recht, 1999; Hillgruber JZ 1997, 975 ff.: Das Vor- und Nachleben von Rechtssubjekten; Hoppe, Organstreitigkeiten, 1970; Kaja, Die Funktionsnachfolge, 1963; FS Menger, 1985/Krebs, S. 191 ff.: Subjektiver Rechtsschutz und objektive Rechtskontrolle; FS Nawiasky, 1956/Scheuner, S. 9 ff.: Die Funktionsnachfolge und das Problem der Kontinuität; Schink, Rechtsnachfolge bei Zuständigkeitsveränderungen in der öffentlichen Verwaltung, 1984; Steinböhmer, Die Funktionsnachfolge, 1957; Stettner, Grundfragen einer Kompetenzlehre, 1983, S. 64 ff.

I. Begriff und Ausübungsgrundsätze

1 Zwar betreffen verwaltungsrechtliche Verpflichtungen und Berechtigungen sowohl Subjekte öffentlicher Verwaltung als auch Zivilpersonen (→ § 6 Rn. 1 ff. und → §§ 32 ff. Rn. 1 ff.). Die beiden Adressaten unterscheiden sich jedoch dadurch,

[15] VGH Mannheim NVwZ 1998, 309 ff.

dass das Verwaltungsrecht das Sonderrecht der öffentlichen Verwaltungen ist (→ § 22 Rn. 28 ff.). Vor diesem Hintergrund bietet es sich an, zunächst die **Verpflichtungen und Berechtigungen der Träger (Subjekte) öffentlicher Verwaltung** darzustellen.

1. Begriff

Verwaltungsrechtlich sind diejenigen Verpflichtungen und Berechtigungen der **Subjekte öffentlicher Verwaltung,** die nur ihnen, nicht aber Privatpersonen zustehen können. Das sind also nur hoheitliche, nicht fiskalische, nur die auf öffentlichem Recht, nicht die auf Privatrecht beruhenden (→ § 22 Rn. 1 ff. und → § 23 Rn. 1 ff.), sofern sie sich auf die öffentliche Verwaltung beziehen (→ § 3 Rn. 1 ff. und → § 20 Rn. 1 ff.). 2

Beispiel: §§ 20, 45 ff. KrWG.

2. Zuordnungssubjekte

Endgültige Zuordnungssubjekte dieser Verpflichtungen und Berechtigungen sind die **Träger öffentlicher Verwaltung** als juristische Personen des öffentlichen Rechts (zB Bund, Land, Gemeinde) und die mit hoheitlichen Zuständigkeiten beliehenen Privatpersonen als Beliehene. Die Verpflichtungen und Berechtigungen der juristischen Personen des öffentlichen Rechts werden jedoch in den diesbezüglichen Organen (zB dem – örtlich zuständigen – Regierungspräsidenten, Finanzamt usw) als vorläufigen Zuordnungssubjekten zugeordnet (→ § 34 Rn. 1 ff.). 3

Beispiele: Es darf also der Staat nur durch die Polizeibehörde, nicht durch das Finanzamt zur Abwehr einer unmittelbaren Gefahr für die öffentliche Sicherheit tätig werden. Es darf auch nur die untere Instanz die ihr zugewiesenen Befugnisse ausüben, nicht darf dies die Aufsichtsbehörde, die lediglich eine Weisungszuständigkeit hat.

3. Ausübungsgrundsätze

Die Ausübung verwaltungsrechtlicher Verpflichtungen und Berechtigungen unterliegt dem Gebot der **Gesetzmäßigkeit der Verwaltung** (→ § 30 Rn. 1 ff.) und verpflichtet die Verwaltung stets auf die Wahrung des **öffentlichen Interesses** (§ 29). 4

II. Verwaltungsrechtliche Verpflichtungen der Subjekte öffentlicher Verwaltung

Die **verwaltungsrechtlichen Verpflichtungen** der Subjekte öffentlicher Verwaltung sind nicht immer durch eine ausdrückliche und spezielle Verpflichtungsnorm geregelt. Oft ergeben sie sich auch aus der allgemeinen Pflicht jener Subjekte zur gesetzmäßigen Wahrung der öffentlichen Interessen (→ §§ 29–31 Rn. 1 ff.), aus den anderen Subjekten und insbesondere den Zivilpersonen eingeräumten Berechtigungen (→ § 43 Rn. 1 ff.) oder aus den verwaltungsrechtlichen Schuld- und Ausgleichsverhältnissen (→ § 32 Rn. 14 ff. und → § 55 Rn. 1 ff.). 5

In jüngerer Zeit gewinnen **verwaltungsrechtliche Schutzpflichten** an Bedeutung. Sie werden aus den Grundrechten und der staatlichen Verantwortung abgeleitet. Sie zielen darauf ab, Zivilpersonen gegen Rechtsgüterbeeinträchtigungen Dritter zu schützen und sich fördernd vor Zivilpersonen zu stellen. Insofern können sie etwa auf ein Einschreiten der Verwaltung oder auf bestimmte Pflichten aus Rechtsverhältnissen gerichtet sein (näher → § 33 Rn. 32 ff.). 6

Beispiele: Beratungs-, Betreuungs-,[1] Beschleunigungs- und Hinweispflichten.[2]

7 Zu den verwaltungsrechtlichen Verpflichtungen der Subjekte öffentlicher Verwaltung gehören nicht nur solche gegenüber Zivilpersonen[3] (→ § 40 Rn. 6), sondern auch Verpflichtungen eines Organs gegenüber einem anderen Organ desselben Trägers öffentlicher Verwaltung oder gegenüber einem anderen Träger öffentlicher Verwaltung.

Beispiel: Verpflichtungen der Kommunalaufsichtsbehörde gegenüber der Gemeinde.[4]

III. Verwaltungsrechtliche Berechtigungen der Subjekte öffentlicher Verwaltung

1. Diskussionsstand und Gebrauchmachungspflicht

8 Die Berechtigungen der Träger öffentlicher Verwaltung wurden lange Zeit verdrängt und erfahren erst in jüngerer Zeit eine Renaissance.[5] Diese Kategorie von Berechtigungen sind nach modernem Verwaltungsrechtsverständnis nicht isoliert, sondern als Bestandteil von unterschiedlich strukturierten **Verwaltungsrechtsverhältnissen** (→ § 32 Rn. 32 ff.) zu verstehen.[6]

9 Unklarheit besteht darüber, ob und inwieweit **subjektive Rechte** auch **aus Kompetenzen und Zuständigkeiten** bestehen.[7] Insoweit wird zu Recht bezweifelt, ob durch die Gleichsetzung mit subjektiven Rechten von Zivilpersonen den Besonderheiten dieser Rechte hinsichtlich der Entstehung des Inhalts des Rechtsschutzes und ihrer Verletzung ausreichend Rechnung getragen wird.[8]

10 Den Subjekten öffentlicher Verwaltung sind ihre Berechtigungen nicht im eigenen, sondern im öffentlichen Interesse verliehen worden. Sie sind deshalb in der Regel zugleich verpflichtet, von ihren Berechtigungen Gebrauch zu machen. Ein **Verzicht** und ein Absehen von ihrer Geltendmachung oder Weiterverfolgung ist nur statthaft, wenn dies unter tatbestandlich normierten Voraussetzungen aus objektiven oder subjektiven Gründen gesetzlich vorgesehen (zB § 227 AO, § 135 V BauGB) oder wenn die Geltendmachung in das **Ermessen** des Verwaltungsorgans gestellt ist.

2. Rechtsetzungsberechtigung

11 Wie Privatpersonen im Rahmen der Privatautonomie, so dürfen auch die Träger öffentlicher Verwaltung im Rahmen ihrer Zuständigkeit und des Gesetzesvorbehaltes (→ § 30 Rn. 28 ff.) berechtigende und verpflichtende Tatbestände durch ihre Organe setzen.

Beispiel: Erlass von Verwaltungsrichtlinien (→ § 24 Rn. 12 ff.).[9]

[1] S. Hattstein, Verwaltungsrechtliche Betreuungspflichten, 1999.
[2] Schmitz in Stelkens/Bonk/Sachs, § 9 Rn. 35; s. näher A. Peters VERW35 (2002), 177 (203 ff.).
[3] zB die Nebenpflichten des Leistungsträgers im Sozialrecht, Kahl/Ludwigs VerwaltungsR-HdB/Felix § 107 Rn. 48 ff.
[4] So bspw. eine Beratungspflicht der Aufsichtsbehörde gegenüber den Gemeinden, dazu Vetter, Die Beratung als Instrument der Kommunalaufsicht, 2024, S. 150 ff.
[5] Schapp, Das subjektive Recht im Prozess der Rechtsgewinnung, 1977, S. 152 ff.; Henke DÖV 1980, 621 ff.; Bethge DVBl 1980, 825 ff.; Schnapp/Friehe NJW 1982, 1423 ff.; Kluth in Brugger/Gröschner/Lembeke, Faktizität und Normativität, 2016, S. 161 ff.
[6] S. näher Bauer DVBl 1986, 208 (214 f.).
[7] S. näher R. Stettner, Grundfragen einer Kompetenzlehre, S. 64 ff.; Raschauer, Allgemeines Verwaltungsrecht, 1998, S. 530 f.; krit. Klafki in Ehlers/Pünder, AllgVerwR, 16. Aufl., § 12 Rn. 55.
[8] Krebs FS Menger, 1985, 191 (208); Krause VVDStRL 45 (1987), 212 (222) mwN.
[9] Groh in HVwR V § 155.

3. Berechtigungen gegenüber anderen Verwaltungsträgern

Verwaltungsrechtliche **Berechtigungen** bestehen auch **gegenüber anderen Subjekten öffentlicher Verwaltung** (zB auf Amtshilfe) oder auf Ersatz, wenn für einen anderen geleistet wurde (Erstattungsansprüche). Handelt es sich um Berechtigungen eines Trägers öffentlicher Gewalt gegen einen anderen Träger, so pflegt man solche Berechtigungen zT[10] mit zu den „subjektiven öffentlichen Rechten" zu zählen, obwohl dieser Ausdruck in der Regel den Berechtigungen der Zivilpersonen vorbehalten wird (→ § 43 Rn. 1 ff.). Dagegen sind Berechtigungen, die Subjekte ein und desselben Hoheitsträgers gegeneinander haben, keine subjektiven Rechte, sondern bloße Zuständigkeiten.[11] 12

Aufsichtsrechtliche Berechtigungen sind im Verhältnis der Verwaltungsträger und -organe untereinander und im Verhältnis staatlicher Organe zu Trägern kommunaler und funktionaler Selbstverwaltung im Rahmen der Rechtsaufsicht möglich. 13

4. Intrapersonale Berechtigungen

Entsprechend den intrapersonalen Rechtssätzen gibt es auch **intrapersonale Verpflichtungen und Berechtigungen** von Organen und sogar Organteilen juristischer Personen des öffentlichen Rechts untereinander, deren Träger die juristische Person selbst ist (→ § 24 Rn. 18).[12] 14

Schon die **Wahrnehmungszuständigkeit** der Organe und Organteile beruht auf intrapersonaler Verpflichtung und Berechtigung zu je teilweiser Wahrnehmung der interpersonalen Berechtigungen und Verpflichtungen ihres Trägers. Ihre Wechselbezüglichkeit äußert sich vornehmlich dann, wenn Organe oder Organteile einander weisungsberechtigt bzw. -unterworfen sind. Sie kann aber auch zwischen Organen oder Organteilen bestehen, denen zur Gewährleistung ihres verfassungsmäßigen Zusammenspiels ausschließliche Kompetenzen mit der Maßgabe zugeordnet sind, ihre Beachtung als quasi-eigene Berechtigungen zu verteidigen. Das ist insbesondere dann der Fall, wenn Organe oder Organteile auf Grund ihrer Kompetenzzuweisung echte **Kontrastorgane** iSe administrativen Funktionenteilung und –balancierung sind.[13] Eigene Organ(teil)interessen sind aber nur eingeräumt, wenn eine Vorschrift besteht, die im Interesse des Organs bzw. Organteils erlassen wurde und es begünstigt.[14] Schließlich können organisatorisch verselbstständigte **Fiskalorgane** eigene Quasi-Rechte gegenüber Hoheitsorganen haben (zB als Bauherr).[15] 15

5. Abwehrberechtigung

Die Subjekte öffentlicher Verwaltung sind berechtigt, einen gegenwärtigen rechtswidrigen **Angriff gegen einen Amtswalter** öffentlicher Verwaltung mit den erforderlichen und hinreichenden Mitteln abzuwehren **(Notwehr).** Sie sind auch berechtigt, 16

---

[10] S. näher H. Bauer, Geschichtliche Grundlagen der Lehre vom subjektiven öffentlichen Recht, 1986, S. 166.

[11] Ebenso A. Peters VERW35 (2002), 177 (195).

[12] Erichsen FS Menger, 1985, 211 ff.

[13] S. Kisker, Insichprozeß und Einheit der Verwaltung, 1968, 37 ff.; Hoppe Organstreitigkeiten § 38; Herbert DÖV 1994, 109 (111).

[14] VGH Mannheim DVBl 1993, 212.

[15] S. Kisker, Insichprozeß und Einheit der Verwaltung, S. 47 ff.

Menschen abzuwehren (zB im Rahmen des verwaltungsrechtlichen Hausrechts) und fremde Sachen zu beschädigen oder zu zerstören, um eine durch sie drohende Gefahr von sich oder einem anderen abzuwenden, soweit dies erforderlich ist und der drohende Schaden nicht außer Verhältnis zu der Gefahr steht (**Notstand**).[16]

IV. Übergang von Verpflichtungen und Berechtigungen der Subjekte öffentlicher Verwaltung

1. Einzelrechtsnachfolge

17 **Einzelrechtsnachfolge** durch Übertragung oder Übernahme gesetzlicher Zuständigkeiten ist nur auf Grund eines Gesetzes zulässig (s. zB §§ 93 f. SGB XII). Einzelrechtsnachfolge durch Übertragung vermögensrechtlicher Verpflichtungen oder Berechtigungen aus verwaltungsrechtlichen Schuldverhältnissen ist in entsprechender Anwendung der §§ 398 ff. BGB zulässig, sofern diesbezügliche besondere gesetzliche Bestimmungen fehlen.

Beispiele: Eisenbahn-Bundesamt als Rechtsnachfolger der Deutschen Bundesbahn zur Erledigung bestimmter Hoheitsaufgaben, Post-Regulierungsbehörde als Rechtsnachfolgerin der Deutschen Bundespost zur Erledigung bestimmter Hoheitsaufgaben.[17]

2. Gesamtrechtsnachfolge

18 Eine **Gesamtrechtsnachfolge** eines Trägers öffentlicher Verwaltung in alle Verpflichtungen und Berechtigungen eines anderen ist nur durch Gesetz oder auf Grund eines Gesetzes zulässig.[18]

Beispiele: Umgemeindungen in besonderen Fällen; Übergang von Einrichtungen und Vermögensmassen nach Art. 13 ff. EinigVtr,[19] Übergang von Rechten und Pflichten von Aufsichtsämtern auf die Finanzdienstleistungsaufsichtsbehörde (§ 21 FinDAG). Rechtsnachfolge durch Umwandlung kommunaler Betriebe.[20] Hingegen ist die Umwandlung der Unternehmen der Deutschen Bundespost in die Rechtsform einer AG durch Art. 143b GG iVm § 2 PostUmwG[21] keine öffentlich-rechtliche Gesamtrechtsnachfolge. Denn es handelt sich um eine befristete Organisationsprivatisierung mit dem Ziel der Aufgaben- und Funktionsprivatisierung.[22]

3. Funktionsnachfolge

19 Im öffentlichen Recht kann auch eine nur tatsächliche Übernahme von Kompetenzen eines weggefallenen oder handlungsunfähigen Trägers ähnlich der Betriebsnachfolge im Arbeitsrecht den Übergang von Verpflichtungen und Berechtigungen auf den neuen Träger der Kompetenzen begründen. Dabei handelt es sich um eine **Funktionsnachfolge.** Sie ist im Interesse der Verwaltungskontinuität erforderlich, soweit bisher versehene Funktionen im öffentlichen Interesse weitergeführt werden müssen (s. Art. 135 II GG). Zwar findet der Rechtsgedanke des § 419 BGB auf öffentlich-rechtliche Vorgänge keine Anwendung,[23] aber auch unabhängig von einem Ver-

---

[16] S. Folz JuS 1965, 41 ff.

[17] S. auch Heinze NVwZ 1994, 748, der von Funktionsnachfolge spricht.

[18] Schink, Rechtsnachfolge bei Zuständigkeitsveränderungen in der öffentlichen Verwaltung, passim; Dietlein, Nachfolge im öffentlichen Recht, passim.

[19] Kothe LKV 1997, 73 ff.; BbgOLG LKV 1996, 255 und 464.

[20] Kummer, Vom Eigen- oder Regiebetrieb zum Kommunalunternehmen, 2003, S. 138 ff.

[21] S. näher BT-Drs. 12/6718, 87 zu § 2 PostUmwG; Burmeister/Röger in Stern, Postrecht der Bundesrepublik Deutschland, Rn. 22 ff. zu § 2 PostUmwG.

[22] S. auch Hillgruber JZ 1997, 975 (978 f.).

[23] S. BGHZ 16, 187.

mögensübergang nehmen Wissenschaft und Rechtsprechung einen Übergang der mit den übernommenen Kompetenzen verbundenen gesetzlichen und vertraglichen öffentlichen Verbindlichkeiten auf den Funktionsnachfolger an, wenn eine Rechtsnachfolge nicht eingetreten ist.[24] Der Übergang von **Arbeitsverhältnissen** bedarf jedoch einer besonderen gesetzlichen Regelung, sofern nicht die Voraussetzungen des § 613a BGB vorliegen.[25] Ein Unternehmensübergang entfällt, wenn von einer öffentlichen Verwaltung auf eine andere Verwaltungsaufgaben übertragen werden.[26]

Beispiel: § 19 FinDAG.

§ 42. Verpflichtungen der Zivilpersonen, insbesondere die öffentlich-rechtlichen Lasten und Abgaben

Schrifttum: Bohley, Gebühren und Beiträge, 1977; FS Wacke, 1972/Brodersen, S. 103 ff.: Nichtfiskalische Abgaben und Finanzverfassung; De Wall, Die Anwendbarkeit privatrechtlicher Vorschriften im Verwaltungsrecht, 1999, S. 495 ff.; Gramm STAAT 36 (1997), 267 ff.: Vom Steuerstaat zum gebührenfinanzierten Dienstleistungsstaat; Hendler DÖV 1999, 749 ff.: Gebührenstaat statt Steuerstaat; Hendler/Heimlich ZRP 2000, 325 ff.: Lenkung durch Abgaben; FS Kaufmann, 1950/Ipsen, S. 141 ff.: Gesetzliche Indienstnahme Privater für Verwaltungsaufgaben; Isensee/Kirchhof StaatsR-HdB V/Kirchhof, § 118: Die Steuern; Isensee/Kirchhof StaatsR-HdB V/Kirchhof, § 199: Nichtsteuerliche Abgaben; Isensee/Kirchhof StaatsR-HdB V/Waldhoff, § 116: Grundzüge des Finanzrechts des Grundgesetzes; Jachmann/Stober, Finanzierung der inneren Sicherheit unter Berücksichtigung des Sicherheitsgewerbes, 2003; Jarass, Nichtsteuerliche Abgaben und lenkende Steuern unter dem Grundgesetz, 1999; Kirchhof DVBl. 2000, 1166 ff.: Zur Tauglichkeit von Abgaben zur Lenkung des Verhaltens; Kirchhof, Die Höhe der Gebühr, 1981; Kloepfer AöR 97 (1972), 232 ff.: Die lenkende Gebühr; Kloepfer, Umweltrecht, 4. Aufl. 2016, § 5; Murswiek NuR 1994, 170 ff.: Die Ressourcennutzungsgebühr; Puwalla, Qualifikation von Abgaben, 1987; Raschauer, Allgemeines Verwaltungsrecht, 1998, S. 554 ff.; Rbib, Beurteilungsspielräume im Europäischen Verwaltungsrecht am Beispiel des Migrations- und Umweltrechts, 2023; Riedl, Die Rechts- und Pflichtennachfolge im Verwaltungsrecht, 1998; Rodi JZ 2000, 827 ff.: Ökonomische, ökologische und andere öffentliche Zwecke im Abgabenrecht; Selmer/Brodersen DVBl. 2000, 1153 ff.: Zur Verfolgung ökonomischer, ökologischer und anderer öffentlicher Zwecke durch Instrumente des Abgabenrechts; Stadie DVBl. 1990, 501 ff.: Rechtsnachfolge im Verwaltungsrecht; Tipke/Lang, Steuerrecht, 24. Aufl. 2021, §§ 3 ff.; Trzaskalik, Gutachten E zum 63. DJT, 2000: Inwieweit ist die Verfolgung ökonomischer, ökologischer und anderer öffentlicher Zwecke durch Instrumente des Abgabenrechts zu empfehlen?; Voßkuhle, Das Kompensationsprinzip, 1999, § 7; Voßkuhle/Eifert/Möllers GVwR/Masing, § 10; Wendt, Die Gebühr als Lenkungsmittel, 1975; Wild, Pflichtenübertragung im Verwaltungsrecht unter besonderer Berücksichtigung des § 16 Abs. 2 KrW/AbfG, 2003; Wilke, Gebührenrecht und Grundgesetz, 1973.

I. Zur Ableitung von Verpflichtungen und Berechtigungen der Zivilpersonen

Die Kennzeichnung des Verwaltungsrechts als Sonderrecht der öffentlichen Verwaltung und als Inbegriff der diesen Subjekten zustehenden Verpflichtungen und Berechtigungen (→ § 41 Rn. 1 ff.) gibt jedoch keine Auskunft über die **Verpflichtungen und Berechtigungen der Zivilpersonen** in diesem Verwaltungsrechtssystem. Einerseits könnten sich die Pflichten und Rechte der Zivilpersonen erst aus den Rechten und Pflichten der hoheitlichen Subjekte ergeben. Diese **objektiv-institutionelle Betrachtungsweise** fände ihre Stütze etwa in den Lehren von der unions- und 1

[24] BVerwG NJW 1954, 936; BGHZ 10, 125 und BGHZ 36, 245; 127, 285 (295) und BGHZ 296, 304; BVerwG LKV 1997, 415 f.; BSG DÖV 1996, 704 f.; s. näher Kothe LKV 1997, 73 ff.

[25] BAG LKV 1998, 77.

[26] EuGH BB 1997, 1742 und dazu Kohte BB 1997, 1738 ff.; Burg, Zivilrecht bei Rechtsnachfolge unter juristischen Personen des öffentlichen Rechts, 2004, S. 137 ff.

verfassungsrechtlichen Stellung der Verwaltung und ihrer Rechtsgebundenheit sowie in den Lehren vom Verwaltungsverfahren und Verwaltungshandeln (s. aus der Sicht des Unionsrechts etwa Art. 288 IV AEUV (ex-Art. 249 IV EGV). Andererseits würde diese Ableitung der Stellung der Zivilpersonen im Verhältnis zum Staat und zur Verwaltung kaum gerecht. Das Verwaltungsrecht regelt zugleich und eigenständig die Pflichten und Rechte der Zivilpersonen gegenüber der Verwaltung. Das ergibt sich aus der **dienenden Funktion der Verwaltung** (s. Art 82 I 2 SächsVerf) und aus dem unionsrechtlichen sowie verfassungsrechtlichen Status der Zivilpersonen, der sich aus **Grundrechten und Grundpflichten** zusammensetzt (→ §§ 32 ff. Rn. 1 ff. und → § 40 Rn. 10 ff.).[1] So ergeben sich die Berechtigungen und Verpflichtungen der Hoheitssubjekte aus den korrespondierenden Verpflichtungen und Berechtigungen der Zivilpersonen. Gleichzeitig entspricht es dem auf Selbstverantwortung angelegten Menschenbild der Verfassung, dass Verpflichtungen von Zivilpersonen nicht immer einer öffentlich-rechtlichen Anordnung bedürfen. Vielmehr entfällt eine hoheitliche Pflichtauferlegung, wenn sich Zivilpersonen freiwillig zu **Selbstverpflichtungen** bereit erklären. Das klassische Verpflichtungsinstrumentarium wird als latent vorhandenes Drohpotential nur dann aktiviert, wenn die Selbstverpflichtung nicht erfüllt wird. Der Rückgriff auf die Selbstverantwortung ist Ausdruck der **kooperativen Verwaltung,** die insbesondere im Umwelt- und Wirtschaftsverwaltungsrecht praktiziert wird.[2]

2 In Art. 20 AEUV ist zwar von **Rechten und Pflichten** der **Unionsbürger** die Rede. Die Pflichten werden jedoch nicht präzisiert. Vielmehr setzt sich die im Verfassungsrecht nachgewiesene Pflichtenvernachlässigung im unionsrechtlichen Kontext fort, während die subjektivrechtliche Stellung der Unionsbürger auch außerhalb des Teils „Unionsbürgerschaft" ständig an Bedeutung gewinnt (→ § 17 Rn. 1 ff. und → § 43 Rn. 1 ff.). Die Pflichtenstellung wird allenfalls beim Verwaltungsvollzug von Unionsverordnungen und umgesetzten Unionsrichtlinien relevant und im Übrigen durch die Rechtsprechung konkretisiert. So ist umstritten, ob **nicht umgesetzte Richtlinien** iSv Art. 288 AEUV **pflichtenbegründende Wirkung** gegenüber Zivilpersonen besitzen und damit unmittelbar anwendbar sind (sog. **horizontale Direktwirkung**). Das wird wegen des Wortlauts der Vorschrift, die sich an den Mitgliedsstaat richtet, grundsätzlich abgelehnt, obwohl die effektive Durchsetzung des Unionsrechts dadurch beeinträchtigt wird.[3] Schwerwiegender ist jedoch das Argument, dass der Staat über die Nichtbeachtung des Unionsrechts nicht zu Lasten Privater Nutzen ziehen soll.[4]

3 Die textlich grundsätzlich objektiv-rechtliche Ausrichtung des Unionsrechts hindert den EuGH jedoch nicht daran, das Unionsrecht als unmittelbare Quelle von Pflichten für Einzelpersonen zu qualifizieren.[5]

---

[1] S. auch Bauer, Geschichtliche Grundlagen der Lehre vom subjektiven öffentlichen Recht, 1986, S. 165.

[2] Di Fabio JZ 1997, 969 ff.; Stober/Korte ÖWR § 2 I 5 und § 29 IV; Kloepfer UmweltR, § 5 J; BVerfG NJW 1998, 2341.

[3] S. EuGH NJW 1991, 1409; Classen EuZW 1993, 83 ff.; Papier DVBl 1993, 809 ff.; Haneklaus DVBl 1993, 129 (132).

[4] Schmidt-Preuß, Kollidierende Privatinteressen im Verwaltungsrecht, 1992, S. 244 ff.; EuGH NJW 1996, 1401 f.

[5] EuGH Slg. 1978, I-629 (643 f.); Schmidt-Preuß, Kollidierende Privatinteressen im Verwaltungsrecht, 1992, S. 240 ff.

II. Allgemeine verwaltungsrechtliche Verpflichtungen

1. Begriff der verwaltungsrechtlichen Verpflichtung

Eine **verwaltungsrechtliche Verpflichtung einer Zivilperson** besteht dann, wenn 4 auf Grund eines Verwaltungsrechtssatzes ein Tun, Dulden oder Unterlassen als Rechtsfolge abstrakt oder konkret von einem der allgemeinen oder einer besonderen öffentlichen Gewalt Unterworfenen als solchem verlangt wird. Dabei ist unerheblich, ob der Betroffene die Verpflichtung kennt oder billigt.[6] Die Unterwerfung kann auch freiwillig sein (so zB für Baulasten).[7] Unmittelbar berechtigt ist in der Regel ein Träger öffentlicher Verwaltung bzw. eines seiner Organe. Sie verwirklichen ihre Aufgabe, die öffentlichen Interessen im Rahmen und in Anwendung von Verfassung und Gesetz zu wahren (→ §§ 29–31 Rn. 1 ff.), indem sie abstrakte Verpflichtungen der ihrer Gewalt Unterworfenen, soweit erforderlich, konkretisieren und aktualisieren.

2. Vielfalt der verwaltungsrechtlichen Verpflichtungen

Die verwaltungsrechtlichen Verpflichtungen der Zivilpersonen sind so vielfältig wie 5 die zur Befriedigung der öffentlichen Interessen geeigneten Mittel.[8] Sie werden zu einem großen Teil als Entsprechungen der Berechtigungen der Hoheitssubjekte verstanden und von dort her systematisiert.

Beispiel: Verpflichtung zur Erfüllung konkreter Auflagen, die mit einer Erlaubnis verbunden sind.

Für Zivilpersonen ergeben sich die Verpflichtungen teilweise unmittelbar aus den all- 6 gemeinen oder den jeweiligen besonderen Rechtsstellungen, die nicht nur als passive, sondern auch als aktive und negative **Pflichtstellungen** zugleich sind (→ § 32 Rn. 14 ff.).

Beispiel: Passive Pflichtigkeit, die rechtmäßigen Anordnungen der hoheitlichen Gewalt zu befolgen und rechtmäßige Eingriffe zu dulden (zB § 15 KrWG).

Die meisten der Verpflichtungen der Zivilpersonen ergeben sich jedoch erst mittelbar 7 aus den die Verpflichtungen abstrakt und manchmal auch schon konkret anordnenden Gesetzen sowie aus den sie in der Regel konkretisierenden und aktualisierenden Verwaltungsmaßnahmen. Manche Pflichten verwirklichen bereits unmittelbar durch ihre Erfüllung den öffentlichen Zweck, da sie sich in dieser Pflichterfüllung erschöpfen. Man denke nur an die zugleich dem Individualinteresse dienende Schulpflicht. Viele Verpflichtungen aber verwirklichen durch ihre Erfüllung erst mittelbar den öffentlichen Zweck, sei es, dass sie durch Dienst- oder Sachleistungen oder noch mittelbarer durch Geldleistungen die Träger öffentlicher Verwaltung befähigen, die öffentlichen Zwecke zu erreichen. Ferner können auch Zivilpersonen besonderen Pflichten zur Befolgung amtlicher oder dienstlicher oa Weisungen unterliegen (sog. **Gehorsamspflicht**).

Beispiele: Amtswalter, Schüler, Häftlinge.

---

6 VerfGH Bayern BayVBl. 1968, 241.
7 S. näher Dietlein JuS 1994, 381 ff.; Kluth/Neuhäuser NVwZ 1996, 738 ff.
8 S. etwa Kloepfer UmweltR, § 5 III.

III. Öffentliche Lasten als Oberbegriff

8 Die Dienst-, Sach- und Geldleistungspflichten erfahren in der Regel als **öffentliche Lasten** besondere Hervorhebung und Systematisierung. Sie können nach der Art des gebotenen Verhaltens unterschieden werden in Verpflichtungen, die eine Natural- (Dienst- oder Sach-) oder eine Geldleistung fordern **(öffentliche Lasten ieS, öffentliche Leistungen),** und in solche, die ein Dulden oder Unterlassen verlangen **(verwaltungsrechtliche Dienstbarkeiten).** Die öffentlichen Leistungen können allgemein **(gemeine Lasten)** oder als Entgelt für besondere Gegenleistungen **(Vorzugslasten)** geschuldet werden.

9 Allerdings hat sich der Begriff öffentliche Last bislang weder in der Gesetzessprache noch im Schrifttum als einheitliche Bezeichnung für die Summe der öffentlichen Leistungen und verwaltungsrechtlichen Dienstbarkeiten durchgesetzt. Er wird nur gelegentlich – etwa im umfassenden Sinne im Gemeinderecht (§ 10 II BWGO; § 8 II NRW GO) oder enger im Baurecht (§ 134 II BauGB; § 85 NRW BauO) verwendet, dient aber auch der Festlegung von Verpflichtungen bestimmter Subjekte der öffentlichen Verwaltung (zB § 123 BauGB für die Erschließungslast der Gemeinde).

IV. Öffentliche Lasten als Naturalleistungen

1. Gemeine Naturallasten

10 **Gemeine Naturallasten** sind Dienst-, Werk- oder Sachleistungen, die ohne Rücksicht auf besondere Vorteile allen Mitgliedern einer öffentlichen Körperschaft gleichmäßig abstrakt obliegen. Sie sind aber aktuell zT nur von besonders Herangezogenen zu leisten. Einerseits ist die Auferlegung gemeiner Naturallasten Ausdruck der sozialen, ökologischen und kulturellen Verantwortung des Einzelnen für das Gemeinwohl.

Beispiel: Kostenloser Notruf nach § 164 TKG.

11 Insbesondere die Veränderungen der Arbeitswelt lassen ausreichend Raum für die Erbringung von Naturallasten im Rahmen einer gemeinwohlorientierten **Sozialzeit.** Andererseits widersprechen zahlreiche Naturallasten der gewollten Mobilität der Arbeitskräfte, die durch die moderne Verkehrsinfrastruktur noch erhöht wird. Gleichzeitig werden die Dienstleistungen der Verwaltung zunehmend professionalisiert. Das ist mindestens teilweise auch wegen der Kompliziertheit der Verwaltungsaufgaben angebracht. Ferner wird geltend gemacht, der Finanz- und Abgabenstaat entspreche der grundrechtlich gesicherten Freiheit von persönlichen Dienstleistungspflichten.[9] Insgesamt werden die gemeinen Naturallasten zurückgedrängt und konzentrieren sich heute schwerpunktmäßig auf Notstände[10] sowie den Verteidigungsfall. Das ist nicht nur aus teilhaberechtlichen Gesichtspunkten problematisch, weil damit gleichzeitig die Möglichkeit des Engagements für das Gemeinwohl zu verkümmern droht.[11] Vor allem ist zu bedenken, dass von der Verwaltung selbst erbrachte Naturallasten Kosten verursachen und deshalb über **Geldleistungen** finanziert werden müssen. Deshalb ist auch im Hinblick auf das Modell der **kooperativen Verwal-**

[9] Kirchhof VVDStRL 92 (1993), 72 (78).
[10] Stober/Eisenmenger NVwZ 2005, 121 ff.
[11] S. näher Stober DÖV 1998, 775 ff.

tung und des Instituts der **Public-Private-Partnership** über eine zeitgemäße Arbeitsteilung zwischen Verwaltung und privater Leistungserbringung nachzudenken.[12]

Beispiele: Herkömmliche allgemeine öffentliche Dienstleistungspflicht (Art. 12 II GG); Pflicht zur Übernahme kommunaler Ehrenämter (§ 15 I BWGO; Art. 19 I BayGO; § 28 NRWGO); Hand- und Spanndienste (Art. 24 I Nr. 4 BayGO); Feuerwehrdienstpflicht.[13] Sie ist allerdings nur dann mit Art. 3 III GG vereinbar, wenn sie Männern und Frauen auferlegt ist (so etwa die Regelung in Thüringen).[14] Hilfeleistungspflicht bei Bränden (§ 54 SächsBRKG); Heranziehung von Personen in Katastrophenfällen zu Sach-, Dienst- und Werkleistungen (Art. 9 BayKSG, § 43 NRWBHKG); Wahlhelferpflichten.

Gemeine Naturallasten sind von **gesetzlichen Indienstnahmen privater Unternehmen** (→ § 91 Rn. 1 ff.) abzugrenzen. Zwar handelt es sich jeweils um eine Inanspruchnahme für unterschiedliche Verwaltungsaufgaben. Indienstnahmen zeichnen sich jedoch dadurch aus, dass sie die unmittelbare Erfüllung einer öffentlichen Aufgabe durch den Privaten anstelle der Verwaltung zum Inhalt haben, während die Erbringung der Lasten die Verwaltung zur eigenen Erfüllung ihrer Aufgaben instand setzen soll. Die Übergänge sind jedoch fließend.[15] 12

Beispiele: Abgabeneinzugspflichten, Betriebs- und Beförderungspflicht (§§ 21 f. PBefG); Bevorratungspflichten (§ 50 EnWG); Statistikpflichten; Einrichtung eines Werkschutzes;[16] Sicherungsmaßnahmen der Flughafenbetreiber nach § 8 LuftSiG.

Soweit die Indienstnahme unentgeltlich erfolgt, ist ihre Verfassungsmäßigkeit umstritten.[17] Das BVerfG[18] hält eine Indienstnahme nur für zulässig, wenn eine „Verantwortungsbeziehung" zu der übertragenen Aufgabe besteht. 13

2. Naturale Vorzugslasten

Naturale Vorzugslasten (besondere Naturallasten) sind Dienst-, Werk- oder Sachleistungen als Ausgleich für besondere Vorteile. 14

Beispiele: Straßenreinigungspflicht der Anlieger.[19] Unterhaltungspflicht der Eigentümer oder Anlieger bestimmter Gewässer.

V. Öffentliche Lasten als Geldleistungen

1. Abgabenbegriff und Bedeutung der Geldleistungen

Geldleistungen werden meist als **öffentliche Abgaben** bezeichnet. Der Abgabenbegriff wird jedoch in unterschiedlicher Bedeutung verwendet. Während sich die Abgabenordnung nur auf Steuern bezieht (§ 1 AO), liegt dem Kommunalrecht, dem Verwaltungsprozessrecht und dem Unionsrecht ein weiter Abgabenbegriff zugrunde 15

[12] S. zur Gesamtproblematik Püttner/Brühl, Naturalleistungen, in: Mann/Püttner Kommunale Wissenschaft-HdB VI, 1985, § 117 D.

[13] S. näher Püttner/Brühl in Mann/Püttner Kommunale Wissenschaft-HdB § 117 D III.

[14] Dazu Kallus LKV 1994, 249 ff.; aM BVerwG BayVBl. 1994, 315; s. zu diesem Streit näher Rozek BayVBl. 1993, 646; EGMR VBlBW 1994, 402 mAnm Olbrich und Zustimmung von Bader VBlBW 1994, 435; BVerfGE 92, 91 (108 ff.).

[15] S. näher Ossenbühl/Gallwas VVDStRL 29 (1971), 137 ff.; Stober/Korte, ÖWR-AT, 20. Aufl., § 40 II.

[16] BVerwGE 81, 185 (188).

[17] S. BVerfGE 30, 292 bejahend; Ipsen AöR 90 (1965), 393; Steiner, Öffentliche Verwaltung durch Private DÖV 1970, 526.

[18] BVerfGE 77, 308.

[19] S. näher Ott, Die gemeindliche Straßenreinigung als Natural- und Geldlast, 1978, der die Straßenreinigung als Gemeinlast qualifiziert, S. 29 ff., 53 ff.

(s. zB § 77 NRW GO, §§ 1 ff. NRW KAG; § 80 II Nr. 1 VwGO; Art. 28 ff., 44 I AEUV). Abgaben in diesem Sinne sind **Steuern, Gebühren, Beiträge** und bestimmte **andere Abgaben** (zB Kurtaxe, Fremdenverkehrsabgabe). Zu den Abgaben gehören jeweils die abgabenrechtlichen **Nebenleistungen** (zB Versäumniszuschläge und Zinsen) sowie die sog. **nichtfiskalischen Abgaben (Sonderabgaben).** Hier wird der Ausdruck Abgaben als Oberbegriff für Geldleistungen verwendet.[20] Für die Ermittlung der Rechtsnatur einer Abgabe kommt es weder auf die Bezeichnung noch auf die konkrete haushaltsmäßige Behandlung durch den Gesetzgeber an. Entscheidend ist vielmehr der materielle Gehalt, der durch Auslegung festzustellen ist.[21]

16 Die Erhebung von Geldleistungen ist eine Folge des Übergangs von der Natural- zur Geldwirtschaft und die Konsequenz der Entscheidung für den **Steuer- und Abgabenstaat.** Die Verfassungsschöpfer sind davon ausgegangen, dass sich die öffentliche Hand weder durch Naturalien von Zivilpersonen noch durch eigenwirtschaftliche Betätigung finanziert.[22] Sie partizipiert vielmehr am Ertrag privaten Wirtschaftens und an privater Leistungsfähigkeit.[23] Diese Qualifizierung bedeutet jedoch nicht, dass Abgaben bzw. Geldleistungen verwaltungsrechtlich nur unter dem Aspekt des Finanz- und Haushaltsrechts zu problematisieren sind. Vielmehr handelt es sich um einen typischen Anwendungsfall der **Eingriffsverwaltung.** Deshalb bedarf es jeweils einer gesetzlichen Grundlage für die Abgabenerhebung. Bei Fehlen scheidet ein öffentlich-rechtlicher Erstattungsanspruch aus.[24]

17 Zwar ist auch die EU eine **Abgabenunion,** weil der Haushalt aus Eigenmitteln finanziert wird (Art. 311 AEUV). Der AEUV überlässt es jedoch dem Rat, die Bestimmungen über das System der Eigenmittel der Gemeinschaft festzulegen (Art. 311 AEUV). Die Abgabenunion kommt deshalb insbesondere zum Ausdruck, wenn Abgaben zur Durchführung von Rechtsakten erhoben werden.[25]

Beispiele: Agrarabschöpfungen, Zölle, Ausgleichabgaben.

18 Darüber hinaus muss die mitgliedstaatliche Abgabenverwaltung die allerdings nur partiell vorhandenen Vorgaben des Unionsrechts beachten.

Beispiele: Vereinbarkeit einer Vergnügungssteuersatzung,[26] Vereinbarkeit der Gebührenerhebung für Handelsregistereintrag[27] und für die Luftsicherheit.[28]

19 Ferner muss die mitgliedstaatliche Abgabenerhebung mit dem Unionsrecht in Einklang stehen. Insofern ist zu beachten, dass Art. 30 AEUV die Neueinführung von **Zöllen und Abgaben gleicher Wirkung** zwischen den Mitgliedstaaten verbietet.[29]

---

20 S. auch BVerfGE 13, 181 (198); BVerwG DVBl 1993, 441.
21 BVerfGE 92, 91 (108, 114).
22 Sowie BVerwG NVwZ 1987, 678 f.
23 Stober/Korte, ÖWR-AT, 20. Aufl., § 24; Kirchhof in Isensee/Kirchhof StaatsR-HdB V § 118; Henneke JURA 1990, 60 (113 ff.); Kirchhof VERW1988, 137; Gramm Der Staat 36 (1997), 267 ff.
24 VGH Mannheim NVwZ-RR 1997, 123.
25 S. näher Arndt/M. Haas RIW 1989, 710 ff.; EG-EigenmittelG BGBl. 1995 II 498 ff.
26 OVG Weimar DÖV 2004, 254 f.
27 BayObLG EuZW 1999, 158.
28 VGH München NVwZ 2001, 346 ff.
29 EuGH Slg. 1996, I-193 (202); 1998, I-5427 (5441); EuGH EuZW 1994, 62 ff.; 1995, 26 ff.; NVwZ 1995, 573; Seidel NVwZ 1993, 105 ff.

Obwohl die mitgliedstaatlichen Steuergrenzen in der Union noch nicht beseitigt sind, besteht bis zur angestrebten Steuerharmonisierung (Art. 113 AEUV) keine beliebige nationale Steuerhoheit.[30]

Öffentliche Lasten sind von **privatrechtlichen Entgelten (privater Verwaltungspreis)** abzugrenzen, denen jedoch ebenfalls Abgabenwirkung innewohnen kann (→ § 42 Rn. 40). 19a

Beispiel: Die Verwaltungsträger können im Rahmen der Wahlfreiheit teilweise bestimmen, ob sie Gebühren oder privatrechtliche Entgelte erheben.[31] Die allgemeinen Gebührengrundsätze sind jedoch bei Erhebung privatrechtlicher Entgelte im Rahmen des **Verwaltungsprivatrechts** zu beachten.[32]

2. Von der Steuer- zur Nutzerfinanzierung?

Zwar wird im modernen Abgabenstaat die Aufgabenerledigung grundsätzlich aus Steuermitteln finanziert. Dieses klassische Modell erfährt jedoch in jüngerer Zeit einen schleichenden Paradigmenwechsel durch die Umstellung auf eine **Nutzerlast,** die den Gegenleistungs- und Vorteilsaspekt betont[33] und Folge der Dienstleistungsgesellschaft ist, die zahlreiche Infrastrukturen vorhalten muss. 20

Beispiele: § 16 FinDAG, §§ 223 ff. TKG, § 29a LuftVG, §§ 2 ff. FStrPrivFinG, § 91 EnWG.

3. Steuern

Steuern (zu denen auch die Zölle gehören; Art. 105 I, II GG; § 3 I AO) sind einmalige oder laufende Geldleistungen, welche **ohne bestimmte Gegenleistung** von einer öffentlich-rechtlichen Körperschaft kraft eigener oder abgeleiteter Finanzhoheit allen auferlegt werden, bei denen der leistungspflichtbegründende Tatbestand zutrifft **(Steuerpflichtige).** Steuern werden also voraussetzungslos geschuldet.[34] Sie dienen (vorzugsweise) der Erzielung von Einkünften (sog. **Fiskalzwecknorm**), die in der Regel nicht zweckgebunden sind, sondern eine einheitliche Deckungsmasse für alle Ausgaben des Gemeinwesens bilden (sog. **Fungibilität der Steuern und Zölle**[35]). Sie werden nach einem allgemeinen Maßstab unter Berücksichtigung der Leistungsfähigkeit gleichmäßig auferlegt **(Steuergleichheit).**[36] Nach der Legaldefinition des § 3 I AO kann die Erzielung von Einnahmen Nebenzweck sein. Das bedeutet, dass Steuern primär für unterschiedliche Lenkungszwecke (sozialpolitische, wirtschafts- sowie umweltsteuernde und andere Ziele- sog. **Lenkungssteuern**) eingesetzt werden können.[37] 21

---

[30] S. näher Müller-Franken JuS 1997, 872 ff. für Ökosteuern und Götz FS Friauf, 1996, 37 ff. sowie Nussbaum DVBl 1994, 1174 ff. für parafiskalische Abgaben.
[31] S. auch BGH NVwZ 1986, 963.
[32] BlnVerfGH NVwZ 2004, 794 ff.
[33] Gramm Der Staat 36 (1997), 267 ff.; Stober/Korte, ÖWR-AT, 20. Aufl., § 44; Uechtritz DVBl 2003, 575 ff.
[34] BVerfGE 92, 91 (113).
[35] BVerfG NJW 1998, 2341 f.; s. auch Kirchhof FS Sendler, 1991, 65 ff.; Kirchhof in Isensee/Kirchhof StaatsR-HdB V § 118; BVerfGE 91, 186 (201); BVerwGE 95, 188 (194).
[36] S. dazu allgemein D. Birk, Das Leistungsfähigkeitsprinzip als Maßstab der Steuernormen, 1983.
[37] BVerfGE 4, 435; 14, 318; 55, 274 (299); BVerfG NJW 1998, 2341 f.; Mussgnug FS Forsthoff, 1972, 272 f.

Beispiele: Ausgestaltung der KFZ-Steuer als emissionsorientierte Abgabe mit dem Ziel, umweltfreundlichere Fahrzeuge herzustellen und zu kaufen (Steuervorteile für Low Emission Vehicles),[38] Ökosteuer,[39] Besteuerung von Gewaltspielautomaten.[40]

22 Abgrenzungsprobleme bestehen nicht nur zwischen Zwecksteuern und Beiträgen,[41] sondern auch zwischen Lenkungssteuern und nichtfiskalischen Abgaben. Angesichts der Vielfalt der Abgabentypen und der Verfassungsentscheidung für den Steuerstaat, gerät zunehmend das Verhältnis zwischen Steuern und anderen Abgaben in den Blick. Wenn allgemeine Staatsaufgaben als Gemeinlasten prinzipiell aus allgemeinen Steuermitteln zu finanzieren sind,[42] dann stellt sich die Frage, ob und inwieweit daneben im Einzelfall andere Finanzierungsinstrumente in Betracht kommen. Die Gesetzgebungspraxis birgt im umwelt- und dienstleistungsorientierten Verwaltungsstaat die Gefahr einer Erosion und Aushöhlung des Prinzips Steuerstaat in sich. Das heißt aber nicht, dass staatliche Kernaufgaben gebührenfeindlich sind.[43]

23 **Verwaltungsrechtliche Geldbußen** werden nicht zur Erzielung von Einnahmen erhoben, sondern sanktionieren begangenes Verwaltungsunrecht (→ § 98 Rn. 1 ff.).

4. Beiträge

24 **Vorzugsleistungen in Geld** (besondere Geldabgaben) werden als Entgelt für bestimmte **Gegenleistungen** (besondere Vorteile) gefordert und durch ihre **Ausgleichsfunktion** legitimiert.[44] Man unterscheidet Beiträge und Gebühren.

25 **Beiträge** sind Geldleistungen, die zur vollen oder teilweisen Deckung des Aufwandes einer öffentlichen Einrichtung oder Anlage von denjenigen erhoben werden, denen die Herstellung, Anschaffung oder der Bestand der Einrichtung oder Anlage besondere Vorteile gewährt. Es ist nicht notwendig, dass die Vorteile von dem Pflichtigen wirklich wahrgenommen werden, es genügt die Möglichkeit dazu.[45]

Beispiel: § 16 FinDAG.

26 Anders als bei der Gebühr (s.→ § 42 Rn. 31 ff.) besteht also keine unmittelbare Verknüpfung von Leistung und Gegenleistung. Ausreichend ist vielmehr die potenzielle Begünstigung,[46] weshalb sich der Zusammenhang zwischen dem Erhebungsanlass und dem Vorteil des Pflichtigen zu einer bloßen Vermutung des Vorteils verflüchtigen kann.[47]

Beispiel: Diese Ausgestaltung des Beitragsrechts führt in der Verwaltungspraxis zu massiven Missverständnissen vor allem im Bereich der pflichtmitgliedschaftlich organisierten Kammerverwaltung. So machen Mitglieder häufig geltend, sie nähmen die Leistungen der Kammer nicht in Anspruch, weshalb die Mitgliedschaft nicht zwingend sei.

---

38 KfZ SteuerG 1997 v. 18.4.1997, BGBl. I 805 ff.
39 BVerfG DVBl 2004, 705.
40 BVerfG NVwZ 2001, 1264.
41 BVerfGE 9, 300.
42 BVerfGE 92, 91 (113).
43 So aber Gramm Der Staat 36 (1997), 267 (277 ff.).
44 BVerfGE 93, 319 (344).
45 S. BVerwGE 25, 149; 39, 100 (107); 66, 330 (334); BVerfGE 42, 223 (228); 92, 91 (108, 115); 108, 186 (220); Patzig DÖV 1981, 729 (735).
46 Axer GewArch 1996, 453 (455); Kluth, Funktionale Selbstverwaltung, 1997, S. 311.
47 BVerwGE 92, 24 (26); BVerwG GewArch 1995, 425 f.; krit. Axer GewArch 1996, 453 (456).

Dass Beiträge nur für die Herstellung (einschl. Erweiterung und Erneuerung), also nur für den **Investitionsaufwand** einer Einrichtung erhoben werden können (s. zB § 20 BWKAG; Art. 5 BayKAG; § 8 II NRW KAG), ist kein Wesensmerkmal des Beitrags, sondern eine gesetzliche Beschränkung des Beitragserhebungsrechts speziell der Gemeinden und ist auch dort nicht strikt durchgeführt (zB Kurtaxe bzw. Kurbeitrag ua auch zur Unterhaltung der Einrichtungen).[48] 27

Unklar ist, ob **Beiträge zur Sozialversicherung** unter die hier behandelten Abgaben fallen. Teilweise wird argumentiert, der soziale Ausgleich stehe im Vordergrund.[49] Teilweise werden diese Abgaben als Solidarlasten[50] bzw. als eigenständige Abgabenart[51] qualifiziert. Umstritten ist ferner die Qualifizierung der **Rundfunkgebühr** als Beitrag,[52] weil nach der Zulassung privater Veranstalter die Grundversorgung im Vordergrund stehe.[53] Teilweise wird eine Abgabe sui generis angenommen.[54] Das BVerwG knüpft die Gebührenpflicht an das Bereithalten eines Empfangsgerätes.[55] 28

Die **Höhe des Beitrages** ist nach den gebotenen Vorteilen zu bemessen (Art. 5 II, 6 III BayKAG; § 28 I SächsKAG; § 6 V NdsKAG). Die Summe der Beiträge wird durch den tatsächlichen Aufwand begrenzt, sofern sie nicht kraft besonderer Vorschrift auf einen geringeren Beitrag festgelegt ist. Insofern gelten das **Kostendeckungs- und das Äquivalenzprinzip** (→ § 42 Rn. 35).[56] Die Rechtsprechung anerkennt ferner das **Leistungsfähigkeitsprinzip** als Beitragsbemessungsgrundsatz. Danach sind entsprechend dem Gedanken der Solidargemeinschaft wirtschaftlich schwächere Mitglieder auf Kosten der leistungsstärkeren zu entlasten.[57] 29

Pauschalisierungen und Wahrscheinlichkeitsmaßstäbe bei der Beitragsbemessung sind (nur) in dem durch Praktikabilitätsgründe unbedingt geforderten Ausmaße zulässig. Dabei ist das aus dem Gleichheitssatz entwickelte, für das gesamte Abgabenrecht geltende Gebot der Typengerechtigkeit zu beachten. 30

Beispiele: Erschließungsbeiträge §§ 127 ff. BauGB; Beiträge für kommunale öffentliche Einrichtungen (Art. 5 I BayKAG; § 20 BWKAG; § 8 NRW KAG;); Kindergarten- und Kindertageseinrichtungenbeiträge (§ 51 NRW KiBiz);[58] Kurbeiträge bzw. Kurtaxen (Art. 7 BayKAG; § 43 BWKAG; § 13 HessKAG); Fremdenverkehrsförderungsbeiträge (Art. 6 BayKAG).[59]

48 S. auch BVerfGE 9, 297; 42, 223 (228); VGH Mannheim VBlBW 1998, 190 ff.; Mögele BayVBl. 1986, 488; Kohler/Meyer BayVBl. 2003, 195 ff.
49 BVerfGE 11, 117; 14, 317; 75, 108 (148).
50 Isensee, Umverteilung durch Sozialversicherungsbeiträge, 1971.
51 Kirchhof in Isensee/Kirchhof StaatsR-HdB V § 125 Rn. 23; Siekmann in Sachs, GG, 9. Aufl., vor Art. 104a Rn. 95 ff.; BSG SGb 1987, 169.
52 In diesem Sinne F. Kirchhof, Die Höhe der Gebühr, S. 34 ff.
53 Siekmann in Sachs, GG, 9. Aufl. vor Art. 104a Rn. 86.
54 Dargel, Die Rundfunkgebühr, 2001; s. auch VG München NJW 2003, 277.
55 BVerwG NJW 1999, 2454 ff.
56 BVerwGE 23, 304 (308); BVerwG DVBl 1999, 1588 (1592); VGH Kassel DÖV 1987, 549.
57 BVerwGE 92, 24 (26); Heinig NVwZ 2004, 1087 zu IHK-Beiträgen.
58 S. auch Urban NWVBl. 1993, 371 ff.
59 S. BVerfGE 42, 223 (228); VerfGH Bayern NVwZ 1987, 126; VGH Kassel NJW 1987, 160.

5. Gebühren

a) Gebührenbegriff und Gebührengrundsätze

31 **Gebühren** sind Geldleistungen, die als Gegenleistung für eine besondere Inanspruchnahme der Verwaltung von denjenigen erhoben werden, auf deren Veranlassung oder in deren Interesse die Inanspruchnahme erfolgt. Anders als beim Beitrag besteht also eine unmittelbare Verknüpfung von Leistung und Gegenleistung.[60] Deshalb ist auch von einem **„Verwaltungspreis"** die Rede.[61] Der Bezug auf die Verwaltung macht klar, weshalb die von Ärzten erhobene **Praxisgebühr** keine Abgabe im hier verstandenen Sinne ist. Dazu bedürfte es einer Beleihung.[62] Die bloße Möglichkeit der Inanspruchnahme der Leistung genügt nicht.[63] Während Steuern voraussetzungslos geschuldet werden, verlangt die Gebühr eine Verwaltungsleistung, die jedoch dem Gebührenschuldner nicht notwendig zum Vorteil gereichen muss.[64]

Beispiele: Verwaltungsgebühr bei Ablehnung eines beantragten Verwaltungsaktes oder bei Eingriffsverwaltung.[65]

32 Der hier gewählte Gebührenbegriff ist umstritten, weil er nicht verfassungsrechtlich abschließend geprägt ist. So stellt das BVerfG[66] auf das **Merkmal der individuellen Zurechenbarkeit** einer Leistung ab.[67] Diese Formel erfasst jede Berührung des Schuldners mit der Leistung und ermöglicht, dass Gebühren nicht nur dem Veranlasser, sondern auch dem Nutznießer auferlegt werden können.

Beispiel: Flugsicherungskontrollgebühren[68] und Abfluggebühren,[69] da die Kostenpflicht tatsächlich nur bei Abflügen mit Luftfahrzeugen entsteht und den Luftfahrtunternehmen Sicherheitsvorteile bringt.[70]

33 Die Gebühren werden vom Erhebungsberechtigten nach einem durch Gesetz oder auf Grund gesetzlicher Ermächtigung festgelegten Tarif erhoben. Rahmensätze sind zulässig, müssen aber hinreichend bestimmt sein. Dabei verfügt der Gebührengesetzgeber über einen weiten Entscheidungs- und Gestaltungsspielraum hinsichtlich der Gebührenmaßstäbe, der Gebührensätze und der über die Kostendeckung hinaus zu verfolgenden Ziele.[71] Die **Höhe der Gebühr** bemisst sich – vorbehaltlich anderweitiger gesetzlicher Regelung – nach dem Verwaltungsaufwand, nach dem objektiven Wert der Leistung sowie nach dem wirtschaftlichen oder sonstigen Interesse des Empfängers, bei individueller Bemessung innerhalb von Rahmensätzen auch nach seinen

---

60 S. auch Weyreuther UPR 1997, 261 ff.

61 Leisner GS Peters, 1967, 730.

62 S. etwa §§ 2 ff. FStrPrivFinG für die Erhebung einer Mautgebühr.

63 S. VGH München VerwRspr. 10 (1958), 100 u. OVG Münster KStZ 1960, 32; BVerfGE 50, 217 (226); BVerwG DÖV 1986, 655.

64 S. Wilke, Gebührenrecht und Grundgesetz, S. 66 ff.

65 OVG Münster NVwZ 2001, 1432.

66 BVerfGE 50, 217 (226); BVerfG NJW 1984, 1871 und NJW 1998, 2129 f.; ebenso BGH DVBl 1986, 1055; BVerwGE 95, 188 (200).

67 S. dazu schon Wilke, Gebührenrecht und Grundgesetz, S. 82 ff.

68 BVerwGE 95, 188 (200); BVerfG DVBl 1998, 1220.

69 BVerwG NVwZ-RR 1997, 648 f.

70 S. näher Ronellenfitsch VerwArch 86 (1995), 307 ff.; s. zur Kostenverlagerung für Fahrgastkontrollen BVerwG NVwZ 1999, 176 und eines bewaffneten Flughafenschutzes BVerwG NVwZ 2004, 991 ff.

71 BVerwGE 115, 125 (129).

wirtschaftlichen Verhältnissen (s. zB § 3 BGebG; § 3 II 2 FStrPrivFinG; § 32 I Nr. 13 LuftVG).[72]

Aus dem verfassungsrechtlichen Übermaßverbot wird das **Äquivalenzprinzip** hergeleitet. Es besagt, dass ein angemessenes Verhältnis zwischen der Gebühr und dem Wert der besonderen Leistung für den Empfänger bestehen muss, stellt also anders als das Kostendeckungsprinzip auf den Einzelfall ab. Das Äquivalenzprinzip ist wegen seiner verfassungsrechtlichen Abstützung „dem Begriff der Gebühr immanent".[73] Teilweise wird es als Missbrauchsschranke verstanden.[74] Allerdings wird kritisiert, dieses Prinzip liefere kein eigenständiges Kriterium für die Gebührenbemessung.[75] 34

Aus der Bemessung der Gebühr nach dem Verwaltungsaufwand und aus ihrem Wesen als Entgelt ergibt sich das **Kostendeckungsprinzip.** Es besagt, dass das Gebührenaufkommen den Verwaltungsaufwand nicht überschreiten darf (sog. **Kostenüberschreitungsverbot**). Das Kostendeckungsprinzip ist in vielen Gesetzen ausdrücklich festgelegt (s. zB § 9 S. 1 BGebG; § 14 II BWKAG; §§ 5 IV, 6 I 3 NRW KAG, § 32 I Nr. 13 LuftVG). Es stellt nicht auf den Einzelfall ab, sondern darauf, dass der sachliche und persönliche Verwaltungsaufwand für gebührenpflichtige Leistungen bestimmter Art durch das Aufkommen der hierfür geschuldeten Gebühren in einem bestimmten (meist jährlichen) Zeitabschnitt nicht absichtlich überschritten werden darf.[76] Das ist abzulehnen, weil es allein die – schon wegen der verschiedenen Kompetenzen erforderliche – Abgrenzung zu den Steuern ermöglicht und eine Kommerzialisierung von Verwaltungshandlungen vermeidet.[77] Die Einhaltung des Kostenüberschreitungsverbotes ist nur beschränkt gerichtlich überprüfbar.[78] 35

Im Zusammenhang mit der Erörterung der Gebührengrundsätze steht auch die Frage nach dem **Lenkungscharakter der Gebühr**.[79] Sie ergibt sich schon aus der Abgabensystematik, weil auch Steuern zu Lenkungszwecken eingesetzt werden dürfen, sowie aus der Offenheit des Gebührenbegriffs. Da das Kostendeckungsprinzip lenkungsfeindlich ist, kommen nur Gebühren in Betracht, die nach anderen Kriterien erhoben werden dürfen. Gegen eine Lenkung durch Gebühren bestehen Bedenken, soweit Zivilpersonen volle und uneingeschränkte subjektive öffentliche Rechte gegenüber der Verwaltung besitzen (→ § 43 Rn. 1 ff.). Eine Lenkung ist deshalb vor allem bei Ermessenshandlungen sowie dann zulässig, wenn das Gesetz entsprechende Hinweise enthält. Nach der kaum einleuchtenden Rechtsprechung dürfen Gebühren in bestimmten Tätigkeitsbereichen zur begrenzten Verhaltenssteuerung eingesetzt werden.[80] 36

---

72 Näher F. Kirchhof, Die Höhe der Gebühr, §§ 6 ff.; Aengenvoort NWVBl. 1997, 409 ff. und 449 ff.

73 BVerfGE 20, 270; 42, 223 (228); BVerwGE 12, 162 (164); BVerwG NVwZ 1989, 456 f.; DVBl 2004, 194.

74 Wilke, Gebührenrecht und Grundgesetz, S. 249.

75 Kirchhof DVBl 1987, 554 (559); für Kompromiss beider Prinzipien K. Vogel FS Geiger, 1989, 534; ähnlich Kirchhof in Isensee/Kirchhof StaatsR-HdB V § 119 Rn. 45.

76 BVerwGE 12, 166; 3, 224 u. BVerwG VerwRspr. 21 (1970), 276; nach BVerwGE 12, 165 f. u. BVerwG KStZ 1989, 137 sowie BVerfGE 50, 217 (226) soll das Kostendeckungsprinzip nicht begriffswesentlich sein, sondern nur bei ausdrücklicher gesetzlicher Festlegung gelten.

77 Raecke, Das Kostendeckungsprinzip, 1971; OVG Münster VerwRspr. 22 (1966), 202 ff.

78 VGH München NVwZ-RR 1998, 774.

79 Kloepfer AöR 97 (1972), 232; F. Kirchhof, Die Höhe der Gebühr, § 12, S. 131 ff.; Wendt, Die Gebühr als Lenkungsmittel, 1975.

80 BVerfGE 97, 332 (345).

Beispiele: Gebührenstaffelung nach sozialen Gesichtspunkten.[81] Einkommensabhängigkeit bei Kindertagesstättenentgelten,[82] Berücksichtigung ökologischer Erfordernisse durch Begünstigung bei umweltschonendem Verhalten (Art. 7 V BayAbfallG; Art. 8 V BayKAG; § 14 II SächsKAG; § 9 II 3 NRW AbfG,[83] Gebührendifferenzierung zwischen einheimischen und auswärtigen Benutzern von öffentlichen Einrichtungen,[84] Sicherung der optimalen Nutzung der Telekommunikation (§ 223 TKG).

37 Die Gesetze unterscheiden Verwaltungs- und Benutzungsgebühren. Ein dritter Gebührentyp sind die Verleihungsgebühren.

b) Verwaltungsgebühren

38 **Verwaltungsgebühren (Sporteln)** sind kraft öffentlichen Rechts geforderte Entgelte für die Vornahme von Amtshandlungen, die auf Veranlassung oder im Interesse des Pflichtigen vorgenommen werden. Das Verwaltungsgebührenrecht ist in **Kommunalabgabengesetzen, Verwaltungskostengesetzen, Gebührengesetzen** und im Sachzusammenhang mit den jeweiligen Fachgesetzen normiert. Die Höhe der Verwaltungsgebühr richtet sich grundsätzlich nach dem Gebührenverzeichnis bzw. dem **Kostenverzeichnis.** Zu den Kosten gehören auch die **Auslagen** (§ 13 SächsVwKG).

Beispiele: Erlaubniserteilung, Antragablehnung (§ 10 SächsVwKG), Beurkundung, Einfuhrgenehmigungen, Prüfungsgebühren, Überwachungsgebühren, Gefahren- und Schadensermittlungskosten (§ 17 SächsKrWBodSchG), Widerspruchsbescheid (§ 13 VwKG LSA), Kosten des Bußgeldverfahrens (§ 412 III AO); Kosten der Zwangsvollstreckung, Rückmeldegebühr für Studierende.[85]

39 Gebührenfrei sind in der Regel mündliche Auskünfte, nach § 7 BGebG auch einfache schriftliche Auskünfte sowie weitere dort genannte Amtshandlungen (s. aber auch § 12 I UIG, § 10 I IFG). Manche Gesetze ordnen Gebührenfreiheit an für Amtshandlungen, die überwiegend im öffentlichen Interesse vorgenommen werden (zB § 3 I Nr. 2 BayKG; § 11 I Nr. 5 SächsVwKG). Es gibt aber keinen allgemeinen, insbesondere verfassungsrechtlichen Grundsatz, der eine solche Handhabung gebietet.[86] Deshalb kennen auch die Informationsfreiheitsgesetze unbeschadet des Informationsanspruchs keine Gebührenfreiheit (§ 10 IFG, § 11 NRW IFG). Juristische Personen des öffentlichen Rechts genießen (nur) in Ausübung öffentlicher Gewalt und zT bei Gegenseitigkeit persönliche **Gebührenfreiheit** (s. § 8 BGebG; § 5 VI NRW KAG; § 12 SächsVwKG).[87] Verwaltungsgebühren dürfen nicht so hoch sein, dass sie zu einem beachtlichen Kostenfaktor werden oder gar von der Beantragung der gebührenpflichtigen Amtshandlung abschrecken.[88]

---

[81] S. Gern DVBl 1984, 1164 ff.; OVG Lüneburg NVwZ 1990, 91; VGH Mannheim NVwZ 1994, 194; OVG Münster NWVBl. 1998, 14 ff. und 188 ff.; BVerfGE 97, 332 (340 ff.); BVerfG, 97, 332 (345 ff.).

[82] BVerwGE 107, 188 ff. und dazu M. Jestaedt DVBl 2000, 1820; Fischer NVwZ 2002, 794 ff.; Schumacher, Rechtsfragen der sozialen Bemessung kommunaler Gebühren, 2003.

[83] BVerwG NVwZ 1998, 1186; Queitsch UPR 1998, 88 ff.

[84] BVerwG NJW 1998, 437.

[85] VGH Mannheim DÖV 1998, 973 und dazu Schiller NVwZ 2003, 1337 ff.; BVerfG DVBl 2003, 993 zur Verfassungswidrigkeit wegen Kompetenzüberschreitung.

[86] BVerwGE 8, 93; 13, 219.

[87] BVerwGE 32, 249.

[88] BVerwGE 12, 162 u. BVerwG VerwRspr. 21 (1970), 277; Wienbracke, Bemessungsgrenzen der Verwaltungsgebühr, 2004.

c) Benutzungsgebühren

Benutzungsgebühren sind kraft öffentlichen Rechts geforderte Entgelte für die Benutzung einer öffentlichen Einrichtung (s. § 8 III FStrG; § 32 IV Nr. 6 LuftVG; § 13 BWKAG; Art. 21 BayKG; Art. 8 BayKAG; § 6 NRW KAG; § 7 RhPf KAG; § 9 SächsKAG; § 2 I Nr. 2 SächsVwKG). 40

Beispiele: Bezug von Wasser, Gas und elektrischem Strom; Benutzung von Verkehrsmitteln, Bibliotheken, Museen, Badeanstalten, eines Friedhofs zur Bestattung und Grabpflege; für Abwasserbeseitigung, für Straßenreinigung,[89] für Müllabfuhr; von über den Gemeingebrauch hinausgehender Benutzung von Straßen; von Diensten und Einrichtungen der Flugsicherung;[90] für Hochschulbenutzung (Studiengebühr);[91] für Parkraumbenutzung;[92] für Straßenbenutzung (§§ 2 ff. FStrPrivFinG)[93] und Gesetz zur Einführung von streckenbezogenen Gebühren für die Benutzung von Bundesautobahnen mit schweren Nutzfahrzeugen.[94]

Viele dieser Nutzungen können auch **(verwaltungs)privatrechtlich** gewährt werden (→ § 23 Rn. 61 ff.). Dann ist auch das **Entgelt** ungeachtet seiner nicht seltenen Bezeichnung als „Gebühr" ein verwaltungsprivatrechtliches, auf das die Vorschriften des **Privatrechts** – zT allerdings mit Einschränkungen – Anwendung finden (s. § 6 I 1 NRW KAG).[95] 41

Die Kosten sind nach **betriebswirtschaftlichen Grundsätzen** zu ermitteln. Der betriebswirtschaftliche Kostenbegriff hat den traditionellen **finanzwissenschaftlichen** Kostenbegriff abgelöst und bedeutet eine Abkehr von der kameralistischen Gliederung der Buchführung. Während der finanzwissenschaftliche Kostenbegriff auf Auszahlungen und tatsächlichen Kapitalfluss abstellte, orientiert sich der betriebswirtschaftliche Kostenbegriff an dem in Geld ausgedrückten Wertverzehr einer Berechnungsperiode.[96] Er gestattet deshalb auch die Einbeziehung von **Abschreibungen,** womit der **Wertverlust** erfasst werden kann, der sich durch die technische und wirtschaftliche Abnutzung der Wirtschaftsgüter für die übliche Nutzungsdauer ergibt (sog. **wertmäßiger Kostenbegriff,** s. auch § 3 III 5 FStrPrivFinG).[97] Zu den betriebswirtschaftlichen Grundsätzen gehören außer den **Kosten der Verwaltung** (Personalkosten, Raumkosten, Bürokosten) **und Unterhaltung** auch **Entgelte** für in Anspruch genommene **Fremdleistungen** und eine angemessene **Verzinsung des Fremdkapitals** sowie die einschlägigen Steuern (§ 3 III 4 FStrPrivFinG, § 11 II BWKAG; § 9 II NRW AbfG).[98] 42

Der Verweis auf betriebswirtschaftliche Grundsätze ist insofern sinnvoll, weil betriebswirtschaftlich nicht vertretbare Kosten nicht angesetzt werden dürfen. Vielmehr 43

89 S. näher Ott, Die gemeindliche Straßenreinigung als Natural- und Geldlast, 1978, S. 126 ff., der der Qualifizierung als Gebühr wegen der fraglichen Gegenleistung kritisch gegenübersteht.

90 BVerwG NVwZ 1994, 1102 und dazu Ronellenfitsch VerwArch 86 (1995), 307 ff.

91 VGH Mannheim DÖV 2000, 874 f.

92 BVerwGE 80, 36 (40).

93 Drömann/Tegtbauer NVwZ 2003, 296 ff.

94 Neumann NVwZ 2002, 1295 ff.

95 BVerwG NVwZ 1991, 606 f.; OVG Bautzen SächsVBl. 2005, 14.

96 S. näher F. Kirchhof, Die Höhe der Gebühr, S. 103 ff.; Gawel VerwArch 90 (1999), 442 ff.; Gwael, Betriebswirtschaftliche Probleme der Gebührenkalkulation, 1999.

97 Drömann/Tegtbauer NVwZ 2002, 296 ff. und dazu Tettinger NWVBl. 1996, 81 ff.

98 OVG Münster NVwZ 1984, 390; OVG Münster NWVBl. 1994, 99 ff. und NVwZ 1995, 1233; NWVBl. 1998, 484 ff.

ist auch bei der Gebührenkalkulation der haushaltsrechtliche Grundsatz der Wirtschaftlichkeit (§ 6 HGrG) zu beachten.[99] Gleichzeitig wird die Verfassungsmäßigkeit bezweifelt, weil es sich um eine unzulässige dynamische Verweisung und um eine unbestimmte technische Formel handele.[100] Diese Kritik berücksichtigt zu wenig, dass der Begriff „betriebswirtschaftliche Grundsätze" durch Wissenschaft und Rechtsprechung hinreichend konkretisiert wurde und auf Grund verfassungssystematischer Bindungen keine beliebigen Entscheidungen gestattet.[101]

Beispiel: Entwicklungskosten für die technische Weiterentwicklung sind gebührenfähige Kosten, wenn sie notwendig sind.[102]

44 Die Gewinnfrage entsteht insbesondere bei der Bemessung der Abschreibungen und Zinsen, die sich nach den **historischen Anschaffungs- und Herstellungskosten** oder nach dem **Wiederbeschaffungszeitwert** unter Einschluss des technischen Fortschritts richten können.[103] Allerdings haben die jeweiligen Abgabengesetzgeber es in der Hand, die betriebswirtschaftlichen Grundsätze zwingend festzulegen. Da die gesetzlichen Vorgaben uneinheitlich sind, bestehen in der Verwaltungspraxis unterschiedliche Ansätze hinsichtlich der durch Gebühren zu deckenden Kosten. Orientierungsmaßstab ist das Kostenüberschreitungsverbot (§ 6 I 3 NRW KAG);[104] weil Gebühren mindestens nicht mit dem Ziel eingesetzt werden dürfen, Gewinne zu erwirtschaften.[105]

45 Die von den Pflichtigen zu entrichtenden Gebühren müssen im Tarif nach sachgerechten Erfahrungs-(**Wirklichkeits-** oder mindestens **Wahrscheinlichkeits-**)Maßstäben unter Wahrung des Äquivalenz- und des Gleichheitsgebots festgesetzt sein (s. § 6 III NRW KAG). Die Erhebung einer Grund-, einer Mindest- und einer Mengengebühr ist zulässig (§ 6 III 3 NRW KAG).

Beispiele: Dabei gilt als zulässige Bewertungsgrundlage zB für die laufenden Kanalisationsgebühren der Wasserverbrauch, nicht aber die Straßenfrontlänge,[106] für die Müllabfuhrgebühren die Berechnung nach der Zahl der Haushalte oder der Mülltonnen, nicht aber die Raumzahl der Wohnung.[107] Bei der Bemessung der straßenrechtlichen Sondernutzungsgebühren kann auch der wirtschaftliche Vorteil des Sondernutzungsberechtigten berücksichtigt werden (s. zB § 8 III 8 FStrG).

46 Minderbemittelte können satzungsgemäß „freigestellt" werden. Aus Billigkeitsgründen können an sich rechtmäßig geschuldete Gebühren im Einzelfall „erlassen" werden, auch wenn die Satzung keine entsprechende Ermächtigung enthält. Eine Vereinbarung über Gebührenverzicht ist nichtig, wenn der Abgabenschuldner keine andere äquivalente Leistung erbringt.[108]

---

99 S. auch VGH Mannheim NVwZ 1996, 595 f.
100 S. dazu näher Wegge DVBl 1997, 648 mwN.
101 S. auch OVG Münster NVwZ 1995, 1233 ff.; Tettinger NWVBl. 1996, 81 ff.; OVG Münster NWVBl. 1998, 484 ff.; Ostholthoff NWVBl. 1997, 201 ff.
102 VGH Mannheim NVwZ-RR 1996, 593.
103 S. zu diesem Streit OVG Münster NWVBl. 1994, 99 ff. und dazu v. Colbe NWVBl. 1995, 161 ff.
104 Tettinger NWVBl. 1996, 81 (88).
105 OVG Bremen DVBl 1988, 906.
106 BVerwG DÖV 1975, 857.
107 OVG Münster KStZ 1968, 246.
108 NRWOVGE 27, 147 ff.

d) Verwaltungsrechtliche Leistungsentgelte

Verwaltungsrechtliche Leistungsentgelte sind Zahlungen zur Erstattung von Auslagen, Aufwendungen oder Unterhaltungskosten, welche Träger öffentlicher Verwaltung im Laufe eines Verwaltungs- oder gerichtlichen Verfahrens oder durch tatsächliche Maßnahmen zugunsten bestimmter Zivilpersonen erbracht haben. Als **Auslagen** nennt § 12 BGebG ua Fernsprechgebühren, Aufwendungen für beantragte weitere Ausfertigungen, Abschriften und Auszüge, für Übersetzungen, Bekanntmachungen, Zeugen und Sachverständige, Reise- und Beförderungskosten, sofern sie nicht bereits in die Verwaltungsgebühr einbezogen sind (s. § 10 NRW GebG; §§ 13 SächsVwKG). 47

e) Konzessionsabgaben (Verleihungsgebühren)

Konzessionsabgaben (Verleihungsgebühren) oder Lizenzentgelte sind Entgelte für die Möglichkeit, von einer erteilten Verleihung oder Bewilligung zur wirtschaftlichen Nutzung eines Gutes der Allgemeinheit Gebrauch zu machen, wobei die Verleihung auch eine Monopolstellung begründen kann.[109] Sie wird teilweise auch als Ressourcennutzungsgebühr qualifiziert.[110] 48

Beispiel: § 223 I TKG für die Zuteilung eines Frequenznutzungsrechts oder eines Nutzungsrechts an Rufnummern.[111] § 48 EnWG für die Nutzung öffentlicher Verkehrswege durch Energieversorgungsunternehmen.

Es handelt sich der Sache nach um einen **dritten Gebührentyp.**[112] Diese Abgaben können auch als **Vorzugslast** bezeichnet werden, weil durch sie individuell eingeräumte Sondervorteile abgeschöpft werden können. Dabei handelt es sich um eine Gegenleistung für eine spezielle vermögenswerte Leistung der öffentlichen Hand in Gestalt eines subjektiven öffentlichen Rechts.[113] 49

Die **Höhe der Abgabe** kann sich nach unterschiedlichen Kriterien richten. Teilweise wird auf die Gebührengrundsätze des BGebG zurückgegriffen. Einerseits wird gegen das Rechtsinstitut der Konzessionsabgabe geltend gemacht, sie führe zu einer Kommerzialisierung der Verwaltung[114] und der Staat dürfe Freiheitsräume nicht über Abgaben verteilen.[115] Andererseits kann die Verwaltung die Nutzung bestimmter Ressourcen von einer geldbelasteten Berechtigung abhängig machen und so einen künstlichen Markt schaffen.[116] 50

---

109 Wieland, Die Konzessionsabgaben, 1991; Drömann, Nichtsteuerliche Abgaben im Steuerstaat, 2000; s. auch Spoerr/Deutsch DVBl 1997, 300 (309).

110 Murswiek NuR 1994, 170 ff.

111 BVerwGE 118, 123 (132).

112 Kirchhof DVBl 1987, 554 ff.; s. dazu auch Pietzcker DVBl 1987, 774 ff.; Stober JA 1988, 250 (254); Friauf FS Köln, 1988, 679 ff.; Heimlich, Die Verleihungsgebühr als Umweltabgabe, 1996; Heimlich DÖV 1997, 996 ff.; Siekmann in Sachs, GG, 9. Aufl., vor Art. 104a Rn. 72.

113 S. Vogel FS Geiger, 1989, 518 (536).

114 Kirchhof JURA 1983, 505 (511); Kirchhof in Isensee/Kirchhof StaatsR-HdB V § 119 Rn. 37.

115 Meyer, Gebühren für die Nutzung von Umweltressourcen, 1995.

116 Kirchhof DVBl 1987, 554 ff.; Arndt WiVerw 1990, 1 (26 ff.); Hendler NuR 1989, 22 ff.; Jarass DÖV 1989, 1013 (1016); BVerfGE 93, 319 ff.; BVerwGE 118, 123 (133); VGH Mannheim VBlBW 1998, 468 (470).

Beispiele: Spielbankabgabe;[117] Wett-Konzessionsabgaben; bergrechtliche Förderabgabe (Feldesabgabe) nach § 30 BBergG.[118]

51 Unklar ist, ob das **Wasserentnahmeentgelt** als Konzessionsentgelt qualifiziert werden kann.[119]

6. Sonderabgaben

52 Neben der klassischen Trias der Abgaben stehen die sog. **nichtfiskalischen Abgaben (Sonderabgaben).** Das sind Geldleistungen, die weder Steuern noch Vorzugslasten sind, ausschließlich oder überwiegend zur Bewältigung einer besonderen Verwaltungsaufgabe von bestimmten Gruppen (homogene Gruppen mit herausragender, spezifischer Verantwortung)[120] erhoben werden und teilweise anderen Gruppen zufließen. Diese zweckgebundenen Abgaben werden auch als **parafiskalische Abgaben, außersteuerliche Abgaben** oder Abgaben eigener Art gekennzeichnet.[121] Dabei handelt es sich nicht um einen einheitlichen Abgabentypus.[122]

53 **Ausgleichsabgaben** sind Zahlungen marktbegünstigter Unternehmen zur Subventionierung anderer desselben Wirtschaftszweiges **(Ausgleichsumlagen).** Ihr Hauptzweck ist die Finanzierung einer bestimmten Sachaufgabe **(Finanzierungsfunktion).**[123]

Beispiele: Fleischabgabe; Milchabgabe;[124] Weinabgabe nach § 43 WeinG für den Deutschen Weinfonds;[125] Abgabe für die Entschädigungseinrichtung der Wertpapierhandelsunternehmen;[126] Kohlepfennig nach § 4 Steinkohleeinsatz-SicherungsG v. 19.7.1994;[127] Berufsbildungsabgabe; Weinwirtschaftsabgabe;[128] Filmabgabe;[129] Altölabgabe; Landwirtschaftsabgabe;[130] Erdölbevorratungsabgabe; Naturschutzabgabe;[131] Abgabe nach §§ 162, 163 TKG zum Ausgleich von Defiziten der Unternehmen, die Dienstleistungen für die Versorgung mit Telekommunikationsdiensten tatsächlich erbringen müssen;[132] Altenpflegeumlage für Pflegeeinrichtungen zugunsten der Pflegeausbildung.[133]

---

[117] S. auch Lauer, Staat und Spielbanken, 1993, S. 77 ff.; BFH NVwZ-RR 1996, 167 ff.: Steuer.

[118] BT-Drs. 8/1315, 95.

[119] Bejahend Heimlich DÖV 1997, 996 ff.; BVerfGE 93, 319 (338 ff.); BVerfG NVwZ 2003, 467; abl. v. Mutius/Lünenbürger DVBl 1995, 1205 ff.; v. Mutius/Lünenbürger NVwZ 1996, 1061 ff.; Raber NVwZ 1997, 219 ff.

[120] BVerfGE 55, 274 (310); 93, 319 (344).

[121] S. Patzig DÖV 1981, 729.

[122] S. näher Henseler, Begriffsmerkmale und Legitimation von Sonderabgaben, 1984; Heun DVBl 1990, 666 ff.; Schuppert FS Thieme, 1993, 227 ff.; Kirchhof FS Friauf, 1996, 669 ff.; Schiller, Sonderabgaben mit einer wirtschaftslenkenden Antriebs- und Sanktionsbefugnis in der Wirtschafts- und Finanzverfassung des Grundgesetzes, 2000.

[123] S. näher Ossenbühl DVBl 2005, 667 ff.

[124] BVerfGE 18, 315 (328).

[125] BVerwGE 112, 6 (9 f.).

[126] BVerwG NJW 2004, 3198 ff.

[127] BGBl. 1994 I 1618 ff.; BVerwG DVBl 1984, 1175; aM BVerfGE 91, 186 (201 ff.) mit der Begründung, die Allgemeinheit der Stromverbraucher treffe keine besondere Finanzierungsverantwortlichkeit für die Sicherung des Steinkohleeinsatzes bei der Stromerzeugung.

[128] BVerfGE 37, 1; BVerwG NVwZ-RR 1996, 107.

[129] BVerwGE 45, 1 ff.

[130] BVerwGE 69, 227 (229); BVerfGE 82, 159 (182) zu § 10 AbsatzfondsG.

[131] BVerwGE 74, 308; 81, 220 (225).

[132] Heimlich NVwZ 1998, 122 f.; Gersdorf FS Selmer, 2004, 351 ff.

[133] BVerfGE 108, 186 (212 ff., 220 ff.).

Ersatzgeldabgaben sollen die Betroffenen zu einem bestimmten gesetzlichen Verhalten bewegen. Sie werden nur bei Nichterfüllung des angestrebten Verhaltens erhoben. Deshalb werden sie auch als rechtspflichtbezogene Sonderabgaben oder als **Kompensationsabgaben** bezeichnet.[134] Folglich wird der Abgabenzweck am besten erfüllt, wenn überhaupt keine Abgabe erhoben werden muss **(Verhütungsabgaben).** Insofern haben sie Vermeidungs- und Sanktionscharakter.[135] Eine als Ersatzgeld konzipierte Abgabe verliert ihren Ausgleichscharakter, wenn die ursprüngliche Pflicht (zB eine Dienstpflicht) nur noch theoretisch existiert und die Abgabepflicht tatsächlich die einzige Pflicht ist.[136] 54

Beispiele: Ausgleichsabgabe nach § 160 SGB IX (früher: Schwerbehindertenabgabe nach § 11 SchwbG[137]); Ausbildungsplatzabgabe bzw. Berufsausbildungssicherungsabgabe; Abwasserabgabe (§§ 3, 9 AbwAG);[138] Abfallabgabe, Wasserpfennig oder Wassernutzungsgebühren (§§ 21 ff. NdsWG);[139] Einwegverpackungsabgabe; Ausgleichsbeiträge nach § 99 WHG sowie andere Umweltschutzabgaben, die zum Einsatz umweltfreundlicher Technologien zwingen.[140] Naturschutzrechtliche Ausgleichsabgabe.[141] Unabhängig davon wurde die Qualifizierung als Ersatzgeld wegen der Nebenfunktion der Finanzierung der Feuerwehrausstattung und der Homogenität der belasteten Gruppe bezweifelt.[142] Stellplatzpflichtabgabe;[143] Fehlbelegungsabgabe bei der Vermietung von Wohnraum.[144]

Während bei den Ausgleichsabgaben die Finanzierungsfunktion im Vordergrund steht, geht es bei den Ersatzgeldabgaben eher um eine Anreiz- und Lenkungsfunktion.[145] Deshalb werden die Zulässigkeitskriterien unterschiedlich beurteilt.[146] Auf die verfassungsrechtliche Problematik der Sonderabgaben kann hier nicht eingegangen werden.[147] 55

Unklar ist die abgabenrechtliche Einordnung der **regulierungsrechtlichen Umlage,** die dann eingreift, wenn die Grundversorgung mit bestimmten Gütern nicht freiwillig möglich ist.[148] 56

Beispiel: § 163 I TKG.

---

134 Voßkuhle, Das Kompensationsprinzip, 1999, S. 216 ff.
135 Henseler, Begriffsmerkmale und Legitimation von Sonderabgaben, 1984, S. 58, 79.
136 EGMR VBlBW. 1994, 402 ff.
137 BVerfGE 57, 139 (167) und BVerfG DVBl 2004, 1478.
138 S. näher M. Schröder DÖV 1983, 667 ff.; Henseler NVwZ 1987, 551.
139 Dazu Murswiek NVwZ 1996, 417 ff.; Kluth NuR 1997, 105 ff.; BVerfGE 93, 319 ff. (338 ff.).
140 Berendes DÖV 1981, 747; Köck, Die Sonderabgabe als Instrument des Umweltschutzes, 1991; Kirchhof DÖV 1992, 233 ff.
141 Voßkuhle, Das Kompensationsprinzip, 1999, S. 242 ff.
142 BVerfGE 92, 91 (117 ff.); ebenso Barth BB 1994, 1475.
143 BVerwG NJW 1986, 600; aM VGH Mannheim NVwZ 1997, 204 bei vertraglicher Ablösung und Meißner NVwZ 1998, 927 ff.: Steuer; Voßkuhle, Das Kompensationsprinzip, 1999, S. 249 ff.
144 VGH München BayVBl. 1986, 727.
145 BVerfGE 57, 139 (167); 67, 256 (278); Friauf JA 1981, 266.
146 BVerfGE 82, 159 (181); Kluth JA 1996, 260 (264).
147 S. BVerfGE 55, 274 (297 ff.); 93, 319 (342 ff.); Friauf JA 1981, 261 ff.; Jarass DÖV 1989, 1013 ff.; Kluth JA 1996, 260 ff.; Selmer, Sonderabfallabgaben und Verfassungsrecht, 1996; Siekmann in Sachs, GG, 9. Aufl., vor Art. 104a Rn. 147 ff.
148 S. Lege DÖV 2001, 969 ff.; Freund NVwZ 2003, 408 (412 f.).

7. Verbandslasten als eigenständige Abgabenkategorie?

57 Die Einteilung der Abgaben in Steuern, Gebühren, Beiträge und Sonderabgaben ist nicht abschließend,[149] wenngleich versucht wird, Geldleistungen in diese Abgabenkategorien einzuordnen, um die Rechtsfolgen besser abschätzen zu können. Teilweise ist die Qualifizierung jedoch umstritten. Das gilt etwa für die sog. **Verbandslasten.** Mit diesem Begriff werden Pflichten der Mitglieder einer öffentlichen Körperschaft zu satzungsgemäßen Geld- und Naturalleistungen als Ausfluss der Mitgliedschaft bezeichnet (§ 3 IHKG; § 113 HwO).[150] Diese Verbandslasten durchbrechen das Prinzip des Vorteilsausgleichs, weil sie keine Vorteilsgewährung voraussetzen, sondern den Mitgliedern zur Finanzierung der öffentlich-rechtlichen Körperschaft auferlegt werden.[151] Deshalb ist auch zutreffend von der **mitgliedschaftsbezogenen Abgabe** die Rede.[152] Es ist aber fraglich, ob die Kriterien Pflichtmitgliedschaft und Organisationszwang diesen eigenständigen Abgabentyp rechtfertigen.[153] Das ist wegen der Abstraktheit und Pauschalität dieser Merkmale zu verneinen. Finanzieller Anknüpfungspunkt kann nur die zu erledigende Aufgabe sein, die auch die Pflichtmitgliedschaft legitimiert, weil die Aufgabenüberschreitung nicht rechtmäßig ist und daher auch nicht die Abgabenerhebung rechtfertigen kann. Dieser Ansatz liegt etwa auch § 1 IHKG und § 91 HwO zugrunde. Folglich sind Verbandslasten nur als Beitragslasten zulässig (→ § 42 Rn. 57).[154]

8. Preis- und Mengenlösungen

58 Die Erhebung von Abgaben ist nur eine Methode, mit der Zivilpersonen finanziell belastet werden können. In jüngerer Zeit werden unter dem Gesichtspunkt der Bewirtschaftung knapper (Umwelt-)Ressourcen und im Hinblick auf das Kooperationsprinzip andere Modelle unter dem Oberbegriff **öffentliche Preise** diskutiert. Hier geht es um unterschiedlich strukturierte Lösungen, die auf Grund ihrer Alternativität auch ein marktwirtschaftliches Verhalten gestatten und deshalb sowohl grundrechtlich als auch rechtsstaatlich schonend sind. Allerdings wird die Eignung dieses Instrumentariums zur effektiven Ressourcenbewirtschaftung gelegentlich bestritten. Im Mittelpunkt dieser staatlichen Maßnahmen steht das Anliegen, dass für die Inanspruchnahme von Ressourcen ein Preis zu zahlen ist.[155]

Beispiel: Nach dem Modell des Zertifikationssystems wird die Umweltverschmutzung durch handelbare Emissionsrechte begrenzt, die nur in bestimmter Anzahl vorhanden sind und weiter verknappt werden können. Vorhandene Berechtigungen können im Rahmen eines Emissionshandels (§ 7 III TEHG) verkauft werden.[156]

---

149 BVerfGE 92, 91 (114).
150 Dazu BVerwGE 42, 210; BVerwG NVwZ 1990, 1167.
151 S. näher Junge GewArch 1986, 153 ff.; Axer GewArch 1996, 453 ff.; Tettinger, Kammerrecht, S. 200 ff.
152 S. Merkt, Die mitgliedschaftsbezogene Abgabe des öffentlichen Rechts, 1990, S. 35 ff.
153 So Axer GewArch 1996, 453 (459).
154 Kirchhof Isensee/Kirchhof StaatsR-HdB V § 119 Rn. 113; Kluth, Funktionale Selbstverwaltung, 1997, S. 312 ff.; Selmer in Ossenbühl, Deutscher Atomrechtstag, 2004, 2005, S. 139, 149.
155 S. näher Kluth NuR 1997, 105 ff.; Kloepfer, Umweltrecht, 4. Aufl. 2016, § 5 D IV 4.
156 S. näher Stober/Korte, ÖWR-AT, 20. Aufl., § 29 IV 4.

VI. Öffentliche Lasten als verwaltungsrechtliche Dienstbarkeiten

1. Begriff

Verwaltungsrechtliche Dienstbarkeiten sind dingliche Duldungs- oder Unterlassungspflichten von Eigentümern hinsichtlich bestimmter Benutzungen ihrer Grundstücke durch berechtigte Subjekte öffentlicher Verwaltung oder durch berechtigte Zivilpersonen. Höherwertige öffentlich-rechtliche Interessen rechtfertigen nicht selten eine Beschränkung des privatrechtlichen Eigentums und Besitzes. 59

Beispiele: Duldung der Anbringung von Haltevorrichtungen für Beleuchtungskörper der Straßenbeleuchtung und von Hinweisschildern für Erschließungsanlagen (§ 126 BauGB); Duldung von Telekommunikationslinien (§ 134 TKG); Bauverbote und Baubeschränkungen (§ 14 BauGB); Nutzungsbeschränkungen nach Festlegung eines Wasserschutzgebietes (§ 52 WHG); Duldung des Betretens des Waldes (Art. 141 III 1 BayVerf; Art. 10 III 2 SächsVerf); Duldung des Aufstellens von Abfallbehältnissen (§ 19 KrWG).

Dass dem Eigentümer als Nebenpflicht auch ein Tun auferlegt sein kann, steht der Kennzeichnung als Dienstbarkeit nicht entgegen (vgl. § 1021 II BGB). Auch die Berechtigung des öffentlichen Sachherrn gegenüber dem privaten Wegeeigentümer lässt sich als verwaltungsrechtliche Dienstbarkeit begreifen. Verwaltungsrechtliche Dienstbarkeiten können sich auch ohne Gesetz aus analoger Anwendung des Privatrechts ergeben.[157] 60

2. Öffentliche Baulasten

Den verwaltungsrechtlichen Dienstbarkeiten ähnlich sind in einigen Bundesländern auch in der Regel auf Grund eines privatrechtlichen Kausalgeschäftes von einem Grundstückseigentümer durch formgebundene Willenserklärung eines Grundstückseigentümers oder -gewalthabers gegenüber der Baubehörde übernommenen **Baulasten.** Sie unterscheiden sich von den Dienstbarkeiten jedoch dadurch, dass sie nicht nur auf ein Dulden oder Unterlassen, sondern auch auf ein Tun (als Hauptpflicht) gerichtet sein können (s. § 84 BlnBauO; § 71 BWBauO; § 85 NRW BauO).[158] 61

3. Sozialbindung verwaltungsrechtlicher Dienstbarkeiten

Ob die Auferlegung einer verwaltungsrechtlichen Dienstbarkeit oder einer vergleichbaren Last eine **Entschädigungspflicht** auslöst, hängt zunächst davon ab, ob sie als Sozialbindung iSv Art. 14 I 2 GG oder aber als Enteignung iSv Art. 14 III GG zu qualifizieren ist. Nur im ersten Fall darf der Gesetzgeber von einer Entschädigung absehen. Geringfügige Belastungen sind entschädigungslos zu dulden (s. zB §§ 55, 60 SächsBRKG). Schäden Inanspruchgenommener werden jedoch ersetzt (s. § 60 V SächsBRKG). 62

VII. Konkretisierung und Aktualisierung öffentlicher Lasten

1. Erfordernis einer gesetzlichen Ermächtigung

Die Auferlegung öffentlicher Lasten bedarf stets **gesetzlicher Ermächtigung** (→ § 30 Rn. 28). Nach BVerfG[159] muss wegen Art. 80 I GG die gesetzliche Ermächtigung ins- 63

[157] BGHZ 37, 361 ff.: bei Aufspaltung des Eigentums an Straße und Versorgungsleitungen entsteht ein der beschränkten persönlichen Dienstbarkeit der §§ 1090 ff. BGB nahe kommendes öffentlich-rechtliches Benutzungsrecht eigener Art.

[158] S. dazu OVG Magdeburg NJW 2003, 768.

[159] BVerfGE, 20, 257 (270).

besondere zum Erlass von Gebührenordnungen selbst die gebührenpflichtigen Akte, den Gebührenschuldner, den Rahmen der Gebührenhöhe und die Fälligkeit bestimmen.[160] Für gemeindliche Beiträge und Gebühren reicht die allgemeine Ermächtigung der Gemeinden zum Erlass von Satzungen wegen des Eingriffscharakters von Abgaben nicht aus (Art. 2 I BayKAG; § 2 I SächsKAG).

2. Konkretisierung öffentlicher Lasten

64 Öffentliche Lasten werden konkretisiert:

– Durch Eintritt des Sachverhalts, der einen rechtsfolgebegründenden **gesetzlichen Tatbestand** erfüllt.

Beispiele: Entstehung der Steuerschuld; Straßenreinigungspflicht durch Schneefall.

65 – Durch Eintritt des Sachverhalts, der den rechtsfolgebegründenden Tatbestand einer **Rechtsverordnung oder Satzung** erfüllt.

Beispiele: Polizei- bzw. Ordnungsverordnung, Gebührensatzung.

66 – Durch **Verwaltungsakt** (Heranziehungs-, Beitrags-, Gebührenbescheid oÄ) auf Grund eines Rechtssatzes oder durch Versagung eines Verwaltungsaktes (Genehmigung oder Befreiung).

Beispiele: Heranziehung zur Hilfeleistung (zB § 54 SächsBRKG) oder zu Beiträgen sowie zu Verbandslasten, etwa gem. § 3 IHKG.

67 – Durch freiwillige Übernahme in **verwaltungsrechtlichem Vertrag,** sei es zwischen Zivilpersonen – dann bedarf er der Genehmigung der zuständigen Behörde – (zB über Wege- oder Wasserlaufunterhaltung), sei es zwischen einer Zivilperson und der zuständigen Verwaltungsbehörde (zB über Zuwendungen an Krankenhäuser und Schulen).

68 – Oder durch annahmebedürftige einseitige **Willenserklärung** (zB Baulast).

3. Aktualisierung öffentlicher Lasten

69 Die konkrete öffentliche Last wird aktualisiert durch Verwaltungsakt oder Gerichtsbeschluss auf Grund eines Gesetzes, einer Rechtsverordnung oder Satzung oder durch eine Maßnahme auf Grund eines Vertrages, einer verwaltungsrechtlichen Dienstbarkeit oder einer Baulast. Beruht die Verpflichtung auf einem Rechtssatz, so darf von der Aktualisierung nur auf Grund rechtssätzlicher Ermächtigung (zB § 135 V BauGB)[161] oder deshalb abgesehen werden, weil die Belastung übermäßig sein würde. Danach kann eine **Befreiung** (zB Baudispens) oder (zB im Abgabenrecht) der **Erlass** einer bereits aktualisierten Verpflichtung aus Billigkeitsgründen zulässig sein (§§ 163, 227 AO).[162] Die prinzipielle Erhebungspflicht ist nicht nur ein Gebot der Abgabengleichheit, sondern auch eine Folge des Haushaltsrechts.[163] Ein Billigkeitserlass kann aber um der Belastungsgleichheit willen geboten sein, wenn ein Gesetz im Einzelfall zu Ergebnissen führt, die dem Belastungsgrund des Gesetzgebers zuwiderlaufen.[164]

---

[160] S. auch BVerfGE 21, 80; BVerwG JZ 1970, 183; sehr viel weniger streng aber BVerfGE 34, 52.
[161] Dazu BVerwG NVwZ 1993, 379.
[162] S. auch BVerfGE 16, 147 (177).
[163] S. zum Verzicht im Kommunalabgabenrecht Gern KStZ 1985, 81 ff.
[164] BVerfG NVwZ 1995, 989.

Manchmal wird eine konkrete öffentliche Last in ihren Einzelheiten durch eine **Vereinbarung** zwischen der Zivilperson und dem verwaltungsrechtlichen Organ aktualisiert (zB die Höhe einer strittigen Leistung durch einen Vergleich (§ 55 VwVfG), der Übergang oder die Belastung von Grundeigentum durch Einigung gem. §§ 110 f. BauGB).

Eine mit Erfüllung des gesetzlichen Tatbestandes entstandene öffentliche Leistungspflicht wird in der Regel mit der Heranziehung fällig. Jedoch kann auch ein späterer Zeitpunkt der Fälligkeit bestimmt oder die Fälligkeit nachträglich durch Stundung, Zahlungsaufschub oder Aussetzung der Vollziehung hinausgeschoben werden. Nach den Kommunalabgabengesetzen (s. zB § 3 BWKAG; Art. 13 BayKAG; § 3 RhPfKAG; § 12 NRW KAG; § 3 SächsKAG) ist auf das **Abgabenerhebungsverfahren** das Bundesrecht sinngemäß anzuwenden. 70

VIII. Persönliche Pflichterfüllung und Pflichtennachfolge

1. Persönliche Pflichterfüllung, Geldablösung und Ersatzpflichten

Verwaltungsrechtliche Verpflichtungen sind **persönlich zu erfüllen,** wenn eine Erfüllung durch Vertreter ausdrücklich ausgeschlossen oder – wie häufig – mit der Art der Verpflichtung unvereinbar ist. 71

Beispiele: Schulpflicht; Ehrenämterpflicht; Anordnung ein Fahrtenbuch zu führen.

Naturallasten können durch **Geldleistungen abgelöst** werden, wenn der Verwaltungszweck dadurch ebenfalls erreicht wird, insbesondere dann, wenn (wie häufig bei Vorzugslasten) statt der Naturalleistung auch eine Geldleistung hätte verlangt werden können. 72

Beispiel: Ablösung der Verpflichtung, zu Neubauten Garagen zu bauen, wenn dies nicht möglich oder nicht zumutbar ist (s. zB § 48 I NRW BauO; §§ 49, 89 I Nr. 4 SächsBO). Die Geldleistung müsste eigentlich vom Empfänger (zB der Gemeinde) ausschließlich für den Zweck der Naturallast (zB den Bau einer Sammelgarage) verwendet werden. Nach der Gesetzeslage genügt jedoch auch die Schaffung von öffentlichen Parkplätzen (§ 47 I RhPfBauO).

Gelegentlich kann die Erfüllung der ursprünglich vorgesehenen Pflicht bei Pflichtengleichheit durch die Erfüllung einer anderen Pflicht ersetzt werden. Bei diesen **Ersatz- oder Wahlpflichten** handelt es sich insbesondere um religionsbezogene Pflichten, die der betroffenen Zivilperson eine Ausweichmöglichkeit eröffnen sollen (→ § 40 Rn 24). 73

Beispiele: Ersatzdienst statt Wehrdienst (Art. 12a GG); Ethikunterricht statt Religionsunterricht.[165]

2. Pflichterfüllung bei Personenmehrheit

Sind **mehrere Personen** zu einer identischen Leistung verpflichtet, so steht es, wenn besondere Rechtsvorschriften fehlen, im pflichtgemäßen Ermessen des berechtigten Subjekts, von wem es die Leistung verlangen will. 74

Beispiel: Inanspruchnahme mehrerer Verantwortlicher durch die Polizeibehörden.

---

[165] VGH Mannheim NVwZ 1998, 309.

3. Pflichtennachfolge

a) Zur Frage der Übergangsfähigkeit

75 Eine konkrete Verpflichtung kann mit Wirkung gegenüber einem Subjekt öffentlicher Verwaltung auf eine andere Zivilperson übergehen **(Pflichtennachfolge)**.[166] Im Gegensatz zum Privatrecht gibt es im Verwaltungsrecht keine umfassende Normierung dieses Problemkreises. Nur in einigen Gesetzen (zB des Gewerberechts, des Abgabenrechts und des Sozialrechts) finden sich vereinzelte und meist lückenhafte Bestimmungen. Die Vorschriften des Privatrechts über die Übergangsfähigkeit und den Übergang von Pflichten lassen sich nur in sehr begrenztem Maß auf das öffentliche Recht übertragen.

76 Entscheidende Vorfrage für die Pflichtennachfolge ist, ob eine **Verpflichtung übergangsfähig** bzw. **nachfolgefähig** ist.[167] Nicht übergangsfähig sind in der Regel Verpflichtungen, für die persönliche Merkmale oder Fähigkeiten des originär Verpflichteten so entscheidend sind, dass sie nur von diesem erfüllt werden können.

Beispiele: Schulpflicht; Ehrenamtspflicht; vermögenswerte Pflichten mit Straf-, Buß- oder Beugecharakter (§ 101 OWiG; § 45 I 2 AO; §§ 6 ff. VwVG). So steht bei der Verwaltungsvollstreckung weniger die Sachbezogenheit der Ordnungspflicht als die Person des Ordnungspflichtigen im Vordergrund. Die Zwangsmaßnahmen sind Beugemittel, die den entgegenstehenden Willen des Pflichtigen bei der Verwirklichung einer behördlichen Maßnahme brechen bzw. ausschalten sollen.[168]

77 Übergangsfähig sind dagegen in der Regel solche Verpflichtungen, die unabhängig von der Person des originär Verpflichteten erfüllt werden können, sei es, dass sie sachbezogen, sei es, dass sie erfolgsbezogen sind. Diese Verpflichtungen sind allerdings meist nicht nur durch sach- bzw. erfolgsbezogene Merkmale bestimmt, häufig treten noch personenbezogene Merkmale hinzu. Teilweise wird die Übergangsfähigkeit ausdrücklich durch **Nachfolgetatbestände** iSv **Übergangsnormen** festgestellt.

Beispiele: § 72 I KrWG iVm § 16 II KrW-/AbfG;[169] § 1 II FstrPrivFinG.

78 Im Übrigen ist bei Verpflichtungstatbeständen nach dem Sinn und Zweck der Norm, die der Verpflichtung zugrunde liegt, im Einzelfall zu entscheiden, ob die sach- bzw. erfolgsbezogenen Merkmale so überwiegen, dass sie zumindest zu einem abtrennbaren Teil übergangsfähig sind.[170]

Beispiel: Verpflichtet ein Zuwendungsbescheid seinen Adressaten zur bestimmungsgemäßen Weiterleitung der Zuwendung an einen Dritten, so kann der Rücknahmebescheid bei einer Rechtsnachfolge im Falle einer Objektgebundenheit gegen einen Dritten gerichtet werden.[171]

---

166 S. dazu Knöpfle, Die Nachfolge im Verwaltungsrecht, in: FG Maunz, 1971, 225 ff.; Otto, Die Nachfolge in öffentlich-rechtliche Positionen des Bürgers.

167 Ebenso OVG Münster NVwZ-RR 1997, 70; Peine JuS 1997, 984 ff.; Dietlein, Nachfolge im Öffentlichen Recht, 1999, S. 105 ff.; aM Stadie DVBl 1990, 501 ff., der zunächst das Vorliegen einer Übergangsnorm prüft.

168 OVG Münster DÖV 1979, 834; de Wall, Die Anwendbarkeit privatrechtlicher Vorschriften im Verwaltungsrecht, 1999, 498.

169 S. Wild, Pflichtenübertragung im Verwaltungsrecht unter besonderer Berücksichtigung des Art. 16 Abs. 2 KrW/AbfG, 2003.

170 Knöpfle, Die Nachfolge im Verwaltungsrecht, in: FG Maunz, 1971, 225 ff.; Rumpf VerwArch 78 (1987), 269 (298).

171 BVerwG DVBl 2000, 907.

Da ausdrückliche Nachfolgeregelungen iSv Übergangsnormen fehlen, ist umstritten, ob und inwieweit **Polizei- und Ordnungspflichten** auf Rechtsnachfolger übergehen. Diese Rechtsfrage spielt in der Verwaltungspraxis eine große Rolle. Aus **Praktikabilitätsgründen** läge es nahe, die Übergangsfähigkeit allgemein zu bejahen.[172] Denn andernfalls bestünde die Gefahr, dass die Behörden ihren gesetzlichen Auftrag nicht, nur mit zeitlicher Verzögerung und nur mit zusätzlichem, erheblichem Verwaltungsaufwand durchsetzen können. Lehnt man nämlich die Übergangsfähigkeit ab, dann müsste die Behörde das Verfahren neu eröffnen, die Maßnahme neu gegen den Rechtsnachfolger treffen, sich einen neuen Vollstreckungstitel besorgen und eventuell den Ausgang eines Rechtsschutzverfahrens abwarten.[173] Härten anlässlich eines Übergangs gegenüber dem Rechtsnachfolger wegen Eintritt in den jeweiligen Verfahrensstand können im Vollstreckungsverfahren ausgeglichen werden.[174] 79

Aus verwaltungsrechtlicher Sicht waren Polizei- und Ordnungspflichten nach früher hM nicht übergangsfähig, weil sie als höchstpersönlich qualifiziert wurden und der Erlass generell im Ermessen der zuständigen Behörde stand. Diese Pauschalierung wird aber der Vielfalt dieser Verpflichtungen kaum gerecht. So richtet sich zwar die ordnungsrechtliche Zustandshaftung zB als baurechtliche Beseitigungsverfügung an den Eigentümer, der für den ordnungsgemäßen Zustand der Sache verantwortlich ist. Diese Personenbezogenheit schließt jedoch das dingliche Gepräge dieser Pflicht nicht aus. Der Schwerpunkt der Verpflichtung liegt in dem **Sach-, Grundstücks- und Anlagenbezug,** auf den eingewirkt wird. Dieser Gedanke kommt etwa in den **Nachfolgeregelungen für Baugenehmigungen, Baueinstellungen, Baubeseitigungen und Baulasten** zum Ausdruck (Art. 75 BayBauO; §§ 75 II, 82 NRW BauO; § 79 III NdsBauO, § 78 RhPfBauO für Bauaufsichtsverfügungen). Sie belegen, dass zB das Bauordnungsrecht auf das Bauvorhaben, die Sache und nicht primär auf den Bauherrn, den Eigentümer abstellt.[175] Deshalb ist es grundsätzlich auch unerheblich, ob ein privater Bauherr einem öffentlichen Träger folgt.[176] Ähnlich verhält es sich mit Pflichten nach § 5 BImSchG, die an die Genehmigung als Sachkonzession geknüpft sind.[177] 80

b) Einzel- und Gesamtrechtsnachfolge

Die Pflichtennachfolge bezieht sich entweder als **Einzelnachfolge (Sondernachfolge)** auf einzelne verwaltungsrechtliche Verpflichtungen (nebst etwa damit verbundenen Berechtigungen), oder sie erstreckt sich bei **Gesamtrechtsnachfolge** auf alle übergangsfähigen Verpflichtungen und Berechtigungen einer Zivilperson. Bei der Einzelnachfolge wird zusätzlich nach dem Kriterium der **Teileinzelnachfolge** diffe- 81

---

172 S. aber BVerwG DÖV 2001, 1001.
173 S. VGH Mannheim NJW 1979, 1565.
174 OVG Koblenz DÖV 1980, 654; OVG Bremen NordÖR 1999, 373 f.
175 BVerwG NJW 1971, 1624 und dazu v. Mutius VerwArch 63 (1972), 87; VGH Mannheim NJW 1977, 861 und NJW 1979, 1565; OVG Magdeburg BRS 22, Nr. 215; OVG Münster DVBl 1973, 227 und NVwZ 1987, 427; OVG Koblenz DÖV 1980, 654; VGH München BayVBl. 1983, 21; OVG Bremen NJW 1985, 2660 und NordÖR 1999, 373 f.; krit. Schenke GewArch 1976, 1 ff.; aM VGH Kassel NuR 1986, 125; OVG Lüneburg BRS 35, Nr. 132; OVG Koblenz BRS 40, Nr. 234; krit. de Wall, Die Anwendbarkeit privatrechtlicher Vorschriften im Verwaltungsrecht, S. 498.
176 VGH Kassel NVwZ 1996, 924.
177 BVerwGE 107, 299 (302).

renziert, wenn der Verpflichtete nicht in die volle Position eintritt (zB Besitzer)[178] und bei der Gesamtrechtsnachfolge wird eine **partielle Gesamtrechtsnachfolge** anerkannt.[179]

82 **Einzelnachfolge** ist zB als Annexnachfolge gesetzlich angeordnet in § 85 BWBauO, § 83 SächsBO, § 85 I NRW BauO (für Baulasten), als Nachfolge in eine selbstständige übertragbare Pflicht gesetzlich zugelassen in § 18 II NRW OBG (Übertragung der Verantwortlichkeit für eine Sache) oder als Nachfolge einer Pflicht aus einer Baugenehmigung (§ 58 II BWBauO, § 70 I RhPfBauO) bzw. aus einer Bauaufsichtsverfügung (Art. 54 II 3 BayBauO, § 79 I 5 NdsBauO, § 81 RhPfBauO) vorgesehen. Fehlt eine gesetzliche Regelung für die Einzelnachfolge, so stellt sich die Frage, ob es allein auf das Überwiegen der sach- bzw. erfolgsbezogenen Momente ankommt (**Pflichtennachfolge kraft Dinglichkeit** in der Form der **Annexnachfolge**).[180] Das ist zu verneinen, weil zu der Übergangsfähigkeit einer Pflicht der Rechtsgrund für den Übergang treten muss. Denn aus der Qualifizierung einer Pflicht als übergangsfähig folgt nicht automatisch auch der Pflichtenübergang. Erforderlich ist also eine **Übergangsnorm.** In der Rechtsprechung werden diese beiden Themen nicht immer hinreichend auseinander gehalten.[181] Teilweise wird von der Übergangsfähigkeit unmittelbar auf den Rechtsübergang geschlossen. Dieses Vorgehen ist jedoch verkürzt, weil die Verwaltungsrechtsordnung einen Rechtsgrund bereitstellen muss, der den Übergang anordnet.[182] Deshalb besitzen ausdrückliche Regelungen nicht nur klarstellende Bedeutung.

83 Das Erfordernis der Übergangsnorm folgt vor allem bei eingriffsintensiven Maßnahmen aus dem rechtsstaatlichen und eigentumsrechtlichen Erfordernis des.[183] Demgegenüber reicht das Kriterium der Dinglichkeit nicht aus.[184] Eine systematische oder analoge Anwendung anderer Übergangsbestimmungen scheidet ebenfalls aus. Insbesondere kann man etwa aus der Pflichtennachfolgeregelung für Baugenehmigungen gerade nicht zwingend ableiten, dies gelte auch für Einstellungs- und Beseitigungsverfügungen.[185] Wenn und soweit der Gesetzgeber in diesen und anderen Fällen keine Pflichtennachfolge angeordnet hat, liegt eine bewusste Lücke vor, die eine entsprechende Anwendung verbietet.[186] Hier ist der Gesetzgeber gefordert, die berechtigten Interessen der Praxis zu regeln.[187] Unklar ist, ob und inwieweit bei der Einzelpflichtnachfolge auf § 419 BGB rekurriert werden kann.

---

178 Dazu VGH München NJW 1997, 961 f.
179 BVerwG DÖV 2001, 1001.
180 S. etwa OVG Münster DVBl 1973, 226; DÖV 1987, 601; VGH Kassel NVwZ 1998, 1315 f.; BVerwG NJW 1971, 1624 und dazu v. Mutius VerwArch 63 (1972), 87; Peine DVBl 1980, 941 ff.; Stadie DVBl 1990, 501; Spoerr/Hildebrandt LKV 1999, 128 ff.
181 Krit. auch v. Mutius VerwArch 71 (1980), 93; Stadie DVBl 1990, 501.
182 Ebenso jetzt OVG Münster NVwZ-RR 1997, 70.
183 VGH Kassel NJW 1977, 123 mAnm Stober; Schoch JuS 1994, 1026 (1031).
184 Ebenso Gusy/Eichenhofer PolR, § 5 II 2.
185 VGH Kassel NJW 1976, 1910; Stober NJW 1977, 123; OVG Hamburg NVwZ-RR 1997, 11 f.; Schoch BauR 1983, 532 (538); Stadie DVBl 1990, 501 (507).
186 AM etwa VGH Kassel NVwZ 1998, 1315 f.; OVG Bremen NordÖR 1999, 373 f.
187 Ebenso u. a. v. Mutius VerwArch 71 (1980), 105 f.; Schoch BauR 1983, 532 (540); Guckelberger VerwArch 90 (1999), 499 ff. (531 f.).

Soweit keine besonderen Verwaltungsrechtssätze für die **Gesamtpflichtennachfolge** (zB § 102 SGB XII;[188] § 45 AO; § 4 III 1 BBodSchG[189]) gelten, ist unklar, ob öffentlich-rechtliche Verpflichtungen nach § 1967 oder § 1922 BGB unmittelbar,[190] analog[191] übergehen oder ob in dieser Vorschrift ein allgemeiner Rechtsgedanke wurzelt, der auch im Verwaltungsrecht anwendbar ist.[192] Teilweise wird eine Heranziehung auch abgelehnt.[193] Für die Antwort kann auf die Ausführungen zur Einzelnachfolge verwiesen werden. Ergänzend ist anzumerken, dass **Analogien** und **Rechtsgrundsätze** das rechtsstaatliche Prinzip des Gesetzesvorbehaltes nicht unterlaufen dürfen. 84

IX. Öffentliche Lasten und Entschädigung

Während Geld- und Natural-Vorzugsleistungen Entgelte für besondere Leistungen der öffentlichen Verwaltung sind, ist die Pflicht zur Gewährung allgemeiner Geld- und Naturalleistungen sowie öffentlich-rechtlicher Dienstbarkeiten in der Regel einseitig. Sie sind Ausdruck der **Sozialgebundenheit** und Gemeinwohlverpflichtung. Deshalb begründet oder bedingt die Übernahme von gemeinen Lasten und öffentlichen Dienstbarkeiten grundsätzlich kein **Entschädigungsrecht.** Eine Ausnahme besteht nur, wenn nicht alle Träger gleicher Interessen, sondern nur einige und ohne ihr Dazutun zur Übernahme von Lasten verpflichtet sind. 85

Beispiele: Zeugen- und Sachverständigenpflicht, Nothilfepflicht, Grundstücksabtretungen, Grenzänderungen und bestimmte Beschränkungen der Benutzbarkeit von Bauland nach dem BauGB.

X. Rechtsfolgen von Pflichtverletzungen

Die Verletzung einer nicht durchsetzbaren Verpflichtung (zB aktive Wahlpflicht, Art. 26 III BWVerf) hat keine Rechtsfolgen. Die Verletzung einer durchsetzbaren materiellen Verpflichtung (zu dieser Differenzierung → § 40 Rn. 25) hat regelmäßig **Verwaltungszwang** zur Folge, nämlich: 86

- **Einziehung** eines geschuldeten Geldbetrages im Verwaltungszwangsverfahren;
- **Ersatzvornahme** einer geschuldeten vertretbaren Leistung durch einen Dritten und Einziehung der Kosten beim Pflichtigen;
- **Zwangsgeldfestsetzung** bei nicht vertretbaren (nur vom Willen des Pflichtigen abhängigen) Leistungen und bei vertretbaren Handlungen insbesondere dann, wenn der Pflichtige die Kosten einer Ersatzvornahme nicht aufbringen kann (s. § 11 I 2 VwVG);
- **unmittelbaren Zwang,** wenn die Verpflichtung anders nicht erzwungen werden kann, sei es gegen Personen (zB gewaltsame Vorführung eines Zeugen), sei es gegen Sachen (zB Entnahme von Arbeitsgeräten bei Katastrophen);
- Gegen Anstaltsbenutzer können auch **Benutzungsnachteile** bis zum Ausschluss von einer nicht rechtlich notwendigen Benutzung verhängt werden.

188 S. dazu BVerwGE 118, 313 ff.

189 S. dazu VGH Kassel NVwZ 2000, 828 f.; VGH Mannheim NVwZ 2000, 1199 und dazu Nolte NVwZ 2000, 1135; Spieth/Wolfers NVwZ 1999, 355 ff.; B. Becker DVBl 1999, 134 ff.; v. Mutius/Nolte DÖV 2000, 1 ff.; BVerwG JZ 2006, 1124 mAnm Ossenbühl.

190 So Knöpfle, Die Nachfolge im Verwaltungsrecht, in: FG Maunz, 1971, 236 f.; Stadie DVBl 1990, 501; BVerwG NJW 2002, 1892.

191 So Bettermann, Anm. zu BSG DVBl 1961, 921; s. OVG Münster NJW 1989, 2834.

192 So wohl Gusy/Eichenhofer PolR, § 5 II 2.

193 Rumpf VerwArch 78 (1987), 269 (276 ff.); Peine DVBl 1980, 941.

86a Die Verletzung bewehrter Verpflichtungen kann – auch neben Zwangsmaßnahmen – gem. je ausdrücklicher Rechtsvorschrift geahndet werden:
- als **Zuwiderhandlung** gegen Mitgliedschafts- oder Anstaltsbenutzungspflichten mit Verbands- bzw. Anstaltspönen;
- als **Ordnungswidrigkeit** mit einer Geldbuße und Nebenfolgen (s. OWiG);
- als **Straftat** mit Geld- oder Freiheitsstrafe und Nebenstrafen (s. zB §§ 144–148b GewO);
- als **Verletzung von Standespflichten** (zB eines Beamten, Arztes oder Rechtsanwalts) durch disziplinarische oder ehrengerichtliche Bestrafung, äußerstenfalls mit Aberkennung der besonderen Rechtsstellung.[194]

87 **Formelle verwaltungsrechtliche Verpflichtungen** (zB zur Beantragung einer Baugenehmigung) sind oft nur straf- oder bußgeldbewehrt. Ein Pflichtversäumnis kann zwar geahndet, nicht aber durchgesetzt werden.

Beispiel: Wer ohne Bauerlaubnis baut, kann wegen Verstoßes gegen das formelle Baurecht mit Geldbuße belegt werden. Das unerlaubt errichtete Bauwerk abzureißen, kann aber nur insoweit verlangt werden, als es zugleich gegen das materielle Baurecht verstößt und der Abbruch nicht unverhältnismäßig ist.

§ 43. Berechtigungen der Zivilpersonen, insbesondere die subjektiven öffentlichen Rechte

Schrifttum: Alexy STAAT 1990, S. 49: Grundrechte als subjektive Rechte und als objektive Normen; Basar, Prozessualer Drittschutz in der Entgeltregulierung, 2023; Bauer AöR 113 (1988), 582 ff.: Altes und Neues zur Schutznormtheorie; Bauer, Geschichtliche Grundlagen der Lehre vom subjektiven öffentlichen Recht, 1986; Bauer DVBl. 1986, 208 ff.: Subjektive öffentliche Rechte des Staates; GS Jellinek, 1955/Bühler, S. 269 ff.: Altes und Neues über Begriff und Bedeutung der subjektiven öffentlichen Rechte; Bühler, Die subjektiven öffentlichen Rechte, 1914; FS Maurer, 2001/Bullinger, S. 25 ff.: Das Recht auf eine gute Verwaltung; Classen VerwArch 88 (1997), 645 ff.: Der einzelne als Instrument zur Durchsetzung des Gemeinschaftsrechts, S. 230 ff.; v. Danwitz DÖV 1996, 481 ff.: Zur Grundlegung einer Theorie der subjektiv-öffentlichen Gemeinschaftsrechte; Ehlers/Plünder AllgVerwR/Klafki, § 12; Henke, Das subjektive öffentliche Recht, 1968; Henke DÖV 1980, 621 ff.: Das subjektive Recht im System des öffentlichen Rechts; Huber, Konkurrenzschutz im Verwaltungsrecht, 1991; Jellinek, System der subjektiven öffentlichen Rechte, 2. Aufl. 1905; Kadelbach, Allgemeines Verwaltungsrecht unter europäischem Einfluss, 1999, S. 368 ff.; Kahl/Ludwigs VerwaltungsR-HdB/Kahl, § 94; Kahl/Ludwigs VerwaltungsR-HdB/Ohler, § 93; Kahl/Ludwigs VerwaltungsR-HdB/Saurer, § 97; Kahl/Ludwigs VerwaltungsR-HdB/Schenke, § 92; Kingreen/Störner, Die subjektiv-öffentlichen Rechte des primären Gemeinschaftsrechts, Europarecht 1998, S. 263 ff.; Kloepfer, Die transparente Verwaltung, 2003; Knickmeier, Europäisierung des Verwaltungsprozessrechts im Diskurs der Rechtswissenschaft, 2021; Voßkuhle/Eifert/Möllers GVwR/Korioth, § 42; FS Menger, 1985/Krebs, S. 191 ff.: Subjektiver Rechtsschutz und objektive Rechtskontrolle; Kugelmann, Die informatorische Rechtsstellung des Bürgers; 2001; Lorenz, Der Rechtsschutz des Bürgers und die Rechtsweggarantie, 1973, §§ 11–14; Luhmann, Gesellschaftsstruktur und Semantik, Studien zur Wissenssoziologie II/Luhmann, 1981, S. 45 ff.: Subjektive Rechte. Zum Umbau des Rechtsbewusstseins für die moderne Gesellschaft; Marburger Gutachten C zum 56. DJT 1986: Ausbau des Individualschutzes gegen Umweltbelastungen als Aufgabe des bürgerlichen und öffentlichen Rechts; Masing, Die Mobilisierung des Bürgers für die Durchsetzung des Rechts, 1997; Voßkuhle/Eifert/Möllers GVwR/Masing, § 10; Pasemann, Die Entwicklung des Schutzes subjektiver öffentlicher Rechte unter Berücksichtigung des europäischen Einflusses, 2005; Preu, Subjektivrechtliche Grundlagen des öffentlich-rechtlichen Drittschutzes, 1992; Riedl, Die Rechts- und Pflichtennachfolge im Verwaltungsrecht, 1999; Röhl, Allgemeine Rechtslehre, 1994, §§ 40 ff.; Roellecke AöR 114 (1989), 589 ff.: Subjektive Rechte und politische Planung; Ruffert, Subjektive Rechte im Umweltschutz der Europäischen Gemeinschaft, 1996; Ruffert DVBl. 1998, 69 ff.: Dogmatik und Praxis des subjektiv-öffentlichen Rechts unter dem Einfluss

[194] S. BVerfGE 18, 257; 22, 47; 26, 186.

des Gemeinschaftsrechts; Rupp, Grundfragen der heutigen Verwaltungsrechtslehre, 2. Aufl. 1991, 146 ff.; Schapp, Das subjektive Recht im Prozess der Rechtsgewinnung, 1977; Scharl, Die Schutznormtheorie, 2018; Schaub-Englert, Rechtsschutz gegen privatrechtsgestaltende Verwaltungsakte im Regulierungsrecht, 2020; Scherzberg DVBl. 1988, 129 ff.: Grundlagen und Typologie des subjektiv-öffentlichen Rechts; Schmidt-Aßmann AllgVerwR, S. 74 ff.; Schmidt-Preuß, Kollidierende Privatinteressen im Verwaltungsrecht, 1992; Schoch/Kloepfer, Informationsfreiheitsgesetz, 2002; Scholz/Schmidt-Aßmann VVDStRL 34 (1976), 145 ff. (221 ff.): Verwaltungsverantwortung und Verwaltungsgerichtsbarkeit; Scholz ZG 2003, 248 ff.: Individualer oder kollektiver Rechtsschutz; FS Folz, 2003/Schunder, S. 295 ff.: Die Verbandsklage auf dem Vormarsch; Stüber JURA 2001, 798 ff.: Subjektive Rechte aus Gemeinschaftsrecht; Triantafyllou DÖV 1997, 192 ff.: Zur Europäisierung des subjektiven öffentlichen Rechts; Wahl DVBl. 1996, 641 ff.: Die doppelte Abhängigkeit des subjektiven öffentlichen Rechts.

I. Das Verhältnis des subjektiven zum objektiven Recht

1. Subjektive Rechte als Eckpfeiler des Verwaltungsrechts

Den eben behandelten Verpflichtungen stehen die Berechtigungen der Zivilpersonen gegenüber. Während das objektive Recht in erster Linie Pflichten begründet und die Interessenverfolgung der Menschen einschränkt, beruht die pflichtfreie Betätigungsmöglichkeit auf dem **Freiheitsprinzip.**[1] Es ist die Grundlage für **verwaltungsrechtliche Berechtigungen** zur Verwirklichung und Konkretisierung von **Grundfreiheiten, Unionsbürgerschafts-** und **Grundrechten** (→ § 32 Rn. 14 ff. und → § 33 Rn. 8 ff.). Die materiellen Berechtigungen werden von **Verfahrensrechten** flankiert. Sie sollen die Durchsetzung von Freiheit vor der Verwaltung und bei Gericht sichern (Art. 19 IV, 93 I Nr. 4a GG; §§ 42 II, 47 II VwGO; Art. 263 IV AEUV). 1

Beispiel: Art. 12 I GG kann es einer Behörde gebieten, bereits im Vorfeld eines Verwaltungsverfahrens einem potenziellen Verfahrensbeteiligten Informationen zur Verfügung zu stellen.[2]

In jüngerer Zeit erhielt das verwaltungsrechtliche Institut des **subjektiven Rechts** insbesondere durch die Weiterentwicklung des Unionsrechts viele neue Impulse. Denn diese Rechtsordnung räumt Zivilpersonen zahlreiche individuelle Rechtspositionen sowohl gegenüber der Unionsverwaltung als auch der mitgliedstaatlichen Verwaltung ein.[3] Es ist allerdings ungeklärt, ob und inwieweit die subjektivrechtliche Ausgestaltung des Unionsrechts auf einer vom deutschen Recht abweichenden Konzeption beruht (→ § 43 Rn. 27). 2

Beispiele: Kommunalwahlrecht, Recht auf Zugang zu Rats- und Kommissionsdokumenten, Umweltinformationsansprüche, subjektive Rechte bei der Vergabe öffentlicher Aufträge, Rechte bei der Nichtumsetzung von Unionsrichtlinien sowie diskriminierungsfreier Zugang zu öffentlichen Einrichtungen.

Auch im **Internationalen Verwaltungsrecht** (→ § 1 Rn. 24, → § 2 Rn. 56) nimmt die Bedeutung des subjektiven Rechts zu. Denn immer mehr setzt sich die Auffassung durch, dass neben der klassischen objektivrechtlichen Ausrichtung dieser Materie auch eine individualrechtliche Interpretation in Betracht kommt.[4] Allerdings steht die verwaltungsrechtliche Diskussion noch am Anfang, obwohl die Entterritorialisierung des Verwaltungsrechts und das Angewiesensein von Zivilpersonen auf wirksame 3

[1] Schmidt-Aßmann DVBl 1989, 533 (539).
[2] BVerwGE, 118, 270 f.
[3] S. Frenz DVBl 1995, 408 ff.; v. Danwitz, Verwaltungsrechtliches System und europäische Integration, 1996, S. 175 f.; Masing, Die Mobilisierung des Bürgers, 1997, S. 21 ff.; Triantafyllou DÖV 1997, 192 ff.
[4] S. näher Kreuzer JA 1998, 731 ff.; Faßbender JZ 2006, 1100 ff.

Rechtsinstrumente den Ausbau der subjektivrechtlichen Stellung anzeigt. Deshalb gehören subjektive Rechte zu den Eckpfeilern des Verwaltungsrechts.[5] Die Bewältigung des Wandels vom objektiven zum subjektiven Recht sowie die Herausarbeitung, Abgrenzung und Ausdifferenzierung subjektiver Rechte zählen zu den großen Leistungen des modernen Verwaltungsrechts und der Verwaltungsrechtsprechung.[6] Die Verfeinerung der subjektiven Rechtspositionen darf jedoch nicht zu einer gemeinwohlschädlichen **Überindividualisierung** führen.[7]

2. Subjektive Rechte als negative Freiheit und positive Berechtigung

4 Die verwaltungsrechtlichen Berechtigungen auf Grund der Freiheitsrechte sind nur die rechtliche Bestätigung vorrechtlicher Fähigkeiten.[8] Inhalt der vom objektiven Recht gewährten Berechtigungen ist die gegenüber jedermann bestehende Befugnis, Störungen dieser Betätigung auszuschließen und abzuwehren. Freiheitsrechte sind also grundsätzlich Ausfluss des **negativen Status** (→ § 32 Rn. 18). Das objektive Recht kann eine geringerwertige Interessenverfolgung aber auch dadurch zurückdrängen, dass es eine im Kollisionsfalle vorzugswürdige Interessenverfolgung auch positiv gestattet.[9] Der so gewährten **positiven Berechtigung** entspricht dann eine Verpflichtung einer bestimmten anderen Person (→ § 32 Rn. 20).

II. Grundeinteilung der subjektiven Rechte

5 Die subjektiven öffentlichen Rechte lassen sich ebenso wie die subjektiven Rechte des Privatrechts einteilen in **Beherrschungsrechte, Ansprüche** und **Gestaltungsrechte.** Diese Grundsystematisierung schließt jedoch weitere Differenzierungen nicht aus (→ § 43 Rn. 5 ff.).

6 **Beherrschungsrechte** (Herrschaftsrechte, „absolute" Rechte) räumen ihrem Inhaber die Herrschaft über bestimmte Objekte (Sachen, Personen, Geistesprodukte, Rechte) ein, indem sie ihm die Befugnis zuerkennen, auf die Objekte in den vom objektiven Recht gezogenen Schranken einzuwirken und störende Einwirkungen auszuschließen. Wichtigste Beherrschungsrechte des öffentlichen Rechts sind die **Freiheitsrechte** (→ § 43 Rn. 1).

7 **Ansprüche (Forderungsrechte)** geben ihrem Inhaber die Befugnis, von einem bestimmten anderen Subjekt ein Tun, Dulden oder Unterlassen zu verlangen. Hierher gehören zB die Leistungsansprüche und alle **Einräumungsberechtigungen.** Ein Recht kann Beherrschungs- und Forderungsrecht zugleich sein.

Beispiel: So war das Petitionsrecht ursprünglich ein reines Freiheitsrecht, indem es die Petenten vor Nachteilen sicherte. Es gewährt aber heute auch einen Anspruch auf Bescheidung (s. Art. 35 SächsVerf; Art. 115 BayVerf; Art. 24 AEUV).[10]

---

[5] S. auch v. Danwitz, Verwaltungsrechtliches System und europäische Integration, 1996, S. 231.
[6] Ossenbühl DVBl 1993, 753 (756).
[7] Redeker NJW 1993, 1835; s. auch Ibler FS Brohm, 2002, 405 ff.
[8] Bäcker in Stern/Sodan/Möstl StaatsR III, § 58 A III; Saurer in Stern/Sodan/Möstl, StaatsR III, § 63 B III; K. Stern in Isensee/Kirchhof StaatsR-HdB V § 184 Rn. 3 ff.; Cornils in Isensee/Kirchhof StaatsR-HdB VII § 168 Rn. 1 ff.; Robbers, Sicherheit als Menschenrecht, 1987, 145 ff.
[9] S. krit. zur Verwendung des Interessenbegriffs Reiling DÖV 2004, 181 ff.
[10] BVerfGE 2, 225 (230); BVerfG DVBl 1993, 92.

Gestaltungsrechte sind Rechte zu unmittelbarer Einwirkung auf eine Rechtslage, insbesondere zur Herstellung, Veränderung und Aufhebung von Rechtsbeziehungen. 8

Beispiele: Aktives Wahlrecht, das Recht zur Kündigung eines verwaltungsrechtlichen Vertrages, des Beitritts zu oder des Austritts aus einem öffentlichen Verband.

III. Zur Abgrenzung von Berechtigungen und Reflexen

1. Die Unklarheit von Normen als Rechtsproblem

Die Frage nach dem Bestehen einer Berechtigung wäre einfach zu beantworten, wenn der Normgeber eine Berechtigung stets ausdrücklich einräumen würde. Zwar geschieht das in zahlreichen Rechtssätzen durch Redewendungen wie „kann", „darf", „hat Anspruch auf", „kann verlangen" usw. Aber oft bringt ein Rechtssatz auch dann, wenn er eine Berechtigung einräumen will, dies nur mittelbar zum Ausdruck, indem er dem Verpflichteten durch Ausdrücke wie „muss", „soll", „darf nicht", „ist verpflichtet", „schuldet" usw befiehlt **(Verpflichtungsnorm).** Während im Privatrecht Verpflichtungen und Berechtigungen einander fast stets derart korrespondieren, dass die Pflicht des einen dem Recht des anderen gleichkommt, entspricht im Verwaltungsrecht nicht jeder Verpflichtung eines Hoheitssubjekts auch eine individuelle Berechtigung einer Zivilperson. Denn hier geht es nicht nur um den Ausgleich der Allgemeininteressen mit kollidierenden Zivilinteressen, sondern oft auch um die Aufrechterhaltung und Verbesserung der objektiven Ordnung selbst, an der die Zivilpersonen nur mittelbar interessiert sind, ohne dass dieses Interesse rechtlich als ihr (unmittelbares) Eigeninteresse anerkannt wird. Deshalb ist es oft schwierig, einem Rechtssatz, der sich in seinem Wortlaut auf die Verpflichtung eines Hoheitssubjekts beschränkt, eine Berechtigung zu entnehmen. Es geht hierbei um die Abgrenzung der Berechtigungen gegen bloße **Reflexwirkungen des objektiven Rechts.** 9

2. Der Schutzzweck als Hauptabgrenzungskriterium

Die Abschichtung ist in der Rechtsgeschichte verschieden gezogen worden.[11] Im sozialen, demokratisch legitimierten und grundrechtlich verfassten Rechtsstaat des Grundgesetzes dagegen besteht eine **Vermutung für eine Berechtigung,** wenn eine Zivilperson durch das objektive Recht begünstigt wird. Mit dieser Vermutungsregel ist allerdings nicht viel gewonnen, solange sie durch eine Auslegung widerlegt werden kann. Voraussetzung ist nämlich, dass diese Berechtigung keine nur zufällige, sondern dass sie von der **begünstigten Rechtsnorm bezweckt** ist.[12] So folgt aus Art. 20 III GG nur eine Pflicht der Subjekte öffentlicher Verwaltung zu rechtmäßigem Handeln, nicht aber ein subjektives Recht der Zivilperson zur Abwehr jedweden nachteiligen rechtswidrigen Handelns jener Subjekte. Es gibt also **keinen allgemeinen Gesetzesvollziehungsanspruch,** dem die Berechtigung jedermanns zugrunde liegt, die Befolgung aller normierten Verpflichtungen der öffentlichen Gewalt verlangen und gar im Klagewege **(Popularklage)** erzwingen zu können (auch → § 43 Rn. 4).[13] Das Verwaltungsrecht ist auf die Realisierung subjektiver Rechte gerichtet (s. § 42 II, § 47 II VwGO; Art. 19 IV und Art. 94 I Nr. 4a GG), während die objektive Rechtmäßig- 10

[11] S. näher Bauer, Geschichtliche Grundlagen, S. 22 ff.; Saurer in Stern/Sodan/Möstl, StaatsR III, § 63 B.

[12] Bachof GS Jellinek, 1955, 297.

[13] BVerwGE 22, 129 (132); BVerwG NJW 1984, 2174; BGHZ 86, 356 (361); OVG Münster NVwZ-RR 1995, 482 f.; Schmidt-Aßmann, Verwaltungsrecht, S. 75.

keitskontrolle den Aufsichtsbehörden und anderen Kontrollorganen obliegt. Gleichwohl ist unklar, ob es einen **Anspruch von Mitgliedern eines Trägers öffentlicher Verwaltung auf Einhaltung des Aufgabenbereiches gibt.** Das wird teilweise verneint.[14]

11 Den Berechtigungen noch ferner als die Reflexwirkungen objektiven Rechts sind die bloßen **Tatsachenreflexe,** wie die Aussicht von einem Wohnhause oder wie der Standort eines Betriebes, so vorteilhaft (oder nachteilig) sie sich auswirken können.[15] Tatsachenreflexe werden jedoch zu **Rechtsreflexen,** wenn die günstige Tatsache rechtlich fixiert wird (zB die Aussicht als Folge eines die Gebäudehöhe begrenzenden Planes). Und sie werden zu **Berechtigungen,** wenn diese günstige Folge bezweckt ist.

3. Zur Interpretation des Schutzzwecks

12 Zur Abgrenzung der Berechtigungen von solchen Reflexen kommt es also auf eine Auslegung des Rechtssatzes[16] und insbesondere auf den Schutzzweck des einschlägigen Rechtssatzes, seine systematische Stellung und seine Grundrechtsrelevanz an[17] (zu diesem Auslegungskriterium → § 28 Rn. 37). Entscheidend ist, ob der Rechtssatz ein Hoheitssubjekt deshalb verpflichtet – nur deshalb oder mindestens auch deshalb! –, weil ein unmittelbares Eigeninteresse der begünstigten Zivilperson als vorrangig anerkannt und deshalb geschützt werden soll, oder ob das Hoheitssubjekt allein um allgemeiner oder besonderer öffentlicher Interessen willen zu bestimmtem Verhalten verpflichtet wird. Die für ein subjektives öffentliches Recht erforderliche Rechtsmacht der Zivilperson, sich auch auf die begünstigende Rechtsfolge gegenüber dem Träger öffentlicher Verwaltung berufen zu können[18] liegt vor, wenn die Auslegung ergibt, dass der Rechtssatz den Interessen der Zivilperson zu dienen bestimmt ist und sie nicht nur unbeabsichtigt oder beiläufig begünstigt und die Zivilperson dem begünstigten Personenkreis angehört (**sog. Schutznormtheorie**[19] **oder Schutzzwecklehre**). Diese Interpretation folgt zwar nicht aus Art. 19 IV GG, der die Existenz der subjektiven Rechte voraussetzt[20] und ihnen nur die Klagbarkeit verleiht.[21] Sie ergibt sich aber aus der Gesamtsicht des Grundgesetzes[22] und insbesondere aus grundrechtlichen Überlegungen.[23]

---

[14] S. Stober, Rechtsfragen bei Mitgliederklagen, 1984; Kluth DVBl 1986, 716; Kluth, Funktionale Selbstverwaltung, 1997, S. 330 f.; BVerwG GewArch 1987, 375; 1999, 193; BVerfG GewArch 2002, 111 (113); aM Murswiek in Sachs, GG, 9. Aufl., Art. 2 Rn. 119 mwN; Barczak in Dreier GG Art. 2 I Rn. 40; OVG Bremen NJW 1994, 1606.

[15] S. zB BGH NJW 1967, 1754 u. DVBl 1969, 204; BVerwG DVBl 1970, 60.

[16] BVerwG NVwZ 1993, 63 f.

[17] Schmidt-Preuß, Kollidierende Privatinteressen im Verwaltungsrecht, S. 41 ff.

[18] S. Bühler GS Jellinek, 1955, 281.

[19] Kahl/Ludwigs VerwaltungsR-HdB/Edenharter § 95 Rn. 9 ff.

[20] BVerwG NVwZ 1993, 890.

[21] S. näher Voßkuhle, Rechtsschutz gegen den Richter, 1992, §§ 10 f.

[22] BVerfGE 15, 281; 7, 297; BVerwGE 1, 159; OVG Münster DVBl 1968, 660; Bachof GS Jellinek, 1955, 301 ff. (303 ff.).

[23] Saurer in Stern/Sodan/Möstl StaatsR III, 2. Aufl., § 63 B II.

4. Schutzzweckinterpretation und gesetzliche Vorgaben

Eine Herausarbeitung des Schutzzwecks eines Rechtssatzes ist entbehrlich, wenn eine Vorschrift ausdrücklich bestimmte Personen begünstigt, eindeutig auf den Schutzzweck abstellt oder ein subjektives Recht fingiert. 13

Beispiele: § 3 UIG enthält einen Anspruch auf freien Zugang zu Umweltinformationen. Nach § 97 VI GWB besteht ein Anspruch auf Einhaltung des Vergabeverfahrens.

Etwas anderes gilt aber, wenn ein Gesetz insgesamt den Schutz bestimmter Rechtsgüter bezweckt. In diesen Fällen kann auf eine Auslegung der einzelnen Bestimmungen unter Berücksichtigung des Gesetzeszwecks nicht verzichtet werden. 14

Beispiele: § 1 BImSchG; § 1 ChemG; § 1 GenTG; § 1 LFGB.

Eine Interpretation kann ferner entfallen, wenn ein Rechtssatz das Vorliegen eines subjektiven öffentlichen Rechts ausdrücklich ausschließt. 15

Beispiele: Nach § 1 III BauGB besteht auf die Aufstellung von Bauleitplänen kein Anspruch. Nach § 123 III BauGB besteht kein Anspruch auf Erschließung.[24] Die Bundesanstalt für Finanzdienstleistungsaufsicht handelt nach § 4 IV FinDAG nur im öffentlichen Interesse.

Soweit im Übrigen der Schutzzweck zu ermitteln ist, kommt es auf eine **objektive Bewertung der Interessen** an. Die Abgrenzung bereitet im Einzelfall erhebliche Schwierigkeiten. Sie wird deshalb auch wegen der „Variabilität" der Ergebnisse kritisiert.[25] 16

Beispiele: Zur Frage, ob Rechte einzelner bei Abtragung eines Lenindenkmals betroffen sind;[26] zur Frage, ob Baumschutzverordnungen im Interesse einzelner erlassen sind;[27] zur Frage, ob das Nebentätigkeitsrecht für Beamte auch im Interesse des einzelnen Beamten erlassen ist.[28]

5. Insbesondere zum Schutz Dritter

Probleme bei der interpretatorischen Feststellung des Schutzzwecks ergeben sich ferner bei den sog. **Drittbeteiligungsfällen.**[29] Bei dieser Kategorie geht es um die Frage, ob und inwieweit sich von einem Verwaltungsrechtsverhältnis betroffene dritte Zivilpersonen an dem Schutz der Verwaltungsrechtsnorm beteiligen können.[30] Dabei kann es sich um **materiellrechtliche** und um **verfahrensrechtliche Positionen** handeln.[31] Man spricht in diesem Zusammenhang von Verwaltungsmaßnahmen mit **Drittwirkung,** die sich aus mehrseitigen, mehrpoligen, multipolaren und polygonalen **Verwaltungsrechtsverhältnissen**[32] ergeben. 17

[24] BVerwGE 88, 166; s. aber auch § 124 BauGB sowie BVerwG DÖV 1982, 156 und BVerwGE 92, 8 ff., wonach sich die Erschließungsaufgabe zu einem Erschließungsanspruch verdichten kann.

[25] Bauer, Geschichtliche Grundlagen, S. 241.

[26] OVG Berlin LKV 1992, 26.

[27] VGH Mannheim BWVPr. 1991, 259; OVG Lüneburg NJW 1996, 3225.

[28] BVerwGE 99, 64 ff.

[29] S. auch BVerwGE 27, 29; BVerwG DVBl 1984, 145; Roth, Verwaltungshandeln mit Drittbetroffenheit und Gesetzesvorbehalt, 1991, S. 38.

[30] S. näher Preu, Subjektivrechtliche Grundlagen des öffentlich-rechtlichen Drittschutzes, passim.

[31] S. näher zum Verfahrensrecht Schmidt-Preuß, Kollidierende Privatinteressen im Verwaltungsrecht, S. 496 ff.

[32] Näher Schmidt-Preuß, Kollidierende Privatinteressen im Verwaltungsrecht, S. 496 ff.

18 Drittschutz ist in Anlehnung an die bisherigen Ausführungen zu bejahen, wenn der im Streit stehende Rechtssatz mindestens auch dazu bestimmt ist, den Interessen bestimmter Dritter derart zu dienen, dass die Träger der Individualinteressen die Einhaltung des Rechtssatzes verlangen können und die Dritten dem begünstigten Personenkreis angehören (Erweiterung der Schutznormtheorie zur **Drittschutznormtheorie**).[33] Unklar ist, ob der Drittschutz einen „fest abgrenzbaren Kreis" Betroffener voraussetzt. Nach Ansicht des BVerwG[34] ist entscheidend, ob sich aus individualisierenden Tatbestandsmerkmalen ein Personenkreis entnehmen lässt, der sich von der Allgemeinheit unterscheidet.[35]

Beispiel: § 21 BJagdG dient auch den Individualinteressen der Waldeigentümer, die nach dem Entscheidungsprogramm der Norm die Einhaltung des Rechtsstaates verlangen und auf Erhöhung der Abschlusszahlen für einen Jagdbezirk klagen können.[36]

19 Typische Fallkonstellationen mit Drittbezug sind die subjektiven Berechtigungen von **Nachbarn** (zB Bau-, Gewerbe-, Straßen-, Immissions- und allgemein Umweltnachbarn),[37] von **Konkurrenten** (zB Berufs-, Dienst-, Auftragsvergabe-, Subventionskonkurrenten) und von **Arbeitnehmern.** Dritte können nicht rügen, die Berechtigung sei objektiv rechtswidrig. Sie müssen vielmehr darlegen, dass sie gegen einen Rechtssatz verstößt, der drittschützenden Charakter besitzt (zB Grenzabstand-, Feuer- und Gesundheitsvorschriften).

Beispiele: Die Festsetzung von Baugebieten durch Bebauungspläne hat grundsätzlich nachbarschützende Funktion. Derselbe Nachbarschutz besteht auch nach § 34 II BauGB und gemäß der BauNVO.[38] Hingegen ist § 36 I BauGB keine Schutznorm für die Gemeindebürger[39] und die §§ 8, 11 BauNVO gewährleisten ebenso wenig Nachbarschutz gegen großflächige Einzelhandelsbetriebe[40] wie die Festsetzungen des Maßes der baulichen Nutzung durch Bebauungspläne.[41] Das Abwägungsgebot des § 1 VII BauGB und das LuftVG vermitteln den Anwohnern in der Nachbarschaft des Plangebietes Drittschutz.[42] § 19 BImSchG begründet keinen Drittschutz gegen eine Windenergieanlage.[43] Sperrzeitregelungen haben drittschützende Funktion.[44]

20 Im Gegensatz zum Nachbarrecht sind das Unionsrecht sowie das Grundgesetz grundsätzlich konkurrenzschutzfeindlich. Der EUV ist auf eine offene Marktwirtschaft mit freiem Wettbewerb ausgelegt (Art. 3 III EUV) und das Grundgesetz schützt trotz sei-

---

33 S. BVerwGE 92, 313 (317); 94, 151 (159); 98, 118 (120 f.); BFH NVwZ 1999, 107 ff. Krit. zur Ausdehnung auf multipolare Konfliktlagen Schmidt-Preuß, Kollidierende Privatinteressen im Verwaltungsrecht, S. 208 ff.; Blankenagel VERW1993, 1 ff.

34 BVerfGE 94, 151 (158).

35 S. auch Kloepfer UmweltR, § 8 B II.

36 BVerwGE 98, 118 ff. und dazu Dietlein JuS 1996, 593 ff.; BVerwG NJW 1999, 592 f.

37 S. näher Marburger, Ausbau des Individualschutzes gegen Umweltbelastungen als Aufgabe des bürgerlichen und öffentlichen Rechts, S. 16 ff., 51 ff.; Blankenagel VERW1993, 1; Schmidt-Preuß, Kollidierende Privatinteressen im Verwaltungsrecht, S. 278 ff.; Seidel, Öffentlich-rechtlicher und privatrechtlicher Nachbarschutz, 2000; Muckel JuS 2000, 132 ff.; Kloepfer UmweltR, § 8 B II.

38 BVerwGE 94, 151 ff.; OVG Greifswald LKV 1999, 66 ff.; BVerwG DÖV 2000, 640; Dürr DÖV 1994, 841 ff.; Beljin/Micker JuS 2003, 860 ff.; Kment NVwZ 2003, 1047.

39 BVerwG NVwZ 1997, 991.

40 OVG Lüneburg NVwZ 1997, 1012.

41 BVerwG NVwZ 1996, 170.

42 BVerwG DÖV 2002, 1038 ff.; BVerwGE, 115, 159.

43 OVG Münster NVwZ 2003, 361.

44 BVerwG DVBl 1996, 1192.

ner wirtschaftsverfassungsrechtlichen Offenheit die Wettbewerbsfreiheit und Wettbewerbsgleichheit.[45]

21 Gelegentlich sieht die Verwaltungsrechtsordnung jedoch aus unterschiedlichen Erwägungen einen **beschränkten Konkurrenzschutz** vor.

Beispiel: Konkurrenzschutz für vorhandene Verkehrsunternehmer.[46]

22 Daneben können sich gelegentlich **Arbeitnehmer** auf verwaltungsrechtliche Berechtigungen berufen.

Beispiele: Subjektives Recht gegen die Erteilung einer Erlaubnis oder Feststellung, dass Sonn- und Feiertagsbeschäftigung zulässig ist.[47] Keine Berechtigung von Arbeitnehmern gegen eine Beihilfeentscheidung.[48]

23 Die Vorschriften über die **kommunale Wirtschaftstätigkeit** dienen zwar nicht in erster Linie dem Konkurrenzschutz der Privatwirtschaft. Diese Zielsetzung schließt jedoch eine Grundrechtsbeeinträchtigung und eine drittschützende Wirkung nicht aus.[49]

6. Zur Kritik der Schutznormtheorie

24 Die hier favorisierte **Schutznormtheorie** wird von der Verwaltungsrechtsprechung durchgängig praktiziert.[50] Sie ist auch im Schrifttum weitgehend anerkannt.[51] Diese weitgehende Akzeptanz und grundsätzliche Bewährung[52] darf jedoch nicht darüber hinwegtäuschen, dass gelegentlich ein **„Abschied von der Schutznormtheorie"** gefordert wird[53] und von einer Krise des subjektiven öffentlichen Rechts[54] bzw. von der Notwendigkeit einer **Revision des subjektiv-öffentlichen Rechts**[55] die Rede ist. So wird teilweise das Abstellen auf subjektive Erfordernisse zum Schutz von Zivilpersonen gänzlich abgelehnt.[56] Diese Ansicht ist zwar rechtspolitisch vertretbar, aber rechtsdogmatisch unhaltbar. Sie widerspricht unionsrechtlichen (Art. 263 AEUV), verfassungsrechtlichen (Art. 19 IV, 93 I Nr. 4a GG) sowie verwaltungsrechtlichen

45 Schmidt-Preuß, Kollidierende Privatinteressen im Verwaltungsrecht, S. 77 ff., 348 ff.; BVerfGE 55, 261 ff.

46 BVerwGE 30, 347; BVerwG DVBl 2000, 1614.

47 BVerwG JZ 2001, 403 ff.

48 EuGH NVwZ 2001, 307 f.

49 S. Stober/Korte, ÖffWirtschaftsR AT, 20. Aufl. 2023, § 24 I; bejahend RlPfVerfGH DVBl 2000, 992; OVG Münster NVwZ 3003, 1520 und dazu Antweiler NVwZ 2003, 1467; Pielow, Grundstrukturen öffentlicher Versorgung, 2001, 711 f.; Weiß, Privatisierung und Staatsaufgaben, 2002, S. 267 ff.; Löwer VVDStRL 60 (2001), 416 (444 ff.); ablehnend OLG Karlsruhe DÖV 2001, 431; BGH NVwZ 2003, 246; s. allgemein J. P. Schneider DVBl 2000, 1250 ff.; A. Faber DVBl 2003, 761 ff.; Wieland VERW36 (2003), 225 ff.; Ehlers, Gutachten E zum 64. DJT, 2002, S. 84.

50 S. BVerwGE 1, 83; 68, 58; BVerwG NVwZ 1985, 38; BVerwGE 80, 259 f.; BGHZ 86, 356; H. Bauer, Geschichtliche Grundlagen.

51 S. zum Meinungsstand Marburger, Ausbau des Individualschutzes gegen Umweltbelastungen als Aufgabe des bürgerlichen und öffentlichen Rechts, S. 19 ff., Fn. 47; Kloepfer UmweltR, § 8 B II mwN; Kopp/Ramsauer VwVfG 24. Aufl., Einführung Rn. 66 und für Österreich Raschauer, Allgemeines Verwaltungsrecht, 1998, S. 548 f.

52 56. DJT, Sitzungsbericht L, 1986, S. 263.

53 Sening NuR 1980, 102 ff.

54 Bauer, Geschichtliche Grundlagen, S. 128 ff.; Bauer AöR 113 (1988), 582 (586).

55 Masing, Die Mobilisierung des Bürgers, 1997, S. 111 ff., 194 ff.

56 S. etwa Sening BayVBl. 1982, 428.

(§ 42 II und § 47 II VwGO) Systementscheidungen, die jeweils das Ziel verfolgen, Popularklagen auszuschalten.[57] Das subjektive Recht ist als rechtstechnischer Anknüpfungspunkt auch dann unentbehrlich,[58] wenn es gelegentlich zur gesetzlichen Realisierung demokratischer, rechtsstaatlicher, ökologischer oder sozialer Zwecke außer Kraft gesetzt wird.

25 Teilweise wird die Schutznormtheorie weitgehend als entbehrlich angesehen, weil sich der subjektive Rechtsschutz unmittelbar aus den Grundrechten[59] oder aus Verfassungsprinzipien[60] ergäbe. Diese Auffassung übersieht die Anspruchsoffenheit der Grundrechte[61] sowie die rechtsstaatlich-demokratische Komponente des Individualschutzes.[62] Danach ist der Gesetzgeber dazu berufen, die Grundrechte auszugestalten und zu konkretisieren.[63] Denn das Gesetzeserfordernis trägt dem Gedanken Rechnung, dass die Konfliktentscheidungs- und Schlichtungsprärogative dem demokratisch legitimierten Gesetzgeber obliegt, der die unterschiedlichen Interessen abwägen und zum Ausgleich bringen muss.[64] Soweit Schutzregelungen des einfachen Rechts vorhanden sind, kann ein weitergehender unmittelbar auf Grundrechten beruhender Anspruch nicht bestehen.[65]

26 Soweit eine **Neukonzeption der subjektiv-öffentlichen Rechte**[66] bzw. eine Modifizierung dahin gefordert wird, dass sie lediglich Bestandteile von **Verwaltungsrechtsverhältnissen** sind,[67] ist dieser Neuorientierung beizupflichten (→ § 32 Rn. 32 ff.) weil sie eine umfassende Einbeziehung der Interessen und Normen ermöglicht. Das schließt jedoch die getrennte Behandlung zur Herausarbeitung von Unterschieden weder aus noch wird die Rechtsfigur des subjektiven öffentlichen Rechts dadurch überflüssig.[68]

7. Schutznormtheorie und Unionsrecht

27 Die bisherigen Ausführungen haben die Schutznormtheorie nur aus der Sicht des deutschen Verwaltungsrechts problematisiert. Davon ist die unionsrechtliche Seite zu unterscheiden. Insoweit wird vertreten, dem Unionsrecht läge eine andere Konzeption zugrunde.[69] Sie wird dahin umschrieben, die Unterscheidung nach objektivem („contenieux objectif") und subjektivem Recht („contenieuxsubjectif") sei nicht

[57] S. auch FS Menger, 1985/Krebs, 191 (197); FS Brohm, 2002/Ibler, 404 (410 f.).
[58] Roellecke AöR 114 (1989), 589 ff.
[59] Zuleeg DVBl 1976, 509 ff.
[60] Wiegand BayVBl. 1994, 609 ff. und 647 ff.
[61] FS Menger, 1985/Krebs, 201; Dietlein, Die Lehre von den grundrechtlichen Schutzpflichten, 1992, S. 133 ff.
[62] BVerwGE 91, 135 (139).
[63] S. auch Marburger, Ausbau des Individualschutzes gegen Umweltbelastungen als Aufgabe des bürgerlichen und öffentlichen Rechts, S. 97; Blankenagel VERW1993, 1 ff.; Wahl DVBl 1996, 641 ff.; Schmidt-Aßmann, Verwaltungsrecht, S. 77 ff.; Schwerdtfeger NVwZ 1983, 199 ff.
[64] Schmidt-Preuß, Kollidierende Privatinteressen im Verwaltungsrecht, S. 189 ff.
[65] BVerwGE 89, 69 (78); s. näher Alexy, Theorie der Grundrechte, 1985; Lübbe-Wolff, Die Grundrechte als Eingriffsabwehrrechte, 1987, S. 86 ff.; Pietzcker FS Bachof, 1984, 131 ff.
[66] Bauer, Geschichtliche Grundlagen, S. 161 ff.
[67] S. etwa Henke DÖV 1980, 621 ff.
[68] Schmidt-Aßmann, Verwaltungsrecht, S. 82; ebenso Bauer, Geschichtliche Grundlagen, S. 172; AöR 113 (1988), 582 ff. (610 ff.); Krause, Rechtsverhältnisse in der Leistungsverwaltung VVDStRL 45 (1987), 212 (221).
[69] S. etwa Sachs in Stelkens/Bonk/Sachs, VwVfG, 10 Aufl. 2023, § 40 Rn. 144 mwN.

klar erkennbar, weil der EuGH[70] im Interesse einer Durchsetzung des Unionsrechts aus inhaltlich unbedingten und hinreichend genauen Verpflichtungen der Mitgliedstaaten ohne weiteres auf die klageweise Durchsetzbarkeit **(invocabilité)** eines Unionsbürgers schließe.[71] Es bestehe im Interesse des éffet utile die Tendenz, die Vollzugsüberwachung letztlich in die Hände der betroffenen Unionsbürger zu legen,[72] auch um eine Sanktionierung zu ermöglichen.[73]

Sollte damit gemeint sein, das Unionsrecht bejahe Popularansprüche und gestatte Popularklagen iSe **Anspruches auf Vollzug des Gemeinschaftsrechts**,[74] oder das europäische und deutsche Konzept seien im Ansatz unvereinbar,[75] dann ist diese Ansicht schon aufgrund einer Analyse des positiven Unionsrechts und der Rechtsprechung abzulehnen,[76] weil das Unionsrecht generell nicht auf einen allgemeinen Individualbezug verzichtet.[77] Das zeigen etwa Art. 263 IV AEUV und Art. 243 Zollkodex, die jeweils auf die unmittelbare und individuelle Betroffenheit der Zivilpersonen abstellen.[78] 28

Im Übrigen setzt auch das deutsche Recht nicht stets das Vorhandensein eines subjektiven Rechts voraus, wie § 42 II VwGO und die objektivrechtliche Beanstandungsfunktion des § 47 VwGO belegen.[79] Diese Systemausnahmen sind aber nicht mit ausländischen Konzeptionen vergleichbar, die teilweise ein **„intérêt pour agir"** oder **„sufficient interest"** genügen lassen und damit die einzelne **Zivilperson als Anwalt der Allgemeinheit** („procureur de la loi") akzeptieren.[80] Vielmehr obliegt es dem Unionsgesetzgeber und dem EuGH, den Schutzbereich der Norm entsprechend den Unionsinteressen enger oder weiter zu fassen. Diese Gestaltungsfreiheit mag zwar zu einer Diskrepanz zwischen einem eher restriktiven Individualrechtsschutz gegenüber der Union und einem eher großzügig bemessenen Rechtsschutz gegenüber den Mitgliedstaaten führen,[81] diese Ausdehnung ist aber weder ein Konzeptionsbruch noch eine Systemveränderung,[82] sondern lediglich eine partielle Systemdurchbrechung bzw. eine Auflockerung,[83] iSe Flexibilisierung, die auf einem modifizierten unions- 29

[70] EuGH NVwZ 1994, 885 Rn. 8.
[71] v. Danwitz, Verwaltungsrechtliches System und europäische Integration, 1996, S. 175 ff., 233 ff., 246; v. Danwitz DÖV 1996, 481 ff.
[72] Masing, Die Mobilisierung des Bürgers, S. 52; Schmidt-Aßmann, Verwaltungsrecht, S. 35; Stüber JURA 2001, 798 ff.
[73] So Ruffert DVBl 1998, 69 (71).
[74] So v. Danwitz, Verwaltungsrechtliches System und europäische Integration, 1996, S. 246.
[75] So Masing, Die Mobilisierung der Bürger, 1997, S. 176 ff.
[76] Ebenso Zuleeg NJW 1993, 37; Stern JuS 1998, 769 (771); unklar Kokott VerwArch 31 (1998), 335 (352 ff.).
[77] Kadelbach, Allgemeines Verwaltungsrecht unter europäischem Einfluss, 1999, 369 ff., 386, 442; EuGH NVwZ 2001, 307 ff.; Stüber JURA 2001, 798 ff.; Götz DVBl 2002, 1 ff.; EuGH NJW 2005, 1177.
[78] S. auch EuGH Slg. 1991, I-2607 (2631); s. zur Bestätigung der Schutznormlehre durch den EuGH auch Triantafyllou DÖV 1997, 192 (195 f.).
[79] S. auch Masing, Die Mobilisierung des Bürgers, 1997, S. 117 ff.; Classen NJW 1995, 2457 (2463).
[80] S. dazu etwa aus französischer Sicht Woehrling NVwZ 1985, 21; v. Danwitz, Verwaltungsrechtliches System und europäische Integration, 1996; Schwarze NVwZ 2000, 241 (248).
[81] So v. Danwitz, Verwaltungsrechtliches System und europäische Integration, 1996, S. 177.
[82] So aber Happ in Eyermann, § 42 Rn. 81 ff.
[83] So Ruffert DVBl 1998, 68 (74).

rechtlich geprägten Verständnis der Schutznormtheorie beruht[84] (sog. **unionsrechtlich modifizierte Schutznormtheorie**), die als **Interessentennormtheorie** bezeichnet werden kann.[85]

Beispiele: Unionsrechtlicher Umweltinformationsanspruch, Zugang zu Dokumenten der Unionsorgane, auch im Interesse einer Verwaltungskontrolle.

30 Sie kommt wegen des Anwendungsvorrangs (→ § 17 Rn. 4) insbesondere zum Tragen, wenn mitgliedstaatliche Vorschriften im Gegensatz zum Unionsrecht kein subjektives Recht einräumen.[86]

IV. Die Voraussetzungen einer Berechtigung im Sinne eines subjektiven Rechts

31 Soweit der Gesetzgeber die Existenz einer Berechtigung nicht definiert und die Entstehung der Ansprüche nicht näher fixiert hat (s. dazu §§ 38 ff. SGB I) müssen folgende Voraussetzungen erfüllt sein,[87] um ein **subjektives Recht** annehmen zu können:

– ein materielles Gesetz (nicht nur programmatische Deklaration oder Verwaltungsanordnung), das
– auf Grund eines bestimmten Tatbestandes
– einen Verpflichteten (zB Schuldner, Duldungsverpflichteten, Störer) und einen Berechtigten zu bestimmen gestattet, der
– durch die Rechtsfolge unmittelbar ausschließlich oder mindestens auch im Eigeninteresse gegenüber dem Verpflichteten begünstigt werden soll (Begünstigungszweck, Begünstigungsabsicht).

1. Erfordernis eines materiellen Gesetzes

32 Berechtigungen von Zivilpersonen dürfen im demokratisch verfassten Rechtsstaat grundsätzlich nur begründet, festgestellt, geändert oder aufgehoben werden, soweit ein Gesetz es vorschreibt oder zulässt (→ § 30 Rn. 28 ff.). Teilweise ist dieses Erfordernis ausdrücklich festgelegt (s. etwa § 31 SGB I für Sozialleistungen). Besondere Bedeutung erlangt das Erfordernis des **Gesetzesvorbehaltes** bei Drittbetroffenheit.[88]

33 Eine **Verwaltungsvorschrift** (→ § 24 Rn. 18 ff.) genügt als solche nicht zur Begründung von Berechtigungen, weil die Exekutive keine Konfliktschlichtungsprärogative besitzt.[89] Sie kann aber, sofern sie eine gleichmäßige Verwaltungsübung zur Folge hat, zum **Anspruch auf Gleichbehandlung** führen.[90]

2. Erfordernis eines bestimmten Tatbestandes

34 Materielle Gesetze genügen nur dann, wenn sie es ermöglichen, den die Berechtigung bedingenden Tatbestand, den oder die Verpflichteten und den Berechtigten zu bestimmen. An dieser **Bestimmtheit** fehlt es vor allem bei **Staatszielbestimmungen,**

---

[84] S. auch Kadelbach, Allgemeines Verwaltungsrecht unter europäischem Einfluss, 1999, S. 378 ff.
[85] S. zur Interessentenklage Götz DVBl 2002, 1 ff.
[86] S. auch Schwarze in Schwarze, Das Verwaltungsrecht unter europäischem Einfluss, 1996, S. 175 ff. mwN.
[87] S. auch Bauer, Geschichtliche Grundlagen, 1986, S. 135; BVerfGE 51, 193 (211).
[88] S. näher Roth, Verwaltungshandeln mit Drittbetroffenheit und Gesetzesvorbehalt, 1991, S. 118 ff.
[89] Schmidt-Preuß, Kollidierende Privatinteressen im Verwaltungsrecht, 2005, S. 232 f.
[90] BVerwG DÖV 1997, 732 ff.

die regelmäßig einer Konkretisierung bedürfen (→ § 18 Rn. 5, → § 19 Rn. 5). Subjektive Rechte entstehen erst dann, wenn Zivilpersonen aus Ausprägungen begünstigt werden sollen (Art. 141 III 1 BayVerf – Recht auf Naturgenuss).[91] Rechte aus der **Unionsbürgerschaft** (Art. 20 ff. AEUV) sowie **Grundrechte** sind zwar typische subjektive öffentliche Rechte (näher → § 33 Rn. 9 ff.). Bestimmte Gewährleistungen – insbesondere Leistungsrechte – lassen sich aber nicht immer sicher aus den jeweiligen Formulierungen ableiten. Vielmehr muss auch hier eine Auslegung weiterhelfen.[92]

Beispiele: Ein allgemeines **Umweltgrundrecht,** das auf die Schaffung und Erhaltung einer sauberen, gesunden, schadlosen und unzerstörten Umwelt gerichtet ist, kennt das Verfassungsrecht neben dem in Art. 20a GG verankerten Staatsziel Umweltschutz nicht.[93]

Rechtsprechung und Literatur leiten aus dem **Unionsrecht unmittelbare Rechte für Einzelpersonen** ab, die an Rechtsverhältnissen beteiligt sind, die dem Gemeinschaftsrecht unterliegen.[94] Der Berechtigungsgehalt wird mit dem Vertragsziel begründet, die objektivrechtlichen **Grundfreiheiten** auch gegenüber Einzelpersonen zu realisieren und sie damit zu begünstigen. 35

Beispiele: Art. 45 AEUV (ex-Art. 39 EGV) entfaltet Bindungswirkung gegenüber Privaten.[95] Art. 107 ff. AEUV haben für Wettbewerber anspruchsbegründende Wirkung, wenn die Feststellung der Kommission erfolgt oder die Sperrwirkung eingetreten ist und die unternehmerische Existenz des Konkurrenten gefährdet wird.[96] Subjektive Rechte können sich ferner aus Unionsverordnungen ergeben (Art. 263 IV AEUV).

Nach der Rechtsprechung des BVerfG und des BVerwG verletzt jeder rechtswidrige Akt öffentlicher Gewalt denjenigen, den er beschwert, in seinem **Recht auf allgemeine Handlungsfreiheit**[97] bzw. in dem jeweils einschlägigen Freiheitsrecht.[98] Daraus haben BVerfG und BVerwG einen **Anspruch auf Unterlassung** und ggf. Aufhebung jeglicher Belastung mit einem nicht in der verfassungsmäßigen Ordnung begründeten Nachteil hergeleitet.[99] Das ist in dieser Formulierung zu weit und kann jedenfalls nicht alle rein tatsächlichen Nachteile umfassen, weil sonst jeder Unterschied zwischen Recht und Reflex beseitigt und ein **allgemeiner Gesetzesvollziehungsanspruch** für jedermann anerkannt würde, der einem grundrechtlich aufgeladenen Gesetzesvollziehungsanspruch gleichkäme.[100] 36

[91] S. VGH München BayVBl. 1973, 211 und VerfGH Bayern BayVBl. 1986, 750; anders aber Art. 10 III 2 SächsVerf.

[92] S. BVerwGE 91, 135 zum Anspruch auf Benutzung einer öffentlichen Einrichtung iVm Art. 8 GG.

[93] S. auch BVerwG NJW 1975, 2355; VerfGH Bayern BayVBl. 1986, 750.

[94] EuGH Slg. 1978, I-629 (643); Schmidt-Preuß, Kollidierende Privatinteressen im Verwaltungsrecht, S. 240 ff.

[95] EuGH NJW 2001, 1841 f.

[96] S. Schmidt-Preuß Kollidierende Privatinteressen, S. 242; s. aber auch Classen VerwArch 88 (1997), 645 ff. (664); EuGH EuZW 1996, 702.

[97] BVerfGE 9, 88; 11, 326; 72, 200 (245); 80, 137 ff.; BVerwGE 30, 198.

[98] BVerfGE 13, 190; 24, 384 f.

[99] Dazu Schwabe DÖV 1973, 623.

[100] Schaefer in Stern/Sodan/Möstl StaatsR, § 77; Schmidt-Aßmann in Dürig/Herzog/Scholz GG Art. 19 IV Rn. 122.

3. Erfordernis eines Berechtigten

a) Zur Bestimmung eines Berechtigten

37 Bei der **Bestimmung eines Berechtigten** geht es um die Beantwortung der Frage, wer ein subjektives öffentliches Recht hat, das er geltend machen kann. Diese Feststellung kann dann schwierig werden, wenn es sich um Unterlassungsrechte handelt. Berechtigt ist dann nicht nur derjenige, an den sich ein Verwaltungsakt richtet, sondern auch derjenige, der oder dessen Sachen vom Inhalt des Verwaltungsaktes unmittelbar betroffen werden.

Beispiel: Der Pächter kann sich gegen die Inanspruchnahme des Pachtgrundstücks wehren.[101]

38 Die Auslegung wird auch dadurch erschwert, dass die Zivil- und die Allgemeininteressen einander nicht stets konkurrierend gegenüberstehen. Sie schließen sich erst recht nicht aus. Insbesondere können auch subjektive öffentliche Berechtigungen nicht nur im privaten, sondern auch und sogar vorwiegend im öffentlichen Interesse liegen.[102] Schließlich handelt es sich im öffentlichen Recht und gerade bei den berechtigenden Verpflichtungssätzen allgemein nicht um leicht bestimmbare einzelne, sondern um eine unbestimmte Vielheit abstrakt berechtigter Zivilpersonen (zB die Bauherren, die Nachbarn, die Gastwirte), deren übereinstimmende Interessen von denen der Allgemeinheit nicht leicht abzuheben sind.[103] Jedoch bleibt festzuhalten, dass Berechtigungen vom Gesetzgeber nur wegen der von ihm anerkannten Vorzugswürdigkeit bestimmter Interessen und also zugunsten der Träger dieser Interessen gewährt werden, und ferner Berechtigungen nur einer im Konkretisierungsfalle bestimmbaren Person zustehen können. Dabei kommt es auf ein **qualifiziertes sachliches Betroffensein** an,[104] das sich deutlich von den Auswirkungen abheben muss, die den einzelnen als Teil der Allgemeinheit treffen können.[105]

Beispiel: Die verwaltungsrechtliche Verletzung des sog. **Rücksichtnahmegebotes** reicht nicht aus.[106] Vielmehr muss das individuelle Interesse über das Rücksichtnahmegebot hinausgehen.[107]

b) Berechtigungen aus Verfahrensbeteiligungen

39 Die Einräumung eines **Beteiligungsrechts (zB der Anhörung)** ist nicht mehr als ein Indiz für eine materiellrechtliche Berechtigung, denn der Schluss von der verfahrensrechtlichen auf die materiellrechtliche Position ist nicht immer gerechtfertigt.[108] Vielmehr sind **Verfahrensbeteiligungen** als Ausprägung des status activus processualis (→ § 32 Rn. 23) auf Realisierung des materiellen Rechts zugeschnitten, dessen

---

[101] BVerwGE 105, 178 ff.
[102] BVerwGE 9, 340; 30, 348 f.
[103] S. Bernhardt JZ 1963, 302.
[104] S. auch Marburger, Ausbau des Individualschutzes gegen Umweltbelastungen als Aufgabe des bürgerlichen und öffentlichen Rechts, 1986, S. 35, 93.
[105] BVerwG NJW 1983, 1507 f.; BVerwGE 101, 157 (165).
[106] S. näher Schmidt-Preuß Kollidierende Privatinteressen, S. 252 ff.; Schmidt-Preuß DVBl 1999, 103 f.
[107] BVerwGE 94, 151 ff.; BVerwG NJW 1999, 592 ff.; DÖV 2001, 471 und dazu Schmidt-Preuß DVBl 1994, 288 ff.; Mampel DVBl 1994, 1053 ff.; Mampel DVBl 2000, 1830 ff.
[108] S. zB BVerwG DVBl 1967, 917; BVerwGE 28, 269; BVerwG DVBl 1967, 917; DÖV 1969, 428; NVwZ 1993, 63; Schmidt-Aßmann in Dürig/Herzog/Scholz GG Art. 19 IV Rn. 149; aM Bartlsperger DVBl 1970, 31 ff.

Durchsetzung sie realisieren sollen. Insofern ist zutreffend, wenn das BVerwG[109] von der dienenden Funktion der Verfahrensbeteiligung gegenüber dem Verfahrensziel spricht.[110] Daraus folgt, dass Verfahrensrechte, denen keine materiellen Rechte gegenüberstehen, grundsätzlich objektivrechtlicher Natur sind.[111]

c) Zur Berechtigung von Verbänden

Verbänden des öffentlichen und des privaten Rechts, denen die Wahrnehmung von Interessen ihrer Mitglieder obliegt, wachsen dadurch keine Rechte zu. Weder bewirkt die Koordination von Einzelinteressen im Verband, dass das Gruppeninteresse zu einem eigenen Recht des Verbandes erstarkt,[112] noch kann der Verband kraft Prozessstandschaft im eigenen Namen die Rechte der Mitglieder geltend machen.[113] Anders ist es, wenn Verbänden die Wahrnehmung von Interessen der Allgemeinheit durch Rechtssatz ausdrücklich übertragen ist.[114] 40

Beispiele: § 8 UWG;[115] §§ 63 ff. BNatSchG.[116]

Für die de lege ferenda weithin geforderte allgemeine Zulassung der Verbände **(Verbandsbeteiligung)** und der **Verbandsklage** besteht kein Bedürfnis, sofern das Unionsrecht dies nicht ausdrücklich zwingend vorschreibt.[117] Das gilt insbesondere für eine bundesrechtliche **Umweltklage**.[118] Die Ausgleichsfunktion iSe Kompensation[119] wegen fehlender Rechtsverfolgungschancen ist entbehrlich, weil der politische Einfluss ausreicht und bestimmte Verbandsprivilegien dem auf Rechtsgleichheit angelegten Verfassungsrecht widersprechen. Zwar lässt sich die Verbandsbeteiligung demokratisch motivieren, kooperationsrechtlich erklären und als Instrument gegen Vollzugsdefizite aktivieren.[120] Die Beseitigung von Vollzugshindernissen ist aber in erster Linie eine verwaltungsinterne Angelegenheit. Darüber hinaus ist es ein Unterschied, ob jemand als Repräsentant einer Gruppe mit einer bestimmten Erwartungshaltung oder als Individuum auftritt.[121] Eine unkontrollierte Ausdehnung widerspräche dem **subjektivrechtlich ausgerichteten Rechtsschutzsystem des Grundgesetzes** (§ 42 II und § 47 II VwGO; Art. 94 I Nr. 4a GG), das Popularklagen und objektive 41

---

[109] BVerwG NVwZ 1993, 890.

[110] S. auch Breuer FS Sendler, 1991, 357 (387); Schmidt-Preuß, Kollidierende Privatinteressen, S. 520 ff.

[111] BVerwG NVwZ 1993, 890.

[112] So aber Wolf, Die Klagebefugnis der Verbände, 1971 u. Faber, Die Verbandsklage im Verwaltungsprozess, 1972; Rehbinder ZRP 1976, 157; diff. Brohm VVDStRL 30 (1972), 301 f.

[113] S. BVerfGE 16, 158; BVerfG NVwZ 2001, 1148; VGH Mannheim NJW 1972, 1101; OVG Koblenz ZBR 1973, 109; VGH München BayVBl. 1973, 211.

[114] Kahl/Ludwigs VerwaltungsR-HdB/Schlacke, § 101.

[115] Kahl/Ludwigs VerwaltungsR-HdB/Janda, § 102 Rn. 44 ff.

[116] S. näher BVerwGE 87, 63; BVerwG NVwZ 1996, 392 und DÖV 1996, 998; DVBl 1997, 1123 ff. und DVBl 1998, 900 ff.; OVG Münster NVwZ-RR 1993, 15; Kloepfer UmweltR, § 12 A III 11; Calliess NJW 2003, 97 ff.; Gellermann NVwZ 2002, 1025 ff.; Seelig/Gündisch NVwZ 2002, 1032 ff.; Wilrich DVBl 2002, 872 ff.

[117] S. dazu etwa EuGH NVwZ 2001, 307 (309); aM Schmidt-Aßmann AllgVerwR, S. 83 f.

[118] AM der Rat von Sachverständigen für Umweltfragen, Stellungnahme Nr. 5 v. Februar 2005; Schunder FS Folz, 2003, 295 ff.; Kahl/Ludwigs VerwaltungsR-HdB/Schlacke, § 101 Rn. 27.

[119] Calliess NJW 2003, 97 ff.

[120] BVerwGE 104, 367 (371).

[121] S. auch Schmidt-Aßmann AllgVerwR, S. 83 f.

Beanstandungsverfahren vermeiden will[122] und birgt nach den bisherigen Erfahrungen die Gefahr der Verfahrensverlängerung in sich.[123] Etwas anderes gilt, wenn die Verbandsklage zur Realisierung bestimmter Grundrechte notwendig ist.

Beispiel: Verbandsklagerecht für Behindertenverbände nach § 15 I Behindertengleichstellungsgesetz (BGG).[124]

d) Berechtigte bei Berechtigungen von Subjekten öffentlicher Verwaltung

42 Die Bestimmung von Zivilpersonen als Berechtigte entfällt grundsätzlich, wenn Rechtssätze lediglich Subjekte öffentlicher Verwaltung berechtigen (schon → § 41 Rn. 1 ff.). Dabei kann es sich um **Rechtsetzungs-, Aufgaben-, Ausgaben-, Befugnis-, Gewährleistungs-, Aufsichts- und Organisationsnormen** handeln (→ § 43 Rn. 10). Diese Normen sind prinzipiell im öffentlichen Interesse, zur Gesetzmäßigkeit der Verwaltung, zur Aufrechterhaltung der Infrastruktur und Grundversorgung und im Rahmen der Organisationsgewalt erlassen. Folglich kann die Abgrenzung der Berechtigtenstellung nur über den Schutzzweck der einschlägigen Normen erfolgen.

Beispiele: Kein Anspruch auf Einschreiten und Ausübung der Rechtsaufsicht als Kommunal-, Hochschul-, Kammer-, Stiftungs-, Rundfunk-,[125] Bau-[126] oder sonstiger Körperschaftsaufsicht.[127] Kein Anspruch auf Tätigwerden der EU-Kommission.[128] Die Aufsicht nach § 4 IV FinDAG erfolgt nur im öffentlichen Interesse.[129] Kein Anspruch auf Schaffung, Erweiterung und Auflösung öffentlicher Einrichtungen. Kein allgemeines „Beanstandungsrecht" gegenüber dem Verhalten von Hoheitsträgern.[130]

43 Diese objektivrechtliche Ausrichtung schließt jedoch nicht aus, dass unter bestimmten Voraussetzungen auch Zivilpersonen berechtigt werden können.[131] Das ist insbesondere der Fall, wenn Grundrechte im Spiel sind oder die Verwaltung nicht ermessensfehlerhaft handeln darf.

Beispiele: Anspruch eines Beamten auf Erlass einer Verordnung.[132] Betroffenheit durch Prüfbemerkungen eines Rechnungshofes.[133] Nachbaranspruch auf bauaufsichtliches Einschreiten bei nachbarschützenden Normen.[134] Nach § 3 HGrG ermächtigt der Haushaltsplan die Verwaltung, Ausgaben zu leisten,

---

122 BVerwGE 92, 263 f.; Marburger, Ausbau des Individualschutzes gegen Umweltbelastungen als Aufgabe des bürgerlichen und öffentlichen Rechts, 1986, S. 98; Scholz ZG 2003, 248 ff.

123 S. zu den gegensätzlichen Argumenten Kloepfer UmweltR, § 8 B III; Schmidt-Aßmann VVDStRL 34 (1976), 221 (251); Masing, Die Mobilisierung des Bürgers, 1997, S. 121 ff.; Harings NVwZ 1997, 538 ff.; Ziekow VerwArch 91 (2000), 483 ff.; Ziekow/Siegel, Anerkannte Naturschutzverbände als „Anwälte der Natur", 2000.

124 Kahl/Ludwigs VerwaltungsR-HdB/Janda, § 102 Rn. 82 ff.

125 VGH Mannheim GewArch 1999, 330 f.

126 BVerwGE 115, 159.

127 BVerwGE 31, 33 (42); BayVGHE 9, 95; OVG Koblenz DÖV 1986, 152; OVG Münster NWVBl. 1992, 360 und NWVBl. 2004, 461; Schnapp DVBl 1971, 481; Stober, Rechtsfragen bei Mitgliederklagen, 1984, S. 39 ff.; Hendler DÖV 1986, 675 (683); Kluth DVBl 1986, 716; Kluth, Funktionale Selbstverwaltung, 1997, S. 330 ff.

128 EuGH EuZW 1997, 211; NJW 1998, 2809; 2005, 1177.

129 BGH NJW 2005, 742; EuGH NJW 2004, 3479.

130 OVG Münster NWVBl. 2000, 19.

131 Hampel DVBl 1999, 1403 ff.

132 BVerwG DÖV 2003, 123; Eisele, Subjektive öffentliche Rechte auf Normerlass, 1999; Sodan NVwZ 2000, 601 ff.

133 VGH München NVwZ-RR 1999, 549.

134 OVG Bremen NVwZ-RR 2002, 488.

ohne dass Ansprüche begründet werden. Berechtigungen von Zivilpersonen etwa aus Grundrechten stehen dieser Qualifizierung aber nicht entgegen.

4. Erfordernis einer Begünstigung insbesondere aus dem Unionsrecht

Teilweise wird bezweifelt, ob ein subjektives Recht bereits vorliegt, wenn eine gezielte Begünstigung nachgewiesen ist. So wird gelegentlich gefordert, dass darüber hinaus der begünstigten Zivilperson die normative Rechtsmacht zur Durchsetzung des Interessenschutzes eingeräumt ist, weil das sog. Rechtsmachtelement in Gestalt der Normendurchsetzungsbefugnis bzw. der Klagbarkeit das eigentliche Abgrenzungskriterium sei.[135] Diese Auffassung übersieht, dass der Durchsetzungsaspekt lediglich verfahrensrechtlicher Natur ist und das Verfahrensrecht die Existenz materieller Rechtspositionen voraussetzt. Deshalb ist an den genannten Prüfelementen festzuhalten.[136] 44

a) Berechtigungen aus Entscheidungen und Verordnungen

Die unionsrechtlichen Berechtigungen sind nicht einheitlich normiert. Nach Art. 263 IV AEUV können Zivilpersonen aus **Entscheidungen** und **Verordnungen** Berechtigungen ableiten, sofern sie unmittelbar und individuell betroffen sind. Unmittelbare Betroffenheit liegt vor, wenn sich die Verordnung zwangsläufig auf eine Zivilperson auswirkt, ohne dass es weiterer Umsetzungsakte bedarf.[137] Individuelle Betroffenheit ist gegeben, wenn eine Maßnahme sie wegen bestimmter persönlicher Eigenschaften oder auf Grund besonderer Umstände betrifft und sie gleichzeitig individualisierbar aus dem Kreis der übrigen Personen heraushebt.[138] 45

b) Berechtigungen aus Richtlinien und Rahmenbeschlüssen

Die Schutzzweckproblematik entsteht insbesondere bei der Frage nach **subjektiven Rechten aus Unionsrichtlinien,** die sich an den jeweiligen Mitgliedstaat richten, den sie zur Rechtsetzung verpflichten. Die Vorschrift enthält jedoch im Gegensatz zu Art. 263 IV AEUV keine Hinweise auf eine Begünstigung von Zivilpersonen. Der EuGH wiederum legt nach ständiger Rechtsprechung Richtlinien unter bestimmten Voraussetzungen eine **Durchgriffswirkung (Direktwirkung)** in dem Sinne bei, dass sie im Einzelfall unmittelbare Wirkung zugunsten von Zivilpersonen entfalten.[139] Das wird dann bejaht, wenn ein Mitgliedstaat seiner Umsetzungspflicht nicht vollständig oder nicht rechtzeitig nachkommt, die Richtlinie inhaltlich unbedingt und hinreichend genau bestimmt ist, keine Ermessens-, Beurteilungs- und Gestaltungsspielräume bestehen, ihre Anwendung keines weiteren Ausführungsaktes bedarf und sie zugunsten von Zivilpersonen (Unionsbürgern) gegenüber dem Mitgliedstaat wirkt oder den Mitgliedstaat gegenüber der Gemeinschaft verpflichtet. Dabei ist die Begünstigung gegenüber dem Mitgliedstaat nicht mit dem Erfordernis eines subjektiven 46

---

[135] Schenke in BK GG Art. 19 IV Rn. 482; Sachs NVwZ 1988, 127 (129); Dietlein JuS 1996, 593 (595); Röhl, Allgemeine Rechtslehre, 1994, § 42 II.

[136] Ebenso Sachs in Stelkens/Bonk/Sachs, § 40 Rn. 134 und für Österreich Raschauer, Allgemeines Verwaltungsrecht, 1998, S. 529.

[137] EuGH EuZW 2002, 529 und EuZW 2004, 343.

[138] EuGH NVwZ 2001, 307 (309 f.) und EuGH EuZW 2004, 343; s. näher Calliess NJW 2002, 3577 ff.; Lindner NVwZ 2003, 569 ff.; Wölker DÖV 2003, 570 ff.; F. Mayer DVBl 2004, 606 ff.; E. Schulte, Individualrechtschutz gegen Normen im Gemeinschaftsrecht, 2005.

[139] S. zB Krämer WiVerw 1990, 138; Winter DVBl 1991, 657; EuGH NVwZ 2020, 1177 Rn. 121 ff.

Rechts identisch.[140] Darüber hinaus wird eine unmittelbare Wirkung auch im Vorfeld der Umsetzungsfrist angenommen (sog. **Richtlinienvorwirkung**).[141]

47, 48 Ob eine Richtlinie dem Unionsbürger ein subjektives Recht einräumen will,[142] ist durch Auslegung nach dem Schutzzweck der Richtlinie zu ermitteln.[143] Dann können sich auch Zivilpersonen vor Behörden und Gerichten auf die Richtlinie berufen[144] und gegebenenfalls Schadensersatz von dem jeweiligen Mitgliedstaat verlangen.[145] Die Begünstigung von Zivilpersonen wird zum einen damit gerechtfertigt, dass sich ein Mitgliedstaat nicht rechtsmissbräuchlich verhält[146] und durch Unterlassen innerstaatlicher Rechtsetzungsmaßnahmen nicht der durch Art. 288 AEUV gewollten Verbindlichkeit entziehen dürfe.[147] Insoweit dient die unmittelbare Anwendung der Sanktionierung der Nichtumsetzung.[148] Auf diese Weise soll die Wirksamkeit des Unionsrechts verstärkt werden (Integrationsziel, Rechtssicherheit, Rechtsanwendungsgleichheit). Zum anderen soll die Durchgriffswirkung ausschließen, dass der Mitgliedstaat der Zivilperson, die sich auf die sie begünstigende Richtlinie beruft, sein eigenes Umsetzungsversäumnis entgegensetzt[149] und gegenüber dem Bürger von der Nichterfüllung seiner Umsetzungspflicht profitiert.[150]

c) Berechtigungen aus Primärrecht

49 Ferner können Berechtigungen auf primäres Unionsrecht gestützt werden.

Beispiele: Art. 157 AEUV (ex-Art. 141 I EGV) gebietet den Mitgliedstaaten die Anwendung des Grundsatzes des gleichen Entgelts für Männer und Frauen iSe Entgeltgleichheit bei gleicher oder gleichwertiger Arbeit.[151] Die von Art. 66 AEUV (ex-Art. 59 EGV) Begünstigten können sich unmittelbar auf diese Vorschrift berufen, um für sie hinderliche Vorschriften zu Fall zu bringen.[152]

5. Berechtigungen aus völkerrechtlichen Verträgen

50 **Völkerrechtliche Verträge** (dazu → § 25 Rn. 24 und → § 26 Rn. 4 ff.) berechtigen grundsätzlich nur die Vertragsstaaten als Völkerrechtssubjekte.[153] Sie können unmittelbare Rechte einzelner Bürger begründen, wenn sie nicht lediglich rechtspolitische Zielsetzungen enthalten und sich die Vertragsparteien die Umsetzung in einklagbare

---

140 Calliess NVwZ 1996, 339 (341); Epiney DVBl 1996, 409 (411 ff.); EuGH Slg. 1995, I-2189 (2220 f.); EuGH EuZW 2004, 279 ff. und EuGH NJW 2004, 3547 ff.
141 EuGH EuZW 1998, 167 ff.; BVerwGE, 107, 1 ff.; Schliesky DVBl 2003, 631 ff.
142 Pernice NVwZ 1990, 414 (424); Haneklaus DVBl 1993, 129 (132 ff.); Scherzberg JURA 1993, 225 ff.
143 S. Steinberg/Klößner BayVBl. 1994, 33 (38).
144 EuGH NJW 1982, 499; RIW 1990, 407; NVwZ 1994, 885; NJW 1997, 3365; EuZW 1998, 660; BVerfGE 75, 223 (242); BVerwG NJW 1988, 1534; BGH BB 1993, 1965; Bach JZ 1990, 1108 ff.
145 EuGH NJW 1992, 165 und NJW 1996, 3141 sowie EuGH EuZW 1997, 530; Reich EuZW 1996, 709 ff.; Ossenbühl/Cornils StaatsHaftR, S. 595 ff.
146 Papier DVBl 1993, 809.
147 EuGH DVBl 1989, 34; Jarass NJW 1990, 2420 (2422).
148 S. dazu auch Weiß DVBl 1998, 568 ff.
149 S. ferner Langenfeld DÖV 1992, 995 ff.; Müller-Graff NJW 1993, 13 ff.
150 Haneklaus DVBl 1993, 129 (131).
151 OVG Münster NWVBl. 2004, 104.
152 OVG Münster DVBl 2000, 1075.
153 EuGH EuZW 1996, 118; BGH NJW 1995, 2174; Kuschel EuZW 1995, 685 ff.; Sack EuZW 1997, 650; Meng FS Rudolf, 2003, 65 ff.

Rechte nicht vorbehalten haben.[154] Subjektive Rechte werden vor allem angenommen, wenn völkerrechtliche Verträge unmittelbar gelten. Das wird dann angenommen, wenn Völkerrecht ausdrücklich in eigene Rechtsvorschriften überführt und internationale ausdrücklich anerkannt werden.[155] Das setzt voraus, dass die betreffende Norm auf Grund einer Auslegung hinreichend bestimmt ist und keiner weiteren Ausführung durch nationale Stellen bedarf.[156]

Beispiele: Aus einer UN-Charta[157] und aus dem GATT/WTO-Abkommen können Zivilpersonen keine subjektiven Rechte ableiten.[158] Das ergibt sich vornehmlich aus der Formulierung des Art. 16 IV GATT/WTO. Etwas anderes kann aber für Art. 41 TRIPS gelten, der subjektivrechtlich ausgestaltet ist.[159]

Neuerdings schließt der EuGH die begünstigende Wirkung von WTO-Recht jedenfalls dann nicht mehr aus, wenn die Union zu erkennen gibt, dass sie sich einem WTO-Schiedsspruch beugt.[160] Ferner stehen Verfahren zur Verfügung, mit denen Zivilpersonen, die von Drittstaaten geschädigt wurden, über den sog. third track Schutz erlangen können.[161] 51

V. Das subjektive Recht im weiteren und im engeren Sinne

1. Unterschiedliche Weite von Berechtigungen

Die bisherigen Ausführungen zum Thema Berechtigungen von Zivilpersonen haben noch nicht den **Umfang von Berechtigungen** geklärt. Versteht man unter **Recht im objektiven Sinne** die Normen, die angeben, welche Interessenverfolgungen im Kollisionsfalle mit anderen zurückzustehen haben, weil sie objektiv geringerwertig sind (→ § 29 Rn. 1 ff.), und versteht man unter **Recht im subjektiven Sinne** die sich aus dem objektiven Recht ergebende Berechtigung, das im Kollisionsfalle objektiv höherwertige Interesse zu verfolgen, so hängt das Bestehen einer solchen Berechtigung von dem Wert der im Kollisionsfalle beteiligten Interessen ab. Das kann bedeuten, dass ein und dasselbe Interesse im Verhältnis zu mehr oder weniger vielen anderen höherwertig, zu mehr oder weniger vielen sonstigen aber geringerwertig ist. Die Berechtigung ist daher nicht in allen Fällen gleich, sondern wird vom objektiven Recht für typische Kollisionsfälle differenziert. So gibt es „volle" Berechtigungen und solche, die schwächer sind, weil sie sich nur in der Regel durchsetzen, in mehr oder weniger vielen typischen Kollisionsfällen jedoch stärkeren Gegeninteressen weichen müssen. 52

So gibt es einerseits Berechtigungen auf und solche aus einer Rechtsstellung und sind andererseits zB die positiven Berechtigungen nicht immer unbedingt auf eine bestimmte Entscheidung, sondern häufig nur auf eine ermessensfehlerfreie Bescheidung gerichtet. So ist im Bereich der negativen Berechtigungen zB eine durch förmliche Verleihung erworbene Ausübungsberechtigung gegen beinahe jeden behördlichen 53

---

154 BVerwGE 91, 327 (330 f.).
155 EuGH EuZW 2003, 758 ff.
156 S. näher Kreuzer JA 1998, 731 ff.
157 BGH NJW 1995, 2174.
158 EuGH EuZW 1994, 688; 1996, 118; 2001, 529; 2001, 657 und 2005, 214.
159 S. Nowak/Cremer, Individualrechtsschutz in der EG und der WTO, 2002; Schwartmann, Private im Wirtschaftsvölkerrecht, 2005, aber auch EuGH EuZW 2001, 117.
160 EuGH EuZW 2003, 758 ff.; s. auch Cascante, Rechtsschutz von Privatrechtssubjekten gegen WTO-widrige Maßnahmen, 2003.
161 Berrisch EuZW 1999, 101 ff.

Eingriff gesichert, während eine mit einem Widerrufsvorbehalt versehene Erlaubnis ihre Schranke bereits in einem ermessensfehlerfreien Widerruf findet.

2. Weiter und enger Begriff des subjektiven öffentlichen Rechts

54 Es gibt also einen weiteren und einen engeren Begriff des subjektiven öffentlichen Rechts. Der **weitere Begriff des subjektiven öffentlichen Rechts** (**Berechtigung, „Rechte"** iSv Art. 19 IV 1, 93 I Nr. 4a GG; §§ 42 II, 47 II, 113 VwGO)[162] ist gemeint, wenn definiert wird: „Subjektives öffentliches Recht ist diejenige Stellung des Untertanen zum Staat, in der er auf Grund eines Rechtsgeschäftes oder eines zwingenden zum Schutze seiner Individualinteressen erlassenen Rechtssatzes, auf den er sich der Verwaltung gegenüber soll berufen können, vom Staat etwas verlangen kann oder ihm gegenüber etwas tun darf".[163] Ersetzt man den dem gegenwärtigen Staatsverständnis fremden „Untertan" durch die „Zivilperson", so entspricht diese Begriffsbestimmung noch heute dem Stand von Lehre und Rechtsprechung.[164]

55 Den **engeren Begriff** eines (in seinem Bestand gesicherten) **subjektiven öffentlichen Rechts** erfüllt demgegenüber nur eine Verleihung (zB das Recht zum Betrieb einer Privatkrankenanstalt), die im Gegensatz zu einer Gebrauchserlaubnis, einer Ausnahmebewilligung oder gar einer Destination nur ausnahmsweise und dann idR entschädigungspflichtig entzogen werden darf (§§ 30, 51 GewO; §§ 4, 21 IV BImSchG).

56 Nachfolgend werden die Berechtigungen nach Einräumungsberechtigungen und Ausübungsberechtigungen sowie innerhalb dieser Gruppen nach ihrer Intensität unterschieden. **Einräumungsberechtigungen** sind auf eine Begünstigung (Gewährung einer Leistung) gerichtet. Sie sind Ansprüche, also Rechte auf etwas.[165] **Ausübungsberechtigungen** sind auf die Ausübung einer eingeräumten Berechtigung gerichtet. Sie sind entweder Beherrschungs- oder Gestaltungsrechte, also Rechte zu etwas.

VI. Einräumungsberechtigungen

1. Faktische Interessen und Recht auf fehlerfreie Abwägung

57 Bloß **faktische Interessen** werden vom objektiven Recht so gering bewertet, dass sie weder als Rechtsreflexe noch gar als bloße Tatsachenreflexe Berechtigungen auf Gewährungen darstellen (→ § 43 Rn. 9). Die **gestaltende Verwaltung** (→ § 31 Rn. 69 ff.) hat sie zwar bei ihrer stets erforderlichen Abwägung der jeweils beteiligten zivilen und öffentlichen Interessen zu berücksichtigen. Wie das geschieht, ist zunächst weniger eine Rechts-, als eine bloße **Zweckmäßigkeitsfrage.** Die faktischen Interessen sind also rechtlich nicht völlig unerheblich, können aber nur durch Anregungen und Gegenvorstellungen, im Beschwerde- und im Widerspruchsverfahren vorgebracht werden. Auf ihre wunschgemäße Berücksichtigung besteht kein Anspruch, auch nicht auf fehlerfreie Ermessensausübung.

[162] S. auch Bauer, Geschichtliche Grundlagen, 1986, S. 139.
[163] So Bühler, Die subjektiven öffentlichen Rechte, 1914, S. 224 und Bühler GS Jellinek, 1955, 274.
[164] Bachof GS Jellinek, 1955, 294 f. und zur Entwicklung dieser Lehre Bauer AöR 113 (1988), 582 ff.; Bauer, Geschichtliche Grundlagen, 1986, S. 134, der den „Etikettentausch" kritisiert.
[165] S. jetzt auch Raschauer, Allgemeines Verwaltungsrecht, 1998, S. 525 Fn. 37.

Beispiele: Kein Recht des Unternehmers auf Aufrechterhaltung der staatlichen Anerkennung einer Heilquelle.[166] Kein Anspruch auf Schaffung und Erweiterung öffentlicher Einrichtungen oder auf Aufrechterhaltung des Gemeingebrauchs. Kein Anspruch eines Gewerbetreibenden auf ermessensfehlerfreie Entscheidung über Anbringen innerörtlicher Wegweiser (§ 42 I StVO), weil sie nicht auch dem Schutz vor Wettbewerbsinteressen oder sonstigen wirtschaftlichen Belangen von Gewerbetreibenden dienen.[167] Bei der währungsrechtlichen Genehmigung haben sich die Bundesbank und die Europäische Zentralbank an der Funktion der Währung auszurichten, ohne die Interessen der Vertragspartner zu würdigen.[168] Kein Anspruch eines Patienten gegen den Widerruf eines Arzneimittels.[169] Kein Anspruch eines privaten Rundfunkveranstalters auf Einschreiten der Rechtsaufsicht.[170]

Umstritten ist hingegen, ob die bloß faktischen Interessen in rechtliche Interessen umschlagen, wenn das Abwägungsgebot des § 1 VII BauGB verletzt ist. Zwar hat sich inzwischen eine Abwägungsfehlerlehre entwickelt (→ § 31 Rn. 73). Es ist jedoch unklar, ob es ein **subjektiv-öffentliches Recht auf fehlerfreie Abwägung** analog einem Anspruch auf fehlerfreie Ermessensausübung gibt. Das ist nur der Fall, wenn bei der Abwägung gleichzeitig private Belange verletzt werden.[171] 58

2. Destination als Ermessensberechtigung

Der schwächste Grad einer Berechtigung, etwas gewährt zu erhalten, ist die **Destination.** Sie liegt vor, wenn das zu Gewährende zur Aufgabe eines Subjektes öffentlicher Verwaltung gehört, das Ob und (oder) das Wie der Gewährung sowie die Auswahl der zu Begünstigenden aber im **Ermessen** des Verwaltenden liegt. Der Destinatär hat dann keinen Anspruch auf die Begünstigung an sich, sondern nur einen **Anspruch auf ermessensfehlerfreie Entscheidung** über sein Begehren. Voraussetzung für die Annahme einer Destination ist, dass die Ermessensentscheidung auch den Interessen des einzelnen dienen soll (Begünstigungszweck, näher → § 31 Rn. 35 ff.).[172] 59

Beispiele: Akteneinsicht nach § 72 I 2 VwVfG für Planfeststellungsverfahren. Während § 29 VwVfG und § 25 SGB X einen Anspruch auf Akteneinsicht vorsehen, steht die Akteneinsicht vor Beginn, nach und außerhalb des Verwaltungsverfahrens grundsätzlich im Ermessen der Verwaltung.[173] Nach § 3 UIG besteht ein Auswahlermessen nur zwischen solchen Informationsmitteln, die im Wesentlichen die gleiche Informationseignung besitzen.[174] **Fürsorgepflicht** des Dienstherrn für die Beamten (§ 78 BBG). **„Anspruch" auf Einschreiten gegen polizeiwidrige Zustände**[175] oder rechtswidriges Verkehrsverhalten Dritter.[176] Entscheidung über eine Bewerbung nach Art. 33 II GG.[177] „Anspruch" auf **Benutzung öffentlicher Einrichtungen** außerhalb einer Benutzungsgarantie.[178]

---

166 BVerwG NVwZ 1993, 63.
167 BVerwG NJW 1990, 400.
168 BVerwG NJW 1996, 3223.
169 BVerwG NVwZ 1993, 3003.
170 VGH Mannheim GewArch 1999, 330 f.
171 Ebenso BVerwG NJW 1999, 592 f. und dazu Schmidt-Preuß DVBl 1999, 103 ff.; BVerwG DÖV 2002, 1038; BVerwGE, 111, 276 (281).
172 VGH München NVwZ-RR 1994, 33; Randelzhofer BayVBl. 1975, 573 ff. und 607 ff.; Pietzcker JuS 1982, 106 und 706 ff.
173 Kallerhoff/Mayen in Stelkens/Bonk/Sachs, § 29 Rn. 18; BVerwG NJW 1983, 2954; BVerwGE, 61, 15; 67, 304; 84, 375 ff.
174 BVerwG DVBl 1997, 438.
175 BVerwGE 11, 95; OVG Münster NVwZ-RR 1995, 490; Erichsen/Knemeyer VVDStRL 35 (1977), 210 und 249.
176 BVerwG NJW 2003, 601 f.
177 BVerfG ZBR 2002, 427.
178 BVerwG DVBl 1993, 210; VGH Mannheim VBlBW. 1996, 101 f.; T. I. Schmidt DÖV 2002, 696 ff.; Ehlers DVBl 1986, 912 (919), und auch um eine gemeinschaftsrechtliche Diskriminierung zu vermeiden.

60 Die Destination verdichtet sich zu einer **vollen Einräumungsberechtigung,** wenn die Nichtbegünstigung aus keinem sachlichen Grunde zu rechtfertigen ist (**Ermessensschrumpfung,** s. o. § 31 IV 5, 6 sowie § 113 IV 2, 1 VwGO),[179] oder wenn es sich um ein sog. **Verpflichtungs-Kann** handelt. Das sind Vorschriften, die vornehmlich bei grundrechtskonformer Auslegung eine volle Einräumungsberechtigung enthalten (→ § 31 Rn. 45 ff.).

61 Die Ausübungsberechtigung, die auf Grund einer Destination gewährt wird, kann eine bloße **Verstattung** (zB eine widerrufliche Erlaubnis), eine **Gestattung** (zB eine sonstige Erlaubnis) oder auch ein **volles subjektives öffentliches Recht** (zB Beamtenstellung) sein (näher → § 43 Rn. 9 ff.).

3. Volle Einräumungsberechtigung

a) Materielle Einräumungsberechtigungen

62 Ist eine Einräumung dermaßen gebunden, dass sie nur aus gesetzlich genau bestimmten Gründen versagt werden darf, so hat der Antragsteller, wenn die gesetzlichen Voraussetzungen erfüllt sind, ein volles subjektives Recht auf die Gewährung **(volle Einräumungsberechtigung),** wie zB auf die Erteilung aller sog. gebundenen Erlaubnisse[180] (→ § 46 Rn. 19 ff.). Das „Recht" zur Benutzung einer gemeindlichen Einrichtung ist auch dann eine volle Einräumungsberechtigung auf einen verwaltungsrechtlichen Besitzstand, wenn die Benutzung von einer Zulassung abhängt.[181] Bei Einrichtungen mit zulassungsfreier Benutzung bildet das Recht zur Benutzung bereits den verwaltungsrechtlichen Besitzstand, der keiner besonderen Einräumung mehr bedarf. Auch die Erstattungs-, Entschädigungs- und Schadensersatzansprüche einer Zivilperson sind volle Einräumungsberechtigungen.

63 Aufgrund der **Privatisierung** mehrerer Verwaltungszweige der Daseinsvorsorge verlagert sich das Problem der Einräumungsberechtigung gegenüber Staat und Kommunen auf ein subjektives **Recht auf Zugang** zu bestimmten Leistungen.[182]

Beispiel: Recht auf Netzzugang zu Telekommunikation und Schienenweg.

b) Verfahrens- und prozessrechtliche Einräumungsberechtigungen

64 Es gibt auch volle **Einräumungsberechtigungen des Verwaltungsverfahrens- und des Prozessrechts,** die den **status activus processualis** konkretisieren (→ § 32 Rn. 23) und Grundrechtsschutz durch Verfahren sichern.[183] Diese Berechtigungen setzen ein **„rechtliches Interesse"** voraus. Sie bestehen also nur dann, wenn der Berechtigte auf Grund irgendwelcher anderen Rechtssätze Träger eines materiellen Rechts (zB Eigentümer) ist oder zu sein behauptet oder wenn er wirtschaftliche oder

---

179 Bachof, Vornahmeklage, S. 68 ff.; Bettermann NJW 1960, 649; BVerwGE 11, 95; BVerwG DVBl 1970, 855 ff.; NVwZ 1998, 395; krit. Kohlmann, Das subjektiv-öffentliche Recht auf fehlerfreien Ermessensgebrauch, 1964; Rupp DVBl 1982, 144 (148); Uechtritz NVwZ 1996, 640 zum baugenehmigungsfreien Ordnungsrecht.

180 Vogler, Der Genehmigungsanspruch, 2000.

181 S. ferner Scherzberg DVBl 1988, 129 ff.

182 S. etwa Kube JZ 2001, 944 ff.

183 Lerche/Schmitt Glaeser/Schmidt-Aßmann Verfahren/Schmidt-Aßmann, 1984, S. 30 f.; BVerwGE 44, 235 (239); 62, 243 (246); BVerwG DÖV 1980, 516 f.

sonstige Interessen geltend macht, die von der Rechtsordnung als Anknüpfungspunkt verfahrensrechtlicher Berechtigungen anerkannt sind.

Beispiele: Notwendige Hinzuziehung eines Beteiligten nach § 13 II 2 VwVfG; Datenschutzrechte auf Auskunft, Berichtigung, Löschung und Sperrung nach §§ 32 ff. BDSG;[184] Akteneinsicht nach § 29 VwVfG im Rahmen eines Verwaltungsverfahrens; Anhörungsrecht nach § 28 VwVfG vor Erlass eines belastenden Verwaltungsaktes; Anspruch auf Einhaltung der Bestimmungen des Vergabeverfahrens (§ 97 VI GWB).[185] Anspruch auf Beratung und Auskunft nach § 71c VwVfG.

4. Insbesondere zur Berechtigungsqualität von Jedermann-Verfahrensrechten

Teilweise werden Verfahrensbeteiligungsmöglichkeiten ohne Nachweis konkreter 65
rechtlicher Betroffenheit eingeräumt. Das ist etwa bei der Möglichkeit der Fall, Einwendungen zu erheben (§ 10 III 4 BImSchG, § 18 GenTG, § 38 II KrWG). Es handelt sich dann um sog. **Jedermannrechte**[186] iSe **Popularbeteiligung,** mit der unterschiedliche Ziele verfolgt werden.[187] Insoweit verzichtet das Gesetz in diesem Verfahrensstadium auf den Nachweis eines individuell-konkreten rechtlichen Interesses. Vielmehr werden die Einwender eher als Sachwalter latenter öffentlicher Interessen anerkannt.[188] Deshalb steht die Einwendungsmöglichkeit auch Verbänden zu. Die popularistische Ausrichtung hat jedoch zur Konsequenz, dass sich die verfahrensrechtliche Einräumungsberechtigung in der Einwendung erschöpft.[189] Eine zusätzliche, vom materiellen Recht losgelöste Verfahrensposition wird nicht begründet.[190]

Ähnlich verhält es sich mit zahlreichen **Einsichts-, Beteiligungs-, Informations-** 66
und Auskunftsrechten. Dabei handelt es sich um eine im Wachsen befindliche, teilweise unionsrechtlich vorgeprägte[191] neue Kategorie von Berechtigungen als Ausdruck der Informationsgesellschaft.[192] Sie werden jedermann und damit jedem Bürger, Einwohner, bestimmten Verbänden oder ganz allgemein der Öffentlichkeit zugebilligt, ohne dass ein unmittelbares oder mittelbares, gegenwärtiges oder künftiges rechtliches Interesse iSe Betroffenheit vorausgesetzt wird **(voraussetzungslose Berechtigung).** Sie dienen weniger dem Grundrechtsschutz durch Verfahren als der **demokratisch motivierten Mitwirkung,**[193] der **Transparenz** der Verwaltung, der **Kontrolle der Verwaltung** und der Effektivität ihrer Tätigkeit[194] sowie der Realisierung des **Kooperationsprinzips** bei der Verfolgung bestimmter politischer Ziele.[195]

---

[184] BVerwGE 89, 14 ff.
[185] BR-Drs. 646/97, 7.
[186] BVerwGE 28, 131.
[187] S. näher Stober AöR 106 (1981), 41 (52 ff.).
[188] W. Schmidt VVDStRL 33 (1975), 183 (196); Scholz VVDStRL 34 (1976), 145 ff. (203 ff.).
[189] BVerwGE 61, 256; OVG Münster NVwZ-RR 1989, 638.
[190] BVerwG NVwZ 1985, 745.
[191] S. Kadelbach, Allgemeines Verwaltungsrecht unter europäischem Einfluss, 1999, S. 415 ff.
[192] S. auch Kugelmann, Die informatorische Rechtsstellung des Bürgers, 2001.
[193] S. auch Schmitt Glaeser VVDStRL 31 (1973), 180 (209 ff.); Steiger, Der partizipative Staat, 2023, Kap. 5.
[194] BVerwG NJW 1997, 753.
[195] S. auch Kallerhoff/Mayen in Stelkens/Bonk/Sachs, § 29 Rn. 20 ff.

Beispiele: Art. 21 IV und 39 VII BbgVerf;[196] Art. 34 SächsVerf; § 4 NRW IFG; § 1 I FG,[197] § 3 UIG;[198] Art. 42 EU-GRCh.[199]

67 Keine Rechtsansprüche entstehen grundsätzlich bei der Beteiligung der Öffentlichkeit. Unklar ist, ob § 63 BNatSchG nur ein subjektives Verfahrensrecht auf Mitwirkung, sondern auch eine materielle Rechtsposition entnommen werden kann.[200] **Verbandsbeteiligungen** dürfen aber nicht zu einer Schieflage im Berechtigungssystem in Gestalt von Privilegien bestimmter Gruppen führen.

5. Verletzung von Einräumungsberechtigungen

68 Bei der Verletzung einer Destination oder einer vollen Einräumungsberechtigung durch eine rechtswidrige Antragsablehnung entsteht neben dem fortbestehenden Erfüllungsanspruch (Leistungsanspruch) ein Anspruch auf Aufhebung des ablehnenden Aktes, wenn dieser sich als Hindernis für die Weiterverfolgung des primären Anspruchs darstellt **(Abwehranspruch).**

6. Verwaltungsrechtliche Anwartschaften

69 Eine Sonderstellung nehmen die **verwaltungsrechtlichen Anwartschaften** ein. Sie sind nicht als abstrakte Einräumungsberechtigungen zu verstehen, die erst bei Erfüllung der gesetzlichen Voraussetzungen konkretisiert werden. Vielmehr handelt es sich um bereits konkret bestehende, aber bedingte Rechte, die eine Vorstufe auf dem Wege zum Vollrecht darstellen. Sie können Gegenstand von Rechtshandlungen sein und sind gegen rechtswidrige Beeinträchtigungen geschützt.

Beispiele: Anwartschaft des Probebeamten auf Ernennung zum lebenszeitlichen Beamten nach Ablauf der Probezeit, des Lebenszeitbeamten auf Versorgung (§ 4 I Nr. 1 BeamtVG)[201] sowie die des Sozialversicherten auf Arbeitslosenversicherungsleistungen nach Ablauf der Anwartschaftszeit und auf Rentenversicherung bei Berufs- oder Erwerbsunfähigkeit;[202] Aufrücken in der Warteliste bei kontingentierten Genehmigungen.[203]

VII. Ausübungsberechtigungen

1. Verwaltungsrechtlicher Besitzstand (Verstattungen und Gestattungen)

70 **Ausübungsberechtigungen** können entweder unmittelbar durch Gesetz (Art. 20 ff. AEUV) oder erst durch eine die Einräumungsberechtigung ausfüllende Verwaltungsmaßnahme (zB die Erteilung einer Erlaubnis, die Verleihung der Staatsangehörigkeit

---

196 Dazu BbgOVG LKV 1998, 490; bbg. Akteneinsichts- und InformationszugangsG; s. näher Breidenbach/Palenda LKV 1998, 252 ff.; Partsch NJW 1998, 255.

197 S. näher BT-Drs. 15/4493; Partsch/Schurig DÖV 2003, 482 ff.; Raabe/Helle-Meyer NVwZ 2004, 641 ff.; Schoch VERW35 (2002), 149 ff.; Schoch/Kloepfer, Informationsfreiheitsgesetz, 2002; Kloepfer, Die transparente Verwaltung, 2003; Bull ZG 2002, 201 ff.; Bischopink NWVBl. 2003, 245 ff.; Grütters GewArch 2002, 270 ff. und GewArch 2003, 271 ff.; Raabe/Helle-Meyer NVwZ 2004, 641 ff.; OVG Münster NVwZ-RR 2003, 800.

198 BR-Drs. 797/93; Fluck/Wintterle VerwArch 94 (2003), 437; BVerwGE 108, 369 ff. und zu Grenzen BVerwG NVwZ 2000, 436 f.; Butt NVwZ 2003, 1071 ff.; v. Danwitz NVwZ 2004, 272.

199 Dazu Riemann, Die Transparenz der EU, 2004; Partsch NJW 2001, 3154 ff.; Bock DÖV 2002, 556 ff.; EuGH DVBl 2002, 326 f.

200 BVerwGE 98, 100 (105).

201 BVerfG ZBR 1967, 259.

202 Grüttner, Die sozialversicherungsrechtliche Anwartschaft, 1991.

203 Schmidt-Preuß, Kollidierende Privatinteressen im Verwaltungsrecht, S. 460.

oder der Erlass einer unionsrechtlichen Entscheidung – Art. 288 AEUV) eingeräumt sein.

Die schwächere Form der Ausübungsberechtigung ist der **verwaltungsrechtliche Besitzstand.** Darunter wird die Berechtigung einer Zivilperson verstanden, ein Interesse so lange und in der Weise zu verfolgen, wie das von den (zuständigen) Subjekten öffentlicher Verwaltung zugelassen wird. Diese sind verpflichtet, die Interessenverfolgung zu dulden, solange rechtliche Gründe zur Entziehung oder Einschränkung der Berechtigung nicht vorliegen. Verwaltungsrechtliche Besitzstände werden unbeschadet etwaiger privatrechtlicher Verhältnisse eingeräumt. 71

Der verwaltungsrechtliche Besitzstand ist eine **Verstattung,** wenn die Entziehung der Berechtigung in das **Ermessen** der zuständigen Behörde gestellt ist, die Berechtigung also jedem kollidierenden Interesse weichen muss, das die Behörde ermessensfehlerfrei für vorzugswürdig hält. Der Sprachgebrauch ist jedoch uneinheitlich, wie § 12 GastG belegt, der eine auf Widerruf erteilte Erlaubnis als „Gestattung" bezeichnet. Der Inhaber einer Verstattung hat lediglich einen Anspruch darauf, dass seine Berechtigung nicht ermessensfehlerhaft beeinträchtigt oder entzogen wird. Die Verstattung entspricht deshalb in ihrer Intensität der **Destination.** 72

Beispiele: Ausnahmebewilligungen (§ 8 II, VIII FStrG).[204] Auch die Rechtsstellung des Nachbarn auf Grund einer sog. „nachbarschützenden" Vorschrift ist regelmäßig nur eine Gestattung.

Der verwaltungsrechtliche Besitzstand ist eine **Gestattung,** wenn die Berechtigung nur aus gesetzlich bestimmten Gründen einem erheblichen öffentlichen Interesse weichen muss. Es kann dann eine Entschädigung geschuldet werden. 73

Beispiele: Erlaubnisse ohne Widerrufsvorbehalt, die nur entzogen werden dürfen, wenn besondere im Gesetz vorgesehene Gründe vorliegen. Zur Entschädigungspflicht wegen Beseitigung einer Erlaubnis aus Gründen des Gemeinwohls, die der Berechtigte nicht zu vertreten hat, s. zB § 51 GewO, § 21 IV BImSchG.

2. Volles subjektives öffentliches Recht

Die stärkste Ausübungsberechtigung ist das **volle subjektive öffentliche Recht (ieS).** Es ist die in ihrem Bestand weitgehend gesicherte, dh in der Regel unentziehbare Ausübungsberechtigung einer Zivilperson, die auch kollidierenden öffentlichen Interessen nur ausnahmsweise und dann grundsätzlich nur gegen Entschädigung weichen muss. Ein volles subjektives öffentliches Recht kann – wie die anderen Berechtigungen auch – durch Erfüllung eines gesetzlichen Tatbestandes entstehen (zB Eintritt des Wahlalters, Zuzug in eine Gemeinde). Seine Entstehung kann aber auch von einer besonderen Einräumung durch rechtsbegründenden Hoheitsakt abhängen (zB Beamtenrechte, Verleihung). Liegt die Einräumung im Ermessen des Hoheitssubjekts, so ist der Bewerber nur Destinatär. Der Bestand des eingeräumten Rechts ist aber auch dann – anders als der eines verwaltungsrechtlichen Besitzstandes – nicht von einer Aufrechterhaltung durch die Subjekte öffentlicher Verwaltung abhängig. 74

Volle subjektive öffentliche Rechte können bestehen kraft allgemeinen Rechtsgrundsatzes oder kraft verfassungsgestaltender Entscheidung für jeden Menschen oder für 75

[204] BVerwGE 65, 167 (169).

alle Unionsbürger (Art. 20 AEUV), Staatsbürger kraft Gesetzes oder kraft Verwaltungsaktes.[205]

76 Für **verfahrensrechtliche Ausübungsberechtigungen** genügt ein **berechtigtes Interesse** oder ein **rechtlich geschütztes Interesse,** das in irgendeinem Rechtssatz in irgendeiner Hinsicht als berücksichtigenswert anerkannt ist.

3. Verletzung von Ausübungsberechtigungen

77 Die rechtswidrige Beeinträchtigung einer Ausübungsberechtigung löst einen auf die Beseitigung der Störung gerichteten **Abwehranspruch** des Verletzten aus.

Beispiele: Anspruch auf Aufhebung des rechtswidrigen Widerrufs einer Erlaubnis, Anspruch des Nachbarn auf Aufhebung eines rechtswidrigen Dispenses von einer „nachbarschützenden" Baurechtsvorschrift.[206]

78 Die Verletzung kann auch durch **faktische Beeinträchtigungen** im Rahmen der Grundrechte erfolgen.[207] Soweit sich der Abwehranspruch gegen die Unterlassung bevorstehender oder die Fortsetzung andauernder Beeinträchtigungen richtet, bedarf er keiner weiteren Ableitung, da die Ausübungsberechtigung gerade darin besteht, sie ungestört ausüben zu dürfen. Anders verhält es sich mit dem heute zwar allgemein anerkannten, in seiner dogmatischen Begründung aber umstrittenen Anspruch auf Beseitigung bereits verwirklichter Beeinträchtigungen, da die Reaktion der Rechtsordnung auf Rechtsverletzungen sehr mannigfach ist und keineswegs stets in der (oft auch gar nicht möglichen) Restitution des früheren Zustandes bestehen muss. Nachdem der ursprünglich für die Beseitigung der Folgen von rechtswidrigen Verwaltungsakten entwickelte **Folgenbeseitigungsanspruch** inzwischen auf die Beseitigung der Folgen auch anderer hoheitlicher Maßnahmen erstreckt worden ist,[208] kann auf die Darstellung des Folgenbeseitigungsanspruchs verwiesen werden (→ § 52 Rn. 6 ff.).

4. Ausübungsberechtigung und Überwachung

79 Die **Ausübung** einer Berechtigung liegt grundsätzlich im Belieben des Berechtigten. Sie kann aber auch, wie zB das Betriebsrecht des Linienverkehrsunternehmers nach dem PBefG, zugleich Inhalt einer Verpflichtung sein (§ 21 PBefG).[209]

80 Die Ausübung von Berechtigungen unterliegt **hoheitlicher Überwachung** durch die zuständige Behörde. Hat etwa die Ausübung eines Rechtes nur den Zweck, andere zu schädigen (Schikane), so sind die zuständigen Behörden (zB Erlaubnis- oder Ordnungsbehörde) berechtigt und auf Antrag auch verpflichtet, diese Ausübung einzuschränken oder zu verbieten. Im Übrigen hat die zuständige Behörde darüber zu wachen, ob die mit der Berechtigung verbundenen Betriebspflichten,[210] Bedingungen und Auflagen (→ § 47 Rn. 4 ff.) befolgt werden und keine Tatsachen eingetreten sind, die eine rechtlich zulässige Entziehung des Rechtes gebieten.[211]

---

205 Vogler, Der Genehmigungsanspruch, 2000.
206 S. auch OVG Münster NVwZ-RR 1995, 187.
207 BVerfGE 61, 291 (308); 71, 183 (193).
208 S. zB BVerwG DÖV 1971, 857 mAnm v. Bachof; OVG Münster NVwZ 2003, 1520 ff.
209 S. näher K. Baumann, GewArch 2004, 448 ff.
210 S. näher K. Baumann, GewArch 2004, 448 ff.
211 S. näher zur Überwachung Stober/Korte ÖffWirtschaftsR AT § 29.

VIII. Zum Berechtigungsverzicht

Auf eine Berechtigung kann auch ohne ausdrückliche gesetzliche Zulassung durch einseitiges empfangsbedürftiges Rechtsgeschäft verzichtet werden, soweit nicht ein öffentliches Interesse an ihrer Geltendmachung oder ihrem Bestand einen **Verzicht** ausschließt. Ein solches öffentliches Interesse ist regelmäßig nicht vorhanden bei den Berechtigungen, zu deren Entstehung eine Mitwirkung (zB Antrag) der Zivilperson erforderlich war. Im Übrigen setzt ein Verzicht voraus, dass der Verzichtende die Dispositionsbefugnis bzw. die Verfügungsbefugnis über den betreffenden Gegenstand besitzt. Unverzichtbar sind die Berechtigungen, die mit der Pflicht verbunden sind, sie auszuüben oder fortdauernd aufrechtzuerhalten. 81

Beispiele: Verzichtbar sind Schadensersatzrechte, Ausgleichsleistungen,[212] Ausnahmebewilligungen,[213] Ansprüche auf Sozialleistungen (§ 46 SGB I), Rechtsbehelfe (§ 354 AO), Lehrauftragsvergütungen (§ 68 SächsHSG), begünstigende Nachbarrechte.[214] Unverzichtbar sind Ansprüche der Beamten auf Besoldung (§ 2 III BBesG) und Versorgung (§ 3 III BeamtVG) sowie bestimmte Rechtsstellungen (als Gemeindeeinwohner, Schüler und Wehrpflichtiger, Mitglied, Wahlberechtigter, Beförderungspflichtiger nach §§ 21 f. PBefG).

Auf die **Grundrechte** als solche kann nicht generell verzichtet, sondern nur von ihrer Ausübung im Einzelfalle abgesehen werden. Es geht also nicht um den Untergang einer Rechtsposition, sondern um die Grenzen der Verfügungsbefugnis von Zivilpersonen über ein subjektives Recht. Das kann dadurch geschehen, dass das Abwehrrecht nicht geltend[215] oder von bestimmten, grundrechtlich geschützten Handlungsweisen kein Gebrauch gemacht wird. Der Verzicht erfolgt grundsätzlich durch Einwilligung in die Beeinträchtigung.[216] 82

IX. Persönliche Rechtsausübung und Berechtigungsnachfolge (Einzel- und Gesamtnachfolge)

Die verwaltungsrechtlichen Berechtigungen sind – abgesehen von den vermögensrechtlichen – meistens **höchstpersönlich** (→ § 40 Rn. 21 ff.). 83

Beispiele: Bestimmte gewerberechtliche Genehmigungen (§ 3 I PBefG; §§ 3 ff. GastG); Beihilfeanspruch;[217] Anspruch auf Dienst- und Sachleistung nach §§ 53 I, 59 I SGB I; Anspruch auf Auslagenersatz und Dienstausfallentschädigung, Nießbrauchsrecht,[218] Waffenschein.[219]

Die **Überlassung der Ausübung** eines Rechts an einen Dritten mit der Möglichkeit, dass der Dritte ein fremdes Recht im eigenen Namen ausübt, ist nur möglich, soweit das Recht selbst übertragbar ist (→ § 42 Rn. 75). Dagegen ist die **Stellvertretung** in weiterem Umfang zulässig (→ § 35 Rn. 1 ff.). 84

Beispiel: § 45 GewO.

---

[212] BVerwGE 14, 93.
[213] NRWOVGE 8, 10.
[214] VGH Kassel DVBl 1995, 525.
[215] S. auch HessVGHE 12, 158.
[216] S. näher Pietzcker, Staat 17 (1978), 549; Amelung, Die Einwilligung in die Beeinträchtigung eines Grundrechtsgutes, 1981; Robbers JuS 1985, 927; Bleckmann JZ 1988, 57.
[217] BVerwG DÖV 1990, 1021; NJW 1997, 3256.
[218] OVG Münster NVwZ 1994, 696.
[219] BVerwG NVwZ 2000, 442.

85 Für den Wechsel des Berechtigten gilt das zur Pflichtennachfolge (→ § 42 Rn. 75 ff.) Gesagte entsprechend.[220] Voraussetzung ist die Übertragbarkeit des Rechts. Der Wechsel kann erfolgen im Wege der **Einzelnachfolge (Sondernachfolge).**

Beispiele: Art. 54 II BayBauO, § 58 II BWBauO, § 58 III SächsBO, § 58 III NRW BauO für die Baugenehmigung; § 8 VI WHG, § 56 SGB I für Ansprüche auf laufende Geldleistungen. Das gilt jedoch grundsätzlich nicht für Sozialhilfeleistungen, die eine Notlage gegenüber einer bestimmten Person beheben wollen.[221] Es besteht jedoch Vererblichkeit nach der Maßgabe der §§ 58 f. SGB-AT.[222] § 11 BBesG zur Abtretung von Bezügen. Dagegen handelt es sich bei den in § 46 GewO, § 8 GüKG, § 19 PBefG normierten Weiterführungsberechtigungen von Gewerbebetrieben um eigene Rechte der Hinterbliebenen, Genehmigung des Netzbetriebs nach § 4 III EnWG.

86 Soweit spezialgesetzliche Bestimmungen fehlen, ist für die Abtretung von Rechten auf die §§ 398 ff. BGB zurückzugreifen. Dabei ist umstritten, ob diese Bestimmungen unmittelbar gelten, weil § 411 BGB auch öffentlich-rechtliche Forderungen erfasst[223] oder ob es sich bei § 411 BGB um eine Ausnahmebestimmung handelt, so dass eine analoge Anwendung in Betracht kommt.[224]

87 Der Wechsel kann ferner im Wege der **Gesamtnachfolge** erfolgen. Die Frage nach der Rechtsnachfolge stellt sich aber nicht, wenn der Anspruch vom Erblasser noch nicht geltend gemacht wurde oder die Berechtigung bis zum Tode befristet ist (§ 59 SGB I).[225] Teilweise ist die Gesamtnachfolge expressis verbis geregelt (s. etwa § 58 SGB I; § 4 III EnWG).

88 Soweit geschriebene Verwaltungsrechtssätze nicht einschlägig sind, richtet sich die Rechtsnachfolge nach § 1922 BGB analog, falls die verwaltungsrechtliche Berechtigung einer privatrechtlichen ähnlich ist,[226] oder sie gilt als allgemeiner Rechtsgrundsatz.[227] Die allgemeine Rechtsfolge der §§ 1922 ff. BGB kann aber durch Sinn und Zweck der einzelnen verwaltungsrechtlichen Berechtigung eingeschränkt sein.

X. Rechtsbehelfe bei Beeinträchtigung von Berechtigungen

1. Rechtsbehelfe bei rechtswidriger Beeinträchtigung

89 Die Beeinträchtigung von Berechtigungen kann rechtswidrig oder rechtmäßig sein. Bei **rechtswidriger Beeinträchtigung** einer Berechtigung hat der Berechtigte folgende Rechtsbehelfe gegenüber **Subjekten öffentlicher Verwaltung**[228]:

89a – **formlose Rechtsbehelfe,** das sind **Gegenvorstellung** bei der erlassenden Behörde oder **formlose Beschwerde** bei der Aufsichtsbehörde. Teilweise besteht auch die Möglichkeit, sich an einen **Bürgerbeauftragten** (Art. 21 II iVm Art. 228 AEUV) oder an den **Datenschutzbeauftragten** zu wenden.

[220] S. näher Stadie DVBl 1990, 501 ff.
[221] BVerwG DÖV 1979, 823.
[222] BVerwGE 96, 17 ff.
[223] So Stadie DVBl 1990, 501 (506).
[224] S. Stober JuS 1982, 740 (742); zustimmend de Wall, Die Anwendung privatrechtlicher Vorschriften im Verwaltungsrecht, 1999, S. 501 f.
[225] BVerfG DVBl 1966, 112.
[226] BVerwGE 16, 68 f.; 21, 303.
[227] BVerwG DVBl 1999, 236 f.
[228] S.Merten/Papier Grundrechte-HdB/Stober § 77.

– **förmlichen, fristgebundenen Widerspruch** bei der erlassenden Behörde. Hilft die erlassende Behörde ihm nicht ab, so entscheidet in der Regel die Aufsichtsbehörde (§§ 68–77 VwGO; § 83 SGG; § 41 I BDG). 89b

– Gegen Verwaltungsakte der Finanzämter ist **„Einspruch“** an die erlassene Behörde gegeben (§§ 347 ff. AO). 90

– **Klage** vor dem (allgemeinen oder besonderen) Verwaltungsgericht, grundsätzlich erst nach erfolgloser Durchführung des Widerspruchsverfahrens ist möglich: 91

– gegen **Umlegungs- und Enteignungsbeschlüsse** ua Verwaltungsakte auf Grund des BauGB der **Antrag auf gerichtliche Entscheidung** durch die Kammer für Baulandsachen beim Landgericht (§ 217 BauGB); 92

– gegen **Verwaltungsakte der Justizbehörden** auf den Gebieten des bürgerlichen und Handelsrechts, des Zivilprozesses, der freiwilligen Gerichtsbarkeit, der Strafrechtspflege, der Untersuchungshaft und teilweise des Strafvollzuges, der **Antrag auf gerichtliche Entscheidung** durch einen Zivil- bzw. Strafsenat des **Oberlandesgerichts** (s. §§ 23–30 EGGVG); 93

– gegen **Maßnahmen der Strafvollzugsbehörden** der Antrag auf gerichtliche Entscheidung (§ 109 StVollzG); 94

– gegen **Disziplinarverfügungen** und Beschwerdeentscheidungen der obersten Dienstbehörde des Beamten der Antrag auf gerichtliche Entscheidung durch das zuständige **Disziplinargericht** (Dienststrafgericht; s. § 52 BDG und die Disziplinarordnungen der Länder; für Soldaten s. § 17 WBO und § 42 WDO). 95

– gegen Entscheidungen von **Vergabestellen** ein **Nachprüfungsverfahren** und die **sofortige Beschwerde** vor den Vergabesenaten des Oberlandesgerichts (§§ 73 ff. GWB). 96

– gegen Beeinträchtigungen durch eine landesrechtliche Verordnung oder eine andere im Range unter dem Landesgesetz stehende Rechtsvorschrift (zB Bebauungsplan ua Satzungen) das Verfahren, das zur **abstrakten Normenkontrolle** zur Überprüfung der Gültigkeit der Vorschrift führt (s. § 47 VwGO). 97

– gegen Trägern öffentlicher Verwaltung, deren Amtswalter schuldhaft einen Schaden verursacht haben, ist die **Amtshaftungsklage** (→ § 67 Rn. 1 ff.) vor dem Landgericht gegeben (s. Art. 34 GG iVm § 839 BGB; Art. 340 AEUV). 98

– gegen die Verletzung subjektiver Rechte durch Unionsorgane können Zivilpersonen nach Art. 263 IV AEUV durch Erhebung einer Individualklage Rechtsschutz bei dem EuGH erlangen.[229] Ferner kommt eine **Individualbeschwerde** bei dem **Europäischen Gerichtshof für Menschenrechte** in Betracht.[230] 99

2. Rechtsbehelfe bei rechtmäßiger Beeinträchtigung

100 Bei einer **rechtmäßigen Beeinträchtigung** wird das **Gesetzmäßigkeitsprinzip** verwirklicht. Die Zivilperson ist dann grundsätzlich nicht in ihren Rechten verletzt. Deshalb sind die Rechtsbehelfsmöglichkeiten auf die Fälle beschränkt, bei denen

[229] S. zu den Grenzen EuG EuZW 1995, 254.
[230] S. näher Murswiek JuS 1986, 8 ff. und 175 ff.

gleichwohl ein Ausgleich stattfinden muss. Neben **aufopferungs- und enteignungsrechtlichen Ersatzleistungen** (→ § 72 Rn. 1 ff.) kommt auch ein **verwaltungsrechtlicher Vermögensausgleich** in Betracht (§ 49 II, V VwVfG).

Fünfter Teil. Grundlagen des Verwaltungshandelns

Erster Abschnitt. Verwaltungshandeln

§ 44. Zur Vielfalt und Typisierung des Verwaltungshandelns

Schrifttum: Appel, Staatliche Zukunfts- und Entwicklungsvorsorge, 2005, 129 ff.; Barczak JuS 2024, 289 ff.: Allgemeines Verwaltungsrecht als Lehre von den Handlungsformen; Bauer VERW 1992, 301 ff.: Verwaltungsrechtslehre im Umbruch; Becker, Öffentliche Verwaltung, 1989, § 27; Becker-Schwarze ua, Wandel der Handlungsformen im öffentlichen Recht, 1991; Benz, Kooperative Verwaltung, 1994; Burmeister/v. Danwitz, Europäisches Verwaltungsrecht, 2008, 467 ff.; Eifert, Electronic Government: Das Recht der elektronischen Verwaltung, 2006; Ellerbrok DVBl. 2024, 1204 ff.: Die Handlungsformenlehre: Bestand, Leistungsfähigkeit, Herausforderungen; Ernst, Die Verwaltungserklärung, 2008; Fisher, Risk Regulation and administrative constitutionalism, 2007; Hoffmann-Riem AöR 115 (1990), 400 ff.: Reform des Allgemeinen Verwaltungsrechts als Aufgabe; Hoffmann-Riem/Schmidt-Aßmann, Konfliktbewältigung durch Verhandlungen, 1990; Hoffmann-Riem/Schmidt-Aßmann, Innovation und Flexibilität des Verwaltungshandelns, 1994; Hoffmann-Riem/Schmidt-Aßmann, Öffentliches Recht und Privatrecht als wechselseitige Auffangordnungen, 1996; Hoffmann-Riem/Schmidt-Aßmann, Verwaltungsrecht in der Informationsgesellschaft, 2000; Kahl DVBl. 2003, 1105 ff.: Risikosteuerung durch Verwaltungsrecht; Kadelbach, Allgemeines Verwaltungsrecht unter europäischem Einfluss, 1999, 325 ff. und 456 ff.; Kloepfer, Informationsrecht, 2002, § 5; Kloepfer, Umweltrecht, 4. Auflage 2016, § 5; Kment, Grenzüberschreitendes Verwaltungshandeln, 2010; Krause, Rechtsformen des Verwaltungshandelns, 1974; Krause VVDStRL 45 (1987), 212 ff.: Rechtsverhältnisse in der Leistungsverwaltung; Krebs VVDStRL 52 (1993), 190 ff. (248 ff.): Verträge und Absprachen zwischen der Verwaltung und Privaten; Kröger/Hoffmann, Rechts-Handbuch zum E-Government, 2005; Lehr, Staatliche Lenkung durch Handlungsformen, 2010; Masing VVDStRL 63 (2004), 377 ff.: Transparente Verwaltung: Konturen eines Informationsverwaltungsrechts; Schmidt-Preuß VVDStRL 56 (1997), 162 ff.: Verwaltung und Verwaltungsrecht zwischen gesellschaftlicher Selbstregulierung und staatlicher Steuerung; Schroeder, Verwaltungsrechtsdogmatik im Wandel, 2012; Schröder, Genehmigungsverwaltungsrecht, 2016; Hoffmann-Riem/Schmidt-Aßmann, Reform des Allgemeinen Verwaltungsrechts/Schuppert, 1993, 67 ff.: Zur Steuerung des Verwaltungshandelns durch Verwaltungsrecht; Tietje, Internationalisiertes Verwaltungshandeln, 2001, 326 ff. und 415 ff. und 626 ff.; Weiß, Der Europäische Verwaltungsverbund, 2010.

I. Zur Vielfalt und Offenheit der Verwaltungshandlungen

Das Handeln der Verwaltung ist überaus vielfältig bzw. facettenreich und zudem aufgrund der sich ständig ändernden gesellschaftspolitischen Anforderungen einem steten Wandel unterworfen. Gleichwohl lässt sich das Verwaltungshandeln begrifflich fassen, auch indem es zum Phänomen des Verwaltungsrechtsverhältnisses in Beziehung gesetzt wird. 1

1. Zum Begriff des Verwaltungshandelns

Um die Grundlagen des Verwaltungshandelns näher zu beleuchten, ist zunächst einmal Klarheit über diesen Begriff zu schaffen. 2

a) Meinungsspektrum in der Literatur

Soweit ersichtlich besteht jedoch über dessen Inhalt bislang nicht wirklich Einigkeit: So werden unter den Terminus des Verwaltungshandelns teilweise auch bestimmte Bereiche der Rechtsetzung[1] oder privatrechtliche Maßnahmen gefasst.[2] Gelegentlich 3

[1] So Brohm VVDStRL 30 (1972), 245 (282).
[2] Krause, Rechtsformen, 1974, S. 37 ff.

werden Bezeichnungen wie Handlungsform, Verwaltungshandeln und Verwaltungshandlung aber auch ohne jede weitere inhaltliche Differenzierung synonym verwendet.[3] Im Ergebnis ist das Verständnis all dieser **Begriffe** somit also überaus **heteronom** und wenig einheitlich.

b) Verwaltungshandeln und Verwaltungshandlung

4 Führt man jedoch diese Bezeichnungen auf ihren sprachlichen Ursprung zurück, ergeben sich durchaus **Unterschiede:** So prägt bei aller Unklarheit im Detail das Verwaltungshandeln ein eher aktives Moment iSe gegenwärtigen Prozesses, der mit einer Verwaltungshandlung eines Amtswalters (Beamter oder Angestellter) oder eines Kollegialorgans abgeschlossen wird, die einem Träger öffentlicher Verwaltung (zB Bund, Land, Kreis, Gemeinde) zugerechnet werden kann (→ § 3 Rn. 11). Verwaltungshandlungen kann man daher auch als Amtshandlungen iwS bezeichnen – seien sie nun hoheitlicher (zB § 839 BGB; Art. 34 GG) oder fiskalischer Natur (§§ 823, 831, 31, 89 BGB). Davon zu unterscheiden sind Maßnahmen insbesondere natürlicher oder juristischer Personen, die nicht durch, sondern gegenüber der Verwaltung erfolgen.

5 Nimmt man den prozesshaften Charakter des Verwaltungshandelns ernst, weist es durchaus Parallelen zum **Verwaltungsverfahren** auf, ohne jedoch damit identisch zu sein. Während sich nämlich das Verwaltungsverfahren konkret mit der Tätigkeit der Behörden befasst, die auf die Prüfung der Voraussetzungen, die Vorbereitung und den Erlass bestimmter Verwaltungshandlungen gerichtet ist (s. auch § 9 VwVfG; § 8 SGB X; §§ 97 ff. GWB),[4] setzt das Verwaltungshandeln umfassender an, indem es auch das Verfahren bis zum Erlass anderer Verwaltungshandlungen erfasst. Infolgedessen kann die Kategorie des Verwaltungshandelns dazu beitragen, übergreifende Verfahrensgrundsätze zu generieren und so die verwaltungsrechtliche Systembildung auch mit Folgen für das allgemeine Verwaltungsverfahrensrecht voranbringen.

c) Rechts- und Handlungsform

6 Nimmt man die Begriffe der Handlungs- bzw. Rechtsform hinzu, ergibt sich folgendes Bild: Soweit die Rechtsordnung Instrumente für die staatliche Verwaltung bereithält, um rechtsverbindliche Entscheidungen zu ermöglichen, wird man von den Rechtsformen des Verwaltungshandelns sprechen können, die sich dann ggf. im Erlass einer konkreten verrechtlichten Verwaltungshandlung manifestieren. Hingegen erfasst die Handlungsform jede Verwaltungsmaßnahme, so dass sie im Vergleich zur Rechtsform umfassender ansetzt und sich auch auf Realakte ohne Entscheidungscharakter bezieht. Infolgedessen stehen die Termini Rechts- und Handlungsform weniger in einer Art Stufenverhältnis iSe Vor- bzw. Endstadiums zueinander[5] als vielmehr in einem **Verhältnis des Speziellen zum Allgemeinen.**[6]

[3] In diese Richtung auch Lehr, Staatliche Lenkung durch Handlungsformen, 2010, S. 19 mwN.

[4] Krause, Rechtsformen, 1974, S. 46 ff.

[5] So aber Voßkuhle/Eifert/Möllers GVwR II/Hoffmann-Riem/Bäcker, § 32 Rn. 9 ff.

[6] Ehlers/Pünder AllgVerwR/Remmert, § 17 Rn. 2; Becker-Schwarze u. a., Handlungsformen, 1991, S. 25, 34.

7 Neuerdings wird der Begriff der Handlungsform zunehmend unter Steuerungsgesichtspunkten[7] oder unter dem Schlüsselbegriff der **Verantwortungsteilung**[8] thematisiert – so namentlich im Umwelt-[9] aber auch im Öffentlichen Wettbewerbsrecht.[10] In diesem Zusammenhang werden dann oftmals direkte und indirekte Instrumente der Verhaltenssteuerung (zB in Form von Verwaltungsabgaben (→ § 42 Rn. 15 ff.) unterschieden. Diese Beispiele zeigen, dass verwaltungstheoretisch, verwaltungsdogmatisch und verwaltungspraktisch ein weiter Handlungsbegriff zugrunde zu legen ist.

8 Aus **verwaltungswissenschaftlicher Sicht** müssen die Handlungsformen praktikabel und effizient,[11] wirtschaftlich[12] und zeitgerecht[13] (sog. Beschleunigungsdiskussion, vgl. dazu § 25 II VwVfG[14] sowie die Auswirkungen der sog. Dienstleistungs-RL auf das nationale Verfahrensrecht[15]), flexibel, insbesondere unbürokratisch (alternative und optionale Formen: §§ 16 IV und 23 Ia BImSchG) und transparent[16] sein. Inzwischen haben sich auch die Lehren des New Public Managements (→ § 2 Rn. 48) auf das Verwaltungshandeln ausgewirkt (zB Einführung von Zielvereinbarungen), auch wenn diese neuen Steuerungsmodelle aufgrund der spezifischen Handlungsrationalitäten in der Verwaltung insbesondere in Form der staatlichen Gemeinwohlbindung auf deutliche Grenzen stoßen.[17]

d) Auslegungsfragen

9 Innerhalb des Verwaltungshandelns und insbesondere als dessen Endpunkt (→ § 44 Rn. 4) werden zahlreiche Erklärungen in Form von Verwaltungshandlungen abgegeben, die nicht immer eindeutig zuzuordnen sind. Ferner kann es zu Abgrenzungsproblemen zwischen einzelnen Rechts- bzw. Handlungsformen kommen. In diesen Fällen wird eine Auslegung anhand der **herkömmlichen Interpretationsmethoden** für Rechtssätze (→ § 28 Rn. 26 ff.) und Erklärungen (→ § 36 Rn. 7a) erforderlich.[18]

[7] Henke JZ 1992, 541 (546);Hoffmann-Riem/Schmidt-Aßmann, Reform des Allgemeinen Verwaltungsrechts/Schuppert, 1993, S. 67 ff.; Schmidt-Preuß VVDStRL 56 (1997), 162 (221 ff.); Hoffmann-Riem DÖV 1997, 433 (439); Ziekow NVwZ 2005, 263 (264).

[8] Weiß DVBl 2002, 1167.

[9] Hoffmann-Riem AöR 115 (1990), 400; vgl. zu Steuerungsgesichtspunkten etwa Koch/Hofmann/Reese HdB UmweltR/Ramsauer, Rn. 80 ff., 115.

[10] Vgl. dazu das Werk von Kirchhof/Korte/Magen ÖffWettbR.

[11] Hoffmann-Riem DÖV 1997, 433; vgl. dazu auch allg. Hoffmann-Riem/Schmidt-Aßmann, Effizienz als Herausforderung an das Verwaltungsrecht, 1998.

[12] Vgl. dazu Gröpl VerwArch 93 (2002), 459; Schröder, Genehmigungsverwaltungsrecht, 2016, S. 533 ff.

[13] Schulte, Wandel der Handlungsformen in: Hoffmann-Riem/Schmidt-Aßmann, Verwaltungsrecht in der Informationsgesellschaft, 2000, S. 333 ff.; Kahl DVBl 2003, 1105 (1113).

[14] Vgl. zu dieser Bestimmung, die die §§ 71a ff. VwVfG aF ablöst, Lenders NWVBl. 2009, 457 (458).

[15] S. dazu zB Calliess/Korte, Dienstleistungsrecht in der EU, 2011, § 7.

[16] Hill DÖV 2004, 721; Stadelmaier/Götz DÖV 2004, 729; Hoffmann-Riem/Schmidt-Aßmann, Innovation und Flexibilität des Verwaltungshandelns, 1994; Henneke DÖV 1997, 768.

[17] Oebbecke DÖV 1998, 853; Hoffmann-Riem/Schmidt-Aßmann VerwVerfG/Ziekow, S. 349 ff.; Bull DVBl 2001, 1818; König DÖV 2001, 617.

[18] Vgl. exemplarisch OVG Schleswig NJW 2000, 1059 (1059 f.).

2. Verwaltungshandeln und Verwaltungsrechtsverhältnis

10 Da mit jedem Verwaltungshandeln jedenfalls dann, wenn es sich in der Außenwelt manifestiert, greifbare Konsequenzen verbunden sind, begründet es in der Regel Verwaltungsrechtsverhältnisse zwischen der Behörde und dem Maßnahmeadressaten. Damit stellt sich die Frage nach dem Verhältnis dieser beiden Kategorien. Sie basieren im **Ausgangspunkt** gleichermaßen auf dem objektiven und dem subjektiven Verwaltungsrecht (→ §§ 21 ff. Rn. 1 ff. und → §§ 32 ff. Rn. 1 ff.) als maßgebliche Fundamente für die Begründung, Veränderung und Aufhebung unterschiedlich ausgeformter einseitig, mehrseitig und wechselseitig angelegter Verwaltungsrechtsverhältnisse (→ § 32 Rn. 26 ff., → § 32 Rn. 32 ff., → § 40 Rn. 3), in deren Rahmen wiederum vornehmlich, wenn auch nicht ausschließlich,[19] die verschiedenen Erscheinungsformen des Verwaltungshandelns relevant werden. Das Verwaltungshandeln ist infolgedessen als gestaltender bzw. konkretisierender Schrittmacher für die dogmatische Fortbildung und -entwicklung von Verwaltungsrechtsverhältnissen unverzichtbar.[20]

11 Soweit demgegenüber davon ausgegangen wird, dass die Kategorien des Verwaltungshandelns überholt und aufgrund des nun angeblich vorherrschenden Denkens in Verwaltungsrechtsverhältnissen[21] überwunden sind, wird verkannt, dass es sich bei dem Verwaltungsrechtsverhältnis lediglich um einen Sammelbegriff unterschiedlicher Erscheinungsformen handelt. Aufgrund seiner Abstraktheit mag dieses Rechtsinstitut zwar brauchbare Ansätze für die bessere Erfassung bestimmter Handlungsformen liefern und trägt zudem aufgrund der ihm immanenten Betonung der Intersubjektivität des Verwaltungshandelns sowie der Rechtssubjektivität der Akteure viel zu einem moderneren Verwaltungsverständnis bei.[22] Die **Rechtsverhältnislehre** kann daher auch das Denken in den Kategorien des Verwaltungshandelns ohne weiteres **ergänzen.**[23]

12 Eine **vollständige Verdrängung** der Kategorie des Verwaltungshandelns folgt daraus jedoch **nicht,** weil jede Verwaltungshandlung als Schlusspunkt des Verwaltungshandelns individuelle Besonderheiten im Lichte unterschiedlicher gesetzlicher Normierungen prägen, die sich durch ein ausschließliches Denken in Verwaltungsrechtsverhältnissen nur eingeschränkt abbilden lassen (→ § 32 Rn. 35 ff.).[24] Solange die Aufgabenwahrnehmung der öffentlichen Verwaltung durch verschiedenartige Verwaltungshandlungen erfolgt (→ § 3 Rn. 7 ff.) und sich die verfahrensrechtliche und prozessuale Rechtsdurchsetzung danach richtet (Verfahrens- und Prozessfunktion), hat dieser Eckpfeiler des Verwaltungsrechtssystems deshalb schon wegen seiner elementaren Bereitstellungsfunktion für ein funktionsfähiges Verwaltungsrecht[25] keineswegs ausgedient.[26]

---

[19] Vgl. dazu Ipsen AllgVerwR, Rn. 16.

[20] Krause VVDStRL 45 (1987), 212 (218).

[21] Ausf. dazu jüngst Kahl/Ludwigs VerwaltungsR-HdB/Bauer HdbVerwR IV, 2022, § 98 Rn. 15 ff.

[22] Vgl. dazu Ipsen AllgVerwR, Rn. 163 ff.

[23] So H. Bauer VERW25 (1992), 301; Hoffmann-Riem/Schmidt-Aßmann, Innovation und Flexibilität des Verwaltungshandelns/Schoch, 1994, 199 und 212 ff.; Henneke DÖV 1997, 768 (772 ff.); ähnl. Ehlers/Pünder, AllgVerwR/Remmert, § 18 Rn. 20.

[24] H. Meyer VVDStRL 45 (1987), 272; Pietzcker VERW30 (1997), 281; T. Groß VERW32 (1999) Beiheft 2, 57 (76 f.).

[25] Schuppert, Verwaltungswissenschaft, S. 148 ff.

[26] Schmidt-Aßmann DVBl 1989, 533; Becker-Schwarze, Wandel der Handlungsformen im Öffentlichen Recht/Di Fabio, 1991, S. 47 ff.; weitergehend Detterbeck AllgVerwR, § 9 Rn. 415, § 10 Rn. 419.

Stattdessen muss man sich vielmehr die verwaltungsrechtliche Bedeutung rechtlich geregelter Handlungsformen vergegenwärtigen, die als zentrale Konkretisierungsfälle **verwaltungsrechtlicher Systembildung** zu begreifen sind (→ § 2 Rn. 6). Sie gestatten eine Grob- und Feinsteuerung (Steuerungsfunktion) und damit eine Optimierung von Verwaltungsrecht. Außerdem dienen sie der Rechtssicherheit (Rechtssicherheitsfunktion), weil Verwaltung und Bürger auf einen vorgefertigten Rechtsrahmen zurückgreifen können (Standardisierungsfunktion). Dadurch kann das Verwaltungshandeln rationalisiert und effektuiert werden (Rationalisierungsfunktion), weil nicht immer wieder bestimmte Grundsatzfragen neu gestellt und einer Lösung zugeführt werden müssen.[27] 13

Diese **Vorteile** sind iSe Entlastungsfunktion[28] insbesondere bei der Massenverwaltung nicht zu unterschätzen. Gleichzeitig wirkt die Standardisierung aber auch als Schutz für den Bürger (Schutzfunktion). Deshalb werden die typisierten Rechtsformen als „Speicher" bezeichnet, die das Auffinden konkreter Lösungen und damit die Rechtsanwendung erleichtern sollen (Speicherfunktion[29]).[30] Dieses Bild darf jedoch nicht verdecken, dass die Grundrechte und das Rechtsstaatsprinzip Anforderungen an maßstabsgerechtes individuell-konkretes Verwaltungshandeln stellen, so dass nur bedingt auf gespeicherte Elemente zurückgegriffen werden kann. Die Standardisierungsfunktion der rechtlich geregelten Handlungsformen gilt somit vorbehaltlich etwaiger Spezifika des jeweiligen Einzelfalls. 14

Abgesehen davon spricht die weitere Ausdifferenzierung und Entwicklung neuer Handlungsformen[31] sowie die Verwendung des Handlungsformenbegriffs durch den **Gesetzgeber** (s. zB § 44 III BHO) eher für eine Renaissance des Denkens in den Kategorien des Verwaltungshandelns (und daran anknüpfend der Verwaltungshandlung). Nicht zuletzt deshalb sind die Handlungsformen als Schlüsselmaterie ein zentraler Bestandteil der Reform des Verwaltungsrechts (→ § 2 Rn. 5), seiner Europäisierung[32] und seiner Internationalisierung.[33] 15

3. Wandel des Verwaltungshandelns

Die Entfaltung der einzelnen Verwaltungshandlungen ist vor dem Hintergrund zu sehen, dass das Verwaltungshandeln nur partiell kodifiziert ist (zur **Kodifikation** des Verwaltungsrechts → § 1 Rn. 8 ff.). Im Übrigen gibt es – wie die in § 54 I 2 VwVfG niedergelegte Wahlfreiheit der Verwaltung[34] zwischen dem Verwaltungsakt und dem öffentlich-rechtlichen Vertrag exemplarisch zeigt (→ § 23 Rn. 6 ff.) – keinen Numerus Clausus der Handlungsformen, weil sich die Anforderungen an das Verwaltungshandeln aufgrund neu auftretender Regelungsbedürfnisse ständig ändern können, so 16

[27] Ossenbühl JuS 1979, 681; König VR 1990, 401.
[28] Schuppert, Verwaltungswissenschaft, 2000, S. 141.
[29] Krit. dazu aber Ellerbrok DVBl 2018, 1204 (1206).
[30] Schmidt-Aßmann DVBl 1989, 533; s. auch H. Bauer VERW25 (1992), 301 (310); Burmeister VVDStRL 52 (1993), 190 (232).
[31] S. etwa Kloepfer JZ 1991, 737; Hoffmann-Riem AöR 115 (1990), 400 für den Umweltschutzbereich.
[32] Vgl. dazu Kment, Grenzüberschreitendes Verwaltungshandeln, 2010; Ohler, Die Kollisionsordnung des Allgemeinen Verwaltungsrechts: Strukturen des deutschen Internationalen Verwaltungsrechts, 2005.
[33] Tietje, Internationalisiertes Verwaltungshandeln, 2001; Ruffert VERW34 (2001), 435.
[34] Vgl. dazu auch VGH München NVwZ-RR 1995, 114.

dass die zugehörigen Handlungsformen flexibel, entwicklungsoffen und wandlungsfähig sein müssen.[35]

17 Dieses Erfordernis zeigt sich deutlich im Lichte der **fortschreitenden technischen Entwicklung,** in deren Rahmen sich auch die Verwaltung zunehmend technischer Einrichtungen bedient. Sie stehen oft nicht mehr unter ständiger Kontrolle eines Amtswalters (zB Verkehrsampeln, automatische Verkehrsführung, elektronische Daten- und Textverarbeitung, wie Mautsysteme oder das automatisierte Erfassen von Kfz-Kennzeichen[36]) und sollen ihn de lege ferenda nach Vorbild der schon jetzt geltenden Regeln im Steuerrecht[37] ggf. auch im Verwaltungsverfahrensrecht ersetzen, soweit die dazu nötigen Rechtsvorschriften, relevant ist hier namentlich § 35a VwVfG (→ § 45 Rn. 45a ff.), konzipiert sind.[38] Diese Automation ist zur Bewältigung von Massenvorgängen in einer Industrie-, Dienstleistungs-[39] und Informationsgesellschaft unentbehrlich (→ § 5 Rn. 19 ff.).

18 Der damit einhergehende Wandel in den gesellschaftlichen Bedürfnissen erfordert und ermöglicht die Rezeption technischer, aber auch elektronischer Gegebenheiten in das Verwaltungshandeln.[40] Mit dem daraus resultierenden **Einzug neuer Informations- und Kommunikationstechnologien** verändert sich der Ablauf der administrativen Handlungsprozesse tiefgreifend.[41] Begleitend zu diesen informationstechnisch ermöglichten und gesellschaftlich erwünschten neuen Handlungsformen sind neben der Gewährleistung des Datenschutzes[42] und einer fortlaufenden Anpassung des Verwaltungsverfahrensrechts organisatorische, personelle, finanzielle, aber vor allem auch rechtliche Maßnahmen nötig.[43]

19 Im Zuge des steten Wandels, dem das Verwaltungshandeln aufgrund der sich ständig verändernden Bedürfnisse der Industrie-, Dienstleistungs- und Informationsgesellschaft unterworfen ist, lässt sich beobachten, dass klassische durch moderne Repräsentanten verdrängt, abgelöst und ergänzt werden. Die nachfolgende exemplarische Gegenüberstellung soll die Dynamik des Verwaltungshandelns verdeutlichen:

– **Einseitigen Handlungsformen** stehen zunehmend einvernehmlich ausgehandelte konsensuale und **kooperative Verwaltungshandlungen** zB in Form von Schiedssprüchen (etwa in § 45 LFGB) gegenüber.[44] Darin kommt die Entwick-

[35] Voßkuhle VerwArch 92 (2001), 184 (196 ff.); vgl. auch Ellerbrok DVBl 2024, 1204 (1208).

[36] Schieder NVwZ 2004, 778.

[37] Vgl. das Gesetz zur Modernisierung des Besteuerungsverfahrens v. 18.7.2016 (BGBl. I 1679 (1686 f.)).

[38] Vgl. dazu Beirat Verwaltungsverfahrensrecht beim BMI NVwZ 2015, 1114 (1115 f.); s. auch Braun Binder NVwZ 2016, 960 (963 ff.).

[39] Hill NdsVBl. 2002, 313.

[40] Groß DÖV 2001, 159 (161).

[41] Hoffmann-Riem/Schmidt-Aßmann, Verwaltungsrecht in der Informationsgesellschaft/Vesting, 2000, S. 101 ff.; Tönsmeyer-Uzuner, Expertensysteme in der öffentlichen Verwaltung, 2000; Schliesky NVwZ 2003, 1322; von Lucke, Regieren und Verwalten im Informationszeitalter, 2003, S. 24 ff.; Büllesbach DVBl 2005, 605.

[42] Wohlfarth VR 2002, 42 (44 f.); Eifert, Electronic Government, § 9; Hoffmann-Riem AöR 123 (1998), 513.

[43] Reinermann VR 2002, 164.

[44] Bullinger DÖV 1989, 277; Benz, Kooperative Verwaltung, 1994, S. 34 ff.; Henneke DÖV 1997, 768 (771 ff.); Rengeling FS Brohm, 2002, 509 ff.; Koch NuR 2001, 541; Pitschas DÖV 2004, 231 (237 ff.).

lung vom paternalistischen zum partnerschaftlichen Staat[45] (→ § 2 Rn. 3, 4) zum Ausdruck.

- **Endgültigen Handlungsformen** stehen zunehmend **vorläufige Verwaltungshandlungen**[46] gegenüber – so zB, wenn eine Subvention unter dem Vorbehalt einer anteilsmäßigen Kürzung[47] gestellt wird, falls die vorab geschätzten Kosten nicht anfallen.
- **Formalen Handlungsformen** stehen zunehmend **informale Verwaltungshandlungen**[48] gegenüber (Selbstbeschränkungsabkommen,[49] Zielfestlegungen, Informationshandeln, Auditing, Mediationen[50] wie im Falle des § 200 TKG).
- **Individuellen Handlungsformen** stehen zunehmend **multipersonale Verwaltungshandlungen** zB in Form von Allgemeinverfügungen gegenüber – so jedenfalls nach Auffassung des BGH[51] im Falle der Festlegung der Bedingungen und Methoden für den Netzzugang iSd § 29 I EnWG).
- **Bürokratischen Handlungsformen** stehen zunehmend **ökonomisch inspirierte Verwaltungshandlungen**[52] gegenüber (Zielvereinbarungen mit Verwaltungen, ehemals §§ 2 ff. VGG (Berliner Verwaltungsreform-Grundsätze-Gesetz); Ausschreibungsverwaltungshandeln[53]).
- **Öffentlich-rechtlichen Handlungsformen** stehen zunehmend **privatrechtliche Verwaltungshandlungen** gegenüber (Post- und Telekommunikation).[54]
- **Schriftlichen Handlungsformen** stehen zunehmend **elektronische Verwaltungshandlungen** gegenüber[55] (vgl. insb. § 3a VwVfG).
- **Staatlich regulierten Handlungsformen** stehen zunehmend **staatlich inspirierte, selbstregulierte Handlungsformen** gegenüber (s. etwa Öko-Auditierung,[56] Zertifizierung und Akkreditierung[57] – § 21 ElektroG).[58]
- **Nationalen Handlungsformen** stehen zunehmend **transnationale Verwaltungshandlungen** so zB in den in Umsetzung der Dienstleistungs-RL ergangenen Vor-

[45] Kim/Nishihara, Vom paternalistischen zum partnerschaftlichen Rechtsstaat, 2000; Schmidt-Trenz, Vom Hoheitsstaat zum Konsensualstaat, 1999.
[46] Peine FS Thieme, 1993, 563 ff.; Brüning, Einstweilige Verwaltungsführung, 2003, S. 11 ff., 28.
[47] S. BVerwGE 135, 238 ff.; vgl. auch Hebeler/Schäfer JURA 2010, 881 (883 f.); Beaucamp JA 2010, 247.
[48] Kopp/Ramsauer VwVfG Einführung/Ramsauer/Tegethoff, Rn. 84 ff.; Schmidt-Aßmann AllgVerwaltungsR, S. 354.
[49] Schröder NVwZ 1998, 1011; Kahl DVBl 2003, 1105 (1113 f.).
[50] Kopp/Ramsauer VwVfG Einführung/Ramsauer/Tegethoff, Rn. 109 ff.; Schmidt-Aßmann, AllgVerwaltungsR, S. 354.
[51] S. dazu BGH NVwZ 2009, 195 (196); vgl. zum zugehörigen Streitstand Baur/Salje/Schmidt-Preuß, Regulierung in der Energiewirtschaft/Pielow 2015, Kap. 42 Rn. 23 ff.
[52] Hoffmann-Riem DÖV 1997, 433; Voßkuhle VERW34 (2001), 347.
[53] S. etwa Burgi DVBl 2003, 949.
[54] S. näher dazu Hoffmann-Riem/Schmidt-Aßmann, Öffentliches Recht und Privatrecht als wechselseitige Auffangordnungen, 1996.
[55] Rosenbach DVBl 2001, 332; Schmitz NVwZ 2002, 1281; Rossnagel NVwZ 2003, 469; Skrobotz, Das elektronische Verwaltungsverfahren, 2005.
[56] Stober/Korte ÖffWirtschaftsR AT, Rn. 924.
[57] Röhl, Akkreditierung und Zertifizierung im Produktsicherheitsrecht, 2000, S. 4 ff.
[58] Vgl. dazu zB Schumacher DÖV 2012, 176 (178 ff.).

schriften über die europäische Verwaltungszusammenarbeit (§§ 8a ff. VwVfG)[59] gegenüber.[60]

- **Einmaligen Handlungsformen** stehen zunehmend auf Dauer angelegte, **nachhaltige Verwaltungshandlungen** gegenüber (Monitoring nach den §§ 50 ff. LFGB).
- **Repressiven Handlungsformen** stehen zunehmend **präventive, risikoorientierte Verwaltungshandlungen** – so beispielsweise im Bereich der Gentechnik[61] sowie der Finanzmarktregulierung[62] – gegenüber.
- **Aktenbezogenen Handlungsformen** stehen zunehmend **transparente Verwaltungshandlungen**[63] gegenüber (Informationsverwaltungshandeln[64] nach dem IFG; Vergabeverwaltungshandeln nach den §§ 97 ff. GWB).

20 Bei aller Wandlungsfähigkeit und Dynamik der bestehenden Handlungsformen darf nicht vergessen werden, dass die Entwicklungsoffenheit des geltenden Verwaltungsrechts keine unbedingte ist, sondern sich am Prinzip der Gesetzmäßigkeit der Verwaltung messen lassen muss. Es ist daher mit dem Gebot der Verwaltungseffizienz im Interesse der Funktionsfähigkeit der Exekutive in Ausgleich zu bringen.[65] Nicht zuletzt deshalb ist nur im Rahmen unionsrechtlicher und verfassungsrechtlicher Vorgaben von der Vielfalt bzw. einem **offenen System des Verwaltungshandelns** auszugehen.[66]

II. Typisierung von Verwaltungshandlungen

21 Da der rechtswissenschaftliche Erkenntnisprozess nach einem greifbaren Anknüpfungspunkt verlangt, bedarf vor allem der Kanon möglicher Verwaltungshandlungen einer näheren Spezifizierung bzw. Typisierung.

1. Formen des Verwaltungshandelns

22 Differenziert man den Kreis möglicher Verwaltungshandlungen nach den in Betracht kommenden Formen, können sie sich grundsätzlich in einem Tun, Dulden oder Unterlassen manifestieren (→ § 36 Rn. 7 ff.). Ihre häufigste Form ist tatsächliches Tun, ihre wichtigste ist die Erklärung eines Gewollten oder Gewussten. Hingegen ist die **Duldung** keine Rechtsform des Verwaltungshandelns und eine Handlungsform nur dann, wenn in der gegebenen Situation ein amtliches Tun objektiv so nahe liegt, dass mit Sicherheit auf einen Duldungswillen geschlossen werden kann. Die Duldung setzt daher zumindest Kenntnis des objektiven Sachverhalts, auf den sie sich bezieht, und eine Prüfung der Rechtslage voraus. Aus dem Nichteinschreiten gegen einen

[59] Ausf. dazu Calliess/Korte EU-DienstleistungsR, § 6 Rn. 82 ff.
[60] Ruffert VERW34 (2001), 453; Caspar DVBl 2002, 1437; Sydow JuS 2005, 202 (204); s. dazu auch Kment, Grenzüberschreitendes Verwaltungshandeln, 2010; Ohler, Die Kollisionsordnung des Allgemeinen Verwaltungsrechts: Strukturen des deutschen Internationalen Verwaltungsrechts, 2005.
[61] Ausf. dazu Calliess/Korte DÖV 2006, 10.
[62] Ausf. dazu Calliess VVDStRL 71 (2012), 113; vgl. auch Thiele, Finanzmarktaufsicht, 2013.
[63] Pitschas VERW33 (2000), 111; Schoch VERW35 (2002), 149; Bull ZG 2002, 201; ausf. dazu Kloepfer, Die transparente Verwaltung, 2003.
[64] Gusy NJW 2000, 977; Hoffmann-Riem/Schmidt-Aßmann, Verwaltungsrecht in der Informationsgesellschaft/Schulte, 2000, S. 333 ff.; Masing VVDStRL 63 (2004), 377.
[65] S. etwa Henke JZ 1992, 541 (542).
[66] Krause, Rechtsformen, S. 112, 235 ff.; Hoffmann-Riem DÖV 1997, 433.

rechts-, insbesondere polizeiwidrigen Zustand kann daher allein noch nicht auf eine gewollte Duldung geschlossen werden.[67]

Das Unterlassen der Verwaltung lässt sich ebenfalls nur unter diesen Voraussetzungen 23 als Handlungsform und ohnehin nicht als Rechtsform des Verwaltungshandelns begreifen, mag es auch noch so bedeutungsvoll erscheinen.[68] Etwas anderes gilt freilich für den Fall einer entsprechenden gesetzlichen Vorschrift: So folgt aus § 42a VwVfG,[69] dass eine beantragte Erlaubnis unter bestimmten, (insbesondere) fachrechtlich determinierten Voraussetzungen qua legem als erteilt gilt. Diese sog. **Genehmigungsfiktion** lässt das Schweigen der Verwaltung in Form der unterlassenen Antragsbescheidung somit rechtsverbindlich werden. § 42a VwVfG will damit der Verwaltung aber keine zusätzliche Möglichkeit der rechtsverbindlichen Entscheidung zur Seite stellen. Die Genehmigungsfiktion[70] ist daher auch keine Rechtsform. Stattdessen will die Vorschrift die Verwaltung disziplinieren,[71] soweit es um die Bescheidung von Anträgen auf Erteilung einer Erlaubnis geht.[72]

2. Maßgeblichkeit des positiven Rechts

Trotz dieser ersten Kategorisierung bleibt es dabei, dass sich das Verwaltungshandeln 24 insbesondere aufgrund der Verschiedenheit der daran anknüpfenden Verwaltungshandlungen nach unterschiedlichen Kriterien typisieren und systematisieren lässt. Die denkbaren Gliederungsgesichtspunkte vermitteln einen ersten Eindruck von der **verwirrenden Vielfalt der Ansätze,** die weiterer Aufarbeitung und Ausdifferenzierung harren. Geläufig ist die Einteilung nach Tathandlungen (Verwaltungs-Realakte – → § 36 Rn. 7a) und Rechtshandlungen (Verwaltungs-Rechtshandlungen – → § 36 Rn. 7b), die sich in regelnde sowie nicht regelnde Verwaltungshandlungen gliedern lassen. In Betracht kommt ferner eine Aufteilung nach verwaltungsinternen und verwaltungsexternen[73] (s. etwa § 9 VwVfG), nach abstrakt-generellen (→ § 24 Rn. 5, 6) und konkret-individuellen, nach einseitigen und gegenseitigen (§ 54 VwVfG) sowie nationalen und transnationalen[74] (→ § 2 Rn. 56) Verwaltungshandlungen.

All diese Typisierungen müssen aber den geltenden verwaltungsrechtlichen Bestand 25 beachten, der deshalb auch Basis des weiteren Vorgehens ist. So haben auf **nationaler und landesrechtlicher Ebene** mehrere Verwaltungshandlungen in diversen Verwaltungsverfahrensgesetzen eine ausdrückliche und eigenständige Normierung gefunden (VwVfG; SGB X; AO; GWB). Die zugehörigen Bestimmungen regeln detailliert die Verwaltungshandlungen: Verwaltungsakt, Zusage, öffentliche Aufträge sowie Vertrag und sprechen den Plan an.

[67] Vgl. dazu ausf. Hermes/Wieland, Die staatliche Duldung rechtswidrigen Handelns, 1998, S. 10 ff.; skeptisch auch Platz BayVBl. 1983, 622.
[68] Maurer/Waldhoff AllgVerwR, § 10 Rn. 12a.
[69] S. dazu Guckelberger, DÖV, 2010, 109; Kluth JuS 2011, 1078; krit. zur Umsetzung aus einer europarechtlichen Perspektive Abromeit/Droste DÖV 2013, 133.
[70] Allg. dazu etwa Knauff VerwArch 109 (2018), 480 ff.
[71] So auch Krajewski NVwZ 2009, 929 (933).
[72] Vgl. dazu auch Uechtritz DVBl 2010, 684 (685), der eine Beziehung zwischen Genehmigungsfiktion und der Speicherfunktion des allgemeinen Verwaltungsrechts bejaht.
[73] Hoffmann-Riem/Schmidt-Aßmann, Reform des Allgemeinen Verwaltungsrechts/Lange, 1993, S. 307 ff.
[74] S. etwa Neßler NVwZ 1995, 863.

26 Auch auf **unionsrechtlicher Ebene** haben einzelne Verwaltungshandlungen eine positivrechtliche Ausprägung erfahren. Das gilt zunächst für die in Art. 288 IV AEUV geregelten Beschlüsse, die als Handlungsformen des direkten Vollzugs des Primär- bzw. Sekundärrechts durch die Unionsorgane[75] dem Verwaltungsakt bundesdeutscher Prägung ähneln[76] und so zu einem übergreifend homogenen Begriffsverständnis beitragen,[77] ohne dass freilich Uniformität bestünde.[78] Ferner existiert, ähnlich wie im deutschen Recht, teilweise ein spezifisches Verfahrensrecht auf Unionsebene, das sich namentlich mit kartell-, zoll- und subventionsrechtlichen Beschlüssen[79] befasst (Art. 4 ff. VO (EG) 1/2003,[80] Art. 5 ff. Zollkodex,[81] Art. 2 ff. VO (EU) 2015/1589.[82]

27 Teilweise macht das Unionsrecht Vorgaben für das nationale Verwaltungshandeln und daran anknüpfend für die dort normierten Verwaltungshandlungen, weil die primär- bzw. sekundärrechtlichen Anforderungen in nationales Recht umzusetzen sind[83] und wegen ihres Anwendungsvorrangs (→ § 1 Rn. 14 ff. und → § 17 Rn. 1 ff.) die mitgliedstaatlichen Bestimmungen verdrängen bzw. überlagern.[84] Dieser sog. **indirekte Vollzug des Unionsrechts** über die nationalen Behörden[85] manifestiert sich beispielsweise innerhalb des Lebensmittel-, Gentechnik-,[86] Emissionshandels-,[87] aber auch in weiten Teilen des Dienstleistungsrechts.[88] Insgesamt ist für das Verhältnis zwischen dem Recht der Union und der Mitgliedstaaten daher zu konstatieren, dass das Recht der EU als Rechtsetzungsgemeinschaft die nationalen Verwaltungshandlungen und die daran anknüpfenden Rechts- bzw. Handlungsformen zwar nicht verdrängt, jedenfalls aber (teilweise erheblich) modifiziert.

---

75 GHN/Martenczuk EUV, 2025, Art. 17 Rn. 18.

76 Kadelbach, Allgemeines Verwaltungsrecht unter europäischem Einfluss, 1999, S. 326 ff.; Gröpl EuGRZ 1995, 58 (59); OVG Berlin GewArch 1999, 292 (293).

77 Von Danwitz, Verfassungsrechtliches System und europäische Integration, 1996, S. 249.

78 Vgl. dazu ausf. Stelkens/Bonk/Sachs VwVfG/Stelkens, § 35 Rn. 349 ff.

79 Insbesondere zum mitgliedstaatlichen Vollzug des EG-Rechts am Beispiel gemeinschaftswidriger Beihilfen Scheuing VERW34 (2001), 107 (109 ff.).

80 Verordnung (EG) 1/2003 des Rates vom 16.12.2002 zur Durchführung der in den Artikeln 81 und 82 des Vertrags niedergelegten Wettbewerbsregeln, ABl. 2003 L 1, 1.

81 Verordnung (EU) 952/2013 des Europäischen Parlaments und des Rates vom 9.10.2013 zur Festlegung des Zollkodex der Union, ABl. 2013 L 269/1, 1.

82 VO (EU) 2015/1589 des Rates vom 13.7.2015 über besondere Vorschriften für die Anwendung von Artikel 108 des Vertrags über die Arbeitsweise der Europäischen Union, ABl. 2015 L 248, 9.

83 Masing DVBl 1998, 549; Volkmann VerwArch 89 (1998), 363.

84 S. auch Rengeling VVDStRL 53 (1994), 202 (213 f.); Schoch NordÖR 2002, 1 (3) mwN.

85 Winter EuR 2005, 255 (264 f.).

86 Caspar DVBl 2002, 1437 (1443 f.); Wahl/Groß DVBl 1998, 2; Meier, Risikosteuerung im Lebensmittel- und Gentechnikrecht, 2000, S. 100 ff.; Schroeder/Kraus EuZW 2005, 423; vgl. dazu allg. Calliess/Korte, DÖV 2006, 10 sowie aus der Perspektive des Risikoverwaltungsrechts Winkler VerwArch 102 (2012), 247.

87 Rehbinder/Schmalholz UPR 2002, 1.

88 Vgl. dazu Calliess/Korte, Eu-DienstleistungsR, § 5.

Zweiter Abschnitt. Der Verwaltungsakt

§ 45. Bedeutung, Zulässigkeit und Begriff des Verwaltungsaktes

Schrifttum: Bachof/Brohm VVDStRL 30 (1972), 193 ff.: Die Dogmatik des Verwaltungsrechts vor den Gegenwartsaufgaben der Verwaltung; Beaucamp JA 2010, 247 ff.: Zur Notwendigkeit vorläufiger Verwaltungsakte; Bickenbach JA 2015, 481 ff.: Charakteristik, Unterarten und Unarten des Verwaltungsaktbegriffs; Caspar AöR 125 (2000), 131 ff.: Der fiktive Verwaltungsakt; Conrad, Der sog. Justizverwaltungsakt, 2011; Engel, Planungssicherheit für Unternehmen durch Verwaltungsakt, 1992; Ennuschat JuS 1998, 905 f.: Der Verwaltungsakt und seine Rechtsgrundlagen; Erfmeyer DÖV 1999, 719 ff.: Die Rechtsnatur „heimlicher" behördlicher Maßnahmen; Eschenbach DVBl. 2002, 1247 ff.: Der vorläufige Verwaltungsakt – praxistaugliche Neuschöpfung oder Fortbildung praeter legem?; Haurand DVP 2007, 221 ff.: Der Verwaltungsakt; Jungkind, Verwaltungsakte zwischen Hoheitsträgern, 2008; Kahl JURA 2001, 505 ff.: Der Verwaltungsakt – Bedeutung und Begriff; Käß WiVerw 2002, 197 ff.: Die Warnung als verwaltungsrechtliche Handlungsform; Kreßel BayVBl. 1989, 65 ff.: Der „vorläufige" Verwaltungsakt; Ladeur VerwArch. 86 (1995), 511 ff.: Die Zukunft des Verwaltungsaktes; Losch NVwZ 1995, 235 ff.: Der vorsorgliche Verwaltungsakt; Lücke, Vorläufige Staatsakte, 1991, 17 ff. und 139 ff.; Otto, Die verbindliche Auskunft im Allgemeinen Verwaltungsrecht, 2019; Peine JA 2004, 417 ff.: Sonderformen des VA; Polemski, Der automatisierte Verwaltungsakt, 1993; Schmidt-Aßmann, Das allgemeine Verwaltungsrecht als Ordnungsidee, 2006, 335 ff.; Schenke NVwZ 1990, 1009 ff.: Formeller oder materieller VA-Begriff?; Schimmelpfennig, Vorläufige Verwaltungsakte, 1989; Schoch JURA 2012, 26 ff.: Die Allgemeinverfügung; Schübel-Pfister JuS 2012, 420 ff.: Aktuelles Verwaltungsprozessrecht; Voßkuhle/Kaufhold JuS 2011, 34 ff.: Grundwissen – Öffentliches Recht: Der Verwaltungsakt; Wandschneider, Die Allgemeinverfügung in Rechtsdogmatik und Rechtspraxis, 2009; Weidemann VR 2000, 95 ff.: Die Mitwirkung mehrerer Behörden am Zustandekommen eines Verwaltungsaktes.

I. Zur Bedeutung des Verwaltungsaktes

Eine ebenso häufige wie typische Handlungsform der öffentlichen Verwaltung ist der Verwaltungsakt (zB in den §§ 35 VwVfG, 31 SGB X, 118 AO). Ihm kommt aus verschiedenen rechtlichen Perspektiven eine erhebliche Bedeutung zu. 1

1. Der Verwaltungsakt als klassische und zukunftsfähige Grundfigur

Der Verwaltungsakt ist die klassische Grundfigur, ein Eckpfeiler im System verwaltungsrechtlicher Handlungsformen und ein zentrales Mittel[1] zur Erledigung breit gefächerter Exekutivaufgaben. Der Verwaltungsakt ist das Instrument, mit dem die Verwaltung aufgrund der ihr durch das Verwaltungsrecht eingeräumten **Befugnisse** etwas gebietet oder verbietet, erlaubt, gewährt, versagt oder auf andere Weise anordnet, Rechtsverhältnisse gestaltet oder verbindliche Feststellungen trifft. 2

Diese weitgehenden Befugnisse der Verwaltung mögen auf den ersten Blick keineswegs selbstverständlich erscheinen. Sie könnten vielmehr als eine unangemessene **Privilegierung gegenüber Privatpersonen** angesehen werden. Denn während diese ihre Ansprüche gegeneinander im Streitfall nur mit Hilfe von Gerichten und ggf. Gerichtsvollziehern durchsetzen können, hält die Verwaltungsbehörde, auch in streitigen Fällen, in den verschiedenen Verfahrensstadien zunächst die Zügel allein in der Hand – so zB, indem sie eine Person zu einer Handlung verpflichtet und diese Verpflichtung durchsetzt, ihre eigenen Leistungen an eine Person selbst festsetzt sowie Rechtsbeziehungen der Personen untereinander im öffentlichen Interesse verbindlich regelt. 3

[1] Kopp/Ramsauer/Ramsauer, § 35 Rn. 5.

4 Gleichwohl ist der Verwaltungsakt keineswegs ein Relikt des Obrigkeitsstaates,[2] sondern auch und gerade im sozialen Rechtsstaat und in der Dienstleistungs-, Informations- bzw. Risikogesellschaft eine unerlässliche Voraussetzung für die **Funktionsfähigkeit** und **Effektivität der Verwaltung,** auf die der Bürger in einer Zeit zunehmender Interdependenz aller sozialen Beziehungen mehr denn je angewiesen ist. Im Bereich der leistenden Verwaltung hat sich der Verwaltungsakt sogar erst in der Zeit nach dem letzten Krieg und im Sektor der gewährleistenden Verwaltung sogar erst in jüngster Zeit voll durchgesetzt.

5 Vor allem dort, wo gleichartige Maßnahmen in großer Zahl getroffen werden müssen (sog. Massenverwaltung zB in Form von Steuer- oder Rentenbescheiden), wo Eröffnungskontrollen aufgerichtet und Zulassungen gewährt werden, wo knappe Mittel verteilt werden und wo rasches Handeln geboten ist (zB in der Polizei- und Ordnungsverwaltung in den Bereichen Verkehr oder Sozialhilfe), ist der Verwaltungsakt unentbehrlich und die unangefochtene **Standardmaßnahme des Verwaltungshandelns.** Seine Anpassungs- und Leistungsfähigkeit beweist diese Rechtsfigur ferner bei dem Übergang zur automatisierten und elektronischen Verwaltung (s. etwa §§ 3a, 35a VwVfG, 87a AO, 36a SGB I) im Zeitalter der Kommunikationsgesellschaft[3] (→ § 5 Rn. 19 ff. und → § 44 Rn. 17 ff.) sowie bei der Ausformung von Akkreditierungsakten als Ausdruck des Gewährleistungs- und Risikoverwaltungsrechts.[4]

6 Angesichts seiner nach wie vor zentralen Rolle, seiner Innovationsoffenheit[5] und seiner multifunktionellen Einsetzbarkeit ist ein Funktionsverlust des Verwaltungsaktes nicht feststellbar.[6] Vielmehr geht es darum, die bewährte und durch neue Typen[7] aktualisierte Flexibilität des Verwaltungsakts dadurch zukunftsfähig zu gestalten, dass dessen bekannte Formen für neue Entwicklungen geöffnet und ggf. neue Varianten geschaffen werden.[8] Das **rechtsstaatliche Korrektiv** der im Falle des Erlasses eines Verwaltungsakts sehr weitgehenden Befugnisse der Verwaltung ist im lückenlosen Gerichtsschutz zu sehen, der (auch) gegenüber Verwaltungsakten in Umsetzung des Art. 19 IV GG namentlich über die §§ 42 I VwGO, 54 SGG, 40 I FGO gewährt wird.

2. Einzelne Bedeutungsgehalte

7 Die bisherigen Ausführungen geben nur unvollständig Auskunft über die einzelnen Bedeutungsgehalte des Verwaltungsakts. Sie lassen sich nach unterschiedlichen Kriterien systematisieren.[9] Im Einzelnen sind folgende Gesichtspunkte relevant:

[2] Schmidt-De Caluwe, Der Verwaltungsakt in der Lehre Otto Mayers, 1999; Bachof VVDStRL 30 (1972), 193 (232).

[3] Vgl. dazu Rosenbach DVBl 2001, 332; Schmitz NVwZ 2002, 1281; Rossnagel NJW 2003, 469; Schlatmann DVBl 2002, 1005; Dietlein/Heinemann NWVBl. 2005, 53; Groß VerwArch (95) 2004, 400; Kröger/Hoffmann, Rechts-Handbuch zum E-Government/Eifert/Püschel, S. 120 ff.; Hoffmann-Riem/Schmidt/Aßmann, Verwaltungsrecht in der Informationsgesellschaft/Hoffmann-Riem, S. 28 ff.

[4] Röhl, Akkreditierung und Zertifizierung im Produktsicherheitsrecht, 2000, S. 74 ff.

[5] Hoffman-Riem/Schmidt-Aßmann, Innovation und Flexibilität des Verwaltungshandelns/Schoch, 1999, 231 ff.

[6] Schmidt-Aßmann DVBl 1989, 532 (536); Schmidt-Aßmann, Das allgemeine Verwaltungsrecht als Ordnungsidee, S. 335.

[7] Vgl. dazu Kahl DVBl 2003, 1105 (1113 ff.) mwN.

[8] S. auch Ladeur VerwArch 86 (1995), 511.

[9] S. Krause, Rechtsformen, S. 137 ff.; Stelkens in Stelkens/Bonk/Sachs, § 35 Rn. 30 ff.; Hoffmann-Riem/Schmidt-Aßmann, Innovation und Flexibilität des Verwaltungshandelns/Schoch, S. 199 ff.; Schuppert, Verwaltungswissenschaft, 2000, S. 155 ff.

a) Unions- und verfassungsrechtliche Bedeutung

Unionsrechtlich ist zum einen der dem Verwaltungsakt jedenfalls ähnliche Beschluss iSd Art. 288 IV AEUV ein Instrument zur Erfüllung der Aufgaben der EU-Organe.[10] Zum anderen gibt es aber auch zahlreiche sekundärrechtliche Vorschriften, die etwaigen nationalen Zulassungsentscheidungen im Sinne transnationaler Verwaltungsakte[11] grenzüberschreitende Rechtswirkungen beimessen[12] – so ua im Arzneimittel-[13] bzw. Gentechnikrecht (vgl. Art. 22 RL 2001/18/EG[14]).[15] Ferner ist es denkbar, dass der Zielstaat im Falle eines transnationalen Engagements Zulassungsentscheidungen anderer Mitgliedstaaten anerkennen muss (sog. **Grundsatz gegenseitiger Anerkennung**), um Doppelprüfungen zu vermeiden und so dem Verhältnismäßigkeitsgrundsatz als Ausdruck namentlich grundfreiheitlicher Vorgaben zu entsprechen. Das sich darin zeigende Vertrauen in die Rechtsordnungen bzw. Kontrollen anderer Mitgliedstaaten ist indes kein unbedingtes. Es besteht vielmehr nur, wenn die Anforderungen im Ziel- und Herkunftsstaat gleichwertig sind, was wiederum zeigt, dass eine heimische Zulassungsentscheidung nicht etwa automatisch gilt, sondern nach einem Anerkennungsakt im Zielstaat verlangt, mit dessen Hilfe sich die Gleichwertigkeit feststellen lässt.[16] 8

Verfassungsrechtlich ist der Verwaltungsakt aus dem Blickwinkel der Funktionenteilung das Instrument zur Konkretisierung und Individualisierung und damit zur Umsetzung abstrakt genereller Gesetzesbefehle durch die Exekutive.[17] Rechtsstaatlich handelt es sich um eine Handlungsform, die durch Formstrenge gekennzeichnet ist und die Rechtsklarheit, Rechtssicherheit (Bestandsschutz) sowie Stabilisierung bezweckt.[18] Sozial- und umweltstaatlich bewältigt der Verwaltungsakt die zahlreichen Aufgaben der Daseins- und Zukunftsvorsorge im Interesse einzelner Personen und trägt durch flankierende Institute zur flexiblen Anpassung an neue Bedingungen und damit zur Nachhaltigkeit des Verwaltungsrechts bei. Demokratiestaatlich ist der Verwaltungsakt gesetzlich legitimiert und räumt dem Betroffenen Mitwirkungs-, Anhörungs- und Rechtsbehelfsrechte ein. Bundesstaatlich verwirklicht das jedenfalls im Kern einheitliche Verständnis des Verwaltungsakts eine homogene Rechtsanwendung, trägt aber durch die Möglichkeit von Abweichungen von den Vorgaben des § 35 VwVfG zugunsten der Landesgesetzgeber zugleich auch regionalen Besonderheiten Rechnung.[19] Grundrechtlich hat der Verwaltungsakt materiell- und verfahrensrecht- 9

[10] S. auch EuGH EuZW 1993, 37 (38); von Danwitz, Verwaltungsrechtliches System und europäische Integration, S. 168 f., 248 ff.; Caspar DVBl 2002, 1437; Vogt, Die Entscheidung als Handlungsform der Europäischen Gemeinschaft, 2005.

[11] Ausf. dazu Kopp/Ramsauer/Ramsauer,§ 35 Rn. 34 ff.; s. dazu auch Sasse VR 2018, 272 (273 ff.).

[12] Näher Kahl Der Staat 50 (2011), 352 (366 f.); Gerontas, Europäisierung und Internationalisierung des Verwaltungshandelns, 2011, S. 39 ff.; vgl. auch Korte NVwZ 2007, 501 (506 f.).

[13] Ausf. dazu Sydow, Verwaltungskooperation in der EU, 2004, S. 138 ff.

[14] Richtlinie 2001/18/EG des Europäischen Parlaments und des Rates vom 12.3.2001 über die absichtliche Freisetzung genetisch veränderter Organismen in die Umwelt und zur Aufhebung der Richtlinie 90/220/EWG des Rates (ABl. 2001 L 106, 1 ff.) in der durch die Richtlinie (EU) 2015/412 des Europäischen Parlaments und des Rates vom 11.3.2015 (ABl. 2015 L 68, 1 ff.).

[15] Vgl. dazu Calliess/Korte DÖV 2006, 10 (18 f.); Caspar DVBl 2002, 1437.

[16] Ausf. dazu Calliess/Korte, EU-DienstleistungsR, § 3 Rn. 137.

[17] Von Danwitz, Verwaltungsrechtliches System und europäische Integration, 1996, S. 69.

[18] Rüfner VVDStRL 28 (1970), 187 (205); BVerwG NVwZ 1988, 941.

[19] Vgl. dazu Stelkens/Bonk/Sachs/Stelkens,§ 35 Rn. 12 f.

liche Bedeutung, weil er das Gebrauchmachen von Freiheit ermöglicht und sichert (Sozialleistungen, Erteilung von Genehmigungen), aber auch Grundrechtsschutz durch Verfahren gewährleisten kann (→ § 18 Rn. 15 f., → § 21 Rn. 8, → § 33 Rn. 1).

b) Verwaltungsrechtliche Bedeutung

10 Verwaltungsrechtlich hat der Verwaltungsakt zunächst eine materielle Bedeutung.[20] Er besitzt Abgrenzungsfunktion gegenüber privatrechtlichen sowie anderen öffentlich-rechtlichen Handlungsformen und hat **Klarstellungs-, Regelungs- und Bindungsfunktionen**[21] (Wirksamkeit, Bestandskraft, Gestaltungs-, Tatbestands-, Legalisierungswirkung).[22] Zudem hat der Verwaltungsakt eine verfahrensrechtliche Bedeutung.[23] Sein Vorliegen entscheidet über die Anwendung bestimmter gesetzlich garantierter Verfahrensvorschriften und -grundsätze (§§ 9 ff. VwVfG) – so zB weil er (soweit im Landesrecht noch nicht abgeschafft[24]) zugunsten des Bürgers die Möglichkeit eröffnet, die Verwaltung zur Selbstkontrolle ihrer Entscheidung im Rahmen eines Vorverfahrens (§§ 68 ff. VwGO) zu bewegen.[25]

11 Zwar handelt es sich auch bei der Durchsetzung von Verwaltungsakten um ein spezielles Verwaltungsverfahren. Es lässt sich jedoch die vollstreckungsrechtliche Bedeutung des Verwaltungsaktes von der verfahrensrechtlichen im Übrigen unterscheiden, indem man auf die **Vollstreckungstitelfunktion** abstellt. Sie gewährleistet die Durchsetzbarkeit eines Verwaltungsakts,[26] ohne dass es der Einschaltung eines Gerichtes bedarf.[27] Hinter dieser Besonderheit, die iSe erweiterten Titelfunktion auch nach Vollzug des Verwaltungsakts gelten soll, solange Vollziehungskosten erhoben werden können,[28] verblassen die übrigen verfahrensrechtlichen Aspekte.[29]

c) Prozessuale und verwaltungswissenschaftliche Bedeutung

12 **Verwaltungsprozessual** ist der Verwaltungsakt nach wie vor ein Schlüsselbegriff für die Zulässigkeit von gerichtlichem Rechtsschutz.[30] Zwar ist seine ursprüngliche, Rechtsschutz eröffnende Funktion[31] im Lichte des aus Art. 19 IV GG ableitbaren Anspruchs auf umfassenden Schutz vor Grundrechtsbeeinträchtigungen der öffentlichen Gewalt entfallen.[32] Das Prozessrecht macht sich aber dennoch die Definition des § 35 VwVfG zu eigen und knüpft an den Status des Verwaltungsaktes hinsichtlich des „Wie" des Rechtsschutzes an[33] – so vor allem in Bezug auf die Klageart (§ 42 I

[20] BVerwG DÖV 1973, 527 (527).
[21] Peine JZ 1990, 201; von Danwitz, Verwaltungsrechtliches System und europäische Integration, S. 69 f. und allgemein Seibert, Die Bindungswirkung von Verwaltungsakten, 1989.
[22] BGH DÖV 2000, 509; BVerfGE 60, 253 (270); BVerwG NVwZ 1988, 941; BGH NJW 1992, 838; OVG Münster NVwZ 1990, 181.
[23] BVerwG DÖV 1973, 527.
[24] Vgl. dazu Heins, Die Abschaffung des Widerspruchverfahrens, 2010; Johlen NWVBl. 2013, 91.
[25] Merten/Papier Merten/Papier Grundrechte-HdB III/Stober, § 77 Rn. 18 f.
[26] OVG Münster NJW 1989, 1001 (1003); OVG Lüneburg NJW 1996, 2947.
[27] Kopp/Ramsauer/Ramsauer, § 35 Rn. 11; s. zur Titelfunktion auch Renck FS Knöpfle, 1996, 291 ff.; Enders NVwZ 2000, 1232.
[28] Vgl. dazu BVerwG NVwZ 2009, 122 (122); krit. dazu aber jüngst Jäckel NVwZ 2014, 1625.
[29] S. auch Stelkens/Bonk/Sachs/Stelkens,§ 35 Rn. 30 ff.
[30] BVerwGE 31, 301 (304); BVerwG DÖV 1973, 527.
[31] S. BVerwGE 77, 268 (274).
[32] Krause, Rechtsformen, S. 115 ff.
[33] Stelkens/Bonk/Sachs/Stelkens, § 35 Rn. 48.

VwGO), die Klagebefugnis (§ 42 II VwGO), die Klagefrist (§ 74 VwGO) sowie die Notwendigkeit eines Vorverfahrens (§§ 68 ff. VwGO).

Strittig ist, ob vom insbesondere in § 42 I VwGO angelegten prozessualen Verwal- 13
tungsaktverständnis landesrechtlich abgewichen werden kann. Teilweise wird diese Möglichkeit aus historischen Gründen deshalb nicht gesehen, weil der Bund von der ihm in Art. 74 I Nr. 1 GG eingeräumten Möglichkeit zur Regelung auch des verwaltungsgerichtlichen Verfahrens umfassend Gebrauch gemacht habe. Andere Stimmen gehen jedoch insbesondere wegen der lediglich dienenden Funktion des Prozessrechts davon aus, dass **landesrechtliche Abweichungen** verwaltungsprozessrechtlich solange zulässig sind, wie sie dem Betroffenen dort nicht den Schutz der aufschiebenden Wirkung des Gestaltungsurteils nehmen, wo er ihn benötigt.[34] Insoweit handelt es sich dann um Verwaltungsakte im Sinne der VwGO.[35]

Verwaltungswissenschaftlich (→ § 13 Rn. 1 ff.) und verwaltungspraktisch werden 14
dem Verwaltungsakt eine Fülle von Bedeutungsgehalten beigemessen,[36] die hier nur exemplarisch erwähnt werden können: Rechtstatsächlich ist die quantitative Dimension,[37] rechtsökonomisch und verwaltungsinformatisch die standardisierende, rationalisierende und damit Effizienz fördernde (§ 10 VwVfG) Dimension, rechtspolitisch die klarstellende Dimension und rechtstheoretisch die hinterfragende Dimension des Verwaltungsakts als „Zweckfigur der Verwaltungsrechtswissenschaft“[38] hervorzuheben.

II. Zur sog. Verwaltungsaktbefugnis

Der Erlass von Verwaltungsakten ist rechtlich problematisch, weil damit eine eigene 15
Grundrechtsbeeinträchtigung aufgrund der dann bestehenden Vollstreckungsmöglichkeit einhergeht (→ § 45 Rn. 10). Er kann deshalb in Konflikt mit dem aus dem Rechtsstaatsprinzip ableitbaren Vorbehalt des Gesetzes geraten, soweit die herangezogene Rechtsgrundlage den Erlass des Verwaltungsakts nicht trägt.[39] Daher stellt sich in diesem Zusammenhang die Frage nach der sog. **Verwaltungsaktbefugnis** und damit danach, welche Voraussetzungen vorliegen müssen, damit die öffentliche Hand Verwaltungsakte erlassen darf.

1. Auslegung als maßgeblicher Anknüpfungspunkt

Die Rechtsprechung bewältigte früher die damit verbundenen Probleme in Zweifels- 16
fällen, in denen der Gesetzeswortlaut den Erlass von Verwaltungsakten nicht unmittelbar zu erlauben schien, dadurch, dass sie einen „allgemeinen Rechtsgrundsatz des deutschen Verwaltungsrechts“ annahm, demzufolge „die Organe der vollziehenden Gewalt befugt sind, zur hoheitlichen Erfüllung ihrer Verwaltungsaufgaben Verwaltungsakte zu erlassen“. Soweit sich diese Befugnis nicht unmittelbar aus dem Gesetz ergebe, beruhe sie auf Gewohnheitsrecht[40] (→ § 25 Rn. 15) oder auf einem etwaigen

[34] Rusteberg ZJS 2012, 449 (455 f.); daran anknüpfend Bickenbach JA 2015, 481 (487).
[35] Vgl. dazu Jakel JuS 2016, 410 (410 f.).
[36] S. etwa Becker, Öffentliche Verwaltung, § 27.
[37] S. auch König VR 1990, 401.
[38] S. etwa Krause, Rechtsformen, S. 115.
[39] Siegel AllgVerwaltungsR, § 7 Rn. 183, 606 ff.; Maurer/Waldhoff AllgVerwR, § 10 Rn. 48.
[40] Ennuschat JuS 1998, 905 (908).

Subordinations- bzw. besonderem Gewaltverhältnis.[41] Diese Spruchpraxis kollidiert jedoch mit dem Gesetzesvorbehalt und begegnet daher den eingangs erwähnten **rechtsstaatlichen Bedenken**[42] (→ § 30 Rn. 28), zumal von der Aufgabe der Verwaltung zum Vollzug eines Gesetzes nicht zwangsläufig auf die Befugnis zum Erlass von Verwaltungsakten geschlossen werden darf.

17 Daran anknüpfend könnte man zwar versuchen, die **Verwaltungsverfahrensgesetze** heranzuziehen, um die Verwaltungsaktbefugnis zu begründen. Die dortige Erwähnung des Begriffs „Verwaltungsakt" und die zugehörigen Verfahrensnormen sagen jedoch nichts über die materiell-rechtliche Zulässigkeit solcher Maßnahmen im Einzelfall aus.[43] Sie haben daher nicht den Charakter echter Befugnisnormen. Vielmehr setzen sie die Zulässigkeit des Erlasses eines Verwaltungsakts voraus.[44] Insoweit unterscheidet sich § 35 VwVfG von § 54 VwVfG, der eine Basis für den Abschluss verwaltungsrechtlicher Verträge bietet und mit den Worten „Rechtsvorschriften nicht entgegenstehen" konsequent nur den Gesetzesvorrang anspricht, während der Gesetzesvorbehalt nicht danach verlangt, dass jede getroffene Vereinbarung durch eine über § 54 VwVfG hinausgehende Grundlage gedeckt ist.[45]

18 Vor diesem Hintergrund lässt sich also einzig auf die konkrete Formulierung im Fachrecht abstellen, um die behördliche Befugnis zum Erlass von Verwaltungsakten zu begründen.[46] Dort wird deshalb auch oftmals der spezielle Verwaltungsakt („Verbot", „Erlaubnis", „Genehmigung", „Bewilligung", „Konzession", „Zulassung", „Lizenz", „Maßnahme", „Entscheidung", „Verleihung", „Widmung", „Steuerbescheid", „Zwangsgeldfestsetzung", „Widerruf", „Ernennung", „Untersagung" usw), zu dessen Erlass die jeweilige Norm ermächtigen soll, ausdrücklich benannt. Fehlt es an einer derartigen Erwähnung, lässt sich die materiell-rechtliche Zulässigkeit einer behördlichen Regelung durch Verwaltungsakt normalerweise im Wege der **Auslegung**[47] aus dem Sinn- und Sachzusammenhang der einschlägigen Rechtsgrundlage[48] herleiten. Ist das jedoch nicht der Fall, dürfen wegen des Gesetzesvorbehalts an sich keine Verwaltungsakte erlassen werden.

19 Diese Grundsätze gelten ebenfalls im **unionsrechtlich determinierten Bereich,** auch wenn der Erlass eines Verwaltungsakts wegen der dann geschaffenen Vollzugsmöglichkeit unionsrechtswidrigen Zuständen besser abhelfen dürfte als andere behördliche Handlungsformen.[49] Zwar drängt das Unionsrecht auf eine diskriminierungsfreie und vor allem effektive, seine Durchsetzung nicht übermäßig erschwerende Verfahrensgestaltung (→ § 45 Rn. 4). Von einer solchen Erschwerung wird man je-

[41] VGH Mannheim NVwZ 1989, 892 (893); BVerwGE 21, 270 (271 f.).
[42] Näher Stelkens/Bonk/Sachs/Stelkens, § 35 Rn. 25 ff.
[43] LSG Bayern NZS 2000, 419 ff.
[44] Näher Stelkens/Bonk/Sachs/Stelkens,§ 35 Rn. 26 mwN; OVG Lüneburg NJW 1996, 2947; VG Neustadt GewArch 2001, 339; aA Druschel, Die Verwaltungsaktbefugnis, 1999, S. 258 ff.
[45] Hettich/Beichel-Benedett in Obermayer/Funke-Kaiser, § 54 Rn. 63; BVerwGE 84, 236 (242 f.).
[46] Druschel, Die Verwaltungsaktbefugnis, 1999; Ennuschat JuS 1998, 905.
[47] BVerwGE 97, 117 (120); 108, 1; BSG NZS 1998, 244 (245); OVG Berlin-Brandenburg NJW 2000, 1435; OVG Münster NWVBl. 2001, 25; strenger VGH München BayVBl. 2000, 47 (48); OVG Münster GewArch 1996, 378.
[48] BSG NVwZ-RR 1998, 564; BVerwG ZUM-RD 2015, 22 (27); VGH Mannheim VBlBW 2016, 249 (250).
[49] Ludwigs JURA 2007, 612 (615); Detterbeck, Allg. Verwaltungsrecht, 21. Aufl. 2023, § 10 Rn. 600.

doch nicht allein deshalb ausgehen können, weil zB die Rückforderung einer unionsrechtswidrig gezahlten Beihilfe „nur" im Wege der allgemeinen Leistungsklage durchgesetzt werden darf,[50] so dass namentlich in diesem besonders praxisrelevanten Fall kein Rückforderungs- bzw. Leistungsbescheid erlassen werden kann, soweit es an einer entsprechenden Rechtsgrundlage fehlt.[51]

2. Bildung von Kategorien

Im Einzelnen wird im Bereich der **Eingriffsverwaltung** davon ausgegangen, dass sich in der Regel aus der herangezogenen Rechtsgrundlage die Verwaltungsaktbefugnis herleiten lassen wird – so wenn § 15 II 1 GewO die Möglichkeit bietet,[52] die Ausübung eines Gewerbes „zu verhindern", weil sich daran ggf. Vollzugsmaßnahmen anschließen müssen, um den behördlichen Willen durchzusetzen.[53] Diese Grundsätze sollen auch für den Fall bürgergerichteter Vorschriften wie namentlich den Anzeigepflichten aus § 14 GewO) gelten, so dass den Behörden der Erlass einer Aufforderung zur Abgabe der Gewerbeanzeige in Form eines Verwaltungsakts erlaubt wird, falls der Gewerbetreibende seiner Anmeldepflicht nicht nachgekommen ist, auch wenn es an einer entsprechenden Befugnis im Wortlaut des § 14 GewO an sich fehlt.[54] Begründet wird dieser Ansatz damit, dass anderenfalls die Ziele solcher Anzeigepflichten leerlaufen, weil die Behörden nicht an die für ihre Überwachungsarbeit erforderlichen Informationen gelangen können.[55] 20

Begibt sich die Verwaltung hingegen auf **Gleichordnungsebene** mit dem Bürger, liegt aufgrund der dann erforderlichen Waffengleichheit der Parteien normalerweise keine Verwaltungsaktbefugnis vor, so dass die Behörden etwaige hoheitliche Ansprüche aus öffentlich-rechtlichem Vertrag nicht mittels Verwaltungsakts verwirklichen dürfen[56] – selbst wenn dieses Vorgehen zur effektiven Durchsetzung des Unionsrechts beitragen würde (dazu noch ausf. → § 54 Rn. 6, 7). Dasselbe gilt, falls die öffentliche Hand Zahlungsansprüche durchsetzen will – jedenfalls wenn es an ausdrücklichen Regelungen nach Vorbild zB des § 49a I VwVfG, der ggf. auch Dritte und nicht nur den ursprünglich Begünstigten bindet,[57] fehlt. Soweit es um Ansprüche gegenüber Beamten geht, wird man daran anknüpfend auch nicht mit einem etwaigen Subordinationsverhältnis argumentieren können, um den Erlass von Leistungsbescheiden zu begründen.[58] Denn der Gesetzesvorbehalt gilt auch im besonderen Gewaltverhältnis.[59] Hinzu kommt die Fürsorgepflicht des Dienstherrn gegenüber seinen Beamten, die Mäßigung in den Mitteln verlangen dürfte.[60] Für den Fall feststellender Verwaltungsakte ist schließlich ebenfalls eine Rechtsgrundlage 21

[50] So aber OVG Berlin-Brandenburg NVwZ 2006, 104 (105 ff.).
[51] So auch Vögler NVwZ 2007, 294 (297 f.); OVG Thür. DVBl 2011, 242 (244).
[52] Detterbeck AllgVerwR, § 10 Rn. 598; BVerwGE 97, 117 (119 f.).
[53] Schmidt/Wollenschläger ÖffWirtschaftsR/Korte § 9 Rn. 81.
[54] So etwa Ziekow ÖffWirtschaftsR, § 10 Rn. 32.
[55] Ehlers, Gewerberecht in Ehlers/Fehling/Pünder BesVerwR I, § 18 Rn. 51; BVerwG GewArch 1993, 196 (197).
[56] BVerwGE 59, 60 (65).
[57] BVerwGE 139, 125 (127 f., 130).
[58] So aber BVerwGE 19, 243 (246); 71, 354 (357).
[59] Schoch JURA 2010, 670 (674 f.).
[60] Guckelberger, Allg. Verwaltungsrecht, 11. Aufl. 2023, § 14 Rn. 7.

zu fordern, weil es sein kann, dass deren Regelungsinhalt dem Bürgerwillen widerspricht.[61]

III. Der formelle Verwaltungsakt

22 Auch wenn eine Rechtsgrundlage zum Erlass eines Verwaltungsakts vorliegt, folgt daraus nicht, dass die Behörde in deren Anwendungsbereich gezwungen wäre, sich dieser Handlungsform zu bedienen. Umgekehrt wird aber auch überwiegend[62] davon ausgegangen, dass dann, wenn die Behörde dem äußeren Erscheinungsbild nach per Verwaltungsakt handelt, ein solcher jedenfalls aus verfahrens- bzw. prozessrechtlicher Perspektive vorliegt, obwohl es an den Voraussetzungen des § 35 VwVfG fehlt.[63] Man spricht in diesen Fällen von einem **formellen Verwaltungsakt.** Dessen Rechtmäßigkeit beurteilt sich nach dem einschlägigen Fachrecht und fehlt zB dann, wenn die Maßnahme nicht als Verwaltungsakt hätte ergehen dürfen,[64] weil die sog. Verwaltungsaktbefugnis (→ § 45 Rn. 15) nicht gegeben ist.

Beispiele: Eine als „Bescheid" bezeichnete[65] bzw. mit einer Rechtsbehelfsbelehrung versehene Maßnahme ist als formeller Verwaltungsakt einzuordnen. Befinden sich die Hinweise im äußeren Erscheinungsbild, die auf einen formellen Verwaltungsakt hindeuten, jedoch an einer versteckten Stelle, so dass sie für einen objektiven Empfänger nicht erkennbar sind, liegt kein formeller Verwaltungsakt vor.[66]

IV. Merkmale des Verwaltungsakts

23 Der Verwaltungsakt ist aus Frankreich übernommen (acte administratif), seit 1826 von der deutschen Wissenschaft fortentwickelt und im Rahmen der Gesetzgebung an wichtigen Stellen aufgegriffen worden (zB in §§ 42 I, 43 I, 68, 113 VwGO).[67] Mit Inkrafttreten der Verwaltungsverfahrensgesetze ist er für den bundesdeutschen Rechtsraum einheitlich und damit bereichsübergreifend wie folgt legal definiert: „Verwaltungsakt ist jede Verfügung, Entscheidung oder andere hoheitliche Maßnahme, die eine Behörde zur Regelung eines Einzelfalles auf dem Gebiet des öffentlichen Rechts trifft und die auf unmittelbare Rechtswirkung nach außen gerichtet ist" (§ 35 S. 1 VwVfG; s. auch § 31 SGB X, § 118 AO). Diese einheitliche Terminologie bildet nur den Ausgangspunkt und ist **unterschiedlichen landesrechtlichen Ausformungen** zugänglich (→ § 44 Rn. 25) – so zB im Prüfungsrecht, wo sich der Regelungscharakter einer Maßnahme nach der Ausgestaltung der zugrunde liegenden Prüfungsordnung bestimmt.[68] Die Bedeutung der einheitlichen Begriffsbildung zeigt sich daher auch weniger in der Subsumtion im Detail, als vielmehr darin, dass einheitliche Abgrenzungsleitlinien zu ähnlichen Erscheinungsformen offenbar werden. Unklar bleibt mit Blick auf die obige Definition allerdings, welche Merkmale des Verwaltungsakts bestimmend und welche lediglich ausfüllend sind. Deshalb besteht auch keine Einigkeit darüber, wie viele Kriterien, deren Vorliegen wie in § 133 BGB aus der Perspektive des objektiven Empfängerhorizonts zu bestimmen sind anhand

[61] Ipsen AllgVerwR, Rn. 402; BVerwGE 72, 265 (266 f.).
[62] Vgl. aber Bickenbach JA 2015, 481 (486 f.); Erfmeyer DÖV 1996, 629 (631).
[63] Ramsauer in Kopp/Ramsauer,§ 35 Rn. 52.
[64] VGH München BayVBl. 2003, 212 (213).
[65] BVerwG DVBl 2012, 49 (49 f.).
[66] VGH Mannheim VBlBW 2010, 119 (120).
[67] Zur Geschichte des Begriffs s. Erichsen, Verfassungs- und verwaltungsrechtliche Grundlagen der Lehre vom fehlerhaften belastenden Verwaltungsakt und seiner Aufhebung im Prozess, 1971, III. Teil.
[68] S. dazu BVerwG NJW 2012, 2901 (2902); vgl. auch Morgenroth NVwZ 2014, 32 (34 f.).

der für eine Person mit durchschnittlichen Erkenntnisfähigkeiten wahrnehmbaren Sachlage,[69] innerhalb des § 35 VwVfG genau zu prüfen sind und wie sie im Einzelnen verstanden werden müssen.

1. Zum Verwaltungsaktmerkmal Behörde

Diese Unsicherheiten zeigen sich bereits, wenn man den in § 35 VwVfG verwendeten Begriff der Behörde in den Blick nimmt. 24

a) Begriffliche Grundlegung

Dieses Merkmal wird in § 1 IV VwVfG im Sinne des Verwaltungsverfahrensrechts dahin präzisiert, dass darunter jede Stelle fällt, die **Aufgaben der öffentlichen Verwaltung** wahrnimmt (sog. funktioneller Behördenbegriff). Damit kommt es jedenfalls aus verwaltungsverfahrensrechtlicher Perspektive nicht darauf an, ob eine Stelle in die staatliche Verwaltungshierarchie eingeordnet ist (sog. organisatorischer Behördenbegriff), um als Behörde iSd § 1 IV VwVfG eingestuft werden zu können.[70] Voraussetzung für eine entsprechende Klassifikation ist aber jedenfalls neben der Erfüllung von Verwaltungsaufgaben auch noch, dass es sich um eine durch Organisationsrecht gebildete Einheit handelt, die vom Wechsel ihrer Amtsinhaber unabhängig, dh also organisatorisch hinreichend verfestigt ist.[71] Ob die Entscheidung intern von einem Privatrechtssubjekt vorbereitet und getroffen bzw. ausgeführt wird, ist demgegenüber für die Annahme behördlichen Handelns und damit für die Qualifikation einer Maßnahme als Verwaltungsakt solange unerheblich, wie ausschließlich die Behörde und nicht das Privatrechtssubjekt in Erscheinung tritt[72] und eine eigenständige Regelung trifft, dh also nicht nur eine fremde Entscheidung überprüft. Maßgeblich ist somit, dass die jeweilige Maßnahme einer Behörde zugerechnet werden kann.[73] 25

Beispiele: Behörden sind danach Schulen oder Fachbereiche, nicht aber Prüfungsausschüsse,[74] weil deren Zusammensetzung wechselt und es ihnen an organisatorischer Unabhängigkeit fehlt.[75] Der Bundespräsident wird im bundesbeamtenrechtlichen Ernennungsverfahren als Behörde tätig, nicht aber im Gesetzgebungsverfahren. Stellt eine Privatperson ein Verkehrszeichen in Umsetzung eines behördlichen Verkehrszeichenplans auf, ist behördliches Handeln gegeben, selbst wenn der Plan von privater Seite vorbereitet wurde.[76]

Neben der Erfüllung von Aufgaben der öffentlichen Verwaltung wird für die Klassifikation einer Verwaltungseinheit als Behörde oftmals verlangt, dass sie im Rechtsverkehr und damit **nach außen auftreten** darf, so dass die Behörde gewissermaßen die „Firma" des Verwaltungsträgers[77] ist, unter der er gegenüber Dritten in Erscheinung tritt. Gelegentlich wird dieses Differenzierungskriterium aber auch als untauglich verworfen, weil dessen organisationsrechtliche Bedeutung nicht darüber hinwegtäu- 26

[69] Kopp/Ramsauer/Ramsauer,§ 35 Rn. 51, 55; BVerwGE 115, 274 (279); hess. VGH LKRZ 2015, 345 (346).
[70] Vgl. dazu Ziekow VwVfG § 1 Rn. 34 ff.
[71] S. dazu HK-VerwR/Kastner, § 1 Rn. 14; OVG Berlin-Brandenburg NJW 1983, 2156.
[72] S. dazu BVerwG NVwZ 2012, 506 (507); vgl. auch Hebeler JA 2012, 479 (479 f.).
[73] Stelkens in Stelkens/Bonk/Sachs VwVfG § 35 Rn. 60; BVerwGE 35, 334 (336 ff.).
[74] S. dazu BVerwGE 70, 4 (12 f.).
[75] S. dazu OVGE 18, 194 (194 f.).
[76] BVerwG NJW 2016, 2353 (2354); Kümper NJW 2016, 2356 (2356).
[77] So Ipsen AllgVerwR, Rn. 213.

schen dürfe, dass die Außenwirksamkeit der Handlung in § 35 S. 1 VwVfG ein selbstständig neben das Erfordernis eines behördlichen Handelns tretendes Merkmal des Verwaltungsakts ist.[78] Dieser Ansatz vernachlässigt jedoch, dass es bei der Einordnung einer Stelle als Behörde nicht um die konkrete Außenwirkung der Maßnahme, sondern um die grundsätzliche Berechtigung geht, für den Verwaltungsträger im Rechtsverkehr aufzutreten. Daher ist die Befugnis zu außenwirksamem Handeln ein tauglicher Parameter des Behördenbegriffs.[79] Dafür spricht auch, dass § 35 S. 1 VwVfG mit dem Erfordernis einer Maßnahme auf dem Gebiet des öffentlichen Rechts nach allgemeiner Ansicht an ein Verwaltungshandeln anknüpft, das der Behördenbegriff auf Basis einer funktionalen Betrachtungsweise aber ohnehin voraussetzt. Infolgedessen käme dem Merkmal der Behörde in § 35 S. 1 VwVfG kaum eine eigenständige Bedeutung zu, wenn man kein außenwirksames Handeln verlangte.

b) Abgrenzung zu verwandten Erscheinungsformen

27 Behörden im verwaltungsverfahrensrechtlichen Sinne müssen einerseits von den sie tragenden Rechtssubjekten – das sind primär die juristischen Personen des öffentlichen Rechts und die Beliehenen – geschieden werden. Diese **Verwaltungsträger** sind als rechtsfähige[80] Subjekte öffentlicher Verwaltung keine Behörden, sondern haben welche.

28 Auf der anderen Seite sind Behörden von den sog. **Organen** abzugrenzen. Darunter fallen iSe Oberbegriffs alle Einheiten, die für die Verwaltungsträger über den Amts- bzw. Organwalter tätig werden (→ § 6 Rn. 1 ff.). Damit reicht der Begriff des Organs weiter als der der Behörde, insbesondere weil auch Stellen erfasst werden, die nur vorbereitend tätig sind oder keine Verwaltungsaufgaben wahrnehmen.[81]

29 In der **Folge** ist eine von einem Beamten getroffene Maßnahme rechtlich gesehen eine Regelung des Organs, dem er angehört und unter dessen Namen er tätig wird. Es handelt sich in weiterer Zurechnung um einen Akt des Trägers öffentlicher Verwaltung, dessen Organ die Regelung inhaltlich getroffen hat. Nur soweit es zudem um die Ausübung von Verwaltungstätigkeit geht, kann man überdies von einem behördlichen Handeln sprechen, soweit die Stelle nach außen handeln darf.

Beispiele: Der Gemeinderat ist, wenn er im Rahmen des gemeindeinternen Willensbildungsprozesses Entscheidungen trifft, die noch des Vollzugs bedürfen, zwar als Organ der jeweiligen Gemeinde tätig, nicht aber als Behörde. Nach außen handelt dann der Bürgermeister, indem er als Behörde des Verwaltungsträgers Gemeinde auftritt.[82] Eine aus Universitätsmitgliedern bestehende, organisatorisch hinreichend verfestigte Untersuchungskommission, die wissenschaftliches Fehlverhalten aufklären soll, ist keine Behörde, wenn sie nach ihrer Tätigkeit nur einen Bericht an die Fakultät abgibt, die dann etwaige Maßnahmen ergreift.[83]

c) Zur Behördenqualität von Religionsgesellschaften

30 Religionsgesellschaften sind als Körperschaften des öffentlichen Rechts (s. Art. 140 GG iVm Art. 137 V WRV) Träger öffentlicher Verwaltung. Deren Organe üben aller-

[78] So Ehlers/Pünder AllgVerwR/Ruffert, § 21 Rn. 19.
[79] So auch Maurer/Waldhoff AllgVerwR, § 21 Rn. 43.
[80] Ausf. dazu Ipsen AllgVerwR, Rn. 206 ff.
[81] Vgl. dazu Maurer/Waldhoff AllgVerwR, § 21 Rn. 32.
[82] HK-VerwR/Kastner § 1 Rn. 11.
[83] Vgl. dazu OVG Berlin-Brandenburg NVwZ 2012, 1491 (1491 f.); Korte/Seiffge VR 2014, 24 (25).

dings aufgrund des Selbstbestimmungsrechts von Religionsgesellschaften im Falle rein innerkirchlicher Angelegenheiten nur öffentliche, nicht aber staatliche Gewalt aus und sind daher mangels Verwaltungshandelns **keine Behörden.** Die Maßnahmen der Organe von Religionsgesellschaften unterliegen damit ausschließlich kirchenrechtlicher Beurteilung. Dieser Besonderheit trägt **§ 2 I VwVfG** Rechnung, indem er die Tätigkeiten der Kirchen, der Religions- und der Weltanschauungsgemeinschaften aus dem VwVfG ausnimmt. Welche Bereiche davon erfasst sind, bestimmen zunächst allein die Glaubensorganisationen, soweit es um das kirchliche Proprium geht. Die staatlichen Gerichte können aber mit Hilfe einer Plausibilitätskontrolle die Richtigkeit der Zuordnung eines Verhaltens zum glaubensdefinierten Selbstverständnis überprüfen.[84]

In Fortsetzung dessen gehören zum **innerkirchlichen Bereich (forum internum)**[85] 31
jedenfalls Fragen der Verfassung, der Organisation,[86] der kultischen Handlungen sowie der karitativen und sozialen Tätigkeiten der Kirchen, soweit sie nicht in den verwaltungsrechtlich geordneten Bereich hineinreichen. Bei dem Recht der Geistlichen und Kirchenbeamten ist hingegen zu differenzieren: Die Ämterhoheit gehört zu den innerkirchlichen, das Dienst- und Besoldungsrecht zu den weltlichen Angelegenheiten.[87] Generell nicht zu den innerkirchlichen Angelegenheiten zu rechnen sind das Kirchenaustrittsrecht sowie das Kirchensteuerrecht, da sie trotz ihres Bezugs zur Finanzierung kirchlicher Tätigkeit staatsgesetzlich geregelt sind.[88] Hinzu treten kirchliche Maßnahmen mit zumindest faktischer Außenwirkung gegenüber Dritten.[89] In all diesen Bereichen greift der Ausnahmetatbestand des § 2 I VwVfG also nicht, so dass das allgemeine Verwaltungsverfahrensrecht anwendbar ist.

Beispiele: Bei einer staatlich anerkannten kirchlichen Schule ist die Bestimmung des Erziehungsinhaltes innerkirchlich und die Zeugnisvergabe als staatliche Beleihung zu qualifizieren.[90] Das Glockengeläut ist zwar eine innerkirchliche kultische Handlung. Es berührt aber zugleich staatliche Belange, weil das Ruhebedürfnis der Nachbarn tangiert wird.[91] Die Errichtung eines Grabmals auf dem Friedhof einer Religionsgesellschaft ist kein der staatlichen Gerichtsbarkeit entzogenes Internum, weil es nicht nur innerkirchliche Wirkung entfaltet, sondern auch allen Angehörigen die Möglichkeit zum Gedenken an den Verstorbenen geben soll.[92]

Wegen des aus Art. 2 I GG iVm dem Rechtsstaatsprinzip folgenden Justizgewährleistungsanspruchs tritt die **staatliche Rechtsprechung** grundsätzlich neben die kirchliche, soweit es um die Vereinbarkeit kirchlicher Maßnahmen mit staatlichem Recht geht.[93] Das ebenfalls grundrechtlich garantierte Selbstbestimmungsrecht der Reli- 32

[84] BVerfG DÖV 2015, 240 (240).
[85] Zum Streitstand s. Jurina, Der Rechtsstatus der Kirchen und Religionsgemeinschaften im Bereich ihrer eigenen Angelegenheiten, 1972; v. Campenhausen/de Wall, Religionsverfassungsrecht, 5. Aufl. 2022, §§ 14, und 18 ff.; Schmitz in Stelkens/Bonk/Sachs/Schmitz,§ 2 Rn. 34 ff.
[86] BVerfGE 18, 385 (387).
[87] So zutr. H. Weber DVBl 1970, 250; Kirchberg NVwZ 1999, 734; aM BGHZ 45, 95 (96) und BVerwGE 25, 364.
[88] S. BVerfGE 19, 288 zu den Kirchensteuern u. allgemein v. Campenhausen DÖV 1970, 801.
[89] NK-VwVwVfG/Schönenbroicher,§ 2 Rn. 11, 13.
[90] BAG NJW 1985, 1855; Stelkens/Bonk/Sachs/Schmitz, § 2 Rn. 39 mwN.
[91] BVerwG NJW 1984, 989.
[92] BVerwG NJW 1990, 2079.
[93] BGH NJW 2000, 1555 (1556) mit Besprechung von Nolte, NJW 2000, 1844 f.; Kästner NVwZ 2000, 889; vgl. dazu auch OVG Koblenz NJW 2009, 1223 (1224); Weber NJW 2009, 1179 (1182 f.).

gionsgesellschaften kann sich dann aber auf Umfang und Intensität der gerichtlichen Kontrolle auswirken. Soweit dessen Kernbereich betroffen ist, beschränkt sich die Überwachungsdichte deshalb auf die in Art. 79 III GG genannten fundamentalen Verfassungsprinzipien. Das dort niedergelegte Sozialstaatsprinzip kann beispielsweise eine Pflicht der Religionsgesellschaften zur ausreichenden sozialen Absicherung der bisherigen Bediensteten begründen. Voraussetzung dafür ist in verfahrensrechtlicher Hinsicht allerdings, dass ein etwa eröffneter innerkirchlicher Rechtsweg ausgeschöpft worden ist, bevor die staatlichen Gerichte angerufen werden.[94]

d) Zur Behördenqualität von Gerichts- und Justizverwaltungen

33 Die Gerichte sind zwar Behörden, aber soweit sie rechtsprechend tätig werden, per se keine Verwaltungsbehörden.[95] Infolgedessen gilt das Verwaltungsverfahrensgesetz für Gerichtsverwaltungen und für die Behörden der Justizverwaltung nur, soweit deren Tätigkeit die Verwaltungsgerichtsbarkeit überprüfen darf **(§ 2 III Nr. 1 VwVfG).** Diese sog. Rechtswegklausel bezweckt die Einheitlichkeit von Verfahrens- und Prozessrecht.[96]

34 **„Gericht"** (→ § 20 Rn. 45) ist wegen Art. 92 bzw. 97 GG nur ein Organ, dessen Walter sachlich und persönlich unabhängig sind.[97] Fehlt es hieran, so werden Verwaltungsakte erlassen. Daran anknüpfend zählen weite Teile der freiwilligen Gerichtsbarkeit wie Register- und Betreuungssachen materiell zur Verwaltung,[98] so dass die zugehörigen Maßnahmen an sich auch die Voraussetzungen des Verwaltungsakts erfüllen können.[99] Sie werden aber gleichwohl generell der Rechtsprechung zugeordnet.[100]

35 Für Verwaltungsakte der **rechtspflegenden Justizverwaltung** (Justizverwaltungsakte) haben die §§ 23 ff. EGGVG[101] ein besonderes Anfechtungsverfahren vor den ordentlichen Gerichten eingeführt. Der justizverwaltungsrechtliche Behördenbegriff wird insoweit, ähnlich wie im Falle des § 1 IV VwVfG, funktionell interpretiert, so dass nicht nur auf die organisatorische Betrauung mit Rechtspflegetätigkeit abzustellen ist.[102]

Beispiele: Hilfsbeamte der Staatsanwaltschaft (§ 152 GVG) können als Justizbehörde tätig werden,[103] Entscheidungen über Akteneinsichtsanträge nach Einstellung eines Ermittlungsverfahrens sind Justizverwaltungsakte.[104] Die Ablehnung der Nennung von Namen und Anschrift eines verdeckten Ermittlers geschieht in Erfüllung polizeilicher Aufgaben, weshalb § 40 VwGO einschlägig ist.[105]

36 **Erkennungsdienstliche Maßnahmen der Polizeibehörden,** zB nach § 81b StPO, sind hingegen nur dann Justizverwaltungsakte, wenn sie unmittelbar der Durchfüh-

---

94 BVerwGE 149, 139 (139); vgl. dazu Friehe JZ 2014, 954 sowie Kirchberg NJW 2014, 2763.
95 Vgl. dazu Wittreck, Die Verwaltung der Dritten Gewalt, 2006, S. 5 ff.
96 Stelkens/Bonk/Sachs/Schmitz,§ 2 Rn. 106 ff.
97 BVerfG JZ 1956, 163.
98 Vgl. dazu Funke-Kaiser in Obermayer/Funke-Kaiser/Funke-Kaiser, § 2 Rn. 51.
99 Sachs JuS 1988, 900 (901); OVG Lüneburg NJW 1985, 1572 (1573); BVerfGE 76, 100.
100 Schmitz in Stelkens/Bonk/Sachs VwVfG § 1 Rn. 201.
101 Ausf. Dazu Conrad, Der sog. Justizverwaltungsakt, 2011, S. 116 ff.
102 S. näher Stelkens/Bonk/Sachs/Schmitz § 2 Rn. 105 ff.
103 BVerwG NJW 1975, 893 und NJW 1984, 2233; 1998, 3577.
104 OLG Hamburg NJW 1997, 3255.
105 VGH Mannheim VBlBW 1992, 13; aM OLG Celle NJW 1991, 856.

rung eines Strafverfahrens dienen; andernfalls sind sie vor den Verwaltungsgerichten anzufechten, basieren dann allerdings auch auf Landesordnungsrecht.[106]

Die **Gerichtspräsidenten** sind so lange Verwaltungsbehörden, wie sie nicht unmittelbar rechtspflegende Aufgaben wahrnehmen, sondern verwaltend tätig werden (→ § 20 Rn. 48).[107] Die Abgrenzung kann im Zweifel Schwierigkeiten bereiten. Entscheidend dürfte die Sachnähe zum Inhalt eines gerichtlichen Verfahrens sein.[108] 37

Beispiele: Behördliche Maßnahmen sind beispielsweise etwaige Dienstaufsichtsmaßnahmen gegenüber Gerichtsvollziehern,[109] Entscheidungen über die Ausstattung der Gerichtssäle mit Kruzifixen,[110] die Versendung von bestimmten Entscheidungen zur Publikation[111] oder die Ausübung des Hausrechts.[112]

2. Zum Verwaltungsaktmerkmal Verwaltungsrecht

Neben dem Handeln einer Behörde setzt ein Verwaltungsakt eine verwaltungsrechtliche Maßnahme voraus. Diese Anforderung erschließt sich nicht sofort, weil nach § 35 S. 1 VwVfG Verwaltungsakte auf dem **Gebiet des öffentlichen Rechts** ergehen. 38

a) Begriffliche Grundlegung

Dieses Merkmal ist allerdings unscharf. Es trifft das Anliegen des Verwaltungsakts nur partiell, weil er sich an sich auf **verwaltungsrechtliche Tätigkeiten** bezieht. Zwar stehen die Gebiete des öffentlichen Rechts und des Verwaltungsrechts in engem Zusammenhang, was vor allem die im Verwaltungsrecht oftmals verwendeten Formulierungen „öffentlich-rechtliche Verwaltungstätigkeit" bzw. „Aufgaben der öffentlichen Verwaltung" zeigen. Sie sind aber trotzdem nicht deckungsgleich – zB wenn ausschließlich verfassungsrechtliche Bezüge bestehen. Verwaltungsrechtlich sind deshalb auch nur solche Maßnahmen, die aufgrund einer „hoheitlichen"[113] (vgl. zur unterschiedlichen Bedeutung dieses Begriffs schon oben → § 23 Rn. 73 ff.), aber nicht verfassungsrechtlichen Zuständigkeit der handelnden Behörde ergehen, dh also diejenigen Maßnahmen, die einen Verwaltungsrechtssatz umsetzen. Letztlich geht es insoweit also um eine Art Rechtsgebietsklausel, so dass diese Anforderung maßgeblich auf die für die Abgrenzung von öffentlichem und privatem Recht entwickelten Kriterien Bezug nimmt (→ § 22 Rn. 19 ff.).[114] 39

b) Zur Abgrenzung vom Privatrecht

Keine Verwaltungsakte sind daran anknüpfend solche Maßnahmen von Verwaltungsbehörden, die sich nicht auf einen Verwaltungsrechtssatz iSe Sonderrechtssatzes, sondern auf einen Rechtssatz des privaten Rechts stützen – so zB im Falle des **Handelns der Verwaltung in Privatrechtsform** (erwerbswirtschaftliche, fiskalische oder verwaltungsprivatrechtliche Handlungen (→ § 23 Rn. 41 ff.). 40

---

106 S. BVerwGE 11, 181; s. näher Stelkens/Bonk/Sachs/Schmitz, § 2 Rn. 107 mwN.
107 AA OLG Dresden NJW 2000, 1503.
108 Vgl. dazu Stelkens/Bonk/Sachs/Schmitz,§ 2 Rn. 107.
109 BVerwG NJW 1983, 896 (899).
110 BVerfGE 93, 1 (17).
111 OVG Bremen NJW 1989, 926; s. aber auch OLG Celle NJW 1990, 2570.
112 VG Neustadt NJW 2011, 3317.
113 BVerwGE 35, 103 (105).
114 Guckelberger, Allg. Verwaltungsrecht, 11. Aufl. 2023, § 12 Rn. 7.

41 Daran anknüpfend ließe sich insbesondere an der Einordnung der Ausübung des **gemeindlichen Vorkaufsrechts** gem. § 24 BauGB als Verwaltungsakt durchaus zweifeln.[115] § 28 II 1 BauGB bestimmt (nunmehr) jedoch ausdrücklich, dass es per Verwaltungsakt auszuüben ist, so dass die ehemals bestehenden Streitigkeiten[116] über dessen Rechtsnatur einer gesetzlichen Klärung zugeführt worden sind.

c) Zur Abgrenzung von Regierungsakten

42 Von den Verwaltungsakten sind abgesehen davon die sog. Regierungsakte zu unterscheiden.[117] Sie unterliegen nicht der verwaltungsgerichtlichen Allzuständigkeit (Generalklausel). Entscheidend für die Abgrenzung ist, ob es **materiell um Regierungstätigkeit** (→ § 20 Rn. 30 ff.) geht oder nicht, was wiederum davon abhängt, ob die hoheitliche Maßnahme ihre Basis im Verfassungs- oder im Verwaltungsrecht findet.

Beispiele: Verwaltungsakte sind zB Beamtenernennungen; hingegen sind die Entlassung eines Bundesministers (Art. 64 I GG) oder die Festlegung des Termins für eine Parlamentswahl[118] keine Verwaltungsakte.

d) Zur Abgrenzung von Gnadenakten und Ehrungen

43 Auch für Gnadenerweise und Ehrungen, die aufgrund ihrer strukturellen Parallelen – so insbesondere wegen des fehlenden Anspruchs auf eine solche Vergünstigung – ähnlich zu behandeln sein dürften,[119] ist nicht eindeutig, ob es sich um verwaltungsrechtliche Maßnahmen handelt. Sie werden entweder überhaupt nicht als Rechtsakte und deshalb auch nicht als Verwaltungsakte angesehen[120] oder jedenfalls dann nicht, wenn sie nach Voraussetzung und Inhalt – anders als zB im Falle des § 84 BBG über die Gewährung von Jubiläumsgeschenken – gesetzlich ungeregelt geblieben sind.[121] Diese Einschätzung, namentlich[122] des BVerfG,[123] basiert auf einer historisch orientierten Argumentation, wonach die Ausübung des Gnadenrechts[124] keine Aufgabe der Verwaltung, sondern gerichtsfreie Kompetenz des Staats- (Art. 60 II GG) bzw. Landesoberhauptes ist **(„Gnade vor Recht“)**.

44 Unter dem Grundgesetz wird man diese Argumentation jedenfalls insoweit für modifizierungsbedürftig halten müssen, als das Begnadigungs- und das Ehrungsermessen jenseits spezialgesetzlicher Regeln zumindest **verfassungsgebunden** auszuüben sind, so dass es sich gerade nicht um außerrechtliche Phänomene handelt.[125] Infolgedessen sind eine Begnadigung oder Ehrung sowie deren Verweigerung (abgesehen von den ggf. einschlägigen Verfahrens- und Zuständigkeitsvorschriften) zumindest an den

---

[115] S. dazu Ernst/Zinkahn/Bielenberg/Krautzberger/Stock u. a., BauGB, 152. EL 2024, § 28 Rn. 22.
[116] Vgl. zum Streitstand die 9. Aufl. dieses Lehrbuchs, § 47 I a 2.
[117] S. dazu etwa BVerfGE 63, 197 (213).
[118] NWVerfG NVwZ 2009, 1101 (1102 f.).
[119] NK-VwVfG/Windoffer,§ 35 Rn. 108; vgl. Vahle DVP 2000, 228; s. auch Spranger RiA 1999, 35 (37).
[120] Pflieger ZRP 2008, 84 (86).
[121] Stelkens/Bonk/Sachs/Schmitz, § 1 Rn. 192 ff.
[122] Ebenso BVerwG DVBl 1982, 1147; abw., aber mit überzeugender Begründung der Minderheitsmeinung BVerfGE 25, 352 (363 ff.).
[123] BVerfGE 25, 352 (355).
[124] S. zum Begriff Gnade näher Schätzler NJW 1975, 1249 (1250 ff.); allg. dazu Birkhoff/Lemke, Gnadenrecht, 2014.
[125] S. auch OVG Münster NVwZ-RR 1999, 313 (314) mwN.

Maßstäben des Willkürverbots, der Menschenwürde und der Verhältnismäßigkeit zu messen.[126] Für die Aufhebung solcher Vergünstigungen dürfte sogar generell der Gesetzesvorbehalt gelten,[127] weil es sich um eine Maßnahme der Eingriffsverwaltung in Form des Entzugs einer Rechtsposition handelt.[128] Oftmals wird sich die verwaltungsverfahrensrechtliche Bedeutung zumindest von Gnadenerweisen aber ohnehin in Grenzen halten, weil die Mehrzahl der Fälle dem Bereich der Justizverwaltung zuzuordnen sein dürfte.[129] Das BVerfG hat allerdings bisher offen gelassen, ob Gnadenerweise als „Justizverwaltungsakte" einzustufen sind.[130]

3. Zum Verwaltungsaktmerkmal Maßnahme

Unter den Begriff der Maßnahme fallen Anordnungen, Verfügungen oder Entscheidungen (§ 35 S. 1 VwVfG), dh Gebote oder Verbote, sonstige Rechtsgestaltungen oder Feststellungen sowie deren Versagung. Dieses Merkmal wird nur durch die beispielhafte Aufzählung im Gesetz einigermaßen deutlich. Im Übrigen ist der im Polizeirecht gebräuchliche Begriff der Maßnahme (§§ 3 ff. SächsPBG) schillernd und deshalb kaum abgrenzungstauglich,[131] zumal sie auch **konkludent oder teilautomatisch,** dh also elektronisch unterstützt, aber durch einen Amtswalter in Verfahrensherrschaft und Entscheidungsfindung verantwortet,[132] ergehen kann. 45

Beispiele: Verkehrssteuerung durch Lichtzeichenanlage, automatisierte Kennzeichenerfassung, Videoüberwachung öffentlicher Räume.[133]

Für sog. **vollautomatisierte,** dh also allein elektronisch verantwortete, **Verwaltungsakte** enthält § 35a VwVfG eine Sonderregelung. Sie verdankt ihre Existenz dem Umstand, dass dem Erfordernis der Maßnahme in § 35 VwVfG ein Element der Willenserklärung inhärent ist, das wiederum nach Willensfähigkeit und Zurechnungswillen verlangt. Das Vorliegen dieser Voraussetzungen ist allerdings dort, wo eine Maßnahme im konkreten Einzelfall nicht von einem Amtswalter, sondern rein elektronisch verantwortet wird, jedenfalls zweifelhaft.[134] Insoweit kommt § 35a VwVfG zumindest[135] eine Klarstellungsfunktion[136] zu. 45a

Als vollautomatisierter Verwaltungsakt dürfen nur Entscheidungen ergehen, die weder im Ermessen stehen noch einem Beurteilungsspielraum unterliegen. Der dadurch bedingte **Gestaltungsvorbehalt zugunsten menschlicher Amtswalter** soll dort Einzelfallgerechtigkeit gewährleisten,[137] wo die Entscheidung einen hohen Realanteil 45b

[126] So auch Nierhaus/Brinktrine in Sachs GG Art. 60 Rn. 15 im Anschluss an Hömig DVBl 2007, 1328 (1329 ff.).
[127] BVerfGE 30, 103 (108).
[128] Merten, Rechtsstaatlichkeit und Gnade, 1978, S. 81 f.
[129] Vgl. Stelkens/Bonk/Sachs/Schmitz,§ 1 Rn. 196.
[130] S. auch VerfGH Bayern Verw.-Rspr. 17 (1966), 769 und 22 (1971), 1 sowie BayVBl. 1983, 624; StGH Hessen DÖV 1974, 128 (129) mablAnm v. Evers; zust. Anm. v. Petersen JuS 1974, 502; s. dazu auch Michael VVDStRL 75 (2016), 131 (170).
[131] S. näher BGH DÖV 1998, 429.
[132] Vgl. dazu etwa Siegel JURA 2021, 920 (926 f.); Berger NVwZ 2018, 1260 (1261).
[133] VGH Mannheim NVwZ 2004, 498.
[134] S. dazu Ziekow NVwZ 2018, 1169 (1170).
[135] An deren Notwendkeit zweifelnd namentlich Stegmüller NVwZ 2018, 354 f.
[136] Berger NVwZ 2018, 1260 (1262).
[137] S. dazu Siegel JURA 2020, 920 (928).

prägt – so etwa in Form eines erhöhten Beratungs- oder Überwachungsbedarfs.[138] Um die demokratische Legitimation des vollautomatisierten Verwaltungsakts zu stärken, stellt § 35a VwVfG ähnlich § 42a und § 71a VwVfG dessen Anwendbarkeit zudem unter den Vorbehalt der fachgesetzlichen Ermächtigung; Verwaltungsvorschriften reichen insoweit nicht aus.[139]

45c Im Lichte dieser Einschränkungen ist der **Einsatz künstlicher Intelligenz** im Anwendungsbereich des § 35a VwVfG von Vornherein auf die Fälle beschränkt, in denen er gesetzlich angeordnet ist und der genutzte Algorithmus vollständig determiniert ist. Soweit künstliche Intelligenz im Rahmen selbstlernender Systeme genutzt wird, um eigenständige Problemlösungskompetenz zu entfalten und so Gestaltungsspielräume auszufüllen, stoßen diese Einsatzfelder auf die Grenzen des § 35a VwVfG.[140] Eine Pflicht zur Verwaltungsvollautomatisierung besteht aber auch jenseits dieser Grenze nicht, namentlich weil § 10 S. 2 VwVfG nicht das einfachste, sondern lediglich ein einfaches Verwaltungsverfahren fordert.[141]

4. Zum Verwaltungsaktmerkmal Regelung

46 Hervorstechendes, prägendes Element des Verwaltungsakts ist das Merkmal Regelung.

a) Begriffliche Grundlegung

47 Dieses Kriterium hat Abgrenzungsfunktion gegenüber Maßnahmen der Verwaltung, die nichts regeln sollen, sondern eher tatsächlich orientiert sind.

48 **aa) Elemente des Regelungsbegriffs.** Eine Regelung ist eine einseitig angeordnete, verbindliche, unmittelbar Rechtsfolgen begründende, hoheitliche Ordnung eines Lebenssachverhaltes, also eine Anordnung, die feststellend oder gestaltend bestimmt, was für den Betroffenen rechtens sein soll, gleichgültig, ob sie rechtmäßig oder nicht rechtmäßig ist. Die Regelung bewirkt also eine **einseitig verbindliche, unmittelbare Änderung der Rechtsstellung des Betroffenen**[142] und ist infolgedessen als Ergebnis einer gesetzten Rechtsfolge zu verstehen.

Beispiel: Heranziehung zur gemeinnützigen Arbeit.[143]

49 Im Einzelnen verlangt das Merkmal der **„Einseitigkeit"** nicht nur – wie das Kriterium „hoheitlich" – einen Bezug zum öffentlichen Recht, sondern geht darüber hinaus, weil anders als bei einem öffentlich-rechtlichen Vertrag ausschließlich die Willenserklärung der Behörde Rechtsgrund für den Inhalt der ausgesprochenen Rechtsfolge ist. Eine Mitwirkung des Betroffenen wird dadurch genauso wenig ausgeschlossen wie die Beteiligung anderer Verwaltungseinheiten, solange nur der Wille der handelnden Behörde maßgeblich bleibt.

Beispiel: Abstimmungen und Wahlen sind nicht auf eine Rechtsfolge gerichtet, weil sie auf einer kollektiven und nicht auf einer behördlichen Willensbildung basieren. In der Folge ist auch die Feststellung des

---

138 Ausf. dazu etwa Berger NVwZ 2018, 1260 (1263 f.).
139 S. dazu Ziekow NVwZ 2018, 1169 (1171).
140 Siegel JURA 2020, 920 (928 f.).
141 Ausf. dazu Korte DÖV 2024, 770 (775 f.).
142 BVerwGE 77, 268.
143 VGH München BayVBl. 1999, 341.

Wahlergebnisses nicht unter § 35 VwVfG zu subsumieren.[144] Im Rahmen der Vor- und Nachbereitung von Wahlen können aber gleichwohl durchaus Verwaltungsakte erlassen werden – so zB die Eintragung in ein Wählerverzeichnis oder aber die Ernennung eines gewählten Beamten.

Das Kriterium **„verbindlich"** setzt voraus, dass die Anordnung, sofern sie nicht 50
rechtlich unwirksam ist, befolgt werden muss, solange die Vollziehung nicht ausgesetzt ist. Die Maßnahme muss dazu mit einer Bestandskraft fähigen Wirkung subjektiv-öffentliche Rechte des Betroffenen begründen, konkretisieren, abändern, feststellen oder aufheben.[145]

Der **„unmittelbar Rechtsfolgen begründende"** Charakter einer Regelung führt 51
schließlich dazu, dass die rechtlich wirksame Anordnung ohne Hinzutreten weiterer Momente verbindlich ist. Die Maßnahme muss, unabhängig von ihren tatsächlichen Auswirkungen, ihrem objektiven Sinngehalt nach darauf gerichtet sein, die Rechtsstellung des Adressaten in eine bestimmte Richtung zu verändern.[146]

bb) Durchführungshandlungen. Knüpft man an diese Voraussetzungen an, sind 52
Durchführungshandlungen zB in Form der Anwendung unmittelbaren Zwangs selbst normalerweise keine Verwaltungsakte, sondern als **Realhandeln** einzuordnen, weil sie für eine bereits getroffene Regelung tatsächliche Konsequenzen ziehen.[147] Etwas anderes gilt allerdings insbesondere für diejenigen Durchführungshandlungen, die eigenständige, ggf. erstmalige Rechtsfolgen setzen, zB weil sie Art und Weise bzw. Umfang der Vollstreckung festlegen.[148]

Demgegenüber wird man sog. **konkludente Duldungsverfügungen,** deren Rechts- 53
folge sich in der Duldung tatsächlichen Verhaltens erschöpft, nicht als Verwaltungsakte einordnen können, weil sie vergleichsweise faktisch ansetzen und die Duldung, zB im Falle des Schlags eines Polizisten, nicht der Bedeutung der getroffenen Maßnahme gerecht wird; sie ist stattdessen vielmehr im Schlag selbst zu sehen.[149]

Stellt man auf den Schwerpunkt ab, wird zugleich deutlich, warum Lichtzeichen, ob- 54
gleich sie sich ebenfalls in ihrer Signalwirkung erschöpfen, genauso wie andere maschinelle **Verwaltungsfabrikate** primär auf eine Rechtsfolge gerichtet sind. Denn insoweit geht es weniger um das tatsächliche Lichtzeichen als vielmehr um dessen (verkehrs-)regelnde Konsequenzen, so dass man von einem konkludenten Verwaltungsakt sprechen kann.[150]

cc) Auskünfte. Unklar ist, in welchen Fällen Auskünfte Regelungscharakter besitzen, 55
dh wann die reine Wissenserklärung in eine rechtsetzende Willenserklärung umschlägt.[151] Der Regelungsgehalt ist insoweit auf der einen Seite eindeutig dort zu verneinen, wo eine Auskunft lediglich vorbereitender Natur ist oder als unverbindlicher

---

144 Vgl. auch VGH Mannheim NVwZ-RR 2001, 51 (52) für die Feststellung des Ergebnisses eines Bürgerbescheids.

145 BVerwG 79, 293;Kopp/Ramsauer/Ramsauer, § 35 Rn. 88.

146 Stelkens/Bonk/Sachs/Stelkens, § 35 Rn. 142 ff.

147 Vgl. Enders NVwZ 2000, 1232 (1234).

148 Kopp/Ramsauer/Ramsauer, § 35 Rn. 113.

149 Vgl. dazu auch Korte/Leifer NdsVBl. 2004, 315.

150 Pietzner VerwArch 82 (1991), 291; unklar BVerwGE 26, 161 (164).

151 Ausf. zu den damit zusammenhängenden Rechtsproblemen Otto, Die verbindliche Auskunft im Allgemeinen Verwaltungsrecht, 2019; s. aus der Spruchpraxis etwa BGH NJW 1979, 735.

Realakt qualifiziert wird. Auf der anderen Seite lässt sich Auskünften aber dort Regelungscharakter zusprechen, wo der Gesetzgeber wie zB in § 5 V VIG[152] eine entsprechende Wertung qua legem getroffen hat, indem er die Durchführung eines einen Verwaltungsakt voraussetzenden Vorverfahrens (dem Wortlaut nach nur insoweit) abweichend von § 68 VwGO auch für den Fall von Auskünften oberster Bundesbehörden vorschreibt. Im Übrigen wird man jedoch grundsätzlich nicht davon ausgehen können, dass Auskünfte auf eine rechtliche Folge gerichtet sind, es sei denn, deren Erteilung verlangt nach einer **qualifizierten Entscheidung** zB in Form einer Abwägung der widerstreitenden Interessen, weil dann die Auskunftserteilung keine Alltäglichkeit bzw. Selbstverständlichkeit ist.[153]

Beispiele: Ein Verwaltungsakt ist die (Verweigerung der) Bescheinigung der Wohnungsbehörde für eine Steuerbegünstigung gem. § 7c EStG, da sie die Finanzbehörde bindet;[154] ebenso die Preisgabe des Namens eines Informanten oder deren Verweigerung durch ein Verfassungsschutzamt, weil der Auskunft eine (regelnde) Entscheidung darüber vorauszugehen hat, ob sie zu erteilen ist.[155] Das Verlangen, über eine bestimmte Angelegenheit eine Auskunft zu erteilen, bezieht sich nicht auf einen Verwaltungsakt, sofern sich aus der Auskunftserteilung keine unmittelbaren Rechtsfolgen für den Betroffenen ergeben;[156] dagegen ist das Auskunftsverlangen der Abfallbehörde gegenüber dem Erzeuger/Besitzer ein Verwaltungsakt.[157]

56 „Regelung" bedeutet im Übrigen nicht nur eine Neuregelung eines Lebenssachverhaltes, sondern auch die Ablehnung eines Antrages. Sie liegt zudem im Falle sonstiger Versagungen, Einschränkungen oder Widerrufe vor. Voraussetzung für eine entsprechende Einordnung ist aufgrund des Kehrseitengedankens allerdings, dass das begehrte Verwaltungshandeln ebenfalls auf eine unmittelbare Rechtsfolge gerichtet ist. Aus diesem Grunde lässt sich dann auch nicht argumentieren, jedenfalls die **Ablehnung einer Auskunftserteilung** sei generell als Verwaltungsakt einzuordnen,[158] zumal dann eine unterschiedliche, zu Inkonsistenzen zB in Bezug auf die Bestandskraft führende Zuordnung zu § 35 VwVfG geboten wäre – je nachdem, ob eine Auskunft erteilt wird.[159]

57 **dd) Vorbereitende Maßnahmen.** Weil sie nichts regeln, sind solche behördlichen Äußerungen keine Verwaltungsakte, die lediglich vorbereitenden Charakters sind und deshalb keine unmittelbare Rechtsfolge setzen. Sie finden sich insbesondere im Rahmen sog. **gestufter Verwaltungsverfahren,** so dass dort unselbstständige Vorbereitungsakte von verbindlichen Akten abgegrenzt werden müssen. Daran anknüpfend treffen vorbereitende Maßnahmen auch dann noch keine Regelung, wenn sie eine Anordnung enthalten, von deren Befolgung der daran anknüpfende Erlass eines Verwaltungsaktes abhängt oder wenn sie lediglich das Verfahren fördern sollen.[160]

---

152 Mühlbauer DVBl 2009, 354 (355); vgl. auch Beyerlein in Beyerlein/Borchert, VIG, 2009, § 4 Rn. 46.

153 So auch BVerwGE 31, 301 (306 f.); Knack/Henneke/Henneke/Berger, § 35 Rn. 90; s. näher zum Problem Krause, Rechtsformen, S. 288 ff.; Czerwick DÖV 1997, 973; Haller NuR 1995, 217; Kahl JURA 2001, 505 (509).

154 BVerwGE 2, 212.

155 BVerwGE 31, 301 mablAnm v. Bettermann DVBl 1969, 703.

156 Str., aM OLG Hamm NVwZ-RR 1993, 244 (245) zu § 17 HwO; s. zum Streitstand Stelkens/Bonk/Sachs/Stelkens, § 35 Rn. 82 ff.

157 So auch VGH Mannheim NVwZ-RR 2003, 20.

158 So aber zB Sodan/Ziekow/Sodan, § 42 Rn. 45, 176, 186.

159 So auch W.R. Kopp/Schenke/Schenke, Anh. § 42 Rn. 41.

160 BVerwGE 77, 268 (277); vgl. Jarass NVwZ 2003, 257 (262 ff.).

Eine Regelung liegt erst vor, wenn die Rechtslage des Betroffenen – in der Regel durch Konkretisierung oder Aktualisierung einer gesetzlichen Verpflichtung oder Berechtigung – geändert oder mindestens rechtlich sichergestellt wird. Insofern dient dieses Merkmal auch der Abgrenzung gegenüber rein verwaltungsinternen Maßnahmen ohne Außenwirkung.

Beispiele: Nur vorbereitend ist die Anordnung, einen Nachweis als Voraussetzung für den Erlass eines Verwaltungsakts zu erbringen.[161] Dasselbe gilt für die Einholung von Stellungnahmen, für Ladungen zur mündlichen Prüfung,[162] für den Ruf auf eine Hochschullehrerstelle[163] oder für das Aufstellen eines immissionsschutzrechtlichen Aktionsplanes nach § 47 II BImSchG.[164] Rein vorbereitenden Charakters ist ferner die Aufforderung an einen vorzeitig in den Ruhestand versetzten Beamten, sich einer amtsärztlichen Untersuchung zu unterziehen, um dessen fortbestehende Dienstunfähigkeit festzustellen[165] oder aber an einen Kraftfahrzeugfahrer, eine medizinisch-psychologische Untersuchung durchführen zu lassen, um seine Eignung zum Führen eines KFZ festzustellen.[166] Dasselbe gilt, soweit eine Universitätsfakultät eine Untersuchungskommission einsetzt, um einem Verdacht auf wissenschaftliches Fehlverhalten nachzugehen, wenn deren Einschaltung nur dazu dient, den Sachstand aufzubereiten und der Fakultät eine Empfehlung für das weitere Verfahren zu geben.[167]

Die Einordnung von **Einzelnoten im Schul- oder Abschlusszeugnis** hängt demgegenüber nach der aktuellen bundesverwaltungsgerichtlichen Rechtsprechung vom einschlägigen Landesprüfungsrecht ab, soweit sich dort ausdrückliche oder durch Auslegung ermittelbare Hinweise auf einen bestehenden oder fehlenden Regelungscharakter solcher Prüfungsleistungen finden.[168] Liegt diese Voraussetzung nicht vor, gilt grundsätzlich, dass Noten im Schul- oder aber Examenszeugnis keine Verwaltungsakte sind, weil sie als Teil des Gesamtzeugnisses bzw. der Gesamtprüfung lediglich die Grundlage für die behördliche Entscheidung über das Bestehen der Prüfung bilden.[169] Etwas anderes kann allerdings dann gelten, wenn die Einzelnote besonders relevant ist, beispielsweise bzw. insbesondere, weil sie Auswirkungen auf das Bestehen der Gesamtprüfung hat.[170] 58

ee) Anschlusshandlungen. Die hier sog. Anschlusshandlungen prägt, dass sie an eine andere Verwaltungsmaßnahme anknüpfen. Ihr Regelungscharakter hängt davon ab, ob sie selbst konstitutiv für die Rechtsstellung des Betroffenen sind. Daran wird es bei verwaltungsinternen Vorgängen in der Regel mangeln. Für die Aufnahme in bzw. die Löschung aus außenwirksamen **Registern, Dateien oder Listen** kommt es demgegenüber darauf an, ob ihnen eine verbindliche Entscheidung vorausgegangen ist.[171] Fehlt es daran, ist die Eintragung bzw. Löschung keine Anschlusshandlung, sondern 59

[161] BVerwGE 34, 248 betr. Gutachten über die Eignung zum Führen eines Kraftfahrzeuges, bestätigend auch unter Geltung der Fahrerlaubnis-VO OVG Münster NJW 2001, 3427; krit. Schreiber ZRP 1999, 319 ff.; aM Frotscher DÖV 1971, 259.
[162] BVerwG BayVBl. 1984, 761.
[163] BVerwGE 106, 187 ff.; BVerwG DÖV 1998, 740. AM Reich DÖV 2004, 413.
[164] VG Stuttgart BeckRS 2005, 27428.
[165] BVerwGE 111, 246 (251 f.).
[166] BVerwGE 98, 221 (225).
[167] OVG Berlin-Brandenburg NVwZ 2012, 1491 (1493); vgl. dazu auch Korte/Seiffge VR 2014, 24 (26).
[168] BVerwG NJW 2012, 2091 (2092); vgl. dazu auch Kersten VERW46 (2013), 87 (96); krit. Morgenroth NVwZ 2014, 32 (34 f.).
[169] Vgl. zum Ganzen Kopp/Ramsauer/Ramsauer, § 35 Rn. 100 f.
[170] BVerwG DVBl 2003, 871 (872).
[171] Vgl. dazu Kopp/Ramsauer/Ramsauer, § 35 Rn. 102 ff.

der eigentliche Rechtsakt – so beispielsweise bei der Eintragung in die sog. Traditionsliste nach § 109a III AMG.[172] In diesen Fällen liegt somit ein Verwaltungsakt vor. Etwas anderes gilt nur dann, wenn das Register seine Funktion nicht mehr erfüllen kann, falls man jeden Eintrag als Verwaltungsakt einstufte – so zB im Falle eines Melderegisters, weil es den Aufenthaltsort einer Person wegen des Zeitverzugs infolge der Anfechtbarkeit jeder Änderung nur noch eingeschränkt ausweisen könnte.[173]

60 Geht der Eintragung bzw. Löschung eine Entscheidung voraus, kommt es darauf an, ob sie selbst als dem Betroffenen eröffneter Verwaltungsakt einzustufen ist, weil sie verbindlich darüber befinden soll, dass die gesetzlichen Voraussetzungen für die Eintragung bzw. Löschung erfüllt bzw. nicht erfüllt sind.[174] Projiziert man diese Grundsätze auf Eintragungen in die bzw. Löschungen aus der **Handwerksrolle,**[175] so ist jedenfalls eine etwaige Mitteilung darüber als Verwaltungsakt einzustufen, weil bereits sie und nicht erst die Eintragung bzw. Löschung[176] die verbindliche Erklärung der Handwerkskammer enthält, welche Maßnahme sie treffen will.[177] Ist eine solche Mitteilung erfolgt, sind die Änderungen in der Handwerksrolle daher nur Anschlusshandlungen ohne eigenen Regelungscharakter.[178] Fehlt jedoch eine entsprechende Mitteilung, zB weil die Entscheidung über die Eintragung bzw. Löschung nicht entsprechend ergangen ist, werden die Änderungen in der Handwerksrolle zur maßgeblichen Maßnahme und sind dann Verwaltungsakte.[179]

61 Keine Verwaltungsakte sind **wiederholende Verfügungen,**[180] da sie nur auf einen bereits ergangenen unanfechtbaren Verwaltungsakt verweisen, ohne etwas zu regeln. Sie sind von sog. **Zweitbescheiden** abzugrenzen, die eine über den Erstbescheid hinausgehende Anordnung enthalten und dadurch die Rechtslage des Adressaten beeinflussen. Das maßgebliche Unterscheidungskriterium ist insoweit, ob die Behörde in eine erneute Sachprüfung eintritt[181] – sei es, dass sie zwar am Ergebnis des früheren Verwaltungsaktes festhält, ihre Entscheidung aber nunmehr auf neue Aspekte stützt,[182] oder sei es, dass sie die Entscheidung trifft, nicht nochmals in eine Sachprüfung eintreten zu wollen.[183] Denn hier wie dort liegt ein Regelungscharakter und damit auch ein Verwaltungsakt vor – sei er nun materiell-rechtlicher oder verfahrensrechtlicher Natur.[184] An den Voraussetzungen des § 35 S. 1 VwVfG fehlt es somit nur, wenn sich eine Behörde überhaupt gar keine Gedanken über eine neuerliche Sachprüfung macht. Nur in diesem Fall lässt sich daher von einer echten wiederholenden Verfügung, die nicht als Verwaltungsakt einzustufen ist, sprechen.

[172] BVerwG NVwZ 2004, 349 (349 f.).
[173] OVG Greifswald NVwZ-RR 2000, 93 (94).
[174] Vgl. dazu Kopp/Ramsauer/Ramsauer, § 35 Rn. 102 ff.
[175] BVerwGE 88, 122 (123, 95, 363, 364).
[176] So Detterbeck, Kommentar zur Handwerksordnung, 2016, § 11 Rn. 5.
[177] So Wehr BayVBl. 2000, 197 (203).6.
[178] So Stork in Schwannecke, Kommentar zur Handwerksordnung, 2018 § 12 Rn. 2.
[179] Kopp/Ramsauer/Ramsauer, § 35 Rn. 103.
[180] Ausf. dazu Stelkens/Bonk/Sachs/Sachs, § 51 Rn. 57 f.
[181] Ähnl. Detterbeck AllgVerwR, § 10 Rn. 773.
[182] BVerwGE 13, 101.
[183] So auch BVerwGE 44, 333 (334 f.); BVerwG NVwZ 2002, 482 (482 f.).
[184] VGH Mannheim NVwZ-RR 2009, 358; Detterbeck AllgVerwR, Rn. 772.

Beispiel: Soweit ein Antrag auf Wiederaufgreifen eines bestandskräftig abgeschlossenen Verwaltungsverfahrens iSd § 51 VwVfG abgelehnt wird, weil die Zulässigkeitsvoraussetzungen nicht vorliegen, ist eine wiederholende Verfügung gegeben. Steigt die Behörde hingegen in eine Sachprüfung ein, indem sie das Vorliegen eines Grundes für das Wiederaufgreifen des Verfahrens prüft, liegt ein Zweitbescheid vor, und zwar unabhängig davon, ob sie dessen Einschlägigkeit bejaht oder nicht.[185]

ff) Nicht anordnende Erklärungen. Am Regelungscharakter fehlt es bei bloßen **Hinweisen und Empfehlungen.** Sie erschöpfen sich in ihrer rein tatsächlichen Wirkung, ohne dass sie irgendetwas anordnen. Der Behörde fehlt es in diesen Fällen also am Bindungswillen.[186] Daran anknüpfend setzen auch Appelle und Warnungen zB vor gesundheitsgefährdenden Produkten zunächst einmal rein faktisch an und sind daher nicht regelnden Charakters,[187] auch wenn dadurch ggf. Grundrechte beeinträchtigt werden.[188] Abgesehen davon sind auch sonstige Erklärungen, die nicht mehr als eine unverbindliche Stellungnahme zum Ausdruck bringen, mangels Regelungswirkung keine Verwaltungsakte, so dass nicht jede einseitige Willenserklärung einer Behörde ein Verwaltungsakt ist. Erforderlich für eine Regelung ist vielmehr, dass eine einseitig verbindliche Entscheidung erlassen wird. Daher fallen Stundungs-[189] oder Aufrechnungserklärungen[190] nicht unter § 35 S. 1 VwVfG, weil es sich nicht um Maßnahmen aus einem Anordnungs-,[191] sondern aus einem Gleichordnungsverhältnis handelt.[192] 62

Über einen Hinweis- bzw. Empfehlungscharakter kommen auch sog. **Gefährderanschreiben** nicht hinaus. Sie haben sich namentlich im Ordnungsrecht etabliert und werden bisweilen als eigenständige, allerdings ungeregelte Form einer Standardmaßnahme begriffen.[193] Gefährderanschreiben dienen dazu, potenziellen Störern vor Augen zu führen, dass sie im Falle eines Fehlverhaltens mit polizeirechtlichen Konsequenzen zu rechnen haben, um sie von einem bestimmten Tun abzuhalten. Inhaltlich bestehen solche Gefährderanschreiben in der Regel aus einer Beschreibung der in der Vergangenheit gemachten Erfahrungen mit bestimmten Ereignissen, die von einer Mutmaßung der Geschehnisse auf bevorstehende, vergleichbare Ereignisse begleitet wird. Das Anschreiben mündet dann in einer an den potenziellen Störer gerichteten Empfehlung, an dem bevorstehenden Ereignis nicht teilzunehmen. Zwar gehen mit dieser Empfehlung lediglich faktische Wirkungen einher. Sie entfalten aber eine nicht zu unterschätzende suggestive Kraft, weil dem potenziellen Störer vor Augen geführt wird, dass er im Falle einer Teilnahme am Ereignis unter Beobachtung steht. Deshalb können mit Gefährderanschreiben Grundrechtsbeeinträchtigungen einhergehen,[194] so dass besonderes Augenmerk vor allem auf die Zusammenstellung 63

185 Seiler JuS 2001, 263 (267); zudem App DStZ 2008, 262 (263).
186 Kopp/Ramsauer/Ramsauer, § 35 Rn. 91a.
187 Sodan/Ziekow NK-VwGO/Sodan, § 42 Rn. 183; OVG Münster NJW 1986, 2781 (2783).
188 Vgl. dazu BVerfGE 105, 252 (273) und die Kritik zB von Murswiek NVwZ 2003, 1 (2 ff.).
189 BVerwGE 35, 103 (105).
190 BVerwGE 66, 218 (220); BFHE 149, 482 (485 f.); VGH München NJW 1997, 3391 (3392); aM OVG Münster NJW 1997, 3391; BSGE 67, 143 (146).
191 So aber Ipsen AllgVerwR, Rn. 325; ähnl. OVG Münster NJW 1997, 3391.
192 So auch Maurer/Waldhoff AllgVerwR, § 9 Rn. 10; OVG Magdeburg NVwZ-RR 2009, 226; vgl. dazu Waldhoff JuS 2009, 660 (661).
193 Vgl. dazu Kießling DVBl 2012, 1210 (1211); s. auch Hebeler NVwZ 2011, 1364 (1364 ff.); Lehr, Staatliche Lenkung durch Handlungsformen, 2010, S. 329 ff.
194 Vgl. Kreuter-Kirchhof AöR 139 (2014), 257 (265 ff.).

des Adressatenkreises solcher Schreiben zu richten ist.[195] An der fehlenden Regelungswirkung ändert sich dadurch freilich nichts.

Beispiele: Gefährderanschreiben an potenzielle Versammlungsteilnehmer anlässlich einer bevorstehenden Großdemonstration;[196] Gefährderanschreiben an Inkassounternehmen anlässlich einer befürchteten Eintreibung illegal erlangter Forderungen.[197]

b) Abgrenzung zu vorläufigen, vorsorglichen und teilweisen Regeln

64 Neben denjenigen behördlichen Maßnahmen, bei denen der Regelungscharakter schon dem Grunde nach in Frage steht, sind auch solche hoheitlichen Handlungen denkbar, die zwar eine unmittelbar verbindliche, aber in ihrer Wirkung auf bestimmte Art und Weise beschränkte Rechtsfolge anordnen.

65 **aa) Vorläufige Maßnahmen.** Zu dieser Kategorie zählen sog. vorläufige Maßnahmen, die die rechtliche Situation des Betroffenen mit lediglich einstweiliger Wirkung sicherstellen oder ändern.[198] Deren **wesentliches Kennzeichen** ist, dass es an einer abschließenden Rechts- und Sachverhaltsermittlung fehlt,[199] so dass sie unter dem Vorbehalt späterer Nachprüfung und endgültiger Entscheidung ergehen,[200] dh also in der Regel einen Schluss- bzw. Endbescheid nach sich ziehen.[201] Vorläufige Maßnahmen beruhen also wie Entscheidungen im einstweiligen Rechtsschutz ggf. auf einer summarischen Prüfung[202] mit der Folge einer reduzierten Regelungsintensität[203] und eines zeitlich beschränkten Regelungsgehalts.[204] Angesichts der vielschichtigen Bedeutung des Faktors Zeit im Verwaltungsrecht (→ § 37 Rn. 1 ff.) verwundert es nicht, dass vorläufige Maßnahmen in der Verwaltungspraxis zunehmend an Bedeutung gewinnen.

Beispiele: Erteilung einer einstweiligen Erlaubnis zur sofortigen Einrichtung, Erweiterung oder wesentlichen Änderung eines Linienverkehrs mit Kraftfahrzeugen, soweit sie im öffentlichen Verkehrsinteresse liegt (§ 20 PBefG); vorläufige Befugnis zur Errichtung einer Anlage vor Erteilung der endgültigen immissionsschutzrechtlichen Erlaubnis (§ 8a BImSchG); vorläufige Dienstenthebung nach den §§ 38 ff. BDG; Steuerfestsetzung unter dem Vorbehalt der Nachprüfung und vorläufige Steuerfestsetzung nach den §§ 164 f. AO;[205] Gewährung einer Subvention für ein Bauvorhaben unter dem Vorbehalt, dass sich die im Kosten- und Finanzierungsplan enthaltenen Angaben nachträglich als tatsächlich richtig erweisen;[206] Zuwendungsbescheid, der mit einer Klausel versehen ist, die eine Ermäßigung der Zuwendung vom

---

195 Ausf. dazu Trurnit JURA 2012, 365 (369 f.); Sporleder-Geb/Stüber JA 2010, 56 (63).
196 OVG Lüneburg NJW 2006, 391.
197 VGH Kassel NVwZ-RR 2012, 344.
198 S. allgemein BVerwGE 67, 99; OVG Münster DÖV 1991, 561; Peine DÖV 1986, 849; Peine JA 2004, 417; Eschenbach DVBl 2002, 1247; Lücke, Vorläufige Staatsakte, 1991, S. 17 ff.; Kemper DVBl 1989, 981; allg. dazu Kemper Der vorläufige Verwaltungsakt, 1990; Kopp, Vorläufiges Verwaltungsverfahren und vorläufiger Verwaltungsakt, 1992; Ochtendung, Die Zulassung des vorzeitigen Beginns im Umweltrecht, 1998; Brüning, Einstweilige Verwaltungsführung, 2003.
199 S. dazu auch Di Fabio DÖV 1991, 629.
200 VGH Mannheim GewArch 1990, 418; OVG Münster DÖV 1991, 561 und NVwZ 1993, 76 (77); Tiedemann DÖV 1981, 786; Brüning, Einstweilige Verwaltungsführung, 2003.
201 OVG Berlin-Brandenburg LKV 2009, 42 (42); Maurer/Waldhoff AllgVerwR, § 9 Rn. 66.
202 Peine JA 2004, 417 (419).
203 Schimmelpfennig, Vorläufige Verwaltungsakte, 1989, S. 90.
204 Kemper, Der vorläufige Verwaltungsakt, 1990, S. 159 ff.; Schmehl VR 1998, 373.
205 S. Schumann BB 1987, 383.
206 BVerwGE 135, 238 (238 f.); vgl. dazu auch OVG Berlin-Brandenburg LKV 2009, 42 (42).

„Rückgang der zuwendungsfähigen Ausgaben" und damit auch von einer erneuten rechtlichen Kontrolle der Zuwendungsfähigkeit der Ausgabe abhängig macht.[207]

66 Der **Rechtsnatur** nach werden vorläufige Maßnahmen als Verwaltungsakte qualifiziert. Dafür spricht § 74 III Hs. 1 VwVfG, wonach sich die Behörde die endgültige Entscheidung bestimmter Fragen im Planfeststellungsbeschluss – einem Verwaltungsakt iSd § 35 VwVfG[208] – vorbehalten kann. Fraglich ist aber der Weg hin zu diesem Ergebnis. Bisweilen wird insoweit § 36 VwVfG herangezogen. Jedoch passen die dort niedergelegten Nebenbestimmungen nicht recht,[209] weil der Widerrufsvorbehalt auf eine endgültigen Regelung baut, während die Bedingung nicht greift, weil die Wirksamkeit des Verwaltungsakts nicht von einem zukünftigen, sondern nur von einem noch nicht festgestellten Ereignis abhängen soll.[210] Eine Zusicherung iSd § 38 VwVfG liegt im Falle eines vorläufigen Verwaltungsakts hingegen nicht vor, weil es an der dazu nötigen Endgültigkeit bzw. Verbindlichkeit der Entscheidung[211] gerade fehlt.[212] Im Ergebnis scheint es deshalb auch vorzugswürdig, auf derartige Konstruktionen zu verzichten und direkt auf § 35 VwVfG zurückzugreifen. Gelegentlich wird in diesem Kontext von einem Verwaltungsakt sui generis[213] gesprochen, obwohl trotz Vorläufigkeit eine Regelung an sich getroffen wurde, auch wenn sie unter dem Vorbehalt einer weiteren sachlichen oder rechtlichen Prüfung steht.

67 Die Zulässigkeit vorläufiger Verwaltungsakte[214] hängt davon ab, wie sie aus der Sicht des Adressaten wirken. Bringen sie eine **Belastung** mit sich, müssen grundsätzlich alle Voraussetzungen der jeweiligen Befugnisnorm eingehalten sein, so dass solche Verwaltungsakte nur dort erlassen werden dürfen, wo das Fachrecht ein vorläufiges Vorgehen gestattet. Insoweit genügt § 10 VwVfG nicht, wonach zwar das Verwaltungsverfahren grundsätzlich nicht förmlich und effizient durchzuführen ist, allerding die Normstruktur die Behörde nicht zu einem Tun ermächtigt, so dass diese Vorschrift keine Rechtsgrundlage für den Erlass vorläufiger Verwaltungsakte[215] bieten kann.[216] Zudem darf nicht,[217] auch nicht ausnahmsweise,[218] die Rechtsgrundlage zum Erlass endgültiger Maßnahmen im Wege eines Erst-Recht-Schlusses herangezogen werden. Anderenfalls wären die rechtsstaatlichen Bindungen der öffentlichen Hand und insbesondere die Vorgaben des Gesetzesvorbehalts umgangen, weil sich ja nachträglich herausstellen kann, dass die vorläufige Maßnahme doch rechtswidrig war.

68 Für den Fall einer **Begünstigung** sind vorläufige Verwaltungsakte hingegen bereits zulässig, wenn sie ein sachlicher Grund trägt. Zwar werden auch insoweit Um-

---

207 BVerwG BeckRS 2016, 41817 Rn. 7 = ECLI:DE:BVerwG:2016:150116B10B16.15.0.
208 Kopp/Ramsauer, § 74 Rn. 8.
209 So offenbar BVerwGE 135, 238 (242 f.); ähnl. Schröder JURA 2010, 255 (261).
210 Peine JA 2004, 417 (421); Beaucamp JA 2010, 247 (249 f.).
211 Kopp/Ramsauer/Ramsauer, § 38 Rn. 7.
212 Schimmelpfennig, Vorläufige Verwaltungsakte, 1989, S. 98; s. dazu auch Kemper, Der vorläufige Verwaltungsakt, 1990, S. 33.
213 So Knack/Henneke/Henneke/Berger, § 35 Rn. 189.
214 Einen umfassenden Überblick über den zugehörigen Streitstand bietet Peine JA 2004, 417 (421).
215 So offenbar Schimmelpfennig, Vorläufige Verwaltungsakte, 1989, S. 152 ff.; Kemper, Der vorläufige Verwaltungsakt, 1990, S. 96.
216 Hebeler/Schäfer JURA 2010, 881 (886); Beaucamp JA 2010, 247 (248 f.); Peine JA 2004, 417 (421).
217 So aber König BayVBl. 1989, 33 (34).
218 So aber Kreßel BayVBl. 1989, 65 (66 ff.).

gehungsgefahren namentlich der §§ 36, 48 f. VwVfG gesehen bzw. rechtsstaatliche Bedenken erhoben.[219] Dagegen lässt sich jedoch vorbringen, dass der in § 36 VwVfG enthaltene Kanon möglicher Nebenbestimmungen bei einem vorläufigen Verwaltungsakt wie gesagt keine Anwendung findet.[220] Zudem dürfte der Anwendungsbereich der §§ 48 f. VwVfG im Falle des Erlasses eines vorläufigen Verwaltungsakts nicht eröffnet sein, kann sich doch der Adressat wegen seiner Kenntnis vom Vorbehalt der Schlussprüfung in der Regel nicht auf Vertrauensschutz und damit auf den für ihn maßgeblichen Schutzzweck der §§ 48 f. VwVfG[221] berufen.[222] Abgesehen davon bekommt der Adressat eines vorläufigen Verwaltungsakts ggf. ein Mehr, weil er die Begünstigung auf Basis des Fachrechts nicht erhalten kann, wenn die Voraussetzungen der Anspruchsgrundlage noch nicht abschließend bejaht werden können.

69 Für den vorläufigen Verwaltungsakt gelten, wie schon angedeutet, die allgemeinen Regeln. Dessen Erlass zieht also keine besonderen **rechtlichen Konsequenzen** nach sich. Aus Gründen der Rechtsklarheit und -sicherheit sind allerdings strenge Anforderungen an die Bestimmtheit vorläufiger Verwaltungsakte zu stellen. Insbesondere muss deutlich zum Ausdruck kommen, dass das Verfahren zweistufig angelegt und erst mit Erlass des Endbescheids abgeschlossen ist.[223] Ergeht dieser Schlussbescheid, erledigt sich der vorläufige Verwaltungsakt aufgrund des § 43 II VwVfG, weil von ihm keine Rechtswirkungen mehr ausgehen. Daher bedarf es in diesem Falle auch keiner Aufhebung des vorläufigen Verwaltungsakts auf Basis der §§ 48 f. VwVfG mehr.[224] Etwaige Rückzahlungspflichten des Adressaten zugunsten der öffentlichen Hand lassen sich dann auf den öffentlich-rechtlichen Erstattungsanspruch stützen, weil mit Erledigung des vorläufigen Verwaltungsakts der Rechtsgrund dafür entfallen ist, dass die Begünstigung behalten werden darf; eine analoge Anwendung des § 49a VwVfG ist folglich nicht erforderlich.[225]

70 **bb) Vorsorgliche Maßnahmen.** Einen vorsorglichen Verwaltungsakt prägt, dass dessen Rechtswirkungen erst dann eintreten, wenn eine andere, in der Regel feststellende Maßnahme, ergangen ist.[226] Im Gegensatz zum vorläufigen entfaltet der vorsorgliche Verwaltungsakt seine regelnde Kraft daher nicht bis zu einer, sondern ab einer weiteren Entscheidung, so dass die letztgenannte Handlungsform kein Unterfall der erstgenannten ist.[227] Stattdessen wird der vorsorgliche Verwaltungsakt gewissermaßen „auf Vorrat"[228] erlassen und steht in seiner Wirkung unter dem **Vorbehalt einer Anschlussentscheidung** als ungewisses zukünftiges Ereignis.[229]

[219] Lücke, Vorläufige Staatsakte, 1991, S. 216 f.
[220] Vgl. Langer JA 1990, 25 (28).
[221] Ipsen AllgVerwR, Rn. 726 ff.; Siegel AllgVerwR, § 15 Rn. 612 ff.
[222] BSG DVBl 2002, 1057 (1059 ff.); s. aber differenzierend Erfmeyer DÖV 1998, 459 (461), wonach der Adressat auf die „Überwindung der Vorläufigkeit vertrauen" darf.
[223] Beaucamp JA 2010, 247 (249); OVG Berlin-Brandenburg LKV 2009, 42 (42).
[224] Hebeler/Schäfer JURA 2010, 881 (886).
[225] Schröder JURA 2010, 255 (263); OVG Berlin-Brandenburg LKV 2009, 42 (42).
[226] Tiedemann in Bader/Ronellenfitsch VwVfG § 36 Rn. 6.
[227] So aber Losch NVwZ 1995, 235 (238).
[228] Tiedemann in Bader/Ronellenfitsch VwVfG § 36 Rn. 6.
[229] S. dazu BVerwGE 81, 84 (92) sowie Schröder JURA 2010, 255 (262 f.).

Beispiele: Vorsorgliche Zustimmung zur nach § 18 BEEG an sich verbotenen Kündigung während einer (beantragten) Elternzeit unter dem Vorbehalt, dass kein ausschließlich von den Arbeitsgerichten festzustellender Betriebsübergang iSd § 613a BGB vorliegt;[230] Zustimmung zur außerordentlichen Kündigung des Arbeitgebers nach § 168 SGB IX, obwohl über einen Antrag auf Anerkennung der Schwerbehinderteneigenschaft noch nicht entschieden worden ist.[231]

Trotz der Abhängigkeit des vorsorglichen Verwaltungsakts von einem zukünftigen ungewissen Ereignis soll die Anschlussentscheidung nach der verwaltungsgerichtlichen Rechtsprechung keine **Nebenbestimmung in Form einer aufschiebenden Bedingung** sein. Begründet wird diese Sichtweise damit, dass die Anschlussentscheidung nicht zu einer inhaltlichen Ergänzung führe, wie es für eine Nebenbestimmung erforderlich sei.[232] Zudem erlaube eine Nebenbestimmung nur die Einschränkung einer rechtswirksamen Regelung, nicht aber die Schaffung einer Regelung, die in ihren Rechtswirkungen schon dem Grunde nach in der Schwebe liege.[233] 71

Diese Argumente sind im üblichen Begriffsverständnis der Nebenbestimmung jedoch nicht angelegt. Im Gegenteil ist die Schwebelage der Wirksamkeit des Hauptverwaltungsakts eine typische Konsequenz aufschiebender Bedingungen, die überdies zeitlich ergänzend, genauer einschränkend wirkt. Es sprechen daher die besseren Gründe dafür, dass der vorsorgliche Verwaltungsakt unter einer aufschiebenden Bedingung steht,[234] so dass die Frage nach der Zulässigkeit solcher Maßnahmen in diesem Lichte und insbesondere nach § 36 VwVfG zu beantworten ist. 72

cc) Teilregelungen. Teilregelungen prägt, dass über bestimmte, vom Rest der Maßnahme teilbare Aspekte eines Gesamtverfahrens verbindliche Entscheidungen getroffen werden, ohne dass es einer Gesamtentscheidung bedarf. Sie sind daher wie vorläufige bzw. vorsorgliche Verwaltungsakte auf eine Rechtsfolge gerichtet und werden folglich den Vorgaben des § 35 VwVfG gerecht – verwaltungsverfahrensbezogene Teilregeln jedoch nur, wenn ihnen eine für die Rechtsstellung des Betroffenen konstitutive Wirkung zukommt.[235] **Rechtsfolgen** zeitigen Teilregelungen – wie der Name schon sagt – allerdings **nur partiell,** da sie entweder organisatorisch nur auf einen Ausschnitt des Verwaltungsverfahrens oder rechtlich nur auf einen Teil der Genehmigungsvoraussetzungen (sog. Vorbescheid) oder schließlich sachlich nur auf einen Teil des Gesamtvorhabens (sog. Teilgenehmigung) bezogen sind. Daran anknüpfend lassen sich Teilregelungen als Ausprägung gestufter Genehmigungsverfahren verstehen. 73

Beispiele: Vorbescheid und Teilgenehmigung im Immissions- (§§ 8 f. BImSchG)[236] und Bauordnungsrecht (§§ 71, 76 NRW BauO), Verweigerung der Beteiligung weiterer Personen an einem Verwaltungsverfahren (§ 13 II VwVfG).

Nach ihrem **Sinn und Zweck** kommen Teilregelungen den Interessen aller Beteiligten entgegen: So schaffen sie zum einen Planungssicherheit für den Genehmigungs- 74

[230] BAG DB 2011, 2553.
[231] BVerwGE 81, 84 (94).
[232] Bader/Ronellenfitsch/Tiedemann, § 36 Rn. 6; vgl. auch BVerwGE 81, 84 (94).
[233] Losch NVwZ 1995, 235 (236).
[234] Stelkens/Bonk/Sachs/Sachs, § 43 Rn. 208; Püttner JZ 1989, 846 (846 f.); vgl. auch Schröder JURA 2010, 255 (263); Martens NVwZ 1991, 1043(1043 f.).
[235] Vgl. BVerwG NVwZ 1988, 151 (151).
[236] Selmer/Schulze-Osterloh JuS 1981, 393; BVerwG DVBl 2003, 543 (544) und NVwZ 2003, 750 (751).

empfänger bzw. Investor, weil über den Gegenstand der Teilregelung (Genehmigungsvoraussetzung oder Vorhabenteil) im Umfang der jeweiligen Gestattung endgültig entschieden wird. Zum anderen dienen Teilregelungen den Belangen der übrigen Betroffenen (in der Regel Nachbarn oder Verbraucher) – so insbesondere, weil sie ihre schutzwürdigen Interessen konzentriert in den jeweiligen Verfahrensteil einbringen können.[237] Ferner sind gestufte Genehmigungsverfahren ein Instrument, um komplexe Genehmigungssachverhalte zu zerlegen und in Teilschritten einer Lösung zuzuführen, ohne dass die Genehmigungsfähigkeit des Gesamtprojekts vernachlässigt wird.[238] Sie tragen insoweit also zur Reduktion von Komplexität bei, was vor allem der befassten Behörde entgegenkommt.

75 Im Gegensatz zur Teilgenehmigung erlaubt der Vorbescheid kein Tätigwerden. Er hat keine gestattende Wirkung und berechtigt daher namentlich nicht zur Bauausführung bzw. zum Betrieb.[239] Die mit dem Vorbescheid verbundene Feststellungswirkung ist überdies in der Regel zeitlich begrenzt, so zB im Falle eines Bauvorbescheids wegen § 71 I 2 NRW BauO auf zwei Jahre. Im Übrigen hängen die **Konsequenzen** von Teilregelungen vom jeweiligen Fachrecht ab: So gilt beispielsweise im Baurecht, dass Teilgenehmigung und Vorbescheid einen Teil der Baugenehmigung endgültig regeln, während im Immissionsschutz- und Atomrecht mit einer Teilregelung zugleich auch ein vorläufiges positives Gesamturteil über die Zulässigkeit des Vorhabens in toto einhergeht, weil dort die einzelnen Vorhabenteile aufeinander bezogen sind. Es steht allerdings unter dem Vorbehalt der Änderung der Sach- bzw. Rechtslage.[240]

5. Zum Verwaltungsaktmerkmal Einzelfall

76 Ein Verwaltungsakt iSd § 35 VwVfG liegt zudem nur dann vor, wenn sich eine behördliche Maßnahme rechtsfolgengerichtet auf einen Einzelfall bezieht.

a) Begriffliche Grundlegung

77 Im Unterschied zu materiellen Gesetzen (Rechtssätzen) regelt der Verwaltungsakt also einen Einzelfall, indem er ein bestimmtes menschliches Verhalten erlaubt, gebietet oder verbietet, bestimmte Leistungen gewährt, bestimmte Rechtsverhältnisse gestaltet, etwas Bestimmtes festsetzt oder feststellt, den rechtlichen Zustand einer bestimmten Sache oder eines bestimmten Sachteils gestaltet oder sich auf mehrere bestimmte Verhaltensweisen, Leistungen, Rechtsverhältnisse, Sachen oder Sachteile bezieht. Das Merkmal des Einzelfalls meint also die Konkretheit der Regelung, dh ihre **Bezogenheit auf** einen einzelnen oder mehrere **bestimmte Sachverhalte** (Konkretisierungsfunktion).

b) Einzel- und Sammelverfügungen

78 Die meisten Verwaltungsakte ergehen an eine bestimmte Person. Das ist der Adressat der Maßnahme. Verwaltungsakte sind aber auch diejenigen konkreten Anordnungen, die sich an mehrere bestimmte Personen richten, das sind die sog. Sammelverfügun-

[237] Vgl. BVerwGE 72, 300 (310).
[238] BVerwG NVwZ 1993, 578 (580); Fluck VerwArch 80 (1989), 223 (224 ff.); Fluck NVwZ 1990, 535; Laubinger VerwArch 80 (1989), 241; Schenke DÖV 1990, 489.
[239] OVG Lüneburg NVwZ 1987, 342 (343 f.); Selmer/Schulze-Osterloh JuS 1981, 393.
[240] S. näher BVerwGE 72, 300 (309 ff.); Selmer, Vorbescheid und Teilgenehmigung im Immissionsschutzrecht, 1979.

gen.[241] In beiden Fällen liegt eine **konkret individuelle Regelung** iSd § 35 S. 1 VwVfG vor, weil sich die jeweilige Maßnahme auf einen bestimmten Sachverhalt und auf einen von Vornherein bestimmten Personenkreis bezieht. Die Sammelverfügung bündelt damit mehrere gleichlautende Verwaltungsakte an mehrere feststehende Einzelpersonen.[242]

Beispiel: A und B werden eingebürgert.

Neben diesen konkreten Maßnahmen können auch **abstrakt individuelle Regelungen** als Verwaltungsakte iSd § 35 S. 1 VwVfG einzustufen sein. Sie prägt, dass eine bestimmte Person (oder mehrere bestimmte Personen) adressiert wird (oder werden), der Regelungsinhalt aber nur allgemein, dh also abstrakt beschrieben ist. Gleichwohl konkretisiert sich der Inhalt solcher Maßnahmen, wenn die in der Verfügung genannten Umstände eintreten. Es handelt sich dann um Verwaltungsakte iSd § 35 S. 1 VwVfG.[243] 79

Beispiel: A wird aufgegeben, Abfall durch die öffentlichen Abfallentsorgungssysteme entsorgen zu lassen.[244]

c) Allgemeinverfügungen

Ein Verwaltungsakt liegt nach § 35 S. 2 VwVfG auch bei Allgemeinverfügungen vor. 80

aa) Bedeutung der Einordnung. Allgemeinverfügungen sind einerseits von konkret individuellen Verwaltungsakten iSd § 35 S. 1 VwVfG zu unterscheiden, weil für sie teilweise besondere Vorschriften gelten (vgl. zB die §§ 28 II Nr. 4, 39 II Nr. 5, 41 III 2 VwVfG). Abgesehen davon müssen Allgemeinverfügungen andererseits aber auch von den Rechtssätzen[245] abgegrenzt werden, weil sie als abstrakt generelle Regeln **anderen Anforderungen** an die Ermächtigung, die Zuständigkeit, das Verfahren, die Form und die Verkündung genügen müssen (→ § 28 Rn. 11 ff.) als Verwaltungsakte, unterschiedliche Fehlerfolgen – hier Rechtswidrigkeit, dort Nichtigkeit – bestehen und die Fehlerhaftigkeit eines Rechtssatzes im Normenkontrollverfahren, die eines Verwaltungsakts im Anfechtungsverfahren geltend zu machen ist. Wegen dieser Unterschiede kann eine Anordnung nicht zugleich Verwaltungsakt und Rechtssatz sein.[246] 81

bb) Personale Allgemeinverfügungen. Da es primär auf die Konkretheit der Anordnung[247] ankommt, liegen Verwaltungsakte aufgrund des § 35 S. 2 Var. 1 VwVfG zunächst vor, wenn einer oder mehrere bestimmte Sachverhalte geregelt werden und unbestimmt viele Personen betroffen sind. Man spricht in diesem Fall **konkret genereller Maßnahmen** von personalen Allgemeinverfügungen. Deren Vorliegen hängt nicht davon ab, ob die konkret betroffenen Personen im Einzelnen feststellbar sind. Es reicht stattdessen, dass sich die Maßnahme an einen „nach allgemeinen Merkmalen bestimmten oder bestimmbaren Personenkreis" richtet (§ 35 S. 2 VwVfG; vgl. 82

241 S. auch Laubinger FS Rudolf, 2001, 305 (316).
242 Detterbeck AllgVerwR, § 10 Rn. 469.
243 Vgl. dazu Reimer NVwZ 2015, 718 (719).
244 Kopp/Ramsauer/Ramsauer, § 35 Rn. 121.
245 S. näher Lübbe BayVBl. 1995, 97.
246 VGH München DÖV 1964, 849 (850) und NVwZ-RR 1995, 114 (115).
247 Kahl JURA 2001, 505 (510).

auch § 91 II TKG – „Allgemeinzuteilung von Frequenzen").[248] Anders als bei Sammelverfügungen ist der Adressatenkreis somit nicht geschlossen, sondern offen,[249] etwa weil die Adressaten nicht feststellbar sind oder deren Feststellung den Regelungszweck vereitelt.[250]

83 Es genügt iSe Verwaltungsakts an den, den es angeht,[251] vielmehr, dass die Betroffenen der Gattung nach bestimmbar sind.[252] Gleichwohl bleibt das Erfordernis einer Abgrenzung zwischen abstrakt generellen Rechtsnormen und personenbezogenen Allgemeinverfügungen, weil ein Formenaustausch nicht möglich ist.[253] Die Unterscheidung ist insoweit danach vorzunehmen, ob der **geregelte Sachverhalt hinreichend konkretisiert** ist oder nur abstrakt umschrieben wird, dh also mehrere sich in der Außenwelt manifestierende Fallkonstellationen erfassen kann. Damit wird die Unterscheidung von Rechtssatz und Allgemeinverfügung zur Argumentationsfrage. Die Übergänge sind jedenfalls fließend, so dass ein Formenmissbrauch nur bei eindeutigen Fällen vorliegt.

Beispiele: Ein Verbot des Verkaufs eines bestimmten Salats in Typhus befallenen Landkreisen aufgrund der Annahme, dass der Salat die Infektionsquelle sei, lässt sich wegen der konkreten Epidemie als personale Allgemeinverfügung einstufen,[254] bezogen auf den Verkauf als Regelungsgegenstand jedoch nicht;[255] eine an die „Besucher des Alten Flugplatzes" gerichtete Maßnahme ist eine Allgemeinverfügung wegen des konkret beschriebenen Besuchsorts.[256] Eine Untersagung des Veranstaltens und Vermittelns öffentlicher Glücksspiele in Telemedienangeboten privater Anbieter soll nach (freilich ebenfalls) bestrittener Auffassung[257] keine Allgemeinverfügung sein, weil diese Maßnahme nur bestimmte Vorschriften des Glücksspielstaatsvertrags wiederholt und gerade nicht bestimmte Anbieter bzw. Spiele in Bezug nimmt.[258] Ein nächtliches Alkoholverbot auf einer Straße in einer Fußgängerzone kann je nach deren Länge und dessen Dauer als Allgemeinverfügung[259] oder Verordnung[260] ergehen. Ein präventives Versammlungsverbot, das zwar eine Vielzahl von Versammlungen und Teilnehmern erfasst, sich aber auf einen einzelnen und konkret erkennbaren Sachverhalt in Form eines Castor-Transports bezieht, ist als Allgemeinverfügung zu qualifizieren.[261]

84 **cc) Sachbezogene Allgemeinverfügungen.** Verwaltungsakte können einen Einzelfall aufgrund des § 35 S. 2 Var. 2 VwVfG auch dadurch regeln, dass sie eine verwaltungsrechtliche **Eigenschaft einer Sache** – zB eines Grundstücks oder einer Internetseite[262] – festlegen, sie zB einem bestimmten öffentlichen Gebrauch widmen.[263] Solche Maßnahmen sind nicht zu verwechseln mit Regelungen, die generell oder spe-

[248] S. auch Volkmar, Allgemeiner Rechtssatz und Einzelakt, 1962, S. 59 u. 67 ff.
[249] So aber wohl Laubinger FS Rudolf, 2001, 305 (318) sowie zweifelnd VGH Mannheim NVwZ 2003, 115.
[250] BVerwGE 171, 156 Rn. 27 f.; vgl. dazu auch Siegel NVwZ 2020, 577 (579 f.).
[251] BVerwG JZ 1969, 69.
[252] Maurer/Waldhoff AllgVerwR, § 9 Rn. 31.
[253] VGH Mannheim NVwZ 2003, 115 und DÖV 2005, 126.
[254] BVerwGE 12, 87.
[255] S. Detterbeck AllgVerwR, § 10 Rn. 468.
[256] VGH Mannheim NVwZ 2004, 119.
[257] S. Detterbeck AllgVerwR Rn. 459 Fn. 48 Rn. 466 Fn. 53.
[258] So SaarlOVG NVwZ 2011, 190 (191).
[259] So VG Osnabrück BeckRS 2010, 47446.
[260] So OVG Lüneburg NdsVBl. 2013, 68 (69).
[261] OVG Lüneburg DVBl 2008, 987 (987 f.); VGH Mannheim VBlBW 2014, 147 (147 f.).
[262] Frey DÖV 2005, 411.
[263] S. näher Gornig, Die sachbezogene hoheitliche Maßnahme, 1985, S. 57 ff.

ziell unmittelbar an Personen gerichtet sind und deren Verpflichtungen bzw. Berechtigungen in Bezug auf Sachen regeln (zB Vernichtungsgebot an Besitzer seuchenverdächtiger Waren). Denn Allgemeinverfügungen iSd § 35 S. 2 Var. 2 VwVfG beziehen sich auf öffentlich-sachenrechtliche Zustände und regeln daher nicht unmittelbar das Verhalten von Personen, wenngleich von ihren Wirkungen jedermann „betroffen" ist, den es angeht. Zur Wirksamkeit eines dinglichen Einzelakts gehört daher – im öffentlichen wie im privaten Recht – nicht die individuelle Bekanntgabe an den „Betroffenen", sondern eine gehörige (allgemein-sachenrechtliche) Verlautbarung.

Beispiele: Dingliche Verwaltungsakte sind zB die ggf. auch konkludent durch eine bestimmte Vergabepraxis geformte[264] Widmung, die Widmungsänderung und die Entwidmung,[265] die Eintragung eines Naturdenkmals im Naturdenkmalbuch, durch welche eine Sache verwaltungsrechtlichem Schutz unterstellt wird, die Freigabe von Wasserskistrecken,[266] die Zulassung von Bauprodukten,[267] die Schutzbereichsanordnung gem. § 2 SchBerG[268]oder die Benennung von Straßen und Plätzen.[269]

dd) Benutzungsregelnde Allgemeinverfügungen. Schließlich erfasst § 35 S. 2 VwVfG in seiner dritten Variante Maßnahmen, die die Benutzung einer Sache durch die Allgemeinheit regeln. Sie legen also im Unterschied zu den sachbezogenen Allgemeinverfügungen nicht die Benutzbarkeit einer Sache dem Grunde nach, sondern daran anknüpfend die **konkreten Rechte und Pflichten der Nutzer** fest, wobei die Abgrenzung im Einzelfall fließend sein kann.[270] 85

Beispiele: Benutzung öffentlicher Einrichtungen der Gemeinden; Verkehrszeichen, wobei gerade in diesem Falle die Abgrenzung zur zweiten Variante streitig ist.[271]

6. Zum Verwaltungsaktmerkmal Außenwirkung

Eine Maßnahme muss schließlich auch nach außen gerichtet sein, um als Verwaltungsakt eingestuft werden zu können. 86

a) Begriffliche Grundlegung

Dem entspricht nicht nur der Wortlaut des § 35 VwVfG, sondern auch des § 9 VwVfG. Danach liegt ein Verwaltungsverfahren, das insbesondere im Erlass eines Verwaltungsakts münden kann, nur bei einer nach außen wirkenden behördlichen Tätigkeit vor. Das infolgedessen den Begriff des Verwaltungsakts ebenfalls prägende Merkmal der Außenwirkung verlangt inhaltlich, dass die Maßnahme eine **natürliche oder juristische Person** adressiert, die **außerhalb des** über seine Behörde handelnden **Verwaltungsträgers steht**[272] und deshalb final darauf „gerichtet ist", deren Rechtsposition zu gestalten.[273] 87

---

264 VGH München NVwZ-RR 2014, 140 (140).
265 OVG Lüneburg DVBl 1964, 153.
266 VGH Kassel DÖV 1966, 871.
267 VGH Mannheim GewArch 1994, 228.
268 BVerwG NVwZ 1985, 39 (39 f.); aM noch BVerwG DVBl 1969, 547 mablAnm v. Franz.
269 OVG Münster NVwZ-RR 2008, 487 (487 f.).
270 Detterbeck AllgVerwR, § 10 Rn. 471.
271 Vgl. Kopp/Ramsauer/Ramsauer, § 35 Rn. 170; BVerwGE 102, 316 (318).
272 Siegel AllgVerwR, § 12 Rn. 330.
273 Maurer/Waldhoff AllgVerwR, § 9 Rn. 24; BVerwG NVwZ 2004, 349 (350).

b) Behördenübergreifende Maßnahmen

88 Probleme bereitet die Begründung der Außenwirkung einer Maßnahme zunächst dann, wenn es um behördenübergreifende Handlungen geht. Sie kennzeichnet, dass sich eine Behörde an eine andere, ihr ggf. zugeordnete staatliche Organisationseinheit wendet, um eine hoheitliche Regelung zu treffen. Grundsätzlich können derartige Handlungen gegenüber etwa betroffenen Bürgern Außenwirkung entfalten, aber auch gegenüber anderen Behörden, wenn sie außerhalb des Verwaltungsträgers stehen, dem eine bestimmte Maßnahme zuzurechnen ist.[274]

89 **aa) Organisationsakte.** Daran anknüpfend gilt zunächst, dass Maßnahmen, die den behördlichen Innenbereich nicht verlassen, mangels Außenwirkung keine Verwaltungsakte sein können.[275] Daher fallen behördeninterne Organisationsakte wie zB Umstrukturierungsmaßnahmen nicht unter § 35 VwVfG.[276] Denn genauso wie interne allgemeine Verwaltungsvorschriften (→ § 24 Rn. 18 ff.) keine Rechtsquellen sind, sind auch die **internen konkreten Anweisungen** von Organen an andere Organe desselben Verwaltungsträgers oder von Ämtern eines Organs an andere Ämter desselben Organs keine Verwaltungsakte. Etwas anderes gilt jedoch, wenn eine Maßnahme den behördlichen Binnenbereich verlässt und sich als behördenexterner Organisationsakt auf die individuelle Rechtsstellung eines anderen bezieht. Die Abgrenzung beider Kategorien ist freilich eine Frage des Einzelfalls und anhand des objektiven Sinngehalts[277] der jeweiligen Maßnahme vorzunehmen.

Beispiele: Keine Verwaltungsakte sind die Anweisung eines Ministers an einen Regierungspräsidenten oder des Regierungspräsidenten an eine untere staatliche Verwaltungsbehörde sowie die amtlichen Anweisungen des Behördenchefs an Abteilungen oder Referate seiner Behörde;[278] dasselbe gilt für die Weisung an einen Lehrer, eine Klausurbewertung durch die Schulleiter bzw. die Schulleitung überprüfen zu lassen;[279] die Schließung einer Schule[280] oder eines Schlachthofes[281] ist hingegen wegen der davon unmittelbar betroffenen Nutzer dieser Einrichtungen unter § 35 VwVfG zu subsumieren, auch wenn es sich aus behördlicher Perspektive in diesen Fällen ebenfalls um Organisationsakte handelt.

90 **bb) Mehrstufige Verwaltungsakte.** Soweit demgegenüber die **Beteiligung von Behörden anderer Verwaltungsträger** gesetzlich vorgesehen ist, spricht man von mehrstufigen Verwaltungsakten. Sie tangieren § 35 VwVfG jedenfalls dann nicht, wenn es nur einer Anhörung oder einer Stellungnahme bedarf, da diese Handlungen rechtlich unverbindlich sind. Im Übrigen, dh also im Falle eines Einvernehmens oder einer Zustimmung, hängt die Außenwirkung solcher Maßnahmen von der konkreten Ausgestaltung der Beteiligung und daher davon ab, ob die Erklärung auch gegenüber dem Betroffenen ergeht und/oder ob der beteiligten Behörde die ausschließliche Wahrnehmung bestimmter Aufgaben bzw. die alleinige Geltendmachung besonderer

---

274 Guckelberger AllgVerwR, § 12 Rn. 28 f.

275 Ausf. dazu Kahl/Ludwigs VerwaltungsR-HdB/Fontana, HdbVerwR IV, 2022, § 99 Rn. 35 ff. insbesondere Rn. 44.

276 Kopp/Ramsauer/Ramsauer, § 35 Rn. 151; BVerwG DÖV 1966, 796.

277 BVerwG UPR 1989, 426.

278 OVGE 11, 193; VGHE 6, 40 f.

279 OVG Hamburg DVBl 2014, 1337 (1338).

280 BVerwGE 18, 40; BVerwG NJW 1978, 2211 (2211 f.); OVG Bautzen DÖV 2002, 747.

281 VGH Kassel NVwZ 1989, 779 (779 f.).

Gesichtspunkte übertragen ist.[282] Mit anderen Worten spricht es insoweit also entscheidend für die Außenwirkung einer Maßnahme, wenn die beteiligten Behörden inhaltlich verschiedene Fragen prüfen.

Beispiele: Ein gemeindliches Einvernehmen iSd § 36 BauGB hat keine unmittelbare Außenwirkung, weil nur die Baubehörde gegenüber dem Bürger auftritt und die Gemeinde über keine eigenständige Prüfungskompetenz verfügt.[283] Die Zulassung einer Ausnahme vom Verbot der Errichtung baulicher Anlagen nach § 9 VIII BFernStrG ist ein eigenständiger Verwaltungsakt, weil in diesem Falle spezifisch straßenbaubehördliche Erwägungen die Exzeption tragen müssen.[284]

Sind diese Vorgaben gewahrt, hat also **jede der beteiligten Behörden andere rechtliche Aspekte zu prüfen,** ist die Beteiligung als eigenständiger Verwaltungsakt zu begreifen, der dann gegenüber dem Bürger auf Außenwirkung gerichtet ist. Lässt sich eine derartige Handlung jedoch auf Basis der soeben genannten Kriterien nicht als autonome Maßnahme einstufen, entfaltet sie aus der Perspektive des Bürgers an sich keine Außenwirkung und ist daher nicht mehr als eine unselbstständige Verfahrenshandlung, die nur verwaltungsintern wirkt. Grundsätzlich erfüllt in diesen Fällen daher einzig die das Verwaltungsverfahren abschließende Entscheidung (vgl. aber sogleich) die Vorgaben des § 35 VwVfG, nicht aber die Verweigerung des Einvernehmens oder der Zustimmung eines anderen Verwaltungsträgers. 91

cc) Aufsichtsbehördliche Maßnahmen. Allerdings bleiben ggf. aufsichtsrechtliche Implikationen mit Rückwirkung auf die Voraussetzungen des § 35 VwVfG: Soweit nämlich die Behörde, die die verfahrensabschließende Entscheidung trifft, die Erklärung der Behörde eines anderen Verwaltungsträgers (in der Regel im Aufsichtswege) übergeht, ist diese Handlung aus dessen Sicht auf Rechtswirkung nach außen gerichtet. Daher liegt jedenfalls insoweit gegenüber dem übergangenen Verwaltungsträger ein Verwaltungsakt vor – jedoch nur, wenn dessen Rechtsstellung in Form seines Selbstverwaltungsrechts berührt wird. Soweit diese sog. **Ersetzung des Einvernehmens** bzw. der Zustimmung nicht als eigenständiger Akt ergeht, muss der übergangene Verwaltungsträger die verfahrensabschließende Entscheidung angreifen.[285] Handelt es sich um einen selbstständigen Akt, ist im Lichte des § 44a VwGO zwischen den Obergerichten streitig, ob der Ersetzungsakt, die Sachentscheidung oder nach Wahl des übergangenen Hoheitsträgers beides angegriffen werden kann.[286] 92

Damit wird in diesem, aber auch in anderen Fällen aufsichtsbehördlicher Maßnahmen die Reichweite der **Selbstverwaltungsgarantie** zum entscheidenden Gradmesser für die Außenwirkung. Es kommt also in einem ersten Schritt darauf an, ob sich die Maßnahme auf den eigenen oder den übertragenen Wirkungskreis des beaufsichtigten Verwaltungsträgers bezieht. Denn nur im erstgenannten Bereich, dh also bei einem Handeln der Rechtsaufsicht, ist dessen Selbstverwaltungsgarantie angesprochen. Nach mittlerweile gefestigter Ansicht können in einem zweiten Schritt aber auch Maßnahmen der Fachaufsicht im übertragenen Wirkungskreis die Selbstverwaltungsgarantie eines Verwaltungsträgers berühren, wenn sie entsprechende Rückwir- 93

[282] BVerwG NJW 1959, 590 u. BVerwGE 26, 39; BVerwG NVwZ 1999, 296.
[283] BVerwG NVwZ 1986, 556 (556); Fehling JURA 2006, 369 (370).
[284] BVerwGE 16, 301; 19, 238.
[285] Heinig/König JuS 2009, 1011 (1013 f.); Hellermann JURA 2002, 589 (594).
[286] Im Überblick dazu OVG Schleswig EnWZ 2022, 138 Rn. 25 ff.

kungen entfalten.[287] Haben Aufsichtsmaßnahmen aber allein Folgen für den übertragenen Wirkungskreis, fehlt es ihnen an einer Außenwirkung iSd § 35 VwVfG. Denn dann fungiert die adressierte Behörde gewissermaßen als verlängerter Arm des Bundes oder eines Landes, so dass in diesem Falle entgegen bisweilen vertretener Ansicht[288] der staatsinterne Bereich nicht verlassen wird.[289]

94 **dd) Rückwirkungen auf den Bürger.** Soweit aufsichtsbehördliche Maßnahmen die Selbstverwaltungsgarantie beeinträchtigen, liegt aufgrund der dann bestehenden Außenwirkung ein Verwaltungsakt vor. Teile der Literatur relativieren dieses Ergebnis jedoch, indem sie die Voraussetzungen des § 35 VwVfG nur gegenüber dem jeweiligen Träger des Selbstverwaltungsrechts bejahen, nicht aber gegenüber nicht oder nur mittelbar beteiligten Dritten. Begründet wird die daraus resultierende Existenz **relativer Verwaltungsakte** mit dem Wortlaut dieser Norm, weil sie voraussetzt, dass die Aufsichtsmaßnahme nach außen „gerichtet" sein muss.[290]

Beispiele: Die Ersetzung des versagten gemeindlichen Einvernehmens nach § 36 II 3 BauGB ist ein Verwaltungsakt gegenüber der betroffenen Gemeinde, gegenüber dem Nachbarn des Bauherrn jedoch nur ein Verwaltungsinternum, weil ihn nur die anschließende Erteilung der Baugenehmigung beschwert.[291]

95 Diese Aufspaltung **verkompliziert** indes die Rechtsformenlehre erheblich, weil sie einer Maßnahme je nach Perspektive unterschiedliche Wirkungen beimisst. Der relative Verwaltungsakt führt zudem dazu, dass die Beschwer auf die Außenwirkung ausstrahlt, obwohl sie eigentlich nur für die Möglichkeit der Verletzung subjektiv öffentlicher Rechte im Rahmen des § 42 II VwGO relevant ist. Auch deshalb sprechen die besseren Gründe dafür, das Vorliegen eines Verwaltungsakts absolut zu bestimmen und den Umstand, gegen wen er „gerichtet" ist, in der Antrags- bzw. Klagebefugnis zu berücksichtigen.[292]

96 In Umsetzung dessen wäre das Oktroi einer **Satzung** durch Ersatzvornahme – dh also die aufsichtsbehördliche Anordnung, eine bestimmte Regelung als eigene Satzung zu betrachten und zu verkünden – nicht nur gegenüber dem Satzungsgeber[293] als Verwaltungsakt einzustufen, sondern auch gegenüber etwa betroffenen Bürgern.[294] Die Möglichkeit einer Rechtsverletzung besteht in diesen Fällen jedoch nur, soweit man auf die Selbstverwaltungsbefugnisse des Satzungsgebers abstellt. Betroffene Bürger beschwert hingegen nicht das Oktroi, sondern ggf. die wirksame Satzung.

c) Sonderstatusverhältnisse

97 Maßnahmen, die innerhalb eines verwaltungsrechtlichen Sonderstatusverhältnisses[295] (in der älteren Terminologie auch „besonderes Gewaltverhältnis" genannt (näher → § 32 Rn. 26)) ergehen, adressieren diejenigen, die in einer besonderen Beziehung zur staatlichen Entität stehen – so vor allem Beamte, Schüler, Soldaten oder Strafgefangene. Es handelt sich dann um Verwaltungsakte, wenn deren **persönliche**

---

[287] Kopp/Ramsauer/Ramsauer, § 35 Rn. 153.
[288] So zB Schoch JURA 2006, 358 (363).
[289] Guckelberger AllgVerwR, § 12 Rn. 28.
[290] BVerwGE 74, 124 (126 f.); BVerwG NVwZ 1994, 784.
[291] OVG Lüneburg ZfBR 2008, 366.
[292] Stelkens/Bonk/Sachs/Stelkens, § 2 Rn. 23 f.; vgl. auch Voßkuhle SächsVBl. 1995, 54 (56 f.).
[293] So aber BVerwG NVwZ-RR 1993, 513 (514); Schoch JURA 2006, 188 (194).
[294] Maurer/Waldhoff AllgVerwR, § 21 Rn. 69.
[295] Von Kielmannsegg, Grundrechte im Näheverhältnis, 2012, S. 230 ff.

Rechtsstellung im sog. Grundverhältnis, in dem jeder Bürger zur Hoheitsgewalt steht, **betroffen** ist. Hingegen liegt kein Verwaltungsakt bei solchen Regeln vor, die den Beamten, Schüler, Soldaten oder Strafgefangenen innerhalb des Betriebsverhältnisses tangieren. Damit wird deren Stellung als Glied der Verwaltung zu einem weiteren Filter für den Anwendungsbereich des § 35 VwVfG, was freilich nicht bedeutet, dass dort, wo zwar eine Regelung vorliegt, aber das Betriebsverhältnis angesprochen ist, keine Rechtsbehelfsmöglichkeiten gegeben wären. Im Gegenteil ist seit der sog. Strafgefangenenentscheidung des BVerfG[296] anerkannt, dass Art. 19 IV GG auch Beamten, Schülern, Soldaten oder Strafgefangenen umfassenden Rechtsschutz für Beeinträchtigungen ihrer Rechte durch die öffentliche Gewalt bietet.

Für die **Abgrenzung** von Grund- und Betriebsverhältnis wird man iSe Faustformel 98
trotz aller damit verbundenen Unschärfen[297] davon ausgehen können, dass eine Maßnahme umso eher Rechtswirkung nach außen entfalten wird, je mehr sie sich auf die Person des Adressaten bezieht.[298] Denn in diesem Falle spricht eine behördliche Maßnahme das Sonderstatusverhältnis in keinem anderen Sinne an als zB eine polizeiliche Verfügung das allgemeine Gewaltverhältnis. Infolgedessen dürften dann nur solche Anordnungen, die sich auf die Verrichtung von Verwaltungsobliegenheiten (Führung der Amtsgeschäfte, des Schulbetriebs) beziehen, auf das Betriebsverhältnis bezogen sein (→ § 32 Rn. 30). Daher ist eine Maßnahme, die die Modalitäten der Dienstausübung festlegen soll oder aber nur organisationsinterne Auswirkungen zeitigt, mangels Außenwirkung nicht als Verwaltungsakt einzustufen, obwohl sie auch im privaten Bereich fortwirkt – so zB im Falle eines Zwangs zur Kurzhaarfrisur für männliche Polizisten[299] oder eines Tattoo-Verbots zu deren Lasten.[300]

§ 46. Arten der Verwaltungsakte

Schrifttum: Barczak JuS 2018, 238 ff.: Typologie des Verwaltungsakts; Becker DVBl. 2001, 855 ff.: Der transnationale Verwaltungsakt; Bleckmann DÖV 2003, 155 ff.: Zum Dispens im Verwaltungsrecht; Brede, Der Verwaltungsakt mit Dauerwirkung, 1996; Felix NVwZ 2003, 385 ff.: Der Verwaltungsakt mit Dauerwirkung – eine sinnvolle Kategorie des Allgemeinen Verwaltungsrechts?; Franz VerwArch 94 (2003), 192 ff.: Die Normstruktur von Erlaubnis und Bewilligung; Gromitsaris DÖV 1997, 401 ff.: Die Unterscheidung zwischen präventivem Verbot mit Erlaubnisvorbehalt und repressivem Verbot mit Befreiungsvorbehalt; Krause, Rechtsformen des Verwaltungshandelns, 1974, S. 192 ff.; Laubinger, Der Verwaltungsakt mit Doppelwirkung, 1967; Manssen, Privatrechtsgestaltung durch Hoheitsakt, 1994, S. 274 ff.; Niehues DÖV 1965, 319 ff.: Dingliche Verwaltungsakte; Stollmann DVBl. 2011, 599 ff.: Die jüngere Rechtsprechung zum Krankenhausrecht; Sydow VERW 34 (2001), 517 ff.: Die Vereinheitlichung des mitgliedstaatlichen Vollzugs des Europarechts in mehrstufigen Verwaltungsverfahren.

I. Zur Notwendigkeit einer Systematisierung

Die bisherigen Ausführungen über Bedeutung, Zulässigkeit und Begriff konnten 1
leicht den Eindruck erwecken, der Verwaltungsakt sei ein einheitliches Rechtsinsti-

[296] BVerfGE 33, 1; oder NJW 1972, 811.
[297] S. auch Selmer DÖV 1968, 342; Zimmermann VerwArch 62 (1971), 48 und Paetzold DVBl 1974, 454. krit. auch Knack/Henneke/Henneke/Berger, § 35 Rn. 58; Kopp/Ramsauer/Ramsauer, § 35 Rn. 134.
[298] Ipsen AllgVerwR, Rn. 364.
[299] BVerwG DVBl 2006, 1187 (1189); vgl. Wahlers ZBR 2009, 116 (118 f.). Walters AuR 2006, 327 (328).
[300] VG Ansbach 25.8.2016 – AN 1 K 15.01449 Rn. 55, BeckRS 2016, 52533; vgl. auch VGH Mannheim VBlBW 2016, 70.

tut. Die Gesetzeslage zeigt jedoch, dass es **keinen Einheitsverwaltungsakt** gibt (§ 49 I, II VwVfG; § 48 SGB X; §§ 80 I 2, 80a VwGO). Vielmehr sind zahlreiche einander überschneidende, gelegentlich legal definierte (vgl. zB § 48 I 2 VwVfG) Erscheinungsformen auseinander zu halten. Ihre rechtliche Bedeutung liegt darin, dass sie über Zulässigkeit, Rechtmäßigkeit, Inhalt, Rechtsfolgen und Rechtswirkungen sowie über Art und Umfang des Rechtsschutzes entscheiden. Das Schrifttum differenziert nach verschiedenen Kriterien und gibt damit zu erkennen, dass der Verwaltungsakt ein flexibles Instrument zur Bewältigung klassischer und moderner Verwaltungsaufgaben ist (→ § 45 Rn. 1 ff.).[1]

II. Differenzierung nach dem Inhalt

2 Daran anknüpfend lassen sich Verwaltungsakte, abgesehen von ihrem Regelungsumfang, in Form von Teil- und Vollregelungen (→ § 45 Rn. 46 ff.) anhand ihres Inhalts unterscheiden.

1. Gestaltende Verwaltungsakte

3 Verwaltungsakte können ausweislich des Wortlauts des § 80 I 2 VwGO zunächst einmal gestaltender Natur sein. Durch **gestaltende Verwaltungsakte ieS** verändert die Behörde die Rechtslage,[2] indem sie ein konkretes Rechtsverhältnis begründet, abändert bzw. aufhebt oder eine (neue) Gestaltung versagt,[3] ohne damit ein Gebot oder Verbot zu verknüpfen. Sie gestaltet die Rechtslage stattdessen unmittelbar, dh also ohne weitere Erfüllungs- bzw. Vollzugshandlung.[4] Gestaltende Verwaltungsakte ieS sind deshalb – sieht man einmal von etwaigen Neben- und Kostenbestimmungen ab – einer Vollstreckung weder fähig noch bedürftig.

Beispiele: Einbürgerung, Namensänderung, Beamtenernennung, Zulassung zum Studium; Erteilung einer Reisegewerbekarte, Widmung eines öffentlichen Weges.

4 Ein **gestaltender Verwaltungsakt iwS** liegt demgegenüber im Falle des Erlasses eines Ge- oder Verbots vor. Wird derartigen behördlichen Maßnahmen nicht Folge geleistet, so können sie im Verwaltungsvollstreckungsverfahren durchgesetzt werden. Bisweilen werden gestaltende Verwaltungsakte iwS auch als Verfügungen bezeichnet. Jedenfalls die Terminologie der Gesetzgeber bildet diese Bezeichnung jedoch nicht ab. So ist namentlich die in § 35 VwVfG und (soweit vorhanden) den entsprechenden landesrechtlichen Bestimmungen normierte Allgemein„verfügung" (→ § 45 Rn. 80 ff.) inhaltlich gerade nicht auf Ge- oder Verbote beschränkt. Zielführender scheint es daher, die gestaltenden Verwaltungsakte iwS unter den Begriff des Befehls zu fassen und insoweit von befehlenden Verwaltungsakten zu sprechen.[5]

Beispiele: Polizeiliche Verfügung, Zahlungsaufforderung im Steuerbescheid, Auflösung einer öffentlichen Versammlung,[6] Heranziehung zu gemeinnütziger und zusätzlicher Arbeit nach dem BSHG.[7]

---

1 S. etwa Schuppert, Verwaltungswissenschaft, 2000, S. 158 ff.
2 VGH München BayVBl. 2000, 470.
3 S. auch BVerwGE 59, 5.
4 Ipsen AllgVerwR Rn. 392.
5 Maurer/Waldhoff AllgVerwR, § 9 Rn. 45.
6 OVG Berlin-Brandenburg NVwZ-RR 2003, 896.
7 OVG Berlin-Brandenburg NVwZ-RR 2003, 124.

5 In der Regel entfalten die gestaltenden Verwaltungsakte ihre Wirkungen im Bereich des öffentlichen Rechts – sei es materiell-rechtlich, wie zB im Falle der Benennung einer Straße,[8] oder verfahrensrechtlich, beispielsweise in Form der Ablehnung eines Ersuchens um Akteneinsicht. Denkbar sind aber auch sog. **privatrechtsgestaltende Verwaltungsakte.** Sie werden innerhalb zivilrechtlicher Verträge relevant[9] und sind deshalb ein typischer Anwendungsfall der Wechselbezüglichkeit von öffentlichem und privatem Recht.[10] So kann zB eine Genehmigung Bedingung für das Zustandekommen eines Privatrechtsgeschäfts sein, das dann ggf. bis zu deren Erlass schwebend unwirksam bleibt[11] und im Falle einer bestandskräftigen Versagung endgültig unwirksam wird.[12]

Beispiele: Genehmigungsbedürftigkeit einer Liste über die für die Beseitigung von Tiernebenprodukten verlangten Entgelte (§ 4 III, IV HessAGTierNebG);[13] Ausübung des gemeindlichen Vorkaufsrechts nach § 28 II 1 BauGB, weil dadurch unmittelbar ein neuer Kaufvertrag mit der Gemeinde begründet wird;[14] Entgeltregulierung nach §§ 37 ff. TKG.[15]

2. Feststellende Verwaltungsakte

6 Neben den gestaltenden werden in § 80 I 2 VwGO auch feststellende Verwaltungsakte angesprochen. Mit deren Hilfe können die Behörden einen Anspruch oder eine rechtlich erhebliche Eigenschaft einer Person (insbesondere einen Status), einer Sache oder eines Sachverhaltes in Anwendung des geltenden öffentlichen oder privaten Rechts verbindlich feststellen oder einen Antrag auf solch eine Feststellung ablehnen.[16] Derartige Verwaltungsakte dienen daher (genauso wie in der Regel ein gerichtliches Urteil) der Feststellung des Bestehens oder Nichtbestehens eines **Rechtsverhältnisses** und sind ebenfalls weder vollstreckungsfähig noch -bedürftig.[17] In der Regel schließen sich an einen feststellenden Verwaltungsakt weitere Maßnahmen an, so dass deren Reichweite unmissverständlich festzulegen ist. Daher muss sich der Inhalt dessen, was eine Behörde mit verbindlicher Wirkung feststellen will, entweder aus dem Tenor des Bescheides oder aus sonstigen Umständen klar und unmissverständlich ergeben.[18]

Beispiele: Feststellung des Namens,[19] des Wohnsitzes, des Wahlrechts, der Genehmigungsbedürftigkeit[20] oder -freiheit (sog. Negativattest),[21] des Besoldungsdienstalters,[22] einer Auskunftspflicht,[23] der Aufnahme

---

[8] OVG Münster NVwZ-RR 2008, 487.
[9] S. näher Tschentscher DVBl 2003, 1424.
[10] S. allgemein Manssen, Privatrechtsgestaltung durch Hoheitsakt, 1994, S. 274 ff.
[11] OVG Koblenz DÖV 1984, 389.
[12] S. aber auch BGH NJW 1995, 318 und dazu K. Schmidt NJW 1995, 2255.
[13] Vgl. dazu BVerwG Buchholz 418.61 TierKBG Nr. 13.
[14] BGHZ 32, 376 (382 f.).
[15] Stamm, Die Entgeltregulierung nach dem TKG, 2001, S. 311 ff.
[16] BVerwG DÖV 1958, 704; s. ferner Kracht, Feststellender Verwaltungsakt und konkretisierende Verfügung, 2002.
[17] Ipsen AllgVerwR Rn. 397 ff.
[18] BVerwGE 135, 209 (214, 235); ähnl. Maurer/Waldhoff AllgVerwR, § 9 Rn. 47.
[19] BSG NJW 1987, 2462.
[20] BVerwG NVwZ 1991, 267.
[21] Kopp/Ramsauer/Ramsauer, § 35 Rn. 96.
[22] BVerwGE 19, 19.
[23] OVG Münster GewArch 1996, 378; ausf. Otto, Die verbindliche Auskunft im Allgemeinen Verwaltungsrecht, 2019.

eines Krankenhauses in einen Krankenhausplan,[24] des Grades der Erwerbsminderung, des Einheitswertes eines Grundstücks, des Erlöschens von Verpflichtungen eines Anlagenbetreibers.[25]

7 Insbesondere können feststellende auch als **streitentscheidende Verwaltungsakte** ergehen. Sie entscheiden dann im Rahmen eines in der Regel prozessähnlichen Verfahrens eine zwischen zwei oder mehreren Personen streitige Rechtsfrage, insbesondere indem von behördlicher Seite ein streitiger Anspruch zu- oder aberkannt wird.[26] Sinn und Zweck solcher Verfahren ist es, Streitfragen durch Einschaltung eines unabhängigen Dritten in Form einer Verwaltungsbehörde zu entscheiden. Streitentscheidende Verwaltungsakte dienen damit der Rechtssicherheit. Enthalten sie einen vollstreckungsfähigen Schiedsspruch, haben sie auch eine gestaltende Dimension.[27] Die Figur des streitentscheidenden Verwaltungsakts zeigt deutlich, dass feststellende Verwaltungsakte, obwohl sie nur wiederholen, was ohnehin gesetzlich gilt, die Voraussetzungen des § 35 VwVfG erfüllen (→ § 48 Rn. 48). Dem entspricht es, dass der Erlass feststellender Verwaltungsakte nach einem berechtigten Interesse an einer Klarstellung der Rechtslage verlangt.

Beispiele: Entscheidung der Enteignungsbehörde nach § 112 BauGB.[28]

8 Diskutiert wurde die Figur des feststellenden Verwaltungsakts für **Fiktionseintrittsbescheinigungen.** Sie werden im Falle des Eintritts einer Genehmigungsfiktion iSd § 42a VwVfG denjenigen, denen der fingierte Verwaltungsakt hätte bekannt gegeben werden müssen, auf Verlangen nach § 42a III VwVfG schriftlich erteilt. Teile der Literatur sehen darin einen feststellenden Verwaltungsakt, weil die Bescheinigung den Eintritt der Fiktion verbindlich feststelle.[29] Zu beachten ist jedoch, dass diese Rechtsfolge nach Fristablauf bereits qua legem eintritt, so dass der Bescheinigung ähnlich wie im Falle der schriftlichen Bestätigung eines mündlichen Verwaltungsakts vor allem eine Beweisfunktion zukommt, ohne aber eine eigene Rechtsfolge zu setzen.[30] Dafür spricht nunmehr auch § 37 VI 2 VwVfG, wonach Bescheinigungen iSd § 42a III VwVfG genauso eine Rechtsbehelfsbelehrung beizufügen ist wie Bestätigungen iSd § 37 II 2 VwVfG, die nach allgemeiner Ansicht nicht als Verwaltungsakte einzustufen sind. Hinzu kommt, dass die Fiktionsbescheinigung bereits unter § 37 VI 1 VwVfG fiele, wenn es sich um einen Verwaltungsakt handelte.[31]

9 Feststellende Verwaltungsakte sollen nach teilweise vertretener Ansicht[32] jedenfalls dann, wenn sie auf Basis eines ausdrücklichen Antrags des Betroffenen auf Erlass eines rechtsmittelfähigen Bescheids ergehen, nicht dem **Gesetzesvorbehalt** unterliegen. Begründet wird dieser Ansatz insbesondere damit, dass der Verwaltungsakt inhaltlich an das geltende Recht anknüpft. Die verwaltungsgerichtliche Rechtsprechung geht demgegenüber davon aus, dass es einer gesetzlichen Grundlage jedenfalls dann bedarf, wenn der Inhalt des Verwaltungsaktes etwas als rechtmäßig feststellt,

[24] BVerwG NJW 1987, 2318.
[25] VGH München BayVBl. 2002, 210.
[26] BVerwGE 27, 202.
[27] Stelkens/Bonk/Sachs/Stelkens, § 35 Rn. 221.
[28] S. auch BVerwGE 1, 4 (10); BVerfGE 2, 380 (391 ff.) u. 22, 49 (76.).
[29] So Guckelberger DÖV 2010, 109 (117); Schmitz/Prell NVwZ 2009, 1 (8); Weidemann JA 2011, 221 (224).
[30] Stelkens/Bonk/Sachs/Stelkens, § 42a Rn. 97, 92; BVerwG NVwZ-RR 2010, 330 (331).
[31] Siehe dazu Broscheit DVBl 2014, 342 (344).
[32] Jeremias DVBl 2014, 1047 (1048 f.).

was der Betroffene erklärtermaßen nicht für rechtens hält.[33] Diese Sichtweise überzeugt jedoch schon deshalb nicht, weil sie das Erfordernis einer Rechtsgrundlage ein Stück weit vom (Rechts-)Gefühl des Adressaten abhängig macht, was Rechtsunsicherheiten Vorschub leistet.[34] Gelegentlich werden deshalb auch darüber hinausgehende, strengere Anforderungen iSe Gesetzesvorbehalts für den Fall eines Eingriffs in grundrechtlich geschützte Interessen gestellt, zumal auf Basis einer einmal getroffenen bestandskräftigen Feststellung weitere Verwaltungsakte ergehen können.[35] Dieser Ansatz hat für sich, dass er mit dem Rechtsstaatsprinzip korrespondiert.

3. Verhältnis von feststellenden und gestaltenden Verwaltungsakten

Beim Erlass eines feststellenden Verwaltungsakts erschöpft sich die behördliche Tätigkeit in der Feststellung, ob ein Sachverhalt die Anforderungen eines Rechtssatzes erfüllt. Beim gestaltenden Verwaltungsakt dagegen verändert die Behörde die Rechtslage. In diesem Falle ist die **Feststellung** der Rechtslage die **Vorstufe zur Gestaltung,** weil sie sich wegen der Gesetzesbindung der Verwaltung an der festgestellten Rechtslage orientieren muss.[36] 10

Beispiel: Ein Bußgeldbescheid stellt die Ordnungswidrigkeit fest und verfügt zugleich als gestaltender Verwaltungsakt die Buße.

III. Differenzierung nach der rechtlichen Wirkung auf die Betroffenen

Betrachtet man die rechtliche Wirkung von Verwaltungsakten, lassen sich aus der Perspektive des bzw. der Betroffenen anknüpfend an die §§ 48 I 2 VwVfG, 80a VwGO belastende und begünstigende Verwaltungsakte sowie solche mit Doppelwirkung differenzieren. 11

1. Begünstigende Verwaltungsakte

Begünstigende (berechtigende) Verwaltungsakte sind nach der in § 48 I 2 VwVfG enthaltenen Legaldefinition solche, die ein **Recht** (→ § 43 Rn. 70 ff.) **oder einen rechtlich erheblichen Vorteil** begründen oder bestätigen. Diese weite Fassung soll jeden als schutzwürdig anerkannten und rechtlich geschützten, ggf. auch wirtschaftlichen Vorteil erfassen.[37] Etwaige Reflexe aus dem objektiven Recht oder rein tatsächliche Vorteile genügen hingegen nicht, weil sie die Rechtssphäre unberührt lassen.[38] Dasselbe gilt für neutrale Verwaltungsakte; sie sind ebenfalls nicht begünstigend.[39] 12

Beispiel: Zuteilung einer Hausnummer.[40]

Ob ein **Vorteil** vorliegt, hängt nicht davon ab, ob dessen Zuweisung mit Pflichten verbunden ist. Vielmehr kommt es auf den hauptsächlichen Regelungsinhalt an. Dessen Vorteilhaftigkeit ist dann anhand der Verkehrsauffassung zu ermitteln. Im Zweifel können aber auch die Vorstellungen des Betroffenen herangezogen werden – vor 13

---

33 BVerwGE 119, 123; VGH München BayVBl. 2000, 470.
34 Stelkens/Bonk/Sachs/Stelkens, § 35 Rn. 220.
35 Vgl. dazu Kracht, Feststellender Verwaltungsakt und konkretisierende Verfügung, 2002, S. 354 ff.
36 VGH München BayVBl. 2016, 383(383 f.).
37 Vgl. Stelkens/Bonk/Sachs/Sachs, § 48 Rn. 117.
38 So schon Erichsen JuS 1981, 537; Ehlers/Kallerhoff JURA 2009, 823; großzügiger offenbar Baumeister, in Obermeyer/Funke-Kaiser VwVfG § 48 Rn. 59 f.
39 Ehlers/Schröder JURA 2010, 503 (507).
40 OVG Münster NVwZ-RR 2012, 541 (541 f.).

allem, wenn die Normen, die sich auf begünstigende Verwaltungsakte beziehen wie die §§ 48 f. VwVfG dem Vertrauensschutz dienen.[41] Voraussetzung für die Beachtung etwaiger Innentendenzen ist aber deren Erkennbarkeit aus Sicht der handelnden Behörde.

14 Wird eine **Belastung** beseitigt, liegt ebenfalls ein begünstigender Verwaltungsakt vor.[42] Bleibt ein Verwaltungsakt jedoch hinter der rechtlich möglichen Belastung zurück, folgt daraus nicht schon dessen begünstigende Wirkung,[43] weil in der Summe weiterhin eine Belastung bleibt.[44] Ähnliches gilt, wenn ein Verwaltungsakt eine Belastung verschlimmert, so dass dadurch die ursprüngliche Belastung nicht etwa zu einer Begünstigung wird,[45] es sei denn sie bringt zugleich zum Ausdruck, dass die Behörde auf weitere Belastungen verzichten wollte, weil dann insoweit eine Begünstigung in Form einer Verschonung gegeben ist.[46]

15 Begünstigende Verwaltungsakte werden in der Regel auf **Antrag** erlassen und müssen ausdrücklich oder konkludent erteilt werden. Die bloße Duldung einer erlaubnispflichtigen, aber nicht erlaubten Betätigung genügt folglich nicht. Da begünstigende Verwaltungsakte die rechtliche Freiheitssphäre des Betroffenen erweitern, ist umstritten, ob bzw. inwieweit sie einer gesetzlichen Ermächtigung bedürfen (→ § 30 Rn. 28 ff.).

2. Belastende Verwaltungsakte

16 Der belastende Verwaltungsakt wird in den Verwaltungsverfahrensgesetzen nicht legal definiert. Dort ist lediglich von nicht begünstigenden Verwaltungsakten die Rede, um eine Zuordnung eines jeden Verwaltungsakts zu ermöglichen.[47] Gemeinhin werden unter die belastenden Verwaltungsakte deshalb auch in weitgehender Umkehrung der in § 48 I 2 VwVfG enthaltenen Legaldefinition solche gefasst, die ein Tun, Dulden oder Unterlassen verlangen, **Rechte beschränken** bzw. entziehen oder eine ungünstige Feststellung treffen. Diesen Maßnahmen ist in der Regel gemein, dass sie die dem Adressaten zur Verfügung stehenden Handlungsmöglichkeiten[48] verkürzen und dadurch dessen Freiheitssphäre beeinträchtigen, so dass sie einer gesetzlichen Grundlage bedürfen (→ § 30 Rn. 28 ff.).

Beispiel: Übertragung der Abwasserbeseitigungspflicht auf den Nutzungsberechtigten eines Grundstücks;[49] Festsetzung eines bestimmten Anschlussbeitrages gegenüber dem Grundstückseigentümer.[50] Verhinderung der weiteren Ausübung einer reisegewerblichen Tätigkeit auf Basis des § 60d GewO, weil sie gegen einen der in § 56 GewO niedergelegten Verbotstatbestände verstößt.[51]

17 Zu den belastenden Verwaltungsakten werden auch solche gerechnet, die eine beantragte Begünstigung (Leistung, Gestaltung oder Feststellung) ablehnen, wenn die

[41] Kopp/Ramsauer/Ramsauer, § 48 Rn. 68.
[42] Krausnick JuS 2010, 681 (683).
[43] So aber Maurer/Waldhoff AllgVerwR, § 11 Rn. 12; vgl. auch M. Schröder JuS 1970, 615.
[44] Guckelberger AllgVerwR, § 16 Rn. 7; BVerwG NVwZ 1999, 1218 (1219 f.).
[45] So Maurer/Waldhoff AllgVerwR, § 11 Rn. 12.
[46] Kopp/Ramsauer/Ramsauer, § 48 Rn. 69; vgl. auch BVerwGE 30, 132.
[47] Stelkens/Bonk/Sachs/Sachs, § 49 Rn. 17.
[48] Ipsen AllgVerwR Rn. 408.
[49] OVG Münster NVwZ-RR 1999, 166.
[50] OVG Münster KStZ 2001, 55.
[51] OVG Magdeburg NVwZ-RR 2011, 472; VG München GewArch 2011, 312 (314).

Zuweisung dieser **Begünstigung (grund-)rechtlich abgesichert** ist,[52] weil der Ablehnungsbescheid dann an sich bestehende Positionen nicht gewährt, so dass sich die Versagung negativ auf die Rechtsstellung des Betroffenen auswirkt.[53] Ein belastender Verwaltungsakt liegt zudem auch dann vor, wenn er zwar eine Begünstigung gewährt, sie aber hinter dem im Gesetz vorgesehenen Umfang zurückbleibt.[54] Weil sich dann aus dem Gesetz ein Recht des Bürgers auf volle Begünstigung ergibt, ist dieser Fall nicht die Umkehrung der hinter dem rechtlich Möglichen zurückbleibenden Belastung. Daran anknüpfend wird auch die ursprüngliche Vergünstigung, soweit eine Verbesserung erfolgt, zur Belastung[55] (→ § 46 Rn. 12 ff.).

3. Verwaltungsakte mit sog. Doppelwirkung

Verwaltungsakte mit sog. Doppelwirkung bringen rechtliche Vor- und Nachteile gleichermaßen mit sich, wirken also teils belastend und teils begünstigend. Sie können dieselbe **(Mischwirkung),** aber auch verschiedene Personen treffen **(Drittwirkung)** und sind dann deshalb möglich, weil eine behördliche Maßnahme nicht nur gegenüber dem Adressaten, sondern auch für jeden anderen Betroffenen Rechtswirkungen entfaltet. Nach der Terminologie des Gesetzgebers hat ausweislich des § 80a VwGO nur der drittwirkende Verwaltungsakt Doppelwirkung,[56] während Teile der Literatur diesen Begriff nur dann verwenden, wenn ein Verwaltungsakt allein den Adressaten zugleich begünstigt und belastet.[57] 18

Beispiele: Subventionierung von Winzergenossenschaften ohne Berücksichtigung der Weinhandelsunternehmen;[58] Zulassung eines anderen (weiteren) Arztes als Vertragsarzt;[59] Dispense von nachbarschützenden Baurechtsvorschriften; Küstenschutzmaßnahmen mit belastender Wirkung für die Eigentümer angrenzender Grundstücke;[60] Aufnahme in Krankenhausplan als drittbelastender Verwaltungsakt für Konkurrenten.[61]

IV. Differenzierung nach dem Grad der Gesetzesgebundenheit

Nach dem Grad der Gesetzesgebundenheit der Verwaltung lassen sich gebundene, ermessensabhängige und gesetzesfreie Verwaltungsakte differenzieren. 19

1. Gebundene Verwaltungsakte

Gebundene Verwaltungsakte **müssen** bei Vorliegen eines gesetzlichen Tatbestandes mit dem gesetzlich bestimmten Inhalt erlassen werden (→ § 31 Rn. 5). Die zugehörigen Rechtsgrundlagen prägen auf Rechtsfolgenebene in der Regel Formulierungen wie „hat". Zumindest im Falle begünstigender gebundener Verwaltungsakte entspricht der Verpflichtung der Behörde ein Anspruch des Adressaten auf Erlass (→ § 43 Rn. 62). 20

---

[52] Guckelberger AllgVerwR, § 12 Rn. 40.
[53] Stelkens/Bonk/Sachs/Sachs, § 49 Rn. 18; vgl. auch BVerwGE 72, 265 (267).
[54] Kopp/Ramsauer/Ramsauer, § 48 Rn. 72.
[55] Guckelberger AllgVerwR, § 16 Rn. 7; BVerwGE 71, 220 (226).
[56] BVerwGE 91, 7 (9); OVG Schleswig NVwZ-RR 1997, 626.
[57] Vgl. Eyermann/Hoppw, § 80a Rn. 1.
[58] BVerwGE 30, 191 (194).
[59] BSG NJW 1999, 3435.
[60] OVG Schleswig NVwZ-RR 2001, 205; OVG Schleswig NordÖR 2000, 370.
[61] BVerfG NVwZ 2004, 718.

2. Ermessensabhängige Verwaltungsakte

21 Ermessensverwaltungsakte **können** bei Vorliegen eines gesetzlichen Tatbestandes mit dem gesetzlich zugelassenen Inhalt erlassen werden. Es unterliegt der pflichtgemäßen Prüfung und Entscheidung der zuständigen Behörde, ob und (oder) wie sie erlassen werden (→ § 31 Rn. 35 ff.). Solche Verwaltungsakte kennzeichnen sich in der Regel durch Formulierungen wie „kann", „darf" oder „ist befugt", während sog. „Soll"-Vorschriften nur insoweit Ermessen einräumen, als ein atypischer Sachverhalt vorliegt.[62]

22 Soweit es um den Erlass eines **begünstigenden Verwaltungsakts** geht, besteht zugunsten des Adressaten ein Anspruch auf ermessensfehlerfreie Bescheidung, der sich zu einem unbedingten Anspruch verdichtet, wenn kein Grund vorliegt, der die Behörde zur Verweigerung des Erlasses dieses Verwaltungsakts berechtigt.

3. Gesetzesfreie Verwaltungsakte

23 Bei den sog. gesetzesfreien Verwaltungsakten besitzt die Behörde eine noch weitergehende Gestaltungsfreiheit, weil es dort nicht um die normdeterminierte Ausführung eines Gesetzes geht, so dass zumindest **keine tatbestandlichen Bindungen** bestehen (→ § 31 Rn. 69 ff.). Die allgemeinen rechtlichen Vorgaben und insbesondere die aus der Verfassung ableitbaren gelten freilich auch für die gesetzesfreie Verwaltung,[63] so dass die Behörde trotz der missverständlichen Bezeichnung gerade nicht ohne jede rechtliche Bindung bleibt.

24 Daran anknüpfend können namentlich die Freiheitsgrundrechte relevant werden. Denn soweit eine Maßnahme der gesetzesfreien Verwaltung sie beeinträchtigt, wird der Gesetzesvorbehalt aktiviert und drängt auf Positivierung. Sind die **Freiheitsgrundrechte** hingegen nicht betroffen, verlangt der Gleichheitssatz in der Regel lediglich die Willkürfreiheit der Entscheidung; sie muss also nur von irgendeinem sachlichen Grund getragen sein.[64]

Beispiel: Die Verweigerung der Zulassung eines Kommentars als Hilfsmittel für die zweite juristische Staatsprüfung unterliegt jedenfalls nach der bundesverwaltungsgerichtlichen Rechtsprechung nur einer Willkürkontrolle, weil eine Grundrechtsbeeinträchtigung der übergangenen Verlage nicht gegeben sein soll.[65]

V. Differenzierung nach dem Zusammenhang mit anderen Rechtsakten

25 Verwaltungsakte lassen sich zudem danach differenzieren, ob ihre Geltungskraft von anderen Maßnahmen abhängig ist. Der dazu erforderliche Sinnzusammenhang muss derart ausgestaltet sein, dass die Wirksamkeit des abhängigen Verwaltungsakts mit der seines Bezugspunktes stehen oder fallen soll. Unter dieser Voraussetzung ist der abhängige ein **akzessorischer Verwaltungsakt.** Der dann bestehende Sinnzusammenhang führt dazu, dass sich solche Verwaltungsakte auf andere Weise iSd § 43 II VwVfG erledigen, wenn sich der dann sog. Hauptverwaltungsakt erledigt.

26 In Umsetzung dessen werden beispielsweise eine Auflage iSd § 36 II Nr. 4 VwVfG oder aber eine Zwangsmittelandrohung iSd § 13 VwVG unwirksam, wenn der zu-

[62] Vgl. dazu BVerwG VerwRspr. 1967, 798 (802 f.); BVerwG NJW 1984, 70 (71).
[63] Maurer/Waldhoff AllgVerwR, § 1 Rn. 27.
[64] Vgl. Stelkens/Bonk/Sachs/Sachs, § 40 Rn. 31, 85, 93 f.
[65] BVerwG NVwZ 2012, 1416 (1417); vgl. auch Hebeler JA 2012, 958 (960).

gehörige Hauptverwaltungsakt keine Rechtswirkungen mehr zeitigt.[66] Auch die sog. Nachtragsbaugenehmigung ist ein akzessorischer Verwaltungsakt – allerdings nur, wenn sie an die ursprünglich erteilte Baugenehmigung iSe Ergänzung anknüpft. Verändert sie hingegen das Vorhaben in seinem Wesen, liegt ein „aliud" vor, das zu einer erneuten Überprüfung der Übereinstimmung des Vorhabens mit öffentlichem Baurecht zwingt.[67]

VI. Differenzierung nach der zeitlichen Wirkung

Verwaltungsakte lassen sich auch nach ihrer zeitlichen Wirkung unterscheiden. So ist es einerseits denkbar, dass sie während eines bestimmten Zeitraums Geltungskraft entfalten. In diesem Fall spricht man von **Verwaltungsakten mit Dauerwirkung.**[68] Damit sind all diejenigen Maßnahmen angesprochen, die ein für einen längeren Zeitraum berechnetes oder in seinem Bestand von der Wirksamkeit des Dauerverwaltungsakts abhängiges Rechtsverhältnis begründen, inhaltlich ändern oder umgestalten.[69] Da solche Verwaltungsakte zwangsläufig in die Zukunft wirken, kann sich namentlich im Falle einer Änderung der Sachlage nach deren Erlass ggf. die Frage stellen, ob sie immer noch dem materiellen Recht entsprechen.[70] 27

Beispiele: Gewerbeerlaubnis, Gewerbeuntersagung;[71] Untersagungsverfügung hinsichtlich der Abgabe von Arzneimitteln;[72] Fahrtenbuchauflage;[73] Beamtenernennung; Widmung und sonstige Allgemeinverfügungen wie Verkehrszeichen;[74] Erlaubnis zur Ausübung des gewerblichen Güterverkehrs nach § 3 II GüKG; Bewilligung von Trennungsgeld für einen Beamten.[75] Dauerverwaltungsakte sind ferner befristete Verwaltungsakte für die Dauer der Befristung.

Andererseits gibt es Verwaltungsakte, deren Rechtsfolgen zu einem bestimmten Zeitpunkt eintreten und sich allein auf diesen Zeitpunkt beziehen. Solche Maßnahmen können zwar auch Auswirkungen auf die Zukunft haben. Im Unterschied zum Dauerverwaltungsakt aktualisiert sich deren Rechtswirkung jedoch nicht laufend. Sie dauert daher nicht über einen längeren Zeitraum an, sondern bezieht sich nur auf den Zeitpunkt des Erlasses der Maßnahme, erschöpft sich also darin. Daran anknüpfend ist die Rechtmäßigkeit solch **punktueller Verwaltungsakte** grundsätzlich bezogen auf den Erlasszeitpunkt zu beurteilen, auch wenn sie für eine spätere Maßnahme den Rechtsgrund bilden und so Konsequenzen über den Zeitpunkt ihres Erlasses hinaus zeitigen.[76] 28

Beispiele: Die auf den Zeitpunkt ihrer Erteilung bezogene Baugenehmigung trotz des ihr über einen längeren Zeitraum immanenten Rechts zum Bauen; der auf den Zeitpunkt der Ersatzvornahme bezogene Kostenbescheid als Rechtsgrund für das spätere Eintreiben von Vollstreckungskosten.

Die Unterscheidung von Verwaltungsakten mit punktueller und dauerhafter Wirkung wird gelegentlich für **undurchführbar** und für verwaltungsverfahrensrechtlich 29

[66] BVerwG BayVBl. 1991, 313; VGH München NJW 1982, 460.
[67] OVG Berlin-Brandenburg LKV 2012, 465; OVG Münster BauR 2004, 1771.
[68] Stelkens/Bonk/Sachs/Stelkens, § 35 Rn. 223; BVerwG NVwZ 2013, 139 (140).
[69] S. näher Brede, Der Verwaltungsakt mit Dauerwirkung, 1996; OVG Münster NVwZ 2000, 697.
[70] Stelkens/Bonk/Sachs/Stelkens, § 35 Rn. 223; VGH Mannheim BauR 2007, 358.
[71] BVerwG NVwZ 1991, 372.
[72] BVerwGE 106, 141 (143).
[73] BVerwG NJW 1979, 1054.
[74] BVerwGE 92, 32 (34); BVerwG NJW 2004, 698.
[75] BVerwG NVwZ-RR 2005, 341.
[76] Stelkens/Bonk/Sachs/Stelkens, § 35 Rn. 224; OVG Münster NVwZ 2000, 697.

unnötig gehalten, weil sich deren Bedeutung auf verwaltungsprozessuale Fragestellungen – nämlich das Problem des Zeitpunkts für die Beurteilung der Sach- und Rechtslage – konzentriere.[77] Gegen diese Einschätzung spricht jedoch schon, dass bei Verwaltungsakten mit Dauerwirkung anders als bei punktuellen Regeln ein verwaltungsverfahrensrechtliches Bedürfnis für eine fortwährende Kontrolle (sog. Monitoring) bestehen kann, um deren Rechtmäßigkeit über den Erlasszeitpunkt hinaus zu überwachen.[78] Hinzu kommt, dass das Kriterium der mit der Maßnahme erschöpften oder aber andauernden Regelungswirkung durchaus trennscharf ist, so dass gute Gründe dafür sprechen, diese im Einzelfall freilich ggf. schwierige Differenzierung aufrecht zu erhalten.[79]

VII. Differenzierung nach dem formellen und materiellen Charakter

30 Nach der Erscheinungsform lassen sich formelle und materielle Verwaltungsakte unterscheiden. Soweit sich eine behördliche Maßnahme schon aufgrund des in der Form zum Ausdruck gebrachten Willens § 35 VwVfG zuordnen lässt, spricht man von einem **formellen Verwaltungsakt** (→ § 45 Rn. 22) – und zwar unabhängig davon, ob er nach seinem Inhalt in dieser Form ergehen durfte oder in anderer Form, zB als interner Akt,[80] als bürgerlich-rechtliche Willenserklärung oder als Verordnung oder Satzung,[81] hätte ergehen müssen und deshalb wegen Formverstoßes rechtswidrig ist.

31 Als **materielle Verwaltungsakte** werden hingegen diejenigen Maßnahmen eingeordnet, die den Voraussetzungen des § 35 VwVfG genügen. Diese Klassifikation gilt unabhängig davon, ob solche Maßnahmen auch in der Form eines Verwaltungsaktes ergehen durften oder als Gesetz, Verordnung oder Satzung („nur materieller" Verwaltungsakt) hätten ergehen müssen, weil diese Form rechtlich vorgeschrieben war.[82]

VIII. Differenzierung nach dem unmittelbaren Regelungsobjekt

32 Verwaltungsakte können zudem nach ihrem unmittelbaren Regelungsobjekt voneinander geschieden werden: So gibt es Verwaltungsakte mit einer personenbezogenen Regelung, weil sie unmittelbar an das Verhalten oder die Rechtsstellung von Personen anknüpfen. Diese sog. **personalen Verwaltungsakte** bilden den Hauptanwendungsfall des § 35 VwVfG.

Beispiel: Zuverlässigkeitsbezogene Erlaubnisse.

33 Abgesehen davon sind sog. **dingliche Verwaltungsakte** denkbar. Sie enthalten eine sachbezogene Regelung – so insbesondere in Form von sachenrechtlichen Zustandsregelungen, durch die Eigenschaften von Sachen rechtlich qualifiziert oder gestaltet werden. Die Auswirkungen dinglicher Verwaltungsakte auf die Rechtsstellung von Personen sind demgegenüber oftmals nur mittelbar.

Beispiele: Verkehrszeichen; Straßenwidmung.

---

[77] So Felix NVwZ 2003, 385 (387).
[78] Genauer bzgl. der Abgrenzung von § 48 VwVfG als punktueller VA und § 60d GewO als dauerhafter VA siehe Klafki JURA 2018, 1019–1027.
[79] Stelkens/Bonk/Sachs/Stelkens, § 35 Rn. 223; Frohn JURA 1993, 393 (395 ff.).
[80] BVerwGE 16, 127.
[81] VGH München NVwZ-RR 1995, 114 f.
[82] BVerwGE 26, 251.

IX. Differenzierung nach dem Erfordernis der Beteiligung Dritter

Anhand des Erfordernisses der Beteiligung Dritter lassen sich antrags- und zustimmungsbedürftige Verwaltungsakte unterscheiden. Sie dürfen nicht mit den Fällen verwechselt werden, in denen es einer behördlichen Partizipation bedarf, wie es die Kennzeichnung als mitwirkungsbedürftiger Verwaltungsakt[83] nahelegen könnte, weil es im Folgenden ausschließlich um solche Maßnahmen iSd § 35 VwVfG geht, die eine Beteiligung von Rechtssubjekten erfordern, die außerhalb der Verwaltung stehen.[84] 34

1. Antragsgebundene Verwaltungsakte

Im Bereich der antragsgebundenen Verwaltungsakte, deren Existenz § 22 S. 2 VwVfG ausdrücklich voraussetzt, bedarf es einer Abgrenzung zum verwaltungsrechtlichen Vertrag sowie näherer Ausführungen zur Antragstellung. Inhaltlich werden die Erlaubnis und die Ausnahmebewilligung (bzw. der Dispens) differenziert. 35

a) Grundlagen

Verwaltungsakte sind einseitige behördliche Anordnungen. Sie sind meist auch in dem Sinne einseitig, dass sie ohne Beteiligung des Adressaten rechtmäßig sind. Insbesondere begünstigende Verwaltungsakte bedürfen jedoch der Mitwirkung durch die von deren Erlass profitierenden Empfänger. Sie erfolgt in Form eines Antrags. Antragsgebundene Verwaltungsakte **unterscheiden sich von verwaltungsrechtlichen Verträgen** dadurch, dass deren Adressat zwar ggf. am Zustandekommen des Verwaltungsaktes beteiligt wird, der Inhalt des Verwaltungsaktes aber seinem rechtsgeschäftlichen Bindungswillen entzogen ist; stattdessen liegt eine einseitig anordnende, hoheitliche Maßnahme vor (→ § 45 Rn. 45 ff.). Sie basiert allerdings auf einem Konsens, der durch den Antrag des Bürgers zum Ausdruck kommt; gelegentlich werden antragsgebundene Verwaltungsakte deshalb auch als Konsensverwaltungsakte bezeichnet.[85] 36

Die **Antragstellung** ist eine verwaltungsrechtliche Willenserklärung (→ § 36 Rn. 8),[86] die nicht erzwingbar ist. Ein Schriftformerfordernis besteht bei der Antragstellung nur, wenn sie das einschlägige Fachrecht anordnet. In diesem Fall ist dann auch eine elektronische Antragstellung möglich, wenn die Vorgaben des § 3a II VwVfG eingehalten werden. Im Übrigen kann der Antrag auch in einem konkludenten Verhalten – zB in Form der Herstellung einer erlaubnispflichtigen Sachlage[87] – zum Ausdruck kommen[88] und abgesehen davon auch erst nachträglich gestellt werden – eine Möglichkeit, die § 45 I Nr. 1 VwVfG ausdrücklich anspricht. Die Wirksamkeit des zugehörigen Verwaltungsaktes liegt dann freilich bis zur Antragstellung in der Schwebe. Bleibt sie aus, folgt aus § 22 S. 2 Var. 2 VwVfG die Unzulässigkeit behördlicher Sachentscheidungen – jedenfalls solange das Verwaltungsverfahren nicht auch von Amts wegen eingeleitet werden kann.[89] 37

[83] So aber Stelkens/Bonk/Sachs/Stelkens, § 35 Rn. 229 ff.
[84] Wie hier Kahl/Ludwigs VerwaltungsR-HdB/Kreuter-Kirchhof HdbVerwR V, § 143 Rn. 62.
[85] Ipsen AllgVerwR Rn. 418.
[86] Kluth NVwZ 1990, 608.
[87] BVerwGE 11, 18; dazu Badura JuS 1964, 103; Hablitzel BayVBl. 1974, 392; aM VGHE 23, 74; Dölker BayVBl. 1974, 400.
[88] VG Köln NVwZ 2002, 369.
[89] Fehling/Kastner/Störmer VerwR/Schwarz, § 22 Rn. 40 f.

b) Erlaubnis

38 Einen wesentlichen Fall des antragsgebundenen Verwaltungsakts bildet iSe Oberbegriffs (vgl. § 15 II 1 GewO) die behördliche Zulassung ab. Der Gesetzgeber spricht oftmals und insbesondere bei Sachbezogenheit auch von „Genehmigung". Inhaltlich geht es unabhängig von terminologischen Abgrenzungsfragen aber immer um den Erlass begünstigender, gestaltender Verwaltungsakte. Sie sind die formelle Voraussetzung der Rechtmäßigkeit dessen, was sie erlauben – so zB der Herstellung eines Zustandes oder der Durchführung einer bestimmten Tätigkeit, des Betriebes eines bestimmten Unternehmens oder des Führens einer bestimmten Bezeichnung durch eine Person. Man spricht in diesem Kontext auch von **präventiven Verboten mit Erlaubnisvorbehalt,** die je nach gesetzlicher Ausgestaltung unbeschadet der Rechte Dritter ergehen können oder nicht.

Beispiele: § 75 III NRW BauO einerseits und § 14 BImSchG andererseits.

39 Die Erteilung einer behördlichen Zulassung setzt iSe präventiven Eröffnungskontrolle voraus, dass die tatbestandlichen Voraussetzungen der zugehörigen Rechtsgrundlage vorliegen. Im Lichte der Grundrechte des Antragstellers besteht in der Regel allerdings ein **Anspruch auf Erteilung der begehrten Zulassung,** wenn die Tatbestandsvoraussetzungen vorliegen. Solche Genehmigungen sind daher auch nur formell begünstigende Verwaltungsakte, während sie materiell die verfassungsrechtlich garantierte Handlungsfreiheit des Bürgers wiederherstellen. Mit den zugehörigen Bescheinigungen wird infolgedessen regelmäßig auch nur erklärt, dass dem Vorhaben verwaltungsrechtliche Gründe nicht entgegenstehen; sie erfüllen insoweit dann lediglich eine Nachweisfunktion.

Beispiele: § 3 GüKG; §§ 30 ff. GewO; § 4 BImSchG; § 75 I 1 NRW BauO, § 2 PBefG.

40 Präventive Verbote mit Erlaubnisvorbehalt nehmen zwar aus Gründen der Gefahren- bzw. Risikovorsorge sowie des Umweltschutzes gerade im Bereich neuer Technologien zu. Trotzdem ist im Rahmen der vornehmlich von der Europäischen Union angestoßenen **Deregulierungsdebatte,** namentlich im Zuge der Umsetzung der Dienstleistungs-RL[90] und wegen des Rufes nach einem schlanken Staat, eine Einschränkung der präventiven behördlichen Kontrolle zu beobachten. Sie führt zu einem Wandel hin zur begleitenden ggf. von einem bloßen Anzeigevorbehalt flankierten Überwachung. Diese Entwicklung markiert einen Wechsel in den Handlungsformen weg von der Verwaltungsgenehmigung.[91] Er ist verbunden mit einem schleichenden Abschied von der umfassenden öffentlich-rechtlichen Unbedenklichkeitsbescheinigung, die dem Adressaten Legalisierung und Vertrauensschutz gewährt.[92] Die Genehmigungsfreistellung stärkt zwar die private Verantwortung, zugleich wird aber auch das Risiko privatisiert[93] – ähnlich wie beim Übergang vom Erlaubnis- zum Zertifizierungssystem, das zunehmend behördliche Genehmigungen ersetzt.[94]

Beispiele: Gaststättenrecht, Telekommunikationsrecht, Baugenehmigungsrecht.

---

90 Ausf. dazu Korte NVwZ 2007, 501.

91 Schröder, Genehmigungsverwaltungsrecht, 2016, 553 ff.

92 Preschel DÖV 1998, 45; Korte DVBl 2009, 489 (491 f.).

93 So zum Gaststättenrecht beispielsweise Schmidt/Wollenschläger ÖffWirtschaftsR/Klement, § 11 Rn. 30 f.

94 Ausführlich dazu Stober/Korte ÖffWirtschaftsR AT Rn. 922 ff., S. 216 ff.

c) Ausnahmebewilligung und Dispens

Während die Erlaubnis eine aus Gründen der Präventivkontrolle vorgesehene Voraussetzung für die rechtmäßige Ausübung einer generell gebilligten Tätigkeit ist, heben Ausnahmebewilligung und Dispens (Befreiung)[95] ein repressives Verbot des objektiven Rechts – also eines Verhaltens, das der Gesetzgeber für in der Regel sozialschädlich hält – für einen atypischen Einzelfall auf (**Prinzip des repressiven Verbots mit Befreiungsvorbehalt**[96]). Im Unterschied zur reinen Kontrollerlaubnis erweitern Ausnahmebewilligung und Dispens also den Rechtskreis des Bürgers, indem sie eine an sich untersagte Tätigkeit erlauben.[97] Während also eine Erlaubnis eine Schranke hochzieht, die einen Weg sperrt, gestatten die Ausnahmebewilligung und der Dispens, über einen Zaun zu steigen. Der in diesem Bild zum Ausdruck kommende Unterschied zwischen präventivem und repressivem Verbot wird gleichwohl oftmals überbewertet,[98] weil er die Wertungen des höherrangigen Rechts und insbesondere der Grundrechte bzw. Grundfreiheiten[99] nicht überspielen kann[100] und die Differenzierungskriterien zwischen beiden Rechtsfiguren gelegentlich unscharf sind.[101] 41

Dispens und Ausnahmebewilligung sind keine synonymen Begriffe, auch wenn sie gelegentlich so verwendet werden,[102] sondern weisen durchaus **inhaltliche Unterschiede** auf, die sich in der Ausgestaltung ihrer Rechtsgrundlagen spiegeln: So beruht die Ausnahmebewilligung auf einem speziellen Ausnahmevorbehalt, der in der ausnahmefähigen Vorschrift selbst enthalten ist. Ein Dispens (Befreiung) liegt demgegenüber vor, wenn gemäß einer generellen gesetzlichen Ermächtigung (ggf. in besonderem Verfahren) eine Befreiung von zwingenden Vorschriften gewährt wird, die nicht unter speziellen Ausnahmevorbehalten stehen. Er darf erteilt werden, wenn die Durchführung der Vorschrift im Einzelfall zu einer offenbar nicht beabsichtigten Härte führen würde und die Abweichung mit öffentlichen Belangen vereinbar ist oder wenn Gründe des allgemeinen Wohls die Abweichung sogar erfordern. In concreto sind die Übergänge fließend. 42

Beispiel: § 31 BauGB differenziert Ausnahmen, die im Bebauungsplan vorgesehen sein müssen (§ 31 I BauGB) und Befreiungen, die nur unter den in § 31 II BauGB niedergelegten Voraussetzungen erteilt werden dürfen.

Ausnahmebewilligung und Dispens haben gleichermaßen zur **Voraussetzung,** dass eine ausdrückliche oder zumindest sinngemäße gesetzliche Ermächtigung vorliegt, um sie erlassen zu können. Die öffentliche Hand darf sich daran anknüpfend dieser Handlungsformen nur auf Basis solcher Gründe bedienen, die dem öffentlichen Interesse, das das reguläre Verbot veranlasst hat, vorgehen und nicht zu einer Verkehrung der gesetzlichen Regel führen bzw. das Schutzgut des Gesetzes wesentlich beeinträchtigen.[103] Meist benutzt der Gesetzgeber Ausdrücke wie „Ausnahmen" (zB § 46 I 43

[95] Bleckmann DÖV 2003, 155.
[96] BVerfGE 20, 150 (157); BVerwGE 41, 1.
[97] Maurer/Waldhoff AllgVerwR, § 9 Rn. 56.
[98] S. auch Gromitsaris DÖV 1997, 401 und BGH NVwZ 1997, 714 (717) zu § 7 AtomG.
[99] So im Bereich des Glücksspielwesen; vgl. dazu Korte, Das staatliche Glücksspielwesen, 2004, S. 45 ff.
[100] Schwabe JuS 1973, 133 (138).
[101] Schwabe FS Folz, 2003, 305 (308 ff.).
[102] So zB Maurer/Waldhoff AllgVerwR, § 9 Rn. 56.
[103] S. OVGE 16, 477 (480 f.).

StVO), „ausnahmsweise", „bei Vorliegen gewichtiger Gründe" oder „zur Vermeidung unbilliger Härten". Die Berechtigung und wie angedeutet ggf. auch die Verpflichtung des Gesetzgebers zur Schaffung von Ausnahmevorbehalten und Dispensationsermächtigungen ergeben sich aus dem Übermaßverbot und den Grundrechten.[104]

Beispiel: Die Öffnung des Online-Glücksspiels im Zuge des **GlüStV 2021** stellt namentlich die Veranstaltung virtueller Automaten- und Kartenspiele unter Erlaubnisvorbehalt, der allerdings wiederum von einer Vielzahl an (vor allem) spielerschützenden Unternehmerpflichten flankiert wird. Gleichwohl spricht vieles dafür insoweit von einem präventiven Verbot mit Erlaubnisvorbehalt und nicht von einem repressiven Verbot mit Befreiungsvorbehalt auszugehen.[105]

2. Zustimmungsabhängigkeit von Verwaltungsakten

44 Fehlt es an einer anfänglichen Mitwirkungshandlung, bleibt die Frage offen, ob es für die Rechtmäßigkeit eines Verwaltungsakts genügt, wenn der betroffene Bürger nachträglich zustimmt. Diese Möglichkeit setzt § 45 I Nr. 1 VwVfG für antragsgebundene Verwaltungsakte voraus. Sie werden dadurch zustimmungsbedürftig; die Zustimmung ist also deren **Rechtmäßigkeitsvoraussetzung.** Das gilt auch dann, wenn die ursprünglich beantragte Erlaubnis versagt und eine andere erteilt worden ist.

45 Im Übrigen folgt aus dem einschlägigen Fachrecht, ob ein Verwaltungsakt nur mit Zustimmung des Bürgers rechtmäßig ist. Sie kann ggf. auch konkludent ergehen (beispielsweise durch Ingebrauchnahme des erlassenen Verwaltungsaktes) oder entsprechend § 151 BGB aufgrund einer Verkehrssitte entbehrlich sein. Fehlt jedoch jeder Hinweis auf eine Zustimmung oder deren Entbehrlichkeit, ist der Verwaltungsakt mangels notwendiger Beteiligung des Bürgers **rechtswidrig.**

46 Zustimmungsbedürftige Verwaltungsakte finden sich daran anknüpfend auch dort, wo die Behörde iSd **§ 22 VwVfG** von Amts wegen oder auf Antrag eines Dritten tätig wird, ein von ihr avisierter Verwaltungsakt aber nur dann rechtliche Wirkungen entfaltet, wenn der Betroffene mit der Maßnahme einverstanden ist. Unter diese Kategorie soll auch eine auf Basis des § 56 OWiG erlassene Verwarnung mit Verwarnungsgeld fallen.[106]

3. Verwaltungsakt auf Unterwerfung

47 Zu den Verwaltungsakten, die eine Beteiligung Privater erfordern, zählt auch der von Otto Mayer[107] kreierte Verwaltungsakt auf Unterwerfung. Ihn prägt de facto, dass der Betroffene mit der an ihn gerichteten Maßnahme einverstanden ist. De iure kennzeichnet den Verwaltungsakt auf Unterwerfung demgegenüber seine freiheitsbeschränkende Wirkung, **ohne** dass eine **spezielle gesetzliche Grundlage** vorliegt. Diskutiert wird dessen Daseinsberechtigung derzeit insbesondere im Bereich der Vergabe von Subventionen, soweit sie nicht dem Gesetzesvorbehalt unterliegen[108] – und zwar mit derzeit offenem Ergebnis.[109]

[104] Schwabe FS Folz, 2003, 305 (311).
[105] Näher dazu Krüper ZfWG 2022, 1; vgl. auch Korte ZfWG 2023, 347 (353).
[106] Siehe Stelkens/Bonk/Sachs/Stelkens, § 35 Rn. 230 ff.
[107] Mayer, Deutsches Verwaltungsrecht, S. 98.
[108] S. insgesamt zu dieser Frage Erichsen/Brügge JURA 1999, 496 (501).
[109] Vgl. BVerwGE 139, 125 (127 f.).

X. Differenzierung nach dem Planungscharakter

Abgesehen davon gibt es Verwaltungsakte, deren Inhalt sich vorausschauend auf die Verwirklichung bestimmter Vorhaben bezieht. Solche Maßnahmen geben dann Ziele bzw. Verhaltensweisen vor und entfalten dadurch eine **stabilisierende Konzentrations- und Gestaltungswirkung.**[110] Ihnen kommt also ein planender Charakter zu, der sich freilich nicht nur durch den Erlass eines Verwaltungsakts, sondern mit Hilfe verschiedener Rechtsformen verwirklichen lässt. Oftmals ergehen insoweit (materielle) Gesetze – so zB ein Bebauungsplan, der als Satzung beschlossen wird (§ 10 I BauGB). 48

Bezieht sich der verwaltungsrechtliche Plan jedoch auf ein konkretes Vorhaben, handelt es sich in der Regel um einen Verwaltungsakt – so zB der **Planfeststellungsbeschluss** iSd § 74 I 1 VwVfG. Solche Maßnahmen weisen dann gerade im Hinblick auf ihr Zustandekommen und die bestehenden Verfahrensvorgaben erhebliche Unterschiede zu anderen Verwaltungsakten auf, die es rechtfertigen, eine eigene Kategorie zu bilden.[111] 49

XI. Differenzierung nach der räumlichen Geltungskraft

Schließlich lassen sich Verwaltungsakte nach ihrer räumlichen Geltungskraft unterscheiden. Erste Differenzierungsgesichtspunkte folgen in diesem Kontext bereits aus der **bundesstaatlichen Prägung des Verwaltungsrechts.** Denn sie führt dazu, dass ein Verwaltungsakt, der auf landesrechtlicher Basis ergeht, nur im jeweiligen Bundesland Rechtswirkungen entfaltet, während eine bundesrechtliche Rechtsgrundlage bewirkt, dass der Verwaltungsakt im gesamten Bundesgebiet zu beachten ist.[112] 50

Vor allem aber führt die zunehmende Enterritorialisierung und Entnationalisierung des Verwaltungsrechts dazu, dass ein von einem Mitgliedstaat der EU erlassener Verwaltungsakt aufgrund unionsrechtlicher Vorgaben auch in anderen Mitgliedstaaten Rechtswirkungen zeitigen kann. Diese in der Regel **sekundär-, ggf. aber auch primärrechtliche Prägung des nationalen Verwaltungsrechts** erstreckt die Schutzrichtung nationaler Normen über den territorialen Rechtsraum hinaus, da dadurch andere Verwaltungen im Interesse der Realisierung des Binnenmarktes an Verwaltungsmaßnahmen eines fremden Mitgliedstaates gebunden werden (→ § 45 Rn. 7).[113] 51

Typisierend[114] lassen sich daran anknüpfend unter dem Oberbegriff des **transnationalen Verwaltungsakts** unmittelbar transnationale Verwaltungsakte und Verwaltungsakte unter dem Vorbehalt der Anerkennung zusammenfassen. Während erstere – so zB das Schengen-Visum nach Art. 10 I SDÜ[115] – aus sich selbst heraus auf dem Gebiet anderer Mitgliedstaaten Rechtswirkungen entfalten, zeitigen letztere diese Konsequenz nur im Falle eines (ggf. konkludenten) Anerkennungsaktes.[116] Welche 52

110 Schuppert, Verwaltungswissenschaft, 2000, S. 162.
111 Stelkens/Bonk/Sachs/Stelkens, § 35 Rn. 263.
112 Vgl. auch Schliesky, Die Umsetzung der Dienstleistungsrichtlinie in der deutschen Verwaltung I/Schulz, 2008, S. 175, 183; Korte/Dingemann, RdJB, 2009, 380 (392 f.).
113 S. auch Neßler NVwZ 1995, 863; Schwarze, Das Verwaltungsrecht unter europäischem Einfluss/Schwarze, 1996, S. 123, 135 ff.; Sydow VERW34 (2001), 517.
114 Vgl. Ruffert VERW34 (2001), 453 (457, 464).
115 Schladebach VerwArch 104 (2013), 188 (205).
116 Vgl. dazu Kopp/Ramsauer/Ramsauer, § 35 Rn. 34 ff.

Freiheiten den Mitgliedstaaten im Rahmen der dann zu treffenden Entscheidung bleiben, hängt vom einschlägigen Sekundärrecht ab, so dass es je nach dessen Ausgestaltung sein kann, dass die Mitgliedstaaten nur ausnahmsweise oder sogar gar nicht die Anerkennung verweigern dürfen.[117]

§ 47. Nebenbestimmungen zu Verwaltungsakten

Schrifttum: Axer JURA 2001, 748 ff.: Nebenbestimmungen im Verwaltungsrecht; Fricke DÖV 2019, 48 ff.: Zur isolierten Anfechtung von Nebenbestimmungen; Funke NVwZ 2021, 114 ff.: Die Rechtsprechung zum „Rechtsschutz gegen Nebenbestimmungen" in der Sackgasse; Heitsch DÖV 2003, 368 ff.: Neben- und Inhaltsbestimmungen bei begünstigenden Verwaltungsakten; Hellriegel/Malmendier DVBl. 2010, 486 ff.: Isolierte Anfechtung von Nebenbestimmungen und vorläufiger Rechtsschutz; ein Unterfall des faktischen Vollzugs?; Labrenz NVwZ 2007, 161 ff.: Die neuere Rechtsprechung des BVerwG zum Rechtsschutz gegen Nebenbestimmungen – falsch begründet, aber richtig; Müller-Grune ThürVBl. 2016, 157 ff.: Rückforderung staatlicher Zuwendungen – Bedingung, Rücknahme und Ermessen; Reimer VERW 45 (2012), 491 ff.: Wider dem Begriff der Nebenbestimmung; Remmert VerwArch. 88 (1997), 112 ff.: Nebenbestimmungen zu begünstigenden Verwaltungsakten; Schmehl UPR 1998, 334 ff.: Die Abgrenzung zwischen echter Auflage und Inhaltsbestimmung der Genehmigung; Schmidt NVwZ 1996, 1188 ff.: Zur Anfechtbarkeit von Nebenbestimmungen; Schulze-Werner GewArch 2004, 9 ff.: Zulässigkeit von Nebenbestimmungen im Bereich der genehmigungsbedürftigen, stehenden Gewerbe; Sieckmann DÖV 1998, 525 ff.: Die Anfechtbarkeit von Nebenbestimmungen zu begünstigenden Verwaltungsakten; Sproll NJW 2002, 3221 ff.: Rechtsschutz gegen Nebenbestimmungen eines Verwaltungsaktes; Sturm VR 2004, 15 ff.: Isolierter Rechtsschutz gegen Nebenbestimmungen; Tegethoff, Nebenbestimmungen in umweltrechtlichen Zulassungsentscheidungen, 2001; Traub, Nebenbestimmungsfeindliche Verwaltungsakte, 2018; Voßkuhle/Kaiser JuS 2012, 699 ff.: Grundwissen Öffentliches Recht – Nebenbestimmungen; Wagner JA 2008, 866 ff.: Nebenbestimmungen zu Verwaltungsakten – Grundlegendes am Praxisbeispiel.

I. Verwaltungsrechtliche Bedeutung der Nebenbestimmungen

1 Die Handlungsform Verwaltungsakt darf – wie sich aus den einschlägigen verfahrensgesetzlichen Bestimmungen (§ 36 VwVfG; § 32 SGB X; § 120 AO) und zahlreichen Fachgesetzen ergibt – nicht isoliert oder nur typisiert behandelt werden. Während Verwaltungsakte als „Hauptbestimmung" das Instrument zur Grobsteuerung des Verwaltungshandelns sind, dienen die (teilweise für begrifflich überflüssig gehaltenen[1]) Nebenbestimmungen der **Feinsteuerung** und der zusätzlichen Konkretisierung (s. § 36 II VwVfG „erlassen werden mit", „verbunden werden mit"). Sie sind die Konsequenz daraus, dass Verwaltungsakte im Allgemeinen nicht uneingeschränkt erlassen werden und zielen daher darauf ab, etwaige rechtliche oder tatsächliche Hindernisse, die dem Erlass eines Verwaltungsakts im Wege stehen, zu beseitigen.[2]

2 Das Steuerungsmittel Nebenbestimmung ermöglicht es, flexibel und detailliert, elastisch und differenziert der Komplexität und Vielfalt der Lebenswirklichkeit Rechnung zu tragen sowie den Verwaltungsakt an die jeweilige Entwicklung anzupassen. Die Beifügung von Nebenbestimmungen entspricht dem Gedanken einer eleganten, optionalen und effektiven Verwaltung, weil Nebenbestimmungen eine zweckmäßige Alternative zur Versagung und Aufhebung von Verwaltungsakten sind, indem statt eines „Nein" ein „Ja, aber" gewährt wird. Sie realisieren so das Gebot der Verhält-

[117] Ausf. Sydow, Verwaltungskooperation in der EU, 2004, S. 138 ff. vgl. Korte NVwZ 2007, 501 (507).

[1] Ausf. dazu Reimer VERW45 (2012), 491 ff.

[2] Maurer/Waldhoff AllgVerwR § 12 Rn. 2.

nismäßigkeit, Grundrechtsschutz und **Einzelfallgerechtigkeit.**[3] Nebenbestimmungen sind deshalb ein unentbehrliches Hilfsmittel und kommen insgesamt in hohem Maße den Bedürfnissen der Verwaltungspraxis und der Betroffenen entgegen.[4] Sie sind zugleich eine Absage an ein allzu starres „Alles oder Nichts".[5] Da sie neue Verwaltungsverfahren vermeiden, tragen sie ferner zur Verfahrensbeschleunigung bei.

II. Arten der Nebenbestimmungen

Es gibt weder eine Einheitsnebenbestimmung noch einen Numerus Clausus von Nebenbestimmungen,[6] so dass es zunächst einer näheren Auseinandersetzung mit den denkbaren Erscheinungsformen auch in **Abgrenzung zu** den der Nebenbestimmung **ähnlichen Rechtsfiguren** bedarf. Schon der gewählte Begriff zeigt jedenfalls, dass eine Hauptbestimmung als Anknüpfungspunkt nötig ist, um von einer Nebenbestimmung sprechen zu können.[7] Daraus folgt zugleich, dass dort, wo die Verwaltung den Inhalt der Hauptregelung verändert, schon begrifflich keine Nebenbestimmung mehr vorliegen kann, sondern eine neue (Haupt-)Bestimmung gegeben ist.[8] Umgekehrt sind etwaige Hinweise auf die Rechtslage oder auf drohende Sanktionen für den Fall einer Rechtsverletzung schon deshalb keine Nebenbestimmungen, weil es ihnen an einer eigenständigen Regelung mangelt (→ § 45 Rn. 47). 3

1. Der Katalog des § 36 II VwVfG

Der Gesetzgeber hat – wie die Aufzählung in § 36 II VwVfG zeigt – verschiedene Arten an Nebenbestimmungen vor Augen, ohne diesen Terminus jedoch abstrakt als solchen näher zu definieren.[9] Diese Regelungstechnik, aber auch das Ziel der Gewährleistung einer flexiblen und effizient handelnden Verwaltung sprechen dafür, dass der dortige Katalog **weder de iure**[10] **noch de facto**[11] **abschließend** ist.[12] Die Abgrenzung der in § 36 II VwVfG aufgeführten Nebenbestimmungen kann im Einzelfall Probleme bereiten. Sie hängt vom objektiven Erklärungswert des Inhalts des Zusatzes einschließlich der Begleitumstände und damit vom Willen der Behörde[13] ab, wie ihn ein unbeteiligter, objektiver Dritter in der Rolle des Adressaten des Verwaltungsaktes nach den Umständen des Einzelfalls verstehen muss.[14] Der Bezeichnung kann insoweit eine erste indizierende, aber nicht allein ausschlaggebende Wirkung zukommen.[15] 4

---

[3] Ossenbühl DVBl 1980, 803; OVG Koblenz NJW 1982, 197.
[4] Heitsch DÖV 2003, 367.
[5] Maurer/Waldhoff AllgVerwR § 12 Rn. 2.
[6] S. näher Stelkens/Bonk/Sachs/StelkensVwVfG § 36 Rn. 3 mwN.
[7] Ipsen AllgVerwR Rn. 552.
[8] Vgl. zu den damit verbundenen Abgrenzungsfragen Hoffmann-Riem/Schmidt-Aßmann/Voßkuhle GVwR/Bumke § 35 Rn. 129 ff.
[9] Tegethoff Zulassungsentscheidungen S. 23 f.
[10] So aber Obermayer/Funke-Kaiser/Stuhlfauth VwVfG § 36 Rn. 2 ff.
[11] So aber wohl Detterbeck AllgVerwR, 21. Aufl. 2023, § 10 Rn. 645.
[12] Stelkens/Bonk/Sachs/Stelkens VwVfG § 36 Rn. 65; BVerwG NVwZ 2010, 643 (645).
[13] Maurer/Waldhoff AllgVerwR § 12 Rn. 18.
[14] BVerwG NJW 1989, 53; VGH Mannheim VBlBW 1997, 107; OVG Koblenz NJW 1990, 1194.
[15] Maurer/Waldhoff AllgVerwR § 12 Rn. 18; wie hier auch Kahl/Ludwigs VerwR-HdB/Wernsmann § 144 Rn. 40.

a) Befristungen

5 Nach der Legaldefinition des § 36 II Nr. 1 VwVfG liegt eine Befristung vor, wenn die in einem Verwaltungsakt vorgesehene Vergünstigung oder Belastung zu einem bestimmten Zeitpunkt beginnt, endet oder für einen bestimmten Zeitraum gilt. Kennzeichnend für eine Befristung ist also, dass von vornherein **Gewissheit** über den Zeitraum der Wirksamkeit der Hauptregelung besteht. Die in § 36 II Nr. 1 VwVfG gewählte Terminologie (Vergünstigung statt Begünstigung) nimmt im Wortlaut steuerrechtliche Anleihen an § 120 AO, darf materiell-rechtlich aber nicht anders als in § 48 I 2 VwVfG (→ § 46 Rn. 12 ff.) verstanden werden.[16]

Beispiele: §§ 33a I 3, 55 III GewO; § 16 II PBefG; § 3 II, IV GüKG; § 7 AufenthG.

6 Anfang und Ende der Befristung können durch ein festes Datum, durch Zeitablauf oder durch einen Termin bzw. ein Ereignis bestimmt sein, sofern objektiv sicher ist, dass das Ereignis eintreten wird.[17] Zudem können sich in den Grenzen des höherrangigen Rechts und insbesondere des Verhältnismäßigkeitsgrundsatzes[18] **mehrere Befristungen aneinander anschließen.** Denkbar ist es dann, vom Vorliegen mehrerer sog. Kettenverwaltungsakte auszugehen oder einen Widerruf der ursprünglichen verbunden mit dem Erlass einer erneuten Befristung anzunehmen.[19] Um die mit diesen beiden Lösungen verbundenen Rechtsprobleme zu überwinden, wird im jüngeren Schrifttum vereinzelt[20] dafür plädiert, in solchen Fällen die Existenz eines sog. Änderungsverwaltungsakts zu bejahen.

b) Bedingungen

7 Eine Bedingung liegt nach der in § 36 II Nr. 2 VwVfG enthaltenen Legaldefinition vor, wenn der Eintritt oder der Wegfall einer Vergünstigung oder einer Belastung von dem **ungewissen Eintritt eines zukünftigen Ereignisses** abhängt. Der zugehörige Verwaltungsakt kann infolgedessen in seinen Rechtswirkungen aufschiebend (suspensiv) oder auflösend (resolutiv ggf. mit der Folge des § 49a VwVfG) bedingt sein, je nachdem, ob er ab dem oder bis zum Bedingungseintritt wirken soll. Voraussetzung für § 36 II Nr. 2 VwVfG ist aber jedenfalls, dass das Ereignis nach Maßnahmeerlass eintritt, weil die vorher bekannten Umstände in den Verwaltungsakt einfließen.[21]

Beispiele: § 3 IV GüKG; § 12 I BImSchG; § 12 II AufenthG. Erlass einer aufenthaltsrechtlichen Duldung mit dem Zusatz, dass sie bei Vorlage des Passes bzw. Passersatzpapiers oder bei Vorlage des Rückführungstermins erlischt.[22]

8 Das von der Bedingung einbezogene Ereignis muss **in der Außenwelt wahrnehmbar** und empirisch nachprüfbar sein, dh also nicht nur zur Gedankenwelt eines Beteiligten zählen. Diese Anforderung folgt schon aus dem Wortlaut des § 36 II Nr. 2 VwVfG, der einen tatsächlichen und nicht nur gedanklichen „Eintritt" voraussetzt.

---

16 Ipsen AllgVerwR Rn. 557.

17 Brenner JuS 1996, 281 (283); Laubinger WiVERW1982, 117 (119 ff.); Axer JURA 2001, 748.

18 Näher Stelkens/Bonk/Sachs/Stelkens VwVfG § 36 Rn. 74.

19 Vgl. dazu OVG Münster NVwZ-RR 1998, 23.

20 So Schröder NVwZ 2007, 532 (533 ff.), der dort auch zu den Rechtsproblemen der Lösungsalternativen ausführlich Stellung nimmt.

21 BVerwG ThürVBl. 2016, 163 (165); vgl. auch Müller-Grune ThürVBl. 2016, 157 (159).

22 OVG Bremen NordÖR 2011, 275.

Hinzu kommt das Bedürfnis aller Beteiligten nach Rechtssicherheit sowie das Verhältnis des § 36 II Nr. 2 VwVfG zu den §§ 48 f. VwVfG, die die behördlichen Beseitigungsbefugnisse aufgrund sich wandelnder Erkenntnisse abschließend regeln.[23]

Beispiele: Eine Zuwendung, die als Anteil an den zuwendungsfähigen Kosten per Verwaltungsakt gewährt wird, aber unter dem Vorbehalt steht, dass die Zuwendungshöhe zu verringern ist, wenn sich im Rahmen einer internen Neubewertung später herausstellt, dass die zuwendungsfähigen Kosten zu hoch angesetzt wurden, ist nicht mit einer auflösenden Bedingung versehen.[24]

In **Abgrenzung** zur Befristung prägt die Bedingung, dass deren Eintritt nicht von 9
einem gewissen, terminierten, sondern von einem ungewissen Ereignis abhängt. Diese Ungewissheit kann sich gleichermaßen auf den Zeitpunkt, aber auch darauf beziehen, ob das Ereignis, von dem die Rechtswirkungen der Hauptregelung abhängen, eintritt.[25] Daher sind Bedingungen nicht nur temporär konstruierbar, sondern können als sog. Potestativbedingung[26] auch auf den Willen des Verwaltungsaktadressaten oder eines Dritten bezogen sein.

Der Einsatz von Bedingungen ist **zweckmäßig,** wenn er die Rücknahme oder den 10
Widerruf von Verwaltungsakten ersparen und so zusätzliche, ggf. zeitraubende Verfahrensschritte entbehrlich machen kann. Das ist insbesondere im Subventionsrecht im Interesse einer raschen Erstattung etwaiger bewilligter Haushaltsmittel bedeutsam – so zB, wenn die Bewilligung finanzieller Mittel vom Eintritt eines bestimmten Verhaltens des präsumtiven Empfängers abhängt[27] oder unwirksam wird, falls sich der Begünstigte in einer bestimmten Art und Weise betätigt.[28]

c) Widerrufsvorbehalte

Anders als die Bedingung bzw. die Befristung wird der Widerrufsvorbehalt in § 36 II 11
Nr. 3 VwVfG nicht weiter definiert. Der Grund dafür liegt einerseits darin, dass die Facetten möglicher Widerrufsgründe abstrakt nicht fassbar sind, und andererseits darin, dass die Möglichkeit eines im Verwaltungsakt vorbehaltenen Widerrufs in § 49 II Nr. 1 Var. 2 VwVfG ausdrücklich angesprochen wird. In dieser Norm kommt hinreichend deutlich zum Ausdruck, dass der Widerrufsvorbehalt auf ein **zweistufiges Verfahren** angelegt ist. Es verlangt zunächst nach der Verankerung eines entsprechenden Vorbehalts im Verwaltungsakt und fordert dann daran anknüpfend den Erlass eines Aufhebungsaktes, wenn die Voraussetzungen des Widerrufsvorbehalts gegeben sind. Das Fachrecht kann deren Erlass verbieten.

Beispiele: Nach § 12 I 2 BImSchG kann eine Genehmigung mit dem Vorbehalt eines Widerrufs versehen werden, wenn die Anlage lediglich Erprobungszwecken dienen soll. Nach § 15 IV PBefG darf eine Personenbeförderungsgenehmigung nicht mit einem Vorbehalt des Widerrufs erteilt werden.

In **Abgrenzung** zur Befristung setzt der Widerrufsvorbehalt nicht den Eintritt eines 12
kalendermäßig bestimmten Zeitpunkts, sondern ein Anschlussverhalten der zuständigen Behörde in Form des Erlasses eines Widerrufs voraus. Darin liegt auch der wesent-

---

[23] Gass NVwZ 2016, 748; Waldhoff JuS 2016, 187 (189); ausf. zu diesen Begründungen Müller-Grune ThürVBl. 2016, 157 (158 ff.).

[24] BVerwG NVwZ 2015, 1764 (1765).

[25] Maurer/Waldhoff AllgVerwR § 12 Rn. 6.

[26] Detterbeck AllgVerwR, 21. Aufl. 2023, § 10 Rn. 649.

[27] S. näher Stober DÖV 1984, 265.

[28] OVG Münster DVBl 1991, 1365; VGH München BayVBl. 2000, 245.

liche Unterschied zur Bedingung, da sie sich unmittelbar auf die Wirksamkeit eines Verwaltungsakts auswirkt und nicht nur indirekt über den Erlass eines weiteren Hoheitsakts. Der Widerrufsvorbehalt ist daher ggf. eine Voraussetzung für die Rechtmäßigkeit des Widerrufs, beeinflusst die Wirksamkeit der Hauptregelung aber grundsätzlich nicht.[29] Beide Rechtsfiguren sind daher nicht über einen Leisten zu schlagen.[30]

13 Ist ein Widerrufsvorbehalt beigefügt, kann sich der Adressat einer späteren Aufhebung **nicht** auf **Vertrauensschutz** berufen (vgl. § 49 II 1 Nr. 1 Var. 2 VwVfG), weil er um diese Möglichkeit von Anfang an wusste. Die an einen Vorbehalt anknüpfende Aufhebung setzt zudem kein anschließendes Fehlverhalten des Adressaten der Hauptregelung voraus. Es kommt lediglich darauf an, dass die im Widerrufsvorbehalt niedergelegten Vorgaben gewahrt sind. In der Folge kann zB eine Baugenehmigung aufgehoben werden, wenn sich die Behörde darin den Widerruf für den Fall vorbehalten hat, dass eine Werbeanlage aufgrund ihrer Größe im Zuge einer Veränderung des Ortsbildes verunstaltend wirkt und diese Voraussetzung zwischenzeitlich eingetreten ist.[31]

d) Auflagen

14 Definiert wird die Auflage in § 36 II Nr. 4 VwVfG als eine Bestimmung, durch die dem Begünstigten – dieser Begriff ist wie in § 48 I 2 VwVfG zu verstehen – ein Tun, Dulden oder Unterlassen vorgeschrieben wird.[32] Diese Formulierung halten Teile der Literatur für zu eng und plädieren deshalb dafür, Auflagen auch im Falle eines belastenden Verwaltungsaktes – vor allem wenn er drittbegünstigend wirkt – zuzulassen;[33] – dieser Ansatz wird dann mit einem Erst-Recht-Schluss begründet. Die Auflage iSd § 36 II Nr. 4 VwVfG knüpft inhaltlich an den Hauptverwaltungsakt an, indem sie eine **eigenständige Regelung** trifft. Sie erfüllt deshalb die Vorgaben des § 35 VwVfG[34] und kann im Wege der Verwaltungsvollstreckung gesondert durchgesetzt werden.[35]

Beispiele: § 3 IV GüKG; § 12 I BImSchG; § 15 III PBefG; § 12 II 2 AufenthG

15 Im Gegensatz zur **Befristung** bezieht sich die Auflage nicht auf die Wirksamkeit des Hauptverwaltungsaktes, sondern lässt sie unberührt. Diese Divergenz kommt auch in § 36 II VwVfG zum Ausdruck, wonach ein Verwaltungsakt mit einer Befristung erlassen, aber mit einer Auflage „nur" verbunden werden kann. Dieser Unterschied im Wortlaut der Norm determiniert auch die Abgrenzung der Auflage zum **Widerrufsvorbehalt.** Zwar bestehen insoweit Parallelen, als die Nichterfüllung einer Auflage wie die Erfüllung eines Widerrufsgrundes die Aufhebung des Hauptverwaltungsaktes rechtfertigen kann (vgl. § 49 II 1 Nr. 2 VwVfG), so dass sich nur die Vorzeichen zu unterscheiden scheinen. Es bleiben jedoch Divergenzen, weil im Lichte des Verhältnismäßigkeitsgrundsatzes ein Primat der Auflagenerfüllung besteht, die Auflage also

29 Stelkens/Bonk/Sachs/Stelkens VwVfG § 36 Rn. 78; OVG Bautzen NJW 2000, 1057 (1058).
30 Ipsen AllgVerwR Rn. 568.
31 Vgl. OVG Koblenz BauR 2005, 847 (848).
32 Stelkens/Bonk/Sachs/Stelkens VwVfG § 36 Rn. 82.
33 So wohl Bader/Ronellenfitsch/Tiedemann VwVfG § 36 Rn. 61.
34 Kopp/Ramsauer/Ramsauer VwVfG § 36 Rn. 68.
35 Detterbeck AllgVerwR, 21. Aufl. 2023, § 10 Rn. 653.

vorrangig durchzusetzen ist, bevor der Hauptverwaltungsakt aufgehoben werden darf.[36]

Beispiele: Die staatliche Genehmigung zum Betrieb einer privaten Hauptschule, die mit dem Zusatz versehen ist, dass diese Genehmigung aufgehoben werden darf, wenn aus Schülermangel nur jahrgangsübergreifende Hauptschulklassen gebildet werden können, enthält einen Widerrufsvorbehalt, keine Auflage.[37]

Für die Abgrenzung der Auflage zur Bedingung kommt der Wortlautunterschied in § 36 II VwVfG ebenfalls zum Tragen. Es gilt daher die Faustregel: „Die Bedingung […] suspendiert, zwingt aber nicht; der Modus (die Auflage) zwingt, suspendiert aber nicht".[38] Da sowohl Auflagen als auch **Bedingungen** in der Regel dazu dienen, Hindernisse auszuräumen, die der Erteilung einer Erlaubnis entgegenstehen, kann deren Abgrenzung gleichwohl im Einzelfall schwierig sein. Maßgeblich ist dann, ob das, was dem Betroffenen aufgegeben werden soll, so vordringlich ist, dass die Behörde von der Erfüllung des Aufgegebenen die Wirksamkeit des Hauptverwaltungsaktes abhängig machen will. Liegt diese Voraussetzung vor, ist eine Bedingung gegeben. Es kommt also primär auf die Wichtigkeit des Zusatzes für den Bestand des Hauptverwaltungsaktes an.[39] Bleiben Unklarheiten, soll im Zweifel eine Auflage als weniger einschneidendes Mittel anzunehmen sein. Denn während bei der Bedingung im Falle ihres Eintritts die Wirksamkeit des Hauptverwaltungsaktes sofort entfällt, bleibt sie beim Erlass einer Auflage zunächst unberührt und entfällt ggf. erst auf Basis einer nachfolgenden Aufhebung des Hauptverwaltungsaktes.[40] 16

Beispiele: Die Sicherung der Erschließung ist unerlässliche Voraussetzung der Zulässigkeit eines Bauvorhabens, weshalb die Genehmigung nicht mit einer entsprechenden Auflage erteilt werden darf.[41] Die Nebenbestimmung, dass von einer sanierungsrechtlichen Genehmigung erst Gebrauch gemacht werden darf, wenn den durch die Maßnahme betroffenen Mietern Modernisierungs- und Räumungsvereinbarungen angeboten werden, ist als Bedingung zu qualifizieren.[42]

e) Auflagevorbehalte

§ 36 II Nr. 5 VwVfG definiert schließlich den Auflagevorbehalt als einen Vorbehalt der nachträglichen Aufnahme, Änderung oder Ergänzung einer Auflage. Er ähnelt dadurch dem Widerrufsvorbehalt, weil beide Nebenbestimmungen verhindern, dass in ihrem Anwendungsbereich Vertrauensschutz zugunsten des Regelungsadressaten entstehen kann. Zudem sind Auflage- und Widerrufsvorbehalt zweistufig, weil die **Einschränkung bzw. Aufhebung des Hauptverwaltungsaktes erst in der Zukunft** liegt und von einer weiteren behördlichen Maßnahme abhängt. 17

Der maßgebliche **Unterschied** zwischen diesen beiden Formen der Nebenbestimmung ist allerdings erneut der, dass der Auflagenvorbehalt nicht an die Wirksamkeit des Hauptverwaltungsaktes anknüpft, sondern stattdessen erlaubt, dass eine Auflage erstmalig erlassen oder nachträglich modifiziert werden darf. Sein lediglich vorbereitender Charakter unterscheidet den Auflagenvorbehalt zudem von der Bedingung, der Befristung und der Auflage. 18

[36] S. auch BVerwG DÖV 1966, 762.
[37] BVerwGE 112, 263.
[38] Von Savigny, System des heutigen römischen Rechts III, 1840, S. 231.
[39] Kopp/Ramsauer/Ramsauer VwVfG § 36 Rn. 69 ff.
[40] S. auch BVerwGE 78, 114 (119).
[41] BGH DVBl 2001, 809.
[42] OVG Berlin-Brandenburg NVwZ 2001, 1059 und dazu Tietzsch NVwZ 2002, 435.

19 Ein Auflagenvorbehalt ist vor allem **zweckmäßig,** wenn Auswirkungen von Verwaltungsakten im Zeitpunkt der Genehmigung noch nicht übersehbar sind und mit späteren Korrekturen der ursprünglich erlassenen Maßnahme zu rechnen ist.[43] Denn in diesem Fall schafft der Auflagenvorbehalt die nötige Flexibilität, um auf etwaige Änderungen einzelfallgerecht reagieren zu können, indem neue Auflagen erlassen oder bestehende modifiziert werden.

Beispiele: Nebenbestimmung zu einer Genehmigung für den Bau einer Lebensmittellagerhalle, auf deren Basis dann, wenn die Anwohner erheblichen Geruchsbelästigungen infolge der Trocknung von Hackschnitzeln ausgesetzt sind, die Einhausung des Trocknungsbereichs sowie das Absaugen der Luft mit Hilfe eines Abluftrohrs drei Meter über den Dachfirst verfügt werden kann.[44]

2. Abgrenzung zu verwandten Rechtsfiguren

20 Im Zusammenhang mit den in § 36 II VwVfG aufgeführten Nebenbestimmungen werden bisweilen auch andere Rechtsfiguren diskutiert, so dass es einer Abgrenzung der verschiedenen Institute bedarf.

a) Modifizierende Auflage

21 In Umsetzung dessen ist vor allem die fälschlich so bezeichnete „modifizierende Auflage“[45] von Bedeutung. Sie liegt vor, wenn eine Vergünstigung anders als beantragt gewährt wird („mit der Maßgabe, dass […]“). Zwar handelt es sich nicht um eine echte Inhaltsbestimmung, die den Gegenstand des Verwaltungsakts festlegt,[46] sondern um eine daran anknüpfende Maßnahme. Die sog. modifizierende Auflage führt aber jedenfalls zu einer **qualifizierten Veränderung des Inhalts** des Verwaltungsaktes. Denn wenn man davon ausgeht, dass im Falle einer selbstständigen Auflage ein „Ja, aber“ gewährt wird, trifft für die modifizierende Auflage die Formel „Nein, aber“ zu.[47] Nicht zuletzt deshalb dürfte es denn auch treffender sein, von einer modifizierenden Genehmigung,[48] einer „modifizierenden Gewährung“ oder einer Genehmigungsinhaltsbestimmung[49] zu sprechen. Zumindest ist die sog. modifizierende Auflage aber nicht mehr von der Hauptregelung abtrennbar, so dass § 36 II VwVfG nicht greift,[50] auch weil sie anders als die dort genannte eigentliche Auflage nicht selbstständig durchsetzbar ist.[51] Stattdessen liegt je nach Perspektive entweder eine teilweise Ablehnung oder eine teilweise Gewährung vor, die so jedenfalls nicht beantragt worden ist.[52]

Beispiele: Eine Bauerlaubnis wird mit der Maßgabe erteilt, dass statt der beantragten drei Geschosse vier zu erstellen sind oder dass eine andere – als die im Antrag vorgesehene – Dachform auszuführen ist; immissionsschutzrechtliche Genehmigung einer Feuerungsanlage mit der Maßgabe, bei Ölfeuerungsbetrieb nur schwefelarmes Heizöl zu verwenden;[53] Erteilung einer Fahrerlaubnis mit der Maßgabe, dass Wagen mit Automatikgetriebe nur innerhalb eines Umkreises von 20 km zum Wohnort geführt werden dürfen.[54]

---

[43] Achterberg, Allg. Verwaltungsrecht, 1988, S. 120.
[44] VGH München BeckRS 2012, 52644.
[45] S. zur Begriffsbildung Weyreuther DVBl 1969, 295.
[46] Beckmann VR 2003, 148 (150 f.). Heitsch DÖV 2003, 367 (369).
[47] S. Weyreuther DVBl 1969, 295 (297).
[48] S. auch Hoffmann DVBl 1977, 514.
[49] S. Schmehl UPR 1998, 334; Tegethoff UPR 2003, 416.
[50] Ebenso Stelkens/Bonk/Sachs/Stelkens VwVfG § 36 Rn. 98.
[51] Detterbeck AllgVerwR, 21. Aufl. 2023, § 10 Rn. 657.
[52] Brenner JuS 1996, 281 (285); ebenso Brüning NVwZ 2002, 1081.
[53] BVerwGE 69, 37.
[54] Vgl. dazu VG Ansbach BeckRS 2012, 46731.

b) Berichtigungsvorbehalte

22 Abgesehen davon wird bisweilen diskutiert, ob ein Verwaltungsakt mit einem sog. Berichtigungsvorbehalt versehen werden darf. Darunter werden solche Nebenbestimmungen gefasst, die der Verwaltung die Möglichkeit geben, einen nachträglich als fehlerbehaftet erkannten Verwaltungsakt zu berichtigen, um sie vor einem Aufhebungsrisiko bei rechtlicher Ungewissheit zu schützen.[55] Diese Rechtsfigur erfreut sich insbesondere einer gewissen **sozialrechtlichen Beliebtheit** – so beispielsweise, wenn es um den Erlass von Honorarbescheiden zur Abgeltung vertragsärztlicher Leistungen geht und rechtliche Unsicherheiten bei der Honorarverteilung bestehen.[56]

23 Jenseits spezialgesetzlicher Normen, die ggf. namentlich im Sozialrecht angesprochen sein können,[57] hängt die **verwaltungsverfahrensrechtliche Zulässigkeit** solcher Berichtigungsvorbehalte vor allem davon ab, ob sie den Vorgaben des Gesetzesvorbehalts gerecht werden. Da es sich in der Regel um belastende Maßnahmen handeln wird, bedarf es also insbesondere einer Rechtsgrundlage. Zieht man eine Parallele zu den zumindest strukturverwandten vorläufigen Verwaltungsakten, dürfte jedoch ein Rückgriff auf § 36 VwVfG, soweit es sich überhaupt um eine Rechtsgrundlage für den Erlass von Nebenbestimmungen handelt (→ § 45 Rn. 65), nicht in Betracht kommen, so dass Berichtigungsvorbehalte jenseits spezialgesetzlicher Rechtsgrundlagen in der Regel unzulässig sein dürften.[58]

c) Sicherheitsvorbehalte

24 Im Umwelt- und Wirtschaftsverwaltungsrecht steht die Erteilung von Erlaubnissen und Bewilligungen teilweise unter einem Sicherheitsvorbehalt. Dabei handelt es sich nicht um eine eigenständige Nebenbestimmungskategorie. Vielmehr ist die Auferlegung von Sicherheiten regelmäßig **Gegenstand von Bedingungen oder Auflagen.**[59]

Beispiel: Nach § 17 IVa 1 BImSchG soll bei Abfallentsorgungsanlagen auch eine Sicherheitsleistung angeordnet werden.

III. Rechtsnatur der Nebenbestimmungen

25 Hinsichtlich der Rechtsnatur einer Nebenbestimmung ist zu differenzieren: Soweit sie nachträglich erlassen wird, liegt stets ein eigenständiger Verwaltungsakt vor.[60] Denn jedenfalls die implizite Änderung des ursprünglichen Verwaltungsakts ist eine eigenständige Regelung. Wird eine Nebenbestimmung hingegen mit der Hauptbestimmung erlassen, so sind die **Bedingung, die Befristung oder der Widerrufsvorbehalt** keine eigenständigen Verwaltungsakte, da sie ihres Bezugspunktes („erlassen werden mit") entkleidet wären, wenn sie ohne eine Hauptregelung ergingen.

26 Etwas anderes gilt wie bereits angedeutet für die **Auflage.** Sie steht zur Hauptregelung zwar ebenfalls im Verhältnis der Akzessorietät, aber nur in einem abgeschwächten Sinne („verbunden werden mit"). Zudem enthält sie eine zusätzliche Verpflichtung,

---

[55] S. näher Axer DÖV 2003, 271 (275 ff.).
[56] Vgl. BSGE 89, 62 (72); 93, 69 (72 f.).
[57] Vgl. dazu Harneit in Arbeitsgemeinschaft Medizinrecht, FS 10 Jahres AG Medizinrecht im DAV, 2009, 361 ff.; siehe auch Sodan NZS 2003, 130 f.
[58] So auch Axer DÖV 2003, 271 (275 ff.).
[59] Grete/Küster NuR 2002, 467 (471).
[60] Reimer VERW45 (2012), 491 (504); BVerwG NVwZ 1992, 177.

die selbstständig durchgesetzt werden kann. Sie erfüllt daher die Voraussetzungen des § 35 VwVfG und ist somit selbst ein eigenständiger Verwaltungsakt. Diese These stützt auch der Wortlaut des § 36 II VwVfG, der davon ausgeht, dass die Auflage autonom etwas vorschreibt.[61]

27 Der **Auflagenvorbehalt** wird gelegentlich ebenfalls als akzessorischer Verwaltungsakt begriffen, weil er die Hauptbestimmung zu Lasten des Adressaten schwäche.[62] Führte man diese Argumentation fort, müsste man aber an sich auch den Widerrufsvorbehalt zum Verwaltungsakt erklären – eine Konsequenz, die soweit ersichtlich[63] überwiegend nicht gezogen wird.[64] Abgesehen davon erfüllt der Auflagenvorbehalt aber auch nicht die Vorgaben des § 35 VwVfG,[65] weil nicht er, sondern erst die Auflage auf unmittelbare Rechtsfolge gerichtet ist.

IV. Zulässigkeit von Nebenbestimmungen

28 Wie bereits angeklungen ist, muss jede **Nebenbestimmung** rechtmäßig sein.[66] Lässt man diejenigen Verwaltungsakte, die zB als statusbegründende Rechtsakte[67] oder als Prüfungsentscheidungen (Abitur oder juristische Staatsexamina) solchen Zusätzen **nicht zugänglich** sind, außer Betracht,[68] hängt deren Zulässigkeit im Wesentlichen vom jeweiligen Fachrecht ab.[69] Zudem stellt insbesondere § 36 III VwVfG bestimmte Anforderungen, die zu den soeben Genannten hinzutreten. Sind etwaige rechtliche Vorgaben nicht gewahrt, bleiben Nebenbestimmungen genauso wie Verwaltungsakte vorbehaltlich des § 44 VwVfG zunächst wirksam.[70] Eventuell kommt aber deren behördeninitiierte Beseitigung nach den §§ 48 ff. VwVfG[71] in Betracht,[72] solange dadurch nicht die Hauptregelung rechtswidrig[73] wird.

1. Spezialgesetzliche Rechtsgrundlagen

29 In der Regel finden sich, soweit im Hauptverwaltungsakt selbst keine entsprechende Ermächtigung enthalten ist,[74] Aussagen über die Zulässigkeit der ggf. auch nachträglichen Hinzufügung von Nebenbestimmungen im einschlägigen Fachrecht, so zB in § 55 III GewO oder – soweit noch anwendbar[75] – in § 5 GastG. Ggf. können dort auch etwaige Nebenbestimmungen untersagt werden wie zB in § 15 IV PBefG. Ob

[61] So auch Hanf, Rechtsschutz gegen Inhalts- und Nebenbestimmungen zu VA, 2003, S. 45 ff.; enger Hoffmann-Riem/Schmidt-Aßmann/Voßkuhle GVwR/Bumke § 35 Rn. 142.
[62] So Maurer/Waldhoff AllgVerwR § 12 Rn. 13.
[63] Vgl. aber Reimer VERW45 (2012), 491 (499).
[64] Obermayer/Funke-Kaiser/Stuhlfauth VwVfG § 36 Rn. 43.
[65] So auch Ipsen AllgVerwR Rn. 578.
[66] BVerwG DÖV 1992, 30.
[67] BVerwG NJW 1999, 1798.
[68] Dezidiert krit. zu pauschalen Klassifikationen Traub, Nebenbestimmungsfeindliche Verwaltungsakte, 2018, S. 188 ff.
[69] Maurer/Waldhoff AllgVerwR § 12 Rn. 18.
[70] Detterbeck AllgVerwR, 21. Aufl. 2023, § 10 Rn. 656.
[71] Stelkens/Bonk/Sachs/Stelkens VwVfG § 36 Rn. 45.
[72] Laubinger VerwArch 73 (1982), 345 (364); vgl. auch OVG Greifswald NVwZ 2002, 104 (105); VGH Mannheim NVwZ-RR 2002, 621 (623).
[73] Stelkens/Bonk/Sachs/Stelkens VwVfG § 36 Rn. 44.
[74] Knack/Henneke/Henneke/Berger VwVfG § 36 Rn. 25 ff.
[75] Vgl. dazu ausf. Glaser GewArch 2013, 1 (4).

diese Bestimmungen § 36 VwVfG als Spezialnormen vorgehen, ist nicht pauschal zu beantworten, sondern durch **Auslegung im jeweiligen Einzelfall** zu klären.[76]

2. § 36 VwVfG als „Auffangrechtsgrundlage"?

Fehlt es an abschließenden Spezialregeln, könnte § 36 VwVfG als Befugnisnorm her- 30
anzuziehen sein, was bisweilen pauschal bejaht,[77] teilweise aber auch verneint wird.[78] Bevor die Tauglichkeit dieser Bestimmung als Ermächtigungsgrundlage diskutiert wird, fragt sich aber zunächst, in welchen Konstellationen der Erlass einer Nebenbestimmung überhaupt von einer Rechtsgrundlage gedeckt sein muss. Zu deren Beantwortung sind Nebenbestimmungen, die von Anfang an dem Hauptverwaltungsakt hinzugefügt sind und solche, die nachträglich erlassen werden, zu scheiden.

a) Anfängliche Anordnungen

Für den Fall einer von Anfang an beigefügten Anordnung gelten folgende Grund- 31
sätze:

aa) Erfordernis einer Rechtsgrundlage. Im Lichte des Art. 20 III GG ist zunächst 32
eine **differenzierte Betrachtungsweise** danach geboten, ob der Erlass einer Nebenbestimmung die Rechtsstellung des Adressaten oder eines Dritten beschränkt (→ § 46 Rn. 12 ff.), weil es nur in diesem Falle einer Rechtsgrundlage bedarf. Die Beantwortung dieser Frage hängt davon ab, ob der Erlass einer Auflage in Rede steht. Im Übrigen kommt es auf die rechtlichen Wirkungen des Hauptverwaltungsakts an.

(1) Erlass einer Auflage. Wird der Hauptverwaltungsakt mit einer Auflage verbun- 33
den, so wird ihm eine gesonderte Verpflichtung beigefügt, die als eigenständiger Verwaltungsakt selbstständig durchsetzbar ist. Damit sondert sich die Auflage trotz ihrer Akzessorietät in ihren Rechtswirkungen ein Stück weit vom Hauptverwaltungsakt ab. Aufgrund dieses Spezifikums kann die Auflage aber **nicht als bloßes Minus gegenüber dem Hauptverwaltungsakt** begriffen werden, so dass deren Beifügung eine Rechtsgrundlage erfordert, weil sie dem Adressaten etwas gesondert vorschreibt.[79]

(2) Erlass anderer Nebenbestimmungen. Betrachtet man demgegenüber andere 34
Zusätze, so kommt es auf die Wirkung des Hauptverwaltungsakts an. Geht es um von Anfang an mit dem Erlass eines **belastenden Hauptverwaltungsakts** verbundene Nebenbestimmungen, so bedürfen sie in der Regel keiner separaten Rechtsgrundlage, weil sie die Beeinträchtigung abschwächen, hätte der Hauptverwaltungsakt doch auch ohne Zusatz ergehen können. Aus diesem Grunde geht man davon aus, dass die Ermächtigung zum Erlass der Nebenbestimmung bereits in der zum Erlass des belastenden Hauptverwaltungsakts als Minus enthalten ist.[80] Aus der Perspektive eines betroffenen Dritten, den in diesem Falle die abschwächende Neben-

---

[76] Ausf. dazu Mann/Sennekamp/Uechtritz/Weiß VwVfG § 36 Rn. 109 ff.

[77] So Schneider, Nebenbestimmungen und Rechtsschutz, 1981, S. 42 f.

[78] So Ehlers/Pünder AllgVerwR/Ruffert § 23 Rn. 12 ff.; ähnl. Kopp/Ramsauer/Ramsauer VwVfG § 36 Rn. 39.

[79] Ähnl. Knack/Henneke/Henneke/Berger VwVfG § 36 Rn. 40; Reimer VERW45 (2012), 491 (500, 503).

[80] Insoweit zutreffend Bader/Ronellenfitsch/Tiedemann VwVfG § 36 Rn. 7.

bestimmung beschwert, liegt infolgedessen ebenfalls eine hinreichende Rechtsgrundlage vor.

35 Für **begünstigende Hauptverwaltungsakte** gilt demgegenüber, dass etwaige Dritte von der Nebenbestimmung profitieren, weil sie die Begünstigung abschwächt, so dass jedenfalls aus deren Perspektive keine Rechtsgrundlage nötig ist. Aus Sicht des Adressaten kommt es demgegenüber darauf an, ob auf die Maßnahme ein Anspruch besteht oder nicht: Steht der Erlass des Hauptverwaltungsakts **im behördlichen Ermessen,** so hätte die Verwaltung auf die Begünstigung auch verzichten können, so dass die Nebenbestimmung erst dazu führt, dass der Adressat die Begünstigung erhält. Deshalb ist aus dessen Perspektive in solchen Konstellationen mit der Nebenbestimmung keine Belastung verbunden und daher auch keine Rechtsgrundlage nötig.[81] Ein derartiger Fall kann zB bei der Auskehrung einer Subvention vorliegen, so dass es dort grundsätzlich keiner Ermächtigung zum Erlass einer Nebenbestimmung bedarf.[82]

36 Besteht ein **Anspruch auf einen begünstigenden Hauptverwaltungsakt,** liegen die Dinge jedoch anders: Zwar wirkt eine Nebenbestimmung aus Sicht etwa betroffener Dritter dann erneut begünstigend, weil sie die Vorteile der Hauptregelung abschwächt. Aus der Perspektive des Adressaten ist hingegen eine Verkürzung seiner Rechtsstellung gegeben, weil die Nebenbestimmung seinen gesetzlich vorgesehenen Anspruch verringert. Nach dem Gesetzesvorbehalt und § 36 I Alt. 1 VwVfG ist sie daher nur zulässig, wenn sie von einer Ermächtigungsgrundlage gedeckt ist.[83]

37 **bb) § 36 VwVfG als Rechtsgrundlage.** Nur soweit eine Auflage oder ein begünstigender Hauptverwaltungsakt erlassen wurde, auf den ein Anspruch besteht, stellt sich also die Frage, ob § 36 VwVfG eine taugliche Ermächtigungsgrundlage bildet.

38 **(1) Gebundene Hauptverwaltungsakte, § 36 I VwVfG.** Sie ist zunächst einmal dann zu bejahen, wenn eine Nebenbestimmung iSd § 36 I Alt. 2 VwVfG „sicherstellen soll, dass die gesetzlichen Voraussetzungen des Verwaltungsaktes erfüllt werden". Da § 36 I VwVfG seinem Wortlaut nach („… darf nur versehen werden, wenn …") eine ermächtigende Aussage trifft, spricht in solchen Konstellationen nichts gegen dessen grundsätzliche Tauglichkeit als **Rechtsgrundlage.**[84] Insoweit kommt es dann also weder auf den Ermächtigungsrahmen zum Erlass des Hauptverwaltungsakts[85] noch auf die Existenz einer spezialgesetzlichen Befugnisnorm[86] an. § 36 I Hs. 2 VwVfG reicht stattdessen aus und erlaubt es der Verwaltung, eine endgültige Entscheidung zu treffen, obwohl noch nicht alle tatbestandlichen Anforderungen vorliegen, ohne sie dazu zu verpflichten; es besteht also behördliches Ermessen.[87]

Beispiel: Eine Baugenehmigung wird unter der Bedingung erteilt, dass die für das avisierte fensterlose Bad erforderliche Lüftung eingebaut wird (§ 50 III NRW BauO).

---

[81] Vgl. Stober GewArch 1993, 136 (142 f.).
[82] Stelkens/Bonk/Sachs/Stelkens VwVfG § 36 Rn. 138 mwN zum Streitstand.
[83] Ähnl. Ipsen AllgVerwR Rn. 582.
[84] So auch Schneider, Nebenbestimmungen, 1981, S. 42 f.
[85] In diese Richtung tendiert aber Kopp/Ramsauer/Ramsauer VwVfG § 36 Rn. 38 ff.
[86] In diese Richtung tendieren aber Knack/Henneke/Henneke/Berger VwVfG § 36 Rn. 34.
[87] Stelkens/Bonk/Sachs/Stelkens VwVfG § 36 Rn. 117.

Die Vorschrift gilt jedoch nicht, wenn zwar alle tatbestandlichen Anforderungen gewahrt sind, aber für die Zukunft sichergestellt werden soll, dass diese Voraussetzungen auch künftig eingehalten werden. Daher darf die Behörde einen Verwaltungsakt nicht auf Basis des § 36 I Hs. 2 VwVfG mit einer Nebenbestimmung versehen, nach der ein Widerruf möglich ist, wenn künftig etwaige Vorgaben der Rechtsgrundlage nicht mehr gewahrt sein sollten. Für die Unzulässigkeit dieses Vorgehens spricht insbesondere die Zielsetzung dieser Norm, die darauf angelegt ist, der Behörde die Möglichkeit zu geben, eine Maßnahme zugunsten des Bürgers zu treffen, obwohl nicht alle Voraussetzungen erfüllt sind. Sie soll daher nicht die Möglichkeit bieten, einen erlassenen Verwaltungsakt zulasten des Bürgers wieder beseitigen zu können.[88] 39

Beispiel: Wird einer Einrichtung der Status „anerkannte Ersatzschule" zuerkannt, weil sie alle rechtlichen Voraussetzungen erfüllt, darf diese Anerkennung nicht mit dem Vorbehalt eines Widerrufs für den Fall versehen werden, dass eine Voraussetzung – so zB das Erfordernis, dass zwei Drittel der Lehrer die Anstellungsfähigkeit für das entsprechende Lehramt an staatlichen Schulen besitzen – nachträglich wegfällt.[89]

Seinem **Anwendungsbereich** nach setzt § 36 I VwVfG einen Anspruch auf den Erlass des Hauptverwaltungsakts voraus. Folglich greift diese Norm im Falle von Belastungen nicht, zumal sie nicht im Interesse des Adressaten liegen, so dass ein Anspruch darauf keinen Sinn macht.[90] Die einschlägige Rechtsgrundlage muss die zuständige Behörde also verpflichten, eine aus Adressatenperspektive begünstigende Entscheidung zu treffen, mag sie auch zugleich einen Dritten belasten. Liegt der Erlass des Hauptverwaltungsakts hingegen im behördlichen Ermessen, greift § 36 I VwVfG jedenfalls solange nicht, wie keine Reduzierung auf Null vorliegt. Es muss also ein Anspruch auf Erlass der Begünstigung und nicht nur auf ermessensfehlerfreie Entscheidung bestehen.[91] 40

(2) Ermessensabhängige Hauptverwaltungsakte, § 36 II VwVfG. Handelt es sich um einen Hauptverwaltungsakt, dessen Erlass im behördlichen Ermessen steht und damit nicht auf einer gebundenen Entscheidung basiert, gilt § 36 II VwVfG[92] – und zwar unabhängig davon, ob der Hauptverwaltungsakt begünstigt oder belastet.[93] Aufgrund dieses **Anwendungsbereichs** kommt diese Vorschrift im Lichte des Gesetzesvorbehalts aus Art. 20 III GG nur als Rechtsgrundlage zum Tragen, soweit es um den Erlass einer Auflage als Zusatz zu einem ermessensabhängigen Verwaltungsakt geht (→ § 47 Rn. 30 ff.). Zumindest insoweit ist § 36 II VwVfG also nicht irrelevant,[94] sondern ggf. die maßgebliche Rechtsgrundlage für den Erlass einer Nebenbestimmung. 41

Daran anknüpfend wird diese Vorschrift teilweise nicht als Ermächtigungsnorm eingeordnet.[95] Dafür könnte sprechen, dass sie keine tatbestandlichen Einschränkungen macht und sehr offen formuliert ist, so dass sie als Rechtsgrundlage für Maßnahmen 42

---

[88] Ehlers/Pünder AllgVerwR/Ruffert § 23 Rn. 14.
[89] BVerwG NVwZ 2016, 699; vgl. dazu auch Waldhoff JuS 2016, 959.
[90] Im Ergebnis ebenso Kopp/Ramsauer/Ramsauer VwVfG § 36 Rn. 38; Detterbeck AllgVerwR, 21. Aufl. 2023, § 10 Rn. 661.
[91] Obermayer/Funke-Kaiser/Stuhlfauth VwVfG § 36 Rn. 30.
[92] Guckelberger AllgVerwR § 18 Rn. 13.
[93] Stelkens/Bonk/Sachs/Stelkens VwVfG § 36 Rn. 133.
[94] Vgl. aber Reimer VERW45 (2012), 491 (495).
[95] Stelkens/Bonk/Sachs/Stelkens VwVfG § 36 Rn. 135.

der Eingriffsverwaltung zu unscharf ist. § 36 II VwVfG enthielte danach nicht mehr als eine Legaldefinition der wichtigsten Nebenbestimmungen. Andere **Ansätze** stellen demgegenüber auf den ermächtigenden Wortlaut des § 36 II VwVfG ab und begreifen ihn daher als (klarstellende) Befugnis dafür, dass Nebenbestimmungen nach Maßgabe des fachrechtlichen Ermessens ohne besondere Erlaubnis zulässig sind.[96]

43 Da § 36 II VwVfG **„unbeschadet des Absatzes 1"** gilt, wird schließlich bisweilen jedenfalls in dessen Anwendungsbereich die Zulässigkeit von Nebenbestimmungen bejaht – nämlich wenn es um die Sicherung der gesetzlichen Voraussetzungen des Hauptverwaltungsakts geht. Diesem Ansatz lässt sich dann auch nicht die tatbestandliche Unschärfe des § 36 II VwVfG entgegenhalten, weil der Nebenbestimmungszweck über den Bezug auf § 36 I VwVfG hinreichend konkret gefasst ist. Voraussetzung dafür ist aber, dass der Verweis in § 36 II VwVfG auf § 36 I VwVfG als Rechtsgrundverweis eingestuft wird, so dass es um den Erlass eines begünstigenden Hauptverwaltungsakts[97] und um die Sicherstellung der tatbestandlichen und nicht der ermessensbezogenen[98] Voraussetzungen gehen muss.

b) Nachträgliche Anordnungen

44 Im Falle einer nachträglich beigefügten Nebenbestimmung ist zu beachten, dass sie den ursprünglich ohne diesen Zusatz erlassenen Hauptverwaltungsakt und damit auch dessen Bindungswirkung modifiziert,[99] so dass jeder nachträglichen Nebenbestimmung eine Teilaufhebung immanent ist, deren Zulässigkeit sich nach den §§ 48 ff. VwVfG richtet.[100] Sind die dortigen Vorgaben gewahrt, muss überdies aber auch noch die Nebenbestimmung rechtmäßig sein.[101]

45 **aa) Erfordernis einer Rechtsgrundlage.** Daran anknüpfend stellt sich dann im Lichte des Art. 20 III GG erneut die Frage nach dem Erfordernis einer Rechtsgrundlage. Insoweit sind die für die anfängliche Anordnung einer Nebenbestimmung geltenden Grundsätze aber nicht ohne weiteres übertragbar. So stößt zB die Annahme, dass die Ermächtigung zum nachträglichen Erlass einer Nebenbestimmung zu einem belastenden Hauptverwaltungsakt mit drittbegünstigender Wirkung in dessen Rechtsgrundlage als Minus enthalten ist, auf Bedenken, weil der **Dritte** auf den Bestand des ursprünglich erlassenen Hauptverwaltungsakts **vertraut,** was die Rechtsgrundlage des Hauptverwaltungsakts aber ggf. unbeachtet lässt.

46 Noch deutlicher wird das Erfordernis einer zusätzlichen Rechtsgrundlage in dem Fall, dass einem begünstigenden Verwaltungsakt, dessen Erlass im behördlichen Ermessen steht, nachträglich eine Nebenbestimmung beigefügt wird, weil der Hauptverwaltungsakt dann keiner Rechtsgrundlage bedarf, so dass es an einer Ermächtigung, der man den Gedanken entnehmen könnte, dass der **Adressat** auch mit einem Minus zufrieden sein muss, gerade fehlt. Ganz im Gegenteil gilt vielmehr, dass er auf den Be-

96 Kopp/Ramsauer/Ramsauer VwVfG § 36 Rn. 47.
97 Stelkens/Bonk/Sachs/Stelkens VwVfG § 36 Rn. 113, 132.
98 So aber Bader/Ronellenfitsch/Tiedemann VwVfG § 36 Rn. 16.
99 Hoffmann-Riem/Schmidt-Aßmann/Voßkuhle GVwR/Bumke § 35 Rn. 146.
100 Insoweit zutreffend Kopp/Ramsauer/Ramsauer VwVfG § 36 Rn. 21; Reimer VERW45 (2012), 491 (503).
101 Vgl. Stelkens/Bonk/Sachs/Stelkens VwVfG § 36 Rn. 41.

stand der nebenbestimmungsfreien Begünstigung **vertraut,** so dass es einer zusätzlichen Rechtsgrundlage bedarf, die dieses Vertrauen in hinreichendem Maße schützt.

Diese Beispiele zeigen, dass dem **Gesetzesvorbehalt** aus Art. 20 III GG im Falle der nachträglichen Anordnung einer Nebenbestimmung im Zweifel ein deutlich **größeres Gewicht** zukommt als im Falle einer von Anfang an bestehenden. Folglich bedarf es jedenfalls in erheblich mehr Fällen einer Rechtsgrundlage,[102] die den Erlass eines Zusatzes gestattet, nachdem der Hauptverwaltungsakt ergangen ist. Soweit keine fachrechtlichen Vorschriften existieren, bieten ggf. die §§ 48 f. VwVfG eine Basis, weil sie dort, wo sie eine vollständige Aufhebung des Hauptverwaltungsakts ermöglichen, erst recht auch ein Weniger iSe nachträglichen Zusatzes erlauben müssen.[103] 47

bb) § 36 VwVfG als Rechtsgrundlage. Soweit dieser Erst-Recht-Schluss nicht trägt, fragt sich dann allerdings, ob § 36 VwVfG eine taugliche Ermächtigung für die nachträgliche Anordnung einer Nebenbestimmung abbilden kann. 48

(1) Gebundene Hauptverwaltungsakte, § 36 I VwVfG. Für § 36 I VwVfG gilt insoweit das oben Gesagte entsprechend, zumal der Wortlaut der Norm („… mit … versehen werden …") eine **zeitliche** Einschränkung nicht kennt, sondern insoweit **neutral** formuliert ist. Infolgedessen taugt diese Norm als Ermächtigungsgrundlage für den Erlass einer nachträglichen Anordnung zu einem Hauptverwaltungsakt, auf den ein Anspruch besteht, wenn er durch Rechtsvorschrift zugelassen ist oder wenn die Nebenbestimmung sicherstellen soll, dass die gesetzlichen Voraussetzungen des Hauptverwaltungsakts erfüllt werden. 49

Relevant wird § 36 I VwVfG daran anknüpfend, wenn sich nach Erlass des Hauptverwaltungsakts dessen Rechtswidrigkeit herausstellt oder wenn eine ursprünglich rechtmäßige Maßnahme nun nicht mehr ergehen dürfte. Denn dann kann eine **nachträgliche Anordnung** erlassen werden, nach der künftig die (nunmehr) nicht erfüllten **gesetzlichen Voraussetzungen eingehalten werden** müssen, um eine Anpassung an die bestehende Lage zu erreichen.[104] 50

(2) Ermessensabhängige Hauptverwaltungsakte, § 36 II VwVfG. Soweit auf den Hauptverwaltungsakt kein Anspruch des Adressaten besteht und keine speziellere Ermächtigungsnorm greift, stellt sich die Frage, ob § 36 II VwVfG als Rechtsgrundlage heranziehbar ist. Das wird man allerdings schon dem Grunde nach verneinen müssen, weil diese Vorschrift ihrem Wortlaut nach anders als § 36 I VwVfG auf den **Erlasszeitpunkt** abstellt („… erlassen werden mit …") und damit zeitlich gerade nicht neutral ist. Solche Zusätze sind damit jenseits einer Spezialnorm oder eines Vorbehalts im Hauptverwaltungsakt dem Grunde nach unzulässig, wenn sie im Lichte des Art. 20 III GG einer Rechtsgrundlage bedürfen.[105] 51

[102] Hoffmann-Riem/Schmidt-Aßmann/Voßkuhle GVwR/Bumke § 35 Rn. 146.
[103] In diese Richtung auch Kopp/Ramsauer/Ramsauer VwVfG § 36 Rn. 21.
[104] Knack/Henneke/Henneke/Berger VwVfG § 36 Rn. 49; VG München NVwZ 2000, 722 (723).
[105] VGH Mannheim NVwZ-RR 2008, 751 (752).

3. Anforderungen des § 36 III VwVfG

52 Während in § 36 I VwVfG und in Grenzen auch in § 36 II VwVfG Aussagen über die grundsätzliche Zulässigkeit einer Nebenbestimmung für den Fall gebundener Hauptverwaltungsakte trifft, macht § 36 III VwVfG inhaltliche Vorgaben für den Erlass einer Nebenbestimmung. Sie beziehen sich darauf, dass etwaige Zusätze nicht dem Zweck des Hauptverwaltungsakts zuwiderlaufen dürfen. Daraus lässt sich ableiten, dass dem Adressaten mit Hilfe solcher Zusätze keine Verpflichtungen auferlegt werden dürfen, die in keinem sachlichen Zusammenhang zu der im Hauptverwaltungsakt getroffenen Regelung stehen (sog. **Kopplungsverbot**). Es genügt also nicht irgendein öffentlicher Zweck, um eine Nebenbestimmung zu rechtfertigen, sondern es muss sich um einen solchen handeln, der der gesetzlichen Regelung, auf deren Basis der Hauptverwaltungsakt erlassen wurde, dienlich ist.[106] Daraus folgt nicht notwendig, dass sich die der Nebenbestimmung zugrunde liegenden Ziele nicht aus anderen Gesetzen ergeben dürfen; erforderlich ist vielmehr nur, dass der herangezogene Zweck zu dem vom Hauptverwaltungsakt verfolgten Zweck in Beziehung steht. Daran anknüpfend darf der Erlass von Verwaltungsakten insbesondere grundsätzlich nicht von „zusätzlichen wirtschaftlichen Gegenleistungen" abhängig gemacht werden[107] – es sei denn, diese Möglichkeit ist rechtlich vorgesehen.

Beispiele: Unzulässig ist daher die Erteilung eines baurechtlichen Dispenses unter der Auflage, rückständige Gewerbesteuern zu zahlen.[108] Zulässig ist aber eine Befreiung von der Verpflichtung zur Schaffung von Kfz-Stellplätzen unter der Auflage, dass stattdessen ein Beitrag zur Schaffung eines öffentlichen Parkplatzes zu leisten ist (§ 51 V NRW BauO).[109]

4. Allgemeine Anforderungen an die Rechtmäßigkeit

53 Hinzu treten die allgemeinen Rechtmäßigkeitsvoraussetzungen der Möglichkeit und Verhältnismäßigkeit.[110] Außerdem müssen Nebenbestimmungen dem **Gebot der Bestimmtheit** entsprechen. Dieses fordert namentlich im Falle der Beifügung einer Bedingung, dass deren Eintritt eindeutig feststellbar sein muss. Es ist daher rechtlich unzulässig, den Hauptverwaltungsakt von einem Ereignis abhängig zu machen, dessen Realisierung von vielen offenen Fragen abhängt – so zB im Falle der Erteilung einer Genehmigung zum Bau eines Vorhabens im Außenbereich unter der Bedingung, dass der Begünstigte hinreichend Land hinzukauft, um die Voraussetzungen für einen land- bzw. forstwirtschaftlichen Betrieb iSd § 35 I Nr. 1 BauGB herzustellen.[111] In derartigen und vergleichbaren Konstellationen stößt die rechtliche Zulässigkeit der Hinzufügung einer Bedingung aber auch deshalb auf Bedenken, weil zentrale Erlaubnisvoraussetzungen aus der Haupt- in die Nebenbestimmung abgeschoben werden, obwohl die avisierte Baugenehmigung letztlich genauso wie jede andere Genehmigung auch an und für sich dazu dient, die Vereinbarkeit des Vorhabens mit dem öffentlichen Recht zu überprüfen und dadurch Rechtssicherheit zu schaffen.

---

[106] Kopp/Ramsauer/Ramsauer VwVfG § 36 Rn. 82 f.
[107] BVerwGE 90, 310.
[108] BGH NJW 1979, 692.
[109] BVerwG NJW 1986, 600.
[110] Stelkens/Bonk/Sachs/Stelkens VwVfG § 36 Rn. 1502022.
[111] VGH München BayVBl. 1999, 309.

V. Rechtsschutzmöglichkeiten

Ob und inwieweit dem Betroffenen isoliert gegen eine Nebenbestimmung Rechtsschutzmöglichkeiten zur Verfügung stehen, ist für nachträgliche Anordnungen geklärt und zu bejahen,[112] im Übrigen aber seit jeher in erheblichem Maße umstritten. Da es sich primär um ein verwaltungsprozessuales Problem handelt,[113] beschränken sich die nachfolgenden Ausführungen auf die wesentlichen **Grundzüge bzw. Eckpfeiler der Diskussion** sowie die verwaltungsverfahrensrechtlichen Implikationen. Ausgangspunkt der Überlegungen sollte sein, dass einerseits die Rechte des Betroffenen hinsichtlich eines effektiven Rechtsschutzes zu wahren sind, andererseits aber auch die Verantwortung der Verwaltung im Ermessensbereich nicht beschnitten werden und der Rechtsschutz gegen Nebenbestimmungen keine rechtswidrigen Konsequenzen zeitigen darf – auch und vor allem, soweit es um den Hauptverwaltungsakt geht. 54

1. Verwaltungsprozessrechtliche Implikationen

Daran anknüpfend bildet § 113 I 1 VwGO den maßgeblichen Ausgangspunkt der verwaltungsprozessualen Diskussion. Denn dessen Wortlaut („soweit") macht genauso wie einige verwaltungsverfahrensrechtliche Normen (§§ 43 II, 44 IV VwVfG) die Teilbarkeit von Verwaltungsakten deutlich und zeigt damit, dass nicht nur gegen den Hauptverwaltungsakt in Gänze, sondern ebenfalls gegen einen Ausschnitt desselben in Form von Nebenbestimmungen im Wege der Anfechtungsklage vorgegangen werden kann – und zwar auch, soweit derartige Zusätze nicht als Verwaltungsakte iSd § 35 VwVfG einzustufen sind (→ § 47 Rn. 25 ff.).[114] Damit ist die Möglichkeit der **isolierten Anfechtung von Nebenbestimmungen** eröffnet, ohne dass eine im Zweifel weniger rechtsschutzintensive, weil nur ein Bescheidungsurteil ermöglichende (§ 113 V 2 VwGO)[115] Verpflichtungsklage erhoben werden müsste[116] oder es auf die Art der Nebenbestimmung[117] bzw. die Ausgestaltung der Rechtsgrundlage des Hauptverwaltungsaktes[118] ankäme. 55

Etwas anderes gilt jedoch zum einen für den Fall, dass das Rechtsschutzziel des Klägers mit der Anfechtung der Nebenbestimmung nur unvollständig abgebildet wird, so dass in diesem Falle eine Verpflichtungsklage zu erheben ist.[119] Zum anderen und vor allem kommt eine Anfechtungsklage aber auch für den Fall der **verwaltungsprozessualen Unteilbarkeit** eines Verwaltungsakts nicht in Betracht, weil es dann an der Klagebefugnis bzw. dem Rechtsschutzbedürfnis fehlt.[120] Sie liegt nach der verwaltungsgerichtlichen Rechtsprechung vor, wenn eine isolierte Aufhebung einer Nebenbestimmung offenkundig von vornherein ausscheidet[121] – so zB, wenn inhaltliche 56

[112] Stelkens/Bonk/Sachs/Stelkens VwVfG § 36 Rn. 38; Axer JURA 2001, 748 (752).
[113] S. näher Sproll NJW 2002, 3221; Schmidt VBlBW 2004, 81; Hufen/Bickenbach JuS 2004, 867 und 966; BVerwGE 112, 221.
[114] Ebenso Brüning NVwZ 2002, 1081; Sproll NJW 2002, 3221.
[115] Detterbeck AllgVerwR, 21. Aufl. 2023, § 10 Rn. 671.
[116] So aber Labrenz NVwZ 2007, 161 (165).
[117] Vgl. dazu BVerwGE 24, 129 (133); 29, 261 (270); 36, 145 (154).
[118] Vgl. dazu Hanf, Rechtsschutz gegen Inhalts- und Nebenbestimmungen zu Verwaltungsakten, 2003, S. 105 ff.
[119] BVerwGE 112, 221 (224).
[120] Vgl. dazu Maurer/Waldhoff AllgVerwR § 12 Rn. 26.
[121] BVerwGE 112, 221 (224).

Beschränkungen angegriffen werden sollen, die untrennbarer Bestandteil der Hauptregelung sind. In diesem Falle steht jedoch, wie bereits erwähnt (→ § 47 Rn. 20 ff.), schon gar keine Nebenbestimmung in Rede. Dasselbe gilt dort, wo ein Vorgehen gegen sog. modifizierende Auflagen im Raum steht. Denn sie verändern ebenfalls den Inhalt des Hauptverwaltungsaktes, ohne von ihm abgetrennt werden zu können.[122]

2. Materiell-rechtliche Implikationen

57 Materiell-rechtlich ist im Falle der isolierten Anfechtung von Nebenbestimmung in zwei Schritten vorzugehen, die im Rahmen der Begründetheit einer etwaigen Klage relevant werden und kumulativ vorliegen müssen. In Umsetzung dessen ist vorab und unabhängig von der Frage der sog. materiellen Teilbarkeit des Verwaltungsaktes entsprechend der allgemeinen Grundsätze und ausweislich des § 113 I 1 VwGO zunächst zu überprüfen, ob die **Nebenbestimmung rechtswidrig** ist. In diesem Kontext werden dann die rechtlichen Anforderungen an die Zulässigkeit solcher Zusätze (→ § 47 Rn. 28) relevant.

58 Erst wenn die Rechtswidrigkeit der Nebenbestimmung feststeht, stellt sich das Problem ihrer **materiellen Teilbarkeit vom Hauptverwaltungsakt.** Deren Vorliegen kann in Anlehnung an § 44 IV VwVfG ermittelt werden, so dass einer isolierten Anfechtung einer Nebenbestimmung kein Erfolg beschieden ist, wenn der Zusatz so wesentlich ist, dass die Behörde den Verwaltungsakt ohne ihn nicht erlassen hätte. Denn in diesem Falle sind Verwaltungsakt und Nebenbestimmung aus einer materiellrechtlichen Perspektive untrennbar miteinander verbunden.[123]

59 **Materielle Teilbarkeit** liegt im Ausgangspunkt vor, wenn der Restverwaltungsakt rechtmäßig bestehen bleiben kann.[124] Diese Formulierung hat das BVerwG zwischenzeitlich so ausgelegt, dass der Restverwaltungsakt in jeder Hinsicht rechtmäßig sein muss.[125] Insbesondere weil damit eine Prüfung über den eigentlichen Streitgegenstand in Form der Nebenbestimmung hinaus verbunden ist und weil dadurch der Prüfungsaufwand erheblich steigt, geht das BVerwG nunmehr davon aus, dass es allein darauf ankommt, ob der Restverwaltungsakt in Bezug auf die mit der streitigen Nebenbestimmung im Zusammenhang stehenden rechtlichen Anforderungen rechtmäßig ist.[126]

60 Hinzu soll nach manchen Stimmen das Erfordernis eines **sinnvollen Restverwaltungsakts** kommen, um bei ermessensabhängigem Handeln zu verhindern, dass der Verwaltung ungewollte Maßnahmen untergeschoben werden. Diese Gefahr besteht danach vor allem deshalb, weil der Kläger im Falle der selbstständigen Anfechtung von Nebenbestimmungen bei Stattgabe der Klage oft mehr erhält als ihm aus anfänglicher Behördensicht zustand, ist er dann doch im Besitz einer uneingeschränkten Begünstigung.[127] Dagegen spricht jedoch, dass in solchen Fällen die gesetzlichen Me-

[122] Ipsen AllgVerwR Rn. 597 ff.

[123] Vgl. dazu Kopp/Ramsauer/Ramsauer VwVfG § 40 Rn. 89; Maurer/Waldhoff AllgVerwR § 12 Rn. 25.

[124] S. BVerwG NVwZ 1984, 366; BVerwGE 112, 221 (224); OVG Münster DVBl 1991, 1366; Sieckmann DÖV 1998, 525 (532).

[125] So noch BVerwGE 167, 60 Rn. 19 ff.

[126] BVerwGE 175, 184 Rn. 10 ff. sowie BVerwG ZfBR 2023, 71; vgl. dazu Pieper LKV 2022, 549 ff.; dezidiert kritisch etwa Funke NVwZ 2021, 114 (115 f.).

[127] So beispielsweise Guckelberger AllgVerwR § 18 Rn. 17.

chanismen und insbesondere die §§ 48 f. VwVfG genügen, weil sie gewährleisten, dass keine Verwaltungsakte verbleiben, die die Behörde so nicht wollte. Denn mit Hilfe dieser Normen kann sie den unliebsamen Restverwaltungsakt ggf. aus der Welt schaffen.[128]

Beispiele: Die im Zusammenhang mit einer Baugenehmigung für eine Holzlagerhalle erteilte Auflage, eine auf dem Nachbargrundstück befindliche Pipeline feuerhemmend zu ummanteln, ist nicht isoliert anfechtbar. Selbst wenn man die prozessuale Teilbarkeit von Hauptakt und Nebenbestimmung unterstellt, hätte der Restverwaltungsakt nicht erlassen werden dürfen. Würde die angefochtene Auflage nämlich aufgehoben, dann würde es für die Holzlagerhalle an dem erforderlichen Brandschutz fehlen mit der Folge, dass die ohne die Sicherung des Brandschutzes aufrechterhaltene Genehmigung rechtswidrig wäre.[129] Die im Zusammenhang mit einer Genehmigung zum Kiesabbau beigefügte Nebenbestimmung, mit der die Durchführung von Rekultivierungsarbeiten nach Abschluss der Kiesausbeute gesichert werden soll, ist selbstständig anfechtbar,[130] (insbesondere) weil die Abbauberechtigung auch ohne diesen Zusatz rechtmäßig und sinnvoll bleibt. Die mit einer Baugenehmigung festgesetzte naturschutzrechtliche Ausgleichsabgabe kann gesondert angefochten werden, (insbesondere) weil bei Aufhebung der Auflage kein irreparabler rechtswidriger Torso des Verwaltungsaktes übrig bleibt.[131]

§ 48. Wirksamkeit und Rechtmäßigkeit von Verwaltungsakten

Schrifttum: Allesch BayVBl. 2000, 361 ff.: Zur Auswirkung von Zustellungsmängeln auf die Wirksamkeit von Verwaltungsakten; Beaucamp JA 2016, 436 ff.: Rechtsfragen der Bekanntgabe nach § 41 VwVfG; Beckmann VR 2003, 217 ff.: Wann wird ein Verwaltungsakt durch Rücknahme oder Widerruf unwirksam?; Benrath VerwArch102 (2011), 547 ff.: Die Verständlichkeit des Verwaltungsakts; Classen VERW 31 (1998), 307 ff.: Das nationale Verwaltungsverfahren im Kraftfeld des Europäischen Gemeinschaftsrechts; Ehlers VERW 37 (2004), 255 ff.: Rechtsprechungsanalyse. Das Verwaltungsverfahrensgesetz im Spiegel der Rechtsprechung der Jahre 1998–2003; Guckelberger JuS 2011, 577 ff.: Anhörungsfehler bei Verwaltungsakten; Haibach NVwZ 1998, 456 ff.: Die Rechtsprechung des EuGH zu den Grundsätzen des Verwaltungsverfahrens; Hill, Das fehlerhafte Verfahren und seine Folgen im Verwaltungsrecht, 1986; Himmelmann/Höcker VR 2003, 79 ff.: Formelle Rechtmäßigkeitsvoraussetzungen behördlicher Bescheide sowie Heilungsmöglichkeiten bei Verfahrensfehlern; Kischel, Die Begründung, 2002; Neumann NVwZ 2000, 1244 ff.: Die Entwicklung des Verwaltungsverfahrensrechts; Ruffert BayVBl. 2003, 33 ff.: Die Erledigung von Verwaltungsakten „auf andere Weise"; Schmidt-De Caluwe VerwArch 90 (1999), 49 ff.: Die Wirksamkeit des Verwaltungsaktes; Schoch JURA 2011, 23 ff.: Die Bekanntgabe des Verwaltungsakts; Schroeder DÖV 2009, 217 ff.: Zur Dogmatik der Bindungswirkung von Verwaltungsakten; Seibert, Die Bindungswirkung von Verwaltungsakten, 1989; Spanger BayVBl. 2000, 359 ff.: Zu Auswirkungen von Zustellungsmängeln auf die Wirksamkeit von Verwaltungsakten; Stelkens DVBl. 2010, 1078 ff.: Der Eigenwert des Verfahrens im Verwaltungsrecht; Winkler DÖV 2009, 217 ff.: Zur Dogmatik der Bindungswirkungen von Verwaltungsakten.

I. Zur Wirksamkeit von Verwaltungsakten

Verwaltungsakte sollen Wirkung und Wirksamkeit entfalten. 1

1. Begriff der Wirksamkeit

Die damit zusammenhängenden Rechtsprobleme stehen im Mittelpunkt des hier zu 2 behandelnden Spannungsfeldes zwischen Unwirksamkeit und bloßer Rechtswidrigkeit von Verwaltungsakten. Ausgangspunkt aller Überlegungen bildet in diesem Zusammenhang die rechtliche Existenz des Verwaltungsakts. Sie ist gegeben, wenn er

[128] So Remmert VerwArch 88 (1997), 112 (135); Hufen/Bickenbach JuS 2004, 966 (967).
[129] BVerwG NVwZ 1984, 366.
[130] VGH Mannheim VBlBW 1984, 84.
[131] VGH Kassel NVwZ-RR 1998, 68 f.

auch nur einer Person bekannt gegeben wird.[1] Denn dann ist der innerbehördliche Bereich verlassen, so dass mehr als der bloße Entwurf eines Verwaltungsakts im Raum steht. Daran anknüpfend wird überwiegend ein **zweigliedriges,** zwischen äußerer und innerer Wirksamkeit differenzierendes **Begriffsverständnis** vertreten.[2]

a) Äußere Wirksamkeit

3 Von äußerer Wirksamkeit spricht man, wenn der Verwaltungsakt einem Betroffenen bekannt gegeben worden ist.[3]

4 **aa) Allgemeine Grundsätze.** Deren Vorliegen ist also nicht aus einer übergreifenden, sondern aus einer individuellen Perspektive zu beurteilen, was namentlich § 43 I 1 VwVfG bestätigt. Danach wird ein Verwaltungsakt (nur) gegenüber demjenigen, für den er bestimmt ist oder der von ihm betroffen ist, in dem Zeitpunkt wirksam, indem er ihm bekannt gegeben wird. Die äußere Wirksamkeit hat inhaltlich die Maßgeblichkeit bzw. **Bindung des Verwaltungsakts als solches** zur Folge, ohne dass es auf die darin getroffene Regelung ankommt. Bedeutung erlangt sie damit vor allem, soweit es um die formelle Bestandskraft eines Verwaltungsakts geht, weil die Rechtsbehelfsfristen für jeden Adressaten bzw. Betroffenen je nach Bekanntgabezeitpunkt unterschiedlich sein können.[4]

5 **bb) Nichtige Verwaltungsakte.** Nichtigen Verwaltungsakten iSd § 44 VwVfG kommt **keine äußere Wirksamkeit** zu,[5] weil sie schon dem Grunde nach und von Anfang an nicht binden.[6] Dafür spricht insbesondere § 43 III VwVfG (§ 124 III AO, § 39 III SGB X), der solche Maßnahmen für generell unwirksam erklärt. Der nichtige Verwaltungsakt ist also entweder partiell, wenn sich die Nichtigkeit iSd § 44 IV VwVfG nur auf trennbare, unwesentliche Teile der Regelung bezieht, oder in Gänze zwar faktisch existent, aber rechtlich nicht vorhanden.[7] Daraus ergeben sich Konsequenzen für andere Rechtsgebiete wie das Strafrecht: Knüpfen die Voraussetzungen einer Strafrechtsnorm daran an, dass gegen eine (vollziehbare) Verfügung verstoßen oder eine erforderliche Genehmigung nicht eingeholt wird (vgl. zB §§ 284, 285 StGB),[8] ist dann, wenn diese Verwaltungsakte nichtig sind, entweder die Zuwiderhandlung unbeachtlich oder das Handeln aufgrund der dann fehlenden Erlaubnis unter Umständen strafbar. Insoweit ist das Strafrecht also zumindest im Grundsatz[9] verwaltungsakzessorisch.

6 Der nichtige (Teil-)Verwaltungsakt braucht weder vom Adressaten noch von Dritten, weder von der erlassenden noch von einer anderen Behörde beachtet zu werden. Allerdings können im Einzelfall durchaus Schwierigkeiten bestehen, den nichtigen vom wirksamen Verwaltungsakt zu scheiden, weil hier wie dort – wie § 44 I VwVfG zeigt – die **Voraussetzungen des § 35 VwVfG** erfüllt sind. Insbesondere deshalb be-

1 S. zB Ehlers in LA-Erichsen S. 3 ff. mwN; OVG Magdeburg NVwZ 2000, 208.
2 Guckelberger AllgVerwR § 13 Rn. 2.
3 Maurer/Waldhoff AllgVerwR § 9 Rn. 72.
4 Bader/Ronellenfitsch/Schlemmer VwVfG § 43 Rn. 10; BVerwGE 44, 294 (296).
5 So aber Stelkens/Bonk/Sachs/Sachs VwVfG § 43 Rn. 222.
6 Kopp/Ramsauer/Ramsauer VwVfG § 43 Rn. 97.
7 Schladebach VerwArch 104 (2013), 188 (193).
8 Felix, Einheit der Rechtsordnung, 1998, S. 35.
9 Vgl. zu etwaigen Ausnahmen MüKoStGB/Schmitz Vor §§ 324 ff. Rn. 45f.

steht aber die Gefahr, dass nichtigen Verwaltungsakten irrtümlich Rechtswirkungen zugewiesen werden und daran anknüpfend deren zwangsweise Durchsetzung (Vollstreckung) betrieben wird. In solchen Fällen trägt dann der Betroffene das Risiko der irrtümlichen Annahme der Nichtigkeit; er kann sich nicht auf seinen guten Glauben berufen. Deshalb bietet § 44 V VwVfG aus Gründen der Rechtssicherheit die Möglichkeit, die Nichtigkeit solcher Verwaltungsakte förmlich festzustellen. Hinzu kommen Rechtsschutzmöglichkeiten (§ 43 I Var. 2 VwGO).

cc) Nicht-Verwaltungsakte. Vom nichtigen Verwaltungsakt ist der Nicht-Verwaltungsakt abzugrenzen. Er wird nicht den Anforderungen des § 35 VwVfG gerecht und ist weder rechtlich noch faktisch existent,[10] so dass er auch keine äußere Wirksamkeit entfalten kann. Hierher gehören all diejenigen Maßnahmen, die schon der Form nach nicht als Verwaltungsakt eingeordnet werden können,[11] weil **keine Behörde** handelt, sondern eine Erklärung von einer Person abgegeben wird, die nicht als Träger öffentlicher Gewalt bestellt ist. Das Standardbeispiel bildet insoweit der „Hauptmann von Köpenick“.[12] 7

Gerade dieses Beispiel zeigt indes, dass die Einordnung eines nichtbehördlichen Handelns als Nicht-Verwaltungsakt, jedenfalls aus Empfängerperspektive, fragwürdig sein kann, wenn dieses Handeln nach dessen Wahrnehmung den Anschein der Amtlichkeit erweckt (zur möglichen Strafbarkeit des „Amtswalters“ siehe § 132 StGB). Der Grund für die Einordnung nicht behördlicher Erklärungen als Nicht-Verwaltungsakt liegt deshalb auch darin, dass die öffentliche Hand in diesen Fällen nicht für das Handeln des Dritten verantwortlich ist und deshalb **keinen eigenen Rechtsschein** setzt, an dem sie sich festhalten lassen muss.[13] 8

dd) Scheinverwaltungsakte. Darin liegt dann auch der wesentliche Unterschied des Nicht- zum Scheinverwaltungsakt,[14] auch wenn er ebenfalls nicht die Voraussetzungen des § 35 VwVfG erfüllt.[15] Denn der Scheinverwaltungsakt steht dem Verwaltungsakt deutlich näher, weil es um Maßnahmen geht, die eine **Behörde willentlich in der Form eines Verwaltungsakts** trifft, die aber aufgrund gesetzlicher Vorschriften nicht derart hätten ergehen dürfen – so zB, wenn die Verwaltung mit Hilfe einer Verfügung iSd § 35 VwVfG zivilrechtliche Ansprüche durchsetzen will[16] oder wenn ein Amtswalter unter Ausnutzung seiner Autorität scherzt.[17] 9

Wesentliches Kennzeichen des Scheinverwaltungsakts ist, dass er nicht als Verwaltungsakt erlassen werden durfte, aber der Form nach als Verwaltungsakt erlassen worden ist und auch als solcher erlassen werden sollte. Wegen dieses Behördenwillens zieht der Scheinverwaltungsakt ggf. **reale Belastungen infolge des ihm immanenten Rechtsscheins** nach sich, was wiederum ein Rechtsverhältnis entstehen lässt. Es 10

[10] Schladebach VerwArch 104 (2013), 188 (193).
[11] Wolff/Decker VwVfG § 44 Rn. 5.
[12] Bickenbach JA 2016, 481 (487); Schnapp/Henkenötter JuS 1998, 524.
[13] Erfmeyer DÖV 1996, 629 (633 f.); daran anknüpfend Bickenbach JA 2016, 481 (486).
[14] Vgl. aber Bickenbach JA 2016, 481 (487) sowie Blunk/Schroeder JuS 2005, 602 (604).
[15] So aber offenbar Stelkens/Bonk/Sachs/Sachs VwVfG § 44 Rn. 5.
[16] Vgl. Knack/Henneke/Henneke/Berger VwVfG § 35 Rn. 165.
[17] So auch Beaucamp JA 2007, 704 (705); Blunk/Schroeder JuS 2005, 602 (607).

führt nicht zu Pflichten des Betroffenen, ggf. aber zu Folgenbeseitigungsansprüchen zu dessen Gunsten.[18]

11 Begreift man den Rechtsschein als prägendes Kriterium des Scheinverwaltungsakts, dürfen Maßnahmen **fehlerhaft gegründeter Behörden** nicht allein aufgrund dieses Mangels als Nicht-Akte qualifiziert werden. Denn die Rechtsförmlichkeit des Gründungsverfahrens zeigt, dass eine Behörde gegründet werden sollte, die dazu befugt ist, Verwaltungsakte zu erlassen. Dieser hoheitliche Wille führt dann aber (genauso wie eine von Anfang an unwirksame Ernennung, vgl. zB § 15 S. 3 BBG) zu eben jenem Rechtsschein, der erforderlich ist, um einen Scheinverwaltungsakt zu bejahen, und der dem amtsanmaßenden Handeln eines Privaten fehlt.[19]

Beispiel: Ein Gebührenbescheid, der formal ausweislich des Briefkopfs von einem Zweckverband, aber inhaltlich von einer Privatperson erlassen worden ist, ist zwar ein rechtswidriger, aber kein Schein- oder Nicht-Verwaltungsakt, solange der Zweckverband die Privatperson vertraglich dazu ausdrücklich ermächtigt hat, die Gebührenveranlagung durchzuführen und solange der Zweckverband nach außen auftritt.[20] Würde die Privatperson ihren eigenen Briefkopf verwenden und einen Gebührenbescheid versenden, hätte man es mit einem Scheinverwaltungsakt zu tun, wenn sie der Zweckverband damit beauftragt hätte, weil dann keine Möglichkeit besteht, den Gebührenbescheid dem Zweckverband zuzurechnen. Dasselbe gilt, wenn der Private den Briefkopf der Behörde benutzt, aber erkennbar die maßgeblichen Inhalte selbst festlegt.[21] Wollte der Zweckverband die Tätigkeit der Privatperson nicht, läge ein Nicht-Verwaltungsakt vor.

b) Innere Wirksamkeit

12 Von der inneren Wirksamkeit eines Verwaltungsakts spricht man im Lichte des § 43 I 2 VwVfG dann, wenn dessen Regelungsinhalt für den Adressaten verbindlich wird. Sie ist damit auf **Entfaltung konkreter materieller Rechtswirkungen bzw. -folgen** angelegt und knüpft an die äußere Wirksamkeit des Verwaltungsakts an, indem sie dessen grundsätzliche Bindungswirkung voraussetzt.[22] In der Regel fallen die äußere und innere Wirksamkeit des Verwaltungsakts zeitlich zusammen. Es ist allerdings auch denkbar, dass die innere Wirksamkeit erst später eintritt.

13 So kommt zB einem **Verkehrsschild** als Allgemeinverfügung mit seiner öffentlichen Bekanntgabe äußere Wirksamkeit gegenüber jedermann zu – und zwar unabhängig davon, ob es individuell wahr- bzw. zur Kenntnis genommen worden ist. Dessen innere Wirksamkeit ist hingegen dadurch auflösend oder aufschiebend bedingt, dass sie mit der Sichtbarkeit des Verkehrsschildes für den Verkehrsteilnehmer steht oder fällt (sog. Sichtbarkeitsgrundsatz).[23] Anzulegen ist insoweit der in § 1 StVO vorgegebene Sorgfaltsmaßstab.

14 Auswirkungen auf die innere Wirksamkeit von Verwaltungsakten soll auch § 80 I VwGO haben – jedenfalls, wenn man die dort angeordnete **aufschiebende Wirkung** von Widerspruch und/oder Anfechtungsklage bis zur formell rechtskräftigen Entscheidung über den Rechtsbehelf derart versteht, dass sie nicht nur die Vollziehbar-

---

[18] S. dazu Blunk/Schroeder JuS 2005, 602 (604 f.).
[19] BVerwG NVwZ 2003, 995 (996).
[20] Vgl. dazu BVerwGE 140, 245 (247); Waldhoff JuS 2012, 479.
[21] OVG Münster NWVBl. 2022, 31 Rn. 44.
[22] S. auch Erichsen/Hörster JURA 1997, 659; so auch grundsätzlich Beckmann VR 2003, 217.
[23] S. dazu Stelkens NJW 2010, 1184 (1186); vgl. dazu auch BVerwGE 138, 21 (24).

keit des Verwaltungsakts, sondern auch dessen Wirksamkeit, sei es nun ex nunc oder ex tunc,[24] hemmt.[25]

Die Hinzufügung einer **aufschiebenden Bedingung** oder einer **Befristung** führt ebenfalls dazu, dass die innere Wirksamkeit eines Verwaltungsakts bis zum Eintritt des ungewissen Ereignisses oder bis zum Fristbeginn noch nicht gegeben ist. Vorher ist der Verwaltungsakt nach der verwaltungsgerichtlichen Rechtsprechung[26] schwebend unwirksam, während Teile der Literatur[27] davon ausgehen, dass der Verwaltungsakt zum Erlasszeitpunkt bereits Rechtsfolgen für einen zukünftigen Zeitraum setzen können soll. 15

2. Wirksamkeitsdauer

Die Dauer der Wirksamkeit von Verwaltungsakten kennt einen Beginn und ein Ende. 16

a) Beginn

Die Wirksamkeit von Verwaltungsakten beginnt mit deren Bekanntgabe (§ 41 I 1 VwVfG, § 122 AO, § 37 SGB X). Dieses Erfordernis besteht also auch gegenüber Dritten, die durch einen Verwaltungsakt unmittelbar in ihrer Rechtssphäre betroffen sind – so zB der Nachbar im Falle der Erteilung eines baurechtlichen Dispenses. Ihrer **Zielsetzung** nach dient die Bekanntgabe der Rechtsklarheit und der Rechtsverteidigung, weil ein Verwaltungsakt erst ab dann Rechtswirkungen zu entfalten vermag, so dass der Adressat bzw. Betroffene erst ab diesem Zeitpunkt seine Rechte verfolgen kann.[28] Fehlt es an einer wirksamen Bekanntgabe gegenüber einem Beteiligten, ist der Verwaltungsakt ihm gegenüber rechtlich nicht existent.[29] Es kann sich dann, je nach den Umständen des konkreten Einzelfalls, um einen Schein-[30] oder Nicht-Verwaltungsakt[31] handeln. 17

aa) Voraussetzungen der Bekanntgabe. Die Bekanntgabe setzt zunächst einmal einen **inhaltlichen Übermittlungsvorgang** zwischen Behörde und Empfänger voraus. Er ist an keine bestimmte Form gebunden (§ 37 II VwVfG, § 119 II AO, § 33 II SGB X), so dass auch ein Zeichen genügen kann, so zB im Falle der Verkehrsregelung durch einen Polizisten auf Basis des § 36 StVO. Abgesehen davon können Verwaltungsakte auch mündlich bzw. fernmündlich oder elektronisch ergehen. Erforderlich ist aber jedenfalls, dass der verfügende Teil des Veraltungsakts übermittelt wird. Ist diese Vorgabe gewahrt, ist dessen Unvollständigkeit im Übrigen zumindest für die Bekanntgabe unschädlich.[32] 18

Der Übermittlungsvorgang hat durch die **zuständige Behörde** zu erfolgen, damit eine Bekanntgabe vorliegt. Sie muss allerdings nicht selbst tätig werden, sondern 19

[24] Vgl. zum zugehörigen Streitstand Gersdorf in Posser/Wolff VwGO § 80 Rn. 24 ff.
[25] Kopp/Schenke/W.-R. Schenke § 80 Rn. 22; anders Kopp/Ramsauer/Ramsauer VwVfG § 43 Rn. 79.
[26] OVG Berlin-Brandenburg NVwZ 2001, 1059 (1060).
[27] Ehlers VERW 37 (2000), 255 (273).
[28] BVerwGE 104, 301 (306).
[29] Hufen/Siegel, Fehler im Verwaltungsverfahren, 2025, S. 186; OVG Münster NVwZ-RR 1997, 77.
[30] Blink/Schroeder JuS 2005, 602 (603).
[31] Detterbeck AllgVerwR § 10 Rn. 551.
[32] Vgl. Stelkens/Bonk/Sachs/Stelkens VwVfG § 41 Rn. 66.

kann auch eine andere Behörde bzw. einen Boten einschalten, soweit sie bzw. er mit Wissen und Wollen tätig wird. Fehlt es an dieser Voraussetzung, bleibt die Bekanntgabe dem Zufall überlassen, so zB wenn der Adressat eines Verwaltungsaktes einen anderen Betroffenen von dessen Erlass in Kenntnis setzt. In diesem Fall liegt daher keine wirksame Bekanntgabe vor.[33] Gleichwohl können solche Informationen dazu führen, dass der Dritte etwaige Rechtsbehelfe verwirkt.[34]

20 Die Behörde muss mit **Bekanntgabewillen** handeln, indem sie jedem einzelnen (→ § 45 Rn. 76 ff.) Adressaten oder Betroffenen wissentlich und willentlich vom Inhalt des Verwaltungsaktes Kenntnis verschafft.[35] Unzureichend ist es daher, wenn eine Maßnahme lediglich angekündigt wird. Es kann sich dann allenfalls um eine Zusage iSd § 38 VwVfG handeln. Zudem fehlt es am erforderlichen Bekanntgabewillen, wenn ein Behördenvertreter dem Bürger nicht in amtlicher Eigenschaft, sondern im privaten Bereich, zB anlässlich eines Stammtischgesprächs, gegenübertritt, um ihm einen Verwaltungsakt zur Kenntnis zu bringen.[36]

21 Ein Verwaltungsakt ist zudem zwar nicht annahme-, sehr wohl aber **empfangsbedürftig.**[37] Diese Voraussetzung verlangt danach, dass der Inhalt der getroffenen Maßnahme dem Adressaten bzw. Betroffenen zugeht. Dazu genügt bei einer Bekanntgabe gegenüber Anwesenden die sinnliche Wahrnehmung des Verwaltungsakts, während unter Abwesenden die für § 130 BGB geltenden Grundsätze entsprechend herangezogen werden. Es reicht infolgedessen aus, wenn die Maßnahme derart in den Machtbereich des Adressaten oder Betroffenen gelangt, dass er bei gewöhnlichem Verlauf und unter normalen Umständen die Möglichkeit der Kenntnisnahme hat.[38] Diesen Vorgaben dürfte auch eine Nachricht auf dem Anrufbeantworter genügen.[39]

22 Die Bekanntgabe kann auch gegenüber einem **Bevollmächtigten** erfolgen. Das ergibt sich aus dem Wortlaut des § 41 I 2 VwVfG.[40] Wird kein Bevollmächtigter bestellt, der Verwaltungsakt jedoch einer anderen Person eröffnet, reicht für die wirksame Vertretung eine Duldungsvollmacht aus. Sie ist anzunehmen, wenn der Vertretene es wissentlich geschehen lässt, dass ein anderer für ihn wie ein Vertreter auftritt und der Gegner (Behörde) dieses Dulden nach Treu und Glauben dahin versteht und auch verstehen darf, dass der Handelnde bevollmächtigt ist.[41]

23 **bb) Form der Bekanntgabe.** Von den Voraussetzungen der Bekanntgabe zu unterscheiden ist deren Form. Die zugehörigen Anforderungen ergeben sich aus dem einschlägigen Fachrecht und beziehen sich auf die **Umstände des Zugangs,** indem sie besondere Vorgaben für die Eröffnung des Verwaltungsaktes gegenüber Adressaten oder Betroffenen machen. Daran anknüpfend ist ein fachrechtlich vorgesehenes

33 Ausf. dazu Kopp/Ramsauer/Tegethoff VwVfG § 41 Rn. 7.
34 Vgl. dazu Kopp/Schenke/Schenke VwGO § 57 Rn. 16 f.
35 BVerwG NJW 1994, 2633 (2634).
36 Detterbeck AllgVerwR Rn. 553.
37 Stelkens/Bonk/Sachs/Stelkens VwVfG § 41 Rn. 7.
38 Kopp/Ramsauer/Tegethoff VwVfG § 41 Rn. 7c; vgl. auch Weiler JuS 2005, 788 (790).
39 Stelkens/Bonk/Sachs/Stelkens VwVfG § 37 Rn. 78.
40 BVerwGE 105, 288 (292 f.) und dazu Neumann NVwZ 2000, 1248.
41 OVG Münster NVwZ-RR 2004, 72.

Schriftformerfordernis kein Fall einer besonders angeordneten Voraussetzung der Bekanntgabe, weil es für sich genommen nur zur Verkörperung des Verwaltungsakts führt, nicht aber dessen Zugang determiniert.[42] Es ist also zwischen den Anforderungen an die Form des Verwaltungsakts und seiner Bekanntgabe zu differenzieren.

Beispiel: § 10 VII 1 BImSchG verlangt einerseits die Schriftform des Genehmigungsbescheids und stellt damit Anforderungen an dessen Verkörperung, nicht aber an die Form der Bekanntgabe. Andererseits erfordert diese Norm aber auch die Zustellung des Genehmigungsbescheids an den Antragsteller und an diejenigen, die Einwendungen gegen dessen Erlass erhoben haben, macht insoweit also Vorgaben für die Eröffnung des Verwaltungsakts gegenüber diesen Personen. Die in § 10 VII 2 BImSchG überdies geforderte öffentliche Bekanntmachung knüpft ebenfalls an die Umstände des Zugangs des Genehmigungsbescheids – nämlich gegenüber Betroffenen, die keine Einwendungen erhoben haben – an und ist infolgedessen auch als besondere Form der Bekanntgabe einzustufen.[43]

Den Grundfall der gesetzlichen Bekanntgabeformen bilden die **Aufgabe** eines schrift- 24
lichen Verwaltungsakts **bei der Post** oder dessen **elektronische Übermittlung,** soweit der Empfänger freiwillig[44] einen Zugang iSd § 3a I VwVfG für derartige Dokumente eröffnet hat. In beiden Fällen greift nach § 41 II VwVfG die sog. Drei-Tages-Fiktion. Danach gilt der Verwaltungsakt am dritten Tag (dazu zählen auch Samstage, Sonntage oder Feiertage[45]) nach Aufgabe bei der Post bzw. nach Absendung als bekannt gegeben, es sei denn er ist nicht oder später zugegangen. Im Zweifel und soweit der Grund für den unterbliebenen Zugang nicht in der Sphäre des Empfängers liegt,[46] hat nach § 41 II 3 VwVfG die Behörde den Zugang und dessen Zeitpunkt nachzuweisen, ein substantiiertes Bestreiten des Empfängers ist (auch bei Absendevermerk in der Akte) nach dem Wortlaut der Norm nicht[47] nötig.[48] Soweit de lege ferenda elektronische Verwaltungsakte wie im Steuerrecht[49] im Wege der Bereitstellung zum Datenabruf auf Behördenportalen bekanntgegeben werden dürfen, gelten diese Grundsätze weitgehend entsprechend.[50] Probleme soll insoweit aber die Drei-Tages-Fiktion bereiten, weil sie dem Adressaten das Risiko des verspäteten Zugangs aufbürdet.[51]

Für Verwaltungsakte ist nach § 41 III VwVfG eine **öffentliche Bekanntgabe** zuläs- 25
sig, wenn sie wie in § 10 VIII BImSchG gesetzlich vorgeschrieben ist (S. 1). Das gilt für Allgemeinverfügungen überdies dann, wenn eine Bekanntgabe gegenüber jedem einzelnen Adressaten untunlich ist (S. 2), um die verwaltungsrechtliche Bewältigung von Massenverfahren zu vereinfachen, innerhalb derer der Adressatenkreis nicht feststellbar ist.[52] Die öffentliche Bekanntgabe kann in den Fällen des § 41 III VwVfG

[42] Detterbeck AllgVerwR § 10 Rn. 555.
[43] Vgl. dazu näher Jarass BImSchG § 10 Rn. 126 f.
[44] Ausf. dazu Knack/Henneke/Schliesky VwVfG § 3a Rn. 47; vgl. auch OVG Magdeburg NVwZ 2016, 1032.
[45] OVG Münster NVwZ 2001, 1171.
[46] Vgl. Beaucamp JA 2016, 436 (437 f.); siehe auch OVG Schleswig NVwZ 2002, 358 (359).
[47] So aber Kopp/Ramsauer/Tegethoff VwVfG § 41 Rn. 42; OVG Münster NVwZ 2001, 1171; OVG Lüneburg NVwZ-RR 2007, 365 (366).
[48] Beaucamp JA 2016, 436 (437 f.); Stelkens/Bonk/Sachs/Stelkens VwVfG § 41 Rn. 128.
[49] Vgl. dazu das Gesetz zur Modernisierung des Besteuerungsverfahrens v. 18.7.2016 (BGBl. I 1679 (1686 f.)).
[50] S. dazu Braun Binder NVwZ 2016, 342 (345 f.).
[51] Ausf. dazu Beirat Verwaltungsverfahrensrecht beim BMI NVwZ 2015, 1114 (1117).
[52] Vgl. dazu BVerwGE 171, 156 Rn. 34 f.; s. näher dazu Schemel, Massenverfahren vor den Verwaltungsbehörden und den Verwaltungsgerichten, 1982, S. 134 ff.

über Internet erfolgen.[53] Ob sie zusätzlich im Internet erfolgen soll, wie es der im Zuge des sog. Planungsvereinheitlichungsgesetzes geschaffene § 27a VwVfG vorsieht, ist umstritten. Der Wortlaut der Norm setzt an sich eine zwingende Anordnung voraus, die in § 41 III VwVfG („darf") fehlt,[54] während der Sinn des § 27a VwVfG an sich darauf drängt, dass öffentliche und internetbezogene Bekanntgabe in der Regel parallel erfolgen.[55]

26 Die Modalitäten der öffentlichen Bekanntgabe hängen nach § 41 IV 1 VwVfG von der Verkörperung des Verwaltungsakts ab: So werden **schriftliche und elektronische Anordnungen** dadurch öffentlich bekannt gegeben, dass entweder deren verfügender Teil – dann ist auf den Ort, wo sie eingesehen werden können, hinzuweisen – oder deren vollständiger Wortlaut ortsüblich bekannt gemacht wird. Der Wortlaut des § 41 IV 1 VwVfG ist insoweit zu eng und im Lichte bürgerfreundlichen Verwaltungshandelns zu weiten.[56] Was genau ortsüblich ist, hängt vom einschlägigen Landes- bzw. Ortsrecht (bei Kommunen das Satzungsrecht)[57] und im Übrigen von den Gepflogenheiten ab;[58] ob zugleich eine ortsübliche Bekanntgabe im Internet erfolgen soll, wie es § 27a VwVfG nahe legt, richtet sich nach den zu § 41 III VwVfG erarbeiteten Grundsätzen. Sind die Anforderungen an die ortsübliche Bekanntmachung gewahrt, gilt für die Wirksamkeit des schriftlichen bzw. elektronischen Verwaltungsakts eine Zwei-Wochen-Fiktion; in Allgemeinverfügungen kann allerdings ein früherer Termin bestimmt werden, solange es nicht der Tag der Bekanntmachung selbst ist (§ 41 IV 4 VwVfG).

27 **Im Übrigen,** dh also, wenn kein schriftlicher oder elektronischer Verwaltungsakt vorliegt, hängen die Anforderungen an die öffentliche Bekanntgabe mangels verwaltungsverfahrensrechtlicher Vorgaben von den Umständen des Einzelfalls und insbesondere von der Art des Verwaltungsakts ab: Mündliche Verwaltungsakte können daher auch über Rundfunk und Fernsehen öffentlich bekannt gemacht werden; sie werden dann sofort wirksam.[59] Dasselbe gilt gemäß § 45 IV StVO für straßenverkehrsrechtliche Anordnungen, soweit sie zur Erhaltung der öffentlichen Sicherheit erforderlich sind und das Aufstellen von Verkehrszeichen nach den gegebenen Umständen nicht möglich ist. Werden hingegen solche Schilder am Straßenrand platziert, lässt sich aus § 45 IV StVO ableiten, dass sie mit der Aufstellung öffentlich (und nicht individuell durch Wahrnehmung[60]) bekannt gegeben und wirksam werden,[61] sofern sie entsprechend § 1 StVO für den sorgfältigen Verkehrsteilnehmer sichtbar sind. Insoweit sind an die den fließenden Verkehr regelnden Zeichen höhere Anforderungen zu stellen als an die für den ruhenden Verkehr.[62] Damit ist allerdings nicht die Frage beantwortet, ob ab dann auch die Rechtsbehelfsfristen beginnen[63] oder ob es insoweit

[53] Vgl. Fehling/Kastner/Störmer/Schwarz VwVfG § 41 Rn. 31.
[54] Mann/Sennekamp/Uechtritz/Engel/Pfau/Emmeneger VwVfG § 27a Rn. 1.
[55] Kopp/Ramsauer/Tegethoff VwVfG § 27a Rn. 7 ff.
[56] Stelkens/Bonk/Sachs/Stelkens VwVfG § 41 Rn. 157.
[57] BVerwGE 171, 156 Rn. 39.
[58] Knack/Henneke/Ruffert VwVfG § 41 Rn. 57; vgl. auch OVG Magdeburg NVwZ-RR 2016, 9.
[59] Detterbeck AllgVerwR § 10 Rn. 555.
[60] Vgl. aber BVerwGE 27, 181 (184 f.); 59, 221 (226).
[61] Guckelberger AllgVerwR § 13 Rn. 12; BVerwGE 102, 316 (317 f.).
[62] BVerwG NJW 2016, 2353 (2354); insoweit zustimmend Kümper NJW 2016, 2356 (2357).
[63] So Kopp/Ramsauer/Tegethoff VwVfG § 41 Rn. 47a, § 35 Rn. 171; Stelkens NJW 2010, 1184 (1186).

wegen Art. 19 IV GG darauf ankommt, ob sich der Verkehrsteilnehmer erstmals in den Bereich des Verkehrsschildes begeben hat.[64]

Die sog. **förmliche Zustellung** bietet eine weitere Bekanntgabemöglichkeit. Deren Zulässigkeit richtet sich nach den speziell dazu erlassenen Zustellungsgesetzen, auf die aber nur dann zurückgegriffen werden muss, wenn es gesetzlich gefordert[65] (§ 73 III 2 VwGO, § 47 III 1 BBG, § 113 I 1 BauGB, § 15 I PBefG) oder durch behördliche Anordnung bestimmt wird (§ 1 II VwZG). Nach § 2 I VwZG wird Zustellung **definiert** als Bekanntgabe eines schriftlichen oder elektronischen Dokuments in der in den Verwaltungszustellungsgesetzen bestimmten Form (insbesondere Postzustellungsurkunde, Einschreiben[66] oder Empfangsbekenntnis,[67] gesetzliche Vertreter, Bevollmächtigte). Nach § 5 V VwZG kann ein elektronisches Dokument auch durch eine elektronische Zustellung bekannt gemacht werden, soweit ein Zugang eröffnet ist. Das Dokument ist dann mit einer qualifizierten elektronischen Signatur zu versehen. Unter besonderen, in § 10 VwZG niedergelegten Umständen ist auch eine Zustellung durch öffentliche Bekanntgabe möglich. 28

cc) Wirksamkeitsvoraussetzung?. Werden die zwingenden und nicht nur die fakultativen (vgl. zB § 41 I 2 VwVfG[68]) Voraussetzungen der Bekanntgabe und/oder die Anforderungen an deren Form nicht eingehalten, sind die daraus zu ziehenden rechtlichen **Konsequenzen umstritten:** Teilweise wird insoweit davon ausgegangen, dass jeder Fehler in der Bekanntgabe zur Unwirksamkeit der Maßnahme führt, so dass sie nachzuholen ist.[69] Teilweise werden aber auch schwere und weniger schwere Mängel in der Bekanntgabe differenziert, so dass der Verwaltungsakt nur dort, wo die Erheblichkeitsschwelle überschritten ist, unwirksam ist.[70] 29

Folgt man diesem überwiegend vertretenen Ansatz, hängt die Wirksamkeit der Bekanntgabe trotz der damit verbundenen weit reichenden Rechtsfolgen allerdings von der im Zweifel unklaren Einordnung der Bekanntgabevorschriften in die Kategorien „schwer" und „weniger schwer" ab, was dem Gedanken der Rechtssicherheit nicht zuträglich ist. Hinzu kommen die Gesetzesbindung der Verwaltung und die Zielsetzung des Bekanntgaberechts die auf Zuverlässigkeit in der Wahrnehmung behördlicher Anordnungen drängt. Eine Fehlerheilung ist somit grundsätzlich nicht möglich, da der **Verwaltungsakt dann unwirksam** und nicht rechtswidrig ist.[71] 30

Wird ein Verwaltungsakt demgegenüber förmlich zugestellt, gelten insoweit großzügigere Regelungen, weil **§ 8 VwZG** eine Heilungsmöglichkeit für den Fall einer Verletzung von Zustellungsvorschriften vorsieht, wenn der mit einem Formfehler behaftete Verwaltungsakt tatsächlich zugegangen ist. Eine analoge Anwendung dieser Bestimmung auf Bekanntgabefehler kommt jedoch entgegen der wohl überwiegen- 31

[64] So BVerwGE 138, 21 (24); Beaucamp JA 2016, 436 (439); vgl. auch BVerwG NJW 2016, 2353 (2354).

[65] Kintz JuS 1997, 1115; Gregarek/Stollmann BayVBl. 1997, 486 und zur Novellierung Rosenbach DVBl 2005, 816.

[66] Ein Einwurfeinschreiben der Post erfüllt nicht die Anforderungen BVerwGE 112, 78.

[67] BVerwG NVwZ 2002, 80.

[68] Vgl. Beaucamp JA 2016, 436 (439).

[69] Vgl. zB Kopp/Ramsauer/Tegethoff VwVfG § 41 Rn. 26.

[70] Vgl. zB Fehling/Kastner/Störmer/Schwarz VwVfG § 41 Rn. 19.

[71] Beaucamp JA 2016, 436 (440); ähnl. Schoch JURA 2011, 23 (29 f.).

den Ansicht[72] nicht in Betracht, auch wenn das Zustellungsrecht formstrenger ist. Denn ginge man derart vor, würde man einerseits den Katalog des § 45 I VwVfG umgehen und andererseits eine Analogie zulasten des Betroffenen begründen.[73]

b) Wirksamkeit vor Bekanntgabe

32 Vom Grundsatz, dass der Verwaltungsakt erst ab seiner Bekanntgabe Wirksamkeit entfaltet, sind Ausnahmen möglich, wenn darin geregelt ist, dass dessen Rechtsfolge bereits von einem früheren Zeitpunkt an Geltungskraft zukommen soll; die Konstellation ist der der Rückwirkung von Rechtsquellen (→ § 27 Rn. 11 f.) ähnlich. Diese **Rückwirkung von Verwaltungsakten** ist rechtmäßig, wenn sie gesetzlich ausdrücklich oder sinngemäß zugelassen ist – so zB wenn der Verwaltungsakt einen anderen Verwaltungsakt zulässigerweise mit Wirkung ex tunc nach Maßgabe der §§ 48 I 1, 49 III 1 VwVfG („… mit Wirkung … für die Vergangenheit …") aufhebt oder wenn ein Widerspruchsbescheid einen angefochtenen Verwaltungsakt nach Maßgabe der §§ 68, 113 I 1 VwGO analog beseitigt. Abgesehen davon besteht die Möglichkeit, dass sich ein feststellender Verwaltungsakt inhaltlich auf die Vergangenheit bezieht oder dass die Betroffenen zulässigerweise mit der Wirksamkeit eines Verwaltungsakts vor dessen Bekanntgabe einverstanden sind.

c) Ende

33 Ausweislich des § 43 II VwVfG, den § 113 I 4 VwGO in Bezug nimmt,[74] dauert die innere, aber auch die äußere Wirksamkeit eines Verwaltungsakts an, solange und soweit er nicht zurückgenommen, widerrufen, anderweitig **aufgehoben** oder durch **Zeitablauf** oder auf andere Weise erledigt ist. Liegt eine dieser Fallgruppen vor, wird der Verwaltungsakt oft auch als erloschen bezeichnet. Während die ersten drei Varianten dieser Vorschrift auf die §§ 48 ff. VwVfG verweisen oder sich auf die Erledigung im Rechtsbehelfsverfahren beziehen, spricht die vierte die Konstellation an, dass der Verwaltungsakt mit einer Befristung oder einer auflösenden Bedingung versehen ist und der darin enthaltene Zeitraum erschöpft bzw. das ungewisse Ereignis eingetreten ist.[75]

34 Ob eine **Erledigung auf andere Weise** vorliegt, ist aus Gründen der Rechtssicherheit und im Vergleich zu den anderen in § 43 III VwVfG aufgeführten Fallgruppen anhand eines strengen Maßstabs zu überprüfen.[76] Sie liegt vor, wenn der Verwaltungsakt seine in § 35 VwVfG angelegte Steuerungsfunktion verliert und damit keine Rechtsfolgen mehr zeitigt. Daran anknüpfend wird die Vollziehung (Verwirklichung) eines Verwaltungsakts oder die Erfüllung der in ihm enthaltenen Anordnung den Vorgaben des § 43 II VwVfG gerecht, wenn Tatsachen geschaffen werden, die nicht mehr rückgängig gemacht werden können. Keine Erledigung tritt ein, wenn vom vollzogenen Verwaltungsakt weiter Rechtswirkungen ausgeht – sei es zB, weil ihm eine erweiterte Titelfunktion im Falle noch offener Vollziehungskosten zukommen

[72] Vgl. zB Kopp/Ramsauer/Tegethoff VwVfG § 41 Rn. 26a sowie VGH Mannheim NVwZ-RR 1997, 582 (583).

[73] Beaucamp JA 2016, 436 (440); ähnl. Schoch JURA 2011, 23 (29 f.).

[74] Vgl. näher zu den damit verbundenen Problemen Lascho, Die Erledigung des Verwaltungsakts als materiell-rechtliches und verwaltungsprozessuales Problem, 1991.

[75] Ausf. dazu Stelkens/Bonk/Sachs/Sachs VwVfG § 43 Rn. 204 ff.

[76] BVerwG NVwZ-RR 2016, 128 (129); vgl. dazu Waldhoff JuS 2016, 767 (768).

soll,[77] oder sei es, weil er einem Erstattungs- oder Beseitigungsverlangen entgegensteht.

So bildet beispielsweise der nach behördlichem Abschleppen ergangene Kostenbescheid den Rechtsgrund für das Behaltendürfen der daran anknüpfenden Geldzahlung desjenigen, dessen Fahrzeug abgeschleppt worden ist und erledigt sich deshalb nicht mit Zahlung.[78] Demgegenüber liegt ein Fall der Erledigung auf andere Weise iSd § 43 II VwVfG vor, wenn auf den Verwaltungsakt verzichtet wird oder wenn alle Beteiligten übereinstimmend einen früheren Verwaltungsakt für obsolet ansehen und davon ausgehen, dass die Sach- und Rechtslage auf der Basis einer neuen „Geschäftsgrundlage" zu beurteilen ist.[79] Auch die inhaltliche Überholung oder die Zweckerreichung – so die Umsetzung der Anordnung einer Tötung eines seuchenverdächtigen Tieres – sind typische Erledigungstatbestände.[80] 35

Die möglichen Facetten der Erledigung bzw. des Erlöschens lassen sich unabhängig von den §§ 43 II VwVfG, 113 I 4 VwGO inhaltlich in **drei Fallgruppen** einteilen: So kann erstens aus tatsächlichen bzw. rechtlichen Gründen das Regelungsobjekt wegfallen, zB weil ein Verwaltungsakt seine Rechtswirkungen erschöpft hat, weil dessen Erfüllung unmöglich geworden bzw. eingetreten ist oder weil dessen Grundlage unwirksam geworden ist.[81] Zweitens kann das Regelungssubjekt wegfallen, so zB im Falle des Todes einer nicht übergangsfähig berechtigten oder verpflichteten natürlichen Person oder bei Erlöschen einer juristischen Person. Denkbar sind drittens überholende Rechtsakte, wenn ein Rechtsakt einen Verwaltungsakt ausdrücklich beseitigt,[82] ein Begünstigter auf eine ihm gewährte Berechtigung verzichtet oder ein Antrag zurückgenommen bzw. ein Verwaltungsakt durch Aufhebung beseitigt wird. 36

3. Wirksamkeit und Rechtmäßigkeit

Obwohl damit jedenfalls prima facie ein rechtsstaatliches Ideal einherginge, **führt die Rechtswidrigkeit des Verwaltungsaktes nicht zu dessen Unwirksamkeit.** Die Rechtslage ist daher eine andere als bei der Verabschiedung von Rechtssätzen oder bei der Vereinbarung privatrechtlicher Rechtsgeschäfte, die im Falle der Rechtswidrigkeit ihres Inhalts oder ihres Zustandekommens unwirksam (→ § 28 Rn. 19) bzw. nichtig (s. etwa §§ 134, 138 BGB) sind. Rechtswidrige Verwaltungsakte sind daher verbindlich und ggf. sogar vollstreckbar, wenn und solange sie nicht wegen ihrer Rechtswidrigkeit auf Anfechtung seitens eines Betroffenen oder von Amts wegen aufgehoben werden. 37

Diese Besonderheit lässt sich aus verschiedenen verwaltungsverfahrensrechtlichen Vorschriften und insbesondere aus den §§ 48, 43 II VwVfG oder § 44 VwVfG ableiten. Ihre **Begründung** findet sie darin, dass der Verwaltungsakt eine autoritative Entscheidung über die Auslegung und Anwendung des objektiven Verwaltungsrechts enthält, auf die jedermann im Interesse der Rechtssicherheit so lange vertrauen dür- 38

77 BVerwG NVwZ 2012, 122, kritisch allerdings Jäckel NVwZ 2014, 1625.
78 Széchényi BayVBl. 2013, 9 (10); VGH München BayVBl. 1998, 500 (501).
79 BVerwG DVBl 1998, 898 und dazu Neumann NVwZ 2000, 1250; Erfmeyer VR 2002, 334; Ruffert BayVBl. 2003, 39 (40).
80 Stelkens/Bonk/Sachs/Sachs VwVfG § 43 Rn. 213, 217.
81 Vgl. dazu BVerwG NVwZ-RR 2016, 128 (129); vgl. dazu Waldhoff JuS 2016, 767 (768).
82 OVG Bautzen NVwZ 2016, 1267; krit. dazu Weidemann NVwZ 2016, 1224 (1226 ff.).

fen können muss, wie diese behördliche Entscheidung formell Bestand hat. Gerade deshalb wäre die Unwirksamkeit des Verwaltungsaktes im Falle seiner Rechtswidrigkeit denn auch nicht unbedingt ein rechtsstaatliches Ideal.

4. Wirksamkeit und Verbindlichkeit

39 Wirksamkeit bedeutet Verbindlichkeit. Sie ist definitionsgemäß (→ § 45 Rn. 44) ein bestimmendes Merkmal des Verwaltungsakts. Eine hoheitliche „Regelung" ohne Verbindlichkeit wäre ein Widerspruch in sich. Verbindlichkeit heißt, dass die in einem Verwaltungsakt enthaltenen Gebote und Verbote von den Adressaten oder den durch dingliche Zustandsregelung betroffenen Personen und von der erlassenden Behörde zu befolgen sind.

40 Darüber hinaus führt die so genannte **Tatbestandswirkung** (→ § 20 Rn. 44)[83] dazu, dass die in einem Verwaltungsakt getroffene Regelung, dh also der Tenor, von jedermann, von jeder Behörde und von jedem nicht mit der Anfechtung des Aktes befassten Gericht anerkannt und der eigenen Entscheidung zugrunde gelegt werden muss, ohne dass die Erlassbehörde freilich an einer späteren Aufhebung des Verwaltungsakts gehindert wäre.[84]

Beispiel: Das befasste Gericht darf im Rahmen der Überprüfung eines Bebauungsplans nicht über eine bestandskräftige Entscheidung der Landesplanungsbehörde hinweggehen.[85]

41 Die **Feststellungswirkung** geht schließlich über die Tatbestandswirkung hinaus, weil sie an die durch den Verwaltungsakt getroffenen Feststellungen und damit an den Inhalt der Entscheidung, dh also an deren Begründung, bindet. Derart weit reichende Konsequenzen zeitigen Verwaltungsakte allerdings nur, wenn es wie zB in den §§ 23 I BDG, 4 S. 2 KWG gesetzlich angeordnet ist. Diese Voraussetzung sollen auch die Rechtsgrundlagen für bauordnungsrechtliche Beseitigungsverfügungen im Hinblick auf die materielle Illegalität des Vorhabens erfüllen.[86]

Beispiel: Eine immissionsschutzrechtliche Genehmigung stellt fest, dass die Anlage mit dem zum Zeitpunkt des Erlasses geltenden Vorschriften des öffentlichen Rechts in Einklang stand.[87]

5. Wirksamkeit und Vollziehbarkeit

42 Ein weiteres Wesensmerkmal rechtswirksamer Verwaltungsakte ist, dass sie – ggf. nach Eintritt weiterer Voraussetzungen (vgl. § 6 VwVG) – normalerweise vollziehbar sind; **Vollziehbarkeit** bedeutet bei Geboten und Verboten, dass sie zwangsweise durchgesetzt (vollstreckt) werden können, bei anderen Verwaltungsakten, dass die sich aus ihrer Wirksamkeit ergebenden Rechtsfolgen realisiert werden können. Die Verwaltung hat also die Möglichkeit, sich ihre Titel selbst zu beschaffen (sog. Titelfunktion).[88]

Beispiel: Die Einstellung der Gehaltszahlung als Folge der Entlassung eines Beamten.

---

83 Rühl JuS 1999, 521; Becker DVBl 2001, 858.

84 Ausf. dazu Kopp/Ramsauer/Ramsauer VwVfG § 43 Rn. 31 ff.; s. auch BGH JZ 2005, 251.

85 BVerwG ZfBR 2007, 683.

86 So jüngst VGH München BayVBl. 2016, 383 (383 f.); krit. dazu aber Muckel JA 2016, 399 (400) im Anschluss an BVerwGE 48, 271 (273).

87 BVerwG NVwZ 2009, 1441 (1442).

88 Guckelberger AllgVerwR § 19 Rn. 1, 2.

6. Rechtswirksamkeit und Rechtmäßigkeit

Verwaltungsakte können anders als in der Regel Rechtssätze und privatrechtliche Rechtsgeschäfte nicht als entweder gültig (weil rechtmäßig) oder aber ungültig (weil rechtswidrig) qualifiziert werden. Sie sind vielmehr danach zu unterscheiden, ob ein Verwaltungsakt **rechtswirksam** oder **rechtlich unwirksam (nichtig)** ist und ob er **rechtmäßig** (auch wenn unzweckmäßig oder unrichtig) oder **rechtswidrig** ist. Dementsprechend können Rechtmäßigkeit und Rechtswirksamkeit in vier verschiedenen **Varianten** auftreten: 43

- **Rechtmäßig und rechtswirksam** ist ein vollkommener Verwaltungsakt mit der Folge der Rechtsbeständigkeit.
- Zwar **rechtmäßig, aber (noch) nicht rechtswirksam** ist ein unvollkommener Verwaltungsakt mit der Rechtsfolge schwebender Unwirksamkeit – so der zustimmungsbedürftige Verwaltungsakt, solange die Zustimmung nicht erteilt worden ist (→ § 46 Rn. 44). Er wird mit der Zustimmung wirksam.
- **Nicht rechtmäßig, aber (vorläufig) rechtswirksam** ist ein mangelhafter Verwaltungsakt mit der Rechtsfolge der Anfechtbarkeit und Aufhebbarkeit nach § 48 VwVfG. Die fristgerechte Anfechtung hemmt in der Regel seine Wirksamkeit (→ § 48 Rn. 32). Er wird unwirksam, wenn er zurückgenommen oder aufgehoben wird. Hingegen erstarkt er zu endgültiger Wirksamkeit, wenn er unanfechtbar geworden ist oder wenn der Betroffene zulässigerweise auf Rechtsbehelfe verzichtet hat; dann kann den Verwaltungsakt nur noch die Behörde aufheben (→ § 48 Rn. 37).
- **Nicht rechtmäßig und nicht rechtswirksam** ist ein besonders schwer und (in der Regel) offensichtlich fehlerhafter Verwaltungsakt mit der Rechtsfolge der Nichtigkeit nach § 44 VwVfG

II. Zur Rechtmäßigkeit von Verwaltungsakten

Verwaltungsakte sind trotz ihrer Rechtswidrigkeit wirksam, solange sie nicht nichtig sind (arg. ex §§ 43 III, 44 VwVfG); etwaige Rechtsverletzungen ziehen aber jedenfalls deren Fehlerhaftigkeit nach sich. Sie kann wiederum die Aufhebbarkeit des Verwaltungsakts zur Folge haben und daran anknüpfend nach § 43 II VwVfG zu dessen Unwirksamkeit führen, wenn ein Aufhebungsakt ergeht. Dieses Erfordernis einer weiteren behördlichen bzw. gerichtlichen Handlung ist der wesentliche Unterschied zur unmittelbar eintretenden Unwirksamkeit des Verwaltungsakts im Falle seiner Nichtigkeit. Inhaltlich lassen sich, nachdem die gesetzliche Grundlage des Verwaltungsakts als erste Anforderung an dessen Rechtmäßigkeit ermittelt worden ist, formelle und materielle Anforderungen differenzieren; diese Zweiteilung dient dazu, etwaige leichter feststellbare Fehler von Verwaltungsakten zunächst zu ermitteln, um dann ggf. eine umfangreiche inhaltliche Prüfung vermeiden zu können.[89] 44

1. Rechtsgrundlage

Die Ermittlung der Rechtsgrundlage des Verwaltungsaktes ist eine Forderung des im Rechtsstaatsprinzip wurzelnden Gesetzesvorbehalts. Sie verlangt nicht nur im Falle der Eingriffs-, sondern ggf. auch im Falle der Leistungsverwaltung – so insbesondere bei Drittbelastungen – nach einer in formeller und materieller Hinsicht rechtmäßi- 45

[89] Vgl. dazu Ipsen AllgVerwR Rn. 612 ff., 628.

gen, insbesondere unions- und verfassungsrechtskonformen[90] Befugnisnorm, die den Verwaltungsakt trägt (→ § 45 Rn. 15 ff.). Da die herangezogene Rechtsgrundlage Rückwirkungen auf formelle Fragen wie die Behördenzuständigkeit haben kann,[91] bietet es sich an, deren Ermittlung **an den Beginn** der Prüfung der Rechtmäßigkeit zu stellen.

46 Die **Rechtmäßigkeit** der Befugnisnorm hängt von den verschiedensten Größen ab, die hier nicht erschöpfend darstellbar sind: So fordert der Vorbehalt des Gesetzes, dass irgendeine gesetzliche Grundlage besteht;[92] er betrifft also das „Ob". Die Wesentlichkeitslehre ist hingegen Ausfluss des Demokratieprinzips und verlangt ein formelles Gesetz, wenn grundlegende normative Bereiche angesprochen sind. Sie bezieht sich folglich auf das „Wer", weil die Wesentlichkeit darüber entscheidet, ob der parlamentarische Gesetzgeber tätig werden muss oder nicht. Hinzu kommt der im Rechtsstaatsprinzip wurzelnde Bestimmtheitsgrundsatz, weil er verlangt, dass der Adressat sein Verhalten an der ihn treffenden Norm ausrichten, sie also verstehen können muss.[93] Diese Anforderung bezieht sich daher auf das „Wie" der Ausgestaltung der Befugnisnorm. Soweit eine untergesetzliche Rechtsgrundlage herangezogen wird, muss schließlich nicht nur sie selbst, sondern auch deren Basis formell und materiell rechtmäßig sein. Es bedarf dann einer sog. Inzidentprüfung.

47 Welche von mehreren inhaltlich einschlägigen und den Erlass eines Verwaltungsakts tragenden Grundlagen herangezogen wird, ist namentlich im Bereich der Eingriffsverwaltung zunächst anhand des Art. 31 GG zu entscheiden, so dass bundesrechtliche Rechtsgrundlagen vorrangig vor landesrechtlichen sind. Im Übrigen handelt es sich um eine Frage der **Spezialität.** Daher sind besondere ordnungsrechtliche Tatbestände vor allgemeineren insbesondere in Form der polizeirechtlichen Standardmaßnahmen heranzuziehen, während die sog. Generalklausel einen Auffangtatbestand abbildet. Soweit die einschlägige Vorschrift ermittelt ist, ist abschließend zu prüfen, ob eine nicht vom Tatbestand oder der Rechtsfolge her passende Befugnisnorm Sperrwirkung gegenüber der an sich einschlägigen entfaltet, wie es im Verhältnis der Standardmaßnahmen zur Generalklausel der Fall sein kann.[94]

2. Formelle Rechtmäßigkeit

48 In formeller Hinsicht wird gemeinhin zwischen Zuständigkeits-, Verfahrens- und Formanforderungen unterschieden. Deren Verletzung führt, soweit nicht einer der in § 44 VwVfG genannten Nichtigkeits- bzw. Unwirksamkeitsgründe greift oder eine Heilung nach Maßgabe des § 45 VwVfG möglich ist, zur Rechtswidrigkeit des Verwaltungsakts und damit zu dessen Aufhebbarkeit. Ein etwaiger Aufhebungsanspruch ist indes ausgeschlossen, wenn die Voraussetzungen des § 46 VwVfG vorliegen, weil die formelle Rechtswidrigkeit die Entscheidung in der Sache nicht beeinflusst hat.

---

90 Maurer/Waldhoff AllgVerwR § 10 Rn. 26.
91 Ipsen AllgVerwR Rn. 619 f.
92 Ausf. dazu Detterbeck AllgVerwR § 10 Rn. 259 ff.
93 S. dazu Weber VR 2008, 217.
94 Vgl. dazu insgesamt Büscher JA 2010, 719 (724 f.).

a) Zuständigkeit

Verwaltungsakte müssen unabhängig davon, ob sie konventionell oder elektronisch (sog. Verwaltungsfabrikate iSd § 37 V VwVfG; → § 31 Rn. 6) zustande kommen, erkennbar von der zuständigen Behörde erlassen werden. Deren Ermittlung erfolgt anhand der einschlägigen Zuständigkeitsvorschriften; es gilt insoweit in weiten Teilen[95] der **Gesetzesvorbehalt.** Man spricht in diesem Kontext auch von sog. Aufgabennormen, die einer bestimmten Behörde abstrakt die Wahrnehmung bestimmter Aufgaben übertragen. Sie dürfen nicht mit den sog. Befugnisnormen verwechselt werden, die für die materielle Rechtmäßigkeit des Verwaltungsakts relevant sind. 49

Im Einzelnen lassen sich die **verschiedenen Zuständigkeitskategorien** wie folgt konkretisieren: Während die Verbandskompetenz darüber entscheidet, welcher Rechtsträger handeln muss, weist die sachliche Zuständigkeit einer bestimmten Behörde eine bestimmte Aufgabe abstrakt zur Wahrnehmung zu.[96] Die örtliche Zuständigkeit gibt demgegenüber eine Antwort auf die Frage, wo diese Behörde tätig werden darf, während die instanzielle Zuständigkeit danach verlangt, dass die nach der Behördenhierarchie vorgesehene Stelle handelt. Die funktionelle Zuständigkeit bezieht sich schließlich auf die behördeninterne Organisation, zB indem die Wahrnehmung bestimmter Aufgaben dem Behördenleiter aufgrund seiner höheren Fachkompetenz, Ausbildung oder Autorität übertragen wird. 50

b) Verfahren

Die **normative Basis** verfahrensrechtlicher Anforderungen bildet § 9 VwVfG, wo das Verwaltungsverfahren als die nach außen wirkende Tätigkeit der Behörden definiert ist, die auf die Prüfung der Voraussetzungen, die Vorbereitung und den Erlass (auch) eines Verwaltungsakts gerichtet ist. 51

aa) Unparteilichkeit. Daran anknüpfend verlangen zunächst einmal die §§ 20 f. VwVfG, dass die am Erlass des Verwaltungsakts maßgebend beteiligten Amtsverwalter unbefangen sind[97] (→ § 30 Rn. 25). Deren Unparteilichkeit garantiert eine sachliche, faire und objektive Entscheidung. Diese Anforderung zählt damit zu den Wesenselementen jeder rechtsstaatlichen Verwaltung[98] und findet im Unionsrecht eine Entsprechung in Art. 41 I EU-GRCh, der allerdings dem Wortlaut nach nur die Unionsverwaltung bindet.[99] Der Grundsatz der Unparteilichkeit besagt, dass weder die **Amtswalter** selbst noch ihre nächsten Angehörigen an dem Inhalt eines Verwaltungsakts persönlich interessiert sein bzw. unter dem Einfluss von Zwang oder Drohung, arglistiger Täuschung oder Bestechung stehen dürfen.[100] 52

Ob für **Behörden** als solche ähnliche Bindungen bestehen, die dann freilich aus dem Verfassungs- bzw. Unionsrecht abzuleiten wären, jedenfalls aber nicht in den §§ 20 f. 53

---

95 S. zu den Ausnahmen Ehlers/Pünder AllgVerwR/Burgi § 8 Rn. 4.

96 S. zu den damit verbundenen Problemen zB BVerwG DVBl 2014, 1317 f.; zustimmend Weber KommJur 2015, 285 (287 f.).

97 S. hess. VGH NVwZ-RR 2014, 563 und dazu Waldhoff JuS 2014, 1150.

98 S. auch von Danwitz, Verwaltungsrechtliches System und europäische Integration, S. 72.

99 Ausf. dazu Lais ZEuS 2002, 447 (457 ff.).

100 S. auch OVG Münster NVwZ-RR 2004, 721.

VwVfG verortet werden können,[101] ist im Einzelnen unklar. Dem Grunde nach wird man davon ausgehen müssen, dass Interessenkonflikte nicht zu erwarten sind, weil Behörden per se gemeinwohlorientiert agieren. Etwas anderes kann aber gelten, wenn sich behördliche Maßnahmen zugunsten einer anderen nach außen handelnden Stelle desselben Rechtsträgers auswirken, weil dann Entscheidungen in eigener Sache[102] drohen. Diese Gefahr kann insbesondere dort bestehen, wo eine Behörde über den Zugang eines privaten Unternehmens zu einem Markt entscheiden muss, auf dem (auch) deren Rechtsträger wirtschaftlich tätig ist.

Beispiel: Über die Zulässigkeit einer gewerblichen Abfallsammlung entscheidet je nach Ausgestaltung des Landesrechts gelegentlich die Behörde des Rechtsträgers, dem auf Basis des Landesabfallrechts zugleich auch die Aufgaben des öffentlich-rechtlichen Entsorgungsträgers überantwortet worden sind und der deshalb ggf. Umsatzeinbußen hinzunehmen hat, wenn er gewerbliche Sammlungen nicht untersagt.[103]

54 **bb) Erforderliche Mitwirkungshandlungen.** Abgesehen davon setzt ein ordnungsgemäßes Verfahren voraus, dass die kraft Gesetzes zu beteiligenden Behörden mitwirken konnten.[104] Darunter können auch Unionsorgane wie zB die Kommission (vgl. zB Art. 35 RL 2006/123/EG (Dienstleistungs-RL)) oder Behörden anderer EU-Mitgliedstaaten (s. etwa § 33b KWG) fallen. Ggf. sind auch Privatpersonen (s. etwa § 68 NdsBauO) zu **beteiligen** oder es muss die Öffentlichkeit (s. etwa § 18 GenTG[105]) mitwirken, so ggf. im Rahmen förmlicher Verwaltungsverfahren.[106]

54a Der im Zuge des Planungsvereinheitlichungsgesetzes eingeführte **§ 25 III VwVfG** begründet selbst keine Mitwirkungspflicht, sondern enthält nur eine Pflicht der Behörde, auf einen Vorhabenträger dahingehend einzuwirken, dass er die Öffentlichkeit möglichst frühzeitig beteiligt. Eine entsprechende Rechtspflicht wird dadurch also nicht begründet. Die Behörde soll lediglich dafür sorgen, dass die Behörde eine Kommunikation der späteren Beteiligten im Vorfeld des förmlichen Verfahrens forciert, indem sie an den Vorhabenträger herantritt.[107]

55 **cc) Anhörungspflichten.** Innerhalb von Verwaltungsverfahren bestehen ggf. Anhörungspflichten. Sie schaffen ein Recht auf Gehör im Verwaltungsverfahren und sind daher **Ausdruck des Rechtsstaatsprinzips.** Es drängt darauf, dass der von einer Maßnahme Betroffene unmittelbar gegenüber der Behörde (und nicht mittelbar über die Medien) Gelegenheit zur Stellungnahme erhält,[108] was auch impliziert, dass für den Betroffenen im konkreten Einzelfall hinreichend deutlich erkennbar ist, welche Tatsachen für die in Aussicht gestellte Entscheidung erheblich sein könnten, sodass er seine Stellungnahme sachgerecht vornehmen kann.[109] Die Behörde muss des-

[101] Kopp/Ramsauer/Ramsauer/Schlatmann VwVfG § 20 Rn. 9 ff.; ausf. dazu Barbirz, Institutionelle Befangenheit, 2010, S. 115 ff.

[102] Fehling, Verwaltung zwischen Unparteilichkeit und Gestaltungsaufgabe, 2001, S. 257 ff.

[103] OVG Münster NWVBl. 2014, 16.

[104] Siegel, Die Verfahrensbeteiligung von Behörden und anderen Trägern öffentlicher Belange, 2001.

[105] Calliess/Korte DÖV 2006, 10 (16).

[106] Vgl. zur Öffentlichkeitsbeteiligung allg. BVerwG NuR 1998, 305 (306 ff.); Classen VERW31 (1998), 307 (313 f.); s. dazu auch Lippert ZUR 2013, 203.

[107] Arndt DVBl 2015, 6 (8).

[108] VGH Kassel DVBl 2013, 726 (726).

[109] OVG Lüneburg NdsVBl. 2022, 53, R. 15.

sen Einlassung zur Kenntnis nehmen und sich damit auseinandersetzen.[110] Daraus folgt zugleich, dass die Anhörung auch im Interesse der Verwaltung liegt, die mit Hilfe dieses Instruments vor Fehlentscheidungen bewahrt werden kann.[111]

Von besonderer Bedeutung ist die Anhörung im Bereich der Eingriffsverwaltung, 55a
weil die behördliche Maßnahme dann in die Rechtsstellung des Einzelnen eingreift. Daher folgt aus § 28 I VwVfG für den Fall belastender Verwaltungsakte – ob eine Anhörung darüber hinaus im Falle von belastenden Realakten erforderlich ist, ist streitig, bei vergleichbarer Eingriffswirkung aber zu bejahen[112] – eine Pflicht zur Anhörung des Betroffenen, der ein Recht auf Stellungnahme zu den erheblichen Tatsachen – darunter fallen wegen des hinreichend weiten Wortlauts („… zu … Tatsachen …") auch Rechtsansichten[113] – korrespondiert. Es steht allen Beteiligten (§ 13 VwVfG[114]) zu, verlangt nach einer Eröffnung der avisierten Maßnahme[115] und kennt in § 28 II VwVfG eine fakultative („[…] kann […]"), nicht abschließend („[…] insbesondere […]") ausgeformte und beispielsweise auf teilautomatisierte Verwaltungsakte (→ § 45 Rn. 45a f.) bezogene,[116] sowie in § 28 III VwVfG eine obligatorische Ausnahme[117] („[…] unterbleibt […]").[118]

Umstritten ist, wie die in § 28 I VwVfG enthaltene Formulierung auszulegen ist, 56
nach der eine Anhörung bei einem Verwaltungsakt durchzuführen ist, „der **in Rechte eines Beteiligten eingreift**". Unklar ist insbesondere, ob die Anhörungspflicht infolgedessen auf Akte der Eingriffsverwaltung beschränkt ist, was vor allem für den Fall der Versagung beantragter Begünstigungen diskutiert wird. Während die Rechtsprechung davon ausgeht, dass § 28 VwVfG nur dann greift, wenn der vorhandene rechtliche Status quo des Betroffenen beeinträchtigt wird,[119] hält die Literatur generell[120] oder für den Fall, dass auf den versagten Verwaltungsakt ein insbesondere grundrechtlich motivierter Anspruch besteht,[121] eine ggf. analoge Anwendung dieser Vorschrift für nötig. Für die Lösung dieses Problems ist Folgendes zu berücksichtigen: Im Falle einer beantragten Begünstigung hat der Adressat eines etwaigen Ablehnungsbescheids zumindest insoweit Gelegenheit zur Stellungnahme, als er sich im Antrag (und in den darauf üblicherweise folgenden Erörterungen[122]) zu den für die Erteilung des Verwaltungsakts wesentlichen Tatsachen äußern kann. Damit beschränkt sich das Problem der (analogen) Anwendung des § 28 I VwVfG auf die Fälle, in denen die Behörde dem Antrag aus anderen als den erörterten oder im Antrag genannten Gründen nicht stattgibt.[123]

---

[110] Maurer/Waldhoff AllgVerwR § 19 Rn. 280; OVG Münster, K&R 2010, 756 (757).
[111] BGH DVBl 1992, 1290; Stelkens/Bonk/Sachs/Kallerhoff/Mayen VwVfG § 28 Rn. 86; vgl. auch Wollenschläger VVDStRL 75 (2016), 187 (244).
[112] Kahl/Ludwigs VerwR-HdB/Schwerdtfeger § 110 Rn. 25.
[113] Kopp/Ramsauer/Ramsauer VwVfG § 28 Rn. 30 f.
[114] Vgl. dazu BVerwG NVwZ 2003, 354 (355).
[115] Vgl. dazu BVerwGE 142, 205 (207 f.); OVG Münster EStT NW 2012, Nr. 12, 25.
[116] Siegel JURA 2020, 920 (926).
[117] S. dazu OVG Münster NWVBl. 2022, 113 Rn. 6.
[118] S. allgemein zur Anhörung Hufen/Siegel, Fehler im Verwaltungsverfahren, S. 128 ff.
[119] BVerwGE 66, 184.
[120] Maurer/Waldhoff AllgVerwR § 19 Rn. 28.
[121] Schoch JURA 2006, 833 (836); ähnl. schon OVG Münster NVwZ-RR 1990, 545 (547).
[122] Stelkens/Bonk/Sachs/Kallerhoff/Mayen VwVfG § 28 Rn. 32.
[123] Maurer/Waldhoff AllgVerwR § 19 Rn. 28.

57 Liegt eine solche Konstellation vor,[124] dürfte das **Rechtsstaatsprinzip** als Grundlage des in § 28 VwVfG normierten Anhörungsrechts in der Tat grundsätzlich auf eine behördliche Anhörungspflicht drängen. Wegen des auf eingreifende, nicht aber auf sämtliche belastende (→ § 46 Rn. 16) Verwaltungsakte bezogenen Wortlauts des § 28 I VwVfG muss allerdings hinzukommen, dass sich aus dem Fach- oder Verfassungsrecht eine ggf. grundrechtlich motivierte Rechtsposition ableiten lässt, die der Ablehnungsbescheid entzieht.[125] Diese Voraussetzung kann insbesondere dort gegeben sein, wo es um Verfahren der präventiven Eröffnungskontrolle geht, weil ein Fall des Verbots mit Erlaubnisvorbehalt gegeben ist.[126]

c) Form

58 Formelle Anforderungen an die Rechtmäßigkeit von Verwaltungsakten ergeben sich vor allem aus den §§ 37, 39 VwVfG. Zudem folgt aus § 58 VwGO, dass solche Maßnahmen mit einer Rechtsbehelfsbelehrung zu versehen sind.

59 **aa) Formvorschriften.** Ausweislich des § 37 II 1 VwVfG kann ein Verwaltungsakt schriftlich, mündlich, elektronisch oder anders ergehen. Eine Pflicht zur **Anfertigung eines schriftlichen Verwaltungsakts** besteht nur, wenn sie gesetzlich vorgesehen ist, so zB in § 10 VII BImSchG. In solchen Fällen muss das erlassende Organ (die Behörde – § 37 III VwVfG, § 119 III AO, § 33 III SGB X) eindeutig erkennbar und die Unterschrift oder die Namenswiedergabe des Behördenleiters bzw. seines Vertreters oder Beauftragten enthalten sein. Für mit Hilfe automatischer Einrichtungen erlassene Verwaltungsakte ist nach § 37 V VwVfG die Unterschrift bzw. die Namenswiedergabe verzichtbar.[127] Die mit einem Schriftformerfordernis verbundenen Ziele sind unterschiedlicher Natur: Es dient der Ordnung des Behörden- und Dienstbetriebes (Ordnungsfunktion), hat aber auch Beweis- und Schutzfunktion. Daher ist der schriftliche Erlass in vielen Verwaltungsverfahren zweckmäßig, zumal sich dadurch ggf. auch die Verständlichkeit des Verwaltungsakts verbessern lässt.[128]

60 Inwieweit die Schriftform gewahrt ist, wenn ein Verwaltungsakt via Fax, Internet oder E-Mail **elektronisch übermittelt** wird, ist unklar. Teilweise wird insoweit § 126 BGB analog angewandt, so dass solche Maßnahmen mangels eigenhändiger Unterschrift die Schriftform in der Regel nicht wahren.[129] Teilweise wird aber auch davon ausgegangen, dass auf diese Norm wegen § 37 III VwVfG mangels Regelungslücke nicht zurückgegriffen werden darf und Verwaltungsakte auch elektronisch übermittelt werden können.[130] Andere betonen demgegenüber das in § 37 II 1 VwVfG eingeräumte Ermessen und sprechen einem elektronisch übermittelten Verwaltungsakt nur dann Schriftform zu, wenn der Empfänger keine Wahl hat, ob er die an ihn gerichtete Maßnahme ausdruckt, weil die Behörde nur dann eine eigene Ermessensentscheidung über die Schriftform getroffen hat.[131]

---

124 Vgl. dazu Kahl/Ludwigs VerwR-HdB/Schwerdtfeger § 110 Rn. 18.
125 Knack/Henneke/Ritgen VwVfG § 28 Rn. 26; Schoch JURA 2006, 833 (836).
126 S. auch Kahl/Ludwigs VerwR-HdB/Schwerdtfeger § 110 Rn. 19.
127 S. näher Skrobotz, Das elektronische Verwaltungsverfahren, 2005, S. 144.
128 Vgl. Bennrath VerwArch 102 (2011), 547 (560).
129 Kopp/Ramsauer/Tegethoff § 37 Rn. 19a f.
130 So namentlich Redeker NVwZ 1986, 545 (546).
131 Stelkens/Bonk/Sachs/Stelkens VwVfG § 37 Rn. 59.

Vom Fall der elektronischen Übermittlung ist die Konstellation zu unterscheiden, dass die **schriftliche Form des Verwaltungsakts durch die elektronische ersetzt wird.** In diesem Falle liegt ein nicht unmittelbar wahrnehmbarer, elektronisch gespeicherter Verwaltungsakt vor, der mittels eines elektronischen Speichermediums erlassen wird.[132] Voraussetzung dafür ist nach § 3a II 2 VwVfG, dass das elektronische Dokument mit einer qualifizierten elektronischen Signatur nach dem Signaturgesetz, die der handschriftlichen Unterzeichnung rechtlich gleichsteht, versehen ist. S. 4 dieser Vorschrift bietet seit seinem Inkrafttreten im Jahre 2011[133] weitere Möglichkeiten, um der Schriftform auf elektronischem Wege zu genügen.[134] Die Vorschrift reagiert auf die geringe Verbreitung der qualifizierten elektronischen Signatur, ist aber rechtlich nicht unproblematisch, weil sie mit der De-Mail ein konkretes Produkt eines bestimmten marktpräsenten Unternehmens in Bezug nimmt.[135] 61

Die weitaus meisten schriftlichen Erklärungen der Verwaltungsbehörden werden ihrem Adressaten nicht als **Urschrift,** sondern als **Ausfertigung** (mit faksimilierter Unterschrift oder maschineller Namenswiedergabe und Richtigkeitsvermerk der Geschäftsstelle oder auch nur mit dem Dienststempel) übergeben. Die bei den Akten verbleibende Urschrift ist nur paraphiert. Maßgebend für den Adressaten ist dann die Ausfertigung, die bei fehlerhafter Wiedergabe der Urschrift ohne weiteres berichtigt werden kann. Nur soweit die Ausstellung oder Aushändigung einer Urkunde oder sonst eine bestimmte Schriftform gesetzlich gefordert ist, wird ein in der Regel handschriftlich unter Beidrückung des Dienstsiegels mit dem Namen unterzeichnetes Schriftstück übergeben. 62

bb) Begründungspflicht. Belastende Verwaltungsakte sind normalerweise zu begründen, damit der Betroffene beurteilen kann, ob und mit welcher Begründung die Einlegung eines Rechtsbehelfs Aussicht auf Erfolg hat. Die Begründungspflicht beruht auf rechtsstaatlichen[136] und auf grundrechtlichen Erwägungen.[137] Gleichzeitig hat sie die Kontrolle der Verwaltung zum **Zweck.**[138] Die Begründung ist meistens gesetzlich vorgeschrieben. 63

Beispiele: § 39 VwVfG; § 121 AO; § 35 SGB X; § 31 AsylVfG; § 10 VII BImSchG; §§ 2a, 10 I BauGB; § 73 III VwGO.

Nimmt man die Zielsetzungen von Begründungspflichten ernst, könnte man geneigt sein, den Schluss zu ziehen, dass begünstigende Verwaltungsakte nicht begründet werden müssen, und die Nennung der tragenden Gründe insoweit im Lichte des Erfordernisses transparenten Verwaltungshandelns als Gebot der Zweckmäßigkeit ein- 64

---

[132] Knack/Henneke/Ruffert VwVfG § 37 Rn. 53.
[133] S. dazu Roßnagel NJW 2013, 2710; vgl. aus der Perspektive der Konkurrenten im Sinne eines Anspruchs auf Erlass einer gleichstellenden Verordnung gemäß § 3a II 4 Nr. 4 VwVfG Schulz/Tischer VERW47 (2012), 521 (529).
[134] Siegel VerwArch 105 (2014), 242 (253 f.); Schulz DÖV 2013, 882; vgl. dazu auch Bähr/Denkhaus BayVBl. 2016, 1 (2).
[135] Ausf. dazu Müller-Terpitz/Rauchhaus MMR 2013, 10.
[136] BVerfGE 6, 44; BVerwGE 38, 191.
[137] S. näher Kischel, Die Begründung, 2002.
[138] S. auch EuGH EuZW 1997, 599 und Classen VERW31 (1998), 307 (316).

stufen.[139] Dem widerspricht allerdings die Struktur namentlich des § 39 I 1 VwVfG, der für **belastende und begünstigende Verwaltungsakte** gleichermaßen gilt.[140] Dieser weite Anwendungsbereich erscheint insbesondere aufgrund der Möglichkeit von Anordnungen mit Drittwirkung (→ § 46 Rn. 18) zutreffend.[141]

65 Der **Umfang** der Begründung ist eine Frage des Einzelfalls und seiner Komplexität sowie der Besonderheiten des jeweiligen Rechtsgebiets.[142] Infolgedessen bestehen beispielsweise besonders nachhaltige Anforderungen an die Begründung von Prüfungsentscheidungen.[143] Grundsätzlich gilt jedenfalls, dass die Rechtsgrundlage des Verwaltungsakts und die wesentlichen tatsächlichen und rechtlichen Gründe, die die Behörde zu ihrer Entscheidung bewogen haben, mitzuteilen sind.

66 Die Begründung von **Ermessensentscheidungen** (→ § 31 Rn. 35) soll insbesondere die für die Ausübung des Ermessens maßgeblichen Umstände und Überlegungen erkennen lassen (§ 39 I 3 VwVfG, § 35 I 3 SGB X).[144] Daher ist die zuständige Behörde im Normalfall verpflichtet, dem Betroffenen die wesentlichen leitenden Gesichtspunkte zu eröffnen.[145] Eine Ausnahme ist nur dann geboten, wenn die Begründung wesentliche öffentliche Interessen oder Belange eines Beteiligten gefährdet; dann bedarf es ggf. einer Umschreibung[146] Die Rechtsprechung scheint insoweit hingegen allein auf die Ausnahmen des § 39 II VwVfG abzustellen.[147]

Beispiel: Die Begründungspflicht kann verletzt sein, wenn durch eine Kompilation zahlreicher Versatzstücke aus ähnlichen Verfügungen die für die Ermessensausübung ausschlaggebenden Gründe im Unklaren gelassen werden.[148]

67 Einer **Begründung** bedarf es nach § 39 II VwVfG (§ 121 AO, § 35 II SGB X) **nicht,** soweit einem Antrag ohne Eingriff in Rechte Dritter entsprochen wird, soweit dem Betroffenen die Auffassung der Behörde bekannt oder ohne weiteres erkennbar ist, wenn sich der Ausschluss der Begründungspflicht aus einer Rechtsvorschrift ergibt sowie bei Allgemein- und Sammel- sowie teilautomatisierten Verfügungen, wobei in den beiden letztgenannten Fällen die Begründung nicht nach den Umständen des Einzelfalls geboten sein darf. Diese im behördlichen Ermessen stehenden[149] Ausnahmen sind Gründen der Verwaltungseffizienz, aber auch der Tatsache geschuldet, dass dann in Teilen die Ratio Legis und insbesondere die rechtsschutzstützende Funktion

139 S. Scheffler DÖV 1977, 767; Dechsling DÖV 1985, 714; Dolzer DÖV 1985, 9; Lücke, Begründungszwang und Verfassung, 1987; Müller-Ibold, Die Begründungspflicht im europäischen und deutschen Recht, 1990.

140 Ebenso Kahl/Ludwigs VerwR-HdB//Lohse § 111 Rn. 41 (mit Fehlzitat in Fn. 149).

141 Towfigh, Die Pflicht zur Begründung von Verwaltungsentscheidungen, 2007, S. 25.

142 BVerwGE 74, 196 (205).

143 Müller-Franken VerwArch 92 (2001), 507.

144 BVerwGE 22, 215.

145 VGH München VRS 119 (2010), 239 (242 f.).

146 Pautsch in Pautsch/Hoffmann VwVfG § 39 Rn. 20; Müller-Ibold, Die Begründungspflicht im europäischen Gemeinschaftsrecht und im deutschen Recht, 1990, S. 189, 222. Vgl. dazu auch Kopp/Ramsauer/Ramsauer VwVfG § 39 Rn. 30.

147 S. etwa BVerwG NVwZ 1988, 628 (629); gleichsinnig Kahl/Ludwigs VerwR-HdB//Lohse § 111 Rn. 47.

148 OVG Münster NWVBl. 1995, 438.

149 Dennoch für eine Begründungspflicht infolge einer Ermessensreduktion im Falle fehlender Widerspruchsverfahren aus Gründen effektiven Rechtsschutzes Ismer DÖV 2023, 489 (493).

des § 39 I VwVfG nicht angesprochen ist – so wenn ein Verwaltungsakt rein begünstigend wirkt.[150]

Erweist sich die Begründung als inhaltlich unzutreffend, folgt daraus allein noch nicht die formelle Rechtswidrigkeit des Verwaltungsakts. Es genügt vielmehr, dass **irgendeine den Vorgaben des § 39 VwVfG entsprechende Begründung** gegeben worden ist, da es sich um eine formelle und nicht um eine materielle Anforderung handelt.[151] Nicht zuletzt deshalb kann die verwaltungsprozessrechtlich umstrittene Problematik, inwieweit die die Entscheidung tragenden Sachgründe im gerichtlichen Verfahren nachgeschoben werden dürfen, grundsätzlich nicht mit Hilfe des § 39 VwVfG beantwortet werden. Die Frage nach der verfahrens- und der prozessrechtlichen Zulässigkeit der Nachholung einer Begründung sind folglich zu unterscheiden.[152] 68

3. Materielle Rechtmäßigkeit

Die materielle Rechtmäßigkeit von Verwaltungsakten verlangt, dass der Tatbestand der Befugnisnorm und die allgemeinen Rechtmäßigkeitsanforderungen eingehalten sind sowie eine zulässige Rechtsfolge ausgewählt worden ist. 69

a) Tatbestand der Befugnisnorm

Der Inhalt eines Verwaltungsakts muss den tatbestandlichen Vorgaben seiner Rechtsgrundlage entsprechen, um rechtmäßig zu sein. Damit ist, da ein Schluss von der Aufgabe auf die Befugnis unzulässig ist, nicht die Zuständigkeitsnorm (→ § 48 Rn. 49), sondern die Ermächtigungsgrundlage angesprochen.[153] Der Verwaltungsakt muss sich also in deren Rahmen halten, da der **Vorrang des Gesetzes** die Verwaltung verpflichtet, das geltende Recht – dazu zählt auch das hinreichend bestimmte und unbedingte Unionsrecht[154] – zu wahren, es also nicht zu verletzen (→ § 30 Rn. 1 ff.). Welche Anforderungen in diesem Kontext gelten, ist eine Frage des Fachrechts. Es kann der Verwaltung ggf. Beurteilungsspielräume einräumen, so dass dann deren allgemeine Grenzen zu prüfen sind (→ § 31 Rn. 7 ff.). 70

Im Fall unbestimmter Rechtsbegriffe kann ggf. eine **unionsrechtskonforme Auslegung** nötig sein, weil sie hinreichend offen sind, um die Wertungen des Primär- bzw. Sekundärrechts aufzunehmen. Diese Interpretationsmethode bietet eine besonders schonende Möglichkeit, um dem Unionsrecht zu entsprechen. Sie geht daher dem Anwendungsvorrang auch aus Gründen des Respekts vor der demokratischen Legitimation der nationalen Gesetzgeber vor[155] und hat ggf. sogar einen eigenständigen Anwendungsbereich, weil sie nicht zwingend die unmittelbare Anwendbarkeit des Primär- bzw. Sekundärrechts als maßgeblichen Auslegungsmaßstab voraussetzt.[156] 71

Denkbar ist zudem eine verfassungs-, vor allem **grundrechtskonforme Interpretation** von Tatbestandsmerkmalen, soweit sie deren Wortlaut und dem Regelungsanlie- 72

---

150 S. dazu Towfigh, Die Pflicht zur Begründung von Verwaltungsentscheidungen, 2007, S. 25.

151 Stelkens/Bonk/Sachs/Stelkens VwVfG § 39 Rn. 30.

152 Bader/Ronellenfitsch/Schlemmer VwVfG § 45 Rn. 34; OVG Münster GesR 2009, 417.

153 Vgl. dazu Maurer/Waldhoff AllgVerwR § 21 Rn. 47 ff.

154 Detterbeck AllgVerwR § 7 Rn. 258; BVerwGE 74, 241 (248 f.).

155 Vgl. dazu Stelkens/Bonk/Sachs/Sachs VwVfG § 40 Rn. 10 f. sowie BVerwGE 121, 297 und Bader JuS 2006, 199.

156 S. dazu Calliess, Staatsrecht III, 84. Aufl. 2022, § 8 Rn. 1 ff.; vgl. auch Korte, Standortfaktor Öffentliches Recht, 2016, S. 187.

gen des einfachen Gesetzgebers entspricht.[157] Der Einfluss, der dem Verfassungsrecht dann zukommt, ist nicht gleichzusetzen mit dessen Relevanz im Rahmen der Prüfung der formellen und materiellen Rechtmäßigkeit der Befugnisnorm.[158] Denn während es dort um eine abstrakt-generelle Untersuchung ging, ist die Auswirkung des Verfassungsrechts an dieser Stelle auf den konkreten Sachverhalt bezogen.

b) Allgemeine Rechtmäßigkeitsvoraussetzungen

73 Die allgemeinen Anforderungen an die Rechtmäßigkeit beziehen sich neben der Verhältnismäßigkeit[159] (→ § 30 Rn. 13) auf die Möglichkeit und Bestimmtheit.

74 **aa) Bestimmtheit.** Der Inhalt des Verwaltungsakts muss – vor allem wenn er iwS gestaltend wirkt (→ § 46 Rn. 3 ff.) – inhaltlich bestimmt sein (§ 37 I VwVfG, § 119 I AO, § 33 I SGB-X), dh also in tatsächlicher Hinsicht den behördlichen Willen klar, eindeutig und vollständig zum Ausdruck bringen. Dieses ggf. auch drittschützende[160] Erfordernis konkretisiert den Grundsatz der Gesetzmäßigkeit der Verwaltung (→ § 30 Rn. 16) und dient der **Zielsetzung** nach vor allem dem im Rechtsstaatsprinzip wurzelnden Gedanken der Rechtsklarheit und Rechtssicherheit. Die Bestimmtheit ist einerseits aus der Perspektive des Bürgers erforderlich, damit er die im Verwaltungsakt getroffene Regelung verstehen und sein Verhalten daran ausrichten kann,[161] andererseits aber auch aus der Sicht der erlassenden Behörde nötig, da nur das erzwungen werden kann, was der Verwaltungsakt „bestimmt".[162]

75 **Inhaltlich** verlangt das Erfordernis der Bestimmtheit, dass der Verwaltungsakt sein Ziel bzw. seinen Zweck erkennen lässt. Dazu muss er deutlich machen, auf welchen Sachverhalt er sich bezieht, wer von wem was verlangt bzw. wer wem was gewährt oder was festgestellt wird. Bei einem Handlungsgebot oder im Falle einer gesetzlichen Verpflichtung fordert das Bestimmtheitserfordernis zudem, dass das Mittel angegeben wird, das zur Erreichung des im Verwaltungsakt bezeichneten Erfolges anzuwenden ist.[163] Die Grenze zur Unbestimmtheit ist in diesem und anderen Fällen überschritten, wenn dem Betroffenen zugemutet wird, dass er unter Hinzuziehung eines Dritten oder von Hilfsmitteln erforscht, was von ihm im Einzelnen gefordert wird.[164]

76 Das Ausmaß der danach notwendigen Konkretisierung des Verwaltungsakts hängt von den Umständen des jeweiligen Einzelfalles ab.[165] Maßgeblich ist insoweit die **Perspektive des Maßnahmeadressaten.** Es kommt also auf seine Auslegung und damit darauf an, wie er den Verwaltungsakt unter Beachtung der erkennbaren Umstände bei objektiver Sachverhaltswürdigung hätte verstehen müssen.[166] Unklarheiten gehen insoweit, aber auch im Übrigen zu Lasten der den Verwaltungsakt erlassenden Behörde. Sie muss sich eine zulässige Auslegung des Betroffenen gefallen

157 Ausf. dazu Sachs/Sachs GG Einführung Rn. 52 ff.; s. auch Barczak VerwArch 105 (2014), 142.
158 So aber offenbar Detterbeck AllgVerwR § 10 Rn. 571.
159 S. dazu auch Pieroth FS Jarass, 2015, 587.
160 Vgl. OVG Münster NWVBl. 2014, 28.
161 BVerwG GewArch 1993, 117.
162 Amtl. Begr. zu § 33 EVwVfG, BT-Drs. 7/910, 58; OVG Lüneburg NuR 2002, 503.
163 OVG Münster BauR 2000, 1478.
164 OVG Münster NVwZ 1993, 1000.
165 Stelkens/Bonk/Sachs/Stelkens VwVfG § 37 Rn. 10 ff. mwN.
166 BVerwG NVwZ 2010, 133 (134).

lassen, auch wenn sie nicht dem entspricht, was mit dem Erlass der Maßnahme intendiert worden ist.[167] Daher muss der Verwaltungsakt so formuliert sein, dass er keinen unterschiedlichen Interpretationen zugänglich ist.[168]

Beispiele: Ein an die „Wohnungseigentümergemeinschaft X-Straße z. Hd. des Verwalters" gerichteter Abgabenbescheid ist bestimmt, wenn ihm die Gebührenfestsetzung für die einzelnen Eigentümer mit hinreichender Deutlichkeit zu entnehmen ist.[169] Ein Verlangen an „die Betroffenen", „den ordnungsmäßigen Zustand herzustellen", genügt nicht. Es muss gesagt werden, wer „betroffen" ist und welcher Zustand als ordnungsmäßig angesehen wird.[170] Sind für eine Windenergieanlage verschiedene Betriebsweisen möglich, muss die Genehmigung die konkret genehmigte Betriebsweise regeln.[171] Die Bezugnahme eines Verwaltungsaktes auf ein im Internet abrufbares Merkblatt ist hinreichend bestimmt.[172] Die bloße Wiederholung der Gesetzeslage führt, soweit keine Konkretisierung auf den Einzelfall erfolgt, zur Unbestimmtheit.[173]

bb) Möglichkeit. Die im Verwaltungsakt getroffene Anordnung muss **für seinen Adressaten ausführbar** sein. Kann bzw. darf sie niemand erfüllen, spricht man von tatsächlicher Unmöglichkeit bzw. von rechtlicher Unmöglichkeit. Soweit hingegen ein anderer den Verwaltungsakt ausführen kann, der Adressat aber nicht, ist (subjektives) Unvermögen gegeben. Dessen Unterfall des wirtschaftlichen Unvermögens liegt schließlich vor, wenn der Betroffene eine Anordnung nicht ausführen kann, weil ihm die dazu nötigen Mittel fehlen.[174] 77

Während die tatsächliche Unmöglichkeit stets zur Nichtigkeit des Verwaltungsakts führt (vgl. § 44 II Nr. 4 VwVfG), hängt die Rechtswidrigkeit oder gar Nichtigkeit des Verwaltungsakts in Fällen des Unvermögens vor allem von der Zumutbarkeit der Beseitigung des Hindernisses ab und wird damit zu einer Frage der Verhältnismäßigkeit. Liegt rechtliche Unmöglichkeit vor, bestimmt sich deren **Rechtsfolge** danach, ob sich das bestehende Hindernis durch Anschlussmaßnahmen ausräumen lässt; falls nein, ist die Maßnahme in der Regel rechtswidrig, selten nichtig.[175] 78

Beispiel: Eine Abrissverfügung an einen Miteigentümer ist nach der verwaltungsgerichtlichen Rechtsprechung rechtmäßig, weil den anderen Miteigentümern durch Erlass einer Duldungsverfügung aufgegeben werden kann, den Abriss zu dulden. Bis dahin besteht allerdings ein Durchsetzungshindernis.[176] Die Literatur geht bisweilen von schwebender Unwirksamkeit[177] oder Rechtswidrigkeit[178] aus.

c) Zulässige Rechtsfolge

Abschließend setzt die Rechtmäßigkeit des Verwaltungsakts voraus, dass eine inhaltlich zulässige Rechtsfolge ausgewählt worden ist. Diese Voraussetzung ist unproblematisch erfüllt, wenn es um eine gebundene Entscheidung geht. Im Übrigen muss 79

---

[167] S. BVerwG DÖV 1972, 795; OVG Münster NWVBl. 1995, 344; VGH München NJW 1982, 2571.
[168] BVerwG GewArch 1993, 117; OVG Münster NWVBl. 1998, 356 (358).
[169] BVerwG DVBl 1994, 810; s. aber auch VGH München NVwZ-RR 1994, 690.
[170] S. BVerwGE 31, 15.
[171] OVG Münster NVwZ-RR 2003, 480.
[172] VGH München NJW 2004, 2769.
[173] VGH Mannheim VBlBW 2016, 74 (75 f.).
[174] Stelkens/Bonk/Sachs/Sachs VwVfG § 44 Rn. 143 ff.
[175] Vgl. dazu Knack/Henneke/Peuker VwVfG § 44 Rn. 41.
[176] BVerwGE 40, 101 (103).
[177] Vgl. Maurer/Waldhoff AllgVerwR § 10 Rn. 53.
[178] Schnapp/Henkenötter JuS 1998, 624 (629).

sich die Verwaltung in den Grenzen des ihr dann eingeräumten **Ermessens** halten, so dass nach etwaigen Ermessensfehlern zu suchen ist (→ § 31 Rn. 35 ff.).

80 Dazu bietet sich eine Differenzierung nach dem Entschließungs- und dem Adressaten- sowie dem Maßnahmeauswahlermessen, dh also dem **„Ob", „Wer" und „Wie"** an. Liegt eine Ermessensreduzierung auf Null vor, führt jede andere Entscheidung als die ermessensgerechte zur Rechtswidrigkeit. Das Ermessen bildet neben den unbestimmten Rechtsbegriffen auf Tatbestandsebene eine weitere Möglichkeit, um die Wertungen des Unions- oder Verfassungsrechts einfließen zu lassen.[179]

81 Der Kreis der zulässigen Rechtsfolgen ist oft durch sog. **Verwaltungsvorschriften** determiniert. Sie binden aufgrund behördlicher Hierarchie grundsätzlich allein die Verwaltung, haben also lediglich Innenwirkung.[180] Deren Verletzung führt daher auch nur zur sog. Innenrechtswidrigkeit. Im Einzelfall können Verwaltungsvorschriften allerdings insbesondere über Art. 3 I GG auch eine mittelbare Außenwirkung (→ § 24 Rn. 26 ff.) mit der Folge der Außenrechtswidrigkeit des Verwaltungsakts im Falle einer Verletzung des allgemeinen Gleichheitssatzes entfalten.[181]

III. Zum räumlichen Geltungsbereich von Verwaltungsakten

82 Der räumliche Geltungsbereich von Verwaltungsakten ist maßgeblich für deren Wirksamkeit in lokaler Hinsicht.

1. Räumlicher Geltungsbereich Bundesgebiet

83 Innerhalb des Bundesgebiets hängt der räumliche Geltungsbereich eines Verwaltungsakts davon ab, ob er von einer Bundes- oder einer Landesbehörde erlassen worden ist. Zudem gelten Sonderregeln für DDR-Verwaltungsakte.

a) Territorialprinzip und überregionale Verwaltungsakte

84 Der räumliche Geltungsbereich (→ § 27 Rn. 17 und → § 38 Rn. 1 ff.) der Verwaltungsakte von Bundesbehörden ist in der Regel das Bundesgebiet, von Landesbehörden das Gebiet des jeweiligen Landes **(sog. Territorialprinzip)**,[182] es sei denn, es ist wie in § 12 AufenthG etwas anderes bestimmt.

85 Abgesehen davon gelten aber auch Verwaltungsakte von Landesbehörden zum **Vollzug eines Bundesgesetzes** im ganzen Bundesgebiet. Denn der Geltungsbereich eines Verwaltungsakts deckt sich mit dem Geltungsbereich des Gesetzes, zu dessen Vollzug er erlassen ist (sog. überregionale Verwaltungsakte).[183]

b) Zur Fortgeltung von DDR-Verwaltungsakten

86 Mit dem Wirksamwerden des Beitritts der DDR zur Bundesrepublik (→ § 12 Rn. 7, 8) und der Erstreckung des Territorialprinzips auf die neuen Bundesländer (Art. 1, 3 EinigVtr) musste auch eine Regelung für die von Organen der DDR erlassenen Ver-

179 Stelkens/Bonk/Sachs/Sachs VwVfG § 40 Rn. 10 f.

180 OVG Münster NJW 1981, 2597; OVG Bremen DÖV 1988, 180; Dickersbach GewArch 1993, 177 (179); BVerwG NVwZ 2003, 1384.

181 Stober DÖV 1984, 265 (274); Götz NVwZ 1984, 480; BVerwG NVwZ 2003, 1384; thür. OVG ThürVBl. 2004, 241; OVG Münster NVwZ-RR 1997, 585 (588); abw. offenbar Ehlers GewArch 1999, 305 (312).

182 OVG Münster GewArch 2003, 162.

183 Ausf. zum Ganzen Starski, Der interföderale Verwaltungsakt, 2014.

waltungsentscheidungen getroffen werden. Sie werden im Falle hinreichender Ähnlichkeit im Einigungsvertrag als Verwaltungsakte qualifiziert.[184] Daran anknüpfend sieht Art. 19 EinigVtr vor, dass vor dem Wirksamwerden des Beitritts ergangene Verwaltungsakte der DDR **wirksam** bleiben,[185] soweit sie nach der seinerzeitigen Staats- und Verwaltungspraxis der DDR als wirksam angesehen und behandelt wurden.[186] Mit dieser Grundsatzregelung wird berücksichtigt, dass eine vollständige Aufarbeitung der DDR-Verwaltungspraxis anhand des in den alten Bundesländern geltenden Rechts unmöglich ist und zur Funktionsunfähigkeit der Verwaltung sowie zu neuen Ungerechtigkeiten geführt hätte.[187]

Steht damit fest, dass DDR-Verwaltungsakte grundsätzlich wirksam sind, bleibt deren räumlicher Geltungsbereich offen. Die verwaltungsgerichtliche Rechtsprechung **überträgt** insoweit **die allgemein geltenden Grundsätze** und geht daher davon aus, dass ein DDR-Verwaltungsakt jedenfalls dann bundesweit gilt, wenn ein Verwaltungsakt entsprechenden Inhalts, hätte ihn eine Behörde eines alten Bundeslandes erlassen, bundesweit gegolten hätte. Umgekehrt ist dann aber davon auszugehen, dass ein Verwaltungsakt dann nicht im gesamten Bundesgebiet gilt, wenn dessen Wirkung im Falle des Erlasses durch eine Landesbehörde auf das Gebiet des jeweiligen Landes beschränkt wäre. In diesem Falle dürfte sich der räumliche Geltungsbereich dann aber zumindest auf das gesamte Gebiet der ehemaligen DDR beziehen, weil deren Rechtssystem nicht bundesstaatlich organisiert war.[188] 87

Beispiele: Ein statusbildender Verwaltungsakt, in dem eine Behörde der ehemaligen DDR einer Religionsgemeinschaft Rechtspersönlichkeit zuspricht, gilt im gesamten Bundesgebiet;[189] eine Genehmigung zur Veranstaltung von Sportwetten, die eine Behörde der ehemaligen DDR einem privaten Anbieter erteilt, gilt nur in den neuen Bundesländern.[190]

2. Räumlicher Geltungsbereich Unionsgebiet

Die Frage nach dem räumlichen Geltungsbereich von Verwaltungsakten hat auch eine unionsrechtliche Dimension (→ § 27 Rn. 1 ff. und → § 46 Rn. 51). Sie ergibt sich daraus, dass die Unionsverträge gemäß Art. 26 AEUV darauf abzielen, einen Raum ohne Binnengrenzen zu verwirklichen und dessen Funktionsfähigkeit zu gewährleisten. Daher können **Beschlüsse iSd Art. 288 IV AEUV** (→ § 45 Rn. 8), soweit sie nicht inhaltlich beschränkt sind bzw. nicht nur einen oder mehrere, sondern alle Mitgliedstaaten adressieren, grundsätzlich unionsweite Geltung beanspruchen; dasselbe gilt, wenn sie natürliche oder juristische Personen adressieren. 88

Auch die **unmittelbar transnationalen Verwaltungsakte** (→ § 46 Rn. 52) sind im gesamten Unionsgebiet anwendbar, soweit sie auf Basis des Unionsrechts selbst oder auf Basis des nationalen Rechts, das in Umsetzung von Unionsrecht ergangen ist, erlassen wurden.[191] Solche Maßnahmen stoßen infolgedessen jedenfalls grundsätzlich nicht an die föderalen Grenzen der Mitgliedstaaten. Sie gelten stattdessen selbst 89

[184] Stelkens/Bonk/Sachs/Sachs VwVfG § 43 Rn. 238.
[185] S. auch BVerwGE 90, 255.
[186] BVerwGE 105, 255 (259).
[187] OVG Thür. ThürVBl. 1994, 265.
[188] S. dazu Stelkens/Bonk/Sachs/Sachs VwVfG § 43 Rn. 241 ff.
[189] BVerwGE 105, 255 (260 f.).
[190] BVerwGE 126, 149 (163 f.); NJW 2004, 2047 (2049 ff.).
[191] Vgl. dazu Ohler, Die Kollisionsordnung des Allgemeinen Verwaltungsrechts, 2005, S. 151 ff.

dann in dessen gesamten Hoheitsgebiet, wenn derselbe Verwaltungsakt, wäre er von einer nationalen Behörde erlassen, nur regional begrenzt Wirkungen entfaltet hätte.[192] Etwas anderes gilt nur im Falle einer entsprechenden Rechtsnorm – so zB im Falle des Art. 10 IV RL 2006/123/EG (Dienstleistungs-RL), wenn die Umstände vor Ort eine neue Sachentscheidung erforderlich machen.[193]

90 Liegt ein **Verwaltungsakt unter dem Vorbehalt der Anerkennung** vor (→ § 46 Rn. 52), so hängt dessen transnationale, oftmals durch die Grundfreiheiten induzierte Wirkung davon ab, ob die Gleichwertigkeit des Schutzniveaus im Ziel- und Herkunftsland gewährleistet ist. Folglich bestehen keine Anerkennungspflichten, wenn es an dieser Anforderung fehlt, was der Zielstaat zu überprüfen hat; ihm bleiben insoweit also Kontrollmöglichkeiten.[194]

3. Extraterritoriale Hoheitsakte

91 Im Übrigen sind Verwaltungsakte von deutschen Organen oder Gliedern, die im Ausland befindliche Personen oder Sachen betreffen (sog. extraterritoriale Hoheitsakte), zwar völkerrechtlich zulässig, sie erlangen jedoch, soweit keine entsprechenden internationalen Abkommen bestehen, exterritoriale Wirkung erst mit ihrer Anerkennung durch den jeweiligen Zielstaat.[195] Entsprechendes gilt für die Wirksamkeit ausländischer Akte in Deutschland (s. etwa § 1a II LuftVG). Denn jeder Staat ist, soweit er sich nicht völkerrechtlich gebunden hat, aufgrund seiner **verwaltungsrechtlichen Souveränität** frei in der Aufstellung der formellen und materiellen Voraussetzungen für die Anerkennung ausländischer Hoheitsakte.[196]

§ 49. Fehlerhafte Verwaltungsakte

Schrifttum: Freymuth JA 2012, S. 844 ff.: Formelle Fehler des Verwaltungsakts und ihre Folgen; Hufen DVBl. 1988, 69 ff.: Zur Systematik der Folgen von Verfahrensfehlern; Hufen JuS 1999, 313 ff.: Heilung und Unbeachtlichkeit von Verfahrensfehlern; Jachmann, Die Berichtigung offenbar unrichtiger Verwaltungsakte gemäß § 42 VwVfG, 1993; Leisner DÖV 2007, 669 ff.: Nichtigkeit eines Verwaltungsakts (nur) bei Offensichtlichkeit der besonders schweren Fehlerhaftigkeit?; Lüdemann/Windthorst BayVBl. 1995, 357 ff.: Die Umdeutung von Verwaltungsakten; Niedobitek DÖV 2000, 761 ff.: Rechtsbindung der Verwaltung und Effizienz des Verwaltungsverfahrens; Pahlke BayVBl. 2010, S. 357 ff.: Abgestufte Fehlerfolgen bei einem Verstoß gegen den Grundsatz der Öffentlichkeit von Sitzungen des Gemeinderats; Schladebach VerwArch 104 (2013), 188 ff.: Der nichtige Verwaltungsakt. Grundfragen sachwidrigen Behördenhandelns; Schnapp DVBl. 2000, 247 ff.: Die Nichtigkeit des Verwaltungsaktes; Schnapp/Cordewener JuS 1999, 39 ff. und 147 ff.: Welche Rechtsfolgen hat die Fehlerhaftigkeit eines Verwaltungsaktes?; Schnapp/Henkenötter JuS 1998, 524 ff. und 624 ff.: Wann ist ein Verwaltungsakt fehlerhaft?; Schöbener VERW 33 (2000), 447 ff.: Der Ausschluss des Aufhebungsanspruchs wegen Verfahrensfehlern bei materiell-rechtlich und tatsächlich alternativlosen Verwaltungsakten; Sodan DVBl. 1999, 729 ff.: Unbeachtlichkeit und Heilung von Verfahrens- und Formfehlern; Sydow JuS 2005, 202 ff.: Europäisierte Verwaltungsverfahren; Wahl/Pietzcker VVDStRL 41 (1983), 151 ff. (175, 193 ff.): Das Verwaltungsverfahren zwischen Verwaltungseffizienz und Rechtsschutzauftrag; Will/Rathgeber JuS 2012, S. 1057 ff.: Die Nich-

[192] S. dazu für den Anwendungsbereich der sog. Dienstleistungsrichtlinie im Falle einer Niederlassungsgründung im Zielstaat Ziekow GewArch 2007, 217 (218).
[193] Vgl. Kluth in Leible, Die Umsetzung der Dienstleistungsrichtlinie, 2008, S. 131, 152; siehe auch bezogen auf das Schulrecht auch Korte/Dingemann RdJB 2009, 380 (392).
[194] Calliess/Korte, Dienstleistungsrecht in der EU, 2011, § 6 Rn. 89 ff.
[195] S. auch Linke, Europäisches Internationales Verwaltungsrecht 2001, S. 33 mwN; vgl. dazu auch Ladeur DÖV 2012, 369.
[196] BGHZ 25, 140; vgl. zum Ganzen auch Starski, Der interföderale Verwaltungsakt, 2014.

tigkeit von Verwaltungsakten gemäß § 44 VwVfG; Windoffer JURA 2020, 791 ff.: Die Umdeutung fehlerhafter Verwaltungsakte gemäß § 47 VwVfG.

Fehlerhafte Verwaltungsakte kommen in verschiedenen Facetten vor und zeitigen je nach Art und Schwere der Unzulänglichkeit unterschiedliche Rechtsfolgen. 1

I. Der fehlerhafte Verwaltungsakt – ein Überblick

Verwaltungsakte müssen aufgrund der Bindung der öffentlichen Verwaltung an das Rechtsstaatsprinzip den formellen und materiellen Anforderungen des geltenden Rechts entsprechen (→ § 30 Rn. 1 ff. und → § 48 Rn. 44 ff.). 2

1. Arten und Quellen möglicher Fehler

Weil es sich aber um Maßnahmen handelt, die von Menschen erlassen werden, die irren oder ihre Macht missbrauchen können, und weil der Sinn des Gesetzes und das, was dem geltenden Recht entspricht, manchmal schwer zu erkennen sind, werden Verwaltungsakte teilweise nicht den an sie gestellten Anforderungen gerecht. Der **Kreis** möglicher Unzulänglichkeiten lässt sich der Art nach wie folgt differenzieren: 3

– Nichtigkeit des Verwaltungsakts iSd § 44 VwVfG
– Rechtswidrigkeit des Verwaltungsakts insbesondere iSd § 48 VwVfG
– Offenbare Unrichtigkeit des Verwaltungsakts iSd § 42 VwVfG
– Unzweckmäßigkeit des Verwaltungsakts iSd § 10 S. 2 VwVfG
– Fehlende Rechtsbehelfsbelehrung iSd § 58 VwGO

Die **Quellen** möglicher Unzulänglichkeiten können unterschiedlich sein – je nachdem, ob sie die Auswahl der Ermächtigungsgrundlage, die formelle oder die materielle Rechtmäßigkeit des Verwaltungsakts ansprechen (→ § 48 Rn. 44 ff.). Diese Differenzierung ist aus nationaler und aus unionaler Perspektive notwendig, weil das materielle und formelle Verwaltungsrecht teilweise unterschiedliche Rechtsfolgen bei Verstößen vorsehen (→ § 48 Rn. 44 ff.), so dass eine einheitliche Fehlerbetrachtung ausscheidet. 4

2. Abstufung möglicher Fehler

In der Unterscheidung von nichtigen, rechtswidrigen, unrichtigen und unzweckmäßigen Verwaltungsakten kommt eine Abstufung zum Ausdruck, die zwar größtenteils mangels direkt eintretender Konsequenzen keine unmittelbare Auskunft über etwaige Fehlerfolgen gibt,[1] jedenfalls aber die Möglichkeit bietet, die Erheblichkeit der jeweiligen Unzulänglichkeit im Spannungsfeld zwischen behördlicher Rechtsbindung und Verfahrensökonomie klarer zu fassen. Aufgrund dieser gegensätzlichen Maßstäbe ist ein **Konflikt** zwischen dem berechtigten Interesse der Verwaltung und den Belangen der vom Verwaltungsakt Betroffenen vorprogrammiert. Er entlädt sich in den einzelnen Stufen möglicher Unzulänglichkeiten wie folgt: 5

Während die Nichtigkeit nach § 43 III VwVfG zur Unwirksamkeit führt, sind rechtswidrige Verwaltungsakte zunächst einmal wirksam (→ § 48 Rn. 37). Sie können aber, soweit der Verstoß nicht geheilt (§ 45 VwVfG) oder unbeachtlich (§ 46 VwVfG) ist, ggf. nach § 48 VwVfG aufgehoben bzw. im Rahmen eines Anfechtungsverfahrens an- 6

[1] So Ipsen AllgVerwR Rn. 679 f.

gegriffen oder nach § 47 VwVfG umgedeutet werden. Diese Differenzierung beruht auf der Überlegung, dass ein **nichtiger** anders als ein **rechtswidriger Verwaltungsakt** an einem so erheblichen Fehler leidet, dass er den aus dem Sachverstand und der Rechtskenntnis der erlassenden Behörde folgenden grundsätzlichen Anspruch auf Beachtung nicht mehr rechtfertigen kann, es also unerträglich für die Wertvorstellungen der Gemeinschaft wäre, wenn der Verwaltungsakt die mit ihm intendierten Wirkungen hätte.[2] Unter Berücksichtigung dessen lässt sich die Nichtigkeit mit dem Gesetzgeber als qualifizierte Form der Fehlerhaftigkeit begreifen.[3]

7 Im Falle der offenbaren Unrichtigkeit liegt hingegen ein **rechtmäßiger Verwaltungsakt**[4] vor, der nach Maßgabe des § 42 VwVfG berichtigt werden kann, ggf. sogar muss. Der unzweckmäßige Verwaltungsakt widerspricht demgegenüber zwar den Vorgaben des § 10 S. 2 VwVfG, weil er in seiner Ausgestaltung unnötig oder ineffizient ist, zB weil es wirtschaftlichere Handlungsmöglichkeiten gibt. Er ist aber jedenfalls rechtmäßig, was namentlich § 68 I 1 VwGO, der zwischen Rechtmäßigkeit und Zweckmäßigkeit differenziert, zeigt. Auch der ohne Rechtsbehelfsbelehrung ergangene Verwaltungsakt ist rechtmäßig.[5] Diese Unzulänglichkeit führt daher auch lediglich dazu, dass sich die Rechtsbehelfsfristen nach Maßgabe des § 58 VwGO verlängern.

II. Der nichtige Verwaltungsakt

8 Die weitreichendsten Folgen fehlerhafter Verwaltungsakte sind in § 44 VwVfG (s. auch § 125 AO, § 40 SGB X) normiert. Diese Bestimmung führt vorbehaltlich vorrangiger, abschließender Spezialregeln (vgl. zB die §§ 11 BeamtStG, 13 BBG (Unwirksamkeitsgründe mit Ausnahmen)) zur rechtlichen Inexistenz des Verwaltungsaktes (→ § 48 Rn. 5). Weil das Abstellen auf allgemeine Abgrenzungsmerkmale nicht immer zu eindeutigen Ergebnissen führt, hat der Gesetzgeber in § 44 II VwVfG Fallgruppen typischer Nichtigkeitsgründe gebildet und in § 44 III VwVfG Konstellationen aufgeführt, die für sich genommen nicht genügen, um die Nichtigkeit eines Verwaltungsakts zu begründen. Hinzu kommt § 44 I VwVfG, der für den Fall eines besonders schwerwiegenden und offenkundigen Fehlers die Unwirksamkeit anordnet.

1. Absolute Nichtigkeit, § 44 II VwVfG

9 Den Ausgangspunkt aller Überlegungen zur Nichtigkeit von Verwaltungsakten bildet (soweit anwendbar, vgl. dazu → § 49 Rn. 20) § 44 II VwVfG, der einen abschließenden Positivkatalog von Nichtigkeitsgründen enthält. Jeder der dort aufgezählten Tatbestände ist Ausdruck eines besonders schwerwiegenden Fehlers, so dass der Gesetzgeber in dieser Vorschrift im Interesse der Erkennbarkeit von Nichtigkeitsgründen und damit letztlich der Rechtssicherheit mehrere Orientierungspunkte geschaffen hat, mit deren Hilfe sich weitere Fälle im Wege des Vergleichs ermitteln lassen. Zudem verzichtet § 44 II VwVfG auf das relativierende Merkmal der Offensichtlichkeit. Aus diesem Grunde spricht man dann auch oftmals von einem Positivkatalog absoluter bzw. **evidenzunabhängiger Nichtigkeitsgründe,** die schon deshalb nicht den in

---

2 OVG Koblenz NVwZ 1999, 198.
3 Vgl. dazu Schladebach VerwArch 104 (2013), 188 (189 f.).
4 Kopp/Ramsauer/Ramsauer VwVfG § 42 Rn. 5; VG Braunschweig NdsVBl. 2001, 99 (100).
5 Sachs in Stelkens/Bonk/Sachs/Sachs VwVfG § 42 Rn. 12.

§ 44 III VwVfG normierten Einschränkungen unterliegen, weil es an Überlagerungen beider Kataloge fehlt.[6]

10 Im Einzelnen folgt aus § 44 II Nr. 1 VwVfG, dass ein schriftlich oder elektronisch erlassener Verwaltungsakt, der die **erlassende Behörde nicht erkennen** lässt, unwirksam ist. Die Nichtigkeitsfolge wird in diesem Falle damit begründet, dass der Betroffene nicht ermitteln kann, bei welcher und gegen welche Behörde er einen Rechtsbehelf einlegen kann, so dass seine Rechtsschutzmöglichkeiten derart nachhaltig beschnitten sind, dass der Verwaltungsakt keine rechtliche Wirkung entfalten können darf.[7]

11 Aus § 44 II Nr. 2 VwVfG folgt, dass ein Verwaltungsakt, der qua legem nur durch die **Aushändigung einer Urkunde** erlassen werden darf, aber dieser Form nicht genügt, nichtig ist. Es reicht also nicht für die Unwirksamkeit aus, wenn die für einen Verwaltungsakt vorgeschriebene Schriftform (→ § 48 Rn. 23) nicht gewahrt ist oder die Aushändigung einer Urkunde nur deklaratorischer Natur ist. Denn nur dort, wo diesem Akt wie im Falle der Einbürgerung[8] konstitutive Wirkung zukommt, ist es gerechtfertigt, dass das enttäuschte Interesse an klaren und beweisbaren Rechtsverhältnissen zur Nichtigkeit des zugehörigen Verwaltungsakts führt.[9]

12 In § 44 II Nr. 3 VwVfG wird ein Verwaltungsakt einer **örtlich unzuständigen Behörde,** der sich auf unbewegliches Vermögen oder auf ein anderes **ortsgebundenes Recht** bezieht, für nichtig erklärt. Diese Bestimmung verweist auf § 3 I Nr. 1 VwVfG, wonach für solche Angelegenheiten nur die Behörde zuständig ist, in deren Bezirk das Vermögen oder der Ort als Bezugspunkt des Rechts belegen ist. Der Grund für die Unwirksamkeit ist in diesen Fällen im besonderen Vertrauen des Bürgers begründet, der von der Belegenheit der Sache auf die behördliche Zuständigkeit schließen können muss. Aus Sicht der Verwaltung tritt ein räumlich induziertes Verantwortungsdenken iSe „jeder in seinem Bereich" hinzu, mit dem sich ebenfalls die Nichtigkeit solcher Verwaltungsakte, die gegen § 3 I Nr. 3 VwVfG verstoßen, begründen lässt.

13 Ein Verwaltungsakt, den **aus tatsächlichen Gründen niemand ausführen** kann, ist ausweislich des § 44 II Nr. 4 VwVfG ebenfalls nichtig, weil niemand zu etwas für jedermann Unmöglichem verpflichtet werden darf („ultra posse nemo obligatur"). Der Anwendungsbereich der Norm ist auf die tatsächliche objektive Unmöglichkeit beschränkt und erfasst somit weder die rechtliche Unmöglichkeit noch das subjektive Unvermögen (→ § 48 Rn. 77). Diskutiert wird, ob dieser Nichtigkeitsgrund (zumindest analog) auch für solche Fälle gilt, in denen eine Leistung zwar technisch möglich, aber mit so hohem Aufwand verbunden ist, dass sie niemand vernünftigerweise ausführen würde.[10] In solchen Fällen sollte man, soweit nicht ausnahmsweise einmal die Voraussetzungen des § 44 I VwVfG vorliegen, lediglich von Rechtswidrigkeit ausgehen, da namentlich technische Ausführungsprobleme, auch wenn sie von Anfang an bestanden, oft erst nach Erlass des Verwaltungsaktes erkennbar werden.

---

[6] Hendler AllgVerwR, 3. Aufl. 2001, Rn. 246.
[7] BT-Drs. 7/910, 64.
[8] Kopp/Ramsauer/Ramsauer VwVfG § 44 Rn. 36.
[9] Knack/Henneke/Peuker VwVfG § 44 Rn. 37.
[10] Bejahend Kopp/Ramsauer/Ramsauer VwVfG § 44 Rn. 39.

14 In § 44 II Nr. 5 VwVfG werden Verwaltungsakte für nichtig erklärt, die die Begehung einer rechtswidrigen Tat in Form der Verwirklichung eines **Straf- oder Bußgeldtatbestands** fordern. Diese Vorschrift ist Ausdruck der Einheit der Rechtsordnung und soll dem Maßnahmeadressaten Konflikte ersparen, wenn von ihm ein verwaltungsrechtliches Tun verlangt wird, das die Begehung von Ordnungswidrigkeiten oder strafrechtliches Unterlassen fordert.[11] Aus der Formulierung des § 44 II Nr. 5 VwVfG lässt sich im Umkehrschluss ableiten, dass nicht jeder Verwaltungsakt nichtig ist, der irgendwelche gesetzlichen Verbote oder Rechtsvorschriften außer Acht lässt.

15 Dass Verwaltungsakte unwirksam sind, die gegen die **guten Sitten verstoßen,** folgt aus § 44 II Nr. 6 VwVfG. Dieser Nichtigkeitsgrund ist Ausdruck des auch im Zivilrecht (§ 138 BGB) geltenden Grundsatzes, dass sittenwidrige Handlungen keine rechtlichen Konsequenzen entfalten dürfen. Er setzt damit ebenfalls den Gedanken der Einheit der Rechtsordnung um.[12] Derzeit wird ein Widerspruch zu den Mindestanforderungen anständigen, redlichen Verhaltens verlangt; dessen Vorliegen soll aus der Perspektive aller billig und gerecht Denkenden zu bestimmen sein. Diese dann herrschende Sozialmoral lässt sich aber gleichwohl unterschiedlich definieren und ist von sich ändernden Wertvorstellungen abhängig, so dass es eines objektiven Maßstabs bedarf, um das Kriterium des Sittenverstoßes den Händen des konkret streitentscheidenden Gerichts zu entreißen.[13]

2. Relative Nichtigkeit, § 44 I VwVfG

16 Andere als die in § 44 II VwVfG genannten Nichtigkeitsgründe können sich aus § 44 I VwVfG ergeben,[14] der aufgrund seines allgemein gefassten Wortlauts als **Generalklausel subsidiär** greift.[15] Soweit diese Norm einschlägig ist, ist ein relativer bzw. evidenzabhängiger Nichtigkeitsgrund gegeben. Die darunter fallenden Konstellationen lassen sich klassifizieren, indem das Erfordernis eines besonders schwerwiegenden und offenkundigen Fehlers konturiert wird. Zuvor ist aber Klarheit über die Reichweite des in § 44 III VwVfG enthaltenen Ausnahmekatalogs zu schaffen.

a) Der Negativkatalog des § 44 III VwVfG

17 Aus § 44 III Nr. 1 VwVfG geht daran anknüpfend hervor, dass ein Verwaltungsakt nicht schon allein deshalb nichtig ist, weil die Vorschriften über die **örtliche Zuständigkeit** nicht eingehalten worden sind. Diese Ausnahme ist im Lichte des § 44 II Nr. 3 VwVfG vor allem klarstellender Natur. Sie macht deutlich, dass nur bei ortsgebundenen Rechten ein besonderes Bedürfnis für die Unwirksamkeit von Verwaltungsakten besteht, falls die Vorschriften über die örtliche Zuständigkeit verletzt werden.

18 § 44 III Nr. 2–4 VwVfG zeigt, dass die Verletzung bestimmter **Mitwirkungsvorschriften** für sich allein ebenfalls nicht für die Nichtigkeit eines Verwaltungsakts genügt. Das gilt zum einen für die Beteiligung gesetzlich ausgeschlossener Personen,[16]

[11] Stelkens/Bonk/Sachs/Sachs VwVfG § 44 Rn. 150.
[12] Kopp/Ramsauer/Ramsauer VwVfG § 44 Rn. 47.
[13] Stober/Korte ÖffWirtschaftsR AT Rn. 922 ff.
[14] S. auch Ule/Laubinger, Verwaltungsverfahrensgesetz, 4. Aufl. 1995, § 57 II.
[15] Ebenso Knack/Henneke/Peuker VwVfG § 44 Rn. 10 f.
[16] BSG SGb 1994, 229 (232) mAnm Kopp.

zum anderen aber auch dann, wenn ein durch Rechtsvorschrift zur Mitwirkung berufener Ausschuss den für den Erlass eines Verwaltungsakts vorgeschriebenen Beschluss nicht gefasst hat oder nicht beschlussfähig war. Abgesehen davon führt es auch nicht zur Nichtigkeit des Verwaltungsakts, dass eine durch Rechtsvorschrift vorgeschriebene Mitwirkung einer anderen Behörde unterblieben ist.

b) Schwerer und offensichtlicher Fehler im Sinne des § 44 I VwVfG

Liegen die Voraussetzungen des § 44 III VwVfG vor, folgt daraus nicht zwingend, dass der Verwaltungsakt wirksam ist. Stattdessen ergibt sich aus dieser Bestimmung nur, dass bestimmte Fehler nicht ausreichen sollen, um die Nichtigkeit der Maßnahme zu begründen. Kommen weitere, anders gelagerte Unzulänglichkeiten hinzu oder bestehen nur sie, stellt sich deshalb die Frage nach der Reichweite des § 44 I VwVfG.[17] Diese Vorschrift muss zunächst anwendbar sein und stellt dann **zwei kumulativ erforderliche Anforderungen,** damit ein Verwaltungsakt nichtig ist. 19

aa) Anwendbarkeit im Falle unionsrechtlicher Überformung. Daran anknüpfend gilt für die Nichtigkeit von unmittelbar **transnationalen Verwaltungsakten,** aber auch von Verwaltungsakten, die unter dem Vorbehalt der Anerkennung stehen[18] (→ § 46 Rn. 52), dass deren unionsrechtliche Überformung den Zielstaaten im Unionsgebiet etwaige Prüfungsmöglichkeiten abschneidet, um den grenzüberschreitenden Wirtschaftsverkehr auf dem Binnenmarkt zu vereinfachen. Daher bemisst sich die Nichtigkeit transnationaler Verwaltungsakte entweder nach unionsrechtlichen Vorgaben, zumal auch die Unionsgerichtsbarkeit von der Unwirksamkeit nichtiger Verwaltungsakte ausgeht,[19] oder aber nach den im Herkunftsland geltenden Bestimmungen. Der Zielstaat ist demgegenüber (wenn überhaupt, → § 46 Rn. 52) auf die Gleichwertigkeitsprüfung beschränkt und muss sich im Übrigen auf das im Herkunftsland geltende Recht oder auf das Unionsrecht berufen, wenn er die Nichtigkeit eines transnationalen Verwaltungsakts rügen will. Hingegen kommt es nicht darauf an, ob eine im Zielstaat zuständige Behörde diese Maßnahme aufgrund einer Verletzung heimischer Normen für rechtswidrig oder nichtig hält.[20] Aufgrund dieser Wirkweise stellt der transnationale Verwaltungsakt erhebliche Anforderungen an den europäischen Verwaltungsverbund. Sie manifestieren sich in gegenseitigen Informations- und Amtshilfepflichten sowie in im Unionsrecht niedergelegten Schutzklauseln, die dem Zielstaat ggf. unter strengen Voraussetzungen ein vorläufiges Einschreiten zum Schutz etwa betroffener Rechtsgüter ermöglichen.[21] 20

bb) Besonders schwerwiegender Fehler. Zudem muss ein Fehler besonders schwerwiegend sein. Diese Voraussetzung liegt vor, wenn ein Verwaltungsakt aufgrund seiner Fehlerhaftigkeit mit tragenden Verfassungsprinzipien oder der Rechtsordnung immanenten wesentlichen Vorstellungen unvereinbar ist.[22] Diese Nichtigkeitsgründe 21

[17] Stelkens/Bonk/Sachs/Sachs VwVfG § 44 Rn. 99 ff.
[18] Schladebach VerwArch 104 (2013), 188 (198).
[19] EuGH BeckRS 2014, 80528 = ECLI:EU:C:2014:140 Rn. 57 ff. – Global Trans Lodzhistik; vgl. dazu Voßkuhle/Eifert/Möllers GVwR/Bumke § 35 Rn. 124.
[20] S. dazu Ruffert VERW34 (2001), 453 (472 ff.).
[21] Hoffmann-Riem/Schmidt-Aßmann/Voßkuhle GVwR/Bumke § 35 Rn. 124.
[22] BVerwG DVBl 1985, 624; NVwZ 1998, 1061; BVerwGE 104, 289 (295).

können sich aus Inhaltsfehlern (1), Zuständigkeitsfehlern (2), Formfehlern (3) oder Verfahrensfehlern (4) ergeben:

22 **(1) Inhaltsfehler.** Inhaltliche Fehler des Verwaltungsakts können in den folgenden Konstellationen, die in Abgrenzung zur bloßen Rechtswidrigkeit alle gemeinsam haben, dass tragende Rechtsprinzipien verletzt werden, zur Unwirksamkeit führen.

23 **(a) Verletzung nationalen Rechts.** Zum einen kann die **Gesetzlosigkeit** des Verwaltungsakts zu einem besonders schwerwiegenden Fehler führen. Sie liegt vor, wenn keine gesetzliche Grundlage vorhanden ist, auf die der Verwaltungsakt vernünftigerweise gestützt werden kann oder wenn er auf einem nichtigen Rechtssatz beruht. Dass ein solcher Verwaltungsakt gleichwohl in der Regel nicht nichtig ist, ergibt sich unter anderem aus § 79 II 1 BVerfGG,[23] wonach die Nichtigkeit einer Rechtsnorm grundsätzlich nicht auf einen Verwaltungsakt durchschlägt, der auf Basis dieser Norm erlassen wurde.[24] Hinzu kommt, dass die Fehlerhaftigkeit der Norm in den seltensten Fällen einmal offensichtlich sein dürfte.[25]

24 Zum anderen kann die Verletzung eines **gesetzlichen Ge- oder Verbots** einen besonders schwerwiegenden Fehler begründen. § 44 II Nr. 5 VwVfG lässt sich allerdings entnehmen, dass insoweit Zurückhaltung angebracht ist. Daher ist § 44 I VwVfG auch nur dann angesprochen, wenn ein spezielles ausdrückliches und ausnahmsloses Verbot verletzt wird, das Ausdruck tragender Grundsätze oder Rechtsprinzipien ist.

Beispiele: Erteilung einer unbefristeten und/oder unwiderruflichen Sondernutzungserlaubnis entgegen § 8 II BFStrG, weil dadurch die Regel zur Ausnahme wird; dasselbe gilt, wenn entgegen § 15 IV PBefG eine Genehmigung zur Personenbeförderung vorläufig erteilt oder mit Widerrufsvorbehalt versehen wird.

25 Abgesehen davon können auch Verwaltungsakte mit nachhaltig unzureichendem Regelungsinhalt an einem besonders schwerwiegenden Fehler leiden. Diese Konstellation liegt insbesondere dort vor, wo der Kerngehalt der allgemeinen Rechtmäßigkeitsvoraussetzungen nicht beachtet wird – so insbesondere, weil die Behörde eine völlig **unverständliche oder unbestimmte Maßnahme** ergriffen hat.

Beispiel: Aus einem Abgabenbescheid ist nicht ersichtlich, ob Eheleute als Gesamtschuldner oder zu Bruchteilen haften.[26]

26 Zudem kann § 44 I VwVfG greifen, wenn die **Befolgung** der im Verwaltungsakt enthaltenen Regelung **unmöglich** ist. Wegen der Beschränkung des § 44 II Nr. 4 VwVfG auf die tatsächliche objektive Unmöglichkeit ist insoweit allerdings Vorsicht angebracht, so dass die rechtliche Unmöglichkeit ähnlich nachhaltige Auswirkungen zeitigen muss wie die tatsächliche, um zur Nichtigkeit zu führen. Daher greift § 44 I VwVfG nur dann, wenn der Maßnahmeadressat der Anordnung unter keinen Umständen nachkommen kann.[27]

Beispiele: Ein Hausverbot für sämtliche kommunalen Gebäude führt, obwohl es die persönliche Wahrnehmung von Amtsgeschäften verhindert, nicht zur Nichtigkeit in Form rechtlicher Unmöglichkeit, ggf.

[23] S. auch BVerwG NVwZ 1998, 1061; OVG Koblenz NVwZ 1999, 198.
[24] Stelkens/Bonk/Sachs/Sachs VwVfG § 44 Rn. 105; vgl. auch OVG Lüneburg NVwZ-RR 2016, 243 (246).
[25] Peuker DVBl 2015, 1233 (1235).
[26] VGH München NVwZ-RR 1994, 691.
[27] Kopp/Ramsauer/Ramsauer VwVfG § 44 Rn. 10, 40.

aber zur Unzumutbarkeit.[28] Im Falle der Einbürgerung eines deutschen Staatsangehörigen führt rechtliche Unmöglichkeit demgegenüber zur Nichtigkeit.

(b) Verletzung von Unionsrecht. Soweit ein Verwaltungsakt in **indirekter Vollziehung des Unionsrechts** (→ § 13 Rn. 1 ff.) ergeht und eine Primär- oder Sekundärrechtsnorm verletzt, begründet dieser Rechtsverstoß nur dann einen besonders schwerwiegenden Fehler, wenn tragende Ziele und Prinzipien des Unionsrechts nicht eingehalten werden.[29] Weil das Unionsrecht grundsätzlich durch die Mitgliedstaaten verwaltet und vollzogen wird, gelten also auch insoweit die engen Anforderungen des § 44 I VwVfG, und zwar sowohl wenn der Verwaltungsakt selbst als auch wenn dessen rechtliche Basis Primär- oder Sekundärrecht verletzen.[30] Die daher auch innerhalb der Verträge restriktive Lesart dieser Vorschrift führt in concreto dazu, dass die mit einem Verstoß gegen zwingendes, dh hinreichend bestimmtes und unbedingtes Unionsrecht einhergehende Verletzung des Anwendungsvorrangs für sich genommen nicht genügt, um die Voraussetzungen des § 44 I VwVfG zu erfüllen.[31] Daran anknüpfend wird man einen Verwaltungsakt auch nicht allein deshalb als mit einem besonders schwerwiegenden Fehler behaftet einstufen dürfen, weil er einer ständigen Rechtsprechung des EuG(H) widerspricht,[32] kann ihr doch keine höhere Dignität zukommen als abstrakt generellen Regelungen insbesondere des Primärrechts. Es kommt für die Begründung eines besonders schweren Fehlers stattdessen auf den Inhalt der Entscheidung an, während die Stetigkeit der Spruchpraxis eher ein Indiz für dessen Offensichtlichkeit sein dürfte. 27

In Umsetzung dieser Grundsätze gilt zB für das **Beihilfeaufsichtsrecht,** dass dann, wenn die Mitgliedstaaten ihre in Art. 108 III 1 AEUV normierte Pflicht zur rechtzeitigen Unterrichtung der Kommission über die Absicht der Einführung oder Umgestaltung von Beihilfen verletzen, kein besonders schwerer Fehler iSd § 44 I VwVfG vorliegt. Denn in diesem Falle befindet sich die Förderung noch im Planungsstadium, weil sie bisher nicht ausgekehrt worden ist. Infolgedessen liegt aber auch noch keine die Funktionsfähigkeit des Binnenmarktes hinderliche Wettbewerbsverfälschung vor, die die Art. 107 ff. AEUV ihrer Ratio Legis nach verhindern wollen.[33] Etwas anderes könnte aber im Falle einer Verletzung des in Art. 108 III 3 AEUV normierten Verbots der Durchführung von (noch) nicht genehmigten Beihilfen gelten. Denn dann ist die Förderung ausgekehrt worden, so dass eine Wettbewerbsverfälschung eingetreten und ein wesentlicher Grundpfeiler des Unionsrechts in Form des Art. 26 I AEUV in hinreichend schwerem Maße verletzt worden sein könnte. Daran anknüpfend werden privat-[34] aber auch verwaltungsrechtliche[35] Verträge, die Beihilfen iSd Art. 107 I AEUV gewähren, für generell nichtig[36] bzw. für bis zur Kommissionsentscheidung schwebend[37] unwirksam gehalten, weil sie § 134 BGB (ggf. iVm 28

28 Vgl. Thiel/Westphal JuS 2012, 618 (620).
29 Vgl. dazu BVerwG EuZW 2011, 269 (271).
30 VGH München BayVBl. 2003, 308; OVG Münster NVwZ-RR 2004, 569.
31 BVerwG NVwZ 2000, 1039; Gesterkamp/Hellstern/Koenig WRP 2011, 1047.
32 So aber offenbar Stelkens/Bonk/Sachs/Sachs VwVfG § 44 Rn. 109.
33 Vgl. dazu BVerwG EuZW 2011, 269 (271).
34 S. dazu BGH EuZW 2003, 444.
35 S. dazu Remmert EuR 2000, 469 (473 f.).
36 BGH EuZW 2011, 440 (444); 2003, 444 (445).
37 Quardt/Nielandt EuZW 2004, 201 (204); s. auch Goldmann JURA 2008, 275 (278).

§ 59 I VwVfG) verletzen. Diese Argumentation lässt sich aber nicht auf einen Verwaltungsakt übertragen, der gegen das Durchführungsverbot des Art. 108 III 3 AEUV verstößt, weil er ggf. nach § 48 VwVfG aufgehoben werden kann. Denn eine solche Möglichkeit fehlt im Falle eines rechtswidrigen Verwaltungsvertrags, so dass insoweit ein Erfordernis besteht, auf § 134 BGB (ggf. iVm § 59 I VwVfG) zurückzugreifen, um unionsrechtskonforme Zustände herzustellen.[38]

29 **(2) Zuständigkeitsfehler.** Soweit eine Verletzung von Zuständigkeitsvorschriften vorliegt, sind für deren Rechtsfolgen vorrangig die Aussagen des § 44 II Nr. 3 und III Nr. 1 VwVfG zu beachten. Greifen diese Normen jedoch nicht, ist im Gesetz keine Aussage über die Folgen eines Zuständigkeitsfehlers in die eine oder andere Richtung getroffen. Da der Aufbau des Behördenapparats komplex ist, wird man in der Regel nicht von einem besonders schwerwiegenden Fehler, der zur Unwirksamkeit des Verwaltungsakts nach § 44 I VwVfG führt, ausgehen können. Hinzu tritt die diffizile Erkennbarkeit der zudem häufig wechselnden Zuständigkeiten, so dass es oft auch an der in dieser Vorschrift wie gesagt ebenfalls geforderten Offensichtlichkeit des besonders schwerwiegenden Fehlers mangelt.[39] Literatur und Rechtsprechung gehen deshalb gemeinhin davon aus, dass Verwaltungsakte einer unzuständigen Behörde jenseits des § 44 II Nr. 3 VwVfG grundsätzlich rechtswidrig und nicht nichtig sind.[40] Eine Ausnahme von diesem Grundsatz ist lediglich dann zu machen, wenn die **handelnde Behörde unter keinem denkbaren Gesichtspunkt zuständig** ist.[41]

30 Eine solche Konstellation ist **beispielsweise** im Falle einer fehlenden Verwaltungskompetenz[42] gegeben. Sie liegt vor, wenn die Maßnahme überhaupt nicht von einer Verwaltungsbehörde getroffen werden darf, sondern nur durch Gesetz oder richterliches Urteil – so im Falle eines behördlichen Parteienverbots (vgl. Art. 21 II 2 GG). Abgesehen davon wird man auch bei einer dem Grunde nach fehlenden Verbandskompetenz von der Unwirksamkeit des Verwaltungsakts ausgehen müssen, zB wenn eine Bundesbehörde Landesrecht vollzieht.[43] Besonders schwerwiegend ist der Fehler aber auch dann, wenn ein ausländischer Verwaltungsakt im eigenen Hoheitsgebiet Rechtswirkungen entfalten soll, ohne dass ihm transnationale Wirkung zukommt oder die dort herrschende Gewalt zugestimmt hätte (→ § 48 Rn. 85 ff.). Liegt ein solcher Fall hingegen vor, bestimmt sich die Nichtigkeit allein nach dem Recht des Staates, der den Verwaltungsakt erlassen hat; anderenfalls wäre die transnationale Wirkung unterminiert.[44]

Beispiele: Ein von einem privaten Bauunternehmer aufgestelltes Verkehrszeichen ist nicht nichtig, wenn lediglich eine unwesentliche Abweichung vom behördlich genehmigten Verkehrszeichenplan vorliegt.[45] Wenn ein Verkehrszeichen durch das Forstamt statt durch die zuständige Straßenverkehrsbehörde angeordnet wird, dürfte kein Fall der Nichtigkeit vorliegen;[46] etwas anderes gilt aber, falls das Finanzamt

[38] So auch Detterbeck AllgVerwR, 21. Aufl. 2023, § 10 Rn. 753 (dort Fn. 492); BVerwGE 138, 322 (325).
[39] Ebenso Ule/Laubinger, Verwaltungsverfahrensgesetz, 4. Aufl. 1995, § 57 IV 2b.
[40] Vgl. Knack/Henneke/Peuker VwVfG § 46 Rn. 32.
[41] Kopp/Ramsauer/Ramsauer VwVfG § 44 Rn. 14; BVerwG DVBl 1974, 562 (565).
[42] VGH Kassel NVwZ-RR 1991, 226 (227).
[43] S. näher Oldiges DÖV 1989, 873.
[44] Neßler NVwZ 1995, 863 (865); Sydow JuS 2005, 204.
[45] OVG Münster NWVBl. 2001, 184.
[46] BayObLG NVwZ 1984, 399.

statt des Bauamts tätig wird.[47] Stellt der Bürgermeister statt des Landrats ein Verkehrsschild auf, greift § 44 I VwVfG wiederum nicht.[48]

(3) **Formfehler.** Die Verletzung zwingender Formvorschriften kann ebenfalls einen besonders schwerwiegenden Fehler iSd § 44 I VwVfG nach sich ziehen. Wegen des absoluten Nichtigkeitsgrundes der unterlassenen Aushändigung von Urkunden, die für den Verwaltungsakt konstitutiv sind, in § 44 II Nr. 2VwVfG, ist erneut eine restriktive Auslegung angebracht, so dass Formfehler ähnlich schwer wiegen müssen. Daher kann nur ein Verstoß gegen solche Formvorschriften, die dem Schutz eines Betroffenen dienen oder andere wichtige rechtsstaatliche Funktionen zu erfüllen haben, zur Nichtigkeit führen. Dient die vorgeschriebene Form hingegen lediglich Beweis- oder Ordnungszwecken, dürfte diese Voraussetzung nicht erfüllt sein.[49] 31

Beispiele: Eine Verletzung der in § 77 AufenthG und in § 10 VII BImSchG vorgesehenen Schriftform führt zur Nichtigkeit.[50]

(4) **Verfahrensfehler.** Schließlich kann jenseits der in § 44 III Nr. 2–4 VwVfG geregelten Konstellationen die Verletzung von Verfahrensvorschriften zu einem besonders schwerwiegenden Fehler führen. Das folgt auch aus § 45 I VwVfG, der Verstöße gegen die dort genannten Verfahrenshandlungen im Fall ihrer Nachholung für unbeachtlich erklärt, soweit der Fehler den Verwaltungsakt nicht nichtig macht. Denn infolgedessen setzt **§ 45 I VwVfG** die Möglichkeit der Einschlägigkeit des § 44 VwVfG für den Fall der Verletzung dieser Verfahrensvorschriften stillschweigend voraus;[51] ähnlich lässt sich mit § 46 VwVfG argumentieren. 32

Daran anknüpfend ist zB umstritten, ob der **fehlende Antrag** auf Erlass eines Verwaltungsaktes (→ § 46 Rn. 35 ff.) zu dessen Rechtswidrigkeit[52] oder Nichtigkeit führt.[53] Jedenfalls wird man bis zur Nachholung des Antrags von einer Schwebelage ausgehen können, die keine Rechtsfolgen zeitigen darf, weil dem Bürger keine behördlichen Maßnahmen aufgezwungen werden dürfen, deren Erlass er nicht begehrt.[54] Nimmt man dieses materielle Aufdrängungsverbot ernst, dürften bei fehlendem Antrag wohl die besseren Gründe für die Nichtigkeit des Verwaltungsakts sprechen; anderenfalls würde man den Betroffenen dazu zwingen, die verfahrensrechtliche Initiative zu ergreifen, weil er den aufgedrängten Verwaltungsakt angreifen müsste. 33

cc) **Offensichtlichkeit des Fehlers.** Die in § 44 I VwVfG zusätzlich geforderte Offensichtlichkeit von besonders schwerwiegenden Fehlern setzt deren **Erkennbarkeit bzw. deren Evidenz** voraus. Bis zum Inkrafttreten des Zweiten Gesetzes zur Änderung verwaltungsverfahrensrechtlicher Vorschriften[55] war noch von Offenkundigkeit die Rede, ohne dass damit ein materiell-rechtliches Aliud zum Ausdruck gebracht 34

[47] Kopp/Ramsauer/Ramsauer VwVfG § 44 Rn. 15; BVerwGE 49, 365 (371).
[48] VG Wiesbaden LKRZ 2008, 336 (337).
[49] Kopp/Ramsauer/Ramsauer VwVfG § 44 Rn. 25.
[50] Ule/Laubinger, Verwaltungsverfahrensgesetz, 4. Aufl. 1995, § 57 IV 2a.
[51] Stelkens/Bonk/Sachs/Sachs VwVfG § 45 Rn. 19.
[52] Kopp/Ramsauer/Ramsauer VwVfG § 44 Rn. 21.
[53] Ule/Laubinger, Verwaltungsverfahrensgesetz, 4. Aufl. 1995, § 57 IV 2c.
[54] BVerwGE 30, 29 (30); vgl. auch Ipsen AllgVerwR Rn. 420.
[55] Gesetz v. 6. 8. 1998, BGBl. I 2022; s. zur Umsetzung in den Bundesländern Roth NVwZ 1999, 388.

werden sollte.[56] Gleichwohl hat der Gesetzgeber die Terminologie insoweit vereinheitlicht.[57] Inhaltlich ist erforderlich, dass dem Verwaltungsakt die Fehlerhaftigkeit gewissermaßen auf die Stirn geschrieben[58] ist.

35 Zwar besteht Einigkeit darüber, dass die Offensichtlichkeit des Fehlers nicht nach dem Erkenntnisvermögen des Betroffenen zu beurteilen ist. Streitig ist aber, ob das **Erkenntnisvermögen des „Durchschnittsbetrachters"** oder das eines besonders Sach- oder gar Rechtskundigen maßgebend ist. Da es dem Kriterium der Offensichtlichkeit um einen Ausgleich von Rechtssicherheits- und Zumutbarkeitserwägungen geht, kann es nur auf den Durchschnittsbetrachter ankommen.[59] Das ist der „urteilsfähige Bürger" bzw. der „aufmerksame und verständige Staatsbürger".[60]

36 Das Erfordernis der Evidenz halten Teile der Literatur für **verfassungswidrig,** weil es die grob fehlerhaft handelnde Verwaltung schütze. Es sei stattdessen ausreichend, dass der Fehler des Verwaltungsakts besonders schwer wiege. Anderenfalls bestehe die Gefahr einer Privilegierung der Verwaltung. Denn sie könne dort, wo ein Mangel zwar gewichtig, aber nicht offensichtlich sei, die getroffene Maßnahme beibehalten und würde dadurch aus den Schwierigkeiten bei der Abgrenzung evidenter und nicht evidenter Verwaltungsakte Nutzen ziehen, was ihr das Rechtsstaatsprinzip verbiete.[61]

3. Teilnichtigkeit

37 Soweit der Verwaltungsakt nicht vollständig, sondern nur teilweise nichtig ist, folgt aus § 44 IV VwVfG ein **Gebot der geltungserhaltenden Reduktion.** Sie lässt sich mit den Gedanken der Rechtssicherheit bzw. des öffentlichen Interesses am Fortbestand hoheitlicher Akte, die nicht nach § 44 VwVfG nichtig sind, begründen.[62]

38 **Voraussetzung** für § 44 IV VwVfG ist, dass der nichtige Teil des Verwaltungsakts nicht so wichtig für die getroffene Maßnahme ist, dass der verbleibende Rest keine selbstständige Bedeutung mehr hat oder seinen ursprünglichen Sinn verliert bzw. gar keinen Sinn mehr hat.[63] Hätte die Behörde den (nicht nichtigen) Restverwaltungsakt also trotz des Wegfalls des nichtigen Teils erlassen, bleibt er erhalten.[64]

39 Der Wortlaut des § 44 IV VwVfG deutet darauf hin, dass es vom Willen der Behörde abhängen soll, ob Teilnichtigkeit vorliegt oder nicht. Erforderlich ist insoweit allerdings eine **objektivierte Betrachtung.**[65] Etwas anderes gilt jedoch wiederum, wenn der Erlass des Restverwaltungsakts im Ermessen der Behörde steht, weil ein objektiver Maßstab dann die Gefahr birgt, dass behördliche Freiräume umgangen werden.[66]

---

56 BT-Drs. 13/8884, 5.
57 Schmitz/Olbertz NVwZ 1999, 126.
58 Hatschek, Lehrbuch des deutschen und preußischen Verwaltungsrechts, 7. Aufl. 1931, S. 102.
59 So auch BVerwGE 19, 287.
60 BSGE 24, 162; Ule/Laubinger, Verwaltungsverfahrensgesetz, 4. Aufl. 1995, § 57 IV.
61 Leisner DÖV 2007, 669 (676).
62 Schladebach VerwArch 104 (2013), 188 (201); Beaucamp JA 2007, 704 (706).
63 Ziekow VwVfG § 44 Rn. 21.
64 Schladebach VerwArch 104 (2013), 188 (201).
65 Kopp/Ramsauer/Ramsauer VwVfG § 44 Rn. 61 f.
66 Schladebach VerwArch 104 (2013), 188 (201 f.); vgl. auch Ehlers/Pünder AllgVerwR/Ruffert § 22 Rn. 11.

III. Der rechtswidrige Verwaltungsakt

Neben die Nichtigkeit tritt die einfache Fehlerhaftigkeit bzw. Rechtswidrigkeit von Verwaltungsakten. 40

1. Einfache Fehlerhaftigkeit als Rechtswidrigkeit

Unbeschadet seiner großen Praxisbedeutung wird der **Begriff** der Rechtswidrigkeit, der in seinen Konsequenzen wie gesagt deutlich von dem der Nichtigkeit zu scheiden ist, obwohl es sich hier wie dort um Fälle der Fehlerhaftigkeit handelt, nicht im VwVfG, sondern nur in § 44 I SGB X definiert. Danach liegt Rechtswidrigkeit vor, wenn bei Erlass des Verwaltungsaktes das Recht unrichtig angewandt oder von einem Sachverhalt ausgegangen wurde, der sich als unrichtig erweist. Besondere Rechtswidrigkeitsbestimmungen sind in Spezialnormen zu finden. 41

Die **Ursachen** für die Rechtswidrigkeit eines Verwaltungsakts können auf einer falschen Sachverhaltsermittlung, auf einem Irrtum über die Einschlägigkeit von Rechtssätzen, auf deren falscher Auslegung (→ § 28 Rn. 26 ff.) sowie auf deren falscher Anwendung (falsche Subsumtion, Überschreitung behördlicher Einschätzungsspielräume oder fehlerhafter Gebrauch etwaigen Ermessens (→ § 31 Rn. 7 ff., 57 ff.) beruhen. Fasst man diese Ursachen konkreter, können etwaige Fehler also genauso wie bei den nichtigen Verwaltungsakten auch inhalts- oder zuständigkeitsbezogen bzw. formeller oder verfahrensrechtlicher Natur sein. 42

Die Rechtswidrigkeit muss den Verwaltungsakt nicht vollständig, sondern kann ihn auch nur teilweise erfassen. In diesem Falle bleibt die Maßnahme, soweit sie rechtmäßig ist, bestehen. Das folgt aus dem Grundsatz möglichster Rechtsbeständigkeit hoheitlicher Maßnahmen und ist durch § 113 I 1 VwGO („Soweit") anerkannt. Da sich die Rechtmäßigkeit des Verwaltungsakts allein nach objektiven Kriterien bemisst, ist die **teilweise Rechtswidrigkeit** nicht anhand des mutmaßlichen Willens der Behörde zu ermitteln. Entscheidend ist ähnlich wie bei der isolierten Anfechtung von Nebenbestimmungen (→ § 47 Rn. 54 ff.) und wie bei der Nichtigkeit (→ § 49 Rn. 38 f.) vielmehr die Teilbarkeit des Verwaltungsakts. Es kommt also darauf an, ob der rechtmäßige Restverwaltungsakt sinnvoll ist. 43

2. Zeitfragen

Die Rechtmäßigkeit eines Verwaltungsakts bemisst sich grundsätzlich nach der **zur Zeit seines Erlasses maßgeblichen Sach- und Rechtslage.**[67] Das ist der Zeitpunkt der letzten Behördenentscheidung[68] und damit des Abschlusses des Verwaltungsverfahrens, das zwar ggf. vor der Ausgangs- und ggf. der Widerspruchsbehörde geführt werden kann, aber aus verwaltungsprozessualer Perspektive als Einheit betrachtet wird.[69] 44

a) Nachträgliche Änderungen der Sach- und Rechtslage

Sofern danach eine Änderung der Sach- oder Rechtslage eintritt, ist sie grundsätzlich für die Rechtmäßigkeit des Verwaltungsakts unerheblich. Soweit keine abweichenden 45

[67] Mager, Der maßgebliche Zeitpunkt für die Beurteilung der Rechtswidrigkeit von Verwaltungsakten, 1994; Polzin JuS 2004, 211.
[68] S. auch Lemke JA 1999, 240.
[69] BVerwGE 82, 260.

Rechtsvorschriften bestehen oder entsprechende Verfahrenshandlungen vorgenommen werden, gibt es aus **verwaltungsverfahrensrechtlicher Perspektive** also weder einen rechtmäßig noch einen rechtswidrig gewordenen Verwaltungsakt.[70] Dafür spricht vor allem § 49 II VwVfG, aus dem sich ableiten lässt, dass nachträgliche Änderungen der Tatsachen- bzw. Rechtslage die Rechtmäßigkeit des Verwaltungsakts unberührt lassen.[71] Daraus folgt indes nicht, dass der ursprünglich rechtmäßige Verwaltungsakt nicht aufgehoben werden kann oder ggf. sogar muss. Im Gegenteil lässt § 49 II Nr. 3, 4 VwVfG diese Option gerade zu und bestätigt damit, dass verfahrensrechtlich allein der Erlasszeitpunkt maßgeblich ist.[72]

46 **Aus verwaltungsprozessualer Perspektive** bedarf der Grundsatz von der Maßgeblichkeit des Zeitpunkts der letzten Behördenentscheidung in bestimmten Konstellationen allerdings einer Modifikation, die dazu führt, dass der Zeitpunkt der letzten mündlichen Verhandlung über die Rechtmäßigkeit des Verwaltungsakts und damit über den Erfolg der Klage entscheidet. Die zugehörigen Fallgruppen sind vor allem prozessökonomischen Gesichtspunkten geschuldet und (naturgemäß) im Einzelnen umstritten.[73] Diskutiert wird eine Verlagerung des Beurteilungszeitpunkts vor allem in Anfechtungssituationen, soweit es um den Erlass von Verwaltungsakten mit Dritt- oder Dauerwirkung sowie um Verfügungen mit irreparabler Wirkung geht. In der Verpflichtungssituation wird demgegenüber sogar in der Regel auf den Zeitpunkt der letzten mündlichen Verhandlung abgestellt, solange nicht das materielle Recht eine andere Betrachtung gebietet, was aber nur selten der Fall ist.[74]

Beispiel: So ist namentlich im Lichte des § 35 VI GewO umstritten, ob die dort normierte Wiedergestattung dazu führt, dass es für die Rechtmäßigkeit des Dauerverwaltungsakts Gewerbeuntersagung auf den Zeitpunkt der letzten mündlichen Verhandlung oder der letzten Behördenentscheidung ankommt.[75]

b) Nachschieben von Gründen

47 Während sich die Frage nach dem maßgeblichen Zeitpunkt für die Beurteilung der Sach- und Rechtslage der Berücksichtigungsfähigkeit von neuen, dh also im Augenblick des Abschlusses des Verwaltungsverfahrens noch nicht bestehenden Tatsachen bzw. Gesetzesänderungen widmet, geht es bei dem Problem des Nachschiebens von Gründen darum, ob etwaige einen Verwaltungsakt tragende Gründe – seien sie nun tatsächlicher[76] oder rechtlicher[77] Natur – nachträglich von der Behörde herangezogen werden können, obwohl sie zum Zeitpunkt des Erlasses zwar schon existent waren, trotzdem aber noch nicht einbezogen worden sind, insbesondere weil sie der Behörde unbekannt waren. Beide Rechtsfiguren sind also deutlich voneinander zu unterscheiden. Zudem darf das Nachschieben von Gründen nicht mit dem Nachholen der Begründung verwechselt werden, weil § 45 I Nr. 2 VwVfG irgendeine Begründung genügen lässt (→ § 48 Rn. 63 ff.). Das Nachschieben von Gründen betrifft primär eine

70 Vgl. dazu ausf. Schenke NVwZ 2015, 1341 ff.
71 Wolff/Decker VwVfG § 113 Rn. 38.
72 Maurer/Waldhoff AllgVerwR § 10 Rn. 23; vgl. auch OVG Magdeburg NVwZ-RR 2015, 481.
73 Ausf. zum Streitstand Kopp/Schenke/W.-R. Schenke/R.-P. Schenke VwGO § 113 Rn. 29 ff.
74 Vgl. dazu auch Sodan/Ziekow/Wolff VwGO § 113 Rn. 128 ff.
75 S. dazu Schmidt/Wollenschläger, Kompendium Öffentliches Wirtschaftsrecht/Korte, 2019, § 9 Rn. 126; vgl. dazu auch die Fallbearbeitung von Korte/Dittrich GewArch 2014, 165 (171 f.).
76 BVerwGE 11, 170; BSG MDR 1965, 331.
77 VGH München VerwRspr. 20 (1969), 73.

verwaltungsprozessuale Problemstellung, so dass sich die hiesigen Ausführungen auf einige wenige Grundzüge beschränken.[78]

So folgt die prozessrechtliche Möglichkeit des Nachschiebens von Gründen aus § 114 S. 2 VwGO, der ein solches Vorgehen (sogar) für den Fall der Ergänzung von Ermessenserwägungen billigt, während sich dessen materiell-rechtliche Zulässigkeit aus der Bindung der Verwaltungsgerichte an das objektive Recht und aus dem in § 86 I VwGO niedergelegten Amtsermittlungs- bzw. Untersuchungsgrundsatz ableiten lässt. Gleichwohl bestehen verfahrens-, materiell- und prozessrechtliche **Grenzen für das Nachschieben von Gründen,** um den vom jeweiligen Verwaltungsakt Betroffenen zu schützen. Sie verlangen auf der einen Seite, dass auch beim Nachschieben von Gründen die Verfahrensvorschrift des § 45 VwVfG beachtet wird.[79] Auf der anderen Seite ist dieses Vorgehen unzulässig, wenn der Betroffene dadurch in seiner Rechtsverteidigung eingeschränkt wird; insbesondere sog. Überraschungsentscheidungen dürfen infolgedessen nicht ergehen.[80] Und schließlich darf das Nachschieben von Gründen wegen des Wortlauts des § 114 S. 2 VwGO („... ergänzen ...") nicht zu einer Wesensänderung des Verwaltungsakts führen – so zB, weil dessen inhaltlicher Kern nicht mehr fortbesteht.[81] 48

Soweit es für die Rechtmäßigkeit des Verwaltungsakts auf die Sach- und Rechtslage zum Zeitpunkt der mündlichen Verhandlung ankommt, gilt daran anknüpfend allerdings eine Besonderheit. Denn in diesem Falle darf die Behörde im gerichtlichen Verfahren nach der Rechtsprechung des BVerwG[82] sogar **erstmals eine Ermessensentscheidung** nachschieben, zumindest wenn es aufgrund nach Klageerhebung eingetretener Umstände erforderlich ist. Zwar erlaubt der Wortlaut des § 114 S. 2 VwGO an sich nur eine Ergänzung der Ermessensausübung. Die diese Vorschrift tragende Zielsetzung der Prozessökonomie gebietet in dieser Konstellation aber eine Weitung, weil sie vermeiden will, dass eine behördliche Entscheidung vom Gericht aufgehoben wird, dann nach Abschluss des Gerichtsverfahrens nochmals ergeht und anschließend in einem weiteren gerichtlichen Verfahren auf dem Prüfstand steht. Denn genau diese Situation liegt vor, wenn sich während des gerichtlichen Prozesses erstmals die Notwendigkeit einer Ermessensausübung ergibt, weil sich nach Abschluss des behördlichen Verfahrens die Sachlage geändert hat. Um die Möglichkeit der Rechtsverteidigung des Betroffenen in solchen Konstellationen nicht über Gebühr zu erschweren, ist dann aber eine besonders klare und eindeutige Begründung der neuen Entscheidung nötig. 49

3. Konsequenzen der Rechtswidrigkeit

Die aus der Rechtswidrigkeit eines Verwaltungsakts resultierenden Konsequenzen, sind nicht verallgemeinerbar. Stattdessen kommt es auf die Art des Fehlers an. 50

[78] Ausf. dazu Wolff/Decker VwVfG § 113 Rn. 46 ff.; siehe auch BVerwGE 64, 356; Schenke VerwArch 99 (1998), 233; Schenke JuS 2000, 231.

[79] Bader JuS 2006, 199 (200).

[80] Wolff/Decker VwVfG § 113 Rn. 56.

[81] Brischke DVBl 2002, 431 (432); Ehlers VERW37 (2004), 272; BVerwG BayVBl. 2010, 672; OVG Lüneburg KommJur 2015, 222 (227).

[82] BVerwGE 141, 253 (253); vgl. dazu auch Schenke DVBl 2014, 285 sowie Kluckert DVBl 2013, 355 (356).

a) Allgemeine Grundsätze

51 Ist ein Verwaltungsakt rechtswidrig, ist es jedenfalls grundsätzlich ein rechtsstaatliches, ggf. auch durch die Verletzung subjektiv öffentlicher Rechte (→ § 43 Rn. 1 ff.) induziertes Gebot, seine **Wirkungen zu beseitigen** und bis zur Beseitigung zu hemmen, soweit nicht höherrangige Interessen eine andere Regelung erfordern. Sind die Wirkungen des rechtswidrigen Verwaltungsakts jedoch bereits endgültig eingetreten und können sie auch nicht mehr rückgängig gemacht werden, so ist die Rechtswidrigkeit ggf. festzustellen. In solchen Konstellationen kann dann eventuell auch ein Entschädigungs- oder Schadensersatzanspruch bestehen.

52 In manchen Fällen können Verwaltungsakte aber auch **fortbestehen bleiben,** obwohl sie an einem Fehler leiden. Diese Konstellationen sind insbesondere dann gegeben, wenn solche Maßnahmen nicht frist- und formgerecht angefochten werden oder wenn ein Rechtsbehelf rechtskräftig abgewiesen worden ist. Zudem kann der Betroffene vor Ablauf der Anfechtungsfrist zulässigerweise auf Rechtsbehelfe verzichten oder in der Wahrnehmung etwaiger Rechtsbehelfe präkludiert sein. Abgesehen davon besteht die Möglichkeit, dass ein fehlerhafter Verwaltungsakt rückwirkend qua legem für rechtmäßig erklärt oder dass eine Verletzung von Vorschriften wie in § 8 VwZG als unbeachtlich eingestuft wird oder ggf. heilbar ist.[83]

b) Die Bestandssicherungsklauseln der §§ 45 ff. VwVfG

53 Von besonderer Bedeutung sind in diesem Kontext die §§ 45 ff. VwVfG, die den Bestand des Verwaltungsakts trotz seiner Rechtswidrigkeit sichern. Diese daher sog. Bestandssicherungsklauseln führen zur Unbeachtlichkeit des Fehlers, schließen Aufhebungsansprüche des Bürgers aus oder erlauben die Umdeutung eines fehlerhaften Verwaltungsakts.

54 **aa) Heilung von Fehlern, § 45 VwVfG.** In Umsetzung dessen bietet § 45 VwVfG (§ 126 AO, § 41 SGB X) zunächst einmal die Möglichkeit der Heilung der in § 45 I VwVfG aufgelisteten Verfahrens- bzw. Formfehler mit der Folge der Unbeachtlichkeit der dort niedergelegten Mängel. Sie besteht allerdings nur, soweit diese Unzulänglichkeiten nicht zur Nichtigkeit des Verwaltungsakts führen.

55 **(1) Ratio Legis.** § 45 VwVfG dient der **Verfahrensökonomie.**[84] Bisweilen wird allerdings darauf hingewiesen, dass diese Zielsetzung im Rahmen des § 45 I VwVfG auf Kosten verfahrensrechtlicher Garantien und des Grundsatzes der Rechtsbindung der Verwaltung erreicht wird.[85] Teilweise wird daran anknüpfend sogar angenommen, § 45 II VwVfG verstoße, weil er die Möglichkeit bietet, den Akt der Heilung bis zum Abschluss der letzten Tatsacheninstanz des verwaltungsgerichtlichen Verfahrens auszudehnen, gegen Art. 19 IV GG[86] bzw. gegen das Rechtsstaatsprinzip.[87]

---

83 S. OVG Lüneburg DVBl 1970, 289; OVG Münster DVBl 1970, 430.
84 S. näher Stelkens/Bonk/Sachs/Sachs VwVfG § 45 Rn. 5 ff.
85 S. auch Knack/Henneke/Peuker VwVfG § 45 Rn. 13 f.; Hufen JuS 1999, 313 (319); Niedobitek DÖV 2000, 768.
86 Hatje DÖV 1997, 477; Erbguth UPR 2000, 85.
87 So Sodan DVBl 1999, 729 (738).

Diese Einwände sind umso unberechtigter, je höhere Anforderungen an die Beseitigung des Verfahrens- bzw. Formfehlers, dh also an die Nachholung gestellt werden. Nimmt man hinzu, dass der Behörde die Kosten einer infolgedessen erfolglosen Klage auferlegt werden können (vgl. § 155 IV VwGO[88]), drohen zudem **keine Ungerechtigkeiten** für den Fall eines ausschließlich auf Fehler iSd § 45 I VwVfG gestützten Rechtsbehelfs. Einer restriktiven Auslegung der Norm[89] bedarf es daher nur, soweit es um den Akt der Nachholung geht. 56

(2) Voraussetzungen. Inhaltlich stellt § 45 I VwVfG folgende Anforderungen: 57

(a) Allgemeine Voraussetzungen. Zunächst sei darauf hingewiesen, dass der dortige Katalog heilbarer Verfahrensfehler ausweislich des Wortlauts der Norm **abschließender Natur** ist.[90] Deshalb können andere als die dort aufgeführten Mängel nicht geheilt werden. Inhaltlich bezieht sich § 45 I VwVfG auf die Fälle eines fehlenden Antrags (Nr. 1) oder eines fehlenden und für den Erlass eines Verwaltungsakts notwendigen Ausschussbeschlusses (Nr. 4) bzw. einer fehlenden Begründung (Nr. 2), Anhörung (Nr. 3) oder behördlichen Mitwirkung (Nr. 5). 58

Beispiel: Ein nach § 75 NdsBauO oder § 75 NRW BauO fehlender Antrag auf Erlass einer Baugenehmigung kann genauso wie das nach § 36 I 1 BauGB erforderliche gemeindliche Einvernehmen nachgeholt werden.

Die fehlende Verfahrenshandlung kann ausweislich des § 45 II VwVfG **bis zum Abschluss der letzten Tatsacheninstanz des verwaltungsgerichtlichen Verfahrens** nachgeholt werden. Die Vorgängernorm stellte insoweit noch auf den Abschluss des Verwaltungs- einschließlich eines etwaigen Widerspruchverfahrens ab. Sinn und Zweck der demgegenüber de lege lata erheblich großzügigeren Regelung ist es, Verfahrensfehler weitest möglich für unbeachtlich zu erklären, zumal die Behörde ohnehin die Möglichkeit hätte, nach verlorener Klage einen verfahrensrechtlich zutreffenden Verwaltungsakt zu erlassen. Gleichwohl ist in manchen Verwaltungsverfahrensgesetzen der Länder weiterhin ein früherer Zeitpunkt vorgesehen. 59

Damit die Voraussetzungen des § 45 VwVfG erfüllt sind, muss die Verfahrenshandlung derart vorgenommen werden, wie sie von Gesetzes wegen hätte vorgenommen werden müssen. Es gilt also der **Grundsatz der realen Fehlerheilung,**[91] der zugleich die Unzulässigkeit der Nachholung von Verfahrenshandlungen für den Fall erledigter Verwaltungsakte zur Konsequenz hat, weil dieser Vorgang dann ins Leere läuft.[92] 60

(b) Spezialfall unterlassene Anhörung. Projiziert man diese Anforderungen auf den in praxi wohl relevantesten Anwendungsfall der unterlassenen Anhörung, so drängt der Grundsatz der realen Fehlerheilung zunächst darauf, dass dem Bürger im Falle einer Verletzung des § 28 I VwVfG die Möglichkeit eingeräumt wird, **zum erlassenen Verwaltungsakt Stellung nehmen** zu können. Diese Einlassung muss die Be- 61

[88] S. dazu Olbertz in Schoch/Schneider/Bier, VwGO, 44. EL 2023, § 155 Rn. 26.
[89] So die generelle Forderung bei Ipsen AllgVerwR Rn. 702.
[90] Näher Ule/Laubinger, Verwaltungsverfahrensgesetz, 4. Aufl. 1995, § 58 II.
[91] Schoch JURA 2007, 28 (29); s. auch Kahl/Ludwigs VerwR-HdB/Gurlit, 2022, § 109 Rn. 37.
[92] Kopp/Ramsauer/Ramsauer VwVfG § 45 Rn. 13.

hörde dann zur Kenntnis nehmen und in ihre Überlegungen einbeziehen,[93] die Entscheidung also überdenken.[94]

62 Daran anknüpfend kann Heilung auch im **Vorverfahren** eintreten.[95] Bei gebundenen Verwaltungsakten genügt es, wenn die Widerspruchsebene die Anhörung nachholt.[96] Bei ermessensabhängigen Maßnahmen muss die Anhörung hingegen von der Ausgangsbehörde durchgeführt werden, damit dem Bürger keine Ermessensebene verloren geht. Dieser Verpflichtung kann sie im Rahmen des in § 72 VwGO vorgesehenen Abhilfeverfahrens nachkommen.[97]

63 Ausweislich des § 45 II VwVfG genügt es, wenn die unterlassene Verfahrenshandlung bis zur letzten Tatsacheninstanz eines verwaltungsgerichtlichen Verfahrens nachgeholt wird. Wegen des Grundsatzes der realen Fehlerhandlung darf dieser Vorgang allerdings **nicht durch das Gericht** erfolgen. Erforderlich ist vielmehr die Einbettung in ein behördliches Verfahren.[98] Denn nur wenn eine außerprozessuale Möglichkeit zur Stellungnahme besteht, wird dem Bürger rechtliches Gehör innerhalb des Verwaltungsverfahrens gewährt.

64 **(3) Rechtsfolge.** Die Rechtsfolge der Heilung tritt ausweislich des Wortlauts des § 45 I VwVfG („… unbeachtlich …") nicht erst ab dem Zeitpunkt der Nachholung der Verfahrenshandlung,[99] sondern ex tunc ein. Der Verwaltungsakt wird daher **von Anfang an rechtmäßig.**[100] Diese Konsequenz ist allerdings rein verfahrensrechtlicher Natur und sagt nichts über die materiell-rechtliche Zulässigkeit des Verwaltungsakts aus. Sie ist namentlich im Falle des Nachschiebens von Gründen gesondert zu beurteilen, weil irgendeine Begründung ausreicht, um § 45 I Nr. 2 VwVfG zu entsprechen.

65 **(4) Unionsrechtliche Implikationen.** § 45 I VwVfG bzw. die (soweit vorhanden) entsprechenden landesrechtlichen Bestimmungen sind grundsätzlich auch dann anwendbar, wenn Bundes- oder Landesbehörden Unionsrecht im Rahmen des sog. **indirekten Vollzugs** (→ § 6 Rn. 15) ausführen. Etwas anderes gilt allerdings dann, wenn die dortigen Heilungsmöglichkeiten dem Effektivitäts- bzw. Äquivalenzprinzip als maßgebliche Grundsätze für den Vollzug des Unionsrechts zuwiderlaufen.[101]

Beispiel: Eine per Verwaltungsakt gewährte Beihilfe, die wegen Verstoßes gegen das Durchführungsverbot bzw. gegen das Anzeigegebot unionsrechtswidrig ist, wird, wenn sie die Kommission später genehmigt, nicht wegen § 45 I Nr. 5 VwVfG von Anfang an wirksam, weil die Genehmigung in diesem Falle nur ex nunc wirken darf. Denn anderenfalls würden Wettbewerbsverfälschungen drohen.[102]

[93] Knack/Henneke/Peuker VwVfG § 45 Rn. 39; vgl. Wollenschläger VVDStRL 75 (2016), 187 (251).
[94] OVG Bautzen NVwZ 2021, 1717 Rn. 14.
[95] So aber Maurer/Waldhoff AllgVerwR § 10 Rn. 61; BVerwGE 66, 184 (187 ff.).
[96] BVerwGE 66, 184 (187 ff.).
[97] So auch BVerwG NVwZ 1984, 578.
[98] Maurer/Waldhoff AllgVerwR § 10 Rn. 60, 61.
[99] So aber Kopp/Ramsauer/Ramsauer VwVfG § 45 Rn. 14.
[100] Maurer/Waldhoff AllgVerwR § 10 Rn. 59.
[101] S. auch Stelkens/Bonk/Sachs/Sachs VwVfG § 45 Rn. 167 ff.; Classen VERW31 (1998), 307 (323 ff.); Kokott VERW31 (1998), 335 (367); s. ferner EuGH DVBl 2005, 42.
[102] S. auch v. Danwitz, Verwaltungsrechtliches System und europäische Integration, S. 259 ff.; EuGH Slg. 1991, 5505 (5529).

bb) Unerheblichkeit von Fehlern, § 46 VwVfG. Abgesehen von den in § 45 I VwVfG vorgesehenen Heilungsmöglichkeiten enthält § 46 VwVfG (§ 127 AO, § 42 SGB X) eine Norm, die zur Unbeachtlichkeit von Zuständigkeits-, Verfahrens- oder Formvorschriften führt. Während § 45 I VwVfG jedoch die Nachholung der bis dahin unterlassenen Handlung fordert, macht § 46 VwVfG keine derartigen Vorgaben, sondern schneidet dem Betroffenen schon dann sein Recht zur Anfechtung des Verwaltungsakts ab, wenn die dort aufgeführten Rechtsverletzungen die Sachentscheidung offensichtlich nicht beeinflusst haben. 66

(1) Ratio Legis. Das Ziel, aus Form- und Verfahrensfehlern nur bei tatsächlicher Beeinflussung der getroffenen Entscheidung Rechtsfolgen zu ziehen, beruht auf **verfahrens- und prozessökonomischen Gründen** sowie auf der Erwägung, dass das Verfahren gegenüber dem materiellen Recht nur dienende Funktion besitzt. Die Vorschrift führt im Gegensatz zu § 45 VwVfG nicht zur Fehlerheilung,[103] so dass die Behörde die Maßnahme weiterhin nach Maßgabe des § 48 VwVfG aufheben kann.[104] Damit ist § 46 VwVfG vor allem verwaltungszentriert und weniger bürgerorientiert. 67

§ 46 VwVfG birgt die Gefahr, dass die Verwaltung dazu tendiert, Verfahrens- und Formvorschriften zu missachten, weil deren Verletzung aufgrund dieser Norm ohne Sanktion bleibt. Der damit einhergehende Widerspruch zum Prinzip der „dienenden" Verwaltung[105] wird indes dadurch entschärft, dass **nur offensichtlich unbeachtliche Fehler** von § 46 VwVfG erfasst werden. Hinzu kommt, dass die Verwaltung in den unter diese Vorschrift fallenden Konstellationen einen sachlich richtigen Verwaltungsakt erlassen hat, den sie im Falle seiner Aufhebung aufgrund eines formellen Fehlers sofort wieder erlassen könnte, wenn sie die Verfahrensvorgaben einhielte. 68

(2) Anwendungsbereich. In tatbestandlicher Hinsicht ist die Vorschrift **nur anwendbar,** solange der Verwaltungsakt nicht nach § 44 VwVfG nichtig oder nach den in § 45 VwVfG niedergelegten Anforderungen geheilt ist. Während im erstgenannten Falle schon ein iSd § 43 III VwVfG unwirksamer Verwaltungsakt vorliegt, der keiner Aufhebung mehr bedarf, fehlt es im letztgenannten Falle aufgrund der durchgeführten Nachholung an einem aufhebungswürdigen Fehler. 69

Weil § 46 VwVfG der Verfahrensökonomie dienen soll, findet diese Vorschrift überdies keine Anwendung, wenn einer **Verfahrensnorm ein eigener materiell-rechtlicher Gehalt** zukommt. Infolgedessen greift § 46 VwVfG nicht im Falle einer Verletzung des in § 63 BNatSchG normierten Mitwirkungsrechts. Denn es hat eigenständiges Gewicht und absoluten Charakter, weshalb die Sanktionslosigkeit eines Verstoßes dieses Beteiligungsrecht entwerten würde.[106] 70

---

103 BT-Drs. 7/910, 65; BVerwGE 90, 25 (33); Bonk NVwZ 1997, 322.
104 Stelkens/Bonk/Sachs/Sachs VwVfG § 46 Rn. 1.
105 Kritisch auch Hatje DÖV 1997, 477; Schnapp/Cordewener JuS 1999, 147 (149 ff.); Hufen JuS 1999, 313 (318 f.); Bonk NVwZ 2001, 641; vgl. demgegenüber jedoch Himmelmann/Höcker VR 2003, 85 (86); einen Überblick über die Bandbreite der rechtspolitischen Kritik bietet Schöbener VERW2000, 450 ff.
106 BVerwGE 105, 348 (353 f.).

71 **(3) Voraussetzungen.** Inhaltlich stellt § 46 VwVfG die folgenden Anforderungen:

72 **(a) Kreis der erfassten Mängel.** Der Kreis der erfassten Mängel bezieht sich zunächst auf **Verfahrens- oder Formfehler** (→ § 49 Rn. 21). Zudem greift die Bestimmung, wenn jenseits des § 44 II Nr. 3 VwVfG Vorschriften über die **örtliche Zuständigkeit** nicht eingehalten worden sind. Damit werden Mängel in der funktionellen, instanziellen oder sachlichen Zuständigkeit[107] nicht erfasst. Diese Vorgaben machen auch die abgabe- und sozialrechtlichen Parallelvorschriften zu § 46 VwVfG. § 42 S. 2 SGB X enthält insoweit allerdings eine Besonderheit, weil dort bestimmt ist, dass im Falle einer unterbliebenen oder nicht wirksam nachgeholten Anhörung kein unbeachtlicher Fehler vorliegen kann.[108] Für eine Verletzung des § 28 VwVfG gilt demgegenüber genauso wie für alle anderen nach § 45 VwVfG heilbaren Mängel, dass sie unbeachtlich sind, wenn die Anforderungen des § 46 VwVfG im Übrigen gewahrt sind.[109]

73 **(b) Entscheidungsbeeinflussende Wirkung.** Liegt ein Fehler iSd § 46 VwVfG vor, darf er die Entscheidung in der Sache nicht beeinflusst haben. Damit geht eine Ausweitung des Anwendungsbereichs dieser Vorschrift im Vergleich zu ihrer ursprünglichen Fassung einher, nach der noch erforderlich war, dass auch ohne die Rechtsverletzung „keine andere Entscheidung in der Sache hätte getroffen werden können". Denn diese Formulierung bezog sich allein auf die Fälle der gebundenen Verwaltung, weil danach Fehler nur dann unbeachtlich waren, wenn die getroffene Entscheidung rechtlich alternativlos war.[110] Der nun in dieser Vorschrift enthaltene Wortlaut, nach dem es auf die entscheidungsbeeinflussende Wirkung ankommt, öffnet daher § 46 VwVfG dem Grunde nach auch für die Fehler, die unerheblich für die behördliche Willensbildung waren und sich daher nicht im Rahmen der konkreten Entscheidung ausgewirkt haben.[111] Diese Möglichkeit besteht insbesondere bei ermessensabhängigen Verwaltungsakten[112] und bei behördlichen Beurteilungsspielräumen,[113] wenn **zwischen Fehler und Sachentscheidung kein Kausalzusammenhang** gegeben ist.

74 Ob diese Voraussetzung vorliegt, muss anhand der vom Vorhabenträger bzw. von der zuständigen Behörde vorzulegenden Unterlagen überprüft werden.[114] Damit ist nicht der von der Maßnahme Betroffene verpflichtet, die Kausalität des in der behördlichen Sphäre liegenden Fehlers für die Sachentscheidung zu belegen. Diese Verteilung der Beweislast im Besonderen ist genauso wie das in § 46 VwVfG angelegte Kausalitätserfordernis mit höherem Recht vereinbar. Denn insbesondere aus unionsrechtlicher Perspektive ist es nach der Spruchpraxis des EuGH keinesfalls erforderlich, dass jeder Verfahrensfehler automatisch einen Aufhebungsanspruch zur Folge hat.[115] Vorschriften wie § 46 VwVfG halten daran anknüpfend dem **Unionsrecht** grundsätzlich

[107] Knack/Henneke/Peuker VwVfG § 46 Rn. 28 f., 32.
[108] BSGE 44, 207; Nehls NVwZ 1982, 494.
[109] Knack/Henneke/Peuker VwVfG § 46 Rn. 20; VGH München BayVBl. 2016, 303 (310).
[110] Vgl. dazu Stelkens/Bonk/Sachs/Sachs VwVfG § 46 Rn. 51 ff.
[111] Kopp/Ramsauer/Ramsauer VwVfG § 46 Rn. 25a f.
[112] S. BR-Drs. 422/94.
[113] Knack/Henneke/Peuker VwVfG § 46 Rn. 35; vgl. dazu auch HessVGH DVBl 2013, 726 (726).
[114] BVerwG NVwZ 2016, 1257 (1259 f.); vgl. dazu auch Ludwigs NVwZ 2016, 1260 (1261 f.).
[115] EuGH ECLI:EU:C:2013:712 Rn. 49 – Altrip u. a.; vgl. dazu Wollenschläger VVDStRL 75 (2016), 187 (238).

Stand, soweit dem Rechtsbehelfsführer nicht die Beweislast für dessen Entscheidungserheblichkeit obliegt – eine Erkenntnis, die sich freilich auch aus der Rechtsprechung des BVerfG ableiten lässt, wonach Verfahrensregeln grundsätzlich grundrechtsfreundlich auszulegen sind.[116]

(c) **Offensichtlichkeit.** Das in § 46 VwVfG schließlich noch enthaltene Tatbestandsmerkmal der Offensichtlichkeit kann im Grunde ähnlich wie in § 44 I VwVfG (→ § 49 Rn. 34 ff.) ausgelegt werden.[117] Innerhalb des § 46 VwVfG bedarf es jedoch keiner positiven, sondern einer negativen Feststellung – nämlich der der mangelnden Kausalität zwischen Fehler und Sachentscheidung. Daher sollte man weniger auf die Faustformel „des auf die Stirn geschriebenen" Makels (→ §§ 49 Rn. 34 ff.) als vielmehr darauf zurückgreifen, dass ein Einfluss des Fehlers auf die Sachentscheidung **eindeutig ausgeschlossen** ist. Es darf also keine denkbare Möglichkeit bestehen, dass die Behörde ohne den Verfahrensfehler anders entschieden hätte;[118] Zweifel darüber, dass die Entscheidung hätte anders ausfallen können, gehen zu Lasten der Behörde und führen zur Unanwendbarkeit des § 46 VwVfG.[119] 75

Die Beschränkung des § 46 VwVfG auf offensichtlich ohne Einfluss bleibende Verfahrensfehler stärkt die Rechtsstellung des Bürgers, der infolgedessen nur dort, wo eine Rechtsverletzung eindeutig irrelevant für die Sachentscheidung ist, keinen Aufhebungsanspruch geltend machen kann. Hingegen führt die zumindest grundsätzliche (wenn auch eher seltene (→ § 49 Rn. 73) Anwendbarkeit des § 46 VwVfG auf Ermessensentscheidungen dazu, dass diese Norm für komplizierte Beurteilungs-, und Abwägungsentscheidungen (→ § 31 Rn. 28) relevant wird. In deren Rahmen ist aber die Bedeutung von Fehlern für die Entscheidung nicht immer leicht zu erkennen. Art. 19 IV GG sowie der Grundrechtsschutz durch Verfahren gebieten daher eine **restriktive Auslegung** in dem Sinne, dass Hypothesen unzureichend sind, um § 46 VwVfG mit der Folge der Fehlerunbeachtlichkeit zu aktivieren. 76

Die damit einhergehende Notwendigkeit einer zurückhaltenden Interpretation des Gradmessers der Offensichtlichkeit folgt auch daraus, dass viele Verfahrensvorschriften dienende Funktion besitzen – sei es, weil sie zugunsten des Betroffenen eine besonders gründliche Sachaufklärung garantieren, weil sie spezielle Sachkenntnisse nutzbar machen oder weil sie eine besondere Vertrauensbasis schaffen. Hinzu kommt, dass die Feststellung, dass auch bei fehlerfreiem Verfahren keine andere Sachentscheidung hätte getroffen werden können, stets bis zu einem gewissen Grad von der **Einschätzung des Entscheidungsträgers** abhängt und daher den Betroffenen im Zweifel jedenfalls dann kaum überzeugen wird, wenn er inhaltlich anderer Auffassung ist.[120] 77

(4) **Rechtsfolge.** Soweit die Voraussetzungen des § 46 VwVfG vorliegen, führt diese Norm dazu, dass Ansprüche des Bürgers auf **Aufhebung** des verfahrensfehlerhaften Verwaltungsakts **ausgeschlossen** sind. Damit entfaltet diese Vorschrift vor allem in- 78

116 S. dazu Ludwigs NVwZ 2015, 1327 (1334) per Verweis auf BVerfGE 69, 315 (355).
117 Ebenso Sodan DVBl 1999, 729 (734); Schöbener VERW2000, 468; Pietzcker FS Maurer, 2001, 712 ff.
118 Ipsen AllgVerwR Rn. 707; vgl. auch BVerwG DVBl 2016, 1121 (1122 f.).
119 BR-Drs. 422/1/94, 5.
120 Meyer NVwZ 1986, 513; Schenke DÖV 1986, 305; Hufen DVBl 1988, 69.

nerhalb von Rechtsbehelfsverfahren Wirkung. Auch wenn § 46 VwVfG greift, bleibt es der Behörde aber unbenommen,[121] den Verwaltungsakt auf Basis des § 48 VwVfG aus eigenem Antrieb zurückzunehmen.[122]

79 Dem Wortlaut des § 46 VwVfG kann überdies entnommen werden, dass dessen Einschlägigkeit **nicht** zur **Rechtmäßigkeit** des Verwaltungsakts führt,[123] schon weil nach dieser Norm anders als nach § 45 VwVfG der Fehler nicht unbeachtlich, sondern der Aufhebungsanspruch des Betroffenen ausgeschlossen wird.[124] Daraus werden freilich unterschiedliche Konsequenzen gezogen: Während Teile der Literatur postulieren, dass es infolgedessen an der subjektiven Rechtsverletzung fehle,[125] gibt es andere Stimmen, die § 46 VwVfG beim Wort nehmen und davon ausgehen, dass der Aufhebungsanspruch zwar ausgeschlossen ist, die Rechtsverletzung aber fortbestehe.[126]

80 Daran anknüpfend wird gelegentlich angenommen, dass § 46 VwVfG **Sekundäransprüche** insbesondere aufgrund von Amtspflichtverletzungen nicht ausschließe, zumal sich die Bestimmung ihrem Wortlaut nach nur auf den Anspruch auf Aufhebung des Verwaltungsakts und damit auf die Primärebene zu beziehen scheine.[127] Andere Stimmen in der Literatur weisen demgegenüber jedoch darauf hin, dass § 46 VwVfG dazu führe, dass es an einer Rechtsverletzung fehle, so dass auch keine Sekundäransprüche gegeben sein können.[128]

81 **cc) Umdeutung fehlerhafter Verwaltungsakte, § 47 VwVfG.** Die Umdeutung fehlerhafter in rechtmäßige Verwaltungsakte wird auch als Konversion bezeichnet und ist in § 47 VwVfG (§ 128 AO, § 43 SGB X) näher geregelt.

82 **(1) Ratio Legis.** Diese Norm bildet das verwaltungsverfahrensrechtliche Pendant zu § 140 BGB, auf dessen Grundgedanken im Zweifel zurückgegriffen werden kann,[129] zumal hier wie dort **verfahrensökonomische Gesichtspunkte** von Bedeutung sind. Denn während § 140 BGB dazu dient, Rechtsgeschäfte aufrecht zu erhalten, ohne dass es eines neuerlichen Einigungsverfahrens bedarf,[130] soll § 47 VwVfG eine Aufhebung des rechtswidrigen Verwaltungsaktes und die Durchführung eines neuen Verwaltungsverfahrens verhindern.

Beispiel: Umdeutung einer fristlosen Entlassung eines Probebeamten in eine fristgemäße Entlassung.[131]

83 **(2) Abgrenzung.** Abzugrenzen[132] ist die Umdeutung iSd § 47 VwVfG vor allem von der **Heilung** iSd § 45 VwVfG. Denn sie wirkt insoweit ähnlich, als der mit dem

121 So aber Kopp/Ramsauer/Ramsauer VwVfG § 46 Rn. 45 f.
122 So auch Maurer/Waldhoff AllgVerwR § 11 Rn. 16.
123 Schnapp/Cordewener JuS 1999, 147 (151); Hufen DVBl 1988, 69 (75).
124 BT-Drs. 7/910, 68.
125 Kopp/Ramsauer VwVfG § 46 Rn. 47.
126 Ziekow VwVfG § 46 Rn. 13; Ehlers/Pünder AllgVerwR/Jestaedt § 11 Rn. 88.
127 Schenke DÖV 1986, 305 (312).
128 Kopp/Ramsauer/Ramsauer VwVfG § 46 Rn. 47.
129 S. näher Ule/Laubinger, Verwaltungsverfahrensgesetz, 4. Aufl. 1995, § 60 I.
130 Vgl. Bamberger/Roth/Hau/Poseck/Wendtland BGB § 140 Rn. 1.
131 BVerwGE 91, 73.
132 Ausf. dazu Windoffer JURA 2020, 791 (793 ff.).

rechtswidrigen Verwaltungsakt erstrebte Rechtserfolg doch eintreten kann, so dass Heilung und Umdeutung auf das gleiche Ziel gerichtet sind. Der wesentliche Unterschied zwischen beiden Rechtsfiguren ist allerdings, dass der ursprünglich erlassene Verwaltungsakt im Falle der Heilung inhaltlich erhalten bleibt. Das gilt auch für die Auslegung (→ § 28 Rn. 29 ff.) und das Nachschieben von Gründen (→ § 49 Rn. 47 ff.), die deshalb ebenfalls trotz gewisser Ähnlichkeiten von der Konversion zu scheiden sind. Denn im Falle der Umdeutung tritt nach dem Wortlaut des § 47 I VwVfG an die Stelle des ursprünglichen Verwaltungsakts jedenfalls etwas inhaltlich „andere(s)“,[133] mag dessen Rechtsnatur auch im Einzelnen umstritten sein.

(3) Voraussetzungen. Betrachtet man die Umdeutung aus einer inhaltlichen Perspektive, ist zunächst zu berücksichtigen, dass sie **auch im Falle der Nichtigkeit** eines Verwaltungsakts möglich ist. Das folgt schon daraus, dass § 47 VwVfG in engem Zusammenhang zu den §§ 45 f. VwVfG steht, anders als diese Vorschriften aber seinem Wortlaut nach keine Ausnahme von seinem Anwendungsbereich im Falle der Einschlägigkeit des § 44 VwVfG macht.[134] 84

§ 47 I VwVfG stellt verschiedene **inhaltliche Anforderungen,** damit die Umdeutung eines fehlerhaften Verwaltungsakts zulässig ist. So muss das Ergebnis der Umdeutung auf dasselbe Ziel gerichtet sein wie der fehlerhafte Verwaltungsakt. Sie hat außerdem formell und materiell rechtmäßig zu sein, so dass die den fehlerhaften Verwaltungsakt erlassende Behörde auch die umgedeutete Maßnahme hätte erlassen können müssen. Ferner ist § 28 VwVfG nach § 47 IV VwVfG entsprechend anzuwenden; es bedarf also vor der Umdeutung einer Anhörung.[135] 85

Ausgeschlossen ist die Umdeutung ausweislich des § 47 II VwVfG, wenn deren Rechtsfolgen für den Betroffenen ungünstiger sind als die des fehlerhaften Verwaltungsaktes, wenn sie der erkennbaren Absicht der erlassenden Behörde widerspricht oder wenn der fehlerhafte Verwaltungsakt nicht nach Maßgabe des § 48 VwVfG oder einer entsprechenden Vorschrift hätte zurückgenommen werden dürfen. Zudem ist ausweislich des § 47 III VwVfG eine Umdeutung einer gebundenen Entscheidung in eine Ermessensentscheidung unzulässig. 86

(4) Rechtsfolge. Sind die Vorgaben des § 47 I VwVfG gewahrt, kann der ursprüngliche Verwaltungsakt umgedeutet werden. Diese Rechtsfolge des § 47 VwVfG lässt sich genauso wie die §§ 45 f. VwVfG unter den Oberbegriff der **Bestandssicherung** subsumieren, weil die ersetzende Regelung wie schon gesagt auf dasselbe Ziel wie der fehlerhafte Verwaltungsakt gerichtet sein muss, so dass sie jedenfalls der Sache nach bereits darin enthalten ist.[136] 87

(5) Rechtsnatur. Der Rechtsnatur nach wird das Ergebnis der Umdeutung teilweise als **eigenständiger Verwaltungsakt**[137] eingeordnet, vor allem weil das Gesetz von einem „anderen Verwaltungsakt“ spreche und weil die Umdeutung dazu führe, dass der ursprüngliche Verwaltungsakt (teilweise) aufgehoben und durch einen neuen er- 88

[133] Obermayer/Funke-Kaiser/Baumeister VwVfG § 47 Rn. 1.
[134] Ipsen AllgVerwR Rn. 712.
[135] Ausf. dazu Windoffer JURA 2020, 791 (795 ff.).
[136] Kopp/Ramsauer/Ramsauer VwVfG § 47 Rn. 1.
[137] Wirth, Umdeutung fehlerhafter Verwaltungsakte, 1991, S. 119.

setzt wird. Hinzu komme, dass sich die Umdeutung auf die im ursprünglichen Verwaltungsakt enthaltene Anordnung beziehe, indem sie zu einer Veränderung des Entscheidungssatzes führe, so dass nicht nur die Begründung ausgetauscht werde.[138]

89 Überwiegend wird die Umdeutung in § 47 I VwVfG jedoch auf das Ergebnis eines nur inhaltlich „anderen" Verwaltungsakts bezogen und als **deklaratorischer Erkenntnisakt** eingestuft, dessen Rechtswirkungen unmittelbar durch Gesetz entstehen.[139] Begründet wird dieser Ansatz damit, dass es wenig überzeugend ist, die Umdeutung als Maßnahme zur Rettung eines Verwaltungsakts ebenfalls als Verwaltungsakt einzustufen,[140] zumal sich dann die in § 47 IV VwVfG enthaltene Anordnung der entsprechenden Anwendung des § 28 VwVfG kaum erklären ließe; denn eine solche Pflicht bestünde in der Regel[141] ohnehin, wenn die Umdeutung ein Verwaltungsakt wäre.

90 Stuft man die Umdeutung als qua legem eintretender Erkenntnisakt ein, wird zugleich deutlich, warum sie nicht nur von Behörden, sondern **auch von Gerichten** vorgenommen werden kann.[142] Denn geht man derart vor, können keine Friktionen mit dem Gewaltenteilungsgrundsatz entstehen, weil keine erneute Sachentscheidung der Exekutive im Raum steht. Abgesehen davon erklärt die Einstufung der Umdeutung als Erkenntnisakt aber auch, dass sich der Bürger auf das Erfordernis einer Umdeutung berufen kann; das „kann" in § 47 I VwVfG kennzeichnet daher weniger ein etwaiges Ermessen als vielmehr die rechtliche Möglichkeit der befassten Stellen.[143]

IV. Unrichtige Verwaltungsakte

91 Unzulängliche Verwaltungsakte liegen nicht nur bei Nichtigkeit bzw. Rechtswidrigkeit, sondern auch bei Unrichtigkeit iSd § 42 VwVfG vor. Diese Norm bestimmt, dass Schreib- und Rechenfehler sowie ähnliche offenbare Unrichtigkeiten jederzeit berichtigt werden können. Sie dient der **Verwaltungsökonomie** und der **Rechtsklarheit,**[144] weil sie dazu führt, dass die fehlerhafte äußere Erklärung dem wirklichen Behördenwillen angepasst wird.

1. Tatbestand

92 Unrichtig ist ein Verwaltungsakt, der zwar so wie erlassen objektiv nicht hätte ergehen sollen, weil er nicht allen Anforderungen an einen ordnungsmäßigen Verwaltungsakt genügt, der aber weder absolut noch den Umständen nach in Widerspruch zu gültigen, zwingenden Rechtssätzen steht und daher nicht rechtswidrig ist.[145] Diese Unterscheidung ist in der Systematik des VwVfG angelegt, das Fehler, die zur Rechts-

[138] So mit ausf. und weiterführender Begründung Obermayer/Funke-Kaiser/Baumeister VwVfG § 47 Rn. 7 ff.

[139] S. Windthorst/Lüdemann NVwZ 1994, 244; Ehlers VERW37 (2004), 277; vgl. dazu auch Windoffer JURA 2020, 791 (792 f.).

[140] Kopp/Ramsauer/Ramsauer VwVfG § 47 Rn. 8.

[141] Zumindest insoweit ebenso Obermayer/Funke-Kaiser/Baumeister VwVfG § 47 Rn. 7; dezidiert abweichend aber Mann/Sennekamp/Uechtritz/Schulz VwVfG § 47 Rn. 68 ff. mwN.

[142] S. näher Ule/Laubinger, Verwaltungsverfahrensgesetz, 4. Aufl. 1995, § 60; Wirth, Umdeutung fehlerhafter Verwaltungsakte, 1991; Windthorst/Lüdemann NVwZ 1994, 244; BVerwG NVwZ 1984, 645; DVBl 2000, 1525; BSGE 25, 255; OVGE 27, 133 f.; BVerwGE 115, 111 (114); 126, 254 (276); Leopold JURA 2006, 895 (897 f.).

[143] Detterbeck AllgVerwR, 21. Aufl. 2023, § 10 Rn. 642.

[144] S. auch Knack/Henneke/Ruffert VwVfG § 42 Rn. 3.

[145] S. auch Stelkens/Bonk/Sachs/Sachs VwVfG § 42 Rn. 1.

widrigkeit führen, in einem anderen Abschnitt als die Unrichtigkeit von Verwaltungsakten behandelt (§ 42 VwVfG und §§ 43 ff. VwVfG). Die **Unrichtigkeit** betrifft also den fehlerhaften Ausdruck des behördlichen Willens und damit die versehentliche Nichtübereinstimmung zwischen dem, was die Behörde erklären wollte und dem, was sie tatsächlich ausgedrückt hat.[146]

§ 42 VwVfG setzt zudem voraus, dass die Unrichtigkeit **offenbar** ist. Sie muss sich 93
also aus dem Verwaltungsakt iVm der dem Empfänger bekannten Sachlage ohne weiteres ergeben.[147] Die Unrichtigkeit muss somit „ins Auge springen", [148] was nach § 42 VwVfG im Falle von Schreib- oder Rechenfehlern zB in Form von Zahlendrehern oder der unrichtigen Anwendung von Rechenmethoden[149] der Fall ist. Andere von dieser Vorschrift erfasste Unrichtigkeiten müssen ähnlich deutlich zu Tage treten – so zB in Form mechanischer Versehen.[150] Der Kanon möglicher Konstellationen ist nicht auf schriftliche Verwaltungsakte beschränkt, so dass die Berechtigung der zuständigen Behörde, nach § 42 S. 3 VwVfG die Vorlage des zu berichtigenden Dokuments zu verlangen, keine Voraussetzung des § 42 VwVfG ist, sondern eine der Rechtsklarheit dienende Möglichkeit.

Offenbar unrichtige Verwaltungsakte liegen beispielsweise dann vor, wenn im Ver- 94
waltungsakt ein falscher Ausdruck gebraucht wird, dessen Berichtigung dem Adressaten zuzumuten ist, weil die fehlerhafte Bezeichnung den beabsichtigten rechtlichen Sinn nicht verdeckt – so, wenn von „Kündigung" statt von „Entlassung" eines Widerrufsbeamten die Rede ist oder der Begriff „Genehmigung" statt „Zustimmung" oder „Einwilligung" verwendet bzw. die „Bedingung" als „Auflage" bezeichnet wird. Abgesehen davon fällt die unrichtige Benennung von Personen oder Gegenständen unter § 42 VwVfG, falls über das bzw. den Gemeinte(n) nach dem Gesamtinhalt des Verwaltungsakts kein Zweifel besteht (sog. **falsa demonstratio**). Denn auch Verwaltungsakte sind nicht nach ihrem buchstäblichen, sondern nach ihrem verständlichen Sinn sowie nach Treu und Glauben auszulegen (vgl. § 133 BGB).[151]

2. Rechtsfolgen

Liegen die Voraussetzungen des § 42 VwVfG vor, kann der Verwaltungsakt im Ver- 95
waltungswege berichtigt werden. Gleichwohl lässt die offenbare Unrichtigkeit dessen **Rechtmäßigkeit und Wirksamkeit unberührt.** Der Gesetzgeber geht vielmehr davon aus, dass die Berichtigung jedem zugemutet werden kann, da es lediglich um die Klarstellung dessen geht, was behördlich wirklich gewollt war.[152] Aufgrund dieser Funktion ist die Berichtigung nicht als Verwaltungsakt einzustufen,[153] weil die Rechtsstellung des Betroffenen nicht geändert wird, so dass es am Regelungscharakter fehlt (→ § 45 Rn. 59 ff.); aus diesem Grunde ist sie auch rückwirkend zulässig.[154]

[146] BVerwGE 40, 212 (216).
[147] Bull, Verwaltung durch Maschinen, 1964, 143; BVerwGE 40, 216.
[148] S. auch Knack/Henneke/Ruffert VwVfG § 42 Rn. 10.
[149] S. BVerwGE 48, 336 (338); 40, 212 (216); BVerwG NVwZ 1986, 198.
[150] BFH NJW 1998, 1224.
[151] BVerwG DVBl 2000, 916.
[152] BVerwG DVBl 2000, 916.
[153] BVerwGE 21, 316; Musil DÖV 2001, 947.
[154] BVerwG DÖV 1970, 747 mwN.

96 Der Betroffene kann die Berichtigung offenbarer Unrichtigkeiten formlos beantragen. Er ist sogar – entsprechend dem Rechtsgedanken des § 254 BGB – gehalten, die Behörde auf die Notwendigkeit einer Berichtigung hinzuweisen, wenn das mit geringer Mühe geschehen kann. Bei berechtigtem Interesse ist der Verwaltungsakt nach § 42 S. 2 VwVfG zu berichtigen **(Berichtigungsanspruch).** Wird einem entsprechenden Antrag nicht entsprochen, so bedeutet das, dass die Behörde den Verwaltungsakt für richtig hält. Der abgelehnte Berichtigungsantrag soll daher in diesem Falle als Verwaltungsakt einzuordnen sein, die Berichtigung selbst hingegen als Realakt.[155]

V. Unzweckmäßige Verwaltungsakte

97 Schließlich kann ein Verwaltungsakt unzweckmäßig sein, wenn er zwar nicht rechtswidrig ist, aber dem avisierten Ziel entgegen § 10 S. 2 VwVfG entweder nicht voll oder sogar übervoll entspricht. Hierher gehören die Auswahl des unzweckmäßigeren Mittels unter gleich milden und geeigneten, das Außerachtlassen innerdienstlicher Anordnungen sowie alle Möglichkeiten der Abweichung von einem tatsächlich besseren Ermessensgebrauch. Etwa vorzuziehende Varianten lassen sich anhand einer Wirtschaftlichkeits- (→ § 18 Rn. 37) oder Rationalitätsprüfung ermitteln.[156] Ein Verwaltungsakt muss damit das Ergebnis **effizienten Verwaltungshandelns** sein (→ § 2 Rn. 9), indem er situationsbedingt angemessen sowie sachgerecht ist und möglichst alle bestehenden Handlungsziele realisiert.[157]

98 Die Unzweckmäßigkeit kann vom Betroffenen im Wege formloser Rechtsbehelfe, aber auch förmlich durch fristgebundenen **Widerspruch** geltend gemacht werden. Denn ausweislich des § 68 I 1 VwGO ist der Verwaltungsakt innerhalb des Vorverfahrens nicht nur auf seine Rechtmäßigkeit, sondern auch auf seine Zweckmäßigkeit zu überprüfen und ggf. wegen Unzweckmäßigkeit abzuändern. Auf dem Klageweg kann die Unzweckmäßigkeit demgegenüber nicht geltend gemacht werden, da die Gerichte auf die Prüfung der Tatsachen und der Rechtsfragen beschränkt sind, zu denen die Vorgaben des § 10 S. 2 VwVfG aber nicht zählen.[158] Der Erlass eines unzweckmäßigen Verwaltungsakts kann aber ggf. mittelbare Folgen in Form von Schadensersatz- bzw. Entschädigungspflichten oder Kostenfreistellung nach sich ziehen.[159]

VI. Fehlerhafte Rechtsbehelfsbelehrung

99 Die Verletzung des in § 37 VI VwVfG für anfechtbare Verwaltungsakte und in den §§ 79 VwVfG, 73 III 1 VwGO für Widerspruchsbescheide geltenden Erfordernisses einer Rechtsbehelfsbelehrung führt ebenfalls zur Unzulänglichkeit des Verwaltungsaktes. § 37 VI VwVfG wurde erst im Jahre 2013 eingefügt[160] und will seiner **Zielsetzung** nach wie die §§ 79 VwVfG, 73 III 1 VwGO einen effektiven Individualrechtsschutz gewährleisten. Diese Normen konkretisieren damit die Art. 19 IV, 20 III GG.

155 Musil DÖV 2001, 947 (951) mwN zu den zugehörigen Streitständen.
156 Becker, Öffentliche Verwaltung, 1989, § 26.
157 Pietzcker VVDStRL 41 (1983), 194 (209).
158 Stelkens/Bonk/Sachs/Schmitz VwVfG § 10 Rn. 22; vgl. dazu auch Sodan/Ziekow/Geis VwGO § 68 Rn. 201, 204 ff.
159 Näher dazu Kopp/Ramsauer/Schlatmann VwVfG § 10 Rn. 22.
160 Ziekow VwVfG § 37 Rn. 1.

In § 37 VI VwVfG findet sich nunmehr eine Legaldefinition der korrekten Rechtsbehelfsbelehrung. Sie lässt sich verallgemeinernd dahin umkehren, dass eine Belehrung dann **unrichtig** ist, wenn sie geeignet ist, beim Betroffenen – das sind ggf. auch Drittbelastete[161] wie der Nachbar im Falle einer dem Bauherrn erteilten Baugenehmigung[162] – einen Irrtum über die formellen oder materiellen Voraussetzungen des in Betracht kommenden Rechtsbehelfs hervorzurufen und ihn dadurch abzuhalten, den Rechtsbehelf überhaupt, rechtzeitig oder in der richtigen Form einzulegen.[163] 100

Beispiele: Eine Rechtsbehelfsbelehrung ist unrichtig, wenn der Betroffene auf einen falschen gerichtlichen Weg verwiesen wird.[164] Eine Rechtsbehelfsbelehrung, die lediglich ein Postschließfach angibt, ist geeignet, beim Adressaten einen Irrtum über eine formelle Voraussetzung der Widerspruchseinlegung hervorzurufen.[165] Nicht zu beanstanden ist es, wenn in der Rechtsbehelfsbelehrung der konkret zuständige Fachbereich genannt wird.[166] Zulässig ist zudem der Hinweis, dass eine etwaige Klage in deutscher Sprache abzufassen ist. Eine Rechtsbehelfsbelehrung muss zudem nicht in einer Sprache abgefasst sein, die der Adressat vermutlich versteht.[167] Auf die Möglichkeit der elektronischen Klageeinreichung muss ebenfalls nicht hingewiesen werden;[168] sie tritt an die Stelle der Schriftform, schafft aber keinen eigenen Weg der Übermittlung.[169]

Fehlt die Belehrung oder ist sie unzutreffend, unrichtig oder irreführend, dann wirkt sich dieser Mangel, anders als die meisten der obigen formellen und materiellen Anforderungen, nicht auf die Rechtmäßigkeit des Verwaltungsakts aus. Denn obgleich § 37 VI VwVfG die Behörde zur Belehrung verpflichtet, ist sie kein Bestanteil des Verwaltungsakts.[170] Stattdessen führt diese Unzulänglichkeit der **Rechtsfolge** nach ausweislich der §§ 58, 70 II, 73 I 1 VwGO[171] dazu, dass die Widerspruchs- bzw. Klagefrist so lange nicht zu laufen beginnt, wie die Belehrung nicht nachgeholt wird,[172] weil der Betroffene im Falle eines Fehlers in der Belehrung daran gehindert wird, den statthaften Rechtsbehelf einzulegen.[173] Daraus folgt zugleich, dass die Rechtsbehelfsfristen für jeden Betroffenen zu einem anderen Zeitpunkt beginnen können – je nachdem, wann ihm gegenüber die Belehrung korrekt erfolgt ist. 101

§ 50. Bindungswirkung und Rechtskraft von Verwaltungsakten

Schrifttum: Becker, Die Bindungswirkung von Verwaltungsakten im Schnittpunkt von Handlungsformenlehre und materiellem öffentlichen Recht, 1997; Detterbeck, Streitgegenstand und Entscheidungswirkungen im Öffentlichen Recht, 1995; Felix, Einheit der Rechtsordnung, 1998, 29 ff.; Haack JURA 2008, 739 ff.: Die Bestandskraft gemeinschaftsrechtswidriger Verwaltungsakte; Hatje, Die gemeinschaftsrechtliche Steuerung der Wirtschaftsverwaltung, 1998, 246 ff.; Klappstein, Rechtseinheit und Vielfalt im Verwaltungsrecht, 1994, 65 ff.; Lenze VerwArch 97 (2006), 49 ff.: Die Bestandskraft von Verwaltungs-

161 Vgl. zu den damit verbundenen Besonderheiten in Bezug auf die Formulierung der Rechtsbehelfsbelehrung Pleiner NVwZ 2014, 776.
162 OVG Münster NVwZ-RR 2000, 556.
163 BVerwG DVBl 2002, 1553.
164 BGH DVBl 1999, 777.
165 OVG Bautzen. LKV 1997, 228.
166 VGH Mannheim VBlBW 2016, 206 (206).
167 BVerwGE 163, 26 Rn. 14, 20.
168 In diese Richtung aber Siegel JURA 2020, 920 (929) mwN.
169 BVerwGE 171, 194 Rn. 27 ff.; ausf. zu dieser Frage Lenk NVwZ 2021, 108 (109 ff.).
170 Stelkens/Bonk/Sachs/Stelkens VwVfG § 37 Rn. 163.
171 S. dazu Stollmann BayVBl. 1993, 200.
172 BVerwG BayVBl. 1999, 58.
173 BVerwGE 57, 188.

akten nach der Rechtsprechung des EuGH; Merten NJW 1983, 1993 ff.: Bestandskraft von Verwaltungsakten; Randak JuS 1992, 33 ff.: Bindungswirkungen von Verwaltungsakten; Schmahl EuZW 2010, 927 ff.: Durchbrechung der Rechtskraft nationaler Gerichtsentscheidungen zu Gunsten der Effektivität des Unionsrechts?; Seibert, Die Bindungswirkung von Verwaltungsakten, 1989; Stepanek JuS 2023, 1016 ff.: Rechtswirkungen verwaltungsgerichtlicher Entscheidungen.

1 Als verbindliche rechtsanwendende Regelung eines Einzelfalls weist der Verwaltungsakt zwar einerseits manche Gemeinsamkeit mit dem gerichtlichen Urteil auf. Er unterscheidet sich von ihm aber andererseits auch durch seine Funktion und sein Zustandekommen (→ § 45 Rn. 2 ff.). Das wirft die Frage auf, ob und inwieweit auch Verwaltungsakten die Urteilen eigentümliche Rechtswirkung zukommt. Deren Beantwortung verlangt nach einer Differenzierung zwischen der Bindungswirkung und der Rechtskraft von Urteilen bzw. Verwaltungsakten.

I. Bindungswirkung

2 Daran anknüpfend lässt sich zunächst deren Bindungswirkung vergleichen, wobei für gerichtliche Entscheidungen eine positive und eine negative Dimension zu differenzieren sind. Sie folgen gleichermaßen aus § 318 ZPO und gelten als allgemein anerkannte Verfahrensgrundsätze über § 173 VwGO auch in Verwaltungsprozessen.[1]

1. Positive Dimension

3 Die positive Bindungswirkung bzw. Selbstbindung führt dazu, dass ein Gericht an sein Urteil so lange gebunden ist, wie das zugehörige Verfahren noch nicht abgeschlossen ist. Solange die Entscheidung wirksam ist, ist sie infolgedessen allen weiteren Verfahrenshandlungen zugrunde zu legen, um die **Kohärenz der gerichtlichen Entscheidungen** zu gewährleisten.[2] Diese positive Dimension der Bindungswirkung kommt behördlichen Verwaltungsakten insoweit zu, als deren Verbindlichkeit dazu führt, dass die betroffenen Personen und die befasste Behörde die im Verwaltungsakt getroffenen Regelungen beachten müssen (→ § 48 Rn. 4).

4 Gleichwohl bestehen aber auch **Unterschiede:** So binden die Feststellungswirkung im Falle einer entsprechenden Norm und vor allem die Tatbestandswirkung auch andere nicht am Verfahren beteiligte Gerichte und Behörden (→ § 46 Rn. 6 ff.). Infolgedessen kann ein Verwaltungsakt zB legalisierende Wirkung in dem Sinne entfalten, dass ein an sich strafbares oder bußgeldbewehrtes Verhalten während seiner Wirksamkeit zumindest grundsätzlich nicht mehr sanktioniert werden darf (sog. Verwaltungsakzessorietät (→ § 48 Rn. 5, 6)).[3] Hinzu kommt, dass die gerichtliche Selbstbindung auf das konkrete Verfahren bezogen ist,[4] während sich die Tatbestands- und Feststellungswirkung wegen § 9 VwVfG auf anschließende Verfahren erstrecken (→ § 48 Rn. 41).

5 Je nach Typ des Verwaltungsakts und dessen Zweck kann die positive Bindungswirkung unterschiedlich weit reichen. Daran anknüpfend gilt für Vorbescheide und Teilgenehmigungen,[5] dass sie im Rahmen gestufter Verfahren ergehen und dem Adres-

[1] BVerwGE 9, 117.
[2] Musielak in Rauscher/Wax/Wenzel, MüKo-ZPO I, 2020, § 318 Rn. 1.
[3] S. näher Felix, Einheit der Rechtsordnung, 1998, 29 ff.
[4] Kopp/Schenke/W.-R. Schenke VwGO § 121 Rn. 2.
[5] Scheuing VVDStRL 40 (1982), 176; Stelkens/Bonk/Sachs/Sachs VwVfG § 43 Rn. 77 ff.; Eschenbach DVBl 2002, 1247.

saten Rechtssicherheit verschaffen wollen, weil über die Genehmigungsfähigkeit im Umfang der jeweiligen Genehmigung endgültig entschieden wird.[6] Daran muss sich auch die **Reichweite der Selbstbindung** orientieren, so dass deren Tatbestandswirkung zu bejahen und deren Feststellungswirkung wegen der noch offenen Gesamtentscheidung zu verneinen ist. Hingegen ergehen vorläufige Verwaltungsakte unter dem Vorbehalt späterer Nachprüfung und endgültiger Entscheidung, weshalb eine Bindung weitgehend entfällt.[7]

2. Negative Dimension

6 Die negative Bindungswirkung oder formelle Unabänderlichkeit von Urteilen besagt, dass das Gericht seine eigene Entscheidung nicht mehr ändern darf.[8] Dadurch soll dem Gedanken der Rechtssicherheit und Verlässlichkeit von Urteilen der dritten Gewalt entsprochen werden. **Verwaltungsakte** sind **hingegen in einem sehr viel geringeren Ausmaß** als Gerichtsentscheidungen formell **unabänderlich.** Das liegt zum einen daran, dass das Verwaltungsverfahren viel formloser als das Gerichtsverfahren (§ 10 VwVfG) ist und die Verwaltung grundsätzlich nicht unabhängig agiert, so dass Verwaltungsakte eine geringere Richtigkeitsgewähr als Urteile bieten und viel öfter einer Korrektur bedürfen. Zum anderen haben Verwaltungsakte in der Regel aber auch nicht streitentscheidend einen abgeschlossenen Sachverhalt endgültig zu beurteilen, sondern wechselnde soziale Beziehungen in die Zukunft wirkend zu gestalten (→ § 45 Rn. 2 ff.). Ferner sind vielfach Zweckmäßigkeitserwägungen zu beachten, und die Verwaltung muss Massenverfahren bewältigen. Verwaltungsakte müssen deshalb der Entwicklung angepasst werden können – eine Anforderung, mit der sich die formelle Unabänderlichkeit solcher Maßnahmen nur bedingt vertragen würde.[9]

7 Die Behörden dürfen Verwaltungsakte aber auch **nicht beliebig** zwecks Korrektur oder Anpassung **abändern,** weil deren Erlass Vertrauen auf den Bestand der einmal getroffenen Maßnahme entstehen lässt. Hinzu kommt, dass Verwaltungsakte nicht nur die Interessen der Verwaltung und des Adressaten, sondern auch die Belange Dritter und als Akte der Gemeinwohlverwirklichung auch der Allgemeinheit berühren. Daher dürfen Verwaltungsakte nicht beliebig, vor allem nicht willkürlich ohne sachlichen Grund abgeändert werden. Stattdessen ist der Gesetzgeber berufen, die verschiedenen Positionen miteinander auszugleichen, die im Rahmen des Spannungsfeldes zwischen Änderungsbedürftigkeit und Rechtssicherheit bzw. zwischen Rechtsstaatlichkeit und Vertrauensschutz angesprochen sind.[10] Diese Funktion übernehmen im geltenden Recht vor allem die §§ 48 ff. VwVfG. Oftmals ist in diesem Zusammenhang auch von der Bestandskraft von Verwaltungsakten die Rede,[11] obwohl damit nach der Logik des Verwaltungsverfahrensgesetzes sämtliche der in den §§ 43 –52 VwVfG getroffenen Regelungen angesprochen sind.

---

[6] S. auch BVerwG NVwZ 1993, 578 (580); näher zur eingeschränkten Bindungswirkung von Vorbescheiden BVerwG NVwZ 2003, 750.
[7] BVerwGE 67, 99 (103); OVG Münster NVwZ 1993, 76.
[8] Kopp/Schenke/W.-R. Schenke VwGO § 121 Rn. 1, 2.
[9] S. BVerfGE 2, 395; BVerwGE 48, 271 (276).
[10] BVerfGE 60, 253 (270).
[11] Vgl. Schmidt-De Caluwe VerwArch 90 (1999), 49 (68).

II. Formelle Rechtskraft, Unanfechtbarkeit

8 Neben ihrer positiven und negativen Bindungswirkung, dh also ihrer formellen Unabänderlichkeit und Selbstbindung, kommt Gerichtsurteilen formelle (äußere) Rechtskraft zu. Damit ist gemeint, dass eine Entscheidung mit einem Rechtsmittel oder einem sonstigen förmlichen Rechtsbehelf **nicht mehr angegriffen werden kann.**[12] Das ist der Fall mit Ablauf der Anfechtungsfristen. Der formellen Rechtskraft steht die Zulässigkeit formloser oder außerordentlicher Rechtsbehelfe (Gegenvorstellung, Aufsichtsbeschwerde, Wiedereinsetzung in den vorigen Stand, Nichtigkeitsklage, Restitutionsklage, Verfassungsbeschwerde) nicht entgegen. Der Begriff der formellen Rechtskraft stammt aus dem Prozessrecht und lässt sich auf Verwaltungsakte aus den verschiedensten Gründen nicht übertragen. Vor allem passt er aber nicht zur verwaltungsverfahrensrechtlichen Terminologie, weil in den §§ 48, 49, 51 VwVfG von Unanfechtbarkeit die Rede ist, wenn es um Verwaltungsakte geht, die aufgrund des Ablaufs der Rechtsbehelfsfristen nicht mehr angegriffen werden können.[13]

9 Unanfechtbarkeit kann einem Verwaltungsakt nur zukommen, wenn er nicht nichtig ist und damit Rechtswirkungen zumindest gegenüber einem Betroffenen zeitigt. Sie kennt dann die verschiedensten **Erscheinungsformen:** So ist es insbesondere möglich, dass auf die Einlegung von Rechtsbehelfen verzichtet worden ist, sie verwirkt worden sind[14] oder die zugehörigen Fristen verstrichen sind. Denkbar ist es zudem, dass ein Gesetz die Unanfechtbarkeit anordnet (Art. 19 EinigVtr zur prinzipiellen Fortgeltung von Verwaltungsakten der früheren DDR) oder eine gerichtliche Entscheidung, durch die eine Klage gegen den Verwaltungsakt abgewiesen worden ist, formell rechtskräftig geworden ist. Soweit ein Verwaltungsakt die Rechtsstellung mehrerer Personen betrifft, kann es sein, dass Unanfechtbarkeit nicht gegenüber jedem Betroffenen gleichzeitig eintritt, sondern zu unterschiedlichen Zeitpunkten. Das ist insbesondere bei drittbelastenden Verwaltungsakten der Fall, wenn es gegenüber dem Dritten an einer Rechtsbehelfsbelehrung fehlt oder der Verwaltungsakt ihm gegenüber später bekannt gegeben wurde (→ § 48 Rn. 17 ff.).

10 Die erlassende Behörde wird durch die Unanfechtbarkeit nicht gehindert, die Sach- und Rechtslage erneut zu überprüfen und ihren Verwaltungsakt ggf. zugunsten des Anfechtungsberechtigten durch einen neuen Verwaltungsakt zu ersetzen. Der neue Akt kann dann selbstständig angefochten werden. Das gilt auch, wenn die Behörde aufgrund der Überprüfung am Ergebnis des früheren Verwaltungsakts festhält und deshalb eine inhaltsgleiche Entscheidung erlässt.[15] Erforderlich ist aber, dass die Behörde tatsächlich eine neue Sachentscheidung trifft, indem sie zumindest bezogen auf Teile des Ausgangsverwaltungsakts[16] einen Zweitbescheid und nicht nur eine wiederholende Verfügung erlässt (→ § 45 Rn. 61).[17] Geht sie so vor, **verzichtet die Be-**

[12] Eyermann/Wöckel VwGO § 121 Rn. 1 f.
[13] Ausf. dazu Stepanek JuS 2023, 1016 (1017).
[14] VGH München NVwZ-RR 1994, 241; Postier NVwZ 1985, 95 f.; BVerwG BayVBl. 2001, 727.
[15] Knack/Henneke/Peuker VwVfG § 51 Rn. 14.
[16] Vgl. dazu BVerwGE 12, 257; OVGE 23, 391.
[17] S. BVerwGE 13, 99; 15, 196; BVerwG DVBl 1963, 186 und 482; BSG DÖV 1963, 183 sowie Bullinger JZ 1963, 466.

hörde auf die Unanfechtbarkeit des Erstbescheides. Dazu genügt es allerdings nicht, wenn sich die zuständige Behörde lediglich auf eine Klage einlässt.[18]

III. Materielle Rechtskraft, materielle Bindung, Feststellungswirkung

Gerichtsurteilen kommt schließlich die sog. materielle Rechtskraft (innere Rechtskraft, sachliche Rechtskraft) zu. Sie verhindert nach § 121 VwGO, dass in einem späteren Verfahren, das denselben Streitgegenstand hat oder für dessen Ausgang die rechtskräftige Entscheidung präjudiziell ist, eine inhaltlich abweichende Entscheidung ergehen kann (sog. Abweichungsverbot).[19] Die materielle Rechtskraft schreibt insoweit vorbehaltlich einschränkender Normen[20] die formelle Unabänderlichkeit von Gerichtsurteilen fort.[21] Sie wirkt aber nur zwischen den Beteiligten („inter-partes-Wirkung") und erstreckt sich nur auf die Rechts- und Sachlage zur Zeit der Entscheidung.[22] 11

Ob und wann **Verwaltungsakten** materielle Rechtskraft iSe inhaltlichen Verbindlichkeit der darin getroffenen Entscheidung zuzuerkennen ist, ist umstritten.[23] Dagegen spricht, dass ihnen normalerweise eine den Urteilen vergleichbare formelle Unabänderlichkeit und damit eine notwendige Voraussetzung der materiellen Rechtskraft fehlt. Auch deshalb wird materielle Rechtskraft – wenn überhaupt – nur denjenigen Verwaltungsakten zugesprochen, die in ihrer Funktion und (oder) ihrem Zustandekommen Ähnlichkeit mit gerichtlichen Urteilen aufweisen. Das ist vor allem bei feststellenden bzw. streitentscheidenden Verwaltungsakten (→ § 46 Rn. 6 ff.) der Fall. 12

Oftmals wird die materielle Rechtskraft eines gerichtlichen Urteils auch mit dem Begriff der **Feststellungswirkung** gleichgesetzt. In diesem Falle drohen Verwechslungsgefahren, weil (feststellenden) Verwaltungsakten im Falle einer entsprechenden Rechtsnorm ebenfalls Feststellungswirkung zukommen kann (→ § 46 Rn. 6). Diese Form der Feststellungswirkung ist jedoch deutlich weniger beständig als die gerichtlicher Urteile, weil es dem feststellenden Verwaltungsakt wie anderen auch an der formellen Unabänderlichkeit fehlt. Weitere Unterschiede ergeben sich daraus, dass sie ggf. auch andere Stellen als die Parteien und ihre Rechtsnachfolger binden. 13

Über die materielle Rechtskraft von gerichtlichen Urteilen gehen insbesondere Planfeststellungsbeschlüsse iSd § 74 I VwVfG hinaus. Verantwortlich dafür ist § 75 VwVfG, der bestimmt, dass durch die **Planfeststellung** alle öffentlich-rechtlichen Beziehungen zwischen den Trägern des Vorhabens und den durch den Plan Betroffenen rechtsgestaltend geregelt werden. Denn infolgedessen sind nach Eintritt der Unanfechtbarkeit Ansprüche auf Unterlassung des Vorhabens oder auf Beseitigung, Änderung und Nichtbenutzung ausgeschlossen. Folglich verleiht diese Vorschrift dem Planfeststellungsbeschluss eine gesteigerte Bestandsfestigkeit. Dieser erhöhte Bestandsschutz lässt sich damit rechtfertigen, dass die Entscheidung in einem qualifi- 14

[18] BVerwG ZBR 1968, 280.

[19] Eyermann/Wöckel VwGO § 121 Rn. 9; Detterbeck, Streitgegenstand und Entscheidungswirkungen im Öffentlichen Recht, 1995, S. 106 ff.

[20] S. Traulsen VerwArch 103 (2012), 337 (349).

[21] Vgl. Kopp/Schenke/W.-R. Schenke VwGO § 121 Rn. 2.

[22] Ausf. dazu Stepanek JuS 2023, 1016 (1017 ff.).

[23] S. dazu beispielsweise Siegel, Allg. Verwaltungsrecht, 14. Aufl. 2022, Rn. 907 ff.; Erichsen/Knoke NVwZ 1983, 185 (187 f.).

zierten, mit besonderen Beteiligungs- und Rechtsschutzgarantien ausgestatteten Verfahren getroffen wurde.

IV. Unionsrechtliche Überformungen

15 Da sich das Verwaltungsverfahren im Bereich des indirekten Vollzugs von Unionsrecht grundsätzlich nach nationalem Recht richtet (→ § 13 Rn. 1 ff.), gelten die Regeln über die Unanfechtbarkeit auch für Verwaltungsakte mit unionsrechtlichem Einschlag, so dass etwaige Ausschlussfristen, die dazu führen, dass solche Maßnahmen nicht mehr angegriffen werden können, aus Gründen der Rechtssicherheit prinzipiell mit dem Unionsrecht vereinbar sind.[24] Der in Art. 4 III EUV niedergelegte **Grundsatz der loyalen Zusammenarbeit** von Union und Mitgliedstaaten verpflichtet aber die nationalen Behörden dazu, die Vereinbarkeit von Verwaltungsakten mit dem Unionsrecht auch noch nach Fristablauf auf Antrag zu überprüfen und etwaige unionsrechtswidrigen Maßnahmen zu beseitigen – jedoch wegen des Gebots der Rechtssicherheit nicht generell, sondern nur unter bestimmten, vom EuGH entwickelten Voraussetzungen.[25]

16 **Im Einzelnen verlangt das Unionsrecht** für ein Abweichen von der Unanfechtbarkeit erstens, dass die Behörde nach nationalem Recht befugt ist, den Verwaltungsakt zu beseitigen. Zudem muss sich zweitens die Unanfechtbarkeit aus einem letztinstanzlichen Gerichtsverfahren ergeben,[26] in dessen Rahmen kein Vorabentscheidungsersuchen gestellt worden ist, obwohl an sich die Voraussetzungen des Art. 267 III AEUV vorlagen, dh also eine Vorlagepflicht bestand. Drittens muss sich die letztinstanzliche Gerichtsentscheidung aufgrund eines nach deren Erlass ergangenen Urteils des EuGH als rechtswidrig erweisen, weil das nationale Gericht das Unionsrecht fehlerhaft angewendet hat. Und schließlich muss sich der Betroffene viertens, unmittelbar nachdem er von der Entscheidung des EuGH Kenntnis erlangt hat, an die für ihn zuständige Verwaltungsbehörde wenden und sie darauf hinweisen.[27]

17 All diese Anforderungen sind Ausdruck eines angemessenen Ausgleichs zwischen dem Grundsatz der Rechtssicherheit und dem Erfordernis einer wirksamen Durchsetzung des Unionsrechts im Lichte des Äquivalenz- und Effektivitätsprinzips.[28] Sie führen dazu, dass die Unanfechtbarkeit eines Verwaltungsakts nur in engen Grenzen beseitigt werden darf, und erkennen damit dieses Rechtsinstitut im Grunde an.[29] Nicht erforderlich ist es, dass sich der Betroffene vor dem nationalen Gericht auf die Unionsrechtswidrigkeit des Verwaltungsakts berufen hat.[30] Zudem lässt ihm das Erfordernis einer unmittelbaren Reaktion eine gewisse Bedenkzeit, die nationale Fristenregeln konkretisieren dürfen. Die zugehörigen Vorschriften müssen dann aber (genauso wie

---

[24] EuGH EuZW 1997, 316; BVerwG DÖV 2005, 651.

[25] Knack/Henneke/Peuker VwVfG § 48 Rn. 42.

[26] Vgl. dazu Guckelberger, Allg. Verwaltungsrecht, 11. Aufl. 2023, § 16 Rn. 33 ff.; BFH NVwZ-RR 2012, 585.

[27] Grundlegend EuGH Slg. 2004, I-837 Rn. 28 – Kühne & Heitz; vgl. dazu zB Detterbeck, Allg. Verwaltungsrecht, 21. Aufl. 2023, § 10 Rn. 763 ff.

[28] S. dazu Hatje, Die gemeinschaftsrechtliche Steuerung der Wirtschaftsverwaltung, 1998, 246 ff.; Scheuing VERW34 (2001), 107.

[29] Knack/Henneke/Peuker VwVfG § 48 Rn. 43.

[30] EuGH Slg. 2008, I-411 Rn. 42 f. – Kempter; vgl. dazu Ludwigs JZ 2008, 466.

die (Anwendung der) übrigen Normen zur Rechtskraft[31]) mit dem Äquivalenz- und Effektivitätsgrundsatz vereinbar sein.[32]

§ 51. Widerruf und Rücknahme von Verwaltungsakten

Schrifttum: Arndt, Rücknahme und Widerruf von Verwaltungsakten, 1998; Berninghausen, Die Europäisierung des Vertrauensschutzes, 1998; Blanke, Vertrauensschutz im deutschen und europäischen Verwaltungsrecht, 2000; Brade JA 2022, 304 ff.: Das Wiederaufgreifen des Verwaltungsverfahrens im weiteren Sinne (§ 51 V iVm §§ 48, 49 VwVfG); Britz/Richter JuS 2005, 198 ff.: Die Aufhebung eines gemeinschaftsrechtswidrigen nicht begünstigenden Verwaltungsakts; Bronnenmeyer, Der Widerruf rechtmäßiger begünstigender Verwaltungsakte nach § 49 VwVfG, 1994; Gass NVwZ 2016, 748 ff.: Beginn der Jahresfrist nach § 48 IV VwVfG nach gerichtlicher Aufhebung eines Rückforderungsbescheids; Gröpl VerwArch 88 (1997), 23 ff.: Das Gesetz zur Änderung verwaltungsverfahrensrechtlicher Vorschriften vom 2.5.1996; Grosche NVwZ 2023, 628 ff.: Ermessensreduzierung auf Null bei der Rücknahme grundrechtswidriger Verwaltungsakte; Hatje, Die gemeinschaftsrechtliche Steuerung der Wirtschaftsverwaltung, 1998, 246 ff.; Heße NJW 1996, 2779 ff.: Die Rückforderung von Zuwendungen und vergleichbaren staatlichen Leistungen nach dem Gesetz zur Änderung verwaltungsverfahrensrechtlicher Vorschriften; Hufeld/Abeln JuS 1999, 684 ff.: Die Korrektur von Steuerbescheiden nach der Abgabenordnung; Ibler NVwZ 1993, 451 ff.: Kann der Widerruf eines Verwaltungsaktes widerrufen werden?; Kiefer NVwZ 2013, 1257 ff.: Können rechtswidrige Verwaltungsakte widerrufen werden?; Kisker/Püttner ua VVDStRL 32 (1974), 149 ff.: Vertrauensschutz im Verwaltungsrecht; Klostermann, Die Aufhebung des Verwaltungsaktes mit Doppelwirkung im Verwaltungsverfahren, 1992; Knoke, Rechtsfragen der Rücknahme von Verwaltungsakten, 1989; Lübbig EuZW 2003, 233 ff.: Die Aufhebung von Verwaltungsakten der Gemeinschaftsorgane; Müller, Die Aufhebung von Verwaltungsakten unter dem Einfluß des Europarechts, 2000; Oldiges NVwZ 2001, 280 ff. und 626 ff.: Die Entwicklung des Subventionsrechts seit 1996; Peuker DVBl. 2015, 1233 ff.: Folgen der Nichtigerklärung der gesetzlichen Grundlage von Verwaltungsakten und Verwaltungsverfahren; Rengeling VVDStRL 53 (1994), 213 ff.: Deutsches und europäisches Verwaltungsrecht; Sachs/Wermekes NVwZ 1996, 1185 ff.: Die Neuregelung verwaltungsverfahrensrechtlicher Vorschriften zur Rückabwicklung fehlgeschlagener Subventionsverhältnisse; Scheuing VERW 34 (2001), 107 ff.: Europäisierung des Verwaltungsrechts; Schwarz VERW 34 (2001), 397 ff.: Vertrauensschutz im Spannungsfeld von Europäischem Gerichtshof und Bundesverfassungsgericht; Stober DÖV 1984, 265 ff.: Zur Problematik des § 44a Abs. 1 BHO und des entsprechenden Länderrechts; Suerbaum VerwArch 90 (1999), 361 ff.: Widerruf und Erstattung bei Geld- und Sachleistungsverwaltungsakten; Suerbaum VerwArch 91 (2000), 169 ff.: Die Europäisierung des nationalen Verwaltungsverfahrensrechts am Beispiel der Rückabwicklung gemeinschaftsrechtswidriger staatlicher Beihilfen; Sydow JuS 2005, 97 ff.: Europäisierte Verwaltungsverfahren; Traulsen VerwArch 103 (2012), 337 ff.: Aktuelle Rechtsfragen des Wiederaufgreifens von Verwaltungsverfahren; Wasmuth VIZ 2002, 657 ff.: Wiederaufgreifen vermögensrechtlicher Verfahren wegen Änderung der Sach- oder Rechtslage.

Gewissermaßen das Gegenstück zum Erlass eines Verwaltungsakts bilden dessen Rücknahme oder Widerruf. Dadurch beseitigt die Behörde eine einmal getroffene Entscheidung auf Anregung bzw. Antrag des Bürgers oder von Amts wegen[1] ganz oder teilweise und trifft ggf. zugleich eine neue Regelung, indem sie die ursprüngliche Maßnahme vollständig ersetzt oder partiell ändert. Rücknahme und Widerruf zeigen somit, dass die negative Bindungswirkung eines Verwaltungsakts deutlich geringer ist als die eines gerichtlichen Urteils. Die behördliche Autonomie geht aber, solange kein willkürliches Verhalten vorliegt, nicht so weit, dass jeder Verwaltungsakt frei und da- 1

---

31 Vgl. EuGH ECLI:EU:C:2015:742 – Klausner Holz sowie Ruffert JuS 2016, 660 (662); krit. Weiß EuZW 2016, 60.

32 Knack/Henneke/Peuker VwVfG § 48 Rn. 43; vgl. auch Müller-Franken DVBl 1998, 758 und Götz DVBl 2002, 1 (5).

1 Guckelberger, Allg. Verwaltungsrecht, 11. Aufl. 2023, § 16 Rn. 1; Knack/Henneke/Peuker VwVfG § 48 Rn. 54.

mit ohne besonderen Grund widerruflich wäre. Denn diese früher so vertretene Regel verträgt sich aufgrund ihrer Pauschalität nicht mit der Vielfalt der von einem Verwaltungsakt betroffenen Interessensphären (→ § 50 Rn. 1 ff.) und stößt zudem an die Grenzen des Verfassungsrechts in Form des Rechtsstaatsprinzips (Grundsätze der Gesetzmäßigkeit, der Rechtssicherheit[2] und des Vertrauensschutzes) bzw. grundrechtlicher Vorgaben sowie ggf. des Unionsrechts (effet utile). Diese **Rahmenbedingungen des höheren Rechts** verlangen nach einer differenzierten Betrachtung.

I. Überblick über das geltende Recht

2 Entscheidet sich die Verwaltung für die Rücknahme oder den Widerruf, differenziert das geltende Recht in Fortschreibung insbesondere der verfassungsrechtlichen Vorgaben nach materiellen und sachgebietsbezogenen Aspekten. Daran anknüpfend zeigen sich je nach Bereich erhebliche Unterschiede in den Beseitigungstatbeständen. So besteht das **Abgabenrecht** aus zwei Gruppen von Korrekturnormen. Eine Gruppe lehnt sich stark an das Verwaltungsverfahrensrecht an, während eine zweite Gruppe der Korrektur von Steuerbescheiden im Anschluss an Steuerfestsetzungen gewidmet ist.[3]

3 Sehr ausführliche Regelung enthält auch das **Sozialgesetzbuch**, das sich in sechs Paragraphen mit Widerruf und Rücknahme befasst (§§ 44 ff. SGB X). Diese Vorschriften prägen aus Sicht des Bürgers ein Maximum an Bestandsschutz und ein Minimum an Belastung.[4] Sie bestehen aus einem geschlossenen System, mit dem der Gesetzgeber eine umfassende und abschließende Abwägung zwischen den rechtsstaatlichen Prinzipien der Gesetzmäßigkeit des Verwaltungshandelns und der Rechtssicherheit unter besonderer Berücksichtigung des Sozialleistungsbereichs vorgenommen hat.[5]

4 Der Widerruf von **Zuwendungen/Subventionen** war lange sachfremd im Haushaltsrecht normiert (§ 44a BHO aF und landesrechtliche Entsprechungen). Nach intensiver Kritik[6] an dieser Lösung entschloss sich der Gesetzgeber zur Integration dieser Vorschriften in das Verwaltungsverfahrensrecht.[7] Dadurch trug er zur Rechtsvereinheitlichung und zur Vereinfachung des Verfahrens bei,[8] ohne materiell-rechtliche Neuerungen zu schaffen. Denn die bisherigen Regeln wurden weitgehend übernommen,[9] so dass auf die bestehenden Erkenntnisse zurückgegriffen werden kann.[10]

5 Anlässlich des **Beitritts der DDR** zur Bundesrepublik Deutschland musste der Gesetzgeber auch zur Frage der Fortgeltung und Beseitigung von Verwaltungsakten Stellung nehmen, die von Organen und Gliedern der DDR erlassen wurden. Dies geschah durch Art. 19 EinigVtr (→ § 48 Rn. 86), der eine Aufhebung (nur) gestattet,

---

[2] Stelzer VERW30 (1997), 139; vgl. dazu auch Michael VVDStRL 75 (2016), 131 (137 f.) sowie Wollenschläger VVDStRL 75 (2016), 187 (200 f.).

[3] S. Arndt, Rücknahme und Widerruf von Verwaltungsakten, 1998, S. 49 ff.; Hufeld/Abeln JuS 1999, 684.

[4] S. zu diesen Normen Jung SGb 2002, 1; zur Rechtfertigung sozialrechtlicher Besonderheiten BT-Drs. 8/2054, 30.

[5] BVerwGE 99, 114 (119); 109, 347.

[6] S. auch Ule/Laubinger, Verwaltungsverfahrensgesetz, 4. Aufl. 1995, § 61 VII.

[7] S. Gesetz v. 2. 5. 1996, BGBl. I 656.

[8] S. auch BR-Drs. 401/88; BT-Drs. 13/1534, näher Stelkens/Bonk/Sachs/Sachs VwVfG § 49 Rn. 88 ff.

[9] S. näher Heße NJW 1996, 2779; Gröpl VerwArch 88 (1997), 23; Baumeister NVwZ 1997, 19.

[10] S. auch Suerbaum VerwArch 90 (1999), 361.

wenn die sog. DDR-Verwaltungsakte mit rechtsstaatlichen Grundsätzen oder mit den Regelungen des EinigVtr unvereinbar sind. Im Übrigen gelten sie insbesondere aus Gründen der Rechtssicherheit und des Vertrauensschutzes fort.

II. Die §§ 48 f. VwVfG als Grundnormen der Aufhebung von Verwaltungsakten

Für das Verwaltungsverfahrensrecht im Übrigen bilden die §§ 48 f. VwVfG die 6 Grundnormen der Aufhebung von Verwaltungsakten. Sie werden im Fachrecht – so zB in der Promotionsordnung eines universitären Fachbereichs[11] oder im Gewerberecht durch speziellere Bestimmungen wie zB § 33d IV, V GewO bzw. soweit noch anwendbar § 15 GastG – überlagert und im Falle einer abschließenden Regelung verdrängt. Welche dieser beiden Varianten vorliegt, ist anhand einer Auslegung der jeweiligen Norm zu ermitteln.

1. Grundlegende Weichenstellungen

Unabhängig davon, ob nun auf die §§ 48 f. VwVfG oder auf eine speziellere Vor- 7 schrift aus dem Fachrecht zurückzugreifen ist, sind verschiedene Maßnahmen und deren Rechtswirkungen zu differenzieren.

a) Relevante Maßnahmen

Die Basis der §§ 48 ff. VwVfG bildet der sog. **Ausgangsverwaltungsakt;** das ist die 8 Maßnahme, die zurückgenommen oder widerrufen werden soll. Sie muss wirksam sein, darf sich also nicht erledigt haben, zB weil eine Leistung nur für einen bestimmten Zeitraum bewilligt und verbraucht wurde.[12] Zudem greifen die §§ 48 f. VwVfG im Falle der Nichtigkeit des Ausgangsverwaltungsakts nicht.[13] Um einen Rechtsschein zu beseitigen, genügt stattdessen das in § 44 V VwVfG enthaltene Feststellungsverfahren (→ § 49 Rn. 34 ff.).[14] Es gilt für erledigte Verwaltungsakte entsprechend.[15]

Abgesehen davon gibt es den sog. **Widerrufs-** bzw. **Rücknahmeakt.** Er bildet die 9 Kehrseite des Ausgangsverwaltungsakts und erfüllt somit als actus contrarius ebenfalls die Vorgaben des § 35 VwVfG. Daher unterliegen insbesondere Berichtigungen iSd § 42 VwVfG (→ § 49 Rn. 91 ff.) nicht den §§ 48 f. VwVfG. Zudem gilt § 43 II VwVfG, so dass dann, wenn ein begünstigender Ausgangsverwaltungsakt widerrufen bzw. zurückgenommen wird, nicht etwa eine erneute Begünstigung beantragt, sondern der Widerrufs- bzw. Rücknahmeakt angefochten werden muss, um in den ursprünglichen Stand zu gelangen und die Begünstigung zu erhalten. Der Rücknahme- oder Widerrufsakt darf, weil er sonst keine rechtlichen Wirkungen entfaltet, selbst nicht nichtig sein, was zB der Fall ist, wenn er den Ausgangsverwaltungsakt derart beschneidet, dass nur noch ein nichtiger Rest bleibt.

Beispiel: Hebt die Behörde die Baugenehmigung für ein mehrgeschossiges Hotel aufgrund einer Verletzung des Brandschutzrechts insoweit auf, als es um die „Ausführung des Treppenraums“ geht und bleibt

---

[11] Vgl. zum Entzug eines Doktortitels aufgrund fehlender Kenntlichmachung übernommener wissenschaftlicher Erkenntnisse VG Köln NVwZ 2013, 154.
[12] S. BVerwGE 37, 47 mAnm Bull DVBl 1971, 583.
[13] OVG Münster NVwZ 1985, 286 (287); VGH München NVwZ 1992, 76; Kopp/Ramsauer/Ramsauer VwVfG § 48 Rn. 18; Ehlers/Kallerhoff JURA 2009, 823 (825).
[14] Schladebach VerwArch 104 (2013), 188 (203 f.); Erichsen/Brügge JURA 1999, 155 (156).
[15] Maurer/Waldhoff, Allg. Verwaltungsrecht, 21. Aufl. 2024, § 11 Rn. 7.

infolgedessen eine Baugenehmigung für ein Hotel ohne Treppenraum und mit unerreichbaren Zimmern übrig, liegt Nichtigkeit vor, so dass die §§ 48 f. VwVfG nicht greifen.[16]

b) Rechtmäßigkeit oder Rechtswidrigkeit des Verwaltungsakts

10 Ob der Ausgangsverwaltungsakt rechtmäßig oder rechtswidrig ist, wirkt auf die verwaltungsverfahrensrechtliche Terminologie zurück, weil man im erstgenannten Fall von Widerruf spricht, während im letztgenannten Fall eine Rücknahme gegeben ist. Beide Varianten werden anknüpfend an § 43 II VwVfG unter dem Oberbegriff der Aufhebung zusammengefasst,[17] obwohl diese Norm darunter auch die Kassation von Verwaltungsakten per Rechtsbehelf versteht.[18] Daher sollte man insoweit genauer von **Beseitigung**[19] sprechen, wenn man sich ausschließlich auf die Rücknahme und den Widerruf von Verwaltungsakten beziehen will. Die Unterscheidung dieser beiden Kategorien ist nicht nur von terminologischem Interesse, sondern reagiert auch auf die zumindest im Grunde unterschiedlichen Zwecke und Inhalte dieser beiden Formen der Beseitigung von Verwaltungsakten. Während nämlich die Rücknahme auf eine Korrektur von Fehlern und damit auf die Vernichtung eines fehlerhaften Aktes ggf. verbunden mit dem Erlass einer neuen Maßnahme zielt, geht es dem Widerruf um eine Anpassung des Akts an eine veränderte Sach- oder Rechtslage. Der frühere Verwaltungsakt bleibt also als solcher unangetastet; es werden nur seine noch andauernden Wirkungen in einem neuen Verfahren durch einen neuen Verwaltungsakt beendet. „Beseitigt" wird also nicht der Akt selbst, sondern nur seine künftige Geltung. Rücknahme ist danach Geltungsvernichtung, Widerruf hingegen Geltungsbeendigung.

Beispiele: Wird die Ernennung eines Beamten wegen eines Ernennungsfehlers gem. § 12 BBG zurückgenommen, so wird der Verwaltungsakt der Ernennung rückwirkend beseitigt. Deshalb bedarf es der ausdrücklichen Vorschrift in § 14 BBG, wonach die Amtshandlungen des seinerzeit Ernannten, der nunmehr ex tunc als Nichtbeamter anzusehen ist, trotz der Rücknahme gültig bleiben. Wird dagegen ein Widerrufsbeamter gem. § 32 BBG durch Widerruf entlassen, so wird das Beamtenverhältnis von nun an beendet, der Ernennungsakt (und damit auch das Beamtenverhältnis in der Vergangenheit) bleiben aber unangetastet.

11 Aus der Beschreibung der Beseitigungszwecke und -wirkungen ergibt sich noch nicht präzise, wann Rechtmäßigkeit im gesetzlichen Sinne anzunehmen ist (→ § 48 Rn. 46). Eine begriffliche Erklärung enthält § 44 I 1 SGB X (→ § 49 Rn. 41). Sie kann verallgemeinert werden, weil sie sich nicht speziell auf sozialrechtliche Sachverhalte bezieht, sondern auch der amtlichen Begründung zum VwVfG zugrunde lag[20] und der verwaltungsgerichtlichen Rechtsprechung entspricht.[21] Danach liegt **Rechtmäßigkeit** vor, wenn bei Erlass eines Verwaltungsakts das Recht richtig angewandt und von einem Sachverhalt ausgegangen wurde, der sich als richtig erweist.[22] Diese Definition bezieht sich auf die sog. Außenrechtswidrigkeit.[23] Sie gibt Auskunft über die zeitliche Grenze für die Beurteilung der Rechtmäßigkeit, da sie zeigt, dass auf den

[16] Korte/Seiffge VR 2013, 65; OVG Münster NVwZ-RR 2012, 953.
[17] BT-Drs. 7/910, 67.
[18] S. auch Ule/Laubinger, Verwaltungsverfahrensgesetz, 4. Aufl. 1995, § 61 I.
[19] Vgl. dazu Maurer/Waldhoff, Allg. Verwaltungsrecht, 21. Aufl. 2024, § 11 Rn. 6.
[20] BT-Drs. 7/910, 68.
[21] BVerwGE 31, 222.
[22] Ebenso Schnapp SGb 1993, 1 (3).
[23] Knoke, Rechtsfragen der Rücknahme von Verwaltungsakten, S. 44 ff.; kritisch zu diesem Begriff Schnapp SGb 1993, 1 (4).

Zeitpunkt der letzten Verwaltungsentscheidung (Erlass des Verwaltungsaktes bzw. des Widerspruchsbescheids, soweit das Vorverfahren (noch) nicht abgeschafft ist[24]) abzustellen ist. Deshalb ist der Verwaltungsakt rechtswidrig, wenn die ihn rechtfertigenden Tatsachen damals nicht vorgelegen haben[25] oder im Erlasszeitpunkt falsche rechtliche Schlüsse gezogen wurden. Rechtswidrigkeit kann sich ferner aus rückwirkend in Kraft tretenden Rechtsänderungen ergeben, die dem ursprünglichen Verwaltungsakt den Boden entziehen.[26] Sie ist außerdem im Falle eines auf laufende Geldleistungen gerichteten Verwaltungsakts ab dem Zeitpunkt gegeben, ab dem die Voraussetzungen für die Gewährung entfallen.[27]

Maßgeblicher Bezugspunkt der Rechtmäßigkeit ist die objektive Rechtsordnung, 12
insbesondere über den allgemeinen Gleichheitssatz ggf. auch in Form von außenwirksamen Verwaltungsvorschriften.[28] Daran anknüpfend führt sowohl der Verstoß gegen formelle als auch gegen materielle Normen des einfachen Rechts zur Rechtswidrigkeit,[29] solange der Fehler die Rechtmäßigkeit nicht unberührt lässt oder geheilt wurde.[30] Im Anwendungsbereich des § 46 VwVfG bleibt der Verwaltungsakt zwar rechtswidrig weil in dieser Norm ein Vorrang des materiellen Rechts angelegt ist, soll dessen Beseitigung aber gleichwohl (in der Regel[31]) nicht möglich sein,[32] während teilweise eine behördliche Rücknahmebefugnis, nicht aber -pflicht bejaht wird.[33] Das Verfassungsrecht bildet genauso wie das unmittelbar anwendbare Unionsrecht ebenfalls einen Maßstab für die Rechtmäßigkeit von Verwaltungsakten.[34] Ob die verletzte Norm dann formeller oder materieller Natur ist, macht dabei genauso wenig einen Unterschied wie der Umstand, dass die Rechtswidrigkeit der Maßnahme im Rahmen eines (hoheitlichen) Kontrollverfahrens beispielsweise auf Unionsebene unanfechtbar festgestellt ist. Für den Fall einer unionsrechtswidrigen Beihilfe folgt daraus, dass nicht nur ein unanfechtbarer Aufhebungs- oder Umgestaltungsbescheid der Kommission iSd Art. 108 II AEUV, sondern auch schon die bloße Verletzung des Art. 107 AEUV oder des Notifizierungsgebots bzw. des Durchführungsverbots aus Art. 108 III AEUV zur Rechtswidrigkeit des Verwaltungsakts führen.[35]

Nach § 48 II SGB X liegt Rechtswidrigkeit auch dann vor, wenn sich auf Grund einer 13
Änderung der höchstrichterlichen Rechtsprechung die seinerzeit zugrunde gelegte Rechtsauffassung nachträglich als unzutreffend erweist. Eine derartige Präzisierung

[24] Näher Schenke DVBl 1989, 433; Kleinlein VerwArch 81 (1990), 149; kritisch Mager, Der maßgebliche Zeitpunkt für die Beurteilung der Rechtswidrigkeit von Verwaltungsakten, 1994.

[25] BVerwGE 18, 168.

[26] BT-Drs. 7/910, 68; vgl. BVerwG NVwZ-RR 2005, 341 (342); Ehlers/Kallerhoff JURA 2009, 823 (825); vgl. auch BVerwGE 40, 336.

[27] Vgl. zu beiden Fällen Guckelberger, Allg. Verwaltungsrecht, 11. Aufl. 2023, § 16 Rn. 4; BVerwGE 84, 111 (113 f.).

[28] Vgl. Stelkens/Bonk/Sachs/Sachs VwVfG § 48 Rn. 52.

[29] S. näher Knoke, Rechtsfragen der Rücknahme von Verwaltungsakten, S. 35 ff.

[30] Maurer/Waldhoff, Allg. Verwaltungsrecht, 21. Aufl. 2024, § 11 Rn. 16.

[31] Zu dieser Einschränkung und den zugehörigen Fallgruppen vgl. Fehling/Kastner/Störmer/Schwarz VwVfG § 46 Rn. 35.

[32] So aber Kopp/Ramsauer/Ramsauer VwVfG § 46 Rn. 42f.

[33] Maurer/Waldhoff, Allg. Verwaltungsrecht, 21. Aufl. 2024, § 11 Rn. 16.

[34] Vgl. Stelkens/Bonk/Sachs/Sachs VwVfG § 48 Rn. 52 iVm § 44 Rn. 44.

[35] S. dazu EuGH JZ 1992, 41; EuZW 1993, 62; vgl. zur früheren Rechtslage Stober JZ 1992, 1084; Kokott DVBl 1993, 1235; Jestaedt EuZW 1993, 49; Pache NVwZ 1994, 318; Dickersbach GewArch 1993, 177.

enthält das Verwaltungsverfahrensrecht nicht. Stattdessen ist vielmehr davon auszugehen, dass es einen in diesem Sinne **rechtswidrig gewordenen Verwaltungsakt** in der Logik der §§ 48 f. VwVfG nicht gibt. Die Richtigkeit dieser Einschätzung zeigen insbesondere § 49 II 1 Nr. 3 und 4 VwVfG. Denn sie geben zu erkennen, dass nachträgliche Änderungen der Umstände für die Beurteilung der Rechtmäßigkeit unerheblich sind,[36] weil es dann nicht um die Korrektur einer getroffenen Maßnahme geht. Hinzu kommt, dass nach diesen Bestimmungen ein Verwaltungsakt ohnehin nur im Falle einer zwischenzeitlichen Modifikation der Tatsachen- bzw. Rechtslage, nicht aber allein[37] der verwaltungsgerichtlichen Spruchpraxis beseitigt werden darf.[38] Stellt man auf das Bestehen eines Korrekturbedürfnisses als nach der Logik der §§ 48 f. VwVfG maßgeblichen Faktor ab, gilt für Dauerverwaltungsakte,[39] dass ebenfalls einzig und allein der Zeitpunkt des Abschlusses des Verwaltungsverfahrens darüber entscheidet, ob sie rechtmäßig oder rechtswidrig sind.

c) Begünstigung und Belastung als Unterscheidungsmerkmal

14 Die Voraussetzungen von Widerruf und Rücknahme sind jeweils für begünstigende und für belastende Verwaltungsakte verschieden. Da dem die Erwägung zugrunde liegt, dass begünstigende Akte wegen des in sie gesetzten Vertrauens einen stärkeren Bestandsschutz verdienen als belastende Akte, wird man dem Zweck der Unterscheidung nur gerecht, wenn man als „Begünstigung" jede Rechtswirkung versteht, an deren Aufrechterhaltung ein **schutzwürdiges Interesse** besteht.[40] Daran anknüpfend liegt nach den Legaldefinitionen der einzelnen Verfahrensgesetze ein begünstigender Verwaltungsakt vor, wenn er ein Recht oder einen rechtlich erheblichen Vorteil begründet oder bestätigt (§ 48 I 2 VwVfG, § 130 II AO, § 45 I SGB X; → § 43 Rn. 1 ff.).

15 Maßgeblich für die Beurteilung der begünstigenden, belastenden oder gemischten (→ § 46 Rn. 11 ff.) Wirkung eines Verwaltungsakts ist allein die **Perspektive des Adressaten.** Dieser Blickwinkel lässt sich ebenfalls aus dem Wortlaut des § 48 I 2 VwVfG ableiten, weil danach entscheidend ist, ob der Verwaltungsakt einen Vorteil „begründet" oder „bestätigt". Daher kommt es auch im Falle sog. Verwaltungsakte mit Drittwirkung (→ § 46 Rn. 18) nicht darauf an, ob sie (zugleich) eine andere Person begünstigen bzw. belasten.[41] Denn diese Konsequenzen sind nur eine (wenn auch zwangsläufige) Folge der eigentlichen Regelungswirkung des Verwaltungsakts in Richtung des Adressaten (→ § 46 Rn. 18); dessen Perspektive ist daher maßgeblich.

2. Die Rücknahmeanforderungen des § 48 VwVfG

16 Mit der Rücknahme vernichtet eine Behörde die Wirkungen eines **rechtswidrigen Verwaltungsakts** außerhalb eines Rechtsbehelfs- oder Aufsichtsverfahrens. Für die **Zulässigkeit der Rücknahme** sind belastende und begünstigende Verwaltungsakte zu unterscheiden. Die relevante Rechtsgrundlage bildet in beiden Fällen grundsätz-

[36] Fehling/Kastner/Störmer/Kastner VwVfG § 48 Rn. 28 f.
[37] Kopp/Ramsauer/Ramsauer VwVfG § 48 Rn. 60, § 49 Rn. 49.
[38] Fehling/Kastner/Störmer/Kastner VwVfG § 49 Rn. 41.
[39] S. näher zum Streitstand Schnapp SGb 1993, 1 (4 ff.); Ehlers GewArch 1999, 305 (312); Erichsen/Brügge JURA 1999, 155; Felix NVwZ 2003, 385 (388) zum rechtswidrig gewordenen belastenden Verwaltungsakt; OVG Münster NVwZ-RR 1988, 1; VGH Mannheim VBlBW 2002, 208 (209).
[40] S. auch BT-Drs. 7/910, 6816.
[41] Stelkens/Bonk/Sachs/Sachs VwVfG § 48 Rn. 121 f.

lich § 48 I VwVfG,[42] der genauso wie die übrigen Absätze dieser Vorschrift auch für fingierte Verwaltungsakte iSd § 42a VwVfG gilt. Denn sie genießen im Falle ihrer Rechtswidrigkeit auch nach den Maßstäben des Unionsrechts, auf das diese Norm zurückzuführen ist,[43] grundsätzlich keinen umfassenderen Bestandsschutz als konventionelle Verwaltungsakte,[44] zumal sich etwaige Härten auf Rechtsfolgenebene im Rahmen der Ermessensausübung berücksichtigen lassen.

a) Rücknahme belastender Verwaltungsakte, § 48 I

Ein rechtswidriger belastender Verwaltungsakt kann nach § 48 I 1 VwVfG (§ 130 I AO; § 44 SGB X) **jederzeit zurückgenommen** werden. Denn zum einen hat der Betroffene kein Interesse an der Fortdauer einer Belastung. Zum anderen hat die Verwaltung dem Gesetzesvorrang zu entsprechen. Deshalb muss sie bestrebt sein, rechtmäßige Zustände herzustellen.[45] Die Rücknahme ist infolgedessen nur dann ausgeschlossen, wenn die Behörde an den durch den Verwaltungsakt eingetretenen Rechtswirkungen nichts mehr ändern kann. Das gilt ggf. für privatrechtsgestaltende Verwaltungsakte.[46] 17

Beispiel: Ist die Versagung der nötigen behördlichen Genehmigung eines privatrechtlichen Rechtsgeschäfts unanfechtbar geworden, so ist das bis dahin schwebend unwirksame Rechtsgeschäft endgültig nichtig, die Versagung kann deshalb nicht mehr zurückgenommen werden.

b) Rücknahme begünstigender Verwaltungsakte

Schwieriger ist die Rechtslage, wenn begünstigende Verwaltungsakte zurückgenommen werden sollen, weil sich beim Betroffenen berechtigtes Vertrauen in den Bestand der Maßnahme gebildet haben kann. 18

aa) Anwendbarkeit im Falle einschlägigen Fachrechts. Um diesem Vertrauen des Adressaten in den begünstigenden Verwaltungsakt gerecht zu werden, bedarf es spezifischer Rechtsvorschriften. Sie können im jeweils einschlägigen Fachrecht niedergelegt sein. Finden sich solche Regeln, ist durch deren **Auslegung** zu ermitteln, ob daneben noch allgemeines Verwaltungsverfahrensrecht anwendbar ist.[47] 19

Derartige fachrechtliche Regelungen sind beispielsweise in den §§ 20 III 3 LuftVG, 3 V 1 GüKG niedergelegt, wonach ein Verwaltungsakt dann zurückzunehmen ist, wenn bekannt wird, dass im Zeitpunkt des Erlasses die dazu nötigen Vorgaben nicht gewahrt waren oder Gründe vorlagen, die eine Genehmigungsversagung gerechtfertigt hätten. Der Abschlusscharakter dieser Normen hängt dann von einer Interpretation im Lichte des jeweiligen Gesetzeszwecks ab. 20

Einen speziellen Beseitigungstatbestand bildet auch Art. 19 EinigVtr.[48] Diese Vorschrift erlaubt die Aufhebung sog. **DDR-Verwaltungsakte,** wenn sie mit rechtsstaat- 21

[42] Vgl. dazu Fehling/Kastner/Störmer/Kastner VwVfG § 48 Rn. 20; kritisch dazu aber Michael VVDStRL 75 (2016), 131 (164 ff.).

[43] Darauf stellt Ziekow GewArch 2007, 217 (222) maßgeblich ab.

[44] Ausf. Uechtritz DVBl 2010, 684 (692 f.); vgl. auch Kluth JuS 2011, 1078 (1081); Guckelberger, Allg. Verwaltungsrecht, 11. Aufl. 2023, § 16 Rn. 1 (Fn. 11).

[45] Zur Rücknahme eines unionsrechtswidrigen belastenden Verwaltungsaktes EuGH DVBl 2004, 373 – Kühne & Heitz mAnm Frenz; Britz/Richter JuS 2005, 198.

[46] S. auch Stelkens/Bonk/Sachs/Sachs VwVfG § 48 Rn. 55.

[47] S. zB BVerwGE 6, 1; 31, 68; 38, 294; s. näher Stelkens/Bonk/Sachs/Sachs VwVfG § 48 Rn. 4 ff.

[48] OVG Thür. DÖV 1994, 964; OVG Berlin-Brandenburg LKV 1998, 272.

lichen Grundsätzen[49] – die Deutung dieses Begriffs ist zwar streitig,[50] vieles spricht aber für eine Übertragung der in § 1 VwRehaG enthaltenen Definition[51]– unvereinbar sind.

22 **bb) Rücknahme nach allgemeinem Verfahrensrecht.** Fehlt es an abschließenden Spezialvorschriften, sind rechtswidrige begünstigende Verwaltungsakte auf Basis des § 48 I 1 VwVfG zurückzunehmen. Da diese Bestimmung keine Aussage darüber trifft, wann das Vertrauen des Betroffenen in den Bestand dieser Maßnahme schutzwürdig ist, kommen über § 48 I 2 VwVfG (§ 130 AO; § 45 SGB X; § 3 V GüKG) die § 48 II, III VwVfG dieser Regelung hinzu. Wann diese Vorschriften greifen, hängt einerseits von der Rechtspersönlichkeit des Adressaten (1) und andererseits vom Inhalt des begünstigenden Verwaltungsakts ab, weil die dort niedergelegten Regeln danach differenzieren, ob eine teilbare Leistung gewährt wird (3) oder nicht (2).

23 **(1) An Hoheitsträger gerichtete Verwaltungsakte.** Daran anknüpfend sind nach der Rechtsprechung und Teilen der Literatur die § 48 II, III VwVfG schon dem Grunde nach nicht anwendbar, wenn ein rechtswidriger begünstigender Verwaltungsakt zugunsten eines Hoheitsträgers erlassen wird. Denn die Staatsverwaltung ist wegen Art. 20 III GG an das Prinzip der **Gesetzmäßigkeit der Verwaltung** gebunden und muss deshalb an der Beseitigung rechtswidriger Verwaltungsakte ein besonders starkes Interesse haben, mag sie im konkreten Einzelfall auch noch so sehr darauf vertrauen, eine ihr gewährte Vergünstigung behalten zu dürfen.[52]

24 Zu gewissen Härten führt diese Sichtweise allerdings dort, wo Selbstverwaltungsträger und insbesondere Kommunen eine finanzielle Förderung zu einem Vorhaben aufgrund eines rechtswidrigen begünstigenden Verwaltungsakts zugesprochen bekommen. Denn dann gefährdet dessen Beseitigung die Durchführbarkeit bzw. Finanzierbarkeit des Vorhabens und beschneidet in der Folge die der Kommune in **Art. 28 II GG gewährleistete Selbstverwaltungsgarantie.** Infolgedessen gibt es dann auch Stimmen in der Literatur, die § 48 II, III VwVfG auf an Hoheitsträger gerichtete Verwaltungsakte anwenden wollen.[53]

25 Das BVerwG geht nicht zuletzt deshalb mittlerweile davon aus, dass sich öffentlich-rechtliche Körperschaften zwar nicht auf Vertrauensschutz und damit auch nicht auf § 48 II, III VwVfG berufen, jedenfalls aber ein deutliches Interesse am **Bestand einer einmal erhaltenen Förderung** haben können. Infolgedessen muss die auf Basis des § 48 I VwVfG zu treffende Ermessensentscheidung über die Rücknahme des Verwaltungsakts nicht nur den Gedanken der Gesetzmäßigkeit der Verwaltung berücksichtigen, sondern auch Rechtssicherheit gewährleisten.[54]

[49] S. OVG Berlin-Brandenburg LKV 1992, 299; BezG Erfurt LKV 1993, 173.
[50] Vgl. dazu im Einzelnen Starck und Pieroth VVDStRL 51 (1992), 7 und 111.
[51] So auch OVG Berlin-Brandenburg LKV 1998, 272.
[52] S. dazu Obermayer/Funke-Kaiser/Baumeister VwVfG § 48 Rn. 85; BVerwGE 60, 208 (211); 126, 7 (12 f.); OVG Lüneburg NVwZ-RR 2013, 584.
[53] So beispielsweise Knack/Henneke/Peuker VwVfG § 48 Rn. 110; noch weitergehend Kopp/Ramsauer/Ramsauer VwVfG § 48 Rn. 101.
[54] BVerwG NVwZ 2015, 1764 (1767); vgl. dazu auch Müller-Grune ThürVBl. 2016, 157 (162).

(2) Sachbezogene Verwaltungsakte, § 48 I, III VwVfG. Ist ein rechtswidriger begünstigender Verwaltungsakt nicht an einen Hoheitsträger adressiert, richtet sich dessen Beseitigung nach § 48 I, III VwVfG, wenn er auf eine **unteilbare Sachleistung** bezogen ist. Diese Anforderung liegt vor, wenn die hoheitliche Maßnahme nicht finanzieller, sondern gegenständlicher Natur ist. Das ist der Fall, wenn das infolge der Beseitigung enttäuschte Vertrauen des Begünstigten nicht unmittelbar durch wertmäßigen Abzug vom Verwaltungsakt kompensiert werden kann – so wenn eine Baugenehmigung, eine gewerbliche Zulassung oder eine Befreiung vom kommunalen Anschluss- und Benutzungszwang erteilt wurde und nunmehr aufgehoben werden soll. Abgabeverschonungen sind hingegen auf Geld gerichtet, während Wohnraum- oder Heizmaterialüberlassungen teilbare Sachleistungen betreffen.[55] 26

Ist die Maßnahme auf eine unteilbare Sachleistung bezogen oder Voraussetzung dafür, bietet § 48 III VwVfG zunächst einmal keine Möglichkeit zum Erhalt des Verwaltungsakts, sondern nur einen **Anspruch auf Ausgleich des Vermögensnachteils,** den der Betroffene infolge enttäuschten Vertrauens in den Bestand des Verwaltungsakts erlitten hat. Folglich hat nach Auffassung des Gesetzgebers innerhalb des § 48 III VwVfG der Vermögensschutz grundsätzlich Vorrang vor dem Bestandsschutz. Damit reagiert diese Bestimmung darauf, dass rechtswidrige Verwaltungsakte, die auf unteilbare Sachleistungen gerichtet sind, oft Rechtspositionen gewähren. Denn ein ihnen immanenter Rechtsverstoß ist aus Sicht der Hoheitsgewalt folgenschwerer als im Falle von Maßnahmen, die „nur" den Staatshaushalt belasten, jedenfalls aber keine Berechtigungen zu einem bestimmten Tun mit sich bringen.[56] Rechtswidrige Verwaltungsakte, die auf unteilbare Sachleistung gerichtet sind, sind somit weniger erhaltungswürdig. 27

Falls das Interesse des Betroffenen am **Erhalt des Verwaltungsakts** aber **nicht quantifizierbar,** sondern anderer, insbesondere persönlicher Natur[57] ist,[58] darf der Verwaltungsakt nicht per se beseitigt werden;[59] stattdessen muss dessen Vertrauen das Rücknahmeermessen im Rahmen des § 48 I 1 VwVfG vielmehr in Richtung Verwaltungsakterhalt lenken.[60] Der Vorrang des Vermögens- vor dem Bestandsschutz ist innerhalb des § 48 I, III VwVfG damit zwar die Regel, die aber aus sachlichen Gründen durchbrochen werden kann. Eine andere Lesart dieser Bestimmung[61] würde die rechtsstaatliche Bedeutung des Vertrauensschutzes verkennen, weil er sich als Forderung des höherrangigen Rechts auch auf der Primärebene bei der Entscheidung über die Rücknahme selbst auswirken können muss.[62] 28

---

55 Ausf. Kopp/Ramsauer/Ramsauer VwVfG § 48 Rn. 88 f.; vgl. dazu auch BVerwGE 104, 289 (300).

56 Detterbeck AllgVerwR § 10 Rn. 696.

57 S. näher Brodale, Die Rücknahme von Verwaltungsakten, 1993, S. 179 ff. mwN.

58 Mit Recht krit. insoweit Witten NJW 1968, 18 (22); Frotscher DVBl 1976, 281; Erichsen/Knoke NVwZ 1983, 185 (189); aM Maurer in Isensee/Kirchhof Isensee/Kirchhof StaatsR-HdB III § 60 Rn. 75.

59 Ebenso Ule/Laubinger, Verwaltungsverfahrensgesetz, 4. Aufl. 1995, § 62 II 3b.

60 Vgl. dazu auch zur Rücknahme nicht leistungsgewährender Verwaltungsakte Obermayer/Funke-Kaiser/Baumeister VwVfG § 48 Rn. 106.

61 Vgl. zB Knoke, Rechtsfragen der Rücknahme von Verwaltungsakten, S. 171 ff., der aber eine Gesetzesänderung fordert.

62 So auch Detterbeck AllgVerwR § 102 Rn. 705; Ehlers/Kallerhoff JURA 2009, 823 (831).

29 **(3) Geldbezogene Verwaltungsakte, § 48 I, II VwVfG.** Für Verwaltungsakte, die auf **Geld- oder teilbare Sachleistungen gerichtet** oder hierfür Voraussetzung sind, gilt demgegenüber ausweislich des § 48 I, II VwVfG bereits auf Primärebene ein diffiziles Vertrauensschutzsystem. Dessen Notwendigkeit stützt der Gesetzgeber auf Treu und Glauben,[63] die Rechtsprechung zusätzlich auf den Grundsatz der Rechtssicherheit,[64] während in der Literatur oftmals auf das Sozialstaatsprinzip, die Grundrechte oder den Dispositionsschutz[65] rekurriert wird. Inhaltlich finden sich in § 48 II 3 VwVfG (§ 130 II AO; § 45 II 3 SGB X) typische Rücknahmegründe, die einen Vertrauensschutz des Betroffenen grundsätzlich ausschließen und die Beseitigung des rechtwidrigen Verwaltungsakts fordern. Im Einzelnen werden dort die Fälle aufgeführt, dass die Leistung durch unlautere Mittel wie arglistige, zumindest bedingt vorsätzliche[66] Täuschung, durch Drohung oder Bestechung erwirkt worden ist.[67] Hinzu kommt die Konstellation, dass unrichtige oder unvollständige Angaben gemacht worden sind.[68] Und schließlich besteht kein Vertrauensschutz mit der Folge eines Rücknahmegrundes, wenn die Rechtswidrigkeit bekannt oder infolge grober Fahrlässigkeit nicht bekannt war (§ 48 II 3 Nr. 3 VwVfG; § 130 II Nr. 4 AO; § 45 II 3 Nr. 3 SGB X). Grobe Fahrlässigkeit ist insoweit dann anzunehmen, wenn die im Verkehr erforderliche Sorgfalt in besonders schwerem Maße verletzt ist, insbesondere weil einfachste, ganz nahe liegende Überlegungen nicht angestellt worden sind.[69]

30 Die von § 48 II 3 VwVfG erfassten Fälle sind, soweit der Betroffene noch auf den Verwaltungsakt vertraut,[70] die erste Hürde, die er innerhalb des § 48 II VwVfG überspringen muss, damit der Verwaltungsakt fortbesteht. Greift diese Norm nicht, bedarf es nach § 48 II 1 VwVfG einer Abwägung zwischen dem privaten Bestands- und dem öffentlichen Rücknahmeinteresse.[71] Sie wird durch § 48 II 2 VwVfG in gewisser Weise gelenkt.[72] Danach ist das **Vertrauen in der Regel schutzwürdig,** wenn es sich manifestiert hat – so weil erbrachte Leistungen verbraucht wurden oder der Begünstigte – ggf. kommen auch Dritte in Betracht[73] – eine Vermögensdisposition getroffen hat, die er nicht oder nur unter unzumutbaren Nachteilen rückgängig machen kann.[74] Dazu darf die Leistung entweder wertmäßig nicht mehr im Vermögen des Betroffenen vorhanden sein – insoweit wird die aus dem Zivilrecht bekannte Saldotheorie herangezogen[75] – oder er muss im Vertrauen auf den Bestand

[63] S. auch BT-Drs. 7/910, 69.
[64] Vgl. dazu BVerfGE 59, 128 (164 f.); BVerwGE 74, 357 (362 f.).
[65] S. zB Grabitz DVBl 1973, 680; Kisker VVDStRL 32 (1974), 149 (166).
[66] Vgl. dazu VG Köln NWVBl. 2013, 154 f. für den Entzug eines Doktortitels.
[67] BVerwGE 8, 270; 31, 1; 119, 17; BSG NJW 1963, 2093; OVG Hamburg NVwZ 2002, 885 und zum Merkmal „erwirken" Erfmeyer DÖV 1997, 629.
[68] BVerwGE 6, 7; 29, 332; BSG DVBl 1963, 250; VGH München AgrarR 2000, 29 (30 ff.); OVG Lüneburg NVwZ-RR 2003, 125 (127).
[69] BVerwGE 92, 81 (84); OVG Münster NVwZ-RR 1997, 585 (587).
[70] Vgl. zu dieser letztlich basalen Voraussetzung Obermeyer/Funke-Kaiser/Baumeister VwVfG § 48 Rn. 70.
[71] In letzterem Sinne auch BVerwG DVBl 1999, 44 (46).
[72] in Wolff/Decker/Decker, 4. Aufl. 2021, VwVfG § 48 Rn. 25; BVerwG BayVBl. 1993, 632.
[73] S. BVerwGE 10, 67; 13, 253.
[74] BVerwGE 9, 254; 10, 64 und 309; BVerwG DVBl 1973, 696.
[75] Guckelberger, Allg. Verwaltungsrecht, 11. Aufl. 2023, § 16 Rn. 16; BVerwG DVBl 1993, 947 (948).

der Leistung Verpflichtungen eingegangen sein bzw. seine Lebensverhältnisse darauf eingestellt haben.[76]

Da es sich bei § 48 II 2 VwVfG um ein Regelbeispiel handelt, ist diese Vorschrift durchaus **Ausnahmen** zugänglich. Daher kann es einerseits sein, dass trotz Verbrauchs der Leistung oder unumkehrbarer Vermögensdisposition das öffentliche Rücknahmeinteresse vorgeht – so ggf., wenn zwar die Leistung verbraucht wurde, den Betroffenen aber ein Fahrlässigkeitsvorwurf trifft. Andererseits ist § 48 II 2 VwVfG aber auch nicht abschließend. Es kann also auch sein, dass in einem dort nicht genannten Fall das Vertrauen des Betroffenen überwiegt. Die in dieser Norm aufgeführten Konstellationen bilden somit also einen Maßstab. Wird er erreicht, gilt jedenfalls normalerweise, dass das private Bestandsinteresse dem öffentlichen Rücknahmeinteresse vorgeht – so wenn der Betroffene im Vertrauen auf den Verwaltungsakt Dispositionen getroffen hat, die seine Lebensführung ähnlich einschneidend berühren,[77] zB weil erhebliche Aufwendungen für einen Bauplan entstanden sind.[78] Entkräften ließe sich die dadurch begründete Vermutung eines vorrangigen Bestandsinteresses jedoch wiederum dann, wenn der Betroffene übereilt investiert hat, um Fakten zu schaffen. 31

Liegt keine § 48 II 2 VwVfG vergleichbare Situation vor, bedarf es der in § 48 II 1 VwVfG angelegten **Interessenabwägung.** Sie muss alle Umstände des Einzelfalles beachten, was einer typisierenden Betrachtung Grenzen setzt. Oftmals dürften folgende – sich teilweise überschneidende – Aspekte, denen auf den einzelnen Gebieten des Verwaltungsrechts unterschiedliches Gewicht zukommt, weil sich das öffentliche Rücknahmeinteresse maßgeblich an den Zielen des Fachrechts orientiert,[79] eine Rolle spielen: So sprechen Erfordernisse der Gefahrenabwehr und der Gefahrenvorsorge,[80] das Verstreichen eines langen Zeitraums[81] oder aber die Möglichkeit der Zurechnung der Rechtswidrigkeit des Verwaltungsakts zur Einflusssphäre des Betroffenen eher[82] für ein überwiegendes Rücknahmeinteresse.[83] Ein erhöhter Bestandsschutz lässt sich demgegenüber bei Verwaltungsakten bejahen, die in einem prozessähnlich ausgestalteten förmlichen Verfahren zustande gekommen bzw. von einem Kollegialorgan erlassen worden sind, weil dadurch die Rechtmäßigkeit und Beständigkeit des Verwaltungsakts in erhöhtem Maße gesichert wird.[84] Ähnliches gilt für Planfeststellungsbeschlüsse (§ 75 VwVfG).[85] Die wirtschaftlichen Auswirkungen der Beseitigung sind hingegen genauso ambivalent wie die zB rechtsgestaltende Art des Verwaltungsakts. 32

---

[76] Knack/Henneke/Peuker VwVfG § 48 Rn. 116.
[77] Stelkens/Bonk/Sachs/Sachs VwVfG § 48 Rn. 145 f.
[78] S. BVerwGE 10, 67; s. auch BVerwG BayVBl. 1989, 726 (728).
[79] VGH Kassel NJW 1987, 393; OVG Münster NVwZ-RR 1997, 585.
[80] BVerwG VerwRspr. 17 (1966), 241.
[81] BVerwG DVBl 1999, 44 (46).
[82] Vgl. aber BVerwG NVwZ-RR 2001, 198.
[83] S. OVG Lüneburg NVwZ-RR 2003, 125 (127) näher zum Verhalten des Vertreters des Begünstigten.
[84] S. zB BVerfGE 2, 393; BVerwGE 13, 32.
[85] Dazu hess. VGH DVBl 1992, 1446; einschränkend BVerwG NVwZ 1998, 281; Bell/Herrmann NVwZ 2004, 288 (294).

c) Rücknahmepflicht und -ermessen

33 Ob die Behörde einen rechtswidrigen Verwaltungsakt zurücknimmt, steht nach § 48 I VwVfG (§ 130 I AO) in ihrem Ermessen. Es ist im Hinblick auf das „Ob" und das „Inwieweit" („… ganz oder teilweise …") pflichtgemäß auszuüben (→ § 31 Rn. 48 ff.). Infolgedessen spielen auf Rechtsfolgenebene die Interessen aller Betroffenen, dh also ggf. auch Dritter, an der **Aufrechterhaltung bzw. Beseitigung des Verwaltungsakts insgesamt** eine Rolle, so dass die Rechtswidrigkeit der Maßnahme, zumal sie bereits die Tatbestandsseite des § 48 I VwVfG determiniert, nicht automatisch zur Beseitigung führt.[86] Gleichwohl dürfte wegen des die Verwaltung bindenden Gesetzesvorrangs innerhalb des Rücknahmeverfahrens häufiger als im auf rechtmäßige Verwaltungsakte bezogenen Widerrufsverfahren nach § 49 VwVfG eine Beseitigung möglich sein. Eine unbedingte Pflicht zur Rücknahme besteht aber nur, sofern sie durch ein Gesetz zwingend vorgeschrieben ist (§ 14 BBG; § 20 III 3 LuftVG) oder Ermessensreduzierung auf Null vorliegt.

34 Im Falle der Beseitigung eines rechtswidrigen **belastenden Verwaltungsakts** besteht daran anknüpfend dann, wenn er unanfechtbar geworden ist, aus Gründen der Rechtssicherheit und der Verfahrensökonomie nur ein Anspruch auf ermessensfehlerfreie Entscheidung und auch im Falle der Grundrechtswidrigkeit des Ausgangsverwaltungsrechtsakts[87] grundsätzlich keine Rücknahmepflicht – es sei denn, die Erhaltung des Verwaltungsakts ist zB wegen eines qualifizierten Rechtsverstoßes schlechthin unerträglich.[88] Ist die belastende Maßnahme hingegen noch anfechtbar,[89] ist sie in der Regel wegen Ermessensreduzierung zurückzunehmen, soweit nicht ausnahmsweise Aspekte der Rechtssicherheit durchschlagen,[90] da es normalerweise kein öffentliches Interesse am Fortbestand rechtswidriger Handlungen gibt.[91] Sollte der Verwaltungsakt auf Antrag gleichwohl nicht beseitigt werden, dürfte eine Auslegung dieser Erklärung der Betroffenen in der Regel ergeben, dass damit zugleich die Einleitung eines Widerspruchsverfahrens im Sinne der §§ 68 ff. VwGO verbunden ist, soweit vor Klageerhebung ein Vorverfahren nötig ist.[92]

35 Geht es um die Beseitigung eines rechtswidrigen **begünstigenden Verwaltungsakts,** wirken die Interessen des Adressaten anders als bei Belastungen in Richtung Erhalt des Verwaltungsakts. Hinzu können weitere ermessenslenkende Kriterien kommen, die ggf. in die behördliche Entscheidung über die Rücknahme einfließen müssen – so insbesondere Verhältnismäßigkeits- und Gleichheitsgesichtspunkte, aber ggf. auch etwaige in Verwaltungsvorschriften enthaltene Aussagen nach den Grundsätzen der Selbstbindung der Verwaltung. Überdies kommt ggf. dem Prinzip der Wirtschaftlichkeit und Sparsamkeit Bedeutung zu,[93] weil es sich ebenfalls um eine maßgebliche Di-

[86] Knack/Henneke/Peuker VwVfG § 48 Rn. 62 f.; vgl. dazu BVerwG NVwZ 201, 888.
[87] Vgl. zuletzt BVerwG NVwZ-RR 2021, 1078; dezidiert krit. dazu Grosche NVwZ 2023, 628 (629 ff.).
[88] Kopp/Ramsauer/Ramsauer VwVfG § 48 Rn. 82; Detterbeck AllgVerwR, § 10 Rn. 692; BVerwGE 121, 226 (230 f.).
[89] Vgl. zum Ganzen Ludwigs DVBl 2008, 1164 (1168 f.).
[90] Stelkens/Bonk/Sachs/Sachs VwVfG § 48 Rn. 48.
[91] Detterbeck AllgVerwR, § 10 Rn. 692; Ule/Laubinger, Verwaltungsverfahrensgesetz, 4. Aufl. 1995, § 62 Rn. 2.
[92] BVerwGE 115, 302 (307 ff.).
[93] Vgl. aber Stelkens/Bonk/Sachs/Sachs VwVfG § 48 Rn. 185.

rektive des Verwaltungshandelns handelt.[94] Abgesehen davon ist relevant, in wessen Sphäre die Ursache für die Rechtswidrigkeit des Verwaltungsakts liegt. Ist sie dem hoheitlichen Bereich zuzuordnen, spricht mehr für den Erhalt der Maßnahme, während der Adressat weniger schutzwürdig erscheint, wenn er verantwortlich ist.[95]

Wendet man diese Grundsätze auf Verwaltungsakte an, die auf einer **für nichtig erklärten Rechtsgrundlage** basieren, so kommt es darauf an, ob sie bestandskräftig sind oder nicht. Bejahendenfalls folgt aus § 79 II 1 BVerfGG, dass diese Maßnahmen unabhängig davon, ob sie begünstigend oder belastend wirken, nicht beseitigt werden müssen, ggf. aber nach Maßgabe der obigen Ausführungen beseitigt werden können. Etwas anderes gilt jedoch für bestandskräftige Dauerverwaltungsakte, da sie ab Nichtigerklärung an die bestehende Rechtslage anzupassen sind. Innerhalb des § 79 II 1 BVerfGG bildet dieser Zeitpunkt also die entscheidende Zäsur; vorher dominiert grundsätzlich die Rechtssicherheit, danach setzt sich die materielle Gerechtigkeit in Form eines Anpassungsgebots an die geltende Rechtslage durch. Auf nicht bestandskräftige Verwaltungsakte ist § 79 II 1 BVerfGG hingegen nicht anwendbar. Soweit sie belastend wirken, ist der Verwaltungsakt aber ohnehin anfechtbar, so dass die Nichtigkeit der Rechtsgrundlage gerichtlich geltend gemacht werden kann. Im Falle einer Begünstigung gilt hingegen wegen der Gesetzesbindung der Verwaltung, dass sie zu beseitigen ist, soweit keine überwiegenden Gründe für deren Erhalt sprechen.[96] 36

Fraglich bleibt schließlich noch, ob es ein gesetzlich **intendiertes Ermessen** gibt, das der Verwaltung zumindest für den Regelfall eine Beseitigungspflicht auferlegt und den Vorteil hätte, dass sie von ihren Begründungspflichten aus § 39 I 3 VwVfG entlastet wäre.[97] Das BVerwG geht insoweit davon aus, dass in § 48 I VwVfG die Prinzipien der Gesetzmäßigkeit der Verwaltung und der Bestandskraft des Verwaltungsakts grundsätzlich gleichberechtigt nebeneinander stehen, und bejaht daher ein intendiertes Ermessen nur, wenn sich aus einer Auslegung der einschlägigen Normen ergibt, dass der rechtswidrige Verwaltungsakt in der Regel beseitigt werden soll. Diese Vorgabe soll im Anwendungsbereich des § 48 II 3 f. VwVfG[98] gewahrt und ggf. aus fachrechtlichen Wertungen ableitbar sein, innerhalb des § 48 I VwVfG[99] aber nicht generell bejaht werden können. Richtigerweise wird man die Rechtsfigur des intendierten Ermessens aber sogar generell ablehnen müssen, weil der Gesetzgeber dort, wo er eine Regelbindung will, eine Soll-Vorschrift zu konzipieren hat.[100] 37

d) Rücknahmefolgen

Wird der ursprünglich erlassene Verwaltungsakt unter Einhaltung der obigen Anforderungen beseitigt, erfüllt die Rücknahme die Voraussetzungen des § 35 VwVfG und zieht Konsequenzen auf Primär- und Sekundärebene nach sich. 38

[94] Knack/Henneke/Peuker VwVfG § 48 Rn. 67 ff.
[95] BVerwG NVwZ 2015, 1764 (1766); Gass NVwZ 2016, 748 (751).
[96] Ausf. dazu Peuker DVBl 2015, 1233 (1236 ff.).
[97] Vgl. Guckelberger, Allg. Verwaltungsrecht, 11. Aufl. 2023, § 14 Rn. 40.
[98] BVerwGE 105, 55 (57).
[99] BVerwG NVwZ 2015, 1764 (1766); vgl. dazu Müller-Grune ThürVBl. 2016, 157 (162); daran anknüpfend OVG Koblenz VPR 2020, 42 Rn. 31.
[100] So auch Maurer/Waldhoff, Allg. Verwaltungsrecht, 21. Aufl. 2024, § 7 Rn. 12; Erbguth JuS 2002, 333 (334); Peters DÖV 2001, 749 (757 f.); vgl. dazu auch Stelkens/Bonk/Sachs/Sachs VwVfG § 49 Rn. 11, 33.

39 **aa) Primärebene.** Die Rücknahme führt zu einer Geltungsvernichtung des Verwaltungsakts. Sie kann je nach normativer Ausgangslage mit Wirkung ex nunc oder ex tunc – das Gesetz lässt also die Rücknahme entweder (auch) für die Vergangenheit oder (nur) für die Zukunft zu – angeordnet werden. Dem Zweck der Rücknahme in Form der Korrektur fehlerhaften Verhaltens würde es zwar an sich am besten entsprechen, wenn die Rücknahme stets auf den Zeitpunkt des Erlasses des rechtswidrigen Aktes bezogen wäre, also rückwirkend ex tunc ausgesprochen würde, weil die rechtswidrige Maßnahme dann ohne Konsequenzen bliebe. Ein derartiges Vorgehen würde aber die Interessen des Adressaten des Verwaltungsakts vollständig ausblenden. Daher ist die Entscheidung darüber, ab wann die Beseitigung wirkt, auf Basis einer **Abwägung der widerstreitenden Interessen** zu treffen.

40 Relevant werden in diesem Kontext insbesondere[101] die Umstände, die schon auf Tatbestands- und Rechtsfolgenebene darüber entschieden haben, ob das Bestands- oder das Rücknahmeinteresse überwiegt. So können beispielsweise die Aspekte der Rechtssicherheit und des Vertrauensschutzes dann, wenn sie nicht ausreichten, um die Beseitigung zu verhindern, ggf. darauf drängen, dass die Rücknahme nur ex nunc für die Zukunft gilt. Umgekehrt kann der Gedanke der Gesetzmäßigkeit der Verwaltung aber auch derart schwer wiegen, dass eine Beseitigung ex tunc erforderlich ist. Diese Möglichkeit bestätigt zB § 48 II 4 VwVfG (vgl. auch § 130 I AO, § 45 I SGB X), wonach die Beseitigung in der Regel mit Wirkung für die Vergangenheit eintritt, wenn sich der Betroffene nicht auf Vertrauensschutz berufen kann, weil ein Fall von § 48 II 3 VwVfG vorliegt und ihn ein schwerwiegendes Verschulden an der Rechtswidrigkeit des Verwaltungsakts trifft. Eine bloße Verursachung genügt dazu jedoch nicht.[102]

41 Wird ein Verwaltungsakt mit Wirkung **ex tunc zurückgenommen,** bleibt zu erörtern, welche **Konsequenzen** sich daraus für den Adressaten dieser Maßnahme ergeben. An sich wäre davon auszugehen, dass die darin enthaltene Anordnung von Anfang an entfällt. Infolgedessen hätte der Adressat einer Maßnahme dort, wo sie ihm ein Verhalten gestattet, zwischenzeitlich unerlaubt gehandelt, wenn er die ursprünglich erteilte Zulassung ins Werk setzt. Diese Konsequenz wäre jedoch zumindest dann, wenn sich daraus straf- oder ordnungswidrigkeitenrechtliche Folgen ergäben, nicht mit dem Rechtsstaatsprinzip, das auf die Absehbarkeit und Verlässlichkeit hoheitlichen Handelns drängt, (noch dazu per Verwaltungsakt (→ § 45 Rn. 9) vereinbar. Sie wird daher auch nicht gezogen,[103] so dass die im Ausgangsverwaltungsakt enthaltene Anordnung für den Betroffenen allein maßgeblich bleibt. Dafür spricht auch, dass die Rücknahmegründe aufgrund ihrer Komplexität oft nicht antizipierbar sind.

42 **bb) Sekundärebene.** Darf ein Verwaltungsakt, der auf eine **unteilbare Sachleistung** gerichtet oder hierfür Voraussetzung ist, zurückgenommen werden (→ § 51 Rn. 26), so folgen aus § 48 III VwVfG ggf. Entschädigungsansprüche, wenn das Vertrauen des Betroffenen nach Abwägung mit dem öffentlichen Interesse schutzwürdig ist. Sie sol-

[101] Vgl. dazu zB BVerwGE 19, 190; 21, 122.
[102] S. BVerwG DVBl 1963, 521.
[103] S. BGHSt 23, 86 u. – differenzierend – Lorenz DVBl 1971, 165; vgl. dazu auch Müller in Bader/Ronellenfitsch, VwVfG, 2. Aufl. 2016, § 48 Rn. 46.

len den Betroffenen so stellen, wie er stünde, wenn der Verwaltungsakt nicht erlassen worden wäre, ihn aber nicht so stellen wie er stünde, wenn der Verwaltungsakt fortgelten würde.[104] Solche Ersatzansprüche bestehen nicht innerhalb des § 48 II VwVfG, weil dort etwaige Vermögensnachteile in den Grenzen des schutzwürdigen Vertrauens dadurch ausgeglichen werden können, dass der auf eine Geld- oder (teilbare) Sachleistung gerichtete Verwaltungsakt (zumindest teilweise) fortbesteht.[105]

Die Abwägung der widerstreitenden Interessen – das sind die Belange des betroffenen Bürgers und das fiskalische Interesse der öffentlichen Hand, den Verwaltungsakt ohne Verpflichtung zum Nachteilsausgleich zurücknehmen zu dürfen, dh also nicht das behördliche Rücknahmeinteresse als solches[106] – richtet sich in § 48 III VwVfG nach **ähnlichen Aspekten wie innerhalb des § 48 II VwVfG.** § 48 III 2 VwVfG verweist zwar nur auf § 48 II 3 VwVfG, wird aber gemeinhin so gelesen, dass auch die in § 48 II 2 VwVfG aufgeführten Fälle des Regelvertrauens bei der Beurteilung der Frage einzubeziehen sind, ob ein Ersatzanspruch besteht.[107] Da es im Rahmen der Abwägung um unteilbare gegenläufige Interessen geht, soll nach der bundesverwaltungsgerichtlichen Rechtsprechung ein etwaiges Mitverschulden des Betroffenen unbeachtlich sein und nicht zu einer Anspruchsminderung führen.[108] 43

Da der Ersatzanspruch aus § 48 III VwVfG der Rechtsfolge nach nicht auf Schadensersatz, sondern nur auf **Ausgleich** gerichtet ist, kommt es auf das Bestandsinteresse des Betroffenen grundsätzlich nicht an. Es bildet nach § 48 III 3 VwVfG aber die Obergrenze etwaiger Ersatzpflichten, so dass im Zweifel eine Vergleichsrechnung erfolgen muss, ob höhere Ausgleichspflichten bestünden, wenn auf das negative und nicht auf das positive Interesse abgestellt wird.[109] Da der Umfang des Bestandsinteresses im Übrigen unerheblich ist, muss der entgangene Gewinn, der aufgrund der erteilten Erlaubnis hätte erzielt werden können, nicht ausgeglichen werden.[110] Der Anspruch ist gemäß § 48 III 4 und 5 VwVfG binnen Jahresfrist geltend zu machen; die Behörde hat den Ausgleichsbetrag festzusetzen. 44

3. Die Widerrufsanforderungen des § 49 VwVfG

Mit dem Widerruf beendet eine Behörde die Geltung eines von ihr erlassenen, rechtmäßigen, ggf. fiktiven (→ § 51 Rn. 16 ff.) Verwaltungsakts außerhalb eines Rechtsbehelfs- oder Aufsichtsverfahrens. Dessen Zulässigkeit hängt davon ab, ob dem zu beseitigenden Verwaltungsakt belastende oder begünstigende Wirkung zukommt. 45

a) Widerruf belastender Verwaltungsakte

Ein rechtmäßiger belastender Verwaltungsakt kann **in der Regel widerrufen** werden. Voraussetzung ist aber, dass die Wirkungen des Verwaltungsakts im Zeitpunkt des Widerrufs noch andauern. Im Übrigen ist der Widerruf nur dann unzulässig, wenn er durch Gesetz ausdrücklich oder dem Sinn nach oder wegen Verstoßes gegen 46

104 Knack/Henneke/Peuker VwVfG § 48 Rn. 135.
105 Maurer/Waldhoff, Allg. Verwaltungsrecht, 21. Aufl. 2024, § 11 Rn. 28; BVerwGE 104, 289 (300 f.).
106 BVerwG DVBl 2010, 647 (651).
107 Fehling/Kastner/Störmer/Kastner VwVfG § 48 Rn. 59.
108 BVerwG DVBl 2010, 647 (650).
109 Knack/Henneke/Peuker VwVfG § 48 Rn. 135.
110 Kopp/Ramsauer/Ramsauer VwVfG § 48 Rn. 143.

Rechtsgrundsätze ausgeschlossen ist oder wenn ein Verwaltungsakt gleichen Inhalts erneut erlassen werden müsste (§ 49 I 1 VwVfG, § 131 I AO, § 46 I SGB X).

47 Der **Grund** für die vergleichsweise voraussetzungslose Möglichkeit zum Widerruf eines belastenden Verwaltungsakts in § 49 I 1 VwVfG liegt aus der Sicht des Betroffenen darin, dass er in der Regel kein Interesse an dessen Aufrechterhaltung hat, weil er ihm keinen Vorteil einräumt. Aus dem Blickwinkel der Verwaltung ist demgegenüber zu beachten, dass sie einen belastenden Verwaltungsakt dann nicht widerrufen darf, wenn der Grundsatz der Gesetzmäßigkeit dessen Fortbestand verlangt.[111]

b) Widerruf begünstigender Verwaltungsakte

48 Im Falle des Widerrufs eines begünstigenden Verwaltungsakts bedarf es eines die Beseitigung rechtfertigenden Grundes. Er folgt – abgesehen von der Einwilligung der Betroffenen oder vom dauerhaften Nichtgebrauch eines besitzstandsbezogenen (→ § 43 Rn. 71) Verwaltungsakts (§ 18 II Nr. 1 WHG) – vor allem aus § 49 II und III VwVfG.

49 **aa) Widerrufsgründe des § 49 II VwVfG.** § 49 II VwVfG differenziert nicht danach, ob eine Geld- oder eine unteilbaren Sachleistung gewährt wird, wie ein Vergleich zu § 48 III VwVfG (→ § 51 Rn. 26 ff.) zeigt. Im Einzelnen erlauben folgende dort genannte Gründe den Widerruf.

50 **(1) Zulässigkeit wegen Rechtsvorschrift oder Vorbehalts.** § 49 II 1 Nr. 1 VwVfG bietet eine Widerrufsmöglichkeit, wenn sie **durch Rechtsvorschrift** (§ 131 II Nr. 1 AO; §§ 47 I Nr. 1 SGB X; § 21 I Nr. 1 BImSchG; § 20 III LuftVG; § 18 II WHG) **zugelassen** ist. Findet sich eine solche Spezialnorm, ist anhand der herkömmlichen Auslegungsmethoden zu ermitteln, ob sie im Vergleich zu § 49 VwVfG abschließend ist oder einen Rückgriff auf diese Norm und die darin im Übrigen enthaltenen Beseitigungsmöglichkeiten zulässt (→ § 28 Rn. 26 ff.).[112]

51 § 49 II 1 Nr. 1 VwVfG (§ 131 II Nr. 1 AO; § 47 I Nr. 1 SGB X; § 21 I Nr. 1 BImSchG) erfasst auch den Fall, dass dem Verwaltungsakt ein **Widerrufsvorbehalt beigefügt** worden ist – so, wenn eine Leistung als „Vorschuss" bewilligt[113] wird. Ein solcher Zusatz genügt für die Beseitigung jedoch allein nicht. Stattdessen bedarf es eines sachlichen Grundes, der den Widerruf trägt.[114] Zudem darf der Vorbehalt nicht rechtswidrig sein, da sonst der Gesetzesvorrang zur Fehlerhaftigkeit der Beseitigung führt.

52 **(2) Zulässigkeit wegen nicht erfüllten Auflagenvorbehalts.** § 49 II 1 Nr. 2 VwVfG (§ 131 II Nr. 2 AO; § 47 I Nr. 2 SGB X; § 33d V GewO; § 21 I Nr. 2 BImSchG; § 20 III 2 LuftVG) bezieht sich darauf, dass im Verwaltungsakt ein Auflagenvorbehalt niedergelegt ist, den der Adressat nicht oder nicht in einer ihm gesetzten Frist erfüllt hat. Die Norm ist Ausdruck des allgemeinen Rechtsgedankens, dass Verwaltungsakte widerrufbar sind, wenn der Betroffene einer mit deren Erteilung

[111] S. auch BT-Drs. 7/910, 72.

[112] Vgl. dazu zB BVerwGE 105, 214 (216) zu § 5 BÄO; BVerwG NVwZ 1998, 281 zu § 17 AtG und näher Stelkens/Bonk/Sachs/Sachs VwVfG § 48 Rn. 4 ff.

[113] S. BSGE 7, 226.

[114] OVG Lüneburg DÖV 1999, 564; OVG Bautzen. NJW 2000, 1057 (1058).

verbundenen oder gesetzlich festgelegten (§ 35 II Nr. 6 KWG; § 25 II PBefG) **Pflicht nicht gerecht wird** – sei es nun schuldhaft oder nicht.

Erweist sich der Auflagenvorbehalt als rechtswidrig, sind die für den Widerrufsvorbehalt geltenden Grundsätze (→ § 47 Rn. 11) wegen der Strukturverwandtschaft beider Zusätze entsprechend anwendbar. Abgesehen davon ist zu berücksichtigen, dass die Auflage zwar nicht suspendiert, aber zwingt (→ § 47 Rn. 16). Daher muss die Behörde nach dem Grundsatz der **Verhältnismäßigkeit** vor dem Widerruf, soweit tunlich, die weniger belastende Durchsetzung der Pflicht in Form der beigefügten Auflage durch Abmahnung oder im Wege des Verwaltungszwangs versuchen.[115] 53

(3) Zulässigkeit wegen nachträglicher Tatsachenänderung. Zudem kann ein Verwaltungsakt aufgrund von § 49 II 1 Nr. 3 VwVfG (§§ 131 II Nr. 3 AO; § 48 SGB X; 21 I Nr. 3 BImSchG; 3 V 2 GüKG; 35 II Nr. 3 KWG) widerrufen werden, wenn nachträglich die tatsächlichen Voraussetzungen für dessen Erlass weggefallen sind und ohne den Widerruf das öffentliche Interesse gefährdet wäre. Diese Vorschrift spiegelt nach der bundesverwaltungsgerichtlichen Rechtsprechung einen **allgemeinen Rechtsgedanken.**[116] 54

In Abgrenzung zu § 48 VwVfG bezieht sie sich nicht auf solche Tatsachen, die den Verwaltungsakt von Anfang an rechtswidrig werden lassen (→ § 51 Rn. 10 ff.) oder schon zum Zeitpunkt seines Erlasses vorlagen, sondern nur auf diejenigen, die danach eingetreten sind. Zudem genügt es nicht, dass die Behörde etwaige von Anfang an bekannte Umstände nunmehr anders bewertet.[117] Vorausgesetzt werden vielmehr **neue Tatsachen.** 55

Die im Rahmen des § 49 II 1 Nr. 3 VwVfG relevanten Umstände ergeben sich somit aus Veränderungen in der Umwelt, aber auch der persönlichen Eigenschaften des Betroffenen. Eine Ausnahme ist allerdings zu machen, soweit ein Verwaltungsakt auf bestimmte **Fähigkeiten oder Fertigkeiten** in Form prüfbarer Qualifikationen baut. Denn liegen sie nicht mehr vor, greift § 49 II 1 Nr. 3 VwVfG nicht, weil es dann auf den Prüfungszeitpunkt ankommt.[118] 56

Die kumulativ erforderliche Gefährdung des öffentlichen Interesses (→ § 29 Rn. 1 ff.) greift schließlich nicht allein deshalb, weil das Widerrufs- dem Bestandsinteresse überwiegt. Dieses Merkmal des § 49 II 1 Nr. 3 VwVfG verlangt vielmehr eine **konkrete Gefahr** für ein **wichtiges Schutz- bzw. Gemeinschaftsgut** und geht damit über eine reine Abwägung der widerstreitenden Belange hinaus.[119] 57

(4) Zulässigkeit wegen nachträglicher Rechtsänderung. § 49 II 1 Nr. 4 VwVfG (§ 48 SGB X; § 21 I Nr. 4 BImSchG) erlaubt den Widerruf, wenn die Behörde aufgrund einer **nachträglich geänderten Rechtsvorschrift** zur Ablehnung des Verwaltungsakts berechtigt wäre. Diese Vorschrift ähnelt ihrer Struktur nach Nr. 3. Sie bezieht sich aber nicht auf Änderungen im tatsächlichen Bereich, sondern auf die 58

[115] Kritisch Stelkens/Bonk/Sachs/Sachs VwVfG § 49 Rn. 56 f.
[116] BVerwG NVwZ 2002, 99.
[117] S. OVG Bautzen NJW 2000, 1057 (1059) zu § 49 II 1 Nr. 3 VwVfG.
[118] Kopp/Ramsauer/Ramsauer VwVfG § 49 Rn. 42.
[119] Fehling/Kastner/Störmer/Kastner VwVfG § 49 Rn. 39; vgl. auch BVerwG NVwZ 1992, 565.

Modifikation – darunter fällt auch der Neuerlass – von außenwirksamen Gesetzen, Verordnungen oder Satzungen. Nach umstrittener, aber zutreffender Ansicht nicht ausreichend ist hingegen eine Rechtsprechungsänderung, sofern sie nicht Gesetzeskraft besitzt (→ § 25 Rn. 27).[120]

59 Nicht von § 49 II 1 Nr. 4 VwVfG erfasst wird zudem die Änderung von **Verwaltungsvorschriften**[121] – allerdings nicht generell,[122] sondern nur solange, wie sich deren Wirkweise auf den innerbehördlichen Bereich beschränkt (zur Abgrenzung → § 24 Rn. 12 ff., 18 ff.).[123] Deshalb wird man jedenfalls die normkonkretisierenden, behördliche Freiräume auf Tatbestandsebene ausfüllenden Verwaltungsvorschriften wegen ihrer unmittelbaren Außenwirkung unter § 49 II 1 Nr. 4 VwVfG fassen können, während die ermessensleitenden Verwaltungsvorschriften jedenfalls nicht selbst, sondern nur über den Gleichheitssatz nach außen wirken und daher nicht unter diese Vorschrift fallen (→ § 24 Rn. 26).

60 § 49 II 1 Nr. 4 VwVfG verlangt zudem, dass ohne den Widerruf das öffentliche Interesse (näher → § 29 Rn. 1 ff.) gefährdet würde. Diese Anforderung findet sich auch in § 49 II 1 Nr. 3 VwVfG, so dass die dazu soeben entwickelten Grundsätze entsprechend gelten. Ferner fordert § 49 II 1 Nr. 4 VwVfG als **weitere Voraussetzung,** dass der Begünstigte von der Vergünstigung noch keinen Gebrauch gemacht hat oder auf Grund des Verwaltungsakts noch keine Leistungen empfangen hat. Die zu widerrufende Maßnahme darf also noch nicht ins Werk gesetzt worden sein, weil die Beseitigung anderenfalls das Vertrauen des Adressaten in den Bestand des Verwaltungsakts unbeachtet ließe.

61 **(5) Zulässigkeit wegen sonst drohender schwerer Nachteile.** Schließlich findet sich in § 49 II 1 Nr. 5 VwVfG (§ 12 I WHG; § 21 I Nr. 5 BImSchG) ein **Auffangtatbestand,**[124] nach dem ein Verwaltungsakt widerrufen werden kann, wenn es erforderlich ist, um schwere Nachteile für das Gemeinwohl zu verhindern oder zu beseitigen. Er ist unter anderem dort anwendbar, wo ein Widerrufsgrund zwar inhaltlich angesprochen ist, aber tatbestandlich nicht greift, ist aber restriktiv auszulegen. Insbesondere genügt nicht jeder beliebige Gemeinwohlgrund, sondern er muss von einer besonderen Qualität sein.[125]

62 **bb) Widerrufsgründe des § 49 III VwVfG.** Die Widerrufsgründe des § 49 III VwVfG waren früher für Zuwendungsbescheide in § 44a BHO und den vergleichbaren landesrechtlichen Vorschriften angesiedelt. Sie wurden in das Verwaltungsverfahrensrecht überführt, weil man den Standort dieser Bestimmungen im Haushaltsrecht für wenig glücklich hielt. Insoweit ging es also um die Herstellung eines einheitlicheren Verwaltungsverfahrensrechts. Hinzu kam die **Überlegung des Gesetzgebers,** dass man die bestehenden Widerrufsmöglichkeiten weiten wollte, weil

[120] Bader/Ronellenfitsch/Abel VwVfG § 49 Rn. 60; diff. Kopp/Ramsauer/Ramsauer VwVfG § 49 Rn. 50a.
[121] Stelkens/Bonk/Sachs/Sachs VwVfG § 49 Rn. 80; BVerwG NVwZ 1991, 577.
[122] So aber Knack/Henneke/Peuker VwVfG § 49 Rn. 65.
[123] So Ruffert in Ehlers/Pünder, Allg. Verwaltungsrecht, § 25 Rn. 12.
[124] Guckelberger, Allg. Verwaltungsrecht, 11. Aufl. 2023, § 16 Rn. 26.
[125] Kopp/Ramsauer/Ramsauer VwVfG § 49 Rn. 56.

§ 44a BHO und seine landesrechtlichen Parallelnormen nur auf einen als zu eng empfundenen Teil des Subventionsrechts bezogen waren.[126]

§ 49 III VwVfG bezieht sich anders als § 49 II VwVfG nicht auf jedweden **Verwaltungsakt** unabhängig von seinem Sachgegenstand, sondern nur auf solche, die eine einmalige oder laufende Geldleistung oder aber eine teilbare Sachleistung gewähren bzw. hierfür Voraussetzung sind. Hinzukommen muss, dass die Leistung zur Erfüllung eines bestimmten Zwecks verwendet wird. Er ist Bestandteil des Verwaltungsakts und muss als maßgeblicher Orientierungspunkt für den Adressaten genau bestimmt werden, um Unsicherheiten zu vermeiden.[127] Gleichwohl bestehen Unklarheiten darüber, nach welchen Kriterien der Zweck im Einzelnen zu fixieren ist[128] und wer die Feststellungslast für die Zweckverfehlung besitzt.[129] Erschöpft sich der Zweck des Verwaltungsakts in der Zahlung, wie es bei Bezügen von Sozialleistungen der Fall ist, greift allein § 49 II VwVfG.[130] 63

§ 49 III 1 Nr. 1 VwVfG setzt in inhaltlicher Hinsicht zudem voraus, dass die gewährte Leistung nicht alsbald nach der Erbringung oder nicht mehr zweckentsprechend verwendet wird.[131] „Alsbald“ bedeutet dabei nicht „unverzüglich“ und damit nicht ohne schuldhaftes Zögern, sondern „kurz danach“ oder „sogleich“, da es auf ein Verschulden des Leistungsempfängers nicht ankommt.[132] Ein weiterer **Widerrufsgrund** findet sich in § 49 III 1 Nr. 2 VwVfG. Er verlangt, dass mit dem Verwaltungsakt eine Auflage verbunden ist und der Begünstigte diese nicht oder nicht innerhalb einer ihm gesetzten Frist erfüllt hat (§ 49 III VwVfG).[133] 64

c) Widerrufspflicht und -ermessen

Ob die Behörde einen zulässigen Widerruf aussprechen will, steht in ihrem pflichtgemäß auszuübenden **Ermessen** (→ § 31 Rn. 35), sofern nicht spezialgesetzliche Normen[134] den Widerruf zwingend vorschreiben oder ein Fall von Ermessensschrumpfung vorliegt. Das Ermessen besteht im Hinblick auf die Fragen, ob und inwieweit der Verwaltungsakt widerrufen werden soll. Es kann für typische Widerrufskonstellationen durch Verwaltungsvorschriften eingeschränkt sein.[135] Ein intendiertes Ermessen ist jedoch in Anknüpfung an die Ausführungen zur Rücknahme rechtswidriger Verwaltungsakte (→ § 51 Rn. 14) entgegen der bundesverwaltungsgerichtlichen Rechtsprechung, namentlich zu § 49 II VwVfG,[136] auch im Anwendungsbereich des § 49 VwVfG nicht anzuerkennen.[137] 65

---

126 S. auch Gröpl VerwArch 88 (1997), 23 (30); ausf. dazu BT-Drs. 8/3785.
127 Ehlers GewArch 1999, 305 (314).
128 S. näher Stober DÖV 1984, 265; Dickersbach GewArch 1993, 177 (185 f.).
129 S. dazu auch OVG Münster NVwZ 1996, 610 und Gröpl VerwArch 88 (1997), 23 (35).
130 BT-Drs. 13/1534, 5.
131 S. näher OVG Münster DÖV 2003, 511.
132 S. BVerwG DVBl 2003, 270 (271 f.).
133 näher Suerbaum VerwArch 90 (1999), 361.
134 S. näher Stelkens/Bonk/Sachs/Sachs VwVfG § 49 Rn. 10.
135 BVerwGE 105, 55; OVG Thür. NVwZ-RR 1999, 435; VGH München NVwZ 2001, 931 (933); Oldiges NVwZ 2001, 626 (629).
136 S. dazu BVerwG NVwZ 1992, 565 (566).
137 So auch Maurer/Waldhoff, Allg. Verwaltungsrecht, 21. Aufl. 2024, § 7 Rn. 12; Erbguth JuS 2002, 333 (334); Peters DÖV 2001, 749 (757 f.).

66 **Vertrauensschutzaspekte** spielen auf Ermessensebene an sich keine Rolle, weil sie weitgehend in die Tatbestandsvoraussetzungen des § 49 II und III VwVfG sowie in die Entschädigungsregel des § 49 VI VwVfG eingearbeitet worden sind.[138] Soweit diese Normen nicht genügen, um dem berechtigten Vertrauen des Betroffenen zu entsprechen, darf der Verwaltungsakt allerdings nicht beseitigt werden.[139] Ein Rückgriff auf den enteignungsgleichen Eingriff als über § 49 VI VwVfG hinausgehendes Kompensationsmittel[140] scheitert im Lichte der verfassungsgerichtlichen Rechtsprechung jedenfalls am Gesetzesvorbehalt,[141] weil der Widerruf eines Verwaltungsakts die Eigentumsfreiheit des Adressaten des begünstigenden Verwaltungsakts berührt.[142]

d) Widerrufsfolgen

67 Der Widerruf erfüllt die Vorgaben eines selbstständigen **Verwaltungsakts,** so dass die §§ 35 ff. VwVfG gelten. Seine Folgen treten auf Primär- und auf Sekundärebene ein.

68 **aa) Primärebene.** Mit dem Widerruf **endet** aufgrund von § 43 II VwVfG (§§ 131 III AO; 21 III BImSchG) die **Wirksamkeit** des beseitigten Verwaltungsakts. Dazu muss der Ausgangsverwaltungsakt selbst im Zeitpunkt des Widerrufs noch verwaltungsrechtliche Wirkungen entfalten. Diese Vorgabe erfüllen hauptsächlich Verwaltungsakte mit Dauerwirkung (→ § 46 Rn. 27) sowie solche, die sich in einer einmaligen Befolgung, Vollziehung oder Rechtsgestaltung erschöpfen (→ § 46 Rn. 28), solange deren Wirkungen noch nicht eingetreten sind.

69 Der Widerruf wirkt, weil er die Geltungskraft des Ausgangsverwaltungsakts beendet, nach § 49 I, II VwVfG (§§ 131 I, II AO; §§ 46 f. SGB X; § 21 I BImSchG) nur **ex nunc,** dh also für die Zukunft. Soweit es aber um Verwaltungsakte geht, die eine zweck- oder auflagengebundene Subvention gewähren, ist diese Beschränkung nicht sachgerecht, wenn Auflage oder Zweck nicht (mehr) erfüllt werden. Daher ist nach § 49 III VwVfG dann auch ein Widerruf **ex tunc** mit Wirkung für die Vergangenheit zulässig. Daneben greift § 49 II VwVfG wegen des auf eine Wirkung ex nunc beschränkten Wortlauts nicht.[143]

70 Das Fachrecht kann ggf. daran anknüpfende **Sonderregelungen** treffen, die diese Grundsätze bestätigen oder modifizieren. So folgt zB aus § 330 I SGB III, dass Verwaltungsakte, die auf einer Rechtsnorm beruhen, die nach Erlass des Verwaltungsakts für unvereinbar mit dem Grundgesetz erklärt oder in ständiger Rechtsprechung anders als durch die Agentur für Arbeit ausgelegt wird, nur mit Wirkung für die Zeit nach der Entscheidung des BVerfG oder dem Entstehen der ständigen Rechtsprechung aufgehoben werden dürfen.

71 Schließlich sei darauf hingewiesen, dass auch der **Widerruf eines Widerrufs** zulässig ist.[144] Es bedarf also keines Neuerlasses des ursprünglichen Verwaltungsakts, um den

---

[138] S. auch Isensee/Kirchhof StaatsR-HdB/Maurer § 60 Rn. 78.
[139] Kopp/Ramsauer/Ramsauer VwVfG § 49 Rn. 78; ausf. zu den damit zusammenhängenden Problemen Stelkens/Bonk/Sachs/Sachs VwVfG § 49 Rn. 124 ff.
[140] So Knack/Henneke/Peuker VwVfG § 49 Rn. 104.
[141] S. dazu Hufen StaatsR II § 38 Rn. 24.
[142] Stelkens/Bonk/Sachs/Sachs VwVfG § 49 Rn. 125.
[143] Oldiges NVwZ 2001, 626 (627).
[144] Knack/Henneke/Peuker VwVfG § 49 Rn. 27; Ibler NVwZ 1993, 451.

Status Quo wiederherzustellen,[145] weil die Geltungsbeendigung des Ausgangsverwaltungsakts infolge des Erstwiderrufs mit dem Zweitwiderruf wegfällt, so dass wegen § 43 II VwVfG (→ § 48 Rn. 33 ff.) wieder der Ausgangsverwaltungsakt gilt.[146] Im Lichte der Rechtsklarheit kann es sich aber gleichwohl anbieten, den ursprünglichen Verwaltungsakt nochmals zu erlassen.[147]

bb) Sekundärebene. Ein rechtmäßiger Widerruf begründet einen **Ersatzanspruch des durch den Widerruf Geschädigten** nur dann, wenn es in einem Rechtssatz vorgesehen ist. Dieser Anforderung entspricht § 49 VI VwVfG (§ 21 IV BImSchG), wonach aus Gründen des Vertrauensschutzes im Falle eines Widerrufs auf Basis des § 49 II 1 Nr. 3–5 VwVfG Entschädigung zu leisten ist. Die übrigen in § 49 VwVfG aufgeführten Widerrufsgründe führen nicht zu Ansprüchen, weil sich in deren Anwendungsbereich kein schutzwürdiges Vertrauen bilden kann.[148] Seinem Umfang nach ist § 49 VI VwVfG auf den Vermögensnachteil begrenzt, den der Betroffene dadurch erlitten hat, dass er auf den Bestand des Verwaltungsakts vertraut hat, soweit sein Vertrauen schutzwürdig ist.[149] 72

4. Widerruf rechtswidriger Verwaltungsakte?

Abschließend fragt sich, ob auf Basis des § 49 VwVfG auch rechtswidrige Verwaltungsakte beseitigt werden können.[150] Zwar gilt diese Norm ihrem Wortlaut nach an sich nur für rechtmäßige Verwaltungsakte (→ § 51 Rn. 45). Wenn die Behörde aber nach § 49 VwVfG einen Verwaltungsakt aufheben darf, obwohl er rechtmäßig ist, so muss diese Befugnis erst recht bestehen, wenn der Verwaltungsakt rechtswidrig ist; denn rechtswidrige Maßnahmen verdienen dort keinen Schutz vor Beseitigung, wo rechtmäßige widerrufen werden können.[151] Damit führt der auf rechtmäßige Verwaltungsakte abstellende Wortlaut des § 49 VwVfG nicht etwa zu einem Ausschluss rechtswidriger Maßnahmen,[152] sondern weist auf einen über § 48 VwVfG hinausgehenden und damit auch rechtswidrige Verwaltungsakte **erfassenden Anwendungsbereich des § 49 VwVfG** hin.[153] Von Vorteil ist die Möglichkeit eines Widerrufs rechtswidriger Verwaltungsakte vor allem wenn deren Rechtswidrigkeit unklar ist, weil diese Frage offen bleiben kann, wenn § 49 VwVfG greift.[154] Innerhalb des § 49 I Nr. 3 VwVfG dürfen dann allerdings nicht die Gründe herangezogen werden, wegen derer der Verwaltungsakt rechtswidrig ist. Vielmehr bedarf es auch insoweit nachträglich eingetretener Tatsachen, die dazu führen, dass die Behörde berechtigt gewesen wäre, den Verwaltungsakt nicht zu erlassen.[155] 73

---

145 BVerwG DVBl 1973, 861 (863).
146 Ausf. dazu Ibler NVwZ 1993, 451.
147 Maurer/Waldhoff, Allg. Verwaltungsrecht, 21. Aufl. 2024, § 11 Rn. 20.
148 Obermayer/Funke-Kaiser/Baumeister VwVfG § 49 Rn. 88, 89.
149 Knack/Henneke/Peuker VwVfG § 49 Rn. 102.
150 Vgl. dazu jüngst Kiefer NVwZ 2013, 1257.
151 Ehlers/Schröder JURA 2010, 503 (506); Guckelberger, Allg. Verwaltungsrecht, 11. Aufl. 2023, § 16 Rn. 29; vgl. dazu auch BVerwGE 112, 80 (86).
152 So aber Ehlers/Pünder AllgVerwR/Ruffert § 25 Rn. 1; Erichsen/Brügge JuS 1999, 496 (497).
153 Ziekow VwVfG, 4. Aufl. 2020, § 49 Rn. 4.
154 Knack/Henneke/Peuker VwVfG § 48 Rn. 50, § 49 Rn. 26; vgl. dazu insgesamt auch Kiefer NVwZ 2013, 1257, der auch Bezüge zur Umdeutung und zum Nachschieben von Gründen herstellt.
155 BVerwGE 163, 102 Rn. 15.

5. Beseitigungsverfahren

74 Das Verfahren zur Beseitigung eines Verwaltungsakts ist rechtlich selbstständig. Es richtet sich im Falle des Widerrufs und der Rücknahme zunächst nach den Spezialvorschriften des Fachrechts (s. zB § 14 III BBG), falls dort Aussagen getroffen werden. Im Übrigen ist das allgemeine Verwaltungsverfahrensrecht in Form der §§ 9 ff. VwVfG ggf. erweitert um besondere Aussagen in den §§ 48 ff. VwVfG (vgl. §§ 48 V, 49 V VwVfG) anwendbar.[156]

6. Beseitigungsfrist

75 Die Möglichkeiten zur Beseitigung des Verwaltungsakts sind oft befristet. Ist der in einer einschlägigen Vorschrift niedergelegte Zeitraum verstrichen, sind folglich Rücknahme bzw. Widerruf ausgeschlossen (sog. Ausschlussfrist).[157]

a) Zielsetzung

76 Die damit verbundene Begrenzung dient ihrer Zielsetzung nach der **Rechtssicherheit,**[158] dem Rechtsfrieden[159] und der Rechtsklarheit.[160] Aus Sicht der Betroffenen geht es überdies um Vertrauensschutzgesichtspunkte, was § 48 IV 2 VwVfG, der aus dem Anwendungsbereich der in § 48 IV 1 VwVfG normierten Ausschlussfrist die Fälle des § 48 II 3 Nr. 1 VwVfG ausnimmt,[161] exemplarisch zeigt.[162] Je nachdem, welche dieser Zielsetzungen man betont, gilt § 48 IV VwVfG auch für Verwaltungsakte, die an Hoheitsträger adressiert worden sind. Diese Problemstellung ist im Anwendungsbereich dieser Vorschrift noch umstrittener als innerhalb der § 48 II, III VwVfG.[163]

b) Fristlänge

77 Die Fristlänge richtet sich zunächst nach dem **Fachrecht.** So gibt es dort Normen, die die allgemeine verwaltungsverfahrensrechtliche Regel ausschließen, so zB § 35 III KWG.[164] Zudem können spezielle Fristregeln bestehen, so zB in § 45 III SGB X. Ob neben diesen Vorschriften noch die in § 48 IV VwVfG (§ 130 III AO; § 21 II BImSchG) normierte Jahresfrist greift, hängt von der Auslegung der fachrechtlichen Normen ab und kann im Einzelfall überaus schwierig festzustellen sein.[165] Jedenfalls für das Verwaltungsprivatrecht gilt, dass § 48 IV VwVfG nicht greift.[166]

78 Im Übrigen ist diese Bestimmung über § 49 II 2 und III 2 VwVfG (§ 131 II 2 AO) auch auf den Widerruf anwendbar. Hingegen folgt aus § 48 I 2 VwVfG im Umkehrschluss bzw. aus der systematischen Stellung des § 49 II 2 und III 2 VwVfG, dass

---

[156] Ebenso Stelkens/Bonk/Sachs/Sachs VwVfG § 48 Rn. 242.

[157] Schoch NVwZ 1985, 880.

[158] BVerwGE 70, 356 (359 f.); ebenso BVerwG DVBl 2001, 1221 (1222); BVerwG DÖV 2005, 651.

[159] Schoch VERW25 (1992), 21 (37).

[160] Stelkens/Bonk/Sachs/Sachs VwVfG § 48 Rn. 202.

[161] Vgl. dazu VG Köln NWVBl. 2013, 154 (155).

[162] Ebenso Blanke, Vertrauensschutz im deutschen und europäischen Verwaltungsrecht, 2000, S. 472; BVerwG NVwZ 1988, 349.

[163] Vgl. dazu Gass NVwZ 2016, 748 (748 f.).

[164] Dazu BVerwG NJW 1998, 2756.

[165] Vgl. zu den damit zusammenhängenden Problemen im Einzelnen Knoke, Rechtsfragen der Rücknahme von Verwaltungsakten, S. 239 ff.; Stelkens/Bonk/Sachs/Sachs VwVfG § 48 Rn. 200.

[166] Vgl. BGH NVwZ 2010, 531 (535).

§ 48 IV VwVfG **nur für begünstigende Verwaltungsakte** gilt. Bei belastender Wirkung greifen also, genauso wie innerhalb des § 47 SGB X, keine Fristen. Dann kann allenfalls Verwirkung eingetreten sein, weil sie als allgemeiner Rechtsgrundsatz neben die Ausschlussfristen tritt und dort greift, wo solche nicht anwendbar sind.[167]

c) Auslegungsprobleme

Wie § 48 IV VwVfG auszulegen ist, ist umstritten.[168] Für den Widerruf und die Rücknahme bestehen insoweit dieselben Problemlagen.[169] **Drei Fragenkreise** sind in Anknüpfung an den Wortlaut der Norm zu differenzieren: 79

aa) Institutioneller Bezugspunkt. Erstens ist zweifelhaft, ob es auf die Kenntnis der Behörde als solche oder des konkret befassten Sachbearbeiters ankommt. Zwar spricht der Wortlaut des § 1 IV VwVfG eher dafür, die Behörde selbst zum maßgeblichen Bezugspunkt zu erklären.[170] Überwiegend wird allerdings auf den **konkret befassten Amtswalter** abgestellt, weil das Moment der Kenntnis weniger organisations- als vielmehr individualbezogen ansetzt.[171] 80

bb) Inhaltlicher Bezugspunkt. Steht fest, auf wessen Kenntnis es ankommt, fragt sich daran anknüpfend zweitens, wie weit die Kenntnis reichen muss, damit die Frist beginnt. Wegen des insoweit eindeutigen Wortlauts genügt ein Kennenmüssen jedenfalls nicht;[172] ein Fahrlässigkeitsvorwurf wird innerhalb des § 48 IV VwVfG also nicht gemacht.[173] Im Übrigen fragt sich aber, ob die Frist nur bei Kenntnis neuer Tatsachen oder auch bei Kenntnis neuer rechtlicher Umstände, dh also bei der **Aufdeckung von Rechtsfehlern** zu laufen beginnt.[174] Für diesen letztgenannten Ansatz spricht vor allem, dass der Beseitigungszeitraum ansonsten ggf. unendlich wäre und der Wortlaut des § 48 IV VwVfG letztlich darauf abstellt, ob die Kenntnis die Beseitigung „rechtfertigt", was ebenfalls eine weite Interpretation nahelegt.[175] 81

cc) Zeitlicher Bezugspunkt. Schließlich bleibt drittens zu erörtern, ab wann die in § 48 IV VwVfG niedergelegte Jahresfrist beginnt. Insoweit ließe sich iSe Bearbeitungsfrist auf die erstmalige Kenntnisnahme der maßgeblichen Umstände[176] oder iSe Entscheidungsfrist auf die Entscheidungsreife abstellen.[177] Würde man diesen letztgenannten Ansatz wählen, könnte erst nach Anhörung des Betroffenen die Frist 82

---

[167] Knack/Henneke/Peuker VwVfG § 48 Rn. 58, 89; vgl. allg. zur Verwirkung Sanden VerwArch 105 (2014), 465.

[168] S. näher Knoke, Rechtsfragen der Rücknahme von Verwaltungsakten, S. 239 ff.

[169] BVerwGE 70, 356; BVerwG NJW 1988, 2911; BVerwGE 84, 17; BVerwG NVwZ-RR 1990, 604; NJW 2001, 1440; VGH München BayVBl. 1991, 209.

[170] Krausnick JuS 2010, 778 (779).

[171] Wolff/Decker/Decker, 4. Aufl. 2021, VwVfG § 48 Rn. 33; BVerwGE 70, 356 (364); 112, 360.

[172] So aber Knack/Henneke/Peuker VwVfG § 48 Rn. 102.

[173] Mann/Sennekamp/Uechtritz/Suerbaum VwVfG § 48 Rn. 202; BVerwGE 70, 356 (364 f.).

[174] So unlängst BVerwGE 164, 237 Rn. 30.

[175] Vgl. dazu Bader/Ronellenfitsch/Müller VwVfG § 48 Rn. 108.

[176] Schoch NVwZ 1985, 884; Schoch VERW 25 (1992), 38; s. ferner zum Streitstand Erbguth JuS 2002, 333.

[177] So BT-Drs. 7/910, 71; BVerwGE 70, 356 (362 f.); 92, 81 (87); BVerwG DVBl 1996, 867 (zu § 45 IV SGB X); BVerwG DVBl 2001, 1221 (1222 f.); VGH München BayVBl. 1991, 564; NVwZ 2001, 931 (932).

zu laufen beginnen, weil dann auch dessen Sicht einzubeziehen wäre. Soweit ein Rechtsbehelfsverfahren anhängig ist, wäre, wenn man § 48 IV VwVfG als Entscheidungsfrist deutete, überdies die Unanfechtbarkeit der daraus resultierenden Entscheidung abzuwarten, weil erst dann vollständige Kenntnis über die widerspruchsbehördliche bzw. gerichtliche Einschätzung bestehen kann.[178]

83 Wegen des zukunftsgerichteten Wortlauts des § 48 IV VwVfG lassen sich anders als in § 45 III SGB X[179] nur diese beiden **Ansätze** vertreten. Sie prägen die Momente der Schnelligkeit oder der Gründlichkeit. Daran anknüpfend handelt es sich in § 48 IV VwVfG um eine Bearbeitungsfrist, wenn man die Zielsetzungen des § 48 IV VwVfG betont,[180] während eine **Entscheidungsfrist** vorläge, wenn man vollständige Kenntnis fordert.[181] Einer Perpetuierung der Jahresfrist durch immer wieder neue behördliche Tatsachenermittlung stünde dann, soweit man den letztgenannten und von der **Rechtsprechung** favorisierten Ansatz wählt, die Rechtsfigur der Verwirkung entgegen.[182]

III. Erstattungsansprüche

84 Nicht mit Entschädigungsansprüchen aufgrund der §§ 48 III, 49 VI VwVfG zu verwechseln[183] sind die in § 49a VwVfG in ihrem Anwendungsbereich abschließend geregelten[184] Erstattungsansprüche **zugunsten der öffentlichen Hand.** Deren Normierung ist haushaltsrechtlichen Zusammenhängen geschuldet (→ § 51 Rn. 2 ff.). Sie ist erforderlich, weil die Rückforderung zulasten Privater[185] ein Akt der Eingriffsverwaltung ist.[186] Etwaige Ansprüche iSd § 49a VwVfG entstehen vor allem, wenn ein Verwaltungsakt mit Wirkung für die Vergangenheit beseitigt wurde. Auf einen Widerruf mit Wirkung für die Zukunft ist § 49a VwVfG also nicht anwendbar.[187]

85 Maßgeblicher **Anspruchsgegner** ist grundsätzlich derjenige, der aufgrund des beseitigten Verwaltungsakts ursprünglich eine Leistung seitens der öffentlichen Hand erhalten hat. Der Anspruch muss sich aber nicht allein gegen ihn richten.[188] Ggf. kommt auch ein Dritter als Anspruchsgegner in Betracht, wenn er zB aufgrund eines Schuldeintritts für etwaige Rückforderungsansprüche iSd § 49a VwVfG haftet. Für ihn gelten dann dieselben Regeln wie für den eigentlichen Adressaten der behördlichen Leistung. Daher kann auch er nicht die Rechtswidrigkeit der Beseitigung eines Verwaltungsakts geltend machen, der unanfechtbar ist.[189]

86 Die **Erstattungshöhe** richtet sich gemäß § 49a II 1 VwVfG rechtsfolgenverweisend nach den §§ 812 ff. BGB.[190] Sie ist wegen § 49a I VwVfG durch schriftlichen Verwal-

---

178 BVerwGE 143, 230 (238); Gass NVwZ 2016, 748 (750).
179 Dazu Merten NJW 1983, 1993 (1997).
180 Knack/Henneke/Peuker VwVfG § 48 Rn. 98; Schoch NVwZ 1985, 880 (884).
181 BVerwG DVBl 2001, 1221; NVwZ 2002, 485.
182 BVerwGE 110, 226 (234 ff.); vgl. auch Gass NVwZ 2016, 748 (751).
183 Guckelberger, Allg. Verwaltungsrecht, 11. Aufl. 2023, § 16 Rn. 30.
184 Kopp/Ramsauer/Ramsauer VwVfG § 49a Rn. 6; BVerwGE 91, 13.
185 So aber Baumeister NVwZ 1997, 19.
186 OVG Thür. DVBl 2011, 242 (242).
187 S. näher Baumeister NVwZ 1997, 19 (23); vgl. auch BT-Drs. 13/1534, 6.
188 So aber OVG Thür. LKV 2010, 563 (564).
189 So auch BVerwGE 139, 125 (133); Breder LKV 2011, 444 (449).
190 BVerwG BayVBl. 1992, 118; s. ebenso Ehlers GewArch 1999, 305 (316 f.).

tungsakt festzusetzen, der in der Regel mit der Beseitigung verbunden wird oder die darin konkludent enthalten ist.[191] Die Behörde muss daher nicht per Leistungsklage vorgehen.[192] Bemerkenswert ist § 49a II 2 VwVfG, der iSe Spezialvorschrift den Entreicherungseinwand anders als § 819 I BGB bereits bei grober Fahrlässigkeit ausschließt.[193]

Nach § 49a III 1 VwVfG ist der Anspruch zu verzinsen,[194] wenn nicht § 49a III 2 VwVfG greift. Die Möglichkeit der Verzinsung besteht nach § 49a IV VwVfG auch, wenn eine für einen bestimmten Zweck gewährte Leistung nicht alsbald nach Auszahlung entsprechend verwendet wird[195] oder eine Leistung in Anspruch genommen wird, obwohl andere Mittel anteilig und vorrangig einzusetzen sind. Die **Verzinsung** beginnt mit der Unwirksamkeit und damit ab dem Zeitpunkt des Erlasses des Verwaltungsakts, was mit dem Übermaßverbot kollidieren soll.[196] 87

Der **Zinssatz** beträgt fünf Prozentpunkte über dem Basiszinssatz und knüpft an die Bedingungen des Kapitalmarktes an.[197] Diese dynamische Kopplung soll vermeiden, dass Zinspflichtige von der Verzögerung der Erstattung profitieren.[198] Sie trägt zudem dem Umstand Rechnung, dass die öffentliche Hand bei der Wiederbeschaffung von Kapital am Finanzmarkt gewissen Zinsschwankungen unterliegt.[199] Der Zinsanspruch darf genauso wie die Hauptforderung per Verwaltungsakt festgesetzt werden.[200] 88

IV. Beseitigung bei Drittbeteiligung

In engem Zusammenhang zu den §§ 48 f. VwVfG steht § 50 VwVfG. Er bezieht sich darauf, dass ein Dritter gegen einen Verwaltungsakt Anfechtungswiderspruch oder -klage erhebt und bietet der Ausgangsbehörde dann die Möglichkeit, den erlassenen Verwaltungsakt **aufzuheben, ohne** an die **Vertrauensschutzregeln** der §§ 48 I 2, II–IV, 49 II–IV, VI VwVfG gebunden zu sein. Diese Möglichkeit besteht im Rahmen des Widerspruchsverfahrens wegen der dann nach § 72 VwGO gebotenen Abhilfeprüfung ohnehin, weil dann nicht die §§ 48 ff. VwVfG, sondern die §§ 68 ff. VwGO die maßgebliche Rechtsgrundlage bilden.[201] Kommt es jedoch nicht zur Durchführung eines Vorverfahrens, insbesondere weil es auf landes- oder ggf. auf bundesrechtlicher Grundlage abgeschafft ist, führt § 50 VwVfG dazu, dass etwaiges Vertrauen des Adressaten des Verwaltungsakts außer Betracht bleiben muss. 89

Die **Zielsetzung des § 50 VwVfG** liegt darin, dass sich der Adressat im Falle einer Drittbeteiligung so lange nicht auf Vertrauensschutz berufen können soll, wie der Dritte den begünstigenden Verwaltungsakt noch angreifen kann. Erst wenn das Stadium der Unanfechtbarkeit erreicht ist, besteht daher in solchen Konstellationen Ver- 90

---

191 Vgl. dazu Stelkens/Bonk/Sachs/Sachs VwVfG § 49a Rn. 38; BVerwGE 67, 305 (313).
192 BT-Drs. 7/910, 70 f.
193 Guckelberger, Allg. Verwaltungsrecht, 11. Aufl. 2023, § 16 Rn. 30.
194 Gröpl VerwArch 88 (1997) 23; Schnekenburger NVwZ 2003, 36.
195 dazu OVG Thür. NVwZ-RR 1999, 435.
196 S. Ehlers GewArch 1999, 305 (317).
197 S. näher Petershagen NJW 2002, 1455.
198 BT-Drs. 13/1534, 7.
199 Obermeyer/Funke-Kaiser/Baumeister VwVfG § 49a Rn. 47.
200 Kopp/Ramsauer/Ramsauer VwVfG § 49a Rn. 19; OVG Magdeburg NVwZ 2002, 108 (108).
201 Detterbeck, Allg. Verwaltungsrecht 741, 21. Aufl. 2023, § 10 Rn. 741; vgl. auch Kopp/Ramsauer/Ramsauer VwVfG § 50 Rn. 10.

trauensschutz, vorher aber nicht.[202] Aus diesem Grunde beschränkt sich der Anwendungsbereich des § 50 VwVfG auf den Adressaten begünstigende Verwaltungsakte und zudem auf die Drittanfechtung. Der Verpflichtungsrechtsbehelf eines Dritten, mit dem er begehrt, dass ein zwischenzeitlich unanfechtbar gewordener, den Adressaten begünstigender Verwaltungsakt nach Maßgabe der §§ 48 f. VwVfG aufgehoben werden soll, führt deshalb nicht zur Anwendung des § 50 VwVfG. Dafür spricht insbesondere, dass der Adressat nunmehr Vertrauensschutz genießt.[203]

91 Da § 50 VwVfG aE voraussetzt, dass durch die Beseitigung des Verwaltungsakts dem Anfechtungsrechtsbehelf **„abgeholfen wird"**, muss der vom Dritten erhobene Widerspruch oder dessen Klage von einer bestimmten Qualität sein, um die §§ 48 I 2, II–IV, 49 II–IV und VI VwVfG außer Kraft zu setzen. Anderenfalls würde § 50 VwVfG die widerstreitenden Interessen des Adressaten und etwa betroffener Dritter zu einseitig lediglich zugunsten Dritter auflösen, weil er allein durch die Einlegung eines Anfechtungsrechtsbehelfs § 50 VwVfG aktivieren könnte. Fraglich bleibt aber, was mit Abhilfe im Sinne dieser Vorschrift gemeint ist. Insoweit wird vertreten, dass diese Vorschrift entweder bei Unzulässigkeit,[204] bei offensichtlicher Unzulässigkeit und Unbegründetheit[205] oder bei Unbegründetheit[206] des eingelegten Widerspruchs bzw. der erhobenen Klage nicht greifen soll.

V. Wiederaufgreifen des Verfahrens

92 Während die §§ 48 f. VwVfG der Behörde die Möglichkeit zur Beseitigung eines erlassenen Verwaltungsakts bieten und sie ggf. sogar dazu verpflichten, wechselt § 51 VwVfG den Blickwinkel hin zum Betroffenen, der nach dieser Norm unter bestimmten Voraussetzungen das Wiederaufgreifen des Verfahrens beantragen kann. Diese Vorschrift beruht auf der Erwägung, dass jede rechtsstaatliche Verfahrensordnung eine Aussage über die Möglichkeit treffen muss, einen abgeschlossenen Sachverhalt wieder aufzugreifen und eine getroffene Entscheidung zu revidieren. Denn auch unanfechtbare Entscheidungen können sich im Laufe der Zeit zu den sich wandelnden gesellschaftlichen Vorstellungen oder Verfassungsprinzipien in Widerspruch setzen.[207] Abgesehen davon kann sich aber auch erst im Nachhinein herausstellen, dass die die Entscheidung ursprünglich tragenden Gründe nicht mehr zutreffen, weil neue Erkenntnisse vorliegen. Diese Überlegungen finden für gerichtliche Entscheidungen im Rahmen des Wiederaufnahmeverfahrens in Form der Nichtigkeits- bzw. Restitutionsklage nach § 153 VwGO iVm den §§ 579 f. ZPO Ausdruck. Ähnliche Regeln müssen auch, wenn nicht sogar erst recht für Verwaltungsakte bestehen, zumal deren negative Bindungswirkung deutlich geringer ist (→ § 50 Rn. 6 ff.).[208]

1. Verhältnis zu den §§ 48 f. VwVfG

93 § 51 VwVfG erfasst vor diesem Hintergrund allein unanfechtbare Verwaltungsakte und damit den Fall, dass der Betroffene die Kassation des Verwaltungsakts nicht

202 Obermayer/Funke-Kaiser/Baumeister VwVfG § 50 Rn. 1.
203 Detterbeck, Allg. Verwaltungsrecht, 21. Aufl. 2023, § 10 Rn. 746.
204 Krausnick JuS 2010, 594 (598).
205 Stelkens/Bonk/Sachs/Sachs VwVfG § 50 Rn. 99.
206 Detterbeck, Allg. Verwaltungsrecht, 21. Aufl. 2023, § 10 Rn. 744; BVerwG NVwZ 1990, 857.
207 BT-Drs. 7/910, 74.
208 Maurer/Waldhoff, Allg. Verwaltungsrecht, 21. Aufl. 2024, § 11 Rn. 79; Guckelberger, Allg. Verwaltungsrecht, 11. Aufl. 2023, § 17 Rn. 1, 9.

mehr über die Einlegung eines Rechtsbehelfs erreichen kann. Der Anwendungsbereich der §§ 48 f. VwVfG ist demgegenüber weiter gezogen, weil sie die Beseitigung eines Verwaltungsakts „[…], auch nachdem er unanfechtbar geworden ist, […]" ermöglichen und damit auch dann greifen, wenn der Betroffene noch Rechtsbehelfe einlegen kann. Damit zeigt sich, dass die §§ 48 f. VwVfG weniger dessen Interessen dienen als vielmehr öffentliche Belange spiegeln,[209] auch wenn ein Widerrufs- oder Rücknahmeverfahren nicht nur von Amts wegen, sondern durchaus auch auf Antrag durchgeführt werden kann (→ § 51 Rn. 1). Diese **unterschiedlichen Ziele** der §§ 48 f. VwVfG und des § 51 VwVfG kommen auch in der Rechtsfolge dieser beiden Mechanismen zur Beseitigung eines Verwaltungsakts zum Ausdruck: Während der Betroffene im Falle eines Wiederaufgreifens zwar keinen Anspruch auf eine positive Sachentscheidung,[210] sehr wohl aber einen Anspruch darauf hat, dass das Verfahren wieder aufgegriffen wird, wenn die Voraussetzungen des § 51 VwVfG vorliegen („… hat … zu entscheiden …"),[211] stehen Rücknahme- und Widerrufsverfahren sowohl im Hinblick auf die Verfahrenseinleitung als auch im Hinblick auf das Verfahrensergebnis grundsätzlich im behördlichen Ermessen.[212]

Die §§ 48 f. VwVfG bieten einen Anspruch auf Wiederaufgreifen des Verfahrens somit nur bei einer Ermessensreduzierung auf Null.[213] Diese Voraussetzung muss in praxi aber nicht vorliegen, weil den für ein Wiederaufgreifen sprechenden Gründen ebenso gewichtige oder noch gewichtigere Gründe gegenüberstehen können, die auf den Erhalt des Status Quo drängen. So folgt aus § 79 II BVerfGG, der immerhin eine für nichtig erklärte Rechtsnorm voraussetzt, dass auf deren Basis ergangene Entscheidungen wirksam bleiben.[214] Ob ein Wiederaufgreifen des Verfahrens nötig ist, setzt im Rahmen der §§ 48 f. VwVfG somit eine Abwägung im Einzelfall voraus: Infolgedessen steht beispielsweise dem Vorwurf der Rechtswidrigkeit einer behördlichen Entscheidung der Ablauf der Rechtsbehelfsfristen gegenüber.[215] Abgesehen davon kann aber auch die Geringfügigkeit einer Belastung, das Verstreichen langer Zeit seit dem Erlass des Verwaltungsakts (siehe zB § 85 II OWiG), die unvermeidbare Ungleichbehandlung bei Wiederaufgreifen einzelner aus einer großen Zahl gleichgelagerter Verwaltungsakte (zB Steuerbescheide) oder der Vertrauensschutz Dritter, auch wenn diese nicht zu den im Rechtssinne „Begünstigten" gehören,[216] sowie ganz allgemein Aspekte der Rechtssicherheit[217] gegen ein **Wiederaufgreifen des Verfahrens auf Basis der §§ 48 f. VwVfG** sprechen. Was bleibt, ist dann einzig ein Anspruch auf ermessensfehlerfreie Entscheidung.[218] 94

[209] Stelkens/Bonk/Sachs/Sachs VwVfG § 48 Rn. 61.
[210] BT-Drs. 7/910, 75; s. auch OVG Münster NWVBl. 1996, 394.
[211] S. näher Baumeister VerwArch 83 (1992), 374 (390 ff.).
[212] Vgl. BVerwG NVwZ 2000, 447.
[213] BVerwGE 26, 153; 28, 127; BVerwG NJW 1981, 2595; NVwZ 1985, 265; BVerwGE 78, 332 (338); BVerwG BayVBl. 1994, 632; vgl. auch Maurer/Waldhoff, Allg. Verwaltungsrecht, 21. Aufl. 2024, § 11 Rn. 88 ff.
[214] Vgl. BVerfGE 20, 235.
[215] Detterbeck, Allg. Verwaltungsrecht, 21. Aufl. 2023, § 10 Rn. 769; BVerwG NVwZ 2010, 635.
[216] BT-Drs. 7/910, 75.
[217] S. auch BVerfGE 27, 309.
[218] BVerwGE 27, 304; Siegmund-Schultze DVBl 1970, 256; BGH DÖV 1973, 92 mAnm von Maetzel; BVerwG NVwZ 2000, 447.

95 Gleichwohl haben die Verfahren nach den §§ 48 f. VwVfG und nach § 51 VwVfG jedenfalls insoweit Gemeinsamkeiten, als sie zweistufig ablaufen, indem zunächst über das „Ob" des Wiederaufgreifens und erst danach über die Sachentscheidung selbst entschieden wird.[219] Daran anknüpfend ist von einem „Wiederaufgreifen des Verfahrens" sowohl im Anwendungsbereich der §§ 48 f. VwVfG – dann in einem weiteren Sinne – als auch im Anwendungsbereich des § 51 VwVfG – dann in einem engeren Sinne – die Rede. Der Begriff ist also mehrdeutig.[220] Für das Verhältnis des § 51 VwVfG zu den §§ 48 f. VwVfG gilt daran anknüpfend, dass beide Mechanismen zur Beseitigung von Verwaltungsakten **grundsätzlich nebeneinander** anwendbar sind. Deren Koexistenz bestätigt ebenfalls § 51 V VwVfG, wonach die §§ 48 f. VwVfG im Falle eines Wiederaufgreifens des behördlichen Verfahrens unberührt bleiben. Diese Klausel deutet allerdings zugleich auch einen Vorrang des § 51 I VwVfG an, der ebenfalls dadurch bestätigt wird, dass diese Vorschrift für den Betroffenen günstiger ist, weil sie ihm einen Anspruch auf das Wiederaufgreifen des Verfahrens einräumt. Damit ist § 51 VwVfG vor den §§ 48 f. VwVfG zu prüfen – und zwar wegen § 24 VwVfG selbst dann, wenn es der Betroffene nicht ausdrücklich verlangt.[221]

2. Gründe für ein Wiederaufgreifen aus § 51 I VwVfG

96 Der in § 51 I VwVfG angelegte Anspruch auf Wiederaufgreifen des Verfahrens setzt insbesondere einen tragfähigen Grund voraus. Der Kreis der tauglichen Anknüpfungspunkte ist abschließend in § 51 I VwVfG normiert. Sie beziehen sich entweder eher auf eine Widerrufslage (Nr. 1) oder eher auf eine Rücknahme (Nr. 2, 3).

a) Nachträgliche Änderung der Lage zugunsten des Betroffenen

97 § 51 I Nr. 1 VwVfG ähnelt der Situation, die in § 49 II 1 Nr. 3 und 4 VwVfG angelegt ist, unterscheidet sich davon aber dadurch, dass sich die Umstände nicht zulasten, sondern zugunsten des Betroffenen geändert haben. Denn diese Bestimmung erlaubt ein Wiederaufgreifen nur für den Fall, dass eine entscheidungserhebliche neue Sach- oder Rechtslage nachträglich eingetreten ist und der Adressat davon profitiert, was schlüssig darzulegen ist.[222] Maßgeblich für die Beurteilung der Nachträglichkeit ist der Zeitpunkt des Erlasses des zu beseitigenden Verwaltungsakts, weil nur die danach zugunsten des Betroffenen eintretenden Modifikationen erfasst werden. Die **Änderung** kann dann freilich entweder (selten) auf den Erlasszeitpunkt zurückwirken oder aber iSe Wirkung ex nunc eine nunmehr abweichende Beseitigungsentscheidung erfordern. Diese Konstellation spielt vor allem bei Dauerverwaltungsakten[223] eine Rolle, weil sich deren Rechtswirkung ständig aktualisiert und nur sie in die Zukunft wirken (→ § 46 Rn. 27).

98 Eine nachträgliche Änderung der **Rechtslage** liegt daran anknüpfend vor, wenn entscheidungserhebliche Rechtsnormen (→ § 25 Rn. 1 ff.) nach Erlass des Erstbescheides aufgehoben, neu erlassen oder geändert wurden – sei es mit Wirkung ex nunc

[219] Guckelberger, Allg. Verwaltungsrecht, 11. Aufl. 2023, § 17 Rn. 1; BVerwGE 135, 121 (121 f.); dezidiert dazu mwN Brade JA 2022, 304 (304).
[220] S. auch Ule/Laubinger, Verwaltungsverfahrensgesetz, 4. Aufl. 1995, § 65 I 5.
[221] Detterbeck, Allg. Verwaltungsrecht, 21. Aufl. 2023, § 10 Rn. 768.
[222] Knack/Henneke/Peuker VwVfG § 51 Rn. 33; vgl. dazu BVerwGE 77, 323 (324 f.).
[223] Vgl. BVerwG NVwZ-RR 2002, 548 (550); s. auch Wasmuth VIZ 2002, 657 (659 f.).

oder mit Wirkung ex tunc. Demgegenüber hat sich die **Sachlage** geändert, wenn entscheidungsrelevante Tatsachen, die im Erlasszeitpunkt vorlagen, nachträglich weggefallen oder wenn neue für die Entscheidung erhebliche Tatsachen nachträglich eingetreten sind.[224] Daran anknüpfend kann eine Änderung der Sachlage auch durch neue naturwissenschaftliche Erkenntnisse eintreten, auch wenn die gefundenen Einsichten schon immer existent und nur noch nicht bekannt waren. Denn diese Forschungsergebnisse ändern im Nachhinein den Stand des vorhandenen Wissens. Damit unterliegt der Maßstab der Sachlage in § 51 I Nr. 1 VwVfG einem Verfügbarkeitsvorbehalt.

Unklar ist, ob diese Norm eine nachträgliche **Rechtsprechungsänderung** erfasst. Vor **99**
allem der Wortlautunterschied zu § 49 II 1 Nr. 4 VwVfG („… Sach- oder Rechtslage … geändert …" statt „… geänderte Rechtsvorschrift …") könnte hier für eine großzügigere Sichtweise sprechen. Da aber die Aufgabe der Judikative in der Auslegung des Rechts liegt, wird man auch innerhalb des § 51 I Nr. 1 VwVfG bei Rechtsprechungsänderungen weniger von einer Modifikation des objektiven Rechts ausgehen dürfen[225] als vielmehr eine bisher falsche Rechtsauslegung annehmen müssen.[226] In Entsprechung dazu stellt das BVerwG zwar teilweise die Rechtsprechungsänderung der Rechtsänderung gleich, bejaht aber stets nur die Berechtigung und nicht die Verpflichtung zum Wiederaufgreifen des Verfahrens.[227] § 51 I Nr. 1 VwVfG greift daran anknüpfend auch bei einer Änderung der unionsgerichtlichen Spruchpraxis nicht.[228] In derartigen Fällen[229] ist stattdessen § 48 VwVfG anwendbar, so dass auch eine unionsrechtskonforme Auslegung[230] an sich nicht erforderlich ist. Die Vorgaben des Primär- bzw. Sekundärrechts steuern vielmehr das in § 48 VwVfG eingeräumte Ermessen[231] und können insoweit dann ggf. zu einer Beseitigungspflicht führen.[232]

b) Neue Beweismittel

§ 51 I Nr. 2 VwVfG führt zum Wiederaufgreifen des Verfahrens, wenn neue Beweis- **100**
mittel vorliegen, die eine dem Betroffenen günstigere Entscheidung herbeigeführt hätten. Damit ist nicht der Fall neuer Tatsachen angesprochen. Er wird bereits von § 51 I Nr. 1 VwVfG erfasst.[233] **Maßgeblicher Bezugspunkt** sind stattdessen die zum Zeitpunkt des Erlasses des Verwaltungsakts existenten, dh also alte Tatsachen, die aber noch unbekannt waren oder nicht bewiesen werden konnten. Wird dem Betroffenen nun nach Verfahrensabschluss ein Beweismittel iSd § 26 VwVfG bekannt, mit dem er dieses Defizit beseitigen kann, sind die Vorgaben des § 51 I Nr. 2 VwVfG er-

[224] Ule/Laubinger, Verwaltungsverfahrensgesetz, 4. Aufl. 1995, § 65 III 1a; BVerwG NVwZ 2002, 718 (719).
[225] BVerwGE 17, 256 (261).
[226] So zB BVerwGE 28, 126; BVerwG NJW 1981, 2595 und NVwZ 1988, 143; BVerwG BayVBl. 1994, 632 f.; BSGE 28, 142 u. DÖV 1974, 352; VG Berlin NVwZ 2000, 1075 (1076).
[227] S. zB BVerwGE 17, 256; 28, 122; 35, 236; BVerwG NJW 1981, 2595; OVG Münster NVwZ 1986, 134; ebenso Stelkens NVwZ 1982, 492; Ule/Laubinger, Verwaltungsverfahrensgesetz, 4. Aufl. 1995, § 65 III 1.
[228] BVerwG NVwZ 2010, 656; Sasse JURA 2009, 493 (497).
[229] Maurer/Waldhoff, Allg. Verwaltungsrecht, 21. Aufl. 2024, § 11 Rn. 84.
[230] So insbesondere Lenze VerwArch 97 (2006), 49 (59).
[231] Vgl. EuGH DVBl 2004, 373 sowie Britz/Richter JuS 2005, 198; s. auch BVerwG DÖV 2005, 651.
[232] Vgl. dazu Detterbeck, Allg. Verwaltungsrecht, 21. Aufl. 2023, Rn. 769; OVG Lüneburg NVwZ 2006, 1302 (1304); s. auch Sasse JURA 2009, 493 (497 f.).
[233] Maurer/Waldhoff, Allg. Verwaltungsrecht, 21. Aufl. 2024, § 11 Rn. 85.

füllt.[234] Ein Sachverständigengutachten wird dieser Voraussetzung aber jedenfalls so lange nicht gerecht, wie es lediglich eine neue Bewertung enthält, weil es sich dann nicht auf für den Betroffenen unbekannte Tatsachen bezieht.[235]

101 Da § 51 I Nr. 2 VwVfG fordert, dass die neuen Beweismittel eine dem Betroffenen günstigere Entscheidung herbeigeführt hätten, verlangt diese Bestimmung deutlicher als § 51 I Nr. 1 VwVfG die **Entscheidungserheblichkeit.** Sie kann sich im Verbund mit anderen Beweismitteln[236] ergeben und muss nicht mit Sicherheit feststehen,[237] zumal sich oft erst nach Durchführung des Verfahrens herausstellen wird, ob neue Beweismittel zum Erfolg führen.[238] Immerhin müssen sie aber die Basis der Entscheidung erschüttern.[239] Dieser Maßstab gilt auch für Ermessensentscheidungen, da er offen genug ist, um die dortigen Freiräume der Behörde zu wahren. Daran anknüpfend würde zB das Vorbringen, dass Ermittlungen unterlassen worden sind, die dem Auffinden weiterer Beweismittel dienlich gewesen wären, § 51 I Nr. 2 VwVfG nicht genügen, weil das Wiederaufgreifen nicht bezweckt, das Ersatzverfahren zu wiederholen. Stattdessen greift diese Norm dort, wo Nachforschungen unterlassen worden sind, nur dann, wenn Umstände übergangen worden sind, deren Entscheidungserheblichkeit sich hätte aufdrängen müssen.[240]

c) Vorliegen von Wiederaufnahmegründen iSd § 580 ZPO

102 Abschließend nennt § 51 I Nr. 3 VwVfG den Fall, dass Wiederaufnahmegründe iSd § 580 ZPO gegeben sind. Die damit angesprochenen Kriterien entsprechen weitgehend denen, die die verwaltungsgerichtliche Rechtsprechung als ungeschriebene Grundsätze des Verwaltungsrechts entwickelt hat, um ein Wiederaufgreifen zu ermöglichen.[241] § 51 I Nr. 3 VwVfG ist in seinem Verweis auf § 580 ZPO abschließend und deshalb nicht erweiterungsfähig.[242] Die einzelnen Voraussetzungen dieser Norm des Zivilprozessrechts sind in den einschlägigen Kommentaren hinreichend erläutert. Zusammengefasst geht es dort um Gründe, die zwar nicht zwingend entscheidungserheblich sein müssen, wohl aber in der Regel sein werden, jedenfalls jedoch derart weit **jenseits der Rechtsordnung angesiedelt** sind, dass dem Gesetzgeber ein erneutes Aufrollen des Prozesses zwingend erforderlich erscheint. Sie führen zur Wiederaufnahme des gerichtlichen Verfahrens und müssen daher erst recht zum Wiederaufgreifen des behördlichen Verfahrens führen, weil die negative Bindungswirkung von Verwaltungsakten geringer ist als die von Gerichtsurteilen (→ § 50 Rn. 6 ff.).[243]

[234] BVerwG DVBl 1982, 998; BVerwGE 82, 272 (275 ff.); BVerwG BayVBl. 1994, 632 ff. und NVwZ 2000, 202 sowie DVBl 2001, 305.
[235] Guckelberger, Allg. Verwaltungsrecht, 11. Aufl. 2023, § 17 Rn. 5; BVerwG NJW 1981, 2595.
[236] Knack/Henneke/Peuker VwVfG § 51 Rn. 46; vgl. dazu auch BVerwG BayVBl. 1993, 120.
[237] So aber Detterbeck, Allg. Verwaltungsrecht, 21. Aufl. 2023, § 10 Rn. 769 im Anschluss an VGH München BayVBl. 2009, 440 (400).
[238] Obermayer/Funke-Kaiser/Baumeister VwVfG § 51 Rn. 60.
[239] Knack/Henneke/Peuker VwVfG § 51 Rn. 46.
[240] BVerwG LKV 2015, 133 (134).
[241] S. näher BT-Drs. 7/910, 74 f.
[242] BVerwG BayVBl. 1994, 632 (634).
[243] Maurer/Waldhoff, Allg. Verwaltungsrecht, 21. Aufl. 2024, § 11 Rn. 86.

3. Zu den Stadien des Wiederaufgreifens des Verfahrens

Liegt ein Grund für das Wiederaufgreifen des Verfahrens iSd § 51 I VwVfG vor, folgt daraus wie gesagt noch keine Pflicht zur Beseitigung oder Änderung des ursprünglich erlassenen Verwaltungsakts, sondern ggf. nur eine Pflicht zur neuerlichen materiell-rechtlichen Überprüfung. Daran anknüpfend lassen sich drei Stadien des Wiederaufgreifens des Verfahrens[244] innerhalb des § 51 VwVfG differenzieren. 103

a) Zulässigkeit des Antrags auf Wiederaufgreifen des Verfahrens

Zunächst ist in einem ersten Schritt zu überprüfen, ob der Antrag des Betroffenen – das kann der Adressat des Verwaltungsakts, aber auch ein etwa betroffener Dritter sein[245] – auf Wiederaufgreifen des Verfahrens zulässig ist. Dazu ist erforderlich, dass er ordnungsgemäß bei der nach § 3 VwVfG zuständigen Behörde (§ 51 IV VwVfG) gestellt worden ist und sich auf einen **unanfechtbaren Verwaltungsakt** bezieht. Er kann Konsequenz einer nicht mehr angreifbaren behördlichen Entscheidung sein oder einem rechtskräftigen Gerichtsurteil zugrunde liegen.[246] 104

Abgesehen davon darf die Durchführung des Verfahrens **nicht gesetzlich ausgeschlossen** sein. Das ist zB bezogen auf Planfeststellungsbeschlüsse nach § 72 I VwVfG der Fall. Sie genießen also einen erhöhten Bestandsschutz, weil sie in qualifizierten Verfahren erlassen werden (→ § 50 Rn. 14). Planfeststellungsbeschlüsse sind aber gleichwohl nicht nur nach den §§ 73 ff. VwVfG modifizierbar,[247] sondern können ggf. (auch) nach den §§ 48 f. VwVfG unter Beachtung der planfeststellungsrechtlichen Einschränkungen aufgehoben werden.[248] 105

Zudem setzt die Zulässigkeit des Antrags nach § 51 II VwVfG voraus, dass der Betroffene antragsbefugt[249] ist und sein **Recht** auf Wiederaufgreifen des Verfahrens noch **geltend machen darf.** Dazu muss er ohne grobes Verschulden außerstande gewesen sein, den Grund für das Wiederaufgreifen in das frühere Verfahren zB durch Rechtsbehelf einzubringen. Hinzu kommt die in § 51 III VwVfG enthaltene Dreimonatsfrist, deren Anwendungsbereich auf § 51 I VwVfG beschränkt ist, also nicht für das Wiederaufgreifen nach den §§ 48 f. VwVfG gilt.[250] Ferner muss der Betroffene einen der in § 51 I VwVfG aufgeführten Gründe als möglicherweise einschlägig geltend machen.[251] 106

b) Begründetheit des Antrags auf Wiederaufgreifen des Verfahrens

Ist der Antrag des Betroffenen zulässig, prüft die Behörde in einem zweiten Schritt dessen Begründetheit. Dazu ist danach zu fragen, ob einer der in § 51 I VwVfG nie- 107

[244] Ähnlich Ule/Laubinger, Verwaltungsverfahrensgesetz, 4. Aufl. 1995 § 65 I 5; Stelkens/Bonk/Sachs/Sachs VwVfG § 51 Rn. 22; Erichsen/Ebber JURA 1997, 424; BVerwGE 70, 110; OVG Hamburg NVwZ 1985, 512.

[245] Sanden DVBl 2007, 665, (665).

[246] Detterbeck, Allg. Verwaltungsrecht, 21. Aufl. 2023, § 10 Rn. 769.

[247] In diese Richtung aber hess. VGH DVBl 1992, 1446 (1447 f.); OVG Berlin-Brandenburg DVBl 1997, 73 (77 f.); Sanden DVBl 2007, 665 (666).

[248] BVerwGE 91, 17 (22); Bell/Herrmann NVwZ 2004, 288 (295 f.).

[249] Vgl. dazu Ludwigs JURA 2009, 226 (228); Decker in Wolff/Decker VwGO/VwVfG VwVfG § 51 Rn. 14.

[250] BVerwG DVBl 2010, 254 (254).

[251] Knack/Henneke/Peuker VwVfG § 51 Rn. 132022.

dergelegten **Gründe** für das Wiederaufgreifen des Verfahrens vorliegt. Das Verfahren mündet dann im Erfolgsfall in der Entscheidung, dass es wieder aufgerollt wird.

c) Wiederaufgreifen des Verfahrens mit erneuter Sachentscheidung

108 Ist der Antrag auf Wiederaufgreifen begründet, tritt die Behörde schließlich in einem dritten Schritt in eine erneute Sachprüfung ein. Sie kann dann den ursprünglichen Verwaltungsakt aufheben oder aber beibehalten; je nachdem, welchen Weg sie geht, liegt entweder ein positiver oder ein negativer Zweitbescheid vor. Eine **Verböserung** kommt innerhalb des Verfahrens nach § 51 VwVfG nicht in Betracht, weil es allein im Interesse des Antragstellers erfolgt. Dem entsprechen die dort aufgeführten Gründe jedenfalls in Teilen, wenn sie eine Wirkung „zugunsten des Betroffenen“ oder eine „dem Betroffenen günstigere Entscheidung“ verlangen.[252]

109 Welche **Rechtsgrundlage** zu bemühen ist, ist **umstritten.** Teilweise werden die §§ 48 f. VwVfG herangezogen,[253] teilweise aber auch das Fachrecht.[254] Beide Wege sind schon deshalb kaum überzeugend, weil entweder das Verfahren nach § 51 VwVfG nur einen formellen, jedenfalls aber keinen materiell-rechtlichen Mehrwert gegenüber dem der §§ 48 f. VwVfG hätte oder aber die Gefahr der Umgehung der Rechtsbehelfsfristen auf Kosten der Rechtssicherheit bestünde, was vor allem dann zu Problemen führen kann, wenn der Verwaltungsakt auch die Rechtsstellung Dritter berührt und sie durch das Wiederaufgreifen rechtliche Einbußen treffen.

110 Vor diesem Hintergrund dürfte iSe dritten Weges eine Pflicht zur Beseitigung des Verwaltungsakts nur in Betracht kommen, wenn der Verwaltungsakt gerade wegen des für das Wiederaufgreifen geltend gemachten Grundes auf Basis des Fachrechts nicht hätte ergehen dürfen.[255] Es bedarf insoweit also eines **kausalen Verhältnisses zwischen** dem vorgebrachten **Grund** und der **Beseitigungswürdigkeit** des angegriffenen Verwaltungsakts. Der Vorteil dieses Ansatzes liegt darin, dass nicht jeder Rechtsanwendungsfehler auf den Prüfstand gerät, sondern nur die, die nach § 51 I VwVfG relevant sein sollen. Die Interessen Dritter und ggf. deren berechtigtes Vertrauen müssen hingegen entweder im Rahmen der Ermessensausübung oder aber über Entschädigungsansprüche einbezogen werden.[256]

4. Rückgriff auf die §§ 48 f. VwVfG

111 Ist keiner der in § 51 I VwVfG genannten Gründe für ein Wiederaufgreifen des Verfahrens gegeben oder aber der dort vorausgesetzte Antrag des Betroffenen unzulässig, bleibt ihm (nach teilweise vertretener Ansicht nicht aber etwa betroffenen Dritten[257]) die Möglichkeit, ein Wiederaufgreifen des Verfahrens unter Ermessensgesichtspunkten anzustrengen.[258] Die maßgebliche Rechtsgrundlage bilden dann allerdings die §§ 48 f. VwVfG, nicht jedoch § 51 I VwVfG.[259] Die beiden Verfahren schließen sich

252 Stelkens/Bonk/Sachs/Sachs VwVfG § 51 Rn. 44.
253 So Maurer/Waldhoff, Allg. Verwaltungsrecht, 21. Aufl. 2024, § 11 Rn. 87.
254 So Guckelberger, Allg. Verwaltungsrecht, 11. Aufl. 2023, § 17 Rn. 7.
255 Detterbeck, Allg. Verwaltungsrecht, 21. Aufl. 2023, § 10 Rn. 769.
256 Sasse JURA 2009, 493 (496 f.); Sanden DVBl 2007, 665 (669).
257 Vgl. dazu Knack/Henneke/Peuker VwVfG § 51 Rn. 60 sowie Fehling/Kastner/Störmer/Kastner VwVfG § 51 Rn. 20 andererseits.
258 S. näher Erichsen/Ebber JURA 1997, 424.
259 Detterbeck, Allg. Verwaltungsrecht, 21. Aufl. 2023, § 10 Rn. 770; BVerwG DVBl 2005, 318.

also nicht gegenseitig aus, was § 51 V VwVfG unterstreicht.[260] Beide Verfahren unterscheiden sich zwar in Teilen,[261] gelten aber an sich **nebeneinander** (→ § 51 Rn. 93 ff.).

Jedenfalls das BVerwG differenziert daran anknüpfend hinsichtlich der **Auswahl der richtigen Rechtsgrundlage** danach, ob sich das begehrte Wiederaufgreifen des Verfahrens nur auf einen mittlerweile bestandskräftigen Verwaltungsakt bezieht oder ob er auch gerichtlich bestätigt worden ist: Während im erstgenannten Falle die §§ 48 f. VwVfG ausreichten, müsse im letztgenannten Falle noch § 51 V VwVfG hinzugezogen werden, weil diese Vorschrift erforderlich sei, um die aus der Gerichtsentscheidung folgende Rechtskraft zu durchbrechen.[262] Dagegen wird jedoch vorgebracht, dass sich sowohl § 51 VwVfG als auch die §§ 48 f. VwVfG auf unanfechtbare, bestandskräftige Verwaltungsakte beziehen, so dass an sich keine Unterschiede im Anwendungsbereich bestehen dürften.[263] 112

Geht die Behörde auf Basis der **§§ (51 V), 48 I 1, 49 I VwVfG** vor, bedarf es wie im Verfahren nach § 51 I VwVfG zunächst einer Positiventscheidung bezüglich des „Ob" der Wiederaufnahme. Deren Verweigerung ist nicht ermessensfehlerhaft, wenn der Eintritt in die Sachprüfung per Verweis auf die rechtskräftige Bestätigung einer behördlichen Entscheidung durch die Fachgerichtsbarkeit abgelehnt wird. Liegt eine Positiventscheidung vor, wird eine Sachentscheidung möglich, wobei die öffentliche Hand dann nicht auf eine Aufhebung des Verwaltungsakts beschränkt sein, sondern in den Grenzen ihrer rechtlichen Bindungen auch andere Maßnahmen ergreifen dürfen soll.[264] Diese Sichtweise wird aufgrund ihrer Abweichung von der Rechtsfolge der §§ 48 f. VwVfG oftmals kritisiert.[265] 113

5. Rechtsschutz

Lehnt die Behörde ein **beantragtes Wiederaufgreifen ab,** so muss sie den Antragsteller entsprechend bescheiden. Man spricht dann von einer wiederholenden Verfügung, die als Verwaltungsakt einzustufen ist, weil die Behörde zwar keine materiellrechtliche, sehr wohl aber eine verfahrensrechtliche Regelung trifft – nämlich darüber, nicht nochmals in eine Sachprüfung eintreten zu wollen (→ § 45 Rn. 59 ff.).[266] Der Betroffene kann dann soweit noch möglich Widerspruch einlegen und (ggf. daran anschließend) Verpflichtungsklage erheben, nicht nur um ein Wiederaufgreifen des Verfahrens,[267] sondern auch um die Aufhebung des ursprünglich erlassenen Verwaltungsakts zu erreichen, weil beide Zielsetzungen untrennbar miteinander verbunden sind, so dass es sich um eine einzige Begehr handelt.[268] 114

Tritt die Behörde in die **Sachprüfung** ein, wird die daran anschließende Entscheidung als Zweitbescheid bezeichnet. Er ist negativ, wenn die Maßnahme bestehen 115

[260] Kopp/Ramsauer/Ramsauer VwVfG § 51 Rn. 50.
[261] Traulsen VerwArch 103 (2012), 337 (353).
[262] BVerwG NVwZ 2010, 652 (653); BVerwG NVwZ 2010, 656 (657 f.).
[263] Detterbeck, Allg. Verwaltungsrecht, 21. Aufl. 2023, § 10 Rn. 770; vgl. dazu auch Detterbeck, Streitgegenstand und Entscheidungswirkungen im Öffentlichen Recht, 1995, S. 199 ff.
[264] So BVerwG DVBl 2010, 254 (256 f.).
[265] Traulsen VerwArch 103 (2012), 337 (353); Knack/Henneke/Peuker VwVfG § 51 Rn. 60.
[266] Detterbeck, Allg. Verwaltungsrecht, 21. Aufl. 2023, § 10 Rn. 772.
[267] So Stelkens/Bonk/Sachs/Sachs VwVfG § 51 Rn. 69 ff.; Ruffert in Ehlers/Pünder, Allg. Verwaltungsrecht, § 26 Rn. 11.
[268] Detterbeck, Allg. Verwaltungsrecht, 21. Aufl. 2023 § 10 Rn. 774; Ludwigs JURA 2009, 226 (227).

bleibt und positiv, wenn sie aufgehoben wird. Da in beiden Fällen eine neue Sachentscheidung ergeht, ersetzt sie den ursprünglich erlassenen Verwaltungsakt, so dass der Zweitbescheid den maßgeblichen Streitgegenstand bildet. Legt darauf der Betroffene einen Rechtsbehelf ein, hängt dessen Art vom Inhalt des negativen Zweitbescheids ab. Ein positiver Zweitbescheid kann die rechtlichen Interessen etwa belasteter Dritter beeinträchtigen und dann ggf. per Anfechtungswiderspruch bzw. -klage angegriffen werden.[269]

VI. Beseitigung unionsrechtswidriger Verwaltungsakte

116 Die Beseitigung von Verwaltungsakten hat auch eine unionsrechtliche Dimension. Für den direkten Vollzug des Unionsrechts durch die Unionsorgane, der insbesondere Beschlüsse iSd Art. 288 IV AEUV betrifft, gelten dort, wo es an ausdrücklichen Regelungen fehlt, ähnliche Grundsätze wie innerhalb der §§ 48 ff. VwVfG.[270] Im Falle des indirekten Vollzugs von Unionsrecht, der sich auf nationale, primär- bzw. sekundärrechtlich überformte Maßnahmen bezieht (→ § 13 Rn. 1 ff.), finden demgegenüber die §§ 48 f. VwVfG direkte Anwendung, soweit das Unionsrecht wie regelmäßig keine eigenen positiv-rechtlichen Aussagen enthält.[271] Die §§ 48 f. VwVfG sind aber in einem mitunter erheblichen Maße[272] unionsrechtlich determiniert.[273] Es gelten je nach betroffener Norm unterschiedliche Grundsätze.

1. Rücknahme nach § 48 VwVfG

117 Im Falle der Rücknahme unionsrechtswidriger Verwaltungsakte auf Basis des § 48 VwVfG ist daran anknüpfend danach zu unterscheiden, ob dem Verwaltungsakt eine begünstigende oder eine belastende Wirkung zukommt.

a) Belastende Verwaltungsakte

118 Ist eine Belastung gegeben, steht die Rücknahme im behördlichen Ermessen. Dessen Ausübung unterliegt dort, wo der Verwaltungsakt noch nicht bestandskräftig ist, keinen besonderen Einflüssen, so dass in der Regel von einer Rücknahmepflicht auszugehen ist (→ § 51 Rn. 33 ff.). Ist der Verwaltungsakt hingegen unanfechtbar geworden, genügt die **Verletzung des Unionsrechts allein nicht,** um eine Pflicht zur Beseitigung der Maßnahme zu begründen, weil die Verträge die Bestandskraft dem Grunde nach anerkennen. Etwas anderes gilt nur, wenn ein schlechthin unerträglicher Fehler[274] vorliegt (→ § 49 Rn. 27 ff.) oder wenn die seitens der Unionsgerichtsbarkeit aufgestellten Kriterien erfüllt sind (→ § 50 Rn. 15).[275] Eine Rücknahmepflicht besteht in diesen Fällen aber nur, solange die Beseitigung nicht zu rechtlichen Nachteilen Dritter führt.[276]

---

269 Stelkens/Bonk/Sachs/Sachs VwVfG § 51 Rn. 74 f.

270 Mann/Sennekamp/Uechtritz/Suerbaum VwVfG § 48 Rn. 266, § 49 Rn. 192.

271 BVerwGE 74, 357; BVerwG NVwZ 1988, 278 und 1992, 703; NJW 1998, 3728.

272 Vgl. dazu zB BVerwG NJW 1998, 3728; Hoenike EuZW 1997, 279; Schoch VERW 32 (1999), Beih. 2, 139; kritisch zu dieser Entwicklung namentlich Scholz ZRP 1998, 295 (298).

273 S. dazu ausf. Suerbaum VerwArch 91 (2000), 169 (177); Gromitsaris ThürVBl. 2000, 97 (101); Battis DÖV 2001, 988 (995); Scheuing VERW 34 (2001), 107.

274 Detterbeck, Allg. Verwaltungsrecht, 21. Aufl. 2023, § 10 Rn. 764.

275 Guckelberger, Allg. Verwaltungsrecht, 11. Aufl. 2023, § 16 Rn. 33.

276 EuGH Slg. 2004, I-837 Rn. 27 – Kühne & Heitz; vgl. auch Detterbeck, Allg. Verwaltungsrecht, 21. Aufl. 2023, § 10 Rn. 765.

Soweit die Vorgaben für eine Durchbrechung der Bestandskraft zwar vorliegen, der Betroffene aber im ersten Verfahren **versäumt** hat, die **Unionsrechtswidrigkeit** des Verwaltungsakts **zu rügen,** ist dieses Unterlassen an sich unschädlich, weil nicht er, sondern die befassten Gerichte in der Pflicht sind (→ § 50 Rn. 15 ff.).[277] Teile der Literatur sehen in der unterlassenen Geltendmachung aber gleichwohl ein ermessenslenkendes Kriterium in dem Sinne, dass eine Rücknahmepflicht nur dann besteht, wenn der Betroffene keinen Grund hatte, an der Unionsrechtskonformität des Verwaltungsakts zu zweifeln. Bestanden hingegen Anhaltspunkte für seine Primär- bzw. Sekundärrechtswidrigkeit, sei die Behörde zur Beseitigung nur bei offensichtlicher und schwerwiegender Unionsrechtsverletzung verpflichtet.[278] 119

Soll ein bestandskräftiger unionsrechtswidriger Verwaltungsakt mit belastender Wirkung beseitigt werden, greift **§ 51 I VwVfG** nicht.[279] Insbesondere liegt im Falle einer zwischenzeitlichen Modifikation der Spruchpraxis des EuGH keine nachträgliche Änderung der Sach- bzw. Rechtslage im Sinne der Nr. 1 dieser Norm vor. Denn sie führt nur zu neuer Rechtserkenntnis in Form einer von der ursprünglichen Lesart abweichenden Auslegung des streitentscheidenden Unionsrechts, während das Unionsrecht selbst gleich bleibt (→ § 49 Rn. 65 ff.). Unionsrechtliche Grundsätze werden dadurch nicht beeinträchtigt, weil in diesem Falle ein Wiederaufgreifen iwS nach den §§ 48 f. VwVfG möglich ist (→ § 51 Rn. 93 ff.).[280] 120

b) Begünstigende Verwaltungsakte

Liegt ein rechtswidriger begünstigender Verwaltungsakt vor, ist § 48 II VwVfG aufgrund der nationalen Verfahrensautonomie[281] zwar grundsätzlich anwendbar,[282] unterliegt aber erheblichen Modifikationen – so namentlich bei Rücknahme und **Rückforderung unionsrechtswidriger Beihilfen,** da dann dem Interesse an wirksamer Durchsetzung des Unionsrechts im Rahmen der zugehörigen Entscheidungen angemessen Rechnung zu tragen ist,[283] um der unionalen Legal-, Fiskal- und Wettbewerbsordnung zu genügen[284] und das Beihilfeaufsichtsrecht nicht auszuhöhlen.[285] 121

aa) Denkbare Szenarien. Eine Verletzung der Art. 107 f. AEUV, die zur Rechtswidrigkeit, nicht aber zur Nichtigkeit (→ § 49 Rn. 20)[286] einer Beihilfe per Verwaltungsakt führt, kann sich aus mehreren Gesichtspunkten ergeben: So ist es vor allem denkbar, dass es um eine von Vornherein gegen **Art. 107 I AEUV** verstoßende Mittelzuweisung geht, die schon dem Grunde nach nicht erlaubnisfähig ist (sog. materielle 122

[277] Ludwigs JZ 2008, 466 (467 f.); Knack/Henneke/Peuker VwVfG § 48 Rn. 43.
[278] Ausf. dazu Detterbeck, Allg. Verwaltungsrecht, 21. Aufl. 2023, § 10 Rn. 765.
[279] So aber Lenze VerwArch 97 (2006), 49 (59).
[280] Ausf. Ludwigs JURA 2009, 226 (229); vgl. auch Fehling/Kastner/Störmer/Kastner VwVfG/VwGO VwVfG § 51 Rn. 10.
[281] Mann/Sennekamp/Uechtritz/Suerbaum VwVfG § 48 Rn. 151.
[282] Vgl. aber Ehlers/Kallerhoff JURA 2009, 823 (831).
[283] BVerwGE 74, 357 (360); BVerwG DVBl 1993, 727; EuGH NVwZ 2004, 459 – Kühne & Heitz; vgl. dazu Britz/Richter JuS 2005, 199; s. ferner BVerwG DÖV 2005, 651; Triantafyllou NVwZ 1992, 436 (439); Pache NVwZ 1994, 318 (324); Hatje, Die gemeinschaftsrechtliche Steuerung der Wirtschaftsverwaltung, 1998, S. 251 ff.; Gromitsaris ThürVBl. 2000, 97 (98).
[284] EuGH EuZW 1997, 276 – Alcan; BVerfG NJW 2000, 2015; EuZW 2003, 444 (446) – Linde; kritisch aber Fastenrath VERW 31 (1998), 277 (295).
[285] EuGH EuZW 1993, 705.
[286] S. dazu Finck/Gurlit JURA 2011, 87 (91); Rennert EuZW 2011, 576 (578).

Rechtswidrigkeit). In diesem Falle birgt die Zuwendung allein deshalb die Gefahr einer Wettbewerbsverzerrung, weil sie entgegen dem in Art. 107 I AEUV enthaltenen Beihilfeverbot gewährt wurde, so dass die Beihilfe bzw. die mit ihr verbundenen Kapitalzinsgewinne zurückzufordern bzw. abzuschöpfen sind.[287]

123 Zudem kann es sein, dass das in **Art. 108 III AEUV** geregelte Notifizierungsgebot bzw. Durchführungsverbot verletzt worden ist, die Kommission die Beihilfe aber später doch noch genehmigt (sog. formelle Rechtswidrigkeit).[288] In diesem Falle fehlt es an einer Verletzung des materiellen Rechts. Gleichwohl besteht die Gefahr einer Wettbewerbsverzerrung, weil der positive Beschluss der Kommission nur ex nunc wirkt und deshalb die zwischenzeitliche Unionsrechtswidrigkeit der nationalen Zuwendung nicht heilen kann (→ § 49 Rn. 65), so dass die Beihilfe ggf. bis zum Abschluss des Prüfungsverfahrens zurückzufordern und erlangte Vorteile abzuschöpfen sind.

124 **bb) Konsequenzen für die Rücknahme bzw. die Rückforderung.** Soweit das Unionsrecht in Form eines bestandskräftigen Kommissionsbeschlusses daran anknüpfend die Rücknahme und Erstattung der Beihilfe fordert, weil sie Art. 107 I AEUV widerspricht und deshalb materiell unionsrechtswidrig ist, ist dieser Anordnung wegen des Effektivitätsprinzips (→ § 13 Rn. 28) über eine **unionsrechtliche Übersteuerung des § 48 VwVfG** Rechnung zu tragen. Sie kollidiert mit den in § 48 VwVfG enthaltenen Tatbeständen und modifiziert sie, kann sie in Teilen sogar außer Kraft setzen: So wird teilweise generell ausgeschlossen, dass sich der Begünstigte in solchen Fällen auf Vertrauen berufen kann, weil die fehlende Kenntnis der Wirkweise der Art. 107 f. AEUV jedenfalls im Falle der Begünstigung eines größeren Unternehmens mit eigener Rechtsabteilung grob fahrlässig iSd § 48 II 3 Nr. 3 VwVfG sei.[289] Diese Sicht der Dinge ist jedoch angreifbar, weil Art. 108 III AEUV die Mitgliedstaaten adressiert und daher keine Unternehmerpflicht begründet, zumal die Ursache der Rechtswidrigkeit an sich nicht in der Sphäre des Beihilfeempfängers liegt.[290]

125 Die besseren Argumente dürften deshalb dafür sprechen, den Regelvorbehalt des § 48 II 2 VwVfG insbesondere im Falle einer verbrauchten Leistung außer Kraft zu setzen, die nach § 48 II 1 VwVfG erforderliche Abwägung unionsrechtlich aufzuladen und so eine behördliche Beseitigungspflicht zu begründen. Diese Wertung setzt sich dann auf Rechtsfolgenebene iSe unionsrechtskonformen Ermessensausübung[291] und ggf. im Rahmen der Fristen- bzw. Erstattungsregeln mit Hilfe des Anwendungsvorrangs fort.[292] Ein Bedarf für eine derartige unionsrechtliche Übersteuerung be-

---

[287] Vgl. dazu Calliess/Ruffert/Cremer AEUV Art. 108 Rn. 27.

[288] Fehling/Kastner/Störmer/Kastner VwVfG § 48 Rn. 79.

[289] EuGH EuZW 1997, 276 – Alcan; ebenso Ehlers GewArch 1999, 305 (317); s. auch Berninghausen, Die Europäisierung des Vertrauensschutzes, 1998, S. 146.

[290] S. auch Hatje, Die gemeinschaftsrechtliche Steuerung der Wirtschaftsverwaltung, 1998, S. 256 ff.

[291] EuGH EuZW 1997, 276 – Alcan; BVerwG DVBl 1986, 1204; OVG Münster EuZW 1992, 286 (288); BVerwG NVwZ 1992, 473; DVBl 1993, 727; Berninghausen, Die Europäisierung des Vertrauensschutzes, 1998, S. 102 ff.; Happe NVwZ 1998, 26; kritisch Scholz DÖV 1998, 261 und dazu Winkler DÖV 1999, 148; Magiera FS Börner, 1992, 213 (230); vgl. auch Suerbaum VerwArch 91 (2000), 169 (184 ff.); Gromitsaris ThürVBl. 2000, 97 (98); Britz/Richter JuS 2005, 198.

[292] EuGH NVwZ 1998, 45 (47); EuZW 2001, 22 (25 f.); vgl. auch EuGH EuZW 2005, 446 (448); Pache NVwZ 1994, 318 (325); allgemein dazu Suerbaum VerwArch 91 (2000), 169 (176 f.); vgl. auch Ludwigs NVwZ 2015, 1327 (1331).

steht jedoch nicht, wenn der **Maßnahmeadressat** im Lichte des Primär- bzw. Sekundärrechts **schutzwürdig**[293] ist. Diese Voraussetzung liegt insbesondere dann vor, wenn das Vertrauen des Beihilfenempfängers seine Grundlage auf Unionsebene findet[294] und soll beispielsweise gegeben sein, wenn eine Mittelzuweisung unterhalb der Schwelle zur binnenmarktrelevanten Beihilfe liegt (sog. de minimis Beihilfe), sie aber gleichwohl auf Basis komplexer Erwägungen für unionsrechtswidrig erklärt wird.[295]

Für den Fall, dass es nicht um eine materiell, sondern um eine formell rechtswidrige Beihilfe geht, weil die in **Art. 108 III AEUV niedergelegten Verfahrensanforderungen nicht gewahrt** sind, kommt ggf. eine Rückforderung der Beihilfe bis zum Abschluss des nachzuholenden Notifikationsverfahrens und eine Abschöpfung etwa erlangter Zinsgewinne in Betracht, weil die Genehmigung der Beihilfe durch die Kommission nur ex nunc wirkt (→ § 49 Rn. 65). Für den Erlass des Rückforderungs- und Rücknahmebescheids ist die Kommission zuständig. Bleibt sie untätig, stehen entsprechende Maßnahmen im Ermessen der nationalen Behörde. Ob und wie sie tätig wird, hängt dann auch davon ab, inwieweit etwaige Konkurrenten spürbare Wettbewerbsnachteile erlitten haben bzw. erleiden. Insoweit sind die Anforderungen weniger streng als im nationalen Recht, was genauso wie die hohe Bedeutung des Art. 108 III AEUV in Richtung Rücknahmeanspruch drängt.[296] Umgekehrt dürfte in diesem Kontext aber auch relevant sein, wie eindeutig der Beihilfecharakter der Zuwendung im Einzelnen ist.[297] 126

Falls etwaige Konkurrenten einem spürbaren Wettbewerbsnachteil infolge einer unionsrechtswidrigen Beihilfe ausgesetzt sind, haben sie einen Anspruch auf Folgenbeseitigung. Er besteht auch und insbesondere, wenn eine nicht notifizierte Beihilfe entgegen Art. 108 III AEUV ausgezahlt wird, obwohl die Kommission sie später für marktkonform erklärt, weil diese Vorschrift jedwede spürbare Wettbewerbsverzerrung infolge von Zuwendungen, deren Marktauswirkungen nicht auf Unionsebene überprüft worden sind, vermeiden und auch Konkurrenten schützen will.[298] Deren Anspruch verlangt dann ebenfalls nicht nur die Rückforderung der Beihilfe, sondern auch deren Verzinsung. Es gilt insoweit allerdings der Vorrang des Primärrechtsschutzes, so dass **betroffene Konkurrenten** zunächst gegen die Gewährung der Beihilfe vorgehen müssen. Versäumen sie in vorwerfbarer Weise etwaige Anfechtungsmöglichkeiten, hängt die (zeitweise) Rücknahme und Rückforderung der Beihilfe bzw. etwaiger Zinsgewinne allein davon ab, ob die Kommission bzw. die zuständige Behörde entsprechende Entscheidungen treffen (müssen).[299] 127

cc) Verfahrensrechtliche und prozessuale Konsequenzen. Die unionsrechtlichen Vorgaben für die Rücknahme bzw. Rückforderung rechtswidriger Beihilfen haben 128

[293] Vgl. dazu EuGH EuZW 1990, 481 – Kommission/Deutschland und DVBl 1997, 951 (952) sowie Hatje, Die gemeinschaftsrechtliche Steuerung der Wirtschaftsverwaltung, 1998, S. 248 ff.
[294] S. Ehlers/Pünder/Ruffert AllgVerwR § 24 Rn. 32.
[295] Vgl. dazu OVG Greifswald NordÖR 2009, 38.
[296] S. zum Ganzen Detterbeck, Allg. Verwaltungsrecht, 21. Aufl. 2023, § 10 Rn. 759 ff.
[297] Ausf. dazu Traupel EWS 2014, 1 (3 f.), der in diesem Zusammenhang die unionsgerichtliche Spruchpraxis für inkohärent hält; vgl. dazu auch Ruthig/Storr, Öffentliches Wirtschaftsrecht, 5. Aufl. 2020, Rn. 970.
[298] Vgl. dazu Rennert EuZW 2011, 576 (578); BVerwG EuZW 2011, 269 Rn. 13 f.
[299] Ausf. dazu Detterbeck, Allg. Verwaltungsrecht, 21. Aufl. 2023, § 10 Rn. 759 ff.

auch eine verfahrensrechtliche und verwaltungsprozessuale Dimension, weil die **befassten Behörden und Gerichte** im Falle einer entsprechenden Unionspflicht diese Maßnahmen nicht unmöglich machen dürfen, sondern effektiv umsetzen müssen. Etwaige Rücknahme- und Rückforderungsbescheide sind daher für sofort vollziehbar zu erklären, zudem sind einstweilige Maßnahmen zur Wahrung der praktischen Wirksamkeit des Unionsrechts zu ergreifen. So ist beispielsweise eine laufende Zuwendung auszusetzen, wenn das Verfahren nach Art. 108 III AEUV eröffnet ist.[300]

129 Abgesehen davon sind die Voraussetzungen für ein **prozessuales Vorgehen betroffener Konkurrenten** unionsrechtskonform zu interpretieren, ggf. sogar unangewendet zu lassen. Daran anknüpfend können sich aus dem Unionsrecht eventuell geringere Anforderungen an die Betroffenheit ergeben, weil nach der Rechtsprechung des EuGH Drittschutz schon dann geboten ist, wenn einem Konkurrenten tatsächlich spürbare Wettbewerbsnachteile drohen.[301] Das Unionsrecht befreit indes nicht von prozessualer Säumnis, so dass etwaige Klagerechte verwirkt sein können, wenn ein betroffener Konkurrent nicht ein Jahr nach Möglichkeit der Kenntnisnahme von der Beihilfe klagt.[302]

2. Widerruf nach § 49 VwVfG

130 Neben § 48 VwVfG wird auch § 49 VwVfG unionsrechtlich überformt. Etwaige Einwirkungen bestehen zwar weniger, soweit es um Belastungen geht, weil diese Norm einen **unionsrechtmäßigen Verwaltungsakt** voraussetzt, so dass das Primär- bzw. Sekundärrecht anders als innerhalb des § 48 II VwVfG grundsätzlich nicht auf eine Beseitigung der Maßnahme drängt. Liegt jedoch ein begünstigender Verwaltungsakt vor, der ursprünglich rechtmäßig erlassen wurde, aber nicht mehr dem geltenden Unionsrecht entspricht, ist nach den Einflüssen der nun bestehenden Verletzung des Primär- bzw. Sekundärrechts zu fragen. Jedenfalls dem Grunde nach gilt insoweit, dass ein etwaiger Widerrufsausschluss aus dem Fachrecht keine Anwendung finden darf, um das Unionsrecht nicht zu umgehen.[303]

131 Stattdessen ist grundsätzlich auf § 49 II 1 Nr. 4 VwVfG zurückzugreifen, weil sich diese Norm auf den Fall einer nachträglichen Änderung der Rechtslage bezieht und damit darauf reagiert, dass der ursprünglich unionsrechtmäßig erteilte **Verwaltungsakt unionsrechtswidrig wird.**[304] Hat der Betroffene den Verwaltungsakt hingegen bereits ins Werk gesetzt, sind die Voraussetzungen dieser Norm nicht erfüllt, so dass auf § 49 II 1 Nr. 5 VwVfG zurückzugreifen ist[305] (→ § 51 Rn. 49 ff.). In beiden Fällen ist ein etwaiger Vertrauensschutz auf Rechtsfolgenebene im Rahmen der Ermessensausübung einzuspeisen, ohne dass dadurch aber die Wirkungen des neuen Unionsrechts schlechthin außer Kraft gesetzt werden dürfen.[306] Um zwischen diesen beiden Polen zu vermitteln, ist daher ein Interessenausgleich nötig, in dessen Rahmen

---

300 Guckelberger, Allg. Verwaltungsrecht, 11. Auflage 2023, § 16 Rn. 34; EuGH NVwZ 2014, 641 (643) – Lufthansa AG/Flughafen Frankfurt Hahn GmbH.

301 S. zum Ganzen Detterbeck, Allg. Verwaltungsrecht, 21. Aufl. 2023, § 10 Rn. 759.

302 BVerwG EuZW 2011, 269 (271); EuGH Slg. 1995, I-4599 Rn. 13, 21 – Peterbroeck ua.

303 Gärditz DVBl 2010, 247 (249); Guckelberger, Allg. Verwaltungsrecht, 11. Aufl. 2023, § 16 Rn. 35.

304 Knack/Henneke/Peuker VwVfG § 49 Rn. 20.

305 Gärditz DVBl 2010, 247 (248); Glaser EuZW 2010, 225 (227).

306 EuGH Slg. 2010, I-131 Rn. 46 – Papenburg; vgl. dazu Kahl NVwZ 2011, 449 (453); Kersten VERW 46 (2013), 87 (109).

auch die mit der Neuregelung verfolgten Ziele einzubeziehen sind.[307] Auf die Zwecke des Ausgangsverwaltungsakts wird man, soweit sie nicht unionsrechtlich induziert sind, jedoch eher nicht zurückgreifen dürfen,[308] weil man sonst Gefahr liefe, unionsrechtliche Wertungen zu umgehen. Wird der Verwaltungsakt beseitigt, bestehen ggf. Entschädigungspflichten nach § 49 VI VwVfG.[309]

Abgesehen davon können auch im Anwendungsbereich des § 49 III VwVfG primär- bzw. sekundärrechtliche Wertungen relevant werden – so insbesondere, wenn es um die Beseitigung von anfangs rechtmäßigen Beihilfen geht. Diese Möglichkeit besteht vor allem dann, wenn eine unionsrechtmäßige Mittelzuweisung entgegen § 49 III VwVfG **zweck- oder auflagenwidrig verwendet** und dadurch Unionsrecht verletzt wird. Auch in diesem Falle gilt, dass das Widerrufsermessen auf Null reduziert und eine Beseitigung des begünstigenden Verwaltungsakts geboten ist, um den Vorgaben des Primär- bzw. Sekundärrechts zu entsprechen. Eine Ausnahme von diesem Grundsatz ist erneut nur zu machen, wenn unional berechtigtes Vertrauen besteht und auf den Erhalt des Status Quo drängt.[310] 132

§ 52. Behebung der Folgen von Verwaltungsakten

Schrifttum: Blanke/Peilert VERW 31 (1998), 29 ff.: Die Folgenbeseitigungslast im System des Staatshaftungsrechts; Brosius-Gersdorf JA 2010, 41 ff.: Vollzugsfolgenbeseitigung; Brugger JuS 1999, 625 ff.: Gestalt und Begründung des Folgenbeseitigungsanspruchs; Bumke JuS 2005, 22 ff.: Der Folgenbeseitigungsanspruch; Deutscher Sozialrechtsverband, Der sozialrechtliche Herstellungsanspruch, 1994; Ebsen DVBl. 1987, 389 ff.: Der sozialrechtliche Herstellungsanspruch – ein Beispiel geglückter Rechtsfortbildung?; Enders VERW 30 (1997), 29 ff.: Die Exmittierung von Obdachlosen als Problem der Folgenbeseitigung; Fiedler NVwZ 1986, 969 ff.: Der Folgenbeseitigungsanspruch – die „kleine Münze“ des Staatshaftungsrechts?; von und zu Franckenstein NVwZ 1999, 158 ff.: Der Folgenentschädigungsanspruch; von und zu Franckenstein, Parallelen und Unterschiede des öffentlich-rechtlichen Folgenbeseitigungsanspruches im Vergleich zum allgemeinen öffentlich-rechtlichen Erstattungsanspruch, 1998; Frohn JURA 1989, 523 ff.: Der Herstellungsanspruch – ein sozialrechtliches Ausgleichsinstitut „sui generis“; Hain VerwArch 95 (2004), 489 ff.: Folgenbeseitigung und Folgenentschädigung; Ivo, Die Folgenbeseitigungslast, 1996; Kreßel, Öffentliches Haftungsrecht und sozialrechtlicher Herstellungsanspruch, 1990; Lascho, Die Erledigung des Verwaltungsaktes als materiellrechtliches und verwaltungsprozessuales Problem, 2001; Masing DÖV 1999, 573 ff.: Vom Notstandspflichtigen zum Notstandsgewinnler; Olbertz, Der sozialrechtliche Herstellungsanspruch im Verwaltungsrecht, 1995; Pietzko, Der materiellrechtliche Folgenbeseitigungsanspruch, 1994; Schneider, Folgenbeseitigung im Verwaltungsrecht, 1994; Schmidt-De Caluwe, Der sozialrechtliche Herstellungsanspruch, 1992; Wallerath DÖV 1994, 757 ff.: Der sozialrechtliche Herstellungsanspruch und die Herrschaft des Rechts.

Wirksamkeit und Vollziehbarkeit rechtswidriger Verwaltungsakte (→ § 48 Rn. 16 ff.) können dazu führen, dass die darin enthaltene Regelung vor deren Rücknahme verwirklicht wird. In solchen Fällen drängt das Verlangen des Beeinträchtigten nach Beseitigung seiner Beschwer darauf, dass auch die tatsächlichen Folgen des Verwaltungshandelns rückgängig gemacht werden – so zB, wenn aufgrund einer rechtswidrigen Verfügung Obdachlose in ein Haus eingewiesen[1] oder eine Straße auf Basis einer 1

[307] Gärditz DVBl 2010, 247 (249 f.).
[308] In diese Richtung aber Guckelberger, Allg. Verwaltungsrecht, 11. Aufl. 2023, § 16 Rn. 36.
[309] Gärditz DVBl 2010, 247 (249 f.).
[310] Knack/Henneke/Peuker VwVfG § 49 Rn. 19.
[1] S. zuletzt BGH NJW 1995, 2918 und dazu Roth DVBl 1996, 1401; Enders VERW 30 (1997), 29; Rüfner JuS 1997, 309; Masing DÖV 1999, 573.

rechtswidrigen Inanspruchnahme zulasten eines Privatgrundstücks verbreitert wurde. Damit ist die Frage aufgeworfen, ob und wenn ja inwieweit der Adressat einer Maßnahme Folgenbeseitigung beanspruchen kann.

I. Dogmatische Herleitung

2 Die überkommenen Staatshaftungstatbestände sehen entsprechende Rechtsfolgen in aller Regel nicht vor: So fehlt es insbesondere für die Bejahung eines Amtshaftungsanspruchs oftmals am Verschulden und selbst wenn es vorliegt, ist er nur auf Geldersatz gerichtet. In diese **Lücke** stößt der ein subjektives Recht vermittelnde Folgenbeseitigungsanspruch (→ § 43 Rn. 78), weil er auf die Wiederherstellung des tatsächlichen Zustands, wie er vor dem Vollzug bestanden hat (status quo ante) oder auf Herstellung eines jenem Zustand möglichst gleichwertigen Zustands (Restitutionsanspruch)[2] gerichtet ist.

3 Die dogmatische Begründung des Folgenbeseitigungsanspruchs ist umstritten, wird mittlerweile aber eher lustlos bzw. gleichgültig behandelt. Der **zunächst vertretene Ansatz** geht auf das OVG Preußen[3] zurück und wurde anhand der Aufhebung einer polizeilichen Notstandsverfügung nach § 21 PrPVG entwickelt. Das Gericht stellte fest, die Polizei habe auch insoweit tätig zu werden, als allein durch die Außerkraftsetzung der Maßnahme die Freistellung von allen aus der Verfügung erwachsenen Lasten nicht erreicht werde. Deshalb seien alle Folgen des Verwaltungshandelns rückgängig zu machen.

4 **Heutzutage** werden ganz überwiegend das Rechtsstaatsprinzip,[4] das Gemeinwohlprinzip,[5] die Freiheitsgrundrechte[6] insbesondere in ihrer Schutzdimension[7] und § 113 I 2 VwGO als Ausprägung eines dort nur unvollkommen zum Ausdruck gelangten Anspruchs auf Wiederherstellung des verletzten Rechts herangezogen,[8] um die Existenzberechtigung des Folgenbeseitigungsanspruchs zu begründen. Inzwischen ist er jedenfalls einhellig als Institut der Rechtsfortbildung bzw. als Erscheinungsform des Gewohnheitsrechts[9] anerkannt.[10] Die verschiedenen Begründungsansätze widersprechen sich infolgedessen auch nicht, sondern ergänzen einander.

5 Dieser Erkenntnis entspricht auch das **positive Recht,** weil zahlreiche Prozessregelungen wie etwa § 113 I 2, 3 VwGO oder § 100 I 2, 3 FGO den Folgenbeseitigungsanspruch voraussetzen und damit dessen Existenz als eigenständiges Rechtsinstitut anerkennen. Teilweise ist er auch kodifiziert – so namentlich in Art. 39 BayVwZVG, der aber nur einen engen Anwendungsbereich hat. Im Entwurf eines StHG aus dem Jahre 1978 wird der Folgenbeseitigungsanspruch in den §§ 3 f. als „Anspruch auf Herstellung" des „früheren oder eines gleichwertigen Zustandes" bezeichnet.[11]

---

[2] S. näher Ossenbühl/Cornils, Staatshaftungsrecht, 6. Aufl. 2013, S. 367 f.
[3] Preuß. OVGE 92, 108.
[4] Bachof DÖV 1971, 859; BVerwGE 69, 366 (370).
[5] Brugger JuS 1999, 625 (630 f.).
[6] Stern, Staatsrecht III/1, § 66 III 1; Schoch JURA 1993, 478.
[7] Ossenbühl/Cornils, Staatshaftungsrecht, 6. Aufl. 2013, S. 364 f.
[8] BVerwGE 69, 366 (369 ff.); 82, 24 (28); 82, 76 (95); BVerwG GewArch 1994, 102.
[9] S. BVerwG NVwZ 1994, 275.
[10] VGH Mannheim NVwZ-RR 1990, 449; OVG Lüneburg UPR 1991, 78 und NdsVBl. 2004, 213; s. aber hess. VGH DVBl 1993, 218 (221).
[11] S. näher Schäfer in Schäfer/Bonk, StHG, 1981, § 3 Rn. 37 ff.

II. Anwendungsbereich

Der Folgenbeseitigungsanspruch steht **in persönlicher Hinsicht** grundsätzlich demjenigen zu, der Adressat des rechtswidrigen Verwaltungshandelns ist. Drittbetroffene haben einen entsprechenden Anspruch nur dann, wenn die sie beeinträchtigende Folge für die Verwaltung zwangsläufig eintritt.[12] Diese Voraussetzung liegt insbesondere im Falle drittbegünstigender bzw. -belastender Verwaltungsakte vor, weil sie prägt, dass die Folgen des Verwaltungsakts für den Adressaten und den Dritten Kehrseite derselben Medaille sind. Soweit es in solchen Konstellationen darum geht, die Vollziehbarkeit des Verwaltungsakts herzustellen, scheidet ein Folgenbeseitigungsanspruch allerdings aus, weil die Maßnahme dann noch nicht vollzogen ist. Er kommt daher insbesondere dann in Betracht, wenn von einem einen Dritten belastenden rechtswidrigen Verwaltungsakt Gebrauch gemacht wird. Werden hingegen einstweilige Maßnahmen zur Sicherung der Rechte Dritter iSd § 80a I Nr. 2 VwGO ergriffen, kann dem Adressaten des Verwaltungsakts ein Folgenbeseitigungsanspruch zustehen. Als materiell-rechtliche Anspruchsgrundlage für die einstweilige Sicherungsmaßnahme werden § 80a I Nr. 2 Alt. 2 VwGO oder das Fachrecht diskutiert.[13] 6

Der Folgenbeseitigungsanspruch bezieht sich **sachgegenständlich** auf verwirklichte rechtswidrig belastende Verwaltungsakte (sog. Vollzugsfolgenbeseitigungsanspruch[14]). Er wird prozessual mit Hilfe einer objektiven Klagehäufung[15] bzw. eines unselbstständigen Annexantrags zur Anfechtungsklage[16] über § 113 I 2 VwGO durchgesetzt. Ggf. ist eine analoge Anwendung nötig, wenn der Verwaltungsakt nicht mehr existiert oder noch aufgehoben werden muss und dessen Folgen beseitigt werden sollen.[17] Der Folgenbeseitigungsanspruch findet zudem im Falle anderer rechtswidriger hoheitlicher Handlungen bzw. im Falle von Realakten Anwendung.[18] Er ist dann normalerweise im Wege einer Leistungsklage ggf. unter Heranziehung des **§ 113 IV VwGO**[19] geltend zu machen. Eine Beschränkung des Folgenbeseitigungsanspruchs auf belastende Verwaltungsakte wäre vor dem Hintergrund seiner Zwecksetzungen kaum sachgerecht, weil er darauf zielt, rechtswidrige hoheitliche Maßnahmen zu erfassen und deren Folgen generell und unabhängig von der gewählten Handlungsform zu beseitigen (→ § 43 Rn. 12).[20] 7

Beispiele: Rechtswidrige Auskunft;[21] rechtswidrige Einbeziehung eines Grundstücks in die Straßenerweiterung ohne vorangegangenen Verwaltungsakt;[22] rechtswidrige Aufbewahrung von Gesundheitsakten;[23]

---

[12] Vgl. dazu näher Roth, Verwaltungshandeln mit Drittbetroffenheit und Gesetzesvorbehalt, 1991, S. 48 ff.

[13] Ausf. dazu Brosius-Gersdorf JA 2010, 41 (45 f.); vgl. aber auch die jüngere oberverwaltungsgerichtliche Rechtsprechung VGH Mannheim NVwZ-RR 2014, 752; OVG Lüneburg NVwZ-RR 2014, 550.

[14] Ausf. dazu Brosius-Gersdorf JA 2010, 41.

[15] Kopp/Schenke/W.-R. Schenke/R.-P. Schenke VwGO § 113 Rn. 84; BVerwGE 80, 178 (183).

[16] Gersdorf, Verwaltungsprozessrecht, 6. Aufl. 2019, Rn. 59 ff.

[17] Vgl. Detterbeck, Allg. Verwaltungsrecht, 21. Aufl. 2023, § 24 Rn. 1202, 1230 (dort auch Fn. 61).

[18] S. dazu Guckelberger, Allg. Verwaltungsrecht, 11. Aufl. 2023, § 41 Rn. 2; vgl. zum Folgenbeseitigungsanspruch bei Scheinverwaltungsakten Blunk/Schroeder JuS 2005, 602 (607).

[19] Detterbeck, Allg. Verwaltungsrecht, 21. Aufl. 2023, § 24 Rn. 1233.

[20] BVerwGE 69, 366; Fiedler NVwZ 1986, 969; VGH Mannheim 2014, 12.

[21] BVerwGE 38, 345.

[22] BVerwG DÖV 1971, 857; s. dazu auch BVerwG NVwZ 1994, 275.

[23] VGH Kassel NJW 1993, 3011.

rechtswidrige Aufbewahrung von Daten des Verfassungsschutzamtes;[24] rechtswidrige Verzögerung von dienstrechtlicher Statusentscheidung;[25] Umbettung einer rechtswidrig in einem Familiengrab beigesetzten Urne;[26] Beseitigung einer rechtswidrig verlegten Kanalleitung;[27] Warnungen der Bundesregierung vor Jugendsekten;[28] ehrverletzende Behauptungen eines Organs der Gemeinde[29] oder eines (anderen) Hoheitsträgers;[30] Lärmimmissionen eines Behindertenwohnheims,[31] eines Sammelcontainers,[32] einer Skater-Anlage[33] oder aufgrund von Straßenberuhigungsmaßnahmen.

8 **In zeitlicher Hinsicht** kommt es nicht darauf an, ob das den Folgenbeseitigungsanspruch begründende Handeln von Anfang an rechtswidrig ist. Es genügt stattdessen, wenn die öffentliche Hand zwar ursprünglich rechtmäßig handelt, der dadurch geschaffene Zustand aber rechtswidrig wird, zB weil die zugrunde liegende Rechtsgrundlage zwischenzeitlich entfallen ist. In einem solchen Fall reicht es dann, dass die Behörde es unterlässt, die Konsequenzen ihres Handelns wieder rückgängig zu machen. Denn wenn diese Voraussetzung vorliegt, ist die Verwaltung für den geschaffenen Zustand durch vorhergehendes Tun verantwortlich, so dass sie eine daran knüpfende Beseitigungspflicht trifft. Es zeigt sich somit, dass es nicht auf die Rechtswidrigkeit des öffentlich-rechtlichen Handelns, sondern des dadurch geschaffenen Zustands ankommt.[34]

Beispiel: Ein Folgenbeseitigungsanspruch besteht auch dann, wenn eine befristete Obdachloseneinweisung abläuft, die Eingewiesenen den Auszug verweigern und die Behörde sie nicht herausbefördert.[35]

III. Anspruch entstanden

9 Ist der persönliche, gegenständliche und zeitliche Anwendungsbereich des Anspruchs auf Folgenbeseitigung eröffnet, fragt sich, ob er auch dem Grunde nach entstanden ist.

1. Voraussetzungen

10 Dazu müssen die Voraussetzungen des Folgenbeseitigungsanspruchs vorliegen. Die Rechtsprechung hat dessen Anforderungen auf die Formel verallgemeinert, dass durch einen hoheitlichen Eingriff in ein subjektives Recht ein rechtswidriger Zustand geschaffen worden ist, der noch andauert.[36] Voraussetzung für die Anwendung des Folgenbeseitigungsanspruchs ist also iSe **Kurzformel** die Verletzung eines subjektiven Rechts durch einen hoheitlichen Eingriff, der zu einem noch andauernden rechtswidrigen Zustand führt.[37] Der Folgenbeseitigungsanspruch kann beispielsweise entstehen bei aufsichtsbehördlicher oder gerichtlicher Aufhebung, bei Rücknahme[38] oder

---

24 BVerwGE 84, 375.
25 BAG NJW 1989, 2909.
26 VGH Kassel DVBl 1994, 218; s. dazu auch OVG Münster NWVBl. 1999, 189.
27 VGH München NJW 1996, 3163.
28 BVerwG NJW 1989, 2272 und BVerfG NJW 1989, 3269.
29 VGH Kassel DÖV 1988, 468 und OVG Koblenz NJW 1992, 1844.
30 OVG Koblenz NJW 2000, 234.
31 VG Gießen GewArch 1998, 350.
32 VG Gießen GewArch 1997, 38.
33 OVG Koblenz NVwZ 2000, 1190.
34 Detterbeck, Allg. Verwaltungsrecht, 21. Aufl. 2023, § 24 Rn. 1209.
35 BGH NJW 1995, 2918; Voßkuhle/Kaiser JuS 2012, 1079 (1080); s. kritisch Roth DVBl 1996, 1401; VGH Mannheim NVwZ 1987, 1101.
36 BVerwGE 80, 178; 94, 100; 105, 288 (297 f.); BVerwG NJW 2001, 1878 (1882).
37 BVerwG NVwZ 1994, 275; VGH Mannheim NVwZ-RR 1996, 381.
38 VGH Kassel DÖV 1963, 389.

bei Nichtigkeit eines Verwaltungsakts.[39] Zudem kann er bei rechtswidrigem Realhandeln einer Behörde gegeben sein und entsteht nicht nur nach zwangsweiser Vollziehung, sondern auch nach freiwilliger Befolgung einer rechtswidrigen Maßnahme.[40]

Im Einzelnen klammert das Erfordernis hoheitlichen Handelns förmliche Gesetze[41] oder Akte der Rechtsprechung aus, weil es nur Verwaltungshandeln erfasst, das nicht privatrechtlicher Natur ist. Der Kreis subjektiver Rechte speist sich vorrangig aus einfachgesetzlichen Vorschriften sowie aus den Grundrechten oder ggf. den Grundfreiheiten, nicht aber aus nur im Allgemeininteresse liegenden Normen.[42] Das Erfordernis eines rechtswidrigen Zustands setzt voraus, dass den Adressaten des Verwaltungshandelns keine Duldungspflichten – sie bestehen bei Verwaltungsakten nur innerhalb der getroffenen Regelung – treffen. Er dauert so lange an, wie legalisierendes Verwaltungshandeln fehlt,[43] so dass fortbestehende Verwaltungsakte oder -verträge zunächst beseitigt oder zB durch Kündigung aus der Welt geschaffen werden müssen.[44] 11

Hinzu kommt das Erfordernis **haftungsbegründender Kausalität** zwischen dem hoheitlichen Eingriff und dem rechtswidrigen Zustand.[45] Dazu bedarf es eines Verhältnisses der Unmittelbarkeit, das die Rechtsprechung dort, wo der rechtswidrige Zustand nicht direkt durch staatliches Verhalten hervorgerufen wird, anhand der Umstände des Einzelfalls mit Hilfe zusätzlicher Kriterien wie der Typizität, der Zwangsläufigkeit oder der Nähe identifiziert, um eine Ausuferung des Folgenbeseitigungsanspruchs zu vermeiden.[46] Letztlich geht es darum, nur solche rechtswidrigen Zustände zu erfassen, die der Verwaltung zurechenbar und nicht auf einen eigenen Entschluss eines Dritten rückführbar sind.[47] Zurechenbarkeit ist gegeben, wenn ein Verwaltungsakt ein bestimmtes Handeln gebietet oder es maßgeblich auf einen staatlichen Willen rückführbar ist;[48] sie fehlt bei privatem Exzess. 12

Beispiele: Der Eigentümer eines Hauses, in das zu Unrecht Obdachlose eingewiesen worden sind, kann nicht die Beseitigung etwaiger Beschädigungen, wohl aber Ersatz für die gewöhnliche Wohnabnutzung verlangen;[49]die hoheitlich initiierte Einleitung zusätzlichen Niederschlagswassers in einen schon vorher zeitweise Hochwasser führenden Graben bildet keinen rechtlich relevanten Beitrag für die Überschwemmung eines nahegelegenen Anwesens.[50]

[39] OVGE 21, 76.
[40] VGH München BayVBl. 1965, 246.
[41] S. dazu Pietzko, Der materiell-rechtliche Folgenbeseitigungsanspruch, 1994, S. 225 ff.; vgl. auch differenzierend Detterbeck, Allg. Verwaltungsrecht, 21. Aufl. 2023, § 24 Rn. 1223.
[42] Ausf. Guckelberger, Allg. Verwaltungsrecht, 11. Aufl. 2023, § 41 Rn. 5; BVerwGE 82, 76 (95).
[43] Ausf. Maurer/Waldhoff, Allg. Verwaltungsrecht, 21. Aufl. 2024, § 30 Rn. 7 ff.
[44] Guckelberger, Allg. Verwaltungsrecht, 11. Aufl. 2023, § 41 Rn. 6, 7.
[45] BVerwG NVwZ 1994, 275.
[46] BVerwGE 69, 366; Enders VERW 30 (1997), 29.
[47] Detterbeck, Allg. Verwaltungsrecht, 21. Aufl. 2023, § 24 Rn. 1207; vgl. dazu auch BVerwG DÖV 2001, 733; OVG Lüneburg NdsVBl. 2006, 24.
[48] S. näher Bumke JuS 2005, 22 (23); VGH Mannheim NVwZ 2012, 837 (840).
[49] Detterbeck JURA 1990, 38 (41).
[50] VGH München ZfW 2010, 174 (176 f.).

2. Ausschlussgründe

13 Der Anspruch entfällt im Falle eines rechtsvernichtenden Ausschlussgrundes,[51] – so wenn die Wiederherstellung des früheren Zustandes unmöglich, unzulässig oder unzumutbar ist.[52]

a) Unmöglichkeit der Folgenbeseitigung

14 Unmöglich ist die Folgenbeseitigung, wenn die Behörde nicht in der Lage ist, den früheren oder einen gleichwertigen Zustand wiederherzustellen. Dieser Ausschlussgrund kommt auch in § 113 I 3 VwGO zum Ausdruck. Inhaltlich kann sich die Unmöglichkeit aus **tatsächlichen Gründen** ergeben – so zB bei Vernichtung eines Kunstwerkes oder bei Diebstahl eines Kraftfahrzeuges. Hierher gehört auch der Fall des Widerrufs eines ehrverletzenden Werturteils, weil es im Gegensatz zu einer Tatsachenbehauptung, deren Richtigkeitsanspruch durch Widerruf beseitigt werden kann, keinem Wahrheitsbeweis zugänglich ist, so dass dessen Folgen grundsätzlich nicht durch Widerruf, sondern nur durch Unterlassung beseitigt werden können.[53]

b) Unzulässigkeit der Folgenbeseitigung

15 Die Folgenbeseitigung ist unzulässig (bzw. nach Teilen der Literatur rechtlich unmöglich[54]), wenn sie der Rechtsordnung widerspricht, weil ihr **Rechtsgründe entgegen stehen** – so, wenn ein rechtswidrig beseitigtes Bauwerk nach Abbruch infolge zwischenzeitlicher Änderung des Bebauungsplans nicht mehr errichtet werden darf, weil die bislang maßgebliche Rechtsgrundlage aufgehoben worden ist, wenn ein ungültiger Personalausweis ausgestellt werden müsste[55] oder wenn ein fehlerhaft beigesetzter Leichnam wegen des aus Art. 1 I GG ableitbaren Schutzes der Totenruhe nicht mehr umgebettet werden darf.[56] Hierher kann auch der Fall gehören, dass die Behörde gegen einen Dritten, der durch den rechtswidrigen Verwaltungsakt begünstigt wurde, durch Erlass eines Verwaltungsaktes oder in anderer Weise vorgehen muss, um zu verhindern, dass er die zu Unrecht geschaffene Vergünstigung ausnutzt. Es geht hier also nicht darum, ob Dritten ein Folgenbeseitigungsanspruch zusteht, sondern darum, ob eine Folgenbeseitigung durch Einschreiten gegenüber Dritten erfolgen kann: So kann es zB nötig sein, dass die Behörde die Räumung einer Wohnung gegenüber dem zu Unrecht Eingewiesenen anordnet und durchführt oder den Abbruch eines den Nachbarn rechtswidrig belastenden Bauwerks veranlasst.

16 Fraglich und umstritten ist in solchen Fällen vor allem, ob eine **Rechtsgrundlage nötig** ist, um dem Dritten seine Begünstigung wieder entziehen zu können.[57] Teile der Literatur verneinen dieses Erfordernis, weil der Dritte anderenfalls in seinem unrechtmäßigen Besitzstand stärker geschützt wäre als der rechtswidrig Belastete in seinem

---

[51] BVerwG NVwZ 1994, 275. und NVwZ 2004, 1511.
[52] S. näher Ossenbühl/Cornils, Staatshaftungsrecht, 6. Aufl. 2013, S. 383 ff. und Pietzko, Der materiellrechtliche Folgenbeseitigungsanspruch, 1994, S. 503 ff.
[53] Ausf. Faber NVwZ 2003, 159.
[54] So zB Detterbeck, Allg. Verwaltungsrecht, 21. Aufl. 2023, § 24 Rn. 1215.
[55] BVerwG BayVBl. 2016, 418 (420).
[56] OVG Münster NVwZ 2000, 217; NVwZ-RR 2010, 281 (283).
[57] Vgl. Schoch JURA 1993, 478 (485 f.); Ossenbühl/Cornils, Staatshaftungsrecht, 6. Aufl. 2013, S. 384 ff.

an sich rechtmäßigen Besitzstand.[58] Diese Einschätzung scheint auf den ersten Blick plausibel, verkennt aber, dass gegenüber dem Dritten ein Fall der Eingriffsverwaltung vorliegt, so dass es im Lichte des Vorbehalts des Gesetzes einer positivierten Rechtsgrundlage bedarf.[59] Dieses Erfordernis besteht auch gegenüber dem Adressaten, dort aber bezogen auf den rechtswidrigen Verwaltungsakt, so dass auch keine Ungleichbehandlung droht. Im Ergebnis ist also eine Rechtsgrundlage für das Einschreiten gegenüber dem Dritten zu fordern. Liegt sie vor, ist der dargestellte Streitstand freilich ohne Bedeutung – so insbesondere im Ordnungsrecht, wo in der Regel auf die Generalklausel zurückgegriffen werden kann.[60]

c) Unzumutbarkeit der Folgenbeseitigung

Unzumutbar ist die Folgenbeseitigung nach der verwaltungsgerichtlichen Rechtsprechung schließlich, wenn sie mit einem **unverhältnismäßigen Aufwand** verbunden wäre. Das ist einerseits bei unangemessen hohen Kosten der Fall, ohne dass zugleich technische Schwierigkeiten vorliegen müssen,[61] andererseits aber auch dann, wenn überwiegend öffentliche Interessen entgegenstehen, nicht jedoch bereits, wenn die Folgenbeseitigung mühsam ist. 17

Beispiel: Ist eine Straße teilweise auf einem Privatgrundstück gebaut worden, sind dort die Asphaltdecke und der Straßenkörper zu beseitigen, solange die Straße funktionsfähig bleibt, zB weil sie auf der anderen Straßenseite verbreitert werden kann.[62]

Die Unzumutbarkeit ist Ausdruck des **Verhältnismäßigkeitsprinzips** und verlangt die Beachtung aller Umstände des Einzelfalles.[63] Da es dem Rechtsstaatsprinzip entspringt und daher auf Mäßigung der Staatsgewalt zugunsten des Bürgers drängt, wird der Ausschlussgrund der Unzumutbarkeit teilweise auf Fälle einer sinnlosen Folgenbeseitigung beschränkt und im Übrigen § 251 BGB angewendet.[64] Diese Sicht der Dinge bricht aber mit dem nicht pekuniären Charakter des Folgenbeseitigungsanspruchs.[65] 18

3. Rechtsfolgen

Der Folgenbeseitigungsanspruch ist auf **Wiederherstellung des ursprünglichen Zustandes gerichtet,** wie er vor dem rechtswidrigen Eingriff bestanden hat,[66] bzw. auf Herstellung eines diesem Zustand gleichwertigen Zustandes, wobei keine allzu enge Betrachtungsweise geboten ist.[67] Soweit es nicht um die Rückforderung geleisteter Zahlungen geht, sind jedoch geldwerte Leistungen ausgeschlossen,[68] um nicht die da- 19

[58] Schenke DVBl 1990, 328 (331).
[59] Voßkuhle/Kaiser JuS 2012, 1079 (1081).
[60] S. auch hess. VGH NVwZ 1995, 300 (303); BGH NJW 1995, 2918 f. und dazu Rüfner JuS 1997, 309.
[61] BVerwG NVwZ 2004, 1511; s. auch VGH München NVwZ 1999, 1237.
[62] Vgl. VGH München BayVBl. 2016, 590 (591).
[63] S. § 3 II EStHG mit Begr. 90 ff. u. Schloer JA 1992, 39 (44); OVG Lüneburg UPR 1991, 78; OVG Berlin-Brandenburg NVwZ 1992, 901 und dazu Schoch JURA 1993, 478 (485); OVG Münster NWVBl. 1994, 109.
[64] Erbguth JuS 2000, 336 (337 f.); Guckelberger, Allg. Verwaltungsrecht, 11. Aufl. 2023, § 41 Rn. 11.
[65] So Haack DVBl 2010, 1475 (1482 f.).
[66] BVerwGE 105, 288 (297 f.); BVerwG NJW 2001, 1878 (1882) und NVwZ 2001, 685.
[67] S. zB BVerwGE 38, 345.
[68] Detterbeck, Allg. Verwaltungsrecht, 21. Aufl. 2023, § 24 Rn. 1221 f.

für vorgesehenen Staatshaftungsregeln zu umgehen.[69] Es geht also nicht um allgemeine Wiedergutmachung.[70] Zudem kann über den Folgenbeseitigungsanspruch nicht erreicht werden, dass der Betroffene so steht, wie er ohne das rechtswidrige Verhalten stünde. Er ist folglich im Gegensatz zur Naturalrestitution iSd § 249 I BGB, die auch die Einbeziehung zwischenzeitlicher positiver Entwicklungen erlaubt, allein vergangenheitsgerichtet.[71]

Beispiele: Verlangen eines Unternehmens, im Wege der Folgenbeseitigung finanziell so gestellt zu werden, wie es bei rechtzeitiger Subventionierung stünde;[72] Zinsanspruch bei verspäteter Leistung der Behörde.[73]

20 Ein Folgenbeseitigungsanspruch besteht nur, wenn **haftungsausfüllende Kausalität** vorliegt. Sie bezieht sich im Unterschied zur haftungsbegründenden Kausalität auf das Verhältnis zwischen dem hoheitlichen Handeln und den eingetretenen Folgen, nimmt also nicht den hervorgerufenen Zustand zum maßgeblichen Bezugspunkt, sondern fragt danach, welche Konsequenzen das Handeln der Verwaltung für die Rechtsgüter des Betroffenen hat. Das Erfordernis haftungsausfüllender Kausalität kann mit Hilfe der zur haftungsbegründenden Kausalität entwickelten Kriterien konkretisiert werden und dient dazu, eine Ausuferung des Folgenbeseitigungsanspruchs zu vermeiden.[74]

Beispiele: Trotz erfolgreichen Widerspruchs besteht kein Folgenbeseitigungsanspruch auf Erstattung der Anwaltskosten.[75] Nach einer Abschlepp- und Verwahrmaßnahme kann der Betroffene nicht den Ersatz von Taxikosten beanspruchen.[76] Die Kosten für eine vom Straßenverkehrsamt veranlasste medizinisch-psychologische Untersuchung können nicht als Folgenbeseitigungsanspruch geltend gemacht werden.[77]

21 Ist der Betroffene **mitverantwortlich,** kommt es auf die Teilbarkeit der Folgenbeseitigung an. Bejahendenfalls greift nach der Rechtsprechung und Teilen der Literatur trotz des nicht auf pekuniäre Wiedergutmachung zielenden Charakters dieses Anspruchs[78] der Rechtsgedanke des § 254 BGB mit der Folge einer anteiligen Quotelung.[79] Ist die Folgenbeseitigung demgegenüber unteilbar, entschied die Rechtsprechung früher iSe „Alles oder Nichts" je nach Mitverschulden auf Folgenbeseitigung oder nicht.[80] Heute gewährt sie indes im Einklang mit Teilen der Literatur[81] entspre-

[69] BVerwGE 69, 366; VGH München DÖV 2001, 1051 (1052 f.); ebenso Masing DÖV 1999, 573 (577).

[70] Maurer/Waldhoff, Allgemeines Verwaltungsrecht, 21. Aufl. 2024, § 30 Rn. 13; HessVGH NVwZ-RR 2011, 442 (443).

[71] BVerwGE 69, 366 (371); VGH München DÖV 2001, 1051 (1052 f.); OVG Münster NVwZ 2000, 217; kritisch aber Masing DÖV 1999, 573 (577).

[72] BVerwGE 35, 272.

[73] BVerwG NJW 1973, 1854.

[74] Ähnl. Bumke JuS 2005, 22 (24).

[75] OVG Hamburg DVBl 1958, 832 mAnm v. Ringe; OVGE 27, 125.

[76] VGH München BayVBl. 1984, 559.

[77] VGH Mannheim NJW-RR 1988, 612 und dazu von und zu Franckenstein NVwZ 1999, 158; ebenso Ell NVwZ 2003, 913 betr. Kostenerstattung bei negativem Drogenscreening; aM Müller-Grune DAR 2003, 551 und VGH München NVwZ-RR 1996, 645.

[78] S. dazu Schenke JuS 1990, 370 (375).

[79] Maurer/Waldhoff, Allg. Verwaltungsrecht, 21. Aufl. 2024, § 30 Rn. 20; BVerwG NJW 1989, 2484 (2485).

[80] BVerwG DÖV 1971, 857 (859).

[81] Guckelberger, Allg. Verwaltungsrecht, 11. Aufl. 2023, § 41 Rn. 13; BVerwG NJW 1989, 2484 (2485).

chend dem Rechtsgedanken des § 251 I BGB aus Gründen der Billigkeit einen um den Mitverschuldensanteil gekürzten Geldanspruch,[82] während Teile der Literatur in Anlehnung an § 3 III EStG einen Anspruch auf Wiederherstellung bejahen und anteilsmäßige Beteiligung des Betroffenen fordern.[83]

4. Anspruchsgegner

Der Folgenbeseitigungsanspruch richtet sich gegen den Träger öffentlicher Verwaltung, dem die Behörde angehört, die die Maßnahme getroffen hat.[84] Er muss daher nicht zwingend auf das Handeln der ursprünglich agierenden Behörde, sondern kann ausnahmsweise auch auf das Handeln einer anderen Behörde desselben Rechtsträgers gerichtet sein. 22

IV. Anspruch untergegangen

Ein einmal entstandener Anspruch auf Folgenbeseitigung kann aufgrund **nachfolgender Entwicklungen** untergegangen sein, so zB wenn ihm der Einwand unzulässiger Rechtsausübung – er wird gelegentlich auch als Facette der Unzumutbarkeit der Folgenbeseitigung begriffen[85] – entgegensteht.[86] 23

V. Verjährung des Folgenbeseitigungsanspruchs

Umstritten ist, wann der Folgenbeseitigungsanspruch verjährt. Die Kontroversen hingen **ursprünglich** damit zusammen, dass er auf Restitution gerichtet ist und darauf bezogene zivilrechtliche Verjährungsregelungen, die man analog hätte anwenden können, fehlten.[87] Infolgedessen wurde oftmals von einer dreißigjährigen Verjährungsfrist kraft Gewohnheitsrechts ausgegangen. War diese Frist abgelaufen, war der Anspruch nicht mehr durchsetzbar; der rechtswidrige Zustand musste dann aber auch nicht geduldet werden, so dass der Betroffene ihn selbst, allerdings auf eigene Kosten, beseitigen durfte.[88] 24

Diese Befugnis besteht auch nach der **Schuldrechtsreform 2002.** In deren Zuge ist aber außerdem erwogen worden, die regelmäßige Verjährungsfrist von drei Jahren nach § 195 I BGB auch auf öffentlich-rechtliche Ansprüche anzuwenden. Da sich dieser Ansatz mangels Verabschiedung einer entsprechenden Norm nicht durchsetzen konnte, gehen Teile der Literatur davon aus, dass es bei der dreißigjährigen Verjährungsfrist bleibt.[89] Anders die Gegenansicht und mit ihr die Rechtsprechung: Sie wendet die zivilrechtlichen Vorschriften entsprechend an mit der Folge einer drei- und maximal zehnjährigen Frist nach den §§ 195, 199 I, IV BGB.[90] 25

VI. Verhältnis zu anderen Rechtsinstituten

Abschließend bleibt noch zu erörtern, in welchem Verhältnis der Folgenbeseitigungsanspruch zu anderen ähnlichen Rechtsinstituten steht. 26

---

[82] BVerwG NJW 1989, 2484 (2485).
[83] Auf diese Ansicht weisen Voßkuhle/Kaiser JuS 2012, 1079 (1081), hin.
[84] BVerwGE 75, 354 f.; VGH Mannheim NVwZ 1993, 285.
[85] Detterbeck, Allg. Verwaltungsrecht, 21. Aufl. 2023, § 24 Rn. 1218.
[86] Vgl. BVerwGE 80, 178 ff.
[87] S. dazu VGH München NJW 1999, 666; Franz BayVBl. 2002, 485; Dötsch NWVBl. 2001, 389.
[88] VGH München NVwZ-RR 2013, 254.
[89] So Heselhaus DVBl 2004, 411 (412); Kellner NVwZ 2002, 395.
[90] So VGH München BayVBl. 2010, 629 (6311020).

1. Folgenbeseitigungs- und Unterlassungsanspruch

27 Grundsätzlich gilt, dass der Folgenbeseitigungsanspruch **im Falle hoheitlichen Unterlassens** keine Anwendung findet, da es dann nichts gibt, was wiederherzustellen wäre.[91] Etwas anderes gilt, wie bereits erwähnt (→ § 52 Rn. 10), aber dann, wenn die öffentliche Hand einen von ihr geschaffenen Zustand nicht aus der Welt schafft.

28 Im Übrigen **ergänzen** sich Folgenbeseitigungs- und Unterlassungsanspruch, wenn die Gefahr fortdauernder rechtswidriger Beeinträchtigungen besteht. Dann verdichten sich beide Ansprüche zu einem umfassenden Rechtsgüterschutz, weil sie im Verbund in die Vergangenheit, Gegenwart und Zukunft wirken.[92]

2. Folgenbeseitigungs- und Erstattungsanspruch

29 Besteht die zu beseitigende Folge des Verwaltungsakts in einer Geld- oder Sachleistung, so gelten Folgenbeseitigungs- und Erstattungsanspruch **nebeneinander** (Art. 28 S. 2 BayVwZVG). Beide Ansprüche können also in Anspruchskonkurrenz stehen und führen dann oft zum selben Ergebnis. Ihr Rechtsgrund ist aber verschieden.[93]

3. Folgenbeseitigungs- und Folgenersatzanspruch

30 Entsteht beim Betroffenen infolge der Verwirklichung eines rechtswidrigen hoheitlichen Handelns ein Schaden, dessen Behebung unmöglich oder unzumutbar ist (→ § 52 Rn. 13 f.) oder dessen Umfang über die reine Folgenbeseitigung hinausgeht, fragt sich, ob dann ein **Folgenersatz- bzw. ein verlängerter oder umgewandelter Folgenbeseitigungsanspruch**[94] iSe Geldausgleichs besteht.[95] Für dessen Daseinsberechtigung sprechen Billigkeitserwägungen, weil die öffentliche Hand ohne einen solchen Anspruch jenseits der bestehenden Rechtsgrundlagen nicht ersatzpflichtig wäre.[96]

31 Zu beachten ist jedoch, dass die Existenz eines Folgenersatzanspruchs die **Grenzen zu** den anerkannten Ersatz- bzw. Entschädigungsregeln des **Staatshaftungsrechts**[97] und insbesondere zu den verschuldensabhängigen Amtshaftungsansprüchen brüchig machen würde.[98] Daher ist ein Folgenersatzanspruch nicht anzuerkennen. Die Möglichkeit einer Folgenentschädigung besteht also nur nach Maßgabe der allgemeinen öffentlich-rechtlichen Entschädigungsansprüche und darüber hinaus nicht.[99]

---

[91] Guckelberger, Allg. Verwaltungsrecht, 11. Aufl. 2023, § 41 Rn. 4; BVerwGE 69, 366.
[92] S. Patt SächsVBl. 1996, 107.
[93] S. Bender, Staatshaftungsrecht, 3. Aufl. 1981, Rn. 118.
[94] Weyreuther, 47. DJT I 1968, B 142; kritisch Hain VerwArch 95 (2004), 489 (495 f.).
[95] Vgl. zum Streitstand Masing DÖV 1999, 573; BVerwGE 69, 366; BVerwG NVwZ 2001, 685; VGH München NVwZ 1999, 1237 f. und dazu Erbguth JuS 2000, 336; siehe auch Hain VerwArch 95 (2004), 489; Haack DVBl 2010, 1475 (1482 f.).
[96] Voßkuhle/Kaiser JuS 2012, 1079 (1081); OVG Münster NVwZ 2000, 217 (219); in diese Richtung auch BVerwG DVBl 1993, 1357 (1362).
[97] Näher zu diesen Anspruchsinstituten Schoch VERW 34 (2001), 261.
[98] Masing DÖV 1999, 573 (577); vgl. auch BVerwGE 69, 366; VGH München DÖV 2001, 1052.
[99] Vgl. Auch die Darstellung der Ansichten in Maurer/Waldhoff, Allg. Verwaltungsrecht, 21. Aufl. 2024, § 30 Rn. 19.

4. Folgenbeseitigungs- und Herstellungsanspruch

Der Folgenbeseitigungs- weist schließlich Ähnlichkeiten zum sog. Herstellungsanspruch auf, so dass auch das Verhältnis dieser beiden Rechtsinstitute zu erörtern ist. 32

a) Herkunft und Herleitung

Der Herstellungsanspruch wurde im **Sozialrecht** entwickelt und soll dort dazu dienen, eine Verletzung behördlicher Aufklärungs-, Beratungs- oder Betreuungspflichten innerhalb sozialrechtlicher Sonderbeziehungen zu kompensieren.[100] Seine dogmatischen Grundlagen sind im Einzelnen umstritten: Teilweise wird der Herstellungsanspruch als Weiterentwicklung des Folgenbeseitigungsanspruchs bzw. als Parallele hierzu angesehen.[101] Teilweise wird er aus dem Grundsatz von Treu und Glauben[102] abgeleitet, als richterrechtlich entwickeltes[103] oder gewohnheitsrechtlich entstandenes Rechtsinstitut qualifiziert oder als Rechtsfigur sui generis gewürdigt.[104] Der grundrechtliche Aspekt im Zusammenhang mit dem Sozialstaatsprinzip[105] wird indes vernachlässigt,[106] obwohl der Herstellungsanspruch einem lückenlosen Grundrechtsschutz durch Verfahren entspricht. 33

b) Voraussetzungen und Rechtsfolge

Voraussetzung des sozialrechtlichen Herstellungsanspruchs ist ein rechtswidriges, aber nicht zwingend schuldhaftes behördliches Verhalten. Es liegt vor, wenn die Verwaltung eine sie treffende Amtspflicht – in Betracht kommen Betreuungs-, Aufklärungs-, Beratungs- oder Auskunftspflichten, die als Haupt- oder Nebenpflichten im Rahmen verwaltungsrechtlicher Rechtsverhältnisse bestehen[107] – verletzt hat. Hinzukommen muss eine auf diesem Fehlverhalten fußende Disposition des Betroffenen, die zu einem Schaden führt. Es bedarf also auch insoweit einer haftungsbegründenden und -ausfüllenden Kausalität.[108] 34

Liegen diese Voraussetzungen vor, ist der Betroffene so zu stellen, wie er stünde, wenn sich die Verwaltung rechtmäßig verhalten hätte.[109] Der Herstellungsanspruch geht also der **Rechtsfolge** nach in Richtung Naturalrestitution, so dass der Geschädigte das Recht erhält, die versäumten Erklärungen bzw. Rechtshandlungen nachzuholen. Dadurch erhält er seinen ursprünglichen Leistungsanspruch, mehr aber nicht.[110] Der Herstellungsanspruch verpflichtet damit die Behörde zur Erbringung der gesetzlich vorgesehenen Leistung bzw. Rechtshandlung, gleicht aber nicht etwa entstandene mittelbare Nachteile aus.[111] 35

---

100 Maurer/Waldhoff, Allg. Verwaltungsrecht, 21. Aufl. 2024, § 30 Rn. 22.
101 BSGE 49, 76 (79 f.); vgl. dazu Muckel/Ogorek/Rixen, Sozialrecht, 5. Aufl. 2019, § 17 Rn. 28.
102 BSGE 41, 126.
103 BVerwG NJW 1997, 2966; BVerwGE 105, 288 (298).
104 S. näher Wallerath DÖV 1987, 505; Ossenbühl/Cornils, Staatshaftungsrecht, 6. Aufl. 2013, S. 396.
105 BVerfGE 78, 165 (178).
106 Pietzner/Müller VerwArch 85 (1994), 603.
107 BVerwG NJW 1997, 2966.
108 Vgl. Muckel/Ogorek/Rixen, Sozialrecht, 5. Aufl. 2019, § 17 Rn. 29.
109 Ebsen DVBl 1987, 389; Brugger AöR 112 (1987), 389; VGH Mannheim DVBl 1999, 176 (179 f.).
110 Ausf. Cornils/Ossenbühl, Staatshaftungsrecht, 6. Aufl. 2013, S. 394 f.; BVerwG NJW 1997, 71 (75).
111 Maurer/Waldhoff, Allg. Verwaltungsrecht, 21. Aufl. 2024, § 30 Rn. 23; BSGE 65, 21 (26).

36 Es bestehen nach alledem deutliche **Unterschiede zum Folgenbeseitigungsanspruch,** da er eher im Bereich der Eingriffsverwaltung relevant ist und auf die Herstellung des status quo ante, dh also gerade nicht auf eine Erweiterung der Rechte des Betroffenen gerichtet ist. Hingegen führt der eher die Leistungsverwaltung bindende Herstellungsanspruch zu einem Zustand, der noch nicht bestanden hat, sondern bei einem rechtmäßigen behördlichen Verhalten bestanden hätte. Er soll also im Gegensatz zum Folgenbeseitigungsanspruch die Erfüllung des Gesetzes sichern, indem die Verwaltung verpflichtet wird, eine nach jetzigen Gesichtspunkten unzutreffende Rechtsanwendung nachträglich zu korrigieren.[112]

c) Übertragbarkeit

37 Diese Divergenzen zeigen deutlich, dass der Folgenbeseitigungsanspruch den Herstellungsanspruch gerade nicht einschließt[113] oder dessen Gegenstück bzw. Parallele ist.[114] Stattdessen ist vielmehr die Frage aufgeworfen, ob der Herstellungsanspruch aus dem Sozialrecht in das allgemeine Verwaltungsrecht überführt werden kann. Sie wird in der **Literatur** häufig verneint, weil es sich um ein „sozialrechtliches Rechtsinstitut sui generis" handele,[115] dessen Daseinsberechtigung sich aus den Besonderheiten sozialrechtlicher Leistungsverhältnisse erkläre und das infolgedessen nicht in andere Rechtsgebiete übertragbar sei.[116] Hinzu komme, dass eine Umgehung des Folgenbeseitigungsanspruchs drohe.[117]

38 Dem entspricht auch die frühere **Rechtsprechung** des BVerwG,[118] in deren Folge die Verwaltungsgerichtsbarkeit selbst für das Sozialverwaltungsrecht die Existenz eines Herstellungsanspruchs abgelehnt hat – so wenn die Rehabilitationsbehörde fehlerhaft berät.[119] In jüngeren Entscheidungen hat das BVerwG indes dessen Daseinsberechtigung im Verwaltungsrecht offen gelassen,[120] während sich in der instanzgerichtlichen Rechtsprechung sogar Entscheidungen finden, die einen Herstellungsanspruch bei fehlerhafter Auskunft oder Beratung bejahen;[121] und für das Sozialverwaltungsrecht geht mittlerweile auch das BVerwG von dessen Existenz aus.[122]

39 Für die Richtigkeit dieses Ansatzes dürfte vor allem sprechen, dass die Verwaltung in der Dienstleistungs- und Informationsgesellschaft und damit insbesondere innerhalb des **Leistungs-, Infrastruktur- und Gewährleistungsverwaltungsrechts** dazu beitragen muss, dass Rechte und Leistungstatbestände bekannt und nutzbar sind. Denn infolgedessen bietet der Herstellungsanspruch einen angemessenen und sachgerechten Ausgleich dafür, dass die Verwaltungsrechtsordnung immer undurchsichtiger und komplexer wird, so dass die erforderlichen Kenntnisse beispielsweise im Subventionsrecht[123] gerade nicht mehr bestehen. Wohl nicht zuletzt deshalb versteht auch

112 BSGE 49, 78.
113 So aber Wallerath DÖV 1987, 505.
114 So aber Pietzner/Müller VerwArch 85 (1994), 603.
115 Ossenbühl/Cornils, Staatshaftungsrecht, 6. Aufl. 2013, S. 396.
116 Ebsen DVBl 1987, 389 (395); Wallerath DÖV 1994, 757.
117 Vgl. dazu VGH München 27.1.2010 – 3 ZB 08.1569 Rn. 5.
118 BVerwGE 79, 192 (194).
119 OVG Koblenz NVwZ 1985, 509.
120 S. näher BVerwG NJW 1997, 71 (75); BVerwGE 105, 288 (298).
121 Vgl. dazu OVG Greifswald NordÖR 2008, 540.
122 BVerwG NJW 2012, 168 (169).
123 S. Stober in Hill, Wirkungsforschung zum Recht, 2000, S. 251.

das BSG den Herstellungsanspruch eher allgemein als weiteren Baustein im „System des öffentlich-rechtlichen Nachteilsausgleichs".[124]

5. Folgenbeseitigungsanspruch und Folgenbeseitigungslast

Schließlich ist der Folgenbeseitigungsanspruch zur Folgenbeseitigungslast abzugrenzen. Sie wurde von Rechtsprechung und Lehre entwickelt und soll **Lücken** füllen, wenn trotz rechtswidrigen Verwaltungshandelns kein Folgenbeseitigungsanspruch besteht, es aber in einer Folgeentscheidung ungeschehen gemacht werden kann:[125] 40

Strukturell verpflichtet die Folgenbeseitigungslast dazu, dass die Verwaltung ihr eigenes rechtswidriges Vorverhalten als ermessenslenkenden Belang berücksichtigt.[126] Sie ist also nicht auf Beseitigung der Folgen rechtwidrigen Handelns, sondern auf Einbeziehung des rechtswidrigen Verwaltungshandelns iSe **Anspruchs auf pflichtgemäße Ermessensausübung** gerichtet.[127] 41

Dritter Abschnitt. Verwaltungsrechtshandlungen ohne einseitigen Regelungscharakter

Im System der Verwaltungsrechtshandlungen sind von den Verwaltungsakten iSd § 35 VwVfG Handlungsformen ohne einseitige Regelungsqualität zu unterscheiden. Dazu zählen vor allem die spezialgesetzlich normierten verwaltungsrechtlichen Verträge (→ § 54 Rn. 1 ff.), sonstige verwaltungsrechtliche Schuldverhältnisse (→ § 55 Rn. 1 ff.) sowie jedenfalls in Teilen die verwaltungsrechtlichen Pläne (→ § 56 Rn. 1 ff.). Hinzu treten Zusicherungen, Zusagen und andere rechtsgeschäft(sähn)liche Erklärungen (→ § 53 Rn. 1 ff.). Zusammengefasst handelt es sich um Rechtsfolgen bedingende Wissens- oder Willensäußerungen (→ § 36 Rn. 7b), die die Verwaltung im Rahmen ihrer Formenwahlfreiheit (→ § 23 Rn. 1 ff.) nutzen kann und zur Durchführung ihrer vielfältigen Aufgaben je nach Lage der Dinge ggf. auch nutzen muss, um zweckmäßig zu agieren. Die Verwaltungsrechtshandlungen ohne einseitigen Regelungscharakter sind nur teilweise gesetzlich normiert, so dass ergänzend auf privatrechtliche Grundsätze zurückgegriffen werden muss. Vor allem verwaltungsrechtssystematische Überlegungen sowie das Bedürfnis nach einfacher Handhabbarkeit verlangen eine tiefere Auffächerung sowie eine präzise Umschreibung ihrer differierenden Voraussetzungen und Folgen. 1

[124] BSGE 49, 76 (78).

[125] S. dazu Ivo, Die Folgenbeseitigungslast, 1996, S. 20 ff.; Blanke/Peilert VERW 31 (1998), 29 (47); vgl. auch BVerwGE 28, 165; 79, 192 (194); BVerwG NVwZ-RR 2002, 620; BayVGH BayVBl. 1995, 118.

[126] S. dazu Ivo, Die Folgenbeseitigungslast, 1996, S. 96 ff.

[127] Vgl. dazu Schoch JURA 1993, 478 (485); Masing DÖV 1999, 573; Bumke JuS 2005, 22 (27); s. auch BGH NJW 1995, 2918 und dazu Rüfner JuS 1997, 309; Blanke/Peilert VERW 31 (1998), 29 (41); VGH Mannheim DVBl 1999, 176 (179 f.).

§ 53. Zusicherungen, Zusagen und rechtsgeschäft(sähn)liche Erklärungen

Schrifttum: Bäcker VerwArch 103 (2012), 558 ff.: Bindendes, Allzubindendes – Zur Akzessorietät der öffentlich-rechtlichen Zusage; Baumeister DÖV 1997, 229 ff.: Die Zusicherung – ein Muster ohne Bindungswert?; Dossmann, Die Bebauungsplanzusage, 1985; Erfmeyer DVBl. 1999, 1625 ff.: Bindungswirkung rechtswidriger allgemeiner Zusagen in entsprechender Anwendung der §§ 38 Abs. 2, 48 VwVfG?; Fiedler, Funktionen und Bedeutung öffentlich-rechtlicher Zusagen im Verwaltungsrecht, 1977; Groh DÖV 2012, 582 ff.: Die Zusicherung als sichere Handlungsform in der kooperierenden Verwaltung?; Grosser SGb 1994, 610 ff.: Das Dilemma der Rechtsverbindlichkeit mündlich tatsächlich erfolgter Zusicherungen; Guckelberger DÖV 2004, 375 ff.: Behördliche Zusicherungen und Zusagen; Ismer/Wiesner VerwArch 105 (2014), 125 ff.: Anfechtung öffentlich-rechtlicher Willenserklärungen des Bürgers; Krause, Rechtsformen des Verwaltungshandelns, 1974, 288 ff.; Pfander, Die Zusage im öffentlichen Recht, 1970.

2 Zusicherungen und andere rechtsgeschäft(sähn)liche Erklärungen prägt, dass sie einseitig von der Verwaltung ausgehen. Während sie sich im Falle einer Zusage zu einem künftigen Tun, Dulden oder Unterlassen verpflichtet,[1] betrifft die Zusicherung nach der Legaldefinition § 38 I 1 VwVfG den Spezialfall, dass Erlass oder Unterlassen eines Verwaltungsakts versprochen werden. Hinzutreten andere rechtsgeschäft(sähn)liche Erklärungen.

I. Zusicherung

3 § 38 I 1 VwVfG (§ 34 SGB X) definiert die Zusage, einen Verwaltungsakt zu unterlassen oder zu erlassen als Zusicherung und damit als Spezialfall der Zusage. Oft spricht das Fachrecht, das im Falle eigener Regelungen § 38 I 1 VwVfG vorgeht, trotzdem auch in derartigen Konstellationen von Zusagen – so bei Filmförderzusagen nach § 68 FFG.

1. Bedeutung

4 Die Verwaltung bedient sich dieser Handlungsform vornehmlich aus Gründen des Risiko- und Dispositionsschutzes. Die Zusicherung wird folglich einem Orientierungsinteresse[2] gerecht, indem sie ihrem Adressaten **Planungssicherheit** bietet.[3] Zusicherungen lassen sich daher als rechtliche Gewissheitserklärungen mit Verlässlichkeitswirkung begreifen.[4] Die Verwaltungspraxis[5] misst ihnen zunehmend größere Bedeutung zu,[6] auch wenn vor allem der Empfänger wegen des öffentlich-rechtlichen Selbstverpflichtungscharakters der Zusicherung ein Interesse an deren Erlass hat.

Beispiel: Zusicherung der Erteilung einer Spielbankenkonzession.[7]

5 Rechtlich soll mit Hilfe der Zusicherung dem Maßnahmeadressaten eine Verwaltungsentscheidung in Aussicht gestellt werden, damit er sich darauf einstellen kann. Abgesehen davon kann mit einer Zusicherung aber auch eine juristische Ungewiss-

---

[1] S. zu dieser Definition auch BVerwG DVBl 1966, 857; NJW 1984, 2113; BVerwGE 97, 323 (327); BSG NVwZ 1994, 830; OVG Münster NVwZ 1985, 118.
[2] Rokohl BWVwPr. 1992, 217 (219).
[3] Ähnlich Isensee/Kirchhof StaatsR-HdB/Maurer § 60 Rn. 87.
[4] Blanke, Vertrauensschutz im deutschen und europäischen Verwaltungsrecht, 2000, S. 227.
[5] Exemplarisch etwa Heitkamp UPR 2018, 432 (432 ff.).
[6] BR-Drs. 227/73, 59.
[7] OVG Greifswald NJW 2003, 3146.

heit geklärt werden, indem eine bestimmte Rechtsfolge vorab zugesagt wird. Insofern geht es also um **Rechtssicherheit und -klarheit** sowie um Vertrauensschutz.

Beispiel: Zusicherung eines Bürgermeisters, den Abriss eines Wochenendhauses zu verhindern.[8]

Ökonomisch will der Zusicherungsempfänger das Risiko vermeiden, dass Dispositionen vorgenommen werden, die sich später als nutz- und wertlos herausstellen. Mit anderen Worten soll die Zusicherung also Investitionsungewissheit beseitigen. Insofern gewährt sie **ökonomisch-finanzielle Anlagesicherheit** und wird so zu einem Instrument, das Grundrechtsschutz im Interesse der Freiheitswahrung gewährleistet. 6

Beispiel: Zusicherung der Erteilung eines Subventionsbescheids für die Errichtung einer Anlage.[9]

Zeitlich will der Zusicherungsempfänger in einem möglichst frühen Verfahrensstadium Gewissheit über das Entscheidungsverhalten der Verwaltung gewinnen. Da die Zeit ein knappes Gut ist (→ § 37 Rn. 1 ff.) und komplexe Verwaltungsverfahren zeitintensiv sind, hat er ein erhebliches Interesse daran, von der Verwaltung eine erste verbindliche Stellungnahme über ein Vorhaben oder Anliegen zu erhalten. Insofern ist die Zusicherung ein geeignetes Instrument zur **Beschleunigung von Verwaltungsverfahren.** 7

Beispiel: Zusicherung der Erteilung einer Baugenehmigung für eine Fabrikanlage.

Sachlich will der Zusicherungsempfänger erreichen, dass die Verwaltung bestimmte Bedingungen akzeptiert, die Voraussetzung für das Eintreten in nähere bzw. weitere Verhandlungen sind. Die Zusicherung hat in solchen Fällen eine **wegbereitende Funktion,** weil sie bewirkt, dass auch die für den Bürger wichtigen Aspekte von Vornherein in das Verwaltungshandeln Eingang finden und nicht unbeachtet bleiben. 8

Beispiele: Zusicherung der Einstellung, Zusicherung einer Beförderung.[10]

2. Voraussetzungen

Eine Zusicherung erfordert zunächst, dass sich die behördliche Aussage auf einen bestimmten Verwaltungsakt – zB in Form der Aufstellung eines bestimmten **Verkehrszeichens**[11] – bezieht, vor allem aber, dass sich die Verwaltung rechtlich zu dessen Erlass oder Unterlassen verpflichten will (sog. **Bindungswille**). Ob ein verbindliches Versprechen iSe verwaltungsrechtlichen Willenserklärung oder nur eine unverbindliche Expektanz (sog. Bemühungsklausel) vorliegt, ist, soweit keine spezialgesetzlichen Aussagen bestehen (vgl. § 205 I AO), anhand einer Auslegung der abgegebenen Erklärung (→ § 36 Rn. 7a f.) und damit primär anhand der Umstände des Einzelfalles zu beurteilen.[12] Es kommt also darauf an, wie der Empfänger den erklärten Willen bei objektiver Würdigung verstehen musste.[13] Ist nur wohlwollende Prüfung versprochen, liegt daher keine Zusicherung vor. 9

[8] OVG Thür. NJ 2008, 185; s. dazu auch Guckelberger, Allg. Verwaltungsrecht, 11. Aufl. 2023, § 12 Rn. 46.
[9] Vgl. BVerwG NJW 1979, 280.
[10] S. Günther ZBR 1982, 193; BVerwG DVBl 1966, 857.
[11] BVerwGE 97, 323 (328); Neumann NVwZ 2000, 1244 (1247).
[12] BGH DVBl 1977, 576; BVerwG DVBl 1976, 339 und 1986, 680; NJW 1997, 1248; s. auch BFH BB 1990, 870; BSG NVwZ 1994, 830.
[13] Kloepfer/Lenski NVwZ 2006, 501 (502).

10 Nach Ansicht des BVerwG ist der an einen Bewerber gerichtete **„Ruf" auf eine Professorenstelle** keine Zusicherung der späteren Ernennung. Es begründet seine Auffassung mit der Nichtausgestaltung des Instituts „Ruf" im Hochschulrecht. Mit dem Ruf der Universität werde nur die Bereitschaft zu Berufungsverhandlungen kundgetan, es handele sich lediglich um eine unselbstständige Vorbereitungshandlung, die gerade keine einseitige Verpflichtung begründet, den Adressaten als Professor einzustellen.[14] Gegen diese Einschätzung wird vorgebracht, dass ein Ruf bei fehlender Selbstverpflichtung rechtlich bedeutungslos wäre, was dem gebräuchlichen Verständnis der Ruferteilung widerspräche.[15]

3. Rechtsnatur

11 Die Rechtsnatur der Zusicherung ist umstritten, weil unklar ist, ob es sich um einen **Verwaltungsakt** handelt oder nicht. Bedeutung erlangt die damit verbundene Diskussion vor allem aus einer prozessrechtlichen Perspektive, weil je nach Einordnung unterschiedliche Klagearten mit jeweils unterschiedlichen Sachurteilsvoraussetzungen Anwendung finden. Im Einzelnen problematisch ist insbesondere der Regelungscharakter der Zusicherung, wobei deren Rechtsfolgengerichtetheit wohl überwiegend insbesondere aufgrund der Anspruch begründenden Wirkung der Zusicherung bejaht wird.[16]

12 Diese Einordnung wird jedoch nicht dem Wortlaut des § 38 I 1 VwVfG gerecht. Denn nach dieser Norm ist die Zusicherung nur auf den späteren Erlass eines Verwaltungsaktes gerichtet und damit selbst kein Verwaltungsakt,[17] sondern allenfalls ein **Verwaltungsvorakt.** Dem entspricht es, dass § 38 II VwVfG die entsprechende Anwendung der Vorschriften über den Verwaltungsakt anordnet,[18] weil dieser Verweis nicht erforderlich gewesen wäre, wenn der Gesetzgeber die Zusicherung als Verwaltungsakt hätte behandeln wollen.[19] Außerdem weicht die in § 38 III VwVfG näher geregelte Bindungswirkung von der des Verwaltungsaktes ab, so dass die Zusicherung eine spezielle Form einer rechtsgeschäftlichen Erklärung ohne Regelungscharakter und kein Verwaltungsakt ist.

4. Abgrenzung zu verwandten Rechtsinstituten

13 Die Zusicherung unterscheidet sich von der Erteilung einer **Auskunft** dadurch, dass sie auf ein späteres Tun gerichtet ist und sich daher nicht in einer Wissenserklärung erschöpft. Während also die Zusicherung auf spätere Erfüllung zielt und damit eine rechtliche Bindungswirkung entfaltet, führt eine fehlerhafte Auskunft lediglich zu Schadensersatzansprüchen auf Sekundärebene.[20]

---

[14] BVerwGE 106, 187; vgl. auch Hobe JA 1999, 18 (20).
[15] Vgl. Epping WissR 1992, 166 (179).
[16] So insbesondere Guckelberger DÖV 2004, 357 (359); BVerwG NVwZ 1987, 46 f.
[17] So zB Detterbeck, Allg. Verwaltungsrecht, 21. Aufl. 2023, § 10 Rn. 519; vgl. auch Bäcker VerwArch 103 (2012), 558 (567 f.).
[18] S. auch BVerwGE 97, 323 (327).
[19] König VR 1990, 401 (403); Erichsen JURA 1990, 109; kritisch zur analogen Anwendung de Wall, Die Anwendbarkeit privatrechtlicher Vorschriften, 1999, S. 261.
[20] BVerwGE 65, 61 (70); BSG NVwZ 1994, 830; BGH UPR 1996, 23 f.; Bäcker VerwArch 103 2012, 558 (571 f.).

Im Unterschied zur **Teilregelung** beispielsweise in Form eines Vorbescheids oder einer Teilbaugenehmigung (→ § 45 Rn. 73 f.) enthält die Zusicherung keine eigenständige Regelung, sondern stellt eine solche lediglich in Aussicht, indem sich die Verwaltung verpflichtet, einen Verwaltungsakt zu erlassen oder zu unterlassen.[21] 14

Der **vorläufige Verwaltungsakt** setzt schließlich ebenfalls eine eigenständige Rechtsfolge, wenn auch nur mit einstweiliger Wirkung (→ § 45 Rn. 65 f.). Auch er enthält damit den in § 35 VwVfG vorausgesetzten Regelungscharakter, während es der Zusicherung an der dazu erforderlichen Endgültigkeit gerade fehlt. 15

5. Wirksamkeit

Die Bedingungen für die Wirksamkeit einer Zusicherung folgen aus § 38 II VwVfG, der insoweit „unbeschadet des Absatzes 1 Satz 1" gilt, so dass die dortigen Anforderungen ebenfalls Wirksamkeitsvoraussetzungen sind.[22] 16

a) Anforderungen des § 38 I 1 VwVfG

§ 38 I 1 VwVfG verlangt, dass die Zusicherung von der für die Anschlusshandlung örtlich und sachlich **zuständigen Behörde** erlassen wurde.[23] Ob der konkret zur Abgabe der Erklärung befugte Sachbearbeiter handeln muss, ist streitig,[24] dürfte aber, weil der Wortlaut des § 38 I 1 VwVfG nur auf die „zuständige(n) Behörde" im Allgemeinen abstellt, nicht zwingend nötig sein, solange der tätige Amtswalter nach außen seiner Stellung (Rangstufe) nach[25] handlungs-, entscheidungs bzw. vertretungsbefugt ist. Für Zusicherungen von Kommunen gelten keine strengeren,[26] sondern dieselben Vorgaben, so dass es für die Wirksamkeit der Zusicherung unabhängig von der kommunalrechtlichen Zuständigkeitsordnung reicht, wenn der Hauptverwaltungsbeamte handelt.[27] 17

Abgesehen davon bedarf jede Zusicherung, nicht aber ihre Ablehnung, der **Schriftform,** um wirksam zu sein. § 38 I 1 VwVfG bezieht sich insoweit allerdings nicht auf die Formanforderungen des späteren Verwaltungsakts, sondern richtet aus Gründen der Rechtssicherheit und der Beweiserleichterung, aber auch um die handelnde Behörde vor einem übereilten Vorgehen zu schützen,[28] ein eigenständiges Formerfordernis nur für die Zusicherung auf. Zu wahren ist mangels qualifizierender Aussagen im Normtext aber lediglich die einfache Schriftform iSd § 37 III VwVfG, ggf. auch durch Niederschrift bei Gericht[29] oder auf elektronischem Wege[30] nach Maßgabe des § 3a II VwVfG. 18

---

21 Vgl. dazu BVerwG DÖV 1969, 143; BVerwGE 24, 23; Jakobs JURA 1985, 234.

22 Kopp/Ramsauer/Ramsauer VwVfG § 38 Rn. 17.

23 Obermayer/Funke-Kaiser/Stuhlfauth VwVfG § 38 Rn. 22.

24 Verneinend namentlich Kingler/Krebs JuS 2010, 1059 (1060) und Hebeler/Schäfer JURA 2010, 881 (882); bejahend hingegen zB Guckelberger DÖV 2004, 357 (360); vgl. auch BVerwGE 3, 203; ausf. zum Streitstand Stelkens/Bonk/Sachs/Stelkens VwVfG § 38 Rn. 65.

25 VGH Mannheim NuR 2020, 415 Rn. 47.

26 So aber BVerwG NVwZ 1987, 46 (46 f.).

27 Knack/Henneke/Henneke/Berger VwVfG § 38 Rn. 23.

28 Fehling/Kastner/Störmer/Schwarz VwVfG § 38 Rn. 23.

29 BVerwGE 97, 323 (327).

30 Rosenbach NWVBl. 1997, 326 (328); Guckelberger DÖV 2004, 357 (360).

b) Anforderungen der §§ 44, 48 f. VwVfG

19 Nach § 38 II VwVfG sind zudem § 44 VwVfG und die §§ 48 f. VwVfG auf Verwaltungsakte anwendbar. Infolgedessen sind auch **rechtswidrige Zusicherungen** unabhängig von etwa getroffenen Dispositionen[31] so lange wirksam, wie sie nicht nichtig oder beseitigt worden sind. Um die spezifischen Voraussetzungen der §§ 44, 48 f. VwVfG nicht zu umgehen, ist der Verweis in § 38 II VwVfG auf diese Vorschriften abschließend. Eine entsprechende Anwendung der §§ 119 ff. BGB mit der Folge der Anfechtbarkeit von Zusicherungen kommt daher nicht in Betracht.[32]

c) Änderung der Sach- und Rechtslage

20 Die Zusicherung entfaltet nach **§ 38 III VwVfG** zudem keine Wirksamkeit mehr, wenn sich nach deren Abgabe die Sach- und Rechtslage maßgeblich geändert hat und die Behörde sie in Kenntnis dessen nicht gegeben hätte oder hätte geben dürfen. Der Geltungsbereich dieser besonderen Form des Wegfalls der Geschäftsgrundlage,[33] die in ihrem Anwendungsbereich gegenüber § 49 VwVfG wegen ihrer spezifischen Vertrauensschutzanforderungen vorrangig,[34] ggf. sogar abschließend[35] ist, ist noch nicht klar vermessen – vor allem, wenn es um Umstände geht, die wie ein Haushaltsengpass oder der Wegfall des Bedarfs bestimmter Leistungen primär in der Sphäre der Verwaltung wurzeln.[36]

21 § 38 III VwVfG führt anders als teilweise die in § 38 II VwVfG einbezogenen Beseitigungsvorschriften für den Fall einer Änderung der Sach- oder Rechtslage unmittelbar **qua legem** zur **Unbeachtlichkeit** der Zusicherung, ohne dass es einer Verwaltungsentscheidung bedarf oder ein etwaiges Vertrauen auf Seiten des Empfängers relevant wird.[37] Die Möglichkeit einer Anpassung der Zusicherung besteht somit also nicht, und zwar auch nicht über eine Analogie zu § 60 VwVfG,[38] weil diese Norm für auf Kooperation bauende Verwaltungsverträge gilt, und daher einem erhöhten, durch Einigung induzierten Vertrauens- bzw. Bestandsschutz gerecht werden will und somit in ihrem Anwendungsbereich bewusst (und nicht planwidrig) eng gehalten ist.[39]

[31] Isensee/Kirchhof StaatsR-HdB/Maurer § 60 Rn. 88.
[32] Fehling/Kastner/Störmer/Schwarz VwVfG § 38 Rn. 37; BVerwGE 97, 323 (329).
[33] Guckelberger, Allg. Verwaltungsrecht, 11. Aufl. 2023, § 12 Rn. 46; Kellner NVwZ 2013, 482 (483).
[34] Stelkens/Bonk/Sachs/Stelkens VwVfG § 38 Rn. 96; s. dazu auch BSG NVwZ 1994, 830; BVerwGE 97, 323 (330); BVerwG DÖV 2002, 82; Guckelberger DÖV 2004, 355 (361); kritisch Baumeister DÖV 1997, 229.
[35] Kopp/Ramsauer/Ramsauer VwVfG § 38 Rn. 35.
[36] Vgl. dazu Kloepfer/Lenski NVwZ 2006, 501 (504 f.) und OVG Berlin-Brandenburg DVBl 2003, 1333 (1337) einerseits sowie Groh DÖV 2012, 582 (584) und BVerwG DVBl 1982, 795 (799) andererseits.
[37] Guckelberger, Allg. Verwaltungsrecht, 11. Aufl. 2023, § 12 Rn. 46 f.
[38] In diese Richtung tendiert Groh DÖV 2012, 582 (584), die abgesehen davon weitere Anknüpfungspunkte auf Primär- (S. 585 f.) und Sekundärebene (S. 587 ff.) diskutiert, um dem Zusicherungsempfänger im Falle eines Verlusts der Zusicherung Vertrauensschutz zuteilwerden zu lassen.
[39] Möllers JZ 2005, 677 f.

6. Rechtmäßigkeit

Die Zusicherung steht im Ermessen der handelnden Behörde,[40] wobei nicht schon jedes Interesse an einer solchen Maßnahme zu dessen Reduzierung führen kann.[41] Weitergehende Vorgaben wie zB das Zusicherungsverbot in § 3 II BeamtVG[42] können im Fachrecht niedergelegt sein und entsprechen im Übrigen grundsätzlich denen, die auch für den **in Aussicht gestellten Verwaltungsakt** gelten.[43] Infolgedessen bietet § 38 I 1 VwVfG keine Rechtsgrundlage für den Erlass von Zusicherungen, sondern es gilt das Fachrecht. Im Hinblick auf die formellen Anforderungen sind demgegenüber insbesondere die Verfahrensvorgaben des § 38 I 2 VwVfG sowie die in § 38 II VwVfG in Bezug genommenen Möglichkeiten der Heilung zu beachten. Auf materiell-rechtlicher Ebene finden schließlich neben den einschlägigen Vorschriften aus dem Fachrecht auch die Anforderungen Anwendung, die für den Verwaltungsakt selbst gelten – so zB, wenn der Verwaltungsakt im Ermessen der zuständigen Behörde steht.[44] 22

Ist die Zusicherung rechtmäßig, begründet sie einen Anspruch auf Erlass oder Unterlassen des zugesicherten Verwaltungsakts.[45] Ist sie **rechtswidrig,** muss sie, damit dieser Anspruch entfällt, ggf. konkludent[46] nach Maßgabe des § 48 VwVfG iVm § 38 II VwVfG beseitigt werden. Bleibt sie dennoch bestehen, kann der Zusicherungsempfänger auf Erlass des zugesicherten Verwaltungsakts klagen[47] oder einen trotz gegenteiliger Zusicherung erlassenen Verwaltungsakt – er ist im Falle seiner Zusicherungswidrigkeit ebenfalls rechtswidrig – anfechten.[48] Abgesehen davon können auch etwa betroffene Dritte gegen eine sie belastende rechtswidrige Zusicherung vorgehen, soweit sie ihnen bekannt gegeben wurde. Insoweit gelten die auf Verwaltungsakte anwendbaren Grundsätze (→ § 48 Rn. 18 f.) entsprechend.[49] 23

II. Zusage

Von Zusagen (in einem wegen der Formulierung des § 38 I 1 VwVfG dann streng genommen engen Sinne) lässt sich verwaltungsverfahrensrechtlich dann sprechen, wenn behördliche Versprechen nicht auf Verwaltungsakte, sondern auf anderes behördliches Tun, Dulden oder Unterlassen bezogen sind. Diese Zusagen ieS sind nach denselben Grundsätzen von verwandten Instituten abzugrenzen wie die Zusicherung, erfordern ebenfalls einen behördlichen Bindungswillen und haben dieselbe hohe praktische Bedeutung. 24

[40] BVerwG NVwZ 1986, 1011; OVG Münster NWVBl. 1988, 49; Stelkens NVwZ 1987, 471.
[41] S. dazu BVerwG NJW 1987, 2180; Stelkens NVwZ 1987, 471; Guckelberger DÖV 2004, 357 (361).
[42] BVerwG ZBR 2005, 339 (341).
[43] Vgl. dazu unter dem Aspekt der Akzessorietät Bäcker VerwArch 103 (2012), 558 (573 ff.).
[44] Vgl. dazu Stelkens/Bonk/Sachs/Stelkens VwVfG § 38 Rn. 73 ff.
[45] BVerwG DVBl 1970, 60 und NJW 1979, 280; VGH Mannheim VBlBW 2014, 12.
[46] S. dazu Kopp/Ramsauer/Ramsauer VwVfG § 38 Rn. 35a.
[47] Hebeler/Schäfer JURA 2010, 881 (884).
[48] Knack/Henneke/Henneke/Berger VwVfG § 38 Rn. 47.
[49] Maurer/Waldhoff, Allg. Verwaltungsrecht, 21. Aufl. 2024, § 9 Rn. 61; BVerwGE 128, 87 (93).

1. Regelungsdichte und Erscheinungsformen

25 Die Zusage ist im allgemeinen Verwaltungsverfahrensrecht nicht ausdrücklich normiert. Deshalb wird gelegentlich Novellierungsbedarf angemahnt.[50] Teilweise finden sich allerdings **fachgesetzliche Bestimmungen,** die Spezialregeln über die Zulässigkeit von Zusagen enthalten können. Am ausführlichsten sind insoweit die Vorschriften der Abgabenordnung, die einen eigenen Unterabschnitt über Zusagen aufgrund von Außenprüfungen enthält (§§ 204 ff. AO).

26 Zusagen (ieS) kommen, da sie sich auf jedes behördliche Tun, Dulden oder Unterlassen mit Ausnahme des Erlasses bzw. des Unterlassens von Verwaltungsakten beziehen können, in den **verschiedensten Erscheinungsformen** vor. Sie können beispielsweise auf den Abschluss verwaltungsrechtlicher Verträge[51] bzw. auf schlichtes Verwaltungshandeln (Freihalten einer Stelle[52]) gerichtet sein oder den maßgeblichen Gegenstand eines Verwaltungsvertrages bilden.[53]

2. Rechtsnatur

27 Die Rechtsnatur der Zusage ist ähnlich umstritten wie die der Zusicherung. Die damit verbundenen Meinungsverschiedenheiten haben dieselbe weitreichende Bedeutung, insbesondere weil die Zusage dann, wenn man sie als **Verwaltungsakt** einstuft, auch im Falle ihrer Rechtswidrigkeit per se und unabhängig von der Zulässigkeit einer entsprechenden Anwendung des § 38 II VwVfG zunächst einmal wirksam wäre.[54] Daran anknüpfend weisen Teile der Literatur darauf hin, dass Zusagen eine Erwartungshaltung iSe verbindlichen Anwartschaft begründen, daher einen Regelungsgehalt aufweisen und somit als Verwaltungsakte einzustufen sind.[55]

28 Dagegen spricht jedoch, dass eine Zusage dem Adressaten nur ein künftiges Handeln in Aussicht stellen will, um ihm schon vorher einzelne Dispositionen zu ermöglichen. Deshalb kann sie nicht den Grad von Verbindlichkeit beanspruchen, wie sie dem Verwaltungsakt als abschließende Regelung zukommt.[56] Zudem wird man dann, wenn man der auf einen künftigen Verwaltungsakt bezogenen Zusicherung einen Regelungscharakter abspricht, die Zusage erst recht **nicht** als **Verwaltungsakt** einordnen dürfen, da sie nicht auf Verwaltungsakte, sondern auf andere behördliche Handlungen bezogen ist.[57]

3. Erhöhter Verbindlichkeitsanspruch?

29 Damit stellt sich die Frage, ob sich ein erhöhter Verbindlichkeitsanspruch der Zusage mit einer **analogen Anwendung des nur auf Zusicherung bezogenen § 38 II VwVfG** begründen lässt. Sie wird teilweise uneingeschränkt,[58] bisweilen aber auch nur für den Fall bejaht, dass die Zusage schriftlich erfolgt und infolgedessen hinrei-

[50] Guckelberger DÖV 2004, 357 (365).
[51] VGH Mannheim NVwZ 2000, 1304.
[52] BVerwGE 106, 129 (132 f.).
[53] OVG Münster DVBl 1973, 696; OVG Greifswald NJW 2003, 3146.
[54] Guckelberger, Allg. Verwaltungsrecht, 11. Aufl. 2023, § 12 Rn. 49.
[55] Guckelberger DÖV 2004, 357 (359).
[56] Bäcker VerwArch 103 (2012), 558 (573 ff.).
[57] Detterbeck, Allg. Verwaltungsrecht, 21. Aufl. 2023, § 10 Rn. 521.
[58] So namentlich Krebs VerwArch 69 (1978), 85 (91); ähnl. Maurer/Waldhoff, Allg. Verwaltungsrecht, 21. Aufl. 2024, § 9 Rn. 62.

chend perpetuiert ist.[59] Zudem soll eine Analogie möglich sein, wenn die Zusage auf ein reales Verwaltungshandeln gerichtet ist, das im Zusammenhang mit dem Erlass von Verwaltungsakten steht.[60] Denn dann soll § 38 II VwVfG wegen der gegebenen Vergleichbarkeit der Konstellationen entsprechend gelten, weil die Rechtsfolgen in diesem Falle keine anderen sein können als im Falle der Zusicherung eines Verwaltungsakts.[61] Wohl überwiegend wird demgegenüber jedoch darauf hingewiesen, dass die Begrenzung des § 38 II VwVfG auf die Zusicherung eines Verwaltungsakts und dessen Unanwendbarkeit zB auf die Zusage des Abschlusses eines Verwaltungsvertrages eine bewusste gesetzgeberische Entscheidung gewesen sei. Folgt man diesem Ansatz, käme eine analoge Anwendung des § 38 II VwVfG auf Zusagen nicht in Betracht.[62]

30 Stattdessen wird dann aber davon ausgegangen, dass die **vor Erlass des VwVfG von der Rechtsprechung entwickelten Grundsätze des Verwaltungsrechts** heranzuziehen sind.[63] Sie unterscheiden sich erstens insoweit von § 38 II VwVfG, als ein Schriftformerfordernis damals noch nicht bestand. Daher können Zusagen auf Basis dieses Ansatzes auch mündlich gegeben werden,[64] obwohl damit Beweisschwierigkeiten einhergehen können.[65] Hinzu kommt zweitens das vor Inkrafttreten des VwVfG bestehende Erfordernis der Beachtung der Regeln über die behördeninterne Zuständigkeitsverteilung, so dass insoweit anders als im Rahmen des § 38 I VwVfG erheblich ist, welcher Sachbearbeiter die Zusage gemacht hat.[66] Im Übrigen ähneln die vor Erlass des VwVfG für Zusagen geltenden Grundsätze aber § 38 II VwVfG, so dass ihr auch nach diesem Ansatz ein erhöhter Verbindlichkeitsanspruch selbst im Falle ihrer Rechtswidrigkeit zukommen kann. Voraussetzung dafür ist jedoch, dass der Empfänger auf die Einhaltung der Zusage vertraut und ihm untragbare Verhältnisse drohen, wenn sie nicht eingehalten wird.[67] Gerade diese Anforderung dürfte im Lichte der Gesetzesbindung der Verwaltung aber kaum einmal gewahrt sein.[68]

Beispiel: Wird das Aufstellen eines Sackgassenschildes, das aufgrund seines Hinweischarakters nur schlichthoheitlicher Natur ist, zugesagt, greift § 38 VwVfG nicht direkt, weil es dann am Regelungscharakter fehlt, und auch nicht analog; durch die Beschilderung kann allerdings schutzwürdiges Vertrauen entstehen, das das behördliche Ermessen einengt.[69]

4. Wirksamkeit

31 Ist die Zusage somit jedenfalls im Normalfall ohne erhöhten Verbindlichkeitsanspruch, kommt es für deren Wirksamkeit maßgeblich auf die Rechtmäßigkeit an. Deren Vorliegen ist nach den Anforderungen des **allgemeinen und besonderen Verwaltungsrechts** zu beurteilen. Daran anknüpfend liegt zB Rechtswidrigkeit vor, wenn

[59] Kopp/Ramsauer/Ramsauer VwVfG § 38 Rn. 6d.
[60] Stelkens/Bonk/Sachs/Stelkens VwVfG § 38 Rn. 47.
[61] Neumann NVwZ 2000, 1244 (1248); vgl. auch BVerwGE 53, 182 (185 ff.).
[62] Knack/Henneke/Henneke/Berger VwVfG § 38 Rn. 67; Mann/Sennekamp/Uechtritz/Uechtritz VwVfG § 38 Rn. 63; OVG Magdeburg DVBl 2012, 1392.
[63] Maurer/Waldhoff, Allg. Verwaltungsrecht, 21. Aufl. 2024, § 9 Rn. 62; Detterbeck, Allg. Verwaltungsrecht, 21. Aufl. 2023, § 10 Rn. 523.
[64] Knack/Henneke/Henneke/Berger VwVfG § 38 Rn. 67.
[65] Maurer/Waldhoff, Allg. Verwaltungsrecht, 21. Aufl. 2024, § 6 Rn. 62.
[66] Knack/Henneke/Henneke/Berger VwVfG § 38 Rn. 67.
[67] Guckelberger, Allg. Verwaltungsrecht, 11. Aufl. 2023, § 12 Rn. 49; BVerwG DVBl 1966, 857 (859).
[68] Detterbeck, Allg. Verwaltungsrecht, 21. Aufl. 2023, § 10 Rn. 523.
[69] Vgl. OVG Magdeburg DVBl 2012, 1392.

eine Zusage gegen ein gesetzliches Verbot verstößt (§ 2 II BBesG[70]) oder aus anderen Gründen fehlerhaft ist. Zudem muss sie den rechtlichen Vorgaben für das Zusageziel entsprechen[71] und daher ggf. auf einer Rechtsgrundlage basieren sowie den formellen und materiellen Vorgaben ggf. auch in Form des Unions- und Verfassungsrechts genügen.

Beispiel: Zusagen über die personelle und sachliche Ausstattung von Hochschullehrern können hochschulrechtlich unter dem Vorbehalt verfügbarer Mittel stehen.[72]

III. Rechtsgeschäft(sähn)liche Erklärungen

32 Neben Zusicherungen und Zusagen finden sich im Verwaltungsrecht noch weitere behördliche Erklärungen. Sie sind im Falle ihrer Rechtswidrigkeit grundsätzlich unwirksam. Im Einzelnen sind rechtsgeschäftliche und rechtsgeschäftsähnliche Erklärungen zu unterscheiden.

1. Rechtsgeschäftsähnliche Erklärungen

33 Rechtsgeschäftsähnliche Erklärungen sind **Wissens- oder Willensäußerungen,** die Rechtsfolgen unabhängig von einem darauf gerichteten Willen des Äußernden begründen. Dazu gehören Beurkundungen und Beglaubigungen (§§ 33 f. VwVfG), die ggf. einem besonderen Berichtigungsverfahren unterliegen, oder Erklärungen im Rahmen verwaltungsrechtlicher Verträge wie Mahnungen oder Fristsetzungen.

34 Zudem gehören **Mitteilungen mit unmittelbar Rechtsfolgen begründender Wirkung** hierher – so die Bekanntmachung einer Verordnung oder Satzung[73] mit der Rechtsfolge des späteren Inkrafttretens, die Mitteilung einer Verfügung mit der Rechtsfolge des Wirksamwerdens oder die Rechtsbehelfsbelehrung mit der Folge des Fristbeginns. Sie sind in der gleichen Weise abänderbar, in der sie ergangen sind.

35 Ferner sind **Auskünfte** über die Rechtsauffassung der Behörde oder über rechtserhebliche Tatsachen als rechtsgeschäftsähnliche Erklärungen einzustufen, sofern sie die Behörde aus Gründen des Vertrauensschutzes binden, weil der Auskunftsempfänger entsprechend disponiert hat.[74] Es ist allerdings zu beachten, dass Auskünfte nicht immer einem einheitlichen Rechtsregime folgen. Vielmehr ist jeweils auf die positivrechtliche Ausgestaltung und die Umstände des Einzelfalles abzustellen.

2. Rechtsgeschäftliche Willenserklärungen

36 **Eine rechtsgeschäftliche Willenserklärung** zielt auf eine Rechtsfolge, die dem geäußerten, ggf. durch Auslegung anhand des § 133 BGB zu ermittelnden[75] Willensinhalt entspricht. Sie führt allein oder iVm anderen zu einseitigen oder mehrseitigen Rechtsgeschäften, verfügt jedoch nicht über die spezifische Verbindlichkeit von Verwaltungsakten (→ § 48 Rn. 1 ff.) oder regelnden Anordnungen.

[70] Vgl. OVG Münster DÖV 1971, 208.
[71] Vgl. dazu unter dem Aspekt der Akzessorietät Bäcker VerwArch 103 (2012), 558 (573 ff.).
[72] Vgl. dazu VGH Mannheim VBlBW 2009, 69.
[73] VGH Kassel DVBl 1966, 835.
[74] S. VGH München VerwRspr. 19 (1968), 295 u. Monreal, Auskünfte und Zusagen von Finanzbehörden, 1967, S. 41 ff., S. 168 ff.
[75] Ismer/Wiesner VerwArch 103 (2014), 125 (128 ff.).

Zum **Kreis** einseitiger Rechtsgeschäfte zählen insbesondere die Aufrechnung im Rahmen verwaltungsrechtlicher Schuldverhältnisse (→ § 55 Rn. 52), Amtshilfeersuchen,[76] der Verzicht, die Kündigung, die Zustimmung bzw. andere bindende Einverständniserklärungen oder -versagungen von Behörden. 37

3. Umgang mit Irrtümern

Im Falle eines Irrtums können die rechtsgeschäft(sähn)lichen Erklärungen (anders als Verwaltungsakte) in **entsprechender Anwendung der §§ 119 ff. BGB** angefochten werden, soweit sich nicht aus durchgängig geltenden Rechtsgedanken Ausnahmen ergeben (zB für Verfahrens- und Prozesshandlungen) oder die entsprechende Anwendung aufgrund von Besonderheiten eines Verwaltungsrechtsverhältnisses ausgeschlossen ist (zB aus Gründen des Vertrauensschutzes).[77] 38

§ 54. Verwaltungsrechtliche Verträge

Schrifttum: Bauer DÖV 1998, 89 ff.: Verwaltungsrechtliche und verwaltungswissenschaftliche Aspekte der Gestaltung von Kooperationsverträgen; Benz VERW 23 (1990), 83 ff.: Verhandlungen, Verträge und Absprachen in der öffentlichen Verwaltung; Benz, Kooperative Verwaltung, 1994; Bergmann/Schumacher, Handbuch der kommunalen Vertragsgestaltung IV: Öffentlich-rechtliche Verträge, 2001; Bonk DVBl. 2004, 141 ff.: Fortentwicklung des öffentlich-rechtlichen Vertrages unter besonderer Berücksichtigung der Public Private Partnerships; Bulling DÖV 1989, 277 ff.: Kooperatives Verwaltungshandeln in der Verwaltungspraxis; Burmeister VVDStRL 52 (1993), 190 ff.: Verträge und Absprachen zwischen der Verwaltung und Privaten; Butterwege, Verwaltungsvertrag und Verwaltungsakt, 2001; Correll DÖV 1998, 363 ff.: Probleme und Möglichkeiten des öffentlich-rechtlichen Vertrages; Dose VERW 27 (1994), 91 ff.: Kooperatives Recht; Dose, Die verhandelnde Verwaltung, 1997; Erbguth/Rapsch DÖV 1992, 45 ff.: Der öffentlich-rechtliche Vertrag in der Praxis; Fluck VERW 31 (1998), 185 ff.: Grundprobleme des öffentlich-rechtlichen Vertragsrechts; Grewlich DÖV 1998, 54 ff.: Umweltschutz durch „Umweltvereinbarungen" nach nationalem und Europarecht; Grziwotz JuS 1998, 807 ff., 902 ff., 1013 ff. und 1113 ff., JuS 1999, 147 ff. und 245 ff.: Einführung in die Vertragsgestaltung im Öffentlichen Recht; Gurlit, Verwaltungsvertrag und Gesetz, 2000; Henke JZ 1984, 441 ff.: Allgemeine Fragen des öffentlichen Vertragsrechts; Henke DÖV 1985, 41 ff.: Praktische Fragen des öffentlichen Vertragsrechts; Henneke DÖV 1997, 768 ff.: 30 Jahre LVwG, 20 Jahre VwVfG-Stabilität und Flexibilität des Verwaltungshandelns; Hill, Verwaltungshandeln durch Absprachen und Verträge, 1990; Höfling/Krings JuS 2001, 625 ff.: Der verwaltungsrechtliche Vertrag: Begriff, Typologie, Fehlerlehre; Krebs VVDStRL 52 (1993), 248 ff.: Verträge und Absprachen zwischen der Verwaltung und Privaten; Moench/Ruttloff DVBl. 2014, 223 ff.: Die Auswirkungen der Verfassungswidrigkeit von Gesetzen auf öffentlich-rechtliche Verträge; Reicherzer ZRP 2004, 112 ff.: Reform des öffentlichen Vertrages; Reicherzer DÖV 2005, 603 ff.: Die gesetzliche Verankerung von Public-Private-Partnership; Riedel, Die Bedeutung von Verhandlungslösungen im Verwaltungsverfahrensrecht, 2002; Ruttloff DVBl. 2013, 1415 ff.: Verwaltungsrechtlicher Vertrag und das Recht der Allgemeinen Geschäftsbedingungen; Scherzberg JuS 1992, 205 ff.: Grundfragen des verwaltungsrechtlichen Vertrages; Schlette, Die Verwaltung als Vertragspartner, 2000, S. 235 ff.; Schmitz DVBl. 2005, 17 ff.: Zur Novellierung der Vorschriften über den öffentlich-rechtlichen Vertrag; Schröder NVwZ 1998, 1011 ff.: Konsensuale Instrumente des Umweltschutzrechts; Schulze-Fielitz DVBl. 1994, 657 ff.: Kooperatives Recht im Spannungsfeld von Rechtsstaatsprinzip und Verfahrensökonomie; Spannowsky, Grenzen des Verwaltungshandelns durch Verträge und Absprachen, 1994; Stelkens DVBl. 2012, 609 ff.: „Pacta sunt servanda" im deutschen und französischen Verwaltungsrecht; Ziekow/Siegel VerwArch 94 (2003), 593 ff., VerwArch 95 (2004), 133 ff., 281 ff. und 573 ff.: Entwicklung und Perspektiven des Rechts des öffentlich-rechtlichen Vertrages; Ziekow, Public-Private Partnership. Speyer Forschungsberichte Bd. 229, 2003: Verankerung verwaltungsrechtlicher Kooperationsverhältnisse.

[76] VGH Mannheim VBlBW 1988, 151.

[77] Krause VerwArch 61 (1970), 326 ff.; Kluth NVwZ 1990, 608 (612); ausf. dazu Ismer/Wiesner VerwArch 103 (2014), 125 (134 ff.).

1 Zwar ist der einseitig erlassene Verwaltungsakt die eigentümliche und häufigste Handlungsform der Verwaltung. Gleichwohl können Rechtsfolgen aber auch im Wege vertraglicher Einigung herbeigeführt werden. Insofern ist die Aufnahme des verwaltungsrechtlichen Vertrages in das VwVfG ein „Symbol für die Pluralisierung der Handlungsformen“[1] und ein Beleg für die institutionelle Bereitstellungsfunktion des Verwaltungsrechts.[2]

I. Bedeutung

2 Die **Motive** für den Abschluss verwaltungsrechtlicher Verträge sind vielfältig. Sie können vereinbart werden, wenn es gilt, die von Trägern öffentlicher Verwaltung wahrzunehmenden Interessen mit gleichgerichteten oder auch divergierenden Interessen Dritter abzustimmen, Pflichten zu verschieben, Rechtsstellungen auszugestalten, Meinungsverschiedenheiten beizulegen, besonderen Lagen gerecht zu werden oder ein einseitiges Eingreifen zu erübrigen. Weil dabei wegen der Gleichwertigkeit der Willenserklärungen die „obrigkeitliche“ Gewalt der Träger öffentlicher Verwaltung nicht zur Geltung kommt und der Vertragspartner nicht mehr „Verwaltungsobjekt“ ist, sind Verträge geeignet, die exekutivische Überlegenheit hinter einer gleichrangigen Partnerschaft zurücktreten zu lassen.[3] Da die Handlungsform Vertrag einseitiges hoheitliches Handeln ersetzt oder ergänzt und selbst dann anwendbar sein kann, wenn einseitige Maßnahmen nicht getroffen werden können,[4] ist dieses Instrument häufig eine zu berücksichtigende sinnvolle Handlungsalternative für die Regelung von Einzelfällen, die zugleich Elemente der Stabilität und Flexibilität miteinander verbindet.[5]

3 Gleichzeitig entspricht der verwaltungsrechtliche Vertrag in mehrfacher Hinsicht dem **Kooperationsprinzip** als verwaltungsrechtliche Leitlinie des partnerschaftlichen Verwaltungsstaats,[6] dem die Eigen- und Mitverantwortung zunehmend wichtiger werden (→ § 2 Rn. 31). Ein Bedürfnis nach Kooperation besteht insoweit vor allem deshalb, weil sich Verwaltung nicht in bloßer Gesetzesausführung erschöpfen darf. Sie muss vielmehr auch Handlungsspielräume nutzen und eigenverantwortlich disponieren, ist aber oft auf die Zusammenarbeit mit betroffenen Dritten angewiesen. Soweit die Verwaltung dabei auf Einigung statt auf Eingriff setzt, kann sich mit Hilfe des Abschlusses öffentlich-rechtlicher Verträge auch eine neue Verwaltungskultur entwickeln, die geeignet ist, die Akzeptanz von Entscheidungen zu erhöhen.[7] Verwaltungsrechtliche Verträge führen dann zu Konfliktlösungen durch Verhandlungen[8] bzw. durch Ausschöpfung etwa bestehender Mediationspotenziale.[9] Das überkom-

[1] v. Danwitz, Verwaltungsrechtliches System und europäische Integration, S. 68.
[2] Schuppert, Verwaltungswissenschaft, 2000, S. 173.
[3] S. auch BVerwGE 23, 213 (216); BT-Drs. 7/910, 78; Bachof VVDStRL 30 (1972), 193 (231); Burmeister VVDStRL 52 (1993), 190 (222 ff.).
[4] S. Bauer FS Knöpfle, 1996, 11 (20).
[5] S. auch Henneke DÖV 1997, 768 (775 f.); und zu den Vor- und Nachteilen, Schlette, Die Verwaltung als Vertragspartner S. 34 ff., 337 ff.
[6] Ritter AöR 104 (1979), 389; Schuppert, Verwaltungswissenschaft, 2000, S. 175.
[7] S. auch Schlette, Verwaltungsrechtliches System und europäische Integration, S. 317 ff.; Schuppert, Verwaltungswissenschaft, 2000, S. 184.
[8] S. dazu Holznagel, Konfliktlösung durch Verhandlungen, 1990.
[9] S. dazu Grziwotz JuS 1999, 146.

mene Verwaltungshierarchiemodell wird in der Folge durch das Verhandlungsmodell substituiert und modifiziert.[10]

4 Kooperatives Handeln durch Vertrag gestattet ferner gezielte Dialoge, wechselseitige Einflussnahmen und schnelle Einigungen (Zeitfaktor). Es kann private Initiativen mobilisieren, Eingriffe verhindern, den Verwaltungsaufwand vermindern, feiner steuern, Streitigkeiten vermeiden und die Kontrolle erleichtern. Es schafft Anreize zur Befolgung von Verwaltungsrecht, nutzt privaten Sachverstand und trägt flexibel und maßgeschneidert der Komplexität des Verwaltungsalltags und der angemessenen Bewältigung mehrpoliger Rechtsverhältnisse Rechnung. Insgesamt leistet das kooperative Element dadurch einen essenziellen **verwaltungsökonomischen Beitrag** zur Optimierung und Innovation des Verwaltungsrechts, weil es das Verhältnis Verwaltung – Zivilperson elegant günstig beeinflussen kann.[11] Arthur Benz hat die Erwartungen an kooperatives Verwaltungshandeln auf folgende griffige Formel gebracht: „Kooperation soll also dazu beitragen, staatliche Leistungsfähigkeit bei zunehmender Komplexität gesellschaftlicher Probleme, Unsicherheit von Entwicklungen und Ressourcenknappheit sicherzustellen".[12]

5 Vor diesem Hintergrund verwundert es nicht, dass sich der verwaltungsrechtliche Vertrag als Ausdruck eines untechnisch verstandenen Public-Private-Partnership inzwischen zu einem selbstverständlichen, unverzichtbaren und weit verbreiteten Handlungsinstrument entwickelt hat[13] und ein **wachsendes Bedürfnis nach dem Einsatz weiterer kooperativer Handlungsformen** besteht.[14] Man denke nur an die Regulierungs- und Gewährleistungsverwaltung (→ § 4 Rn. 27) oder die Vergabe öffentlicher Aufträge durch Zuschlag und Vertragsschluss.[15] Abgesehen davon basiert auch das Neue Steuerungsmodell (→ § 3 Rn. 26) auf Absprachen. Teilweise wird der Verwaltungsvertrag daher in einem Zustand gesehen, der ihm schönste Aussichten für seine weitere Entwicklung verspricht.[16] Der Ausbau vertragsrechtlicher Handlungsformen im Fachverwaltungsrecht bekräftigt diese Einschätzung.[17] Allerdings darf nicht übersehen werden, dass die Anwendungsbreite und Beeinflussung des Vertragsinhalts durch Zivilpersonen umso mehr abnimmt, je mehr die Verwaltungsverträge standardisiert werden und Allgemeinen Geschäftsbedingungen entsprechen.

II. Vereinbarkeit mit höherrangigem Recht

6 Auch wenn die Existenz verwaltungsrechtlicher Verträge seit jeher weitgehend anerkannt wird,[18] gab und gibt es immer wieder Stimmen, die dieser Handlungsform der öffentlichen Verwaltung skeptisch gegenüberstehen. Vor allem Otto Mayer arti-

[10] S. auch Benz, Kooperative Verwaltung, 1994, S. 309 ff.
[11] Krebs VVDStRL 52 (1993), 248 (252 f.); Henneke DÖV 1997, 768 (775).
[12] Benz, Kooperative Verwaltung, 1994, S. 59.
[13] Lecheler BayVBl. 1992, 545; Kunig DVBl 1992, 1193; Bauer DÖV 1998, 89; Bonk DVBl 2004, 141; Reicherzer DÖV 2005, 603.
[14] S. auch Maurer/Bartscher, Die Praxis des Verwaltungsvertrages, 2. Aufl. 1997.
[15] Vgl. dazu Stöcker, Entwicklung des Verwaltungskooperationsvertrags unter Berücksichtigung des Vergaberechts, 2010, S. 289 ff.
[16] Krebs VVDStRL 52 (1993), 280.
[17] S. dazu zB Stöcker, Entwicklung des Verwaltungskooperationsvertrags unter Berücksichtigung des Vergaberechts, 2010, S. 163 ff.
[18] Maurer/Waldhoff, Allg. Verwaltungsrecht, 21. Aufl. 2024, § 14 Rn. 24.

kulierte permanentes verwaltungsrechtswissenschaftliches Misstrauen gegen das **„Paktieren der Verwaltung"** und den „Ausverkauf der Hoheitsrechte".[19] Entsprechende Zweifel sind nach wie vor gegenwärtig und gründen sich insbesondere auf den im Rechtsstaatsprinzip verankerten Vorrang des Gesetzes (→ § 30 Rn. 5).[20] So bezeichnet selbst die Begründung des Regierungsentwurfs zum VwVfG den Vertrag noch als atypische Handlungsform.[21] Vor allem wird befürchtet, dass einer der beiden Vertragspartner seine Macht missbrauche. Hinzu sollen rechtsstaatlich-demokratische Defizite wie etwa die Relativierung gesetzlicher Vorgaben sowie die Interessengefährdung Dritter und demokratisch legitimierter Organe kommen.[22] Ferner werden Vollzugsdefizite und Verwaltungsineffizienzen befürchtet. Manche Stimmen bezweifeln auch, dass man komplizierte Probleme, die in Rechtsprechung und Literatur unterschiedlich beantwortet werden, per Einigung lösen könne.[23]

7 Diese klassische, pathologieorientierte[24] sog. negative Funktion des Verwaltungsvertragsrechts[25] hat sich im Ergebnis nicht durchgesetzt. Mittlerweile wird stattdessen überwiegend[26] davon ausgegangen, dass die Handlungsform des verwaltungsrechtlichen Vertrages **dem Grunde nach nicht auf verfassungsrechtliche Grenzen stößt,** so dass auch rechtswidrige Belastungen, die vertraglich vereinbart worden sind, nicht unwirksam[27] sind.[28] Vielmehr entscheiden die Ausgestaltung des einfachen Rechts und insbesondere die Konzeption der Fehlerfolgenlehre im Lichte des Einzelfalls darüber, inwieweit die Verwaltung paktieren darf. Das „Ob" ist demgegenüber weitgehend anerkannt. Daraus folgt einerseits, dass die Verwaltung zwar an sich nicht über ihre Bindung an Recht und Gesetz hinweggehen darf, sehr wohl aber de facto kann.[29] Und andererseits hat die Verwaltung anders als beim Verwaltungsakt nicht die Möglichkeit, sich eingegangener Pflichten nach Maßgabe der §§ 48 f. VwVfG zu entledigen, wenn ein fehlerhafter Vertrag de lege lata wirksam ist.[30]

8 Begründen lässt sich dieser Ansatz zunächst mit der Freiwilligkeit der eingegangenen Vereinbarung.[31] Zudem stehen die tragenden Prinzipien des Verfassungsstaats vertraglichem Handeln grundsätzlich offen gegenüber: So sind effektiver Grundrechtsschutz auf Kooperation mit der Verwaltung,[32] die Demokratie auf Mitwirkung und Abstimmung, der Sozialstaat auf Akzeptanz, der Rechtsstaat auf Sicherheit, Rechts-

[19] Mayer AöR 3 (1888), 3 (42); Mayer, Deutsches Verwaltungsrecht II, 3. Aufl. 2004, 262, und dazu Dewitz, Der Vertrag in der Lehre Otto Mayers, 2004; Stern VerwArch 49 (1958), 106; Bullinger, Vertrag und Verwaltungsakt, 1962, S. 18, 140, 254.

[20] Vgl. zum Streitstand Henneke DÖV 1997, 768 (774 ff.); Pakeerut, Die Entwicklung der Dogmatik des verwaltungsrechtlichen Vertrages, 2000.

[21] BT-Drs. 7/910, 81.

[22] Zum Streitstand H. Bauer VERW 3 (1992), 301 (308 ff.); Spannowsky, Grenzen des Verwaltungshandelns, 1994, S. 34 ff., 51 ff.; Benz, Kooperative Verwaltung, 1994, S. 314 ff.

[23] Lecheler BayVBl. 1992, 545.

[24] S. Voßkuhle VerwArch 85 (1994), 567 (578).

[25] So Bauer FS Knöpfle, 1996, 11 ff.

[26] S. aber Götz NJW 1976, 1425 (1427).

[27] So aber Efstratiou, Die Bestandskraft des öffentlich-rechtlichen Vertrages, 1988, S. 253 ff.

[28] Im Ergebnis ebenso Krebs VVDStRL 52 (1993), 248 (268).

[29] Vgl. Blankenagel VerwArch 76 (1985), 276; Krebs VVDStRL 52 (1993), 248 (267).

[30] Maurer/Waldhoff, Allg. Verwaltungsrecht, 21. Aufl. 2024, § 14 Rn. 53.

[31] Guckelberger, Allg. Verwaltungsrecht, 11. Aufl. 2023, § 24 Rn. 21.

[32] S. auch Knack/Henneke/Schliesky VwVfG Vor § 54 Rn. 32.

frieden und eine maßvolle Belastung der Normadressaten sowie der Umweltstaat auf die Zusammenarbeit aller Betroffenen angelegt. Diesem Gedanken entspricht letztlich auch das Unionsrecht, das in Art. 272 AEUV ebenfalls die Existenz öffentlich-rechtlicher Verträge und damit kooperativer Handlungsformen voraussetzt,[33] zumal auch Art. 288 AEUV konsensualen Handlungsformen nicht entgegen steht.[34] Denkbar bleibt allerdings, dass das einfache Recht im konkreten Einzelfall zu Härten führt. In einer solchen Konstellation kommt dann ggf. eine **verfassungskonforme Auslegung** in Betracht. Im Übrigen ist der Gesetzgeber berufen, auf etwaige Unzulänglichkeiten des rechtlichen Status Quo zu reagieren. So findet sich zB in § 126 SchlH VwG eine Vorschrift, nach der unter bestimmten, von § 59 VwVfG in Teilen abweichenden Voraussetzungen die Unwirksamkeit eines Verwaltungsvertrags geltend gemacht werden kann.

III. Maßgebliche Vorschriften

9 Die für Verwaltungsverträge maßgeblichen Vorschriften sind vor allem in den §§ 54 ff. VwVfG niedergelegt. Sie gelten jedoch nur unter bestimmten Voraussetzungen.

1. Anwendungsbereich der §§ 54 ff. VwVfG

10 So müssen diese Bestimmungen zunächst einmal anwendbar sein.

a) Geltungskraft des Verwaltungsverfahrensrechts

11 Relevant werden insoweit namentlich die §§ 1 f. VwVfG.

12 **aa) Handeln einer Behörde, § 1 I VwVfG.** Insbesondere § 1 I VwVfG setzt zunächst ein behördliches Handeln voraus. Damit sind verwaltungsrechtliche **Verträge zwischen Zivilpersonen** an sich ausgeschlossen, weil mindestens ein Beteiligter Träger öffentlicher Gewalt sein muss.[35] Etwas anderes gilt aber dann, wenn das Fachrecht auf die §§ 54 ff. VwVfG verweist oder ein Beliehener tätig wird.

13 Ist ein Vertrag zwischen Privaten dem öffentlichen Recht zuzuordnen, bedarf es einer spezialgesetzlichen Anordnung, um dessen Zulässigkeit sicherzustellen, weil Private grundsätzlich nicht über öffentlich-rechtliche Befugnisse und Pflichten disponieren dürfen. Für diesen Fall wird eine **analoge Anwendung** der §§ 54 f. VwVfG diskutiert. Deren Zulässigkeit hängt davon ab, ob der Schutzzweck dieser Normen passt.[36]

Beispiele: Einigung und Teileinigung der Beteiligten im Enteignungsverfahren (§§ 110 f. BauGB), Übernahme der Pflicht einer Zivilperson zur Unterhaltung eines Wasserlaufs durch eine andere Zivilperson (zB § 95 NRW WG), Verträge zwischen Zivilpersonen zur Abrundung von Jagdbezirken; Verträge über die Nutzung eines durch Satzung geregelten Rechts an Wahlgräbern,[37] Vereinbarung zwischen Zivilpersonen über die Übernahme der Unterhaltungspflichten an Straßen (Art. 54 IV BayStrWG).

---

33 Uerpmann EuZW 1998, 331.

34 Spannowsky, Grenzen des Verwaltungshandelns durch Verträge und Absprachen, 1994, S. 493; Stelkens/Bonk/Sachs/Stelkens VwVfG § 54 Rn. 174; Schlette, Die Verwaltung als Vertragspartner, S. 60 ff.; Stelkens EuZW 2005, 299.

35 Gern NJW 1979, 694; Kasten/Rapsch NVwZ 1986, 708; vgl. auch BVerwG DVBl 1992, 1295.

36 S. dazu Kopp/Ramsauer/Tegethoff VwVfG § 54 Rn. 19.

37 Vgl. BVerwG DVBl 1992, 1295 sowie BVerwG BayVBl. 1998, 88.

14 **bb) Legalausnahmen.** Zudem finden sich insbesondere in § 2 II VwVfG bedeutsame Ausnahmen auch vom Anwendungsbereich der §§ 54 ff. VwVfG.

15 **(1) Steuerrecht.** Daran anknüpfend gilt nach Nr. 2 dieser Norm für bestimmte abgabenbezogene Sachverhalte das Steuerrecht, das aber keine Vorschriften über Vereinbarungen enthält, sondern der Gesetzmäßigkeit und Gleichmäßigkeit der Steuererhebung (§§ 38, 85 AO) verpflichtet ist. Gleichwohl finden sich im Steuerrecht durchaus Hinweise auf die Zulässigkeit von Verwaltungsverträgen (s. etwa § 78 Nr. 3 AO). Infolgedessen lehnen dort viele Stimmen im **Schrifttum**[38] ein striktes Verbot von Vereinbarungen ab, bejahen aber die Existenz erheblicher inhaltlicher Schranken. Vertragsschlüsse kommen danach vor allem dann nicht in Betracht, wenn die Handlungsform Verwaltungsakt zwingend vorgeschrieben ist – so zB in § 155 I AO, nach dem Steuern durch Bescheid festgesetzt werden. Zudem darf eine Gemeinde nicht auf die Erhebung der Gewerbesteuer verzichten, um Ansiedlungen zu generieren.[39]

16 Der **BFH**[40] geht zwar seit jeher von der generellen Unzulässigkeit von Vereinbarungen im Steuerrecht aus, nähert sich aber der Literatur dadurch an, dass er Verständigungen über schwer zu ermittelnde Sachverhalte zulässt.[41] Darunter fallen insbesondere Schätzungen, Bewertungen, Pauschalierungen und Zukunftsprognosen. Zur Begründung wird angeführt, es handele sich insoweit nur um sach- bzw. sachverhaltsbezogene Vereinbarungen, die der Förderung und Beschleunigung des Besteuerungsverfahrens sowie dem Rechtsfrieden dienten und sich grundsätzlich nicht auf das anzuwendende Recht erstreckten. Die praktische Bedeutung dieser **tatsächlichen Verständigungen**[42] liegt darin, Bindungswirkung zu erzeugen, wenn bestimmte Sachbehandlungen in Frage stehen und eine endgültige Klärung zur Steuerfestsetzung nötig ist.

17 **(2) Sozialrecht.** Das in § 2 II Nr. 4 VwVfG ebenfalls aus dem Anwendungsbereich der §§ 54 ff. VwVfG ausgenommene Sozialverfahrensrecht sieht zwar den Vertrag als Handlungsform vor **(§§ 53 ff. SGB X),** seine Zulässigkeit wird aber für Sozialleistungen eingeschränkt. Danach ist ein Vertragsschluss nur zulässig, soweit die Erbringung der Leistungen im Ermessen des Leistungsträgers steht (§ 53 II SGB X). Besteht hingegen ein Anspruch, ist der Abschluss eines Vertrages im Interesse des Schutzes von Zivilpersonen ausgeschlossen.[43] Diese Reduzierung des Anwendungsbereichs ist Ausdruck des Misstrauens des Gesetzgebers, der sozialstaatliche Ansprüche nicht dem Aushandeln überlassen will.[44] Sie führt dazu, dass der Verwaltungsakt weiterhin grundsätzliche Handlungsform im Beitrags- und Leistungsrecht bleibt. Eine hervorgehobene Rolle spielt der Verwaltungsvertrag demgegenüber für Pflegesatzverein-

[38] S. etwa Sontheimer, Der verwaltungsrechtliche Vertrag im Steuerrecht, 1987; Seer, Verständigungen im Steuerverfahren, 1996.
[39] BVerwG DVBl 1984, 192; OVG Münster NVwZ 1986, 68; vgl. auch BVerfGE 125, 141.
[40] BFH NVwZ 1985, 863; 2000, 598; JuS 2005, 86; BFHE 142, 549 (557); 194, 13 (22).
[41] Dazu Sangmeister BB 1988, 609; Seer, Verständigungen im Steuerverfahren, 1996.
[42] S. auch BFH BStBl. II 1996, 625; Spannowsky, Grenzen des Verwaltungshandelns durch Verträge und Absprachen, 1994, S. 428 ff.
[43] BT-Drs. 8/2034, 36.
[44] S. auch Burmeister VVDStRL 52 (1993), 190 (224 f.).

barungen nach § 77 SGB XII (ehemals § 93 II BSHG[45] aF) und für koordinierende Vereinbarungen (vgl. zB §§ 109, 127, 132 ff. SGB V).[46]

(3) Wirksamkeitsvoraussetzungen. Die Wirksamkeit verwaltungsrechtlicher Verträge, die wegen der §§ 1 f. VwVfG nicht dem sachgegenständlichen Anwendungsbereich des VwVfG unterfallen, hängt vor allem von der Ausgestaltung des jeweiligen Fachrechts ab. Fehlt es dort an Vorschriften, wird eine **entsprechende Anwendung der §§ 54 ff. VwVfG** diskutiert.[47] 18

Für **Vereinbarungen im Steuerrecht** ist man sich daran anknüpfend darüber einig, dass sie schriftlich abzuschließen sind und der zuständige Amtsträger beteiligt sein muss. Ferner darf die Absprache nicht zu einem „offensichtlich unzutreffenden Ergebnis" führen.[48] 19

b) Abgrenzung zum Verwaltungsaktsrecht

Der verwaltungsrechtliche Vertrag ist – wie die gesetzliche Ausgestaltung zeigt (§§ 9, 54 VwVfG) – lediglich eine Alternative zum Verwaltungsakt. Deshalb sind diese beiden Handlungsformen voneinander zu unterscheiden.[49] Diese rechtliche Trennung ist vor allem wegen der unterschiedlichen Rechtsfolgen (Abschluss, Wirksamkeit, Fehlerfolgen, Rechtsschutz) nötig. An sich scheint es sich um ein einfaches Unterfangen zu handeln, wird der Verwaltungsakt doch einseitig erlassen und der Verwaltungsvertrag einvernehmlich von beiden Parteien vereinbart. Gleichwohl kann die Abschichtung beider Handlungsformen Probleme bereiten, steht doch der Verwaltungsvertrag in sachlicher Nähe zum sog. **mitwirkungsbedürftigen Verwaltungsakt** (→ § 46 Rn. 34).[50] Schwierigkeiten bestehen auch deshalb, weil § 54 VwVfG keine Auskunft darüber gibt, nach welcher Methode zu ermitteln ist, ob ein Vertrag oder ein Verwaltungsakt vorliegt. Das gelegentlich gewählte Kriterium des schlicht-hoheitlichen oder obrigkeitlichen Verwaltungshandelns ist jedenfalls wegen des eher unklaren Merkmals „schlicht" (→ § 23 Rn. 76) zu unbestimmt. 20

Entscheidend dürfte stattdessen sein, ob die Beteiligten sich als Partner durch übereinstimmende Willenserklärungen rechtsgeschäftlich binden können und wollen **(Konsensprinzip)**. Das ist eine im Einzelfall zu lösende Wertungsfrage,[51] wobei es aber nicht auf die Bezeichnung als „Vereinbarung" ankommt.[52] Ausschlaggebend ist ferner nicht, ob die Beteiligten gleichen Einfluss auf die Wirksamkeit einer Regelung haben. Das kann auch bei einem mitwirkungsbedürftigen Verwaltungsakt der Fall sein. Wesentlich ist vielmehr, ob die begründeten Rechte und Pflichten – also die Inhalte des Rechtsgeschäfts – auf ihrem übereinstimmenden Willen beruhen, ob also der Bürger bereits in den Regelungsvorgang einbezogen werden soll, indem er mit darüber entscheidet, ob sich aus der gemeinsamen Aktivität Rechtsfolgen ergeben 21

[45] BVerwGE 94, 202.
[46] Schlette, Die Verwaltung als Vertragspartner, S. 306 ff.; Schulin JZ 1986, 476.
[47] Maurer/Waldhoff, Allg. Verwaltungsrecht, 21. Aufl. 2024, § 14 Rn. 4, 6.
[48] S. dazu auch BFH JuS 2005, 86 f.
[49] S. näher Butterwege, Verwaltungsvertrag und Verwaltungsakt, 2001.
[50] S. näher Spannowsky, Grenzen des Verwaltungshandelns durch Verträge und Absprachen, 1994, S. 71 ff.
[51] BVerwGE 60, 210.
[52] BVerwG VerwRspr. 24 (1973), 688.

und welchen Inhalts sie sein sollen. Darin liegt der entscheidende Unterschied zum mitwirkungsbedürftigen Verwaltungsakt, bei dem die Zivilperson nur das Zustandekommen beeinflussen kann, um ihr nichts aufzudrängen.[53]

22 Die Festlegung einer Gegenleistung indiziert ebenfalls nicht das Vorliegen eines Vertrages. Denn Verwaltungsakte dürfen mit Nebenbestimmungen (§ 36 VwVfG) versehen werden, durch die eine verwaltungsrechtliche Maßnahme von der Gegenleistung des Bürgers abhängig gemacht werden kann (→ § 47 Rn. 1 ff.). Diese Verpflichtung wird ihm dann aber einseitig auferlegt, während sie beim verwaltungsrechtlichen Vertrag einvernehmlich mit der öffentlichen Hand vereinbart ist. Eine solche Einigung kann das Rechtsverhältnis zudem dann dominieren, wenn eine Behörde allgemeine Geschäftsbedingungen bzw. Richtlinien vorgibt, so dass zumindest so lange ein Verwaltungsvertrag gegeben ist, wie diese Voraussetzung eingehalten wird. Dasselbe gilt jedenfalls nach überwiegender Ansicht,[54] falls die Verwaltung (aus anderen Gründen) über **Bestimmungsmacht** verfügt oder der Bürger auf die Leistung der Verwaltung angewiesen ist, weil er keine Alternativen hat. Ggf. führen diese Umstände aber zur Unwirksamkeit, zB wenn unverhältnismäßiger Druck ausgeübt wird.[55]

c) Erfordernis eines Verwaltungsvertrages

23 Zudem muss die Vereinbarung ein Rechtsverhältnis auf dem Gebiet des öffentlichen Rechts begründen, aufheben oder ändern, damit die §§ 54 ff. VwVfG greifen.

24 **aa) Abgrenzung zu Staatsverträgen und Verwaltungsabkommen.** Mit dieser Formel wird in § 54 S. 1 VwVfG der öffentlich-rechtliche Vertrag legal definiert. Dieser Begriff ist allerdings insoweit ungenau, als sich Vereinbarungen im Sinne der §§ 54 ff. VwVfG wegen des in § 1 I VwVfG enthaltenen Erfordernisses behördlichen Handelns nicht auf jedwede hoheitliche Aktivität auf dem Gebiet des öffentlichen Rechts beziehen können. Aus diesem Grunde wird in der Lehre denn auch nicht von öffentlich-rechtlichen Verträgen, sondern von **Verwaltungsverträgen** gesprochen, wenn es um Vereinbarungen im Sinne der §§ 54 ff. VwVfG geht.

25 Wegen der in **§ 1 I VwVfG** enthaltenen Beschränkungen gelten die §§ 54 ff. VwVfG insbesondere nicht für völkerrechtliche Verträge. Denn in diesem Falle erfasst die Vereinbarung kein Verwaltungshandeln, sondern völkerrechtliche Beziehungen. Zudem sind die §§ 54 ff. VwVfG nicht auf Staatsverträge anwendbar, soweit sie sich auf verfassungsrechtliche Fragen beziehen. Verwaltungsabkommen fallen schließlich ebenfalls nicht unter diese Normen, soweit sie Regierungshandeln zum Gegenstand haben. Geht es hingegen um Verwaltungstätigkeit, werden diese Vorschriften teilweise für anwendbar erklärt,[56] während andere darauf hinweisen, dass die §§ 54 ff. VwVfG jedenfalls nicht passen, wenn quasinormatives Verwaltungshandeln in Rede steht.[57]

[53] OVG Münster DÖV 1967, 271; vgl. dazu auch Maurer/Waldhoff, Allg. Verwaltungsrecht, 21. Aufl. 2024, § 14 Rn. 21.
[54] Vgl. dazu Schilling VerwArch 87 (1996), 191.
[55] Stelkens/Bonk/Sachs/Stelkens VwVfG § 54 Rn. 105.
[56] Detterbeck, Allg. Verwaltungsrecht, 21. Aufl. 2023, § 11 Rn. 781.
[57] Stelkens/Bonk/Sachs/Stelkens VwVfG § 54 Rn. 69.

bb) Abgrenzung zum zivilen Vertragsrecht. Wegen der in § 1 I VwVfG enthaltenen Beschränkung auf die behördliche Verwaltungstätigkeit fallen auch privatrechtliche Verträge nicht unter die §§ 54 ff. VwVfG. Sie sind daher von den Verwaltungsverträgen abzugrenzen, was vor allem problematisch ist, weil sich die Exekutive bei der Erfüllung ihrer Aufgaben grundsätzlich sowohl verwaltungsrechtlicher als auch privatrechtlicher Handlungsformen – so im Bereich des Fiskalhandelns[58] bzw. der Daseinsvorsorge[59] – bedienen kann (→ § 23 Rn. 1 ff. und → § 54 Rn. 2 ff.) und vertragliche Lösungen an sich zivilrechtstypisch sind. Die Unterscheidung zwischen privat- und verwaltungsrechtlichen Vereinbarungen ist insbesondere für den einzuschlagenden **Rechtsweg** relevant, büßt im Übrigen aber an Bedeutung ein, weil sich beide Vertragsformen immer mehr in den Haftungsregeln und Fehlerfolgen annähern,[60] ohne dass freilich Verwaltungsverträge geschlossen werden dürfen, um zivilrechtliche Bindungen zu umgehen. 26

Beispiel: Anstatt den unionsrechtlich vorgegebenen Weg der öffentlichen Ausschreibung zu wählen, der in der Regel zum Abschluss eines privatrechtlichen Vertrages führt,[61] unterlaufen öffentliche Auftraggeber den Wettbewerb durch Abschluss eines Verwaltungsvertrages mit nur einem ausgewählten Anbieter.[62]

Ggf. kann sich die Zuordnung eines Vertrags zum Verwaltungs- oder Privatrecht aus den Fachgesetzen ergeben. Im Übrigen ist, da das Verwaltungsverfahrensrecht zu den relevanten Abgrenzungskriterien schweigt, in **zwei Schritten** vorzugehen: Erstens ist der maßgebliche Bezugspunkt zu ermitteln, indem gefragt wird, ob die vereinbarten Leistungsbeziehungen trennbar sind. Bejahendenfalls ist jeder Vertragsgegenstand für sich zu behandeln, während verneinendenfalls wegen der sonst drohenden rechtlichen Konflikte zwischen zivil- und öffentlich-rechtlichen Rationalitäten entscheidend ist, welche Vereinbarung dem Vertrag sein wesentliches Gepräge gibt, dh also den Schwerpunkt des Vertragsinhalts ausmacht;[63] einen gemischten Vertrag gibt es infolgedessen also nicht.[64] Ist anhand dieser Grundsätze der maßgebliche Bezugspunkt ermittelt, kann dann zweitens der jeweilige Vertragsgegenstand anhand seines Inhalts auf Basis objektiver Kriterien[65] dem öffentlichen oder privaten Recht zugeordnet werden. Dazu sind die bereits dargestellten Ansätze zur Differenzierung beider Teilrechtsordnungen heranzuziehen (→ § 22 Rn. 47, 48), wobei die Sonderrechtslehre wegen des Gleichordnungsverhältnisses der Parteien nicht recht passen will.[66] Sachgerechte Lösungen liefert stattdessen insbesondere der Gedanke des Sachzusammenhangs. 27

Beispiele: Danach handelt es sich bei einem Vertrag, in dem sich jemand gegenüber der Ausländerbehörde verpflichtet, in vollem Umfang für den Lebensunterhalt einer anderen Person aufzukommen, um etwa deren Abschiebung zu verhindern, um einen öffentlich-rechtlichen Vertrag;[67] Schuldanerkennt-

---

58 Vgl. aber Schlette, Die Verwaltung als Vertragspartner, S. 148 ff.
59 Schuppert, Verwaltungswissenschaft, 2000, S. 178; BGH JZ 2007, 417 mAnm Stober.
60 S. etwa Krebs DÖV 1989, 969.
61 Pernice/Kadelbach DVBl 1996, 1100 (1106); Thieme/Corell DVBl 1999, 884 (885).
62 Pieper DVBl 2000, 160 (160 f.).
63 Maurer/Waldhoff, Allg. Verwaltungsrecht, 21. Aufl. 2024, § 14 Rn. 10, Detterbeck, Allg. Verwaltungsrecht, vgl. 21. Aufl. 2023, § 11 Rn. 823.
64 Gurlit JURA 2001, 659 (661).
65 Vgl. dazu Waldhoff JuS 2013, 1055 (1056).
66 Detterbeck, Allg. Verwaltungsrecht, vgl. 21. Aufl. 2023, § 11232 Rn. 786; BVerwGE 84, 183 (185 f.); 92, 56 (59).
67 OLG Düsseldorf NJW 1993, 2880; s. auch Schlette NVwZ 1998, 125.

nisverträge im Zusammenhang mit einer Einbürgerung sind öffentlich-rechtlich;[68] ein Vertrag zur Finanzierung einer S-Bahn ist öffentlich-rechtlich;[69] ein Vertrag zwischen einem Beseitigungspflichtigen und einem Unternehmer über den Betrieb einer Tierkörperbeseitigungsanstalt gehört dem öffentlichen Recht an;[70] eine Vereinbarung der Bundesregierung mit Energieversorgungsunternehmen ist öffentlich-rechtlich;[71] der Vertrag zwischen einem Schienennetzbetreiber und einem Lizenznehmer nach § 69 I TKG ist öffentlich-rechtlich;[72] ein städtebaulicher Vertrag bleibt öffentlich-rechtlich, auch wenn die geltend gemachten Ansprüche wettbewerbsbezogen sind;[73] der Vertrag zwischen dem BND und einem V-Mann, der auf Honorarbasis Informationen beschafft, ist hingegen privatrechtlich, weil er weder beliehen noch Angehöriger des öffentlichen Dienstes ist, sondern wie ein Verwaltungshelfer tätig wird, indem er für den BND recherchiert.[74]

2. Bedeutung des Fachrechts

28 Soweit die §§ 54 ff. VwVfG anwendbar sind, muss es sich nicht zwingend um die einzig relevanten Vorschriften handeln, da auch das jeweils einschlägige Fachrecht (weitere) Anforderungen stellen kann. Die dortige Regelungsintensität gibt zugleich Hinweise auf die Bedeutung von Verwaltungsverträgen im jeweiligen Sachgebiet.

a) Baurecht

29 Daran anknüpfend gehört der verwaltungsrechtliche Vertrag im Baurecht zum modernen gesetzlichen Instrumentarium flexiblen Verwaltungshandelns. Er ist nicht nur im Bauordnungsrecht, sondern auch im Städtebaurecht, im Straßenbaurecht (§ 3 V 2 FStrBauPrivFinG), im Fachplanungsrecht[75] und im Denkmalschutzrecht[76] zu finden. Mit der Handlungsform Verwaltungsvertrag wird in diesen Sachgebieten bezweckt, eine „Stärkung des kooperativen Handelns (…) zu erreichen und dadurch deutlich zu machen, dass im Baurecht nicht nur einseitig-hoheitliches Verwaltungshandeln die Regel sein sollte".[77] Die baurechtlichen Verträge haben insbesondere durch das BauGB 1998 einen „sprunghaften Bedeutungszuwachs"[78] erfahren, weil diese Novellierung eine Fülle von Vertragsoptionen gestattet.[79] Dem Städtebaurecht wird deshalb auf dem Gebiet des Verwaltungsvertragsrechts eine **Vorreiterrolle** zugesprochen.[80]

Beispiele: Städtebaulicher Vertrag (§ 11 BauGB),[81] Vorhaben- und Erschließungsplan (§ 12 BauGB), Enteignungsvertrag (§ 110 BauGB), Stadtumbauvertrag (§ 171c BauGB).

---

68 BVerwGE 96, 326 (328 f.).
69 VGH Kassel NVwZ-RR 1997, 53.
70 BVerwG DVBl 1995, 1088.
71 S. dazu Schorkopf NVwZ 2000, 1111; Huber DVBl 2001, 239.
72 BGH DÖV 2005, 612; s. auch VGH München BayVBl. 2000, 595.
73 OVG Koblenz NVwZ-RR 2013, 942.
74 BVerwG DVBl 2010, 1037.
75 BVerwG NVwZ 2003, 863.
76 OVG Koblenz DVBl 2003, 811.
77 BT-Drs. 10/6166, 149; s. näher Jäde BayVBl. 1992, 549; Erbguth/Rapsch DÖV 1992, 45; Krebs DÖV 1989, 969; BVerwG NVwZ 1990, 665; VGH München NVwZ 1990, 979.
78 Scharmer NVwZ 1995, 219.
79 S. näher Luers DVBl 1998, 443 (444); Stollmann NuR 1998, 578; Grziwotz JuS 1998, 1013; Erbguth VerwArch 89 (1998), 189; Schlette, Die Verwaltung als Vertragspartner, S. 265 ff.
80 Kunig DVBl 1992, 1193 (1201); Weyreuther UPR 1994, 121 (123).
81 Dazu BVerwG DVBl 1997, 1121; Looman NJW 1996, 1439; Grziwotz NJW 1995, 1927; Grziwotz NVwZ 2002, 391; Grziwotz JuS 1998, 1113; Brohm JZ 2000, 321; Pietzcker FS W. Hoppe, 2000, 439 ff.; H.-J. Birk, Städtebauliche Verträge, 6. Aufl. 2021; Lorz DÖV 2002, 177; Hamann, Der Verwaltungsvertrag im Städtebaurecht, 2003.

b) Private Auftragsverwaltung

30 Ein weiterer Anwendungsbereich des verwaltungsrechtlichen Vertrages findet sich ggf., soweit Private in die Erfüllung von Verwaltungsaufgaben[82] einbezogen werden. Die Motive etwaiger Vereinbarungen sind in diesem Bereich allerdings andere als in den klassischen Konstellationen der §§ 54 ff. VwVfG, weil der Vertrag weder Verwaltungsaktersatz ist noch sich an einen gleichgeordneten Verwaltungsträger richtet. Deshalb ist es sachlich angebracht, von **kooperativen Verwaltungsverträgen** zu sprechen. Sie bezwecken neben einer Entlastung der Verwaltung die Gewinnung privater Sachkunde. Trotz ihrer steigenden Bedeutung in den verschiedensten Bereichen des Fachrechts sind die rechtlichen Rahmenbedingungen bislang kaum vermessen, zumal auch die §§ 54 ff. VwVfG wegen ihrer anders gelagerten Zielrichtung nur bedingt passen.

c) Gebühren- und Beitragsrecht

31 Im Gegensatz zum Steuerrecht können sich im Recht der Gebühren und Beiträge Vorschriften über Verwaltungsverträge finden, weil diese Abgabeformen wegen ihres **Gegenleistungscharakters** (s. Art. 3 IV BayKAG oder § 4 II NRW KAG sowie allgemein → § 42 Rn. 15 ff.) Dispositionsermächtigungen und Vereinbarungen eher gestatten als die Steuererhebung.[83] Die Zulässigkeit vertraglicher Vereinbarungen hängt dort vor allem davon ab, ob und wenn ja inwieweit das Landesverwaltungsverfahrensrecht für die Erhebung von Gebühren und Beiträgen die §§ 54 ff. VwVfG Anwendung finden lässt oder (wie regelmäßig) auf die Abgabenordnung verweist (vgl. § 3 SächsKAG oder § 12 NRW KAG), die für vertragliche Vereinbarungen erhebliche Einschränkungen enthält.[84] Fehlt es an positiv-rechtlichen Aussagen in die eine oder andere Richtung, wird eine analoge bzw. rechtsgrundsätzliche Anwendung der §§ 54 ff. VwVfG diskutiert.[85]

d) Wirtschaftsverwaltungsrecht

32 Im Wirtschaftsverwaltungsrecht sind verwaltungsrechtliche Verträge weit verbreitet.[86] Allerdings existieren dort wegen der ordnungsrechtlichen Prägung nur **selten ausdrückliche Regeln** oder kooperative Ansätze, weshalb teilweise nach dem Gesetzgeber gerufen wird.[87]

33 Immerhin lassen sich in manchen Bereichen des Wirtschaftsverwaltungsrechts Vorschriften finden, die die Möglichkeit bieten, etwaige Streitigkeiten von Privatrechtssubjekten mit der Verwaltung auf partnerschaftlicher Ebene zu schlichten. Dadurch

[82] S. näher Ossenbühl VVDStRL 29 (1971), 137; Burmeister VVDStRL 52 (1993), 190 (229 ff.) aber nur für Beleihung.

[83] VGH München BayVBl. 1998, 566; BVerwG NVwZ 1993, 1810; Allesch DÖV 1988, 103; Heun DÖV 1989, 1053.

[84] OVG Münster KStZ 2020, 72 Rn. 73.

[85] OVG Münster NVwZ 1986, 779; Jachmann BayVBl. 1993, 326.

[86] S. auch Kunig DVBl 1992, 1193; Klindt NVwZ 2003, 307 zu Verträgen zur Marktüberwachung; Hösch BB 1995, 1917 zum Kartellvertrag; Grziwotz JuS 1998, 1015 f.; Schlette, Die Verwaltung als Vertragspartner, S. 315 zum Subventionsvertrag.

[87] Henke, Das Recht der Wirtschaftssubventionen als öffentliches Vertragsrecht, 1979; Henke DVBl 1984, 845; s. ferner Braun JZ 1983, 841; Ehlers VerwArch 74 (1983), 112.

wird **Rechtsfrieden** mit Hilfe gegenseitigen Nachgebens erzeugt, ohne den Rechtsweg beschreiten zu müssen.

Beispiele: Schiedsvertrag (§ 45 II LFGB); Mediation (§ 124 TKG); Wegenutzungsverträge (§ 46 EnWG).

e) Umweltrecht

34 Für das Umweltrecht gilt nach dem Scheitern der Verabschiedung eines Umweltgesetzbuchs,[88] dass das Handlungsinstrument Vertrag bzw. Vereinbarung unionsrechtlich anerkannt,[89] in Spezialgesetzen auf Bundes- und Landesebene vorgesehen (§ 8 BNatSch,[90] § 39 SächsNatSchG) und zumindest als Vertragsnaturschutzrecht etabliert ist.[91] Im weiteren Sinne ließe sich auch von **Vertragsumweltschutzrecht** sprechen,[92] weil auch andere umweltrechtliche Normen wie § 1a III 4 BauGB Verträge zulassen. Danach können Umweltbeeinträchtigungen auch mit Hilfe von städtebaulichen Verträgen ausgeglichen werden.

f) Beamten- und Dienstrecht

35 Das einseitig angelegte und gesetzlich stark determinierte Beamten- und Dienstrecht ist einer Vereinbarung zugänglich,[93] wenn es für bestimmte Dienstverhältnisse Vereinbarungen gestattet (zB Berufungsvereinbarungen[94]). Dasselbe gilt, sofern gesetzlich nicht normierte Rechtsbeziehungen betroffen sind. Spezialnormen über vertragliche Vereinbarungen finden sich dort grundsätzlich nicht.

Beispiele: Ausbildungsförderungsverträge für den öffentlichen Dienst;[95] Erteilung von Lehraufträgen.

3. Rückgriff auf das Verwaltungsverfahrensrecht im Übrigen

36 Die Frage, welche Vorschriften bei Regelungslücken gelten, stellt sich im öffentlichen Vertragsrecht häufig, da sich die Fachgesetze in der Regel darauf beschränken, die grundsätzliche Zulässigkeit bzw. Möglichkeit eines Vertragsschlusses festzustellen und auch die §§ 54 ff. VwVfG eher fragmentarischen Charakters sind, weil dort der subordinationsrechtliche Vertrag im Vordergrund steht, während anderen Vertragstypen wie mehrseitigen[96] oder normbezogenen Verträgen[97] nur rudimentäre Aufmerksamkeit gewidmet wird. Die Antwort folgt zunächst aus **§ 9 VwVfG,** wonach ein Verwaltungsverfahren auch vorliegt, wenn eine nach außen wirkende Tätigkeit auf den Abschluss eines öffentlich-rechtlichen Vertrags im Sinne der §§ 54 ff. VwVfG gerichtet ist. Denn aus diesem Grunde gelten die allgemeinen Vorschriften über das Verwaltungsverfahren in §§ 9–34 VwVfG auch für Verwaltungsverträge.

---

88 Vgl. dazu Schmidt/Kahl, Umweltrecht, 13. Aufl. 2023, § 4 Rn. 4 ff.

89 S. Empfehlung der Kommission und dazu Krieger EuZW 1997, 645; Wägenbauer EuZW 1997, 648; Grewlich DÖV 1998, 54.

90 Vgl. dazu BVerwG DÖV 1999, 557; Rehbinder DVBl 2000, 859.

91 S. Krebs VVDStRL 52 (1993), 248 (254); Schlette, Die Verwaltung als Vertragspartner, S. 300 ff.; von dem Bussche, Vertragsnaturschutz in der Verwaltungspraxis, 2001.

92 S. auch Song, Kooperatives Verwaltungshandeln durch Absprachen und Verträge beim Vollzug des Immissionsschutzrechts, 2000.

93 BVerwGE 91, 200 (203); s. ferner Fluck VERW 3 (1989), 185.

94 dazu Kloepfer JZ 1999, 161.

95 BVerwGE 30, 65; 40, 237; 74, 81; Schlette, Die Verwaltung als Vertragspartner, S. 318 ff.

96 Reimer VerwArch 94 (2003), 542.

97 F. Becker, Kooperative und konsensuale Strukturen in der Normsetzung, 2005, S. 658 ff.

Beispiele: Untersuchungsgrundsatz, Befangenheit, Belehrung, Beratung, Auskunft. Hingegen ist eine Anhörung wegen der mitentscheidenden Beteiligung der Zivilperson entbehrlich.

Im Übrigen ist, soweit die übergreifend und damit auch auf Verwaltungsverträge anwendbaren §§ 1–8e VwVfG keine Aussagen treffen, **§ 62 S. 1 VwVfG** zu beachten. Nach dieser Bestimmung gelten, falls sich aus den §§ 54–61 VwVfG nichts Abweichendes ergibt, die anderen Vorschriften des VwVfG entsprechend.[98] Jedoch sind die in §§ 35–53 VwVfG niedergelegten Regeln auf den Verwaltungsakt als Handlungsform zugeschnitten, so dass sie nur bei besonderer Anordnung wie zB in § 59 II VwVfG und im Übrigen nur ausnahmsweise im Falle einer übertragbaren Zweckrichtung anwendbar sind. Im förmlichen Verfahren gem. §§ 63–71 VwVfG sowie im Planfeststellungsverfahren gem. §§ 72–78 VwVfG kommen ebenfalls grundsätzlich verwaltungsvertragliche Vereinbarungen in Betracht, so dass ggf. auch die dortigen Normen herangezogen werden können. Allerdings dürfen etwaige Abreden auf diesem Gebiet nicht die spezialgesetzlichen Anforderungen überspielen. Zulässig sind daher etwa individuelle Vereinbarungen über Geldersatz (vgl. § 72 II 3 VwVfG), zB soweit eine Einwendung gegen das Vorhaben nicht durchdringt. Die öffentliche Hand kann sich jedoch nicht per Vertragsschluss zB von der Verfahrensdurchführung als solcher entbinden.[99] 37

Beispiele: Zuständigkeit, Schriftformersatz durch elektronische Signatur.

4. Rückgriff auf das Zivilrecht

Aus § 62 S. 2 VwVfG folgt, dass ergänzend die Vorschriften des Bürgerlichen Gesetzbuches entsprechend gelten. Insoweit stellt die gesetzliche Regelung klar, dass das im Verwaltungsrecht häufig erforderliche Heranziehen zivilrechtlicher Grundsätze (→ § 25 Rn. 2 ff.) auch innerhalb des Verwaltungsvertragsrechts prinzipiell zulässig ist. **Voraussetzung** dafür ist allerdings erstens, dass es um eine Vorschrift aus dem BGB (und nicht aus einem zivilrechtlichen Nebengesetz) geht. Zweitens dürfen die anwendbaren verwaltungsverfahrensrechtlichen Bestimmungen nicht abschließend sein („ergänzend"). Und drittens muss die in Betracht gezogene Norm zur jeweiligen verwaltungsvertraglichen Problemstellung passen („entsprechend"). Eine pauschale Übernahme des im BGB niedergelegten Vorschriftenkatalogs kommt also gerade nicht in Betracht.[100] 38

Für das **Allgemeine Leistungsstörungsrecht** gilt daran anknüpfend, dass dort zahlreiche Normen durch das Schuldrechtsmodernisierungsgesetz auch mit Wirkung für das Verwaltungsvertragsrecht grundlegend neu gefasst und ergänzt worden sind.[101] So gilt der Tatbestand der „Pflichtverletzung", die nun auch die bislang gesetzlich ungeregelten Institute der positiven Forderungsverletzung sowie der culpa in contrahendo erfasst,[102] genauso für Verwaltungsverträge wie das grundlegend überarbeitete Schadensersatz- sowie Rücktrittsrecht (§§ 280 ff., §§ 323 ff., 346 ff. BGB). Ob aufgrund der Integration der Verbraucherschutzgesetze, insbesondere des Gesetzes zur Regelung der Allgemeinen Geschäftsbedingungen, nun auch eine Kontrolle von Verwaltungsverträgen anhand der §§ 305 ff. BGB (ex §§ 1 ff. AGBG) möglich ist, wird 39

[98] S. näher Knack/Hennecke/Schliesky VwVfG vor § 54 Rn. 34.
[99] Ausf. dazu Stelkens/Bonk/Sachs/Siegel VwVfG § 62 Rn. 18 ff.
[100] Knack/Henneke/Schliesky VwVfG § 62 Rn. 14 ff.; vgl. auch BGHZ 58, 386.
[101] Überblick bei Schwab NJW 2002, 1; Ott BayVBl. 2003, 171.
[102] Geis NJW 2002, 385 (387).

ambivalent beurteilt.[103] Vieles dürfte wegen des klaren Verweises in § 62 S. 2 VwVfG aber für die grundsätzliche Anwendbarkeit dieser Normen sprechen, allerdings unter dem Vorbehalt der Voraussetzungen des § 62 S. 2 VwVfG,[104] so dass Modifikationen aufgrund der Gemeinwohlbindung der öffentlichen Hand nötig werden.[105]

40 Das **Besondere Leistungsstörungsrecht** kann ebenfalls ggf. auf Verwaltungsverträge im Sinne der §§ 54 ff. VwVfG anwendbar sein, so insbesondere im Falle von Leistungs- und Benutzungsverhältnissen im Bereich der Daseinsvorsorge wie zB bei Energie- und Wasserversorgungsverträgen.[106] Im Einzelnen wurde im Zuge des Schuldrechtsmodernisierungsgesetzes insbesondere das Kaufrecht dem Werkvertragsrecht angepasst (Anspruch auf Nacherfüllung, §§ 437 Nr. 1, 439 BGB). Daneben wurde das Verjährungsrecht neu gestaltet. Die Regelverjährung für Ansprüche aus Verträgen beträgt nun nur drei Jahre anstatt der früheren 30 Jahre (§ 195 BGB – → § 37 Rn. 1 ff.).[107] All diese Regeln können also für Verwaltungsverträge relevant werden. Aber nochmals: Voraussetzung dafür ist, dass sie den Vorgaben des § 62 S. 2 VwVfG gerecht werden.

5. Reformbedarf

41 Die Streubreite der Bestimmungen über den Verwaltungsvertrag wirft im Verbund mit der steten Zunahme kooperativer Handlungsformen die Frage nach einem etwaigen Reformbedarf auf, weil erörterungsbedürftig ist, ob die existierenden verwaltungsverfahrensrechtlichen Vertragsbestimmungen **ergänzt, modifiziert oder novelliert** werden sollten. Zu deren Beantwortung haben Wissenschaft und Verwaltungspraxis Vorarbeiten geleistet, die jedoch bisher nicht umgesetzt worden sind.[108]

42 Im Einzelnen wurde zB die Aufnahme einer Grundsatznorm angeregt, um den sog. Kooperationsvertrag über die Zusammenarbeit der öffentlichen Verwaltung mit privaten Unternehmen bei der Erfüllung öffentlicher Aufgaben gesetzlich zu normieren und ein Verwaltungskooperationsrecht zu schaffen. Es soll unter anderem Aussagen über die Gesetzesbindung der Aufgabenübertragung, über die Kriterien zur Auswahl des Vertragspartners und über den Einfluss der öffentlichen Hand auf die Aufgabenerfüllung treffen.[109] Zudem wurden unlängst eine **Vereinfachung** der Regeln über

---

[103] Bejahend Pabst NWVBl. 2005, 369 und zum städtebaulichen Vertrag Grziwotz NVwZ 2002, 391; verneinend Stelkens/Bonk/Sachs/Siegel VwVfG § 62 Rn. 30 ff.; differenzierend Ruttloff DVBl 2013, 1415 (1418 ff.); vgl. auch Ott BayVBl. 2003, 171.

[104] Knack/Henneke/Schliesky VwVfG § 62 Rn. 43 ff.

[105] Rutloff DVBl 2013, 1415 (1421).

[106] Geis NJW 2002, 385 (390).

[107] S. näher Guckelberger, Die Verjährung im öffentlichen Recht, 2004; Heselhaus DVBl 2004, 411; Dötsch DÖV 2004, 277; Dötsch NWVBl. 2002, 140; Stumpf NVwZ 2003, 1198; Kellner NVwZ 2002, 395.

[108] S. Grziwotz JuS 1998, 807; 902; 1113; Grziwotz, Vertragsgestaltung im öffentlichen Recht, 2002; Krebs VVDStRL 52 (1993), 248 (271); Bauer FS Knöpfle, 1996, 11 (30 f.).

[109] Vgl. dazu Lorz DÖV 2002, 177 (185); Reicherzer ZRP 2004, 112; Reicherzer DÖV 2005, 603; Bonk DVBl 2004, 141; Stelkens VERW 37 (2004), 193; Grziwotz JuS 1999, 245 (248 f.); Schmitz DVBl 2005, 17 (18); Gas VERW 45 (2012), 43; s. ferner den Bericht und die Beschlussempfehlungen des Beirates Verwaltungsverfahrensrecht beim BMI NVwZ 2002, 834; J. Becker ZRP 2002, 303 (308); zum Mehrwert dieser Vorschläge Maurer FS Püttner, 2006, 24 (54 f.); vgl. dazu auch Groh DÖV 2012, 582; Ehlers JURA 2016, 603 (608).

den Verwaltungsvertrag vorgeschlagen[110] und die Streichung des Kopplungsverbotes aus § 56 I 2 VwVfG angeregt.[111]

IV. Rechtliche Anforderungen

43 Soweit die §§ 54 ff. VwVfG greifen, stellen sie diverse rechtliche Anforderungen. Sie beziehen sich auf den Vertragsschluss und auf den Vertragsgegenstand.

1. Anforderungen an den Vertragsschluss

44 Mit Blick auf den Vertragsschluss stellen sich die Fragen, wie die der Vereinbarung zugrundeliegenden Willenserklärungen ausgestaltet sein müssen und ob bzw. inwieweit der Gesetzesvorbehalt eine Rechtsgrundlage für den Vertragsschluss verlangt.

a) Angebot und Annahme

45 Für einen wirksamen Vertragsschluss müssen nach den über § 62 S. 2 VwVfG anwendbaren BGB-Normen zwei übereinstimmende, hinreichend bestimmte Willenserklärungen (→ § 53 Rn. 1 ff.) in Form von **Angebot und Annahme** vorliegen. Sie müssen sich auf die Begründung, Änderung oder Aufhebung eines Rechtsverhältnisses – das ist wie in § 43 I VwGO jede aus einem konkreten Sachverhalt resultierende rechtliche Beziehung eines Rechtssubjekts zu einem anderen oder zu einer Sache[112] – beziehen, von einem Erklärungsbewusstsein getragen und mit Rechtsbindungswillen abgegeben worden sein, was anhand der §§ 133, 157 BGB[113] aus der Perspektive eines objektiven Erklärungsempfängers anhand der Umstände des Einzelfalls zu ermitteln ist; ist das wirklich Gewollte lediglich falsch bezeichnet, liegt trotzdem eine Einigung vor.[114] Sie fehlt hingegen, wenn die Erklärungen nicht rechtsfolgengerichtet sind, sondern unverbindlich bleiben sollen.

Beispiele: Bei sog. Normvermeidungsabsprachen zwischen Staat und Wirtschaft bzw. bei Konfliktmittler gestützten Aushandlungen liegt ein Verwaltungsvertrag nur dann vor, wenn nach den Gesamtumständen nicht nur Absichtserklärungen abgegeben, sondern verbindliche Rechtsfolgen gesetzt werden sollen.[115]

46 Abgesehen davon setzt ein wirksamer Vertragsschluss voraus, dass sich der Vertragsgegenstand nicht nur auf Verwaltungsinterna bezieht, sondern **nach außen** wirkt; ansonsten liegt nur ein informelles Handeln vor.[116] Diese auch in § 9 VwVfG zum Ausdruck kommende Anforderung führt dazu, dass Kontrakte im Rahmen des sog. Neuen Steuerungsmodells[117] (→ § 3 Rn. 26) keine Verträge im Sinne der §§ 54 ff. VwVfG sind. Stattdessen handelt es sich um Vereinbarungen zwischen Politik und Verwaltung bzw. zwischen der Verwaltungsführung und den ihr untergebenen Fachbereichen. Sie haben als eine Art Softsteuerung folglich lediglich interne Wirkung[118] und sind nur über die Hierarchiestrukturen der Verwaltung durchsetzbar.[119] Dem entsprach der vor Kurzem aufgehobene § 2a I BlnVGG, wonach verbindliche Verein-

110 Reicherzer ZRP 2004, 112; Stelkens VERW 37 (2004), 193.
111 Butzer DÖV 2002, 881; Stelkens VERW 37 (2004), 193 (194 ff.).
112 Detterbeck, Allg. Verwaltungsrecht, 21. Aufl. 2023, § 11 Rn. 787; BVerwGE 14, 235 (236).
113 Vgl. dazu VG Stuttgart NVwZ-RR 2010, 977 (978).
114 BVerwG 29.8.2007 – 2 B 47/07 Rn. 4 f.; vgl. dazu Kersten VERW 46 (2013), 87 (118).
115 Vgl. Tegethoff in Kopp/Ramsauer VwVfG § 54 Rn. 48.
116 S. näher Pünder DÖV 1998, 63; Oebbecke DÖV 1998, 853 (857 ff.).
117 Vgl. dazu allg. Bull VerwArch 103 (2012), 1.
118 Hoffmann-Riem/Schmidt-Aßmann VerwVerfG/Ziekow S. 349, 373 f.
119 Stelkens/Bonk/Sachs/Schmitz VwVfG § 9 Rn. 192.

barungen über qualitative und quantitative Ziele zwischen der Leitung und den Organisationseinheiten in allen Behörden abzuschließen waren.

47 Grundsätzlich muss die Verwaltung keine Verwaltungsverträge abschließen. Es besteht also prinzipiell kein Anspruch auf einen Verwaltungsvertrag.[120] Etwas anderes gilt nur, wenn das ihr gesetzlich eingeräumte Entschließungs- und Auswahlermessen im konkreten Einzelfall auf Null reduziert sein sollte (dazu allgemein → § 31 Rn. 35 ff.). Das im Übrigen (in den Grenzen des geltenden Rechts) bestehende Wahlrecht der Verwaltung – dh also ihre **Formenwahlfreiheit,**[121] auch was die Alternativen verwaltungs- und privatrechtlicher Vertrag angeht – hat zur Konsequenz, dass der Vertrag nur aus Sicht der Verwaltung eine gleichwertige und gleichrangige Alternative zum Verwaltungsakt ist. Allerdings sehen Vorschriften zunehmend den Vorrang von Vereinbarungen vor, wenn der Schutzzweck in gleicher Weise wie bei einem Verwaltungsakt erreicht wird und keine Verzögerung zu befürchten ist. Da sich solche Aussagen aber nur in manchen Spezialgesetzen finden, lässt sich nicht von einer prinzipiellen rechtlichen Präferenz für den Vertrag sprechen.[122]

Beispiele: § 43 I BauGB (Entschädigungsvertrag), § 110 I BauGB (Enteignungsvertrag), § 41 I SächsNatSchG (Vertragsnaturschutz).

b) Bedeutung des Gesetzesvorbehalts

48 Einer Ermächtigungsgrundlage bedarf die öffentliche Hand grundsätzlich nicht, um Verwaltungsverträge schließen zu können.[123] Der Grund dafür liegt darin, dass solche Vereinbarungen auf freiwilliger und eigenverantwortlicher Basis getroffen werden, so dass in deren Rahmen auf Rechtspositionen verzichtet werden kann,[124] jedenfalls aber keine Belastung des Bürgers gegeben ist. Denn infolgedessen muss die Verwaltung auch nicht weiter rechtlich gebunden werden, zumal die §§ 54 ff. VwVfG ein hinreichendes Maß an Schutz des mit der Verwaltung paktierenden Bürgers gewährleisten.[125] Es bezieht über § 58 VwVfG auch die Rechtsgüter Dritter hinreichend ein,[126] so dass der Gesetzesvorbehalt auch nicht etwa dort angesprochen ist, wo deren rechtlich geschützte Interessen betroffen sind.[127]

2. Anforderungen an den Vertragsgegenstand

49 Die Vorgaben für den Vertragsgegenstand hängen vor allem von der Reichweite des Gesetzesvorrangs ab. Daran anknüpfend ergeben sich aus den einschlägigen Bestimmungen formell- und materiell-rechtliche Anforderungen.

a) Bedeutung des Gesetzesvorrangs

50 Anders als der Gesetzesvorbehalt gilt der Gesetzesvorrang für den Abschluss von Verwaltungsverträgen in einem umfassenden Maße, wie § 54 S. 1 VwVfG zeigt, wonach

[120] Ebenso Henneke DÖV 1997, 768 (775); Spannowsky, Grenzen des Verwaltungshandelns durch Verträge und Absprachen, 1994, S. 84 ff.
[121] Göldner JZ 1976, 354; vgl. dazu auch Meyer DOV 2010, 475 (478).
[122] So aber Bauer FS Knöpfle, 1996, 11 (16).
[123] So aber Brohm DÖV 1992, 1025 (1032 f.); Kunig DVBl 1992, 1193 (1197 f.).
[124] So Maurer/Waldhoff, Allg. Verwaltungsrecht, 21. Aufl. 2024, § 14 Rn. 38.
[125] BVerwGE 51, 331 (335); 89, 236, Höfling/Krings JuS 2000, 625 (630); Ogorek JA 2003, 435 (438); Obermayer/Funke-Kaiser/Hettich/Beichel-Benedetti VwVfG § 54 Rn. 74.
[126] So auch Brüning/Bosesky in Mann/Sennekap/Uechtritz VwVfG § 54 Rn. 76 f.
[127] So aber Gurlit JURA 2001, 731 (732); Scherzberg JuS 1992, 205 (211, 214).

Rechtsvorschriften dem Vertragsschluss nicht entgegenstehen dürfen. Diese Norm verlangt, dass sich die Verwaltung auch im Rahmen des Vertragsschlusses entsprechend ihrer rechtlichen Bindungen verhält,[128] also insbesondere die verwaltungs-, verfassungs- und unionsrechtlichen Vorgaben nicht außer Acht lässt. Eine Vertragsgestaltungsfreiheit wie im Zivilrecht gibt es im Verwaltungsrecht somit nicht, zumal sich die Exekutive nicht auf das Prinzip der Privatautonomie berufen kann.[129] Konkret führt der Vorrang des Gesetzes dazu, dass die Verwaltung **rechtmäßige Verträge** dort, wo sie gesetzlich gebunden ist, nur im Wege des Normvollzugs schließen kann, während ihr gewisse Gestaltungsspielräume im Bereich der Ermessensverwaltung zukommen.[130] Eine andere Frage ist freilich, ob rechtswidrige Verträge zulässig sein können, inwieweit also die Verwaltung zwar nicht das positive Recht verletzen darf, aber mit Hilfe von Verträgen verletzen kann (→ § 54 Rn. 6 ff.). Sie beantwortet sich nach der verwaltungsverfahrensrechtlichen Fehlerfolgenlehre (→ § 54 Rn. 83 f.).

b) Formell-rechtliche Anforderungen

Konkret zeichnet der Gesetzesvorrang zunächst formell-rechtliche Konsequenzen. Sie ergeben sich insbesondere aus den §§ 57 f. VwVfG, §§ 56 f. SGB X und gelten zumindest grundsätzlich für alle Arten verwaltungsrechtlicher Verträge, soweit nicht spezielle Bestimmungen vorgehen (vgl. dazu zB § 11 III BauGB). 51

aa) Zuständigkeit. Allerdings führen die §§ 57 f. VwVfG, §§ 56 f. SGB X die insoweit relevanten Voraussetzungen für die formelle Rechtmäßigkeit des Vertrags nicht erschöpfend auf. Eine der zusätzlichen, nicht ausdrücklich in den §§ 54 ff. VwVfG niedergelegten Voraussetzungen ist die der **Behördenzuständigkeit.** Sie kommt in § 56 I 1 VwVfG aber immerhin zum Ausdruck, wenn es dort heißt, dass die Gegenleistung der Erfüllung „ihrer (behördlichen) öffentlichen Aufgaben" dienen muss.[131] Der Vertragsschluss durch die zuständige Behörde ist erforderlich, um den Verwaltungsaufwand klein zu halten, vor allem aber um dem Bürger Rechtssicherheit im Hinblick auf den handlungsbefugten Ansprechpartner zu verschaffen. 52

bb) Verfahren. In verfahrensrechtlicher Hinsicht bedürfen Verwaltungsverträge, soweit sie in Rechte Dritter eingreifen, nach § 58 I VwVfG deren schriftlicher Zustimmung.[132] Diese Einschränkung ist Ausdruck des allgemeinen Grundsatzes, dass Verträge zu Lasten Dritter das Einverständnis des Betroffenen erfordern. Ein Eingriff in deren Rechtsstellung ist dann zu bejahen, wenn der bestehende **Zustand durch den Vertrag verschlechtert wird** (status quo minus). Diese Voraussetzung erfüllen Verfügungsverträge, die auf eine unmittelbare Rechtsänderung bezogen sind, per se.[133] Soweit sich die Behörde hingegen vertraglich zu einer späteren Handlung – so zB dem Erlass eines Verwaltungsakts zu Lasten Dritter – verpflichtet und auf die Rechtsänderung ein Anspruch besteht, greift nach manchen Stimmen § 58 I VwVfG nicht, weil der vom Wortlaut dieser Norm verlangte Eingriff in Rechte Dritter an sich erst 53

---

128 Tegethoff in Kopp/Ramsauer VwVfG § 54 Rn. 8, 9.
129 Krebs VVDStRL 52 (1993), 248 (256).
130 Ausf. dazu Knack/Henneke/Schliesky VwVfG § 54 Rn. 2 ff.
131 S. auch BVerwGE 84, 236.
132 OVG Berlin-Brandenburg NVwZ-RR 2016, 325 (326).
133 BVerwGE 66, 184 (186).

mit der Anschlusshandlung eintritt.[134] Gleichwohl halten weite Teile der Literatur aus Rechtsschutzgründen auch im Falle solcher Verpflichtungsverträge eine Zustimmung für erforderlich,[135] während andere darauf abstellen, ob sich der Betroffene gegen den späteren Erfüllungsakt zur Wehr setzen kann.[136]

54 Sofern für den Erlass eines Verwaltungsakts ein **Mitwirkungserfordernis einer Behörde** besteht, ist der Abschluss eines an dessen Stelle tretenden Verwaltungsvertrages nach § 58 II VwVfG erst wirksam, nachdem die andere Behörde in der vorgeschriebenen Form mitgewirkt hat. Bis zur Erteilung der danach erforderlichen Zustimmung, Genehmigung oder eines etwaigen Einvernehmens ist der Vertrag also schwebend unwirksam. Diese Bestimmung dient der Kompetenzwahrung.[137] Sie soll verhindern, dass die Parteien rechtlich festgelegte Beschränkungen in Form von Beteiligungserfordernissen durch einen Vertragsschluss umgehen. Teilweise wird § 58 II VwVfG – wegen § 1 I, II VwVfG analog – auf die im Falle der Gewährung einer Beihilfe nach Art. 108 III 3 AEUV nötige Zustimmung der Kommission (→ § 49 Rn. 28) angewendet, weil nach beiden Vorschriften der Vertrag erst nach Nachholung der Mitwirkungshandlung und damit ex nunc (→ § 48 Rn. 54) wirksam werden kann.[138] Gegen die analoge Anwendung des § 58 II VwVfG auf solche Kommissionsentscheidungen wird demgegenüber vorgebracht, dass sich sachgerechte Ergebnisse besser mit Hilfe des direkt anwendbaren materiellen Rechts und insbesondere über § 134 BGB erzielen lassen (→ § 54 Rn. 99 ff.).[139]

55 **cc) Form.** Schließlich verlangt § 57 VwVfG, dass ein Verwaltungsvertrag schriftlich – wegen § 62 S. 1 VwVfG ggf. auch elektronisch iSd § 3a II VwVfG[140] – zu schließen ist. Dieses Schriftformerfordernis weicht von § 37 II VwVfG ab, weil Verwaltungsakte auch in anderer Weise erlassen werden können. Da die Schriftform den Bindungswillen nach außen dokumentiert, besitzt diese Voraussetzung Abgrenzungsfunktion gegenüber kooperativem informellem Handeln unterhalb formgebundener Verträge (→ § 57 Rn. 1 ff.). Ihrem **Sinn und Zweck** nach dient die Schriftform der Rechtssicherheit (Beweissicherungsfunktion) und soll den Beteiligten die mit dem Vertrag einzugehenden Bindungen vor Augen führen (Warn- bzw. Übereilungsschutzfunktion). Aufgrund dieser Zielsetzungen sind auch Vorverträge, Vertragsänderungen und Vertragsbeendigungen formbedürftig.

56 § 57 VwVfG greift nur, soweit keine **andere Form vorgeschrieben** ist.[141] Diese Einschränkung bezieht sich insbesondere auf strengere Anforderungen, wie sie zB in § 110 II BauGB niedergelegt sind. Sie kann aber auch Formerleichterungen und damit ebenfalls mündliche Vertragsschlüsse, wie sie in Massenverfahren (→ § 44 Rn. 14) vorkommen, zulassen, da der Begriff der Form in § 57 VwVfG keinen Min-

134 Hellriegel DVBl 2007, 1211 (1212).
135 Guckelberger, Allg. Verwaltungsrecht, 11. Aufl. 2023, § 24 Rn. 19.
136 Maurer/Waldhoff, Allg. Verwaltungsrecht, 21. Aufl. 2024, § 14 Rn. 34; Ziekow/Siegel VerwArch 95 (2004), 135 (138 f.).
137 BVerwG NJW 1988, 662.
138 So Detterbeck, Allg. Verwaltungsrecht, 21. Aufl. 2023, Rn. 818.
139 So Maurer/Waldhoff, Allg. Verwaltungsrecht, 21. Aufl. 2024, § 14 Rn. 48; Remmert EuR 2000, 469 (473 ff.).
140 S. näher Rosenbach NWVBl. 1997, 326; Schmitz/Schlatmann NVwZ 2002, 1289.
141 Vgl. dazu OVG Schleswig NJW 2008, 601 (601 f.).

deststandard setzt,[142] sondern nur verhindern soll, dass auf die Anforderungen des § 57 VwVfG verzichtet wird, wenn das Fachrecht schweigt.[143] Der Rechtsnatur nach kann die abweichende Vorschrift, die nicht ausdrücklich normiert sein muss, sondern auch Ergebnis einer Auslegung sein kann,[144] nicht nur in Gesetzen und Verordnungen, sondern auch in Satzungen niedergelegt sein. Eine Verletzung des Gesetzesvorrangs ist damit nicht verbunden,[145] weil der Wortlaut des § 57 VwVfG, der nur verlangt, dass die andere Form „vorgeschrieben" ist, hinreichend weit reicht.[146]

Unklar ist, ob Schriftform iSd § 57 VwVfG die sog. **Urkundeneinheit** verlangt und 57 damit voraussetzt, dass sich beide Unterschriften auf demselben Schriftstück finden.[147] Bejahendenfalls wären der Abschluss eines Verwaltungsvertrags aufgrund Briefwechsels, aber auch die Wahrung der in § 57 VwVfG enthaltenen Formvorgaben auf elektronischem Wege ausgeschlossen.[148] Begründen lässt sich die Relevanz der aus dem Zivilrecht bekannten Anforderung der Urkundeneinheit über § 62 S. 2 VwVfG iVm § 126 II 1 BGB, wonach die Unterzeichnung der Parteien auf derselben Urkunde erfolgen muss. Ob diese Vorschrift im Verwaltungsvertragsrecht gilt, hat sich allerdings am Schutzzweck des § 57 VwVfG zu orientieren. Der Beweissicherungs- und Warnfunktion der dort angeordneten Schriftform ist nun aber schon entsprochen, wenn verschiedene Schriftstücke zum Vertragsschluss führen, weil auch dann eine hinreichende Perpetuierung vorliegt und bereits die Unterschrift als solche die Beteiligten vor einem übereilten Handeln bewahrt. In diese Richtung tendiert auch das BVerwG.[149] Eine Urkundeneinheit ist daher entbehrlich.[150]

Umstritten ist zudem, ob die Schriftform nur dann gewahrt ist, wenn die Voraussetzungen des **§ 126 I BGB,** der erneut ggf. über § 62 S. 2 VwVfG anwendbar sein könnte, eingehalten sind. Danach muss die Vertragsurkunde eigenhändig durch Namensunterschrift oder mittels notariell beglaubigten Handzeichens (§§ 39 ff. BeurkG) unterzeichnet werden.[151] Indes würde eine Übertragung dieser Vorschrift in das Verwaltungsvertragsrecht im Falle von Massenverfahren die Komplexität des Vertragsschlusses erheblich steigern. Passender scheint damit eine Anwendung des § 37 III VwVfG, der faksimilierte, gedruckte und maschinengeschriebene Unterschriften zulässt, auch wenn diese Vorschrift in engem Zusammenhang zum Verwaltungsaktsrecht steht.[152] Denn diese Norm hält der Gesetzgeber im Lichte der Rechtssicherheit für ausreichend, um zu verhindern, dass unfertige Entscheidungen nach außen drängen[153] – eine Wertung, die auf den Vertragsschluss übertragbar ist,

---

142 So aber Ziekow VwVfG 49 § 57 Rn. 5.
143 in Kopp/Ramsauer/Tegethoff VwVfG § 57 Rn. 6, 7.
144 VG Stuttgart NVwZ-RR 2010, 977 (979).
145 Stelkens/Bonk/Sachs/Siegel VwVfG § 57 Rn. 23.
146 Kopp/Ramsauer/Tegethoff VwVfG § 57 Rn. 4.
147 S. näher Weihrauch VerwArch 82 (1991), 543; Stelkens/Bonk/Sachs/Siegel VwVfG § 57 Rn. 19 ff.; OVG Lüneburg NJW 1992, 1404; OVG Saarlouis NJW 1993, 1612.
148 Vgl. Stelkens/Bonk/Sachs/Siegel VwVfG § 57 Rn. 20, 21, der jedoch das Erfordernis der Urkundeneinheit als entbehrlich erachtet.
149 BVerwGE 96, 326 (332); BVerwG DNotZ 2010, 549.
150 Ausf. dazu Knack/Henneke/Schliesky VwVfG § 57 Rn. 22.
151 Bejahend etwa Schlette, Die Verwaltung als Vertragspartner, S. 453 ff.
152 So der Hinweis bei Stelkens/Bonk/Sachs/Stelkens VwVfG § 37 Rn. 96.
153 Knack/Henneke/Ruffert VwVfG § 37 Rn. 64; BVerwGE 45, 194.

zumal die Warn- und Beweissicherungsfunktion der Schriftform nicht mehr verlangen.[154]

c) Materiell-rechtliche Anforderungen

59 Die materiell-rechtlichen Anforderungen beziehen sich auf die Wahl der Handlungsform „Vertrag" sowie auf den Vertragsinhalt.

60 **aa) Vertrag als zulässige Handlungsform.** So fragt sich zunächst, ob die öffentliche Hand den Vertrag als zulässige Handlungsform ausgewählt hat. Insoweit geht es nicht um die nach der Reichweite des Gesetzesvorbehalts zu beantwortende und zu verneinende Frage, ob im Sinne der normativen Ermächtigungslehre eine ausdrückliche Regelung zum Vertragsschluss nötig ist.[155] Stattdessen ist das Problem aufgeworfen, ob die öffentliche Hand über den Abschluss eines Verwaltungsvertrags die ihr obliegenden Pflichten erfüllen darf oder ob sie eine andere Handlungsform wählen muss, insbesondere weil sie einen Verwaltungsakt zu erlassen hat. Eine solche Bindung besteht wegen der grundsätzlichen Formenwahlfreiheit der Behörden jedoch nur dann (→ § 45 Rn. 15 ff.), wenn ein Rechtssatz ausdrücklich (§ 53 II SGB X) oder nach seinem durch Auslegung zu ermittelnden Inhalt erkennen lässt, dass ein Verwaltungsakt erlassen werden muss. Derartige Normen finden sich oft im Fachrecht – so zB im Ordnungsrecht (vgl. § 20 NRWOBG) oder im Beamten- und Dienstrecht (vgl. § 10 BBG). Die Handlungsform Vertrag kann aber ggf. auch im vereinbarungsfreundlichen Baurecht unzulässig sein. So folgt aus § 1 III 2 Hs. 2 BauGB, dass ein Anspruch auf Aufstellung eines Bauleitplans nicht durch Vertrag begründet werden kann, um die kommunale Planungshoheit zu schützen.[156] Damit ist aber nicht gesagt, dass sich eine Gemeinde nicht vertraglich verpflichten darf, sich um die Planaufstellung zu bemühen, weil und soweit dadurch deren Planungsermessen erhalten bleibt.[157]

61 **bb) Zulässiger Vertragsinhalt.** Neben den handlungsformbezogenen bestehen materiell-rechtliche Vorgaben für den Vertragsinhalt. Sie können aus dem Fachrecht oder über § 62 VwVfG aus dem Verwaltungsverfahrensrecht bzw. dem BGB folgen, resultieren aber primär aus den §§ 54 ff. VwVfG selbst.

62 **(1) Mögliche Vertragsarten.** Die dort niedergelegten Voraussetzungen hängen – zumindest grundsätzlich anders als die formellen Vorgaben – gerade innerhalb der §§ 54 ff. VwVfG oft von der Vertragsart ab, so dass zunächst zu klären ist, welche Typen von Vereinbarungen die Verwaltung treffen kann. Neben der bereits erwähnten Unterscheidung von Verpflichtungs- und Verfügungsverträgen, die an die Wirkung der eingegangenen Pflichten anknüpft, differenzieren die §§ 54 ff. VwVfG nach dem Verhältnis der Vertragsparteien und nach der Art der Leistungsbeziehung. Die an diese Unterscheidungen anknüpfenden, in den §§ 54 ff. VwVfG niedergelegten Vertragsarten, sind allerdings keinesfalls abschließend.[158] Insbesondere treten ggf. über § 62 S. 2 VwVfG etwaige aus dem Zivilrecht bekannte Vereinbarungsformen hinzu.

---

154 Knack/Henneke/Schliesky VwVfG § 57 Rn. 25.

155 S. Stern VerwArch 49 (1958), 131.

156 Looman NJW 1996, 1439 ff.; s. auch BVerwG NJW 1980, 2538; BGH DVBl 1980, 679; BVerwG NVwZ 1982, 249.

157 BVerwGE 111, 162 (166).

158 S. Spannowsky, Grenzen des Verwaltungshandelns durch Verträge und Absprachen, 1994, S. 194 ff.

Beispiele: Auftragsverhältnisse;[159] Dienstverträge zB über die Rechtsverhältnisse von Lehrbeauftragten.

(a) Differenzierung nach dem Verhältnis der Parteien. Betrachtet man vor diesem Hintergrund zunächst das Verhältnis der Vertragsparteien, kommen verschiedene Absprachearten in Betracht. 63

(aa) Koordinationsrechtlicher Verwaltungsvertrag. So werden koordinationsrechtliche Verwaltungsverträge zwischen Trägern öffentlicher Verwaltung geschlossen, die untereinander **rechtlich gleich geordnet** sind. Solche Vereinbarungen sind unentbehrlich, weil die Möglichkeit einseitigen Verwaltungshandelns auf Grund der Gleichrangigkeit der Verwaltungssubjekte im Falle einer koordinationsrechtlichen Beziehung entfällt. Auch deshalb sehen derartige Absprachen für den Fall von Zuwiderhandlungen keine Sanktionen vor, zumal die Vertragseinhaltung zu den Amtspflichten gehört, die aufsichtsrechtlich durchgesetzt werden können.[160] Soweit Privatpersonen Vereinbarungen über sie adressierende öffentlich-rechtliche (idR vermögenswerte) Befugnisse und Pflichten[161] treffen dürfen und die §§ 54 ff. VwVfG greifen (→ § 54 Rn. 11 ff.), sind solche Absprachen ebenfalls als koordinationsrechtlich einzuordnen. 64

Beispiele: Zweckverbandsvereinbarung, Vereinbarung einer Verwaltungsgemeinschaft, kommunale Gebietsänderungsverträge (vgl. Art. 74 II BWVerf oder Art. 88 II SächsVerf); Einsammlungs- und Beförderungsvertrag für Abfälle; Bildung von Arbeitsgemeinschaften (§ 94 SGB X); Begründung von Auftragsverhältnissen (§§ 88 ff. SGB X); Vereinbarungen über gemeinsame Brücken- oder Wegeunterhaltung;[162] Übertragung der Wegebaulast nach § 12 II HmbWG; Vertrag zwischen einer Gemeinde und einem Energieversorgungsunternehmen über die Errichtung einer Freileitung.[163]

(bb) Subordinationsrechtlicher Verwaltungsvertrag. Verwaltungsrechtliche Verträge können auch als **subordinationsrechtliche** Verträge zwischen Trägern öffentlicher Verwaltung und Zivilpersonen anstelle einer an sich zulässigen Regelung durch Verwaltungsakt geschlossen werden (§ 54 S. 2 VwVfG) – so insbesondere, indem sie den späteren Verwaltungsakt vorbereiten, ihn ersetzen oder ihn im Sinne zweier eigenständiger Maßnahmen materiell-rechtlich begleiten.[164] Teilweise setzt sich die Literatur kritisch mit der Bezeichnung „subordinationsrechtlich" auseinander,[165] teils wird kritisiert, sie sei veraltet,[166] weil der Bürger nicht per se in einer schlechteren Position sei als der Verwaltungsträger.[167] Zu bedenken ist allerdings, dass die Verwaltung im Anwendungsbereich des § 54 S. 2 VwVfG jenseits spezialgesetzlicher Vorgaben grundsätzlich einseitig bestimmt, ob ein Vertrag geschlossen wird oder nicht, weil ihr insoweit aufgrund ihrer Formenwahlfreiheit Ermessen eingeräumt ist („kann"). 65

[159] S. Klein DVBl 1968, 129; VGH München BayVBl. 1962, 284 u. Kriebel DÖV 1962, 766 zur Stellung der ehrenamtlichen Mitglieder in Nothilfeorganisationen.
[160] Bulling DÖV 1989, 277 (281).
[161] S. auch Schwerdtner VBlBW 1998, 9.
[162] VGH München BayVBl. 1967, 134.
[163] VGH Mannheim NVwZ-RR 1998, 351.
[164] Detterbeck, Allg. Verwaltungsrecht, 21. Aufl. 2023, § 11 Rn. 790.
[165] Stelkens/Bonk/Sachs/Siegel VwVfG § 54 Rn. 2.
[166] Höfling/Krings JuS 2001, 625 (628).
[167] Weck DVP 2003, 133.

Beispiele: Verträge über die Vorbereitung, Durchführung und die Kosten städtebaulicher Maßnahmen (§ 11 BauGB, sog. städtebaulicher Vertrag),[168] über die Beleihung von Zivilpersonen zur Wahrnehmung von Verwaltungsaufgaben auf dem Gebiet der Zuwendungen (§ 44 III BHO), über den Zugang zur Eisenbahninfrastruktur (§ 14 IV AEG).

66 Ein subordinationsrechtlicher Vertrag iSd § 54 S. 2 VwVfG setzt dem Wortlaut nach an sich voraus, dass die Verwaltung auch einen Verwaltungsakt hätte erlassen können, statt eine Vereinbarung zu treffen. Diese Formulierung ist aber zu eng geraten, weil es nicht darauf ankommt, ob die Verwaltung den konkreten Vertragsinhalt auch per Verwaltungsakt hätte regeln können. Stattdessen genügt es, wenn innerhalb der **konkret betroffenen Rechtsbeziehung der Erlass eines Verwaltungsakts prinzipiell möglich** ist, dh also ein Über-Unterordnungsverhältnis besteht.[169] Diese Betrachtungsweise ist ausreichend, um zu verhindern, dass jedwedes Staat-Bürger-Verhältnis von § 54 S. 2 VwVfG erfasst wird.[170] Sie wird zudem dem Anliegen der Schaffung von mehr Flexibilität im Bereich obrigkeitlichen Handelns, wie es mit dem Verwaltungsvertragsrecht verfolgt wird (→ § 54 Rn. 2), gerecht.[171]

Beispiel: Verpflichtet sich eine Gemeinde vertraglich, sich um die Aufstellung eines Bebauungsplans zu bemühen, geht es zwar nicht unmittelbar um den Erlass eines Verwaltungsakts, sehr wohl aber um ein Rechtsverhältnis zwischen Bürger und (iwS verstanden) Staat, in dem der Erlass solcher Maßnahmen zB als Baugenehmigungen möglich ist.[172]

67 **(cc) Kooperationsrechtliche Verträge.** Abgesehen von den koordinations- und subordinationsrechtlichen gibt es wie bereits angedeutet sog. kooperationsrechtliche Verträge. Der Begriff Kooperation trifft eigentlich für alle Vertragstypen zu, weil eine Kooperation die Grundlage jedes Vertragsabschlusses ist. Diese Bezeichnung wird jedoch teilweise für Verträge mit Privaten, die hoheitliche Aufgaben erfüllen, verwendet, sofern **kein Verwaltungsakt erlassen** werden kann. In den §§ 54 ff. VwVfG fehlt es bislang an Regeln über derartige Vereinbarungen (→ § 54 Rn. 30).

68 **(b) Differenzierung nach der Art der Leistungsbeziehung.** Nach der Art der Leistungsbeziehungen der Parteien lassen sich Vergleichs- und Austauschverträge differenzieren, die jeweils sowohl in koordinations- als auch in subordinationsrechtlicher Form vorkommen können.

69 **(aa) Vergleichsvertrag.** § 55 VwVfG enthält eine Legaldefinition des Vergleichsvertrags (s. auch § 54 SGB X). Dieser Vertragstyp will eine bei verständiger Würdigung des Sachverhalts oder der Rechtslage bestehende Ungewissheit durch **gegenseitiges Nachgeben** beseitigen. Er wird abgeschlossen, wenn die Verwaltung es nach pflichtgemäßer Ermessensausübung für zweckmäßig hält, Zweifel auszuräumen.[173] Der Vergleichsvertrag dient der **Verfahrensökonomie,** indem er zeitraubende Prozesse mit

[168] S. auch Looman NJW 1996, 1439.
[169] Tegethoff in Kopp/Ramsauer VwVfG § 54 Rn. 93; BVerwG DVBl 2000, 1853 (1854); Ruffert JURA 2003, 633 (635); Gurlit JURA 2001, 659 (662).
[170] Knack/Henneke/Schliesky VwVfG § 54 Rn. 56.
[171] Vgl. zur Thematik allgemein Detterbeck, Allg. Verwaltungsrecht, 21. Aufl. 2023, Rn. 792 ff.
[172] BVerwGE 111, 162 (166).
[173] BVerwGE 98, 58 (63).

erheblichem Kostenrisiko vermeidet.[174] Ein wesentlicher Anwendungsfall des § 55 VwVfG ist der Prozessvergleich iSd § 106 VwGO.[175]

Beispiele: Fehlende Bezifferbarkeit eines Schadens, Altlastenverträge,[176] Zweifel über die Rechtmäßigkeit einer Verbotsverfügung, Abfindungsvergleiche.

Voraussetzung für den Abschluss eines Vergleichsvertrages ist erstens, dass Ungewissheit in tatsächlicher oder rechtlicher Hinsicht besteht. Hinzukommen muss zweitens, dass sich diese Ungewissheit nur schwer oder gar nicht beseitigen lässt. Und drittens bedarf es eines beiderseitigen Nachgebens. Viertens erfordert der Vergleichsvertrag iSd § 55 VwVfG, dass die Anforderungen des § 54 S. 2 VwVfG gewahrt sind. Koordinationsrechtliche Vergleichsverträge sind damit zwar nicht ausgeschlossen. Für sie gelten aber jedenfalls die speziellen Vorgaben des § 55 VwVfG nicht.[177] 70

Da der Vergleichsvertrag auch auf **rechtlichen Unsicherheiten** fußen kann, stellt sich die Frage, wie im Falle eines rechtswidrigen Vertragsgegenstands zu verfahren ist. Ganz überwiegend wird insoweit davon ausgegangen, dass die Gesetzesbindung der Verwaltung in diesem Falle nicht präkludiert ist,[178] sondern zu erhöhten Anforderungen in Form einer grundsätzlichen Pflicht zur Aufklärung rechtlicher Zweifel führt.[179] Nur wenn diese Möglichkeit nicht besteht, zB weil eine komplexe Frage noch nicht entschieden ist, ist daher nach diesem Ansatz ein Vergleichsvertrag möglich.[180] 71

Beispiele: Ein Vergleichsvertrag ist zulässig, wenn er die Ungewissheit über die Verfassungsmäßigkeit einer Ermächtigungsnorm beseitigen will. Er wird nicht durch nachträgliche Feststellung der Nichtigkeit dieser Norm durch das BVerfG unwirksam.[181] Ein Vergleichsvertrag über die Gültigkeit einer nicht in Anspruch genommenen Baugenehmigung ist unzulässig, wenn die gesetzlich vorgesehene Frist, in der von der Baugenehmigung Gebrauch gemacht werden muss, verstrichen ist.[182]

(bb) Austauschvertrag. § 56 I VwVfG normiert den **Austauschvertrag.** Entsprechend dieser Bezeichnung handelt es sich um einen gegenseitig verpflichtenden Vertrag, bei dem die Gegenleistung des Bürgers im Mittelpunkt des rechtlichen Interesses steht. Der Austauschvertrag ist in seinem Anwendungsbereich nicht auf streng synallagmatische Austauschbeziehungen beschränkt, sondern in einem weiten Sinne zu verstehen, um den insbesondere in § 56 VwVfG niedergelegten Anforderungen möglichst weitreichende Geltungskraft zu verschaffen. Daher liegt ein Austauschvertrag auch vor, wenn die Leistung des Bürgers Voraussetzung für die Leistung der Verwaltung ist.[183] 72

Abgesehen davon werden sog. hinkende Vertragsbeziehungen als Austauschverträge eingeordnet. Sie kennzeichnet, dass die behördliche Leistung nicht Gegenstand der vertraglichen Regelung, sondern ihre Geschäftsgrundlage ist.[184] Mit Hilfe solcher Ver- 73

174 Degenhart NVwZ 1982, 73; Erfmeyer DVBl 1998, 753.
175 Kopp/Ramsauer/Tegethoff VwVfG § 55 Rn. 7 f.; vgl. auch BVerwG DVBl 2013, 40 (41).
176 Pape NJW 1994, 409 (411).
177 Detterbeck, Allg. Verwaltungsrecht, 21. Aufl. 2023, § 11 Rn. 796 f.
178 So aber noch BSG NJW 1968, 176; Haueisen DVBl 1968, 285.
179 Knack/Henneke/Schliesky VwVfG § 55 Rn. 13.
180 Kopp/Ramsauer/Tegethoff VwVfG § 55 Rn. 16a.
181 OVG Münster BB 1972, 1297.
182 VGH München BayVBl. 1978, 735.
183 Kopp/Ramsauer/Tegethoff VwVfG § 56 Rn. 4.
184 BVerwGE 42, 331 (333) und 96, 326 (330); OVG Koblenz NVwZ 1992, 796.

träge lässt sich ggf. einem Vertragsformverbot aus dem Weg gehen – so zB, wenn die Verwaltung nicht verspricht, entgegen § 1 III 3 Hs. 2 BauGB einen Bebauungsplan zu erlassen, sondern nur in Aussicht stellt, sich um dessen Erlass zu bemühen.[185] Auch solche **hinkenden Austauschverträge** werden (ggf. analog) von § 56 I VwVfG erfasst, damit die materiell-rechtlichen Anforderungen dieser Norm greifen können.[186]

Beispiel: Der Vertrag legt nur die Gegenleistung der Zivilperson als vertragliche Hauptleistungspflicht fest, während die Leistung der Behörde eine Bedingung für die Gegenleistung ist (Erteilung des Einvernehmens gegenüber der Bauaufsichtsbehörde);[187] Haftungsübernahmevertrag.[188]

74 Ein Austauschvertrag liegt (abgesehen von der nötigen behördlichen Leistung) nur im Falle der Einschlägigkeit des § 54 S. 2 VwVfG vor. Damit ist der Kreis möglicher Vereinbarungen auf solche **subordinationsrechtlicher Natur** beschränkt. Im Falle koordinationsrechtlicher Beziehungen kann damit kein Austauschvertrag gegeben sein; die für ihn geltenden verwaltungsverfahrensrechtlichen Anforderungen lassen sich daher nicht heranziehen, um die Rechtmäßigkeit koordinationsrechtlicher Absprachen zu beurteilen,[189] und zwar auch nicht analog.

75 **(2) Inhaltliche Anforderungen.** Steht die Vertragsart fest, knüpfen die §§ 54 ff. VwVfG in ihren Voraussetzungen inhaltlich daran an. Von besonderem Interesse ist insoweit § 56 VwVfG über die Zulässigkeit subordinationsrechtlicher Austauschverträge. Diese Bestimmung unterscheidet danach, ob auf die behördliche Leistung ein Anspruch besteht oder nicht.

76 **(a) Anspruch auf behördliche Leistung.** § 56 II VwVfG regelt die Konstellation, dass auf die behördliche Leistung ein Anspruch besteht. In diesem Falle darf eine Gegenleistung nur vereinbart werden, wenn sie auch Inhalt einer Nebenbestimmung iSd § 36 VwVfG sein kann. Sie muss also nach § 36 I VwVfG entweder in einer spezialgesetzlichen Norm zugelassen sein oder sicherstellen, dass die gesetzlichen Voraussetzungen eingehalten werden (→ § 47 Rn. 28 ff.). Die Vorschrift dient dazu, **rechtsunkundige Privatrechtssubjekte** zu **schützen,** die sich auf einen Vertrag einlassen, ohne zu erkennen, dass sie einen Anspruch auf Erlass eines Verwaltungsaktes besitzen. Sie will daher verhindern, dass über einen Vertragsabschluss ein gesetzlich vorgesehener Anspruch verkürzt wird. Im Lichte dieser Ziele findet § 56 II VwVfG auch dann Anwendung, wenn an sich nur ein Anspruch auf ermessensfehlerfreie Entscheidung über die Gewährung der behördlichen Leistung besteht, das Ermessen aber auf Null reduziert ist.[190]

77 **(b) Ermessensabhängige behördliche Leistung.** Steht die Leistungsgewährung im behördlichen Ermessen,[191] müssen die in § 56 I VwVfG enthaltenen Voraussetzungen eingehalten werden, damit der Vertrag rechtmäßig ist.

---

185 Fehling/Kastner/Störmer/Fehling VwVfG § 54 Rn. 66.
186 VGH Mannheim NVwZ 1991, 583.
187 OVG Koblenz NVwZ 1992, 796.
188 Kube JZ 1999, 676.
189 Stelkens/Bonk/Sachs/Siegel VwVfG § 56 Rn. 7.
190 Fehling/Kastner/Störmer/Fehling VwVfG § 56 Rn. 36.
191 Näher BVerwGE 42, 331; BVerwG NJW 1985, 989 und DVBl 1990, 376.

(aa) Leistungsbezogene Anforderungen. Die dortigen Anforderungen beziehen sich aber weniger auf die behördliche Leistung, die in jedweder Verhaltensweise mit rechtlichen bzw. tatsächlichen Auswirkungen begründet sein kann. Denn für sie gilt wegen des Gesetzesvorrangs vor allem, dass sie **rechtlich zulässig** sein muss.[192] Daher dürfen Behörden ihre Rechtsträger nur dann im Vertragswege verpflichten, wenn die gesetzlichen Anforderungen der Leistungsgewährung vorliegen. Anderenfalls ist der Vertrag rechtswidrig und auch nicht durch ein besonderes Austauschinteresse der Verwaltung zu rechtfertigen. Für Subventionen gilt daran anknüpfend, dass es jenseits grundrechtssensibler Bereiche wenigstens einer parlamentarischen Willensäußerung insbesondere in Form der Mittelbereitstellung im Haushaltsplan bedarf (→ § 30 Rn. 28 ff.), damit ein Verwaltungsvertrag über deren Auskehrung rechtmäßig ist. 78

(bb) Gegenleistungsbezogene Anforderungen. Betrachtet man demgegenüber die Gegenleistung des Vertragspartners der öffentlichen Hand, wird § 56 I VwVfG relevant. So verlangt § 56 I 1 VwVfG, dass die Gegenleistung für einen **bestimmten Zweck** vereinbart ist.[193] Dieses Bestimmtheitsgebot bildet die Basis für die weiteren Anforderungen des § 56 I VwVfG. Es soll verhindern, dass die behördliche Leistung im Dunkeln bleibt und dadurch den Vertragspartner schützen. Deshalb sind globale, inhaltslose bzw. schematische Bezeichnungen der behördlichen Leistung unzulässig.[194] 79

Beispiel: Stehen die genauen Kosten eines Schullandheimaufenthalts nicht fest, ist aber klar, dass die Kosten anteilig auf die teilnehmenden Schüler umgelegt werden sollen, ist es zulässig, dass die endgültige Höhe des zu zahlenden Betrags durch spätere Erklärung der Schule bestimmt wird.[195]

Zudem muss die vereinbarte Gegenleistung nach § 56 I 1 VwVfG der Behörde zur Erfüllung ihrer öffentlichen Aufgaben dienen. Damit ist jedes Verwaltungshandeln angesprochen, für das die den Vertrag schließende Behörde und wegen § 1 IV VwVfG nicht allgemein deren Rechtsträger,[196] zuständig ist[197] und das im öffentlichen Interesse liegt, dh also **gemeinwohldienend** ist. Rein fiskalische Belange genügen insoweit allerdings nicht; erforderlich ist im Falle solcher Zielsetzungen vielmehr, dass die Gegenleistung jedenfalls mittelbar der Erfüllung öffentlicher Aufgaben zugutekommt.[198] 80

Des Weiteren muss die Gegenleistung gemäß § 56 I 2 VwVfG nach den gesamten Umständen angemessen sein. Diese Anforderung ist Ausdruck des Verhältnismäßigkeitsgebots,[199] damit verfassungsrechtlich geboten und in der Folge nicht verzichtbar.[200] Sie will ein **ausgewogenes Verhältnis zwischen Leistung und Gegenleistung** 81

[192] Knack/Henneke/Schliesky VwVfG § 56 Rn. 8 f.
[193] Detterbeck, Allg. Verwaltungsrecht, 21. Aufl. 2023, S. 305, Rn. 801; BVerwGE 42, 331 (343).
[194] Knack/Henneke/Schliesky VwVfG § 56 Rn. 18; BVerwGE 84, 236 (242 f.) mit Anmerkung Ehlers JZ 1990, 594 ff.; Spieth in Bader/Ronellenfitsch VwVfG § 56 Rn. 49.
[195] VG Stuttgart NVwZ 2010, 977 (978).
[196] So aber Kopp/Ramsauer/Tegethoff VwVfG § 56 Rn. 11.
[197] So auch Knack/Henneke/Schliesky VwVfG § 56 Rn. 24.
[198] Stelkens/Bonk/Sachs/Siegel VwVfG § 56 Rn. 29.
[199] S. näher Lischke, Tauschgerechtigkeit und öffentlich-rechtlicher Vertrag, 2000.
[200] So aber offenbar Butzer DÖV 2001, 881.

herstellen. Zu dessen Konkretisierung sind die gesamten Umstände des Einzelfalls heranzuziehen. Relevant werden damit sowohl objektive Faktoren wie die Kosten der Leistung als auch subjektive Kriterien in Form des Werts der Leistung für den konkreten Vertragspartner.[201]

82 § 56 I 2 VwVfG verlangt zudem einen sachlichen Zusammenhang von Leistung und Gegenleistung; die Verpflichtungen müssen also inhaltlich aufeinander bezogen sein. Dieses Erfordernis führt negativ formuliert zu einem **Kopplungsverbot,**[202] das es den Vertragspartnern untersagt, verschiedene Vertragsgegenstände beliebig zu verbinden. Dadurch soll einem sog. „Ausverkauf von Hoheitsrechten" entgegengewirkt werden. Inhaltlich kommt es darauf an, dass der gesetzliche Zweck, auf dem die behördliche Leistung basiert, und der Zweck der Gegenleistung in innerem Zusammenhang stehen, damit die Anforderungen des § 56 I 2 VwVfG erfüllt sind.[203] Etwaige Begleitziele sind insoweit aber unbeachtlich.[204]

Beispiele: Finanzielle Ablösung einer Stellplatzverpflichtung zur Schaffung von Parkraum oder zur Einleitung von Verkehrsmaßnahmen,[205] Abtreten von Straßenflächen unter Anrechnung auf den späteren Erschließungsbeitrag,[206] Übernahme eines Kostenteiles zum Ausbau einer Kreuzung für einen SB-Markt,[207] Verbot eines isolierten Planwertausgleichs,[208] Verbot einer Geldzahlung für die Unterhaltung städtischer Kinderspielplätze anstelle des nicht mehr festsetzbaren Erschließungsbeitrages als Gegenleistung für ein Inaussichtstellen der Änderung des Bauplanes,[209] Verbot der Verpflichtung zur Geldzahlung gegen die Zusage der späteren Beamtenernennung.[210]

V. Fehlerfolgen

83 Nach alledem ist der verwaltungsrechtliche Vertrag nur unter bestimmten Voraussetzungen rechtmäßig. Die Konsequenzen einer etwaigen Rechtswidrigkeit hängen dann allerdings im Einzelnen von den Bestimmungen über die Fehlerfolgen ab. Sie sind insbesondere am Maßstab des Gesetzesvorrangs zu messen und ggf. in dessen Lichte auszulegen, um verfassungswidrige Ergebnisse zu verhindern. Bleibt eine Vorschrift gleichwohl unbeachtlich, weil sie nicht zur Unwirksamkeit der Vereinbarung führt, ist deren Einhaltung nur so lange relevant, wie die Verwaltung den Vertrag noch nicht abgeschlossen hat. Ein generelles Kündigungs-, Anfechtungs- oder Rücktrittsrecht allein aufgrund der Rechtswidrigkeit eines Verwaltungsvertrags gibt es nicht.[211]

1. Exklusivität des § 59 VwVfG

84 Stattdessen folgt die Unwirksamkeit rechtswidriger Vereinbarungen in erster Linie aus § 59 VwVfG (§ 58 SGB X). Die dort aufgeführten Nichtigkeitsgründe, die im Landesverwaltungsverfahrensrecht gelegentlich abgewandelt anzutreffen sind (vgl.

---

201 Stelkens/Bonk/Sachs/Siegel VwVfG § 56 Rn. 35 ff.; BVerwG NVwZ 2011, 1132 (1133).
202 BGH NJW 1983, 2823; BVerwGE 90, 310; VGH München BayVBl. 1980, 722.
203 Butzer DÖV 2001, 881 (887).
204 Stelkens/Bonk/Sachs/Siegel VwVfG § 56 Rn. 32.
205 VGH Kassel NJW 1983, 2831; BGH NJW 1980, 1294; 1979, 642.
206 BVerwG NVwZ 1994, 485.
207 VGH Mannheim VBlBW 1997, 27.
208 Huber DÖV 1999, 173 (181 f.).
209 BVerwGE 111, 162 (169 f.); kritisch Butzer DÖV 2002, 881.
210 BVerwG DVBl 2003, 1550 (1551).
211 Guckelberger, Allg. Verwaltungsrecht, 11. Aufl. 2023, § 24 Rn. 21.

§ 126 III SchlH VwVfG),[212] gehen über diejenigen des § 44 VwVfG hinaus.[213] § 59 VwVfG wird gemeinhin für grundsätzlich **abschließend** gehalten. Lediglich im Falle von Handlungsformverboten wird die Unwirksamkeit eines Vertrags gelegentlich aus § 54 S. 1 VwVfG hergeleitet, weil die Verwaltung danach keine Verträge abschließen kann, wenn Vorschriften entgegenstehen.[214]

Diese Beschränkung des rechtlichen Dürfens führt aber nur zur Fehlerhaftigkeit des 85
Verwaltungsvertrags und sagt nicht, ob er nur rechtswidrig oder schon unwirksam ist. Hinzu kommt, dass § 59 VwVfG darauf ausgerichtet ist, die möglichen Nichtigkeitsgründe abschließend zu erfassen, weil der Verweis auf die Vorschriften im BGB über die Unwirksamkeit von Verträgen (§ 59 I VwVfG) sehr weit reicht. Denn er kann über § 134 BGB, wonach Verträge, die gegen gesetzliche Verbote verstoßen, ggf. nichtig sind, auch etwaige Verletzungen des einfachen Rechts erfassen – so eine Verletzung etwaiger Handlungsformverbote.[215] **§ 54 VwVfG** führt für sich genommen also nicht zur Unwirksamkeit von Verwaltungsverträgen.

2. Voraussetzungen des § 59 VwVfG

Die in § 59 VwVfG getroffene Regel hat Kompromisscharakter. Sie vermittelt qua le- 86
gem zwischen dem Prinzip, dass geschlossene Verträge einzuhalten sind („pacta sunt servanda") und dem Grundsatz der Rechtmäßigkeit des Verwaltungshandelns, dh also dem Gesetzesvorrang. Rechtspraktisch bietet sie den maßgeblichen Anknüpfungspunkt, um die Unwirksamkeit rechtswidriger Verträge zu begründen, so dass die rechtlichen Vorgaben für solche Vereinbarungen (→ § 54 Rn. 49 ff.) in einen der Nichtigkeitsgründe des § 59 VwVfG zu integrieren sind, wenn daraus die Unwirksamkeit eines fehlerhaften Vertrags folgen soll. Liegt einer der dortigen Nichtigkeitsgründe vor, ist anschließend zu fragen, ob nicht eine Auslegung des Vertrags möglich ist, die zu einer gesetzeskonformen Interpretation führt.[216] Ggf. wird der Verwaltungsvertrag auch nur teilweise unwirksam, wenn die Voraussetzungen des § 59 III VwVfG gegeben sind, weil der Inhalt der Vereinbarung teilbar ist und eine Teilung dem mutmaßlichen Parteiwillen entspricht.

a) Systematik der Nichtigkeitsgründe

Der Struktur nach werden zunächst die Nichtigkeitsgründe des § 59 II VwVfG ge- 87
prüft und erst danach diejenigen des § 59 I VwVfG. Ein Rückgriff auf diese Vorschrift ist auch dann nicht ausgeschlossen, wenn der Anwendungsbereich des § 59 II VwVfG zwar eröffnet ist, zB weil ein subordinationsrechtlicher Vertrag vorliegt, die dortigen Nichtigkeitsgründe aber inhaltlich nicht greifen.[217] Dafür spricht schon dessen Wortlaut, weil das Merkmal „ferner" verdeutlicht, dass es sich um zusätzliche Kri-

[212] Knack/Henneke/Schliesky VwVfG § 59 Rn. 12 f.
[213] S. allgemein Tschaschnig, Die Nichtigkeit subordinationsrechtlicher Verträge nach dem VwVfG, 1984; Bramsche, Rechtsfolgen verwaltungsvertraglicher Gesetzesverstöße, 1986; Blankenagel VerwArch 76 (1985), 276; Ziekow/Siegel VerwArch 95 (2004), 281.
[214] BVerwGE 91, 200; Krebs VerwArch 72 (1981), 49 (54); Erichsen JURA 1994, 46 (50).
[215] OVG Münster NVwZ 1984, 524; Maurer/Waldhoff, Allg. Verwaltungsrecht, 21. Aufl. 2024, § 14 Rn. 47.
[216] OVG Münster NVwZ 1992, 988.
[217] Fehling/Kastner/Störmer/Fehling VwVfG § 59 Rn. 11, 26.

terien für die Unwirksamkeit von Verwaltungsverträgen handelt, die neben die des § 59 I VwVfG treten, diese aber nicht ersetzen.[218]

b) Nichtigkeitsgründe des § 59 II VwVfG

88 Die in § 59 II VwVfG enthaltenen Nichtigkeitsgründe setzen zunächst voraus, dass ein subordinationsrechtlicher Vertrag iSd § 54 S. 2 VwVfG (→ § 54 Rn. 65, 66) vorliegt.

89 **aa) Nichtigkeit eines alternativen Verwaltungsakts.** Inhaltlich knüpfen die dort alternativ aufgeführten Katalogtatbestände zunächst an die Nichtigkeitsgründe des **§ 44 VwVfG** an, wenn sie in § 59 II Nr. 1 VwVfG einen Verwaltungsvertrag für unwirksam erklären, falls ein Verwaltungsakt, der die im Vertrag übernommene Verpflichtung der Behörde zum Inhalt gehabt hätte, nichtig gewesen wäre.

Beispiel: Die in einem Verwaltungsvertrag vereinbarte Befreiung von Benutzungsgebühren für die Entsorgung von Abwasser ist unvereinbar mit den Grundsätzen des Abgabenrechts und würde als Verwaltungsakt erlassen, zu dessen Nichtigkeit führen.[219] Verstößt ein Verwaltungsvertrag gegen eine seitens des BVerfG für nichtig erklärte Rechtsnorm, greift § 59 II Nr. 1 VwVfG nicht, weil sich daraus auch nicht die Nichtigkeit eines Verwaltungsakts entsprechenden Inhalts ergäbe.[220]

90 **bb) Nichtigkeit aufgrund von Fehlerkenntnis.** Nach § 59 II Nr. 2 VwVfG ist ein Verwaltungsvertrag demgegenüber nichtig, wenn ein Verwaltungsakt, der die im Vertrag übernommene Verpflichtung der Behörde zum Inhalt gehabt hätte, nicht nur wegen eines Verfahrens- oder Formfehlers iSd § 46 VwVfG rechtswidrig gewesen wäre und dies den Vertragsschließenden bekannt war. In diesem Falle folgt die Unwirksamkeit des Verwaltungsvertrags daraus, dass die Parteien wegen ihres **bewussten und gewollten Zusammenwirkens nicht schutzwürdig** sind. Im Umkehrschluss folgt aus § 59 II Nr. 2 VwVfG, dass allein die Kenntnis von Verfahrens- und Formfehlern iSd § 46 VwVfG keine Nichtigkeit begründet.[221]

91 **cc) Nichtigkeit eines Vergleichsvertrags.** § 59 II Nr. 3 VwVfG sieht Unwirksamkeit vor, wenn die Vorgaben für einen Vergleichsvertrag nicht vorliegen und ein Verwaltungsakt, der die Verpflichtung aus dem Vergleichsvertrag zum Inhalt gehabt hätte, nicht nur wegen eines Fehlers iSd § 46 VwVfG rechtswidrig gewesen wäre. Diese Norm will ihrer **Zielsetzung** nach verhindern, dass die erleichterte Möglichkeit vertraglicher Regelungen im Vergleichsvertrag dazu genutzt wird, einen an sich rechtlich missbilligten Erfolg herbeizuführen.[222]

92 § 59 II Nr. 3 VwVfG zwingt die Verwaltung im Lichte des Amtsermittlungsgrundsatzes zu sorgsamer Prüfung, insbesondere der bestehenden Ungewissheit,[223] aber auch in Bezug auf etwaige Ermessensfehler; das dortige Merkmal **„Voraussetzung"** ist weit zu verstehen und nicht nur auf den Tatbestand des § 55 VwVfG bezogen.[224]

---

[218] Knack/Henneke/Schliesky VwVfG § 59 Rn. 15.
[219] BGH NVwZ 2003, 1015.
[220] Moench/Ruttloff DVBl 2014, 1223 (1227 f.).
[221] Stelkens/Bonk/Sachs/Siegel VwVfG § 59 Rn. 39.
[222] Kopp/Ramsauer/Tegethoff VwVfG § 59 Rn. 26.
[223] BVerwGE 49, 359 (364); BVerwG DÖV 1990, 929; vgl. auch Erfmeyer DVBl 1998, 753.
[224] Stelkens/Bonk/Sachs/Siegel VwVfG § 59 Rn. 41.

§ 59 II Nr. 3 VwVfG greift wegen des sonst widersprüchlichen Wortlauts auch dort, wo sich aus einer Würdigung des Einzelfalls ergibt, dass ein Vergleichsvertrag geschlossen werden sollte, § 55 VwVfG aber an sich nicht vorliegt. Eines Rückgriffs auf § 59 I VwVfG[225] bedarf es dann also nicht.

dd) Nichtigkeit wegen unzulässiger Gegenleistung. Schließlich ist ein Verwaltungsvertrag nach § 59 II Nr. 4 VwVfG nichtig, wenn sich die Behörde eine nach § 56 VwVfG unzulässige Gegenleistung hat versprechen lassen. Dieser Nichtigkeitsgrund dient dem Schutz der Privatrechtssubjekte,[226] soll aber auch einen Verkauf von Hoheitsrechten verhindern. Er knüpft an alle in § 56 VwVfG enthaltenen Anforderungen an **subordinationsrechtliche Austauschverträge** an und bezieht sich daher nicht nur auf das Kopplungsverbot, sondern auch auf die Angemessenheit, die Bestimmtheit der Zwecksetzung und die Gemeinwohldienlichkeit der Gegenleistung. Ist die behördliche Leistung rechtswidrig, greift § 59 II Nr. 4 VwVfG nicht.[227] 93

c) Nichtigkeitsgründe des § 59 I VwVfG

Neben die Nichtigkeitsgründe des § 59 II VwVfG treten diejenigen des § 59 I VwVfG. 94

aa) Anwendungsbereich. Nach dieser Vorschrift ist ein Verwaltungsvertrag unwirksam, wenn sich dessen Nichtigkeit aus der entsprechenden Anwendung von Vorschriften des BGB ergibt. Die Regelung ist im Wortlaut nicht auf subordinationsrechtliche Verwaltungsverträge beschränkt. Ähnlich wie im Falle des § 62 S. 2 VwVfG erfasst auch § 59 I VwVfG nicht das gesamte Zivilrecht, sondern nur das BGB und setzt zudem voraus, dass die herangezogene Regelung zur verwaltungsvertragsrechtlichen Problemstellung passt (→ § 54 Rn. 38). Es ist anerkannt, dass diese Voraussetzung eine Vielzahl an Vorschriften erfüllt – so namentlich die §§ 105, 116 S. 2, 117 oder 138 BGB. Hinzu kommt § 125 BGB, über den eine Verletzung des § 57 VwVfG zur Nichtigkeit führt, und für Vergleichsverträge § 779 BGB. 95

bb) Insbesondere: Verbotsgesetze iSd § 134 BGB. Fraglich ist indes, ob auch § 134 BGB über § 59 I VwVfG für Verwaltungsverträge relevant wird. Die **Problematik** besteht darin, dass die Verwaltung zu rechtmäßigem Handeln verpflichtet ist, so dass ihr Rechtsverletzungen an sich untersagt sind. Denn mit Hilfe dieser Argumentation ließe sich beinahe jede die Verwaltung bindende Vorschrift als „gesetzliches Verbot" interpretieren, was § 59 I VwVfG über § 134 BGB zu einem allgemeinen Rechtmäßigkeitsvorbehalt werden ließe. Diese Lesart dieser Bestimmungen liefe jedoch insbesondere dem Ziel der Steigerung der Verwaltungsflexibilität zuwider, wie es mit der Schaffung der §§ 54 ff. VwVfG an sich intendiert war (→ § 54 Rn. 2, 5). Daran anknüpfend weisen der Gesetzgeber in seiner Begründung zu § 59 VwVfG[228] und Teile der Literatur[229] darauf hin, dass die Einbeziehung des § 134 BGB in § 59 I VwVfG Auslegungsprobleme verursachen würde und dass § 134 BGB wegen seiner Reichweite die Aufzählung der einzelnen Nichtigkeitsgründe in § 59 II VwVfG um- 96

---

[225] So aber jedenfalls für bestimmte Fälle Knack/Henneke/Schliesky VwVfG § 55 Rn. 23.
[226] BT-Drs. 7/910, 82.
[227] Stelkens/Bonk/Sachs/Siegel VwVfG § 59 Rn. 43 ff.
[228] BT-Drs. 7/910, 81.
[229] Götz NJW 1976, 1425 (1430).

gehen könnte. Diese beiden Argumente überzeugen jedoch schon deshalb nicht, weil das in § 134 BGB enthaltene Merkmal „gesetzliches Verbot“ jedenfalls bestimmbar ist, wie die zivilrechtliche Rechtsprechung zu dieser Norm deutlich macht,[230] und weil es eine Frage der Auslegung des § 134 BGB ist, ob bzw. inwieweit diese Vorschrift die in § 59 II VwVfG enthaltenen Verbote umfasst.

97 Damit verschiebt sich das Problem weg vom „Ob“ der Rückgriffsmöglichkeit in § 59 I VwVfG auf § 134 BGB hin zum „Wie“ oder besser „Inwieweit“. Um die damit verbundenen Fragen zu beantworten, ist im Ausgangspunkt zunächst darauf hinzuweisen, dass die Nichtigkeit des Verwaltungsvertrags anhand einer **Abwägung** der widerstreitenden Interessen in Form der **Gesetzesbindung** der Verwaltung und des **Vertrauens** des Bürgers in den Bestand der getroffenen Vereinbarung zu bestimmen ist (→ § 54 Rn. 6 f.).[231] Es zeigt sich einmal mehr, dass der die Verwaltung bindende Gesetzesvorrang nicht absolut verstanden werden darf, sondern mit Augenmaß in die Anwendung und Auslegung des Verwaltungsvertragsrechts implementiert werden muss, um verfassungskonforme Ergebnisse zu erhalten. Infolgedessen können aber weder alle Verletzungen verwaltungsrechtlicher Verbotsgesetze unbeachtlich sein noch dürfen alle Rechtsverletzungen über § 134 BGB zur Nichtigkeit von Verwaltungsverträgen führen. Es bedarf stattdessen einer vermittelnden Lösung.

98 Die **Richtigkeit dieses Ansatzes** zeigt namentlich der Wortlaut des § 59 II Nr. 2 VwVfG, wonach zur Rechtswidrigkeit führende Fehler nur die Unwirksamkeit eines Vertrags begründen, wenn sie im Falle eines Verwaltungsakts nicht wegen § 46 VwVfG unbeachtlich wären und die Rechtswidrigkeit beiden Vertragspartnern bekannt war.[232] Aus der Systematik des § 59 II VwVfG lässt sich somit ableiten, dass nicht jede schlichte Gesetzesinkongruenz genügen darf, um den Anwendungsbereich der §§ 59 I VwVfG, 134 BGB zu eröffnen. Dafür spricht § 59 II VwVfG letztlich auch deshalb, weil er weitere Nichtigkeitsgründe („ferner“) benennen will, so dass es kaum einleuchtend wäre, wenn rechtswidrige Verträge oft (wenn auch nicht immer) schon wegen § 59 I VwVfG nichtig wären.[233] Zudem wäre die Existenz des Vergleichsvertrags nicht erklärbar, weil er nach § 55 VwVfG bei rechtlichen Unsicherheiten und damit zulässig ist, wenn sich nachträglich Rechtswidrigkeit herausstellt.[234]

99 Zusammengenommen führen all diese Argumente bezogen auf § 134 BGB dazu, dass zunächst dessen Anforderungen eingehalten sein müssen, damit § 59 I VwVfG greifen kann.[235] Das gesetzliche Verbot muss sich also erstens hinreichend konkret[236] gegen den Inhalt des Vertrags oder dessen Abschluss richten und sich zweitens an beide Vertragspartner wenden. Adressiert es nur einen Vertragspartner, muss der Zweck des gesetzlichen Verbots nur durch die Nichtigkeit des Vertrags erreicht werden können, damit § 134 BGB greift.[237] Hinzukommen muss abgesehen von den **Anforderungen**

[230] Wie hier Bramsche, Rechtsfolgen verwaltungsrechtlicher Gesetzesverstöße, 1986; Bleckmann NVwZ 1990, 601.
[231] S. auch Blanke, Vertrauensschutz im deutschen und europäischen Verwaltungsrecht, 2000, S. 245 ff.
[232] S. BGH VerwRspr. 24 (1973), 591.
[233] Erichsen JURA 1994, 47 (50).
[234] Knack/Henneke/Schliesky VwVfG § 59 Rn. 43.
[235] Vgl. dazu Kopp/Ramsauer/Tegethoff VwVfG § 59 Rn. 12.
[236] Vgl. OVG Münster NVwZ 1984, 522 (524); Moench/Ruttloff DVBl 2014, 1223 (1227).
[237] Detterbeck, Allg. Verwaltungsrecht, 21. Aufl. 2023, § 11 Rn. 816 ff.

des § 134 BGB ein qualifizierter, besonders schwerwiegender Gesetzesverstoß.[238] In diesem Erfordernis manifestiert sich die § 59 I VwVfG zugrundeliegende Abwägung zwischen Gesetzesvorrang und Vertragsverbindlichkeit. Sie verlangt nach der Verletzung einer zwingenden Rechtsnorm, die erkennbar das darin beschriebene Verhalten im öffentlichen Interesse untersagt, sich aktiv gegen den Verwaltungsvertrag stellt und ihn so letztlich verhindern will. Wann diese Voraussetzungen vorliegen, hängt von den Umständen des Einzelfalls ab. Unerheblich ist insoweit, ob sich das Verbot expressis verbis aus einer Norm ableiten lässt oder ob es sich im Wege der Auslegung aus dieser Norm oder sogar (nur) aus dem zugehörigen Gesetz ergibt.[239]

Beispiel: Wird entgegen den Wertungen des Kommunalabgabenrechts ein Gebührenverzicht im Bereich Straßenentwässerung vereinbart, ist dieser Verwaltungsvertrag in entsprechender Anwendung des § 59 VwVfG iVm § 134 BGB nichtig.[240]

Die nach diesen Kriterien relevanten Verbotsvorschriften können aus dem Unions-, **100**
Verfassungs- und Verwaltungsrecht stammen. So können **beispielsweise** Subventionsverträge wegen einer Verletzung des Anzeige- oder Durchführungsverbots aus Art. 108 III AEUV unwirksam sein, weil sie gegen § 134 BGB verstoßen,[241] wenn nur so das Unionsinteresse wirksam durchgesetzt werden kann[242] und man nicht § 58 II VwVfG für sachnäher halten will (→ § 54 Rn. 54). Jedenfalls dürfen aber etwa geflossene Vorteile nicht einbehalten werden. Sie sind stattdessen wegen der ex-nunc-Wirkung der Genehmigung der Kommission rückabzuwickeln.[243] Abgesehen davon können sich etwaige Verbotsgesetze im Sinne der §§ 59 I VwVfG, 134 BGB aber ggf. auch aus der Verfassung ableiten lassen.[244] Hinzu kommen die im Verwaltungsverfahrensrecht enthaltenen Verbote der Handlungsform Verwaltungsvertrag oder eine Verletzung des Zustimmungserfordernisses aus § 58 VwVfG, die daher ebenfalls über §§ 59 I VwVfG, 134 BGB (und nicht über § 54 VwVfG) zur Unwirksamkeit der Vereinbarung führen. Ferner können sich aus dem Fachrecht Verbote bestimmter Vertragsinhalte ableiten lassen.

Beispiele: Ein Verkauf unter Verstoß gegen das Ladenschlussrecht ist nicht nichtig, da sich das Verbot nur gegen den Zeitpunkt des Vertragsschlusses richtet. Hingegen wird weder der Vertragsinhalt noch der wirtschaftliche Erfolg missbilligt. Deshalb sind Duldungsverträge über die Nichteinhaltung des Warenverkaufsverbotes während der Ladenschlusszeiten nicht unwirksam. Hingegen ist § 134 BGB einschlägig, um den Verkauf von Hoheitsrechten und Machtmissbrauch zu verhindern.[245] Ein Vertrag, durch den sich ein Grundstückseigentümer zur teilweisen Übernahme der Kosten der Erneuerung eines Abwasserkanals verpflichtet, um die abwassermäßige Erschließung seines Grundstücks zu sichern, ist nichtig, wenn die

---

[238] OVG Münster NVwZ 1992, 988; BVerwGE 98, 58 (63); Höfling/Krings JuS 2000, 625 (632); Schlette, Die Verwaltung als Vertragspartner, S. 551; Ziekow/Siegel VerwArch 95 (2004), 281 (184).

[239] Knack/Henneke/Schliesky VwVfG § 59 Rn. 44 ff.

[240] OVG Münster KStZ 2020, 72 Rn. 81 ff.

[241] So für zivilrechtliche Subventionsverträge BGH EuZW 2011, 440 (444); auf öffentlich-rechtliche Verträge übertragend Maurer/Waldhoff, Allg. Verwaltungsrecht, 21. Aufl. 2024, § 14 Rn. 48; Remmert EuR 2000, 469; kritisch aber Schneider NJW 1992, 1197; Hatje, Die gemeinschaftsrechtliche Steuerung der Wirtschaftsverwaltung, 1998, S. 268 ff.; Blanke, Vertrauensschutz im deutschen und europäischen Verwaltungsrecht, 2000, S. 556.

[242] Ferner EuGH EuZW 1991, 758 (760); BVerwGE 70, 41 (44); 81, 316; Ehlers GewArch 1999, 305 (318).

[243] Vgl. dazu Detterbeck, Allg. Verwaltungsrecht, 21. Aufl. 2023, Rn. 818 ff.

[244] Kopp/Ramsauer/Tegethoff VwVfG § 59 Rn. 9.

[245] BVerwGE 42, 331 (342).

Erneuerung des Kanals auch anderen Eigentümern zugutekommt und im gemeindlichen Kanalisationsplan vorgesehen ist.[246] Sondernutzungserlaubnisse dürfen nicht pauschal per Verwaltungsvertrag eingeräumt werden, weil die Erteilung solcher Genehmigungen von den Umständen des konkreten Einzelfalls abhängt.[247]

VI. Umgang mit unwirksamen Verträgen

101 Soweit ein Verwaltungsvertrag aufgrund einer Verletzung des § 59 VwVfG unwirksam ist, entfaltet der dann **nichtige Vertrag** keine Rechtswirkungen. Er kann also weder Leistungspflichten begründen noch die Rechtslage ändern. Werden die vereinbarten Leistungen dennoch ausgetauscht, liegen rechtsgrundlose Vermögensverschiebungen vor, die nach einer Rückabwicklung verlangen. Sie erfolgt in der Regel auf Basis des öffentlich-rechtlichen Erstattungsanspruchs.[248] Wird aufgrund eines nichtigen Verwaltungsvertrags ein Verwaltungsakt erlassen, ist er hingegen ggf. nach Maßgabe des § 48 VwVfG aufzuheben, weil er dadurch rechtswidrig wird.[249]

102 Da wegen § 62 S. 2 VwVfG auch die Vorschriften des BGB über die Anfechtung von Willenserklärungen anwendbar sind, können Verwaltungsverträge auch durch Anfechtungserklärung in der Regel **mit Wirkung ex tunc nichtig** werden (§ 142 I BGB).[250] Die Freiwilligkeit der Vertragsbeziehungen ändert daran genauso wie im Zivilrecht nichts.[251] Daher dürfte auch § 123 II BGB, der in Dreiecksverhältnissen die Kenntnis bzw. fahrlässige Unkenntnis der Täuschung seitens des Vertragspartners voraussetzt, damit wegen der Täuschung eines Dritten angefochten werden kann, in das Verwaltungsvertragsrecht übertragbar sein.[252] Einschränkungen können sich aber dann ergeben, wenn die von einem Träger öffentlicher Gewalt vertretenen öffentlichen Belange von der Anfechtung betroffen sind.[253]

103 Soweit ein Verwaltungsvertrag unwirksam ist, können dem beteiligten Sachwalter zudem **strafrechtliche Folgen** drohen, weil dann der Rechtsgrund für die erbrachte Leistung wegfällt[254] und der Vorwurf der Untreue, der Bestechung bzw. Bestechlichkeit oder der Vorteilsannahme bzw. -gewährung im Raum steht. Wegen der Ultima-Ratio-Funktion des Strafrechts dürfen diese Konsequenzen aber nicht unbedacht gezogen werden. Vielmehr ist zu beachten, dass es in der Regel diffiziler Überlegungen bedarf, um die Vertragsunwirksamkeit festzustellen. Daher wird man diejenigen Vorgaben des jeweiligen Straftatbestands, für die eine Subsumtion unter die §§ 54 ff. VwVfG nötig wird, als normative Tatbestandsmerkmale einordnen müssen, so dass der Sachwalter iSe Parallelwertung in der Laiensphäre die Verwaltungsrechtslage kennen muss,[255] um bestraft werden zu können.[256]

---

246 VGH Mannheim VBlBW 1997, 189.
247 VGH München BayVBl. 2009, 661 (664 f.).
248 VGH Mannheim NVwZ 1991, 583; OVG Koblenz NVwZ 1992, 796.
249 Guckelberger, Allg. Verwaltungsrecht, 11. Aufl. 2023, 1020 § 24 Rn. 26.
250 Obermeyer/Funke-Kaiser/Lenz VwVfG § 62 Rn. 14.
251 Vgl. Sachs VerwArch 76 (1985), 398; Burmeister VVDStRL 52 (1993), 190 (212 f.).
252 Vgl. zu dieser Frage auch Kopp/Ramsauer/Tegethoff VwVfG § 62 Rn. 13.
253 Mann/Sennekamp/Uechtritz/Mann VwVfG § 62 Rn. 29.
254 Vgl. Obermayer/Funke-Kaiser/Lenz VwVfG § 59 Rn. 5.
255 Vgl. dazu Frister, Strafrecht AT, 10. Aufl. 2023, S. 149 f.
256 Meyer/Schorn KommJur 2015, 87 (93).

VII. Umgang mit wirksamen Verträgen

Ist der Verwaltungsvertrag wirksam, sind die eingegangenen Verpflichtungen, soweit sie nicht aufgrund von Vorschriften des BGB untergegangen (§§ 280 ff. BGB) oder nicht durchsetzbar sind, zu erfüllen **(„pacta sunt servanda").**[257] 104

1. Durchsetzung der Leistungspflichten

Verweigert der Vertragspartner der Verwaltung die Leistungserbringung, kann (bzw. darf oder muss) sie weder ihre Ansprüche noch etwaige Vertragsstrafen durch Verwaltungsakt festsetzen[258] und auf diese Weise durchsetzen. Denn dazu fehlt ihr die gesetzliche Grundlage (→ § 45 Rn. 15).[259] Stattdessen muss die Vertragserfüllung erforderlichenfalls durch verwaltungsrechtliche **Leistungsklage** erwirkt werden.[260] Der Erlass eines Verwaltungsakts kommt demgegenüber nur dann in Betracht, wenn neben dem Vertrag eine ursprüngliche gesetzliche Verpflichtung fortbesteht,[261] dh vor allem dann, wenn der Vertrag das Tatbestandsmerkmal eines Rechtssatzes näher ausgestaltet (zB Vereinbarung über die Ratenzahlung von Kosten einer Ersatzvornahme;[262] Abgabenvergleichsvertrag). 105

Diese Prinzipien gelten auch im Falle einer **unionsrechtlichen Überformung** des Sachverhalts. Aus diesem Grunde besteht dann, wenn ein Verwaltungsvertrag gegen Primär- bzw. Sekundärrecht verstößt (→ § 13 Rn. 1 ff.), keine unbedingte Pflicht, die zu Unrecht erfolgte Leistung entgegen Art. 20 III GG per Verwaltungsakt zurückzufordern und mit dem Erfordernis der Verwaltungsaktbefugnis zu brechen, um dem Effektivitätsgrundsatz zu entsprechen.[263] Stattdessen ist es auch aus unionsrechtlicher Perspektive zulässig, den (weniger dynamischen) Klageweg zu beschreiten, solange sichergestellt ist, dass die Rückabwicklung effektiv ist, insbesondere weil sich keine unverhältnismäßigen Verzögerungen ergeben.[264] 106

Ansprüche der Verwaltung aus dem Vertrag sind auf dem **Verwaltungsrechtsweg** zu verfolgen. Will sich der Bürger gerichtlich zur Wehr setzen, gilt für Ansprüche auf Erfüllung oder auf Schadensersatz nichts anderes, wie § 40 II 1 Hs. 1 Var. 3 VwGO zeigt.[265] Lediglich für vorvertragliche Pflichtverletzungen unterscheiden das BVerwG und Teile der Literatur aus Gründen der Prozessökonomie danach, ob die geltend gemachten Ansprüche im Zusammenhang mit einem Amtshaftungsprozess stehen 107

---

[257] S. näher Weiß, Pacta sunt servanda, 1999; Blanke, Vertrauensschutz im deutschen und europäischen Verwaltungsrecht, 2000, S. 237 ff.; vgl. auch Kluth NJW 2021, 3167 (3169 ff.).
[258] Ausf. dazu Junge NVwZ 2021, 198 (200 ff.).
[259] BVerwGE 50, 171; 59, 62; s. näher Fluck, Die Erfüllung des öffentlich-rechtlichen Verpflichtungsvertrages durch Verwaltungsakt, 1985.
[260] S. BSGE 35, 50; OVG Münster DÖV 1967, 722 u. NVwZ 1984, 522; Grund DVBl 1972, 884.
[261] Ausf. dazu Payandeh DÖV 2012, 590 (594 f.), der allerdings zugleich das grundsätzliche Verbot des Erlasses eines Verwaltungsakts im Anwendungsbereich eines öffentlich-rechtlichen Vertrags ablehnt (S. 591 ff.).
[262] OVG Münster DÖV 1971, 500.
[263] So aber noch OVG Berlin-Brandenburg EuZW 2006, 91 (92).
[264] EuGH ECLI:EU:C:2014: 2193 Ls. 1 – Kommission/Deutschland; s. dazu auch Ludwigs NVwZ 2015, 1327 (1332).
[265] Detterbeck, Allg. Verwaltungsrecht, 21. Aufl. 2023, § 11 Rn. 823.

(dann Zivilrechtsweg) oder nicht.[266] Diese Differenzierung kritisieren manche aufgrund ihres Zufallscharakters.[267]

2. Unterwerfungsklausel

108 Enthält der Verwaltungsvertrag eine sog. Unterwerfungsklausel iSd § 61 VwVfG, hat sich eine der beiden Parteien der sofortigen Vollstreckung unterworfen, was eine Leistungsklage obsolet werden lässt. Diese Vorschrift will die Möglichkeit bieten, dass sich die Parteien, wenn gewollt, den im Zweifel umständlichen Gang zur Verwaltungsgerichtsbarkeit ersparen können. Sie gilt nur für subordinationsrechtliche Verträge iSd § 54 S. 2 VwVfG. Liegen die Voraussetzungen des § 61 VwVfG vor, wird der Vertrag ähnlich einem Verwaltungsakt oder Urteil zum **Vollstreckungstitel.** Er kann dann nach den entsprechenden Vorschriften des Verwaltungsvollstreckungsrechts durchgesetzt werden. Ist der Vertrag allerdings nichtig, entfällt die Vollstreckungsgrundlage.[268]

109 Ob sich eine **Behörde** der sofortigen Vollstreckung unterwirft, liegt in ihrem Ermessen. Will sie einen solchen Entschluss treffen, sind dazu wegen § 61 I 2 VwVfG aber nur der Behördenleiter, sein allgemeiner Vertreter oder ein Angehöriger des öffentlichen Dienstes mit hinreichender juristischer Ausbildung befugt. Damit ist der Bedeutung etwaiger Unterwerfungsklauseln aus Behördenperspektive nach Ansicht des Gesetzgebers hinreichend Rechnung getragen, so dass eine Genehmigung der Unterwerfungsklausel durch die Aufsichtsbehörde entgegen dem früheren Rechtszustand[269] nicht mehr nötig ist. Aus Sicht der Bürger bestehen mit Blick auf die Zulässigkeit der Unterwerfung unter die sofortige Vollstreckung keinerlei Einschränkungen; es handelt sich um eine privatautonome Entscheidung.

3. Vertragsanpassung und -kündigung

110 Wenn sich die dem Verwaltungsvertrag zugrunde liegenden Verhältnisse so wesentlich ändern, dass einer Partei ein Festhalten an der ursprünglichen Vereinbarung unmöglich ist, enthält § 60 I 1 VwVfG zunächst[270] ein Recht auf Vertragsanpassung und – soweit sie nicht möglich oder ebenfalls unzumutbar ist – in § 60 I 2 VwVfG ein daran anschließendes[271] schriftform- und begründungsbedürftiges (vgl. § 60 II VwVfG) Kündigungsrecht. Es ist per Leistungsklage verwaltungsgerichtlich durchsetzbar[272] und basiert auf dem Gedanken, dass die Erfüllung vertraglicher Pflichten unter dem Vorbehalt steht, dass die für die Festsetzung des Vertragsinhaltes maßgeblichen Verhältnisse fortdauern **(„clausula rebus sic stantibus“).**[273]

111 Inhaltlich normiert § 60 I 1 VwVfG einen Anwendungsfall der auch im Verwaltungsrecht anerkannten Lehre vom **Wegfall der Geschäftsgrundlage** als Ausprägung des

---

[266] BVerwG DVBl 2002, 1555; Stelkens/Bonk/Sachs/Siegel VwVfG § 54 Rn. 164.
[267] Detterbeck, Allg. Verwaltungsrecht, 21. Aufl. 2023, Rn. 823.
[268] Maurer/Waldhoff, Allg. Verwaltungsrecht, 21. Aufl. 2024, § 14 Rn. 60.
[269] BVerwGE 98, 58; Schmitz/Olbertz NVwZ 1999, 126.
[270] BGH NJW 1983, 2034; BVerwG NVwZ 1998, 1075; OVG Münster NVwZ 1991, 1106.
[271] S. näher Kaminski, Die Kündigung von Verwaltungsverträgen, 2005.
[272] BVerwGE 97, 331.
[273] Stern FS Mikat, 1989, 775 ff.; Schwerdtner VBlBW 1998, 9; BVerfGE 34, 216 (230); BVerwG NVwZ 1991, 1096; OVG Münster NVwZ 1991, 1106.

in der Gesamtrechtsordnung anwendbaren Grundsatzes von Treu und Glauben.[274] Die Bestimmung bezweckt einen Ausgleich zwischen öffentlichen Belangen und dem Interesse von Zivilpersonen an einer Vertragsänderung. Voraussetzung für die in die Zukunft wirkende Anwendung[275] des § 60 I VwVfG ist, dass sich die Umstände außerhalb des Einflussbereiches der Vertragsparteien objektiv geändert haben und diese Umstände für die ausdrückliche oder konkludente Festlegung des Vertragsinhaltes entscheidend waren. Diese strengen Vorgaben zeigen, dass das übliche Vertragsrisiko in erheblichem Umfange verlassen sein muss,[276] damit die in § 60 I VwVfG vorgesehenen Rechtsfolgen greifen können.

Beispiel: Änderung einer Rechtsprechung durch Gesetzesänderung und Aufgabe einer ständigen Spruchpraxis,[277] Änderung der Vertragsgrundlage durch eine zwischenzeitlich für nichtig erklärte Rechtsvorschrift.[278]

Die Behörde kann den Vertrag darüber hinaus nach § 60 I 2 VwVfG kündigen, um schwere Nachteile für das Gemeinwohl zu vermeiden oder zu beseitigen (außerordentliches **Kündigungsrecht**). Die Kündigung verlangt Schriftform und muss begründet werden (§ 60 II VwVfG). In § 60 I 2 VwVfG kommt der Gedanke zum Tragen, dass die Verwaltung auch bei Vertragshandeln stets in der Lage sein muss, die ihr im Allgemeininteresse obliegenden Aufgaben sachgerecht zu erfüllen.[279] Deshalb entspricht die Kündigung nach § 60 I 2 VwVfG sachlich dem „Notrecht" des § 49 II 1 Nr. 5 VwVfG.[280] Soweit das außerordentliche Kündigungsrecht des § 60 I 2 VwVfG nicht greift, kommt bei Dauerschuldverhältnissen noch eine Kündigung aus wichtigem Grund gem. § 62 S. 2 VwVfG iVm § 314 BGB in Betracht.[281] Denkbar ist zudem eine vertraglich vereinbarte Kündigungsmöglichkeit, zB im Falle des Ablaufs einer dort vorgesehenen Frist.[282] 112

§ 55. Verwaltungsrechtliche Schuldverhältnisse

Schrifttum: Berger DÖV 2014, 662 ff.: Geschäftsführung ohne Auftrag zwischen Verwaltungsträgern; Blas BayVBl. 1989, 648 ff.: Die öffentlich-rechtliche Geschäftsführung ohne Auftrag eines Hoheitsträgers und eines Bürgers für einen Träger öffentlicher Gewalt; von und zu Franckenstein, Parallelen und Unterschiede des öffentlich-rechtlichen Folgenbeseitigungsanspruchs im Vergleich zum allgemeinen öffentlich-rechtlichen Erstattungsanspruch, 1998; Gries/Willebrand JuS 1990, 103 ff.: Entstehung der auf Leistung oder Nutzung gerichteten verwaltungsrechtlichen Schuldverhältnisse; Hüttenbrink/Windmöller SächsVBl 2001, 133 ff.: Der allgemeine öffentlich-rechtliche Erstattungsanspruch; Keller, Vorvertragliche Schuldverhältnisse im Verwaltungsrecht, 1997; Krause VVDStRL 45 (1987), 212 ff.: Rechtsverhältnisse in der Leistungsverwaltung; Krumm VERW 46 (2013), 59 ff.: Die Gesamtschuld für öffentlich-rechtliche Geldleistungsverpflichtungen; Oechsler JuS 2016, 215 ff.: Die öffentlich-rechtliche Geschäftsführung in den Tierfundfällen; Saule, Schadenersatzansprüche aus verwaltungsrechtlichen Schuldverhältnis-

274 BVerwG DVBl 1967, 61; DÖV 1973, 530 ff.; s. auch OVG Münster DVBl 1975, 46; NWVBl. 1992, 396; OVG Lüneburg NVwZ 2003, 629 und näher Lorenz DVBl 1997, 865; Krause VerwArch 61 (1970), 339.
275 BVerwGE 97, 331; BVerwG DVBl 2002, 843 (845).
276 S. auch VGH München BayVBl. 1995, 659; VGH Mannheim NVwZ-RR 2000, 206.
277 BVerwGE 35, 326.
278 S. dazu Mann/Sennekamp/Uechtritz/Mann VwVfG § 60 Rn. 17; VGH München BayVBl. 2002, 371 (372); Moench/Rutloff DVBl 2014, 1223 (1228); vgl. aber auch Schumacher VR 1995, 484.
279 Ebenso Schwerdtner VBlBW 1998, 9.
280 Ule/Laubinger, Verwaltungsverfahrensgesetz, 4. Aufl. 1995, § 71 Rn. 19.
281 S. dazu Geis NVwZ 2002, 385 (387).
282 S. dazu BVerwG NVwZ 1996, 174.

sen, 2008; Schoch JURA 1994, 82 ff.: Der öffentlich-rechtliche Erstattungsanspruch; Schoch VERW 38 (2005), 91 ff.: Rechtsprechungsanalyse, Geschäftsführung ohne Auftrag im Öffentlichen Recht; Stelkens DVBl. 1998, 300 ff.: Schadensersatzansprüche des Staates gegenüber Privaten; Windthorst JuS 1996, 605 ff.: Staatshaftungsrecht.

1 Die Ausführungen zu den verwaltungsrechtlichen Verträgen haben gezeigt, dass die Subjekte öffentlicher Verwaltung nicht nur auf den Erlass einseitiger Verwaltungsanordnungen beschränkt sind, um ihre Verwaltungsaufgaben zu erfüllen und ihre Verwaltungszwecke zu erreichen. Stattdessen bestehen vielfältige Handlungsformen zugunsten der Verwaltung, die ggf. verwaltungsrechtliche Schuldverhältnisse begründen.

I. Begriff

2 Verwaltungsrechtliche Schuldverhältnisses sind aufgrund objektiven Verwaltungsrechts bestehende **Sonderverbindungen** zwischen Verwaltungsträgern und Privatrechtssubjekten bzw. anderen Verwaltungsträgern. Sie finden ihre Basis nicht im Zivilrecht, sondern im öffentlichen Recht. Verwaltungsrechtssystematisch handelt es sich daher um besondere Ausprägungen des Verwaltungsrechtsverhältnisses (→ § 32 Rn. 35 ff.).[1] Nicht erfasst sind Leistungspflichten, die sich direkt aus dem Gesetz ergeben – so Verkehrssicherungspflichten der Verwaltung oder Straßenreinigungspflichten der Anwohner. Jedoch können aus der Konkretisierung solcher gesetzlicher Pflichten oder aus ihrer Verletzung Sonderverbindungen entstehen, die dann zu verwaltungsrechtlichen Schuldverhältnissen führen. Diese Konsequenz ist dort zu ziehen, wo sich aus dem Rechtsverhältnis eine **besonders intensive Pflichtenstellung** zwischen den Beteiligten ergibt.[2] Dazu genügt das allgemeine Staat-Bürger-Verhältnis nicht.[3]

3 Unter verwaltungsrechtlichen Schuldverhältnissen sind ferner – entsprechend der im Zivilrecht entwickelten Abgrenzung – nur solche Rechtsverhältnisse zu verstehen, die auf eine **begrenzte Leistung** gerichtet sind. Das ist nicht der Fall bei Rechtsbeziehungen, die Personen umfassend binden (Beamtenverhältnis, Soldatenverhältnis)[4] sowie bei vorwiegend personenrechtlichen Gemeinschaftsverhältnissen (zB Zugehörigkeit zu einem Wasserverband). Allerdings können sich im Einzelfall auch aus solchen Beamten- und Verbandsverhältnissen bestimmte schuldrechtliche Beziehungen ergeben (zB Anspruch aus Verwahrung). Ob zudem eine **vermögenswerte** Leistung geschuldet werden muss, ist demgegenüber im Einzelnen umstritten und wird vor allem deshalb bejaht, weil sich mit Hilfe dieses Abgrenzungskriteriums einfacher gemeinsame Grundsätze entwickeln lassen.[5]

4 Verwaltungsrechtliche Schuldverhältnisse können als **einseitig** verpflichtende Sonderbeziehungen vorkommen – sei es, dass sie einen Träger öffentlicher Verwaltung gegenüber einem anderen verpflichten (zB Kostenerstattungspflicht zwischen Trägern der Sozialhilfe),[6] ein Hoheitssubjekt gegenüber einer oder mehreren Zivilpersonen verpflichten (zB Leistungspflichten der Sozialversicherung, Entschädigungsansprü-

[1] Kritisch Pietzcker VERW 30 (1997), 281.
[2] S. auch Windthorst JuS 1996, 605.
[3] Detterbeck, Allg. Verwaltungsrecht, 21. Aufl. 2023, § 26 Rn. 1264.
[4] S. zum Zivildienstverhältnis BVerwG DVBl 1998, 645; BGH NJW 1998, 298.
[5] So Janson DÖV 1979, 696; ablehnend Eckert DVBl 1962, 12 und Zuleeg DÖV 1970, 630.
[6] S. dazu BVerwG NVwZ 2005, 1196.

che nach Enteignung) oder Zivilpersonen eine Verpflichtung gegenüber einem Träger hoheitlicher Gewalt auferlegen (zB zur Rückzahlung zu viel erhaltener Beamtenbezüge). Zudem gibt es **zweiseitig** verpflichtende Schuldverhältnisse, an denen Subjekte öffentlicher Verwaltung und/oder Zivilpersonen beteiligt sein können.

Das verwaltungsrechtliche Schuldverhältnis ist eine Sammelbezeichnung für eine Vielzahl unterschiedlich strukturierter Erscheinungsformen von Rechtsbeziehungen, bei denen personale oder infrastrukturelle Elemente im Vordergrund stehen können. Dadurch unterscheidet es sich vom **Verwaltungsvertrag,** der ebenfalls verwaltungsschuldrechtlich ausgestaltet sein kann, aber nicht sämtliche Erscheinungsformen des Verwaltungsschuldrechts im Verhältnis von Trägern öffentlicher Verwaltung zueinander und im Verhältnis zu Zivilpersonen erfasst. Die aus solchen Vereinbarungen resultierenden Rechtsbeziehungen können stattdessen nur einen Teilausschnitt verwaltungsrechtlicher Schuldverhältnisse abbilden. 5

II. Anwendbare Rechtsvorschriften

Die Existenz verwaltungsrechtlicher Schuldverhältnisse wird namentlich in § 40 II VwGO vorausgesetzt. Gleichwohl finden sich im öffentlichen Recht nur sehr selten konkrete Rechtsvorschriften über solche Sonderbeziehungen (s. §§ 37 ff. AO). Aus diesem Grunde besteht ein Bedürfnis nach einer **entsprechenden Heranziehung der Vorschriften über private Schuldrechtsverhältnisse.**[7] Diese Notwendigkeit kommt schon in der Bezeichnung des verwaltungsrechtlichen Schuldverhältnisses als Schuldverhältnis zum Ausdruck. 6

Die Zulässigkeit dieses Rückgriffs lässt sich damit begründen, dass die öffentlich-rechtlichen Haftungsinstitute in Teilen unzureichend sind, um eine angemessene Verteilung der Verantwortung zwischen den Beteiligten herbeizuführen.[8] Etwaige Ansprüche aus verwaltungsrechtlichen Schuldverhältnissen stehen, soweit sie gegen Hoheitsträger geltend gemacht werden, aber gleichwohl selbstständig **neben Ansprüchen aus Amtshaftungs- oder Entschädigungssätzen,** weil solche Sonderbeziehungen die bestehenden Haftungsregeln nur ergänzen sollen.[9] 7

Der Rückgriff auf zivilrechtliche Grundsätze innerhalb verwaltungsrechtlicher Schuldverhältnisse führt dazu, dass dort das öffentliche Recht und das Privatrecht als wechselseitige Auffangordnungen fungieren, die sich gegenseitig ergänzen.[10] Er darf aber keine Umgehung des **Gesetzesvorbehaltes** bewirken. Sofern die Heranziehung des Zivilrechts Privatrechtssubjekte belastet, bedarf es einer Rechtsgrundlage.[11] Im Übrigen ist zwar eine stärkere normative Regelung aus Gründen der Rechtssicherheit und Rechtsklarheit wünschenswert, aber nicht unabdingbar.[12] 8

Verwaltungsrechtliche Schuldverhältnisse können auch eine **unionsrechtliche Dimension** besitzen. Sie kann sich aus dem Sekundärrecht ableiten lassen oder aber aus dem Primärrecht ergeben. Zudem dürfen, soweit es die wirksame Durchsetzung des 9

[7] BVerwGE 98, 18 (26).
[8] BGH NJW 1998, 298; OLG Hamm NJW 2001, 375.
[9] S. auch BGH NJW 1975, 207.
[10] S. näher Hoffmann-Riem/Schmidt-Aßmann, Öffentliches Recht und Privatrecht als wechselseitige Auffangordnungen, 1996.
[11] BVerwGE 101, 51 (55) und dazu U. Stelkens DVBl 1998, 300.
[12] BVerwGE 98, 18 (26).

Unionsrechts verlangt, mitgliedstaatliche verwaltungsschuldrechtliche Regelungen ggf. nicht angewendet werden (Effektivitätsgrundsatz)[13] und es müssen grenzüberschreitende und innerstaatliche Sonderverbindungen gleich behandelt werden (Äquivalenzgrundsatz).[14]

III. Bedeutung

10 Die rechtspraktische Bedeutung verwaltungsrechtlicher Schuldverhältnisse ist nicht zu unterschätzen, weil die weiter voranschreitende Ausweitung der Leistungsverwaltung (→ § 4 Rn. 16)[15] und die zügige Entwicklung der Gewährleistungsverwaltung, der Infrastrukturverwaltung (→ § 4 Rn. 17) sowie der Dienstleistungsverwaltung[16] das **frühere System der Rechtsformen des Verwaltungshandelns verändert** und dieses Rechtsgebiet geformt haben. Deshalb wird dem verwaltungsrechtlichen Schuldverhältnis für Praxis und Lehre weiterhin große Relevanz beigemessen.[17]

11 Verwaltungsrechtlichen Schuldverhältnissen kommt ferner eine **Präventivfunktion** zu, weil sie die gegenseitigen Rechte und Pflichten festlegen und mit dem Ziel austarieren, dass Leistungsstörungen möglichst vermieden werden. In dieser vorbeugenden Zielsetzung des Risiko- und Vorsorgestaates liegt ihr besonderer verwaltungsrechtlicher Wert, so dass das Recht der verwaltungsrechtlichen Schuldverhältnisse jedenfalls nicht allein dazu dient, die Haftungsvorschriften des BGB anwenden[18] zu können.

IV. Erscheinungsformen

12 Es gibt verschiedene Erscheinungsformen verwaltungsrechtlicher Schuldverhältnisse. Ihnen ist gemein, dass sie auf einer Sonderbeziehung gründen, die auf eine begrenzte Leistung gerichtet ist und aus der eine besonders intensive Pflichtenstellung resultiert (→ § 55 Rn. 2). Im Einzelnen lassen sich nach der Grundlage der sie prägenden Rechtsbeziehungen folgende verwaltungsrechtliche Schuldverhältnisse differenzieren:

1. Begründung durch Verwaltungsakt

13 Verwaltungsrechtliche Schuldverhältnisse können durch **Verwaltungsakt** (→ § 45 Rn. 1 ff.) begründet werden – so insbesondere, wenn die Zulassung zu einer Anstalt oder einer anderen öffentlichen Einrichtung per Verwaltungsakt, ggf. auf Basis einer entsprechenden Satzung, festgelegt wird **(Anstalts- und Benutzungsverhältnis).**[19] In derartigen Fällen bedarf es wegen der Spezifika verwaltungsrechtlicher Bindungen vor allem der Abgrenzung zu zivilrechtlichen Leistungsverhältnissen. Zudem ist das Vorliegen einer besonderen Nähebeziehung bzw. einer intensiven Pflichtenstellung sorgsam zu prüfen, weil nur bejahendenfalls ein Bedürfnis für eine angemessene Verantwortungsverteilung besteht.

Beispiel: Die Benutzung eines Kinderspielplatzes begründet kein Benutzungsverhältnis.[20]

---

[13] S. auch EuGH EuZW 1997, 276 – Alcan mAnm Hoenike; EuGH EuZW 1998, 664 (666) – Edis.
[14] EuGH NJW 1999, 201 – IN.CO.GE.
[15] Krause VVDStRL 45 (1987), 212.
[16] BVerwG DVBl 1998, 645.
[17] Janson DÖV 1979, 696; Henke JZ 1992, 541 (546).
[18] So etwa Stelkens/Bonk/Sachs/Siegel VwVfG § 54 Rn. 40.
[19] S. zB BGH JZ 1971, 94 mAnm v. Baur; BGHZ 54, 299; 59, 303; 61, 7.
[20] BGHZ 103, 388.

Abgesehen davon können verwaltungsrechtliche Schuldverhältnisse im Wege der Beschlagnahme oder Sicherstellung von Sachen seitens eines Organs eines Trägers öffentlicher Gewalt entstehen. Denn durch diese Verwaltungsakte werden Obhutspflichten ausgelöst bzw. wird ein öffentlich-rechtliches **Verwahrungsverhältnis** begründet (s. zu diesem Begriff und zur Anerkennung dieses Schuldverhältnisses auch § 40 II VwGO).[21] Derartige Rechtsverhältnisse sind teilweise gesetzlich vorgesehen (§ 44 NRWPolG; § 83 StVollzG; §§ 241 ff. AO). 14

Außerdem kann sich aus der Hingabe von Geldzuschüssen, Betriebsmitteln und anderen Subventionen an Zivilpersonen ohne unmittelbare Gegenleistung oder Rückgewährpflicht ein verwaltungsrechtliches Schuldverhältnis ergeben, das auf einem Verwaltungsakt basiert **(Subventionsverhältnis).** Auch insoweit bedarf es allerdings einer Abgrenzung zum Zivilrecht, weil die Modalitäten der Zuweisung genauso gut privatrechtlich ausgestaltet sein können. Subventionierende Gewährungen wie zB Exporterleichterungen begründen hingegen keine eigenen Schuldverhältnisse, sondern verändern vielmehr den Inhalt bestehender Schuldverhältnisse, indem sie ausgestalten. 15

Schließlich entstehen verwaltungsrechtliche Schuldverhältnisse durch Erfüllung sonstiger Tatbestände, an die ein Gesetz konkrete schuldrechtliche Pflichten knüpft, so das sog. **Steuerschuldverhältnis** (§§ 37 ff. AO). Es entsteht durch Aktualisierung der bis dahin abstrakten Steuerschuld. Sie ergibt sich normalerweise aus dem Festsetzungsbescheid („Steuerzahlungsschuld").[22] Er begründet daher die nötige Sonderbeziehung. 16

2. Begründung durch verwaltungsrechtliche Willenserklärung

Verwaltungsrechtliche Schuldverhältnisse können ggf. auch durch einseitige verwaltungsrechtliche Willenserklärung begründet werden. 17

Beispiele: Baulastenerklärung gem. der Landesbauordnungen, s. zB § 72 BWBauO; Verpflichtungserklärung einer Zivilperson zur Zahlung eines Zuschusses für die vorzeitige Erstellung eines Abwasserkanals;[23] Schuldanerkenntnis oder Schuldversprechen;[24] Mehrwertverzicht nach § 32 BauGB; Plananerkenntnis nach § 33 BauGB.[25]

3. Begründung durch verwaltungsrechtlichen Vertrag

Verwaltungsrechtliche Schuldverhältnisse können sich ferner aus **verwaltungsrechtlichem Vertrag** (→ § 54 Rn. 1 ff.) oder auch aus dessen Vorfeld, sog. vorvertragliche Schuldverhältnisse,[26] ergeben. Solche Vereinbarungen sind insbesondere im Zusammenhang mit Verwahrungsverhältnissen,[27] mit Nutzungsverhältnissen, mit Subven- 18

---

[21] BGHZ 34, 349; BGH NJW 1990, 1230; 2014, 2577 (2579); OLG Schleswig NVwZ 2000, 234; OLG Hamm NJW 2001, 375; LG HH NJW 2004, 2455; Büllesbach, Die öffentlich-rechtliche Verwahrung, 1994; Lüder, Staat und Verwaltung/Quaritsch, 1997, S. 169; vgl. auch Ossenbühl/Cornils, Staatshaftungsrecht, 6. Aufl. 2013, S. 406 ff.

[22] S. Kruse, Steuerrecht I, 1991, §§ 5 ff.

[23] S. BGH VerwRspr. 24 (1973), 205.

[24] S. BVerwG DÖV 1977, 206; OVG Lüneburg DÖV 1977, 208 mAnm v. Zimmermann DÖV 1977, 209.

[25] S. auch Krebs DÖV 1989, 970 (973).

[26] S. näher Keller, Vorvertragliche Schuldverhältnisse im Verwaltungsrecht, 1997.

[27] BVerwGE 52, 253; BVerwG NJW 1978, 717.

tionsverhältnissen oder mit öffentlich-rechtlichen Versorgungsverhältnissen[28] denkbar. Hinzu kommen ggf. vertragsinduzierte Schuldverhältnisse zwischen Trägern öffentlicher Verwaltung.[29]

19 Daran anknüpfend ist zB die Rechtsfigur der **öffentlich-rechtlichen Verwahrung**[30] deshalb entstanden, weil Schadensersatzansprüche wegen Amtspflichtverletzung die betroffenen Zivilpersonen nur unzureichend vor Vermögensverletzungen schützen. Stattdessen verschafft ihnen aber die Heranziehung der einschlägigen BGB-Normen zum Verwaltungsvertrag ggf. eine angemessene Rechtsstellung gegenüber der Verwaltung.[31] Allerdings sind diese Regelungen nur subsidiär und unter Berücksichtigung der öffentlich-rechtlichen Interessenlage anwendbar.

4. Begründung durch auftragsähnliche oder schlechte Geschäftsführung

20 Verwaltungsrechtliche Schuldverhältnisse werden zudem durch eine **gesetzlich vorgesehene** auftragsähnliche Geschäftsführung eines Trägers öffentlicher Verwaltung für einen anderen oder für eine Zivilperson begründet.

Beispiele: Kostenerstattungspflichten zwischen Trägern der Sozialhilfe, des Verunreinigers einer Straße gegenüber der Straßenbaubehörde gem. § 7 III FStrG, des Störers gegenüber der die Störung beseitigenden Polizei gem. §§ 55, 58 III BayPAG.

21 Sie können sich auch aus schlechter Geschäftsführung ergeben – so als **dienstrechtlicher Erstattungsanspruch** eines Trägers öffentlicher Verwaltung gegen einen Beamten, Angestellten oder Arbeiter im öffentlichen Dienst oder als Ersatzanspruch wegen schuldhafter Vermögensschädigung (s. zB § 75 I BBG; § 24 SoldG; § 34 ZDG).

Beispiel: Ein Beamter verschuldet infolge einer falschen Überweisung oder aufgrund irrtümlich zu viel ausgezahlter Geldbeträge einen Fehlbestand an öffentlichem Vermögen.

22 Für die **Geltendmachung solcher Schadensersatzansprüche** stellt das Erstattungsrecht, soweit bestimmte, dort abschließend aufgezählte und in der Regel leicht feststellbare Tatbestände einschlägig sind, ein beschleunigtes Verfahren zur Verfügung, das aber heute nur selten angewendet wird. Danach wird der Anspruch durch einen streng formalisierten Erstattungsbeschluss geltend gemacht.

5. Begründung durch Geschäftsführung ohne Auftrag

23 Falls jemand für einen anderen tätig wird, ohne dazu berechtigt zu sein, können ebenfalls verwaltungsrechtliche Schuldverhältnisse vorliegen. In diesen Fällen spricht man von einer verwaltungsrechtlichen Geschäftsführung ohne Auftrag (GoA). Sie ist nur vereinzelt selbstständig[32] oder durch Bezugnahme auf die Vorschriften über die zivilrechtliche GoA in den §§ 677 ff. BGB (§ 57 BWPolG; § 42 II NRWOBG)[33] geregelt. Soweit solche Vorschriften nicht bestehen bzw. spezielle Regeln über den Kostenausgleich fehlen,[34] werden diese **BGB-Normen** mit ihren Tatbeständen und Rechtsfol-

[28] BVerfG NVwZ 1982, 306.
[29] BVerwGE 98, 18 (26); BGH NJW 1998, 298.
[30] VGH München BayVBl. 1998, 215; vgl. auch BGH NJW 2014, 2577 (2579).
[31] S. näher Quaritsch in Lüder, Staat und Verwaltung, 1997, S. 169; vgl. auch OVG Magdeburg NVwZ 2016, 791 (792).
[32] Dazu VGH München BayVBl. 1994, 49.
[33] Nedden, Die Geschäftsführung ohne Auftrag im Öffentlichen Recht, 1994, S. 101 ff.
[34] Vgl. OVG Münster DVBl 2014, 49 (50).

gen[35] aufgrund der dann vorliegenden Gesetzeslücke aber oft sinngemäß angewandt, um einen gerechten Interessenausgleich herbeiführen und ggf. hoheitliches Handeln legitimieren zu können.

a) Rechtsnatur

24 Einer solchen analogen Anwendung der §§ 677 ff. BGB bedarf es allerdings nur, wenn die GoA öffentlich-rechtlicher und nicht zivilrechtlicher Natur ist, weil dann diese Bestimmungen unmittelbar Anwendung finden. Zur **Abgrenzung der privatrechtlichen von der verwaltungsrechtlichen GoA** werden verschiedene Ansatzpunkte gewählt – sei es, dass auf die Natur der Geschäftsführung,[36] auf das Rechtsverhältnis zwischen Geschäftsführer und Geschäftsherr, auf die Natur des Geschäfts, wäre es durch den Geschäftsherrn durchgeführt worden,[37] oder auf die Rechtsnatur des Rechtsverhältnisses, aus dem der jeweilige Anspruch resultiert,[38] abgestellt wird.

25 Soweit eine verwaltungsrechtliche GoA vorliegt, kommt eine zusätzliche **unmittelbare Anwendung** der §§ 677 ff. BGB **nicht mehr** in Betracht,[39] weil eine Handlung entweder öffentlich-rechtlich oder zivilrechtlich zu beurteilen ist. Die überkommene Aufteilung in Privatrecht und Öffentliches Recht verlangt im Interesse der materiellen Rechtsfolgen, der Rechtssicherheit und des Rechtsschutzes der Zivilpersonen eine klare Zuordnung zu einem Rechtsgebiet. Eine Misch- bzw. Doppelqualifizierung ist infolgedessen nicht möglich.[40]

b) Erscheinungsformen

26 Je nachdem, wer für wen ein fremdes Geschäft besorgt, ist eine verwaltungsrechtliche GoA in vier Varianten möglich. Mag diese Rechtsfigur auch dem Grunde nach einhellig anerkannt sein,[41] beeinflusst diese Differenzierung doch die rechtliche Zulässigkeit einer entsprechenden Anwendung der §§ 677 ff. BGB im konkreten Fall.

27 **aa) Handeln eines Hoheitsträgers für einen anderen.** Denkbar ist es zunächst, dass ein Hoheitsträger für einen anderen handelt. In diesem Falle stößt jedoch die Geschäftsführung auf kompetenzielle Grenzen, weil die Handlungsbefugnisse der einzelnen Verwaltungsträger gesetzlich normiert sind und ein Abweichen von dieser Zuordnung die rechtlich **positivierte Zuständigkeitsordnung umginge.** Hinzu kommt, dass die Ausgabenverantwortung an die Aufgabenwahrnehmungskompetenz knüpft, weil etwaige Ausgleichsansprüche in entsprechender Anwendung der §§ 677 ff. BGB diesen Grundsatz außer Acht ließen.[42]

28 Unbillige Ergebnisse drohen jedenfalls dann nicht, wenn das Fachrecht wie regelmäßig eine **Eilkompetenz** bereithält, auf deren Basis ein Verwaltungsträger zum Ein-

---

35 Vgl. Guckelberger, Allg. Verwaltungsrecht, 11. Aufl. 2023, § 43 Rn. 5 ff.
36 Staake JA 2004, 800 (802).
37 Vgl. dazu BVerwG DÖV 1973, 490 (491); BGH NVwZ 2016, 870 (871); Ehlers, Verwaltung in Privatrechtsform, 1984, S. 479.
38 Detterbeck, Allg. Verwaltungsrecht, 21. Aufl. 2023, § 26 Rn. 1284.
39 So aber VGH Mannheim NVwZ-RR 2004, 473 (473).
40 So auch Detterbeck, Allg. Verwaltungsrecht, 21. Aufl. 2023, § 26 Rn. 1284; vgl. auch BGH NJW 2004, 513 (515).
41 S. dazu Schoch JURA 1994, 241 (241 f.); BVerwGE 80, 170.
42 Guckelberger, Allg. Verwaltungsrecht, 11. Aufl. 2023, § 43 Rn. 6.

schreiten im Kompetenzbereich eines anderen berechtigt ist (zB die Eilzuständigkeit der Polizei zur Gefahrenabwehr nach § 4 I BlnASOG).[43] Liegt eine solche Bestimmung vor, verleiht sie der handelnden Behörde eine Berechtigung und macht einen Rückgriff auf die §§ 677 ff. BGB unzulässig, weil es sich dann um ein eigenes Geschäft handelt. Dasselbe gilt, wenn zwei Hoheitsträger aufgrund unterschiedlicher Gesichtspunkte zuständig sind und einer von beiden tätig wird.[44]

29 Soweit solche Bestimmungen fehlen oder nicht greifen, wollen die Rechtsprechung und weite Teile der Literatur allerdings die GoA-Regeln zwischen Hoheitsträgern anwenden – dies jedoch nur, wenn ein **echter Notfall** vorliegt, weil der zuständige Hoheitsträger überhaupt nicht, nicht rechtzeitig oder nicht erfolgreich handeln kann.[45] Diese Ausnahme wird damit begründet, dass anderenfalls öffentliche Interessen ggf. nicht verfolgt würden.[46]

Beispiel: Weigert sich das Land, Abfall aus einem öffentlich zugänglichen Wald in Bundeseigentum zu entfernen, obwohl der Bund das Land auf den Abfall aufmerksam gemacht und um dessen Abtransport gebeten hat, kann der Bund Ersatz der Aufwendungen verlangen, die ihm infolge des Entfernens des Abfalls entstanden sind, weil der Bund keine Möglichkeit hatte, das Ablegen des Abfalls im jedermann zugänglichen Wald zu verhindern bzw. darauf einzuwirken, so dass er selbst nicht Abfallbesitzer iSd § 3 IX KrWG geworden ist und folglich mit dem Abfallabtransport kein eigenes Geschäft erledigt hat.[47]

30 **bb) Handeln eines Hoheitsträgers für ein Privatrechtssubjekt.** Wird ein Hoheitsträger für ein Privatrechtssubjekt tätig, kann das positive Recht dieses Handeln legitimieren,[48] so dass schon die tatbestandlichen Voraussetzungen der GoA nicht greifen, weil der Fremdgeschäftsführungswille fehlt.[49] Zudem können spezialgesetzliche Regelungen über den Kostenersatz bestehen, denen regelmäßig abschließende Wirkung zukommt,[50] so dass eine Analogie zu den §§ 677 ff. BGB mangels Regelungslücke ausscheidet. Das gilt auch dann, wenn ein Verhalten, das auf einer öffentlich-rechtlichen Pflicht basiert, **zugleich im Interesse eines Privatrechtssubjekts** liegt, weil die bestehende öffentlich-rechtliche Befugnisnorm zu einer Berechtigung des Hoheitsträgers führt[51] und anderenfalls das Verbot der Misch- bzw. Doppelqualifizierung hoheitlichen Handelns umgangen würde (→ § 55 Rn. 24). Die Regeln über die GoA können in solchen Fällen also grundsätzlich nicht herangezogen[52] werden.

Beispiele: Löschen eines brennenden Einfamilienhauses durch die Feuerwehr,[53] Bergen von Schiffsteilen durch die Küstenwache.[54]

---

43 Bamberger JuS 1998, 706 (708); VGH München BayVBl. 2012, 177 (178).
44 BVerwGE 162, 71 Rn. 29 ff.
45 Gusy JA 1979, 69 (70); BVerwG NJW 1991, 2435 (2436); vgl. auch OVG Lüneburg NVwZ 2009, 1050 (1051 f.).
46 Maurer/Waldhoff, Allg. Verwaltungsrecht, 21. Aufl. 2024, § 29 Rn. 18; OVG Münster DVBl 2014, 49 (54).
47 OVG Bautzen AbfallR 2024, 91 Rn. 15 ff.
48 VGH Mannheim NVwZ-RR 2004, 473 (474); Schoch VERW 38 (2005), 91 (100).
49 Detterbeck, Allg. Verwaltungsrecht, 21. Aufl. 2023, § 26 Rn. 1280.
50 S. auch VGH Mannheim VBlBW 1997, 465 (466); Schoch VERW 38 (2005), 91 (93).
51 Ehlers, Verwaltung in Privatrechtsform, 1984, S. 471; Bamberger JuS 1998, 706 (709).
52 So aber beispielsweise BGH NVwZ 2008, 349 (349); BGHZ 63, 167 (169 f.).
53 BGHZ 40, 28; 63, 167.
54 BGHZ 65, (354 und 384.

Aber auch soweit ein Hoheitsträger tatsächlich **nur für ein Privatrechtssubjekt** handelt, drohen Konflikte, weil die entsprechende Anwendung der §§ 677 ff. BGB zwar eine gesetzliche Grundlage liefert, aber keinen Ersatz für eine fehlende Eingriffsermächtigung bieten kann (Grundsatz des Gesetzesvorbehaltes).[55] Denn diese Bestimmungen wurzeln auf den privatautonomen Prinzipien der Freiheit und Freiwilligkeit des Geschäftsführers, der frei über das „Ob" und „Wie" seines Handelns entscheiden kann, während die Verwaltung, jedenfalls innerhalb der Eingriffsverwaltung, in ihren Handlungsmöglichkeiten begrenzt ist. Ein Rückgriff auf die §§ 677 ff. BGB würde folglich den Grundsatz des Gesetzesvorbehaltes unterlaufen, ggf. die positiv-rechtlichen Kostenverteilungsregeln umgehen und dadurch unzulässigerweise Verwaltungskosten auf Zivilpersonen abwälzen.[56] Folglich ist eine verwaltungsrechtliche GoA nur zulässig, wenn derartige Bedenken nicht bestehen.[57] Diese Konstellation ist, wenn es um Kostenersatz zugunsten der Verwaltung geht, aber nur schwer vorstellbar.[58] 31

cc) Handeln eines Privatrechtssubjekts für einen Hoheitsträger. Für die Beurteilung der Zulässigkeit der GoA einer Zivilperson zugunsten der Verwaltung[59] spielen der **Gesetzesvorbehalt** und die rechtlich zugewiesenen **Kompetenzen** ebenfalls eine Rolle.[60] Denn es ist anerkannt, dass Zivilpersonen nur dann verwaltungsrechtlich tätig werden dürfen, wenn sie dazu gesetzlich legitimiert sind (zB durch Beleihung). Sie benötigen eine Befugnisnorm und können daher nicht an Stelle der Verwaltung handeln und deren Kompetenzen mit der Folge übernehmen, dass Kosten zu Lasten Dritter produziert werden. Das öffentliche Interesse (§ 679 BGB) kann nicht in ein Interesse umgedeutet werden,[61] das ein eigenes gemeinwohlförderliches Handeln legitimiert, weil Zivilpersonen prinzipiell nicht das Recht haben, bei Untätigkeit der Verwaltung von dem Rechtsinstitut der Selbsthilfe Gebrauch zu machen. Ihnen stehen stattdessen wirksame Rechtsschutzmöglichkeiten zur Verfügung,[62] um die Verwaltung zur Pflichterfüllung anzuhalten. Dieser Vorrang des Primärrechtsschutzes wäre aber umgangen, wenn man die §§ 677 ff. BGB im Falle des Handelns eines Privaten für die Verwaltung (analog) anwendete. 32

Deshalb erlaubt die Literatur in einer solchen Konstellation eine verwaltungsrechtliche GoA nur, wenn ein echter **Notfall iSe dringenden Gefahr** vorliegt.[63] Die Rechtsprechung[64] ist demgegenüber deutlich großzügiger und lässt die verwaltungsrechtliche GoA eines zugunsten der Verwaltung handelnden Privaten in besonderen Situationen zu, wenn die Aufgabenwahrnehmung des Privaten dem öffentlichen In- 33

55 VGHE 23, 35 f.
56 Habermehl JURA 1987, 199; Kischel VerwArch 90 (1999), 391 (398); Schoch VERW 38 (2005), 91 (95 f.).
57 Vgl. aber Detterbeck, Allg. Verwaltungsrecht, 21. Aufl. 2023, § 26 Rn. 1280.
58 So aber offenbar Wild VR 1998, 131.
59 S. näher Nedden, Die Geschäftsführung ohne Auftrag im Öffentlichen Recht, 1994, S. 178 ff.
60 Fleischfresser VR 1988, 305.
61 Ähnlich Blas BayVBl. 1989, 648; Kischel VerwArch 90 (1999), 391 (400).
62 Schoch VERW 38 (2005), 91 (103).
63 Guckelberger, Allg. Verwaltungsrecht, 11. Aufl. 2023, § 43 Rn. 6; Maurer/Waldhoff, Allg. Verwaltungsrecht, 21. Aufl. 2024, § 29 Rn. 11; Detterbeck, Allg. Verwaltungsrecht, 21. Aufl. 2023, § 26 Rn. 1281; vgl. auch VG Gießen NVwZ-RR 1998, 453.
64 BVerwG NJW 1989, 922 (923).

teresse entspricht. Dazu dürfen die ergriffenen Maßnahmen keine spezifisch hoheitlichen Befugnisse erfordern, sie dürfen keine Ermessensspielräume der Verwaltung unterlaufen und der Bürger muss etwaige zur Verfügung stehenden Rechtsschutzmöglichkeiten ausschöpfen, bevor er für die Verwaltung tätig werden darf. Damit verschiebt die Rechtsprechung die Bedenken der Literatur an einer verwaltungsrechtlichen GoA eines Privaten für die Verwaltung auf die Voraussetzungsebene.[65] Die Anforderungen im Übrigen entsprechen dann den aus dem Zivilrecht bekannten, allerdings mit der Maßgabe, dass öffentlich-rechtliche Wertungen zB in Form des Art. 20a GG die §§ 677 ff. BGB übersteuern können.[66]

Beispiele: Die Funktionsfähigkeit eines Anschlusskanals ist gestört, mit der Folge, dass der Keller eines Hauses überspült wird;[67] die Erreichbarkeit eines Gewerbebetriebs lässt sich nur sicherstellen, indem die Zufahrtsstraße geschottert wird.[68] Ein Passant findet außerhalb der Öffnungszeiten der gemeindlichen Fundstelle ein schwer verletztes Haustier, lässt es von einem Tierarzt notversorgen und verlangt nun den Betrag der ihm vom Tierarzt gestellten Rechnung von der Kommune zurück.[69] Fehlen Gründe (etwa solche des Tierschutzes), die der Ablieferung eines Tiers bei der staatlichen Fundstelle entgegenstehen, kann ein Tierschutzverein nicht die ihm entstandenen Kosten ersetzt verlangen.[70]

34 **dd) Handeln eines Privatrechtssubjekts für ein anderes.** Handelt ein Privatrechtssubjekt in Ausübung öffentlicher Handlungspflichten allein zum Schutz von Rechtsgütern anderer Privatrechtssubjekte, was eher selten der Fall sein dürfte, wird die Möglichkeit einer GoA teilweise bejaht, wenn und weil der eine **aufgrund öffentlich-rechtlicher Verpflichtung** für den anderen tätig wird.[71]

35 Andere Stimmen halten eine analoge Anwendung der §§ 677 ff. BGB in derartigen Konstellationen hingegen für nicht angängig, weil das relevante **Rechtsverhältnis** trotz der öffentlichen Handlungspflicht **zivilrechtlich** und nicht verwaltungsrechtlich geprägt sei.[72]

V. Allgemeine Regeln verwaltungsrechtlicher Schuldverhältnisse

36 Fehlt es an besonderen gesetzlichen Vorschriften, sind zur Regelung der verwaltungsrechtlichen Schuldverhältnisse die in anderen Rechtsgebieten, vor allem im Privatrecht, zum Ausdruck kommenden Prinzipien heranzuziehen. Sie können als besondere Rechtsgrundsätze, allgemeine Gesetzesgedanken oder entsprechend angewandt werden (→ § 22 Rn. 1, → § 25 Rn. 10). Die jeweils einschlägigen öffentlichen Interessen müssen jedoch stets berücksichtigt werden und können ggf. die herangezogene Regelung modifizieren.[73]

---

[65] Maurer/Waldhoff, Allg. Verwaltungsrecht, 21. Aufl. 2024, § 29 Rn. 11.
[66] Oechsler JuS 2016, 215 (216 ff.).
[67] OVG Münster NWVBl. 1996, 12.
[68] OLG Koblenz DVBl 2011, 60.
[69] Vgl. auch VGH München BayVBl. 2016, 554 (556).
[70] BVerwGE 162, 63 Rn. 21.
[71] Detterbeck, Allg. Verwaltungsrecht, 21. Aufl. 2023, § 26 Rn. 1282; zurückhaltender Bambeger JuS 1998, 706 (710 f.).
[72] Schoch JURA 1994, 241 (247).
[73] Bullinger DÖV 1977, 812 (814 ff.).

1. Regeln über verwaltungsrechtliche Erklärungen

37 Etwaige Erklärungen der Hoheitssubjekte innerhalb verwaltungsrechtlicher Schuldverhältnisse sind **verwaltungsrechtliche Willenserklärungen** oder **rechtsgeschäftsähnliche Erklärungen** (→ § 36 Rn. 7a f.) und → § 53 Rn. 24), auf die im Rahmen der durch das Verwaltungsrecht gebotenen Modifizierungen zivilrechtliche Vorschriften als Ausdruck allgemeiner Gesetzesgedanken Anwendung finden können.[74]

Beispiele: So machen zB Formmängel eine Erklärung nichtig (§ 125 BGB), wenn dem nicht Treu und Glauben oder besondere Vorschriften entgegenstehen. Auch die Normen des BGB über die Anfechtung von Willenserklärungen sind nur eine auf das Privatrecht zugeschnittene spezielle Ausgestaltung eines allgemeinen Gesetzesgedankens des Inhalts, dass bestimmte Motivationslagen auf Seiten des Erklärenden im Zeitpunkt der Abgabe der Willenserklärung zu einer Annullierung der dadurch hervorgerufenen Rechtswirkungen berechtigen müssen. Die Anfechtungsgründe des Privatrechts (§§ 119, 123 I BGB) sind Ausdruck dieses auch für das Verwaltungsrecht geltenden Prinzips, während die Rechtssätze über Anfechtungsfristen vornehmlich auf die Berücksichtigung eines privatrechtlichen Interessenschutzes ausgerichtet und daher für das Verwaltungsrecht ohne allgemeine Geltung sein sollen.[75] Inwieweit die Regelung des § 123 II BGB auf verwaltungsrechtliche Schuldverhältnisse Anwendung finden kann, ist demgegenüber umstritten (→ § 54 Rn. 102).[76]

2. Regeln über verwaltungsrechtliche Leistungsstörungen

38 Die Anwendbarkeit des zivilen Leistungsstörungsrechts auf verwaltungsrechtliche Schuldverhältnisse wirft Fragen nach den Rechtsgrundlagen, den relevanten Pflichtverletzungen, den für das Verschulden und die Zurechnung des Verhaltens Dritter anzulegenden Maßstäben sowie nach den Möglichkeiten der Zinserhebung auf.

a) Rechtsgrundlagen

39 Die einschlägigen Rechtsgrundlagen, die über die Folgen von **Leistungsstörungen** in **verwaltungsrechtlichen Schuldverhältnissen** entscheiden, können nur unter Beachtung der Zielsetzungen der zugrunde liegenden Rechtsbeziehung bestimmt werden. Dadurch sind einer generellen Anlehnung an die Vorschriften des BGB deutliche Grenzen gezogen. Gleichwohl wird teilweise für eine stärkere Anlehnung an das BGB plädiert,[77] während manche Stimmen wegen der Besonderheiten verwaltungsrechtlicher Sonderbeziehungen eine weitgehende Eigenständigkeit der Regeln über verwaltungsrechtliche Leistungsstörungen fordern;[78] im Einzelnen ist vieles umstritten.

40 Da die privatrechtlichen Regelungen in ihrer Gesamtheit auf den Ausgleich der Interessen von Privatpersonen ausgerichtet sind und daher nicht durchweg sachangemessen dem hoheitlichen Ziel der Erfüllung öffentlicher Angelegenheiten und Interessen genügen können, spricht jedenfalls vieles dafür, dass die Möglichkeit der Übertragung einer zivilrechtlichen Vorschrift aus dem Leistungsstörungsrecht in das Verwaltungsrecht **anhand jeder konkreten Norm sorgsam zu überprüfen** ist. Dies gilt umso mehr, als für den Bereich des öffentlichen Rechts nicht so sehr der Gesichtspunkt der Erreichung einer möglichst dem Individualinteresse gemäßen Verteilung

---

74 S. Krause VerwArch 61 (1970), 297.

75 S. hierzu u. a. RGZ 124, 192; OVG Koblenz DVBl 1965, 771 u. Schack ZBR 1964, 161.

76 Zum Streitstand Kluth NVwZ 1990, 608 (613 f.).

77 ZB Bullinger DÖV 1977, 812 (814); OVG Lüneburg DÖV 1968, 803; BGH NJW 1970, 2208; 1972, 2300; BVerwG DÖV 1979, 671: §§ 275, 276, 280, 325 BGB anwendbar.

78 Simons, Leistungsstörungen verwaltungsrechtlicher Schuldverhältnisse, 1967, S. 129 ff.

der Nachteile aus einer Forderungsverletzung oder derjenige einer bestmöglichen Schadenskompensation entscheidend ist, sondern vielmehr das Ziel, den verfolgten öffentlichen Interessen möglichst weitgehend zu entsprechen (s. näher dazu → § 29 Rn. 1 ff.).

b) Pflichtverletzungen

41 Innerhalb der gesamten Rechtsordnung lässt sich ein besonderer Rechtsgrundsatz des Inhalts feststellen, dass jede zu vertretende Pflichtverletzung den Verantwortlichen mit einer Haftungsfolge belastet.[79] Der mit der Schuldrechtsmodernisierung in **§ 280 I BGB legal definierte Begriff** der Pflichtverletzung umfasst vor allem die verspätete Leistung, die Schlechtleistung und andere Formen der Leistungsstörung.[80] Liegt sie vor, kann das Schuldverhältnis rückabgewickelt und/oder eine Schadenersatzpflicht angeordnet werden. Dem entspricht der Rechtsgedanke des § 325 BGB, der klarstellt, dass Schadensersatz und Rücktritt kumulativ geltend gemacht werden können.

42 Die Pflichtverletzung als Zentralbegriff der Leistungsstörungen ist dem bürgerlichen Recht in gleicher Weise eigen wie dem Verwaltungsrecht. Denn die Anerkennung schuldrechtlicher oder schuldrechtsähnlicher Leistungspflichten führt letztlich zwingend dazu, dass neben die verpflichtungsgemäße Erfüllung einer Verbindlichkeit zugleich auch die Nicht- oder Schlechterfüllung als regelungsbedürftiger Tatbestand tritt.[81] Welche **Rechtsfolge** im konkreten Einzelfall einer Leistungsstörung anzuordnen ist, richtet sich dann nach dem für das jeweilige verwaltungsrechtliche Schuldverhältnis maßgebenden öffentlichen Interesse, das aus dem Inhalt des jeweiligen Rechtsverhältnisses zu ermitteln ist (→ § 29 Rn. 6).

Beispiel: So verbietet das für das Verhältnis Schulträger-Schüler maßgebende öffentliche Interesse eine Aufhebung des Rechtsverhältnisses bereits bei jeder Sorgfaltspflichtverletzung auf Seiten der Schule oder bei jeder Pflichtverletzung auf Seiten des Schülers.

43 § 280 BGB umfasst dem Wortlaut nach auch vorvertragliche Pflichtverletzungen. Diese **„culpa in contrahendo"**[82] wurde durch das Schuldrechtsmodernisierungsgesetz mit Wirkung vom 1.1.2002 im BGB kodifiziert (§§ 280 I, 241 II, 311 II BGB) und ist auf öffentlich-rechtliche Sonderverbindungen übertragbar. Nach der Neuregelung entsteht ein Schuldverhältnis mit den Pflichten des § 241 II BGB und Rechten des § 280 I BGB bei der Aufnahme von Vertragsverhandlungen (§ 311 II Nr. 1 BGB), der Anbahnung eines Vertrages unter den Voraussetzungen des § 311 II Nr. 2 BGB sowie bei ähnlichen geschäftlichen Kontakten (§ 311 II Nr. 3 BGB).

c) Haftung und Verschulden

44 Die Haftung innerhalb verwaltungsrechtlicher Leistungsstörungen setzt – vorbehaltlich sondergesetzlicher Regelungen – ein Verschulden des Leistungspflichtigen voraus.[83] Die damit einhergehende Übernahme der zivilrechtlichen **Vorsatz- und Fahr-**

[79] Meysen, Die Haftung aus Verwaltungsrechtsverhältnis, 2000; Murach, Die Haftung der öffentlichen Hand im Verwaltungsrecht, 2002.
[80] Geis NVwZ 2002, 385 (387 f.).
[81] S. auch BVerwG DVBl 1963, 677; NJW 1995, 2303; VGH Mannheim NJW 2003, 1066; näher Papier, Die Forderungsverletzung im öffentlichen Recht, 1970.
[82] Jäckle NJW 1990, 2520; BVerwG DÖV 1974, 133; BGH NVwZ 2005, 484 (486); OLG Dresden NVwZ 1998, 993; OVG Koblenz NVwZ-RR 2004, 241.
[83] S. auch BVerwGE 18, 21 f.; BGH NJW 1962, 101.

lässigkeitsbegriffe schließt die Möglichkeit einzelner Verschuldensmodifikationen allerdings nicht aus, so dass innerhalb des Verwaltungsschuldrechts kein einheitlicher Sorgfaltsmaßstab Platz greift. So gelten vor allem für die an einen Hoheitsträger innerhalb der Benutzungsverhältnisse öffentlicher Anstalten zu stellenden Sorgfaltsanforderungen nicht dieselben Grundsätze wie zB innerhalb eines Schul- oder Vollzugsverhältnisses.[84] Vielmehr ist auf die Funktion und die Struktur der jeweils in Anspruch genommenen Einrichtung abzustellen. Ggf. können auch spezielle Haftungsbestimmungen Anwendung finden.

So entspricht es bei kommunalen Benutzungsverhältnissen anerkannten Rechtsprinzipien, dass der Satzungsgeber die Haftung beschränken kann,[85] auch wenn diese Beschränkung dann nicht vereinbart, sondern einseitig bestimmt wird.[86] Die Zulässigkeit von **Haftungsbeschränkungen** und **Freizeichnungsklauseln** wird damit begründet, dass andernfalls Gemeinden keine öffentlichen Einrichtungen betreiben könnten oder die Gebühren drastisch erhöhen müssten. Diese Möglichkeit besteht allerdings nicht für vorsätzliches und grob fahrlässiges Handeln. Sie muss zudem sachlich gerechtfertigt, erforderlich und angemessen sein.[87] Ferner darf die öffentliche Hand nicht die Verantwortung für Schäden ausschließen, die auf öffentliche Missstände zurückzuführen sind. Oftmals werden in diesem Zusammenhang Parallelen zu den §§ 305 ff. BGB über allgemeine Geschäftsbedingungen gezogen.[88] 45

Beispiele: Ein beschränkter Haftungsausschluss ist zulässig im Rahmen einer Schlachthofbenutzung[89] oder anlässlich der Nutzung einer Kanalisationsanlage.[90]

d) Zur Anwendbarkeit des § 278 BGB

§ 278 BGB ist als Ausdruck eines allgemeinen Gesetzesgedankens auch innerhalb verwaltungsrechtlicher Schuldverhältnisse anwendbar. Die Diskussion der verwaltungsrechtlichen Schuldverhältnisse hat gerade in der Frage der Ausdehnung der Schuldnerverantwortlichkeit entsprechend der Regelung des Privatrechts ihren Anfang genommen. Daher kann die Relevanz des § 278 BGB **heute** – wenn auch mit unterschiedlicher Begründung – als **unbestritten** gelten.[91] Sie erstreckt sich auch auf die Einschaltung Privater im Pflichtenkreis der Verwaltung.[92] 46

e) Zinsansprüche

Für die Zulässigkeit der Erhebung von Verzugs- und Verzögerungszinsen gelten zunächst einmal die **spezialgesetzlichen Regelungen.** Danach sind Verzugszinsen teilweise ausdrücklich ausgeschlossen und teilweise ausdrücklich vorgeschrieben (§ 27 47

---

[84] S. BGHZ 54, 299.
[85] BGHZ 61, 7 (13); VerfGH Bayern DÖV 1970, 488; VGH München BayVBl. 1985, 407; Rüfner DÖV 1973, 808; Brehm DÖV 1974, 415.
[86] Maurer/Waldhoff, Allg. Verwaltungsrecht, 21. Aufl. 2024, § 29 Rn. 7.
[87] Vgl. dazu Heintzen NVwZ 1992, 857; BGHZ 61, 7, 12 f.
[88] Geis NJW 2002, 385 (386).
[89] BGHZ, 61, 7.
[90] BGHZ 109, 8; OVG Münster NVwZ-RR 1991, 325; OVG Lüneburg NVwZ 1991, 81.
[91] S. BGH NJW 1998, 298 (301); BVerwG DVBl 1998, 645 f.; OVG Münster NVwZ 1996, 610 (612); Steiner, Öffentliche Verwaltung durch Private, 1975, S. 113 ff., 264 ff.; Krause VVDStRL 45 (1987), 212 (230).
[92] BGHZ 54, 299; BGH NJW 2014, 2577 (2579).

SGB IV[93]). Im Beamtenrecht wird der Ausschluss einer Verzinsungsmöglichkeit demgegenüber aus dem Alimentationsprinzip abgeleitet.[94] Gelegentlich können etwaige Zinspflichten aber auch vereinbart sein. Im Zusammenhang mit Verwaltungsverträgen können solche Pflichten ebenfalls bestehen.[95]

48 Im Übrigen **fehlt** es trotz des Grundsatzes wirtschaftlichen und sparsamen Handelns, der jedenfalls Zinsen zugunsten der Verwaltung rechtfertigen könnte,[96] nach der verwaltungsgerichtlichen Rechtsprechung an einem **allgemeinen Rechtssatz,** kraft dessen Geldleistungen der Träger öffentlicher Verwaltung zu verzinsen oder durch verspätete Auszahlung entstandene Schäden zu ersetzen sind.[97] Das wird vom BVerwG zutreffend damit begründet, dass die Verzinsung von Geldleistungen in den verschiedenen Gebieten des Verwaltungsrechts unterschiedlich geregelt ist[98] und sich deshalb nach den jeweils einschlägigen Vorschriften richten muss.[99]

49 An dieser Rechtslage hat auch die Neuregelung des **§ 288 BGB nichts geändert.** Zwar sind nach dieser Bestimmung Geldschulden während des Verzugs zu verzinsen. Zudem findet diese Regelung über § 62 VwVfG auf verwaltungsrechtliche Verträge und über § 49a VwVfG auf Verwaltungsakte Anwendung. Gleichwohl handelt es sich – gerade wegen dieser einzelnen Verweise – um keinen allgemeinen Rechtsgedanken, der auf sämtliche verwaltungsrechtliche Schuldverhältnisse ausgedehnt werden kann.

50 Dagegen besteht ein Anspruch auf **Prozesszinsen** in Anwendung von § 291 BGB iVm § 173 VwGO.[100] Diese Zinspflicht wird insbesondere damit begründet, dass es unbillig wäre, wenn ein Schuldner dadurch, dass er sich verklagen lässt, nicht nur dem Gläubiger die Leistung selbst vorenthalten und ihm die Nachteile, die durch die Dauer des Prozesses entstehen, zufügen darf, sondern darüber hinaus auch während dieser Zeit aus der vorenthaltenen Leistung womöglich noch Nutzen ziehen kann.[101]

3. Regeln über die verwaltungsrechtliche Erfüllung

51 Hinsichtlich der Möglichkeiten und Grenzen einer Übertragbarkeit der zivilrechtlichen Regeln über die Erfüllung, dh also die Bewirkung der geschuldeten Leistung, ist vor allem auf die Aufrechnung und auf das Zurückbehaltungsrecht einzugehen.

a) Aufrechnung

52 Grundsätzlich kann die Erfüllungswirkung auch durch Aufrechnung einer öffentlich-rechtlichen gegen eine privatrechtliche Forderung oder umgekehrt[102] herbeigeführt werden.[103] Gehen Verwaltungsbehörden so vor, liegt kein Verwaltungsakt, sondern eine einseitige empfangsbedürftige Willenserklärung vor. Die Zulässigkeit der Auf-

[93] BVerwG NVwZ 2003, 221 (223 f.); BVerwG NVwZ 2005, 964 (965 f.).
[94] BVerwGE 24, 190; s. auch VGH Mannheim ZBR 1969, 54.
[95] Vgl. BVerwGE 98, 16 (30); BVerwG DÖV 1989, 640.
[96] Ausf. dazu Schön NJW 1993, 3289.
[97] BVerwGE 98, 18 (30); 115, 139 (142).
[98] BVerwGE 15, 78; 21, 44.
[99] BVerwG DÖV 1979, 761 und NVwZ 1986, 554; s. auch Wolff DÖV 1998, 872.
[100] S. BVerwGE 14, 1; BVerwG DÖV 1996, 124; Zimmerling/Jung DÖV 1987, 94.
[101] BVerwGE 7, 95 (97).
[102] S. BGHZ 16, 124; BFH NVwZ 1987, 263; OVG Lüneburg NVwZ 2004, 1513.
[103] S. BVerwG VerwRspr. 23 (1972), 956.

rechnung ist teilweise spezialgesetzlich normiert[104] (§ 51 SGB I;[105] § 19 BAföG; § 226 AO); im Übrigen gelten die **§§ 387 ff. BGB analog,** wobei die Besonderheiten des Verwaltungsrechts zu beachten sind.[106] So kann gegen Forderungen des Bundes, eines Landes oder einer Kommune nur aufgerechnet werden, wenn an die Amtskasse geleistet wird, die die Gegenschuld zu leisten hat (§ 395 BGB).[107]

Sofern über beide Ansprüche nicht in demselben Verfahren entschieden werden kann, ist das Verfahren zum Zwecke der Feststellung der Gegenforderung auszusetzen.[108] **Umstritten** ist, ob die Neufassung des § 17 II 1 GVG, wonach das Gericht des zulässigen Rechtswegs den Rechtsstreit unter allen in Betracht kommenden rechtlichen Gesichtspunkten entscheidet, daran etwas ändert.[109] Ungeklärt ist ferner, ob die Behörde aufrechnen darf, wenn die Zivilperson den dieser Forderung zugrundeliegenden Bescheid angefochten hat.[110] Gegen Steueransprüche kann nach § 226 III AO nur mit unbestrittenen oder rechtskräftig festgestellten Gegenansprüchen aufgerechnet werden. Die Vorschrift soll einen für alle Abgabenansprüche geltenden Rechtsgedanken zum Ausdruck bringen und daher nicht nur im Steuerrecht greifen.[111] 53

b) Zurückbehaltungsrecht

Die geschuldete Leistung kann verweigert werden, wenn und soweit dem Verpflichteten ein Zurückbehaltungsrecht zusteht. Es ist teilweise ausdrücklich geregelt (§ 16 Sächs VwKG; § 46 III 2 NRWPolG) und kann im Übrigen trotzdem[112] auf die Rechtsgedanken des **§ 273 BGB** und ggf. des **§ 320 BGB** gestützt werden.[113] 54

Ein Rückgriff **kommt jedoch nur in Betracht,** wenn dadurch keine verwaltungsrechtlichen Grundsätze umgangen werden.[114] Zudem wird vertreten, dass eine entsprechende Anwendung des § 273 BGB unzulässig sein soll, wenn die Rechtsbeziehung auf einem Über-/Unterordnungsverhältnis beruht.[115] 55

Beispiel: Ein Zurückbehaltungsrecht darf nicht die Wirksamkeit eines Leistungsbescheides unterlaufen, der nur durch Aufhebung beseitigt werden kann.[116] Kommt einem Widerspruch gegen einen Kostenbescheid aufschiebende Wirkung zu, darf ein Zurückbehaltungsrecht nicht ausgeübt werden.[117]

---

104 S. näher Hartmann, Die Aufrechnung im Verwaltungsrecht, 1996.
105 Dazu BSG NJW 1997, 3397.
106 S. auch Felix NVwZ 1996, 734.
107 S. Lüke/Huppert JuS 1971, 171 und ferner Ehlers NVwZ 1983, 446; s. zum Fälligkeitserfordernis BVerwGE 66, 218.
108 S. BGHZ 16, 124; BVerwG NJW 1987, 2530.
109 S. zum Streitstand OVG Lüneburg NVwZ 2004, 1513 (1515).
110 S. näher Felix NVwZ 1996, 734; Detterbeck DÖV 1996, 889.
111 S. auch VGH München BayVBl. 1985, 119; ebenso Kruse, Lehrbuch des Steuerrechts I, 1991, § 5 V.
112 Lampert, Verwalten durch Zurückbehalten, 2003, S. 212 ff.
113 S. Krause VVDStRL 45 (1987), 212 (227); Stelkens/Bonk/Sachs/Siegel VwVfG § 62 Rn. 33, 34b.
114 Stober DVBl 1973, 351 und im Anschluss daran hess. VGH NJW 1996, 2746.
115 Würtenberger DAR 1983, 155.
116 VGH Kassel NJW 1996, 2746.
117 VGH Mannheim NJW 2020, 701 Rn. 13 ff., 18.

4. Regeln über rechtsgrundlose Leistungen

56 Werden Leistungen ohne Rechtsgrund bewirkt, fragt sich, wie deren Rückabwicklung erfolgt. Im Zivilrecht werden insoweit die §§ 812 ff. BGB relevant. Im Verwaltungsrecht zieht man demgegenüber den **öffentlich-rechtlichen Erstattungsanspruch** heran. Er reagiert auf unwirksame verwaltungsrechtliche Schuldverhältnisse oder auf entstandene Sonderbeziehungen infolge einer Leistung ohne Rechtsgrund, indem er zu Unrecht erfolgte Vermögensverschiebungen rückgängig macht. Er ist also nicht auf Schadensersatz, sondern auf Ausgleich gerichtet.

a) Erscheinungsformen

57 Der Erstattungsanspruch kann in unterschiedlichen Richtungen vorkommen. Zum einen kann die rechtsgrundlose Vermögensverschiebung das Verhältnis **zwischen Verwaltung und Zivilperson** als Anspruchsverpflichtete betreffen.

Beispiele: Überhöhte Besoldung,[118] überhöhte Abgabenrückzahlung, Nichtigkeit eines verwaltungsrechtlichen Vertrages wegen Verstoßes gegen das Beamtenrecht[119] oder das Subventionsrecht.[120]

58 Zum anderen kann die rechtsgrundlose Vermögensverschiebung **zwischen einer Zivilperson und der Verwaltung** als Anspruchsverpflichtete entstehen.

Beispiel: Irrtümliche Überzahlung von Abgaben (s. § 37 II AO und § 26 SGB IV), Zahlung einer unionsrechtswidrigen Abgabe, Ausgleich für rechtswidrige Verpflichtungen zu gemeinnütziger Arbeit,[121] Leistungen auf Basis eines unwirksamen verwaltungsrechtlichen Vertrages.[122]

59 Schließlich kann die rechtsgrundlose Vermögensverschiebung **zwischen zwei Verwaltungsträgern** erfolgt sein.

Beispiel: Sog. Abwälzungsanspruch im Bereich des Sozialrechts, §§ 102 ff. SGB X; Pflicht des Trägers der Straßenbaulast zur Erstattung der Kosten, die auf dessen Straße der örtlichen Feuerwehr infolge der Beseitigung einer dortigen Ölspur entstanden sind.[123]

b) Rechtsgrundlagen

60 Aus dem Prinzip der Gesetzmäßigkeit der Verwaltung und damit aus dem Rechtsstaatsprinzip folgt, dass in diesen Fällen Vermögensverschiebungen, die nicht mit der Rechtslage im Einklang stehen, rückgängig gemacht werden müssen.[124] Dem entsprechen **verschiedene spezialgesetzliche Regeln.** Sie sind verstreut in zahlreichen Gesetzen niedergelegt und nehmen dort teilweise Bezug auf die §§ 812 ff. BGB (§ 37 II AO; § 26 SGB IV; § 50 SGB X; § 21 I VwKostG; §§ 133 III 3 BauGB; § 12 II BBesG;[125] § 52 BeamtVG;[126] § 68 AufenthG[127]). Zudem findet sich eine Norm über den öffentlich-rechtlichen Erstattungsanspruch im allgemeinen Verwal-

[118] BVerwG DÖV 2002, 867 f.; BVerwG BayVBl. 2000, 537.
[119] OVG Lüneburg DVBl 2003, 1550.
[120] BGH EuZW 2003, 444 mAnm Pechstein/Koenig EuZW 2003, 417.
[121] BVerwG BayVBl. 1998, 669.
[122] VGH Mannheim VBlBW 2004, 52; BVerwG NVwZ 2000, 1285 und dazu von und zu Franckenstein BayVBl. 2003, 615.
[123] Vgl. OVG Münster NVwZ-RR 2023, 259 Rn. 33f.
[124] Maurer/Waldhoff, Allg. Verwaltungsrecht, 21. Aufl. 2024, § 29 Rn. 21.
[125] BVerwG NVwZ 2000, 443; s. näher Grundmann ZBR 1999, 154.
[126] S. näher BVerwG NVwZ-RR 1999, 387; Heubel VR 1989, 360.
[127] S. BVerwG JZ 1999, 671 mit Anmerkung Kube.

tungsverfahrensrecht in § 49a VwVfG. Dadurch hat diese Rechtsfigur zwar seine endgültige verwaltungsrechtliche Anerkennung gefunden.[128] Da § 49a VwVfG aber nur über einen engen sachlichen Anwendungsbereich verfügt,[129] bleibt Bedarf für einen übergreifend anwendbaren öffentlich-rechtlichen Erstattungsanspruch, der allerdings entgegen so mancher Forderung[130] nicht gesetzlich normiert ist.

Die Existenz dieses Anspruchs ist **mittlerweile allgemein anerkannt,** und zwar auch im Unionsrecht.[131] Seine Daseinsberechtigung wird neben dem Rechtsstaatsprinzip auch auf die Grundrechte des Bürgers gestützt, jedenfalls wenn es um dessen Ansprüche gegen den Staat geht.[132] Teilweise wird auch schon von einer gewohnheitsrechtlichen Verfestigung des öffentlich-rechtlichen Erstattungsanspruchs gesprochen.[133] Jedenfalls beruht er aber nicht auf einer Analogie zu den §§ 812 ff. BGB, mögen die Ziele des zivilrechtlichen Bereicherungsanspruchs auch identisch sein. Es handelt sich vielmehr um ein eigenständiges Rechtsinstitut, das aus dem verwaltungsrechtlichen Grundsatz abzuleiten ist, dass eine mit der Rechtslage nicht übereinstimmende Vermögenslage ausgeglichen werden muss.[134] Gleichwohl kann ggf. auf die in den §§ 812 ff. BGB enthaltenen Rechtsgedanken zurückgegriffen werden, soweit nicht öffentlich-rechtliche Wertungen zu einer abweichenden Interessenlage führen.[135] 61

c) Anwendbarkeit

Der Erstattungsanspruch setzt für seine Anwendbarkeit vor allem voraus, dass das Verhältnis der Beteiligten verwaltungsrechtlicher Natur ist. Grundsätzlich gilt insoweit der **Kehrseitengedanke,** weil der Erstattungsanspruch zwischen Leistendem und Leistungsempfänger besteht und damit die Kehrseite der rechtsgrundlosen Leistungsbeziehung ist.[136] Folglich richtet sich die Rechtsnatur des Erstattungsanspruchs grundsätzlich nach der (ggf. irrtümlich angenommenen[137]) Leistungsbeziehung. Ist sie privatrechtlich, scheidet somit eine verwaltungsrechtliche Geltendmachung aus.[138] 62

Liegt zwar nicht zwischen den Beteiligten der Vermögensverschiebung, aber im Verhältnis zu einem nicht bereicherten Dritten ein Rechtsverhältnis vor, ließe sich auf die Rechtsnatur der Leistung, auf deren Zweck, auf die maßgeblichen Rechtsregeln oder auf die Art der Leistungsbeziehung zwischen den Beteiligten abstellen, um zu ermitteln, ob ein öffentlich- oder privatrechtlicher Erstattungsanspruch gegeben ist.[139] 63

[128] S. zur Vorgängerbestimmung Stober DÖV 1984, 265.
[129] König DStR 1991, 633; Schoch JURA 1994, 82.
[130] So Morlok VERW 25 (1992), 371 (374 ff.).
[131] EuGH NJW 1999, 201 – IN.CO.GE.
[132] Vgl. Detterbeck, Allg. Verwaltungsrecht, 21. Aufl. 2023, Rn. 1239.
[133] Ossenbühl/Cornils, Staatshaftungsrecht, 6. Aufl. 2013, S. 537 f.
[134] S. etwa BVerwGE 71, 85 (88); BVerwG NVwZ 1996, 595; DVBl 2001, 991; BSGE 71, 180; bay. OLG BayVBl. 2004, 758; OVG Lüneburg NVwZ 2004, 1513; Ossenbühl NVwZ 1991, 513 und zu weiteren Ansätzen Schoch JURA 1994, 82.
[135] Maurer/Waldhoff, Allg. Verwaltungsrecht, 21. Aufl. 2024, § 29 Rn. 21.
[136] S. BVerwGE 4, 219.
[137] BVerwGE 84, 274 (278).
[138] BVerwG JZ 1990, 863 mAnm Maurer.
[139] Detterbeck, Allg. Verwaltungsrecht, 21. Aufl. 2023, Rn. 1245; vgl. dazu auch Ossenbühl/Cornils, Staatshaftungsrecht, 6. Aufl. 2013, S. 530 f.

Beispiele: Ein Pkw-Fahrer hat gegen die Behörde einen öffentlich-rechtlichen Erstattungsanspruch, wenn sein Fahrzeug unzulässigerweise abgeschleppt wurde und er die Abschleppkosten an den Abschleppunternehmer gezahlt hat.[140] Wer als Dritter rechtsgrundlos infolge eines privatrechtlichen Schuldbeitritts zahlt, hat einen privatrechtlichen Erstattungsanspruch[141]

64 Der Erstattungsanspruch ist schließlich zwar nicht gegenüber schadensersatzgerichteten Vorschriften, sehr wohl aber gegenüber spezialgesetzlichen Regelungen, die Vermögensverschiebungen rückgängig machen sollen oder Aufwendungsersatz bieten, **subsidiär** – so zB gegenüber § 49a VwVfG oder im Beamtenrecht gegenüber § 12 II BBesG bzw. § 52 II BeamtVG. Im Anwendungsbereich solcher Normen kann daher, wenn eine Auslegung ergibt, dass sie abschließend gedacht sind (zu § 49a → § 51 Rn. 84), ein Rückgriff ausgeschlossen sein, selbst wenn die Voraussetzungen der spezielleren Norm einmal nicht vorliegen sollten.[142]

d) Voraussetzungen

65 Folgende Voraussetzungen müssen vorliegen, damit ein öffentlich-rechtlicher Erstattungsanspruch gegeben ist.[143]

66 **aa) Anspruch entstanden.** Zunächst müsste der Anspruch entstanden sein.

67 **(1) Tatbestand.** Dazu muss eine **Vermögensverschiebung** von einem Rechtsträger zum anderen stattgefunden haben, der eine muss also etwas vom anderen durch Leistung oder in sonstiger Weise[144] erlangt haben. Da der Erstattungsanspruch ganz allgemein Ausdruck des Grundsatzes der Gesetzmäßigkeit der Verwaltung ist und jedwede ungerechtfertigte Vermögensverschiebung verhindern will, kommt es insoweit nicht darauf an, ob die Bereicherung in einer geldwerten Leistung besteht oder nicht.[145] Es wird vielmehr jedwede Bereicherung erfasst.[146]

68 Liegt eine **Leistung an einen Dritten** vor, beispielsweise weil Zuwendungsempfänger und Erstattungspflichtiger auseinanderfallen, sind unterschiedliche Erstattungskonstellationen denkbar.[147] Daher ist zunächst der wahre Empfänger zu bestimmen. Dessen Klassifikation hängt vor allem von der Zweckrichtung der Leistung, nicht aber vom tatsächlichen Empfang der Leistung ab.[148] Oftmals wird in solchen Konstellationen wegen des Grundsatzes des Gesetzesvorbehaltes bei belastenden Akten eine besondere öffentlich-rechtliche Vorschrift gefordert.[149]

69 Zudem darf kein Rechtsgrund für die Vermögensverschiebung gegeben sein. Er liegt so lange vor, wie ein kausales Rechtsverhältnis zwischen den Beteiligten besteht. Basiert es auf einem wirksam erlassenen Verwaltungsakt, besteht das Rechtsverhältnis so lange fort, wie der Verwaltungsakt nicht beseitigt wurde. Verantwortlich dafür ist des-

---

140 OVG Münster NJW 1980, 1974.
141 Bettermann DVBl 1962, 487.
142 Detterbeck, Allg. Verwaltungsrecht, 21. Aufl. 2023, Rn. 1240; VGH Mannheim NJW 2003, 1066.
143 S. dazu exemplarisch die Prüfung von OVG Münster DVBl 2016, 447 (452 f.).
144 Vgl. dazu Schoch JURA 1994, 82 (86); BVerwG NJW 2006, 3225 (3226).
145 In diese Richtung aber VG Minden NVwZ 1985, 679 (680).
146 Weber JuS 1986, 29 (30); Schoch JURA 1994, 82 (86); BVerwGE 80, 177; OVG Münster VerwRspr. 22 (1971), 568.
147 S. näher Siebelt/Eckert DVBl 1995, 1114.
148 BVerwG NVwZ 2008, 1369 (1370).
149 S. auch OVG Berlin-Brandenburg GewArch 1999, 25.

sen Tatbestandswirkung bzw. Titelfunktion.[150] Deshalb spielt die Rechtswidrigkeit in diesem Zusammenhang keine Rolle.[151] Das gilt auch für einen öffentlich-rechtlichen Vertrag, während Rechtsgrundlosigkeit dann, wenn die erbrachte Leistung auf einem Realakt beruht, bereits im Falle der Rechtswidrigkeit gegeben ist.[152]

Beispiel: Ein Erstattungsanspruch auf Rückgewähr einer auf Grund eines rechtswidrigen, aber unanfechtbar gewordenen Heranziehungsbescheides erbrachten Leistung besteht nicht.[153] Werden von den Eltern Beiträge erhoben, um die Durchführung einer Klassenfahrt zu sichern, so ist diese Zweckbestimmung ein Rechtsgrund, falls ein Schüler der Klassenfahrt wegen eines in seiner Sphäre liegenden Grundes fernbleibt und dessen Eltern nun den geleisteten Beitrag zurückfordern.[154]

(2) Verhältnis zu anderen Ansprüchen. In der Voraussetzung der Rechtsgrundlosigkeit, nicht aber der Rechtswidrigkeit der Vermögensverschiebung liegt der wesentliche Unterschied zwischen dem öffentlich-rechtlichen Erstattungsanspruch und dem **Folgenbeseitigungsanspruch.** Soweit beide Ansprüche dasselbe Ziel verfolgen, sind sie als selbständige Institute nebeneinander geltend zu machen und anzuwenden.[155] 70

Soweit eine berechtigte öffentlich-rechtliche **Geschäftsführung ohne Auftrag** vorliegt, bildet sie den Rechtsgrund der dadurch entstandenen Leistungsbeziehung, weil dadurch die Geschäftsführung legitimiert wird.[156] Folglich scheidet ein Rückgriff auf den öffentlich-rechtlichen Erstattungsanspruch in solchen Fällen aus. Ist die Geschäftsführung unberechtigt, kann der Erstattungsanspruch aber neben der GoA anwendbar sein. Im Übrigen lässt sich gerade nicht sagen, dass der Erstattungsanspruch die öffentlich-rechtliche Geschäftsführung ohne Auftrag verdrängt.[157] 71

(3) Anspruchsausschluss. Liegen die Voraussetzungen des öffentlich-rechtlichen Erstattungsanspruchs vor, könnte er ausgeschlossen sein, soweit die Wertungen der **§§ 814, 817 S. 2 BGB** übertragbar sind. Danach ist eine Rückforderung insbesondere unzulässig, wenn der Leistende wusste, dass er nicht zur Leistung verpflichtet war oder wenn Leistungserbringer und -empfänger durch ihr Handeln gegen ein gesetzliches Verbot oder die guten Sitten verstoßen haben. 72

Die Rechtsprechung verneint die Möglichkeit einer Übertragbarkeit dieser Wertungen, weil das **Prinzip der Gesetzmäßigkeit der Verwaltung** dem entgegensteht.[158] Denn diese Vorschriften führen dazu, dass rechtswidrige Zustände festgeschrieben werden. Diese Rechtsprechung dürfte aber zumindest dort, wo sich der Bürger auf § 814 BGB beruft, zu weit gehen, weil er darauf vertrauen darf, dass sich die Verwaltung an rechtsstaatliche Grundsätze hält.[159] 73

---

[150] S. BVerwG DVBl 1967, 489; DVBl 1983, 812; vgl. auch Weber JuS 1970, 171.
[151] BVerwG BayVBl. 1998, 669.
[152] Guckelberger, Allg. Verwaltungsrecht, 11. Aufl. 2023, § 42 Rn. 6.
[153] BVerwG DVBl 1968, 918; BVerwGE 48, 279 (284); VGH Mannheim VBlBW 1982, 293.
[154] OVG Münster NVwZ-RR 2020, 789 Rn. 30.
[155] Detterbeck, Allg. Verwaltungsrecht, 21. Aufl. 2023, Rn. 1237.
[156] Singer/Mielke JuS 2007, 1111 (1116).
[157] So aber Wollschläger JA 1979, 182 (183).
[158] Vgl. BVerwG DVBl 2003, 1215; OVG Koblenz NVwZ 1992, 796 und OVG Münster NdsVBl. 2016, 249 (251 f.) zu § 814 BGB einerseits sowie BVerwG NVwZ 2003, 993 und OVG Thür. NVwZ-RR 2003, 830 zu § 817 S. 2 BGB andererseits.
[159] Ehlers/Pünder AllgVerwR/Gurlit § 35 Rn. 28.

74 **(4) Rechtsfolge.** Liegen die Voraussetzungen des öffentlich-rechtlichen Erstattungsanspruchs vor, ist entsprechend § 818 I BGB das **Erlangte** mitsamt etwaig gezogener **Nutzungen** oder an dessen Stelle ein etwaiger Ersatz **herauszugeben.** Ggf. schuldet der Empfänger der Leistung Wertersatz, wenn eine Herausgabe nicht möglich ist, wie sich aus dem ebenfalls entsprechend anwendbaren § 818 II BGB ergibt. Verzinsungspflichten bestehen entsprechend der allgemeinen Grundsätze (→ § 55 Rn. 47 ff.) prinzipiell nicht.[160] Für den Fall einer Rückabwicklung rechtsgrundlos erfüllter Verträge stellt sich die Frage, ob die sog. Saldotheorie Anwendung findet, nach der alle Ansprüche aus dem Vertragsverhältnis miteinander verrechnet werden, wenn sie denn verrechenbar sind. Diese Möglichkeit ist wie im Zivilrecht dem Grunde nach zu bejahen, darf aber insbesondere nicht zu einer Umgehung des Fachrechts führen.[161]

Beispiel: Verpflichtet sich eine Gemeinde vertraglich, sich um die Aufstellung eines Bebauungsplans zu bemühen, sind im Falle eines später aufgrund der Unwirksamkeit solcher Verträge (→ § 54 Rn. 93) geltend gemachten öffentlich-rechtlichen Erstattungsanspruchs die Vorteile aus dem erweiterten Plan nicht abzuziehen, weil man sonst die Wertungen des Erschließungsrechts umgeht.[162]

75 **(5) Anwendbarkeit des § 818 III BGB.** Schließlich wird noch § 818 III BGB relevant, wonach eine Herausgabe des Erlangten ausgeschlossen ist, wenn der Betroffene nicht mehr bereichert ist, insbesondere weil er die gewährte Leistung verbraucht hat.

76 **(a) zugunsten der Verwaltung.** Dieser sog. Entreicherungseinwand lässt sich allerdings nicht recht auf behördliches Handeln übertragen, weil es aus rechtsstaatlichen Gründen dem **Prinzip der Gesetzmäßigkeit** unterworfen ist. Denn infolgedessen ist die Verwaltung uneingeschränkt an Recht und Gesetz gebunden und hat jedwede rechtsgrundlose Vermögensverschiebung ungeschehen zu machen. Hinzu kommt jedenfalls bei geldwerten Erstattungsansprüchen, dass der Staat finanziell leistungsfähig ist.[163] Aus diesen Gründen geht man davon aus, dass § 818 III BGB jedenfalls nicht zugunsten der Verwaltung entsprechend anwendbar ist. Insbesondere an dieser Stelle manifestiert sich also die Eigenständigkeit des öffentlich-rechtlichen Erstattungsanspruchs gegenüber den §§ 812 ff. BGB.[164]

77 **(b) zugunsten eines Privatrechtssubjekts.** Beruft sich ein Privatrechtssubjekt auf § 818 III BGB, gibt es gegen dessen Anwendung an sich nichts einzuwenden. Denn diese Norm ist aus Sicht des Bürgers Ausdruck des **Grundsatzes des Vertrauensschutzes,**[165] weil er die Leistung in der Annahme verbraucht hat, dass sie ihm zusteht.[166] In dieser Innentendenz kommt indes auch eine Ausnahme von § 818 III BGB zum Ausdruck, weil sich dann, wenn ein Privatrechtssubjekt um die Rechtsgrundlosigkeit der Vermögensverschiebung wusste, kein berechtigtes Vertrauen bilden kann. Deshalb führt die Kenntnis, aber auch die grob fahrlässige Unkenntnis dieses Umstands dazu, dass § 818 III BGB nicht greift.[167]

---

160 Vgl. dazu Ossenbühl/Cornils, Staatshaftungsrecht, 6. Aufl. 2013, S. 547 f.
161 Ausf. dazu Detterbeck, Allg. Verwaltungsrecht, 21. Aufl. 2023, Rn. 1252 f.
162 BVerwGE 111, 162 (170 f.).
163 Maurer/Waldhoff, Allg. Verwaltungsrecht, 21. Aufl. 2024, § 29 Rn. 26.
164 BVerwGE, 60, 208 (211); Hüttenbrink/Windmöller SächsVBl 2001, 133 (136).
165 Vgl. dazu BVerwGE 71, 85 (88 f.); 89, 345 (353).
166 Kritisch dazu allerdings Maurer/Waldhoff, Allg. Verwaltungsrecht, 21. Aufl. 2024, § 29 Rn. 28.
167 BVerwG NVwZ-RR 2012, 930 (931).

Damit geht der öffentlich-rechtliche Erstattungsanspruch **über § 819 I BGB hinaus,** wonach nur die Kenntnis der Rechtsgrundlosigkeit schadet. Begründen lässt sich diese strengere Lesart mit den Wertungen des § 49a II 2 VwVfG. Wegen der ähnlichen Interessenlage dürften zudem die (übrigen) Fälle des § 48 II VwVfG einem Rückgriff auf § 818 III BGB entgegenstehen.[168] Dasselbe gilt, soweit nicht § 49a VwVfG greift (→ § 51 Rn. 6 ff.), wenn das Vertrauen des Bürgers bereits in einer etwaigen Entscheidung über die Aufhebung eines Verwaltungsakts berücksichtigt worden ist[169] oder wenn das Unionsrecht eine Rückforderung gebietet[170] und damit einen Rückgriff auf § 818 III BGB ausschließt. 78

bb) Anspruch untergegangen/durchsetzbar. Ein etwa entstandener Erstattungsanspruch könnte ggf. untergegangen bzw. undurchsetzbar sein. Insoweit wird insbesondere der Grundsatz von Treu und Glauben aus § 242 BGB relevant. Diese Vorschrift bietet ein Korrektiv für solche Vermögensverschiebungen, die **nicht mit den allgemeinen Wertvorstellungen übereinstimmen.** Allerdings darf eine Anwendung des § 242 BGB erneut nicht dazu führen, dass gesetzliche bzw. öffentlich-rechtliche Wertungen umgangen werden. Infolgedessen genügt es aber nicht, wenn eine im Gegenseitigkeitsverhältnis stehende Leistung nicht mehr herausgegeben werden kann, sondern es müssen vielmehr weitere Umstände hinzukommen, die ein treuwidriges Verhalten nahelegen. Ob diese Voraussetzung vorliegt, entscheiden letztlich die Umstände des Einzelfalles.[171] 79

Beispiel: Verpflichtet sich eine Gemeinde vertraglich, sich um die Aufstellung eines Bebauungsplans zu bemühen, wenn ein bestimmter Betrag gezahlt wird, so kann sie sich nicht auf § 242 BGB berufen, wenn aufgrund der Nichtigkeit solcher Verträge (→ § 54 Rn. 93) dieser Betrag später auf Basis des Erstattungsanspruchs zurückgefordert wird. Anderenfalls umgeht man die Wertungen des § 56 VwVfG.[172]

VI. Verjährung

Die Verjährung etwaiger Ansprüche aus verwaltungsrechtlichen Schuldverhältnissen richtet sich zunächst danach, ob spezielle **öffentlich-rechtliche Bestimmungen** existieren (zB § 45 I SGB I, § 50 IV SGB X, Art. 71 I BayAGBGB). Soweit sie zwar der Sache nach, aber nicht in ihren Tatbestandsvoraussetzungen passen, wird deren analoge Anwendung diskutiert, insbesondere falls Grundrechtspositionen betroffen sind.[173] 80

Soweit eine Analogie nicht möglich ist, werden die **Verjährungsvorschriften des BGB** (→ § 37 Rn. 1 ff.) entsprechend angewendet.[174] Die Verjährungsfrist beträgt danach drei Jahre ab Schluss des Jahres der Anspruchsentstehung und Kenntnis oder fahrlässiger Unkenntnis des Berechtigten von den anspruchsbegründenden Umständen und von der Person des Schuldners (§§ 195, 199 I BGB analog). Allerdings ist 81

168 Detterbeck, Allg. Verwaltungsrecht, 21. Aufl. 2023, Rn. 1251.
169 Maurer/Waldhoff, Allg. Verwaltungsrecht, 21. Aufl. 2024, § 29 Rn. 27; vgl. auch BVerwGE 25, 72 (81).
170 EuGH EuZW 1997, 276 – Alcan; ebenso Ehlers GewArch 1999, 305 (317); s. auch Berninghausen, Die Europäisierung des Vertrauensschutzes, 1998, S. 146 ff.
171 BVerwG NJW 1998, 3135; Ziekow/Siegel VerwArch 96 (2005), 119 (133).
172 BVerwGE 111, 162 (172 ff.).
173 Van Schewick/Schmal NWVBl. 2016, 271 (272 f.).
174 OVG Münster DVBl 2015, 258 (262 f.); OVG Münster KStZ 2020, 72 Rn. 106.

die absolute Verjährungshöchstfrist von 10 Jahren ab Entstehung des Anspruchs zu beachten (§ 194 IV BGB analog).[175]

82 Speziell für gesetzlich geregelte **Erstattungsansprüche** geht die jüngere Rechtsprechung des BVerwG auf Basis eines allgemeinen Rechtsgedankens von einer Verjährungsfrist von dreißig Jahren aus.[176] Die Begründung wird für auf den ungeschriebenen öffentlich-rechtlichen Erstattungsanspruch übertragbar gehalten.[177]

VII. Geltendmachung

83 Soweit eine Geltendmachung etwaiger Ansprüche aus verwaltungsrechtlichen Schuldverhältnissen durch Erlass eines Verwaltungsakts nicht gesetzlich vorgesehen ist (vgl. zB § 49a VwVfG; § 50 III SGB X; §§ 102 ff. SGB X), fragt sich insbesondere im Anwendungsbereich öffentlich-rechtlicher Erstattungsansprüche, ggf. aber auch im Übrigen, auf welche Weise ein Hoheitsträger die Vermögensverschiebung rückgängig machen kann. Vor allem die Rechtsprechung hält insoweit den Erlass von **Leistungsbescheiden** in Subordinationsverhältnissen für zulässig.[178]

Beispiele: Rückforderung überzahlter Beamtenbezüge, zu Unrecht gezahlter Subventionen und anderer durch Verwaltungsakt bewilligter, ja sogar auf Grund verwaltungsrechtlichen Vertrages geleisteter Zahlungen, ferner Geltendmachung von Schadensersatzansprüchen des Dienstherrn gegen Beamte.[179]

84 Begründet wird dieser Ansatz insbesondere mit dem Kehrseitengedanken, so dass die in Betracht kommende **Handlungsform** danach zu bestimmen ist, wie die Vermögensverschiebung erfolgt ist.[180] Eine Leistung, die per Bescheid festgelegt worden ist, dürfte danach per Verwaltungsakt zurückgefordert werden. Gegen diesen Ansatz spricht jedoch, dass dann die Befugnisnorm zum Erlass eines Verwaltungsakts (sog. Verwaltungsaktbefugnis (→ § 45 Rn. 15) fehlt.[181] Der Verwaltungsträger muss in solchen Fällen daher genauso wie ein Privatrechtssubjekt **Leistungsklage** erheben.[182]

§ 56. Verwaltungsrechtliche Pläne

Schrifttum: Bode, Der Planungsgrundsatz der nachhaltigen Raumentwicklung, 2003; Dörries, Das Verhältnis der Bauleitplanung zur raumbeanspruchenden Fachplanung, 2000; Gärditz GewArch 2011, 273 ff.: Angemessene Öffentlichkeitsbeteiligung bei Infrastrukturplanungen als Herausforderung an das Verwaltungsrecht im demokratischen Rechtsstaat; Gatawis, Grundfragen eines europäischen Raumordnungsrechts, 2000; Kahl STAAT 50 (2011), 352 ff.: Der Europäische Verwaltungsverbund – Strukturen – Typen – Phänomene; Klingele, Umweltqualitätsplanung, 2012; Kment ZUR 2011, 127 ff.: Raumplanung unter Ungewissheit; König/Siedentopf, Öffentliche Verwaltung in Deutschland/Schmitz, 2. Aufl. 1997, 395 ff.: Räumliche Planung; Mahlberg, Raumordnerische Verträge nach § 13 ROG, 2002; Peters JURA 1999, 327 ff.: Grundlagen des Rechts der Planfeststellung; Rung, Strukturen und Rechtsfragen europäischer Verbundplanungen, 2013; Seitz, Planungshoheit und Grundeigentum – die verfassungs-

175 Kellner NVwZ 2002, 395 (400).
176 BVerwGE 132, 324 (326).
177 Detterbeck, Allg. Verwaltungsrecht, 21. Aufl. 2023, Rn. 1254.
178 BVerwGE 24, 225; vgl. auch BVerwGE 139, 125.
179 StRspr des BVerwG; s. zB BVerwGE 27, 250; 28, 1 mwN; 30, 77; 34, 97; 40, 85; ebenso BSG DVBl 1969, 745.
180 BVerwGE 25, 76; 40, 89; BVerwG DÖV 1977, 606 und NVwZ 1984, 36; BSG NJW 1975, 607 und NVwZ 1984, 62; OVG Koblenz NVwZ 1989, 894; hess. VGH NJW 1991, 510 ff.; Schoch JURA 1994, 82 (89).
181 S. zB Achterberg JZ 1969, 354; Menger/Erichsen VerwArch 61 (1970), 168 (177 f.).
182 S. OVG Münster DÖV 1982, 124 für Rundfunkgebühren.

rechtlichen Schranken der städtebaulichen Entwicklungsmaßnahmen, 1999; Steinberg ZUR 2011, 340 ff.: Die Bewältigung von Infrastrukturvorhaben durch Verwaltungsverfahren – eine Bilanz; Stüer, Der Bebauungsplan: Städtebaurecht in der Praxis, 2000; Stüer/Probstfeld, Die Planfeststellung, 2003; Weiblen, Gemeindliche Bauleitplanung und naturschutzrechtlicher Flächen- und Objektschutz, 2001.

Verwaltungsrechtliche Pläne dienen dazu, künftiges Verhalten zu beeinflussen, weisen aufgrund ihrer Zukunftsgerichtetheit einen starken Prognosecharakter auf[1] und wollen gegenläufige Interessen koordinieren bzw. ausgleichen und knappe Ressourcen vorab zuteilen, um Handlungs- und Erwartungssicherheit zu schaffen.[2] 1

I. Begriff

Verwaltungsrechtliche Pläne sind terminologisch das Endprodukt der **Planung bzw. des Planens,** so dass diese Begriffe eng mit dem des Plans zusammenhängen.[3] Daran anknüpfend fällt unter Planung die systematische Vorbereitung und Festlegung späteren Verhaltens, um unter gegebenen Umständen ein Ziel auf bestmögliche Weise zu erreichen. Planung – sei sie nun global, ressortübergreifend oder ressortgebunden – lässt sich damit begreifen als vorausschauendes Setzen von Zielen und gedankliches Vorwegnehmen der zu ihrer Verwirklichung nötigen Verhaltensweisen.[4] Planen ist also Entwerfen, um einen gewünschten Erfolg sicher, leicht und rasch zu erreichen.[5] Der fertige Entwurf findet sodann seinen Ausdruck im verwaltungsrechtlichen Plan, der das Planen damit in verschiedener Form rechtlich formalisiert. Es handelt sich um eine recht junge Erscheinung des Verwaltungsrechts, wenn man von wenigen Ausnahmen absieht (→ § 38 Rn. 14 ff.).[6] Sie findet ihre Basis auch im Wandel vom ordnenden zum gestaltenden Infrastruktur- und Gewährleistungsstaat,[7] so dass sich die hoheitliche Regulierungs- und Kontrollverantwortung auch in Plänen manifestieren kann.[8] 2

Beispiele: Haushaltsplan, Bebauungsplan, Umlegungsplan, Enteignungsplan, Krankenhausbedarfsplan, Sanierungsplan, Luftreinhaltungsplan, Naturschutzplan, Entwicklungsplan, Nahverkehrsplan (§ 8 III PBefG), Abfallwirtschaftsplan (§ 30 KrWG).

Planung ist kein Vorgang der Subsumtion eines bestimmten Lebenssachverhaltes unter die Tatbestandsmerkmale einer abstrakt-generellen Norm. Vielmehr geht es um einen komplexen Prozess der Gewinnung, Auswahl und Verarbeitung von Informationen, Interessen, Zielsetzungen und Mitteln. Daher hat das BVerfG entschieden, staatliche Planung sei **weder eindeutig der Legislative noch der Exekutive** zuzuordnen (→ § 20 Rn. 1 ff.).[9] Sie zählt damit nicht zwingend zum traditionellen Hausgut der vollziehenden Gewalt.[10] Stattdessen kommt es darauf an, wer nach Organisation, 3

1 Maurer/Waldhoff, Allg. Verwaltungsrecht, 21. Aufl. 2024, § 16 Rn. 10.
2 Vgl. Rengeling DVBl 1976, 355; s. zu anderen Planungsbegriffen Becker, Öffentliche Verwaltung, 1989, § 29 mwN, der im Anschluss an Luhmann Planung als Entscheiden über künftige Entscheidungen versteht; s. ferner Hoppe VVDStRL 38 (1980), 232.
3 Ebenso Herzog/Pietzner, EvStL, Sp. 2503 ff.
4 Zippelius/Würtenberger, Deutsches Staatsrecht, § 46 X.
5 Herzog/Pietzner, EvStL, Sp. 2503; Achterberg FS Scupin, 1983, 293 (301).
6 Obermayer VVDStRL 18 (1960), 144.
7 Maurer/Waldhoff, Allg. Verwaltungsrecht, 21. Aufl. 2024, § 16 Rn. 10.
8 Hermes, Staatliche Infrastrukturverantwortung, 1998, S. 358 ff., 400 ff.
9 BVerfGE 95, 1 (16); VerfGH NRW NVwZ-RR 1998, 478 (480).
10 Statt vieler Würtenberger, Staatsrechtliche Probleme politischer Planung, 1979, S. 221.

Zusammensetzung, Funktion und Verfahrensweise über die besten Voraussetzungen zum Handeln verfügt.[11] Somit dürfte die Verwaltung wenn auch nicht generell, so doch grundsätzlich über den erforderlichen planerischen Apparat bzw. Sachverstand verfügen und daher besser geeignet sein, gegenläufige Interessen auszugleichen und planerische Detailprobleme zu lösen als die Legislative.[12] Dafür spricht auch, dass Planung oft die konkret Betroffenen beteiligt und Private über Public-Private-Partnerships einbezieht. Denn diesem Partizipationsgedanken lässt sich innerhalb von Veraltungsverfahren besser gerecht werden als im Rahmen der Gesetzgebung.

4 Die Aussagekraft der Umschreibung der Phänomene Planung und Plan ist beschränkt,[13] da sie keine Auskunft über Erscheinungsformen gibt und eine Fülle unterschiedlichster Varianten erfasst. Auch deshalb ist zweifelhaft, ob eine Definition des Plans bzw. der Planung hilfreich ist. Zielführender scheint es, anstelle des Versuchs einer Einheitsdefinition iSe Phänomenologie nach Plantypen zu differenzieren.[14] Daran anknüpfend lassen sich verwaltungsrechtliche Pläne als eine **offene Kategorie des Verwaltungsrechts** mit je nach Typ unterschiedlicher rechtlicher Bedeutung und Bindungskraft verstehen.[15] Der Plan kann sich infolgedessen verschiedener Rechtsformen – so zB des Gesetzes, aber auch des Verwaltungsakts – bedienen. Aufgrund dieser Heterogenität in der Erscheinungsform wird die Eigenständigkeit der Handlungsform Plan denn auch oft bezweifelt.[16] Diese Sichtweise verdeckt jedoch die rechtsformübergreifenden Gemeinsamkeiten der Planung,[17] die eine übergreifende Erörterung nahelegen. Es gibt somit also eine eigenständige Handlungsform „Plan", die sich aber unterschiedlichster Rechtsformen bedient.[18]

II. Erscheinungsformen

5 Stellt man die verschiedenen Typen bzw. Erscheinungsformen verwaltungsrechtlicher Pläne in den Vordergrund, sind mehrere Einteilungskriterien denkbar.

1. Wirtschaftlich-soziologische Differenzierungskriterien

6 Knüpft man an wirtschaftliche bzw. soziologische Aspekte an, geraten folgende Differenzierungskriterien für verwaltungsrechtliche Pläne in den Blick:[19]
– Unterscheidung nach den **Planungssubjekten** zwischen hoheitlichen und nichthoheitlichen Plänen (zB Selbstbeschränkungsabkommen der Wirtschaft);
– Unterscheidung nach dem **Planungsraum** zwischen zentralen, regionalen und örtlichen sowie flächenbezogenen (zB Bebauungsplan) Plänen;
– Unterscheidung nach der **Planungszeit** zwischen kurz- bzw. mittelfristigen operativen und langfristigen strategischen Plänen (zB Investitionspläne);[20]
– Unterscheidung nach dem **Planungsobjekt** zwischen personenbezogenen (Anwerbung von Gastarbeitern) und gegenständlichen Plänen (zB Krankenhausbau)

[11] BVerfGE 68, 1 (86).
[12] Ebenso BVerfGE 95, 1 (16 ff.); allg. Storost NVwZ 1998, 797; Schneller ZG 1998, 179.
[13] Detterbeck, Allg. Verwaltungsrecht, 21. Aufl. 2023, § 16 Rn. 891 ff.
[14] Hoppe FS Menger, 1985, 747 (750).
[15] Achterberg, Verwaltungsrecht, 2. Aufl. 1986, § 22 IV.
[16] So insbesondere von Danwitz, Verwaltungsrechtliches System und europäische Integration, S. 68.
[17] Roellecke DÖV 1994, 1024.
[18] S. auch Knack/Henneke/Ritgen VwVfG vor § 9 Rn. 21 f.
[19] Vgl. dazu Kloepfer, Umweltrecht, 4. Aufl. 2016, § 5 Rn. 8.
[20] Dazu mit Recht kritisch Blümel FS Forsthoff, 1972, 132 ff.

– Unterscheidung nach der **Planungsspezialität** (bzw. -allgemeinheit) zwischen Gesamtplänen und Fachplänen.

2. Rechtliche Differenzierungskriterien

Knüpft man an rechtliche Aspekte an, geraten ebenfalls verschiedene Differenzierungskriterien für verwaltungsrechtliche Pläne in den Blick:[21] 7

a) Wirkungsrichtung

Unterscheiden lässt sich zunächst nach der Wirkungsrichtung zwischen **Binnenplänen,** die zB als Dienstpläne innerhalb der Verwaltung relevant werden, und **Außenplänen,**[22] die als privatrechtsgestaltende Pläne entweder ein Privatrechtssubjekt oder andere Planungsträger adressieren.[23] 8

Beispiele: §§ 6 ff. BWLPlG (Entwicklungspläne); §§ 5 ff. HessLPlG (regionale Raumordnungspläne).

Grundsätzlich gilt, dass **planbindende Pläne** nur anderen Planungsträgern Vorgaben machen und keine unmittelbare Bedeutung für Privatrechtssubjekte haben. Eine Ausnahme gilt jedoch insbesondere dann, wenn eine Rechtsnorm vorschreibt, dass solche Pläne auch für Privatrechtssubjekte wirksam sein sollen. 9

Beispiel: Aus § 35 III 3 BauGB folgt, dass öffentliche Belange einem Vorhaben im Außenbereich in der Regel auch dann entgegenstehen, wenn die Darstellungen im planbindenden Flächennutzungsplan[24] derartige Projekte an anderer Stelle ausweisen. Dadurch entfalten die im Plan niedergelegten Konzentrationszonen kraft rechtlicher Anordnung Außenwirkung gegenüber dem Bürger.[25]

b) Planungsermessen

Zudem können verwaltungsrechtliche Pläne nach dem Ermessen in Bezug auf das „Ob" der Planung unterschieden werden, indem man freiwillige, pflichtige und verbotene Planung differenziert. **§ 1 III 1 BauGB,** wonach die Gemeinde Bauleitpläne aufzustellen hat, sobald und soweit es für die städtebauliche Entwicklung und Ordnung erforderlich ist, knüpft an diese Unterscheidung an, weil diesseits dieser Grenze eine Planungspflicht und jenseits dieser Grenze ein Planungsverbot, dh also keine Planungsmöglichkeit besteht.[26] 10

c) Rechtliche Verbindlichkeit

Ferner lassen sich verwaltungsrechtliche Pläne nach ihrer rechtlichen Wirkweise unterscheiden. Denkbar sind zunächst **indikativ wirkende Pläne.** Sie sind auf informatorische Sammlung und Verarbeitung von Daten sowie auf Vorausberechnungen für bestimmte Lebensbereiche als Grundlage etwaiger Umsetzungsmaßnahmen angelegt – so zB als Agrarbericht, Jahreswirtschaftsbericht, Umweltbericht, Sozialbericht. 11

---

[21] S. auch Kloepfer, Umweltrecht, 4. Aufl. 2016, § 5 Rn. 10.
[22] Roellecke DÖV 1994, 1024.
[23] Zu diesen und weiteren, sich teilweise überschneidenden Einteilungen s. Böckenförde Der Staat 11 (1972), 435; Kewenig DÖV 1973, 26; Stern, Staatsrecht II, § 40 II.
[24] Brenner, Öffentliches Baurecht, 5. Aufl. 2020, Rn. 447.
[25] BVerwGE 128, 382 (387); s. auch Kment NVwZ 2004, 314.
[26] Ennuschat/Ibler/Remmert, Öffentliches Recht in Baden-Württemberg/Remmert, 4. Aufl. 2022, § 3 Rn. 92.

12 Abgesehen davon gibt es **influenzierende Pläne,** die für eine bestimmte Zeit bestimmte Ziele, Prioritäten und Schwerpunkte, Vorhaben und Unterlassungen festlegen und mit Hilfe indirekter Verhaltenssteuerung umzusetzen versuchen[27] – so in Form staatlicher oder kommunaler Strukturverbesserungsmaßnahmen etwa mit Hilfe von Straßen-, Kanal- oder Hafenbau, in Form einer attraktiven Tarifgestaltung öffentlicher Verkehrsmittel oder in Form von Steuervorteilen bzw. Subventionen. Hierher gehören zB die Nahverkehrsplanung nach § 8 III PBefG oder Programme zur Förderung von Umweltschutzinvestitionen.

13 Schließlich ist **Planung imperativ** möglich – sei es, dass sie als imperative Planung iwS Regierung und Verwaltung mit Hilfe einer ggf. mehrjährigen Finanzplanung oder Haushaltsplanung zum Handeln ermächtigt, oder sei es, dass sie als imperative Planung ieS unmittelbar das Verhalten von Wirtschaftssubjekten bindet – so zB die Umlegungsplanung nach den §§ 66 ff. BauGB oder die Abfallplanung nach § 30 KrWG.

III. Rechtsnatur

14 Diese Differenzierung nach der rechtlichen Verbindlichkeit des verwaltungsrechtlichen Plans wirft die Frage nach dessen Rechtsnatur auf. Sie ist vor allem von Bedeutung, weil sie Folgen für Rechtsschutzmöglichkeiten und Rechtmäßigkeit hat.[28]

1. Gesetzlich geregelte Fälle

15 Da Planungsentscheidungen in unterschiedlicher und noch dazu austauschbarer Weise getroffen werden können, trägt die gesetzliche Qualifizierung teilweise zufällige oder gar willkürliche Züge.[29] In bestimmten Gebieten finden sich ausdrückliche Bestimmungen, im Übrigen bereitet die Einordnung teils erhebliche Schwierigkeiten.

a) Pläne als Verwaltungsakte

16 Daran anknüpfend gibt es Pläne bzw. Planbestandteile, deren Charakter als (formeller und materieller) Verwaltungsakt unzweifelhaft und unbestritten ist. Hierher gehören diejenigen Pläne, für die durch Rechtsvorschrift ein Planfeststellungsverfahren vorgesehen ist, das durch einen **Planfeststellungsbeschluss** abgeschlossen wird. Insoweit verweist § 74 I VwVfG auf die §§ 69 und 70 VwVfG, aus denen sich ergibt, dass es sich bei der Planentscheidung um einen Verwaltungsakt handelt.[30]

Beispiele: §§ 18 ff. AEG, § 28 PBefG, § 41 FlurbG, § 17 FStrG, §§ 8 ff. LuftVG,[31] § 9b AtomG.[32]

17 Anstelle eines Planfeststellungsbeschlusses kann eine **Plangenehmigung** erlassen werden, welche grundsätzlich die Rechtswirkungen einer Planfeststellung hat und daher ebenfalls Verwaltungsaktcharakter besitzt.[33] Dieses Planungsinstrument dient

[27] Vgl. Kloepfer, Umweltrecht, 4. Aufl. 2016, § 5 Rn. 5.
[28] Detterbeck, Allg. Verwaltungsrecht, 21. Aufl. 2023, § 16 Rn. 894.
[29] Stelkens/Bonk/Sachs/Stelkens VwVfG § 35 Rn. 197.
[30] Stelkens/Bonk/Sachs/Neumann/Külpmann VwVfG § 74 Rn. 17 ff.; BVerwGE 29, 282; 38, 152 (156).
[31] VGH München VerwRspr. 19 (1968), 583.
[32] Vgl. Knack/Henneke/Schink VwVfG vor § 72 Rn. 17.
[33] BVerwGE, 64, 325 (330).

der Verfahrensbeschleunigung und der Verfahrenserleichterung. Es zielt darauf ab, Planfeststellungsverfahren auf komplexe Planungsvorhaben zu beschränken.[34]

Beispiele: § 74 VI VwVfG, § 28 I a PBefG.

b) Pläne als Rechtssätze

Ferner gibt es Pläne, die in der Form eines Rechtssatzes ergehen. Für das hier im Mit- 18
telpunkt stehende Handeln der Verwaltung interessieren jedoch nicht gesetzliche Pläne, die lediglich von der Verwaltung ausgeführt werden (wie der auf Grund von Art. 110 II 1 GG erlassene Haushaltsplan), sondern nur Pläne in der Form einer Verordnung oder Satzung (→ § 25 Rn. 39 ff., 56 ff.).

Als Rechtsverordnung ergehen beispielsweise:
– Planungsgebiete für Staatsstraßen (§ 37b I NRWStrWG),
– Abfallwirtschaftspläne (§ 18 NRWAbfG),
– Bebauungspläne in den sog. Stadtstaaten (§ 246 II BauGB).

Als Satzung ergehen beispielsweise:
– Bebauungspläne im Übrigen (§ 10 BauGB),
– Landschaftspläne (§ 80 NRWLNatSchG),
– Haushaltssatzungen der Selbstverwaltungsträger (§ 78 NRWGO),
– Sanierungssatzungen (§ 142 BauGB),
– Erhaltungssatzungen (§ 172 BauGB),
– Abwasserpläne (§ 46 IV BWWG).

Die vom Gesetzgeber vorgenommene Qualifizierung als Rechtssatz besagt nichts 19
über die inhaltliche Richtigkeit der jeweiligen Zuordnung.[35] So sollte beispielsweise die Positivierung der Einordnung des **Bebauungsplans** als Satzung bzw. Rechtsverordnung den Streit um die Rechtsschutzmöglichkeiten gegenüber diesen Maßnahmen beenden und das Normenkontrollverfahren aus § 47 VwGO anwendbar machen.[36] Die daraus grundsätzlich folgende Nichtigkeit von Bebauungsplänen im Falle einer Verletzung höherrangigen Rechts[37] hätte jedoch den Kommunen ggf. ihre bauplanungspolitische Handlungsfähigkeit genommen. Diese Konsequenz mildern die §§ 214 f. BauGB ab, was Bebauungspläne in die Nähe eines Verwaltungsakts rücken soll.[38]

c) Vertragliche Pläne

Pläne können auch in der Rechtsform eines verwaltungsrechtlichen Vertrages er- 20
gehen,[39] was jedenfalls teilweise für die im **Hochschulbereich** vorkommenden Zielvereinbarungen angenommen wird.[40] Hingegen ist im Falle eines städtebaulichen Vertrags iSd § 11 BauGB[41] kein vertraglicher Plan gegeben, weil die Verantwortung

[34] BT-Drs. 13/3995, 10 und 13/1445, 7; Schmitz/Wessendorf NVwZ 1996, 960.
[35] Vgl. dazu Bachof VVDStRL 30 (1972), 358.
[36] BVerwGE 4, 68 einerseits; BVerwGE 6, 149; 11, 14 andererseits; Maurer FS Bachof, 1984, 214 (238 f.).
[37] Vgl. dazu Kopp/Schenke/W.-R. Schenke/R.-P. Schenke VwGO § 47 Rn. 120 ff.
[38] In diese Richtung Erbguth DVBl 2004, 802.
[39] Achterberg FS Scupin, 1983, 293 (301 f.); vgl. dazu auch Mahlberg, Raumordnerische Verträge nach § 13 ROG, 2002.
[40] Vgl. Trute, WissR 33 (2000), 148; Schmidt DÖV 2008, 760.
[41] Dazu Ohms BauR 2000, 983.

der Gemeinde für das gesetzlich vorgesehene Planaufstellungsverfahren davon unberührt bleibt.[42]

d) Pläne als schlichtes Verwaltungshandeln/Realakt

21 Pläne können auch die Rechtsnatur eines schlichten Verwaltungshandelns besitzen (→ § 57 Rn. 1 ff.). Hierher gehören letztlich alle **indikativen Pläne.**

Beispiel: Wirtschaftspläne (Jahreswirtschaftsbericht, Agrarbericht), die informative Ziele verfolgen und als Auskünfte zu bewerten sind.

e) Verwaltungsinterne Pläne

22 Schließlich gibt es Pläne, die grundsätzlich (→ § 24 Rn. 20 ff.) nur verwaltungsinterne Bedeutung haben – sei es, weil sie nur als Richtlinien gelten, oder sei es, weil sie nur Organe oder Ämter des Planungsträgers selbst binden. Diese **Pläne** verfügen über eine imperative Binnenwirkung. Hierher gehören neben Gebietsentwicklungs-, unverbindlichen Flächensicherungs- uÄ Plänen auch die Haushalts- und sonstigen Pläne, soweit sie die Verwaltungsorgane intern zu Ausgaben und Einnahmen bzw. zu anderen Maßnahmen ermächtigen.

Beispiele: § 16 FStrG, der sich mit der Festlegung der Linienführung befasst, im Unterschied zu § 17 FStrG,[43] Haushaltsplan der Gemeinde, obwohl er formell als Satzung ergeht (§ 80 I BWGO, § 78 NRWGO), Schulentwicklungsplan,[44] Krankenhausbedarfspläne.[45]

2. Umgang mit Zweifelsfällen

23 Da die Rechtsform von Plänen nur teilweise ausdrücklich festgelegt ist, bereitet die Qualifizierung im Übrigen Probleme. Fehlt es an gesetzlichen Regeln, wird überwiegend eine **materielle Lösung** favorisiert.[46] Sie hat zunächst die allgemein anerkannten Auslegungskriterien (→ § 28 Rn. 53 ff. und → § 36 Rn. 17a ff.) auszuschöpfen. Ergänzend wird dann darauf abgestellt, ob der Plan generell-abstrakt, individuell-konkret oder als Mischform angelegt ist, ob er Außen- oder Innenwirkung besitzt (→ § 24 Rn. 18 ff.) und inwieweit er mit gesetzlich festgelegten Planformen vergleichbar ist.[47]

24 Daran anknüpfend wird der **Flächennutzungsplan (§§ 5 ff. BauGB)** weder als (nur-formelle) Satzung[48] noch als Plan sui generis,[49] sondern als verwaltungsinternes Planwerk eingeordnet, das dort, wo gesetzliche Regeln fehlen, keine Verbindlichkeit gegenüber Dritten entfaltet.[50] Das soll aus einem Vergleich mit § 8 BauGB, der die Rechtsverbindlichkeit der Festsetzungen nur für den Bebauungsplan anordnet sowie aus § 214 BauGB, der Flächennutzungspläne und Satzungen differenziert, folgen.

25 Unklar ist, ob **Raumordnungspläne** im Falle einer fehlenden gesetzlichen Fixierung als Verwaltungsvorschrift, Verwaltungsakt oder als Rechtsnorm zu charakterisieren

[42] Vgl. dazu Battis/Krautzberger/Löhr/Reidt BauGB, 15. Aufl. 2022, § 11 Rn. 14.
[43] BVerwGE 62, 342.
[44] Wimmer DVBl 1970, 305 ff.
[45] BVerwGE 72, 38 (45); 132, 64 (67).
[46] So etwa Hoppe FS Menger, 1985, 747 (757); VGH München DÖV 1984, 476.
[47] VGH München DÖV 1984, 476; VerfGH NRW DVBl 1990, 417; BVerwG DVBl 1990, 1352.
[48] So Maurer/Waldhoff, Allg. Verwaltungsrecht, 21. Aufl. 2024, § 16 Rn. 24.
[49] Vgl. Menger VerwArch 71 (1980), 87; Löhr DVBl 1980, 13.
[50] BVerwG DVBl 1990, 1352.

sind.[51] Überwiegend wird auf deren Inhalt abgestellt: Während die Ziele der Raumordnung[52] als Rechtsnorm festgelegt werden, weil sie unmittelbare Rechte und Pflichten, insbesondere gegenüber den Kommunen begründen, ergehen die Grundsätze der Raumordnung[53] nicht als Rechtssatz, weil sie nur Abwägungsdirektiven enthalten.[54]

Eine merkwürdige Metamorphose machen Teile des als formeller Verwaltungsakt erlassenen **Flurbereinigungsplans** durch, weil die darin im öffentlichen Interesse enthaltenen Festsetzungen nach § 58 IV FlurbG „die Wirkung von Gemeindesatzungen" haben und nach Beendigung des Flurbereinigungsverfahrens (nur noch) durch Gemeindesatzung geändert oder aufgehoben werden können.[55] 26

IV. Planzulässigkeit und Rechtmäßigkeit

Auf die Rechtmäßigkeit von Plänen strahlen verschiedene Rahmenbedingungen des einfachen Rechts und des Verfassungs- sowie des Unionsrechts aus. 27

1. Einfaches Recht

Die **Rechtmäßigkeit** des verwaltungsrechtlichen Plans setzt zunächst voraus, dass die **formellen Anforderungen** des Planungsrechts eingehalten werden. So sind zB rechtsverbindliche Pläne öffentlich bekanntzumachen[56] und es ist die Öffentlichkeit zu beteiligen.[57] Hinzu treten weitere Anforderungen, namentlich soweit anwendbar aus dem Planfeststellungsrecht der §§ 72 ff. VwVfG. Sie sind im Zuge des Planungsvereinheitlichungsgesetzes in weiten Teilen modifiziert worden, insbesondere soweit es um die Planauslegung, die Präklusionsregeln und das Anhörungsverfahren geht.[58] 28

Abgesehen davon müssen die **materiell-rechtlichen Erfordernisse** – sie ergeben sich weitgehend aus dem Fachrecht – sowie die Grenzen des Planungsermessens (→ § 31 Rn. 71) eingehalten werden. Teilweise existiert ein besonderes Planfehlerregime, das in der Regel eine möglichst weitreichende Planerhaltung bezweckt (§ 75 Ia VwVfG, §§ 214 ff. BauGB, § 10 VIII LuftVG).[59] Die Normen des Planfeststellungsrechts sind im Zuge des Planungsvereinheitlichungsgesetzes ebenfalls in Teilen modifiziert worden – soweit es um die Relevanz von Verfahrens- bzw. Formfehlern geht. Sie sollen nun nur zur Aufhebung führen, wenn sie nicht behoben werden können.[60] 29

§ 25 III VwVfG, wonach die Behörde dazu verpflichtet ist, den Vorhabenträger dazu zu bewegen, **frühzeitig die Öffentlichkeit zu beteiligen,** begründet schon dem Grunde nach keine Rechtspflichten, sondern nur Obliegenheiten.[61] Diese Vorschrift 30

---

[51] Hoppe FS Menger, 1985, 747 (759); Blümel VerwArch 84 (1993), 123; Kment NuR 2003, 69; hess. VGH NuR 2003, 115.
[52] VGH Kassel DÖV 2011, 578; BVerwG NVwZ 2004, 614 (616).
[53] BVerwG NVwZ 2009, 1226.
[54] Kopp/Schenke/W.-R. Schenke/R.P. Schenke VwGO § 47 Rn. 33; s. zum Ganzen auch Kment, Rechtsschutz im Hinblick auf Raumordnungspläne, 2002.
[55] Czychowski DVBl 1962, 778; Czychowski DÖV 1964, 369.
[56] BVerwGE 104, 337 (340) zur ortsüblichen Bekanntmachung.
[57] S. dazu Knauff DÖV 2012, 1.
[58] Ausf. dazu Schmitz/Prell NVwZ 2013, 745 (750 ff.).
[59] Näher Storost NVwZ 1998, 797; Käß, Inhalt und Grenzen der Planerhaltung, 2002.
[60] Schmitz/Prell NVwZ 2013, 745 (750).
[61] Vgl. Stelkens/Bonk/Sachs/Kallerhoff/Fellenberg VwVfG § 25 Rn. 64 ff.

hat aber gleichwohl ihre praktische Relevanz, weil sie dazu beitragen kann, Konfliktpotenzial frühzeitig auszuräumen und so die Planung zu optimieren. Die Rechtswirkungen des § 25 III VwVfG setzen nämlich nicht im Verwaltungsverfahren ein, sondern beziehen sich auf das Vorfeld der Planung.[62]

2. Verfassungsrecht

31 Aus verfassungsrechtlicher Sicht kann für die Rechtmäßigkeit von Plänen vor allem der **Gesetzesvorbehalt** relevant werden (→ § 30 Rn. 28) – so, wenn sie in die Grundrechte von Zivilpersonen oder die kommunale Selbstverwaltungsgarantie[63] eingreifen. In diesen Fällen bedarf ein Plan einer ausreichenden Ermächtigungsgrundlage.[64]

32 Abgesehen davon sind die **Grundrechte** aber auch aus anderer Perspektive relevant. Berücksichtigt man nämlich, dass Planung eine zentrale Kategorie menschlichen Handelns ist,[65] so wird deutlich, dass die Verwaltung aufgrund ihrer gegenüber Zivilpersonen dienenden Funktion gehalten ist, deren Pläne verwaltungsrechtlich zu begleiten.

33 Im Übrigen steht es den Akteuren im Rahmen der verfassungsrechtlichen Vorgaben frei, die Rechtsform des Planes festzulegen oder offen zu lassen. Ggf. werden aber der **Wesentlichkeitsgrundsatz** bzw. das **Gewaltenteilungsprinzip** relevant, wenn die Verantwortung für die Planung zu sehr in den Bereich der Exekutive verlagert wird.[66]

3. Unionsrecht

34 Schließlich macht auch das Unionsrecht eine Vielzahl von Vorgaben für die Planzulässigkeit, weil dieser Bereich teilweise sekundärrechtlich überformt ist. So haben zB die im Unionsrecht niedergelegten Bedingungen der Umweltverträglichkeitsprüfung die Unionsgerichtsbarkeit bereits mehrfach beschäftigt.[67] Abgesehen davon finden sich dort aber beispielsweise auch Regelungen über die Infrastrukturplanung – so im Bereich der transeuropäischen Netze[68] – sowie über die (sonstige) Umweltplanung.[69]

V. Individualansprüche auf oder aus Planung

35 Die Ausführungen zur rechtlichen Zulässigkeit von Plänen beantworten nicht die Frage, inwieweit Einzelne jenseits entsprechender gesetzlicher Grundlagen Ansprüche auf oder aus behördlicher Planung herleiten können. Im Grundsatz gilt insoweit zunächst, dass es auch bei pflichtigen Plänen keinen Anspruch auf **Planerlass** (s. etwa § 1 III BauGB)[70] gibt, weil die Planungsträger frei von äußeren Zwängen konzeptionell wirken können sollen.

---

[62] Schmitz/Prell NVwZ 2013, 745 (747).
[63] Brohm DÖV 1989, 429.
[64] BVerwG NVwZ 1988, 52.
[65] Würtenberger, Staatsrechtliche Probleme politischer Planung, 1979, S. 19.
[66] Maurer/Waldhoff, Allg. Verwaltungsrecht, 21. Aufl. 2024, § 16 Rn. 12.
[67] Peters JURA 1999, 327 (331 f.).
[68] Vgl. dazu zB Korte/Ludwigs/Thiele/Wedemeyer, Energiewende und Finanzkrise als aktuelle Herausforderungen des Unionsrechts/Bourwieg/von Landwüst, 2015.
[69] Näher Sydow DÖV 2003, 605.
[70] BVerwG DÖV 1997, 251.

Fehlen in einem Plan Schutzmaßnahmen, kommen aber, wie § 75 Ia 2 VwVfG zeigt, eine Planergänzung oder ergänzende Verfahren in Betracht. Diese Möglichkeit ist von der Rechtsprechung entwickelt worden und gilt ggf. auch jenseits der §§ 72 ff. VwVfG über die verwaltungsverfahrensrechtliche Planfeststellung.[71] Allerdings bestehen individuelle **Planergänzungsansprüche** nur bei Verletzung eines subjektiv-öffentlichen Rechts.[72] 36

Ob ein Anspruch auf **Planfortbestand**[73] gegeben ist, wenn ein Plan aufgehoben oder geändert werden soll, hängt vor allem von dessen Rechtsnatur ab. Ist er als Gesetz verabschiedet worden, lässt sich ein etwa enttäuschtes Vertrauen des Bürgers mit Hilfe der Regeln über die unechte Rückwirkung einbeziehen. Ergeht der Plan als Verwaltungsakt, lässt sich hingegen mit den Widerrufsregeln arbeiten, während sich ein etwaiges Vertrauen im Übrigen grundsätzlich nicht berücksichtigen lässt.[74] 37

Ein Anspruch auf **Planbefolgung**[75] und damit gegen planwidriges Verhalten der Verwaltung hängt vor allem davon ab, ob dem einzelnen Bürger ein subjektiv-öffentliches Recht auf Einhaltung bzw. Vollzug eines Plans zukommt, weil nur dann ein Anspruch auf Planbefolgung in Betracht kommt. Ein allgemeiner Gesetzesvollziehungsanspruch besteht also genauso wie im übrigen Verwaltungsrecht nicht.[76] 38

Schließlich bleibt noch offen, inwieweit einem Planbetroffenen ein Anspruch auf **Übergangsregeln oder Anpassungshilfen**[77] zukommen kann, wenn er infolge einer Planänderung Vermögenseinbußen erleidet. Solche Rechtspositionen bestehen grundsätzlich nicht, weil dadurch das Planungsermessen und die damit einhergehenden Freiräume über Gebühr eingeschränkt würden. Ob in solchen Fällen Entschädigungsansprüche bestehen, richtet sich hingegen nach den allgemeinen Grundsätzen.[78] 39

VI. Verwaltungsrechtliche Pläne und Rechtsschutz

Die unterschiedlichen Erscheinungsformen der Pläne wirken sich auch auf den Rechtsschutz aus. Er orientiert sich an der Rechtsform des Planhandelns.[79] Ist die Rechtsform ausdrücklich normiert (zB § 10 BauGB) oder eindeutig bestimmbar, dann richten sich die gerichtlichen Kontrollmöglichkeiten danach. So stehen für Pläne in Gestalt von **Rechtsverordnungen und Satzungen** Normenkontrollverfahren zur Verfügung (→ § 28 Rn. 23 ff., 26 ff.). Soweit eine Normenkontrolle ausscheidet, wird teilweise die allgemeine Feststellungsklage als Ersatz zugelassen.[80] Diese Rechtsschutzform, vor allem aber die allgemeine Leistungsklage, kann zudem in den Fällen greifen, in denen der Plan nicht die Vorgaben des § 35 VwVfG erfüllt.[81] 40

---

[71] BVerwGE 91, 17 (20); 100, 370 (372); 104, 337; BVerwG NJW 1996, 3161; Hildebrandt, Der Planergänzungsanspruch, 1999.
[72] Vgl. dazu Masing/Schiller in Obermeyer/Funke-Kaiser VwVfG § 75 Rn. 15.
[73] Bell/Hermann NVwZ 2004, 288 (295).
[74] Maurer/Waldhoff, Allg. Verwaltungsrecht, 21. Aufl. 2024, § 16 Rn. 28 ff.
[75] Vgl. Bell/Hermann NVwZ 2004, 288 (290).
[76] Maurer/Waldhoff, Allg. Verwaltungsrecht, 21. Aufl. 2024, § 16 Rn. 33.
[77] Ossenbühl/Cornils, Staatshaftungsrecht, 6. Aufl. 2013, S. 476 f.
[78] Maurer/Waldhoff, Allg. Verwaltungsrecht, 21. Aufl. 2024, § 16 Rn. 35.
[79] Isensee/Kirchhof StaatsR-HdB/Hoppe § 71 Rn. 112 f.
[80] Brohm, Öffentliches Baurecht, 4. Aufl. 2009, § 16.
[81] Vgl. dazu Erbguth/Kluth, Planungsrecht in der gerichtlichen Kontrolle/Schenke, 2012, S. 73.

41 Handelt es sich um einen Plan in Gestalt eines Verwaltungsaktes, dann ist die **Anfechtungs- oder Verpflichtungsklage** zu erheben.[82] Die dazu nötige Klagebefugnis ist nur gegeben, wenn der Kläger geltend macht, in seinen Rechten verletzt zu sein (§ 42 II VwGO). Deshalb ist auch im Lichte unionsrechtlicher Implikationen – allerdings auf Basis großzügiger Vorgaben[83] – zu prüfen, ob ein subjektiv-öffentliches Recht auf Planerlass, Planaufhebung oder Planänderung bestehen kann (→ § 43 Rn. 1 ff.)[84] oder ein Verbandsklagerecht in Betracht kommt (§ 64 BNatSchG). Teilweise ist die Durchführung eines Vorverfahrens vor Klageerhebung entbehrlich (§ 74 VI 3 VwVfG, § 8 II 3 LuftVG).[85] Ggf. ist das OVG erstinstanzlich zuständig (§ 48 I VwGO). Diese Zuständigkeitskonzentration auf eine Tatsacheninstanz bezweckt eine Verfahrensbeschleunigung[86] – auch im Interesse der Investitionstätigkeit der Wirtschaft.

42 Bei Plänen ist die **gerichtliche Kontrolldichte** wegen des Planungsermessens bzw. der planerischen Gestaltungsfreiheit (→ § 31 Rn. 69 ff.) beschränkt.[87] Grund dafür ist das Wesen der Planung, das auf eine fortschreitende, zukunftsgerichtete Sachverhaltsermittlung und -bewertung angelegt ist und sich aufgrund der ihm immanenten Elemente des Erkennens, des Wertens, des Bewertens sowie des Wollens einer Subsumtion im eigentlichen Sinne entzieht. Infolgedessen gesteht die Verwaltungsgerichtsbarkeit der öffentlichen Hand einen Gestaltungsspielraum hinsichtlich des „Ob" und „Wie" raumbezogener Vorhaben zu, der sich kaum von den Grenzen des Ermessens oder eines Beurteilungsspielraums unterscheidet.[88] Geprüft wird vor allem, ob ein Abwägungs- oder Ermittlungsausfall, eine Fehlgewichtung oder eine Abwägungsdisproportionalität vorliegt.[89]

Vierter Abschnitt. Tatsächliches Verwaltungshandeln

1 Vom unmittelbar rechtsrelevanten ist das rein tatsächliche Verwaltungshandeln zu unterscheiden. Es ist überaus facettenreich und zunächst einmal ohne Regelungsgehalt, weil es unmittelbar nur tatsächliche Erfolge herbeiführt.

§ 57. Verwaltungsrealakte

Schrifttum: Bauer VerwArch 78 (1987), 241 ff.: Informelles Verwaltungshandeln im öffentlichen Wirtschaftsrecht; Benz, Kooperative Verwaltung, 1994, S. 214 ff.; Böhm JA 1997, 794 ff.: Empfehlung und Warnung als Instrumente des Umweltschutzes; Bohne VerwArch 75 (1984), 343 ff.: Informales Verwaltungs- und Regierungshandeln als Instrument des Umweltschutzes; Bohne, Der informale Rechtsstaat, 1981; Bulling DÖV 1989, 277 ff.: Kooperatives Verwaltungshandeln (Vorverhandlungen, Arrangements, Agreements und Verträge) in der Verwaltungspraxis; Bumke VERW 37 (2004), 1 ff.: Publikumsinforma-

[82] Hoppe FS Menger, 1985, 747 (765 ff.) und generell zum Rechtsschutz bei Planfeststellungen W. Kügel, Der Planfeststellungsbeschluss und seine Anfechtbarkeit, 1985; Steinberg, Fachplanung, 1993, § 7.
[83] Vgl. dazu Ludwig NVwZ 2015, 1327 (1334 f.) mwN.
[84] Zu Plangewährleistungsansprüchen Brohm, Öffentliches Baurecht, 4. Aufl. 2009, § 17.
[85] S. aber auch VGH München UPR 1999, 276 zu § 75 II VwVfG.
[86] Hoppe in Eyermann VwGO § 48 Rn. 1.
[87] Näher Hoppe FS Menger, 1985, 747 (774 ff.).
[88] Stelkens/Bonk/Sachs/Neumann/Külpmann VwVfG § 74 Rn. 26a.
[89] Guckelberger, Allg. Verwaltungsrecht, 11. Aufl. 2023, § 14 Rn. 51.

tion; Dreier StWStP 4 (1993), 647 ff.: Informales Verwaltungshandeln; Gusy NJW 2000, 977 ff.: Verwaltung durch Information; Hill DVBl. 1993, 973 ff.: Integratives Verwaltungshandeln – Neue Formen von Kommunikation und Bürgermitwirkung; Hill JZ 1993, 330 ff.: Staatskommunikation; Hill, Verwaltungshandeln durch Verträge und Absprachen, 1990; Hoffmann-Riem/Schmidt-Aßmann, Konfliktbewältigung durch Verhandlungen I, II, 1990; Kautz, Absprachen im Verwaltungsrecht, 2002; Kloepfer JZ 1991, 737 ff.: Zu den neuen umweltrechtlichen Handlungsformen des Staates; Kloepfer, Staatliche Informationen als Lenkungsmittel, 1998; Martini/Kühl JURA 2014, 1221 ff.: Staatliches Informationshandeln; Masing VVDStRL 63 (2004), 377 ff.: Transparente Verwaltung: Konturen eines Informationsverwaltungsrechts; Murswiek DVBl. 1997, 1021 ff.: Staatliche Warnungen, Wertungen, Kritik als Grundrechtseingriffe; Oebbecke DVBl. 1986, 793 ff.: Die staatliche Mitwirkung an gesetzabwendenden Vereinbarungen; Ossenbühl, Umweltpflege durch behördliche Warnungen und Empfehlungen, 1986; Oster NUR 2008, 845 ff.: Das informell-kooperative Verwaltungshandeln im Umweltrecht; Philipp, Staatliche Verbraucherinformationen im Umwelt- und Gesundheitsrecht, 1989; Porsch, Warnungen und kritische Äußerungen als Mittel gemeindlicher Öffentlichkeitsarbeit, 1997; Randelzhofer/Wilke, Die Duldung als Form flexiblen Verwaltungshandelns, 1981; Remmert JURA 2007, 736 ff.: Schlichtes Verwaltungshandeln; Riedel, Die Bedeutung von Verhandlungslösungen im Verwaltungsverfahren, 2002; Schnöckel, „Negotiated Rulemaking“ in den USA und normvertretende Absprachen in Deutschland, 2005; Schulte, Schlichtes Verwaltungshandeln, 1995; Schulze-Fielitz, Der informale Verfassungsstaat, 1984; Spannowsky, Grenzen des Verwaltungshandelns durch Verträge und Absprachen; 1994, 69 ff.; 449 ff.; Stober/Eisenmenger NVwZ 2005, 121 ff.: Katastrophenverwaltung und Bürgerverantwortung.

Tatsächliches Verwaltungshandeln wird auch als schlichtes Verwaltungshandeln bezeichnet (→ § 23 Rn. 76), dessen Resultat wiederum als Realakt oder als Verwaltungsrealakt.[1] In all diesen Begriffen kommt gleichermaßen der **fehlende unmittelbare Regelungsgehalt** des Verwaltungshandelns und seine Zielrichtung auf einen tatsächlichen Erfolg zum Ausdruck, mag dieses auch wie zB im Falle der Erfüllung die Bedingung für eine rechtliche Folge sein.[2] Ob eine Rechtsfolge gesetzt werden soll oder nicht, ist aus der Sicht eines objektiven Dritten anhand des Einzelfalls zu ermitteln. Als Indizien können ggf. gesetzliche Aussagen, die Ausgestaltung des Entscheidungsverfahrens anhand der Regeln der §§ 9 ff. VwVfG oder ganz allgemein die Zweckmäßigkeit der eingesetzten Handlungsform herangezogen werden.[3] 2

I. Bedeutung

Tatsächliches Verwaltungshandeln dient der Vorbereitung oder Ausführung anderer Verwaltungsrechtshandlungen und kann vielfältige Zwecke verfolgen. Es spielt in der **Verwaltungspraxis** seit jeher eine wichtige Rolle, die auf Grund einer kontinuierlichen Ausweitung der Verwaltungstätigkeit sowie jüngerer Entwicklungen noch im Wachsen ist. Die hohe Bedeutung des tatsächlichen Verwaltungshandelns folgt aus der Erkenntnis, dass sich Verwaltungshandeln in der sozialstaatlich determinierten Dienstleistungs-, Informations- und Kommunikationsgesellschaft nicht nur in der unmittelbaren Gesetzesausführung und Planung erschöpft. Im elektronisch vernetzten Präventionsstaat konkretisieren Realakte Daseins- und Zukunftsvorsorge, ohne dass dadurch ständig Recht und Rechtsverhältnisse geändert werden. Insbesondere der Privatwirtschafts- und Umweltstaat, der Risikominimierungs- und Katastrophenschutzstaat[4] bedient sich zunehmend des facettenreichen Instrumentariums des tat- 3

[1] Vgl. dazu Detterbeck, Allg. Verwaltungsrecht, 21. Aufl. 2023, § 15 Rn. 885 f.; diff. Remmert JURA 2007, 736 (737).
[2] Kritisch Robbers DÖV 1987, 272.
[3] Remmert JURA 2007, 736 (738).
[4] S. näher Stober/Eisenmenger NVwZ 2005, 121.

sächlichen Verwaltungshandelns,[5] mit dem in großem Umfange eine indirekte Verhaltenssteuerung[6] bewirkt und eine Optimierung von Rechtsanwendung erreicht werden kann. Einerseits wird das schlichte Verwaltungshandeln deshalb als wichtiger Beitrag zur Steigerung der Verwaltungseffizienz, der Verwaltungsflexibilität, der Verfahrensschnelligkeit (s. etwa § 71c VwVfG) und der Verwaltungskontrolle (s. etwa das IFG) eingestuft. Andererseits wird es für Vollzugsdefizite verantwortlich gemacht[7] und dessen Steuerungsunschärfe bemängelt. Noch weitgehend ungeklärt ist, welchen Beitrag das schlichte Verwaltungshandeln zur Konfliktmittlung[8] liefern kann, auch wenn Konfliktmanagement und Mediation Begriffe sind, die inzwischen auch dem deutschen Verwaltungsrecht vertraut sind, während etwa im japanischen Verwaltungsrecht die Streitvermeidung im Mittelpunkt steht.[9]

4 Neben seiner faktischen Bedeutung und Quantität entfaltet das tatsächliche behördliche Handeln eine immense **verwaltungsrechtliche Relevanz,** weil es sich um einen Sammel- bzw. Auffangbegriff unterschiedlichster Maßnahmen handelt, die nicht als Verwaltungsakt, Zusage, Vertrag oder Plan qualifiziert werden können[10] und damit zu diesen Handlungsformen eine ergänzende Alternative bilden.[11] Die Existenz tatsächlichen Verwaltungshandelns ist daran anknüpfend bereits in § 10 S. 2 VwVfG angelegt, der ein zweckmäßiges, zügiges und einfaches Verwalten verlangt. Aber auch das Unionsrecht setzt die Möglichkeit tatsächlichen Verwaltungshandelns voraus, weil nicht nur Art. 288 V AEUV die Handlungsform der unverbindlichen Empfehlung oder Stellungnahme kennt, sondern auch das Sekundärrecht der Union gelegentlich auf dieses Mittel zurückgreift.[12] Auch deshalb hat das tatsächliche Verwaltungshandeln in jüngeren Fachgesetzen des Technik-, Wirtschafts-, Bau- und Umweltrechts Ausdruck gefunden.[13] Als soft law[14] bzw. soft administration entspricht es einerseits in hohem Maße dem modernen Verständnis vom Verhältnis zwischen Verwaltung und Privatrechtssubjekten, das auf Kooperation, Konsens,[15] Akzeptanz und Konfliktlösung angelegt ist[16] sowie transparent, grundrechtsschonend und verhältnismäßig ausgestaltet sein soll. Andererseits werden für den Fall tatsächlichen Verwaltungshandelns aber auch rechtliche Defizite gesehen (Gesetzesvorrang, Gesetzesvorbehalt, Lockerung der Gesetzesbindung, Neutralität der Verwaltung, Zuständigkeiten, Beeinträchtigung bzw. Mitwirkung Dritter,[17] Öffentlichkeitsbeteiligung, Publikation, Rechtsschutz, Sanktionierung).[18] Daran anknüpfend gilt das tatsächliche Verwal-

---

[5] E. Bohne VerwArch 75 (1984), 343; Becker DÖV 1985, 1003; Kloepfer JZ 1991, 73.
[6] Murswiek DVBl 1997, 1021.
[7] Hill DÖV 1987, 885 (890); Lübbe-Wolff NuR 1989, 295; Erbguth JZ 1994, 477.
[8] Schmidt-Aßmann, Verwaltungsrecht, S. 354; Pitschas NVwZ 2004, 396; Härtel JZ 2005, 753.
[9] S. näher Fujita NVwZ 1994, 133; Ohashi in Riedel, Die Bedeutung von Verhandlungslösungen im Verwaltungsverfahren, 2002.
[10] Robbers DÖV 1987, 272.
[11] Bohne VerwArch 75 (1984), 343 (347).
[12] Vgl. dazu umfassend Rademacher, Realakte im Rechtsschutzsystem der Europäischen Union, 2014.
[13] S. auch Dreier, StWiss 4 (1993), 647 (652).
[14] Allg. dazu Knauff, Der Regelungsverbund – Recht und Soft Law im Mehrebenensystem, 2010.
[15] Hoffmann-Riem AöR 115 (1990), 400 (424 ff.).
[16] S. auch Becker DÖV 1985, 1003 (1008).
[17] Scherer NJW 1989, 2724.
[18] Oebbecke DVBl 1986, 793; Bauer VerwArch 78 (1987), 241 (254 ff.); Becker DÖV 1985, 1003 (1010); Hoffmann-Riem AöR 115 (1990), 400 (425 ff.).

tungshandeln manchen als rechtliche Grauzone, als Stiefkind der Dogmatik[19] oder als „terra incognita“[20] im „Schatten des kodifizierten Rechts“.[21, 22]

II. Strukturierung des Verwaltungsrealhandelns

Die praktische und rechtliche Bedeutung tatsächlichen Verwaltungshandelns – dessen öffentlich-rechtlicher Charakter ist nach den allgemeinen Grundsätzen (→ § 22 Rn. 41 ff.) und insbesondere anhand des Sachzusammenhangs der jeweiligen Tätigkeit zu ermitteln[23] – verlangt nach einer Typisierung seiner verschiedenen Erscheinungsformen. 5

1. Fallgruppenbildung

Daran anknüpfend ist eine Systematisierung in unterschiedlicher Weise möglich.[24] 6
Jeder Einordnungsversuch muss sich aber stets vergegenwärtigen, dass eine abschließende Erfassung aller Erscheinungsformen wegen der anzutreffenden **Vielfalt und** der schnellen **Weiterentwicklung** im technischen,[25] sozialen, ökologischen und ökonomischen Bereich nicht möglich ist, so dass es eher um eine Strukturierung geht. Oft findet man daran anknüpfend eine Unterscheidung zwischen tatsächlichen Verrichtungen und Wissenserklärungen.[26] Hinzu kommen Durchführungshandlungen, die an ein rechtliches Verwaltungshandeln anknüpfen.

a) Verrichtungen

Unter den Begriff der tatsächlichen Verrichtungen lassen sich diejenigen Handlungen 7
fassen, die sich in einem Handeln vor allem in Form eines Tuns (→ § 44 Rn. 22) erschöpfen. Beschränken sich solche Maßnahmen in ihrer Zielsetzung auf den Verwaltungsbereich, lässt sich von sog. **internen Verrichtungen** sprechen.

Beispiele: Unterrichtsbetrieb,[27] Aktenführung, Dienstfahrten, Kassenführung, Kassenprüfung; Marktbeobachtung (§ 14 GüKG, § 13 IV 3, 4 PBefG), Zielvereinbarungen und Leistungsabsprachen in Formen eines sog. Kontraktmanagements innerhalb der Verwaltung als informelles Organhandeln,[28] Nutzung des behördeninternen Intranets, interne Innovations- und Risikokommunikation.[29]

Hinzu kommen diejenigen tatsächlichen Handlungen, die in ihrer Zielsetzung den 8
Bereich des Verwaltungsträgers verlassen, weil sie gegenüber einem Privatrechtssubjekt oder gegenüber einem anderen Verwaltungsträger erfolgen. Sie lassen sich unter dem Oberbegriff der **externen Verrichtungen** fassen.

---

19 Robbers DÖV 1987, 272; Bauer VERW 25 (1992), 301 (312).
20 Jarass DVBl 1985, 197.
21 Nach wie vor eine dogmatische Unterbilanz konstatierend Ellerbrok DVBl 2024, 1204 (1212).
22 Dreier, StWiss 4 (1993), 647 (652 ff.).
23 BVerwGE 74, 132; BGHZ 49, 340; Scherer NJW 1989, 2724; Di Fabio JuS 1997, 1; vgl. auch Remmert JURA 2007, 736 (739).
24 ZB Robbers DÖV 1987, 272; Becker, Öffentliche Verwaltung, 1989, 460.
25 Siehe zu neuen Einsatzfeldern im Zuge der Digitalisierung etwa Siegel JURA 2020, 920 (930) per Verweis auf Guggenberger NVwZ 2019, 844 (847); Ingold VerwArch 2017, 240 (253 ff.) und Harding NJW 2019, 1910 ff.
26 Maurer/Waldhoff, Allg. Verwaltungsrecht, 21. Aufl. 2024, § 15 Rn. 2.
27 OVG Schleswig NJW 1993, 952 zum Absperren eines Schulraumes.
28 S. auch Pünder DÖV 1998, 63 (68); Hill NVwZ 2002, 1059.
29 Kahl DVBl 2003, 1105 (1115).

Beispiele: Ortsbesichtigung, Anlegung und Instandsetzung von Wegen, Errichtung von Spielplätzen, Versorgungsleistungen, Schließung eines Schlachthauses,[30] Fällen von Bäumen, Gebäudereinigung, Veranstaltung von Rundfunksendungen, Bereitstellung von Verwaltungsinformationen im Internet (Planentwürfe, Kulturangebote, Öffnungszeiten, Organisationspläne), Einschaltung privater Dritter in technische Verrichtungen, die dem Bereich des Verwaltungsrechts zuzuordnen sind, öffentlich-rechtlich bewirkte Immissionen; Umgangsweise von Zivilpersonen mit Bediensteten.[31]

9 Externe tatsächliche Verrichtungen weisen oftmals eine gewisse **Nähe zu Verwaltungsakten** auf. So können sich beispielsweise im Falle ordnungsrechtlicher Standardmaßnahmen komplexe Abgrenzungsfragen stellen.[32] In der Regel ist dann auf das Schwergewicht des behördlichen Handelns und damit darauf abzustellen, ob es eher tatsachen- oder wie im Falle komplexer rechtlicher Erwägungen rechtsfolgenorientiert ist.[33]

b) Wissenserklärungen

10 Die Bezeichnung tatsächlichen Verwaltungshandelns als Wissenserklärung bringt zum Ausdruck, dass es im Unterschied zur Willenserklärung nicht auf einen Rechtserfolg gerichtet ist.[34] Hierher gehören vor allem **Auskünfte,** soweit sie **rechtlich unverbindlich** sind, was von einer Auslegung der einschlägigen Bestimmungen abhängt (→ § 45 Rn. 55).[35] Auch wenn eine Auskunft der Verwaltung nicht auf eine Rechtsfolge gerichtet ist, ist sie natürlich nicht davon befreit, sie inhaltlich zutreffend, vollständig und unmissverständlich zu erteilen.

Beispiele: Konkrete Tatsachenermittlungen,[36] Auskunft aus dem Gewerbezentralregister (§ 150 GewO) oder nach § 34 BDSG,[37] presserechtliche Auskünfte,[38] Auskunft im Zusammenhang mit der Beantragung von Genehmigungen nach § 71c VwVfG, unverbindliche Mitteilung einer Rechtsansicht,[39] Mitteilung von Förderprogrammen, Fiktionsbescheinigung iSd § 42a III VwVfG.[40]

11 Während sich unverbindliche Auskünfte typischerweise an bestimmte Zivilpersonen richten, können Mitteilungen der Verwaltung auch übergreifend bestimmte Bevölkerungskreise oder sogar die Allgemeinheit (Verbraucher) adressieren. In diesem Falle spricht man von **informativem, informationellem oder kommunikativem Verwaltungshandeln.**[41] Es will mit Hilfe allgemein gehaltener Informationen die Selbstverantwortung der Angesprochenen mobilisieren oder ihnen eine zusätzliche Entscheidungsgrundlage liefern, setzt also auf Publizität und Transparenz, um ein Verwaltungsziel zu erreichen.[42] Es geht daher um indirekte Verhaltenssteuerung,[43] ein typisches Instrument des modernen Gewährleistungsstaates.[44]

---

[30] BVerwG VerwRspr. 17 (1966), 359.
[31] OVG Schleswig NJW 1992, 1908.
[32] Vgl. Beckmann NVwZ 2011, 842 (843 ff.).
[33] S. dazu Detterbeck, Allg. Verwaltungsrecht, 21. Aufl. 2023, § 15 Rn. 887; BVerwGE 31, 301 (306 f.).
[34] Maurer/Waldhoff, Allg. Verwaltungsrecht, 21. Aufl. 2024, § 15 Rn. 2.
[35] S. zur Abgrenzung Robbers DÖV 1987, 272 (276); VGH Mannheim VBlBW 2003, 306.
[36] VG Kassel NVwZ-RR 2000, 557.
[37] BSG SGb 1977, 120.
[38] OVG Münster DÖV 1996, 255; vgl. jüngst auch BVerwG NVwZ 2016, 1020.
[39] S. OVG Münster JZ 1958, 754.
[40] Guckelberger, Allg. Verwaltungsrecht, 11. Aufl. 2023, § 23 Rn. 2.
[41] S. etwa Leidinger DÖV 1993, 925; Hill JZ 1993, 330.
[42] BVerfGE 105, 252 (268 f.).
[43] S. näher Kloepfer, Staatliche Information als Lenkungsmittel, 1998, S. 17 ff.; Kloepfer, Informationsrecht, 2002, § 5.
[44] Bumke VERW 37 (2004), 1.

Beispiele: Aufklärung der Bevölkerung über Möglichkeiten der Organspende (§ 2 TPG), Umweltberichte (§ 61 BImSchG; § 11 UIG), Warnungen, Hinweise, Empfehlungen (§ 40 LFGB);[45] Publikation einer Arzneimittel-Transparenzliste;[46] Warnung des Gesundheitsministeriums vor den Gefahren des Rauchens allgemein bzw. der sog. E-Zigarette;[47] Warnung vor Jugendsekten;[48] Veröffentlichung einer Liste glykolhaltiger Weine,[49] Unterrichtung der Öffentlichkeit (§ 3 I 1 BauGB); Beratung;[50] Empfehlungen der Strahlenschutz- und der Reaktorsicherheitskommission (§ 9 StrVG); Abfallberatungspflicht (§ 46 KrWG);[51] Einladung zu Pressefahrten,[52] Publikation eines kommunalen Mietspiegels;[53] Veröffentlichung von Mängeln bei der Betriebshygiene oder über ekelerregende Herstellungsverfahren in einer Gaststätte.[54]

Schließlich ist es denkbar, dass sich etwaige behördliche Auskünfte oder Mitteilungen nicht an einzelne Bürger oder an die Allgemeinheit, sondern an andere Behörden bzw. Verwaltungseinheiten desselben oder verschiedener Rechtsträger richten. Der Kreis dieser **bindungslosen Informationen innerhalb des Verwaltungsverkehrs** lässt sich nicht abschließend fassen. Sie kommen in den verschiedensten Formen vor – so zB als Berichte, Gutachten oder Untersuchungsergebnisse. 12

Beispiele: Auskünfte einer Behörde an eine andere, die erst mittelbar Rechtsfolgen haben können, welche der Empfänger auslöst. Dazu gehören die Übermittlung personenbezogener Daten, Auskünfte des Dienstherrn über Bedienstete gegenüber einem anderen Verwaltungsträger, Berichte über medizinisch-psychologische Untersuchungen im Rahmen der StVZO,[55] Prüfungsberichte des Rechnungshofes sowie die Auskünfte aus dem Gewerbezentralregister (§ 150 GewO) oder dem Bundeszentralregister (§ 42 BZRG).

c) Durchführungs- und Vorbereitungshandlungen

Die sog. **Durchführungs- und Vorbereitungshandlungen** erfassen das tatsächliche Verwaltungshandeln, das keine eigenständige Rechtsfolge setzt, sondern an eine andere Verwaltungsmaßnahme oder -bestimmung, die ihrerseits eine Rechtsfolge setzt, anknüpft oder sie vorbereitet. Durchführungs- und Vorbereitungsakte sind damit also regelungsbezogen. Sie weisen eine gewisse Nähe zur tatsächlichen Verrichtung auf, unterscheiden sich aber davon durch ihren unmittelbaren Regelungsbezug. 13

Beispiele: Die Auszahlung und Ankündigung von Bezügen;[56] die Anwendung festgesetzter Zwangsmittel (§ 15 VwVG),[57] nicht jedoch deren Androhung und Festsetzung, weil es sich um Verwaltungsakte handelt; schriftliche Mahnung nach § 25 I PBefG, Unterrichtung der Öffentlichkeit nach § 32 KrWG.

2. Informelles Verwaltungshandeln

Zu diesen drei Gruppen tatsächlichen Verwaltungshandelns tritt das sog. informelle Verwaltungshandeln hinzu. 14

[45] OVG Münster NJW 1986, 2783; hess. VGH NVwZ 1995, 611; Robbers DÖV 1987, 272; Heintzen NJW 1990, 1448.
[46] BVerwGE 71, 183.
[47] BVerwG StoffR 2015, 84; OVG Münster NVwZ 2013, 1562.
[48] BVerwGE 82, 76; BVerfG NJW 1989, 3269; BVerfGE 105, 279.
[49] BVerwGE 87, 37; BVerfGE 105, 252; Lege DVBl 1999, 569.
[50] So Oebbecke DVBl 1994, 147.
[51] Dazu hess. VGH GewArch 1996, 84.
[52] BVerwGE 47, 247.
[53] BVerwG NJW 1996, 2046.
[54] Vgl. VGH Mannheim NVwZ 2013, 1022; Waldhoff JuS 2013, 860.
[55] BVerwGE 34, 248.
[56] S. BVerwGE 16, 6.
[57] Dazu BVerwGE 27, 142.

a) Inhalt

15 Informelle Verwaltungshandlungen werden in der Regel zwischen Zivilpersonen und Verwaltung zur gegenseitigen Interessenklärung an Stelle von Gesetzen,[58] Verwaltungsakten (sog. normersetzende oder normabwendende Absprachen[59]) und Verträgen oder vor deren Erlass bzw. vor Vertragsschluss (Vorverhandlungen, normvollziehende und projektbezogene Absprachen) als Absprachen vollzogen und häufig nur in einer Aktennotiz festgehalten.[60] Sie beruhen auf dem Kooperations- und Konsensprinzip, unterscheiden sich aber von Verträgen durch die nicht gewollte rechtliche Bindungswirkung („gentlemen's agreement").[61] Sie haben daher allenfalls politischen, moralischen oder ökonomischen Charakter iSe Selbstbindung bzw. **Selbstverpflichtung.**[62] Vielfach sind diese Absprachen auch auf eine **behördliche Duldung** gerichtet.[63]

Beispiele: Absprache über das Dulden des Verkaufs bestimmter Artikel außerhalb der Ladenöffnungszeiten oder die Duldung veralteter Anlagen.[64] Festlegung von Abfallzielen nach § 25 KrWG. Die Verwaltung verzichtet auf den Erlass einer Auflage nach § 5 GastG, nachdem sich der Gastwirt informell bereit erklärt hat, einen geräuscharmen Ventilator zu installieren. Die Verwaltung erörtert mit dem Anlagenbetreiber vor der Antragstellung sämtliche Unklarheiten und Entscheidungsentwürfe mit der Folge, dass der Genehmigungsantrag absprachegemäß aufgesetzt und die Erlaubnis erteilt wird (§§ 2 II, 2a 9. BImSchV – Genehmigungsverfahren).[65]

16 Informelle Absprachen sind **unterschiedlich motiviert** und nur teilweise verwaltungsbehördlich inspiriert.[66] Sie sind als alternativ eingesetztes Handlungsinstrument prinzipiell darauf gerichtet, private Initiative zu aktivieren und auf einseitige Verwaltungsmaßnahmen zu verzichten. Außerdem wird darauf hingewiesen, die Verwaltung sei ohne Kooperation mit den Betroffenen oft nicht in der Lage, den zugrundeliegenden Sachverhalt zu erfassen, die entscheidungsrelevanten Gesichtspunkte herauszuarbeiten und zu bewerten. Stattdessen sei sie auf die Information und die Sachkunde der betroffenen Zivilperson angewiesen.[67] Zudem geht es darum, mit Hilfe von Absprachen das eigentliche Verwaltungsverfahren zu entlasten sowie Zeit und Kosten zu sparen.[68]

Beispiel: Ordnungs- und Sicherheitspartnerschaften zwischen der Polizei und anderen Akteuren.

b) Einordnung

17 Die zutreffende Zuordnung des informellen in die Kategorien des tatsächlichen Verwaltungshandelns bereitet Schwierigkeiten.[69] Sie ist aber gleichwohl **notwendig,** weil gelegentlich dessen Zulässigkeit und Rechtmäßigkeit bezweifelt werden und keine

58 S. dazu Scherer DÖV 1991, 1; Brohm DÖV 1992, 1025.
59 Köpp, Normvermeidende Absprachen zwischen Staat und Wirtschaft, 2001.
60 S. Hoffmann-Riem VVDStRL 40 (1982), 187 (192).
61 Kloepfer JZ 1991, 737; Fluck/Schmitt VerwArch 89 (1998), 220.
62 S. näher Schlette, Die Verwaltung als Vertragspartner, 2000, 217; Frenz, Selbstverpflichtungen der Wirtschaft, 2001.
63 Robbers DÖV 1987, 272.
64 VGH Mannheim NJW 1990, 3163.
65 Bulling DÖV 1989, 277.
66 S. näher Fluck/Schmitt VerwArch 89 (1998), 220 (227 ff.).
67 So Henneke DÖV 1997, 768 (773 f.).
68 Maurer/Waldhoff, Allg. Verwaltungsrecht, 21. Aufl. 2024, § 15 Rn. 18.
69 Burmeister VVDStRL 52 (1993), 190 (203 ff.).

Einigkeit über die Rechtsfolgen des informellen Verwaltungshandelns besteht. Teilweise wird diese literarisch intensiv untersuchte „Neuentdeckung" als Unterfall des schlichten Verwaltungshandelns verstanden.[70] Teilweise wird tatsächliches und informelles Handeln gleichgesetzt.[71] Teilweise wird das informelle Verwaltungshandeln als eigenständige Kategorie qualifiziert.

Daran anknüpfend ist zu bedenken, dass die Bezeichnung „informelles Verwaltungshandeln", die auch als synonym mit „informalem Verwaltungshandeln" verwendet wird,[72] einen Blankettbegriff darstellt, der juristisch kaum präzise ausgefüllt werden kann.[73] Hauptunterscheidungsmerkmal ist lediglich das Adjektiv „informell", dem unterschiedliche Bedeutung beigelegt werden kann. Es darf insbesondere nicht als Gegenbegriff zu dem verwaltungsrechtlichen Ausdruck „formell" iSv formgebunden interpretiert werden. Solange das Verwaltungsrecht vom Grundsatz der Formenfreiheit und der **Nichtförmlichkeit** von Verfahren (s. § 10 VwVfG) ausgeht, kann das Kriterium „Form" kein Abgrenzungsmerkmal zum informellen Handeln sein. 18

Umgekehrt schließt informelles Handeln nicht die Wahrung bestimmter, eher **stillschweigend akzeptierter Formen** aus. Man kann allenfalls sagen, dass informelle Verwaltungshandlungen kaum rechtlich vorgeprägt sind und bezwecken, Handlungsbindungen zu verringern.[74] Dieser Anknüpfungspunkt wiederum legt offen, dass dieses Verwaltungshandeln weder Befehlscharakter aufweist noch imperativ binden will.[75] Es steht daher in unmittelbarer Nähe zum tatsächlichen Verwaltungshandeln. Diese rechtliche Verwandtschaft belegen vornehmlich die Ausdifferenzierungen im Umweltrecht (indirekte Verhaltenssteuerung) sowie die Handlungen, die typischerweise im Zusammenhang mit der Erörterung dieser Rechtsfigur angeführt werden.[76] 19

Beispiele: Warnungen, Empfehlungen, Aufklärungen, Aufrufe, Androhungen, Fahndungen, Public Private Partnerships in Gestalt von Ordnungs- und Sicherheitspartnerschaften.

Die Ähnlichkeit des informellen mit dem tatsächlichen Verwaltungshandeln kommt ferner zum Ausdruck, wenn es als **nicht gesetzlich geprägtes Handeln** mit Auswirkungen auf die Rechtsverhältnisse zwischen Bürger und Verwaltung gekennzeichnet wird. Zwar handelt es sich bei informellem Handeln häufig um ein alternatives Handeln bzw. um einen Handlungsersatz gegenüber einer Regelung[77] oder um Handlungsformen im Vorfeld möglicher Verwaltungsentscheidungen.[78] Das bedeutet jedoch nicht, dass es deshalb aus der Rubrik des schlichten Verwaltungshandelns herausfallen muss. Im Gegenteil sprechen gute Gründe dafür, dass das informelle Verwaltungshandeln sowohl Wissenserklärungen als auch Durchführungs- und Verrichtungshandlungen, gelegentlich aber auch tatsächliche Verrichtungen zum Gegenstand hat. 20

[70] Bohne VerwArch 75 (1984), 344.
[71] Henneke NuR 1991, 267.
[72] BVerfGE, 104, 249 (266).
[73] S. auch Paust, Die institutionelle Methode im Verwaltungsrecht, 1997, S. 118 f.
[74] Kloepfer JZ 1991, 737 (739); Burmeister VVDStRL 52 (1993), 190 (205); Brohm DÖV 1992, 1025 (1029).
[75] Bohne VerwArch 75 (1984), 343; Becker DÖV 1985, 1003 (1010); Brohm DVBl 1994, 133.
[76] Ebenso Leidinger DÖV 1993, 925.
[77] So auch Burmeister VVDStRL 52 (1993), 190 (235).
[78] BVerfGE 104, 249 (266).

III. Rechtmäßigkeit

21 Schlichtes Verwaltungshandeln findet zwar häufig im gesetzesfreien, nicht aber im rechtsfreien Raum statt.[79] Es genügt daher nicht, etwaige außerrechtliche Entscheidungsstandards zu entwickeln,[80] sondern es sind vielmehr die einschlägigen rechtlichen Rahmenbedingungen des **Unions-, Verfassungs- und Verwaltungsrechts** einzuhalten. Nur soweit sie beachtet werden, ist die Verwaltung befugt, mit Hilfe tatsächlichen Handelns die ihr verbleibenden Handlungsspielräume (→ § 31 Rn. 1 ff.) auszuschöpfen.

1. Gesetzesvorbehalt

22 Daran anknüpfend stellt sich zunächst die Frage, ob für tatsächliches Verwaltungshandeln vor allem in Form von Warnungen der **Gesetzesvorbehalt** (→ § 30 Rn. 28) gilt.[81] Deren Beantwortung bereitet insbesondere deshalb Probleme, weil die zugehörigen Maßnahmen ggf. eingriffsintensiver sein können als ein behördliches Handeln durch Verwaltungsakt. So können tatsächliche Verwaltungshandlungen in rechtliche Eingriffe umschlagen und wie imperative Eingriffe wirken (mittelbare, faktische Ein- bzw. Auswirkung).[82] Zutreffend ist dann von den harten Folgen „weicher" Maßnahmen die Rede,[83] die eine Befugnisnorm für solche Warnungen an sich nötig erscheinen lassen.[84]

Beispiele: Die Empfehlung des zuständigen Ministeriums, ein bestimmtes Produkt aus gesundheitlichen Gründen nicht mehr zu kaufen, kann auch auf das Grundrecht der Berufsfreiheit des Produzenten einwirken.[85] Sie kann eine empfindliche umsatzrelevante und existenzberührende Pranger- und Stigmatisierungswirkung erreichen, die einem Produktionsverbot gleichkommt.[86] Die Veröffentlichung von Warentests oder marktbezogenen Informationen kann für das betreffende Produkt eine gravierende rufschädigende Wirkung hervorrufen.[87]

23 Die damit angesprochene Problematik der Existenz einer Befugnisnorm ist zunächst einmal zumindest dort entschärft, wo **spezielle Ermächtigungen** zu tatsächlichem Verwaltungshandeln bestehen.[88] Sie wird überdies in dem Maße geringer, in dem der Bundes- bzw. die Landesgesetzgeber entsprechende Rechtsgrundlagen schaffen.[89] Abgesehen davon kommen aber ggf. auch die Befugnisnormen des Polizeirechts und insbesondere die Generalklausel als Rechtsgrundlage für tatsächliches Verwaltungshandeln in Betracht[90] und erlauben damit den Polizei- und/oder Ordnungsbehörden entsprechende Maßnahmen, soweit deren Voraussetzungen gewahrt sind.

---

79 S. auch Bauer VerwArch 78 (1987), 241 (255 ff.).
80 Luhmann, Funktionen und Folgen formeller Organisation 1964, S. 304; F. Wagener VVDStRL 37 (1979), 215 (243).
81 Prinzipiell abl. Barczak JuS 2024, 289 (295 f.).
82 BVerwGE 71, 183; 82, 76 (37); BVerfG NJW 1989, 3269; Gusy NJW 2000, 977.
83 Murswiek DVBl 1997, 1021.
84 Vgl. dazu im Einzelnen Martini/Kühl JURA 2014, 1221 ff.
85 LG Stuttgart NJW 1989, 2257; OLG Stuttgart NJW 1990, 2690.
86 Pauly DVBl 1991, 521 (523); Schoch DVBl 1991, 667.
87 BVerwG NJW 1996, 3161.
88 Knemeyer DÖV 1978, 11.
89 S. auch Bauer VerwArch 78 (1987), 241 (260 f.).
90 Vgl. dazu Heintzen VerwArch 81 (1990), 532.

Beispiele: § 9 StrVG für Empfehlungen, § 11 UIG für Umweltzustandsberichte, § 40 LFGB für Öffentlichkeitsinformationen, je nach Sichtweise[91] Art. 292 AEUV für Empfehlungen der dort aufgeführten Unionsorgane.

Damit bleiben vor allem das tatsächliche Handeln der Gubernative und deren Informationspolitik im Lichte des Gesetzesvorbehalts problematisch. Teilweise – so namentlich vom BVerfG – wird davon ausgegangen, dass eine Rechtsgrundlage trotz der oftmals erheblichen Eingriffsintensität solcher Maßnahmen unnötig sei. Stattdessen soll die allgemeine Befugnis zur Öffentlichkeitsarbeit und damit die bloße Zuständigkeit ausreichen.[92] Dieser Ansatz wird in der Literatur jedoch als unzulässiger Schluss von der Aufgabe auf die Befugnis mit der Folge kritisiert, dass dort, wo tatsächliches Handeln insbesondere in Form einer Warnung zu Grundrechtseingriffen führt, eine **spezielle Rechtsgrundlage nötig** ist.[93] 24

2. Gesetzesvorrang

Neben dem Gesetzesvorbehalt gilt für tatsächliches Verwaltungshandeln der Gesetzesvorrang, so dass es weder **materiell-rechtliche noch verfahrensrechtliche Bindungen** unterlaufen darf.[94] Sie sind jeweils separat zu würdigen, so dass auch das grundrechtskonforme Handeln einer unzuständigen Behörde rechtswidrig ist.[95] Ein tatsächliches Verwaltungshandeln kommt darüber hinaus nicht in Betracht, wenn eine Pflicht zum Erlass eines Verwaltungsaktes oder einer Norm besteht,[96] weil es keine gesetzes- oder verwaltungsaktsvertretende Funktion besitzt. Die konkreten Bindungen folgen oft erst aus einer Interpretation des einschlägigen Rechts. 25

Beispiele: Selbstverwaltungsträger dürfen keine Erklärungen abgeben, die nicht in ihren Aufgaben- und Zuständigkeitsbereich fallen;[97] behördliche Warnungen müssen hinreichend bestimmt sein.[98]

Besteht ein **Anspruch** auf tatsächliches Verwaltungshandeln, so zB auf Auskunftserteilung, ist er zu erfüllen, wenn er sich aus dem einfachen, mit höherrangigen Anforderungen zu vereinbarenden[99] Recht ergibt. Ist der Behörde demgegenüber Ermessen eingeräumt, muss sie den ihr zustehenden Freiraum, der sich auf das „Ob" und/oder das „Wie" beziehen kann, pflichtgemäß ausfüllen[100] und dabei insbesondere die Vorgaben des höherrangigen Rechts wahren (→ § 31 Rn. 48 ff.). Ggf. kann im konkreten Einzelfall eine Ermessensreduzierung auf Null vorliegen, so dass nur 26

---

91 S. zur Einordnung dieser Norm als eigenständige Kompetenzgrundlage Streinz/Gellermann AEUV Art. 292 Rn. 3, 5 sowie Calliess/Ruffert/Cremer AEUV Art. 292 Rn. 1.
92 BVerfG NVwZ 2002, 585; vgl. auch BVerwGE 82, 76 (80); 87, 37 (47).
93 S. dazu Schoch DVBl 1991, 667; Heintzen VerwArch 81 (1990), 532; Lege DVBl 1999, 569.
94 Ähnlich Spannowsky, Grenzen des Verwaltungshandelns durch Verträge und Absprachen, 1994, S. 454; vgl. dazu auch Köpp, Normvermeidende Absprachen und Wirtschaft, 2001, S. 242 ff.; Frenz, Selbstverpflichtungen der Wirtschaft, 2001, S. 140 ff., 296 ff.
95 BVerwG NJW 2005, 2330 (2332); vgl. auch Detterbeck, Allg. Verwaltungsrecht, 21. Aufl. 2023, § 15 Rn. 889.
96 Bohne VerwArch 75 (1984), 343 (368); Jarass DVBl 1985, 193 (198); Oebbecke DVBl 1986, 796.
97 BVerwGE 34, 69; 64, 298 und dazu VGH Mannheim NJW 1986, 340; Oebbecke NVwZ 1988, 393; Meßerschmidt VerwArch 81 (1990), 55.
98 OVG Münster NVwZ-RR 2003, 493.
99 Vgl. VGH Mannheim NVwZ 2013, 1022; Waldhoff. JuS 2013, 860.
100 VGH Mannheim VBlBW 2002, 306 (309).

die Entscheidung, das gewünschte tatsächliche Verwaltungshandeln durchzuführen, rechtmäßig ist.[101]

Beispiel: Nach § 4 I 2 UIG besteht ein Auswahlermessen nur zwischen Informationsmitteln, die im Wesentlichen die gleiche Informationseignung besitzen.[102]

27 Namentlich für **Warnungen** gilt, dass sie die Zuständigkeitsordnung einhalten sowie mit den Grundrechten vereinbar und daher insbesondere verhältnismäßig sein müssen. Infolgedessen darf die Warnung nicht fehlerhaft sein. Zudem muss die Gefährlichkeit des Sachverhalts, vor dem gewarnt wird, sorgfältig mit den Belangen desjenigen, in dessen Rechtssphäre dadurch eingegriffen wird, abgewogen werden. Es gilt ferner, die Interessen des Betroffenen soweit wie möglich zu wahren. Ggf. kann ein Tätigkeits- oder Vertriebsverbot weniger einschneidend sein. Andere mögliche Alternativen sind in die Überlegungen einzubeziehen.[103]

Beispiel: Die öffentliche Warnung eines Gesundheitsministeriums vor dem Handel mit und dem Verkauf von sog. E-Zigaretten mit dem Hinweis, jene Produkte unterfielen arzneimittel- und medizinprodukterechtlichen Vorschriften, ist gesetzlich verboten, sofern diese Vorschriften auf die E-Zigarette tatsächlich nicht anwendbar sind, die kundgetane Rechtsauffassung also unzutreffend ist.[104]

3. Anwendbarkeit allgemeiner Rechtsvorschriften

28 Soweit spezielle Regeln für die Beurteilung der Rechtmäßigkeit des schlichten Verwaltungshandelns fehlen, könnten ggf. andere Regeln und insbesondere diejenigen über das **Verwaltungsverfahren** entsprechend heranzuziehen sein. Diese Möglichkeit besteht schon qua legem, wenn das Realhandeln Teil des Verfahrens ist – so zB mit Blick auf § 25 oder § 71c VwVfG. Im Übrigen hängt die Möglichkeit eines Rückgriffs von einer Auslegung der jeweiligen Vorschrift[105] und insbesondere davon ab, ob ihrer Anwendbarkeit der fehlende Rechtsbindungswille des tatsächlichen Verwaltungshandelns entgegensteht[106] oder nicht. Jedenfalls für die Anhörung wird eine entsprechende Anwendung vorgeschlagen, die sich aber naturgemäß nur auf belastende Realakte (→ § 48 Rn. 58 ff.) beziehen kann.[107]

29 Abgesehen davon lassen sich die Regeln über **verwaltungsrechtliche Schuldverhältnisse** anwenden, weil die Behörde aufgrund des aus der erfolgten Kontaktaufnahme gesteigerten Näheverhältnisses bestimmte Pflichten treffen. Sie erfordern auch, dass Dritte angemessen beteiligt werden, wenn sie ansonsten von ihren Beteiligungsrechten im späteren Genehmigungsverfahren nicht mehr wirksam Gebrauch machen können oder bereits im informellen Verfahren ihre Grundrechte verletzt zu werden drohen.[108] Ist ein solches Vorgehen etwa wegen eines noch ungewissen Ergebnisses der Verhandlungen oder wegen eines unverhältnismäßig großen organisatorischen

[101] OVG Münster DÖV 1996, 255.
[102] BVerwG NJW 1997, 753.
[103] Maurer/Waldhoff, Allg. Verwaltungsrecht, 21. Aufl. 2024, § 15 Rn. 12.
[104] BVerwG StoffR 2015, 84; OVG Münster NVwZ 2013, 1562; vgl. dazu Kühl NVwZ 2013, 1566; Schink/Winkelmüller DVBl 2012, 1540.
[105] Stelkens/Bonk/Sachs/Schmitz VwVfG § 1 Rn. 154.
[106] S. dazu Hoffmann-Riem VVDStRL 40 (1982), 187 (224); Kunig/Rublack JURA 1990, 1 (6); Leidinger DÖV 1993, 925 (934); Hochhuth NVwZ 2003, 30.
[107] Vgl. Maurer/Waldhoff, Allg. Verwaltungsrecht, 21. Aufl. 2024, § 15 Rn. 12.
[108] S. Beyerlin NJW 1989, 2713 (2720); Bauer VerwArch 78 (1987), 241 (266 ff.); Schmidt-Aßmann, Verwaltungsrecht, S. 352.

Aufwandes nicht möglich, wird teilweise eine öffentliche Bekanntmachung gefordert, um die Rechte Dritter zu schützen.[109] Sie dürfte dann in Fortschreibung des Rechtsgedankens des § 27a VwVfG allerdings auch über Internet erfolgen können.

IV. Konsequenzen der Rechtswidrigkeit

30 Da tatsächliches Verwaltungshandeln keine Rechtswirkungen mit sich bringt, führt seine Rechtswidrigkeit zwar zu anderen Konsequenzen als zB im Falle eines Verwaltungsakts oder Verwaltungsvertrags, ist aber jedenfalls nicht folgenlos.[110] Insbesondere muss eine etwaige Rechtsverletzung nicht geduldet werden, sondern es besteht ein **Anspruch auf Folgenbeseitigung**[111] bzw. im Sozialrecht auf Herstellung[112] sowie auf Rehabilitierung (→ § 52 Rn. 1 ff.).[113] Ggf. kann ein rechtswidriges tatsächliches Verwaltungshandeln auch **Unterlassungsansprüche** als Ausprägung des in den §§ 906, 1004 BGB[114] enthaltenen Rechtsgedankens, des Übermaßverbotes bzw. der Grundrechte begründen.[115] Abgesehen davon sind Amtshaftungsansprüche denkbar.

Beispiel: Unterlassung von unzumutbaren Feuerwehrsirenen- oder Sportplatzimmissionen.[116]

31 Für **Falschauskünfte** gilt daran anknüpfend, dass sie eine Schadensersatzpflicht gem. § 839 BGB iVm Art. 34 GG auslösen können,[117] sofern eine Rechts- bzw. Amtspflicht verletzt ist.[118] Zudem können dann, wenn ein Verwaltungsakt in Widerspruch zu einer Auskunft über rechtserhebliche Tatsachen erlassen wird,[119] mittelbare Bindungen unter dem Gesichtspunkt unzulässiger Rechtsausübung entstehen[120] oder ein ggf. entstandenes Vertrauen zu berücksichtigen sein.[121] Es leuchtet ein, dass derartige Rechtsfolgen dazu führen, dass die Verwaltung mit Auskünften und Mitteilungen jenseits etwaiger Ansprüche zurückhaltend umgeht.[122]

32 Abgesehen davon zieht rechtswidriges tatsächliches Verwaltungshandeln in der Regel ein **Einschreiten der Aufsichtsbehörde** nach sich. Nur in seltenen Fällen hat sie die Möglichkeit der Duldung[123] – so iSe Faustformel vor allem dann, wenn dieses Vorgehen vom Opportunitätsprinzip gedeckt ist. Ob diese Voraussetzung vorliegt, hängt vom jeweiligen Einzelfall ab, so dass alle relevanten Gesichtspunkte zu berücksichtigen und gegeneinander abzuwägen sind.[124] Eine Duldung des rechtswidrigen Verwal-

---

[109] S. auch Brohm DÖV 1992, 1025 (1031); Kautz WiVerw 2002, 166.
[110] Maurer/Waldhoff, Allg. Verwaltungsrecht, 21. Aufl. 2024, § 15 Rn. 6.
[111] BVerwGE 336, 346; BVerwG DÖV 1974, 132; OVG Münster NJW 1984, 1982.
[112] Wallerath DÖV 1987, 505; Schmidt-De Caluwe, Der sozialrechtliche Herstellungsanspruch, 1992.
[113] BVerwG DÖV 2004, 163.
[114] OVG Münster NWVBl. 1994, 418.
[115] S. zum Streitstand Laubinger VerwArch 80 (1989), 262 (292).
[116] BVerwGE 68, 72; 79, 254; 81, 197; s. aber auch Robbers DÖV 1987, 272, der Immissionen nicht den tatsächlichen Verwaltungshandlungen zuordnet, und Peine JuS 1987, 169.
[117] S. BGH ZBR 1970, 397; DVBl 1989, 1094; 1992, 562.
[118] Stelkens/Bonk/Sachs/Kallerhoff/Fellenberg VwVfG § 25 Rn. 19.
[119] OVG Koblenz VerwRspr. 22 (1971) 578.
[120] Vgl. BVerwGE 38, 336; BSGE 32, 60.
[121] S. BGH DVBl 1994, 1134; de Wall, Die Anwendbarkeit privatrechtlicher Vorschriften im Verwaltungsrecht, 1999, S. 265 ff.
[122] Schmidt-Preuß VVDStRL 56 (1997), 162 (179).
[123] S. näher Hermes/Wieland, Die staatliche Duldung rechtswidrigen Verhaltens, 1988; Voßkuhle VERW 29 ((1996)), 511.
[124] BVerwG GewArch 1995, 250.

tungshandelns kann dann auch Ausdruck der Verhältnismäßigkeit sein.[125] Bleibt die Behörde untätig, wirkt dieses Vorgehen allerdings weder legalisierend[126] noch begründet es Vertrauensschutz.[127]

[125] Robbers DÖV 1987, 272 (278).
[126] Pietzcker JuS 1985, 27.
[127] S. zu den Grenzen der Duldung BVerwGE 79, 118 (129 f.).

Sechster Teil. Grundlagen des Verwaltungsverfahrens

§ 58. Begriff, Funktionen und Entwicklung des Verwaltungsverfahrens

Schrifttum: Bauer, Das Recht auf eine gute Verwaltung im Europäischen Gemeinschaftsrecht, 2002; Baumann, Die Rechtsprechung des EuGH zum Vorrang von Gemeinschaftsrecht vor mitgliedstaatlichen Verwaltungsakten und Gerichtsurteilen, [1] 2010; Benz, Kooperative Verwaltung, 1994; Bethge NJW 1982, 1: Grundrechtsverwirklichung und Grundrechtssicherung durch Organisation und Verfahren; Blümel, Die Vereinheitlichung des Verwaltungsverfahrensrechts, 1984; Blümel/Bernet, Verwaltungsverfahrensrecht und Verwaltungsprozessrecht, 1990; Blümel/Pitschas, Reform des Verwaltungsverfahrensrechts, 1994; Brenner, Der Gestaltungsauftrag der Verwaltung in der Europäischen Union, 1996; Burgi/Schönenbroicher, Die Zukunft des Verwaltungsverfahrensrechts, 2010; v. Danwitz, Europäisches Verwaltungsrecht, 2008; Ehlers JURA 2003, 30: Der Anwendungsbereich der Verwaltungsverfahrensgesetze; FS Redeker, 1993/Gaentzsch, S. 405 ff.: Ermittlungs- und Bewertungsdefizite im Verwaltungsverfahren; Gassner DVBl. 1995, 16: Rechtsgrundlagen und Verfahrensgrundsätze des Europäischen Verwaltungsverfahrensrecht; Goerlich, Grundrechte als Verfahrensgarantien, 1981; Held, Der Grundrechtsbezug des Verwaltungsverfahrens, 1984; Hill, Verwaltungshandeln durch Verträge und Absprachen, 1990; Hill, Das fehlerhafte Verfahren und seine Folgen im Verwaltungsrecht, 1986; Hoffmann-Riem/Schmidt-Aßmann, Verwaltungsrecht in der Informationsgesellschaft, 2000; Hoffmann-Riem/Schmidt-Aßmann, Verwaltungsverfahren und Verwaltungsgesetz, 2003; Holznagel, Konfliktlösung durch Verhandlungen, 1990; Hufen/Siegel, Fehler im Verwaltungsverfahren, 8. Aufl. 2025; Isensee/Kirchhof StaatsR-HdB V/ Schmidt-Aßmann, § 109: Verwaltungsverfahren; Jochum, Verwaltungsverfahrensrecht und Verwaltungsprozessrecht, 2004; Kadelbach, Allgemeines Verwaltungsrecht unter europäischem Einfluss, 1999; Kahl NVwZ 2011, 449: 35 Jahre Verwaltungsverfahrensgesetz – 35 Jahre Europäisierung des Verwaltungsverfahrensrechts; König VR 1990, 401: Rechtliche und tatsächliche Formen des Verwaltungshandelns; König, Verwaltungsstrukturen der DDR, 1991; Kopp, Vorläufiges Verwaltungsverfahren und vorläufiger Verwaltungsakt, 1992; Laubinger VerwArch 73 (1982), 60: Grundrechtsschutz durch Gestaltung des Verwaltungsverfahrens; Lazaratos, Rechtliche Auswirkungen der Verwaltungsautomation auf das Verwaltungsverfahren, 1990; Lerche/Schmitt Glaeser/Schmidt-Aßmann, Verfahren als staats- und verwaltungsrechtliche Kategorie, 1984; Luch/Schulz GewArch 2010, 225: Die Gesetzgebung der Bundesländer zur Einrichtung Einheitlicher Ansprechpartner nach Art. 6 DLR; Masing, Die Mobilisierung des Bürgers für die Durchsetzung des Rechts, 1997; Masucci AöR 121 (1996), 261: Das Verwaltungsverfahren in Italien; Nehl, Europäisches Verwaltungsverfahren und Gemeinschaftsverfassung, 2002; Ossenbühl NVwZ 1982, 465: Verwaltungseffizienz und Rechtsschutzauftrag; Papier EuGRZ 2007, 133: Die Rezeption allgemeiner Rechtsgrundsätze aus den Rechtsordnungen der Mitgliedstaaten durch den Gerichtshof der Europäischen Gemeinschaften; [2] Pauly DVBl. 1991, 521: Der Regelungsvorbehalt; Pitschas, Verwaltungsverantwortung und Verwaltungsverfahren, 1990; Pünder JuS 2011, 289: Grundlagen des Verwaltungsverfahrensrechts; Quabeck, Dienende Funktion des Verwaltungsverfahrens und Prozeduralisierung, 2010; FS Bull, 2011/Schliesky, S. 819 ff.: Verwaltungsmodernisierung und Verwaltungsverfahrensrecht; Schliesky, Die Umsetzung der EU-Dienstleistungsrichtlinie in der deutschen Verwaltung, Teil I 2008, Teil II 2009; Schmidt-Aßmann, Das Allgemeine Verwaltungsrecht als Ordnungsidee, 2. Aufl. 2004, S. 356 ff.; Schmidt-Aßmann NVwZ 2007, 40: Verwaltungsverfahren und Verwaltungskultur; Schmidt-Preuß NVwZ 2005, 489: Gegenwart und Zukunft des Verfahrensrechts; Schmitz/Prell NVwZ 2009, 1121: Europäische Verwaltungszusammenarbeit – Neue Regelungen im Verwaltungsverfahrensgesetz; Schneider VerwArch 87 (1996), 38: Kooperative Verwaltungsverfahren; Schoch VERW 1992, 21: Der Verfahrensgedanke im allgemeinen Verwaltungsrecht; Scholz DÖV 1998, 261: Zum Verhältnis von europäischem Gemeinschaftsrecht und nationalem Verwaltungsverfahrensrecht; Schulze-Fielitz DVBl. 1994, 657: Kooperatives Recht im Spannungsfeld von Rechtsstaatsprinzip und Verfahrensökonomie; Schwarze, Der funktionale Zusammenhang von Verwaltungsverfahrensrecht und verwaltungsgerichtlichem Rechtsschutz, 1974; Seibert, Die Bindungswirkung von Verwaltungsakten, 1989; Stelkens ZEuS 2004, 129: Europäische Rechtsakte als Fundgruben für allgemeine Grundsätze des deutschen Verfahrensrechts; Sydow JuS 2005, 97: Europäisierte Verwaltungsverfahren; Tettinger, Fairness und Waffengleichheit, 1984; Trute, Die Forschung zwischen grundrechtlicher Freiheit und staatlicher Institutionalisierung, 1994; Ule DVBl. 1989, 581: Gerichtliche Nachprüfung von Verwaltungsentscheidungen in der DDR; Ule LKV 1991, 189: Jenas Beitrag zur Entwicklung des Rechtsstaatsgedanken; Wahl/Pietzcker VVDStRL 41

(1983), 151 und 193: Verwaltungsverfahren zwischen Verwaltungseffizienz und Rechtsschutzauftrag; Wallerath, Verwaltungserneuerung: Eine Zwischenbilanz der Modernisierung öffentlicher Verwaltungen, 2001; Würtenberger, Die Akzeptanz von Verwaltungsentscheidungen, 1996.

I. Verwaltungsverfahren und Verwaltungsverfahrensrecht

1 Unter Verwaltungsverfahren versteht man planvoll geordnete Vorgänge der Informationsgewinnung und -verarbeitung, Interessenabwägung und rechtlichen Bewertung, die in der Verantwortung eines Trägers öffentlicher Verwaltung ablaufen und der Hervorbringung administrativer Entscheidungen dienen.[1] Damit sind Realvorgänge angesprochen, die alle denkbaren administrativen Handlungsformen mit und ohne Außenwirkung umschließen. Wenngleich das Verwaltungsverfahren selbst bereits auf Grund seiner Entscheidungsorientierung ordnend wirkt, bedarf es seinerseits aus verfassungsrechtlichen und praktischen Gründen der rechtlichen Ordnung und Orientierung.[2] Dies umzusetzen ist vorrangig Aufgabe des Gesetzgebers, der dabei durch die Verfassung in mehrfacher Hinsicht angeleitet wird.[3] Wesentliche Orientierungspunkte sind die Respektierung der Eigenständigkeit der Exekutive als demokratisch legitimierte Staatsgewalt mit eigenen Gestaltungsspielräumen (Gestaltungs-, Organisations- und Verfahrensermessen), die Einbeziehung des Bürgers als gleichrangiges Verfahrenssubjekt, vor allem – aber nicht nur – bei grundrechtsrelevanten Maßnahmen, sowie insgesamt die rechtsstaatliche Ausgestaltung der einzelnen Verfahrensabläufe (Transparenz, Vertrauensschutz, etc).

2 Der Gesetzgeber hat für die Verwaltungsverfahren der zahlreichen Gliederungen der Exekutive keine umfassende Kodifikation geschaffen.[4] Durch das VwVfG, das SGB X und die AO wurden aber Teilkodifikationen in Gestalt von „Allgemeinen Teilen" erlassen,[5] die eine bereichsspezifische Ordnung vermitteln. Wegen der gleichwohl bestehenden zahlreichen Abweichungen in den Fachgesetzen, etwa im AufenthG und AsylG, ist das Verwaltungsverfahrensrecht weiterhin in zahlreiche Einzelregelungen aufgesplittert. Zunehmend unbefriedigend ist angesichts des heute allgemein anerkannten verfassungsrechtlichen Hintergrunds des Verwaltungsverfahrens,[6] dass es für das in der Praxis immer bedeutsamere schlicht-hoheitliche, durch Realakte vollzogene Verwaltungshandeln[7] sowie für das privatrechtliche Verwaltungshandeln[8] an ausdrücklichen Regelungen nahezu vollständig fehlt. Diese Lücke kann zwar durch den Rückgriff auf die allgemeinen Verfahrensprinzipien des Verfassungs-

[1] Hill, Das fehlerhafte Verfahren und seine Folgen im Verwaltungsrecht, S. 193 ff.; Schmidt-Aßmann Isensee/Kirchhof StaatsR-HdB § 109 Rn. 1.

[2] Allgemein zur Ordnungs-, Speicher-, Orientierungs- und Entlastungsfunktion des Verwaltungsverfahrens: Hoffmann-Riem/Bäcker GVwR II § 32 Rn. 1 ff.

[3] Übersicht bei Hufen/Siegel, Fehler im Verwaltungsverfahren, Rn. 50 ff.; Schmidt-Aßmann Isensee/Kirchhof StaatsR-HdB § 109 Rn. 20 ff.

[4] Zu Einzelheiten der Entwicklung der Gesetzgebung zum Verwaltungsverfahrensrecht Kahl in Hoffmann-Riem/Schmidt-Aßmann, Verwaltungsverfahren und Verwaltungsverfahrensgesetz, S. 67 ff., vgl. auch Gurlit VVDStRL 70 (2011), 227 (229 ff.) mwN.

[5] Kluth DVBl 2021, 1467 ff. Zu den Systemfunktionen der Unterscheidung von Allgemeinem und Besonderen Verwaltungsrecht siehe Kahl/Ludwigs VerwR-HdB/Kahl § 12.

[6] Statt Vieler vgl. die Übersicht bei Pünder JuS 2011, 289 (291): Verfahrensbezogene Verfassungsprinzipien.

[7] Vgl. die beispielhafte Aufzählung bei Hoffmann-Riem/Bäcker GVwR II § 32 Rn. 34.

[8] Zu Erscheinungsformen der Verfahrensprivatisierung Appel GVwR II § 31 Rn. 21 ff.

und Verwaltungsrechts teilweise geschlossen werden.[9] Eine adäquate Regelung kann auf diesem Wege aber nicht bereitgestellt werden. Zudem stellt dieses Regelungsgefälle für die Verwaltung einen Anreiz dar, auf nicht rechtsförmliche und privatrechtliche Handlungsformen auszuweichen.[10] Dies aber geht auf Kosten der Rechtsstellung der betroffenen Bürger.[11] Deshalb sollte der Anwendungsbereich der Verwaltungsverfahrensgesetze ausgedehnt oder ihr allgemeiner Teil durch einige allgemeine Verfahrensgrundsätze ergänzt werden, die auf diese Handlungsformen anzuwenden sind.[12] Das Gleiche gilt für den Fall der Verlagerung von Teilen des Verwaltungsverfahrens auf Private (Einbeziehung als Verwaltungshelfer) sowie die Ermöglichung von Selbstregulierung.[13] Verkürzungen des Anwendungsbereichs folgen zudem aus der Fixierung der Verwaltungsverfahrensgesetze auf Einzelfallentscheidungen (keine allgemeine Regelung der exekutiven Rechtsetzung) sowie auf Maßnahmen mit unmittelbarer Außenwirkung (keine Regelung von Zwischen- und behördeninternen Verfahren).[14]

Im Zentrum des normativen Rahmens stehen die „Drei Säulen" des Verfahrensrechts[15]: die Verwaltungsverfahrensgesetze des Bundes und der Länder, die Abgabenordnung[16] und das SGB X (als Allgemeiner Teil).[17] Daneben finden sich in zahlreichen Einzelgesetzen punktuelle, die allgemeinen Regelungen verdrängende bzw. ergänzende Regelungen, aber zum Teil sind auch vollständige Verfahrensregelungen anzutreffen, wie zB im Bauplanungsrecht und Immissionsschutzrecht.[18] Zudem haben sich in jüngerer Zeit in Gestalt des Vergabe- bzw. Verteilungsverfahrensrechts, des Qualitätssicherungsverfahrensrechts und des Risikoverfahrensrechts neue Typen des Verwaltungsverfahrens entwickelt.[19] Dieser Befund spiegelt den Konflikt zwischen dem Anspruch auf möglichst sachnahe und problemorientierte Regelung in Einzelgesetzen und dem Anspruch auf Vereinheitlichung und größtmögliche Transparenz wieder.[20] 3

[9] Übersicht bei Hufen/Siegel, Fehler im Verwaltungsverfahren, Rn. 685 ff.; vgl. auch Stelkens ZEuS 2004, 129, der europäische Rechtsakte als „Fundgruben" für allgemeine Grundsätze des Verwaltungsverfahrensrechts nutzen und so die Regelungslücken schließen will.

[10] Zum Versuch, dies durch einen „Regelungsvorbehalt" zu verhindern Pauly DVBl 1991, 521 ff.; vgl. auch Fehling GVwR II § 37 Rn. 69 ff.

[11] Zu den Gefahren faktischer Entstaatlichung Appel GVwR II § 31 Rn. 40 ff.

[12] Ähnlich Schmidt-Aßmann GVwR II § 27 Rn. 47, der fordert, die verwaltungsrechtliche Verfahrenslehre „aus ihren historischen und kompetenzrechtlichen Engführungen zu befreien und von einem weiten Verfahrensbegriff auszugehen." Vgl. auch Schliesky, Verwaltungsmodernisierung und Verwaltungsverfahrensrecht FS Bull, 2011, 819 (834), der die Weiterentwicklung des Verfahrens- und Organisationsrechts vorschlägt.

[13] S. dazu Hoffmann-Riem/Schmidt-Aßmann, Verwaltungsverfahren und Verwaltungsverfahrensgesetz/Burgi, S. 155, 174 ff., 188 ff.

[14] Dazu auch Stelkens/Bonk/Sachs/Schmitz VwVfG § 1 Rn. 18, 264 ff.

[15] Dazu Stelkens/Bonk/Sachs/Sachs VwVfG Einleitung Rn. 50 ff.

[16] Dazu eingehend Jakob, Abgabenordnung; Sikorski/Wüstenhofer, Abgabenordnung.

[17] Dazu Schroeder-Printzen, Das soziale Verfahrensrecht des SGB X, 1997.

[18] Übersicht zu den Bemühungen um Rechtsvereinheitlichung bei Stelkens/Bonk/Sachs/Sachs VwVfG Einleitung Rn. 60 ff., § 1 Rn. 259 ff.

[19] Übersicht bei Hoffmann-Riem/Schmidt-Aßmann, Verwaltungsverfahren und Verwaltungsverfahrensgesetz/Voßkuhle, S. 277, 290 ff.; vgl. auch Schmidt-Aßmann/Kaufhold GVwR II § 27 Rn. 77 ff.

[20] Zum Dilemma der Abwägung zwischen beiden Zielen Hufen/Siegel, Fehler im Verwaltungsverfahren, Rn. 71 ff.

4 Auf Bundesebene lassen sich die Bemühungen um eine gesetzliche Regelung des Verwaltungsverfahrens auf die Regierungserklärung der Bundesregierung vom 18.10.1963 zurückführen,[21] in der der Erlass eines Verwaltungsverfahrensgesetzes angekündigt wurde. Auf der Basis eines 1964 veröffentlichten Musterentwurfs sowie eines darauf basierenden Referentenentwurfs kam es zu einer umfassenden Diskussion, die 1970 in einen Gesetzentwurf der Bundesregierung mündete, der jedoch der Diskontinuität zum Opfer fiel.[22] In der neuen Legislaturperiode wurde der Gesetzentwurf erneut eingebracht und nach umfangreichen Beratungen, bei denen auch Stellungnahmen aus Wissenschaft und Praxis Berücksichtigung fanden,[23] am 15.1.1976 verabschiedet.[24] Seitdem wurde das VwVfG mehrfach geändert und zuletzt 2003 neu bekannt gemacht.[25]

5 In den meisten (alten) Bundesländern wurden in den Jahren 1976 und 1977 ebenfalls Verwaltungsverfahrensgesetze erlassen, die mit dem Bundesgesetz weitgehend inhaltlich übereinstimmten oder sogar als bloße Verweisungsgesetze seine Regelungen übernahmen.[26] Bei den Verweisungsgesetzen ist zwischen statischen und dynamischen Verweisungen zu unterscheiden, wobei Letztere verfassungsrechtlichen Bedenken ausgesetzt sind[27] die das Bundesverwaltungsgericht jedoch nicht teilt.[28] Inhaltsgleiche Vollregelungen haben erlassen:

5a
- Baden-Württemberg, BWVwVfG idF der Bek. vom 12.4.2005, GBl. 350, zuletzt geändert durch Art. 1 des Gesetzes vom 28.1.2025, GBl. 8.
- Bayern, BayVwVfG vom 23.12.1976, BayRS 2010-1-I, zuletzt geändert durch § 1 des Gesetzes vom 9.12.2024 und durch § 1 des Gesetzes vom 23.12.2024, GVBl. 599.
- Brandenburg, BbgVwVfG idF der Bek. vom 7.7.2009, GVBl. I/09, Nr. 12, S. 262, zuletzt geändert durch Art. 6 des Gesetzes vom 8.5.2018, GVBl. I/18, Nr. 8, S. 4.
- Hamburg, HmbVwVfG vom 9.11.1977, GVBl. 333, zuletzt geändert durch Gesetz vom 5.5.2025, GVBl. 338.

---

21 Zur vorherigen Entwicklung mit den Stationen österreichisches Bundesgesetz über das allgemeine Verwaltungsverfahren (1925), Landesverwaltungsordnung für Thüringen (1926), Gesetz über das Verwaltungsverfahren und den Verwaltungszwang Bremens (1934), Gesetz über die allgemeine Landesverwaltung im Saarland (1950), Landesverwaltungsgesetz des Landes Baden-Württemberg (1955) sowie Gesetz über das Verfahren der Berliner Verwaltung (1958) s. Kahl in Hoffmann-Riem/Schmidt-Aßmann, Verwaltungsverfahren und Verwaltungsverfahrensgesetz, S. 68 ff. Vgl. auch Schmidt-Aßmann/Kaufhold GVwR II § 27 Rn. 4 ff.

22 BT-Drs. 6/1173; dazu Ule/Laubinger, Verwaltungsverfahrensrecht, § 7 Rn. 3.

23 Dazu Ule/Laubinger, Verwaltungsverfahrensrecht, § 7 Rn. 5. Vgl. auch Quabeck, Dienende Funktion des Verwaltungsverfahrens, S. 21 sowie zu rechtstheoretischen Grundlagen der verwaltungsrechtlichen Diskussion S. 26 ff. Zahlreiche weitere Nachweise bei Gurlit VVDStRL 70 (2011), 227 (229 ff.); Kahl/Ludwigs VerwR-HdB/Gurlit § 109.

24 Gesetz v. 25.5.1976, BGBl. I 1253.

25 BGBl. I 102, zuletzt geändert durch Gesetz v. 20.11.2015, BGBl. I 2010. Zu den jüngeren Entwicklungen und Änderungen des VwVfG s. Stelkens/Bonk/Sachs/Schmitz VwVfG § 1 Rn. 267 ff.; Kahl NVwZ 2011, 449; Schmitz/Prell NVwZ 2009, 1121; Battis BRJ 2011, 41.

26 Stelkens/Bonk/Sachs/Schmitz VwVfG § 1 Rn. 280 ff.

27 Dazu allgemein BVerfGE 67, 363 f.; VerfGH Bayern DVBl 1989, 621.

28 BVerwG NVwZ 2005, 699. S. auch Stelkens/Bonk/Sachs/Sachs VwVfG Einleitung Rn. 47 ff., § 1 Rn. 75 mwN; Pabst NVwZ 2005, 1034.

– Hessen, HessVwVfG idF der Bek. vom 15.1.2010, GVBl. I 18, zuletzt geändert durch Art. 3 des Gesetzes vom 16.2.2023, GVBl. I 78, 81.
– Mecklenburg-Vorpommern, MVVwVfG idF der Bek. vom 6.5.2020, GVOBl. 410, zuletzt geändert durch Art. 1 des Gesetzes vom 11.12.2024, GVOBl. 617.
– Nordrhein-Westfalen, NRWVwVfG vom 21.12.1976, GV NW 438, zuletzt geändert durch Art. 1 des Gesetzes vom 10.12.2024, GV. 1184 (Bekanntmachung der Neufassung vom 12.11.1999, GVBl. 602).
– Saarland, SaarlVwVfG vom 15.12.1976, ABl. 1151, zuletzt geändert durch Art. 4 des Gesetzes vom 13.3.2024, ABl. I 310.
– Schleswig-Holstein, SchlHLVwG idF der Bek. vom 2.6.1992, GVOBl. 243, zuletzt geändert durch Gesetz vom 10.6.2025, GVOBl. 76.

Der Verweisungstechnik bedienen sich: 5b
– Bremen (dynamische Verweisung), BremVwVfG vom 13.3.2024, GBl. 127.
– Berlin (dynamische Verweisung), BlnVwVfG vom 21.4.2016, GVBl. 218, zuletzt geändert durch Art. 2 des Gesetzes vom 10.7.2024, GVBl. 465, 473.
– Niedersachsen (statische Verweisung), NdsVwVfG vom 3.12.1976, GVBl. 311, zuletzt geändert durch Art. 2 des Gesetzes vom 22.9.2022, GVBl. 589.
– Rheinland-Pfalz (dynamische Verweisung), RhPfVwVfG vom 23.12.1976, GVBl. 308, zuletzt geändert durch § 48 des Gesetzes vom 22.12.2015, GVBl. 487.
– Sachsen (dynamische Verweisung), SächsVwVfZG vom 19.5.2010, GVBl. 142, zuletzt geändert durch Art. 1 des Gesetzes vom 8.12.2008, GVBl. 940.
– Sachsen-Anhalt (dynamische Verweisung), LSAVwVfG vom 18.11.2005, GVBl. 698, zuletzt geändert durch Art. 1 des Gesetzes vom 27.2.2023, GVBL. 50.
– Thüringen (dynamische Verweisung), ThürVwVfG vom 2.7.2024, GVBl. 277.

In der DDR war das Verwaltungsrecht, wie auch die übrigen Rechtsbereiche, durch 6 die offizielle Staatsdoktrin des Marxismus-Leninismus geprägt. Das Recht wurde der Politik untergeordnet mit der Folge, dass auch die Verwaltung zum Vollzugsorgan der Staatspartei wurde (Kaderverwaltung).[29] Den Höhepunkt dieser Instrumentalisierung markierte die Babelsberger Konferenz, bei der Walter Ulbricht die Auflösung des Verwaltungsrechts verlangte.[30] Dadurch wurden auch die Bemühungen um ein selbständiges sozialistisches Verwaltungsrecht vereitelt.[31] Zur Herausbildung eines Verwaltungsverfahrensrechts im Sinne des rechtsstaatlichen VwVfG kam es vor diesem Hintergrund nicht. Einen ersten deutlichen Ansatzpunkt hin zu einer rechtsstaatlichen Entwicklung bildete erst das Gesetz über die Zuständigkeit und das Verfahren der Gerichte zur Nachprüfung von Verwaltungsentscheidungen vom 14.12.1988[32] (auch → § 11 Rn. 1 ff.).

Im Rahmen des Einigungsprozesses nach der friedlichen Revolution im November 7 1989 kam es zu einer schrittweisen Annäherung an die Rechtslage auf Bundesebene und in den alten Bundesländern. Der von einer Arbeitsgruppe im DDR-Justizministerium erarbeitete Entwurf eines vorläufigen Verwaltungsverfahrensgesetzes wurde

[29] Bernet DÖV 1991, 185; Stelkens DtZ 1991, 264.
[30] Text bei Pohl in König, Verwaltungsstrukturen der DDR, S. 235 ff.
[31] Bernet Der Staat 29 (1990), 389 (397); Ule LKV 1991, 194 ff.
[32] DDR GBl. I 327; dazu Ule DVBl 1989, 581 (584 ff.); Lörler DÖV 1989, 801.

nicht mehr umgesetzt.[33] Art. 8 EinigVtr ordnete die Geltung des VwVfG des Bundes auch im Bereich der neuen Bundesländer an. Für einen Übergangszeitraum bis zum 31. 12. 1992 wurde die Geltung dieses Gesetzes auch für die Tätigkeit der Landesverwaltungen in den neuen Bundesländern angeordnet.[34] Durch den Erlass eigener Verwaltungsverfahrensgesetze durch die neuen Länder wurde dieser Ausnahmezustand beendet.

II. Die rechtssystematische Stellung des Verwaltungsverfahrensrechts

1. Die Eigenständigkeit des Verwaltungsverfahrens als Ausdruck der Eigenständigkeit der Exekutive

8 Die Verwaltung ist neben Gesetzgebung und Rechtsprechung die dritte eigenständige Staatsfunktion. Sie beruht auf einer zT vom Parlament und der Regierung abgeleiteten, teilweise, wie bei der kommunalen Selbstverwaltung, aber auch originär durch das Volk vermittelten demokratischen Legitimation.[35] Ihr kommt zudem ein selbständiger Gestaltungsauftrag im Staat-Bürger-Verhältnis zu. Verwaltung ist keine bloße Ausführung von Parlamentsgesetzen, wie es die Bezeichnung als vollziehende Gewalt nahelegt, sondern umfasst eine große Vielfalt von Funktionen, die durchweg über ein selbständiges (rechts-) gestalterisches Potential verfügen.[36] Das gilt in besonderer Weise für das Raum- und Fachplanungsrecht (dazu → § 62 Rn. 1 ff.), die Kultur-,[37] Infrastruktur-[38] und Förderverwaltung[39] sowie die zahlreichen Bereiche, in denen staatliche Zukunfts- und Entwicklungsvorsorge[40] gefragt ist. Das Verwaltungsverfahren ist das reguläre Medium, innerhalb dessen diese Gestaltung stattfindet. Es ist deshalb in besonderer Weise auf die rechtliche Bindung der Exekutivgewalt hin ausgerichtet und geordnet. Dabei steht neben der Orientierung an Verfassung und Parlamentsgesetz (einschließlich unionsrechtlicher Vorgaben) vor allem die Einbeziehung des Bürgers (Partizipation), der in den meisten Fällen Adressat oder Betroffener des Verwaltungshandelns ist, im Vordergrund.[41] Das Verwaltungsverfahren hat insofern die Aufgabe, den Diskurs zwischen zwei an sich ungleichen Partnern zu ordnen[42] und durch die Einräumung von Verfahrensrechten die Voraussetzungen für eine annähernde Waffengleichheit herzustellen.[43] Zugleich gilt es, bei der näheren Ausgestaltung des Verwaltungsverfahrens die rechte Mitte zwischen der für die Aufgabenwahrnehmung (Bewirkungsauftrag) wichtigen Verwaltungseffizienz und der für den

[33] Abgedruckt bei Blümel/Bernet, Verwaltungsverfahrensrecht und Verwaltungsprozessrecht, 1990, S. 145 ff.

[34] Stelkens/Bonk/Sachs/Sachs VwVfG Einleitung Rn. 47. Einen Überblick zu Regelungen des öffentlichen Rechts im Einigungsvertrag bietet Lörler NVwZ 1991, 133.

[35] Dazu Böckenförde, Isensee/Kirchhof StaatsR-HdB II, 3. Aufl. 2004, § 24 Rn. 31 ff.; Kluth, Funktionale Selbstverwaltung, 1997, S. 361 ff.

[36] Zum Handlungs- und Gestaltungsauftrag der Verwaltung im Rahmen der Normsetzung und anderer Formen exekutivischer Selbstprogrammierung vgl. Martini GVwR II § 33.

[37] Oppermann, Kulturverwaltungsrecht, 1969; Steiner HdStR IV § 86.

[38] Pielow, Grundstrukturen öffentlicher Versorgung, 2001.

[39] Rodi, Die Subventionsrechtsordnung, 2000, S. 567 ff.

[40] I. Appel, Staatliche Zukunfts- und Entwicklungsvorsorge, 2005.

[41] Kahl/Ludwigs VerwR-HdB/Seckelmann § 112.

[42] Pitschas, Verwaltungsverantwortung, S. 80 ff., 124 ff.

[43] BVerfGE 74, 78 (92); 78, 123 (126); Hufen, Fehler im Verwaltungsverfahren, Rn. 59; Tettinger, Fairness und Waffengleichheit, passim.

Schutzauftrag elementaren Rechtswahrung zu finden.[44] Im Zusammenhang mit der These, dass die Steuerungskraft des Gesetzes nachgelassen hat[45] und komplementär dazu die Gestaltungsaufgaben der Verwaltung zunehmen, haben sich die Gewichte in dieser Abwägung in den letzten Jahren verschoben.[46] Damit verbunden sind neue Anforderungen an das Verwaltungsverfahren, dem im Zusammenhang mit der Stärkung der exekutiven Gestaltungsrechte eine größere Legitimationsfunktion zuwächst.

2. Verfassungsrechtliche Einwirkungen auf das Verwaltungsverfahrensrecht

a) Gesetzesbindung und Rechtsstaatsprinzip

Als medialer[47] Bestandteil des Exekutivhandelns unterliegt das Verwaltungsverfahren 9
sowie das korrespondierende Recht einer umfassenden Verfassungsbindung.[48] Im Vordergrund steht dabei die in Art. 20 III GG begründete Gesetzesbindung der Verwaltung, aus der sich in mehrfacher Hinsicht Vorgaben für die Ausgestaltung des Verwaltungsverfahrens ableiten lassen. Die Gesetzesbindung verlangt zunächst, dass eine Entscheidung der Verwaltung nur dann und nur soweit getroffen werden kann, wie eine gesetzliche Zuständigkeit begründet ist. Bei eingriffsrelevanten Maßnahmen setzt unter dem Gesichtspunkt des Vorbehalts des Gesetzes bereits die Eröffnung und Durchführung eines Verwaltungsverfahrens eine gesetzliche Ermächtigung voraus.[49] Ein gesetzmäßiges Entscheiden und Handeln der Verwaltung setzt weiter eine möglichst genaue und fehlerfreie Sachverhaltsermittlung voraus. Dafür ist die ausreichende und frühzeitige Beteiligung der Betroffenen erforderlich. Untersuchungsgrundsatz, Recht auf Gehör und Recht auf Akteneinsicht folgen insoweit bereits aus der Gesetzesbindung der Verwaltung.[50] Dies gilt insbesondere im Falle von materiellrechtlich nur unvollkommen determinierten Ermessens- und Abwägungsentscheidungen, bei denen dem fehlerfreien Verfahren und der Begründung zentrale Bedeutung auch für die Gewähr der Richtigkeit der Entscheidung zukommen.[51] Überdies ist die Begründung der Verwaltungsentscheidung eine Voraussetzung für die Gewährung effektiven Rechtsschutzes nach Art. 19 IV GG.[52] Diese in erster Linie an den Gesetzgeber gerichteten verfassungsrechtlichen Vorgaben wirken sich auf die Auslegung und Anwendung der korrespondierenden Vorschriften des Verwaltungsver-

[44] Wahl VVDStRL 41 (1983), 151 (159 ff.); zu den Funktionen entscheidungsbezogener Verwaltungsverfahren vgl. auch Gurlit VVDStRL 70 (2011), 227 (238 ff.).

[45] Dazu bereits Grimm, Wachsende Staatsaufgaben – sinkende Steuerungsfähigkeit des Rechts, 1990; vgl. auch Hoffmann-Riem AöR 130 (2005), 5; zum Bedeutungsverlust des VwVfG des Bundes Peine LKV 2012, 1 ff. Die These ist indes empirisch schwach belegt, da es an wissenschaftlich soliden Vergleichen fehlt und in Bezug auf die Vergangenheit eine höhere Steuerungswirkung schlicht unterstellt wird.

[46] Vgl. Martini GVwR II § 33 Rn. 25.

[47] Zum Verwaltungsverfahren als „Medium" der Rechtsverwirklichung s. Wahl VVDStRL 41 (1983), 151 (154).

[48] Zum europäischen Einfluss durch EMRK und EUGR-Charta vgl. Schmidt-Aßmann/Kaufhold GVwR II § 27 Rn. 24 ff.

[49] Ule/Laubinger, Verwaltungsverfahrensrecht, § 1 Rn. 8; zu aktuellen Herausforderungen an Gesetz und Gesetzesvorbehalt vgl. Hoffmann-Riem AöR 130 (2005), 5.

[50] Ule/Laubinger, Verwaltungsverfahrensrecht, § 1 Rn. 9.

[51] Zu diesem Gesichtspunkt BVerfGE 53, 30 (57 f., 65 f.); 73, 280 (296); Grimm NVwZ 1985, 865 ff.; Hoffmann-Riem/Schmidt-Aßmann, Verwaltungsverfahren und Verwaltungsverfahrensgesetz/Schmidt-Aßmann, S. 9, 21 ff.

[52] Ule/Laubinger, Verwaltungsverfahrensrecht, § 1 Rn. 10; Kischel, Die Begründung, 2003, S. 48 ff., 87 ff., 222 ff.; Kahl/Ludwigs VerwR-HdB/Lohse, 2022, § 111.

fahrensrechts aus und sind im jeweiligen Kontext näher zu erörtern. Für einen Rückgriff auf die in Art. 1 I GG garantierte Menschenwürde ist neben diesen für die Wahrung der Rechtsstellung des Bürgers zentralen Ableitungen kein Raum und es besteht insoweit auch kein Bedürfnis.[53]

b) Grundrechtsschutz im und durch Verfahren

10 Besonders thematisiert wird von Rechtsprechung und Lehre zudem der Gedanke des Grundrechtsschutzes durch Verfahren.[54] Daraus wird die Forderung nach einer effektiven, Grundrechtsschutz gewährleistenden Ausgestaltung des Verwaltungsverfahrens abgeleitet. Das Bundesverfassungsgericht betont in diesem Zusammenhang, dass „die Grundrechte nicht nur die Ausgestaltung des materiellen Rechts beeinflussen, sondern zugleich Maßstäbe für eine den Grundrechtsschutz effektuierende Organisations- und Verfahrensgestaltung sowie für eine grundrechtsfreundliche Anwendung vorhandener Verfahrensvorschriften setzen".[55] Die derart grundrechtlich unterfangene Stellung des Bürgers im Verwaltungsverfahren[56] wird in Fortschreibung der herkömmlichen Grundrechtsterminologie auch als status activus processualis bezeichnet.[57] Ob sich jedoch aus den Grundrechten wirksame Direktiven für die Gestaltung des Verwaltungsverfahrens ableiten lassen, die über die aus dem Rechtsstaatsprinzip und der Gesetzesbindung abgeleiteten Grundsätze hinausgehen, ist fraglich und wird heute eher zurückhaltend beurteilt.[58] In der Lehre wird zudem genauer differenziert und zwischen

- Verfahrensrechten, denen selbst Grundrechtscharakter zukommt;
- grundrechtsfeststellenden Verfahren;
- grundrechtsbeschränkenden Verfahren und
- grundrechtsausgestaltenden Verfahren

unterschieden.[59]

11 Neben diesem Grundrechtsschutz im Verfahren wird, wo sich aus Grundrechten keine materiellen Vorgaben ableiten lassen, ein diese Lücke füllender Grundrechtsschutz durch Verfahren postuliert.[60] Diese Forderung zielt auf spezielle Verfahrensregelungen außerhalb der Verwaltungsverfahrensgesetze ab. Bedeutsame Beispiele dafür finden sich im Bereich des Rundfunk- und Medienrechts und im Zusammenhang mit der Kunst- und der Wissenschaftsfreiheit.[61]

---

53 So auch Ule/Laubinger, Verwaltungsverfahrensrecht, § 1 Rn. 7.

54 Grundlegend: Goerlich, Grundrechte als Verfahrensgarantien, passim; Bethge NJW 1982, 1 ff.; zur „Verfahrenseuphorie" der 60er und 70er Jahre und ihrer weiteren Entwicklung Voßkuhle in Burgi/Schönenbroicher, Die Zukunft des Verwaltungsverfahrensrechts, S. 13, 16 ff.; Gurlit VVDStRL 70 (2011), 227 (229 ff.) jeweils mwN.

55 BVerfGE 69, 315 (355); s. weiter BVerfGE 73, 280; 84, 34; Stern, Staatsrecht III/1, 1988, S. 965 ff.

56 Zentrale Elemente dieser Position finden sich auch in Art. 41 GRCh, der ein „Recht auf gute Verwaltung" gewährleistet.

57 Häberle VVDStRL 30 (1972), 43 (80 ff.).

58 Krit. Laubinger VerwArch 73 (1982), 60 (83 ff.); ähnliche Tendenz bei Goerlich, Grundrechte als Verfahrensgarantien, passim; vgl. auch Pünder JuS 2011, 289 (291).

59 Hufen/Siegel, Fehler im Verwaltungsverfahren, Rn. 56.

60 Grundlegend: BVerfGE 53, 30 (65); zusammenfassend: BVerfGE 90, 60 (96); dazu Kluth JA 1994, 279; zum Grundrechtsschutz durch Verfahren vgl. auch Schmidt-Aßmann/Kaufhold GVwR I § 27 Rn. 32 ff. Beachte auch BVerwG NJW 2003, 2696 zu einem verfassungsunmittelbaren Auskunfts- und Informationsanspruch vor Durchführung des Verwaltungsverfahrens.

61 Ausführlich dazu Trute, Die Forschung zwischen grundrechtlicher Freiheit und staatlicher Institutionalisierung; Kluth, Funktionale Selbstverwaltung, 1997, S. 75 ff., 417 ff.

3. Verwaltungsverfahrensrecht und materielles Verwaltungsrecht

Im Verhältnis zum materiellen Verwaltungsrecht wird dem Verwaltungsverfahren eine Hilfsfunktion – oder besser: Komplementärfunktion – zugewiesen. Otto Bachof hat dazu treffend angemerkt: „Das beste materielle Recht taugt wenig, wenn seine Verwirklichung nicht durch ein adäquates Verfahrensrecht gewährleistet wird".[62] Das materielle Recht liefert den Entscheidungsmaßstab, der im Verwaltungsverfahren dem zu ermittelnden Sachverhalt, gegebenenfalls unter Einräumung von Ermessen oder Abwägungsspielräumen, zugeordnet werden muss. Das Verwaltungsverfahren fungiert aber auch als Prozess der Rechtsverwirklichung.[63] So ist in den Fällen eines Verbots mit Erlaubnisvorbehalt oder im Bereich der Leistungsverwaltung die Rechtsverwirklichung an einen Antrag sowie das daran anschließende Verwaltungsverfahren gebunden[64] (vgl. auch → § 60 Rn. 3 ff.). Zwischen dem Verwaltungsverfahrensrecht und dem materiellen Verwaltungsrecht bestehen auch darüber hinaus zahlreiche Berührungspunkte. Das gilt insbesondere für den Verwaltungsakt und den Verwaltungsvertrag sowie die mit ihnen verknüpften Rechtsinstitute, wie zB die Bestandskraft. Die Verwaltungsverfahrensgesetze enthalten deshalb an einzelnen Stellen ausnahmsweise auch annexe bzw. konnexe[65] Regelungen des materiellen Verwaltungsrechts, wie zB die Regelungen über Rücknahme und Widerruf von Verwaltungsakten.[66] Einer genauen Abgrenzung bedarf es überall dort, wo sich im Verfahrensrecht und im materiellen Recht ähnliche Rechtsfolgen einstellen können, wie dies insbesondere bei der Verwirkung[67] (dazu auch → § 37 Rn. 17 ff.) und der Präklusion[68] der Fall ist. Eine gesteigerte Bedeutung für die Sachentscheidung besitzt das Verfahren bzw. das Verfahrensrecht schließlich bei der Ermessensausübung (dazu → § 31 Rn. 31 ff.), bei Abwägungsentscheidungen im Planfeststellungsverfahren (→ § 62 Rn. 3 f.) sowie bei den europarechtlich geprägten Verfahrensvorgaben (dazu → § 58 Rn. 37 ff.). Man kann insoweit von unterschiedlichen Steuerungscharakteristika des materiellen Rechts sprechen (zB im Hinblick auf die kausale oder finale Determinierung der Entscheidungen). 12

Das vom Gesetzgeber und der (wohl) herrschenden Meinung gepflegte Verständnis von der dienenden Funktion des Verwaltungsverfahrensrechts hat dazu geführt, dass überall dort, wo Verwaltungsentscheidungen einer vollen gerichtlichen Kontrolle zugänglich sind, die Verletzung von Verfahrensvorschriften marginalisiert werden.[69] Dies kommt vor allem in §§ 45 II, 46 VwVfG sowie in § 44a VwGO zum Ausdruck.[70] 13

---

[62] Bachof DÖV 1982, 757 ff.

[63] Vertiefend Quabeck, Dienende Funktion des Verwaltungsverfahrens, S. 39 ff. und 52 ff.; Kahl/Ludwigs VerwR-HdB/Gurlit § 109.

[64] Wahl VVDStRL 41 (1983), 151 (153 ff.).

[65] Jochum, Verwaltungsverfahrensrecht und Verwaltungsprozessrecht, S. 85 ff.

[66] Ule/Laubinger, Verwaltungsverfahrensrecht, § 2 Rn. 9.

[67] Dazu Stelkens/Bonk/Sachs/Sachs VwVfG § 53 Rn. 21 ff.; Guckelberger, Die Verjährung im öffentlichen Recht, 2004, S. 498 ff.; Knödler, Mißbrauch von Rechten, selbstwidersprüchliches Verhalten und Verwirkung im öffentlichen Recht, 2000; Blechschmidt, Die Verwirkung behördlicher Befugnisse, 1999.

[68] Stelkens/Bonk/Sachs/Neumann/Külpmann VwVfG § 73 Rn. 87 ff.; Brandt NVwZ 1997, 233 ff.

[69] Zur rechtsgeschichtlichen Entwicklung der dienenden Funktion vgl. Quabeck, Dienende Funktion des Verwaltungsverfahrens, S. 18 ff.; zum Nachrang des Verwaltungsverfahrens, S. 52 ff.

[70] Vertiefend zu den §§ 45, 46 VwVfG Bülow, Die Relativierung von Verfahrensfehlern im Europäischen Verwaltungsverfahren und nach §§ 45, 46 VwVfG, S. 343 ff.

Unter Hinweis darauf, dass verfahrensrechtliche Vorgaben nicht ausschließlich der inhaltlichen Richtigkeitsgewähr dienen, sondern auch die subjektive Rechtsstellung des Bürgers im Verfahren absichern (individualschützende Verfahrensratio) und wesentlich zur Akzeptanz von Entscheidungen beitragen, sind diese Abwertungen des Verfahrensrechts zT heftig und mit überzeugenden Argumenten kritisiert worden.[71] Ein noch größeres Gewicht erhält diese Kritik, wenn die Einflüsse des Unionsrechts in den Blick genommen werden. Anknüpfend an die Rechtstradition einiger EU-Mitgliedstaaten[72] wird dort dem Verfahrensrecht ein größerer Eigenwert beigemessen, unter anderem, weil nicht von einer vollständigen gerichtlichen Kontrolle der Verwaltungsentscheidungen ausgegangen werden kann.[73] Die einheitliche Anwendung unionsrechtlicher Vorgaben steht deshalb überall dort, wo diese deutsches Verfahrensrecht prägen und bestimmen, der Unbeachtlichkeit von Verfahrensverstößen entgegen. Entsprechende Präklusions- und Unbeachtlichkeitsregelungen des deutschen Rechts müssen deshalb bei unionsrechtlich geprägten Verwaltungsverfahren unionsrechtskonform angewandt werden. Dies kann im Konfliktfall bis zur Unanwendbarkeit entsprechender Normen führen.[74]

4. Verwaltungsverfahrensrecht und Verwaltungsorganisationsrecht

14 Eine immer engere Verflechtung ist vor allem im Zusammenhang mit den verschiedenen Modellen der Verwaltungsmodernisierung, insbesondere des Neuen Steuerungsmodells,[75] zwischen Verwaltungsverfahrensrecht und Verwaltungsorganisationsrecht zu gewärtigen. So ergeben sich aus der Umsetzung des Modells des One-Stop-Government (alle für ein Vorhaben bzw. einen Vorgang erforderlichen Verfahrensschritte müssen über eine Stelle der Verwaltung abgewickelt werden können) mannigfaltige Auswirkungen sowohl auf die Organisation als auch das Verfahren.[76] Hier stellt sich die Frage, ob die dabei auftretenden Probleme mit Hilfe des geltenden Verfahrensrechts ausreichend bewältigt werden können, oder ob es dazu der Ausbildung einer neuen Gruppe von Verfahrensrechtsvorschriften bedarf.[77] So stellt sich zB die Frage, in welcher Weise ein sog. Front-Office auf die Verfahrensdurchführung der zugeordneten Back-Offices Einfluss nehmen kann, wie und wo Akteneinsicht zu be-

[71] Hatje DÖV 1997, 477 ff.; Schmidt-Aßmann DVBl 1997, 281 (288); s. auch Jochum, Verwaltungsverfahrensrecht und Verwaltungsprozessrecht, S. 144 ff.

[72] S. dazu exemplarisch die rechtsvergleichende Untersuchung von Ladenburger, Verfahrensfehlerfolgen im französischen und im deutschen Verwaltungsrecht, 1999, der u. a. konstatiert, dass im französischen Recht Verfahrensverstöße sehr viel häufiger absolut sanktioniert werden.

[73] Nehl, Europäisches Verwaltungsverfahren, S. 184 ff.; Schmidt-Aßmann, Verwaltungsrecht, S. 6, 143 ff.

[74] Vertiefend und differenzierend Quabeck, Dienende Funktion des Verwaltungsverfahrens, S. 102 ff.; Burgi/Schönenbroicher, Die Zukunft des Verwaltungsverfahrensrechts/Burgi, S. 31, 37 ff.; Bülow, Die Relativierung von Verfahrensfehlern im Europäischen Verwaltungsverfahren und nach §§ 45, 46 VwVfG, S. 25 ff.

[75] Dazu Burgi/Schönenbroicher, Die Zukunft des Verwaltungsverfahrensrechts/Voßkuhle, S. 13, 21 ff.; krit. zur Neuen Verwaltungsrechtswissenschaft Battis BRJ 2011, 41 (43 ff.).

[76] Allgemein zum Verfahren über eine einheitliche Stelle Kahl/Ludwigs VerwR-HdB/Korte § 119; Burgi/Schönenbroicher, Die Zukunft des Verwaltungsverfahrensrechts/Burgi, S. 31, 34 f.; speziell zur Praxis im Ausländerrecht Bünte/Knödler NVwZ 2010, 1328; Breidenbach ZAR 2010, 385.

[77] Zur Einrichtung einheitlicher Ansprechpartner in den Bundesländern Luch/Schulz GewArch 2010, 225; zu Problemen des Wissensmanagements im verwaltungsebenenübergreifenden One-Stop-Government Lucke in Schliesky, Die Umsetzung der EU-Dienstleistungsrichtlinie in der deutschen Verwaltung, Teil II, S. 185.

antragen und zu gewähren ist usw.[78] Die in §§ 71a bis 71e VwVfG eingefügten Regelungen zum Verfahren über eine einheitliche Stelle beantworten diese Fragen nur zum Teil. Da Zuständigkeitsfragen dem Organisationsrecht zugeordnet sind, kommt es hier zu einer engen Verzahnung beider Rechtsmaterien.

In vieler Hinsicht klärungsbedürftig ist weiterhin die verfahrensrechtliche Bewältigung der Kooperation der Öffentlichen Verwaltung mit Privaten im hoheitlichen Bereich.[79] Dies betrifft insbesondere die Einbeziehung privaten Sachverstandes in behördliche Verfahren, wie sie zB § 4b BauGB grundsätzlich zulässt. Die organisatorische Entscheidung, Teile der in einem Verwaltungsverfahren zu erledigenden Aufgaben durch Private erbringen zu lassen, ist in Gestalt des Vergaberechts bisher nur partiell verfahrensrechtlich geregelt worden. Dabei stehen zudem haushalts- und wettbewerbsrechtliche Zielsetzungen im Vordergrund. Offen und in vieler Hinsicht unklar ist etwa die Geltung der Befangenheitsvorschriften für die Handlungen der einbezogenen Privaten.[80] Die zunehmende Öffnung des Organisationsrechts für Kooperationen mit Privaten (dazu → § 59 Rn. 55 ff.) verlangt eine entsprechende Weiterentwicklung des Verfahrensrechts. 15

5. Verwaltungsverfahren und Haushaltsverfahrensrecht

Wenig Beachtung hat die Wechselwirkung zwischen dem an der Sachentscheidung orientierten Verwaltungsverfahrensrecht und dem am Maßstab der Wirtschaftlichkeit orientierten Haushaltsverfahrensrecht gefunden. Die enge Wechselwirkung zwischen beiden Bereichen im Reformkonzept des Neuen Steuerungsmodells,[81] das u. a. auf den Gedanken einer dezentralen Ressourcenbewirtschaftung beruht, hat hier zu einem Umdenken geführt, das sich aber in der wissenschaftlichen Betrachtung noch nicht durchgesetzt hat.[82] Aus externer, wettbewerbsrechtlicher Veranlassung hat sich das Vergaberecht entwickelt und etabliert (dazu → § 59 Rn. 71 ff.). Darüber hinaus fordert die enge Verzahnung der die Verfahrensgestaltung einschließenden Organisationsgewalt, der Personalgewalt, der Sachentscheidungsgewalt und der Haushaltsgewalt als den zentralen Bestandteilen der exekutiven Leitungsgewalt[83] auch in herkömmlichen Organisationsstrukturen eine stärkere Berücksichtigung dieser Wechselwirkung. Haushaltsverfahrensrecht und (sonstiges) Verfahrensrecht können nicht länger als zwei streng getrennte Rechtsbereiche behandelt werden. Beide sind Garanten eines rationalen Verwaltungshandelns.[84] 16

[78] Zu Haftungsfragen bezügl. des einheitlichen Ansprechpartners Carra/Windoffer LKRZ 2011, 16; zu Problemen des Datenschutzes Petersen LKV 2010, 344; zur Vereinbarkeit mit dem Wirtschaftlichkeitsprinzip bei einfach gelagerten Verfahren Eisenmenger GewArch 2012, 192 (194 f.).

[79] Aus der Literatur vgl. nur beispielhaft Lämmerzahl, Die Beteiligung Privater an der Erledigung öffentlicher Aufgaben; Burgi HbdStR § 75; Appel GVwR II § 31 jeweils mwN.

[80] Hoffmann-Riem/Schmidt-Aßmann, Verwaltungsverfahren und Verwaltungsverfahrensgesetz/Burgi, S. 155, 179 ff.; Scholl, Der private Sachverständige im Verwaltungsrecht, 2005.

[81] S. dazu Wolff/Bachof/Stober/Kluth VerwR II § 80 Rn. 177 ff.

[82] So auch Schmidt-Aßmann, Verwaltungsrecht, S. 6, 169 ff.; Schmidt-Aßmann/Kaufhold GVwR II § 27 Rn. 62; zum Haushaltsverfahrensrecht Gröpl, Haushaltsrecht und Reform, 2001, 359 ff.; Quabeck, Dienende Funktion des Verwaltungsverfahrens, S. 248 ff.

[83] Dazu eingehend Wolff/Bachof/Stober/Kluth VerwR II § 83 Rn. 146 ff.

[84] So Schmidt-Aßmann, Verwaltungsrecht, S. 6, 172.

6. Verwaltungsverfahrensrecht und Verwaltungsprozessrecht

17 Vielfältige Wechselwirkungen bestehen schließlich zwischen dem Verwaltungsverfahren und dem Verwaltungsprozessrecht.[85] Dies gilt namentlich für das Vor- oder Widerspruchsverfahren, das zunächst einmal Verwaltungsverfahren ist, durch §§ 68 ff. VwGO aber auch prozessrechtlich ausgestaltet ist (zu Einzelheiten → § 63 Rn. 1 ff.). Zu weit geht es aber, dem Verwaltungsverfahren eine Substitutionsfunktion zuzuschreiben.[86] Darüber hinaus haben die jüngeren Reformen des Verwaltungsverfahrensrechts durch die zeitliche Erstreckung der Heilungsmöglichkeiten in den Verwaltungsprozess (siehe insbesondere § 114 S. 2 VwGO) sowie die Einführung zunehmend restriktiver Fehlerfolgenregelungen für den Fall der Missachtung von Verfahrensvorschriften das Verhältnis beider Regelungsbereiche neu und zT in problematischer Art und Weise ausgerichtet.[87] Hervorzuheben ist zudem § 44a VwGO, der die Rechtsschutzmöglichkeiten gegenüber behördlichen Verfahrenshandlungen beschränkt.[88]

7. Auswirkungen der Nutzung elektronischer Kommunikationsmedien – Electronic Government

Schrifttum: Boehme-Neßler NVwZ 2001, 374: Electronic Government; Borges NJW 2010, 3334: Der neue Personalausweis und der elektronische Identitätsnachweis; Burgard AcP 195 (1995), 74: Das Wirksamwerden empfangsbedürftiger Willenserklärungen im Zeitalter moderner Telekommunikation; Eifert, Electronic Government, 2006; Fischer-Dieskau, Das elektronisch signierte Dokument als Mittel zur Beweissicherung, 2006; FS 50 Jahre BVerwG, 2003/Schmitz, S. 677 ff.: Änderungen des Verwaltungsverfahrensrechts durch moderne Informationstechniken; Groß VerwArch 2004, 400: Die Informatisierung der Verwaltung; Guckelberger, Öffentliche Verwaltung im Zeitalter der Digitalisierung, 2019; Heckmann/Albrecht ZRP 2013, 42: Das Gesetz zur Förderung der elektronischen Verwaltung: Anmerkungen zu E-Government und Technikneutralität; Herrmann/Stöber NVwZ 2017, 1401: Das Onlinezugangsgesetz des Bundes; Hoffmann-Riem/Schmidt-Aßmann VerwVerfG/Britz, S. 213: Reaktionen des Verwaltungsverfahrensrechts auf die informationstechnischen Vernetzungen der Verwaltung; Hoffmann-Riem/Schmidt-Aßmann, Verwaltungsrecht in der Informationsgesellschaft, 2000; Kahl/Ludwigs VerwR-HdB/Schliesky, § 113: Digitalisierung des Verwaltungsverfahrens; v. Ondarza, Digitale Signaturen und die staatliche Kontrolle von „Fremdleistungen“, 2001; Petersen, Die Rechtsprobleme des E-Government: Der weite Weg zur elektronischen Verwaltung, 2014; Prell NVwZ 2013, 1514: Das E-Government-Gesetz des Bundes: Revolution der elektronischen Verwaltung bei der Schriftformsetzung?; Ramsauer/Frische NVwZ 2013, 1505: Das E-Government-Gesetz; Roßnagel NJW 2003, 469: Das elektronische Verwaltungsverfahren; Roßnagel DÖV 2001, 221: Die elektronische Signatur im Verwaltungsrecht; Roßnagel NJW 2013, 2710: Auf dem Weg zur elektronischen Verwaltung – Das E-Government-Gesetz; Roßnagel/Wilke NJW 2006, 2145: Die rechtliche Bedeutung gescannter Dokumente; Schlatmann LKV 2002, 489: Verwaltungsverfahrensrecht und elektronischer Rechtsverkehr; Schliesky NVwZ 2003, 1322: Auswirkungen des E-Government auf Verfahrensrecht und kommunale Verwaltungsstrukturen; Schliesky, Die Umsetzung der EU-Dienstleistungsrichtlinie in der deutschen Verwaltung, 2008; Schliesky, Verfahren, Prozesse, IT-Umsetzung, 2009; Schliesky DVP 2013, 420: E-Government durch Recht; Schmitz/Schlatmann NVwZ 2002, 1281: Elektronische Kommunikation in der öffentlichen Verwaltung; Schürmeier, Rechtskonformes E-Government in der Hochschule, 2012; Siegel VerwArch 2014, 241: Der virtuelle Verwaltungsakt; Siegel DÖV 2018, 185: Auf dem Weg zum Portalverbund; Starke LKV 2010, 358: Auswirkungen des elektronischen Rechtsverkehrs auf Rechtsbehelfs- und Rechtsmittel-

---

85 Umfassend dazu Jochum, Verwaltungsverfahrensrecht und Verwaltungsprozessrecht.

86 So aber die Tendenz bei Schwarze, Der funktionale Zusammenhang von Verwaltungsverfahrensrecht und verwaltungsgerichtlichem Rechtsschutz, S. 61 ff.; ablehnend Schoch VerwArch 1992, 21 (29).

87 Zu Einzelheiten Bonk NVwZ 1997, 320 ff.; Schmitz NJW 1998, 2866 ff.

88 Dazu ausführlich und mit Nachweisen Sodan/Ziekow/Ziekow VwGO § 44a Rn. 1 ff.; Roßnagel JuS 1994, 927.

belehrungen; Voßkuhle/Eifert/Möllers GVwR/Britz/Eifert, § 26: Digitale Transformation und Verwaltung.

a) Allgemeine Einordnung und Dimensionen

Eine Vielzahl neuer Praktiken aber auch rechtlicher Anforderungen ist für die öffentliche Verwaltung mit der Nutzung elektronischer Kommunikationsmedien (Informations- und Kommunikationstechnik = IuK-Technik) verbunden. Die neuen Techniken erleichtern Verwaltung und Bürger in vielen Fällen die Kommunikation und tragen insoweit zur Effizienzsteigerung bei.[89] Fehlt es an technischen Einrichtungen oder Sachverstand oder sind die technischen Standards ungeklärt oder verschieden, so kann der Zugang zur Kommunikation aber auch verhindert oder erschwert werden.[90] Dies alles muss bei der Entscheidung für digitalisiertes Verwaltungshandeln oder Electronic Government[91] beachtet werden. Dabei ist es sinnvoll, zwischen vier Dimensionen zu unterscheiden: 18

- Dem Einsatz von IuK-Technik für die Kommunikation zwischen Verwaltung und Bürger;
- der Neuorganisation (Bündelung) der Außenbeziehungen der Verwaltung zum Bürger (insbesondere One-Stop-Government. dazu auch §§ 71a ff. VwVfG und durch Portale[92]);
- der Veränderung der verwaltungsinternen Arbeitsweise und Abläufe durch IuK-Technik;
- den Auswirkungen der IuK-Technik auf die Verfügbarkeit verwaltungsinternen Wissens.[93]

Aus verwaltungsverfahrensrechtlicher Perspektive ist die Nutzung elektronischer Kommunikationsmedien so lange grundsätzlich unproblematisch, wie es um informales Verwaltungshandeln geht, wie dies zB bei den Stadtinformationssystemen der Fall ist.[94] Anders verhält es sich, sobald es um formale Verwaltungsverfahren geht, die dem VwVfG oder anderen Verfahrensgesetzen unterliegen. Dabei steigen die rechtlichen Anforderungen an die Zulassung und den Gebrauch elektronischer Kommunikationsmedien proportional zum Grad der Formalisierung der betreffenden Verwaltungsverfahren. 19

Vor diesem Hintergrund hat die Verwendung elektronischer Handlungs- und Kommunikationsformen inzwischen normative Berücksichtigung in den Verwaltungsverfahrensgesetzen des Bundes und der Länder gefunden. Nach einer anfänglich eher zurückhaltenden Lösung[95] hat der Gesetzgeber 2013 das E-Government-Gesetz 20

[89] Ausführlicher Eifert, Electronic Government, S. 33 ff.; zum Cloud Computing in der Öffentlichen Verwaltung Schulz MMR 2010, 75; zum neuen Personalausweis und elektronischen Identitätsnachweisen Borges NJW 2010, 3334.

[90] Ausführlicher Britz/Eifert GVwR I § 26 Rn. 8 ff.; zur historischen Entwicklung des Einsatzes von IuK-Technik in der Verwaltung Britz/Eifert GVwR I § 26 Rn. 15 ff.; Guckelberger, Öffentliche Verwaltung im Zeitalter der Digitalisierung, 2019, S. 18 ff.

[91] Zum Begriff Electronic Government Britz GVwR II § 26 Rn. 2 ff.

[92] Dazu dient das Onlinezugangsgesetz; siehe Hermann/Stöber NVwZ 2017, 1401.

[93] Britz, Reaktionen des Verwaltungsverfahrensrechts, S. 213, 217.

[94] Ausführlicher Britz/Eifert GVwR I § 26 Rn. 21 ff.

[95] Vgl. dazu das dritte Verwaltungsverfahrensänderungsgesetz v. 21.8.2002, BGBl. I 3322; dazu Roßnagel NJW 2003, 469. Eine Kluft zwischen faktischer Elektronifizierung und rechtsstaatlicher Sicherung beklagte noch Eifert, Electronic Government, S. 164.

(EGovG)[96] beschlossen. Ziel des Gesetzes ist es, die elektronische Kommunikation mit der Verwaltung zu erleichtern und Bund, Länder und Kommunen zu ermöglichen, einfache, nutzerfreundliche und effizientere Verwaltungsdienste anzubieten.[97] Dazu hat er die bereits in § 3a VwVfG platzierte allgemeine Regelung über die Verwendung elektronischer Kommunikation durch weitere Möglichkeiten der Schriftformersetzung erweitert und in dem EGovG die Rahmenbedingungen geschaffen, unter denen die Behörden des Bundes und der Länder eine elektronische Kommunikation aufbauen und betreiben können. Daneben bestehen eine Reihe von Spezialregelungen im Zusammenhang mit den einzelnen Handlungsformen und Verfahrenshandlungen. Entsprechende, inhaltlich nur geringfügig abweichende, Regelungen finden sich in § 36a SGB I sowie in § 87a AO. Für das korrespondierende Verwaltungsprozessrecht finden sich die zentralen Regelungen in §§ 55a f. VwGO.[98]

b) Regelungen der Verwaltungsverfahrensgesetze und des EGoVG

21 Im Zentrum steht die Regelung der so genannten Zugangseröffnung.[99] Nach § 3a I VwVfG ist die Übermittlung elektronischer Dokumente nämlich nur dann zulässig, „soweit der Empfänger hierfür einen Zugang eröffnet“. Für Behörden gilt der Grundsatz der Freiwilligkeit, soweit keine sondergesetzlichen Vorschriften etwas anderes bestimmen: Für den Bürger besteht insoweit (noch) kein allgemeiner Zwang zur Nutzung moderner Kommunikationstechniken.[100] Wann ein Zugang eröffnet ist, wird indes für Verwaltung und Bürger an unterschiedliche Voraussetzungen bzw. Tatbestände geknüpft.

22 Nach § 2 I EGovG ist jede Behörde iSv § 1 EGovG verpflichtet, auch einen Zugang für die Übermittlung elektronischer Dokumente zu eröffnen, auch soweit diese Dokumente mit einer qualifizierten elektronischen Signatur versehen ist. Danach hat jeder Bürger einen Anspruch gegenüber jeder Behörde, ihr seine Dokumente elektronisch zu übermitteln. Die Zugangseröffnung kann dadurch erfolgen, dass die Behörde ein E-Mail-Postfach bereitstellt; ebenso möglich sind aber auch die Einrichtung eines elektronischen Gerichts- und Verwaltungspostfachs und andere Verfahren (zB das sog. Elsterverfahren oder spezielle Portallösungen).[101] Ferner verpflichtet § 2 EGovG die Behörden des Bundes, die Instrumente zu nutzen, die nach dem VwVfG in der Lage sind, die Schriftform zu ersetzen: So muss jede Behörde in der Lage sein, qualifizierte signierte Dokumente zu empfange und zu prüfen.[102] Nach § 2 II EGovG sind Behörden des Bundes zusätzlich verpflichtet, den elektronischen Zugang zusätzlich durch eine De-Mail-Adresse iSd § 3 De-MailG zu eröffnen. Daneben verpflich-

[96] Gesetz zur Förderung der elektronischen Verwaltung sowie zur Änderung weiterer Vorschriften v. 25.7.2013, BGBl. I 2749, zuletzt geändert durch G. v. 19.7.2024, BGBl. 2024 I Nr. 245.

[97] BT-Drs. 17/11473, 2.

[98] Allgemein zur elektronischen Kommunikation in der Justiz Viefhues NJW 2005, 1009; Hähnchen NJW 2005, 2257.

[99] Zum Streit über die Geltung eines Gesetzesvorbehalts für die Einführung elektronischen Verwaltungshandelns Eifert, Electronic Government, S. 43 ff.

[100] Kopp/Ramsauer VwVfG § 3a Rn. 8a; Stelkens/Bonk/Sachs/Schmitz/Prell VwVfG § 3a Rn. 10. Anders § 23 TEHG, der im Bereich des Emissionshandels den zuständigen Behörden erlaubt, die elektronische Kommunikation verbindlich vorzuschreiben. Dazu Klinski in Landmann/Rohmer UmweltR TEHG § 23 Rn. 10 f.

[101] BT-Drs. 17/11473, 33.

[102] Roßnagel NJW 2013, 2710 (2712).

tet § 2 III EGovG jede Behörde des Bundes, in Verwaltungsverfahren in denen sie die Identität einer Person aufgrund einer Rechtsvorschrift festzustellen hat oder aus anderen Gründen eine Identifizierung für notwendig erachtet, einen elektronischen Identitätsnachweis nach § 18 PAauswG anzubieten. Damit Bürger und Geschäftsbetriebe darüber informiert sind, wie sie elektronische Verwaltungsverfahren durchführen können, stellt jede Behörde nach § 3 I EGovG über öffentlich zugängliche Netze in allgemein verständlicher Sprache Informationen über ihre Aufgaben, ihre Anschrift, ihre Geschäftszeiten sowie postalische, telefonische und elektronische Erreichbarkeit zur Verfügung.

Für die Zugangseröffnung im Rahmen eines ständigen Geschäftsbetriebs (zB Geschäftsleute, Rechtsanwälte etc) gelten die gleichen Anforderungen wie für die Verwaltung.[103] Auf Seiten des „einfachen" Bürgers hingegen werden an die Zugangseröffnung höhere Anforderungen gestellt; insbesondere reicht die Angabe einer E-Mail-Adresse auf einem Briefkopf oder die Zusendung einer E-Mail an die Behörde alleine nicht aus, weil es an einer entsprechenden Verkehrsanschauung fehlt, die eine dahingehende Interpretation trägt. Durch das Wort „auch" in § 2 I EGovG wird das sog. Multikanalprinzip abgesichert. Das heißt, dass eine Behörde nicht ausschließlich elektronisch erreichbar sein darf, sondern den Zugang für papierbasierte Zugänge nach wie vor offenhalten muss.[104] Demnach erweitert das EGovG lediglich die Möglichkeit des Bürgers, wie er mit der Verwaltung in Kontakt treten möchte. Weiterhin besteht keine Verpflichtung des Bürgers, elektronische Dokumente entgegenzunehmen. 23

Ist auf beiden Seiten der Zugang eröffnet, so können im Rahmen eines Verwaltungsverfahrens Dokumente elektronisch übermittelt werden. Dass davon in der Praxis bislang nur sehr begrenzt Gebrauch gemacht wird, hängt damit zusammen, dass überall dort, wo durch eine Rechtsvorschrift Schriftform angeordnet ist, die weitergehenden Anforderungen des § 3a II VwVfG zu beachten sind. 24

Ziel des § 3a II VwVfG ist es, die Funktionsäquivalenz zur Schriftform bei der Verwendung elektronischer Kommunikationsformen zu garantieren.[105] Die zu stellenden Anforderungen erschließen sich deshalb aus den verschiedenen Funktionen des Schriftformerfordernisses. Hier kann zwischen der Abschlussfunktion (es wird das Ende der Erklärung zum Ausdruck gebracht), der Perpetuierungsfunktion, der Identitätsfunktion, der Echtheitsfunktion, der Beweisfunktion und der Warnfunktion (Hinweis auf die Verbindlichkeit der Erklärung) unterschieden werden.[106] Um alle diese Funktionen zu gewährleisten, sind erhebliche technische und finanzielle Aufwendungen erforderlich. Für die Anwendbarkeit elektronischer Signaturverfahren für das E-Government ist neben der Bereitstellung geeigneter technischer Verfahren auch die Bereitschaft der Behörden sicherzustellen, dass elektronische Signaturen anerkannt werden. Das SigG (Gesetz über Rahmenbedingungen für elektronische 25

[103] Stelkens/Bonk/Sachs/Schmitz/Prell VwVfG § 3a Rn. 15; Hoeren/Sieber, Handbuch Multimedia-Recht, Teil 28.1, B.I.1, Rn. 10; vgl. auch BT-Drs. 14/4987, 11.

[104] BT-Drs. 17/11473, 34.

[105] Detailliert zu Mündlichkeits- und Schriftformerfordernissen, die die signierte elektronische Form nicht zulassen Britz GVwR II § 26 Rn. 53 ff.; zur öffentlich-rechtlichen Schriftform und der Kommunikation via E-Postbrief Luch/Tischer DÖV 2011, 598.

[106] Vgl. VGH Kassel NVwZ-RR 2006, 377; BVerwG NVwZ 2011, 364.

Signaturen v. 16.5.2001, BGBl. I 876) definierte die Vorgaben, unter welchen Voraussetzungen elektronische Signaturen im Vergleich zur eigenhändigen Unterschrift als hinreichend sicher angesehen werden konnten. Inzwischen ist das SigG durch das VDG (Vertrauensdienstegesetz v. 18.7.2017, BGBl. I 2745) ersetzt worden. Es führt die eIDAS-VO (VO (EU) 910/2014 v. 23.7.2014, ABl. 2014 L 257, 73) aus. Die eIDAS-VO soll den Rechtsrahmen für elektronische Signaturen weiter entwickeln.[107] Unter welchen Voraussetzungen im Verwaltungsverfahren elektronische Signaturen den handschriftlichen gleichgestellt werden, ist durch die vorliegende Fassung des Verwaltungsverfahrensgesetzes bestimmt.

26 Die eIDAS-VO definiert elektronische Signaturen als „Daten in elektronischer Form, die anderen elektronischen Daten beigefügt oder logisch mit ihnen verbunden werden und die der Unterzeichner zum Unterzeichnen verwendet" (Art. 3 Nr. 10 eIDAS-VO). Dazu würde es zB genügen, einem elektronischen Dokument bzw. einer Willensbekundung den Namen oder die eingescannte Unterschrift des Bekundenden anzufügen. Eine solche elektronische Signatur ist aber nicht gegen Fälschungen geschützt. Sie kann kopiert und anderen Dokumenten angefügt werden. Höheren Sicherheitsanforderungen genügen die fortgeschrittenen elektronischen Signaturen, mit denen die Identität des Unterzeichners bestätigt und geprüft werden kann, ob das unterschriebene Dokument nachträglich verändert worden ist, ohne dass aber zB Anforderungen an das Verfahren der Identifizierung und der Übergabe der Signaturkarte an die richtige Person bestehen. Noch höheren Ansprüchen genügt die qualifizierte elektronische Signatur. Zusätzlich zu den Anforderungen einer fortgeschrittenen Signatur bedarf sie eines zum Zeitpunkt ihrer Erzeugung gültigen qualifizierten Zertifikats. Außerdem muss ihre Erzeugung besonderen, in der eIDAS-VO näher beschriebenen Sicherheitsanforderungen entsprechen. Die Zertifikate sind elektronische Bescheinigungen, mit denen Signaturprüfschlüssel einer Person zugeordnet und die Identität dieser Person bestätigt wird. Die Zertifikate gelten als qualifiziert, wenn sie den inhaltlichen Anforderungen der eIDAS-VO genügen und von Zertifizierungsdiensteanbietern ausgestellt werden, die ebenfalls besonderen gesetzlichen Ansprüchen genügen müssen. Der genaue Inhalt qualifizierter Zertifikate wird in Art. 28 eIDAS-VO iVm der Anlage zur eIDAS-VO geregelt. Zertifizierungsanbieter benötigen für ihre Tätigkeit keine Genehmigung, müssen diese jedoch bei der Regulierungsbehörde für Telekommunikation und Post (RegTP) anzeigen. Auf Antrag können sich die Zertifizierungsanbieter bei der RegTP akkreditieren lassen. Dazu ist von einer Bestätigungsstelle zu prüfen, ob der Zertifizierungsanbieter alle Anforderungen der eIDAS-VO erfüllt. Qualifizierte elektronische Signaturen mit Anbieterakkreditierung stellen somit einen Sonderfall der qualifizierten elektronischen Signatur dar, der die höchsten Anforderungen erfüllt. Solche Zertifikate müssen noch 30 Jahre nach Ende der Gültigkeit online prüfbar sein. Dies wird durch die Regulierungsbehörde auch dann sichergestellt, wenn der akkreditierte Anbieter seine Tätigkeit inzwischen eingestellt hat.

27 Das Gesetz erlaubt auch die Signierung mit einem Pseudonym. § 3a II 3 VwVfG verlangt in diesem Fall jedoch, dass die Identifizierung der Person des Signaturschlüsselinhabers möglich sein muss. Da die qualifizierte Signatur sich nur wenig verbreitet

[107] BT-Drs. 18/12494, 1.

hat, stellt der neu gefasste § 3a III VwVfG **weitere Möglichkeiten** der Ersetzung der Schriftform bereit.

Elektronische Kommunikation ist immer wieder dem Problem abweichender technischer Standards der Kommunizierenden ausgeliefert. Abweichungen bei technischen Standards können die Lesbarkeit von Dokumenten beeinträchtigen bzw. unmöglich machen.[108] Für derartige Fälle hat der Gesetzgeber in § 3a IV VwVfG Vorsorge in Gestalt einer (gegenseitigen) Unterrichtungs- und (technischen) Anpassungspflicht getroffen.[109] Diese Regelung bleibt aber ohne Einfluss auf den Zugang und die Einhaltung von gesetzlichen Fristen. Das bedeutet im Ergebnis, dass auch bei der elektronischen Kommunikation für die Fristwahrung der Zugang eines für den Empfänger lesbaren Dokuments in dessen Herrschaftsbereich erforderlich ist.[110] Kleine Umständlichkeiten, wie etwa Übertragungsfehler bei Umlauten, schließen die Lesbarkeit eines Dokuments nicht aus.[111] 28

Ebenfalls durch die technischen Standards beeinflusst sind die Anforderungen an die langfristige Sicherung der Beweisfunktion von digital verfassten und signierten Dokumenten. Sofern hierfür Bedarf besteht, sind gem. § 15 VertrauensdiensteG qualifiziert elektronisch signierte, gesiegelte oder zeitgestempelte Daten durch geeignete Maßnahmen neu zu schützen, bevor der Sicherheitswert der vorhandenen Signaturen, Siegel oder Zeitstempel durch Zeitablauf geringer wird. Die neue Sicherung muss nach dem Stand der Technik erfolgen. 29

c) Auswirkungen auf die Arbeitsabläufe der Verwaltung

Die Einführung elektronischer Kommunikationsmedien in der Außenkommunikation ist vor allem dann effizient, wenn zugleich auch die verwaltungsinternen Abläufe entsprechend angepasst werden. Die elektronische Akte bzw. der elektronische Verwaltungsvorgang ist damit die konsequente Folge einer solchen Modernisierung.[112] Für die Verwaltung bedeutet dies jedoch nicht lediglich einen Medienwechsel. Vielmehr sind durch die damit neu eröffneten Zugriffs- und Bearbeitungsmöglichkeiten zahlreiche Folgefragen und -probleme verbunden.[113] Soweit sich diese auf einzelne normierte Verfahrenshandlungen, wie etwa das Akteneinsichtsrecht nach § 29 VwVfG, beziehen, wird darauf im jeweiligen Zusammenhang eingegangen. An dieser Stelle sind einige übergreifende Fragen anzusprechen. 30

---

[108] Ausführlicher Britz/Eifert GVwR I § 26 Rn. 56 ff.

[109] Zu den Auswirkungen auf die Anforderungen an Rechtsbehelfsbelehrungen vgl. Starke LKV 2010, 358.

[110] AA Eifert, Electronic Government, S. 69: Zugang auch bei nicht lesbarem Dokument, wenn der Empfänger dem Absender nichts Abweichendes mitteilt. Differenziert werden soll aber bei der Wirksamkeit der abgegebenen Erklärung; vgl. auch VG München BeckRS 2011, 47691, „Funktionsfähigkeit des eigenen technischen Gerätes fällt in den Verantwortungsbereich des Empfängers."

[111] Schmitz/Schlatmann NVwZ 2002, 1281 (1285).

[112] Dazu Schürmeier, Rechtskonformes E-Government in der Hochschule, S. 210 ff.; Johannes, Voraussetzungen für die elektronische Akte, Städte- und Gemeinderat 2015, Heft 4, S. 13 f.

[113] Übersicht zu „Visionen" bei Boehme-Neßler NVwZ 2001, 374 (379); Britz, Reaktionen des Verwaltungsverfahrensrechts, S. 213, 243 ff.; zu praktischen Problemen und Lösungsvorschlägen vgl. Arbeitsgruppe „Elektronische Verwaltungsakte", Anforderungen der Verwaltungsgerichtsbarkeit an die Führung elektronischer Verwaltungsakten – eine Orientierungshilfe, JurPC Web-Dok. 66/2011, Abs. 1–73.

31 Werden eine Akte bzw. das zugehörige Verwaltungsverfahren elektronisch geführt, so ermöglicht dies bei entsprechender Abspeicherung an einem allgemein zugänglichen Speicherort (Server) den simultanen bzw. parallelen Zugriff durch mehrere (zuständige) Mitarbeiter, die bei einer herkömmlichen Papierakte nur nacheinander auf die Akte zugreifen könnten. Es bedarf deshalb einer besonderen Koordination sowohl der Zugriffsrechte als auch der Abfolge von Bearbeitungsschritten. Veränderungen des Akteninhalts müssen dokumentiert[114] und ggf. anderen Bearbeitern leicht erkennbar gemacht werden (Geschäftsgangvermerke etc). Moderne Softwareprodukte bieten dafür die entsprechenden Einstellungsmöglichkeiten.

32 Probleme treten auf, wenn nicht alle Dokumente in elektronischer Form vorliegen oder es aus anderen Gründen zu Medienbrüchen[115] kommt (hybride Akte). In diesen Fällen muss zur Vermeidung einer doppelten Aktenführung und Verstößen gegen den Grundsatz der Aktenwahrheit und -vollständigkeit[116] nach einer Ansicht eine konsequente Entscheidung für eine Art der Aktenführung getroffen werden;[117] nach anderer, vorzugswürdiger Ansicht[118] reicht es aus, wenn beide Aktentypen miteinander verknüpft und einheitlich verwaltet werden.

33 Weniger rechtliche als vielmehr praktische Probleme sind mit dem Umstand verbunden, dass sich bei der Kommunikation mit E-Mails ein Trend zur Entformalisierung beobachten lässt. Dies betrifft nicht nur die Form der Textgestaltung und die Sprache, sondern auch die Ignorierung von Hierarchien (Dienstweg) und Verbindlichkeiten, die für den schriftlichen Verkehr zwischen Bürger und Behörde, aber auch innerhalb und zwischen Behörden normalerweise Beachtung finden. Solange es sich um informale Verfahrensweisen handelt, mag dies hinzunehmen sein. Bei förmlichen Verwaltungsverfahren muss indes auf die genaue Beachtung der auch insoweit geltenden Verfahrens- und Formvorschriften geachtet werden, da ihnen auch unterhalb der Schwelle einer zwingenden Verfahrensnorm eine legitimatorische Funktion zukommt.[119]

34 Benutzt einer Verwaltungsbehörde für bestimmte Verfahren eine spezielle Software, die den Verfahrens- und Kommunikationsablauf strukturiert und steuert (durch Vorgabe der Abfolge von Verfahrensschritten oder Beschränkungen der Informationserfassung durch Datenfelder etc), so handelt es sich um einen Fall der Verfahrenssteuerung, der dem Erlass von Verwaltungsvorschriften gleichsteht. Dementsprechend muss die entscheidende Stelle bei der Beschaffung der Software und der Bestimmung bzw. Prüfung ihres Einflusses auf den Verfahrensablauf ihr Verfahrensmessen fehlerfrei betätigen (Verfahrensverantwortung für das Programm).[120] Für ggf.

114 Dokumentation ist auch zur Transparenz von Verantwortung erforderlich, Britz, Reaktionen des Verwaltungsverfahrensrechts, S. 231, 256.

115 Zur Überführung in das jeweils andere Medium (Medienwechsel) vgl. §§ 33 IV u. V VwVfG sowie § 37 II u. III VwVfG sowie Eifert, Electronic Government, S. 79 ff.

116 Dazu BVerfG NJW 1983, 2135; BVerwG NVwZ 1988, 621; s. auch Stelkens/Bonk/Sachs/Kallerhoff VwVfG § 29 Rn. 29 ff.

117 Britz, Reaktionen des Verwaltungsverfahrensrechts, S. 231, 259. S. auch Groß DÖV 2001, 159 (163 f.).

118 Eifert, Electronic Government, S. 149.

119 Zur Formwidrigkeit der Widerspruchseinlegung mittels einfacher E-Mail VG Sigmaringen VBlBW 2005, 154.

120 Britz, Reaktionen des Verwaltungsverfahrensrechts, S. 231, 264 f.

programmierte Verfahrensfehler (zB Unmöglichkeit der Erfassung von atypischen Fallkonstellationen) ist die Behörde in gleicher Weise verantwortlich wie bei „natürlichen" Fehlern. Als allgemeiner Grundsatz muss gelten, dass im Außenrechtsverhältnis beachtliche Beschränkungen von Handlungs- und Gestaltungsspielräumen der Behörde nicht durch den Verweis auf begrenzte Möglichkeiten der Software alleine legitimiert werden können.

d) Verwaltungsexterne Auswirkungen

Wird in der öffentlichen Verwaltung konsequent von den Möglichkeiten, die elektro- 35
nische Kommunikationsmedien eröffnen, Gebrauch gemacht, so ergeben sich auch neue Möglichkeiten bei der Gestaltung der Beziehungen zum Bürger. Insbesondere kann ohne weitreichende Veränderungen bei den Verwaltungszuständigkeiten durch die Einrichtung eines sog. Front-Office dem Bürger angeboten werden, alle für die Durchführung eines Vorhabens erforderlichen Behördenkontakte über eine Stelle abzuwickeln (sog. One-Stop-Government gem. §§ 71a ff. VwVfG).[121] Auf der kommunalen Ebene wird dies in Gestalt von Bürgerbüros bereits länger praktiziert, jedoch beschränkt auf die jeweiligen örtlichen Zuständigkeiten. Weiter reicht die in der Dienstleistungs-RL[122] vorgesehene Verpflichtung der Mitgliedstaaten zur Einrichtung sog. einheitlicher Ansprechpartner, über die Unternehmen und Private im Falle einer Niederlassung alle Verwaltungsvorgänge – auch mit Hilfe von elektronischen Kommunikationsmitteln[123] – abwickeln können müssen.[124]

Neben Fragen der Kompetenz- und Zuständigkeitsordnung, die durch solche Mo- 36
delle aufgeworfen werden,[125] stellten sich aus der verfahrensrechtlichen Perspektive ebenfalls mehrere Fragen, die an dieser Stelle nur skizziert werden können. So war zu klären, welcher Einfluss dem Front-Office auf die Steuerung des Verfahrensablaufs bei den anderen beteiligten Behörden eingeräumt werden kann bzw. muss, wenn im Außenverhältnis bestimmte Fristen für den Entscheidungsprozess vorgegeben sind. Auch die Durchführung einer Anhörung nach § 28 VwVfG wirft bei einer solchen Konstellation Fragen auf, da die Anhörung durch die (in der Sache) entscheidende Behörde durchzuführen ist. Im Ergebnis wurde mit dem neu gefassten Teil V Abschnitt 1a – Verfahren über eine einheitliche Stelle (§§ 71a–71e VwVfG) ein neues Verfahrensmodell in das Verwaltungsverfahrensgesetz eingeführt.[126]

[121] Dazu Kahl/Ludwigs VerwR-HdB/Korte § 119; Schliesky NVwZ 2003, 1322 (1362 ff.); Schliesky LKV 2005, 89 (92 ff.).

[122] RL 2006/123/EG vom 12.12.2006 über Dienstleistungen im Binnenmarkt, ABl. L 376, 36; die Richtlinie musste bis zum 28.12.2009 in nationales Recht umgesetzt werden.

[123] Zur gemeinschaftsrechtlichen Verpflichtung zur elektronischen Verfahrensabwicklung Schulz DVBl 2009, 12.

[124] Allg. zur Dienstleistungsrichtlinie Kluth in Calliess/Ruffert AEUV Art. 59 Rn. 22 ff.

[125] Dazu näher Schliesky LKV 2005, 89 ff.

[126] Ausführlicher: Schliesky, Die Umsetzung der EU-Dienstleistungsrichtlinie, Teil I und II; Neidert, Verwaltungsverfahren über einen einheitlichen Ansprechpartner, 2011; Schmitz/Prell NVwZ 2009, 1 (3 ff.); Schulz NdsVBl. 2009, 97; Windoffer DÖV 2008, 797; zur Umsetzung in den Bundesländern Luch/Schulz GewArchiv 2010, 225; Quaas, Einheitlicher Ansprechpartner und effet utile im deutschen Bundesstaat, 2014.

8. Einwirkungen des Unionrechts

37 Wie das Verwaltungsrecht insgesamt, so ist auch das Verwaltungsverfahrensrecht den Einflüssen des Unionrechts ausgesetzt.[127] Waren zunächst lediglich punktuelle Einwirkungen über materiell-rechtliche Regelungen, insbesondere die Regelungen über die Rücknahme und den Widerruf von Verwaltungsakten[128] zu verzeichnen, so wird heute das Verfahrensrecht als derjenige Bereich bezeichnet, in dem das Unionsrecht die Systembildung des Verwaltungsrechts am intensivsten beeinflusst.[129] Dabei sind insbesondere drei verschiedene Fallgruppen zu unterscheiden[130]:

38 Soweit die EU-Organe selbst tätig werden, ist auf das selbständige Verfahrensrecht der EU als Teil des (früheren) Gemeinschafts- bzw. (heutigen) Unions(eigen)verwaltungsrechts zurückzugreifen.[131] Für diese Bereiche existieren zT Kodifikationen, wie zB der Zollkodex. Überwiegend ist ergänzend zu punktuellen Regelungen jedoch auf inzwischen entwickelte ungeschriebene unionsrechtliche Verfahrensgrundsätze (Recht auf Akteneinsicht, Zugang zu Dokumenten, Anspruch auf rechtliches Gehör, Untersuchungsgrundsatz, Begründungspflicht) zurückzugreifen.[132] In diesem Bereich ist das mitgliedstaatliche Verfahrensrecht nicht betroffen.[133]

39 In den meisten Bereichen, in denen die EU verwaltend tätig wird, sind aber auch die Mitgliedstaaten in das Verfahren eingebunden, so dass von mehrstufigen Verwaltungsverfahren gesprochen werden kann.[134]

Beispiele[135]: Das zollrechtliche Verfahren (Nacherhebungs-, Erstattungs- und Erlassverfahren); das luftverkehrsrechtliche Verwaltungsverfahren; die beihilfenaufsichtsrechtlichen Verfahren (Beihilfenverfahrens-VO (VO (EU) 2015/1589)); die Verfahren zur Verwaltung von Mitteln von Strukturfonds und sonstigen EU-Fonds; das wettbewerbsrechtliche Aufsichtsverfahren (EG-FusionskontrollVO).

---

[127] Schmidt-Aßmann, Verwaltungsrecht, S. 1, 50 ff. Übersicht zu den wichtigsten Richtlinien bei Sachs in SBS, VwVfG, 6. Aufl. 2001, Einleitung Rn. 135 ff.; vgl. auch die Gesamtübersicht der europäischen Rechtsakte bei v. Danwitz, Europäisches Verwaltungsrecht, 2008, S. 687 ff. sowie die Darstellung von Kahl NVwZ 2011, 449 ff.; s. auch Stelkens EuR 2012, 511 ff.

[128] BVerwG NJW 1998, 3728; Kadelbach, Allgemeines Verwaltungsrecht unter europäischem Einfluss, S. 443 ff.; Scholz DÖV 1998, 261 ff.; Pache NVwZ 1994, 318 ff.; Stelkens/Bonk/Sachs/Sachs VwVfG § 48 Rn. 261 ff. jeweils mwN; ausführlich auch Baumann, Die Rechtsprechung des EuGH zum Vorrang von Gemeinschaftsrecht vor mitgliedstaatlichen Verwaltungsakten und Gerichtsurteilen, 2010; Bülow, Die Relativierung von Verfahrensfehlern im europäischen Verwaltungsverfahren und nach §§ 45, 46 VwVfG, 2007.

[129] Schmidt-Aßmann, Verwaltungsrecht, S. 6, 143.

[130] Vgl. auch Burgi JZ 2010, 105 (106) sowie die ausführliche Darstellung bei v. Danwitz, Europäisches Verwaltungsrecht, 2008, S. 315 ff.

[131] Überblick bei Ule/Laubinger, Verwaltungsverfahrensrecht, § 4 Rn. 9 ff.; Grabitz NJW 1989, 1776 ff.; Gassner DVBl 1995, 16 ff.; Haibach NVwZ 1998, 456 ff.; Scholz DÖV 1998, 261 ff.; Winkler DÖV 1999, 148 ff.

[132] Zu Einzelheiten Nehl, Europäisches Verwaltungsverfahren und Gemeinschaftsverfassung, S. 226 ff.

[133] Ausführlicher v. Danwitz, Europäisches Verwaltungsrecht, 2008, S. 315–466.

[134] Dazu eingehend Nehl, Europäisches Verwaltungsverfahren und Gemeinschaftsverfassung, S. 39 ff.

[135] Ausführlich dazu Koch, Arbeitsebenen der Europäischen Union. Das Verfahrensrecht der Integrationsverwaltung, 2003.

Problematisch und umstritten ist in diesem Bereich der Verwaltungskooperation,[136] inwieweit über die expliziten Regelungen hinaus von der Rechtsprechung entwickelte allgemeine europarechtliche Verfahrensgrundsätze zur Anwendung kommen und worin ihre Geltungsgrundlage zu erblicken ist.[137]

In einem wiederum anderen Wirkungszusammenhang stehen verfahrensrechtliche Vorgaben, die durch Unionsrichtlinien und Verordnungen und darauf aufbauende Durchführungsrechtsakte für mitgliedstaatliches Verwaltungshandeln erzeugt werden (vgl. Art. 291 AEUV).[138] Praktisch bedeutsame Beispiele dazu finden sich vor allem im Umwelt- und Planungsrecht (UVP-RL,[139] SUP-RL[140]).[141] In diesen Fällen ist aus verfahrensrechtlicher Sicht weniger der Umstand bedeutsam, dass die entsprechenden Richtlinien umgesetzt werden müssen, sondern vielmehr das abweichende Verfahrensverständnis des Gemeinschaftsrechts, das bei der Interpretation und Anwendung der auf den Richtlinien beruhenden mitgliedstaatlichen Rechtsvorschriften zugrunde zu legen ist.[142] Zentrale Merkmale dieses Verständnisses sind der (größere) Eigenwert von Verfahrensrecht (Abkehr von der dienenden Funktion des Verfahrens) sowie die damit verbundene Subjektivierung von Verfahrensrechten.[143] Die stärkere Betonung des Eigenwerts von Verfahrensrecht(en) schränkt die Zulässigkeit von mitgliedstaatlichen Unbeachtlichkeits- und Präklusionsregelungen ein und verlangt als notwendiges Korrelat eine Reduktion der verwaltungsgerichtlichen Kontrolldichte im übrigen materiell-rechtlichen Bereich.[144] Das Nebeneinander von originär deutschen (mitgliedstaatlichen) und genuin unionsrechtlichen Verfahrensregelungen in ein und demselben Gesetz (wie etwa im BauGB) führt zu einer problematischen Aufspaltung des Verfahrensrechts, die an die Rechtsanwender hohe Anforderungen stellt und auf Dauer nicht tragbar ist.[145] 40

Schließlich kann es zu Einwirkungen unionsrechtlicher materiell-rechtlicher Vorgaben auf das deutsche Verwaltungsverfahrensrecht kommen. Bekanntestes Beispiel dafür ist die strikte gemeinschaftsrechtliche Pflicht zur Rückforderung aller rechtswidrig gewährten Beihilfen, die dazu führt, dass einzelne Tatbestandsmerkmale des 41

[136] Einzelheiten bei Schmidt-Aßmann, Verwaltungsrecht, S. 7, 18 ff.; Schmidt-Aßmann EuR 1996, 270 ff.; Schmidt-Aßmann/Schöndorf-Haubold, Der Europäische Verwaltungsverbund, 2005; Schmist-Aßmann/Hoffmann-Riem, Strukturen des Europäischen Verwaltungsrechts, 1999; zu einem Segment Wettner, Die Amtshilfe im Europäischen Verwaltungsrecht, 2005.

[137] Nehl, Europäisches Verwaltungsverfahren und Gemeinschaftsverfassung, S. 438 ff.; vertiefend v. Danwitz, Europäisches Verwaltungsrecht, 2008, S. 609–647, insbesondere S. 634 ff.; Stelkens EuR 2012, 511 ff.

[138] Zu Einzelheiten des Art. 291 AEUV Stelkens EuR 2012, 511 ff.; s. auch Wahl DVBl 2003, 1285 ff.; Schmidt-Aßmann FS 50 Jahre BVwerG, 2003, 487 ff.; v. Danwitz, Europäisches Verwaltungsrecht, 2008, S. 467–608.

[139] BVerwGE 100, 238 (242 ff., 370 ff.); Pernice/Kadelbach DVBl 1996, 1100 ff.; dazu krit. Erbguth UPR 2003, 321 ff.

[140] Schink NVwZ 2005, 615 ff.

[141] Schmidt-Aßmann/Kaufhold GVwR II § 27 Rn. 72.

[142] Zur Rechtsprechung des EuGH – „soweit"-Formel: v. Danwitz, Europäisches Verwaltungsrecht, 2008, S. 476 ff.

[143] Vertiefend Quabeck, Dienende Funktion des Verwaltungsverfahrens, S. 92 ff.; Fehling VVDStRL 70, 278 (307 ff.).

[144] Wahl DVBl 2003, 1285 ff.

[145] Zu Lösungsmöglichkeiten Wahl DVBl 2003, 1285 (1291 ff.).

§ 48 II VwVfG neu interpretiert bzw. die dem Vertrauensschutz dienende Jahresfrist des § 48 IV VwVfG außer Kraft gesetzt wird.[146]

42 Die Einwirkungen des Unionsrechts auf das Verwaltungsverfahrensrecht erweisen sich damit sowohl im Hinblick auf die betroffenen Regelungen als auch im Hinblick auf die dogmatischen Wirkungszusammenhänge als vielgestaltig. Sie führen zu einer partiellen Umorientierung beim Verständnis von verfahrensrechtlichen Normen und bewirken eine Parzellierung auch der dogmatischen Grundlagen des Verfahrensrechts, die auf Dauer nicht hinnehmbar ist und durch entsprechende Konvergenzstrategien überwunden werden sollte.[147]

9. Bedeutung der Rechtsvergleichung für das Verwaltungsverfahrensrecht

43 Im Kontext der auch auf einer wertenden Rechtsvergleichung basierenden Europäisierung des Verwaltungsverfahrensrechts,[148] aber auch als Quelle der Anregung für Gesetzgeber, Wissenschaft und Praxis kommt dem Blick auf die Regelungen anderer Staaten, insbesondere der Mitgliedstaaten der Europäischen Union, und damit der rechtsvergleichenden Perspektive eine wachsende Bedeutung zu.[149] Dabei ist zu gewärtigen, dass andere Staaten, wie zB Österreich,[150] Spanien und Italien, über eine deutlich längere Gesetzgebungstradition im Bereich des Verwaltungsverfahrens verfügen, die zT in das 19. Jh. zurückreicht.[151] Praktisch besonders bedeutsam ist die Rechtsvergleichung bei der Herausbildung von allgemeinen verfahrensrechtlichen Grundsätzen des Gemeinschaftsverwaltungsrechts und des europäischen Verwaltungskooperationsrechts.[152] Neben den europäischen Rechtsordnungen kommt

[146] Dazu ausführlich Blanke, Vertrauensschutz im deutschen und im europäischen Verwaltungsrecht, 2000, S. 538 ff.; Suerbaum VerwArch 91 (2000), 169 ff.; Baumann, Die Rechtsprechung des EuGH zum Vorrang von Gemeinschaftsrecht vor mitgliedstaatlichen Verwaltungsakten und Gerichtsurteilen, 2010; Bülow, Die Relativierung von Verfahrensfehlern im europäischen Verwaltungsverfahren und nach §§ 45, 46 VwVfG, 2007; Martin-Ehlers EuZW 2011, 583; Koenig/Hellstern EuZW 2011, 702.

[147] Ähnlich auch Fehling VVDStRL 70, 278 (325), der aber „nur kleinere Korrekturen" für notwendig hält; laut Burgi JZ 2010, 105 (108), besteht „kein Konflikt der Verfahrenskonzepte, sondern eine defizitäre normative Verankerung der erweiterten Funktionsbestimmung im VwVfG, mithin eine Gestaltungsnotwendigkeit"; zu Möglichkeiten der Weiterentwicklung des Verfahrens- und Organisationsrechts Schliesky FS Bull, 2011, 819 (834); vgl. auch Schmidt-Aßmann NVwZ 2007, 40; Battis BRJ 2011, 41.

[148] Dazu (in den Grundaussagen weiterhin aktuelle) Landesberichte bei Schwarze, Das Verwaltungsrecht unter europäischem Einfluss, 1996. Zum US-amerikanischen Verwaltungsrecht Schmidt-Aßmann, Das Verwaltungsrecht der Vereinigten Staaten von Amerika, 2021.

[149] Kahl/Ludwigs VerwR-HdB/Pünder § 116. Ein Beispiel für eine solche Wechselwirkung ist das auf der Umweltinformationsrichtlinie beruhende Umweltinformationsgesetz; dazu Erichsen NVwZ 1992, 409 ff.

[150] Zurückgehend auf ein Bundesgesetz aus dem Jahr 1925. S. zu Einzelheiten Fasching/Schwarz, Grundzüge des österreichischen Verwaltungsverfahrensrechts, 2003; Hengstschläger, Verwaltungsverfahrensrecht, 4. Aufl. 2009; Walter/Mayer, Verwaltungsverfahrensrecht, 9. Aufl. 2011.

[151] Nachweise und knappe Darstellungen zu ausländischen Verfahrensgesetzen finden sich bei Ule/Laubinger, Verwaltungsverfahrensrecht, § 4 Rn. 4; zu Italien Masucci AöR 121 (1996), 261 ff.; zu Japan Bullinger VerwArch 84 (1993), 65 ff.; zu Polen, Tschechien, Slowakei und Ungarn Wieser/Stolz, Vergleichendes Verwaltungsrecht in Ostmitteleuropa, 2004; zu Polen auch Szuster in Liebscher/Zoll, Einführung in das polnische Recht, 2005, S. 36 ff.; zu England, Frankreich, Österreich, Schweiz und Spanien Schmidt-Aßmann GVwR II § 27 Rn. 17 ff.

[152] S. exemplarisch die rechtsvergleichende Untersuchung von Maier, Befangenheit im Verwaltungsverfahren, 2001; zur Rezeption allgemeiner Rechtsgrundsätze aus den Rechtsordnungen der Mitgliedstaaten durch den EuGH Papier EuGRZ 2007, 133.

auch dem US-amerikanischen Verfahrensrecht wegen seiner vielfältigen Vorbildwirkung eine große Bedeutung zu.[153]

III. Die einzelnen Funktionen des Verwaltungsverfahrensrechts

Obwohl das Verwaltungsverfahrensrecht eine verfassungsrechtliche Überhöhung erfahren hat, die zeitweise sogar eine Verfahrenseuphorie bewirkte,[154] ist und bleibt seine zentrale und unverzichtbare erste Aufgabe die Gewährleistung einer Ordnungsfunktion.[155] Es geht zunächst darum, die behördlichen Abläufe sachgerecht zu ordnen, im Falle der immer häufiger anzutreffenden Beteiligung mehrerer Stellen zu koordinieren und zugleich den oder die betroffenen Bürger in das Verfahren einzubeziehen[156] – letztlich „geht es um den Beitrag des Verfahrens zur Hervorbringung sachrichtiger Entscheidungen".[157] Die Ordnung bezieht sich zum einen auf die zeitliche und sachliche Gliederung der einzelnen Verfahrensabläufe und zum anderen auf ihre Formalisierung. Mit der Ordnungsfunktion sind aber auch konkrete Anforderungen an die Organisation und Qualifikation der Verwaltung verbunden. Sie muss personell, fachlich und instrumentell in der Lage sein, die ihr gestellten Aufgaben effektiv und effizient wahrzunehmen.[158] Das gilt vor allem für die besonders aufwändigen Fachplanungsverfahren. Dabei stellt die Verwaltungseffizienz jedoch keinen Selbstzweck dar. Sie besitzt ihren Wert und ihre Berechtigung immer nur im Verhältnis zur vorrangigen Rechtsverwirklichung.[159] 44

Damit ist zugleich die zweite Funktion des Verwaltungsverfahrensrechts angesprochen: die Rechtswahrung und Rechtssicherung.[160] Neben der Verwirklichung des materiellen Rechts geht es dabei um die Herstellung der Waffengleichheit zwischen Bürger und Verwaltung (dazu → § 59 Rn. 10 ff.), vor allem im Bereich der Information durch Anhörung und Akteneinsicht, die Erreichung einer größtmöglichen Transparenz des Verwaltungshandelns[161] sowie – als jüngere Entwicklung – die Umsetzung des Kooperationsgedankens,[162] der zugleich die Akzeptanz von Verwaltungsentscheidungen[163] erhöhen soll. 45

---

[153] Brugger, Einführung in das öffentliche Recht der USA, 2. Aufl. 2001, 239 ff.; für Einzelbereiche Fehling, Verwaltung zwischen Unparteilichkeit und Gestaltungsaufgabe, 2001; Pünder NuR 2005, 71 ff.; methodisch orientiert: Lepsius, Verwaltungsrecht unter dem Common Law, 1997.

[154] Die Entwicklung wird nachgezeichnet bei Schoch VERW 25 (1992), 21 (27 ff.); vgl. auch Gurlit VVDStRL 70 (2011), 227 (229 ff.).

[155] Vgl. auch die Darstellung von Schmidt-Aßmann/Kaufhold GVwR II § 27 Rn. 56 ff.

[156] Schmidt-Aßmann, Verwaltungsrecht, S. 6, 46 ff., 151: Die gesamte Verfahrensrechtslehre muss von einem „Denken in Zusammenhängen" bestimmt sein.

[157] Gurlit VVDStRL 70 (2011), 227 (238).

[158] Zum Verwaltungsverfahren als strukturierter Entscheidungs-, Informations- und Kommunikationsprozess Schneider GVwR II § 28 Rn. 1 ff.

[159] Wahl VVDStRL 41 (1983), 151 (162 f.): „Effizienz ist zuallererst das Gegenteil von Vollzugsdefizit. So wie ein Vollzugsdefizit unerwünscht ist, so ist das Gegenteil, die Effizienz, erwünscht, wenn auch natürlich nicht unter allen oder unverhältnismäßigen Opfern".

[160] Wahl VVDStRL 41 (1983), 151 (160); Gurlit VVDStRL 70 (2011), 227 (240 ff.).

[161] Schmidt-Aßmann, Verwaltungsrecht, S. 6, 167 f.

[162] Grundlegend: BVerfGE 69, 315 (354 ff.); ausführlich Hoffmann-Riem/Schmidt-Aßmann, Konfliktbewältigung durch Verhandlungen II, 1990.

[163] Dabei ist umstritten, inwieweit die Erreichung von Akzeptanz selbst ein Ziel des Verwaltungsverfahrens ist; dazu einerseits Würtenberger, Die Akzeptanz von Verwaltungsentscheidungen, passim und andererseits Brohm NVwZ 1991, 1025 (1029); vgl. auch Gurlit VVDStRL 70 (2011), 227 (242 ff.).

46 Die Verabschiedung der Verwaltungsverfahrensgesetze hat in mehrfacher Hinsicht eine Vereinheitlichung des Verwaltungsverfahrens bewirkt: in den verschiedenen Ressorts der Bundesverwaltung und infolge der dem Vorbild des Bundes weitgehend folgenden Gesetzgebung der Länder, auch im Bereich der Landes- und Kommunalverwaltung. Eingeschränkt wird die Vereinheitlichung durch die Abspaltung der Finanz- und Sozialverwaltung. Der Wahrung der Rechtseinheit dient wiederum die Regelung in § 137 I Nr. 2 VwGO, durch die das Bundesverwaltungsgericht auch zur Auslegung von mit dem Bundesrecht im Wortlaut übereinstimmendem Landesverwaltungsverfahrensrecht zuständig ist.[164]

47 Teilweise in Frage gestellt werden die Funktionen des Verwaltungsverfahrens durch den Übergang zu informellem Verwaltungshandeln. Das Streben nach größerer Flexibilität und Partnerschaftlichkeit staatlichen Handelns wird dabei jedoch nicht selten durch bedenkliche Erosionen des Schutzes von Allgemeinwohlbelangen und Drittinteressen erkauft. Es muss deshalb mit großer Vorsicht und Zurückhaltung agiert werden.

IV. Der Anwendungsbereich der Verwaltungsverfahrensgesetze und die spezialgesetzlichen Regelungen des Verwaltungsverfahrens

48 Der Anwendungsbereich der Verwaltungsverfahrensgesetze ist durch ein komplexes Regel-Ausnahme-System in den beiden Eingangsparagraphen sowie durch die Beschränkung auf die Handlungsformen Verwaltungsakt und öffentlich-rechtlicher Vertrag in § 9 VwVfG determiniert, so dass nur ein Bruchteil der tatsächlich stattfindenden Verwaltungsverfahren erfasst ist.[165] Außen vor bleiben vor allem schlicht-hoheitliche, fiskalische und privatrechtliche Vorgänge.

49 Die Verwaltungsverfahrensgesetze des Bundes und der Länder sind nach ihrem § 1 I VwVfG, bzw. § 1 I LVwVfG sowohl auf die unmittelbare und mittelbare Staatsverwaltung (darunter fallen die bundes- und landesunmittelbaren Körperschaften, Anstalten und Stiftungen des öffentlichen Rechts, aber auch alle der Aufsicht der Länder unterstehenden juristischen Personen des öffentlichen Rechts) als auch die kommunale Selbstverwaltung anzuwenden, soweit ihre Behörden eine öffentlich-rechtliche Verwaltungstätigkeit ausüben. Behörde im Sinne des Verwaltungsverfahrensgesetzes des Bundes ist nach § 1 IV VwVfG (nach einigen Ländergesetzen § 1 II LVwVfG) „jede Stelle, die Aufgaben der öffentlichen Verwaltung wahrnimmt".

50 Für den praktisch bedeutsamen Fall der Ausführung von Bundesgesetzen durch die Länder trifft § 1 II, III VwVfG eine genaue Regelung, wobei in der Praxis die Regelung in § 1 III VwVfG dominiert. Danach gilt das Bundesgesetz für die Ausführung von Bundesrecht durch die Länder nicht, soweit die Länder ein Verwaltungsverfahrensgesetz erlassen haben, was durchgehend der Fall ist. Das Bundesgesetz ist demnach nur noch für die Tätigkeit von Bundesbehörden relevant.

51 Zu beachten ist zudem die in § 1 I aE VwVfG etwas versteckt eingefügte Subsidiaritätsklausel zugunsten spezialgesetzlicher Verfahrensregelungen.[166] Sie spielt vor allem

[164] Stelkens/Bonk/Sachs/Schmitz VwVfG § 1 Rn. 281; Bonk NVwZ 2001, 636.
[165] Zur Kritik daran: Hufen/Siegel, Fehler im Verwaltungsverfahren, Rn. 685; Schoch VERW 25 (1992), 21 (33 f.).
[166] Krit. dazu wegen der Infragestellung des Kodifikationsgedankens Ule/Laubinger, Verwaltungsverfahrensrecht, § 8 Rn. 4.

im Verhältnis zu umwelt- und wirtschaftsverwaltungsrechtlichen Gesetzen eine große Rolle. Die dadurch verursachte Uneinheitlichkeit des Verfahrensrechts wurde durch mehrere Rechtsbereinigungsgesetze, zuletzt durch das Gesetz vom 28.6.1990[167] mit einer Reihe von Angleichungen und der Aufnahme von Verweisungen etwas abgemildert.[168] Da die Spezialgesetze oft nur punktuelle Regelungen treffen, ist die Anwendung der allgemeinen Verwaltungsverfahrensgesetze nur teilweise ausgeschlossen.[169] Im Verhältnis zu den Landesgesetzen ergibt sich der Vorrang der spezialgesetzlichen Verfahrensregelungen in Bundesgesetzen bereits aus Art. 31 GG. Auch auf Landesebene ist in den meisten Fällen die Subsidiarität der Verwaltungsverfahrensgesetze gegenüber spezialgesetzlichen Verfahrensregelungen angeordnet.

§ 2 VwVfG regelt inhaltlich weitgehend identische Ausnahmen vom Anwendungsbereich. In § 2 I VwVfG werden die als Formal-Körperschaften des öffentlichen Rechts organisierten Kirchen, Religionsgesellschaften und Weltanschauungsgemeinschaften sowie ihre Verbände und Einrichtungen auf Grund ihres Status als Grundrechtsträger vom Anwendungsbereich ausgeschlossen. In § 2 II, III VwVfG folgen Ausnahmen für einzelne Bereiche der Verwaltungstätigkeit: 52

§ 2 II VwVfG nimmt aus: 52a

1. Verfahren der Bundes- oder Landesfinanzbehörden nach der Abgabenordnung;
2. die Strafverfolgung, die Verfolgung und Ahndung von Ordnungswidrigkeiten, die Rechtshilfe für das Ausland in Straf- und Zivilsachen und unbeschadet des § 80 IV für Maßnahmen des Richterdienstrechts;
3. Verfahren vor dem Deutschen Patent- und Markenamt und den, bei diesem errichteten, Schiedsstellen;
4. Verfahren nach dem Sozialgesetzbuch;
5. das Recht des Lastenausgleichs;
6. das Recht der Wiedergutmachung.

§ 2 III VwVfG nimmt zudem folgende Einschränkungen vor: 52b

1. die Tätigkeit der Gerichtsverwaltungen und der Behörden der Justizverwaltung einschließlich der ihrer Aufsicht unterliegenden Körperschaften des öffentlichen Rechts unterliegt nicht dem VwVfG, mit Ausnahme von Maßnahmen, die der Nachprüfung vor den Gerichten der Verwaltungsgerichtsbarkeit unterliegen,
2. auf das Verfahren der Behörden bei Leistungs-, Eignungs- und ähnlichen Prüfungen von Personen sind nur die §§ 4–13, 20–27, 29–38, 40–52, 79, 80 und 96 VwVfG anwendbar.

Eine mittelbare Beschränkung des Anwendungsbereichs des Gesetzes folgt aus der in § 9 VwVfG vorgesehenen Beschränkung auf die Handlungsformen Verwaltungsakt und Verwaltungsvertrag.[170] Die Gesetzesbegründung hat diese Einschränkung mit dem paradoxen Hinweis gerechtfertigt, dass die zentralen Vorschriften des Gesetzes wegen ihrer allgemeinen Bedeutung analog angewendet werden können.[171] Diese 53

[167] BGBl. I 1221.

[168] Weitere Einzelheiten zu den Bemühungen um Rechtsbereinigung bei Stelkens/Bonk/Sachs/Schmitz VwVfG § 1 Rn. 259 ff.

[169] Zu Einzelheiten s. Stelkens/Bonk/Sachs/Schmitz VwVfG § 1 Rn. 206 ff.

[170] Allgemein zu Ende, Fortsetzung und funktionaler Entgrenzung von Verfahren Schneider GVwR II § 28 Rn. 118 ff.

[171] BT-Drs. 7/910, 42.

Haltung ist vielfach und mit guten Gründen kritisiert worden.[172] Sie entzieht den in der Verwaltungspraxis immer wichtigeren Bereich des Verwaltungshandelns durch Realakt der rechtlichen Ordnung durch das Verfahrensrecht und verschlechtert die Rechtsstellung des Bürgers.

54 Das im Bereich des schlicht-hoheitlichen Handelns, aber auch in sonstigen Geltungslücken zu konstatierende Regelungsdefizit wirft die Frage auf, ob in diesen Bereichen eine entsprechende Anwendung des VwVfG wirklich in Frage kommt. Das würde eine planwidrige Regelungslücke voraussetzen, von der angesichts der genauen Umschreibung des Anwendungsbereichs kaum auszugehen ist.[173] Der Gesetzesbegründung kommt insoweit keine tragende Bedeutung zu, die ein Überspielen dieser ausdrücklichen Regelung ermöglichen würde. Zu erinnern ist aber daran, dass die meisten Regelungen des VwVfG bereits zum Zeitpunkt ihrer gesetzlichen Fixierung als allgemeine Grundsätze des Verwaltungsrechts anerkannt und in Geltung waren und als solche auch weiterhin anwendbar bleiben.[174] Die Rechtsprechung, die diesen Weg teilweise beschreitet, greift aber nur auf die bei Erlass des VwVfG anerkannten Rechtsgrundsätze zurück (statische Bezugnahme).[175] In der Literatur gibt es punktuelle Ansatzpunkte für die Entwicklung allgemeiner Verfahrensgrundsätze, die auch außerhalb des Anwendungsbereichs des VwVfG gelten sollen.[176]

55 Gegenstand andauernder Kritik an der Konzeption des Gesetzes sind vor allem die nur punktuelle Einbeziehung von mehrpoligen Verwaltungsrechtsverhältnissen[177] sowie die mangelhafte Berücksichtigung der Besonderheiten der privatrechtlich agierenden Leistungsverwaltung in den einzelnen gesetzlichen Regelungen.[178] Die allzu einseitige Orientierung an der herkömmlichen Eingriffsverwaltung wird zudem durch die Rechtsprechung verstärkt, die auch dort, wo dies vom Wortlaut nicht geboten ist, die Anwendung einzelner Regelungen im Bereich der Leistungsverwaltung zurückdrängt.

56 Den Verwaltungsverfahrensgesetzen liegt die Grundkonzeption der gestuften Förmlichkeit der Verwaltungsverfahren zugrunde. Ausgegangen wird in § 10 vom nichtförmlichen Verfahren, dessen in den §§ 9–34 VwVfG niedergelegte Grundsätze immer dann anwendbar sind, soweit keine der in §§ 63 ff. VwVfG geregelten besonderen Verfahrensarten anzuwenden ist. Als besondere Verfahrensarten werden das förmliche Verwaltungsverfahren (§§ 63 ff. VwVfG), das Planfeststellungs- und Plangenehmigungsverfahren (§§ 72 ff. VwVfG) und die Vorschriften über das Verfahren über eine einheitliche Stelle (§§ 71a–71e VwVfG) näher ausgestaltet. Das in der Gesetzesüberschrift als Rechtsbehelfsverfahren ausgewiesene Widerspruchsverfahren hat der Bundesgesetzgeber, abgesehen von der in § 80 VwVfG geregelten Kostenerstattung, in der Verwaltungsgerichtsordnung geregelt (§§ 68 ff. VwGO).

[172] Schmitt Glaeser FS 50 Jahre Boorberg Verlag, 1977, 29 ff. (39 ff.); Pietzcker VVDStRL 41 (1983), 193 (214 f.); Martens, Die Praxis des Verwaltungsverfahrens, 1985, Rn. 3; Schoch VERW 25 (1992), 21 (33 f.).

[173] Für eine Einzelfallprüfung Stelkens/Bonk/Sachs/Schmitz VwVfG § 1 Rn. 153 ff.

[174] Ausführlich zu allgemeinen Verfahrensgrundsätzen sogleich → § 59 Rn. 1 ff.

[175] BVerwGE 71, 261 (263); Stelkens/Bonk/Sachs/Schmitz VwVfG § 1 Rn. 257 f.

[176] Hufen/Siegel, Fehler im Verwaltungsverfahren, Rn. 694 ff.; für einen Rückgriff auf europäische Rechtsakte als „Fundgrube" für allgemeine Rechtsgrundsätze Stelkens ZEuS 2004, 129.

[177] Schoch VERW 25 (1992), 21 (34 f.).

[178] Hufen/Siegel, Fehler im Verwaltungsverfahren, Rn. 685 ff.

Neben den im strikten Sinne verfahrensbezogenen Regelungen finden sich in den Verwaltungsverfahrensgesetzen auch sog. annexe Regelungen des materiellen Verwaltungsrechts.[179] Dies sind vor allem die beiden wichtigsten Handlungsformen, der Verwaltungsakt und der öffentlich-rechtliche Vertrag sowie die Regelungen über die Rücknahme und den Widerruf von Verwaltungsakten. 57

V. Rechtspolitische Perspektiven

Bereits die Hinweise auf den Trend zum informalen Verwaltungshandeln und die stärkere Betonung der Verwaltungseffizienz in den letzten Novellen des Verwaltungsverfahrens- und Verwaltungsprozessrechts haben erkennen lassen, dass der Verfahrensgedanke sich in einer Krise befindet. Hinzu kommt eine Rechtsprechung, die an vielen Einzelpunkten die Garantiefunktion der einzelnen Regelungen der Verwaltungsverfahrensgesetze auf ein Minimum zurückgeführt[180] und teilweise in ihr Gegenteil verkehrt hat.[181] Auch die verfassungsrechtliche Aufladung des Verfahrensgedankens hat dies nicht verhindert. Vielmehr scheint sie im Gegenteil die Rechtsprechung und Teile der Lehre dazu ermutigt zu haben, im Wege der Abwägung selbst eindeutige Regelungen zu relativieren. Insoweit hätte sich die verfassungsrechtliche Rückbindung des Verfahrensrechts als kontraproduktiv erwiesen. 58

Als zentrale Herausforderungen und Hauptarbeitsfelder von Wissenschaft und Praxis sind in den kommenden Jahren neben dem elektronischen Verwaltungshandeln vor allem die Verarbeitung der unionsrechtlichen Einflüsse anzusehen. Die auf wertender Rechtsvergleichung beruhende Entwicklung gemeinsamer Verfahrensgrundsätze sowie eines Verwaltungskooperationsrechts stellen dabei die wichtigsten Arbeitsfelder dar.[182] Diese Überlegungen müssen auch das Verwaltungsprozessrecht, namentlich eine Revision der gerichtlichen Kontrolldichte, einbeziehen.[183] Aus nationaler Perspektive kommt der Weiterentwicklung der Bürgerbeteiligung eine wichtige Rolle zu.[184] 59

§ 59. Gemeinsame Grundsätze aller Verfahrensarten

Schrifttum: Bachof AöR 83 (1958), 208: Teilrechtsfähige Verbände des öffentlichen Rechts; Berkemann JR 1989, 221: Fairness als Rechtsprinzip; Bieber DÖV 1991, 857: Informationsrechte Dritte im Verwaltungsverfahren; Bleckmann DVBl. 1988, 938: Neue Aspekte der Drittwirkung der Grundrechte; Borchmann NVwZ 1982, 17: Interessenkollision im Gemeinderecht; Brühl JA 1992, 193: Die Sachverhaltsermittlung im Verwaltungsverfahren und ihre Bedeutung für den Entscheidungsprozess; Dagtoglou DVBl. 1972, 712: Partizipation Privater an Verwaltungsentscheidungen; Faber DÖV 1995, 403: Drittschutz bei der Vergabe öffentlicher Aufträge; Fabricius, Relativität der Rechtsfähigkeit, 1963; Foerster VR 1987, 111: Die unentdeckte Befangenheit; FS 50 Jahre Boorberg, 1977/Kopp, 159: Der Beteiligtenbegriff des Verwaltungsverfahrensrechts; Glage, Mitwirkungsverbote in den Gemeindeordnungen, 1995;

---

[179] Stelkens/Bonk/Sachs/Schmitz VwVfG § 1 Rn. 37; Ule/Laubinger, Verwaltungsverfahrensrecht, § 2 Rn. 9.

[180] Überblick und Kritik bei Schoch VERW 25 (1992), 21 (37 ff.).

[181] Das gilt insbesondere für die Auslegung der §§ 28 und 48 VwVfG.

[182] Vgl. auch die Zusammenfassung der Novellierungsvorschläge von Voßkuhle in Burgi/Schönenbroicher, Die Zukunft des Verwaltungsverfahrensrechts, S. 13, 28 ff. sowie den Ausblick von Schliesky FS Bull, 2011, 819 (834).

[183] S. dazu Kluth/Rennert, Entwicklungen im Verwaltungsprozessrecht/Wahl, 2. Aufl. 2009, S. 53 ff.

[184] Vertiefend zu Reformperspektiven Burgi/Durner, Modernisierung des Verwaltungsverfahrensrechts, 2012.

Hager VBlBW 1994, 263: Grundfragen der Befangenheit von Gemeinderäten; Hahn DVBl. 1974, 509: Die Beteiligungsfähigkeit von Fraktionen im Kommunalverfassungsstreit; Hammer, Interessenkollisionen des Verwaltungsverfahrens, insbesondere der Amtskonflikt, 1989; Hassel DVBl. 1988, 711: Die Bedeutung des Unmittelbarkeitskriteriums für eine sachgerechte Anwendung der kommunalen Befangenheitsvorschrift; Hauth LKV 1995, 387: Besteht ein Rechtsanspruch des Bauherrn auf Beteiligung des Nachbarn im Baugenehmigungsverfahren?; Herbert NuR 1994, 218: § 29 Abs. 1 BNatSchG. Verfahrensbeteiligung als „formelles" oder „materielles" Recht; Hill NVwZ 1985, 449: Verfahrensermessen der Verwaltung; Hohm NJW 1986, 3107: Grundrechtsträgerschaft und Grundrechtsmündigkeit Minderjähriger am Beispiel öffentlicher Heimerziehung; Hoppe DVBl. 1970, 845: Organstreitigkeiten und organisationsrechtliche subjektiv-öffentliche Rechte; Huber, Konkurrenzschutz im Verwaltungsrecht, 1991;Hufen/Siegel, Fehler im Verwaltungsverfahren, 8. Aufl. 2025; Kazele, Interessenkollision und Befangenheit im Verwaltungsrecht, 1990; Kösling NVwZ 1994, 455: § 21 VwVfG und der Rechtsschutz der Betroffenen; Kopp AgrarR 1984, 145: Die Anwendbarkeit des § 20 VwVfG auf die Mitwirkung privatrechtlich organisierter Träger öffentlicher Aufgaben an Verwaltungsverfahren; Kopp BayVBl. 1994, 109: Die Ablehnung befangener Amtsträger im Verwaltungsverfahrensrecht; Krumsiek/Frenzen DÖV 1995, 1013: Beschleunigung von Planungs- und Genehmigungsverfahren; Lindner BayVBl. 1999, 100: Die Prägung des Prüfungsrechts durch den Grundsatz der Chancengleichheit – ein vielschichtiges Phänomen; Molitor JA 1992, 303: Der Unmittelbarkeitsbegriff in der kommunalen Befangenheitsvorschrift und der Ausschluss bei der Flächennutzungsplanung; Pernice, Öffentlichkeit und Medienöffentlichkeit, 2000; Raeschke-Kessler/Eilers NVwZ 1988, 37: Die grundrechtliche Dimension des Beteiligungsgebots in § 13 II VwVfG – Zur Verfahrensbeteiligung als Grundrechtssicherung; Redeker NJW 1980, 1593: Grundgesetzliche Rechte auf Verfahrensteilhabe; Redeker NVwZ 1992, 305: Verfassungsrechtliche Vorgaben zur Kontrolldichte verwaltungsgerichtlicher Rechtsprechung; Ress, Grenzüberschreitende Verfahrensbeteiligung im Umweltrecht der Mitgliedstaaten der EG, 1985; Rozek NVwZ 1992, 343: Neubestimmung der Justitiabilität von Prüfungsentscheidungen; Scheuing NVwZ 1982, 487: Der Amtskonflikt als Ausschlussgrund im Verwaltungsverfahrensrecht; Schink NWVBl 1989, 109: Befangenheit von Rats- und Ausschussmitgliedern; Schlotterbeck NJW 1991, 2669: Nachbarschutz im anlagenbezogenen Immissionsschutzrecht; Schulz NJW 1990, 1893: Die Parteifähigkeit nichtrechtsfähiger Vereine; Spannowsky NVwZ 1992, 426: Probleme der Rechtsnachfolge im Verwaltungsverfahren und im Verwaltungsprozess; Stüer DVBl. 1997, 326: Die Beschleunigungsnovellen 1996; Stühler VBlBW 1991, 321: Merkmale von Betroffenheit und Beteiligung Betroffener im PlfV; Turegg NJW 1955, 81: Verwaltungsentscheidungen in eigener Sache; Waskow, Mitwirkung von Naturschutzverbänden in Verwaltungsverfahren, 1990; Winkelmann ZUR 1994, 12: Die Verbandsklage im Umweltrecht im internationalen Vergleich; Wolf ZUR 1994, 1: Zur Entwicklung der Verbandsklage im Umweltrecht; Zilles/Kämper NVwZ 1994, 109: Kirchengemeinden als Körperschaften im Rechtsverkehr.

I. Übergreifende Verfahrensgrundsätze

1. Einordnung und Aufgabe

1 Unter übergreifenden Verfahrensgrundsätzen sind diejenigen zu verstehen, die auf Grund ihrer Verankerung im Verfassungsrecht oder als den gesetzlichen Regelungen der verschiedenen Verfahrensarten gemeinsame bzw. vorausliegende **allgemeine Rechtsgrundsätze für alle Verfahrensarten** Geltung beanspruchen können.[1]

2 Die Existenz und der Nachweis solcher übergreifender Verfahrensgrundsätze sind zum einen für diejenigen Verwaltungsverfahren wichtig, die durch ausdrückliche gesetzliche Verfahrensregelungen nicht erfasst sind. Angesichts des Trends zum informalen Verwaltungshandeln kommt diesem Aspekt wachsende Bedeutung zu. Zum anderen kommt in diesen Grundsätzen die alle Einzelregelungen verbindende **Einheit des Verwaltungsverfahrensrechts** zum Ausdruck. Obwohl solche übergreifenden Verfahrensgrundsätze methodisch als Ergebnis der Analyse der Einzelregelungen erst nach diesen zu behandeln wären, sollen sie aus systematischen Gründen vor die

[1] Hufen/Siegel, Fehler im Verwaltungsverfahren, Rn. 87.

Klammer gezogen werden, da auf diese Weise die Einordnung und das Verständnis der einzelnen Regelungen erleichtert wird. Die Verfahrensgrundsätze und ihre Beachtung stellt zudem den Kerngehalt des **Rechts auf gute Verwaltung** dar, wie es in Art. 41 GRCh verankert ist.[2]

2. Verfahrensherrschaft und Verfahrensermessen

3 Verwaltungsverfahren sind auch im Zeitalter von Bürgerbeteiligung und Kooperation in erster Linie Staatshandeln. Dementsprechend gehen alle gesetzlichen Regelungen als Fixpunkt von der **Verfahrensherrschaft der jeweils zuständigen Behörde** aus.[3] Auch dort, wo sie nur auf Antrag tätig wird oder einen Vertrag mit Privaten abschließt, entscheidet und gestaltet vor allem die Behörde. Das hängt damit zusammen, dass in einem Verwaltungsverfahren öffentlich-rechtliche Rechtsbeziehungen gestaltet werden und Private nur ganz ausnahmsweise befugt sind, in diesem Bereich selbständig rechtsgestaltend tätig zu werden. Ziel des Verwaltungsverfahrensrechts ist es unter anderem, die Verfahrensherrschaft der Behörde rechtlich zu binden und dem Bürger eine seiner materiellen Betroffenheit angemessene Beteiligung am Verwaltungsverfahren einzuräumen.

4 Soweit sich aus den gesetzlichen Regelungen sowie den übergreifenden Verfahrensgrundsätzen keine strikten Rechtsbindungen ergeben, ist zentraler Anknüpfungspunkt für die Umsetzung der Verfahrensgrundsätze das **Verfahrensermessen der federführenden Behörde.**[4] Für seine Ausübung gelten die zu § 40 VwVfG entwickelten Grundsätze sinngemäß.[5] Als äußerste Grenze fungiert auch hier das **Willkürverbot** in der Form des Verbots eines Verfahrensmissbrauchs. Im Übrigen hat sich die Ermessensausübung am gesetzgeberischen Zweck der einschlägigen Verfahrensnormen, der Eigenart des betroffenen materiellen Rechts und den Besonderheiten des Einzelfalls zu orientieren. Ein Anspruch auf eine bestimmte Verfahrensgestaltung besteht regelmäßig nicht.[6] Im Rahmen des Verfahrensermessen ist auch der **Zeitfaktor** in seinen verschiedenen Bedeutungen für die Verfahrensbeteiligten zu berücksichtigen.[7]

3. Transparenz und Vorhersehbarkeit

5 Als Ausdruck des Rechtsstaatsprinzips wird die Forderung nach Transparenz und Vorhersehbarkeit des Verhaltens der Exekutive im Verwaltungsverfahren angesehen.[8] **Transparenz** wird dabei verstanden als Gebot der Einsehbarkeit und Vorhersehbarkeit des Verwaltungshandelns für die Beteiligten. Es geht demnach nicht um die Öffnung des Verwaltungshandelns für die allgemeine Öffentlichkeit. Transparenz geht

---

2 Stelkens/Bonk/Sachs/U. Stelkens VwVfG Europäisches Verwaltungsrecht Rn. 105 ff.

3 Stelkens/Bonk/Sachs/Schmitz VwVfG § 13 Rn. 6; Knack/Henneke/Ritgen VwVfG § 13 Rn. 15.

4 Dazu Hill NVwZ 1985, 449 ff.; Stelkens/Bonk/Sachs/Schmitz VwVfG § 10 Rn. 16 ff.; Pitschas GVwR II § 42 Rn. 41 ff.

5 Stelkens/Bonk/Sachs/Schmitz VwVfG § 10 Rn. 17; allg. zu § 40 VwVfG: Rode, § 40 VwVfG und die deutsche Ermessenslehre, 2003.

6 Stelkens/Bonk/Sachs/Schmitz VwVfG § 10 Rn. 18; Hill NVwZ 1985, 449 (452).

7 Dazu eingehend Kahl/Ludwigs VerwR-HdB/Musil § 114; exemplarisch Kluth ZAR 2023, 16 ff.

8 Hufen/Siegel, Fehler im Verwaltungsverfahren, Rn. 90; Stelkens/Bonk/Sachs/Schmitz VwVfG § 9 Rn. 57; zur akzeptanzfördernden Wirkung transparenter Verwaltungsentscheidungen Pitschas GVwR II § 42 Rn. 41 ff.; Gurlit VVDStRL 70 (2011), 227 (242 ff.) mwN; weiterführend Bernhardt, Ex-ante-Transparenz im Verwaltungsverfahren, 2011.

dabei einher mit **Vertraulichkeitsschutz.** Sie unterscheidet sich damit vom Prinzip des freien Zugangs zu Verwaltungsinformationen, wie es zB dem Umweltinformationsgesetz zugrunde liegt.[9] Darin kommt die rechtsstaatliche und nicht die demokratische Ableitung des Postulats zum Vorschein.[10] Materiell-rechtlich sanktioniert wird die Forderung nach Transparenz und Vorhersehbarkeit durch die Gewährung von Vertrauensschutz.

6 Soweit die Transparenz des Verwaltungsverfahrens durch spezielle gesetzliche Regelungen abgesichert wird, wie zB durch die §§ 25, 29, 30 VwVfG, sind diese Vorschriften als Beurteilungsmaßstab heranzuziehen. In den übrigen Fällen kann direkt auf die rechtsstaatliche Ableitung des Gebotes zurückgegriffen werden.[11] Zu beachten ist dabei, dass eine Verletzung nur gerügt werden kann, wenn die geltend gemachten Verstöße sich auf das materiell-rechtliche Verfahrensergebnis ausgewirkt haben können.[12]

4. Verhältnismäßigkeit als Verfahrensprinzip

7 Soweit mit dem Verwaltungsverfahren Belastungen für den Bürger verbunden sind, entfaltet auch der **Grundsatz der Verhältnismäßigkeit** seine Wirksamkeit und dirigiert das Verfahrensermessen der Verwaltung.[13] Das gilt zunächst und insbesondere für einzelne Verfahrenshandlungen, die in Grundrechte des Bürgers eingreifen, wie etwa Durchsuchungen, Datenerhebungen und Vorladungen.[14] Ihre Sonderstellung lässt auch § 44a S. 2 VwGO erkennen.[15] Aber auch darüber hinausgehend ist die Verwaltung gehalten, das Verfahren so auszugestalten, dass es im Hinblick auf sein jeweiliges Ziel geeignet und erforderlich erscheint und den betroffenen Bürger nicht zu unverhältnismäßigen Mitwirkungshandlungen oder zeitlichen Belastungen nötigt.[16] Allerdings ist dabei zu berücksichtigen, dass die Mitwirkungslasten des Bürgers, etwa im Rahmen einer Anhörung, ihrerseits dem Zweck dienen, eine sachgerechte und zugleich verhältnismäßige Sachentscheidung zu ermöglichen.

5. Effizienz und Zügigkeit

8 Das Gebot der Verhältnismäßigkeit der Verfahrensgestaltung ist auch der Orientierungspunkt, mit dessen Hilfe die Gebote der **Effizienz** und **Zügigkeit** der Durchführung von Verwaltungsverfahren ins rechte Verhältnis zu dem damit potenziell widerstreitenden Gebot der größtmöglichen Rechtswahrung zu setzen sind.[17] Auf der einen Seite verlangt die Einsicht, dass durch eine Verzögerung von Verwaltungsverfahren nicht nur wirtschaftliche Einbußen, sondern auch Rechtsverluste eintreten

---

[9] Allg. zum Informationszugang im öffentlichen Sektor im europäischen Kontext: Schoch EuZW 2011, 388.

[10] Pernice, Öffentlichkeit und Medienöffentlichkeit, S. 27 ff.

[11] Zu einer analogen Anwendung der genannten Vorschriften vgl. Kopp/Ramsauer VwVfG § 25 Rn. 3 f., § 29 Rn. 4 f., § 30 Rn. 2 ff.

[12] Hufen/Siegel, Fehler im Verwaltungsverfahren, Rn. 92.

[13] Grundlegend Goerlich, Grundrechte als Verfahrensgarantien, S. 221 ff.; Wahl VERW 13 (1980), 273 (279 ff.); Hill NVwZ 1985, 449 (451 f.); Isensee/Kirchhof StaatsR-HdB/Schmidt-Aßmann § 70 Rn. 29.

[14] Hufen/Siegel, Fehler im Verwaltungsverfahren, Rn. 93.

[15] Übersicht bei Schoch/Schneider/Bier/Stelkens VwGO § 44a Rn. 25 ff.

[16] Ausführlicher Pitschas GVwR II § 42 Rn. 107 ff.

[17] Knack/Henneke/Ritgen VwVfG § 10 Rn. 21; Hufen/Siegel, Fehler im Verwaltungsverfahren, Rn. 96; Kopp/Ramsauer VwVfG § 10 Rn. 2.

können (zur Amtshaftung in diesen Fällen Band II → § 67 Rn. 61), eine möglichst zügige Entscheidung.[18] Dem hat der Gesetzgeber neben der Aufnahme dieser Zielsetzung in § 10 VwVfG in einigen Bereichen durch eine Vereinfachung des Verfahrensrechts,[19] sowie die Veränderung der Initiativlast im Bereich des vorläufigen Rechtsschutzes (ua durch § 212a BauGB)[20] Rechnung getragen. Auf der anderen Seite ist zu beachten, dass eine frühzeitige Einbeziehung Drittbetroffener und eine gründliche Sachverhaltserforschung und Interessenabwägung auf lange Sicht effektiver ist, da sie zur Vermeidung von Folgerechtsstreitigkeiten beiträgt.[21] Effizienz darf also nicht mit Schnelligkeit verwechselt werden. Schließlich muss die Konkretisierung der Gebote der Zügigkeit und Effizienz auf die Wertigkeit der durch das Verfahren betroffenen Rechtspositionen, die Komplexität des Sachverhaltes sowie die zu treffenden Interessenabwägungen Rücksicht nehmen.[22]

Die nähere Ausgestaltung des Verwaltungsverfahrens ist auch hinsichtlich der Effizienz und Zügigkeit eine Frage der Ausübung des Verfahrensermessens.[23] So ist zB die mit einer Ablehnungsandrohung verbundene Fristsetzung zur Beibringung von fehlenden Prüfungsunterlagen grundsätzlich zulässig.[24] Auch sind durch Gutachten festgestellte Erkenntnisse aus einem früheren Verwaltungsverfahren zu verwenden, soweit sie nicht durch neuere Erkenntnisse in Frage gestellt werden.[25] Weiter kann die Verwaltung Teilentscheidungen (wie Vorbescheide und Teilgenehmigungen) treffen.[26] Schließlich ist bei der Vernehmung eines Zeugen die Beantwortung der entscheidenden Fragen zu bewirken und zwischen den einzelnen Verfahrenshandlungen jede unnötige Unterbrechung zu vermeiden.[27] 9

6. Gleichbehandlung und Waffengleichheit

Das Gebot der **Gleichbehandlung** entfaltet sich im Verwaltungsverfahren in horizontaler und vertikaler Dimension. Zum einen ist die Verwaltung infolge des Art. 3 I GG gehalten, bei mehrpoligen Verwaltungsverfahren, die vor allem im Bau-, Wirtschaftsverwaltungs- und Umweltrecht häufig anzutreffen sind, die einzelnen Verfahrensbeteiligten verfahrensrechtlich gleich zu behandeln.[28] Ein solches Gleichbehandlungsgebot kann sich auch verfahrensübergreifend auswirken, wenn es um die gleiche Art des Verwaltungsverfahrens gegenüber verschiedenen Adressaten geht. Es handelt sich um einen Fall der **Selbstbindung der Verwaltung.**[29] 10

Die **Gleichbehandlungspflicht** wirkt sich vor allem dort aus, wo innerhalb des Verfahrens einzelne verfahrensgestaltende Ermessensentscheidungen zu treffen sind – zB 11

[18] Zu diesem Aspekt BVerfGE 69, 161 ff.; zur Verfahrensbeschleunigung im europäischen Kontext Schmidt-Aßmann NVwZ 2007, 40 (43 ff.).
[19] Übersicht bei Stüer DVBl 1997, 326 ff.; Krumsiek/Frenzen DÖV 1995, 1013 ff.
[20] Dazu Gronemeyer BauR 1998, 413 ff.
[21] Dazu auch Pünder JuS 2011, 289 (293).
[22] Hufen/Siegel, Fehler im Verwaltungsverfahren, Rn. 98.
[23] Näher dazu Kahl/Ludwigs VerwR-HdB/Musil, § 114 Rn. 70 ff.
[24] BVerwG NVwZ-RR 1997, 355.
[25] VGH München NVwZ-RR 1995, 136.
[26] OLG Celle NVwZ 1985, 518.
[27] Vgl. Brühl JA 1992, 193 ff.
[28] Hufen/Siegel, Fehler im Verwaltungsverfahren, Rn. 100.
[29] Stelkens/Bonk/Sachs/Schmitz VwVfG § 10 Rn. 18.

bei Wahlen,[30] bei der Zulassung von Parteien zu Wahlsendungen im Rundfunk,[31] bei der Zulassung als Taxi-Unternehmer,[32] der Zulassung als Schausteller auf einem Jahrmarkt sowie bei Prüfungen.[33] Ermessensfehlerhaft ist in der Regel eine durch zu starke Formalisierung des Verfahrens bewirkte schematische Gleichbehandlung ungleicher Sachverhalte.[34] Eine besonders intensive Ausgestaltung durch die Rechtsprechung haben die Gleichbehandlungsgebote in den letzten Jahren im Bereich des Prüfungsrechts erfahren.[35]

12 Die Herstellung der sog. Waffengleichheit verlangt weiter, dass im Verwaltungsverfahren zwischen Bürger und Verwaltung **Chancengleichheit bei der Interessenverfolgung** besteht. Diesem Zweck dienen vor allem das Recht auf **Akteneinsicht** und **Anhörung** („Parität des Wissens")[36] sowie die **Zulassung von Bevollmächtigten,** Beiständen und Vertretern von Amts wegen.[37] Die korrekte und gleichmäßige Handhabung dieser Vorschriften ist vor allem bei komplexen Sachverhalten von großer Bedeutung für die effektive Interessen- und Rechtswahrung des Bürgers.

7. Ausschluss wegen Befangenheit

a) Bedeutung der Befangenheitsvorschriften

13 Zur **Vermeidung von Interessenkollisionen,** die sich sowohl auf den Verfahrensablauf als auch die Entscheidung negativ auswirken können, sieht das Verwaltungsrecht seit langer Zeit den Ausschluss befangener Amtsträger von der Mitwirkung vor.[38] Die bereits vor Erlass des Verwaltungsverfahrensgesetzes allgemein anerkannten und geltenden Grundsätze,[39] die auch außerhalb des heutigen Anwendungsbereichs der Verwaltungsverfahrensgesetze als Ausdruck des Rechtsstaatsprinzips weiter Geltung beanspruchen, sind in §§ 20, 21 VwVfG mustergültig geregelt. Deshalb können sie, trotz ihres formal engeren Anwendungsbereichs, als verfahrensübergreifende Grundsätze eingeordnet werden.[40]

---

[30] VGH München BayVBl. 1978, 467.

[31] VGH München NVwZ 1991, 581; NVwZ-RR 1991, 152.

[32] BVerwG DVBl 1982, 301.

[33] BVerwG DVBl 1991, 940; OVG Münster NVwZ-RR 1994, 157.

[34] Hufen/Siegel, Fehler im Verwaltungsverfahren, Rn. 107.

[35] BVerfGE 84, 34 ff.; 84, 59 ff.; BVerfG NJW 1993, 917; BVerwGE 85, 323 ff.; BVerwG NVwZ 1993, 686; BVerwGE 94, 64 ff.; VGH Mannheim NVwZ 1994, 598; Redeker NVwZ 1992, 305 (308); Rozek NVwZ 1992, 343 ff.; Lindner BayVBl. 1999, 100 ff.

[36] Brause NJW 1992, 2865 (2867).

[37] Hufen/Siegel, Fehler im Verwaltungsverfahren, Rn. 106; zur Erstattung von Anwaltskosten im Widerspruchsverfahren OVG Weimar BeckRS 2005, 23879; zum Anspruch auf Beratungshilfe: BVerfG NJW 2009, 209 sowie 3417.

[38] Vgl. allg. auch Kazele, Interessenkollision und Befangenheit im Verwaltungsrecht, 1990; Barbirz, Institutionelle Befangenheit, 2010.

[39] BVerwGE 12, 273; 16, 152; 29, 70; 38, 105; v. Turegg NJW 1955, 81; Scheuing NVwZ 1982, 487 (488).

[40] Speziell zur Anwendung bei verwaltungsprivatrechtlicher Behördentätigkeit, Stelkens/Bonk/Sachs/Schmitz VwVfG § 20 Rn. 19; zur direkten Anwendbarkeit der Vorschriften bei der Besetzung von Professorenstellen: OVG Greifswald BeckRS 2010, 50631 Rn. 19 f. sowie Neukirchen/Emmrich, Berufungsverfahren, Befangenheit und Bewerbungsverfahrensanspruch, 2021; zur direkten Anwendbarkeit der Vorschriften auf Mitglieder einer Vergabekammer: OLG LSA IBRRS 2011, 0789.

Die (Un-) Befangenheitsvorschriften erfüllen **drei Funktionen:** 14
- sie sollen zugunsten des Bürgers sicherstellen, dass kein befangener Amtsträger am Verfahren über seine Angelegenheiten teilnimmt;
- die öffentliche Verwaltung soll vor einer Interessenkollision bewahrt werden, die zu Lasten der Verfolgung öffentlicher und des Schutzes privater Interessen geht;
- schließlich soll auch der einzelne Amtswalter selbst vor Konflikten bewahrt werden.[41]

In der **Praxis** hat sich die Problematik der Befangenheit in den letzten Jahren leicht verschoben. War es früher Zweck der Regelungen, einen ungeordneten Einfluss privater Interessen auf die Amtswaltung auszuschließen, so kommt es heute nicht selten durch eine Parallelität der Interessen von Spezialisten in Unternehmen und Verwaltung zur Befangenheit in der Form einer selektiven Wahrnehmung und Bewertung von Vorgängen.[42] 15

b) Betroffene Personengruppen

Auf **behördlicher Seite** sind die in § 20 I Nr. 1–6 VwVfG angeführten Personengruppen von der Mitwirkung an einem Verwaltungsverfahren ausgeschlossen. Das sind zunächst Beteiligte iSd § 13 VwVfG und ihre Angehörigen, wobei der Begriff des Angehörigen in § 20 V VwVfG legal definiert wird. Nach § 20 I Nr. 3 VwVfG ist weiter ausgeschlossen, wer einen Beteiligten kraft Gesetzes oder Vollmacht allgemein oder im konkreten Verwaltungsverfahren vertritt. § 20 I Nr. 4 VwVfG erstreckt auch diesen Ausschlussgrund auf Angehörige. Ausgeschlossen ist nach § 20 I Nr. 5 VwVfG ferner, wer bei einem Beteiligten gegen Entgelt beschäftigt ist oder bei ihm als Mitglied des Vorstandes, des Aufsichtsrates oder eines gleichartigen Organs tätig ist;[43] dies gilt nicht für den, dessen Anstellungskörperschaft Beteiligte ist. Schließlich wird nach § 20 I Nr. 6 VwVfG derjenige vom Verfahren ausgeschlossen, der außerhalb seiner amtlichen Eigenschaft in der Angelegenheit[44] ein Gutachten abgegeben hat[45] oder sonst tätig geworden ist. Erweitert wird der Anwendungsbereich in § 20 I 2, 3 VwVfG dadurch, dass dem Beteiligten gleichgestellt wird, wer durch die Tätigkeit oder durch die Entscheidung einen unmittelbaren Vorteil oder Nachteil erlangen kann.[46] Dies gilt nicht, wenn der Vor- oder Nachteil nur darauf beruht, dass jemand einer Berufs- oder Bevölkerungsgruppe angehört, deren gemeinsame Interessen durch die Angelegenheit berührt werden. Der Anwendungsbereich der Vorschrift wird in § 20 IV VwVfG leicht modifiziert auf Mitglieder von **Ausschüssen** (Kolle- 16

41 Ule/Laubinger VerwVerfR § 12 Rn. 1. Ausführlich, auch aus rechtsvergleichender Sicht, Fehling, Verwaltung zwischen Unparteilichkeit und Gestaltungsaufgabe, 2001.

42 Hufen/Siegel, Fehler im Verwaltungsverfahren, Rn. 114.

43 Der Verbotstatbestand des § 20 I 1 Nr. 5 VwVfG betrifft das Aufsichtsratsmitglied einer am Verwaltungsverfahren beteiligten juristischen Person auch dann, wenn diese zu 100 % der das Verwaltungsverfahren betreibenden Körperschaft gehört, BGH NVwZ 2002, 509. Der Ausschlussgrund des § 20 I 1 Nr. 5 VwVfG entfällt, sobald der Amtsträger seine Organtätigkeit aufgegeben hat BVerwGE 75, 214.

44 Nach BVerwGE 140, 359 liegt eine Tätigkeit „in der Angelegenheit" vor, wenn das Tätigwerden in engem Zusammengang zu dem zu beurteilenden Lebenssachverhalt steht. Für die „Abgabe" eines Gutachtens genügt das Mitverfassen.

45 Umstritten ist weiterhin, ob auch eine Tätigkeit in einem lediglich gleichliegenden Fall mit anderen Beteiligten eine Tätigkeit iSd Nr. 6 darstellt; dazu neigt wohl BVerwG NVwZ 2012, 307.

46 Dazu OVG Münster NVwZ-RR 2004, 721; VG Köln BeckRS 2002, 12303.

gialorganen) erstreckt. Die „institutionelle Befangenheit" einer ganzen Behörde kennt die deutsche Rechtsordnung nicht.[47]

c) Reichweite des Verbots

17 Die gesetzliche Regelung ordnet lediglich an, dass die von der Regelung erfassten Personen **„nicht tätig werden" dürfen.** Was das genau bedeutet, ob damit nur die Entscheidung oder jede Art der auch entfernten behördeninternen Mitwirkung gemeint ist, geht aus dem Wortlaut nicht hervor. Die Reichweite des Verbots muss deshalb im Wege der Auslegung ermittelt werden. In **zeitlicher Hinsicht** wird der gesamte Ablauf des Verwaltungsverfahrens einschließlich der unmittelbaren Vorbereitungsphase (informelles Vorverfahren) erfasst.[48] In **sachlicher Hinsicht,** dh bezüglich der Art der Mitwirkung und Einflussnahme, gilt es, verschiedene Fallkonstellationen zu unterscheiden. Erfasst ist neben der unmittelbaren Bearbeitung und Entscheidung auch jede mittelbare Einflussnahme wie Beratung, Anregung oder das Aufdrängen der eigenen Sachentscheidung durch den Vorgesetzten.[49] Ein **rein passives Verhalten** reicht nicht aus. Bei Vorgesetzten, die nicht direkt mit der Entscheidung befasst sind, ist umstritten, ob bereits die bloße Möglichkeit der Einflussnahme ausreicht.[50] Das Gleiche gilt für die bloße Kenntnisnahme von einem Vorgang durch einen Vorgesetzten bei der routinemäßigen Abzeichnung eines Vorgangs.[51] Nicht entscheidungserheblich sind technische Hilfen, etwa durch Schreibkräfte und Boten.[52]

17a Es muss weiterhin ein Tätigwerden **für eine Behörde** vorliegen. Das ist ohne weiteres bei Amtsträgern der Fall und zwar unabhängig von ihrem Beschäftigungsstatus. Umstritten ist, inwieweit auch **private Beauftragte** (etwa als Verwaltungshelfer, dazu → § 59 Rn. 60) in einem Verwaltungsverfahren für eine Behörde tätig sind.

d) Rechtsfolgen im Falle einer Nichtbeachtung

18 Liegt ein Befangenheitstatbestand vor, so verlangt das Gesetz die Ersetzung des befangenen Amtsträgers bzw., soweit es nur um eine mittelbare Beteiligung geht, seinen **Ausschluss von der Mitwirkung.**[53] Wird diese Konsequenz – außer im Falle der in § 20 III VwVfG berücksichtigten Gefahr im Verzuge – nicht gezogen, so stellt sich

[47] BVerwG BeckRS 2006, 23080.

[48] Hufen/Siegel, Fehler im Verwaltungsverfahren, Rn. 139; Stelkens/Bonk/Sachs/Schmitz VwVfG § 20 Rn. 22; Obermayer/Funke-Kaiser/Kuntze VwVfG § 20 Rn. 20; Knack/Henneke/Ritgen VwVfG § 20 Rn. 19; Scheuing NVwZ 1982, 487 (488).

[49] Hufen/Siegel, Fehler im Verwaltungsverfahren, Rn. 140; Knack/Henneke/Ritgen VwVfG § 20 Rn. 23; Kopp/Ramsauer VwVfG § 20 Rn. 13 ff.; zum Begriff der Einflussnahme vgl. BVerwG NVwZ 1988, 527; BVerwGE 75, 230; 69, 268; zur Befangenheit bei beruflichem Zusammenwirken: OVG Greifswald BeckRS 2010, 50631.

[50] Restriktiv Wais NJW 1982, 1263; strenger Scheuing NVwZ 1982, 487 (490); zurückhaltend VGH München NVwZ 1982, 508; BVerwGE 75, 214 (227).

[51] Unbeachtlich Obermayer/Funke-Kaiser/Kuntze VwVfG § 20 Rn. 27; differenzierend Hufen/Siegel, Fehler im Verwaltungsverfahren, Rn. 141; Scheuing NVwZ 1982, 487 (490): nur unbeachtlich, wenn aus der Abzeichnung kein besonderes Interesse abzulesen ist.

[52] Kein entscheidungsbezogenes – und damit unzulässiges – „Tätigwerden" liegt vor bei rein technischen Betätigungen, wie etwa als Hausmeister, Fahrer oder weisungsgebundene Schreibkraft, VGH Mannheim DÖV 2011, 328 = BeckRS 2011, 45608; vgl. auch Stelkens/Bonk/Sachs/Schmitz VwVfG § 20 Rn. 25.

[53] Hufen/Siegel, Fehler im Verwaltungsverfahren, Rn. 143; Knack/Henneke/Ritgen VwVfG § 20 Rn. 12; Kopp/Ramsauer VwVfG § 20 Rn. 55 ff.; Ule/Laubinger VerwVerfR § 12 Rn. 5.

die Frage nach den **Rechtsfolgen der unzulässigen Mitwirkung.** Der Gesetzgeber hat zwar in § 20 VwVfG selbst keine explizite Rechtsfolgenanordnung getroffen, in § 44 III Nr. 2 VwVfG aber einen Hinweis gegeben, welche rechtliche Qualifizierung vorzunehmen ist. Danach liegt in den Fällen des § 20 I Nr. 2–6 VwVfG regelmäßig nur eine „einfache" Rechtswidrigkeit vor.[54] Daraus können zwei Schlussfolgerungen gezogen werden: Erstens spricht bei einem Verstoß gegen § 20 I Nr. 1 VwVfG eine Vermutung für das Vorliegen eines besonders schwerwiegenden und offenkundigen Fehlers und zweitens ist auch bei den § 20 I Nr. 2–6 VwVfG die Nichtigkeit bei Vorliegen weiterer schwerwiegender Umstände nicht prinzipiell ausgeschlossen.[55]

Ob den Verfahrensbeteiligten auf Grund der Regelung des § 20 VwVfG ein **selbständiges Ablehnungsrecht** und ein Anspruch auf Zuweisung eines anderen Amtswalters zustehen, ist umstritten.[56] Nach hL können die Verfahrensbeteiligten nur eine entsprechende Anregung an den Dienstvorgesetzten geben, der etwaige Ausschlussgründe sodann eigenverantwortlich zu prüfen hat. Justitiabel soll dies schon deshalb nicht sein, da es ansonsten zu Verfahrensverzögerungen kommen könne.[57] Auch sei eine selbständige Anfechtung eines unterbliebenen Ausschlusses nach § 44a VwGO nicht zulässig.[58] Die Gegenansicht macht mit guten Gründen darauf aufmerksam, dass eine Verfahrensverzögerung viel eher eintritt, wenn mit der Geltendmachung des Verstoßes bis zum Abschluss des Verfahrens gewartet werden müsse. Zudem sei in vergleichbaren Fällen ein subjektiver Anspruch auf Überprüfung des Befangenheitsantrags anerkannt.[59] 19

e) Besorgnis der Befangenheit

Zu den strikten Ausschlussgründen des § 20 VwVfG tritt in § 21 VwVfG mit der Besorgnis der Befangenheit ein weicher konturierter Ausschlusstatbestand, der die **Transparenz und Unparteilichkeit des Verwaltungsverfahrens** und dadurch **Vertrauen** und **Akzeptanz** gegenüber Verwaltungsentscheidungen effektiv sichern soll.[60] Strukturell unterscheidet sich die Vorschrift von § 20 VwVfG dadurch, dass dort der Ausschluss von Gesetzes wegen eintritt, während hier eine konstitutive Entscheidung der Behördenleitung bzw., soweit diese betroffen ist, der Aufsichtsbehörde erforderlich ist.[61] Bei der Anwendung der Vorschrift muss sich die zuständige Stelle in die Außenperspektive der Öffentlichkeit versetzen und prüfen, ob der dort entstehende Eindruck das Vertrauen in die Objektivität und Neutralität des Verwaltungshandelns gefährden kann. Dadurch werden wichtige institutionelle Voraussetzungen für das Verwaltungshandeln über die strikte Gesetzesbindung hinaus abgesichert. In der Norm kommt die Erfahrung zum Ausdruck, dass auch nicht völlig unplausible externe Zuschreibungen die rechtsstaatlich gebotene Neutralität und Objektivität des 20

[54] Vgl. dazu aber die Sonderkonstellation im Personalvertretungsrecht, BVerwG BeckRS 2016, 40405.

[55] Hufen/Siegel, Fehler im Verwaltungsverfahren, Rn. 144; Ule/Laubinger VerwVerfR § 12 Rn. 23; Kopp/Ramsauer VwVfG § 44 Rn. 54; Knack/Henneke/Ritgen VwVfG § 20 Rn. 108 f.

[56] Zur Rügepflicht in einem Prüfungsverfahren: VG Freiburg BeckRS 2008, 35637.

[57] OVG Schleswig NVwZ-RR 1993, 395; Kopp/Ramsauer BayVBl. 1994, 109.

[58] Obermayer/Funke-Kaiser/Kuntze VwVfG § 20 Rn. 157; Ule/Laubinger VerwVerfR § 12 Rn. 20.

[59] Hufen/Siegel, Fehler im Verwaltungsverfahren, Rn. 147 f.

[60] Es handelt sich aber nicht um einen Auffangtatbestand, wie Hufen/Siegel, Fehler im Verwaltungsverfahren, Rn. 151, meinen.

[61] Zu den Beurteilungsmaßstäben bei bestehender Besorgnis der Befangenheit: OVG Greifswald BeckRS 2010, 506031.

Verwaltungshandelns gefährden können. Das gilt auch für den Anschein rassistischer Verhaltensmuster.[62] Es reicht jeweils der „böse Schein" möglicher Parteilichkeit oder einer Verquickung öffentlicher und privater Interessen.[63]

8. Datenschutz und Geheimhaltung

21 Verwaltungshandeln ist zunehmend auf die Erhebung und Verarbeitung von Informationen und eine umfangreiche Sachverhaltsermittlung angewiesen. Hochkomplexe Verwaltungsaufgaben, wie in den Bereichen des Umwelt-, Technik- und Gesundheitsrechts, sowie die breite Palette der Leistungsverwaltung sind anders nicht sachgerecht zu verwirklichen. Soweit dabei auch Informationen aus der privaten oder beruflichen Sphäre des Bürgers erhoben werden, stellt sich die Frage nach Datenschutz und Geheimhaltung.[64]

22 Die Verwaltungsverfahrensgesetze haben diese Thematik weitgehend ausgeklammert und den **speziellen Regelungen zum Datenschutz** überlassen. In § 30 VwVfG findet sich lediglich eine allgemeine, subsidiäre[65] Regelung zur Geheimhaltung. Im Übrigen ist auf die – inzwischen stark europarechtlich geprägten[66] – Regelungen der allgemeinen Datenschutzgesetze des Bundes und der Länder sowie auf die datenschutzrechtlichen Regelungen in Spezialgesetzen,[67] vor allem den Polizeigesetzen,[68] zurückzugreifen.

23 Die unter dem Stichwort Datenschutz zusammengefassten Rechtsgrundsätze beziehen sich auf die Beschaffung von Informationen, ihre Verarbeitung und Speicherung sowie ihre Weitergabe. Zudem werden die Rechte der von der Datenerhebung Betroffenen auf Auskunft und Löschung begründet. Auf der **verfassungsrechtlichen Grundlage,** die das Bundesverfassungsgericht in seinem Volkszählungsurteil[69] entwickelt hat, gilt, dass die Erhebung personenbezogener Daten wegen des damit verbundenen Eingriffs in das Grundrecht auf informationelle Selbstbestimmung nur auf Grund einer ausreichend bestimmten gesetzlichen Regelung zulässig ist.[70] Zur effektiven Gewährleistung des Grundrechtsschutzes verlangt das Datenschutzrecht eine **strikte Zweckbindung:** Daten dürfen nur für solche Verwaltungszwecke verwendet werden, zu denen sie auch erhoben wurden (Zweckbindung des Zugriffs, der Verarbeitung und der Verwendungsdauer). Ergänzt wird die Zweckbindung durch die Forderung nach Transparenz (Information des Betroffenen, Meldepflicht, Dokumentationspflicht) sowie eine effiziente Verarbeitungskontrolle (Auskunftsrecht, Widerspruchsrecht, unabhängige Kontrollinstanz).[71]

---

[62] Dazu Kluth NVwZ 2022, 1847 ff.

[63] Stelkens/Bonk/Sachs/Schmitz VwVfG § 21 Rn. 9.

[64] Umfassend: Albers GVwR I § 22.

[65] Stelkens/Bonk/Sachs/Kallerhoff VwVfG § 30 Rn. 4; vgl. Kopp/Ramsauer VwVfG § 30 Rn. 2 ff.

[66] Dazu Albers GVwR II § 22 Rn. 39 ff.

[67] ZB §§ 7 ff. BKAG, §§ 8 ff. BVerfSchG, §§ 2 ff. BNDG, §§ 1 ff. MADG, § 35 SGB I, §§ 67 f. SGB X, §§ 30 f. AbgO, §§ 39 ff. PostG, §§ 91 ff. TKG, § 16 BStatG, § 9 IHKG.

[68] Übersicht bei Lisken/Denninger, Handbuch des Polizeirechts, 7. Aufl. 2021, Kap. E.

[69] BVerfGE 65, 1 ff.

[70] Zu Inhalt und Dogmatik des Rechts auf informationelle Selbstbestimmung in der Konzeption des BVerfG Albers GVwR I § 22 Rn. 58 ff.

[71] Gola/Schomerus BDSG/Gola/Klug/Körffer BDSG § 14 Rn. 9 ff.; Härting NJW 2015, 3284; vgl. auch VG Minden BeckRS 2011, 52722.

Infolge der Grundrechtserheblichkeit der Erhebung und Verarbeitung personenbezogener Daten sowie von Geschäfts- und Betriebsgeheimnissen[72] sind der Sachaufklärung durch die Verwaltung Grenzen gesetzt. Zudem treten das Verfahrensrecht und das materielle Verwaltungsrecht in eine neue Wechselbeziehung. Es ist nämlich allgemein anerkannt, dass weder der Untersuchungsgrundsatz des § 24 VwVfG noch die Mitwirkungspflicht nach § 26 II VwVfG den Charakter einer gesetzlichen Ermächtigung zur Erhebung personenbezogener Daten oder von Geschäfts- und Betriebsgeheimnissen abgeben.[73] Solche Ermächtigungen müssen deshalb aus dem jeweils einschlägigen materiellen Recht abgeleitet werden, etwa den Polizeigesetzen. 24

Für die **Sachaufklärung durch die Verwaltungsbehörde** gilt demnach heute der Grundsatz, dass jedenfalls für den Bereich der personenbezogenen Daten sowie der Geschäfts- und Betriebsgeheimnisse von einem grundsätzlichen **Verbot mit Erlaubnisvorbehalt** auszugehen ist. Jede Informationserhebung, -speicherung und -weitergabe ist untersagt, soweit sie nicht ausdrücklich erlaubt ist oder der Betroffene eingewilligt hat.[74] Das Fehlen einer gesetzlichen Grundlage begründet ein Ermittlungs- und Beweisverbot. 25

Nicht ausdrücklich geregelt ist die Frage des **Verwertungsverbotes** im Falle von Erkenntnissen, die unter Verletzung von Ermittlungsverboten gewonnen wurden. Auszugehen ist von dem Grundsatz, dass rechtswidrig erhobene Informationen auch nicht verwendet werden dürfen.[75] Das Gleiche gilt auch im Falle einer unzulässigen Weitergabe von rechtmäßig erhobenen personenbezogenen Daten. Anderenfalls würde der datenschutzrechtliche Grundsatz der Zweckbindung unterlaufen. Ausnahmen können allenfalls dann zugelassen werden, wenn es um den Schutz gleichwertiger Rechtsgüter von Verfassungsrang geht.[76] 26

II. Subjekte des Verwaltungsverfahrens

1. Das Verfahrensrechtsverhältnis als Ordnungsrahmen

Das moderne Verwaltungsrecht denkt und argumentiert dynamisch in Rechtsbeziehungen. Orientierungspunkt ist das bi- oder multipolare Verwaltungsrechtsverhältnis, das zugleich auch Verwaltungsverfahrensrechtsverhältnis (oder kürzer: Verfahrensrechtsverhältnis) ist.[77] Diese vor allem **rahmenbildende dogmatische Figur** verfolgt den Zweck, die Vielzahl von Aktionen und Rechtsbeziehungen, die insgesamt das Verwaltungsverfahren ausmachen, in sich aufzunehmen und einander zuzuordnen.[78] Konkrete Rechtsfolgen oder auch nur systematisierende Zuordnungen 27

[72] Zu deren grundrechtlichem Schutz Erichsen NVwZ 1992, 409 (410).

[73] Hüsch, Verwertungsverbote im Verwaltungsverfahren, 1991, S. 148.

[74] Hufen/Siegel, Fehler im Verwaltungsverfahren, Rn. 233; Das Zählen von Wildschweinen mittels Videokamera ist keine Erhebung, Verarbeitung oder Nutzung von personenbezogenen Daten, VG Würzburg BeckRS 2004, 32025, bestätigt durch VGH München BeckRS 2004, 33939.

[75] Hufen/Siegel, Fehler im Verwaltungsverfahren, Rn. 237 ff.; zur Unverwertbarkeit der von der Ausländerbehörde rechtswidrig beim Jugendamt erhobenen Sozialdaten im Abschiebungsverfahren VG Bremen BeckRS 2011, 55372; zum Beweisverwertungsverbot im sozialgerichtlichen Verfahren BSG BeckRS 2008, 54248 Rn. 49 ff. mwN.

[76] Hufen/Siegel, Fehler im Verwaltungsverfahren, Rn. 244.

[77] Stelkens/Bonk/Sachs/Schmitz VwVfG § 9 Rn. 9 ff. Zur Bedeutung des Verwaltungsrechtsverhältnis für das Verwaltungsrecht siehe Kahl/Ludwigs VerwR-HdB/Bauer § 98; Bauer, Lehren vom Verwaltungsrechtsverhältnis, 2022.

[78] Vgl. auch Schmidt-Aßmann/Kaufhold GVwR II § 27 Rn. 102 f.

sind damit zunächst einmal nicht verbunden. Es handelt sich insofern um eine leere Kategorie.[79] Ihr lässt sich allenfalls die – heute indes überflüssige, weil selbstverständliche – Aussage entnehmen, dass die Beziehungen der Exekutive zum Bürger wie auch die Beziehungen in der Exekutive und zwischen Verwaltungsträgern Rechtsbeziehungen sind.

28 Grundlage und Orientierungspunkt eines jeden Verfahrensrechtsverhältnisses sind die an ihm beteiligten und es tragenden Rechtssubjekte. Auf der einen Seite – ausnahmsweise auch auf beiden Seiten – steht die öffentliche Verwaltung. Bei ihr stellt sich die Frage, wer konkret Subjekt eines Verfahrensrechtsverhältnisses ist, ob auf die juristische Person oder das handelnde Organ abzustellen ist. Damit wird zugleich auf Zurechnungsfragen innerhalb der öffentlichen Verwaltung und damit auf das Organisationsrecht Bezug genommen. Auf der anderen Seite steht der Bürger, sei es unvermittelt als natürliche Person, sei es vermittelt in der Form einer juristischen Person oder einer sonstigen vom Recht anerkannten Organisationsform.

2. Träger und Organe der öffentlichen Verwaltung

29 Die Träger der öffentlichen Verwaltung handeln durch ihre **Organe** (dazu Band II → § 83 Rn. 1 ff.), die insoweit, als es um das Handeln nach außen geht, als Behörden bezeichnet werden. Behörde im Sinne der Verwaltungsverfahrensgesetze ist jede Stelle der öffentlichen Verwaltung, die Aufgaben der öffentlichen Verwaltung wahrnimmt. Damit liegt der Schluss nahe, dass Subjekte des Verwaltungsverfahrens auf staatlicher Seite die Behörden sind.

30 In der Tat wird im Verwaltungsverfahrensgesetz durchgängig die **Behörde** in Bezug genommen. Auf sie beziehen sich die Regelungen über die örtliche Zuständigkeit (§ 3 VwVfG) und die Amtshilfe (§§ 4 ff. VwVfG); sie sind Bezugspunkt der Definition des Verwaltungsverfahrens (§ 9 VwVfG) und außerdem beteiligungsfähig (§ 11 Nr. 3 VwVfG). Dennoch folgt aus dem Behördenbegriff, soweit man ihn mit dem im Außenverhältnis tätigen Organ gleichsetzt, dass Zurechnungsendsubjekt und damit auch Subjekt des Rechtsverhältnisses der Träger der öffentlichen Verwaltung und damit die juristische Person ist. Das macht sich prozessual immer dort bemerkbar, wo das Verwaltungsprozessrecht eine Beteiligung der Behörden nicht vorsieht, wie dies zB auf Bundesebene und außerhalb der Anfechtungs- und Verpflichtungsklage durchgehend der Fall ist. Da es im Verwaltungsverfahrensrecht auch nicht um spezifische Organrechte geht, die der handelnden Behörde im Verhältnis zur juristischen Person oder anderen Organen zustehen, muss richtigerweise folgendermaßen formuliert werden: **Subjekt eines Verfahrensrechtsverhältnisses** ist der Träger öffentlicher Verwaltung, dessen Behörde handelt. Da jedoch der Verwaltungsträger immer durch seine Behörde handelt, ergeben sich daraus in der Praxis keine Veränderungen, zumal das Gesetz durch die ausdrückliche Statuierung der Beteiligungsfähigkeit der Behörden entsprechende Vorsorge getroffen hat.

31 Vor diesem Hintergrund wird der **Behördenbegriff des Verwaltungsverfahrensgesetzes** als handlungsbezogen und funktionell bezeichnet.[80] Er lässt organisations-

[79] Ähnlich Kopp/Ramsauer VwVfG Einführung I Rn. 54.

[80] Stelkens/Bonk/Sachs/Schmitz VwVfG § 1 Rn. 230; s. auch Maurer/Waldhoff AllgVerwR § 21 Rn. 33.

interne Fragen außen vor und macht zugleich deutlich, dass das VwVfG keine organisationsrechtlichen Regelungen treffen will.[81]

Keine Behörde und damit auch nicht Subjekt des Verwaltungsverfahrens sind Verwaltungshelfer und in Pflicht genommene Private.[82] 32

Erfasst wird nur die „öffentlich-rechtliche Verwaltungstätigkeit der Behörden". Ausgeschlossen ist damit die Tätigkeit von Behörden, die keine Verwaltungstätigkeit darstellt, wie zB das Gnadenrecht und die privatrechtliche Tätigkeit. Insbesondere die fiskalische und verwaltungsprivatrechtliche Betätigung werden nicht erfasst. Die Vergabe öffentlicher Aufträge unterliegt besonderen gesetzlichen Regelungen. 33

Die behördliche Zuständigkeit wird nur partiell in § 3VwVfG angesprochen, ist im Übrigen aber Gegenstand des Verwaltungsorganisationsrechts. 34

3. Beteiligte

a) Beteiligungsfähigkeit

Die Beteiligteneigenschaft nach § 13 VwVfG und die Beteiligtenfähigkeit nach § 11 VwVfG sind streng zu unterscheiden. Erstere setzt Letztere voraus, folgt aber nicht aus ihr.[83] Umgekehrt kann zB im Falle der Antragstellung durch eine Vereinigung, der in Wahrheit das geltend gemachte Recht nicht zustehen kann, diese Beteiligte eines Verwaltungsverfahrens sein, ohne beteiligungsfähig zu sein. Die **Ausgestaltung der Beteiligungsfähigkeit** ist Aufgabe des Gesetzgebers und durch das Verfassungsrecht nur insoweit vorgezeichnet, als sie – auf staatlicher Seite – den Vorgaben des Demokratieprinzips für die Leitung und Verantwortung staatlichen Handelns, dem Gebot rechtsstaatlicher Klarheit und – auf privater Seite – den Anforderungen der Grundrechte an eine effektive Interessenwahrnehmung (Art. 19 IV GG) genügen muss.[84] In § 11 VwVfG hat der Gesetzgeber gem. § 11 Nr. 1 VwVfG natürlichen und juristischen Personen, gem. § 11 Nr. 2 VwVfG Vereinigungen, soweit ihnen ein Recht zustehen kann, und gem. § 11 Nr. 3 VwVfG Behörden die Beteiligungsfähigkeit zuerkannt. 35

Beteiligungsfähigkeit bedeutet nach § 11 VwVfG die Fähigkeit, aktiv oder passiv am Verwaltungsverfahren beteiligt zu sein. Man spricht auch von subjektiver Sachentscheidungsvoraussetzung.[85] Ein unmittelbarer Rückgriff auf das materielle Recht ist dabei nur insoweit vorgesehen und erforderlich, als in Nr. 2 bei der Beteiligungsfähigkeit von Vereinigungen darauf abgestellt wird, dass ihnen „ein Recht zustehen kann".[86] 36

Während der Begriff der **natürlichen Person** sich selbst erklärt,[87] besteht bei den **juristischen Personen** insofern ein Klärungsbedarf, als dieser Begriff entweder rechts- 37

[81] Stelkens/Bonk/Sachs/Schmitz VwVfG § 1 Rn. 237 ff.; Knack/Henneke/Schliesky VwVfG § 1 Rn. 89.
[82] Ule/Laubinger VerwVerfR § 9 Rn. 5; Kopp/Ramsauer VwVfG § 1 Rn. 66 f.
[83] Vgl. BeckOK VwVfG/Gerstner-Heck § 13 Rn. 1 f.
[84] Raeschke-Kessler/Eilers NVwZ 1988, 37 ff.
[85] Stelkens/Bonk/Sachs/Schmitz VwVfG § 11 Rn. 2.
[86] Weitergehend Stelkens/Bonk/Sachs/Schmitz VwVfG § 11 Rn. 6.
[87] Einen Grenzfall stellt hier nur der ungeborene Mensch dar; dazu BVerwG NJW 1992, 1524; Stelkens/Bonk/Sachs/Schmitz VwVfG § 11 Rn. 13; Kopp/Ramsauer VwVfG § 11 Rn. 4.

technisch eng oder im weiteren, materiell-rechtlichen Horizont des Art. 19 III GG[88] verstanden werden kann. Die ausdrückliche Erwähnung der teilrechtsfähigen Vereinigungen in § 11 Nr. 2 VwVfG spricht eindeutig für die erste Variante, also das Verständnis im Sinne der vollrechtsfähigen juristischen Person im hergebrachten Sinne.[89] Erfasst werden sowohl juristische Personen des Privatrechts als auch des öffentlichen Rechts.[90] Für juristische Personen, die außerhalb der EU gegründet wurden, gilt die Sitztheorie. Die Beteiligtenfähigkeit bestimmt sich nach dem Recht des Staates, in dem die Hauptverwaltung ihren Sitz hat.[91] Für innerhalb der EU gegründete ausländische juristische Personen des Privatrechts gilt die Gründungstheorie. Die Beteiligtenfähigkeit richtet sich nach dem Recht des Staates, in dem die juristische Person gegründet wurde.[92]

38 Die in § 11 Nr. 2 VwVfG angeführten **teilrechtsfähigen Vereinigungen** sind beteiligungsfähig, soweit ihnen ein Recht zustehen kann. Dabei muss es sich um dasjenige Recht handeln, das im betreffenden Verwaltungsverfahren geltend gemacht werden soll bzw. betroffen ist.[93] Das betreffende Recht muss der Vereinigung als solcher zustehen. Es können also nicht Rechte der Mitglieder in einer Art Verfahrensstandschaft geltend gemacht werden.[94] Welche Anforderungen an den Organisationsgrad einer Vereinigung zu stellen sind, ist umstritten.[95] Überwiegend wird eine gewisse Dauer und organisatorische Verfestigung verlangt. Demonstrationen und vorübergehende Menschenansammlungen stellen jedenfalls keine Vereinigung iSd § 11 Nr. 2 VwVfG dar.[96] Als beteiligungsfähige Vereinigungen sind zB anerkannt: nichtrechtsfähige Vereine,[97] Gewerkschaften und ihre Untergliederungen,[98] Organe und Organteile einschließlich Fraktionen im Kommunalbereich,[99] die Fakultät einer Universität[100] sowie eine BGB-Gesellschaft.[101] Zu beachten ist überdies, dass in einigen Fällen die Beteiligungsfähigkeit von teilrechtsfähigen Organisationen spezialgesetzlich geregelt ist, wie zB in § 3 PartG oder in §§ 124, 161 HGB für Personengesellschaften. Geht es in dem Verwaltungsverfahren gerade um die Frage, ob einer Vereinigung ein bestimmtes Recht zusteht, so kommt es darauf an, ob dies grundsätzlich möglich ist („zustehen kann").

---

[88] Dazu näher Sachs/Sachs/von Coelln GG Art. 19 Rn. 57 ff.
[89] Stelkens/Bonk/Sachs/Schmitz VwVfG § 11 Rn. 13; Kopp/Ramsauer VwVfG § 11 Rn. 5 ff.
[90] Stelkens/Bonk/Sachs/Schmitz VwVfG § 11 Rn. 14 f.
[91] Vgl. BGHZ 51, 28; VG Frankfurt a. M. BeckRS 2013, 45621 Rn. 16.
[92] BGHZ 154, 185; EuGH Slg. 2002, I-09919.
[93] Stelkens/Bonk/Sachs/Schmitz VwVfG § 11 Rn. 20; Kopp/Ramsauer VwVfG § 11 Rn. 9; saarl. OVG NVwZ 1993, 902.
[94] Stelkens/Bonk/Sachs/Schmitz VwVfG § 11 Rn. 19; Kopp/Ramsauer VwVfG § 11 Rn. 9.
[95] Für eine körperschaftliche Struktur: OVG Münster NJW 1975, 463; VGH München NJW 1984, 2116; weniger weitgehend: Kopp/Ramsauer VwVfG § 11 Rn. 9a; Obermayer/Funke-Kaiser/Hönig VwVfG § 11 Rn. 14.
[96] Stelkens/Bonk/Sachs/Schmitz VwVfG § 11 Rn. 18; Obermayer/Funke-Kaiser/Hönig VwVfG § 11 Rn. 15.
[97] Vgl. OVG Lüneburg NJW 1979, 735; VGH Mannheim DÖV 1979, 605; OVG Lüneburg NJW 1992, 192.
[98] BGHZ 50, 352; Kopp/Ramsauer VwVfG § 11 Rn. 6; Ule/Laubinger VerwVerfR § 15 Rn. 25.
[99] VGH Mannheim NVwZ 1988, 799; OVG Schleswig NVwZ-RR 1996, 103; Hoppe DVBl 1970, 845; Ewald DVBl 1970, 237; Hahn DVBl 1974, 509.
[100] BVerwGE 45, 43; VGH Mannheim VerwRspr. 21, 251; vgl. auch Kopp/Ramsauer VwVfG § 11 Rn. 13.
[101] Knack/Henneke/Ritgen VwVfG § 11 Rn. 23; Kopp/Ramsauer VwVfG § 11 Rn. 13 mwN.

Nach § 11 Nr. 3 VwVfG sind alle Behörden fähig, am Verfahren beteiligt zu sein. Dies ist eine logische Folge der an das Behördenhandeln anknüpfenden Grundkonzeption des Verwaltungsverfahrensgesetzes. 39

Grundsätzlich anerkannt wird im Verwaltungsverfahren auch die Verfahrensführungsbefugnis bzw. Treuhänderschaft Dritter, deren Handeln den eigentlich beteiligungsfähigen Subjekten zugerechnet wird.[102] 40

b) Handlungsfähigkeit

Die für die Vornahme von Verfahrenshandlungen nötige Handlungsfähigkeit regelt § 12 VwVfG inhaltlich weitgehend identisch mit § 62 VwGO.[103] Handlungsfähig sind zunächst alle natürlichen Personen, die nach bürgerlichem Recht geschäftsfähig sind.[104] Natürliche Personen, die in der Geschäftsfähigkeit beschränkt sind, besitzen Handlungsfähigkeit, soweit sie für den Gegenstand des Verfahrens durch Vorschriften des bürgerlichen Rechts als geschäftsfähig oder durch Vorschriften des öffentlichen Rechts als handlungsfähig anerkannt sind.[105] Juristische Personen und teilrechtsfähige Vereinigungen iSd § 11 Nr. 2 VwVfG sind durch ihre gesetzlichen Vertreter oder durch besonders Beauftragte handlungsfähig.[106] Schließlich handeln Behörden durch ihre Leiter, deren Vertreter oder Beauftragte.[107] 41

Es ist Aufgabe der verfahrensleitenden Behörde, das Vorliegen der Handlungsfähigkeit bzw. einer ordnungsgemäßen Vertretung bezüglich aller Beteiligten von Amts wegen festzustellen. 42

c) Pflichtige und fakultative Beteiligte des Verwaltungsverfahrens

Durch den in § 13 VwVfG ausgestalteten Beteiligtenstatus werden die Subjekte bestimmt, mit denen die verfahrensführende Behörde, die vom Gesetz selbst nicht als Beteiligter qualifiziert wird,[108] in einem Verfahrensrechtsverhältnis steht. Dabei ist zwischen den **notwendig Beteiligten** nach § 13 I Nr. 1–3 VwVfG und den **fakultativ Beteiligten** nach § 13 I Nr. 4 iVm II VwVfG zu unterscheiden. Die in den § 13 I Nr. 1–3 VwVfG angeführten Fälle der notwendigen Beteiligung spiegeln zugleich die wichtigsten Verfahrensformen wider: 43

– das Antragsverfahren;
– das Einschreiten der Behörde von Amts wegen bei Erlass eines Verwaltungsakts und
– den Vertragsschluss.

Der Beteiligte nimmt an dem Verwaltungsverfahren mit der Befugnis teil, seine Rechte selbständig zu vertreten bzw. vertreten zu lassen. Insbesondere kann er Anträge zur Sache und zum Verfahren (Akteneinsicht etc) stellen, muss aber auch Maß-

[102] Stelkens/Bonk/Sachs/Schmitz VwVfG § 11 Rn. 7; BVerwG NVwZ 1982, 38 (39); BFH NJW 1990, 71 (72).
[103] Kopp/Ramsauer VwVfG § 12 Rn. 2.
[104] Kopp/Ramsauer VwVfG § 12 Rn. 5.
[105] Einzelheiten bei C. Meyer, Die Stellung des Minderjährigen im öffentlichen Recht, 1988; Robbers DVBl 1987, 709 ff.; Kopp/Ramsauer VwVfG § 12 Rn. 6 ff. mit zahlreichen Einzelnachweisen; vgl. OVG Bremen NJW 1998, 3583.
[106] Ausführlicher Kopp/Ramsauer VwVfG § 12 Rn. 13.
[107] Dazu Kopp/Ramsauer VwVfG § 12 Rn. 14 f.
[108] Stelkens/Bonk/Sachs/Schmitz VwVfG § 13 Rn. 6; Knack/Henneke/Ritgen VwVfG § 13 Rn. 15.

nahmen der Behörde gegen sich gelten lassen (ua Mitwirkungspflichten). Der Beteiligte kann nicht zugleich als Zeuge oder Sachverständiger am Verfahren teilnehmen.

44 Beteiligte sind nach § 13 I Nr. 1 VwVfG Antragsteller und Antragsgegner. Antragsteller ist derjenige, der in eigener Sache bei der Behörde einen Antrag stellt, der auf den Erlass eines Verwaltungsaktes gerichtet ist. Diese Einschränkung ergibt sich aus der Zusammenschau mit § 9 VwVfG und § 13 I Nr. 3 VwVfG.[109] Auf die Begründetheit des Antrags kommt es nicht an. Im Falle der Vertretung ist Antragsteller der Vertretene.[110] Wann durch die Antragsstellung das Verfahrensrechtsverhältnis und damit die Beteiligtenstellung begründet wird, ist umstritten. Abgestellt wird von den unterschiedlichen Meinungen auf den Eingang des Antrags bei der Behörde,[111] den Zeitpunkt, in dem mit einer Bearbeitung zu rechnen ist[112] und die Einleitung des Verfahrens durch die Behörde durch konkrete Maßnahmen.[113] Vorzugswürdig erscheint auf Grund des Wortlauts und der Parallele zu § 90 VwGO die erste Ansicht.[114]

45 Klärungsbedürftig, wenn nicht irreführend, ist in § 13 I Nr. 1 VwVfG die Verwendung des Begriffs **Antragsgegner.** Da die verfahrensführende Behörde, wie gezeigt wurde, nach der Systematik des Gesetzes nicht als Beteiligter einzustufen ist, kommt als Antragsgegner nur ein Dritter in Betracht, für den der beantragte Verwaltungsakt möglicherweise rechtliche Auswirkungen hat.[115] Diese Auslegung verträgt sich aber nicht mit § 13 II 2 VwVfG, da es sich um einen Fall der rechtsgestaltenden Wirkung für Dritte handelt, für den die Beteiligteneigenschaft nicht automatisch ex lege eintreten soll. Die Erwähnung des Antragsgegners ergibt deshalb keinen rechten Sinn.

46 In § 13 I Nr. 2 VwVfG wird von dem von Amts wegen erlassenen Verwaltungsakt ausgegangen und dessen Adressat die Beteiligtenstellung zuerkannt. Auch hier ist auf die verfahrensrechtliche Ausprägung, dh die formale Adressatenstellung iSd § 43 VwVfG, und nicht auf die materielle Betroffenheit durch den Verwaltungsakt abzustellen.[116] Da der Zweck des Verwaltungsverfahrens ua darin besteht, den Erlass eines Verwaltungsaktes vorzubereiten, wird die Adressatenstellung bereits dadurch begründet, dass die Behörde den Verwaltungsakt „erlassen will". Kenntnis von seinem Beteiligtenstatus erhält der Adressat in der Regel durch die nach § 28 VwVfG erforderliche Anhörung. Liegt einer der Ausnahmetatbestände des § 28 II VwVfG vor, so ist es aber durchaus denkbar, dass die Beteiligtenstellung erst durch die Bekanntgabe des Verwaltungsaktes offenbart wird. Nicht zuletzt deshalb folgt aus dem Wortlaut des § 13 I Nr. 2 VwVfG, dass der Adressat auch nach Erlass des Verwaltungsaktes Beteiligter bleibt, was ua für die Geltendmachung des Akteneinsichtsrechts in diesen Fällen von Bedeutung ist.[117]

109 Stelkens/Bonk/Sachs/Schmitz VwVfG § 13 Rn. 15; iE Knack/Henneke/Ritgen VwVfG § 13 Rn. 18.
110 Stelkens/Bonk/Sachs/Schmitz VwVfG § 13 Rn. 17.
111 Knack/Henneke/Ritgen VwVfG § 13 Rn. 23; Ule/Laubinger VerwVerfR § 15 Rn. 7.
112 Stelkens/Bonk/Sachs/Schmitz VwVfG § 13 Rn. 16.
113 Martens, Die Praxis des Verwaltungsverfahrens, S. 53.
114 So auch Kopp/Ramsauer VwVfG § 13 Rn. 18.
115 Ule/Laubinger VerwVerfR § 15 Rn. 6; Stelkens/Bonk/Sachs/Schmitz VwVfG § 13 Rn. 19; Kopp/Ramsauer VwVfG § 13 Rn. 19.
116 Stelkens/Bonk/Sachs/Schmitz VwVfG § 13 Rn. 21; iE Knack/Henneke/Ritgen VwVfG § 13 Rn. 24.
117 Ule/Laubinger VerwVerfR § 15 Rn. 9; Stelkens/Bonk/Sachs/Schmitz VwVfG § 13 Rn. 23; aA Knack/Henneke/Ritgen VwVfG § 13 Rn. 27.

Beteiligt sind nach § 13 I Nr. 3 VwVfG auch die **Vertragspartner** der Behörde bei Abschluss eines öffentlich-rechtlichen Vertrages. In diesem Fall wird durch ein Vertragsangebot des Bürgers alleine seine Beteiligtenstellung noch nicht begründet. Es bedarf eines Mindestmaßes an Reaktion durch die Behörde.[118] 47

Der mit der Regelung in § 13 II VwVfG verklammerte § 13 I Nr. 4 VwVfG ist Ausdruck der Verfahrenskonzentration[119] und kann mit der Beiladung im Verwaltungsprozess verglichen werden.[120] Zweck der Vorschrift ist es, drittbetroffene Personen möglichst frühzeitig in den Rechtsgestaltungsprozess einzubeziehen und damit zugleich etwaigen späteren Rechtsstreitigkeiten vorzubeugen.[121] Dabei ist zwischen der fakultativen Hinzuziehung nach § 13 II 1 VwVfG und der notwendigen Hinzuziehung nach § 13 II 2 VwVfG zu unterscheiden. Für die **fakultative Hinzuziehung** nach § 13 II 1 VwVfG müssen „rechtliche Interessen" betroffen sein. Es muss sich also um Interessen handeln, die durch Rechtsnormen anerkannt sind.[122] Erforderlich ist zudem, dass diese Interessen durch den Ausgang des Verfahrens berührt werden können. Die Hinzuziehung kann in diesem Fall von Amts wegen oder auf Antrag erfolgen.[123] **Notwendig** ist eine **Hinzuziehung** nach § 13 II 2 VwVfG, wenn der Ausgang des Verfahrens, dh der Verwaltungsakt oder Vertrag, **rechtsgestaltende Wirkung für einen Dritten** hat, also unmittelbar in seine Rechte eingreift.[124] Eine rechtsgestaltende Wirkung liegt vor, wenn der Ausgang des Verfahrens möglicherweise (!) zugleich und unmittelbar Rechte eines Dritten aufhebt, ändert oder begründet.[125] Das kann auch bei feststellenden Verwaltungsakten der Fall sein, wenn diese sich auch auf Rechtspositionen Dritter auswirken und repressiver Rechtsschutz zu spät käme.[126] Ausdrücklich geregelt ist diesbezüglich nur, dass der Dritte auf Antrag zu beteiligen ist. Die Behörde ist aber auch von Amts wegen befugt[127] und gehalten,[128] Dritte in diesen Fällen hinzuzuziehen, wenn sie deren Betroffenheit erkennt. Die Hinzuziehung erfolgt in beiden Fällen des § 13 II VwVfG in der Regel förmlich und schriftlich durch einen entsprechenden verfahrensgestaltenden Verwaltungsakt.[129] Sie ist bis zum Abschluss des Verwaltungsverfahrens möglich. Über § 13 48

---

118 Stelkens/Bonk/Sachs/Schmitz VwVfG § 13 Rn. 24; Ule/Laubinger VerwVerfR § 15 Rn. 10; Kopp/Ramsauer VwVfG § 13 Rn. 22; Knack/Henneke/Ritgen VwVfG § 13 Rn. 10.

119 Stelkens/Bonk/Sachs/Schmitz VwVfG § 13 Rn. 5; Knack/Henneke/Ritgen VwVfG § 13 Rn. 32.

120 Ule/Laubinger VerwVerfR § 15 Rn. 13; Kopp/Ramsauer VwVfG § 13 Rn. 23.

121 Vgl. auch die allg. Ausführungen zur Beteiligung Drittbetroffener von Schneider GVwR II § 28 Rn. 72 ff.; zum Anspruch auf Aufhebung der Hinzuziehung nach § 13 I Nr. 4 VwVfG BVerwG. NVwZ 2000, 1179.

122 Ule/Laubinger VerwVerfR § 15 Rn. 15; Stelkens/Bonk/Sachs/Schmitz VwVfG § 13 Rn. 32; Knack/Henneke/Ritgen VwVfG § 13 Rn. 39.

123 Stelkens/Bonk/Sachs/Schmitz VwVfG § 13 Rn. 41.

124 Stelkens/Bonk/Sachs/Schmitz VwVfG § 13 Rn. 41; Knack/Henneke/Ritgen VwVfG § 13 Rn. 44. Enger Kopp/Ramsauer § 13 Rn. 39. Zum Rechtsschutz bei Nichtbeteiligung BVerwG BeckRS 2011, 49837.

125 Stelkens/Bonk/Sachs/Schmitz VwVfG § 13 Rn. 40 ff.; Kopp/Ramsauer § 13 Rn. 39; Knack/Henneke/Ritgen VwVfG § 13 Rn. 46.

126 Stelkens/Bonk/Sachs/Schmitz VwVfG § 13 Rn. 44; aA Kopp/Ramsauer § 13 Rn. 40.

127 Ule/Laubinger VerwVerfR § 15 Rn. 18.

128 Kopp, Der Beteiligtenbegriff des Verwaltungsverfahrensrechts, in: FS 50 Jahre Boorberg Verlag, 1977, 166 ff.

129 Stelkens/Bonk/Sachs/Schmitz VwVfG § 13 Rn. 30; nach Kopp/Ramsauer VwVfG § 13 Rn. 24 kann die Hinzuziehung auch formlos erfolgen.

VwVfG hinaus können weitere Beteiligte auf Grund einer spezialgesetzlichen Regelung bezeichnet werden.[130]

49 Von § 13 VwVfG werden nicht alle Partizipations- und Mitwirkungsformen am Verwaltungsverfahren erfasst. Die klarstellende Regelung in § 13 III VwVfG, die sich auf die Anhörung bezieht, erfasst dabei nur einen Ausschnitt dieser Thematik. Ähnliches gilt für die Beteiligung der Öffentlichkeit in den förmlichen Verwaltungsverfahren, in manchen Fällen für die Verbandsbeteiligung und die Mitwirkung anderer Behörden.[131] Nicht jeder, der am Verfahren beteiligt ist, ist demnach Beteiligter iSd § 13 VwVfG.

d) Bevollmächtigte und Beistände

50 Jeder Beteiligte kann sich im Verwaltungsverfahren durch einen **Bevollmächtigten** vertreten lassen (§ 14 I 1 VwVfG) sowie zu Verhandlungen und Besprechungen mit einem **Beistand** erscheinen (§ 14 IV 1 VwVfG). Dies gilt gem. § 2 III Nr. 2 VwVfG und von der **Natur** der Sache her nicht, wenn es sich um ein Leistungs-, Eignungs- und ähnliches Prüfungsverfahren handelt. Die Regelungen dienen der **Sicherstellung der Waffengleichheit,**[132] vor allem bei fachlich schwierigen Verfahrensgegenständen und werden als grundrechtlich und rechtsstaatlich verpflichtend eingestuft.[133]

51 Der Bevollmächtigte muss durch einen Beteiligten iSd § 13 VwVfG oder dessen rechtsgeschäftlichen Vertreter dazu ermächtigt sein, ihn generell (dann: Generalvollmacht) oder in dem speziellen Verwaltungsverfahren zu vertreten.[134] Der Bevollmächtigte muss selbst handlungsfähig sein.[135] Für die Erteilung der Vollmacht bedarf es keiner besonderen Form. Die Grundsätze der Anscheins- und Duldungsvollmacht werden überwiegend für anwendbar gehalten.[136] Die Behörde soll sich gem. § 14 III VwVfG stets an den Bevollmächtigten und nicht unmittelbar an den Beteiligten wenden.

52 **Beistand** ist, wer einen Beteiligten in mündlichen Verhandlungen, in Erörterungsterminen oder in Besprechungen, die im Zusammenhang mit einem Verwaltungsverfahren stattfinden, unterstützt.[137] Der Beistand tritt nicht an Stelle, sondern neben dem Beteiligten auf. Ohne den Beteiligten kann er nicht das Wort ergreifen.

53 Bevollmächtigte und Beteiligte können bzw. müssen nach den näheren Maßgaben der § 14 V, VI, VII VwVfG **zurückgewiesen** werden. Eine Pflicht zur Zurückweisung besteht nach § 14 V VwVfG, wenn Bevollmächtigte oder Beistände geschäfts-

[130] Stelkens/Bonk/Sachs/Schmitz VwVfG § 13 Rn. 8; Kopp/Ramsauer VwVfG § 13 Rn. 11; Knack/Henneke/Ritgen VwVfG § 13 Rn. 16.

[131] Ausführlicher Schneider GVwR II § 28 Rn. 77 ff.

[132] Stelkens/Bonk/Sachs/Schmitz VwVfG § 14 Rn. 2; Knack/Henneke/Ritgen VwVfG § 14 Rn. 4; Kopp/Ramsauer VwVfG § 14 Rn. 4.

[133] Ule/Laubinger VerwVerfR § 17 Rn. 2; Stelkens/Bonk/Sachs/Schmitz VwVfG § 14 Rn. 1.

[134] Zum Widerruf einer Vollmacht OVG Münster NJW 2010, 3179.

[135] Zur Bevollmächtigung einer juristischen Person VG Braunschweig BeckRS 2005, 24478.

[136] Ule/Laubinger VerwVerfR § 17 Rn. 7 mwN; vgl. auch OVG Münster NVwZ-RR 2004, 72; HessVGH NVwZ 1987, 898; VG Düsseldorf BeckRS 2011, 47763; VG Köln BeckRS 2011, 50842; zur Anscheinsvollmacht im sozialrechtlichen Verwaltungsverfahren: BSG NVwZ 1983, 767.

[137] Zum Beistand bei Dienstgesprächen HessVGH DÖV 1994, 264; zum Beistand beim Vorstellungsgespräch eines Beamtenbewerbers: BVerwGE 62, 169; allg. zum Recht auf Beistand Schneider GVwR II § 28 Rn. 68.

mäßig fremde Rechtsangelegenheiten besorgen, ohne dazu befugt zu sein. § 14 VI VwVfG eröffnet die Möglichkeit einer Zurückweisung wegen mangelnder Befähigung.

e) Die Mitwirkung anderer Behörden

In Fällen der Verfahrenskonzentration, aber auch darüber hinaus, ist in vielen Rechtsvorschriften die Beteiligung anderer Behörden an einem Verwaltungsverfahren vorgeschrieben.[138] Aus der Perspektive des VwVfG kann dazu nur die negative Aussage gemacht werden, dass es sich bei diesen Behörden nicht um Beteiligte iSd § 13 VwVfG[139] handelt. Im Übrigen schweigt sich das Gesetz aus.[140] Die Beteiligung kann sich auf die Sachaufklärung und auf die Entscheidung beziehen. Davon hängt auch die Wahl des Zeitpunktes der Beteiligung durch die verfahrensleitende Behörde ab. 54

III. Maßgeblichkeit der Verwaltungsverfahrensgesetze bei der Beauftragung Privater und im Vergabeverfahrensrecht

Schrifttum: Britz VerwArch 91 (2000), 418: Die Mitwirkung Privater an der Wahrnehmung öffentlicher Aufgaben durch Einrichtungen des öffentlichen Rechts; Burgi, Funktionale Privatisierung und Verwaltungshilfe, 1999; Burgi VERW 33 (2000), 183: Privat vorbereitete Verwaltungsentscheidungen und staatliche Strukturschaffungspflicht; Hoffmann-Riem/Schmidt-Aßmann, Verwaltungsverfahren und Verwaltungsverfahrensgesetz/Burgi, 2003, 155: Die Funktion des Verfahrensrechts in privatisierten Bereichen; Dagtoglou, Der Private in der Verwaltung als Fachmann und Interessenvertreter, 1964; Dagtoglou DÖV 1970, 532: Die Beteiligung Privater an Verwaltungsaufgaben; Di Fabio VerwArch 81 (1990), 193: Verwaltungsentscheidung durch externen Sachverstand; Egger, Europäisches Vergaberecht, 2008; Hoffmann-Riem/Schneider, Verfahrensprivatisierung im Umweltrecht, 1996; Kruse, Der öffentlich-rechtliche Beauftragte, 2007; Lämmerzahl, Die Beteiligung Privater an der Erledigung öffentlicher Aufgaben, 2007; Schmidt-Aßmann/Hoffmann-Riem, Verwaltungsorganisationsrecht als Steuerungsressource/Ritter, 1997, S. 207: Organisationswandel durch Expertifizierung und Privatisierung im Ordnungs- und Planungsrecht; Scholl, Der private Sachverständige im Verwaltungsrecht, 2005; Scholz, Privatisierung im Baurecht, 1997; Seidel, Privater Sachverstand und staatliche Garantenstellung im Verwaltungsrecht, 2000; Stöcker, Entwicklung des Verwaltungskooperationsvertrages unter Berücksichtigung des Vergaberechts, 2011; Stollmann DÖV 1999, 183: Aufgabenerledigung durch Dritte im öffentlichen Gesundheitsdienst; Wahl DVBl 1993, 517: Die Einschaltung privatrechtlich organisierter Verwaltungseinheiten in den Straßenbau.

1. Befund und verfahrensrechtliche Problematik

In der Verwaltungspraxis werden teilweise mit, meistens aber ohne ausdrückliche gesetzliche Regelung zunehmend Private zur Ausführung von Verfahrenshandlungen eingeschaltet. Umfang und Bedeutung variieren dabei beträchtlich und reichen von punktuellen unterstützenden und beratenden Maßnahmen bis hin zur vollständigen Durchführung einer Maßnahme. Ein Beispiel für die letztgenannte Alternative stellt der Vorhaben- und Erschließungsplan nach § 11 BauGB dar. 55

Systematisch kann die Einbeziehung Privater als Erscheinungsform der Verwaltungshilfe im Rahmen einer **funktionalen Privatisierung**[141] (so bei allen Fällen der 56

[138] Davon zu unterscheiden ist die ausdrücklich geregelte Amtshilfe.

[139] Anders, wenn ein Verwaltungsträger Antragsteller, Antragsgegner, Adressat eines Verwaltungsaktes oder Vertragspartner ist.

[140] Ausführlich, auch zu spezialgesetzlichen Regelungen Schneider GVwR II § 28 Rn. 94 ff.

[141] Dazu Burgi, Funktionale Privatisierung und Verwaltungshilfe, S. 145 ff.; Stöcker, Entwicklung des Verwaltungskooperationsvertrags, S. 47 ff.

Übertragung von Verfahrensteilen bzw. -schritten, etwa im Rahmen des § 4b BauGB) oder als **regulierte Selbstregulierung** qualifiziert werden. Davon zu unterscheiden ist die Begründung von Mitwirkungspflichten der Antragsteller und sonstigen Verfahrensbeteiligten.[142]

Beispiele: Verwaltungshilfe: Beauftragung eines privaten Planungsbüros mit der Erstellung des Entwurfs für einen Flächennutzungs- oder Bebauungsplans (§ 4b BauGB); Durchführung einer Abschleppmaßnahme durch private Unternehmen; Einbeziehung von Sachverständigen zur Klärung von Einzelfragen eines Vorhabens; **Regulierte Selbstregulierung:** Durchführung des Öko-Audit; Risikomanagement nach § 25a I KWG.

57 In beiden Fällen ist die Anwendbarkeit der Verwaltungsverfahrensgesetze zu klären. Im Falle des **Verwaltungshelfers** ist davon auszugehen, dass sein Handeln der beauftragenden Behörde zugerechnet wird und diese deshalb auch Behörde iSd § 1 IV VwVfG ist.[143] Die Aufgabenzuständigkeit und -verantwortung verbleibt also bei dem veranlassenden Träger öffentlicher Verwaltung.[144] Beides reicht aber nicht aus, um eine unmittelbare Bindung des Verwaltungshelfers an das VwVfG zu begründen.[145] Vielmehr ist es Aufgabe der Behörde, die Einhaltung der sie bindenden Vorgaben im Rahmen des Beauftragungsrechtsverhältnisses im Zuge der pflichtgemäßen Ausübung des Verfahrensermessens sicherzustellen (dazu im Einzelnen → § 59 Rn. 60 ff.).

58 Bei der **regulierten Selbstregulierung** fehlt es an einer Veranlassung durch eine Behörde. Vielmehr wird die private Stelle hier im Rahmen von allgemeinen gesetzlichen Vorgaben tätig, ohne dass es dabei zu einer öffentlich-rechtlichen Verwaltungstätigkeit kommt. Für eine Anwendung des VwVfG fehlt damit jeglicher Anknüpfungspunkt. Es ist deshalb nur zu prüfen, ob wegen der gleichen Interessenlage und der Funktionsäquivalenz eine entsprechende Anwendung allgemeiner Verfahrensgrundsätze in Betracht kommt, vor allem soweit diese ihren Ursprung in verfassungsrechtlichen Prinzipien finden. Die Umsetzung derartiger Vorgaben ist Aufgabe des Gesetzgebers.[146]

59 Die **Anwendung der Verwaltungsverfahrensgesetze** kommt demnach nur im Bereich der **Verwaltungshilfe** in Betracht. Hierbei können folgende praktisch besonders bedeutsame Erscheinungsformen unterschieden werden:[147]

– **Technisch-instrumentell** motivierte Verwaltungshilfe: Diese Variante liegt vor, wenn die Verwaltung nicht über die zur Ausführung einer Maßnahme erforderlichen technischen Geräte und ggf. auch die zu ihrem Einsatz notwenigen Kenntnisse (und Qualifikationen) verfügt. Alltägliches Beispiel dafür sind die Abschleppmaßnahmen im Rahmen der Gefahrenabwehr;

[142] Ausführlich zu Erscheinungsformen der Verfahrensprivatisierung Appel GVwR II § 32 Rn. 21 ff.
[143] Kopp/Ramsauer VwVfG § 1 Rn. 64 aE.
[144] Stelkens/Bonk/Sachs/Schmitz VwVfG § 1 Rn. 134.
[145] Ausführlicher Stöcker, Entwicklung des Verwaltungskooperationsvertrags, S. 48 ff.
[146] Zur Regulierung als Folge liberalisierter „Netzmärkte“ und den daraus folgenden Anforderungen an fachgesetzliche Direktiven Stöcker, Entwicklung des Verwaltungskooperationsvertrags, S. 54 ff.; zum Sonderfall privater Normsetzung, beispielsweise durch Sachverständigengremien oder Fachverbände Appel GVwR II § 32 Rn. 29 ff.
[147] Zu weiteren „Schulfällen“ der Verwaltungshilfe Remmert, Private Dienstleistungen in staatlichen Verwaltungsverfahren, 2003, S. 259 ff.

- **Fachlich-personell** motivierte Verwaltungshilfe: Der Verwaltung fehlt das zur Durchführung einer Maßnahme notwendige sachverständige, fachlich spezialisierte Personal. Alltägliches Beispiel dafür ist die Beauftragung privater Sachverständiger[148] zur Klärung von Einzelfragen im Rahmen eines Verwaltungsverfahrens und im Wirkungsfeld des Untersuchungsgrundsatzes;[149]
- **Kapazitätsbedingte** Verwaltungshilfe: Die Verwaltung verfügt nicht über genügend Personalkapazität, um ein Verwaltungsverfahren zügig durchzuführen. Beispiel dafür ist die Beauftragung von privaten Planungsbüros bei der Erstellung von umfangreichen Bauleitplänen, deren Erstellung durch die wenigen Mitarbeiter der verwaltungseigenen Planungsabteilung zu lange dauern würde;[150]
- **Haushaltsrechtlich** motivierte Verwaltungshilfe: Einzelne Teile von Verwaltungsverfahren können kostengünstiger und damit wirtschaftlicher iSd § 7 BHO, bzw. LHO durch beauftragte Private durchgeführt werden. Diese Konstellation umfasst auch den Fall, dass es wirtschaftlicher ist, für selten anfallende Fragestellungen keinen fachlich spezialisierten Mitarbeiter einzustellen, der nicht ausgelastet wäre, sondern einen Sachverständigen zu beauftragen.

Obwohl der private Verwaltungshelfer mit Ausnahme des § 20 I VwVfG[151] selbst kein Adressat des Verwaltungsverfahrensgesetzes ist, führt seine Einschaltung gleichwohl nicht zu einer Aufhebung oder Abschwächung der rechtlichen Bindungen des Verwaltungshandelns. Die durch die verfahrensrechtlichen Normen verpflichtete Behörde ist vielmehr gehalten, bei der Ausübung ihres Verfahrensermessens, von dem sie bei der Beauftragung Privater Gebrauch macht,[152] die Einhaltung der entsprechenden gesetzlichen Vorgaben sicherzustellen. Es entsteht deshalb auf Grund der Verwaltungshilfe kein verfahrensrechtsfreier Raum.[153] 60

Das **Verfahrensermessen** der Behörde findet seine Grundlage in einer Vielzahl von Einzelvorschriften, die der Behörde ähnlich wie § 10 VwVfG Spielräume für die Gestaltung der Verfahrensabläufe belassen.[154] Der **Ermessensgebrauch** unterliegt den gleichen Grundsätzen, die § 40 VwVfG in erster Linie für die Sachentscheidung vorgibt.[155] Für die Verwaltungshilfe bedeutet dies unter anderem, dass die Einschaltung eines Privaten mit dem Zweck der jeweils einschlägigen Verfahrensvorschriften in Einklang stehen muss, dass kein Verfahrensmissbrauch vorliegen darf (Willkürverbot) und dass dem Privaten keine Entscheidungsmacht eingeräumt werden darf (Ver- 61

[148] Denkbar ist insoweit auch die Beauftragung eines öffentlich bestellten Sachverständigen, wobei es im Falle der Verwaltungshilfe jedoch auf die öffentliche Bestellung in der Regel nicht ankommt. Entscheidend ist die geforderte fachliche Qualifikation des Sachverständigen.

[149] Dazu Scholl, Der private Sachverständige im Verwaltungsrecht, S. 147 ff.

[150] Krit. dazu im Falle der Bestellung von Sachverständigen Scholl, Der private Sachverständige im Verwaltungsrecht, S. 171 f.

[151] So Stelkens/Bonk/Sachs/Schmitz VwVfG § 20 Rn. 26; aA Knack/Henneke/Ritgen VwVfG § 20 Rn. 26 bzgl. des externen Sachverständigen, der kein Entscheidungsträger, sondern nur Beweismittel sein soll.

[152] BVerwGE 57, 55 (61); Seidel, Privater Sachverstand, S. 49, 85 f.; Scholl, Der private Sachverständige im Verwaltungsrecht, S. 167; vgl. auch Schuppert, Jenseits von Privatisierung und „schlankem" Staat/Voßkuhle, 1999, S. 47.

[153] In diese Richtung zu Unrecht tendierend und neue gesetzliche Vorgaben fordernd Burgi VERW 33 (2000), 183 ff.

[154] Stelkens/Bonk/Sachs/Schmitz VwVfG § 10 Rn. 16.

[155] Stelkens/Bonk/Sachs/Schmitz VwVfG § 10 Rn. 17.

bot der faktischen Beleihung). Übergeordnetes Ziel ist es, die Verwaltungsbehörde in die Lage zu versetzen, ein **sachgerechtes Verfahrensprodukt** zu erzeugen.[156] Im Einzelnen ergeben sich bei der Entscheidung über das Ob der Einschaltung eines Privaten damit folgende Ermessensleitlinien und -grenzen:

62 Geht es um die Beauftragung eines privaten Sachverständigen, so muss die Behörde vor Betätigung ihres **Zuziehungsermessens** die eigene Sachkunde zutreffend beurteilen, wobei ihr ein Beurteilungsspielraum zusteht.[157] Verfügt sie bzw. ihre Mitarbeiter über ausreichenden Sachverstand, so ist die Beauftragung eines Sachverständigen ermessensfehlerhaft. Umgekehrt ist es ermessensfehlerhaft, keinen Sachverständigen zu beauftragen, wenn es an eigenem Sachverstand fehlt. Es liegt dann ua eine Verletzung des Untersuchungsgrundsatzes nach §§ 24, 26 VwVfG vor.

63 Nur die Behörde selbst ist zum Entscheiden demokratisch legitimiert. Sie darf deshalb die **Entscheidung** nicht dem Privaten überlassen (Verbot der faktischen Beleihung). Daraus ergeben sich ua besondere Anforderungen an die Übernahme der Leistung von Sachverständigen.

64 Die Behörde muss ausreichende Vorkehrungen für die Sicherung von **Sachkunde, Neutralität** und **Distanz** der Beauftragten treffen. Dies betrifft die Auswahl der Privaten sowie die Ausgestaltung des Beauftragungsrechtsverhältnisses.

65 Die Behörde muss die **Kostenfolgen** der Beauftragung berücksichtigen, vor allem bei Kostentragungspflicht Dritter.[158] Insoweit besteht zugleich eine drittgerichtete Amtspflicht.

66 Die Behörde ist zur Sicherung der Einhaltung gesetzlicher Vorgaben (Anhörung, Geheimhaltung) in Bezug auf die übertragenen Verfahrensschritte verpflichtet. Funktional adäquater Ort ist auch dafür das Beauftragungsrechtsverhältnis.[159]

2. Auswahl der privaten Kooperationspartner und Vergabeverfahren

a) Allgemeine verfahrensrechtliche Einordnung

67 Die Auswahl des oder der privaten Beauftragten ist unter mehreren Gesichtspunkten verfahrensrechtlich bedeutsam: Zunächst muss der ausgewählte Verwaltungshelfer geeignet sein, um die ihm übertragene Aufgabe fachlich und verfahrensrechtlich einwandfrei durchzuführen (akzessorisch verfahrensrechtliche Dimension). Es geht dabei um die Vorgaben, die aus dem laufenden Verwaltungsverfahren abzuleiten und an die Sachkunde, die Neutralität (Befangenheitsgründe), die Leistungsfähigkeit und die Zuverlässigkeit (ua bei Geheimhaltungspflichten) der auszuwählenden Person zu stellen sind.

68 Vor allem die Anforderungen an die Sachverständigen und ihre Auswahl sind in wichtigen Bereichen **spezialgesetzlich** geregelt. Dies gilt etwa für das Gewerberecht (§ 36 GewO), das Immissionsschutzrecht (ua § 13 9. BImSchV), das Baurecht (Rege-

[156] Scholl, Der private Sachverständige im Verwaltungsrecht, S. 166; ähnlich Stelkens/Bonk/Sachs/Schmitz VwVfG § 10 Rn. 16 „zweckmäßige Umsetzung des materiellen Rechts, des Gesetzesvollzugs".
[157] Scholl, Der private Sachverständige im Verwaltungsrecht, S. 168.
[158] Scholl, Der private Sachverständige im Verwaltungsrecht, S. 169.
[159] Vgl. auch Peine DÖV 1997, 353.

lungen der Landesbauordnungen), das Wasser-, Abfall- und Bodenschutzrecht, das Stoffrecht (Arzneimittel-, Gefahrstoff-, Lebensmittel- und Sprengstoffrecht) sowie das technische Sicherheits- und Arbeitsschutzrecht.[160]

Vor der Beauftragung muss die Behörde prüfen, ob in der Person der Beauftragten **Befangenheitsgründe** iSd § 20 VwVfG vorliegen.[161] Dabei kommt es im Ergebnis nicht darauf an, ob die Vorschrift direkt zur Anwendung kommt (→ 59 Rn. 60) oder wertungsmäßig zu berücksichtigen ist, da die Behörde in jedem Fall das Vorliegen von Befangenheitsgründen prüfen und ausschließen muss. Unterschiede ergeben sich jedoch bei der Rechtsfolge. Im Falle einer direkten Anwendung unmittelbar aus § 20 VwVfG kommt es zur formellen Rechtswidrigkeit der Verwaltungsentscheidung, deren konkrete Rechtsfolgen unter Berücksichtigung der Schwere nach den §§ 44 ff. VwVfG zu bestimmen sind.[162] Geht man von einer Berücksichtigungspflicht aus, so führt die Mitwirkung eines befangenen Privaten zu einem Verstoß gegen den Untersuchungsgrundsatz des § 24 VwVfG.[163] Kommt das Verwaltungsgericht im Rahmen seiner eigenen Sachaufklärung zum gleichen Ergebnis, so ist ein etwaiger Verstoß unerheblich, das Verwaltungsprodukt rechtmäßig. 69

Die **Auswahl** des beauftragten Privaten ist zwingend Sache der Behörde. Den Verfahrensbeteiligten steht vorbehaltlich anderweitiger spezialgesetzlicher Regelungen dabei kein Mitwirkungsrecht zu. Verfahrensbeteiligte können aber auf Befangenheitsgründe hinweisen, denen die Behörde nachzugehen hat.[164] 70

b) Geltung des Vergaberechts für die Beauftragung Privater

Eine zweite Dimension der Auswahlentscheidung wird durch die Perspektive und das Interesse der potenziellen privaten Partner bestimmt, die an einer Beauftragung interessiert sind und insoweit im **Wettbewerb** zueinander stehen. Ihnen geht es um eine Möglichkeit der Berufsausübung (autonom verfahrensrechtliche Dimension). Es handelt sich dabei aus der Perspektive des laufenden Verwaltungsverfahrens um externe Impulse, die partiell durch das **Vergaberecht** sowie durch Art. 12 I GG iVm Art. 3 I GG bestimmt sind.[165] 71

Das **Vergabe(verfahrens)recht** ist in Deutschland nicht einheitlich geregelt, sondern zerfällt in zwei große Teilbereiche.[166] Den ersten, auf europarechtlicher Grundlage[167] gesetzlich geregelten Bereich bilden die **§§ 97 ff. GWB** iVm der **Vergabeverordnung (VgV)**,[168] die Vergabegesetze und -verordnungen der Länder[169] und **Verdingungs-** 72

[160] Gesamtübersicht bei Scholl, Der private Sachverständige im Verwaltungsrecht, S. 47 ff.; speziell zum privaten Sachverständigen im Umweltschutz Scherzberg NVwZ 2006, 377.

[161] Vgl. beispielhaft zur Hinzuziehung kernenergiekritischer Gutachter im atomrechtlichen Genehmigungsverfahren Schirp NVwZ 1996, 560 (561 f.).

[162] Stelkens/Bonk/Sachs/Schmitz VwVfG § 20 Rn. 69.

[163] Scholl, Der private Sachverständige im Verwaltungsrecht, S. 177 mit Fn. 192.

[164] Scholl, Der private Sachverständige im Verwaltungsrecht, S. 181.

[165] Scholl, Der private Sachverständige im Verwaltungsrecht, S. 178.

[166] Pietzcker, Die Zweiteilung des Vergaberechts, 2001; Gesamtdarstellung Leinemann, Die Vergabe öffentlicher Aufträge, 7. Aufl. 2021.

[167] Einzelheiten und Nachweise bei Dreher in Immenga/Mestmäcker WettbR/Dreher, 5. Aufl. 2014, GWB Vor §§ 97 ff. Rn. 6 ff.

[168] VO v. 18.4.2016, BGBl. I 624.

[169] Die meisten Bundesländer besitzen eigene Vergabegesetze, die zT aber auf den Bausektor beschränkt sind. Sie dienen u. a. der Verankerung vergabefremder Zwecke, wie zB der Tariftreue.

ordnungen[170] sowie die **UVgO.** Sie kommen oberhalb des jeweiligen Schwellenauftragswertes (der in § 2 VgV getrennt nach Leistungsbereichen festgelegt wird) zur Anwendung. Bei der Schätzung der Auftragswerte sind die besonderen Vorgaben des § 3 VgV zu beachten.

72a Am 18.4.2016 trat das Vergaberechtsmodernisierungsgesetz (VergRModG) in Kraft, das das Vergaberecht umfassend reformiert hat. Das Gesetz dient der Umsetzung der Unionsrichtlinie über die öffentliche Auftragsvergabe (RL 2014/24/EU), der Richtlinie über die Vergabe von Aufträgen in den Bereichen der Wasser-, Energie- und Verkehrsversorgung sowie der Postdienste (RL 2014/25/EU) und der Richtlinie über die Vergabe von Konzessionen (RL 2014/23/EU). Die Modernisierung zielte darauf ab, das Regelwerk für die Vergaben entsprechend der aktuellen Bedürfnisse des Binnenmarktes weiterzuentwickeln und innerhalb der Europäischen Union stärker zu vereinfachen. Insbesondere diente sie dem Zweck, die Vergabeverfahren effizienter, einfacher und flexibler zu gestalten und die Teilnahme kleiner und mittlerer Unternehmen an Vergabeverfahren zu erleichtern.[171] Hierzu wurden viele Vorschriften, die sich bisher in der VgV oder in den Vergabe- und Verdingungsordnungen fanden, in das GWB „hochgezont". Ebenso finden sich in der reformierten VgV eingehende Vorschriften über das Vergabeverfahren (§§ 14–63 VgV), welche die früheren Spezialregelungen in der VOF und der ehemaligen VOL/A vollständig ersetzen. Einzig für die Vergabe von Bauaufträgen gelten weiterhin besondere Vorgaben, die sich aus der neu gefassten VOB/A ergeben. Darüber hinaus enthält das GWB erstmals in § 105 GWB eine Definition des Begriffs der Konzession. Waren bislang lediglich die Baukonzessionen gesetzlich geregelt, so unterfallen nunmehr auch die Dienstleistungskonzessionen dem Regelungsregime des GWB.[172]

73 Unterhalb der Schwellenwerte wird das Vergabeverfahren der Behörden weiterhin durch § 55 BHO, bzw. LHO, die Vergabegesetze der Länder, Landeshaushaltsordnungen, Gemeindehaushaltsverordnungen und die Verdingungsordnungen (jeweils die Basisparagrafen) gesteuert.

74 Wird im Rahmen eines laufenden Verwaltungsverfahrens ein Privater beauftragt und unterfällt diese Beauftragung dem Vergaberecht, so kommt es zu einem Verfahren im Verfahren. Das Vergabeverfahren selbst stellt nach hM kein Verwaltungsverfahren iSd § 9 VwVfG dar, da es auf den Abschluss eines privatrechtlichen Vertrages und nicht den Erlass eines Verwaltungsaktes bzw. eines verwaltungsrechtlichen Vertrages abzielt.[173]

---

170 Die Verdingungsordnungen sowie die Vertragsbedingungen werden durch den Deutschen Verdingungsausschuss für Leistungen (DVAL) beschlossen und im Bundesanzeiger veröffentlicht; sie sind zudem in der jeweils aktuellen Fassung auf der Website des BMWi zu finden. Dem DVAL gehören Vertreter der öffentlichen Auftraggeber und der Auftragnehmerverbände an. Die Verdingungsordnungen fungieren als Allgemeine Geschäftsbedingungen. Ihre Anwendung wird durch die VgV vorgeschrieben bzw. sie werden durch Verwaltungsvorschriften übernommen.

171 BT-Drs. 18/6281, 1.

172 Überblick bei Krönke NVwZ 2016, 568.

173 BGHZ 97, 312 (316); Pietzcker ZHR 162 (1998), 427 (457); Storr in Ruthig/Storr, Öffentliches Wirtschaftsrecht, 2015, § 10 Rn. 1100. Anders die Ansicht, die im Zuschlag einen Verwaltungsakt sieht, vgl. Huber JZ 2000, 877 (882); Hermes JZ 1997, 909 (915). Noch anders Ziekow/Siegel ZfBR 2004, 30 (35), die ein weites Verfahrensverständnis zugrunde legen und aus diesem Grund das Vergabeverfahren als Verwaltungsverfahren „im weiteren Sinne" einstufen.

Zudem greift auch die Subsidiaritätsklausel des § 1 I VwVfG im Hinblick auf die verfahrensrechtlichen Regelungen des GWB, der VgV und der VOB/A EU.

Das Vergaberecht kommt nur bei **öffentlichen Auftraggebern** zur Anwendung.[174] Darunter fallen der Staat und seine Untergliederungen, also auch Kommunen und Träger funktionaler Selbstverwaltung. Im hier interessierenden Fall der Verwaltungshilfe ist diese Voraussetzung ohnehin gegeben.[175] Ein **öffentlicher Auftrag** (legaldefiniert in § 99 I GWB) liegt ebenfalls vor.[176] Liegen diese Voraussetzungen vor, so hängt es von der Erreichung der Schwellenwerte nach § 2 VgV ab, ob das Verfahren nach dem GWB oder ausschließlich nach den Verdingungsordnungen (bzw. etwaigem Landesrecht) zur Anwendung kommt. Beide Verfahrensarten unterscheiden sich erheblich, auch im Hinblick auf die Rechtsschutzmöglichkeiten. Für die sog. In-House-Vergabe wurde in § 108 GWB eine auf der bisherigen Rechtsprechung des EuGH basierende Regelung getroffen.[177] 75

c) Vergabeverfahren oberhalb der Schwellenwerte nach GWB

Das nach §§ 97 ff. GWB iVm VgV durchgeführte Vergabeverfahren ist durch den **Wettbewerbs**-, den **Transparenz**- und den **Gleichbehandlungsgrundsatz** geprägt, die in § 97 I, II GWB verankert sind.[178] Der Wettbewerbsgrundsatz zielt auf die Abgabe einer Vielzahl vergleichbarer Angebote ab.[179] Der Transparenzgrundsatz soll das Vertrauen in die öffentliche Auftragsvergabe steigern und die Kontrolle erleichtern.[180] Der Gleichbehandlungsgrundsatz findet seine Grundlage im Verfassungs- und Europarecht (Art. 3 GG und Art. 18 AEUV) und wird in § 97 IV GWB durch den besonderen Differenzierungsgrund der Förderung mittelständischer Interessen durch die Bildung von Fach- und Teillosen ausgestaltet.[181] 76

Der Zugang privater Anbieter zu einem Vergabeverfahren wird durch den Grundsatz der **Bieterqualifikation** gem. § 122 I GWB gesteuert. Während nach der bisherigen Systematik des § 97 IV 1 GWB aF die Eignung aus den vier Elementen Fachkunde, Leistungsfähigkeit, Zuverlässigkeit und Gesetzestreue bestand, orientiert sich die Neuregelung des Vergaberechts zur Eignung an den Vorgaben von Art. 58 I RL 2014/24/EU. Zwar bleibt nach § 122 GWB das Begriffspaar Fachkunde und Eignung erhalten, die Kriterien werden jedoch durch die drei aufgeführten Kategorien des § 122 II GWB ausgefüllt, die wiederum die Vorgaben der RL 2014/24/EU abbilden. Zusätzlich können Anforderungen an Auftragnehmer gestellt werden, die insbesondere soziale, umweltbezogene oder innovative Aspekte betreffen, wenn diese im sachlichen Zusammenhang mit dem Auftragsgegenstand stehen und sich aus der Leistungsbeschreibung ergeben (§ 97 III GWB). Beispielsweise kann der Auftraggeber bestimmen, dass der Zuschlag nur an einen Bieter erteilt wird, der im Rahmen 77

[174] Der Anwendungsbereich des Vergabeverfahrensrechts ist weiter als der des Verwaltungsverfahrensgesetzes, da von einem funktionalen Auftraggeberverständnis ausgegangen wird.

[175] Zu sonstigen Abgrenzungsfragen Ruthig/Storr/Storr, ÖffWirtschaftsR 4. Aufl. 2015, § 10 Rn. 1042 ff.

[176] Zum Sonderfall der In-house-Vergabe Kluth ÖffWirtschaftsR, 1. Aufl. 2019, § 12 Rn. 19; Burgi NVwZ 2001, 601 ff.; Faber DVBl 2001, 248 ff.

[177] Krönke NVwZ 2016, 568 (570 ff.).

[178] Allg. zu den genannten Grundsätzen Egger EuVergabeR Rn. 832 ff.

[179] Ausführlich Reidt/Stickler/Glahs GWB § 97 Rn. 13 ff.

[180] Ausführlich Reidt/Stickler/Glahs GWB § 97 Rn. 18 ff.

[181] Ausführlich Reidt/Stickler/Glahs GWB § 97 Rn. 46 ff.

des zu vergebenden Auftrags Auszubildende beschäftigt, Frauen fördert oder Arbeitslose einstellt.[182] Ferner konkretisieren die §§ 123 f. GWB die Vorgaben an die Gesetzestreue und Zuverlässigkeit des Bewerbers durch die gesetzliche Aufnahme zwingender und fakultativer Ausschlussgründe.[183] Für den Nachweis der Eignung und des Nichtvorliegens der Ausschlussgründe nach den §§ 123, 124 GWB ist der öffentliche Auftraggeber gem. § 123 III GWB berechtigt, Präqualifikationssysteme einzurichten.[184] Neben der Präqualifikation kann der Bewerber seine Eignung auch durch Eigenerklärungen, Angaben, Bescheinigungen und sonstige Nachweise nachweisen (§ 48 VgV).[185] Außerdem muss der öffentliche Auftraggeber seit der Vergaberechtsreform auch die Einheitliche Europäische Eigenerklärung (§§ 48 III, 50 VgV) als vorläufigen Eignungsbeleg akzeptieren. Dadurch soll der Verwaltungsaufwand reduziert werden, der sich aus der Vielzahl der beizubringenden Unterlagen ergibt.[186] Erst vor der Zuschlagserteilung fordert der Auftraggeber den Bieter, an den er den Auftrag erteilen will, auf, die geforderten Unterlagen beizubringen (§ 50 II 2 VgV). Wenn es aber zur angemessenen Durchführung des Vergabeverfahrens notwendig ist, so kann er die Unterlagen auch schon vorher verlangen (§ 50 II 1 VgV).[187] Daneben sieht § 125 GWB erstmals die von der OLG-Rechtsprechung entwickelte[188] Möglichkeit einer Selbstreinigung vor. Liegt ein zwingender oder fakultativer Ausschlussgrund vor, so ist das Unternehmen dennoch nicht vom Vergabeverfahren auszuschließen, wenn es ausreichende Selbstreinigungsmaßnahmen durchgeführt hat. Unter einer Selbstreinigung sind Maßnahmen zu verstehen, die ein Unternehmen ergreift, um seine Integrität wiederherzustellen und eine Begehung von Straftaten oder schweres Fehlverhalten in der Zukunft zu verhindern.[189] Auf die Berücksichtigung getroffener Selbsthilfemaßnahmen besteht iSd Art. 57 VI UAbs. 1 S. 2 RL 2014/24/EU ein Anspruch. Sind also Selbsthilfemaßnahmen ausreichend, darf das Unternehmen nicht vom Vergabeverfahren ausgeschlossen werden. Dem öffentlichen Auftraggeber steht insoweit kein Ermessen zu, er hat lediglich einen Beurteilungsspielraum, ob die Selbstreinigungsmaßnahmen genügen.[190]

78 Für das Verfahren der Auftragsvergabe sieht § 119 GWB fünf Arten vor
- das offene Verfahren;
- das nicht-offene Verfahren;
- den wettbewerblichen Dialog;
- das Verhandlungsverfahren und
- die Innovationspartnerschaft.[191]

[182] Ausführlicher, auch zum europarechtlichen Hintergrund der Neuregelung Reidt/Stickler/Glahs GWB § 97 Rn. 86 ff.
[183] Weiterführend zu den einzelnen Eignungskriterien und Ausschlussgründen Reichling/Scheumann GewArch 2016, 228 ff.
[184] Im Detail Egger EuVergabeR Rn. 1082 ff.
[185] Ausführlich Reichling/Scheumann GewArch 2016, 228 (233).
[186] Vgl. Anhang 1 zur Durchführungsverordnung (EU) 2016/7 der Kommission vom 5.1.2016.
[187] Ausführlich zur Einheitlichen Europäischen Eigenerklärung Reichling/Scheumann GewArch 2016, 228 (233 ff.).
[188] OLG Düsseldorf NZBau 2003, 578 (579 ff.).
[189] BT-Drs. 18/6281, 98.
[190] BT-Drs. 18/6281, 99.
[191] Ausführlich zu den einzelnen Verfahrensarten HK-VergabeR/Pünder, 2. Aufl. 2015, GWB § 101 Rn. 19 ff. Zur Innovationspartnerschaft Burgi/Dreher/Opitz/Krönke, 4. Aufl. 2022, GWB, VII § 119 Rn. 1 ff.

Öffentliche Auftraggeber haben nach § 119 II GWB grundsätzlich die Wahlmöglichkeit, ob sie das offene oder nicht-offene Verfahren wählen möchten. Die anderen Verfahrensarten dürfen gewählt werden, sofern die Vergabegesetze dies gestatten. Im Bereich der Trinkwasser-, der Energieversorgung sowie des Verkehrs stehen den Auftraggebern das offene Verfahren, das nicht offene Verfahren, das Verhandlungsverfahren und der wettbewerbliche Dialog nach ihrer Wahl zur Verfügung (§ 141 I GWB).

Das **offene Verfahren** ist nach § 119 III GWB dadurch charakterisiert, dass eine un- 79
beschränkte Zahl von Unternehmen öffentlich, dh EU-weit, zur Abgabe von Angeboten aufgefordert wird. Beim **nicht-offenen Verfahren** nach § 119 IV GWB wird zwar in einem ersten Schritt ebenfalls öffentlich zur Teilnahme am Vergabeverfahren eingeladen, dann aber in einem zweiten Schritt eine beschränkte Anzahl von Unternehmen nach objektiven, transparenten und nichtdiskriminierenden Kriterien ausgewählt (Teilnahmewettbewerb) und zur Angebotsabgabe aufgefordert. Dieses Verfahren ist sinnvoll, wenn die Angebotserstellung mit besonders hohem Aufwand verbunden ist oder eine öffentliche Bekanntgabe der gewünschten Leistung aus Gründen der Geheimhaltung untunlich ist.

Deutlich unterschieden von diesen beiden ist das **Verhandlungsverfahren** nach 80
§ 119 V GWB, das vor allem zur Anwendung kommt, wenn die offene Ausschreibung nicht zweckmäßig ist, weil zB aus Gründen des Patentschutzes oder vergleichbarer besonderer Anforderungen nur ein oder wenige Unternehmen in Frage kommen.[192]

2005 wurde in § 101 V GWB aF (seit 2016: § 119 VI GWB) als vierte Verfahrensart 81
der **wettbewerbliche Dialog.** Bei diesem Verfahren, das nicht auf dem Gebiet der Trinkwasser- oder Energieversorgung oder des Verkehrs zur Anwendung kommt und ansonsten nur bei besonders komplexen Aufträgen (beispielsweise großen Computernetzwerken) vorgesehen ist, können sich alle Wirtschaftsteilnehmer um die Teilnahme bewerben. Der öffentliche Auftraggeber führt mit den Bewerbern einen Dialog und wählt auf dieser Grundlage diejenigen aus, mit denen über die Auftragsbedingungen verhandelt wird. Darüber hinaus tritt mit der Innovationspartnerschaft nach § 119 VII GWB eine neue Verfahrensart zu den bisher bekannten hinzu. Die Innovationspartnerschaft ist ein besonderes Vergabeverfahren zur Entwicklung und dem anschließenden Erwerb innovativer Liefer-, Bau- oder Dienstleistungen. Das Verfahren kommt in Betracht, wenn der bestehende Bedarf nicht durch bereits auf dem Markt verfügbare Lösungen befriedigt werden kann. Sie ermöglicht dem öffentlichen Auftraggeber, eine langfristige Partnerschaft mit einem oder mehreren Partnern einzugehen, ohne dass ein getrenntes Vergabeverfahren für den Kauf erforderlich ist. Im Kern dürfte die Innovationspartnerschaft eine besondere Form des Verhandlungsverfahrens darstellen.[193]

Der **Ablauf des Vergabeverfahrens** ist durch die Stationen Bekanntmachung, An- 82
gebotsabgabe, Prüfungs- und Bewertungsverfahren und Zuschlag strukturiert. Die

[192] S. zu Einzelheiten Ebert, Möglichkeiten und Grenzen des Verhandlungsverfahrens im Vergaberecht, 2005, 91 ff.; vgl. auch die zahlreichen Rechtsprechungshinweise bei Reidt/Stickler/Glahs GWB § 101 Rn. 33 ff.

[193] BT-Drs. 18/6281, 88. Dazu eingehend Burgi/Dreher/Opitz/Krönke, 4. Aufl. 2022, GWB § 119 VII Rn. 1 ff.

Einzelheiten sind in den jeweiligen Verdingungsordnungen geregelt. Sie dienen auch der **Korruptionsbekämpfung.**

83 Durch die **Veröffentlichung der Aufforderung** zur Abgabe von Angeboten (bzw. zur Teilnahme beim nicht-offenen Verfahren) in Tageszeitungen, Fachzeitschriften und amtlichen Veröffentlichungsmedien (Supplement zum Amtsblatt der EU, Bundesanzeiger etc) wird das Verfahren in Gang gesetzt. Dabei müssen die Angaben zur benötigten Leistung/Lieferung hinreichend genau sein, damit vergleichbare Angebote gemacht werden können.[194] Der Auftraggeber stellt idR Ausschreibungsunterlagen zur Verfügung.

84 Dem weiteren Verfahren sind die **Vergabeunterlagen** zugrunde zu legen. Sie bestehen aus der Anforderung zur Angebotsaufforderung und den Verdingungsunterlagen (Leistungsbeschreibung und Vertragsbedingungen). Besonders wichtig ist die **Leistungsbeschreibung.** Sie muss gem. § 121 I GWB so eindeutig und erschöpfend wie möglich beschrieben werden, so dass die Beschreibung für alle Unternehmen im gleichen Sinne verständlich ist und die Angebote miteinander verglichen werden können. Der Auftraggeber kann die Leistungsbeschreibung auch mit einem Leistungsprogramm verbinden, wenn es auch um die Planung eines Vorhabens geht (funktionale Leistungsbeschreibung). Bei einer europaweiten Ausschreibung sind die technischen Anforderungen mit Hilfe von europäischen Spezifikationen (CPV – Common Procurement Vocabulary) zu beschreiben. Es ist darauf hinzuweisen, dass die Allgemeinen Vertragsbedingungen gelten.

85 Die Angebote sind innerhalb der **Angebotsfrist** einzureichen. Sie müssen die in den Vergabeunterlagen geforderten Angaben und Erklärungen enthalten. Die Mindestfristen sind für die unterschiedlichen Leistungsgegenstände und -arten in den Verdingungsordnungen gesondert festgelegt.

86 Der Ablauf der Angebotsfrist markiert den Beginn der **Zuschlagsfrist.** So bezeichnet man den Zeitraum, innerhalb dessen die eingegangenen Angebote zu prüfen sind und der Zuschlag zu erteilen ist. Die Prüfung und Bewertung der Angebote unterliegt strengen formalen Vorgaben, die der Korruptionsbekämpfung dienen.[195] Die Öffnung der Angebote erfolgt in einer Verhandlung, an der neben dem Verhandlungsleiter mindestens ein weiterer Vertreter des Auftraggebers teilnehmen muss. Es folgt die strenge formale Prüfung der Angebote. Zudem ist das Vorliegen der Bieterqualifikation (→ § 59 Rn. 77) zu überprüfen. Daran schließt sich die Auswahlentscheidung (Zuschlag) an.

87 Die Bewertung der einzelnen Angebote hat gem. § 127 I GWB aus dem Blickwinkel des **wirtschaftlichsten Angebots** zu erfolgen. Danach ist das wirtschaftlichste Angebot das Angebot mit dem besten Preis-Leistungsverhältnis. Neben dem Angebotspreis (hier sprechen die Verdingungsordnungen vom angemessenen und nicht vom günstigsten Preis) sind dabei auch weitere Gesichtspunkte, wie die Ausführungsfrist, Betriebs- und Folgekosten, Gestaltung, Rentabilität und technischer Wert, zu be-

[194] Ausführlich zu Art, Inhalt und Umfang der Bekanntmachung sowie zur Ausgestaltung diverser Unterlagen Egger EuVergabeR Rn. 1049 ff. mwN.

[195] Im Detail zur Prüfung und Wertung der Angebote und Zuschlagskriterien Egger EuVergabeR Rn. 1193 ff.

rücksichtigen.[196] Ferner dürfen auch qualitative sowie in den Grenzen des § 97 III GWB (→ § 59 Rn. 77) auch umweltbezogene oder soziale Aspekte berücksichtigt werden.[197] Eignungskriterien dürfen bei der Bewertung nicht verdeckt ein zweites Mal berücksichtigt werden.[198] Außerdem bestimmen die § 127 II–V GWB die Anforderungen an die Festlegung der Zuschlagskriterien.

Umstritten ist, welche **rechtlichen Wirkungen** vom **Zuschlag,** also der Auswahlentscheidung der Behörde, ausgehen. Die wohl hM geht davon aus, dass Zuschlag und Vertragsschluss identisch sind.[199] Die Gegenansicht geht von einer Zweistufigkeit aus und interpretiert den Zuschlag als Verwaltungsakt auf den der (privatrechtliche) Vertragsschluss als gesonderter Rechtsakt folgt.[200] Verfassungs- und unionsrechtlich sind beide Lösungen möglich. Es kommt allein darauf an, dass die unterlegenen Anbieter rechtzeitig vor Vertragsschluss bzw. Zuschlag informiert werden, damit ihnen die Inanspruchnahme von Rechtsschutz möglich ist.[201] Deshalb begründet § 134 GWB eine Informations- und Wartepflicht. Danach muss der öffentliche Auftraggeber die Bieter, die nicht berücksichtigt werden sollen, unverzüglich in Textform informieren. Daneben begründet § 134 II GWB eine Stillhaltefrist. Der Vertrag darf erst 15 Tage nach Absendung der Information nach dem § 134 II GWB geschlossen werden. Hält sich der öffentliche Auftraggeber nicht an die Verpflichtungen aus § 134 GWB, so ist der öffentliche Vertrag ex tunc unwirksam (§ 135 Nr. 1 GWB).[202] 88

Zur expliziten Einräumung **subjektiver Rechte** wird in § 97 VII GWB klargestellt, dass die Unternehmen einen Anspruch darauf haben, dass der Auftraggeber die Bestimmungen über das Vergabeverfahren einhält. Daran knüpft das in den §§ 102 ff. GWB näher ausgestaltete Nachprüfungsverfahren an.[203] 89

d) Vergabeverfahren unterhalb der Schwellenwerte nach der Unterschwellenvergabeordnung

Erreicht das Auftragsvolumen nicht den in § 106 GWB normierten Schwellenwert, sind die §§ 97 ff. GWB und die VgV nicht anwendbar, § 1 Abs. 1 VgV. Es fehlt daher der gesetzliche Verweis der VgV auf die Vergabe- und Vertragsordnungen. Diese sind insofern als **Verwaltungsvorschriften** ohne unmittelbare Außenwirkung bei unterschwelliger Vergabe nicht rechtsverbindlich. Eine Rechtsverbindlichkeit der Basisparagrafen der VOB/A und der VOL/A ergibt sich daher im Bereich unterschwelliger Aufträge erst aus einer entsprechenden gesetzlichen Anordnung. Dies geschieht durch die Landesvergabe- und Mittelstandsförderungsgesetze, wobei nicht in jedem Bundesland ein solches Gesetz in Kraft ist. Weiterhin sind aufgrund verwaltungsinterner Anweisung die Basisparagrafen der VOB/A von allen Auftraggebern von 90

[196] Zu Einzelheiten Immenga/Mestmäcker WettbR/Dreher, 7. Aufl. 2024, GWB § 97 Rn. 333 ff.; Egger EuVergabeR Rn. 1196; Bartsch/von Gehlen/Hirsch NZBau 2012, 393.
[197] Dazu auch Egger EuVergabeR Rn. 1297 ff.
[198] Immenga/Mestmäcker WettbR/Dreher, 2015, GWB § 97 Rn. 351.
[199] BGH NZBau 2000, 151; OVG Lüneburg NVwZ-RR 2006, 843; BVerwG NJW 2007, 2275; Brinker NZBau 2000, 174 ff.; Bultmann, Beihilfenrecht und Vergaberecht, 2004, S. 84; Reidt/Stickler/Glahs GWB § 114 Rn. 25 ff.
[200] Boyk WuW 2000, 718 (719); Hermes JZ 1997, 909 (915); Huber JZ 2000, 877 und 832.
[201] Im Detail zu den gesetzlich geregelten Informationspflichten des Auftraggebers an die unterlegenen Bieter Macht/Städler NZBau, 2012, 143.
[202] Zu Einzelheiten HK-VergabeR/Mentzins GWB § 101a Rn. 1 ff.
[203] Dazu Leinemann NJW 2010, 471.

Bund, Ländern und Gemeinden zu beachten. Die Beachtung der VOL/A hingegen wird nicht in jedem Bundesland durch verwaltungsinterne Anweisung vorgeschrieben, jedoch wird sie in der Vergabepraxis von allen Auftraggebern beachtet, auch wenn ihre Anwendung nicht vorgeschrieben ist. Zudem stellen nationales Recht und Unionsrecht grundsätzliche Anforderungen an die Vergabe.

91 Daneben tritt die Unterschwellenvergabeordnung – UVgO, die die Vergabe **öffentlicher Liefer- und Dienstleistungsaufträge** unterhalb der EU-Schwellenwerte regelt.[204] Sie muss durch einen Anwendungsbefehl in der Bundeshaushaltsordnung bzw. den entsprechenden landesrechtlichen Regelungen in Kraft gesetzt werden und orientiert sich strukturell an der VgV. Innerhalb ihres Anwendungsbereichs ersetzt sie die Regelungen der Basisparagrafen der VOL/A.

92 Es gibt die Vergabe- und Vertragsordnung für **Bauleistungen** (VOB) sowie die Vergabe- und Vertragsordnung für **Dienstleistungen** (VOL/A). Der allgemeine Begriff ist die Dienstleistung, weshalb die VOL/A nur bei den Fällen Anwendung findet, die nicht von der VOB/A erfasst sind. Die VOB/A regelt die Einzelheiten der Vergabe für Bauleistungen. Dies umfasst gem. § 1 VOB/A die Herstellung, Instandhaltung, Änderung oder Beseitigung einer baulichen Anlage.

93 Lange Zeit war umstritten, welcher **Rechtsweg** für vergaberechtliche Streitigkeiten eröffnet ist.[205] Hintergrund war der Rechtscharakter der Vergabeentscheidung. Das Bundesverwaltungsgericht hat in einer grundlegenden Entscheidung festgestellt, dass die Vergabeentscheidung nicht öffentlich-rechtlicher, sondern privatrechtlicher Natur, und der Verwaltungsrechtsweg daher nicht eröffnet ist.[206] Es begründet dies damit, dass der öffentliche Auftraggeber zwar Leistungen für seine Aufgabenerfüllung beschaffen will, jedoch wie ein Privater am Markt auftritt und Leistungen nachfragt. Die Zwei-Stufen-Theorie findet nach Ansicht des Bundesverwaltungsgerichts auf das unterschwellige Vergaberecht keine Anwendung, sodass nicht zwischen einem öffentlich-rechtlichen Verfahren und einem privatrechtlichen Vertrag zu differenzieren ist. Deshalb sind für den Rechtsschutz gegen eine Vergabeentscheidung die Zivilgerichte, in der Regel wegen des Volumens der Aufträge die Landgerichte, zuständig, §§ 23 Nr. 1, 71 Abs. 1 GVG.

94 Das BVerfG entschied 2006, dass die in der Rechtsordnung dem übergangenen Konkurrenten eingeräumten Möglichkeiten des Rechtsschutzes gegen Entscheidungen über die Vergabe öffentlicher Aufträge mit Auftragssummen unterhalb der Schwellenwerte den Anforderungen des Justizgewährungsanspruchs (Art. 20 III GG) genügen. Der Gleichheitssatz (Art. 3 I GG) sei nicht dadurch verletzt, dass der Gesetzgeber den Rechtsschutz gegen Vergabeentscheidungen unterhalb der Schwellenwerte anders gestaltet hat als den gegen Vergabeentscheidungen, die die Schwellenwerte übersteigen.[207] Die Ablehnung verwaltungsgerichtlichen Rechtsschutzes erfolgte durch Urteil des BVerwG vom 2.5.2007.[208]

---

204 Zu Einzelheiten Kluth ÖffWirtschaftsR, 1. Aufl. 2019, § 12 Rn. 77 ff.

205 Für die Eröffnung des Verwaltungsrechtswegs Huber JZ 2000, 877 (882); Pünder VerwArch 95 (2004) 38, 56 ff.

206 BVerwG NJW 2007, 2275.

207 BVerfG NJW 2006, 3701.

208 BVerwG NJW 2007, 2275.

3. Anforderungen an das Handeln und Verfahren der privaten Kooperationspartner

Im Anschluss an die Auswahl eines oder mehrerer Personen oder Unternehmen als Verwaltungshelfer erfolgt die **Beauftragung.** Zu diesem Zweck ist zwischen der Behörde und dem Privaten ein **Vertrag** zu schließen, der neben der Bestimmung des Auftragsgegenstandes und der Vergütung auch die Grundlage für tätigkeitsbegleitende **Steuerungsbefugnisse** bildet. Um diese zutreffend im Vertrag zu verankern, muss sich die Behörde darüber im Klaren sein, welche Steuerungsbefugnisse aus der Perspektive des Verwaltungsverfahrensrechts erforderlich sind. 95

Die Rechtsnatur des **Beauftragungsverhältnisses** wird unterschiedlich beurteilt. Während überwiegend davon ausgegangen wird, dass es sich um einen privatrechtlichen Werk- oder Dienstvertrag handelt,[209] geht die Gegenansicht[210] von einem öffentlich-rechtlichen Vertrag aus. Die besseren Argumente sprechen für einen privatrechtlichen Vertrag, da die seitens des Privaten zu erbringende Leistung zwar in ein Verwaltungsverfahren eingebunden ist, von ihrem Gegenstand her aber notwendigerweise (ansonsten läge ein Fall der verbotenen faktischen Beleihung vor) nicht hoheitlich geprägt ist. 96

Welche Pflichten im Beauftragungsvertrag näher geregelt und ausgestaltet werden müssen, hängt naturgemäß vom konkreten Gegenstand der zu erbringenden Leistung ab.[211] Zu beachten ist dabei, dass durch derartige Pflichten datenschutzrechtliche Vorschriften und Vorschriften des Geheimnisschutzes (hier gelten die Anforderungen der SÜG) nicht überwunden werden können. Angezeigt sein kann die Implementierung von begleitenden Steuerungsinstrumenten, wie Informations- und Berichtspflichten (etwa die Ergebnisse einer Sachaufklärung oder Zwischenergebnisse von Planungsvorgängen), mit deren Hilfe die Umsetzung des Auftrages leichter überwacht und beeinflusst werden kann. Speziell bei der Beauftragung von Sachverständigen ist es der Behörde aber verwehrt, auf deren Tätigkeit einzuwirken, da damit der Sinn und Zweck der Inanspruchnahme eines in der Behörde nicht vorhandenen Sachverstandes konterkariert würde.[212] Insoweit ist auch das definitorische Merkmal der Unselbständigkeit des Verwaltungshelfers zu relativieren. 97

Näher zu regeln sind im Beauftragungsvertrag auch Sanktionen wie zB die Rechtsfolgen von Mängeln und Pflichtverstößen sowie Einzelheiten der Haftung. 98

4. Verfahrensrechtliche Pflichten bei der Übernahme von Produkten

Die letzte verfahrensrechtliche Phase der Beauftragung Privater stellt die **Übernahme des Produkts** der Beauftragung dar. Der Behörde obliegt insoweit als Ausprägung des 99

[209] Hoppe DVBl 1994, 255 (261); Peine DÖV 1997, 353 (357); weitere Nachweise bei Scholl, Der private Sachverständige im Verwaltungsrecht, S. 155 f.

[210] Burgi, Funktionale Privatisierung und Verwaltungshilfe, S. 164 ff., für Verträge, bei denen der Vertragsgegenstand Normen des öffentlichen Rechts zugeordnet werden kann. Dabei wird von Burgi auf den Gegenstand des Verwaltungshandelns und nicht kontextfrei auf den Gegenstand der privaten Beauftragung abgestellt. Vgl. auch die Arbeit von Stöcker, Entwicklung des Verwaltungskooperationsvertrages unter Berücksichtigung des Vergaberechts, 2010.

[211] Ausführlicher Schulze-Fielitz GVwR I § 12 Rn. 118 ff.

[212] Scholl, Der private Sachverständige im Verwaltungsrecht, S. 188.

diese Phase bestimmenden Verfahrensermessens eine Prüfungspflicht. Dabei bildet vor allem das Beauftragungsverhältnis den Maßstab.

100 Besondere Anforderungen ergeben sich bei der Entgegennahme hochgradig spezialisierter Gutachten und Leistungen. Um die eigene Entscheidungskompetenz nicht aus der Hand zu geben, darf die Behörde auch in diesen Fällen das Produkt nicht unbesehen übernehmen und der eigenen Entscheidung zugrunde legen. Das Gutachten des Sachverständigen besitzt für die Behörde, ebenso wenig wie für ein Gericht, einen absoluten Beweiswert.[213] Deshalb muss die Behörde zumindest eine allgemeine Schlüssigkeitsprüfung vornehmen (Prüfung auf Vollständigkeit, Angemessenheit, Vertretbarkeit, Plausibilität, Unparteilichkeit). Diese ist ggf. durch die Einholung einer weiteren externen, sachverständigen Stellungnahme zu ergänzen.[214]

§ 60. Das allgemeine Verwaltungsverfahren

Schrifttum: Alpert, Zur Beteiligung am Verwaltungsverfahren nach dem Verwaltungsverfahrensgesetz des Bundes, 1999; App VR 1993, 3: Überblick über die Berechnung von Fristen nach dem VwVfG; Bachmann/Pavlitschko MMR 2004, 370: Akteneinsicht in elektronische Behördenakten; Bell NVwZ 1995, 24: Zur „Beachtlichkeit" von Folgeanträgen; Benkel, Die Verfahrensbeteiligung Dritter, 1996; Berg VERW 1976, 161: Zur Untersuchungsmaxime im Verwaltungsverfahren; Berger DVBl 2009, 401: Der Antrag als verfahrens- und materiellrechtliches Institut; Bracher DVBl. 1997, 534: Nachholung der Anhörung bis zum Abschluss des verwaltungsgerichtlichen Verfahrens?; v. Danwitz DVBl. 1993, 422: Zum Anspruch auf Durchführung des „richtigen" Verwaltungsverfahrens; De Wall, Die Anwendbarkeit privatrechtlicher Vorschriften im Verwaltungsrecht, 1999; Dinger/Koch, Querulanz in Gericht und Verwaltung, München 1991; Dürig, Beweismaß und Beweislast im Asylrecht, 1990; Ehlers JURA 1996, 617: Anhörung im Verwaltungsverfahren; Ewer/Rapp NVwZ 1991, 549: Zur Beweis- und Feststellungslast bei Ansprüchen auf Gewährung von Ermessensleistungen; Fengler, Die Anhörung im europäischen Gemeinschaftsrecht und deutschen Verwaltungsverfahrensrecht, 2003; Fisahn, Demokratie und Öffentlichkeitsbeteiligung, 2002; Goerlich, Grundrechte und Verfahrensgarantie, 1981; Guckelberger JuS 2011, 577: Anhörungsfehler bei Verwaltungsakten; Hablitzel BayVBl 1974, 392: Antrag bei mitwirkungsbedürftigen Verwaltungsakten; Hamann DVBl 1989, 969: Ist der Betroffene anzuhören, bevor eine Vollziehungsanordnung nach § 80 Abs. 2 Nr. 4 VwGO ergeht?; Hartmann NVwZ 1990, 608: Zur Widerruflichkeit und Anfechtbarkeit der verwaltungsrechtlichen Willenserklärung; Hatje DÖV 1997, 477: Die Heilung formell rechtswidriger Verwaltungsakte im Prozess als Mittel der Verfahrensbeschleunigung; Hill NVwZ 1985, 449: Verfahrensermessen der Verwaltung; Horn DÖV 1987, 20: Das Anhörungsrecht des mit Drittwirkung Betroffenen nach § 28 VwVfG; Hüsch, Verwertungsverbote im Verwaltungsverfahren, 1991; Hufen JuS 1999, 313: Heilung und Unbeachtlichkeit von Verfahrensfehlern; Hufen/Siegel, Fehler im Verwaltungsverfahren, 8. Aufl. 2025; Ingerl, Sprachrisiko im Verfahren, zur Verwirklichung der Grundrechte deutschunkundiger Beteiligter im Gerichts- und Verwaltungsverfahren, 1988; Jellinek NJW 1981, 2235: Veröffentlichung von verwaltungsinternen Ermessensrichtlinien; Jochum NVwZ 1987, 460: Auskunfts- und Hinweispflichten bei der Wahrnehmung hoheitlicher Aufgaben; Kahl VerwArch 95 (2004), 1: Grundrechtsschutz durch Verfahren in Deutschland und in der EU; Kahl/Ludwigs VerwaltungsR-HdB/Ingold, § 117: Allgemeines (nicht förmliches) Verfahren; Kamphausen, Rechtsprobleme bei Auskünften von Verwaltungsbehörden an den Bürger, 1983; Kirchhof DVBl 1985, 651: VA auf Zustimmung; Kluth NVwZ 1990, 608: Rechtsfragen der verwaltungsrechtlichen Willenserklärung; Knippel, Rechtsfolgen fehlerhafter Anhörung im Verwaltungsverfahren, 1986; Krasney NVwZ 1986, 337: Zur Anhörungspflicht im Verwaltungsverfahren; Krause JuS 1972, 425: Willensmängel bei mitwirkungsbedürftigen Verwaltungsakten und öffentlich-rechtlichen Verträgen; Krause VerwArch 61 (1970), 297: Willenserklärungen des Bürgers im Bereich des öffentlichen Rechts; Lässig, Deutsch als Gerichts- und Amtssprache, 1980; Laubinger VerwArch 75 (1984), 55: Zur Erforderlichkeit der Anhörung des Antragstellers vor Ablehnung seines Antrags durch die Verwaltungsbehörde; Lübbe-Wolff DÖV 1980, 594:

[213] BVerwGE 17, 342 (343).
[214] Zu Einzelheiten Scholl, Der private Sachverständige im Verwaltungsrecht, S. 191 ff.

Anspruch auf Information über ermessensbindende Verwaltungsvorschriften; Martin, Heilung von Verfahrensfehlern im Verwaltungsverfahren, 2004; Middel, Öffentlich-rechtliche Willenserklärungen von Privatpersonen, 1971; Müller NVwZ 1988, 702: Die Anhörungspflicht bei der Anordnung der sofortigen Vollziehung gem. § 80 II Nr. 4 VwGO; Nagler, Dogmatische Strukturen der Beweislast im öffentlichen Recht, 1989; Odenthal NVwZ 1995, 668: Die Heilung von Verfahrensfehlern gem. § 45 VwVfG nach erhobener Untätigkeitsklage; Oebbecke DVBl 1994, 147: Beratung durch Behörden; Olbertz, Der sozialrechtliche Herstellungsanspruch im Verwaltungsrecht, 1995; Peschau, Die Beweislast im Verwaltungsrecht, 1983; Peters JuS 1991, 54: Die Sachverhaltsermittlung im Verwaltungsverfahren; Reichelt LKV 2010, 97: Änderungen im Verwaltungsverfahren im Zuge der Umsetzung der EU-Dienstleistungsrichtlinie; Reinel BayVBl 2004 454: Die Rolle der Verwaltungsgerichtsbarkeit bei der Heilung von Verfahrensmängeln; Reinhardt NJW 1994, 93: Die Umkehrung der Beweislast aus verfassungsrechtlicher Sicht; Roßnagel JuS 1994, 927: Verfahrensfehler ohne Sanktion?; Sachs VerwArch 76 (1985), 398: Volenti non fit iniuria; Scherzberg, Die Öffentlichkeit der Verwaltung, 2000; Schmidt/Schmidt JURA 2005, 372: Der sozialrechtliche Herstellungsanspruch; Schmidt-De Caluwe JURA 1993, 399: Zur Anfechtung privater Willenserklärungen im Öffentlichen Recht, insbesondere im Sozialrecht; Schneider VerwArch 1996, 38: Kooperative Verwaltungsverfahren; Schnell, Der Antrag im Verwaltungsverfahren, 1986; Schoch JURA 2007, 28: Die Heilung von Anhörungsmängeln im Verwaltungsverfahren (§ 45 I Nr. 3, II VwVfG); Scholl, Der private Sachverständige im Verwaltungsrecht, 2005; Schröder VBlBW 1995, 384: Anhörung vor Anordnung der sofortigen Vollziehbarkeit?; Schromek, Die Mitwirkungspflichten der am Verwaltungsverfahren Beteiligten – eine Grenze des Untersuchungsgrundsatzes?, 1989; Sobota DÖV 1997, 144: Zum Umfang der behördlichen Untersuchungspflicht gemäß § 24 VwVfG, § 31 VermG; Stelkens NuR 1985, 213: Der Antrag – Voraussetzung eines Verwaltungsverfahrens und eines Verwaltungsaktes?; Stober VR 1979, 142 und 325: Amtssprache gegenüber Ausländern; Südhoff, Der Folgenbeseitigungsanspruch als Grundlage verwaltungsverfahrensrechtlicher Verwertungsverbote, 1993; Volbers, Fristen und Termine, 1993

I. Verfahrenseröffnung und Verfahrensbeendigung

1. Die Verfahrenseröffnung

a) Grundsätze

Die Entscheidung über die Verfahrenseröffnung, unabhängig davon, ob sie analog oder digital erfolgt,[1] steht grundsätzlich im **Verfahrensermessen der zuständigen Behörde,** das aber durch § 22 VwVfG im Zusammenwirken mit dem materiellen Recht in vielfältiger Hinsicht eingeschränkt wird. Offizialmaxime und Opportunitätsprinzip stehen nebeneinander.[2] Es kommt weiterhin zu komplexen Wechselwirkungen zwischen der materiell-rechtlichen und verfahrensrechtlichen Ebene. Da das Verwaltungsverfahren in vielen Fällen unerlässlich für die Wahrung oder Verwirklichung des materiellen Rechts ist, wird das Verfahrensermessen vielfach materiellrechtlich determiniert. Das gilt vor allem dort, wo es um den Schutz von Grundrechten 1

Beispiel: Anspruch auf polizeiliches Einschreiten

oder um ihre Verwirklichung geht

Beispiel: Erteilung einer Berufszulassung

Trotz der materiell-rechtlichen Prägung des Verfahrens darf aber nicht übersehen werden, dass das Verfahrensermessen seine Eigenständigkeit bewahrt. So kann zB im Falle eines Gefahrenverdachts das Ermessen zur Eröffnung eines Verwaltungsverfah-

[1] Das folgt aus der Gleichstellung in § 3a II VwVfG.
[2] Stelkens/Bonk/Sachs/Schmitz VwVfG § 22 Rn. 2 f.; Knack/Henneke/Ritgen VwVfG § 22 Rn. 3; Obermayer/Funke-Kaiser/Hönig VwVfG § 22 Rn. 22.

rens auf Null schrumpfen, obwohl in materiell-rechtlicher Hinsicht ein Anspruch auf Einschreiten noch nicht begründet ist.[3] Ähnliches gilt für den baurechtlichen Nachbarschutz.[4]

2 In § 22 VwVfG hat der Gesetzgeber der Behörde eine **Entscheidungsmatrix** vorgegeben, die die Bestimmungsgrößen Antragsverfahren und Amtsverfahren auf jede (rechtlich) denkbare Weise mit den Kategorien Verbot, Pflicht und Ermessen verknüpft.

b) Verfahrenseröffnung durch Antrag

3 Im Falle des Antragsverfahrens unterscheidet das Gesetz zwischen der Pflicht zur Verfahrenseröffnung auf Antrag (§ 22 S. 2 Nr. 1 Alt. 2 VwVfG), dem Verbot, ohne Antrag ein Verfahren zu eröffnen, wenn dieser gesetzlich erforderlich ist und nicht vorliegt (§ 22 S. 2 Nr. 2 VwVfG) und der Verfahrenseröffnung nach pflichtgemäßem Ermessen auf Antrag (Satz 1). Voraussetzung ist in allen diesen Fällen das Vorliegen eines (wirksamen) Antrags.

4 Beim **Antrag** handelt es sich um eine empfangsbedürftige verwaltungsrechtliche Willenserklärung.[5] Dabei ist zwischen der verfahrensrechtlichen und materiell-rechtlichen Willenserklärung, die in einem Antrag unter Umständen miteinander verbunden sein können, zu unterscheiden. So kann ein Antrag zugleich eine materiellrechtliche Einwilligung beinhalten. Umstritten ist, ob es sich dann um zwei Willenserklärungen handelt, die nur äußerlich verbunden sind,[6] oder um eine doppelfunktionale Willenserklärung.[7] Da prägendes Merkmal der Willenserklärung die Auslösung einer Rechtsfolge ist,[8] sprechen die besseren Argumente für die erste Ansicht. In besonders gelagerten Fällen kann sich aus dem materiellen Recht eine Pflicht zur Stellung des Antrags auf Eröffnung eines Verwaltungsverfahrens ergeben.[9]

5 Eine bestimmte **Form für die Stellung des Antrags** ist im Verwaltungsverfahrensgesetz nicht vorgeschrieben, kann sich aber aus spezialgesetzlichen Regelungen ergeben.[10] Soweit es daran fehlt, kann der Antrag schriftlich, elektronisch (§ 3a VwVfG), mündlich oder auch konkludent gestellt werden.[11] Neue Kommunikationsformen wie Telefax und E-Mail können jedenfalls dann benutzt werden, wenn

[3] Stelkens/Bonk/Sachs/Schmitz VwVfG § 22 Rn. 10; Nachweise bei Gern DVBl 1987, 1194 ff.

[4] Anspruch des Nachbarn auf Einschreiten bei baurechtswidrigen gefährdenden Zustand BVerwGE 44, 235; OVG Bremen NVwZ 1991, 1006; Stelkens/Bonk/Sachs/Schmitz VwVfG § 22 Rn. 11.

[5] Stelkens NuR 1985, 213; Kluth NVwZ 1990, 608; Hartmann DÖV 1990, 8; Stelkens/Bonk/Sachs/Schmitz VwVfG § 22 Rn. 15; Kopp/Ramsauer VwVfG § 22 Rn. 23.

[6] Stelkens/Bonk/Sachs/Schmitz VwVfG § 22 Rn. 19; Laubinger FS Ule, 1987, 161 (172 ff.); Hartmann DÖV 1990, 8.

[7] OVG Koblenz NVwZ 1986, 576 (578); Knack/Henneke/Ritgen VwVfG § 22 Rn. 12; Badura JuS 1964, 103 (105); Gusy BayVBl. 1985, 484 (486); Martens NVwZ 1986, 533; Kopp/Ramsauer VwVfG § 22 Rn. 23; Erichsen/Ehlers Allg. VerwR § 14 Rn. 18.

[8] Kluth NVwZ 1990, 608 (609).

[9] ZB § 16 II S. 1 VermKatG NRW, vgl. Kluth NVwZ 1990, 608 (613).

[10] Stelkens/Bonk/Sachs/Schmitz VwVfG § 22 Rn. 30 ff., 38; Kopp/Ramsauer VwVfG § 22 Rn. 51; Rechtsvorschriften, die eine bestimmte Form vorschreiben: Schriftlichkeit bspw. § 10 I 1 BImSchG; schriftlich oder zur Niederschrift/zu Protokoll bei der Verwaltungsbehörde vgl. zB § 92 V BauGB, § 5 I NamÄndG, § 50 S. 1 BLG.

[11] VGH Kassel NVwZ 1985, 498 ff. (bzgl. eines konkludenten Antrages); Schmitz in Stelkens/Bonk/Sachs VwVfG § 22 Rn. 30 ff.; Kopp/Ramsauer VwVfG § 22 Rn. 30a ff.

die Behörde diese in ihren offiziellen Schriftstücken oder allgemein zugänglichen Verzeichnissen anführt.[12] Wegen §§ 2 I und 3 I EGovG sind die Behörden verpflichtet, einen Zugang für die Übermittlung elektronischer Dokumente zu eröffnen und Informationen über die elektronische Erreichbarkeit in öffentlich zugänglichen Netzen zur Verfügung zu stellen (dazu näher → § 58 Rn. 18 ff.).

Eine ausdrückliche Pflicht der (zuständigen) Behörde, Anträge auch dann entgegenzunehmen, wenn sie diese in der Sache für unzulässig oder unbegründet hält, wird in § 24 III VwVfG begründet.[13] Damit wird die Stellung des Bürgers gestärkt, die Behörde zu einer förmlichen Sachprüfung verpflichtet und eine Selektion durch Annahmeverweigerung ausgeschlossen.[14] 6

Bei der **Auslegung von Anträgen** kann die Behörde sich nicht mit dem objektiv Erklärten begnügen und dies aus dem Empfängerhorizont auslegen. Sie muss vielmehr in Durchführung des Untersuchungsgrundsatzes den wirklichen Willen des Bürgers erforschen.[15] Dies kann gegebenenfalls auch durch Umdeutung eines Antrages geschehen, sobald der Verwaltung Anhaltspunkte vorliegen, dass die Erklärung des Bürgers seinen Willen nicht zutreffend wiedergibt.[16] Da auf Grund des Untersuchungsgrundsatzes gem. § 24 VwVfG und der Betreuungspflicht aus § 25 VwVfG eine begrenzte Amtspflicht zur Betreuung des Bürgers besteht, kann dieser im Falle einer mangelhaften „Betreuung" durch die Verwaltung Schadensersatz wegen einer Amtspflichtverletzung verlangen.[17] Im Sozialrecht ist der unterbliebene Hinweis auf erforderliche Anträge etc durch den von der Rechtsprechung anerkannten sozialrechtlichen Wiederherstellungsanspruch sanktioniert, nach dem die Lage herzustellen ist, die bestanden hätte, wenn nach korrekter Beratung ein Antrag gestellt worden wäre.[18] 7

Probleme wirft die Frage nach der **Bindung des Bürgers** an den von ihm abgegebenen Antrag auf. Weitgehend einvernehmlich wird eine freie Widerrufbarkeit des Antrags grundsätzlich bis zum Erlass des verfahrensabschließenden Verwaltungsaktes,[19] teilweise sogar bis zum Eintritt der Bestandskraft[20] für möglich gehalten.[21] Für Wil- 8

[12] BVerfG NJW 1996, 2857 (Übermittlung per Telefax); BVerwG NJW 1995, 2121; OLG Düsseldorf NJW 1995, 2177; Stelkens/Bonk/Sachs/Schmitz VwVfG § 22 Rn. 32 und § 3a Rn. 13; Kopp/Ramsauer VwVfG § 22 Rn. 31; Knack/Henneke/Ritgen VwVfG § 22 Rn. 37 (unter Verweis auf § 3a VwVfG).

[13] Dazu näher Obermayer/Funke-Kaiser/Schenk VwVfG § 24 Rn. 179 ff.; Kopp/Ramsauer VwVfG § 24 Rn. 57 ff.

[14] Obermayer/Funke-Kaiser/Schenk VwVfG § 24 Rn. 179.

[15] Obermayer/Funke-Kaiser/Hönig VwVfG § 22 Rn. 85; Stelkens/Bonk/Sachs/Schmitz VwVfG § 22 Rn. 46; Kluth NVwZ 1990, 608 (611).

[16] BVerwGE 25, 191 (194); s. auch Kluth NVwZ 1990, 219; De Wall, Die Anwendbarkeit privatrechtlicher Vorschriften um Verwaltungsrecht, S. 141 f.

[17] Ule/Laubinger § 26 Rn. 27; Knack/Henneke/Ritgen VwVfG § 25 Rn. 13; Kopp/Ramsauer VwVfG § 25 Rn. 25; umfassende Nachweise der Rspr. zur Amtshaftung wegen fehlerhafter Auskünfte und Belehrungen bei Schwager/Krohn DVBl 1992, 321 (323 f.); Schwager-Wenz DVBl 1993, 1171 ff.; vgl. auch umfassend zur Amtshaftung WBSK, VerwR II, § 67.

[18] BVerwGE 16, 156 (159); 20, 136; 30, 46; BVerwG NJW 1997, 2966; BSGE 49, 76; 51, 89; BSG SGb 1980, 558; Ule/Laubinger § 26 Rn. 29 ff.; Schmidt/Schmidt JURA 2005, 372 ff.

[19] BVerwG NJW 1988, 275; 1980, 1120; Buchholz 406.11 § 19 Nr. 31; BVerwGE 69, 63 (64); 37, 162 (165); BSGE 60, 79 (82 f.) mwN; Schnell S. 107; Stelkens NuR 1985, 213 (216).

[20] VGH München DVBl 1982, 1012.

[21] Weitere Einzelheiten bei Schnell, Der Antrag im Verwaltungsverfahren, S. 101 ff.; Hartmann DÖV 1990, 8 ff.

lenserklärungen ohne verfahrensrechtlichen Schwerpunkt wird § 130 BGB entsprechend angewendet. Dadurch entsteht eine Bindung mit Zugang der Erklärung, so dass nur die Möglichkeit der Anfechtung bleibt.[22]

9 Begründet wird die freie **Widerruflichkeit von Anträgen** vom BVerwG mit einem Verweis auf das Prozessrecht, bei dem Rechtsmittel bis zur rechtskräftigen Entscheidung zurückgenommen werden können.[23] Als Grenze wird in diesen Fällen neben ausdrücklichen gesetzlichen Einschränkungen der Eintritt irreversibler Wirkungen angesprochen.[24] Das BSG argumentiert bei mitwirkungsbedürftigen Verwaltungsakten, die Willenserklärung des Bürgers entfalte bis zur Wirksamkeit der Verwaltungsentscheidung keine Außenwirkung, stelle vielmehr lediglich ein Internum zwischen Bürger und Verwaltung dar, so dass der Rechtsgedanke des § 130 I 2 BGB nicht zur Anwendung kommen dürfe.[25] In der Literatur wird auf den in § 183 BGB enthaltenen Rechtsgedanken zurückgegriffen, wonach eine Einwilligung bis zur Vornahme des Rechtsgeschäftes widerruflich ist. Abgesehen vom Fall des Vertragsschlusses, für den über § 62 VwVfG § 145 BGB maßgeblich sei, entspreche die Interessenlage im Verwaltungsrecht derjenigen des § 183 BGB und nicht des § 130 BGB.[26]

10 Die Gegenansicht geht davon aus, dass der Rechtsgedanke des § 130 BGB auch im öffentlichen Recht Geltung beansprucht, weil auch dort Klarheit über die mit einer Willenserklärung verbundenen Rechtswirkungen geschaffen werden müsse. Dies entspreche auch einem ansonsten im Verfahrensrecht geltenden Grundsatz. Schließlich wird die Anwendbarkeit des Rechtsgedankens aus § 183 BGB mit dem Hinweis abgelehnt, dass dort die Wirkungen aus dem Rechtsgeschäft hervorgehen, in das eingewilligt werde, während im öffentlichen Recht, jedenfalls bei materiell-rechtlichen Erklärungen, dies nicht der Fall sei.[27]

11 Eine genauere Betrachtung zeigt, dass beide Positionen sich kaum voneinander unterscheiden. Die einen freien Widerruf zulassenden Entscheidungen betreffen durchweg Verwaltungsverfahren, in denen außer dem Ingangsetzen des Verwaltungsverfahrens durch die Willenserklärung keine weiteren Rechtsfolgen herbeigeführt wurden. Es geht mithin um „Richtungserklärungen". Zudem entspricht der Vorbehalt irreversibler Rechtswirkungen bei weiter Auslegung dem Hinweis der § 130 BGB anwendenden Gerichte auf die Auswirkungen für Dritte. Wird durch eine Willenserklärung eine Änderung der Rechtslage (Gestaltung) herbeigeführt, so sind der Staat oder Dritte bereits rechtlich betroffen. Unglücklich ist lediglich der Ausdruck irreversibel,

[22] VGH Mannheim VBlBW 1983, 22 ff. und 74 ff.; SaarlOVG BauR 1979, 135 ff.

[23] BVerwG FamRZ 1981, 208 ff., solange die Rücknahme nicht gesetzlich ausgeschlossen ist oder durch die Stellung des Antrages oder durch die Entscheidung Umstände eintreten, die nicht mehr rückgängig gemacht werden können; aA Stelkens/Bonk/Sachs/Schmitz VwVfG § 22 Rn. 70 iVm § 1 Rn. 59; Kopp/Ramsauer VwVfG § 22 Rn. 70.

[24] BGH NJW 1980, 1120; 1988, 275; BSGE 60, 79; Knack/Henneke/Ritgen VwVfG § 22 Rn. 21 mwN.

[25] BSG SGb 2001, 238 f.; BSGE 60, 79 (82 f.).

[26] Für § 183 anstelle von § 130 I 2 BGB zB BSGE 60, 79 (82 f.); Middel, Öffentlich-rechtliche Willenserklärungen von Privatpersonen, S. 101 ff.; mit ausführlicher Begründung Schnell, Der Antrag im Verwaltungsverfahren, S. 110 f., 112.

[27] Für § 130 I 2 anstelle von § 183 BGB VGH Mannheim VBlBW 1983, 75 (76); VGH München UPR 1989, 396; saarl. OVG 1979, 135 (138); ergänzende Anwendbarkeit des § 183 mit § 130 I 2 BGB vgl. Stelkens/Bonk/Sachs/Schmitz VwVfG § 22 Rn. 67.

der rechtlich unscharf ist. Vorzuziehen ist der Gedanke des BSG, das insofern auf Außenwirkungen abstellt. Zutreffend ist an dieser Ansicht, dass durch den Antrag in der Regel noch keine im Außenverhältnis wirkenden Rechtsfolgen erzeugt werden. Der von der Verwaltung bis zum Widerruf betriebene Aufwand kann gebührenrechtlich dem Bürger auferlegt werden, wie sich aus den Gebührenordnungen der Länder ergibt. Es besteht deshalb kein Interesse, bereits zu diesem Zeitpunkt eine Bindung anzunehmen bzw. einen Widerruf auszuschließen. Auch die Parallele zum Prozessrecht und der Verweis auf § 183 BGB führen in diesen Fällen zu dem Ergebnis der freien Widerruflichkeit.[28]

Ein Antrag kann aber **nicht immer** bis zum Verfahrensabschluss oder bis zum Eintritt 12
„irreversibler Wirkungen" **frei widerrufen** werden. Für die auf § 183 BGB gestützte Begründung ergibt sich dies schon aus dem Wortlaut, „soweit sich aus dem Rechtsverhältnis nichts anderes ergibt". Abgesehen von ausdrücklichen gesetzlichen Bestimmungen[29] ist ein freier Widerruf danach ausgeschlossen, wenn etwa durch den Antrag ein pflichtig durchzuführendes Verwaltungsverfahren in Gang gesetzt wurde. Auch nach der Begründung des BSG ist dies einsichtig, bestehen in diesen Fällen auf Grund der Pflicht des Bürgers, bestimmte Maßnahmen durchführen zu lassen, doch schon Rechtspflichten im Außenverhältnis, die das durch den Antrag begründete Verwaltungsrechtsverhältnis prägen. In diesen Fällen liegt es im öffentlichen Interesse, dass der Antragsteller von vornherein gebunden ist und die Verwaltung nicht erst im Wege des Verwaltungszwanges die Vornahme der Handlung sicherstellen muss. Es bedarf aber einer gesetzlichen Regelung, aus der sich die Pflicht zur Durchführung des Verwaltungsverfahrens ergibt. Eine weitere selbständige Regelung, aus der die Gebundenheit an den Antrag folgt, ist indessen nicht erforderlich, da dies aus der Anwendung der allgemeinen Rechtsgrundsätze folgt. Ähnlich wie im Zivilrecht in § 130 BGB die Gebundenheit an den Antrag und in § 183 BGB die Widerrufbarkeit von der jeweiligen Interessenlage abhängig sind, ist auch im Verwaltungsrecht die Bindung von der Interessenlage abhängig. Deshalb ist nicht von einem Grundsatz der freien Widerrufbarkeit und der Ausnahme der Bindung auszugehen, auch wenn sich dies faktisch so darstellt. Die freie Widerruflichkeit stellt mithin auch keine Rechtsposition des Bürgers dar, in die bei der Annahme einer Bindung eingegriffen wird. Vielmehr bestimmt sich der Zeitpunkt der Bindungswirkung nach allgemeinen Rechtsgrundsätzen je nach der konkreten Interessenlage, so dass es um die bloße Anwendung und nicht um die Änderung oder Durchbrechung von Rechtssätzen geht. So ist der Grundstückseigentümer beispielsweise nach § 10 NRWVermKatG verpflichtet, bestimmte Vermessungen durchführen zu lassen und dazu Vermessungsingenieure zu beauftragen. Diese Aufträge, die sich rechtlich als Anträge iSd § 22 VwVfG darstellen, sind wegen der Pflichtigkeit des Verfahrens bindend, im Falle der Fortführungsvermessung wegen der besonderen Interessenlage für das gesamte Verfahren.

Ist ein Antrag mit einem **Willensmangel** behaftet, so stellt sich die Frage seiner An- 13
fechtbarkeit. Grundsätzlich können auch verwaltungsrechtliche Willenserklärungen

[28] Kluth NVwZ 1990, 608 (613).

[29] Antrag auf Abschluss eines öffentlich-rechtlichen Vertrages: Wenn der Antragsteller gemäß § 61 S. 2 SGB X iVm § 145 BGB an einen Antrag gebunden ist und die Behörde das Angebot angenommen hat, ist die Rücknahme unzulässig.

angefochten werden.[30] Im Falle einer verfahrensrechtlichen Willenserklärung wird eine Anfechtung aber mit dem Hinweis für untunlich gehalten, dass auf Grund der damit verbundenen rechtlichen Rückwirkung die bisher durchgeführten Verfahrenshandlungen ihre rechtliche Grundlage verlören und es so zu erheblichen Unsicherheiten komme. Deshalb sei in diesen Fällen der Antrag nur rücknehmbar.[31] Dieser Einwand verkennt jedoch, dass es im Falle einer Anfechtung ebenso wenig auf die zurückliegenden Verfahrenshandlungen ankommt wie bei einer Rücknahme ex nunc. In beiden Fällen ist allein die Rechtsgestaltung für die Zukunft entscheidend. Deshalb können auch Anträge angefochten werden.[32]

14 Fragen ergeben sich schließlich bei der **Anfechtungsfrist.** Hier wird überwiegend die Ansicht vertreten, dass im öffentlichen Recht die Anfechtung – wie bei § 121 BGB – unverzüglich zu erfolgen habe,[33] dass im Übrigen aber nicht § 124 BGB, sondern kürzere Fristen zu gelten haben.[34] Die genaue Bestimmung der maßgeblichen Frist kann nicht für alle Rechtsgebiete gleich erfolgen, sondern ist unter Berücksichtigung der Eigenarten des jeweiligen materiellen Rechts zu bestimmen.

15 Ergibt sich aus einer Rechtsvorschrift ein Anspruch auf behördliche Entscheidung oder sonstiges Tätigwerden, so besteht die Pflicht zur Verfahrenseröffnung auf Antrag. Maßgeblich ist in der Regel das materielle Recht. Bereits ein Anspruch auf ermessensfehlerfreie Bescheidung und Entscheidung verpflichtet die Behörde zur Verfahrenseröffnung.[35]

16 Aus § 22 Nr. 2 VwVfG folgt ein Verbot für die Behörde, ein Verfahren ohne Antrag zu eröffnen, wenn sie nur auf Antrag tätig werden darf. Dahinter steht ein **materielles Aufdrängungsverbot:** dem Bürger dürfen auch für ihn günstige oder vorteilhafte Rechtsgestaltungen ohne oder gegen seinen Willen nicht aufgedrängt werden.[36]

17 Ein Antragserfordernis besteht insbesondere bei **mitwirkungsbedürftigen Verwaltungsakten** wie der Beamtenernennung, der Erteilung von Genehmigungen und staatlichen Leistungen. Einen Grenzfall stellt die so genannte modifizierende Auflage

[30] Kluth NVwZ 1990, 608 (614); Hartmann DÖV 1990, 8 (13).

[31] BVerwGE 1980, 135; Stelkens/Bonk/Sachs/Schmitz VwVfG § 22 Rn. 78 f.; Obermayer/Funke-Kaiser/Hönig VwVfG § 22 Rn. 94; Gusy BayVBl. 1985, 484 (486).

[32] OVG Koblenz NVwZ 1984, 316; VGH Mannheim NVwZ-RR 1991, 490; BVerwGE 37, 19; Knack/Henneke/Ritgen VwVfG § 22 Rn. 83; Kluth NVwZ 1990, 608 (614); Schnell S. 145 ff.; zur Möglichkeit der analogen Anwendung der bürgerrechtlichen Anfechtungsregeln auf Erklärungen des öffentlichen Rechts vgl. auch RGZ 134, 162 (171 f.); OVG Koblenz NVwZ 1984, 316; OVG Saarlouis BRS 38, Nr. 179; Ule/Laubinger § 20 Rn. 5; Middel, Öffentlich-rechtliche Willenserklärungen von Privatpersonen, S. 115 ff.; Schnell, Der Antrag im Verwaltungsverfahren, S. 145 ff.; Weides, Verwaltungsverfahren und Widerspruchsverfahren, S. 73 f.; De Wall, Die Anwendbarkeit privatrechtlicher Vorschriften um Verwaltungsrecht, S. 171 ff.; Schmidt-De Caluwe JURA 1993, 399 (402).

[33] De Wall, Die Anwendbarkeit privatrechtlicher Vorschriften um Verwaltungsrecht, S. 179.

[34] Kluth NVwZ 1990, 608 (614); teils wird auch eine unverzügliche Anfechtung gefordert, so etwa für das Beamtenrecht BVerwGE 37, 19, bzw. eine kürzere Zeit als § 124 BGB vorgibt, vgl. OVG Koblenz DVBl 1984, 283 mit Hinweis auf Stichelberger BayVBl. 80, 393; Knack/Henneke/Schliesky VwVfG § 62 Rn. 27; für entsprechende Anwendung des § 124 vgl. Ule/Laubinger § 69 Rn. 3.

[35] Stelkens/Bonk/Sachs/Schmitz VwVfG § 22 Rn. 23; zur Frage, welches Verwaltungsverfahren zulässigerweise durchzuführen ist s. BVerwGE 85, 368 (377).

[36] BVerwG BauR 1977, 405 (407); OVG Koblenz NVwZ 1986, 576 f.; Obermayer/Funke-Kaiser/Hönig VwVfG § 22 Rn. 70; Schmitz in Stelkens/Bonk/Sachs VwVfG § 22 Rn. 28.

dar, bei der eine Genehmigung abweichend von einem (notwendigen) Antrag erteilt wird.[37]

Denkbar erscheint schließlich der Fall, dass ein Antrag gestellt wird, ohne dass ein Anspruch auf Tätigwerden der Behörde besteht. Eine genauere Betrachtung zeigt jedoch, dass in diesen Fällen die für einen Antrag als verwaltungsrechtliche Willenserklärung konstitutive Auslösung einer Rechtsfolge fehlt, so dass es sich nicht um einen Antrag, sondern nur um eine Anregung handelt.[38] Man kann auch von einem unwirksamen Antrag sprechen. Die Behörde entscheidet in diesen Fällen von Amts wegen nach pflichtgemäßem Ermessen über die Verfahrenseröffnung. 18

Ein Antrag kann auch aus anderen Gründen unwirksam sein, wenn zB ein Formerfordernis nicht eingehalten wurde. In diesen Fällen wird das Verwaltungsverfahren nicht eröffnet. Die ablehnende Entscheidung stellt selbst keinen Verwaltungsakt, sondern eine schlichte verwaltungsrechtliche Willenserklärung dar.[39] 19

c) Verfahrenseröffnung von Amts wegen

Neben dem Antragsverfahren sieht § 22 VwVfG die Verfahrenseröffnung von Amts wegen vor. Dabei ist zwischen der Pflicht zur Verfahrenseröffnung nach § 22 2 Nr. 1 VwVfG und der Verfahrenseröffnung nach pflichtgemäßem Ermessen zu unterscheiden, die in § 22 1 VwVfG geregelt ist. 20

Eine Pflicht zur Verfahrenseröffnung von Amts wegen nach § 22 2 Nr. 1 VwVfG folgt in den meisten Fällen aus materiell-rechtlichen Vorschriften, die bestimmte Maßnahmen der Verwaltung, vor allem zur Gefahrenabwehr, verlangen und zu deren Umsetzung ein Verwaltungsverfahren durchgeführt werden muss. Gängige Beispiele dafür sind Maßnahmen nach § 35 GewO, § 45 I, II WaffG, § 15 I und II GastG. Da die meisten dieser Vorschriften das Einschreiten in das Ermessen der zuständigen Behörde stellen, muss eine Ermessensreduzierung auf Null vorliegen. Das ist regelmäßig bei nicht unerheblichen Gefahren für hochwertige Rechtsgüter, wie Leben und körperliche Unversehrtheit, der Fall.[40] 21

2. Die Bestimmung der Verfahrensart und die Verfahrensgestaltung

Ist die Entscheidung zur Eröffnung eines Verwaltungsverfahrens getroffen, so stellt sich die Frage nach der **Gestaltung des Verfahrens** und der Wahl der Verfahrensart. Dabei ist die Wahl zwischen dem allgemeinen, formlosen Verwaltungsverfahren nach § 10 VwVfG, den förmlichen Verfahren nach §§ 63 ff. und 72 ff. VwVfG sowie dem Verfahren über die einheitliche Stelle nach §§ 71a ff. VwVfG genau geregelt. §§ 63 I und 72 I VwVfG stellen auf die Anordnung durch Rechtsvorschrift ab. Ebenso setzt § 71a VwVfG eine Anordnung durch Rechtsvorschrift voraus, es überlässt aber dem 22

---

[37] Stelkens/Bonk/Sachs/Stelkens VwVfG § 36 Rn. 96 ff.; umfassend zum Streit hinsichtlich der Existenz und dogmatischen Bedeutung der modifizierenden Auflage in Rspr. und Literatur vgl. Knack/Henneke/Henneke VwVfG § 36 Rn. 72 ff.

[38] S. dazu Stelkens/Bonk/Sachs/Schmitz VwVfG § 22 Rn. 21.

[39] Obermayer/Funke-Kaiser/Hönig VwVfG § 22 Rn. 17.

[40] Im Polizei- u. Ordnungsrecht vgl. OVG Lüneburg DVBl 1960, 648; OVG Münster DVBl 1967, 546; im Baurecht vgl. BVerwGE 44, 235; im Gewerberecht vgl. BVerwGE 28, 131; Obermayer/Funke-Kaiser/Hönig VwVfG § 22 Rn. 33 f.; Stelkens/Bonk/Sachs/Schmitz VwVfG § 22 Rn. 10 ff.; Kopp/Ramsauer VwVfG § 22 Rn. 7 ff., 20; Knack/Henneke/Ritgen VwVfG § 22 Rn. 11 f.

Antragsteller die Wahl, ob er das Verfahren über eine einheitliche Stelle abwickeln möchte oder nicht (Optionsmodell).[41]

23 Während demnach die Wahl zwischen den verschiedenen Verfahrensarten objektivrechtlich exakt fixiert ist, besteht noch Unsicherheit, inwieweit dem ein **subjektiver Anspruch auf die Wahl der richtigen Verfahrensart** korrespondiert. Dabei geht es vor allem um Fälle, in denen die Behörde die Entscheidung durch ein weniger förmliches Verwaltungsverfahren herbeigeführt hat, als dies gesetzlich vorgesehen ist. Die Rechtsprechung steht bislang noch überwiegend auf dem Standpunkt, der Einzelne habe keinen prozessual durchsetzbaren Anspruch auf die Durchführung eines bestimmten Verfahrens.[42] In der Literatur mehren sich jedoch die Stimmen, die dies anders sehen und in der Wahl der falschen Verfahrensart eine subjektive Rechtsverletzung erblicken.[43]

24 Im Übrigen liegt die Verfahrensgestaltung, vorbehaltlich gesetzlich zwingender Mitwirkungsrechte (Anhörung, Akteneinsicht etc), im Verfahrensermessen der Behörde, das den aufgezeigten allgemeinen rechtlichen Bindungen unterliegt.[44]

3. Die Verfahrensbeendigung

25 Aus § 9 VwVfG kann der Schluss gezogen werden, dass das Verwaltungsverfahren mit dem Erlass des Verwaltungsakts bzw. dem Abschluss des öffentlich-rechtlichen Vertrages zum Abschluss kommt und damit beendet ist. Andererseits folgt aus § 13 I Nr. 2 VwVfG, dass Beteiligte des Verwaltungsverfahrens auch diejenigen Personen sind, denen gegenüber ein Verwaltungsakt erlassen wurde, so dass ein über den Erlass des Verwaltungsakts hinaus andauerndes Verfahrensverhältnis vorausgesetzt wird. Das Gleiche gilt nach § 13 I Nr. 3 VwVfG für den Vertragsschluss.

26 Trotz dieser offenkundigen Spannungslage geht die wohl herrschende Meinung davon aus, dass das Verwaltungsverfahren mit Bekanntgabe des Verwaltungsakts[45] bzw. wirksamem Zustandekommen des öffentlich-rechtlichen Vertrags[46] beendet ist. Nach anderer Ansicht, die im Hinblick auf § 13 I Nr. 2 VwVfG den Vorzug verdient, kommt es beim Verwaltungsakt auf den Eintritt der Unanfechtbarkeit an.[47] Allgemein anerkannt ist daneben, dass das Verfahren auch aus anderen Gründen, wie

[41] Kopp/Ramsauer VwVfG § 71a Rn. 21 f.

[42] BVerwG NVwZ 1983, 92; 1994, 169; Buchholz 406.11 § 3 BauGB Nr. 4; Ule/Laubinger § 19 Rn. 13; Stelkens/Bonk/Sachs/Schmitz VwVfG § 10 Rn. 18, 21; Obermayer/Funke-Kaiser/Wittinger VwVfG § 10 Rn. 30; weitere Nachweise bei Schoch/Schneider/Bier/Gerhardt VwGO § 113 Rn. 14.

[43] v. Danwitz DVBl 1993, 422 (424); in diese Richtung wohl auch Hufen/Siegel, Fehler im Verwaltungsverfahren, Rn. 180; teilweise auch Bonk NVwZ 1997, 320 (323), der einen Anspruch eines Beteiligten auf zügige Erledigung des Verwaltungsverfahrens herleitet, soweit das Verfahren nach Maßgabe der Umstände des jeweiligen Falls auch seinem Interesse zu dienen bestimmt ist.

[44] → § 59 Rn. 3 f.

[45] Stelkens/Bonk/Sachs/Schmitz VwVfG § 9 Rn. 193; Obermayer/Funke-Kaiser/Wittinger VwVfG § 9 Rn. 37; Maurer § 9 Rn. 65; noch offen gelassen BVerwGE 55, 209 (303).

[46] Stelkens/Bonk/Sachs/Schmitz VwVfG § 9 Rn. 198; Obermayer/Funke-Kaiser/Wittinger VwVfG § 9 Rn. 49; Ule/Laubinger § 20 Rn. 7.

[47] So nunmehr ausdrücklich BVerwG NVwZ 2009, 459; Kopp/Ramsauer VwVfG § 9 Rn. 30 mwN; Knack/Henneke/Ritgen VwVfG § 9 Rn. 83; Erichsen/Ehlers Allg. VerwR § 14 Rn. 46; so auch BVerwGE 98, 313 (316), jedenfalls über ein Verpflichtungsbegehren; BSG SozR 1200 § 44 Nr. 1 für das SGB X, wo der verwaltungsmäßige Abschluss eines Verfahrens zumindest in den Fällen hinausschoben wird, wo die Rechtswidrigkeit der angefochtenen Verwaltungsentscheidung festgestellt wird.

zB die Rücknahme des Antrags etc vor Erreichung seines eigentlichen Zieles beendet werden kann.

4. Die Aussetzung des Verfahrens

Nicht ausdrücklich geregelt ist die Möglichkeit der Aussetzung des Verwaltungsverfahrens. Aus diesem Grunde wird teilweise auf die entsprechende Regelung in § 94 VwGO zurückgegriffen.[48] Diese Vorschrift sieht vor, dass ein verwaltungsgerichtliches Verfahren ausgesetzt werden kann, wenn die Entscheidung des Rechtsstreits ganz oder zum Teil vom Bestehen oder Nichtbestehen eines Rechtsverhältnisses abhängt, das Gegenstand anderweitiger Auseinandersetzungen in einem gerichtlichen oder behördlichen Verfahren ist. Ob es angesichts der langen Verfahrensdauer von verwaltungsgerichtlichen Verfahren jedoch Sinn macht, in einem laufenden Verwaltungsverfahren den Ausgang von Rechtsstreitigkeiten abzuwarten, muss vor dem Hintergrund der neuen Akzente, die § 10 VwVfG im Hinblick auf die Zügigkeit der Verfahrensgestaltung setzt, bezweifelt werden.[49] Im Übrigen bedarf es einer Analogie zu § 94 VwGO wohl auch deshalb nicht, weil das behördliche Verfahrensermessen ausreicht, um solche Gesichtspunkte zu berücksichtigen.[50] 27

II. Verfahrensgrundsätze

1. Untersuchungsgrundsatz

a) Rechtsgrundlage und Anwendungsbereich

Der Untersuchungsgrundsatz verpflichtet die verfahrensführende Behörde dazu, von Amts wegen die für die zu treffende Entscheidung erforderliche Sachaufklärung zu betreiben. Für Verwaltungsverfahren nach § 9 VwVfG ist der Untersuchungsgrundsatz, anknüpfend an die bis zu diesem Zeitpunkt gültigen allgemeinen Grundsätze, in § 24 VwVfG geregelt. Für die übrigen Verwaltungsverfahren gilt er inhaltsgleich als allgemeiner Grundsatz des Verwaltungsrechts fort.[51] Aufgrund dieser parallelen Geltung gehört der Untersuchungsgrundsatz ebenfalls zu den übergreifenden Verfahrensgrundsätzen. 28

Bereichsspezifische Regelungen des Untersuchungsgrundsatzes finden sich ua in § 24 AsylG,[52] § 18 GefStoffV, § 19 I 1 WPflG, § 20 SGB X, § 116 I FlurbG, § 36 BRAO, § 64a I BNotO, § 88 AO, § 31 VermG.[53] 29

b) Zielvorgabe und Problematik der Sachaufklärung

Die möglichst vollständige und zutreffende **Sachaufklärung** ist unverzichtbare **Voraussetzung korrekter Rechtsanwendung** und damit eine Forderung des in Art. 20 30

---

48 Ule/Laubinger § 20 Rn. 8; aA Stelkens/Bonk/Sachs/Schmitz VwVfG § 9 Rn. 203 iVm § 1 Rn. 59; Ziekow § 9 Rn. 22.

49 Ähnlich Ule/Laubinger § 20 Rn. 8; Stelkens/Bonk/Sachs/Schmitz VwVfG § 9 Rn. 203 ff.; anders wohl Obermayer/Funke-Kaiser/Wittinger VwVfG § 9 Rn. 56 ff.; zur Zügigkeit iSd § 10 VwVfG vgl. auch Bonk NVwZ 1997, 320 (323).

50 In diesem Sinne auch Obermayer/Funke-Kaiser/Wittinger VwVfG § 9 Rn. 57; Stelkens/Bonk/Sachs/Schmitz VwVfG § 9 Rn. 203.

51 Obermayer/Funke-Kaiser/Schenk VwVfG § 24 Rn. 2; Stelkens/Bonk/Sachs/Schmitz VwVfG § 22 Rn. 2.

52 Dazu Rothkegel NVwZ 1992, 313 ff.

53 Dazu Sobota DÖV 1997, 144 ff.

III GG verankerten Grundsatzes der Gesetzmäßigkeit des Verwaltungshandelns.[54] Diese einleuchtende Erkenntnis, die zugleich eine Zielvorgabe für das Verwaltungsverfahren formuliert, ist in ihrer konkreten Umsetzung sowie praktischen und rechtlichen Handhabung aber alles andere als einfach. Vielmehr stößt sie nicht zuletzt vor dem Hintergrund der aktuellen Bemühungen um Beschleunigung und Vereinfachung von Verwaltungsverfahren, Kooperation, Transparenz und Datenschutz auf viele Hindernisse. Die unterschiedlichen Zielvorgaben, denen die Sachaufklärung genügen soll, widersprechen sich dabei zum Teil. Es ist Aufgabe der verfahrensleitenden Behörde, diesen Konflikt im Rahmen des ihr zustehenden Verfahrensermessens so weit wie möglich aufzulösen. Dabei kommt die Komplexität der praktischen und rechtlichen Anforderungen an die Sachaufklärung im Wortlaut des § 24 I VwVfG nur ansatzweise zum Ausdruck. Die Vorschrift suggeriert insbesondere die Existenz eines vorab feststehenden Sachverhalts, den es zu ermitteln gelte.[55] Demgegenüber entspricht es heutiger Erkenntnis, dass der Sachverhalt selbst untrennbar mit dem Verwaltungsverfahren verbunden und sein Produkt ist.[56] Es ist deshalb zeitgemäßer, von einem Prozess der Informationsgewinnung und -verarbeitung zu sprechen,[57] an dem die verfahrensführende Behörde und die Beteiligten in unterschiedlichen Rollen mitwirken. Angesichts der heute unbestrittenen Grundrechtsrelevanz der Informationsgewinnung stehen zudem faktische und rechtliche Aspekte der Sachaufklärung in einer unauflösbaren Wechselwirkung. Die durch den Untersuchungsgrundsatz postulierte Pflicht der Behörde zur Sachaufklärung ist demnach bereits auf der rechtlichen Ebene vielfältig bedingt und begrenzt. Insbesondere folgt aus dem Untersuchungsgrundsatz selbst keine unbeschränkte Befugnis der Behörde zur Informationsgewinnung.[58]

31 Als weiterer nicht zu unterschätzender Bestimmungsfaktor muss für eine realistische Beurteilung der Sachaufklärung im Behördenalltag berücksichtigt werden, dass in normalen Verwaltungsverfahren aus Gründen des Personal- und Zeitmangels, sowie als Reaktion auf die gestiegenen rechtlichen Anforderungen oder besser: Hindernisse der Informationsbeschaffung, eine erhebliche Zurückhaltung bei dem Bemühen um die Sachaufklärung zu konstatieren ist. Das führt dazu, dass auf Beweismittel und Sachverständige nicht zurückgegriffen wird und Angaben von Verfahrensbeteiligten auch dann als wahr oder unwahr unterstellt werden, wo die verfahrensrechtlichen Voraussetzungen für ein solches Vorgehen nicht gegeben sind.[59]

---

[54] Berg VERW 1976, 161 (165); Nierhaus, Beweismaß und Beweislast, S. 258 ff.; Stelkens/Bonk/Sachs/Kallerhoff VwVfG § 24 Rn. 1; Obermayer/Funke-Kaiser/Schenk VwVfG § 24 Rn. 6.

[55] Krit. Hufen/Siegel, Fehler im Verwaltungsverfahren, Rn. 192.

[56] Der Untersuchungsgrundsatz und damit der entscheidungserhebliche Sachverhalt prägt das Verwaltungsverfahren iSv § 9 VwVfG, vgl. Ule/Laubinger § 21 Rn. 1.

[57] Aus übergeordneter Perspektive dazu Hoffmann-Riem/Schmidt-Aßmann/Schuppert, Reform des Allgemeinen Verwaltungsrechts/Pitschas, S. 219 ff.

[58] Insbesondere stellen die in §§ 24, 26 enthaltenden Regelungen keine Eingriffsermächtigungen für die Beschaffung der erforderlichen Informationen bzw. Erhebung erforderlicher Beweise dar, dazu bedarf es spezieller Ermächtigungen, wie aus zB polizeirechtliche Bestimmungen, vgl. Kopp/Ramsauer VwVfG § 24 Rn. 2b.

[59] Dazu Stelkens NVwZ 1982, 81 ff.; Schoch in Hoffmann-Riem/Schmidt-Aßmann, Innovation und Flexibilität des Verwaltungshandelns, 1999, S. 226 ff.; Hufen/Siegel, Fehler im Verwaltungsverfahren, Rn. 194.

c) Art und Umfang der Sachverhaltsermittlung

Obwohl § 24 I 2 VwVfG Art und Umfang der Sachverhaltsermittlung in das Ermessen der Behörde stellt, ist vor dem Hintergrund des § 24 I 1 VwVfG davon auszugehen, dass Ziel die „vollständige", dh nach Maßgabe der tatsächlichen und rechtlichen Verhältnisse mögliche und erreichbare Sachaufklärung ist. Bestimmend sind dabei die tatsächliche und rechtliche Eigenart des Verfahrensgegenstandes und der Anlass des behördlichen Tätigwerdens (von Amts wegen oder auf Antrag). Das Verfahrensermessen konkretisiert sich in diesem Bereich als **Aufklärungsermessen.**[60] 32

Zu ermitteln sind (nur) die entscheidungserheblichen Tatsachen. Um herauszufinden, welche Tatsachen noch ermittelt werden müssen, kann durch das Verfahren der Wahrunterstellung ermittelt werden, auf welche als erheblich erscheinenden Tatsachen es für die Sachentscheidung ankommt.[61] Zu diesem Zweck wird der bislang vorliegende Sachverhalt rechtlich gewürdigt. Die danach für die Entscheidung nicht erheblichen Tatsachen dürfen dann von der weiteren Sachverhaltserforschung ausgeschlossen werden.[62] 33

Vor allem in Fällen, in denen die Behörde auf Antrag tätig wird, darf sie die vom Antragsteller vorgetragenen Tatsachen zugrunde legen, soweit es sich dabei um typische Lebenssachverhalte handelt und keine konkreten Anhaltspunkte vorliegen, die eine besondere Einzelfallprüfung erfordern.[63] Die damit verbundene **Typisierung der Bearbeitungsvorgänge** ist vor allem im Steuerverfahrensrecht sehr weit verbreitet. Sie wird zur Wahrung des Gleichbehandlungsgrundsatzes durch Verwaltungsvorschriften gesteuert.[64] 34

Die Sachaufklärung duldet als hoheitliche Aufgabe[65] nur begrenzt eine **Übertragung auf Private.** Zulässig ist – auch in der Ermittlungsphase – die Heranziehung privater Gutachter.[66] Demgegenüber wird eine Übertragung der Ermittlungstätigkeit auf Verwaltungshelfer nur auf der Grundlage einer gesetzlichen Ermächtigung für zulässig gehalten.[67] 35

Bezüglich des personellen und finanziellen Aufwandes, der mit der Sachaufklärung verbunden ist, stellt sich in der Praxis angesichts leerer öffentlicher Kassen und zunehmender **Orientierung an den Grundsätzen der Sparsamkeit und Wirtschaftlichkeit**[68] die Frage, inwieweit bei der Festlegung des Umfangs der Sachaufklärung Kosten und Aufwand zu berücksichtigen sind und ggf. das Arbeitsprogramm der Verwaltung bestimmen können. Geboten ist ein Mindesteinsatz von Ressourcen vor 36

[60] Stelkens/Bonk/Sachs/Kallerhoff § 24 Rn. 26.
[61] Obermayer/Funke-Kaiser/Schenk VwVfG § 24 Rn. 34 ff.
[62] BVerwGE 39, 36; 61, 295 (304).
[63] VGH Kassel NVwZ-RR 1991, 357 (358); Stelkens/Bonk/Sachs/Kallerhoff VwVfG § 24 Rn. 26; Knack/Henneke/Ritgen VwVfG § 24 Rn. 33.
[64] Tipke/Lang/Seer § 22 Rn. 207 ff.
[65] Obermayer/Funke-Kaiser/Schenk VwVfG § 24 Rn. 13; vgl. Kopp/Ramsauer VwVfG § 24 Rn. 1; vgl. Knack/Henneke/Ritgen VwVfG § 24 Rn. 3 f.
[66] Hoppe/Bleicher NVwZ 1996, 421 ff.
[67] BayObLG NJW 1997, 3454.
[68] Dazu Gaentzsch DÖV 1998, 952 ff.

allem dort, wo es ansonsten zu einer Verletzung der durch Art. 20 III GG gebotenen Normvollzugspflicht kommen würde.[69] Denkbar ist für einige Bereiche auch die Übernahme der im Steuerverfahrensrecht aus Gründen der Ressourcenknappheit praktizierten Verfahrensweisen wie dem Abschluss von Vergleichsverträgen oder dem Erlass von Verwaltungsakten unter dem Vorbehalt der Nachprüfung.[70]

37 Da die Ermittlungen sich über einen längeren Zeitraum erstrecken und sehr komplex sein können und um eine spätere Beweisführung zu ermöglichen (siehe § 26 I Nr. 3 VwVfG) bzw. zu erleichtern, müssen die gewonnenen Erkenntnisse aktenkundig gemacht werden.[71] Akten sind folgerichtig, vollständig und sachlich korrekt zu führen. Auch Aktenbestandteile, die sich später als sachlich unrichtig erweisen, dürfen vorbehaltlich datenschutzrechtlicher Löschungsansprüche (siehe zB § 20 BDSG), nicht aus den Akten entfernt werden.[72] Die neue Erkenntnislage ist aktenkundig zu machen.[73]

d) Mitwirkungslast der Betroffenen

38 Die durch § 24 I 1 VwVfG vorgeschriebene Sachaufklärung vollzieht sich nicht im rechtsfreien Raum. Der Zugang zu vielen Informationen ist vielmehr, wie bereits im Zusammenhang mit den Ausführungen zum Datenschutz gezeigt wurde,[74] mit Eingriffen in die Rechtssphäre des Bürgers verbunden. Deshalb stellt sich die Frage, ob und welcher gesetzlichen Ermächtigungen die Sachaufklärung durch die verfahrensleitende Behörde in diesen Fällen bedarf und wie es sich auswirkt, wenn bestimmte Informationen ihr nicht zugänglich sind.

39 Einvernehmen besteht heute darüber, dass § 24 I 1 VwVfG der Behörde keine Befugnisse zu grundrechtserheblichen Sachaufklärungsmaßnahmen verleiht.[75] Es bedarf insoweit entweder einer anderweitigen Ermächtigung oder der Einwilligung des Betroffenen. Auch aus 26 II VwVfG, wonach die Beteiligten bei der Ermittlung des Sachverhalts mitwirken sollen, lässt sich allenfalls eine Obliegenheit, nicht aber eine Eingriffsbefugnis ableiten.[76] Darauf lässt schon der Wortlaut des § 26 II 3 VwVfG schließen. Entsprechende Regelungen, die zur Begründung von Mitwirkungspflichten ermächtigen oder diese direkt enthalten finden sich vor allem im materiellen Recht, wobei den vor allem polizei- und ordnungsrechtlichen Bestimmungen eine

[69] Die Einzelheiten sind umstritten. Vgl. Berg VERW 1976, 161 (181 f.); Stelkens/Bonk/Sachs/Kallerhoff/Fellenberg VwVfG § 24 Rn. 36; Obermayer/Schenk VwVfG § 24 Rn. 60.

[70] Obermayer/Funke-Kaiser/Schenk VwVfG § 24 Rn. 62; zur Praxis im Steuerverfahrensrecht s. Tipke/Lang/Seer S. 796 ff., 860 ff.

[71] BVerfG NJW 1983, 2135; Stelkens/Bonk/SachsKallerhoff/Fellenberg VwVfG § 24 Rn. 2; Obermayer/Funke-Kaiser/Schenke VwVfG § 24 Rn. 57; zur Bedeutung der Aktenführung vgl. LArbG Schleswig Holstein BeckRS 2012, 212961.

[72] BVerfG NJW 1983, 2135; Obermayer/Funke-Kaiser/Schenk VwVfG § 24 Rn. 58.

[73] S. zum Berichtigungsanspruch iSd § 20 BDSG BVerwG NVwZ 2004, 626 f.

[74] → § 59 Rn. 21 ff.

[75] Obermayer/Funke-Kaiser/Schenk VwVfG § 24 Rn. 10; Hufen/Siegel, Fehler im Verwaltungsverfahren, Rn. 235.

[76] OVG Nordrhein-Westphalen DÖV 2011, 83; Knack/Henneke/Ritgen VwVfG § 26 Rn. 104; Obermayer/Funke-Kaiser/Schenk VwVfG § 26 Rn. 88; Stelkens/Bonk/Sachs/Kallerhoff/Fellenberg VwVfG § 26 Rn. 46; Stelkens NuR 1983, 261. Zu weiteren Einzelheiten der Mitwirkungspflicht später im Text.

wichtige Rolle zukommt. Auch im Bereich des Umweltrechts werden zunehmend Mitwirkungs- und Informationspflichten begründet.[77]

Die in § 26 II VwVfG begründete **Mitwirkungslast** stellt es den Beteiligten bei Meidung von Nachteilen frei, bei der behördlichen Sachaufklärung mitzuwirken. Das gilt vornehmlich, wie § 26 II 2 VwVfG deutlich macht, für in ihrer Sphäre liegende Tatsachen und Beweismittel. Die Behörde kann die Mitwirkung durch eine Fristsetzung beschleunigen.[78] Eine Verweigerung der Mitwirkung kann durch die Behörde nur indirekt sanktioniert werden, indem die dadurch bewirkte fehlende oder mangelhafte Sachaufklärung zu Lasten des Beteiligten bei der Beweiswürdigung berücksichtigt wird. Die Palette der im Einzelfall denkbaren Reaktionen reicht von der Zurückstellung oder weiteren Bearbeitung eines Antrags,[79] die Fiktion seiner Rücknahme[80] und die nachteilige Beweiswürdigung[81] bis zur Annahme eines Mitverschuldens[82] und der Nichterhebung angebotener Beweise.[83] Verfahrensrechtlich kann eine unterlassene Mitwirkung auf Grund besonderer Rechtsvorschriften auch durch formelle oder materielle Präklusion sanktioniert werden.[84] 40

Weitergehende, **selbständig vollstreckbare Mitwirkungspflichten** können sich aus spezialgesetzlichen Regelungen ergeben. Dazu gehören ua die Pflicht zum persönlichen Erscheinen, zum Erteilen von Auskünften, zur Vorlage von Urkunden oder zur Duldung von Einsicht, zur Duldung einer behördlichen Augenscheinnahme, zur Duldung einer Durchsuchung, zur Duldung einer amtsärztlichen Untersuchung sowie zur Beibringung von Gutachten.[85] 41

Ob darüber hinaus auf der Grundlage materiell-rechtlicher Handlungskompetenzen, wie der polizeilichen Generalklauseln, eine Duldung behördlicher Sachaufklärungsmaßnahmen oder sogar Ermittlungsmaßnahmen Beteiligter verlangt und durchgesetzt werden können, hängt entscheidend davon ab, ob der Tatbestand der jeweiligen Norm erfüllt ist. Dies ist namentlich für Fälle des bloßen Gefahrenverdachts umstritten.[86] 42

---

[77] Erbguth/Schink UVPG § 6 Rn. 1 ff.

[78] Obermayer/Funke-Kaiser/Schenk VwVfG § 26 Rn. 89.

[79] BVerwG DVBl 1997, 609.

[80] Obermayer/Funke-Kaiser/Schenk VwVfG § 26 Rn. 92.

[81] BVerwG NJW 1986, 270; BVerwGE 77, 240 (247).

[82] BGH NJW 1992, 2769 (2770).

[83] BVerwG NJW 1993, 1542.

[84] Obermayer/Funke-Kaiser/Schenk VwVfG § 26 Rn. 92; zur Präklusion vgl. auch Stelkens/Bonk/Sachs/Kallerhoff/Fellenberg VwVfG § 26 Rn. 54.

[85] So zB bzgl. der Pflicht zum persönlichen Erscheinen: § 6 III PassG, § 208 Nr. 1 BauGB, § 116 I 1 FlurbG, § 82 IV AufenthG, § 61 SGB I, § 23 I AsylVfG; bzgl. der Pflicht zur Erteilung von Auskünften: § 17 I HWO, § 44 I AWG, § 22 III Nr. 1 LadSchlG, § 22 I GastG, § 29 I GewO; bzgl. der Vorlage von Urkunden oder zur Duldung von Einsicht: § 208 Nr. 2 und 3 BauGB, § 22 III Nr. 2 LadSchlG, § 44 I KWG; bzgl. der Duldung einer Durchsuchung: § 44 I 4 AWG; bzgl. der Duldung einer amtsärztlichen Untersuchung: § 44 VI BBG, § 62 SGB I; bzgl. der Beibringung von Gutachten: § 29a BImschG; weitere Nachweise zu den Rechtsgrundlagen bei Knack/Henneke/Ritgen VwVfG § 26 Rn. 112 und Obermayer/Funke-Kaiser/Schenk VwVfG § 26 Rn. 95 f.

[86] VGH Kassel NVwZ 1993, 1009 (1010); VGH Mannheim ZfW 1994, 407; Schink DVBl 1989, 1182 (1186 f.); Petri DÖV 1996, 443 ff.; Schenke/Ruthig VerwArch 87 (1996), 329 (345, 359); Stelkens/Bonk/Sachs/Kallerhoff/Fellenberg VwVfG § 26 Rn. 62 mwN.

43 Die **Kosten der Sachaufklärung** trägt grundsätzlich die Behörde. Bei gebührenpflichtigen Antragsverfahren kommt indes eine Kostenabwälzung auf den Antragsteller in Betracht. Die Kosten der im Rahmen seiner Mitwirkung nach § 26 II VwVfG vorgenommenen Sachaufklärung trägt der Beteiligte grundsätzlich selbst, es sei denn, es ist ein gesetzlicher Erstattungsanspruch vorgesehen.[87]

e) Beweismittel und Beweisverfahren

44 Sind Tatsachen nicht erwiesen und ist deshalb ein Beweis nötig, so bedient sich die Behörde gem. § 26 I VwVfG der Beweismittel, die sie nach pflichtgemäßem Ermessen für die Ermittlung des Sachverhalts für erforderlich hält. Besonders erwähnt werden als **Beweismittel** die Einholung von Auskünften, die Anhörung und Äußerung von Beteiligten, die Vernehmung von Zeugen und Sachverständigen sowie schriftliche Äußerungen derselben. Weiter werden die Beiziehung von Akten und Urkunden sowie die Augenscheinnahme aufgeführt.[88]

45 Nach einer ersten Würdigung der vorliegenden Informationen (Beteiligtenvortrag, behördeneigene Erkenntnisse etc), unter Umständen mit Hilfe des Wahrunterstellungsverfahrens, bestimmt die Behörde den erforderlichen Umfang der weiteren Ermittlungen im Rahmen ihres Aufklärungsermessens. Für die beweisbedürftigen, entscheidungserheblichen Tatsachen sind sodann unter Beachtung des Verhältnismäßigkeitsgrundsatzes[89] die geeigneten Beweismittel auszuwählen. Beweisanträge der Beteiligten entfalten dabei keine Bindungswirkung.

46 Da im Verwaltungsverfahren ein förmliches Beweisverfahren mit Beweisanordnung und Beweisbeschluss nicht vorgesehen ist, stellt die Beweiserhebung einen **unselbständigen Verfahrensbestandteil** dar.[90] Auch haben die Beteiligten weder einen Anspruch auf Benachrichtigung noch das Recht, teilzunehmen und an Zeugen und Sachverständige Fragen zu stelle.[91] Die Behörde kann dies aber nach Ermessen zulassen.

f) Sachverhalts- und Beweiswürdigung

47 Die **Würdigung des ermittelten Sachverhalts** und der erhobenen Beweise ist eine **nicht delegierbare Aufgabe der verfahrensführenden Behörde.**[92] Auszugehen ist vom Grundsatz der freien Beweiswürdigung, der im Verwaltungsverfahrensrecht als ungeschriebener Grundsatz gilt.[93] Der Grundsatz besagt, dass die Behörde an keine förmlichen Beweisführungsregeln gebunden ist, sondern den Sachverhalt alleine auf Grund der vorliegenden Informationen würdigt. Entscheidend ist dabei, dass sie sich

---

87 BVerwG NVwZ 1984, 724.

88 Zu Einzelheiten der einzelnen Beweismittel Stelkens/Bonk/Sachs/Kallerhoff/Fellenberg VwVfG § 26 Rn. 21 ff.; Obermayer/Funke-Kaiser/Schenk VwVfG § 26 Rn. 32 ff.

89 Stelkens/Bonk/Sachs/Kallerhoff/Fellenberg VwVfG § 24 Rn. 36.

90 Stelkens/Bonk/Sachs/Kallerhoff/Fellenberg VwVfG § 26 Rn. 11; Obermayer/Funke-Kaiser/Schenk VwVfG § 26 Rn. 16.

91 Stelkens/Bonk/Sachs/Kallerhoff/Fellenberg VwVfG § 26 Rn. 13; Obermayer/Funke-Kaiser/Schenk VwVfG § 26 Rn. 19.

92 Obermayer/Funke-Kaiser/Schenk VwVfG § 24 Rn. 16 f.; Knack/Henneke/Ritgen VwVfG § 24 Rn. 19 und 22; vgl. Kopp/Ramsauer VwVfG § 24 Rn. 21.

93 Stelkens/Bonk/Sachs/Kallerhoff/Fellenberg VwVfG § 24 Rn. 14; Obermayer/Funke-Kaiser/Schenk VwVfG § 24 Rn. 99 ff.; Knack/Henneke/Ritgen VwVfG § 24 Rn. 68 ff.

ein eigenes und eigenständiges Urteil bildet und nicht den Vortrag eines Beteiligten oder eines Sachverständigen unreflektiert übernimmt.

Die freie Beweiswürdigung findet ihre Grenze im Willkürverbot. Die Beweiswürdigung muss rational nachvollziehbar sein, darf nicht gegen Denk- und Naturgesetze verstoßen und muss mit allgemeinen Erfahrungstatsachen und unumstrittenen Geschichtstatsachen in Einklang stehen. Die Würdigung darf nicht einen Teil des ermittelten Stoffes ausklammern und sich nicht in Spekulationen ergehen. 48

Die Anforderungen an die Überzeugungsbildung der Behörde sind bei Fehlen besonderer rechtlicher Vorgaben oder Umstände durch das sog. **Regelbeweismaß** bestimmt. Dieses ist gewahrt, wenn alle bei vernünftiger Betrachtung zu beachtenden objektiven Zweifelsgründe durch für die Tatsache sprechende Gesichtspunkte überwunden sind.[94] 49

g) Beweisführungslast und materielle Beweislast

Das Verwaltungsverfahrensrecht begründet in den §§ 24, 26 VwVfG nicht ausdrücklich eine **subjektive Beweislast** (Beweisführungslast) der Beteiligten, wie sie das Zivilprozessrecht prägt. Daraus wird zum Teil der Schluss gezogen, es gebe im Verwaltungsverfahrensrecht keine Beweisführungslast der Beteiligten. Daran ändere auch die Mitwirkungslast der Beteiligten und die in § 24 I 2 VwVfG ihnen eingeräumte Möglichkeit, Beweisanträge zu stellen, nichts. Bedeutsam sei nur die materielle Beweislast, wenn sich ein Sachverhalt trotz aller Ermittlung durch die Behörde nicht aufklären lasse.[95] Eine neuere Ansicht geht demgegenüber davon aus, es sei jedenfalls dort Raum für eine Beweisführungslast der Beteiligten, wo es der Behörde an Beweismöglichkeiten fehle und den Beteiligten die materielle Beweislast treffe.[96] Da für beide Ansichten letztlich die Anknüpfung an die materielle Beweislast entscheidend ist, betrifft der Streit eher die Terminologie als die Sache. 50

Kommt es somit maßgeblich auf die **Verteilung der materiellen Beweislast** an, so stellt sich die Frage, nach welchen Grundsätzen sie zwischen Verwaltung und Beteiligten verteilt ist. Sieht man einmal von ausdrücklichen gesetzlichen Regelungen der Beweislast ab,[97] so kommt es maßgeblich darauf an, wer durch die Norm begünstigt wird (Normbegünstigungsprinzip),[98] in wessen Verfügungs- und Verantwortungssphäre die unbewiesene Tatsache fällt (Sphärentheorie)[99] und wem unter Berücksichtigung des materiellen Rechts das Risiko der Verwaltungsentscheidung[100] im Falle eines non liquet zuzuweisen ist.[101] 51

---

94 BVerwG NVwZ 1985, 658 (660); Nierhaus S. 61 f.; Obermayer/Funke-Kaiser/Schenk VwVfG § 24 Rn. 120; Stelkens/Bonk/Sachs/Kallerhoff/Fellenberg VwVfG § 24 Rn. 20 ff.

95 Stelkens/Bonk/Sachs/Kallerhoff/Fellenberg VwVfG § 24 Rn. 54.

96 Obermayer/Funke-Kaiser/Schenk VwVfG § 24 Rn. 160.

97 Wie zB in § 8 BDSG, § 48 III BauGB.

98 BVerwGE 44, 265; 77, 102 (121 f.); BVerwG NVwZ-RR 1990, 165; Berg JuS 1977, 23; Stelkens/Bonk/Sachs/Kallerhoff/Fellenberg VwVfG § 24 Rn. 55; Kopp/Ramsauer VwVfG § 24 Rn. 42.

99 Nierhaus S. 430 ff. mwN.

100 BVerwG NVwZ 1988, 434.

101 Weitere Nachweise bei Stelkens/Bonk/Sachs/Kallerhoff/Fellenberg VwVfG § 24 Rn. 55; Obermayer/Funke-Kaiser/Schenk VwVfG § 24 Rn. 162 ff.

52 Abweichend von diesen Grundregeln kann es auf Grund ausdrücklicher gesetzlicher Anordnung, aber auch auf Grund allgemeiner Kriterien zu einer **Beweislastumkehr** kommen.[102] Besonders hinzuweisen ist auf die entsprechende Anwendung von § 282 BGB. Davon zu unterscheiden ist die **Beweisvereitelung.** Sie führt nicht automatisch zur Beweislastumkehr. Überwiegend wird in diesen Fällen eine Entscheidung nach der materiellen Beweislast befürwortet.[103]

53 Umstritten ist die **Zuordnung von technischen Regelwerken** zum Beweisrecht.[104] Es handelt sich dabei um Regelwerke, die als Verwaltungsvorschriften zur Konkretisierung von technikbezogenen gesetzlichen Verhaltenspflichten erlassen werden und die Rechtsanwendung der zuständigen Behörden lenken sollen. Da ihnen als Verwaltungsvorschriften keine direkte Außenwirkung zukommt, wurden sie von der Rechtsprechung als antizipierte Sachverständigengutachten qualifiziert.[105] Ob dies auch heute noch der Standpunkt des Bundesverwaltungsgerichts ist, wird nach dem Whyl-Urteil[106] unterschiedlich beurteilt.[107] In einem jüngeren Urteil hat das Bundesverwaltungsgericht ausgeführt, dass die technischen Regelwerke nicht wie Rechtsnormen angewendet, sondern als Anhaltspunkte bewertend mit herangezogen werden.[108] Sie übernehmen damit bei der Sachverhaltswürdigung die Funktion von (widerlegbaren) Indizien bzw. Orientierungshilfen.[109]

2. Anhörung Beteiligter

a) Funktionen der Anhörung und Abgrenzung zu anderen Beteiligungsformen

54 Unter den Verfahrensrechten der Beteiligten nimmt die in § 28 VwVfG geregelte Anhörung den praktisch und rechtlich bedeutsamsten Platz ein. Dabei dient die Anhörung gleich mehreren Funktionen.[110]

– der **Vervollständigung der Information der Behörde** über den entscheidungserheblichen Sachverhalt und – bei Antragsverfahren – das Begehren des Beteiligten;
– der **Gewährung rechtlichen Gehörs** und damit der Verwirklichung eines rechtsstaatlich begründeten Postulats im Zusammenhang mit dem Individualrechtsschutz;

---

[102] Obermayer/Funke-Kaiser/Schenk VwVfG § 24 Rn. 167 ff.
[103] Obermayer/Funke-Kaiser/Schenk VwVfG § 24 Rn. 169, § 26 Rn. 92.
[104] Übersicht und Nachweise bei Stelkens/Bonk/Sachs/Kallerhoff/Fellenberg VwVfG § 26 Rn. 32 ff.
[105] BVerwG NJW 1978, 1450; BVerwG DVBl 1988, 152; DÖV 1993, 255. Grundlegend Breuer AöR 101 (1976), 46 (79 ff.); s. auch J. Ipsen AöR 107 (1982), 259 ff.; Gusy NuR 1987, 156 ff.; Gusy NVwZ 1995, 105 ff.; Kremser DÖV 1995, 275 ff.
[106] BVerwGE 72, 300 (320).
[107] Für Aufgabe Hufen/Siegel, Fehler im Verwaltungsverfahren, Rn. 215 ff.; anders Stelkens/Bonk/Sachs/Kallerhoff/Fellenberg VwVfG § 26 Rn. 34.
[108] BVerwGE 88, 143.
[109] BVerwGE 79, 254 (264); BVerwG NVwZ-RR 1991, 601 (616); BVerwG NVwZ 1994, 164; Stelkens/Bonk/Sachs/Kallerhoff/Fellenberg VwVfG § 26 Rn. 34; vgl. dazu insgesamt Kopp/Ramsauer VwVfG § 24 Rn. 24 f.
[110] Stelkens/Bonk/Sachs/Kallerhoff/Mayen VwVfG § 28 Rn. 16 f.; Hufen/Siegel, Fehler im Verwaltungsverfahren, Rn. 283 ff.; Obermayer/Funke-Kaiser/Grünewald VwVfG § 28 Rn. 1 ff.; Kopp/Ramsauer VwVfG § 28 Rn. 2; vgl. Knack/Henneke/Ritgen VwVfG § 28 Rn. 6 ff.; Fengler, Die Anhörung im europäischen Gemeinschaftsrecht und deutschen Verwaltungsverfahrensrecht, S. 25 ff.; Kahl/Ludwigs VerwaltungsR-HdB/Schwedtfeger § 110 Rn. 4 ff.

– der Sicherung bzw. Erhöhung der **Akzeptanz der Verwaltungsentscheidung,** da der Beteiligte erkennt, dass seine Argumente ernst genommen werden und in den Entscheidungsprozess einfließen;
– im Zusammenhang mit europarechtlichen Vorgaben zudem der Sicherung der effektiven **Durchsetzung des Gemeinschaftsrechts.**

55 Spezialgesetzliche Regelungen der Anhörung finden sich in zahlreichen Einzelgesetzen sowie in § 66 VwVfG für das förmliche Verwaltungsverfahren.[111]

56 Die Anhörung nach § 28 VwVfG ist von anderen Formen der Beteiligung am Verwaltungsverfahren, die ebenfalls eine Gelegenheit zur inhaltlichen Stellungnahme vermitteln, zu unterscheiden:
– der Beratung und Auskunftserteilung nach § 25 VwVfG, die sozialstaatlich begründet ist;[112]
– der Akteneinsicht nach § 29 VwVfG, die eine die Anhörung ergänzende Funktion wahrnimmt;[113]
– der – für das nichtförmliche Verwaltungsverfahren nicht ausdrücklich geregelten – Abgabe von Stellungnahme durch andere Behörden sowie der Öffentlichkeitsbeteiligung nach § 73 VwVfG.[114]

b) Pflicht zur Anhörung

57 Das Recht der Beteiligten, durch die verfahrensführende Behörde angehört zu werden, begründet für die Behörde eine entsprechende Pflicht.[115] Ermessen wird der Behörde nur in § 28 II VwVfG bezüglich des Absehens von der Anhörung eingeräumt. Die Anhörungspflicht knüpft dabei zwar an die Stellung als Beteiligter iSd § 13 VwVfG an, wird durch § 28 I VwVfG darüber hinaus dahingehend eingeschränkt, dass es sich um ein Verwaltungsverfahren handeln muss, das auf den Erlass eines Verwaltungsaktes abzielt, „der in die Rechte eines Beteiligten eingreift". Die Anhörungspflicht wird damit auf eine qualifizierte Form der materiellen Betroffenheit beschränkt, deren Reichweite umstritten ist.

58 Ausgelöst wird die Anhörungspflicht nach § 28 I VwVfG in erster Linie, wenn es um den Erlass eines **Verwaltungsakts** und damit durch die verfahrensabschließende Entscheidung geht. Einzelne Verfahrenshandlungen mit vorbereitendem Charakter, die nicht aus anderen Gründen selbst als Verwaltungsakt zu qualifizieren sind, lösen eine selbständige Anhörungspflicht, vorbehaltlich abweichender spezialgesetzlicher Regelungen,[116] nicht aus.[117] Das gleiche gilt für verwaltungsinterne Mitwirkungsakte anderer Behörden.[118] Ein Teil der Literatur geht inzwischen davon aus, dass auch im Bereich des schlichten Verwaltungshandelns und bei Realakten in analoger Anwen-

---

111 Dazu → § 61 Rn. 1 ff.
112 Dazu → § 60 Rn. 99 ff.
113 Dazu → § 60 Rn. 90 ff.
114 Dazu → § 62 Rn. 66 ff.
115 Kahl/Ludwigs VerwaltungsR-HdB/Schwerdtfeger § 110 Rn. 33.
116 Stelkens/Bonk/Sachs/Kallerhoff/Mayen VwVfG § 28 Rn. 24. Beispiele für eine solche Regelung sind § 3 I WehrpflG, § 73 VwVfG, § 40 III LMBG, § 31 II 5 ProdSG, § 8 I IFG, § 9 I 3 UIG.
117 Stelkens/Bonk/Sachs/Kallerhoff/Mayen VwVfG § 28 Rn. 24; Obermayer/Funke-Kaiser/Grünewald VwVfG § 28 Rn. 13.
118 Obermayer/Funke-Kaiser/Grünewald VwVfG § 28 Rn. 14; beispielsweise die Zustimmung der Ausländerbehörde zur Visumserteilung gem. § 31 AufenthaltsVO.

dung von § 28 eine Pflicht zur Anhörung bestehen kann, wenn sich die Maßnahme in vergleichbarer Weise wie ein belastender Verwaltungsakt auswirkt und sie als „funktionales Äquivalent“ eines Verwaltungsakts erscheint.[119] Auch beim staatlichen Informationshandeln und vor allem bei produktbezogenen Maßnahmen wie Warnungen oder Empfehlungen soll eine Anhörungspflicht bestehen.[120] Der Gesetzgeber hat bei produktbezogenen Maßnahmen spezialgesetzliche Anhörungspflichten geschaffen, etwa § 31 II 5 ProdSG.

59 Umstritten ist, ob § 28 I VwVfG auch – unmittelbar oder entsprechend – anzuwenden ist beim **Erlass einer Vollziehungsanordnung** nach § 80 II Nr. 4 VwGO. Dabei kommt eine unmittelbare Anwendung nur in Betracht, wenn die Vollziehungsanordnung als Verwaltungsakt iSd § 35 VwVfG zu qualifizieren ist. Dies wird aber nur vereinzelt angenommen[121] und vermag im Ergebnis nicht zu überzeugen, weil es an einer der Bestandskraft fähigen Regelung fehlt.[122] Eine entsprechende Anwendung des § 28 I VwVfG, die somit nur in Frage kommt, würde eine planwidrige Regelungslücke voraussetzen. Dagegen spricht nach hM, dass in § 80 II Nr. 4 VwGO die formellen Rechtmäßigkeitsvoraussetzungen für die Vollziehungsanordnung abschließend geregelt sind.[123] Die Gegenansicht[124] verkennt, dass die Vollziehbarkeitsentscheidung materiell-rechtlich vorgeprägt ist,[125] so dass es unter dem Gesichtspunkt des Eingriffs in Beteiligtenrechte keiner erneuten Anhörung bedarf.

60 Die für die weitere Bestimmung des Anwendungsbereichs der Vorschrift maßgebliche Formulierung „der in Rechte eines Beteiligten eingreift“ wirft vor allem die Frage auf, ob damit, wie die hM es sieht, nur solche Verwaltungsakte erfasst werden, die auf eine nachteilige Veränderung des rechtlichen Status quo hinauslaufen, oder ob auch eine Verweigerung einer in der Rechtsanordnung durch Anspruchsnormen angelegten Verbesserung des rechtlichen Status quo erfasst ist. In prozessualen Kategorien meint dies, ob eine Anhörung nur im Vorfeld von Anfechtungsklagen oder auch bei Verpflichtungsklagen (also bei einem abgelehnten Antrag auf Erlass eines VA) notwendig ist.

61 Nach der Rechtsprechung des Bundesverwaltungsgerichts wird in die Rechte eines Beteiligten nur eingegriffen, wenn seine **bisherige Rechtsstellung zu seinem Nach-**

[119] Schoch JURA 2006, 833 (835); Knack/Henneke/Ritgen VwVfG § 28 Rn. 27; vgl. auch Hochhuth NVwZ 2003, 30; offen lassend BVerwG NVwZ 2003, 354 (356). Entsprechend hat das OVG Weimar ThürVbl 1997, 133, eine Anhörungspflicht gefordert, wenn ein Beamter umgesetzt werden soll.

[120] Danwitz, Verfassungsfragen staatlicher Produktempfehlungen, 2003, S. 86 ff.; aA Schoch NVwZ 2012, 1497 (1502); zurückhaltend auch VGH Kassel NVwZ 2003, 1000 (1001).

[121] VGH Mannheim NVwZ 1991, 491 (492), allerdings mit der Besonderheit, dass die Anwendbarkeit des § 28 I VwVfG mit der Begründung abgelehnt wird, dass es sich nicht um einen selbständigen VA handle.

[122] Schoch/Schmidt-Aßmann/Pietzner § 80 Rn. 182 und Rn. 140 mwN; so auch Stelkens/Bonk/Sachs/Kallerhoff/Mayen VwVfG § 28 Rn. 11 mwN.

[123] VGH Mannheim NVwZ-RR 1990, 561; 1995, 17 (19); NVwZ 1995, 292 (293); OVG Lüneburg DVBl 1989, 887 (888); OVG Koblenz BauR 1995, 69; NVwZ 1988, 748; Schmaltz DVBl 1992, 230 (232); Schoch/Schmidt-Aßmann/Pietzner § 80 Rn. 182; Obermayer/Funke-Kaiser/Grünewald VwVfG § 28 Rn. 15; Stelkens/Bonk/Sachs/Kallerhoff/Mayen VwVfG § 28 Rn. 11.

[124] Müller NVwZ 1988, 702 f.

[125] Schoch/Schneider/Bier/Schneider VwGO § 80 Rn. 257 ff.; umfassend zum Streitstand s. Schenke VerwArch 91 (2000), 687 und 593 f.

teil verändert, ihm eine rechtliche Verpflichtung auferlegt, insbesondere von ihm ein Tun oder Unterlassen gefordert wird.[126] Dagegen fehlt es nach dieser Rechtsprechung an einem Eingriff, wenn der Erlass eines (begünstigenden) Verwaltungsakts abgelehnt wird. Hier werde dem Beteiligten nichts genommen, was bisher zu seinem Rechtsbestand gehört habe.

Dieses enge Verständnis wird in der Literatur vor allem mit dem Hinweis kritisiert, 62
dass gerade dort, wo eine Erlaubnis zum Grundrechtsgebrauch erforderlich sei,

Beispiel: wirtschaftsverwaltungsrechtliche Verbote mit Erlaubnisvorbehalt

eine solche Betrachtungsweise der materiellen Rechtslage nicht gerecht werde. Denn die Versagung einer solchen Erlaubnis bedeute eine Beschränkung bzw. Aufrechterhaltung der grundsätzlich gewährleisteten grundrechtlichen Freiheit. Deshalb gebiete eine das Verfassungsrecht einbeziehende Interpretation, in diesen Fällen auch den **ablehnenden VA als Eingriff** zu werten.[127] Noch weiter gehen diejenigen Autoren, die auch im Bereich der Leistungsverwaltung in der ablehnenden Entscheidung eine Belastung erblicken und diese mit einem Eingriff gleichsetzen. Auch dafür wird eine verfassungsrechtliche Begründung beigebracht: Angesichts der Tatsache, dass heute in vielen Lebensbereichen der Grundrechtsgebrauch von staatlichen Leistungen abhängig sei, bewirke die Verweigerung dieser Leistungen im praktischen Ergebnis eine Behinderung des Grundrechtsgebrauchs. Deshalb liege bei zeitgemäßer Betrachtungsweise auch in diesen Fällen ein Eingriff vor.[128]

Aus dem Blickwinkel des Verwaltungsverfahrensgesetzes und seiner Systematik ist zu- 63
nächst festzustellen, dass durch die Verwendung des Terminus „eingreifen“ deutlich erkennbar nicht auf das an anderen Stellen des Gesetzes verwendete Gegensatzpaar begünstigend – belastend zurückgegriffen wurde.[129] Im rechtlichen Sprachgebrauch, zumal in der Terminologie subjektiv-öffentlicher Rechte, kennzeichnet Eingriff aber im Vergleich zur Belastung den engeren Tatbestand.[130]

Bestätigt wird dies durch die Entstehungsgeschichte der Vorschrift.[131] Der Muster- 64
entwurf sah einen Anspruch auf Anhörung auch dann vor, „wenn ein Antrag abgelehnt wird, der den Erlass eines Verwaltungsaktes zum Gegenstand hat“.[132] Die Regierungsentwürfe von 1970 und 1973 haben dies bewusst nicht übernommen und auch in den parlamentarischen Beratungen ist dieser Passus nicht wieder aufgenommen worden.[133]

126 BVerwG NJW 1983, 2044 (2045); BVerwGE 68, 267 (270); BSG SozR 1300 § 12 Nr. 1; OVG Berlin-Brandenburg BeckRS 2011, 52306; Stelkens/Bonk/Sachs/Kallerhoff/Mayen VwVfG § 28 Rn. 26.

127 Weides JA 1984, 648 (652); Ehlers JURA 1996, 617 (618 f.); Obermayer/Funke-Kaiser/Grünewald VwVfG § 28 Rn. 18; Kopp/Ramsauer VwVfG § 28 Rn. 25 ff.; Knack/Henneke/Ritgen VwVfG § 28 Rn. 26.

128 Ehlers JURA 1996, 617 (619); vgl. Kopp/Ramsauer VwVfG § 28 Rn. 26a f.; Laubinger FS König, 2004, 517 (524).

129 Stelkens/Bonk/Sachs/Kallerhoff/Mayen VwVfG § 28 Rn. 27; vgl. Kopp/Ramsauer VwVfG § 28 Rn. 26.

130 Stelkens/Bonk/Sachs/Kallerhoff/Mayen VwVfG § 28 Rn. 24.

131 S. auch Stelkens/Bonk/Sachs/Kallerhoff/Mayen VwVfG § 28 Rn. 28; Knack/Henneke/Ritgen VwVfG § 28 Rn. 6.

132 Stelkens/Bonk/Sachs/Kallerhoff/Mayen VwVfG § 28 Rn. 28.

133 BT-Drs. 7/910, 51.

65 Aber auch wenn man dieser Differenzierung folgt, ist damit nicht zwingend gesagt, dass ein ablehnender Verwaltungsakt niemals in die Rechte eines Beteiligten eingreifen kann. Insbesondere bei grundrechtserheblichen Verboten mit Erlaubnisvorbehalt dient das Antragsverfahren dem Zweck, bestimmte Gemeinwohlbelange vorab zu schützen. Die Verweigerung der Genehmigung kommt damit rechtlich dem Erlass einer Untersagungsverfügung gleich, die ohne jeden Zweifel als eingreifender Verwaltungsakt zu qualifizieren ist. Aus der Perspektive des Grundrechtsberechtigten liegt deshalb auch bei der Versagung der Genehmigung ein Grundrechtseingriff vor, der indes durch das vorgeschaltete Genehmigungsverfahren vorbereitet wurde. Die Verfahrensalternative darf indes nicht dazu führen, die rechtsstaatlichen Garantien abzusenken. Denn der beschwichtigende Hinweis, in einem Antragsverfahren habe der Beteiligte ja bereits bei der Antragstellung die Möglichkeit, seine Sicht der Dinge in das Verfahren einzubringen,[134] vermag schon deshalb nicht zu überzeugen, weil die Anhörung gerade dann von Bedeutung ist, wenn die Behörde dem Vorbringen des Beteiligten nicht folgt bzw. es nach ihrer Ansicht auf andere Aspekte ankommt. Zudem soll eine Anhörung erst nach Erforschung des Sachverhalts und zu einem Zeitpunkt durchgeführt werden, in dem die endgültige Entscheidung der Behörde für diese bereits absehbar ist. Ein Eingriff in die Rechte Beteiligter kann folglich auch vorliegen, wenn ein Antrag abgelehnt und dadurch ein lediglich unter dem Vorbehalt eines Prüfungsverfahrens eingeschränkter Status quo endgültig beschränkt wird, wie dies bei grundrechtsrelevanten Verboten mit Erlaubnisvorbehalt der Fall ist.[135]

66 Anders verhält es sich dann, wenn durch den beantragten Verwaltungsakt eine staatliche Leistung begehrt wird, die den eigenen Rechtskreis erweitert, ohne dass zuvor, wie im Fall des Verbots mit Erlaubnisvorbehalt, in subjektive Rechtspositionen eingegriffen wurde. Dies betrifft den großen Bereich der Leistungsverwaltung, vor allem die Gewährung von Geldleistungen. Dass diese ihrerseits in vielfältiger Hinsicht faktische Voraussetzung des Grundrechtsgebrauchs sind, steht außer Zweifel. Einen Eingriff stellt die ablehnende Verwaltungsentscheidung deshalb aber noch lange nicht dar. Das bestätigt die Grundrechtsdogmatik, die die Sicherstellung der realen Voraussetzungen des Grundrechtsgebrauchs dem Sozialstaatsprinzip zuordnet.

67 Der Verwaltungsakt muss in die **Rechte eines Beteiligten** eingreifen. Eine materielle oder faktische Betroffenheit reicht nicht aus. Erforderlich ist eine Beteiligtenstellung nach § 13 VwVfG. Bei Drittbetroffenen setzt dies ihre Hinzuziehung als Beteiligte nach § 13 II VwVfG voraus.[136] Unterbleibt infolge der unterlassenen Hinzuziehung auch die Anhörung, so liegt ein doppelter Verfahrensfehler vor.

68 Für den Fall, dass ein Beteiligter einen Bevollmächtigten bestellt hat, ist im Regelfall nur der Bevollmächtigte anzuhören.[137] Etwas anderes gilt, wenn es sich um höchstpersönliche Angelegenheiten oder um schwere Eingriffe in das Persönlichkeitsrecht des Beteiligten handelt.

---

[134] Ehlers JURA 1996, 617 (620); Stelkens/Bonk/Sachs/Kallerhoff/Mayen VwVfG § 28 Rn. 27.

[135] Weides JA 1984, 648 (652); Ehlers JURA 1996, 617 (618); Obermayer/Funke-Kaiser/Grünewald VwVfG § 28 Rn. 18.

[136] Stelkens/Bonk/Sachs/Kallerhoff/Mayen VwVfG § 28 Rn. 30; Knack/Henneke/Ritgen VwVfG § 28 Rn. 45 ff.; Kopp/Ramsauer VwVfG § 28 Rn. 22.

[137] Stelkens/Bonk/Sachs/Kallerhoff/Mayen VwVfG § 28 Rn. 33; Kopp/Ramsauer VwVfG § 28 Rn. 23; BVerfG NJW 1990, 1104.

c) Gegenstand der Anhörung

Anhörung bedeutet, dass dem Beteiligten die Gelegenheit gegeben wird, „sich zu den für die Entscheidung erheblichen Tatsachen zu äußern“.[138] Aus der Stellung und Funktion der Anhörung im Verfahrensablauf ergibt sich, dass es sich dabei zunächst einmal um die aus der Sicht der verfahrensführenden Behörde entscheidungserheblichen Tatsachen handelt, die diese bis zum Zeitpunkt der Anhörung ermittelt hat.[139] Entscheidungserheblich sind Tatsachen, auf die es für die Sachentscheidung einschließlich der Ermessensausübung[140] ankommt. 69

Damit sich der Beteiligte zu den entscheidungserheblichen Tatsachen äußern kann, 70 muss die Behörde sie ihm gegenüber bekannt machen. Dazu muss die Behörde nicht nur die Tatsachen und ihre wesentlichen Ermittlungsergebnisse mitteilen, sondern auch die beabsichtigte Entscheidung nach Art und Inhalt für den Beteiligten hinreichend klar umschreiben, damit für ihn der Zusammenhang zwischen den Tatsachen und den daraus folgenden rechtlichen Konsequenzen und Verhaltensanforderungen erkennbar wird.[141] Soweit zur Herstellung dieses Zusammenhangs auch der Hinweis auf die von der Behörde herangezogenen Rechtsgrundlagen erforderlich ist, muss auch auf diese hingewiesen werden.[142] Die Gegenansicht[143] übersieht, dass rechtliches Gehör nur gewährt wird, wenn auch der rechtsstaatliche Rahmen des Verwaltungshandelns offengelegt wird. Stellt sich ex post – etwa im verwaltungsgerichtlichen Verfahren – heraus, dass die Behörde die falsche Rechtsgrundlage gewählt hat, so führt das jedenfalls nicht zur Fehlerhaftigkeit der Anhörung. Die Behörde muss bei der Anhörung aber noch keine ausführliche rechtliche Begründung bzw. Darstellung ihrer Rechtsauffassung in Bezug auf den Fall geben. Das würde auf eine „Anhörung zur Sache“ hinauslaufen, die § 28 I VwVfG nicht vorsieht.[144]

Werden im Rahmen der behördlichen Sachaufklärung nach einer bereits erfolgten 71 Anhörung **neue Tatsachen** bekannt, die sich auf die Entscheidung zum Nachteil des Beteiligten auswirken und insoweit wesentlich sind, so wird eine erneute Anhörung erforderlich, da der Beteiligte sich zu diesen Tatsachen bzw. der auf ihrer Grundlage nunmehr geplanten behördlichen Entscheidung noch nicht äußern konnte.[145] Das kann auch dann der Fall sein, wenn die Änderung der geplanten Entscheidung eine Folge von Mitteilungen des Beteiligten im Rahmen der (ersten) Anhörung ist.

Die Anhörung erschöpft sich nicht in der Stellungnahme des Beteiligten, sondern 72 verlangt zudem, dass die Behörde die Äußerung des Beteiligten, insbesondere seinen

---

[138] Kahl/Ludwigs VerwaltungsR-HdB/Schwerdtfeger § 110 Rn. 34 ff.

[139] BVerwGE 68, 267; Stelkens/Bonk/Sachs/Kallerhoff/Mayen VwVfG § 28 Rn. 35; zur Entscheidungserheblichkeit Kopp/Ramsauer VwVfG § 28 Rn. 32 ff.

[140] BVerwGE 66, 184 (186); Obermayer/Funke-Kaiser/Grünewald VwVfG § 28 Rn. 20; vgl. Knack/Henneke/Ritgen VwVfG § 28 Rn. 50; Ehlers JURA 1996, 617 (619 f.).

[141] Stelkens/Bonk/Sachs/Kallerhoff/Mayen VwVfG § 28 Rn. 34; Obermayer/Funke-Kaiser/Grünewald VwVfG § 28 Rn. 20; Ehlers JURA 1996, 617 (620).

[142] Stelkens/Bonk/Sachs/Kallerhoff/Mayen VwVfG § 28 Rn. 38 f.; Obermayer/Funke-Kaiser/Grünewald VwVfG § 28 Rn. 22.

[143] VGH München GewArch 1984, 17 (19).

[144] Stelkens/Bonk/Sachs/Kallerhoff/Mayen VwVfG § 28 Rn. 38.

[145] BVerwG NJW 1983, 1689; 1988, 1280; Stelkens/Bonk/Sachs/Kallerhoff/Mayen VwVfG § 28 Rn. 37; Knack/Henneke/Ritgen VwVfG § 28 Rn. 52.

Tatsachenvortrag, bei ihrer Entscheidung **zur Kenntnis nimmt und ernsthaft berücksichtigt.**[146]

d) Zeitpunkt und Form der Anhörung

73 Die Anhörung muss **vor Erlass des VA** zu einem Zeitpunkt erfolgen, in dem die Behörde den Sachverhalt hinreichend aufgeklärt sowie die abschließende Entscheidung bereits hinreichend konkret vorbereitet hat.[147] Nur so kann der Beteiligte umfassend und substanziell Stellung nehmen.[148]

74 Dass er angehört wird, ist dem Beteiligten zusammen mit den erforderlichen Informationen **mitzuteilen.** Sofern die Anhörung durch Übersendung der Akten gleichzeitig mit der Durchführung einer Akteneinsicht bewerkstelligt werden soll, muss die Behörde darauf ausdrücklich hinweisen. In jedem Fall ist dem Beteiligten eine ausreichend bemessene Vorbereitungszeit einzuräumen. Was angemessen ist, hängt dabei von den Umständen des Einzelfalls ab: Umfang und Komplexität des Sachverhalts, Zahl der streitigen Tatsachen, rechtliche Schwierigkeit, Schwere der Rechtsfolgen aber auch Dringlichkeit der Maßnahme. Bei Stellungnahmen zu medizinischen Fragen wird eine Mindestfrist von zwei Wochen angenommen.[149] Ohne ausdrückliche Fristsetzung hält die Rechtsprechung einen Zeitraum von einem Monat für angemessen.[150] Eine Fristverlängerung auf Antrag ist ebenso zulässig wie die Gewährung von Wiedereinsetzung in den vorigen Stand. Verlängerungswünsche dürfen jedoch nicht zur Verschleppung des Verfahrens missbraucht werden.[151]

75 Die **Stellungnahme des Beteiligten** kann schriftlich, elektronisch (E-Mail)[152] oder mündlich bzw. telefonisch[153] erfolgen,[154] soweit nicht eine persönliche Anhörung gesetzlich vorgeschrieben ist[155] oder die schriftliche Stellungnahme auf Grund der Umstände des Einzelfalls erkennbar nicht sachdienlich, ungeeignet oder unzumutbar ist.[156]

e) Möglichkeiten des Absehens von der Anhörung und Anhörungsverbot

76 Die Anhörungspflicht ist trotz ihrer Verankerung im Verfassungsrecht nicht unabdingbar. Vor allem dort, wo sie einer wirksamen Durchsetzung des materiellen

146 BVerwGE 66, 111 (114); BVerwG NVwZ-RR 1991, 337; VGH Kassel NVwZ-RR 1987, 510; Obermayer/Funke-Kaiser/Grünewald VwVfG § 28 Rn. 35.

147 Stelkens/Bonk/Sachs/Kallerhoff/Mayen VwVfG § 28 Rn. 41 f.; Obermayer/Funke-Kaiser/Grünewald VwVfG § 28 Rn. 29; Knack/Henneke/Ritgen VwVfG § 28 Rn. 59; Ehlers JURA 1996, 617 (620).

148 Grundsatz der substanziellen Anhörung BVerwGE 75, 214 (227).

149 BSG NJW 1993, 1614; SozR 4-1500 § 62 Nr. 1; zu besonderen Umständen, die eine längere Frist gebieten vgl. BSG HVBG-Info 1996, 13 ff.

150 VGH Mannheim NVwZ 1987, 1087 für die Widerspruchsentscheidung.

151 Stelkens/Bonk/Sachs/Kallerhoff/Mayen VwVfG § 28 Rn. 45.

152 VG Düsseldorf BeckRS 2011, 48173 Rn. 20.

153 OVG Lüneburg NJW 2010, 2601.

154 BVerwG NJW 1983, 1983; Stelkens/Bonk/Sachs/Kallerhoff/Mayen VwVfG § 28 Rn. 46; Kopp/Ramsauer VwVfG § 28 Rn. 38; vgl. auch Knack/Henneke/Ritgen VwVfG § 28 Rn. 65, der einen Anspruch auf mündliche Anhörung jedoch nur dann anerkennt, wenn dies in einem speziellen Rechtssatz fixiert ist.

155 Zu spezialgesetzlichen Regelungen vgl. Kallerhoff/Mayen in Stelkens/Bonk/Sachs VwVfG § 28 Rn. 9.

156 Stelkens/Bonk/Sachs/Kallerhoff/Mayen VwVfG § 28 Rn. 46.

Rechts im Wege steht, kann auf sie verzichtet werden. Aber auch Gründe der Verwaltungseffizienz und Verwaltungspraktikabilität können einen Anhörungsverzicht rechtfertigen. Dem hat der Gesetzgeber in § 28 II, III VwVfG Rechnung getragen.

Das Absehen von der Anhörung **„im Einzelfall“** ist nach § 28 II VwVfG auf der 77
Grundlage einer Ermessensentscheidung möglich, deren Anwendungsbereich durch einen nicht abschließenden Ausnahmekatalog mit fünf Regelbeispielen konkretisiert ist. Gemeinsames Kriterium ist dabei, dass die Anhörung im Einzelfall als nicht geboten erscheint, weil die mit ihr verbundene Zielsetzung entweder bereits erfüllt ist oder auf Grund der Besonderheiten der Fallgestaltung nicht erreicht werden kann.

Nach § 28 II Nr. 1 VwVfG des **Ausnahmekatalogs** kann von der Anhörung ab- 78
gesehen werden, wenn aus der ex-ante-Perspektive[157] eine sofortige Entscheidung wegen Gefahr im Verzug oder im öffentlichen Interesse als notwendig erscheint. Der Begriff Gefahr im Verzug ist im Kontext der Regelung dahingehend zu interpretieren, dass eine vorherige Anhörung auch bei Wahrung kürzester Fristen auf Grund des damit verbundenen Zeitverlustes mit hoher Wahrscheinlichkeit zur Folge hätte, dass die durch VA zu treffende Regelung zu spät ergeht und deshalb ihren Zweck nicht mehr erreichen kann.[158] Dabei wird es in der Regel um Maßnahmen der Gefahrenabwehr gehen. Auf den Grund der Eilbedürftigkeit kommt es nicht an. Insbesondere schließen vorausgehende behördliche Versäumnisse eine Berufung auf § 28 II Nr. 1 VwVfG nicht aus. Das Übermaßverbot gebietet es, die ohne Anhörung zu treffende Maßnahme auf das zu beschränken, was keinen Aufschub duldet.[159]

Neben der Gefahr im Verzug lässt § 28 II Nr. 1 VwVfG ein Absehen von der Anhö- 79
rung auch aus anderen öffentlichen Interessen zu. Da der Zeitfaktor dabei keine Rolle spielen darf, fallen darunter nur sonstige Gründe, die die Wirksamkeit der behördlichen Maßnahme vereiteln können. Anerkannt sind gewichtige Geheimhaltungsinteressen, die Gefahr der Beweisvereitelung, das Beiseiteschaffen von Vermögen oder Sicherheitsinteressen.[160] Bloße Zweckmäßigkeitserwägungen und fiskalische Interessen reichen nicht aus.[161]

Muss die Behörde für ihre Entscheidung eine gesetzliche, durch ein Gericht oder eine 80
andere Behörde festgesetzte **Frist** einhalten, und droht die Durchführung der Anhörung die Einhaltung der Frist zu gefährden, so kann nach § 28 II Nr. 2 VwVfG von der Anhörung abgesehen werden. Anders als bei § 28 II Nr. 1 VwVfG muss hier ein behördliches Verschulden, das zur zeitlichen Enge geführt hat, berücksichtigt werden.

---

157 BVerwGE 68, 267 (271); Kopp/Ramsauer VwVfG § 28 Rn. 53.

158 BVerwG NVwZ 1984, 577; BVerwGE 68, 267 (271); 80, 299 (303 f.); VG Bremen BeckRS 2012, 49371; Stelkens/Bonk/Sachs/Kallerhoff/Mayen VwVfG § 28 Rn. 51; Obermayer/Funke-Kaiser/Grünewald VwVfG § 28 Rn. 44; Knack/Henneke/Ritgen VwVfG § 28 Rn. 78 f.; Kopp/Ramsauer VwVfG § 28 Rn. 51 ff.

159 BVerwG NVwZ 1984, 577; Kopp/Ramsauer VwVfG § 28 Rn. 55.

160 Stelkens/Bonk/Sachs/Kallerhoff/Mayen VwVfG § 28 Rn. 53 mwN; Obermayer/Funke-Kaiser/Grünewald VwVfG § 28 Rn. 46 f.; Knack/Henneke/Ritgen VwVfG § 28 Rn. 83.

161 Obermayer/Funke-Kaiser/Grünewald VwVfG § 28 Rn. 49; König DVBl 1959, 189; Knack/Henneke/Ritgen VwVfG § 28 Rn. 81; aA Kopp/Ramsauer VwVfG § 28 Rn. 60, die fiskalische Gründe genügen lassen, wenn sie von solcher Bedeutung sind, dass das öffentliche Wohl berührt ist.

81 **Verfahrensökonomische Gründe** stehen im Vordergrund, wenn nach § 28 II Nr. 3 VwVfG von der Anhörung abgesehen werden darf, weil die Behörde in ihrer Entscheidung von den Angaben eines Beteiligten nicht zu seinen Ungunsten abweichen will. Voraussetzung ist, dass der Beteiligte in seinem Antrag oder einer sonstigen Erklärung entsprechende Angaben gemacht hat und dass diese sich umfassend auf die entscheidungserheblichen Tatsachen beziehen.[162]

82 **Verfahrenspraktische Gründe** ermöglichen es der Behörde nach § 28 II Nr. 4 VwVfG, beim Erlass einer Allgemeinverfügung, beim Erlass einer größeren Zahl gleichartiger Verwaltungsakte sowie beim Erlass von Verwaltungsakten mit Hilfe automatischer Einrichtungen (EDV-gestützte VA) von der Anhörung abzusehen. Die Bestimmung der „größeren Zahl" ist abhängig von den Umständen des Einzelfalls, unter anderem von der Arbeitskapazität der erlassenden Behörde. Orientiert man sich an den Vorschriften über die Massenverfahren (§§ 17–19 VwVfG), so dürfte die Zahl 50 als Orientierungsgröße dienen.[163]

83 Schließlich kann nach § 28 II Nr. 5 VwVfG bei Maßnahmen der Verwaltungsvollstreckung von der Anhörung abgesehen werden. Diese Regelung wird durch speziellere Vorschriften in den Verwaltungsvollstreckungsgesetzen und anderen Spezialgesetzen verdrängt.

84 Soweit die Voraussetzungen der § 28 II Nr 1–5 VwVfG nicht vorliegen, ermöglicht die in § 28 II 1 Hs. 1 VwVfG geregelte Generalklausel ein Absehen von der Anhörung, wenn sie nach den Umständen des Einzelfalls nicht geboten ist. Die dabei berücksichtigungsfähigen Gründe müssen nach ihrer Bedeutung mit den enumerierten Fällen gleichwertig sein. Da das öffentliche Interesse abschließend durch die enumerierten Ablehnungsgründe erfasst wird, kommen nur Interessen der Beteiligten oder dritter Privater in Frage.

85 In Fällen, in denen ein zwingendes öffentliches Interesse der Durchführung einer Anhörung entgegensteht, ist diese nach § 28 III VwVfG verboten. Es muss sich dabei um besonders gewichtige Gemeinschaftsinteressen handeln. Darunter fasst man qualifizierte Sicherheitsinteressen, erhebliche Gefährdungen der Sicherheit und Ordnung für eine Vielzahl von Menschen oder bedeutende Sachwerte sowie Naturkatastrophen.[164]

f) Nachholung einer unterlassenen Anhörung

86 Wird eine nach § 28 I VwVfG erforderliche Anhörung unterlassen, so kann und muss sie **nachgeholt** werden. Den Rahmen dafür geben §§ 45 I Nr. 3, 45 II und 46 VwVfG vor.[165] Diese Vorschriften wurden 1996 mit dem Ziel verändert, die Möglichkeiten für die Heilung von Verfahrensfehlern zu erweitern. Für die Anhörung bedeutet dies vor allem, dass sie jetzt nach § 45 II VwVfG bis zum Ende des verwal-

---

162 Stelkens/Bonk/Sachs/Kallerhoff/Mayen VwVfG § 28 Rn. 55; Obermayer/Funke-Kaiser/Grünewald VwVfG § 28 Rn. 54; Kopp/Ramsauer VwVfG § 28 Rn. 64; Knack/Henneke/Ritgen VwVfG § 28 Rn. 88 f.

163 Stelkens/Bonk/Sachs/Kallerhoff/Mayen VwVfG § 28 Rn. 60.

164 Stelkens/Bonk/Sachs/Kallerhoff/Mayen VwVfG § 28 Rn. 65; Obermayer/Funke-Kaiser/Grünewald VwVfG § 28 Rn. 68.

165 Kahl/Ludwigs VerwaltungsR-HdB/Schwerdtfeger § 110 Rn. 49 ff.

tungsgerichtlichen Verfahrens nachgeholt werden kann. Darin sehen Kritiker zu Recht eine verfassungsrechtlich **bedenkliche Aushöhlung** der Anhörung im Verwaltungsverfahren.[166]

Eine unterlassene Anhörung kann nach § 45 I Nr. 3 VwVfG nachgeholt und der 87
durch die Unterlassung begangene Verfahrensfehler geheilt werden. Dies kann nach § 45 II VwVfG „bis zum Abschluss eines verwaltungsgerichtlichen Verfahrens" geschehen. Da von einer Nachholung und damit einer Heilung nur gesprochen werden kann, wenn dem Beteiligten eine vollwertige Gelegenheit zur Stellungnahme gegeben wird, die Einfluss auf die Entscheidung der Behörde – gegebenenfalls der Widerspruchsbehörde – haben kann, erscheint es fraglich, ob dieser Zweck auch noch im verwaltungsgerichtlichen Verfahren erreicht werden kann.[167] Nach zutreffender Ansicht muss deshalb genau geprüft werden, ob eine Anhörung während des verwaltungsgerichtlichen Verfahrens den Zweck der Anhörung im konkreten Fall erreicht bzw. erreichen konnte und es sich nicht nur um eine substanzlose pro-forma-Anhörung handelte.[168] Deshalb stellen Äußerungen und Stellungnahmen im gerichtlichen Verfahren keine nachträgliche Anhörung iSv § 45 I Nr. 3 VwVfG dar.[169] Auch die Anhörung vor Gericht ersetzt nicht die Nachholung durch die Behörde.[170]

Problematisch ist auch die vor allem vom Bundesverwaltungsgericht vertretene An- 88
sicht, dass eine Heilung bereits in der Einlegung des Widerspruchs liegen kann.[171] Das hätte zur Folge, dass durch die Einleitung des Widerspruchsverfahrens automatisch eine Heilung eintreten und damit die Verpflichtung der Ausgangsbehörde, eine Anhörung durchzuführen, entscheidend ausgehöhlt würde.[172] Akzeptabel ist allenfalls eine **fallbezogene Betrachtungsweise.** Danach kann in der mit einer Begründung versehenen Einlegung des Widerspruchs eine Heilung der Anhörung gesehen werden, wenn der Verwaltungsakt, dem widersprochen wird, eine ausführliche Begründung enthält, aus der alle entscheidungserheblichen Tatsachen zu entnehmen sind, so dass der Betroffene dazu Stellung nehmen konnte und es auch getan hat.[173]

---

166 Bonk NVwZ 1997, 320 (324); Bracher DVBl 1997, 534 ff.; Hatje DÖV 1997, 477 ff.; Kopp/Ramsauer VwVfG § 28 Rn. 80; kritischer Reinel BayVBl. 2004, 454 (456 f., 462). Umstritten ist auch die Verfassungsmäßigkeit der Neuregelung für eine Verfassungswidrigkeit des § 45 II VwVfG: Bracher DVBl 1997, 534 ff.; Hatje DÖV 1997, 477 ff.; Schenke NJW 1997, 81 ff.; dagegen Bonk NVwZ 1997, 320 (324); Redeker NVwZ 1997, 625 (626); Kopp/Ramsauer VwVfG § 28 Rn. 80; krit. Schäfer in Obermayer, VwVfG, 3. Aufl., § 45 Rn. 66; vgl. für einen kurzen Überblick über den Meinungsstand Martin, Heilung von Verfahrensfehlern im Verwaltungsverfahren, S. 34 ff.

167 So auch Sachs in Stelkens/Bonk/Sachs VwVfG § 45 Rn. 74; zur verfassungskonformen Auslegung von § 45 VwVfG und zum Grundsatz realer Fehlerheilung vgl. Hufen JuS 1999, 313 (315 f.); Schoch JURA 2007, 28 ff.

168 In diesem Sinne BVerwGE 137, 199 Rn. 37; Stelkens/Bonk/Sachs/Kallerhoff/Mayen VwVfG § 28 Rn. 75.

169 BVerwGE 137, 199 Rn. 37; 142, 205 Rn. 18.

170 BSG NJW 2011, 1996; Guckelberger JuS 2011, 577 (580).

171 BVerwGE 54, 276 (280); 66, 111 (114); so auch OVG Münster NVwZ 1985, 132 (133).

172 Weitere Kritik bei v. Mutius NJW 1982, 2150 (2159); Hufen NJW 1982, 2160 (2166); Hufen JuS 1999, 313 (316); Ehlers JURA 1996, 617 (621); Mandelartz DVBl 1983, 112 (115); anders Schoch JURA 2007, 28 (31), wonach das Widerspruchsverfahren unter den strengen Voraussetzungen des § 28 I VwVfG nur zeitversetzt zur Fehlerheilung eingesetzt werden kann.

173 Stelkens/Bonk/Sachs/Sachs VwVfG § 45 Rn. 80; anders VG Berlin NJW 1981, 451.

89 Eine unterlassene und nicht nachgeholte Anhörung stellt einen Verfahrensfehler dar, der regelmäßig zur Rechtswidrigkeit[174] und nur ausnahmsweise zur Nichtigkeit des Verwaltungsaktes führt.[175] Beachtlich ist das Versäumnis nach § 46 VwVfG dann nicht,

„wenn offensichtlich ist, dass die Verletzung die Entscheidung in der Sache nicht beeinflusst hat".

Davon ist bei einer unterlassenen Anhörung jedenfalls bei Ermessensentscheidungen regelmäßig nicht auszugehen.

3. Aktenführung und Akteneinsicht

a) Funktion und Einordnung der Akteneinsicht

90 Die Gewährung von Akteneinsicht steht in enger Verbindung zur Gewährung rechtlichen Gehörs und ist **Bestandteil des rechtsstaatlichen fairen Verwaltungsverfahrens.**[176] Sie dient der möglichst umfassenden Information der Beteiligten über den Verfahrensgegenstand und damit der Herstellung der Waffengleichheit und Transparenz im Verwaltungsverfahren.[177] Voraussetzung für die effektive Verwirklichung des Anspruchs ist die **vollständige und wahrheitsgetreue Aktenführung** durch die Behörde. Das gilt mit einer Reihe besonderer Anforderungen auch für die **elektronische Akte** (dazu → § 58 Rn. 30 ff.).

91 Mit dem auf die Verfahrensbeteiligten beschränkten Akteneinsichtsrecht bezieht das Verwaltungsverfahrensgesetz eine mittlere Position zwischen dem früher praktizierten Grundsatz des Aktengeheimnisses und den in anderen westlichen Staaten[178] praktizierten Grundsatz der Aktenöffentlichkeit, der über die Umweltinformations-RL[179] und das Umweltinformationsgesetz[180] für einen Teilbereich auch Einzug in das deutsche Verwaltungsverfahrensrecht gehalten hat.[181] Brandenburg hat in Umsetzung des in Art. 21 IV BbgVerf geregelten Gesetzgebungsauftrages am 10.3.1998 ein Akteneinsichts- und Informationszugangsgesetz[182] erlassen, das ein sehr weitgehendes Einsichtsrecht von Abgeordneten sowie ein Einsichtsrecht von jedermann regelt.[183] Weitere Bundesländer sowie der Bund sind diesem Vorbild gefolgt.[184] Eine besondere

[174] BVerwGE 27, 295 (300); 54, 276 (280); BVerwG NVwZ 1983, 284; 1984, 577; NJW 1987, 143; NVwZ-RR 1991, 335; Knack/Henneke/Ritgen VwVfG § 28 Rn. 103; Martens NVwZ 1984, 556 (557); zu den Rechtsfolgen der wirksamen Fehlerheilung vgl. Schoch JURA 2007, 28 (32).

[175] Obermayer/Funke-Kaiser/Grünewald VwVfG § 28 Rn. 71; Kopp/Ramsauer VwVfG § 28 Rn. 78; Schilling VerwArch 78 (1987), 45 (50).

[176] Zum Gebot eines fairen Verfahrens s. BVerfG NJW 2004, 2887; 2000, 1709; NVwZ 2001, 94; OVG Münster NJW 2005, 2028.

[177] Stelkens/Bonk/Sachs/Kallerhoff/Mayen VwVfG § 29 Rn. 4; Obermayer/Funke-Kaiser/Grünewald VwVfG § 29 Rn. 3; Kopp/Ramsauer VwVfG § 29 Rn. 3.

[178] S. zB Art. 105 spanische Verfassung.

[179] Richtlinie 2003/4/EG vom 28.1.2003.

[180] G v. 8.7.1994, BGBl. I 1490, s. dazu Kopp/Ramsauer VwVfG § 29 Rn. 51 ff.

[181] Dazu Scherzberg DVBl 1994, 733 ff.; Röger, Umweltinformationsgesetz, 1995; Schomerus, Umweltinformationsgesetz, 2. Aufl. 2002; Turiaux, Kommentar zum UIG, 1995.

[182] GVBl. I 46.

[183] Dazu Partsch NJ 1998, 346 ff.

[184] Gesetz zur Regelung des Zugangs zu Informationen des Bundes v. 5.9.2005, BGBl. I 2722. Dazu Berger, Informationsfreiheitsgesetz, 2006; Rossi, Informationsfreiheitsgesetz, 2006; Fluck/Merenyi VerwArch 97 (2006), 381 ff.; zur Rechtslage in den Ländern: Stollmann VR 2002, 309 ff.; s. auch Kloepfer, Informationsrecht, 2002.

Ausgestaltung hat der Anspruch auf Akteneinsicht für einen durch besondere Sachgesetzlichkeiten geprägten Bereich im Stasi-Unterlagen-Gesetz gefunden.[185]

b) Gegenstand der Akteneinsicht

Der Einsichtsanspruch nach § 29 I VwVfG ist auf „die das Verfahren betreffenden Akten" gerichtet. Maßgeblich ist der so genannte **materielle Aktenbegriff.** Danach sind Akten alle schriftlichen Vorgänge, einschließlich Zeichnungen, Skizzen und Pläne, die im konkreten Verwaltungsverfahren eine Rolle gespielt haben und aus denen sich der wesentliche Inhalt und Ablauf des Verwaltungsverfahrens ergibt.[186] Dabei kommt es nicht darauf an, dass die einzelnen Schriftstücke in einem Vorgang zusammengefasst oder geheftet sind. Unerheblich ist es auch, dass sie an verschiedenen Ablagestellen aufbewahrt werden. Maßgebend ist, ob die jeweiligen Unterlagen für die Entscheidung der Behörde und damit auch für die Mitwirkung des Beteiligten von Bedeutung sind. Nicht zu den Akten des Verfahrens gehören allgemeine Unterlagen, wie zB behördliche Ermessensrichtlinien, auch wenn sie für den konkreten Fall von Bedeutung sind.[187] Ausgenommen sind nach § 29 I 2 VwVfG Entwürfe zu Entscheidungen sowie die Arbeiten zu ihrer unmittelbaren Vorbereitung. 92

Der Einsichtsanspruch nach § 29 I VwVfG erstreckt sich auch auf Vorgänge, die auf Mikrofiches oder Mikrofilmen gespeichert sind.[188] Die früher vorherrschende Ansicht, dass sich der Anspruch nicht auf EDV-gestützte Dateien oder ähnliche Formen der elektronischen Datenspeicherung erstreckt[189] trifft nicht zu, wenn die Akte als elektronische Akte geführt wird. In diesem Fall kann sich der Einsichtsanspruch nur auf die elektronischen Dokumente beziehen. 93

Der Einsichtsanspruch setzt ein nach § 22 VwVfG **eröffnetes Verwaltungsverfahren** iSd § 9 VwVfG voraus. In anderen Verwaltungsverfahren wird Akteneinsicht bei Vorliegen eines berechtigten Interesses nach pflichtgemäßem Ermessen gewährt.[190] Eine Ermessensreduzierung kommt insbesondere dann in Betracht, wenn die Akteneinsicht zur Geltendmachung von Sekundäransprüchen erforderlich ist. An die Glaubhaftmachung des berechtigten Interesses werden von der Rechtsprechung strenge Ansprüche gestellt.[191] 94

c) Inhalt und Form des Einsichtsanspruchs

Die **Einsichtsgewährung** erfolgt in der Regel dadurch, dass dem Beteiligten oder seinem Bevollmächtigten Gelegenheit zum Studium der Akten und zum Anfertigen von 95

[185] G v. 20.12.1991, BGBl. I 2272, zuletzt geändert durch G v. 14.8.2003, BGBl. I 1654. Dazu Schmidt/Dörr, StUG, 1993; Weberling, StUG, Kommentar, 1993; Diestel NJ 1995, 631 ff.; Stelkens/Bonk/Sachs/Kallerhoff/Mayen VwVfG § 29 Rn. 92 ff.

[186] Stelkens/Bonk/Sachs/Kallerhoff/Mayen § 29 Rn. 7; Kopp/Ramsauer VwVfG § 29 Rn. 13; Knack/Henneke/Ritgen VwVfG § 29 Rn. 48; auf das Speichermedium kommt es nicht an, vgl. Kopp/Ramsauer VwVfG § 29 Rn. 13a.

[187] BVerwG NJW 1981, 535; Jellinek NJW 1981, 2235.

[188] BVerfG NJW 1991, 2952 (2953); Stelkens/Bonk/Sachs/Kallerhoff/Mayen § 29 Rn. 8; Obermayer/Funke-Kaiser/Grünewald VwVfG § 29 Rn. 19.

[189] Stelkens/Bonk/Sachs/Kallerhoff/Mayen VwVfG § 29 Rn. 8; aA Obermayer/Funke-Kaiser/Grünewald VwVfG § 29 Rn. 19; Kopp/Ramsauer VwVfG § 29 Rn. 13a; s. zur Akteneinsicht in elektronische Behördenakten Kallerhoff/Mayen in Stelkens/Bonk/Sachs VwVfG § 29 Rn. 39.

[190] Stelkens/Bonk/Sachs/Kallerhoff/Mayen VwVfG § 29 Rn. 18; BVerwGE 67, 300 (304); 61, 15 (22).

[191] OVG Koblenz DVBl 1991, 1367; VGH Mannheim NJW 1996, 613.

Notizen und Auszügen in den Behördenräumen[192] gegeben wird. Ein Behördenbediensteter muss dabei nicht anwesend sein. Dies empfiehlt sich nur dann, wenn Besorgnis zu der Annahme besteht, dass die Akten verfälscht oder beseitigt werden.

96 Nach § 29 III 2 VwVfG kann die Akteneinsicht auch bei einer anderen Behörde oder bei einer diplomatischen oder berufskonsularischen Vertretung der Bundesrepublik Deutschland im Ausland erfolgen. Weitere Ausnahmen stehen im Ermessen der Behörde. Die Behörde kann auch die Übersendung von Fotokopien gegen Kostenerstattung anbieten, wenn sich die Einsicht auf genau bezeichnete Unterlagen bezieht. Ein genereller Anspruch auf Fotokopien besteht nicht.[193]

97 Die Akteneinsicht kann auf der Grundlage einer Ermessensentscheidung nach § 29 II VwVfG **verwehrt** werden, wenn einer der dort angeführten abschließenden Versagungsgründe[194] vorliegt.[195]

d) Folgen der Verweigerung der Akteneinsicht

98 Eine Verletzung des Anspruchs auf Akteneinsicht oder auf ermessensfehlerfreie Entscheidung stellt einen **Verfahrensfehler** dar, dessen Heilbarkeit und Beachtlichkeit sich nach den Regelungen der §§ 45, 46 VwVfG bestimmt.[196] In Betracht kommt auch ein Amtshaftungsanspruch.[197] Inwieweit eine Verweigerung der Akteneinsicht gem. § 44a VwGO prozessual selbstständig geltend gemacht werden kann, ist umstritten.[198]

4. Behördliche Beratungs-, Hinweis- und Auskunftspflichten

a) Funktion und Einordnung der Regelung

99 In § 25 I VwVfG kommt die gewandelte Auffassung des sozialen Rechtsstaats vom Verhältnis zwischen Behörde und Bürger zum Ausdruck. Der Amtswalter soll seine Aufgabe im Verwaltungsverfahren als „Helfer des Staatsbürgers" wahrnehmen und durch Beratung und Hinweise nicht nur verhindern, dass er zum bloßen Objekt des Verwaltungshandelns wird, sondern zudem möglichst wirksam seine Rechte und Interessen zur Geltung bringen kann.[199] In dem Grundgedanken des Neuen Steuerungsmodells, den Bürger als Kunden einer Verwaltungsdienstleistung zu betrachten, wird dieser Ansatz weiter ausgebaut, ohne dass dies konkrete rechtliche Auswirkungen hat.

---

[192] Stelkens/Bonk/Sachs/Kallerhoff/Mayen VwVfG § 29 Rn. 78; Obermayer/Funke-Kaiser/Grünewald VwVfG § 29 Rn. 25; Kopp/Ramsauer VwVfG § 29 Rn. 28 f.

[193] Stelkens/Bonk/Sachs/Kallerhoff/Mayen VwVfG § 29 Rn. 84; Kopp/Ramsauer VwVfG § 29 Rn. 40 ff.; Obermayer/Funke-Kaiser/Grünewald VwVfG § 29 Rn. 25.

[194] Beeinträchtigung der ordnungsgemäßen Aufgabenerfüllung; Nachteile für das Wohl des Bundes oder eines Landes; Geheimhaltung.

[195] Einzelheiten bei Stelkens/Bonk/Sachs/Kallerhoff/Mayen VwVfG § 29 Rn. 59 ff.; Obermayer/Funke-Kaiser/Grünewald VwVfG § 29 Rn. 27 ff.; Kopp/Ramsauer VwVfG § 29 Rn. 24 ff.; Knack/Henneke/Ritgen VwVfG § 29 Rn. 62 ff.

[196] Stelkens/Bonk/Sachs/Kallerhoff/Mayen VwVfG § 29 Rn. 86.

[197] LG Aachen NJW 1989, 531.

[198] Teilweise bejahend BVerfG NJW 1991, 415; ablehnend BVerwG NJW 1979, 177; OVG Münster DVBl 1980, 946. Weitere Nachweise bei Stelkens/Bonk/Sachs/Kallerhoff/Mayen VwVfG § 29 Rn. 86.

[199] Stelkens/Bonk/Sachs/Kallerhoff/Fellenberg § 25 Rn. 1; Obermayer/Funke-Kaiser/Hönig VwVfG § 25 Rn. 6; s. auch BGH DVBl 1960, 520.

100 Da die Betreuungspflicht in § 25 I VwVfG bezieht sich formal zwar nur auf Beteiligte bezieht, erstreckt sich aber auch auf den Zeitraum vor der Eröffnung des Verwaltungsverfahrens bzw. der Antragstellung.[200]

101 Weitere Regelungen von Betreuungspflichten außerhalb des § 25 I VwVfG finden sich unter anderem in §§ 68 II, 73 VI 6 VwVfG, inhaltsgleich in § 89 AO sowie besonders ausführlich und weitergehend in §§ 13 ff. SGB I[201] Zudem hat der BGH in seiner Rechtsprechung zum Amtshaftungsrecht die Beratungs- und Betreuungspflicht zu einem allgemeinen Grundsatz staatlichen Handelns entwickelt.[202]

b) Beratung

102 Nach § 25 I 1 VwVfG soll die Behörde die Abgabe von Erklärungen, die Stellung von Anträgen oder die Berichtigung von Anträgen anregen, wenn diese offensichtlich nur versehentlich oder aus Unkenntnis unterblieben oder unrichtig abgegeben oder gestellt wurden. Damit wird die Beratungspflicht erst durch ein Versäumnis bzw. einen Fehler des Beteiligten ausgelöst, ist also reaktiver Natur. Zudem muss dies für die Behörde offensichtlich sein. Damit geht es der Vorschrift nicht um eine optimierende, sondern nur um eine verhütende, schadensbegrenzende Beratung. Steht eine Änderung der Rechtslage bevor und ist dies dem Antragsteller nicht bekannt, so kann dadurch eine Hinweispflicht ausgelöst werden.[203]

c) Auskunft

103 Nach § 25 I 2 VwVfG erteilt die Behörde erforderlichenfalls Auskunft über die den Beteiligten im Verwaltungsverfahren zustehenden Rechte und die ihnen obliegenden Pflichten. Durch die Verwendung des Wortes Auskunft soll auch hier verdeutlicht werden, dass die Behörde in der Regel nicht von sich aus tätig wird, sondern reagiert, in diesem Fall auf eine entsprechende **Nachfrage des Verfahrensbeteiligten.** Die Behörde schuldet also keine ungefragte Auskunft. Diese ist andererseits aber auch nicht ausgeschlossen. Weiter wird deutlich, dass die Behörde selbst einschätzen kann, ob die Auskunft erforderlich ist. Der Beteiligte muss entschuldbar im Ungewissen sein und der Auskunft gerade im Hinblick auf die Verfolgung seiner Interessen im betreffenden Verwaltungsverfahren bedürfen.[204]

104 Auskünfte müssen **richtig, klar, unmissverständlich und vollständig** erteilt werden.[205] Sie dienen insbesondere dem Dispositionsschutz des Bürgers. In der Praxis spielt vor allem die Auskunft über die Bebaubarkeit eines Grundstücks eine bedeutsame Rolle. Entscheidend für die Beurteilung des Auskunftsinhalts ist der Empfängerhorizont.[206] Die Belehrungspflicht ist darauf gerichtet, den Bürger vor drohenden Schäden zu bewahren.[207] Bei typischen und wiederkehrenden Situationen kann die

---

200 Stelkens/Bonk/Sachs/Kallerhoff/Fellenberg VwVfG § 25 Rn. 24; Kopp/Ramsauer VwVfG § 25 Rn. 4; nun auch Obermayer/Funke-Kaiser/Hönig VwVfG § 25 Rn. 19.

201 Übersicht bei Obermayer/Funke-Kaiser/Engelhardt VwVfG § 25 Rn. 83 ff. Zum Sozialrecht Schmidt-De Caluwe, Der sozialrechtliche Herstellungsanspruch, 1992; Meyer SGb 1985, 57 ff.

202 → § 67 Rn. 60.

203 BGH NVwZ-RR 2006, 634; Stelkens/Bonk/Sachs/Kallerhoff/Fellenberg VwVfG § 25 Rn. 31.

204 Kallerhoff/Fellenberg in Stelkens/Bonk/Sachs VwVfG § 25 Rn. 40.

205 BGHZ 30, 19 (25 ff.); 117, 83 (88); BGH NVwZ 2006, 245.

206 BGH DVBl 1986, 1103; Müller NVwZ 1990, 1028 ff.

207 BGHZ 45, 23 (29).

Behörde ihre Beratungs- und Auskunftspflicht auch durch Formulare erfüllen, die nach Gestaltung und Inhalt aus dem Empfängerhorizont des Normalbürgers hinreichend verständlich sind.[208]

d) Rechtsfolgen einer Pflichtverletzung

105 Eine schuldhafte Verletzung der Beratungspflicht nach § 25 I 1 VwVfG kann eine Amtspflichtverletzung darstellen. Das Gleiche gilt im Falle der Erteilung einer falschen Auskunft.[209]

5. Amtssprache

106 Dass die Amtssprache deutscher Verwaltungsbehörden deutsch ist, wie es § 23 I VwVfG bestimmt, stellt eine bare Selbstverständlichkeit dar. Praktisch relevant sind deshalb vor allem die in § 23 II, III, IV VwVfG getroffenen Regelungen für Fälle, in denen in einem Verwaltungsverfahren nicht die deutsche Sprache verwendet wird, sei es durch Beteiligte, sei es durch die Verwendung von Schriftstücken in einer anderen Sprache. Die Thematik wird in der Behördenpraxis immer wichtiger. Nicht (ausdrücklich) geregelt ist in § 23 VwVfG der mündliche Gebrauch von anderen Sprachen gegenüber der Behörde, der Einsatz von Übersetzern durch die Behörde und die von der Behörde bei Kontakten mit Behörden des Auslands verwendete Sprache.

107 In § 23 II VwVfG wird der Fall geregelt, dass bei einer Behörde Anträge, Eingaben, Belege, Urkunden oder sonstige Schriftstücke in einer fremden Sprache gestellt bzw. vorgelegt werden. In allen diesen Fällen soll die Behörde unverzüglich die Vorlage einer Übersetzung verlangen. Wird die Übersetzung nicht unverzüglich[210] vorgelegt, kann die Behörde nach § 23 II 3 VwVfG auf Kosten des Beteiligten selbst eine Übersetzung beschaffen. § 23 III VwVfG stellt klar, dass zur Auslösung eines Fristlaufs die Einreichung des entsprechenden Dokuments in einer fremden Sprache nicht ausreicht. Die Frist wird erst in dem Zeitpunkt ausgelöst, in dem der Behörde die Übersetzung vorliegt. Für den umgekehrten Fall der Fristwahrung wird in § 23 IV VwVfG demgegenüber bestimmt, dass die Einreichung in fremder Sprache reicht, „wenn auf Verlangen der Behörde innerhalb einer von ihr zu setzenden Frist eine Übersetzung vorgelegt wird".

107a Eine weiter gehende Rechtsposition zur Nutzung anderer als der deutschen Sprache im Verwaltungsverfahren kann sich aus **unionsrechtlichen Vorgaben** ergeben.[211] So sieht zB die Dienstleistungs-RL vor, dass Unionsbürger und in der Union ansässige Unternehmen alle für die Erbringung von Dienstleistungen erforderlichen Verwaltungsvorgänge in der eigenen Herkunftssprache erledigen können, soweit es sich dabei um eine der EU-Amtssprachen handelt.[212] Soweit es an einer solchen ausdrücklichen Regelung fehlt, kann die deutsche Behörde zur **Vermeidung einer Diskrimi-**

---

208 Obermayer/Funke-Kaiser/Hönig VwVfG § 25 Rn. 97 f.

209 Dazu Band II → § 67 Rn. 62 mwN.

210 Zur Fristbestimmung s. Stelkens/Bonk/Sachs/Schmitz VwVfG § 23 Rn. 53.

211 Dazu näher Stelkens/Bonk/Sachs/Schmitz VwVfG § 23 Rn. 74 ff.

212 Vgl. Art. 4 Abs. 3 S. 1, Art. 7 Abs. 5 S. 2 RL 2006/123/EG des Europäischen Parlaments und des Rates vom 12.12.2006 über Dienstleistungen im Binnenmarkt; vgl. allerdings Kopp/Ramsauer § 23 Rn. 4d, wo richtigerweise daraufhin gewiesen wird, dass auch im Anwendungsbereich der Dienstleistungsrichtlinie Deutsch grds. als Verfahrenssprache gilt.

nierung bei der Ausübung der EU-Grundfreiheiten durch Unionsbürger zudem verpflichtet sein, einen Dolmetscher hinzuzuziehen.[213]

6. Fristen, Termine, Wiedereinsetzung in den vorigen Stand

a) Fristen und Termine

Dem Setzen von Fristen und Terminen kommt im Verwaltungsverfahren eine **wichtige Ordnungsfunktion** zu. Das gilt besonders dort, wo der Abschluss des Verwaltungsverfahrens oder das behördliche Einschreiten Voraussetzung für die Wahrnehmung oder den Schutz bedeutender Rechte und Freiheit ist. 108

Für die Berechnung von Fristen und Terminen verweist § 31 I VwVfG – einer weit verbreiteten Gesetzgebungspraxis folgend – auf die §§ 187–193 BGB,[214] vorbehaltlich der abweichenden Bestimmungen in § 31 II–V VwVfGG. 109

Für den **Fristbeginn** wird in § 31 II VwVfG eine besondere Regelung für den Fall getroffen, dass die Frist von einer Behörde gesetzt wurde und nicht unmittelbar aus einer Rechtsvorschrift folgt. Der Lauf der Frist beginnt dann – vorbehaltlich einer abweichenden Mitteilung der Behörde – mit dem Tag, der auf die Bekanntgabe der Frist folgt. Ist die behördliche Fristsetzung in einem schriftlichen Verwaltungsakt enthalten, so ist § 41 II VwVfG zu beachten. Für den Beginn des Laufs gesetzlicher Fristen gilt über § 31 I VwVfG der § 187 BGB. 110

Das Ende gesetzlich oder behördlich in Gang gesetzter Fristen regeln die § 31 III, IV, V, VI VwVfG, ergänzt durch § 31 I VwVfG iVm §§ 188 ff. BGB. Daraus ergibt sich folgendes Bild: 111

- Eine nach Tagen bestimmte Frist endet mit dem Ablauf des letzten Tages der Frist.
- Für den Fall, dass das Ende der Frist auf einen Samstag, Sonntag oder gesetzlichen Feiertag fällt, verlegt § 31 III 1 VwVfG den Fristablauf auf den nächstfolgenden Werktag. Das gilt nach § 31 III 2 VwVfG nicht, wenn dem Betroffenen „unter Hinweis auf diese Vorschrift ein bestimmter Tag als Ende der Frist mitgeteilt worden ist“.
- Bei einer nach Wochen, nach Monaten oder einem mehrere Monate umfassenden Zeitraum bestimmten Frist wird das Ende nach § 188 II BGB berechnet.

Hat eine Behörde Leistungen für einen bestimmten Zeitraum zu erbringen, so endet dieser Zeitraum auch dann nach § 31 IV VwVfG mit dem Ablauf seines letzten Tages, wenn dieser auf einen Sonntag, einen gesetzlichen Feiertag oder einen Sonnabend fällt. Weiter gilt gemäß § 31 V VwVfG, dass der von einer Behörde gesetzte Termin auch dann einzuhalten ist, wenn er auf einen Sonntag, gesetzlichen Feiertag oder Sonnabend fällt. Schließlich bestimmt § 31 VI VwVfG, dass bei einer nach Stunden bestimmten Frist auch Sonntage, gesetzliche Feiertage und Sonnabende mitgerechnet werden. 112

Nach § 31 VII VwVfG können von einer Behörde gesetzte Fristen verlängert werden, ausnahmsweise auch rückwirkend. Dabei ist insbesondere die Billigkeit der ansonsten 113

[213] Kopp/Ramsauer VwVfG § 23 Rn. 4c.

[214] Zur subsidiären Anwendung privatrechtlicher Vorschriften im Verwaltungsrecht, insbesondere der Vorschriften über die Berechnung von Fristen, vgl. Maurer/Waldhoff § 3 Rn. 41 ff.; BVerwGE 40, 363; BFH DB 2012, 1421 f.

eintretenden Rechtsfolgen zu berücksichtigen. Die Behörde kann die Verlängerung der Frist nach § 36 VwVfG mit einer Nebenbestimmung verbinden.

b) Wiedereinsetzung in den vorigen Stand

114 Die mit der Fristsetzung verbundene Ordnungsfunktion führt notwendigerweise zu einer **Formalisierung des Verwaltungshandelns,** die ihrerseits nicht überspannt werden darf. Da es in der heutigen Massenverwaltung und in einer Zeit erhöhter Mobilität nur begrenzt möglich ist, bei der Fristsetzung auf die besonderen Umstände des Einzelfalles Rücksicht zu nehmen, die durch Krankheit, Urlaub oder anderweitig bedingte Verhinderung hervorgerufen werden können, sehen zahlreiche Gesetze, die Fristen regeln, zugleich die Möglichkeit der Wiedereinsetzung in den vorigen Stand vor. Sie eröffnet die Möglichkeit, die versäumte Frist erneut in Gang zu setzen, wenn jemand ohne Verschulden gehindert war, eine gesetzliche Frist einzuhalten.

115 Der Anwendungsbereich der Vorschrift ist nur eröffnet, wenn ein Fristversäumnis in einem Verwaltungsverfahren nach § 9 VwVfG vorliegt und es sich um eine gesetzliche Frist handelt. Hinsichtlich der Fristversäumnis ist zunächst genau zu prüfen, welche Frist in Gang gesetzt wurde und ob sie wirklich bereits abgelaufen ist. Vor allem vor dem Hintergrund des § 58 VwGO ist dies von erheblicher praktischer Bedeutung (Jahres- statt Monatsfrist bei nicht korrekter Rechtsbehelfsbelehrung). Eine gesetzliche Frist liegt vor, wenn die Frist durch Parlamentsgesetz, Rechtsverordnung oder Satzung geregelt ist.[215] Dass die gesetzliche Frist ihrerseits an eine behördliche Handlung anknüpft, ist unschädlich.[216]

116 Der Säumige muss an der Einhaltung der Frist ohne sein Verschulden verhindert gewesen sein. Auszugehen ist dabei von einem **verfahrensrechtlichen Verschuldensbegriff,** durch den die für die Verfahrensbeteiligten geltenden Sorgfaltsmaßstäbe konkretisiert werden.[217] Maßgeblich ist das Maß an Umsicht und Sorgfalt der Verkehrskreise, in denen sich der Betreffende bewegt.[218] Die Frist muss nach den gesamten Umständen des Falles zumutbar gewesen sein. Ein vermeidbarer Rechtsirrtum steht dem gewöhnlichen Irrtum gleich.[219] Als Verschulden eines Vertreters, das nach § 32 I 2 VwVfG dem Vertretenen zugerechnet wird, gilt auch das Verschulden eines Bevollmächtigten iSd §§ 14, 15 VwVfG.[220]

117 Ein **Verschulden** wurde von der Rechtsprechung in folgenden Fällen bejaht: Zusendung des Schriftsatzes an die unzuständige Behörde;[221] Versendung eines Schriftstücks mit unvollständiger oder unzulässiger Anschrift;[222] mangelnde Rechtskenntnisse;[223]

[215] Stelkens/Bonk/Sachs/Kallerhoff/Stamm VwVfG § 32 Rn. 8; Obermayer/Funke-Kaiser/Becker VwVfG § 32 Rn. 5; Knack/Henneke/Ritgen VwVfG § 32 Rn. 12; Kopp/Ramsauer VwVfG § 31 Rn. 6, § 32 Rn. 16.

[216] Kopp/Ramsauer VwVfG § 32 Rn. 16.

[217] BVerwGE 13, 209 (213); BVerwG NJW 1983, 1923; Stelkens/Bonk/Sachs/Kallerhoff/Stamm VwVfG § 32 Rn. 15; so auch Kopp/Ramsauer VwVfG § 32 Rn. 20.

[218] Dazu BGH NVwZ 1991, 915.

[219] BVerwG NJW 1970, 773; 1977, 773; DÖV 1984, 174.

[220] Stelkens/Bonk/Sachs/Kallerhoff/Stamm VwVfG § 32 Rn. 16.

[221] VGH Mannheim NJW 1973, 385.

[222] BVerwG NJW 1990, 1747.

[223] BVerwGE 60, 297 (313).

Versendung am letzten Tag mit einfacher Post;[224] Organisationsverschulden,[225] insbesondere wenn es sich auf den Betrieb von Telefaxgeräten auswirkt.[226] Verneint wurde ein Verschulden beim Fehlen besonderer Vorkehrung im Falle urlaubsbedingter Abwesenheit;[227] verzögerter Briefbeförderung;[228] bei Vertrauen auf eine falsche Auskunft;[229] Übertragung der Fristenkontrolle in Routinesachen an zuverlässiges Personal.[230]

Liegt eine **unverschuldete Fristversäumnis** vor, so muss weiter das in § 32 II VwVfG 118
vorgegebene Verfahren eingehalten werden: Innerhalb von zwei Wochen nach Wegfall des Hindernisses muss zunächst der Antrag auf Wiedereinsetzung gestellt werden. Dabei müssen die Tatsachen zur Begründung des Antrags glaubhaft gemacht werden. Dies kann entweder bei der Antragstellung oder im zugehörigen Entscheidungsverfahren erfolgen. Schließlich muss innerhalb der 2-Wochen-Frist die versäumte Handlung nachgeholt werden. § 32 II 4 VwVfG sieht dabei auch die Möglichkeit vor, dass im Zusammenhang mit der Nachholung der versäumten Handlung Wiedereinsetzung auch ohne besonderen Antrag von Amts wegen gewährt werden kann. Zuständig für die Gewährung der Wiedereinsetzung ist nach § 32 IV VwVfG die Behörde, die über die versäumte Handlung zu befinden hat.

Eine **äußerste Ausschlussfrist** für die Gewährung der Wiedereinsetzung findet sich 119
in § 32 IV VwVfG. Danach kann nach einem Jahr seit Ende der versäumten Frist die Wiedereinsetzung nicht mehr beantragt oder die versäumte Handlung nicht mehr nachgeholt werden, außer wenn dies vor Ablauf der Jahresfrist infolge höherer Gewalt unmöglich war. Damit hat der Gesetzgeber eine zweite Abwägung zwischen Rechtssicherheit und materieller Gerechtigkeit getroffen.

III. Das Verfahren über die einheitliche Stelle

Schrifttum: Brand-Vogel, Die Dienstleistungsrichtlinie 2006/123/EG, 2015; Caralp, Die Auswirkungen von One-Stop-Government und von Netzwerkstrukturen auf das Allgemeine Verwaltungsrechts, 2013; Carra, Die einheitliche Ansprechpartner aufgrund der EU-Dienstleistungsrichtlinie im föderalen System, 2013; Cremer EuZW 2008, 655: Umsetzung der Dienstleistungsrichtlinie in Deutschland – Verfassungsrechtliche Grenzen für die Installierung der Kammern als Einheitliche Ansprechpartner; Eisenmenger NVwZ 2008, 1191: Der Einheitliche Ansprechpartner in Deutschland: Die Kammergemeinschaft als schlanker Umsetzungsvorschlag; Ernst DVBl 2009, 953: Die Einführung eines einheitlichen Ansprechpartners iS der EU-Dienstleistungsrichtlinie, durch das 4. Gesetz zur Änderung verwaltungsrechtlicher Vorschriften; Kahl/Ludwigs VerwaltungsR-HdB/Korte, § 119: Verfahren über eine einheitliche Stelle; Kluth, Jahrbuch des Kammer- und Berufsrechts 2004/Schliesky, 2005, 33: Die Bedeutung der geplanten EU-Dienstleistungsrichtlinie für die Kammer; Neidert, Verwaltungsverfahren über einen einheitlichen Ansprechpartner, 2011; Parlow, Die EG-Dienstleistungsrichtlinie, 2010; Quaas, Einheitlicher Ansprechpartner und effet utile im deutschen Bundesstaat, 2014; Schmitz/Prell NVwZ 2009, 1: Verfahren über eine einheitliche Stelle – Das Vierte Gesetz zur Änderung verwaltungsverfahrensrechtlicher Vorschriften; Windoffer DVBl 2006, 1210: Einheitliche Ansprechpartner nach der EU-Dienstleistungsrichtlinie; Windoffer NVwZ 2007, 495: Die Implementierung einheitlicher Ansprechpartner nach der EU-Dienstleistungsrichtlinie; Ziekow/Windoffer, Ein Einheitlicher Ansprechpartner für Dienstleister, 2006.

---

[224] BGH VersR 1977, 648.
[225] OVG Münster BeckRS 2008, 36065.
[226] BayOLG NJW 1993, 2447 (2448); Ebnet NJW 1992, 2985 (2988 f.); Ebnet JZ 1996, 507 (510).
[227] BVerfGE 41, 332; BVerwGE 25, 158 (166); 34, 154; 40, 182 (186).
[228] BVerfG NJW 1995, 2546; OVG Münster NJW 1996, 2809; Goerlich NJW 1976, 1526 (1527).
[229] BVerwG NJW 1976, 1332 (1333).
[230] BVerfG NJW 1996, 309; BVerwG NJW 1986, 207 (208).

1. Grundgedanke eines One-Stop-Verwaltungsverfahrens

120 Im Zusammenhang mit dem Neuen Steuerungsmodell wurde unter anderem eine Verbesserung der Orientierung der Verwaltungszuständigkeiten und Verfahrensabläufe an den **Bedürfnissen des Bürgers** postuliert. Insbesondere sollten zumindest die Zuständigkeiten der Behörden bei **Außenkontakten** so zusammengefasst werden, dass der Bürger für einen zusammenhängenden Vorgang (zB Umzug oder Anmeldung eines Gewerbes) alle Verwaltungsverfahren über eine Stelle der Verwaltung abwickeln kann. Dafür haben sich Bezeichnungen wie One-Stop-Government oder One-Stop-Shop eingebürgert. Dieser Grundgedanke wurde zunächst ohne besondere normative Vorgaben in zahlreichen **Kommunalverwaltungen** umgesetzt, hat inzwischen aber auch Eingang in bundesgesetzliche und europäische Rechtsetzungsakte gefunden. So sieht etwa § 71 AufenthG eine Zuständigkeit der **Ausländerbehörden** für alle aufenthalts- und passrechtlichen Maßnahmen vor.[231] Die **EU Dienstleistungs-RL**[232] verlangt, dass Unionsbürger, die sich in einem anderen Mitgliedstaat als Dienstleister betätigen oder niederlassen wollen, alle erforderlichen Verwaltungsvorgänge über einen einheitlichen Ansprechpartner abwickeln können.[233]

2. Allgemeine Verfahrensrechtliche Anforderungen und Auswirkungen von One-Stop-Verwaltungsverfahren

121 Aus der Perspektive des Verwaltungsverfahrensrechts sind mit der Einführung eines One-Stop-Governments vor allem dann eine Reihe von Fragen und Problemen verbunden, wenn das Modell so verwirklicht wird, dass der Einheitliche Ansprechpartner nur als **Kommunikationsschnittstelle** ohne eigene Sachzuständigkeiten ausgestaltet wird. In diesem Fall müssen die Beziehungen zu den für die Sachentscheidung zuständigen Stellen in verfahrensrechtlicher Hinsicht näher bestimmt werden.

122 Fallen die Sachzuständigkeit und die Kommunikation mit dem Bürger bzw. Unternehmer als Verfahrensbeteiligtem auseinander, so führt die im Außenverhältnis erreichte Vereinfachung zu einer verwaltungsinternen Komplizierung. Vergleichsweise geringfügig sind die Folgen, wenn es sich nur um die Bündelung von Zuständigkeiten handelt, die bei einer Behörde, zB einer Kommune, liegen. In diesem Fall muss lediglich behördenintern die Zusammenarbeit der einzelnen zuständigen Stellen und Mitarbeiter koordiniert werden. Dazu liegen in Gestalt der kommunalen Bürgerbüros bereits zahlreiche positive Erfahrungen vor.

123 Fallen die durch einen Ansprechpartner im Außenverhältnis zu bündelnden Verwaltungsverfahren dagegen in den sachlichen Zuständigkeitsbereich mehrerer voneinander unabhängiger Behörden, etwa einer Kommune, der unmittelbaren Landesverwaltung und einer weiteren Sonderbehörde, so gestalten sich sowohl die **Koordinierung der Verfahrensabläufe** als auch die Wahrnehmung von einzelnen Verfahrensrechten wie der Anhörung und der Akteneinsicht schwieriger. Ohne besondere gesetzliche

231 Dazu Hailbronner, Asyl- und Ausländerrecht, 2. Aufl. 2008, Rn. 56; Feldgen ZAR 2006, 168 (172); Bünte/Knödler NVwZ 2010, 1328; Breidenbach ZAR 2010, 385; zur Anwendbarkeit des § 71 I AufenthG auch für aufenthaltsrechtliche Maßnahmen und Entscheidungen gegenüber Unionsbürgern nach dem FreizügG/EU vgl. BVerwG NVwZ 2011, 1466; anders VGH Mannheim DVBl 2010, 1455.

232 ABl. 2006 L 376, 36. Dazu näher Kahl/Ludwigs VerwaltungsR-HdB/Korte § 119 Rn. 1 ff.

233 Windorffer DVBl 2006, 1210 ff.

Regelung steht der für den Außenkontakt zuständigen Stelle kein Recht zur Steuerung der Verfahrensabläufe bei den anderen sachlich zuständigen Behörden zu. Zudem ist es auch problematisch, wenn das Front Office Anhörungen durchführen soll, da es dann an einem unmittelbaren Kontakt zur entscheidungsbefugten Stelle fehlt, wie es nach Sinn und Zweck der Anhörung geboten ist. Ohne weiteres realisierbar ist dagegen die Akteneinsicht, soweit die zuständige Behörde die entsprechenden Unterlagen übersendet. Auch die Bekanntgabe der einzelnen Entscheidungen kann durch das Front Office erfolgen, soweit der Bescheid selbst die ausstellende Behörde erkennen lässt.

3. Die Regelungen in §§ 71a ff. VwVfG

Bundes- und Landesgesetzgeber haben in den §§ 71a ff. VwVfG zur Umsetzung der Dienstleistungs-RL sowie zur Nutzung in bundes- oder landesgesetzlich angeordneten Fällen allgemeine Regelungen zum Verfahren über eine einheitliche Stelle normiert.[234] 124

Die Regelungen sind gem. § 71a I VwVfG **anwendbar,** wenn dies durch Rechtsvorschrift des Bundes oder der Länder (Gesetze und Rechtsverordnungen[235]) angeordnet ist. Dadurch wird eine umfassende Nutzbarkeit eines einheitlichen Verfahrensrahmens ermöglicht und ein großes Maß an Rechtseinheit und Rechtssicherheit vor allem für den Bürger ermöglicht, da diese nicht mit verschiedenen spezialgesetzlichen Ausgestaltungen des Verfahrens über eine einheitliche Stelle konfrontiert werden.[236] 125

§ 71a II VwVfG stellt klar, dass sich der Antragsteller unabhängig von der Möglichkeit des Verfahrens über eine einheitliche Stelle auch **direkt an die zuständigen Behörden wenden** kann. Er ordnet insoweit an, dass die in den § 71b III, IV und VI, § 71c II sowie § 71e VwVfG normierten Pflichten (Ausstellung eines Empfangsbekenntnisses, Informationspflicht über die Nachreichung von Unterlagen, Bekanntgabefiktion bei Zustellung eines Verwaltungsaktes im Ausland, Auskunftspflichten über maßgebliche Vorschriften und deren gewöhnliche Auslegung, Einführung und Nutzung des E-Governments) auch in diesen Fällen durch die Behörden zu beachten sind. 126

Durch die „Vorschaltung" der einheitlichen Stelle im Verhältnis zu den zuständigen Behörden ergeben sich eine Reihe von **Veränderungen der Verfahrensstruktur,** die im Wesentlichen in § 71b VwVfG normiert werden. 127

Die einheitliche Stelle hat die Stellung eines Verfahrenspartners der im Interesse eines zügigen Verfahrensabschlusses vermittelnd und unterstützend tätig wird, ohne in die Kompetenzen der Fachbehörden einzugreifen, die unberührt bleiben. Mit Aufnahme des Kontakts zu der einheitlichen Stelle entsteht gleichwohl ein **Verfahrensrechtsverhältnis,** aus dem Verfahrensrechte und -pflichten erwachsen können.[237] Die einheitliche Stelle ist somit grds. nicht selbst für das jeweilige Verfahren zuständig, es denn, es ist Abweichendes geregelt.[238] 128

[234] Kahl/Ludwigs VerwaltungsR-HdB/Korte § 119 Rn. 10 ff.
[235] BeckOK VwVfG/Huck § 71a Rn. 34.
[236] BeckOK VwVfG/Huck § 71a Rn. 25 ff.
[237] Schmitz/Prell NVwZ 2009, 1 (5).
[238] BR-Drs. 580/08, 30.

129 Aus dieser Stellung der einheitlichen Stelle folgt die in § 71b I VwVfG normierte **Weiterleitungspflicht** in Bezug auf bei ihr eingehende Anzeigen, Anträge und Willenserklärungen (wobei es sich in allen Fällen um Willenserklärungen handelt). Die Weiterleitung muss unverzüglich erfolgen. Die Regelung wird in § 71b II VwVfG durch eine **Fiktionsregelung** bezüglich des Eingangs bei der zuständigen Behörde ergänzt. Zudem wird in § 71b II 2 VwVfG klargestellt, dass für die Fristwahrung der Eingang bei der einheitlichen Stelle maßgeblich ist.

130 Wird durch die Anzeige oder den Antrag eine Frist in Lauf gesetzt, so besteht nach § 71b III VwVfG Anspruch auf eine **Empfangsbestätigung** deren genauer Inhalt dort vorgegeben wird. Dabei muss auch auf die an Fristablauf geknüpfte Rechtsfolge sowie etwaige Rechtsbehelfe hingewiesen werden.

131 Bei unvollständigen Anträgen und Anzeigen begründet § 71b IV VwVfG eine **Hinweispflicht** der einheitlichen Stellen, die eine begrenzte formelle und materielle Prüfungsberechtigung impliziert.[239] Der Hinweis ist so zu gestalten, dass der Bürger genau erfährt, welche Unterlagen nachzureichen sind.

132 § 71b V VwVfG stellt klar, dass **Mitteilungen** während des Verwaltungsverfahrens zwischen der zuständigen Behörde und dem Bürger über die einheitliche Stelle erfolgen sollen, damit aber nicht zwingend müssen. Zudem kann der Bürger verlangen nach § 71b V 2 VwVfG, dass ihm Verwaltungsakte direkt von der zuständigen Behörde bekannt gegeben werden.

133 In § 71c VwVfG werden besondere **Informationspflichten** der einheitlichen Stelle gegenüber dem Bürger normiert. Die Regelung erweitert die in § 25 VwVfG allgemein normierten behördlichen Beratungspflichten. Die Verpflichtung zur Auskunft erstreckt sich nach § 71c I VwVfG auf alle Informationen, die in der Regel für eine erste Orientierung von der einheitlichen Stelle ohne detaillierte Fachkenntnisse über die jeweils erforderlichen Verfahren und Formalitäten gegeben werden können. Dabei kann es sich insbesondere um Informationen über das Verfahren handeln. Die Informationspflicht bezieht sich auf alle Verfahren und Formalitäten, die der einheitlichen Stelle verwaltungsorganisatorisch zur Abwicklung zugewiesenen sind.[240] Es sollte selbstverständlich sein, dass in der Beratung ein einfach gehaltener Schritt-für-Schritt-Leitfaden vorgehalten wird und Informationen in einfacher und verständlicher Sprache erteilt werden. Eine rechtliche Verpflichtung, Texte und Informationen in verschiedenen Sprachen vorzuhalten, besteht nicht. Es mag einer konkretisierten Europarechtsfreundlichkeit entsprechen, je nach dem lokalen Ort der Behörde (zB in Grenznähe) mehrsprachige Texte vorzuhalten oder auch dann, wenn zB um Auslandsinvestitionen geworben wird.

134 Die weitere Informationspflicht der zuständigen Behörde nach § 71c II VwVfG erstreckt sich auf **Hinweise allgemeiner Art zu den maßgeblichen Rechtsvorschriften,** insbesondere über Genehmigungs- und Anzeigeerfordernisse sowie über etwaige weitere zuständige Behörden. Die Informationspflicht und damit korrespondierend ein subjektiv öffentlich-rechtlicher Anspruch ist nur auf die Erlangung einer solchen allgemeinen Information gerichtet. Die der Orientierung dienende allgemeine Information wird überschritten, wenn detaillierte Angaben und fachspezifische Rechts-

239 Schmitz/Prell NVwZ 2009, 1 (5).

240 BR-Drs. 580/08, 34.

und Sachfragen zu formellen verfahrensrechtlichen Voraussetzungen oder zu materiellen Voraussetzungen verlangt werden, die über die Intention einer ersten Orientierung unter Einbeziehung einer gewöhnlichen Auslegung einer Rechtsnorm hinausgehen. Im Ergebnis ist eine eher weite und nicht zu eng gefasste Erläuterung erforderlich.[241] Dem Bürger soll nach Sinn und Zweck der Norm erläutert werden, wie die seinem Begehren zugrundeliegende Rechtsnorm in der Rechtspraxis verstanden wird. Konkret kommt es auf das Begehren iE an. In welchem Umfang Behörden in einfacher und verständlicher Sprache über den rechtswissenschaftlichen Inhalt einer durch gewöhnliche Auslegung gewonnenen Erkenntnis Auskunft zu geben haben, wird in Anbetracht der Auslegung des Begriffs „gewöhnlich" recht unterschiedliche Interpretationen nach sich ziehen.

Durch § 71d VwVfG werden die einheitliche Stelle und die zuständigen Behörden 135
zur **gegenseitigen Unterstützung** im Interesse einer ordnungsgemäßen und zügigen Verfahrensgestaltung verpflichtet. Dies wird dahingehend konkretisiert, dass vor allem die erforderlichen Informationen zum Verfahrensstand zur Verfügung gestellt werden.

§ 61. Förmliches Verwaltungsverfahren, Kollegialverfahrensrecht und Kooperationsverfahrensrecht

Schrifttum: Burkard VBlBW 1990, 201: Grundzüge der Enteignung nach dem Landesenteignungsgesetz Baden-Württemberg; Erath, Förmliche Verwaltungsverfahren und gerichtliche Kontrolle, 1996; Pernice, Öffentlichkeit und Medienöffentlichkeit, 2000; Rascher NWVBl 1989, 261: Abschied vom preußischen Enteignungsgesetz – Zur Neuordnung des Enteignungsrechts in Nordrhein-Westfalen; Rubbert, Saal- und Medienöffentlichkeit mündlicher Verhandlungen zwischen Verwaltung und Bürger, 1985; Scherzberg. Die Öffentlichkeit der Verwaltung, 2000; Spranger NWVBl 2000, 166: Beschränkung des Anhörungsrechts im förmlichen Verwaltungsverfahren; Wahl NVwZ 2002, 1192: Fehlende Kodifizierung der förmlichen Genehmigungsverfahren im VwVfG.

I. Anwendungsbereich des förmlichen Verwaltungsverfahrens

Neben dem allgemeinen oder nichtförmlichen Verwaltungsverfahren, das nach dem 1
Regel-Ausnahme-Schema des § 10 VwVfG anzuwenden ist, soweit durch Rechtsvorschriften nicht besondere Verfahrensvorschriften angeordnet sind, gestaltet das Verwaltungsverfahrensgesetz zwei stärker formalisierte Verfahrensarten aus: das förmliche Verwaltungsverfahren nach §§ 63–71 VwVfG und das Planfeststellungsverfahren nach §§ 72–78 VwVfG. Während das Planfeststellungsverfahren durch eine gesetzlich detailliert geregelte Ausgestaltung des Verfahrensablaufs und besondere Regelungen über den Entscheidungsinhalt sowie die Entscheidungswirkungen gekennzeichnet ist, werden beim förmlichen Verwaltungsverfahren nur einige wenige Aspekte des Verfahrens stärker formalisiert. Besondere Regelungen über die Entscheidungswirkung fehlen demgegenüber. Kritisiert wird zudem, dass der Gesetzgeber es versäumt hat, Regelungen für weitere praktisch bedeutsame Erscheinungsformen des Verwaltungsverfahrens, wie zB das gestufte Verfahren, zu treffen.[1] Hinzu kommt, dass im Bereich des förmlichen Verwaltungsverfahrens die Rechtsbereinigung und -vereinheitlichung weniger konsequent betrieben wurde als im Bereich des Planfest-

[241] BeckOK VwVfG/Huck § 71c Rn. 6 f.
[1] Stelkens/Bonk/Sachs/Sachs VwVfG § 63 Rn. 25 f.

stellungsverfahrens. Während dort in neueren Gesetzen regelmäßig auf die Vorschriften der §§ 72 ff. VwVfG verwiesen wird, haben Bundes- und Landesgesetzgeber im Bereich der förmlichen Verwaltungsverfahren weiterhin besondere Regelungen in Einzelgesetzen geschaffen. Dem förmlichen Verwaltungsverfahren nach §§ 63 ff. VwVfG kommt deshalb in der Praxis nur eine untergeordnete Bedeutung zu.[2]

2 Die Vorschriften über das förmliche Verwaltungsverfahren „nach diesem Gesetz" sind anwendbar, wenn dies durch Rechtsvorschrift nach dem Inkrafttreten des VwVfG angeordnet ist. Als Rechtsvorschrift sind alle außenwirksamen gültigen Rechtsnormen einzustufen, also förmliche Gesetze, insbesondere Parlamentsgesetze, Rechtsverordnungen und Satzungen, nicht jedoch Verwaltungsvorschriften.[3]

3 **Angeordnet** ist das förmliche Verwaltungsverfahren ua in folgenden Rechtsvorschriften:

3a Bundesrecht:
- §§ 36, 105, 160 IV BBergG
- § 41 SaatgutverkehrsG
- § 21 SortenschutzG
- Gemäß § 63 I VwVfG iVm Nr. 11 der Anlage zu § 1 FörmVfVO ist über das Ruhen der Approbation als Arzt nach § 6 I BÄO im förmlichen Verwaltungsverfahren zu entscheiden.[4]

3b Landesrecht:
- Im Wasserrecht für das Bewilligungs- bzw. Erlaubnisverfahren durch die Landeswassergesetze von Berlin (§ 86 BlnWG); Brandenburg (§ 130 BbgWG); Hamburg (§ 85 HmbWaG); Mecklenburg-Vorpommern (§ 122 MVLWaG); Niedersachsen (§ 9 NdsWG); Nordrhein-Westfalen (§ 143 NRWLWG); Saarland (§ 114 SaarlWG); Sachsen (§ 6 SächsWG); Sachsen-Anhalt (§ 21 LSAWG);
- Im Enteignungsrecht durch Art. 23 BayEnteigG,[5] § 18 II BbgEntG, partiell §§ 21, 23 BWLEntG,[6] § 18 II NRWEEG[7] und § 21 ThürEG.

4 Eine abweichende Regelung hat Berlin in seinem Landesverwaltungsverfahrensgesetz getroffen. § 4 I LVwVfG schreibt dort vor, dass das förmliche Verfahren stattfindet
- in den Angelegenheiten, die vom Senat durch Rechtsverordnung oder sonst durch Rechtsvorschrift bestimmt werden;
- in den sonstigen Angelegenheiten, in denen durch Rechtsvorschrift die Durchführung einer mündlichen Verhandlung vorgeschrieben ist.

5 Vom förmlichen Verwaltungsverfahren nach §§ 63 ff. VwVfG sind andere **spezialgesetzlich ausgestaltete förmliche Verwaltungsverfahren** zu unterscheiden. Diese

[2] Allgemeine Ansicht, vgl. nur BeckOK VwVfG/Michler § 63 Rn. 5 ff.; Fehling/Kastner/Fehling/Störmer VwVfG § 63 Rn. 9.

[3] Stelkens/Bonk/Sachs/Sachs VwVfG § 63 Rn. 28; Huck/Müller/Huck VwVfG § 63 Rn. 7. Dabei ist umstritten, ob die Anordnung des förmlichen Verwaltungsverfahrens in diesen Normen ausdrücklich sein muss (so Knack/Henneke/Dürr VwVfG § 63 Rn. 15) oder ob eine Erkennbarkeit der Anwendung durch Auslegung der Norm ausreicht, Stelkens/Bonk/Sachs/Sachs VwVfG § 63 Rn. 30 f.

[4] VG Berlin BeckRS 2011, 49712.

[5] VGH München NuR 1996, 532; VGH München NvWZ 2003, 1534 (1535).

[6] Burkard VBlBW 1990, 201.

[7] Dazu Rascher NWVBl. 1989, 261.

werden zum Zweck der terminologischen Abgrenzung auch **förmliche Verwaltungsverfahren im materiellen oder weiteren Sinne** genannt.[8]

6 Im Bereich der Bundesgesetzgebung handelt es sich vor allem um folgende Verfahren:[9] Enteignungsverfahren nach §§ 104 ff. BauGB, Verfahren vor der Bundesprüfstelle nach § 21 JuSchG, § 10 BImSchG,[10] §§ 7 ff. AtomG, das Beschlussverfahren nach §§ 132 ff. TKG,[11] Nachprüfungsverfahren vor den Vergabekammern beim Bundeskartellamt (§§ 160 ff. GWB).[12] Als förmliches Verwaltungsverfahren iwS sind auch die Umweltverträglichkeitsprüfungen nach dem UVPG sowie den Anordnungen in den einzelnen Umwelt- und Planungsgesetzen zu qualifizieren.[13]

7 Im Bereich der Landesgesetzgebung finden sich spezialgesetzliche Regelungen über förmliche Verwaltungsverfahren iwS ua in den Bereichen Wasserrecht, Enteignungsrecht, soweit noch das PrEntG von 1874 fortgilt, sowie im Prüfungsrecht.

8 Für das förmliche Verwaltungsverfahren gelten nach § 63 II VwVfG, soweit sich aus den besonderen Regelungen in §§ 64–71 VwVfG nichts Abweichendes ergibt, gelten die übrigen Vorschriften des Gesetzes. Im Vordergrund stehen demnach die Formalisierung des Antrags (§ 64 VwVfG), die von den allgemeinen Regelungen abweichende Mitwirkung von Zeugen (§ 65 VwVfG) und Anhörung der Beteiligten (§ 66 VwVfG), das Erfordernis einer mündlichen Verhandlung (§§ 67 f. VwVfG), die Entscheidungsfindung (§ 69 VwVfG) sowie die besonderen Vorschriften für das Verfahren vor Ausschüssen (§ 71 VwVfG).

II. Verfahrenseröffnung

9 Für die Eröffnung des förmlichen Verwaltungsverfahrens gilt § 22 VwVfG, lediglich modifiziert durch die Maßgabe des § 64 VwVfG, nach der ein antragsbedürftiges Verfahren nur durch einen schriftlich oder zur Niederschrift bei der Behörde gestellten Antrag in Gang gesetzt werden kann.[14] Dem Antragsteller steht insoweit ein Wahlrecht zu.[15]

10 Die **Schriftform für den Antrag** ist gewahrt, wenn die entsprechende schriftliche Willenserklärung vom Antragsteller oder einem Bevollmächtigten unterschrieben ist. Die Unterschrift muss eigenhändig und handschriftlich vollzogen sein. Maschinenschriftliche Unterzeichnung, Faksimilestempel und Paraphe reichen nicht aus.[16] Eine

---

[8] Vgl. nur Huck/Müller/Huck VwVfG § 63 Rn. 4; Stelkens/Bonk/Sachs/Sachs VwVfG § 63 Rn. 10 f.

[9] Überblick bei Stelkens/Bonk/Sachs/Sachs VwVfG § 63 Rn. 13 f. mwN BeckOK VwVfG/Michler § 63 Rn. 4.1. f.

[10] Vgl. hierzu näher Fehling/Kastner/Störmer/Fehling VwVfG § 63 Rn. 30 f.

[11] Vgl. hierzu näher Fehling/Kastner/Störmer/Fehling VwVfG § 63 Rn. 26 f.

[12] Fehling/Kastner/Störmer/Fehling VwVfG § 63 Rn. 28.

[13] Vgl. näher zu diesem Verfahren BeckOK VwVfG/Michler § 63 Rn. 4.4; Fehling/Kastner/Störmer/Fehling VwVfG § 63 Rn. 33 f.; Kopp/Ramsauer VwVfG § 63 Rn. 15 ff.

[14] § 64 VwVfG ist mithin eine Spezialvorschrift zu § 22 VwVfG, so Stelkens/Bonk/Sachs/Sachs VwVfG § 64 Rn. 1. Hieraus folgt, dass ein formwidriger Antrag im förmlichen Verwaltungsverfahren unwirksam ist.

[15] Zur Frage, ob die Behörde verpflichtet ist, Anträge zur Niederschrift entgegenzunehmen oder auf schriftlichen Anträge verweisen darf vgl. BeckOK VwVfG/Michler § 64 Rn. 14 mwN; Kopp/Ramsauer VwVfG § 64 Rn. 15.

[16] Kopp/Ramsauer VwVfG § 64 Rn. 6 mwN.

Ausnahme vom Erfordernis der Unterschrift wird zugelassen, wenn der Antrag telegraphisch, durch Fernschreiben oder Fax übermittelt wurde.[17]

11 Zur Niederschrift der Behörde ist ein Antrag gestellt, der durch mündliche Erklärung bei persönlicher Anwesenheit des Antragstellers von dem zuständigen Bediensteten protokolliert wird.[18] Eine telefonische Erklärung reicht nicht aus.[19] Die Erklärung muss nicht wörtlich protokolliert werden; es reicht eine sinngemäße Zusammenfassung aus. Die Erklarung muss zur Wirksamkeit auch nicht unterschrieben werden, sollte aber den Vermerk „vorgelesen und genehmigt" nebst Unterschrift tragen.[20]

III. Mitwirkung von Zeugen und Sachverständigen

12 Anders als im allgemeinen Verwaltungsverfahren, für das die Mitwirkung von Zeugen und Sachverständigen in §§ 26, 27 VwVfG geregelt ist, wird für das förmliche Verwaltungsverfahren durch § 65 I VwVfG, insoweit anknüpfend an § 26 III VwVfG, eine **Mitwirkungspflicht** begründet. Dementsprechend sind Zeugen zur Aussage und Sachverständige zur Erstattung von Gutachten verpflichtet. Beide Pflichten werden durch eine Verweisung auf die einschlägigen Vorschriften der Zivilprozessordnung in § 65 I 2 VwVfG näher ausgestaltet. Die Verweisung auf die Vorschriften der ZPO ist hinsichtlich ihres genauen Inhalts bzw. Umfangs klärungsbedürftig.

13 Die in Betracht kommenden **Regelungen der ZPO** sind einerseits die Vorschriften über die Zeugenvernehmung in §§ 373 ff. ZPO und andererseits über den Beweis durch Sachverständige in §§ 402 ff. ZPO. Aufgrund der „entsprechenden" Anwendung erstreckt sich die Verweisung zunächst einmal nicht auf diejenigen Regelungen, die mit zwingenden Grundsätzen des Verwaltungsverfahrensrechts nicht in Einklang stehen. Das gilt vor allem für die Regelungen über den Beweisantritt in §§ 373 und 402 ZPO, die mit § 24 VwVfG nicht zu vereinbaren sind.[21]

14 Problematisch bzw. ausgeschlossen ist weiterhin die Anwendung folgender Vorschriften der ZPO:

14a Für Zeugen:
- § 375 I, Ia ZPO– Beweisaufnahme durch beauftragten Richter;
- § 379 ZPO – Auslagenvorschuss;
- § 380 ZPO – Folgen des Ausbleibens;
- § 386 ZPO – Erklärung der Zeugnisverweigerung;
- §§ 387, 388 ZPO – Zwischenstreit über Zeugnisverweigerungsrecht;
- § 390 ZPO – Zeugniszwang;
- §§ 391–393 ZPO – Beeidigung;
- § 397 ZPO – Fragerecht der Parteien;
- § 398 II, III ZPO – nachträgliche Vernehmung;

[17] Insoweit gelten die üblichen prozessualen Vorschriften; vgl. hier § 60 Rn. 5. Vgl. zur Einreichung per E-Mail Fehling/Kastner/Störmer/Fehling VwVfG § 64 Rn. 12. Notwendig ist hierfür eine elektronische Signatur iSd § 3a II 2 VwVfG.

[18] BVerwGE 17, 166 (168); Ule/Laubinger, Verwaltungsverfahrensrecht, § 33 Rn. 3.

[19] Fehling/Kastner/Störmer/Fehling VwVfG § 64 Rn. 13; BeckOK VwVfG/Michler § 64 Rn. 12; aA Obermayer/Funke-Kaiser/Seegmüller VwVfG § 64 Rn. 20.

[20] Stelkens/Bonk/Sachs/Sachs VwVfG § 64 Rn. 12.

[21] Hierzu und zum folgenden Stelkens/Bonk/Sachs/Sachs VwVfG § 65 Rn. 10 ff.

– § 399 ZPO – Verzicht auf Zeugen;
– § 400 ZPO – Befugnisse des verordneten Richters;
– § 401 ZPO – Zeugenentschädigung.

Für Sachverständige: 14b
– § 404 IV ZPO – Parteivereinbarung über Sachverständige;
– § 405 ZPO – Auswahl durch verordneten Richter;
– § 409 ZPO – Folgen des Ausbleibens und der Weigerung;
– § 410 ZPO – Beeidigung;
– § 411 II ZPO – Sanktionen für Säumnis;
– § 411 IV ZPO – Stellungnahme zu Gutachten;
– § 413 ZPO – Entschädigung.

Die **Rechtsstellung des Zeugen** im förmlichen Verwaltungsverfahren ist demnach 15 vor allem durch die Aussagepflicht gekennzeichnet, die nur durch Berufung auf ein Zeugnisverweigerungsrecht nach §§ 383–385 ZPO begrenzt ist. Verweigert ein Zeuge ohne Vorliegen eines solchen Zeugnisverweigerungsrechts die Aussage, so kann die Behörde seine Aussage nicht selbst erzwingen. Vielmehr muss sie gemäß § 65 II 1 VwVfG das für den Wohnsitz oder Aufenthaltsort des Zeugen zuständige Verwaltungsgericht um die Vernehmung ersuchen.[22] Das Gericht hat sodann nach § 65 IV VwVfG über die Rechtmäßigkeit der Verweigerung zu entscheiden und kann gegebenenfalls Zeugniszwang nach § 390 ZPO anwenden. Die Rechtsstellung des Sachverständigen ist derjenigen des Zeugen auf Grund von Verweisungen innerhalb der ZPO weitgehend gleich.

IV. Anhörung Beteiligter

Die Rechtsstellung der Beteiligten im förmlichen Verwaltungsverfahren wird vor al- 16 lem für die Anhörung in § 66 VwVfG abweichend von der allgemeinen Regelung in § 28 VwVfG ausgestaltet. Im Unterschied zu § 28 I VwVfG begründet § 66 VwVfG eine allgemeine Anhörungspflicht gegenüber allen Beteiligten und setzt keinen in ihre Rechte eingreifenden Verwaltungsakt voraus. Die Vorschrift enthält auch keinen dem § 28 II VwVfG vergleichbaren Katalog von Ausnahmen von der Anhörungspflicht.[23] Darin spiegelt sich die besondere Bedeutsamkeit der in förmlichen Verwaltungsverfahren zu treffenden, eine Vielzahl von Beteiligten tangierenden Entscheidungen wider. Zudem wird die Behörde dadurch von der schwierigen Aufgabe befreit, vorab zwischendurch die Entscheidung begünstigten und belasteten Beteiligten unterscheiden zu müssen.

Auch in weiteren Details unterscheidet sich die Anhörungspflicht im förmlichen Ver- 17 waltungsverfahren von der allgemeinen Regelung des § 28 VwVfG. So bezieht sich die Regelung nicht ausdrücklich auf einen zu erlassenden Verwaltungsakt, sondern auf eine zu treffende Entscheidung. Dies kann angesichts des begrenzten Anwendungsbereichs nur bedeuten, dass auch bei einem auf den Abschluss eines Verwaltungsvertrags gerichteten Verfahren eine Anhörung zu erfolgen hat. Dennoch will ein Teil der Literatur die Anhörungspflicht auf Verfahren beschränken, die auf den

[22] Vgl. zu diesem Verfahren Kopp/Ramsauer VwVfG § 65 Rn. 6 ff.; Fehling/Kastner/Störmer/Fehling VwVfG § 65 Rn. 11 ff.

[23] Stelkens/Bonk/Sachs/Sachs VwVfG § 66 Rn. 3. Möglich ist allenfalls ein Verzicht auf die Anhörung durch die Beteiligten.

Erlass eines Verwaltungsaktes abzielen.[24] Für eine solche restriktive Auslegung gegen den Wortlaut besteht aber weder ein Anlass noch eine Rechtfertigung. Eine weitere Abweichung betrifft den Gegenstand der Anhörung. Während § 28 I VwVfG von den „für die Entscheidung erheblichen Tatsachen" spricht, ist in § 66 I VwVfG nur sehr allgemein von einem Äußerungsrecht die Rede. Daraus wird man schließen müssen, dass auch die rechtlichen Aspekte des jeweiligen Verwaltungsverfahrens Gegenstand der Anhörung sind.

18 Der Anhörungspflicht wird Genüge getan, wenn den Beteiligten „Gelegenheit" zur Äußerung gegeben wird.[25] Dass die Beteiligten davon Gebrauch machen, ist ebenso wenig wie bei § 28 VwVfG erforderlich. Sofern keine mündliche Verhandlung stattfindet, reicht auch bei § 66 VwVfG die Gelegenheit zur schriftlichen Stellungnahme aus. Für die Wahl des Zeitpunktes und das Erfordernis einer erneuten Anhörung bei nachträglicher wesentlicher Änderung der Sach- der Rechtslage ist auf die zu § 28 VwVfG entwickelten Grundsätze zurückzugreifen.[26]

19 Eine **Erweiterung der Beteiligtenrechte** sieht § 66 II VwVfG für das Beweisverfahren vor. Anders als im allgemeinen Verwaltungsverfahren können im förmlichen Verwaltungsverfahren die Beteiligten der Vernehmung von Zeugen und Sachverständigen und der Einnahme des Augenscheins beiwohnen und dabei auch sachdienliche Fragen stellen. Damit die Beteiligten von ihrem Teilnahmerecht Gebrauch machen können, müssen sie von der Behörde in angemessener Frist vor dem Termin benachrichtigt werden. Den Beteiligten sollen zudem schriftliche Gutachten zugänglich gemacht werden. Dabei muss den Erfordernissen des Geheimnis- und Datenschutzes Rechnung getragen werden.[27] Durch beide Regelungen des § 66 II VwVfG wird die Transparenz des behördlichen Entscheidungsprozesses erhöht und eine bessere Basis für die Akzeptanz der später getroffenen Entscheidung geschaffen. Eine Verletzung des Anhörungsrechts löst die gleichen Rechtsfolgen wie bei § 28 VwVfG aus.[28]

V. Mündliche Verhandlung

1. Pflicht zur Durchführung einer mündlichen Verhandlung

20 Das Herzstück des förmlichen Verwaltungsverfahrens stellt die nach § 67 I VwVfG pflichtige mündliche Verhandlung dar. Zu ihr sind die Beteiligten unter Wahrung einer angemessenen Frist schriftlich zu laden. Die Behörde trifft ihre Entscheidung dann (in zeitlicher Hinsicht) nach der mündlichen Verhandlung, nicht aber, wie im Verwaltungsprozess, auf der Grundlage der mündlichen Verhandlung.[29] Ein Absehen von der mündlichen Verhandlung ist nur unter den engen Voraussetzungen des § 67 II VwVfG möglich.

---

[24] Stelkens/Bonk/Sachs/Sachs VwVfG § 66 Rn. 5; Fehling/Kastner/Störmer/Fehling VwVfG § 66 Rn. 5; aA Huck/Müller/Huck VwVfG § 66 Rn. 3; wohl auch Kopp/Ramsauer VwVfG § 66 Rn. 3.

[25] Huck/Müller/Huck VwVfG § 66 Rn. 5.

[26] → § 60 Rn. 71 ff.

[27] Näher Stelkens/Bonk/Sachs/Sachs VwVfG § 66 Rn. 18; Fehling/Kastner/Störmer/Fehling VwVfG § 66 Rn. 11.

[28] → § 60 Rn. 89; Fehling/Kastner/Störmer/Fehling VwVfG § 66 Rn. 15 f.

[29] In die Entscheidung können damit auch Aspekte einbezogen werden, die nicht Gegenstand der mündlichen Verhandlung waren. So auch BVerwGE 87, 241 (245); Fehling/Kastner/Störmer/Fehling VwVfG § 67 Rn. 6 mwN; Kopp/Ramsauer VwVfG § 67 Rn. 5.

Damit die mündliche Verhandlung dem in § 67 III VwVfG vorgegebenen Ziel dient, möglichst in einem Verhandlungstermin den gesamten Verfahrensstoff zu bewältigen, muss der **Zeitpunkt** so gewählt werden, dass die für eine solche Vorgehensweise notwendige Vorklärung durch Sachaufklärung, Anhörung der Beteiligten und behördliche Entscheidungsvorbereitung geleistet ist.[30] Dazu gehört ggf. auch die Ausarbeitung von alternativen Entscheidungsmodellen durch die verfahrensführende Behörde, die mit den Beteiligten erörtert werden können. Als Ort der mündlichen Verhandlung kommt neben dem Sitz der Behörde auch eine Örtlichkeit in der Nähe des Verfahrensgegenstandes in Betracht, wenn absehbar ist, dass dies iSe optimalen Berücksichtigung der örtlichen Gegebenheiten sinnvoll ist.[31] 21

Die Beteiligten werden grundsätzlich individuell schriftlich geladen, wobei eine angemessene Frist zu wahren ist. In Massenverfahren, dh bei mehr als 50 Ladungen, kann die individuelle Ladung nach den Maßgaben des § 67 I 2–4 VwVfG zur Minderung des Verwaltungsaufwandes und zur Kostenersparnis durch eine öffentliche Bekanntmachung ersetzt werden.[32] Dies zu tun, steht im Ermessen der Behörde. 22

2. Verlauf der mündlichen Verhandlung

Die Durchführung der mündlichen Verhandlung hat der Gesetzgeber in § 68 VwVfG ausführlich und detailliert geregelt. In § 68 I VwVfG wird zunächst klargestellt, dass für die mündliche Verhandlung der Grundsatz der Beteiligten-Öffentlichkeit gilt.[33] Eine Sonderstellung wird nur den Vertretern der Aufsichtsbehörde und Personen eingeräumt, die bei der Behörde zur Ausbildung beschäftigt sind. Andere Personen können nach § 68 I 3 VwVfG nur dann teilnehmen, wenn kein Beteiligter widerspricht.[34] 23

Eine zentrale Stellung bei der Durchführung der mündlichen Verhandlung nimmt der **Verhandlungsleiter** ein. Er wird von der verfahrensführenden Behörde bestimmt, ohne dass das Gesetz dafür irgendwelche personenbezogenen Vorgaben macht. Seine Aufgabe ist es, die mündliche Verhandlung zu eröffnen, zu leiten und zu schließen. Er hat die Sache mit den Beteiligten zu erörtern und darauf hinzuwirken, dass unklare Anträge erläutert, sachdienliche Anträge gestellt, ungenügende Angaben ergänzt sowie alle für die Feststellung des Sachverhalts wesentlichen Erklärungen abgegeben werden. Nach § 68 III VwVfG ist er für die Ordnung in der mündlichen Verhandlung verantwortlich. Insbesondere kann er Personen, die seine Anordnungen, die sich ua auf die Begrenzung der Redezeit und den Wortentzug beziehen können, nicht befolgen, entfernen lassen.[35] Über die mündliche Verhandlung ist gem. § 68 IV VwVfG eine **Niederschrift** anzufertigen, deren notwendigen Inhalt das Gesetz regelt.[36] 24

---

[30] Die Angemessenheit der Frist hängt damit von der Komplexität des jeweiligen Falles ab. Vgl. Huck/Müller/Huck § 67 Rn. 4; Fehling/Kastner/Störmer/Fehling VwVfG § 67 Rn. 7; Kopp/Ramsauer VwVfG § 67 Rn. 7 jeweils mwN.

[31] Stelkens/Bonk/Sachs/Sachs VwVfG § 67 Rn. 7.

[32] Vgl. zu den hierfür wählbaren Publikationsorganen, Kopp/Ramsauer VwVfG § 67 Rn. 11.

[33] Dazu kritisch Rubbert, Saal- und Medienöffentlichkeit, passim; Fehling/Kastner/Störmer/Fehling VwVfG § 68 Rn. 5.

[34] Vgl. ausführlich zu den genannten Fallgruppen, Kopp/Ramsauer VwVfG § 68 Rn. 5 ff.

[35] Einzelheiten zum Verhandlungsleiter s. bei Stelkens/Bonk/Sachs/Sachs VwVfG § 68 Rn. 26 ff.; Kopp/Ramsauer VwVfG § 68 Rn. 8 ff.

[36] Näher Huck/Müller/Huck VwVfG § 68 Rn. 14 ff.; Stelkens/Bonk/Sachs/Sachs VwVfG § 68 Rn. 34 ff.

3. Entscheidung ohne mündliche Verhandlung

25 Ausnahmsweise lässt § 67 II VwVfG auch eine Entscheidung ohne mündliche Verhandlung zu. Die dafür erforderliche Ermessensentscheidung der Behörde kann sich auf einen der fünf angeführten Gründe stützen, die in zwei Gruppen untergliedert werden können: Die § 67 II Nr. 1–4 VwVfG beruhen auf dem Gedanken, dass die berechtigten Interessen der Beteiligten durch den Verzicht auf die mündliche Verhandlung nicht tangiert werden. § 67 II Nr. 5 VwVfG sieht einen Verzicht im überwiegenden öffentlichen Interesse vor.

26 Im Einzelnen handelt es sich um folgende Voraussetzungen:[37]
– Nr. 1: Die Behörde entspricht in ihrer Entscheidung einem Sachantrag im Einvernehmen mit allen Beteiligten in vollem Umfang. Hier wäre die Durchführung einer mündlichen Verhandlung eine reine Formsache.
– Nr. 2: Diese Variante setzt voraus, dass die Behörde zuvor allen Beteiligten mitgeteilt hat, welche Entscheidung sie zu treffen gedenkt. Weiter muss sie den Beteiligten eine angemessene Frist zur Erhebung von Einwendungen gesetzt haben und diese muss verstrichen sein, ohne dass Einwendungen erhoben wurden. Die Ausnahmevorschrift legitimiert zugleich das von ihr vorausgesetzte behördliche Vorgehen. Ein Rechtsbehelfsverzicht lässt sich daraus nicht ableiten.[38]
– Nr. 3: Eine ähnliche Vorgehensweise wie Nr. 2 wird hier hinsichtlich der mündlichen Verhandlung selbst legitimiert.
– Nr. 4: Der allseitige Verzicht setzt von den Beteiligten ausgehende Erklärungen voraus. Der Verzicht muss eindeutig und vorbehaltlos erklärt werden.
– Nr. 5: Liegt Gefahr im Verzug vor, so ermöglicht diese Ziffer eine Eilentscheidung unter Verzicht auf eine mündliche Verhandlung. Die Anhörungspflicht nach § 66 VwVfG bleibt aber bestehen.

VI. Die Entscheidung im förmlichen Verwaltungsverfahren

27 Der Abschluss des förmlichen Verwaltungsverfahrens hat in § 69 VwVfG eine besondere Regelung erfahren, die weiter reicht, als es die gesetzliche Überschrift „Entscheidung" auf den ersten Blick erkennen lässt. Dass, wie es in § 69 I VwVfG heißt, die Behörde unter Würdigung des Gesamtergebnisses des Verfahrens entscheidet, hat ausschließlich klarstellende Bedeutung.[39] Hier wird lediglich wiederholt, was sich aus der Gesetzesbindung und dem Untersuchungsgrundsatz des § 24 VwVfG bereits ergibt. Auch die übrigen allgemeinen Entscheidungsgrundsätze, wie die freie Beweiswürdigung und die richtige Wahl des Entscheidungszeitpunktes, verlangen Beachtung.[40]

28 Von den allgemeinen Vorschriften abweichend werden in § 69 II VwVfG besondere Anforderungen an die verfahrensabschließende Entscheidung durch Verwaltungsakt geregelt. § 69 II 1 VwVfG begründet ein Schriftformerfordernis und verlangt eine schriftliche Begründung. Dabei sind lediglich die Ausnahmetatbestände des § 39 II

[37] Vgl. hierzu auch Fehling/Kastner/Störmer/Fehling § 67 Rn. 14 ff. mwN.
[38] Obermayer/Funke-Kaiser/Seegmüller VwVfG § 67 Rn. 49.
[39] Stelkens/Bonk/Sachs/Sachs VwVfG § 69 Rn. 3; Kopp/Ramsauer VwVfG § 69 Rn. 3. Vgl. auch → § 61 Rn. 20.
[40] Stelkens/Bonk/Sachs/Sachs VwVfG § 69 Rn. 4 ff.

Nr. 1, 3 VwVfG anwendbar.[41] Bei mehr als 50 Zustellungen kann eine öffentliche Bekanntmachung erfolgen. Die diesbezüglichen Einzelheiten sind in § 69 II 3–5 VwVfG geregelt.[42]

Wird das förmliche Verwaltungsverfahren auf andere Weise als den Erlass eines Verwaltungsaktes abgeschlossen, so sind die Beteiligten nach § 69 III VwVfG hiervon zu benachrichtigen, wobei auch dies bei mehr als 50 Benachrichtigungen durch öffentliche Bekanntmachung erfolgen kann. Als andere Formen des Verfahrensabschlusses kommen der Abschluss eines öffentlich-rechtlichen Vertrages und die Einstellung wegen Rücknahme des Antrags oder Erledigung der Hauptsache in Betracht. In den beiden letzteren Fällen ist eine besondere Einstellungsverfügung, wie im Umkehrschluss aus der Informationspflicht folgt, nicht erforderlich.[43] 29

Die Entscheidung kann gem. § 70 VwVfG unmittelbar vor dem Verwaltungsgericht angegriffen werden. Ein Vorverfahren ist demnach nicht erforderlich. Das Gleiche gilt auch dann, wenn der Erlass des beantragten Verwaltungsaktes abgelehnt wurde.[44] 30

VII. Das Kollegialverfahrensrecht in Ausschüssen und anderen Kollegialgremien

Schrifttum: Alscher NJW 1972, 800: Willensmängel bei kollegialem Verwaltungshandeln; Anderheiden VerwArch 2006, 185: Verfahrens- und Zurechnungsprobleme beim Umlaufverfahren; Bäumler DVBl 1978, 291: Anwendbarkeit des VwVfG auf Verwaltung ausübende Parlamentsausschüsse; Canenbley, Die Zweckmäßigkeit der Verwendung von Ausschüssen in der Verwaltung, 1968; Classen, Gute Verwaltung im Recht der Europäischen Union, 2008; Dagtoglou, Kollegialorgane und Kollegialakte der Verwaltung, 1960; Eggers, Die Rechtsstellung von Ausschüssen, Beiräten und anderen kollegialen Einrichtungen im Bereich der vollziehenden Gewalt, 1969; Epping DÖV 1995, 719: Die Willensbildung von Kollegialorganen; Groß, Das Kollegialprinzip in der Verwaltungsorganisation, 1999; Haas VerwArch 1958, 14: Ausschüsse in der Verwaltung; Hirte DÖV 1988, 108: Folgen fehlerhafter Besetzung in kommunalen Vertretungskörperschaften; Hoffmann-Riem NJW 1978, 393: Hilfsbeschlussfähigkeit von Kollegialorganen; Kluth, Jahrbuch des Kammerrechts 2003/Groß, 2004, S. 26: Interessenausgleich durch Kollegialverfahrensrecht in Kammern; Krüper ZJS 2009, 477: Das Glück der größten Zahl – Zum Mehrheitsprinzip als Funktionsregel im Verfassungsstaat; Roth, Verwaltungsrechtliche Organstreitigkeiten, 2001; Röper VR 1980, 293: Nein-Stimmen bei Beschlusswahlen gemäß § 92 VwVfG; Schmidt JZ 2003, 133: Die Entscheidung trotz Stimmgleichheit; Sodan, Kollegiale Funktionsträger als Verfassungsproblem, 1907; Tietgen DVBl 1958, 311: Mitwirkung von Ausschüssen in der staatlichen Verwaltung; Weiß, Der Europäische Verwaltungsverbund, 2010.

1. Begriff und Erscheinungsformen des Kollegialgremiums

Die Regelungen des Verwaltungsverfahrensgesetzes setzen durchweg eine **monokratisch-hierarchische Behördenstruktur** voraus, wie dies in der Praxis auch dem Regelbefund entspricht. Daneben sind aber in vielen Bereichen der öffentlichen Verwaltung auch so genannte **Kollegialorgane** bzw. **Kollegialgremien** anzutreffen, bei denen eine Mehrheit von Personen nur gemeinsam zur Entscheidung oder Mitwirkung berufen ist. 31

Weder das Verwaltungsorganisationsrecht noch das Verwaltungsverfahrensrecht liefern eine Legaldefinition, so dass die **Begriffsbildung** Rechtsprechung und Lehre 32

[41] So auch Kopp/Ramsauer VwVfG § 69 Rn. 9.
[42] Zu den hierbei zu beachtenden Vorgaben näher Kopp/Ramsauer VwVfG § 69 Rn. 12 ff.; Fehling/Kastner/Störmer/Fehling VwVfG § 69 Rn. 18 ff.
[43] Stelkens/Bonk/Sachs/Sachs VwVfG § 69 Rn. 29 mwN.
[44] Stelkens/Bonk/Sachs/Sachs VwVfG § 70 Rn. 5; Kopp/Ramsauer VwVfG § 70 Rn. 5.

überlassen bleibt. Hier hat sich die Ansicht durchgesetzt, dass ein Kollegialorgan bzw. -gremium durch die Wesensmerkmale der **Mehrgliedrigkeit** und der **Beschlusskompetenz** determiniert ist.[45] Als prägendes Merkmal wird die horizontale, eben kollegial gleichberechtigte Form der Entscheidungsfindung herausgestellt.[46] Die Steuerung dieses Vorgangs der Entscheidungsfindung erfordert ebenso wie die Herstellung der Arbeitsfähigkeit von Kollegien überhaupt ein besonderes Verfahrensrecht, das der Gesetzgeber in den §§ 88–93 VwVfG in allgemeiner Form bereitstellt.

33 Nach ganz überwiegender Ansicht muss ein Kollegialgremium aus **mindestens drei Mitgliedern** bestehen, da ansonsten eine Mehrheitsentscheidung nicht möglich ist, wie sie für Kollegien als typusbildend angesehen wird.[47] Dies kann auch aus § 90 I 1 VwVfG abgeleitet werden. Eine Obergrenze der Mitgliederzahl kann nur aus praktischen Erwägungen der Arbeits- und Funktionsfähigkeit abgeleitet werden.[48]

34 Zur Abgrenzung von bloßen Versammlungen, Konferenzen und Arbeitsgruppen wird das Merkmal der **Beschlussfassungskompetenz** (Fassen von rechtlich relevanten Beschlüssen) herangezogen.[49] Dabei ist zu beachten, dass rechtlich relevante Beschlüsse nicht auf Maßnahmen mit unmittelbarer Außenwirkung beschränkt sind. Auch eine verwaltungsinterne Bindungswirkung bis hin zur bloßen Berücksichtigungspflicht erfüllt die Voraussetzungen dieses Merkmals, so dass auch ausschließlich verwaltungsintern wirkende Kollegialgremien erfasst werden.[50] Aus diesem Grunde ist es auch ratsam, als Obergriff nicht die Bezeichnung Kollegialorgan zu wählen, da damit ein Handeln mit Außenwirkung verbunden wird.

35 In der Gesetzesterminologie werden beide Begriffe nicht verwendet. In § 88 VwVfG ist von „Ausschüssen, Beiräten und anderen kollegialen Einrichtungen" die Rede. In spezialgesetzlichen Regelungen werden weiterhin die Bezeichnungen Kammer, Rat, Abteilung, Kommission verwendet. Für die Anwendung der §§ 88 ff. VwVfG kommt es auf die jeweilige spezialrechtliche Bezeichnung nicht an.[51]

36 Die praktischen **Erscheinungsformen** der Kollegialgremien umfassen Ausschüsse im Bereich der Bundes- und Landesverwaltung (unter anderem Prüfungs- und Widerspruchsausschüsse), der parlamentarischen und Justizverwaltung, der Kommunalverwaltung (Ausschüsse des Gemeinderats), der funktionalen Selbstverwaltung, weiter in allen diesen Bereichen verschiedene Erscheinungsformen von Räten und Beiräten

---

45 Groß, Kollegialprinzip, S. 46 f.; Stelkens/Bonk/Sachs/Kallerhoff/Keller VwVfG § 88 Rn. 5 ff.; Knack/Henneke/Henneke VwVfG § 88 Rn. 3 ff.; Obermayer/Funke-Kaiser/Funke-Kaiser VwVfG § 88 Rn. 5; Ule/Laubinger, Verwaltungsverfahrensrecht, § 1 Rn. 3.

46 Groß, Kollegialprinzip, S. 49 f. – allg. Ansicht.

47 Stelkens/Bonk/Sachs/Kallerhoff/Keller VwVfG § 88 Rn. 10; Knack/Henneke/Henneke VwVfG § 88 Rn. 5; Obermayer/Funke-Kaiser/Funke-Kaiser VwVfG § 88 Rn. 6. Groß, Kollegialprinzip, S. 47 f. weist zutreffend darauf hin, dass die bloße Existenz von zweigliedrigen Organen nicht automatisch bedeutet, dass es sich dabei um Kollegien handelt.

48 Groß, Kollegialprinzip, S. 48.

49 Groß, Kollegialprinzip, S. 48 f.

50 So auch Stelkens/Bonk/Sachs/Kallerhoff/Keller VwVfG § 88 Rn. 11 f.; Fehling/Kastner/Störmer/Kastner VwVfG § 88 Rn. 7.

51 Stelkens/Bonk/Sachs/Kallerhoff/Keller VwVfG § 88 Rn. 5.

(etwa Hochschulrat, Sachverständigenrat), Kammern (etwa Beschlusskammern des Bundeskartellamtes und der Bundesnetzagentur).[52]

In dieser exemplarischen Aufzählung spiegelt sich eine allgemein zu beobachtende **Tendenz** der Zunahme von Kollegialgremien wider. Diese hängt damit zusammen, dass Kollegialgremien in besonderer Weise für die staatliche Wissensgenerierung und die Entscheidung komplexer, interdisziplinär geprägter Fragen geeignet sind. So kann durch eine plurale Zusammensetzung der Prozess der Wissensgenerierung gezielt gesteuert und so die Entscheidungsgrundlage ebenso wie die Akzeptanz der Entscheidungen verbessert werden. Nicht geeignet sind Kollegialgremien für die tatsächliche Ausführung von Maßnahmen.[53] 37

2. Einzelheiten des Kollegialverfahrensrechts

Jedes Gremium mit drei und mehr Mitgliedern ist für seine Willensbildungs- und Entscheidungsprozesse auf eine verfahrensrechtliche Ordnung angewiesen. Es handelt sich dabei um ein internes Verfahrens- oder Geschäftsordnungsrecht, das grundlegend von dem durch das VwVfG primär gesteuerten außengerichteten Verwaltungsverfahren verschieden und zu unterscheiden ist. 38

Eine innere Verbindung zwischen beiden Bereichen bzw. Aspekten besteht aber insoweit, als der **unmittelbare Anwendungsbereich** der §§ 88 ff. VwVfG auf Kollegialgremien beschränkt ist, die „in" einem Verwaltungsverfahren tätig werden, das vom VwVfG erfasst wird. Dabei kommt es nicht darauf an, dass das Kollegialgremium für die verfahrensabschließende Entscheidung (Erlass eines VA oder Abschluss eines verwaltungsrechtlichen Vertrages) zuständig ist. Es reicht aus, dass es in einem darauf gerichteten Verfahren (mit-) entscheidend, entscheidungsvorbereitend oder in sonstiger Weise beratend tätig wird.[54] 39

Außerhalb des Anwendungsbereichs des VwVfG kommt ein Rückgriff auf die Regelungen der §§ 88 ff. VwVfG in **entsprechender Anwendung** in Betracht, da es sich bei den hier getroffenen Regelungen weitgehend um einen Ausdruck allgemeiner Rechtsgrundsätze handelt. Zu beachten ist bei einem solchen Rückgriff aber der jeweilige Aufgabenbereich und Verfahrenszweck desjenigen Bereichs, für den nach einer ergänzenden Regelung gesucht wird.[55] In Betracht kommt zudem eine ergänzende Anwendung einzelner Regelungen zur Schließung von Lücken in anderweitig geregelten Verfahrensnormen für Kollegialgremien. 40

In jedem Fall ist die Anwendung auf die **öffentlich-rechtliche Verwaltungstätigkeit** beschränkt, so dass privatrechtliches Handeln der öffentlichen Verwaltung sowie Maßnahmen der Legislative und Judikative als solcher nicht erfasst werden.[56] Zu beachten ist, dass für privatrechtliche Kollegialgremien unter anderem durch das Vereinsrecht ebenfalls allgemeine Grundsätze zur Verfügung stehen. 41

---

[52] Vgl. für eine Übersicht BeckOK VwVfG/Delbanco § 88 Rn. 4; Stelkens/Bonk/Sachs/Kallerhoff/Keller VwVfG § 88 Rn. 11 mwN.

[53] Groß, Kollegialprinzip, S. 50.

[54] Stelkens/Bonk/Sachs/Kallerhoff/Keller VwVfG § 88 Rn. 13; Knack/Henneke/Henneke VwVfG § 88 Rn. 7 f.

[55] Stelkens/Bonk/Sachs/Kallerhoff/Keller VwVfG § 88 Rn. 15; Groß, Kollegialprinzip, S. 281.

[56] Stelkens/Bonk/Sachs/Kallerhoff/Keller VwVfG § 88 Rn. 14.

42 Wichtige, partiell ergänzungsbedürftige Spezialregelungen des Kollegialverfahrensrechts finden sich insbesondere in den Gemeinde- und Landkreisordnungen, in §§ 17, 19 JuSchG (Bundesprüfstelle),[57] in §§ 104 ff. BauGB (Enteignungsausschuss), in § 71 BPersVG (Einigungsstelle), § 132 TKG (Beschlusskammern der Regulierungsbehörde/Bundesnetzagentur).

43 Die §§ 89–93 VwVfG kommen nach § 88 VwVfG nur zur Anwendung, soweit Rechtsvorschriften nichts Abweichendes bestimmen **(subsidiäre Geltung).** Dabei ist der Begriff Rechtsvorschrift rechtsquellentechnisch weit zu verstehen. Er bezieht sich nicht nur auf Gesetze und Rechtsverordnungen, sondern auch auf Satzungen und Geschäftsordnungen bundes- bzw. landesunmittelbarer Körperschaften, Anstalten und Stiftungen des öffentlichen Rechts.[58] Vor allem im Rahmen der Geschäftsordnungsautonomie erlassene Regelungen sind aber auf ihre Vereinbarkeit mit den in den §§ 89 ff. VwVfG enthaltenen allgemeinen Rechtsgrundsätzen hin zu überprüfen, die bei der Gestaltung einer Geschäftsordnung einzuhalten sind.

44 Jedes aus mehreren Personen bestehende Gremium ist nur handlungsfähig, wenn das Verfahren der Willensbildung durch einen **Vorsitzenden** gesteuert wird. Davon geht § 89 VwVfG aus, ohne dass nähere Bestimmungen dazu getroffen werden, wer den Vorsitzenden wie bestimmt.[59] Überwiegend wird daraus gefolgert, dass vorbehaltlich einer abweichenden Regelung der Vorsitzende durch die Mitglieder des Gremiums aus seiner Mitte gewählt wird.[60]

45 Dem Vorsitzenden obliegen die **Vorbereitung** (Aufstellung der Tagesordnung, Terminbestimmung, Einladung, ggf. Zuleitung von Informationen) und die **Leitung der Sitzungen.** Diese Aufgaben können durch Satzung oder Geschäftsordnung präzisiert werden. In § 89 Hs. 2 VwVfG wird ihm zudem das **Ordnungsrecht** zugewiesen. Dieses bezieht sich (ausschließlich) auf die Steuerung des Verhaltens der Mitglieder des Kollegialgremiums sowie Angehörige der Behörde bzw. Körperschaft.[61] Es umfasst unstrittig das Recht der Ermahnung und des Wortentzugs.[62] Umstritten ist, ob der Vorsitzende auch einzelne Mitglieder von der (weiteren) Teilnahme an der Sitzung ausschließen darf,[63] wie dies zB in den Kommunalgesetzen explizit geregelt ist. Dagegen spricht unter anderem, dass dadurch Einfluss auf die Mehrheitsverhältnisse genommen werden kann.[64] Gegenüber Dritten (störende Zuhörer, die nicht zur jeweiligen Organisation gehören) können Ordnungsmaßnahmen (nur) auf das (pri-

[57] Vgl. §§ 17 ff. JuSchG; hierzu Fehling/Kastner/Störmer/Kastner VwVfG § 88 Rn. 13.

[58] Stelkens/Bonk/Sachs/Kallerhoff/Keller VwVfG § 88 Rn. 17 f.; Groß, Kollegialprinzip, S. 281; Huck/Müller/Huck VwVfG § 88 Rn. 1.

[59] Ausnahme ist, dass speziell geregelt ist, wer Ausschussvorsitzender ist, Fehling/Kastner/Störmer/Kastner VwVfG § 89 Rn. 3.

[60] Stelkens/Bonk/Sachs/Kallerhoff/Keller VwVfG § 89 Rn. 1; Knack/Henneke/Henneke VwVfG § 89 Rn. 3; Groß, Kollegialprinzip, S. 284; Fehling/Kastner/Störmer/Kastner VwVfG § 89 Rn. 4.

[61] AA Stelkens/Bonk/Sachs/Kallerhoff/Keller VwVfG § 89 Rn. 10: auch gegenüber Dritten. Dies bedeutet auch, dass weitergehende Sanktionen wie bspw. Geldbußen oder Ordnungsstrafen von § 89 VwVfG nicht umfasst sind, BeckOK VwVfG/Delbanco § 89 Rn. 6.

[62] Groß, Kollegialprinzip, S. 285.

[63] Dafür Stelkens/Bonk/Sachs/Kallerhoff/Keller VwVfG § 89 Rn. 10; Knack/Henneke/Henneke VwVfG § 89 Rn. 10; OVG Münster NJW 1989, 110; umfassende Darstellung des Streitstandes bei Groß, Kollegialprinzip, S. 285.

[64] Groß, Kollegialprinzip, S. 285.

vatrechtliche) **Hausrecht**[65] gestützt werden, für dessen Ausübung der Vorsitzende aber kraft Delegation durch den Behördenleiter im konkreten Fall zuständig sein muss.[66]

Für den Fall, dass einzelne Mitglieder des Gremiums verhindert oder wegen Befangenheit ausgeschlossen sind, kommt eine **Stellvertretungsregelung** in Betracht, die jedoch den strukturellen Anforderungen des Organs entsprechen muss.[67] 46

Als Kernelemente kollegialer Entscheidungsverfahren werden die Faktoren Information, Quorum und Majorität angesehen.[68] Die Pflicht (des Vorsitzenden) zur Information der Mitglieder ist formalrechtlich in der Ladung nach § 90 I 1 VwVfG verankert. Zu einer ordnungsgemäßen **Ladung** gehört nämlich die Beifügung einer **Tagesordnung** sowie – je nach Umständen – weiterer Unterlagen, die für eine ordnungsgemäße Beratung und Beschlussverfahren erforderlich sind.[69] Die Bezeichnung der Verhandlungsgegenstände muss für das einzelne Mitglied ausreichend verständlich sein, so dass es sich auf die zu beratende Angelegenheit vorbereiten kann.[70] Die Ladung selbst hat in der Regel schriftlich (oder, soweit vereinbart oder durch Geschäftsordnung zugelassen, elektronisch) zu erfolgen; der nächste Termin kann aber auch mündlich in der Sitzung bestimmt werden. Entbehrlich ist eine Ladung, wenn die Sitzungen anderweitig festgelegt sind (zB jeden Monat an einem bestimmten Tag zu einer bestimmten Uhrzeit). 47

Die **Beschlussfähigkeit** ist bei ordnungsgemäßer Ladung gegeben, wenn mehr als die Hälfte der Mitglieder, mindestens aber drei der stimmberechtigten Mitglieder anwesend sind.[71] Sind weniger Mitglieder anwesend, so sind dennoch getroffene Beschlüsse rechtswidrig (und nicht ohne weiteres nichtig, § 44 III Nr. 3 VwVfG).[72] Eine dauernde persönliche Präsenz ist nur ausnahmsweise zwingend erforderlich, etwa bei Prüfungen vor Ausschüssen, bei denen die Entscheidung einen Gesamteindruck voraussetzt. Eine Sitzung kann auch als Telefonkonferenz durchgeführt werden, wenn technisch gewährleistet ist, dass sich alle Teilnehmer gegenseitig hören und sich entsprechend äußern können.[73] 48

Entscheidungen können nach § 90 I 2 VwVfG auch im **schriftlichen Verfahren** gefasst werden, wenn kein Mitglied widerspricht. Das Widerspruchsrecht sichert den Zweck des Kollegialgremiums, im direkten Austausch der Argumente zu beraten 49

---

[65] Stelkens/Bonk/Sachs/Kallerhoff/Keller VwVfG § 89 Rn. 11; Knack/Henneke/Henneke VwVfG § 89 Rn. 11; Fehling/Kastner/Störmer/Kastner VwVfG § 89 Rn. 15.

[66] Kopp/Ramsauer VwVfG § 89 Rn. 15.

[67] Groß, Kollegialprinzip, S. 282.

[68] BVerfGE 91, 148 (169); Epping DÖV 1995, 719 ff.; Groß, Kollegialprinzip, S. 285.

[69] Alle Mitglieder müssen rechtzeitig, dh in der Regel ein bis zwei Wochen vorher, geladen werden. So auch BeckOK VwVfG/Delbanco § 90 Rn. 2, 3. Vgl. auch Stelkens/Bonk/Sachs/Kallerhoff/Keller VwVfG § 90 Rn. 5 f.

[70] OVG Münster NVwZ-RR 1990, 101 (102).

[71] BeckOK VwVfG/Delbanco § 90 Rn. 4.

[72] Stelkens/Bonk/Sachs/Kallerhoff/Keller VwVfG § 90 Rn. 7. Von einer automatischen Nichtigkeit des Beschlusses ausgehend Kopp/Ramsauer VwVfG § 90 Rn. 4; BeckOK VwVfG/Delbanco § 90 Rn. 7.

[73] Stelkens/Bonk/Sachs/Kallerhoff/Keller VwVfG § 90 Rn. 4. Vgl. auch BeckOK VwVfG/Delbanco § 90 Rn. 11.1.

und zu beschließen. Denkbar sind sowohl ein Umlaufverfahren als auch die parallele Versendung der Unterlagen.[74]

50 Während eine **Notbeschlussfähigkeit** des Gremiums in § 90 II VwVfG ausdrücklich geregelt wird, kann von einem **Eilentscheidungsrecht** des Vorsitzenden nur bei entsprechender ergänzender Regelung ausgegangen werden.[75]

51 Die Abstimmung ist in § 91 VwVfG geregelt und basiert auf dem Prinzip der Stimmenmehrheit.[76] Dabei ist von einem gleichen Stimmengewicht aller Mitglieder auszugehen. Abweichungen bedürfen gesetzlicher Anordnung.[77] Zudem wird ein Stichentscheid des (stimmberechtigten) Vorsitzenden bei Stimmengleichheit formuliert. Besondere Mehrheitsanforderungen sind nur bei gesetzlicher Regelung zulässig und dürfen nicht durch Geschäftsordnungen eingeführt werden, da dadurch das Stimmgewicht der einzelnen Mitglieder verändert wird.

52 Umstritten ist, ob in Kollegialgremien bei Sachentscheidungen von einem **Verbot der Stimmenthaltung** auszugehen ist. Dies wird damit begründet, dass auch bei monokratischen Organen eine Nicht-Entscheidung nicht möglich ist.[78] Auszuschließen ist ein Verbot der Stimmenthaltung aber bei pluralistischen Gremien.[79]

53 Je nach Zuständigkeitsgebiet ist das **Antragsrecht** bei Kollegialgremien als internes oder externes Antragsrecht ausgestaltet. Bei externen Anträgen unterscheidet sich die Rechtslage nicht von der Tätigkeit monokratischer Organe. Bei internem Antragsrecht steht dieses in der Regel jedem Mitglied zu, doch kann es auch dem Vorsitzenden oder einer qualifizierten Zahl von Mitgliedern zu gemeinschaftlicher Ausübung vorbehalten sein. Alle Abweichungen vom Regelfall sind besonders rechtfertigungsbedürftig.

54 Ob es ein allgemeines (ungeschriebenes) **Gebot offener Abstimmung** gibt, ist umstritten. Zur Begründung wird angeführt, dass nur so die (persönliche) Verantwortlichkeit für Entscheidungen des Kollegialorgans – etwa im Zusammenhang von Rückgriffsforderungen bei Auslösung einer Amtshaftung durch einen rechtswidrigen Beschluss des Kollegialorgans – festgestellt werden kann.[80] Auch hier wird man aber nach Art und Aufgabentyp des Kollegialgremiums differenzieren müssen.[81] Geht es

[74] Groß, Kollegialprinzip, S. 288; Kopp/Ramsauer VwVfG § 90 Rn. 9; Stelkens/Bonk/Sachs/Kallerhoff/Keller VwVfG § 90 Rn. 9 ff. Vgl. zum Umlaufverfahren Anderheiden VerwArch 2006, 185 ff.

[75] Groß, Kollegialprinzip, S. 289. Zur Notbeschlussfähigkeit vgl. Stelkens/Bonk/Sachs/Kallerhoff/Keller VwVfG § 90 Rn. 12 f.

[76] Zur verfassungsrechtlichen Verankerung des Mehrheitsprinzips, vgl. Krüper ZJS 2009, 477 ff. Vgl. umfassend zu Abstimmungen iSd § 91 VwVfG, Fehling/Kastner/Störmer/Kastner VwVfG § 91 Rn. 3 ff.

[77] Stelkens/Bonk/Sachs/Kallerhoff/Keller VwVfG § 91 Rn. 5.

[78] BVerwGE 28, 63 (66); VG Berlin DVBl 1974, 375 (378); OVG Schleswig NVwZ-RR 1996, 443; Stelkens/Bonk/Sachs/Kallerhoff/Keller VwVfG § 91 Rn. 5: Stimmenthaltungen haben dann die Wirkung von Nein-Stimmen; aA Kopp/Ramsauer VwVfG § 91 Rn. 4; Obermayer/Funke-Kaiser/Funke-Kaiser VwVfG § 88 Rn. 6: Stimmenthaltungen zählen nicht als Nein-Stimmen, sind aber bei der Zahl stimmberechtigter Anwesender mitzuzählen und können sich daher faktisch auf das Wahlergebnis auswirken.

[79] Groß, Kollegialprinzip, S. 291.

[80] BVerwG DÖV 1997, 377 (378); OVG Münster WissR 1996, 185 (188); VG Berlin DVBl 1974, 375 (379).

[81] Groß, Kollegialprinzip, S. 293.

etwa um Entscheidungen, die in Rechte Dritter (Antragsteller iwS) eingreifen können, so erweist sich eine offene Abstimmung aus den angeführten Gründen für den Haftungsrückgriff als geboten. Das Gleiche gilt etwa im Habilitationsverfahren, wo das (zulässige) Stimmverhalten von der Sachkunde des einzelnen Mitglieds abhängt.[82]

Handelt es sich bei der Maßnahme, die Gegenstand des Gremienbeschlusses ist, um 55 eine **begründungspflichtige Maßnahme** (zB ein schriftlicher Verwaltungsakt), so muss auch die Begründung Gegenstand der Beschlussfassung sein. Für die Formulierung ist der Vorsitzende zuständig. Sind einzelne Teile der Begründung strittig, so muss auch darüber abgestimmt werden.[83]

Neben den Sachentscheidungen sind in Kollegialgremien auch **Wahlen** durchzufüh- 56 ren. Dafür finden sich in § 92 VwVfG besondere Vorgaben. Als Grundsatz statuiert § 92 I 1 VwVfG die offene Wahl durch Zuruf und Zeichen. Durch Stimmzettel und geheim ist auf Verlangen eines Mitglieds zu wählen. Gewählt ist nach § 92 II VwVfG, wer die meisten Stimmen erhalten hat (Meiststimmverfahren). Bei Stimmengleichheit entscheidet das vom Leiter der Wahl zu ziehende Los. Münzwurf und Streichholzziehen sind wegen Manipulationsmöglichkeiten unzulässig.[84] Im nicht seltenen Fall, dass mehrere gleichartige Wahlstellen zu besetzen sind, kommen nach § 92 III VwVfG die Grundsätze der Verhältniswahl zur Anwendung.

Für die Begründung von **Mitwirkungsverboten** gelten auch bei Kollegialgremien die 57 allgemeinen Regelungen des § 20 VwVfG.

In einem Wandlungsprozess[85] befinden sich die Auffassungen über die Anforderun- 58 gen an die **Öffentlichkeit der Sitzungen** von Kollegialgremien.[86] Zwar sind die expliziten gesetzlichen Anordnungen der Öffentlichkeit der Gremiensitzungen noch nicht zahlreich und auch in den §§ 90 ff. VwVfG fehlt es an einer entsprechenden Regelung. Die Einsicht, dass bei den verwaltungsintern weniger kontrollierten Kollegialgremien durch die Öffentlichkeit eine ergänzende bzw. ersetzende Kontrollfunktion wahrgenommen wird,[87] hat aber zu einer Neubewertung geführt und die Forderungen nach Öffentlichkeit bei den Sitzungen der Kollegialgremien an Gewicht gewinnen lassen. Je nach Kontext ist zwischen allgemeiner Bürgeröffentlichkeit (so etwa bei Ausschüssen der allgemeinen Staats- und der Kommunalverwaltung) und der mitgliedschaftlichen Öffentlichkeit (etwa bei Kammern und Hochschulen) zu unterscheiden. Verstöße gegen eine gesetzlich angeordnete Öffentlichkeit führen zur Rechtswidrigkeit der gefassten Beschlüsse. Ein Ausschuss der Öffentlichkeit ist bei gesetzlicher Anordnung nur aus gewichtigen Gründen zulässig.

Als besondere **interne Kontrollrechte** von Kollegialgremien sind in einigen Berei- 59 chen das **suspensive Vetorecht** des Vorsitzenden (zB der Bürgermeister und Landräte gegenüber rechts- und zweckwidrigen Gemeinde- bzw. Kreistagsbeschlüssen) und das

[82] S. dazu OVG Münster DVBl 2005, 1532; s. auch Hartmer/Detmer, Hochschulrecht/Hartmer, 2. Aufl. 2011, Abschnitt III, Rn. 58.

[83] Groß, Kollegialprinzip, S. 293 f.

[84] BVerwGE 88, 183; BVerwG NJW 1991, 2306. Vgl. zur Entscheidung bei Stimmgleichheit auch Schmidt JZ 2003, 133 (135 f.).

[85] Scherzberg, Die Öffentlichkeit der Verwaltung, S. 195 ff.

[86] Speziell zur Medienöffentlichkeit Pernice, Öffentlichkeit und Medienöffentlichkeit, S. 164 ff.

[87] Groß, Kollegialprinzip, S. 306.

Minderheitenvotum (zB im Verfahren von Berufungskommission nach dem Hochschulrecht) anzutreffen.[88]

60 Über jede Sitzung ist zur Beweissicherung nach § 93 VwVfG eine den dort angeführten thematischen und formalen Anforderungen genügende **Niederschrift** (Sitzungsprotokoll) zu fertigen.[89] Das gilt entsprechend auch für außerhalb einer Sitzung gefasste Beschlüsse.

3. Fehlerfolgen im Kollegialverfahrensrecht

61 Die im Vergleich zur Tätigkeit von monokratischen Organen ungleich komplexeren Verfahrensanforderungen bei Kollegialgremien erhöhen auch die Fehleranfälligkeit. An expliziten **Regelungen der Fehlerfolgen** fehlt es jedoch weitgehend (Ausnahmen: die Regelungen im Kommunal- und Baurecht, die sich aber vor allem auf den Erlass von Satzungen beziehen), so dass auf die allgemeinen Regelungen und Grundsätze abzustellen ist.[90] Dabei ist es sinnvoll, zwischen Zuständigkeits- und Verfahrensfehlern sowie den Rechtsfolgen im Innen- und im Außenverhältnis zu unterscheiden.[91]

a) Zuständigkeitsfehler

62 Handelt an Stelle des gesetzlich zuständigen Kollegialgremiums eine andere Stelle der Verwaltung, so führt dies zur Rechtswidrigkeit. War das Kollegialgremium für die außenwirksame Entscheidung zuständig, so führt der Zuständigkeitsfehler im Regelfall zu einem Aufhebungsanspruch des Adressaten, wie sich aus § 46 VwVfG im Umkehrschluss ableiten lässt, da es um die sachliche bzw. funktionelle Zuständigkeit geht.[92]

63 Ob eine Zuständigkeitsverfehlung über die Rechtswidrigkeit hinaus zur Nichtigkeit führt, ist von der jeweiligen Maßnahme abhängig. Beim exekutiven Erlass von Rechtsnormen gilt grundsätzlich weiterhin das Nichtigkeitsdogma, das jedoch in einigen Bereichen (vor allem im Kommunal- und Baurecht) durch Präklusionsregelungen eingeschränkt wurde. Beim Erlass von Verwaltungsakten kommt es nach § 44 VwVfG dagegen auf die Schwere und Erkennbarkeit des Mangels an. Von einer besonderen Schwere ist zB auszugehen, wenn es sich um ein pluralistisches Gremium handelt, dessen Entscheidung durch eine monokratische Behörde nicht gleichwertig getroffen werden kann. Gleiches gilt, wenn die Gremienzuständigkeit der Grundrechtssicherung durch Verfahren dient.[93]

64 War das Kollegialgremium nur zur Mitwirkung im Rahmen der behördeninternen Entscheidungsvorbereitung zuständig, so kommt eine Heilung nach § 45 I Nr. 4 VwVfG in Betracht.

---

88 Zu beiden Groß, Kollegialprinzip, S. 300 ff.

89 Vgl. zu den Einzelheiten hierzu Fehling/Kastner/Störmer/Kastner § 93 Rn. 2 ff.; Stelkens/Bonk/Sachs/Kallerhoff/Keller VwVfG § 93 Rn. 1 ff. jeweils mwN.

90 Dazu Hufen/Siegel, Fehler im Verwaltungsverfahren, 5. Aufl. 2013, Rn. 491 ff. Vgl. hierzu ausführlich oben § 49: Fehlerhafte Verwaltungsakte. Die hier getroffenen Ausführungen können auf die Entscheidungen im Kollegialverfahrensrecht grds. übertragen werden.

91 Groß, Kollegialprinzip, S. 308 ff.

92 Vgl. Stelkens/Bonk/Sachs/Sachs VwVfG § 46 Rn. 43.

93 Groß, Kollegialprinzip, S. 309 f.

b) Verfahrensfehler

65 Fehler im **internen Verfahrensablauf** des Kollegialgremiums können ebenfalls zahlreiche Ursachen haben. Sie reichen von einer unzureichenden Information (unklare Tagesordnungspunkte uÄ) über Fehler im Ablauf der Beratung und Beschlussfassung (unzulässiger Ausschluss, Mitwirkung von befangenen Mitgliedern, falsche Handhabung der Stellvertretungsregeln, fehlerhafte Abstimmung, unzulässiger Ausschluss der Öffentlichkeit) bis hin zu Mängeln in der Begründung.

66 Bezüglich der Folgen solcher Fehler im **Außenverhältnis** gilt in Bezug auf Rechtsnormen auch hier das Nichtigkeitsdogma, während bei Verwaltungsakten die einschränkende Regelung des § 46 VwVfG zu beachten ist. Dabei ist zu beachten, dass bei pluralistisch besetzten Gremien die Verletzung von Verfahrensfehlern ein stärkeres Indiz für die Beeinflussung der Sachentscheidung ist als in anderen Gremientypen.[94]

4. Rechtsschutz im Kollegialverfahrensrecht

67 Während innerhalb der regulären monokratischen Behördenorganisation dem einzelnen Amtswalter kein gerichtlich durchsetzbarer Anspruch eigener Mitwirkungsrechte in einem Verwaltungsverfahren zusteht, ist dies bei Kollegialgremien in Form des sog. **Innenrechts- oder Organstreits**[95] grundsätzlich möglich, wengleich dies nicht unterschiedslos für alle Kollegialgremien gilt. Entscheidend ist, dass das betroffene Gremium bzw. Organ oder sein Mitglied eine (mögliche) Verletzung in (eigenen) **wehrfähigen Rechten** geltend machen kann.[96]

68 Auch hier spiegeln sich die unterschiedlichen Typen der Kollegialgremien in der rechtlichen Würdigung wider. So wird man bei pluralistischen Kollegialgremien regelmäßig davon ausgehen können, dass sowohl ihnen selbst gegenüber anderen Organen als auch den einzelnen Mitgliedern ein wehrfähiges Recht zur Sicherung der eigenen Zuständigkeit und der eigenen Mitwirkungsrechte zusteht, während dies bei den sog. professionellen Kollegialgremien, bei denen eine homogene Zusammensetzung vorliegt, grundsätzlich nicht anzunehmen ist.[97]

5. Förmliche Verwaltungsverfahren vor Ausschüssen

69 In nicht wenigen Fällen (zB §§ 18, 21 SortenschutzG) werden auch förmliche Verwaltungsverfahren vor Ausschüssen durchgeführt. Dadurch entsteht ein besonderer Regelungsbedarf vor allem hinsichtlich der Verfahrensrechte der Mitglieder dieser Kollegialorgane, für die das Gesetz in §§ 88–93 VwVfG allgemeine Regelungen trifft. In § 71 VwVfG werden für die allgemeinen Vorschriften teils ergänzende teils

[94] So zutreffend Groß, Kollegialprinzip, S. 312 ff.

[95] Dazu Roth, Verwaltungsrechtliche Organstreitigkeiten, passim; Hufen, Verwaltungsprozessrecht, 9. Aufl. 2013, § 21; Schenke, Verwaltungsprozessrecht, 14. Aufl. 2014, Rn. 226 ff.; Ehlers NVwZ 1990, 105 ff.; Franz JURA 2005, 156 ff.

[96] So auch BeckOK VwVfG/Delbanco § 89 Rn. 8 mwN So bewirkt die Mitwirkung von befangenen Mitgliedern bei einer Abstimmung keine Verletzung eines Mitgliedschaftsrechts, da die Befangenheitsklauseln dem öffentlichen Interesse dienen, OVG Münster DÖV 2007, 847 (Ls.); Fehling/Kastner/Störmer/Kastner VwVfG § 91 Rn. 12.

[97] Zu Einzelheiten Groß, Kollegialprinzip, S. 318 ff.; Roth, Verwaltungsrechtliche Organstreitigkeiten, S. 694 ff.

modifizierende Sonderregelungen für das Handeln von Ausschüssen in förmlichen Verwaltungsverfahren getroffen.[98]

70 In § 71 I VwVfG wird das **Fragerecht der Ausschussmitglieder** geregelt. Jedem Mitglied wird das Recht zugesprochen, sachdienliche Fragen zu stellen. Im Falle der Beanstandung einer Frage ist eine Entscheidung des Ausschusses über ihre Zulässigkeit vorgesehen. Beratung und Abstimmung des Ausschusses sind in § 71 II VwVfG geregelt. Die Mitwirkung ist auf Ausschussmitglieder beschränkt, die an der mündlichen Verhandlung teilgenommen haben. Dadurch wird dem Erfordernis des § 69 I VwVfG Rechnung getragen und die Bedeutung der mündlichen Verhandlung für den Entscheidungsprozess untermauert. In § 71 III VwVfG wird schließlich unter Bezugnahme auf die allgemeinen Befangenheitsregelungen die Möglichkeit der Ablehnung von Ausschussmitgliedern geregelt.[99]

VIII. Kooperationsverfahrensrecht bei der Verfahrensbeteiligung anderer Behörden

1. Beteiligung anderer deutscher Behörden

71 Insbesondere bei komplexen Genehmigungsverfahren ist die zur Entscheidung berufene Behörde zur Beteiligung anderer Behörden verpflichtet, damit diese sich im Rahmen ihrer eigenen sachlichen Zuständigkeit und fachlichen Kompetenz zur Sache äußern können. Prominente Beispiele dafür finden sich in § 73 II VwVfG, § 10 V BImSchG und § 4 BauGB. Besondere Verfahrensregelungen existieren für diesen Bereich nur punktuell, etwa in § 4a BauGB. Zudem hat der Gesetzgeber in einigen Fällen zur Verfahrensbeschleunigung Präklusionsregelungen[100] eingeführt, zB in § 4a VI BauGB.

2. Beteiligung der Behörden anderer Staaten

72 Bei Maßnahmen mit grenzüberschreitender Wirkung sieht das deutsche Recht auf Grund von entsprechenden europarechtlichen Vorgaben[101] inzwischen auch die Beteiligung der Behörden von Nachbarstaaten vor, soweit sich das Vorhaben in deren Zuständigkeitsbereich auswirkt.

Beispiele[102] die Regelungen in § 4a V BauGB sowie in § 11a 9. BImSchV.

73 Während im Bereich des Immissionsschutzrechts keine besonderen Anforderungen an die grenzüberschreitende Behörden- und Öffentlichkeitsbeteiligung gestellt werden, geht § 4a V BauGB vom Grundsatz der Gegenseitigkeit und Gleichwertigkeit aus, stellt die Beteiligung also unter den Vorbehalt, dass auch der Nachbarstaat entsprechend verfährt bzw. dies gesetzlich angeordnet hat.

---

98 Eine Übersicht über die anwendbaren Regelungen im förmlichen Verwaltungsverfahren vor Ausschüssen findet sich bei Fehling/Kastner/Störmer/Fehling VwVfG § 71 Rn. 6 f.

99 Vgl. hierzu BeckOK VwVfG/Delbanco § 71 Rn. 12 ff.

100 Dazu Quaas, Die Behördenpräklusion, 2006.

101 Dazu Schmidt-Aßmann/Ladenburger, Umweltverfahrensrecht, in: Rengeling, Handbuch zum europäischen und deutschen Umweltrecht I, 2. Aufl. 2003, § 18 Rn. 83 ff.

102 Ausführlicher dazu Schmidt-Aßmann/Schöndorf-Haubold. Der Europäische Verwaltungsverbund, 2005, mit Berichten zur Verwaltungszusammenarbeit in zahlreichen Feldern des Umwelt-, Produktsicherheits- und Polizeirechts. S. auch Sydow, Verwaltungskooperation in der EU, 2004; Weiß, Der Europäische Verwaltungsverbund, 2010.

74 Als besondere Form der behördlichen Zusammenarbeit, der vor allem im Bereich der Wirtschafts- und Berufsaufsicht im Binnenmarkt[103] eine ständig wachsende Bedeutung zukommt, ist die gemeinschaftsrechtliche Amtshilfe zu erwähnen.[104]

3. Beteiligung von Stellen der Europäischen Union

75 In einigen Bereichen kommt es auch zu einer direkten Beteiligung von Stellen der Europäischen Union an Verwaltungsverfahren, für deren Durchführung deutsche Behörden zuständig sind. Man spricht in diesem Fall von vertikaler Verwaltungskooperation.[105] Praktisch relevant sind hier zB das Beihilfenrecht nach Art. 107 f. AEUV und das Wettbewerbsrecht nach den Art. 101 ff. AEUV. Dieser Bereich wird besonders stark durch gemeinschaftsrechtliche Verfahrensgrundsätze bestimmt.[106]

§ 62. Das Planfeststellungs- und Plangenehmigungsverfahren

Schrifttum: Alleweldt DÖV 2006, 621: Verbandsklage und gerichtliche Kontrolle von Verfahrensfehlern: Neue Entwicklung im Umweltrecht; Axer DÖV 1995, 495: Die Konzentrationswirkung der Plangenehmigung; Bartlsperger DVBl 1996, 1: Planungsrechtliche Optimierungsgebote; Bauer DVBl. 1986, 208: Subjektive Rechte des Staates; Bell/Herrmann NVwZ 2004, 288: Die Modifikation von Planfeststellungsbeschlüssen; Blümel DVBl 1997, 205: Fachplanung durch Bundesgesetz (Legalplanung); Böhm NuR 2011, 614: Bürgerbeteiligung nach Stuttgart 21: Änderungsbedarf und -perspektiven; Böttinger VR 2006, 306: Mediation im Verwaltungsverfahren – insbesondere Planfeststellungsverfahren; Brade EurUP 2020, 140: Das Maßnahmengesetzvorbereitungsgesetz – ein (verfassungs-)rechtliches Wagnis; Brandt DVBl 1995, 779: Grenzüberschreitender Nachbarsschutz im deutschen Umweltrecht; Brandt NVwZ 1997, 233: Präklusion im Verwaltungsverfahren; Burgi JZ 1994, 654: Die Planfeststellung umweltrelevanter Vorhaben im Schnittpunkt von Planung und Verhaltenssteuerung; v. Danwitz DVBl 1993, 422: Zum Anspruch auf Durchführung des „richtigen" Verwaltungsverfahrens; v. Danwitz UPR 1996, 323: Umweltrechtliche Präklusionsnormen zwischen Verwaltungseffizienz und Rechtsschutzgarantie; Dobmann NVwZ 2011, 9: Entschädigungsansprüche der Anlieger wegen Beeinträchtigung während des Baus planfestgestellter Anlagen; Dreier, Die normative Steuerung der planerischen Abwägung, 1995; Durner, Konflikte räumlicher Planung, 2005; Erbguth DVBl 1992, 398: Anmerkungen zum administrativen Entscheidungsspielraum – Am Beispiel der Planfeststellung; Erbguth DÖV 2009, 921: Abbau des Verwaltungsrechtsschutzes; Erbguth JZ 1994, 477: Umweltrecht im Gegenwind: die Beschleunigungsgesetze; Erbguth/Kluth, Planungsrecht in der gerichtlichen Kontrolle, 2012/Beckmann, S. 123 ff.: Planfeststellung zwischen Zulassungsverfahren und Planung; Erbguth/Kluth, Planungsrecht in der gerichtlichen Kontrolle/Berkemann, 2012, S. 11 ff.: Die Entwicklung der Rechtsprechung des Bundesverwaltungsgerichts zum Planungsrecht; Erbguth UPR 1999, 41: Verfassungs- und europarechtliche Aspekte der Deregulierungen im Planfeststellungsverfahren; Fischer-Hüftle NuR 2011, 237: Zur naturrechtlichen Vereinsklage nach dem BNatSchG 2009; Fouquet VerwArch 87 (1996), 212: Die allgemeinen materiellen Voraussetzungen der Planfeststellung; Franzius GewArch 2012, 225: Stuttgart 21: Eine Epochenwende?; Funke DVBl 1987, 511: Die Lenkbarkeit von Abwägungsvorgang und Abwägungsergebnis zugunsten des Umweltschutzes; Gassner DVBl 2011, 214: Zur Reichweite des Anspruchs Privater auf gerechte Abwägung in der Planfeststellung; Grupp DVBl 1990, 81: Aufhebung von Planfeststellungsbeschlüssen durch die Verwaltung; Henke JZ 1992, 541: Wandel der Dogmatik des öf-

[103] Winkelmüller, Verwaltungskooperation bei der Wirtschaftsaufsicht im EG-Binnenmarkt, 2002; Michaels, Anerkennungspflichten im Wirtschaftsverwaltungsrecht der EG und der Bundesrepublik Deutschland, 2004.

[104] Wettner, Die Amtshilfe im Europäischen Verwaltungsrecht, 2005.

[105] Dazu v. Danwitz, Verwaltungsrechtliches System und Europäische Integration, 1996; Hatje, Die gemeinschaftsrechtliche Steuerung der Wirtschaftsverwaltung, 1998; Sydow, Verwaltungskooperation in der EU, 2004; Koch, Arbeitsebenen der Europäischen Union, 2003; Sommer, Verwaltungskooperation am Beispiel administrativer Informationsverfahren im Europäischen Umweltrecht, 2003.

[106] Vgl. hierzu insbesondere Art. 41 GRCh, welcher ein Recht auf gute Verwaltung normiert. Zum Inhalt von Art. 41 GRCh Classen, Gute Verwaltung, passim.

fentlichen Rechts; Henke UPR 1999, 51: Das ergänzende Verfahren im Planfeststellungsrecht; Hermann, Fachplanungsrechtliche Auswirkungen der Eisenbahnprivatisierung, 2003; Herrmann NuR 2001, 551: Planfeststellung, Privatisierung und Gemeinwohl; Hien UPR 2012, 128: Partizipation im Planungsverfahren; Hildebrandt, Der Planergänzungsanspruch, 1999; Hill, Das fehlerhafte Verwaltungsverfahren und seine Folgen im Verwaltungsrecht, 1986; Hofmann, Abwägung im Recht, 2007; Hönig UPR 2001, 374: Vorbereitende Maßnahmen für das Planfeststellungsverfahren; Hoppe DVBl 1992, 883: Die Bedeutung von Optimierungsgeboten im Planungsrecht; Hoppe/Just DVBl 1997, 790: Zur Ausübung der planerischen Gestaltungsfreiheit bei der Planfeststellung und Plangenehmigung; Hoppe/Schlarmann/Buchner/Deutsch, Rechtsschutz bei der Planung von Straßen und anderen Verkehrsanlagen, 4. Aufl. 2011; Hufen/Siegel, Fehler im Verwaltungsverfahren, 8. Aufl. 2025; Hug, Gemeindenachbarklagen im öffentlichen Baurecht, 2008; Isensee/Kirchhof StaatsR-HdB IV/Hoppe, § 77: Planung; Jäde UPR 1996, 361: Beschleunigung von Genehmigungsverfahren nach dem Genehmigungsverfahrensbeschleunigungsgesetz; Jarass DVBl 1998, 1202: Die materiellen Voraussetzungen der Planfeststellung in neuerer Sicht; Jarass DÖV 2004, 633: Schutzmaßnahmen und Ausgleichsentschädigung bei Planfeststellung; Jarass, Die Planfeststellung privater Vorhaben, 2003; Kahl/Ludwigs VerwaltungsR-HdB/Hofmann, § 120: Planfeststellungs- und Plangenehmigungsverfahren; Keilich, Das Recht der Änderung in der Fachplanung, 2001; Kersten UPR 2001, 405: Die exterritoriale Durchführung des Erörterungstermins im Planfeststellungsverfahren; Kirchberg/Boll/Schütz NVwZ 2002, 550: Der Rechtsschutz von Gemeinden in der Fachplanung; Knauff DÖV 2012, 1: Öffentlichkeitsbeteiligung im Verwaltungsverfahren; Knopp/Wolf BB 1997, 1593: Änderungen des immissionsschutzrechtlichen Industrieanlagen-Zulassungsverfahrens; Kunig JURA 1983, 308: Einzelfallentscheidung durch Gesetz; Kuschnerus DÖV 1987, 409: Die Berücksichtigung von Umweltbelangen beim Straßenbau; Laubinger VerwArch 77 (1986), 77: Der Umfang der Konzentrationswirkung der Planfeststellung; Leist/Tams JuS 2007, 995: Einführung in das Planfeststellungsrecht; Lenz NdsVBl 2020, 229: Legalplanung nach dem Maßnahmengesetzvorbereitungsgesetz – ein probates Mittel zur Beschleunigung von Infrastrukturprojekten?; Niederstadt/Weber NuR 2009, 297: Verbandsklagen zur Geltendmachung von Naturschutzbelangen bei immissionsschutzrechtlichen Genehmigungen; Odendahl VerwArch 94 (2003), 222: Die Konzentrationswirkung: Formenvielfalt, Kollisionsfragen und Alternativmodelle; FS Sendler, 1991/Paetow, S. 425 ff.: Zur Struktur der abfallrechtlichen Planfeststellung; Paetow DVBl 1994, 94: Rechtsprechung zum Verkehrswegebeschleunigungsgesetz; Pernice-Warnke EurUP 2020, 145: Das Maßnahmengesetzvorbereitungsgesetz des Bundes; Ramsauer/Bieback NVwZ 2002, 277: Planfeststellung von privatnützigem Vorhaben; Reinhardt DtZ 1992, 258: Das Verkehrswegeplanungsbeschleunigungsgesetz; Repkewitz VerwArch 88 (1997), 137: Beschleunigung der Verkehrswegeplanung; Ringel, Die Plangenehmigung im Fachplanungsrecht, 1996; Röhl/Ladenburger, Die materielle Präklusion im raumbezogenen Verwaltungsrecht, 1997; Ronellenfitsch DVBl 1994, 441: Neues Verkehrswegeplanungsrecht; Ronellenfitsch LKV 1992, 115: Verkehrswegeplanung in Deutschland; Scherer-Leydecker DVBl 2015, 816 ff.: Die Konzentrationswirkung bei der Zulassung raumbedeutsamer Vorhaben und umweltrelevanter Anlagen; Steinberg DÖV 2000, 85: Umweltschutz in der Verkehrswegeplanung; Steinberg ZUR 2011, 340: Die Bewältigung von Infrastrukturvorhaben durch Verwaltungsverfahren – Eine Bilanz; Steinberg/Berg NJW 1994, 488: Das neue Planungsvereinfachungsgesetz; Steinberg/Wickel/Müller, Fachplanung, 4. Aufl. 2012; Stüer DVBl 2013, 700 ff.: Das Planungsvereinheitlichungsgesetz; Stüer/Buchsteiner UPR 2011, 335: Stuttgart 21: Eine Lehre für die Planfeststellung?; Stüer/Hönig DÖV 2004, 642: Befangenheit in der Planfeststellung; Traulsen/Haidinger NuR 2009, 697: Die endgültige Aufgabe planungsfeststellungsbedürftiger Vorhaben; Viebrock NVwZ 1992, 939: Beschränkungen der UVP in der Verkehrswegeplanungsbeschleunigung; Wagner NVwZ 1992, 232: Verfahrensbeschleunigung durch das Verkehrswegeplanungsbeschleunigungsgesetz; Wahl DVBl 1982, 51: Genehmigung und Planentscheidung; Wahl NVwZ 1990, 426: Entwicklung des Fachplanungsrechts; Wahl/Dreier NVwZ 1999, 606: Entwicklung des Fachplanungsrechts; Wasielewski LKV 1997, 77: Beschleunigung von Planungs- und Genehmigungsverfahren; Würtenberger BayVBl 2010, 652: Einwendungsbefugnis und Klagebefugnis des Grundstückkäufers im Planfeststellungsverfahren; Wulfhorst DÖV 2011, 581: Konsequenzen aus „Stuttgart 21“: Vorschläge zur Bürgerbeteiligung.

I. Planfeststellung im System verwaltungsrechtlicher Handlungsformen

1. Bedeutung und Eigenart der Planfeststellung

Das **Planfeststellungsverfahren** ist durch eine Reihe von Besonderheiten geprägt, die mit seiner Komplexität sowie der für diese Verfahrensart typischen Verbindung verfahrensrechtlicher und materiell-rechtlicher Aspekte zusammenhängen. Um die Strukturen und übergreifenden Zusammenhänge dieser Verfahrensart zu verdeutlichen, sollen vorab einige wichtige Begriffe und Zusammenhänge als grobes Raster der nachfolgenden Darstellung geklärt werden. 1

Gegenstand einer Planfeststellung ist ein „Vorhaben". Ein solches Vorhaben wird zunächst durch den sog. Vorhabenträger „geplant". **Vorhabenträger** sind dabei in den meisten Fällen Verwaltungsträger; aber auch Private können Träger eines solchen Vorhabens sein.[1] Der Vorhabenträger entwickelt zunächst unter Berücksichtigung der rechtlichen Vorgaben seine Planung für die Ausführung des Vorhabens. Den fertig erstellten Plan reicht er bei der sog. **Anhörungsbehörde,** die in der Regel nicht mit der für die Planfeststellung zuständigen Behörde identisch ist, ein (§ 73 I VwVfG). Dadurch wird das Planfeststellungsverfahren eröffnet. Die Anhörungsbehörde beteiligt sodann an diesem Verfahren die in ihrem Aufgabengebiet betroffenen Fachbehörden (§ 73 II VwVfG) sowie, im Rahmen eines Anhörungsverfahrens, die von der Planung Betroffenen (§ 73 III, IV VwVfG). Nach einer Erörterung der von den Betroffenen erhobenen Einwendungen wird der Plan an die **Planfeststellungsbehörde** weitergeleitet, die die vom Vorhabenträger vorgelegte Planung auf ihre Vereinbarkeit mit zwingendem Recht und auf die Ausgewogenheit der Berücksichtigung der durch das Vorhaben betroffenen öffentlichen und privaten Belange hin überprüft. Stehen dem Vorhaben keine zwingenden Rechtssätze entgegen und ist die Planung im Übrigen ausgewogen, so ergeht der Planfeststellungsbeschluss. Die bei der Planung zu berücksichtigenden Rechtssätze bilden unter dem Stichwort Fachplanungsrecht ein selbständiges Teilrechtsgebiet des Verwaltungsrechts. 2

Beispiele: Bau einer Straße, eines Flughafens oder einer Eisenbahntrasse.

2. Rahmenbedingungen der Planung als Verwaltungsaufgabe

Planung ist als zukunftsgerichtete, finale und prognostische Gestaltung staatlichen Handelns in erster Linie Aufgabe von Regierung und Parlament.[2] Nur durch die Rahmenvorgaben der Verfassung und allgemeine Rechtsgrundsätze gebunden, steht ihnen dabei eine weite **planerische Gestaltungsfreiheit** zu.[3] Die Verwaltung nimmt traditionell vor allem durch die **raumbezogene Gesamtplanung**[4] am arbeitsteiligen staatlichen Planungsprozess teil. Raumordnungs-, Bauleit- und sonstige Fachpläne sind die ihr dazu bereitgestellten Instrumente. Die örtliche Bauleitplanung der Gemeinden ist dabei durch die von Art. 28 II GG gewährleistete Planungsfreiheit verfassungsrechtlich abgesichert.[5] Die Entwicklung ist dabei jedoch nicht stehen geblieben. 3

---

[1] So sind die Vorhabenträger bei der Planfeststellung für Hochspannungsleitungen nach § 43 EnWG die privaten Netzbetreiber. Vgl. dazu im Allgemeinen bspw. Jarass, Die Planfeststellung privater Vorhaben, 2003; Ramsauer/Bieback; NVwZ 2002, 277 ff.

[2] Dazu im Einzelnen Isensee/Kirchhof StaatsR-HdB/Hoppe § 77 Rn. 29 ff.

[3] Isensee/Kirchhof StaatsR-HdB/Hoppe § 77 Rn. 74 ff.

[4] Übersicht bei Isensee/Kirchhof StaatsR-HdB/Hoppe § 77 Rn. 23 ff.

[5] BVerfGE 56, 298 (317 f.); Stern StaatsR I, § 12 II 4d.

Besonders **raumbezogene Großprojekte** wie der Bau von Fern- und Wasserstraßen sowie Eisenbahntrassen konnten vor dem Hintergrund gesteigerter rechts- und umweltstaatlicher Anforderungen nicht länger verwaltungsintern beschlossen werden.[6] Aber auch die herkömmlichen, aus dem Bau- und Wirtschaftsverwaltungsrecht bekannten Zulassungsverfahren waren für solche Vorhaben nicht geeignet. Dies galt zum einen, weil bei ihnen allenfalls einzelne Nachbarn in das Verfahren einbezogen werden können, zum anderen aber auch, weil die sehr engmaschig gesetzesdeterminierten Zulassungsentscheidungen mit ihren vorweggenommenen typisierten Abwägungsentscheidungen nicht in der Lage sind, die durch ein raumbezogenes Großvorhaben betroffene Vielzahl privater und öffentlicher Belange gleichzeitig angemessen zu berücksichtigen. Neben die herkömmliche Zulassungsentscheidung trat deshalb mit dem Planfeststellungsbeschluss eine zweite Zulassungsform.[7] Sie hat die besondere Aufgabe, ein vorhabenbezogenes Zulassungsverfahren mit der Funktion eines umfassenden Abwägungs- und Ausgleichsprozesses zu verbinden.[8] Der so getroffenen Entscheidung räumt die Rechtsordnung in § 38 BauGB den Vorrang gegenüber der sonst maßgeblichen örtlichen Gesamtplanung ein.[9] Nicht zuletzt dieser planverdrängende Charakter macht die hohen Anforderungen deutlich, die an ein Planfeststellungsverfahren zu stellen sind.

4 Zu der Schwierigkeit, in einem Verfahren eine große Vielfalt privater und öffentlicher Belange sowie strikter gesetzlicher Vorgaben zu berücksichtigen, tritt im Planfeststellungsverfahren noch eine zweite hinzu. Sie hängt damit zusammen, dass die für die Planfeststellung zuständige Behörde idR nicht selbst Träger des Vorhabens und damit auch nicht für die eigentliche fachliche Planung zuständig ist. Zu berücksichtigen ist zudem, dass auch eine privatnützige Planfeststellung zulässig ist.[10] Diese „echte" Planung ist dem Planfeststellungsverfahren vorgelagert. Letzteres beginnt mit der Einreichung eines durch den Vorhabenträger fertig ausgearbeiteten Plans. Dies macht deutlich, dass die für die Planfeststellung zuständige Behörde nicht über **originäre planerische Gestaltungsfreiheit** verfügt.[11] Die Aufgabe der Planfeststellungsbehörde ist demnach treffender als Planüberprüfung zu bezeichnen. Sie kontrolliert den vom Vorhabenträger vorgelegten Plan, indem sie ihn anhand der gesetzlichen Vorgaben „prüfend nachvollzieht".[12] Es liegt deshalb nahe, die Planfeststellung als eine durch planerische Elemente bereicherte Zulassungsentscheidung zu charakterisieren und sie damit deutlich von „echten" Planungsakten zu unterscheiden.

---

6 Dazu Durner, Konflikte, 2005, S. 53 ff.

7 Grundlegend dazu Wahl DVBl 1982, 51 ff. Zur Einordnung der Planfeststellung als Planungsentscheidung ausführlich Beckmann GS Hoppe, 2012, S. 123, 130 ff.

8 Steinberg/Wickel/Müller Fachplanung, § 1 Rn. 9; s. auch BVerwGE 60, 297 (307).

9 BVerwGE 97, 143 (148 f.).

10 BVerwGE 88, 155; Steinberg/Wickel/Müller Fachplanung, § 1 Rn. 24 ff.; Wahl NVwZ 1990, 426 (430).

11 Steinberg/Wickel/Müller Fachplanung, § 1 Rn. 18 u. § 3 Rn. 132; Beckmann GS Hoppe, 2012, S. 123, 138 f. auch → (§ 62?) Rn. 36.

12 BVerwGE 72, 365 (367); Kühling/Herrmann Fachplanungsrecht, Rn. 28; Jarass DVBl 1998, 1202 (1203). Zur Frage, ob die Planfeststellungsbehörde den Plan des Vorhabenträgers lediglich nachvollziehen oder eine eigene Abwägungsentscheidung treffen darf Beckmann GS Hoppe, 2012, S. 123, 139 f.

Die **Sonderstellung der Planfeststellung** zwischen offener Planung und gebundener Zulassung verlangt nach besonderen Rechtsgrundsätzen.[13] Sie wurden bei der Einführung der Planfeststellung weder durch den Gesetzgeber geschaffen, noch konnten sie aus dem Fundus der allgemeinen Rechtsgrundsätze des Verwaltungsrechts entnommen werden. Deshalb mussten Rechtsprechung und Lehre in einem fruchtbaren Zusammenwirken über mehrere Jahrzehnte hinweg diese Lücke schließen. Dabei wurde an die Rechtsgrundsätze angeknüpft, die für den Bereich der Bauleitplanung entwickelt worden waren, allen voran die Abwägungslehre.[14] Diese Grundsätze wurden nach und nach modifiziert und den Besonderheiten der Planfeststellung angepasst. Auf diese Weise entstand in Gestalt des Fachplanungsrechts ein inzwischen weitgehend konsolidiertes neues Rechtsgebiet, das die **Bereichsdogmatik** für die Planfeststellung bereitstellt.[15] 5

Das Fachplanungsrecht ist durch eine enge Verbindung und gegenseitige Durchdringung materieller und verfahrensrechtlicher Elemente geprägt.[16] In ihm ist der Gedanke des materiellen Rechtsschutzes durch und im Verfahren in exemplarischer Weise verwirklicht. Zwar sind die Grundsätze des Fachplanungsrechts auch auf behördliche Entscheidungen anwendbar, für die keine Planfeststellung oder Plangenehmigung angeordnet ist (dazu → § 62 Rn. 14). Zumindest aus der Perspektive des Planfeststellungsverfahrens ist es aber nicht möglich, die verfahrensrechtlichen von den materiell-rechtlichen Aspekten zu lösen. Besonders deutlich wird dies bei der Ausgleichsregelung nach § 74 II VwVfG. Aus diesem Grunde kann das Planfeststellungsverfahren nicht ohne Einbeziehung des Fachplanungsrechts dargestellt werden. 6

3. Planfeststellungsverfahren und Fachplanungsrecht

a) Rahmenbedingungen und Entwicklung des Fachplanungsrechts

Die für die Planfeststellung zuständige Behörde muss ihre Entscheidung im Schnittpunkt mehrerer systembedingter Vorgaben treffen: Unter dem Gesichtspunkt des **Vorrangs des Gesetzes** muss sie die Vorgaben von Parlament und Regierung beachten, die in zahlreichen, oft nur unzureichend koordinierten Fachgesetzen und Verordnungen niedergelegt sind. Aufgrund der **Dezentralisation** beziehen sich Vorhaben oft auf Raumausschnitte, für die im Normalfall mehrere Behörden zuständig sind, was zu gebietsübergreifenden Abstimmungsnotwendigkeiten führen kann. Als Folge der **fachlichen Aufgliederung** der Verwaltung kommt es zu weiteren Abstimmungsnotwendigkeiten. Aufgabe des Planfeststellungsverfahrens ist es, trotz der Vielzahl betroffener Belange und Zuständigkeiten, das Vorhaben in einem einzigen Verfahren zu prüfen und ggf. zuzulassen. 7

Diesen besonderen Anforderungen der Fachplanung hat der Gesetzgeber durch den Erlass von thematisch einschlägigen **Fachgesetzen** Rechnung getragen, die eine Verfahrenskonzentration, aber keine materielle Konzentration anordnen. Als historischer Vorläufer der heutigen Regelungen wird § 4 PrEG angesehen, der erstmalig aus 8

[13] Steinberg/Wickel/Müller Fachplanung, § 1 Rn. 8 ff.; Steinberg DÖV 1982, 619 ff.; Wahl DVBl 1982, 51 ff.

[14] Wahl NVwZ 1990, 426.

[15] Übersichtliche Bestandsaufnahmen finden sich bei Jarass DVBl 1998, 1202 ff.; Wahl/Dreier NVwZ 1999, 606 ff.

[16] Steinberg/Wickel/Müller Fachplanung, § 1 Rn. 6 f.

Gründen der Beschleunigung und Effektivität eine Zuständigkeitskonzentration anordnete.[17] Eine Leitfunktion für die Entwicklung des modernen Planungsrechts kam auf Bundesebene vor allem dem Bundesfernstraßengesetz vom 6.8.1953[18] zu, das erstmalig das Planfeststellungsrecht umfassend regelte. Im Zuge der Vereinheitlichung des Verwaltungsverfahrensrechts durch die Verwaltungsverfahrensgesetze wurde das Planfeststellungsverfahren sodann in den §§ 72–78 VwVfG allgemein geregelt. Eine wirkliche Rechtsvereinheitlichung wurde dadurch aber schon deshalb nicht erreicht, weil die Regelungen des Verwaltungsverfahrensgesetzes gem. § 1 II VwVfG nur subsidiär gelten und die Verfahrensregelungen in den Fachgesetzen beibehalten wurden. Nur bei gesetzlichen Neuregelungen wie etwa dem AtomG wurde von der Möglichkeit Gebrauch gemacht, auf die allgemeinen Regelungen der §§ 72 ff. VwVfG zu verweisen. Eine weitergehende Rechtsbereinigung und -vereinheitlichung wurde durch das Dritte Rechtsbereinigungsgesetz vom 28.6.1990[19] erzielt. Dadurch wurden vor allem die Regelungen im Personenbeförderungsgesetz, Fernstraßengesetz und Wasserstraßengesetz inhaltlich mit den Regelungen des Verwaltungsverfahrensgesetzes abgeglichen. Nahezu gleichzeitig wurden durch die Verabschiedung des UVPG[20] und des Verkehrswegeplanungsbeschleunigungsgesetzes[21] neue Sonderregelungen eingeführt. Einschneidende Veränderungen des Fachplanungsrechts bewirkten eine Reihe von weiteren der Beschleunigung und Vereinfachung des Genehmigungsverfahrens dienende Gesetze:[22] das Investitionserleichterungs- und Wohnbaulandgesetz v. 22.4.1993,[23] das Planungsvereinfachungsgesetz v. 17.12.1993,[24] das Genehmigungsbeschleunigungsgesetz v. 12.9.1996[25] sowie vor allem das Gesetz zur Beschleunigung von Planungsverfahren für Infrastrukturvorhaben v. 9.12.2006, welches verfahrensbeschleunigende Maßgabevorschriften in sechs Fachgesetzen einführte.[26] Durch das Gesetz zur Verbesserung der Öffentlichkeitsbeteiligung und Vereinheitlichung des Planfeststellungsverfahrens v. 31.5.2013[27] wurden diese Regelungen vereinheitlicht und damit das gesamte Planfeststellungsver-

[17] Stelkens/Bonk/Sachs/Neumann/Külpmann VwVfG § 72 Rn. 12.

[18] BGBl. I 903; neugefasst durch Bekanntgabe vom 28.6.2007 (BGBl. I 1206).

[19] BGBl. I 1221.

[20] G v. 12.2.1990, BGBl. I 205; neugefasst durch Bekanntgabe vom 24.2.2010 (BGBl. I 94).

[21] G v. 16.12.1991, BGBl. I 2174. Die Bestimmungen des „Gesetz zur Beschleunigung der Planungen für Verkehrswege" sind 2007 außer Kraft getreten. S. zum Gesetzesinhalt Gassner NuR 1992, 449 ff.; Klinski/Gaßner NVwZ 1992, 235 ff.; Reinhardt DtZ 1992, 258 ff.; Ronellenfitsch LKV 1992, 115 ff.; Ronellenfitsch DVBl 1994, 441 ff.; Viebrock NVwZ 1992, 939 ff.; Wagner NVwZ 1992, 232 ff.; zur dazu ergangenen Rechtsprechung Paetow DVBl 1994, 94 ff.

[22] Übersicht auch bei Stelkens/Bonk/Sachs/Neumann/Külpmann VwVfG § 72 Rn. 15 ff.

[23] Gesetz zur Erleichterung von Investitionen und der Ausweisung und Bereitstellung von Wohnbauland (Investitionserleichterungs- und Wohnbaulandgesetz- InvErlWoBauldG), BGBl. I 466. Das InvErlWoBauldG ist zum 30.9.2006 außer Kraft getreten.

[24] BGBl. I 2123.

[25] Gesetz zur Beschleunigung von Genehmigungsverfahren (Genehmigungsbeschleunigungsgesetz-GenBeschlG), BGBl. I 1354. Dazu Repkewitz VerwArch 88 (1997), 137 ff.; Stüer DVBl 1997, 326 ff.; Wasielewski LKV 1997, 77 ff.; Wulfhorst VerwArch 86 (1997), 163 ff.

[26] Gesetz zur Beschleunigung von Planungsverfahren für Infrastrukturvorhaben (InfraStrPlVBeschlG), BGBl. I 2833. S. zu den einzelnen Änderungen durch das InfraStrPlVBeschlG Otto NVwZ 2007, 379 ff. Krit. zum InfraStrPlVBeschlG vgl. Wickel UPR 2007, 201 ff.; Schröder NuR 2007, 380 ff.

[27] Gesetz zur Verbesserung der Öffentlichkeitsbeteiligung und Vereinheitlichung von Planfeststellungsverfahren (PlVereinhG), BGBl. I 1388. Dazu Stüer DVBl 2013, 700 ff.; Schmitz/Prell NVwZ 2013, 745 ff.

fahren einem grundsätzlichen Gebot zur Beschleunigung unterworfen. Artikuliertes Gesetzgebungsziel war zudem die Stärkung der Mitwirkung der Öffentlichkeit durch eine Beteiligung zum frühestmöglichen Zeitpunkt und bei größtmöglicher Offenheit der Entscheidungsalternativen.[28] Der Gesetzgeber reagierte damit auch auf die Geschehnisse um den Ausbau des Stuttgarter Hauptbahnhofs („Stuttgart 21"), die bestätigten, dass die bis dahin bestehenden Regelungen den Beteiligungsbedürfnissen des Bürgers nicht uneingeschränkt gerecht werden konnten.[29] Diesen soll ua durch eine sog. Hinwirkungspflicht der Verwaltung zur Einbeziehung der Öffentlichkeit noch vor dem eigentlichen Genehmigungs- oder Planfeststellungsverfahren Rechnung getragen werden.[30] In Bezug auf die Ausweitung der Öffentlichkeitsbeteiligung geht das Netzausbaubeschleunigungsgesetz Übertragungsnetz (NABEG) v. 28.7.2011[31] noch weiter und sieht für bestimmte Ausbauvorhaben im Bereich des Höchstspannungsnetzes eine Vielzahl von Jedermann-Beteiligungen im Laufe des Planungsprozesses vor.[32]

Was den Anwendungsbereich des Planfeststellungs- bzw. Plangenehmigungsverfahrens betrifft, ergibt sich nach heutigem Stand der Gesetzgebung folgendes Bild:[33] 9

Bundesrechtlich ist das Planfeststellungsverfahren für folgende Bereiche angeordnet: 9a
- für Bau und Änderung von Bundesfernstraßen in § 17 S. 1 FStrG;[34]
- für Bau und Änderung von Schienenwegen der Eisenbahn in § 18 S. 1 AEG;[35]
- für Bau und Änderung von Magnetschwebebahnen in § 1 I MBPlG;[36]
- für den Bau von Betriebsanlagen für Straßenbahnen und den Omnibusbetrieb in §§ 28 I, 41 PBefG;[37]

[28] BT-Drs. 17/9666, 1 f. Dazu ausführlich Ziekow NVwZ 2013, 754 ff.

[29] S. zum Verfahrensablauf von „Stuttgart 21" u. a. Stüer/Buchsteiner UPR 2011, 335 f.; Böhm NuR 2011, 614 (616).

[30] Vgl. § 25 III VwVfG. Dazu ausführlich Stüer DVBl 2013, 700 (701 f.); Schmitz/Prell NVwZ 2013, 745 (746 ff.); Hertel/Munding NJW 2013, 2150 ff. Die tatsächliche Wirksamkeit der Vorschrift bezweifelt Appel in Gesellschaft für Umweltrecht, Dokumentation zur 35. wissenschaftlichen Fachtagung, 2012, S. 69, 115 f. S. allgemein zur Öffentlichkeitsbeteiligung im Verwaltungsverfahren Knauff DÖV 2012, 1 ff. sowie speziell im Planungsverfahren Hien UPR 2012, 128 ff.

[31] Netzausbaubeschleunigungsgesetz Übertragungsnetz (NABEG), BGBl. I 1690. Dazu Moench/Ruttloff NVwZ 2011, 1040 ff.; Wagner DVBl 2011, 1453 ff.; Kment RdE 2011, 341 ff. Zur Verfassungsmäßigkeit des NABEG ausführlich Mikesic/Strauch RdE 2011, 347 ff.

[32] Dazu ausführlich de Witt/Scheuten NABEG/Straßburg, Einl. Rn. 74; Peters DVBl 2015, 808 ff.; Kühling DVBl 2013, 1093 (1097 f.); Schmitz/Jornitz NVwZ 2012, 332 (336).

[33] S. auch Knack/Henneke/Schink VwVfG Vor § 72 Rn. 18 ff.; Stelkens/Bonk/Sachs/Neumann/Külpmann VwVfG § 72 Rn. 32 ff. sowie Stüer/Probstfeld, Die Planfeststellung, 2. Aufl. 2016, S. 176 ff.

[34] Bundesfernstraßengesetz (FStrG) in der Fassung der Bekanntmachung vom 28.6.2007 (BGBl. I 1206). Einzelheiten bei Stüer, Handbuch, Rn. 3680 ff.; Kodal, Straßenrecht/Dürr, 8. Aufl. 2021, Kap. 36 Rn. 3 ff. u. 7 ff.; Steinberg/Wickel/Müller Fachplanung, § 1 Rn. 87 ff.

[35] Allgemeines Eisenbahngesetz (AEG), in der Fassung der Bekanntmachung vom 27.12.1993 (BGBl. I 2378 (2396); BGBl. 1994 I 2439). Einzelheiten bei Stüer, Handbuch, Rn. 3786 ff.; Steinberg/Wickel/Müller Fachplanung, § 1 Rn. 98 ff.

[36] Gesetz zur Regelung des Planungsverfahrens für Magnetschwebebahnen (Magnetschwebebahnplanungsgesetz- MBPlG), in der Fassung der Bekanntmachung vom 23.11.1994 (BGBl. I 3486). Einzelheiten bei Stüer, Handbuch, Rn. 4352 ff.; Steinberg/Wickel/Müller Fachplanung, § 1 Rn. 127 ff.

[37] Personenbeförderungsgesetz (PBefG), in der Fassung der Bekanntmachung vom 8.8.1990 (BGBl. I 1690), Einzelheiten bei Stüer, Handbuch, Rn. 4105 ff.; Steinberg/Wickel/Müller Fachplanung, § 1 Rn. 107 ff.

– für Ausbau, Neubau oder die Beseitigung von Bundeswasserstraßen in § 14 I WaStrG;[38]
– für Bau und bauliche Änderungen von Flughäfen in § 8 I LuftVG;[39]
– für Errichtung und Betrieb von Abfalldeponien in § 35 II KrWG;[40]
– für Errichtung und Betrieb von Zwischen- und Endlagern radioaktiver Abfälle in § 9a III iVm 9b I AtomG;[41]
– für die Feststellung eines Wege- und Gewässerplanes im Flurbereinigungsgebiet in § 41 III FlurbG;[42]
– für den Rahmenbetriebsplan im Bergbau in §§ 52 IIa, 57a, 57b BBergG;[43]
– für den Gewässerausbau in § 68 I WHG;[44]
– für Errichtung, Betrieb und Änderung bestimmter Energieleitungen in § 43 EnWG.[45]

10 Eigenständige Vollregelungen des Planfeststellungsverfahrens enthalten heute nur noch das Luftverkehrsgesetz und das Flurbereinigungsgesetz. Die übrigen Gesetze verweisen vollständig oder ergänzend auf die Regelungen der §§ 72 ff. VwVfG.

11 Auf **Landesebene** finden sich gesetzliche Regelungen, die eine Planfeststellung anordnen oder ausgestalten vor allem in folgenden Bereichen:
– für Bau und Änderung von Straßen in den Landesstraßengesetzen;
– für Bau und Änderung von Schienenwegen in den Eisenbahngesetzen der Länder;
– für den Ausbau und Neubau von Landeswasserstraßen in den Landeswasserstraßengesetzen;
– für Maßnahmen des Gewässerausbaus in den Landeswassergesetzen.

---

[38] Bundeswasserstraßengesetz (BWaStrG), in der Fassung der Bekanntmachung vom 23.5.2007 (BGBl. I 962, BGBl. 2008 I 1980). Einzelheiten bei Stüer, Handbuch, Rn. 4320 ff.; Steinberg/Wickel/Müller Fachplanung, § 1 Rn. 112 ff.

[39] Luftverkehrsgesetz in der Fassung der Bekanntgabe v. 10.5.2007 (BGBl. I 698). Einzelheiten bei Stüer, Handbuch, Rn. 3965 ff.; Steinberg/Wickel/Müller Fachplanung, § 1 Rn. 117 ff.

[40] Gesetz zur Förderung der Kreislaufwirtschaft und Sicherung der umweltverträglichen Bewirtschaftung von Abfällen (Kreislaufwirtschaftsgesetz – KrWG) in der Fassung der Bekanntgabe v. 24.2.2012 (BGBl. I 212). Das KrWG hat das KrW-/AbfG mit Wirkung zum 1.6.2012 außer Kraft gesetzt. Einzelheiten bei Stüer, Handbuch, Rn. 4113 ff.; Steinberg/Wickel/Müller Fachplanung, § 1 Rn. 129 ff. zur alten Rechtslage nach dem KrW-/AbfG.

[41] Gesetz über die friedliche Verwendung der Kernenergie und den Schutz gegen ihre Gefahren (Atomgesetz- AtomG), in der Fassung der Neubekanntmachung vom 15.7.1985 (BGBl. I 2178 (2198)). Einzelheiten bei Stüer, Handbuch, Rn. 4362 ff.; Steinberg/Wickel/Müller, Fachplanung, § 1 Rn. 134 ff.

[42] Flurbereinigungsgesetz (FlurbG), in der Fassung der Bekanntmachung vom 16.3.1976 (BGBl. I 564), zu Einzelheiten bei Stüer, Handbuch, Rn. 4398 ff.; Steinberg/Wickel/Müller Fachplanung, § 1 Rn. 139 ff.

[43] Bundesberggesetz (BBergG), in der Fassung der Bekanntmachung vom 13.8.1980 (BGBl. I 1310). Einzelheiten bei Stüer, Handbuch, Rn. 4422 ff.; Steinberg/Wickel/Müller Fachplanung, § 1 Rn. 148 ff.

[44] Gesetz zur Ordnung des Wasserhaushalts (Wasserhaushaltsgesetz- WHG), in der Fassung der Bekanntmachung vom 31.7.2009 (BGBl. I 2585). Einzelheiten bei Stüer, Handbuch, Rn. 4191 ff.; Steinberg/Wickel/Müller Fachplanung, § 1 Rn. 143 ff.

[45] Gesetz über die Elektrizitäts- und Gasversorgung (Energiewirtschaftsgesetz – EnWG), in der Fassung der Bekanntmachung vom 7.7.2005 (BGBl. 1970 I 3621). Einzelheiten bei Steinberg/Wickel/Müller Fachplanung, § 1 Rn. 152 ff.; Stüer, Handbuch, Rn. 3882 ff. Neben planfeststellungspflichtigen Vorhaben enthält § 43 EnWG auch optionale Fälle der Planfeststellung.

b) Systemmerkmale des Fachplanungsrechts

Da das Fachplanungsrecht mit seinen besonderen dogmatischen Grundsätzen weiter als die Planfeststellung reicht, insofern also keine gegenseitige Deckungsgleichheit gegeben ist, bedarf es inhaltlicher Kriterien, mit deren Hilfe der Anwendungsbereich der fachplanungsrechtlichen Grundsätze bestimmt werden kann. Die Rechtsprechung des Bundesverwaltungsgerichts liefert dafür zahlreiche Anknüpfungspunkte. Nach ihr sind Planungsentscheidungen einerseits durch einen weiten planerischen Gestaltungsspielraum gekennzeichnet, andererseits aber an das Gebot gebunden, die unterschiedlichen Interessen und Belange in einem einheitlichen Entscheidungsvorgang abzuwägen.[46] Oder anders ausgedrückt: „Staatliche Planungsentscheidungen sind dadurch gekennzeichnet, dass der planenden Behörde durch ein Gesetz die Befugnis übertragen wird, für ein bestimmtes Vorhaben, das dem Wohle der Allgemeinheit dient, private und öffentliche Belange in einem Akt planender Gestaltung durch Abwägung zum Ausgleich zu bringen und erforderlichenfalls zu überwinden".[47] Für das Bundesverwaltungsgericht ist das Abwägungsgebot der Indikator für das Vorliegen einer Planungsentscheidung. Ist eine Planfeststellung gesetzlich angeordnet, so ist dies selbstverständlich. Fehlt es daran, so muss das Vorliegen einer planerischen Entscheidungsfindung anhand von materiellen Kriterien ermittelt werden. Dabei ist vor allem zu fragen, ob die Erfüllung der sachlichen Prüfungsaufgabe eine planerische Abwägung erfordert. Damit gelangt man zu einem **materiellen Planungsbegriff.** Für ihn ist das Bedürfnis nach planerischer Abwägung kennzeichnend. Dieses Bedürfnis entsteht dadurch, dass auf der Ebene der öffentlichen Belange ein Konflikt auszutragen ist.[48] 12

Bei der Zuordnung einzelner Zulassungsentscheidungen zum Fachplanungsrecht ist demnach entscheidend, in welchen Fällen die Verwendung des Begriffs „Allgemeinwohl" oder eines ähnlichen Begriffs zur Annahme des Vorliegens einer Planungsentscheidung berechtigt und in welchen nicht. Ist die betreffende Norm so auszulegen, dass bereits jedes entgegenstehende öffentliche Einzelinteresse die negative Rechtsfolge der Ablehnung auslöst, so dass eine Kompensation mit gleichzeitig geförderten öffentlichen Interessen nicht möglich ist, so liegt **keine Planungsentscheidung** vor. Denn diese ist dadurch gekennzeichnet, dass bei der Anwendung einer Gemeinwohlklausel positiv und negativ beeinflusste öffentliche Interessen zu berücksichtigen sind und der Ausgleich eines in der konkreten Situation auftretenden Zielkonflikts Aufgabe der zur Entscheidung berufenen Stelle ist.[49] 13

Fragt man nach **Beispielen,** so ist an erster Stelle die Enteignung zu nennen. Die Prüfung, ob eine Enteignung dem Wohl der Allgemeinheit dient, beruht auf einer Bilanzierung unterschiedlicher öffentlicher und privater Interessen und kann deshalb nur in einem Prozess planerischer Abwägung entschieden werden, wenn auch öffentliche Belange zu berücksichtigen sind, die grundsätzlich gegen das Vorhaben streiten. Das 14

---

[46] BVerwG NVwZ 1986, 640 und NVwZ 1989, 458; Steinberg/Wickel/Müller, Fachplanung, § 1 Rn. 6 ff.

[47] BVerwGE 74, 124 (133).

[48] Wahl NVwZ 1990, 426 (427); Sauthoff NVwZ 1995, 119 (120); Wahl/Dreier NVwZ 1999, 606 (608).

[49] Wahl NVwZ 1990, 426 (427).

dürfte heute bei größeren raumbezogenen Vorhaben die Regel sein.[50] Planungscharakter besitzen daneben vor allem Infrastrukturmaßnahmen, für die wegen ihrer geringeren Bedeutung keine Planfeststellung angeordnet ist.[51] Beispiele dafür finden sich im Abfallrecht,[52] Wasserstraßenrecht,[53] Wasserhaushaltsrecht[54] und Flurbereinigungsrecht.[55] Anerkannt ist auch der Planungscharakter der luftverkehrlichen Genehmigung[56] und des bergrechtlichen Betriebsplanverfahrens.[57]

15 Keinen bzw. einen reduzierten Planungscharakter besitzen nach Ansicht des BVerwG die Aufstellung von Landschaftsplänen nach § 11 BNatSchG und die Unterschutzstellung nach § 26 BNatSchG.[58] Das resultiert daraus, dass es nur den Interessengegensatz des Landschaftsschutzes auf der einen und des Nutzungsinteresses der Grundstückseigentümer auf der anderen Seite gibt.[59]

4. Einordnung und Abgrenzung der Planfeststellung

a) Begriffsbestimmungen und Abgrenzung zu anderen Handlungsformen

16 **aa) Allgemeine Einordnung.** Das Planfeststellungsverfahren ist neben dem in §§ 63–71 VwVfG geregelten förmlichen Verwaltungsverfahren die zweite im Verwaltungsverfahrensgesetz geregelte, „vor die Klammer" der einzelnen Fachplanungsgesetze gezogene besondere Verfahrensart. Die Aufnahme in das VwVfG wird auch damit gerechtfertigt, dass das Planfeststellungsverfahren auf den Erlass eines rechtsgestaltenden Verwaltungsakts gerichtet ist, der aus historischen Gründen Planfeststellungsbeschluss genannt wird. Damit wird deutlich: Im Vordergrund steht bei diesem Verfahren der **Prozess der Entscheidungsfindung.**

17 Der Planfeststellungsbeschluss ist durch folgende Merkmale geprägt:[60]
- Er enthält die Entscheidung über die Zulässigkeit der Verwirklichung eines **raumbezogenen** Vorhabens.
- Er ergeht in einem **besonderen Verfahren** (§ 73 VwVfG).
- Er unterliegt einer **besonderen Form** (§ 74 VwVfG).
- Er hat **besondere Rechtswirkungen** (§ 75 VwVfG).

18 Die §§ 72 ff. VwVfG erfassen nur die letzten von mehreren Planungsstufen und kommen erst dann zur Anwendung, wenn aus einer allgemeinen Planung bereits ein konkreter Plan geworden und das dazu notwendige Material zusammengetragen ist. Es muss eine derartige Konkretisierung stattgefunden haben, dass es in ihrem Aufgabenbereich betroffenen Behörden sowie potenziell betroffenen Bürgern ermöglicht wird, in einem Anhörungsverfahren dazu Stellung zu nehmen (§ 73 VwVfG). Zudem muss

50 Kühling/Herrmann, Fachplanungsrecht, Rn. 380.
51 Wahl NVwZ 1990, 426 (428).
52 Stüer, Handbuch, Rn. 4174 u. 4185 in Bezug auf § 35 III KrWG.
53 Steinberg/Wickel/Müller Fachplanung, § 1 Rn. 114 im Hinblick auf § 14b WaStrG.
54 Stüer, Handbuch, Rn. 4251 im Hinblick auf § 68 II WHG.
55 Steinberg/Wickel/Müller Fachplanung, § 1 Rn. 142 im Hinblick auf § 41 IV FlurbG.
56 BVerwG DÖV 1971, 490 (491); BVerwGE 82, 246 (249); Stüer, Handbuch, Rn. 3967.
57 BVerwG NVwZ 1992, 980 (983); anders zur alten Rechtslage BVerwG NVwZ 1991, 992 (993).
58 S. dazu die Rspr. zu §§ 6, 15 BNatSchG aF: BVerwG NVwZ 1988, 1020; VGH Mannheim NuR 1989, 307 Ls. 2; Kühling DVBl 1989, 221; aA OVG Münster NuR 1989, 188; VGH München NuR 1989, 182 (183).
59 Wahl NVwZ 1990, 426 (429).
60 Übersicht bei Steinberg/Wickel/Müller Fachplanung, § 5 Rn. 13 ff.

auf dieser Grundlage eine Entscheidung der Planungsbehörde herbeigeführt werden können (§ 74 VwVfG). Die §§ 72 ff. VwVfG enthalten einen allgemeinen verfahrensrechtlichen Rahmen der punktuell, zB in § 72 II VwVfG, durch materiell-rechtliche Vorgaben ergänzt wird. Die meisten materiell-rechtlichen Maßstäbe sind jedoch aus den einzelnen Fachplanungsgesetzen zu entnehmen, unter Umständen ergänzt durch die Vorgaben weiterer Fachgesetze, die auf das jeweilige Vorhaben anwendbar sind.

bb) Verhältnis zu anderen Verfahrensarten und Planungsstufen. Das Planfeststellungsverfahren ist zunächst von der gebietsbezogenen Gesamtplanung in Gestalt der Raumordnung, Landesplanung, Regionalplanung oder Bauleitplanung abzugrenzen.[61] Diese „echten" Planungen sind durch eine größere Offenheit und in der Regel durch den fehlenden Bezug zu einzelnen Vorhaben gekennzeichnet.[62] 19

Die Planfeststellung unterscheidet sich von einem **Genehmigungs- oder Zulassungsverfahren ohne planerische Komponente.** Die insoweit maßgeblichen Unterschiede wurden bereits im Zusammenhang mit der Herausarbeitung der Systemmerkmale der Fachplanung verdeutlicht (→ § 62 Rn. 7 ff.). 20

Das Planfeststellungsverfahren ist von der ihm **vorgeschalteten Planaufstellung** zu unterscheiden, die der Vorhabenträger durchführt. Es setzt erst mit der Einreichung der Planungsunterlagen bei der Anhörungsbehörde ein. Zudem kommt ein formalisiertes Vorverfahren nach § 5 UVPG in Betracht.[63] 21

Soweit in einzelnen Gesetzen **keine typenreinen Verfahrensarten** geregelt sind, ist zu beachten, dass der Gesetzgeber hier eine weitgehende Gestaltungsfreiheit besitzt. Dies zeigt die Einführung der Plangenehmigung. Nicht typenrein sind auch die Regelungen des BImSchG und des UVPG. 22

Besonders wichtig ist das Verhältnis zum **Enteignungsverfahren:** Die §§ 72 ff. VwVfG betreffen (zusammen mit den materiell-rechtlichen Vorgaben) grundsätzlich nicht die enteignungsrechtliche Seite, indem nur die öffentlich-rechtliche Zulässigkeit des Vorhabens festgestellt wird.[64] Der Vollzug des festgestellten Plans steht grundsätzlich unter dem Vorbehalt, dass entgegenstehende dingliche Rechte gütlich oder im Enteignungsverfahren beseitigt werden. Dazu bedarf es – sofern das Fachgesetz nichts anderes bestimmt – eines besonderen, selbständigen Verfahrens. Der Planfeststellungsbeschluss entfaltet aber eine so genannte **enteignungsrechtliche Vorwirkung,**[65] dh er stellt ihre grundsätzliche Zulässigkeit fest (dazu → § 62 Rn. 135). Im Enteignungsverfahren ist dann nur noch über die Modalitäten der Durchführung der Enteignung, insbesondere die Höhe der Entschädigung zu entscheiden. 23

---

[61] Dazu Isensee/Kirchhof StaatsR-HdB/Hoppe § 77 Rn. 23 ff.: „System der räumlichen Gesamtplanung" und Rn. 26: „System der Fachplanungen". Eingehend zum Verhältnis und zur Koordinierung der einzelnen räumlichen Planungen Durner, Konflikte, insbesondere S. 396 ff.

[62] Jarass DVBl 1998, 1202 (1203).

[63] Steinberg/Wickel/Müller Fachplanung, § 2 Rn. 35 ff.

[64] Knack/Henneke/Dürr Vor § 72 Rn. 7; Stelkens/Bonk/Sachs/Neumann/Külpmann VwVfG § 72 Rn. 70.

[65] Knack/Henneke/Schink VwVfG Vor § 72 Rn. 11, § 75 Rn. 28. Ausführlich zur enteignungsrechtlichen Vorwirkung bei Planfeststellungen Jarass DVBl 2006, 1329 ff.

24 **cc) Voraussetzungen der Anwendbarkeit der §§ 72–78 VwVfG.** Voraussetzungen für die Anwendbarkeit der §§ 72 ff. VwVfG sind: (a) die Anwendbarkeit des VwVfG nach Maßgabe der §§ 1 und 2 VwVfG; (b) die Anordnung der Planfeststellung durch eine Rechtsvorschrift (also auch durch Rechtsverordnung oder Satzung).

25 Es sind zwei Fallkonstellationen denkbar:[66]
– die Rechtsvorschrift ordnet die Planfeststellung an und trifft keine eigene verfahrensrechtliche Regelung. Dann ist vollständig auf die §§ 72 ff. VwVfG zurückzugreifen.
– neben verfahrensrechtlichen Regelungen in den Fachgesetzen gelten die §§ 72 ff. VwVfG unmittelbar ergänzend und subsidiär. Sie finden also insoweit Anwendung, als das geltende Recht keine inhaltsgleichen oder entgegenstehenden Bestimmungen enthält.

25a Eine spezialgesetzliche Regelung, nach der von einem grundsätzlich vorgesehenen Planfeststellungsverfahren abgesehen werden kann, stellt in diesem Sinne eine abschließende Regelung dar, die einen Rückgriff auf §§ 72 ff. VwVfG nicht erlaubt.

26 **dd) Geltung der übrigen Vorschriften des VwVfG.** Die grundsätzliche Geltung der übrigen Vorschriften des VwVfG ist sachlich dadurch gerechtfertigt, dass auch das Planfeststellungsverfahren auf den Erlass eines VA abzielt und im Übrigen die allgemeinen Vorschriften Ausdruck rechtsstaatlicher Grundsätze sind.[67]

27 Soweit nicht die Anwendbarkeit in § 72 I VwVfG ausdrücklich ausgeschlossen ist, gilt Folgendes: Teil I (§§ 1–8 VwVfG) ist voll anwendbar; Teil II (§§ 9–34 VwVfG) ist weitgehend anwendbar;[68] in Teil III (§§ 35–53 VwVfG) sind einige Vorschriften ausgeschlossen, andere, wie § 38 VwVfG, sind praktisch nicht anwendbar; die Vorschriften in Teil IV (§§ 54–62 VwVfG) über den verwaltungsrechtlichen Vertrag sind zwar nicht unanwendbar, aber praktisch bedeutungslos.

b) Die Struktur des Planfeststellungsverfahrens im Überblick

28 Bevor auf die Einzelheiten des Verfahrensablaufs, des Entscheidungsinhalts, der Entscheidungsmaßstäbe und der Entscheidungswirkungen des Planfeststellungsverfahrens eingegangen wird, erscheint es hilfreich, in einem kurzen Überblick die Struktur des Verfahrens und seines Ablaufes zu skizzieren, die zugleich als **Prüfungsschema** dienen kann:
– Erste Voraussetzung ist die Anordnung der Planfeststellung durch eine Rechtsvorschrift (sog. Planfeststellungsvorbehalt).
– Liegt eine solche Anordnung vor, so kann das Planfeststellungsverfahren durch Antrag des Trägers des Vorhabens eröffnet werden.
– Ist Unternehmer des Vorhabens der Staat oder ein sonstiger Verwaltungsträger, der zugleich durch seine Planfeststellungsbehörde über die Planfeststellung entscheidet, fehlt materiell-rechtlich ein Anspruch auf Planfeststellung.

---

[66] Dazu auch Knack/HennekeSchink VwVfG § 72 Rn. 7 ff.
[67] Vgl. Knack/Henneke/Schink VwVfG § 72 Rn. 26 ff.
[68] Nach Maßgabe des § 72 I VwVfG sind von Teil II des VwVfG u. a. die Befangenheitsregelungen der §§ 20, 21 VwVfG anwendbar. Vgl. ausführlich zur Befangenheit speziell in der Planfeststellung Stüer/Hönig DÖV 2004, 642 ff.

– Der Antrag liegt in der Einreichung des Plans für das Vorhaben – § 73 I 1 VwVfG.
– Die einzelnen Planbestandteile gibt § 73 I 2 VwVfG vor.
– Mit der Einreichung des Antrags wird zunächst die Verfahrensherrschaft der von der Planfeststellungsbehörde idR verschiedenen Anhörungsbehörde begründet.
– Sie führt das öffentliche Anhörungsverfahren nach § 73 VwVfG durch und leitet das Ergebnis zusammen mit den Stellungnahmen der anderen Fachbehörden sowie einer eigenen Stellungnahme der Planfeststellungsbehörde zu.
– Die Planfeststellungsbehörde setzt sich mit den erhobenen Einwendungen im Rahmen einer Abwägungsentscheidung auseinander.
– Sie trifft schließlich eine abschließende Entscheidung, in der auch über die nicht erledigten Einwendungen sowie die Ausgleichsmaßnahmen entschieden wird, und erlässt den Planfeststellungsbeschluss nach § 74 VwVfG.
– Die Rechtswirkungen des Planfeststellungsbeschlusses ergeben sich aus § 75 VwVfG; sie werden durch die Stichworte Genehmigungswirkung, Konzentrationswirkung, Gestaltungswirkung sowie Duldungs- und Ausschlusswirkung umschrieben.
– Nach § 75 IV VwVfG ist das Recht zur Durchführung des planfestgestellten Vorhabens auf 5 Jahre nach Eintritt der Unanfechtbarkeit begrenzt.
– Schließlich finden sich Sonderregelungen für die Planänderung vor Fertigstellung (§ 76 VwVfG), über die Aufhebung (§ 77 VwVfG) und das Zusammentreffen mehrerer Vorhaben (§ 78 VwVfG).

c) Die Plangenehmigung – Überblick

29 Die zur Beschleunigung und Vereinfachung des Genehmigungsverfahrens in das Gesetz eingefügte Plangenehmigung ist deutlich einfacher strukturiert.[69]

30 Die Anwendbarkeit der Plangenehmigung ergibt sich aus § 74 VI 1 VwVfG. Danach kommt es auf drei Dinge an:

(1) es dürfen Rechte anderer nicht bzw. „nur unwesentlich“ beeinträchtigt werden – oder die Betroffenen müssen sich mit der Inanspruchnahme ihres Eigentums oder eines anderen Rechts schriftlich einverstanden erklärt haben;
(2) mit den Trägern öffentlicher Belange, deren Aufgabenbereich berührt wird, muss das Benehmen hergestellt worden sein;
(3) es dürfen nicht andere Rechtsvorschriften eine Öffentlichkeitsbeteiligung vorschreiben, die den Anforderungen des § 73 III 1 und IV–VII entsprechen muss.

31 Bezüglich der **Rechtsfolgen** gilt, dass die gleichen Rechtswirkungen wie bei einer Planfeststellung eintreten (§ 74 VI 2 Hs. 1 VwVfG). Das gilt seit der entsprechenden Änderung durch das PlVereinhG auch für die enteignungsrechtliche Vorwirkung.[70]

32 Die Verfahrensvorschriften über die Planfeststellung sind gem. § 74 VI 2 Hs. 2 VwVfG nicht anwendbar (also nur die allgemeinen Verfahrensvorgaben des Teil II des VwVfG). Vor Klageerhebung bedarf es keines Vorverfahrens.

[69] Überblick bei Timmermans VBlBW 1998, 285 ff.; ausführlich Ringel, Plangenehmigung, passim; zu Einzelheiten → (§ 62?) Rn. 192 ff.

[70] Kämper in BeckOK VwVfG § 74 Rn. 138; Stelkens/Bonk/Sachs/Neumann/Külpmann VwVfG § 74 Rn. 251, § 75 Rn. 26 ff.

33 Darüber hinaus ist zu beachten, dass nach § 74 VII 1 VwVfG die **Notwendigkeit der Planfeststellung und der Plangenehmigung entfallen,** wenn es sich um „Fälle unwesentlicher Bedeutung“ handelt. Diese Voraussetzung ist erfüllt, wenn

(1) andere öffentliche Belange nicht berührt sind oder die erforderlichen behördlichen Entscheidungen vorliegen und sie dem Plan nicht entgegenstehen;

(2) Rechte anderer nicht beeinflusst werden oder mit den vom Plan Betroffenen entsprechende Vereinbarungen getroffen worden sind und

(3) nicht andere Rechtsvorschriften eine Öffentlichkeitsbeteiligung vorschreiben, die den Anforderungen der § 74 III 1 und IV–VII VwVfG entsprechen muss.

II. Rechtsbindung und planerischer Abwägungsspielraum

1. Übersicht

34 Bei Planungsentscheidungen wird den Behörden ein planerischer Abwägungsspielraum eingeräumt, „weil Planung ohne Gestaltungsspielraum ein Widerspruch in sich wäre“.[71] Konsequenz dieser Gestaltungsfreiheit ist eine im Vergleich zu gebundenen Verwaltungsentscheidungen geringere gerichtliche Kontrolldichte. Gerichtlich überprüft wird nur, ob die Verwaltung bei ihrer Planungsfreiheit die Schranken planerischer Abwägung eingehalten hat. Diese Schranken begrenzen die Planungsbefugnis der Behörde in formeller und in materieller Hinsicht. Formell hat die Behörde das für die Planung vorgeschriebene Verfahren einzuhalten. Materiell wird erstens die Rechtfertigung der Planung, zweitens die Einhaltung der Planungsleitsätze, drittens besonderer fachplanungsgesetzlicher Vorgaben und viertens die Beachtung des Abwägungsgebotes verlangt. Die Schwerpunkte der gerichtlichen Überprüfung liegen im Bereich der Abwägung. Dabei wird die Entscheidung vor allem auf Abwägungsdefizite und Abwägungsfehleinschätzungen hin überprüft.

35 In Literatur und Rechtsprechung ist umstritten, ob die Entscheidung im Fachplanungsrecht Ausdruck einer planerischen Gestaltungsfreiheit ist,[72] oder ob es sich um eine Spielart des Verwaltungsermessens handelt.[73] Bei diesem Streit geht es neben der dogmatischen Zuordnung auch um die Frage, wie viel „Freiheit“ der Planfeststellungsbehörde – und damit mittelbar auch dem Vorhabenträger – gegenüber der gerichtlichen Kontrolle zusteht.[74] Es geht bei genauerem Zusehen aber auch um die Frage, wem die Gestaltungsfreiheit zusteht: dem Vorhabenträger[75] oder der Planfeststellungsbehörde.[76]

2. Träger der planerischen Gestaltungsfreiheit

36 Die **planerische Gestaltungsfreiheit** wird vor allem von Wahl der Planfeststellungsbehörde zugeschrieben. Er begründet dies damit, dass es sich bei den Vorhabenträ-

[71] BVerwGE 34, 301.

[72] So die überwiegende Ansicht, vgl. etwa BVerwGE 34, 301 (304 ff.); 48, 56 (59); 55, 220 (226); 56, 110 (116); BVerwG DVBl 1991, 1142 (1143); Steinberg/Wickel/Müller Fachplanung, § 3 Rn. 1 ff.; Wahl DVBl 1982, 51 ff.; Hoppe/Just DVBl 1997, 789 ff.; Wahl/Dreier NVwZ 1999, 606 (608).

[73] So vor allem Erbguth DVBl 1992, 398 ff.; in diese Richtung tendieren auch Ule/Laubinger, Verwaltungsverfahrensrecht, § 39 Rn. 8. Andere sehen in der fachplanungsrechtlichen Entscheidung ein Mittelding zwischen „Planung und Verhaltenssteuerung“ (Burgi JZ 1994, 654 ff.) bzw. „echter Planung“ und Genehmigung (Jarass DVBl 1998, 1202 (1203 f.)).

[74] Darauf weisen zutreffend Hoppe/Just DVBl 1997, 789, hin.

[75] Ule/Laubinger, Verwaltungsverfahrensrecht, § 41 Rn. 11.

[76] Wahl DVBl 1982, 51 (52 ff.).

gern regelmäßig um Behörden handle, denen keine subjektiv-öffentlichen Rechte zustehen könnten.[77] Anders als bei einer Kontrollerlaubnis, bei der die Behörde über den subjektiven Zulassungsanspruch eines Privaten entscheide, sei die Planfeststellung Ausdruck des Amtsauftrags der Planfeststellungbehörde.[78] Entscheidend sei alleine die objektive Ausgewogenheit ihrer Entscheidung.[79] Deshalb gebe es auch keinen Anspruch des Vorhabenträgers auf Planfeststellung.[80]

Dagegen ist zu Recht eingewandt worden, dass zunächst die Prämisse dieser Überlegungen falsch ist, dem Vorhabenträger stehe kein subjektives Recht zu. Dies trifft jedenfalls dann nicht zu, wenn es sich beim Vorhabenträger um einen Privaten handelt, was immer schon in einigen Fällen der Fall war und auf Grund von Privatisierungsvorgängen in Zukunft zunehmend der Fall sein wird, weshalb man diese Fallkonstellation auch nicht als Randerscheinung vernachlässigen darf.[81] Die Planung eines privaten Vorhabenträgers ist ein Akt der Grundrechtsausübung. Nicht zuletzt deshalb ist auch ein **Anspruch auf Planfeststellung** nicht ausgeschlossen, wenn die vorgelegte Planung mit den zwingenden gesetzlichen Vorgaben übereinstimmt und keine Abwägungsfehler enthält.[82] Wenn das BVerwG dies in ständiger Rechtsprechung ablehnt,[83] so erscheint dies angesichts der Argumentation des Gerichts nicht ganz konsequent zu sein. Zunächst wird ausdrücklich anerkannt, dass dem (privaten) Vorhabenträger ein Anspruch auf fehlerfreie Ausübung des Planungsermessens zusteht.[84] Im unmittelbaren Anschluss daran weist das Gericht darauf hin, dass der Planfeststellungsbehörde kein eigenes Versagungsermessen zusteht.[85] Wo aber kein Versagungsermessen besteht, kann jedenfalls bei einer fehlerfreien Planung die Planfeststellung nicht versagt werden. Auch bei sonstigen Zulassungsentscheidungen besteht der Genehmigungsanspruch nur, wenn alle tatbestandlichen Voraussetzungen gegeben sind. In der Argumentation des Gerichts besteht insoweit ein Bruch. Er kann allenfalls mit der später zu erörternden Besonderheit zu erklären sein, dass auch der Planfeststellungsbehörde unter bestimmten Voraussetzungen bestimmte Planungsbefugnisse zustehen. 37

Aber auch dann, wenn der Vorhabenträger ein Verwaltungsträger ist, erscheint es nicht ausgeschlossen, ihm die planerische Gestaltungsbefugnis und einen Anspruch auf Planfeststellung zuzuerkennen, soweit der vorgelegte Plan fehlerfrei ist. Dabei kann nach dem heutigen Stand der dogmatischen Entwicklung vernachlässigt werden, dass der Vorhabenträger in diesem Fall sich nach hM nicht auf ein subjektiv-öffentliches Recht berufen kann.[86] Ihm kann jedenfalls eine wehrfähige materielle 38

[77] Wahl DVBl 1982, 51 (53).
[78] Wahl DVBl 1982, 51 (53 f.).
[79] Zur Bedeutung der Ausgewogenheit der Planung Hermann, Fachplanungsrechtliche Auswirkungen der Eisenbahnprivatisierung, S. 71 ff.
[80] Wahl DVBl 1982, 51 (54).
[81] So aber die Tendenz bei Wahl DVBl 1982, 51 (52 ff.). Zu besonderen Anforderungen an die Gemeinwohlkonkretisierung in Fällen privater Vorhabenträgerschaft Herrmann NuR 2001, 551 ff.
[82] Zutreffend Hoppe/Just DVBl 1997, 789 (793); Steinberg/Wickel/Müller, Fachplanung, § 6 Rn. 204.
[83] BVerwG DVBl 1995, 238 (240 f.).
[84] BVerwG DVBl 1995, 238 (241) und Ls. 2.
[85] BVerwG DVBl 1995, 238 (241).
[86] Ehlers DVBl 1986, 533 (539); Henke JZ 1992, 541 ff.; abweichender Ansatz bei Schenke, Rechtsschutz bei normativem Unrecht, 1979, S. 233 ff.; Bauer DVBl 1986, 208 ff.

Rechtsposition[87] zustehen, die aus der Wahrnehmung gesetzlich zugewiesener Aufgaben abgeleitet wird und geeignet ist, einen Rechtsanspruch zu begründen.[88] Damit stehen dem Vorhabenträger die planerische Gestaltungsfreiheit und ein potenzieller Rechtsanspruch auf Planfeststellung unabhängig davon zu, ob es sich um einen Verwaltungsträger oder einen Privaten handelt.[89] Dabei handelt es sich im Regelfall um einen Anspruch auf ermessensfehlerfreie Entscheidung, doch kann das Ermessen schrumpfen und sich zu einem Anspruch verdichten.[90]

39 Damit ist indes nicht gesagt, dass die planerische Gestaltungsfreiheit allein und ausschließlich dem Vorhabenträger zusteht. Vielmehr weist das Gesetz auch der Planfeststellungsbehörde ein **begrenztes Planungsermessen** zu. Dessen Ursprung und Grenzen ergeben sich aus folgenden Überlegungen: Grundsätzlich ist es Aufgabe der Planfeststellungsbehörde, den vom Vorhabenträger eingereichten Plan „prüfend nachzuvollziehen".[91] Stellt sie dabei keinen Verstoß gegen zwingende Rechtssätze und keinen Abwägungs- und Ausgleichsmangel fest, so muss sie – mangels Versagungsermessen – den Plan in der eingereichten Form feststellen. Umgekehrt muss sie ihn bei Verstößen gegen zwingendes Recht ablehnen, soweit der Vorhabenträger sich nicht zu einer entsprechenden Korrektur während des Verfahrens entschließt.[92] Stellt die Behörde bei der nachvollziehenden Prüfung einen Abwägungsfehler fest, so räumt ihr das Gesetz die Möglichkeit ein, die Abwägung des Vorhabenträgers durch eine eigene Abwägung zu ersetzen.[93] Das geht aber nur innerhalb der Grenzen, die durch die Eigenart der Planfeststellung als mitwirkungsbedürftigem Verwaltungsakt vorgegeben sind. Es darf sich deshalb durch die Korrektur der Planfeststellungsbehörde keine wesentliche Änderung des Plans in seiner ursprünglich vom Vorhabenträger eingereichten Form ergeben. Allerdings besteht auch hier die Möglichkeit, dass der Vorhabenträger sich einen Änderungsvorschlag der Behörde zu eigen macht und den Plan entsprechend ändert. Ob sich daraus verfahrensrechtliche Folgerungen ergeben, wie etwa die Notwendigkeit einer erneuten Anhörung, ist im Einzelfall zu prüfen.

40 Die Befugnis der Planfeststellungsbehörde zu **eigener planerischer Abwägung** kann sich auf die Auflagenerteilung und die Ergänzung fehlerhaften Abwägungsmaterials beziehen.[94] Im ersten Fall geht es darum, Auswirkungen des Vorhabens auf Dritte, die durch den Plan des Vorhabenträgers nicht ausreichend ausgeglichen werden, durch ergänzende Auflagenerteilung zu kompensieren und damit den Plan genehmigungsfähig zu machen. Eine ausdrückliche Zustimmung des Vorhabenträgers ist dazu nicht erforderlich, solange der Plan dadurch nicht wesentlich verändert wird.[95] Im zweiten Fall reagiert die Planfeststellungsbehörde darauf, dass im Laufe des Anhö-

[87] Grundlegend dazu Hoppe, Organstreitigkeiten vor den Verwaltungs- und Sozialgerichten, 1970; Roth, Verwaltungsgerichtliche Organstreitigkeiten, 2001; s. auch Erichsen FS Menger, 1985, 211 (225 ff.).

[88] Hoppe/Just DVBl 1997, 789 (793); s. auch Kodal, Straßenrecht/Dürr, Rn. 25.4.

[89] So auch Hermann, Fachplanungsrechtliche Auswirkungen der Eisenbahnprivatisierung, S. 84 ff.

[90] Ule/Laubinger, Verwaltungsverfahrensrecht, § 41 Rn. 18; Steinberg/Wickel/Müller, Fachplanung, § 1 Rn. 19.

[91] BVerwG DVBl 1997, 789 (793); Steinberg/Wickel/Müller, Fachplanung, § 3 Rn. 1.

[92] Ule/Laubinger, Verwaltungsverfahrensrecht, § 41 Rn. 19.

[93] Hoppe/Just DVBl 1997, 789 (793 f.).

[94] Hoppe/Just DVBl 1997, 789 (793 ff.).

[95] Hoppe/Just DVBl 1997, 789 (793 f.).

rungsverfahrens neue abwägungsrelevante Gesichtspunkte hervorgetreten sind, die der Vorhabenträger nicht oder nicht zutreffend in seine Abwägung einbezogen hat. Auch in diesem Fall weist das Gesetz der Planfeststellungsbehörde die Befugnis zu, an Stelle des Vorhabenträgers die Planung zu ändern mit dem Ziel, den Plan genehmigungsfähig zu machen.[96]

Damit ergibt sich folgendes **Gesamtbild der Zuweisung der Planungskompetenz:** Auszugehen ist von der primären und vorrangigen Planungskompetenz des Vorhabenträgers. Sie begründet seine planerische Gestaltungsfreiheit bzw. sein Planungsermessen (dazu → § 62 Rn. 42). Im Falle eines privaten Vorhabenträgers ist die Planungskompetenz zugleich grundrechtlich unterfangen. Im Falle eines administrativen Vorhabenträgers ist die Planungskompetenz Ausdruck einer gesetzlichen Aufgabenzuweisung, die eine wehrfähige Rechtsposition begründet. In beiden Fällen besteht im Falle der Einreichung eines fehlerfreien Planes ein Anspruch auf Planfeststellung, im Übrigen lediglich ein Anspruch auf fehlerfreie Ausübung des Planungsermessens durch die Planfeststellungsbehörde. Dieser weist das Gesetz grundsätzlich die Aufgabe der prüfenden Nachvollziehung der Ausübung des Planungsermessens durch den Vorhabenträger zu. Stellen sich dabei Mängel bei der Auflagenerteilung heraus oder eine Unvollständigkeit des Abwägungsmaterials, so ist die Planfeststellungsbehörde befugt, diese Mängel durch die Betätigung eigenen Abwägungsermessens zu beseitigen und den Plan genehmigungsfähig zu machen. Die Reichweite dieser Befugnis ist begrenzt, da es sich um einen mitwirkungsbedürftigen Verwaltungsakt handelt. Deshalb darf es durch die korrigierenden Maßnahmen der Planfeststellungsbehörde nicht zu einer wesentlichen Änderung des Vorhabens in seiner vom Vorhabenträger zur Genehmigung eingereichten Fassung kommen. 41

3. Einordnung der Planungskompetenz von Vorhabenträger und Planfeststellungsbehörde

Vor dem Hintergrund dieser gestuften Zuordnung ist auch eine dogmatische Einordnung der planerischen Gestaltungsfreiheit bzw. des Planungsermessens möglich. Zugleich sind auch terminologische Klärungen im Streit um die Verwendung der Worte Gestaltungsfreiheit und Ermessen vorzunehmen. 42

Auszugehen ist von der **Planungskompetenz des Vorhabenträgers.** Er entscheidet über das Ob und Wie der Ausarbeitung eines Plans für ein bestimmtes Vorhaben. Auch wenn bereits bei der Ausarbeitung des Plans im Hinblick auf seine Genehmigungs- bzw. Feststellungsfähigkeit die zahlreichen rechtlichen Bindungen greifen, ist es gerechtfertigt, dem Vorhabenträger eine planerische Gestaltungsfreiheit zuzuerkennen. Denn seine Gestaltungsmöglichkeiten sind derart vielfältig, dass allein dieser Begriff die Entscheidungsspielräume des Vorhabenträgers zutreffend bezeichnet. Nur wird auch hinreichend deutlich, dass die Planung des Vorhabenträgers den Maßstab für die Beurteilung durch die Planfeststellungsbehörde vorgibt. Diese entwickelt keinen selbständigen Plan bzw. kein eigenes Vorhaben, sondern vollzieht lediglich die Planung des Vorhabenträgers prüfend nach. 43

Der Planfeststellungsbehörde steht im Prozess des Planfeststellungsverfahrens eine Befugnis zu eigener planerischer Abwägung zu, wenn und soweit der vorgelegte Plan 44

[96] Hoppe/Just DVBl 1997, 789 (794).

fehlerhaft und deshalb nicht unmittelbar genehmigungsfähig ist. Aus Gründen der Verfahrensökonomie weist das Gesetz der Planfeststellungsbehörde deshalb eine eigene Gestaltungsbefugnis zu, die man auch als Planungsermessen bezeichnen kann, ohne dass damit eine Gleichsetzung mit dem Verwaltungsermessen iSd § 40 VwVfG beabsichtigt ist. Denn auch die den Plan des Vorhabenträgers korrigierende Abwägungsentscheidung der Planfeststellungsbehörde partizipiert an der rechtlichen Eigenart der planerischen Abwägung. Die planerische Gestaltung verwirklicht sich in der Art und Weise, dass dem Normanwender bei der Gewichtung der zu berücksichtigenden Ziele ein Freiraum verbleibt, innerhalb dessen er seine Entscheidung treffen kann. Das bedeutet auch: Die Planungsbehörde kann einem objektiv geringer gewichtigen Ziel gegenüber einem objektiv höherwertigen Ziel den Vorrang einräumen. Das BVerwG spricht in diesem Zusammenhang von einer Befugnis zur autonomen Gewichtung. Bei der Gewichtung gelte es zu überprüfen, ob die planende Stelle die abwägungserheblichen Gesichtspunkte rechtlich und tatsächlich zutreffend bestimmt hat und ob auf der Grundlage des zutreffend ermittelten Abwägungsmaterials die Grenzen der ihr obliegenden Gewichtung eingehalten worden sind.[97] Der Planfeststellungsbehörde steht demnach unter den oben umschriebenen Voraussetzungen eine autonome begrenzte Ausgleichs- und Ergänzungsbefugnis zu.[98]

45 Sowohl die planerische Gestaltungsfreiheit des Vorhabenträgers als auch die Befugnis der Planfeststellungsbehörde zur planerischen Abwägung unterliegen einer eingeschränkten gerichtlichen Kontrolle, die dem spezifisch verfahrensrechtlichen Ansatz des Planungsrechts Rechnung trägt und sich von der Kontrolle von schlichten Ermessensentscheidungen strukturell unterscheidet.

III. Die Konzentrationswirkung der Planfeststellung

1. Funktion und Bedeutung

46 Durch den Planfeststellungsbeschluss soll über ein raumbezogenes Vorhaben unter Berücksichtigung einer Vielzahl von öffentlichen und privaten Belangen entschieden werden. Diese Multifunktionalität und die mit ihr verbundene materielle Planungstätigkeit charakterisiert die rechtliche Eigenart des Planfeststellungsbeschlusses und unterscheidet ihn von der gewöhnlichen Genehmigung. Konstruktiv wird diese Bündelung durch das Rechtsinstitut der Konzentrationswirkung umgesetzt: durch den einen Planfeststellungsbeschluss (= Verwaltungsakt) wird über eine Vielzahl von Belangen – und dh materiell-rechtlichen Anforderungen – in einem Akt entschieden, ohne dass es noch weiterer Genehmigungsverfahren und behördlicher Entscheidungen bedarf.[99] Diese zunächst pauschale Charakterisierung der Konzentrationswirkung, die in allgemeiner Form in § 75 I VwVfG zum Ausdruck kommt, gilt es nun näher einzuordnen.[100]

97 BVerwGE 48, 56 (64).

98 Hoppe/Just DVBl 1997, 789 (793 f.). In diese Richtung auch Erbguth/Kluth, Planungsrecht/Berkemann, S. 123, 140.

99 Allgemein zur Konzentrationswirkung Durner, Konflikte, S. 121 ff.; Wittreck VerwArch 100 (2009), 71 ff.; Odendahl VerwArch 94 (2003), 222 ff.; Jarass, Konkurrenz, Konzentration und Bindungswirkung von Genehmigungen, 1983. Zum Zweck der Konzentrationswirkung Scherer-Leydecker DVBl 2015, 816. Speziell zur Konzentrationswirkung von luftverkehrsrechtlichen Planfeststellungsbeschlüssen Baumann EurUP 2005, 179 ff.; Repkewitz UPR 2003, 420 ff.

100 Dazu Steinberg/Wickel/Müller, Fachplanung, § 3 Rn. 16 ff.

2. Die Bestimmung der Konzentrationswirkung der Planfeststellung

Die Konzentrationswirkung ist für den Planfeststellungsbeschluss eine notwendige Bedingung, aber sie ist nicht auf die Planfeststellung beschränkt. Vielmehr gibt es auch bei Genehmigungen, die auf Grund eines förmlichen Verwaltungsverfahrens ergehen, eine Konzentrationswirkung. Der bekannteste Fall dürfte § 13 BImSchG sein.[101] Bei der Konzentrationswirkung ist zwischen der formellen, auf Zuständigkeit und Verfahren bezogenen Dimension, und der materiellen Dimension zu unterscheiden. Daran knüpfen auch unterschiedliche Theorien zur Erklärung der Konzentrationswirkung an.[102] 47

Im Falle einer **Zuständigkeits- oder Verfahrenskonzentration** wird die Entscheidung über die Zulässigkeit eines Vorhabens einer einzigen Behörde in einem einzigen Verfahren zugewiesen. Es ist dann Aufgabe dieser Behörde, teilweise unter Beteiligung der ursprünglich zuständigen Behörde, das Verfahren durchzuführen und unter kumulativer Berücksichtigung der jeweils einschlägigen materiell-rechtlichen Maßgaben eine Gesamtentscheidung zu treffen. Kennzeichen ist demnach, dass in einem Verfahren durch eine Behörde die Vielzahl für das Vorhaben gültiger rechtlicher Maßgaben angewendet wird. 48

Im Falle einer **materiell-rechtlichen Konzentration** wird ein Vorhaben exklusiv den rechtlichen Maßstäben nur eines Gesetzes unterworfen, dh alle anderen an sich anwendbaren materiell-rechtlichen Vorschriften werden von der Anwendung ausgeschlossen und zwar im Wege der lex-specialis-Regel. Die materiell-rechtliche Konzentration bewirkt zugleich eine Zuständigkeits- und Verfahrenskonzentration, denn wo nur ein rechtlicher Maßstab existiert, bedarf es auch nur eines Verfahrens und einer entscheidenden Behörde. 49

Damit können und müssen bei der Konzentrationswirkung folgende Einzelaspekte unterschieden werden:[103] 50

– Zuständigkeitskonzentration
  Wenn der Planfeststellungsbeschluss die nach anderen Gesetzen erforderlichen Genehmigungen, Erlaubnisse, Zustimmungen etc ersetzen soll, müssen die Entscheidungszuständigkeiten bei der Planfeststellungsbehörde zusammengefasst werden.
– Verfahrenskonzentration
  Im Fall der Planfeststellung steht über §§ 72 ff. VwVfG oder spezialgesetzliche Regelungen ein besonderes Verfahrensrecht zur Verfügung, das die einzelgesetzlichen Verfahrensvorschriften vollständig verdrängt. Dabei kommt es nicht zu einer Bündelung von Entscheidungen, sondern zu einem einheitlichen Verfahren mit einer einheitlichen Entscheidung.
– Horizontale materielle Konzentration
  Der Planfeststellungsbeschluss trifft eine einheitliche Entscheidung für alle Betroffenen. Jede einzelne Rechtswirkung kann (und muss im Zweifel) in Bezug auf jeden einzelnen Betroffenen gesondert auf ihre Rechtmäßigkeit hin untersucht werden.

101 Dazu Jarass, BImSchG, 11. Aufl. 2015, § 13 Rn. 1 ff.
102 Übersicht bei Laubinger VerwArch 77 (1986), 77 ff.
103 Laubinger VerwArch 77 (1986), 77 ff.; Ronellenfitsch VerwArch 80 (1989), 92 (94 ff.).

- Vertikale materielle Konzentration
  - In materieller Hinsicht konkurrieren das jeweilige Fachplanungsrecht und das Recht der weiteren Einzelgesetze. Da der Planfeststellungsbeschluss abschließend und rechtsgestaltend alle öffentlich-rechtlichen Beziehungen zwischen dem Träger des Vorhabens und den durch den Plan Betroffenen regeln will (dies kommt im Grundsatz der Konflikt- und Problembewältigung[104] zum Ausdruck), hat er zu allen öffentlich-rechtlichen Fragen eine Entscheidung zu treffen.
  - Bei dieser Entscheidung müssen die vielen gesetzlichen Regelungen darauf überprüft werden, ob sie zwingende Vorgaben für das Vorhaben aussprechen, die strikt anzuwenden sind und durch die Abwägung nicht überwunden werden können, oder ob es sich um sonstiges Recht handelt, das in die Abwägung einzustellen ist und dort ggf. überwunden werden kann.

51 Vor allem diese letzte Frage stellt den neuralgischen Punkt der Konzentrationswirkung dar. Denn der Umstand, dass das Planungsrecht durch die Möglichkeit der Überwindung von einzelnen Belangen in der Abwägung gekennzeichnet ist, bedeutet nicht, dass die Planungsbehörde automatisch von bestehenden rechtlichen Bindungen freigestellt wird. Vielmehr bedarf es einer Rechtsnorm, die dies anordnet bzw. zulässt. Mit anderen Worten: Durch die Anordnung einer Planfeststellung wird das betreffende Vorhaben materiell-rechtlich nicht privilegiert.[105] Es gibt keinen überzeugenden Grund für die Umwandlung rechtlicher Bindungen in bloße, in der Abwägung überwindbare Belange, solange nicht eine Rechtsnorm die Planfeststellungen von bestimmten Normen freistellt.[106] Dies entspricht auch der Rechtsprechung des BVerwG.[107] Bekanntes Beispiel für eine solche Freistellung ist § 38 BauGB.

IV. Verfahrensrechtliche Anforderungen an die Planfeststellung

1. Rechtsschutz durch Verfahren und Anspruch auf Planfeststellungsverfahren

52 Ausgehend von dem allgemeinen Grundsatz, dass dort, wo es an materiellen Rechtsbindungen fehlt, der Schutz durch Verfahren einsetzen muss (→ § 58 Rn. 10 f.), spielt das Verfahren bei finalen planerischen Normen, die der Verwaltung gewisse Abwägungsspielräume zuweisen, eine besonders große Rolle. Dem wird die verfahrensrechtlich orientierte fachplanungsrechtliche Abwägungsdogmatik gerecht (dazu → § 62 Rn. 139 ff.). Sie setzt aber zunächst einmal die Einhaltung der formellen verfahrensrechtlichen Anforderungen voraus, die das Planfeststellungsrecht vorgibt (dazu → § 62 Rn. 56 ff.). Beide Garantien kommen aber nur zur Geltung, wenn ein Vorhaben dem Planfeststellungsverfahren unterworfen wird. Deshalb steht am Anfang die Frage, ob und unter welchen Voraussetzungen es einen Anspruch auf Planfeststellung gibt. Da das Planfeststellungsverfahren in besonderer Weise auch dem Schutz der Rechte und Interessen der vom Vorhaben betroffenen Dritten dient, ist diese Frage vor allem aus ihrer Perspektive zu beantworten.

53 Trotz der grundsätzlichen Anerkennung der verfahrensrechtlichen Dimension der Grundrechte und ihrer besonderen Bedeutung für das Planfeststellungsverfahren,

[104] Dazu ausführlich Erbguth/Kluth, Planungsrecht/Berkemann S. 11, 18 ff.

[105] Wahl NVwZ 1990, 426 (430). Der Planfeststellung kommt daher keine materielle Konzentrationswirkung zu, vgl. Scherer-Leydecker DVBl 2015, 816 (818).

[106] Wahl NVwZ 1990, 426 (430).

[107] BVerwGE 71, 163 (164).

durch dessen Endprodukt, den Planfeststellungsbeschluss, in der Regel auch Grundrechte tangiert werden, ist die Rechtsprechung vor allem des Bundesverwaltungsgerichts in der Frage der Anerkennung eines Anspruchs auf Planfeststellung sehr zurückhaltend. Grundsätzlich muss in dieser Frage zwischen „absoluten Verfahrensrechten" als vom materiellen Recht unabhängigen, selbständigen verfahrensrechtlichen Rechtspositionen und so genannten unselbständigen oder „relativen Verfahrensrechten" unterschieden werden, bei denen der Anspruch bzw. die Klagebefugnis nur zusammen mit einer materiellen Betroffenheit geltend gemacht werden kann.[108] Als absolute Verfahrensrechte hat das BVerwG beispielsweise die enteignungsrechtlichen Verfahrensvorschriften[109] anerkannt.[110] Für den Bereich des Planfeststellungsrechts vertrat das BVerwG demgegenüber früher die Ansicht, dass ein Verstoß gegen die Verpflichtung zur Durchführung eines Planfeststellungsverfahrens keine subjektiven Rechte Betroffener verletzen könne.[111] Zur Begründung wurde ausgeführt, dass die Vorschriften über das Planungsverfahren allein der Ordnung des Verfahrensablaufs, insbesondere einer umfassenden Information der Verwaltungsbehörde dienten.[112] Eine Ausnahme wurde bislang nur im Atomverfahrensrecht[113] und für § 10 BImSchG[114] mit der Begründung anerkannt, in diesen Fällen bezwecke das Verwaltungsverfahren einen vorgezogenen Rechtsschutz. In neuerer Rechtsprechung erkennt das BVerwG den drittschützenden Charakter des Planfeststellungserfordernisses an, ordnet dieses aber dennoch nur als relatives Verfahrensrecht ein, das für sich genommen nicht selbstständig durchgesetzt werden kann.[115]

In der Literatur wird diese Rechtsprechung vor allem mit dem Hinweis kritisiert, dass 54
aus den Erkenntnissen über den Zusammenhang zwischen (richtigem) Verfahren und materieller Rechtsgewährleistung nicht die erforderlichen und nahe liegenden Schlüsse gezogen werden.[116] Vor allem in komplexen Verfahren verbürge die Durchführung des ordnungsgemäßen Verfahrens die Richtigkeit der getroffenen Sachentscheidung. Deshalb müsse in diesen Bereichen ein durchsetzbares subjektives Recht auf Durchführung des richtigen Verwaltungsverfahrens anerkannt werden.[117]

[108] Übersicht bei Schoch/Schneider/Wahl/Schütz VwGO § 42 II Rn. 73.

[109] BVerwG Buchholz 11 Art. 14 GG Nr. 106, die Beteiligungsrechte der Kommunen im luftverkehrlichen Genehmigungsverfahren BVerwGE 56, 110 (137); 81, 95 (106).

[110] In der früheren Rechtsprechung (vgl. BVerwGE 87, 62) wurde auch das Beteiligungsrecht der anerkannten Naturschutzverbände als absolutes Verfahrensrecht betrachtet. Dies hat sich mit Einführung der materiell-rechtlichen Verbandsklage in § 64 BNatSchG geändert (vgl. BVerwG NVwZ 2003, 1120; 2002, 1103 (1105)). Dazu krit. Murswiek VERW 38 (2005), 243 (276 ff.). Heftig umstritten ist, ob § 4 I UmwRG ein absolutes Verfahrensrecht enthält. Dazu ausführlich Steinberg/Wickel/Müller, Fachplanung, § 6 Rn. 11 ff.

[111] Ziekow, Handbuch, Rn. 836.

[112] BVerwGE 44, 235 (239); 62, 243 (246 f.); 78, 40.

[113] BVerwGE 61, 256 (275).

[114] BVerwGE 85, 368 (374).

[115] BVerwG NVwZ-RR 1999, 556.

[116] Geist-Schell, Verfahrensfehler und Schutznormtheorie, 1988, S. 157; Huber, Konkurrenzschutz im Verwaltungsrecht, 1991, S. 272 ff.; Schmidt-Preuß, Kollidierende Privatinteressen im Verwaltungsrecht, 1992, S. 520 ff.; Steinberg/Wickel/Müller, Fachplanung, § 6 Rn. 21: wenig überzeugende Abkopplung von Verfahren und materiellem Recht; stärker differenzierend Hufen/Siegel, Fehler im Verwaltungsverfahren, Rn. 180 f.

[117] So zusammenfassend v. Danwitz DVBl 1993, 422 ff.; in diese Richtung auch Steinberg/Wickel/Müller, Fachplanung, § 6 Rn. 19 f.

55 Aus dem letztlich entscheidenden prozessualen Blickwinkel ist darauf abzustellen, ob der Gesetzgeber durch die Einbeziehung Drittbetroffener „verfahrensrechtliche Schutznormen“ schaffen wollte. Dafür ist ausschlaggebend, dass den Drittbetroffenen in hervorgehobener und qualifizierter Weise Anhörungs- und Beteiligungsrechte zugewiesen werden.[118] Das ist insbesondere der Fall, wenn mangels ausreichend konkreter materiell-rechtlicher Maßstäbe der Schutz der Grundrechte der Drittbetroffenen in das Verfahren verlagert wird, wie dies bei der fachplanerischen Abwägung jedenfalls teilweise der Fall ist.[119] Deshalb sollte die zum atomrechtlichen Genehmigungsverfahren und zu § 10 BImSchG ergangene Rechtsprechung auf Planfeststellungsverfahren ausgedehnt werden. Damit ist jedoch nicht gesagt, dass ein solcher Anspruch prozessual isoliert geltend gemacht werden kann.[120]

2. Verfahrenszweck und Verfahrensbeginn

a) Der Verfahrenszweck

56 Das Planfeststellungsverfahren dient der Umsetzung der formellen Konzentrationswirkung (Verfahrenskonzentration) und der Verwirklichung der so genannten „Plenipotenz der Planfeststellung“,[121] die sich auf Grund der horizontalen materiellen Konzentrationswirkung einstellt und Voraussetzung für die umfassenden Rechtswirkungen (Gestaltungs-, Ausschluss-, Duldungs- und Ausgleichswirkung) des Planfeststellungsbeschlusses ist. Prägend für die Verfahrensgestaltung ist die Einbeziehung der Vielzahl der Betroffenen durch die Einräumung von durch Mitwirkungslasten und Präklusionsregelungen sanktionierten Beteiligungsrechten sowie die Einbeziehung der „eigentlich“ zuständigen Fachbehörden.

57 In materieller Hinsicht stehen bei der Zweckbestimmung des Planfeststellungsverfahrens der Schutz der Rechte und Interessen („Belange“) der Betroffenen (die nicht nur Bürger sind) sowie die Information der Planfeststellungsbehörde im Vordergrund, wobei die Literatur[122] vor allem den ersten, das Bundesverwaltungsgericht[123] dagegen den zweiten Aspekt besonders betont. Vor dem Hintergrund dieser vielschichtigen Zweckbestimmung sind im Folgenden die einzelnen Verfahrensschritte und Verfahrensrechte zu erörtern.

b) Verfahrenseröffnung

58 Das förmliche Planfeststellungsverfahren beginnt gem. § 73 I VwVfG damit, dass der private oder öffentliche Träger des Vorhabens das Anhörungsverfahren einleitet, indem er den von ihm aufgestellten Plan[124] bei der Anhörungsbehörde einreicht. Das Gesetz legt der Einreichung des Plans den Erklärungswert eines Antrags auf Verfahrenseröffnung bei, so dass § 73 I VwVfG lex specialis zu § 22 VwVfG ist. Zugleich kann man darin ein Formerfordernis sehen, da nur die Einreichung des Plans geeig-

[118] Schoch/Schneider/Wahl/Schütz VwGO § 42 II Rn. 78.
[119] So auch Steinberg/Wickel/Müller, Fachplanung. § 6 Rn. 24.
[120] Dazu ausführlich Steinberg/Wickel/Müller, Fachplanung, § 6 Rn. 27 f.: erfolgreiche Geltendmachung nur bei gleichzeitigem Vorliegen einer materiell-rechtlichen Beeinträchtigung.
[121] PrOVGE 103, 204 (211).
[122] So zB Ehlers/Pünder AllgVerwR/Pünder § 15 Rn. 4.
[123] Vgl. bspw. BVerwG NVwZ 2012, 180 (182).
[124] Zu vorbereitenden Maßnahmen bei der Erstellung des Planentwurfs Hönig UPR 2001, 374 ff.; Ule/Laubinger, Verwaltungsverfahrensrecht, § 40 Rn. 2.

net ist, das Verfahren zu eröffnen. Eine weitere Besonderheit besteht darin, dass das Verfahren nicht durch bzw. bei der Planfeststellungsbehörde eröffnet wird, sondern bei der von dieser in der Regel verschiedenen Anhörungsbehörde (vgl. § 73 IX VwVfG). Praktisch setzt dies voraus, dass die nach allgemeinen Kriterien bestimmbare Planfeststellungsbehörde dem Vorhabenträger vorab mitgeteilt hat, welche Behörde in dem zu eröffnenden Verfahren als Anhörungsbehörde fungiert.

Die vom Gesetz vorgesehene Trennung von Anhörungs- und Planfeststellungs- 59
behörde dient zum einen dem Zweck, den grundrechtsschützenden Charakter des Anhörungsverfahrens hervorzuheben, indem es nicht von der entscheidungsbefugten Stelle durchgeführt wird.[125] Zum anderen wird dadurch eine Durchführung der Anhörung in der Nähe des Standorts des geplanten Vorhabens erleichtert. Die Anhörungsbehörde übt im ersten Verfahrensabschnitt die Verfahrensherrschaft (in eigener Zuständigkeit) aus, ohne „Herrin der Sachentscheidung" zu sein oder auch nur an dieser Entscheidung mitzuwirken.[126]

Die Bestimmung der Anhörungsbehörde überlässt das VwVfG den Fachgesetzen 60
bzw. dem Landesrecht.[127] In Einzelfällen sehen Spezialgesetze vor, dass Anhörungs- und Planfeststellungsbehörde identisch sind, zB § 14 I 3 WaStrG. Damit wird zwar der mit der Trennung verfolgte Zweck vereitelt, ein (Verfassungs-) Rechtsverstoß liegt darin indes nicht.[128]

Die Anforderungen an die **einzureichenden Unterlagen** ergeben sich aus § 73 I 2 61
VwVfG, der verlangt, dass „Zeichnungen und Erläuterungen, die das Vorhaben, seinen Anlass und die von dem Vorhaben betroffenen Grundstücke und Anlagen erkennen lassen", eingereicht werden. Welche Unterlagen dafür im Einzelnen erforderlich sind, ist anhand des Zwecks der Vorschrift zu bestimmen, die eine Gesamtbeurteilung des Vorhabens, insbesondere auch eine ausreichende Information der vom Vorhaben Betroffenen ermöglichen will.[129] Näheres ergibt sich aus den Ausführungsrichtlinien, die für die einzelnen Fachbereiche existieren.[130] Unterliegt das Vorhaben dem UVPG, so sind außerdem die Vorgaben des § 6 UVPG zu beachten.[131]

Aufgabe der Anhörungsbehörde ist es ua, für vollständige Unterlagen zu sorgen und 62
den Vorhabenträger ggf. zur Ergänzung aufzufordern. Ein selbständiges Ablehnungsrecht im Falle der Einreichung unvollständiger Unterlagen steht ihr nicht zu.[132] In

[125] BVerwGE 74, 109 (112); 75, 214 (226); Stelkens/Bonk/Sachs/Neumann VwVfG § 73 Rn. 3; Kopf/Schönefelder BayVBl. 1979, 393 ff.

[126] BVerwG DVBl 1987, 1267; NVwZ 2002, 1103 (1104); Stelkens/Bonk/Sachs/Neumann/Külpmann VwVfG § 73 Rn. 5; Ule/Laubinger, Verwaltungsverfahrensrecht, § 40 Rn. 5; Pietzcker VVDStRL 41 (1983), 193 (213 f.). Vgl. krit. dagegen Meyer in Schmidt-Aßmann/Sellner/Hirsch/Kemper/Lehmann-Grube FG BVerwG, 2003, 551 (567), der die diesbzgl. Rechtsaufassung des BVerwG sogar als „Fehltritt" bezeichnet.

[127] Stelkens/Bonk/Sachs/Neumann/Külpmann VwVfG § 73 Rn. 4.

[128] BVerwG DVBl 1987, 1267; Stelkens/Bonk/Sachs/Neumann/Külpmann VwVfG § 73 Rn. 4 f.

[129] Stelkens/Bonk/Sachs/Neumann/Külpmann VwVfG § 73 Rn. 18; Steinberg/Wickel/Müller, Fachplanung, § 2 Rn. 56 ff.

[130] S. etwa die Hinweise bei Ule/Laubinger, Verwaltungsverfahrensrecht, § 40 Rn. 7.

[131] Ule/Laubinger, Verwaltungsverfahrensrecht, § 40 Rn. 8; Steinberg/Wickel/Müller, Fachplanung, § 2 Rn. 61 ff.

[132] Stelkens/Bonk/Sachs/Neumann/Külpmann VwVfG § 73 Rn. 28; aA Ule/Laubinger, Verwaltungsverfahrensrecht, § 40 Rn. 9.

einem solchen Fall sind die Antragsunterlagen mit einem entsprechenden Hinweis ohne Durchführung eines Anhörungsverfahrens an die Planfeststellungsbehörde weiterzuleiten, die eine Entscheidung zu treffen hat.[133]

3. Behördenbeteiligung

63 Sobald der Anhörungsbehörde die vollständigen Planunterlagen vorliegen, holt sie gem. § 73 II VwVfG die **Stellungnahmen der anderen Fachbehörden ein,** deren Aufgabenbereich durch das Vorhaben berührt wird. Diese Regelung dient der „Wahrung der Kompetenzordnung" und der Kompensation des Zuständigkeitsentzugs auf Grund der Konzentrationswirkung des Planfeststellungsverfahrens.[134] Berührt wird der Aufgabenbereich von Behörden, deren Entscheidung ohne die Zuständigkeitskonzentration für die Zulassung des Vorhabens erforderlich wäre. Im Anwendungsbereich des UVPG kommt auch eine grenzüberschreitende Behördenbeteiligung nach § 8 UVPG in Betracht.[135]

64 Die Anhörungsbehörde soll die zu beteiligenden Behörden innerhalb eines Monats nach Zugang des vollständigen Plans zur Stellungnahme auffordern. Für die Erarbeitung und Abgabe der Stellungnahme bestimmt die Anhörungsbehörde eine Frist, die nach § 73 IIIa VwVfG drei Monate nicht überschreiten darf (zu den Rechtsfolgen der Fristüberschreitung unter → § 62 Rn. 99). Die Stellungnahme muss ausreichend substantiiert sein. Vor allem muss sie erkennen lassen, ob und welche durch das Vorhaben tangierten öffentlichen Belange aus ihrem Zuständigkeitsbereich zu berücksichtigen sind. Es können Anregungen für weitere Ermittlungen gegeben, Beweisanträge gestellt und Sachverständigengutachten beigelegt werden. Die Behörde hat aus rechtlicher Sicht vor allem ihre Auffassung zur Bedeutung und den Folgen der von ihr wahrzunehmenden Belange für die Planabwägung darzulegen.

65 Wird eine Behörde entgegen § 73 II VwVfG nicht zur Abgabe einer Stellungnahme aufgefordert, so liegt ein Verfahrensfehler vor, der gem. § 45 I Nr. 5 VwVfG durch Nachholung bis zum Abschluss eines verwaltungsgerichtlichen Verfahrens geheilt werden kann. Ob ein solcher Verfahrensfehler von Drittbetroffenen wirksam gerügt werden kann, ist umstritten,[136] im Ergebnis aber zu verneinen, da die Behörden ihre Stellungnahmen im öffentlichen Interesse abgeben und zwingende Rechtssätze von der Planfeststellungsbehörde auch dann zu berücksichtigen sind, wenn die zuständige Behörde nicht beteiligt wurde oder trotz Beteiligung keine Stellungnahme abgegeben hat.

4. Planauslegung

66 Die Anhörungsbehörde hat nach § 73 II VwVfG weiterhin zu veranlassen, „dass der Plan in den Gemeinden, in denen sich das Vorhaben voraussichtlich auswirkt, ausgelegt wird". Die Auswahl der Gemeinden ist auf der Grundlage einer Prognose über die Auswirkungen des Vorhabens zu treffen. Unterläuft dabei ein Fehler, so dass der Plan in einer Gemeinde nicht ausgelegt wird, in der sich das Vorhaben auswirkt, so

[133] BVerwG NVwZ 2006, 1170 ff.; Stelkens/Bonk/Sachs/Neumann/Külpmann VwVfG § 73 Rn. 28.
[134] Stelkens/Bonk/Sachs/Neumann/Külpmann VwVfG § 73 Rn. 34; Steinberg/Wickel/Müller, Fachplanung, § 2 Rn. 69 ff.
[135] BVerwGE 98, 339 (344); Steinberg/Wickel/Müller, Fachplanung, § 2 Rn. 84 ff.
[136] Nachweise bei Ule/Laubinger, Verwaltungsverfahrensrecht, § 40 Rn. 15.

liegt ein Bekanntgabefehler vor.[137] Zeigen sich Auswirkungen erst später, ist die Auslegung nachzuholen.[138]

Die von der Anhörungsbehörde bestimmten Gemeinden sind gem. § 73 III 1 VwVfG verpflichtet, den Plan innerhalb von drei Wochen nach Zugang für die Dauer eines Monats auszulegen. Die Planauslegung dient der Information der potenziell vom Vorhaben betroffenen Bürger und soll sie ggf. zur Erhebung von Einwendungen anstoßen (sog. **Anstoßwirkung**).[139] Diese Funktion bestimmt letztlich auch die Auswahl der auszulegenden Unterlagen.[140] Entscheidend ist, dass die Auswirkungen auf die betroffenen Grundstücke erkannt und nachvollzogen werden können. Nach Ansicht des BVerwG ist es dazu jedoch nicht notwendig, dass die (nach Ansicht der Anhörungsbehörde) betroffenen Grundstücke formal kenntlich gemacht werden, solange der Informationszweck dennoch erreicht wird.[141] Auszulegen sind neben den Unterlagen des Vorhabenträgers auch die Stellungnahmen der beteiligten Behörden und ggf. die Sachverständigengutachten. Es reicht dabei aus, wenn der wesentliche Inhalt wiedergegeben wird. In Betracht kommt ergänzend eine Einsicht in nicht ausgelegte Akten.[142] 67

Die Planauslegung muss nach den genauen Vorgaben des § 73 IV 4, V VwVfG von den Gemeinden ortsüblich bekannt gemacht werden.[143] Dabei haben die Gemeinden ua auch auf die Rechtsfolgen, die sich aus der Unterlassung von Einwendungen oder der Nichtteilnahme am Erörterungstermin ergeben können, hinzuweisen. Nicht ortsansässige Betroffene, deren Person und Aufenthalt bekannt sind oder sich innerhalb angemessener Frist ermitteln lassen, sollen auf Veranlassung der Anhörungsbehörde von der Auslegung benachrichtigt werden (§ 73 V 3 VwVfG). 68

Einsichtsberechtigt ist nicht jedermann, sondern nur der in seinen Belangen durch das Vorhaben potenziell Betroffene.[144] Es geht § 73 VwVfG nicht um eine Öffentlichkeitsbeteiligung, sondern um eine Betroffenenbeteiligung. Zurückgewiesen werden dürfen nur Personen, bei denen eine rechtsmissbräuchliche Absicht erkennbar ist.[145] 68a

Das **Einsichtsrecht** begründet auch die Befugnis, sich Notizen aus den Planunterlagen zu machen.[146] Die Anfertigung von Kopien ist bei berechtigtem Interesse auf Kosten des Einsichtnehmenden zulässig.[147] Es besteht aber nur ein Anspruch auf ermessensfehlerfreie Entscheidung.[148] Dabei ist die allgemeine bisherige Verwaltungspraxis zu berücksichtigen. 69

---

[137] Stelkens/Bonk/Sachs/Neumann/Külpmann VwVfG § 73 Rn. 30; Knack/Henneke/Schink VwVfG § 73 Rn. 58; Ziekow, Handbuch des Fachplanungsrechts, 3. Aufl. 2024, Rn. 153.

[138] Stelkens/Bonk/Sachs/Neumann/Külpmann VwVfG § 73 Rn. 30.

[139] BVerwGE 67, 206 (213); 98, 339 (344).

[140] Steinberg/Wickel/Müller, Fachplanung, § 2 Rn. 56 ff., 122.

[141] BVerwG NJW 1985, 3034.

[142] Steinberg/Wickel/Müller, Fachplanung, § 2 Rn. 125 f.

[143] Die Form der ortsüblichen Bekanntgabe ergibt sich aus dem anzuwendenden Landes- und Gemeinderecht. Zu Einzelheiten Ule/Laubinger, Verwaltungsverfahrensrecht, § 40 Rn. 18 ff.

[144] Stelkens/Bonk/Sachs/Neumann/Külpmann VwVfG § 73 Rn. 64; Ule/Laubinger, Verwaltungsverfahrensrecht, § 40 Rn. 23; jetzt auch Obermayer/Funke-Kaiser/Masing/Schiller VwVfG § 73 Rn. 71.

[145] BVerwG NVwZ 1988, 531; Mecking NVwZ 1992, 316 (319).

[146] Steinberg/Wickel/Müller, Fachplanung, § 2 Rn. 124.

[147] Ehlers/Pünder AllgVerwR/Pünder § 15 Rn. 7; Mecking NVwZ 1992, 316 ff.

[148] Mecking NVwZ 1992, 316 (329 f.); aA Knack/Henneke/Schink VwVfG § 73 Rn. 87: Verweigerung des Kopierens als unzulässige Schikane.

70 **Alternativ** zur Planauslegung ermöglicht § 73 III 2 VwVfG aus Gründen der Verfahrensvereinfachung die Gewährung individueller Planeinsicht, wenn der Kreis der Betroffenen bekannt ist. Das ist in der Regel der Fall, wenn sich das Vorhaben ausschließlich auf Grundstücke auswirkt, die im Eigentum weniger Personen stehen.

5. Einwendungen

71 Nach § 73 IV VwVfG kann „jeder, dessen Belange durch das Vorhaben berührt werden, […] Einwendungen gegen den Plan erheben." Einwendungen sind keine förmlichen Rechtsbehelfe.[149] Sie sind vielmehr integraler Bestandteil der durch das Planfeststellungsverfahren verwirklichten effektiven Verfahrensgestaltung, die durch die Stichworte Verfahrenskonzentration, Einwendungsverfahren, Mitwirkungslast und Präklusion bestimmt ist: Durch das Anhörungsverfahren wird den vom Vorhaben Betroffenen nicht nur die Möglichkeit eröffnet, sich zu informieren. Vielmehr begründet § 73 VwVfG eine Mitwirkungslast, die die Betroffenen zwingt, ihre Einwendungen bereits im Verwaltungsverfahren geltend zu machen, da die spätere Berufung auf eine eigene Rechtsverletzung ansonsten ausgeschlossen ist (Präklusion).

72 Die **Einwendungsberechtigung** ist mit Hilfe einer Auslegung des Tatbestandsmerkmals „eigene Belange" zu ermitteln. Allgemein ist jeder in eigenen Belangen betroffen, dessen Rechte oder wirtschaftliche, ökologische, soziale, kulturelle, ideelle oder sonstige nicht unredlich erworbene und deshalb anerkennenswerte eigene Interessen durch das Vorhaben berührt werden können.[150]

73 Eine kasuistische Umsetzung dieser abstrakten Kriterien ergibt folgendes Bild:[151] An erster Stelle stehen Beeinträchtigungen des Eigentums. Einwendungsberechtigt sind demnach Inhaber eines dinglichen Rechts, das in Anspruch genommen werden soll, wenn nachteilige Auswirkungen für die Grundstücksnutzung oder ein Wertverlust drohen. Umstritten ist, ob auch Mieter und andere Grundstücksnutzer (Pächter; Personen, die dort arbeiten; Ehegatten und nahe Verwandte, die ein Grundstück nutzen) einwendungsberechtigt sind. Denkbar ist dies im Hinblick auf etwaige Gesundheitsbelastungen; nicht aber hinsichtlich der dinglichen Nutzung. Es kommt insofern maßgeblich auf das regelmäßige Ausmaß der Grundstücksnutzung an.

74 Eine **Gemeinde** kann sowohl in ihrem hoheitlichen Aufgabenbereich als auch in ihrer Eigenschaft als Eigentümerin von Grundstücken in eigenen Belangen betroffen sein.[152] Als Trägerin der örtlichen Trinkwasserversorgung kann sie zB einwendungsberechtigt sein, wenn die Besorgnis besteht, dass sie auf Grund der Auswirkungen des Vorhabens mit zusätzlichen Vorsorgemaßnahmen und infolgedessen auch weiteren Kosten belastet wird.

---

[149] Ule/Laubinger, Verwaltungsverfahrensrecht, § 40 Rn. 27; Stelkens/Bonk/Sachs/Neumann/Külpmann VwVfG § 73 Rn. 68; Hoppe/Schlarmann/Buchner/Deutsch, Rechtsschutz, Rn. 236.

[150] VGH Kassel NVwZ 1986, 680 (681); Steinberg/Wickel/Müller, Fachplanung, § 2 Rn. 128 ff.; Stelkens/Bonk/Sachs/Neumann/Külpmann VwVfG § 73 Rn. 71; Obermayer/Funke-Kaiser/Masing/Schiller VwVfG § 73 Rn. 90; Kopp/Ramsauer VwVfG § 73 Rn. 71 f.; Knack/Henneke/Schink VwVfG § 73 Rn. 91 ff. Zur Einwendungsbefugnis des Grundstückskäufers Würtenberger BayVBl. 2010, 652 (654).

[151] Dazu ausführlich Steinberg/Wickel/Müller § 2 Rn. 128 ff., § 6 Rn. 42 ff.; Stüer, Handbuch, Rn. 4775 ff.; Kopp/Ramsauer VwVfG § 73 Rn. 73 ff.

[152] Kopp/Ramsauer VwVfG § 73 Rn. 81 f.; Steinberg/Wickel/Müller, Fachplanung, § 2 Rn. 133, § 6 Rn. 107 ff.

Nicht erforderlich ist, dass es sich um ein (subjektives) Recht handelt und dass die geltend gemachten Belange in den örtlichen Zuständigkeitsbereich der Planfeststellungsbehörde fallen. Es muss sich aber um Belange handeln, die thematisch von der Planfeststellungsbehörde zu berücksichtigen sind. 75

Ausgeschlossen sind objektiv geringwertige oder nicht schützenswerte Belange, wie zB nicht genehmigungsfähige Grundstücksnutzungen. Stark umstritten ist, ob Einwendungen unter Berufung auf Eigentum, das nur zum Zweck der Einwendungserhebung erworben wurde (sog. Sperrgrundstück)[153] ausgeschlossen sind.[154] Teilweise wird darin eine unzulässige Rechtsausübung gesehen.[155] Das BVerwG hatte zunächst die Ansicht vertreten, dass es auf den Erwerbsgrund nicht ankomme,[156] in einer späteren Entscheidung dann aber darauf hingewiesen, dass wegen der geringeren wirtschaftlichen Bedeutung eines Sperrgrundstücks die unter Verweis auf das Privateigentum an ihm erhobenen Einwendungen in der planerischen Abwägung leichter überwunden werden können.[157] 76

Anerkannt ist inzwischen auch, dass „Einwendungen aus dem Ausland" zu berücksichtigen sind. Nach Ansicht des BVerwG sind ausländische Anlieger „jedenfalls im Bereich der EU" einwendungsberechtigt; es komme entscheidend darauf an, ob die in Frage stehenden Rechtsvorschriften auch zum Schutz von Interessen ausländischer Personen erlassen wurden. Dies sei bei den atomrechtlichen Vorschriften der Fall.[158] Als Anhaltspunkt dient dabei der Schutzzweck der betreffenden Normen. Wenn Leben und Gesundheit geschützt werden sollen, gelte dies auch für Anlieger jenseits der Grenze. Völkerrechtliche Bedenken, auf diese Weise den Geltungsbereich des deutschen Rechts und die Zuständigkeit der deutschen Gerichtsbarkeit zu erweitern, bestehen insoweit nicht. Es können aber nur Verletzungen des deutschen Rechts geltend gemacht werden, dh es ist keine Berufung auf ggf. strengere Vorschriften des Nachbarlandes möglich. 77

Es muss sich grundsätzlich um eigene Belange, nicht solche der Allgemeinheit handeln. Erforderlich ist daher grundsätzlich ein Mindestmaß individueller Tangierung. Ausnahmen müssen ausdrücklich gesetzlich geregelt sein. Das praktisch bedeutsamste Beispiel ist die Einbeziehung anerkannter Naturschutzvereinigungen durch § 63 I Nr. 3 BNatSchG.[159] 78

Die Belange müssen weiter durch das Vorhaben „berührt" werden. Es muss nach Lage der Dinge, dh im Hinblick auf die Art des Vorhabens, der Entfernung des Wohnorts vom Vorhaben etc, eine Betroffenheit zumindest als möglich erscheinen und darf nicht eindeutig und nach jeder Betrachtungsweise ausgeschlossen sein. Man spricht in diesem Zusammenhang auch vom „Einwirkungsbereich" des Vorhabens.[160] 79

---

[153] Muckel JA 2012, 639.
[154] Übersicht bei Fliegauf NVwZ 1991, 748 ff. Zur Frage der Klagebefugnis aufgrund des Eigentums an einem Sperrgrundstück → § 62 Rn. 188.
[155] VGH München NVwZ 1989, 684.
[156] BVerwGE 72, 15 (16).
[157] BVerwG NVwZ 1991, 781.
[158] Vgl. § 7 AtomG; s. dazu BVerwGE 75, 285 ff.; Bothe UPR 1987, 170 ff.; Brandt DVBl 1995, 779 ff.
[159] Obermayer/Funke-Kaiser/Masing/Schiller VwVfG § 73 Rn. 91.
[160] Obermayer/Funke-Kaiser/Masing/Schiller VwVfG § 73 Rn. 88.

80 Klarstellend ist darauf hinzuweisen, dass allein der Umstand, dass jemand einwendungsberechtigt ist und tatsächlich Einwendungen erhoben hat, noch keine Klagebefugnis iSd § 42 II VwGO begründet.[161] Etwas anderes gilt nur, wenn dies gesetzlich ausdrücklich vorgesehen ist, wie zB bei Naturschutzvereinigungen gem. § 64 I Nr. 3 BNatSchG.

81 Als sachliches Gegenvorbringen muss jede Einwendung hinreichend substantiiert vorgetragen werden. Aufgrund des Vortrags muss die Berührung eigener Belange als möglich erscheinen. Es muss in groben Zügen erkennbar werden, in welcher Hinsicht aus der Sicht des Einwenders gegen die Planfeststellung des Vorhabens Bedenken bestehen und wovor die Behörde ihn schützen soll.[162]

82 Die Einwendungen müssen gem. § 73 IV 1 VwVfG schriftlich oder zur Niederschrift bei der Anhörungsbehörde oder der den Plan auslegenden Gemeinde erhoben werden. Dies muss bis spätestens zwei Wochen nach Ablauf der Auslegungsfrist erfolgen. Eine Dispositionsbefugnis hinsichtlich der Einwendungsfrist ist der Behörde dabei nicht eingeräumt.[163]

6. Präklusion

83 Mit Ablauf der Einwendungsfrist, so heißt es in § 73 IV 3 VwVfG, „sind alle Einwendungen ausgeschlossen, die nicht auf besonderen privatrechtlichen Titeln beruhen". Die Präklusion tritt jedoch nur ein, wenn darauf auch in der Bekanntmachung der Auslegung oder bei der Bekanntgabe der Einwendungsfrist hingewiesen worden ist (§ 73 IV 4 VwVfG). Ist die Einwendungsfrist unverschuldet versäumt worden, kann für den Einwender zudem die Möglichkeit einer Wiedereinsetzung in den vorigen Stand nach § 32 VwVfG in Betracht kommen.[164] Die Präklusionsregelung ist die „Kehrseite" der im Anhörungsverfahren bestehenden weiten Einwendungsbefugnis. Die Ermittlung ihres Regelungsgehalts und ihrer Rechtsfolgen verlangt zunächst eine Klärung der Funktion und rechtlichen Wirkungen von Präklusionsvorschriften.

a) Zweck der Präklusion

84 Zweck der verwaltungsrechtlichen Präklusion ist die **Beschleunigung und Konzentration des Verwaltungsverfahrens** sowie die Schaffung von Rechtssicherheit nach einer einmal ergangenen Entscheidung. Mittel dazu ist das Setzen von Ausschlussfristen für Einwendungen bzw. der Erlass von Verwaltungsakten, die nach Eintritt der Bestandskraft ebenfalls präkludieren.[165] Die durch das Vorhaben Betroffenen sollen veranlasst werden, ihre Bedenken gegen das Vorhaben rechtzeitig geltend zu machen, statt ihre Einwendungen und Abwehransprüche erst zu einem fortgeschrittenen Zeitpunkt oder gar nach Fertigstellung der Anlage geltend zu machen. Dabei unterliegen

161 Stelkens/Bonk/Sachs/Neumann/Külpmann VwVfG § 73 Rn. 73; Würtenberger BayVBl. 2010, 652 (654).

162 BVerwGE 60, 297 (300 ff.); NVwZ 1995, 904; 1997, 171 (172).

163 BVerwG NVwZ 1996, 399 f.; NVwZ-RR 1999, 162 (163).

164 BVerwGE 66, 99 (109); BVerwG UPR 1996, 386 (387 ff.); BVerwG UPR 1999, 66 f.; Ziekow, Praxis des Fachplanungsrechts/Kirchberg, 2004, Rn. 208.

165 Vertiefend zu diesen und anderen Instrumenten der Verfahrensbeschleunigung Erbguth UPR 1999, 41 ff. Ausführlich zur Präklusion Niezwicki, Präklusionsvorschriften des öffentlichen Rechts im Spannungsfeld zwischen Verfahrensbeschleunigung, Einzelfallgerechtigkeit und Rechtsstaatlichkeit, 2007.

die Einwendungen strengen Formanforderungen, damit die Anhörungs- und Planfeststellungsbehörden sich vor Prüfung der Relevanz der Stellungnahmen nicht erst Kenntnis von ihrem Inhalt verschaffen müssen.[166]

b) Formen der Präklusion

Die Präklusion kann sich auf verschiedene Rechtspositionen und Verfahrensabschnitte beziehen. Es ist zwischen der formellen oder unechten Präklusion sowie der materiellen oder echten Präklusion zu unterscheiden. 85

Eine formelle Präklusion oder **unechte Präklusion** liegt vor, wenn der Betroffene mit seinem Vorbringen nur für das weitere Verwaltungsverfahren, nicht aber für das spätere verwaltungsgerichtliche Verfahren ausgeschlossen wird. Die formelle Präklusion hat lediglich zur Folge, dass die Behörde die präkludierten Einwendungen im weiteren Verfahren und im Erörterungstermin nicht mehr berücksichtigen muss. Sie kann es aber, dh die materielle Rechtsposition bleibt als solche bestehen und darf durch die Behörde bei ihrer Entscheidung berücksichtigt werden. Die formelle Präklusion ist die mildeste Form, wegen ihrer geringen Wirksamkeit aber nur noch selten anzutreffen. 86

Eine materielle oder **echte Präklusion** liegt vor, wenn Einwendungen oder Ansprüche des Betroffenen auch für das gerichtliche Verfahren ausgeschlossen sind und die Rechtsposition selbst „untergeht". Aufgrund der unterschiedlichen rechtlichen Konstellationen wird zwischen Einwendungspräklusion und Anspruchspräklusion unterschieden. 87

Unter einer Einwendung ist das sachliche Gegenvorbringen (= Tatsachenvortrag) zur Geltendmachung eines Abwehranspruchs im Verwaltungsverfahren zu verstehen.[167] Normen, die einen Ausschluss von Einwendungen nicht nur für das Verwaltungsverfahren, sondern auch für das verwaltungsgerichtliche Verfahren anordnen, sind entweder solche, die Ausschlussfristen setzen – dann spricht man von horizontaler Einwendungspräklusion –, oder solche, die die materielle Einwendungspräklusion an eine bestandskräftige Teilgenehmigung oder einen bestandskräftigen Vorbescheid knüpfen – dann spricht man von vertikaler Einwendungspräklusion. 88

Grundlage der Einwendungspräklusion ist nach vorherrschender Ansicht der Verwirkungsgedanke, nach neuerer, zutreffender Ansicht die Sanktion für die Verletzung einer Mitwirkungspflicht in einem Bereich kooperativer Sachverhaltsermittlung.[168] Bedenken gegen ein Vorhaben sollen innerhalb einer bestimmten Frist geltend gemacht werden, sonst ist das Vorbringen ausgeschlossen. Die Bezeichnung „horizontal" verdeutlicht, dass es um die Dauer eines zusammenhängenden Verwaltungsverfahrens geht. Nach Abschluss des Verfahrens entfaltet die Präklusion für das 89

166 So wird durch den Hinweis auf Stellungnahmen in einem anderen Verfahren oder in einem Vorstadium des eigentlichen Planfeststellungsverfahrens das darin enthaltene Vorbringen noch nicht Inhalt des Einwendungsschreibens, solange diese Stellungnahmen nicht mit dem Einwendungsschreiben eingereicht oder innerhalb der Einwendungsfrist nachgereicht werden, vgl. BVerwG NVwZ-RR 2012, 261 (262).

167 Keine Einwendung ist hingegen der Hinweis, dass die Planfeststellungsbehörde aufgrund der Reichweite der gesetzlichen Ermächtigung von Rechts wegen an der Planfeststellung gehindert ist. Darauf bezogene Rügen unterliegen daher nicht der Präklusion, BVerwG NVwZ 2015, 1070 (1072).

168 Röhl/Ladenburger, Präklusion, S. 20 ff.

Verwaltungsverfahren keine Wirkung mehr. Dh die unterlassenen Einwendungen können in einem späteren Verfahrensabschnitt geltend gemacht werden. Beispiele für eine horizontale Einwendungspräklusion sind § 10 III 5 BImSchG und § 73 IV 3 VwVfG.[169]

90 Davon zu unterscheiden ist die vertikale Einwendungspräklusion, die bei gestuften Verwaltungsverfahren eingesetzt wird. Dazu bedarf es zusätzlich einer Regelung, die den Einwendungsausschluss an eine bestandskräftige Teilgenehmigung oder einen unanfechtbaren Vorbescheid anknüpft.

Beispiele: § 11 BImSchG und § 7b AtomG.

91 Die materielle Einwendungspräklusion wirkt sich sowohl auf das Verwaltungsverfahren als auch auf das verwaltungsgerichtliche Verfahren aus. Während die verfahrensrechtlichen Wirkungen eindeutig sind, ist umstritten, wie sich der Einwendungsausschluss im gerichtlichen Verfahren auswirkt. Das BVerfG und das BVerwG haben sich zwar mit der Frage beschäftigt, sich aber nicht auf eine Position festgelegt, weil es in den jeweiligen Verfahren praktisch nicht darauf ankam. Das BVerfG hat im Sasbach-Beschluss[170] nur die Alternativen beschrieben, dass nämlich jeglicher Störungsabwehranspruch, den die Rechtsordnung zum Schutz eines Grundrechts einräumt, materiell-rechtlich beseitigt werden kann oder es verfahrensrechtlich verwehrt werden kann, ihn wirkungsvoll geltend zu machen, wobei das Grundrecht, zu dessen Schutz er gewährt wird, auch bestehen bleiben kann. Das BVerwG hat in seinem Whyl-Urteil[171] ähnlich ausgeführt, dass es keinen Unterschied macht, ob durch die materielle Einwendungspräklusion der Abwehranspruch selbst ausgeschlossen wird oder der für seine Geltendmachung notwendige Tatsachenvortrag. Diese Argumentation ist aber nur für das jeweilige Verfahren ausreichend. Es kann jedoch sein, dass die gleiche Rechtsposition auch noch in anderen Zusammenhängen relevant wird und es insofern tatsächlich darauf ankommt, welche Wirkungen die Einwendungspräklusion hat. Zudem ist die Frage prozessual insoweit von Bedeutung, als es darum geht, ob die Klage unzulässig oder unbegründet ist.

92 Ein Teil der Lehre geht vom **anspruchsvernichtenden Charakter** der materiellen Einwendungspräklusion aus.[172] Dies wird ua damit begründet, dass dort, wo von Gesetzes wegen keine Rechtspräklusion vorgesehen ist, dies durch abweichende Formulierungen deutlich gemacht werde[173] und dass die Nichtgeltendmachung von Einwendungen zu einer Beschränkung der subjektiven Rechtsstellung der Person führt, die dazu berechtigt und in der Lage war.[174] Die hL geht demgegenüber davon aus, dass der materielle Anspruch fortbesteht und es nur zu einer **anspruchslähmenden Wirkung** kommt: indem bestimmte Tatsachen nicht mehr vorgebracht werden kön-

169 BVerwG NVwZ 1996, 895; NVwZ 1996, 1021. Zur ähnlichen Regelung im Eisenbahnrecht BVerwG DÖV 1993, 432 f. Vor der Einführung der Vorschrift war die Präklusion im VwVfG nicht ausdrücklich geregelt. Das BVerwG ging deshalb nur von einer formellen Präklusion aus, s. dazu BVerwGE 60, 297 (302).

170 BVerfGE 61, 82 (113); Bespr. Ronellenfitsch JuS 1983, 594 ff.

171 BVerwGE 60, 297 (301).

172 Papier NJW 1980, 313 (317); Hill, Das fehlerhafte Verwaltungsverfahren, S. 446.

173 Papier NJW 1980, 313 (317).

174 BK-GG/Schenke, 143. EL 2009, GG Art. 19 Abs. 4 Rn. 760.

nen, kann das Abwehrrecht nicht mehr geltend gemacht werden.[175] Diese Interpretation fußt vor allem auf dem Übermaßverbot. Ein vollständiger, auf das materielle Recht durchgreifender Rechtsverlust sei nicht erforderlich, um den verfolgten Zweck der Verfahrensbeschleunigung zu verwirklichen. Zudem komme es ansonsten zu verfahrensübergreifenden Wirkungen.[176]

Im Rahmen der prozessualen Zuordnung führen eigentlich beide Annahmen zur Unzulässigkeit der Klage, da die Klagebefugnis auch dann fehlt, wenn der Tatsachenvortrag ausgeschlossen ist. Es finden sich aber auch Stimmen, die die Prüfung der Begründetheit zuweisen.[177] Nach einer differenzierenden Ansicht gilt folgendes: Grundsätzlich ist bei Vorliegen eines materiellen Einwendungsausschlusses die Unzulässigkeit der Klage gegeben, es sei denn, es bestehen Zweifel an der Rechtmäßigkeit des Eintritts der Präklusionswirkung.[178] 93

Wird durch die Präklusion der Anspruch selbst erfasst (Anspruchspräklusion), so ist zwischen den verschiedenen Arten der betroffenen Ansprüche sowie der Art des Ausschlusses zu differenzieren. Es kommen dabei folgende Varianten in Frage: 94

– Ausschluss von öffentlich-rechtlichen Ansprüchen;
– Ausschluss von privatrechtlichen Ansprüchen;
– Modifizierung von Ansprüchen (wenn an die Stelle des Abwehrrechts ein Entschädigungs- oder Ausgleichsanspruch tritt).

Einen Ausschluss privat- und öffentlich-rechtlicher Ansprüche sehen § 75 II 1 VwVfG und § 21 WaStrG vor. Einen Ausschluss privatrechtlicher Ansprüche regeln § 16 I WHG sowie § 14 BImSchG auf den § 7 VI AtomG und § 11 I LuftVG verweisen. Eine Modifizierungswirkung ist in § 75 II 2–4 VwVfG vorgesehen. Hier tritt an die Stelle des ausgeschlossenen Unterlassungs- und Beseitigungsanspruchs ein Anspruch auf Ausgleichsmaßnahmen oder Entschädigung.

c) Verfassungsrechtliche Zulässigkeit der Präklusion

Der Ausschluss von Rechtsschutzmöglichkeiten und die Aberkennung von materiellen Abwehrrechten sind nicht ohne weiteres als zulässig und verfassungsrechtlich unproblematisch anzusehen. Vielmehr ist am Prüfungsmaßstab des Art. 19 IV GG sowie der betroffenen materiellen Rechte die Verfassungsmäßigkeit der Präklusion zu untersuchen. 95

Die in ihren Wirkungen auf das Verwaltungsverfahren beschränkte formelle Präklusion begegnet verfassungsrechtlich keinen Bedenken, da durch sie weder der Rechtsschutz noch die materielle Rechtsposition beeinträchtigt wird.[179] 96

Bei der materiellen Präklusion sind materielle Rechtspositionen bzw. ihre Durchsetzung betroffen. Es bedarf insoweit einer Eingriffsrechtfertigung im Hinblick auf Art. 19 IV GG und die zugrunde liegende, ggf. grundrechtlich geschützte, Rechts- 97

175 Streinz VerwArch 79 (1988), 272 (284 f.); Dürig/Herzog/Scholz/Schmidt-Aßmann GG Art. 19 IV Rn. 260; Ipsen DVBl 1980, 146 (151); Brandt NVwZ 1997, 233 (235).
176 Dürig/Herzog/Scholz/Schmidt-Aßmann GG Art. 19 IV Rn. 260; Brandt NVwZ 1997, 233 (235).
177 Stober AöR 106 (1982), 41 (69); Kopp/Schenke/W.-R. Schenke/R. P. Schenke VwGO § 42 Rn. 179.
178 Brandt NVwZ 1997, 233 (236).
179 Dürig/Herzog/Scholz/Schmidt-Aßmann GG Art. 19 IV Rn. 259.

position. Die Rechtsprechung nennt als legitimierende Gründe zum einen die mit der Amtsermittlung allein nicht zu erzielende umfassende Sachaufklärung sowie die Funktionsfähigkeit von Verwaltung und Justiz.[180] Es wird auch von einem „Gebot institutioneller Rücksichtnahme" gesprochen.[181] Damit wird die materielle Präklusion insbesondere an das Vorliegen des materiellen Planungsbegriffs gebunden. Bei herkömmlichen, eindimensionalen Genehmigungstatbeständen kann sie nur aus anderen Gründen gerechtfertigt werden. Inwieweit die Beschleunigung von Genehmigungsverfahren als Rechtfertigungsgrund ausreicht, ist noch nicht abschließend geklärt. Das BVerfG hat die Beschleunigung im Sasbach-Beschluss[182] zwar erwähnt, aber nur im Zusammenhang mit atomrechtlichen Massenverfahren, wo ihr eine besondere Dimension eigen ist. Bei eher einfachen Verfahren dürfte die Beschleunigung als solche nicht ausreichen. Es muss dann auch die Fristlänge genau geprüft werden. Im Ergebnis sind die materiellen Präklusionsvorschriften im Bereich des Planfeststellungsrechts verfassungsrechtlich nicht zu beanstanden.

d) Unionsrechtliche Zulässigkeit der Präklusion

98 Neben der verfassungsrechtlichen ist auch die europarechtliche Zulässigkeit von Präklusionsvorschriften zu erörtern. Ansatzpunkt ist dabei das vom EuGH in seiner Rechtsprechung bereits in mehreren anderen Zusammenhängen entwickelte Postulat der effektiven und einheitlichen Anwendung des Gemeinschaftsrechts. Für den Fall der Präklusion ist die **Rechtssache Peterbroeck** der leading case. In seinem Urteil vom 14.12.1995[183] hatte der EuGH über eine Ausschlussregelung des belgischen Abgabenrechts zu entscheiden. Dabei ging es um eine Vorschrift, die eine Präklusion speziell für die Prüfung von Rechtsfragen vorsah. Dh es war anders als im deutschen Recht nicht der Tatsachenvortrag eingeschränkt, sondern das Gericht durfte nur die rechtlichen Grundsätze prüfen, die der Beschwerdeführer selbst innerhalb der Frist angesprochen hatte. Damit war der Grundsatz „iura novit curia" betroffen, dh der Ausschluss von Rechtsrügen. Hinzu kommt, dass es im Ausgangsfall nicht um ein komplexes Planungsverfahren, sondern um eine normale Verwaltungsentscheidung ging. Sieht man von diesem Unterschied einmal ab, so macht der EuGH in der Sache geltend, dass es grundsätzlich möglich sein muss, dass ein Gericht die Vereinbarkeit eines nationalen Staatshandelns auf seine Vereinbarkeit mit dem Gemeinschaftsrecht überprüfen kann und die Möglichkeit einer Vorlage an den EuGH nach Art. 267 AEUV (ex-Art. 234 EGV) hat. Das allein würde grundsätzlich immer dort gegen eine Präklusion sprechen, wo hinter den entsprechenden Belang gemeinschaftsrechtliche Normen stehen, was im Umweltrecht nicht selten der Fall ist. Der EuGH lässt aber eine Abwägung zu, dh er akzeptiert wie das deutsche Verfassungsrecht, dass gewisse Einschränkungen der Geltendmachung von subjektiven Rechten vom nationalen Gesetzgeber eingeführt werden. Dies hat er ausdrücklich für die Klagefristen im Verwaltungsprozess und die Beschränkung des Vorbringens in der Revisionsinstanz anerkannt.[184] Im Ergebnis dürfte deshalb die materielle Präklusion im Bereich des

---

[180] BVerfGE 61, 82 (114 ff.).

[181] Röhl/Ladenburger, Präklusion, S. 48 ff.

[182] BVerfGE 61, 82.

[183] EuGH Slg. 1995, I-4599 – Peterbroeck. S. auch EuGH 15.10.2015 – C-137/14, BeckRS 2015, 81352; dazu Stüer/Buchsteiner DVBl 2015, 1518; Berkemann DVBl 2016, 205; Ruffert JuS 2015, 1138; Ludwigs NJW 2015, 3484; Frenz NuR 2015, 832; Siegel NVwZ 2016, 337.

[184] EuGH Slg. 1976, I-1989 Rn. 5 – Rewe – und EuGH Slg. 1995, I-4705 ff. – van Schijndel.

Fachplanungsrechts auch europarechtlich zulässig sein. Für andere Bereiche ist die Zulässigkeit weitaus problematischer.[185]

e) Die Behördenpräklusion

Neben der Präklusion privater Planbetroffener nach § 73 IV VwVfG sieht § 73 IIIa VwVfG auch die Behördenpräklusion vor.[186] Nach dieser Regelung haben die nach § 73 II VwVfG zu beteiligenden Behörden innerhalb einer maximal drei Monate währenden Frist ihre Stellungnahmen abzugeben. Gehen die Stellungnahmen erst nach Ablauf der Frist ein, so werden sie laut Gesetz nicht mehr berücksichtigt, es sei denn, die vorgebrachten Belange sind der Planfeststellungsbehörde bereits bekannt, hätten ihr bekannt sein müssen oder sind für die Rechtmäßigkeit der Entscheidung von Bedeutung. 99

Die Behördenpräklusion ist grundlegend verschieden von der Präklusion privater Betroffener, weil es hier nicht um punktuelle Rechtspositionen, sondern objektive öffentlichen Belange geht. Schon deshalb kann die Versäumung der Frist zur Abgabe einer Stellungnahme überhaupt nicht den Ausschluss der davon betroffenen Belange bei der Prüfung der Zulässigkeit des Vorhabens zur Folge haben. Aufgrund der formellen Konzentration besteht schließlich eine umfassende Entscheidungszuständigkeit der Planfeststellungsbehörde, die auch eine umfassende Rechtsbindung zur Folge hat. Der einschränkende Hinweis, dass die ausgefallene Stellungnahme nicht die Rechtmäßigkeit der Entscheidung betreffen darf, macht dies deutlich: rechtlich bindende Vorgaben sind auch dann durch die Planfeststellungsbehörde zu berücksichtigen, wenn die für diese Belange zuständige und nach § 73 II VwVfG zu beteiligende Fachbehörde keine Stellungnahme abgegeben hat. Daraus folgt umgekehrt: eine Behördenpräklusion gibt es nur dort, wo keine strikten Rechtsbindungen vorliegen, wo also Ermessen oder Abwägungsspielräume gegeben sind.[187] 100

7. Der Erörterungstermin

„Nach Ablauf der Einwendungsfrist hat die Anhörungsbehörde die rechtzeitig gegen den Plan erhobenen Einwendungen, die rechtzeitig abgegebenen Stellungnahmen von Vereinigungen und die Stellungnahmen der Behörden zu dem Plan mit dem Träger des Vorhabens, den Behörden, den Betroffenen sowie den Personen, die Einwendungen erhoben haben, zu erörtern" (§ 73 VI 1 VwVfG).[188] In der mündlichen Erörterung des Plans liegt das Schwergewicht des Anhörungsverfahrens. Es ist der Erörterungstermin, der die ansonsten nach § 28 VwVfG erforderliche Anhörung er- 101

[185] Dazu und zu weiteren Aspekten v. Danwitz UPR 1996, 323 ff. und Röhl/Ladenburger, Präklusion, S. 64 ff. Vgl. auch Erbguth UPR 1999, 41 (47 ff.).

[186] S. dazu Quaas, Die Behördenpräklusion, 2006; Siegel DÖV 2004, 589 ff. Krit. dazu äußern sich Steinberg/Wickel/Müller, Fachplanung, § 2 Rn. 81; Erbguth JZ 1994, 477 (480); Steiner NVwZ 1994, 313 (314); Kröger/Schulz NuR 1995, 72 (73).

[187] Stelkens/Bonk/Sachs/Neumann/Külpmann VwVfG § 73 Rn. 40 ff.

[188] In einigen Fachgebieten kann seit dem InfraStrPlVBeschlG auf die Durchführung des Erörterungstermins verzichtet werden, vgl. § 18a Nr. 1 AEG; § 17a Nr. 1 FStrG, § 14a Nr. 1 WaStrG, § 2 Nr. 1 MBPlG. S. dazu näher Lecheler DVBl 2005, 1533; Schröder NuR 2007, 380 (381). Krit. zu den Regelungen Erbguth DÖV 2009, 921 (924); Teßmer ZUR 2006, 469 (472); Wickel UPR 2007, 201 (204). Eine deutliche Abkehr von der Tendenz, die Durchführung des Erörterungstermins aus Gründen der Beschleunigung ins Ermessen der Behörde zu stellen, ist im NABEG zu erkennen, das die Öffentlichkeitsbeteiligung gegenüber den Anforderungen des VwVfG erheblich ausweitet.

setzt.[189] § 73 VI 1 VwVfG enthält eine Regelung über Inhalt und Ablauf des Erörterungstermins sowie die daran teilnehmenden Personen und staatlichen Stellen. § 73 VI 2-5 VwVfG enthalten besondere Verfahrensregelungen über die Bekanntgabe. § 73 VI 6 VwVfG verweist im Übrigen auf die Verfahrensvorschriften für die mündliche Verhandlung des förmlichen Verwaltungsverfahrens. § 73 VI 7 VwVfG macht eine Zeitvorgabe für den Abschluss der Erörterung.

a) Festsetzung und Bekanntgabe des Erörterungstermins

102 Der Erörterungstermin ist auf einen Zeitpunkt „nach Ablauf der Einwendungsfrist" festzusetzen. Dies ergibt sich aus § 73 IV 1 VwVfG. Der § 73 VI 7 VwVfG verlangt eine zeitnahe Durchführung des Erörterungstermins innerhalb von drei Monaten nach Ablauf der Einwendungsfrist. Die Behörde darf den Termin also nicht beliebig herauszögern. Da es sich lediglich um eine Ordnungsvorschrift handelt, stellt eine Fristüberschreitung keinen Verfahrensfehler dar und wird nicht sanktioniert.[190] Es kann daher noch auf Gutachten und nicht eingegangene Stellungnahmen anderer Behörden gewartet werden, falls dies dazu beiträgt, die Voraussetzungen für eine hinreichend problembezogene Diskussion zu schaffen.[191]

103 § 67 III VwVfG geht von einem einzigen Verhandlungstermin als Zielvorgabe aus. Zulässig ist aber auch die Durchführung mehrerer Erörterungstermine, zB getrennt nach Gemeinden oder anderen Kriterien.[192] Wenn bei vielen Beteiligten eine sachdienliche Erörterung in einem Termin und mit allen Beteiligten nicht möglich ist, kann eine Aufsplittung nach Gruppen oder Themen sogar geboten sein, um dem Anspruch auf substanzielles rechtliches Gehör zu entsprechen.[193] Die bei der Bekanntgabe zu beachtenden Fristen und Formvorschriften sind in § 73 VI 2-5 VwVfG im Einzelnen geregelt.

b) Teilnahmeberechtigte

104 Die Teilnahmeberechtigten ergeben sich aus § 73 VI 1 VwVfG. Es handelt sich um:
- den Träger des Vorhabens,
- die zu beteiligenden Behörden;
- die Betroffenen, vor allem die Enteignungsbetroffenen und in sonstigen subjektiven Rechten betroffene Private;
- Personen, die rechtzeitig Einwendungen erhoben haben und
- (im Gesetz nicht erwähnt) den Vertreter der Planfeststellungsbehörde.[194]

105 Der Erörterungstermin ist **nicht öffentlich,** dh es gilt die Regel des § 68 I 3 VwVfG, wonach der Verhandlungsleiter anderen Personen die Anwesenheit gestatten kann, wenn kein Beteiligter widerspricht.[195] Dies gilt auch für die Presse.[196] Aus dem durch

[189] Stelkens/Bonk/Sachs/Neumann/Külpmann VwVfG § 73 Rn. 112. S. auch Guckelberger DÖV 2006, 97 ff. zu den einzelnen Funktionen des Erörterungstermins.
[190] BT-Drs. 17/9666, 19; BVerwGE 133, 239 (246), zum inhaltsgleichen und mittlerweile aufgehobenen § 17a Nr. 5 S. 2 FStrG.
[191] So auch Knack/Henneke/Schink VwVfG § 73 Rn. 158.
[192] Zur Durchführung des Erörterungstermins auf dem Gebiet eines benachbarten Bundeslandes Kersten UPR 2001, 405 ff.
[193] Stelkens/Bonk/Sachs/Neumann/Külpmann VwVfG § 73 Rn. 125.
[194] Stelkens/Bonk/Sachs/Neumann/Külpmann VwVfG § 73 Rn. 127.
[195] Stelkens/Bonk/Sachs/Neumann/Külpmann VwVfG § 73 Rn. 127.
[196] Stelkens/Bonk/Sachs/Neumann/Külpmann VwVfG § 73 Rn. 127.

Art. 5 I 2 GG gewährleisteten Grundrecht der Pressefreiheit folgt kein Zugangsanspruch. Das Grundrecht wirkt sich nur auf die Ermessensausübung aus, auf die es ankommt, soweit kein Beteiligter widerspricht.

Ein besonderes Problem besteht bei **UVP-pflichtigen Vorhaben.** Für diese schreibt § 9 UVPG[197] eine Beteiligung der Öffentlichkeit vor und verweist dabei auf die Vorschriften des § 73 III bis VII VwVfG. Die Verweisung und das Zusammenspiel beider Vorschriften werden teilweise so verstanden, dass die Teilnahmeberechtigung und das Recht, Einwendungen zu erheben, auf die unbeschränkte Öffentlichkeit ausgeweitet werden.[198] Das BVerwG hat demgegenüber entschieden, dass die Vorschrift die Einbeziehung der allgemeinen Öffentlichkeit nur für die Unterrichtung durch ortsübliche Bekanntmachung sowie Auslegung der Planunterlagen verlangt, während bei der Anhörung eine Einschränkung auf die „betroffene Öffentlichkeit" zulässig sein soll.[199] **106**

c) Gegenstand und Art der Erörterung

Nach früherer Rechtslage war zwischen der Rechtspflicht zur Erörterung und einem Ermessensbereich zu unterscheiden; die Behörde konnte verspätete Einwendungen nach Ermessen zulassen; diese Möglichkeit ist jetzt weggefallen. Eine Rechtspflicht der Anhörungsbehörde zur Erörterung besteht: **107**

- **für** die rechtzeitig erhobenen Einwendungen und die Stellungnahmen der Behörden;
- **gegenüber** dem Träger des Vorhabens;
- gegenüber den Behörden, deren Aufgabenbereich betroffen ist;[200]
- gegenüber den vom Vorhaben (in subjektiven Rechtspositionen) Betroffenen;
- gegenüber Personen, die rechtzeitig Einwendungen erhoben haben.[201]

Der Anhörungs- und Teilnahmeanspruch reicht bei den einzelnen Teilnahmeberechtigten unterschiedlich weit. So besteht für Personen, die Einwendungen erhoben haben, kein Anspruch auf Teilnahme bei der Erörterung sonstiger Gesichtspunkte.[202] **108**

d) Verfahrensvorschriften und Verfahrensablauf

Verhandlungsleiter ist immer ein Vertreter der Anhörungsbehörde. Seine Pflichten und Befugnisse ergeben sich ua aus § 68 VwVfG (dazu → § 61 Rn. 24). Die Zeit muss für eine substanzielle Erörterung ausreichen. Unter Umständen können Ortsbesichtigungen angebracht sein. Auch eine gruppenweise Ladung zu Themenschwerpunkten kann sinnvoll sein. **109**

---

[197] Überblick bei Kollmer BayVBl. 1995, 449 ff.; Steinberg/Wickel/Müller, Fachplanung, § 2 Rn. 110 f.

[198] Erbguth/Schink UVPG § 9 Rn. 9; Steinberg/Wickel/Müller, Fachplanung, § 2 Rn. 126.

[199] BVerwGE 98, 339; diff. Stüer, Handbuch, Rn. 4776 f. u. 4804.

[200] Auch wenn sie keine Stellungnahme abgegeben haben – str.; für ein Anhörungsrecht Kopp/Ramsauer VwVfG § 73 Rn. 126a; für ein Teilnahme-, aber gegen einen Anhörungsanspruch Knack/Henneke/Schink, VwVfG. § 73 Rn. 81.

[201] Auch das PlVereinhG vom 16.5.2012 hält an der Pflicht der Anhörungsbehörde zur Durchführung eines Erörterungstermins fest. Im Gesetzgebungsverfahren war auch die Einführung eines fakultativen Erörterungstermins erwogen worden. Krit. dazu Cancik DÖV 2007, 107 ff.; Teßmer ZUR 2006, 469 (472 f.).

[202] Kopp/Ramsauer VwVfG § 73 Rn. 128.

110 **Leitender Gesichtspunkt** für die Verfahrensgestaltung ist der Zweck der Erörterung: Der Erörterungstermin dient der Feststellung und Klärung aller für die Entscheidung erheblichen Fakten und Gesichtspunkte, dem **Ausgleich** aller in Frage stehenden öffentlichen und privaten Belange und Interessen, der Erörterung und Klärung offener Fragen, insbesondere der Fragen, die durch Einwendungen aufgeworfen wurden, zugleich aber auch der Erledigung der Einwendungen, soweit dies möglich ist.[203] Bedenken gegen den Plan sollen durch Aufklärung, Planergänzung oder Planänderung ausgeräumt werden. Neben der **Anhörungsfunktion** kommt der Erörterung damit auch eine **Befriedungsfunktion** zu.[204] Gerade bei infrastrukturellen Großprojekten mit überörtlichen Auswirkungen vermag jedoch der Erörterungstermin dem Bedürfnis der Bürger nach Beteiligung und Mitsprache nicht immer umfassend gerecht werden zu können.[205] Da der Erörterungstermin nach geltender Rechtslage erst zu einem Zeitpunkt anzuberaumen ist, in welchem die Planung bereits abgeschlossen und das Genehmigungsverfahren eingeleitet ist, wird er bei Großprojekten von der Öffentlichkeit oft als „Protest- und Kampftermin" gegen das Vorhaben beansprucht. Um zukünftig diese Art des Konfliktes vermeiden und eine verbesserte Bürgerbeteiligung realisieren zu können, werden in der Literatur ua die gesetzliche Einführung eines zweistufigen Verfahrens[206] sowie die Ersetzung des Erörterungstermin durch eine Mediation vorgeschlagen. Der letzteren Form der Bürgerbeteiligung ist allerdings durch das gewaltenteilige System Grenzen gesetzt.[207] In letzter Zeit besteht eine gesetzgeberische Tendenz zu einer frühzeitigen Beteiligung der Öffentlichkeit schon vor dem eigentlichen Verwaltungsverfahren wie beispielsweise bereits im Entwurfsstadium.[208]

111 Bei Verletzung der Erörterungspflicht gegenüber einzelnen Einwendern oder Betroffenen muss nicht das ganze Verfahren und auch nicht die mündliche Verhandlung nachgeholt werden; es muss vielmehr nur die Sache mit diesen Personen erörtert wer-

[203] Obermayer/Funke-Kaiser/Masing/Schiller VwVfG § 73 Rn. 124; Ule/Laubinger, Verwaltungsverfahrensrecht, § 40 Rn. 38.

[204] Insoweit kritisch Ronellenfitsch VerwArch 80 (1989), 92 (105). S. näher zu den Funktionen des Erörterungstermins auch Guckelberger DÖV 2006, 97 ff.; Riese/Dieckmann DVBl 2010, 1343 (1345) sowie zur Durchführung Plog/Tepperwien NdsVBl. 2010, 95 ff.

[205] So zum Beispiel das Infrastrukturprojekt „Stuttgart 21". S. dazu u. a. Stüer/Buchsteiner UPR 2011, 335 f.; Böhm NuR 2011, 614 (616).

[206] Dieser Vorschlag sieht dabei die Öffentlichkeitsbeteiligung für die erste Stufe, in der die planerischen Grundentscheidungen getroffen werden sollen, vor. Die zweite Stufe soll dagegen der Beteiligung der unmittelbar Betroffenen vorbehalten sein und sich nur noch mit der Detailplanung und der Projektzulassung beschäftigen. Vgl. Numberger DVBl 2009, 1432 (1435). Krit. Hien UPR 2012, 128 (130).

[207] Ausführlich zu den Möglichkeiten und Grenzen der Mediation bei Planfeststellungen Hamann, Mediation in Verwaltungsverfahren?, S. 116 ff.; Pünder VERW 38 (2005), 1 ff.; Böttinger VR 2006, 309 f.; Schink ZG 2011, 266 ff.; Steinberg ZUR 2011, 340 (345 ff.); Hien UPR 2012, 128 (130 ff.); Franzius GewArch 2012, 225 (233 f.); Burgi/Durner, Modernisierung des Verwaltungsverfahrensrechts durch Stärkung des VwVfG, 2012, S. 172 ff.

[208] Vgl. insbesondere § 25 III VwVfG in der Fassung durch das PlVereinhG vom 16.5.2012 (BT-Drs. 17/9666). Ähnlich auch die Vorschläge von Stüer/Buchsteiner UPR 2011, 335 (341); Wulfhorst DÖV 2011, 581; Vorschlag Beirat Verwaltungsverfahrensrecht beim Bundesministerium des Inneren NVwZ 2011, 859 ff. S. krit. zu weiteren Möglichkeiten der Verbesserung des Planfeststellungsverfahrens Durner ZUR 2011, 354; Böhm NuR 2011, 614 (618); Franzius GewArch 2012, 225 ff. Das 2011 in Kraft getretene NABEG sieht eine Vielzahl von obligatorischen Öffentlichkeitsbeteiligungen vor, die parallel zum Planungsprozess ablaufen.

den, wie sich aus § 45 I Nr. 3, II VwVfG ergibt. Eine Nachholung ist auch noch vor der Planfeststellungsbehörde zulässig.[209]

8. Besonderes Verfahren bei nachträglicher Planänderung

Ändert der Vorhabenträger während oder nach der Auslegung den Plan, etwa um einen erkannten Mangel zu beheben, oder ergeben sich Planänderungen auf Grund der selbständigen planerischen Abwägungen der Planfeststellungsbehörde,[210] so muss keine erneute Auslegung erfolgen, wenn sich dadurch das Gesamtkonzept nicht wesentlich ändert.[211] Nach § 73 VIII VwVfG genügt es in diesem Fall, dass Betroffene, deren Belange erstmalig oder stärker als bisher berührt werden, darüber informiert werden und ihnen Gelegenheit zur Abgabe von Stellungnahmen und Erhebung von Einwendungen innerhalb von zwei Wochen gegeben wird. Eine Verpflichtung zur erneuten Durchführung eines Erörterungstermins besteht dagegen nicht.[212] Berührt die Änderung den Aufgabenbereich einer Behörde, so ist auch diese zu informieren und zur Abgabe einer Stellungnahme aufzufordern. Wirkt sich der geänderte Plan schließlich auf das Gebiet einer anderen Gemeinde aus, so ist er dort auszulegen. In diesem Fall ist – wie der Verweis auf § 73 II, III, IV VwVfG zu erkennen gibt – auch der Erörterungstermin zu wiederholen. 112

Ändert der Vorhabenträger den Plan nach Erlass des Planfeststellungsbeschlusses und vor Fertigstellung des Vorhabens, so gilt § 76 VwVfG. Sofern sich die Änderung nicht als unwesentlich erweist, ist dann ein neues Planfeststellungsverfahren durchzuführen (dazu → § 62 Rn. 208 f.). 112a

9. Stellungnahme der Anhörungsbehörde

Die Anhörungsbehörde gibt zu dem Ergebnis des Anhörungsverfahrens eine **Stellungnahme** ab und leitet diese gem. § 73 IX VwVfG – innerhalb eines Monats nach Abschluss der Erörterung – mit dem Plan, den Stellungnahmen der Behörden und den nicht erledigten Einwendungen der Planfeststellungsbehörde zu. Zwar hat die Anhörungsbehörde gegenüber der Planfeststellungsbehörde eine dienende Funktion und die Entscheidung über die erhobenen Einwendungen steht allein der Planfeststellungsbehörde zu. Es geht indes nicht um einen rein passiven Tatsachen- und Ablaufbericht. Vielmehr soll und muss die Anhörungsbehörde auch mitteilen, wie sie selbst das Vorhaben beurteilt und welche Einwendungen sie für erheblich und welche für unbedeutend hält sowie welche alternativen Lösungsmöglichkeiten sie sieht.[213] Sie fügt auch eigene Äußerungen bei, soweit sie als sachlich zuständige Behörde betroffen ist. Sie benennt auch Auflagen, die sie im Interesse des Gemeinwohls für erforderlich hält. Eine ungenügende Stellungnahme stellt einen heilbaren Verfahrensfehler dar. Bei Unvollständigkeit kann die Planfeststellungsbehörde einzelne **feh-** 113

[209] BVerwGE 75, 214 (227).

[210] Zu einem solchen Fall BVerwGE 75, 214 (226). Vgl. ausführlich zu Auswirkungen von Planänderungen vor der Zulassungsentscheidung Keilich, Änderung, S. 156 ff., 243 zu materiellen Anforderungen.

[211] BVerwGE 90, 96 (98); BVerwG DVBl 1996, 708.

[212] In einigen Fachplanungsgesetzen wird dies explizit geregelt. Vgl. § 18a Nr. 2 AEG; § 17a Nr. 2 FStrG; § 10 II Nr. 3 LuftVG; § 2 Nr. 2 MBPlG; § 14a Nr. 2 WaStrG. S. näher Stelkens/Bonk/Sachs/Neumann/Külpmann VwVfG § 73 Rn. 137.

[213] Obermayer/Funke-Kaiser/Masing/Schiller VwVfG § 73 Rn. 182; vgl. auch Steinberg/Wickel/Müller, Fachplanung, § 2 Rn. 106.

lende Verfahrenshandlungen auch selbst vornehmen.[214] Bei umfangreicheren Defiziten und wenn einzelne Nachermittlungen die bisherige Planung in einem neuen Licht erscheinen lassen, ist das Verfahren an die Anhörungsbehörde zurückzugeben.[215] Die Überschreitung der Monatsfrist begründet keinen Verfahrensfehler und berührt die Rechtmäßigkeit daher nicht.[216]

114 Die Stellungnahme hat als Verwaltungsinternum **keine Außenwirkung** und ist kein angreifbarer Verwaltungsakt. Etwaige Mängel können von den Betroffenen nur im Rahmen von Rechtsbehelfen gegen den Planfeststellungsbeschluss geltend gemacht werden.[217]

115 Neben der Stellungnahme nach § 73 IX VwVfG kann eine „zusammenfassende Darstellung" nach § 11 UVPG erforderlich sein. Sie kann mit der Stellungnahme verbunden werden. Für sie gelten besondere Anforderungen.[218] Diese Stellungnahme kann aber auch erst im Planfeststellungsbeschluss erfolgen. Bei dieser Darstellung, die einen medienübergreifenden, integrativen Ansatz verfolgen muss, geht es um eine Gesamtabschätzung der Umweltauswirkungen des Vorhabens. Die Darstellung hat sich auf eine „wertneutrale" Zusammenstellung der Umweltauswirkungen des Vorhabens zu beschränken.[219] Das unterscheidet sie von der Stellungnahme. Es muss insoweit auch eine deutliche Trennung beider Berichte bzw. Berichtsteile stattfinden.[220]

10. Entscheidung der Planfeststellungsbehörde

a) Planfeststellungsbehörde

116 Zuständig für den Erlass des Planfeststellungsbeschlusses ist die regelmäßig von der Anhörungsbehörde verschiedene Planfeststellungsbehörde. Problematisch und umstritten war der heute nicht mehr relevante Fall der **Identität von Vorhabenträgerschaft und Planfeststellungsbehörde.**[221] Es wird darin ein Verstoß gegen das Verbot der Entscheidung in eigener Sache gesehen, das seinerseits dem Grundsatz des fairen Verfahrens zugeordnet wird. Auch wird in diesen Fällen die grundrechtliche Schutzfunktion des Verfahrens als in Frage gestellt angesehen. Zur Rechtfertigung wird aber darauf hingewiesen, dass dieses Verbot nur gegen private Vorhabenträger gerichtet werden kann. Ein Verwaltungsträger, der Aufgaben der Daseinsvorsorge wahrnimmt, handelt auch bei der Genehmigung eines „eigenen" Vorhabens in Bindung an Gesetz und Gemeinwohl. Auch wenn eine Trennung der Entscheidungszuständigkeit und Vorhabenträgerschaft demnach „objektiver" wäre, so liegt doch kein Verfassungsverstoß vor.[222]

---

214 Obermayer/Funke-Kaiser/Masing/Schiller VwVfG § 73 Rn. 186.
215 BVerwG DVBl 1997, 708 (710 f.).
216 BT-Drs. 17/9666, 19.
217 Ule/Laubinger, Verwaltungsverfahrensrecht, § 40 Rn. 42; Obermayer/Funke-Kaiser/Masing/Schiller VwVfG § 73 Rn. 181, 193 ff.; Steinberg/Wickel/Müller, Fachplanung, § 2 Rn. 154.
218 Dazu im Einzelnen Steinberg/Wickel/Müller, Fachplanung, § 2 Rn. 155 ff.
219 Steinberg/Wickel/Müller, Fachplanung, § 2 Rn. 159.
220 Steinberg/Wickel/Müller, Fachplanung, § 2 Rn. 162: aber kein gesondertes Dokument nötig.
221 Das Problem ergab sich aus § 36 BbahnG, der nach der Privatisierung durch § 3 I Nr. 1 Eisenbahnverkehrsverwaltungsgesetz des Bundes ersetzt ist, dazu weiterführend Hermann, Fachplanungsrechtliche Auswirkungen der Eisenbahnprivatisierung, passim.
222 BVerwG NVwZ 1991, 781; Obermayer DVBl 1987, 877 ff.; Schenke DÖV 1986, 190; Kühling DVBl 1989, 221 (227).

b) Formelle und materielle Entscheidungsgrundlagen des Planfeststellungsbeschlusses

Formelle Grundlagen der Entscheidung der Planfeststellungsbehörde sind: 117
- der Plan nebst Zeichnungen und Erläuterungen;
- die Stellungnahmen der Behörden;
- die nicht erledigten Einwendungen;
- die zusammenfassende Stellungnahme der Anhörungsbehörde sowie
- eventuell vorliegende Sachverständigengutachten.

Soweit die Sache noch nicht entscheidungsreif ist, kann und muss die Planfeststellungsbehörde die Entscheidungsreife selbst herbeiführen oder die Anhörungsbehörde erneut einschalten. Die **materielle Entscheidungsgrundlage** für die Planfeststellung wird nicht durch § 74 VwVfG geschaffen, sondern von ihm nach den Maßgaben des jeweiligen Fachplanungsrechts vorausgesetzt.

c) Entscheidungsformen: Stattgabe und Ablehnung des Antrags auf Planfeststellung

Die Planfeststellungsbehörde gibt dem Antrag statt, wenn sie die materiell-recht- 118
lichen Voraussetzungen für seinen Erlass als gegeben ansieht bzw. durch eigene ergänzende Betätigung ihrer planerischen Abwägung die entsprechenden Voraussetzungen schafft. Liegen zwingende Versagungsgründe vor, so wird der Antrag abgelehnt.[223] Ein Versagungsermessen steht der Planfeststellungsbehörde nicht zu.[224]

Als weitere Möglichkeit sieht § 74 III VwVfG die Genehmigung unter Vorbehalt vor, 119
wenn eine abschließende Entscheidung noch nicht möglich ist. Von dieser Möglichkeit darf aber nur Gebrauch gemacht werden, wenn nur bestimmte Detailfragen offenbleiben, die Planfeststellung auch ohne die vorbehaltene Teilregelung ausgewogen ist und die vorgenommene Abwägung durch die offen gehaltene Frage nicht mehr in Frage gestellt werden kann.[225]

d) Rechtsnatur des Planfeststellungsbeschlusses

Der Planfeststellungsbeschluss ist nach der Rechtsprechung und hM als **rechtsgestal-** 120
tender Verwaltungsakt zu qualifizieren.[226] In der Literatur wird daneben die Ansicht vertreten, dass er dingliche Wirkungen zeige[227] und mit Hinweis darauf, dass er auch personelle Wirkungen entfalte und sich an eine Vielzahl von Betroffenen richte, als Allgemeinverfügung qualifiziert.[228] Beides ist nicht der Fall. Der Planfeststellungsbeschluss regelt keine öffentlich-rechtliche Eigenschaft einer Sache oder ihre Benutzung durch die Allgemeinheit iSd § 35 S. 2 VwVfG (wenn die „dingliche Wirkung"

223 BVerwG DVBl 1995, 238 (240).
224 BVerwG DVBl 1995, 238 (241).
225 BVerwGE 61, 307 (311); BVerwG NVwZ 1991, 781; NVwZ 1992, 1093; DVBl 1997, 831; Stelkens/Bonk/Sachs/Neumann/Külpmann VwVfG § 74 Rn. 202.
226 BVerwGE 29, 282 (283); 38, 152 (156); BVerwG NJW 1975, 1373; Stelkens/Bonk/Sachs/Neumann VwVfG § 74 Rn. 19; Ule/Laubinger, Verwaltungsverfahrensrecht, § 41 Rn. 41; Obermayer/Funke-Kaiser/Masing/Schiller VwVfG § 74 Rn. 59; Knack/Henneke/Schink VwVfG § 74 Rn. 12.
227 So etwa Obermayer/Funke-Kaiser/Masing/Schiller VwVfG § 74 Rn. 59.
228 Stelkens/Bonk/Sachs/Neumann/Külpmann VwVfG § 74 Rn. 19; Kopp/Ramsauer VwVfG § 74 Rn. 15; ablehnend: Ule/Laubinger, Verwaltungsverfahrensrecht, § 41 Rn. 41.

mit dem Standortbezug begründet wird,[229] so ist das ein untechnisches Verständnis, das den Verwaltungsakt nicht rechtlich qualifiziert), noch richtet er sich an einen nach allgemeinen Merkmalen bestimmbaren Personenkreis. Vielmehr richtet er sich an einen (durch das vorausliegende Verfahren bereits) bestimmten Personenkreis. Dass er mehrere Regelungen enthält, die sich an eine Mehrzahl von Rechtsträgern richten, lässt seine Qualifizierung als (untrennbare) Sammelverfügung zu.[230]

121 Umstritten ist, wie die von der Planfeststellungsbehörde angeordneten **Schutzauflagen oder Vorkehrungen** einzuordnen sind. Nach der Rechtsprechung des BVerwG soll es sich dabei um einen „integralen Bestandteil" der Planfeststellung handeln.[231] Ob diese Aussage auch bedeutet, dass es sich dabei nicht um Nebenbestimmungen handelt, erscheint jedoch fraglich. Denn die weitere Argumentation, dass das Fehlen von (nach Lage der Dinge erforderlichen) Schutzauflagen die Planung rechtswidrig werden lasse, steht einer Qualifizierung als Nebenbestimmung nicht entgegen, sollen diese doch gerade sicherstellen, dass die gesetzlichen Voraussetzungen des Verwaltungsaktes erfüllt werden. In der Literatur werden die Auflagen deshalb überwiegend als Nebenbestimmungen qualifiziert.[232] Damit wird aber nicht hinreichend berücksichtigt, dass Auflagen iSd § 74 II 2 VwVfG in zahlreichen Fällen das Vorhaben selbst modifizieren und nicht notwendig selbständige, vom Vorhaben zu trennende Maßnahmen verlangen. Dementsprechend ist zu differenzieren: Betrifft eine Schutzauflage oder Vorkehrung unmittelbar die Art und Weise der Ausführung des Vorhabens, so geht sie im Regelungsgehalt des Planfeststellungsbeschlusses auf und ist nicht als Nebenbestimmung zu qualifizieren. Verlangt sie selbständige, vom Vorhaben getrennte Maßnahmen, so handelt es sich um eine Auflage iSd § 36 II Nr. 4 VwVfG.[233] Eine dem Vorhabenträger auferlegte Geldleistungspflicht ist in jedem Fall als Nebenbestimmung zu qualifizieren, da sie die Ausgestaltung des Vorhabens nicht berührt.

e) Planbefolgungs- und Plangewährleistungsanspruch

122 Führt der Träger des Vorhabens den Plan aus, so haben die Planbetroffenen einen Planbefolgungsanspruch, dh einen Anspruch darauf, dass der Träger des Vorhabens nicht zu ihren Lasten von seinem festgestellten Inhalt abweicht.[234] Bei Abweichungen ist in der Regel ein Anspruch auf Einschreiten der Behörde geltend zu machen.[235] Ein Plangewährleistungsanspruch besteht nur im Rahmen des Vertrauensschutzes nach Maßgabe der §§ 48, 49 VwVfG.[236]

f) Inhalt des Planfeststellungsbeschlusses

123 Als behördliche Entscheidung und Verwaltungsakt unterliegt der Planfeststellungsbeschluss dem rechtsstaatlichen Bestimmtheitserfordernis. Es muss deshalb in allen betroffenen Rechtsbeziehungen eine ausreichend bestimmte Regelung getroffen wer-

[229] So etwa Obermayer/Funke-Kaiser/Masing/Schiller VwVfG § 74 Rn. 59.
[230] Ule/Laubinger, Verwaltungsverfahrensrecht, § 41 Rn. 41.
[231] BVerwGE 91, 17 (19) klarstellend gegenüber BVerwGE 41, 178 (180); Stelkens/Bonk/Sachs/Neumann/Külpmann VwVfG § 74 Rn. 168.
[232] Für eine Qualifizierung als Aufl. Obermayer/Funke-Kaiser/Masing/Schiller VwVfG § 74 Rn. 74; Kopp/Ramsauer VwVfG § 74 Rn. 142; in Kodal, Straßenrecht/Dürr, Kap. 36 Rn. 13 ff.
[233] Ule/Laubinger, Verwaltungsverfahrensrecht, § 41 Rn. 31.
[234] Stelkens/Bonk/Sachs/Neumann/Külpmann VwVfG § 74 Rn. 23.
[235] BVerwG NJW 1981, 239; BVerwGE 62, 243 (246 ff.).
[236] Stelkens/Bonk/Sachs/Neumann/Külpmann VwVfG § 74 Rn. 25.

den. Es sind demnach neben der grundsätzlichen Entscheidung über die Genehmigung oder Ablehnung des Vorhabens durch ausdrückliche oder konkludente Bezugnahme auf die Planunterlagen alle diejenigen Maßnahmen konkret zu bezeichnen, die durch die Ausführung des Vorhabens notwendig werden.[237]

Der Beschluss muss schriftlich erlassen und begründet werden. Dies ergibt sich aus der Verweisung auf § 69 II VwVfG. In der Begründung hat die Behörde alle wesentlichen, tatsächlichen und rechtlichen Gründe mitzuteilen, die sie zu ihrer Entscheidung bewogen haben.[238] Dies bezieht sich sowohl auf die Zulassung des Vorhabens insgesamt als auch auf die Standortentscheidung, die Dimensionierung und mögliche Planungsalternativen, die Schutzvorkehrungen und einen etwaigen Geldausgleich. 124

§ 74 II 1 VwVfG sieht ausdrücklich eine **Entscheidung über die Einwendungen** vor, über die bei der Erörterung vor der Anhörungsbehörde keine Einigung erzielt worden ist. Die Planfeststellungsbehörde hat deshalb zu prüfen, ob die Einwendungen verlangen, eine Abänderung oder Ergänzung des Plans vorzunehmen oder seine Feststellung abzulehnen. Zu berücksichtigen sind alle rechtzeitig erhobenen Einwendungen. 125

§ 74 II 2 VwVfG verlangt weiter eine **Entscheidung über Vorkehrungen** oder die Errichtung oder Unterhaltung von **Anlagen,** die dem Vorhabenträger zum Wohl der Allgemeinheit aufzuerlegen sind oder die zur Vermeidung nachteiliger Wirkungen auf die Rechte anderer erforderlich sind. Die Begriffe Vorkehrungen und Anlagen sind weit auszulegen. Darunter fallen alle aktiven und passiven Maßnahmen, die geeignet sind, die Auswirkungen des Vorhabens auf die Belange der Allgemeinheit oder Rechte Dritter aufzuheben oder abzumildern.[239] Häufig anzutreffende Formen sind zB Geländer, Stützmauern, Zäune, Anpflanzungen, Böschungen, Einfriedungen, Unter- und Überführungen, Schallschutzeinrichtungen sowie unter Umständen auch die Bereitstellung von Ersatzgrundstücken. Regelungstechnisch kann es sich um eine inhaltliche Modifizierung der Vorhabenszulassung oder um eine Nebenbestimmung in der Form einer Auflage handeln. 126

Nach § 74 II 3 VwVfG muss im Planfeststellungsbeschluss schließlich auch über **Entschädigungsansprüche** entschieden werden, soweit Schutzauflagen und Vorkehrungen nicht möglich oder nicht ausreichend sind.[240] Es handelt sich dabei um einen öffentlich-rechtlichen Anspruch, der von der neueren Rechtsprechung als ausgleichspflichtige Inhaltsbestimmung Art. 14 I 2 GG zugeordnet wird.[241] Er ist im Streitfall vor den Verwaltungsgerichten geltend zu machen.[242] Im Planfeststellungsbeschluss selbst muss über den Geldausgleich zumindest dem Grunde nach entschieden und 127

[237] Stelkens/Bonk/Sachs/Neumann/Külpmann VwVfG § 74 Rn. 154; Obermayer/Funke-Kaiser/Masing/Schiller VwVfG § 74 Rn. 60.

[238] Stelkens/Bonk/Sachs/Neumann/Külpmann VwVfG § 74 Rn. 158 ff.; Obermayer/Funke-Kaiser/Masing/Schiller VwVfG § 74 Rn. 61 ff.; zu Einzelheiten BVerwG Buchholz 316 § 75 Nr. 3 und Nr. 11; DVBl 1997, 856.

[239] Stelkens/Bonk/Sachs/Neumann/Külpmann VwVfG § 74 Rn. 164; Bell/Herrmann NVwZ 2004, 288 (291); instruktiv: BVerwG NVwZ 1984, 718 (722); BVerwGE 87, 332 ff.

[240] S. näher zu Schutzmaßnahmen und Ausgleichsentschädigung bei Planfeststellungen Jarass DÖV 2004, 633 ff.; Bell/Herrmann NVwZ 2004, 288 (291).

[241] BVerwGE 87, 332 (383). Vgl. auch Jarass DÖV 2004, 633 f.

[242] BVerwGE 77, 295.

die maßgeblichen Berechnungsfaktoren für die Höhe des Anspruchs genannt werden.[243]

g) Zustellung des Planfeststellungsbeschlusses

128 Die Bekanntgabe des Planfeststellungsbeschlusses kann im Wege der Individualzustellung nach § 74 IV VwVfG oder im Massenverfahren durch öffentliche Bekanntmachung nach den näheren Maßgaben des § 74 V VwVfG erfolgen. Im Falle der individuellen Bekanntgabe muss diese gegenüber dem Träger des Vorhabens, denjenigen, über deren Einwendungen entschieden worden ist,[244] und den Vereinigungen, über deren Stellungnahme entschieden worden ist, erfolgen. Weiter ist die Auslegung einer Ausfertigung des Beschlusses und ortsübliche Bekanntgabe darüber erforderlich (§ 74 IV 2 VwVfG). Auf diesem Wege wird die Bekanntgabe gegenüber den übrigen Betroffenen erreicht.

h) Die Entscheidungswirkungen

129 Obwohl es sich beim Planfeststellungsbeschluss um einen Verwaltungsakt handelt, sind seine rechtlichen Auswirkungen deutlich von den normalen Erscheinungsformen dieser klassischen Handlungsform der öffentlichen Verwaltung verschieden. Dies hängt zum einen mit der Vielzahl der Betroffenen zusammen, ist zum anderen aber auch Folge von Konzentrations- und Präklusionswirkung, deren Reichweite der Gesetzgeber in § 75 VwVfG im Einzelnen geregelt hat. Bei den Entscheidungswirkungen wird zwischen der Genehmigungs- und Gestaltungswirkung, der Duldungs- und Ausschlusswirkung sowie der Ausgleichswirkung unterschieden.

130 **aa) Die Genehmigungs- und Gestaltungswirkung.** Der Planfeststellungsbeschluss ist mehr als eine bloße Genehmigung des Vorhabens. Als Abwägungsentscheidung sanktioniert er das Vorhaben „in alle Richtungen" und gestaltet dadurch in öffentlich-rechtlicher Hinsicht die Rechte der Planbetroffenen. Es können folgende Aspekte unterschieden werden:

131 Die erste Rechtswirkung des Planfeststellungsbeschlusses ist gem. § 75 I 1 VwVfG die Zulassung oder Genehmigung des Vorhabens im Hinblick auf alle von ihm berührten öffentlichen Belange (einen Sonderfall stellt die Zulassung vorzeitigen Beginns zB gem. §§ 69 I, 17 WHG, §§ 37, 35 II KrWG dar). Darin kommt die horizontale materielle Konzentrationswirkung des Planfeststellungsverfahrens zum Ausdruck. Maßgeblich für die inhaltliche Reichweite der **Genehmigungswirkung** ist der Inhalt des dem Vorhabenträger bekannt gegebenen Verwaltungsakts.[245] Eine Pflicht zur Realisierung des Vorhabens ist mit der Genehmigung nicht verbunden, eine nur teilweise Realisierung ist indes nicht zulässig, da diese als Planänderung zunächst nach § 76 VwVfG zugelassen werden müsste.[246]

---

[243] BVerwGE 87, 332 (382 f.); Stelkens/Bonk/Sachs/Neumann/Külpmann VwVfG § 74 Rn. 198; Jarass DÖV 2004, 711 (712), Fn. 9.

[244] Wenn sie keine Einwendungen erhoben haben, ist der Planfeststellungsbeschluss daher auch unmittelbar betroffenen Grundstückseigentümer nicht gesondert zuzustellen, vgl. Stüer DVBl 2013, 700 (705).

[245] Stelkens/Bonk/Sachs/Neumann/Külpmann VwVfG § 75 Rn. 7.

[246] Obermayer/Funke-Kaiser/Masing/Schiller VwVfG § 75 Rn. 2.

Die Genehmigung erstreckt sich weiter auf die Zulassung der notwendigen Folgemaßnahmen des festgestellten Vorhabens. Dies ergibt sich aus dem Grundsatz der umfassenden Konfliktbewältigung, wonach die durch eine Planung aufgeworfenen Rechtsfragen nicht ungelöst bleiben dürfen.[247] Unter notwendigen Folgemaßnahmen sind solche Maßnahmen an anderen Anlagen zu verstehen, ohne die das Vorhaben nicht verwirklicht werden könnte oder dürfte,[248] wie zB die Herstellung einer Zufahrt oder die Anlage einer Deponie für den bei der Realisierung des Vorhabens anfallenden Erdaushub.[249] Die Erstreckung der Planungskompetenz des Vorhabenträgers auf notwendige Folgemaßnahmen an anderen Anlagen dient dem Gebot der Problembewältigung. Aufgrund dieser kompetenzerweiternden Wirkung unterliegt der Begriff der notwendigen Folgemaßnahmen engen Grenzen, weshalb diese über Anschluss und Anpassung nicht wesentlich hinausgehen dürfen.[250] Die Folgemaßnahmen müssen im Planfeststellungsbeschluss ausdrücklich angeordnet sein.[251] 132

Die Genehmigungswirkung erstreckt sich auf alle vom Vorhaben berührten öffentlichen Belange und schließt alle an sich erforderlichen sonstigen behördlichen Genehmigungen mit ein (vgl. § 75 I 1 Hs. 2 VwVfG).[252] Darin kommt die **Konzentrationswirkung** des Planfeststellungsbeschlusses zum Ausdruck.[253] Sie knüpft inhaltlich an die gegenständliche Reichweite des Vorhabens und der notwendigen Folgemaßnahmen an.[254] 133

Durch den Planfeststellungsbeschluss werden „alle öffentlich-rechtlichen Beziehungen zwischen dem Träger des Vorhabens und den durch den Plan Betroffenen rechtsgestaltend geregelt" (§ 75 I 2 VwVfG). Aufgrund dieser sog. **Gestaltungswirkung** begründet der Planfeststellungsbeschluss konstitutiv Rechte und Pflichten der Beteiligten.[255] Inhaltlich kann es sich um Gebote und Verbote, aber auch um Beachtenspflichten handeln. So müssen die Gemeinden den Planfeststellungsbeschluss gem. § 5 IV und § 9 VI BauGB bei ihrer Bauleitplanung beachten.[256] Teil der Gestaltungswirkung sind insbesondere – soweit angeordnet – die Schutzauflagen und Vorkehrungen sowie ggf. ein Geldausgleich. 134

247 S. zum Grundsatz der umfassenden Konfliktbewältigung BVerwGE 57, 297 (301 f.); 58, 281 (284); 101, 73 (79); 102, 331 (346 f.).

248 BVerwG DVBl 1988, 843; Knack/Henneke/Schink VwVfG § 75 Rn. 13 f.

249 VGH Mannheim NVwZ 1995, 924.

250 BVerwG NVwZ 2010, 1244 (1245).

251 Stelkens/Bonk/Sachs/Neumann/Külpmann VwVfG § 75 Rn. 9.

252 Dies bedeutet auch, dass Entscheidungen von Landesbehörden selbst dann ersetzt werden, wenn sie auf Landesrecht beruhen und eine Bundesbehörde das Planfeststellungsverfahren leitet. Im Fall einer landesrechtlichen Planfeststellung ist § 100 VwVfG zu beachten, wonach den Ländern das Recht eingeräumt wird, die Konzentrationswirkung einer landesrechtlichen Planfeststellung auch gegenüber bundesrechtlichen Verwaltungsentscheidungen anzuordnen.

253 S. umfassend zur Konzentrationswirkung Wittreck VerwArch 100 (2001), 71 ff.; Scherer-Leydecker DVBl 2015, 816 ff.

254 Knack/Henneke/Schink VwVfG § 75 Rn. 17 ff.

255 Knack/Henneke/Schink VwVfG § 75 Rn. 28; Kopp/Ramsauer VwVfG § 75 Rn. 17 ff.; Obermayer/Funke-Kaiser/Masing/Schiller VwVfG § 75 Rn. 8; Steinberg/Wickel/Müller, Fachplanung, § 5 Rn. 14 ff.; Stelkens/Bonk/Sachs/Neumann/Külpmann VwVfG § 75 Rn. 20 ff.

256 BVerwGE 71, 150 (156); 74, 234; 77, 285; 80, 6 (10 f.); 100, 388 (394).

135 Keine unmittelbar rechtsgestaltenden Wirkungen entfaltet der Planfeststellungsbeschluss demgegenüber in privatrechtlichen Beziehungen.[257] Das gilt auch für eine etwaig zur Realisierung des Vorhabens erforderliche Enteignung. Grundsätzlich entfaltet der Planfeststellungsbeschluss insoweit nur eine Tatbestandswirkung für das durchzuführende Enteignungsverfahren, als der Umfang der in Anspruch zu nehmen Grundstücksfläche durch die Feststellung des Vorhabens festgelegt ist. Eine enteignungsrechtliche Vorwirkung entfaltet der Planfeststellungsbeschluss nur dort, wo dies ausdrücklich gesetzlich angeordnet ist,[258] wie zB in § 19 II FStrG, § 22 II AEG, § 44 II WaStrG, § 28 II LuftVG, § 45 II EnWG und § 30 PBefG. In diesen Fällen entscheidet die Enteignungsbehörde nur noch über die Modalitäten, insbesondere die Höhe der zu zahlenden Entschädigung.[259]

136 **bb) Die Duldungs- oder Ausschlusswirkung.** Mit der Unanfechtbarkeit des Planfeststellungsbeschlusses sind gem. § 75 II 1 VwVfG alle privatrechtlichen und alle öffentlich-rechtlichen Ansprüche auf Unterlassen des Vorhabens, auf Beseitigung der Anlage usw ausgeschlossen.[260] Dementsprechend sind die bisherigen Inhaber dieser Rechte zur Duldung des Vorhabens verpflichtet. Während dies für die öffentlich-rechtlichen Ansprüche eine Selbstverständlichkeit ist, stellt die Einbeziehung auch der privatrechtlichen Ansprüche eine Besonderheit des Planfeststellungsbeschlusses dar,[261] die er mit nur wenigen weiteren Genehmigungen (zB § 16 WHG; § 14 BImSchG) teilt. Nicht erfasst werden vertraglich begründete Rechtstitel sowie auf Geldersatz gerichtete Ansprüche.[262]

137 **cc) Ausgleichswirkung.** Indem der Planfeststellungsbeschluss gem. § 74 II 2–3 VwVfG – soweit erforderlich – auch Schutzauflagen und Geldausgleich regelt, kommt ihm eine Ausgleichswirkung zu.[263] Es besteht insoweit in vielen Fällen eine Komplementarität zur Ausschluss- und Duldungswirkung, da diese ab einer bestimmten Schwelle nur bei gleichzeitiger Vornahme von Ausgleichsmaßnahmen bzw. Entschädigungen verhältnismäßig sind.[264]

138 Treten nach Unanfechtbarkeit des Planfeststellungsbeschlusses weitere, nicht vorhersehbare Wirkungen des Vorhabens zutage, so kann ein Ausgleich durch Schutzauflagen oder ein Geldanspruch nach § 75 II 2–5 VwVfG auch nachträglich geltend gemacht werden.

---

257 Stelkens/Bonk/Sachs/Neumann/Külpmann VwVfG § 75 Rn. 26; Obermayer/Funke-Kaiser/Masing/Schiller VwVfG § 75 Rn. 10.

258 Stelkens/Bonk/Sachs/Neumann/Külpmann VwVfG § 75 Rn. 27; aA: Knack/Henneke/Schink VwVfG § 75 Rn. 28.

259 Stelkens/Bonk/Sachs/Neumann/Külpmann VwVfG § 75 Rn. 28; Obermayer/Funke-Kaiser/Masing/Schiller VwVfG § 75 Rn. 10.

260 Knack/Henneke/Schink VwVfG § 75 Rn. 55; Obermayer/Funke-Kaiser/Masing/Schiller VwVfG § 75 Rn. 20 ff. S. zur privatrechtsgestaltenden Duldungswirkung BGH NJW 2005, 660 (661 ff.).

261 Knack/Henneke/Schink VwVfG § 75 Rn. 53 ff.

262 Stelkens/Bonk/Sachs/Neumann/Külpmann VwVfG § 75 Rn. 62; Ule/Laubinger, Verwaltungsverfahrensrecht, § 41 Rn. 24.

263 Knack/Henneke/Schink VwVfG § 75 Rn. 59; Obermayer/Funke-Kaiser/Masing/Schiller VwVfG § 75 Rn. 23 ff.

264 Knack/Henneke/Schink VwVfG § 75 Rn. 59 f.

V. Materiellrechtliche Anforderungen an die Planfeststellung

139 Der in den einzelnen Stufen des Planungsprozesses ablaufende Gestaltungs-, Prüfungs- und Entscheidungsprozess unterliegt neben den verfahrensrechtlichen Anforderungen weiteren materiell-rechtlichen Anforderungen.[265] Diese ergeben sich zum einen aus den Fachgesetzen und sind deshalb auch nicht Gegenstand von Überlegungen zum Verwaltungsverfahren. Die Planfeststellung unterliegt darüber hinaus aber auch materiell-rechtlichen Anforderungen, die spezifisch verfahrensrechtlich geprägt sind. Rechtsprechung und Lehre haben sie zu einem vierstufigen System entwickelt, das durch die Elemente Planrechtfertigung, Bindung an vorgelagerte Verfahren, Bindung an strikte Rechtssätze und Bindung an das Abwägungsgebot bestimmt ist.[266]

1. Planrechtfertigung

140 Die Rechtsprechung zur Planrechtfertigung ist trotz der ständigen Verwendung gleichartiger Formulierungen alles andere als gesichert.[267] Ausgangspunkt ist regelmäßig die Feststellung, dass die hoheitliche Planung ihre Rechtfertigung nicht in sich trägt, sondern vor allem wegen ihrer Auswirkungen auf die Rechte Dritter, insbesondere durch Enteignungen, einer ausdrücklichen Rechtfertigung bedarf.[268] Als ganz allgemeiner Grundsatz gilt, dass eine Planung eine Rechtfertigung besitzt, wenn für sie nach Maßgabe der einschlägigen Fachplanungsgesetze ein Bedürfnis besteht.

141 Legt man diesen Befund zugrunde, so wäre zu erwarten, dass der Planrechtfertigung erhebliches Gewicht zukommt und das Merkmal der Erforderlichkeit hohen Anforderungen unterliegt. Die einschlägige Rechtsprechung des Bundesverwaltungsgerichts und der Obergerichte spricht aber eine andere Sprache. Dort liest man, dass die Erforderlichkeit nicht voraussetzt, dass ein Vorhaben notwendig ist, sondern dass es lediglich objektiv vernünftigerweise geboten ist.[269] Die Planung müsse allgemein den Zielen des Fachplanungsgesetzes entsprechen und das konkrete Vorhaben müsse diesem Ziel mit hinreichender Plausibilität dienen.[270] Bei der Planrechtfertigung geht es folglich nur um ein erstes Plausibilitätsurteil über die allgemeine Zielkonformität des an sich zulässigen Vorhabens.[271]

142 Im wichtigsten Anwendungsfall der Fernstraßenplanung ist die Planrechtfertigung nicht nur bei ieS verkehrsbezogenen Zielsetzungen gegeben, also im Falle einer Verbesserung und Vervollständigung der Verkehrsverbindungen, der Erhöhung der Verkehrssicherheit, der Beseitigung von Gefahrenquellen uÄ, sondern auch bei der darüber hinausgehenden Zielsetzung der Erschließung unterentwickelter Räume, vor

265 Steinberg/Wickel/Müller, Fachplanung, § 3 Rn. 3 ff.

266 Steinberg/Wickel/Müller, Fachplanung, § 3 Rn. 10; Dreier, Normative Steuerung, S. 95 ff.; Fouquet VerwArch 87 (1996), 212 (220 ff.); Wahl/Dreier NVwZ 1999, 606 (613 ff.).

267 Wahl NVwZ 1990, 426 (434); Wahl/Dreier NVwZ 1999, 606 (617); Erbguth/Kluth, Planungsrecht/Berkemann, S. 11, 16 f. S. auch Steinberg/Wickel/Müller, Fachplanung, § 3 Rn. 96 ff.

268 Grundlegend: BVerwGE 48, 56 (60); weiter BVerwGE 71, 166 (168); BVerwG NVwZ-RR 2002, 2.

269 BVerwGE 56, 110 (168).

270 BVerwGE 71, 166 (168); s. auch VGH Mannheim NVwZ-RR 1991, 137; OVG Münster NuR 1995, 46. Vertiefend zu den Anforderungen an Zielkonformität und Eignung Jarass NuR 2004, 69 (70 ff.).

271 Wahl/Dreier NVwZ 1999, 606 (613 f.).

allem bei landesplanerischen Vorgaben. Nach derzeitiger Rechtslage[272] konkretisiert der Bundesgesetzgeber mit der Aufnahme von Bau- und Ausbauvorhaben in den in Gesetzesform erlassenen Bedarfsplan für die Bundesfernstraßen mit bindender Wirkung auch für die Verwaltungsgerichte die so genannte Planrechtfertigung.[273] Eine solche Bindungswirkung entfalten auch die gesetzlichen Bedarfsfestlegungen im Bereich der Energieleitungsplanung nach dem EnLAG und dem BBPlG.

143 Angesichts der zahlreichen Gründe, die eine Planrechtfertigung tragen können, verwundert es nicht, dass als negative Beispiele nur Extremfälle übrig bleiben. Die Planrechtfertigung ist demnach eine relativ grobe Eingangsschranke für die materielle Zulässigkeitsprüfung. Dem Bundesverwaltungsgericht geht es bei der Planrechtfertigung wohl in erster Linie darum, das Bestehen einer Ermächtigungsgrundlage für mögliche enteignungsrechtliche Eingriffe zu überprüfen. Dabei wird aber nicht nur die Norm gesucht, sondern zugleich eine überschlägige Prüfung vorgenommen, ob das konkrete Projekt zielkonform ist.

2. Bindung an vorgelagerte Verfahren und Planungen

144 Als zweiter Schritt der materiell-rechtlichen Bindungen firmiert die Bindung an vorgelagerte Verfahren oder Planungen.[274] Sie kommt überall dort in Betracht, wo die Planung in mehreren Stufen durchgeführt wird, wo also auf eine Grobplanung eine oder mehrere Stufen der Verfeinerung folgen. So entfaltet etwa die Linienbestimmung nach § 16 FStrG als vorbereitende Grundentscheidung eine Bindungswirkung für die nachfolgenden Planungsstufen durch den Träger der Straßenbaulast.[275] Eine ähnliche Regelung trifft § 13 WaStrG.[276]

145 Praktische Probleme ergeben sich in diesem Zusammenhang daraus, dass etwa die Linienbestimmung nach dem Fernstraßengesetz keine Außenwirkung entfaltet. Sie kann deshalb nicht angefochten werden. Die ausführende Planfeststellungsbehörde, die eine außenwirksame und damit anfechtbare Entscheidung trifft, ist aber intern an die Linienbestimmung gebunden. Die Rechtsprechung löst diese Problematik, indem sie davon ausgeht, dass die Planfeststellungsbehörde sich gegenüber dem Bürger nicht auf ihre interne Bindung berufen kann. Leidet die Linienbestimmung an einem Abwägungsfehler, so wirkt sich dies in der Regel[277] auf den Beschluss aus, obwohl die Planfeststellungsbehörde darauf keinen Einfluss nehmen konnte.[278]

---

272 Nach § 1 II FStrAusbauG aF stellte die Aufnahme in den Bedarfsplan nur ein Indiz für die Erforderlichkeit dar. Zur alten Rechtslage BVerwGE 71, 166 (169); 84, 123 (134) und Wahl NVwZ 1990, 426 (434).

273 Vgl. § 1 II FStrAusbauG; § 1 II SchienenausbauG. Dazu BVerwGE 98, 339 (345); 117, 149 (151); BVerwG DVBl 2004, 1546 (1548); dazu Wahl/Dreier NVwZ 1999, 606 (613 f.). Kritik an gesetzlichen Bedarfsfestlegungen äußert Erbguth/Kluth, Planungsrecht/Berkemann, S. 123, 146. Die gesetzliche Bedarfsfestlegung normiert keine Ausschlusswirkung gegenüber darin nicht enthaltener Vorhaben, vgl. BVerwG NVwZ 2014, 1008 (1012).

274 Steinberg/Wickel/Müller, Fachplanung, § 3 Rn. 81 ff.; Wahl/Dreier NVwZ 1999, 606 (614 f.).

275 Kodal, Straßenrecht/Leue, Kap. 35 Rn. 19; Wahl/Dreier NVwZ 1999, 606 (615).

276 Knack/Henneke/Schink VwVfG § 74 Rn. 107 mit weiteren Beispielen.

277 Zu abweichenden Fallkonstellationen BVerwG NVwZ 2014, 714 Rn. 31; UPR 2010, 193 Rn. 26.

278 BVerwGE 48, 56 (60).

3. Zwingende und abwägungsleitende Rechtsvorschriften

Soweit sich ein konkretes Vorhaben in die bestehenden planerischen Rahmenvorgaben einfügt, stellt sich auf Grund der auch im Bereich der Planung zu beachtenden Gesetzesbindung der Verwaltung die Frage, welche Rechtsvorschriften mit welchem Grad an Bindungswirkung den Planungsvorgang determinieren. In der älteren Rechtsprechung und Literatur wurde in diesem Zusammenhang die Bindung von Planungsentscheidungen an die so genannten **Planungsleitsätze** angeführt.[279] Dieser aus dem Recht der Bauleitplanung übernommene Begriff ließ im Fachplanungsrecht aber die nötige Eindeutigkeit vermissen. So wurden den Planungsleitsätzen sowohl strikt geltende Normen wie auch Normen zugeordnet, die lediglich den Abwägungsprozess lenken, ohne jedoch zwingende Vorgaben zu machen.[280] 146

Um diese terminologische und sachliche Unklarheit zu überwinden, ging man dazu über, an die Stelle des missverständlichen Begriffs Planungsleitsätze ein gestuftes System der rechtlichen Bindung der Planfeststellung zu setzen. Dies führte vor allem in der Rechtsprechung des Bundesverwaltungsgerichts dazu, dass auf einer ersten Stufe die Bindung des Vorhabens an „zwingende materiellrechtliche Rechtssätze"[281] bzw. „striktes Recht"[282] geprüft wurde.[283] Unter striktem Recht werden dabei Normen verstanden, deren Vorgaben im planerischen Abwägungsprozess in keinem Fall überwunden werden können. Die Unvereinbarkeit des Vorhabens mit derartigen Vorgaben führt deshalb zwingend zur Unzulässigkeit der Planfeststellung. 147

Im Einzelfall steht damit die Frage im Vordergrund, welche der zu beachtenden Rechtssätze zwingend sind und welche planerische Spielräume eröffnen bzw. belassen. Als grober Anhaltspunkt kann dabei dienen, dass jedenfalls Normen, die der Gefahrenabwehr in einem weit verstandenen Sinne dienen, zwingenden Charakters sind.[284] Als zwingende Rechtsvorschriften hat die Rechtsprechung ua anerkannt: Normen, die Fragen der Flugsicherheit betreffen;[285] § 22 BImSchG iVm der 26. BImSchV bezüglich dem Schutz vor elektromagnetischen Wellen[286] und die naturschutzrechtlichen Eingriffsregelungen der §§ 14, 15 BNatSchG sowohl hinsichtlich des Vermeidungs- als auch des Ausgleichsgebotes.[287] 148

Die Gesetzesbindung der Planfeststellung ist dadurch aber nicht erschöpft. Vielmehr treten zu den zwingenden Rechtsvorschriften weitere Normtypen hinzu, die den planerischen Abwägungsvorgang dirigieren. Ihnen allen ist gemeinsam, dass sie im Vergleich zu den zwingenden Rechtsvorschriften eine größere inhaltliche Offenheit aufweisen und im Zweifel innerhalb des planerischen Abwägungsprozesses im Einzelfall 149

[279] BVerwGE 48, 56 (59); leicht verändert bereits BVerwGE 71, 163 (165). Krit. Hoppe DVBl 1992, 852 (853 f.); Paetow FS Sendler, 1991, 425 (431).
[280] Näher Dreier, Normative Steuerung, S. 109 ff.; Wahl DVBl 1990, 426 (435); Kuschnerus DÖV 1987, 409 (411); Funke DVBl 1987, 511 (515 f.).
[281] BVerwG NVwZ 1993, 565; VGH Mannheim NVwZ-RR 1991, 137.
[282] BVerwG NVwZ 1993, 565; Dreier, Normative Steuerung, S. 125 ff.
[283] Wahl/Dreier NVwZ 1999, 606 (615).
[284] Dreier, Normative Steuerung, S. 134.
[285] BVerwG NVwZ-RR 1991, 129 (130 ff.).
[286] VGH Mannheim NVwZ 1997, 90; BVerwG NVwZ 1996, 1023.
[287] BVerwG NVwZ 1993, 565; NuR 1997, 497. Weitere Beispiele finden sich bei Stelkens/Bonk/Sachs/Neumann/Külpmann VwVfG § 74 Rn. 130 ff.

überwunden werden können. Sowohl die inhaltliche Systematisierung als auch die Terminologie ist in diesem Bereich umstritten und uneinheitlich. Sie können unter dem Oberbegriff abwägungsleitende Rechtsvorschriften zusammengefasst werden.

150 Im Einzelnen kann zwischen drei Arten von abwägungsleitenden Rechtsvorschriften unterschieden werden:[288]

151 **Generelle Planungsleitbegriffe:** Darunter sind die in der Regel in den Eingangsvorschriften der Fachplanungsgesetze angeführten Leitvorstellungen, Ziele oder Grundsätze der jeweiligen gesetzlichen Regelung zu verstehen. Sie geben in programmatischer Weise das abstrakte Oberziel der geregelten Planung vor.[289] Sie besitzen eine geringe praktische Bedeutung und erzeugen kaum spürbare rechtliche Bindungen.[290]

Beispiele: §§ 1, 5 WHG, § 1 UVPG, § 1 AtomG, § 1 ROG.

152 **Planungsleitlinien:** Hierbei handelt es sich um Regelungen, die einzelne Belange ausdrücklich als potenziell abwägungserheblich ausweisen.[291] Es kann sich um ein einzelnes Interesse oder um einen Belangkatalog handeln. Die Planungsleitlinien haben die Funktion, auf die potenzielle Abwägungsrelevanz von bestimmten Belangen hinzuweisen, ohne dabei jedoch Gewichtungsvorgaben zu treffen.[292]

Beispiele: § 1 BauGB, § 2 ROG, § 1 BNatSchG

153 **Optimierungsgebote:** Die durch das Bundesverwaltungsgericht[293] geprägte Rechtsfigur der Optimierungsgebote (teilweise wird auch von Berücksichtigungsgebot[294] oder Minimierungsgebot[295] gesprochen) verleiht einzelnen Belangen oder Zielvorgaben ein besonderes Gewicht und fordert ihre möglichst weitgehende Beachtung.[296] Dadurch wird der Abwägungsvorgang bestimmten qualitativen Anforderungen unterworfen, die sich in einer erhöhten Argumentationslast bei der Überwindung geschützter Belange,[297] einer erhöhten Untersuchungspflicht,[298] einer gesteigerten Pflicht zur Suche nach Alternativen[299] sowie einer höheren Kontrolldichte[300] niederschlagen.

---

288 Im Anschluss an Dreier, Normative Steuerung, S. 167 ff. Zur teilweise uneinheitlichen Terminologie in der Rechtsprechung des BVerwG ausführlich Erbguth/Kluth, Planungsrecht/Berkemann, S. 11, 21 ff.

289 Dreier, Normative Steuerung, S. 167.

290 Dreier, Normative Steuerung, S. 183.

291 Dreier, Normative Steuerung, S. 185; Wahl/Dreier NVwZ 1999, 606 (616).

292 Dreier, Normative Steuerung, S. 214; Wahl/Dreier NVwZ 1999, 606 (617).

293 Grundlegend: BVerwGE 71, 163 (165); s. weiter BVerwGE 75, 214 (246 ff.); UPR 1988, 346; NVwZ-RR 1989, 458; UPR 1989, 273 f.; NVwZ 1991, 69 f.; DVBl 1992, 1438 f.; NVwZ 1993, 572 (576); 1998, 1180 f. Allgemein dazu: Hoppe DVBl 1992, 853 ff.; krit. Bartlsperger DVBl 1996, 1 ff.

294 Kühling DVBl 1989, 221 (229).

295 BVerwG NVwZ 1991, 69; Hahn DVBl 1992, 1408 (1410).

296 Dreier, Normative Steuerung, S. 215 f. mit umfangreichen Nachweisen in Fn. 5. Die gegenüber der Rechtsfigur des Optimierungsgebots geäußerte Kritik fasst Grüner UPR 2011, 50 (54), zusammen.

297 Hoppe DVBl 1992, 853 (860); Dreier, Normative Steuerung, S. 259 ff.; Wahl/Dreier NVwZ 1999, 606 (617).

298 Dreier, Normative Steuerung, S. 241 ff.

299 Hoppe DVBl 1992, 853 (860); Wahl/Dreier NVwZ 1999, 606 (617).

300 Hoppe DVBl 1992, 853 (861 f.); Dreier, Normative Steuerung, S. 263 ff.

Beispiele: § 50 BImSchG,[301] Schutzgebietsverordnungen,[302] dritte Stufe der naturschutzrechtlichen Eingriffsregelung.[303]

Für das Vorgehen der Planfeststellungsbehörde und die gerichtliche Kontrolle bedeutet diese gestufte Rechtsbindung, dass zunächst die Beachtung zwingender Rechtsvorschriften und anschließend die Einhaltung der abwägungsleitenden Rechtsvorschriften zu untersuchen ist. Dieser zweite Schritt ist in den Abwägungsvorgang bzw. seinen kontrollierenden Nachvollzug zu integrieren. 154

4. Das Abwägungsgebot

a) Struktur und Regelungsgehalt

Bei der planerischen Abwägung handelt es sich um eine besondere, mehrstufige Entscheidungsmethode, die sich von der Ermessensausübung unterscheidet.[304] Als allgemeiner Prüfungsmaßstab kann aus dem Verfassungsrecht die Anforderung abgeleitet werden, dass sich das Ergebnis einer landesplanerischen Planfeststellung im Rahmen einer rechtsstaatlich hinzunehmenden Vertretbarkeit halten muss.[305] Abwägung hat als Entscheidungsmethode eine komplexe Struktur. Bei ihrer Anwendung müssen gedanklich mehrere Schritte vollzogen werden. Sie können allgemein als Auffinden der einschlägigen Gesichtspunkte, Bewertung und Abwägung bezeichnet werden. Grundlegend für die Entfaltung der Abwägungsdogmatik ist das sog. **Flachglas-Urteil des BVerwG**[306] dessen Grundsätze in der späteren Rechtsprechung fortentwickelt wurden.[307] 155

In der Literatur wird der Abwägungsvorgang entweder durch ein Drei-Phasen-Modell oder ein Zwei-Phasen-Modell beschrieben.[308] Beide Modelle unterscheiden sich nur in Nuancen. Das Drei-Phasen-Modell unterscheidet (1) die Ermittlung von abwägungsrelevantem Material, (2) die Gewichtung der Belange und (3) den Ausgleich konkurrierender Belange in der Entscheidung. Das Zwei-Phasen-Modell unterscheidet nur zwischen der Zusammenstellung des Abwägungsmaterials und der Gewichtung der Belange. 156

Bei der Ermittlung geht es um eine Realanalyse ganz spezifischer Art. Sie erstreckt sich auf gegenwärtige Belange (diagnostische Ermittlung) und auf zukünftige Belange (prognostische Ermittlung). Das BVerwG bezeichnet den Vorgang der Ermittlung und Feststellung von Interessen als „Zusammenstellung des Abwägungsmaterials" und gliedert diesen in zwei Bestandteile: (1) die abstrakt-begriffliche, tatbestandliche 157

301 BVerwGE 71, 163 (165); Wahl/Dreier NVwZ 1999, 606 (617); Grüner UPR 2011, 50 (55 f.), analysiert die Auswirkungen der geänderten Rechtsprechung des BVerwG, das § 50 S. 1 BImSchG nun als „Abwägungsdirektive" bezeichnet, auf die Bedeutung der Vorschrift für den Abwägungsvorgang.

302 Dreier, Normative Steuerung, S. 383 ff.

303 Dreier, Normative Steuerung, S. 292 ff.

304 Hoppe/Just DVBl 1997, 789 (791 ff.); Dreier, Normative Steuerung, S. 43 ff.; aA Erbguth DVBl 1992, 398 ff.

305 BVerwG NVwZ 1989, 247 (249).

306 BVerwGE 45, 309 ff.

307 Dazu Überblick bei Schulze-Fielitz JURA 1992, 201 ff.; Steinberg/Wickel/Müller, Fachplanung, § 3 Rn. 117 ff.; Obermayer/Funke-Kaiser/Masing/Schiller VwVfG § 74 Rn. 31 ff.; Stelkens/Bonk/Sachs/Neumann/Külpmann VwVfG § 74 Rn. 54 ff.

308 Dreier, Normative Steuerung, S. 55 ff. In der Praxis bilden die Abwägungsphasen einen einheitlichen Gesamtvorgang, der nicht in seine Bestandteile aufzuteilen ist BVerwGE 45, 309 (324).

Abgrenzung der Gesichtspunkte, die abwägungserheblich sind und (2) die Entscheidung darüber, welche konkret vorliegenden Umstände unter diese Begriffe subsumiert werden können.[309]

158 Ob man diesen Vorgang mit dem BVerwG als Subsumtion oder mit der Literatur als Prozess der Informationsgewinnung bezeichnet, ändert am Vorgehen selbst und den rechtlichen Maßstäben nichts. Da nicht alle Belange berücksichtigt werden können, müssen diese auf ihre generelle Abwägungsbeachtlichkeit hin überprüft werden. Es muss also zunächst eine **Grobselektion** stattfinden. Daran schließt sich eine **Feinselektion** an, die auf die besondere Lage Rücksicht nimmt.[310] Unbeachtet bleiben können alle Interessen, die objektiv geringwertig oder nicht schutzwürdig sind. Zu berücksichtigen sind auch Planungsalternativen und zwar solche, die aus der Sicht der Behörde als real mögliche Lösungen ernsthaft zu erwägen sind.[311]

159 Nach dem BVerwG ist das **Abwägungsgebot verletzt,** „wenn in die Abwägung an Belangen nicht eingestellt wird, was nach Lage der Dinge in sie eingestellt werden muss".[312] Mit diesem Merkmal sind der Gegenstand und die Reichweite der Einstellungspflicht umrissen. Die Einstellung von Belangen stellt gegenüber der Ermittlung einen weiteren Filter der konkreten Abwägungsbeachtlichkeit dar, der durch die konkrete Betroffenheit der ermittelten Belange charakterisiert ist. Die Entscheidung über die Einstellung fordert eine Feinselektion wertender Art.

160 Das Gewichtungsgebot verlangt, dass jedem konkret abwägungsrelevanten Belang das ihm nach den rechtlichen Vorgaben und tatsächlichen Gegebenheiten zukommende objektive Gewicht beigemessen wird.[313] Dabei sind Gewichtungsmaßstäbe sowie gesetzliche und sonstige Vorrangregeln zu beachten. Besondere Gewichtungen können sich auch aus verfassungsrechtlichen Rechtspositionen ergeben. Wenngleich das Eigentum nicht generell Vorrang vor anderen Rechtspositionen genießt, so hat die Rechtsprechung doch wiederholt betont, dass das Eigentum bei der planerischen Abwägung in hervorgehobener Weise zu berücksichtigen ist.[314] Mit jedem Planungsakt sind schließlich Entscheidungen verbunden über das Vorziehen oder Zurückstellen von Belangen. Diese Entscheidung ist ein integrierender Bestandteil von Planungsakten und hat zwei Ausprägungen, als **Ausgleichsentscheidung** und als **Optimierungsentscheidung.**

161 Das **Ausgleichsgebot** verlangt, dass der Ausgleich zwischen den von der Planung berührten Belangen in einer Weise vorgenommen wird, die nicht außer Verhältnis zur objektiven Gewichtigkeit einzelner Belange steht. Es ist zu prüfen, ob sachgerechte und hinreichend gewichtige Gründe es zu rechtfertigen vermögen, den einen Belang hinter dem anderen zurücktreten zu lassen. Das BVerwG spricht von einer „bilanzierenden Gesamtbeurteilung" und einem „bilanzierenden Abwägungsvorgang".[315] In

309 BVerwGE 48, 56 (63 f.).
310 Dreier, Normative Steuerung, S. 69 ff.
311 BVerwG NVwZ 1996, 1011; Wahl/Dreier NVwZ 1999, 606 (618).
312 BVerwGE 34, 301 (309); Stelkens/Bonk/Sachs/Neumann/Külpmann VwVfG § 74 Rn. 60.
313 Dreier, Normative Steuerung, S. 76 ff. mwN.
314 BVerwGE 47, 144 (154) – zum Bauplanungsrecht; Stelkens/Bonk/Sachs/Neumann/Külpmann VwVfG § 74 Rn. 71 ff.; Gassner DVBl 2011, 214.
315 BVerwG NVwZ-RR 1992, 118 (122).

der Literatur wird vorgeschlagen, den Abwägungsvorgang mit Hilfe von numerischen Verfahren zu verbessern und transparenter auszugestalten.[316]

Belange, die dem **Optimierungsgebot** unterstehen, unterliegen anderen Gesetzlichkeiten.[317] Hier muss die Entscheidung auf ein Maximum und ein Optimum der zu optimierenden Belange abzielen. Ausfluss der Anwendung des Optimierungsgebotes ist es, dass die Argumentationslast zugunsten des betroffenen Belangs verschoben wird und es zur Überwindung dieser Interessen gewichtiger sachlicher Rechtfertigungsgründe bedarf. 162

b) Gerichtliche Kontrolle

Wie bereits bei den grundsätzlichen Überlegungen zur Eigenart des Planungsrechts deutlich wurde, spiegelt sich die Anerkennung eines planerischen Gestaltungsspielraums maßgeblich in der Reichweite der gerichtlichen Kontrolle von Planungsentscheidungen wieder.[318] Ein administrativer Gestaltungsspielraum besteht nur dann und nur soweit, wie die Planungsentscheidung einer detaillierten gerichtlichen Kontrolle entzogen ist. Es liegt insoweit eine Parallele zum Ermessen und dessen auf das Vorliegen von Ermessensfehlern beschränkte gerichtliche Nachprüfung vor. Da das Abwägungsgebot den Kern des materiellen Planungsrechts darstellt, ist seine gerichtliche Überprüfung auch der Ort, an dem sich die planerische Gestaltungsfreiheit zu bewähren hat. In der Rechtsprechung hat sich dazu eine mit der Ermessensfehlerlehre in ihrer Struktur vergleichbare Abwägungsfehlerlehre herausgebildet, die **vier Fehlerkategorien** unterscheidet:[319] 163

- Abwägungsausfall: Es muss eine Abwägung auf der Grundlage des vollständigen Abwägungsmaterials **überhaupt stattfinden;**
- Abwägungsdefizit: Die Abwägung muss die **wesentlichen Belange** nach Lage der Dinge **tatsächlich berücksichtigen;**
- Abwägungsfehleinschätzung: Die **Bedeutung** der betroffenen öffentlichen und privaten Belange darf **nicht verkannt** werden;
- Abwägungsdisproportionalität: Der **Ausgleich** zwischen kollidierenden Belangen muss **verhältnismäßig** vorgenommen werden.

Diese Unterscheidung erfüllt eine **Verdeutlichungsfunktion,** dh sie soll zeigen, welche Fehler bei der Durchführung der Abwägung denkbar und möglich sind. Zusammenfassend formuliert das BVerwG: 164

„Das Abwägungsgebot ist verletzt und das Abwägungsergebnis rechtswidrig, wenn in die Abwägung an Belangen nicht eingestellt worden ist, was nach Lage der Dinge in sie eingestellt werden muss, wenn die Bedeutung der betroffenen Belange verkannt oder wenn der Ausgleich zwischen den von der Planung berührten Belangen in einer Weise vorgenommen wird, der zur objektiven Gewichtigkeit einzelner Belange außer Verhältnis steht".[320]

---

316 Hofmann, Abwägung im Recht, passim.

317 Steinberg/Wickel/Müller, Fachplanung, § 3 Rn. 126 ff.; Wahl NVwZ 1990, 426 (437).

318 Steinberg/Wickel/Müller, Fachplanung, § 3 Rn. 109 ff.; Wahl NVwZ 1990, 426 (436).

319 BVerwGE 34, 301 (309); 48, 56 (63); 56, 110 (122); 75, 214 (253); 90, 329 (331); Obermayer/Funke-Kaiser/Masing/Schiller VwVfG § 74 Rn. 34 ff.; Stelkens/Bonk/Sachs/Neumann/Külpmann VwVfG § 74 Rn. 55; Wahl NVwZ 1990, 426 (436); Leist/Tams JuS 2007, 1093 (1097).

320 BVerwGE 34, 301 (309); 71, 166 (171); 75, 214 (237); 81, 128 (132) usw. Überblick zu den abwägungsrelevanten Belangen bei Kopp/Ramsauer VwVfG § 74 Rn. 104 ff.; Knack/Henneke/Schink VwVfG § 74 Rn. 137 ff.

165 Die **Rechtmäßigkeit einer Abwägung** hängt nicht davon ab, dass das Gericht ein „Überwiegen" der für das Vorhaben streitenden Belange feststellt. Die Behörde hat die Grenzen der planerischen Gestaltungsfreiheit nicht bereits dann überschritten, wenn das Gericht die einander widerstreitenden Belange als gleichwertig ansieht.[321] Das Gericht darf auch nicht seine Abwägung an die Stelle derjenigen der Behörde setzen. Es ist darauf beschränkt, aufzuklären und festzustellen, ob abwägungserhebliche Umstände in Wahrheit gegeben sind oder nicht (Tatsachenkontrolle), es kann aber nicht ein Abwägungsdefizit durch Ergänzung wesentlicher planerischer Erwägungen heilen.[322]

166 Eine **Planungsalternative** ist im Rahmen der Abwägung zu würdigen, wenn sie sich nach Lage der konkreten Verhältnisse aufdrängt oder nahe liegt bzw. ernsthaft in Betracht kommt.[323] Auch die so genannte „Null-Variante" muss in die Alternativenprüfung mit einbezogen werden.[324]

5. Schutzanordnungen und Ausgleichsansprüche

a) Funktion und Rechtsgrundlagen

167 **aa) Einordnung und allgemeine Bedeutung.** Die fachplanerischen Ausgleichsregelungen sind für die Genehmigung und genaue Ausgestaltung des Vorhabens oft ausschlaggebend, weil erst sie eine ausgewogene Abwägung zwischen den kollidierenden Belangen herbeiführen. Lassen sich unzumutbare Einwirkungen durch Schutzvorkehrungen nicht mindern oder ausgleichen (wobei der Geldausgleich einzuschließen ist), scheidet eine Lösung nach dem Grundsatz des schonendsten Ausgleichs damit aus, so muss die Planung als unausgewogen aufgegeben werden. Die Schutzanordnungen und Ausgleichsregelungen sind wesentlich für die Wahrung der Verhältnismäßigkeit des Planfeststellungsbeschlusses.

168 **bb) Schutzanordnungen.** Nach § 74 II 2 VwVfG hat die Planfeststellungsbehörde dem Träger des Vorhabens Vorkehrungen oder die Errichtung und Unterhaltung von Anlagen aufzuerlegen, die zum Wohl der Allgemeinheit oder zur Vermeidung nachteiliger Wirkungen auf Rechte anderer erforderlich sind. Die Regelung beruht auf dem Verursacherprinzip. Unter das „Wohl der Allgemeinheit" fallen sämtliche von der Rechtsordnung als schützenswert anerkannten öffentliche Interessen.[325] Das Tatbestandsmerkmal „Rechte anderer" ist einfachrechtlich zu verstehen und umfasst auch die Eigentumsrechte der Gemeinden und ihrer Einrichtungen.[326] Die Auferlegung von Schutzmaßnahmen steht nicht im Ermessen der Behörde.[327] Wie bereits gezeigt wurde, sind die Begriffe **„Vorkehrungen und Anlagen"** weit auszulegen (→ 62 Rn. 126).

169 Ein **Anspruch auf Schutzanordnungen** setzt die Überschreitung der Zumutbarkeitsschwelle voraus. Es muss sich deshalb um erhebliche, nicht mehr zumutbare Be-

321 BVerwGE 71, 166 (170 f.).
322 BVerwG NVwZ 1986, 834 (935); NVwZ 1989, 152 (153).
323 BVerwG NVwZ 1993, 887 (888); DVBl 1998, 1188 ff.; ausführlich Schlarmann DVBl 1992, 871 ff.
324 BVerwG NVwZ 1998, 508; Wahl/Dreier NVwZ 1999, 606 (618). Das gilt auch dann, wenn der Bedarf gesetzlich festgestellt wurde, vgl. BVerwG NVwZ 2013, 1209 (1217 f.).
325 BVerwGE 51, 1 (12 f.); Obermayer/Funke-Kaiser/Masing/Schiller VwVfG § 74 Rn. 76; Jarass, DÖV 2004. 633, 634.
326 BVerwGE 87, 332 (391 f.); Obermayer/Funke-Kaiser/Masing/Schiller VwVfG § 74 Rn. 77.
327 Obermayer/Funke-Kaiser/Masing/Schiller VwVfG § 74 Rn. 84. Ausführlich zu Schutzmaßnahmen und Ausgleichsentschädigung bei Planfeststellungen Jarass DÖV 2004, 633 ff.

einträchtigungen handeln, die von dem Vorhaben ausgehen.[328] Es kommt nicht darauf an, ob damit bereits die enteignungsrechtliche Zumutbarkeitsschwelle der schweren und unerträglichen Betroffenheit überschritten wird, da es um eine Maßnahme auf der Ebene der Inhalts- und Schrankenbestimmung geht. Im Allgemeinen wird für die Festlegung der Zumutbarkeitsgrenze auf die Abgrenzungsmerkmale der §§ 906, 908 BGB iVm den ergänzenden Vorschriften des Immissions-, Lärm-, Luft-, und Abgasrechts zurückgegriffen.[329] Die Rechtsprechung gelangt unter Würdigung der Umstände des Einzelfalls bisweilen aber auch zu niedrigeren Schwellenwerten. Bei verfestigten Straßenplanungen zB können Vorbelastungen sich dahin auswirken, dass sich die Zumutbarkeitsschwelle erhöht.[330]

170 Es gibt hier keine Faustformeln, sondern es bedarf der detaillierten Auseinandersetzung mit dem Einzelfall sowie den anwendbaren Regelwerken, aus denen sich Grenzwerte ableiten lassen.[331] Die Schutzmaßnahmen müssen geeignet und in der Lage sein, die nachteiligen Wirkungen auszugleichen oder zu mindern. Besonders geregelt sind die naturschutzrechtlichen Ausgleichsmaßnahmen.[332]

171 Anders als die Frage der Notwendigkeit von Schutzvorkehrungen steht die Auswahl zwischen verschiedenen möglichen Maßnahmen im planerischen Ermessen der Planfeststellungsbehörde.

172 cc) **Ausgleichsansprüche/Entschädigungen.** § 74 II 3 VwVfG fährt fort: „Sind solche Vorkehrungen oder Anlagen (von denen soeben die Rede war) untunlich oder mit dem Vorhaben unvereinbar, so hat der Betroffene Anspruch auf angemessene Entschädigung in Geld“. Der Anspruch auf angemessene Entschädigung ist Geldsurrogat für nicht realisierbare technisch-reale Schutzmaßnahmen. Es geht also nicht um einen Ersatzanspruch für sämtliche erlittene Nachteile.[333] Der Anspruch ergibt sich nicht aus Art. 14 III GG, sondern ist Art. 14 I 2 GG zuzuordnen, dh eine Maßnahme zur Wahrung der Verhältnismäßigkeit einer Inhalts- und Schrankenbestimmung.[334] Anspruchsgegner ist der Vorhabenträger, da er Adressat der Schutzauflage nach § 74 II 2 VwVfG wäre, an deren Stelle die Entschädigung tritt.

173 **„Untunlichkeit“** liegt dann vor, wenn die Kosten der Schutzvorkehrung außer Verhältnis zu dem angestrebten Schutzzweck stehen.[335] Dabei ist darauf abzustellen, in welcher Relation die Kosten für die Schutzanlage einerseits und die Intensität der Rechtsbeeinträchtigung andererseits stehen. Ebenfalls **untunlich** sind solche Schutzvorkehrungen, die nach dem Stand der Technik undurchführbar sind oder die ihrer-

---

328 Obermayer/Funke-Kaiser/Masing/Schiller VwVfG § 74 Rn. 80 ff.; Dobmann NVwZ 2011, 9 (10).

329 BVerwGE 71, 150 (153 ff.); 77, 285 (287); 84, 31 (39); Knack/Henneke/Schink VwVfG § 75 Rn. 61 ff.; Obermayer/Funke-Kaiser/Masing/Schiller VwVfG § 74 Rn. 81 ff.

330 BVerwGE 77, 285 ff.

331 Speziell zum Lärmschutz Knack/Henneke/Schink VwVfG § 75 Rn. 67 ff. Zur Entwicklung der Rechtsprechung des BVerwG hinsichtlich Lärmschutzauflagen ausführlich Erbguth/Kluth, Planungsrecht/Berkemann, S. 11, 41 ff.

332 Ausgleich bzw. Ersatzmaßnahmen gem. § 15 IV–VII BNatSchG.

333 BVerwGE 87, 332 ff.; BVerwG NVwZ 2006, 927; Dobmann NVwZ 2011, 9 (11).

334 BVerwGE 87, 332 (383); BVerwG NVwZ 2003, 209 (210); Jarass DÖV 2004, 633 (639 f.); Dobmann NVwZ 2011, 9 (10).

335 Knack/Henneke/Schink VwVfG § 75 Rn. 111; Obermayer/Funke-Kaiser/Masing/Schiller VwVfG § 74 Rn. 91; Steinberg/Wickel/Müller, Fachplanung, § 4 Rn. 106.

seits unverhältnismäßige Nachteile für das öffentliche Wohl oder Rechte Dritter mit sich brächten. Mit dem **Zweck des Vorhabens unvereinbar** sind solche Vorkehrungen, die dem Zweck des Vorhabens zuwiderlaufen würden.[336]

174 Der Ausgleichsanspruch besteht – von den Fällen der Untunlichkeit abgesehen – nur, wenn ein real-physischer Ausgleich nicht möglich ist. Fehlt in einem Planfeststellungsbeschluss die Anordnung eines an sich erforderlichen real-physischen Ausgleichs (also einer Schutzvorkehrung), so hat der Betroffene **kein** Wahlrecht zwischen der Schutzvorkehrung und dem Geldausgleich (Surrogat-Charakter).[337] Er kann nur die Schutzvorkehrung verlangen. Ist der Verwaltungsakt bestandskräftig geworden, so scheidet beides aus. Er muss also in diesen Fällen rechtzeitig gegen den insoweit fehlerhaften Planfeststellungsbeschluss vorgehen.

175 Umgekehrt scheidet ein Anspruch auf Geldausgleich auch dann aus, wenn Schutzvorkehrungen im Planfeststellungsbeschluss vorgesehen sind und dieser bestandskräftig ist. Es ist dann von der Einschätzung der Behörde auszugehen, dass durch die vorgesehenen Schutzvorkehrungen der erforderliche Ausgleich geschaffen wird. Die Zivilgerichte sind in diesen Fällen gehindert, einen Anspruch aus enteignungsgleichem Eingriff zu gewähren.[338]

176 Anders als bei der Enteignung muss die Entscheidung über die Höhe der Entschädigung durch die Planfeststellungsbehörde im Planfeststellungsbeschluss getroffen werden, sofern nicht durch spezielle Vorschriften ein anderer Verfahrensablauf angeordnet ist.[339]

177 Von besonderer praktischer Bedeutung und hoher Anschaulichkeit für die Schutzvorkehrungen und Ausgleichsansprüche ist der Bereich des **Verkehrslärmschutzes.** Erste Maßstabsnorm ist § 41 BImSchG, der verlangt, dass beim Bau oder der wesentlichen Änderung öffentlicher Straßen sowie von Eisenbahnen und Straßenbahnen sicherzustellen ist, dass durch diese keine schädlichen Umwelteinwirkungen durch Verkehrsgeräusche hervorgerufen werden können, die nach dem Stand der Technik vermeidbar sind. Eingeschränkt wird dies in § 41 II BImSchG für den Fall, dass die Kosten der Schutzmaßnahme außer Verhältnis zu dem angestrebten Schutzzweck stehen würden. Zur Durchführung des § 41 BImSchG wird die Bundesregierung in § 43 I BImSchG zum Erlass einer Rechtsverordnung über Verkehrslärmgrenzwerte ermächtigt, die als 16. BImSchV am 12.6.1990 erlassen worden ist (VerkehrslärmschutzVO).[340] Als weitere Regelung ist **§ 50 BImSchG** zu berücksichtigen. Dieser verlangt, dass bei raumbedeutsamen Planungen und Maßnahmen die für eine bestimmte Nutzung vorgesehenen Flächen einander so zuzuordnen sind, dass schädliche Umwelteinwirkungen auf die ausschließlich oder überwiegend dem Wohnen dienenden Gebiete sowie auf sonstige schutzbedürftige Gebiete soweit wie möglich vermieden werden. Die Anforderungen des §§ 41, 43 BImSchG iVm VerkehrslärmschutzVO und des §§ 50 und 51 BImSchG stehen selbständig nebeneinander. Die VerkehrslärmschutzVO bestimmt die Mindestanforderungen, die auf jeden Fall zu beachten sind.

---

336 Obermayer/Funke-Kaiser/Masing/Schiller VwVfG § 74 Rn. 92.

337 BVerwGE 87, 332 (384); Obermayer/Funke-Kaiser/Masing/Schiller VwVfG § 74 Rn. 88.

338 BGHZ 95, 28 (35 f.).

339 BVerwG NVwZ 1993, 477 (478). Spezielle Verfahrensvorschriften finden sich zB in § 19a FStrG, § 42 BImSchG, § 37 WaStrG.

340 Dazu BVerwGE 97, 367 (370 f.); Schulze-Fielitz UPR 1994, 1 ff.

Dazu werden Grenzwerte in § 2 VerkehrslärmschutzVO festgelegt. Die Rechtsprechung geht aber im Einzelfall von schärferen Anforderungen aus, vor allem dann, wenn keine Vorbelastungen bestehen und Schutzmaßnahmen vergleichsweise wenig aufwändig sind. Soweit Schutzmaßnahmen untunlich sind, ist ein Geldersatz nach § 74 II 3 VwVfG zu zahlen. Ist eine sinnvolle Nutzung des Grundstücks durch die Lärmbelastung ausgeschlossen, so steht dem Eigentümer ein Anspruch auf Übernahme des Grundstücks gegen Entschädigung zu.[341]

b) Rechtscharakter der Ausgleichsansprüche und Rechtsweg

aa) Rechtscharakter. Zum Rechtscharakter wurde bereits Stellung genommen: Es handelt sich um Ausgleichszahlungen, die der Wahrung der Verhältnismäßigkeit einer Inhalts- und Schrankenbestimmung nach Art. 14 I 2 GG dienen.[342] Grundlegend dafür ist die Pflichtexemplarentscheidung des BVerfG.[343] Problematisch und umstritten sind die Regelungen wegen ihres salvatorischen Charakters.[344] 178

bb) Rechtsweg. Soweit es an einer sondergesetzlichen Rechtswegzuweisung zu den Zivilgerichten, wie sie zB in § 19a FStrG und § 39 WaStrG getroffen wurde, fehlt, ist für Streitigkeiten über die Zahlung einer Geldentschädigung nach § 74 II 3 VwVfG der Verwaltungsrechtsweg eröffnet.[345] Das Gleiche gilt auch für die Durchsetzung eines Übernahmeanspruchs.[346] Es geht bei allen diesen Ansprüchen nicht um eine Enteignungsentschädigung, für die der ordentliche Rechtsweg eröffnet wäre. 179

6. Rechtsschutzfragen

a) Ansprüche wegen Verstoßes gegen Planfeststellungspflichten

Wird eine Anlage ohne die erforderliche Planfeststellung errichtet und betrieben, so kommen Abwehransprüche der Betroffenen wegen Verstoßes gegen ihrem Schutz dienende materiell-rechtliche Vorschriften in Betracht. Wie bereits bei der Erörterung der Anordnung der Planfeststellung gezeigt wurde, gibt es darüber hinaus nach bisher herrschender Lehre und Rechtsprechung keinen selbständigen Anspruch auf Durchführung des Planfeststellungsverfahrens.[347] 180

b) Klage des Vorhabenträgers

Wird der Antrag auf Planfeststellung des Vorhabens (ganz oder teilweise) abgelehnt, so kann der Vorhabenträger gerichtlich im Wege der Verpflichtungsklage keinen Anspruch auf Planfeststellung geltend machen, sondern nur einen Anspruch auf erneute und fehlerfreie Betätigung des planerischen Ermessens. Sein Zulassungsbegehren geht nur als Belang in die planerische Abwägung ein.[348] Die Durchführung eines Vorverfahrens ist gem. §§ 74 I, 70 VwVfG nicht erforderlich und auch nicht zulässig. 181

---

[341] BVerwGE 61, 295 (305); 75, 214 (259); 77, 295; 87, 332 (383).
[342] BVerwGE 87, 332 (383); Jarass DÖV 2004, 633 (638).
[343] BVerfGE 58, 137 ff.
[344] Dazu BGHZ 126, 379; vgl. auch Band II → § 67 Rn. 63.
[345] Dobmann NVwZ 2011, 9 (14).
[346] BVerwG NJW 1987, 2884.
[347] BVerwGE 77, 134 (139). Dazu ausführlich Hoppe/Schlarmann/Buchner/Deutsch, Rechtsschutz, Rn. 458 ff.
[348] BVerwGE 48, 56 (66).

182 Gegen einzelne Schutzauflagen oder Entschädigungspflichten kann sich der Vorhabenträger mit der Anfechtungsklage richten, soweit es sich dabei um Auflagen handelt, die isoliert anfechtbar sind.[349] Auch insoweit bedarf es keines Vorverfahrens.

c) Anfechtungsklagen Dritter gegen den Planfeststellungsbeschluss

183 Private Einwender und (zugleich) in ihren subjektiven Rechten Betroffene können sich mit der Anfechtungsklage gegen den Planfeststellungsbeschluss richten.[350] Dafür sind nach Maßgabe des § 48 I VwGO in zahlreichen Planfeststellungsverfahren die Oberverwaltungsgerichte in erster Instanz zuständig. Für bestimmte Klagen ist gem. § 50 I Nr. 6 VwGO erstinstanzlich das Bundesverwaltungsgericht zuständig.[351] Hinsichtlich der Klagebegründung begrenzen einige fachgesetzliche Sonderregelungen die Frist auf sechs Wochen nach Klageerhebung.[352] Im Klageverfahren reicht es nicht aus, dass eine Betroffenheit in eigenen Belangen geltend gemacht wird. Es muss vielmehr die mögliche Verletzung eines subjektiven öffentlichen Rechts dargetan werden.

184 Als verletzte eigene Rechte iSd § 42 II VwGO kommen in Betracht:[353]
- das Eigentum, insbesondere hinsichtlich der mit ihm verbundenen Nutzungsmöglichkeiten; nach neuerer Rechtsprechung auch die Rechte von Pächtern;[354]
- die Rechte aus Art. 2 II GG (Leben und körperliche Unversehrtheit);
- einfachgesetzlich geschützte Interessen, die den Anforderungen der Schutznormtheorie genügen oder einen europarechtlichen Ursprung aufweisen;
- abwägungsrechtliche Belange, wenn zugleich ein Abwägungsfehler geltend gemacht wird.

185 Zum letzten Punkt führt das BVerwG aus:

> „Das Abwägungsgebot räumt dem von einer Planung Betroffenen mit dem Recht auf eine gerechte Abwägung ein subjektives öffentliches Recht ein. Dieses Recht kann sich aber im Hinblick auf die in den Vorschriften der §§ 42 II und 113 I 1 VwGO zum Ausdruck gekommenen Grundsätze seinem Gegenstand nach immer nur auf die rechtlich geschützten eigenen Belange des Betroffenen beziehen".[355]

186 Es ist jedoch eine Besonderheit zu beachten: Die Verletzung eines Dritten in seinen Rechten führt nicht automatisch zur Aufhebung des Planfeststellungsbeschlusses. Vorrangig ist nämlich zunächst ein Anspruch auf Planergänzung geltend zu machen,

---

349 Obermayer/Funke-Kaiser/Masing/Schiller VwVfG § 74 Rn. 184. S. allgemein zur Anfechtung von Nebenbestimmungen Hanf, Rechtsschutz gegen Inhalts- und Nebenbestimmungen zu Verwaltungsakten, 2003; Sturm VR 2004, 15 ff.

350 Eine ausführliche Übersicht über die Voraussetzungen einer Anfechtungsklage gegen Planfeststellungsbeschlüsse findet sich bei Hoppe/Schlarmann/Buchner/Deutsch, Rechtsschutz, Rn. 482 ff.

351 Krit. dazu unter Hinweis auf die verfassungsrechtlichen Regelungen in Art. 92 (föderativer Gerichtsaufbau) und Art. 95 GG (letztinstanzliche Zuständigkeit der Bundesgerichte); Paetow NVwZ 2007, 36 ff.; Teßmer ZUR 2006, 469 (472); Wickel UPR 2007, 201 (205 f.).

352 Vgl. § 18e V AEG, § 17e V FStrG, § 10 V LuftVG, § 29 VII PBefG, § 14e V WaStrG, § 43e III EnWG, mit Verweis auf die Rechtsfolgen der §§ 87b III, 128a VwGO für den Fall der Fristversäumung. Dazu Hoppe/Schlarmann/Buchner/Deutsch, Rechtsschutz, Rn. 504 ff. Zur Frage der Geltung dieser Begründungsfristen im Fall einer Verpflichtungsklage des Vorhabenträgers s. Wiedemann BayVBl. 2009, 555 ff.

353 S. weiter Schoch/Schneider/Wahl/Schütz VwGO § 42 Abs. 2 Rn. 251 ff., insbesondere Rn. 263 ff.

354 BVerwGE 105, 178 (183) unter Aufgabe der bisherigen Rechtsprechung.

355 BVerwGE 48, 56 (66). Ausführlich zur Reichweite des Anspruchs Privater auf gerechte Abwägung in der Planfeststellung Gassner DVBl 2011, 214 ff.

durch den den Rechten und Belangen des Dritten Rechnung getragen wird.[356] Eine vollständige Aufhebung kommt nur dann in Betracht, wenn Auflagen für die Planentscheidung von so großem Gewicht sind, dass die Ausgewogenheit der Planung insgesamt in Frage gestellt wird.[357] Dies folgt aus § 75 Ia VwVfG.[358] Eine zusätzliche Einschränkung des verwaltungsgerichtlichen Rechtsschutzes ergibt sich aus der Einwendungspräklusion (§ 73 IV 3 VwVfG). Ob die materielle Einwendungspräklusion allerdings bereits die Klagebefugnis entfallen lässt oder erst zur Unbegründetheit der Klage führt, ist umstritten.[359]

d) Klagen von Gemeinden

Gemeinden können im gerichtlichen Verfahren die Verletzung ihrer durch Art. 28 II GG geschützten Planungshoheit geltend machen. Voraussetzung ist, dass durch das Vorhaben in eine hinreichend konkretisierte gemeindliche Planung eingegriffen wird. Dazu ist es aber nicht erforderlich, dass sie bereits Eingang in einen Bebauungsplan gefunden hat.[360] Die Gemeinde kann darüber hinaus geltend machen, dass sie durch das Vorhaben bei der Erfüllung ihrer eigenen Aufgaben behindert bzw. ihr diese erheblich erschwert wird.[361] 187

Ist eine Gemeinde nur als zivilrechtliche Eigentümerin betroffen, wird sie wie ein Einwender behandelt, dh sie kann geltend machen, dass ein abwägungserheblicher Belang nicht hinreichend beachtet wurde.[362] Das kommunale Eigentum wird verfassungsrechtlich nur über Art. 28 II GG geschützt, insoweit es also Gegenstand oder Grundlage der kommunalen Betätigung ist. Fehlt ein solcher Bezug, so kommt nur der einfachrechtliche Schutz als Belang in Betracht, dem ein geringeres Gewicht in der Abwägung zukommt.[363] Letzteres gilt auch für andere rechtlich selbständige Verwaltungsträger. 188

e) Klagen von Umwelt- und Naturschutzvereinigungen

Auch anerkannten Naturschutzvereinigungen ist seit dem Naturschutzrecht 2002 die Möglichkeit eingeräumt, Rechtsbehelfe nach Maßgabe der Verwaltungsgerichtsordnung zu ergreifen, um die Verletzung (objektiven) Naturschutzrechts durch Planfeststellungen und Plangenehmigungen zu rügen (vgl. § 64 BNatSchG).[364] Insoweit gewährt § 64 BNatSchG in Abweichung der allgemeinen Regelung des § 42 II VwGO 189

[356] Dazu ausführlich Hildebrandt, Der Planergänzungsanspruch, passim.

[357] BVerwGE 56, 110 (133); 90, 42 (53).

[358] Zur Verfassungsmäßigkeit der teilweisen Unbeachtlichkeit von Abwägungsfehlern vgl. BVerfG NVwZ 2016, 524 (525 ff.).

[359] Das Fehlen der Klagebefugnis bejahen u. a. Schoch/Schneider/Wahl/Schütz VwGO § 42 II Rn. 107; Steinberg/Wickel/Müller, Fachplanung, § 6 Rn. 282, Fn. 921. Für die Unbegründetheit der Klage s. Papier NJW 1980, 313 (317); Stober AöR 106 (1981), 41 (69).

[360] BVerwGE 69, 256 (261); 74, 124 (132); BVerwG DVBl 1992, 1233.

[361] BVerwG DVBl 1984, 88 (89); BVerwGE 69, 256 (261). Umfassend zu den Rechtsschutzmöglichkeiten der Gemeinde Kirchberg/Boll/Schütz NVwZ 2002, 550 ff.; Hug, Gemeindenachbarklagen im öffentlichen Recht, passim.

[362] Kirchberg/Boll/Schütz NVwZ 2002, 550 (551); Leist/Tams JuS 2007, 1093 (1094).

[363] BVerwGE 90, 96 (101 f.); 97, 143 (151 ff.); VGH Mannheim NVwZ 1985, 432.

[364] Umfassend zur Einführung der sog. altruistischen Verbandsklage durch das Naturschutzrecht 2002 Schütz in Ziekow, Praxis des Fachplanungsrechts, 2004, Rn. 991; Gellermann NVwZ 2002, 1025 (1032 f.); Koch NVwZ 2007, 369 ff. Krit. zur umweltrechtlichen Verbandsklage vgl. Callies NJW 2003, 97 (100 ff.).

und dem Erfordernis der Geltendmachung eines subjektiv-öffentlichen Rechts ein objektives Beanstandungsverfahren.[365] Neben der Anerkennung der Naturschutzvereinigung setzt die zulässige Klage die Berechtigung zur Mitwirkung im Anhörungsverfahren nach § 63 I Nr. 2–4, II Nr. 5–7 BNatSchG sowie die Äußerung zur Sache voraus. Zudem muss die Naturschutzvereinigung geltend machen, dass das Vorhaben dem Naturschutzrecht im engeren Sinn oder Rechtsvorschriften, die „zumindest auch den Belangen des Naturschutzes und der Landschaftspflege zu dienen bestimmt sind", widerspricht (§ 64 I Nr. 1 BNatSchG) und ein Bezug zu ihrem satzungsgemäßen Aufgaben- und Tätigkeitsbereich besteht (§ 64 I Nr. 2 BNatSchG). Auf eine Verletzung von Rechten Dritter oder auf eine Beeinträchtigung sonstiger öffentlicher Belange kann sich die Naturschutzvereinigung nicht berufen. Unbenommen ist es ihr allerdings, die Verletzung eigener Rechte iSd § 42 II VwGO wie bspw. das Grundstückseigentum oder die Missachtung von Beteiligungsrechten (§ 63 II BNatSchG) zu beanstanden.[366] Im Falle einer sogenannten Sperrgrundstücksklage gilt dies nach der Rechtsprechung des BVerwG allerdings nicht uneingeschränkt.[367] Wird das Grundstück ausschließlich zum Zweck ihrer Erlangung erworben, widerspräche die Einräumung einer Klagebefugnis der subjektiv-rechtlichen Konzeption des Rechtsschutzes nach Art. 19 IV GG, da es sich insoweit um eine unzulässige Rechtsausübung handele.[368] Dieser restriktiven Auslegung hat sich das BVerfG für die Verfassungsbeschwerde ausdrücklich nicht angeschlossen, indem es dem Eigentümer eines Sperrgrundstücks die dafür notwendige Beschwerdebefugnis allein aufgrund der formalen Eigentümerstellung unabhängig von Erwerbsgrund oder -zeitpunkt zuerkannt hat.[369]

190 Neben dem naturschutzrechtlichen Vereinsklagerecht eröffnet seit 2006 zudem § 2 UmwRG Verbänden die Möglichkeit, Rechtsbehelfe gegen Entscheidungen bei UVP-pflichtigen Vorhaben bzw. IVU-Anlagen zu erheben.[370] Dabei kann nicht nur die Verletzung von Vorschriften des Naturschutzes und der Landschaftspflege, sondern die Verletzung aller „Rechtsvorschriften, die dem Umweltschutz dienen" moniert werden (§ 2 I Nr. 1 UmwRG).[371] Zwischen den Rechtsschutzmöglichkeiten

[365] Fischer-Hüftle NuR 2011, 237 (238 ff.); Alleweldt DÖV 2006, 621. Ausführliche Darstellung der Entwicklung der Verbandsklage seit 2007 Schmidt/Zschische/Tryjanowski NuR 2012, 77 ff. Zur Rechtslage vor 2002 Seelig NVwZ 2002, 1033 (1034 ff.).

[366] BVerwG NVwZ 1998, 279. Vgl. zur Verbandsbeteiligung nach § 29 I 1 Nr. 4 BNatSchG aF Rudolph JuS 2000, 478 f.; Steinberg DÖV 2000, 85 (93 f.).

[367] Zum Begriff des Sperrgrundstücks bereits → § 62 Rn. 76.

[368] BVerwG NVwZ 2001, 427 (428 f.); BVerwG NVwZ 2012, 567 (568). Zu dieser Rechtsprechung krit. bereits Masing NVwZ 2002, 810 ff.

[369] BVerfG NVwZ 2013, 211 (213); zustimmend Kment NVwZ 2014, 1566 (1567 f.).

[370] Gesetz über ergänzende Vorschriften zu Rechtsbehelfen in Umweltangelegenheiten nach der EG-Richtlinie 2003/35/EG (Umweltrechtsbehelfsgesetz – UmwRG) vom 7.12.2006 (BGBl. I 2816). Das URG dient der Anpassung des Bundesrechts an die Vorgaben der EG-Richtlinie 2003/35/EG, welche ihrerseits der Umsetzung des UN/ECE-Übereinkommens über den Zugang zu Informationen, die Öffentlichkeitsbeteiligung an Entscheidungen und den Zugang zu Gerichten in Umweltangelegenheiten (sog. Aarhus-Konvention) dient. Ausführlich zur Aarhus-Konvention Almeling, Die Aarhus-Konvention- Auswirkungen auf das dt. Recht, 2008; v. Danwitz NVwZ 2004, 272 ff.; Walter EuR 2005, 302 ff.

[371] Ausführlich zu den Regelungen des URG Schlacke NuR 2007, 8 ff.; Ewer NVwZ 2007, 267 ff.; Schwertner EurUP 2007, 124 ff.; Ziekow NVwZ 2007, 259; Marty ZUR 2009, 115 ff. Zur Verbandsklage Fischer-Hüftle NuR 2011, 237; Murswiek JuS 2011, 1147; Alleweldt DÖV 2006, 621.

nach § 2 UmwRG sowie nach § 64 BNatSchG ist den Umweltverbänden ein Wahlrecht eingeräumt. Eine Klage kann sowohl auf einen der Rechtsbehelfe als auch auf beide gestützt werden.[372]

f) Klagen auf Schutzauflagen und Planergänzung

Fehlt es im Planfeststellungsbeschluss an einer Schutzvorkehrung zugunsten eines Privaten (§ 74 II 2 VwVfG) bzw. an einer Ausgleichsregelung (§ 74 II 3 VwVfG) so kann der Betreffende unter den Voraussetzungen des § 75 Ia VwVfG einen Anspruch auf Planergänzung geltend machen.[373] Anspruchsvoraussetzung ist die Erforderlichkeit der Ausgleichsmaßnahme zur Vermeidung nachteiliger Wirkungen auf ein Recht des Antragstellers. Als solche kommen in erster Linie das Grundeigentum und die menschliche Gesundheit in Betracht. 191

Bei der prozessualen Geltendmachung besteht für den Kläger die Schwierigkeit vorab festzustellen, ob die Schwelle des § 75 Ia VwVfG überschritten und damit eine Anfechtungsklage zu erheben ist, oder ob er einen Planergänzungsanspruch im Wege der Verpflichtungsklage geltend machen kann und muss. Da der Kläger aber nicht mit Sicherheit absehen kann, wie schwer der Mangel einzuschätzen ist, bleibt ihm als sicherer Weg nur die Möglichkeit, in erster Linie den Planfeststellungsbeschluss anzufechten und hilfsweise einen Verpflichtungsantrag zu stellen.[374] Damit ist jedoch ein Kostenrisiko verbunden. 192

g) Vorbeugender und vorläufiger Rechtsschutz

Vorbeugender Rechtsschutz scheidet aus, da keine Gefahr besteht, dass nicht korrigierbare Schäden auf Grund vollendeter Tatsachen eintreten. Beim vorläufigen Rechtsschutz sind zunächst die Sonderregelungen zu beachten, wie zB § 17e II–IV FStrG.[375] Im Übrigen geht es vor allem darum, in Fällen der sofortigen Vollziehbarkeit nach § 80 II VwGO die aufschiebende Wirkung anordnen oder wiederherstellen zu lassen. Dabei liegt das Hauptproblem im Bereich der Abwägung zwischen sofortigem Vollzugsinteresse und den Rechten der Antragsteller.[376] 193

VI. Die Plangenehmigung

1. Die Einführung der Plangenehmigung

Das Planfeststellungsverfahren ist durch die Berücksichtigung einer Vielzahl von Belangen und die Beteiligung zahlreicher Behörden und Planbetroffener gekennzeichnet. Verfahrensrechtlich kommt dies in einer großen Zahl von Beteiligungsrechten sowie in einem umfangreichen Anhörungs- und Erörterungsverfahren zum Ausdruck. Trotz aller Versuche des Gesetzgebers, durch die Einführung von Fristen das Verfahren zu beschleunigen und deren Überschreiten durch Präklusionsvorschriften 194

---

372 VGH München UPR 2010, 38; Fischer-Hüftle NuR 2011, 237 (238); Niederstadt/Weber NuR 2009, 297 ff.; Schrödter NVwZ 2009, 157 (160). Für eine Subsidiarität der umweltrechtlichen Vereinsklage gegenüber der naturschutzrechtlichen Vereinsklage dagegen VG Bremen ZUR 2008, 368.

373 Stelkens/Bonk/Sachs/Neumann/Külpmann VwVfG § 74 Rn. 273; Jarass DÖV 2004, 633 (635 f.); Bell/Herrmann NVwZ 2004, 288 (293).

374 Henke UPR 1999, 51 ff.; Hildebrandt, Der Planergänzungsanspruch, S. 243 ff.

375 Vergleichbare Sonderregelungen finden sich auch in § 18e II–IV AEG, § 10 IV LuftVG, § 2d II MBPlG, § 29 VI PBefG, § 43e I, II EnWG.

376 Steinberg/Wickel/Müller, Fachplanung, § 6 Rn. 235 ff. Zum vorläufigen Rechtsschutz gegen Planfeststellungsbeschlüsse ausführlich Hoppe/Schlarmann/Buchner/Deutsch, Rechtsschutz, Rn. 1220 ff.

zu sanktionieren, ist das Planfeststellungsverfahren schwerfällig und zeitraubend. Im Zuge der Bemühungen um eine Sicherung bzw. Verbesserung der Rahmenbedingungen des Standorts Deutschland und zur Förderung von in- und ausländischen Investitionen wurde deshalb nach weiteren Möglichkeiten zur Beschleunigung von Genehmigungsverfahren gesucht. Neben der Einführung der §§ 71a ff. VwVfG sowie der Verschärfung der Fristvorgaben im Planfeststellungsverfahren wurde zu diesem Zweck für „einfache" und weniger konfliktive Vorhaben die Plangenehmigung als zweiter Genehmigungstyp eingeführt. Dies erfolgte zunächst für den Bereich der Verkehrswegeplanung durch das Verkehrswegeplanungsbeschleunigungsgesetz vom 16. 12. 1991,[377] dem zwei Jahre später das Planungsvereinfachungsgesetz[378] folgte. Die Regelungen beider Gesetze wurden schließlich durch das Genehmigungsbeschleunigungsgesetz vom 12. 9. 1996[379] mit gewissen Modifikationen in das Verwaltungsverfahrensgesetz übernommen.[380]

2. Unterschiede zur Planfeststellung

195 Der Gesetzgeber hat die Plangenehmigung in § 74 VI VwVfG geregelt, indem er bestimmte Vorschriften des Planfeststellungsverfahrens für nicht anwendbar erklärt, die Rechtsfolgen der Entscheidung aber der Planfeststellung gleichgestellt hat. Im Vordergrund steht dabei der Verzicht auf das Anhörungsverfahren und den Erörterungstermin. Die Plangenehmigung ergeht demnach ohne die für die Planfeststellung typische qualifizierte öffentliche Betroffenenbeteiligung.

196 Im Einzelnen bedeutet dies, dass es im Plangenehmigungsverfahren keine Trennung von Anhörungsbehörde und Entscheidungsbehörde gibt, dass auf die Informations- und Anstoßfunktion der Anhörung ebenso verzichtet wird wie auf Mitwirkungspflichten, Präklusion und umfassende Erörterung des Vorhabens mit den Beteiligten und Betroffenen im Erörterungstermin. Im Ergebnis wird die Entscheidung damit in verfahrensrechtlicher Hinsicht ihres typischen planerisch-abwägenden Charakters beraubt. Der „Rechtsschutz durch Verfahren" wird auf das Niveau des formlosen Verwaltungsverfahrens zurückgestuft.

197 Nicht auf den ersten Blick erkennbar sind die indirekten Auswirkungen des Übergangs von der Planfeststellung zur Plangenehmigung, die dadurch eintreten, dass in anderen Gesetzen Beteiligungs- und Verfahrensrechte tatbestandlich an die Planfeststellung anknüpfen. Dies betrifft zum einen die Beteiligung von anerkannten Naturschutzverbänden und zum anderen das förmliche UVP-Verfahren.[381]

3. Zulässigkeit der Plangenehmigung

198 Die Plangenehmigung ist bei einem dem Planungsvorbehalt unterliegenden Vorhaben auf Grund einer Ermessensentscheidung der Planfeststellungsbehörde unter

---

[377] BGBl. I 2174. Dazu ausführlich Gassner NuR 1992, 449 ff.; Klinski/Gaßner NVwZ 1992, 235 ff.; Reinhardt DtZ 1992, 258 ff.; Ronellenfitsch LKV 1992, 115 ff.; Ronellenfitsch DVBl 1994, 441 (442 ff.). Zur dazu ergangenen Rechtsprechung Paetow DVBl 1994, 94 ff.

[378] G v. 17. 12. 1993, BGBl. I 2123. Dazu näher Steinberg/Berg NJW 1994, 488 ff.; Ronellenfitsch DVBl 1994, 441 (445 ff.).

[379] BGBl. I 1354. Dazu Jäde UPR 1996, 361 ff.; Knopp/Wolf BB 1997, 1593 ff.; Schmitz/Wessendorf NVwZ 1966, 955 ff.; Timmermans VBlBW 1998, 285 ff.

[380] Gesamtdarstellung der Entwicklung bis 1995 bei Ringel, Plangenehmigung, S. 13 ff.

[381] Übersicht bei Timmermans VBlBW 1998, 285 (288 f.).

zwei Voraussetzungen zulässig: Erstens dürfen durch das Vorhaben Rechte anderer nicht bzw. „nur unwesentlich" beeinträchtigt werden, wobei auch eine schriftliche Einverständniserklärung ausreicht. Zweitens muss mit den Trägern öffentlicher Belange, deren Aufgabenbereich berührt wird, das Benehmen hergestellt werden. Damit wird ein Teil der bislang im Rahmen des Beteiligungs- und Anhörungsverfahrens durchzuführenden Abstimmungsarbeit in den Zeitraum vor Antragstellung verlagert. Denn sowohl die Abstimmung mit den Betroffenen als auch mit den Trägern öffentlicher Belange dürfte in der Praxis regelmäßig bereits vor der Antragstellung abgeschlossen sein. Zwingend müssen beide Voraussetzungen jedoch erst im Zeitpunkt der behördlichen Entscheidung über die Plangenehmigung erfüllt sein.[382] Eine Plangenehmigung ist gemäß § 74 VI 1 Nr. 3 VwVfG iVm § 9 I 3 UVPG ausgeschlossen, wenn eine Umweltverträglichkeitsprüfung durchzuführen ist.[383]

4. Der Verfahrensablauf

Ordnet die Planfeststellungsbehörde das Plangenehmigungsverfahren an, so sind auf 199
Grund des Ausschlusses der Anwendbarkeit des § 73 VwVfG nur die allgemeinen Vorschriften des zweiten Teils anwendbar (§ 74 VI 2 Hs. 2 VwVfG). Bezogen auf den Antrag wird man den damit einschlägigen § 22 VwVfG allerdings durch Rückgriff auf § 73 I 2 VwVfG ergänzend auslegen dürfen und müssen. Die Anhörung bestimmt sich nach § 28 VwVfG und an die Stelle der Behördenbeteiligung tritt das „Benehmen" als Voraussetzung für die Plangenehmigung.

Für die Entscheidung selbst ist die Regelung des § 74 VI 2 VwVfG wenig erleuch- 200
tend. Da auch die Plangenehmigung ihren materiellen Planungscharakter nicht verliert und auch die Rechtswirkungen mit der Planfeststellung identisch sind, muss eine umfassende Entscheidung getroffen werden, wie sie in § 74 II VwVfG vorgegeben ist.[384]

5. Die Rechtswirkungen der Plangenehmigung

Das Gesetz stellt in § 74 VI 2 VwVfG klar, dass die gleichen Rechtsfolgen eintreten 201
wie beim Planfeststellungsbeschluss,[385] also auch die Konzentrationswirkung.[386] Auch ein Vorverfahren ist nicht erforderlich.

VII. Freistellung von Planfeststellung und Plangenehmigung

Für Vorhaben, die einem Planfeststellungsvorbehalt unterliegen, entfällt nach 202
§ 74 VII VwVfG die Notwendigkeit der Planfeststellung und Plangenehmigung, wenn es sich um Fälle „unwesentlicher Bedeutung" handelt. Es handelt sich um eine abschließende und zwingende Vorschrift, die für die Planfeststellungsbehörde keine Ermessensspielräume eröffnet.[387]

---

382 Stelkens/Bonk/Sachs/Neumann/Külpmann VwVfG § 74 Rn. 243.

383 Ausführlich zur Verzahnung der Umweltverträglichkeitsprüfung mit dem Planfeststellungsrecht Kleesiek, Zur Problematik der unterlassenen Umweltverträglichkeitsprüfung, S. 142 ff.

384 BVerwGE 98, 100 (103); Stelkens/Bonk/Sachs/Neumann/Külpmann VwVfG § 74 Rn. 245 ff.

385 Vgl. Gesamtdarstellung bei Ringel, Plangenehmigung, S. 179 ff. Zu den Problemen in Bezug auf die Bekanntgabe der Plangenehmigung Lieber DVBl 2014, 832 ff.

386 Ringel, Plangenehmigung, S. 183 ff.; s. auch Axer DÖV 1995, 495 ff.

387 Stelkens/Bonk/Sachs/Neumann/Külpmann VwVfG § 74 Rn. 257 f. Anders die inzwischen angepassten Vorläufervorschriften in den einzelnen Fachplanungsgesetzen. Dazu Ringel, Plangenehmigung, S. 221 ff.

203 Wann ein Fall „unwesentlicher Bedeutung“ vorliegt, wird in § 74 VII 2 VwVfG geregelt. Erforderlich ist danach erstens, dass das Vorhaben andere öffentliche Belange nicht berührt oder die erforderlichen behördlichen Entscheidungen vorliegen und sie dem Plan nicht entgegenstehen. Zweitens dürfen Rechte anderer nicht beeinflusst werden oder es müssen mit den vom Plan Betroffenen entsprechende Vereinbarungen getroffen worden sein und drittens dürfen nicht andere Rechtsvorschriften eine Öffentlichkeitsbeteiligung vorschreiben, die den Anforderungen des § 73 III 1 IV–VII VwVfG entsprechen muss[388] Ähnlich wie bei der Plangenehmigung müssen also auch hier etwaige Konflikte vorab geregelt worden sein.

204 Umstritten ist die rechtliche Einordnung und Wirkung eines **Verzichts auf Planfeststellung und Plangenehmigung.** Dabei geht es insbesondere um die Frage, ob es sich bei dem Verzicht um eine dritte Art der behördlichen Zulassung eines Vorhabens handelt und demnach der Verzicht die Qualität eines Verwaltungsaktes besitzt, oder ob umgekehrt lediglich eine Freistellung ohne eigenständigen Regelungsgehalt vorliegt.[389] Ausgangspunkt der Überlegungen sind dabei zum einen die ältere, vor Einfügung der Plangenehmigung ergangene Rechtsprechung des Bundesverwaltungsgerichts zum Verzicht auf Planfeststellung,[390] sowie zum anderen die Sicherstellung, dass für das Vorhaben alle erforderlichen behördlichen Erlaubnisse vorliegen müssen und keine Rechte Dritter beeinträchtigt werden dürfen. Das BVerwG hatte seinerzeit entschieden, dass die Entscheidung der Behörde, auf die Planfeststellung zu verzichten, „zugleich auch die öffentlich-rechtliche Zulassung“ des Vorhabens enthalte.[391] Einer solchen Zulassung bedürfe es angesichts des durch den Planfeststellungsvorbehalt angeordneten Verbots mit Erlaubnisvorbehalt auch. Der Verzicht auf Planfeststellung und Plangenehmigung dürfe nicht mit einem Verzicht auf eine Prüfung der Zulässigkeit des Vorhabens gleichgesetzt werden. Lediglich auf die planerische Zulassungsentscheidung werde verzichtet. Deshalb sei auch die Vorlage der nach anderen Rechtsvorschriften erforderlichen Erlaubnisse für den Verzicht erforderlich. Das Gleiche gelte im Hinblick auf tangierte Rechte Dritter. Die Entscheidung der Behörde über den Verzicht stelle beides fest und lasse damit das Vorhaben zu. Sie sei eine dritte Art der Zulassungsentscheidung und deshalb auch Verwaltungsakt.[392] Dem ist beizupflichten. Der Verzicht auf Planfeststellung und Plangenehmigung setzt anders als eine Freistellung im Baurecht, die ex lege wirksam wird oder nur eine Anzeige verlangt, eine vorgängige behördliche Entscheidung voraus, die den gesetzlich ausgelösten Planungsvorbehalt aufhebt bzw. durch Verzicht erfüllt. Zugleich muss sichergestellt werden, dass durch den Verzicht auf die Konzentrationswirkung die Zulassung des Vorhabens nach anderen Vorschriften und durch andere Behörden nicht unterlaufen wird.[393]

[388] S. zur Problematik des § 74 VII VwVfG näher Pöcker DÖV 2007, 915 ff.
[389] Übersicht bei Timmermans VBlBW 1998, 285 (289 ff.).
[390] BVerwG Buchholz 442.01 § 28 PBefG Nr. 3; BVerwGE 64, 325.
[391] BVerwGE 64, 325, Ls. 1.
[392] Timmermans VBlBW 1998, 285 (290 f.); Jarass DVBl 1997, 795 (796); Obermayer/Funke-Kaiser/Masing/Schiller VwVfG § 74 Rn. 178: nur bei Vorliegen eines „Unterbleibensbescheids“. AA Ringel, Plangenehmigung, S. 234 ff.
[393] Zu Rechtsschutzfragen Obermayer/Funke-Kaiser/Masing/Schiller VwVfG § 74 Rn. 179 ff.

VIII. Weitere Einzelfragen

1. Das Zusammentreffen von unterschiedlichen Planungen

Treffen mehrere Planfeststellungsverfahren räumlich und zeitlich zusammen und ist für sie ganz oder teilweise nur eine einheitliche Entscheidung möglich, so ordnet § 78 VwVfG eine Zusammenführung dieser Vorhaben bzw. der sich überschneidenden Teile in einem Verfahren an. Es handelt sich um eine Zuständigkeitsregelung für den Fall mehrerer selbständiger Planfeststellungsverfahren, die der Sicherstellung einer einheitlichen Planfeststellungsentscheidung dient.[394] Damit wird der bereits in § 75 I 1 Hs. 2 VwVfG durch die Einbeziehung von notwendigen Folgemaßnahmen in den Planfeststellungsbeschluss aufgenommene Gedanke[395] konsequent weitergeführt. Die Vorschrift hat vor allem im Zusammenhang mit den umfangreichen Bauarbeiten für die „Verkehrsanlagen im Zentralen Bereich von Berlin (VZB)" große praktische Bedeutung erlangt.[396] 205

Voraussetzung für die Anwendung des § 78 VwVfG ist das Zusammentreffen mehrerer selbständiger planfeststellungsbedürftiger Vorhaben. Dieses Zusammentreffen muss derart erfolgen, dass „für diese Vorhaben oder für Teile von ihnen nur eine einheitliche Entscheidung möglich ist". Das setzt einen engen räumlichen Zusammenhang bzw. eine räumliche Überschneidung voraus. Sowohl eine Trassenkreuzung als auch die Parallelführung von Trassen sind dafür ein wichtiges Indiz.[397] Auch ein über den Normalfall deutlich hinausreichender Koordinationsbedarf soll ausreichen.[398] 206

Sofern die genannten Voraussetzungen vorliegen, bedarf es der Bestimmung einer federführenden Behörde nach Maßgabe des § 78 II VwVfG. Nach der dafür maßgeblichen Schwerpunktlösung richtet sich das einheitlich durchzuführende Verfahren nach den Rechtsvorschriften für diejenige Anlage, die einen „größeren Kreis öffentlich-rechtlicher Beziehungen berührt". Anhaltspunkte sind der Raumbedarf, die nachteiligen Auswirkungen, der Umfang der notwendigen Schutzvorkehrungen sowie die Zahl der Betroffenen.[399] Die notwendige Einigung ist Aufgabe der Planfeststellungs-, nicht der Anhörungsbehörden. In § 78 II 2, 3 VwVfG finden sich diesbezüglich besondere Kollisionsnormen. 207

---

394 Ule/Laubinger, Verwaltungsverfahrensrecht, § 44 Rn. 3; Stelkens/Bonk/Sachs/Neumann/Külpmann VwVfG § 78 Rn. 1. Für eine Erweiterung des Anwendungsbereichs von § 78 VwVfG auf das Zusammentreffen von Fachplanungen mit anderen Vorhaben nunmehr Hermann, Fachplanungsrechtliche Auswirkungen der Eisenbahnprivatisierung, S. 152 ff. Eine analoge Anwendung des § 78 I VwVfG auf eine Abstimmung verschiedenartiger Verfahren lehnt das BVerwG ab, vgl. nur BVerwG NVwZ 2015, 1070 (1074 f.).

395 Ule/Laubinger, Verwaltungsverfahrensrecht, § 44 Rn. 2; Ronellenfitsch DVBl 1998, 653 ff. Zur Abgrenzung von § 75 I 1 und § 78 VwVfG Gaentzsch DVBl 2012, 129.

396 Dazu ausführlich Ronellenfitsch VerwArch 88 (1997), 175 ff. Auch das BVerwG hat sich in mehreren Entscheidungen mit dieser Thematik beschäftigt (BVerwGE 101, 73; NVwZ 1996, 389; LKV 1996, 375; LKV 1997, 213; NVwZ 1993, 980).

397 BVerwGE 101, 73 (78).

398 BVerwG NVwZ 1997, 684.

399 BVerwGE 101, 73 (80 ff.); Ule/Laubinger, Verwaltungsverfahrensrecht, § 44 Rn. 4; Stelkens/Bonk/Sachs/Neumann/Külpmann VwVfG § 78 Rn. 16; Bell/Herrmann NVwZ 2004, 288 (289).

2. Die Planänderung nach Erlass eines Planfeststellungsbeschlusses

208 Soll ein festgestellter Plan vor Fertigstellung des Vorhabens geändert werden, etwa weil sich die Erkenntnis- oder Interessenlage in der Zwischenzeit geändert hat, so bedarf es grundsätzlich eines neuen Planfeststellungsverfahrens. Dies ergibt sich wegen der mit diesen Änderungen verbundenen Auswirkungen auf die Ausgewogenheit der Planung aus der Natur der Sache und wird in § 76 I VwVfG nur klargestellt.[400] Der eigenständige Regelungsgehalt liegt in § 76 II VwVfG, der für Fälle der Planänderung, die von „unwesentlicher Bedeutung" sind, ein Absehen von einer erneuten Planfeststellung ermöglicht. Voraussetzung dafür ist jedoch, dass durch die Änderung die Belange anderer nicht berührt werden oder die Betroffenen der Änderung zugestimmt haben. Die Entscheidung steht im Ermessen der Planfeststellungsbehörde.[401]

209 Liegen in einem Fall unwesentlicher Planänderungen die genannten Voraussetzungen nicht vor, oder will die Planfeststellungsbehörde aus anderen Gründen von der Durchführung eines Planänderungsverfahrens nicht absehen, so sind für ein solches Verfahren in § 76 III VwVfG gewichtige Vereinfachungen angeordnet: Es bedarf weder eines Anhörungsverfahrens noch einer öffentlichen Bekanntgabe des Planfeststellungsbeschlusses. Die von der Änderung Betroffenen müssen jedoch angehört und die in ihren Aufgabenbereichen tangierten Behörden beteiligt werden.[402]

209a Ab dem Zeitpunkt der Fertigstellung eines Vorhabens orientieren sich Änderungen an den jeweiligen fachgesetzlichen Vorgaben. Hiernach ist bei Änderungen von wesentlicher Bedeutung grundsätzlich ein Änderungsplanfeststellungsverfahren durchzuführen.[403]

3. Außerkrafttreten, Verlängerung und Aufhebung von Planfeststellungsbeschlüssen

210 Wird nach Bestandskraft des Planfeststellungsbeschlusses nicht innerhalb von fünf Jahren mit der Durchführung des Planes begonnen, so tritt er gem. § 75 IV VwVfG automatisch außer Kraft. Auf diesem Wege sollen insbesondere Vorratsplanungen verhindert werden. Eine Fristverlängerung ist nicht vorgesehen. Das gleiche gilt für Plangenehmigungen.[404] In Bereichen des Fachplanungsrechts beträgt die Geltungsdauer von Planfeststellungsbeschlüssen dagegen zehn Jahre.[405]

211 Ein wirksam erlassener Planfeststellungsbeschluss kann sowohl durch Beschluss des Verwaltungsgerichts als auch durch die Planfeststellungsbehörde aufgehoben werden.[406]

---

[400] Zum Begriff der „Änderung" ausführlich Maus NVwZ 2012, 1277 (1278 f.).

[401] Stelkens/Bonk/Sachs/Neumann VwVfG § 76 Rn. 23. Vgl. ausführlich zur Planänderung und zum Planänderungsverfahren Bell/Herrmann NVwZ 2004, 288; Keilich, Änderung, S. 194 ff. sowie 244 ff. zu den materiellen Vorgaben; Maus NVwZ 2012, 1277 (1279 ff.).

[402] Stelkens/Bonk/Sachs/Neumann/Külpmann VwVfG § 76 Rn. 28.

[403] Hierzu im Einzelnen Keilich, Das Recht der Änderung in der Fachplanung, S. 217 ff.

[404] Ule/Laubinger, Verwaltungsverfahrensrecht, § 43 Rn. 8.

[405] Vgl. § 18c Nr. 1 AEG, § 17c Nr. 1 FStrG, § 9 III LuftVG, § 2b Nr. 1 MBPlG, § 14c Nr. 1 WaStrG, § 43c Nr. 1 EnWG. S. zu den Hintergründen dieser gesetzlichen Änderung durch das InfraStrPlVBeschlG vom 9.12.2006 Beschlussempfehlung und Bericht des Ausschusses für Verkehr, Bau und Stadtentwicklung, BT-Drs., 16/3158, 39. Ausführlich auch Ziekow, Aktuelle Fragen des Fachplanungs-, Raumordnungs- und Naturschutzrechts 2007/Schütze, 2008, S. 289 und 302 f.

[406] Ule/Laubinger, Verwaltungsverfahrensrecht, § 43 Rn. 9.

Letzterer Fall ist teilweise in § 77 VwVfG geregelt.[407] Nach dieser Vorschrift hat die Planfeststellungsbehörde den Planfeststellungsbeschluss aufzuheben, wenn ein Vorhaben, mit dessen Durchführung begonnen wurde, durch den Vorhabenträger endgültig aufgegeben wird. Ob daneben eine Aufhebung auf der Grundlage der §§ 48 ff. VwVfG in Betracht kommt, ist heftig umstritten.[408] § 77 VwVfG ist direkt oder analog anzuwenden, wenn bereits vor Beginn der Ausführung deutlich wird, dass das Vorhaben endgültig aufgegeben wird.[409] Von einer endgültigen Aufgabe des Vorhabens ist auszugehen, wenn der weiteren Verwirklichung rechtliche oder tatsächliche Hindernisse entgegenstehen. Entscheidend ist, ob mit einer Fertigstellung des Vorhabens durch den Träger noch gerechnet werden kann, wobei vorübergehende Finanzierungsschwierigkeiten in der Regel noch keine endgültige Aufgabe bedeuten.[410] Im Zweifelsfall kann die Planfeststellungsbehörde die Endgültigkeit der Aufgabe des Vorhabens durch Erlass eines Feststellungsbescheides klären.[411] Der endgültigen Aufgabe gleichzustellen ist der Eintritt der Funktionslosigkeit des Planfeststellungsbeschlusses, etwa wenn das Vorhaben durch faktische Entwicklungen überholt wird.[412]

Die endgültige Aufgabe des Vorhabens löst eine **Folgenbeseitigungspflicht** des Vor- 212
habenträgers aus, die in § 77 VwVfG konkretisiert ist. Demnach muss vorrangig der frühere Zustand wiederhergestellt werden. Hilfsweise hat die Planfeststellungsbehörde dem Vorhabenträger andere geeignete Maßnahmen aufzuerlegen. Der Regelung liegt das Verursacherprinzip zugrunde. Die Aufhebung erfolgt durch einen Aufhebungsbeschluss, in dem auch die zur Folgenbeseitigung erforderlichen Maßnahmen geregelt werden. Es handelt sich dabei um einen „normalen" Verwaltungsakt, der in einem nichtförmlichen Verwaltungsverfahren erlassen wird. Vor Erlass ist der Vorhabenträger gem. § 28 VwVfG anzuhören.[413]

4. Planfeststellung durch Gesetz

Im Zusammenhang mit dem Ausbau des Verkehrswegenetzes in den neuen Bundes- 213
ländern hat der Gesetzgeber in zwei Fällen Planfeststellungen durch Gesetz vorgenommen.[414] Der erste Fall betraf den Bau einer Eisenbahntrasse, die sog. Süd-

[407] Vgl. ausführlich zur Aufgabe planfeststellungsbedürftiger Vorhaben nach § 77 VwVfG Traulsen/Haidinger NuR 2009, 697 ff.

[408] Dazu Ziekow, Handbuch, Rn. 28. Ule/Laubinger, Verwaltungsverfahrensrecht, § 43 Rn. 17; Knack/Henneke/Schink VwVfG § 72 Rn. 54 jeweils mwN Uneingeschränkt bejahend für privatnützige Vorhaben: Steinberg/Wickel/Müller, Fachplanung, § 5 Rn. 21 ff.; verneinend Grupp DVBl 1990, 81 (84 ff.); Traulsen/Haidinger NuR 2009, 697 (699).

[409] Für direkte Anwendung: BVerwG DVBl 1986, 1007 (1008); Grupp DVBl 1990, 81 (85); Traulsen/Haidinger NuR 2009, 697 (698); für analoge Anwendung Ule/Laubinger, Verwaltungsverfahrensrecht, § 43 Rn. 12; Kopp/Ramsauer VwVfG § 77 Rn. 3.

[410] Ziekow Rn. 545; zu funktionslos gewordenen Planfeststellungsbeschlüssen Neumann in Stelkens/Bonk/Sachs VwVfG § 77 Rn. 6.

[411] Stelkens/Bonk/Sachs/Neumann/Külpmann VwVfG § 77 Rn. 8.

[412] BVerwGE 99, 166; Stelkens/Bonk/Sachs/Neumann/Külpmann VwVfG § 77 Rn. 7.

[413] Ule/Laubinger, Verwaltungsverfahrensrecht, § 43 Rn. 14.

[414] Von einer Planfeststellung durch Gesetz zu unterscheiden sind gesetzliche Bedarfsfestlegungen, bspw. im FStrAusbauG für den Bereich der Fernstraßen oder im EnLAG und dem BBPlG für den Bereich des Energieleitungsausbaus, durch die lediglich eine Planrechtfertigung per Gesetz vorgenommen wird (dazu → 62 Rn. 142). Es handelt sich daher nicht um eine Legalplanung im eigentlichen Sinne. Zur verfassungsrechtlichen Zulässigkeit einer derartigen gesetzlichen Bedarfsfeststellung vgl. nur BVerwGE 147, 184 (192 ff.). Dazu ausführlich Hoppe/Schlarmann/Buchner/Deutsch, Rechtsschutz, Rn. 46 ff.

umgehung Stendal.[415] Dabei wurde folgendermaßen vorgegangen:[416] Nach Ausarbeitung der Planung wurden die Stellungnahmen der beteiligten Gemeinden, der Träger öffentlicher Belange und der betroffenen Bürger eingeholt. Diese wurden bei der definitiven Ausarbeitung des Plans berücksichtigt. Dem Gesetz war der Plan in 12 Anlagen (neben den erwähnten Stellungnahmen handelte es sich um Übersichtskarten und -pläne, ein Bauwerksverzeichnis, Lage- und Höhenpläne, Versorgungsleitungsplan, Grunderwerbsplan etc) beigefügt. § 2 des Gesetzes ermächtigt den Bundesminister für Verkehr, durch Rechtsverordnung den Plan unter Einhaltung der Grundzüge der Planung zu ändern, soweit nach Inkrafttreten des Gesetzes Tatsachen bekannt werden, die der Ausführung des Vorhabens nach den getroffenen Festsetzungen entgegenstehen. § 2 II des Gesetzes sieht vor, dass über die Gültigkeit der RVO auf Antrag das BVerwG entscheidet.

214 Dieses Vorgehen ist unter mehreren Gesichtspunkten umstritten.[417] Der erste Kritikpunkt betrifft den Grundsatz der Gewaltenteilung bzw. Funktionentrennung.[418] Er verlangt, dass keine Gewalt ein von der Verfassung nicht vorgesehenes Übergewicht über eine andere Gewalt erhalten bzw. anders ausgedrückt, keine Gewalt der für die Erfüllung ihres verfassungsmäßigen Auftrags erforderlichen Zuständigkeiten beraubt werden darf. Bezogen auf die Planfeststellung durch Gesetz bedeutet dies: Die Aufgabe der Normsetzung ist vorrangig dem Parlament, diejenige exekutiven Handelns der Regierung und der Verwaltung überantwortet. Die Planung kann eindeutig weder der einen noch der anderen Gewalt zugeordnet werden. Planung ist nicht lediglich Vollzug iSe Subsumtionsvorgangs, aber auch nicht allein generell-abstrakte Vorgabe, sondern ein komplexer Prozess der Informationsgewinnung und -aufbereitung, der Zielfixierung und Mittelauswahl. Jedenfalls die Planvorbereitung obliegt der Exekutive, doch vermag das Parlament grundlegende Fragen auch selbst zu entscheiden.[419] Zweiter Kritikpunkt ist ein möglicher Verstoß gegen das Verbot von Einzelfallgesetzen gem. Art. 19 I 1 GG. Diese Vorschrift schließt die Einzelfallgesetzgebung nicht prinzipiell, sondern nur partiell aus. Parlamente sind im Rahmen ihrer Sachkompetenz befugt, auch Entscheidungen über anlagenbezogene Fachplanungen zu treffen. Allerdings müssen dafür im Einzelfall „gute Gründe" bestehen, etwa wenn die Verwirklichung des Vorhabens von besonderer Bedeutung für das Gemeinwohl ist. Insoweit besteht ein Einschätzungsspielraum des Gesetzgebers. Diese Voraussetzungen waren gegeben, da der schnelle Ausbau der Infrastruktur in den neuen Bundesländern von besonderer Bedeutung war und durch die Wahl des Gesetzes viel Zeit gespart werden konnte.[420] Schließlich wird in der Planfeststellung durch Gesetz eine unzulässige Verkürzung des Rechtsschutzes und damit ein Verstoß gegen Art. 19 IV GG erblickt. Dazu ist anzumerken, dass Art. 19 IV GG keine Instanzenzüge und bestimmte Arten des Rechtsschutzes garantiert. Es muss nur überhaupt ein angemesse-

[415] G v. 29.10.1993, BGBl. I 1906. Der zweite Fall betraf einen Abschnitt der A 20. Dazu G v. 2.3.1994, BGBl. I 734. Zu beiden Vorgängen Blümel DVBl 1997, 205 ff.; Durner, Konflikte räumlicher Planung, S. 438 ff.

[416] S. BVerfGE 95, 1 (2 f.). Dazu Pabst UPR 1997, 284 ff.; Durner, Konflikte räumlicher Planung, S. 440 ff.

[417] Dazu eingehend Durner, Konflikte räumlicher Planung, S. 417 ff.; Eisenmenger NVwZ 2013, 621 (622 f.).

[418] Dazu BVerfGE 68, 1 (86).

[419] BVerfGE 95, 1 (15 f.); Kunig JURA 1993, 308 (309 f.).

[420] BVerfGE 95, 1 (17 ff.).

ner Rechtsschutz eröffnet sein. Das ist durch die Möglichkeit der Verfassungsbeschwerde gegen das Gesetz und die Möglichkeit der Überprüfung der RVO durch das BVerwG gewährleistet.[421]

§ 63. Widerspruchsverfahren und Mediation

Schrifttum: Albracht/Naujoks NVwZ 1990, 640: Die zuständige Widerspruchsbehörde nach § 73 I 2 Nr. 1 VwGO; Allesch, Anwendbarkeit der Verwaltungsverfahrensgesetze auf das Widerspruchsverfahren nach der VwGO, 1984; Beaucamp/Ringermuth DVBl. 2008, 426: Empfiehlt sich die Beseitigung des Widerspruchsverfahrens?; Biermann DÖV 2008, 395: Das Widerspruchsverfahren unter Reformdruck; Brühl JuS 1995, 627: Vorläufiger Rechtsschutz im Verwaltungsstreitverfahren; Dürr DÖV 1994, 841: Das öffentliche Baunachbarrecht; Erichsen JURA 1984, 414: Vorläufiger Rechtsschutz nach § 80 Abs. 1–4 VwGO; Erichsen JURA 1992, 645: Das Vorverfahren nach §§ 68 ff. VwGO; Erichsen/Klenke DÖV 1976, 833: Rechtsfragen der „aufschiebenden Wirkung" des § 80 VwGO; Grigoleit, Die Anordnung der sofortigen Vollziehbarkeit gemäß § 80 II Nr. 4 VwGO als Verwaltungshandlung, 1997; Härtel VerwArch 98 (2007), 54: Rettungsanker für das Widerspruchsverfahren?; FS Schenke, 2011/Hanschel, S. 777: Das Widerspruchsverfahren als föderales Experimentierfeld; Huba JuS 1990, 382: Grundfälle zum vorläufigen Rechtsschutz nach der VwGO; Kopp BayVBl 1972, 649: Rechtliche Bedeutung und Tragweite der aufschiebenden Wirkung der Anfechtungsklage; Kopp DVBl 1992, 1493: Zur Zulässigkeit der Fristgebundenheit einer Fortsetzungsfeststellungsklage bei Erledigung des streitgegenständlichen Verwaltungsakts vor Klageerhebung; FS Redeker, 1993/Kopp, S. 543: Die Rechtsschutzfunktion des Widerspruchsverfahrens nach §§ 68 ff. VwGO; Kunig NuR 1986, 212: Zum drittschützenden Charakter einer Genehmigung zum Verbringen von Abfällen aus dem Bundesgebiet in einen anderen Staat; Meier, Die Entbehrlichkeit des Widerspruchverfahrens, 1992; Müller NVwZ 1988, 702: Die Anhörungspflicht bei der Anordnung der sofortigen Vollziehung gem. § 80 II Nr. 4 VwGO; Niethammer NJW 1981, 1544: Gerichtskontrolle von Verwaltungsakten mit Doppelwirkung bei Widerspruchsbescheid zur Sache trotz Verfristung; Oerder, Das Widerspruchsverfahren der Verwaltungsgerichtsordnung, 1989; Papier JA 1979, 561: Einstweiliger Rechtsschutz bei öffentlich-rechtlichen Streitigkeiten (1. Teil); Pietzner VerwArch 1989, 501 und VerwArch 1990, 261: Zur reformatio in peius im Widerspruchsverfahren; Pietzner/Ronellenfitsch, DasAssessorexamen im öffentlichen Recht, 14. Aufl. 2018; Quaritsch VerwArch 51 (1960), 210: Die einstweilige Anordnung im Verwaltungsprozess; Redeker BauR 1991, 525: Neuordnung der Verfahrensabläufe bei nachbarlichen Rechtsbehelfen im Baurecht; Renck JuS 1980, 28: Bundeskompetenz und verwaltungsgerichtliches Vorverfahren; Rengeling VVDStRL 53 (1994), 202: Deutsches und Europäisches Verwaltungsrecht – wechselseitige Einwirkungen; Renz DÖV 1991, 138: Die Kompetenzen der Widerspruchsbehörde und die reformatio in peius; Ruffert NVwZ 1997, 654: Suspensiveffekt und Wirtschaftsstandort Deutschland – Vorläufiger Rechtsschutz nach dem 6. VwGOÄndG; Schiedermair BayVBl 1961, 357: Widerspruchs- und Aufsichtsverfahren; Schlemmer-Schulte EuZW 1991, 307: Gemeinschaftsrechtlicher vorläufiger Rechtsschutz und Vorlagepflicht; Schmaltz DVBl 1992, 230: Probleme des vorläufigen Rechtsschutzes im Baunachbarrecht; Schmidt VBlBW 1983, 96: Probleme des Verwaltungsprozessrechts; Schoch BayVBl 1983, 358: Suspensiveffekt unzulässiger Rechtsbehelfe nach § 80 Abs. 1 VwGO?; Schoch NVwZ 1991, 1121: Der vorläufige Rechtsschutz im 4. VwGO-Änderungsgesetz; Schoch DVBl 1997, 289: Die Europäisierung des verwaltungsgerichtlichen vorläufigen Rechtsschutzes; FS Schenke, 2011/Schoch, S. 1207: Entbehrlichkeit des Vorverfahrens nach Richterrecht; Schoch/Schneider; Schönenbroicher NVwZ 2009, 1144: Leitziele und Kernpunkte der Reformen des Widerspruchsverfahrens; Schröder VBlBW 1995, 384: Anhörung vor Anordnung der sofortigen Vollziehbarkeit?; Steinbeiß-Winkelmann NVwZ 2009, 686: Abschaffung des Widerspruchsverfahrens – ein Fortschritt?; Steinbeiß-Winkelmann NJW 2010, 1233: Europäisierung des Verwaltungsrechtsschutzes; Tryantafyllou NVwZ 1992, 129: Zur Europäisierung des vorläufigen Rechtsschutzes; Trzaskalik, Widerspruchsverfahren der Verwaltungsgerichtsordnung im Lichte der allgemeinen Prozessrechtslehre, 1972; Vedder EWS 1991, 10: Die Anordnung der sofortigen Vollziehung eines Verwaltungsakts als Folge des Gemeinschaftsrechts; de Vivie/Barsuhn BauR 1995, 492: Die verwaltungsgerichtliche Rechtsprechung zur Verwirkung nachbarrechtlicher Abwehrrechte im Baurecht; Weides/Bertrams NVwZ 1988, 673: Die nachträgliche Verwaltungsentscheidung im Verfahren der Untätigkeitsklage; Ziekow, Das Widerspruchsverfahren in Rheinland-Pfalz, 2001.

[421] BVerfGE 95, 1 (22 f.); Kunig JURA 1993, 308 (312 ff.).

I. Das Widerspruchsverfahren zwischen Verwaltungsverfahren und Verwaltungsprozess

1 Das Widerspruchsverfahren nimmt als Verwaltungsverfahren einerseits und Sachurteilsvoraussetzung des verwaltungsgerichtlichen Verfahrens andererseits eine **Zwitterstellung** ein.[1] Sie macht sich vor allem dadurch bemerkbar, dass zu der verwaltungsverfahrensrechtlichen Vorgabe in § 79 VwVfG die verwaltungsprozessualen in §§ 68 ff. VwGO hinzutreten. Soweit diese für die verfahrensrechtliche Ausgestaltung des Widerspruchsverfahrens von Bedeutung sind, müssen sie in die nachfolgende Darstellung einbezogen werden.

2 Das Verhältnis der verfahrensrechtlichen und verwaltungsprozessualen Determinanten bedarf vorab der Klärung. Zunächst ist zu betonen, dass die Charakterisierung des Widerspruchsverfahrens als Verwaltungsverfahren den Ausgangspunkt aller Überlegungen bilden muss. Der Grund ist darin zu erblicken, dass es dem Bund an einer allgemeinen Gesetzgebungskompetenz für das Verwaltungsverfahren fehlt, so dass die Regelungen in der VwGO nur unter dem Gesichtspunkt der Sachurteilsvoraussetzung zulässig waren.[2] Soweit deshalb die Verwaltungsverfahren zu verwaltungsgerichtlichen Vorverfahren funktionalisiert werden sollten, muss an ihre Ausgestaltung durch das Verwaltungsverfahrensrecht der Länder angeknüpft werden. Verwaltungsprozessuale Vorgaben für die Ausgestaltung des Verfahrensrechts der Länder sind dabei unter dem Gesichtspunkt der Gewährleistung eines bundeseinheitlichen Rechtsschutzes und der Ausgestaltung dazu erforderlicher prozessualer Obliegenheiten zulässig.[3]

3 Als Vorverfahren dient das Widerspruchsverfahren der **Entlastung der Verwaltungsgerichte** (sog. Vorschaltfunktion)[4] und erweitert den Rechtsschutz des Bürgers, indem es auch die Überprüfung der Zweckmäßigkeit behördlicher Entscheidungen ermöglicht.[5] Schließlich dient das Widerspruchsverfahren auch der Selbstkontrolle der Verwaltung im Interesse der Allgemeinheit und verwirklicht – soweit Ausgangs- und Widerspruchsbehörde verschieden sind – eine verwaltungsinterne Gewaltenteilung.[6] Ob das Widerspruchsverfahren diese Funktionen auch in der Praxis erfüllt, wird angesichts der geringen Erfolgsquoten bezweifelt.[7]

4 **Abzugrenzen** ist der Widerspruch von der Gegenvorstellung, der Dienstaufsichtsbeschwerde und der Sachaufsichtsbeschwerde anhand folgender Kriterien: Wendet sich der Betroffene gegen das persönliche Verhalten eines Bediensteten, so liegt in der Regel eine Dienstaufsichtsbeschwerde vor. Wendet er sich gegen Entscheidungen, die keine Verwaltungsaktqualität besitzen oder fehlt ihm die Widerspruchsbefugnis, so ist von einer Sachaufsichtsbeschwerde auszugehen.

---

1 Zur unterschiedlichen Ausgestaltung des Widerspruchsverfahrens in der VwGO, FGO und im SGG s. Steinbeiß-Winkelmann/Ott NVwZ 2011, 914 ff.

2 Schoch/Schneider/Dolde/Porsch VwGO § 68 Rn. 6 ff.; Oerder, Widerspruchsverfahren, 1989, 22 ff.; insoweit unergiebig BVerfGE 35, 65 (72); abweichend BVerwGE 51, 310 (313); 57, 342 (346).

3 Erichsen JURA 1992, 645 f.; zu eng Oerder, Widerspruchsverfahren, 1989, S. 40 ff.

4 BVerwGE 26, 161 (166); Stelkens/Bonk/Sachs/Kallerhoff/Kellner VwVfG § 79 Rn. 10.

5 Erichsen JURA 1992, 645 (646); Stelkens/Bonk/Sachs/Kallerhoff/Keller, § 79 Rn. 12.

6 BVerwGE 26, 161 (166).

7 Schoch/Schneider/Dolde/Porsch VwGO § 68 Rn. 16 ff.

II. Verfahrenseröffnung und Verfahrensgrundsätze

Das Widerspruchsverfahren wird gem. § 69 VwGO eröffnet, indem der Widerspruch erhoben wird.[8] Zu erheben ist der Widerspruch gem. § 70 I 1 VwGO schriftlich oder zur Niederschrift binnen Monatsfrist bei der Behörde, die den Verwaltungsakt erlassen hat, oder nach § 70 I 2 VwGO bei der Widerspruchsbehörde.[9] Für die Auslegung des Widerspruchs und das weitere Verfahren gelten gem. § 79 VwVfG die allgemeinen Verfahrensgrundsätze des VwVfG,[10] soweit nicht die Regelungen der §§ 68 ff. VwGO eingreifen.[11] Das ist insbesondere bei § 71 VwGO der Fall. 5

III. Die prozessrechtlichen Determinanten des Widerspruchsverfahrens im Überblick

1. Statthaftigkeit des Widerspruchs

Die Statthaftigkeit ist eine typisch prozessrechtliche Zulässigkeitsvoraussetzung, die regelmäßig an die Art der Entscheidung anknüpft, gegen die ein Rechtsbehelf erhoben wird. Im Falle des Widerspruchs folgt aus § 68 VwGO, dass er nur vor Erhebung der Anfechtungs- und eines Teils der Verpflichtungsklagen statthaft ist. Hinzu kommen jedoch Fälle, in denen spezialgesetzlich die Durchführung eines Widerspruchsverfahrens vorgesehen ist. Wichtigstes Beispiel für eine Erweiterung ist § 126 III BRRG. 6

Der Widerspruch muss sich auf die Anfechtung oder den Erlass eines Verwaltungsakts beziehen. Es müssen deshalb die Voraussetzungen des § 35 VwVfG vorliegen. **Der Anfechtungswiderspruch** ist nur gegen bereits erlassene Verwaltungsakte zulässig.[12] Ein „vorsorglicher" oder „vorbeugender" Widerspruch ist demnach unzulässig. Aus § 75 VwGO folgt zudem, dass auch ein **Untätigkeitswiderspruch** nicht zulässig ist. Aus Gründen der Rechtssicherheit ist jedoch gegenüber Schein-Verwaltungsakten der Widerspruch statthaft.[13] 7

Erledigt sich ein Verwaltungsakt vor Erlass des Widerspruchsbescheids, so hat dies prozessual zur Folge, dass an die Stelle der Anfechtungs- oder Verpflichtungsklage die Fortsetzungsfeststellungsklage in analoger Anwendung des § 113 I 4 VwGO tritt. In einem solchen Fall verliert das Widerspruchsverfahren seine ursprüngliche Funktion als Sachurteilsvoraussetzung, da § 68 I VwGO für die Klagen nach § 113 I 4 VwGO nicht greift. Das Widerspruchsverfahren ist insoweit mit Eintritt der Erledigung nicht mehr statthaft.[14] 8

[8] Pietzner/Ronellenfitsch Assessorexamen, Rn. 1032.
[9] Einzelheiten bei Pietzner/Ronellenfitsch Assessorexamen, Rn. 1123 ff.
[10] Dazu → § 59 Rn. 1 ff. und → § 60 Rn. 1 ff.
[11] Stelkens/Bonk/Sachs/Kallerhoff/Keller VwVfG § 79 Rn. 33 ff.; Erichsen JURA 1992, 645 (647).
[12] BVerwG NVwZ 1990, 59.
[13] BVerwGE 26, 251 ff.; 30, 211 ff.; BVerwG NVwZ 1985, 264.
[14] BVerwGE 26, 161 (165 ff.); 43, 291 (292); Erichsen JURA 1989, 49 (51); Allesch, Die Anwendbarkeit der Verwaltungsverfahrensgesetze auf das Widerspruchsverfahren nach der VwGO, 1984, S. 154; aA Pietzner/Ronellenfitsch Assessorexamen, Rn. 1102 mwN.

2. Entbehrlichkeit des Widerspruchsverfahrens

a) Gesetzlich geregelte Fälle

9 Eines Widerspruchsverfahrens bedarf es nach § 68 I 2 VwGO nicht, wenn ein Gesetz dies bestimmt

Beispiele: §§ 70, 74 I, VI 3 VwVfG; § 65 II 2 DRiG; § 25 IV 2 JuSchG; § 11 AsylG.[15]

oder wenn der Verwaltungsakt von einer obersten Bundesbehörde oder von einer obersten Landesbehörde erlassen worden ist bzw. der Abhilfebescheid oder der Widerspruchsbescheid erstmalig eine Beschwer enthalten.

9a Darüber hinaus haben in den letzten Jahren die Landesgesetzgeber in den Ausführungsgesetzen zT sehr weitreichende Regelungen zur **Abschaffung des Widerspruchsverfahrens** getroffen. Diese Tendenz zur Entwertung des Widerspruchsverfahrens[16] und damit der Selbstkontrolle der Verwaltung wird zwar mit dem Grundgedanken der Verfahrensbeschleunigung legitimiert, ist in ihren Auswirkungen aber durchaus ambivalent. So wird der Bürger im Normalfall des mit einer ordnungsgemäßen Rechtsbehelfsbelehrung versehenen Verwaltungsaktes gezwungen, innerhalb eines Monats über die Erhebung einer verwaltungsgerichtlichen Klage zu entscheiden.[17]

9b Damit sind für ihn zusätzliche Kosten und für die Verwaltungsgerichte höhere Belastungen verbunden. Zudem dauert ein erstinstanzliches Verfahren vor den Verwaltungsgerichten schon heute deutlich länger als ein Widerspruchsverfahren. Praktisch verständlich aber in der Sache ebenfalls widersprüchlich ist die in diesem Zusammenhang zu beobachtende Praxis, Bescheide ohne oder mit bewusst fehlerhafter Rechtsbehelfsbelehrung zu versehen und so den Lauf einer Jahresfrist statt der Monatsfrist für die Klageerhebung auszulösen. Schließlich werden die Möglichkeit der Selbstkorrektur der Verwaltung und damit ihre Eigenständigkeit gemindert.[18]

9c Erste, die Abschaffung des Widerspruchsverfahrens begleitende Evaluierungen scheinen diese Einschätzungen insbesondere für Massenverfahren (wie bspw. Kommunalabgaben, Ausbildungs- und Studienförderungsrecht, Wohngeldrecht) zu bestätigen.[19] In der Literatur finden sich daher vermehrt Stimmen, die für die Beibehaltung des

[15] Weitere Beispiele bei Schoch/Schneider/Dolde/Porsch VwGO § 68 Rn. 14. Trotz der unscharfen Formulierung, es „bedürfe" keines Vorverfahrens, führt ein gesetzlich angeordnetes Entfallen des Vorverfahrens zur Unstatthaftigkeit eines gleichwohl erhobenen Widerspruchs. Ein Wahlrecht des Betroffenen zwischen Widerspruchs- und Klageverfahren besteht also nicht, vgl. Bader/Funke-Kaiser/Stuhlfauth/v. Albedyll/Funke-Kaiser VwGO, 6. Aufl. 2014, § 68 Rn. 18.

[16] Dazu eingehend Vetter, Mediation und Vorverfahren, 2004, S. 24 ff.

[17] Zum verbesserten Rechtsschutz des Bürgers durch das Widerspruchsverfahren ausführlich Bultmann/Grigoleit/Gusy/Kersten/Otto/Preschel FS Battis/Moench, 2014, 449 (459 ff.). Diesbezüglich zweifelnd Wöhler DVP 2014, 423 (424 f.).

[18] So zutreffend Vetter, Mediation und Vorverfahren, 2004, S. 65 ff.

[19] S. dazu Beaucamp/Ringermuth DVBl 2008, 426 (429); Biermann DÖV 2008, 395 (402). Vgl. insbesondere für Bayern den Abschlussbericht der Arbeitsgruppe „Widerspruchsverfahren in Mittelfranken" vom 15. 11. 2006, S. 124 ff.; Hüffer BayVBl. 2007, 619 ff.; Unterreitmeyer BayVBl. 2007, 613 ff. S. für Mecklenburg-Vorpommern u. a. Landtag MV, LT-Drs. 5/4127, 5 ff.; vgl. für Niedersachsen Müller-Rommerl/Meyer/Heins, Verwaltungsmodernisierung in Niedersachsen-Evaluation zur Aussetzung des gerichtlichen Vorverfahrens für den Zeitraum 1. 1. 2005-31. 12. 2009; Meyer NdsVBl. 2007, 38 (41); van Nieuwland NdsVBl. 2007, 38 (40).

Widerspruchsverfahrens in besonders streitträchtigen Bereichen wie beispielsweise im öffentlichen Baurecht, Abgaben- und Verkehrsrecht oder das Ausländerrecht[20] bzw. für die Einführung eines Optionsmodells nach dem Vorbild von Mecklenburg-Vorpommern und Bayern plädieren.[21]

Im Einzelnen sind folgende Regelungen zu verzeichnen: Von der Möglichkeit, das 9d Vorverfahren für bestimmte Fälle abzuschaffen, haben nur drei Bundesländer bisher noch keinen Gebrauch gemacht; es handelt sich dabei um Brandenburg, Rheinland-Pfalz,[22] Saarland.[23]

Bei den genannten drei Ländern, welche von der Öffnungsklausel des § 68 I 2 VwGO 9e noch keinen Gebrauch gemacht haben, fällt auf, dass das Saarland und Rheinland-Pfalz besondere Verfahrensvorschriften für den Fall aufgestellt haben, dass die Behörde, die den Verwaltungsakt erlassen hat, dem Widerspruch nicht abhilft: In einem solchen Fall werden Rechtsausschüsse gebildet, die über die Widersprüche entscheiden.[24] Dies deutet wohl eher auf eine Ausweitung der Möglichkeiten des Vorverfahrens hin, als auf dessen Abschaffung.[25]

Die übrigen Bundesländer, welche sich bereits für eine Deregulierung des Vorver- 9f fahrens entschieden haben, haben dafür unterschiedlich detaillierte Regelungen getroffen; teilweise sind sie allgemein gehalten und eher an formellen Gesichtspunkten orientiert: In Baden-Württemberg bedarf es keines Vorverfahrens, wenn das Regierungspräsidium oder der Landesbeauftragte für Datenschutz den Verwaltungsakt erlassen hat sowie in Angelegenheiten nach dem Landesdisziplinargesetz oder wenn die Nationalparkverwaltung nach dem Nationalparkgesetz den Verwaltungsakt erlassen oder diesen abgelehnt hat.[26] In Sachsen ist seit 2011 bei Verwaltungsakten, die von der Notarkammer Sachsen oder der Rechtsanwaltskammer Sachsen erlassen wurden, kein Vorverfahren mehr erforderlich.[27] Auch in Schleswig-Holstein entfällt das Widerspruchsverfahrens in Verfahren nach anwaltlichem und notariellem Berufsrecht.[28]

---

[20] Vaagt ZRP 2011, 211 ff.; Rüssel NVwZ 2006, 523 (528); Steinbeiß-Winkelmann NVwZ 2011, 914 (919). Die Abschaffung des Widerspruchsverfahrens durchaus positiv sieht dagegen u. a. Schönenbroicher NVwZ 2009, 1144 ff.

[21] Hanschel FS Schenke, 2011, 777 (791 ff.); Härtel VerwArch 2007, 54 (77); Biermann DÖV 2008, 395 (403 ff.).

[22] S. grds. zum Widerspruchsverfahren in Rheinland-Pfalz Ziekow, Das Widerspruchsverfahren in Rheinland-Pfalz – Bestandsaufnahme, Probleme, Perspektive, 2001.

[23] In den genannten Ländern ist das Widerspruchsverfahren lediglich partiell in Fachgesetzen abgeschafft, vgl. bspw. § 58 II 2 BbgKWahlG, § 51 S. 2 KWG RhPf. Eine Aufzählung findet sich bei Schoch/Schneider/Dolde/Porsch, VwGO § 68 Rn. 14 f.

[24] Vgl. § 6a AGVwGO Rheinland-Pfalz, § 7 AGVwGO Saarland. Zum Widerspruchsverfahren und zu seinen Besonderheiten im Saarland s. Guckelberger/Heimpel LKRZ 2009, 246 ff.

[25] Dafür spricht wohl auch, dass eine im Jahr 2000 in Rheinland-Pfalz eingesetzte Arbeitsgruppe den Nachweis erbrachte, dass eine Abschaffung des Widerspruchsverfahrens in Rheinland-Pfalz nicht sinnvoll sei; vgl. Landtag Rheinland-Pfalz, LT-Drs. 16/2628.

[26] Vgl. § 15 AGVwGO Baden-Württemberg in der Fassung der Bekanntmachung vom 14.10.2008 (GBl. 2008, 343 (356)).

[27] Vgl. § 27a SächsJG. Der Gesetzesentwurf sah einen deutlich umfangreicheren Wegfall des Widerspruchsverfahrens vor, vgl. Art. 1 „Arbeitsentwurf eines Gesetzes über Erleichterungen der Verwaltungsverfahren im Freistaat Sachsen und zur Änderung anderer Gesetze“ (Stand: 8.12.2010). S. dazu auch die Anträge der Fraktionen der LINKEN (Drs. 5/4922) und B'90/Grüne (Drs. 5/5052) sowie die Stellungnahme der RAK-Sachsen Nr. 1/2011.

[28] Vgl. §§ 1, 2 RA/NotVorVfAG SH.

9g Unter den übrigen Ländern haben Bayern, Niedersachsen[29] und Nordrhein-Westfalen[30] das Vorverfahren prinzipiell abgeschafft, wobei in Bayern für einige Teilgebiete ein so genanntes Optionsmodell gilt: In den in Art. 15 I Nr. 1–6 BayAGVwGO abschließend aufgeführten Rechtsgebieten hat der Betroffene die Möglichkeit der Wahl zwischen der Einlegung eines Widerspruchs und der Erhebung einer Klage.[31] Damit hat sich der bayerische Gesetzgeber für eine weitreichendere Abschaffung des Widerspruchsverfahrens entschieden, als dies die Empfehlungen des Evaluierungsberichts zu dem Pilotversuch im Bezirk Mittelfranken[32] aussprechen.[33] Nur in bestimmten, enumerativ aufgezählten Rechtsgebieten ist in diesen drei Bundesländern die Durchführung des Widerspruchverfahrens gleichwohl erforderlich.

9h Berlin, Bremen,[34] Hamburg,[35] Hessen, Mecklenburg-Vorpommern, Sachsen-Anhalt und Thüringen kehren dieses Regel-Ausnahme-Prinzip um: ein Vorverfahren ist grundsätzlich notwendig, nur in gesetzlich geregelten Ausnahmefällen kann es entfal-

[29] § 80 NJG in der Fassung der Bekanntmachung vom 16.12.2014 (Nds. GVBl. 436). Ausführlich zur inhaltlich gleichen Vorgängerregelung in § 8a AGVwGO Niedersachsen Heins, Die Abschaffung des Widerspruchsverfahrens, 2010; Müller-Rommel/Meyer/Heins, Verwaltungsmodernisierung in Niedersachsen, 2010; krit. zur Abschaffung des Widerspruchverfahrens in Niedersachsen van Nieuwland NdsVBl. 2007, 38 ff.; Rüssel NVwZ 2006, 523 (526).

[30] § 110 JustG NRW in der Fassung der Bekanntmachung vom 26.1.2010 (GV. NRW. 30), zuletzt geändert durch Art. 2 des Gesetzes vom 9.12.2014 (GV. NRW. 874). Die Abschaffung des Widerspruchsverfahrens war darin zunächst befristet. Mit Wirkung zum 1.1.2015 wurde die Befristung aufgehoben, gleichzeitig aber der Katalog der Ausnahmetatbestände erweitert. Zur aktuellen Fassung der Norm ausführlich Wienbracke NWVBl. 2015, 248 ff. S. zu den Gründen der Abschaffung des Widerspruchsverfahren LT-Drs. 14/4199 vom 23.4.2007. Zur Reform des Widerspruchsverfahrens und seine Auswirkungen in Nordrhein-Westfalen nach der alten Rechtslage s. Burgi/Palmen, Symposium. Die Verwaltungsstrukturreform des Landes Nordrhein-Westfalen/Kallerhoff, 2008, S. 175 ff.; Kamp NWVBl. 2008, 41 ff.; Kallerhoff NWVBl. 2008, 334 ff.; Biermann DÖV 2008, 395 (399 ff.). Krit. zur Abschaffung des Widerspruchverfahrens vgl. Hoppe NWVBl. 2008, 384 ff.; Theisen DVP 2008, 63 ff. Konsequenzen für die Praxis erläutert Johlen NWVBl. 2013, 91 ff. Die Möglichkeit der Einführung eines Optionsmodells in Nordrhein-Westfalen untersucht Zagajewski, Das fakultative Widerspruchsverfahren, 2013, passim.

[31] Art. 15 AGVwGO Bayern in der Fassung der Bekanntmachung vom 20.6.1992 (GVBl. 62, BayRS 34-1), zuletzt geändert durch Art. 10b Abs. 4 des Gesetzes vom 23.6.2015 (GVBl. 178). Zur Verfassungsmäßigkeit des Art. 15 AGVwGO s. VerfGH Bayern NVwZ 2009, 716 ff. mAnm Steinbeiß-Winkelmann NVwZ 2009, 686 ff. Ausführlich zur Regelung des Widerspruchverfahrens in Bayern s. Eibner, Die Abschaffung des verwaltungsrechtlichen Vorverfahrens in Bayern, 2010; Müller-Grune, Abschaffung des Widerspruchsverfahrens – Konsequenzen für die kommunale Arbeit in Bayern, 2007; Schaller, KommunalPraxis BY 2007, 375 ff.; krit. zur bayerischen Regelung Geiger BayVBl. 2008, 161 ff.; Heiß/Schreiner BayVBl. 2007, 616 ff.; Müller-Grune/Grune BayVBl. 2007, 65 ff.; vgl. positiv dagegen Unterreitmeier BayVBl. 2007, 609 ff.

[32] Vgl. Abschlussbericht zum Pilotprojekt „Probeweise Abschaffung des Widerspruchsverfahrens im Regierungsbezirk Mittelfranken" (1.7.2004-30.6.2007), abrufbar unter: http://www.stmi.bayern.de/service/. S. zum Bayerischen Pilotprojekt näher Beaucamp/Ringermuth DVBl 2008, 426 (429); Biermann DÖV 2008, 395 (401 f.); Hüffer BayVBl. 2007, 619 ff.; Müller-Grune/Grune BayVBl. 2007, 65 ff.; Geiger BayVBl. 2008, 161 ff.

[33] Die Abweichungen von den Empfehlungen der Arbeitsgruppe betreffen zum Beispiel das Gewerbe-, Handwerks- und Gaststättenrecht, das Verkehrsrecht sowie das Baurecht. Zu den Gründen der Neuregelung s. Bay. Landtag, LT-Drs. 15/7252, 1 ff.

[34] Art. 8 AGVwGO Bremen vom 15.3.1960. S. näher zum Widerspruchverfahren in Bremen Külpmann/Brandes NordÖR 2011, 378 ff.

[35] § 6 AGVwGO Hamburg in der Neufassung durch § 9 des Gesetzes vom 18.2.2004 (HmbGVBl. 69, 91).

len. So schließt beispielsweise Berlin in § 4 II BerlAGVwGO das Vorverfahren in weiten Teilen des Ausländerrechts aus.[36] In Thüringen entfällt das Widerspruchsverfahren gem. §§ 8a und 8b ThürAGVwGO unter anderem bei Verwaltungsakten der Polizei und der unteren Jagd- und Fischereibehörden; darüber hinaus schließt § 9 I ThürAGVwGO das Vorverfahren für Verwaltungsakte, die das Landesverwaltungsamt erlassen hat, weitgehend aus.[37]

Hessen hat dem Regel-Ausnahme-Prinzip in der Anlage zum einschlägigen § 16a I HessAGVwGO eine „Negativliste“ beigefügt, die das Vorverfahren ausschließt.[38] 9i
Das Vorverfahren entfällt in Hessen zudem gem. § 16a II HessAGVwGO auch, wenn ein Regierungspräsidium den Verwaltungsakt erlassen oder diesen abgelehnt hat. Mecklenburg-Vorpommern hat als erstes Bundesland ein fakultatives Widerspruchsverfahren für Teilbereiche des Verwaltungsrechts eingeführt. Insbesondere für immissionsschutzrechtliche sowie baurechtliche Verfahren hat der Antragsteller gem. § 13a MVAGGerStrG die Möglichkeit der sofortigen Klageerhebung.[39] Für andere ausgewählte Teilbereiche wie zum Beispiel bestimmte Entscheidungen nach den Staatsangehörigkeitsgesetz, dem Feiertagsgesetz MV oder dem Waffengesetz ist das Widerspruchsverfahren dagegen auch in Mecklenburg-Vorpommern gänzlich abgeschafft (§ 13b MVAGGStrG).[40] In Sachsen-Anhalt ordnet § 8a I 1 AGVWGO LSA den Ausschluss des Widerspruchsverfahrens bei einer Identität von Ausgangs- und Widerspruchsbehörde an, weil für diesen Fall keine effiziente Selbstkontrolle erwartet wird. Hiervon ist für wenige Fälle wie beispielsweise für die Bewertung von berufsbezogenen Prüfungen oder für kommunalaufsichtliche Entscheidungen in § 8a I 2 Nr. 1–7 LSAAGVwGO eine Rückausnahme vorgesehen.[41]

b) Gesetzlich nicht geregelte Fälle

Neben den gesetzlich geregelten Fällen ist die Durchführung eines Widerspruchsverfahrens in weiteren von der Rechtsprechung entwickelten Fallkonstellationen entbehrlich. Dies betrifft ua den Fall einer **rügelosen Klageeinlassung** der beklagten Behörde im Verwaltungsprozess, den Verzicht des Betroffenen und Fälle der **Aussichtslosigkeit des Widerspruchs** angesichts einer erkennbaren ablehnenden Haltung der Widerspruchsbehörde bzw. angesichts eines Bescheids, den die Ausgangsbehörde, welche zugleich Widerspruchsbehörde ist, auf Grund einer bindenden Weisung der Rechtsaufsichtbehörde erlassen hat.[42] 10

[36] § 4 AGVwGO Berlin in der Fassung vom 22.4.2004 (GVBl. 175).

[37] §§ 7, 8a, 8b, 8c, 9 ThürAGVwGO in der Fassung der Bekanntmachung vom 15.12.1992 (GVBl. 576).

[38] Vom Ausschluss des Widerspruchsverfahrens sind bspw. Entscheidungen im Feiertagsrecht, Ordnungsrecht, Sozial- und Gesundheitswesen, Raumordnungs- und Bauwesen, Denkmalschutzrecht sowie Wirtschaftsrecht umfasst. Vgl. § 16a HessAGVwGO in der Fassung vom 27.10.1997 (GVBl. I 381).

[39] §§ 13a, 13b MVAGGerStrG vom 10.6.1992. S. dazu auch Landtag MV, LT-Drs., 5/4127, 5, 6. Zum fakultativen Vorverfahren in Mecklenburg-Vorpommern s. auch Biermann, Verwaltungsmodernisierung in Mecklenburg-Vorpommern, 2011, S. 333 ff.; Biermann ZUR 2006, 282 ff.

[40] Landtag MV, LT-Drs. 5/4127, 6.

[41] § 8a LSA AGVwGO; zum Ausschluss des verwaltungsgerichtlichen Vorverfahrens in Sachsen-Anhalt siehe Schneider LKV 2004, 207 ff., der die Regelung des § 8a LSA AGVwGO für verfassungswidrig hält.

[42] Zum Ganzen ausführlich SchochFS Schenke, 2011, 1207 ff.; Meier, Die Entbehrlichkeit des Widerspruchsverfahrens, S. 69 ff.; Sodan/Ziekow, VwGO § 68 Rn. 161 ff. und 167 ff.; Hufen JuS 2012, 276 ff.

11 Wird eine verwaltungsgerichtliche Klage erhoben, ohne dass ein Widerspruchsverfahren durchgeführt wurde, so soll die Klage nach Ansicht des BVerwG zulässig und damit das Widerspruchsverfahren entbehrlich sein, wenn sich die beklagte Behörde ohne Rüge dieses Mangels sachlich auf die Klage eingelassen hat.[43] Begründet wird dies vor allem mit prozessökonomischen Überlegungen, die auf der Überlegung fußen, der Antrag auf Klageabweisung könne zugleich als Widerspruchsbescheid gedeutet werden und es sei ein schwer verständlicher Formalismus, wenn eine Klage trotz sachlicher Einlassung des Beklagten als unzulässig abgewiesen würde.[44] In der Literatur wird diese Position in Ergebnis und Begründung überwiegend mit überzeugenden Gründen abgelehnt. Die von § 68 VwGO verlangte Durchführung des Widerspruchsverfahrens ist zwingendes Recht, das nicht durch prozessökonomische Argumente umgangen werden darf.[45] Zudem ist es gerade unter prozessökonomischen Gesichtspunkten bedenklich, auf die Entlastungsfunktion des Widerspruchsverfahrens zu verzichten.[46]

12 Ebenso abzulehnen ist die von der Rechtsprechung vertretene Ansicht, ein Widerspruchsverfahren sei auch dann entbehrlich, wenn das Verhalten der Widerspruchsbehörde vor oder während eines gerichtlichen Verfahrens mit großer Wahrscheinlichkeit erkennen lässt, dass ein Widerspruch erfolglos sein würde.[47] Unter dieser Voraussetzung könne das Widerspruchsverfahren seinem Kontrollzweck nicht mehr gerecht werden, so dass eine Nachholung entbehrlich sei. Dagegen wird vorgebracht, dass ein förmlicher und begründeter Widerspruchsbescheid eine weitreichendere Befriedungsfunktion besitze als eine formlose Ablehnung.[48] Zudem gelte es auch hier, die zwingende Regelung des § 68 VwGO zu beachten. Hinzu kommt, dass auf diese Weise eine Überprüfung der Zweckmäßigkeit der Entscheidung abgeschnitten wird.

3. Widerspruchsfrist

13 Der Widerspruch gegen den angegriffenen bzw. versagten Verwaltungsakt muss innerhalb eines Monats nach Bekanntgabe an den Beschwerten erhoben werden, soweit nicht Spezialvorschriften eine andere Frist vorgeben.[49] Dabei ist umstritten, ob die Fristberechnung nach §§ 57 f. VwGO iVm § 222 ZPO, §§ 187 ff. BGB oder nach §§ 79, 31 VwVfG iVm §§ 187 ff. BGB zu erfolgen hat.[50] Da beide Lösungen letztlich auf die Vorschriften des BGB verweisen, ist der Streit jedenfalls für die Fristberech-

[43] BVerwGE 1, 247 (249); 15, 306 (310); 27, 141 (143); 64, 325 (330); stRspr Dem haben sich angeschlossen BSG NVwZ 1986, 596 f. und BGHZ 88, 1 (2). Übersicht bei Oerder, Widerspruchsverfahren, 1989, S. 62 ff.

[44] Zustimmend Pietzner/Ronellenfitsch Assessorexamen, Rn. 541; Schmitt Glaeser, Verwaltungsprozessrecht, 16. Aufl. 2007, Rn. 182.

[45] Kopp/Schenke VwGO Vor § 68 Rn. 10 f.; Schoch/Schneider/Bier/Dolde/Porsch, VwGO § 68 Rn. 29; Meier, Die Entbehrlichkeit des Widerspruchsverfahrens, 1992, S. 72 ff.

[46] Kopp FS Redeker, 1993, 543 (544); Oerder, Widerspruchsverfahren, 1989, S. 65 f.

[47] BVerwGE 27, 181 (185); 64, 325 (330); BVerwG NVwZ 1988, 721 (724); BVerwG NVwZ 2011, 501 (503). Krit. Anm. dazu Schoch NVwZ 2011, 506 ff.

[48] Sodan/Ziekow/Geis VwGO § 68 Rn. 168; Meier, Die Entbehrlichkeit des Widerspruchsverfahrens, 1992, S. 79.

[49] Beispiele: § 33 I WPflG, § 72 II ZDG – jeweils 2 Wochen.

[50] Zum Meinungsstreit Allesch, Anwendbarkeit VerwVerfG, S. 63 ff.; Oerder, Widerspruchsverfahren, 1989, S. 70 ff.; Hufen VerwProzR, § 6 Rn. 28 mit Hinweis auf die geringen praktischen Konsequenzen.

nung ohne praktische Bedeutung. Fehlt es dem Ausgangsbescheid an einer ordnungsgemäßen Rechtsbehelfsbelehrung, so tritt an die Stelle der Monatsfrist die Jahresfrist des § 58 II VwGO.[51] Fehlt es überhaupt an einer Bekanntgabe, etwa im Falle eines drittbelastenden Verwaltungsaktes,[52] so wird grundsätzlich keine Frist in Gang gesetzt. Insoweit kann eine zeitliche Begrenzung der Widerspruchseinlegung aber aus allgemeinen Rechtsgrundsätzen abgeleitet werden.

Ergänzend zu den gesetzlichen Fristregelungen kann sich aus dem Grundsatz von **Treu und Glauben** und dem damit zusammenhängenden Verwirkungsgrundsatz eine Korrektur des Fristablaufs ergeben. Die Erhebung des Widerspruchs muss sich dann im Einzelfall als unzulässige Rechtsausübung darstellen.[53] Praktisch relevant wird die Verwirkung vor allem in (bau-) nachbarrechtlichen Rechtsbeziehungen. 14

Das BVerwG leitet aus dem nachbarschaftlichen Gemeinschaftsverhältnis im Baurecht ab, dass der Nachbar ab dem Zeitpunkt, in dem er von der (ihm nicht bekannt gegebenen) Baugenehmigung zuverlässige Kenntnis hat, in der Regel so zu behandeln ist, als sei ihm die Genehmigung ohne Rechtsmittelbelehrung amtlich bekannt gemacht worden. Es soll demnach die Jahresfrist des §§ 70 II, 58 II VwGO in Lauf gesetzt werden.[54] 15

Darüber hinaus kann das Widerspruchsrecht auch in sonstigen Fällen **verwirkt** werden. Voraussetzung dafür ist neben dem Ablauf eines Mindestzeitraums, innerhalb dessen der Widerspruchsberechtigte untätig war, das Vorliegen besonderer Umstände, aus denen sich ergibt, dass die Untätigkeit als illoyale Verhaltensweise anzusehen ist, weil nach den Gesamtumständen des Falles mit einem baldigen Handeln nach Erkenntnis der Beschwer zu rechnen war. Weiter wird vorausgesetzt, dass auf der Gegenseite ein Vertrauenstatbestand vorliegt, man sich also darauf eingerichtet hat, dass vom Widerspruchsrecht kein Gebrauch mehr gemacht wird.[55] 16

4. Widerspruchsbefugnis

Dass es einer Widerspruchsbefugnis bedarf, lässt sich aus § 70 I 1 VwGO ableiten, der vom „Widerspruch des Beschwerten" spricht. Aufgrund der engen Verbindung des Widerspruchs zur Anfechtungs- und Verpflichtungsklage wird zur Konkretisierung der Widerspruchsbefugnis auf § 42 II VwGO zurückgegriffen, dessen ausschließlich rechtlicher Maßstab jedoch um den für das Widerspruchsverfahren prägenden Aspekt der Zweckmäßigkeit erweitert wird. Eine Widerspruchsbefugnis liegt demnach auch dann vor, wenn der Beschwerte die Unzweckmäßigkeit einer ihn in seinen rechtlichen Interessen berührenden Verwaltungsentscheidung rügt.[56] 17

[51] Zu § 58 II VwGO ausführlich Schmitz JuS 2015, 895 (896 f.).
[52] zB: Baugenehmigung oder Anlagengenehmigung nach BImSchG. Zu diesem Problemkreis ausführlich Pleiner NVwZ 2014, 776 ff.
[53] BVerwGE 44, 294 (299); 78, 85 (90); BVerwG NVwZ 1991, 1182 (1183); Erichsen/Knoke NVwZ 1983, 185 (186 f.); Schoch/Schneider/Bier/Dolde/Porsch VwGO § 70 Rn. 20.
[54] BVerwGE 44, 294 (299); 78, 85 (90); BVerwG NVwZ 1988, 532; Schoch/Schneider/Dolde/Porsch VwGO § 70 Rn. 21; Erichsen JURA 1992, 645 (649).
[55] BVerwG NVwZ 1991, 1182 (1184); Schoch/Schneider/Dolde/Porsch VwGO § 70 Rn. 22; krit. dazu de Vivie/Barsuhn BauR 1995, 492 (495 ff.).
[56] Pietzner/Ronellenfitsch Assessorexamen, Rn. 1156 f.; Hufen VerwProzR § 6 Rn. 22.

IV. Rechtsfolgen der Widerspruchserhebung

1. Abhilfeverfahren

18 Das Widerspruchsverfahren gestaltet sich unterschiedlich, je nachdem ob Ausgangs- und Widerspruchsbehörde verschieden oder identisch sind. Im ersteren Fall wird zunächst bei der Ausgangsbehörde gem. § 72 VwGO das so genannte Abhilfeverfahren durchgeführt.[57] Die Ausgangsbehörde prüft dabei, zuweilen durch eine andere verwaltungsinterne Stelle, erneut die Recht- und Zweckmäßigkeit der Ausgangsentscheidung. Kommt sie zu dem Ergebnis, dass die getroffene Entscheidung ganz oder teilweise zu ändern und insoweit dem Widerspruch stattzugeben ist, so ergeht eine **Abhilfeentscheidung.** Ist der Verwaltungsakt teilbar, so kann sich diese auch auf einen Teil des Widerspruchs beziehen.[58] Neue Tatsachen und Rechtsänderungen sind dabei zu berücksichtigen.[59] Beharrt die Ausgangsbehörde auf ihrer ursprünglichen Entscheidung, so leitet sie den Widerspruch zusammen mit einer eigenen Stellungnahme, dem so genannten **Vorlagebericht,** an die zuständige Widerspruchsbehörde weiter. Mit der Abgabe an die Widerspruchsbehörde tritt der Devolutiveffekt ein, dh die Widerspruchsbehörde wird für die Fortführung des Verfahrens und die Sachentscheidung zuständig.[60]

2. Aufschiebende Wirkung

a) Auslösung der aufschiebenden Wirkung durch Widerspruchseinlegung

19 Der Anfechtungswiderspruch hat gem. § 80 I VwGO aufschiebende Wirkung. Der Verwaltungsakt kann damit zunächst einmal nicht mehr vollzogen werden, eine Verschlechterung des rechtlichen status quo wird verhindert.[61] Jenseits dieser allgemeinen Charakterisierung bestehen über die rechtliche Einordnung und Reichweite der aufschiebenden Wirkung zahlreiche Meinungsverschiedenheiten, die sich vor allem bei der Lösung von rechtlichen Folgefragen in anderen Zusammenhängen, wie zB der Aufrechnung, auswirken und deshalb einer Klärung bedürfen. Die lange Zeit bestehende Unsicherheit, wie es um die aufschiebende Wirkung bei Verwaltungsakten mit Dritt- oder Doppelwirkung bestellt ist, hat der Gesetzgeber durch die Einfügung des § 80 I 2 VwGO überwunden.[62]

20 Umstritten ist, ob die aufschiebende Wirkung auch dann eintritt, wenn der eingelegte Rechtsbehelf unter **Zulässigkeitsmängeln** leidet. Die erhebliche praktische Bedeutung dieser Fragestellung zeigt sich zB daran, dass die Pflicht zur sofortigen Befolgung einer behördlichen Maßnahme davon abhängt, ob der unzulässige Rechtsbehelf den Regelautomatismus des § 80 I VwGO auslöst oder nicht. Ähnliches gilt für Verwaltungsakte mit Drittwirkung, bei denen es vom Eintritt der aufschiebenden Wirkung abhängt, ob der Begünstige von der Regelung sofort Gebrauch machen darf oder ob er daran gehindert ist.

57 Pietzner/Ronellenfitsch Assessorexamen, Rn. 1038.
58 Erichsen JURA 1992, 645 (646 f.); Sodan/Ziekow/Geis VwGO § 72 Rn. 22; Redeker/v. Oertzen/Kothe VwGO § 72 Rn. 2.
59 Renz DÖV 1991, 138 (139).
60 Pietzner/Ronellenfitsch Assessorexamen, Rn. 1036 ff.
61 Hufen VerwProzR, § 32 Rn. 1; Pietzner/Ronellenfitsch Assessorexamen, Rn. 1415 ff.
62 Dazu Schoch NVwZ 1991, 1121 (1122).

21 Nach einer von Teilen der Rechtsprechung und Literatur vertretenen Ansicht soll die aufschiebende Wirkung unabhängig von der Zulässigkeit des Rechtsbehelfs ausgelöst werden können, da § 80 I VwGO keine besonderen Voraussetzungen statuiert.[63] Dagegen wird eingewandt, dass nur zulässigen Rechtsbehelfen aufschiebende Wirkung zukommen könne, wobei nicht zwischen verschiedenen Zulässigkeitsvoraussetzungen differenziert wird.[64] Eine vermittelnde Position nimmt die inzwischen herrschende Evidenzlehre ein, die grundsätzlich jedem Rechtsbehelf aufschiebende Wirkung zuerkennt. Dies soll nur ausnahmsweise bei evidenter Unzulässigkeit des Rechtsbehelfs nicht gelten.[65] Demgegenüber unterscheidet eine andere differenzierende Auffassung nach Sachentscheidungsvoraussetzungen und fragt nach dem Grund für die Unzulässigkeit des Rechtsbehelfs sowie den sich daraus ergebenden Konsequenzen für den Rechtsschutz.[66] Die besseren Gründe sprechen für die letztgenannte Ansicht.

22 Folgt man dieser differenzierenden Auffassung, so können **vier Hauptproblemgruppen** unterschieden werden:[67]
- Ist der Verwaltungsrechtsweg gem. § 40 VwGO nicht eröffnet, so fehlt es bereits am Geltungsanspruch der VwGO, so dass § 80 I VwGO nicht zur Anwendung gelangen kann.
- Wenn der Widerspruch nicht statthaft ist, kommt es ebenfalls nicht zu der vom Gesetz vorgesehenen aufschiebenden Wirkung.
- Das Gleiche gilt bei fehlender Klagebefugnis, vor allem bei Fällen der Drittanfechtung. Ist der Kläger nicht einmal der Möglichkeit der Verletzung in eigenen Rechten ausgesetzt, fehlt das von § 80 I VwGO vorausgesetzte Schutzbedürfnis.
- Ist der Rechtsbehelf wegen Fristversäumung unzulässig, so tritt keine aufschiebende Wirkung gemäß § 80 I VwGO ein, weil der Verwaltungsakt unanfechtbar ist und die Anfechtungsklage nicht zum Erfolg führen kann.

b) Rechtliche Einordnung der aufschiebenden Wirkung

23 Nach wie vor zählt die Frage nach dem Inhalt und den Folgen der aufschiebenden Wirkung zu den ungelösten Problemen des § 80 I VwGO. Aus der Entstehungsgeschichte der Vorschrift lassen sich in diesem Punkt keine eindeutigen Hinweise ableiten. Angesichts der offenen Gesetzeslage haben sich zur inhaltlichen Deutung der aufschiebenden Wirkung vielfältige Interpretationen herausgebildet, die in ihrem zugrunde liegenden theoretischen Konzept erhebliche Unterschiede aufweisen. Obwohl sie im praktischen Ergebnis in den meisten Fällen übereinstimmen, darf nicht übersehen werden, dass die verschiedenen Theorien von unterschiedlicher rechtsdogmatischer Stringenz sind und in einigen Fällen auch zu verschiedenen Ergebnissen führen.[68]

---

[63] OVG Berlin DVBl 1972, 42 (43); OVG Lüneburg NVwZ 1986, 322 f.; Kunig NuR 1986, 212; Dürr DÖV 1994, 841 (852); Hufen VerwProzR, § 32 Rn. 5 f.

[64] VGH Kassel NVwZ 1982, 689 (690); OVG Münster NJW 1975, 794 ff.; Skouris DVBl 1975, 920 f.; Schmaltz DVBl 1992, 230 (231); Kuhla/Hüttenbrink, Verwaltungsprozess, Kap. J Rn. 42.

[65] VGH Mannheim NVwZ 1984, 254 (255); VBlBW 1990, 137; VGH München BayVBl. 1994, 407 (408); Redeker BauR 1991, 525 (527).

[66] Erichsen JURA 1984, 414 (425 f.); Schoch BayVBl. 1983, 358 (361 f.); Brühl JuS 1995, 627 (628); Sodan/Ziekow/Puttler VwGO § 80 Rn. 32.

[67] Im Anschluss an Schoch/Schneider/Schoch VwGO § 80 Rn. 80 ff.

[68] Übersichten bei Hufen VerwProzR, § 32 Rn. 2 ff.; Erichsen JURA 1984, 414 (422 f.); Erichsen/Klenke DÖV 1976, 833 ff.; Kopp BayVBl. 1972, 649 ff.; Schoch/Schneider/Schoch VwGO § 80 Rn. 88 ff.

24 Nach herrschender und in der Rechtsprechung nahezu einhellig vertretener Auffassung führt die aufschiebende Wirkung lediglich zu einer Vollziehbarkeitshemmung des angefochtenen Verwaltungsakts **(Vollziehbarkeitstheorie).**[69] Die herrschende Meinung stützt sich zunächst auf den Wortlaut des § 80 I VwGO und sieht in der aufschiebenden Wirkung das Gegenstück zur sofortigen Vollziehbarkeit nach § 80 II 1 Nr. 4 VwGO. Sie ist weiter der Ansicht, der Schutzzweck des § 80 I VwGO verlange nur eine Hemmung der Vollziehbarkeit des Verwaltungsakts. Die Gegenansicht, die sogenannte Wirksamkeitstheorie, führe zu einer Übersicherung, indem die getroffene Regelung in ihrer materiellen Wirkung auf den Zeitpunkt der endgültigen Hauptsacheentscheidung verschoben werde. Bei den nicht vollzugsfähigen rechtsgestaltenden Verwaltungsakten sieht die herrschende Meinung den Effekt der aufschiebenden Wirkung darin, dass vollziehbare Nebenfolgen unterbleiben müssten.

25 Nach der im Schrifttum vorherrschenden Ansicht bedingt die aufschiebende Wirkung eine **Wirksamkeitshemmung.**[70] Das Wortlautargument der herrschenden Meinung wird unter Hinweis auf die mehrdeutige Entstehungsgeschichte des § 80 I VwGO verworfen. Im Übrigen könne nur ein Verständnis im Sinne der Wirksamkeitshemmung den Inhalt der aufschiebenden Wirkung bei rechtsgestaltenden, feststellenden sowie Verwaltungsakten mit Drittwirkung rechtsdogmatisch erklären. Der Vorwurf des angeblich überschießenden vorläufigen Rechtsschutzes wird zurückgewiesen, da die Wirksamkeitshemmung zum einen nur eine vorläufige sei und das prozessuale Sicherungsmittel der aufschiebenden Wirkung den materiellen Gehalt der im Verwaltungsakt getroffenen Regelung unberührt lasse, also eine Inhaltsänderung der behördlichen Maßnahme gerade nicht vornehme.

26 Neben diesen beiden großen Meinungen werden zwei weitere vermittelnde Auffassungen vertreten. Die eine geht von der Annahme einer verfahrensrechtlichen Fiktion aus. Danach müssen sich Behörden, Gerichte und Bürger vorläufig so verhalten, als ob der angefochtene Verwaltungsakt noch keine innere Wirksamkeit erlangt hätte.[71] Eine zweite vermittelnde Auffassung geht von einem **erweiterten Vollziehbarkeitsbegriff** aus und wird **Verwirklichungshemmung** genannt.[72] Sie versteht die aufschiebende Wirkung als umfassende Verwirklichungs- und Ausnutzungshemmung, was im Ergebnis auf ein an alle Beteiligten gerichtetes vorläufiges Verwirklichungsverbot hinauslaufe. Diese Lehre zieht die Konsequenz aus der Rechtsprechungspraxis, die verbal zwar eine bloße Vollziehbarkeitshemmung annehme, der Sache nach aber bei der Erstreckung der aufschiebenden Wirkung auf Verwaltungsakte mit Drittwirkung den Vollziehungsbegriff jedoch längst auch auf das private Gebrauchmachen von einem begünstigenden Verwaltungsakt erweitert habe.

[69] BVerwGE 13, 1 (5); 66, 218 (222); 89, 357 (361); BVerwG NVwZ 1989, 48 (49); BVerfGE 35, 263 (264); Finkelnburg in Finkelnburg/Dombert/Külpmann, Vorläufiger Rechtsschutz im Verwaltungsstreitverfahren, 6. Aufl. 2011, Rn. 630 f.; Kuhla/Hüttenbrink, Verwaltungsprozess, Kap. J Rn. 9 ff.; Hufen VerwProzR, § 32 Rn. 3.

[70] Quaritsch VerwArch 51 (1960), 210 (224); Erichsen/Klenke DÖV 1976, 833 ff.; Erichsen JURA 1984, 414 (423); W. Martens DVBl 1985, 541; Huba JuS 1990, 382 (384); Schoch NVwZ 1991, 1121 (1122).

[71] Kopp BayVBl. 1972, 649 (651 ff.).

[72] Pietzner/Ronellenfitsch Assessorexamen, Rn. 1426 ff.; Schmitt Glaeser/Horn, Verwaltungsprozeßrecht, 15. Aufl. 2000, Rn. 250.

27 Wie bereits erwähnt wurde, gelangen die verschiedenen Theorien in den meisten Fällen zu übereinstimmenden Ergebnissen. Bei rechtsgestaltenden und feststellenden Verwaltungsakten sowie bei Verwaltungsakten in mehrstufigen Verfahren und in Fällen der Tatbestandswirkung bestehen im praktischen Ergebnis jedoch beachtliche Divergenzen zwischen den verschiedenen Theorien. Bei rechtsgestaltenden Verwaltungsakten zeigen sich die Unterschiede folgendermaßen: Auf Grund der bloßen Vollziehbarkeitshemmung soll die Gestaltungswirkung des angefochtenen Verwaltungsakts durch die aufschiebende Wirkung unberührt bleiben. Die Verwaltung soll lediglich an Folgemaßnahmen gehindert sein. Beispielsweise bleibe der Beamte trotz Anfechtung der Entlassungsverfügung entlassen. Wegen der aufschiebenden Wirkung sei der Behörde allerdings die Sperrung der Bezüge untersagt. Wo solche Folgemaßnahmen nicht in Rede stehen, geht die aufschiebende Wirkung bei der Anfechtung eines rechtsgestaltenden Verwaltungsakts ins Leere: trotz Anfechtung des Leistungsbescheids und aufschiebender Wirkung soll die Aufrechnung mit der in dem Bescheid konkretisierten Forderung rechtlich zulässig sein.[73] Ähnlich verhält es sich beim feststellenden Verwaltungsakt, der ebenso wie der rechtsgestaltende Verwaltungsakt einer Vollziehung weder zugänglich noch bedürftig ist.[74] Beim mehraktigen Verwaltungshandeln kann die Lehre von der Vollziehbarkeitshemmung dazu führen, dass der Anfechtung des erststufigen Verwaltungsakts keine Konsequenzen beigemessen werden. Grundthese der herrschenden Meinung ist, dass die durch die Anfechtung einer drittbegünstigenden Genehmigung ausgelöste aufschiebende Wirkung die formelle Legalität einer Anlage unberührt lasse, da der Rechtsbehelf nur die Vollziehbarkeit hindere, nicht aber die Wirksamkeit. So werde einem gegen einen so genannten Schwarzbau bestehenden Beseitigungsanspruch die Grundlage entzogen, wenn die Genehmigung nachgeschoben werde; trotz Anfechtung und aufschiebender Wirkung trete die Legalisierungswirkung ein.[75] Diese Beispiele zeigen, dass in einer ganzen Reihe von Fällen die unterschiedlichen Theorien zu abweichenden Ergebnissen führen.

28 Die **besseren Argumente** sprechen für eine **weit verstandene Vollziehbarkeitslehre,** bei der nicht nur der förmliche Vollzug, sondern auch andere Formen der Verwirklichung des Verwaltungsakts in die aufschiebende Wirkung einbezogen werden. Neben dem Wortlautargument aus § 80 I, II 1 Nr. 4 VwGO spricht auch § 43 VwVfG dafür, die Wirksamkeit des Verwaltungsakts außer in dem dort genannten Fall der Nichtigkeit nicht in Frage zu stellen.[76] Soweit es in einigen Fällen aus der Sicht der Vertreter der Wirksamkeitshemmung dennoch zu unerwünschten Ergebnissen kommt, beruhen diese auf der gesetzlichen Regelung, die eine absolute Aufhebung der rechtlichen Wirkungen von Verwaltungsakten durch die aufschiebende Wirkung nicht angeordnet hat, obwohl dies im Rahmen des § 43 VwVfG durch eine Ergänzung des § 43 III VwVfG ohne weiteres möglich gewesen wäre.

c) Ausschluss der aufschiebenden Wirkung

29 Der Eintritt der aufschiebenden Wirkung kann nach § 80 II VwGO ausgeschlossen sein bzw. werden. Dabei ist zwischen dem auf einer generalisierenden gesetzlichen

[73] Schoch/Schneider/Schoch VwGO § 80 Rn. 96.
[74] Schoch/Schneider/Schoch VwGO § 80 Rn. 97.
[75] Schoch/Schneider/Schoch VwGO § 80 Rn. 98.
[76] Hufen VerwProzR, § 32 Rn. 3.

Interessenabwägung beruhenden automatischen Ausschluss der aufschiebenden Wirkung „ex lege" nach § 80 II 1 Nr. 1–3 VwGO iVm Bundes- und Landesgesetzen, sowie dem Ausschluss auf Grund behördlicher Entscheidung nach § 80 II 1 Nr. 4 VwGO zu unterscheiden. Hinzu kommt der Ausschluss der aufschiebenden Wirkung in Folge gerichtlicher Anordnung nach §§ 80a III, 80a I Nr. 1 VwGO. Der gesamte Themenkomplex ist Gegenstand ausführlicher Erörterung im prozessrechtlichen Schrifttum und soll deshalb an dieser Stelle nur in groben Umrissen skizziert werden.[77]

30 **§ 80 II 1 Nr. 1 VwGO** sieht vor, dass die aufschiebende Wirkung bei der Anforderung von öffentlichen Abgaben und Kosten entfällt und begründet damit eine Vorleistungspflicht des Bürgers.[78] Abgaben sind hoheitliche Geldforderungen zur Deckung des Finanzbedarfs des Staates, also Steuern, Gebühren und Beiträge. Umstritten ist, ob und inwieweit der Zweck der Einnahmenerzielung im Vordergrund stehen muss[79] und ob deshalb Lenkungs- und Ausgleichsabgaben nicht von § 80 II 1 Nr. 1 VwGO erfasst sind (zB Ablösezahlung für Stellplatzpflicht).[80] Angebracht erscheint es, zwischen mit einer Lenkungsfunktion bepackten Abgaben (zB gestaffelte Abfallgebühren) und reinen Lenkungsabgaben (zB Verpackungsabgabe) zu unterscheiden und letztere vom Anwendungsbereich des § 80 II Nr. 1 VwGO auszuschließen. Kosten sind Gebühren und Auslagen für Verwaltungsleistungen, nicht aber Zwangsgelder, Kosten der Ersatzvornahme und Säumniszuschläge.[81]

31 Nach **§ 80 II 1 Nr. 2 VwGO** entfällt die aufschiebende Wirkung bei unaufschiebbaren Anordnungen und Maßnahmen von Polizeivollzugsbeamten. Dieser Ausnahmetatbestand hat zwei Voraussetzungen: Zunächst muss eine Polizeivollzugsmaßnahme vorliegen. Diese muss zweitens unaufschiebbar sein. Diese Voraussetzungen sind bei den „üblichen" Maßnahmen der Vollzugspolizei nach dem Polizei- und Ordnungsrecht regelmäßig erfüllt. Und in diesem Bereich wirft die Vorschrift auch keine großen Probleme auf. Diese folgen vielmehr aus einer analogen Anwendung auf Verkehrszeichen und Verkehrseinrichtungen wie zB Parkuhren. So gehen die Verwaltungsgerichte davon aus, dass (anordnende) Verkehrszeichen wie eine unaufschiebbare Polizeivollzugsmaßnahme zu bewerten sind und sie deshalb sofort vollziehbar sind bzw. ein Widerspruch keine aufschiebende Wirkung auslöst.[82] Das BVerwG hat in einer späteren Entscheidung zudem eine (abgelaufene) Parkuhr als sofort vollziehbares Wegfahrgebot interpretiert.[83] Weitere von der Rechtsprechung anerkannte Beispiele für eine analoge Anwendung sind Markierungen zur Sperrung eines Fahrstreifens[84] und Umleitungszeichen.[85]

---

77 Vgl. dazu ausführlich Hufen VerwProzR, § 32; Mann/Wahrendorf, Verwaltungsprozessrecht, 4. Aufl. 2015, Rn. 386 ff.; Schenke, Verwaltungsprozessrecht, 14. Aufl. 2014, Rn. 936 ff.

78 Schoch/Schneider/Schoch VwGO § 80 Rn. 129.

79 Schoch/Schneider/Schoch VwGO § 80 Rn. 131 ff. Weitergehend Pietzner/Ronellenfitsch Assessorexamen, Rn. 1453 ff.

80 Erichsen JURA 1984, 414 (418 f.); Hufen VerwprozR, § 32 Rn. 10; Pietzner/Ronellenfitsch Assessorexamen, Rn. 1453. AA VGH München NVwZ-RR 1990, 639; VGH Kassel NVwZ 1995, 1027.

81 Erichsen JURA 1984, 414 (419); Schoch/Schneider/Schoch VwGO § 80 Rn. 144.

82 Grundlegend BVerwG NJW 1978, 656.

83 BVerwG DÖV 1988, 694.

84 OVG Bremen NVwZ-RR 1991, 217 (219).

85 OVG Lüneburg GewArch 1992, 357 (358).

§ 80 II 1 Nr. 3 VwGO: Die ursprünglich auf Bundesgesetze beschränkte Möglichkeit, die aufschiebende Wirkung durch gesetzliche Regelung auszuschließen, wurde mittlerweile auch auf die Landesgesetzgeber erstreckt. Die Regelung muss durch ein förmliches Gesetz erfolgen. Auf Bundesebene sind vor allem § 212a BauGB sowie § 84 I AufenthG zu erwähnen.[86] Die Länder haben die aufschiebende Wirkung durchgehend für Verwaltungsakte im Bereich der Verwaltungsvollstreckung ausgeschlossen.[87] Besonders hervorgehoben hat der Gesetzgeber zudem drittbelastende Verwaltungsakte, die Investitionszwecken und der Schaffung von Arbeitsplätzen dienen.[88] 32

Neben den Fällen, in denen der Gesetzgeber bereits der Meinung war, dass von der Regel der aufschiebenden Wirkung abgewichen werden sollte, eröffnet die VwGO in **§ 80 II 1 Nr. 4** auch der Behörde die Möglichkeit, im Einzelfall eine solche abweichende Regelung zu treffen und die sofortige Vollziehbarkeit eines Verwaltungsaktes anzuordnen. Dies kann im öffentlichen Interesse oder im Interesse eines Beteiligten geschehen. 33

Bei der Anordnung der sofortigen Vollziehbarkeit im öffentlichen Interesse ist eine Interessenabwägung zwischen dem Vollzugsinteresse der öffentlichen Hand und den betroffenen Rechten und Interessen des Bürgers sowie den Erfolgsaussichten des Widerspruchs bzw. der Klage vorzunehmen.[89] Der gleiche Abwägungsvorgang ist auch zu vollziehen, wenn es um das Interesse eines Beteiligten geht. Hier tritt jedoch an die Stelle des öffentlichen Interesses das überwiegende Interesse dieses Beteiligten.[90] 34

Zuständig für die Anordnung nach § 80 II 1 Nr. 4 VwGO sind sowohl die Ausgangs- als auch die Widerspruchsbehörde und zwar beide parallel und unabhängig davon, wo das Entscheidungsverfahren gerade anhängig ist.[91] Die Anordnung der sofortigen Vollziehung ist kein eigener Verwaltungsakt, sondern eine Nebenentscheidung zu einem Verwaltungsakt, auch wenn sie prozedural und zeitlich völlig getrennt von diesem ergehen kann.[92] Wird die Entscheidung über die sofortige Vollziehbarkeit unabhängig vom Hauptverwaltungsakt getroffen, so sind nach einer im Schrifttum verbreiteten Ansicht aber die wesentlichen Verfahrensvorschriften des VwVfG entsprechend anzuwenden. Vor allem soll eine Anhörung durchgeführt werden.[93] Dagegen spricht indes, dass § 28 VwVfG weder direkt noch analog anwendbar ist und es sich bei § 80 II 1 Nr. 4 iVm § 80 III VwGO um eine abschließende Regelung handelt, die nur eine Begründung verlangt, aber keine Anhörung.[94] § 114 S. 2 VwGO ist hierauf nicht anwendbar. 35

[86] Weitere Beispiele bei Schoch/Schneider/Schoch VwGO § 80 Rn. 156 ff.

[87] Nachweise bei Schoch/Schneider/Schoch VwGO § 80 Rn. 184.

[88] Dazu Ruffert NVwZ 1997, 654 ff.

[89] Hufen VerwProzR, § 32 Rn. 19 f.; Schoch/Schneider/Schoch VwGO § 80 Rn. 205 ff.; Erichsen JURA 1984, 414 (420 f.).

[90] Dazu ausführlich Sodan/Ziekow/Puttler VwGO § 80 Rn. 90 ff.

[91] Hufen VerwProzR, § 32 Rn. 23.

[92] Hufen VerwProzR, § 32 Rn. 16.

[93] Grigoleit, Die Anordnung der sofortgien Vollziehbarkeit, S. 122; Müller NVwZ 1988, 702 f.; Hufen VerwProzR, § 32 Rn. 16.

[94] OVG Koblenz NVwZ 1988, 748; OVG Schleswig DÖV 1993, 169; Schoch/Schneider/Bier/Schoch VwGO § 80 Rn. 258 ff.; Schröder VBlBW 1995, 384.

d) Beginn und Ende der aufschiebenden Wirkung

36 Die aufschiebende Wirkung tritt unter den hier vorausgesetzten normalen Umständen mit der Einlegung des Widerspruchs bzw. – soweit dieser nicht statthaft ist – mit der Erhebung der Klage ein. Sie wirkt dann aber auf den Erlasszeitpunkt zurück.[95] Vollzugsmaßnahmen sind – soweit begonnen – einzustellen und ggf. rückgängig zu machen. Insoweit trägt die vor Eintritt der Bestandskraft vollziehende Behörde das Risiko.[96]

37 Nach einem ablehnenden Widerspruchsbescheid wird die aufschiebende Wirkung nicht zunächst beendet und durch die anschließende Anfechtungsklage neu ausgelöst. Vielmehr dauert die aufschiebende Wirkung zumindest so lange an, bis der Widerspruchsbescheid unanfechtbar geworden ist. Wird dem Widerspruch eines Dritten stattgegeben (zB Nachbarwiderspruch gegen Genehmigung nach BImSchG), so endet die aufschiebende Wirkung mit dem Erlass des Widerspruchsbescheides. Der Antragsteller kann dann von der – durch den Widerspruchsbescheid geänderten – Genehmigung Gebrauch machen.

38 Das **Ende der aufschiebenden Wirkung** ist in § 80b VwGO geregelt. Im Vergleich zur früheren Rechtslage ist das Ende der aufschiebenden Wirkung vorverlegt worden. Damit wollte der Gesetzgeber eine Beschleunigung der Verwaltungsverfahren erreichen.

e) Einschränkungen der aufschiebenden Wirkung kraft Europarechts

39 Der EuGH hat die Anwendung des § 80 I VwGO beim Vollzug von Gemeinschaftsrecht punktuell modifiziert.[97] Grund hierfür ist, dass das Gemeinschaftsrecht in der Regel nicht durch die Organe der Gemeinschaft, sondern durch die nationalen Behörden und Gerichte der Mitgliedstaaten vollzogen wird (sog. indirekter Vollzug). Die Folge ist, dass in Ermangelung entsprechender gemeinschaftsrechtlicher Vorschriften auf den Vollzug des Gemeinschaftsrechts auch die nationalen Verfahrensvorschriften Anwendung finden. Diese Vorschriften müssen jedoch nach der Rechtsprechung des EuGH so ausgelegt werden, dass das Gemeinschaftsrecht auch zu seiner vollen Geltung gelangt. Dies wäre bei der Erhebung von Widerspruch oder Klage gegen einen auf Gemeinschaftsrecht beruhenden Verwaltungsakt einer deutschen Behörde wegen der davon ausgehenden aufschiebenden Wirkung (§ 80 I VwGO) nicht gegeben. In diesen Fällen sind die deutschen Verwaltungsbehörden deshalb verpflichtet von der Möglichkeit Gebrauch zu machen, die sofortige Vollziehung der angegriffenen Verwaltungsakte anzuordnen und damit den nach § 80 I VwGO bestehenden vorläufigen Rechtsschutz auszuschalten. Nach der Auffassung

[95] BVerwG DÖV 1973, 785 (787); Erichsen JURA 1984, 414 (423).

[96] Papier JA 1979, 561 (563).

[97] Schoch DVBl 1997, 289 ff. (mit Nachweis der einschlägigen Rechtsprechung des EuGH); Schmidt-Aßmann/Sellner/Hirsch/Kemper/Lehmann-Grube/Schoch FG BVerwG, 2003, 507 ff.; Ehlers, Die Europäisierung des Verwaltungsprozessrechts, 1999, S. 125 ff.; Leupold NVwZ 1995, 553 ff.; Schlemmer-Schulte EuZW 1991, 307 ff.; v. Danwitz, Europäisches Verwaltungsrecht, 2008, S. 592 ff. S. zum zunehmenden Einfluss des Europarechts auf das Verfahren des vorläufigen Rechtsschutzes auch näher Rohde, Vorläufiger Rechtsschutz unter dem Einfluss des Gemeinschaftsrechts, 1998; Götze, Vorläufiger Rechtsschutz im deutschen Verwaltungsprozess im Wirkfeld von EG-Richtlinien, 2010; Dünchheim, Verwaltungsprozessrecht unter europäischem Einfluss, 2003, S. 221 ff.; Ehlers DVBl 2004, 1441 ff.; Steinbeiß-Winkelmann NJW 2010, 1233 (1234).

des EuGH[98] ist dabei auch unbeachtlich, ob die nach nationalem Recht notwendigen Voraussetzungen für die Anordnung der sofortigen Vollziehung gegeben sind, da nationales Recht der Verwirklichung des Gemeinschaftsrechts nicht entgegenstehen darf. Im Fall des indirekten Vollzugs von Gemeinschaftsrecht ist nach der Rechtsprechung des EuGH § 80 II 1 Nr. 4 VwGO daher europarechtskonform anzuwenden.[99] Die Anordnung der sofortigen Vollziehung von Verwaltungsakten, die zur Umsetzung von Gemeinschaftsrecht ergehen, kommt demnach im Einzelfall selbst dann in Betracht, wenn die gesetzlichen Voraussetzungen des § 80 II 1 Nr. 4 VwGO nicht gegeben wären.[100]

V. Zuständigkeit und Entscheidungskompetenz der Widerspruchsbehörde

1. Zuständige Widerspruchsbehörde

a) Einzelne Fälle des § 73 VwGO

Widerspruchsbehörde ist diejenige Behörde, die zu entscheiden hat, wenn die erste Behörde dem Widerspruch nicht abhilft.[101] Dabei ergibt sich die Zuständigkeit aus § 73 I VwGO iVm den für den Behördenaufbau sonst maßgeblichen organisationrechtlichen Vorschriften des Bundes- bzw. Landesrechts.[102] Grundsätzlich ist das die nach der Verwaltungsorganisation nächsthöhere Behörde.[103] 40

Als nächsthöhere Behörde ist grundsätzlich die Behörde zuständig, die nach dem einschlägigen Bundes- bzw. Landesorganisationsrecht der Ausgangsbehörde unmittelbar übergeordnet ist.[104] Im Zweifel ist die „nächsthöhere Behörde" die Behörde, der die Fachaufsicht über die Rechtmäßigkeit und Zweckmäßigkeit des Handelns der Ausgangsbehörde obliegt.[105] 41

Hat ein beliehener Unternehmer den Verwaltungsakt erlassen, ist die für ihn zuständige nächsthöhere Behörde die Aufsichtsbehörde, idR die Beleihungsbehörde.[106] Ist dies eine oberste Landes- oder Bundesbehörde, entscheidet nach § 73 I 2 Nr. 2 VwGO der Beliehene selbst über den Widerspruch.[107] 42

Soweit ein Kollegialorgan in die Entscheidungsfindung eingebunden ist, ist anhand des maßgeblichen Fachrechts zu prüfen, ob es sich um die Entscheidung des Kollegialorgans oder der Dienststelle handelt. Hat jedoch das Kollegium den Verwaltungsakt erlassen (zB: Lehrerrat, Gemeinderat), so muss dieses, wenn für den Widerspruch 43

---

[98] EuGH Slg. 1990, I-2879 (2906 ff.).

[99] Vgl. Triantafyllou NVwZ 1992, 129 (133); Zuleeg VVDStRL 53 (1994), 154 (167); Rengeling VVDStRL 53 (1994), 202 (229); aA Vedder EWS 1991, 10 (14); Dünchheim, Verwaltungsprozeßrecht unter europäischem Einfluß, 2003, S. 222 f.

[100] Vgl. dazu TomuschatFS Redeker, 1993, 273 (289).

[101] Redeker/v. Oertzen/Kothe VwGO § 73 Rn. 1.

[102] Kopp/Schenke VwGO § 73 Rn. 3; VGH Kassel NVwZ 1990, 677 (678).

[103] Redeker/v. Oertzen/Kothe VwGO § 73 Rn. 1; Schoch/Schneide/Dolde/Porsch VwGO § 73 Rn. 5.

[104] Pietzner/Ronellenfitsch Assessorexamen, Rn. 1173; Schoch/Schneider/Dolede/Porsch VwGO § 73 Rn. 6; Kopp/Schenke VwGO § 73 Rn. 3.

[105] Schoch/Schneider/Bier/Dolde/Porsch VwGO § 73 Rn. 6; Albracht/Naujoks NVwZ 1990, 640; VGH Kassel NVwZ 1990, 677 (678).

[106] Pietzner/Ronellenfitsch Assessorexamen, Rn. 1174; Schoch/Schneider/Bier/Dolde/Porsch VwGO § 73 Rn. 7.

[107] Kopp/Schenke VwGO § 73 Rn. 3,; Schoch/Schneider VwGO/Dolde/Porsch § 73 Rn. 7; Steiner JuS 1969, 69 (74 f.).

dieselbe Behörde zuständig ist und aus dem Gesetz sich nichts anderes ergibt, grundsätzlich auch über den Widerspruch entscheiden, es sei denn, das Kollegialorgan war für den ursprünglichen Verwaltungsakt nicht zuständig.[108]

44 Sofern eine oberste Bundes- oder Landesbehörde die Ausgangsbehörde ist, gibt es keine nächsthöhere Behörde. Die Ausgangsbehörde ist auch die Widerspruchsbehörde, dh, sie entscheidet über den Widerspruch selbst.[109] Einen Devolutiveffekt gibt es insoweit nicht. Der rechtspolitische Hintergrund dafür ist, dass die Verwaltungsspitze von Einzelfallentscheidungen freigehalten und entlastet werden soll.[110] Die Bestimmung geht von einem dreistufigen Verwaltungsaufbau aus. In den Stadtstaaten sowie in Brandenburg, Mecklenburg-Vorpommern, Saarland, Schleswig-Holstein und Niedersachsen ist eine Mittelinstanz idR nicht zu erkennen.[111] Allerdings lässt § 185 II VwGO ausdrücklich eine abweichende Regelung zu. Die betroffenen Länder haben von dieser Möglichkeit auch Gebrauch gemacht.[112]

45 Abweichend von § 73 I 2 Nr. 2 VwGO entscheidet nach § 126 III Nr. 2 BRRG bei Widersprüchen aus dem **Beamtenverhältnis** grundsätzlich die oberste Dienstbehörde. Diese kann ihre Entscheidungszuständigkeit für Fälle, in denen sie den Verwaltungsakt nicht erlassen hat, durch allgemeine und zu veröffentlichende Anordnung auf andere Behörden übertragen.[113] Der Bund und die meisten Länder haben derartige Delegationen in weitem Umfang getätigt. Die Zuständigkeit wird idR der Ausgangsbehörde übertragen, so dass der Regelfall des § 73 I 2 Nr. 2 VwGO im Ergebnis wieder hergestellt wird.[114]

46 In **Selbstverwaltungsangelegenheiten** entscheidet die Selbstverwaltungsbehörde über den Widerspruch, soweit durch Gesetz nicht etwas anderes bestimmt ist. Grund hierfür ist, dass in Selbstverwaltungsangelegenheiten eine nächsthöhere Behörde nicht vorhanden ist. Selbstverwaltungsangelegenheiten sind nur die weisungsfreien Angelegenheiten des eigenen Wirkungskreises, welche sich von Angelegenheiten des übertragenen Wirkungskreises bzw. den Pflichtaufgaben nach Weisung und Auftragsangelegenheiten unterscheiden.[115] Die Abgrenzung kann dabei im Einzelfall schwierig sein, richtet sich aber grundsätzlich nach dem jeweiligen Fachrecht.[116]

---

108 BVerwGE 70, 4; vgl. Schoch/Schneider/Bier/Dolde/Porsch VwGO § 73 Rn. 6; Kopp/Schenke VwGO § 73 Rn. 3.

109 Redeker/v. Oertzen/Kothe VwGO § 73 Rn. 1; Schoch/Schneider/Bier/Dolde/Porsch VwGO § 73 Rn. 9 f.; Pietzner/Ronellenfitsch Assessorexamen, Rn. 1175.

110 Schoch/Schneider/Dolde/Porsch VwGO § 73 Rn. 10.

111 Schoch/Schneider/Dolde/Porsch VwGO § 73 Rn. 11; Pietzner/Ronellenfitsch Assessorexamen, Rn. 1176.

112 Berlin: §§ 27 Ia, 30 AZG; Bremen: Art. 9 II AGVwGO; Hamburg: § 7 I, II AGVwGO; Saarland: § 8 I AGVwGO; Schleswig-Holstein: § 119 LVwG iVm ZVOWiBe.

113 Redeker/v. Oertzen/Kothe VwGO § 73 Rn. 1; Schoch/Schneider/Dolde/Porsch VwGO § 73 Rn. 12.

114 Schoch/Schneider/Dolde/Porsch VwGO § 73 Rn. 12.

115 Kopp/Schenke VwGO § 73 Rn. 4; Schoch/Schneider/Dolde/Porsch VwGO § 73 Rn. 14; Redeker/v. Oertzen/Kothe VwGO § 73 Rn. 2.

116 Dazu zB in: Schoch/Schneider/Dolde/Porsch VwGO § 73 Rn. 14; Redeker/v. Oertzen/Kothe VwGO § 73 Rn. 2.

Widerspruchsbehörde ist die Selbstverwaltungsbehörde. Das Organisationsrecht der Selbstverwaltungskörperschaft ist hierbei das maßgebende Recht.[117] Fehlen jedoch spezielle Regelungen, entscheidet die Ausgangsbehörde.[118] Insoweit ist nur innerhalb der Selbstverwaltungskörperschaft ein Devolutiveffekt möglich, nicht jedoch derart, dass eine staatliche Rechtsaufsichtsbehörde über den Widerspruch eine Entscheidung fällen kann.[119] 47

Durch § 73 I 2 Nr. 3 VwGO wird der Landesgesetzgeber ausdrücklich ermächtigt, eine andere als die Selbstverwaltungsbehörde zur Widerspruchsbehörde zu erklären. Dieser Vorbehalt wird für Gemeinden und Gemeindeverbände durch Art. 28 II GG eingeschränkt. Aufgrund der Garantie der kommunalen Selbstverwaltung ist die Kontrollbefugnis der staatlichen Widerspruchsbehörde nur auf die Überprüfung der Rechtmäßigkeit beschränkt. Die Kontrolle der Zweckmäßigkeit des angegriffenen Verwaltungsaktes ist nicht eröffnet.[120] Die Rechtmäßigkeitskontrolle schließt die Überprüfung des Ermessens auf seine Rechtmäßigkeit am Maßstab des § 114 VwGO in der Form ein, ob der Selbstverwaltungsbehörde bei der Ermessensausübung Rechtsfehler unterlaufen sind.[121] Für andere Selbstverwaltungskörperschaften bestehen keine entsprechenden verfassungsrechtlichen Schranken. Die Kontrolle der staatlichen Widerspruchsbehörde kann durch den Gesetzgeber auf die Zweckmäßigkeit erstreckt werden.[122] 48

b) Sonderregelungen für Widerspruchsausschüsse

Vorschriften, nach denen Ausschüsse oder Beiräte an die Stelle einer Behörde treten, bleiben nach § 73 II 1 VwGO unberührt.[123] Als Widerspruchsbehörde zuständige Ausschüsse oder Beiräte können abweichend von § 73 I 2 Nr. 1 VwGO auch bei der Ausgangsbehörde gebildet werden. Allerdings bezieht sich § 73 II VwGO nicht auf die Fälle, in denen der Ausschuss im Widerspruchsverfahren nicht entscheidet, sondern nur beratende Funktion hat.[124] Auf landesrechtlicher Ebene haben insbesondere Hamburg (§ 7 II HmbAGVwGO), Rheinland-Pfalz (§§ 6 ff. RlPfAGVwGO) sowie das Saarland (§§ 7 ff. SaarlAGVwGO) mit der Errichtung weisungsunabhängiger Kreis- und Stadtrechtsausschüsse von der Möglichkeit des § 73 II VwGO Gebrauch gemacht.[125] 49

---

[117] Schoch/Schneider/Dolde/Porsch VwGO § 73 Rn. 15; Pietzner/Ronellenfitsch Assessorexamen, Rn. 1181.

[118] BVerwGE 70, 4 (8); VGH Mannheim DÖV 1963, 767; Pietzner/Ronellenfitsch Assessorexamen, Rn. 1181.

[119] VGH Mannheim DÖV 1963, 767; Schoch/Schneider/Dolde/Porsch VwGO § 73 Rn. 15; Pietzner/Ronellenfitsch Assessorexamen, Rn. 1181.

[120] Redeker/v. Oertzen/Kothe VwGO § 73 Rn. 3; Schoch/Schneider/Dolde/Porsch VwGO § 73 Rn. 16.

[121] Schoch/SchneiderDolde/Porsch VwGO § 73 Rn. 16; Scholler BayVBl. 1961, 97 (98).

[122] Redeker/v. Oertzen/Kothe VwGO § 73 Rn. 2; Schoch/Schneider/Dolde/Porsch VwGO § 73 Rn. 17.

[123] Derartige Ausschüsse s. zB bei: Schoch/Schneider/Dolde/Porsch VwGO § 73 Rn. 20 ff.; Redeker/v. Oertzen/Kothe VwGO § 73 Rn. 5 ff.; Pietzner/Ronellenfitsch Assessorexamen, Rn. 1184.

[124] VGH Kassel NJW 1987, 1096 ff.; Redeker/v. Oertzen/Kothe VwGO § 73 Rn. 4; Schoch/Schneider/Dolde/Porsch VwGO § 73 Rn. 19.

[125] S. für Einzelheiten insoweit Rapp, Mediation im Verwaltungsrecht, 2004, S. 78 ff.; Härtel VerwArch 98 (2007), 54 (74 ff.) sowie Cancik VERW 43 (2010), 467 (487 f.), der die mögliche Einführung von Widerspruchsausschüssen in Niedersachsen diskutiert.

2. Prüfungs- und Entscheidungskompetenz der Widerspruchsbehörde

a) Prüfung der Recht- und Zweckmäßigkeit

50 Die Widerspruchsbehörde prüft im Rahmen ihrer sachlichen Entscheidungsbefugnis die Entscheidung der ersten Behörde grundsätzlich ohne Einschränkungen auf ihre Rechtmäßigkeit und Zweckmäßigkeit.[126] Die Kontrollkompetenz der Widerspruchsbehörde ist umfassend und sie hat die gleichen Prüfungs- und Entscheidungskompetenzen wie die Ausgangsbehörde.[127] Sie ist zur Änderung, Aufhebung und Ersetzung des Ausgangsbescheids einschließlich seiner Begründung und aller Ermessenserwägungen berechtigt.[128] Allerdings ist der Prüfungsumfang der Widerspruchsbehörde in bestimmten Bereichen einer Einschränkung unterworfen.

51 In **Selbstverwaltungsangelegenheiten** kann die Widerspruchsbehörde, wenn sie eine andere als die Selbstverwaltungsbehörde ist, bei der Nachprüfung von Verwaltungsakten auf die Rechtskontrolle beschränkt sein.[129] Bei Gemeinden und Gemeindeverbänden ist die staatliche Widerspruchsbehörde wegen Art. 28 II GG auf eine Kontrolle der Rechtmäßigkeit beschränkt.[130]

52 Der **Widerspruch eines Dritten** eröffnet nicht die volle Sachherrschaft der staatlichen Widerspruchsbehörde. Die Nachprüfung ist hier auf die Verletzung oder die unzweckmäßige Anwendung von Normen beschränkt, die dem Widerspruchsführer zum Schutz dienen sollen; also auf die Überprüfung der Verletzung drittschützender Normen.[131] Demzufolge darf die Widerspruchsbehörde auf einen unzulässigen oder unbegründeten Widerspruch eines Dritten den Verwaltungsakt nicht aufheben oder ändern. Sie kann den ursprünglichen Verwaltungsakt nur außerhalb des Widerspruchsverfahrens zurücknehmen oder dessen Rücknahme veranlassen.[132]

53 Ob die Widerspruchsbehörde über einen **verfristeten Widerspruch** auch in der Sache entscheiden darf, ist umstritten. Die Rechtsprechung lässt dies grundsätzlich mit dem Hinweis zu, der Widerspruchsbehörde stehe insoweit die Verfahrensherrschaft zu und die Frist diene ihrem Schutz, auf den sie auch verzichten könne.[133] Anders wird dies nur bei Verwaltungsakten mit Doppelwirkung gesehen, da hier der begünstigte Dritte durch den mit Fristablauf erfolgenden Eintritt der Bestandskraft geschützt sei.[134] Die Gegenansicht macht zu Recht geltend, dass die Entscheidungskompetenz der Widerspruchsbehörde nur innerhalb der Widerspruchsfrist begründet

---

126 BVerwGE 25, 369; Kopp/Schenke VwGO § 73 Rn. 7; Redeker/v. Oertzen (Begr.)/Kothe VwGO § 73 Rn. 13.

127 Kopp/Schenke VwGO § 68 Rn. 9; Schoch/Schneider/Dolde/Porsch VwGO § 68 Rn. 36.

128 Kopp/Schenke VwGO § 73 Rn. 7; Schoch/Schneider/Dolde/Porsch VwGO § 68 Rn. 36.

129 Schoch/Schneider/Dolde/Porsch VwGO § 68 Rn. 37; Redeker/v. Oertzen/Kothe VwGO § 73 Rn. 13.

130 Redeker/v. Oertzen/Kothe VwGO § 73 Rn. 2.

131 BVerwGE 65, 313 (318); Kopp/Schenke VwGO § 73 Rn. 7; Schoch/Schneider/Bier/Dolde/Porsch VwGO § 68 Rn. 41.

132 Schiedermair BayVBl. 1961, 357; Pietzner/Ronellenfitsch Assessorexamen, Rn. 1044; Schoch/Schneider/Dolde/Porsch VwGO § 68 Rn. 41.

133 BVerwGE 15, 306 (310); 28, 305 (308); 57, 342 (344); VGH Mannheim NJW 1980, 2270; VGH München DVBl 1992, 1492; OVG Greifswald LKV 1995, 355; zust. Hufen VerwProzR, § 6 Rn. 32; Schmidt VBlBW 1983, 97.

134 BVerwG DÖV 1969, 142; BVerwGE 60, 297 (314); 65, 313 (318 f.); VGH Mannheim VBlBW 1992, 97; Niethammer NJW 1981, 1545 f.

werden könne. Sie sei deshalb nach Fristablauf zu einer Sachentscheidung nicht mehr befugt.[135]

b) Abgrenzung von der Entscheidungskompetenz als Aufsichtsbehörde

Sofern die Widerspruchsbehörde gleichzeitig die Aufsichtsbehörde ist, kann sie auf die Entscheidung der Ausgangsbehörde Einfluss nehmen. Allerdings kann sie nicht selbst in der Sache entscheiden, es sei denn, es steht ihr im Einzelfall ein Selbsteintrittsrecht zu.[136] Dies gilt auch dann, wenn die Widerspruchsbehörde den aufzuhebenden Verwaltungsakt erlassen hat, da die Aufhebung in einem neuen und selbstständigen Verwaltungsverfahren stattfindet.[137] Für dessen Durchführung gelten dann die außerhalb des Widerspruchsverfahrens anzuwendenden Bestimmungen über die Zuständigkeiten. 54

3. Voraussetzungen und Grenzen einer Verböserung

Unter Verböserung (auch: **reformatio in peius**) versteht man eine Sachentscheidung der Widerspruchsbehörde, durch die der Widerspruchsführer schlechter gestellt wird als in dem von ihm mit dem Ziel einer Verbesserung seiner Rechtsstellung angegriffenen Ausgangsbescheid.[138] 55

Nach herrschender Ansicht in Rspr. und Lit. ist die Verböserung im Widerspruchsverfahren grundsätzlich zulässig, wenn und soweit durch Gesetz nichts anderes geregelt ist.[139] Erhebliche Divergenzen bestehen innerhalb der hM jedoch hinsichtlich der Begründung der Zulässigkeit und der materiell-rechtlichen Grundlagen der Verböserung. Weit verbreitet ist dabei die folgende Unterscheidung: Bei Identität von Ausgangs- und Widerspruchsbehörde ergebe sich die Befugnis zur Verböserung unmittelbar aus den §§ 48 ff. VwVfG. Seien Ausgangs- und Widerspruchsbehörde nicht identisch, stehe der Widerspruchsbehörde als nächsthöherer Behörde nach dem jeweiligen Bundes- oder Landesrecht zumindest ein ungeschriebenes Selbsteintrittsrecht zu, welches die direkte bzw. analoge (str.) Anwendung der §§ 48 ff. VwVfG rechtfertige.[140] Das BVerwG wertet allerdings im Rahmen der Anwendung der §§ 48 ff. VwVfG den Vertrauensschutz nicht allzu hoch, da der Betroffene selbst die „Ursache für die Unbeständigkeit des ergangenen Verwaltungsaktes gesetzt" habe und sich hierauf habe einrichten können.[141] 56

---

135 Erichsen JURA 1992, 645 (649); Kopp DVBl 1992, 1493; Oerder, Widerspruchsverfahren, 1989, S. 79 ff.; Schoch/Schneider/Dolde/Porsch VwGO § 70 Rn. 40 mwN; Sodan/Ziekow/Geis VwGO § 68 Rn. 42 ff.

136 VGH München BayVBl. 1982, 754 (755); VGH Mannheim NVwZ-RR 1995, 476 (477); Kopp/Schenke VwGO § 73 Rn. 7, § 68 Rn. 10b, 12.

137 Vgl. BVerwGE 27, 78 (80); Pietzner/Ronellenfitsch Assessorexamen, Rn. 1050.

138 Schmitt Glaeser/Horn, Verwaltungsprozeßrecht, 15. Aufl. 2000, Rn. 219; Beispiele bei Pietzner/Ronellenfitsch Assessorexamen, Rn. 1222; Kahl/Hilbert JURA 2011, 660 ff.

139 BVerwGE 14, 175 ff.; Kopp/Schenke VwGO § 68 Rn. 10 ff.; Pietzner VerwArch 80 (1989), 501 ff.; Schmitt Glaeser/Horn, Verwaltungsprozeßrecht, 15. Aufl. 2000, Rn. 219 ff. S. zur Zulässigkeit der reformatio in peius im Prüfungsrecht Kingreen DÖV 2003, 1 ff.; zur Vereinbarkeit der reformatio in peius im Widerspruchsverfahren mit dem europäischen Gemeinschaftsrecht siehe u. a. Lindner DVBl 2008, 224 ff.; Reich EuZW 2008, 325 ff.

140 Schenke, Verwaltungsprozessrecht, 14. Aufl. 2014, Rn. 693 f.; Kahl/Hilbert JURA 2011, 660 ff.; Lindner DVBl 2008, 224 ff.

141 BVerwGE 51, 310 (317).

57 Nach einer Mindermeinung in der Literatur ist die Verböserung im Widerspruchsverfahren unzulässig. Begründet wird diese Auffassung unter Hinweis auf die Rechtsschutzfunktion des Widerspruchs und einen in den Vorschriften der §§ 88, 129, 141 S. 1 VwGO zum Ausdruck kommenden Rechtsgedanken.[142]

58 Besonders zu behandeln ist die Verböserung im Falle eines **Drittwiderspruchs.** Nach einer Ansicht ist die Verböserung beim Drittwiderspruch nur dann zulässig, wenn sich der Dritte auf eine nachbarschützende Norm stützen kann.[143] Nach anderer Ansicht ist die Verböserung auf Grund eines Drittwiderspruchs kein Fall der Verböserung, sondern eine Frage der Prüfungs- und Entscheidungskompetenz der Widerspruchsbehörde auf einen Widerspruch eines Dritten.[144]

VI. Mediation im Verwaltungsverfahren und an Stelle eines Widerspruchsverfahrens

Schrifttum: v. Bargen DVBl 2004, 468: Mediation im Verwaltungsprozess; v. Bargen ZUR 2012, 468: Mediation im Verwaltungsverfahren nach Inkrafttreten des Mediationsförderungsgesetzes; Beaucamp DÖV 2011, 886: Mediation im Widerspruchsverfahren; Breidenbach, Mediation. Struktur, Chancen und Risiken von Vermittlung im Konflikt, 1995; Breidenbach/Henssler, Mediation für Juristen, 1997; Brohm DVBl 1990, 321: Verwaltungsverhandlungen mit Hilfe von Konfliktmittlern?; Caspar DVBl 1995, 992: Schlichten statt richten – Möglichkeiten und Wege außergerichtlicher Streitbeilegung; Fuchs/Hehn/Wagner UPR 2011, 81: Mediation im öffentlichen Bereich – Möglichkeiten und Grenzen; Gramlich/Conen EurUP 2015, 161 ff.: Möglichkeiten und Grenzen einer Mediation im Verwaltungsrecht – unter besonderer Berücksichtigung der Bauleitplanung; Guckelberger NVwZ 2011, 390: Einheitliches Mediationsgesetz auch für verwaltungsrechtliche Konflikte?; Härtel JZ 2005, 753: Mediation im Verwaltungsrecht; Härtel VerwArch 98 (2007), 54: Rettungsanker für das Widerspruchsverfahren?; Holznagel/Ramsauer VerwArch 104 (2013), 131: Förderung der Mediation in Planungsverfahren – Vorschläge zur Überwindung praktischer Probleme; Kaltenborn, Streitvermeidung und Streitbeilegung im Verwaltungsrecht, 2007; Köster DVBl 2002, 229: Mediation in der Bauleitplanung? – Zu den Möglichkeiten der Implementation der US-amerikanischen Konfliktbehandlungsmethode im Planungsverfahren nach dem Baugesetzbuch; Kostka VERW 26 (1993), 87: Öffentliches Konfliktmanagement; Mehler NVwZ 2012, 1288: Verknüpfung des Ergebnisses einer Mediation mit der fachplanerischen Abwägung; Niedostadek, Praxishandbuch Mediation: Ansatzpunkt und Impulse für den öffentlichen Bereich, 2010; Nistler JuS 2010, 685: Die Mediation; Ortloff NVwZ 2006, 148: Mediation im Verwaltungsprozess: Bericht aus der Praxis; Passavant DÖV 1987, 516: Mittlerunterstützte Kooperation in komplexen Verwaltungsprojekten; Pitschas NVwZ 2004, 396: Mediation als Methode und Instrument der Konfliktmittlung im öffentlichen Sektor; Pitschas/Walther, Mediation in der Verwaltungsgerichtsbarkeit, 2005; Pünder NuR 2005, 71: „Open Government leads to Better Government" – Überlegungen zur angemessenen Gestaltung von Verwaltungsverfahren; Pünder VERW 38 (2005), 1: Kooperation statt Konfrontation – Möglichkeiten und Grenzen der Mediation bei Planfeststellungsverfahren; Rapp, Mediation im Verwaltungsrecht: Möglichkeiten der Integration mediativer Elemente in das Widerspruchsverfahren, 2004; Rüssel JA 2006, 470: Mediationsverfahren im öffentlichen Bereich; Schäfer NVwZ 2006, 39: Mediation im öffentlichen Bereich braucht gesetzliche Regeln; Schillinger, Mediation im Verwaltungsrecht – Eine Untersuchung der Möglichkeiten mediativer Verfahren in der exekutiven Praxis, 2003; Siegel NuR 2002, 79: Mediation in der luftverkehrsrechtlichen Planfeststellung; Siegel DVBl 2012, 1003: Mediation in der Planfeststellung: Klagetrennung oder funktionale Verschränkung?; Vetter, Mediation und Vorverfahren, 2004; Wagner/Engelhardt NVwZ 2001, 370: Mediation im Umwelt- und Planungsrecht als Alternative zur behördlichen oder gerichtlichen Streitentscheidung; Wagner/Hehn UPR 2013, 1: Mediation im öffentlichen Bereich – Rechtsfragen; Wörner, Das Beispiel Frankfurt Flughafen, 2003.

---

142 Ule, Verwaltungsprozessrecht, 9. Aufl. 1987, § 24 III 1; Renck JuS 1980, 28 ff.
143 Redeker/v. Oertzen/Kothe VwGO § 73 Rn. 21.
144 Schoch/Schneider/Dolde/Porsch VwGO § 68 Rn. 47.

1. Grundgedanken der Mediation

„Mediation ist ein vertrauliches und strukturiertes Verfahren, bei dem Parteien mit Hilfe eines oder mehrerer Mediatoren freiwillig und eigenverantwortlich eine einvernehmliche Beilegung ihres Konflikts anstreben."[145] Ebenso gängig wie diese in § 1 I MediationsG enthaltende Legaldefinition ist die Umschreibung, dass es sich bei der Mediation um eine **strukturierte Verhandlungstechnik** handelt, bei welcher die Konfliktparteien durch die Hilfe eines neutralen Dritten selbst eine Lösung für ihren Konflikt erarbeiten.[146] Mediation ist somit eine alternative Methode zur Konfliktlösung auf dem Verhandlungsweg mit der Besonderheit, dass eine dritte, neutrale und nicht entscheidungsbefugte Person von den Beteiligten einvernehmlich als Verhandlungsmittler bestellt wird.[147] Die fehlende Entscheidungsbefugnis des Mediators sowie die Betonung der Eigenverantwortlichkeit der Konfliktparteien unterscheiden damit die Mediation deutlich von anderen Konfliktbeilegungsverfahren wie beispielsweise das Schiedsverfahren oder das Schlichtungsverfahren.[148] Zwar können auch das Schieds- und Schlichtungsverfahren freiwillig durchgeführt werden, im Gegensatz zum Mediator fällt jedoch das Schiedsgericht einen verbindlichen Schiedsspruch.[149] Ähnlich wie der Schiedsrichter nimmt auch der Schlichter eine Bewertung des Konfliktes durch die Unterbreitung eines Schlichtungsvorschlages vor.[150] Dieser ist zwar unverbindlich, bewirkt aber einen Einigungsdruck auf die Konfliktparteien.[151] Der Mediator hingegen unterbreitet weder einen eigenen Lösungsvorschlag noch bewertet er die Lösungsansätze der Parteien.[152] 59

Hervorgegangen ist die Mediation aus einem Forschungsprojekt der Universität Harvard: die Kubakrise 1962 war Anlass, ein Konzept für sachliche und effektive Ver- 60

[145] § 1 I Gesetz zur Förderung der Mediation und anderer Verfahren der außergerichtlichen Konfliktbeilegung (MediationsG) vom 21.7.2012, in Kraft getreten am 26.7.2012 (BGBl. I 1577), zuletzt geändert durch Art. 135 der Verordnung vom 31.8.2015 (BGBl. I 1474). Das Mediationsgesetz setzt die Richtlinie 2008/52/EG des Europäischen Parlaments und des Rates vom 21.5.2008 über bestimmte Aspekte der Mediation in Zivil- und Handelssachen (EU-Mediationsrichtlinie, ABl. 2008 L 136, 3 ff.) um. S. zum Inhalt des Mediationsgesetzes Gläßer FS Martiny, 2014, 735 (746 ff.). Zum Inhalt des ursprünglichen Gesetzesentwurfs allgemein u. a. Groß BB 2011, 3 ff.; Horndasch ZFE 2011, 84 ff.; Nebe NWB 2011, 384 ff.; Klowait ZKM 2011, 149 ff.; Plassmann AnwBl 2011, 123 ff. Zu einer Analyse des Gesetzesentwurfs aus verwaltungsrechtlicher Perspektive siehe u. a. Guckelberger NVwZ 2011, 390 ff.

[146] Haft/v. Schlieffen, Handbuch Mediation/v. Schlieffen, 2016, § 1 Rn. 17; Kaltenborn, Streitvermeidung und Streitbeilegung im Verwaltungsrecht, 2007, S. 106 ff.; Rapp, Mediation im Verwaltungsrecht, 2004, S. 9; Schillinger, Mediation im Verwaltungsrecht, 2003, S. 9; v. Bargen DVBl 2004, 468 (470); Nistler JuS 2010, 685.

[147] Zur Funktion des Mediators und den Ausgestaltungsmöglichkeiten seiner Mittlerrolle s. Passavant DÖV 1987, 516 (519); Pünder VERW 38 (2005), 1 (11); Schillinger, Mediation im Verwaltungsrecht, 2003, S. 14.

[148] Kaltenborn, Streitvermeidung und Streitbeilegung im Verwaltungsrecht, 2007, S. 106 ff.; Rapp, Mediation im Verwaltungsrecht, 2003, S. 9 f.; Schillinger, Mediation im Verwaltungsrecht, 2003, S. 19; vgl. zum Freiwilligkeitsprinzip ausführlich Holznagel/Ramsauer VerwArch 104 (2013), 131 (136 ff.).

[149] Vgl. §§ 1025 ff. ZPO.

[150] Ein Beispiel jüngster Zeit für die Schlichtung ist das Bahnhofsprojekt „Stuttgart 21"; s. dazu u. a. Groß DÖV 2011, 510 ff.; Wolfhorst DÖV 2011, 581 ff.

[151] S. zu den einzelnen Begriffen und Verfahren u. a. v. Quaas/Zuck, Prozesse in Verwaltungssachen/Bargen, 2018, § 10 Rn. 27 ff.; Rüssel JuS 2003, 380 ff.

[152] Zimmerer BayVBl. 2014, 129 (130).

handlungsmethoden zu entwickeln, um damit bei internationalen Konflikten friedliche Lösungen zu erzielen. Tatsächlich fand die Mediation in den USA dann zunächst bei der Lösung privater Konflikte Verbreitung: Sie reiht sich in den Kanon der ADR, der Alternative Dispute Resolution ein. Unter diesem Begriff werden außergerichtliche Streitbeilegungsmethoden zusammengefasst, die mittlerweile eine echte Alternative zum Gerichtsprozess darstellen: Mit dem ADR-Act des US-amerikanischen Kongresses von 1998 wurden alle Gerichte verpflichtet, gerichtseigene ADR-Programme einzuführen. Seit den 70er Jahren sind in den USA zunehmend auch mediative Verfahren im Bereich von Verwaltungsverfahren vorgeschrieben.[153]

61 **Grundidee der Mediation** ist, den Parteien eine Verhandlung miteinander und nicht gegeneinander zu ermöglichen. Nicht die Lösung einer konkreten Streit- und Rechtsfrage steht im Mittelpunkt, sondern die Schaffung eines umfassenden Interessensausgleiches zwischen den Beteiligten. So soll auf die autonomen Streitbeilegungskompetenzen der Beteiligten zurückgegriffen werden, um den Streit durch einen kooperativen Akt, als Resultat einer Beratung diskursiv zu lösen.[154] Ziel dieser Methode ist es, deeskalierend zu wirken:[155] Da die Parteien selbst (unter Vermittlung des Mediators) den Konflikt lösen, wird die Akzeptanz für das daraus resultierende Ergebnis sehr viel höher sein, als wenn autoritativ von einer höheren Instanz entschieden worden wäre. Weiter ist davon auszugehen, dass durch die Offenlegung der Positionen und Interessen der Parteien und durch die dann erfolgende Konsenssuche auch das Verständnis für die jeweils andere Partei wächst, was ebenfalls zur Deeskalation und zur erhöhten Akzeptanz des erzielten Ergebnisses führt.[156] Darüber hinaus muss sich die Konsenssuche im Rahmen der Mediation nicht auf rechtliche Positionen beschränken, was den Parteien größeren Spielraum bei der Suche nach einer zufrieden stellenden Lösung lässt.

62 Insbesondere in Bezug auf das Verwaltungsverfahren erhofft man sich von der Mediation eine **Entlastung des Rechtsschutzsystems:**[157] Kommt man durch die rechtzeitige Beteiligung der Öffentlichkeit und die Vereinbarung kooperativer Arrangements schneller und unter größerer Akzeptanz der Öffentlichkeit zum Ziel, verkürzt sich das Verwaltungsverfahren und Rechtsstreitigkeiten werden vermieden. Durch diesen Konfliktabbau könnten Verwaltungskapazitäten eingespart werden, was schlussendlich zu Kostenersparnissen führen würde.[158]

[153] Zur Geschichte der Mediation s. Schillinger, Mediation im Verwaltungsrecht, S. 10 ff.; Hehn in Haft/v. Schlieffen, Handbuch Mediation, § 2 Rn. 1 ff., sowie die Nachweise bei Pünder VERW 38 (2005), 1 (15).

[154] Caspar DVBl 1995, 992 (993); v. Bargen DVBl 2004, 568 und 470; Härtel VerwArch 98 (2007), 54 (70). Voraussetzung für die Durchführung eines Mediationsverfahrens ist daher die Kooperationsbereitschaft aller Beteiligten, vgl. Wagner/Hehn UPR 2013, 1 (2 f.).

[155] Caspar DVBl 1995, 992 f.

[156] Rapp, Mediation im Verwaltungsrecht, 2003, S. 24; Schillinger, Mediation in Verwaltungsverfahren, 2003, S. 32 ff.; Härtel VerwArch 98 (2007), 54 (70).

[157] Rapp, Mediation im Verwaltungsrecht, 2003, S. 25; Caspar DVBl 1995, 992 (993); Rüssel JA 2006, 470 (472).

[158] Zu Vor- und Nachteilen des Mediationsverfahrens s. auch Schillinger, Mediation im Verwaltungsrecht, 2003, S. 36 ff.; Beaucamp DÖV 2011, 886 (889 f.).

Allerdings ist zu bedenken, dass Mediation kein „Allheilmittel" ist und nur unter bestimmten Voraussetzungen[159] zum gewünschten Erfolg führen kann: So ist eine Mediation frühzeitig anzusetzen, nicht erst dann, wenn sich auf beiden Seiten die Positionen bereits verhärtet haben und eine Konsenssuche auf Grund der Verbissenheit, mit der die Parteien auf ihrem Standpunkt beharren, unmöglich erscheint.[160] Darüber hinaus sollte es sich bei dem zu lösenden Konflikt nicht um einen grundlegenden Wertkonflikt handeln:[161] Geht es zB um den Bau eines Atomkraftwerks werden sich die Beteiligten kaum von ihrer grundlegenden Haltung für oder gegen Atomenergie verabschieden, was eine mediative Lösung unmöglich macht. Idealerweise sollte der Konflikt Spielräume für Kompromisse bieten, die zumindest teilweise als Erfolg für alle Beteiligten verbucht werden können.[162] Dies ist nur möglich, wenn auch für alle Beteiligten Verhandlungsanreize vorhanden sind: So sollten die Parteien eine gewisse Tauschmacht haben, die zB auch in der Beendigung politischer Proteste liegen kann. Es könnte beispielsweise im Rahmen der Diskussion um die Genehmigung eines Autobahnausbaus vereinbart werden, dass die ansässigen Bürger von weiteren Protesten absehen, wenn im Gegenzug Lärmschutzvorkehrungen getroffen werden, die über den gesetzlichen Standard hinausgehen. 63

Dieses Beispiel zeigt, dass eine erfolgreiche Mediation bereits in der sauberen Trennung von Position und Interesse der Beteiligten ihren Anfang nimmt:[163] Die Position „gegen den Autobahnausbau" leitet sich aus der Angst vor erhöhter Lärmbelästigung ab, die Gegenposition verfolgt das Ziel der Entlastung der städtischen Straßen. So sind die hinter den so widersprüchlich erscheinenden Positionen stehenden Interessen sehr wohl miteinander vereinbar. Hier wird deutlich, dass sämtliche – auch die rechtlich nicht geschützten – Interessen der Beteiligten in die Mediationsverhandlungen miteinbezogen werden müssen und für die Entscheidungsfindung relevant sind.[164] Dies erweitert nicht nur die Kompromissmöglichkeiten, es erhöht auch die Akzeptanz für die letztlich zu findende Lösung. 64

2. Einzelne Erscheinungsformen der Mediation in der Verwaltungspraxis

Aus den oben genannten Beispielen ergibt sich, dass sich der Einsatz von Mediation im Verwaltungsrecht besonders dort anbietet, wo eine Vielzahl von Menschen durch **Großprojekte** betroffen ist. Sei es durch den Bau einer Müllverbrennungsanlage, die 65

[159] Vertiefend zu den Erfolgsvoraussetzungen für die Mediation Breidenbach/Henssler, Mediation für Juristen/Holznagel, 1997, S. 152; Pünder VERW 38 (2005), 1 (4 ff.); Holznagel/Ramsauer VerwArch 104 (2013), 131 (135 f.); Haft/v. Schlieffen, Handbuch Mediation/Holznagel/Ramsauer, 2016, § 40 Rn. 22 ff.; Zimmerer BayVBl. 2014, 129 (131); v. Bargen ZUR 2012, 468 (473).

[160] Zum Ablauf und den einzelnen Phasen eines Mediationsverfahrens vgl. eingehend Kaltenborn, Streitvermeidung und Streitbeilegung im Verwaltungsrecht, 2007, S. 111 ff.; v. Quaas/Zuck, Prozesse in Verwaltungssachen/Bargen, 2018, § 10 Rn. 35 ff.; Kessen/Troja in Haft/v. Schlieffen, Handbuch Mediation, § 14; Nistler JuS 2010, 685 (686 ff.). Speziell zum Ablauf des verwaltungsrechtlichen Mediationsverfahren s. Haft/v. Schlieffen, Handbuch Mediation/Holznagel/Ramsauer, 2016, § 40 Rn. 37 ff.

[161] Siegel NuR 2002, 79 (83).

[162] „Win-win-Situation", vgl. Siegel DVBl 2012, 1003 (1005). Vertiefend zur interessengerechten Konfliktregelung durch Mediation s. Breidenbach/Henssler, Mediation für Juristen/Mähler/Mähler, 1997, S. 13 ff.

[163] Pünder VERW 38 (2005), 1 (9).

[164] Ausführlicher zum Mediationsverfahren: Breidenbach, Mediation, passim; Schillinger Mediation im Verwaltungsrecht, 2003, S. 29 ff.; Köster DVBl 2002, 229 (231).

Genehmigung eines Flughafenausbaus[165] oder die Festsetzung eines Baugebiets: Die denkbaren Einsatzfelder für die Mediation sind zahlreich, sie reichen von Genehmigungs-, Planfeststellungs- und Bauplanungsverfahren[166] bis hin zu Gemeindegebiets- oder sonstigen Regionalreformen.[167] Unter dem Stichwort Umweltmediation hat dieses Konfliktlösungsmodell tatsächlich bereits seit den 90er Jahren in den genannten Bereichen Eingang in die Verwaltungspraxis gefunden.[168] Dabei bieten sich Mediationsverfahren bei der Durchführung Großprojekten deshalb besonders an, weil durch sie die häufig unübersichtlichen Sachverhalte mit zahlreichen Beteiligten operabel strukturiert werden können.[169]

66 In den Regelungen zu Genehmigungs-, Planfeststellungs- und Bauplanungsverfahren finden sich spezielle Vorschriften über die Hinzuziehung Dritter in das Verwaltungsverfahren, die sich als mediationsähnlich qualifizieren lassen: So sieht § 4b S. 1 BauGB vor, dass eine Gemeinde im Rahmen der Bauleitplanung die Vorbereitung und Durchführung von Verfahrensschritten einem Dritten übertragen kann.[170] Nach § 13 IV BBodSchG kann mit dem Sanierungsplan, der vorgelegt werden muss, um die Maßnahmen zur Reinigung des Bodens von Altlasten darzulegen, gleichzeitig der Entwurf eines Sanierungsvertrages vorgelegt werden, der die Einbeziehung Dritter vorsieht.[171] § 43g EnWG eröffnet die Möglichkeit, die Vorbereitung und Durchführung bestimmter Verfahrensschritte bei Errichtung, Betrieb und Änderung von Stromleitungen auf einen sogenannten Projektmanager zu übertragen. Auch das förmliche Verwaltungsverfahren und Planfeststellungsverfahren weisen mit dem gesetzlich vorgesehene Erörterungstermin (§§ 67 I 1, 68 II, 73 VI VwVfG) Verhandlungselemente auf.[172]

67 § 4b S. 2 BauGB eröffnet in seiner aktuellen Fassung ausdrücklich den Raum für Mediationsverfahren.

68 Allerdings ist der **Einsatz von Verwaltungsmediation** prinzipiell immer zulässig, er bedarf keiner besonderen Gesetzesgrundlage, da er die gesetzlich vorgesehenen Verfahren

165 Als mustergültiges Beispiel gilt insoweit die Erweiterung des Frankfurter Flughafens; s. dazu Bölscher ZKM 2006, 116 ff.; Wörner, Das Beispiel Frankfurt Flughafen/Meister, 2003, S. 241 f. Verfahrensablauf und Ergebnisse dieses Mediationsverfahrens sind auch abrufbar unter www.mediation-flughafen.de. Kritisch zu diesem Mediationsverfahren vgl. Schäfer NVwZ 2006, 39 (41 f.); Steinberg ZUR 2011, 340 (346 f.), bezeichnet das Frankfurter Verfahren als „Dialogverfahren mit mediativen Elementen".

166 Vgl. zum Beispiel das Mediationsverfahren zur umstrittenen Streckenführung der Stadtbahnlinie in Mannheim 2010. S. weitere aktuelle Beispiele bei Fuchs/Hehn/Wagner UPR 2011, 81 (82); Schäfer NVwZ 2006, 39 ff.

167 Zu einzelnen Anwendungsfeldern ausführlich Haft/v. Schlieffen, Handbuch Mediation/Holznagel/Ramsauer, 2016, § 40 Rn. 71 ff.

168 Eines der ersten bekannt gewordenen Beispiele aus der praktischen Umweltmediation ist die Sondermülldeponie Münchehagen in Niedersachsen. Zur Umweltmediation s. Breidenbach/Henssler, Mediation für Juristen/Ramsauer, 1997, S. 161; sowie die Nachw. bei Pünder VERWVERW38 (2005), 1 (4 ff.). Heute spricht man zur Vermeidung von Missverständnissen vermehrt von „Mediation im öffentlichen Bereich", vgl. Wagner/Hehn UPR 2013, 1.

169 v. Bargen ZUR 2012, 468 (472). Zu den Schwierigkeiten der Interessenbündelung bei Mediationsverfahren mit vielen Beteiligten Gramlich/Conen EurUP 2015, 151 (166).

170 Dazu ausführlich Battis DÖV 2011, 340 ff.

171 Weitere Beispiele bei Wagner/Engelhardt NVwZ 2001, 370 (372).

172 Beaucamp DÖV 2011, 886 (888); aA Fuchs/Hehn/Wagner UPR 2011, 81 (85).

nicht erübrigt, sondern diese nur vorbereiten und begleiten kann.[173] Anders als im Privatrecht erfahren die Ergebnisse der Mediationsverhandlungen im Verwaltungsrecht zudem keine unmittelbare Wirksamkeit, sondern bedürfen erst noch der Umsetzung in die speziellen Formen des Verwaltungsrechts wie in einen Verwaltungsakt mit Nebenbestimmung oder einen öffentlich-rechtlichen Vertrag.[174] Zu bedenken ist beim Einsatz von Verwaltungsmediation jedoch, dass weder verwaltungsrechtliche Schutzregeln wie beispielsweise Beteiligungsrechte Dritter oder Befangenheitsregeln ausgehebelt[175] noch der Vorrang des Gesetzes umgangen werden dürfen, so dass eine Mediation im Prinzip nur dort möglich ist, wo der Verwaltung per Gesetz entsprechende Spielräume (zB in Form von Ermessensentscheidungen, unbestimmten Rechtsbegriffen) zugewiesen sind.[176] So wäre ein Mediationsverfahren im Rahmen des Erlasses eines Ermessens-Verwaltungsaktes, mit Einschränkungen auch im Bereich der Widerspruchsentscheidung, bei Planfeststellungsverfahren, bei Normsetzungsverfahren oder beim öffentlich-rechtlichen Vertrag denkbar.[177] Auch die Vorschrift des § 10 S. 2 VwVfG überlässt mit der Forderung, dass das Verwaltungsverfahren „zweckmäßig" durchzuführen ist, der Behörde Raum für den Einsatz der Verwaltungsmediation.[178] Grenzen sowohl bei der Durchführung als auch beim Mediationsresultat können sich aber zusätzlich aus der Selbstbindung der Verwaltung an Verwaltungsvorschriften sowie aus einer etablierten Verwaltungspraxis ergeben.[179] Die Behörde muss daher vor der Umsetzung eines Mediationsergebnisses prüfen, ob dies den gesetzlichen Anforderungen entspricht.[180]

Eine besondere Verbindung zwischen Mediation und Widerspruchsverfahren liegt 69 dem von Vetter entwickelten Vorschlag zugrunde, an Stelle des in der Praxis immer stärker zurückgedrängten Widerspruchsverfahrens ein verpflichtendes **Mediationsverfahren als alternative Zulässigkeitsvoraussetzung der verwaltungsgerichtlichen Verfahrens** einzuführen.[181] Dabei wird davon ausgegangen, dass ein solches

[173] Haft/v. Schlieffen, Handbuch Mediation/Holznagel/Ramsauer, 2016, § 40 Rn. 4 ff.; Härtel JZ 2005, 753 (757); Siegel NuR 2002, 79 (81); Pitschas NVwZ 2004, 396 (399 ff.); Gramlich/Conen. EurUP 2015, 161 (165). Die Mediation ist daher dem informellen Handeln der Verwaltung zuzuordnen, Siegel DVBl 2012, 1003.

[174] Härtel VerwArch 98 (2007), 54 (71); Beaucamp DÖV 2011, 886 (889); Guckelberger NVwZ 2011, 390 (393). S. so auch Pitschas NVwZ 2004, 396 (399), der allerdings wegen der Letzentscheidungsverantwortung der Verwaltung unter Verwaltungsmediation keine Mediation im eigentlichen Sinne, sondern nur den Einsatz „mediativer Grundsätze" im Verwaltungsverfahren versteht. Zur Möglichkeit, das Mediationsverfahren ausnahmsweise durch öffentlich-rechtlichen Vertrag abzuschließen vgl. Holznagel/Ramsauer VerwArch 104 (2013), 131 (154 f.).

[175] Haft/v. Schlieffen, Handbuch Mediation/Holznagel/Ramsauer, § 40 Rn. 8 ff.; Beaucamp DÖV 2011, 886 (889).

[176] Vertiefend Schillinger, Mediation im Verwaltungsrecht, 2003, S. 61 ff.; aA Vetter, Mediation und Vorverfahren, S. 214.

[177] Mit ausführlicher Argumentation Schillinger, Mediation im Verwaltungsrecht, 2003, S. 130 ff.

[178] Pitschas NVwZ 2004, 396 (399). Eine Ausnahme besteht nach Siegel DVBl 2012, 1003 (1004) für offensichtlich aussichtslose Mediationsversuche.

[179] Kaltenborn, Streitvermeidung und Streitbeilegung im Verwaltungsrecht, S. 285 ff.; Rapp, Mediation im Verwaltungsrecht, 2003, S. 39; Beaucamp DÖV 2011, 886 (888).

[180] Dazu ausführlich Wagner/Hehn UPR 2013, 1 (5 f.), die zudem darauf hinweisen, dass eine eigenständige Begründung des Ergebnisses von Seiten der Behörde erforderlich ist. S. auch Haft/v. Schlieffen, Handbuch Mediation/Holznagel/Ramsauer, 2016, § 40 Rn. 35 f. zur Rechtsverbindlichkeit der Mediationsergebnisse.

[181] Vetter, Mediation und Vorverfahren, 2004, S. 131 ff. Krit. dazu Pitschas NVwZ 2004, 396 (401); Beaucamp DÖV 2011, 886 (889 f.).

Mediationsverfahren auf den Abschluss eines öffentlich-rechtlichen Vertrages gerichtet und somit selbst als Verwaltungsverfahren iSd § 9 VwVfG zu qualifizieren ist.[182] Allerdings verkennt dieser Ansatzpunkt die Struktur der Mediation als ein Verfahren, bei dem die Parteien freiwillig eine einvernehmliche Beilegung ihres Konfliktes anstreben.[183] Darüber hinaus ist im Widerspruchsverfahren häufig eine Rechtsfrage zu klären, was durch die Mediation nicht geleistet werden kann.[184] Vorzugswürdiger erscheint es daher das Modell einer fakultativen bzw. einer das verwaltungsgerichtliche Vorverfahren ergänzenden Mediation in geeigneten Rechtsgebieten wie dem Bau-, Gewerbe- oder Umweltrecht in Betracht zu ziehen.[185]

70 Neben dem Einsatz der Mediation im Verwaltungsverfahren wird mittlerweile auch über ihren Nutzen im Prozess diskutiert:[186] Bislang laufen an den VG Berlin, Braunschweig, Freiburg, Greifswald, Hannover, Magdeburg sowie an sämtlichen VG in Nordrhein-Westfalen und in Hessen Modellversuche zur gerichtsverbundenen Mediation im Verwaltungsprozess.[187]

3. Rechtsfragen der Mediation und ihrer Ausgestaltung

71 Gegen die rechtlich förmliche Einbindung von Konfliktmittlern in Verwaltungsverfahren sind aus der Perspektive des Staats- und Verwaltungsrechts immer wieder grundsätzliche Einwände geltend gemacht worden. Sie knüpfen vor allem an der **Gesetzesbindung** der Verwaltung und der verfassungsrechtlich geforderten **Letztverantwortung** demokratisch legitimierter Amtswalter für hoheitliche Entscheidungen an.[188]

72 Dem ist aber entgegenzuhalten, dass eine den verfassungsrechtlichen Vorgaben genügende Gesetzesbindung und behördliche Ergebnisverantwortung auch dann gewährleistet ist, wenn der Einsatz von Konfliktmittlern ausreichend normativ gesteuert wird (etwa durch eine gesetzliche Zulassung in Gestalt einer **Beleihung**)[189] oder die

[182] Zu weiteren Einzelheiten der Ausgestaltung und Rechtsfolgen Vetter, Mediation und Vorverfahren, 2004, S. 185 ff.

[183] Vgl. Wortlaut des § 1 I MediationsG.

[184] v. Bargen ZUR 2012, 468 (473).

[185] Quaas/Zuck, Prozesse in Verwaltungssachen/v. Bargen, § 10 Rn. 81; v. Bargen ZUR 2012, 468 (474); Härtel VerwArch 98 (2007), 54 (72); Beaucamp DÖV 2011, 886 (890). Zu Einsatzmöglichkeiten in Planungs- und Zulassungsverfahren ausführlich Wagner/Hehn UPR 2013, 1 (6 ff.).

[186] S. zur Frage der Rechtsschutz-Qualität von Mediation Ortloff FS Sellner, 2010, 533 ff. S. zur gerichtsgebundenen sowie der richterlichen Mediation auch die Untersuchungen des Arbeitskreises „Rechtsprechungsmanagement in der Verwaltungsgerichtsbarkeit und gerichtsverbundene Mediation" der Deutschen Hochschule für Verwaltungswissenschaften Speyer. Zu den Tätigkeiten der Speyerer Mediations-Initiative s. unten a. die Sitzungsberichte von Gille/Siegel NVwZ 2004, 322; Schoppa NVwZ 2005, 783 ff. Vgl. allgemein zur Mediation im Verwaltungsprozess v. Quaas/Zuck, Prozesse in Verwaltungssachen/Bargen, § 10 Rn. 87 ff.

[187] Ein Beispiel erfolgreicher gerichtlicher Mediation zeigte sich im Streit um die Sonntagsöffnung der Läden im Advent 2010 vor dem OVG Bautzen; vgl. dazu die Presseerklärung vom OVG Bautzen vom 1.12.2010, abrufbar unter: www.justiz.sachsen.de/ovg. Weitere Beispiele gerichtlicher Mediation bei Risse/Blaurock in Niedostadek, Praxishandbuch Mediation, S. 327 ff., 337. Im Detail zu den gerichtlichen Modellprojekten sowie weitere Beispiele s. Pitschas/Walther, Mediation in der Verwaltungsgerichtsbarkeit, passim; Ortloff NVwZ 2004, 385 ff.; Ortloff NVwZ 2006, 148.

[188] Brohm DVBl 1990, 321 (326 ff.); Caspar DVBl 1995, 992 (997); Köster DVBl 2002, 229 (234); Siegel NuR 2002, 78 (81 ff.); Steinberg ZUR 2011, 340 (345 f.).

[189] Kunig/Rublack JURA 1990, 1 (8); Caspar DVBl 1995, 992 (997); Vetter, Mediation und Vorverfahren, 2004, S. 218.

Behörde sich entsprechende Steuerungsinstrumente vorbehält (im Falle der Mandatierung, bei der der Konfliktmittler als **Verwaltungshelfer** tätig wird).[190] Die Gesetzesbindung ist dadurch gewährleistet, dass die Behörde dem Einigungsvorschlag nur unter der Bedingung der Gesetzmäßigkeit zustimmen wird und darf. Im Bereich des Fachplanungsrechts ist die Planfeststellungsbehörde darüber hinaus an das Ergebnis der Mediation rechtlich nicht gebunden.[191] Zudem sieht das VwVfG in Gestalt des Vergleichsvertrages ohnehin die Möglichkeit vor, in Fällen der Rechtsunsicherheit Ergebnisse in bestimmten Grenzen zu verhandeln.

[190] Krit. Härtel JZ 2005, 753 (758 f.); gegen die Zulässigkeit Köster DVBl 2002, 229 (234); Siegel NuR 2002, 79 (84 f.); Vetter, Mediation und Vorverfahren, 2004, S. 218.

[191] Mehler NVwZ 2012, 1288 (1290 f.); Siegel DVBl 2012, 1003 (1006 f.); Holznagel/Ramsauer VerwArch 104 (2013), 131 (152 f.); Haft/v. Schlieffen, Handbuch Mediation/Holznagel/Ramsauer, 2016, § 40 Rn. 93 f. Vgl. grds. zu Vorabbindungen der Planfeststellungsbehörde BVerwGE 45, 309 (320 f.). Zu den Möglichkeiten und Grenzen der Einbindung mediativer Elemente in das Verfahren der Infrastrukturplanung Steinberg ZUR 2011, 340 (345 ff.).

Sachverzeichnis

Die Hinweise beziehen sich auf die Paragraphen und ihre Randnummern